Jean-Pierre Berman, Michel Marcheteau, Michel Savio

# Dictionnaire d'informatique
### anglais-français et français-anglais

*English-French and French-English*
# *Dictionary of Computing*

par
## Jacques Hildebert

Préface de
**Monsieur Pierre Aigrain**
*Ancien Secrétaire d'Etat à la Recherche scientifique*

# Langues pour tous
Collection dirigée par :
Jean-Pierre Berman, Michel Marcheteau et Michel Savio

---

## ANGLAIS
### *Langue de spécialité*

☐ **Langue des affaires**
Débuter en anglais commercial
L'anglais économique et commercial ●●
Vendre en anglais
Négocier en anglais ●●
Exporter en anglais
Dictionnaire de l'anglais économique, commercial et financier
Téléphoner en anglais ●●
Correspondance commerciale en anglais (GB/US) ●●
Mille phrases commerciales
Score commercial GB/US (100 tests)
Rédigez votre CV en anglais
L'anglais du tourisme, de l'hôtellerie et de la restauration ●●
Dictionnaire de l'anglais des métiers du tourisme
L'anglais juridique
L'anglais de l'assurance

☐ **Série lexique**
Lexique bilingue de l'anglais juridique
Lexique bilingue de la bureautique
Lexique bilingue du commerce international
Lexique bilingue de la comptabilité et de la finance
Lexique bilingue des techniques de commercialisation

☐ **Sciences et techniques**
Communiquer en anglais scientifique ●●
Bilingue : l'anglais scientifique ●●
L'anglais de la science et des techniques, vol. 1 : Productique ●●
Dictionnaire de l'anglais de l'informatique
Dictionnaire de l'anglais des médias et du multimédia

---

●● = Existence d'un coffret : Livre + K7
Attention ! Les cassettes ne peuvent être vendues séparément du livre.

# SOMMAIRE/*CONTENTS*

# Préface

L'avènement de l'automobile avait été le phénomène marquant de la première moitié du XXe siècle. Celui de l'informatique est celui de la seconde moitié. En fait, là aussi, comparaison n'est pas raison. Les performances des systèmes informatiques ont progressé, en trente ans, de manière quasi explosive. Et la baisse de prix des matériels, à performances non seulement constantes mais prodigieusement améliorées, n'a eu de parallèle historique dans aucun autre phénomène industriel et social du passé.

L'utilisation de l'informatique, affaire exclusive de spécialistes au départ, s'est d'autre part démocratisée, voire banalisée, plus vite encore que la conduite automobile. C'est par dizaines de millions que l'on trouve, aujourd'hui, des ordinateurs, ou des terminaux, dans les foyers et dans les bureaux.

Cette banalisation a été rendue possible par la mise au point des langages "de haut niveau", compréhensibles en principe par un utilisateur qui n'a nul besoin de connaître les rouages internes de son équipement, pas plus qu'il n'est nécessaire à un conducteur automobile de comprendre le fonctionnement détaillé d'un injecteur électronique dans un moteur moderne.

Tout est-il donc pour le mieux dans le meilleur des mondes ? Pas totalement, au moins pour l'utilisateur francophone.

C'est que, comme toute discipline scientifique ou technique en évolution rapide, l'informatique s'est créé un jargon (défini non pas comme "langage corrompu" mais comme "langage particulier" à un certain groupe de gens", ici les informaticiens). Inutile de le regretter. Un jargon est nécessaire pour que les communications entre chercheurs soient accélérées et rendues plus précises, condition nécessaire - presque parfois suffisante - au développement rapide d'une technique. Hélas, pour nous, francophones, le jargon informatique est dérivé de la langue anglaise. La part éminente qu'ont prise les Etats-Unis au développement de ce nouvel art, mais aussi - il faut le dire - la grande souplesse sémantique de l'anglais qui se prête aisément à la création de mots ou d'expressions nouveaux et compacts, expliquent cet état de fait.

Il n'en reste pas moins qu'au moment où les barrières techniques, financières et intellectuelles à l'utilisation généralisée de l'informatique s'atténuent, voir disparaissent, la barrière linguistique, elle, risque, pour bien des utilisateurs francophones, de devenir le goulot d'étranglement.

C'est dire que le dictionnaire de M. HILDEBERT arrive à point. Il y a quelques années, il n'eût sans doute touché qu'un public limité (les informaticiens "baragouinaient" tous l'anglais) et eût été rapidement périmé. Aujourd'hui, il devient un outil irremplaçable pour tous les "nouveaux informaticiens" francophones. Même s'ils parlent anglais couramment, il leur sera la plupart du temps très utile de le consulter car la juxtaposition du terme anglais et de sa traduction française permet souvent de mieux comprendre le concept qui se cache derrière le mot - mieux parfois qu'une définition longue d'un paragraphe.

On peut être assuré, par ailleurs, que même si quelques termes nouveaux doivent encore apparaître dans le vocabulaire informatique, la discipline a maintenant atteint un stade où son jargon n'évolue plus qu'à une cadence raisonnable : le dictionnaire d'HILDEBERT ne se périmera qu'à peine plus vite que le Littré !

La question se pose de savoir pourquoi un tel ouvrage n'est pas déjà sur les rayons. Sans doute le volume de travail que représente la compilation (au sens non informatique du terme !) de ces quelque 928 pages avait-il dissuadé d'autres auteurs d'entreprendre cette aventure. M. HILDEBERT, n'en a que plus de mérite à nous offrir cette oeuvre claire, précise et surtout utilise.

Pierre AIGRAIN

# NOTICE D'UTILISATION

Ce dictionnaire comprend quatre parties :
    I - Dictionnaire anglais-français par mots clés.
    II - Dictionnaire français-anglais par mots clés.
    III - Sigles anglais usuels.
    IV - Définitions des mots clés anglais usuels.

**La partie I** est constituée d'une liste alphabétique de plus de 5300 mots clés anglais les plus fréquemment utilisés dans la littérature informatique anglo-américaine. Les quelque 24000 expressions différentes apparaissant sous les mots clés sont composées elles-mêmes par les mots clés de base, ce qui permet d'obtenir plusieurs entrées possibles; prenons pour exemple la traduction de l'expression : **'token-passing sequence'**.
Nous avons trois possibilités :
    1) entrer par le mot clé **'sequence'**, comme dans un dictionnaire classique,
    2) entrer par le mot clé **'token'**,
    3) entrer par le mot clé **'passing'**.
Les trois entrées nous donnent la même traduction : **'séquence de bus à jeton'**.
De plus, les mots clés suivis d' un astérisque sont définis dans la partie IV.

**La partie II** est constituée d'une liste alphabétique de plus de 5200 mots clés français correspondant aux mots clés anglais de la partie I.

**La partie III** est la liste alphabétique des sigles usuels anglo-américains utilisés en informatique. Certains de ces sigles sont traduits dans les parties I et II.

**La partie IV** contient les définitions des mots clés marqués d'un astérisque des parties I et II.

L'auteur.

---

Ce dictionnaire est disponible en version électronique
sur disquettes et accessible par les logiciels
MERCURY/TERMEX™ et WORDTRADER.
Pour tous renseignements s'adresser à :
La MAISON du DICTIONNAIRE à Paris.
L'ouvrage est également consultable par MINITEL
36 28 00 28 (Dictionnaires multilingues).

# I

## Dictionnaire anglais-français par mots clés

## *English-French Dictionary by Keywords*

# A

**a b a c u s\*:** abaque, boulier.

**a b b r e v i a t e:** (to), abréger, raccourcir.

**a b b r e v i a t e d:** abrégé; **abbreviated address,** adresse abrégée; **abbreviated address call,** appel à adresse abrégée; **abbreviated addressing,** adressage abrégé; **abbreviated dialing,** numérotation abrégée.

**A b e l i a n:** abélien; **Abelian group,** groupe abélien, groupe commutatif.

**a b e n d:** **abnormal end,** fin anormale.

**a b e r r a t i o n:** aberration.

**a b e y a n c e:** suspension.

**a b i l i t y:** capacité; **load-carrying ability,** capacité de charge.

**A B M:** **asynchronous balanced mode,** mode asynchrone.

**a b n o r m a l:** anormal; **abnormal end (ABEND),** fin anormale; **abnormal ending,** interruption anormale; **abnormal terminating,** terminaison anormale; **abnormal termination,** arrêt anormal.

**a b n o r m a l i t y:** anomalie.

**a b o r t\*:** abandon; **abort (to),** abandonner, faire avorter; **abort dump,** vidage après abandon; **software recoverable abort,** arrêt corrigeable par le logiciel; **system abort,** abandon système, arrêt système; **system tree abort,** suspension d'exécution d'une branche.

**a b o r t e d:** abandonné; **aborted job,** travail abandonné.

**a b o r t i n g:** abandon; **aborting procedure,** procédure d'abandon.

**a b o r t i o n:** arrêt prématuré.

**a b r a s i o n:** abrasion, usure par frottement.

**a b r a s i v e:** abrasif.

**a b r i d g e:** (to), raccourcir, abréger.

**a b s c i s s a\*:** abscisse.

**a b s e n c e:** absence, manque; **absence card,** carte d'absence.

**a b s o l u t e\*:** absolu; **absolute address,** adresse absolue; **absolute address resolution,** résolution d'adresses absolues; **absolute addressing,** adressage absolu; **absolute assembler,** assembleur absolu; **absolute code,** code absolu, code machine; **absolute coding,** codage absolu en code machine; **absolute command,** commande absolue; **absolute convergence,** convergence absolue; **absolute coordinates,** coordonnées absolues; **absolute data,** données

absolues; **absolute delay,** délai de transmission; **absolute error,** erreur absolue; **absolute expression,** expression absolue; **absolute function,** fonction absolue; **absolute generation number,** nombre absolu de génération; **absolute instruction,** instruction réelle, instruction absolue; **absolute language,** langage machine; **absolute limen,** seuil absolu; **absolute limiting value,** valeur limite absolue; **absolute loader,** chargeur absolu; **absolute measurement,** cotation absolue; **absolute measuring method,** méthode de mesure absolue; **absolute operation code,** code d'opération machine; **absolute operator,** opérateur exécutable; **absolute program,** programme machine; **absolute program loader,** chargeur absolu de programme; **absolute programming,** programmation en langage machine; **absolute reflectance,** pouvoir réfléchissant, réflexion absolue; **absolute symbol,** symbole absolu; **absolute system,** système des limites absolues; **absolute term,** terme absolu; **absolute threshold,** seuil absolu; **absolute track address,** adresse de piste absolue; **absolute value,** valeur absolue; **absolute value device,** générateur de valeur absolue; **absolute value representation,** représentation de la valeur absolue; **absolute value sign,** signe de valeur absolue; **absolute vector,** vecteur à coordonnées absolues; **absolute zero,** zéro absolu; **mean absolute deviation,** excursion moyenne, écart moyen.

**a b s o r b:** (to), absorber.

**a b s o r b e r:** amortisseur; **shock absorber,** amortisseur de vibrations.

**a b s o r p t i o n:** absorption, tassement; **absorption loss,** perte par absorption.

**a b s t r a c t\*:** résumé; **abstract (to),** résumer; **abstract mathematics,** mathématiques abrégées; **abstract number,** nombre indéfini, nombre absolu; **abstract symbol,** symbole abstrait; **auto-abstract,** analyse automatique.

**a b s t r a c t i n g:** abstraction, exclusion **automatic abstracting,** analyse automatique.

**a b s t r a c t i o n:** exclusion, abstraction.

**A C:** courant alternatif (CA); **AC amplifier,** amplicateur à courant alternatif; **AC dump,** absence de réseau; **AC magnetic field,** champ magnétique alternatif; **AC mains,** secteur alternatif; **AC network,** réseau de courant alternatif; **AC resistance,** résistance au courant alternatif; **AC signal,** signal alternatif.

**accelerate:** (to), accélérer.

**accelerated:** accéléré, accélérée; **accelerated ageing,** vieillissement accéléré; **accelerated card feed,** alimentation accélérée de cartes; **accelerated test,** test accéléré.

**acceleration:** accélération; **acceleration limiter,** limiteur d'accélération; **acceleration meter,** accéléromètre; **acceleration of tape,** accélération de bande; **acceleration program,** programme de lancement; **acceleration time,** temps d'accélération; **angular acceleration,** accélération angulaire.

**accelerator:** accélérateur; **accelerator board,** carte accélératrice.

**accent:** accent.

**accented:** accentué; **accented character,** caractère accentué; **accented letter,** lettre accentuée.

**accentuate:** (to), accentuer.

**accept:** acquittement; **accept stacker,** case de réception normale; **accept statement,** commande d'acceptation.

**acceptability:** acceptabilité; **acceptability program,** programme d'acceptation de syntaxe.

**acceptable:** acceptable; **acceptable mean life,** durée de vie moyenne acceptable; **acceptable quality level (AQL),** niveau de qualité acceptable.

**acceptance:** acceptation; **acceptance certificate,** compte-rendu de réception; **acceptance condition,** condition d'acceptation; **acceptance criteria,** critères de conformité; **acceptance sampling,** contrôle par échantillonnage; **acceptance specification,** spécification de réception; **acceptance test,** essai de réception; **acceptance test procedure,** procédure de réception; **acceptance value,** valeur d'acceptation; **data acceptance,** acceptation des données.

**accepted:** accepté; **call not accepted,** appel refusé; **call-accepted,** acceptation d'appel; **call-accepted signal,** signal d'acceptation d'appel; **call-not-accepted signal,** signal de refus d'appel.

**accepting:** réception; **accepting station,** station réceptrice.

**acceptor\*:** automate; **bounded acceptor,** automate borné; **linear bounded acceptor,** automate linéaire borné.

**access\*:** accès; **access (to),** accéder à; **access arm,** bras d'accès; **access card,** carte d'accès; **access coding,** codage d'accès; **access conflict,** conflit d'accès; **access control,** restriction d'accès; **access control list,** liste de contrôle d'accès; **access control register,** registre à restriction d'accès; **access control word,** mot de restriction d'accès; **access cycle,** période d'accès, cycle d'accès; **access denied,** accès refusé; **access floor,** faux plancher; **access frequency,** taux de consultation; **access in series,** accès en série; **access instruction,** commande d'accès; **access key,** clé d'accès; **access key field,** champ d'accès; **access level,** niveau d'accès; **access line,** ligne d'accès; **access list,** liste d'habilitation; **access macro,** macro d'accès; **access mechanism,** mécanisme d'accès; **access method,** méthode d'accès; **access mode,** mode d'accès; **access motion,** mouvement d'accès; **access motor,** moteur de positionnement; **access path,** chemin d'accès; **access port,** port d'accès, point d'accès; **access record,** article d'accès; **access right,** droit d'accès; **access ring value,** valeur d'accès de rotation; **access speed,** vitesse d'accès; **access state,** état d'accès; **access station,** poste d'accès; **access technique,** technique d'accès; **access time,** temps d'accès, temps de cycle; **access type,** type d'accès; **access value,** valeur d'accès; **addressed sequential access,** accès séquentiel par adresse; **analog random access memory (ARAM),** mémoire analogique à accès direct; **arbitrary access,** accès arbitraire; **average access time,** temps moyen d'accès; **basic access method,** méthode d'accès de base; **basic direct access method,** méthode d'accès direct simplifiée; **basic indexed sequential access method (BISAM),** méthode simplifiée d'accès séquentiel indexé; **basic partitioned access method,** méthode simplifiée pour accès aux sous-fichiers; **basic sequential access (BSA),** accès séquentiel de base; **basic terminal access method (BTAM),** méthode d'accès par terminal de base; **card random access method (CRAM),** méthode d'accès sélectifs des cartes; **code division multiple access (CDMA),** accès multifréquence; **concurrent access,** accès concurrentiel, accès conflictuel; **data access control,** technique d'accès à l'information; **data access method,** méthode d'accès aux données; **descriptor access,** accès par mot clé; **direct access,** accès direct, accès immédiat; **direct access device,** périphérique à accès direct; **direct access file,** fichier à accès direct; **direct access library,** bibliothèque à accès direct; **direct access method,** méthode d'accès direct; **direct access storage,** mémoire à accès direct, mémoire aléatoire; **direct memory access (DMA),** accès direct à la mémoire; **direct memory access channel,** canal d'accès direct à la mémoire; **direct program access,** accès immédiat au programme; **disk access,** accès disque; **dual access,** double accès; **dual access tape unit,** dérouleur à double accès; **dynamic random access memory (DRAM),** mémoire vive dynamique; **elementary access method,** méthode d'accès élémentaire; **failure access,** accès accidentel; **fast access,** accès rapide; **fast access memory (FAM),** mémoire à accès rapide; **fast access storage,** mémoire à accès rapide; **file access,** accès fichier; **file access mode,** mode d'accès fichier; **immediate access,** accès immédiat, accès direct; **immediate access storage,** mémoire à accès immédiat, mémoire directe; **indexed sequential access,** accès séquentiel indexé; **instantaneous access,** accès instantané; **integrated access,** accès intégré; **key sequential access,** accès séquentiel par clé; **keyed access,** accès par clé; **logical access level,** niveau logique d'adresse; **low access memory,** mémoire à accès lent; **low access storage,** mémoire à accès lent; **manual access,** accès manuel; **mean access time,** temps d'accès moyen; **medium access storage,** mémoire à temps d'accès moyen; **memory access,** accès mémoire; **memory access mode,** mode d'accès à la mémoire; **memory access time,** temps d'accès à la mémoire; **memory random access,** accès aléatoire à la mémoire; **minimum access code,** code à accès minimisé; **minimum access programming,** programmation à temps d'accès minimal; **minimum access routine,** équation conditionnelle; **multichannel access,** accès multivoie; **multiple access,** multiaccès; **network access control,** contrôle d'accès au réseau; **parallel access,** accès parallèle; **physical access level,** niveau d'accès réel; **quasi-random access,** accès quasi-instantané; **queue access method,** méthode d'accès des files d'attente; **queued access,** accès par file d'attente; **queued access method,** méthode d'accès des files d'attente; **queued sequential access method,** méthode d'accès séquentiel de file; **quick access memory,** mémoire à accès rapide; **random access,** accès aléatoire; **random access device,** dispositif à accès direct; **random access input/output,** entrée/sortie à accès direct; **random access memory (RAM),** mémoire vive, mémoire à accès direct; **random access method,** méthode d'accès direct; **random access programming,** programmation indépendante du temps

d'accès; **random access sort,** tri à accès direct; **random access storage,** mémoire à accès aléatoire, mémoire vive; **rapid access loop,** zone d'accès rapide; **read/write access mode,** mode lecture/écriture; **reading-writing access mode,** mode d'accès lecture-écriture; **remote access,** accès à distance; **seek access time,** temps de recherche de données; **selective access,** consultation sélective; **semirandom access,** accès semi-aléatoire; **sequence access,** accès en séquence; **sequence access storage,** mémoire à accès séquentiel; **sequential access,** accès séquentiel; **sequential access method,** méthode à accès séquentiel; **serial access,** accès sériel; **serial access device,** organe à accès série; **serial access medium,** support à accès série; **serial access memory,** mémoire à accès séquentiel; **serial sequential access,** accès séquentiel en série; **shared access,** accès partagé; **simultaneous access,** accès simultané; **single-channel access,** accès monovoie; **single-user access,** accès mono-utilisateur; **slow access storage,** mémoire à accès lent; **storage access,** accès à la mémoire; **stream access,** accès série continu; **string level access,** niveau d'accès à la chaîne de caractères; **test access point,** point test; **time-division multiple access (TDMA),** accès multiple temporel; **tree access,** accès arborescent; **variable access,** accès variable; **variable-access time,** temps d'accès variable; **virtual access method (VAM),** méthode à accès virtuel; **zero access addition,** addition immédiate; **zero access memory,** mémoire à temps d'accès nul; **zero access storage,** adressage instantané.

**a c c e s s e d :** accédé, accédée; **beam-accessed,** accédé par rayon.

**a c c e s s i b i l i t y :** accessibilité; **controlled accessibility,** accessibilité contrôlée.

**a c c e s s i b l e :** accessible; **program-accessible,** accessible par programme; **uniform accessible memory,** mémoire à accès direct, mémoire immédiate.

**a c c e s s i o n :** consultation.

**a c c e s s o r :** mécanisme d'accès.

**a c c e s s o r y :** accessory equipment, équipement accessoire; **accessory feature,** matériel annexe; **accessory unit,** équipement annexe; **attachment accessory,** accessoire d'interconnexion; **desk accessory,** accessoire de bureau.

**a c c i d e n t :** accident; **accident-sensitive,** sensible aux perturbations.

**a c c i d e n t a l :** accidentel, accidentelle; **accidental disclosure,** retransmission invo-

lontaire; **accidental error,** erreur accidentelle; **accidental loss,** perte accidentelle.

**accommodate:** (to), prendre en
charge.

**accommodation:** prise en charge.

**accompanying:** accompagnant.

**accordion:** accordéon; **accordion
folding,** pliage en accordéon.

**account:** compte; **account balance,**
position d'un compte; **account card,** carte-
compte; **account class,** type de comptabilisation; **account classification,** classification
des comptes; **account current,** compte courant; **account file,** fichier de comptabilisation;
**account for (to),** justifier; **account form,** formulaire de compte courant; **account num-
ber,** numéro de compte; **account sequence,**
séquence de compte; **inactive account,**
compte inactif, compte non mouvementé; **job
account file,** fichier de comptabilisation des
travaux; **job account listing,** liste de comptabilisation des travaux; **job account log,**
journal de comptabilisation des travaux; **master account file,** fichier comptes permanent;
**master account record,** article permanent du
fichier comptes.

**accountancy:** service de facturation.

**accounting:** comptabilité; **accounting
analysis,** analyse de comptabilisation; **accounting computer,** ordinateur comptable;
**accounting department,** service de comptabilité; **accounting detail card,** carte des
mouvements; **accounting form,** document
comptable, feuille de compte; **accounting
machine,** machine comptable; **accounting
option,** complément de compte-rendu de travaux; **accounting package,** progiciel comptable; **accounting period,** période comp-
ble; **accounting routine,** sous-programme
de calcul; **accounting system,** procédure de
compensation, trace comptable; **bank accounting system,** système comptable bancaire; **business accounting,** comptabilité
commerciale; **electrical accounting machine (EAM),** machine comptable électrique;
**job accounting,** comptabilisation des travaux; **job accounting file,** fichier de comptabilisation des travaux; **job accounting
interface,** fonction de comptabilisation des
travaux; **job accounting report,** journal de
comptabilisation des travaux; **job accounting system,** système de comptabilité des travaux; **machine accounting,** comptabilité
mécanographique; **order accounting,** comptabilisation des commandes.

**accrue:** (to), s'accroître, s'accumuler.

**accumulate:** (to), accumuler.

**accumulated:** cumulé, cumulée; **ac-**

**cumulated error,** erreur cumulée; **accumulated total punching,** poinçonnage totalisateur; **accumulated value,** valeur cumulée.

**accumulation:** accumulation.

**accumulative:** cumulatif, cumulative;
**accumulative error,** erreur cumulative.

**accumulator*:** accumulateur; **accumulator calculation,** calcul avec accumulateur; **accumulator contents,** contenu
accumulateur; **accumulator register,** registre accumulateur; **accumulator shift,** décalage dans l'accumulateur; **accumulator volume,** capacité d'accumulateur; **additional
accumulator,** accumulateur additionnel;
**auxiliary accumulator,** accumulateur auxiliaire; **double-length accumulator,** accumulateur à double longueur; **electronic accumulator,** totalisateur électronique; **floating-point accumulator,** accumulateur en
virgule flottante; **index accumulator,** registre
d'index, accumulateur d'index; **shift accumulator,** accumulateur à décalage.

**accuracy*:** exactitude, précision; **accuracy control,** contrôle d'exactitude; **accuracy control character,** caractère de contrôle d'exactitude; **accuracy control system,**
système à contrôle d'erreur; **accuracy of
hole spacing,** exactitude des espacements;
**accuracy of recording,** précision d'enregistrement; **accuracy proof device,** protection
d'écriture; **accuracy rating,** taux d'exactitude; **calibrated accuracy,** précision d'étalonnage; **character accuracy,** précision des
caractères; **loss of accuracy,** perte de précision; **position accuracy,** exactitude de
positionnement; **positioning accuracy,** exactitude de positionnement; **reading accuracy,** précision de lecture; **recording accuracy,** exactitude d'enregistrement; **repetitive
accuracy,** exactitude de répétition; **setting
accuracy,** exactitude de réglage.

**accurate:** exact.

**ACD: automatic call distributor,** distributeur d'appels automatiques.

**acetate:** acétate; **acetate tape,** bande
acétate.

**achieve:** (to), atteindre, réaliser.

**acknowledge:** (to), reconnaître; **acknowledge character,** caractère de réception positif; **acknowledge receipt (to),** accuser réception; **acknowledge signal,** signal
de réception; **negative acknowledge (NAK),**
accusé de réception négatif; **negative acknowledge character,** caractère d'accusé de
réception négatif.

**acknowledgement:** accusé de réception; **acknowledgement bit,** bit de réception; **acknowledgement call,** appel d'accusé

de réception; **acknowledgement identifier,** identificateur accusé de réception; **acknowledgement request,** demande d'accusé de réception; **auto-acknowledgement,** accusé de réception automatique.

**a c o u s t i c :** acoustique; **acoustic coupler,** coupleur acoustique; **acoustic cover,** capot d'insonorisation; **acoustic delay line,** ligne à retard acoustique; **acoustic memory,** mémoire acoustique; **acoustic modem,** modem acoustique; **acoustic tablet,** tablette acoustique.

**a c q u i r e :** (to), acquérir.

**a c q u i s i t i o n :** acquisition; **acquisition profile,** masque de saisie; **automatic acquisition,** saisie automatique; **automatic data acquisition (ADA),** acquisition automatique de données; **centralized data acquisition,** saisie centralisée des données; **data acquisition (DA),** saisie de données; **data acquisition device,** dispositif de saisie des données; **data acquisition system,** système de saisie de données; **measured data acquisition,** saisie des données de mesure; **primary acquisition,** saisie à la base; **primary data acquisition,** saisie des données d'origine; **transaction context acquisition,** acquisition du contexte mouvement.

**a c r o n y m :** acronyme, sigle.

**A C S :** **auxiliary control station,** station de commande auxiliaire.

**a c t :** (to), effectuer.

**a c t i n g :** **fast acting relay,** relais à réponse rapide; **slow acting relay,** relais temporisé.

**a c t i o n * :** action; **action chart,** diagramme fonctionnel; **action code,** code d'intervention; **action control bit,** bit de contrôle fonctionnel; **action directive,** code fonctionnel; **action director,** directive opérationnelle; **action line,** ligne d'intervention; **action macro,** instruction macro; **action message,** message d'intervention; **action period,** période fonctionnelle; **action plan,** plan d'action; **action point,** point d'appui; **action queue slot,** zone d'intercalage; **action signal,** signal fonctionnel; **action time,** temps d'occupation; **corrective action pulse,** impulsion de réglage; **management action,** action de gestion; **on-off action,** action tout ou rien; **operator action,** mesure de l'opérateur; **operator action indicator,** indicateur d'introduction manuelle; **read action,** opération de lecture; **read action macro call,** macro-appel de lecture; **reciprocal action,** action réciproque; **regulating action,** réglage, régulation; **repeat-action key,** touche répétitive; **restore**

**action,** fonction de rappel; **seek action,** fonction de positionnement; **seek action macro-call,** macro-appel de recherche; **select action,** fonction de sélection; **sequence action relay,** relais à fonctionnement séquentiel; **verify action,** vérification; **wait action,** fonction d'attente; **write action,** fonction d'écriture; **writing action,** opération d'écriture.

**a c t i v a t e :** (to), activer, lancer; **activate button,** bouton de commande.

**a c t i v a t i o n :** mise en activité; **activation energy,** énergie de déclenchement; **activation point,** point de commande.

**a c t i v a t o r :** élément moteur.

**a c t i v e :** actif; **active cell,** cellule active; **active circuit,** circuit actif; **active decoding,** décodage actif; **active element,** élément actif; **active file,** fichier actif; **active icon,** icône active; **active job,** tâche active; **active job execution table,** table réelle des tâches; **active line,** ligne en activité; **active master file,** fichier principal actif; **active option,** option active; **active state,** état actif; **active transducer,** transducteur actif; **active window,** fenêtre active.

**a c t i v i t y * :** activité; **I/O activity,** activité des entrées/sorties; **activity bit,** bit fonctionnel; **activity card,** carte des mouvements; **activity indicator,** indicateur de mouvements; **activity level,** niveau de mouvement; **activity number,** numéro de mouvement; **activity pattern,** combinaison d'activités; **activity rate,** cadence de mouvement; **activity ratio,** taux d'activité; **activity register,** registre des mouvements; **activity schedule,** plan d'activité; **channel activity,** débit de canal; **dummy activity,** activité fictive; **file activity ratio,** taux d'utilisation de fichier; **level of activity,** niveau d'activité; **system activity,** activité du système; **zero activity,** activité nulle.

**a c t u a l :** réel; **actual address,** adresse réelle; **actual argument,** paramètre effectif; **actual code,** encodage absolu, encodage machine; **actual coding,** codage en code machine; **actual cost,** coût réel; **actual cost system,** calcul des coûts réels; **actual data,** données effectives; **actual data transfer rate,** cadence brute de transfert de données; **actual decimal point,** virgule décimale réelle; **actual execution,** exécution réelle; **actual hours,** heures effectives; **actual instruction,** instruction effective, instruction réelle; **actual key,** clé d'accès direct; **actual minus sign,** symbole moins imprimé; **actual parameter,** paramètre réel, paramètre effectif; **actual parameter list,** liste des paramètres effectifs; **actual parameter part,** partie de paramètre effectif; **actual patch card,** carte de correction effective; **actual plus sign**, symbole plus imprimé; **actual position**, position réelle; **actual selling price**, prix de vente effectif; **actual sign**, signe réel; **actual size**, grandeur réelle; **actual storage**, mémoire physique, mémoire réelle; **actual time**, temps effectif; **actual transfer**, transfert réel; **actual value**, valeur réelle.

**a c t u a l i s a t i o n :** cf **a c t u a l i z a t i o n .**

**a c t u a l i z a t i o n :** actualisation.

**a c t u a t e :** (to), actionner, déclencher.

**a c t u a t e d :** activé; **clock-actuated readout**, lecture au rythme d'horloge; **servo actuated**, servo-commande; **voice-actuated device**, dispositif vocal d'activation.

**a c t u a t i n g :** action de commander; **actuating signal**, signal de commande; **actuating variable**, variable d'excitation, variable de commande; **actuating voltage**, tension de commande.

**a c t u a t i o n :** commande.

**a c t u a t o r\* :** positionneur, actionneur.

**a c u t e :** **acute angle**, angle aigu.

**a c y c l i c :** acyclique; **acyclic process**, processus apériodique, processus acyclique.

**A D :** **AD conversion**, convertisseur A/N; **AD converter**, convertisseur A/N; **AD switch**, commutatuer A/N.

**A d a\* :** langage Ada.

**A D A :** **automatic data acquisition**, acquisition automatique de données.

**a d a p t :** (to), adapter.

**a d a p t a b i l i t y :** adaptabilité, souplesse d'adaptation.

**a d a p t a t i o n :** adaptation; **line adaptation**, adaptation de ligne; **software adaptation**, adaptation du logiciel.

**a d a p t e r :** adaptateur; **adapter base**, chassis de connexion de matériel; **adapter board**, ensemble d'adaptation; **adapter circuit**, circuit adaptateur, circuit d'adaptation; **adapter kit**, kit d'adaptation; **adapter plug**, connecteur intermédiaire; **adapter unit**, unité d'adaptation; **asynchronous adapter**, adaptateur asynchrone; **asynchronous channel adapter**, adaptateur de canal asynchrone; **bus mouse adapter**, interface souris de bus; **channel adapter**, adaptateur de canal; **color adapter**, carte couleur; **communications adapter**, adaptateur de communications; **data adapter (adaptor) unit**, interface de données; **data channel analog input adapter**, adaptateur de canal analogique; **data converter adapter**, adaptateur de convertisseur de données; **device adapter**, adaptateur périphérique; **device adapter interface**, adaptateur de périphérique; **display adapter**, adaptateur d'affichage, carte d'écran; **dual**

trace adapter, adaptateur bicourbe; **graphic display adapter**, carte graphique; **high-speed adapter**, adaptateur à gain élevé; **integrated adapter**, adaptateur intégré; **interface adapter**, adaptateur d'interface; **line adapter**, adaptateur de ligne; **line adapter set**, raccordement de lignes; **line adapter unit**, unité d'adaptation de ligne; **multiple peripheral adapter**, adaptateur multipériphérique; **page print adapter**, adaptateur d'imprimante page par page; **parallel mouse adapter**, interface souris parallèle; **phase adapter**, adaptateur de phase; **synchronous adapter**, adaptateur synchrone; **synchronous channel adapter**, adaptateur de voie synchrone; **synchronous communication adapter**, adaptateur de communication synchrone; **voltage adapter switch**, sélecteur de tension.

**a d a p t i n g :** adaptable; **self-adapting computer**, ordinateur auto-adaptatif.

**a d a p t i v e :** adaptatif, adaptative; **adaptive control**, commande auto-adaptative; **adaptive control system**, système auto-commandé; **adaptive delay equalizer**, compensateur de phase adaptatif; **adaptive delta modulation (ADM)**, modulation delta adaptable; **adaptive process**, processus adaptatif; **adaptive routing**, acheminement adaptatif; **adaptive system**, système adaptatif; **adaptive transform coding (ATC)**, codage de transformation adaptable.

**a d a p t o r :** adaptateur; **data adapter (adaptor) unit**, interface de données; **line adaptor**, adaptateur de ligne; **peripheral interface adaptor (PIA)**, contrôleur d'interface de périphérique.

**A D C :** **analog-to-digital conversion**, conversion analogique-numérique (CAN); **analog-to-digital converter (ADC)**, convertisseur analogique-numérique (CAN).

**a d d :** addition; **Boolean add**, addition booléenne, opération OU; **add (to)**, additionner, ajouter; **add back**, correction de la division; **add built-in function**, addition intégrée; **add carry**, retenue d'addition, report positif; **add file**, fichier d'ajouts; **add function**, fonction d'addition; **add instruction**, instruction d'addition; **add key**, touche d'addition; **add operation**, opération d'addition; **add statement**, commande d'addition; **add time**, temps d'addition; **add-on**, produit additionnel; **add-on core**, extension de mémoire; **add-on facility**, possibilité d'extension; **add-on memory**, extension mémoire; **add-on unit**, élément additionnel; **add-punch machine**, perforateur-additionneur; **add/subtract counter**, registre additionneur-soustracteur; **add/subtract key**, touche plus/moins; **add/subtract time,** temps d'addition ou de soustraction; **complement add,** addition au complément; **complementary add,** addition au complément; **double add,** addition à double précision; **false add,** addition partielle, addition sans retenue; **floating add,** addition en virgule flottante; **floating-reset add,** effacement et addition flottante; **logic add,** addition logique, OU logique; **logical add,** addition logique, union logique, OU logique; **true add,** addition numérique.

**added:** additionné, ajouté; **added cycle delay,** temps d'itération supplémentaire; **added wires,** lignes additionnelles.

**addend\*:** cumulateur; **addend register,** registre accumulateur; **address addend register,** registre accumulateur d'adresses.

**adder\*:** additionneur, sommateur; **adder output,** sortie d'additionneur; **adder overflow selector,** sélecteur de débordement; **adder stage,** phase d'addition; **adder-subtracter,** additionneur-soustracteur; **address adder,** additionneur d'adresses; **algebraic adder,** additionneur algébrique; **analog adder,** additionneur analogique; **binary adder,** additionneur binaire; **binary adder circuit,** circuit additionneur binaire; **binary half-adder,** demi-additionneur binaire; **digital adder,** additionneur numérique; **full adder,** additionneur complet, sommateur à trois entrées; **half-adder,** demi-additionneur, additionneur à deux entrées; **one-digit adder,** demi-additionneur, additionneur à deux entrées; **parallel adder,** additionneur parallèle; **parallel full adder,** additionneur parallèle avec retenue; **parallel half-adder,** demi-additionneur parallèle; **ripple-carry adder,** additionneur avec retenue; **serial adder,** additionneur série; **serial full adder,** additionneur série avec retenue; **serial half-adder,** demi-additionneur série; **three-input adder,** additionneur à trois entrées, sommateur complet; **two-input adder,** additionneur à deux entrées, demi-additionneur.

**adding:** addition; **adding circuit,** circuit d'addition; **adding counter,** compteur totalisateur; **adding device,** dispositif d'addition; **adding element,** élément d'addition; **adding key,** poussoir d'addition; **adding machine,** machine à additionner; **adding mechanism,** mécanisme d'addition; **adding operator,** opérateur additionnel; **adding register,** registre additionneur; **adding slip,** bande des additions; **adding speed,** vitesse d'addition; **adding tape,** bande des ajouts; **adding time,** temps d'addition; **adding wheel,** machine de Pascal.

**addition\*:** addition; **addition formula,** formule d'addition; **addition item,** article additionnel; **addition record,** enregistrement additionnel; **addition slip,** bande des additions; **addition table,** table d'addition; **addition without carry,** addition sans report; **additions area,** zone d'adjonction; **automatic addition,** addition automatique; **binary addition,** addition binaire; **destructive addition,** addition destructive; **fixed-point addition,** addition en virgule fixe; **floating-point addition,** addition en virgule flottante; **iterative addition,** addition itérative; **logic addition,** addition logique, OU logique; **logical addition,** addition logique, réunion logique, OU logique; **parallel addition,** addition parallèle; **serial addition,** addition série; **vector addition,** addition vectorielle; **zero access addition,** addition immédiate.

**additional:** additionnel, supplémentaire; **additional accumulator,** accumulateur additionnel; **additional addressing,** adressage complémentaire; **additional area,** zone supplémentaire; **additional bit,** bit complémentaire; **additional cable,** câble supplémentaire; **additional character,** caractère additionnel; **additional checking,** vérification supplémentaire; **additional equipment,** équipement supplémentaire; **additional feature,** dispositif additionnel; **additional impulse,** impulsion complémentaire; **additional indexing,** indexation supplémentaire; **additional label,** label additionnel; **additional line,** poste supplémentaire; **additional memory,** mémoire additionnelle.

**address\*:** adresse; N-address instruction, instruction à N adresses; **N-plus-one address instruction,** instruction à N plus une adresses; **abbreviated address,** adresse abrégée; **abbreviated address call,** appel à adresse abrégée; **absolute address,** adresse absolue; **absolute address resolution,** résolution d'adresses absolues; **absolute track address,** adresse de piste absolue; **actual address,** adresse réelle; **address (to),** adresser; **address addend register,** registre accumulateur d'adresses; **address adder,** additionneur d'adresses; **address adjustment,** correction d'adresse; **address administration,** gestion d'adresse; **address allocation,** attribution d'adresse; **address arithmetic,** arithmétique d'adressage; **address assignment,** affectation d'adresse; **address block format,** format de bloc d'adresses; **address breakpoint,** point de rupture d'adresse; **address buffer,** tampon d'adresses; **address bus,** bus d'adresses; **address calculation,** calcul d'adressage;

address call, appel d'adresse; address chain, chaîne d'adresses; address chaining, enchaînement d'adresses; address character, caractère d'adressage; address check, vérification d'adresse; address checking, contrôle d'adresse; address code, code d'adresse; address code format, format du code d'adresse; address comparator, comparateur d'adresses; address compilation, compilation d'adresses; address computation, calcul d'adressage; address constant, base d'adresse; address constant literal, littéral de constante d'adresse; address control, modification d'adresse; address control field, zone de modification adresse; address conversion, translation d'adresse; address counter, compteur d'adresses; address decoder, décodeur d'adresse; address directory, répertoire d'adresses; address field, champ d'adresse; address field extension, extension du champ d'adresse; address file, fichier d'adresses; address format, caractéristique d'adressage; address frame, partie adresse; address generation, génération calcul d'adresse; address index, indice d'adresse; address instruction, instruction d'adresse; address level, niveau de commande; address level directive, instruction de niveau d'adressage; address management, technique d'adressage; address manipulation, manipulation d'adresse; address mapping, conversion d'adresse; address modification, modification d'adresse; address modifier, modificateur d'adresse; address operand, opérande de l'adresse; address panel, tableau d'adresses; address part, partie d'adresse; address pattern, format d'adresse; address prefix, préfixe d'adresse; address printing, impression d'adresses; address program, programme d'adresses; address range, plage d'adresse; address range register, registre d'adresse de base; address register, registre d'adresse; address search, recherche d'adresse; address section, partie adresse; address selection, sélection d'adresses; address set, jeu d'adresses, ensemble d'adresses; address size, grandeur de l'adresse; address space, espace d'adressage; address storage area, zone d'adressage; address substitution, substitution d'adresse; address substitution bit, bit de réserve d'adresse; address substitution cell, cellule de réserve d'adressage; address switch, commutateur d'adressage; address system, système d'adresses; address table, table d'adresses; address track, piste d'adresses;

address transfer, transfert d'adresse; address translation, translation d'adresse, traduction d'adresse; address translator, translateur d'adresse, traducteur d'adresse; address value, valeur d'adresse; addressing symbolic address, adresse symbolique d'adressage; alphameric address, adresse alphanumérique; alternate track address, adresse de piste de réserve; area address, adresse de zone; arithmetic address, adresse arithmétique; asterisk address, adresse d'astérisque; automatic address, incrément automatique des adresses; automatic address modification, modification automatique d'adresse; auxiliary address, adresse auxiliaire; base address, adresse de base; base address register, registre d'adresse de base; basic address, adresse initiale; basic address calculation, calcul de l'adresse de base; bias address, adresse d'écart; binary-coded address, adresse codée binaire; blank address, adresse vide; block address, adresse de bloc; block start address, adresse début de bloc; bottom address, adresse basse; bottom of the stack address, adresse du bas de la pile; boundary address register, registre de limite d'adresses; branch address, adresse de branchement; branch address table, table des adresses de renvoi; bucket address, adresse de compartiment; buffer address, adresse tampon; buffer address register, registre des adresses tampon; buffer output address, adresse de sortie tampon; byte address, adresse de multiplet; call address, adresse d'appel; chain address, adresse de chaînage; chaining address, adresse d'enchaînement; channel address word (CAW), mot d'adresse de canal; coded address, adresse codée; command address, adresse de commande; communication register address, adresse de registre de transmission; computer address bus, bus des adresses de calculateur; connection address, adresse de connexion; continuation address, adresse de suite; core sector address, adresse de secteur mémoire; counting address register, registre de contrôle d'adresses; coupled address, adresse couplée; cue track address code, code d'adresse de la piste d'ordres; current address counter, compteur d'adresses courantes; current write address, adresse d'écriture réelle; cylinder address, adresse de cylindre; data address, adresse des données; data block address, adresse de bloc de données; destination address, adresse réceptrice;

**device address,** adresse de périphérique; **device address parameter,** paramètre d'adressage de périphérique; **device address register,** registre des adresses de périphérique; **device address table,** table d'adressage de périphérique; **differential address,** adresse différentielle; **direct address,** adresse directe; **disk address,** adresse de disque; **displacement address,** adresse de décalage; **drum address,** adresse de tambour; **dummy address,** adresse fictive; **dummy home address,** pseudo-adresse de voie; **dynamic address translation (DAT),** translation dynamique d'adresse; **effective address,** adresse effective; **end address,** adresse finale; **end of address,** fin d'adresse; **end-of-address character (EDA),** caractère fin d'adresse; **entrance address,** adresse d'accès; **entry address,** adresse de lancement; **entry point address,** adresse de point d'entrée; **exclusive address code,** code d'adresse exclusif; **explicit address,** adresse explicite; **extended address field,** extension de la zone d'adresse; **extent address,** adresse de domaine; **external address,** adresse externe; **file description address,** adresse de description de fichier; **first-level address,** adresse de bas niveau; **floating address,** adresse flottante; **four-address code,** code à quatre adresses; **four-address instruction,** instruction à quatre adresses; **four-address method,** méthode à quatre adresses; **four-plus-one address,** à quatre-plus-une adresses; **from address,** adresse d'origine; **generated address,** adresse générée; **hardware address,** adresse câblée; **high address,** adresse supérieure; **high-order address,** adresse cadrée à gauche; **home address,** adresse de piste de rangement; **home address field,** zone d'adresse piste; **home address record,** bloc d'adresse de voie; **immediate address,** opérande immédiat, adresse immédiate; **immediate address,** adresse immédiate; **immediate address instruction,** instruction d'adressage direct; **implicit address,** adresse implicite; **implicit address instruction,** instruction à adresse implicite; **implied address,** adresse implicite; **indexed address,** adresse indexée; **indirect address,** adresse indirecte; **initial address,** adresse initiale; **initial load address,** adresse de charge initiale; **instruction address,** adresse d'instruction; **instruction address change,** changement des adresses d'instructions; **instruction address register,** registre d'adresses, registre d'instructions; **interactive address,** adresse interactive; **interrupt address table,** table des adresses d'interruption; **invalid address,** adresse périmée; **jump address,** adresse de saut; **key address,** adresse d'indicatif; **left hand address,** adresse de début; **left octet address,** adresse alignée à gauche; **link address,** adresse de lien; **link address field,** champ d'adresse de lien; **linking address,** adresse de lien; **list address,** adresse de liste; **load area address,** adresse de de zone de chargement; **logic address,** adresse logique; **logical address,** adresse logique; **low address,** adresse inférieure; **low-order address,** adresse cadrée à droite; **machine address,** adresse machine; **main memory address,** adresse de mémoire centrale; **memory address,** adresse de mémoire; **memory address counter,** compteur d'adresses de mémoire; **memory address register,** mémoire à registre d'adresse; **memory address select register,** registre de sélection des adresses de mémoire; **memory address translation,** traduction de l'adresse de mémoire; **memory starting location address,** adresse de début d'implantation en mémoire; **multilevel address,** adresse multiniveau; **multiple address code,** code multiadresse; **multiple address instruction,** instruction multiadresse; **multiple address machine,** machine multiadresse; **multiple address message,** message multiadresse; **no-address instruction,** instruction sans adresse; **one address,** à une adresse, à adresse unique; **one-address code,** code à une adresse; **one-address computer,** ordinateur à une adresse; **one-address instruction,** instruction à une adresse; **one-address method,** méthode à adresse unique; **one-address system,** système à une adresse; **one-level address,** adresse à un niveau; **one-plus-one address,** à une-plus-une adresses; **one-plus-one address instruction,** instruction à une plus une adresses; **one-to-N address instruction,** instruction à une ou N adresses; **open address,** adresse ouverte; **operand address,** adresse opérande; **original address,** adresse originale; **output address register,** registre des adresses de sortie; **peripheral address assignment,** affectation des adresses de périphériques; **peripheral address expander,** commutateur d'adresses de périphériques; **physical address,** adresse physique; **physical drive address,** adresse physique du disque; **physical unit address,** adresse physique de l'unité; **poll address,** adresse de scrutation; **presumptive address,** adresse de référence; **primary address,** attributaire principal; **process address space,** adresse de processus; **program address counter,** registre d'instructions; **provisional address,** adresse provisoire; **random address,** adresse directe; **real address,** adresse réelle; **record address,** adresse d'enregistrement; **record address file,** fichier des adresses d'enregistrements; **reference address,** adresse de référence; **relative address,** adresse relative; **relocatable address,** adresse translatable; **relocation address,** adresse de translation; **return address,** adresse de retour; **right octet address,** adresse alignée à droite; **second-level address,** adresse à opérande complexe; **secondary address,** adresse secondaire, attributaire secondaire; **sector address,** adresse de secteur; **seek address,** adresse de recherche; **segment relative address,** adresse relative d'un segment; **segmented address,** adresse segmentée; **self-relative address,** adresse autorelative; **sequence address,** adresse de séquence; **single address,** adresse unique; **single-address instruction,** instruction à une (simple) adresse; **single-address machine,** machine à adresse unique; **single-level address,** adresse de niveau simple; **source address,** adresse source; **specific address,** adresse spécifique; **starting address,** adresse de départ; **starting load address,** adresse de début de chargement; **storage address,** adresse d'implantation; **storage address counter,** compteur d'adresses d'implantation; **storage address dial switch,** interrupteur sélecteur d'adresse; **storage address select register,** registre de sélection d'adresses; **symbolic address,** adresse symbolique; **symbolic unit address,** adresse symbolique de l'unité; **synthetic address,** adresse calculée; **terminal address,** adresse de terminal; **terminal address selector,** sélecteur d'adresses de connexion; **test address,** adresse de test; **three-address,** à trois adresses; **three-address code,** code à trois adresses; **three-address computer,** calculateur à trois adresses; **three-address instruction,** instruction à trois adresses; **three-address machine,** machine à trois adresses; **three-address system,** système à trois adresses; **track address,** adresse de piste; **transfer address,** adresse de transfert; **two-address,** à deux adresses; **two-address code,** code à deux adresses; **two-address instruction,** instruction double adresse; **two-address machine,** machine à deux adresses; **two-plus-one address,** à deux-plus-une adresses; **two-plus-one address instruction,** instruction à deux plus une adresses; **undefined ad-**

dress, adresse indéfinie; **unit address,** adresse d'unité; **user address space,** espace mémoire de l'utilisateur; **variable address,** adresse de variable; **virtual address,** adresse virtuelle; **word address,** adresse de mot; **word address format,** format d'adresse de mot; **write address,** adresse d'écriture; **xy address,** adresse xy; **zero address instruction,** instruction immédiate, sans adresse; **zero address instruction format,** format d'instruction immédiate; **zero relative address,** adresse relative à zéro; **zero-level address,** adresse de niveau zéro.

**addressability:** capacité d'adressage.

**addressable*:** adressable; **addressable by position,** adressable par position; **addressable clock,** horloge adressable; **addressable cursor,** curseur adressable; **addressable location,** partition adressable; **addressable memory,** mémoire adressable; **addressable point,** position adressable, point adressable; **addressable register,** registre adressable; **all-points-addressable graphic,** graphique adressable en tous points; **content-addressable memory,** mémoire associative.

**addressed*:** adressé; **addressed memory,** mémoire adressée; **addressed sequential access,** accès séquentiel par adresse; **content-addressed storage,** mémoire adressable par le contenu; **specific-addressed location,** position à adresse absolue.

**addressee:** destinataire.

**addresser:** expéditeur; **dynamic addresser,** programme d'adressage dynamique.

**addresses:** adresses; **table of addresses,** table d'adresses.

**addressing:** adressage; **N-level addressing,** adresse à n-niveaux; **abbreviated addressing,** adressage abrégé; **absolute addressing,** adressage absolu; **additional addressing,** adressage complémentaire; **addressing character,** caractère d'appel de réception; **addressing format,** format d'adresse; **addressing information,** données d'adressage; **addressing level,** niveau d'adressage; **addressing mode,** mode d'adressage; **addressing module,** module d'adressage; **addressing operation,** opération d'adressage; **addressing signal,** signal d'adressage; **addressing symbolic address,** adresse symbolique d'adressage; **addressing system,** système d'adressage; **addressing technique,** technique d'adressage; **asso-**

ciative addressing, adressage associatif; auto-indexed addressing, adressage auto-indexé; base addressing, adressage de base; broadcasting addressing, adresse de diffusion; chain sequential addressing, adressage en séquentiel enchaîné; chained addressing, adressage enchaîné; content-addressing, adressage par contenu; deferred addressing, adressage différé, adressage indirect; direct addressing, adressage direct; discrete addressing, adressage discret, adressage individuel; displacement addressing, adressage par déplacement; dynamic addressing, adressage dynamique; explicit addressing, adressage explicite; extended addressing, adressage étendu; four-port addressing, connexion à quatre fils; group addressing, adressage de groupe; immediate addressing, adressage immédiat; implied addressing, adressage implicite, adressage automatique; indexed addressing, adressage variable; indirect addressing, adressage indirect; interleaved addressing, accès imbriqué; level of addressing, niveau d'adressage; line addressing, adressage de ligne; linear addressing, adressage linéaire; magnetic tape addressing, adressage de bande magnétique; multilevel addressing, adressage multiniveau; multilevel indirect addressing, adressage indirect multiniveau; multiple addressing, multiadressage; one-ahead addressing, adressage à progression unitaire; one-level addressing, adressage à un niveau; optimal addressing, adressage optimal; programmed addressing, adressage programmé; random addressing, adressage à accès aléatoire; raster pixel addressing, adressage de point-image; register addressing, adressage de registre; relative addressing, adressage relatif; repetitive addressing, adressage répétitif; self-relative addressing, adressage autorelatif; sequential addressing, adressage séquentiel; specific addressing, adressage de base; stepped addressing, adressage progressif; switching unit addressing, adressage aiguilleur; symbolic addressing, adressage symbolique; terminal addressing, adressage de terminaux; two-level addressing, adressage à deux niveaux; virtual addressing, adressage virtuel; zero level addressing, adressage de premier niveau; zero page addressing, adressage par page.

**addressless:** sans adresse; **addressless instruction,** instruction sans adresse; **addressless instruction format,** format d'instruction sans adresse.

**A D E :** automatic data exchange, échange automatique de données.

**a d h e s i v e :** adhésif, adhésive; **adhesive label,** étiquette adhésive.

**a d j a c e n c y :** adjacence, contiguïté; **adjacency matrix,** matrice d'incidence.

**a d j a c e n t :** adjacent; **adjacent angle,** angle adjacent; **adjacent bit interaction,** interférence du bit adjacent; **adjacent channel interference,** diaphonie entre voies adjacentes; **adjacent node,** noeud adjacent; **adjacent selectivity,** sélectivité adjacente; **adjacent vertex,** sommet adjacent, noeud adjacent.

**a d j o i n t :** adjoint; **adjoint equation,** équation adjacente; **adjoint function,** fonction adjacente; **adjoint system,** système adjacent.

**a d j u n c t :** adjonction; **adjunct unit,** module auxiliaire, unité complémentaire.

**a d j u s t :** (to), régler; **half adjust (to),** arrondir; **half-adjust,** arrondi; **right-adjust (to),** décaler vers la droite.

**a d j u s t a b l e :** réglable; **adjustable size aggregate,** agrégat de taille ajustable.

**a d j u s t e d :** cadré, réglé; **left-adjusted,** cadré à gauche; **right-adjusted,** cadré à droite.

**a d j u s t m e n t :** ajustement, réglage, mise au point; **address adjustment,** correction d'adresse; **adjustment chart,** liste de comparaison; **adjustment device,** organe de réglage; **adjustment instruction,** directive de réglage; **adjustment of display intensity,** réglage de la brillance d'écran; **adjustment program,** programme de mise au point; **adjustment range,** plage de réglage; **character adjustment,** décalage de caractères; **gain adjustment,** réglage d'amplification; **margin adjustment,** positionnement de marge; **minus adjustment,** correction négative; **plus adjustment,** correction plus; **vernier adjustment range,** plage de réglage précis; **zero adjustment,** ajustement du point zéro.

**A D M :** adaptive delta modulation, modulation delta adaptable.

**a d m i n i s t r a t i o n :** administration; **address administration,** gestion d'adresse; **database administration,** administration de base de données.

**a d m i n i s t r a t o r :** administrateur; **data administrator,** gestionnaire de données; **database administrator,** administrateur de banques de données; **network administrator,** administrateur de réseau.

**a d m i s s i b i l i t y :** admissibilité.

**a d m i s s i b l e :** admissible, permis; **admissible character,** caractère admissible;

**admissible mark,** repère admissible.

**admittance:** admittance; **admittance matrix,** matrice d'admittance.

**admode:** mode d'adressage.

**ADP:** **ADP coordinator,** coordinateur informatique; **automatic data processing (ADP),** traitement automatique de données.

**ADU:** **automatic dialing unit,** dispositif de numérotation automatique.

**advance:** avance; **advance (to),** progresser, avancer; **advance block,** bloc précédent; **advance direction,** sens de déroulement; **advance feed tape,** bande perforée à alignement frontal; **advance increment,** pas de progression; **advance preparation,** préparation préliminaire; **counter advance,** progression de compteur; **group advance,** évolution de groupe, progression de groupe; **line advance,** saut de ligne; **line advance order,** commande de saut de ligne; **paper advance,** avance papier; **paper advance mechanism,** mécanisme d'avance papier; **program advance,** progression de programme; **shift advance control,** commande de progression.

**advanced:** avancé, évolué; **advanced computer concept,** conception informatique évoluée; **advanced language,** langage évolué; **advanced print features,** caractéristiques d'impression évoluées; **advanced programming,** programmation évoluée; **advanced read,** lecture anticipée; **advanced stacked job processing,** traitement séquentiel évolué des travaux; **advanced technology,** technologie d'avant-garde.

**adverse:** inverse; **adverse effect,** effet inverse.

**affix:** affix (to), attacher, fixer.

**afterglow:** persistance lumineuse.

**AGC:** **automatic gain control,** contrôle automatique de gain.

**aged:** agé, usé; **aged data,** données altérées.

**ageing:** vieillissement; **accelerated ageing,** vieillissement accéléré; **ageing date,** date d'expiration; **ageing routine,** contrôle de longévité; **ageing test,** test de vieillissement.

**agenda:** liste d'opérations.

**aggregate:** agrégat; **adjustable size aggregate,** agrégat de taille ajustable; **aggregate level,** niveau d'ensemble; **aggregate signal,** signal global; **assumed size aggregate,** agrégat de taille implicite; **data aggregate,** données structurées.

**agreement:** accord, contrat; **maintenance agreement,** contrat de maintenance; **standstill agreement,** accord implicite.

**ahead:** en avant; **go-ahead tone,** tonalité d'invitation à transmettre; **hub go-ahead polling,** invitation à émettre de proche en proche; **look-ahead,** anticipation; **one-ahead addressing,** adressage à progression unitaire; **type-ahead buffer,** tampon de clavier.

**aid:** aide, support; **computer aid,** assistance par ordinateur; **debugging aids,** outils de débogage; **design aid,** aide à la conception; **documentation aids,** assistance à la documentation; **hyphenation aid,** aide à la césure; **maintenance aids,** moyens de maintenance; **programming aid,** aide à la programmation, outil de programmation; **service aids,** indications pratiques; **teaching aids,** moyens d'enseignement; **transition aid,** moyens transitoires.

**aided:** aidé, assisté; **aided instruction,** instruction assistée; **computer-aided design (CAD),** conception assistée par ordinateur (CAO); **computer-aided engineering (CAE),** ingénierie assistée par ordinateur (IAO); **computer-aided instruction (CAI),** instruction assistée par ordinateur (IAO); **computer-aided manufacturing (CAM),** fabrication assistée par ordinateur (FAO); **machine-aided programming,** programmation assistée par machine.

**air:** air; **air bearing,** coussinet d'air, palier d'air; **air circulation,** circulation d'air; **air condition,** installation de climatisation; **air conditioner,** climatiseur d'air; **air conditioning,** air conditionné; **air conditioning device,** appareil à air conditionné; **air conditioning equipment,** matériel de climatisation; **air cooled,** refroidi par air; **air cooling,** climatisation; **air cushion,** palier d'air, coussinet d'air; **air drying station,** poste de séchage; **air duct,** canal d'aération, passage d'air; **air filter,** filtre à air; **air flow system,** filtre d'aération; **air gap,** entrefer; **air opening,** sortie d'air; **air pollution,** pollution d'air; **air pressure switch,** commutateur à pression d'air; **air-conditioned,** air climatisé.

**AIS:** **anti-intercept system,** système anti-interception.

**alarm:** alarme; **alarm circuit,** circuit d'alerte; **alarm condition information,** information d'état d'alerte; **alarm current,** courant d'alerte; **alarm display,** affichage d'alerte; **alarm equipment,** mécanisme d'alarme; **alarm indication,** indication d'alerte; **alarm inhibit,** blocage d'alerte; **alarm message,** message d'alerte; **alarm module,** module d'alerte; **alarm panel,** panneau d'alerte; **alarm repetition,** répétition des signaux d'alerte; **alarm signal processing routine,**

programme de traitement des alertes; **alarm station**, poste d'alerte; **audible alarm**, alarme acoustique.

**A L D: analog line driver**, amplificateur d'attaque de ligne.

**a l e r t**: alerte; **alert (to)**, alerter, signaler; **alert condition**, condition d'alerte; **alert recovery routine**, routine de reprise; **alert signal**, signal d'alerte; **channel alert**, indication d'erreur de canal; **data alert**, signal d'erreur de données.

**a l e r t o r:** détecteur d'incident.

**a l g e b r a**: algèbre; **Boolean algebra**, algèbre booléenne; **matrix algebra**, algèbre matricielle; **switching algebra**, algèbre logique.

**a l g e b r a i c**: algébrique; **algebraic adder**, additionneur algébrique; **algebraic equation**, équation algébrique; **algebraic expression**, expression algébrique; **algebraic fraction**, fraction algébrique; **algebraic function**, fonction algébrique; **algebraic language**, langage algébrique; **algebraic number**, nombre algébrique; **algebraic semantics**, sémantique algébrique; **algebraic sign**, signe algébrique préfixe; **algebraic structure**, structure algébrique; **algebraic sum**, somme algébrique; **algebraic-oriented language**, langage spécialisé algébrique; **international algebraic language (IAL)**, langage algébrique international (IAL); **linear algebraic equation**, équation algébrique linéaire.

**A L G O L\*:** langage ALGOL; **algorithmic language (ALGOL)**, langage algorithmique (ALGOL).

**a l g o r i t h m\***: algorithme; **algorithm elaboration**, algorigramme; **algorithm theory**, théorie algorithmique; **algorithm translation**, traduction algorithmique; **bisection algorithm**, algorithme de recherche binaire; **clipping algorithm**, algorithme de détourage; **flow deviation algorithm (FDA)**, algorithme de déviation de fluence; **hash algorithm**, algorithme de hachage; **hashing algorithm**, algorithme d'accès direct; **neural network algorithm**, algorithme de réseaux neuronaux; **polygon filling algorithm**, algorithme de remplissage de polygones; **polygon generation algorithm**, algorithme de production de polygones; **scheduling algorithm**, algorithme de planification; **smoothing algorithm**, algorithme de lissage; **sorting algorithm**, algorithme de tri; **stemming algorithm**, algorithme de troncation; **task scheduling algorithm**, algorithme de planification des tâches.

**a l g o r i t h m i c\*:** algorithmique; **algorithmic language (ALGOL)**, langage algorithmique (ALGOL); **algorithmic method**, mé-

thode algorithmique; **algorithmic routine**, routine algorithmique; **algorithmics**, l'algorithmique.

**a l i a s:** alias; **alias name**, pseudonyme.

**a l i a s i n g\*:** crénelage.

**a l i e n**: étranger; **alien machine**, équipement étranger; **alien system**, système étranger.

**a l i g n**: (to), aligner.

**a l i g n e d**: aligné; **aligned forms**, série de formulaires; **left-aligned**, cadré à gauche; **right-aligned**, cadré à droite.

**a l i g n e r**: mécanisme d'alignement; **aligner area**, piste d'alignement; **aligner bar**, barre d'alignement; **aligner finger**, dispositif de cadrage; **aligner gate**, dispositif d'alignement; **aligner guide**, guide de cadrage; **aligner station**, poste de centrage.

**a l i g n i n g**: alignement; **aligning edge**, marge de cadrage; **text aligning**, cadrage textuel.

**a l i g n m e n t**: alignement; **alignment bit**, bit d'alignement; **alignment edge**, bord de cadrage; **alignment error**, erreur d'alignement; **alignment function**, fonction de référence; **alignment mark**, repère d'alignement; **alignment procedure**, procédure d'alignement; **alignment roller**, rouleau d'alignement; **alignment tool**, outil d'alignement; **automatic decimal alignment**, alignement automatique sur la virgule décimale; **boundary alignment**, alignement sur adresse de début; **byte boundary alignment**, alignement sur multiplet; **character alignment**, alignement de caractères; **decimal alignment**, cadrage de virgule décimale; **decimal point alignment**, cadrage de la virgule décimale; **file alignment**, mise en forme de fichier; **form alignment**, alignement de formulaire; **point alignment**, alignement sur la virgule; **type alignment**, alignement de caractères; **word alignment**, alignement sur un mot.

**a l i v e:** en marche.

**a l l i g a t o r:** crocodile; **alligator clip**, pince crocodile.

**a l l o c a t e**: allocate (to), allouer; **allocate function**, fonction d'allocation; **allocate statement**, instruction d'allocation.

**a l l o c a t e d**: réservé; **allocated storage**, mémoire allouée.

**a l l o c a t i o n**: allocation; **address allocation**, attribution d'adresse; **allocation convention**, règle d'allocation; **allocation counter**, registre d'affectation, registre d'allocation; **allocation date**, date d'attribution; **allocation index**, indice d'allocation; **allocation level**, niveau d'allocation; **allocation map**, table d'allocation; **allocation mode,** mode d'allocation; **allocation number,** numéro d'affectation; **allocation of space,** attribution; **allocation parameter,** paramètre d'allocation; **allocation priority,** priorité d'allocation; **allocation program,** programme d'affectation; **allocation register,** registre d'affectation; **allocation strategy,** règle d'allocation; **allocation table,** liste d'affectation, table d'allocation; **allocation table pointer,** pointeur de table d'allocation; **automatic storage allocation,** attribution automatique de mémoire; **bit allocation,** attribution de bit; **block allocation map,** table d'allocation de blocs; **buffer allocation,** attribution de tampon; **computer resource allocation,** affectation des ressources calcul; **core allocation,** allocation de mémoire centrale; **device allocation,** allocation de périphérique; **direct allocation,** affectation directe, allocation directe; **dynamic allocation,** attribution dynamique, affectation dynamique; **dynamic buffer allocation,** allocation de tampon dynamique; **dynamic bus allocation,** allocation dynamique du bus; **dynamic resource allocation,** allocation dynamique des ressources; **dynamic storage allocation,** allocation dynamique de mémoire; **file allocation,** allocation de fichier; **file allocation index,** indice d'affectation de fichier; **float allocation,** attribution de jeu; **frequency allocation,** attribution des fréquences; **group allocation,** répartition des groupes primaires; **memory allocation,** attribution de mémoire; **memory allocation manager,** gestionnaire d'attribution mémoire; **parallel allocation,** allocation partagée; **peripheral allocation table (PIA),** table des états périphériques; **peripheral device allocation,** allocation de périphérique; **primary allocation,** allocation élémentaire; **resource allocation,** allocation des ressources; **static allocation,** allocation statique; **storage allocation,** attribution de mémoire; **terminal allocation,** allocation des terminaux; **unit of allocation,** unité d'affectation; **variable allocation statement,** instruction d'affectation de variable.

a l l o c a t o r : distributeur; **allocator routine,** routine d'affectation; **file support allocator,** programme d'affectation de fichier.

a l l o t m e n t : lotissement, allocation; **memory allotment,** allocation de la mémoire.

a l l o t t e r : **transmitter allotter,** répartiteur.

a l l o w a n c e : ressource; **runout allowance,** excentricité admissible.

a l p h a b e t : alphabet; **alphabet code,** code alphabétique; **alphabet key,** touche al-

phabétique; **alphabet translation,** traduction alphabétique; **alphabet-name,** nom alpha; **international alphabet,** alphabet international.

a l p h a b e t i c : alphabétique; **alphabetic character,** caractère alphabétique; **alphabetic code,** code alphabétique; **alphabetic coding,** codification alphabétique; **alphabetic collator,** interclasseuse alphabétique; **alphabetic data,** données alphabétiques; **alphabetic data input,** entrée de données alphabétiques; **alphabetic element,** élément de classification alphabétique; **alphabetic feature,** dispositif alphabétique; **alphabetic field limit,** limitation de zone alphabétique; **alphabetic file,** fichier alphabétique; **alphabetic index,** index alphabétique; **alphabetic information,** information alphabétique; **alphabetic interpreter,** traductrice alphabétique; **alphabetic item,** donnée alphabétique; **alphabetic keyboard,** clavier alphabétique; **alphabetic keypad,** clavier alpha; **alphabetic letters,** lettres alphabétiques; **alphabetic marking,** repérage alphabétique; **alphabetic order,** ordre alphabétique; **alphabetic print control,** commande de l'impression alphabétique; **alphabetic printing,** impression alphabétique; **alphabetic punch,** perforateur alphabétique; **alphabetic receive,** entrée alphabétique, réception alphabétique; **alphabetic register,** registre alphabétique; **alphabetic sequence,** ordre alphabétique; **alphabetic sort,** tri alphabétique; **alphabetic string,** chaîne (de caractères) alphabétique; **alphabetic telegraphy,** message télex; **alphabetic test,** recherche de caractères alphabétiques; **alphabetic transmit,** transmission alphabétique; **alphabetic word,** mot alphabétique; **test alphabetic,** test de validité alphabétique.

a l p h a b e t i c a l : alphabétique; **alphabetical order,** ordre alphabétique, ordre ascendant; **alphabetical sorting,** classement alphabétique.

a l p h a m e r i c * : alphanumérique; **alphameric address,** adresse alphanumérique; **alphameric characters,** caractères alphanumériques; **alphameric code,** code alphanumérique; **alphameric coding,** codage alphanumérique; **alphameric data,** informations alphanumériques; **alphameric display tube,** écran de visualisation alphanumérique; **alphameric notation,** notation alphanumérique; **alphameric punch,** perforateur alphanumérique; **alphameric type bar,** barre porte-caractères alphanumériques; **alphameric word,** mot alphanumérique.

a l p h a m o s a i c * : alphamosaïque.

**alphanumeric\*:** alphanumérique; **alphanumeric character,** signe alphanumérique; **alphanumeric character set,** jeu de caractères alphanumériques; **alphanumeric code,** code alphanumérique; **alphanumeric coding,** codage alphanumérique; **alphanumeric conversion,** conversion alphanumérique; **alphanumeric data,** données alphanumériques; **alphanumeric display tube,** tube-écran alphanumérique; **alphanumeric display unit,** unité d'affichage alphanumérique; **alphanumeric expression,** expression alphanumérique; **alphanumeric information,** information alphanumérique; **alphanumeric input,** introduction alphanumérique; **alphanumeric instruction,** instruction alphanumérique; **alphanumeric item,** donnée alphanumérique; **alphanumeric key,** touche alphanumérique; **alphanumeric keyboard,** clavier alphanumérique; **alphanumeric literal,** libellé alphanumérique; **alphanumeric machine,** machine alphanumérique; **alphanumeric optical reader,** lecteur optique alphanumérique; **alphanumeric output,** sortie alphanumérique; **alphanumeric reader,** lecteur alphanumérique; **alphanumeric representation,** représentation alphanumérique; **alphanumeric sort,** tri alphanumérique; **alphanumeric sorting,** tri alphanumérique; **alphanumeric storage,** mémoire alphanumérique; **alphanumeric unit,** unité alphanumérique; **alphanumeric-coded character,** caractère codé en alphanumérique.

**alphanumerical:** alphanumérique; **alphanumerical data,** données alphanumériques.

**alter:** (to), altérer, modifier; **alter mode,** mode de modification; **alter operation,** opération de modification; **alter statement,** instruction d'aiguillage.

**alterable:** altérable; **alterable ROM (AROM),** mémoire altérable; **alterable read-only memory,** mémoire morte altérable; **alterable switch,** commutateur programmable; **electrically alterable read-only memory (EAROM),** mémoire morte reprogrammable électriquement.

**alteration:** altération, changement; **alteration gate,** porte OU; **alteration program,** programme de modification; **alteration switch,** inverseur.

**altering:** altération, modification.

**alternate:** alternatif, secondaire, auxiliaire; **alternate area,** zone supplémentaire; **alternate buffer,** mémoire tampon alterné; **alternate card format,** format de codage alternatif; **alternate channel,** canal alternatif; **alternate character set,** jeu de caractères secondaires; **alternate circuit,** circuit de réserve; **alternate collating sequence,** ordre de présence alterné; **alternate communication,** exploitation semi-duplex; **alternate communication system,** système de communication auxiliaire; **alternate current (AC),** courant alternatif (CA); **alternate cylinder,** cylindre de secours; **alternate denial,** opération NON-ET; **alternate device,** unité de remplacement, unité de secours; **alternate field control,** contrôle de champ alterné; **alternate index,** index alterné; **alternate instruction,** instruction saut, instruction de branchement; **alternate key,** clé auxiliaire, touche secondaire; **alternate library,** bibliothèque de réserve; **alternate memory cycle,** cycle de mémoire auxiliaire; **alternate operation,** opération en alternat; **alternate path,** connexion alternative, voie de déroutement; **alternate path retry,** répétition par voie de déroutement; **alternate program,** programme alterné, programme interchangeable; **alternate ribbon color,** couleur de ruban complémentaire; **alternate route,** acheminement de remplacement; **alternate route retry,** répétition par voie de déviation; **alternate routing,** cheminement secondaire, routage de secours; **alternate tape,** bande interchangeable; **alternate tape drive,** unité à bandes interchangeables; **alternate text transfer,** transmission de texte alternée; **alternate track,** piste alternative, piste de réserve; **alternate track address,** adresse de piste de réserve; **alternate track area,** zone des pistes de réserve; **alternate track assignment,** allocation de piste de réserve; **alternate track pool,** zone des pistes de réserve; **alternate track recording,** enregistrement par pistes alternantes; **alternate trunk group,** circuit de déroutement; **alternate trunk line,** ligne de réserve; **alternate type style,** police de caractères secondaire; **alternate unit,** unité de remplacement; **two-way alternate communication,** communication bilatérale à l'alternat.

**alternation:** opération OU; **alternation constant,** constante d'alternation; **alternation mode,** mode alterné.

**alternative:** alternatif, secondaire, auxiliaire; **alternative channel,** canal auxiliaire; **alternative collating sequence,** ordre de classement à l'alternat; **alternative console,** console de secours; **alternative denial gate,** porte NON-ET; **alternative instruction,** instruction de déroutement; **alternative program,** programme de réserve, programme auxiliaire; **alternative track,** piste alternative; **alternative unit,** unité de remplacement.

**alternator:** alternateur.

**alterned:** alterné, alternée; **alterned mark inversion code (AMI),** code à inversion de marque alternée.

**ALU: arithmetic and logic unit,** unité arithmétique et logique.

**ambient:** ambient, ambiante; **ambient noise,** bruit d'ambiance; **ambient noise level,** niveau de bruit ambiant; **ambient temperature,** température ambiante.

**ambiguity:** ambiguïté; **ambiguity error,** erreur ambivalente; **phase ambiguity,** ambiguïté de phase.

**amend:** (to), modifier, réviser.

**amendment:** modification, altération; **amendment file,** fichier de modifications; **amendment record,** enregistrement de modifications; **amendment tape,** bande des changements.

**AMI: alterned mark inversion code,** code à inversion de marque alternée.

**amount:** quantité; **amount field,** zone de cumul; **amount of code,** volume de données; **amount of information,** quantité d'informations; **amount of memory,** quantité de mémoire; **data amount,** masse de données; **negative amount,** somme négative; **net amount,** montant net; **nominal amount,** somme nominale.

**ampersand:** perluète, signe '&', ET commercial.

**amplification:** amplification; **amplification gain,** gain d'amplification; **voltage amplification,** amplification en tension.

**amplifier:** amplificateur; **AC amplifier,** amplificateur à courant alternatif; **DC amplifier,** amplificateur à courant continu; **amplifier circuit,** circuit d'amplification; **amplifier gain,** gain d'un amplificateur; **amplifier module,** bloc amplificateur; **amplifier stage,** étage amplificateur; **amplifier unit,** unité d'amplification; **balanced amplifier,** amplificateur équilibré; **bistable amplifier,** amplificateur bistable; **buffer amplifier,** amplificateur tampon; **cascade amplifier,** montage d'amplificateurs en cascade; **channel amplifier,** amplificateur de voie; **chopper amplifier,** amplificateur à vibreur; **chopper-stabilized amplifier,** amplificateur stabilisé à découpage; **computing amplifier,** amplificateur de calcul; **control amplifier,** amplificateur de commande; **differential amplifier,** amplificateur différentiel; **digital amplifier,** amplificateur numérique; **drift-corrected amplifier,** amplificateur stabilisé; **dual trace amplifier,** amplificateur à double trace; **feedback amplifier,** amplificateur à réaction; **function amplifier,** amplificateur fonctionnel; **hammer**

**module amplifier,** amplificateur de frappe; **high gain amplifier,** amplificateur à gain élevé; **high-level amplifier,** amplificateur à grand gain; **inverse amplifier,** amplificateur inverseur; **isolated amplifier,** amplificateur isolé; **lock-in amplifier,** amplificateur synchrone; **magnetic amplifier,** amplificateur magnétique; **multirange amplifier,** amplificateur multigamme; **nonisolated amplifier,** amplificateur non isolé; **operational amplifier (op-amp),** amplificateur opérationnel; **overdriven amplifier,** amplificateur sur charge; **phase inverting amplifier,** amplificateur d'inversion de phase; **power amplifier,** amplificateur de puissance; **print amplifier,** amplificateur de frappe; **pulse amplifier,** amplificateur d'impulsion; **push-pull amplifier,** amplificateur symétrique; **read amplifier,** amplificateur de lecture; **read/write amplifier,** amplificateur de lecture/écriture; **record amplifier,** amplificateur d'écriture; **resonance amplifier,** amplificateur à résonance; **sample and hold amplifier,** échantillonneur-bloqueur; **sense amplifier,** amplificateur de lecture; **shaping amplifier,** amplificateur correcteur d'impulsion; **signal amplifier,** amplificateur de signal; **video amplifier,** amplificateur vidéo; **voltage amplifier,** amplificateur de tension; **write amplifier,** amplificateur d'écriture.

**amplify*:** (to), amplifier.

**amplitude:** amplitude; **amplitude delay,** retard d'amplitude; **amplitude distortion,** distorsion d'amplitude; **amplitude equalizer,** compensateur d'amplitude; **amplitude error,** erreur d'amplitude; **amplitude filter,** séparateur d'amplitudes; **amplitude modulation (AM),** modulation d'amplitude (MA); **amplitude reduction,** réduction d'amplitude; **amplitude scale factor,** échelle des amplitudes; **amplitude shift keying (ASK),** modulation en saut d'amplitude; **amplitude sweep,** amplitude de balayage; **amplitude swing,** amplitude de déviation; **amplitude-modulated,** modulé en amplitude; **carrier amplitude,** amplitude de l'onde porteuse; **crest amplitude,** amplitude de crête; **pulse amplitude,** amplitude d'impulsion; **pulse amplitude modulation (PAM),** modulation d'impulsions en amplitude; **quadrature amplitude modulation (QAM),** modulation d'amplitude en quadrature (MAQ); **remnant amplitude,** bruit résiduel.

**AMR: automatic message registering,** enregistrement automatique de message.

**analog*:** analogique; **analog adder,** additionneur analogique; **analog calculation,** calcul analogique; **analog carrier system,**

système à porteuse analogique; **analog channel,** voie analogique; **analog circuit,** circuit analogique; **analog comparator,** comparateur analogique; **analog computation,** calcul analogique; **analog computer (ANACOM),** calculateur analogique; **analog control,** commande analogique; **analog control unit,** unité de commande analogique; **analog converter,** convertisseur analogique; **analog data,** données analogiques; **analog device,** dispositif analogique; **analog display,** affichage analogique; **analog display unit,** unité d'affichage analogique; **analog divider,** diviseur analogique; **analog false color,** fausse couleur analogique; **analog indicator,** indicateur analogique; **analog input,** entrée analogique; **analog input device,** dispositif d'entrées analogiques; **analog input operation,** opérateur d'entrée analogique; **analog input point,** point d'entrée analogique; **analog input unit,** unité d'entrées analogiques; **analog integration,** intégration analogique; **analog line driver (ALD),** amplificateur d'attaque de ligne; **analog measurement,** mesure analogique; **analog measuring system,** système de mesure analogique; **analog model,** modèle analogique; **analog modulation,** modulation analogique; **analog multiplexer,** multiplexeur analogique; **analog multiplier,** multiplicateur analogique; **analog network,** réseau analogique; **analog output,** sortie analogique; **analog output buffer,** tampon de sortie analogique; **analog output channel,** canal de sortie analogique; **analog output control,** commande de sortie analogique; **analog output conversion time,** temps de conver-sion analogique-numérique; **analog output device,** unité de sortie analogique; **analog output voltage,** tension de sortie analogique; **analog plotter,** traceur de courbes; **analog procedure,** procédure analogique; **analog process computer,** ordinateur de processus analogique; **analog process quantity,** grandeur analogique; **analog quantity,** quantité analogique, valeur analogique; **analog random access memory (ARAM),** mémoire analogique à accès direct; **analog representation,** représentation analogique; **analog shift register,** registre à transfert analogique; **analog signal,** signal analogique; **analog storage,** mémoire analogique; **analog subsystem,** sous-système analogique; **analog transmission,** transmission analogique; **analog transmission network,** réseau de transmission analogique; **analog value,** valeur analogique, grandeur analogique; **analog-digital,** analogique-numé-

rique; **analog-digital computer,** ordinateur hybride; **analog-digital display,** affichage hybride; **analog-digital switch,** commutateur hybride; **analog-to-digital conversion (ADC),** conversion analogique-numérique (CAN); **analog-to-digital converter (ADC),** convertisseur analogique-numérique (CAN); **data channel analog input adapter,** adaptateur de canal analogique; **digital-to-analog converter (DAC),** convertisseur numérique-analogique; **digital-to-analog decoder,** décodeur numérique-analogique; **hybrid digital/analog circuit,** circuit de conversion numérique hybride; **modular analog computer,** calculateur analogique modulaire; **network analog,** simulation de réseaux; **repetitive analog computer,** ordinateur analogique d'itération.

**analogue:** cf **analog.**
**analyser:** cf **analyzer.**
**analysis:** analyse, évaluation; **accounting analysis,** analyse de comptabilisation; **analysis area,** zone d'analyse; **analysis grammar,** grammaire d'analyse; **analysis mode,** mode d'analyse; **analysis module,** module d'analyse; **analysis of variance,** analyse de la variance; **component analysis,** analyse des composants; **contour analysis,** analyse de contour; **cost analysis,** étude du prix de revient; **diagnostic analysis,** analyse de diagnostic; **error analysis,** analyse d'erreurs; **file analysis,** étude de fichiers; **flow analysis,** analyse de fluence; **frequency analysis,** analyse de fréquences; **job analysis,** analyse des tâches; **least square analysis,** méthode d'analyse des moindre carrés; **lexical analysis,** analyse lexicale; **logic analysis,** analyse logique; **logical analysis,** analyse logique; **machine check analysis,** analyse des erreurs machine; **manufacturing analysis,** analyse de production; **mathematical language analysis,** analyse mathématique de langage; **memory analysis,** analyse de mémoire; **method of analysis,** méthode d'analyse; **network analysis,** technique d'étude de réseaux; **network analysis system,** système d'étude de réseaux; **network load analysis,** étude de la charge de réseau; **numerical analysis,** analyse numérique; **operation analysis,** recherche opérationnelle; **order analysis,** statistique des commandes; **scientific analysis,** analyse scientifique; **semantic analysis,** analyse sémantique; **software analysis,** programmatique; **statistical analysis,** analyse statistique; **syntactic analysis,** analyse syntaxique; **syntactical analysis,** analyse syntaxique; **system analysis,** analy-

se système; **systems analysis,** étude de systèmes; **time series analysis,** analyse en série chronologique; **topdown analysis,** analyse descendante; **turn-over analysis,** analyse du chiffre d'affaires; **update analysis program,** programme de mise à jour; **value analysis,** analyse valorisée; **vector analysis,** analyse vectorielle.

**a n a l y s t :** analyste; **programmer analyst,** analyste programmeur; **programming analyst,** analyste en programmation; **system analyst,** analyste du système; **systems analyst,** analyste en systèmes.

**a n a l y t i c :** analytic; **analytic function,** fonction analytique; **analytic geometry,** géométrie analytique; **analytic instruction,** instruction analytique; **analytic simulation,** simulation analytique.

**a n a l y t i c a l :** analytique; **analytical control equipment,** dispositif de commande analytique; **analytical engine,** machine analytique; **analytical function generator,** générateur de fonctions analytiques; **analytical process identification,** identification de processus analytique; **analytical relationship,** rapport analytique.

**a n a l y z e r* :** analyseur; **differential analyzer,** intégrateur, analyseur différentiel; **digital differential analyzer,** analyseur différentiel numérique; **distortion analyzer,** analyseur de distorsion; **electronic differential analyzer,** analyseur différentiel; **frequency analyzer,** analyseur de fréquences; **index analyzer,** analyseur d'index; **logic state analyzer,** analyseur d'états logiques; **logical analyzer,** analyseur logique; **logical status analyzer,** analyseur d'états logiques; **network analyzer,** analyseur de réseaux; **program analyzer,** programme d'analyse; **syntax analyzer,** analyseur de syntaxe.

**a n c e s t o r :** ancêtre.

**a n c i l l a r y :** auxiliaire, additionnel; **ancillary equipment,** équipement auxiliaire; **ancillary hardware,** matériel auxiliaire; **ancillary unit,** unité auxiliaire.

**A N D :** ET, conjonction, intersection logique; **AND circuit,** circuit ET; **AND element,** élément ET; **AND gate,** porte ET; **AND operation,** opération ET; **AND-not,** exclusion logique; **IF-AND-ONLY-IF,** équivalence logique; **IF-AND-ONLY-IF operation,** opération d'équivalence logique; **NOR-AND,** NON-OU, non-disjonction logique; **NOT-AND,** NON-ET, non-conjonction logique; **NOT-AND operation,** opération NON-ET; **arithmetic and logic unit (ALU),** unité arithmétique et logique; **automatic error detection and recovery,** détection et correction automatiques

des erreurs; **back-up and restore program,** programme de rappel; **code and go,** compile et exécute; **communication and information system,** système d'information et de communication; **compile-and-go,** compilation-exécution; **cut and paste,** coupé et collé; **dot-and-dash line,** trait mixte; **dump and restart,** vidage-reprise; **generate-and-go,** génération-exécution; **hints and tips,** technique de la perche; **inquiry and transaction processing,** télétraitement; **load-and-go,** chargement-lancement; **logical AND circuit,** circuit ET logique, circuit à coïncidence; **move and scan,** transfert et analyse; **paging and segmenting,** pagination et segmentation; **reading and recording head,** tête de lectureécriture; **readout and reset,** extraction et effacement; **sample and hold amplifier,** échantillonneur-bloqueur; **science and engineering,** science et technique; **speech and pattern recognition,** reconnaissance de langages et de symboles; **store and forward,** mémorisation et restitution; **store-and-forward mode,** mode différé; **store-and-forward operation,** transfert des données mémorisées; **trial and error method,** méthode de l'expérimentation systématique; **wear and tear,** usure par utilisation; **wired AND,** circuit ET câblé.

**a n g l e :** angle; **acute angle,** angle aigu; **adjacent angle,** angle adjacent; **angle component solver,** convertisseur de coordonnées; **angle modulation,** modulation angulaire; **angle of deflection,** angle de déflexion; **angle of opening,** angle d'ouverture; **complementary angle,** angle complémentaire; **lever angle,** lyre; **phase angle,** angle de phase; **related angle,** angle connexe; **right angle,** angle droit; **slope angle,** angle de pente, angle de phase; **solid angle,** angle solide.

**a n g u l a r :** angulaire; **angular acceleration,** accélération angulaire; **angular displacement,** déplacement angulaire; **angular frequency,** fréquence angulaire; **angular function,** fonction angulaire; **angular motion,** mouvement angulaire; **angular position,** position angulaire; **angular position transducer,** codeur de rotation; **angular velocity,** vitesse angulaire.

**a n i m a t i o n* :** animation; **computer animation,** animation informatique; **three-dimensional animation,** animation tridimensionnelle; **two-dimensional animation graphics,** graphique animé bidimensionnel.

**a n i s o c h r o n o u s :** anisochrone, asynchrone; **anisochronous transmission,** transmission anisochrone.

**annonciator:** alarme.

**annotate:** (to), commenter.

**annotation:** commentaire; **annotation routine,** programme d'affectation de libellés; **annotation symbol,** renvoi de note.

**announcement:** annonce; **recorded voice announcement,** annonce par voix enregistrée.

**ANSI\*:** ANSI character set, jeu de caractères ANSI; **American National Standards Institute (ANSI),** organisme de normalisation américain.

**answer:** réponse; **answer hold,** mise en attente d'un appel; **answer mode,** mode réponse; **answer processing,** contrôle des réponses; **answer sheet,** feuille de réponse; **answer status,** état réponse; **answer tone,** tonalité de réponse; **anticipated answer,** réponse prévue; **auto-answer,** réponse automatique; **immediate answer,** réponse immédiate; **received voice answer,** réponse vocale réceptionnée; **transmitted voice answer,** réponse vocale émise.

**answerback:** réponse automatique, indicatif; **answerback code,** code indicatif; **answerback code request,** demande d'indicatif; **answerback code storage,** mémoire des codes indicatifs; **answerback control,** contrôle des indicatifs; **answerback device,** émetteur d'indicatif; **answerback drum,** tambour de réponse; **answerback exchange,** échange d'indicatif; **answerback triggering,** déclenchement d'indicatif; **answerback unit,** émetteur d'indicatif.

**answering:** réponse; **answering circuit,** circuit de demande; **answering tone,** tonalité de réponse; **automatic answering,** réponse automatique; **automatic answering mode,** mode de réponse automatique; **manual answering,** réponse manuelle.

**antialiasing\*:** lissage, anticrénelage.

**antiblocking:** antibourrage.

**anticipated:** anticipé; **anticipated answer,** réponse prévue; **anticipated attrition,** usure prévue, vieillissement anticipé.

**anticlockwise:** sens antihoraire.

**anticoincidence:** antivalence; **anticoincidence element,** élément antivalent; **anticoincidence gate,** porte de non-équivalence; **anticoincidence operation,** opération OU exclusif.

**anticoincident:** antivalent; **anticoincident element,** élément OU exclusif.

**antilogarithm:** antilogarithme.

**antistatic:** antistatique; **antistatic envelope,** enveloppe antistatique; **antistatic mat,** tapis antistatique; **antistatic spray,** spray antistatique; **antistatic spray can,** bombe aérosol antistatique.

**aperture:** ouverture, fenêtre; **aperture card,** carte à fenêtre; **aperture distortion,** distorsion d'ouverture; **aperture plate,** plaque à trous; **multiple aperture core,** tore multitrou; **single-aperture core,** tore magnétique à simple trou.

**APL\*:** langage APL, langage de programmation.

**apostrophe:** apostrophe.

**apparatus:** appareil.

**apparent:** apparent, visible; **apparent attenuation,** atténuation apparente; **apparent frequency,** fréquence apparente; **apparent impedance,** résistance apparente; **apparent power,** puissance apparente; **apparent skew,** désalignement apparent; **apparent storage,** mémoire apparente.

**append\*:** (to), ajouter; **append command,** instruction complémentaire; **append mode,** mode de jonction.

**appliance:** appareil.

**application\*:** application; **application course,** cours d'application; **application customizer,** programme de commande; **application description manual,** manuel descriptif d'application; **application dialog,** dialogue d'application; **application features,** caractéristiques d'application; **application field,** champ d'application, domaine d'application; **application icon,** icône d'application; **application layer (ISO),** couche d'application (ISO); **application library,** bibliothèque d'applications; **application manual,** manuel d'application; **application note,** note d'application; **application package,** programmes d'application, progiciel; **application program,** programme d'application; **application programming,** programmation d'applications; **application questionnaire,** questionnaire de demande d'emploi; **application research,** recherche d'application; **application routine,** routine d'application; **application software,** logiciel d'application; **application study,** étude d'application; **application window,** fenêtre d'application; **application-dedicated terminal,** terminal orienté sur application; **application-oriented,** orienté vers application; **application-oriented language,** langage spécialisé d'applications; **business application,** problème de gestion; **computer application,** application automatisée, application programmée; **fiber optic application,** application des fibres optiques; **full screen application,** application plein écran; **menu-driven application,** programme contrôlé par menu; **real-time application,** application en temps réel; **slave application,** application en mode asservi.

**applied:** appliqué; **applied cost,** frais généraux imputés; **applied linguistics,** linguistique appliquée; **applied research,** recherche appliquée; **applied voltage,** tension appliquée, tension aux bornes.

**apply:** (to), appliquer, recourir.

**apportion:** (to), répartir, ventiler.

**apportionment:** ventilation, répartition.

**approach:** approche, méthode; **approach (to),** approcher; **bottom-up approach,** approche ascendante, méthode ascendante; **heuristic approach,** approche heuristique; **method of approach,** méthode d'approche; **systems approach,** approche des systèmes; **token bus approach,** concept de bus à jeton; **token ring approach,** concept du bus annulaire à jeton; **topdown approach,** approche descendante.

**approved:** approuvé, approuvée; **approved circuit,** circuit approuvé; **approved method,** méthode classique.

**approximate:** **approximate computation,** calcul approximatif.

**approximation:** approximation; **approximation formula,** formule d'approximation; **approximation method,** méthode des approximations; **error of approximation,** erreur d'approximation.

**APT:** automatic programming tool, programme de commande numérique.

**AQL:** acceptable quality level, niveau de qualité acceptable.

**ARAM:** analog random access memory, mémoire analogique à accès direct.

**arbitrary:** arbitraire; **arbitrary access,** accès arbitraire; **arbitrary function generator,** générateur multifonction; **arbitrary parameter,** paramètre arbitraire; **arbitrary precision multiplication,** multiplication à capacité aléatoire; **arbitrary sequence computer,** calculateur séquentiel à enchaînement arbitraire; **arbitrary value,** valeur arbitraire.

**arc:** arc.

**arcade:** arcade; **video arcade game,** jeu vidéo de salle.

**architecture\*:** architecture; **computer network architecture,** architecture de réseau informatisé; **distributed architecture,** architecture distribuée, architecture répartie; **divided architecture,** architecture répartie; **file architecture,** architecture de fichier; **line control architecture,** procédure de transmission; **network architecture,** architecture de réseau; **open systems architecture (OSA),** architecture de systèmes ouverts; **parallel machine architecture,** architecture à processeurs parallèles; **starred architecture,** architecture en étoile; **system architecture,** structure d'un système; **unified architecture,** architecture unifiée.

**archive\*:** archives, écritures; **archive file,** fichier archive; **archives,** archives, écritures.

**archived:** archivé; **archived file,** fichier archivé.

**archiving:** archivage; **information archiving,** archivage des informations.

**area:** zone; **additional area,** zone supplémentaire; **additions area,** zone d'adjonction; **address storage area,** zone d'adressage; **aligner area,** piste d'alignement; **alternate area,** zone supplémentaire; **alternate track area,** zone des pistes de réserve; **analysis area,** zone d'analyse; **area address,** adresse de zone; **area boundary,** limite de partition; **area code,** code postal; **area code table,** table des indicatifs régionaux; **area condition,** condition d'accès à la partition; **area defining literal,** libellé de définition zone; **area definition,** définition de zone; **area definition statement,** instruction de définition de zone; **area identification,** identification de zone; **area label,** étiquette de zone; **area layout,** implantation de zone; **area limit,** limite de zone; **area matrix,** matrice de partition; **area name,** nom de zone; **area protect feature,** protection de zone mémoire; **area protect switch,** commutateur de protection de partition; **area search,** zone de recherche; **area size,** dimension de zone; **area specification,** spécification de zone; **area station,** station maître; **area variable,** variable de zone; **automation area,** zone d'automatisation; **bootstrap area,** zone d'amorçage, zone de chargement; **buffer area,** zone de tampon; **capture area,** zone de saisie; **cell area,** surface élémentaire d'analyse; **clear area,** zone d'effacement; **common area,** zone commune; **common storage area,** zone de mémoire commune; **communication area,** zone de communications, zone paramètre; **communications area,** zone de communication; **console display area,** champ d'affichage; **constant area,** zone (de mémorisation) des constantes; **contiguous memory areas,** zones de mémoire adjacentes; **control area,** zone de commande; **count area,** zone de comptage; **cumulative area,** zone de cumul; **cylinder overflow area,** zone de dépassement du cylindre; **data area,** zone des données; **dedicated area,** zone réservée; **define area statement,** instruction de définition de zone;

device control area, zone de commande de périphérique; disk work area distribution, répartition des zones du disque; display area, zone de visualisation, champ de visualisation; drawing area, espace dessin; file descriptor area, zone de description de fichier; floating area, zone flottante; general overflow area, zone de dépassement universel; hold area, zone des résultats, zone intermédiaire; holding area, zone des résultats, zone intermédiaire; image area, zone d'image; index area, zone d'indice; input area, zone d'entrée; input/output area, zone d'entrées/sorties; inspection area, aire d'examen; instruction area, zone d'instructions; interprogram common area, zone commune des programmes; item key area, zone de codification des articles; item work area, zone de traitement d'article; key entry area, zone d'introduction; key storage area, zone de mémoire des codes; label area, zone d'étiquetage; labeled common area, partition désignée; lateral area, zone latérale; library area, zone de bibliothèque; link area, zone de liaison; load area address, adresse de de zone de chargement; local area network (LAN), réseau local; main file area, zone principale d'un fichier; output area, zone d'extraction; overflow area, zone de dépassement de capacité; overlay area, zone de recouvrement; parameter area, zone paramètre; patch area, zone de correction provisoire; plotting area, aire de tracé; primary data area, zone de données primaires; prime area, zone principale; prime data area, zone de données primaires; printing area, zone d'impression; program area, zone de programme; protected storage area, zone de mémoire protégée; punch area, zone de perforation; record area, zone d'articles de données; save area, zone de sauvegarde des données; scan area, zone de balayage, de scanage; scratch area, zone de manoeuvre; screen area, surface utile d'écran; screen area, zone écran; scroll area, zone de défilement; scrolling area, zone de défilement; search area, zone de recherche; sector area, zone de perforation normale; seek area, zone de recherche; service area, zone de service; shaded area, zone hachurée; shared virtual area, zone virtuelle partagée; stacking area, pile; storage area, zone de mémoire; swapping area, zone d'échange de programme; terminal line input area, zone d'entrée des lignes de connexion; test area, zone de test; text area, zone texte; track recording area, surface d'écriture; transient area, zone transi-

toire; user area, zone de l'utilisateur; user program area, espace mémoire utilisateur; value area, zone des valeurs; work area, zone de travail; working area, zone de travail.

argument*: argument; actual argument, paramètre effectif; argument association, attribution de paramètre; argument byte, octet argument; argument list, liste d'arguments; dummy argument, argument fictif; functional argument, argument fonctionnel; search argument, argument de recherche; table argument, argument de table.

arithmetic: arithmétique; address arithmetic, arithmétique d'adressage; arithmetic address, adresse arithmétique; arithmetic and logic unit (ALU), unité arithmétique et logique; arithmetic assignment statement, instruction d'allocation mathématique; arithmetic check, preuve arithmétique; arithmetic computer, calculateur arithmétique; arithmetic element, élément arithmétique; arithmetic expression, expression arithmétique; arithmetic fault, erreur de grandeur; arithmetic formula, formule arithmétique; arithmetic function, fonction arithmétique; arithmetic item, élément arithmétique; arithmetic mean, moyenne arithmétique; arithmetic mean value, valeur moyenne de calcul; arithmetic operation, opération arithmétique; arithmetic operator, opérateur arithmétique; arithmetic organ, moyen arithmétique; arithmetic overflow, dépassement supérieur de capacité; arithmetic overflow indicator, indicateur de dépassement; arithmetic point, virgule; arithmetic primary, expression arithmétique élémentaire; arithmetic processor, processeur arithmétique; arithmetic progression, progression arithmétique; arithmetic register, registre arithmétique; arithmetic section, unité arithmétique; arithmetic sequence unit, unité de contrôle arithmétique; arithmetic series, série arithmétique; arithmetic shift, décalage arithmétique; arithmetic speed, vitesse de calcul; arithmetic statement, instruction arithmétique; arithmetic subroutine, sous-programme arithmétique; arithmetic technique, méthode de calcul; arithmetic underflow, soupassement de capacité; arithmetic unit, unité arithmétique; arithmetic unit register, registre arithmétique; arithmetic variable, variable arithmétique; basic arithmetic operation, méthode arithmétique fondamentale; binary arithmetic, arithmétique binaire; binary arithmetic operation, opération arithmétique binaire;

**decimal arithmetic,** arithmétique décimale; **double-length arithmetic,** calcul en double longueur; **double precision arithmetic,** arithmétique en double précision; **fixed-point arithmetic,** arithmétique en virgule fixe; **floating-decimal arithmetic,** arithmétique en virgule flottante décimale; **floating-point arithmetic,** arithmétique en virgule flottante; **hardware floating-point arithmetic,** arithmétique en virgule flottante câblée; **mixed mode arithmetic expression,** expression arithmétique mixte; **multiple length arithmetic,** calculateur multiprécision; **multiprecision arithmetic,** arithmétique multiprécision; **parallel arithmetic unit,** unité arithmétique parallèle; **scalar arithmetic,** arithmétique scalaire; **serial arithmetic unit,** organe de calcul série; **simple arithmetic expression,** expression arithmétique simple.

**a r i t h m e t i c a l :** arithmétique; **arithmetical instruction,** instruction arithmétique; **arithmetical operation,** opération arithmétique; **arithmetical shift,** décalage arithmétique; **binary arithmetical operation,** opération arithmétique binaire.

**a r i t y :** arité.

**a r m :** bras; **access arm,** bras d'accès; **bridge arm,** branche du pont; **data head arm,** bras de positionnement de tête; **detent arm,** levier d'arrêt, levier de calage; **disk access arm,** bras de lecture/écriture; **restoring arm,** bras de rappel; **ribbon reversing arm,** levier d'inversion du ruban encreur; **seek arm,** bras de positionnement; **tape tension arm,** bras amortisseur de bande; **tape tensioning arm,** bras tendeur de bande; **tension arm,** bras de tension; **yoke arm,** bras de pont.

**a r m e d :** armé; **armed state,** état armé.

**A R O M :** alterable ROM, mémoire altérable.

**A R Q :** automatic request & question, demande et question automatiques; **automatic request for repetition (ARQ),** demande automatique de répétition.

**a r r a n g e m e n t :** arrangement; **basic circuit arrangement,** montage de base; **character arrangement,** arrangement de caractères; **character arrangement table,** table de conversion de caractères; **circuit arrangement,** montage d'un circuit; **makeshift arrangement,** solution provisoire; **storage arrangement,** zone de rangement; **switching arrangement,** dispositif de commutation.

**a r r a y * :** tableau; **address array,** zone d'adresse; **alternating array,** table alternante; **array (to),** tabuler; **array computer,** multiprocesseur; **array declaration,** déclaration de zone; **array declarator,** déclarateur de matrice; **array declarator name,** nom de matrice; **array declarator subscript,** indice de rang; **array element,** élément de tableau, élément de matrice; **array identifier,** identificateur de tableau; **array interconnection,** interconnexion matricielle; **array list,** liste de zones, liste de matrices; **array pitch,** pas de tableau, pas longitudinal; **array processor,** processeur matriciel; **array segment,** partie de zone, segment de matrice; **array size limit,** grandeur maximale de matrice; **array structure,** structure de tableau; **array subscript,** indice de tableau; **array variable,** variable de tableau; **associative array register,** registre associatif; **cell array,** surface élémentaire d'analyse; **closed array,** tableau saturé; **core array,** matrice de tores; **data array,** tableau de données; **disk array,** unité de disques; **distributed array processor,** multiprocesseur distribué; **field programmable logic array (FPLA),** élément logique programmable; **full array,** rangée transversale complète; **index array,** zone d'index; **instruction array,** séquence d'instructions; **logic array,** tableau logique; **logical array,** tableau logique; **multidimensional array,** tableau multidimension; **one-dimensional array,** tableau à une dimension, liste linéaire, vecteur; **one-dimensional array processor,** processeur vectoriel; **operand array,** tableau opérande; **operation array,** zone d'opération; **pointer array,** tableau de pointeurs; **programmable array logic (PAL),** logique à réseau programmable; **programmable logic array (PLA),** réseau logique programmable; **programmed logic array (PLA),** réseau à logique programmée; **sparse array,** tableau incomplet; **string array,** tableau de caractères; **switching array,** ensemble de couplage; **three-dimensional array,** tableau tridimensionnel; **two-dimensional array,** tableau bidimensionnel, matrice bidimensionnelle; **two-dimensional array processor,** processeur matriciel; **type array,** ensemble de caractères.

**a r r i v a l :** arrivée, entrée; **arrival time,** temps d'arrivée.

**a r r o w :** flèche; **arrow diagram,** diagramme linéaire; **arrow head,** tête de flèche; **arrow key,** touche flèche; **back arrow,** flèche gauche; **down arrow,** flèche bas; **down scroll arrow,** flèche descendante; **four-headed arrow,** flèche à quatre pointes; **left arrow,** flèche gauche; **left scroll arrow,** flèche gauche de défilement; **right arrow,** flèche droite; **right scroll arrow,** flèche droite de défilement; **scroll arrow,** flèche de défilement; **two-headed arrow,** flèche à deux pointes; **up arrow,** flèche haut; **up scroll arrow,** flèche ascendante; **vertical arrow,** flèche verticale.

**a r t :** art; **computer art,** graphisme informatique; **state-of-the-art,** état actuel de la technique.

**a r t i c l e :** article; **article description,** désignation de l'article.

**a r t i c u l a t i o n :** articulation; **articulation point (graph),** point d'articulation (graphe).

**a r t i f i c i a l*:** artificiel, artificielle; **artificial carry,** report artificiel; **artificial cognition,** reconnaissance artificielle; **artificial intelligence (AI),** intelligence artificielle (IA); **artificial language,** langage artificiel; **artificial line,** ligne artificielle; **artificial transmission line,** ligne de transmission artificielle; **artificial variable,** variable artificielle; **evidence (in artificial intelligence),** indice (en intelligence artificielle).

**A R U :** audio response unit, répondeur vocal.

**a s c e n d e r :** jambage supérieur.

**a s c e n d i n g :** ascendant; **ascending key,** code de tri ascendant; **ascending node,** noeud ascendant; **ascending order,** ordre croissant; **ascending sequence,** ordre ascendant; **ascending sort,** tri ascendant.

**a s c e r t a i n :** (to), assurer.

**A S C I I*:** ASCII code, code ASCII; **ASCII terminal,** terminal texte; **limited ASCII,** sous-ensemble du code ASCII; **non-ASCII terminal,** terminal non-texte.

**a s c r i b e :** (to), attribuer.

**a s k :** amplitude shift keying, modulation en saut d'amplitude.

**A S P :** attached support processor, ensemble de calculateurs associés.

**A S R :** automatic send/receive, téléimprimeur émetteur-récepteur.

**a s s e m b l e :** (to), assembler; **assemble duration,** durée d'assemblage.

**a s s e m b l e r*:** assembleur; **absolute assembler,** assembleur absolu; **assembler card deck,** programme sur cartes en langage machine; **assembler deck,** jeu de cartes d'assembleur; **assembler directive,** directive d'assemblage; **assembler instruction,** instruction d'assemblage; **assembler language,** langage d'assembleur, langage d'assemblage; **assembler listing,** listage d'assembleur; **assembler program,** programme d'assemblage; **assembler run,** phase d'assemblage; **assembler source program,** assembleur; **assembler source statement,** instruction d'assembleur; **assembler statement,** directive d'assembleur; **basic assem-**bler, assembleur de base; **conditional assembler instruction,** instruction conditionnelle d'assembleur; **cross-assembler,** assembleur croisé; **native assembler language,** langage d'assemblage spécifique; **one-to-one assembler,** assembleur ligne par ligne; **packet assembler/disassembler (PAD),** assembleur/désassembleur de paquets; **symbolic assembler,** assembleur symbolique.

**a s s e m b l i n g :** assemblage; **assembling phase,** phase d'assemblage.

**a s s e m b l y :** assemblage; **assembly code,** code assembleur; **assembly control statement,** instruction de contrôle d'assemblage; **assembly drawing,** plan d'assemblage, schéma d'assemblage; **assembly instruction,** instruction d'assemblage; **assembly language,** langage assembleur; **assembly language program,** programme d'assemblage; **assembly lead time,** temps d'assemblage; **assembly list,** liste d'assemblage; **assembly listing,** listage d'assemblage; **assembly macrolibrary,** bibliothèque de macros d'assemblage; **assembly operation,** opération d'assemblage; **assembly output card,** carte de sortie d'assembleur; **assembly pass,** passe d'assemblage; **assembly phase,** phase d'assemblage; **assembly printed listing,** impression d'assemblage; **assembly processor,** programme assembleur; **assembly program,** programme d'assemblage; **assembly program listing,** imprimé d'assemblage; **assembly program output,** sortie d'assemblage; **assembly routine,** routine d'assemblage; **assembly run,** passage d'assemblage; **assembly statement,** directive d'assemblage; **assembly system,** système d'assemblage; **assembly time,** durée d'assemblage; **assembly unit,** unité d'assemblage; **assembly work order,** ordre d'assemblage; **basic assembly language (BAL),** langage d'assemblage de base; **batch assembly,** assemblage de programmes; **batched assembly,** assemblage groupé; **blower assembly,** système de ventilation; **brush assembly,** ensemble de brosse de lecture; **carrier assembly,** ensemble de supports; **conditional assembly,** assemblage conditionnel; **core assembly,** mémoire centrale; **cross-assembly,** assemblage croisé; **extended assembly system,** extension du programme assembleur; **job assembly,** préparation des travaux; **magnet assembly,** unité magnétique; **magnetic card assembly,** jeu de feuillets magnétiques; **packet assembly,** assemblage de paquets; **paper drive assembly,** entraînement de

papier; **spacing escapement assembly,** échappement; **symbolic assembly system,** système à assemblage symbolique.
**a s s e r t i o n:** assertion; **assertion checker,** contrôleur d'assertions.
**a s s e s s m e n t:** évaluation; **demand assessment,** évaluation de la demande.
**a s s i g n\*:** (to), assigner, affecter.
**a s s i g n e d:** assigné, affecté; **assigned files table,** table de fichiers affectés; **assigned frequency,** fréquence assignée; **assigned frequency band,** bande de fréquences assignées; **assigned go to statement,** instruction de saut.
**a s s i g n m e n t:** affectation, assignement; **address assignment,** affectation d'adresse; **alternate track assignment,** allocation de piste de réserve; **arithmetic assignment statement,** instruction d'allocation mathématique; **assignment by name,** assignation, affectation par nom; **assignment phase,** phase d'affectation; **assignment problem,** problème d'attribution; **assignment program,** programme d'affectation; **assignment statement,** instruction d'affectation; **assignment status,** état d'affectation; **assignment symbol,** symbole d'affectation; **character assignment table,** table d'allocation de caractères; **code assignment,** attribution de code; **component assignment switch,** commutateur d'affectation; **data block assignment,** allocation de bloc; **dedicated assignment,** affectation unique; **device assignment,** affectation d'élément; **device assignment list,** liste des affectations de périphérique; **device assignment table,** table d'affectation de périphérique; **displacement assignment,** affectation d'adresses relatives; **file assignment,** désignation de fichier; **frequency assignment,** assignement de fréquence; **general storage assignment,** allocation de mémoire; **hardware assignment,** affectation d'unité; **hold assignment,** instruction de maintien; **interlaced storage assignment,** allocation de l'enchaînement; **logical assignment statement,** instruction d'affectation logique; **new assignment,** nouvelle attribution; **peripheral address assignment,** affectation des adresses de périphériques; **peripheral assignment,** affectation de périphérique; **storage assignment,** affectation de la mémoire; **storage assignment counter,** compteur d'affectation mémoire; **storage assignment table,** table d'implantation; **symbolic device assignment,** affectation symbolique des unités; **terminal assignment,** affectation de terminal; **value assignment,** assignation de valeur.

**a s s i s t e d:** assisté; **computer-assisted,** assisté par ordinateur; **computer-assisted instruction (CAI),** enseignement assisté par ordinateur (EAO); **computer-assisted management,** gestion informatisée.
**a s s o c i a t e d:** associé; **associated memory,** mémoire connexe; **associated software,** logiciel associé.
**a s s o c i a t i o n:** association, affectation; **Electronic Industry Association (EIA),** normes électroniques US; **argument association,** attribution de paramètre; **implied association,** allocation implicite; **named parameter association,** paramétrage nommé; **parameter association,** association de paramètres; **type association,** affectation du type.
**a s s o c i a t i v e:** associatif, adressable par le contenu, connexe; **associative addressing,** adressage associatif; **associative array register,** registre associatif; **associative memory,** mémoire associative; **associative mode,** mode associatif; **associative processor,** processeur associatif; **associative register,** registre associatif; **associative storage register,** registre à mémoire associative.
**a s s u m e d:** implicite; **assumed binary point,** virgule binaire; **assumed decimal point,** virgule programmée; **assumed operation,** opération implicite; **assumed option,** valeur implicite; **assumed size aggregate,** agrégat de taille implicite; **assumed value,** valeur par défaut, valeur implicite.
**a s s u m p t i o n:** supposition; **default assumption,** erreur assumée.
**a s s u r a n c e:** assurance; **availability assurance routine,** routine de sauvegarde de disponibilité; **circuit assurance,** test de continuité.
**a s t a b l e:** astable, instable; **astable circuit,** circuit instable; **astable multivibrator,** multivibrateur astable.
**a s t e r i s k:** astérisque; **asterisk address,** adresse d'astérisque; **asterisk printing,** protection d'impression par astérisque; **asterisk protection device,** protection par astérisques.
**a s y n c h r o n o u s\*:** asynchrone, arythmique; **asynchronous adapter,** adaptateur asynchrone; **asynchronous balanced mode (ABM),** mode asynchrone; **asynchronous buffer,** tampon asynchrone; **asynchronous channel adapter,** adaptateur de canal asynchrone; **asynchronous circuit,** circuit asynchrone; **asynchronous computer,** calculateur asynchrone; **asynchronous control,** contrôle asynchrone; **asynchronous data set,** modem asynchrone; **asynchronous**

**data transfer,** transfert asynchrone de données; **asynchronous data transmission,** transmission asynchrone de données; **asynchronous device,** périphérique asynchrone; **asynchronous input,** entrée asynchrone; **asynchronous message,** message asynchrone; **asynchronous network,** réseau asynchrone; **asynchronous operation,** opération asynchrone; **asynchronous output,** sortie asynchrone; **asynchronous procedure,** procédure asynchrone; **asynchronous processing,** traitement asynchrone; **asynchronous request,** demande asynchrone; **asynchronous terminal,** terminal asynchrone; **asynchronous transfer,** transfert asynchrone; **asynchronous transmission,** transmission asynchrone, transmission arythmique; **asynchronous working,** régime asynchrone; **universal asynchronous RX/TX (UART),** circuit E/S universel asynchrone; **universal synchronous asynchronous RX/TX (USART),** circuit E/S synchrone universel.

**a s y n d e t i c :** asyndétique.

**A T :** AT-sign, signe '@', A commercial.

**A T C : adaptive transform coding,** codage de transformation adaptable.

**A T E : automatic test equipment,** équipement de test automatique.

**a t m o s p h e r e :** atmosphère; **protective atmosphere,** atmosphère de protection.

**a t o m \* :** atome.

**a t o m i c i t y :** atomicité.

**a t t a c h : attach (to),** attacher, associer; **attach device,** unité E/S.

**a t t a c h e d :** attaché, associé; **attached processor (AP),** calculateur associé; **attached support processor (ASP),** ensemble de calculateurs associés; **attached task,** tâche associée.

**a t t a c h m e n t :** connexion, raccordement; **attachment accessory,** accessoire d'interconnexion.

**a t t e m p t :** tentative; **attempt (to),** essayer; **call attempt,** tentative de communication; **rollback attempt,** essai de reprise.

**a t t e m p t e d :** tenté; **attempted call,** tentative de connexion; **attempted transmission,** tentative de transmission.

**a t t e n d e d :** surveillé; **attended operation,** exploitation sous surveillance; **attended time,** temps de maintenance.

**a t t e n t i o n :** attention; **attention device,** dispositif d'alarme; **attention event,** événement d'alerte; **attention interrupt,** interruption d'alerte; **attention key,** touche d'intervention; **attention signal,** signal d'alerte; **attention status,** état d'alerte.

**a t t e n u a t e : attenuate (to),** atténuer.

**a t t e n u a t i o n :** atténuation; **apparent attenuation,** atténuation apparente; **attenuation characteristics,** courbe d'atténuation; **attenuation constant,** constante d'atténuation; **attenuation distortion,** distorsion d'affaiblissement; **attenuation equalizer,** compensateur d'affaiblissement; **attenuation pad,** bloc d'atténuation; **path attenuation,** atténuation de trajet; **reflective attenuation,** atténuation oscillante.

**a t t e n u a t o r :** atténuateur; **step attenuator,** atténuateur variable.

**a t t r i b u t e \* :** attribut; **attribute (to),** attribuer; **attribute record,** enregistrement entité; **attribute testing,** contrôle de caractéristique; **count attribute,** attribut de comptage; **data attribute,** caractéristique des données; **default attribute,** attribut différé, attribut implicite; **dimension attribute,** attribut de format; **entity attribute,** attribut de l'entité; **file attribute,** attribut de fichier; **generic attribute,** attribut de sélectivité; **implied attribute,** attribut implicite; **integer attribute,** attribut de nombre entier; **length attribute,** attribut de longueur; **number attribute,** attribut de nombre; **overflow attribute,** symbole de débordement; **scaling attribute,** attribut de précision; **scope attribute,** attribut du secteur de validité; **screen attribute,** attribut d'écran; **static attribute,** attribut statique, fixe; **user attribute file,** fichier du personnel utilisateur; **value attribute,** attribut de valeur.

**a t t r i t i o n :** usure; **anticipated attrition,** usure prévue, vieillissement anticipé.

**a u d i b l e :** audible, acoustique; **audible alarm,** alarme acoustique; **audible calculator,** calculette musicale; **visual/audible signal,** signal opto-acoustique.

**a u d i o :** audio; **audio cassette,** cassette audiofréquence (audio) **audio disk,** microsillon; **audio frequency,** fréquence audio; **audio frequency output,** sortie de fréquence audible; **audio frequency peak limiter,** limiteur basse fréquence; **audio frequency response,** réponse vocale; **audio frequency transistor,** transistor de basse fréquence; **audio line,** ligne acoustique; **audio range frequency,** gamme audiofréquences; **audio response frame,** système de réponse vocale; **audio response unit (ARU),** répondeur vocal; **audio signal,** signal acoustique; **audio station,** station de réponse vocale; **audio tape,** bande audio; **audio tape storage unit,** unité de stockage à bande; **audio terminal,** station vocale; .

**a u d i o f r e q u e n c y :** audiofréquence.

**a u d i t :** vérification; **audit copy,** copie d'audit; **audit file,** fichier d'audit; **audit flash,** contrôle rapide; **audit list,** liste de vérification; **audit log,** journal de vérification; **audit message,** message d'état; **audit program,** programme de vérification; **audit programming,** programmation de contrôle; **audit report,** rapport d'audit; **audit trail,** trace de contrôle; **load audit,** compte-rendu de chargement.

**a u g e n d\*:** cumulande.

**augment:** augment; **relocation augment,** facteur de traduction, module de translation.

**a u g m e n t e d:** étendu; **augmented operation code,** code d'instruction étendu; **computer-augmented learning (CAL),** enseignement automatisé.

**a u g m e n t e r\*:** cumulateur.

**aural:** sonore; **aural reception,** lecture au son; **aural signal,** signal sonore.

**a u t h e n t i c a t i o n:** authentification; **authentication signal author,** signal de validation auteur; **message authentication,** authentification de message.

**a u t h e n t i f i c a t i o n\*:** authentification; **message authentification,** authentification de message.

**author:** auteur; **authentication signal author,** signal de validation auteur; **author catalog,** catalogue des créateurs; **author command,** instruction créateur; **author language,** langage d'enseignement; **author mode,** mode créateur; **author number,** numéro de créateur.

**a u t h o r i s a t i o n:** cf authorization.

**a u t h o r i s e d:** cf authorized.

**a u t h o r i z a t i o n:** autorisation d'accès; **authorization table,** table des autorisations.

**a u t h o r i z e d:** autorisé; **authorized path,** voie autorisée.

**a u t o a n s w e r:** autoréponse.

**a u t o b a u d:** adaptation de la vitesse de transmission.

**a u t o c a l l:** appel automatique.

**a u t o c a l l i n g:** appel automatique.

**a u t o c h a r t:** générateur de diagramme.

**a u t o c o d e:** codage automatique, langage de bas niveau.

**a u t o c o r r e c t i o n:** autocorrection.

**a u t o c o r r e l a t i o n:** autocorrélation; **autocorrelation function,** fonction autocorrélatrice.

**a u t o d e c r e m e n t:** autodégression; **autodecrement register,** registre autodégressif.

**a u t o d i a l e r:** composeur automatique.

**a u t o i n c r e m e n t:** progression automatique, autoprogression; **autoincrement**

register, registre autoprogressif.

**a u t o i n d e x:** index automatique.

**a u t o i n d e x e d:** auto-indexé; **autoindexed addressing,** adressage auto-indexé.

**a u t o i n d e x i n g:** auto-idexation.

**a u t o l o a d:** chargement automatique.

**a u t o l o a d e r:** chargeur automatique.

**a u t o m a t a:** automates; **automata theory,** théorie des automates.

**a u t o m a t e\*:** (to), automatiser.

**a u t o m a t e d:** automatisé, automatisée; **automated design,** conception automatisée; **automated design engineering,** design assisté par ordinateur; **automated drafting,** dessin automatisé; **automated logic diagram,** diagramme logique automatisé; **automated management,** gestion automatisée; **automated processing method,** méthode de traitement automatisée; **automated production control,** contrôle de production automatisé.

**a u t o m a t i c\*:** automatique; **automatic abstracting,** analyse automatique; **automatic acquisition,** saisie automatique; **automatic addition,** addition automatique; **automatic address,** incrément automatique des adresses; **automatic address modification,** modification automatique d'adresse; **automatic answering,** réponse automatique; **automatic answering mode,** mode de réponse automatique; **automatic balancing,** auto-équilibrage; **automatic blank column verification,** vérification automatique des colonnes vierges; **automatic brightness control,** contrôle automatique de luminosité; **automatic call distributor (ACD),** distributeur d'appels automatiques; **automatic call unit,** dispositif d'appel automatique; **automatic callback,** rappel automatique; **automatic calling,** appel automatique; **automatic calling equipment,** mécanisme d'appel automatique; **automatic calling mode,** mode d'appel automatique; **automatic calling unit,** dispositif d'appel automatique; **automatic card feed,** alimentation automatique de cartes; **automatic card reading,** lecture automatique de cartes; **automatic carriage,** avance automatique du papier; **automatic carriage return,** retour automatique de chariot; **automatic centering,** centrage automatique; **automatic character generation,** génération de caractères automatique; **automatic character reader,** lecteur de caractères automatique; **automatic character reading,** lecture automatique de caractères; **automatic character recognition,** reconnaissance automatique des caractères; **automatic check,** vérification automatique;

**automatic check-out system,** système de vérification automatique; **automatic checking,** test automatique; **automatic clearing,** effacement automatique; **automatic code,** code automatique; **automatic coding,** codage automatique; **automatic coding language,** langage de programmation automatique; **automatic computer,** calculateur automatique; **automatic control,** commande automatique; **automatic control circuit,** circuit auto-contrôle; **automatic control engineering,** ingénierie de l'automatique; **automatic control system,** système de régulation automatique; **automatic controller,** contrôleur automatique; **automatic cursor homing,** retour automatique du curseur; **automatic curve follower,** lecteur de courbes automatique; **automatic cutout,** disjoncteur automatique; **automatic data acquisition (ADA),** acquisition automatique de données; **automatic data conversion,** conversion automatique de données; **automatic data exchange (ADE),** échange automatique de données; **automatic data handling,** traitement et transmission automatiques données; **automatic data input,** introduction automatique des données; **automatic data processing (ADP),** traitement automatique de données; **automatic data processing system,** système de traitement automatique de données; **automatic data protection,** protection automatique des données; **automatic data recording,** enregistrement automatique des données; **automatic data service center,** centre de traitement automatique de données; **automatic data transmission,** transmission automatique des données; **automatic decimal alignment,** alignement automatique sur la virgule décimale; **automatic decimal point,** positionnement automatique de virgule décimale; **automatic defective track recovery,** changement automatique de piste défectueuse; **automatic device,** dispositif automatique; **automatic dial exchange,** centre automatique; **automatic dialer,** numéroteur automatique; **automatic dialing unit (ADU),** dispositif de numérotation automatique; **automatic dictionary,** dictionnaire automatique; **automatic disconnect,** déconnexion automatique des lignes; **automatic disinfector utility,** utilitaire de décontamination automatique; **automatic divide,** division automatique; **automatic document feeder,** dispositif d'auto-alimentation de document; **automatic end of block,** fin de bloc automatique; **automatic equipment,** équipement automatique; **automatic error correction,** correction automatique des erreurs; **automatic error-detection,** détection automatique des erreurs; **automatic error-detection and recovery,** détection et correction automatiques des erreurs; **automatic exchange,** central automatique; **automatic feed,** avance automatique; **automatic feedback control system,** système à contre-réaction; **automatic file rotation,** décalage automatique de fichiers; **automatic floating-point operation,** opération automatique en virgule flottante; **automatic flush,** justification automatique; **automatic frequency control,** contrôle automatique de fréquence; **automatic gain control (AGC),** contrôle automatique de gain; **automatic head switching,** autocommutation des têtes de lecture/écriture; **automatic hyphenation,** césure automatique; **automatic indent,** indentation automatique; **automatic indexing,** indexation automatique; **automatic instruction retry,** répétition automatique des instructions; **automatic justification,** justification automatique; **automatic language processing,** interprétation automatique de langage; **automatic language translation,** traduction automatique de langage; **automatic left zero verification,** autovérification des zéros cadrés à gauche; **automatic library lookup,** consultation automatique de bibliothèque; **automatic line justification,** justification automatique des lignes; **automatic line spacing,** interlignage automatique; **automatic loader,** chargeur automatique; **automatic logoff,** procédure automatique de fin de traitement; **automatic logon,** procédure automatique de début de traitement; **automatic message exchange,** échange automatique de messages; **automatic message registering (AMR),** enregistrement automatique de message; **automatic message switching,** commutation automatique de messages; **automatic message switching center,** centre de commutation automatique de messages; **automatic mode,** mode automatique; **automatic monitoring system,** système de surveillance automatique; **automatic operation,** opération automatique; **automatic overflow test,** test automatique de fin de page; **automatic overlaying,** recouvrement automatique; **automatic page numbering,** foliotage automatique; **automatic pagination,** pagination automatique; **automatic pattern recognition,** reconnaissance automatique des structures; **automatic pen capping,** rebouchage automatique; **automatic plotting,** traceur automatique; **automatic printing,** impression automatique; **automatic printing line selection,** sélection

35

automatique des lignes d'impression; **automatic priority control,** contrôle automatique prioritaire; **automatic priority group,** groupe prioritaire; **automatic program interrupt,** interruption automatique de programme; **automatic programming,** programmation automatique; **automatic programming language,** langage de programmation automatique; **automatic programming system,** système de programmation automatique; **automatic programming tool (APT),** programme de commande numérique; **automatic punch,** perforateur automatique; **automatic purge,** effacement automatique; **automatic recovery program,** programme de récupération automatique; **automatic registration,** autoalignement, cadrage automatique; **automatic request & question (ARQ),** demande et question automatiques; **automatic request for repeat,** demande automatique de répétition de message; **automatic request for repetition (ARQ),** demande automatique de répétition; **automatic reset,** réinitialisation automatique; **automatic resetting,** remise à pied automatique; **automatic restart,** redémarrage automatique; **automatic restart procedure,** procédure de reprise automatique; **automatic retransmission,** retransmission automatique; **automatic retry,** répétition automatique d'appel; **automatic rounding off,** arrondi par machine; **automatic route selection,** acheminement automatique; **automatic routine character,** caractère de routine automatique; **automatic scanning,** balayage automatique; **automatic search,** recherche automatique; **automatic selection,** sélection automatique; **automatic send/receive (ASR),** téléimprimeur émetteur-récepteur; **automatic sequencing,** mise en séquence automatique; **automatic sequential mode,** mode itératif; **automatic sequential operation,** opération récurrente; **automatic serial number transmitter,** dispositif d'immatriculation automatique; **automatic shape recognition,** reconnaissance automatique des formes; **automatic skipping,** saut automatique; **automatic speech pattern recognition,** reconnaissance automatique de la parole; **automatic spelling correction,** correction orthographique automatique; **automatic start key,** poussoir marche; **automatic stop,** arrêt automatique; **automatic storage,** mémoire inhérente; **automatic storage allocation,** attribution automatique de mémoire; **automatic subscriber network,** réseau des abonnés; **automatic switch mode,** mode de commutation automatique; **automatic switching center,** centre de commutation automatique; **automatic switching control,** contrôle de commutation automatique; **automatic switching system,** système de commutation automatique; **automatic system checkout program,** programme automatique de contrôle général; **automatic tape delete,** effacement automatique de bande; **automatic tape punch,** perforateur de bande automatique; **automatic test equipment (ATE),** équipement de test automatique; **automatic test processing machine,** système de test automatique; **automatic tester,** banc d'essai automatique; **automatic timer,** horloge automatique; **automatic transfer checking,** vérification de transmission automatique; **automatic translation,** translation automatique; **automatic transmission,** émission automatique; **automatic transmitter,** émetteur automatique; **automatic trimmer,** couteau automatique; **automatic turnaround,** commutation automatique; **automatic typesetting,** composition automatique; **automatic underline mode,** mode de soulignement automatique; **automatic upshift,** inversion des lettres-chiffres automatique; **automatic volume recognition,** reconnaissance automatique des formes; **automatic wiring design,** projet de câblage automatique; **automatic wraparound,** retour à la ligne automatique; **automatics,** l'automatique; **private automatic exchange (PAX),** téléphonie automatique privée.

**automation\*:** l'automatique; **automation area,** zone d'automatisation; **automation stage,** niveau d'automatisation; **automation systems,** technique d'automatisation; **design automation,** conception automatisée; **library automation,** bibliothèque automatisée; **office automation,** bureautique; **process automation,** automatisme industriel.

**automaton:** automate; **programmable automaton,** automate programmable.

**autonomous:** autonome; **autonomous I/O processor,** processeur d'E/S autonome; **autonomous device,** dispositif autonome; **autonomous display,** indicateur autonome; **autonomous operation,** fonctionnement autonome; **autonomous storage,** mémoire autonome; **autonomous working,** fonctionnement autonome.

**autoplotter:** traceur automatique.

**autopoll:** appel sélectif automatique.

**autopolling:** appel sélectif automatique.

**autoprogrammer:** autoprogrammateur.

**autoprogramming:** autoprogrammation.

**autopurge:** effacement automatique.
**autorestart:** reprise automatique.
**autoswitch:** autocommutateur.
**autoverifier:** autovérifieuse.
**auxiliary:** auxiliaire, secondaire, complémentaire; **auxiliary accumulator,** accumulateur auxiliaire; **auxiliary address,** adresse auxiliaire; **auxiliary building block,** bloc fonctionnel complémentaire; **auxiliary channel feature,** canal auxiliaire; **auxiliary character,** caractère auxiliaire; **auxiliary code,** code auxiliaire; **auxiliary console,** console auxiliaire; **auxiliary control function,** fonction de commande secondaire; **auxiliary control station (ACS),** station de commande auxiliaire; **auxiliary data,** données auxiliaires; **auxiliary device,** installation auxiliaire; **auxiliary equipment,** équipement auxiliaire; **auxiliary facility,** dispositif auxiliaire; **auxiliary feed roll,** galet de transport auxiliaire; **auxiliary file,** fichier secondaire; **auxiliary function,** fonction auxiliaire; **auxiliary indicator register,** registre indicateur auxiliaire; **auxiliary input/output statement,** instruction complémentaire d'entrée/sortie; **auxiliary key,** clé secondaire, touche auxiliaire; **auxiliary key field,** champ clé auxiliaire; **auxiliary keyboard,** clavier numérique auxiliaire; **auxiliary machine,** machine auxiliaire; **auxiliary memory,** mémoire auxiliaire; **auxiliary number,** nombre auxiliaire; **auxiliary operation,** opération auxiliaire; **auxiliary overlay,** segment de recouvrement auxiliaire; **auxiliary path parameter,** paramètre d'acheminement auxiliaire; **auxiliary power supply,** alimentation auxiliaire; **auxiliary processor,** processeur auxiliaire; **auxiliary program,** programme auxiliaire; **auxiliary register,** registre auxiliaire; **auxiliary relay,** relais auxiliaire; **auxiliary routine,** routine auxiliaire; **auxiliary stage,** niveau de servitude; **auxiliary start key,** poussoir de lancement auxiliaire; **auxiliary station,** terminal secondaire; **auxiliary symbol,** symbole auxiliaire, caractère auxiliaire; **auxiliary verification,** vérification supplémentaire.
**availability*:** disponibilité; **availability assurance routine,** routine de sauvegarde de disponibilité; **availability check,** contrôle de disponibilité; **availability control,** contrôle de disponibilité; **availability indicator,** indicateur de validité; **availability level,** niveau de disponibilité; **availability ratio,** taux de dispo

nibilité; **availability status,** état de disponibilité; **availability storage,** mémoire de disponibilité; **availability table,** table de disponibilité; **level of availability,** niveau de disponibilité; **system availability,** disponibilité du système.
**available:** libre, disponible; **available device,** dispositif disponible; **available extent,** zone mémoire libre; **available list,** liste libre; **available machine time,** temps d'exploitation effectif, temps disponible; **available unit queue,** queue d'attente des unités disponibles; **machine available time,** temps machine disponible.
**average:** moyenne; **average access time,** temps moyen d'accès; **average calculating operation,** opération de calcul de moyenne; **average data rate,** débit moyen d'entropie; **average effectiveness level,** degré d'efficacité; **average error,** écart moyen d'erreur; **average information content,** densité moyenne d'information; **average information per character,** contenu moyen d'informations par caractère; **average information rate per time,** moyenne d'informations transmises; **average instruction execution time,** temps moyen d'exécution des instructions; **average latency,** temps d'accès moyen; **average operation time,** temps moyen d'opération; **average peak output,** amplitude moyenne de la tension de lecture; **average per day,** moyenne journalière; **average search length,** durée moyenne de recherche; **average seek time,** temps d'accès de positionnement; **average total value,** valeur moyenne du courant total; **average transinformation,** informations effectives transmises; **average transinformation content,** débit moyen d'informations transmises; **average transinformation rate,** débit effectif; **average value,** valeur moyenne; **weighted average divide,** division pondérée; **weighted average multiply,** multiplication pondérée.
**awaiting:** en attente, au repos; **awaiting repair time,** délai de réparation.
**axial:** axial; **axial lead,** sortie axiale.
**axis:** axe; **Z-axis modulation,** modulation en axe z; **axis crossing,** coupure d'axe; **minor axis,** axe secondaire; **x-axis,** axe des x, abscisses; **y-axis,** axe des y, ordonnées; **z-axis,** axe des z.
**AZERTY*:** **AZERTY keyboard,** clavier AZERTY.

# B

**B :** B-box, registre d'index; **B-line**, registre d'index; **B-register**, registre d'index.

**babble :** diaphonie.

**back :** arrière; **add back**, correction de la division; **back (to)**, reculer, renforcer; **back arrow**, flèche gauche; **back brush**, contre-balai; **back circuit**, circuit de retour; **back clipping plane**, plan arrière de découpage; **back contact**, contact de repos; **back resistance**, résistance inverse; **back transfer**, transfert inverse; **back transfer equipment**, équipement de transfert inverse; **back-end**, phase arrière; **back-end processor**, processeur dorsal, ordinateur d'arrière-plan; **back strike printer**, imprimante à impact; **back-to-back operation**, opération court-circuitée; **back-to-back wiring**, câblage dos à dos; **back-to-normal signal**, caractère de fin; **back-up**, sauvegarde, de secours; **back up (to)**, assister; **back-up and restore program**, programme de rappel; **back-up information**, données de sauvegarde; **back-up library**, bibliothèque de sauvegarde; **back-up memory**, mémoire de sauvegarde; **back-up processor**, unité centrale de réserve; **back-up storage**, mémoire de réserve, mémoire additionnelle; **call-back**, connexion par rappel; **carry back**, report arrière; **counter read back**, transfert arrière du contenu compteur; **fly-back**, retour de balayage, retour de spot; **fly-back time**, temps de retour du faisceau; **piggy-back entry**, accès pirate; **play back (to)**, lire, reproduire; **read back**, relecture; **read back signal**, signal de lecture; **read-back check**, contrôle par relecture; **roll back (to)**, reprendre, rembobiner; **trace-back**, trace inverse.

**background\* :** arrière-plan, fond; **background environment**, traitement secondaire; **background image**, fond d'image, arrière-plan d'image; **background job**, travail d'arrière-plan, tâche de fond; **background noise**, bruit de fond; **background processing**, traitement non prioritaire; **background program**, programme non prioritaire; **background reflectance**, réflectance diffuse; **display background**, champ réservé de visualisation; **inverted background**, fond inversé.

**backing :** sauvegarde; **backing storage**, mémoire de sauvegarde; **backing storage system**, système de mémoire complémentaire; **backing storage unit**, unité de

mémorisation de sauvegarde; **backing tape**, bande de secours.

**backout :** backout (to), faire un retour arrière.

**backplane :** face arrière; **backplane slot**, ouverture arrière.

**backslash :** barre oblique inverse '\'.

**backspace :** espace arrière; **backspace (BS)**, espace arrière; **backspace (to)**, reculer d'un espace; **backspace character**, caractère d'espacement arrière; **backspace instruction**, instruction de rappel; **backspace key**, touche d'espacement arrière; **backspace mechanism**, mécanisme de rappel; **backspace pawl**, cliquet de rappel; **backspace statement**, instruction de retour arrière.

**backspacing :** retour arrière, recul; **backspacing time**, temps de rappel; **tape backspacing**, transport arrière de la bande.

**backstop :** butée.

**backtab :** tabulation arrière.

**backtracking\* :** recherche inverse.

**backup\* :** sauvegarde; **backup block**, bloc de réserve; **backup computer**, ordinateur de reprise, ordinateur de secours; **backup copy**, copie de sauvegarde, copie de secours; **backup data set**, ensemble des données de sauvegarde; **backup date**, date de sauvegarde; **backup device**, unité de réserve; **backup disk**, disque de réserve, disque de sauvegarde; **backup file**, fichier de sauvegarde; **backup procedure**, procédure de sauvegarde; **backup processing**, traitement de sauvegarde; **backup processor**, processeur de secours; **backup run**, passe de sauvegarde; **backup time**, temps de sauvegarde; **battery backup**, alimentation de secours; **data backup**, sécurité des données; **program backup**, sauvegarde de programme.

**backward :** vers l'arrière; **backward chaining**, chaînage arrière; **backward channel**, voie de retour; **backward compatibility**, compatibilité descendante; **backward current**, courant inverse; **backward diode**, diode inverse; **backward jump**, saut amont, branchement arrière; **backward read**, lecture arrière; **backward recovery**, récupération par retraitement; **backward resistance**, résistance inverse; **backward search**, recherche arrière; **backward signal**, signal inverse; **backward sort,** tri descendant, tri décroissant; **backward supervision,** compte-rendu d'exploitation; **read backward (to),** faire une lecture arrière; **read backward input,** lecture arrière des données enregistrées;canal récepteur de **space backward (to),** reculer d'un bloc.

**bad:** mauvais, mauvaise; **bad parity,** défaut de parité; **bad spot,** position erronée; **bad track linking record,** enregistrement d'enchaînement de piste; **bad track processing,** traitement de piste incorrecte; **bad track substitution,** remplacement d'une piste défectueuse.

**badge:** badge; **badge column,** colonne indicatif; **badge punch,** perforateur de badge; **badge read-out,** lecture de badge; **badge reader,** lecteur de badge; **badge receiver throat,** gorge de réception de badge; **badge slot,** fente d'introduction de jeton; **plastic identification badge,** jeton plastique d'identification.

**bag:** ensemble, jeu.

**bail:** paper bail, barre de commande d'avance papier.

**BAL:** basic assembly language, langage d'assemblage de base.

**balance:** équilibre; **account balance,** position d'un compte; **balance (to),** équilibrer; **balance card,** carte stock; **balance column,** colonne de solde; **balance control,** contrôle de solde; **balance counter,** soustracteur, compteur soustractif; **balance forward,** sortie de solde mémorisé; **balance lever,** levier de compensation; **balance pickup,** collecte de solde; **balance selection,** sélection de solde; **balance to ground,** mise à la terre compensée; **balance weight,** contrepoids; **counter balance,** solde de compteur; **counter balance control,** contrôle du solde compteur; **negative balance,** solde négatif; **negative balance test,** contrôle des soldes; **net balance,** solde net; **net balance counter,** compteur de solde net; **opening balance,** solde d'ouverture; **parallel balance,** contrôle, balance des totaux; **zero balance,** équilibrage; **zero balance indicator,** fanion de zéro; **zero balance test,** test de zéro.

**balanced:** équilibré, symétrique; **asynchronous balanced mode (ABM),** mode asynchrone; **balanced amplifier,** amplificateur équilibré; **balanced bridge,** pont équilibré; **balanced circuit,** circuit symétrique; **balanced drum,** tambour équilibré; **balanced error,** erreur centrée, erreur compensée; **balanced error range,** gamme d'erreurs compensées; **balanced input,** entrée symé-

trique; **balanced line,** ligne symétrique; **balanced magnetic drum,** tambour magnétique équilibré; **balanced mixer,** mélangeur équilibré; **balanced output,** sortie symétrique; **balanced output signal,** signal de sortie symétrique; **balanced sorting,** tri équilibré; **balanced station,** station mixte; **balanced to ground,** symétrique par rapport à la terre; **balanced transformer,** transformateur d'équilibrage; **longitudinal balanced line,** ligne équilibrée.

**ball:** boule; **ball bearing,** roulement à billes; **ball joint,** articulation sphérique; **ball resolver,** résolveur sphérique; **control ball,** boule de commande, boule roulante; **rolling ball,** boule de commande, boule roulante; **track ball,** boule de commande, boule roulante.

**banana:** banane; **banana jack,** fiche banane; **banana pin,** fiche banane; **banana plug,** fiche banane.

**band\*:** bande; **assigned frequency band,** bande de fréquences assignées; **band elimination filter,** filtre éliminateur de bande; **band gap,** espace entre bandes; **band limitation,** limitation de bande; **band printer,** imprimante à bande; **band rejection filter,** filtre à élimination de bande; **band size,** largeur de bande; **band spread,** dispersion de bande, étalement de bande; **band-limited channel,** canal à bande limitée; **basic band,** bande de modulation; **clear band,** zone vierge; **dead band,** zone inerte; **error band,** zone erronée; **frequency band,** bande de fréquences; **guard band,** bande de protection; **image band,** bande de fréquences images; **narrow band,** bande étroite; **proportional band,** bande proportionnelle; **reading band,** aire de lecture; **recording band,** gamme d'enregistrement; **rubber band line,** ligne élastique; **transmission band,** bande passante; **voice band,** bande téléphonique.

**banding:** bandage; **rubber banding,** étirement, technique de l'élastique.

**bandpass:** passe-bande; **bandpass filter,** filtre passe-bande.

**bandreject:** rejet de bande; **bandreject filter,** filtre stop-bande.

**bandstop:** stop-bande; **bandstop filter,** filtre éliminateur de bande.

**bandwidth\*:** largeur de bande; **nominal bandwidth,** largeur de bande nominale; **occupied bandwidth,** largeur de bande occupée; **video bandwidth,** largeur de bande vidéo.

**bank:** banc; **bank accounting system,** système comptable bancaire; **bank bit,** bit de module; **bank check,** chèque bancaire;

**bank counter terminal,** terminal de guichet de banque; **bank credit card,** carte de crédit; **bank switching,** commutation de banc; **bank switching hardware,** circuiterie de commutation de banc; **bank switching option,** option de commutation de banc; **bank switching record,** adresse de commutation de banc; **computer bank,** fichier central; **hammer bank,** rangée de marteaux; **key bank,** rangée de touches; **memory bank,** banc de mémoire; **program bank,** banque de programmes; **register bank,** groupe de registres; **relocation bank,** module de translation.

**b a r :** barre; **aligner bar,** barre d'alignement; **alphameric type bar,** barre porte-caractères alphanumériques; **bar (to),** interdire; **bar chart,** diagramme de Gantt; **bar code,** code à barres; **bar code pen,** crayon lecteur de code à barres; **bar code reader,** lecteur de code à barres; **bar code scanner,** scanner de code à barres; **bar graph,** diagramme de Gantt; **bar line printer,** imprimante à barres; **bar-coded document,** document à code à barres; **contact bar,** barre de contact; **fraction bar,** barre de fraction; **guard bar,** barre de protection; **jam sense bar,** barre de butée; **menu bar,** barre de menu; **optical bar code reader,** lecteur optique de code à bâtonnets; **permutation bar,** barre de permutation; **print bar,** barre d'impression; **release bar,** touche de libération; **scroll bar,** barre de défilement; **skip bar,** barre de saut; **space bar,** barre d'espace; **stacked bar chart,** histogramme à barres empilées; **start bar,** interrupteur marche; **stop bar,** barre d'arrêt; **title bar,** barre de titre; **type bar,** barre d' impression, barre porte-caractères; **type bar guide,** guide de la barre à caractères; **type bar printer,** imprimante à barres; **universal bar,** barre universelle.

**b a r e :** bare (to), dénuder.

**b a r r e l :** tonneau; **barrel effect,** effet tonneau; **barrel printer,** imprimante à cylindre; **barrel-shaped distortion,** distorsion en forme de tonneau; **print barrel,** barillet d'impression.

**b a r r i c a d e :** limitation; **barricade register,** registre de limitation; **barricade violation,** dépassement de limitation.

**b a r r i e r :** barrière; **barrier box,** boîte à fusibles; **barrier layer,** couche d'arrêt, couche de blocage.

**b a s e\* :** base; **adapter base,** chassis de connexion de matériel; **base address,** adresse de base; **base address register,** registre d'adresse de base; **base addressing,** adressage de base; **base bias,** polarisation initiale; **base bias voltage,** tension de polarisation initiale; **base case,** situation initiale; **base cell,** cellule de base; **base charge,** charge de base; **base current,** courant de base; **base cylinder,** cylindre de base; **base diagram,** diagramme de base; **base displacement,** déplacement à la base; **base drive,** régulation de principe; **base drive current,** courant régulateur de base; **base element,** élément de base; **base frequency,** fréquence de base; **base identifier,** identificateur de base; **base item,** article initial, rubrique de base; **base layer,** couche de base; **base line,** ligne de base, ligne de zéro; **base linkage path,** branche d'enchaînement de base; **base material,** matériel de base; **base notation,** numération de base; **base number,** nombre de base; **base plate,** socle; **base potential divider,** diviseur de tension de base; **base record,** enregistrement de base; **base region,** région de base, zone de base; **base region thickness,** largeur de la région de base; **base register,** registre d'adresse; **base relative,** relatif à la base; **base relocation,** décalage de base; **base relocation register,** registre de décalage; **base resistance,** résistance de polarisation de base; **base saturation current,** courant de base saturé; **base sector relocation,** translation du secteur de base; **base segment,** segment de contrôle; **base system pack,** plaque de base; **base type,** type de base; **base vector,** vecteur unitaire; **base voltage,** tension de base; **base width,** largeur de base; **base zero,** à base zéro; **base zone,** zone de base; **common base,** circuit à base commune; **common base circuit,** montage à base commune; **communication interface base,** unité d'interface; **complement base,** base du complément; **expansion base,** base d'extension, module d'extension; **fixed-base notation,** notation à base fixe; **fixed-base representation,** représentation à base fixe; **floating-point base,** base de représentation en flottant; **knowledge base,** base de connaissances; **logic base circuit,** circuit logique de base; **logic base operator,** opérateur logique de base; **mixed-base notation,** numération mixte; **mixed-base numeration,** numération multibase; **natural base,** base naturelle d'un système numérique; **number base,** base numérique; **octal base,** base octale; **relocatable base,** adresse de base translatable; **relocation base,** base de translation; **remote data base manager,** télégestion de banque de données; **segment base,** adresse de base d'un segment; **segment data base,** base d'un segment de données; **swivel base,** base tournante; **system base,**

base de système; **time base,** base de temps; **time base scale,** échelle des temps.

**b a s e b a n d\*:** bande de base; **baseband frequency,** fréquence de bande de base; **baseband modem,** modem en bande de base; **baseband modulation,** modulation en bande de base; **baseband noise,** bruit en bande de base; **baseband signaling,** transmission en bande de base; **baseband transmission,** transmission en bande de base; **multiplex baseband,** spectre de multiplexage.

**b a s e d :** basé sur, relatif à; **based storage,** mémoire pointée; **based variable,** variable à base; **card-based,** à base de cartes; **computer-based instruction,** enseignement informatisé; **computer-based learning (CBL),** éducation informatisée; **disk-based,** à base de disque; **floating-point based program,** programme à base de flottants; **holographic based system,** système holographique; **integer-based program,** programme à base de nombres entiers; **memory-based system,** système résidant en mémoire; **pixel-based display,** affichage matriciel; **screen-based,** à base d'écran; **vector-based display,** affichage cavalier.

**b a s i c :** basique; **BASIC,** langage BASIC; **basic access method,** méthode d'accès de base; **basic address,** adresse initiale; **basic address calculation,** calcul de l'adresse de base; **basic arithmetic operation,** méthode arithmétique fondamentale; **basic assembler,** assembleur de base; **basic assembly language (BAL),** langage d'assemblage de base; **basic band,** bande de modulation; **basic block,** bloc d'articles; **basic cabinet,** armoire de base; **basic calculating operation,** opération de calcul fondamentale; **basic capacity,** capacité de base; **basic circuit,** circuit fondamental; **basic circuit arrangement,** montage de base; **basic circuit configuration,** montage fondamental; **basic clock rate,** rythme de base; **basic code,** code de base; **basic coding,** codage de base; **basic concept,** concept de base; **basic configuration,** configuration de base; **basic counter,** compteur de base; **basic direct access method,** méthode d'accès direct simplifiée; **basic display unit (BDU),** unité de visualisation de base; **basic element,** élément de base; **basic equation,** équation fondamentale; **basic equipment,** équipement de base, équipement standard; **basic external function,** fonction externe fondamentale; **basic field descriptor,** descripteur simple de zones de données; **basic**

**format,** format de base; **basic group,** groupe fondamental; **basic hardware,** matériel de base, équipement fondamental; **basic indexed sequential access method (BISAM),** méthode simplifiée d'accès séquentiel indexé; **basic information unit,** élément d'information; **basic instruction,** instruction en code machine; **basic instruction set,** jeu d'instructions de base; **basic interconnection,** interconnexion de base; **basic interrupt,** interruption primaire; **basic language,** langage de base; **basic language machine (BLM),** machine à langage de base; **basic link unit,** alimentation primaire; **basic linkage,** liaison de base; **basic loop,** boucle simple; **basic machine,** machine de base; **basic machine cycle,** cycle machine de base; **basic material,** matériel de base; **basic mode,** mode de base; **basic mode control procedure,** procédure de gestion des modes de base; **basic mode link control,** gestion de liaison en mode de base; **basic module,** module de base; **basic network,** réseau fondamental; **basic noise,** bruit de fond; **basic number,** nombre cardinal; **basic operating system (BOS),** système d'exploitation de base (IBM); **basic operation,** opération de base, opération fondamentale; **basic partitioned access method,** méthode simplifiée pour accès aux sous-fichiers; **basic period clock,** rythmeur de base; **basic phase,** phase primaire, phase principale; **basic processing unit,** unité centrale; **basic program,** programme de base; **basic record,** enregistrement initial; **basic reference,** référence de base; **basic research,** recherche fondamentale; **basic sequential access (BSA),** accès séquentiel de base; **basic services,** routines utilitaires de base; **basic set-up,** montage fondamental; **basic signal,** signal de base; **basic solution,** solution de base; **basic stacked job processing,** traitement séquentiel simplifié des lots; **basic statement,** instruction de base; **basic storage,** mémoire de base; **basic supervisor,** superviseur de base; **basic symbol,** symbole principal, symbole de base; **basic system,** système de base; **basic terminal access method (BTAM),** méthode d'accès par terminal de base; **basic terminal network support,** gestion principale du réseau de télétraitement; **basic time,** temps de base; **basic unit,** unité de base; **basic utility,** utilitaire de base; **basic variable,** variable fondamentale; **basic wiring,** connexion de principe; **tiny basic,** BASIC simplifié; **unlabeled basic statement,** instruction non référencée.

**b a s i s :** base; **basis cycle,** cycle de base;

**digital input basis,** module numérique; **se-lective basis,** base de sélection.

**b a s k e t :** pannier, case; **printout basket,** réceptacle d'imprimés.

**b a t c h\* :** lot; **batch (to),** traiter par lots, grouper; **batch assembly,** assemblage de programmes; **batch bulk processing,** traite-ment différé; **batch computer,** calculateur de traitement par lots; **batch control,** contrôle de lot; **batch data terminal,** terminal de trai-tement par lots; **batch file,** lot de traitement; **batch mode,** mode de traitement par lots; **batch number,** numéro de lot; **batch num-bering,** numération par lots; **batch operating system,** système d'exploitation par lots; **batch operation time,** temps d'exécution de lots; **batch output,** sortie de lot; **batch pe-ripheral,** périphérique lourd; **batch process-ing,** traitement par lots; **batch processing mode,** mode de traitement par lots; **batch program,** programme différé; **batch report,** état séquentiel; **batch separator,** séparateur de lots; **batch size,** grandeur de lot; **batch system,** système de traitement par lots; **batch terminal,** terminal de traitement par lots, terminal lourd; **batch total,** total par groupe; **batch traffic,** transfert en série; **batch transmission,** transmission par lots; **batch type peripheral,** périphérique de trai-tement par lots; **batch-oriented,** spécialisé au traitement par lots; **batch/conversational mode,** mode conversationnel différé; **job batch,** lot de travaux; **local batch process-ing,** traitement différé local; **remote batch,** télétraitement par lots; **remote batch com-puting,** télétraitement par lots; **remote batch entry (RBE),** soumission, introduction par lots à distance; **remote batch processing,** télé-traitement par lots; **remote batch telepro-cessing,** télétraitement par lots; **remote batch terminal (RBT),** terminal de traitement déporté.

**b a t c h e d :** groupé; **batched assembly,** assemblage groupé; **batched compilation,** compilation groupée; **batched job,** travail par lots, tâche séquentielle; **batched job entry,** introduction des travaux par lots; **batched mode,** mode de traitement en groupes.

**b a t c h i n g :** groupement; **file batching,** groupage de fichiers.

**b a t c h l o a d :** chargement des lots; **batchload (to),** charger par groupes, charger par lots.

**b a t t e r y :** batterie; **battery backup,** ali-mentation de secours; **battery connector,** connecteur de batterie; **battery lead,** batterie au plomb; **battery power supply,** alimen-tation par batterie; **dry cell battery,** pile sèche; **storage battery,** batterie rechar-geable.

**b a u d\* :** baud; **baud rate,** vitesse de transmission.

**B a u d o t\* :** Baudot; **Baudot code,** code Baudot.

**b a y :** baie; **floppy disk bay,** logement pour disque souple; **patch bay,** panneau d'interconnexions.

**B B S :** **bulletin board system,** système d'information télématique.

**B C D :** **binary-coded decimal,** décimal codé binaire (DCB); **expanded BCD inter-change code (EBCDIC),** binaire codé déci-mal étendu.

**B D D :** **binary-to-decimal decoder,** déco-deur numérique-décimal.

**B D U :** **basic display unit,** unité de visuali-sation de base.

**b e a d\* :** tore; **bead memory,** mémoire à tores magnétiques.

**b e a m :** microconnexion; **l-beam pointer,** pointer (souris) en forme de l; **beam deflec-tor,** déflecteur de faisceau; **beam lead,** con-ducteur-poutre; **beam path,** voie de faisceau; **beam penetration CRT,** tube à pénétration; **beam positioning system,** système de déviation des faisceaux; **beam storage,** mémoire à faisceau électronique; **beam switching tube,** tube commutateur à rayons cathodiques; **beam-accessed,** accédé par rayon; **directed beam scan,** balayage à faisceau dirigé, balayage cavalier; **electron beam,** faisceau électronique; **electronic beam recording (EBR),** enregistrement à faisceau électronique; **ion beam,** faisceau ionique; **laser beam recording (LBR),** enre-gistrement par faisceau laser; **light beam,** pinceau lumineux; **unblanked beam,** fais-ceau visible.

**b e a r e r :** porteur; **bearer circuit,** circuit multivoie.

**b e a r i n g :** portée; **air bearing,** coussinet d'air, palier d'air; **ball bearing,** roulement à billes; **roller bearing,** roulement à rouleaux.

**b e a t :** phase de cycle; **beat block,** bloc primaire; **beat column,** colonne de départ; **beat frequency,** fréquence de battement; **beat frequency oscillator,** oscillateur à bat-tements; **beat note,** son de battement; **zero beat,** battement nul.

**b e d :** lit, table; **bed (to),** noyer, enrober; **bed plate,** plaque d'appui; **card bed,** panier à cartes; **test bed,** banc de test.

**b e e f :** **beef-up release,** version augmen-tée; **beef-up version,** version améliorée.

**b e e p :** bip; **beep sound,** signal sonore bref.

**begin:** début; **begin (to),** commencer; **begin block,** bloc d'amorçage; **begin column,** colonne de début; **begin field code,** code début de zone; **begin statement,** instruction d'amorçage; **begin subroutine,** amorçage de sous-programme.

**beginning:** commencement; **beginning mark,** amorce; **beginning reel label,** étiquette de début de bande; **beginning-of-data,** début des informations; **beginning-of-extent (BOE),** début de partition; **beginning-of-file label,** repère de début de fichier; **beginning-of-information marker,** marque de début; **beginning-of-record,** début d'enregistrement; **beginning-of-segment block,** début du bloc de segments; **beginning-of-tape (BOT),** marqueur de début de bande; **beginning-of-tape indicator,** marque de début de bande; **beginning-of-tape label,** label de début de bande; **beginning-of-tape marker,** repère de début de bande; **file beginning,** début de fichier; **logical beginning,** début logique; **message beginning character,** caractère de début de message.

**behaviour:** comportement; **dynamic behaviour,** comportement dynamique; **long time behaviour,** comportement de longue durée; **procedural behaviour,** exécution séquentielle; **static behaviour,** comportement statique.

**Bel:** Bel (B), dix décibels.

**bell:** sonnerie; **bell character,** caractère de sonnerie (BEL); **warning bell,** signal d'alerte.

**belt:** courroie; **belt cartridge,** cassette à bande d'impression; **belt drive,** entraînement par courroie; **belt gate,** cadre pivotable; **belt guard,** cache-courroie; **belt guide,** guide de courroie; **belt motor,** moteur d'entraînement; **belt printer,** imprimante à bande; **belt roller,** galet de courroie; **belt tensioner,** tendeur de courroie; **drive belt,** courroie d'entraînement; **picker belt,** courroie d'alimentation.

**bench:** banc; **bench mark,** repère de test.

**benchmark*:** test de performances; **benchmark (to),** évaluer les performances, mettre au banc d'essai; **benchmark package,** logiciel de test; **benchmark problem,** problème d'évaluation; **benchmark program,** programme d'évaluation; **benchmark routine,** routine de test; **benchmark run,** passage de test d'évaluation; **benchmark test,** test de performances.

**benchmarking:** mise au banc d'essai.

**bending:** courbure; **bending loss,** perte par courbure (fibre optique).

**BER:** binary digit error rate, taux d'erreurs par binaire; **bit error rate (BER),** taux d'erreur binaire.

**beta:** beta (β); **beta test,** essai pilote.

**bias*:** biais, écart, polarisation; **base bias,** polarisation initiale; **base bias voltage,** tension de polarisation initiale; **bias address,** adresse d'écart; **bias box,** coffret de polarisation; **bias coil,** enroulement de prémagnétisation; **bias current,** courant de polarisation; **bias distortion,** distorsion biaise, distorsion asymétrique; **bias error,** erreur non centrée, erreur asymétrique; **bias resistor,** résistance de polarisation; **bias testing,** test des marges; **bias voltage,** tension de polarisation; **blocking bias,** biais de blocage; **fixed bias,** polarisation fixe; **forward bias,** polarisation directe; **grid bias,** polarisation de grille; **high/low bias test,** test des marges; **ordering bias,** écart d'ordre; **return to bias (RB),** inversion de la magnétisation; **return-to-bias method,** méthode d'enregistrement par inversion; **reverse bias,** polarisation inverse; **zero bias,** polarisation nulle.

**biased:** biaisé, biaisée; **biased exponent,** caractéristique (base).

**biconditional:** biconditionnel; **biconditional element,** élément biconditionnel, NI exclusif; **biconditional gate,** porte biconditionnelle, NI exclusif.

**biconnected:** connecté en deux points; **biconnected graph,** graphe biconnexe.

**bid:** tentative; **bid indicator,** indicateur de contention; **bid retry,** répétition d'appel.

**bidirectional:** bidirectionnel; **bidirectional bus,** bus bidirectionnel; **bidirectional counter,** compteur inverse; **bidirectional data bus,** bus de données bidirectionnel; **bidirectional diode,** diode bidirectionnelle; **bidirectional flow,** transfert bilatéral; **bidirectional printer,** imprimante bidirectionnelle; **bidirectional pulses,** impulsions négatives et positives; **bidirectional readout,** lecture bilatérale; **bidirectional thyristor,** thyristor bidirectionnel; **bidirectional transistor,** transistor bidirectionnel; **bidirectional typing,** impression bidirectionnelle.

**bill:** facture; **bill (to),** facturer; **bill feed,** alimentation en feuille; **bill of material,** nomenclature; **bill of material processing,** traitement des listes de matériel; **bill of material processor,** processeur de nomenclatures.

**billable:** facturable; **billable time,** temps d'utilisation; **billable time meter,** compteur tarifaire.

**billi:** milliard.

**billibit:** milliard de bits.

**billing:** facturation; **billing file,** fichier

des factures.

**b i m a g :** bivalence magnétique.

**b i n :** bac; **bin card,** carte stock; **chip bin,** boîte à confettis; **feeder bin,** magasin d'alimentation; **output bin,** boîtier de sortie de cartes; **reel storage bin,** réservoir de bandes; **storage bin,** puits.

**b i n a r y\* :** binaire; **Chinese binary,** binaire en colonnes; **Gray code-to-binary conversion,** conversion code Gray-binaire; **assumed binary point,** virgule binaire; **binary Boolean operation,** opération booléenne binaire; **binary adder,** additionneur binaire; **binary adder circuit,** circuit additionneur binaire; **binary addition,** addition binaire; **binary arithmetic,** arithmétique binaire; **binary arithmetic operation,** opération arithmétique binaire; **binary arithmetical operation,** opération arithmétique binaire; **binary card,** carte binaire; **binary cell,** cellule binaire (de mémoire); **binary chain,** chaîne binaire; **binary character,** caractère binaire; **binary chop,** recherche par dichotomie, recherche par partage; **binary circuit,** circuit binaire; **binary code,** code binaire; **binary code converter,** convertisseur de code binaire; **binary column,** colonne des binaires; **binary command,** commande binaire; **binary conversion,** conversion binaire; **binary counter,** compteur binaire; **binary decoder,** décodeur binaire; **binary digit,** chiffre binaire; **binary digit error rate (BER),** taux d'erreurs par binaire; **binary display,** affichage binaire, indication binaire; **binary dump,** vidage binaire; **binary element,** élément binaire; **binary element string,** chaîne d'éléments binaires; **binary encoding,** codage binaire; **binary equivalent,** équivalent binaire; **binary equivalent value,** valeur équivalente binaire; **binary error-correcting code,** code binaire de correction d'erreurs; **binary error-detecting code,** code binaire de détection d'erreurs; **binary field operation,** opération binaire; **binary figure,** chiffre binaire; **binary format,** format binaire; **binary function,** fonction binaire; **binary half-adder,** demi-additionneur binaire; **binary image,** image binaire représentation binaire; **binary incremental notation,** numération à accroissements binaires; **binary incremental representation,** notation incrémentale binaire; **binary information,** information binaire; **binary information exchange (BIX),** échange de données numériques; **binary integer,** nombre entier binaire; **binary item,** article binaire; **binary load deck,** paquet de carte de chargement binaire; **binary loader,** chargeur absolu; **binary logic,** logique binaire; **binary mode,** mode

binaire; **binary notation,** notation binaire, numération binaire; **binary number,** nombre binaire, chiffre binaire; **binary number system,** système binaire, système à nombres binaires; **binary numbering system,** système à chiffres binaires; **binary numeral,** numéral binaire, nombre binaire; **binary one,** chiffre binaire '1'; **binary operation,** opération binaire, opération diadique; **binary operator,** opérateur binaire, opérateur diadique; **binary output,** sortie binaire; **binary pair,** bascule bistable; **binary phase shift keying (BPSK),** modulation par déplacement binaire de phase; **binary place,** position binaire; **binary point,** virgule binaire; **binary position,** position binaire; **binary program tape,** bande de programme binaire; **binary read mode,** mode de lecture binaire; **binary representation,** représentation binaire; **binary row,** rangée binaire; **binary run file,** fichier de programmes exécutables; **binary run tape,** bande de programme objet; **binary scale,** plage binaire; **binary search,** recherche binaire, recherche dichotomique; **binary sequence,** séquence binaire; **binary shift,** décalage binaire; **binary shift register,** registre binaire à décalage; **binary signal,** signal binaire; **binary sort,** tri binaire; **binary storage cell,** position de mémorisation binaire; **binary storage element,** élément de mémoire binaire; **binary symbol,** symbole binaire; **binary symmetric channel (BSC),** canal symétrique binaire; **binary synchronous communication,** transmission binaire synchrone; **binary system,** système binaire; **binary transfer,** transfert binaire; **binary tree,** arbre binaire; **binary tree representation,** représentation en arbre binaire; **binary unit,** unité binaire, binaire, bit; **binary unit of information content (Shannon),** unité binaire de quantité d'information, Shannon; **binary variable,** variable binaire; **binary weight,** poids binaire; **binary weight table,** table de poids de positions binaires; **binary word,** mot binaire; **binary zero,** chiffre binaire '0'; **binary-coded,** codé en binaire; **binary-coded address,** adresse codée binaire; **binary-coded character,** caractère codé binaire; **binary-coded data,** données binaires; **binary-coded decade counter,** compteur décimal code binaire; **binary-coded decimal (BCD),** décimal codé binaire (DCB); **binary-coded decimal code,** numération décimale codée en binaire; **binary-coded decimal digit,** pondéré binaire; **binary-coded decimal notation,** numération décimale codée binaire; **binary-coded decimal number,** nombre décimal codé en binaire; **binary-coded decimal representation,** notation pondérée binaire; **binary-coded decimal system,** système décimal codé en binaire; **binary-coded digit,** chiffre codé binaire; **binary-coded notation,** notation binaire; **binary-coded number system,** système de numération binaire; **binary-coded octal,** octal codé en binaire; **binary-reflected,** binaire réfléchi; **binary-to-Gray code conversion,** conversion binaire-code Gray; **binary-to-decimal,** convertisseur de binaire en décimal; **binary-to-decimal conversion,** conversion binaire-décimale; **binary-to-decimal decoder (BDD),** décodeur numérique-décimal; **binary-to-hexadecimal conversion,** conversion binaire-hexadécimal; **character binary code,** code binaire de caractères; **column binary,** binaire en colonnes; **column binary code,** code binaire en colonnes; **decimal-to-binary conversion,** conversion décimale-binaire; **dense binary code,** code binaire saturé; **equivalent binary digits,** nombre de binaires équivalents; **fixed-point binary,** binaire en virgule fixe; **four-line binary code,** code binaire tétradique; **four-line binary coding,** codification tétradique; **implied binary point,** virgule binaire implicite; **manual binary input,** commutateur pour introduction binaire manuelle; **ordinary binary,** binaire pur; **pure binary,** binaire pur; **pure binary code,** code binaire pur; **pure binary notation,** numération binaire pure; **pure binary numeration,** numération binaire; **reflected binary,** binaire réfléchi; **reflected binary code,** code binaire réfléchi; **row binary,** binaire en ligne; **shifted binary,** binaire décalé; **sign binary digit,** élément de signe; **straight binary,** binaire pur; **symmetric binary channel,** voie binaire symétrique; **transaction binary tape,** bande objet des mouvements; **weighted binary,** binaire pondéré.

**bind:** bind (to), attacher, fixer, associer (variable ou adresse).

**binder:** classeur, reliure (de document); **binder routine,** programme de liaison; **binder trolley,** chariot classeur; **burst printout binder,** reliure pour imprimés détachés; **disk binder,** classeur pour disques; **printout binder,** reliure pour imprimés; **ring binder,** classeur à anneaux; **unburst printout binder,** reliure pour imprimés en continu.

**binding:** liaison; **binding post,** point d'enchaînement, point de liaison.

**binomial:** binomial; **binomial coefficient,** coefficient binomial; **binomial theorem,** théorème binomial, loi de distribution binomiale.

**bionics:** la bionique.

**biplexer:** diplexeur.

**bipolar*:** bipolaire; **bipolar device technology,** technologie transistor; **bipolar input,** entrée bipolaire; **bipolar memory,** mémoire bipolaire; **bipolar signaling,** signalisation bipolaire; **bipolar storage,** mémoire bipolaire; **bipolar transistor,** transistor bipolaire; **bipolar transmission,** transmission en signaux alternés; **high density bipolar (HDB),** code bipolaire à densité élevée.

**biprocessor:** biprocesseur.

**biprogramming:** traitement de deux programmes.

**biquinary:** biquinaire; **biquinary code,** code biquinaire; **biquinary coded decimal number,** nombre décimal code biquinaire; **biquinary number,** nombre biquinaire; **biquinary system,** système biquinaire.

**BISAM:** basic indexed sequential access method, méthode simplifiée d'accès séquentiel indexé.

**bisection:** segment double, segmentation double; **bisection algorithm,** algorithme de recherche bisection.

**bistable:** bistable; **bistable amplifier,** amplificateur bistable; **bistable circuit,** circuit bistable; **bistable device,** dispositif bistable; **bistable element,** élément bistable; **bistable multivibrator,** multivibrateur bistable; **bistable storage unit,** mémoire bistable; **bistable trigger,** déclencheur bistable; **bistable trigger circuit,** circuit déclencheur bistable.

**bit*:** bit, binaire, unité binaire; **ISO-7-bit code,** code ISO à 7 moments; **N-bit byte,** N-uplet; **N-core per bit store,** mémoire à N tores par bit; **acknowledgement bit,** bit de réception; **action control bit,** bit de contrôle fonctionnel; **activity bit,** bit fonctionnel; **additional bit,** bit complémentaire; **address substitution bit,** bit de réserve d'adresse; **adjacent bit interaction,** interférence bit adjacent; **alignment bit,** bit d'alignement; **bank bit,** bit de module; **bit allocation,** attribution de bit; **bit buffer,** tampon à caractères; **bit check,** contrôle de bit; **bit configuration,** configuration binaire; **bit connecting,** opération logique ET ou OU exclusif; **bit density,** densité binaire; **bit display light,** voyant d'affichage de bits; **bit error,** erreur de bit; **bit error rate (BER),** taux d'erreur binaire; **bit flux transition,** transition de flux binaire; **bit frequency,** fréquence binaire; **bit function,** fonction binaire; **bit identification,** identificateur de bit; **bit insertion,** insertion de bit; **bit interleaved,** bit multiplexé; **bit length specification,** spécification de la longueur de bit; **bit location,** position binaire, emplacement binaire; **bit map,** mappe binaire, représentation binaire de points; **bit parallel,** transfert en parallèle; **bit pattern,** profil binaire; **bit plane,** plan de mémoire-image; **bit position,** position de bit; **bit rate,** débit binaire; **bit sequence,** séquence binaire; **bit significance,** signification du bit; **bit size,** grandeur binaire; **bit slice,** tranche binaire; **bit slice microprocessor,** microprocesseur en tranches; **bit slice processor,** processeur en tranches; **bit stream,** flot binaire; **bit string,** chaîne binaire; **bit string data,** données de chaîne binaire; **bit test,** test de bits; **bit transfer,** transfert bit par bit; **bit transfer rate,** taux de transmission binaire; **bit-by-bit,** bit par bit; **bit-mapped font,** fonte matricielle; **bit-mapped representation,** représentation en mappe binaire; **bit-organized,** à structure de bits; **bit-organized memory,** mémoire à structure binaire; **bit-parallel,** en parallèle par bit; **bit-serial,** en série, par bit; **bit-shifted,** décalé par bit; **bits per inch (BPI),** bits par pouce; **bits per pixel (BPP),** bits par pixel; **bits per second (BPS),** bits par seconde (BPS); **branch bit,** bit de branchement; **busy bit,** bit d'activité; **carry bit,** bit de retenue positive; **change bit,** bit de modification; **channel bit,** bit canal; **channel status bit,** bit d'état canal; **check bit,** binaire de vérification; **continuation bit,** bit de poursuite; **control bit,** binaire de contrôle; **data bit,** binaire utile; **data write permit bit,** bit de validation d'écriture; **density bit,** bit de densité; **direct indicator bit,** bit indicateur de sens; **eight-bit byte,** octet; **erroneous bit,** bit erroné; **even parity bit,** bit de parité paire; **filler bit,** bit de remplissage; **five-bit byte,** quintet, quintuplet, multiplet de 5 bits; **flag bit,** binaire indicateur; **four-bit byte,** quartet, multiplet de 4 bits; **framing bit,** binaire de trame; **guard bit,** binaire de protection; **high-order bit,** bit de gauche, digit de gauche; **highest order bit,** bit le plus significatif; **horizontal parity bit,** bit de parité longitudinale; **information bit,** bit d'information, bit utile; **information bit content,** contenu d'informations en code binaire; **interlock bit,** bit de blocage; **least significant bit (LSB),** bit le moins significatif; **least significant bit position,** position binaire de poids faible; **left-end bit,** bit de gauche; **link bit,** bit de liaison; **low-order bit position,** position binaire de poids faible; **low-order bit,** bit de droite; **lower bit,** bit de rang inférieur; **lowest order bit,** bit le moins significatif; **marker bit,** bit marqueur; **mask bit,** binaire de masquage; **most significant bit (MSB),** bit le plus significatif; **odd parity bit,**

bit de parité impaire; **off bit,** bit (d'état) hors-circuit; **on bit,** bit (d'état) en circuit; **one bit,** bit unique; **overflow bit,** bit de dépassement; **overhead bit,** binaire de service, bit de service; **override bit,** bit de prise de contrôle; **parallel by bit,** parallélisme de bits; **parity bit,** bit de parité; **presence bit,** bit de présence; **protection bit,** bit de protection; **redundancy bit,** bit (de contrôle) de redondance; **redundancy check bit,** binaire de parité, bit de contrôle de parité; **right-end bit,** bit de droite; **sector bit,** bit de secteur; **serial-by-bit,** séquentiel bit par bit; **service bit,** bit de service; **seven-bit byte,** septet, multiplet de 7 bits; **shift bit,** binaire de décalage; **sign bit,** bit de signe, binaire de signe, digit de signe; **six-bit byte,** sextet, multiplet de 6 bits; **spacing bit,** bit d'espacement; **sprocket bit,** bit de cadrage; **start bit,** bit de démarrage, binaire d'amorçage; **status bit,** binaire d'état; **status modifier bit,** bit de modificateur d'état; **stop bit,** binaire d'arrêt; **synch bit,** bit de synchro; **three-bit byte,** triplet, multiplet de 3 bits; **three-bit plane,** plan triade, plan à trois bits par point; **traffic bit,** bit de transmission; **transmitter bit timing,** rythme d'émission; **two-bit byte,** doublet, duet, multiplet de 2 bits; **upper bit,** binaire de rang supérieur; **usage bit,** bit d'accès, indicateur; **use bit,** bit d'accès, drapeau; **verify bit,** bit de vérification; **zero bit,** bit de zéro (du registre d'instruction); **zone bit,** bit de zone (en binaire condensé); **zone bit configuration,** configuration des bits de zone.

**b i t e r n a r y :** biternaire; **biternary modulation,** modulation biternaire.

**BIX:** **binary information exchange,** échange de données numériques.

**b l a c k :** noir; **black box,** boîte noire; **black noise,** bruit d'impulsions; **ribbon shift black,** impression noire.

**b l a c k o u t :** arrêt total; **blackout time,** durée de l'arrêt total, durée des blancs.

**b l a d e :** lame; **blade connector,** connecteur à lamelles; **fan blade,** pale de ventilateur.

**b l a n k \* :** blanc; **automatic blank column verification,** vérification automatique des colonnes vierges; **blank (to),** effacer, supprimer; **blank address,** adresse vide; **blank after,** effacement après sortie; **blank card,** carte vierge; **blank character,** caractère espace, caractère blanc; **blank coil,** rouleau vierge; **blank column,** colonne vierge; **blank column detection,** recherche de colonnes vierges; **blank column detection device,** dispositif détecteur de colonnes vierges; **blank column detector,** détecteur de colonnes vierges; **blank common**, zone de mémoire banalisée, zone non-adressée; **blank constant**, constante d'espaces; **blank cycle**, cycle à vide; **blank deleter**, suppresseur d'espace; **blank document**, document sans information; **blank form**, formule en blanc; **blank instruction**, instruction factice; **blank line**, ligne inutilisée; **blank medium**, support vierge, support vide; **blank page**, page blanche; **blank panel**, plaque d'obturation, plaque inutilisée; **blank space**, intervalle, espace, caractère espacement; **blank tape**, bande vierge, bande vide; **blank tape feed**, avance de bande sans enregistrement; **blank transfer**, transfert de caractères blancs; **blank transmission**, transmission sans information; **blank transmission test**, test de transmission sans contenu; **consecutive blank columns**, colonnes consécutives vierges; **embedded blank**, espace intercalaire, blanc intercalé; **fill in blank data entry**, entrée par remplissage de blancs; **leave blank (to)**, laisser en blanc; **substitute blank**, caractère blanc de remplacement; **trailing blanks**, blancs de fin de mot.

**blanking**: suppression, extinction, occultation; **blanking level**, niveau de blocage; **blanking pulse**, impulsion de suppression; **blanking signal**, signal de suppression de spot; **blanking zero**, suppression des zéros de tête; **blanking zone**, zone de blocage; **horizontal blanking**, effacement ligne; **line blanking period**, durée de la suppression ligne; **line blanking time**, durée de suppression ligne; **screen blanking**, effacement écran; **vertical blanking**, effacement trame; **zero blanking**, suppression de zéros.

**blast**: désaffectation.

**blaster**: programmateur; **PROM blaster**, claqueur de mémoire morte.

**blind**: blind (to), inhiber; **blind copy**, copie illisible; **blind test**, test aveugle, test à l'insu; **blind transfer**, transfert immédiat.

**blink**: blink (to), clignoter.

**blinking**: clignotement.

**blip***: marque.

**BLM**: basic language machine, machine à langage de base.

**block***: bloc; **address block format**, format de bloc d'adresses; **advance block**, bloc précédent; **automatic end of block**, fin de bloc automatique; **auxiliary building block**, bloc fonctionnel complémentaire; **backup block**, bloc de réserve; **basic block**, bloc d'articles; **beat block**, bloc primaire; **begin block**, bloc d'amorçage; **beginning-of-segment block**, début du bloc de segments; **block (to)**, bloquer, grouper; **block address**,

adresse de bloc; **block allocation map**, table d'allocation de blocs; **block cancel character**, caractère d'annulation de bloc; **block capital**, capitale d'imprimerie; **block character**, caractère de fin de bloc; **block character count**, zone de longueur de bloc; **block check**, contrôle par bloc; **block check character**, caractère de contrôle de bloc; **block check procedure**, procédure de contrôle de bloc; **block check sequence**, séquence de caractères de contrôle de bloc; **block compaction**, compactage mémoire; **block copy**, copie de bloc; **block correction**, correction de bloc; **block count**, comptage de blocs; **block counter**, compteur de blocs; **block data statement**, instruction de zone de données; **block depth**, grandeur de bloc; **block diagram**, schéma fonctionnel; **block diagramming**, création d'organigrammes; **block down records (to)**, diminuer les blocs; **block end**, fin de bloc; **block end-of-file**, bloc fin de fichier; **block end-of-reel**, bloc fin de bobine; **block end-of-tape**, bloc fin de ruban; **block error rate**, taux d'erreurs sur les blocs; **block exclusive control**, interblocage; **block factor**, facteur de blocage; **block format**, format de bloc; **block format characteristic**, spécification de format de bloc; **block gap**, espace entre blocs; **block gate circuit**, circuit bloqueur; **block handler**, programme de traitement des zones; **block handling macro**, macro de traitement de bloc; **block handling routine**, sous-programme de traitement des zones; **block head**, intervalle de bloc; **block header**, entête de bloc, données structurelles de bloc; **block heading statement**, instruction en-tête de bloc; **block ignore character**, caractère contempteur, d'annulation de bloc; **block indent**, indentation de bloc; **block instruction**, instruction de bloc; **block length**, longueur de bloc; **block length field**, zone de longueur de bloc; **block list**, listage de bloc; **block loading**, chargement de bloc; **block loss**, perte de bloc; **block manipulation**, manipulation de bloc; **block mark**, marque de bloc; **block marker**, marqueur de bloc; **block marker track**, piste de marquage de bloc; **block message**, message conférence; **block mode**, mode page; **block move**, mouvement de bloc; **block multiplex mode**, mode bloc multiplex; **block multiplexer channel**, canal multiplexeur; **block name**, nom de zone de mémoire; **block nesting**, emboîtement de blocs; **block number**, numéro de séquence; **block of data**, bloc de données; **block of information**, bloc d'informations; **block of instructions**, bloc d'instructions;

**block prefix**, préfixe de bloc; **block processing**, traitement différé; **block prolog**, amorce de bloc; **block protection**, protection de bloc; **block protection method**, méthode de protection des blocs; **block record**, enregistrement de blocs; **block recording**, enregistrement de blocs; **block register**, registre bloc; **block selection**, sélection de bloc; **block sequencing**, séquencement de bloc; **block size**, longueur de bloc; **block size parameter**, paramètre de longueur de bloc; **block size reduction**, réduction de longueur de bloc; **block skip**, fonction de saut de bloc; **block sort**, tri par bloc; **block start address**, adresse début de bloc; **block structure**, structure de bloc; **block transfer**, transfert de bloc; **block transmission**, transmission par blocs; **block-structured language**, langage à structure de bloc; **brush block**, bloc de brosse de lecture; **building block**, bloc structurel; **building block concept**, conception de modularité; **building block principle**, principe de modularité; **building block system**, système à blocs fonctionnels; **button block**, groupe de poussoirs; **call block**, bloc d'appel; **change block**, bloc de changement; **clock block**, bloc de synchronisation; **command control block**, bloc de commande et de contrôle; **control block**, bloc de contrôle, bloc de commande; **core matrix block**, banc de matrices de tores; **data block**, bloc d'informations; **data block**, bloc secteur; **data block address**, adresse de bloc de données; **data block assignment**, allocation de bloc; **data block indexing**, indexation du bloc de données; **data block marker**, marqueur de bloc de données; **data block mode**, mode d'exploitation par blocs de données; **data control block**, bloc de contrôle de données; **data transmission block**, transmission d'un bloc de données; **detailed block diagram**, schéma synoptique détaillé; **directory block**, bloc de répertoire; **dummy block**, bloc vide; **end of block**, fin de bloc; **end-of-block character (EOB)**, caractère de fin de bloc; **end-of-block signal**, signal de fin de bloc; **end-of-tape block**, bloc de fin de bande; **end-of-transmission block (ETB)**, fin de bloc de transmission; **entry block**, adresse d'entrée de programme; **erroneous block**, bloc erroné; **event control block**, bloc de commande d'événement; **file control block**, bloc de commande fichier; **file definition block**, bloc de définition de fichier; **fixed-block file**, fichier à blocs fixes; **fixed-block format**, format à blocs fixes; **fixed-block length**, longueur de bloc fixe; **flowchart block**, bloc d'organigramme; **functional block**, bloc fonctionnel; **functional block diagram**, diagramme de fonctions; **gate block**, entretoise; **global data block**, ensemble du bloc de données; **hammer block**, bloc de frappe; **high-speed memory block**, bloc de mémoire rapide; **identification block**, bloc d'identification; **incomplete block**, bloc tronqué; **index block**, bloc d'index; **information block**, bloc de données, bloc d'informations; **initial dummy block**, bloc fictif initial; **input block**, bloc d'entrée; **input block count**, comptage des zones d'entrée; **input block length**, longueur du bloc d'entrée; **input data block**, bloc d'entrée des données; **intermediate block diagram**, schéma synoptique logique; **internal block**, bloc interne; **interrupt block**, bloc interruptible; **labeled common block**, partition étiquetée; **line control block**, bloc de contrôle de lignes; **load description block**, en-tête de programme de chargement; **local data block**, bloc de données autonomes; **logical block number (LBN)**, numéro de bloc logique; **logical building block**, bloc logique; **main file block**, bloc primaire d'un fichier; **major block diagram**, schéma fonctionnel principal; **master file block**, bloc du fichier permanent; **memory block**, bloc de mémoire; **message block**, bloc de message; **microprocess control block**, bloc de contrôle du microprocessus; **modifier block**, bloc de modification; **next output block**, prochain bloc à transmettre; **optimum block length**, longueur de bloc optimale; **optional block skip**, saut de bloc conditionnel; **output block**, bloc mémoire de sortie; **output block count**, comptage des blocs de sortie; **output block length**, longueur du bloc de sortie; **overall block diagram**, synoptique général; **parameter block**, bloc paramètre; **pressure block**, coussinet; **primary data block**, bloc de données primaires; **printing block**, bloc d'impression; **process control block**, bloc de contrôle de processus; **punch block**, outil de perforation; **read block**, bloc de lecture; **record block**, bloc d'enregistrements; **reference block**, bloc de référence; **retaining block**, déflecteur, masselotte; **semaphore block**, bloc de sémaphore; **short block**, bloc réduit; **standby block**, position réservée; **start-of-block (character) (SOB)**, (caractère de) début de bloc; **storage block**, zone de mémoire; **table block**, subdivision de table; **tabulation block format**, format de bloc tabulaire; **tape initial block**, bloc début de bande; **task control block**, bloc de commande de tâches; **terminal block**, bloc de connexion; **test data block**, bloc des données d'essai;

**text block,** bloc de texte; **title block,** cartouche, titre; **track descriptor block,** descripteur de piste; **transmission block,** bloc de transmission; **transmission block character,** caractère de transmission de bloc; **unlabeled block,** bloc sans référence; **variable-block format,** format de bloc variable; **variable-block length,** longueur de bloc variable; **variable-length block,** bloc de longueur variable.

**b l o c k e d :** groupé; **blocked job,** tâche suspendue; **blocked record,** enregistrement bloqué.

**b l o c k e t t e :** subdivision de bloc.

**b l o c k i n g\* :** groupage; **blocking bias,** biais de blocage; **blocking capacitor,** condensateur de couplage; **blocking circuit,** circuit de blocage; **blocking contact,** contact de blocage; **blocking efficiency,** efficacité du groupage; **blocking factor,** facteur de groupement; **blocking function,** fonction de blocage; **blocking inverter,** inverseur de blocage; **blocking oscillator,** oscillateur à blocage; **blocking signal,** signal de blocage; **blocking state,** état de blocage; **blocking state current,** courant de blocage; **blocking state region,** zone de blocage; **blocking voltage,** tension de blocage; **record blocking,** groupement d'enregistrements en blocs.

**b l o w :** blow up, agrandissement; **blow-up view,** vue éclatée.

**b l o w e r :** ventilateur; **PROM blower,** griller de mémoire morte; **blower assembly,** système de ventilation; **blower motor,** moteur de ventilateur; **vacuum blower,** ventilateur de dépression.

**b l u e :** bleu; **Red Green Blue (RGB),** Rouge Vert Bleu (RVB); **blue print,** copie héliographique; **blue ribbon program,** programme qui tourne d'emblée,sans mise au point.

**b o a r d\* :** carte; **above board,** carte mémoire étendue; **accelerator board,** carte accélératrice; **adapter board,** ensemble d'adaptation; **board cage,** tiroir; **board extension,** extension de carte; **board level diagnostic,** microdiagnostic; **board swapping,** remplacement de carte; **board tester,** testeur de carte; **bulletin board system (BBS),** système d'information télématique; **connection board,** panneau de repiquage; **delivery board,** prise de papier; **electronic drawing board,** table à dessin électronique; **expanded memory board,** carte de mémoire épandue; **expansion board,** prolongateur de carte; **extended memory board,** carte de mémoire étendue; **logical board,** carte logique; **memory board,** carte de mémoire;

**multifunction board,** carte multifonction; **on board,** sur carte; **one-board computer (OBC),** ordinateur monocarte; **plotting board,** table traçante, table à tracer; **plug-in board,** carte enfichable; **populated board,** carte équipée; **printed circuit board (PCB),** carte à circuit imprimé; **program board,** tableau de programme câblé; **single-board computer (SBC),** ordinateur sur carte unique; **speed-up board,** carte accélératrice; **switch board,** standard téléphonique; **system board,** carte mère; **ten-key board,** clavier de touches numériques; **terminal board,** plaque de connexion; **test board,** carte d'essai; **turbo board,** carte turbo; **unpopulated board,** carte démunie de composants; **wiring board,** tableau de connexions.

**b o d y :** corps; **body groove,** rainure; **body line,** ligne imprimée; **loop body,** corps de boucle; **solid body,** corps solide.

**B O E :** beginning-of-extent, début de partition.

**b o i l e r p l a t e :** passe-partout.

**b o l d :** gras; **bold print,** impression en caractère gras; **bold type,** caractère gras.

**b o l d f a c i n g :** graissage (de caractère); **boldfacing mode,** mode caractère gras.

**b o n n e t :** capot, cache.

**b o o k :** livre; **book (to),** inscrire; **book message,** message multidestinataire; **book value,** valeur comptable; **data book,** recueil de données; **logging book,** journal d'exploitation; **run book,** dossier d'exploitation.

**b o o k i n g :** réservation; **booking data,** données de réservation; **booking register,** registre comptable; **booking storage,** mémoire comptable, registre comptable; **booking terminal,** terminal de réservation; **booking track,** trace comptable; **booking value,** valeur comptable.

**b o o k k e e p i n g :** comptabilité; **bookkeeping computer,** ordinateur de comptabilité; **bookkeeping machine,** machine comptable; **bookkeeping operation,** opération de service.

**b o o k l e t :** livret; **instruction booklet,** notice de fonctionnement.

**B o o l e a n :** booléen, logique; **Boolean add,** addition booléenne, addition logique, opération OU; **Boolean algebra,** algèbre booléenne; **Boolean calculus,** algèbre de Boole; **Boolean character,** caractère booléen; **Boolean complementation,** négation booléenne, inversion logique; **Boolean connective,** connectif booléen; **Boolean expression,** expression booléenne, expression logique; **Boolean factor,** facteur booléen, facteur logique; **Boolean format,** format booléen; **Boolean function,** fonction booléenne, fonction logique; **Boolean literal,** littéral booléen, littéral logique; **Boolean logic,** logique booléenne; **Boolean matrix,** matrice booléenne, table logique; **Boolean operation,** opération booléenne; **Boolean operator,** opérateur booléen, opérateur logique; **Boolean part,** partie booléenne; **Boolean primary,** expression booléenne primaire; **Boolean secondary,** expression booléenne secondaire; **Boolean table,** table booléenne, table logique; **Boolean term,** expression booléenne; **Boolean test,** test booléen, test logique; **Boolean type,** type booléen, type logique; **Boolean value,** valeur booléenne, grandeur logique; **Boolean variable,** variable booléenne, variable logique; **N-adic Boolean operation,** opération booléenne N-adique; **binary Boolean operation,** opération booléenne binaire; **dyadic Boolean operation,** opération booléenne diadique; **dyadic Boolean operator,** opérateur booléen diadique; **monadic Boolean operator,** opérateur booléen monadique; **simple Boolean expression,** expression booléenne simple.

**b o o s t : boost (to),** ajouter de la puissance.

**b o o t :** programme amorce, programme de chargement; **boot (to),** charger, amorcer, lancer; **boot sector infection,** contamination du secteur d'amorçage; **boot up,** chargement de système, lancement de système; **cold boot,** chargement du système d'exploitation; **warm boot,** redémarrage à chaud.

**b o o t a b l e :** amorçable.

**b o o t i n g :** lancement de système, chargement de système.

**b o o t s t r a p \* :** amorce, chargement, lancement; **bootstrap (to),** lancer, amorcer, charger; **bootstrap area,** zone d'amorçage, zone de chargement; **bootstrap card,** carte de lancement; **bootstrap circuit,** circuit à rétroréaction; **bootstrap generation halt,** halte durant le chargement; **bootstrap generator,** générateur de programme d'amorçage; **bootstrap initialization switch,** interrupteur d'amorçage; **bootstrap input program,** amorce de programme; **bootstrap loader,** chargeur amorce, programme amorce; **bootstrap memory,** mémoire (morte) de chargement; **bootstrap program,** programme amorce, chargeur amorce; **bootstrap reading,** lecture d'amorçage; **bootstrap record,** enregistrement d'amorçage; **bootstrap routine,** sous-programme d'amorçage; **bootstrap tape,** bande amorce; **cassette bootstrap loader,** chargeur cassette; **key bootstrap,** sous-programme

d'amorçage; **loader bootstrap,** amorce chargeur; **tape bootstrap routine,** sous-programme chargeur de bande.

**b o o t s t r a p p i n g :** démarrage, amorçage, lancement.

**b o r d e r :** frontière; **border line,** limite de séparation.

**b o r r o w :** retenue, report négatif; **borrow digit,** bit de retenue; **end-around borrow,** report négatif, retenue circulaire.

**B O S : basic operating system,** système d'exploitation de base (IBM).

**B O T : beginning-of-tape,** marqueur de début de bande.

**b o t t l e n e c k :** goulot d'étranglement.

**b o t t o m :** fond; **bottom address,** adresse basse; **bottom case,** cuve; **bottom edge,** marge inférieure; **bottom margin,** marge inférieure; **bottom of screen,** bas d'écran; **bottom of the stack address,** adresse du bas de la pile; **bottom plate,** plaque de fond; **bottom shell,** chassis inférieur; **bottom view,** vue de dessous; **bottom-up approach,** approche ascendante, méthode ascendante; **bottom-up method,** méthode ascendante, approche ascendante; **low bottom limit,** limite inférieure.

**b o u n c e :** rebond; **bounce-free,** sans rebond; **contact bounce,** rebond de contact; **key bounce,** rebond de touche.

**b o u n c e l e s s :** sans rebond.

**b o u n d :** limité, borné; **I/O bound,** limité par les entrées/sorties; **bound pair list,** liste des contraintes; **bounds checking,** vérification de limites; **disk-bound,** limité par le disque; **element-bound,** limité par les éléments; **lower bound,** borne inférieure; **peripheral-bound,** limité par le périphérique; **processor-bound,** limité par le processeur; **quad-word bound,** format à mot quadruple; **subscript bound,** borne d'indice; **upper bound,** limite supérieure.

**b o u n d a r y :** limite, borne; **PN boundary,** jonction PN, transition PN; **area boundary,** limite de partition; **boundary address register,** registre de limite d'adresses; **boundary alignment,** alignement sur adresse de début; **boundary condition,** condition limite; **boundary layer,** couche limite; **boundary value,** valeur limite; **byte boundary,** limite de multiplet; **byte boundary alignment,** alignement sur multiplet; **character boundary,** limite de caractère; **characteristic boundary,** limite de la caractéristique; **cylinder boundary,** frontière de cylindre; **data boundary,** limite de données; **double word boundary,** limite de mot double; **field boundary,** délimitation de zone; **file boundary,** limite de fichier; **integral boundary,** limite fixe; **physical boundary,** limite physique; **screen boundary,** limite d'écran; **sector boundary,** limite de secteur; **word boundary,** frontière de mot.

**bounded :** limité, borné; **bounded acceptor,** automate borné; **bounded pair,** limites; **bounded variable,** variable bornée; **linear bounded acceptor,** automate linéaire borné.

**box\* :** boîte, fenêtre, registre d'index; **B-box,** registre d'index; **RS-232 patch box,** configurateur RS-232; **barrier box,** boîte à fusibles; **bias box,** coffret de polarisation; **black box,** boîte noire; **box-head,** sous-titre en retrait; **breakout box,** boîte de test; **cable junction box,** boîtier de connexion de câbles; **cable terminal box,** boîte de connexions; **cartridge box,** coffret à cartouches; **check box,** case de pointage; **chip box,** bac à confettis; **connection box,** boîtier de connexions; **control-menu box,** case du menu système; **decision box,** noeud de décision; **dialog box,** boîte de dialogue; **disk box,** coffret à disquettes; **distributor box,** boîtier de distribution; **dotted box,** rectangle pointillé; **drop-down list box,** zone de liste déroulante; **filled box,** cadre plein; **filled rounded box,** cadre plein à coins arrondis; **hollow box,** cadre vide; **junction box,** boîte de dérivation; **list box,** zone de liste; **manual control box,** commutation manuelle; **maximize box,** case plein écran; **minimize box,** case icône; **restore box,** case plein écran; **scroll box,** case de défilement; **sum box,** zone de totalisation; **terminal box,** boîtier de jonctions; **test box,** boîtier test; **text box,** zone de texte.

**boxing :** découpage en boîte.

**bpi :** bits per inch, bits par pouce.

**bpp :** bits per pixel, bits par pixel.

**bps :** bits per second, bits par seconde (BPS).

**BPSK :** binary phase shift keying, modulation par déplacement binaire de phase.

**brace :** accolade; **braces,** accolades; **closing brace,** accolade droite '}'; **left brace,** accolade d'ouverture '{'; **opening brace,** accolade gauche '{'; **right brace,** accolade de fermeture '}'.

**bracket :** parenthèse '(' ou ')'; **bracket (to),** délimiter; **bracket term,** expression entre parenthèses; **brackets,** parenthèses '()'; **left square bracket,** crochet d'ouverture '['; **[right square bracket,** crochet de fermeture ']'; **round brackets,** parenthèses '()'; **square brackets,** crochets; **statement bracket,** crochets de déclaration; **subscript bracket,**

crochets d'indice.

**bracketed :** entre parenthèses; **bracketed term,** terme délimité.

**braid :** tresse.

**brain :** cerveau; **electronic brain,** cerveau électronique.

**brake :** frein; **paper brake,** frein de papier; **reel brake,** frein de bobine.

**branch\* :** branchement; **branch (to),** brancher, aiguiller, faire un saut; **branch address,** adresse de branchement; **branch address table,** table des adresses de renvoi; **branch bit,** bit de branchement; **branch condition,** condition de saut, condition de branchement; **branch construct,** élément de branchement; **branch distance,** distance de saut; **branch highway,** bus vertical; **branch instruction,** instruction de branchement; **branch mark,** repère de saut; **branch office,** filiale, agence; **branch on condition,** branchement sur condition; **branch on inquiry,** branchement sur requête; **branch on zero,** branchement conditionnel à zéro; **branch parameter,** paramètre de branchement; **branch point,** point de branchement, point de décision; **branch program,** programme de renvoi; **branch space constant,** longueur de l'instruction de branchement; **branch table,** table des branchements; **branch unconditional (BRU),** branchement inconditionnel; **combined return branch,** saut arrière combiné; **conditional branch,** saut conditionnel; **conditional branch instruction,** instruction de saut conditionnel; **implied branch,** branchement indirect; **indirect branch,** branchement indirect; **one-shot branch,** branchement unique; **private branch exchange (PBX),** installation téléphonique privée; **scientific branch,** sciences; **subprogram branch,** étage de sous-routine; **unconditional branch,** saut inconditionnel; **unconditional branch instruction,** instruction de branchement inconditionnel.

**branching :** branchement, saut, renvoi; **branching instruction,** instruction de renvoi.

**branchpoint :** point de branchement, point d'aiguillage.

**breadboard :** carte expérimentale; **breadboard circuit,** montage expérimental; **breadboard model,** maquette.

**break\* :** interruption; **break (to),** interrompre; **break character,** caractère d'interruption; **break contact,** contact de rupture, contact de repos; **break down (to),** être en panne; **break jack,** jack de rupture; **break key,** touche d'interruption; **break point,** point de rupture, point d'intersection; **break request signal (BRS),** signal de demande d'interruption; **break signal,** caractère d'arrêt; **break-in period,** période de lancement; **control break,** rupture; **control break item,** article de groupe; **data break,** accès immédiat à la mémoire; **major control break,** rupture au niveau supérieur; **minor control break,** interruption du contrôle mineur; **page break,** changement de page; **string break,** fin de chaîne.

**breakdown:** incident, panne, avarie; **Zener breakdown,** claquage Zener; **breakdown listing,** liste de ventilation; **breakdown region,** zone de claquage; **breakdown signal,** signal d'interruption; **breakdown voltage,** tension de claquage; **detailed breakdown,** décomposition détaillée; **hardware breakdown,** panne matérielle; **voltage breakdown,** défaillance du réseau, panne du secteur.

**breaker:** interrupteur; **circuit breaker,** disjoncteur, coupe-circuit; **main circuit breaker,** disjoncteur principal.

**breakout:** breakout box, boîte de test.

**breakpoint:** point d'arrêt, point de rupture; **address breakpoint,** point de rupture d'adresse; **breakpoint halt,** point d'arrêt dynamique; **breakpoint instruction,** instruction d'arrêt; **breakpoint switch,** interrupteur d'arrêt; **breakpoint symbol,** symbole d'interruption, marque de renvoi; **conditional breakpoint,** arrêt conditionnel; **conditional breakpoint instruction,** instruction d'arrêt conditionnel.

**breakthrough:** percée; **breakthrough sweep efficiency,** rendement de balayage.

**brew:** home brew, fait maison.

**bridge:** pont; **balanced bridge,** pont équilibré; **bridge arm,** branche du pont; **bridge circuit,** montage en pont; **bridge duplex system,** système duplex à pont; **bridge input circuit,** entrée en pont; **bridge limiter,** limiteur en pont; **bridge rectifier,** redresseur en pont; **cable bridge,** passerelle de câble; **double channel cable bridge,** passerelle avec double passage de câble; **pressure bridge,** pont de pression; **read bridge,** pont de tri; **rectifier bridge,** redresseur à couplage de Graetz; **resistance bridge,** pont galvanique; **single-channel cable bridge,** passerelle à passage de câble unique.

**bridgeware:** logiciel de transition.

**bright:** brillant; **bright-up signal,** signal d'allumage écran.

**brightening\*:** surbrillance.

**brightness:** luminosité; **automatic brightness control,** contrôle automatique de luminosité; **brightness control,** contrôle de luminosité; **brightness correction,** correction de luminosité; **brightness preset,** préluminosité; **brightness ratio,** taux de luminance; **brightness signal,** signal de luminance; **dual brightness,** surbrillance.

**bring:** bring (to), apporter; **bring in (to),** introduire; **bring out (to),** extraire.

**brittle:** programme spécifique.

**broadband:** bande large; **broadband channel,** canal à large bande; **broadband coupling filter,** filtre coupleur à bande large; **broadband line,** ligne à bande large; **broadband noise,** bruit blanc.

**broadcast:** diffusion; **broadcast (to),** émettre; **broadcast videography,** vidéographie diffusée.

**broadcasting:** radiodiffusion; **broadcasting addressing,** adresse de diffusion.

**brochures:** brochures; **technical brochures,** notices techniques.

**broker\*:** courtier; **software broker,** courtier en logiciel.

**browse:** (to), rechercher au hasard, parcourir au hasard.

**browsing\*:** recherche au hasard.

**BRS: break request signal,** signal de demande d'interruption.

**BRU: branch unconditional,** branchement inconditionnel.

**brush:** brosse, balai; **back brush,** contre-balai; **brush assembly,** ensemble de brosse de lecture; **brush block,** bloc de brosse de lecture; **brush cleaning station,** brosse de nettoyage; **brush compare check,** vérification de lecture; **brush cycle,** cycle de brosse; **brush holder,** support de balais; **brush interlock,** verrouillage de brosse; **brush reading,** lecture par brosse; **brush recorder,** enregistreur direct; **brush sensing,** lecture par brosse; **brush set,** brosse; **brush shape,** forme du trait; **brush station,** poste de lecture; **emitter brush,** brosse de contact; **graphic brush,** brosse, pinceau; **graphical brush,** brosse, pinceau; **pick-off brush,** balai, brosse de lecture; **reading brush,** balai de lecture; **upper brush,** brosse supérieure.

**BSA: basic sequential access,** accès séquentiel de base.

**BSC: binary symmetric channel,** canal symétrique binaire.

**BTAM: basic terminal access method,** méthode d'accès par terminal de base.

**bubble:** bulle; **bubble chart,** diagramme à bulles; **bubble chip,** puce de mémoire à bulles; **bubble sort,** tri par permutations; **bubble storage,** mémoire à bulles; **magnetic bubble memory,** mémoire à bulles.

**bucket:** groupe de blocs; **bucket address,** adresse de compartiment; **bucket number,** numéro de groupe de blocs; **bucket size parameter,** paramètre de grandeur de zone collectrice; **time bucket,** période.

**budgetary:** budgetary control, contrôle budgétaire.

**buffer*:** tampon; I/O buffer, mémoire tampon E/S; **address buffer,** tampon d'adresses; **alternate buffer,** mémoire tampon alterné; **analog output buffer,** tampon de sortie analogique; **asynchronous buffer,** tampon asynchrone; **bit buffer,** tampon à caractères; **buffer (to),** tamponner; **buffer address,** adresse tampon; **buffer address register,** registre des adresses tampon; **buffer allocation,** attribution de tampon; **buffer amplifier,** amplificateur tampon; **buffer area,** zone de tampon; **buffer cell,** cellule tampon; **buffer circuit,** circuit de tampon; **buffer computer,** calculateur tampon; **buffer expansion,** extension tampon; **buffer feature,** dispositif tampon; **buffer function,** fonction tampon; **buffer gate,** porte tampon; **buffer management,** gestion des tampons; **buffer mark,** drapeau de mémoire tampon; **buffer memory,** mémoire tampon; **buffer memory printer,** imprimante tampon; **buffer mode,** mode de tampon; **buffer output address,** adresse de sortie tampon; **buffer overflow,** débordement de tampon; **buffer overrun,** débordement de tampon; **buffer pointer,** pointeur tampon; **buffer receive,** tampon récepteur; **buffer register,** registre tampon; **buffer sharing,** tamponnage partagé; **buffer stage,** étage tampon; **buffer swapping,** échange tampon; **cache buffer,** antémémoire; **card input buffer,** tampon d'introduction de cartes; **character buffer,** tampon de caractères; **current buffer,** tampon courant; **data buffer,** tampon de données; **digital frame buffer,** tampon numérique d'image; **dynamic buffer allocation,** allocation de tampon dynamique; **frame buffer,** tampon de trame; **impedance buffer,** transformateur d'impédance; **input buffer,** tampon d'entrée; **input buffer storage,** mémoire tampon d'entrée; **input/output buffer,** tampon d'entrée-sortie; **line buffer,** tampon de ligne; **line printer buffer,** tampon d'imprimante à lignes; **loader buffer,** tampon chargeur; **memory buffer register,** registre de mémoire tampon; **output buffer,** tampon de sortie; **output buffer storage,** mémoire tampon de sortie; **print buffer,** tampon d'impression; **printer buffer,** tampon d'imprimante; **read buffer storage,** mémoire tampon; **refresh buffer,** tampon de régénération; **scroll buffer,** tampon de défilement; **single-buffer mode,** tamponnage simple; **speed buffer (to),** adapter les vitesses de transmission; **text buffer,** tampon de texte; **tristate buffer,** tampon tristable; **type-ahead buffer,** tampon de clavier; **video buffer,** mémoire vidéo; **voice output buffer,** tampon de sortie vocale; **word buffer register,** registre tampon de mot.

**buffered:** tamponné; **buffered character,** caractère tamponné; **buffered computer,** ordinateur à tampon; **buffered device,** élément à tampon; **buffered file,** fichier en mémoire tampon; **buffered input/output,** entrée/sortie tamponnée; **buffered inquiry station,** poste d'interrogation à mémoire tampon; **buffered synchronizer unit,** unité de synchronisation tamponnée; **buffered terminal,** terminal à mémoire tampon; **buffered transfer,** transfert tamponné; **double-buffered pixel memory,** mémoire image en double zone tampon.

**buffering:** tamponnement, rangement en mémoire tampon; **anticipatory buffering,** tamponnage anticipé; **buffering technique,** technique de tamponnement; **channel buffering unit,** unité-tampon de canal; **data buffering,** tamponnage de données; **double buffering,** tamponnage double, zone tampon double; **dynamic buffering,** tamponnage dynamique; **exchange buffering,** tamponnement par échange; **simple buffering,** tamponnement simple, zone de tampon unique; **single buffering,** tamponnement simple, zone de tampon unique; **static buffering,** tamponnement statique.

**bug*:** bogue, aberration; **bug-prone,** sujet à bogue; **bug-shooting,** débogage.

**buggy:** avec bogue.

**bugless:** sans bogue.

**build:** information build-up, structure des informations.

**builder:** constructeur; **system tape builder,** programme de génération de bande système.

**building:** construction; **auxiliary building block,** bloc fonctionnel complémentaire; **building block,** bloc structurel; **building block concept,** conception de modularité; **building block principle,** principe de modularité; **building block system,** système à blocs fonctionnels; **logical building block,** bloc logique.

**bulb:** ampoule; **light bulb,** ampoule.

**bulk:** ensemble, masse, jeu; **batch bulk processing,** traitement différé; **bulk data,** masse de données; **bulk erase head,** tête d'effacement; **bulk eraser,** effaceur global;

**bulk erasing,** effacement global; **bulk information,** masse de données, lot de données; **bulk information processing,** traitement de données par lots; **bulk media conversion,** conversion de masse d'informations; **bulk memory,** mémoire de masse; **bulk processing,** traitement par lots; **bulk storage,** mémoire de grande capacité; **bulk transmission of data,** transfert de grandes quantités de données; **data bulk,** masse d'informations.

**bulletin:** bulletin; **bulletin board system (BBS),** système d'information télématique.

**bump:** mémoire annexe; **bump memory,** mémoire de vidage, mémoire non adressable.

**bundle:** paquet.

**bundled:** attaché; **bundled cable,** câble multiconducteur; **bundled software,** logiciel livré avec le matériel.

**burn:** éprouvé; **burn in (to),** déverminer; **burn-in,** déverminage.

**burned:** brûlé, claqué; **burned spot,** impact de claquage.

**burner:** programmateur; **PROM burner,** brûleur de mémoire morte.

**burning:** claquage.

**burst*:** rafale, groupe, concentration; **burst (to),** éclater; **burst mode,** mode continu de transfert; **burst of bytes,** rafale d'octets; **burst operation,** opération en continu; **burst printout binder,** reliure pour imprimés détachés; **burst rate,** taux de rafale; **burst transmission,** transmission par rafales, transmission brève; **error burst,** séquence d'erreurs, paquet d'erreurs; **identification burst,** giclée de signaux d'identification; **read burst,** lecture par rafale; **read/write burst,** lecture/écriture par rafale; **write burst,** écriture en rafale.

**burstable:** séparable.

**burster:** éclateur, séparateur.

**bus*:** bus; **A-bus,** bus interne; **D-bus,** bus de données; **S-100 bus,** bus S-100; **address bus,** bus d'adresses; **bidirectional bus,** bus bidirectionnel; **bidirectional data bus,** bus de données bidirectionnel; **bus connection,** barre omnibus; **bus cycle,** cycle de bus; **bus driver,** gestionnaire de bus, coupleur de bus; **bus hub,** jack combiné; **bus interface,** interface de bus; **bus line,** connexion de bus, réseau de connexions; **bus link,** liaison par bus; **bus mouse,** souris à connexion sur bus; **bus mouse adapter,** interface souris de bus; **bus multiplexing,** multiplexage de bus; **bus network,** réseau en bus; **bus request,** appel de canal; **bus snooping function,** fonction de cohérence

d'antémémoires; **bus system,** bus, système commun de connexions; **bus terminator,** charge de bus; **bus topology,** topologie de bus; **bus-organized,** structuré en bus, à topologie de bus; **check bus,** bus de contrôle; **common bus,** bus commun; **computer address bus,** bus des adresses de calculateur; **control bus,** bus de commande; **data bus,** bus de données; **data bus line,** ligne collectrice de données; **digital bus,** bus numérique; **distributed bus topology,** topologie en bus distribué; **distributor bus,** bus de distribution; **dynamic bus allocation,** allocation dynamique du bus; **general-purpose interface bus (GPIB),** bus universel; **ground bus,** bus de terre; **high-speed bus,** bus rapide; **latched bus,** bus verrouillé; **memory bus,** bus de mémoire; **number transfer bus,** bus de transfert; **token bus approach,** concept de bus à jeton; **token-passing bus network,** réseau avec bus à jeton; **tri-state bus,** bus à trois états; **tristate bus,** bus tristable.

**busbar:** bus, système commun de connexions.

**business:** affaires; **business accounting,** comptabilité commerciale; **business application,** problème de gestion; **business computer,** calculateur de gestion; **business data,** données de gestion; **business data processing,** traitement de l'information en gestion; **business game,** jeu d'entreprise; **business graphics,** infographie d'entreprise; **business machine,** calculateur de bureau; **business operation,** opération commerciale; **business package,** progiciel de gestion; **business programming,** programmation de gestion; **business-oriented computing,** informatique de gestion; **business-oriented display,** visualisation adaptée à la gestion; **business-oriented language,** langage de gestion; **small business computer,** mini-ordinateur.

**busy:** occupé, occupée; **busy bit,** bit d'activité; **busy condition,** en état occupé; **busy indicator,** indication d'occupation; **busy line,** ligne occupée; **busy signal,** signal d'occupation; **busy tone,** tonalité d'occupation.

**button:** poussoir; **activate button,** bouton de commande; **button block,** groupe de poussoirs; **button contact,** contact à poussoir; **button release,** validation de poussoir; **command button,** case de commande; **default button,** case par défaut; **interrupt button,** bouton d'interruption, clé d'interruption; **key button,** touche; **light button,** touche virtuelle; **locking type button,** touche autobloquante; **mouse button,** bouton de souris; **option button**, case d'option; **request button**, touche d'interrogation; **reset button**, bouton de remise à zéro; **resetting button**, bouton de réinitialisation, clé de restauration; **rotary button**, poussoir rotatif; **start button**, bouton marche; **stop button**, bouton arrêt; **test button**, inverseur test; **three-button mouse**, souris à trois boutons; **two-button mouse**, souris à deux boutons; **virtual push button**, touche virtuelle.

**buzzer:** vibreur sonore; **signal buzzer**, sonnerie.

**bypass:** bipasse; **bypass procedure**, procédure de dérivation.

**bypassed:** courtcircuité; **bypassed job**, travaux annulés.

**byte\*:** multiplet, octet; **N-bit byte**, N-uplet; **argument byte**, octet argument; **burst of bytes**, rafale d'octets; **byte address**, adresse de multiplet; **byte boundary**, limite de multiplet; **byte boundary alignment**, alignement sur multiplet; **byte field**, zone de multiplet; **byte index**, index de multiplet; **byte machine**, machine octale; **byte mode**, mode de transfert par octet; **byte multiplex channel**, canal de multiplexage à base de multiplets; **byte multiplexer channel**, canal multiplexeur de multiplets; **byte multiplexor**, multiplexeur octal; **byte representation**, représentation de multiplet; **byte structure**, structure de multiplet; **byte-oriented**, adressable par octet; **channel status byte**, octet d'état de voie; **character byte-serial transmission**, transmission sérielle par multiplet; **command byte**, octet de commande; **control byte**, octet de commande; **count byte**, octet de comptage; **cyclic check byte**, octet de contrôle récurrent; **eight-bit byte**, octet; **five-bit byte**, quintet, quintuplet, multiplet de 5 bits; **flag byte**, multiplet de signalisation, octet de repérage; **four-bit byte**, quartet, multiplet de 4 bits; **function byte**, octet de service; **insert byte**, multiplet d'insertion; **option byte**, octet facultatif; **sense byte**, octet d'analyse; **seven-bit byte**, septet, multiplet de 7 bits; **six-bit byte**, sextet, multiplet de 6 bits; **slack byte**, octet de remplissage, multiplet de remplissage; **status byte**, octet d'état; **three-bit byte**, triplet, multiplet de 3 bits; **two-bit byte**, doublet, duet, multiplet de 2 bits; **user flag byte**, octet pointeur de l'utilisateur.

# C

**C: C-compiler,** compilateur C; **C-langage,** langage C.

**cabinet:** baie; **basic cabinet,** armoire de base; **control cabinet module,** armoire de commande; **master cabinet,** armoire principale; **quietized cabinet,** armoire insonorisée.

**cable:** câble; **additional cable,** câble supplémentaire; **bundled cable,** câble multiconducteur; **cable bridge,** passerelle de câble; **cable card,** peigne; **cable clamp,** crampon; **cable code,** code de câble; **cable conduit,** conduit de câbles; **cable connector,** connecteur de câble; **cable core,** âme de câble; **cable duct,** conduit de câbles; **cable entry point,** entrée de câble; **cable gland,** manchon de câble; **cable guide,** gouttière de câble; **cable harness,** faisceau de câbles; **cable junction box,** boîtier de connexion de câbles; **cable laying list,** liste des points de câblage; **cable laying plan,** plan de câblage; **cable length,** longueur de câble; **cable pair,** câble bifilaire; **cable pothead,** distributeur de câbles; **cable rack,** support de câbles; **cable route,** chemin de câbles; **cable rung,** plan de trace; **cable runway,** chemin de câbles; **cable sheath,** fourreau de câble; **cable shoe,** cosse de câble; **cable sleeve,** gaine de câble; **cable splicing,** épissure de câble; **cable terminal box,** boîte de connexions; **cable through,** tranchée de câble; **cable way slot,** ouverture de passage de câble; **combination cable,** câble à paires; **composite cable,** câble mixte; **connection cable,** câble de connexion; **daisy chain cable,** câble de chaînage; **double channel cable bridge,** passerelle avec double passage de câble; **extension cable,** rallonge de câble; **external cable,** câble de raccordement; **fiber optic cable,** câble à fibres optiques; **flat cable,** câble plat; **input-output cable,** câble d'entrée/sortie; **interconnect cable,** câble d'interconnexion; **interface cable,** câble de jonction; **main cable,** conducteur principal; **ribbon cable,** câble plat; **single-channel cable bridge,** passerelle à passage de câble unique; **test cable,** câble d'essais; **twisted-pair cable,** câble bifilaire torsadé.

**cache:** antémémoire; **cache (to ),** traiter à part; **cache buffer,** antémémoire; **cache disk,** disque antémémoire; **cache memory,** antémémoire; **cache storage,** mémoire tampon.

**caching:** concept d'antémémoire.

**CAD*: computer-aided design (CAD),** conception assistée par ordinateur (CAO).

**CAE*: computer-aided engineering (CAE),** ingénierie assistée par ordinateur (IAO).

**cage:** cage, case; **board cage,** tiroir; **card cage,** panier à cartes.

**CAI*: computer-aided instruction,** instruction assistée par ordinateur (IAO); **computer-assisted instruction (CAI),** enseignement assisté par ordinateur (EAO).

**CAL: computer-augmented learning,** enseignement automatisé.

**calculate: (to),** calculer; **group calculate,** calcul de groupe.

**calculation:** calcul; **accumulator calculation,** calcul avec accumulateur; **address calculation,** calcul d'adressage; **analog calculation,** calcul analogique; **basic address calculation,** calcul de l'adresse de base; **calculation statement,** instruction de calcul; **capacity calculation,** calcul de puissance, calcul de capacité; **cost center calculation,** calcul des centres de coûts; **detail calculation,** calcul individuel; **fixed-point calculation,** calcul en virgule fixe; **floating-point calculation,** calcul en virgule flottante; **full precision calculation,** calcul en pleine précision; **subscript calculation,** calcul d'indice.

**calculator*:** calculatrice; **audible calculator,** calculette musicale; **calculator unit,** unité de traitement; **card-controlled calculator,** calculateur commandé par cartes; **electronic calculator,** calculateur électronique; **hand calculator,** calculatrice; **network calculator,** simulateur de réseau; **pocket calculator,** calculette; **relay calculator,** calculateur à relais; **sequence-controlled calculator,** calculateur à programme enregistré.

**calculus:** calcul; **Boolean calculus,** algèbre de Boole; **differential calculus,** calcul différentiel; **integral calculus,** calcul intégral; **matrix calculus,** calcul matriciel.

**calibrate: calibrate (to),** calibrer, étalonner.

**calibrated:** calibré; **calibrated accuracy,** précision d'étalonnage; **calibrated head,** tête magnétique étalon.

**calibration:** calibration; **calibration chart,** table d'étalonnage; **calibration curve,** courbe d'étalonnage; **calibration oscillator,** oscillateur d'étalonnage; **calibration parameter,** paramètre d'étalonnage; **calibration tape,** bande d'étalonnage.

**call\*:** appel; **abbreviated address call,** appel à adresse abrégée; **acknowledgement call,** appel d'accusé de réception; **address call,** appel d'adresse; **attempted call,** tentative de connexion; **automatic call distributor (ACD),** distributeur d'appels automatiques; **automatic call unit,** dispositif d'appel automatique; **call (to),** lancer; **call address,** adresse d'appel; **call attempt,** tentative de communication; **call block,** bloc d'appel; **call by name,** appel par le nom; **call by value,** appel par la valeur; **call collision,** conflit d'appels; **call control,** contrôle d'appel; **call control character,** caractère de contrôle d'appel; **call control procedure,** procédure de commande d'appel; **call detection,** reconnaissance d'appel; **call direction code,** caractère de sélection; **call duration,** durée de communication; **call entrance field,** zone d'entrée des appels; **call forward,** transfert de communication, transfert d'appel; **call forwarding,** transfert de communication, transfert d'appel; **call frequency,** fréquence d'appel; **call hold,** maintien en communication; **call identification,** identificateur d'appel; **call indicator,** indicateur d'appel; **call initiation,** initialisation d'appel; **call macro,** macro d'appel; **call not accepted,** appel refusé; **call number,** numéro d'appel; **call pickup,** interception d'un appel; **call procedure,** procédure d'appel; **call processing rate,** vitesse de transmission; **call progress signal,** signal de service; **call pulse,** impulsion de déclenchement; **call recognition time,** temps de reconnaissance d'appel; **call register,** registre d'appel; **call repetition,** répétition d'appel; **call request,** demande d'appel, appel sortant; **call set-up,** branchement de ligne; **call set-up procedure,** procédure d'établissement de la communication; **call set-up time,** durée d'établissement de la communication; **call signal,** indicatif d'appel; **call statement,** instruction d'appel; **call time,** temps d'appel, durée de communication; **call word,** mot d'identification; **call-accepted,** acceptation d'appel; **call-accepted signal,** signal d'acceptation d'appel; **call-back,** connexion par rappel; **call-in (to),** appeler; **call-not-accepted signal,** signal de refus d'appel; **call-up (to),** appeler; **conference call,** conversation collective; **console call,** appel de contrôle; **console call card,** carte d'appel de pupitre; **continuous call signal,** signal d'appel permanent; **core memory call,** appel à la mémoire centrale; **direct call,** appel direct; **direct call facility,** service d'appel direct; **exchange call,** appel urbain; **exit macro call,** appel macro pour branchement; **imbedded call,** appel intercalé; **incoming call,** appel entrant; **library call,** appel à la bibliothèque; **load call,** appel de chargement; **maintenance on per-call,** maintenance sur appel client; **monitor call,** appel de moniteur; **name call,** appel nominatif; **normal mode macro call,** appel macro pour mode normal; **operator call,** appel d'opérateur; **programmed call,** appel programme; **read action macro call,** macro-appel de lecture; **read call,** appel de lecture; **return macro call statement,** macro-instruction de renvoi; **roll call,** interrogation; **service call,** appel pour intervention; **subroutine call,** appel d'une routine; **supervisor call,** appel du superviseur; **system call,** appel système; **telephone call,** communication téléphonique; **timed entry call,** appel d'entrée temporisé; **toll call,** appel interurbain; **transit call,** communication de transit; **user call,** appel de l'utilisateur, appel de l'abonné; **value call syllable,** partie d'instruction; **virtual call,** communication virtuelle; **virtual call facility,** service de communication virtuelle; **wait call,** appel de mise en attente.

**callback:** rappel automatique; **auto-callback,** rappel automatique; **automatic callback,** rappel automatique.

**called:** appelé; **called line identification,** identification du poste appelé; **called party,** abonné demandé; **called program,** programme appelé; **called routine,** routine appelée; **called segment,** segment appelé; **called sequence,** séquence appelée; **called station,** station réceptrice; **called subscriber,** abonné appelé.

**caller:** demandeur.

**calligraphic:** calligraphique; **calligraphic display,** visu à balayage cavalier.

**calling:** appel; **automatic calling,** appel automatique; **automatic calling equipment,** mécanisme d'appel automatique; **automatic calling mode,** mode d'appel automatique; **automatic calling unit,** dispositif d'appel automatique; **calling instruction,** instruction d'appel; **calling line identification,** identification du poste appelant; **calling number,** numéro d'appel; **calling order,** séquence d'appel; **calling party,** abonné appelant; **calling program,** programme d'appel; **calling register,** registre d'appel; **calling routine,** routine d'appel, programme d'appel;

**calling sequence**, séquence d'appel, routine d'appel; **calling station**, station émettrice, poste appelant; **calling subscriber**, abonné demandeur; **calling tone**, tonalité d'appel; **manual calling**, numérotation manuelle; **multiaddress calling**, appel à plusieurs adresses; **selective calling**, appel sélectif.

**callsign:** indicatif d'appel.

**CAM:** computer-aided manufacturing, fabrication assistée par ordinateur (FAO); **ribbon operating cam**, came de guidage du ruban encreur.

**CAN:** antistatic spray can, bombe aérosol antistatique; **cancel (CAN)**, annulation.

**cancel:** block cancel character, caractère d'annulation de bloc; **cancel (CAN)**, annulation; **cancel (to)**, annuler, résilier; **cancel character**, caractère de rejet; **cancel indicator**, indicateur d'annulation; **cancel key**, touche d'annulation; **cancel statement**, instruction d'annulation.

**cancellation:** effacement, annulation; **partial cancellation**, annulation partielle; **skip cancellation**, suppression de saut.

**canceled:** annulé.

**canister:** conteneur.

**canvas:** canevas; **drawing canvas**, espace dessin.

**cap:** couvercle; **caps lock**, blocage majuscule; **color cap**, cabochon coloré; **key cap**, cabochon de touche; **small caps**, petites capitales.

**capability:** possibilité; **growth capability**, capacité d'extension; **highlighting capability**, mise en valeur de zones d'écran; **standalone capability**, possibilité d'autonomie; **surge withstand capability**, résistance aux surtensions.

**capacitance:** capacitance; **resistance capacitance network**, circuit galvanique; **voltage variable capacitance**, capacitance commandée par tension.

**capacitor:** condensateur; **blocking capacitor**, condensateur de couplage; **capacitor storage**, mémoire à condensateur; **capacitor tester**, contrôleur de condensateur; **fixed capacitor**, condensateur fixe; **resistor-capacitor module**, module RC; **trimming capacitor**, condensateur d'appoint.

**capacity:** capacité; **basic capacity**, capacité de base; **capacity calculation**, calcul de puissance, calcul de capacité; **capacity decrease**, réduction de capacité; **capacity diode**, diode de puissance; **capacity increase**, croissance de capacité; **capacity planning**, planification de capacité; **capacity standard**, étalon de capacité; **capacity storage**, mémoire capacitive; **card capacity**, capacité d'une carte; **channel capacity**, capacité d'une voie, débit de canal; **column capacity**, capacité de colonnes; **computer capacity**, capacité de calcul; **counter capacity**, capacité de compteur; **excess capacity**, surcapacité; **idle capacity**, capacité inoccupée; **internal memory capacity**, capacité de la mémoire interne; **machine capacity**, capacité de machine; **main memory capacity**, capacité de la mémoire centrale; **maximum capacity**, puissance maximum; **memory capacity**, capacité de mémoire; **optimum storage capacity**, capacité de mémoire optimale; **output capacity**, capacitance de sortie; **program capacity**, capacité programme; **register capacity**, capacité de registre; **spare capacity**, capacité de réserve; **storage capacity**, capacité de mémoire; **system capacity**, possibilités du système; **track capacity**, capacité de piste; **traffic handling capacity**, capacité de transmission; **word capacity**, capacité exprimée en mots.

**capital:** capital; **block capital**, capitale d'imprimerie; **capital letter**, lettre capitale, lettre majuscule; **small capitals**, petites capitales.

**capping:** rebouchage; **automatic pen capping**, rebouchage automatique.

**capstan:** cabestan; **drive capstan**, rouleau de transport; **single capstan**, monocabestan.

**capture:** saisie; **capture (to)**, saisir; **capture area**, zone de saisie; **capture grid**, grille de saisie, masque de saisie; **capture grid making**, constitution du masque de saisie; **capture mode**, masque de saisie; **capture request**, demande de saisie; **capture variable**, variable de saisie; **data capture**, saisie de données; **data capture cassette**, cassette d'enregistrement; **industrial data capture**, saisie des informations industrielles; **multikeyboard data capture**, saisie multiclavier; **on-line data capture**, saisie en ligne; **one-keyboard data capture**, saisie monoclavier.

**carbon:** carbone; **carbon copy**, papier carbone; **carbon film resistor**, résistance à couche de carbone; **carbon paper**, papier carboné; **carbon ribbon**, ruban carboné; **carbon ribbon cartridge**, cartouche à ruban de carbone; **carbon ribbon feed**, guide de ruban carbone; **carbon ribbon feed device**, dispositif de guidage de ruban; **carbon silk**, carbone soie; **carbon tape**, ruban carbone.

**card\*:** carte; **absence card**, carte d'absence. **access card**, carte d'accès; **accelerated card feed**, alimentation accélérée de cartes. **account card**, carte-compte. accounting detail card, carte des mouvements. activity card, carte des mouvements. actual patch card, carte de correction effective; alternate card format, format de codage alternatif. aperture card, carte à fenêtre; assembly output card, carte de sortie d'assembleur. assembler card deck, programme sur cartes en langage machine; automatic card reading, lecture automatique de cartes. automatic card feed, alimentation automatique de cartes. balance card, carte stock. bank credit card, carte de crédit. bin card, carte stock. binary card, carte binaire. blank card, carte vierge; bootstrap card, carte de lancement. cable card, peigne. card-based, à base de cartes; card-to-tape, carte-à-bande. card bed, panier à cartes; card cage, panier à cartes; card capacity, capacité d'une carte; card channel, chemin de cartes; card check, contrôle de cartes; card code, code de carte; card column, colonne de carte; card compartment, bac à cartes; card computer, ordinateur à cartes; card-controlled, commandé par cartes; card-controlled calculator, calculateur commandé par cartes; card-controlled computer, ordinateur commandé par cartes; card console, console à cartes; card contact, contact de carte; card control, commande par carte; card copier, reproducteur de carte; card count, comptage de cartes; card counter, compteur de cartes; card cycle, cycle de carte; card data field, zone de données d'une carte; card deck, paquet de cartes, jeu de cartes; card deflector, déflecteur de carte; card delivery, éjection de carte; card drive, dispositif d'entraînement de cartes; card edge, bord de carte; card ejection, éjection de carte; card error, erreur de carte; card extender, prolongateur de carte; card face, recto de carte; card feed device, guide-carte; card feed knife, couteau d'alimentation de cartes; card feed, mécanisme d'alimentation en cartes; card-feeding mechanism, dispositif d'alimentation des cartes; card field, zone de perforation; card file, fichier en cartes; card format, format de carte; card frame, bâti à cartes; card gripper, preneur de cartes; card guide, glissière pour cartes; card holder, magasin de cartes; card hopper, présentateur de cartes; card image file, fichier image de carte; card image format, format image de carte; card image tape, bande de fichier image de carte; card image, image de carte; card index system, fichier répertoire; card input buffer, tampon d'introduction de cartes; card input, introduction de cartes; card interpreter, tra-

ductrice; card jam detector, détecteur de bourrage de cartes; card jam, bourrage de cartes; card leading edge, bord avant de carte; card lever, levier de carte; card lifter, languette de saut; card loader monitor, programme de chargement de cartes; card loader, chargeur de cartes; card magazine, magasin de cartes, magasin d'alimentation; card movement, avancement des cartes; card-oriented computer, ordinateur à cartes; card output station, poste d'éjection des cartes; card output, sortie des cartes; card pack, paquet de cartes, jeu de cartes; card passage, passage des cartes; card path, chemin de cartes; card print, dispositif d'impression de cartes; card programmed, programmé par cartes; card program calculating, calcul par cartes-programme; card punching, perforation de carte; card punch file, fichier de perforation; card punch unit, unité de perforation; card punch, perforateur de carte, poinçonneuse de carte; card punching rate, vitesse de perforation des cartes; card pusher, pousseur de cartes; card rack, panier à cartes; card random access method (CRAM), méthode d'accès sélectifs des cartes; card reversing shaft, arbre d'inversion; card read cycle, cycle de lecture des cartes; card read error, erreur de lecture des cartes; card read track, piste de lecture; card read/punch unit, lecteur-perforateur de cartes; card reader, lecteur de cartes; card registration, alignement de cartes, cadrage de cartes; card reproducer, reproductrice de cartes; card reproducing punch, reproductrice de cartes; card reversing device, retourneuse de cartes; card row, ligne de carte, rang de carte, filière; card run-in, passage d'alimentation des cartes; card run-out, passage d'éjection de cartes; card selection, sélection de cartes; card skew, passage de cartes en biais; card sorter, classeuse, trieuse de cartes; card sorting, tri de cartes; card stacker, case de fonction; card stacker, case de fusion de cartes; card stuffing, bourrage de cartes; card system, système à carte; card throat, magasin de réception filière; card-to-card, carte-à-carte; card-to-disk converter, convertisseur cartes-disque; card-to-magnetic tape converter, convertisseur cartes-bande magnétique; card-to-paper tape converter, convertisseur cartes-bande perforée; card-to-tape converter, convertisseur cartes-bande; card track, piste de carte; card trailing edge, bord arrière de carte; card transceiver, émetteur/récepteur de cartes; card transport, entraînement de cartes; card type, type de carte; card unit, unité à cartes; **card verifier,** vérificatrice; **card verifying,** vérification de carte; **card weight,** presse-cartes; **card wreck,** bourrage de cartes; **change card,** carte de modification; **chip card,** carte à puce; **clock card,** carte contrôle; **command card,** carte de commande; **composite card,** carte polyvalente; **configuration card,** carte de configuration des machines; **control card,** carte de contrôle; **console call card,** carte d'appel de pupitre; **continuation card,** carte complémentaire, carte suite; **control card deck,** paquet de cartes-paramètres; **control card format,** format des cartes-paramètres; **control card listing,** liste des cartes-paramètres; **control card sequence,** séquence de cartes-paramètres; **control card set,** jeu de cartes paramètres; **control statement card,** carte ordre; **corner cut card,** carte à coin coupé; **credit card terminal,** terminal de cartes de paiement; **data card,** carte de données; **date card,** carte de date; **description card,** carte générique; **deduction card,** carte retenue; **definition card,** carte de définition; **design card,** carte projet; **detail card,** carte de détail; **dual card,** carte document; **dual punch card,** carte perforée composée; **dummy card,** carte vierge; **duplicating punch,** perforatrice duplicatrice; **early card read,** lecture anticipée de carte; **edge card,** carte à contacts imprimés; **edge-notched card,** carte à aiguille; **edge-punched card,** carte à perforations marginales; **eighty-column card,** carte à 80 colonnes; **end card,** carte de fin; **error card,** carte erronée; **expansion card,** carte d'extension; **film card,** microfiche; **guide card,** carte guide; **header card,** carte en-tête; **heading card,** carte de tête; **high-speed card reader,** lecteur de cartes rapide; **Hollerith card,** carte Hollerith, carte perforée; **Hollerith coded card,** carte à code Hollerith; **ID card reader,** lecteur de cartes d'identification; **identification card,** carte d'identification; **individual job card,** carte individuelle; **initial card,** carte de tête.

input card, carte entrée; **inspection detail card,** carte de vérification; **instruction card,** carte d'instructions; **interface card,** carte d'interface; **issue card,** carte de sortie; **item card,** carte article; **job card,** carte paramètre; **job control card,** carte de pilotage des travaux; **laced card,** carte grillée; **large card,** carte de grande surface; **last card indication,** indication dernière carte; **ledger card,** carte-compte; **load card,** carte de charge; **loader card,** carte de chargement; **logic card,** carte logique; **machine card,** carte-machine, carte-objet; **machine index card,**

carte d'index machine; **magnetic ledger card,** carte de compte magnétique; **magnetic card (mag card),** carte magnétique; **magnetic card assembly,** jeu de feuillets magnétiques; **magnetic card code (MCC),** code de carte magnétique; **magnetic card computer,** ordinateur à feuillets magnétiques; **magnetic card reader,** lecteur de feuillets magnétiques; **magnetic card storage,** mémoire à cartes magnétiques; **magnetic card system,** système à cartes magnétiques; **magnetic card unit (MCU),** unité de cartes magnétiques; **magnetic ledger card computer,** ordinateur de comptes magnétiques; **magnetic ledger card sorting machine,** lecteur automatique de comptes magnétiques; **manual card insertion,** insertion manuelle; **marginal-punched card,** carte à perforations marginales; **mark-sensing card,** carte à lecture graphique; **master card file,** fichier de cartes maîtresses; **master card insertion device,** poste d'insertion des cartes; **master card operation,** opération avec cartes maîtresses; **master card,** carte maîtresse; **master stub card,** carte maître à talon; **matching cards,** cartes correspondantes; **memory card,** carte de mémoire; **microprocessor card,** carte microprocesseur; **mounting card,** carte de montage; **multiple card,** multicarte; **multiple line card,** carte multiligne; **network interface card,** carte d'interface réseau; **ninety column card,** carte à 90 colonnes; **normal card listing,** travail en liste; **one hi card,** carte simple hauteur; **one sided tape card,** carte à bande perforée unilatérale; **output option card,** carte de commande d'extraction; **parameter card,** carte-paramètre; **pack of cards,** jeu de cartes, paquet de cartes; **parameter card set,** jeu de cartes paramètres; **patch card,** carte de modification, de corrections; **pilot card,** carte pilote; **plastic card,** carte plastique; **plug-in card,** carte enfichable; **plug-in circuit card,** carte à circuit imprimé enfichable; **posting card,** carte mouvements, de comptabilisation; **preceding card,** carte précédente; **preface card,** carte pilote; **prepunched card,** carte préperforée; **primary card,** carte primaire; **program card control,** commande à cartes-programme; **program card,** carte-programme; **program header card,** carte en-tête de programme; **punched card code,** code de carte perforée; **punched card field,** zone de carte perforée; **punch card,** carte perforée; **punched card input,** introduction de cartes perforées; **punched card,** carte perforée; **quick reference card,** carte aide-mémoire; **record card,** fiche signalétique; **relocation dictionary card**, carte des;dresses relogeables; **run card**, carte de sélection de programmes; **search card**, carte de recherche; **segment header card**, carte maîtresse d'un segment; **set card**, carte de consigne; **single card check**, contrôle de cartes uniques; **single card feeding**, alimentation de carte individuelle; **smart card**, carte à mémoire; **source card**, carte en langage symbolique; **specification card**, fiche signalétique; **speed card**, carte d'accélération; **stack of cards**, paquet de cartes; **stock card**, fiche d'inventaire de stock; **successive card feed**, alimentation continue; **summary card**, carte récapitulatrice; **system specific card**, carte pilote du système; **terminator card**, carte de fin; **text card**, carte texte; **time card**, carte de pointage; **total card**, carte de totalisation; **total control card**, carte de commande des totaux; **trailer card**, carte suiveuse; **transaction card**, carte des transactions; **transfer card**, carte de transfert; **turnaround card**, carte navette; **two-hi card**, carte double hauteur; **two-part card**, carte bipartite; **unilateral tape card**, carte à bande perforée unilatérale; **update card**, carte de mise à jour; **volume displacement card**, carte de décalage de volume; **volume parameter card**, carte de commande de support informatique.

c a r d b a c k : dos de carte.

c a r d b o a r d : boîte à cartes.

c a r e t : caret.

c a r o u s e l : carrousel.

c a r r i a g e : chariot; **automatic carriage**, avance automatique du papier; **automatic carriage return**, retour automatique de chariot; **carriage clutch**, embrayage d'avance chariot; **carriage control**, commande de chariot; **carriage control character**, caractère de commande chariot; **carriage control tape**, bande de transport; **carriage interlock**, blocage de chariot; **carriage lift mechanism**, mécanisme de soulèvement de chariot; **carriage overflow control**, saut au feuillet suivant; **carriage position register**, registre des positions du chariot; **carriage rail**, rail de chariot; **carriage release**, lancement de chariot; **carriage return (CR)**, retour de chariot; **carriage return character**, caractère retour de chariot; **carriage skip**, tabulation; **carriage stop**, butée de chariot; **carriage tape**, bande-pilote; **carriage tape channel**, canal de transport, canal de bande-pilote; **carriage wave**, onde porteuse; **dual carriage**, double saut de ligne, interligne double; **dual carriage print**, impression en double interligne; **dual feed carriage**, chariot à

double alimentation; **dual feed tape carriage**, double avance de bande perforée; **feed tape carriage**, avance de bande; **head carriage**, support de tête; **pen carriage**, porte-plume; **pin carriage**, chariot à aiguilles; **printed carriage control**, commande du chariot; **printer carriage**, chariot d'imprimante; **sliding carriage**, chariot glissant; **tape-controlled carriage**, chariot à bande pilote.

c a r r i e r * : porteuse; **analog carrier system**, système à porteuse analogique; **carrier amplitude**, amplitude de l'onde porteuse; **carrier assembly**, ensemble de supports; **carrier current**, courant porteur; **carrier current signal**, signal à courant porteur; **carrier frequency**, fréquence de l'onde porteuse; **carrier frequency system**, système à fréquence porteuse; **carrier noise level**, niveau de bruit de porteuse; **carrier plate**, plaque-support; **carrier return**, retour arrière de la tête d'écriture; **carrier sense**, détection de porteuse, écoute de porteuse; **carrier signal**, signal porteur; **carrier system**, système à onde porteuse; **carrier to noise ratio**, rapport porteuse à bruit; **carrier transmission**, transmission par courant porteur; **carrier wave**, onde porteuse; **common carrier**, entreprise publique de communications; **data carrier**, support de données, support d'informations; **data carrier storage**, mémoire à support amovible; **digital carrier system**, système à porteuse numérique; **full carrier**, onde porteuse complète; **information carrier**, support de données, support d'informations; **machinable data carrier**, support de données exploitable en machine; **majority carrier**, porteur majoritaire; **minority carrier**, porteur minoritaire; **output data carrier**, support de données de sortie; **quiescent carrier telephony**, téléphonie à porteuse réductible; **record carrier**, support d'enregistrement; **suppressed carrier**, onde porteuse supprimée; **type carrier**, support de caractères.

c a r r y * : report, retenue; **add carry**, retenue d'addition, report positif; **addition without carry**, addition sans report; **artificial carry**, report artificiel; **carry (to)**, reporter, retenir; **carry back**, report arrière; **carry bit**, bit de retenue positive; **carry circuit**, circuit d'acheminement; **carry complete signal**, signal de fin de report; **carry counting**, comptage des reports; **carry digit**, retenue; **carry flag**, drapeau de retenue, indicateur de retenue; **carry in (to)**, introduire; **carry indicator**, indicateur de report; **carry light**, voyant indicateur de cheminement; **carry lookahead**, report parallèle; **carry out (to)**, exécuter, effectuer; **carry over**, transfert;

**carry pulse**, impulsion de transfert; **carry register**, registre de report, registre de retenue; **carry time**, temps de report; **cascaded carry**, report en cascade; **complete carry**, retenue intégrale, report complet; **decimal carry**, report décimal; **end-around carry**, report circulaire; **high-speed carry**, report accéléré; **partial carry**, report partiel; **propagated carry**, report propagé, retenue propagée; **ripple-carry adder**, additionneur avec retenue; **simultaneous carry**, report simultané; **standing-on-nines carry**, report bloqué à 9; **subtract carry**, report de soustraction.

**cartesian:** cartésien; **cartesian coordinates**, coordonnées cartésiennes.

**cartridge\*:** cartouche; **belt cartridge**, cassette à bande d'impression; **carbon ribbon cartridge**, cartouche à ruban de carbone; **cartridge box**, coffret à cartouches; **cartridge drive**, unité à cartouche; **cartridge fuse**, cartouche fusible; **cartridge loading**, chargement par cartouche; **cartridge reader**, lecteur de cassette; **data cartridge**, cartouche magnétique; **disk cartridge**, cartouche disque, chargeur; **fixed cartridge**, cassette fixe; **font cartridge**, cartouche de fontes; **loading cartridge**, chargement de la cartouche; **magnetic tape cartridge**, cartouche à bande magnétique; **quarter-inch cartridge (QIC)**, cartouche quart de pouce; **removable cartridge**, cassette amovible; **ribbon cartridge**, boîtier de ruban encreur; **single-disk cartridge**, cassette monodisque; **solid state cartridge**, cartouche programme; **tape cartridge**, cartouche à bande; **tape cartridge drive**, unité d'entraînement de cartouche.

**cascade:** cascade; **cascade amplifier**, montage d'amplificateurs en cascade; **cascade connection**, liaison en cascade; **cascade control**, commande en cascade; **cascade sort**, tri en cascade; **cascade sorting**, tri en cascade.

**cascaded:** en cascade; **cascaded carry**, report en cascade; **cascaded circuit**, circuit en cascade.

**cascading:** cascade; **cascading menu**, menu en cascade; **cascading windows**, fenêtres en cascade; **expansion cascading**, méthode d'analyse ascendante; **reduction cascading**, augmentation du niveau de détails.

**case:** case; **base case**, situation initiale; **bottom case**, cuve; **case selector**, sélecteur de case; **case shift**, inversion majuscules-minuscules; **case shift key**, touche d'inversion majuscules/minuscules; **case temperature**, température du boîtier; **lower case (LC)**, lettres minuscules; **lower case character**, caractère en bas de casse, minuscule; **lower case letter**, lettre en bas de casse, minuscule; **lower case printing**, impression en minuscules; **upper case (UC)**, majuscule, capitale; **upper case character**, caractère en haut de casse, majuscule; **upper case letter**, lettre en haut de casse, majuscule; **upper case lock**, blocage majuscule; **upper case print**, impression avec lettres majuscules; **upper case shift**, passage en majuscules.

**cassette:** cassette; **cassette bootstrap loader**, chargeur cassette; **cassette deck**, mécanisme d'entraînement de cassette; **cassette drive**, unité de cassette; **cassette reader**, lecteur de cassette; **cassette ribbon**, ruban en cartouche; **cassette tape**, bande de cassette; **cassette tape subsystem**, sous-système à cassette; **data capture cassette**, cassette d'enregistrement; **digital cassette**, cassette numérique; **magnetic tape cassette**, cassette à bande magnétique; **read-only cassette loader**, cassette de programme chargeur; **reference tape cassette**, cassette d'origine; **tape cassette**, cassette à bande; **tape cassette drive system**, système à cassette.

**cast:** (to), transtyper.

**casting:** conversion de format de variable; **casting out nines**, preuve par neuf.

**catalog\*:** catalogue, répertoire, dictionnaire; **author catalog**, catalogue des créateurs; **catalog (to)**, cataloguer; **catalog directory**, nomenclature de catalogue; **catalog entity**, entité de catalogue; **catalog file**, fichier de catalogue; **catalog level**, niveau de catalogue; **catalog maintenance**, gestion de fichier-catalogue; **catalog management**, gestion sur catalogue; **catalog node**, noeud de catalogue; **catalog object**, objet de catalogue; **catalog root**, racine de catalogue; **data catalog**, catalogue de données; **master catalog**, catalogue principal; **volume catalog**, catalogue de volumes.

**catalogue:** cf **catalog**.

**catalogued:** catalogué; **catalogued data set**, fichier-catalogue; **catalogued file**, fichier-catalogue; **catalogued procedure**, procédure cataloguée.

**catastrophic:** catastrophique; **catastrophic error**, erreur catastrophique.

**catch:** **hood catch**, carter; **transport locking catch**, verrou de blocage de l'entraînement de bande.

**catcher:** piège; **dust catcher**, dispositif collecteur de poussière.

**catchword:** mot de blocage.

**category:** catégorie; **data category**,

catégorie de données; **security category,** catégorie de sécurité.

**c a t e n a :** éléments chaînés.

**c a t e n a r y :** chaînette; **catenary curve,** courbe de la chaînette.

**c a t e n a t e :** catenate **(to),** enchaîner, chaîner.

**c a t e n a t i o n :** chaînage.

**c a t h o d e :** cathode; **cathode current,** courant cathodique; **cathode follower,** montage cathodyne, amplificateur cathodyne; **cathode ray storage,** mémoire cathodique; **cathode ray tube (CRT),** tube à rayons cathodiques (CRC); **cathode screen,** écran cathodique; **cathode terminal,** connexion cathodique; **flat faced cathode ray tube,** tube cathodique à écran plat.

**C A W :** **channel address word,** mot d'adresse de canal.

**C B L :** **computer-based learning,** éducation informatisée.

**C C W :** **counterclockwise,** sens inverse des aiguilles d'horloge.

**C D D :** **charge-coupled device,** composant à couplage de charge.

**C D M A :** **code division multiple access,** accès multifréquence.

**C D - R O M :** disque optique compact (DOC).

**c e l l :** cellule; **active cell,** cellule active; **address substitution cell,** cellule de réserve d'adressage; **base cell,** cellule de base; **binary cell,** cellule binaire (de mémoire); **binary storage cell,** position de mémorisation binaire; **buffer cell,** cellule tampon; **cell area,** surface élémentaire d'analyse; **cell array,** surface élémentaire d'analyse; **cell content,** contenu d'élément; **cell data,** données d'élément; **cell number,** numéro d'élément; **character cell,** matrice du caractère; **data cell,** cellule, élément de données; **data cell storage,** mémoire à feuillets; **dry cell battery,** pile sèche; **light cell,** point lumineux; **magnetic cell,** cellule magnétique; **memory cell,** cellule de mémoire; **photoconductive cell,** cellule photoconductrice; **photoelectric cell (photocell),** cellule photoélectrique; **photovoltaic cell,** élément photoélectrique; **rectifier cell,** cellule redresseuse; **static magnetic cell,** cellule magnétique statique; **storage cell,** cellule de mémoire; **ultrasonic cell,** cellule ultrasonore.

**c e l l a r :** pile.

**c e n t e r :** centre; **automatic data service center,** centre de traitement automatique de données; **automatic message switching center,** centre de commutation automatique de messages; **automatic switching center,** centre de commutation automatique; **center** frequency, fréquence médiane; **center hole,** perforation d'enchaînement; **center line,** ligne médiane; **center roll feeding,** débobinage médian; **center tap,** prise centrale; **center-feed tape,** bande papier; **character center line,** axe vertical d'un caractère; **circuit switching center,** centre de commutation de circuits; **computation center,** centre de calcul; **computer center,** centre informatique; **computing center,** centre de calcul; **cost center,** centre de coûts; **cost center calculation,** calcul des centres de coûts; **data center,** centre de traitement de données; **data processing center,** centre de traitement de données; **image center,** centre image; **information processing center,** centre informatique; **message switching center,** centre de commutation des messages; **network information center (NIC),** centre d'information du réseau; **operation center,** centre de traitement; **reservation center,** centre de réservation; **semiautomatic switching center,** centre de communication semi-automatique; **switching center,** centre de commutation; **tandem switching center,** centre de transit de communications; **test center,** centre d'essais.

**c e n t e r e d :** centré; **hard-centered disk,** disque à renforcement central.

**c e n t e r i n g :** centrage; **automatic centering,** centrage automatique; **character centering,** centrage de caractère; **image centering,** centrage d'image; **off centering,** décadrage.

**c e n t r a l :** central; **central data processor,** unité centrale de traitement; **central information file,** fichier principal de données; **central input/output controller,** commande centrale d'entrée/sortie; **central office,** office central de télécommunications; **central processing unit (CPU),** unité centrale (UC) de traitement; **central processor,** processeur central; **central processor cycle,** cycle de mémoire centrale; **central scanning loop,** boucle centrale de lecture directe; **central station,** poste central; **central storage,** mémoire centrale; **central subsystem,** sous-système central; **central switching network,** réseau de commutation central; **central terminal,** centre terminal; **central unit,** unité centrale; **remote central processor,** ordinateur satellite.

**c e n t r a l i s e d :** cf **c e n t r a l i z e d .**

**c e n t r a l i z e d :** centralisé, concentré; **centralized control,** commande centralisée; **centralized data acquisition,** saisie centralisée des données; **centralized data processing,** traitement d'informations centralisé; **centralized operation**, opération centralisée; **centralized procedure**, procédure banalisée; **centralized routing protocol**, protocole de routage centralisé.

**centre:** *cf* **center**.

**centred:** *cf* **centered**.

**centring:** *cf* **centering**.

**Centronics\*:** Centronics; **Centronics interface**, interface Centronics; **Centronics-type parallel port**, sortie parallèle de type Centronics.

**certificate:** certificat; **acceptance certificate**, compte-rendu de réception.

**certified:** certifié; **certified tape**, bande certifiée.

**chad:** confetti.

**chadded:** perforé; **chadded tape**, bande perforée.

**chadless:** sans confettis; **chadless punch**, perforateur sans détachement de confettis; **chadless tape**, ruban perforé sans détachement de confettis.

**chain:** chaîne; **address chain**, chaîne d'adresses; **binary chain**, chaîne binaire; **chain (to)**, enchaîner, chaîner; **chain address**, adresse de chaînage; **chain code**, code chaîné, par décalage; **chain command flag**, drapeau d'enchaînement d'instructions; **chain data flag**, drapeau d'enchaînement de données; **chain image**, image de la chaîne des caractères d'impression; **chain name**, nom de chaîne; **chain number**, numéro de chaîne; **chain order**, instruction d'enchaînement; **chain pointer**, indicateur d'enchaînement; **chain printer**, imprimante à chaîne; **chain sequential addressing**, adressage en séquentiel enchaîné; **closed counting chain**, chaîne de comptage fermée; **counting chain**, chaîne de comptage; **daisy chain**, chaîne bouclée; **daisy chain cable**, câble de chaînage; **daisy chain connection**, connexion en chaîne; **data chain**, chaîne de données; **data element chain**, chaîne d'éléments de données; **drive chain**, chaîne d'entraînement; **insertion item sequence**, séquence d'insertion enchaînée; **instruction chain**, chaîne d'instructions; **letter chain**, chaîne de caractères lettre; **pointer chain**, chaîne de pointeurs; **print chain**, chaîne d'impression.

**chained:** chaîné; **chained addressing**, adressage enchaîné; **chained file**, fichier en chaîne; **chained list**, liste chaînée, file chaînée; **chained printing**, impression en chaîne; **chained record**, enregistrement chaîné; **chained structure**, structure chaîne; **command-chained memory**, mémoire de commandes chaînées; **daisy-chained**, en chaîne bouclée.

**chaining\*:** chaînage; **address chaining**, enchaînement d'adresses; **backward chaining**, chaînage arrière; **chaining address**, adresse d'enchaînement; **chaining check**, contrôle d'enchaînement; **chaining command**, instruction de chaînage; **chaining field**, zone de chaînage; **chaining operation**, opération d'enchaînement; **chaining search**, recherche en chaîne; **chaining slip**, glissement d'enchaînement; **command chaining**, chaînage de commandes; **data chaining**, chaînage de données; **data chaining sequence**, séquence enchaînée de données; **forward chaining**, chaînage avant, chaînage aval; **full chaining**, chaînage complet; **procedure chaining**, enchaînement de procédures; **program chaining**, enchaînement de programme; **successor program chaining**, enchaînement du programme suiveur.

**chamber:** chambre; **vacuum chamber**, chambre à dépression.

**chance:** probabilité.

**change:** changement, modification, échange; **change (to)**, changer, modifier, échanger; **change bit**, bit de modification; **change block**, bloc de changement; **change card**, carte de modification; **change class**, catégorie de modification; **change dump**, vidage après mouvements; **change file**, fichier des mouvements; **change level**, niveau de changement, niveau de modification; **change module**, module d'échange; **change notice**, notification de modification; **change order**, ordre de modification; **change record**, enregistrement mouvement; **change service**, service des modifications; **change sign**, préfixe de modification; **change tape**, bande-mouvement; **code change**, changement de code; **comparing control change**, rupture de niveau par comparaison; **control change**, rupture; **engineering change**, modification technique; **face change**, changement de jeu de caractères; **flux change**, changement de flux; **flux changes per inch (FCPI)**, variation de flux par pouce; **font change**, changement de fontes; **font change character**, caractère de changement de fonte; **frequency change signaling**, modulation de fréquence spectrale; **group change**, changement de groupe; **instruction address change**, changement des adresses d'instructions; **load change**, variation de charge; **major control change**, modification au niveau supérieur; **minor change**, changement au niveau inférieur; **minor control change**, changement du contrôle mineur; **mode change**, changement de mode; **parameter change**, échange de paramètre; **primary change,** rupture de contrôle; **program change,** changement de programme; **rate of change,** taux de changement; **ratio change,** modification du rapport; **spot change,** modification individuelle; **step change,** variation discrète; **voltage change,** variation de tension.

**changeover: cylinder changeover,** échange de cylindre; **file changeover,** changement de fichier; **pack changeover,** changement de chargeur.

**changer:** modificateur; **RS-232 gender changer,** changeur de genre RS-232; **frequency changer,** transformateur de fréquence; **sign changer,** inverseur de signe.

**changing:** modification, changement; **disk changing,** changement de disque; **frequency changing,** changement de fréquence.

**channel\*:** voie (de transmission), canal (de données); **N-channel,** canal N; **P-channel,** canal P; **adjacent channel interference,** diaphonie entre voies adjacentes; **alternate channel,** canal alternatif; **alternative channel,** canal auxiliaire; **analog channel,** voie analogique; **analog output channel,** canal de sortie analogique; **asynchronous channel adapter,** adaptateur de canal asynchrone; **auxiliary channel feature,** canal auxiliaire; **backward channel,** voie de retour; **band-limited channel,** canal à bande limitée; **binary symmetric channel (BSC),** canal symétrique binaire; **block multiplexer channel,** canal multiplexeur; **broadband channel,** canal à large bande; **byte multiplex channel,** canal de multiplexage à base de multiplets; **byte multiplexer channel,** canal multiplexeur de multiplets (octets); **card channel,** canal de transport, canal de bande-pilote; **channel activity,** débit de canal; **channel adapter,** adaptateur de canal; **channel address word (CAW),** mot d'adresse de canal; **channel alert,** indication d'erreur de canal; **channel amplifier,** amplificateur de voie; **channel bit,** bit canal; **channel buffering unit,** unité-tampon de canal; **channel capacity,** capacité d'une voie, débit de canal; **channel command,** instruction de canal; **channel command word,** mot de commande canal; **channel controller,** contrôleur de canal; **channel converter,** convertisseur de canal; **channel data check,** contrôle de transfert en canal; **channel design,** conception des canaux; **channel end,** fin de canal; **channel entry,** tête de canal; **channel error,** erreur de canal; **channel filter,** filtre de canal; **channel group,** groupe

de canaux; **channel interface,** interface de canal; **channel interrupt signal,** signal d'interruption de canal; **channel loading,** occupation de voie; **channel multiplexer,** multiplexeur de canal; **channel number,** numéro de poste; **channel passband,** bande passante de voie; **channel path,** voie de canal; **channel program,** routine de canal; **channel program translation,** translation du programme canal; **channel retry,** répétition de l'opération canal; **channel scheduling,** gestion de canal, allocation de canal; **channel select switch,** commutateur de pistes; **channel selection switch,** sélecteur de canal; **channel selector,** sélecteur de canal; **channel sensor,** poste de lecture; **channel separating filter,** filtre d'aiguillage de canal; **channel separation,** écart intervoie, distance intercanal; **channel skipping,** saut de canal; **channel spacing,** écart intervoie, distance intercanal; **channel status,** état de canal; **channel status bit,** bit d'état canal; **channel status byte,** octet d'état de voie; **channel status register,** registre d'état canal; **channel status table,** table d'états des canaux; **channel status word,** mot d'état de canal; **channel subdivision,** subdivision du canal; **channel switch,** sélecteur de canal; **channel system,** système à canaux; **channel trap,** voie de déroutement, canal de déroutement; **channel trunk,** connexion de canal; **channel type,** type de voie; **channel width,** largeur de canal; **channel-to-channel,** de canal à canal; **check mark channel,** canal de contrôle; **communication channel,** voie de communication; **communications channel,** voie de transmission; **crosstell channel,** canal de connexion; **data channel,** voie de données; **data channel analog input adapter,** adaptateur de canal analogique; **data channel console,** console des données; **data channel multiplexer,** multiplexeur de voie de données; **data channel multiplexor,** multiplexeur de canal de données; **data transmission channel,** voie transmission, canal de transmission; **digital input channel,** canal d'entrée de données numériques; **direct data channel,** canal de liaison directe; **direct memory access channel,** canal d'accès direct à la mémoire; **direct multiplex channel,** canal de multiplexage direct; **discrete channel,** canal discret; **double channel cable bridge,** passerelle avec double passage de câble; **down channel,** voie directe; **drop channel,** canal de relâche; **duplex channel,** voie bidirectionnelle; **engaged channel,** voie occupée; **entry channel,** canal d'entrée; **feedback channel,** canal de retour; **forward channel,** voie d'aller; **four-wire channel,** liaison à quatre fils, voie tétrafilaire; **frequency-derived channel,** voie dérivée en fréquence; **half-duplex channel,** voie semi-duplex; **high-speed channel,** canal rapide; **high-speed data channel,** canal de données rapide; **home data channel,** canal de données local; **information channel,** voie de données; **input channel,** canal d'introduction; **input/output channel,** voie d'entrée sortie; **instruction distribution channel,** canal de distribution d'instructions; **line data channel,** canal de télétraitement; **logical channel,** canal logique; **logical channel program,** programme de canal logique; **maintenance channel,** canal de maintenance, canal de mise à jour; **mark channel,** piste de marquage; **microwave channel,** canal hertzien; **multiplexer channel,** canal multiple; **multiplexor channel,** voie multiplex; **network control channel,** voie de contrôle du réseau; **operand channel,** canal opérateur; **output channel,** voie de sortie; **peripheral interface channel,** coupleur de périphérique; **physical channel,** canal physique; **physical channel program,** programme du canal physique; **pluggable telephone channel selector,** sélecteur de canaux; **processor channel,** canal processeur; **protection channel,** voie de protection; **queued channel program,** programme canal en file d'attente; **read/write channel,** canal lecture-écriture; **receive channel,** canal de réception; **received backward channel data,** sous-canal récepteur de données; **recorder with N channels,** enregistreur à N canaux; **return channel,** voie de retour; **reverse channel,** canal retour; **routing channel,** voie d'acheminement; **scanner channel,** scrutateur de voies; **selector channel,** canal sélecteur; **send channel,** canal émetteur; **service channel,** canal de service; **single channel,** simple canal; **single-channel access,** accès monovoie; **single-channel cable bridge,** passerelle à passage de câble unique; **single-channel protocol,** protocole univoie; **single-interlocked channel,** canal à blocage simple; **spare channel,** canal de réserve; **speech channel,** canal vocal; **sprocket channel,** canal d'entraînement; **stationary channel,** canal fixe; **supervisory channel,** canal de surveillance; **symmetric binary channel,** voie binaire symétrique; **synchronous channel adapter,** adaptateur de voie synchrone; **synchronous idle channel,** voie de synchronisation; **tape channel,** canal de bande perforée; **tape parity channel,** canal de parité bande; **telephone channel,** voie téléphonique; **teletype channel,** canal de téléimprimeur; **time-derived channel,** voie dérivée en temps; **transfer channel,** canal de transfert; **transmission channel,** voie de transmission; **turn-in channel,** virage; **two-wire channel,** voie bifilaire; **up channel,** voie retour; **verification channel,** voie d'acquittement; **voice channel,** voie téléphonique; **voice grade channel,** voie téléphonique; **wideband channel,** canal à large bande; **wire channel,** passage de fils.

**channelising:** cf **channelizing.**
**channelizing:** découpage en canaux.
**chapter:** chapitre.
**character\*:** caractère; **ANSI character set,** jeu de caractères ANSI; **Boolean character,** caractère booléen; **COBOL character set,** jeu de caractères COBOL; **EBCDIC character,** caractère EBCDIC; **ESC character,** caractère de commutation de code; **ISO character,** caractère ISO; **accented character,** caractère accentué; **accuracy control character,** caractère de contrôle d'exactitude; **acknowledge character,** caractère de réception positif; **additional character,** caractère additionnel; **address character,** caractère d'adressage; **addressing character,** caractère d'appel de réception; **admissible character,** caractère admissible; **alphabetic character,** caractère alphabétique; **alphameric characters,** caractères alphanumériques; **alphanumeric character,** signe alphanumérique; **alphanumeric character set,** jeu de caractères alphanumériques; **alphanumeric-coded character,** caractère codé en alphanumérique; **alternate character set,** jeu de caractères secondaires; **automatic character generation,** génération de caractères automatique; **automatic character reader,** lecteur de caractères automatique; **automatic character reading,** lecture automatique de caractères; **automatic character recognition,** reconnaissance automatique des caractères; **automatic routine character,** caractère de routine automatique; **auxiliary character,** caractère auxiliaire; **average information per character,** contenu moyen d'informations par caractère; **backspace character,** caractère d'espacement arrière; **bell character,** caractère de sonnerie (BEL); **binary character,** caractère binaire; **binary-coded character,** caractère codé binaire; **blank character,** caractère espace, caractère blanc; **block cancel character,** caractère d'annulation de bloc; **block character,** caractère de fin de bloc; **block character count,** zone de longueur de bloc; **block check character,** caractère de con-

trôle de bloc; **block ignore character,** caractère contempteur, d'annulation de bloc; **break character,** caractère d'interruption; **buffered character,** caractère tamponné; **call control character,** caractère de contrôle d'appel; **cancel character,** caractère de rejet; **carriage control character,** caractère de commande chariot; **carriage return character,** caractère retour de chariot; **character accuracy,** précision des caractères; **character adjustment,** décalage de caractères; **character alignment,** alignement de caractères; **character arrangement,** arrangement de caractères; **character arrangement table,** table de conversion de caractères; **character assignment table,** table d'allocation de caractères; **character binary code,** code binaire de caractères; **character boundary,** limite de lecture de caractère; **character buffer,** tampon de caractères; **character by character,** caractère par caractère; **character byte-serial transmission,** transmission sérielle par multiplet; **character cell,** matrice du caractère; **character center line,** axe vertical d'un caractère; **character centering,** centrage de caractère; **character check,** contrôle de caractère; **character checking,** commande caractère par caractère; **character code,** code de caractère; **character code translation,** transcodage de caractère; **character coding,** codage de caractère; **character constant,** constante caractère; **character conversion,** conversion de caractères; **character count,** comptage des caractères; **character deletion,** caractère d'oblitération; **character density,** densité de caractères; **character descriptor,** cellule caractère; **character display,** affichage à caractères, visuel à caractères; **character distortion,** distorsion de caractère; **character editing key,** touche d'édition; **character emitter,** émetteur de caractère; **character error rate,** taux d'erreur sur les caractères; **character exit,** sortie de caractère; **character fill,** insertion de caractère; **character fill (to),** garnir de caractères; **character font,** police de caractères; **character format,** format de caractère; **character generation,** génération de caractères; **character generator,** générateur de caractères; **character handling,** traitement des caractères; **character height,** hauteur de caractère; **character image,** dessin de caractère; **character insert,** insertion de caractères; **character instruction,** commande alphanumérique; **character interval,** espacement de caractère; **character length,** largeur de caractère; **character location,** emplacement de caractère; **character**

**machine,** machine à caractères; **character matrix,** matrice à caractères; **character mode,** mode caractère; **character modifier,** modificateur d'adresse de caractère; **character null,** caractère nul; **character number,** numéro de caractère; **character outline,** contour de caractère, champ de caractère; **character parity check,** vérification de parité par caractère; **character pitch,** espacement intercaractère; **character position,** position de caractère; **character printer,** imprimante caractère par caractère; **character rate,** débit (en caractères); **character reader,** lecteur de caractère; **character reception,** réception de caractère; **character recognition,** reconnaissance de caractères; **character recognition device,** dispositif de reconnaissance de caractères; **character recognition logic,** logique de reconnaissance de caractères; **character reference line,** axe de référence de caractère; **character register,** registre de caractères; **character registration,** cadrage des caractères; **character release,** validation de caractère; **character repertoire,** jeu de caractères; **character representation,** présentation des caractères; **character request,** demande de caractères; **character sensing,** lecture par exploration des caractères; **character sensing field,** zone de lecture; **character separation,** espace entre caractères; **character sequence,** suite de caractères; **character set,** jeu de caractères; **character size,** taille de caractère; **character skew,** inclinaison d'un caractère; **character spacing,** espacement entre caractères; **character spacing reference line,** axe de référence d'espacement de caractère; **character string,** chaîne de caractères; **character string type,** type de chaîne de caractères; **character stroke,** jambage de caractère, sérif; **character subcell,** sous-matrice du caractère; **character subset,** jeu partiel de caractères; **character symbol,** symbole de caractère; **character transfer rate,** vitesse de transmission des caractères; **character variable,** variable caractère; **character wheel,** roue à caractères; **character-at-a-time check,** contrôle caractère par caractère; **character-at-a-time printer,** imprimante caractère par caractère; **character-coded,** codé par caractère; **character-oriented,** adressable par caractère; **character-oriented,** fonctionnant au niveau du caractère; **character-oriented computer,** machine fonctionnant au niveau du caractère; **characters per inch (CPI),** caractères par pouce; **check character,** caractère de contrôle; **clearing character,** caractère d'effacement; **code character,** caractère de code; **code character set,** jeu de caractères de code; **code directing character,** caractère d'acheminement; **code extension character,** caractère de changement de code; **code-indicating character,** caractère de routage; **coded character,** caractère codé; **coded character set,** jeu de caractères codés; **commercial character,** signe commercial; **communication control character,** (caractère de) commande de transmission; **communications control character,** caractère de contrôle de transmission; **component select character,** caractère de sélection d'unité; **connecting character,** caractère de continuation; **continuation character,** caractère de poursuite; **control character,** caractère de contrôle; **control character code,** code de caractère de contrôle; **control character generation,** générateur de caractères de commande; **control character processing,** traitement des caractères de commande; **control character recognition,** reconnaissance des caractères de commande; **cue character,** caractère indicateur; **cyclic check character,** caractère de contrôle récurrent; **data link control character,** caractère de contrôle de liaison; **data route character,** caractère de routage; **default code character,** caractère de code par défaut; **delete character,** caractère de suppression; **delimiting character,** caractère de séparation; **demarcation character,** caractère de délimitation; **device control character,** caractère de contrôle de périphérique; **digit select character,** caractère de sélection de chiffres; **direct character reading,** lecture directe (séquentielle) de caractères; **dot matrix character,** caractère à matrice de points; **edit control character,** caractère de commande d'édition; **editing character,** caractère d'édition; **electronic character sensing,** lecture électronique des caractères; **embedded character,** caractère imbriqué; **enclosed character,** caractère délimité; **end-of-address character (EDA),** caractère fin d'adresse; **end-of-block character (EOB),** caractère de fin de bloc; **end-of-document character (EOD),** caractère de fin de document; **end-of-file character (EOF),** caractère de fin de fichier; **end-of-job character (EOJ),** caractère de fin de travail; **end-of-line character (EOL),** caractère de fin de ligne; **end-of-medium character (EM),** (caractère de) fin de médium; **end-of-message character (EOM),** (caractère de) fin de message; **end-of-run character (EOR),** caractère de fin d'exécution; **end-of-text character (ETX),**

caractère de fin de texte; **end-of-transmission character (EOT),** (caractère de) fin de transmission; **erase character,** caractère de suppression; **error character,** caractère d'annulation; **error-checking character,** signal de contrôle d'erreur; **error-correcting character,** caractère de correction d'erreur; **escape character (ESC),** caractère d'échappement; **expanded character set,** jeu de caractères élargis; **extended character reading,** extension de lecture; **field termination character,** caractère fin de zone; **file separator character,** caractère séparateur de fichier; **fill character,** caractère de remplissage; **filling character,** caractère de remplissage; **floating character,** caractère flottant; **font change character,** caractère de changement de fonte; **forbidden character,** caractère non autorisé; **form feed character (FF),** caractère de présentation de feuille; **format effector character,** caractère de commande de format d'édition; **function character,** caractère de fonction; **functional character,** caractère de commande; **functional characters,** caractères de service; **gap character,** caractère de garnissage; **ghosting character,** caractère flou, caractère fantôme; **graphic character,** caractère graphique; **head-of-form character (HOF),** caractère de positionnement en haut d'imprimé; **high-order character,** caractère cadré à gauche; **homogeneous characters,** caractères homogènes; **horizontal skip character,** caractère d'espacement horizontal; **horizontal tabulate character,** caractère de tabulation horizontale; **identification character (ID),** caractère d'identification; **idle character,** caractère d'attente; **ignore character,** caractère d'inhibition; **illegal character,** caractère illégal; **improper character,** caractère non valide; **improper routing character,** caractère d'acheminement erroné; **information character,** caractère d'information; **inquiry character (ENQ),** caractère d'interrogation; **insertion character,** caractère de mise en forme; **instruction character,** caractère de commande; **invalid character,** caractère invalide; **invalid character check,** contrôle de validité des caractères; **item character count,** zone de longueurs d'articles; **item status character,** caractère d'état d'article; **junction character,** caractère de dérivation; **language character set,** jeu de caractères liés au langage; **layout character,** caractère de mise en page; **leading character,** caractère de tête; **least significant character,** caractère de plus faible poids; **line control character,** caractère de terminaison; **line deletion character,** caractère d'effacement de ligne; **line feed character,** caractère interligne; **locking shift character,** caractère de maintien de changement; **lower case character,** caractère en bas de casse, minuscule; **magnetic character,** caractère magnétique; **magnetic character printer,** imprimante de caractères magnétiques; **magnetic character reader,** lecteur de caractères magnétique; **matrix character,** grille caractère; **mean entropy (per character),** entropie moyenne (par caractère); **message beginning character,** caractère de début de message; **message ending character,** caractère de fin de message; **mutilated character,** caractère mutilé; **negative acknowledge character,** caractère d'accusé de réception négatif; **new line character,** caractère de retour à la ligne; **newline character,** caractère de saut de ligne; **nonprintable character,** caractère non imprimable; **null (character) (NUL),** (caractère) nul (NUL); **numeric character,** caractère numérique; **numeric character set,** ensemble des caractères numériques; **numerical character,** caractère numérique; **octal character,** chiffre octal; **optical character,** caractère optique; **optical character reader,** lecteur optique de caractères; **optical character reading,** lecture optique de caractères; **optical character recognition (OCR),** reconnaissance optique de caractères; **pad character,** caractère de garnissage; **padding character,** caractère de garnissage; **parallel by character,** parallélisme de caractères; **print control character,** caractère de commande d'impression; **printable character,** caractère imprimable; **punctuation character,** caractère de ponctuation; **readable characters,** caractères lisibles; **recognition character,** caractère identificatif; **record character count,** zone de longueur d'article; **redundancy check character,** caractère de parité; **redundant character,** caractère redondant; **relation character,** symbole relationnel; **repetition character,** caractère de répétition; **replacement character,** caractère de remplacement; **response character,** caractère de correction; **rub-out character,** caractère d'effacement; **selecting character,** caractère de sélection; **semigraphic characters,** caractères semigraphiques; **separating character,** caractère séparateur; **serial-by-character,** séquentiel caractère par caractère; **shift-in (character) (SI),** en code, (caractère) commande de code normal; **shift-out (character) (SO),** horscode, (caractère) commande de code spécial; **sign character,** caractère de signe; **signal-**

**ing character,** caractère d'indication; **single-character instruction,** instruction à caractère unique; **skew character,** caractère mal interprété; **slew character,** caractère de saut; **space character (SP),** caractère espace; **spaced characters,** caractères espacés; **special character,** caractère spécial; **special character conversion,** conversion de caractères spéciaux; **special character exit,** sortie de caractères spéciaux; **star character,** caractère astérisque; **start-of-block (character) (SOB),** (caractère de) début de bloc; **start-of-heading (character) (SOH),** (caractère de) début d'en-tête; **start-of-message (character) (SOM),** (caractère de) début de message; **start-of-text (character) (STX),** (caractère de) début de texte; **start-stop character (SS),** caractère de signal départ/arrêt; **status character,** caractère d'état; **stroke character generator,** générateur vectoriel de caractères; **stuffing character,** caractère de bourrage; **substitute character (SUB),** caractère de substitution; **switching control character,** caractère de commande de commutation; **symbol character,** caractère symbole; **symbol character string,** chaîne de caractères symboles; **sync character,** caractère de synchro; **synchronous idle character (SYN),** caractère de synchronisation; **tab character,** caractère de tabulation; **tabulation character,** caractère de tabulation; **tabulator character,** caractère tabulateur; **terminal recognition character,** caractère d'identité du terminal; **terminating character,** caractère de fin; **throw-away character,** caractère fictif; **top-of-form character (TOF),** caractère de mise en haut de page; **transmission block character,** caractère de transmission de bloc; **transmission control character,** caractère de service; **underscore character,** caractère de soulignement; **universal character set,** ensemble des caractères universels; **unprintable character,** caractère non imprimable; **upper case character,** caractère en haut de casse, majuscule; **upper shift character,** caractère de passage en majuscule; **variable-character pitch,** espacement variable des caractères; **zero suppression character,** caractère de suppression de zéros.

**c h a r a c t e r i s t i c\*:** caractéristique, performance; **VSWR characteristic,** caractéristique du taux d'onde stationnaire; **attenuation characteristics,** courbe d'atténuation; **block format characteristic,** spécification de format de bloc; **characteristic (of a logarithm),** caractéristique (d'un logarithme); **characteristic boundary,** limite de la caractéristique; **characteristic curve,** courbe caractéristique; **characteristic distortion,** distorsion de caractéristique; **characteristic impedance,** résistance caractéristique; **characteristic overflow,** dépassement supérieur de capacité; **characteristic state,** état de référence; **characteristic underflow,** dépassement inférieur de capacité; **current limiting characteristics,** caractéristique de limitation du courant; **file characteristics,** caractéristiques de fichier; **frequency characteristic,** caractéristique de fréquence; **functional characteristics,** caractéristiques fonctionnelles; **group characteristics,** caractéristiques de groupe; **operational characteristics,** qualités de service; **optical fiber characteristics,** caractéristiques des fibres optiques; **output characteristic,** caractéristique de sortie; **performance characteristics,** données de rendement; **phase characteristics,** caractéristiques de phase; **physical characteristics,** caractéristiques physiques; **signal-to-noise characteristic,** caractéristique signal/bruit; **square law characteristic,** caractéristique quadratique; **technical characteristics,** données techniques; **voltage-current characteristic,** caractéristique de la tension.

**charge:** **base charge,** charge de base; **charge density,** densité de charge; **charge off (to),** amortir; **charge pattern,** plan de charge; **charge process,** processus de charge; **charge station,** poste de charge; **charge-coupled device (CDD),** composant à couplage de charge; **maintenance charges,** frais d'entretien; **space charge,** charge d'espace.

**chart:** tableau; **action chart,** diagramme fonctionnel; **adjustment chart,** liste de comparaison; **bar chart,** diagramme de Gantt; **bubble chart,** diagramme à bulles; **calibration chart,** table d'étalonnage; **chart (to),** représenter sous forme de graphique; **chart process,** ordinogramme; **code chart,** schéma des codes; **control panel hub chart,** document de câblage; **counter chart,** table des opérations compteur; **flip chart,** tableau à feuilles détachables; **flow process chart,** diagramme de circulation; **function chart,** diagramme de fonctions; **general chart,** diagramme général; **logic chart,** logigramme, diagramme logique; **logical chart,** logigramme, diagramme logique; **operational chart,** diagramme opérationnel; **organization chart,** diagramme d'organisation; **pie chart,** graphique circulaire; **planning chart,** diagramme, organigramme; **plugboard chart,** schéma de connexions; **plugging chart,** schéma de connexions; **process chart,** diagramme des mé-

thodes; **project chart,** graphique de projet; **radial chart recorder,** enregistreur de coordonnées polaires; **report layout chart,** modèle de présentation d'état; **run chart,** ordinogramme d'exploitation; **sequence chart,** organigramme séquentiel; **slide chart,** diagramme projetable; **sliding chart,** table coulissante; **stacked bar chart,** histogramme à barres empilées; **system chart,** organigramme de système; **timing chart,** chronogramme.

**chassis:** chassis; **slide-in chassis,** tiroir.

**chatter:** bruit parasite; **monkey chatter,** transmodulation, diaphonie.

**check\*:** contrôle, vérification; **address check,** vérification d'adresse; **arithmetic check,** preuve arithmétique; **automatic check,** vérification automatique; **automatic check-out system,** système de vérification automatique; **availability check,** contrôle de disponibilité; **bank check,** chèque bancaire; **bit check,** contrôle de bit; **block check,** contrôle par bloc; **block check character,** caractère de contrôle de bloc; **block check procedure,** procédure de contrôle de bloc; **block check sequence,** séquence de caractères de contrôle de bloc; **brush compare check,** vérification de lecture; **built-in check,** contrôle incorporé; **card check,** contrôle de cartes; **chaining check,** contrôle d'enchaînement; **channel data check,** contrôle de transfert en canal; **character check,** contrôle de caractère; **character parity check,** vérification de parité par caractère; **character-at-a-time check,** contrôle caractère par caractère; **check (to),** contrôler, vérifier; **check bit,** binaire de vérification; **check box,** case de pointage; **check bus,** bus de contrôle; **check character,** caractère de contrôle; **check circuit,** circuit de contrôle; **check code,** code de contrôle; **check device,** dispositif de contrôle; **check digit,** bit de contrôle; **check feed,** alimentation des chèques; **check field,** zone de contrôle de marquage; **check frame,** séquence de vérification; **check indicator,** indicateur de contrôle; **check information,** information de contrôle; **check key,** poussoir de contrôle; **check lamp,** lampe de contrôle; **check list,** liste de contrôle; **check mark channel,** canal de contrôle; **check message,** message de contrôle; **check module,** module de contrôle; **check number,** nombre de contrôle; **check out (to),** mettre au point, tester, contrôler; **check point,** point de contrôle, point de reprise; **check problem,** problème de vérification; **check protect,** protection des chèques; **check protection,** protection des montants; **check pulse,** impulsion de contrôle; **check read,** lecture de contrôle; **check register,** registre de contrôle; **check routine,** routine de vérification, programme de contrôle; **check row,** rang de test; **check signal,** signal de contrôle; **check size indicator,** indicateur de débordement; **check sum,** somme de contrôle; **check symbol,** chiffre de contrôle; **check tape,** bande de contrôle; **check total,** total de contrôle; **check value,** valeur de contrôle; **check word,** mot de contrôle; **check writing,** personnalisation des chèques; **code check,** contrôle de code; **coding check,** contrôle codifié; **completeness check,** contrôle de complétude; **consistency check,** contrôle de cohérence; **control check,** contrôle de commande; **copy check,** contrôle par copie; **cross-check,** contrôle croisé; **cycle check,** vérification du cycle; **cyclic check byte,** octet de contrôle récurrent; **cyclic check character,** caractère de contrôle récurrent; **cyclic check code,** code à contrôle cyclique; **cyclic redundancy check (CRC),** contrôle cyclique par redondance; **data check,** contrôle de données; **desk check,** vérification; **diagnostic check,** contrôle diagnostic; **difference check,** contrôle différentiel; **disk label check code,** code de vérification de label disque; **dump check,** contrôle de vidage; **duplicate operation check,** vérification en double; **duplicating check,** contrôle par répétition; **duplication check,** contrôle par duplication; **dynamic check,** contrôle dynamique; **echo check,** vérification par retour, contrôle par écho; **even parity check,** contrôle de parité paire; **external program check,** contrôle externe de programmes; **feed check,** contrôle d'avance; **field length check,** contrôle de longueur de zone; **forbidden code combination check,** contrôle de combinaison de codes inadmissibles; **format check,** vérification du format; **function check,** essai de fonctionnement; **hardware check,** vérification de matériel; **header check,** contrôle du label de bande; **header label check,** contrôle de label début; **hole count check,** contrôle du nombre de perforations; **identification check,** contrôle d'identification; **information check,** contrôle de message; **invalid character check,** contrôle de validité des caractères; **lateral check,** contrôle latéral; **limit check,** contrôle appliqué aux limites; **longitudinal redundancy check (LRC),** contrôle par redondance longitudinale (parité); **machine check,** programme de contrôle de machine; **machine check analysis,** analyse des erreurs machine; **machine check indicator,** indicateur de contrôle automatique; **machine internal check,** contrôle automatique interne; **magnetic tape check,** contrôle de bande magnétique; **marginal check,** contrôle marginal; **mathematical check,** contrôle arithmétique; **modulo-N check,** contrôle modulo-N; **nonsense total check,** indication d'erreur par total insensé; **odd check,** contrôle de parité impaire; **odd parity check,** contrôle de parité impaire; **odd-even parity check,** contrôle de parité paire/impaire; **operation check,** contrôle d'exploitation; **overflow check indicator,** indicateur de contrôle dépassement de capacité; **overrun check,** erreur de dépassement; **parity check,** contrôle de parité; **peek-a-boo check,** contrôle visuel; **plausibility check,** contrôle de vraisemblance; **print check,** contrôle d'impression; **printer cycle check,** contrôle du cycle d'impression; **program check,** contrôle de programme; **programmed check,** contrôle programmé; **programmed marginal check,** contrôle marginal programmé; **protection check,** contrôle d'erreur d'autorisation d'écriture; **punch check,** vérification des perforations; **punch validity check,** contrôle de validité des perforations; **range check,** contrôle par fourchette; **read after write check,** lecture de contrôle après écriture; **read check,** contrôle de lecture; **read check indicator,** indicateur d'erreurs de lecture; **read registration check,** vérification du nombre de perforations; **read-back check,** contrôle par relecture; **readout with check,** extraction avec contrôle; **reasonableness check,** contrôle d'exactitude; **record type sequence check,** contrôle séquentiel des types d'enregistrement; **redundancy check,** contrôle par redondance; **redundancy check bit,** binaire de parité, bit de contrôle de parité; **redundancy check character,** caractère de parité; **registration check,** contrôle du cadrage des perforations; **residue check,** contrôle sur le reste, contrôle sur le modulo; **routine check,** contrôle de routine; **selection check,** contrôle de sélection; **self-check routine,** programme autotest; **sequence check,** contrôle de séquence; **sequence number check,** contrôle des numéros d'ordre; **sight check,** vérification visuelle; **sign check indicator,** indicateur de signe; **single-card check,** contrôle de cartes uniques; **space check,** contrôle des espaces; **spot check,** contrôle par sondage; **static check,** contrôle statique; **storage check,** contrôle de mémoire; **sum check,** contrôle par sommation; **summation check,** contrôle par sommation; **synchronization check word,** mot de contrôle de concordance; **synchronous check,** contrôle de synchronisation; **system check,** contrôle du système; **timing mark check,** contrôle des marques de synchronisation; **track check,** contrôle de l'état de piste; **transfer check,** contrôle de transfert; **transverse check,** contrôle transversal; **transverse redundancy check (TRC),** contrôle de redondance horizontale; **twin check,** contrôle par duplication; **validity check,** test de validité; **vertical parity check,** contrôle de parité verticale (paire); **vertical redundancy check (VRC),** contrôle de redondance verticale (parité paire); **visual check,** contrôle visuel; **volume name check,** contrôle du nom de volume; **volume sequence check,** contrôle séquentiel de volume; **wired-in check,** contrôle câblé; **write disk check,** contrôle à l'écriture; **zero check,** contrôle zéro.

**checker:** contrôleur, marqueur; **assertion checker,** contrôleur d'assertions; **realtime spelling checker,** contrôleur orthographique en temps réel; **spelling checker,** contrôleur orthographique; **syntax checker,** contrôleur syntaxique.

**checkerboarding:** arrangement en damier.

**checking:** contrôle; **additional checking,** vérification supplémentaire; **address checking,** contrôle d'adresse; **automatic checking,** test automatique; **automatic transfer checking,** vérification de transmission automatique; **bounds checking,** vérification de limites; **character checking,** commande caractère par caractère; **checking circuit,** circuit de vérification; **checking cycle,** cycle de contrôle; **checking device,** dispositif de contrôle; **checking feature,** caractéristique de contrôle; **checking information,** information de contrôle; **checking light,** voyant de contrôle; **checking module,** module de contrôle; **checking program,** programme de vérification, routine de contrôle; **checking station,** poste de contrôle; **checking system,** système de contrôle; **data checking,** contrôle de données; **desk checking,** contrôle de programmation; **document position checking,** vérification de l'enchaînement des documents; **echo checking,** vérification par retour, contrôle par écho; **error-checking,** détection d'erreurs; **error-checking character,** signal de contrôle d'erreur; **error-checking code,** code de détection-correction d'erreurs; **fault checking,** contrôle de dépistage d'erreur; **general monitor checking routine,** programme d'analyse général; **identification field checking,** contrôle de zone d'identification; **information feedback checking,** contrôle par retour de l'information; **intermediate checking,** contrôle intermédiaire; **internal checking,** contrôle interne; **label checking,** contrôle de désignation; **longitudinal parity checking,** contrôle de parité longitudinale; **loop checking,** contrôle bouclé; **marginal checking,** contrôle marginal; **monitor checking routine,** sous-programme de contrôle; **optical checking,** contrôle optique; **parity checking,** contrôle de parité; **program checking,** contrôle de programme; **programmed checking,** contrôle programmé; **record checking,** contrôle de bloc; **sequence checking routine,** programme de contrôle de séquence; **service checking routine,** programme de vérification; **spot checking,** prélèvements au hasard; **system error-checking code,** code de contrôle systématique d'erreurs; **tabular checking,** contrôle tabulaire; **tape checking,** contrôle de bande; **validity checking,** contrôle de validité.

**checkout:** vérification; **automatic system checkout program,** programme automatique de contrôle général; **checkout run,** passage de contrôle, passage de test; **checkout system,** équipement de contrôle; **checkout test,** essai définitif; **operation checkout,** contrôle de fonctionnement; **program checkout,** mise au point du programme.

**checkpoint\*:** point de reprise, point de contrôle; **checkpoint (to),** établir des points de contrôle; **checkpoint data,** données des points de reprise; **checkpoint data set,** fichier des points de reprise; **checkpoint dump,** vidage des points de reprises; **checkpoint file,** fichier des points de reprise; **checkpoint file name,** nom du fichier des points de reprise; **checkpoint generation,** générateur de points de reprise; **checkpoint identifier,** identificateur de point de contrôle; **checkpoint input,** entrée de point de reprise; **checkpoint instruction,** instruction de reprise, instruction de contrôle; **checkpoint label,** libellé de point de reprise; **checkpoint output,** sortie du point de reprise; **checkpoint record,** enregistrement de reprise; **checkpoint recovery,** relance sur point de contrôle; **checkpoint restart,** relance sur point de reprise; **checkpoint routine,** sous-programme d'écriture de points de reprise; **restart checkpoint,** point de reprise.

**checkpointed:** avec point de contrôle; **checkpointed file,** fichier à points de contrôle.

**checksum\*:** somme de contrôle;

checksum (to), vérifier par sommation.

CHI: Chi square test, test des carrés de Chi.

Chinese: chinois; Chinese binary, binaire en colonnes.

chip: puce; LSI chip, puce hautement intégrée; MOS encoding chip, microcomposant MOS; bubble chip, puce à mémoire à bulles; chip bin, boîte à confettis; chip box, bac à confettis; chip card, carte à puce; chip circuit, circuit à microplaquettes; chip deflector, déflecteur de confettis; chip duct, tuyau à confettis; chip enable, validation de circuit; chip level diagnosis, diagnostic au niveau du circuit; chip microprocessor, puce de microprocesseur; chip screw, hélice à confettis; chip select (CS), sélection de circuit intégré; chip simulator, simulateur de circuit; chip socket, support de circuit intégré; chip tester, équipement de contrôle des circuits; chip tray, bac à confettis; chip tube, tube à confettis; chip yield, taux de puces bonnes; chip chip, circuit de microprocesseur; coder-decoder chip, circuit encodeur-décodeur; decoder chip, puce décodeuse; flip-chip transistor, transistor planaire; memory chip, puce à mémoire; microcomputer chip, puce microprocesseur; microprocessor chip, puce de microprocesseur; on chip, sur puce, sur circuit; silicon chip, puce de silicium, pastille de silicium; single-chip system, système à circuit unique; speech chip, circuit pour reproduction vocale; support chip, circuit annexe; video chip, contrôleur d'écran vidéo.

chirp: signal sonore; key chirp, signal sonore de frappe.

choice: choix; choice device, sélecteur; logical choice, choix logique.

choke: étranglement, buse; filter choke, bobine de filtrage.

chop: recherche dichotomique; binary chop, recherche par dichotomie, recherche par partage.

chopper*: hacheur; chopper amplifier, amplificateur à vibreur; chopper-stabilized amplifier, amplificateur stabilisé à découpage.

chute: chute; form chute, dispositif de guidage d'imprimé.

cinching: flottement, pleurage.

cipher: chiffre; cipher (to), chiffrer; cipher key, clé de chiffre; cipher machine, chiffreuse.

ciphering: chiffrement; ciphering equipment, équipement de chiffrement.

circle: cercle; aiming circle, cercle de visée; filled circle, cercle plein; hollow circle, cercle vide.

circuit: circuit; AND circuit, circuit ET; CML integrated circuit, circuit intégré LMNS; Eccles-Jordan circuit, bascule Ecclès Jordan; LSI circuit, circuit hautement intégré; MOS-type integrated circuit, circuit intégré de technique MOS; NOT circuit, circuit NON; active circuit, circuit actif; adapter circuit, circuit adaptateur, circuit d'adaptation; adding circuit, circuit d'addition; alarm circuit, circuit d'alerte; alternate circuit, circuit de réserve; amplifier circuit, circuit d'amplification; analog circuit, circuit analogique; answering circuit, circuit de demande; approved circuit, circuit approuvé; astable circuit, circuit instable; asynchronous circuit, circuit asynchrone; automatic control circuit, circuit auto-contrôle; back circuit, circuit de retour; balanced circuit, circuit symétrique; basic circuit, circuit fondamental; basic circuit arrangement, montage de base; basic circuit configuration, montage fondamental; bearer circuit, circuit multivoie; binary adder circuit, circuit additionneur binaire; binary circuit, circuit binaire; bistable circuit, circuit bistable; bistable trigger circuit, circuit déclencheur bistable; block gate circuit, circuit bloqueur; blocking circuit, circuit de blocage; bootstrap circuit, circuit à rétroréaction; breadboard circuit, montage expérimental; bridge circuit, montage en pont; bridge input circuit, entrée en pont; buffer circuit, circuit de tampon; carry circuit, circuit d'acheminement; cascaded circuit, circuit en cascade; check circuit, circuit de contrôle; checking circuit, circuit de vérification; chip circuit, circuit à microplaquettes; circuit arrangement, montage d'un circuit; circuit assurance, test de continuité; circuit breaker, disjoncteur, coupe-circuit; circuit chip, circuit de microprocesseur; circuit configuration, structure de circuit; circuit family, technologie de même niveau; circuit identification, identification de ligne; circuit layout, disposition de circuits; circuit logic, logique des circuits; circuit module, élément de circuit; circuit noise, bruit de ligne; circuit noise level, niveau de bruit d'un circuit; circuit reliability, fiabilité de circuit; circuit schematic, schéma de montage; circuit speed, temps de commutation; circuit-switched connection, liaison commutée; circuit switching, commutation de circuits; circuit switching center, centre de commutation de circuits; circuit switching network, réseau à commutation de circuits; circuit symbol, symbole de commutation; circuit technique, technologie des circuits; **circuit time,** temps d'occupation de ligne; **circuit transient,** bruit de transition; **clamping circuit,** circuit d'écrêtement; **clipping circuit,** circuit écrêteur; **closed loop circuit,** circuit en boucle fermée; **coincidence circuit,** circuit à coïncidence, porte d'équivalence; **combinational circuit,** circuit combinatoire; **combinatory circuit,** circuit combinatoire; **command circuit,** circuit de commande; **common base circuit,** montage à base commune; **common collector circuit,** montage collecteur commun; **common emitter circuit,** montage émetteur commun; **comparator circuit,** circuit comparateur; **compensating circuit,** circuit compensateur; **computer circuit,** circuit d'ordinateur; **conference circuit,** circuit de conférence; **connecting circuit,** voie de raccordement; **control circuit,** circuit de commande; **counter circuit,** circuit de comptage; **cryogenic circuit,** circuit cryoélectrique; **current circuit,** circuit électrique; **data circuit,** circuit de données; **data circuit terminating equipment (DCE),** équipement de terminaison de circuit de données; **data circuit transparency,** transparence du circuit de données; **dead space circuit,** zone inactive; **decision circuit,** circuit de décision; **decoding circuit,** circuit de décodage, décodeur; **dedicated circuit,** circuit spécialisé; **delay circuit,** circuit de propagation, circuit à retard; **differentiating circuit,** circuit différentiel; **digital circuit,** circuit numérique; **diode circuit,** circuit à diodes; **driver protection circuit,** circuit de protection d'étage pilote; **dumping circuit,** circuit basculant; **electronic multiplication circuit,** circuit multiplicateur électronique; **equality circuit,** circuit compensateur; **etched circuit,** circuit gravé; **exclusive-NOR circuit,** circuit NI exclusif; **exclusive-OR circuit,** circuit OU exclusif; **fault detection circuit,** circuit de détection d'anomalie; **feedback circuit,** montage de réaction; **filter circuit,** circuit filtre; **flexible printed circuit,** circuit imprimé flexible; **flip-flop circuit,** circuit multivibrateur; **four-wire circuit,** ligne à quatre conducteurs; **free-running circuit,** circuit auto-oscillateur; **full time circuit,** connexion permanente; **gate circuit,** circuit porte; **gateway trunk circuit,** ligne interurbaine; **highway circuit,** circuit principal; **hold circuit,** circuit de maintien; **holding circuit,** circuit à maintien; **hybrid circuit,** circuit hybride; **hybrid digital/analog circuit,** circuit de conversion numérique hybride; **in-circuit emulation technique,** technique d'émulation sur circuit; **in-circuit emulator,** émulateur connecté; **in-circuit testing,** test

intégré; **incoming circuit,** circuit de réception; **inhibit circuit,** circuit inhibiteur; **input circuit,** circuit d'entrée; **integrated circuit (IC),** circuit intégré (CI); **integrated circuit technique,** technique des circuits intégrés; **integrated semiconductor circuit,** circuit intégré à semi-conducteurs; **interchange circuit,** circuit de logique interchange; **interface circuit,** circuit de liaison; **interlock circuit,** circuit de blocage; **jam circuit,** circuit d'antibourrage; **latch circuit,** circuit de verrouillage; **latching circuit,** circuit de verrouillage; **leased circuit,** ligne louée; **limiter circuit,** circuit limiteur; **line terminating circuit,** circuit utilisateur; **linear circuit network,** circuit linéaire; **link circuit,** circuit d'enchaînement; **logic base circuit,** circuit logique de base; **logic circuit,** circuit logique; **logical AND circuit,** circuit ET logique, circuit à coïncidence; **logical OR circuit,** circuit OU logique; **logical circuit,** circuit logique; **logical circuit system,** système à circuits logiques; **long haul circuit,** ligne à grande distance; **longitudinal circuit,** circuit longitudinal; **loop circuit,** circuit bouclé; **magnetic circuit,** circuit magnétique; **main circuit breaker,** disjoncteur principal; **majority circuit,** circuit à porteurs majoritaires; **monitoring circuit,** circuit d'analyse; **monolithic integrated circuit,** circuit intégré monolithique; **monostable circuit,** bascule monocoup; **monostable trigger circuit,** circuit déclencheur monostable; **multidrop circuit,** circuit de transmission multipoint; **multiple circuit,** multicircuit; **multitone circuit,** circuit multivoix, circuit multison; **nanosecond circuit,** circuit très rapide; **nondedicated circuit,** circuit non spécialisé; **one circuit,** circuit OU; **one-shot circuit,** circuit monostable; **open circuit,** circuit ouvert; **open circuit impedance,** impédance en circuit ouvert; **open circuit resistance,** résistance en circuit ouvert; **open circuit voltage,** tension en circuit ouvert; **open circuit working,** transmission en circuit ouvert; **optical reading circuit,** circuit de lecture optique; **oscillator circuit,** circuit oscillateur; **outgoing circuit,** direction de sortie; **outgoing line circuit,** circuit de départ; **output circuit impedance,** impédance du circuit de sortie; **passive circuit,** circuit passif; **permanent circuit,** liaison permanente; **permanent virtual circuit,** circuit virtuel permanent; **phantom circuit,** circuit fantôme; **phase inverter circuit,** circuit inverseur de phase; **pick-up circuit,** circuit d'excitation; **plug-in circuit,** circuit enfichable; **plug-in circuit card,** carte à circuit imprimé enfichable; **point-to-point circuit,** circuit point à point; **prewired circuit**, circuit précâblé; **printed circuit (PC)**, circuit imprimé; **printed circuit board (PCB)**, carte à circuit imprimé; **pulse forming circuit**, circuit correcteur d'impulsions; **pulse regenerating circuit**, circuit régénérateur d'impulsions; **pulse shaping circuit**, circuit formateur d'impulsions; **readout circuit**, circuit d'extraction; **regulating circuit**, circuit de régulation; **relay circuit**, circuit à relais; **ringing circuit**, circuit d'appel; **sampling circuit**, circuit d'essai par prise au hasard; **schematic circuit diagram**, schéma de principe; **selecting circuit**, circuit sélecteur; **selection circuit**, circuit de sélection; **selector circuit**, circuit sélecteur; **sequencing circuit**, circuit rythmeur; **sequential circuit**, circuit séquentiel; **series tuned circuit**, circuit de résonance série; **shaping circuit**, circuit de mise en forme; **short circuit**, court-circuit; **simplex circuit**, circuit simplex; **single-ended circuit**, circuit asymétrique; **single-shot circuit**, circuit monostable; **solid state circuit**, circuit transistorisé; **starting circuit**, circuit de départ; **static circuit**, circuit statique; **storage circuit**, circuit de mémoire, circuit de mémorisation; **summer circuit**, circuit de totalisation; **switched circuit**, circuit commuté; **switched virtual circuit**, circuit virtuel commuté; **switching circuit**, circuit de commutation; **tandem data circuit**, circuit de données en tandem; **telephone circuit**, circuit téléphonique; **thick film integrated circuit**, circuit intégré à couche épaisse; **timing circuit**, circuit rythmeur; **toggle circuit**, montage flip-flop; **toll circuit**, réseau interurbain; **transistor circuit**, montage à circuits; **trigger circuit**, circuit déclencheur; **trigger pair circuit**, multivibrateur bistable; **trunk circuit**, tronc de circuit; **two-wire circuit**, circuit deux fils; **virtual circuit**, circuit virtuel; **voice grade circuit**, ligne de haute qualité; **way circuit**, ligne bus; **wideband circuit**, circuit à large bande; **winding circuit**, circuit d'enroulement; **wired circuit**, circuit câblé.

**circuitry**: circuiterie; **duplicate circuitry**, double montage de circuits; **interfacing circuitry**, circuiterie de liaison; **solid state circuitry**, circuiterie transistorisée.

**circular**: circulaire; **circular connector**, connecteur circulaire; **circular memory**, mémoire circulante; **circular process**, processus récursif; **circular shift**, décalage circulaire.

**circulate**: circulate (to), propager.

**circulating**: circulaire; **circulating current**, courant induit, courant de Foucault; **circulating memory**, mémoire cyclique; **circulating register**, registre à décalage, registre de boucle; **circulating shift**, décalage circulaire; **circulating shift register**, registre circulant.

**circulation**: circulation; **air circulation**, circulation d'air.

**city**: ville; **Kansas city standard**, format pour cassette.

**clad**: **copper clad laminate**, plaque laminée cuivrée.

**clamp**: crochet; **cable clamp**, crampon; **clamp (to)**, limiter; **connecting clamp**, borne de liaison; **video clamp**, alignement vidéo.

**clamping**: limitation; **clamping circuit**, circuit d'écrêtement.

**class\***: classe; **account class**, type de comptabilisation; **change class**, catégorie de modification; **class comparison**, comparaison de classes; **class condition**, condition de classement; **class test**, test de classe; **error class**, classe d'erreur, catégorie d'erreur; **file class**, type de fichier; **interval class**, classe d'intervalles; **record class**, type d'enregistrement; **resource class**, type de ressources; **storage class**, catégorie de rangement; **user class of service**, catégorie d'usagers.

**classification**: classification; **account classification**, classification des comptes; **computer classification**, classe de calculateur; **decimal classification**, classification décimale; **universal decimal classification**, classification décimale universelle.

**classified**: classé; **classified file**, fichier classé; **classified sentinel**, drapeau hiérarchisé.

**clause**: clause; **recording mode clause**, indication du type d'écriture; **segment limit clause**, indication de limitation de segment; **usage clause**, indication d'usage; **value clause**, indication de valeur.

**clean**: propre; **clean (to)**, remettre à zéro, nettoyer, supprimer; **clean room**, salle blanche; **clean up (to)**, nettoyer.

**cleaner**: nettoyeur; **tape cleaner**, nettoyeur de bande.

**cleaning**: nettoyage (de fichier); **brush cleaning station**, brosse de nettoyage; **cleaning felt**, feutre de nettoyage; **cleaning kit**, nécessaire de nettoyage; **house cleaning**, nettoyage, correction; **memory cleaning**, effacement mémoire.

**cleanup**: nettoyage (de fichier); **volume cleanup**, effacement de volume.

**clear\***: effacement; **clear (to)**, effacer; **clear area**, zone d'effacement; **clear band**, zone vierge; **clear confirmation**, confirmation de libération; **clear field**, zone d'effacement; **clear forward signal,** signal indicatif de prise de ligne; **clear indicator,** indicateur d'effacement; **clear message,** message de libération de ligne; **clear request,** demande de libération; **clear statement,** instruction d'effacement; **clear to send (CTS),** prêt à transmettre; **clear zone,** zone vide, zone sans enregistrement; **clear-to-send delay,** temps de retournement; **master clear,** effacement général.

**cleared:** effacé, annulé; **cleared condition,** état initial.

**clearing:** suppression; **automatic clearing,** effacement automatique; **clearing character,** caractère d'effacement; **clearing device,** dispositif d'effacement; **clearing of connection,** fin de communication; **clearing prefix,** préfixe d'effacement; **clearing signal,** signal de libération; **counter clearing,** remise à zéro du compteur; **horizontal clearing,** effacement horizontal; **secondary space clearing,** remplissage avec des zéros; **storage clearing,** effacement de la mémoire.

**clerical:** typographique; **clerical error,** erreur typographique, erreur d'écriture.

**click:** clic; **click (to) (mouse),** cliquer (souris); **double-click,** double-clic.

**clip:** clip, agrafe; **alligator clip,** pince crocodile; **clip contact connector,** connecteur à lamelles; **hard clip limit,** limite matérielle; **locking clip,** clip de blocage; **retaining clip,** agrafe, collier; **soft limit clip,** limite logicielle; **spring clip,** bride à ressort.

**clipboard:** presse-papier.

**clipping\*:** détourage, découpage; **back clipping plane,** plan arrière de découpage; **clipping algorithm,** algorithme de détourage; **clipping circuit,** circuit écrêteur; **clipping plan,** plan de découpage; **reverse clipping,** masquage; **window clipping,** détourage hors-fenêtre.

**clock\*:** horloge; **addressable clock,** horloge adressable; **basic clock rate,** rythme de base; **basic period clock,** rythmeur de base; **clock (to),** créditer d'une période; **clock block,** bloc de synchronisation; **clock card,** carte contrôle; **clock cycle,** cycle d'horloge; **clock disk,** disque horloge; **clock error,** erreur de synchro; **clock failure,** perturbation de la synchronisation; **clock frequency,** fréquence d'horloge; **clock generation,** génération d'horloge; **clock generator,** générateur d'horloge; **clock interface,** interface de synchronisation; **clock interrupt,** interruption de synchronisation; **clock marker track,** piste de rythme; **clock mode,** mode de synchronisation; **clock operation,** opération rythmée; **clock output,** sortie de

rythme; **clock period,** période d'horloge; **clock program,** programme générateur de rythme; **clock pulse,** impulsion d'horloge; **clock rate,** vitesse d'horloge; **clock register,** registre d'horloge; **clock selection switch,** sélecteur de rythme; **clock signal,** signal d'horloge; **clock signal generator,** générateur de signal d'horloge; **clock stability,** stabilité d'horloge; **clock switchover,** commutation de rythme; **clock system,** système d'horloge; **clock tape,** bande de synchronisation; **clock tick,** impulsion d'horloge; **clock time controller,** routine de contrôle des rythmes; **clock timing error,** erreur de synchronisation; **clock track,** piste de synchronisation; **clock unit,** unité de temps; **clock-actuated readout,** lecture au rythme d'horloge; **common clock,** partition commune; **digital clock,** horloge numérique; **disk clock,** horloge de synchronisation; **elapsed time clock,** horloge pour temps écoulé; **electronic time clock,** pendule de pointage électronique; **free-running clock,** horloge arbitraire; **internal clock,** horloge interne, synchroniseur interne; **master clock,** horloge principale, horloge mère; **mechanical clock,** horloge électro-mécanique; **quantum clock,** temps unitaire; **readout clock,** rythmeur d'extraction; **real-time clock,** horloge temps réel; **real-time clock interface,** interface d'horloge temps réel; **relative time clock,** horloge relative; **secondary clock,** horloge auxiliaire; **signal clock,** horloge de signal; **slave clock,** rythmeur asservi; **start clock,** moment de départ; **synchronous clock,** horloge synchrone; **timer clock generator,** générateur de rythme d'horloge; **transmit clock,** horloge de transmission; **variable clock,** rythmeur réglable.

**clocking:** synchronisation; **clocking error,** erreur de synchro.

**clockwise:** sens horaire.

**clone:** clone; **clone-maker,** fabricant de clone.

**close:** close (to), fermer, boucler; **close file,** fermeture de fichier; **close function,** fonction bouclée; **close statement,** instruction de fermeture; **orderly close-down,** arrêt gracieux.

**closed:** fermé; **closed array,** tableau saturé; **closed counting chain,** chaîne de comptage fermée; **closed loop,** boucle fermée; **closed loop circuit,** circuit en boucle fermée; **closed loop control,** commande en boucle fermée; **closed routine,** routine fermée; **closed shop operation,** opération à portes fermées; **closed shop testing,** test à distance; **closed subroutine,** sous-programme fermé; **closed system,** système fermé; **closed transaction file,** fichier des transactions internes; **closed user group,** groupe fermé d'usagers.

c l o s e d o w n: fermeture; **quick close-down,** clôture rapide.

c l o s i n g: fermeture; **closing brace,** accolade droite '}'; **closing line,** ligne de fermeture; **single-closing quotation mark,** apostrophe de fermeture '''.

c l o s u r e: fermeture; **multiple closure,** clôture multiple.

c l o t h i n g: habillage; **vector clothing,** habillage vectoriel.

c l u s t e r*: groupe, grappe; **cluster controller,** contrôleur de grappe; **cluster pack,** paquet groupé; **cluster tape,** groupe de dérouleurs; **primary cluster,** groupement primaire.

c l u s t e r e d: groupé, regroupé; **clustered terminal,** terminal de grappe.

c l u t c h: embrayage; **carriage clutch,** embrayage d'avance chariot; **clutch point,** point d'engagement; **magnetic clutch,** embrayage magnétique; **spring clutch,** accouplement à ressort; **tab clutch,** embrayage de tabulation.

C M I: **computer-managed instruction,** enseignement informatique interactif.

C M L: **CML integrated circuit,** circuit intégré LMNS.

C M O S: **complementary MOS,** MOS complémentaire.

c o a l e s c e: (to), fondre, fusionner.

c o a t i n g: couche, pellicule; **antireflection coating,** couche antireflet; **oxide coating,** couche d'oxyde.

C O B O L*: langage COBOL; **COBOL character set,** jeu de caractères COBOL.

c o d a b l e: programmable.

c o d e*: code; **ASCII code,** code ASCII; **Baudot code,** code Baudot; **Gray code,** code Gray, binaire réfléchi; **Gray code-to-binary conversion,** conversion code Gray-binaire; **Hamming code,** code de Hamming; **Hollerith code,** code Hollerith, encodage alphanumérique; **Huffman code,** code de Huffman; **ISO-7-bit code,** code ISO à 7 moments; **Kat code,** code Katakana; **Manchester code,** code de Manchester, code biphasé; **N-level code,** code à N moments; **Stibitz code,** code par excès de 3; **absolute code,** code absolu, code machine; **absolute operation code,** code d'opération machine; **action code,** code d'intervention; **actual code,** encodage absolu, encodage machine; **address code,** code d'adresse; **address code format,** format du code d'adresse; al-

phabet code, code alphabétique; **alphabetic code,** code alphabétique; **alphameric code,** code alphanumérique; **alphanumeric code,** code alphanumérique; **alterned mark inversion code (AMI),** code à inversion de marque alternée; **amount of code,** volume de données; **answerback code,** code indicatif; **answerback code request,** demande d'indicatif; **answerback code storage,** mémoire des codes indicatifs; **area code,** code postal; **area code table,** table des indicatifs régionaux; **assembly code,** code assembleur; **augmented operation code,** code d'instruction étendu; **automatic code,** code automatique; **auxiliary code,** code auxiliaire; **bar code,** code à barres; **bar code pen,** crayon lecteur de code à barres; **bar code reader,** lecteur de code à barres; **bar code scanner,** scanner de code à barres; **basic code,** code de base; **begin field code,** code début de zone; **binary code,** code binaire; **binary code converter,** convertisseur de code binaire; **binary error-correcting code,** code binaire de correction d'erreurs; **binary error-detecting code,** code binaire de détection d'erreurs; **binary-coded decimal code,** numération décimale codée en binaire; **binary-to-Gray code conversion,** conversion binaire-code Gray; **biquinary code,** code biquinaire; **cable code,** code de câble; **call direction code,** caractère de sélection; **card code,** code de carte; **chain code,** code chaîné, par décalage; **character binary code,** code binaire de caractères; **character code,** code de caractère; **character code translation,** transcodage de caractère; **check code,** code de contrôle; **code (to),** coder, programmer; **code and go,** compile et exécute; **code assignment,** attribution de code; **code change,** changement de code; **code character,** caractère de code; **code character set,** jeu de caractères de code; **code chart,** schéma des codes; **code check,** contrôle de code; **code combination,** combinaison de codes; **code compatibility feature,** conversion automatique de code; **code construction,** structure de code; **code convention,** convention de programmation; **code convention option,** piste de synchronisation; **code conversion,** conversion de code; **code converter,** transcodeur, convertisseur de code; **code digit,** binaire de code; **code directing character,** caractère d'acheminement; **code disk,** disque codeur; **code division multiple access (CDMA),** accès multifréquence; **code drum,** tambour codeur; **code element,** moment de code; **code extension character,** caractère de changement de code; **code field,** zone de codage; **code group,** groupe d'éléments d'un code, moment de code; **code hole,** perforation de code; **code hole track,** voie d'information; **code instruction,** instruction de code; **code language,** langage codé; **code line,** ligne de code; **code pattern,** grille de code, figure de code; **code position,** position de perforation; **code pulse,** élément de code; **code recognition,** reconnaissance de code; **code segment,** segment de code; **code set,** jeu de codes; **code sheet,** bordereau de programmation; **code structure,** structure d'un code; **code symbol,** symbole de code; **code table,** table de codes; **code track,** voie d'information; **code translation,** transcodage, transformation de code; **code translator,** transcodeur, traducteur, convertisseur de code; **code-transparent,** indépendant du code, mode transparent; **code-transparent data communication,** transmission de données à code unique; **code-transparent transmission,** transmission à un code; **code value,** élément de combinaison de code; **code wheel,** roue codeuse; **code word,** mot code; **code-independent,** indépendant du code, mode indépendant; **code-indicating character,** caractère de routage; **column binary code,** code binaire en colonnes; **command code,** code de commande; **communication code,** code de communication; **complementary code,** code complémentaire; **computer instruction code,** code d'instructions de l'ordinateur; **condition code,** code d'état; **condition code indicator,** indication de l'état de l'exploitation; **condition code register,** registre indicateur; **constant ratio code,** code à rapport constant; **control character code,** code de caractère de contrôle; **control code,** code de fonction; **conversion code,** code de conversion; **correcting code,** code de correction; **cue track address code,** code d'adresse de la piste d'ordres; **cyclic check code,** code à contrôle cyclique; **cyclic code,** code cyclique, code Gray; **cyclic permuted code,** code cyclique permuté, code Gray; **data code,** code de données; **data code conversion,** conversion de code de données; **default code character,** caractère de code par défaut; **dense binary code,** code binaire saturé; **device internal code table,** table de code interne de périphériques; **digital code,** code numérique; **diphase code,** code biphasé; **direct code,** code direct, code machine; **direction code,** code, indication d'acheminement; **disk label check code,** code de vérification de label disque; **display function code,** code de fonction d'affichage; **distribution code,** code de distribution; **edit code,** code d'édition; **equal length code,** code à moments; **error code,** code d'erreur; **error correction code (ECC),** code de correction d'erreurs; **error-detecting code,** code de contrôle des erreurs; **error detection code (EDC),** code de détection d'erreurs; **error-checking code,** code de détection-correction d'erreurs; **error-correcting code (ECC),** code correcteur d'erreurs; **error-detecting code,** code de détection d'erreurs; **escape code,** code d'effacement; **excess-three code (XS3),** code excédent 3; **exclusive address code,** code d'adresse exclusif; **exit code,** code de sortie; **expanded BCD interchange code (EBCDIC),** binaire codé décimal étendu; **expanded code line,** ligne de codification variable; **false code,** caractère erroné; **feature code,** code spécial; **field code,** code de zone; **five track code,** code à 5 moments; **five unit teleprinter code,** code de télégraphie à 5 moments; **fixed-ratio code,** code pondéré; **forbidden code,** code prohibé; **forbidden code combination,** combinaison de codes inadmissibles; **forbidden code combination check,** contrôle de combinaison de codes inadmissibles; **four-address code,** code à quatre adresses; **four-line binary code,** code binaire tétradique; **function code,** code de fonction; **generic code,** code de génération; **graphic code,** code graphique; **group code,** code de groupe; **group code recording (GCR),** enregistrement par groupe; **halt code,** code d'arrêt; **hand code (to),** coder à la main; **hash code,** code haché; **hexadecimal code,** code hexadécimal; **identification code,** code d'identification; **identifying code,** code indicatif, code d'identification; **illegal code,** code illégal; **illegal code combination,** combinaison incorrecte de codes; **industry code,** retenue; **inhibit code,** code d'inhibition; **input code,** code d'introduction; **input code converter,** convertisseur de code d'introduction; **input instruction code,** code d'instruction mnémonique; **input/output code converter,** convertisseur des codes d'entréesortie; **instruction code,** code des instructions; **intermediate code,** code intermédiaire pseudo-codé; **internal code,** code interne; **international telegraph code,** code international de télégraphie; **interpreter code,** code interprétateur; **interpretive code,** code interprétatif; **invalid code,** code périmé; **item code,** code d'article; **label exit code,** code de sortie d'étiquette; **length code,** code de longueur; **line control code,** code de contrôle de ligne; **line feed code,** code de saut de ligne; **linear code,** code linéaire; **link control code,** code de contrôle de liaison, code de ligne; **load code,** code de chargement; **local code,** indicatif régional; **lock code,** mot de passe; **machine code,** code machine, code absolu; **machine instruction code,** code d'instructions machine; **machine language code,** code en langage machine; **magnetic card code (MCC),** code de carte magnétique; **match code,** code de correspondance; **material code,** code matériel; **material withdrawal code,** code sortie de stock; **memory code,** code mémoire centrale; **minimum access code,** code à accès minimisé; **minimum delay code,** code à accès minimisé; **minimum distance code,** code à distance minimale; **minimum latency code,** code à temps d'exécution minimal; **mnemonic code,** code mnémonique; **mnemonic operation code,** code mnémonique d'opération; **multilevel code handling,** traitement multicode; **multiple address code,** code multiadresse; **number code,** code de numérotation; **numeric code,** code numérique; **numerical code,** code numérique; **object code,** code objet; **object code output format,** format d'édition en code machine; **occupation code,** code d'occupation; **octal code,** code octal; **octal code operation,** opération en code octal; **one-address code,** code à une adresse; **one-level code,** encodage de premier niveau, encodage machine; **operating code (op-code),** code opération; **operating code field,** zone de code d'opération; **operation code,** code d'opération; **operation code trap,** partie d'opération non déchiffrée; **optical bar code reader,** lecteur optique de code à bâtonnets; **optimum code,** code optimal; **option code,** code optionnel; **order code,** code d'opération, instruction de commande; **output code,** code de sortie; **output code converter,** convertisseur de code sortant; **output code translator,** traducteur de code sortant; **own code,** séquence de l'utilisateur; **own code exit,** sortie de la séquence utilisateur; **own code location,** adresse du code utilisateur; **own code module,** sous-programme écrit par l'utilisateur; **own code routine,** sous-programme utilisateur; **paper tape code,** code de bande perforée; **polar NRZ code,** code binaire NRZ; **polynomial code,** code polynomial; **prefix code,** code préfixe; **print mode code,** code de mode d'impression; **print restore code,** code de reprise de l'imprimante; **printer color code,** code d'impression des couleurs; **printer control code,**

code de contrôle de l'imprimante; **program linking code,** code d'enchaînement de programme; **protect code,** code de protection; **pulse code modulation (PCM),** modulation par impulsions; **punch code,** code perforé; **punched card code,** code de carte perforée; **pure binary code,** code binaire pur; **pure code,** code réentrant; **quality code,** code d'état; **quibinary code,** code biquinaire; **quinary code,** code quinaire, 2 parmi 5; **record identification code,** identificateur d'enregistrement; **record identifying code,** code d'identification de l'enregistrement; **redundant code,** code redondant; **reference code,** code de référence; **reflected binary code,** code binaire réfléchi; **retrieval code,** code de recherche; **return code,** code de retour; **return code register,** registre à code retour; **return-to-zero code,** code de remise à zéro; **routing code,** code d'acheminement; **routing prefix code,** caractère d'acheminement; **select code,** code de sélection; **self-checking code,** code détecteur d'erreurs; **self-complementing code,** code autocomplémenteur; **self-correcting code,** code autocorrecteur; **service code,** code de service; **seven-level code,** code à sept positions; **shift code,** code de positionnement du clavier; **skeletal code,** embryon de code à compléter; **skip code,** code de saut; **source code,** code source; **space code generation,** génération des caractères espaces; **specific code,** code spécifique; **status code,** code d'état; **stop code,** code d'arrêt; **switch code,** code de commutation; **symbol code,** code symbolique; **symbolic code,** code symbolique; **system code,** jeu d'instructions de la machine; **system error-checking code,** code de contrôle systématique d'erreurs; **tab control code,** code de contrôle de tabulation; **tape code,** code de bande; **telegraph code,** code télégraphique, code Morse; **teleprinter code,** code téléimprimeur; **teletype code,** code télégraphique international; **terminal identification code,** code identificateur de poste; **ternary code,** code ternaire; **test code storage,** mémoire d'essai; **three-address code,** code à trois adresses; **transaction code,** codification de saisie; **transient code group,** groupe de programmes transitoires; **transmission code,** code de transmission; **transmitter start code,** code de lancement de transmission; **two-address code,** code à deux adresses; **two-out-of-five code,** code quinaire, 2 parmi 5; **unipolar code,** code tout ou rien; **unit distance code,** code signaux à espacement unitaire; **user code,** code utilisateur; **visibility code,** code d'appel; **weighted code,** code pondéré.

**c o d e c :** codec; **coder-decoder (CO-DEC),** codeur-décodeur.

**c o d e d :** programmé; **Hollerith-coded card,** carte à code Hollerith; **alphanumeric-coded character,** caractère codé en alphanumérique; **bar-coded document,** document à code à barres; **binary-coded,** codé en binaire; **binary-coded address,** adresse codée binaire; **binary-coded character,** caractère codé binaire; **binary-coded data,** données binaires; **binary-coded decade counter,** compteur décimal code binaire; **binary-coded decimal (BCD),** décimal codé binaire (DCB); **binary-coded decimal code,** numération décimale codée en binaire; **binary-coded decimal digit,** pondéré binaire; **binary-coded decimal notation,** numération décimale codée binaire; **binary-coded decimal number,** nombre décimal codé en binaire; **binary-coded decimal representation,** notation pondéré binaire; **binary-coded decimal system,** système décimal codé en binaire; **binary-coded digit,** chiffre codé binaire; **binary-coded notation,** notation binaire; **binary-coded number system,** système de numération binaire; **binary-coded octal,** octal codé en binaire; **biquinary coded decimal number,** nombre décimal code biquinaire; **character-coded,** codé par caractère; **coded address,** adresse codée; **coded character,** caractère codé; **coded character set,** jeu de caractères codés; **coded data,** données codées; **coded decimal,** codé en décimal; **coded decimal digit,** chiffre décimal codé; **coded decimal notation,** notation décimale codée; **coded decimal number,** nombre décimal code; **coded disk,** disque codé; **coded form,** format codé; **coded halt,** arrêt programmé; **coded image,** image codée; **coded image space,** zone d'image; **coded instruction,** instruction codée; **coded output,** sortie codée; **coded point,** point adressable; **coded program,** programme codé; **coded representation,** représentation codée; **coded response message,** réponse codée; **coded signal,** signal codé; **coded stop,** arrêt programmé; **coded tape,** bande programmée; **hand-coded,** codé manuellement; **hand-coded program,** programme codé manuellement; **numerically coded instruction,** instruction codée numériquement; **object-coded file,** fichier des programmes machine.

**c o d e r :** codeur; **coder-decoder (CO-DEC),** codeur-décodeur; **coder-decoder chip,** circuit encodeur-décodeur.

**c o d i f i c a t i o n :** programmation, codage.

**c o d i f i e r :** codificateur.

**c o d i n g * :** programmation, codage, codification; **absolute coding,** codage absolu en code machine; **access coding,** codage d'accès; **actual coding,** codage en code machine; **adaptive transform coding (ATC),** codage de transformation adaptable; **alphabetic coding,** codification alphabétique; **alphameric coding,** codage alphanumérique; **alphanumeric coding,** codage alphanumérique; **automatic coding,** codage automatique; **automatic coding language,** langage de programmation automatique; **basic coding,** codage de base; **character coding,** codage de caractère; **coding check,** contrôle codifié; **coding device,** dispositif de codage; **coding error,** erreur de codage; **coding form,** imprimé de codage; **coding line,** ligne de codage; **coding mistake,** erreur de codage; **coding printer,** imprimante codée; **coding scheme,** plan de codification; **coding sequence,** séquence de programmation; **coding sheet,** feuille de codage; **coding system,** syntaxe d'un langage; **common coding,** séquence de programmation commune; **data coding,** codage de données; **direct coding,** codage direct, codage en code machine; **four-line binary coding,** codification tétradique; **hand coding,** codage manuel; **hash coding,** adressage dispersé; **in-line coding,** codage simultané; **insert coding,** codification des insertions; **machine coding,** codage en langage machine; **main line coding,** partie exploitable du programme; **numeric coding,** programmation en chiffres; **object coding,** code objet; **optimum coding,** programmation à exécution optimale; **own coding,** codification utilisateur; **relative coding,** code relatif; **skeletal coding,** code à compléter, embryon de code; **specific coding,** encodage en code machine; **straight line coding,** programmation linéaire, séquences sans boucle; **symbol coding,** codage symbolique; **symbolic coding,** codage symbolique.

**c o e f f i c i e n t :** coefficient; **binomial coefficient,** coefficient binomial; **correlation coefficient,** taux de corrélation; **distribution coefficient,** coefficient de ventilation; **minus coefficient,** coefficient négatif; **switching coefficient,** coefficient de commutation; **undetermined coefficient,** coefficient indéterminé; **variance coefficient,** variante.

**c o e x i s t :** coexist (to), coexister.

**c o g n i t i o n :** reconnaissance; **artificial cognition,** reconnaissance artificielle.

**c o i l :** bobine (magnétique); **bias coil,** enroulement de prémagnétisation; **blank coil,**

rouleau vierge; **deflection coil,** bobine de déviation; **drive coil,** bobine de commande; **feedback coil,** enroulement à rétroaction; **flip coil,** bobine exploratrice; **hold coil,** enroulement de maintien; **latch trip coil,** bobine de relais de verrouillage; **lattice wound coil,** enroulement en nid d'abeille; **loading coil,** bobine de Pupin; **operating coil,** enroulement d'excitation; **pick coil,** bobine d'excitation; **sensing coil,** bobine de lecture; **setting coil,** enroulement de réglage; **voice coil,** positionneur linéaire.

**coincidence:** coïncidence; **coincidence circuit,** circuit à coïncidence, porte d'équivalence; **coincidence signal,** signal de coïncidence; **coincidence switch,** commutateur à coïncidence.

**COL:** computer-oriented language, langage adapté aux calculateurs.

**cold:** froid; **cold boot,** chargement du système d'exploitation; **cold joint,** connexion soudée à froid; **cold restart,** relance à froid; **cold start,** lancement à froid; **cold start program,** programme d'initialisation de système.

**collate:** (to), interclasser, fusionner; **collate key,** code d'interclassement; **sort/collate program,** programme de tri et d'interclassement; **tape collate,** interclassement de bandes.

**collating:** classement; **alternate collating sequence,** ordre de présence alterné; **alternative collating sequence,** ordre de classement à l'alternat; **collating sequence,** séquence de fusionnement, interclassement; **collating sort,** tri par interclassement.

**collation:** fusionnement; **collation file,** fichier de fusionnement; **collation sequence,** séquence de fusionnement.

**collator*:** fusionneuse; **alphabetic collator,** interclasseuse alphabétique.

**collect:** (to), collecter.

**collection:** collecte; **collection run,** déroulement d'accumulation; **data collection,** saisie, acquisition de données; **data collection station,** terminal de saisie; **data collection system,** système de saisie de données; **garbage collection,** nettoyage de mémoire.

**collector:** collecteur; **collector current,** courant collecteur; **collector journal,** journal des transactions; **collector junction,** jonction collecteur; **collector voltage,** tension collecteur; **collector zone,** zone de collecteur; **common collector circuit,** montage collecteur commun; **garbage collector,** logiciel de regroupement, programme de nettoyage.

**collision:** collision; **call collision,** conflit d'appels.

**colon:** deux points, caractère ':'; **colon equal,** signe d'égalité.

**color:** couleur; **alternate ribbon color,** couleur de ruban complémentaire; **analog false color,** fausse couleur analogique; **color adapter,** carte couleur; **color cap,** cabochon coloré; **color display,** écran couleur, affichage couleur; **color generation,** génération de couleurs; **color graphics,** graphique en couleur; **color identification scheme,** table des couleurs; **color look-up table,** palette de couleurs; **color map,** carte des couleurs; **color palette,** palette de couleurs; **color plotter,** traceur couleur; **color print,** impression couleur; **composite color image,** image en couleur composée; **drawing color,** couleur de trait; **false color,** fausse couleur; **four-color print,** impression en quadrichromie; **hardcopy color printer,** imprimante couleur; **printer color code,** code d'impression des couleurs; **shadow mask color CRT,** tube couleurs à masque; **video color copier,** copieur vidéo couleur.

**coloring:** coloriage.

**colour*:** cf color.

**column*:** colonne; **automatic blank column verification,** vérification automatique des colonnes vierges; **badge column,** colonne indicatif; **balance column,** colonne de solde; **beat column,** colonne de départ; **begin column,** colonne de début; **binary column,** colonne des binaires; **blank column,** colonne vierge; **blank column detection,** recherche de colonnes vierges; **blank column detection device,** dispositif détecteur de colonnes vierges; **blank column detector,** détecteur de colonnes vierges; **card column,** colonne de carte; **column binary,** binaire en colonnes; **column binary code,** code binaire en colonnes; **column by column,** colonne par colonne; **column capacity,** capacité de colonnes; **column control,** zone de contrôle; **column heading,** colonne en-tête; **column indicator,** indicateur de colonne; **column number,** numéro de colonne; **column shift,** décalage de colonne; **column spacing,** écart inter-colonne; **column split,** séparateur de colonnes, partage en colonnes; **column width,** largeur de colonne; **column-serial,** partage de la colonne; **consecutive blank columns,** colonnes consécutives vierges; **continue column,** colonne de suite; **control columns,** zone de commande; **display column,** colonne d'affichage; **eighty-column card,** carte à 80 colonnes; **end column,** colonne finale; **high-order column,** colonne la plus à gauche; **last column contact**, contact dernière carte; **last column contact**, contact dernière carte; **matrix column**, colonne de matrice; **ninety-column card**, carte à 90 colonnes; **punch column**, colonne de perforation; **two-column format**, format en double colonne; **two-column printing**, impression sur deux colonnes; **vertical column**, colonne verticale.

**COM:** COM port, port série.

**COMAL:** langage COMAL.

**comb:** peigne; **guide comb**, peigne de guidage.

**combination:** combinaison; **code combination**, combinaison de codes; **combination cable**, câble à paires; **forbidden code combination**, combinaison de codes inadmissibles; **forbidden code combination check**, contrôle de combinaison de codes inadmissibles; **forbidden combination**, combinaison interdite; **illegal code combination**, combinaison incorrecte de codes; **punch combination**, grille de perforations; **punched hole combination**, combinaison de perforations.

**combinational:** combinatoire; **combinational circuit**, circuit combinatoire; **combinational logic**, logique combinatoire.

**combinatorial:** combinatoire; **combinatorial logic**, logique combinatoire.

**combinatory:** combinatoire; **combinatory circuit**, circuit combinatoire.

**combined:** combiné; **combined file**, fichier mixte; **combined keyboard**, clavier combiné; **combined magnetic head**, tête de lecture/écriture magnétique; **combined read-write head**, tête de lecture/écriture; **combined return branch**, saut arrière combiné; **combined station**, station mixte, poste hybride.

**comma:** virgule; **comma delimiter**, virgule de séparation; **comma suppression**, suppression de virgule; **demarcation comma**, virgule de délimitation; **inverted commas**, guillemets; **terminating comma**, virgule finale.

**command\*:** commande, instruction; **absolute command**, commande absolue; **append command**, instruction complémentaire; **author command**, instruction créateur; **binary command**, commande binaire; **chain command flag**, drapeau d'enchaînement d'instructions; **chaining command**, instruction de chaînage; **channel command**, instruction de canal; **channel command word**, mot de commande canal; **command address**, adresse de commande; **command button**, case de commande; **command byte**, octet de commande; **command card**, carte de commande; **command chaining**, chaînage de commandes; **command circuit**, circuit de commande; **command code**, code de commande; **command control block**, bloc de commande et de contrôle; **command counter**, compteur de commandes; **command decoder**, décodeur de commande; **command editing**, impression des ordres; **command execution**, exécution de commande; **command field**, zone fonctionnelle; **command file**, fichier de commande; **command interpreter**, interprète de commandes; **command key**, touche de contrôle, touche de commande; **command key lock**, touche de blocage des commandes; **command language**, langage de contrôle, langage de commande; **command list**, liste de commandes; **command mode**, mode de commande; **command retry**, répétition de commande; **command selection**, sélection d'ordre; **command statement**, instruction de commande; **command string**, suite de commandes; **command structure**, structure de mot; **command syntax**, syntaxe de commande; **command system**, système de commande; **command terminator**, caractère d'émission de commandes; **command word**, mot d'instruction; **command-chained memory**, mémoire de commandes chaînées; **command-controlled**, contrôlé par commandes; **console command language**, langage de commande de pupitre; **copy command**, commande de copie; **diagnostic command**, instruction de diagnostic; **display command**, commande d'affichage; **grayed command**, commande en grisé, commande estompée; **ignore command**, commande à ignorer; **insert command**, commande d'insertion; **invalid command**, commande erronée; **iterative command**, instruction itérative; **machine command**, commande machine; **operation command**, commande opérationnelle; **operational command**, instruction d'opération; **operator command**, commande d'exploitation; **pen motion command**, commande de plume; **printing command**, commande d'impression; **program command**, directive de programme, instruction (programme); **read tape command**, instruction de lecture bande; **relative command**, commande relative; **replacing command**, commande de remplacement; **search command**, commande de recherche, instruction de recherche; **searching command**, commande de recherche; **seek command**, instruction de recherche, commande d'accès; **select command**, instruction de sélection; **single-stroke command**, commande par touche unique, contrôle monotouche; **supervisory command,** instruction prioritaire; **switching command,** commande de commutation; **table update command,** instruction de mise à jour de table; **teleprocessing command,** instruction de télétraitement; **test command,** instruction de test; **transfer command,** commande de transfert; **utility command,** directive utilitaire; **verify command,** instruction de vérification d'écriture; **write command,** commande d'écriture.

**comment:** commentaire; **comment convention,** convention de commentaire; **comment entry,** commentaire d'entrée; **comment line,** ligne commentaire; **comment statement,** commentaire de source.

**commercial:** commercial; **commercial character,** signe commercial; **commercial computer,** ordinateur de gestion; **commercial computing,** informatique (de gestion) commerciale; **commercial data,** données commerciales; **commercial language,** langage d'application commerciale.

**common:** commun; **blank common,** zone de mémoire banalisée, zone non-adressée; **common area,** zone commune; **common base,** circuit à base commune; **common base circuit,** montage à base commune; **common bus,** bus commun; **common carrier,** entreprise publique de communications; **common clock,** partition commune; **common coding,** séquence de programmation commune; **common collector circuit,** montage collecteur commun; **common denominator,** dénominateur commun; **common divisor,** diviseur commun; **common emitter circuit,** montage émetteur commun; **common field,** champ commun, zone commune; **common fraction,** fraction vulgaire; **common label item,** article d'identification commun; **common language,** langage commun; **common logarithm,** logarithme vulgaire, logarithme décimal; **common logic,** logique commune; **common machine language,** langage de machine commun; **common mode voltage,** tension de mode commun; **common multiple,** multiple commun; **common software,** logiciel classique; **common statement,** déclaration commune; **common storage,** mémoire commune; **common storage area,** zone de mémoire commune; **common timer,** horloge commune; **common trunk,** circuit commun; **common user,** usager ordinaire; **common wire,** ligne commune; **interprogram common area,** zone commune des programmes; **labeled common,** partition de mémoire désignée; **labeled common area,** partition désignée; **labeled common block,** partition étiquetée; **unlabeled common,** partition inconnue.

**communicate:** communicate (to), communiquer; **communicate mode,** mode de communication.

**communication:** communication, transmission; **alternate communication,** exploitation semi-duplex; **alternate communication system,** système de communication auxiliaire; **binary synchronous communication,** transmission binaire synchrone; **both-way communication,** mode bidirectionnel simultané; **code-transparent data communication,** transmission de données à code unique; **communication and information system,** système d'information et de communication; **communication area,** zone de communications, zone paramètre; **communication channel,** voie de communication; **communication code,** code de communication; **communication control character,** (caractère de) commande de transmission; **communication control unit,** unité de contrôle de communication; **communication device,** organe de dialogue; **communication identification,** identification de message; **communication interface base,** unité d'interface; **communication line,** ligne de transmission; **communication link,** ligne de communication, liaison; **communication linkage,** liaison de communication; **communication medium,** moyen de communication; **communication mode,** type de communication; **communication multiplexor,** multiplexeur de communications; **communication network,** réseau de télécommunications; **communication path,** voie de transmission; **communication port,** port de communication; **communication procedure,** procédure de transmission; **communication processor,** ordinateur de transmission; **communication region,** zone d'échange; **communication register address,** adresse de registre de transmission; **communication server,** serveur de communications; **communication software,** logiciel de communications; **communication system,** système de communications; **communications,** communications; **communications adapter,** adaptateur de communications; **communications area,** zone de communication; **communications channel,** voie de transmission; **communications control character,** caractère de contrôle de transmission; **communications controller,** contrôleur de communications; **communications interface,** interface de communication; **communications satellite,**

satellite de communications; **communications theory**, théorie des communications; **conversational communication**, exploitation conversationnelle; **data communication**, téléécriture, télématique; **data communication controller**, contrôleur de transmission de données; **data communication service**, service de transmission de données; **data communication system**, système de communication de données; **data communication unit**, unité de transmission de données; **data communications**, la télématique; **dial communications lines**, réseau de télécommunications public; **digital communications**, communications numérisées; **either-way communication**, bidirectionnel à l'alternat; **global communications system**, système de communication universel; **intercomputer communication unit**, unité de couplage intercalculateur; **long range communication**, communication à grande distance; **man-machine communication**, communication homme-machine; **multichannel communications control**, commande de communications multicanaux; **multiline communication controller**, contrôleur de lignes de transmission; **one-way communication**, communication unilatérale; **operator communications**, communication avec l'opérateur; **optical communications**, communications optiques; **real-time communication**, communication en temps réel; **satellite communication**, communication par satellite; **simplex communications**, communications en simplex; **special communication**, liaison spécialisée; **synchronous communication**, transmission synchrone; **synchronous communication adapter**, adaptateur de communication synchrone; **telegraphy communication**, communication télégraphique; **transparent data communication**, communication en mode transparent; **two-way alternate communication**, communication bilatérale à l'alternat; **two-way communication**, communication bidirectionnelle; **two-way simultaneous communication**, communication bilatérale simultanée; **virtual communication**, communication virtuelle; **voice communication**, communication vocale; **wired communication**, liaison câblée.

c o m m u t a t o r : commutateur; **electronic commutator**, commutateur électronique.

c o m p a c t : **read-only memory compact disk (CD-ROM)**, disque optique compact (DOC).

c o m p a c t i n g : compactage; **compacting upward**, tassement.

c o m p a c t i o n \* : compactage; **block compaction**, compactage mémoire; **data compaction**, compactage de données.

c o m p a c t n e s s : compacité.

c o m p a n d o r \* : compresseur-expanseur.

c o m p a n i o n : compagnon; **companion keyboard**, clavier de réserve; **logical companion**, test d'identité.

c o m p a r a t i v e : comparatif; **comparative figure**, facteur de référence; **comparative sort**, tri par comparaison; **comparative value**, valeur de comparaison.

c o m p a r a t o r : comparateur; **address comparator**, comparateur d'adresses; **analog comparator**, comparateur analogique; **comparator circuit**, circuit comparateur; **limit comparator**, comparateur de vraisemblance; **tape comparator**, comparateur de bande.

c o m p a r e \* : **brush compare check**, vérification de lecture; **compare (to)**, comparer; **compare instruction**, instruction de comparaison; **field compare**, comparaison de zone; **read compare**, poste de comparaison.

c o m p a r i n g : comparaison, collationnement; **comparing control change**, rupture de niveau par comparaison; **comparing error**, erreur de ressemblance; **comparing feature**, dispositif de comparaison; **comparing system**, système de comparaison; **comparing unit**, unité de comparaison.

c o m p a r i s o n : comparaison; **class comparison**, comparaison de classes; **comparison criterion**, critère de comparaison; **comparison operator**, opérateur relationnel; **comparison parameter**, paramètre de comparaison; **comparison parameter set**, jeu de paramètres de comparaison; **comparison unit**, unité de comparaison; **logical comparison**, comparaison logique; **system comparison**, comparaison de systèmes; **voltage comparison converter**, convertisseur de code à comparaison de tensions.

c o m p a r t m e n t : compartiment; **card compartment**, bac à cartes.

c o m p a t i b i l i t y \* : compatibilité; **backward compatibility**, compatibilité descendante; **code compatibility feature**, conversion automatique de code; **compatibility mode**, mode compatible; **compatibility test**, test de compatibilité; **downward compatibility**, compatibilité vers le bas; **equipment compatibility**, compatibilité des équipements; **forward compatibility**, compatibilité ascendante; **program compatibility**, portabilité de programme; **software compatibility**, compatibilité logicielle; **syntactic compatibility**, compatibilité syntaxique; **syntaxic compatibility,** compatibilité syntaxique; **systems compatibility,** compatibilité de systèmes; **upward compatibility,** compatibilité ascendante.

**compatible:** compatible; **TTL compatible,** compatible TTL; **compatible hardware,** compatibilité matérielle; **compatible software,** logiciel compatible; **downward compatible,** à compatibilité descendante; **plug-to-plug compatible,** entièrement compatible; **upward compatible,** compatible vers le haut.

**compensate:** (to), compenser, équilibrer.

**compensation:** égalisation; **drop-out compensation,** compensation de perte de niveau.

**compensator:** compensateur; **wear compensator,** compensateur d'usure.

**compilable:** compilable.

**compilation:** compilation; **address compilation,** compilation d'adresses; **batched compilation,** compilation groupée; **compilation phase,** phase de compilation; **compilation run,** passe de compilation; **compilation stage,** état de compilation; **compilation time,** temps de compilation; **compilation time table,** table des temps de compilation; **compilation unit,** unité de compilation; **compilation unit library,** bibliothèque des modules de compilation; **cross-compilation,** atténuation de courant de diaphonie; **program compilation,** compilation de programme; **separate compilation,** compilation séparée.

**compile:** compilation; **compile (to),** compiler; **compile duration,** durée de compilation; **compile phase,** phase de compilation; **compile unit maintenance component,** programme de mise au point des compilateurs; **compile-and-go,** compilation-exécution.

**compiled:** compilé; **compiled program,** programme compilé; **date compiled,** date de compilation.

**compiler\*:** compilateur; **C-compiler,** compilateur C; **FORTRAN compiler,** compilateur FORTRAN; **compiler diagnostic,** diagnostic de compilation; **compiler directive,** directive de compilateur; **compiler directive statement,** pseudo-instruction; **compiler generator,** générateur de compilateurs; **compiler statement,** instruction de compilateur; **compiler verb,** ordre de compilateur; **compiler version,** version de compilateur; **compiler-directing declarative,** déclaration de compilateur; **compiler-directing sentence,** directive de compilateur; **compiler-directing statement,** instruction de compilateur; **conversational compiler,** compilateur

interactif; **cross-compiler,** compilateur croisé; **graphic compiler,** compilateur graphique; **incremental compiler,** compilateur incrémentiel; **interpretive compiler,** compilateur interprétatif; **language compiler,** compilateur de langage; **on-line compiler,** compilateur en ligne; **syntax directed compiler,** compilateur syntaxique.

**complement:** complément; **complement (to),** complémenter; **complement add,** addition au complément; **complement base,** base du complément; **complement element,** circuit complémentaire; **complement form,** forme complémentaire; **complement gate,** porte complémentaire; **complement on nine,** complément à 9; **complement on one,** complément à 1; **complement on ten,** complément à 10; **complement on two,** complément à 2; **complement representation,** représentation du complément; **complement system,** système complémentaire; **diminished radix complement,** complément restreint; **error function complement,** complément de fonction erronée; **instruction complement,** complément d'instruction; **nine's complement,** complément à 9; **noughts complement,** complément à zéro; **one's complement,** complément à 1; **radix complement,** complément à la base; **radix-minus-one complement,** complément à la base moins 1; **ten's complement,** complément à 10; **true complement,** complément vrai; **two's complement,** complément à 2; **zero complement,** complément à 0.

**complementary:** complémentaire; **complementary MOS (CMOS),** MOS complémentaire; **complementary add,** addition au complément; **complementary angle,** angle complémentaire; **complementary code,** code complémentaire; **complementary logic,** logique complémentaire; **complementary operation,** opération de complémentation; **complementary operator,** opérateur de complémentation; **complementary record,** enregistrement complémentaire.

**complementation:** complémentation; **Boolean complementation,** négation booléenne, inversion logique.

**complementer:** complémenteur.

**complementing:** complémentation; **self-complementing,** autocomplémenteur; **self-complementing code,** code autocomplémenteur.

**complete:** complet; **carry complete signal,** signal de fin de report; **complete carry,** retenue intégrale, report complet; **complete graph,** graphe complet; **complete mismatch,** adaptation incorrecte intégrale;

**complete operation,** opération complète; **complete routine,** programme au point.

**completed:** achevé, terminé; **completed message,** message achevé.

**completeness:** perfection; **completeness check,** contrôle de complétude.

**completer:** complémenteur.

**completion:** achèvement; **completion phase,** phase terminale, phase de réalisation; **completion run,** passage final; **completion status,** état de réalisation.

**complex:** complexe, imaginaire; **complex conjugate number,** nombre complexe conjugué; **complex constant,** constante complexe; **complex fraction,** fraction complexe; **complex mode,** mode complexe; **complex number,** nombre complexe, nombre imaginaire; **complex transfer,** transfert complexe; **equipment complex,** complexe de matériels.

**component:** composant; **alternating current component,** composante de courant alternatif; **angle component solver,** convertisseur de coordonnées; **compile unit maintenance component,** programme de mise au point des compilateurs; **component analysis,** analyse des composants; **component assignment switch,** commutateur d'affectation; **component error,** erreur due au composant; **component failure,** défaillance de composant; **component part,** composant, organe constitutif; **component select character,** caractère de sélection d'unité; **computer component,** composant d'ordinateur; **direction component,** facteur directif; **discrete component,** composant discret; **electronic component,** composant électronique; **file component,** élément de fichier; **hardware component,** composant matériel; **high grade component,** composant de haute qualité; **magnetic component,** composant magnétique; **microcomputer component,** composant de micro-ordinateur; **quadrature component,** composante réactive; **resistive component,** composante résistive; **semantic component,** composant sémantique; **solid state component,** composant solide; **technical component,** composant technique; **terminal component,** composant de terminal.

**compose: compose (to),** éditer et lier.

**composer:** éditeur de liens, lieur.

**composite:** composite; **composite cable,** câble mixte; **composite card,** carte polyvalente; **composite color image,** image en couleur composée; **composite filter,** filtre combiné; **composite function,** fonction mixte; **composite signal,** signal mixte; **composite type,** type composé; **composite video display,** moniteur composite.

**composition:** composition; **composition resistor,** résistance à couches multiples; **file composition,** composition de fichier; **tabular composition,** jeu de tableaux.

**compound:** composé; **compound condition,** condition multiple; **compound expression,** expression composée; **compound fraction,** double fraction; **compound instruction,** instruction composée; **compound statement,** instruction composée; **compound tail,** terminaison composée; **unlabeled compound,** instruction groupe non référencée.

**compressed:** compressé, compacté; **compressed dialing,** numérotation condensée; **compressed form,** format condensé; **compressed mode,** mode compressé; **compressed tape,** bande comprimée.

**compression:** compression, compactage; **data compression,** compactage de données; **digit compression,** compression binaire; **voice compression,** compression vocale; **zero compression,** suppression de zéros.

**compressor:** compresseur; **compressor program,** programme de compression.

**compuspeak:** jargon informatique.

**computation:** calcul informatisé; **address computation,** calcul d'adressage; **analog computation,** calcul analogique; **approximate computation,** calcul approximatif; **computation center,** centre de calcul; **computation module,** unité de calcul; **fixed-point computation,** traitement en virgule fixe; **floating-point computation,** traitement en virgule flottante; **item size computation,** calcul de la longueur d'article; **mathematical computation,** calcul mathématique; **numerical computation,** calcul numérique; **repetitive computation,** calcul répétitif; **sign computation,** calcul de signe.

**computational:** automatisable; **computational error,** erreur de calcul; **computational item,** élément de calcul; **computational load,** charge de calcul; **computational power,** puissance de calcul; **computational report,** rapport informatique; **computational stability,** stabilité des calculs.

**compute: compute (to),** calculer; **compute mode,** mode calcul; **compute statement,** instruction de calcul; **compute-limited,** limité par le temps de calcul.

**computer\*:** ordinateur, calculateur; **National Computer Conference (NCC),** salon informatique (USA); **accounting computer,** ordinateur comptable; **advanced computer concept,** conception informatique évoluée; **all-in-one computer**, ordinateur tout en un; **all-purpose computer**, calculateur universel; **analog computer (ANACOM)**, calculateur analogique; **analog process computer**, ordinateur de processus analogique; **analog-digital computer**, ordinateur hybride; **arbitrary sequence computer**, calculateur séquentiel à enchaînement arbitraire; **arithmetic computer**, calculateur arithmétique; **array computer**, multiprocesseur; **asynchronous computer**, calculateur asynchrone; **automatic computer**, calculateur automatique; **backup computer**, ordinateur de reprise, ordinateur de secours; **batch computer**, calculateur de traitement par lots; **bookkeeping computer**, ordinateur de comptabilité; **buffer computer**, ordinateur tampon; **buffered computer**, ordinateur à tampon; **business computer**, calculateur de gestion; **card computer**, ordinateur à cartes; **card-controlled computer**, ordinateur commandé par cartes; **card-oriented computer**, ordinateur à cartes; **character-oriented computer**, machine fonctionnant au niveau du caractère; **commercial computer**, ordinateur de gestion; **compiling computer**, calculateur compilateur; **computer address bus**, bus des adresses de calculateur; **computer aid**, assistance par ordinateur; **computer animation**, animation informatique; **computer application**, application automatisée, application programmée; **computer art**, graphisme informatique; **computer bank**, fichier central; **computer capacity**, capacité de calcul; **computer center**, centre informatique; **computer circuit**, circuit d'ordinateur; **computer classification**, classe de calculateur; **computer component**, composant d'ordinateur; **computer concept**, concept d'ordinateur; **computer configuration**, configuration de calculateur; **computer console**, console d'ordinateur; **computer control**, gestion par ordinateur; **computer control console**, console de commande d'ordinateur; **computer control panel**, tableau de commande d'ordinateur; **computer control system**, système de gestion par ordinateur; **computer cycle**, cycle de calcul; **computer design**, création d'un ordinateur; **computer diagram**, schéma de calculateur; **computer down-time**, temps d'arrêt de l'ordinateur; **computer efficiency**, fiabilité informatique; **computer facility**, service informatique; **computer family**, famille d'ordinateurs; **computer field**, champ d'application des ordinateurs; **computer freak**, piraterie informatique; **computer generation**, génération de calculateurs; **computer graphics**, infographie;

**computer industry**, industrie des ordinateurs; **computer instruction**, instruction machine; **computer instruction code**, code d'instructions de l'ordinateur; **computer instruction set**, jeu d'instructions du calculateur; **computer interface**, interface de calculateur; **computer language**, langage informatique; **computer literacy**, ordinatique; **computer logic**, logique informatique; **computer machine**, machine de traitement automatisé, ordinateur; **computer mail**, courrier électronique; **computer manager instruction**, gestionnaire d'enseignement; **computer map**, carte infographique; **computer micrographics**, micrographie informatique; **computer name**, nom de calculateur, nom d'ordinateur; **computer network**, réseau d'ordinateurs; **computer network architecture**, architecture de réseau informatisé; **computer numerical control**, commande numérique d'ordinateur; **computer parts programming**, programmation des rechanges; **computer personnel**, personnel informatique; **computer piracy**, piraterie informatique; **computer printout**, journal machine; **computer processing cycle**, période d'exploitation; **computer program**, programme de calculateur; **computer programmer**, programmeur; **computer programming**, programmation de calculateur; **computer resource allocation**, affectation des ressources calcul; **computer room**, salle des ordinateurs; **computer run**, passage en machine; **computer satellite**, calculateur annexe; **computer science**, l'informatique; **computer security**, sécurité informatique; **computer selection**, sélection de machine; **computer shop**, boutique informatique; **computer simulation language (CSL)**, langage de simulation; **computer site**, site de calcul; **computer status**, état machine; **computer storage**, mémoire d'ordinateur; **computer store**, mémoire d'ordinateur, magasin d'informatique; **computer system**, système informatique, système de traitement; **computer tape**, ruban magnétique pour enregistrer des données; **computer test program**, programme de test machine; **computer time**, temps de calcul; **computer unit**, organe de calcul; **computer word**, mot machine; **computer-aided design (CAD)**, conception assistée par ordinateur (CAO); **computer-aided engineering (CAE)**, ingénierie assistée par ordinateur (IAO); **computer-aided instruction (CAI)**, instruction assistée par ordinateur (IAO); **computer-aided manufacturing (CAM)**, fabrication assistée par ordinateur (FAO); **computer-assisted**, assisté par ordinateur; **computer-assisted instruction (CAI),** enseignement assisté par ordinateur (EAO); **computer-assisted management,** gestion informatisée; **computer-augmented learning (CAL),** enseignement automatisé; **computer-based instruction,** enseignement informatisé; **computer-based learning (CBL),** éducation informatisée; **computer-dependent,** dépendant de l'ordinateur; **computer-dependent language,** langage du calculateur; **computer-independent,** indépendant de l'ordinateur; **computer-independent language,** langage indépendant du calculateur; **computer-limited,** limité par le calculateur; **computer-managed instruction (CMI),** enseignement informatique interactif; **computer-oriented,** mécanisé sur ordinateur; **computer-oriented language (COL),** langage adapté aux calculateurs; **computer-printed format,** format d'impression automatique; **computer-sensitive language,** langage propre au calculateur; **control computer,** calculateur de commande; **controlled computer,** calculateur asservi; **cryogenic computer,** ordinateur cryogénique; **data recording computer,** ordinateur de saisie des données; **dedicated computer,** ordinateur spécialisé; **desktop computer,** ordinateur de bureau; **desktop computer footprint,** encombrement d'un ordinateur de bureau; **digital computer,** calculateur numérique; **digital process computer,** calculateur de processus numérique; **duplex computer system,** système à double calculateur; **embedded computer,** calculateur intégré, calculateur embarqué; **first-generation computer,** calculateur de première génération; **fixed-length computer,** ordinateur à mots de longueur fixe; **fixed-program computer,** calculateur à programme fixe; **floppy disk computer,** ordinateur à disquette; **front-end computer,** ordinateur frontal, machine frontale; **general-purpose computer (GPC),** ordinateur universel; **hierarchy of computers,** hiérarchie de calculateurs; **high performance computer,** ordinateur à hautes performances; **high-speed computer,** compteur rapide; **hobby computer,** ordinateur amateur; **home computer,** ordinateur individuel, ordinateur domestique; **host computer,** calculateur hôte, ordinateur central; **host-driven computer,** calculateur esclave; **hybrid computer,** ordinateur hybride; **hybrid computer system,** système hybride; **incremental computer,** calculateur incrémentiel; **instructional computer,** ordinateur d'enseignement; **interactive computer graphics,** vidéographie conversationnelle; **interface computer,**

calculateur frontal; **job computer,** calculateur de traitement; **keyboard computer,** calculateur de bureau; **laptop computer,** ordinateur portable; **line control computer,** ordinateur de contrôle de lignes; **magnetic card computer,** ordinateur à feuillets magnétiques; **magnetic ledger card computer,** ordinateur de comptes magnétiques; **main computer,** ordinateur central; **mainframe computer,** unité centrale de traitement; **microprogrammable computer,** ordinateur microprogrammable; **modular analog computer,** calculateur analogique modulaire; **multipurpose computer,** calculateur universel; **multiuser computer,** ordinateur d'usage collectif; **object computer,** calculateur objet; **office computer,** ordinateur de bureau; **one-address computer,** ordinateur à une adresse; **one-board computer (OBC),** ordinateur monocarte; **parallel computer,** ordinateur concurrent; **path computer,** calculateur de trajectoires; **personal computer (PC),** ordinateur individuel (OI); **personal office computer,** ordinateur personnel de bureau; **process control computer,** ordinateur contrôleur de processus; **program-controlled computer,** calculateur géré par programme; **programmed logic computer,** calculateur à logique programmée; **real-time computer,** calculateur en temps réel; **real-time satellite computer,** calculateur secondaire temps réel; **remote computer,** ordinateur déporté; **repetitive analog computer,** ordinateur analogique d'itération; **sample computer printout,** liste-exemple; **satellite computer,** ordinateur satellite; **scientific computer,** ordinateur scientifique; **second-generation computer,** calculateur de seconde génération; **self-adapting computer,** ordinateur auto-adaptatif; **sequence computer,** calculateur séquentiel; **sequential computer,** ordinateur séquentiel; **serial computer,** ordinateur sériel (série); **serial digital computer,** calculateur sériel (série); **serial/parallel computer,** calculateur série-parallèle; **simultaneous computer,** ordinateur simultané; **simultaneous throughput computer,** calculateur à opérations simultanées; **single-board computer (SBC),** ordinateur sur carte unique; **slave computer,** ordinateur asservi; **small business computer,** mini-ordinateur; **small footprint computer,** ordinateur de faible encombrement; **source computer,** calculateur de base; **special computer,** calculateur spécial; **special-purpose computer,** calculateur spécialisé; **standby computer,** ordinateur de réserve; **stored program computer,** calculateur à programme mémorisé; **synchronous computer,** calculateur synchrone; **synchronous digital computer,** calculateur numérique synchrone; **talking computer,** calculateur parlant; **talking computer voice synthesizer,** synthétiseur de voix pour ordinateur; **target computer,** calculateur d'exécution; **third-generation computer,** calculateur de troisième génération; **three-address computer,** calculateur à trois adresses; **traffic computer,** ordinateur de circulation; **vector computer,** calculateur vectoriel; **vectorial computer,** ordinateur vectoriel; **virtual computer,** calculateur virtuel; **voice response computer,** ordinateur à réponse vocale; **wired program computer,** calculateur à programme câblé; **word-oriented computer,** ordinateur organisé en mots.

computerisable: *cf* computerizable.

computerisation: *cf* computerization.

computerise: *cf* computerize.

computerised: *cf* computerized.

computerist: informaticien.

computerizable: informatisable.

computerization*: informatisation, automatisation.

computerize*: **computerize (to),** informatiser, calculer.

computerized: informatisé, calculé par ordinateur; **computerized database,** base de données informatique/automatisée; **computerized game,** jeu informatisé; **computerized map,** carte numérisée, carte infographique; **computerized numerical control,** commande numérique automatisée; **computerized problem,** évaluation informatique; **computerized robot,** robot industriel; **computerized typesetting,** composition informatisée.

computication: l'ordinatique.

computing: calcul informatisé; **business-oriented computing,** informatique de gestion; **commercial computing,** informatique (de gestion) commerciale; **computing amplifier,** amplificateur de calcul; **computing center,** centre de calcul; **computing device,** équipement de calcul; **computing element,** composant de calculateur analogique; **computing error,** erreur de calcul; **computing facility,** possibilité informatique; **computing fundamentals,** bases de l'informatique; **computing machine,** machine de traitement automatisé, calculateur; **computing machinery,** matériel de calcul; **computing node,** noeud de traitement; **computing operation,** opération de calcul automatisé; **computing package,** programme-produit; **computing procedure,** procédure de calcul; **computing process,** processus de calcul; **computing program,** programme de calcul; **computing resources,** ressources informatiques; **computing speed,** vitesse de calcul; **computing store,** mémoire vive; **computing system,** système informatique; **computing time,** durée de calcul; **creative computing,** informatique créative, informatique innovatrice; **hobby computing,** informatique amateur; **hospital computing,** informatique hospitalière; **instruction computing unit,** unité de traitement des instructions; **instructional computing,** informatique d'enseignement; **interactive computing,** informatique conversationnelle; **multimedia computing,** informatique multimédia; **remote batch computing,** télétraitement par lots; **remote computing,** traitement déporté; **remote computing system,** système de télétraitement; **virtual computing system,** machine virtuelle.

computron*: ordinateur.

concatenate: (to), chaîner, enchaîner.

concatenated: concaténé; **concatenated data,** données chaînées; **concatenated data set,** fichiers enchaînés; **concatenated file,** fichier chaîné; **concatenated key,** clé secondaire; **concatenated transformation,** composition de transformations.

concatenation: chaînage, enchaînement, concaténation; **file concatenation,** enchaînement de fichiers.

concentration: concentration, regroupement; **data concentration,** regroupement de données; **line concentration,** concentration de lignes; **remote message concentration,** concentration de messages.

concentrator*: concentrateur; **concentrator network,** réseau concentrateur; **data concentrator,** diffuseur de données, concentrateur de données; **data signal concentrator,** concentrateur de données; **line concentrator,** concentrateur de lignes; **remote message concentrator,** concentrateur de messages; **subordinate concentrator,** sous-concentrateur.

concept: concept; **advanced computer concept,** conception informatique évoluée; **basic concept,** concept de base; **building block concept,** conception de modularité; **computer concept,** concept d'ordinateur; **file concept,** structure de fichier; **modular concept,** conception modulaire; **servicing concept,** politique de maintenance.

conceptual: conceptuel; **conceptual language,** langage conceptuel, d'interrogation; **conceptual modeling,** modèle expérimental.

**c o n c u r r e n c y :** concurrence.

**c o n c u r r e n t :** simultané; **concurrent access,** accès concurrentiel, accès conflictuel; **concurrent conversion,** conversion simultanée; **concurrent operation,** opération simultanée; **concurrent performance,** fonctionnement en parallèle; **concurrent peripheral operation,** opération périphérique simultanée, spoule; **concurrent processing,** traitement simultané; **concurrent working,** fonctionnement en simultanéité.

**c o n d e n s e :** **condense (to),** réduire (des données); **condense routine,** programme de condensation.

**c o n d e n s e d :** condensé, comprimé; **condensed keyboard,** clavier réduit; **condensed print,** écriture condensée; **condensed type,** caractère condensé.

**c o n d e n s i n g :** compression; **condensing routine,** programme de compression.

**c o n d i t i o n :** condition; **NOT condition,** condition NON; **acceptance condition,** condition d'acceptation; **air condition,** installation de climatisation; **alarm condition information,** information d'état d'alerte; **alert condition,** condition d'alerte; **area condition,** condition d'accès à la partition; **boundary condition,** condition limite; **branch condition,** condition de saut, condition de branchement; **branch on condition,** branchement sur condition; **busy condition,** en état occupé; **class condition,** condition de classement; **cleared condition,** état initial; **compound condition,** condition multiple; **condition code,** code d'état; **condition code indicator,** indication de l'état de l'exploitation; **condition code register,** registre indicateur; **condition expression,** expression conditionnelle; **condition field,** zone de condition; **condition list,** liste d'état; **condition name,** nom de contition, symbole de condition; **condition name test,** test du nom de condition; **condition operator,** opérateur conditionnel, symbole conditionnel; **count-out condition,** condition finale de comptage; **default condition,** condition par défaut; **document condition,** condition des documents; **engaged condition,** condition d'occupation; **entry condition,** condition d'entrée; **environmental condition,** condition ambiante; **error condition,** condition d'erreur; **exception condition,** interruption du déroulement; **exception condition field,** zone conditionnelle d'exception; **exit conditions,** conditions de sortie; **ganged condition,** régime de synchronisation; **handling condition,** condition de travail; **hold condition,** condition de maintien; **initial condition,** condition initiale; **interrupt condition,** condition d'interruption; **invalid key condition,** condition de code erronée; **marginal condition,** condition marginale; **number of significant conditions,** valence d'une modulation; **one condition,** état '1'; **operating condition,** condition d'exploitation; **peripheral error condition,** condition d'erreurs de périphériques; **queueing condition,** condition d'attente en file; **relation condition,** condition de comparaison; **reset condition,** condition de remise à zéro; **rest condition,** condition de repos; **restart condition,** condition de reprise; **sense condition,** condition de lecture; **simple condition,** condition simple; **stall condition,** condition de blocage; **standby condition,** mode d'attente; **stop condition,** condition d'arrêt; **switch status condition,** condition d'état de l'interrupteur; **tape-out condition,** terminaison de bande; **threshold condition,** condition de seuil; **torn condition,** déchirement de bande; **torn tape condition,** rupture de bande; **trace condition,** condition d'analyse; **trap condition,** condition d'interruption; **two-condition,** bivalent; **wait condition,** état d'attente; **zero condition,** état zéro.

**c o n d i t i o n a l :** conditionnel; **conditional assembler instruction,** instruction conditionnelle d'assembleur; **conditional assembly,** assemblage conditionnel; **conditional branch,** saut conditionnel; **conditional branch instruction,** instruction de saut conditionnel; **conditional breakpoint,** arrêt conditionnel; **conditional breakpoint instruction,** instruction d'arrêt conditionnel; **conditional construct,** élément inconditionnel; **conditional convergence,** convergence conditionnelle; **conditional demand,** requête conditionnelle; **conditional entropy,** entropie conditionnelle; **conditional entry,** entrée conditionnelle; **conditional equation,** équation du premier degré à une inconnue; **conditional expansion,** développement conditionnel; **conditional expression,** expression conditionnelle; **conditional instruction,** instruction conditionnelle; **conditional jump,** saut conditionnel, branchement conditionnel; **conditional jump instruction,** instruction conditionnelle de saut; **conditional operand,** opérande conditionnel; **conditional operation,** opération conditionnelle; **conditional program interrupt request,** demande conditionnelle interruption de programme; **conditional sentence,** commande de programme conditionnelle; **conditional statement,** instruction conditionnelle; **conditional stop,** arrêt conditionnel; **conditional transfer,** saut conditionnel, branchement conditionnel; **conditional variable,** variable conditionnelle.

c o n d i t i o n e d: conditionné; **air-conditioned,** air climatisé; **error-conditioned halt,** arrêt conditionnel d'erreur.

c o n d i t i o n e r: climatiseur; **air conditioner,** climatiseur d'air.

c o n d i t i o n i n g: conditionnement; **air conditioning,** air conditionné; **air conditioning device,** appareil à air conditionné; **air conditioning equipment,** matériel de climatisation; **signal conditioning,** mise en forme de signal.

c o n d u c t a n c e: conductance; **mutual conductance,** pente.

c o n d u c t i v e: conducteur; **conductive ink,** encre conductrice; **conductive pencil,** crayon à mine conductrice.

c o n d u i t: conduit; **cable conduit,** conduit de câbles.

c o n f e r e n c e: conférence; **National Computer Conference (NCC),** salon informatique (USA); **conference call,** conversation collective; **conference circuit,** circuit de conférence; **conference connection,** montage multiplex.

c o n f i d e n c e: confiance; **confidence interval,** intervalle; **confidence level,** niveau de fiabilité; **confidence limit,** limite de sécurité.

c o n f i g u r a b l e: configurable; **configurable station,** station configurable.

c o n f i g u r a t i o n*: configuration; **basic circuit configuration,** montage fondamental; **basic configuration,** configuration de base; **bit configuration,** configuration binaire; **circuit configuration,** structure de circuit; **computer configuration,** configuration de calculateur; **configuration card,** carte de configuration des machines; **configuration macro,** instruction macro de configuration; **configuration management,** contrôle de configuration; **configuration restart,** reprise de configuration; **configuration section,** section de configuration; **configuration state,** état de configuration; **configuration table,** table de configuration; **contact configuration,** alignement de contacts; **equipment configuration,** configuration de l'équipement; **free programming configuration,** à programmation variable; **hardware configuration,** configuration matérielle; **initial configuration,** configuration initiale; **main memory configuration,** composition de la mémoire centrale; **minimum configuration,** configuration minimale; **network configuration,** configuration du réseau; **pin configuration,** brochage logique;

**probable configuration,** configuration probable; **software configuration,** configuration logicielle; **system configuration,** configuration du système; **typical configuration,** dispositif type; **user configuration,** configuration utilisateur; **zone bit configuration,** configuration des bits de zone.

c o n f i g u r e: **configure (to),** configurer.

c o n f i r m a t i o n: confirmation; **clear confirmation,** confirmation de libération; **confirmation message,** message de confirmation; **request for confirmation signal,** demande de signal de confirmation.

c o n f l i c t: conflit; **access conflict,** conflit d'accès; **side conflict,** conflit secondaire.

c o n j u g a t e: **complex conjugate number,** nombre complexe conjugué.

c o n j u n c t i o n: conjonction, intersection, ET logique.

c o n n e c t: **(to),** connecter, brancher, établir une liaison; **connect in parallel (to),** connecter en parallèle; **connect register,** registre de connexion; **connect time,** temps de connexion, de branchement.

c o n n e c t e d: connecté; **connected down-stream,** connecté en aval; **connected graph,** graphe connexe; **connected storage,** appel de mémoires associées; **connected up-stream,** connecté en amont; **parallel-connected station,** poste connecté en parallèle; **series-connected,** connecté en série; **strongly connected graph,** graphe fortement connexe; **weakly connected graph,** graphe faiblement connexe.

c o n n e c t i n g: action de connecter; **bit connecting,** opération logique ET ou OU exclusif; **connecting character,** caractère de continuation; **connecting circuit,** voie de raccordement; **connecting clamp,** borne de liaison; **connecting line,** ligne de connexion, circuit de connexion; **connecting link,** élément de connexion, borne de raccordement; **connecting path,** circuit de connexion; **connecting plug,** fiche de connexion; **connecting terminal,** borne de raccordement; **storage connecting matrix,** matrice de connexion mémoire; **store connecting matrix,** coupleur de mémoire; **terminal connecting point,** point de connexion; **through-connecting console,** console de liaison; **through-connecting link,** élément de liaison directe.

c o n n e c t i o n: connexion, communication; **Y-connection,** connexion en étoile; **bus connection,** barre omnibus; **cascade connection,** liaison en cascade; **circuit-switched connection,** liaison commutée; **clearing of connection,** fin de communication; **conference connection,** montage multiplex; **connection address,** adresse de connexion; **connection board,** panneau de repiquage; **connection box,** boîtier de connexions; **connection cable,** câble de connexion; **connection diagram,** schéma de connexions; **connection loss,** perte par connexion; **connection option,** possibilité de connexion; **connection plan,** plan de connexion; **connection point,** poste de connexion; **connection terminal,** borne de connexion; **daisy chain connection,** connexion en chaîne; **data connection,** connexion de données; **dedicated connection,** connexion privilégiée; **delta connection,** circuit en delta; **direct connection,** connexion directe; **direct connection kit,** élément de connexion directe; **ground connection,** connexion de terre; **interface connection,** branchement de liaison; **local connection,** connexion locale; **logical connection,** connexion logique; **multidrop connection,** liaison multipoint; **multipoint connection,** réseaux multipoint; **parallel connection,** connexion en parallèle; **plug connection,** connexion par fiches; **point-to-point connection,** connexion de point à point; **printer connection,** connexion d'imprimante; **push-pull connection,** montage symétrique; **remote connection,** connexion à distance; **series connection,** connexion en série; **series-parallel connection,** montage en série-parallèle; **solderless wrapped connection,** connexion sans soudure; **star connection,** montage en étoile; **switched connection,** liaison sélectionnée, liaison commutée; **telephone connection,** liaison téléphonique; **telex connection,** connexion télex; **test connection,** connexion test; **through connection,** jonction permanente, liaison directe; **user-to-user connection,** connexion d'abonné à abonné; **virtual connection,** connexion virtuelle; **wye connection,** montage en étoile.

**connective\*:** connectif; **Boolean connective,** connectif booléen; **logical connective,** opérateur logique; **series connective,** symbologie série.

**connectivity:** connectivité.

**connector\*:** connecteur, renvoi d'organigramme; **battery connector,** connecteur de batterie; **blade connector,** connecteur à lamelles; **cable connector,** connecteur de câble; **circular connector,** connecteur circulaire; **clip contact connector,** connecteur à lamelles; **connector module,** module de connexion; **connector number,** numéro de connecteur; **connector shell,** coquille de connecteur; **edge connector,** connecteur de bord; **electrical connector,** connecteur électrique; **end connector,** connexion d'extrémité; **external connector,** connecteur externe; **female connector,** prise femelle; **flowchart connector,** renvoi d'organigramme; **interchangeable connector,** connecteur interchangeable; **knife connector,** connecteur à lames; **line connector cord,** cordon secteur souple; **logical connector,** opérateur logique de base; **male plug connector,** prise mâle; **multiple connector,** connecteur multibroche; **multipoint connector,** connecteur multibroche; **plug connector,** connecteur enfichable; **pluggable connector,** connecteur enfichable; **terminal connector,** connecteur à bornes; **variable connector,** symbole de renvoi multiple.

**consecutive:** consécutif, séquentiel; **consecutive blank columns,** colonnes consécutives vierges; **consecutive number control,** contrôle consécutif des numéros; **consecutive numbering,** numération consécutive; **consecutive numbers,** nombres consécutifs; **consecutive operation,** opération séquentielle; **consecutive organization,** organisation séquentielle; **consecutive processing,** traitement séquentiel.

**consigned:** consigné; **consigned files table,** table des fichiers affectés.

**consignment:** consignation; **consignment mode,** mode d'affectation; **file consignment,** attribution de fichier.

**consistency:** consistence; **consistency check,** contrôle de cohérence; **data consistency,** cohérence des données.

**consistent:** homogène; **consistent operation,** opération cohérente.

**console\*:** console; **alternative console,** console de secours; **auxiliary console,** console auxiliaire; **card console,** console à cartes; **computer console,** console d'ordinateur; **computer control console,** console de commande d'ordinateur; **console call card,** carte d'appel de pupitre; **console command language,** langage de commande de pupitre; **console control unit,** unité de commande pupitre; **console debugging,** débogage à la console; **console desk,** pupitre de commande; **console device,** dispositif de commande pupitre; **console display area,** champ d'affichage; **console error typeout,** message d'erreur sorti par console; **console handler process,** mode de manipulation de console; **console input,** introduction par console; **console inquiry,** interrogation de console, requête de pupitre; **console inquiry station,** poste d'interruption console; **console interrupt pushbutton,** poussoir d'interrogation console; **console listing,** journal; **console log,** journal de bord; **console operator,** opérateur pupitreur; **console printer,** imprimante de commande; **console switch,** commutateur d'option console; **console typeout,** message de console; **console typewriter,** terminal télétype; **console typewriter operation,** exploitation par téléscripteur; **control console,** console de commande; **data channel console,** console des données; **dead console,** console inactive; **display console,** console de visualisation; **duplex console,** console commune à des calculateurs; **duplex console,** console commune; **graphic console,** console graphique; **graphics console,** console graphique; **input console,** console d'introduction de données; **main console,** console principale; **maintenance console,** console du technicien d'entretien; **master console,** console maître; **message display console,** console message; **multiple console option,** option multiconsole; **operator console,** console opérateur; **secondary console,** console secondaire; **supervisory console,** console de surveillance; **switch control console,** poste de commutation de dérouleurs; **system console,** console système; **teller console,** machine de guichet; **test console,** console d'essai; **through-connecting console,** console de liaison; **user console,** console utilisateur; **user console typeout,** message utilisateur; **visual information control console,** console de commande à écran de visualisation.

consolidate: **consolidate (to),** éditer et lier.

consolidation: concatenation.

consolidator: éditeur-lieur.

constant: constante; **address constant,** base d'adresse; **address constant literal,** littéral de constante d'adresse; **alternation constant,** constante d'alternation; **attenuation constant,** constante d'atténuation; **blank constant,** constante d'espaces; **branch space constant,** longueur de l'instruction de branchement; **character constant,** constante caractère; **complex constant,** constante complexe; **constant area,** zone (de mémorisation) des constantes; **constant evaluation,** évaluation constante; **constant instruction,** instruction permanente; **constant movement,** mouvement constant; **constant pitch,** pas constant; **constant ratio code,** code à rapport constant; **constant voltage,** transformateur à tension; **contiguous constant,** constante adjacente; **data constant,** constante de

données; **device constant,** constante d'unité; **distributed constant,** constante distribuée; **expression constant,** constante d'adresse; **figurative constant,** constante figurative, libellé, littéral; **fixed-point constant,** constante à virgule fixe; **floating-point constant,** constante à virgule flottante; **full word positive constant,** constante de mot positive; **group constant,** constante de groupe; **Hollerith constant,** constante d'Hollerith; **instruction constant,** instruction inactive; **instructional constant,** constante sous forme d'instruction; **integer constant,** nombre entier, integral; **integral constant,** constante intégrale; **logical constant,** constante logique; **lumped constant,** constante localisée; **named constant,** constante connue; **notation constant,** constante de numération; **numeric constant,** constante numérique; **real constant,** constante réelle; **rounding constant,** constante d'arrondi; **short precision floating-point constant,** constante en virgule flottante simple précision; **smoothing constant,** constante d'aplatissement; **time constant,** constante de temps; **valuation constant,** constante d'évaluation.

constraint: contrainte; **engineering constraints,** limites techniques; **linear constraint,** contrainte linéaire; **time constraints,** contraintes de temps.

construct: **branch construct,** élément de branchement; **conditional construct,** élément inconditionnel; **loop construct,** élément de boucle.

construction: construction; **code construction,** structure de code.

consumer: consommateur, utilisateur; **ultimate consumer,** consommateur final.

consumption: consommation; **power consumption,** puissance absorbée.

contact: contact; **back contact,** contact de repos; **blocking contact,** contact de blocage; **break contact,** contact de rupture, contact de repos; **button contact,** contact à poussoir; **card contact,** contact de carte; **clip contact connector,** connecteur à lamelles; **contact (to),** appeler; **contact bar,** barre de contact; **contact bounce,** rebond de contact; **contact configuration,** alignement de contacts; **contact drum,** tambour de contact; **contact lead,** fil de contact; **contact lost,** perte de contact; **contact make time,** temps de contact; **contact operate,** commande de contact; **contact piece,** bloc de contact; **contact protection,** protection de contact; **contact scanning,** balayage par contact; **cover interlock contact,** contact de sécurité capot; **disabling contact,** contact de verrouillage; **dog contact,** contact de cliquet d'entraînement; **dry reed contact,** contact mouillé au mercure; **front contact,** contact actif; **keyboard restoring contact,** contact de rappel clavier; **last column contact,** contact dernière carte; **latch contact,** contact de verrouillage; **latching contact,** maintien de contact; **make-contact,** contact de travail; **paper stop contact,** contact fin de papier; **pocket stop contact,** contact de verrouillage de case; **point of contact,** point de contact; **relay contact,** contact de relais; **reset contact,** contact d'effacement; **safety contact,** contact de sécurité; **sensing contact,** contact de lecture; **simple contact,** contact simple; **stacker stop contact,** contact de blocage de case; **tape tension contact,** contact de présence de bande; **tape-out sensing contact,** contact fin de bande; **transfer contact,** contact de transfert; **twin contact,** double contact; **wire contact,** contact à fil.

**c o n t a i n e d :** contenu; **two-part self-contained loader,** chargeur fixe à deux segments.

**contamination:** contamination; **data contamination,** altération des données.

**c o n t e n t :** contenu; **accumulator contents,** contenu accumulateur; **average information content,** densité moyenne d'information; **average transinformation content,** débit moyen d'informations transmises; **binary unit of information content (Shannon),** unité binaire de quantité d'information, Shannon; **cell content,** contenu d'élément; **content-addressable memory,** mémoire associative; **content-addressed storage,** mémoire adressable par le contenu; **content-addressing,** adressage par contenu; **contents directory,** répertoire des programmes; **contents supervision,** contrôle des tables des matières; **decimal unit of information content,** Hartley, unité décimale (quantité d'information); **decision content,** valeur décisive; **disk contents,** volume; **harmonic content,** contenu en harmonique; **information bit content,** contenu d'informations en code binaire; **information content,** contenu d'informations; **joint information content,** quantité d'information conjointe; **mean information content,** entropie; **natural unit (of information content),** unité naturelle (de quantité d'information); **register contents,** contenu de registre; **semantical information content,** contenu en informations sémantiques; **storage contents,** contenu de mémoire; **table of contents,** table des matières.

**c o n t e n t i o n \* :** contention; **contention** method, conflit d'utilisation; **contention mode,** mode de contention; **contention point,** point d'encombrement.

**c o n t e x t :** contexte; **context-free language,** langage hors du contexte; **context-sensitive language,** langage dans son contexte; **keyword-in-context index,** mot clé dans son contexte; **transaction context acquisition,** acquisition du contexte mouvement.

**c o n t e x t u a l :** contextuel; **contextual declaration,** déclaration contextuelle.

**c o n t i g u o u s :** contigu, adjacent; **contiguous constant,** constante adjacente; **contiguous data structure,** structure séquentielle de données; **contiguous item,** article adjacent, article contigu; **contiguous memory areas,** zones de mémoire adjacentes; **contiguous record,** enregistrement adjacent; **contiguous units of memory,** unités de mémorisation adjacentes.

**c o n t i n u a t i o n :** continuation; **continuation address,** adresse de suite; **continuation bit,** bit de poursuite; **continuation card,** carte complémentaire, carte suite; **continuation character,** caractère de poursuite; **continuation indicator,** indicateur de suite; **continuation label,** libellé de poursuite; **continuation line,** ligne suite, ligne de prolongation; **continuation pack,** pile de suite; **continuation reel,** bobine suivante; **continuation restart,** relance, redémarrage; **continuation row,** ligne de suite; **continuation statement,** instruction de prolongation; **continuation storage,** mémoire arythmique; **continuation tape,** bande suivante; **continuation track,** piste de poursuite.

**c o n t i n u e :** **continue column,** colonne de suite; **continue statement,** déclaration fictive.

**c o n t i n u o u s :** continu; **continuous call signal,** signal d'appel permanent; **continuous duty operation,** service permanent; **continuous envelopes,** enveloppes en continu; **continuous feeding,** alimentation en continu des formulaires; **continuous form,** imprimé en continu; **continuous form guide,** guide des formulaires sans fin; **continuous function,** fonction continue; **continuous input,** introduction en continu; **continuous inventory,** inventaire permanent; **continuous line recorder,** enregistreur de courbes; **continuous loop recorder,** enregistreur à bande continue, dérouleur; **continuous monitoring,** monitorage permanent; **continuous operation,** exploitation en continu; **continuous paper form,** formulaire sans fin; **continuous path control,** contrôle en continu; **continuous pin feed forms,** formulaires sans fin à perforations marginales; **continuous processing,** traitement en temps réel; **continuous reading,** lecture en défilement continu; **continuous receive state,** état de réception permanent; **continuous release,** sélection permanente; **continuous request,** appel permanent; **continuous roll,** rouleau de papier continu; **continuous roll paper,** rouleau de papier; **continuous service,** service continu; **continuous skip key,** saut multiple; **continuous spacing,** espacement automatique; **continuous stationery,** papier en continu; **continuous stock,** magasin; **continuous tape,** bande en continu; **continuous tape switching,** transmission avec bande continue; **keyed continuous wave,** ondes entretenues manipulées.

**contour:** contour; **contour analysis,** analyse de contour; **contour following,** balayage de contour; **contour lines,** lignes de même hauteur.

**contract:** contrat; **lease contract,** contrat de location; **service contract,** contrat d'entretien.

**contrast:** contraste; **contrast control,** réglage de contraste; **high contrast title,** titre à contraste élevé; **image contrast,** contraste d'image.

**control:** commande; **I/O control firmware,** logiciel pour contrôle des E/S; **access control,** restriction d'accès; **access control list,** liste de contrôle d'accès; **access control register,** registre à restriction d'accès; **access control word,** mot de restriction d'accès; **accuracy control,** contrôle d'exactitude; **accuracy control character,** caractère de contrôle d'exactitude; **accuracy control system,** système à contrôle d'erreur; **action control bit,** bit de contrôle fonctionnel; **adaptive control,** commande auto-adaptative; **adaptive control system,** système auto-commandé; **address control,** modification d'adresse; **address control field,** zone de modification d'adresse; **alphabetic print control,** commande de l'impression alphabétique; **alternate field control,** contrôle de champ alterné; **analog control,** commande analogique; **analog control unit,** unité de commande analogique; **analog output control,** commande de sortie analogique; **analytical control equipment,** dispositif de commande analytique; **answerback control,** contrôle des indicatifs; **assembly control statement,** instruction de contrôle d'assemblage; **asynchronous control,** contrôle asynchrone; **automated production control,** contrôle de production automatisé;

**automatic brightness control,** contrôle automatique de luminosité; **automatic control,** commande automatique; **automatic control circuit,** circuit auto-contrôle; **automatic control engineering,** ingénierie de l'automatique; **automatic control system,** système de régulation automatique; **automatic feedback control system,** système à contre-réaction; **automatic frequency control,** contrôle automatique de fréquence; **automatic gain control (AGC),** contrôle automatique de gain; **automatic priority control,** contrôle automatique de priorités; **automatic switching control,** contrôle de commutation automatique; **auxiliary control function,** fonction de commande secondaire; **auxiliary control station (ACS),** station de commande auxiliaire; **availability control,** contrôle de disponibilité; **balance control,** contrôle de solde; **basic mode control procedure,** procédure de gestion des modes de base; **basic mode link control,** gestion de liaison en mode de base; **batch control,** contrôle de lot; **block exclusive control,** interblocage; **brightness control,** contrôle de luminosité; **budgetary control,** contrôle budgétaire; **call control,** contrôle d'appel; **call control character,** caractère de contrôle d'appel; **call control procedure,** procédure de commande d'appel; **card control,** commande par carte; **carriage control,** commande de chariot; **carriage control character,** caractère de commande chariot; **carriage control tape,** bande de transport; **carriage overflow control,** saut au feuillet suivant; **cascade control,** commande en cascade; **centralized control,** commande centralisée; **closed loop control,** commande en boucle fermée; **column control,** zone de contrôle; **command control block,** bloc de commande et de contrôle; **communication control character,** (caractère de) commande de transmission; **communication control unit,** unité de contrôle de communication; **communications control character,** caractère de contrôle de transmission; **comparing control change,** rupture de niveau par comparaison; **computer control,** gestion par ordinateur; **computer control console,** console de commande d'ordinateur; **computer control panel,** tableau de commande d'ordinateur; **computer control system,** système de gestion par ordinateur; **computer numerical control,** commande numérique d'ordinateur; **computerized numerical control,** commande numérique automatisée; **consecutive number control,** contrôle consécutif des numéros; **console control unit,** unité de commande pupitre;

continuous path control, contrôle en continu; contrast control, réglage de contraste; control (to), contrôler, commander, superviser; control amplifier, amplificateur de commande; control area, zone de commande; control ball, boule de commande, boule roulante; control bit, binaire de contrôle; control block, bloc de contrôle, bloc de commande; control break, rupture; control break item, article de groupe; control bus, bus de commande; control byte, octet de commande; control cabinet module, armoire de commande; control card, carte de contrôle; control card deck, paquet de cartes-paramètres; control card format, format des cartes-paramètres; control card listing, liste des cartes-paramètres; control card sequence, séquence de cartes-paramètres; control card set, jeu de cartes paramètres; control change, rupture; control character, caractère de contrôle; control character code, code de caractère de contrôle; control character generation, générateur de caractères de commande; control character processing, traitement des caractères de commande; control character recognition, reconnaissance des caractères de commande; control check, contrôle de commande; control circuit, circuit de commande; control code, code de fonction; control columns, zone de commande; control computer, calculateur de commande; control console, console de commande; control counter, registre de contrôle; control cycle, cycle de commande; control data, données de contrôle, données de commande; control desk, pupitre de commande; control dictionary, table de commande; control differential receiver, récepteur différentiel; control digit test, test des digits de commande; control document, document de contrôle; control electronic, unité de commande; control element, élément de commande; control feature, dispositif de commande; control field, zone de contrôle, champ de commande; control flow, flux de commande; control function, fonction de contrôle; control grid, grille de commande; control hierarchy, hiérarchie de groupe; control hole, code carte, perforation fonctionnelle; control information, paramètre; control instruction, instruction de commande; control interrupt function, interruption de contrôle; control interval, intervalle de contrôle; control key, touche de commande; control knob, bouton de contrôle; control language, langage de commande; control level, niveau de contrôle, étage de contrôle; control level indi-

cator, indicateur d'étage de contrôle; control list, liste de cartes de commande; control loop, boucle de commande; control macro, macro de commande; control maintenance panel, pupitre de maintenance; control mark, marque de fin de bande, repère de section; control memory, mémoire de contrôle, mémoire de commande; control message display, affichage des messages de commande; control mode, mode de contrôle; control operation, fonction de commande, opération de servitude; control option, option de commande; control panel, tableau de commande, panneau de commande; control panel halt, arrêt par console; control panel hub, plot de connexion; control panel hub chart, document de câblage; control panel wiring, câblage de tableau de connexions; control position, poste de commande; control precision, précision de commande; control procedure, procédure de commande, procédure de contrôle; control processor, processeur maître, processeur pilote; control program, programme de contrôle, programme de commande; control pulse, impulsion de commande; control pulse frequency, fréquence de l'impulsion de commande; control pulse output, sortie de l'impulsion de commande; control punch, perforation fonctionnelle, code carte; control range, plage de commande, zone de commande; control read-only memory (CROM), mémoire morte de commande; control record, ordre de gestion; control register, registre d'adresses, registre d'instructions; control relationship, interdépendance; control routine, superviseur; control section, unité de commande, section de programme; control sequence, séquence d'exécution, cliché d'instructions; control sequential processing, séquence de traitement, séquence de programme; control signal, signal de commande; control stage, niveau de commande; control state, mode contrôle caractère; control statement, instruction de contrôle; control statement card, carte ordre; control statement name, nom de commande; control station, station de contrôle, station de commande; control status word (CSW), mot d'état de contrôle; control stick, manche; control storage unit, unité de commande; control structure, module de commande; control symbol, symbole de commande; control system, système de commande; control tape, bande de vérification, bande pilote; control task, tâche de commande; control terminal, terminal de commande; control total, total de contrôle; **control track,** piste d'asservissement, piste de contrôle; **control transfer,** transfert de contrôle; **control transfer instruction,** instruction de transfert; **control unit,** unité de commande, unité de contrôle; **control variable,** variable de commande, variable de bouclage; **control voltage,** tension de commande; **control volume,** support de données à catalogue partiel; **control word,** mot de commande; **control-menu box,** case du menu système; **control-punched tape,** bande perforée de contrôle; **counter balance control,** contrôle du solde compteur; **counter control,** commande de compteur; **cursor control,** commande curseur; **data access control,** technique d'accès de l'information; **data control,** gestion de l'information; **data control block,** bloc de contrôle de données; **data exchange control,** commande de l'échange des données; **data flow control,** cinématique de l'information; **data link control,** commande de liaison; **data link control character,** caractère de contrôle de liaison; **data transmission control unit,** unité de contrôle de transmission; **device control (DC),** commande d'appareil auxiliaire; **device control area,** zone de commande de périphérique; **device control character,** caractère de contrôle de périphérique; **device control routine,** sous-programme de commande de périphérique; **device control statement,** instruction de commande de périphérique; **digit control,** commande d'informations numériques; **digital control,** commande numérique; **digital output control,** commande des sorties numériques; **direct control,** commande directe; **direct data control,** commande numérique directe; **disk control,** commande de disque; **disk control word,** mot d'adresse disque; **disk file control unit,** contrôleur de disque à tête fixe; **display control,** commande d'affichage, interface de terminal; **display control key,** touche de commande d'affichage; **display control unit,** unité de contrôle de visualisation; **distant control,** commande à distance, télécommande; **distributed control,** commande répartie; **dynamic control,** commande dynamique; **dynamic control function,** fonction de contrôle dynamique; **edit control character,** caractère de commande d'édition; **edit control word,** masque d'édition; **ejection control hub,** plot de commande d'éjection; **electronic control system,** système de contrôle électronique; **electronic format control,** commande de format électronique; **emitter control,** commande d'émetteur; **emulator control program,**

programme de commande d'émulateur; **environmental control,** sous conditionnement d'air; **error control,** traitement des erreurs; **event control block,** bloc de commande d'événement; **executive control system,** programme superviseur; **expanded disk storage control,** commande extensible de mémoire à disques; **extended control field,** extension de la zone de commande; **extended direct control,** contrôle direct étendu; **external control,** commande externe; **external output control,** commande de débit externe; **fault control,** contrôle d'avarie; **fault control memory,** mémoire de détection d'anomalie; **file control,** commande de fichier; **file control block,** bloc de commande fichier; **file exclusive control,** contrôle exclusif de fichiers; **finger-tip set up control finish,** commande par poussoirs; **flow control,** contrôle de flux, contrôle de déroulement; **forecasting control,** contrôle de pronostics; **form control,** contrôle des imprimés; **form thickness control,** contrôleur d'épaisseur de liasse; **format control,** commande d'édition; **frequency control,** contrôle de fréquence; **gain control,** contrôle de volume; **graphic control unit,** contrôleur de traceur de courbes; **group control,** contrôle de groupe; **group control interruption,** interruption de groupe; **high-level data link control (HDLC),** procédure de commande de liaison de données; **high-speed printer control,** commande d'imprimante rapide; **highlow control,** commande à l'alternat; **high/low passing control,** commande à l'alternat; **horizontal control,** commande longitudinale; **horizontal parity control,** contrôle de parité horizontale; **idling control,** contrôle de temps mort; **impression control,** commande de la profondeur de frappe; **indirect control,** contrôle indirect; **input control,** contrôle à l'entrée; **input control device,** organe de commande d'entrée; **input control program,** programme de commande d'entrée; **input control unit,** contrôleur d'entrée; **inputoutput (traffic) control,** commande des entréessorties; **input/output control system (IOCS),** système de contrôle des entrées/sorties; **input/output file control system,** système de gestion des fichiers d'entréesortie; **inquiry control,** pilotage des requêtes; **inquiry keyboard control,** commande du clavier d'interrogation; **intensity control,** commande de luminosité; **interface control unit,** unité de contrôle d'interface; **intermediate control,** contrôle à l'étage intermédiaire; **intermediate program control,** programme de manoeuvre; **job & program sequence control,** contrôle des séquences de programme et travaux; **job control,** contrôle de travaux; **job control card,** carte de pilotage des travaux; **job control device,** unité de gestion des travaux; **job control file,** fichier de gestion des travaux; **job control language (JCL),** langage de supervision; **job control program,** programme de supervision; **job control statement,** instruction de contrôle de travaux; **job control system,** système de gestion des travaux; **job flow control,** contrôle du déroulement des travaux; **job processing control,** contrôle du traitement des tâches; **key control,** commande par touche; **keyboard control,** commande de clavier; **line control architecture,** procédure de transmission; **line control block,** bloc de contrôle de lignes; **line control character,** caractère de terminaison; **line control code,** code de contrôle de ligne; **line control computer,** ordinateur de contrôle de lignes; **line control discipline,** procédure de contrôle de lignes; **line control signal,** signal de commande de ligne; **link control code,** code de contrôle de liaison, code de ligne; **link control protocol,** protocole de transmission; **listing control instruction,** instruction de commande de listage; **machine control,** commande numérique; **magnetic tape control,** commande de bande magnétique; **main control station,** poste de commande, station de contrôle principal; **main control unit,** unité de commande centrale; **main memory control,** commande de mémoire centrale; **major control,** contrôle majeur; **major control break,** rupture au niveau supérieur; **major control change,** modification au niveau supérieur; **manual control,** commande manuelle; **manual control box,** commutation manuelle; **manufacturing control,** commande de production; **mass storage control,** contrôleur de mémoire à disques; **master control interrupt,** interruption de supervision; **memory control,** sélection de mémoire; **memory control unit,** contrôleur d'accès mémoire; **message control,** gestion de messages; **message control program,** programme de gestion de messages; **microprocess control block,** bloc de contrôle du microprocessus; **minor control,** contrôle mineur; **minor control break,** interruption du contrôle mineur; **minor control change,** changement du contrôle mineur; **monitoring control,** contrôle de production; **multichannel communications control,** commande de communications multicanaux; **multiprogram control,** commande multiprogramme; **net control station,** station de contrôle de réseau; **network access control,** contrôle d'accès au réseau; **network control channel,** voie de contrôle du réseau; **network control terminal,** terminal de commande de réseau; **numeric control,** contrôle numérique; **numerical control (NC),** commande numérique (CN); **open loop control,** commande en boucle ouverte; **operating control,** commutateur de manoeuvre; **operation control,** commande d'opération; **operation control language,** langage de commande des travaux; **operational control data,** données de commande opérationnelle; **operator control,** commande d'opérateur; **operator control language,** langage de commande de l'opérateur; **operator control panel,** pupitre opérateur; **operator override control,** reprise de contrôle par l'opérateur; **optical control,** contrôle optique; **order control,** suite des commandes; **output control device,** dispositif de commande d'extraction; **output control program,** programme de commande d'extraction; **overflow control,** contrôle de dépassement de capacité; **overflow control indicator,** indicateur de changement de formulaire; **panel control field,** tableau de commande; **paper tape control,** commande de bande perforée; **paper tape reader control,** contrôleur de lecteurs de bandes perforées; **paper tension control,** régulateur de tension de bande; **path control,** commande de circuits; **peripheral control instruction,** instruction de contrôle de périphérique; **peripheral control program,** programme de commande des périphériques; **peripheral control routine,** programme de commande de périphérique; **peripheral control system,** élément de connexion; **peripheral control unit (PCU),** unité de contrôle, coupleur de périphérique; **platen control,** commande du rouleau d'impression; **platen positioning control,** bouton de réglage du cylindre d'impression; **point-to-point path control,** contrôle point à point; **position control,** gestion des postes; **positioning control,** commande de positionnement; **positioning control system,** positionnement informatisé; **power control,** bloc d'alimentation, régulateur de puissance; **precedence control,** contrôle de priorité; **primary control program (PCP),** programme de contrôle primaire; **print control,** commande d'impression; **print control character,** caractère de commande d'impression; **printed carriage control,** commande du chariot; **printer control code,** code de contrôle de l'imprimante; **printer control unit,** contrôleur d'imprimant; **priority control,** commande prioritaire; **process control,** commande de processus;

process control block, bloc de contrôle de processus; process control computer, ordinateur contrôleur de processus; process control equipment, équipement de commande de processus; process control system, système de contrôle industriel; processor control statement, directive de calculateur; production control, conduite de la production; program card control, commande à cartes-programme; program control, commande de programme; program control unit, unité de commande d'instructions; programmed control interrupt, interruption programmée; pushbutton control, commande par bouton-poussoir; readout control, contrôle de sortie de lecture; real-time control, commande en temps réel; real-time control system, système temps réel; receive control, contrôle de réception; record mark control, commande du drapeau d'article; redundancy control, contrôle par redondance (de parité); regeneration control, commande de régénération; remote control, télécommande, commande à distance; remote control system, système de télécommande; remote control unit, télé rupteur; remote printing station control, contrôleur d'imprimantes à distance; remote tape control system, système de télécommande de dérouleurs; resident control program, programme de contrôle résident; return control (to), renvoyer à; return control transfer, retour au programme principal; sampled data control, contrôle de données par échantillonnage; scratch pad control register, registre de commande de la mémoire bloc-notes; search control word, drapeau de recherche; secondary control, commande de suite; selective list control, commande de liste sélective; sensitivity control, commande de sensibilité; sequence control, commande séquentielle; sequence control register, registre d'adresse; sequential control, commande de récurrence; sequential stacked job control, contrôle des séquences de travaux; series control, commande en série; shift advance control, commande de progression; single-stroke control key, commande monotouche, contrôle par touche unique; skip control, commande de saut; space control, contrôle des interlignes; speed control, commande de vitesse; station control, commande de poste; statistical control, contrôle statistique; storage control, contrôleur de mémoire; storage control register, registre de commande d'enregistrement; stored control, commande enregistrée; straight cut control, commande

de déplacement linéaire; support control program, programme de test et de diagnostic; switch control console, poste de commutation de dérouleurs; switched network control, commande du réseau commuté; switching control character, caractère de commande de commutation; synchronized data link control (SDLC), procédure synchrone; synchronous data link control, commande de transmission synchrone; system control language, langage de système d'exploitation; system control panel, pupitre de commande; system input control, commande des entrées système; tab control code, code de contrôle de tabulation; tape control unit, unité de commande de bande; task control block, bloc de commande de tâches; temperature control, régulateur de température; terminal control, contrôleur de terminal; test control, commande d'essai; total control card, carte de commande des totaux; touch-control, touche à effleurement; track skip control, commande de saut de piste; transaction status control, contrôle d'état des mouvements; transfer control, commande de transfert; transfer print control, commande des sauts d'impression; transmission control (TC), commande de transmission; transmission control character, caractère de service; transmission control unit, unité de commande de transmission; twin control, double commande; unconditional control transfer, saut inconditionnel; unit control word, mot de contrôle d'unité; universal control unit, contrôleur universel; vertical control, commande verticale; vertical form control (VFC), commande d'avance papier; vertical format control, commande d'avance d'imprimé; visual information control console, console de commande à écran de visualisation; visual input control, contrôle visuel à la saisie; voltage control, régulation de tension; volume control, réglage de volume; volume exclusive control, contrôle des supports de données; widow control, traitement des veuves; writable control memory, mémoire à écriture directe.

c o n t r o l l e d : commandé, contrôlé; card-controlled computer, ordinateur commandé par cartes; card-controlled, commandé par cartes; command-controlled, contrôlé par commandes; controlled accessibility, accessibilité contrôlée; controlled computer, calculateur asservi; controlled line, ligne contrôlée; controlled parameter, paramètre contrôlé; controlled postmortem routine, programme d'autopsie; controlled rectifier, redresseur contrôlé; **controlled stacker,** éjection contrôlée; **controlled storage,** mémoire utilisateur contrôlée; **controlled system,** système à régler; **controlled variable,** variable contrôlée; **event-controlled,** contrôlé par événement; **grid-controlled tube,** tube à attaque par la grille; **interrupt-controlled,** commandé par interruption; **key-controlled,** contrôlé par touche; **keyboard-controlled,** contrôlé par clavier; **microprocessor-controlled,** commandé par microprocesseur; **program-controlled,** commandé par programme; **program-controlled computer,** calculateur géré par programme; **sequence-controlled calculator,** calculateur à programme enregistré; **servo-controlled system,** système asservi; **tape-controlled,** commandé par bande; **tape-controlled carriage,** chariot à bande pilote.

**c o n t r o l l e r :** contrôleur; I/O controller, contrôleur d'E/S; **automatic controller,** contrôleur automatique; **central input/output controller,** commande centrale d'entrée-sortie; **channel controller,** contrôleur de canal; **clock time controller,** routine de contrôle des rythmes; **cluster controller,** contrôleur de grappe; **communications controller,** contrôleur de communications; **data communication controller,** contrôleur de transmission de données; **data link controller,** contrôleur de liaison de données; **digital input controller,** commande des entrées numériques; **disk controller,** contrôleur de disque; **disk storage controller,** contrôleur de disque; **display controller,** contrôleur d'écran; **dual port controller,** coupleur de périphérique double; **event controller,** contrôleur d'événements; **floppy disk controller,** contrôleur de disque souple; **follower controller,** contrôleur de courbes; **handler controller,** gestionnaire de commande; **hardwired controller,** contrôleur câblé; **input/output controller,** contrôleur d'entrée/sortie; **integrated controller,** contrôleur intégré; **internal interrupt controller,** processeur d'interruptions internes; **magnetic tape controller,** contrôleur de bande magnétique; **mass storage controller,** contrôleur d'unités à disques magnétiques; **multiline communication controller,** contrôleur de lignes de transmission; **overlay controller,** commande de recouvrement; **peripheral controller,** contrôleur de périphérique; **procedure controller,** programme de commande de procédure; **program controller,** contrôleur d'instructions; **sampling controller,** échantillonneur; **synchronous controller,** contrôleur synchrone; **system controller,** contrôleur de système;

tape controller, contrôleur de bande; **temperature controller,** contrôleur de température; **traffic controller,** contrôleur de transmission; **unit record controller,** contrôleur d'unités périphériques; **utility routine controller,** contrôle du sous-programme utilitaire.

**c o n v e n i e n c e :** commodité; **operational convenience,** facilité d'exploitation.

**c o n v e n t i o n :** congrès; **allocation convention,** règle d'allocation; **code convention,** convention de programmation; **code convention option,** piste de synchronisation; **comment convention,** convention de commentaire; **data convention,** convention de données; **linkage convention,** convention d'édition de liens; **processing convention,** règles de traitement.

**c o n v e n t i o n a l :** classique; **conventional memory,** mémoire conventionnelle.

**c o n v e r g e n c e :** convergence; **absolute convergence,** convergence absolue; **conditional convergence,** convergence conditionnelle; **nonuniform convergence,** convergence irrégulière; **permanent convergence,** convergence permanente; **screen edge convergence,** convergence de bord d'écran; **uniform convergence,** convergence homogène; **weak convergence,** convergence pauvre.

**c o n v e r s a t i o n a l * :** conversationnel, interactif; **batch/conversational mode,** mode conversationnel différé; **conversational communication,** exploitation conversationnelle; **conversational compiler,** compilateur interactif; **conversational language,** langage de dialogue; **conversational mode,** mode conversationnel, mode interactif; **conversational mode programming,** programmation conversationnelle; **conversational peripheral,** périphérique de dialogue; **conversational processing,** traitement conversationnel; **conversational programming,** programmation dialoguée; **conversational remote entry,** entrée dialoguée déportée; **conversational reply,** réponse en mode conversationnel; **conversational system,** système conversationnel, système interactif; **conversational terminal,** terminal conversationnel.

**c o n v e r s i o n :** conversion; **AD conversion,** conversion A/N; **Gray code-to-binary conversion,** conversion code Gray-binaire; **address conversion,** translation d'adresse; **alphanumeric conversion,** conversion alphanumérique; **analog output conversion time,** temps de conversion analogique-numérique; **analog-to-digital conversion (ADC),** conversion analogique-numérique

(CAN); **automatic data conversion,** conversion automatique de données; **binary conversion,** conversion binaire; **binary-to-Gray code conversion,** conversion binaire-code Gray; **binary-to-decimal conversion,** conversion binaire-décimale; **binary-to-hexadecimal conversion,** conversion binaire-hexadécimal; **bulk media conversion,** conversion de masse d'informations; **character conversion,** conversion de caractères; **code conversion,** conversion de code; **concurrent conversion,** conversion simultanée; **conversion code,** code de conversion; **conversion cycle interlock,** interruption du cycle de conversion; **conversion equipment,** équipement de conversion; **conversion factor,** facteur de conversion; **conversion kit,** kit de conversion; **conversion loss,** perte de conversion; **conversion of data,** conversion de données; **conversion operation,** opération de conversion; **conversion package,** programmes de conversion; **conversion program,** programme de conversion; **conversion routine,** programme de conversion; **conversion software,** logiciel de conversion; **conversion speed,** vitesse de conversion; **conversion table,** table de conversion; **conversion tape,** bande de conversion; **conversion time,** temps de conversion; **conversion unit,** traductrice unité de conversion; **data code conversion,** conversion de code de données; **data conversion,** conversion de données; **data file conversion,** conversion de fichier de données; **decimal conversion,** conversion décimale; **decimal-to-binary conversion,** conversion décimale-binaire; **decimal-to-hexadecimal conversion,** conversion décimal-hexadécimal; **decimal-to-octal conversion,** conversion décimal-octal; **digital data conversion equipment,** matériel de conversion numérique; **file conversion,** conversion de fichier; **frequency conversion,** conversion de fréquence; **key conversion,** conversion de code; **media conversion,** conversion des supports; **medium conversion,** conversion de support; **mode conversion,** conversion de mode; **parallel conversion,** conversion en parallèle; **radix conversion,** conversion de base; **sign conversion,** conversion de signe; **signal conversion equipment,** adaptateur de signal; **special character conversion,** conversion de caractères spéciaux; **unckecked conversion,** conversion non vérifiée.

**converter:** convertisseur; **AD converter,** convertisseur A/N; **analog converter,** convertisseur analogique; **analog-to-digital converter (ADC),** convertisseur analogique-numérique (CAN); **binary code converter,** convertisseur de code binaire; **card-to-magnetic-tape converter,** convertisseur cartes-bande magnétique; **card-to-paper-tape converter,** convertisseur cartes-bande perforée; **card-to-disk converter,** convertisseur cartes-disque; **card-to-tape converter,** convertisseur cartes-bande; **channel converter,** convertisseur de canal; **code converter,** transcodeur, convertisseur de code; **data converter,** convertisseur de données; **data converter adapter,** adaptateur de convertisseur de données; **digital converter,** convertisseur numérique; **digital pulse converter,** convertisseur d'impulsions numériques; **digital-to-analog converter (DAC),** convertisseur numérique-analogique; **frequency converter,** convertisseur de fréquence; **input code converter,** convertisseur de code d'introduction; **input/output code converter,** convertisseur des codes d'entrée/sortie; **level converter,** convertisseur de niveau; **magnetic tape converter,** convertisseur de bande magnétique; **negative input converter,** convertisseur d'entrées négatives; **optical converter,** convertisseur optique; **output code converter,** convertisseur de code sortant; **parallel converter,** convertisseur parallèle; **parallel-to-serial converter,** convertisseur parallèle-série; **protocol converter,** convertisseur de protocole; **rotary converter,** convertisseur rotatif; **serial-to-parallel converter,** convertisseur série-parallèle; **signal converter,** convertisseur de signal; **thermal converter,** convertisseur thermique; **voltage comparison converter,** convertisseur de code à comparaison de tensions; **voltage to frequency converter (VFC),** convertisseur tension-fréquence.

**convex:** convexe; **convex programming,** programmation convexe.

**convey:** (to), acheminer, transférer, véhiculer; **convey information (to),** transférer des informations.

**conveying:** transport; **conveying error,** erreur véhiculée; **conveying speed,** vitesse de défilement; **sheet conveying,** transport de liasses.

**cooled:** refroidi; **air cooled,** refroidi par air.

**cooling:** refroidissement; **air cooling,** climatisation; **forced cooling,** refroidissement forcé.

**coordinate:** coordonnée; **absolute coordinates,** coordonnées absolues; **cartesian coordinates,** coordonnées cartésiennes; **coordinate frame,** réseau de coordonnées; **coordinate graphics,** infographie par coordonnées; **coordinate indexing**, indexation optimisée; **coordinate paper**, papier à coordonnées; **coordinate plane**, surface de coordonnées; **coordinate plotter**, traceur; **coordinate setting**, positionnement ponctuel; **coordinate storage**, mémoire matricielle; **device coordinates**, coordonnées d'appareil; **homogenous coordinates**, coordonnées homogènes; **incremental coordinates**, coordonnées par pas; **normalized coordinates**, coordonnées normées; **orthogonal coordinates**, coordonnées cartésiennes; **polar coordinates**, coordonnées polaires; **relative coordinates**, coordonnées relatives; **screen coordinates**, coordonnées d'écran; **user coordinates**, coordonnées utilisateur; **world coordinates**, coordonnées universelles; **xy coordinates**, coordonnées xy.

**coordinator:** coordinateur; **ADP coordinator**, coordinateur informatique.

**copier:** copieur, machine à reproduire; **card copier**, reproducteur de carte; **display screen copier**, recopieur d'affichage écran; **video color copier**, copieur vidéo couleur.

**copper:** cuivre; **copper clad laminate**, plaque laminée cuivrée.

**coprocessing:** cotraitement.

**coprocessor:** coprocesseur.

**copy:** copie, duplication; **audit copy**, copie d'audit; **backup copy**, copie de sauvegarde, copie de secours; **blind copy**, copie illisible; **block copy**, copie de bloc; **carbon copy**, papier carbone; **copy (to)**, copier, dupliquer; **copy check**, contrôle par copie; **copy command**, commande de copie; **copy guide**, guide-papier; **copy holder**, porte-copie; **copy printing**, impression des copies; **copy run**, passage de duplication; **copy statement**, instruction de duplication; **copy-in**, transfert en entrée; **copy-out**, transfert en sortie; **file copy**, copie de fichier; **library copy tape**, bande bibliothèque; **multiple copy printing**, multi-impression; **photostatic copy**, photocopie; **printed monitor copy**, impression de contrôle; **protected copy**, copie protégée; **screen copy**, recopie d'écran, vidéotrace; **soft copy**, copie en mémoire, image vidéo, image d'écran; **tape copy**, copie de bande; **tape copy teleprinter**, téléimprimeur à bande.

**copyright:** droit d'exploitation, copyright.

**CORAL:** langage CORAL.

**cord:** corde; **flexible cord**, cordon souple; **line connector cord**, cordon secteur souple; **line cord**, cordon d'alimentation; **patch cord**, cordon de raccordement; **power cord**, cordon d'alimentation.

**cordclip:** agrafe de câble.

**core\*:** tore; **N-core per bit store**, mémoire à N tores par bit; **add-on core**, extension de mémoire; **cable core**, âme de câble; **core allocation**, allocation de mémoire centrale; **core array**, matrice de tores; **core assembly**, mémoire centrale; **core dump**, vidage de la mémoire; **core dump**, cliché mémoire; **core flush**, remise à zéro de la mémoire; **core image**, image mémoire; **core image file**, fichier d'image-mémoire; **core image format**, format de l'image-mémoire; **core image library**, bibliothèque image-mémoire; **core index**, index de mémoire; **core load**, chargement en mémoire; **core matrix**, matrice de tores; **core matrix block**, banc de matrices de tores; **core memory**, mémoire centrale; **core memory call**, appel à la mémoire centrale; **core memory error**, erreur de mémoire; **core memory module**, module de mémoire à tores; **core memory resident**, résidant en mémoire centrale; **core only environment**, système à mémoire centrale; **core secondary environment**, système à mémoire secondaire; **core sector address**, adresse de secteur mémoire; **core sense failure**, erreur de lecture mémoire; **core size**, taille de la mémoire centrale; **core sort**, tri en mémoire centrale; **core storage**, mémoire à tores, mémoire à ferrites; **core storage dump**, vidage de la mémoire à tores; **core storage matrix**, matrice de mémoire à tores; **core-resident corner**, résidant en mémoire coin; **display core**, affichage du contenu mémoire; **fast core**, mémoire rapide; **ferrite core**, tore de ferrite; **ferrite core memory**, mémoire à tores de ferrite; **large core store (LCS)**, mémoire à grande capacité; **magnetic core**, tore magnétique; **magnetic core storage**, mémoire à tores, mémoire magnétique; **multiaperture core**, tore multitrou; **multiple aperture core**, tore multitrou; **object core size**, capacité mémoire pour programme objet; **single-aperture core**, tore magnétique à simple trou; **switch core**, tore de commutation; **tape core**, tore enroulé; **toroidal core**, noyau toroïdal.

**coresident:** corésident.

**corner:** coin; **core-resident corner**, résidant en mémoire coin; **corner cut**, coupure de coin; **corner cut card**, carte à coin coupé; **corner element**, élément angulaire.

**corporate:** constitué; **corporate database**, base de données d'entreprise.

**correct:** correct (to), corriger, modifier.

**corrected:** corrigé; **corrected data**, données corrigées; **drift-corrected amplifier**, amplificateur stabilisé.

**correcting:** correction; **binary error-correcting code,** code binaire de correction d'erreurs; **correcting code,** code de correction; **correcting factor,** facteur de correction; **correcting instruction,** instruction de correction; **correcting value,** valeur de réglage; **correcting variable,** variable de réglage; **error-correcting character,** caractère de correction d'erreur; **error-correcting program,** programme de correction des erreurs; **error-correcting routine,** sous-programme détecteur d'erreurs; **error-correcting system,** système à correction d'erreurs; **error-correcting code (ECC),** code correcteur d'erreurs; **self-correcting code,** code autocorrecteur.

**correction:** correction; **automatic error correction,** correction automatique des erreurs; **automatic spelling correction,** correction orthographique automatique; **block correction,** correction de bloc; **brightness correction,** correction de luminosité; **correction function,** fonction de correction; **correction routine,** programme de correction; **correction run,** correction par passage en machine; **correction step,** phase de correction; **correction time,** durée de réglage; **delay correction network,** correcteur de phase; **error correction,** correction d'erreurs; **error correction code (ECC),** code de correction d'erreurs; **error correction routine,** programme de correction d'erreurs; **forward error correction (FEC),** correction d'erreur sans voie retour; **home correction,** correction manuelle; **line correction,** correction d'erreur de ligne; **line correction release,** libération de ligne après correction; **path correction,** correction de trajectoire.

**corrective:** correctif; **corrective action pulse,** impulsion de réglage; **corrective maintenance,** maintenance corrective; **corrective procedure,** procédure de mise au point; **corrective signal,** signal de réglage; **corrective time,** temps de maintenance.

**correlation:** corrélation; **correlation coefficient,** taux de corrélation; **correlation integral,** intégrale de corrélation.

**correspondence:** correspondance; **correspondence defining,** définition conforme; **correspondence quality printer,** imprimante de qualité courrier; **device correspondence,** concurrence des unités; **device correspondence table,** table de correspondance de périphériques.

**corrupt:** corrupt (to), corrompre; **corrupt file,** fichier altéré.

**corruption\*:** corruption.

**cosine:** cosinus; **cosine function,** fonction cosinusoïdale; **cosine law,** théorème de cosinus; **cosine program,** programme de calcul de cosinus; **cosine wave,** tension cosinus, onde cosinus.

**cost:** coût; **actual cost,** coût réel; **actual cost system,** calcul des coûts réels; **applied cost,** frais généraux imputés; **cost analysis,** étude du prix de revient; **cost center,** centre de coûts; **cost center calculation,** calcul des centres de coûts; **cost effectiveness,** coût-efficacité; **cost of operation,** frais d'exploitation; **maintenance cost,** coût de maintenance; **manufacturing costs,** frais de fabrication.

**count:** compte; **block character count,** zone de longueur de bloc; **block count,** comptage de blocs; **card count,** comptage de cartes; **character count,** comptage des caractères; **count (to),** compter; **count area,** zone de comptage; **count attribute,** attribut de comptage; **count byte,** octet de comptage; **count data format,** zone de comptage; **count direction,** direction de comptage; **count field,** zone de comptage; **count modulo N (to),** compter modulo N; **count storage,** mémoire de comptage; **count value,** valeur du compteur; **count-out condition,** condition finale de comptage; **current item count,** compteur de séquence courante; **cycle count,** comptage de cycles; **error count,** nombre d'erreurs; **hole count check,** contrôle du nombre de perforations; **hole count error,** erreur de contrôle du nombre de perforations; **horizontal raster count,** définition horizontale de trame; **input block count,** comptage des zones d'entrée; **item character count,** zone de longueurs d'articles; **item count,** compte d'articles; **item count discrepancy,** erreur de comptage d'articles; **output block count,** comptage des blocs de sortie; **raster count,** définition de trame; **read count,** lecture de l'identificateur; **record character count,** zone de longueur d'article; **record count,** nombre d'enregistrements; **repeat count,** nombre itératif; **sector count,** comptage de secteurs; **semaphore count field,** zone de comptage de sémaphores; **serial count,** comptage en série; **trailing count,** comptage d'articles fin; **zero count interrupt,** interruption à zéro.

**countdown:** décompte, compte à rebours; **countdown counter,** compteur dégressif.

**counter\*:** compteur, guichets; **accumulating counter,** compteur totalisateur; **add/subtract counter,** registre additionneur-soustracteur; **adding counter,** compteur totalisateur; **address counter,** compteur d'adresses; **allocation counter,** registre d'affectation, registre d'allocation; **balance counter,** soustracteur, compteur soustractif; **bank counter terminal,** terminal de guichet de banque; **basic counter,** compteur de base; **bidirectional counter,** compteur inverse; **binary counter,** compteur binaire; **binary-coded decade counter,** compteur décimal code binaire; **block counter,** compteur de blocs; **card counter,** compteur de cartes; **cascadable counter,** compteur en cascade; **command counter,** compteur de commandes; **control counter,** registre de contrôle; **countdown counter,** compteur dégressif; **counter advance,** progression de compteur; **counter balance,** solde de compteur; **counter balance control,** contrôle du solde compteur; **counter capacity,** capacité de compteur; **counter chart,** table des opérations compteur; **counter circuit,** circuit de comptage; **counter clearing,** remise à zéro du compteur; **counter control,** commande de compteur; **counter entry,** entrée de compteur; **counter exit,** sortie de compteur; **counter list,** listage du contenu compteur **counter list entry,** entrée compteur de liste; **counter list exit,** sortie en liste de compteur; **counter preset,** prépositionnement d'un compteur; **counter read back,** transfert arrière du contenu compteur; **counter reset,** réinitialisation un compteur; **counter split,** fractionnement de compteur; **counter storage,** mémoire de comptage; **counter terminal,** terminal de guichet; **counter total exit,** sortie des cumuls; **counter wheel,** roue compteuse; **countup counter,** compteur progressif; **current address counter,** compteur d'adresses courantes; **current location counter,** registre d'adresses courantes; **cycle counter,** compteur de cycles; **cycle index counter,** compteur de boucle; **data length counter,** compteur de longueur de données; **decade counter,** compteur à décade; **delay counter,** temporisateur; **digital counter,** compteur numérique; **distribution counter,** compteur d'adressage; **divide-by-two counter,** compteur diviseur par deux; **document counter,** compteur de documents; **electronic counter,** compteur électronique; **erase counter,** compteur d'effacement; **event counter,** compteur de résultat; **formula counter,** compteur pondéré; **frequency counter,** compteur de fréquences; **group counter,** compteurs généraux; **hardware program counter,** compteur d'instructions câblé; **hour counter,** compteur horaire; **impulse counter,** compteur d'impulsions; **incremental counter,**

compteur incrémentiel; **inhibit counter,** compteur d'inhibition; **instruction counter,** registre d'instructions; **instruction length counter,** compteur de longueur d'instruction; **instruction location counter,** registre d'enchaînement d'instructions; **item counter,** compteur d'articles; **key stroke counter,** compteur d'impositions; **line counter,** compteur de lignes; **location counter,** registre de position; **maintenance counter,** compteur de maintenance; **mechanical counter,** compteur mécanique; **memory address counter,** compteur d'adresses de mémoire; **modulo-N counter,** compteur modulo-N; **net balance counter,** compteur de solde net; **page counter,** compteur de pages; **pocket counter,** compteur de cases; **pocket counter,** calculette de poche; **program address counter,** registre d'instructions; **program counter,** registre d'instructions; **pulse counter,** compteur d'impulsions; **quantity number counter,** compteur-quantificateur; **radix-two counter,** compteur à base 2, compteur binaire; **repetition counter,** compteur répétitif; **reversible counter,** compteur-décompteur; **revolution counter,** compte-tours; **ring counter,** compteur en anneau; **ripple counter,** compteur d'ondulations; **rollback counter,** compteur de reprises; **sequence counter,** compteur séquentiel; **set (to) (a counter),** positionner, charger (un compteur); **sheet counter,** compteur de tirage; **software program counter,** compteur d'instructions programmées; **standard counter,** compteur standard; **starting location counter,** compteur d'adresses de début d'implantation; **step counter,** compteur séquentiel; **storage address counter,** compteur d'adresses d'implantation; **storage assignment counter,** compteur d'affectation mémoire; **storage location counter,** compteur de positions de mémoire; **stroke counter,** compteur de frappes; **teller counter terminal,** terminal de guichet; **test cycle counter,** compteur des essais de programmes; **time counter,** minuterie; **transaction counter,** compteur de mouvements; **transistorized counter,** compteur transistorisé; **unit counter,** compteur des unités.

**counterclockwise:** antihoraire; **counterclockwise (CCW),** sens inverse des aiguilles d'horloge.

**counting:** comptage; **carry counting,** comptage des reports; **closed counting chain,** chaîne de comptage fermée; **counting address register,** registre de contrôle d'adresses; **counting chain,** chaîne de comptage; **counting feature,** dispositif de comptage; **counting operation,** opération de comptage; **counting rate,** vitesse de comptage; **counting sorter,** trieuse-compteuse; **down counting,** décomptage; **instruction counting register,** registre de comptage d'instructions; **record counting,** comptage d'enregistrements.

**countup:** compte progressif; **countup counter,** compteur progressif.

**coupled:** couplé; **acoustically coupled modem,** modem à couplage acoustique; **charge-coupled device (CDD),** composant à couplage de charge; **coupled address,** adresse couplée; **direct-coupled flip-flop,** bascule galvanique; **emitter coupled logic (ECL),** logique à couplage par l'émetteur.

**coupler:** coupleur; **acoustic coupler,** coupleur acoustique; **coupler link,** jonction de coupleur; **magnetic coupler,** coupleur magnétique; **optical coupler (optocoupler),** coupleur optique (optocoupleur); **synchronous coupler,** coupleur synchrone.

**coupling:** couplage; **broadband coupling filter,** filtre coupleur à bande large; **impedance coupling,** couplage par impédance; **mutual inductance coupling,** couplage inductif mutuel; **resistance coupling,** couplage galvanique.

**courier:** courrier, porteur; **courier service,** messagerie privée; **electronic courier,** messagerie électronique.

**course:** cours; **application course,** cours d'application; **course package,** progiciel didactique; **course software,** logiciel didactique, didacticiel; **instruction course,** cours de formation; **programming course,** cours de programmation.

**cover:** housse; **acoustic cover,** capot d'insonorisation; **cover (to),** revêtir; **cover disk,** couvercle de disque; **cover interlock contact,** contact de sécurité capot; **cover plate,** plaque de revêtement; **cover sheet,** couverture d'ouvrage; **dust cover,** housse; **end cover,** carter latéral; **plug cover,** bouchon de prise; **top cover,** couvercle.

**coverage:** couverture; **frequency coverage,** couverture de fréquences; **reception coverage,** couverture de réception.

**cpi:** characters per inch, caractères par pouce.

**cps:** cycles per second, cycles par seconde (cps).

**CPU\*:** central processing unit, unité centrale (UC) de traitement; **cpu-time,** temps machine.

**cracking:** cassage, craquelure, fractionnement; **dump cracking,** débogage par vidage.

**CRAM:** card random access method,

méthode d'accès sélectifs des cartes.

**crash:** crash; **crash (to),** tomber en panne, atterrir (tête), se cracher; **head crash,** crash de tête; **program crash,** blocage fatal du programme; **system crash,** arrêt fatal du système.

**CRC:** cyclic redundancy check, contrôle cyclique par redondance.

**create:** (to), créer.

**creation:** création; **creation date,** date de création; **creation date field,** zone de la date de création; **creation number,** numéro de création; **file creation,** création de fichier; **master file creation,** création du fichier permanent; **record creation,** création d'articles.

**creative:** créatif; **creative computing,** informatique créative, informatique innovatrice.

**credibility:** crédibilité; **credibility test,** test de vraisemblance.

**credit:** crédit; **bank credit card,** carte de crédit; **credit card terminal,** terminal de cartes de paiement; **credit sign,** signe de solde; **credit symbol,** symbole de crédit.

**crest:** crête; **crest amplitude,** amplitude de crête; **crest current,** courant de crête; **crest factor,** facteur de crête, valeur de crête; **crest value,** valeur de crête.

**crippled:** erroné; **crippled mode,** mode dégradé.

**criteria:** critères; **acceptance criteria,** critères de conformité; **decision criteria,** critères de choix; **multiple selection criteria,** sélection multicritère.

**criterion:** critère; **comparison criterion,** critère de comparaison; **cycle criterion,** critère d'itération; **routing criterion,** critère d'acheminement; **selection criterion,** critère de sélection; **sort criterion,** critère de tri.

**critical:** critique; **critical damping,** amortissement critique; **critical defect,** erreur critique; **critical path,** chemin critique; **critical path method PERT,** méthode du chemin critique PERT; **critical section,** section critique; **critical temperature,** température critique; **critical value,** valeur critique.

**CROM:** control read-only memory, mémoire morte de commande.

**cross:** croix, croisé; **cross (to),** franchir, traverser; **cross gap time,** temps d'intervalle; **cross over (to),** croiser; **cross-assembler,** assembleur croisé; **cross-assembly,** assemblage croisé; **cross-check,** contrôle croisé; **cross-compilation,** atténuation de courant de diaphonie; **cross-compiler,** compilateur croisé; **cross-compiling,** compilation croisée; **cross-display,** affichage par rayon cathodique; **cross-display unit,** visuel de corrélation; **cross-haired cursor,** curseur à réticule; **cross-hatched,** hachuré; **cross-linker,** éditeur de liens absolu; **cross-modulation,** intermodulation; **cross-over,** pont; **cross-over point,** point de croisement; **cross-program,** programme portable; **cross-reference,** correspondance, renvoi; **cross-reference list,** liste des correspondances; **cross-reference table,** table des renvois; **cross-section,** section transversale; **cross-section paper,** papier quadrillé; **cross-sector linkage,** adressage à dépassement de secteurs; **cross-software,** programme de développement; **cross-stall,** perturbation inductive; **cross-transfer,** transfert transversal; **cross-validation,** contre-vérification; **symbol cross reference listing,** liste de symboles références; **tracking cross,** croix de poursuite.

c r o s s f e e d : travers, couplage transversal, diaphonie.

c r o s s f i r e : diaphonie incohérente.

c r o s s f o o t : vérification horizontale; **crossfoot (to),** effectuer une opération horizontale.

c r o s s f o o t i n g : calcul transversal.

c r o s s h a i r * : réticule; **crosshair cursor,** curseur à réticule.

c r o s s h a t c h i n g : hachure croisée.

c r o s s i n g : croisement; **axis crossing,** coupure d'axe; **zero-crossing,** coupure du zéro.

c r o s s t a l k * : diaphonie; **crosstalk level,** niveau de diaphonie; **crosstalk volume,** amplitude de diaphonie; **inverted crosstalk,** diaphonie incohérente.

c r o s s t e l l : diaphonie; **crosstell channel,** canal de connexion.

c r o w d : groupe.

C R T : **CRT device,** affichage à tube à rayon cathodique; **CRT display,** écran analogique; **CRT display unit,** unité d'affichage à tube à rayon cathodique; **CRT refresh,** rafraîchissement écran; **CRT storage,** mémoire à tube électrostatique; **beam penetration CRT,** tube à pénétration; **cathode ray tube (CRT),** tube à rayons cathodiques (CRC); **penetration CRT,** tube cathodique à pénétration; **raster scan CRT,** tube à balayage de trame; **shadow mask color CRT,** tube couleurs à masque.

c r u n c h : **crunch numbers (to),** effectuer des calculs.

c r u n c h e r : broyeur; **number cruncher,** processeur arithmétique.

c r y o g e n i c : cryogénique; **cryogenic circuit,** circuit cryoélectrique; **cryogenic computer,** ordinateur cryogénique; **cryogenic store,** mémoire cryogénique, mémoire supraconductive; **cryogenics,** la cryogénie.

c r y p t o g r a p h y : cryptographie.

c r y s t a l : cristal, quartz; **crystal diode,** diode à cristal; **crystal filter,** filtre à cristal; **liquid crystal,** cristal liquide; **liquid crystal display (LCD),** affichage à cristaux liquides; **quartz crystal,** cristal de quartz; **single crystal,** monocristal.

C S L : **computer simulation language,** langage de simulation.

C S W : **control status word,** mot d'état de contrôle.

C T S : **clear to send,** prêt à transmettre.

c u e * : appel; **cue character,** caractère indicateur; **cue symbol,** caractère d'appel; **cue track address code,** code d'adresse de la piste d'ordres.

c u m u l a t i v e : cumulatif; **cumulative area,** zone de cumul; **cumulative error,** erreur cumulative.

c u r r e n c y : monnaie; **currency sign,** symbole monétaire; **currency symbol,** symbole monétaire.

c u r r e n t : courant; **Zener current,** courant Zener; **account current,** compte courant; **alarm current,** courant d'alerte; **alternate current (AC),** courant alternatif (CA); **alternating current (AC),** courant alternatif (CA); **alternating current component,** composante de courant alternatif; **backward current,** courant inverse; **base current,** courant de base; **base drive current,** courant régulateur de base; **base saturation current,** courant de base saturé; **bias current,** courant de polarisation; **blocking state current,** courant de blocage; **carrier current,** courant porteur; **carrier current signal,** signal à courant porteur; **cathode current,** courant cathodique; **circulating current,** courant induit, courant de Foucault; **coincident current memory,** mémoire à courants de coïncidence; **coincident current selection,** sélection par courants coïncidents; **collector current,** courant collecteur; **crest current,** courant de crête; **current address counter,** compteur d'adresses courantes; **current buffer,** tampon courant; **current circuit,** circuit électrique; **current date,** date courante; **current density,** densité de courant; **current directory,** répertoire courant; **current drive,** unité de disque active; **current feedback,** réaction de courant; **current flow,** flux, flot, passage de courant; **current gain,** gain du courant; **current generation,** génération de fichier en cours; **current item count,** compteur de séquence courante; **current item position,** position de séquence courante; **current limiting characteristics,** caractéristique de limitation du courant; **current limiting device,** limiteur de courant; **current line,** ligne en cours; **current location counter,** registre d'adresses courantes; **current output,** émission de courant; **current program,** programme en cours; **current pulse,** impulsion de courant; **current regulator,** régulateur de courant; **current status,** état en cours; **current surge,** pointe de courant; **current time,** temps réel; **current write address,** adresse d'écriture réelle; **direct current (DC),** courant continu (CC); **direct current portion,** part de courant continu; **displacement current,** courant de décalage; **double current,** double courant; **double current transmission,** transmission en double courant; **drain current,** courant drain; **drive current,** courant d'attaque; **erase current,** courant d'effacement; **forward current,** courant direct; **full current,** courant de pleine charge; **grid current,** courant de grille; **ground current,** courant de terre; **holding current,** courant de maintien; **idle current,** courant déwatté, courant réactif; **inhibit current,** courant inhibiteur; **leakage current,** courant de fuite; **line current,** courant secteur; **load current,** courant de charge; **neutral current,** courant du neutre; **no load current,** courant déwatté, courant réactif; **on-state current,** courant direct; **parasitic current,** courant parasite; **partial read current,** courant de lecture partielle; **partial sense current,** demi-courant de commande; **partial write current,** courant d'écriture partiel; **peak current,** courant de pointe; **polar current operation,** opération en double courant; **polar current signal,** signal à double courant; **polyphase current,** courant polyphasé; **quiescent input current,** courant de repos en entrée; **quiescent output current,** courant de repos en sortie; **rated current,** courant nominal; **rated load current,** courant de charge nominal; **read current,** courant de lecture; **record current,** courant d'enregistrement (écriture); **recording current,** courant d'enregistrement (écriture); **residual current,** courant résiduel, courant de fuite; **reverse current,** courant inverse; **running current,** courant de travail; **sensing current,** courant de lecture; **single current,** courant simple; **single-current signaling,** signalisation simple courant; **single-current transmission,** transmission simple courant; **sneak current,** courant de fuite; **three-phase current,** courant triphasé; **voltage-current characteristic,** caractéristique de la tension; **write current,** courant d'écriture; **writing current,** courant d'écriture.

**cursor:** curseur; **addressable cursor,** curseur adressable; **automatic cursor homing,** retour automatique du curseur; **cross-haired cursor,** curseur à réticule; **cursor control,** commande curseur; **cursor device,** dispositif curseur; **cursor key,** touche curseur; **cursor pad,** pavé curseur; **cursor positioning,** positionnement du curseur; **cursor wrap,** saut de ligne curseur; **cursor-numeric keypad,** pavé numérique et curseur; **destructive cursor,** curseur effaceur; **diamond-shaped cursor pad,** pavé curseur en losange; **display cursor,** curseur d'écran.

**curtate:** rangées de perforations; **lower curtate,** partie basse; **upper curtate,** partie haute.

**curve:** courbe; **automatic curve follower,** lecteur de courbes automatique; **calibration curve,** courbe d'étalonnage; **catenary curve,** courbe de la chaînette; **characteristic curve,** courbe caractéristique; **curve fitting,** adaptation des courbes; **curve follower,** lecteur de courbes; **curve follower logic,** logique de lecture de courbes; **curve generator,** générateur de courbes; **curve plotter,** traceur de courbes; **curve scanner,** scanner de courbes; **curve slope,** montée de courbe; **curve tracer,** traceur de courbes; **curve tracing,** représentation d'une courbe; **failure curve,** courbe d'incidence; **family of curves,** famille de courbes; **frequency curve,** courbe de fréquence; **normal distribution curve,** courbe de distribution normale; **plane curve,** courbe plane; **probability curve,** courbe de probabilité; **sine curve,** courbe sinusoïdale; **slope of a curve,** montée d'une courbe; **space curve,** courbe dans l'espace.

**cushion:** coussin, palier; **air cushion,** palier d'air, coussinet d'air.

**custom:** coutume; **custom software,** logiciel personnalisé; **custom-programmed,** programmé sur commande.

**customer:** client; **customer engineer,** ingénieur du service après-vente; **customer installation,** installation client; **customer's program,** programme utilisateur; **customer-developed,** développé par l'utilisateur; **customer-oriented,** orienté sur client.

**customisation:** cf **customization.**

**customise:** cf **customize.**

**customised:** cf **customized.**

**customiser:** cf **customizer.**

**customization:** particularisation.

**customize:** (to), personnaliser, mettre au goût du client.

**customized: customized,** personnalisé, particularisé; **customized keypad,** clavier personnalisé.

**customizer:** application customizer, programme de commande.

**cut:** coupe, coupé; **corner cut,** coupure de coin; **corner cut card,** carte à coin coupé; **cut and paste,** coupé et collé; **cut forms,** documents séparés; **cut off (to),** tronquer; **cut vertex,** point d'articulation (graphe); **cut-off,** point de coupure; **cut-off filter,** filtre de troncation; **cut-off frequency,** fréquence de coupure; **cut-off state,** état bloqué; **cut-on filter,** filtre conjoncteur; **cut-out picture file,** bibliothèque d'images; **straight cut control,** commande de déplacement linéaire.

**cutoff:** coupure; **receiver cutoff,** mise hors-service de l'unité de réception; **transistor cutoff region,** plage limite de transistors.

**cutout:** coupure; **automatic cutout,** disjoncteur automatique.

**cybernetics:** la cybernétique.

**cycle\*:** cycle; **RAM refresh cycle,** cycle de rafraîchissement de mémoire dynamique; **access cycle,** période d'accès, cycle d'accès; **added cycle delay,** temps d'itération supplémentaire; **alternate memory cycle,** cycle de mémoire auxiliaire; **basic machine cycle,** cycle machine de base; **basis cycle,** cycle de base; **blank cycle,** cycle à vide; **brush cycle,** cycle de brosse; **bus cycle,** cycle de bus; **canned cycle,** cycle fixé; **card cycle,** cycle de carte; **card read cycle,** cycle de lecture des cartes; **central processor cycle,** cycle de mémoire centrale; **checking cycle,** cycle de contrôle; **clock cycle,** cycle d'horloge; **computer cycle,** cycle de calcul; **computer processing cycle,** période d'exploitation; **control cycle,** cycle de commande; **conversion cycle interlock,** interruption du cycle de conversion; **cycle (to),** boucler; **cycle check,** vérification du cycle; **cycle count,** comptage de cycles; **cycle counter,** compteur de cycles; **cycle criterion,** critère d'itération; **cycle delay,** décalage de cycle; **cycle delay unit,** mémoire à propagation; **cycle down (to),** arrêter; **cycle execution,** exécution du cycle; **cycle index counter,** compteur de boucle; **cycle reset,** remise à zéro de cycle; **cycle sharing,** vol de cycle; **cycle shift,** décalage de cycle; **cycle stealing,** vol de cycle; **cycle time,** temps de cycle; **cycles per second (cps),** cycles par seconde (cps); **data cycle,** cycle de données; **display cycle,** cycle d'affichage; **dot cycle,** récurrence de point; **duty cycle,** facteur d'utilisation; **effective electrical cycle,** période électrique effective; **execute cycle,** cycle d'exécution; **execution cycle,** cycle d'exé-

cution; **extraction cycle,** cycle d'extraction; **feed cycle,** cycle d'alimentation; **feeding cycle,** cycle d'alimentation; **fetch cycle,** cycle de prise en charge; **fixed-cycle operation,** opération à nombre de séquences prédéterminé; **fixed-logic cycle,** cycle de programme déterminé; **forecast cycle,** période de pronostic; **grandfather-father-son cycle,** cycle grand-père-père-fils (trois générations); **group indication cycle,** cycle d'indication de groupe; **idling cycle,** marche à vide; **instruction cycle,** cycle d'instruction; **life cycle,** longévité; **list cycle,** cycle de listage; **loss of cycle,** perte de cycle; **machine cycle,** cycle machine; **main memory cycle time,** cycle de mémoire principale; **major cycle,** cycle majeur; **memory cycle,** cycle de mémoire; **memory cycle time,** temps du cycle de base; **memory refresh cycle,** cycle de rafraîchissement de mémoire; **minor cycle,** période mineure, cycle mineur; **operating cycle,** cycle opération; **operation cycle,** cycle opératoire; **polling cycle,** cycle d'interrogation; **power down cycle,** cycle de mise hors-tension; **printer cycle check,** contrôle du cycle d'impression; **printer cycle error,** erreur de cycle d'impression; **printing cycle,** cycle d'impression; **program cycle,** cycle de traitement; **program development cycle,** cycle de développement de programme; **read cycle,** cycle de lecture; **read cycle time,** temps du cycle de lecture; **reading cycle time,** temps du cycle de lecture; **refresh cycle,** cycle de rafraîchissement; **refreshing cycle,** cycle de rafraîchissement; **regeneration cycle,** cycle de régénération; **retention cycle,** cycle de rétention; **retrace cycle,** cycle de rafraîchissement d'affichage; **review cycle,** cycle d'analyse; **search cycle,** cycle de recherche; **seek cycle,** cycle de positionnement; **single cycle,** cycle unique; **station cycle polling feature,** appel de poste; **status test cycle,** cycle de contrôle d'état; **storage cycle,** cycle de mémorisation; **successive cycles,** cycles successifs; **test cycle counter,** compteur des essais de programmes; **total cycle,** cycle de prise du total; **transfer cycle,** cycle de transfert; **variable-cycle duration,** temps de cycle variable; **variable-cycle operation,** opération asynchrone; **wait cycle,** cycle d'attente; **waiting cycle,** cycle d'attente; **work cycle,** séquence de travail; **working cycle,** cycle de travail; **write cycle,** cycle d'écriture; **write cycle time,** temps du cycle d'écriture; **writing cycle time,** temps du cycle d'écriture.

**cyclic:** cyclique, circulaire, recurrent; **cyclic check byte,** octet de contrôle récurrent;

**cyclic check character,** caractère de contrôle récurrent; **cyclic check code,** code à contrôle cyclique; **cyclic code,** code cyclique, code Gray; **cyclic memory,** mémoire cyclique; **cyclic permutation,** permutation circulaire; **cyclic permuted code,** code cyclique permuté, code Gray; **cyclic process,** opération cyclique; **cyclic redundancy check (CRC),** contrôle cyclique par redondance; **cyclic shift,** décalage cyclique; **cyclic shift operation,** opération de décalage; **cyclic storage,** mémoire circulaire; **single-cyclic program,** programme cyclique simple.

cycling: itération.

cylinder: cylindre; **alternate cylinder,** cylindre de secours; **base cylinder,** cylindre de base; **cylinder address,** adresse de cylindre; **cylinder boundary,** frontière de cylindre; **cylinder changeover,** échange de cylindre; **cylinder index,** index de cylindre; **cylinder number,** numéro de cylindre; **cylinder overflow,** dépassement de cylindre; **cylinder overflow area,** zone de dépassement du cylindre; **end of cylinder,** fin de cylindre; **impression cylinder,** cylindre de foulage; **prime data cylinder,** cylindre de données primaires.

cylindric: cylindrique; **cylindric function,** fonction cylindrique.

cypher: cf cipher.

cyphering: cf ciphering.

# D

**D :** D-bus, bus de données.

**DAC :** digital-to-analog converter, convertisseur numérique-analogique.

**dagger :** NON-ET; **dagger operation,** opération NON-ET, opération NI.

**daisy :** roue porte-caractères, marguerite; **daisy chain,** chaîne bouclée; **daisy chain cable,** câble de chaînage; **daisy chain connection,** connexion en chaîne; **daisy printer,** imprimante à marguerite; **daisy wheel,** marguerite, disque porte-caractères; **daisy wheel printer,** imprimante à marguerite; **daisy-chained,** en chaîne bouclée.

**dalek :** dalek; **dalek voice,** voix robotique.

**damage :** avarie, défaillance.

**damping\* :** amortissement, insonorisation; **critical damping,** amortissement critique; **damping element,** filtre éliminateur; **pen damping,** encrage continu.

**dash :** tiret, trait d'union; **dash key,** touche de tiret '-'; **dot-and-dash line,** trait mixte.

**dashed :** formé de tirets; **dashed line,** ligne en tirets.

**DAT :** dynamic address translation, translation dynamique d'adresse.

**data\* :** données, informations; **absolute data,** données absolues; **actual data,** données effectives; **actual data transfer rate,** cadence brute de transfert de données; **aged data,** données altérées; **alphabetic data,** données alphabétiques; **alphabetic data input,** entrée de données alphabétiques; **alphameric data,** informations alphanumériques; **alphanumeric data,** données alphanumériques; **alphanumerical data,** données alphanumériques; **analog data,** données analogiques; **asynchronous data set,** modem asynchrone; **asynchronous data transfer,** transfert asynchrone de données; **asynchronous data transmission,** transmission asynchrone de données; **automatic data acquisition (ADA),** acquisition automatique de données; **automatic data conversion,** conversion automatique de données; **automatic data exchange (ADE),** échange automatique de données; **automatic data handling,** traitement et transmission automatiques données; **automatic data input,** introduction automatique des données; **automatic data processing (ADP),** traitement automatique de données;

**automatic data processing system,** système de traitement automatique de données; **automatic data protection,** protection automatique des données; **automatic data recording,** enregistrement automatique des données; **automatic data service center,** centre de traitement automatique de données; **automatic data transmission,** transmission automatique des données; **auxiliary data,** données auxiliaires; **average data rate,** débit moyen d'entropie; **backup data set,** ensemble des données de sauvegarde; **batch data terminal,** terminal de traitement par lots; **beginning-of-data,** début des informations; **bidirectional data bus,** bus de données bidirectionnel; **binary-coded data,** données binaires; **bit string data,** données de chaîne binaire; **block data statement,** instruction de zone de données; **block of data,** bloc de données; **booking data,** données de réservation; **bulk data,** masse de données; **bulk transmission of data,** transfert de grandes quantités de données; **business data,** données de gestion; **business data processing,** traitement de l'information en gestion; **card data field,** zone de données d'une carte; **catalogued data set,** fichier-catalogue; **cell data,** données d'élément; **central data processor,** unité centrale de traitement; **centralized data acquisition,** saisie centralisée des données; **centralized data processing,** traitement d'informations centralisé; **chain data flag,** drapeau d'enchaînement de données; **channel data check,** contrôle de transfert en canal; **checkpoint data,** données des points de reprise; **checkpoint data set,** fichier des points de reprise; **code-transparent data communication,** transmission de données à code unique; **coded data,** données codées; **commercial data,** données commerciales; **concatenated data,** données chaînées; **concatenated data set,** fichiers enchaînés; **contiguous data structure,** structure séquentielle de données; **control data,** données de contrôle, données de commande; **corrected data,** données corrigées; **count data format,** zone de comptage; **cumulating data,** cumul des données; **data above voice (DAV),** données supravocales; **data acceptance,** acceptation des données; **data access control,** technique d'accès de l'information; **data access method,** méthode d'accès aux données; **data acquisition (DA)**, saisie de données; **data acquisition device**, dispositif de saisie des données; **data acquisition system**, système de saisie de données; **data adapter (adaptor) unit**, interface de données; **data address**, adresse des données; **data administrator**, gestionnaire de données; **data aggregate**, données structurées; **data alert**, signal d'erreur de données; **data amount**, masse de données; **data area**, zone des données; **data array**, tableau de données; **data attribute**, caractéristique des données; **data backup**, sécurité des données; **data bit**, binaire utile; **data block**, bloc d'informations; bloc secteur; **data block address**, adresse de bloc de données; **data block assignment**, allocation de bloc; **data block indexing**, indexation du bloc de données; **data block marker**, marqueur de bloc de données; **data block mode**, mode d'exploitation par blocs de données; **data book**, recueil de données; **data boundary**, limite de données; **data break**, accès immédiat à la mémoire; **data buffer**, tampon de données; **data buffering**, tamponnage de données; **data bulk**, masse d'informations; **data bus**, bus de données; **data bus line**, ligne collectrice de données; **data capture**, saisie de données; **data capture cassette**, cassette d'enregistrement; **data card**, carte de données; **data carrier**, support de données, support d'informations; **data carrier storage**, mémoire à support amovible; **data cartridge**, cartouche magnétique; **data catalog**, catalogue de données; **data category**, catégorie de données; **data cell**, cellule, élément de données; **data cell storage**, mémoire à feuillets; **data center**, centre de traitement de données; **data chain**, chaîne de données; **data chaining**, chaînage de données; **data chaining sequence**, séquence enchaînée de données; **data channel**, voie de données; **data channel analog input adapter**, adaptateur de canal analogique; **data channel console**, console des données; **data channel multiplexer**, multiplexeur de voie de données; **data channel multiplexor**, multiplexeur de canal de données; **data check**, contrôle de données; **data checking**, contrôle de données; **data circuit**, circuit de données; **data circuit terminating equipment (DCE)**, équipement de terminaison de circuit de données; **data circuit transparency**, transparence du circuit de données; **data code**, code de données; **data code conversion**, conversion de code de données; **data coding**, codage de données; **data collection**, saisie, acquisition de données; **data collection station**, terminal de saisie; **data collection system**, système de saisie de données; **data communication**, téléécriture, télématique; **data communication controller**, contrôleur de transmission de données; **data communication service**, service de transmission de données; **data communication system**, système de communication de données; **data communication unit**, unité de transmission de données; **data communications**, la télématique; **data compaction**, compactage de données; **data compression**, compactage de données; **data concentration**, regroupement de données; **data concentrator**, diffuseur de données, concentrateur de données; **data connection**, connexion de données; **data consistency**, cohérence des données; **data constant**, constante de données; **data contamination**, altération des données; **data control**, gestion de l'information; **data control block**, bloc de contrôle de données; **data convention**, convention de données; **data conversion**, conversion de données; **data converter**, convertisseur de données; **data converter adapter**, adaptateur de convertisseur de données; **data cycle**, cycle de données; **data declaration**, déclaration de données; **data decoding**, décodification de données; **data definition**, définition de données; **data definition name**, nom de définition de fichier; **data degradation**, dégradation des données; **data delay**, délai inhérent aux données; **data delimiter**, délimiteur de données; **data density**, densité de données; **data description**, description de données; **data description entry**, déclaration de données d'entrée; **data description language (DDL)**, langage de description de données; **data descriptor**, descripteur de données; **data dictionary**, dictionnaire de données; **data directory**, répertoire de données; **data display**, console de visualisation; **data display device**, visuel de données; **data display unit**, unité d'affichage de données; **data dissemination**, diffusion de données; **data distribution**, distribution de données; **data division**, partie des données; **data dump**, vidage de mémoire; **data editing**, édition de données; **data element**, élément de données; **data element chain**, chaîne d'éléments de données; **data encoder**, codeur de données; **data encryption**, cryptage des données; **data entry**, entrée de données; **data entry device**, périphérique de saisie; **data entry equipment**, unité d'introduction de données; **data entry keyboard**, clavier de saisie de données; **data entry system**, système d'introduction de données; **data error,** erreur dans les données; **data evaluation,** évaluation de l'information; **data exchange,** échange de données; **data exchange control,** commande de l'échange des données; **data extent,** zone de données; **data extraction,** extraction de données; **data field,** rubrique; **data field format,** format de zone de données; **data field length,** longueur de champ des données; **data file,** fichier; **data file conversion,** conversion de fichier de données; **data file directory,** répertoire de fichiers; **data flow,** flux de données; **data flow control,** cinématique de l'information; **data flow diagram,** organigramme de données; **data flowchart,** organigramme de données; **data format,** format de données; **data formatting statement,** instruction de format des données; **data gathering,** collecte de données; **data group,** groupement de données; **data handling,** saisie de données; **data head arm,** bras de positionnement de tête; **data hierarchy,** hiérarchie de données; **data independence,** autonomie des données; **data initialization statement,** déclaration de valeur initiale; **data input,** entrée des données; **data input station,** poste d'entrée de données; **data input unit,** unité d'introduction des données; **data integrity,** sécurité des données; **data interchange,** échange des données; **data item,** élément de données; **data key,** touche alphanumérique, touche de perforation; **data layout,** format de données; **data length,** longueur de données; **data length counter,** compteur de longueur de données; **data level,** niveau de données; **data library,** bibliothèque de données; **data line,** canal de transmission, voie de transmission; **data link,** liaison de données; **data link control,** commande de liaison; **data link control character,** caractère de contrôle de liaison; **data link controller,** contrôleur de liaison de données; **data link escape (DLE),** échappement à la transmission; **data link layer (ISO),** couche de liaison de données (ISO); **data list,** listage de données; **data logger,** collecteur de données; **data logging,** saisie de données; **data maintenance,** maintenance de données; **data management,** gestion de données; **data management software,** logiciel de gestion de données; **data management unit,** module de gestion de données; **data manipulation,** manipulation de données; **data manipulation language (DML),** langage de manipulation de données; **data medium,** support de données; **data memory,** mémoire d'enregistrement; **data**

**message,** message de données; **data model,** structure de données; **data modem,** modem; **data module,** infopac; **data movement,** transmission des données; **data multiplexer,** multiplexeur de données; **data name,** nom de données; **data network,** réseau de données; **data organization,** organisation des données; **data origination,** transfert de données; **data out storage,** mémoire de sortie de données; **data output,** sortie des données; **data output unit,** unité de sortie des données; **data path,** circulation de données, acheminement de données; **data phase,** phase de transfert de données, phase de données; **data phone,** coupleur téléphonique; **data phone data set,** unité d'adaptation des données; **data pick-off element,** élément de code de collecte; **data plotter,** traceur de courbes; **data point,** coordonnées de point-image; **data portion,** partie des données; **data preparation,** préparation de données, mise en forme des données; **data presentation,** présentation des données; **data privacy,** confidentialité des données; **data processing,** ordination, traitement de données; **data processing (DP),** traitement de données, traitement informatique; **data processing center,** centre de traitement de données; **data processing equipment,** matériel de traitement de données; **data processing machine,** machine de traitement de données, ordinateur; **data processing system,** système informatique, de traitement; **data processing technology,** technologie informatique; **data processing terminal equipment,** terminal de visualisation de données; **data processor,** ordinateur, processeur de données; **data protection,** protection des données; **data pulse,** impulsion d'information; **data purification,** filtrage de données; **data query,** consultation de données; **data rate,** vitesse de transmission de données; **data read,** lecture des données; **data read function,** fonction de lecture de données; **data receiver,** récepteur de données; **data recognition,** identification de données; **data record,** enregistrement de données; **data recorder,** enregistreur de données; **data recording,** enregistrement des données, saisie de données; **data recording computer,** ordinateur de saisie des données; **data recording device,** enregistreur sur bande magnétique; **data recording medium,** support d'informations; **data recording program,** programme de perforation des cartes; **data recovery,** correction des données; **data reduction,** réduction des données; **data reduction program,** programme de condensation de données; **data representation,** représentation de données; **data retrieval,** recherche de l'information; **data route character,** caractère de routage; **data sampling system,** système d'échantillonnage d'informations; **data scanning,** scrutation de données; **data sector,** secteur de données; **data security,** protection de données; **data segment,** segment de données; **data selection,** sélection de données; **data selector,** sélecteur de données; **data-sensitive error,** erreur détectable par les données; **data set,** ensemble de données; **data set definition,** définition de structure des données; **data set indicator,** indicateur de fichier; **data set label,** intitulé de structure de données; **data set name,** nom de fichier; **data set organization,** organisation de l'enregistrement des fichiers; **data set ready (DSR),** poste de données prêt; **data sharing,** partage de données; **data sheet,** fiche technique; **data signal,** signal de données; **data signal concentrator,** concentrateur de données; **data signaling rate,** débit de données; **data sink,** collecteur de données, puits de données; **data sorter,** trieur; **data sorting,** tri des données; **data source,** source de données; **data space,** zone de données; **data specification,** spécification de données; **data station,** station de données; **data status field,** zone d'état des données; **data status indicator,** indication d'état; **data storage,** mémorisation de données, support de données; **data storage management,** gestion des supports de données; **data storage position,** position de mémorisation des données; **data stream,** flot de données; **data streamer,** dévideur en continu; **data string,** chaîne de données; **data structure,** structure de données; **data structure description,** description de la structure des données; **data switching,** commutation des données; **data switching exchange (DSE),** centre de commutation de données; **data tape,** bande des données; **data tape punch,** perforateur de bande; **data telecommunication,** téléinformatique; **data teleprocessing,** télétraitement de données; **data terminal,** terminal de données; **data terminal equipment (DTE),** équipement terminal de données (ETTD); **data terminal installation,** poste de télégestion; **data terminal interface,** interface de poste de télégestion; **data terminal ready (DTR),** terminal en ligne; **data terminal subscriber,** abonné télématique; **data time,** temps de transmission des données; **data track,** piste de données; **data transcription,** transcription des données; **data transducer,** convertisseur de données; **data transfer,** transfert de données; **data transfer phase,** phase de transfert de données, phase de données; **data transfer rate,** taux de transfert de données; **data transfer signal,** séquence de transmission de données; **data translator,** convertisseur de données; **data transmission,** transmission de données; **data transmission block,** transmission d'un bloc de données; **data transmission channel,** voie transmission, canal de transmission; **data transmission control unit,** unité de contrôle de transmission; **data transmission equipment,** matériel de transmission de données; **data transmission interface,** interface de transmission de données; **data transmission line,** ligne de transmission de données; **data transmission rate,** vitesse de transfert; **data transmission system,** système de transmission de données; **data transmitter,** émetteur de données; **data type,** type de données; **data unit,** module de données; **data use identifier,** identificateur d'utilisation de données; **data validation,** validation de données; **data validity,** validité des données; **data vet,** validation de données; **data vetting program,** programme de contrôle de données; **data word,** mot de données; **data word format,** format du mot de données; **data word length,** longueur du mot de données; **data word size,** longueur de mot de données; **data write permit bit,** bit de validation d'écriture; **data write protection,** interdiction d'écriture; **data-dependent protection,** protection individuelle des données; **data-directed,** commandé par données; **data-in line,** ligne d'entrée des données; **data-in storage,** mémoire d'entrée de données; **data-out line,** ligne de sortie des données; **data-sensitive fault,** défaut détecté par les données; **decentralized data processing,** traitement décentralisé; **dial-up data station,** poste d'établissement de liaison; **digital data,** informations numériques; **digital data conversion equipment,** matériel de conversion numérique; **digital data demodulator (DDD),** démodulateur d'information numérique; **digital data processing system,** système de traitement numérique; **digital data processor,** processeur numérique; **digital data receiver,** récepteur numérique; **digital data recording,** enregistrement de données numériques; **digital data transmission,** transmission de données; **digital data transmitter,** émetteur numérique; **digitized data,** données en représentation numérique; **direct data channel,** canal de liaison directe; **direct data control,** commande numérique directe; **direct data entry (DDE),** entrée directe des données; **direct data output,** sortie directe des données; **direct data processing,** traitement direct des données; **direct data recording,** enregistrement direct des données; **discrete data,** données discrètes; **disk data management,** gestion des données sur disque; **dispersed data processing,** télématique, informatique distribuée; **distributed data processing,** traitement de données distribué; **distributed data processing network,** réseau d'informatique distribuée; **document data processing,** traitement de documents; **dummy data,** données fictives; **dummy data set,** fichier fictif, pseudo-fichier; **effective data transfer rate,** vitesse de transmission effective; **electronic data processing (EDP),** traitement électronique de données, informatique; **electronic data processing machine,** machine de traitement électronique de données; **electronic data processing system,** système de traitement électronique de données; **end of data,** fin de données; **end-of-data exit,** sortie définitive des données; **end-of-data item,** enregistrement fin de données; **erroneous data,** données erronées; **error data,** données erronées; **external data file,** fichier externe; **fast data transmission,** transmission rapide de données; **fill in blank data entry,** entrée par remplissage de blancs; **fixed-data storage,** mémoire fixe; **flow of data,** circulation de données; **generated data flow,** flux de données générées; **generation data set,** ensemble de données générées; **global data,** données communes; **global data block,** ensemble du bloc de données; **graphic data,** données graphiques; **graphic data output,** sortie d'informations graphiques; **graphic data processing,** traitement de l'information graphique; **graphic data reduction,** conversion des courbes en numérique; **graphic data structure,** arrangement de données graphiques; **high data rate,** transmission à grande vitesse; **high-level data link control (HDLC),** procédure de commande de liaison de données; **high-speed data channel,** canal de données rapide; **historical data,** données fondamentales; **home data channel,** canal de données local; **huge data,** grande quantité de données; **immediate data,** données directes; **in-line data processing,** traitement de données interactif; **index data item,** zone d'articles indexés; **indexed data name,** nom de données indexé; **individual data support,** support individuel d'information; **industrial data capture,** saisie des informations industrielles; **industrial data processing,** traitement de données industriel; **informative data,** données utiles; **initial data,** données initiales; **input data,** données d'entrée; **input data block,** bloc d'entrée des données; **input data translator,** traducteur des données en entrée; **input-output data,** données d'entréesortie; **integrated data processing (IDP),** traitement intégré de l'information; **intercept data storage position,** partition d'interception; **intermediate data,** résultats intermédiaires; **intermediate data storage,** mémoire intermédiaire; **internal data processing,** traitement interne des données; **international data transmission,** transmission internationale des données; **interpretation of data,** interprétation des données; **interrupted data support,** support discontinu; **irretrievable data,** données inaccessibles; **line data channel,** canal de télétraitement; **live data test,** essai réel; **local data block,** bloc de données autonomes; **logical data set,** groupe logique de données; **low data rate,** transfert lent; **machinable data carrier,** support de données exploitable en machine; **machine-readable data,** données exploitables par la machine; **maintained data,** données à jour; **management data query,** interrogation directe du fichier; **manual data input,** introduction manuelle des données; **mass data,** données de masse; **mass of data,** données en masse; **master data,** données directrices; **master data sheet,** feuille maîtresse; **measured data acquisition,** saisie des données de mesure; **multikeyboard data capture,** saisie multiclavier; **multiple data recording,** saisie multi-information; **multistation data entry system,** système de saisie multiposte; **node status data,** données d'état nodal; **numeric data,** données numériques; **numerical data,** données numériques; **on-line data capture,** saisie en ligne; **on-line data service,** service télématique; **one-keyboard data capture,** saisie monoclavier; **one-way data transmission,** transmission unidirectionnelle; **operational control data,** données de commande opérationnelle; **organization of data,** structure des données; **original data,** données de base; **output data,** données de sortie; **output data carrier,** support de données de sortie; **overflow data,** données de débordement; **packed data,** données condensées; **partitioned data,** données cataloguées; **partitioned data set,** ensemble des données partagées; **path data,** information de déplacement; **permanent data,** données constantes; **permanent data set,** ensemble des données permanentes; **permanent data storage,** conservation des données; **permit data write,** validation de l'enregistrement des données; **pictorial data representation,** représentation de données image; **position data,** consignes d'acheminement; **primary data,** données d'origine; **primary data acquisition,** saisie des données d'origine; **primary data area,** zone de données primaires; **primary data block,** bloc de données primaires; **primary data extent,** domaine de données primaires; **primary data record,** enregistrement primaire; **prime data,** données principales; **prime data area,** zone de données primaires; **prime data cylinder,** cylindre de données primaires; **printing data,** données d'impression; **printing data transceiver,** téléimprimeur; **process data,** données industrielles; **process data input,** entrées des données industrielles; **process data output,** sortie des données industrielles; **processing data,** données à traiter; **production data,** données de production; **program data,** données de programme; **public data network,** réseau public de télétraitement; **qualified data name,** nom de données qualifiées; **random data,** données aléatoires; **raw data,** données brutes; **raw data transfer,** transfert de données brutes; **read data,** données de lecture; **ready-for-data,** disponibilité de transmission; **real-time data processing,** traitement des données en temps réel; **received backward channel data,** sous-canal récepteur de données; **received data,** données reçues; **related data,** données relationnelles; **relative data,** données relatives; **remote data base manager,** télégestion de banque de données; **remote data processing,** traitement à distance; **route sheet data,** fiches de date; **safeguard of data,** sauvegarde des informations; **sample data,** données d'échantillonnage; **sampled data,** données échantillonnées; **sampled data control,** contrôle de données par échantillonnage; **sampled data system,** système d'échantillonnage des données; **segment data base,** base d'un segment de données; **sequential data,** données séquentielles; **sequential data file,** fichier à données séquentielles; **sequential data structure,** structure séquentielle; **short range data transmission,** transmission rapprochée des données; **source data,** données source; **standard data format,** format standard des données; **storage data register,** registre des données à mémoriser; **string data,** données enchaînées; **synchronized data link control (SDLC),** procédure synchrone; **synchro-**

**nous data link control,** commande de transmission synchrone; **synchronous data network,** réseau synchrone; **synchronous data transmission,** transmission de données synchrone; **tabular data presentation,** présentation de données en table; **tandem data circuit,** circuit de données en tandem; **tape data selector,** sélecteur de données sur bande; **temporary data set,** fichier temporaire; **test data,** données de test; **test data block,** bloc des données d'essai; **test data dispersion,** distribution des données d'essai; **test data generator,** générateur de données d'essai; **transaction data,** données de mouvements; **transaction data set,** fichier des transactions; **transmittal data,** données à transmettre; **transmitted data,** données transmises; **transmitted data line,** ligne d'émission de données; **transparent data communication,** communication en mode transparent; **unfitted data,** données invalides; **unprotected data field,** zone de données non protégée; **user data,** données utilisateur; **variable data,** données variables; **video data terminal,** terminal vidéo; **viewable data,** données visualisables; **vital data,** informations essentielles; **volume of data,** volume de données.

**d a t a b a n k\*:** banque de données; **databank descriptor,** descripteur de banque de données; **terminology databank,** banque de données de terminologie.

**d a t a b a s e\*:** base de données; **computerized database,** base de données informatique/automatisée; **corporate database,** base de données d'entreprise; **database administration,** administration de base de données; **database administrator,** administrateur de banques de données; **database descriptor,** descripteur de base de données; **database environment,** environnement de base de données; **database file management,** gestion des fichiers de banque de données; **database inquiry,** consultation de banques de données; **database management (DBM),** gestion de base de données (GBD); **database management system (DBMS),** système de gestion de base de données (SGBD); **database query,** interrogation d'une base de données; **database schematic,** schéma de principe de banque de données; **distributed database,** base de données distribuée; **graphics database,** base de données graphique; **image database,** base de données image; **integrated database,** base de données intégrée; **relational database,** base de données relationnelle; **subsystem database,** base de don-

terminology database

nées partielle; **terminology database,** base de données de terminologie.

**datacall:** transmission.

**datacom:** transfert de données, télématique; **datacom network,** réseau télématique; **datacom package,** progiciel télématique.

**datagram:** datagramme; **datagram service,** service de datagrammes.

**dataline:** ligne télématique.

**datamation:** traitement de l'information.

**date:** complément apériodique; **ageing date,** date d'expiration; **allocation date,** date d'attribution; **alpha date,** date alphabétique; **backup date,** date de sauvegarde; **creation date,** date de création; **creation date field,** zone de la date de création; **current date,** date courante; **date card,** carte de date; **date compiled,** date de compilation; **date field,** zone de date; **date written,** date d'écriture; **date-expired,** date de validation; **effective date,** date effective, date réelle; **entry date,** date d'entrée; **file expiration date parameter,** paramètre de péremption de fichier; **infection date,** date de contamination; **installation date,** date d'installation; **modification date,** date de modification; **posting date,** date de comptabilisation; **purge date,** date de validation; **termination date,** date d'expiration; **year-to-date,** année en cours.

**dating:** mise à la date; **dating routine,** programme heurodateur.

**datum:** donnée; **vital datum,** donnée essentielle.

**DAV:** data above voice, données supravocales.

**day:** jour; **average per day,** moyenne journalière.

**DBM:** database management, gestion de base de données (GBD); **database management system (DBMS),** système de gestion de base de données (SGBD).

**DBMS:** database management system, système de gestion de base de données (SGBD).

**DC:** DC amplifier, amplificateur à courant continu.

**DCE:** data circuit terminating equipment, équipement de terminaison de circuit de données.

**DDD:** digital data demodulator, démodulateur d'information numérique.

**DDE:** direct data entry, entrée directe des données.

**DDL:** data description language, langage de description de données.

**deactivate:** (to), désactiver.

**deactivation:** désactivation; **deactivation point,** point de mise hors-fonction.

**dead:** inactif; **dead band,** zone inerte; **dead console,** console inactive; **dead end,** arrêt brusque, fin imprévue, impasse; **dead file,** fichier inactif; **dead halt,** arrêt immédiat; **dead sector,** secteur mort; **dead space,** espace inutilisé; **dead storage,** mémoire fixe; **dead time,** temps mort; **dead zone,** zone inactive; **drop-dead halt,** arrêt définitif; **file dead,** fichier mort.

**deadlock:** arrêt net, arrêt fatal.

**deallocate:** deallocate (to), désaffecter, libérer.

**deallocation:** désaffectation; **deallocation run,** déroulement de libération de partition; **memory deallocation,** libération de mémoire; **resource deallocation,** désaffectation des ressources.

**deallocator:** programme d'effacement de fichier.

**death:** mort; **slow death,** mort lente.

**deblocking*:** dégroupage, déblocage.

**debug*:** debug, débogage; **debug (to),** déboguer; **debug failure,** défaillance initiale; **debug mode,** mode de mise au point; **snapshot debug,** débogage dynamique de zone.

**debugger:** programme débogueur; **symbolic debugger,** programme symbolique de débogage.

**debugging*:** débogage; **console debugging,** débogage à la console; **debugging aids,** outils de débogage; **debugging information,** information diagnostic; **debugging period,** période de rodage; **debugging phase,** phase de mise au point; **interactive debugging,** débogage interactif; **program debugging,** débogage de programme; **remote debugging,** mise au point déportée; **source language debugging,** débogage du programme source.

**decade:** décade; **binary-coded decade counter,** compteur décimal code binaire; **decade counter,** compteur à décade; **decade switch,** commutateur décadique.

**decay:** affaiblissement; **decay time,** temps de descente; **pulse decay time,** temps de descente d'impulsion.

**deceleration:** décélération; **deceleration time,** temps de décélération.

**decentralised:** cf **decentralized.**

**decentralized:** decentralisé; **decentralized data processing,** traitement décentralisé.

**decibel:** décibel.

**decimal:** décimal, de base dix; **actual decimal point,** virgule décimale réelle;

assumed decimal point, virgule programmée; **automatic decimal alignment**, alignement automatique sur la virgule décimale; **automatic decimal point**, positionnement automatique de virgule décimale; **binary-coded decimal (BCD)**, décimal codé binaire (DCB); **binary-coded decimal code**, numération décimale codée en binaire; **binary-coded decimal digit**, pondéré binaire; **binary-coded decimal notation**, numération décimale codée binaire; **binary-coded decimal number**, nombre décimal codé en binaire; **binary-coded decimal representation**, notation pondéré binaire; **binary-coded decimal system**, système décimal codé en binaire; **binary-to-decimal**, convertisseur de binaire en décimal; **binary-to-decimal conversion**, conversion binaire-décimale; **binary-to-decimal decoder (BDD)**, décodeur numérique-décimal; **biquinary coded decimal number**, nombre décimal code biquinaire; **coded decimal**, codé en décimal; **coded decimal digit**, chiffre décimal codé; **coded decimal notation**, notation décimale codée; **coded decimal number**, nombre décimal code; **decimal alignment**, cadrage de virgule décimale; **decimal arithmetic**, arithmétique décimale; **decimal carry**, report décimal; **decimal classification**, classification décimale; **decimal conversion**, conversion décimale; **decimal digit**, chiffre décimal; **decimal display**, unité d'affichage de chiffres; **decimal exponent**, exposant décimal; **decimal floating point**, virgule décimale; **decimal fraction**, fraction décimale; **decimal fraction format**, format fractionnaire décimal; **decimal input point**, point d'entrée décimale; **decimal notation**, numération décimale; **decimal number**, nombre décimal; **decimal number format**, format des nombres décimaux; **decimal number system**, système à numération décimale; **decimal numeral**, numéral décimal; **decimal numeration system**, système de numération décimale; **decimal numerics**, nombres décimaux; **decimal place**, position décimale; **decimal point**, virgule décimale; **decimal point alignment**, cadrage de la virgule décimale; **decimal readout**, signal décimal de sortie; **decimal scale**, échelle décimale; **decimal system**, système décimal; **decimal unit of information content**, Hartley, unité décimale (quantité d'information); **decimal-to-binary conversion**, conversion décimale-binaire; **decimal-to-hexadecimal conversion**, conversion décimal-hexadécimal; **decimal-to-octal conversion**, conversion décimal-octal;

**fixed-decimal point**, virgule fixe; **floating decimal**, virgule flottante; **floating-decimal arithmetic**, arithmétique en virgule flottante décimale; **floating-decimal point**, virgule flottante; **implied decimal point**, virgule décimale présumée; **packed decimal**, décimal condensé; **proper decimal fraction**, fraction décimale ordinaire; **recurring decimal**, fraction décimale périodique; **signed packed decimal**, décimal condensé signé; **terminating decimal**, fraction décimale de faible poids; **universal decimal classification**, classification décimale universelle; **unpacked decimal**, décimal non condensé; **zoned decimal**, décimal zoné.

**decilalisation**: *cf* decimalization.

**decimalization**: décimalisation.

**decimalized**: décimalisé; **decimalized notation**, notation décimalisée.

**decipher**: decipher (to), déchiffrer, décrypter.

**deciphering**: décryptage, décodage, déchiffrage; **deciphering key**, clé de décryptage.

**decipherment**: déchiffrement.

**decision**: décision; **decision box**, noeud de décision; **decision circuit**, circuit de décision; **decision content**, valeur décisive; **decision criteria**, critère de choix; **decision element**, élément seuil; **decision feedback equalizer (DFE)**, égaliseur de décision rétroactive; **decision instruction**, instruction de décision, décision de branchement; **decision signal**, signal d'accusé de réception; **decision symbol**, symbole de branchement; **decision table**, table de décision; **decision theory**, théorie de décision; **decision tree**, arbre de décision; **interactive decision making**, aide à la décision conversationnelle; **logic decision**, décision logique; **logical decision**, décision logique; **open decision table**, table de décision ouverte.

**deck\***: paquet de cartes, jeu de cartes, platine; **assembler card deck**, programme sur cartes en langage machine; **assembler deck**, jeu de cartes d'assembleur; **binary load deck**, paquet de carte de chargement binaire; **card deck**, paquet de cartes, jeu de cartes; **cassette deck**, mécanisme d'entraînement de cassette; **control card deck**, paquet de cartes-paramètres; **deck marker**, marque de jeu de cartes; **deck set-up**, arrangement de paquet de cartes; **director deck**, jeu de cartes directrices; **dual deck tape**, unité à double dérouleur; **input deck**, jeu de cartes d'entrée; **instruction deck**, paquet de cartes-instructions; **load deck**, cartes chargeur; **magnetic tape deck,** platine de bande magnétique; **master deck,** jeu de cartes maîtresses; **object deck,** paquet de cartes objet; **output deck,** jeu de cartes résultats; **patch deck,** jeu de cartes de corrections; **program deck,** jeu de cartes programme; **relocatable deck,** module translatable; **single-deck tape,** déroulement simple bobine; **source deck,** cartes-programme source; **tape deck,** platine dérouleur de bande; **test deck,** jeu d'essai.

**declaration:** pseudo-instruction, directive, déclaration; **array declaration,** déclaration de zone; **contextual declaration,** déclaration contextuelle; **data declaration,** déclaration de données; **default declaration,** déclaration différée; **explicit declaration,** déclaration explicite; **external declaration,** déclaration externe; **implicit declaration,** déclaration implicite; **procedure declaration,** déclaration de procédure; **type declaration,** déclaration de type; **variable declaration,** déclaration de variable.

**declarative\*:** pseudo-instruction, directive, déclaration; **compiler-directing declarative,** déclaration de compilateur; **declarative instruction,** instruction déclarative; **declarative macro,** macro-instruction déclarative; **declarative operation,** opération déclarative; **declarative part,** partie déclarative; **declarative section,** accord de procédure; **declarative sentence,** séquence déclarative; **declarative statement,** instruction déclarative; **define declarative,** accord de programmation; **end declarative,** fin des déclarations de procédure; **include declarative,** déclaration d'inclusion; **use declarative,** déclaration d'utilisation.

**declarator:** instruction générique; **array declarator,** déclarateur de matrice; **array declarator name,** nom de matrice; **array declarator subscript,** indice de rang.

**declare:** (to), déclarer.

**decode:** (to), décoder, déchiffrer, décrypter.

**decoder\*:** décodeur; **address decoder,** décodeur d'adresse; **binary decoder,** décodeur binaire; **binary-to-decimal decoder (BDD),** décodeur numérique-décimal; **coder-decoder (CODEC),** codeur-décodeur; **coder-decoder chip,** circuit encodeur-décodeur; **command decoder,** décodeur de commande; **decoder chip,** puce décodeuse; **decoder matrix,** matrice de décodage, matrice de déchiffrement; **decoder network,** matrice de déchiffrage, réseau de déchiffrement; **digital-to-analog decoder,** décodeur numérique-analogique; **instruction decoder,** dé-

codeur d'instruction; **interrupt decoder,** décodeur d'interruption; **operation decoder,** décodeur de code-opération; **operational decoder,** décodeur d'opération; **segment decoder,** décodeur de segment.

**decoding:** décodage; **active decoding,** décodage actif; **data decoding,** décodification de données; **decoding circuit,** circuit de décodage, décodeur; **instruction decoding,** décodage de l'instruction; **interrupt decoding,** analyse des interruptions; **optical decoding,** décodage optique.

**decollate:** decollate (to), séparer, déliasser.

**decollation:** déliassage.

**decollator:** déliasseuse.

**decompile:** decompile (to), décompiler.

**decompiler:** décompilateur.

**deconcatenate:** deconcatenate (to), déconcaténer.

**deconcatenation:** déconcaténation.

**deconfigure:** deconfigure (to), retirer de la configuration.

**decrease:** capacity decrease, réduction de capacité.

**decrement\*:** décrément; **auto-decrement,** décrément automatique; **decrement (to),** décrémenter; **decrement field,** zone de modification d'adresse.

**decrementation:** décrémentation, régression.

**decryption:** décryptage; **encryption-decryption procedure,** procédure d'encryptage-décryptage.

**dedicated:** dédié; **application-dedicated terminal,** terminal orienté sur application; **dedicated area,** zone réservée; **dedicated assignment,** affectation unique; **dedicated circuit,** circuit spécialisé; **dedicated computer,** ordinateur spécialisé; **dedicated connection,** connexion privilégiée; **dedicated line,** ligne spécialisée; **dedicated memory,** mémoire privée; **dedicated mode,** mode de traitement isolé; **dedicated program,** programme spécialisé; **dedicated programming mode,** mode de traitement simplifié; **dedicated system,** système spécialisé.

**deduction:** déduction; **deduction card,** carte retenue.

**default\*:** défaut, manque, avarie, panne; **default assumption,** erreur assumée; **default attribute,** attribut différé, attribut implicite; **default button,** case par défaut; **default code character,** caractère de code par défaut; **default condition,** condition par défaut; **default declaration,** déclaration différée; **default message,** message en différé;

**default option,** option par défaut; **default parameter,** paramètre par défaut; **default printer,** imprimante par défaut; **default size value,** longueur implicite; **default value,** valeur par défaut.

**d e f e c t :** défaut; **critical defect,** erreur critique; **latent defect,** vice caché; **major defect,** défaut majeur.

**d e f e c t i v e :** défectueux, dégradé; **automatic defective track recovery,** changement automatique de piste défectueuse; **defective track,** piste défectueuse, piste dégradée, voie erronée; **defective track recovery,** changement de voie erronée.

**d e f e r r e d :** différé, retardé; **deferred addressing,** adressage différé, adressage indirect; **deferred entry,** entrée différée; **deferred exit,** sortie asynchrone, sortie différée; **deferred maintenance,** maintenance en service; **deferred processing,** traitement différé; **deferred restart,** relance manuelle, relance retardée.

**d e f i c i e n c y :** déficience; **engineering deficiency,** imperfection technique.

**d e f i n e :** define (to), définir, préciser; **define area statement,** instruction de définition de zone; **define declarative,** accord de programmation.

**d e f i n e d :** défini; **defined record,** enregistrement défini; **programmer-defined macro,** macro définie par le programmeur; **recursively defined sequence,** suite récurrente; **user-defined,** défini par l'utilisateur; **user-defined function,** fonction définie par l'utilisateur; **user-defined word,** mot défini par l'utilisateur.

**d e f i n i n g :** **area defining literal,** libellé de définition de zone; **correspondence defining,** définition conforme.

**d e f i n i t i o n :** définition; **area definition,** définition de zone; **area definition statement,** instruction de définition de zone; **data definition,** définition de données; **data definition name,** nom de définition de fichier; **data set definition,** définition de structure des données; **definition card,** carte de définition; **definition instruction,** ordre de définition; **device definition,** définition de périphérique; **field definition,** définition de champ; **file definition,** définition de fichier; **file definition block,** bloc de définition de fichier; **file definition macro,** macro de définition de fichier; **geometric definition,** définition géométrique; **item definition,** définition d'article; **job definition,** définition de travaux; **keyword macro definition,** définition du macro de mot clé; **margin definition,** définition de marge; **name definition field,** zone

de définition de nom; **network definition,** définition de réseau; **problem definition,** définition du problème; **procedure definition,** définition de procédure; **symbol definition,** définition de symbole; **systems definition,** description de système.

**d e f l e c t i o n :** déflexion; **angle of deflection,** angle de déflexion; **deflection coil,** bobine de déviation; **deflection plate,** plaque de déviation; **deflection sensitivity,** sensibilité de déviation; **horizontal deflection,** déviation horizontale, déflexion horizontale; **vertical deflection,** déviation verticale; **vertical deflection sawtooth,** dent de scie de trame.

**d e f l e c t o r :** plaque de déflexion; **beam deflector,** déflecteur de faisceau; **card deflector,** déflecteur de carte; **chip deflector,** déflecteur de confettis; **paper deflector,** déflecteur de papier; **pocket deflector spring,** ressort déflecteur de la case.

**d e g a u s s :** degauss (to), démagnétiser.

**d e g a u s s i n g :** démagnétisation.

**d e g e n e r a c y :** dégénérescence.

**d e g r a d a t i o n :** dégradation; **data degradation,** dégradation des données; **graceful degradation,** dégradation progressive; **graceful degradation mode,** mode dégradé progressif; **priority degradation,** révision des priorités; **system degradation,** reconfiguration du système.

**d e g r e e :** degré; **degree of distortion,** degré de distorsion.

**d e j a g g i n g :** lissage.

**DEL :** delete, oblitération.

**d e l a y :** retard; **absolute delay,** délai de transmission; **acoustic delay line,** ligne à retard acoustique; **adaptive delay equalizer,** compensateur de phase adaptatif; **added cycle delay,** temps d'itération supplémentaire; **amplitude delay,** retard d'amplitude; **clear-to-send delay,** temps de retournement; **cycle delay,** décalage de cycle; **cycle delay unit,** mémoire à propagation; **data delay,** délai inhérent aux données; **delay (to),** retarder; **delay circuit,** circuit de propagation, circuit à retard; **delay correction network,** correcteur de phase; **delay counter,** temporisateur; **delay distortion,** distorsion par retard de phase; **delay equalizer,** compensateur de retard; **delay line,** ligne à retard; **delay line memory,** mémoire à propagation; **delay line register,** registre dynamique, registre à circulation; **delay line shift register,** registre à ligne à retard; **delay line storage,** mémoire à ligne à retard, mémoire à propagation; **delay line store,** mémoire à ligne à retard; **delay network,** réseau à retard, cellule à retard; **delay principle,** principe du temps-réponse; **delay time,** temps de propagation; **delay time interval,** intervalle de phase; **delay unit,** unité de retardement; **digit delay,** délai binaire; **digit delay element,** retardeur unitaire; **electromagnetic delay line,** ligne à retard électromagnétique; **envelope delay,** temps de propagation de groupe; **envelope delay distortion (EDD),** distorsion par retard d'enveloppe; **external delay,** retard extérieur; **group delay,** délai de groupe; **magnetostrictive delay line,** ligne à retard magnétique; **mercury delay line,** ligne à retard au mercure; **minimum delay code,** code à accès minimisé; **operator delay,** temps de réponse d'opérateur; **phase delay,** retard de phase; **propagation delay,** délai de propagation; **quartz delay line,** ligne à retard à quartz; **response delay,** délai de réponse; **rotational delay,** délai de rotation; **rotational delay time,** délai d'attente; **thermal delay relay,** relais thermique de retardement; **time-delay simulator,** simulateur de temporisation; **variable delay,** retard variable.

**delayed:** retardé; **delayed delivery,** remise différée; **delayed feed,** alimentation retardée; **delayed output,** sortie différée; **delayed processing,** traitement ajourné; **delayed restart,** redémarrage retardé.

**deleaver:** déliasseuse.

**delete\*: automatic tape delete,** effacement automatique de bande; **delete (DEL),** oblitération; **delete (to),** oblitérer; **delete character,** caractère de suppression; **file delete program,** programme d'effacement de fichier.

**deleter:** suppresseur, effaceur, oblitérateur; **blank deleter,** suppresseur d'espace.

**deletion:** annulation, oblitération; **character deletion,** caractère d'oblitération; **deletion record,** enregistrement d'annulation; **error deletion,** suppression d'erreurs; **line deletion character,** caractère d'effacement de ligne; **padding deletion,** effacement du caractère de remplissage; **zero deletion,** suppression de zéros.

**delimit: (to),** délimiter.

**delimiter\*:** délimiteur; **comma delimiter,** virgule de séparation; **data delimiter,** délimiteur de données; **parameter delimiter,** séparateur de paramètres; **word delimiter,** sentinelle de mot.

**delimiting: delimiting character,** caractère de séparation.

**delivery:** distribution; **card delivery,** éjection de carte; **delayed delivery,** remise différée; **delivery board,** prise de papier; **delivery of message,** remise d'un message, délivrance d'un message; **delivery order,** ordre de livraison; **delivery statement,** instruction de remise.

**delta:** delta; **adaptive delta modulation (ADM),** modulation delta adaptable; **delta connection,** circuit en delta; **delta modulation,** modulation delta; **delta noise,** perturbation delta.

**demagnetisation:** cf **demagnetization.**

**demagnetise:** cf **demagnetize.**

**demagnetising:** cf **demagnetizing.**

**demagnetization:** démagnétisation.

**demagnetize: demagnetize (to),** démagnetiser.

**demagnetizing:** démagnétisation; **demagnetizing field,** champ de démagnétisation.

**demand:** demande, interrogation, requête; **conditional demand,** requête conditionnelle; **demand (to),** demander; **demand assessment,** évaluation de la demande; **demand feed,** alimentation immédiate; **demand file,** fichier d'interrogation; **demand paging,** appel de page à la demande; **demand processing,** traitement immédiat; **demand staging,** transfert immédiat; **demand writing,** écriture immédiate; **frame demand,** impulsion d'appel; **item demand,** demande d'articles; **on demand,** sur demande; **real-time demand,** accès en temps réel.

**demarcate: (to),** délimiter.

**demarcation:** délimitation; **demarcation character,** caractère de délimitation; **demarcation comma,** virgule de délimitation.

**demo:** démo; démonstration; **demo program,** programme de démonstration.

**democratic:** démocratique; **democratic network,** réseau non hiérarchique.

**demodulation\*:** démodulation.

**demodulator:** démodulateur; **digital data demodulator (DDD),** démodulateur d'information numérique; **modem (modulator-demodulator),** modem, modulateur-démodulateur.

**demonstration:** démonstration; **demonstration device,** unité de démonstration.

**demonstrator:** démonstrateur.

**demultiplexing:** démultiplexage.

**denary:** décimal.

**denial:** refus; **alternate denial,** opération NON-ET; **alternative denial gate,** porte NON-ET; **join denial (NOR),** opération NON-OU; **joint denial,** opération NON-OU, opération NI; **joint denial element,** élément NON-OU, élément NI; **joint denial gate,** porte NON-OU, porte NI; **joint denial operation (NOR),** opération NON-OU, opération NI.

**denied:** refusé; **access denied,** accès refusé.

**denominator:** dénominateur; **common denominator,** dénominateur commun.

**dense:** dense; **dense binary code,** code binaire saturé; **dense index,** index saturé; **dense list,** liste linéaire.

**density*:** densité; **bit density,** densité binaire; **character density,** densité de caractères; **charge density,** densité de charge; **current density,** densité de courant; **data density,** densité de données; **density bit,** bit de densité; **density of traffic,** densité de trafic; **double density,** double capacité mémoire; **double density recording,** enregistrement en double densité; **flux density,** densité de flux; **frequency density,** densité de fréquences; **high density bipolar (HDB),** code bipolaire à densité élevée; **high storage density,** haute densité d'enregistrement; **information density,** densité de l'information; **ink density,** densité d'encrage; **line density,** densité de lignes; **magnetic flux density,** densité de flux magnétique; **packing density,** densité de compactage; **peak flux density,** densité de flux maximale; **print density,** densité d'impression; **quad density,** densité quadruple; **recording density,** densité d'enregistrement; **single density,** simple densité; **storage density,** densité d'enregistrement; **tape density,** densité de bande; **tape packing density,** densité d'enregistrement de bande; **tape recording density,** densité d'enregistrement de bande; **track density,** densité de pistes; **writing density,** densité d'écriture.

**department:** département; **accounting department,** service de comptabilité; **engineering department,** bureau de construction; **test department,** champ d'essai.

**departure:** départ; **frequency departure,** déviation de fréquence.

**dependence:** dépendance; **linear dependence,** dépendance linéaire; **temperature dependence,** variation de température.

**dependency:** dépendance.

**deposit:** vidage, dépôt; **deposit (to),** déposer; **deposit slip,** formulaire de versement.

**depression:** dépression; **key depression,** pression sur une touche, frappe.

**depth:** profondeur; **block depth,** grandeur de bloc; **penetration depth,** profondeur de pénétration; **queue depth,** nombre de messages en attente.

**dequeue:** (to), enlever d'une file.

**dequeuing:** sortie d'une file d'attente.

**derate:** derate (to), déclasser.

**derating:** déclassement; **derating dissipation,** réduction de puissance.

**derivative:** dérivatif; **partial derivative,** dérivation partielle; **second derivative,** dérivée seconde.

**derived:** dérivé; **derived type,** type dérivé; **derived unit,** unité dérivée; **frequency-derived channel,** voie dérivée en fréquence; **time-derived channel,** voie dérivée en temps.

**descendance:** descendance; **dynamic descendance,** suite dynamique.

**descendant:** descendant; **dynamic descendant,** suite dynamique.

**descender:** jambage inférieur.

**descrambler:** désembrouilleur.

**descrambling:** désembrouillage.

**description:** description; **application description manual,** manuel descriptif d'application; **architectural description,** description architecturale; **article description,** désignation de l'article; **data description,** description de données; **data description entry,** déclaration de données d'entrée; **data description language (DDL),** langage de description de données; **data structure description,** description de la structure des données; **description card,** carte générique; **description entry,** déclaration d'entrée; **field description table,** table de description de zone; **file description,** description de fichier; **file description address,** adresse de description de fichier; **file description entry,** déclaration de fichier; **file description index,** index de description de fichier; **file description macro,** macro de description de fichier; **file description table,** table de description de fichier; **generic description,** description de sélectivité; **hierarchical description,** description hiérarchique; **job description,** description de travaux; **load description block,** en-tête de programme de chargement; **operational sequence description,** description opérationnelle; **problem description,** description du problème; **program description,** description de programme; **record description,** description d'article, description de bloc; **record description entry,** description d'articles de données; **report group description entry,** description du rapport; **sort file description entry,** description du fichier de tri; **step description,** description des étapes de traitement; **summary description,** description sommaire; **track description record,** enregistrement d'identification de piste.

**descriptive:** descriptif; **descriptive literature,** littérature descriptive; **descriptive procedure,** procédure de désignation;

**descriptive test,** test banalisé.

**d e s c r i p t o r\*:** descripteur; **basic field descriptor,** descripteur simple de zones de données; **character descriptor,** cellule caractère; **data descriptor,** descripteur de données; **databank descriptor,** descripteur de banque de données; **database descriptor,** descripteur de base de données; **descriptor access,** accès par mot clé; **field descriptor,** descripteur de zone de données; **file descriptor area,** zone de description de fichier; **indirect segment descriptor,** descripteur de segment indirect; **parameter descriptor,** descripteur de paramètre; **procedure descriptor,** pointeur de procédure; **program descriptor,** descripteur de programme; **segment descriptor,** descripteur de segment; **track descriptor block,** descripteur de piste; **track descriptor record,** enregistrement identificateur de piste.

**d e s e l e c t:** (to), désélecter, libérer.

**d e s e r i a l i s e r:** cf **d e s e r i a l i z e r .**

**d e s e r i a l i z e r:** désérialiseur, convertisseur série-parallèle.

**d e s i g n:** étude, conception, création; **automated design,** conception automatisée; **automated design engineering,** design assisté par ordinateur; **automatic wiring design,** projet de câblage automatique; **channel design,** conception des canaux; **computer design,** création d'un ordinateur; **computer-aided design (CAD),** conception assistée par ordinateur (CAO); **design (to),** projeter; **design aid,** aide à la conception; **design automation,** conception automatisée; **design card,** carte projet; **design language,** langage d'analyse; **design objective,** but du projet; **design parameter,** paramètre de conception; **design principle,** conception de base; **design program,** programme d'élaboration; **design review,** examen de projet; **detailed structural design,** conception détaillée de la structure; **document design,** création d'imprimés; **file design,** structure de fichier; **form design,** conception des imprimés; **functional design,** étude fonctionnelle, conception fonctionnelle; **hybrid design,** conception mixte; **interface design,** concept des interfaces; **job design,** conception des tâches; **logic design,** étude, conception logique; **logical design,** étude logique, conception logique; **modular design,** forme modulaire; **program design,** conception de programme; **software design,** conception logicielle; **standalone design station,** poste de conception autonome; **standard design,** conception standard; **system design language,** langage de conception; **system interface design,** conception d'interface de système; **systems design,** conception de systèmes.

**d e s i g n a t i o n:** désignation; **designation hole,** code carte, perforation fonctionnelle; **device designation,** désignation de périphérique; **file designation,** désignation de fichier; **order designation,** désignation des commandes.

**d e s i g n a t o r:** indicateur; **form designator,** indicateur de formulaire; **function designator,** désignateur de fonction; **mnemonic designator,** indicateur mnémonique; **parameter designator,** identificateur de paramètre; **record designator,** numéro de la piste de blocs; **switch designator,** désignateur d'aiguillage.

**d e s k:** bureau (table); **console desk,** pupitre de commande; **control desk,** pupitre de commande; **desk accessory,** accessoire de bureau; **desk check,** vérification; **desk checking,** contrôle de programmation; **desk model,** modèle de bureau; **desk plotter,** traceur de courbes de bureau; **desk unit,** pupitre; **test desk,** banc d'essai.

**d e s k e w:** correction de désalignement.

**d e s k t o p:** de bureau; **desktop computer,** ordinateur de bureau; **desktop computer footprint,** encombrement d'un ordinateur de bureau; **desktop publishing,** publication assistée par ordinateur (PAO); **desktop tools,** outils de bureau.

**d e s p a t c h\*:** (to), répartir, distribuer.

**d e s p a t c h e r:** répartiteur.

**d e s t a g e:** mouvement de données.

**d e s t i n a t i o n:** destination; **destination address,** adresse réceptrice; **destination directory,** répertoire de destination; **destination equipment,** équipement destinataire; **destination field,** zone réceptrice; **destination file,** fichier de destination; **destination node,** noeud de destination; **destination register,** registre de réception; **destination station,** poste récepteur; **destination table,** table de réception; **destination warning marker,** marque fin de bande.

**d e s t r u c t i o n:** destruction; **destruction storage,** mémoire à lecture destructive.

**d e s t r u c t i v e:** destructif; **destructive addition,** addition destructive; **destructive cursor,** curseur effaceur; **destructive read,** lecture destructive; **destructive reading,** lecture avec effacement; **destructive test,** test destructif.

**d e s u s p e n d:** (to), reprendre.

**d e t a c h:** (to), détacher, libérer.

**d e t a c h a b l e:** détachable; **detachable keyboard,** clavier amovible.

**detail:** détail; **accounting detail card,** carte des mouvements; **detail calculation,** calcul individuel; **detail card,** carte de détail; **detail file,** fichier de détail; **detail line,** ligne détail; **detail output,** sortie individuelle; **detail print group,** impression par groupe; **detail printing,** impression à la carte; **detail time,** temps individuel; **inspection detail card,** carte de vérification; **installation details,** documents d'installation.

**detailed:** détaillé; **detailed block diagram,** schéma synoptique détaillé; **detailed breakdown,** décomposition détaillée; **detailed flowchart,** organigramme détaillé; **detailed structural design,** conception détaillée de la structure.

**detectable:** détectable; **detectable element,** élément détectable; **detectable group,** groupe détectable; **detectable segment,** segment détectable.

**detected:** détecté; **detected error,** erreur détectée.

**detection:** détection; **automatic error detection,** détection automatique des erreurs; **automatic error detection and recovery,** détection et correction automatiques des erreurs; **blank column detection,** recherche de colonnes vierges; **blank column detection device,** dispositif détecteur de colonnes vierges; **call detection,** reconnaissance d'appel; **detection punch,** perforation repère; **detection unit,** demodulateur, détecteur; **error detection,** détection d'erreurs; **error detection code (EDC),** code de détection d'erreurs; **error detection feature,** fonction de détection d'erreurs; **error detection system,** système à détection d'erreurs; **fault detection circuit,** circuit de détection d'anomalie; **index detection,** détection d'index incomplet; **light pen detection,** détection par photostyle; **number detection device,** dispositif de détection des nombres; **pattern detection,** identification de formes; **virus detection,** détection de virus; **zero detection,** détection de zéro.

**detector:** détecteur; **blank column detector,** détecteur de colonnes vierges; **card jam detector,** détecteur de bourrage de cartes; **fault detector,** détecteur d'avarie; **group detector,** détecteur de groupe; **level detector,** détecteur de niveau; **number detector,** détecteur de compte; **phase detector,** détecteur de phase.

**detent:** détente; **detent (to),** détendre, arrêter; **detent arm,** levier d'arrêt, levier de calage; **detent gear,** engrenage de verrouillage; **detent gear wheel,** pignon de verrouillage; **detent lever,** levier de détente; **detent**

**pawl,** cliquet de détente, cliquet d'arrêt; **detent spring,** ressort de détente; **detent wheel,** disque de positionnement; **platen detent,** dispositif de positionnement.

**deterioration:** détérioration.

**developable:** développable; **developable surface,** surface d'évolution.

**developed:** développé; **customer-developed,** développé par l'utilisateur.

**development:** développement; **development time,** temps d'élaboration; **development tool kit,** kit de programmes de développement; **engineering development,** études; **index development indicator,** indicateur d'évolution d'index; **program development,** développement de programme; **program development cycle,** cycle de développement de programme; **program development time,** temps de réalisation de programme; **software development,** développement de logiciel; **technical development,** développement technique.

**deviation:** excursion; **deviation ratio,** taux de modulation; **deviation signal,** signal d'écart; **flow deviation algorithm (FDA),** algorithme de déviation de fluence; **frequency deviation,** excursion de fréquence; **mean absolute deviation,** excursion moyenne, écart moyen; **mean deviation,** tolérance moyenne; **phase deviation,** excursion de phase; **probable deviation,** erreur probable; **standard deviation,** déviation standard.

**device:** périphérique; **CRT device,** affichage à tube à rayon cathodique; **above platen device,** guide du cylindre supérieur; **absolute value device,** générateur de valeur absolue; **accuracy proof device,** protection d'écriture; **adding device,** dispositif d'addition; **adjustment device,** organe de réglage; **air conditioning device,** appareil à air conditionné; **alternate device,** unité de remplacement, unité de secours; **analog device,** dispositif analogique; **analog input device,** dispositif d'entrées analogiques; **analog output device,** unité de sortie analogique; **answerback device,** émetteur d'indicatif; **asterisk protection device,** protection par astérisques; **asynchronous device,** périphérique asynchrone; **attach device,** unité E/S; **attention device,** dispositif d'alarme; **automatic device,** dispositif automatique; **autonomous device,** dispositif autonome; **auxiliary device,** installation auxiliaire; **available device,** dispositif disponible; **backup device,** unité de réserve; **bipolar device technology,** technologie transistor; **bistable device,** dispositif bistable; **blank column detection device,** dispositif détecteur de colonnes vierges; **buffered device**, élément à tampon; **carbon ribbon feed device**, dispositif de guidage de ruban; **card feed device**, guide-carte; **card reversing device**, retourneuse de cartes; **character recognition device**, dispositif de reconnaissance de caractères; **charge-coupled device (CDD)**, composant à couplage de charge; **check device**, dispositif de contrôle; **checking device**, dispositif de contrôle; **choice device**, sélecteur; **clearing device**, dispositif d'effacement; **coding device**, dispositif de codage; **communication device**, organe de dialogue; **computing device**, équipement de calcul; **console device**, dispositif de commande pupitre; **current limiting device**, limiteur de courant; **cursor device**, dispositif curseur; **data acquisition device**, dispositif de saisie des données; **data display device**, visuel de données; **data entry device**, périphérique de saisie; **data recording device**, enregistreur sur bande magnétique; **demonstration device**, unité de démonstration; **device adapter**, adaptateur périphérique; **device adapter interface**, adaptateur de périphérique; **device address**, adresse de périphérique; **device address parameter**, paramètre d'adressage de périphérique; **device address register**, registre des adresses de périphérique; **device address table**, table d'adressage de périphérique; **device allocation**, allocation de périphérique; **device assignment**, affectation d'élément; **device assignment list**, liste des affectations de périphérique; **device assignment table**, table d'affectation de périphérique; **device constant**, constante d'unité; **device control (DC)**, commande d'appareil auxiliaire; **device control area**, zone de commande de périphérique; **device control character**, caractère de contrôle de périphérique; **device control routine**, sous-programme de commande de périphérique; **device control statement**, instruction de commande de périphérique; **device coordinates**, coordonnées d'appareil; **device correspondence**, concurrence des unités; **device correspondence table**, table de correspondance de périphériques; **device definition**, définition de périphérique; **device designation**, désignation de périphérique; **device driver**, gestionnaire, coupleur de périphérique; **device electronics**, électronique de commande; **device error**, erreur d'unité; **device error exit**, erreur de sortie de périphérique; **device error recovery**, correction automatique d'erreurs de sortie; **device exit**, sortie matériel; **device file**, fichier des périphériques; **device flag**, indicateur d'état

périphérique; **device handling**, gestion des périphériques; **device identification**, identification de périphérique; **device identifier**, identificateur de périphérique; **device independence**, autonomie des périphériques; **device internal code table**, table de code interne de périphériques; **device interrupt**, interruption par périphérique; **device level interface**, interface de liaisons périphériques; **device list**, liste de périphériques; **device mainpath routine**, programme principal de commande de périphériques; **device management**, gestion de périphériques; **device mnemonic**, nom mnémonique d'unité; **device name**, nom de périphérique; **device number**, numéro de périphérique; **device parity**, parité des périphériques; **device parity error**, erreur de parité de périphériques; **device pool**, groupement de périphériques; **device port**, point de connexion de périphérique; **device queue**, file d'attente des périphériques; **device release**, libération de périphérique; **device requirement table**, table des besoins en périphériques; **device reservation**, occupation de périphérique; **device reserve**, reserve de périphérique; **device semaphore**, sémaphore périphérique; **device servicing indicator**, indicateur de service; **device size**, taille des périphériques; **device status**, état périphérique; **device status word**, mot d'état de périphérique; **device table**, table de périphériques, liste de périphériques; **device type**, type de périphérique, type d'unité; **device type parameter**, paramètre type de périphérique; **device-dependent**, dépendant du périphérique; **device-independent**, indépendant de la machine; **digital input device**, unité d'introduction de données numériques; **digital output device**, unité de sortie de données numérique; **digital storage device**, mémoire numérique; **direct access device**, périphérique à accès direct; **discharge device**, dispositif de réception; **disk device**, unité à disques; **disk eject device**, dispositif d'éjection de disquette; **display device**, visu, visuel; **duplicating device**, dispositif de duplication; **electronic device**, dispositif électronique; **end-use device**, périphérique destinataire; **feed device**, dispositif d'entraînement; **feeding device**, dispositif d'alimentation; **file protection device**, dispositif de protection de fichier; **fixed-disk device**, unité de disque dur; **gripping device**, appareil de préhension; **group sorting device**, dispositif de tri par cartes maîtresses; **guiding device**, dispositif de guidage; **hardcopy device**, copieur, reprographe; **imaging device**, imageur;

input control device, organe de commande d'entrée; input device, unité d'entrée, organe d'entrée; input/output device, unité, organe d'entrée/sortie; integrated device, organe intégré; interface device, élément d'interface; invalid type device, type d'organe incorrect; job control device, unité de gestion des travaux; job input device, périphérique d'entrée de travaux; job output device, périphérique de sortie; keyboard inquiry device, dispositif d'interrogation à clavier; line transfer device, dispositif de commutation de ligne; listing device, périphérique de listage; loading device, unité de chargement; locator device, releveur de coordonnées; logging device, dispositif enregistreur; logic device, organe logique; logical device, élément logique; logical device number, numéro d'unité logique; logical device table, table d'unités logiques; magnetic tape device, unité de bande magnétique; marking device, dispositif de marquage; mass storage peripheral device error, erreur de l'unité à disques magnétiques; master card insertion device, poste d'insertion des cartes; memory device, mémoire, unité de mémorisation; microcoding device, circuit de microprogrammation; mnemonic device name, nom mnémotechnique; null device, périphérique fictif; number detection device, dispositif de détection des nombres; offset stacker device, récepteur à décalage de cartes; optional device, dispositif optionnel; output control device, dispositif de commande d'extraction; output device, organe de sortie; paging device, dispositif de pagination; paper tape device, unité à bande perforée; parameter input device, unité d'introduction de paramètres; passive device, composant passif; peripheral device, organe périphérique; peripheral device allocation, allocation de périphérique; peripheral device status, état de l'unité périphérique; physical device, organe périphérique; physical device table, table des unités physiques; pick device, dispositif de désignation; pin feed platen device, rouleau d'entraînement à picots; printing device, dispositif d'impression; programming device, dispositif de programmation; proof device, dispositif d'autorisation; random access device, dispositif à accès direct; random device, appareil à accès sélectif; raster device, dispositif à balayage de trame de télévision; raster display device, visu à quadrillage, visuel à balayage de trame; readout device, visuel à caractères; real device, dispositif physique; recognition de-

vice, dispositif d'identification; recording device, dispositif d'enregistrement; recycling device, dispositif régénérateur; remote device, périphérique déporté; remote terminal device, équipement terminal déporté; report transcription device, imprimante d'états mécanographiques; resetting device, dispositif de remise à zéro; sample selection device, dispositif de sélection par échantillonnage; scanning device, analyseur, scanner, scanographe; selection device, dispositif de sélection; sensing device, organe de lecture; serial access device, organe à accès série; shared device, dispositif commun; slow device, périphérique lent; solid state device, composant état solide; special device, dispositif particulier; static digital input device, entrée numérique statique; storage device, dispositif à mémoire; stroke device, lecteur de courbes; stroke-writing device, dispositif à balayage cavalier; supervisory device, organe de supervision; symbolic device assignment, affectation symbolique des unités; symbolic device name, nom symbolique de l'unité; tape device, équipement à bande; tape unwinding device, dispositif dérouleur de bande; terminal device, unité d'entrée/sortie; total device, totalisateur; unassigned device, unité non affectée; unit record device, dispositif standard d'entrée/sortie; verifying device, dispositif de vérification; video device, écran de vidéo; virtual device, périphérique virtuel; visual display device, unité d'affichage; voice-actuated device, dispositif vocal d'activation.
DFE: decision feedback equalizer, égaliseur de décision rétroactive.
diacritical: diacritique; diacritical work, caractère diacritique.
diad: doublet, duet, multiplet de 2 bits.
diaeresis: tréma.
diagnose: (to), diagnostiquer, identifier (la cause d'erreur).
diagnosis: diagnostic; chip level diagnosis, diagnostic au niveau du circuit; fault diagnosis, diagnostic de panne.
diagnostic*: diagnostic; board level diagnostic, microdiagnostic; compiler diagnostic, diagnostic de compilation; diagnostic analysis, analyse de diagnostic; diagnostic check, contrôle diagnostic; diagnostic command, instruction de diagnostic; diagnostic flag, marque de diagnostic; diagnostic listing, liste de diagnostic; diagnostic log, journal des diagnostics; diagnostic message, message de diagnostic; diagnostic message printout, liste des messages d'erreur; diagnostic package, programme de

diagnostic; **diagnostic preprocessor,** processeur de diagnostic; **diagnostic procedure,** procédure de diagnostic; **diagnostic program,** programme de diagnostic; **diagnostic result selector,** sélecteur de résultat de diagnostic; **diagnostic routine,** routine de diagnostic; **diagnostic state,** état de diagnostic; **diagnostic test,** test diagnostic; **diagnostic test program,** programme-test de diagnostic; **error diagnostic,** diagnostic d'erreurs; **operational diagnostic,** diagnostic opérationnel; **warning diagnostic,** diagnostic d'alerte.

d i a g r a m : diagramme, schéma; **Gantt diagram,** diagramme de Gantt; **Venn diagram,** diagramme de Venn; **arrow diagram,** diagramme linéaire; **automated logic diagram,** diagramme logique automatisé; **base diagram,** diagramme de base; **block diagram,** schéma fonctionnel; **computer diagram,** schéma de calculateur; **connection diagram,** schéma de connexions; **data flow diagram,** organigramme de données; **detailed block diagram,** schéma synoptique détaillé; **flow process diagram,** organigramme de traitement; **flow-process diagram,** diagramme de fluence; **functional block diagram,** diagramme de fonctions; **functional diagram,** schéma fonctionnel; **intermediate block diagram,** schéma synoptique logique; **logic diagram,** diagramme logique, logigramme; **logical diagram,** organigramme logique, logigramme; **major block diagram,** schéma fonctionnel principal; **overall block diagram,** synoptique général; **pie diagram,** diagramme à secteurs, camembert; **pin diagram,** brochage; **pinout diagram,** diagramme de connexions; **running diagram,** diagramme de fonctionnement; **schematic circuit diagram,** schéma de principe; **schematic diagram,** schéma de principe; **setup diagram,** schéma d'implantation, schéma de montage; **state diagram,** diagramme de situation; **status diagram,** diagramme d'état; **timing diagram,** diagramme des temps; **tree diagram,** diagramme structurel hiérarchique; **vector diagram,** diagramme vectoriel; **wiring diagram,** plan de câblage; **working diagram,** diagramme de fonctionnement.

d i a g r a m m i n g : diagrammatique; **block diagramming,** création d'organigrammes.

d i a l : cadran; **automatic dial exchange,** centre automatique; **dial (to),** composer un numéro, numéroter; **dial communications lines,** réseau de télécommunications public; **dial exchange,** échange automatique; **dial line,** ligne sélective; **dial number,** numéro

d'appel; **dial plate,** platine de numérotation; **dial pulse,** impulsion de numérotation; **dial setting,** positionnement de l'échelle graduée; **dial sheet,** formulaire de contrôle d'appels; **dial storage,** mémoire d'appels; **dial switch selection,** sélection par cadran numéroté; **dial switching,** sélection par cadran numérique; **dial terminal,** terminal à indicatif d'appel; **dial tone,** tonalité d'invite à composer; **dial-in,** appel entrant; **dial-out,** appel sortant; **dial-up data station,** poste d'établissement de liaison; **dial-up terminal,** terminal à indicatif d'appel; **multiturn dial,** numéroteur multitour; **rotary dial,** numéroteur circulaire; **storage address dial switch,** interrupteur sélecteur d'adresse; **telephone dial,** cadran téléphonique.

d i a l e c t : dialecte.

d i a l e r : numéroteur; **auto-dialer,** numéroteur automatique; **automatic dialer,** numéroteur automatique.

d i a l i n g * : numérotation téléphonique; **abbreviated dialing,** numérotation abrégée; **automatic dialing unit (ADU),** dispositif de numérotation automatique; **compressed dialing,** numérotation condensée; **line dialing,** sélection de ligne; **manual dialing,** sélection manuelle; **pushbutton dialing,** appel par bouton-poussoir; **route dialing,** numérotation de routage; **speed dialing,** numérotation abrégée.

d i a l l e d : cf d i a l e d .

d i a l l e r : cf d i a l e r .

d i a l l i n g : cf d i a l i n g .

d i a l o g : dialogue; **application dialog,** dialogue d'application; **dialog box,** boîte de dialogue; **dialog system,** système de dialogue; **man-machine dialog,** dialogue homme-machine.

d i a l o g u e : cf d i a l o g .

d i a l u p : appel téléphonique.

d i a m o n d : diamant; **diamond-shaped cursor pad,** pavé curseur en losange.

d i b i t : doublet, duet, multiplet de 2 bits; **dibit shift,** décalage de deux bits.

d i c e : dés.

d i c h o t o m i s e : cf d i c h o t o m i z e .

d i c h o t o m i z e : **dichotomize (to),** dichotomiser.

d i c h o t o m y : dichotomie.

d i c t i o n a r y : dictionnaire; **automatic dictionary,** dictionnaire automatique; **control dictionary,** table de commande; **data dictionary,** dictionnaire de données; **external symbol dictionary,** répertoire de symboles externes; **fault dictionary,** répertoire d'erreurs; **hyphenation dictionary,** dictionnaire de césure; **main dictionary file,** fichier dictionnaire principal; **pop-up dictionary,** dictionnaire résident en mode fenêtre; **relocation dictionary card,** carte des adresses relogeables; **secondary dictionary file,** fichier dictionnaire secondaire; **spelling dictionary,** dictionnaire orthographique.

**d i e :** dé; **punch die,** matrice de perforation.

**dielectric:** isolant; **solid dielectric,** diélectrique solide.

**d i f f e r e d :** différé.

**d i f f e r e n c e :** différence, écart; **difference check,** contrôle différentiel; **difference equation,** équation différentielle; **difference matrix,** matrice de différentiation; **difference threshold,** seuil de différentiation; **logical difference,** différence logique; **symmetric difference,** opération OU exclusif.

**d i f f e r e n t i a l :** dérivé, différentiel; **control differential receiver,** récepteur différentiel; **differential address,** adresse différentielle; **differential amplifier,** amplificateur différentiel; **differential analyzer,** intégrateur, analyseur différentiel; **differential calculus,** calcul différentiel; **differential equation,** équation différentielle; **differential link,** chaînage différentiel; **differential modulation,** modulation différentielle; **differential of a function,** fonction différentielle; **differential phase modulation,** modulation de phase différentielle; **differential pressure transducer,** transducteur de pression différentiel; **differential quotient,** quotient différentiel; **differential relay,** relais différentiel; **digital differential analyzer,** analyseur différentiel numérique; **electronic differential analyzer,** analyseur différentiel; **high-order differential equation,** équation différentielle d'ordre élevé; **homogeneous differential equation,** équation différentielle homogène; **ordinary differential,** différentielle commune; **semantic differential,** méthode sémantique; **total differential,** différentielle totale.

**d i f f e r e n t i a t e : (to),** différentier.

**d i f f e r e n t i a t i o n :** différentiation; **differentiation sign,** symbole de différentiation.

**d i f f e r e n t i a t o r :** différentiateur, dérivateur.

**d i f f u s i o n :** diffusion.

**d i g i t * :** chiffre; **N-ary digit,** chiffre N-aire; **binary digit,** chiffre binaire; **binary digit error rate (BER),** taux d'erreurs par binaire; **binary-coded decimal digit,** pondéré binaire; **binary-coded digit,** chiffre codé binaire; **borrow digit,** bit de retenue; **carry digit,** retenue; **check digit,** bit de contrôle; **code digit,** binaire de code; **coded decimal digit,** chiffre décimal codé; **control digit test,** test

des digits de commande; **decimal digit,** chiffre décimal; **digit compression,** compression binaire; **digit control,** commande d'informations numériques; **digit delay,** délai binaire; **digit delay element,** retardeur unitaire; **digit driver,** amplificateur numérique; **digit emitter,** distributeur; **digit filter,** sélecteur d'indice; **digit impulse,** impulsion numérique; **digit insert,** insertion de chiffres; **digit period,** virgule binaire; **digit pickup,** excitation décimale; **digit place,** position de digit; **digit plane,** plan numérique; **digit position,** position de digit; **digit pulse,** impulsion de rythme; **digit punching,** perforation numérique; **digit reading,** lecture numérique; **digit repetition rate,** taux de répétition de chiffres; **digit select character,** caractère de sélection de chiffres; **digit selection,** sélection de chiffres; **digit selector,** sélecteur de chiffres, sélecteur d'indice; **digit slip,** perte d'élément binaire; **digit sorting,** tri de chiffres; **digit test,** test de chiffres; **digit time,** période binaire; **digit track,** piste des digits; **digit-organized storage,** mémoire à base décimale; **equivalent binary digits,** nombre de binaires équivalents; **gap digit,** binaire de service; **guard digit,** digit de protection; **hexadecimal digit,** digit hexadécimal, chiffre hexadécimal; **least significant digit,** digit le moins significatif, digit de droite; **most significant digit (MSD),** digit le plus significatif, digit de gauche; **multiple digit number,** nombre multichiffres; **numeric digit,** chiffre; **octal digit,** chiffre octal, digit octal; **one-digit adder,** demi-additionneur, additionneur à deux entrées; **one-digit subtracter,** demi-soustracteur, soustracteur à deux entrées; **protection digit,** digit de protection; **pseudo-decimal digit,** signal numérique pseudo-décimal; **redundant digit,** chiffre redondant; **selective digit emitter,** distributeur sélectif; **sign binary digit,** élément de signe; **sign digit,** digit de signe, bit de signe, binaire de signe; **significant digit,** digit significatif, bit significatif; **successive digits,** chiffres successifs; **sum digit,** bit de contrôle par totalisation; **tens unit digit,** chiffre des dizaines; **three-digit number,** chiffre à trois positions; **valid digit,** chiffre valable; **zone digit,** digit de zone (en binaire condensé).

**d i g i t a l * :** numéral, numérique; **analog-digital,** analogique-numérique; **analog-digital computer,** ordinateur hybride; **analog-digital display,** affichage hybride; **analog-digital switch,** commutateur hybride; **analog-to-digital conversion (ADC),** conversion analogique-numérique (CAN); **analog-to-digital converter (ADC),** convertisseur analogique-numérique (CAN); **digital adder,** additionneur numérique; **digital amplifier,** amplificateur numérique; **digital bus,** bus numérique; **digital carrier system,** système à porteuse numérique; **digital cassette,** cassette numérique; **digital circuit,** circuit numérique; **digital clock,** horloge numérique; **digital code,** code numérique; **digital communications,** communications numérisées; **digital computer,** calculateur numérique; **digital control,** commande numérique; **digital converter,** convertisseur numérique; **digital counter,** compteur numérique; **digital data,** informations numériques; **digital data conversion equipment,** matériel de conversion numérique; **digital data demodulator (DDD),** démodulateur d'information numérique; **digital data processing system,** système de traitement numérique; **digital data processor,** processeur numérique; **digital data receiver,** récepteur numérique; **digital data recording,** enregistrement de données numériques; **digital data transmission,** transmission de données; **digital data transmitter,** émetteur numérique; **digital differential analyzer,** analyseur différentiel numérique; **digital display,** affichage numérique; **digital display unit,** unité d'affichage numérique; **digital divider,** diviseur numérique; **digital frame buffer,** tampon numérique d'image; **digital head,** pour enregistrement numérique; **digital indication,** indication numérique; **digital information,** information numérique; **digital input,** entrée numérique; **digital input basis,** module numérique; **digital input channel,** canal d'entrée de données numériques; **digital input controller,** commande des entrées numériques; **digital input device,** unité d'introduction de données numériques; **digital integrator,** intégrateur numérique; **digital keyboard,** clavier numérique; **digital magnetic tape,** ruban magnetique; **digital measuring,** mesure numérique; **digital modulation,** modulation numérique; **digital module,** module numérique; **digital multiplier unit,** multiplicateur numérique; **digital notation,** représentation numérique; **digital optical disk,** disque optique numérique; **digital output,** sortie numérique; **digital output control,** commande des sorties numériques; **digital output device,** unité de sortie de données numérique; **digital plotter,** traceur numérique; **digital position,** position de chiffre; **digital process computer,** calculateur de processus numérique; **digital pulse converter,** convertisseur d'impulsions numériques; **digital readout,** afficheur numérique; **digital recorder,** enregistreur nu-

mérique; **digital recording,** enregistrement numérique; **digital register output,** registre de sortie des données numériques; **digital representation,** représentation numérique; **digital resolution,** résolution numérique; **digital setting,** afficheur numérique; **digital signal,** signal numérique; **digital signaling,** signalisation numérique; **digital storage,** mémoire numérique; **digital storage device,** mémoire numérique; **digital subtracter,** soustracteur numérique; **digital switching,** commutation numérique; **digital time unit,** unité d'horloge numérique; **digital transducer,** convertisseur numérique; **digital-to-analog converter (DAC),** convertisseur numérique-analogique; **digital-to-analog decoder,** décodeur numérique-analogique; **hybrid digital/analog circuit,** circuit de conversion numérique hybride; **serial digital computer,** calculateur sériel (série); **serial digital interface,** interface numérique série; **serial digital output,** sortie numérique série; **signaling digital,** signalisation numérique; **static digital input device,** entrée numérique statique; **synchronous digital computer,** calculateur numérique synchrone.

**digitisation:** cf digitization.

**digitise:** cf digitize.

**digitised:** cf digitized.

**digitiser:** cf digitizer.

**digitization:** numérisation.

**digitize\*:** (to), numériser.

**digitized:** numérisé; **digitized data,** données en représentation numérique.

**digitizer:** numériseur; **image digitizer,** numériseur d'image; **video digitizer,** numériseur vidéo, quantificateur vidéo.

**digitizing:** numérisation; **digitizing pad,** tablette de numérisation; **digitizing tablet,** table à numériser.

**digraph:** digramme; **directed graph,** graphe orienté.

**DIL:** **dual-in-line package,** boîtier à double rangée connexions.

**dimension:** dimension; **dimension attribute,** attribut de format; **dimension statement,** instruction de format; **physical dimension,** dimension; **three-dimension geometric modeling,** modélisation géométrique tridimensionnelle; **three-dimension graphic display,** écran graphique tridimensionnel; **three-dimension surface sculpturing,** mise en forme des surfaces en trois dimensions; **three-dimension transformation,** transformation tridimensionnelle.

**dimensional:** dimensionnel; **dimensional information,** information de format; **one-dimensional,** unidimension, linéaire;

**one-dimensional array,** tableau à une dimension, liste linéaire, vecteur; **one-dimensional array processor,** processeur vectoriel; **three-dimensional animation,** animation tridimensionnelle; **three-dimensional array,** tableau tridimensionnel; **two-dimensional animation graphics,** graphique animé bidimensionnel; **two-dimensional array,** tableau bidimensionnel, matrice bidimensionnelle; **two-dimensional array processor,** processeur matriciel; **two-dimensional scale,** échelle bidimensionnelle; **two-dimensional translate,** translation bidimensionnelle.

**dimensioned:** dimensionné; **dimensioned variable,** variable de tableau.

**dimensioning:** dimensionnement; **auto-dimensioning,** dimensionnement automatique.

**diminished:** diminué; **diminished radix complement,** complément restreint.

**diode:** diode; **Xtal diode,** diode à cristal; **backward diode,** diode inverse; **bidirectional diode,** diode bidirectionnelle; **capacity diode,** diode de puissance; **crystal diode,** diode à cristal; **diode circuit,** circuit à diodes; **diode gating structure,** mélangeur à diodes; **diode limiter,** limiteur à diodes; **diode matrix,** matrice de diodes; **diode switch,** commutateur à diodes; **diode transistor logic (DTL),** logique à diodes et transistors; **four-layer diode,** diode trijonction; **gate trigger diode,** diode de déclenchement; **germanium diode,** diode au germanium; **junction diode,** diode à jonction; **light-emitting diode (LED),** diode électroluminescente; **microwave diode,** diode à micro-ondes; **semiconductor diode,** diode à semi-conducteur; **silicon diode,** diode au silicium; **switching diode,** diode de commutation; **twin diode,** double diode; **universal diode,** diode universelle.

**dip:** immersion; **dip soldering,** soudure par trempage; **power dip,** défaillance secteur.

**diphase:** biphasé; **diphase code,** code biphasé.

**dipole:** dipole; **dipole modulation,** mode d'écriture non polarisé avec RAZ; **dipole recording method,** retour à zéro (RAZ), méthode d'écriture avec RAZ.

**dipulse*:** impulsion bipolaire.

**direct*:** direct; **basic direct access method,** méthode d'accès direct simplifiée; **direct (to),** sélectionner, commander; **direct access,** accès direct, accès immédiat; **direct access device,** périphérique à accès direct; **direct access file,** fichier à accès direct; **direct access library,** bibliothèque à accès di-

rect; **direct access method,** méthode d'accès direct; **direct access storage,** mémoire à accès direct, mémoire aléatoire; **direct address,** adresse directe; **direct addressing,** adressage direct; **direct allocation,** affectation directe, allocation directe; **direct by key,** direct après clé; **direct call,** appel direct; **direct call facility,** service d'appel direct; **direct character reading,** lecture directe (séquentielle) de caractères; **direct code,** code direct, code machine; **direct coding,** codage direct, codage en code machine; **direct connection,** connexion directe; **direct connection kit,** élément de connexion directe; **direct control,** commande directe; **direct current (DC),** courant continu (CC); **direct current portion,** part de courant continu; **direct data channel,** canal de liaison directe; **direct data control,** commande numérique directe; **direct data entry (DDE),** entrée directe des données; **direct data output,** sortie directe des données; **direct data processing,** traitement direct des données; **direct data recording,** enregistrement direct des données; **direct document processing,** traitement direct des documents; **direct drive,** entraînement direct, commande directe; **direct entry,** introduction directe sans écriture; **direct file,** fichier direct; **direct file organization,** organisation de fichier à accès direct; **direct indicator bit,** bit indicateur de sens; **direct input,** entrée directe; **direct insert routine,** sous-programme ouvert; **direct insert subroutine,** routine d'insertion directe; **direct instruction,** instruction (à adresse) directe; **direct memory access (DMA),** accès direct à la mémoire; **direct memory access channel,** canal d'accès direct à la mémoire; **direct multiplex channel,** canal de multiplexage direct; **direct organization,** organisation à accès direct; **direct output,** sortie directe; **direct processing,** traitement sélectif; **direct program access,** accès direct au programme; **direct programming,** programmation sélective; **direct read after write (DRAW),** lecture et écriture simultanées; **direct reset,** effacement sans écriture; **direct seek,** recherche directe; **direct serial file,** fichier à accès (séquentiel) direct; **direct store transfer,** transfert immédiat de mémoire; **direct switching system,** système de sélection directe; **direct timing source,** horloge de connexion directe synchronisée; **direct transcription,** transmission directe; **direct transcription mode,** mode de transmission directe; **direct transmission,** transmission directe; **direct-coupled flip-flop,** bascule galvanique; **extended direct control,** contrôle direct étendu.

**directed:** dirigé; **data-directed,** commandé par données; **directed beam scan,** balayage à faisceau dirigé, balayage cavalier; **directed graph (digraph),** graphe orienté; **directed link,** liaison orientée; **directed tree,** arborescence orientée; **edit-directed,** commande pour édition; **list-directed,** commandé par liste; **syntax directed compiler,** compilateur syntaxique.

**direction:** direction; **advance direction,** sens de déroulement; **call direction code,** caractère de sélection; **count direction,** direction de comptage; **direction code,** code, indication d'acheminement; **direction component,** facteur directif; **direction keys,** touches de direction; **direction number,** numéro directif; **flow direction,** sens de circulation, sens de liaison; **forward direction,** direction d'action; **longitudinal direction,** direction longitudinale; **normal direction flow,** sens normal des liaisons; **reverse direction,** direction inverse; **winding direction,** sens d'enroulement.

**directive:** directive, pseudo-instruction; **action directive,** code fonctionnel; **address level directive,** instruction de niveau d'adressage; **assembler directive,** directive d'assembleur; **compiler directive,** directive de compilateur; **compiler directive statement,** pseudo-instruction; **directive statement,** directive d'exécution; **routing directive,** directive d'acheminement.

**director\*:** programme de contrôle; **action director,** directive opérationnelle; **director equipment,** équipement de commande; **director file,** fichier répertoire; **director switching,** sélection de registre, sélection par clavier; **program director,** directive de programme; **sentinel director,** carte de limitation.

**directory\*:** répertoire, catalogue; **address directory,** répertoire d'adresses; **catalog directory,** nomenclature de catalogue; **contents directory,** répertoire des programmes; **current directory,** répertoire courant; **data directory,** répertoire de données; **data file directory,** répertoire de fichiers; **destination directory,** répertoire de destination; **directory block,** bloc de répertoire; **directory line,** ligne de table; **directory listing,** répertoire de programmes; **directory one level up,** répertoire parent; **directory overflow,** dépassement de capacité de répertoire; **directory path,** chemin de répertoire; **directory tree,** arborescence de répertoire; **directory window,** fenêtre répertoire; **disk directory,** répertoire de disque;

**electronic directory,** annuaire électronique; **file directory,** répertoire de fichiers; **master directory,** répertoire principal; **overall directory,** répertoire global; **pop-up directory,** répertoire déroulant; **program directory,** liste de programmes; **root directory,** répertoire racine; **source directory,** répertoire d'origine; **virus directory,** répertoire des virus; **volume directory,** répertoire de chargeurs.

**disable:** disable (to), désactiver; **disable pulse,** impulsion d'inhibition.

**disabled:** désactivé; **disabled interrupt,** interruption d'interdiction.

**disabling:** mise hors-service; **disabling contact,** contact de verrouillage; **disabling signal,** signal inhibiteur; **interrupt disabling,** désarmement d'interruption.

**disarm\*:** (to), désarmer, mettre hors-service.

**disassemble:** (to), désassembler.

**disassembler:** désassembleur; **packet assembler/disassembler (PAD),** assembleur/désassembleur de paquets.

**disassembly:** désassemblage; **disassembly instructions,** instructions de démontage; **disassembly program,** désassembleur; **packet disassembly,** désassemblage de paquets.

**disaster:** désastre; **disaster dump,** vidage accidentel.

**disc:** *cf* **disk.**

**discard:** (to), désaffecter.

**discharge:** décharge; **discharge (to),** décharger; **discharge device,** dispositif de réception; **discharge shape,** caractéristique de décharge; **discharge tube,** tube à décharges.

**discipline:** discipline; **line control discipline,** procédure de contrôle de lignes; **line discipline,** procédure de transmission; **queue discipline,** méthode d'accès avec file d'attente.

**disclosure:** divulgation, révélation; **accidental disclosure,** retransmission involontaire.

**disconnect:** **automatic disconnect,** déconnexion automatique des lignes; **disconnect (to),** déconnecter; **disconnect program,** programme de clôture; **disconnect signal,** signal de fin, signal de déconnexion; **quick disconnect,** connecteur à attache rapide.

**disconnected:** déconnecté; **disconnected graph,** graphe non connexe.

**disconnection:** déconnexion; **logical disconnection,** deconnexion logique.

**discrepancy:** écart, antinomie; **item count discrepancy,** erreur de comptage d'articles.

**discrete\*:** discrète, distinct, fini; **discrete addressing,** adressage discret, adressage individuel; **discrete channel,** canal discret; **discrete component,** composant discret; **discrete data,** données discrètes; **discrete instruction,** instruction de branchement; **discrete message,** message discret; **discrete operation,** opération individuelle; **discrete representation,** représentation discrète; **discrete signal,** signal numérique; **discrete type,** type discret; **discrete wiring,** câblage spécifique.

**discrimination:** discrimination; **mark discrimination,** différentiation de repères.

**discriminator:** discriminateur; **phase discriminator,** discriminateur de phase.

**disinfecting:** désinfection; **disinfecting utility,** utilitaire de décontamination.

**disinfection:** désinfection; **disinfection utility,** utilitaire de décontamination.

**disinfector:** utilitaire décontamineur; **automatic disinfector utility,** utilitaire de décontamination automatique.

**disjunction:** disjonction, union, OU exclusif; **disjunction gate,** porte OU, circuit OU, élément OU.

**disjunctive:** disjonctif; **disjunctive search,** recherche par mot clé.

**disk:** disque magnétique, disque; **RAM disk,** disque virtuel; **RAM disk software,** logiciel pour disque virtuel; **Winchester disk,** disque Winchester; **Winchester disk system,** système à disque (dur) Winchester; **Winchester technology disk,** disque de technologie Winchester; **audio disk,** microsillon; **backup disk,** disque de réserve, disque de sauvegarde; **cache disk,** disque antémémoire; **card-to-disk converter,** convertisseur cartes-disque; **clock disk,** disque horloge; **code disk,** disque codeur; **coded disk,** disque codé; **cover disk,** couvercle de disque; **digital optical disk,** disque optique numérique; **disk access,** accès disque; **disk access arm,** bras de lecture/écriture; **disk address,** adresse de disque; **disk array,** unité de disques; **disk binder,** classeur pour disques; **disk box,** coffret à disquettes; **disk cartridge,** cartouche disque, chargeur; **disk changing,** changement de disque; **disk clock,** horloge de synchronisation; **disk contents,** volume; **disk control,** commande de disque; **disk control word,** mot d'adresse disque; **disk controller,** contrôleur de disque; **disk data management,** gestion des données sur disque; **disk device,** unité à disques; **disk directory,** répertoire de disque; **disk drive,** unité de disque, unité de

disquette; **disk drive icon,** icône de lecteur de disque; **disk dump,** cliché sur disque, vidage sur disque; **disk eject device,** dispositif d'éjection de disquette; **disk file,** fichier disque; **disk file control unit,** contrôleur de disque à tête fixe; **disk file unit,** unité de disque; **disk formatter,** formateur de disque; **disk handler,** gestionnaire de disque; **disk label check code,** code de vérification de label disque; **disk library,** bibliothèque de disquettes; **disk management,** gestion de disque; **disk master,** disque principal; **disk memory,** mémoire à disque; **disk operating system (DOS),** système d'exploitation à disque (SED); **disk pack,** chargeur multidisque, dispac; **disk pack drive,** unité à disque, unité à chargeur; **disk pack swapping,** changement de chargeur; **disk record,** enregistrement sur disque; **disk-resident,** résidant sur disque; **disk sector,** secteur de disque; **disk selection,** sélection de disque; **disk space,** espace disque, capacité du disque; **disk space management,** gestion de l'espace disque; **disk stack,** pile de disques; **disk storage,** mémoire à disque, range-disquettes; **disk storage controller,** contrôleur de disque; **disk storage drive,** mécanisme d'entraînement de disque; **disk storage unit (DSU),** unité de disque; **disk store,** mémoire à disque; **disk surface,** face du disque; **disk swap,** changement de disque; **disk system,** système à disque; **disk trace,** compte-rendu de parcours disque; **disk track,** piste de disque; **disk transport,** unité de disque; **disk unit,** unité de disque magnétique; **disk utility program,** programme utilitaire de disque; **disk work area distribution,** répartition des zones du disque; **disk write protect,** protection à l'écriture; **disk-based,** à base de disque; **disk-bound,** limité par le disque; **exchangeable disk,** disque interchangeable; **exchangeable disk storage (EDS),** mémoire à disques amovibles; **expanded disk storage control,** commande extensible de mémoire à disques; **fixed disk,** disque fixe, disque dur, disque rigide; **fixed-disk device,** unité de disque dur; **fixed-disk storage,** mémoire à disque dur; **fixed-head disk,** disque à tête fixe; **flexible disk,** disque souple, minidisque, disquette; **flexible disk drive,** unité de disque souple; **flexible disk memory,** mémoire à disque souple; **floppy disk,** disque souple, minidisque, disquette; **floppy disk computer,** ordinateur à disquette; **floppy disk controller,** contrôleur de disque souple; **floppy disk drive,** unité de disque souple, unité à disquette; **floppy disk operating system (FDOS),** système d'exploitation à disquette; **floppy disk sleeve,** pochette de disquette; **floppy disk station,** poste à disquette; **floppy disk storage,** mémoire à disque souple; **grounding disk,** disque de mise à terre; **hard disk,** disque dur, disque rigide, disque fixe; **hard-centered disk,** disque à renforcement central; **hard disk system,** système à disque dur; **hard-sectored disk,** disque à sectorisation matérielle; **index disk,** vernier; **input disk,** disque d'entrée; **integral disk,** disque intégré; **integrated disk,** disque intégré; **lock disk,** cale de blocage; **magnetic disk,** disque magnétique; **magnetic disk file,** fichier sur disque magnétique; **magnetic disk storage,** mémoire à disque magnétique; **magnetic disk unit,** unité de disque magnétique; **master disk,** disque d'exploitation, disque émetteur; **memory disk,** disque à mémoire; **microfloppy disk,** microdisquette; **minifloppy disk,** minidisquette; **multiplatter disk,** disque multiplateau; **multiple disk drive,** unité multichargeur; **multiple disk pack,** multichargeur; **optical disk,** disque optique; **output disk,** disque de sortie; **read-only memory compact disk (CD-ROM),** disque optique compact (DOC); **removable disk pack,** chargeur amovible; **removable magnetic disk,** disque magnétique amovible; **reversible flexible disk,** disquette double face; **rigid disk,** disque rigide, disque dur, disque fixe; **scanner disk,** disque analyseur; **scanning disk,** disque à palpation; **service disk,** disque de service; **single-disk cartridge,** cassette monodisque; **slave disk,** disque asservi; **soft-sectored disk,** disquette à sectorisation logicielle; **startup disk,** disque de démarrage; **system disk,** disque système; **system distribution disk,** disque d'exploitation système; **timing disk,** disque horloge; **unformatted disk,** disque non formaté; **virtual disk,** disque virtuel; **work disk,** disque de travail; **write disk check,** contrôle à l'écriture.

**diskette\*:** disque souple, minidisque, disquette; **diskette sectoring,** sectorisation de disque; **single-sided diskette,** disquette utilisable en simple face; **twin diskette drive,** unité double de disquette.

**diskpack:** dispac; **reference diskpack,** chargeur maître.

**dismount:** démontage.

**dispatch:** dispatch (to), répartir, distribuer, expédier; **dispatch priority,** priorité de distribution.

**dispatcher:** répartiteur; **dispatcher queue file,** file d'attente de distribution; **process dispatcher,** répartiteur de traitement.

**dispatching:** répartition; **dispatching function,** fonction de répartition; **dispatching priority,** priorité de prise en charge; **dispatching procedure,** mode de répartition; **process dispatching,** répartition du traitement.

**disperse:** disperse (to), diffuser; **disperse intelligence,** intelligence répartie.

**dispersed:** distribué, réparti; **dispersed data processing,** télématique, informatique distribuée; **dispersed intelligence,** intelligence distribuée; **dispersed processing,** traitement distribué, informatique distribuée.

**dispersion:** dispersion; **internal dispersion,** dispersion interne; **test data dispersion,** distribution des données d'essai.

**displaced:** déplacé; **time-displaced,** différé.

**displacement\*:** déplacement; **angular displacement,** déplacement angulaire; **base displacement,** déplacement à la base; **displacement address,** adresse de décalage; **displacement addressing,** adressage par déplacement; **displacement assignment,** affectation d'adresses relatives; **displacement current,** courant de décalage; **linear displacement,** décalage linéaire; **time displacement,** décalage dans le temps; **volume displacement card,** carte de décalage de volume; **window displacement,** déplacement de fenêtre.

**display\*:** affichage, visualisation, moniteur; **CRT display,** écran analogique; **CRT display unit,** unité d'affichage à tube à rayon cathodique; **adjustment of display intensity,** réglage de la brillance d'écran; **alarm display,** affichage d'alerte; **alphameric display tube,** écran de visualisation alphanumérique; **alphanumeric display tube,** tube-écran alphanumérique; **alphanumeric display unit,** unité d'affichage alphanumérique; **analog display,** affichage analogique; **analog display unit,** unité d'affichage analogique; **analog-digital display,** affichage hybride; **autonomous display,** indicateur autonome; **basic display unit,** unité de visualisation de base; **binary display,** affichage binaire, indication binaire; **bit display light,** voyant d'affichage de bits; **business-oriented display,** visualisation adaptée à la gestion; **calligraphic display,** visu à balayage cavalier; **character display,** affichage à caractères, visuel à caractères; **color display,** écran couleur, affichage couleur; **composite video display,** moniteur composite; **console display area,** champ d'affichage; **continual refresh display,** écran à rafraîchissement continu; **control message display,** affichage des messages de commande; **cross-display,** affichage par rayon cathodique; **cross-display unit,** visuel de corrélation; **data display,** console de visualisation; **data display device,** visuel de données; **data display unit,** unité d'affichage de données; **decimal display,** unité d'affichage de chiffres; **digital display,** affichage numérique; **digital display unit,** unité d'affichage numérique; **display (to),** visualiser, afficher; **display adapter,** adaptateur d'affichage, carte d'écran; **display area,** zone de visualisation, champ de visualisation; **display background,** champ réservé de visualisation; **display column,** colonne d'affichage; **display command,** commande d'affichage; **display console,** console de visualisation; **display control,** commande d'affichage, interface de terminal; **display control key,** touche de commande d'affichage; **display control unit,** unité de contrôle de visualisation; **display controller,** contrôleur d'écran; **display core,** affichage du contenu mémoire; **display cursor,** curseur d'écran; **display cycle,** cycle d'affichage; **display device,** visu, visuel; **display driver,** gestionnaire d'écran; **display element,** élément graphique, pixel; **display enhancement,** attribut de visualisation; **display field,** champ de visualisation; **display file,** fichier à visualiser; **display foreground,** champ d'affichage avant; **display format,** format d'affichage; **display frame,** vue; **display function code,** code de fonction d'affichage; **display group,** groupe graphique, figure; **display image,** image d'écran; **display instruction,** instruction d'affichage, instruction graphique; **display light,** voyant, lampe témoin; **display line,** ligne de balayage, ligne d'affichage; **display memory,** mémoire d'écran; **display menu,** menu d'écran; **display point,** point adressable; **display position,** point d'affichage; **display processor,** processeur d'écran; **display refresh rate,** vitesse de rafraîchissement d'image; **display resolution,** résolution d'écran; **display screen,** écran de visualisation; **display screen copier,** recopieur d'affichage écran; **display screen recopier,** recopieur d'écran; **display scrolling,** défilement d'image; **display selector,** sélecteur d'affichage; **display setting,** format d'écran; **display space,** espace d'affichage, espace écran; **display statement,** instruction d'affichage, instruction de sortie; **display station,** poste d'affichage; **display subroutine,** routine d'écran; **display surface,** surface d'affichage, surface de visualisation; **display switch,** sélecteur d'écran de visualisation; **display terminal,** poste d'af-

fichage; **display time,** affichage de temps; **display tube,** tube d'affichage, tube écran; **display unit,** écran de visualisation, console de visualisation; **dot matrix display,** affichage matriciel par points; **flat screen display,** visuel à écran plat; **forced display,** affichage systématique; **formatted display,** affichage formaté; **graphic display,** visualisation graphique; **graphic display adapter,** carte graphique; **graphic display program,** programme de graphique; **graphic display resolution,** résolution de l'affichage graphique; **graphic display unit,** unité d'affichage graphique; **graphic-oriented display,** écran graphique; **inquiry display terminal,** terminal d'interrogation; **interlaced display,** affichage en trames entrelacées; **keyboard display,** écran-clavier; **keyboard display terminal,** terminal d'affichage à clavier; **laser display,** écran à laser; **led display,** affichage à diodes électroluminescentes; **lighted display,** affichage lumineux; **liquid crystal display (LCD),** affichage à cristaux liquides; **matrix display,** représentation de coordonnées; **message display console,** console message; **monitor display,** affichage moniteur; **multiscan display,** moniteur multibalayage; **noninterlaced display,** affichage non interlacé, visu simple trame; **numerical display,** affichage numérique; **office display terminal,** terminal de bureau; **optical display system,** système d'affichage; **optoelectronic display,** affichage optoélectronique; **pixel-based display,** affichage matriciel; **plasma display,** affichage à plasma; **plasma panel display,** affichage à écran plasma; **raster display,** affichage tramé; **raster display device,** visu à quadrillage, visuel à balayage de trame; **raster scan display,** affichage à balayage de trame; **raster scan video display,** affichage vidéo type télévision; **raster type display,** visualisation dite de trame; **remote display,** écran de télétraitement; **screen display,** affichage sur écran; **single-station display,** écran de visualisation individuel; **storage display,** écran à mémoire, visuel à mémoire; **three-dimension graphic display,** écran graphique tridimensionnel; **tutorial display,** terminal tutoriel; **unformatted display,** affichage non formaté; **vector mode display,** visualisation en mode cavalier; **vector-based display,** affichage cavalier; **video display image,** mémoire-image de l'affichage vidéo; **video display unit (VDU),** unité à affichage vidéo; **visual display,** visualisation; **visual display device,** unité d'affichage; **visual display terminal (VDT),** terminal d'affiche; **visual display unit,** terminal de visualisation.

**displayable:** visualisable.

**displayed:** affiché; **screen displayed prompter,** guide de saisie affiché à l'écran.

**dissector:** dissecteur; **image dissector,** dissecteur optique.

**dissemination:** dissémination; **data dissemination,** diffusion de données.

**dissipation:** dissipation; **derating dissipation,** réduction de puissance; **heat dissipation,** chaleur dissipée; **power dissipation,** dissipation de puissance; **temperature dissipation,** échange thermique.

**distance:** distance; **Hamming distance,** distance de Hamming; **branch distance,** distance de saut; **distance element,** élément OU exclusif; **distance gate,** porte OU exclusif; **minimum distance code,** code à distance minimale; **signal distance,** distance de Hamming; **skip distance,** distance de saut; **start distance,** distance de lancement; **unit distance code,** code signaux à espacement unitaire.

**distant:** distant; **distant control,** commande à distance, télécommande.

**distortion\*:** distorsion; **amplitude distortion,** distorsion d'amplitude; **aperture distortion,** distorsion d'ouverture; **attenuation distortion,** distorsion d'affaiblissement; **barrel-shaped distortion,** distorsion en forme de tonneau; **bias distortion,** distorsion biaise, distorsion asymétrique; **character distortion,** distorsion de caractère; **characteristic distortion,** distorsion de caractéristique; **delay distortion,** distorsion par retard de phase; **distortion analyzer,** analyseur de distorsion; **end distortion,** distorsion terminale; **envelope delay distortion (EDD),** distorsion par retard d'enveloppe; **fortuitous distortion,** distorsion fortuite; **frequency distortion,** distorsion de fréquence; **harmonic distortion,** distorsion harmonique; **impulse distortion,** distorsion impulsionnelle; **intermodulation distortion,** distorsion d'intermodulation; **isochronous distortion,** distorsion isochrone; **linear distortion,** distorsion linéaire; **multipath distortion,** distorsion multivoie; **nonlinear distortion,** distorsion non linéaire; **phase distortion,** distorsion de phase; **pincushion distortion,** distorsion en coussin; **pincushion shaped distortion,** distorsion en forme de coussin; **signal distortion,** distorsion du signal; **transmit distortion,** distorsion de transmission.

**distributed:** distribué; **distributed architecture,** architecture distribuée, architecture répartie; **distributed array processor,** multiprocesseur distribué; **distributed bus topology,** topologie en bus distribué; **distributed constant,** constante distribuée; **distributed control,** commande répartie; **distributed data processing,** traitement de données distribué; **distributed data processing network,** réseau d'informatique distribuée; **distributed database,** base de données distribuée; **distributed function,** fonction distribuée; **distributed intelligence,** intelligence distribuée; **distributed network,** réseau distribué, réseau réparti; **distributed operating system,** système d'exploitation distribué; **distributed processing,** traitement distribué, traitement réparti; **distributed processing network,** réseau de centralisation du traitement; **distributed protocol,** procédure distribuée; **distributed system,** système décentralisé.

**distribution:** distribution; **data distribution,** distribution de données; **disk work area distribution,** répartition des zones du disque; **distribution code,** code de distribution; **distribution coefficient,** coefficient de ventilation; **distribution counter,** compteur d'adressage; **distribution function,** fonction de ventilation; **distribution index,** index d'adresse; **distribution key,** clé de répartition; **distribution list,** liste de ventilation; **distribution method,** méthode de ventilation; **distribution register,** registre de distribution; **distribution routine,** sous-programme de ventilation; **document distribution,** case de réception des documents; **field distribution,** distribution de zone; **frequency distribution,** distribution de fréquences; **instruction distribution channel,** canal de distribution d'instructions; **intermediate distribution frame,** distributeur intermédiaire; **job distribution register,** registre de ventilation des travaux; **line distribution pattern,** répartition des lignes, lignage; **local distribution subsystem,** sous-système de desserte locale; **main distribution frame,** répartiteur central; **normal distribution curve,** courbe de distribution normale; **potential distribution,** distribution du potentiel; **power distribution,** répartition de courant; **program distribution system,** système d'affectation de programmes; **system distribution disk,** disque d'exploitation système; **value distribution,** ventilation des valeurs; **waiting time distribution,** ventilation des temps d'attente.

**distributor:** distributeur; **automatic call distributor (ACD),** distributeur d'appels automatiques; **distributor box,** boîtier de distribution; **distributor bus,** bus de distribution; **distributor register,** registre répartiteur; **order distributor**, répartiteur d'informations; **program distributor**, distributeur de programmes; **time pulse distributor**, distributeur d'impulsions d'horloge.

d i s t u r b : postwrite disturb pulse, impulsion parasite après écriture.

d i s t u r b a n c e : trouble; **read disturbance**, perturbation de lecture; **source of disturbance**, source des perturbations.

d i t h e r : tremblement, gigue.

d i t h e r i n g : justaposition de points.

d i v e r s i t y * : diversité; **frequency diversity reception**, réception en diversité de fréquence; **polarization diversity**, diversité en polarisation.

d i v i d e : automatic divide, division automatique; **divide (to)**, diviser; **divide error**, erreur de division; **divide statement**, instruction de division; **divide-by-two counter**, compteur diviseur par deux; **floating divide**, division en virgule flottante; **floating-divide remainder**, reste de division en virgule flottante; **hardware divide**, division câblée; **integer divide**, sous-programme de division; **weighted average divide**, division pondérée.

d i v i d e d : divisé; **divided architecture**, architecture répartie.

d i v i d e n d * : dividende.

d i v i d e r * : diviseur; **analog divider**, diviseur analogique; **base potential divider**, diviseur de tension de base; **digital divider**, diviseur numérique; **frequency divider**, diviseur de fréquence; **voltage divider**, pont diviseur.

d i v i s i o n : division; **code division multiple access (CDMA)**, accès multifréquence; **data division**, partie des données; **division sign**, symbole de division; **division subroutine**, programme de division; **environment division**, ensemble pièce de machine; **fixed-point division**, division à virgule fixe; **floating-point division**, division en virgule flottante; **frequency division**, division de fréquence; **frequency division duplexing (FDM)**, duplexage multifréquence; **frequency division multiplex**, système à multiplexage de fréquences; **frequency division multiplexer**, multiplexeur à division de fréquence; **frequency division multiplexing (FDM)**, multiplexage en fréquence; **hardware division**, division câblée; **high-speed division**, division rapide; **identification division**, partie d'identification; **prime number division**, division par nombre premier; **procedure division**, section de procédure; **shortcut division**, division abrégée; **space-division multiplex**, multiplex spatial; **space-division switching**, commutation spatiale; **time divi-**

sion, partage du temps; **time-division multiple access (TDMA)**, accès multiple temporel; **time-division multiplex**, multiplexage en temps; **time-division multiplex method**, méthode de multiplexage temporel; **time-division multiplex operation**, opération de multiplexage temporel; **time-division multiplex system**, système de multiplexage temporel; **time-division multiplexer**, multiplexeur temporel; **time-division multiplexing (TDM)**, multiplexage temporel; **time-division multiplexing equipment**, matériel de multiplexage temporel; **time-division multiplier**, multiplicateur de modulation à deux canaux; **time-division switching**, commutation temporelle.

d i v i s o r : diviseur; **common divisor**, diviseur commun; **divisor register**, registre diviseur.

D L E : data link escape, échappement à la transmission.

D M A : direct memory access, accès direct à la mémoire.

D M L : data manipulation language, langage de manipulation de données.

d o c u m e n t : document, fichier; **automatic document feeder**, dispositif d'auto-alimentation de document; **bar-coded document**, document à code à barres; **blank document**, document sans information; **control document**, document de contrôle; **direct document processing**, traitement direct des documents; **document (to)**, archiver; **document condition**, condition des documents; **document counter**, compteur de documents; **document data processing**, traitement de documents; **document design**, création d'imprimés; **document distribution**, case de réception des documents; **document end**, fin de formulaire; **document file**, fichier textuel; **document handler**, gestionnaire de document; **document handling**, traitement automatique des documents; **document inscriber**, dispositif d'inscription de documents; **document insertion**, insertion de formulaire; **document platform**, plaque réceptrice de formulaires; **document position checking**, vérification de l'enchaînement des documents; **document preparation**, établissement de documents; **document printing**, impression des documents; **document reader**, lecteur de document; **document reference edge**, bord de référence de document; **document retrieval**, recherche de documents; **document sorter**, trieuse de documents; **document spacing**, espacement de document; **document spacing error**, erreur d'espacement de document;

**document stacking,** classement de documents; **document transport,** entraînement des documents; **document writing feature,** dispositif d'impression de document; **document writing system,** système d'impression de documents; **end of document,** fin de document; **end-of-document character (EOD),** caractère de fin de document; **hand marked document,** document annoté manuellement; **high-speed document reader,** lecteur de documents rapide; **input document,** document source; **optical document reader,** lecteur optique de documents; **original document,** document source; **photo document sensor,** capteur photoélectrique; **software document,** documentation de logiciel; **source document,** document de base; **turnaround document,** document navette; **videoscan document reader,** lecteur de documents par vidéographie.

**documentary:** documentaire; **documentary information retrieval,** recherche documentaire.

**documentation:** documentation; **documentation aids,** assistance à la documentation; **documentation package,** documents accompagnant le matériel; **program documentation,** documentation du programme; **programming documentation,** dossier de programmation; **self-instructing user documentation,** documentation interactive; **technical documentation,** documentation technique.

**documenting:** action de documenter; **self-documenting,** autodocumentaire.

**documentor:** programme de service.

**docuterm:** terme documentaire.

**dog:** toc; **dog contact,** contact de cliquet d'entraînement; **watch dog,** contrôleur de séquence; **watch dog timer,** rythmeur de séquence.

**domain:** domain; **integral domain,** domaine d'intégration; **protection domain,** zone protégée; **public-domain software,** logiciel de domaine public.

**donor\*:** donneur.

**door:** porte; **trap door,** trappe de visite.

**dopant\*:** dopeur.

**doped:** dopé.

**dormancy:** latence.

**dormant:** latent, inactif; **dormant terminal,** terminal inactif.

**DOS:** DOS prompt, invite DOS; **disk operating system (DOS),** système d'exploitation à disque (SED).

**dot:** point; **dot cycle,** récurrence de point; **dot matrix,** matrice à points; **dot matrix character,** caractère à matrice de points; **dot matrix display,** affichage matriciel par points; **dot matrix plotter,** traceur à matrice de points; **dot matrix printer,** imprimante à matrice de points; **dot printer,** imprimante par points; **dot-and-dash line,** trait mixte; **light dot,** point lumineux; **one-dot-line slice,** colonne de points; **phosphor dot,** point au phosphore.

**dotted:** pointillé.

**double:** double; **double add,** addition à double précision; **double-buffered pixel memory,** mémoire image en double zone tampon; **double buffering,** tamponnement double, zone tampon double; **double channel cable bridge,** passerelle avec double passage de câble; **double-click,** double-clic; **double current,** double courant; **double current transmission,** transmission en double courant; **double density,** double capacité mémoire; **double density recording,** enregistrement en double densité; **double error,** erreur double, erreur de deux binaires; **double integral,** intégrale double, intégralité de surface; **double-length accumulator,** accumulateur à double longueur; **double length arithmetic,** calcul en double longueur; **double-length number,** nombre en double précision; **double-length register,** registre double; **double-length word,** mot en double longueur; **double length word,** mot double; **double line shift register,** registre à décalage double; **double load,** chargement à double précision; **double modulation,** modulation double; **double paper feed,** double entraînement de papier; **double precedence,** double priorité; **double precision,** double précision; **double precision arithmetic,** arithmétique en double précision; **double precision exponent,** exposant à double précision; **double precision floating point,** virgule flottante en double précision; **double precision number,** nombre à double précision; **double precision variable,** variable en double précision; **double pulse recording,** enregistrement bi-impulsion; **double punching,** double perforation; **double register,** registre double; **double root,** double racine; **double sideband transmission,** transmission en double bande; **double sided,** double face; **double space,** double interligne; **double space printing,** impression à double interligne; **double strike,** double frappe; **double stroke,** double frappe; **double winding,** double enroulement; **double word,** mot double; **double word,** double mot; **double word boundary,** limite de mot double; **double word register,** registre en double mot.

**doublet\*:** doublet, duet, multiplet de 2 bits.

**doubling:** doublage; **frequency doubling method,** méthode de doublement de fréquence; **voltage doubling,** doublage de tension.

**doughnut:** tore.

**dowel:** dowel pin, goujon d'assemblage; **locating dowel,** ergot de centrage.

**down:** bas; **block down records (to),** diminuer les blocs; **break down (to),** être en panne; **computer down-time,** temps d'arrêt de l'ordinateur; **connected down-stream,** connecté en aval; **cycle down (to),** arrêter; **down arrow,** flèche bas; **down channel,** voie directe; **down counting,** décomptage; **down line,** canal direct; **down scroll arrow,** flèche descendante; **down-line load,** téléchargement; **down-line loading,** téléchargement; **drop-down list box,** zone de liste déroulante; **drop-down menu,** menu déroulant; **down time,** durée hors-opération, temps d'indisponibilité; **face-down feed,** alimentation recto; **machine down-time,** temps d'arrêt machine; **orderly close-down,** arrêt gracieux; **pen down,** baisser de plume; **pop down (to),** dépiler, descendre (une pile); **power down,** mise hors-tension; **power down cycle,** cycle de mise hors-tension; **push down (to),** refouler; **round down (to),** arrondir par défaut; **run down (to),** dérouler, s'arrêter; **scale down (to),** réduire à l'échelle; **screen down,** écran suivant; **scroll down,** défilement descendant; **slow down (to),** ralentir; **walk down,** perte cumulative.

**downgraded:** dégradé; **downgraded mode,** mode dégradé; **downgraded version,** version réduite.

**downlink:** voie descendante (satellite).

**download:** téléchargement, téléréception (de fichiers).

**downloadable:** téléchargeable; **downloadable font,** fonte téléchargeable.

**downloading:** téléchargement, téléréception (de fichiers).

**downshift:** passage en minuscules; **downshift (to),** passer en minuscules.

**downsizing:** réduction de taille, réduction d'encombrement.

**downstream:** aval.

**downward:** vers le bas; **downward compatibility,** compatibilité vers le bas; **downward compatible,** à compatibilité descendante.

**DP:** DP man, informaticien; **DP workshop,** atelier informatique.

**draft:** ébauche, tirage; **sight draft,** traité à vue.

**drafting:** dessin informatisé; **automated drafting,** dessin automatisé.

**drag:** (to), faire glisser (souris); **drag slider,** réglette de déplacement.

**dragging:** entraînement (d'image); **icon dragging,** déplacement d'icône.

**drain:** canal, perte; **drain current,** courant drain; **power drain,** puissance consommée.

**DRAM:** dynamic random access memory, mémoire vive dynamique.

**draw\*:** (to), dessiner.

**DRAW:** direct read after write, lecture et écriture simultanées.

**drawing:** dessin; **assembly drawing,** plan d'assemblage, schéma d'assemblage; **drawing area,** espace dessin; **drawing canvas,** espace dessin; **drawing color,** couleur de trait; **drawing element,** élément de dessin; **drawing paper,** papier à dessin; **drawing rate,** vitesse de tracé; **drawing resolution,** résolution du dessin; **drawing surface,** surface de dessin; **electronic drawing board,** table à dessin électronique; **line drawing set,** jeu de caractères semi-graphiques; **scale drawing,** dessin à l'échelle; **unshaded drawing,** dessin sans ombres.

**drawn:** dessiné; **line drawn form,** bordereau formaté.

**drift:** dérive; **drift error,** erreur de dérive; **drift failure,** défaillance progressive; **drift transistor,** transistor à champ gradient; **drift velocity,** vitesse de déplacement; **drift-corrected amplifier,** amplificateur stabilisé; **equivalence drift voltage,** tension de dérive équivalente; **frequency drift,** dérive de fréquence; **null drift,** dérive du point zéro.

**drill:** exercice; **drill tape,** bande de perçage.

**drive\*:** lecteur de disque; **alternate tape drive,** unité à bandes interchangeables; **base drive,** régulation de principe; **base drive current,** courant régulateur de base; **belt drive,** entraînement par courroie; **card drive,** dispositif d'entraînement de cartes; **cartridge drive,** unité à cartouche; **cassette drive,** unité de cassette; **current drive,** unité de disque active; **direct drive,** entraînement direct, commande directe; **disk drive,** unité de disque, unité de disquette; **disk pack drive,** unité à disque, unité à chargeur; **disk storage drive,** mécanisme d'entraînement de disque; **disk drive icon,** icône de lecteur de disque; **disk belt,** courroie d'entraînement; **drive capstan,** rouleau de transport; **drive chain,** chaîne d'entraînement; **drive coil,** bobine de commande; **drive current,** courant d'attaque; **drive mechanism,** mécanisme

137

d'entraînement; **drive pulley,** poulie de courroie d'entraînement; **drive pulse,** impulsion de commande, impulsion d'écriture; **drive pulse generator,** générateur d'impulsions de commande; **drive roll,** galet d'entraînement; **drive shaft,** arbre de commande; **drive time,** temps de commande; **drive winding,** bobine d'écriture; **drive wire,** fil de commande; **drum drive,** entraînement de tambour; **dual drive,** double unité de disquette; **dual drive system,** système à double disquette; **flexible disk drive,** unité de disque souple; **floppy disk drive,** unité de disque souple, unité à disquette; **friction drive,** entraînement par friction; **full drive pulse,** commande à plein courant; **half-size drive,** disquette demi-hauteur; **incremental drive,** entraînement différentiel; **magnetic tape drive,** unité de bande magnétique; **mechanical drive train,** chaîne cinématique; **multiple disk drive,** unité multichargeur; **paper drive,** entraînement de papier; **paper drive assembly,** entraînement de papier; **partial drive pulse,** impulsion de commande partielle; **physical drive address,** adresse physique du disque; **real drive,** unité physique; **single-floppy drive,** unité monodisquette; **tape cartridge drive,** unité d'entraînement de cartouche; **tape cassette drive system,** système à cassette; **tape drive,** entraînement de bande; **tape drive panel,** platine; **tape drive unit,** unité d'entraînement de bande; **twin diskette drive,** unité double de disquette; **two-drive system,** système à deux disquettes; **variable-speed drive,** entraînement à vitesse variable; **vernier drive,** engrenage à grand rapport de réduction; **virtual drive,** disque virtuel.

**d r i v e n :** contrôlé, asservi; **driven value,** valeur explicite; **event-driven,** commandé par événement; **firmware-driven,** contrôlé par progiciel; **host-driven computer,** calculateur esclave; **interrupt-driven,** commandé par interruption; **key-driven,** commandé par touche; **menu-driven,** contrôlé par menu; **menu-driven application,** programme contrôlé par menu; **motor-driven verifier,** vérificatrice à moteur; **program-driven,** contrôlé par programme; **table-driven,** géré par table; **transaction-driven system,** système de commande des mouvements.

**d r i v e r * :** gestionnaire, driver; **analog line driver (ALD),** amplificateur d'attaque de ligne; **bus driver,** gestionnaire de bus, coupleur de bus; **device driver,** gestionnaire, coupleur de périphérique; **digit driver,** amplificateur numérique; **display driver,** gestionnaire d'écran; **driver protection circuit,** circuit de protection d'étage pilote; **driver unit,** étage d'attaque; **inhibit driver,** amplificateur de courant d'inhibition; **line driver,** amplificateur de ligne; **logical driver,** gestionnaire logique; **magnetic tape driver,** dévideur de bande magnétique; **mouse driver,** gestionnaire de souris; **peripheral driver,** sous-programme de commande de périphérique; **physical driver,** gestionnaire physique; **power driver,** étage de puissance; **printer driver,** pilote d'imprimante; **procedure driver,** programme de commande de procédure.

**d r i v i n g :** conduite; **driving gate,** circuit d'attaque; **driving magnetic tape,** entraînement de bande magnétique; **driving software,** logiciel de commande.

**d r o o p :** déclivité, affaissement; **pulse droop,** palier incliné d'impulsion.

**d r o p :** chute; **drop (to),** éliminer, abandonner, relâcher; **drop channel,** canal de relâche; **drop-dead halt,** arrêt définitif; **drop-down list box,** zone de liste déroulante; **drop-down menu,** menu déroulant; **drop-in,** génération parasite; **drop-in reading,** lecture parasite; **drop-off,** point de raccordement; **drop-out,** perte d'information, defaut, refus; **drop-out (to),** retomber; **drop-out compensation,** compensation de perte de niveau; **drop-out value,** valeur de mise au repos; **drop pocket,** case de tri; **false drop,** diaphonie incohérente; **forward voltage drop,** chute de tension dans le sens direct; **voltage drop,** chute de tension.

**d r u m * :** tambour; **answerback drum,** tambour de réponse; **balanced drum,** tambour équilibré; **balanced magnetic drum,** tambour magnétique équilibré; **code drum,** tambour codeur; **contact drum,** tambour de contact; **drum address,** adresse de tambour; **drum drive,** entraînement de tambour; **drum dump,** vidage du tambour; **drum mark,** marque de tambour; **drum memory,** mémoire à tambour; **drum plotter,** traceur à tambour; **drum printer,** imprimante à tambour; **drum record,** enregistrement sur tambour; **drum runout,** balourd; **drum shaft,** axe de tambour, arbre de tambour; **drum speed,** vitesse du tambour; **drum stacker,** éjecteur à tambour; **drum storage,** mémoire à tambour; **drum store,** mémoire à tambour; **drum track,** piste de tambour; **drum unit,** unité à tambour; **file drum,** tambour de grande capacité; **magnetic drum,** tambour magnétique; **magnetic drum store,** mémoire à tambour magnétique; **magnetic drum unit,** unité à tambour magnétique, unité à tambour; **pin feed drum,** tambour d'entraînement à picots; **print drum,** tambour d'impression

**program drum,** tambour programme; **stacker drum,** tambour d'éjection; **type drum,** tambour porte-caractères.

**d r y :** sec; **dry cell battery,** pile sèche; **dry joint,** soudure froide; **dry reed contact,** contact mouillé au mercure; **dry reed relay,** relais hermétique à gaz inerte; **dry run,** passage d'essai, passe d'essai; **dry running,** vérification manuelle (de code); **dry solder joint,** soudure froide; **dry toner,** encre sèche.

**d r y i n g :** séchage; **air drying station,** poste de séchage.

**D S E : data switching exchange,** centre de commutation de données.

**D S R : data set ready,** poste de données prêt.

**D S U : disk storage unit,** unité de disque.

**D T E : data terminal equipment,** équipement terminal de données (ETTD).

**D T L : diode transistor logic,** logique à diodes et transistors.

**D T R : data terminal ready,** terminal en ligne.

**d u a l :** double; **dual access,** double accès; **dual access tape unit,** dérouleur à double accès; **dual brightness,** surbrillance; **dual card,** carte document; **dual carriage,** double saut de ligne, interligne double; **dual carriage print,** impression en double interligne; **dual deck tape,** unité à double dérouleur; **dual drive,** double unité de disquette; **dual drive system,** système à double disquette; **dual feed,** double saut; **dual feed carriage,** chariot à double alimentation; **dual feed tape carriage,** double avance de bande perforée; **dual index,** index croisé; **dual-in-line package (DIL),** boîtier à double rangée connexions; **dual job stream version,** version double file; **dual operation,** opération jumelée; **dual paper feed,** double mouvement de papier; **dual paper movement,** double mouvement de papier; **dual port,** port double; **dual port controller,** coupleur de périphérique double; **dual port memory,** mémoire à double accès; **dual precedence,** double priorité; **dual printing,** impression en double; **dual processor system,** système biprocesseur; **dual punch card,** carte perforée composée; **dual punching,** double perforation; **dual ribbon feed,** double avance de ruban encreur; **dual system,** système double, systèmes en tandem; **dual trace adapter,** adaptateur bicourbe; **dual trace amplifier,** amplificateur à double trace; **dual trace oscilloscope,** oscilloscope à deux faisceaux.

**d u c t :** canalisation; **air duct,** canal d'aération, passage d'air; **cable duct,** conduit de câbles; **chip duct,** tuyau à confettis.

**d u m b :** non intelligent; **dumb terminal,** terminal de bas niveau.

**d u m m y :** fictif; **dummy activity,** activité fictive; **dummy address,** adresse fictive; **dummy argument,** argument fictif; **dummy block,** bloc vide; **dummy card,** carte vierge; **dummy data,** données fictives; **dummy data set,** fichier fictif, pseudo-fichier; **dummy field,** zone fictive; **dummy fuse,** plaque d'obturation, fusible postiche; **dummy header,** étiquette vierge, label fictif; **dummy header label,** label d'en-tête fictif; **dummy home address,** pseudo-adresse de voie; **dummy information,** information fictive; **dummy instruction,** instruction fictive; **dummy label,** label fictif; **dummy letter,** lettre fictive; **dummy load,** charge fictive; **dummy plug,** fiche postiche, fiche court-circuit; **dummy pointer,** pseudo-pointeur; **dummy procedure,** procédure fictive; **dummy record,** pseudo-enregistrement; **dummy section,** pseudo-section; **dummy seek,** recherche fictive; **dummy statement,** pseudo-instruction, instruction fictive; **dummy tag,** définition d'adressage fictive; **dummy traffic,** connecteur fictif; **dummy variable,** variable fictive, variable auxiliaire; **dummy zero,** zéro artificiel; **initial dummy block,** bloc fictif initial.

**d u m p * :** cliché, vidage; **AC dump,** absence de réseau; **abort dump,** vidage après abandon; **binary dump,** vidage binaire; **change dump,** vidage après mouvements; **checkpoint dump,** vidage des points de reprises; **core dump,** vidage de la mémoire; **core storage dump,** vidage de la mémoire à tores; **data dump,** vidage de mémoire; **disaster dump,** vidage accidentel; **disk dump,** cliché sur disque, vidage sur disque; **drum dump,** vidage du tambour; **dump (to),** clicher, vider, décharger; **dump and restart,** vidage-reprise; **dump check,** contrôle de vidage; **dump cracking,** débogage par vidage; **dump file,** fichier de vidage; **dump point,** point de reprise; **dump routine,** routine de vidage; **dump tape,** bande de vidage; **dynamic dump,** vidage dynamique; **dynamic memory dump,** vidage dynamique de mémoire; **memory dump,** cliché mémoire; **memory dump routine,** sous-programme de vidage mémoire; **pixel-by-pixel dump,** cliché point par point, vidage pixel par pixel; **postmortem dump,** cliché d'autopsie; **programmed dump,** vidage programmé; **rescue dump,** vidage de secours; **selective dump,** vidage sélectif; **selective main storage dump,** vidage sélectif; **snapshot dump,**

vidage dynamique de zone; **static dump**, vidage statique; **storage dump**, cliché mémoire; **system shutdown dump**, vidage après arrêt système; **tape dump**, vidage de la bande; **terminal mass storage dump**, vidage mémoire final.

**d u m p e r :** gestionnaire de vidage.

**d u m p i n g :** vidage; **dumping circuit**, circuit basculant; **storage dumping**, transfert de mémoire.

**duodecimal :** duodécimal; **duodecimal number**, nombre duodécimal; **duodecimal number system**, numération à base 12.

**duplex\* :** duplex; **bridge duplex system**, système duplex à pont; **duplex channel**, voie bidirectionnelle; **duplex computer system**, système à double calculateur; **duplex console**, console commune à des calculateurs; **duplex console**, console commune; **duplex operation**, opération bidirectionnelle, mode duplex; **duplex system**, système duplex; **duplex transmission**, transmission en duplex; **full duplex**, duplex; **full duplex operation**, opération en duplex; **half-duplex**, semi-duplex; **half-duplex channel**, voie semi-duplex; **half-duplex operation**, mode semi-duplex, régime semi-duplex; **half-duplex transmission**, transmission semi-duplex.

**duplexing :** duplexage; **frequency division duplexing (FDM)**, duplexage multifréquence.

**duplicate :** (to), reproduire; **duplicate circuitry**, double montage de circuits; **duplicate code**, code de duplication; **duplicate item**, double article; **duplicate mode**, double vérification; **duplicate operation check**, vérification en double; **duplicate record**, enregistrement double; **tape duplicate**, duplication de bande.

**duplicated :** dupliqué, copié; **duplicated effect**, double effet; **duplicated record**, copie d'enregistrement.

**duplicating :** duplication, copie; **duplicating card punch**, perforatrice duplicatrice; **duplicating check**, contrôle par répétition; **duplicating device**, dispositif de duplication; **duplicating punch**, perforatrice-duplicatrice.

**duplication :** reproduction; **duplication check**, contrôle par duplication.

**duplicator :** copieur.

**duration :** durée; **assemble duration**, durée d'assemblage; **call duration**, durée de communication; **compile duration**, durée de compilation; **pulse duration**, durée d'impulsion; **response duration**, durée de réponse; **run duration**, durée d'exécution; **running duration**, durée d'exécution; **standard dur**ation, écart type; **translate duration**, temps de traduction; **translating duration**, temps de traduction; **variable-cycle duration**, temps de cycle variable.

**d u s t :** poussière; **dust (to)**, dépoussiérer, saupoudrer; **dust catcher**, dispositif collecteur de poussière; **dust cover**, housse; **dust tight**, abrité des poussières.

**duty :** devoir; **continuous duty operation**, service permanent; **duty cycle**, facteur d'utilisation; **duty program**, programme de fonction, programme de travail; **operating duty**, charge normale; **pulse duty factor**, taux d'impulsions.

**dwell\* :** retard programmé; **dwell time**, temps de repos.

**d y a d i c :** diadique, à deux opérandes; **dyadic Boolean operation**, opération booléenne diadique; **dyadic Boolean operator**, opérateur booléen diadique; **dyadic logical operation**, opération logique diadique; **dyadic operation**, opération diadique, opération à deux opérandes; **dyadic operator**, opérateur diadique; **dyadic processor**, processeur diadique.

**d y n a m i c :** dynamique; **dynamic RAM**, mémoire dynamique; **dynamic address translation (DAT)**, translation dynamique d'adresse; **dynamic addresser**, programme d'adressage dynamique; **dynamic addressing**, adressage dynamique; **dynamic allocation**, affectation dynamique; **dynamic behaviour**, comportement dynamique; **dynamic buffer allocation**, allocation de tampon dynamique; **dynamic buffering**, tamponnement dynamique; **dynamic bus allocation**, allocation dynamique du bus; **dynamic check**, contrôle dynamique; **dynamic control**, commande dynamique; **dynamic control function**, fonction de contrôle dynamique; **dynamic descendance**, suite dynamique; **dynamic descendant**, suite dynamique; **dynamic dump**, vidage dynamique; **dynamic error**, erreur dynamique; **dynamic image**, premier plan d'image; **dynamic linking**, couplage dynamique; **dynamic loop**, boucle dynamique; **dynamic memory**, mémoire dynamique; **dynamic memory dump**, vidage dynamique de mémoire; **dynamic memory management**, gestion dynamique de mémoire; **dynamic memory relocation**, translation dynamique du contenu mémoire; **dynamic mode**, exploitation évolutive; **dynamic parameter**, paramètre dynamique; **dynamic programming**, programmation dynamique; **dynamic random access memory (DRAM)**, mémoire vive dynamique; **dynamic relocation**, translation dynamique; **dynamic re**-

source allocation, allocation dynamique des ressources; **dynamic runout,** excentrage dynamique; **dynamic shift register,** registre à décalage dynamique; **dynamic skew,** défilement de biais; **dynamic stop,** arrêt dynamique; **dynamic storage,** mémoire dynamique; **dynamic storage allocation,** allocation dynamique de mémoire; **dynamic storage location,** affectation dynamique de mémoire; **dynamic structure,** structure dynamique de programmes; **dynamic subroutine,** sous-programme paramétré; **dynamic system update,** mise à jour dynamique; **dynamic timer,** rythmeur dynamique; **volatile dynamic storage,** mémoire dynamique volatile.

dynamicise: cf dynamicize.

dynamiciser: cf dynamicizer.

dynamicize: (to), sérialiser, convertir de parallèle en série.

dynamicizer: sérialiseur, convertisseur parallèle-série.

# E

**EAM:** electrical accounting machine, machine comptable électrique.

**EAROM:** electrically alterable read-only memory, mémoire morte reprogrammable électriquement.

**earth:** terre; **earth station,** station terrestre (satellite); **protective earth,** terre de protection.

**EBCDIC:** EBCDIC character, caractère EBCDIC; **expanded BCD interchange code (EBCDIC),** binaire codé décimal étendu.

**EBR:** electronic beam recording, enregistrement à faisceau électronique.

**ECC:** error correction code, code de correction d'erreurs; **error-correcting code,** code correcteur d'erreurs.

**echo\*:** écho; **echo check,** vérification par retour, contrôle par écho; **echo checking,** vérification par retour, contrôle par écho; **echo suppressor,** suppresseur d'écho; **echo testing,** contrôle par écho.

**echoplex:** échoplex.

**ECL:** emitter coupled logic, logique à couplage par l'émetteur.

**economy:** économie; **storage economy,** utilisation optimale, rationalité de la mémoire.

**EDA:** end-of-address character, caractère fin d'adresse.

**EDC:** error detection code, code de détection d'erreurs.

**EDD:** envelope delay distortion, distorsion par retard d'enveloppe.

**edge\*:** bord, marge; **Y-edge leading,** alimentation 12 en tête; **aligning edge,** marge de cadrage; **alignment edge,** bord de cadrage; **bottom edge,** marge inférieure; **card edge,** bord de carte; **card leading edge,** bord avant de carte; **card trailing edge,** bord arrière de carte; **document reference edge,** bord de référence de document; **edge card,** carte à contacts imprimés; **edge connector,** connecteur de bord; **edge punch read,** lecture des perforations marginales; **edge seek,** recherche de marge; **edge-notched card,** carte à aiguille; **edge-punched card,** carte à perforations marginales; **edge-triggered latch,** bascule déclenchée par un front; **guide edge,** bord de guidage; **knife-edge point,** aiguille en couteau; **leading edge,** bord avant, espace en-tête de mot; **negative going edge,** flanc de synchronisation négatif;

nine edge leading, neuf en-tête; **pulse edge,** flanc d'impulsion; **reference edge,** bord de référence; **screen edge convergence,** convergence de bord d'écran; **single-edge guiding,** guidage de ruban unilatéral; **stroke edge,** bord de segment; **top edge,** bord supérieur; **trailing edge,** bord arrière.

**edit\*:** edit (to), éditer, mettre en forme; **edit code,** code d'édition; **edit control character,** caractère de commande d'édition; **edit control word,** masque d'édition; **edit facility,** moyen d'édition; **edit instruction,** instruction d'édition, commande de mise en forme; **edit line mode,** édition en mode ligne; **edit mask,** masque d'édition; **edit mode,** mode d'édition; **edit operation,** opération d'édition; **edit parameter,** paramètre d'édition; **edit program,** programme d'édition, routine d'édition; **edit report key,** code de report d'édition; **edit routine,** routine d'édition, programme d'édition, éditeur; **edit word,** masque d'édition; **edit-directed,** commande pour édition; **expanded print edit,** mise en forme élargie; **input edit level,** contrôle d'introduction; **tape edit,** impression des données de bande.

**edited:** édité; **edited item,** article mis en forme; **edited receiving field,** zone de réception mise en forme.

**editing:** édition, mise en forme; **character editing key,** touche d'édition; **command editing,** impression des ordres; **data editing,** édition de données; **editing character,** caractère d'édition; **editing instruction,** instruction de mise en forme; **editing printing results,** édition des résultats imprimés; **editing subroutine,** routine d'édition; **editing symbol,** symbole d'édition; **end editing,** mise en forme définitive; **graphic editing,** édition graphique; **graphical editing,** édition graphique; **link editing,** liaison, édition de liens; **numeric editing,** impression numérique; **screen editing,** édition à l'écran; **tape editing,** impression des données de bande; **terminological editing,** mise en forme de la terminologie; **text editing,** édition de texte; **text editing operation,** opération d'édition de texte.

**editor\*:** éditeur; **file editor,** programme de création de fichier; **full screen editor,** éditeur pleine page; **link editor,** éditeur de liens, lieur; **linkage editor,** éditeur de liens, lieur; **linkage editor listing,** liste de l'éditeur de liens; **microcomputer editor,** microéditeur; **on-line editor,** éditeur en ligne; **source text editor,** éditeur de textes d'origine; **symbolic editor,** éditeur symbolique; **text editor,** éditeur de texte; **type font editor,** éditeur de police de caractères.

**EDP\*: electronic data processing,** traitement électronique de données, informatique.

**EDS: exchangeable disk storage,** mémoire à disques amovibles.

**education:** éducation; **simulation education,** éducation par simulation.

**EEROM: electrically erasable read-only memory,** mémoire morte effaçable électriquement.

**effect:** effet; **Zener effect,** effet Zener; **adverse effect,** effet inverse; **barrel effect,** effet tonneau; **duplicated effect,** double effet; **field effect transistor (FET),** transistor à effet de champ; **gap effect,** effet de l'entrefer; **hole storage effect,** capacité de diffusion; **keystone effect,** distorsion trapézoïdale; **maximum effect,** effet maximum; **pincushion effect,** effet de coussin; **shot effect,** bruit de grenaille; **side effect,** effet secondaire, effet oblique, effet de bord; **skew effect,** effet de biais.

**effective\*:** réel; **effective address,** adresse effective; **effective calculating time,** temps machine effectif; **effective data transfer rate,** vitesse de transmission effective; **effective date,** date effective, date réelle; **effective electrical cycle,** période électrique effective; **effective instruction,** instruction effective, instruction réelle; **effective language,** langage utile; **effective margin,** marge utile; **effective pitch,** pas réel; **effective time,** temps utile; **effective value,** valeur effective.

**effectiveness:** efficacité; **average effectiveness level,** degré d'efficacité; **cost effectiveness,** coût-efficacité.

**effector:** effecteur; **format effector (FE),** contrôleur de mise en page; **format effector character,** caractère de commande de format d'édition.

**efficiency:** rendement; **blocking efficiency,** efficacité du groupage; **breakthrough sweep efficiency,** rendement de balayage; **computer efficiency,** fiabilité informatique; **efficiency statement,** justification de rendement; **efficiency theorem effort,** théorème de rendement effort.

**effort:** effort; **efficiency theorem effort,** théorème de rendement effort.

**EIA: EIA interface,** interface aux normes US; **Electronic Industry Association (EIA),** normes électroniques US.

**eight:** huit; **eight-bit byte,** octet; **eight-level,** niveau à 8 moments.

**eighty:** quatre-vingts; **eighty-column card,** carte à 80 colonnes.

**EIM: end-of-information marker,** marque de fin de données.

**eject: disk eject device,** dispositif d'éjection de disquette; **eject (to),** éjecter; **eject instruction,** instruction d'éjection; **high-speed eject mechanism,** mécanisme d'éjection rapide.

**ejection:** éjection; **card ejection,** éjection de carte; **ejection control hub,** plot de commande d'éjection; **ejection mechanism,** mécanisme d'éjection; **ejection track,** piste d'éjection; **overflow ejection,** saut de report; **single-item ejection,** avancement en liste.

**elaboration:** élaboration; **algorithm elaboration,** algorigramme.

**elapsed:** écoulé; **elapsed time,** temps écoulé; **elapsed time clock,** horloge pour temps écoulé; **elapsed time meter,** tension de service.

**electrical:** électrique; **effective electrical cycle,** période électrique effective; **electrical accounting machine (EAM),** machine comptable électrique; **electrical connector,** connecteur électrique; **electrical interface,** interface électrique; **electrical sensing,** exploration électrique.

**electro:** électro; **electro-magnet,** électro-aimant; **electro-sensitive paper,** papier conducteur.

**electrode:** électrode; **emitter electrode,** électrode émetteur.

**electromagnet:** électro-aimant.

**electromagnetic:** électromagnétique; **electromagnetic delay line,** ligne à retard électromagnétique; **electromagnetic interference,** interférence électromagnétique.

**electromechanical:** électromécanique; **electromechanical mouse,** souris électromécanique.

**electromotive:** électromotrice; **electromotive force,** force électromotrice.

**electron:** électron; **electron beam,** faisceau électronique; **electron flow,** flux électronique; **electron ray tube,** tube à faisceau électronique; **electron stream,** faisceau électronique; **electron tube,** tube électronique.

**electronic:** électronique; **Electronic Industry Association (EIA),** normes électroniques US; **control electronic,** unité de commande; **device electronics,** électronique de commande; **electronic accumulating register,** registre de cumul électronique; **electronic accumulator,** totalisateur électronique; **electronic beam recording (EBR)**, enregistrement à faisceau électronique; **electronic brain**, cerveau électronique; **electronic calculator**, calculateur électronique; **electronic character sensing**, lecture électronique des caractères; **electronic commutator**, commutateur électronique; **electronic component**, composant électronique; **electronic control system**, système de contrôle électronique; **electronic counter**, compteur électronique; **electronic courier**, messagerie électronique; **electronic data processing (EDP)**, traitement électronique de données, informatique; **electronic data processing machine**, machine de traitement électronique de données; **electronic data processing system**, système de traitement électronique de données; **electronic device**, dispositif électronique; **electronic differential analyzer**, analyseur différentiel; **electronic directory**, annuaire électronique; **electronic drawing board**, table à dessin électronique; **electronic emitter**, distributeur électronique d'impulsions; **electronic format control**, commande de format électronique; **electronic machine**, calculateur, ordinateur; **electronic mail**, messagerie (électronique); **electronic module**, module électronique; **electronic multiplication circuit**, circuit multiplicateur électronique; **electronic multiplier**, multiplicateur électronique; **electronic panel**, panneau de raccordement; **electronic pen**, crayon électronique; **electronic receiver**, récepteur électronique; **electronic relay**, relais à commande électronique; **electronic scanning**, balayage électronique; **electronic spreadsheet**, tableur électronique; **electronic storage unit**, mémoire électronique; **electronic stylus**, photostyle; **electronic switch**, commutateur électronique; **electronic switching**, commutation électronique; **electronic switching system (ESS)**, système de commutation électronique; **electronic time clock**, pendule de pointage électronique; **electronic transmitter**, émetteur électronique; **electronic typing**, traitement de texte; **electronic voltmeter**, voltmètre à diode; **electronic worksheet**, bloc-notes électronique; **electronics**, électronique; **large scale electronics**, grand système.

e l e c t r o s t a t i c : électrostatique; **electrostatic field**, champ électrostatique; **electrostatic memory**, mémoire électrostatique; **electrostatic memory tube**, tube à mémoire électrostatique; **electrostatic plotter**, traceur électrostatique; **electrostatic printer**, imprimante électrostatique; **electrostatic sensing**, palpation électrostatique; **electrostatic** storage, mémoire électrostatique; **electrostatic storage tube**, tube à mémoire électrostatique.

e l e c t r o t h e r m a l : électrothermique; **electrothermal printer**, imprimante thermoélectrique.

e l e m e n t : élément; **AND element**, élément ET; **NAND element**, élément NON-ET; **NOR element**, élément NON-OU, porte NI; **NOT element**, élément NON; **active element**, élément actif; **adding element**, élément d'addition; **alphabetic element**, élément à classification alphabétique; **anticoincidence element**, élément antivalent; **anticoincident element**, élément OU exclusif; **arithmetic element**, élément arithmétique; **array element**, élément de tableau, élément de matrice; **base element**, élément de base; **basic element**, élément de base; **biconditional element**, élément biconditionnel, NI exclusif; **binary element**, élément binaire; **binary element string**, chaîne d'éléments binaires; **binary storage element**, élément de mémoire binaire; **bistable element**, élément bistable; **code element**, moment de code; **complement element**, circuit complémentaire; **computing element**, composant de calculateur analogique; **control element**, élément de commande; **corner element**, élément angulaire; **damping element**, filtre éliminateur; **data element**, élément de données; **data element chain**, chaîne d'éléments de données; **data pick-off element**, élément de code de collecte; **decision element**, élément seuil; **detectable element**, élément détectable; **digit delay element**, retardeur unitaire; **display element**, élément graphique, pixel; **distance element**, élément OU exclusif; **drawing element**, élément de dessin; **element management**, gestion d'éléments; **element synchronization**, synchronisation de bits, synchronisation de pas; **element-bound**, limité par les éléments; **equivalence element**, élément d'équivalence, NI exclusif; **except element**, élément OU exclusif; **exclusive-NOR element**, élément NI exclusif; **exclusive-OR element**, élément OU exclusif; **exjunction element**, élément OU exclusif; **filter element**, élément de filtrage; **generic element**, élément de sélection; **identity element**, élément d'identité; **indicating element**, élément d'indication; **instruction element**, élément d'instruction; **joint denial element**, élément NON-OU, élément NI; **language element**, élément de langage; **logic element**, élément logique; **logical element**, élément logique; **majority element gate**, porte majoritaire; **negation element**, élément de négation, inverseur; **nonequivalence element,** élément de non-équivalence; **nonlinear element,** élément non linéaire; **one element,** élément OU; **output element,** organe de sortie; **passive element,** élément passif; **picture element,** élément d'image, pixel, binaire-image; **plug-in element,** outil; **primary element,** élément amont; **print element,** tête d'impression; **printing element,** élément d'impression; **receiver signal element timing,** synchronisation de la réception; **sampling element,** élément d'échantillonnage; **sensing element,** organe de lecture; **signal element,** élément de signal; **signal element pulse,** impulsion pas à pas; **signal element timing,** rythme pas à pas; **solid state element,** élément état solide; **start element,** signal de départ; **stop element,** signal d'arrêt; **storage element,** élément de mémoire; **store element,** élément de mémoire; **switching element,** élément de commutation; **table element,** élément de table; **task element,** élément de tâche; **threshold element,** élément à seuil; **trigger element,** élément déclencheur; **unidirectional element,** élément à sens unique; **union element,** élément OU; **unit element,** élément unitaire; **unity element,** élément unique; **universal element,** élément universel; **voltage element,** entrée de tension; **waiting queue element,** élément de file d'attente; **zero match element,** élément NON-OU, porte NI.

**e l e m e n t a r y:** élémentaire; **elementary access method,** méthode d'accès élémentaire; **elementary expression,** expression élémentaire; **elementary field,** champ élémentaire; **elementary function,** fonction élémentaire; **elementary item,** structure élémentaire; **elementary item entry,** déclaration élémentaire d'article; **elementary level,** niveau élémentaire; **elementary move,** transfert élémentaire; **elementary operation,** opération élémentaire.

**e l e v e n:** onze; **eleven punch,** perforation X, perforation 11.

**e l i m i n a t i o n:** élimination; **band elimination filter,** filtre éliminateur de bande; **error elimination unit,** unité d'élimination d'erreurs; **errors elimination,** élimination d'erreurs; **hidden surface elimination,** élimination des surfaces cachées; **zero elimination,** élimination de zéros.

**e l i m i n a t o r:** éliminateur.

**e m b e d d e d:** encastré, noyé; **embedded blank,** espace intercalaire, blanc intercalé; **embedded character,** caractère imbriqué; **embedded computer,** calculateur intégré,

calculateur embarqué.

**e m b r a c e: deadly embrace,** arrêt conflictuel.

**e m e r g e n c y:** secours; **emergency maintenance,** maintenance de premier secours; **emergency shutdown,** arrêt d'urgence.

**E M I: electromagnetic interference,** interférence électromagnétique.

**e m i s s i o n:** émission; **secondary emission,** émission auxiliaire.

**e m i t t e r:** émetteur; **character emitter,** émetteur de caractère; **common emitter circuit,** montage émetteur commun; **digit emitter,** distributeur; **electronic emitter,** distributeur électronique d'impulsions; **emitter brush,** brosse de contact; **emitter control,** commande d'émetteur; **emitter coupled logic (ECL),** logique à couplage par l'émetteur; **emitter electrode,** électrode émetteur; **emitter follower,** émetteur cathodyne; **emitter hub,** jack d'impulsion; **emitter pulse,** impulsion d'émetteur; **emitter voltage,** tension émetteur; **pulse emitter,** émetteur d'impulsions; **selective digit emitter,** distributeur sélectif; **time emitter,** générateur de temps; **word size emitter,** générateur de longueur de mot.

**e m p l o y m e n t:** emploi; **machine employment,** utilisation machine.

**e m p t y:** vide; **empty medium,** support vierge, support vide; **empty record,** article vide; **empty set,** ensemble vide, ensemble nul; **empty string,** chaîne vide; **empty tape,** bande vide; **empty word,** mot vide.

**E M S: EMS memory,** mémoire paginée EMS; **expanded memory specification (EMS),** spécification de mémoire épandue.

**e m u l a t e*: emulate (to),** émuler.

**e m u l a t i o n*:** émulation; **emulation mode,** mode d'émulation; **emulation package,** programmes d'émulation; **emulation software package,** logiciel d'émulation; **expanded memory emulation,** émulation de mémoire à bancs commutés; **in-circuit emulation technique,** technique d'émulation sur circuit; **terminal emulation,** émulation de terminal.

**e m u l a t o r:** émulateur; **emulator control program,** programme de commande d'émulateur; **emulator generation,** génération émulée; **emulator microprogram,** microprogramme d'émulation; **emulator monitor system,** système moniteur d'émulation; **in-circuit emulator,** émulateur connecté; **load emulator,** émulateur de charge.

**e n a b l e: chip enable,** validation de circuit; **enable (to),** valider; **enable input,** entrée de validation; **enable pulse,** impulsion de validation; **enable switch,** commutateur de validation; **image enable pulse,** impulsion de validation de trame; **write enable,** autorisation d'écriture.

**enabling:** mise en service; **enabling signal,** signal de validation, signal d'autorisation; **interrupt enabling,** autorisation d'interruption.

**encapsulated:** encapsulé, encastré; **encapsulated type,** type encapsulé.

**encipher:** encipher (to), chiffrer, coder, encoder.

**enciphering:** codage, encodage, chiffrement.

**enclosed:** inclus; **enclosed character,** caractère délimité.

**enclosure:** boîte, tiroir; **input enclosure,** appendice d'introduction; **input enclosure name,** nom de complément d'introduction; **main enclosure,** baie principale.

**encode\*:** encode (to), encoder, coder, programmer.

**encoded:** encodé; **encoded image,** image codifiée; **encoded point,** point adressable; **phase-encoded,** en modulation de phase; **phase-encoded recording,** enregistrement en codage de phase.

**encoder:** codeur, encodeur; **data encoder,** codeur de données; **keyboard encoder,** codeur de clavier; **optical encoder,** codeur optique; **phase encoder,** codeur de phase; **shaft position encoder,** codeur de position angulaire; **tape encoder,** unité d'enregistrement sur bande.

**encoding:** encodage; **MOS encoding chip,** microcomposant MOS; **binary encoding,** codage binaire; **phase encoding,** codage par modulation de phase.

**encrypt:** encrypt (to), chiffrer.

**encrypted:** crypté; **encrypted virus,** virus programmé.

**encryption:** encryptage, cryptage; **data encryption,** cryptage des données; **encryption technique,** technique d'encryptage; **encryption-decryption procedure,** procédure d'encryptage-décryptage; **multiplex link encryption,** chiffrement de jonction; **super encryption,** surchiffrement.

**end:** fin; **abnormal end (ABEND),** fin anormale; **automatic end of block,** fin de bloc automatique; **back-end,** phase arrière; **back-end processor,** processeur dorsal, ordinateur d'arrière-plan; **block end,** fin de bloc; **block end-of-file,** bloc fin de fichier; **block end-of-reel,** bloc fin de bobine; **block end-of-tape,** bloc fin de ruban; **channel end,** fin de canal; **dead end,** arrêt brusque, fin imprévue, impasse; **document end,** fin de formulaire; **end (to),** achever, finir, terminer;

**end address,** adresse finale; **end card,** carte de fin; **end column,** colonne finale; **end connector,** connexion d'extrémité; **end cover,** carter latéral; **end declarative,** fin des déclarations de procédure; **end distortion,** distorsion terminale; **end editing,** mise en forme définitive; **end feed,** alimentation finale; **end instruction,** instruction de fin; **end item,** élément d'information définitif; **end label,** label fin; **end line,** ligne de fin; **end mark,** marque de fin; **end of address,** fin d'adresse; **end of block,** fin de bloc; **end of cylinder,** fin de cylindre; **end of data,** fin de données; **end of document,** fin de document; **end of identity,** fin de l'identification; **end of job,** fin de travail; **end of line,** fin de ligne; **end of medium,** fin de support; **end of message,** fin de message; **end of operation,** fin d'opération; **end of record,** fin d'enregistrement; **end of reel,** fin de bobine; **end of run,** fin d'exécution; **end of selection,** caractère fin de sélection; **end of tape,** fin de bande; **end of transmission,** fin de transmission; **end of unit,** fin de module; **end of volume,** fin de fichier partiel; **end play,** jeu axial; **end position,** position finale; **end printing,** impression en bout de carte; **end scale,** déviation pleine échelle; **end shake,** jeu en bout; **end support,** support définitif; **end surface,** surface frontale; **end symbol,** symbole de fin; **end user,** utilisateur final; **end user facility,** équipement de l'utilisateur final; **end user language,** langage de l'utilisateur final; **end-around borrow,** report négatif, retenue circulaire; **end-around carry,** report circulaire; **end-around shift,** décalage cyclique; **end-of-address character (EDA),** caractère fin d'adresse; **end-of-block character (EOB),** caractère de fin de bloc; **end-of-block signal,** signal de fin de bloc; **end-of-data exit,** sortie définitive des données; **end-of-data item,** enregistrement fin de données; **end-of-document character (EOD),** caractère de fin de document; **end-of-file character (EOF),** caractère de fin de fichier; **end-of-file indicator,** marque de fin de fichier; **end-of-file label,** repère de fin de fichier; **end-of-file marker,** marqueur de fin de fichier; **end-of-file option,** fin de fichier sélectionné; **end-of-file spot,** marqueur de fin de fichier; **end-of-heading signal,** fin de signal d'initialisation; **end-of-index item,** fin d'article indexé; **end-of-information marker (EIM),** marque de fin de données; **end-of-instruction mark,** marque de fin d'instruction; **end-of-job character (EOJ),** caractère de fin de travail; **end-of-job exit,** sortie fin de tâche; **end-of-line character (EOL),** caractère de fin de ligne; **end-of-**

**medium character (EM)**, (caractère de) fin de médium; **end-of-message character (EOM)**, (caractère de) fin de message; **end-of-message signal**, signal de fin de message; **end-of-program routine**, fin de sous-programme; **end-of-record gap**, fin de l'espace interbloc; **end-of-record information**, fin des informations enregistrées; **end-of-record word**, mot de fin d'enregistrement; **end-of-reel mark**, marque fin de bobine; **end-of-run character (EOR)**, caractère de fin d'exécution; **end-of-run halt**, arrêt après fin de passage en machine; **end-of-support (EM)**, fin de support; **end-of-tape block**, bloc de fin de bande; **end-of-tape label**, repère de fin de bande; **end-of-tape marker**, repère de fin de bande; **end-of-tape mark**, marque de fin de bande; **end-of-tape processing**, fin du traitement de bande; **end-of-text character (ETX)**, caractère de fin de texte; **end-of-transmission block (ETB)**, fin de bloc de transmission; **end-of-transmission character (EOT)**, (caractère de) fin de transmission; **end-of-volume trailer label**, label de fin de bande; **end-of-word mark**, marque fin de mot; **end-to-end protocol**, protocole de bout en bout; **end-to-end test**, test de bout en bout; **end-use device**, périphérique destinataire; **front-end computer**, ordinateur frontal, machine frontale; **front-end network processor**, calculateur frontal de réseau; **front-end processing**, traitement frontal; **front-end processor (FEP)**, processeur frontal; **job end**, fin des travaux; **leading end tape**, début de bande; **left-end bit**, bit de gauche; **logical end**, fin logique; **page end indicator**, indicateur de fin de page; **physical end of tape**, fin réelle de bande; **program end**, fin de programme; **right-end bit**, bit de droite; **tape leading end**, début de bande; **track end**, fin de piste; **trailing end**, fin de bande; **unusual end**, fin instantanée; **unusual end of job**, fin instantanée du traitement des travaux.

**ended**: fini, terminé; **open-ended**, ouvert; **open-ended program**, programme ouvert; **single-ended circuit**, circuit asymétrique; **single-ended output**, sortie asymétrique.

**ending**: fin; **abnormal ending**, interruption anormale; **ending label**, étiquette de fin; **ending reel label**, label fin de bobine; **ending sequence**, séquence de fin; **file ending label**, label fin de fichier; **message ending character**, caractère de fin de message.

**endless**: sans fin; **endless form**, imprimé sans fin; **endless tape**, bande sans fin; **endless tape switching**, transmission avec bande sans fin.

**endorse**: selective endorse, endossement facultatif.

**endpoint\***: extrémité, point d'arrivée; **endpoint node**, noeud d'extrémité.

**energise**: cf energize.

**energize**: energize (to), mettre sous tension.

**energy**: énergie; **activation energy**, énergie de déclenchement.

**engage**: ready to engage, prêt à alimenter.

**engaged**: occupé; **engaged channel**, voie occupée; **engaged condition**, condition d'occupation.

**engine**: moteur; **analytical engine**, machine analytique; **grammar engine**, moteur de grammaires; **inference engine**, moteur d'inférence.

**engineer**: ingénieur; **customer engineer**, ingénieur du service après-vente; **field engineer**, ingénieur de maintenance; **system engineer**, technicien de système.

**engineering**: ingénierie; **automated design engineering**, design assisté par ordinateur; **automatic control engineering**, ingénierie de l'automatique; **computer-aided engineering (CAE)**, ingénierie assistée par ordinateur (IAO); **engineering change**, modification technique; **engineering constraints**, limites techniques; **engineering deficiency**, imperfection technique; **engineering department**, bureau de construction; **engineering development**, études; **engineering evaluation**, essai, évaluation technique; **engineering level**, niveau technique; **engineering solution**, solution technique; **engineering unit**, unité physique; **scheduled engineering time**, temps de maintenance concertée; **science and engineering**, science et technique; **software engineering**, génie logiciel; **system engineering**, technique des systèmes; **telecommunication engineering**, technique de télécommunication; **topology engineering**, étude de la topologie.

**enhance**: (to), améliorer.

**enhancement**: amélioration; **display enhancement**, attribut de visualisation.

**enlarge**: (to), accroître.

**enlarging**: agrandissement; **window enlarging**, agrandissement d'une fenêtre.

**ENQ**: ENQ enquiry, demande, interrogation, requête; **inquiry character (ENQ)**, caractère d'interrogation.

**enqueue**: enqueue (to), mettre en file d'attente.

**enqueuing**: mise en file d'attente, mise en liste.

**enquiry**: requête; **enquiry (ENQ)**, demande, interrogation, requête; **enquiry (to),** interroger; **enquiry phase,** phase de consultation de poste; **enquiry station,** terminal transactionnel; **enquiry system,** système transactionnel.

**e n t e r :** **enter (to),** entrer, enregistrer, noter; **enter key,** touche de validation; **enter mode,** mode d'enregistrement; **enter statement,** instruction d'introduction; **enter time,** heure d'enregistrement.

**entertainment:** distraction; **video entertainment software,** logiciel de distraction vidéo.

**entity:** entité; **catalog entity,** entité de catalogue; **entity attribute,** attribut de l'entité; **entity identifier,** identificateur d'entité; **entity occurrence,** entité spécifique; **entity record,** enregistrement entité; **entity type,** classe d'entité; **graphic entity,** entité graphique; **graphical entity,** entité graphique.

**e n t r a n c e :** point d'entrée, adresse d'entrée, port d'entrée; **call entrance field,** zone d'entrée des appels; **entrance address,** adresse d'accès; **segment load entrance,** entrée de chargement.

**entrancy:** entrance.

**e n t r o p y :** entropie; **conditional entropy,** entropie conditionnelle; **entropy of groups,** multiplication; **mean entropy (per character),** entropie moyenne (par caractère).

**e n t r y * :** entrée, point d'entrée, adresse d'entrée; **batched job entry,** introduction des travaux par lots; **between line entry,** intrusion passive; **cable entry point,** entrée de câble; **channel entry,** tête de canal; **comment entry,** commentaire d'entrée; **conditional entry,** entrée conditionnelle; **conversational remote entry,** entrée dialoguée déportée; **counter entry,** entrée de compteur; **counter list entry,** entrée compteur pour listage de compteur; **data description entry,** déclaration de données d'entrée; **data entry,** entrée de données; **data entry device,** périphérique de saisie; **data entry equipment,** unité d'introduction de données; **data entry keyboard,** clavier de saisie de données; **data entry system,** système d'introduction de données; **deferred entry,** entrée différée; **description entry,** déclaration d'entrée; **direct data entry (DDE),** entrée directe des données; **direct entry,** introduction directe sans écriture; **elementary item entry,** déclaration élémentaire d'article; **entry address,** adresse de lancement; **entry block,** adresse d'entrée de programme; **entry channel,** canal d'entrée; **entry condition,** condition d'entrée; **entry date,** date d'entrée; **entry family,** famille d'entrées; **entry hub,** plot d'entrée;

**entry instruction,** instruction d'entrée; **entry label,** étiquette d'entrée; **entry level,** niveau de saisie; **entry name,** nom de lancement; **entry point,** point d'entrée, adresse d'entrée; **entry point address,** adresse de point d'entrée; **entry queue,** file d'attente d'entrée; **entry screen,** poste de saisie; **entry symbol,** symbole de lancement; **entry system,** système de lancement; **entry terminal,** poste de saisie; **entry time,** temps d'entrée; **file description entry,** déclaration de fichier; **fill in blank data entry,** entrée par remplissage de blancs; **index entry,** notation d'index; **initial entry point,** point d'entrée initial; **job entry,** soumission des travaux; **job entry services (JES),** fonction de contrôle des travaux (FCT); **job entry system,** système de soumission des travaux; **key entry,** saisie, entrée au clavier; **key entry area,** zone d'introduction; **keyboard entry,** entrée par clavier; **list entry,** entrée de liste; **main entry point,** point d'entrée principal; **manual entry,** introduction manuelle, introduction par console; **manual keyboard entry,** introduction par clavier; **multistation data entry system,** système de saisie multiposte; **normal print entry,** colonnes d'impression normales; **numeric entry,** entrée numérique; **order entry,** entrée de commandes, enregistrement de commandes; **order entry subsystem,** sous-système d'enregistrement des commandes; **page entry,** numéro de page; **permanent entry,** élément permanent; **piggy-back entry,** accès pirate; **primary entry point,** point d'entrée principal; **record description entry,** description d'articles de données; **related entry,** enregistrement associé; **remote batch entry (RBE),** soumission, introduction par lots à distance; **remote job entry (RJE),** saisie des travaux à distance; **report group description entry,** description du rapport; **secondary entry point,** point d'entrée secondaire; **segment table entry,** entrée dans une table de segments; **serial entry,** entrée sérielle; **single-entry file,** fichier permanent; **sort file description entry,** description du fichier de tri; **storage entry,** entrée en mémoire; **table entry,** entrée de table; **text entry,** saisie de texte; **timed entry call,** appel d'entrée temporisé; **two-level password entry,** entrée à double mot de passe.

**e n u m e r a t i o n :** énumération; **enumeration literal,** littéral d'énumération; **enumeration type,** type d'énumération.

**e n v e l o p e * :** enveloppe; **antistatic envelope,** enveloppe antistatique; **continuous envelopes,** enveloppes en continu; **envelope delay,** temps de propagation de groupe;

**envelope delay distortion (EDD),** distorsion par retard d'enveloppe; **envelope inserting machine,** machine à mettre sous enveloppe; **envelope opening machine,** machine à ouvrir les enveloppes; **glass envelope,** ampoule de verre; **modulation envelope,** enveloppe de modulation.

**environment\*:** environnement; **background environment,** traitement secondaire; **core only environment,** système à mémoire centrale; **core secondary environment,** système à mémoire secondaire; **database environment,** environnement de base de données; **environment division,** ensemble pièce de machine; **foreground environment,** traitement avant-plan, utilisation prioritaire; **hardware environment,** environnement de l'équipement; **inquiry response environment,** traitement des demandes; **operating environment,** environnement d'exploitation; **operational environment,** conditions d'exploitation; **single-job environment,** traitement d'un travail individuel; **time-sharing environment,** exploitation en temps partagé; **time-slicing environment,** exploitation par découpage du temps; **user environment,** environnement de l'utilisateur; **user operating environment,** environnement opérationnel utilisateur; **working environment,** environnement d'exploitation.

**environmental:** environnemental; **environmental condition,** condition ambiante; **environmental control,** sous conditionnement d'air; **environmental file,** fichier d'environnement; **environmental forecasting,** prévision sur l'environnement; **environmental requirements,** conditions ambiantes; **environmental temperature,** température ambiante; **environmental test,** test de climatisation; **environmental testing,** test de climatisation.

**E O B:** end-of-block character, caractère de fin de bloc.

**E O D:** end-of-document character, caractère de fin de document.

**E O F:** end-of-file character, caractère de fin de fichier.

**E O J:** end-of-job character, caractère de fin de travail.

**E O L:** end-of-line character, caractère de fin de ligne.

**E O M:** end-of-message character, (caractère de) fin de message.

**E O R:** end-of-run character, caractère de fin d'exécution.

**E O T:** end-of-transmission character, (caractère de) fin de transmission.

**epitaxial:** épitaxial; **epitaxial layer,** couche épitaxiale.

**E P R O M: electrically programmable ROM,** mémoire morte programmable électriquement.

**equal:** égal; **NOT EQUAL to..,** différent de; **colon equal,** signe d'égalité; **equal (to),** égaliser; **equal length code,** code à moments; **equal sign,** signe d'égalité; **equal test,** test d'égalité; **equal to,** égal à; **equal zero indicator,** indicateur de zéro (d'égalité); **greater than or equal to (GE),** plus grand que ou égal à; **less than or equal to (LE),** plus petit que ou égal à.

**equalisation:** cf equalization.

**equaliser:** cf equalizer.

**equality:** égalité; **equality circuit,** circuit compensateur; **equality test,** test d'égalité; **equality unit,** comparateur d'égalité; **equality zero indicator,** indicateur de zéro (d'égalité).

**equalization:** compensation.

**equalizer\*:** égalisateur, compensateur; **adaptive delay equalizer,** compensateur de phase adaptatif; **amplitude equalizer,** compensateur d'amplitude; **attenuation equalizer,** compensateur d'affaiblissement; **decision feedback equalizer (DFE),** égalisateur de décision rétroactive; **delay equalizer,** compensateur de retard; **phase equalizer,** compensateur de phase.

**equation:** équation; **adjoint equation,** équation adjacente; **algebraic equation,** équation algébrique; **basic equation,** équation fondamentale; **conditional equation,** équation du premier degré à une inconnue; **difference equation,** équation différentielle; **differential equation,** équation différentielle; **equation evaluation,** calcul d'équation; **equation solver,** résolveur d'équations; **high-order differential equation,** équation différentielle d'ordre élevé; **high-order equation,** équation évoluée; **homogeneous differential equation,** équation différentielle homogène; **homogeneous equation,** équation homogène; **identical equation,** équation identique; **integral equation,** équation intégrale; **linear algebraic equation,** équation algébrique linéaire; **linear equation,** équation linéaire; **linear set of equations,** système d'équations linéaires; **literal equation,** équation littérale; **logical equation,** équation logique; **matrix equation,** équation matricielle; **parametric equation,** équation paramétrique; **reciprocal equation,** équation réciproque; **simple equation,** équation du premier degré à une inconnue; **simultaneous linear equation,** équation linéaire simultanée; **system of equations,** système d'équations;

**transcendental equation,** équation transcendante; **truncated equation,** équation tronquée; **wave equation,** équation d'onde.

**e q u i p m e n t :** équipement, matériel, accessoire; **I/O equipment,** équipement E/S; **accessory equipment,** équipement accessoire; **additional equipment,** équipement supplémentaire; **air conditioning equipment,** matériel de climatisation; **alarm equipment,** mécanisme d'alarme; **analytical control equipment,** dispositif de commande analytique; **ancillary equipment,** équipement auxiliaire; **automatic calling equipment,** mécanisme d'appel automatique; **automatic equipment,** équipement automatique; **automatic test equipment (ATE),** équipement de test automatique; **auxiliary equipment,** équipement auxiliaire; **back transfer equipment,** équipement de transfert inverse; **basic equipment,** équipement de base; **ciphering equipment,** équipement de chiffrement; **conversion equipment,** équipement de conversion; **data circuit terminating equipment (DCE),** équipement de terminaison de circuit de données; **data entry equipment,** unité d'introduction de données; **data processing equipment,** matériel de traitement de données; **data processing terminal equipment,** terminal de visualisation de données; **data terminal equipment (DTE),** équipement terminal de données (ETTD); **data transmission equipment,** matériel de transmission de données; **destination equipment,** équipement destinataire; **developmental equipment,** échantillon de laboratoire; **digital data conversion equipment,** matériel de conversion numérique; **director equipment,** équipement de commande; **equipment compatibility,** compatibilité des équipements; **equipment complex,** complexe de matériels; **equipment configuration,** configuration de l'équipement; **equipment error,** erreur due à l'équipement; **equipment failure,** panne d'équipement; **equipment operator,** opérateur; **equipment pooling,** groupement d'équipements; **equipment reliability,** fiabilité des équipements; **equipment room,** salle technique; **equipment trouble,** panne d'équipement; **equipment unit,** unité; **facsimile equipment,** équipement de fac-similé; **file scan equipment,** dispositif de scrutation de fichier; **ground handling equipment,** matériel de servitude; **high performance equipment,** équipement à haute performance; **input equipment,** matériel d'entrée, dispositif d'entrée; **input preparation equipment,**

unité de saisie des données; **interface equipment,** matériel d'interface; **intermediate equipment,** dispositif intermédiaire; **leasing equipment,** matériel de location; **line termination equipment (LTE),** équipement de terminaison de ligne; **low performance equipment,** matériel de faible performance; **matching equipment,** équipement d'adaptation; **measuring equipment,** appareil de mesure; **off-line equipment,** équipement déconnecté; **on-line equipment,** équipement en ligne; **original equipment manufacturer (OEM),** fabricant de l'équipement original; **output equipment,** équipement de sortie; **peripheral equipment,** matériel périphérique; **peripheral equipment,** équipement périphérique; **portable equipment,** équipement portable; **process control equipment,** équipement de commande de processus; **rental equipment,** matériel en location; **signal conversion equipment,** adaptateur de signal; **simulation equipment,** équipement de simulation; **standby equipment,** matériel en réserve; **tabulating equipment,** tabulatrice; **teletypewriter equipment,** téléimprimeur; **terminal equipment,** équipement de terminaison; **test equipment,** équipement de test; **testing equipment,** équipement de test; **time recording equipment,** enregistreur de temps; **time-division multiplexing equipment,** matériel de multiplexage temporel; **transmission equipment,** matériel de transmission; **unit record equipment,** matériel classique; **used equipment,** matériel d'occasion.

**e q u i v a l e n c e :** équivalence, égalité; **equivalence drift voltage,** tension de dérive équivalente; **equivalence element,** élément d'équivalence, NI exclusif; **equivalence gate,** porte NI exclusif; **equivalence operation,** opération d'équivalence logique; **equivalence statement,** instruction d'équivalence.

**e q u i v a l e n t :** équivalent, égal; **binary equivalent,** équivalent binaire; **binary equivalent value,** valeur équivalente binaire; **equivalent binary digits,** nombre de binaires équivalents; **equivalent network,** circuit équivalent.

**e r a s a b i l i t y :** possibilité d'effacement.

**e r a s a b l e :** effaçable; **electrically erasable read-only memory (EEROM),** mémoire morte effaçable électriquement; **erasable memory,** mémoire altérable; **erasable storage,** mémoire effaçable; **erasable store,** mémoire effaçable.

**e r a s e * :** bulk erase head, tête d'effacement; **erase (to),** effacer; **erase character,** caractère de suppression; **erase counter,**

compteur d'effacement; **erase current,** courant d'effacement; **erase head,** tête d'effacement; **erase signal,** signal d'effacement, impulsion d'effacement; **full screen erase,** effacement complet de l'écran; **group erase,** caractère d'effacement de groupe; **partial screen erase,** effacement partiel de l'écran.

**e r a s e r :** effaceur; **bulk eraser,** effaceur global; **eraser switch,** interrupteur d'effacement.

**e r a s i n g :** effacement; **bulk erasing,** effacement global; **erasing head,** tête d'effacement; **ultraviolet erasing,** effacement par ultraviolet (mémoire morte).

**e r a s u r e :** effacement; **memory erasure,** effacement mémoire; **screen erasure,** effacement écran; **selective erasure,** effacement sélectif; **tape erasure,** effacement de bande; **text erasure,** annulation de texte.

**e r g o n o m i c :** ergonomique; **ergonomics,** l'ergonomie.

**E r l a n g \* :** Erlang, unité de débit du trafic.

**e r r o n e o u s :** erroné; **erroneous bit,** bit erroné; **erroneous block,** bloc erroné; **erroneous data,** données erronées.

**e r r o r \* :** erreur; **absolute error,** erreur absolue; **accidental error,** erreur accidentelle; **accumulated error,** erreur cumulée; **accumulative error,** erreur cumulative; **alignment error,** erreur d'alignement; **ambiguity error,** erreur ambivalente; **amplitude error,** erreur d'amplitude; **automatic error correction,** correction automatique des erreurs; **automatic error detection,** détection automatique des erreurs; **automatic error detection and recovery,** détection et correction automatiques des erreurs; **average error,** écart moyen d'erreur; **balanced error,** erreur centrée, erreur compensée; **balanced error range,** gamme d'erreurs compensées; **bias error,** erreur non centrée, erreur asymétrique; **binary digit error rate (BER),** taux d'erreurs par binaire; **binary error correcting code,** code binaire de correction d'erreurs; **binary error detecting code,** code binaire de détection d'erreurs; **bit error,** erreur de bit; **bit error rate (BER),** taux d'erreur binaire; **block error rate,** taux d'erreurs sur les blocs; **card error,** erreur de carte; **card read error,** erreur de lecture de cartes; **catastrophic error,** erreur catastrophique; **channel error,** erreur de canal; **character error rate,** taux d'erreur sur les caractères; **clerical error,** erreur typographique, erreur d'écriture; **clock error,** erreur de synchro; **clock timing error,** erreur de synchronisation; **clocking error,** erreur de synchro; **coding error,** erreur de codage; **comparing error,** erreur de ressemblance;

**compensating error,** erreur compensatrice; **component error,** erreur due au composant; **computational error,** erreur de calcul; **computing error,** erreur de calcul; **console error typeout,** message d'erreur sorti par console; **conveying error,** erreur véhiculée; **core memory error,** erreur de mémoire centrale; **cumulative error,** erreur cumulative; **data error,** erreur dans les données; **data-sensitive error,** erreur détectable par les données; **detected error,** erreur détectée; **device error,** erreur d'unité; **device error exit,** erreur de sortie de périphérique; **device error recovery,** correction automatique d'erreurs de sortie; **device parity error,** erreur de parité de périphériques; **divide error,** erreur de division; **document spacing error,** erreur d'espacement de document; **double error,** erreur double, erreur de deux binaires; **drift error,** erreur de dérive; **dynamic error,** erreur dynamique; **equipment error,** erreur due à l'équipement; **error analysis,** analyse d'erreurs; **error band,** zone erronée; **error burst,** séquence d'erreurs, paquet d'erreurs; **error card,** carte erronée; **error character,** caractère d'annulation; **error checking,** détection d'erreurs; **error-checking code,** code de détection-correction d'erreurs; **error-checking character,** signal de contrôle d'erreur; **error class,** classe d'erreur, catégorie d'erreur; **error code,** code d'erreur; **error condition,** condition d'erreur; **error-conditioned halt,** arrêt conditionnel d'erreur; **error control,** traitement des erreurs; **error-correcting character,** caractère de correction d'erreur; **error-correcting code (ECC),** code correcteur d'erreurs; **error-correcting program,** programme de correction des erreurs; **error-correcting routine,** sous-programme détecteur d'erreurs; **error-correcting system,** système à correction d'erreurs; **error correction,** correction d'erreurs; **error correction code (ECC),** code de correction d'erreurs; **error correction routine,** programme de correction d'erreurs; **error count,** nombre d'erreurs; **error data,** données erronées; **error deletion,** suppression d'erreurs; **error-detecting code,** code de contrôle des erreurs; **error-detecting system,** système à détection d'erreurs; **error detection,** détection d'erreurs; **error detection code (EDC),** code de détection d'erreurs; **error detection feature,** fonction de détection d'erreurs; **error detection system,** système à détection d'erreurs; **error diagnostic,** diagnostic d'erreurs; **error elimination unit,** unité d'élimination d'erreurs; **error estimation,** évaluation d'erreurs; **error exit,** sortie d'erreurs; **error exit indicator,** indicateur de sortie d'erreurs; **error flag,** indicateur d'erreur; **error free,** exempt d'erreur, sans erreur; **error free operation,** opération exempte d'erreur; **error function,** fonction erronée; **error function complement,** complément de fonction erronée; **error indication,** indication d'erreur; **error indicator,** indicateur d'erreur; **error interrupt,** interruption d'erreur; **error light,** voyant de contrôle d'erreur; **error limit,** limite d'erreur; **error list,** liste des erreurs; **error location,** adresse d'erreur; **error log,** journal de bord des incidents; **error log sheet,** journal de saisie des erreurs; **error logging,** journal des erreurs; **error management,** gestion des erreurs, traitement des erreurs; **error message,** message d'erreur; **error of approximation,** erreur d'approximation; **error path,** branche erronée; **error probability,** probabilité d'erreur; **error procedure,** procédure d'erreur; **error prone operation,** opération avec erreur; **error propagation,** propagation d'erreurs; **error protection,** protection contre erreurs; **error range,** plage d'erreur, gamme d'erreurs; **error rate,** taux d'erreurs; **error recovery,** recouvrement d'erreurs; **error reference,** zone de référence d'erreurs; **error register,** registre d'erreurs; **error report,** rapport d'erreurs, liste des erreurs; **error reset key,** touche de correction; **error restart procedure,** procédure de reprise sur incident; **error return,** retour en cas d'erreur; **error routine,** routine d'erreur; **error search,** recherche d'erreur; **error search program,** programme de recherche d'erreurs; **error sense light,** voyant de contrôle d'erreur; **error services,** traitement d'erreurs; **error span,** étendue d'une erreur; **error tape,** bande des erreurs; **error test,** test de détection d'erreurs; **error trapping,** trappage d'erreur, recherche d'erreur; **error type indicator,** indicateur du type d'erreur; **error typeout,** sortie sur erreur; **error vector,** vecteur d'erreur; **errors elimination,** élimination d'erreurs; **false error,** fausse erreur; **fatal error,** erreur fatale; **field error,** erreur de zone; **file error,** erreur de fichier; **file error light,** indicateur d'erreurs d'enregistrement; **fluctuating error,** erreur fluctuante; **formal error,** erreur formelle; **format error,** structure d'instruction erronée; **forward error correction (FEC),** correction d'erreur sans voie retour; **generated error,** erreur de précision; **geometry error,** erreur de géométrie; **hard error,** erreur due au matériel; **hardware error list,** liste des erreurs machine; **hole count error,** erreur de contrôle du nombre de perforations; **index error,** erreur d'indice; **inherited error,** erreur héritée, erreur propagée; **initial error,** erreur initiale; **input error,** erreur d'introduction; **input/output error,** queue d'entrée/sortie; **intermittent error,** erreur intermittente; **keying error,** erreur de frappe; **keying error rate,** taux d'erreurs de frappe; **length error,** erreur de longueur; **line transmission error,** erreur de transmission de ligne; **loading error,** erreur de charge; **logging error,** erreur d'acquisition; **longitudinal redundancy error,** erreur de parité horizontale; **machine error,** erreur machine; **mass storage peripheral device error,** erreur de l'unité à disques magnétiques; **matching error,** erreur d'adaptation; **measuring error,** mesure erronée, erreur de mesure; **memory protect error,** erreur de protection de mémoire; **operating error,** erreur d'exploitation; **origin of error,** source d'erreur; **parameter error,** erreur de paramètre; **parity error,** erreur de parité; **peripheral error condition,** condition d'erreurs de périphériques; **permanent error,** erreur machine; **permanent read error,** erreur de lecture constante; **phase error,** erreur de phase; **positioning error,** erreur de positionnement; **printer cycle error,** erreur de cycle d'impression; **probability of error,** probabilité d'erreurs; **program error,** erreur de programme; **programming error,** erreur de programmation; **propagated error,** erreur en chaîne; **quiet error,** erreur découverte rapidement; **random error,** erreur aléatoire; **range error,** erreur de gamme; **range of error,** marge d'erreur; **rate error,** taux d'erreurs; **read error,** erreur de lecture; **read parity error,** erreur de parité en lecture; **read-only storage error,** erreur de mémoire morte; **reading error,** erreur de lecture; **record sequence error,** erreur de séquence d'enregistrement; **recording error,** erreur d'enregistrement; **recoverable error,** erreur récupérable; **relative error,** erreur relative; **repetitive error,** erreur répétitive; **residual error,** erreur résiduelle; **residual error rate,** taux d'erreurs résiduelles; **residual error ratio,** taux d'erreurs résiduelles; **resolution error,** erreur de résolution; **round off error,** erreur d'arrondi; **rounding error,** erreur d'arrondi; **sampling error,** erreur de prise au hasard; **semantic error,** erreur sémantique; **sequence error,** erreur de séquence; **setup error,** erreur de constitution; **single error,** erreur simple; **size error,** erreur de dépassement de capacité; **software error,** erreur logicielle; **solid error,** erreur persistante; **spelling error,** faute d'orthographe; **static error,** erreur statique; **syntactical error,** erreur syntaxique; **syntax error,** erreur de syntaxe; **system error checking code,** code de contrôle systématique d'erreurs; **systematic error,** erreur systématique; **tape error,** erreur de bande; **tape read error,** erreur de lecture de bande; **temporary line error,** erreur temporaire de ligne; **timing error,** erreur temporelle; **timing signal error,** erreur de synchronisation; **tracking error,** erreur d'asservissement; **transient error,** erreur transitoire; **transient line error,** erreur de ligne transitoire; **transit error,** erreur négligeable; **transmission error,** erreur de transmission; **transposition error,** erreur de transposition; **trial and error method,** méthode de l'expérimentation systématique; **triple error,** erreur de trois bits; **truncation error,** erreur de troncature; **type error,** erreur de frappe; **typing error,** erreur de frappe; **unbalanced error,** erreur de discordance; **uncorrectable error,** erreur incorrigible; **undefined error,** erreur non définie; **undetected error rate,** taux d'erreur résiduelle; **unexpected error,** erreur inattendue; **unrecoverable error,** erreur irrécupérable; **unrecoverable read error,** erreur de lecture permanente; **validity error,** erreur de validité; **wiring error,** erreur de câblage; **write error,** erreur à l'écriture.

**E S C :** **ESC character,** caractère de commutation de code; **escape (ESC),** échappement (ESC); **escape character (ESC),** caractère d'échappement.

**e s c a p e :** échappement; **data link escape (DLE),** échappement à la transmission; **escape (ESC),** échappement (ESC); **escape character (ESC),** caractère d'échappement; **escape code,** code d'effacement; **escape key,** touche d'échappement; **escape sequence,** séquence d'échappement.

**e s c a p e m e n t :** échappement; **print escapement,** déclenchement d'impression; **spacing escapement assembly,** échappement.

**E S S :** **electronic switching system,** système de commutation électronique.

**e s t a b l i s h :** **establish (to),** établir.

**e s t i m a t i o n :** estimation; **error estimation,** évaluation d'erreurs.

**E T B :** **end-of-transmission block,** fin de bloc de transmission.

**e t c h :** **etch-a-sketch technique,** technique d'aide au dessin.

**e t c h e d :** gravé; **etched circuit,** circuit gravé; **etched part,** partie circuit imprimé; **etched wiring,** câblage imprimé.

**E T X :** **end-of-text character,** caractère de fin de texte.

**e v a l u a t i o n :** évaluation, test; **constant evaluation,** évaluation constante; **data evaluation,** évaluation de l'information; **engineering evaluation,** essai, évaluation technique; **equation evaluation,** calcul d'équation; **evaluation period,** phase d'essai; **formula evaluation,** évaluation d'une formule; **performance evaluation,** évaluation des performances; **statistical evaluation,** analyse statistique.

**e v e n :** pair; **even (to),** égaliser; **even page,** page paire; **even parity,** parité paire; **even parity bit,** bit de parité paire; **even parity check,** contrôle de parité paire; **even-numbered,** de parité paire; **even-numbered scan line,** ligne de balayage paire; **odd-even parity check,** contrôle de parité paire/impaire.

**e v e n t\* :** évènement; **attention event,** évènement d'alerte; **event control block,** bloc de commande d'évènement; **event controller,** contrôleur d'évènements; **event counter,** compteur de résultat; **event handling,** traitement d'évènement; **event interrupt,** interruption sur évènement; **event monitoring,** surveillance d'évènements; **event name,** nom d'évènement; **event variable,** variable d'évènement; **event-controlled,** contrôlé par évènement; **event-driven,** commandé par évènement; **flag event,** indicateur d'évènement; **posted event,** évènement affiché, évènement inscrit.

**e v i d e n c e :** preuve; **evidence (in artificial intelligence),** indice (en intelligence artificielle); **evidence table selection,** table d'indices de sélection.

**e v o k e :** (to), invoquer.

**e v o l u t i o n :** évolution; **technical evolution,** évolution technique.

**e v o l v i n g :** déroulement.

**e x a m i n a t i o n :** examen; **postmortem examination,** dépistage après-coup, examen d'autopsie.

**e x a m i n e :** (to), tester, examiner.

**e x c e p t :** **except element,** élément OU exclusif; **except gate,** porte OU exclusif; **except operation,** opération d'exclusion.

**e x c e p t i o n :** exception, anomalie; **exception condition,** interruption du déroulement; **exception condition field,** zone conditionnelle d'exception; **exception file,** fichier des anomalies; **exception handler,** gestionnaire d'anomalies; **exception list,** liste des exceptions, liste des anomalies; **exception listing,** liste des anomalies, liste des exceptions; **exception output,** sortie des exceptions; **exception record,** article exceptionnel; **exception report,** rapport d'anomalies; **exception return,** saut arrière en cas d'anomalie; **exception routine,** routine des

153

anomalies, routine des exceptions; **general exception,** exception générale; **list of exceptions,** liste des exceptions.

**e x c e r p t :** extrait; **excerpt (to),** extraire.

**e x c e s s :** excès; **excess capacity,** surcapacité; **excess-fifty,** excédent 50; **excess-sixty four notation,** numération excédent 64; **excess-three code (XS3),** code excédent 3; **label excess,** extension d'étiquette.

**e x c h a n g e :** échange, permutation; **answerback exchange,** échange d'indicatif; **automatic data exchange (ADE),** échange automatique de données; **automatic dial exchange,** centre automatique; **automatic exchange,** central automatique; **automatic message exchange,** échange automatique de messages; **binary information exchange (BIX),** échange de données numériques; **data exchange,** échange de données; **data exchange control,** commande de l'échange des données; **data switching exchange (DSE),** centre de commutation de données; **dial exchange,** échange automatique; **exchange (to),** échanger, déplacer, permuter; **exchange buffering,** tamponnement par échange; **exchange call,** appel urbain; **exchange field,** champ d'échange; **exchange jump,** saut avec permutation; **exchange service,** service de télécommunication; **information exchange,** échange d'informations; **input/output exchange,** échange entrée/sortie; **manual exchange,** central manuel; **memory exchange,** échange en mémoire; **message exchange,** échange de messages; **private automatic exchange (PAX),** téléphonie automatique privée; **private branch exchange (PBX),** installation téléphonique privée; **private exchange,** central privé; **rate of exchange,** cours du change; **tandem exchange,** centre de transit; **technical information exchange,** échange d'informations techniques; **telephone exchange,** réseau téléphonique; **teletype exchange (telex),** communication télex; **teletypewriter exchange service (TWX),** service télex; **transit exchange,** centre de transit.

**e x c h a n g e a b l e :** échangeable; **exchangeable disk,** disque interchangeable; **exchangeable disk storage (EDS),** mémoire à disques amovibles.

**e x c i t a t i o n :** excitation; **separate excitation,** excitation indépendante.

**e x c l a m a t i o n :** exclamation; **exclamation mark,** point d'exclamation '!'.

**e x c l u s i o n * :** exclusion.

**e x c l u s i v e :** exclusif; **block exclusive control,** interblocage; **exclusive address**

code, code d'adresse exclusif; **exclusive segment,** segment exclusif; **exclusive-NOR,** NI exclusif; **exclusive-NOR circuit,** circuit NI exclusif; **exclusive-NOR element,** élément NI exclusif; **exclusive-NOR gate,** porte NI exclusif; **exclusive-OR,** OU exclusif, disjonction, dilemme; **exclusive-OR circuit,** circuit OU exclusif; **exclusive-OR element,** élément OU exclusif; **exclusive-OR gate,** porte OU exclusif; **file exclusive control,** contrôle exclusif de fichiers; **volume exclusive control,** contrôle des supports de données.

**e x c u r s i o n :** excursion; **phase excursion,** excursion de phase.

**e x e c u t a b l e :** exécutable; **executable program,** programme exécutable; **executable program file,** fichier de programmes exécutables; **machine executable program,** programme binaire; **machine-executable,** exécutable en machine.

**e x e c u t e * :** (to), exécuter; **execute cycle,** cycle d'exécution; **execute order,** instruction d'exécution; **execute phase,** phase d'exécution; **execute statement,** instruction d'exécution.

**e x e c u t i o n :** exécution; **active job execution table,** table réelle des tâches; **actual execution,** exécution réelle; **average instruction execution time,** temps moyen d'exécution des instructions; **command execution,** exécution de commande; **cycle execution,** exécution du cycle; **execution cycle,** cycle d'exécution; **execution package,** programmes d'application; **execution path,** chemin d'exécution; **execution phase,** phase d'exécution; **execution sequence,** séquence d'exécution; **execution time,** temps d'exécution; **execution time table,** table de temps d'exécution; **instruction execution,** exécution d'instruction; **instruction execution time,** temps d'exécution de l'instruction; **interleave execution,** exécution imbriquée; **job execution,** exécution des travaux; **job execution listing,** listage du déroulement des travaux; **job step execution,** exécution de l'étape de travail; **program execution,** exécution de programme; **synchronous execution,** exécution synchrone; **task execution,** exécution des tâches.

**e x e c u t i v e :** superviseur; **executive control system,** programme superviseur; **executive instruction,** directive d'exécution; **executive program,** superviseur; **executive routine,** programme directeur; **executive scheduler,** programme superviseur; **executive system,** système d'exploitation; **realtime executive routine,** sous-programme d'exécution immédiate.

**exercise:** exercice; **hands-on exercise,** exercice pratique; **interactive hands-on exercise,** exercice pratique interactif.

**exerciser:** programme d'exercice, programme de test.

**exhaustivity:** degré d'accessibilité.

**exist:** présent.

**exit\*:** sortie, instruction de sortie; **character exit,** sortie de caractère; **counter exit,** sortie de compteur; **counter list exit,** sortie en liste de compteur; **counter total exit,** sortie des cumuls; **deferred exit,** sortie asynchrone, différée; **device error exit,** erreur de sortie de périphérique; **device exit,** sortie matériel; **differed exit,** sortie déroutée; **end-of-data exit,** sortie définitive des données; **end-of-job exit,** sortie fin de tâche; **error exit,** sortie d'erreurs; **error exit indicator,** indicateur de sortie d'erreurs; **exit (to),** sortir; **exit code,** code de sortie; **exit conditions,** conditions de sortie; **exit hub,** fiche de sortie; **exit link,** adresse de sortie; **exit macro call,** appel macro pour branchement; **exit point,** point de sortie; **exit routine,** sous-programme de sortie; **exit suppression,** interdiction des sorties compteur; **exit to user,** point de sortie vers programme utilitaire; **label exit,** sortie d'étiquette; **label exit code,** code de sortie d'étiquette; **no-locate exit,** sortie d'enregistrement non trouvé; **normal exit,** mode normal; **own code exit,** sortie de la séquence utilisateur; **program exit,** sortie de programme; **readout exit,** sortie d'extraction; **special character exit,** sortie de caractères spéciaux.

**exjunction:** disjonction, réunion, OU exclusif; **exjunction element,** élément OU exclusif; **exjunction gate,** porte OU exclusif.

**EXNOR:** NON-OU, équivalence logique; **EXNOR operation,** opération NON-OU, opération NI exclusif.

**EXOR:** OU exclusif, exclusion logique; **EXOR operation,** opération OU exclusif.

**expand:** **expand (to),** décomprimer, étendre.

**expanded:** étendu, épandu; **expanded BCD interchange code (EBCDIC),** binaire codé décimal étendu; **expanded character set,** jeu de caractères élargis; **expanded code line,** ligne de codification variable; **expanded disk storage control,** commande extensible de mémoire à disques; **expanded keyboard,** clavier agrandi; **expanded memory,** mémoire commutée, mémoire épandue; **expanded memory board,** carte de mémoire épandue; **expanded memory emulation,** émulation de mémoire à bancs commutés; **expanded memory manager,** gestionnaire

de mémoire commutée; **expanded memory specification (EMS),** spécification de mémoire épandue; **expanded mode,** mode dilaté; **expanded print edit,** mise en forme élargie.

**expander:** prolongateur; **I/O expander,** extension d'entrée/sortie; **peripheral address expander,** commutateur d'adresses de périphériques; **system expander,** module d'extension système.

**expansion:** développement; **buffer expansion,** extension tampon; **conditional expansion,** développement conditionnel; **expansion base,** base d'extension, module d'extension; **expansion board,** prolongateur de carte; **expansion card,** carte d'extension; **expansion cascading,** méthode d'analyse ascendante; **expansion slot,** logement d'extension; **line expansion,** extension de ligne; **memory expansion,** mémoire d'extension; **series expansion,** développement en série; **system expansion,** extension du système.

**expectancy:** attente; **life expectancy,** espérance de vie.

**expert:** expert; **expert system,** système expert.

**expiration:** expiration; **file expiration date parameter,** paramètre de péremption de fichier.

**expired:** périmé; **date-expired,** date de validation.

**explicit:** explicite; **explicit address,** adresse explicite; **explicit addressing,** adressage explicite; **explicit declaration,** déclaration explicite; **explicit function,** fonction explicite; **explicit length,** longueur explicite.

**explode:** **(to),** éclater; décompresser, décompacter, dézipper.

**exploded:** éclaté; **exploded view,** vue éclatée.

**explosion:** éclatement.

**exponent\*:** exposant; **biased exponent,** caractéristique (base); **decimal exponent,** exposant décimal; **double precision exponent,** exposant à double précision; **exponent modifier,** facteur d'exposant; **exponent of the root,** racine d'exposant; **exponent overflow,** dépassement d'exposant; **exponent part,** partie d'exposant, facteur de cadrage; **exponent part format,** format d'exposant; **exponent register,** registre d'exposants; **exponent underflow,** dépassement négatif d'exposant; **fractional exponent,** exposant fractionnaire.

**expression:** expression; **Boolean expression,** expression booléenne, expression logique; **absolute expression,** expression absolue; **algebraic expression,** expression algébrique; **alphanumeric expression**, expression alphanumérique; **arithmetic expression**, expression arithmétique; **compound expression**, expression composée; **condition expression**, expression conditionnelle; **conditional expression**, expression conditionnelle; **elementary expression**, expression élémentaire; **expression constant**, constante d'adresse; **logical expression**, expression logique; **mathematical expression**, expression mathématique; **mixed mode arithmetic expression**, expression arithmétique mixte; **relational expression**, expression relationnelle; **relocatable expression**, expression translatable; **scalar expression**, expression scalaire; **simple Boolean expression**, expression booléenne simple; **simple arithmetic expression**, expression arithmétique simple; **simple expression**, expression simple; **subscript expression**, expression d'index.

**extended:** étendu; **extended I/O**, E/S étendues; **extended address field**, extension de la zone d'adresse; **extended addressing**, adressage étendu; **extended assembly system**, extension du programme assembleur; **extended character reading**, extension de lecture; **extended control field**, extension de la zone de commande; **extended direct control**, contrôle direct étendu; **extended life span**, à vie plus étendue; **extended machine facility**, possibilités d'extension machines; **extended memory**, mémoire étendue; **extended memory board**, carte de mémoire étendue; **extended move**, transfert élargi; **extended multiprogramming**, multiprogrammation enrichie; **extended performance**, performance étendue; **extended precision**, multiple précision; **extended timescale**, facteur temps étendu.

**extender:** prolongateur; **card extender**, prolongateur de carte.

**extension:** extension; **address field extension**, extension du champ d'adresse; **board extension**, extension de carte; **code extension character**, caractère de changement de code; **extension cable**, rallonge de câble; **extension memory**, mémoire d'extension; **extension store**, mémoire d'extension; **file name extension**, extension de nom de fichier; **file table extension**, extension de la table des fichiers; **label extension**, extension d'étiquette; **language extension**, extension de langage; **memory extension unit**, carte d'extension de mémoire; **network extension**, extension de réseau; **sign extension**, répétition de signe; **terminal extension**, extension de connexion.

**extent:** section, zone, domaine; **available extent**, zone mémoire libre; **beginning-of-extent (BOE)**, début de partition; **data extent**, zone de données; **extent address**, adresse de domaine; **global extent**, domaine d'occupation global; **primary data extent**, domaine de données primaires; **unassigned extent**, partition réservée.

**extented:** extented system life span, système à vie plus étendue.

**exterior:** extérieur.

**external:** externe; **basic external function**, fonction externe fondamentale; **external address**, adresse externe; **external cable**, câble de raccordement; **external connector**, connecteur externe; **external control**, commande externe; **external data file**, fichier externe; **external declaration**, déclaration externe; **external delay**, retard extérieur; **external function**, fonction externe; **external ground**, prise de terre extérieure; **external interrupt**, interruption extérieure; **external interrupt point**, point d'interruption extérieur; **external label**, étiquette externe; **external language**, langage extérieur; **external loss time**, temps perdu; **external memory**, mémoire externe; **external modem**, modem externe; **external name**, nom externe; **external notation**, notation externe; **external output control**, commande de débit externe; **external parameter**, paramètre externe; **external procedure**, procédure auxiliaire; **external program check**, contrôle externe de programmes; **external program parameter**, paramètre externe; **external queue**, file d'attente externe; **external reference**, référence extérieure; **external register**, registre externe; **external representation**, représentation externe; **external signal**, signal externe; **external sort**, tri de fusionnement; **external statement**, instruction externe; **external storage**, mémoire externe; **external store**, mémoire externe; **external subroutine**, sous-programme auxiliaire; **external symbol**, symbole externe; **external symbol dictionary**, répertoire de symboles externes.

**extract\*:** extrait; **extract (to)**, extraire, isoler; **extract field**, zone d'extraction; **extract instruction**, instruction de balayage; **extract module**, module de modification; **extract sort**, tri de sélection.

**extraction:** extraction; **data extraction**, extraction de données; **extraction cycle**, cycle d'extraction; **extraction path**, voie de masques.

**extractor:** extracteur, masque, filtre.

**eye:** oeil; **terminal eye**, cosse fermée.

# F

**fabric:** tissu; **fabric ribbon,** ruban de tissus.

**face:** style, type de caractère; **card face,** recto de carte; **face change,** changement de jeu de caractères; **face value,** valeur nominale; **face-down feed,** alimentation recto; **face-up feed,** alimentation verso; **inner face,** côté interne; **single face,** simple face; **tube face,** écran.

**faceplate:** cache.

**facilities:** possibilités; **shared facilities,** ressources communes.

**facility:** possibilité; **add-on facility,** possibilité d'extension; **auxiliary facility,** dispositif auxiliaire; **computer facility,** service informatique; **computing facility,** possibilité informatique; **direct call facility,** service d'appel direct; **edit facility,** moyen d'édition; **end user facility,** équipement de l'utilisateur final; **extended machine facility,** possibilités d'extension machines; **hardcopy facility,** département de reprographie; **hardcopy facility,** possibilité de recopie écran; **hold facility,** possibilité de maintien; **information facility,** service informatique; **leased facility,** ligne spécialisée; **logging facility,** moyen de saisie, moyen d'acquisition; **magnetic tape facility,** commande de bande magnétique intégrée; **mass storage facility,** commande intégrée de disques magnétiques; **optional facility,** matériel optionnel; **sort facility,** dispositif de tri; **tabulation facility,** dispositif de tabulation; **test facility,** dispositif d'essai; **testing facility,** dispositif d'essai; **timeout facility,** fonction de temporisation; **user facility,** service complémentaire; **virtual call facility,** service de communication virtuelle.

**facsimile:** télécopie, fac-similé; **facsimile equipment,** équipement de fac-similé; **facsimile network,** réseau de fac-similé; **facsimile operation,** opération de télécopie; **facsimile terminal,** télécopieur; **facsimile transceiver,** reporteuse.

**factor:** facteur, indice, coefficient, taux; **Boolean factor,** facteur booléen, facteur logique; **amplitude scale factor,** échelle des amplitudes; **block factor,** facteur de blocage; **blocking factor,** facteur de groupement; **conversion factor,** facteur de conversion; **correcting factor,** facteur de correction; **crest factor,** facteur de crête, valeur de crête; **factor value,** valeur de facteur; **fan-out fac-**tor, facteur pyramidal de sortie; **float factor,** facteur de translation; **grouping factor,** facteur de groupage; **improving factor,** taux d'amélioration; **interleave factor,** facteur d'imbrication; **iteration factor,** facteur d'itération; **iterative factor,** facteur itératif; **load factor,** facteur de charge; **logical factor,** facteur logique; **loss factor,** facteur de perte; **modulation factor,** facteur de modulation; **multiplier factor,** facteur multiplicateur; **noise factor,** facteur de bruit; **operating factor,** facteur opérationnel; **overshoot factor,** facteur de dépassement; **packing factor,** facteur de compression; **power factor,** facteur de puissance; **pulse duty factor,** taux d'impulsions; **quality factor,** facteur de qualité; **reduction factor,** facteur de réduction; **relocation factor,** facteur de translation; **safety factor,** facteur de sécurité; **scale factor,** grandeur, facteur d'échelle; **scaling factor,** facteur de cadrage, échelle; **time scale factor,** facteur d'échelle des temps; **transit time reduction factor,** facteur de réduction du temps de transition; **way factor,** facteur de voie; **weighting factor,** facteur de pondération.

**factorial:** factorielle; **factorial notation,** notation factorielle.

**fade:** fluctuation; **fade away (to),** disparaître; **fade margin,** place de régulation.

**fail:** fail (to), tomber en panne; **fail-softness,** dégradation progressive; **floating-point fail,** erreur de virgule flottante; **power fail,** panne d'alimentation, défaillance secteur; **power fail recovery (PFR),** récupération automatique (panne secteur); **soft fail,** arrêt gracieux après avarie.

**failsafe:** à sécurité relative; **failsafe operation,** fonctionnement à sécurité intégrée.

**failsoft:** à sécurité contrôlée; **failsoft system,** système à dégradation contrôlée.

**failure*:** panne, avarie, défaillance; **clock failure,** perturbation de la synchronisation; **component failure,** défaillance de composant; **core sense failure,** erreur de lecture mémoire; **debug failure,** défaillance initiale; **drift failure,** défaillance progressive; **equipment failure,** panne d'équipement; **failure access,** accès accidentel; **failure curve,** courbe d'incidence; **failure free operation,** service de défaillance; **failure logging,** journal des pannes; **failure prediction,** prévision d'incidents; **failure rate,** taux de défaillance; **failure recovery,** reprise après avarie; **failure state,** état de défaillance; **hardware failure,** défaillance matérielle; **induced failure,** panne induite; **initial failure,** défaillance prématurée; **intermittent failure,** panne intermittente; **machine failure,** défaillance machine; **mean time between failures (MTBF),** moyenne des temps de bon fonctionnement; **minor failure,** défaillance mineure; **point of failure,** lieu de la panne; **primary failure,** défaillance primaire; **probability of failure,** probabilité d'incident technique; **random failure,** erreur erratique, panne intermittente; **skew failure,** mal aligné; **total failure,** défaillance totale; **wearout failure,** défaillance par usure.

**f a l l :** fall (to), retomber; **fall time,** temps de retombée.

**f a l l b a c k :** reprise automatique; **fallback procedure,** procédure de reprise automatique; **fallback system,** système à reprise.

**f a l s e :** faux; **analog false color,** fausse couleur analogique; **false add,** addition partielle, addition sans retenue; **false code,** caractère erroné; **false color,** fausse couleur; **false drop,** diaphonie incohérente; **false error,** fausse erreur; **false floor,** faux plancher; **false retrieval,** récupération parasite; **false triggering,** déclenchement parasite.

**F A M :** fast access memory, mémoire à accès rapide.

**f a m i l y :** famille; **circuit family,** technologie de même niveau; **computer family,** famille d'ordinateurs; **entry family,** famille d'entrées; **family of curves,** famille de courbes; **family tree,** configurateur.

**f a n :** ventilateur; **fan blade,** pale de ventilateur; **fan-in,** entrance; **fan-out,** sortance; **fan-out factor,** facteur pyramidal de sortie.

**f a n f o l d :** à pliage accordéon; **fanfold form,** pli en accordéon; **fanfold paper,** papier en continu, papier plié en accordéon.

**f a n f o l d e d :** plié, replié; **fanfolded paper,** papier plié en accordéon, papier en continu.

**f a s t :** rapide; **fast access,** accès rapide; **fast access memory (FAM),** mémoire en accès rapide; **fast access storage,** mémoire à accès rapide; **fast acting relay,** relais à réponse rapide; **fast core,** mémoire rapide; **fast data transmission,** transmission rapide de données; **fast memory,** mémoire rapide; **fast mode,** mode rapide; **fast register,** registre rapide; **fast select,** appel précipité; **fast shutdown,** arrêt rapide; **fast time scale,** facteur temps réduit.

**f a t a l :** fatal; **fatal error,** erreur fatale.

**f a t h e r :** père; **father file,** fichier père; **father son technique,** technique de duplication; **grandfather-father-son cycle,** cycle grand-père-père-fils (trois générations).

**f a u l t \* :** panne, avarie, défaillance; **arithmetic fault,** erreur de grandeur; **data-sensitive fault,** défaut détecté par les données; **fault checking,** contrôle de dépistage d'erreur; **fault control,** contrôle d'avarie; **fault control memory,** mémoire de détection d'anomalie; **fault detection circuit,** circuit de détection d'anomalie; **fault detector,** détecteur d'avarie; **fault diagnosis,** diagnostic de panne; **fault dictionary,** répertoire d'erreurs; **fault finding,** localisation d'anomalie; **fault indicator,** indicateur d'erreur; **fault isolation,** localisation d'erreur, localisation d'incident; **fault liability,** sujet à des dérangements; **fault locating,** recherche d'incident; **fault message,** message d'erreur; **fault panel,** panneau d'indication d'erreurs; **fault recognition,** détection de pannes; **fault recovery,** recouvrement d'erreurs; **fault register,** registre des avaries; **fault sensitive program,** programme détecteur d'avaries; **fault simulator,** simulateur de pannes; **fault test,** test de localisation d'incidents; **fault time,** temps de défaillance; **fault-tolerant system,** système à tolérance de pannes; **fault-tracing time,** temps de recherche d'erreur; **fortuitous fault,** incident fortuit, erreur accidentelle; **intermittent fault,** erreur intermittente, erreur non systématique; **machine fault,** défaut de machine; **pattern sensitive fault,** panne intermittente; **permanent fault,** panne franche; **program-sensitive fault,** défaut détecté par programme; **sporadic fault,** panne sporadique; **transient fault,** erreur passagère; **transport fault,** erreur d'acheminement.

**f a x :** fax, télécopie, fac-similé.

**F C F S :** first-come-first-served, premier arrivé premier servi.

**F C P I :** flux changes per inch, variation de flux par pouce.

**F D A :** flow deviation algorithm, algorithme de déviation de fluence.

**F D M :** frequency division multiplexing, multiplexage en fréquence.

**F D O S :** floppy disk operating system, système d'exploitation à disquette.

**f e a s i b i l i t y :** faisabilité; **feasibility study,** étude de faisabilité.

**f e a t u r e :** caractéristique (d'équipement); **accessory feature,** matériel annexe; **additional feature,** dispositif additionnel; **advanced print features,** caractéristiques d'impression évoluées; **alphabetic feature,** dispositif alphabétique; **application features**, caractéristiques d'application; **area protect feature**, protection de zone mémoire; **auxiliary channel feature**, canal auxiliaire; **buffer feature**, dispositif tampon; **checking feature**, caractéristique de contrôle; **code compatibility feature**, conversion automatique de code; **comparing feature**, dispositif de comparaison; **control feature**, dispositif de commande; **counting feature**, fonction de comptage; **document writing feature**, dispositif d'impression de document; **error detection feature**, fonction de détection d'erreurs; **feature code**, code spécial; **high-speed skip feature**, dispositif de tabulation rapide; **interrogate feature**, dispositif d'interrogation, organe de test; **interrupt feature**, mécanisme d'interruption; **line selection feature**, dispositif de sélection de ligne; **memory protect feature**, dispositif de protection de la mémoire; **operating features**, éléments de travail; **optional feature**, élément optionnel; **optional hardware feature**, matériel optionnel; **port feature**, module de connexion; **print features**, caractéristiques de l'impression; **read feature**, dispositif de lecture; **record overflow feature**, dispositif de changement de piste; **regulating feature**, dispositif de régulation; **scientific feature**, organe de calcul en virgule flottante; **screen-oriented feature**, particularité utilisant l'écran; **special feature**, dispositif spécial; **split screen feature**, segmentation de l'écran; **standard feature**, dispositif standard; **station cycle polling feature**, appel de poste; **storage protect feature**, dispositif de protection mémoire; **write lockout feature**, dispositif de protection à l'écriture; **zoom feature**, possibilité de zoom.

**FEC:** forward error correction, correction d'erreur sans voie retour.

**feed:** alimentation (de papier); **accelerated card feed**, alimentation accélérée de cartes; **advance feed tape**, bande perforée à alignement frontal; **automatic card feed**, alimentation automatique de cartes; **automatic feed**, avance automatique; **automatic feed punch**, perforateur à alimentation de cartes automatique; **auxiliary feed roll**, galet de transport auxiliaire; **bill feed**, alimentation en feuille; **blank tape feed**, avance de bande sans enregistrement; **carbon ribbon feed**, guide de ruban carbone; **carbon ribbon feed device**, dispositif de guidage de ruban; **card feed**, mécanisme d'alimentation en cartes; **card feed device**, guide-carte; **card feed knife**, couteau d'alimentation de cartes; **center-feed tape**, bande papier; **check feed**,

alimentation des chèques; **continuous pin feed forms**, formulaires sans fin à perforations marginales; **delayed feed**, alimentation retardée; **demand feed**, alimentation immédiate; **double paper feed**, double entraînement de papier; **dual feed**, double saut; **dual feed carriage**, chariot à double alimentation; **dual feed tape carriage**, double avance de bande perforée; **dual paper feed**, double mouvement de papier; **dual ribbon feed**, double avance de ruban encreur; **end feed**, alimentation finale; **endwise feed**, alimentation colonne par colonne; **face-down feed**, alimentation recto; **face-up feed**, alimentation verso; **feed (to)**, alimenter; **feed check**, contrôle d'avance; **feed cycle**, cycle d'alimentation; **feed device**, dispositif d'entraînement; **feed forward**, commande anticipative, réaction anticipative; **feed hole**, perforation d'entraînement; **feed hopper**, magasin d'alimentation; **feed instruction**, instruction d'avance; **feed interlock**, blocage de l'alimentation; **feed knife**, pointeau d'entraînement; **feed pawl**, margeur; **feed pitch**, pas longitudinal, pas d'entraînement; **feed rate**, vitesse d'entraînement; **feed rate override**, correction avance papier; **feed roll**, rouleau d'alimentation; **feed roller**, rouleau de transport; **feed system**, circuit d'alimentation; **feed tape carriage**, avance de bande; **feed track**, piste d'entraînement; **file feed**, rampe de chargement; **form feed (FF)**, présentation de feuille; **form feed character (FF)**, caractère de présentation de feuille; **form feed mechanism**, mécanisme d'avance papier; **form feed speed**, vitesse de l'avance ligne; **friction feed**, alimentation par friction; **front feed**, alimentation frontale; **hand feed punch**, perforatrice manuelle; **high-speed feed**, alimentation rapide; **high-speed paper feed**, transport de papier rapide; **horizontal feed**, alimentation horizontale; **incremental feed**, avance incrémentielle; **line feed (LF)**, saut de ligne; **line feed character**, caractère interligne; **line feed code**, code de saut de ligne; **manual feed**, avance manuelle de papier; **page feed**, saut de page; **paper feed**, avance papier; **pin feed drum**, tambour d'entraînement à picots; **pin feed platen**, tambour à picots; **pin feed platen device**, rouleau d'entraînement à picots; **platen feed magnet**, aimant de commande des sauts de ligne; **punch feed read**, perforation et lecture simultanée; **ribbon feed**, entraînement du ruban encreur; **single-line feed**, simple interligne; **single-sheet feed**, alimentation feuille à feuille; **sprocket feed**, entraînement à picots; **step-by-step feed**, avance pas à pas; **successive card feed,** alimentation continue; **tape feed,** entraînement de bande; **vertical feed,** entraînement vertical.

**f e e d b a c k :** rétroaction, contre-réaction; **automatic feedback control system,** système à contre-réaction; **current feedback,** réaction de courant; **decision feedback equalizer (DFE),** égaliseur de décision rétroactive; **feedback amplifier,** amplificateur à réaction; **feedback channel,** canal de retour; **feedback coil,** enroulement de rétroaction; **feedback impedance,** impédance de réaction; **feedback loop,** boucle d'asservissement; **feedback system,** système asservi; **feedback voltage,** tension à réaction; **inductive feedback,** réaction inductive; **information feedback checking,** contrôle par retour de l'information; **inverse feedback,** contre réaction; **message feedback,** contrôle par retour de message; **negative feedback,** rétroaction convergente; **positive feedback,** accouplement réactif positif; **redundancy feedback,** détection d'erreurs en émission; **regenerative feedback,** réaction positive; **resistive feedback,** réaction de couplage par résistance; **rigid feedback,** rétroaction fixe.

**f e e d e r :** câble d'alimentation; **automatic document feeder,** dispositif d'auto-alimentation de document; **feeder bin,** magasin d'alimentation.

**f e e d i n g :** alimentation (de papier); **card feeding mechanism,** dispositif d'alimentation des cartes; **center roll feeding,** débobinage médian; **continuous feeding,** alimentation en continu des formulaires; **feeding cycle,** cycle d'alimentation; **feeding device,** dispositif d'alimentation; **feeding station,** poste d'alimentation; **form feeding,** transport de formulaire papier; **multiread feeding,** alimentation multilecture; **sheet feeding,** alimentation des feuilles; **single-card feeding,** alimentation de carte individuelle; **single-sheet feeding,** alimentation feuille à feuille.

**f e e d r a t e :** vitesse d'entraînement papier; **manual feedrate override,** modification manuelle de l'avance.

**f e m a l e :** femelle; **female connector,** prise femelle; **female plug,** connecteur femelle.

**FEP:** front-end processor, processeur frontal.

**f e r r i t e :** ferrite; **ferrite core,** tore de ferrite; **ferrite core memory,** mémoire à tores de ferrite; **ferrite part,** pièce de ferrite; **ferrite rod,** tige de ferrite; **ferrite storage,** mémoire à ferrite.

**f e r r o m a g n e t i c :** ferromagnétique; **ferromagnetic material,** matériau ferromagnétique; **ferromagnetic memory,** mémoire fer-romagnétique; **ferromagnetic resonance,** résonance ferromagnétique; **ferromagnetic storage,** mémoire ferromagnétique.

**FET:** field effect transistor, transistor à effet de champ.

**f e t c h\* :** extraction, prélèvement; **fetch (to),** extraire, prélever; **fetch cycle,** cycle de prise en charge; **fetch instruction,** instruction d'extraction; **fetch overflow,** appel de sous-programme de dépassement; **fetch protection,** clé informatique; **instruction fetch,** cycle de recherche d'instruction; **instruction fetch phase,** phase de prise en charge de l'instruction; **program fetch,** appel de programme.

**f i b e r :** fibre; **fiber optic,** fibre optique; **fiber optic application,** application des fibres optiques; **fiber optic cable,** câble à fibres optiques; **optical fiber characteristics,** caractéristiques des fibres optiques.

**F i b o n a c c i :** Fibonacci number, nombre de Fibonacci; **Fibonacci search,** recherche de Fibonacci; **Fibonacci series,** séries de Fibonacci.

**f i b r e :** cf **f i b e r .**

**f i c h e :** microfiche; **fiche (to),** mettre sur microfiche; **fiche reader,** lecteur de microfiche.

**f i e l d\* :** champ, trame; **AC magnetic field,** champ magnétique alternant; **access key field,** champ d'accès; **address control field,** zone de modification d'adresse; **address field,** champ d'adresse; **address field extension,** extension du champ d'adresse; **aiming field,** champ de visée; **alphabetic field limit,** limitation de zone alphabétique; **alternate field control,** contrôle de champ alterné; **alternating field,** zone alternante; **amount field,** zone de cumul; **application field,** champ d'application, domaine d'application; **auxiliary key field,** champ clé auxiliaire; **basic field descriptor,** descripteur simple de zones de données; **begin field code,** code début de zone; **binary field operation,** opération binaire; **block length field,** zone de longueur de bloc; **byte field,** zone de multiplet; **call entrance field,** zone d'entrée des appels; **card data field,** zone de données d'une carte; **card field,** zone de perforation; **chaining field,** zone de chaînage; **character sensing field,** zone de lecture; **check field,** zone de contrôle de marquage; **clear field,** zone d'effacement; **code field,** zone de codage; **command field,** zone fonctionnelle; **common field,** champ commun, zone commune; **computer field,** champ d'application des ordinateurs; **condition field,** zone de condition; **control field,** zone de contrôle, champ de commande; **count field,** zone de comptage; **creation date field,** zone de la date de création; **data field,** rubrique; **data field format,** format de zone de données; **data field length,** longueur de champ des données; **data status field,** zone d'état des données; **date field,** zone de date; **decrement field,** zone de modification d'adresse; **demagnetizing field,** champ de démagnétisation; **destination field,** zone réceptrice; **display field,** champ de visualisation; **dummy field,** zone fictive; **edited receiving field,** zone de réception mise en forme; **electrostatic field,** champ électrostatique; **elementary field,** champ élémentaire; **exception condition field,** zone conditionnelle d'exception; **exchange field,** champ d'échange; **extended address field,** extension de la zone d'adresse; **extended control field,** extension de la zone de commande; **extract field,** zone d'extraction; **field boundary,** délimitation de zone; **field code,** code de zone; **field compare,** comparaison de zone; **field definition,** définition de champ; **field description table,** table de description de zone; **field descriptor,** descripteur de zone de données; **field distribution,** distribution de zone; **field effect transistor (FET),** transistor à effet de champ; **field engineer,** ingénieur de maintenance; **field error,** erreur de zone; **field heading,** en tête de zone; **field input parameter,** paramètre d'entrée du champ; **field installation,** montage au lieu d'exploitation; **field length,** longueur de zone; **field length check,** contrôle de longueur de zone; **field line,** ligne de force; **field mark,** étiquette de champ; **field name,** nom de champ; **field programmable logic array (FPLA),** élément logique programmable; **field scan generator,** générateur de balayage trame; **field selection,** sélection des zones; **field separator,** délimiteur de champ; **field service,** service d'entretien; **field specification,** spécification de zone; **field strength,** intensité de champ; **field termination character,** caractère fin de zone; **field test,** essai pratique; **field type,** type de zone; **field upgrade,** montage ultérieur; **field use,** exploitation sur site; **field width,** longueur de zone de données; **field-tested,** mis au point au lieu d'exploitation; **fixed field,** champ fixe; **fixed-length field,** zone de longueur fixe; **free field,** zone banalisée; **gross field,** zone brute; **hash total field,** zone du total de contrôle; **home address field,** zone d'adresse piste; **identification field,** zone d'identification; **identification field checking,** contrôle de zone d'identification; **index field,** champ d'indexation; **indi-**cator field,** zone de signalisation; **information field (I-field),** zone de données, champ de données; **input field,** champ de saisie; **instruction field,** champ d'instruction; **interrecord sequence field,** zone de tri pour enregistrements enchaînés; **jack field,** douille de fiche; **key field,** champ clé; **key value field,** zone de valeur de clé; **label field,** zone d'étiquette; **line field,** zone de lignes; **link address field,** champ d'adresse de lien; **link field,** zone de chaînage; **location field,** zone d'adresse; **location field tag,** étiquette d'adresse; **longitudinal magnetic field,** champ magnétique longitudinal; **magnetic field,** champ magnétique; **magnetic field strength,** intensité du champ magnétique; **match field,** zone de correspondance; **matching field,** zone de concordance; **memory field,** zone de mémoire; **modifier field,** champ modificateur; **name definition field,** zone de définition de nom; **name field,** nom de zone; **noise field,** champ perturbateur; **operand field,** champ opérande; **operating code field,** zone de code d'opération; **operation field,** zone opération; **operator field,** champ opérateur; **option field,** zone complémentaire; **panel control field,** tableau de commande; **password field,** zone de mot de passe; **primary key field,** champ clé primaire; **print field,** champ d'impression; **program name field,** zone de nom de programme; **programmable protected field,** zone protégée programmable; **protected field,** zone protégée; **punched card field,** zone de carte perforée; **queueing field,** zone de file d'attente; **read field,** zone de lecture; **receiving field,** champ objet; **record length field,** zone de longueur de bloc; **reserved field,** zone réservée; **response field,** zone de réponse; **revision number field,** zone du numéro de modification; **save field,** zone sauvegarde; **search mode field,** zone du mode de recherche; **secondary key field,** champ clé secondaire; **security field,** zone de sécurité; **segment name field,** zone des noms de segments; **semaphore count field,** zone de comptage de sémaphores; **sending field,** zone émettrice; **sequence link field,** zone de l'adresse suite; **sign field,** champ du signe; **signed field,** zone algébrique; **start mode field,** zone du mode de lancement; **starting mode field,** zone du mode d'amorçage; **statement field,** zone d'instructions; **status field,** zone d'état; **storage field,** zone de mémorisation; **tape field,** zone de la bande perforée; **test field,** zone d'essai; **text field,** zone texte; **timing mark field,** zone de marque de synchronisation; **trigger field,** zone de déclenchement; **unfilled-in field,** champ non renseigné, champ vide; **unprotected data field,** zone de données non protégée; **unprotected field,** champ non protégé; **user field,** zone utilisateur; **variable field,** champ variable; **variable-field length,** longueur de champ variable; **variable-length field,** champ de longueur variable; **waiting queue field,** zone de file d'attente.

**FIFO:** PEPS; **FIFO list,** liste directe; **FIFO register,** registre PEPS; **first in first out (FIFO),** premier entré premier sorti.

**fifty:** cinquante; **excess-fifty,** excédent 50.

**figurative:** symbolique; **figurative constant,** constante figurative, libellé, littéral.

**figure:** nombre, facteur, figure; **binary figure,** chiffre binaire; **comparative figure,** facteur de référence; **figure key,** touche numérique; **figure shift,** décalage de chiffre, touche chiffres; **noise figure,** facteur de bruit; **odd figure,** chiffre impair; **proof figure,** facteur de contrôle; **significant figure,** chiffre significatif; **solid figure,** figure géométrique en trait plein; **symmetric figure,** figure symétrique; **true figure,** chiffre réel.

**file*:** fichier; **account file,** fichier de comptabilisation; **active file,** fichier actif; **active master file,** fichier principal actif; **add file,** fichier d'ajouts; **address file,** fichier d'adresses; **addrout file,** fichier de sortie d'adresses; **alphabetic file,** fichier alphabétique; **amendment file,** fichier de modifications; **archive file,** fichier archive; **archived file,** fichier archivé; **assigned files table,** table de fichiers affectés; **audit file,** fichier d'audit; **automatic file rotation,** décalage automatique de fichiers; **auxiliary file,** fichier secondaire; **backup file,** fichier de sauvegarde; **batch file,** lot de traitement; **beginning-of-file label,** repère de début de fichier; **billing file,** fichier des factures; **binary run file,** fichier de programmes exécutables; **block end-of-file,** bloc fin de fichier; **buffered file,** fichier en mémoire tampon; **card file,** fichier en cartes; **card image file,** fichier image de carte; **card punch file,** fichier de perforation; **catalog file,** fichier de catalogue; **catalogued file,** fichier-catalogue; **central information file,** fichier principal de données; **chained file,** fichier en chaîne; **change file,** fichier des mouvements; **checkpoint file,** fichier des points de reprise; **checkpoint file name,** nom du fichier des points de reprise; **checkpointed file,** fichier à points de contrôle; **classified file,** fichier classé; **close file,** fermeture de fichier; **closed transaction file,** fichier des transactions internes; **collation file,** fichier de fusionnement; **combined file,**

fichier mixte; **command file,** fichier de commande; **concatenated file,** fichier chaîné; **consigned files table,** table des fichiers affectés; **core image file,** fichier d'image-mémoire; **corrupt file,** fichier altéré; **cut-out picture file,** bibliothèque d'images; **data file,** fichier; **data file conversion,** conversion de fichier de données; **data file directory,** répertoire de fichiers; **database file management,** gestion des fichiers de banque de données; **dead file,** fichier inactif; **demand file,** fichier d'interrogation; **destination file,** fichier de destination; **detail file,** fichier de détail; **device file,** fichier des périphériques; **direct access file,** fichier à accès direct; **direct file,** fichier direct; **direct file organization,** organisation de fichier à accès direct; **direct serial file,** fichier à accès (séquentiel) direct; **director file,** fichier répertoire; **disk file,** fichier disque; **disk file control unit,** contrôleur de disque à tête fixe; **disk file unit,** unité de disque; **dispatcher queue file,** file d'attente de distribution; **display file,** fichier à visualiser; **document file,** fichier textuel; **dump file,** fichier de vidage; **end-of-file character (EOF),** caractère de fin de fichier; **end-of-file indicator,** marque de fin de fichier; **end-of-file label,** repère de fin de fichier; **end-of-file marker,** marqueur de fin de fichier; **end-of-file option,** fin de fichier sélectionné; **end-of-file spot,** marqueur de fin de fichier; **environmental file,** fichier d'environnement; **exception file,** fichier des anomalies; **executable program file,** fichier de programmes exécutables; **external data file,** fichier externe; **father file,** fichier père; **file (to),** classer (un document); **file access,** accès fichier; **file access mode,** mode d'accès fichier; **file activity ratio,** taux d'utilisation de fichier; **file alignment,** mise en forme de fichier; **file allocation,** allocation de fichier; **file allocation index,** indice d'affectation de fichier; **file analysis,** étude de fichiers; **file architecture,** architecture de fichier; **file assignment,** désignation de fichier; **file attribute,** attribut de fichier; **file batching,** groupage de fichiers; **file beginning,** début de fichier; **file boundary,** limite de fichier; **file changeover,** changement de fichier; **file characteristics,** caractéristiques de fichier; **file class,** type de fichier; **file component,** élément de fichier; **file composition,** composition de fichier; **file concatenation,** enchaînement de fichiers; **file concept,** structure de fichier; **file consignment,** attribution de fichier; **file control,** commande de fichier; **file control block,** bloc de commande fichier; **file conversion,** conversion de fichier; **file copy,** copie de fichier; **file creation,** création de fichier; **file dead,** fichier mort; **file definition,** définition de fichier; **file definition block,** bloc de définition de fichier; **file definition macro,** macro de définition de fichier; **file delete program,** programme d'effacement de fichier; **file description,** description de fichier; **file description address,** adresse de description de fichier; **file description entry,** déclaration de fichier; **file description index,** index de description de fichier; **file description macro,** macro de description de fichier; **file description table,** table de description de fichier; **file descriptor area,** zone de description de fichier; **file design,** structure de fichier; **file designation,** désignation de fichier; **file directory,** répertoire de fichiers; **file drum,** tambour de grande capacité; **file editor,** programme de création de fichier; **file ending label,** label fin de fichier; **file error,** erreur de fichier; **file error light,** indicateur d'erreurs d'enregistrement; **file exclusive control,** contrôle exclusif de fichiers; **file expiration date parameter,** paramètre de péremption de fichier; **file feed,** rampe de chargement; **file format,** format de fichier; **file gap,** espacement de fichiers, espace interfichier; **file handler,** sous-programme de transfert de fichier; **file handling,** traitement de fichiers; **file header label,** étiquette de début de fichier; **file identification,** identification de fichier; **file identifier,** identificateur de fichier; **file index,** index de fichier; **file inquiry,** consultation de fichier; **file interlock,** clôture du fichier; **file inventory,** inventaire de fichiers; **file label,** étiquette de fichier; **file label number,** numéro du label de fichier; **file layout,** organisation de fichier, disposition de fichier; **file leader,** amorce de fichier sur bande; **file leader record,** enregistrement d'ouverture de fichier; **file librarian,** bibliothécaire de fichiers; **file limit,** limite de fichier; **file link,** liaison de fichier; **file location volume,** support de fichier; **file maintenance,** tenue de fichier; **file management,** gestion de fichiers; **file manager,** gestionnaire de fichiers; **file map,** mappe de fichiers; **file mark,** marque de fichier; **file mask,** masque de fichier; **file medium,** support de fichier; **file memory,** mémoire à fichiers; **file merge,** fusion de fichiers, interclassement de fichiers; **file merge phase,** cycle d'interclassement de fichiers; **file mode,** mode de traitement de fichier; **file monitor,** programme de contrôle de fichiers; **file name extension,** extension de nom de fichier; **file name index,** indice de nom de fichier; **file opening,** ouverture de fichier; **file option,** type de label de fichier;

**file organization,** organisation de fichier; **file packing,** groupement de fichiers; **file parameter,** paramètre de fichier; **file prefix,** notation préfixe de fichier; **file preparation,** préparation de fichiers; **file print,** impression de fichier; **file processing,** traitement de fichiers; **file protect,** protection de fichier; **file protection,** protection des fichiers; **file protection device,** dispositif de protection de fichier; **file protection ring,** couronne d'écriture; **file purging,** effacement de fichiers; **file reconstruction,** reconstruction de fichier; **file recovery,** récupération de fichier; **file reference,** adresse de référence de fichier; **file reorganization,** réorganisation de fichier; **file restore,** restauration de fichier; **file retention period,** période de validité de fichier; **file save,** sauvegarde de fichier; **file scan,** lecture de fichier; **file scan equipment,** dispositif de scrutation de fichier; **file scan function,** fonction de balayage de fichier; **file search,** recherche de fichier; **file searching,** recherche dans un fichier; **file section,** section de fichier; **file security,** sécurité des fichiers, protection des fichiers; **file security period,** période de protection de fichier; **file separator (FS),** séparateur de fichiers; **file separator character,** caractère séparateur de fichier; **file sequence number,** numéro de séquence fichier; **file serial number,** numéro de série d'un fichier; **file server,** serveur de fichiers; **file server subsystem,** sous-système serveur de fichiers; **file set,** ensemble de fichiers; **file sharing,** partage de fichiers; **file size,** taille de fichier; **file specification,** spécification de fichier; **file status table,** table d'état des fichiers; **file storage,** archivage de fichier; **file storage mapping routine,** sous-programme d'affectation de fichiers; **file store,** fichier système; **file string,** chaîne de fichiers; **file structure,** structure de fichier; **file support allocator,** programme d'affectation de fichier; **file table,** table de fichiers; **file table extension,** extension de la table des fichiers; **file tag,** étiquette de fichier; **file tidying,** réorganisation de fichier; **file trailer,** marque de fin de fichier; **file trailer label,** label fin de fichier; **file transcription,** transcription de fichier; **file translation table,** table de transcription fichier; **file translator,** transcripteur de fichier; **file uniqueness,** unicité des fichiers; **file updating,** mise à jour de fichier; **file version,** version de fichier; **file volume sequence number,** numéro chronologique de chargeur; **file-oriented programming,** programmation adaptée aux fichiers; **file-protected,** fichier protégé; **file-related,** référence sur fichier; **fixed-block file,** fichier à blocs fixes; **fixed-logic file,** fichier à itération fixe; **flat file,** tableau bidimensionnel; **forecast file,** fichier de pronostics; **grandfather file,** fichier de première génération; **guide file,** fichier maître; **hashed file,** fichier à accès direct; **hidden file,** fichier caché; **history file,** fichier historique; **image file,** fichier image; **in-file,** fichier d'entrée; **index file,** fichier index; **index random file,** fichier à accès direct indexé; **indexed file,** fichier indexé; **indexed non-sequential file,** fichier à accès direct indexé; **indexed sequential file,** fichier séquentiel indexé; **infected file,** fichier contaminé; **input file,** fichier d'entrée; **input mass storage file,** fichier des entrées sur disque; **input only file,** fichier d'entrée exclusif; **input tape file,** fichier bande entrée; **input/output file control system,** système de gestion des fichiers d'entrée/sortie; **inverted file,** fichier inversé; **item history file,** fichier historique d'articles; **item master file,** fichier principal d'articles; **job account file,** fichier de comptabilisation des travaux; **job accounting file,** fichier de comptabilisation des travaux; **job control file,** fichier de gestion des travaux; **job file,** fichier des travaux; **job input file,** fichier d'entrée des travaux; **job occurrence report file,** fichier résultat des travaux; **job output file,** fichier de sortie des résultats; **job stream file,** fichier des files de travaux; **key-sequenced file,** fichier à codes classifiés; **labeled file,** fichier désigné; **layout file,** organisation de fichier; **library file,** fichier bibliothèque; **library file update routine,** routine de mise à jour de fichiers-bibliothèque; **linked file,** fichier lié; **linked-queued file organization,** organisation de fichiers chaînés; **log file,** fichier compte-rendu; **logging file,** fichier protocole; **logic file,** fichier logique; **logical file,** fichier logique; **magnetic disk file,** fichier sur disque magnétique; **magnetic file,** fichier sur bande magnétique; **magnetic tape file,** fichier bande magnétique; **mailing list file merge,** fusion de fichiers de publipostage; **main dictionary file,** fichier dictionnaire principal; **main file,** fichier principal; **main file area,** zone principale d'un fichier; **main file block,** bloc primaire d'un fichier; **maintenance file,** fichier des mouvements; **manual file rotation,** décalage manuel de fichiers; **master account file,** fichier comptes permanent; **master card file,** fichier de cartes maîtresses; **master file,** fichier maître; **master file block,** bloc du fichier permanent; **master file creation,** création du fichier permanent; **master file inquiry,** interrogation du fichier maître; **master program file,** fichier bibliothèque principal; **material item file,** fichier permanent de matériaux; **memory file,** fichier mémoire; **microfilm file,** fichier de microfilms; **multiextent file,** fichier multidomaine; **multiple file option,** option multifichier; **multiple input file processing,** traitement multifichier; **multireel file,** fichier multibobine; **multiunit file,** fichier multimachine; **multivolume file,** fichier multivolume; **new master file,** nouveau fichier permanent; **null file,** fichier fantôme; **object module file,** fichier de modules objet; **object-coded file,** fichier des programmes machine; **open file,** ouverture de fichier; **open item file,** fichier d'articles non ouverts; **open order file,** fichier des commandes non livrées; **optional file,** fichier facultatif; **order file,** fichier des commandes; **output file,** fichier de sortie; **output printer file,** fichier sortie imprimé; **output tape file,** fichier sur bande en écriture; **output-only file,** fichier résultant unique; **overlay file,** fichier de recouvrement; **page file,** fichier paginé; **part number master file,** fichier permanent des numéros de pièces; **permanent file,** fichier permanent; **personnel file,** fichier du personnel; **primary file,** fichier primaire; **print image file,** fichier à imprimer; **program file,** fichier exécutable; **program load file,** fichier chargeur de programme; **protected file,** fichier protégé; **public file,** fichier public; **qualified file name,** nom de fichier réservé; **queued file,** suite de fichiers; **random file,** fichier (à accès) direct; **random file,** fichier à accès direct; **read-only file,** fichier protégé à l'écriture; **reblocked file,** fichier à bloc regroupé; **record address file,** fichier des adresses d'enregistrements; **recovery history file,** fichier de relance du traitement; **relative file,** fichier relatif; **relocatable file,** fichier translatable; **report file,** fichier des états; **revision file,** fichier de mouvements; **ring file,** fichier en anneau; **root file,** fichier résident; **route sheet file,** fichier des fiches de routage; **routing file,** fichier des gammes; **run file,** fichier exécutable; **scratch file,** fichier brouillon; **secondary dictionary file,** fichier dictionnaire secondaire; **secondary file,** fichier auxiliaire; **select output file,** fichier de vidage sélectif; **sensitive file,** fichier important; **sequential data file,** fichier à données séquentielles; **sequential file,** fichier à accès séquentiel; **sequential file organization,** organisation en fichiers séquentiels; **sequential indexed file,** fichier séquentiel indexé; **serial file,** fichier sériel; **serial file organization,** organisation en série des fichiers; **service file,** fichier mouvements; **shared file,** fichier partagé; **shared file system,** système à fichiers communs; **shared files**, fichiers centraux communs; **single-entry file**, fichier permanent; **single-volume file**, fichier monopile; **slave file**, fichier esclave; **sort file**, fichier de tri; **sort file description entry**, description du fichier de tri; **sort file name**, nom du fichier de tri; **source file**, fichier source; **spanned file**, fichier étendu; **specification file**, fichier de spécifications; **structured file**, fichier structuré; **suspense file**, fichier en instance; **system input file**, fichier d'entrée système; **system library file**, fichier de bibliothèque système; **system log file**, fichier du journal système; **system operating file**, fichier de bandes système; **system output file**, fichier sortie système; **system principal output file**, fichier maître de sortie système; **tape file**, fichier sur bande; **tape file maintenance**, gestion de fichiers sur bande; **temporary file**, fichier temporaire; **temporary run file**, fichier courant temporaire; **terminal file**, fichier en forme définitive; **test file generation**, génération de fichiers de test; **test file generator**, générateur de fichiers d'essai; **text file**, fichier de textes; **tickler file**, fichier mémo; **trailer file**, fichier additionnel; **transaction file**, fichiers des transactions; **tub file**, fichier d'extraction; **unblocked file**, fichier dégroupé; **unclassified file**, fichier en vrac; **undefined file**, fichier indéfini; **unlabeled file**, fichier sans label; **unload file**, fichier de clôture; **unprotected file**, fichier non protégé; **unstructured file**, fichier non structuré; **update file**, fichier actualisé, fichier des mouvements; **updated master file**, fichier maître de référence; **user attribute file**, fichier du personnel utilisateur; **user file**, fichier utilisateur; **variable file**, fichier des variables; **variable-length record file**, fichier à enregistrements variables; **vendor master file**, fichier source des fournisseurs; **virtual file**, fichier virtuel; **volatile file**, fichier très actif; **work file**, fichier de travail; **working file**, fichier de travail.

**filed**: archivé, classé, fiché; **filed procedure**, procédure cataloguée; **filed procedure generator**, générateur de procédures; **halt name filed**, zone de nom d'interruption.

**filemark**: marque de fin de fichier.

**filename**: nom de fichier.

**filer**: classeur.

**filestore**: classeur; **integrated filestore**, mémoire secondaire.

**filing**: archivage, rangement, classement; **filing system**, système à fichiers.

**fill\***: coloriage, remplissage; **character fill**, insertion de caractère; **character fill (to)**, garnir de caractères; **fill (to)**, remplir; **fill character**, caractère de remplissage; **fill in**

**blank data entry**, entrée par remplissage de blancs; **leading fill**, remplissage de gauche; **polygon fill**, remplissage de polygones; **space fill (to)**, espacer; **zero fill**, garnissage de zéros; **zero fill (to)**, remplir de zéros.

**filled**: classé; **filled box**, cadre plein; **filled circle**, cercle plein; **filled rounded box**, cadre plein à coins arrondis.

**filler\***: caractère de remplissage; **filler (item)**, zone de données non identifiée; **filler bit**, bit de remplissage; **initial filler**, premier caractère de remplissage.

**filling**: remplissage, chargement, bourrage; **filling character**, caractère de remplissage; **polygon filling algorithm**, algorithme de remplissage de polygones.

**film**: film; **carbon film resistor**, résistance à couche de carbone; **film card**, microfiche; **film gate**, fenêtre de lecture de film; **film processor**, processeur de film; **film reader**, lecteur de film; **film recorder**, enregistreur sur film; **film resistor**, résistance à couche; **film scanner**, unité d'analyse de microfilm; **film type resistor**, résistance à couche; **magnetic film**, film magnétique; **magnetic film storage**, mémoire à film magnétique; **magnetic thin film**, film mince magnétique; **magnetic thin film storage**, mémoire à couche mince magnétique; **thick film**, film épais, couche épaisse; **thick film integrated circuit**, circuit intégré à couche épaisse; **thin film**, film mince, couche mince; **thin film memory**, mémoire à film mince; **thin film resistor**, résistance à couches minces; **thin film storage**, mémoire à couche mince; **thin film transistor**, transistor à couche mince.

**filter\***: masque, filtre; **air filter**, filtre à air; **amplitude filter**, séparateur d'amplitudes; **antiglare filter**, filtre antireflet; **band elimination filter**, filtre éliminateur de bande; **band rejection filter**, filtre à élimination de bande; **bandpass filter**, filtre passe-bande; **bandreject filter**, filtre stop-bande; **bandstop filter**, filtre éliminateur de bande; **broadband coupling filter**, filtre coupleur à bande large; **channel filter**, filtre de canal; **channel separating filter**, filtre d'aiguillage de canal; **composite filter**, filtre combiné; **crystal filter**, filtre à cristal; **cut-off filter**, filtre de troncation; **cut-on filter**, filtre conjoncteur; **digit filter**, sélecteur d'indice; **filter (to)**, filtrer; **filter choke**, bobine de filtrage; **filter circuit**, circuit filtre; **filter element**, masque, élément de filtrage; **filter network**, montage de filtre; **filter sensitivity**, déviation admissible; **filter value**, valeur limite; **frequency selective filter**, filtre séparateur de fréquences;

**highpass filter,** filtre passe-haut; **lowpass filter,** filtre passe-bas; **mesh filter,** filtre maillé; **peak filter,** filtre maximum; **power filter,** filtre secteur; **reference filter,** filtre de référence; **screen filter,** filtre d'écran.

**finder:** localisateur; **line finder,** dispositif de repérage de ligne; **line finder mark,** repère de ligne.

**finding:** localisation; **fault finding,** localisation d'anomalie; **line finding,** repérage de ligne; **link finding,** recherche de liaison.

**fine:** fin; **fine detenting,** alignement précis; **fine index,** index détaillé; **fine sort,** tri fin; **fine tuning,** synchronisation de précision.

**finger:** doigt, cheville, lame; **aligner finger,** dispositif de cadrage; **finger-tip set up control finish,** commande par poussoirs; **gripper finger,** pince d'éjection; **reading finger,** levier palpeur; **sensing finger,** palpeur.

**finish:** finger-tip set up control finish, commande par poussoirs.

**finite:** fini; **finite integer,** nombre fini; **finite loading,** chargement à capacité limitée; **finite series,** série finie.

**firing:** feu; **zero voltage firing,** déclenchement par tension nulle.

**firm:** compagnie, société; **software firm,** société de logiciel.

**firmware\*:** micrologiciel, microprogramme; **I/O control firmware,** logiciel pour contrôle des E/S; **firmware subroutine,** microroutine; **firmware-driven,** contrôlé par progiciel.

**first:** premier; **first in first out (FIFO),** premier entré premier sorti; **first item list,** indication de groupe; **first major transaction,** premier mouvement général; **first page indicator,** indicateur de première page; **first transaction,** premier mouvement; **first-come-first-served (FCFS),** premier arrivé premier servi; **first-generation computer,** calculateur de première génération; **first-level address,** adresse de bas niveau; **first-level memory,** mémoire de premier niveau; **first-order subroutine,** routine de premier ordre; **last in first out (LIFO),** dernier entré premier sorti.

**fit:** (to), tenir.

**fitting:** installation; **curve fitting,** adaptation des courbes.

**five:** cinq; **five track code,** code à 5 moments; **five unit teleprinter code,** code de télégraphie à 5 moments; **five-byte quintet,** quintuplet, multiplet de 5 bits; **five-level tape,** bande perforée à 5 moments; **two-out-of-five code,** code quinaire, 2 parmi 5.

**fixed:** fixé, réparé; **fixed bias,** polarisation fixe; **fixed capacitor,** condensateur fixe;

**fixed cartridge,** cassette fixe; **fixed disk,** disque fixe, disque dur, disque rigide; **fixed field,** champ fixe; **fixed form,** format prédéfini; **fixed format,** format fixe; **fixed head,** tête fixe; **fixed insertion,** insertion déterminée, insertion invariable; **fixed length,** longueur fixe; **fixed memory,** mémoire fixe; **fixed page,** page résidente mémoire; **fixed point,** virgule fixe; **fixed prescaling,** prédétermination du facteur d'échelle; **fixed program,** programme fixe; **fixed resistor,** résistance fixe; **fixed store,** mémoire fixe, mémoire morte; **fixed word,** mot de (longueur) fixe; **fixed-base notation,** notation à base fixe; **fixed-base representation,** représentation à base fixe; **fixed-block file,** fichier à blocs fixes; **fixed-block format,** format à blocs fixes; **fixed-block length,** longueur de bloc fixe; **fixed-cycle operation,** opération à nombre de séquences prédéterminé; **fixed-data storage,** mémoire fixe; **fixed-decimal point,** virgule fixe; **fixed-disk device,** unité de disque dur; **fixed-disk storage,** mémoire à disque dur; **fixed-floating-point format,** notation en virgule fixe; **fixed-format record,** enregistrement de format fixe; **fixed-head disk,** disque à tête fixe; **fixed-information length,** information de longueur fixe; **fixed-length computer,** ordinateur à mots de longueur fixe; **fixed-length field,** zone de longueur fixe; **fixed-length format,** format de longueur fixe; **fixed-length item,** enregistrement à longueur fixe; **fixed-length operand,** opérande de longueur fixe; **fixed-length record,** enregistrement de longueur fixe; **fixed-length segment,** segment de longueur fixe; **fixed-length word,** mot de longueur fixe; **fixed-line posting,** positionnement fixe des lignes imprimées; **fixed-logic cycle,** cycle de programme déterminé; **fixed-logic file,** fichier à itération fixe; **fixed-magnetic head,** tête magnétique fixe; **fixed-partition multiprogramming,** multiprogrammation à partitions fixes; **fixed-point addition,** addition en virgule fixe; **fixed-point arithmetic,** arithmétique en virgule fixe; **fixed-point binary,** binaire en virgule fixe; **fixed-point calculation,** calcul en virgule fixe; **fixed-point computation,** traitement en virgule fixe; **fixed-point constant,** constante à virgule fixe; **fixed-point division,** division à virgule fixe; **fixed-point instruction,** instruction à virgule fixe; **fixed-point number,** nombre à virgule fixe; **fixed-point operation,** opération en virgule fixe; **fixed-point overflow,** dépassement en virgule fixe; **fixed-point part,** mantisse; **fixed-point representation,** numération à séparation fixe; **fixed-point subtraction,**

soustraction à virgule fixe; **fixed-point system**, système à virgule fixe; **fixed-point type**, type à virgule fixe; **fixed-point value**, valeur à virgule fixe; **fixed-point variable**, variable à virgule fixe; **fixed-point word length**, longueur de mot à virgule fixe; **fixed-program computer**, calculateur à programme fixe; **fixed-queue list**, queue d'attente à base fixe; **fixed-radix notation**, numération à base fixe; **fixed-ratio code**, code pondéré; **fixed-read head**, tête de lecture fixe; **fixed-record length**, longueur de bloc fixe; **fixed-sequential format**, disposition à séquence fixe; **fixed-size record**, enregistrement de taille fixe; **fixed-width font**, fonte à espacement fixe; **fixed-word length**, longueur de mot fixe; **number in fixed point representation**, nombre en virgule fixe.

**f i x i n g :** réparation; **page fixing**, mise en place de page.

**f l a g \* :** drapeau, fanion, indicateur; **carry flag**, drapeau de retenue, indicateur de retenue; **chain command flag**, drapeau d'enchaînement d'instructions; **chain data flag**, drapeau d'enchaînement de données; **device flag**, indicateur d'état périphérique; **diagnostic flag**, marque de diagnostic; **error flag**, indicateur d'erreur; **flag (to)**, indiquer, signaler; **flag bit**, binaire indicateur; **flag byte**, multiplet de signalisation, octet de repérage; **flag event**, indicateur d'événement; **header flag**, étiquette début de bloc; **interrupt flag**, drapeau d'interruption; **no-go flag**, drapeau d'arrêt; **sign flag**, drapeau de signe; **skip flag**, fanion de saut; **terminate flag**, drapeau de fin; **trailer flag**, étiquette queue de bande; **user flag byte**, octet pointeur de l'utilisateur; **warning flag**, drapeau d'alerte; **zero flag**, drapeau de zéro.

**f l a n g e :** flasque.

**f l a s h :** amorçage; **audit flash**, contrôle rapide; **form flash**, impression de cadre, masque d'écran.

**f l a t :** plat; **flat cable**, câble plat; **flat file**, tableau bidimensionnel; **flat pack**, circuit intégré à broches axiales; **flat portion**, ligne plate d'une courbe; **flat screen display**, visuel à écran plat; **flat faced cathode ray tube**, tube cathodique à écran plat; **flat-faced screen**, écran plat.

**f l a t b e d :** à plat; **flatbed plotter**, table traçante, traceur à plat.

**f l a w :** défaut; **flaw mapping**, mappe des erreurs.

**f l e x :** cordon secteur souple.

**f l e x i b i l i t y :** souplesse; **software flexibility**, souplesse du logiciel.

**f l e x i b l e :** flexible; **flexible cord**, cordon souple; **flexible disk**, disque souple, minidisque, disquette; **flexible disk drive**, unité de disque souple; **flexible disk memory**, mémoire à disque souple; **flexible printed circuit**, circuit imprimé flexible; **reversible flexible disk**, disquette double face.

**f l i c k e r :** papillotement, scintillement; **flicker-free**, sans scintillement; **interline flicker**, papillotement de lignes; **virtually flicker-free**, pratiquement sans papillotement.

**f l i c k e r i n g :** scintillement, papillotement.

**f l i g h t :** vol; **flight sensing**, balayage dynamique, lecture dynamique; **flight simulator**, simulateur de vol; **hammer flight time**, durée de vol du marteau d'impression.

**f l i p p e r :** pince, patte; **registrating flipper**, cadreur.

**f l o a t \* :** flottant; **float (to)**, flotter; **float allocation**, attribution de jeu; **float factor**, facteur de translation; **float type**, type flottant.

**f l o a t i n g :** flottant; **automatic floating-point operation**, opération automatique en virgule flottante; **decimal floating point**, virgule décimale; **double precision floating point**, virgule flottante en double précision; **fixed-floating-point format**, notation en virgule fixe; **floating add**, addition en virgule flottante; **floating address**, adresse flottante; **floating area**, zone flottante; **floating character**, caractère flottant; **floating decimal**, virgule flottante; **floating divide**, division en virgule flottante; **floating floor**, faux plancher; **floating multiply**, multiplication en virgule flottante; **floating point**, virgule flottante; **floating register**, registre flottant; **floating replacement**, échange flottant; **floating speed**, vitesse de positionnement; **floating subtract**, soustraction flottante; **floating zero**, zéro flottant; **floating-decimal arithmetic**, arithmétique en virgule flottante décimale; **floating-decimal point**, virgule flottante; **floating-divide remainder**, reste de division en virgule flottante; **floating-point accumulator**, accumulateur en virgule flottante; **floating-point addition**, addition en virgule flottante; **floating-point arithmetic**, arithmétique en virgule flottante; **floating-point base**, base de représentation en flottant; **floating-point based program**, programme à base de flottants; **floating-point calculation**, calcul en virgule flottante; **floating-point computation**, traitement en virgule flottante; **floating-point constant**, constante à virgule flottante; **floating-point division**, division en virgule flottante; **floating-point fail**, erreur de virgule flottante; **floating-point instruction**, instruction en virgule flottante; **floating-point mantissa**, mantisse en virgule

167

flottante; **floating-point multiplication,** multiplication en virgule flottante; **floating-point number,** nombre en virgule flottante; **floating-point operation,** opération en virgule flottante; **floating-point operation per second (FLOPS),** opérations en virgule flottante par seconde; **floating-point package,** progiciel en virgule flottante; **floating-point processor (FPP),** processeur en virgule flottante; **floating-point radix,** radix de représentation en flottant; **floating-point register,** registre à virgule flottante; **floating-point representation,** représentation en virgule flottante; **floating-point routine,** programme en virgule flottante; **floating-point subroutine,** sous-programme de calcul en virgule flottante; **floating-point subtraction,** soustraction en virgule flottante; **floating-point system,** système à virgule flottante; **floating-point type,** type à virgule flottante; **floating-read head,** tête de lecture mobile; **floating-reset add,** effacement et addition flottante; **floating-vector multiply,** multiplication de vecteurs flottants; **hardware floating-point arithmetic,** arithmétique en virgule flottante câblée; **long-form floating point,** virgule flottante en multiple précision; **number in floating-point representation,** nombre en virgule flottante; **programmed floating-point operation,** calcul à virgule flottante programmée; **short precision floating-point constant,** constante en virgule flottante simple précision; **single-precision floating point,** virgule flottante simple précision.

**floor:** plancher; **access floor,** faux plancher; **false floor,** faux plancher; **floating floor,** faux plancher; **floor plan,** plan d'implantation; **floor space,** surface d'installation.

**flop:** opération en virgule flottante; **direct-coupled flip-flop,** bascule galvanique; **flip-flop (FF),** bascule bistable; **flip-flop circuit,** circuit multivibrateur; **flip-flop register,** registre bistable; **flip-flop storage,** mémoire bistable; **flip-flop string,** cascade de bascules; **floating-point operation per seconde (FLOPS),** opérations en virgule flottante par seconde; **flop-in,** en croissant; **flop-out,** en décroissant; **free-running flip-flop,** bascule astable; **master flip-flop,** bascule principale; **one-shot flip-flop,** déclencheur monostable; **slave flip flop,** bascule asservie; **status flip-flop,** bistable d'état; **tri-flop,** multivibrateur tristable.

**floppy:** disque souple; **floppy disk,** disque souple, minidisque, disquette; **floppy disk bay,** logement pour disque souple; **floppy disk computer,** ordinateur à disquette; **floppy disk controller,** contrôleur de disque

souple; **floppy disk drive,** unité de disque souple, unité à disquette; **floppy disk operating system (FDOS),** système d'exploitation à disquette; **floppy disk sleeve,** pochette de disquette; **floppy disk station,** poste à disquette; **floppy disk storage,** mémoire à disque souple; **protected floppy,** disquette protégée; **single-floppy drive,** unité monodisquette; **uninfected floppy,** disquette non contaminée.

**flow:** circulation, flot, flux; **air flow system,** filtre d'aération; **bidirectional flow,** transfert bilatéral; **control flow,** flux de commande; **current flow,** flux de courant; **data flow,** flux de données; **data flow control,** cinématique de l'information; **data flow diagram,** organigramme de données; **electron flow,** flux électronique; **flow (to),** circuler; **flow analysis,** analyse de fluence; **flow control,** contrôle de flux, contrôle de déroulement; **flow deviation algorithm (FDA),** algorithme de déviation de fluence; **flow direction,** sens de circulation, sens de liaison; **flow-in,** fluence d'entrée; **flow line,** ligne de flux; **flow of data,** circulation de données; **flow of information,** circulation de l'information; **flow-out,** fluence de sortie; **flow path,** branche d'acheminement de données; **flow process,** processus de déroulement; **flow process chart,** diagramme de circulation; **flow process diagram,** organigramme de traitement, diagramme de fluence; **generated data flow,** flux de données générées; **information flow,** débit d'information, débit des données; **information flow rate,** vitesse de circulation de l'information; **internal flow,** débit interne des données; **job flow,** déroulement des travaux; **job flow control,** contrôle du déroulement des travaux; **normal direction flow,** sens normal des liaisons; **operations flow,** déroulement des opérations; **program flow,** déroulement du programme; **serial work flow,** déroulement séquentiel des travaux; **work flow,** déroulement du travail.

**flowchart\*:** organigramme; **data flowchart,** organigramme de données; **detailed flowchart,** organigramme détaillé; **flowchart (to),** établir un organigramme; **flowchart block,** bloc d'organigramme; **flowchart connector,** renvoi d'organigramme; **flowchart generator,** traceur d'organigramme; **flowchart symbol,** symbole de diagramme, symbole d'organigramme; **flowchart template,** organigraphe; **flowchart text,** légende d'organigramme; **function flowchart,** diagramme fonctionnel; **information flowchart,** graphe d'informations; **instruction flowchart,**

organigramme des instructions; **logic flowchart**, graphique logique; **logical flowchart**, graphique logique; **operations flowchart**, diagramme du déroulement des opérations; **program flowchart**, organigramme du programme; **programming flowchart**, diagramme, organigramme de programmation; **structure flowchart**, diagramme de structure; **system flowchart**, organigramme de système; **template flowchart**, modèle d'organigramme; **troubleshooting flowchart**, arbre de dépannage.

**flowcharting**: établissement d'organigramme.

**flowgraph**: ordinogramme.

**flowline\***: ligne de liaison.

**fluctuation**: fluctuation; **line voltage fluctuations**, variations secteur; **main voltage fluctuation**, variation de la tension réseau; **voltage fluctuation**, variation de tension.

**fluid**: fluide; **fluid logic**, logique des fluides; **fluid system**, circuit à liquide; **posting fluid**, encre à copier.

**fluidics**: la fluidique.

**fluorescent**: fluorescent; **fluorescent lamp**, lampe fluorescente; **fluorescent screen**, écran fluorescent.

**flush\***: purge; **automatic flush**, justification automatique; **core flush**, remise à zéro de la mémoire.

**flutter\***: flottement, pleurage; **flutter (to)**, scintiller, vibrer, rebondir; **flutter speed**, vitesse de flottement.

**flux**: flux, flot; **bit flux transition**, transition de flux binaire; **flux change**, changement de flux; **flux changes per inch (FCPI)**, variation de flux par pouce; **flux density**, densité de flux; **flux line**, ligne de champ; **flux reversal**, retour de flux magnétique; **flux reversals per inch (FRPI)**, inversions de flux par pouce; **flux sensitive head**, tête magnétique sensible au flux; **flux transition**, transition de flux; **magnetic flux density**, densité de flux magnétique; **peak flux density**, densité de flux maximale.

**fly**: (to), voler; **fly-back**, retour de balayage, retour de spot; **fly-back time**, temps de retour du faisceau; **hit-on-the-fly printer**, imprimante à la volée; **print-on-the fly (to)**, imprimer à la volée.

**flyback**: retour; **horizontal flyback**, retour ligne.

**focus**: foyer; **focus (to)**, condenser, concentrer.

**focused**: concentré; **self-focused picture tube**, tube autoconvergent.

**foil**: feuille mince conductrice; **foil sens-**

ing strip, feuillet à marque réfléchissante; **reflective foil**, marque réfléchissante.

**fold: Z-fold paper**, papier paravent; **two-fold**, en double.

**folded**: plié; **zigzag-folded paper**, papier à pliage accordéon, papier paravent.

**folder**: dossier; **folder icon**, icône de dossier.

**folding**: pliage; **accordion folding**, pliage en accordéon.

**follower**: suiveur; **automatic curve follower**, lecteur de courbes automatique; **cathode follower**, montage cathodyne, amplificateur cathodyne; **curve follower**, lecteur de courbes; **curve follower logic**, logique de lecture de courbes; **emitter follower**, émetteur cathodyne; **follower controller**, contrôleur de courbes.

**following**: suivant; **contour following**, balayage de contour.

**font**: fonte, police de caractères; **bit-mapped font**, fonte matricielle; **built-in font**, fonte résidante; **character font**, police de caractères; **downloadable font**, fonte téléchargeable; **fixed-width font**, fonte à espacement fixe; **font**, fonte, police de caractères; **font cartridge**, cartouche de fontes; **font change**, changement de fontes; **font change character**, caractère de changement de fonte; **font producer**, éditeur de fonte; **italics font**, fonte en italiques; **magnetic ink font**, jeu de caractères magnétiques; **multiple font reader**, lecteur multipolice; **proportional font**, fonte proportionnelle; **raster font**, fonte matricielle; **screen font**, fonte d'écran; **soft font**, fonte téléchargeable; **type font**, fonte de caractères, police de caractères; **type font editor**, éditeur de police de caractères; **vector font**, fonte vectorielle.

**foo**: toto; **metasyntaxic variable (foo)**, variable métasyntaxique (toto).

**foot**: pied; **foot margin**, espace de bas de page; **page foot**, bas de page.

**footage**: bas de page; **footage indicator**, indicateur de longueur de papier.

**footer**: ligne de bas de page.

**footing**: bas de page, fond de page; **crossbar footing**, calcul croisé; **footing number location**, lieu de numérotation de bas de page.

**footnote**: note en bas de page.

**footprint**: encombrement au sol; **desktop computer footprint**, encombrement d'un ordinateur de bureau; **small footprint computer**, ordinateur de faible encombrement.

**forbidden**: interdit; **forbidden character**, caractère non autorisé; **forbidden code**, code prohibé; **forbidden code combination**, combinaison de codes inadmissibles; **forbidden code combination check,** contrôle de combinaison de codes inadmissibles; **forbidden combination,** combinaison interdite.

**force:** force; **electromotive force,** force électromotrice; **force (to),** contraindre, forcer; **key touch force,** force de frappe; **lines of force,** lignes de force; **magnetizing force,** intensité magnétique; **penetration force,** profondeur de frappe; **typing force,** intensité de frappe; **zero insertion force (ZIF),** à force d'insertion nulle.

**forced:** forcé; **forced cooling,** refroidissement forcé; **forced display,** affichage systématique; **forced release,** validation forcée; **forced split,** séparation forcée.

**forecast:** pronostic, prédiction; **forecast cycle,** période de pronostic; **forecast file,** fichier de pronostics; **forecast report,** compte-rendu de pronostics.

**forecasting:** prévision; **environmental forecasting,** prévision sur l'environnement; **forecasting control,** contrôle de pronostics.

**foreground:** premier plan; **display foreground,** champ d'affichage avant; **foreground environment,** traitement avant-plan, utilisation prioritaire; **foreground image,** premier plan d'image; **foreground job,** travail de premier plan; **foreground operation,** opération d'avant-plan; **foreground processing,** traitement prioritaire; **foreground program,** programme prioritaire; **foreground task,** tâche de premier plan.

**foregrounding:** de premier plan; **foregrounding processing,** traitement de premier plan.

**fork*:** (to), séparer.

**form:** imprimé, masque; **account form,** formulaire de compte courant; **accounting form,** document comptable, feuille de compte; **aligned forms,** série de formulaires; **blank form,** formule en blanc; **coded form,** format codé; **coding form,** imprimé de codage; **complement form,** forme complémentaire; **compressed form,** format condensé; **continuous form,** imprimé en continu; **continuous form guide,** guide des formulaires sans fin; **continuous paper form,** formulaire sans fin; **continuous pin feed forms,** formulaires sans fin à perforations marginales; **cut forms,** documents séparés; **endless form,** imprimé sans fin; **fanfold form,** pli en accordéon; **fixed form,** format prédéfini; **form alignment,** alignement de formulaire; **form chute,** dispositif de guidage d'imprimé; **form control,** contrôle des imprimés; **form design,** conception des imprimés; **form designator,**

indicateur de formulaire; **form feed (FF),** présentation de feuille, de formule; **form feed character (FF),** caractère de présentation de feuille; **form feed mechanism,** mécanisme d'avance papier; **form feed speed,** vitesse de l'avance ligne; **form feeding,** transport de formulaire papier; **form flash,** impression de cadre, masque d'écran; **form loading,** chargement du papier; **form mode,** mode masque; **form number,** numéro de formulaire; **form overflow,** report automatique en haut de page; **form overlay,** cadre en surimpression, masque d'écran; **form stop,** arrêt de fin de papier; **form thickness control,** contrôleur d'épaisseur de liasse; **form tractor,** tracteur de papier; **free form message text,** texte de message libre; **graphic form,** sous forme graphique; **head-of-form character (HOF),** caractère de positionnement en haut d'imprimé; **input form,** bordereau de saisie; **line drawn form,** bordereau formaté; **listing form,** imprimé de listage; **long-form floating point,** virgule flottante en multiple précision; **machine-readable form,** imprimé exploitable sur machine; **normalized form,** forme normalisée; **paper form,** feuillet, formulaire; **printed form,** formulaire; **programming form,** imprimé de programmation; **punching form,** bordereau de perforation; **standard form,** forme standard; **tab form,** imprimé mécanographique; **tipped forms,** imprimés détachables; **top of form,** début de formulaire; **top-of-form character (TOF),** caractère de mise en haut de page; **vertical form control (VFC),** commande d'avance papier.

**formal*:** formel; **formal error,** erreur formelle; **formal grammar,** grammaire formelle; **formal language,** langage formel; **formal logic,** logique formelle; **formal message,** message conditionné; **formal parameter,** paramètre formel, paramètre local; **formal parameter list,** liste de paramètres formels; **formal parameter part,** partie de paramètre formel.

**format*:** format; **Boolean format,** format booléen; **address block format,** format de bloc d'adresses; **address code format,** format du code d'adresse; **address format,** caractéristique d'adressage; **addressing format,** format d'adresse; **addressless instruction format,** format d'instruction sans adresse; **alpha format,** format alphabétique; **alternate card format,** format de codage alternatif; **basic format,** format de base; **binary format,** format binaire; **block format,** format de bloc; **block format characteristic,** spécification de format de bloc; **card format,** format de carte; **card image format,** format image de carte; **character format,** format de caractère; **computer-printed format,** format d'impression automatique; **control card format,** format des cartes-paramètres; **core image format,** format d'image-mémoire; **count data format,** zone de comptage; **data field format,** format de zone de données; **data format,** format de données; **data word format,** format du mot de données; **decimal fraction format,** format fractionnaire décimal; **decimal number format,** format des nombres décimaux; **display format,** format d'affichage; **electronic format control,** commande de format électronique; **exponent part format,** format d'exposant; **file format,** format de fichier; **fixed format,** format fixe; **fixed-block format,** format à blocs fixes; **fixed-floating-point format,** notation en virgule fixe; **fixed-format record,** enregistrement de format fixe; **fixed-length format,** format de longueur fixe; **fixed-sequential format,** disposition à séquence fixe; **format (to),** initialiser, formater; **format check,** vérification du format; **format control,** commande d'édition; **format effector (FE),** contrôleur de mise en page; **format effector character,** caractère de commande de format d'édition; **format error,** structure d'instruction erronée; **format identifier,** identificateur de structure; **format item,** élément de format; **format mode,** mode d'édition; **format notation,** mode d'édition; **format specification,** spécification de format; **format statement,** instruction d'édition; **format string,** chaîne de caractères mise en forme; **format tape,** bande pilote; **format write protection,** protection au formatage; **full height format,** format pleine hauteur; **half-height format,** format demi-hauteur; **horizontal format,** format horizontal; **information format,** format de l'information; **input format,** format d'entrée; **instruction format,** format d'instruction, modèle d'instruction; **instruction sequence format,** structure de la séquence d'instructions; **internal format,** format interne; **label format,** format d'étiquette; **linked format,** format continu; **list format,** format de liste; **message format,** format de message; **message heading format,** structure de l'en-tête de message; **multiline format,** structure multiligne; **number format,** structure des nombres; **object code output format,** format d'édition en code machine; **output format,** forme de sortie; **output format specification,** spécification de la forme de sortie; **packed format,** données en forme condensée; **page format,** présentation de page, composition du feuillet; **permanent format,** format ineffaçable; **preprinted format,** feuillet préimprimé; **print format,** format d'imprimé; **printing format,** format d'impression; **record format,** structure d'enregistrement; **record format,** format d'enregistrement; **reference format,** format de programmation; **relocatable format,** en forme translatable; **report format,** format d'état; **screen format,** format d'écran; **standard data format,** format standard des données; **standard format,** format standard; **string format,** format des chaînes de caractères; **tab format,** format d'onglet; **tabulation block format,** format de bloc tabulaire; **tape format,** structure de bande; **text format,** format de texte; **title format,** format de texte; **track format,** structure de piste; **two-column format,** format en double colonne; **undetermined format,** format indéterminé; **unpacked format,** sous forme éclatée; **unsigned integer format,** format des nombres naturels; **variable format,** format variable; **variable-block format,** format de bloc variable; **variable-format record,** enregistrement à longueur variable; **vertical format,** format vertical; **vertical format control,** commande d'avance d'imprimé; **word address format,** format d'adresse de mot; **word format,** structure de mot; **zero address instruction format,** format d'instruction immédiate; **zoned format,** format binaire non condensé.

**formation:** formation; **signal formation,** mise en forme de signaux.

**formatless:** sans format, format libre.

**formatted:** formaté, mis en format; **formatted display,** affichage formaté; **formatted message text,** texte de message formaté; **formatted read statement,** instruction de lecture formatée; **formatted record,** enregistrement de données formatées.

**formatter:** formateur; **disk formatter,** formateur de disque; **text formatter,** formateur de texte.

**formatting*:** formatage, mise en format; **data formatting statement,** instruction de format des données; **formatting program,** programme de mise en forme; **input formatting program,** programme d'introduction; **text formatting,** formatage de texte.

**formula:** formule; **addition formula,** formule d'addition; **approximation formula,** formule d'approximation; **arithmetic formula,** formule arithmétique; **formula counter,** compteur pondéré; **formula evaluation,** évaluation d'une formule; **formula translation,** traduction d'une formule; **power formula,** formule exponentielle; **randomizing formula,** rangement à une adresse calculée; **recurrence formula,** formule de récursion.

**FORTH:** langage FORTH.

**FORTRAN\*:** langage FORTRAN; **FORTRAN compiler,** compilateur FORTRAN.

**fortuitous:** fortuite; **fortuitous distortion,** distorsion fortuite; **fortuitous fault,** incident fortuit, erreur accidentelle.

**forward:** direct, de devant; **balance forward,** sortie de solde mémorisé; **call forward,** transfert de communication, transfert d'appel; **clear forward signal,** signal indicatif de prise de ligne; **feed forward,** commande anticipative, réaction anticipative; **forward bias,** polarisation directe; **forward chaining,** chaînage avant; **forward channel,** voie d'aller; **forward compatibility,** compatibilité ascendante; **forward current,** courant direct; **forward direction,** direction d'action; **forward error correction (FEC),** correction d'erreur sans voie retour; **forward jump,** saut aval, branchement avant; **forward pointer,** pointeur de déroulement; **forward reference,** symbole de saut avant; **forward reference symbol,** symbole de saut avant; **forward reference table,** table de sauts progressifs; **forward service,** transmission directe des données; **forward sort,** tri ascendant; **forward space,** partie fractionnaire; **forward spacing,** saut avant; **forward supervision,** commande d'action; **forward tabulation,** tabulation progressive; **forward voltage drop,** chute de tension dans le sens direct; **space forward (to),** avancer d'un bloc; **store and forward,** mémorisation et restitution; **store-and-forward mode,** mode différé; **store-and-forward operation,** transfert des données mémorisées.

**forwarding:** transmission, acheminement, communication; **call forwarding,** transfert de communication, transfert d'appel.

**fount:** cf **font.**

**four:** quatre; **excess-sixty four notation,** numération excédent 64; **four-address code,** code à quatre adresses; **four-address instruction,** instruction à quatre adresses; **four-address method,** méthode à quatre adresses; **four-bit byte,** quartet, multiplet de 4 bits; **four-color print,** impression en quadrichromie; **four-headed arrow,** flèche à quatre pointes; **four-layer diode,** diode trijonction; **four-line binary code,** code binaire tétradique; **four-line binary coding,** codification tétradique; **four-place table,** table à quatre positions; **four-plus-one address,** à quatre-plus-une adresse; **four-pole,** quadripole; **four-port addressing,** connexion à quatre fils; **four-wire channel,** liaison à quatre fils, voie tétrafilaire; **four-wire circuit,** ligne à quatre conducteurs.

**fox:** renard; **fox message,** message de

test alphanumérique.

**FPLA:** field programmable logic array, élément logique programmable.

**FPP:** floating-point processor, processeur en virgule flottante.

**fractal:** fractale, dragon.

**fraction:** fraction; **algebraic fraction,** fraction algébrique; **common fraction,** fraction vulgaire; **complex fraction,** fraction complexe; **compound fraction,** double fraction; **continued fraction,** fraction en chaîne; **decimal fraction,** fraction décimale; **decimal fraction format,** format fractionnaire décimal; **fraction bar,** barre de fraction; **fraction line,** ligne de fraction; **improper fraction,** fraction mixte; **irrational fraction,** fraction irrationnelle; **partial fraction,** fraction partielle; **proper decimal fraction,** fraction décimale ordinaire; **proper fraction,** fraction ordinaire; **rational fraction,** fraction rationnelle; **simple fraction,** fraction simple; **vulgar fraction,** vulnérabilité.

**fractional:** fractionnaire; **fractional exponent,** exposant fractionnaire; **fractional part,** mantisse; **fractional representation,** représentation fractionnelle; **fractional scan,** balayage partiel.

**fragment:** paper fragments, résidus de papier.

**frame\*:** cadre, trame, rangée; **address frame,** partie adresse; **card frame,** bâti à cartes; **check frame,** séquence de vérification; **coordinate frame,** réseau de coordonnées; **digital frame buffer,** tampon numérique d'image; **display frame,** vue; **frame buffer,** tampon de trame; **frame demand,** impulsion d'appel; **frame frequency,** fréquence de trame; **frame ground,** terre de protection; **frame parity,** parité de trame; **frame rate,** vitesse de trame; **frame reprint,** rafraîchissement de trame; **frame size,** longueur de trame; **frame storage,** mémoire de trame; **frame structure,** structure de bloc; **information frame,** trame d'information; **intermediate distribution frame,** distributeur intermédiaire; **invalid frame,** trame invalide; **main distribution frame,** répartiteur central; **out of frame,** hors-gabarit; **page frame,** cadre de page, page mémoire; **response frame,** trame réponse; **stack frame,** bloc de pile; **statement frame,** forme d'une instruction; **time frame,** trame temporelle; **transmission frame,** trame de transmission; **wire frame,** image fil de fer; **wire frame representation,** représentation fil de fer.

**framing\*:** trame; **framing bit,** binaire de

trame.

**freak:** rayure; **computer freak,** piraterie informatique.

**free:** libre, gratuit; **bounce-free,** sans rebond; **context-free language,** langage hors du contexte; **error free,** exempt d'erreur, sans erreur; **error free operation,** opération exempte d'erreur; **error free process,** opération sans erreur; **failure free operation,** service de défaillance; **flicker-free,** sans scintillement; **free (to),** libérer; **free field,** zone banalisée; **free form message text,** texte de message libre; **free list,** liste libre; **free memory table,** table d'occupation mémoire; **free oscillation,** oscillation libre; **free programming configuration,** à programmation variable; **free-routing,** voie d'acheminement inoccupée; **free-running circuit,** circuit auto-oscillateur; **free-running clock,** horloge arbitraire; **free-running multivibrator,** multivibrateur auto-oscillant; **free space,** espace adressable; **free standing,** séparé, autonome; **free tree,** arborescence libre; **free-running flip-flop,** bascule astable; **free-running speed,** vitesse normale de fonctionnement; **free up (to),** dégager; **glare-free,** antireflet; **hum-free,** sans ronflement; **lint-free,** non pelucheux; **noise-free,** sans bruit; **parenthesis-free notation,** notation polonaise inversée; **toll free number,** numéro vert; **vibration-free,** sans vibration; **virtually flicker-free,** pratiquement sans papillotement.

**freeware:** logiciel en libre circulation, en libre essai.

**freeze:** freeze (to), figer, geler; **freeze mode,** mode figé, mode gelé, mode de maintien.

**frequency:** fréquence; **access frequency,** taux de consultation; **angular frequency,** fréquence angulaire; **apparent frequency,** fréquence apparente; **assigned frequency,** fréquence assignée; **assigned frequency band,** bande de fréquences assignées; **audio frequency,** fréquence audio; **audio frequency output,** sortie de fréquence audible; **audio frequency peak limiter,** limiteur basse fréquence; **audio frequency response,** réponse vocale; **audio frequency transistor,** transistor de basse fréquence; **audio range frequency,** gamme audiofréquences; **automatic frequency control,** contrôle automatique de fréquence; **base frequency,** fréquence de base; **baseband frequency,** fréquence de bande de base; **beat frequency,** fréquence de battement; **beat frequency oscillator,** oscillateur à battements; **bit frequency,** fréquence binaire;

**call frequency,** fréquence d'appel; **carrier frequency,** fréquence de l'onde porteuse; **carrier frequency system,** système à fréquence porteuse; **center frequency,** fréquence médiane; **clock frequency,** fréquence d'horloge; **control pulse frequency,** fréquence de l'impulsion de commande; **cut-off frequency,** fréquence de coupure; **frame frequency,** fréquence de trame; **frequency allocation,** attribution des fréquences; **frequency analysis,** analyse de fréquences; **frequency analyzer,** analyseur de fréquences; **frequency assignment,** assignement de fréquence; **frequency band,** bande de fréquences; **frequency change signaling,** modulation de fréquence spectrale; **frequency changer,** transformateur de fréquence; **frequency changing,** changement de fréquence; **frequency characteristic,** caractéristique de fréquence; **frequency control,** contrôle de fréquence; **frequency conversion,** conversion de fréquence; **frequency converter,** convertisseur de fréquence; **frequency counter,** compteur de fréquences; **frequency coverage,** couverture de fréquences; **frequency curve,** courbe de fréquence; **frequency density,** densité de fréquences; **frequency departure,** déviation de fréquence; **frequency deviation,** excursion de fréquence; **frequency distortion,** distorsion de fréquence; **frequency distribution,** distribution de fréquences; **frequency diversity reception,** réception en diversité de fréquence; **frequency divider,** diviseur de fréquence; **frequency division,** division de fréquence; **frequency division duplexing,** duplexage multifréquence; **frequency division multiplex,** système à multiplexage de fréquences; **frequency division multiplexer,** multiplexeur à division de fréquence; **frequency division multiplexing (FDM),** multiplexage en fréquence; **frequency doubling method,** méthode de doublement de fréquence; **frequency drift,** dérive de fréquence; **frequency generator,** générateur de fréquences; **frequency halver,** dédoubleur de fréquence; **frequency instability,** instabilité de fréquence; **frequency loss,** atténuation en fréquence; **frequency meter,** fréquencemètre; **frequency modulation (FM),** modulation de fréquence; **frequency range,** gamme de fréquences; **frequency response,** réponse en fréquences; **frequency scanning,** balayage de fréquences; **frequency selective filter,** filtre séparateur de fréquences; **frequency shift keying (FSK),** modulation par déplacement de fréquence; **frequency shift keying transmission,** transmission par déplacement de fréquence; **frequency shift signal,** déviation de fréquence du signal; **frequency shift signaling,** modulation par déviation de fréquence; **frequency slicing,** partage de fréquence; **frequency spacing,** intervalle de fréquence; **frequency spectrum,** spectre de fréquences; **frequency stabilizer,** système de stabilisation de fréquence; **frequency standard,** étalon de fréquence; **frequency swing,** excursion de fréquence; **frequency tolerance,** tolérance de fréquence; **frequency-derived channel,** voie dérivée en fréquence; **fundamental frequency,** fréquence fondamentale; **hum frequency,** fréquence de ronflement; **image frequency,** fréquence image; **limit frequency,** fréquence limite; **limiting frequency,** fréquence de limitation; **line frequency,** fréquence ligne; **low frequency,** fréquence basse; **maximum keying frequency,** fréquence de manipulation maximale; **maximum modulating frequency,** fréquence maximale de modulation; **maximum operating frequency,** fréquence maximale opérationnelle; **modification frequency,** taux de modification; **modify frequency modulation (MFM),** modulation de fréquence modifiée; **nominal frequency,** fréquence nominale; **parasitic frequency,** fréquence parasite; **pulse frequency modulation (PFM),** modulation d'impulsions en fréquence; **pulse repetition frequency (PRF),** fréquence de répétition des impulsions; **radian frequency,** fréquence radiale; **radio frequency (RF),** radio fréquence; **radio frequency interference (RFI),** interférence radio fréquence; **receive frequency,** fréquence de réception; **reference frequency,** fréquence de référence; **scan frequency,** fréquence de balayage; **scanning frequency,** fréquence d'exploration; **side frequency,** fréquence latérale; **telegraphy voice frequency,** télégraphie à fréquence vocale; **transmit frequency,** fréquence d'émission; **two-frequency recording mode,** mode d'enregistrement à l'alternat; **voice frequency,** fréquence vocale; **voice frequency output,** sortie de fréquence vocale; **voltage to frequency converter (VFC),** convertisseur tension-fréquence; **working frequency,** fréquence de travail.

**friction:** friction; **friction drive,** entraînement par friction; **friction feed,** alimentation par friction; **surface friction,** friction superficielle.

**front:** avant; **front contact,** contact actif; **front feed,** alimentation frontale; **front guide,** transport marginal; **front loading,** chargement frontal; **front panel,** tableau frontal;

**front paper table,** guide-papier; **front plate,** platine frontale; **front view,** vue frontale; **front wave,** onde enveloppe; **front-end computer,** ordinateur frontal, machine frontale; **front-end network processor,** calculateur frontal de réseau; **front-end processing,** traitement frontal; **front-end processor (FEP),** processeur frontal.

**FRPI: flux reversals per inch,** inversions de flux par pouce.

**FSK: frequency shift keying,** modulation par déplacement de fréquence.

**full\*:** plein; **full adder,** additionneur complet, sommateur à trois entrées; **full array,** rangée transversale complète; **full carrier,** onde porteuse complète; **full chaining,** chaînage complet; **full current,** courant de pleine charge; **full drive pulse,** commande à plein courant; **full duplex,** duplex; **full duplex operation,** opération en duplex; **full height,** pleine hauteur; **full height format,** format pleine hauteur; **full integration,** intégration complète; **full output,** sortie à pleine charge; **full page,** pleine page; **full precision,** pleine précision; **full precision calculation,** calcul en pleine précision; **full read pulse,** impulsion de lecture complète; **full scale,** déviation maximale, grandeur réelle; **full-screen application,** application plein écran; **full screen editor,** éditeur pleine page; **full screen erase,** effacement complet de l'écran; **full stamp,** impression intégrale; **full subtracter,** soustracteur complet (à trois entrées); **full time circuit,** connexion permanente; **full wave rectifier,** redresseur à double alternance; **full word,** mot complet; **full word positive constant,** constante de mot positive; **full write pulse,** impulsion d'écriture complète; **parallel full adder,** additionneur parallèle avec retenue; **serial full adder,** additionneur série avec retenue; **serial full subtracter,** soustracteur série.

**fun:** amusement; **fun program,** programme de divertissement.

**function:** fonction; **Boolean function,** fonction booléenne, fonction logique; **absolute function,** fonction absolue; **add built-in function,** addition intégrée; **add function,** fonction d'addition; **adjoint function,** fonction adjacente; **algebraic function,** fonction algébrique; **alignment function,** fonction de référence; **allocate function,** fonction d'allocation; **analytic function,** fonction analytique; **analytical function generator,** générateur de fonctions analytiques; **angular function,** fonction angulaire; **arbitrary function generator,** générateur multifonction; **arithmetic function,** fonction arithmétique; **autocorre-**

**lation function,** fonction autocorrélatrice; **auxiliary control function,** fonction de commande secondaire; **auxiliary function,** fonction auxiliaire; **basic external function,** fonction externe fondamentale; **binary function,** fonction binaire; **bit function,** fonction binaire; **blocking function,** fonction de blocage; **buffer function,** fonction tampon; **built-in function,** fonction intrinsèque; **built-in function name,** nom de fonction incorporée; **built-in function reference,** appel d'une fonction intégrée; **bus snooping function,** fonction de cohérence d'antémémoires; **close function,** fonction bouclée; **composite function,** fonction mixte; **continuous function,** fonction continue; **control function,** fonction de contrôle; **control interrupt function,** interruption de contrôle; **correction function,** fonction de correction; **cosine function,** fonction cosinusoïdale; **cylindric function,** fonction cylindrique; **data read function,** fonction de lecture de données; **differential of a function,** fonction différentielle; **dispatching function,** fonction de répartition; **display function code,** code de fonction d'affichage; **distributed function,** fonction distribuée; **distribution function,** fonction de ventilation; **dynamic control function,** fonction de contrôle dynamique; **elementary function,** fonction élémentaire; **error function,** fonction erronée; **error function complement,** complément de fonction erronée; **explicit function,** fonction explicite; **external function,** fonction externe; **file scan function,** fonction de balayage de fichier; **function amplifier,** amplificateur fonctionnel; **function byte,** octet de service; **function character,** caractère de fonction; **function chart,** diagramme de fonctions; **function check,** essai de fonctionnement; **function code,** code de fonction; **function designator,** désignateur de fonction; **function flowchart,** diagramme fonctionnel; **function generator,** générateur de fonctions; **function hole,** perforation de contrôle; **function instruction,** instruction de service; **function key,** touche de fonction; **function multiplier,** multiplicateur fonctionnel; **function name,** nom de fonction; **function of time,** fonction de temps; **function part,** partie type d'instruction; **function procedure,** procédure de service; **function reference,** appel de fonction; **function selection,** sélection de fonction; **function statement,** instruction de fonction; **function subprogram,** sous-programme de service; **function suppress,** suppression de fonction; **function table,** table de fonctions; **function translator,** tra-

ducteur de fonction; **function unit,** unité fonctionnelle; **generating function,** fonction génératrice; **generic function,** fonction de génération; **get function,** fonction de saisie; **graphics function,** fonction graphique; **housekeeping function,** fonction de gestion; **hyperbolic function,** fonction hyperbolique; **implicit function,** fonction implicite; **inhibit function,** fonction d'inhibition; **inverse function,** fonction inversée; **item handling function,** fonction de traitement des articles; **jump function,** fonction de branchement; **limit of a function,** limite d'une fonction; **load function,** fonction de chargement; **locate function,** fonction de recherche; **logic function,** fonction logique; **logical function,** fonction logique; **manual function,** fonction manuelle; **miscellaneous function,** fonction diverses; **natural function generator,** générateur de fonctions naturelles; **odd function,** fonction impaire; **one-valued function,** fonction univalente; **open function,** fonction de départ; **oscillation of a function,** déflexion d'une fonction; **power function,** fonction exponentielle; **primary function,** fonction primaire; **programmed function keyboard,** clavier spécifique; **put function,** fonction d'écriture; **recognition function,** fonction d'identification; **recovery function,** fonction de récupération; **recursive function,** fonction récurrente; **release function,** fonction de libération; **replace function,** fonction de remplacement; **routing function,** fonction d'acheminement; **search function,** fonction de recherche; **secondary function,** fonction secondaire; **security function,** fonction de sécurité; **set function,** fonction de commande; **signaling function,** fonction de transmission; **sine function,** fonction sinusoïde; **single-line function,** fonction unilingne; **single-tape function,** fonction monobobine; **single-valued function,** fonction univoque; **standard function,** fonction normalisée; **step function,** fonction en escalier; **supervisory function,** fonction de supervision; **swap function,** fonction de changement de chargeur; **switching function,** fonction de commutation; **symmetric of a function,** symétrie d'une fonction; **table function,** fonction de table; **threshold function,** fonction de seuil; **top-row function keys,** touches de fonctions de haut de clavier; **transcendental function,** fonction transcendante; **transfer function,** fonction de transfert; **translate function,** fonction de traduction; **trigger function,** fonction de déclenchement; **triggering function,** critère de déclenchement; **trigonometric function,** fonction circulaire; **unit function,** fonction unitaire; **unit step function,** fonction de saut unitaire; **user function,** fonction de l'utilisateur; **user-defined function,** fonction définie par l'utilisateur; **utility function,** fonction d'usage général; **variable-function generator,** générateur de fonctions variables; **variation of a function,** variation d'une fonction; **verify function,** fonction de vérification; **weighting function,** fonction de pondération.

**functional: functional argument,** argument fonctionnel; **functional block,** bloc fonctionnel; **functional block diagram,** diagramme de fonctions; **functional character,** caractère de commande; **functional characteristics,** caractéristiques fonctionnelles; **functional characters,** caractères de service; **functional design,** étude fonctionnelle, conception fonctionnelle; **functional diagram,** schéma fonctionnel; **functional representation,** représentation fonctionnelle;

**functional schematic,** schéma fonctionnel; **functional symbol,** symbole fonctionnel; **functional test,** test fonctionnel; **functional unit,** unité fonctionnelle; **functional value,** valeur fonctionnelle.

**fundamental: computing fundamentals,** bases de l'informatique; **fundamental frequency,** fréquence fondamentale; **fundamental theorem,** théorème fondamental; **fundamentals,** notions de base.

**funware:** ludiciel, programme de jeu.

**furniture:** mobilier; **system furniture,** mobilier informatique.

**fusable:** fusible; **fusable read-only memory,** mémoire morte fusible.

**fuse:** fusible; **cartridge fuse,** cartouche fusible; **dummy fuse,** plaque d'obturation, fusible postiche; **fuse holder,** support de fusible.

# G

**gab:** encoche.

**gage: pressure gage,** transducteur de pression.

**gain:** gain; **amplification gain,** gain d'amplification; **amplifier gain,** gain d'un amplificateur; **automatic gain control (AGC),** contrôle automatique de gain; **current gain,** gain du courant; **gain adjustment,** réglage d'amplification; **gain control,** contrôle de volume; **high gain amplifier,** amplificateur à gain élevé; **loop gain,** gain de boucle; **transmission gain,** gain de transmission; **unity gain,** gain unitaire; **voltage gain,** gain de tension.

**galactic:** galactique, gigantesque.

**game:** jeu; **business game,** jeu d'entreprise; **computerized game,** jeu informatisé; **game paddle,** manette de jeu; **game software,** ludiciel, logiciel de jeu; **game theory,** théorie des jeux; **game-oriented,** spécialisé pour le jeu; **video arcade game,** jeu vidéo de salle.

**gameware:** ludiciel, logiciel de jeu.

**gaming:** jeu; **gaming package,** progiciel de jeux d'entreprise.

**gang:** groupement, équipe; **gang punch,** perforatrice-reproductrice; **gang punch (to),** perforer en série.

**ganged:** couplé; **ganged condition,** régime de synchronisation; **ganged potentiometer,** potentiomètre multiple.

**Gantt: Gantt diagram,** diagramme de Gantt.

**gap*:** espace, intervalle, vide; **air gap,** entrefer; **band gap,** espace entre bandes; **block gap,** espace entre blocs; **cross gap time,** temps d'intervalle; **end-of-record gap,** fin de l'espace interbloc; **file gap,** espacement de fichiers, espace interfichier; **gap character,** caractère de garnissage; **gap digit,** binaire de service; **gap effect,** effet de l'entrefer; **gap length,** grandeur d'espace; **gap on tape,** espace entre deux blocs; **gap scatter,** désalignement, biais, obliquité; **gap width,** largeur d'intervalle; **head gap,** entrefer de tête; **initial gap,** espace initial; **interblock gap,** espace interbloc; **interrecord gap,** espacement entre enregistrements; **interword gap,** espace entre mots, espace intermot; **load point gap,** espace de début de chargement; **record gap,** espace entre enregistrements; **recording gap,** intervalle d'écriture; **tape gap,** intervalle sur bande.

**garbage:** données invalides; **garbage collection,** nettoyage de mémoire; **garbage collector,** logiciel de regroupement, programme de nettoyage; **garbage in garbage out (GIGO),** à mauvaise entrée mauvaise sortie.

**garbled:** corrompu, invalide; **garbled information,** information mutilée; **garbled signal,** signal tronqué.

**garbling:** corruption.

**gas:** gaz; **gas panel,** écran à plasma; **gas plasma panel,** écran à plasma; **gas tube,** tube à gaz.

**gate*:** porte; **AND gate,** porte ET; **NAND gate,** porte NON-ET; **NOR gate,** porte NON-OU, porte NI; **NOT gate,** porte NON; **aligner gate,** dispositif d'alignement; **alteration gate,** porte OU; **alternative denial gate,** porte NON-ET; **anticoincidence gate,** porte de non-équivalence; **belt gate,** cadre pivotable; **biconditional gate,** porte biconditionnelle, NI exclusif; **block gate circuit,** circuit bloqueur; **buffer gate,** porte tampon; **complement gate,** porte complémentaire; **disjunction gate,** porte OU, circuit OU, élément OU; **distance gate,** porte OU exclusif; **driving gate,** circuit d'attaque; **equivalence gate,** porte NI exclusif; **except gate,** porte OU exclusif; **exclusive-NOR gate,** porte NI exclusif; **exclusive-OR gate,** porte OU exclusif; **exjunction gate,** porte OU exclusif; **film gate,** fenêtre de lecture de film; **gate (to),** dévier, diriger; **gate block,** entretoise; **gate circuit,** circuit porte; **gate pulse,** impulsion de coïncidence; **gate trigger diode,** diode de déclenchement; **inhibit gate,** circuit inhibiteur; **inverse gate,** circuit inverseur; **join gate (NOR),** porte NON-OU, porte NI; **joint denial gate,** porte NON-OU, porte NI; **logic product gate,** porte de multiplication logique, porte ET; **logic sum gate,** porte sommatrice, porte OU; **majority gate,** porte à porteurs majoritaires; **modulo-2 sum gate,** porte somme modulo-2; **one gate,** porte OU; **output gate,** circuit de sortie; **silicon gate,** porte au silicium; **synchronous gate,** porte synchrone; **threshold gate,** circuit à seuil; **transfer gate,** circuit de transfert; **union gate,** porte OU; **zero match gate,** porte NON-OU, porte NI.

**gateway:** interface, passerelle; **gateway trunk circuit,** ligne interurbaine.

**gather: gather (to),** rassembler, acquérir; **gather write,** écriture avec regroupement;

**gather write (to),** écrire en regroupant; **scatter/gather,** ventilation regroupement.

**g a t h e r e d :** groupé, assemblé; **gathered write,** écriture regroupée.

**g a t h e r i n g :** collecte, regroupement; **data gathering,** collecte de données.

**g a t i n g :** déclenchement; **diode gating structure,** mélangeur à diodes; **gating module,** module multiporte; **gating pulse,** impulsion de synchro; **gating pulse generator,** générateur d'impulsions de synchronisation; **receiver gating,** circuit d'entrée récepteur.

**G a u s s i a n :** Gaussien; **Gaussian noise,** bruit gaussien.

**G C R :** group code recording, enregistrement par groupe.

**g e a r :** pignon; **detent gear,** engrenage de verrouillage; **detent gear wheel,** pignon de verrouillage.

**g e n d e r :** genre; **RS-232 gender changer,** changeur de genre RS-232.

**g e n e r a l :** général; **general chart,** diagramme général; **general exception,** exception générale; **general loader,** chargeur banalisé; **general monitor checking routine,** programme d'analyse général; **general overflow,** dépassement universel; **general overflow area,** zone de dépassement universel; **general polling,** scrutation systématique; **general postmortem program,** programme général d'autopsie; **general postmortem routine,** routine générale d'autopsie; **general program,** programme général; **general-purpose computer (GPC),** ordinateur universel; **general-purpose interface,** interface universelle; **general-purpose interface bus (GPIB),** bus universel; **general-purpose language,** langage d'usage général; **general-purpose processor,** processeur à usage général; **general-purpose register,** registre d'usage général, registre banalisé; **general-purpose terminal,** terminal à usage multiple; **general-purpose trunk,** câble universel; **general reference table,** table de références; **general register,** registre principal; **general reset,** remise à zéro générale; **general routine,** programme général; **general solution,** solution générale; **general statement,** instruction standard; **general stop,** arrêt général; **general storage,** mémoire de masse; **general storage assignment,** allocation de mémoire; **general utility,** utilitaire général.

**g e n e r a l i s e d :** cf generalized.

**g e n e r a l i z e d :** généralisé; **generalized macroprocessor,** macroprocesseur banalisé; **generalized routine,** routine polyvalente; **generalized sort,** tri polyvalent.

**g e n e r a t e :** generate (to), générer; gen-

erate statement, instruction de génération; **generate-and-go,** génération-exécution.

**g e n e r a t e d :** généré; **dynamically generated type,** type généré dynamiquement; **generated address,** adresse générée; **generated data flow,** flux de données générées; **generated error,** erreur de précision; **program-generated parameter,** paramètre dynamique.

**g e n e r a t i o n :** génération; **absolute generation number,** nombre absolu de génération; **address generation,** génération calcul d'adresse; **automatic character generation,** génération de caractères automatique; **bootstrap generation halt,** halte durant le chargement; **character generation,** génération de caractères; **checkpoint generation,** générateur de points de reprise; **clock generation,** génération d'horloge; **color generation,** génération de couleurs; **computer generation,** génération de calculateurs; **control character generation,** générateur de caractères de commande; **current generation,** génération de fichier en cours; **emulator generation,** génération émulée; **first-generation computer,** calculateur de première génération; **generation data set,** ensemble de données générées; **generation number,** nombre générateur; **generation parameter,** paramètre de génération; **generation program,** programme de génération; **label generation,** création de label; **net requirements generation,** établissement direct des besoins; **polygon generation algorithm,** algorithme de production de polygones; **prime generation,** génération source; **program generation,** génération de programme; **pulse generation,** génération d'impulsions; **report generation,** génération d'état; **second generation,** seconde génération; **second-generation computer,** calculateur de seconde génération; **son generation,** génération tertiaire; **space code generation,** génération des caractères espaces; **system generation (sysgen),** génération de système; **system generation language,** langage de génération d'un système; **system generation program,** programme de génération d'un système; **test file generation,** génération de fichiers de test; **third-generation computer,** calculateur de troisième génération; **update generation,** génération des mises à jour.

**g e n e r a t o r * :** programme générateur; **analytical function generator,** générateur de fonctions analytiques; **arbitrary function generator,** générateur multifonction; **bootstrap generator,** générateur de programme d'amorçage; **character generator,** générateur de caractères; **clock generator,** générateur d'horloge; **clock signal generator,** générateur de signal d'horloge; **compiler generator,** générateur de compilateurs; **curve generator,** générateur de courbes; **drive pulse generator,** générateur d'impulsions de commande; **field scan generator,** générateur de balayage trame; **filed procedure generator,** générateur de procédures; **flow-chart generator,** traceur d'organigramme; **frequency generator,** générateur de fréquences; **function generator,** générateur de fonctions; **gating pulse generator,** générateur d'impulsions de synchronisation; **generator program,** programme générateur; **harmonic generator,** générateur d'harmonique; **line scan generator,** générateur de signaux balayage ligne; **list program generator,** générateur de programme de listes; **manual word generator,** élément d'entrée manuelle; **motor generator,** groupe convertisseur; **natural function generator,** générateur de fonctions naturelles; **noise generator,** générateur de bruit parasite; **number generator,** générateur de nombre; **output routine generator,** générateur de programmes de sortie; **own report generator,** générateur de rapport intégré; **pattern generator,** générateur de formes; **program generator,** générateur de programme; **pulse generator,** générateur d'impulsions; **random number generator,** générateur de nombres aléatoires; **report generator,** générateur de rapport; **report program generator (RPG),** générateur de programme d'états; **signal generator,** générateur de signaux; **sort generator,** générateur de tri, indicatif de tri; **sort-merge generator,** programme de tri et de fusion; **stroke character generator,** générateur vectoriel de caractères; **stroke generator,** générateur vectoriel; **system tape generator,** générateur de bande système; **table generator,** générateur de tables; **test data generator,** générateur de données d'essai; **test file generator,** générateur de fichiers d'essai; **test signal generator,** générateur de signaux d'essai; **timer clock generator,** générateur de rythme d'horloge; **timing generator,** générateur de cadencement; **timing pulse generator,** circuit générateur de rythme; **timing signal generator,** générateur de base de temps; **variable-function generator,** générateur de fonctions variables; **vector generator,** générateur de vecteur; **video generator,** générateur vidéo; **zoning generator,** générateur de zonage.

g e n e r i c : générique; **generic attribute,** attribut de sélectivité; **generic code,** code de génération; **generic description,** description de sélectivité; **generic element,** élément de sélection; **generic function,** fonction de génération; **generic instruction,** instruction générique; **generic name,** nom de génération.

g e o c o d i n g : graphique géographique.

g e o m e t r i c : géométrique; **geometric definition,** définition géométrique; **geometric mean,** moyen géométrique; **three-dimension geometric modeling,** modélisation géométrique tridimensionnelle.

g e o m e t r i c a l : géométrique; **geometrical progression,** série géométrique; **geometrical representation,** représentation géométrique; **geometrical series,** série géométrique.

g e o m e t r y : géométrie; **analytic geometry,** géométrie analytique; **geometry error,** erreur de géométrie; **solid geometry,** géométrie à trois dimensions.

g e r m a n i u m : germanium; **germanium diode,** diode au germanium; **germanium rectifier,** redresseur au germanium.

g e t : lecture; **get (to),** prendre par saisie, obtenir par lecture; **get function,** fonction de saisie.

g e t a r o u n d : solution de détour.

g h o s t : fantôme.

g h o s t i n g : effet de fantôme; **ghosting character,** caractère flou, caractère fantôme.

g i b b e r i s h : charabia; **gibberish total,** total de contrôle.

g i g a : giga, un milliard.

g i g a b i t : gigabit, un milliard de bits.

g i g a b y t e : giga-octet, milliard d'octets.

g i g a f l o p : gigaflop, un milliard de flops.

g i g a h e r t z : gigahertz, un milliard de Hertz.

G I G O : **garbage in garbage out,** à mauvaise entrée mauvaise sortie.

g i v e n : donné; **given time,** temps déterminé; **given value,** valeur donnée.

g l a n d : bague, couronne; **cable gland,** manchon de câble.

g l a r e : reflet; **glare shield,** écran anti-éblouissant; **glare-free,** antireflet.

g l a s s : verre; **glass envelope,** ampoule de verre; **glass-to-metal seal,** soudure métal verre.

g l i d e : glide (to), voler.

g l i t c h : transitoire, pointe de bruit.

g l i t c h i n g : distorsion transitoire.

g l o b a l * : global, commun; **global communications system,** système de communication universel; **global data,** données communes; **global data block,** ensemble du bloc de données; **global extent,** domaine d'occupation global; **global memory,** mémoire commune; **global segment,** segment commun; **global sequence,** séquence commune; **global symbol,** symbole global; **global variable,** variable absolue, variable globale.

**g l o w :** lueur; **glow screen,** écran protecteur.

**g o l f b a l l :** boule porte-caractères; **golfball type writer,** machine à écrire à boule.

**G P C : general-purpose computer (GPC),** ordinateur universel.

**G P I B : general-purpose interface bus,** bus universel.

**g r a d e :** qualité; **grade (to),** ordonner; **grade of service,** rendement d'un réseau; **high grade component,** composant de haute qualité; **security grade,** degré de sécurité; **telegraph-grade,** classe sous-vocale; **voice grade channel,** voie téléphonique; **voice grade circuit,** ligne de haute qualité; **voice-grade,** de classe vocale.

**g r a d e r :** classeur, trieuse.

**g r a d i n g :** classement; **priority grading,** niveau prioritaire.

**g r a d u a l :** graduel; **gradual process,** gradation; **gradual transition,** transition progressive.

**g r a d u a t e d :** gradué; **graduated level,** échelonnement de priorité, degré de priorité.

**g r a m m a r :** grammaire; **analysis grammar,** grammaire d'analyse; **formal grammar,** grammaire formelle; **grammar engine,** moteur de grammaires; **grammar rule,** règle de grammaire; **logical grammar,** grammaire logique.

**g r a n d :** grand; **grand total,** total global.

**g r a n d f a t h e r :** grand-père; **grandfather file,** fichier de première génération; **grandfather tape,** bande de première génération; **grandfather technique,** technique de sauvegarde de fichiers; **grandfather-father-son cycle,** cycle grand-père-père-fils (trois générations).

**g r a p h :** graphe; **articulation point (graph),** point d'articulation (graphe); **bar graph,** diagramme de Gantt; **biconnected graph,** graphe biconnexe; **complete graph,** graphe complet; **connected graph,** graphe connexe; **directed graph (digraph),** graphe orienté; **disconnected graph,** graphe non connexe; **graph (to),** représenter par graphique; **graph paper,** papier millimétré; **graph plotter,** traceur graphique; **graph reader,** lecteur de graphe; **graph theory,** théorie des graphes; **information graph,** diagramme informatique; **message graph (m-graph),** graphe message; **partial graph,** graphe incomplet; **pie graph,** diagramme à

secteurs, camembert; **planar graph,** graphe planaire; **standard graph,** graphique X-Y; **state graph (s-graph),** graphe d'état; **strongly connected graph,** graphe fortement connexe; **trivial graph,** graphe à sommet unique; **undirected graph,** graphe non orienté; **weakly connected graph,** graphe faiblement connexe.

**g r a p h i c :** graphique; **all-points-addressable graphic,** graphique adressable en tous points; **business graphics,** infographie d'entreprise; **color graphics,** graphique en couleur; **computer graphics,** infographie; **coordinate graphics,** infographie par coordonnées; **graphic I/O,** E/S graphique; **graphic brush,** brosse, pinceau; **graphic character,** caractère graphique; **graphic code,** code graphique; **graphic compiler,** compilateur graphique; **graphic console,** console graphique; **graphic control unit,** contrôleur de traceur de courbes; **graphic data,** données graphiques; **graphic data output,** sortie d'informations graphiques; **graphic data processing,** traitement de l'information graphique; **graphic data reduction,** conversion des courbes en numérique; **graphic data structure,** arrangement de données graphiques; **graphic display,** visualisation graphique; **graphic display adapter,** carte graphique; **graphic display program,** programme de graphique; **graphic display resolution,** résolution de l'affichage graphique; **graphic display unit,** unité d'affichage graphique; **graphic editing,** édition graphique; **graphic entity,** entité graphique; **graphic form,** sous forme graphique; **graphic instruction,** commande graphique; **graphic mode,** mode graphique; **graphic monitor,** moniteur graphique; **graphic noise,** bruit graphique; **graphic output unit,** unité graphique; **graphic package,** progiciel graphique; **graphic panel,** tableau graphique; **graphic plotter,** table graphique; **graphic primitive,** primitive graphique; **graphic processor,** processeur graphique; **graphic software,** logiciel graphique; **graphic software package,** progiciel graphique; **graphic solution,** solution graphique; **graphic symbol,** symbole graphique; **graphic tablet,** tablette graphique, traceur graphique; **graphic terminal (GT),** terminal graphique; **graphic turtle,** tortue graphique; **graphic-oriented display,** écran graphique; **graphics,** l'infographie; **graphics console,** console graphique; **graphics database,** base de données graphique; **graphics function,** fonction graphique; **graphics library,** graphithèque; **graphics memory,** mémoire graphique; **graphics package,** progiciel graphique;

**graphics printer,** imprimante graphique; **graphics processor,** processeur graphique; **graphics program,** programme graphique; **graphics resolution,** résolution graphique; **graphics screen,** écran graphique; **graphics terminal,** terminal graphique; **interactive computer graphics,** vidéographie conversationnelle; **interactive graphics,** infographie interactive, infographie dialoguée; **leading graphics,** caractère d'en-tête; **monochrome graphics,** graphique monochrome; **printer graphics,** caractères imprimables; **raster graphic image,** mémoire-image d'une trame; **raster graphics,** infographie matricielle; **raster scan graphics,** graphisme de trame télévision; **three-dimension graphic display,** écran graphique tridimensionnel; **two-dimensional animation graphics,** graphique animé bidimensionnel; **vector graphics,** graphique cavalier.

**g r a p h i c a l: graphical brush,** brosse, pinceau; **graphical editing,** édition graphique; **graphical entity,** entité graphique; **graphical interpretation,** interprétation graphique; **graphical language,** langage graphique; **graphical representation,** représentation graphique; **graphical symbol,** symbole graphique.

**g r a s s:** bruit de fond.

**g r a t i c u l e:** réticule.

**g r a u n c h:** erreur.

**G r a y: Gray; Gray code,** code Gray, binaire réfléchi; **Gray code-to-binary conversion,** conversion code Gray-binaire; **binary-to-Gray code conversion,** conversion binaire-code Gray; **gray scale,** échelle de gris; **gray shade,** niveau de gris.

**g r a y e d:** grisé; **grayed command,** commande en grisé, commande estompée.

**g r e a t e r:** plus grand; **greater than (GT),** plus grand que '>'; **greater than or equal to (GE),** plus grand que ou égal à.

**g r e e n:** vert; **Red Green Blue (RGB),** Rouge Vert Bleu (RVB).

**g r e y:** gris; **grey levels,** niveaux de gris; **grey scale,** échelle de gris; **grey shade,** niveau de gris.

**g r i d*:** grille; **capture grid,** grille de saisie, masque de saisie; **capture grid making,** constitution du masque de saisie; **control grid,** grille de commande; **grid bias,** polarisation de grille; **grid current,** courant de grille; **grid-controlled tube,** tube à attaque par la grille; **logic grid,** grille logique; **polar grid,** réseau à forme polaire; **screen grid,** grille écran; **suppressor grid,** grille d'arrêt.

**g r i l l e:** grille; **hood grille,** grille capot; **ventilation grille,** grille de ventilation.

**g r i n d e r:** rectifieuse.

**g r i p: (to),** empoigner, saisir; **grip ring,** anneau de prise.

**g r i p p e r:** pointe de touche; **card gripper,** preneur de cartes; **gripper finger,** pince d'éjection.

**g r o m m e t:** passe-fil.

**g r o o v e:** gorge, rainure; **body groove,** rainure; **shaft groove,** rainure.

**g r o s s:** brut, grossier; **gross field,** zone brute; **gross load,** occupation totale.

**g r o u n d:** terre; **balance to ground,** mise à la terre compensée; **balanced to ground,** symétrique par rapport à la terre; **external ground,** prise de terre extérieure; **frame ground,** terre de protection; **ground (to),** mettre à la masse, mettre à la terre; **ground bus,** bus de terre; **ground connection,** connexion de terre; **ground current,** courant de terre; **ground handling equipment,** matériel de servitude; **ground jack,** connecteur de terre; **ground lead,** connexion de masse; **ground loop,** boucle de mise à terre; **ground plane,** plan de masse; **ground return,** retour par la masse; **ground stud,** borne de terre; **ground terminal,** prise de terre; **ground wire,** fil de terre; **protective ground,** masse de protection; **sink to ground (to),** mettre à la masse.

**g r o u n d i n g:** mise à la terre, mise à la masse; **grounding disk,** disque de mise à terre.

**g r o u p:** groupe; **Abelian group,** groupe abélien, groupe commutatif; **alternate trunk group,** circuit de déroutement; **automatic priority group,** groupe prioritaire; **basic group,** groupe fondamental; **channel group,** groupe de canaux; **closed user group,** groupe fermé d'usagers; **code group,** groupe d'éléments d'un code, moment de code; **data group,** groupement de données; **detail print group,** impression par groupe; **detectable group,** groupe détectable; **display group,** groupe graphique, figure; **group (to),** grouper; **group addressing,** adressage de groupe; **group advance,** évolution de groupe, progression de groupe; **group allocation,** répartition des groupes primaires; **group calculate,** calcul de groupe; **group change,** changement de groupe; **group characteristics,** caractéristiques de groupe; **group code,** code de groupe; **group code recording (GCR),** enregistrement par groupe; **group constant,** constante de groupe; **group control,** contrôle de groupe; **group control interruption,** interruption de groupe; **group counter,** compteurs généraux; **group delay,** délai de groupe; **group detector,** détecteur de groupe; **group erase,** caractère d'effacement de groupe; **group indication,** indication de groupe, indication contrôle; **group indication cycle,** cycle d'indication de groupe; **group item,** élément de groupe; **group level,** niveau de groupe de données; **group mark,** marque de groupe; **group name,** nom de groupe; **group number,** numéro de groupe; **group poll,** lignes groupées; **group printing,** impression récapitulative; **group separator (GS),** séparateur de groupes de données; **group sorting device,** dispositif de tri par cartes maîtresses; **group step pulse,** impulsion de progression groupe; **group theory,** théorie des groupes; **group total,** total de série; **group valuation,** calcul de groupe; **group velocity,** vitesse de groupe; **head group,** groupe d'en-tête; **incoming group,** groupe entrant; **label group,** groupe d'étiquettes; **link group,** groupe de liaisons; **master group,** groupe maître; **primary group,** groupe primaire; **process group,** groupe de processus industriels; **process group management,** gestion de groupes de processus industriels; **process group table,** table de groupes de processus industriels; **record group,** groupe d'articles; **report group,** rapport; **report group,** en-tête d'état; **report group description entry,** description du rapport; **report group level,** niveau de rapport; **report group type,** type de rapport; **subordinate group,** sous-groupe; **subscriber group,** groupe d'abonnés; **transient code group,** groupe de programmes transitoires; **trunk group,** groupe de lignes; **user process group,** association d'utilisateurs; **volume group,** groupe de volumes.

**grouping:** groupement; **grouping factor,** facteur de groupage; **grouping isolation,** isolation par groupe; **grouping of records,** groupe d'enregistrements; **line grouping,** lignes groupées; **record grouping,** sélection de bloc.

**growing:** poussée; **growing mode,** mode de grossissement.

**growth:** croissance; **growth capability,** capacité d'extension; **growth rate,** taux de croissance; **impulse growth,** montée d'impulsion.

**guard:** garde; **belt guard,** cache-courroie; **guard band,** bande de protection; **guard bar,** barre de protection; **guard bit,** binaire de protection; **guard digit,** digit de protection; **guard memory,** mémoire à surveillance; **guard position,** position de protection; **guard rail,** rail protecteur; **guard ring,** anneau de garde; **guard signal,** signal de garde; **guard storage,** mémoire de surveillance; **memory guard,** garde de mémoire.

**guide:** guide; **aligner guide,** guide de cadrage; **belt guide,** guide de courroie; **cable guide,** gouttière de câble; **card guide,** glissière pour cartes; **continuous form guide,** guide des formulaires sans fin; **copy guide,** guide-papier; **front guide,** transport marginal; **guide (to),** guider, acheminer, aiguiller; **guide card,** carte guide; **guide comb,** peigne de guidage; **guide edge,** bord de guidage; **guide file,** fichier maître; **guide hole,** perforation de transport; **guide line,** vote de transport; **guide margin,** marge de référence; **guide plate,** plaque de guidage; **guide roll,** galet de guidage; **guide spool,** bobine de référence; **guide wire,** fil pilote; **paper guide,** guide papier; **platen guide shaft,** arbre de commande du cylindre d'impression; **quick reference guide,** guide référence; **rectangular wave guide,** guide d'ondes carrées; **ribbon guide,** guide de ruban; **ribbon guide roll,** galet de guidage de ruban; **tape guide,** guide bande; **type bar guide,** guide de la barre à caractères; **user's guide,** manuel de l'utilisateur.

**guidelines:** recommandations; **syntax guidelines,** conventions syntaxiques.

**gulch:** vallée; **silicon gulch,** vallée du silicium (Californie).

**gulp\*:** groupe de multiplets.

**gun:** canon; **light gun,** stylet lumineux; **soldering gun,** chalumeau.

# H

**hacker:** inconditionnel (d'informatique).

**haired:** réticulé, à alidade; **cross-haired cursor**, curseur à réticule.

**half:** demi, moitié; **binary half-adder**, demi-additionneur binaire; **half adjust (to)**, arrondir; **half-adder**, demi-additionneur, additionneur à deux entrées; **half-adjust**, arrondi; **half-duplex**, semi-duplex; **half-duplex channel**, voie semi-duplex; **half-duplex operation**, mode semi-duplex, régime semi-duplex; **half-duplex transmission**, transmission semi-duplex; **half-height**, demi-hauteur; **half-height format**, format demi-hauteur; **half-intensity**, demi-intensité; **half-pulse**, demi-impulsion; **half-size drive**, disquette demi-hauteur; **half-subtractor**, demi-soustracteur; **half-tint**, demi-teinte; **half-title**, avant-titre; **half-tone**, demi-teinte, demi-ton; **half-wave rectifier**, redresseur simple alternance; **half-word**, demi-mot; **parallel half-adder**, demi-additionneur parallèle; **parallel half-subtracter**, demi-soustracteur parallèle; **serial half-adder**, demi-additionneur série; **serial half-subtracter**, demi-soustracteur série.

**halftoning:** création de demi-tons, création de grisés.

**halo:** halo.

**haloing:** effet de halo.

**halt:** arrêt, halte; **bootstrap generation halt**, halte durant le chargement; **breakpoint halt**, arrêt dynamique; **coded halt**, arrêt programmé; **control panel halt**, arrêt par console; **dead halt**, arrêt immédiat; **drop-dead halt**, arrêt définitif; **end-of-run halt**, arrêt après fin de passage en machine; **error-conditioned halt**, arrêt conditionnel d'erreur; **halt (to)**, arrêter, stopper, interrompre; **halt code**, code d'arrêt; **halt indicator**, indicateur d'arrêt; **halt instruction**, instruction de pause, instruction d'arrêt; **halt name**, nom d'interruption; **halt name filed**, zone de nom d'interruption; **halt number**, chiffre d'arrêt; **halt signal**, signal d'arrêt; **optional halt statement**, instruction d'arrêt optionnel.

**halver:** diviseur par deux; **frequency halver**, dédoubleur de fréquence.

**hammer:** marteau; **hammer bank**, rangée de marteaux; **hammer block**, bloc de frappe; **hammer flight time**, durée de vol du marteau d'impression; **hammer lock**, blocage du marteau; **hammer module amplifier**, amplificateur de frappe; **print hammer**, marteau d'impression.

**Hamming\*:** Hamming; **Hamming code**, code de Hamming; **Hamming distance**, distance de Hamming.

**hand:** main; **hand calculator**, calculatrice; **hand code (to)**, coder à la main; **hand coding**, codage manuel; **hand feed punch**, perforatrice manuelle; **hand marked document**, document annoté manuellement; **hand operation**, opération manuelle; **hand pulling**, extraction manuelle; **hand punch**, perforateur manuel; **hand-coded**, codé manuellement; **hand-coded program**, programme codé manuellement; **hand-written program**, programme écrit manuellement; **hands-off operation**, opération non assistée; **hands-on exercise**, exercice pratique; **hands-on operation**, opération assistée; **hands-on testing**, essai manuel; **hands-on training**, travaux pratiques; **interactive hands-on exercise**, exercice pratique interactif; **left hand address**, adresse de début; **left hand justified**, justifié à gauche; **left hand zero**, zéro cadré à gauche; **right hand (RH)**, à droite; **right hand justified**, justifié à droite; **right hand zero**, zéro cadré à droite; **stock on hand**, marchandise emmagasinée.

**handbook:** manuel; **system handbook**, manuel d'exploitation.

**handler:** gestionnaire, pilote, module de commande; **block handler**, programme de traitement des zones; **console handler process**, mode de manipulation de console; **disk handler**, gestionnaire de disque; **document handler**, gestionnaire de document; **exception handler**, gestionnaire d'anomalies; **file handler**, sous-programme de transfert de fichier; **handler controller**, gestionnaire de commande; **input/output handler**, sous-programme d'entrée/sortie; **interrupt handler**, routine d'interruption; **library handler**, gestionnaire de bibliothèque; **load module handler**, gestionnaire de chargement, module chargeur; **message handler (MH)**, gestionnaire de messages; **operator message handler**, traitement des messages opérateur; **program handler**, gestionnaire de programme; **record handler**, sous-programme de transfert de blocs; **source unit handler**, mise à jour du programme source; **tape handler**, dérouleur de bande.

**handling:** traitement, prise en charge; **automatic data handling,** traitement et transmission automatiques données; **block handling macro,** macro de traitement de bloc; **block handling routine,** sous-programme de traitement des zones; **character handling,** traitement des caractères; **data handling,** saisie de données; **device handling,** gestion des périphériques; **document handling,** traitement automatique des documents; **event handling,** traitement d'événement; **file handling,** traitement de fichiers; **ground handling equipment,** matériel de servitude; **handling condition,** condition de travail; **handling specification,** spécification de traitement; **information handling,** manipulation de l'information; **interrupt handling,** traitement d'interruption; **item handling function,** fonction de traitement des articles; **item handling mode,** mode de traitement des articles; **label handling routine,** routine de traitement d'étiquettes; **library handling,** traitement de bibliothèque; **list handling,** traitement des listes; **memory handling,** manipulation de mémoire; **message text handling,** manipulation de texte de message; **multilevel code handling,** traitement multicode; **order handling,** traitement des commandes; **string handling,** manipulation de chaînes; **table handling,** traitement de table; **text handling,** manipulation de texte; **traffic handling capacity,** capacité de transmission.

**handset:** combiné téléphonique; **telephone handset,** combiné téléphonique.

**handshake\*:** protocole de transfert; **handshake interface,** interface avec protocole de transfert; **handshake message,** message protocolaire.

**handshaking:** échange de données avec protocole; **handshaking procédure,** dialogue d'authentification.

**hang:** suspendu; **hang up (to),** raccrocher; **hang-up,** blocage; **hang-up loop,** boucle infinie.

**hard:** dur, matériel; **hard clip limit,** limite matérielle; **hard disk,** disque dur, disque rigide, disque fixe; **hard disk system,** système à disque dur; **hard error,** erreur due au matériel; **hard package,** programme de trace écrite; **hard sector,** secteur matériel; **hard stop,** arrêt brutal; **hard wait state,** état d'attente permanent; **hard-centered disk,** disque à renforcement central; **hard-sectored,** sectorisé matériel; **hard-sectored disk,** disque à sectorisation matérielle.

**hardcard:** disque dur sur carte.

**hardcopy\*:** copie papier, tirage, reprographie; **hardcopy color printer,** imprimante couleur; **hardcopy device,** copieur, reprographe; **hardcopy device,** reprographe; **hardcopy facility,** département de reprographie; **hardcopy facility,** possibilité de recopie écran.

**hardware\*:** matériel; **ancillary hardware,** matériel auxiliaire; **bank switching hardware,** circuiterie de commutation de banc; **basic hardware,** matériel de base, équipement fondamental; **compatible hardware,** compatibilité matérielle; **hardware address,** adresse câblée; **hardware assignment,** affectation d'unité; **hardware breakdown,** panne matérielle; **hardware check,** vérification de matériel; **hardware component,** composant matériel; **hardware configuration,** configuration matérielle; **hardware divide,** division câblée; **hardware division,** division câblée; **hardware environment,** environnement de l'équipement; **hardware error list,** liste des erreurs machine; **hardware failure,** défaillance matérielle; **hardware floating-point arithmetic,** arithmétique en virgule flottante câblée; **hardware interface,** point de jonction machine; **hardware interrupt,** interruption matérielle; **hardware maintenance,** maintenance du matériel; **hardware malfunction,** panne matérielle; **hardware module,** module technique; **hardware monitor,** moniteur câblé; **hardware multiply,** multiplication câblée; **hardware name,** nom du matériel; **hardware operation,** opération matérielle; **hardware program counter,** compteur d'instructions câblé; **hardware programmable,** programmable par machine; **hardware reliability,** fiabilité du matériel; **hardware requirements,** dotation de machines; **hardware resources,** ressources matérielles; **hardware stack,** pile câblée; **hardware switch,** interrupteur machine; **hardware termination,** connexion machine; **hardware upgrade,** amélioration matérielle; **hardware-implemented,** implémenté matériel; **hardware-programmed,** programmé en mémoire morte; **mouse hardware,** souris (matériel); **optional hardware feature,** matériel optionnel.

**hardwire:** câblage; **hardwire (to),** câbler.

**hardwired:** câblé; **hardwired controller,** contrôleur câblé; **hardwired link,** liaison câblée; **hardwired logic,** logique câblée; **hardwired program,** programme câblé.

**harmonic:** harmonique; **harmonic content,** contenu en harmonique; **harmonic distortion,** distorsion harmonique; **harmonic generator,** générateur d'harmonique; **harmonic progression,** suite harmonique.

**harness:** harnais; **cable harness,** faisceau de câbles.

**Hartley\*:** Hartley, unité de quantité d'information.

**hash\*:** charabia; **hash algorithm,** algorithme de hachage; **hash code,** code haché; **hash coding,** adressage dispersé; **hash mark,** symbole '#', fagot; **hash sign,** signe '#'; **hash total,** total mêlé, total de vérification; **hash total field,** zone du total de contrôle.

**hashed:** haché; **hashed file,** fichier à accès direct.

**hashing:** hachage; **hashing algorithm,** algorithme d'accès direct.

**hatched:** haché, tramé; **cross-hatched,** hachuré.

**hatching\*:** hachurage.

**haul:** transport; **long haul circuit,** ligne à grande distance; **long haul system,** système de télécommunications.

**hazard:** risque; **safety hazard,** source de danger.

**HDB:** high density bipolar, code bipolaire à densité élevée.

**HDLC:** high-level data link control, procédure de commande de liaison de données.

**head\*:** tête; **arrow head,** tête de flèche; **automatic head switching,** autocommutation des têtes de lecture/écriture; **block head,** intervalle de bloc; **box-head,** sous-titre en retrait; **bulk erase head,** tête d'effacement; **calibrated head,** tête magnétique étalon; **combined magnetic head,** tête de lecture-écriture magnétique; **combined read/write head,** tête de lecture/écriture; **data head arm,** bras de positionnement de tête; **digital head,** pour enregistrement numérique; **erase head,** tête d'effacement; **erasing head,** tête d'effacement; **fixed head,** tête fixe; **fixed-head disk,** disque à tête fixe; **fixed-magnetic head,** tête magnétique fixe; **fixed-read head,** tête de lecture fixe; **floating head,** tête magnétique flottante; **floating-read head,** tête de lecture mobile; **flux sensitive head,** tête magnétique sensible au flux; **flying head,** tête volante; **head carriage,** support de tête; **head crash,** crash de tête; **head gap,** entrefer de tête; **head group,** groupe d'en-tête; **head life,** durée de vie de la tête; **head margin,** espace de haut de page; **head of a list,** en-tête de liste; **head positioner,** positionneur de tête; **head positioning,** positionnement de la tête de lecture/écriture; **head positioning time,** temps de positionnement de tête; **head selection switch,** sélecteur de têtes magnétiques; **head stack,** ensemble de têtes magnétiques; **head to**

**medium separation,** distance entre tête et support de données; **head travel,** course de tête; **head-of-form character (HOF),** caractère de positionnement en haut d'imprimé; **head-select,** sélection de tête; **index head,** mécanisme d'indexation; **magnetic head,** tête magnétique; **magnetic head mount,** support de tête magnétique; **magnetic head socket,** socle support de tête magnétique; **moving head printer,** imprimante à tête mobile; **multitrace magnetic head,** tête magnétique multivoie; **playback head,** tête de lecture; **plotting head,** tête traçante; **pre-read head,** tête de prélecture; **print head,** tête d'impression; **print head position,** position de la tête d'impression; **read head,** tête de lecture; **read/write head,** tête de lecture-écriture; **reading and recording head,** tête de lecture/écriture; **reading head,** tête de lecture; **record head,** tête d'enregistrement; **record playback head,** tête d'écriture/lecture; **recording head,** tête d'écriture; **scan head,** tête de scanner; **single-trace magnetic head,** tête magnétique monopiste; **table head,** en-tête de table; **track head,** tête d'écriture/lecture; **write head,** tête d'écriture; **writing head,** tête d'écriture.

**headed:** muni d'un en-tête; **four-headed arrow,** flèche à quatre pointes; **two-headed arrow,** flèche à deux pointes.

**header\*:** en-tête; **block header,** en-tête de bloc, données structurelles de bloc; **dummy header,** étiquette vierge, label fictif; **dummy header label,** label d'en-tête fictif; **file header label,** étiquette de début de fichier; **header card,** carte en-tête; **header flag,** étiquette début de bloc; **header label,** label d'en-tête; **header label check,** contrôle de label début; **header line,** ligne d'en-tête; **header order,** instruction d'en-tête; **header record,** enregistrement d'en-tête; **header segment,** segment de début; **header statement,** instruction d'en-tête; **input header label,** label d'en-tête d'entrée; **item header line,** ligne d'en-tête d'article; **macrodefinition header,** en-tête de définition macro; **message header,** en-tête de message; **output header label,** label d'en-tête de sortie; **output header record,** enregistrement identificateur de sortie; **output tape header label,** label d'en-tête de bande sortie; **paragraph header,** en-tête de paragraphe; **program header,** en-tête de programme; **program header card,** carte en-tête de programme; **record header,** en-tête d'enregistrement; **section header,** en-tête de segment; **segment header,** en-tête de segment; **segment header card,** carte maîtresse d'un segment;

185

**segment header record,** enregistrement entête de segment; **standard header label,** label d'en-tête standard; **system specific header,** carte maîtresse du système; **tape header,** programme amorce; **tape header label,** label d'en-tête de bande; **text header,** en-tête de texte; **underlined header,** titre souligné; **user header label,** label d'en-tête utilisateur; **volume header label,** label d'entête de volume.

**heading:** titre, en-tête; **block heading statement,** instruction en-tête de bloc; **column heading,** colonne en-tête; **end-of-heading signal,** fin de signal d'initialisation; **field heading,** en tête de zone; **heading card,** carte de tête; **heading number location,** lieu de numérotation de haut de page; **message heading,** en-tête de message; **message heading format,** structure de l'entête de message; **page heading,** en-tête de page; **procedure heading,** en-tête de procédure; **report heading,** en-tête d'état; **start-of-heading (character) (SOH),** (caractère de) début d'en-tête.

**heap:** amoncellement; **heap sort,** tri vertical.

**heat:** chaleur; **heat dissipation,** chaleur dissipée; **heat sink,** radiateur; **heat transfer,** transfert de chaleur; **heat-sensitive,** sensible à la chaleur.

**height:** hauteur; **character height,** hauteur de caractères; **flying height,** distance entre tête et disque; **full height,** pleine hauteur; **full height format,** format pleine hauteur; **half-height,** demi-hauteur; **half-height format,** format demi-hauteur; **slant height,** hauteur d'obliquité.

**help:** aide; **help message,** message d'aide; **help program,** programme d'aide; **help screen,** écran d'aide.

**hermetically:** hermétiquement; **hermetically sealed,** clos hermétiquement.

**hertz*:** Hertz (Hz), unité de fréquence.

**hesitating:** vol de cycle.

**hesitation:** hésitation.

**heterogeneous:** hétérogène; **heterogeneous multiplex,** multiplex hétérogène; **heterogeneous network,** réseau hétérogène; **heterogeneous system,** système hétérogène.

**heuristic*:** heuristique; **heuristic approach,** approche heuristique; **heuristic method,** méthode heuristique; **heuristic program,** programme heuristique; **heuristic programming,** programmation heuristique; **heuristic routine,** programme heuristique.

**heuristics:** l'heuristique.

**hex:** hex, hexadécimal; **hex pad,** clavier

hexadécimal; **hex slot screw,** vis à six pans; **hexadecimal (hex),** hexadécimal, sexadécimal.

**hexadecimal*:** hexadécimal, hex; **binary-to-hexadecimal conversion,** conversion binaire-hexadécimal; **decimal-to-hexadecimal conversion,** conversion décimal-hexadécimal; **hexadecimal (hex),** hexadécimal, sexadécimal; **hexadecimal code,** code hexadécimal; **hexadecimal digit,** digit hexadécimal, chiffre hexadécimal; **hexadecimal notation,** notation hexadécimale; **hexadecimal number,** nombre hexadécimal; **hexadecimal number system,** système de numération hexadécimal; **hexadecimal point,** virgule hexadécimale.

**hidden:** caché; **hidden file,** fichier caché; **hidden line,** ligne cachée; **hidden line removal,** élimination des lignes cachées; **hidden surface,** partie cachée; **hidden surface elimination,** élimination des surfaces cachées.

**hierarchical:** hiérarchique; **hierarchical description,** description hiérarchique; **hierarchical network,** réseau hiérarchisé.

**hierarchised:** cf **hierarchized.**

**hierarchized:** hiérarchisé; **hierarchized interrupt,** interruption hiérarchisée.

**hierarchy:** hiérarchie; **control hierarchy,** hiérarchie de groupe; **data hierarchy,** hiérarchie de données; **hierarchy of computers,** hiérarchie de calculateurs; **memory hierarchy,** hiérarchie de la mémoire.

**high:** haut; **high address,** adresse supérieure; **high contrast title,** titre à contraste élevé; **high data rate,** transmission à grande vitesse; **high density bipolar (HDB),** code bipolaire à densité élevée; **high gain amplifier,** amplificateur à gain élevé; **high grade component,** composant de haute qualité; **high intensity,** surbrillance; **high-level amplifier,** amplificateur à grand gain; **high-level data link control (HDLC),** procédure de commande de liaison de données; **high-level language,** langage de haut niveau; **high-level signal,** signal à niveau élevé; **high light,** attribut vidéo; **high/low bias test,** test des marges; **high/low control,** commande à l'alternat; **high/low passing control,** commande à l'alternat; **high memory,** haut de mémoire; **high noise immunity logic (HNL),** logique à grande immunité au bruit; **high order,** ordre élevé, ordre le plus à gauche; **high-order address,** adresse cadrée à gauche; **high-order bit,** bit de gauche, digit de gauche; **high-order character,** caractère cadre à gauche; **high-order column,** colonne la plus à gauche; **high-order differential equation,**

équation différentielle d'ordre élevé; **high-order equation,** équation évoluée; **high-order language,** langage évolué; **high-order position,** position de poids fort; **high-order storage position,** position du bit de poids fort; **high-order zero printing,** impression des zéros à gauche; **high-order zeroes,** zéros de gauche; **high performance computer,** ordinateur à hautes performances; **high performance equipment,** équipement à haute performance; **high-performance monitor,** moniteur haute performance; **high precedence message,** message à haute priorité; **high-priority,** priorité élevée; **high punch,** perforation Y, perforation 12; **high resistivity,** à haute résistance; **high resolution,** haute définition; **high-resolution monitor,** moniteur haute résolution; **high-speed,** grande vitesse; **high-speed adapter,** adaptateur à gain élevé; **high-speed bus,** bus rapide; **high-speed card reader,** lecteur de cartes rapide; **high-speed carry,** report accéléré; **high-speed channel,** canal rapide; **high-speed computer,** compteur rapide; **high-speed data channel,** canal de données rapide; **high-speed division,** division rapide; **high-speed document reader,** lecteur de documents rapide; **high-speed eject mechanism,** mécanisme d'éjection rapide; **high-speed feed,** alimentation rapide; **high-speed line,** ligne à débit élevé; **high-speed memory,** mémoire à grande vitesse; **high-speed memory block,** bloc de mémoire rapide; **high-speed multiplication,** multiplication rapide; **high-speed operation,** opération rapide; **high-speed paper feed,** transport de papier rapide; **high-speed printer,** imprimante rapide; **high-speed printer control,** commande d'imprimante rapide; **high-speed processor,** calculateur rapide; **high-speed punch,** perforateur rapide; **high-speed reader,** lecteur rapide; **high-speed rewind,** rembobinage rapide; **high-speed service,** fonction rapide; **high-speed skip,** tabulation rapide, saut rapide; **high-speed skip feature,** dispositif de tabulation rapide; **high-speed stop,** arrêt instantané; **high-speed tape reader,** lecteur de bande rapide; **high storage density,** haute densité d'enregistrement; **high threshold logic (HTL),** logique à seuil élevé; **high value,** valeur absolue; **very high-level language (VHLL),** langage de très haut niveau; **very high scale integration (VHSI),** très haute intégration.

**higher:** plus haut; **higher level,** niveau élevé.

**highest:** le plus haut; **highest order bit,** bit le plus significatif; **highest priority inter-**rupt line, ligne à priorité absolue.

**highlighted:** surintensifié; **highlighted selection,** sélection en surbrillance.

**highlighting\*:** marquage, mise en valeur; **highlighting capability,** mise en valeur de zones d'écran; **text highlighting,** surbrillance de texte.

**highpass:** passe-haut; **highpass filter,** filtre passe-haut.

**highway:** bus; **branch highway,** bus vertical; **highway circuit,** circuit principal; **highway width,** largeur de bus.

**hinge:** axe d'articulation.

**hints:** conseils; **hints and tips,** technique de la perche.

**histogram:** histogramme.

**historical:** historique; **historical data,** données fondamentales.

**history:** historique; **history file,** fichier historique; **item history file,** fichier historique d'articles; **program history,** historique de programme; **recovery history file,** fichier de relance du traitement.

**hit:** frappe, coïncidence, contention; **hit (to),** frapper; **hit-on-the-fly printer,** imprimante à la volée; **hit-on-the-line,** ligne ouverte; **light pen hit,** détection par photostyle.

**hither:** avant; **hither plan,** plan avant.

**HNL:** high noise immunity logic, logique à grande immunité au bruit.

**hobby:** passe-temps favori; **hobby computer,** ordinateur amateur; **hobby computing,** informatique amateur; **hobby market,** marché amateur.

**hobbyist:** amateur, fanatique.

**HOF:** head-of-form character, caractère de positionnement en haut d'imprimé.

**hold:** maintien, mise en attente; **answer hold,** mise en attente d'un appel; **call hold,** maintien en communication; **hold (to),** maintenir; **hold area,** zone des résultats, zone intermédiaire; **hold assignment,** instruction de maintien; **hold circuit,** circuit de maintien; **hold coil,** enroulement de maintien; **hold condition,** condition de maintien; **hold facility,** possibilité de maintien; **hold instruction,** instruction de maintien; **hold mode,** mode de maintien, mode figé, mode gelé; **hold time,** temps de maintien; **hold up (to),** retarder; **hold winding,** enroulement de maintien; **hold wire,** fil de maintien; **sample and hold amplifier,** échantillonneur-bloqueur.

**holddown:** retenu vers le bas; **reel holddown,** fixation de bobine.

**holder:** étui; **brush holder,** support de balais; **card holder,** magasin de cartes, bac à cartes; **copy holder,** porte-copie; **fuse holder,** support de fusible; **lamp holder,**

support de lampe; **pen holder,** support de plume.

**holding:** tenue, maintien; **holding area,** zone des résultats, zone intermédiaire; **holding circuit,** circuit à maintenir; **holding current,** courant de maintien; **holding interlock,** blocage de maintien; **holding relay,** relais de maintien; **holding time,** temps d'occupation; **holding winding,** enroulement de maintien; **holding wire,** fil de maintien; **mean holding time,** temps moyen d'occupation.

**hole\*:** perforation, trou; **accuracy of hole spacing,** exactitude des espacements; **center hole,** perforation d'enchaînement; **code hole,** perforation de code; **code hole track,** voie d'information; **control hole,** code carte, perforation fonctionnelle; **designation hole,** code carte, perforation fonctionnelle; **feed hole,** perforation d'entraînement; **function hole,** perforation de contrôle; **guide hole,** perforation de transport; **hole count check,** contrôle du nombre de perforations; **hole count error,** erreur de contrôle du nombre de perforations; **hole pattern,** configuration de perforations; **hole site,** emplacement de perforation; **hole spacing,** écart entre les perforations; **hole storage effect,** capacité de diffusion; **index hole,** trou index; **inspection hole,** trappe de visite, ouverture de contrôle; **pigeon hole,** magasin de réception de cartes; **plated-through hole,** trou métallisé; **punched hole,** perforation; **punched hole combination,** combinaison de perforations; **round hole,** perforation ronde; **sprocket hole,** perforation d'entraînement; **square hole,** perforation rectangulaire; **typesetting hole,** perforation de composition; **virtual hole,** partition virtuelle.

**holistic\*:** holistique; **holistic mask,** masque holistique.

**Hollerith\*:** Hollerith; **Hollerith card,** carte Hollerith, carte perforée; **Hollerith code,** code Hollerith, encodage alphanumérique; **Hollerith-coded card,** carte à code Hollerith; **Hollerith hardware,** matériel à cartes.

**hollow:** creux; **hollow box,** cadre vide; **hollow circle,** cercle vide.

**hologram:** hologramme.

**holographic:** holographique; **holographic based system,** système holographique; **holographic medium,** support holographique; **holographic memory,** mémoire holographique; **holographic storage,** mémoire holographique.

**holography:** holographie.

**home\*:** position haute et gauche (du curseur); **dummy home address,** pseudo-

adresse de voie; **home address,** adresse de piste de rangement; **home address field,** zone d'adresse piste; **home address record,** bloc d'adresse de voie; **home brew,** fait maison; **home computer,** ordinateur individuel, ordinateur domestique; **home correction,** correction manuelle; **home data channel,** canal de données local; **home location,** position initiale; **home loop,** opération locale; **home loop operation,** exploitation en mode local; **home position,** position initiale; **home position trigger,** déclencheur initial; **home record,** enregistrement de tête; **home register,** registre des données initiales; **home terminal,** terminal domestique; **integrated home systems (IHS),** domotique.

**homing:** retour en position initiale; **automatic cursor homing,** retour automatique du curseur; **homing position,** position de repos.

**homogeneous:** homogène; **homogeneous characters,** caractères homogènes; **homogeneous differential equation,** équation différentielle homogène; **homogeneous equation,** équation homogène; **homogeneous multiplex,** multiplex homogène.

**homothety:** homothétie.

**hood:** capot; **hood catch,** carter; **hood grille,** grille capot.

**hook:** crochet; **hook catching,** mesurage à l'instant du saut; **hook up (to),** connecter; **hook-up,** raccordement, connection; **hook-up machine,** matériel de rechange, matériel complémentaire; **off hook,** déconnecté, débranché; **on hook,** connecté; **spring hook,** accroche-ressort.

**hooked:** accroché, verrouillé; **not hooked up,** non connecté.

**hopper:** magasin d'alimentation; **card hopper,** présentateur de cartes; **feed hopper,** magasin d'alimentation; **input hopper,** magasin d'alimentation.

**horizon:** horizon; **planning horizon,** période de planification.

**horizontal:** horizontal; **horizontal blanking,** effacement ligne; **horizontal clearing,** effacement horizontal; **horizontal control,** commande longitudinale; **horizontal deflection,** déviation horizontale, déflexion horizontale; **horizontal feed,** alimentation horizontale; **horizontal flyback,** retour de ligne; **horizontal format,** format horizontal; **horizontal parity,** parité longitudinale; **horizontal parity bit,** bit de parité longitudinale; **horizontal parity control,** contrôle de parité horizontale; **horizontal pitch,** espacement inter-caractère; **horizontal raster count,** définition horizontale de trame; **horizontal retrace,** retour ligne; **horizontal scroll,** défilement horizontal; **horizontal scrolling,** défilement horizontal; **horizontal skip,** saut horizontal; **horizontal skip character,** caractère d'espacement horizontal; **horizontal spacing,** espacement de caractères longitudinal; **horizontal sweep,** balayage horizontal; **horizontal synchro,** synchro ligne; **horizontal tab,** tabulation horizontale; **horizontal tabulate,** tabulation horizontale; **horizontal tabulate character,** caractère de tabulation horizontale; **horizontal tabulation (HT),** tabulation horizontale.

**hospital:** hôpital; **hospital computing,** informatique hospitalière.

**host:** hôte; **host computer,** calculateur hôte, ordinateur central; **host link,** connexion de l'ordinateur principal; **host machine,** machine hôte; **host processor,** calculateur central, ordinateur hôte; **host system,** système hôte; **host-driven computer,** calculateur esclave.

**hot:** chaud, actif, sensible; **hot job,** travail urgent; **hot line,** ligne à grande activité.

**hour:** heure; **actual hours,** heures effectives; **hour counter,** compteur horaire; **hour meter,** compteur horaire; **man-hour,** heure de travail; **typing hours,** durée de frappe.

**hourglass:** sablier.

**house:** maison; **house (to),** loger, monter; **house cleaning,** nettoyage, correction; **in-house software,** logiciel maison; **software house,** société de service.

**housekeeping:** service; **housekeeping function,** fonction de gestion; **housekeeping instruction,** instruction de servitude; **housekeeping macro,** macro de service; **housekeeping operation,** opération de service; **housekeeping routine,** routine de service; **housekeeping run,** exécution de service.

**housing:** boîtier, armoire.

**HTL:** **high threshold logic,** logique à seuil élevé.

**hub\*:** manchon; **bus hub,** jack combiné; **control panel hub,** plot de connexion; **control panel hub chart,** document de câblage; **ejection control hub,** plot de commande d'éjection; **emitter hub,** jack d'impulsion; **entry hub,** plot d'entrée; **exit hub,** fiche de sortie; **hub go-ahead polling,** invitation à émettre de proche en proche; **hub polling,** scrutation par passage de témoin; **output hub,** fiche émetteur; **plus hub,** plot addition.

**hue:** teinte.

**Huffman\*:** Huffman; **Huffman code,** code de Huffman; **Huffman tree,** arbre à valeurs minimales.

**huge:** immense; **huge data,** grande quantité de données.

**hum:** ronflement; **hum frequency,** fréquence de ronflement; **hum-free,** sans ronflement.

**humidity:** humidité; **relative humidity,** humidité relative.

**hunting:** rattrapage; **hunting oscillation,** oscillation pendulaire; **trouble hunting,** recherche de panne.

**hybrid:** hybride, numérique et analogique; **hybrid circuit,** circuit hybride; **hybrid computer,** ordinateur hybride; **hybrid computer system,** système hybride; **hybrid design,** conception mixte; **hybrid digital-analog circuit,** circuit de conversion numérique hybride; **hybrid input terminal,** point de raccordement; **hybrid integrated circuit,** circuit semi-intégré; **hybrid ring,** anneau hybride; **hybrid system,** système mixte.

**hyperbola:** hyperbole; **rectangular hyperbola,** hyperbole rectangulaire.

**hyperbolic:** hyperbolique; **hyperbolic function,** fonction hyperbolique; **hyperbolic logarithm,** logarithme hyperbolique, logarithme de base *e*.

**hyperchannel:** hypercanal.

**hyphen:** trait d'union, tiret.

**hyphenate:** (to), relier par trait d'union.

**hyphenation:** césure, coupure; **automatic hyphenation,** césure automatique; **hyphenation aid,** aide à la césure; **hyphenation dictionary,** dictonnaire de césure; **hyphenation pan,** proposition de césure; **hyphenation routine,** programme de césure; **hyphenation rule,** règle de césure.

**hyphenless:** sans césure; **hyphenless justification,** cadrage des lignes sans coupure de mots.

**hysteresis:** hystérésis; **hysteresis loop,** cycle d'hystérésis; **rectangular hysteresis loop,** boucle d'hystérésis rectangulaire.

# I

**I: I-beam pointer,** pointeur (souris) en forme de I.

**I2L: integrated injection logic,** logique à injection intégrée.

**IAL: international algebraic language,** langage algébrique international (IAL).

**IC:** circuit intégré (CI); **IC maker,** fabricant de CI; **IC puller,** extracteur de CI; **IC socket,** support de CI.

**icon*:** icône, pictogramme, graphisme; **active icon,** icône active; **application icon,** icône d'application; **disk drive icon,** icône de lecteur de disque; **folder icon,** icône de dossier; **icon dragging,** déplacement d'icône; **icon library,** bibliothèque d'icônes; **mouse icon,** icône de souris, pictogramme de souris.

**iconometer:** iconomètre.

**iconometry:** iconométrie.

**ID: ID card,** carte d'identification.

**ideal:** idéal; **ideal switching,** commutation idéale; **ideal transducer,** transducteur typique; **ideal value,** valeur exemplaire.

**identical:** identique; **identical equation,** équation identique.

**identification:** identification; **analytical process identification,** identification de processus analytique; **area identification,** identification de zone; **bit identification,** identificateur de bit; **call identification,** identificateur d'appel; **called line identification,** identification du poste appelé; **calling line identification,** identification du poste appelant; **circuit identification,** identification de ligne; **color identification scheme,** table des couleurs; **communication identification,** identification de message; **device identification,** identification de périphérique; **file identification,** identification de fichier; **identification block,** bloc d'identification; **identification burst,** giclée de signaux d'identification; **identification card,** carte d'identification; **identification character (ID),** caractère d'identification; **identification check,** contrôle d'identification; **identification code,** code d'identification; **identification division,** partie d'identification; **identification field,** zone d'identification; **identification field checking,** contrôle de zone d'identification; **identification label,** étiquette d'identification; **identification number,** numéro d'identification; **identification register,** registre d'iden-

tification; **job identification,** identification de travail; **key identification,** identification de code; **label identification,** désignation d'étiquette; **message identification,** message d'identification; **owner identification,** identification du propriétaire; **plastic identification badge,** jeton plastique d'identification; **program identification,** identification de programme; **record identification code,** identificateur d'enregistrement; **session identification,** identification de phase; **station identification,** identité de station; **supervisor identification,** indicatif de superviseur; **task identification,** identification de tâche; **terminal identification,** identification de terminal; **terminal identification code,** code identificateur de poste; **transmission identification,** indicatif de transmission; **user identification,** identification utilisateur; **volume identification,** identification de volume.

**identified:** identifié; **identified viruses,** virus identifiés.

**identifier*:** identificateur, identifiant; **acknowledgement identifier,** identificateur d'accusé de réception; **array identifier,** identificateur de tableau; **base identifier,** identificateur de base; **checkpoint identifier,** identificateur de point de contrôle; **data use identifier,** identificateur d'utilisation de données; **device identifier,** identificateur de périphérique; **entity identifier,** identificateur d'entité; **file identifier,** identificateur de fichier; **format identifier,** identificateur de structure; **identifier list,** liste identificatrice; **identifier record,** bloc identificateur; **identifier section,** segment identificateur; **item identifier,** identificateur d'articles; **job identifier,** identificateur des travaux; **library identifier,** identificateur de bibliothèque; **node identifier,** identificateur nodal; **procedure identifier,** identificateur de procédure; **reply identifier,** code d'identité de réponse; **reserved identifier,** identificateur fixe; **switch identifier,** nom d'aiguillage; **table identifier,** identificateur de table; **terminal identifier,** identificateur de poste; **text identifier,** identificateur de texte; **track identifier,** identificateur de piste; **variable identifier,** nom de variable.

**identify:** (to), identifier.

**identifying:** identification; **identifying code,** code indicatif, code d'identification;

**identifying information,** données d'identification; **identifying label,** étiquette d'identification; **identifying perforation,** perforation d'identification; **record identifying code,** code d'identification de l'enregistrement; **record identifying indicator,** indicateur d'enregistrement.

**identity:** identité; **end of identity,** fin de l'identification; **identity element,** élément d'identité; **identity operation,** opération d'identité, opération d'équivalence; **job identity,** identification des travaux; **user identity,** identité de l'utilisateur.

**idle:** libre, inactif, inoccupé; **idle (to),** tourner à vide; **idle capacity,** capacité inoccupée; **idle character,** caractère d'attente; **idle current,** courant dewatté, courant réactif; **idle insertion,** insertion de caractère nul; **idle line,** ligne libre; **idle mode,** période d'inactivité; **idle running stroke,** cycle vide; **idle running time,** cycle d'attente; **idle setting,** position inactive; **idle state,** état de repos, état d'inactivité; **idle time,** temps d'attente; **run idle (to),** tourner à vide; **synchronous idle channel,** voie de synchronisation; **synchronous idle character (SYN),** caractère de synchronisation.

**IDP: integrated data processing,** traitement intégré de l'information.

**IF: IF-AND-ONLY-IF operation,** opération d'équivalence logique; **IF-THEN operation,** opération d'implication conditionnelle.

**ignite:** (to), amorcer.

**ignition:** amorçage.

**ignore: block ignore character,** caractère contempteur, d'annulation de bloc; **ignore (to),** ignorer, omettre, sauter; **ignore character,** caractère d'inhibition; **ignore command,** commande à ignorer; **ignore instruction,** instruction à ignorer.

**IHS: integrated home systems,** domotique.

**illegal:** illégal, invalide; **illegal character,** caractère illégal; **illegal code,** code illégal; **illegal code combination,** combinaison incorrecte de codes; **illegal instruction,** invalide instruction; **illegal operation,** opération illégale.

**image:** image; **background image,** fond d'image, arrière-plan d'image; **binary image,** image binaire représentation binaire; **card image,** image de carte; **card image file,** fichier image de carte; **card image format,** format image de carte; **card image tape,** bande de fichier image de carte; **chain image,** image de la chaîne des caractères d'impression; **character image,** dessin de caractère; **coded image,** image codée; **coded**

**image space,** zone d'image; **composite color image,** image en couleur composée; **core image,** image mémoire; **core image file,** format de l'image-mémoire; **core image library,** bibliothèque image-mémoire; **display image,** image d'écran; **dynamic image,** premier plan d'image; **encoded image,** image codifiée; **foreground image,** premier plan d'image; **image (to),** représenter, imager, projeter; **image area,** zone d'image; **image band,** bande de fréquences images; **image center,** centre image; **image centering,** centrage d'image; **image contrast,** contraste d'image; **image database,** base de données image; **image digitizer,** numériseur d'image; **image dissector,** dissecteur optique; **image enable pulse,** impulsion de validation de trame; **image file,** fichier image; **image frequency,** fréquence image; **image impedance,** impédance apparente; **image processing,** traitement d'image; **image refreshing,** entretien d'image; **image regeneration,** régénération d'image; **image response,** réponse image; **image sensor,** élément à charge couplée; **image space,** mémoire image; **image storage space,** zone d'image; **image terminal,** terminal virtuel; **image tube,** tube image; **interactive image processing,** traitement d'image interactif; **memory image,** image mémoire; **optical image unit,** poste de saisie optique des données; **print image record,** bloc à imprimer, enregistrement à imprimer; **print image tape,** bande à imprimer; **printed image,** image imprimée; **raster graphic image,** mémoire-image d'une trame; **raster image,** image tramée; **screen image,** image d'écran; **source image,** langage symbolique; **static image,** fond d'image, masque d'écran; **static image,** fond d'image; **still image video,** image vidéo fixe; **storage image,** image mémoire; **video display image,** mémoire-image de l'affichage vidéo; **video image,** image vidéo, image TV.

**imaginary:** imaginaire; **imaginary number,** nombre imaginaire, nombre complexe; **imaginary part,** partie imaginaire; **imaginary root,** racine imaginaire; **pure imaginary,** imaginaire pur; **pure imaginary number,** nombre imaginaire pur.

**imaging:** imagerie; **imaging device,** imageur; **imaging system,** imageur.

**imbed:** (to), sceller, encastrer, réserver.

**imbedded:** incorporé, encastré; **imbedded call,** appel intercalé; **imbedded item position,** position d'article réservée; **imbedded overflow,** débordement intercalaire.

**immediate:** immédiat, direct; **immediate access,** accès immédiat, accès direct;

**immediate access storage,** mémoire à accès immédiat, mémoire directe; **immediate address,** opérande immédiat, adresse immédiate; **immediate address,** adresse immédiate; **immediate address instruction,** instruction d'adressage direct; **immediate addressing,** adressage immédiat; **immediate answer,** réponse immédiate; **immediate data,** données directes; **immediate instruction,** instruction à opérande directe; **immediate latch,** bascule à verrouillage immédiat; **immediate mode,** mode interprète; **immediate operand,** opérande directe; **immediate pickup,** excitation instantanée; **immediate processing,** traitement sur demande; **immediate skip,** avance immédiate; **immediate suppress,** suppression immédiate.

**immunity:** immunité; **high noise immunity logic (HNL),** logique à grande immunité au bruit; **noise immunity,** immunité au bruit.

**impact:** impact; **impact (to),** encastrer; **impact matrix printer,** imprimante matricielle à impact; **impact printer,** imprimante à impact; **point of impact,** point d'impact.

**impasse:** position d'attente.

**impedance:** impédance; **apparent impedance,** résistance apparente; **characteristic impedance,** résistance caractéristique; **feedback impedance,** impédance de réaction; **image impedance,** impédance apparente; **impedance buffer,** transformateur d'impédance; **impedance coupling,** couplage par impédance; **impedance matching,** adaptation d' impédance; **impedance matrix,** matrice d'impédance; **input impedance,** impédance d'entrée; **iterative impedance,** impédance itérative, impédance caractéristique; **line impedance,** impédance de ligne; **load impedance,** impédance de charge; **low impedance,** basse impédance; **open circuit impedance,** impédance en circuit ouvert; **output circuit impedance,** impédance du circuit de sortie; **output impedance,** impédance de sortie; **source impedance,** impédance de source; **surge impedance,** impédance caractéristique; **terminal impedance,** impédance terminale; **transfer impedance,** impédance de transfert.

**imperative:** impératif; **imperative instruction,** instruction inconditionnelle; **imperative sentence,** séquence impérative; **imperative statement,** instruction inconditionnelle.

**impinge:** impinge on (to), apparaître sur.

**implement\*:** (to), implémenter (matériel), inplanter (logiciel).

**implementation:** réalisation; **implementation phase,** phase de mise en oeuvre; **implementation system,** système de mise en application; **message implementation,** création de messages.

**implemented:** implémenté, réalisé; **hardware-implemented,** implémenté matériel.

**implementor:** réalisateur; **implementor name,** nom de constructeur.

**implication\*:** implication, inclusion; **material implication,** implication conditionnelle.

**implicit:** implicite; **implicit address,** adresse implicite; **implicit address instruction,** instruction à adresse implicite; **implicit declaration,** déclaration implicite; **implicit function,** fonction implicite.

**implied:** implicite; **implied address,** adresse implicite; **implied addressing,** adressage implicite, adressage automatique; **implied association,** allocation implicite; **implied attribute,** attribut implicite; **implied binary point,** virgule binaire implicite; **implied branch,** branchement indirect; **implied decimal point,** virgule décimale présumée; **implied length,** longueur implicite.

**implode:** (to), condenser, regrouper, ziper.

**impression:** impression; **impression control,** commande de la profondeur de frappe; **impression cylinder,** cylindre de foulage.

**imprint:** empreinte, impression; **imprint (to),** imprimer.

**improper:** impropre; **improper character,** caractère non valide; **improper fraction,** fraction mixte; **improper integral,** intégrale indéfinie; **improper routing character,** caractère d'acheminement erroné; **improper syntax,** syntaxe erronée.

**improved:** amélioré; **improved version,** version améliorée.

**improvement:** amélioration.

**impulse:** impulsion; **additional impulse,** impulsion complémentaire; **digit impulse,** impulsion numérique; **impulse counter,** compteur d'impulsions; **impulse distortion,** distorsion impulsionnelle; **impulse growth,** montée d'impulsion; **impulse noise,** bruit d'impulsions; **impulse recorder,** enregistreur d'impulsions; **line program impulse,** signal d'appel de ligne; **unit impulse,** impulsion unitaire.

**inactive:** inactif; **inactive account,** compte inactif, compte non mouvementé.

**inalterable:** inaltérable; **inalterable value,** valeur fixe, valeur inaltérable.

**inch:** pouce; **bits per inch (bpi),** bits par

pouce; **characters per inch (cpi)**, caractères par pouce; **flux changes per inch (FCPI)**, variation de flux par pouce; **flux reversals per inch (FRPI)**, inversions de flux par pouce; **inch per minute (IPM)**, pouce par minute (PPM); **inch per revolution (IPR)**, pouce par tour (PPT); **lines per inch (LPI)**, lignes par pouce; **quarter-inch cartridge (QIC)**, cartouche quart de pouce; **tracks per inch (TPI)**, pistes par pouce.

i n c i d e n t: incident, anomalie; **incident vertex**, noeud incident.

i n c i r c l e: point d'impact.

i n c l u d e: (to), inclure; **include declarative**, déclaration d'inclusion; **include statement**, instruction d'inclusion.

i n c l u s i o n: inclusion, implication logique.

i n c l u s i v e: inclusif; **inclusive segment**, segment inclusif; **inclusive-NOR operation**, opération NON-OU inclusif; **inclusive-OR**, OU inclusif, disjonction logique; **inclusive-OR operation**, opération OU inclusif.

i n c o m i n g: entrant; **incoming call**, appel entrant; **incoming circuit**, circuit de réception; **incoming group**, groupe entrant; **incoming message**, message d'entrée, message en réception; **incoming traffic**, trafic d'arrivée.

i n c o n n e c t o r: connecteur d'entrée.

i n c o r r e c t: incorrect; **incorrect length**, longueur erronée; **incorrect operation**, opération erronée; **incorrect program**, programme erroné.

i n c r e a s e: capacity increase, croissance de capacité.

i n c r e m e n t*: incrément, pas de progression; **advance increment**, pas de progression; **auto-increment**, incrément automatique; **increment (to)**, incrementer, progresser; **increment size**, valeur incrémentale; **increment value**, valeur incrémentale; **memory increment**, incrémentation de la mémoire.

i n c r e m e n t a l: incrémentiel, incrémental; **binary incremental notation**, numération à accroissements binaires; **binary incremental representation**, notation incrémentale binaire; **incremental compiler**, compilateur incrémentiel; **incremental computer**, calculateur incrémentiel; **incremental coordinates**, coordonnées par pas; **incremental counter**, compteur incrémentiel; **incremental drive**, entraînement différentiel; **incremental feed**, avance incrémentielle; **incremental measuring method**, procédure de mesure incrémentielle; **incremental parameter**, paramètre de progression; **incremental plotter**, traceur incrémentiel, traceur incrémental; **in-**cremental programming, programmation relative; **incremental representation**, représentation incrémentielle; **incremental vector**, vecteur relatif; **ternary incremental representation**, représentation incrémentale ternaire.

i n d e n t: indentation; **automatic indent**, indentation automatique; **block indent**, indentation de bloc; **indent (to)**, faire un alinéa; **paragraph indent**, indentation de paragraphe.

i n d e n t a t i o n: décrochement.

i n d e n t e d: indenté; **indented line**, ligne en alinéa, ligne en retrait.

i n d e n t i o n: décalage d'alinéa.

i n d e p e n d e n c e: indépendance; **data independence**, autonomie des données; **device independence**, autonomie des périphériques; **independence processing**, traitement autonome; **programming independence**, indépendance de la programmation.

i n d e p e n d e n t: indépendant; **code-independent**, indépendant du code, mode indépendant; **computer-independent**, indépendant de l'ordinateur; **computer-independent language**, langage indépendant du calculateur; **device-independent**, indépendant de la machine; **independent program**, programme indépendant; **independent routine**, routine indépendante; **independent segment**, segment indépendant; **independent variable**, variable indépendante; **machine-independent**, indépendant de la machine; **machine-independent language**, langage indépendant de la machine.

i n d e x*: index, pointer; **address index**, indice d'adresse; **allocation index**, indice d'allocation; **alphabetic index**, index alphabétique; **alternate index**, index alterné; **auto-index**, index automatique; **byte index**, index de multiplet; **card index system**, fichier répertoire; **core index**, index de mémoire; **cycle index counter**, compteur de boucle; **cylinder index**, index de cylindre; **dense index**, index saturé; **distribution index**, index d'adresse; **dual index**, index croisé; **end-of-index item**, fin d'article indexé; **file allocation index**, indice d'affectation de fichier; **file description index**, index de description de fichier; **file index**, index de fichier; **file name index**, indice de nom de fichier; **fine index**, index détaillé; **index (to)**, indexer, positionner; **index accumulator**, registre d'index, accumulateur d'index; **index analyzer**, analyseur d'index; **index area**, zone d'indice; **index array**, zone d'index; **index block**, bloc d'index; **index data item**, zone d'articles indexés; **index detection,** détection d'index incomplet; **index development indicator,** indicateur d'évolution d'index; **index disk,** vernier; **index entry,** notation d'index; **index error,** erreur d'indice; **index field,** champ d'indexation; **index file,** fichier index; **index head,** mécanisme d'indexation; **index hole,** trou index; **index indicator,** indice; **index level,** niveau d'indice; **index mark,** marque d'index; **index marker,** marqueur d'index, pointeur d'index; **index name,** nom d'index; **index part,** partie d'index; **index pawl,** doigt d'indice, cliquet d'indice; **index point,** point d'index; **index position indicator,** indicateur de position d'index; **index random file,** fichier à accès direct indexé; **index record,** enregistrement de répertoire; **index register,** registre d'index; **index scale,** tableau indicateur d'indice; **index sequential,** séquentiel indexé; **index size parameter,** paramètre de grandeur d'index; **index structure,** structure d'index; **index table,** table des matières; **index type,** type d'index; **index value,** valeur indicielle; **index word,** mot d'index; **instruction index,** index d'instruction; **iteration index,** index d'itération, index de répétition; **keyword-in-context index,** mot clé dans son contexte; **level of index,** niveau d'indice; **library index,** index bibliothécaire; **machine index card,** carte d'index machine; **main index,** répertoire principal; **master index,** index principal; **master index item,** article de l'index principal; **master index table,** table des répertoires; **member index,** répertoire de fichiers partiels; **modulation index,** indice de modulation; **permutation index,** index de permutation; **primary index,** index primaire; **primary index table,** table d'index majeure; **radical index,** exposant de racine; **relay index,** table de relais; **root index,** exposant de racine; **rough index,** index naturel; **secondary index,** index secondaire; **string index,** index de chaîne.

**indexed:** indexé; **auto-indexed addressing,** adressage auto-indexé; **basic indexed sequential access method (BI-SAM),** méthode simplifiée d'accès séquentiel indexé; **indexed address,** adresse indexée; **indexed addressing,** adressage variable; **indexed data name,** nom de données indexé; **indexed file,** fichier index; **indexed non-sequential file,** fichier à accès direct indexé; **indexed organization,** structure de fichier indexée; **indexed sequential,** séquentiel indexé; **indexed sequential access,** accès séquentiel indexé; **indexed sequential file,** fichier séquentiel indexé; **indexed**

**sequential organization,** organisation séquentielle indexée; **sequential indexed file,** fichier séquentiel indexé.

**indexer:** dresseur d'index.

**indexing\*:** indexation, positionnement; **additional indexing,** indexation supplémentaire; **auto-indexing,** auto-indexation; **automatic indexing,** indexation automatique; **coordinate indexing,** indexation optimisée; **data block indexing,** indexation du bloc de données; **indexing instruction,** instruction de registre d'index; **indexing register,** registre de base; **indexing slot,** fente de détrompage; **indexing word,** mot d'index; **self-indexing,** à adressage implicite; **word indexing,** indexage par mot clé.

**indicate:** (to), désigner, indiquer, signaler.

**indication:** indication; **alarm indication,** indication d'alerte; **digital indication,** indication numérique; **error indication,** indication d'erreur; **group indication,** indication de groupe, indication contrôlée; **group indication cycle,** cycle d'indication de groupe; **last card indication,** indication dernière carte; **last record indication,** indicateur de dernier enregistrement; **remote indication,** indication à distance; **sign indication,** indicatif de signe; **visual indication,** indication optique.

**indicator\*:** indicateur; **activity indicator,** indicateur de mouvements; **analog indicator,** indicateur analogique; **arithmetic overflow indicator,** indicateur de dépassement; **auxiliary indicator register,** registre indicateur auxiliaire; **availability indicator,** indicateur de validité; **beginning-of-tape indicator,** marque de début de bande; **bid indicator,** indicateur de contention; **busy indicator,** indication d'occupation; **call indicator,** indicateur d'appel; **cancel indicator,** indicateur d'annulation; **carry indicator,** indicateur de report; **check indicator,** indicateur de contrôle; **check size indicator,** indicateur de débordement; **clear indicator,** indicateur d'effacement; **column indicator,** indicateur de colonne; **condition code indicator,** indication de l'état de l'exploitation; **continuation indicator,** indicateur de suite; **control level indicator,** indicateur d'étage de contrôle; **data set indicator,** indicateur de fichier; **data status indicator,** indication d'état; **device servicing indicator,** indicateur de service; **direct indicator bit,** bit indicateur de sens; **end-of-file indicator,** marque de fin de fichier; **equal zero indicator,** indicateur de zéro (d'égalité); **equality zero indicator,** indicateur de zéro d'égalité; **error exit indicator,**

indicateur de sortie d'erreurs; **error indicator,** indicateur d'erreur; **error type indicator,** indicateur du type d'erreur; **fault indicator,** indicateur d'erreur; **first page indicator,** indicateur de première page; **footage indicator,** indicateur de longueur de papier; **halt indicator,** indicateur d'arrêt; **index development indicator,** indicateur d'évolution d'index; **index indicator,** indice; **index position indicator,** indicateur de position d'index; **indicator field,** zone de signalisation; **indicator lamp,** voyant lumineux; **indicator light,** voyant de signalisation; **indicator location,** position d'indication; **indicator panel,** pupitre de signalisation; **indicator pattern,** profil d'indication; **indicator register,** registre d'indicateurs; **indicator word,** mot indicateur; **input/output indicator,** indicateur entrée-sortie; **input/output interrupt indicator,** indicateur d'interruption d'entrée/sortie; **interrupt indicator,** indicateur d'interruption; **label indicator,** identificateur d'étiquette; **level indicator,** indicateur de niveau; **light indicator,** voyant; **line indicator,** indicateur de ligne; **machine check indicator,** indicateur de contrôle automatique; **malfunction indicator,** indicateur de panne, indicateur d'incident; **margin indicator,** indicateur marginal; **matching record indicator,** indicateur d'égalité; **negation indicator symbol,** symbole de négation; **operational status indicator,** indicateur d'état opérationnel; **operator action indicator,** indicateur d'introduction manuelle; **overflow check indicator,** indicateur de contrôle dépassement de capacité; **overflow control indicator,** indicateur de changement de formulaire; **overflow indicator,** indicateur de dépassement de capacité; **overload indicator,** indicateur de surintensité; **page end indicator,** indicateur de fin page; **paper-out indicator,** détecteur de fin de papier; **polarity indicator symbol,** symbole de polarité; **print position indicator,** indicateur de position d'impression; **printer indicator,** indicateur d'impression; **priority indicator,** indicateur de priorité; **proceed indicator,** indicateur de libération; **protect indicator,** indicateur d'autorisation d'écriture; **read check indicator,** indicateur d'erreurs de lecture; **record identifying indicator,** indicateur d'enregistrement; **ring indicator,** sonnerie; **ringing indicator,** témoin d'appel; **routing indicator,** indicateur de routage; **sequence number indicator,** indicateur du numéro d'ordre; **sign check indicator,** indicateur de signe; **stack indicator,** pointeur de pile; **status indicator,** indicateur d'état; **storage protection indicator,** indicateur de protection mémoire; **switch indicator,** drapeau, sentinelle, indicateur logique; **tape indicator,** indicateur de bande; **test indicator,** indicateur d'essai; **time indicator,** indicateur horaire; **visual indicator,** indicateur optique; **visual indicator mechanism,** dispositif de visualisation; **voice level indicator,** indicateur de niveau optique; **zero balance indicator,** fanion de zéro; **zero indicator,** indicateur de zéro.

**indirect:** indirect; **indirect address,** adresse indirecte; **indirect addressing,** adressage indirect; **indirect branch,** branchement indirect; **indirect control,** contrôle indirect; **indirect instruction,** instruction à adressage indirect; **indirect jump,** saut indirect; **indirect segment descriptor,** descripteur de segment indirect; **multilevel indirect addressing,** adressage indirect multiniveau.

**indirection:** indirection.

**individual:** individu; **individual data support,** support individuel d'information; **individual job card,** carte individuelle; **individual module,** module individuel; **individual routine,** programme individuel; **individual software,** logiciel individuel; **individual user,** utilisateur unique.

**induce:** to), induire.

**induced:** induit; **induced failure,** panne induite.

**inductance:** inductance; **mutual inductance,** induction mutuelle; **mutual inductance coupling,** couplage inductif mutuel.

**induction:** induction; **incomplète induction,** induction imparfaite; **leakage induction,** induction de fuite; **low induction,** faible induction; **mathematical induction,** raisonnement par récurrence; **residual induction,** rémanence.

**inductive:** inductif; **inductive feedback,** réaction inductive; **inductive memory,** mémoire inductive; **inductive potentiometer,** alternostat; **inductive reactance,** réactance inductive.

**industrial:** industriel; **industrial data capture,** saisie des informations industrielles; **industrial data processing,** traitement de données industriel; **industrial standards,** normes industrielles; **industrial terminal,** terminal à usage industriel.

**industry:** industrie; **Electronic Industry Association (EIA),** normes électroniques US; **computer industry,** industrie des ordinateurs; **industry code,** retenue.

**ineffective:** inopérant; **ineffective time,** temps perdu.

**inequivalence:** opération OU exclusif.

**inertia:** inertia, inertie.

**infected:** infesté; **infected file,** fichier contaminé; **infected program,** programme contaminé.

**infection:** infection, contamination; **boot sector infection,** contamination du secteur d'amorçage; **infection date,** date de contamination; **virus infection,** infection par virus.

**infector:** virus.

**inference\*:** inférence; **inference engine,** moteur d'inférence.

**infinite:** infini; **infinite line,** ligne infinie; **infinite loading,** charge à capacité illimitée; **infinite memory,** mémoire infinie; **infinite product,** produit infini; **infinite series,** séries infinies; **infinite set,** série infinie.

**infix:** infixe, insertion; **infix notation,** notation infixée; **infix operator,** opérateur infixé.

**informatics:** l'informatique.

**information\*:** informations; **addressing information,** données d'adressage; **alarm condition information,** information d'état d'alerte; **alphabetic information,** information alphabétique; **alphanumeric information,** information alphanumérique; **amount of information,** quantité d'informations; **average information content,** densité moyenne d'information; **average information per character,** contenu moyen d'informations par caractère; **average information rate per time,** moyenne d'informations transmises; **back-up information,** données de sauvegarde; **basic information unit,** élément d'information; **beginning-of-information marker,** marque de début; **binary information,** information binaire; **binary information exchange (BIX),** échange de données numériques; **binary unit of information content (shannon),** unité binaire de quantité d'information, Shannon; **block of information,** bloc d'informations; **bulk information,** masse de données, lot de données; **bulk information processing,** traitement de données par lots; **central information file,** fichier principal de données; **check information,** information de contrôle; **checking information,** information de contrôle; **communication and information system,** système d'information et de communication; **control information,** paramètre; **convey information (to),** transférer des informations; **debugging information,** information diagnostic; **decimal unit of information content,** Hartley, unité décimale (quantité d'information); **digital information,** information numérique; **dimensional information,** information de format; **documentary information retrieval,** recherche documentaire; **dummy informa-**

tion, information fictive; **end-of-information marker (EIM),** marque de fin de données; **end-of-record information,** fin des informations enregistrées; **fixed-information length,** information de longueur fixe; **flow of information,** circulation de l'information; **garbled information,** information mutilée; **identifying information,** données d'identification; **information archiving,** archivage des informations; **information bit,** bit d'information, bit utile; **information bit content,** contenu d'informations en code binaire; **information block,** bloc de données, bloc d'informations; **information build-up,** structure des informations; **information carrier,** support de données, support d'informations; **information channel,** voie de données; **information character,** caractère d'information; **information check,** contrôle de message; **information content,** contenu d'informations; **information density,** densité de l'information; **information exchange,** échange d'informations; **information facility,** service informatique; **information feedback checking,** contrôle par retour de l'information; **information field (I-field),** zone de données, champ de données; **information flow,** débit d'information; **information flow rate,** vitesse de circulation de l'information; **information flowchart,** graphe d'informations; **information format,** format de l'information; **information frame,** trame d'information; **information graph,** diagramme informatique; **information handling,** manipulation de l'information; **information medium,** support d'informations; **information message,** message d'information; **information network,** réseau télématique; **information pool,** groupe d'informations; **information processing,** traitement de données, traitement informatique; **information processing center,** centre informatique; **information rate,** entropie informatique; **information record,** enregistrement de données; **information representation,** structure de l'information; **information retrieval,** recherche de l'information; **information retrieval system,** système de recherche documentaire; **information science,** l'informatique; **information search,** recherche de l'information; **information selection,** sélection de l'information; **information separator (IS),** séparateur de données, délimiteur d'informations; **information service,** renseignements; **information signal,** signal d'information, signal de lecture; **information source,** source de messages, source d'informations; **information storage,** mémorisation des informations; **information storage/retrieval (ISR),** stockage/restitution des données; **information system**, système informatisé; **information technology**, l'informatique; **information theory**, théorie de l'information; **information track**, voie d'information; **information transfer phase**, phase de transfert des informations; **information transmission**, transmission de l'information; **information volume**, contenu en informations; **information word**, mot d'information; **input information**, information d'entrée, information à traiter; **integrated information processing**, traitement intégré des données; **integrated information system**, système informatique intégré; **intermediate information**, information intermédiaire; **item information**, élément d'information; **joint information content**, quantité d'information conjointe; **loss of information**, perte d'informations; **machine-sensible information**, information en code machine; **management information system**, système de gestion; **mean information content**, entropie; **measure of information**, mesure de l'information; **mutual information**, (quantité d') information mutuelle; **natural unit (of information content)**, unité naturelle (de quantité d'information); **network information center (NIC)**, centre d'information du réseau; **output information**, données de sortie; **process information**, traitement de l'information; **routing information**, information d'acheminement; **selection information**, information optionnelle; **semantical information**, information sémantique; **semantical information content**, contenu en informations sémantiques; **source of information**, origine des informations; **stationary information**, information stationnaire; **supervisory information**, information de surveillance; **switching information**, information de commutation; **system initialization information**, données d'initialisation du système; **technical information exchange**, échange d'informations techniques; **transmitted information**, (quantité d') information mutuelle émise; **unstructured information**, données non structurées, non groupées; **useful information**, information utile; **visual information control console**, console de commande à écran de visualisation; **visual information projection**, affichage sur écran de visualisation; **visual information projection subsystem**, sous-système à écran de visualisation; **volatile information**, information altérable.

**informative:** informatif; **informative data**, données utiles.

**inherent:** inhérent; **inherent storage**, mémoire inhérente.

**inherited:** hérité; **inherited error**, erreur héritée, erreur propagée.

**inhibit\*:** alarm inhibit, blocage d'alerte; **inhibit (to)**, inhiber; **inhibit circuit**, circuit inhibiteur; **inhibit code**, code d'inhibition; **inhibit counter**, compteur d'inhibition; **inhibit current**, courant inhibiteur; **inhibit driver**, amplificateur de courant d'inhibition; **inhibit function**, fonction d'inhibition; **inhibit gate**, circuit inhibiteur; **inhibit line**, ligne de blocage; **inhibit pulse**, impulsion d'inhibition; **inhibit simultaneity**, simultanéité de blocage; **inhibit winding**, enroulement d'inhibition; **print inhibit**, interdiction d'impression; **test inhibit signal**, signal de blocage de test; **write inhibit ring**, anneau d'interdiction d'écriture.

**inhibition:** inhibition.

**inhibitor:** inhibiteur.

**initial:** initial; **initial address**, adresse initiale; **initial card**, carte de tête; **initial condition**, condition initiale; **initial configuration**, configuration initiale; **initial data**, données initiales; **initial dummy block**, bloc fictif initial; **initial entry point**, point d'entrée initial; **initial error**, erreur initiale; **initial failure**, défaillance prématurée; **initial filler**, premier caractère de remplissage; **initial gap**, espace initial; **initial initialization**, initialisation initiale; **initial instruction**, instruction initiale; **initial line**, ligne de début; **initial load address**, adresse de charge initiale; **initial loading**, chargement initial; **initial loading location**, adresse de chargement initial; **initial location**, première partition; **initial order**, directive d'initialisation; **initial parameter**, paramètre initial; **initial permeability**, perméabilité initiale; **initial point**, point de départ; **initial point**, point d'origine, point initial; **initial positioning**, positionnement de départ; **initial program load (IPL)**, chargement du programme initial; **initial program loader**, chargeur initial; **initial program loading**, procédure de chargement initial; **initial setup procedure**, procédure d'initialisation du système; **initial spare parts list**, liste de dotations initiales; **initial state**, état initial; **initial system load**, initialisation du système; **initial value**, valeur initiale, valeur de base; **read initial**, lecture du début de piste; **tape initial block**, bloc début de bande; **write initial**, écriture de début de piste.

**initialisation:** cf **initialization**.

**initialise:** cf **initialize**.

**initialiser:** cf **initializer**.

**initialization\*:** initialisation; **bootstrap initialization switch**, interrupteur d'amorçage; **data initialization statement**, déclaration de valeur initiale; **initial initialization,** initialisation initiale; **initialization mode,** mode d'initialisation; **initialization program,** programme d'initialisation; **prerun initialization,** séquence préalable d'initialisation; **system initialization information,** données d'initialisation du système; **track initialization,** ouverture de piste.

**initialize\*:** (to), initialiser, mettre à la valeur initiale.

**initializer:** programme d'initialisation; **initializer routine,** programme d'initialisation.

**initiate:** (to), initialiser, mettre à la valeur initiale; **initiate statement,** instruction d'initialisation.

**initiation:** initiation; **call initiation,** initialisation d'appel; **job initiation,** lancement des travaux; **job step initiation,** lancement de l'étape de travail; **message initiation,** lancement d'un message; **successor program initiation,** lancement du programme suiveur; **task initiation,** lancement de tâche.

**injection:** injection; **integrated injection logic (I2L),** logique à injection intégrée.

**ink:** encre; **conductive ink,** encre conductrice; **ink density,** densité d'encrage; **ink jet plotter,** traceur à jet d'encre; **ink jet printer,** imprimante à jet d'encre; **ink mechanism,** mécanisme encreur; **ink ribbon,** ruban encreur; **ink roller,** rouleau encreur; **ink smudge,** maculage d'encre; **ink sqeezeout,** étalement de l'encre; **magnetic ink,** encre magnétique; **magnetic ink font,** jeu de caractères magnétiques; **reflective ink,** encre réfléchissante.

**inked:** encré; **inked ribbon,** ruban encreur.

**inking:** encrage; **inking pad,** tampon-encreur.

**inlet:** ouverture.

**inline:** ouvert en ligne.

**inner:** intérieur; **inner face,** côté interne; **inner loop,** boucle interne; **inner macro instruction,** macro-instruction interne; **inner plane,** couche interne; **inner product,** produit interne, produit scalaire.

**inoperable:** inexploitable; **inoperable time,** temps d'immobilisation, délai d'immobilisation.

**input\*:** entrée; **alphabetic data input,** entrée de données alphabétiques; **alphanumeric input,** introduction alphanumérique; **analog input,** entrée analogique; **analog input device,** dispositif d'entrées analogiques; **analog input operation,** opérateur d'entrée analogique; **analog input point,** point d'entrée analogique; **analog input unit,** unité d'entrées analogiques; **asynchronous input,** entrée asynchrone; **automatic data input,** introduction automatique des données; **auxiliary input/output statement,** instruction complémentaire d'entrée/sortie; **balanced input,** entrée symétrique; **bipolar input,** entrée bipolaire; **bootstrap input program,** amorce de programme; **bridge input circuit,** entrée en pont; **buffered input/output,** entrée/sortie tamponnée; **card input,** introduction de cartes; **card input buffer,** tampon d'introduction de cartes; **central input/output controller,** commande centrale d'entrée-sortie; **checkpoint input,** entrée de point de reprise; **console input,** introduction par console; **continuous input,** introduction en continu; **data channel analog input adapter,** adaptateur de canal analogique; **data input,** entrée des données; **data input station,** poste d'entrée de données; **data input unit,** unité d'introduction des données; **decimal input point,** point d'entrée décimale; **digital input,** entrée numérique; **digital input basis,** module numérique; **digital input channel,** canal d'entrée de données numériques; **digital input controller,** commande des entrées numériques; **digital input device,** unité d'introduction de données numériques; **direct input,** entrée directe; **enable input,** entrée de validation; **field input parameter,** paramètre d'entrée du champ; **hybrid input terminal,** point de raccordement; **input** (to), entrer, introduire; **input area,** zone d'entrée; **input block,** bloc d'entrée; **input block count,** comptage des zones d'entrée; **input block length,** longueur du bloc d'entrée; **input buffer,** tampon d'entrée; **input buffer storage,** mémoire tampon d'entrée; **input card,** carte entrée; **input channel,** canal d'introduction; **input circuit,** circuit d'entrée; **input code,** code d'introduction; **input code converter,** convertisseur de code d'introduction; **input console,** console d'introduction de données; **input control,** contrôle à l'entrée; **input control device,** organe de commande d'entrée; **input control program,** programme de commande d'entrée; **input control unit,** contrôleur d'entrée; **input data,** données d'entrée; **input data block,** bloc d'entrée des données; **input data translator,** traducteur des données en entrée; **input deck,** jeu de cartes d'entrée; **input device,** unité d'entrée, organe d'entrée; **input disk,** disque d'entrée; **input document,** document source; **input edit level,** contrôle d'introduction; **input enclosure,** appendice d'introduction; **input enclosure name,** nom de complément d'introduction; **input equipment,** matériel d'entrée, dispositif d'entrée; **input error,**

erreur d'introduction; **input field,** champ de saisie; **input file,** fichier d'entrée; **input form,** bordereau de saisie; **input format,** format d'entrée; **input formatting program,** programme d'introduction; **input header label,** label d'en-tête d'entrée; **input hopper,** magasin d'alimentation; **input impedance,** impédance d'entrée; **input information,** information d'entrée, information à traiter; **input instruction,** instruction d'entrée; **input instruction code,** code d'instruction mnémonique; **input item,** article d'entrée; **input job,** tâche dans une file d'attente; **input job queue,** file d'attente de travaux en entrée; **input job stream,** suite des travaux en entrée; **input keyboard,** clavier d'entrée; **input latch,** coupleur d'entrée; **input limit,** limite d'introduction; **input list,** liste d'entrée; **input magazine,** magasin d'alimentation; **input mass storage file,** fichier des entrées sur disque; **input master tape,** bande maître d'introduction; **input medium,** support d'entrée; **input member,** partie du fichier d'entrée; **input method,** méthode d'introduction; **input mode,** mode de saisie; **input multiplexer,** multiplexeur d'entrée; **input only,** entrée exclusive; **input only file,** fichier d'entrée exclusif; **input only processing,** traitement exclusif des entrées; **input operation,** opération d'introduction; **input padding record,** bloc de garnissage en entrée; **input parameter,** paramètre d'entrée; **input phase,** phase d'introduction; **input port,** port d'entrée; **input preparation equipment,** unité de saisie des données; **input procedure,** procédure d'entrée, procédure d'introduction; **input process,** processus d'introduction; **input program,** programme d'entrée, programme d'introduction; **input protection,** protection d'entrée; **input punched tape,** bande perforée des entrées; **input quantity,** volume d'entrée; **input queue,** file d'attente d'entrée; **input rate,** vitesse d'introduction, vitesse d'entrée; **input reader,** programme d'introduction, programme d'entrée; **input record,** enregistrement d'entrée; **input record length,** longueur de bloc d'entrée; **input reel,** bobine des entrées; **input register,** registre d'entrée; **input routine,** programme d'entrée, routine d'introduction; **input section,** section d'entrée; **input sheet,** document d'entrée; **input signal,** signal d'entrée; **input speed,** vitesse d'introduction, vitesse d'entrée; **input stack,** pile d'entrée; **input stage,** stade d'introduction; **input state,** état de l'entrée; **input station,** terminal d'entrée; **input storage,** mémoire d'entrée; **input stream,** flux d'entrée, flot de travaux; **input synchronizer,** tampon d'entrée; **input tape,** bande des entrées; **input tape file,** fichier bande entrée; **input terminal,** poste d'introduction, connexion d'entrée; **input time,** temps d'introduction; **input translator,** traducteur d'entrée; **input unit,** organe d'entrée; **input value,** valeur d'introduction; **input variable,** variable d'introduction; **input winding,** enroulement d'entrée; **input work queue,** file des travaux en entrée; **input-limited,** limité par l'entrée; **input/output (I/O),** entrées-sorties (E/S); **input/output (traffic) control,** commande des entrées-sorties; **input/output area,** zone d'entrées-sorties; **input/output buffer,** tampon d'entrée/sortie; **input/output cable,** câble d'entrée/sortie; **input/output channel,** voie d'entrée/sortie; **input/output code converter,** convertisseur des codes d'entrée/sortie; **input/output control system (IOCS),** système de contrôle des entrées/sorties; **input/output controller,** contrôleur d'entrée/sortie; **inputoutput data,** données d'entrée/sortie; **inputoutput device,** unité, organe d'entrée/sortie; **input/output error,** queue d'entrée/sortie; **input/output exchange,** échange entrée-sortie; **input/output file control system,** système de gestion des fichiers d'entrée/sortie; **input/output handler,** sous-programme d'entrée/sortie; **input/output indicator,** indicateur entrée/sortie; **input/output instruction,** instruction d'entrée/sortie; **input-output interrupt,** interruption d'entrée/sortie; **input/output interrupt indicator,** indicateur d'interruption d'entrée/sortie; **input/output library,** bibliothèque d'entrées/sorties; **input/output list,** liste des entrées/sorties; **input/output medium,** support de données d'entrée/sortie; **input/output model,** modèle entrée/sortie; **input/output operation,** opération d'entrée/sortie; **input/output pool,** lot d'appareils d'entrée/sortie; **input/output process,** opération d'entrée/sortie; **input-output processor (IOP),** processeur entrée-sortie; **input/output program,** programme de gestion des entrées/sorties; **input/output queue,** queue d'attente des entrées/sorties; **input/output referencing,** référence d'entrée/sortie; **input/output register,** registre d'entrée/sortie; **input/output routine,** routine d'entrée/sortie; **input/output section,** section d'assemblage entrée/sortie; **input/output software routine,** sous-programme de gestion des entrées/sorties; **input/output storage,** mémoire d'entrée/sortie; **input/output support package,** sous-programme entrée-sortie; **input/output switching,** commutation d'entrée/sortie; **input/output symbol,** symbole d'entrée/sortie; **input/output synchronizer**, tampon entrée/sortie; **input/output system**, système de gestion des entrées-sorties; **input/output trunk**, câble entrée-sortie; **input/output unit**, unité, organe d'entrée/sortie; **input/output-limited**, limité par les entrées/sorties; **job input**, entrée des travaux; **job input device**, périphérique d'entrée de travaux; **job input file**, fichier d'entrée des travaux; **job input queue**, file d'attente des travaux en entrée; **job input stream**, flux d'entrée des travaux; **job input tape**, bande des entrées de travaux; **keyboard input**, introduction au clavier; **legible input**, entrée lisible; **logical input**, entrée logique; **logical input/output**, entrée/sortie logique; **magnetic tape input**, introduction par bande magnétique; **manual binary input**, commutateur pour introduction binaire manuelle; **manual data input**, introduction manuelle des données; **manual input**, entrée manuelle; **manual input register**, registre d'entrée manuelle; **manual input unit**, unité d'entrée manuelle; **multicharacter input**, entrée multicaractère; **multiple input file processing**, traitement multifichier; **negative input converter**, convertisseur d'entrées négatives; **numerical input**, entrée numérique; **on-off input**, entrée tout ou rien; **parallel input/output**, entrée/sortie parallèle; **parameter input**, paramétrage; **parameter input device**, unité d'introduction de paramètres; **peripheral input/output (PIO)**, circuit d'entrée/sortie; **physical input/output**, entrée/sortie physique; **process data input**, entrées des données industrielles; **program input**, bande de programme des entrées; **punched card input**, introduction de cartes perforées; **quiescent input current**, courant de repos en entrée; **quiescent input voltage**, tension de repos en entrée; **random access input/output**, entrée/sortie à accès direct; **read backward input**, lecture arrière des données enregistrées; **real-time input**, entrée en temps réel; **secondary input**, entrée secondaire; **sequential input**, entrée séquentielle; **serial input/output**, entrée-sortie séquentielle; **set input**, entrée de positionnement; **static digital input device**, entrée numérique statique; **stream input/output**, chaîne d'entrées-sorties; **synchronous input**, entrée synchrone; **system input control**, commande des entrées système; **system input file**, fichier d'entrée système; **system input stream**, suite des entrées système; **system input unit**, unité d'entrée système; **tape input**, introduction de bande; **terminal line input area**, zone d'entrée des li-

gnes de connexion; **three-input adder**, additionneur à trois entrées, sommateur complet; **three-input subtracter**, soustracteur à trois entrées; **transaction input**, transaction, mouvement; **two-input adder**, additionneur à deux entrées, demi-additionneur; **two-input subtractor**, soustracteur à deux entrées; **unbalanced input**, entrée asymétrique; **uncoded input**, entrée non codée; **unipolar input**, entrée dissymétrique; **unsolicited input**, entrée non sollicitée; **virtual input/output (VIO)**, entrée/sortie virtuelle; **visual input control**, contrôle visuel à la saisie; **voice input**, entrée vocale; **voice input terminal**, terminal vocal; **word input register**, registre d'entrée mot.

**inquire**: (to), interroger.

**inquirer**: demandeur.

**inquiry**: interrogation; **branch on inquiry**, branchement sur requête; **buffered inquiry station**, poste d'interrogation à mémoire tampon; **console inquiry**, interrogation de console, requête de pupitre; **console inquiry station**, poste d'interruption console; **database inquiry**, consultation de banques de données; **file inquiry**, consultation de fichier; **inquiry and transaction processing**, télétraitement; **inquiry character (ENQ)**, caractère d'interrogation; **inquiry control**, pilotage des requêtes; **inquiry display terminal**, terminal d'interrogation; **inquiry key**, commutateur d'interrogation; **inquiry keyboard control**, commande du clavier d'interrogation; **inquiry mode**, mode d'interrogation; **inquiry processing**, traitement des demandes; **inquiry response environment**, traitement des demandes; **inquiry station**, poste d'interrogation; **inquiry system**, système d'interrogation/réponse; **inquiry unit**, terminal unité d'interrogation; **inquiry utility**, utilitaire d'accès; **keyboard inquiry**, interrogation au clavier; **keyboard inquiry device**, dispositif d'interrogation à clavier; **master file inquiry**, interrogation du fichier maître; **mixed inquiry**, .ventilation des messages; **remote inquiry**, interrogation à distance; **remote inquiry station**, poste d'interrogation à distance; **simple inquiry**, interrogation ordinaire.

**ins**: entrées; **type-ins**, valeurs d'entrée.

**inscriber**: souscripteur; **document inscriber**, dispositif d'inscription de documents.

**inscription**: enregistrement; **magnetic inscription**, inscription magnétique.

**insert\***: insertion; **character insert**, insertion de caractères; **digit insert**, insertion de chiffres; **direct insert routine**, sous-programme ouvert; **direct insert subroutine**,

routine d'insertion directe; **insert (to)**, insérer; **insert byte**, multiplet d'insertion; **insert coding**, codification des insertions; **insert command**, commande d'insertion; **insert mode**, mode d'insertion; **insert subroutine**, routine d'insertion; **paper insert**, introduction du papier; **parity insert**, commande de parité; **zero insert**, insertion de zéros.

**inserted:** inséré; **inserted subroutine**, routine insérée.

**insertion:** insertion; **bit insertion**, insertion de bit; **document insertion**, insertion de formulaire; **fixed insertion**, insertion déterminée, insertion invariable; **idle insertion**, insertion de caractère nul; **insertion chain sequence**, séquence d'insertion enchaînée; **insertion character**, caractère de mise en forme; **insertion loss**, perte d'insertion; **insertion method sorting**, tri par méthode d'insertion; **insertion point**, point d'insertion; **insertion routine**, routine d'insertion; **insertion sequence**, séquence d'insertion; **insertion sort**, tri par insertion; **insertion track**, piste d'insertion; **manual card insertion**, insertion manuelle; **master card insertion device**, poste d'insertion des cartes; **sorting by insertion**, tri par interclassement; **zero insertion**, insertion de zéros; **zero insertion force (ZIF)**, à force d'insertion nulle.

**inspection:** inspection; **inspection area**, aire d'examen; **inspection detail card**, carte de vérification; **inspection hole**, trappe de visite, ouverture de contrôle; **inspection test**, contrôle de champ d'essai; **visual inspection**, inspection visuelle.

**instability:** instabilité; **frequency instability**, instabilité de fréquence; **thermal instability**, instabilité thermique.

**installation:** installation; **customer installation**, installation client; **data terminal installation**, poste de télégestion; **field installation**, montage au lieu d'exploitation; **installation date**, date d'installation; **installation details**, documents d'installation; **installation manual**, manuel d'installation; **installation mnemonic**, désignation abrégée des équipements; **installation order**, ordre d'installation; **installation time**, temps de mise en route; **large installation**, grande installation; **loading installation**, installation de chargement; **telex installation**, installation télex; **terminal installation**, installation terminale.

**installed:** installé.

**instant:** instant; **significant instant**, instant significatif.

**instantaneous:** instantané; **instantaneous access**, accès instantané; **instanta-**neous **companding**, compression instantanée.

**institute:** institut; **American National Standards Institute (ANSI)**, organisme de normalisation américain.

**instruction\*:** instruction; **N-address instruction**, instruction à N adresses; **N-plus-one address instruction**, instruction à N plus une adresses; **absolute instruction**, instruction réelle, instruction absolue; **access instruction**, commande d'accès; **actual instruction**, instruction effective, instruction réelle; **add instruction**, instruction d'addition; **address instruction**, instruction d'adresse; **addressless instruction**, instruction sans adresse; **addressless instruction format**, format d'instruction sans adresse; **adjustment instruction**, directive de réglage; **aided instruction**, instruction assistée; **alphanumeric instruction**, instruction alphanumérique; **alternate instruction**, instruction saut, instruction de branchement; **alternative instruction**, instruction de déroutement; **analytic instruction**, instruction analytique; **arithmetical instruction**, instruction arithmétique; **assembler instruction**, instruction d'assemblage; **assembly instruction**, instruction d'assemblage; **automatic instruction retry**, répétition automatique des instructions; **average instruction execution time**, temps moyen d'exécution des instructions; **backspace instruction**, instruction de rappel; **basic instruction**, instruction en code machine; **basic instruction set**, jeu d'instructions de base; **blank instruction**, instruction factice; **block instruction**, instruction de bloc; **block of instructions**, bloc d'instructions; **branch instruction**, instruction de branchement; **branching instruction**, instruction de renvoi; **breakpoint instruction**, instruction d'arrêt; **calling instruction**, instruction d'appel; **character instruction**, commande alphanumérique; **checkpoint instruction**, instruction de reprise, instruction de contrôle; **code instruction**, instruction de code; **coded instruction**, instruction codée; **compare instruction**, instruction de comparaison; **compound instruction**, instruction composée; **computer instruction**, instruction machine; **computer instruction code**, code d'instructions de l'ordinateur; **computer instruction set**, jeu d'instructions du calculateur; **computer manager instruction**, gestionnaire d'enseignement; **computer-aided instruction (CAI)**, instruction assistée par ordinateur (IAO); **computer-assisted instruction (CAI)**, enseignement assisté par ordinateur (EAO); **computer-based instruction**, enseignement informatisé; **computer-managed instruction (CMI)**, enseignement informatique interactif; **conditional assembler instruction**, instruction conditionnelle d'assembleur; **conditional branch instruction**, instruction de saut conditionnel; **conditional breakpoint instruction**, instruction d'arrêt conditionnel; **conditional instruction**, instruction conditionnelle; **conditional jump instruction**, instruction conditionnelle de saut; **constant instruction**, instruction permanente; **control instruction**, instruction de commande; **control transfer instruction**, instruction de transfert; **correcting instruction**, instruction de correction; **decision instruction**, instruction de décision, décision de branchement; **declarative instruction**, instruction déclarative; **definition instruction**, ordre de définition; **direct instruction**, instruction (à adresse) directe; **disassembly instructions**, instructions de démontage; **discrete instruction**, instruction de branchement; **display instruction**, instruction d'affichage, instruction graphique; **do-nothing instruction**, instruction inopérante; **dummy instruction**, instruction fictive; **edit instruction**, instruction d'édition, commande de mise en forme; **editing instruction**, instruction de mise en forme; **effective instruction**, instruction effective, instruction réelle; **eject instruction**, instruction d'éjection; **end instruction**, instruction de fin; **end-of-instruction mark**, marque de fin d'instruction; **entry instruction**, instruction d'entrée; **executive instruction**, directive d'exécution; **extract instruction**, instruction de balayage; **feed instruction**, instruction d'avance; **fetch instruction**, instruction d'extraction; **fixed-point instruction**, instruction à virgule fixe; **floating-point instruction**, instruction en virgule flottante; **four-address instruction**, instruction à quatre adresses; **function instruction**, instruction de service; **generic instruction**, instruction générique; **graphic instruction**, commande graphique; **halt instruction**, instruction de pause, instruction d'arrêt; **hold instruction**, instruction de maintien; **housekeeping instruction**, instruction de servitude; **ignore instruction**, instruction à ignorer; **illegal instruction**, invalide instruction; **immediate address instruction**, instruction d'adressage direct; **immediate instruction**, instruction à opérande directe; **imperative instruction**, instruction inconditionnelle; **implicit address instruction**, instruction à adresse implicite; **indexing instruction**, instruction de registre d'index; **indirect instruction**, instruction à adressage indirect; **initial instruction**, instruction initiale; **initializing instruction**, instruction d'initialisation; **inner macro instruction**, macro-instruction interne; **input instruction**, instruction d'entrée; **input instruction code**, code d'instruction mnémonique; **input/output instruction**, instruction d'entrée/sortie; **instruction address**, adresse d'instruction; **instruction address change**, changement des adresses d'instructions; **instruction address register**, registre d'adresses, registre d'instructions; **instruction area**, zone d'instructions; **instruction array**, séquence d'instructions; **instruction booklet**, notice de fonctionnement; **instruction card**, carte d'instructions; **instruction chain**, chaîne d'instructions; **instruction character**, caractère de commande; **instruction code**, code des instructions; **instruction complement**, complément d'instruction; **instruction computing unit**, unité de traitement des instructions; **instruction constant**, instruction inactive; **instruction counter**, registre d'instructions; **instruction counting register**, registre de comptage d'instructions; **instruction course**, cours de formation; **instruction cycle**, cycle d'instruction; **instruction deck**, paquet de cartes-instructions; **instruction decoder**, décodeur d'instruction; **instruction decoding**, décodage de l'instruction; **instruction distribution channel**, canal de distribution d'instructions; **instruction element**, élément d'instruction; **instruction execution**, exécution d'instruction; **instruction execution time**, temps d'exécution de l'instruction; **instruction fetch**, cycle de recherche d'instruction; **instruction fetch phase**, phase de prise en charge de l'instruction; **instruction field**, champ d'instruction; **instruction flowchart**, organigramme des instructions; **instruction format**, format d'instruction, modèle d'instruction; **instruction index**, index d'instruction; **instruction length**, longueur d'instruction; **instruction length counter**, compteur de longueur d'instruction; **instruction list**, list d'instructions; **instruction list name**, nom de liste d'instructions; **instruction location counter**, registre d'enchaînement d'instructions; **instruction manual**, manuel d'instruction; **instruction modification**, modification d'instruction; **instruction modifier**, modificateur d'instruction; **instruction pack**, paquet de cartes d'instructions; **instruction part**, partie d'instruction; **instruction processing unit**, unité de traitement des instructions; **instruction processor**, contrôleur d'instructions; **instruction register**, registre d'instructions; **instruction repertoire**, répertoire de code d'instruction; **instruction retry**, répétition d'instructions; **instruction sequence**, séquence d'instructions; **instruction sequence format**, structure de la séquence d'instructions; **instruction sequence register**, registre d'enchaînement d'instructions; **instruction series**, séries d'instructions; **instruction set**, jeu d'instructions; **instruction sheet**, feuille programme; **instruction staticizing**, prise en charge de l'instruction; **instruction sticker**, plaque indicatrice; **instruction storage**, zone d'instructions; **instruction storage word**, mot d'instruction; **instruction stream**, flot d'instructions; **instruction system**, système à base d'instructions; **instruction tape**, bande des instructions; **instruction termination**, fin d'instruction; **instruction time**, temps d'instruction; **instruction timeout**, délai de garde, temps imparti; **instruction timeout violation**, dépassement de temps imparti; **instruction translation**, traduction d'instruction; **instruction type**, type d'instruction; **instruction word**, mot instruction; **jump instruction**, instruction de branchement, instruction de saut; **keyword macro instruction**, macro-instruction de mot clé; **layout instruction**, instruction de mise en page; **linear sequence of instructions**, suite linéaire d'instructions; **linkage instruction**, instruction d'édition de liens; **list of instructions**, liste des commandes; **listing control instruction**, instruction de commande de listage; **load instruction**, instruction de chargement; **logic instruction**, instruction logique; **logical instruction**, instruction logique; **lookup instruction**, instruction de recherche; **machine instruction**, instruction machine; **machine instruction code**, code d'instructions machine; **machine instruction set**, ensemble d'instructions; **mandatory instruction**, instruction absolue; **microprogrammable instruction**, instruction microprogrammable; **millions instructions per second (MIPS)**, millions d'instructions par seconde; **modification instruction**, instruction de modification; **multiaddress instruction**, instruction multiadresse; **multiple address instruction**, instruction multiadresse; **no-address instruction**, instruction sans adresse; **no-operation instruction (nop)**, instruction ineffective; **null instruction**, instruction de non opération; **numerically coded instruction**, instruction codée numériquement; **one-address instruction**, instruction à une adresse; **one-plus-one address instruction**, instruction à une plus une adresses; **one-plus-one instruction**, instruction à deux adresses; **one-to-N address instruc-**

**tion**, instruction à une ou N adresses; **operating instructions**, instructions opératoires, manuel d'instructions; **operational instruction**, instruction d'opération; **optional instruction package**, jeu d'instructions supplémentaire; **optional instruction sequence**, séquence d'instructions conditionnelle; **optional pause instruction**, commande d'arrêt facultatif; **output instruction**, instruction d'extraction; **pause instruction**, instruction d'arrêt; **peripheral control instruction**, instruction de contrôle de périphérique; **pop instruction**, instruction de dépilage; **presumptive instruction**, instruction primitive; **primary instruction**, instruction élémentaire; **primitive instruction**, microinstruction; **privileged instruction**, instruction privilégiée; **program instruction**, directive de programme; **programmed instruction**, directive programmée; **punch instruction**, instruction de perforation; **push instruction**, instruction d'empilage; **quasi-instruction**, pseudo-instruction; **read instruction**, instruction de lecture; **read type instruction**, instruction d'introduction par console; **receive instruction**, instruction de réception; **red tape instruction**, instruction de servitude; **relative instruction**, commande relative; **repetition instruction**, instruction de répétition; **reset instruction**, instruction de mise à zéro; **restart instruction**, instruction de reprise; **restore instruction**, instruction de restauration; **restricted instruction**, instruction privilégiée; **return instruction**, instruction de retour; **rewind instruction**, commande de rembobinage; **scientific instruction**, instruction de calcul en virgule flottante; **scientific instruction option**, jeu d'instructions arithmétiques; **select instruction**, instruction de sélection; **sequence instruction**, instruction de classement; **sequence of instructions**, table des instructions; **sequential instruction**, instruction en séquentiel; **setting instruction**, instruction de substitution; **shift instruction**, instruction de décalage; **shifting instruction**, instruction de décalage; **single-address instruction**, instruction à une (simple) adresse; **single-character instruction**, instruction à caractère unique; **skip instruction**, instruction de saut, instruction de branchement; **source instruction**, instruction en code source; **step-by-step instruction**, instruction pas à pas; **stop instruction**, instruction d'arrêt, instruction de pause; **storage instruction**, instruction de rangement; **stored instruction**, commande mémorisée; **supervisory instruction**, instruction de supervision; **symbolic instruction**, instruction symbolique; **tape instruction,** instruction bande; **test instruction,** instruction de vérification; **three-address instruction,** instruction à trois adresses; **transfer instruction,** instruction de transfert, instruction de saut; **transmit instruction,** instruction d'émission; **two-address instruction,** instruction double adresse; **two-plus-one address instruction,** instruction à deux plus une adresses; **type instruction,** instruction type; **unconditional branch instruction,** instruction de branchement inconditionnel; **unconditional jump instruction,** instruction de saut inconditionnel; **unconditional transfer instruction,** instruction de transfert inconditionnel; **unmodified instruction,** instruction primitive; **user instruction,** instruction utilisateur; **variable instruction,** instruction variable; **waste instruction,** instruction de non opération; **write instruction,** instruction d'écriture; **zero address instruction,** instruction immédiate, sans adresse; **zero address instruction format,** format d'instruction immédiate.

**instrument:** instrument; **indicating instrument,** instrument indicateur.

**insulating:** isolant; **insulating nose,** gaine protectrice; **insulating sleeving,** souplisso.

**insulation:** isolation; **insulation resistance,** résistance d'isolation.

**insulator:** isolateur.

**integer\*:** entier; **binary integer,** nombre entier binaire; **finite integer,** nombre fini; **integer attribute,** attribut de nombre entier; **integer constant,** nombre entier, integral; **integer divide,** sous-programme de division; **integer multiply,** sous-programme de multiplication; **integer number,** nombre naturel, nombre entier; **integer programming,** programmation discrète; **integer type,** type entier; **integer-based program,** programme à base de nombres entiers; **nonnegative integer,** entier naturel; **positive integer,** nombre entier positif; **prime integer,** nombre premier; **unsigned integer,** nombre entier non signé; **unsigned integer format,** format des nombres naturels.

**integral:** intégral; **correlation integral,** intégrale de corrélation; **double integral,** intégrale double, intégralité de surface; **improper integral,** intégrale indéfinie; **integral boundary,** limite fixe; **integral calculus,** calcul intégral; **integral constant,** constante intégrale; **integral disk,** disque intégré; **integral domain,** domaine d'intégration; **integral equation,** équation intégrale; **integral multiple,** multiple entier; **integral number,** nombre entier, nombre naturel; **integral part,** partie intégrante; **integral sign,** signe d'intégrale; **integral value,** valeur intégrale; **line integral,** équation des lignes; **rational integral,** fonction intégrale rationnelle; **surface integral,** intégrale de surface.

**integrand:** expression à intégrer.

**integrated:** intégré; **CML integrated circuit,** circuit intégré LMNS; **MOS-type integrated circuit,** circuit intégré de technique MOS; **hybrid integrated circuit,** circuit semi-intégré; **integrated access,** accès intégré; **integrated adapter,** adaptateur intégré; **integrated circuit (IC),** circuit intégré (CI); **integrated circuit technique,** technique des circuits intégrés; **integrated controller,** contrôleur intégré; **integrated data processing (IDP),** traitement intégré de l'information; **integrated database,** base de données intégrée; **integrated device,** organe intégré; **integrated disk,** disque intégré; **integrated filestore,** mémoire secondaire; **integrated home systems (IHS),** domotique; **integrated information processing,** traitement intégré des données; **integrated information system,** système informatique intégré; **integrated injection logic (I2L),** logique à injection intégrée; **integrated modem,** modem intégré; **integrated semiconductor circuit,** circuit intégré à semi-conducteurs; **integrated system,** système intégré; **monolithic integrated circuit,** circuit intégré monolithique; **thick film integrated circuit,** circuit intégré à couche épaisse.

**integration:** intégration; **analog integration,** intégration analogique; **full integration,** intégration complète; **large scale integration (LSI),** intégration à grande échelle; **medium integration scale (MSI),** échelle d'intégration moyenne; **medium scale integration,** intégration moyenne; **numerical integration,** intégration numérique; **rectangular integration,** integration rectangulaire; **small scale integration (SSI),** intégration à faible échelle; **super large scale integration (SLSI),** intégration à super grande échelle; **vertical integration,** intégration verticale; **very high scale integration (VHSI),** très haute intégration; **very large scale integration (VLSI),** intégration à très grande échelle.

**integrator:** intégrateur; **digital integrator,** intégrateur numérique; **inverse integrator,** intégrateur de contre réaction; **summing integrator,** intégrateur-sommateur.

**integrity\*:** intégrité; **data integrity,** sécurité des données; **integrity violation monitor,** moniteur de cohérence, moniteur d'intégration; **system integrity,** intégrité du système.

**intelligence:** intelligence; **artificial intelligence (AI),** intelligence artificielle (IA); **disperse intelligence,** intelligence répartie; **dispersed intelligence,** intelligence distribuée; **distributed intelligence,** intelligence distribuée; **evidence (in artificial intelligence),** indice (en intelligence artificielle).

**intelligent*:** intelligent; **intelligent plotter,** traceur intelligent; **intelligent terminal,** terminal intelligent; **nearly intelligent terminal (NIT),** terminal semi-intelligent.

**intensity:** intensité; **adjustment of display intensity,** réglage de la brillance d'écran; **half-intensity,** demi-intensité; **high intensity,** surbrillance; **intensity control,** commande de luminosité; **intensity modulation,** modulation d'intensité.

**interaction:** interaction; **adjacent bit interaction,** interférence du bit adjacent; **on-line interaction,** interaction en ligne.

**interactive*:** interactif, dialogué; **interactive address,** adresse interactive; **interactive computer graphics,** vidéographie conversationnelle; **interactive computing,** informatique conversationnelle; **interactive debugging,** débogage interactif; **interactive decision making,** aide à la décision conversationnelle; **interactive graphics,** infographie interactive, infographie dialoguée; **interactive hands-on exercise,** exercice pratique interactif; **interactive image processing,** traitement d'image interactif; **interactive mode,** mode interactif, mode dialogué; **interactive processing,** traitement interactif; **interactive query language (IQL),** langage d'interrogation interactif; **interactive structural optimization,** optimisation interactive structurelle; **interactive system,** système intéractif; **interactive terminal,** terminal de dialogue; **interactive videography,** vidéographie dialoguée, vidéotex, télétexte.

**interblock:** interbloc; **interblock gap,** espace interbloc; **interblock space,** espace interbloc.

**intercept:** interception; **anti-intercept system (AIS),** système anti-interception; **intercept (to),** intercepter, capter; **intercept data storage position,** partition d'interception; **intercept point,** point d'intersection.

**interchange:** échange; **data interchange,** échange des données; **expanded BCD interchange code (EBCDIC),** binaire codé décimal étendu; **interchange circuit,** circuit de logique interchange; **interchange point,** point d'échange; **modem interchange,** échange modem; **peripheral interchange program (PIP),** gestionnaire de périphérique.

**interchangeable:** interchangeable; **interchangeable connector,** connecteur interchangeable; **interchangeable rom,** mémoire morte interchangeable.

**interchannel:** intercanal.

**intercharacter:** intercaractère; **intercharacter interval,** espace intercaractère.

**intercity:** interurbain.

**intercom*:** interphone.

**intercommunication:** communication urbaine.

**intercomputer:** intercalculateur; **intercomputer communication unit,** unité de couplage intercalculateur.

**interconnect:** **interconnect cable,** câble d'interconnexion.

**interconnection:** interconnexion; **array interconnection,** interconnexion matricielle; **basic interconnection,** interconnexion de base; **logic interconnection,** enchaînement logique.

**intercouple:** (to), coupler, interconnecter.

**intercycle:** cycle intermédiaire.

**interest:** intérêt; **range of interest,** marge d'intérêt; **rate of interest,** taux de l'intérêt.

**interface*:** interface, jonction; **Centronics interface,** interface Centronics; **EIA interface,** interface aux normes US; **RS-232 interface,** interface RS-232; **V.24 interface,** interface V.24; **bus interface,** interface de bus; **channel interface,** interface de canal; **clock interface,** interface de synchronisation; **communication interface base,** unité d'interface; **communications interface,** interface de communication; **computer interface,** interface de calculateur; **data terminal interface,** interface de poste de télégestion; **data transmission interface,** interface de transmission de données; **device adapter interface,** adaptateur de périphérique; **device level interface,** interface de liaisons périphériques; **electrical interface,** interface électrique; **general-purpose interface bus (GPIB),** bus universel; **general-purpose interface,** interface universelle; **handshake interface,** interface avec protocole de transfert; **hardware interface,** point de jonction machine; **interface (to),** interfacer; **interface adapter,** adaptateur d'interface; **interface cable,** câble de jonction; **interface card,** carte d'interface; **interface circuit,** circuit de liaison; **interface computer,** calculateur frontal; **interface connection,** branchement de liaison; **interface control unit,** unité de contrôle d'interface; **interface design,** concept des interfaces; **interface device,** élément d'interface; **interface equipment,** matériel d'interface; **interface module,** module d'interface; **interface register,** registre d'interface; **interface requirements,** conditions de liaison; **interface routine,** programme d'interfaçage; **interface specifications,** normes de liaison; **interface switching unit,** unité de connexion; **interface trunk,** circuit de jonction; **interface unit,** unité d'interface; **job accounting interface,** fonction de comptabilisation des travaux; **line interface,** interface ligne; **man-machine interface,** interface homme-machine; **memory interface,** interface de mémoire; **modem interface,** interface modem; **multimedia interface,** interface multimédia; **multiple interface unit,** unité à liaisons multiples; **network interface card,** carte d'interface réseau; **operator system interface,** module interface opérateur système; **peripheral interface,** interface de périphérique; **peripheral interface adaptor (PIA),** contrôleur d'interface de périphérique; **peripheral interface channel,** coupleur de périphérique; **peripheral interface unit (PIU),** unité d'interface périphérique; **physical layer interface,** interface de la couche physique; **process interface system,** interface de commande; **real-time clock interface,** interface d'horloge temps réel; **real-time interface,** interface de processus; **serial digital interface,** interface numérique série; **serial interface,** interface série; **serial printer interface,** interface d'imprimante série; **software interface,** interface du logiciel; **standard interface,** interface standard; **system interface design,** conception d'interface de système; **system standard interface,** interface standard du système; **transmission interface,** interface de transmission; **video interface,** interface vidéo; **voice interface,** interface vocal.

**interfaceable:** interconnectable.

**interfacing:** interfaçage; **interfacing circuitry,** circuiterie de liaison.

**interference:** interférence; **adjacent channel interference,** diaphonie entre voies adjacentes; **electromagnetic interference (EMI),** interférence électromagnétique; **interference level,** niveau des perturbations; **interference-prone,** sujet aux perturbations; **interference-proof,** insensible aux perturbations; **intersystem interference,** perturbation entre systèmes; **radio frequency interference (RFI),** interférence radio fréquence; **statistical interference,** conclusion.

**interfile:** interfichier; **interfile (to),** interclasser, intercaler.

**interfix\*:** interdépendance.

**interframe:** intertrame.

**interfusion:** interclassement.

**interior:** intérieur; **interior label,** étiquette de début.

**interlace:** (to), imbriquer, entrelacer.

**interlaced:** entrelacé; **interlaced display,** affichage en trames entrelacées; **interlaced mode,** mode entrelacé; **interlaced networks,** réseaux informatiques imbriqués; **interlaced recording,** enregistrement entrelacé; **interlaced scan,** balayage entrelacé; **interlaced scanning,** balayage entrelacé; **interlaced storage,** enregistrement enchaîné; **interlaced storage assignment,** allocation de l'enchaînement.

**interleaf:** feuille intermédiaire.

**interleave\*:** (to), imbriquer, entrelacer; **interleave execution,** exécution imbriquée; **interleave factor,** facteur d'imbrication.

**interleaved:** entrelacé, imbriqué; **bit interleaved,** bit multiplexé; **interleaved addressing,** accès imbriqué.

**interleaving:** imbrication, entrelacement; **interleaving memory,** mémoires à cycles imbriqués; **memory interleaving,** imbrication mémoire; **multiprocessor interleaving,** affectation mémoire multiprocesseur; **pulse interleaving,** imbriquage d'impulsion.

**interline:** interligne; **interline flicker,** papillotement de lignes.

**interlining:** interlinéation, intercalation de ligne.

**interlock:** interruption, blocage, verrouillage; **brush interlock,** verrouillage de brosse; **carriage interlock,** blocage de chariot; **conversion cycle interlock,** interruption du cycle de conversion; **cover interlock contact,** contact de sécurité capot; **feed interlock,** blocage de l'alimentation; **file interlock,** clôture du fichier; **holding interlock,** blocage de maintien; **interlock (to),** bloquer, verrouiller; **interlock bit,** bit de blocage; **interlock circuit,** circuit de blocage; **interlock lever,** cliquet de verrouillage; **interlock switch,** commutateur de verrouillage; **interlock time,** temps d'interruption; **programmed interlock,** blocage programmé; **punch interlock,** verrouillage de perforation; **safety interlock,** verrouillage de sécurité; **switch interlock,** interrupteur.

**interlocked:** interbloqué; **single-interlocked channel,** canal à blocage simple.

**interlude:** séquence préliminaire.

**intermediate:** intermédiaire; **intermediate block diagram,** schéma synoptique logique; **intermediate checking,** contrôle intermédiaire; **intermediate code,** code intermédiaire pseudo-codé; **intermediate**

**control,** contrôle à l'étage intermédiaire; **intermediate data,** résultats intermédiaires; **intermediate data storage,** mémoire intermédiaire; **intermediate distribution frame,** distributeur intermédiaire; **intermediate equipment,** dispositif intermédiaire; **intermediate information,** information intermédiaire; **intermediate language,** langage intermédiaire; **intermediate node,** noeud intermédiaire; **intermediate product,** produit intermédiaire; **intermediate program,** programme de manoeuvre; **intermediate program control,** programme de manoeuvre; **intermediate quantity,** valeur intermédiaire; **intermediate register,** registre intermédiaire; **intermediate result,** résultat intermédiaire; **intermediate result overflow,** dépassement de capacité intermédiaire; **intermediate status,** état intermédiaire; **intermediate storage,** mémoire brouillon; **intermediate total,** sous-total.

**intermittent:** intermittent; **intermittent error,** erreur intermittente; **intermittent failure,** panne intermittente; **intermittent fault,** erreur intermittente, erreur non systématique; **intermittent operation,** exploitation intermittente; **intermittent trouble,** incident intermittent.

**intermodulation:** intermodulation; **intermodulation distortion,** distorsion d'intermodulation; **intermodulation noise,** bruit d'intermodulation; **intermodulation products,** produits d'intermodulation.

**internal:** interne; **device internal code table,** table de code interne de périphériques; **internal block,** bloc interne; **internal checking,** contrôle interne; **internal clock,** horloge interne, synchroniseur interne; **internal code,** code interne; **internal data processing,** traitement interne des données; **internal dispersion,** dispersion interne; **internal flow,** débit interne des données; **internal format,** format interne; **internal interrupt,** interruption interne; **internal interrupt controller,** processeur d'interruptions internes; **internal interrupt mode,** mode d'interruption interne; **internal logic,** logique interne; **internal machine program,** programme machine interne; **internal memory,** mémoire interne; **internal memory capacity,** capacité de la mémoire interne; **internal name,** nom interne; **internal operation,** opération interne; **internal plane,** couche interne; **internal procedure,** procédure interne; **internal ratio,** rapport interne; **internal representation,** représentation interne; **internal resistance,** résistance interne; **internal sort,** tri interne, en mémoire principale; **internal storage,** mémoire interne; **internal**

**test routine,** sous-programme de test interne; **internal timer,** horloge interne, synchronisateur; **machine internal check,** contrôle automatique interne.

**international:** international; **international algebraic language (IAL),** langage algébrique international (IAL); **international alphabet,** alphabet international; **international data transmission,** transmission internationale des données; **international telegraph code,** code international de télégraphie.

**interpolation:** interpolation; **linear interpolation,** interpolation linéaire; **straight line interpolation,** interpolation linéaire.

**interpolator:** interpolateur, interclasseuse.

**interpret: (to),** interpréter.

**interpretation:** interpretation, interprétation, décodage, traduction; **graphical interpretation,** interprétation graphique; **interpretation of data,** interprétation des données; **interpretation time,** temps de décodage.

**interpreter*:** interprète, interprétateur; **alphabetic interpreter,** traductrice alphabétique; **card interpreter,** traductrice; **command interpreter,** interprète de commandes; **interpreter code,** code interprétateur; **transfer interpreter,** reporteuse.

**interpretive:** interprétatif; **interpretive code,** code interprétatif; **interpretive compiler,** compilateur interprétatif; **interpretive language,** langage interprétatif; **interpretive program,** interprète, interprétateur; **interpretive programming,** programmation interprétative; **interpretive routine,** programme interprétatif; **interpretive trace program,** programme de mise au point.

**interprogram:** interprogramme; **interprogram common area,** zone commune des programmes.

**interprogramme:** cf **interprogram.**

**interrecord:** interenregistrement; **interrecord gap,** espacement entre enregistrements; **interrecord sequence field,** zone de tri pour enregistrements enchaînés.

**interrogate:(to),** interroger; **interrogate feature,** dispositif d'interrogation, organe de test.

**interrogation:** interrogation; **interrogation register,** registre d'interrogation; **interrogation system,** système d'interrogation.

**interrupt*:** interruption; **attention interrupt,** interruption d'alerte; **automatic interrupt,** interruption automatique; **automatic program interrupt,** interruption automatique

207

de programme; **basic interrupt,** interruption primaire; **channel interrupt signal,** signal d'interruption de canal; **clock interrupt,** interruption de synchronisation; **conditional program interrupt request,** demande conditionnelle interruption de programme; **console interrupt pushbutton,** poussoir d'interrogation console; **control interrupt function,** interruption de contrôle; **device interrupt,** interruption par périphérique; **disabled interrupt,** interruption d'interdiction; **error interrupt,** interruption d'erreur; **event interrupt,** interruption sur événement; **external interrupt,** interruption extérieure; **external interrupt point,** point d'interruption extérieur; **hardware interrupt,** interruption matérielle; **hierarchized interrupt,** interruption hiérarchisée; **highest priority interrupt line,** ligne à priorité absolue; **input/output interrupt,** interruption d'entrée/sortie; **input/output interrupt indicator,** indicateur d'interruption d'entrée/sortie; **internal interrupt,** interruption interne; **internal interrupt controller,** processeur d'interruptions internes; **internal interrupt mode,** mode d'interruption interne; **interrupt (to),** débrancher, déconnecter, interrompre; **interrupt address table,** table des adresses d'interruption; **interrupt block,** bloc interruptible; **interrupt button,** bouton d'interruption, clé d'interruption; **interrupt condition,** condition d'interruption; **interrupt decoder,** décodeur d'interruption; **interrupt decoding,** analyse des interruptions; **interrupt disabling,** désarmement d'interruption; **interrupt enabling,** autorisation d'interruption; **interrupt feature,** mécanisme d'interruption; **interrupt flag,** drapeau d'interruption; **interrupt handler,** routine d'interruption; **interrupt handling,** traitement d'interruption; **interrupt indicator,** indicateur d'interruption; **interrupt key,** poussoir d'interruption; **interrupt level,** niveau d'interruption; **interrupt logging,** journal des interruptions; **interrupt mask,** masque d'interruption; **interrupt masking,** positionnement de masques d'interruption; **interrupt mode,** mode d'interruption; **interrupt priority table,** table des priorités d'interruptions; **interrupt process,** traitement de l'interruption; **interrupt processing,** traitement d'interruption; **interrupt request,** demande d'interruption; **interrupt routine,** routine d'interruption, programme d'interruption; **interrupt setting,** armement d'interruption; **interrupt signal,** signal d'interruption; **interrupt stacking,** empilage des interruptions; **interrupt trap,** détecteur d'interruption; **interrupt-controlled,** commandé par interruption; **interrupt-driven,** commandé par

interruption; **manual interrupt,** interruption manuelle; **mask out interrupts (to),** éliminer par masque; **master control interrupt,** interruption de supervision; **master interrupt,** interruption principale; **multilevel interrupt,** interruption multiniveau; **peripheral interrupt,** interruption de périphérique; **peripheral interrupt mode,** mode d'interruption de périphérique; **priority interrupt,** interruption prioritaire; **priority ordered interrupts,** interruptions ordonnées par priorité; **process interrupt signal,** signal d'interruption de processus; **programmed control interrupt,** interruption programmée; **standard interrupt,** interruption normale; **supervisor interrupt,** interruption de supervision; **system interrupt,** interruption du système; **termination interrupt,** fin d'interruption; **termination interrupt pending,** interruption pendant la phase terminale; **timer interrupt,** interruption de la synchronisation; **transmit interrupt,** interruption de la transmission; **unconditional program interrupt,** interruption de programme inconditionnelle; **vector priority interrupt,** interruption vectorisée prioritaire; **vectored interrupt,** interruption vectorisée; **zero count interrupt,** interruption à zéro.

**interruptable:** interruptible.

**interrupted:** interrompu; **interrupted data support,** support discontinu.

**interruption:** interruption; **group control interruption,** interruption de groupe; **interruption rate,** taux d'interruption; **pending interruption,** interruption en cours; **receive interruption,** interruption de la réception.

**intersect: (to),** croiser, traverser.

**intersection:** intersection logique, multiplication logique; **intersection point,** point d'intersection.

**intersperse: (to),** intercaler.

**intersystem:** intersystème; **intersystem interference,** perturbation entre systèmes.

**intertask:** intertâche.

**interval:** intervalle, espace, espacement; **character interval,** espacement de caractère; **confidence interval,** intervalle; **control interval,** intervalle de contrôle; **delay time interval,** intervalle de phase; **intercharacter interval,** espace intercaractère; **interval class,** classe d'intervalles; **interval limits,** limites d'intervalle; **interval selector,** sélecteur d'intervalle; **interval timer,** rythmeur; **maintenance interval,** intervalle de maintenance; **manufacturing interval,** délai de fabrication; **minimum interval,** intervalle minimal; **nested intervals,** intervalles emboîtés; **poll stall interval,** intervalle d'attente en

**interrogation**; **polling interval**, intervalle entre appel; **printer interval**, intervalle d'impression; **refresh interval**, intervalle entre deux rafraîchissements; **significant interval**, intervalle significatif; **time interval**, période; **unit interval**, signal élémentaire.

**intervention**: intervention; **operator intervention**, intervention de l'opérateur.

**interword**: intermot; **interword gap**, espace entre mots, espace intermot.

**intranodal**: intranodal.

**introduction**: introduction; **job introduction**, introduction des travaux.

**invalid**: invalide; **invalid address**, adresse périmée; **invalid character**, caractère invalide; **invalid character check**, contrôle de validité des caractères; **invalid code**, code périmé; **invalid command**, commande erronée; **invalid frame**, trame invalide; **invalid key**, touche inopérante; **invalid key condition**, condition de code erronée; **invalid reception**, réception erronée; **invalid type device**, type d'organe incorrect.

**invalidate**: (to), invalider.

**inventory**: inventaire; **continuous inventory**, inventaire permanent; **file inventory**, inventaire de fichiers; **material inventory planning**, analyse des besoins réels; **minimum inventory**, stock minimum; **permanent inventory**, inventaire permanent; **physical inventory**, inventaire; **record inventory**, service comptable.

**inverse**: inverse; **inverse (to)**, inverser; **inverse amplifier**, amplificateur inverseur; **inverse feedback**, contre réaction; **inverse function**, fonction inversée; **inverse gate**, circuit inverseur; **inverse integrator**, intégrateur de contre réaction; **inverse logarithm**, logarithme inverse; **inverse resistance**, résistance opposée; **inverse video**, vidéo inverse; **inverse voltage**, tension d'arrêt.

**inversion**: inversion; **alterned mark inversion code (AMI)**, code à inversion de marque alternée; **matrix inversion**, inversion de matrice; **phase inversion modulation**, modulation par inversion de phase.

**inverted**: inversé; **inverted background**, fond inversé; **inverted commas**, guillemets; **inverted crosstalk**, diaphonie incohérente; **inverted file**, fichier inversé; **inverted print**, échange au point décimal; **inverted tree**, arbre inverse.

**inverter***: inverseur; **blocking inverter**, inverseur de blocage; **phase inverter**, inverseur de phase; **phase inverter circuit**, circuit inverseur de phase.

**investment**: investissement; **temporary investment**, investissement temporaire.

**invisible**: invisible; **invisible refresh**, rafraîchissement dynamique.

**invitation**: invitation; **invitation list**, file d'invitations; **invitation to send (ITS)**, invitation à transmettre.

**invoke**: invoke (to), provoquer.

**invoked**: invoqué; **invoked procedure**, procédure d'appel.

**I/O**: entrées/sorties (E/S); **I/O activity**, activité E/S; **I/O bound**, limité par les E/S; **I/O buffer**, mémoire tampon E/S; **I/O control firmware**, progiciel de contrôle d'E/S; **I/O controller**, contôleur d'E/S; **I/O equipment**, équipement d'E/S; **I/O expander**, extension d'E/S; **I/O order**, instruction d'E/S; **I/O port**, port d'E/S; **I/O slot**, logement d'E/S; **I/O statement**, instruction d'E/S; **I/O status**, état d'E/S; **I/O wait**, attente aux E/S.

**IOCS**: input/output control system, système de contrôle des entréessorties.

**ion**: ion; **ion beam**, faisceau ionique; **ion spot**, tache ionique; **ion trap**, piège à ions.

**IOP**: input/output processor, processeur entrée/sortie.

**IPL**: initial program load, chargement du programme initial.

**IPM**: inch per minute, pouce par minute (PPM).

**IPR**: inch per revolution, pouce par tour (PPT).

**IQL**: interactive query language, langage d'interrogation interactif.

**iron**: fer; **soldering iron**, fer à souder.

**irrational**: irrationnel; **irrational fraction**, fraction irrationnelle; **irrational number**, nombre irrationnel.

**irrelevance**: inapplicabilité, inconséquence.

**irretrievable**: irrécupérable, inaccessible; **irretrievable data**, données inaccessibles.

**ISO**: ISO character, caractère ISO; **ISO-7-bit code**, code ISO à 7 moments; **application layer (ISO)**, couche d'application (ISO); **data link layer (ISO)**, couche de liaison de données (ISO); **network layer (ISO)**, couche de réseau (ISO); **physical layer (ISO)**, couche physique (ISO); **presentation layer (ISO)**, couche de présentation (ISO); **session layer (ISO)**, couche de session (ISO); **transport layer (ISO)**, couche de transport (ISO); **transport software (ISO layer)**, logiciel de couche de transport.

**isochronous**: isochrone; **isochronous distortion**, distorsion isochrone; **isochronous transmission**, transmission isochrone.

**isolate**: isolate (to), isoler.

**i s o l a t e d :** isolé; **isolated amplifier,** amplificateur isolé; **isolated location,** zone de mémoire protégée.

**i s o l a t i o n :** isolation; **fault isolation,** localisation d'erreur, localisation d'incident; **grouping isolation,** isolation par groupe; **isolation test routine (ITR),** routine de diagnostic; **sound isolation,** isolation phonique.

**I S R :** information storage/retrieval, stockage/restitution des données.

**i s s u e :** parution; **issue (to),** émettre, envoyer, éditer; **issue card,** carte de sortie.

**i t a l i c :** italique; **italic typeface,** caractère italique; **italics font,** fonte en italiques; **italics type,** caractère italique.

**i t a l i c s :** italiques; **italics font,** fonte en italiques; **italics type,** caractère italique.

**i t e m* :** article; **addition item,** article additionnel; **alphabetic item,** donnée alphabétique; **alphanumeric item,** donnée alphanumérique; **arithmetic item,** élément arithmétique; **base item,** article initial, rubrique de base; **binary item,** article binaire; **common label item,** article d'identification commun; **computational item,** élément de calcul; **contiguous item,** article adjacent, article contigu; **control break item,** article de groupe; **current item count,** compteur de séquence courante; **current item position,** position de séquence courante; **data item,** élément de données; **duplicate item,** double article; **edited item,** article mis en forme; **elementary item,** structure élémentaire; **elementary item entry,** déclaration élémentaire d'article; **end item,** élément d'information définitif; **end-of-data item,** enregistrement fin de données; **end-of-index item,** fin d'article indexé; **filler (item),** zone de données non identifiée; **first item list,** indication de groupe; **fixed-length item,** enregistrement à longueur fixe; **format item,** élément de format; **group item,** élément de groupe; **imbedded item position,** position d'article réservée; **index data item,** zone d'articles indexés; **input item,** article d'entrée; **item card,** carte article; **item character count,** zone de longueurs d'articles; **item code,** code d'article; **item count,** compte d'articles; **item count discrepancy,** erreur de comptage d'articles; **item counter,** compteur d'articles; **item definition,** définition d'article; **item demand,** demande d'articles; **item handling function,** fonction de traitement des articles; **item handling mode,** mode de traitement des articles; **item header line,** ligne d'en-tête d'article; **item history file,** fichier historique d'articles; **item identifier,** identificateur d'articles; **item informa-**

tion, élément d'information; **item key,** code de répertoire; **item key area,** zone de codification des articles; **item key parameter,** paramètre de codage d'article; **item length parameter,** paramètre de longueur d'article; **item list,** liste d'articles; **item location,** position d'article; **item mark,** étiquette d'article; **item master file,** fichier principal d'articles; **item number,** numéro d'article; **item picture,** image de la structure; **item position,** position d'article; **item sequence,** séquence d'articles; **item size,** grandeur d'article; **item size computation,** calcul de la longueur d'article; **item sort,** tri d'articles; **item status character,** caractère d'état d'article; **item work area,** zone de traitement d'article; **job queue item,** article du répertoire des travaux; **master index item,** article de l'index principal; **material item file,** fichier permanent de matériaux; **multiple item,** structure complexe; **nonnumeric item,** article non numérique; **null item,** article nul; **numeric item,** article numérique; **open item,** article non ouvert; **open item file,** fichier d'articles non ouverts; **open item statement,** liste des articles non ouverts; **padding item,** article de remplissage; **program item,** élément de programme; **receiving item,** zone de réception; **report item,** mot de rapport; **sequential item,** article séquentiel; **single-item ejection,** avancement en liste; **sorted item,** article trié; **table item,** élément de table; **terminal item position,** dernière position d'article; **variable-length item,** article de longueur variable; **work item,** élément de travail.

**i t e m i s e d :** *cf* **itemized.**

**i t e m i z e d :** par article.

**i t e r a t e :** **(to),** itérer, répéter.

**i t e r a t i o n :** itération; **iteration factor,** facteur d'itération; **iteration index,** index d'itération, index de répétition; **iteration loop,** boucle d'itération.

**i t e r a t i v e* :** itératif; **iterative addition,** addition itérative; **iterative command,** instruction itérative; **iterative factor,** facteur itératif; **iterative impedance,** impédance itérative, impédance caractéristique; **iterative loop,** boucle itérative; **iterative operation,** opération itérative; **iterative process,** procédé itératif; **iterative routine,** routine d'itération.

**I T R :** isolation test routine, routine de diagnostic.

**I T S :** invitation to send, invitation à transmettre.

**I v e r s o n :** Iverson; **Iverson notation,** notation Iverson.

# J

**jack:** fiche; **banana jack,** fiche banane; **break jack,** jack de rupture; **ground jack,** connecteur de terre; **jack field,** douille de fiche; **jack panel,** tableau de connexions; **jack plug,** fiche de connexion; **jack strip,** barrette de connexions, réglette de prises; **test jack,** jack d'essai; **voltage metering jack,** fiche de mesure de tension.

**j a c k e t:** enveloppe, gaine.

**j a g:** dent de scie.

**j a g g e d:** dentelé, échancré; **jagged line,** ligne dentelée.

**jaggy:** (d'aspect) irrégulier.

**j a m:** bourrage; **card jam,** bourrage de cartes; **card jam detector,** détecteur de bourrage de cartes; **jam circuit,** circuit d'antibourrage; **jam sense bar,** barre de butée; **tape jam,** bande bloquée.

**j a r:** (to), empiler, pousser.

**JCL:** job control language, langage de supervision.

**j e r k:** (to), secouer, pousser, taquer.

**JES:** job entry services, fonction de contrôle des travaux (FCT).

**j e t:** ink jet plotter, traceur à jet d'encre; **ink jet printer,** imprimante à jet d'encre.

**jitter:** sautillement; **phase jitter,** instabilité de phase.

**j o b\*:** travail, exploitation, fonctionnement; **aborted job,** travail abandonné; **active job,** tâche active; **active job execution table,** table réelle des tâches; **advanced stacked job processing,** traitement séquentiel évolué des travaux; **background job,** travail d'arrière-plan, tâche de fond; **basic stacked job processing,** traitement séquentiel simplifié des lots; **batched job,** travail par lots, tâche séquentielle; **batched job entry,** introduction des travaux par lots; **blocked job,** tâche suspendue; **bypassed job,** travaux annulés; **dual job stream version,** version double file; **end of job,** fin de travail; **end-of-job character (EOJ),** caractère de fin de travail; **end-of-job exit,** sortie fin de tâche; **foreground job,** travail de premier plan; **hot job,** travail urgent; **individual job card,** carte individuelle; **input job,** tâche dans une file d'attente; **input job queue,** file d'attente de travaux en entrée; **input job stream,** suite des travaux en entrée; **job & program sequence control,** contrôle des séquences de programme et travaux; **job account file,** fichier de comptabilisation des travaux; **job account listing,** liste de comptabilisation des travaux; **job account log,** journal de comptabilisation des travaux; **job accounting,** comptabilisation des travaux; **job accounting file,** fichier de comptabilisation des travaux; **job accounting interface,** fonction de comptabilisation des travaux; **job accounting report,** journal de comptabilisation des travaux; **job accounting system,** système de comptabilité des travaux; **job analysis,** analyse des tâches; **job assembly,** préparation des travaux; **job batch,** lot de travaux; **job card,** carte paramètre; **job computer,** calculateur de traitement; **job control,** contrôle de travaux; **job control card,** carte de pilotage des travaux; **job control device,** unité de gestion des travaux; **job control file,** fichier de gestion des travaux; **job control language (JCL),** langage de supervision; **job control program,** programme de supervision; **job control statement,** instruction de contrôle de travaux; **job control system,** système de gestion des travaux; **job definition,** définition de travaux; **job description,** description de travaux; **job design,** conception des tâches; **job distribution register,** registre de ventilation des travaux; **job end,** fin des travaux; **job entry,** soumission des travaux; **job entry services (JES),** fonction de contrôle des travaux (FCT); **job entry system,** système de soumission des travaux; **job execution,** exécution des tâches, exécution des travaux; **job execution listing,** listage du déroulement des travaux; **job execution report,** compte-rendu de l'exécution des travaux; **job file,** fichier des travaux; **job flow,** déroulement des travaux; **job flow control,** contrôle du déroulement des travaux; **job identification,** identification de travail; **job identifier,** identificateur des travaux; **job identity,** identification des travaux; **job initiation,** lancement des travaux; **job input,** entrée des travaux; **job input device,** périphérique d'entrée de travaux; **job input file,** fichier d'entrée des travaux; **job input queue,** file d'attente des travaux en entrée; **job input stream,** flux d'entrée des travaux; **job input tape,** bande des entrées de travaux; **job introduction,** introduction des travaux; **job library,** bibliothèque des travaux; **job library update,** mise à jour de la bibliothèque des travaux; **job list,** liste des travaux; **job maintenance,** maintenance des travaux; **job maintenance support zone,** zone support de gestion des travaux; **job management,** gestion des travaux; **job name,** nom de travaux; **job number,** numéro de travail, numéro de tâche; **job occurrence report file,** fichier résultat des travaux; **job order,** bon de commande; **job output,** sortie des travaux; **job output device,** périphérique de sortie; **job output file,** fichier de sortie des résultats; **job output stream,** flot de sortie des résultats; **job priority,** priorité de tâche; **job priority,** priorité des travaux; **job processing control,** contrôle du traitement des tâches; **job processing monitor,** moniteur de traitement de tâches; **job processing system,** système de traitement de travaux; **job queue,** file d'attente des travaux; **job queue item,** article du répertoire des travaux; **job request,** requête de travail; **job restart,** reprise du travail; **job run,** passe d'exécution; **job scheduler,** programmateur de travaux; **job sequencing,** enchaînement de travaux; **job stack,** file de travaux; **job stacking,** pile de travaux, tâches simultanées; **job start,** début des travaux; **job statement,** instruction de travail; **job step,** unité de traitement, étape de travail; **job step execution,** exécution de l'étape de travail; **job step initiation,** lancement de l'étape de travail; **job step restart,** reprise de l'étape de travail; **job step table,** table des étapes de travail; **job step termination,** fin d'étape de travail; **job stream,** flot de travaux, file de travaux; **job stream file,** fichier des files de travaux; **job string,** chaîne de traitement; **job summary record,** bloc de cumul des travaux; **job suspension,** suspension des travaux; **job table,** répertoire des travaux, table des travaux; **job termination,** terminaison des travaux; **job translator,** traducteur de travaux; **job-oriented,** spécialisé travaux; **job-oriented language,** langage spécialisé travaux; **job-oriented terminal,** terminal spécialisé travaux; **known job,** travail identifié; **known job table,** répertoire des travaux identifiés; **latent job,** tâche latente; **master job,** travail pilote, travail principal; **multiple job processing,** traitement multitâche; **one-shot job,** travail unique; **one-time job,** problème unique; **preemptive job,** travail prioritaire; **priority job scheduling,** traitement prioritaire des travaux; **remote job entry (RJE),** saisie des travaux à distance; **remote job processing,** télétraitement des travaux; **remote job processor,** processeur de télétraitement; **sequential stacked job control,** contrôle des séquences de travaux; **single-job environment,** traite-

ment d'un travail individuel; **single-job scheduling,** commande simple de travaux; **single-job stream,** flux de travaux individuels; **stacked job,** lot de travaux; **stacked job processing,** suite des lots de travaux; **unusual end of job,** fin instantanée du traitement des travaux.

**jockey:** jockey; **jockey roller,** galet-guide.

**jog:** (to), taquer.

**jogger:** taqueuse.

**jogging:** taquage.

**joggle:** (to), battre les cartes, aligner des cartes; **joggle plate,** plaque de battage des cartes.

**join:** join (NOR), NON-OU, union, réunion; **join denial (NOR),** opération NON-OU; **join gate (NOR),** porte NON-OU, porte NI; **join operation (NOR),** opération NON-OU, opération NI.

**joint:** ball joint, articulation sphérique; **cold joint,** connexion soudée à froid; **dry joint,** soudure froide; **dry solder joint,** soudure froide; **joint (NOR),** NON-OU, union, réunion; **joint denial,** opération NON-OU, opération NI; **joint denial element,** élément NON-OU, élément NI; **joint denial gate,** porte NON-OU, porte NI; **joint denial operation (NOR),** opération NON-OU, opération NI; **joint information content,** quantité d'information conjointe.

**joker:** caractère de remplacement.

**journal:** journal de bord, livre de consignation; **collector journal,** journal des transactions; **journal teleprinter,** téléimprimeur de contrôle; **transaction journal,** journal des transactions.

**JOVIAL*:** langage JOVIAL.

**joystick*:** manche à balai, manchet.

**juggle:** (to), battre.

**jump*:** branchement, saut; **backward jump,** saut amont, branchement arrière; **conditional jump,** saut conditionnel, branchement conditionnel; **conditional jump instruction,** instruction conditionnelle de saut; **exchange jump,** saut avec permutation; **forward jump,** saut aval, branchement avant; **indirect jump,** saut indirect; **jump (to),** faire un saut, brancher; **jump address,** adresse de saut; **jump function,** fonction de branchement; **jump instruction,** instruction de branchement, instruction de saut; **jump label,** symbole de branchement; **jump level,** niveau de renvoi; **jump operation,** opération de branchement; **program jump,** saut de programme; **unconditional jump,** saut inconditionnel, branchement inconditionnel; **unconditional jump instruction,** instruction de saut inconditionnel.

**jumper:** cavalier; **jumper (to),** brancher; **jumper lead,** cavalier; **jumper wire,** cavalier.

**jumpiness:** instabilité, sautillement.

**junction:** jonction; **cable junction box,** boîtier de connexion de câbles; **collector junction,** jonction collecteur; **junction box,** boîte de dérivation; **junction character,** caractère de dérivation; **junction diode,** diode à jonction; **junction loss,** perte de liaison; **junction temperature,** température de jonction; **junction transistor,** transistor à jonctions.

**justification*:** justification; **automatic justification,** justification automatique; **automatic line justification,** justification automatique des lignes; **hyphenless justification,** cadrage des lignes sans coupure de mots; **left justification,** justification à gauche; **right justification,** justification à droite.

**justified:** justifié, aligné; **justified margin,** marge justifiée; **left hand justified,** justifié à gauche; **left-justified,** justifié à gauche; **right hand justified,** justifié à droite; **right-justified,** justifié à droite.

**justify:** justify (to), justifier; **left justify,** justification à gauche; **left justify (to),** justifier à gauche; **right justify,** justification à droite; **right justify (to),** justifier à droite.

# K

**Kansas\*:** Kansas; **Kansas city standard,** format pour cassette.

**Karnaugh\*:** Karnaugh; **Karnaugh map,** table de Karnaugh.

**Kat:** Kat, Katakana (alphabet); **Kat code,** code Katakana.

**Katakana\*:** Katakana (alphabet).

**keep:** (to), sauvegarder, garder.

**keeper:** cliquet de renvoi.

**kernel\*:** noyau, programme de contrôle résident.

**kernelised:** *cf* **kernelized.**

**kernelized:** avec noyau résident.

**key\*:** clé, index, touche; **N-key rollover,** mémorisation de N frappes de touche; **access key,** clé d'accès; **access key field,** champ d'accès; **actual key,** clé d'accès direct, clé absolue; **add key,** touche d'addition; **add/subtract key,** touche plus/moins; **adding key,** poussoir d'addition; **alphabet key,** touche alphabétique; **alphanumeric key,** touche alphanumérique; **alternate key,** clé auxiliaire, touche secondaire; **arrow key,** touche flèche; **ascending key,** code de tri ascendant; **attention key,** touche d'intervention; **automatic start key,** poussoir marche; **auxiliary key,** clé secondaire, touche auxiliaire; **auxiliary key field,** champ clé auxiliaire; **auxiliary start key,** poussoir de lancement auxiliaire; **backspace key,** touche d'espacement arrière; **break key,** touche d'interruption; **cancel key,** touche d'annulation; **case shift key,** touche d'inversion majuscules/minuscules; **character editing key,** touche d'édition; **check key,** poussoir de contrôle; **cipher key,** clé de chiffre; **collate key,** code d'interclassement; **command key,** touche de contrôle, touche de commande; **command key lock,** touche de blocage des commandes; **concatenated key,** clé secondaire; **continuous skip key,** saut multiple; **control key,** touche de commande; **cursor key,** touche curseur; **dash key,** touche de tiret '-'; **data key,** touche alphanumérique, touche de perforation; **deciphering key,** clé de décryptage; **direct by key,** direct après clé; **direction keys,** touches de direction; **display control key,** touche de commande d'affichage; **distribution key,** clé de répartition; **edit report key,** code de report d'édition; **enter key,** touche de validation; **error reset key,** touche de correction; **escape key,** touche d'échappement; **figure key,** touche numérique; **function key,** touche de fonction; **inquiry key,** commutateur d'interrogation; **interrupt key,** poussoir d'interruption; **invalid key,** touche inopérante; **invalid key condition,** condition de code erronée; **item key,** code de répertoire; **item key area,** zone de codification des articles; **item key parameter,** paramètre de codage d'article; **key (to),** coder, imposer, introduire manuellement; **key address,** adresse d'indicatif; **key bank,** rangée de touches; **key bootstrap,** sous-programme d'amorçage; **key bounce,** rebond de touche; **key button,** touche; **key cap,** cabochon de touche; **key chirp,** signal sonore de frappe; **key control,** commande par touche; **key-controlled,** contrôlé par touche; **key conversion,** conversion de code; **key depression,** pression sur une touche, frappe; **key-driven,** commandé par touche; **key entry,** saisie, entrée au clavier; **key entry area,** zone d'introduction; **key field,** champ clé; **key-in loader,** chargeur à lancement par touche; **key identification,** identification de code; **key in (to),** saisir au clavier, entrer au clavier; **key label,** gravure de touche; **key labeling,** désignation de touche; **key legend,** marquage de touche; **key length,** longueur du mot clé; **key letter,** lettre clé; **key lever,** levier de touche; **key loader,** sous-programme chargeur; **key location,** emplacement du code; **key out of sequence,** erreur séquentielle de clé; **key protection,** protection par clé; **key pulse,** impulsion de touche; **key rate,** vitesse de frappe; **key punch (to),** perforer manuellement; **key retrieval,** recherche par mot clé; **key rollover,** tamponnement du clavier; **key selection,** sélection au clavier; **key-sequenced file,** fichier à codes classifiés; **key sequential access,** accès séquentiel par clé; **key set,** zone de touches; **key sort,** tri interne; **key speed,** vitesse de manipulation; **key stem,** tige de touche; **key storage area,** zone de mémoire des codes; **key stroke,** impact de touche; **key stroke counter,** compteur d'impositions; **key switch,** manipulateur; **key touch,** toucher de clavier; **key touch force,** force de frappe de touche; **key value field,** zone de valeur de clé; **key verification,** contrôle de clé; **key verifier,** vérificatrice à clavier; **key verify,** vérification au clavier; **key word parameter,** paramètre de mot clé; **key-operated switch,** commutateur à clé; **load key,** clé de chargement; **lock key,** touche de verrouillage; **major key,** indicatif majeur; **manual override key,** touche d'effacement; **master key,** code directeur; **memory protect key,** clé de protection mémoire; **minor key,** clé mineure; **multiple keys,** identificateurs identiques; **no-rebound key,** touche antirebond; **operating key,** poussoir de commande; **overlapping operation of keys,** frappe imbriquée; **primary key,** clé principale; **primary key field,** champ clé primaire; **protection key,** clé de protection; **record key,** indicatif d'article; **reference key,** indicatif de référence; **release key,** touche de libération; **repeat key,** touche automatique; **repeat-action key,** touche répétitive; **request key,** touche d'interrogation; **reset key,** touche de restauration; **run-out key,** poussoir de vidage de piste; **search key,** clé de recherche; **secondary key,** indicatif secondaire; **secondary key field,** champ clé secondaire; **selector key,** poussoir d'effacement; **sequencing key,** clé séquentielle; **sequential by key,** séquentiel après indicatif; **shift key,** touche majuscule; **shortcut key,** touche rapide, touche-raccourci; **single-stroke control key,** commande monotouche, contrôle par touche unique; **slave key,** code dérivé; **soft key,** touche de fonction; **sort key,** clé de tri; **sorting key,** clé de tri; **space key,** touche espace; **start key,** touche de mise en route; **start reset key,** touche de remise à zéro; **stop key,** touche d'arrêt; **storage key,** clé (de protection) mémoire; **storage protection key,** indicatif de protection mémoire; **supervisor key,** indicatif de contrôle; **symbolic key,** code symbolique; **tab key,** tabulateur; **tabulate key,** touche de tabulation; **tabulator key (TAB),** touche de tabulation; **telegraph key,** manipulateur; **ten-key board,** clavier de touches numériques; **top-row function keys,** touches de fonctions de haut de clavier; **turn key system,** système clé en main; **typamatic key,** touche à répétition; **type key,** clavier caractères; **undefined key,** touche non attribuée; **unlock key,** touche de déverrouillage; **visibility key,** code d'appel.

**k e y b o a r d :** clavier; **AZERTY keyboard,** clavier AZERTY; **alphabetic keyboard,** clavier alphabétique; **alphanumeric keyboard,** clavier alphanumérique; **auxiliary keyboard,** clavier numérique auxiliaire; **combined keyboard,** clavier combiné; **companion keyboard,** clavier de réserve; **condensed keyboard,** clavier réduit; **data entry keyboard,** clavier de saisie de données; **detachable keyboard,** clavier amovible; **detached keyboard,** clavier séparé; **digital keyboard,** clavier numérique; **expanded keyboard,** clavier agrandi; **input keyboard,** clavier entrée; **inquiry keyboard control,** commande du clavier d'interrogation; **keyboard (to),** saisir au clavier; **keyboard computer,** calculateur de bureau; **keyboard control,** commande de clavier; **keyboard-controlled,** contrôlé par clavier; **keyboard display,** écran-clavier; **keyboard display terminal,** terminal d'affichage à clavier; **keyboard encoder,** codeur de clavier; **keyboard entry,** entrée par clavier; **keyboard input,** introduction au clavier; **keyboard inquiry,** interrogation au clavier; **keyboard inquiry device,** dispositif d'interrogation à clavier; **keyboard layout,** disposition de clavier; **keyboard lock,** verrouillage de clavier; **keyboard locking,** interdiction de clavier; **keyboard lockout,** inhibition de clavier; **keyboard mask,** housse de protection du clavier; **keyboard-operated,** commandé par clavier; **keyboard printer,** imprimante à clavier; **keyboard procedures,** procédures de clavier; **keyboard punch,** perforatrice à clavier; **keyboard request,** appel par clavier, touche d'appel; **keyboard restoring contact,** contact de rappel clavier; **keyboard selection,** sélection par clavier; **keyboard sendreceive (KSR),** clavier expédition/réception (CER); **keyboard substitution,** modification de clavier; **keyboard template,** aide de clavier; **keyboard terminal,** terminal à clavier; **keyboard time out,** verrouillage temporel de clavier; **keyboard transmission,** émission de clavier; **keyboard transmitter,** émetteur à clavier; **live keyboard,** clavier interactif; **live keyboard mode,** mode clavier interactif; **manual keyboard entry,** introduction par clavier; **matrix keyboard,** clavier à sélection matricielle; **numeric keyboard,** clavier numérique; **one-keyboard data capture,** saisie monoclavier; **printer keyboard,** clavier d'imprimante; **programmable keyboard,** clavier programmable; **programmed function keyboard,** clavier spécifique; **programmed keyboard,** clavier programmé; **QWERTY keyboard,** clavier QWERTY; **selection keyboard,** clavier optionnel; **tactile keyboard,** clavier tactile.

**k e y b o a r d i n g :** pupitrage, saisie par clavier.

**k e y e d :** manipulé; **keyed access,** accès par clé; **keyed continuous wave,** ondes entretenues manipulées; **keyed modulation wave,** onde modulée manipulée.

**k e y i n g :** saisie au clavier, frappe, manipulation, modulation; **amplitude shift keying (ASK)**, modulation en saut d'amplitude; **binary phase shift keying (BPSK)**, modulation par déplacement binaire de phase; **frequency shift keying (FSK)**, modulation par déplacement de fréquence; **frequency shift keying transmission**, transmission par déplacement de fréquence; **keying error**, erreur de frappe; **keying error rate**, taux d'erreurs de frappe; **keying speed**, vitesse de frappe; **keying wave**, onde manipulée; **maximum keying frequency**, fréquence de manipulation maximale; **receiver keying**, perforateur récepteur; **two-tone keying**, télégraphie en double tonalité.

**keylock:** verrouillage des touches.

**keyname:** nom de touche (du clavier).

**keypad:** ensemble de touches; **alphabetic keypad**, clavier alpha; **cursornumeric keypad**, pavé numérique et curseur; **customized keypad**, clavier personnalisé; **numeric keypad**, pavé des touches numériques.

**keypunch\*:** perforatrice à clavier.

**keypunching:** perforation.

**keyset:** clavier.

**keystone:** clé de voûte; **keystone effect**, distorsion trapézoïdale.

**keystroke:** frappe de touche; **keystroke (to)**, frapper au clavier.

**keyword:** mot clé; **keyword-in-context index**, mot clé dans son contexte; **keyword macro**, macro de mot clé; **keyword macro definition**, définition du macro de mot clé; **keyword macro instruction**, macro-instruction de mot clé; **keyword parameter**, paramètre de mot clé.

**kick:** expulsion; **kick (to)**, expulser; **one-kick multivibrator**, multivibrateur monocoup.

**kill:** arrêt manuel; **kill (to)**, supprimer, interrompre un travail.

**kilo:** kilo , mille, 1024 (mémoire); **kilo operations per second (KOPS)**, kilo d'opérations par seconde (KOPS).

**kilobaud:** kilobaud, mille bauds.

**kilobit:** kilobit (Kb), 1024 bits.

**kilobyte:** kilo-octet (Ko), 1024 octets.

**kilocycle:** kilocycle (Kc), mille cycles.

**kilomega:** giga, un milliard.

**kinetic:** cinétique.

**kit:** montage, kit; **adapter kit**, kit d'adaptation; **cleaning kit**, nécessaire de nettoyage; **conversion kit**, kit de conversion; **development tool kit**, kit de programmes de développement; **direct connection kit**, élément de connexion directe; **microcomputer kit**, ordinateur à assembler; **repair kit**, trousse de réparation; **tool kit**, trousse d'outillage.

**knack:** truc.

**knife:** couteau; **card feed knife**, couteau d'alimentation de cartes; **feed knife**, pointeau d'entraînement; **knife connector**, connecteur à lames; **knife-edge point**, aiguille en couteau; **picker knife**, couteau d'entraînement; **punch knife**, poinçon.

**knob:** bouton; **control knob**, bouton de contrôle; **locking knob**, bouton de verrouillage; **vernier knob**, bague de réglage précis.

**knock:** coup; **pawl knock-off**, rappel de cliquet.

**knowhow:** savoir-faire, recette, connaissance.

**knowledge:** connaissance; **knowledge base**, base de connaissances.

**known:** connu; **known job**, travail identifié; **known job table**, répertoire des travaux identifiés; **known viruses**, virus connus.

**knuckle:** articulation.

**knurl:** moletage; **knurl (to)**, moleter.

**knurled:** moleté; **knurled screw**, vis moletée.

**kohm:** kohm, kilo-Ohm, mille Ohms.

**KOPS:** kilo operations per second , kilo d'opérations par seconde (KOPS).

**KSR:** keyboard send/receive (KSR), clavier expédition/réception (CER).

# L

label*: étiquette, label, repère; additional label, label additionnel; adhesive label, étiquette adhésive; area label, étiquette de zone; beginning reel label, étiquette de début de bande; beginning-of-file label, repère de début de fichier; beginning-of-tape label, label de début de bande; checkpoint label, libellé de point de reprise; common label item, article d'identification commun; continuation label, libellé de poursuite; data set label, intitulé de structure de données; disk label check code, code de vérification de label disque; dummy header label, label d'en-tête fictif; dummy label, label fictif; end label, label fin; end-of-file label, repère de fin de fichier; end-of-tape label, repère de fin de bande; end-of-volume trailer label, label de fin de bande; ending label, étiquette de fin; ending reel label, label fin de bobine; entry label, étiquette d'entrée; external label, étiquette externe; file ending label, label fin de fichier; file header label, label de début de fichier; file label, étiquette de fichier; file label number, numéro du label de fichier; file trailer label, label fin de fichier; header label, label d'en-tête; header label check, contrôle de label début; identification label, étiquette d'identification; identifying label, étiquette d'identification; input header label, label d'en-tête d'entrée; interior label, label de début; jump label, symbole de branchement; key label, gravure de touche; label (to), étiqueter, référencer, libeller; label area, zone d'étiquetage; label checking, contrôle de désignation; label excess, extension d'étiquette; label exit, sortie d'étiquette; label exit code, code de sortie d'étiquette; label extension, extension d'étiquette; label field, zone d'étiquette; label format, format d'étiquette; label generation, création de label; label group, groupe d'étiquettes; label handling routine, routine de traitement d'étiquettes; label identification, désignation d'étiquette; label identifier, identificateur de label; label indicator, identificateur d'étiquette; label list, liste d'étiquettes; label name, nom d'étiquette; label parameter, paramètre repère; label processing, traitement de labels; label record, enregistrement identificateur; label routine, sous-programme de traitement d'étiquettes; label sector, secteur d'étiquette; label track, piste

d'étiquette; label treatment, traitement d'étiquettes; mailing label, étiquette de publipostage; output header label, label d'en-tête de sortie; output label, label de sortie; output tape header label, label d'en-tête de bande sortie; record label, enregistrement annonce; standard header label, label d'en-tête standard; standard label, étiquette standard; standard tape label, label de bande normalisé; start label, étiquette de début; start-of-tape label, label de début de bande; tab label, étiquette pour imprimante; tape header label, label d'en-tête de bande; tape label, étiquette de bande; tape trailer label, label fin de bande; tape volume label, étiquette de volume de bande; text label, label de texte; trailer label, repère de fin; user header label, label d'en-tête utilisateur; user label, étiquette utilisateur; user trailer label, label de fin utilisateur; user volume label, label d'identification utilisateur; volume header label, label d'en-tête de volume; volume label, label de volume; volume label track, piste de label de volume; volume trailer label, label fin de volume.

labeled: étiqueté, désigné; labeled common, partition de mémoire désignée; labeled common area, partition désignée; labeled common block, partition étiquetée; labeled file, fichier désigné; labeled tag, étiquette désignée.

labeling: étiquetage, annotation, immatriculation; key labeling, désignation de touche; no labeling, sans étiquette.

labelled: cf labeled.

labelling: cf labeling.

lace: lace punching, perforation excédentaire (d'une carte).

laced: dentellé; laced card, carte grillée.

lack: manque.

ladder: échelle, treillis; ladder network, réseau itératif.

lag: décalage; lag (to), déphaser, isoler; lag response, delai de réponse; phase lag, retard de phase; time lag, retard; time lag measurement, chronométrage.

laminar: laminaire.

laminate: stratifié; copper clad laminate, plaque laminée cuivrée; laminate (to), stratifier, niveler.

lamp: lampe; check lamp, lampe de contrôle; fluorescent lamp, lampe fluorescente;

**indicator lamp,** voyant lumineux; **lamp holder,** support de lampe; **midget lamp,** lampe miniature; **signal lamp,** lampe de témoin; **warning lamp,** voyant d'alerte.

**LAN: local area network,** réseau local.

**land:** atterrissage, dépôt conducteur; **land pattern,** modèle de circuit déposé.

**landing:** atterrissage; **landing zone,** zone d'atterrissage.

**language\*:** langage; **C-language,** langage C; **a programming language (APL),** langage de programmation; **absolute language,** langage machine; **advanced language,** langage évolué; **algebraic language,** langage algébrique; **algebraic-oriented language,** langage spécialisé algébrique; **algorithmic language (ALGOL),** langage algorithmique (ALGOL); **application-oriented language,** langage spécialisé d'applications; **applicative language,** langage fonctionnel; **artificial language,** langage artificiel; **assembler language,** langage d'assembleur, langage d'assemblage; **assembly language,** langage assembleur; **assembly language program,** programme d'assemblage; **author language,** langage d'enseignement; **automatic coding language,** langage de programmation automatique; **automatic language processing,** interprétation automatique de langage; **automatic language translation,** traduction automatique de langage; **automatic programming language,** langage de programmation automatique; **basic assembly language (BAL),** langage d'assemblage de base; **basic language,** langage de base; **basic language machine (BLM),** machine à langage de base; **block-structured language,** langage à structure de bloc; **business-oriented language,** langage de gestion; **code language,** langage codé; **command language,** langage de contrôle, langage de commande; **commercial language,** langage d'application commerciale; **common language,** langage commun; **common machine language,** langage de machine commun; **computer language,** langage informatique; **computer simulation language (CSL),** langage de simulation; **computer-dependent language,** langage dépendant du calculateur; **computer-independent language,** langage indépendant du calculateur; **computer-oriented language (COL),** langage adapté aux calculateurs; **computer-sensitive language,** langage propre au calculateur; **conceptual language,** langage conceptuel, d'interrogation; **console command language,** langage de commande de pupitre; **context-free language,** langage

hors du contexte; **context-sensitive language,** langage dans son contexte; **control language,** langage de commande; **conversational language,** langage de dialogue; **CORAL language,** langage CORAL; **data description language (DDL),** langage de description de données; **data manipulation language (DML),** langage de manipulation de données; **design language,** langage d'analyse; **effective language,** langage utile; **end user language,** langage de l'utilisateur final; **external language,** langage extérieur; **formal language,** langage formel; **general-purpose language,** langage d'usage général; **graphical language,** langage graphique; **high-level language,** langage de haut niveau; **high-order language,** langage évolué; **interactive query language (IQL),** langage d'interrogation interactif; **intermediate language,** langage intermédiaire; **international algebraic language (IAL),** langage algébrique international (IAL); **interpretive language,** langage interprétatif; **job control language (JCL),** langage de supervision; **job-oriented language,** langage spécialisé travaux; **language character set,** jeu de caractères liés au langage; **language compiler,** compilateur de langage; **language element,** élément de langage; **language extension,** extension de langage; **language level,** niveau de langage; **language name,** nom de langage; **language preprocessor,** préprocesseur de langage; **language processor,** processeur de langage; **language statement,** instruction de langage; **language teaching,** cours de langue; **language translation,** programme de traduction; **language translator,** traducteur de langages; **list processing language,** langage de traitement de liste; **low-level language (LLL),** langage de bas niveau; **machine language,** langage machine; **machine language code,** code en langage machine; **machine-dependent language,** langage dépendant de la machine; **machine-independent language,** langage indépendant de la machine; **machine-oriented language,** langage adapté à la machine; **mathematical language analysis,** analyse mathématique de langage; **mnemonic language,** langage mnémonique; **musical language,** langage d'aplication musicale; **native assembler language,** langage d'assemblage spécifique; **native language,** langage original; **natural language,** langage naturel; **object language,** langage objet; **object language programming,** programmation en langage machine; **operating language,** langage de système d'exploitation;

**operation control language,** langage de commande des travaux; **operator control language,** langage de commande de l'opérateur; **original language,** langage original; **problem-oriented language,** langage de problématique; **procedural language,** langage de procédures; **procedure-oriented language,** langage procédural; **processing language,** langage de traitement; **program language,** langage du programme; **programming language,** langage de programmation; **programming language 1 (PL/1),** langage de programmation PL/1; **quasi-language,** pseudo-langage; **query language translator,** traducteur de langage d'interrogation; **real-time language,** langage temps réel; **receptor language,** langage de réception; **reference language,** langage de référence; **scientific language,** langage scientifique; **simulation language,** langage de simulation; **source language,** langage source; **source language debugging,** débogage du programme source; **source language program,** programme source; **specification language,** langage de spécification; **stratified language,** langage stratifié; **structured Query Language (SQL),** langage d'extraction de données; **symbolic language,** langage symbolique; **symbolic programming language,** langage de programmation symbolique; **synthetic language,** langage artificiel; **system control language,** langage de système d'exploitation; **system design language,** langage de conception; **system generation language,** langage de génération d'un système; **tabular language,** langage pour table de décision; **target language,** langage cible, langage objet; **threaded language,** langage chaîné; **universal machine language,** langage machine universel; **unstratified language,** langage non stratifié; **user-oriented language,** langage adapté à l'utilisateur; **very high-level language (VHLL),** langage de très haut niveau.

**lap:** recouvrement; **lap (to),** polir.
**laptop:** ordinateur portable; **laptop computer,** ordinateur portable.
**large:** grand; **large card,** carte de grande surface; **large core store (LCS),** mémoire à grande capacité; **large installation,** grande installation; **large scale electronics,** grand système; **large scale integration (LSI),** intégration à grande échelle; **large scale system,** ordinateur de grande puissance; **super large scale integration (SLSI),** intégration à super grande échelle; **very large scale integration (VLSI),** intégration à très grande échelle.

**laser:** laser; **laser beam recording (LBR),** enregistrement par faisceau laser; **laser display,** écran à laser; **laser memory,** mémoire à laser; **laser plotter,** traceur à laser; **laser printer,** imprimante à laser; **laser screen,** écran à laser; **laser storage,** mémoire à laser.
**last:** dernier; **last card indication,** indication dernière carte; **last column contact,** contact dernière carte; **last in,** dernier entré; **last in first out (LIFO),** dernier entré premier sorti; **last major transaction,** dernier mouvement général; **last pass,** dernier passage; **last pass segment,** phase définitive de tri; **last record indication,** indicateur de dernier enregistrement; **last record pointer,** adresse du dernier enregistrement; **last translation (LT),** dernier mouvement (DM).
**latch:** bascule; **edge-triggered latch,** bascule déclenchée par un front; **immediate latch,** bascule à verrouillage immédiat; **input latch,** coupleur d'entrée; **latch (to),** verrouiller; **latch circuit,** circuit de verrouillage; **latch contact,** contact de verrouillage; **latch relay,** relais de blocage; **latch ring,** anneau de blocage; **latch trip,** languette de verrouillage; **latch trip coil,** bobine de relais de verrouillage; **magnetic latch,** loqueteau magnétique; **output latch,** coupleur de sortie; **platen latch,** loquet de verrouillage du cylindre d'impression.
**latched:** basculé, verrouillé; **latched bus,** bus verrouillé.
**latching:** verrouillage, basculement; **latching circuit,** circuit de verrouillage; **latching contact,** maintien de contact.
**latency:** latence, temps d'attente; **average latency,** temps d'accès moyen; **latency time,** temps de latence; **minimum latency code,** code à temps d'exécution minimal; **minimum latency programming,** programmation à temps d'exécution minimal.
**lateral:** latéral; **lateral area,** zone latérale; **lateral check,** contrôle latéral; **lateral parity,** parité transversale; **lateral play,** jeu latéral.
**lattice:** treillis; **lattice network,** réseau maillé; **lattice structure,** structure en réseau; **lattice wound coil,** enroulement en nid d'abeille.
**law:** loi; **cosine law,** théorème de cosinus; **square law characteristic,** caractéristique quadratique.
**layer:** couche; **application layer (ISO),** couche d'application (ISO); **barrier layer,** couche d'arrêt, couche de blocage; **base layer,** couche de base; **boundary layer,** couche limite; **data link layer (ISO),** couche

de liaison de données (ISO); **epitaxial layer,** couche épitaxiale; **four-layer diode,** diode trijonction; **layer reader sorter,** lieuse-trieuse; **layer type resistor,** résistance à couche; **magnetic layer,** couche magnétique; **network layer (ISO),** couche de réseau (ISO); **oxide layer,** couche d'oxyde; **physical layer (ISO),** couche physique (ISO); **physical layer interface,** interface de la couche physique; **physical layer protocol,** protocole de la couche physique; **presentation layer (ISO),** couche de présentation (ISO); **session layer (ISO),** couche de session (ISO); **software layer,** couche de logiciel; **transport layer (ISO),** couche de transport (ISO); **transport software (ISO layer),** logiciel de couche de transport; **winding layer,** nappe d'enroulement.

**laying:** couche; **cable laying list,** liste des points de câblage; **cable laying plan,** plan de câblage.

**layout:** implantation, disposition, agencement; **area layout,** implantation de zone; **circuit layout,** disposition de circuits; **data layout,** format de données; **file layout,** organisation de fichier, disposition de fichier; **keyboard layout,** disposition de clavier; **layout character,** caractère de mise en page; **layout file,** organisation de fichier; **layout instruction,** instruction de mise en page; **layout procedure,** procédure d'implantation; **layout record,** enregistrement descriptif; **layout sheet,** imprimé; **pinout layout,** brochage; **printer layout,** mise en forme du listage; **record layout,** structure d'enregistrement; **report layout chart,** modèle de présentation d'état; **screen layout,** agencement d'écran; **system layout,** structure de système; **track layout,** topogramme de piste.

**LBN:** logical block number, numéro de bloc logique.

**LBR:** laser beam recording, enregistrement par faisceau laser.

**LCD:** liquid crystal display, affichage à cristaux liquides.

**LCS:** large core store, mémoire à grande capacité.

**lead:** conducteur; **assembly lead time,** temps d'assemblage; **axial lead,** sortie axiale; **battery lead,** batterie au plomb; **beam lead,** conducteur-poutre; **contact lead,** fil de contact; **ground lead,** connexion de masse; **jumper lead,** cavalier; **lead time,** délai d'obtention; **phase lead,** avance de phase; **test lead,** ficelle de test; **transistor lead,** connexion de transistors; **vendor lead time,** délai de livraison; **wire lead,** raccord à fil.

**leader:** amorce de bande, article en-tête;

**file leader,** amorce de fichier sur bande; **file leader record,** enregistrement d'ouverture de fichier; **leader record,** enregistrement en-tête; **leader routine,** routine amorce; **magnetic tape leader,** amorce de début de bande magnétique; **punched leader,** en-tête de bande perforée; **tape leader,** amorce de bande.

**leading:** interlignage; **Y-edge leading,** alimentation 12 en tête; **card leading edge,** bord avant de carte; **leading character,** caractère de tête; **leading edge,** bord avant, espace en-tête de mot; **leading end tape,** début de bande; **leading fill,** remplissage de gauche; **leading graphics,** caractère d'entête; **leading zeroes,** zéros de tête; **nine edge leading,** neuf en-tête; **tape leading end,** début de bande.

**leaf*:** feuille.

**leak:** fuite; **leak resistor,** résistance de fuite.

**leakage:** fuite; **leakage current,** courant de fuite; **leakage induction,** induction de fuite; **reverse leakage,** courant de fuite inverse.

**leapfrog*:** saute-mouton; **leapfrog program,** programme test saute-mouton; **leapfrog test,** test saute-mouton, test sélectif.

**learning:** apprentissage; **computer-augmented learning (CAL),** enseignement automatisé; **computer-based learning (CBL),** éducation informatisée; **learning machine,** machine autodidacte; **learning model,** modèle de formation; **learning sequence,** séance de cours; **machine learning,** apprentissage automatique; **programmed learning,** enseignement programmé; **text learning tool,** outil didactique textuel; **theory of learning,** théorie d'enseignement.

**lease:** lease contract, contrat de location; **temporary lease,** location temporaire.

**leased:** loué; **leased circuit,** ligne louée; **leased facility,** ligne spécialisée; **leased line,** ligne louée; **leased line network,** réseau de lignes spécialisées; **leased telegraph network,** réseau télex spécialisé; **point-to-point leased line,** liaison fixe point à point.

**leasing:** location; **leasing equipment,** matériel de location.

**least:** moindre; **least frequently used memory (LFU),** mémoire la moins utilisée; **least significant (LS),** poids faible; **least significant bit (LSB),** bit le moins significatif; **least significant bit position,** position binaire de poids faible; **least significant character,** caractère de plus faible poids; **least significant digit,** digit le moins significatif, digit de droite; **least square analysis,** méthode d'analyse des moindre carrés; **least term**, élément de poids faible.

**l e a v e : leave blank (to)**, laisser en blanc.

**LED: led display**, affichage à diodes électroluminescentes; **led readout**, afficheur à diodes électroluminescentes; **light-emitting diode (LED)**, diode électroluminescente.

**l e d g e r :** livre de comptes; **ledger card**, carte-compte; **ledger tape**, bande journal; **magnetic ledger card**, carte de compte magnétique; **magnetic ledger card computer**, ordinateur de comptes magnétiques; **magnetic ledger card sorting machine**, lecteur automatique de comptes magnétiques; **magnetic ledger memory**, mémoire de comptes magnétiques; **magnetic ledger unit**, unité de comptes magnétiques.

**l e f t :** gauche; **automatic left zero verification**, autovérification des zéros cadrés à gauche; **flushed left**, justifié à gauche; **left-adjusted**, cadré à gauche; **left-aligned**, cadré à gauche; **left arrow**, flèche gauche; **left brace**, accolade d'ouverture '{'; **left hand address**, adresse de début; **left hand justified**, justifié à gauche; **left hand zero**, zéro cadré à gauche; **left justification**, justification à gauche; **left-justified**, justifié à gauche; **left justify**, justification à gauche; **left justify (to)**, justifier à gauche; **left margin**, marge de gauche; **left most**, extrême gauche; **left most position**, rang de poids fort; **left oblique**, barre oblique gauche; **left octet address**, adresse alignée à gauche; **left parenthesis**, parenthèse gauche '('; **left part**, partie gauche; **left scroll arrow**, flèche gauche de défilement; **left shift**, décalage à gauche; **left square bracket**, crochet d'ouverture '['; **left zero print**, impression de zéros à gauche; **left-end bit**, bit de gauche; **ragged left**, décalé à gauche.

**l e g :** branche de circuit.

**l e g a l :** légal.

**l e g e n d :** légende, inscription, explication; **key legend**, marquage de touche, correspondance des touches.

**l e g i b l e :** lisible; **legible input**, entrée lisible; **legible output**, sortie lisible.

**l e m m a :** lemme, proposition.

**l e n g t h :** longueur; **average search length**, durée moyenne de recherche; **bit length specification**, spécification de la longueur de bit; **block length**, longueur de bloc; **block length field**, zone de longueur de bloc; **cable length**, longueur de câble; **character length**, largeur de caractère; **data field length**, longueur de champ des données; **data length**, longueur de données; **data length counter**, compteur de longueur

de données; **data word length**, longueur du mot de données; **double-length accumulator**, accumulateur à double longueur; **double-length arithmetic**, calcul en double longueur; **double-length word**, mot double, mot en double longueur; **double-length number**, nombre en double précision; **double-length register**, registre double; **equal length code**, code à moments; **explicit length**, longueur explicite; **field length**, longueur de zone; **field length check**, contrôle de longueur de zone; **fixed length**, longueur fixe; **fixed-block length**, longueur de bloc fixe; **fixed-information length**, information de longueur fixe; **fixed-length computer**, ordinateur à mots de longueur fixe; **fixed-length field**, zone de longueur fixe; **fixed-length format**, format de longueur fixe; **fixed-length item**, enregistrement à longueur fixe; **fixed-length operand**, opérande de longueur fixe; **fixed-length record**, enregistrement de longueur fixe; **fixed-length segment**, segment de longueur fixe; **fixed-length word**, mot de longueur fixe; **fixed-point word length**, longueur de mot à virgule fixe; **fixed-record length**, longueur de bloc fixe; **fixed-word length**, longueur de mot fixe; **gap length**, grandeur d'espace; **implied length**, longueur implicite; **incorrect length**, longueur erronée; **input block length**, longueur du bloc d'entrée; **input record length**, longueur de bloc d'entrée; **instruction length**, longueur d'instruction; **instruction length counter**, compteur de longueur d'instruction; **item length parameter**, paramètre de longueur d'article; **key length**, longueur du mot clé; **length attribute**, attribut de longueur; **length code**, code de longueur; **length entry**, indicateur de longueur; **length error**, erreur de longueur; **length modifier**, facteur de longueur; **length record word**, mot de longueur d'article; **length specification**, spécification de longueur; **logical record length**, longueur d'enregistrement logique; **machine word length**, longueur du mot machine; **magnetic tape length**, longueur de bande magnétique; **maximum length**, longueur maximale; **medium length**, longueur moyenne; **minimum length**, longueur minimale; **multiple length**, multilongueur; **multiple length arithmetic**, calculateur multiprécision; **multiple length number**, opérande multimot; **multiple length working**, traitement en multilongueur de mot; **optimum block length**, longueur de bloc optimale; **output block length**, longueur du bloc de sortie; **output record length**, longueur de l'article sortant; **overall length**, longueur hors tout; **page length**, longueur de page; **page length setting,** définition de la longueur de page; **program length,** longueur de programme; **pulse length,** durée d'impulsion; **pulse length modulation,** modulation d'impulsions en durée; **quadruple length register,** registre quadruple; **real length,** longueur réelle; **record length,** longueur d'enregistrement; **record length field,** zone de longueur de bloc; **register length,** longueur de registre; **semifixed length record,** enregistrement semi-fixe; **short length table,** table à longueur réduite; **single-length working,** travail en simple mot; **string length,** longueur de chaîne; **tape length,** longueur de bande; **track length,** longueur de voie; **triple-length register,** registre en triple longueur; **triple-length working,** travail en triple longueur; **usable line length,** longueur utile de ligne; **variable length,** longueur variable; **variable-block length,** longueur de bloc variable; **variable-field length,** longueur de champ variable; **variable-length block,** bloc de longueur variable; **variable-length field,** champ de longueur variable; **variable-length item,** article de longueur variable; **variable-length mantissa,** mantisse de longueur variable; **variable-length overflow,** dépassement de longueur variable; **variable-length record,** enregistrement de longueur variable; **variable-length record file,** fichier à enregistrements variables; **variable-length segment,** segment de longueur variable; **variable-record length,** longueur variable d'article; **variable-word length,** longueur de mot variable; **word length,** longueur de mot.

**less:** moins; **less than (LT),** plus petit que '<'; **less than or equal to (LE),** plus petit que ou égal à; **less than sign,** signe inférieur à '<'.

**letter:** lettre; **accented letter,** lettre accentuée; **alphabetic letters,** lettres alphabétiques; **capital letter,** lettre capitale, lettre majuscule; **dummy letter,** lettre fictive; **key letter,** lettre clé; **letter chain,** chaîne de caractères lettre; **letter out (to),** supprimer; **letter quality,** qualité courrier; **letter sorting,** tri de courrier; **letter string,** suite de lettres; **letters shift (LTRS),** inversion lettres-chiffres; **lower case letter,** lettre en bas de casse, minuscule; **near letter quality (NLQ),** proche de la qualité courrier; **raised letter,** lettre en relief; **upper case letter,** lettre en haut de casse, majuscule.

**level*:** niveau; **N-level,** à N moments; **N-level addressing,** adresse à n-niveaux; **N-level code,** code à N moments; **TTL level,** niveau TTL; **acceptable quality level (AQL),** niveau de qualité acceptable; **access level,** niveau d'accès; **activity level,** niveau de mouvement; **address level,** niveau de commande; **address level directive,** instruction de niveau d'adressage; **addressing level,** niveau d'adressage; **aggregate level,** niveau d'ensemble; **allocation level,** niveau d'allocation; **ambient noise level,** niveau de bruit ambiant; **availability level,** niveau de disponibilité; **average effectiveness level,** degré d'efficacité; **blanking level,** niveau de blocage; **board level diagnostic,** microdiagnostic; **carrier noise level,** niveau de bruit de porteuse; **catalog level,** niveau de catalogue; **change level,** niveau de changement, niveau de modification; **chip level diagnosis,** diagnostic au niveau du circuit; **circuit noise level,** niveau de bruit d'un circuit; **confidence level,** niveau de fiabilité; **control level,** niveau de contrôle, étage de contrôle; **control level indicator,** indicateur d'étage de contrôle; **crosstalk level,** niveau de diaphonie; **data level,** niveau de données; **device level interface,** interface de liaisons périphériques; **directory one level up,** répertoire parent; **eight-level,** niveau à 8 moments; **elementary level,** niveau élémentaire; **engineering level,** niveau technique; **entry level,** niveau de saisie; **first-level address,** adresse de bas niveau; **first-level memory,** mémoire de premier niveau; **five-level tape,** bande perforée à 5 moments; **graduated level,** échelonnement de priorité, degré de priorité; **grey levels,** niveaux de gris; **group level,** niveau de groupe de données; **high-level data link control (HDLC),** procédure de commande de liaison de données; **high-level amplifier,** amplificateur à grand gain; **high-level language,** langage de haut niveau; **high-level signal,** signal à niveau élevé; **higher level,** niveau élevé; **index level,** niveau d'indice; **input edit level,** contrôle d'introduction; **interference level,** niveau des perturbations; **interrupt level,** niveau d'interruption; **jump level,** niveau de renvoi; **language level,** niveau de langage; **level converter,** convertisseur de niveau; **level detector,** détecteur de niveau; **level indicator,** indicateur de niveau; **level number,** numéro de niveau; **level of activity,** niveau d'activité; **level of addressing,** niveau d'adressage; **level of availability,** niveau de disponibilité; **level of index,** niveau d'indice; **level of process,** niveau de processus; **level of program,** niveau de programme; **level of qualification,** niveau de qualification; **level out (to),** ajuster horizontalement; **level regulation,** régulation de niveau; **level regulator,** régulateur de niveau; **level sense,** niveau de balayage;

**library level,** niveau de bibliothèque; **line level,** niveau ligne; **logic level,** niveau logique; **logical access level,** niveau logique d'adresse; **logical level,** niveau logique; **low level,** faible niveau; **low-level language (LLL),** langage de bas niveau; **low-level signal,** signal de bas niveau; **machine level programming,** programmation directe; **nesting level,** niveau d'imbrication; **noise level,** niveau de bruit; **object-level program,** programme objet; **one-level address,** adresse à un niveau; **one-level addressing,** adressage à un niveau; **one-level code,** encodage de premier niveau, encodage machine; **one-level subroutine,** sous-programme à un niveau; **overload level,** niveau de surcharge; **performance level,** niveau de performance, taux de rendement; **physical access level,** niveau d'accès réel; **power level,** niveau de puissance; **priority level,** niveau prioritaire; **process level,** niveau de processus; **program level,** niveau de programme; **protection level,** niveau de protection; **qualification level,** niveau de qualification; **quantization level,** niveau de quantification; **reference level,** niveau de référence; **register-transfer level,** au niveau de transfert des registres; **relative transmission level,** niveau de transmission relatif; **release level,** niveau de mise à jour; **report group level,** niveau de rapport; **revision level,** niveau de révision; **second-level address,** adresse à opérande complexe; **seven-level code,** code à sept positions; **seven-level tape,** bande perforée à 7 moments; **signal level,** échelle de signalisation; **signaling level,** niveau de signalisation; **single-level address,** adresse de niveau simple; **six-level tape,** bande perforée à 6 moments; **statement level,** niveau d'une instruction; **storage level,** niveau d'enregistrement; **string level access,** niveau d'accès à la chaîne de caractères; **system level,** niveau de système; **tape level,** niveau de bande; **transmission level,** niveau de transmission; **trigger level,** niveau de déclenchement; **two-level addressing,** adressage à deux niveaux; **two-level password,** double mot de passe; **two-level password entry,** entrée à double mot de passe; **two-level storage,** mémoire à deux niveaux; **two-level subroutine,** sous-programme à deux niveaux; **very high-level language (VHLL),** langage de très haut niveau; **voice level indicator,** indicateur de niveau optique; **zero level addressing,** adressage de premier niveau; **zero-level address,** adresse de niveau zéro.

**lever:** levier; **balance lever,** levier de compensation; **card lever,** levier de carte; **detent lever,** levier de détente; **interlock lever,** cliquet de verrouillage; **key lever,** levier de touche; **lever angle,** lyre; **lever shaft,** levier; **margin set lever,** levier de réglage marginal; **operating lever,** levier de commande; **pawl release lever,** levier de déclenchement de cliquet; **pinch lever,** levier pinceur; **positioning lever,** levier de positionnement; **release lever,** levier de libération; **ribbon reverse lever,** levier de commande du ruban encreur; **skip lever,** levier de tabulation; **switch lever,** levier de commutation.

**lexical:** lexical; **lexical analysis,** analyse lexicale; **lexical token,** entité lexicale; **lexical unit,** unité lexicale.

**lexicographic:** lexicographique.

**lexicographical:** lexicographique; **lexicographical order,** ordre lexicographique; **lexicographical power,** puissance lexicographique.

**LFU:** least frequently used memory, mémoire la moins utilisée.

**liability:** responsabilité; **fault liability,** sujet à des dérangements.

**libname:** nom de bibliothèque.

**librarian:** bibliothécaire, gestionnaire de bibliothèque; **file librarian,** bibliothécaire de fichiers; **librarian program,** programme bibliothécaire; **system librarian,** bibliothécaire du système; **tape librarian,** bibliothécaire de bandes.

**library\*:** bibliothèque; **alternate library,** bibliothèque de réserve; **application library,** bibliothèque d'applications; **automatic library lookup,** consultation automatique de bibliothèque; **back-up library,** bibliothèque de sauvegarde; **compilation unit library,** bibliothèque des modules de compilation; **core image library,** bibliothèque image-mémoire; **data library,** bibliothèque de données; **direct access library,** bibliothèque à accès direct; **disk library,** bibliothèque de disquettes; **graphics library,** graphithèque; **icon library,** bibliothèque d'icônes; **input/output library,** bibliothèque d'entrées/sorties; **job library,** bibliothèque des travaux; **job library update,** mise à jour de la bibliothèque des travaux; **library area,** zone de bibliothèque; **library automation,** bibliothèque automatisée; **library call,** appel à la bibliothèque; **library copy tape,** bande bibliothèque; **library file,** fichier bibliothèque; **library file update routine,** routine de mise à jour de fichiers-bibliothèque; **library handler,** gestionnaire de bibliothèque; **library handling,** traitement de bibliothèque; **library identifier,**

identificateur de bibliothèque; **library index,** index bibliothécaire; **library level,** niveau de bibliothèque; **library maintenance,** maintenance de bibliothèque; **library maintenance routine,** programme de gestion de bibliothèque; **library name,** nom de bibliothèque; **library program,** programme de bibliothèque; **library routine,** routine de bibliothèque; **library search,** recherche en bibliothèque; **library search sequence,** séquence de recherche en bibliothèque; **library section,** partie de bibliothèque; **library subroutine,** sous-programme de bibliothèque; **library tape,** bandothèque; **library tape,** bibliothèque sur bande; **library track,** piste de référence; **library unit,** élément de bibliothèque; **link library,** bibliothèque de liens; **load library,** bibliothèque de chargeurs; **load library tape,** bande bibliothèque de chargement; **load library update,** mise à jour de la bibliothèque chargeur; **load module library,** bibliothèque de modules de chargement; **macroinstruction library,** bibliothèque macros; **macroroutine library,** macrobibliothèque; **magnetic tape library,** bibliothèque sur bande magnétique; **master library tape,** bande bibliothèque pilote; **object library,** bibliothèque objet; **object module library,** bibliothèque des modules objet; **output library,** bibliothèque de sortie; **permanent library,** bibliothèque permanente; **private library,** bibliothèque utilisateur; **procedure library,** bibliothèque de procédures; **program library,** bibliothèque de programmes, programmathèque; **relocatable library,** bibliothèque des programmes translatables; **routine library,** bibliothèque de routines; **source library,** bibliothèque des sources; **source program library,** bibliothèque de programmes source; **source statement library,** bibliothèque langage d'origine; **subroutine library,** bibliothèque de sous-programmes; **symbolic library tape,** bande bibliothèque symbolique; **system library,** programmathèque système; **system library file,** fichier de bibliothèque système; **system load library tape,** bande bibliothèque système; **systems library,** bibliothèque des systèmes; **tape library,** bibliothèque de bandes; **teachware library,** didacthèque; **template library,** bibliothèque d'abaques; **temporary library,** bibliothèque provisoire; **transient library,** bibliothèque de travail; **user library,** bibliothèque des programmes utilisateur.

**license:** licence; **software license,** licence d'utilisation du logiciel.

**life:** vie; **acceptable mean life,** durée de vie moyenne acceptable; **extended life span,** à vie plus étendue; **extented system life span,** système à vie plus étendue; **head life,** durée de vie de la tête; **life cycle,** longévité; **life expectancy,** espérance de vie; **life size,** grandeur naturelle; **life test,** essai de longévité; **mean life,** longévité moyenne; **physical life,** longévité; **shelf life,** durée de conservation; **useful life,** durée de vie.

**LIFO:** DEPS; **LIFO list,** liste inversée, liste refoulée, pile inverse; **LIFO register,** registre DEPS; **last in first out (LIFO),** dernier entré premier sorti.

**lift:** ascenseur; **carriage lift mechanism,** mécanisme de soulèvement de chariot.

**lifter:** ascenseur; **card lifter,** languette de saut; **skip lifter,** actionneur de saut.

**light:** lumière; **bit display light,** voyant d'affichage de bits; **carry light,** voyant indicateur de cheminement; **checking light,** voyant de contrôle; **display light,** voyant, lampe témoin; **error light,** voyant de contrôle d'erreur; **error sense light,** voyant de contrôle d'erreur; **file error light,** indicateur d'erreurs d'enregistrement; **high light,** attribut vidéo; **indicator light,** voyant de signalisation; **light beam,** pinceau lumineux; **light bulb,** ampoule; **light button,** touche virtuelle; **light cell,** point lumineux; **light dot,** point lumineux; **light-emitting diode (LED),** diode électroluminescente; **light gun,** stylet lumineux; **light indicator,** voyant; **light line,** trait fin; **light pen,** crayon optique; **light pen detection,** détection par photostyle; **light pen hit,** détection par photostyle; **light pencil,** crayon optique; **light-sensitive,** sensible à la lumière; **light source,** source lumineuse; **light switch,** poussoir lumineux; **light threshold,** seuil de luminosité; **light wave,** onde lumineuse; **pilot light,** lampe témoin; **proceed light,** lampe témoin du déroulement; **ready light,** voyant prêt; **request light,** voyant d'appel; **signal light,** voyant lumineux.

**lighted:** allumé, illuminé; **lighted display,** affichage lumineux.

**limen:** seuil; **absolute limen,** seuil absolu.

**limit:** limite; **alphabetic field limit,** limitation de zone alphabétique; **area limit,** limite de zone; **array size limit,** grandeur maximale de matrice; **confidence limit,** limite de sécurité; **error limit,** limite d'erreur; **file limit,** limite de fichier; **hard clip limit,** limite matérielle; **input limit,** limite d'introduction; **interval limits,** limites d'intervalle; **limit check,** contrôle appliqué aux limites; **limit comparator,** comparateur de vraisemblance; **limit frequency,** fréquence limite; **limit of a function,** limite d'une fonction; **limit of travel,** fin de course; **limit of value,** valeur limite; **limit priority,** priorité limitée; **limit switch,** interrupteur limiteur; **limit value monitor,** contrôleur de valeurs limites; **low bottom limit,** limite inférieure; **lower limit,** limite inférieure; **page limit,** limite de page; **parameter limit,** borne de paramètre; **segment limit clause,** indication de limitation de segment; **soft limit clip,** limite logicielle; **time limit switch,** interrupteur horaire; **upper limit,** limite supérieure.

**limitation:** limitation; **band limitation,** limitation de bande; **line limitation,** limitation de ligne; **time limitation,** limitation temporelle.

**limited:** limité; **band-limited channel,** canal à bande limitée; **compute-limited,** limité par le temps de calcul; **computer-limited,** limité par le calculateur; **input-limited,** limité par l'entrée; **input/output-limited,** limité par les entrées/sorties; **limited ASCII,** sous-ensemble du code ASCII; **limited private type,** type privé limité; **output-limited,** limité par la sortie; **peripheral-limited,** limité par le périphérique; **processor-limited,** limité par le processeur; **tape-limited,** limité par la bande.

**limiter\*:** limiteur; **acceleration limiter,** limitateur d'accélération; **audio frequency peak limiter,** limiteur basse fréquence; **bridge limiter,** limiteur en pont; **diode limiter,** limiteur à diodes; **limiter circuit,** circuit limiteur; **overspeed limiter,** limiteur de survitesse.

**line\*:** ligne, ligne de transmission; **B-line,** registre d'index; **access line,** ligne d'accès; **acoustic delay line,** ligne à retard acoustique; **action line,** ligne d'intervention; **active line,** ligne en activité; **additional line,** poste supplémentaire; **alternate trunk line,** ligne de réserve; **analog line driver (ALD),** amplificateur d'attaque de ligne; **artificial line,** ligne artificielle; **artificial transmission line,** ligne de transmission artificielle; **audio line,** ligne acoustique; **automatic line justification,** justification automatique des lignes; **automatic line spacing,** interlignage automatique; **automatic printing line selection,** sélection automatique des lignes d'impression; **balanced line,** ligne symétrique; **bar line printer,** imprimante à barres; **base line,** ligne de base, ligne de zéro; **between line entry,** intrusion passive; **blank line,** ligne inutilisée; **body line,** ligne imprimée; **border line,** limite de séparation; **broadband line,** ligne à bande large; **bus line,** connexion de bus, réseau de connexions; **busy line,** ligne occupée; **called line identification,** identification du poste appelé; **calling line identification,** identification du poste appelant; **center line,** ligne médiane; **character center**

**line,** axe vertical d'un caractère; **character reference line,** axe de référence de caractère; **character spacing reference line,** axe de référence d'espacement de caractère; **closing line,** ligne de fermeture; **code line,** ligne de code; **coding line,** ligne de codage; **comment line,** ligne commentaire; **communication line,** ligne de transmission; **connecting line,** ligne de connexion, circuit de connexion; **continuation line,** ligne suite, ligne de prolongation; **continued line,** ligne de prolongation, ligne suite; **continuous line recorder,** enregistreur de courbes; **contour lines,** lignes de même hauteur; **controlled line,** ligne contrôlée; **current line,** ligne en cours; **dashed line,** ligne en tirets; **data bus line,** ligne collectrice de données; **data line,** canal de transmission, voie de transmission; **data transmission line,** ligne de transmission de données; **data-in line,** ligne d'entrée des données; **data-out line,** ligne de sortie des données; **dedicated line,** ligne spécialisée; **delay line,** ligne à retard; **delay line memory,** mémoire à propagation; **delay line register,** registre dynamique, registre à circulation; **delay line shift register,** registre à ligne à retard; **delay line storage,** mémoire à ligne à retard, mémoire à propagation; **delay line store,** mémoire à ligne à retard; **detail line,** ligne détail; **dial communications lines,** réseau de télécommunications public; **dial line,** ligne sélective; **directory line,** ligne de table; **display line,** ligne de balayage, ligne d'affichage; **dot-and-dash line,** trait mixte; **dotted line,** trait pointillé; **double line shift register,** registre à décalage double; **down line,** canal direct; **down-line load,** téléchargement; **down-line loading,** téléchargement; **dual-in-line package (DIL),** boîtier à double rangée connexions; **edit line mode,** édition en mode ligne; **electromagnetic delay line,** ligne à retard électromagnétique; **end line,** ligne de fin; **end of line,** fin de ligne; **end-of-line character (EOL),** caractère de fin de ligne; **even-numbered scan line,** ligne de balayage paire; **expanded code line,** ligne de codification variable; **field line,** ligne de force; **fixed-line posting,** positionnement fixe des lignes imprimées; **flow line,** ligne de flux; **flux line,** ligne de champ; **four-line binary code,** code binaire tétradique; **four-line binary coding,** codification tétradique; **fraction line,** ligne de fraction; **guide line,** vote de transport; **header line,** ligne d'en-tête; **hidden line,** ligne cachée; **hidden line removal,** élimination des lignes cachées; **high-speed line,** ligne à débit élevé; **highest priority interrupt line,** ligne à priorité absolue; **hit-on-the-line,** ligne ouverte; **hot line,** ligne à grande activité; **idle line,** ligne libre; **in-line,** en ligne, connecté; **in-line coding,** codage simultané; **in-line data processing,** traitement de données interactif; **in-line processing,** traitement en ligne; **in-line subroutine,** programme en séquence; **indented line,** ligne en alinéa, ligne en retrait; **infinite line,** ligne infinie; **inhibit line,** ligne de blocage; **initial line,** ligne de début; **item header line,** ligne d'en-tête d'article; **jagged line,** ligne dentelée; **leased line,** ligne louée; **leased line network,** réseau de lignes spécialisées; **light line,** trait fin; **line adaptation,** adaptation de ligne; **line adapter,** adaptateur de ligne; **line adapter set,** raccordement de lignes; **line adapter unit,** unité d'adaptation de ligne; **line adaptor,** adaptateur de ligne; **line addressing,** adressage de ligne; **line advance,** saut de ligne; **line advance order,** commande de saut de ligne; **line blanking period,** durée de la suppression ligne; **line blanking time,** durée de suppression ligne; **line buffer,** tampon de ligne; **line concentration,** concentration de lignes; **line concentrator,** concentrateur de lignes; **line connector cord,** cordon secteur souple; **line control architecture,** procédure de transmission; **line control block,** bloc de contrôle de lignes; **line control character,** caractère de terminaison; **line control code,** code de contrôle de ligne; **line control computer,** ordinateur de contrôle de lignes; **line control discipline,** procédure de contrôle de lignes; **line control signal,** signal de commande de ligne; **line cord,** cordon d'alimentation; **line correction,** correction d'erreur de ligne; **line correction release,** libération de ligne après correction; **line counter,** compteur de lignes; **line current,** courant secteur; **line data channel,** canal de télétraitement; **line deletion character,** caractère d'effacement de ligne; **line density,** densité de lignes; **line dialing,** sélection de ligne; **line discipline,** procédure de transmission; **line distribution pattern,** répartition des lignes, lignage; **line drawing set,** jeu de caractères semi-graphiques; **line drawn form,** bordereau formaté; **line driver,** amplificateur de ligne; **line expansion,** extension de ligne; **line feed (LF),** saut de ligne; **line feed character,** caractère interligne; **line feed code,** code de saut de ligne; **line field,** zone de lignes; **line finder,** dispositif de repérage de ligne; **line finder mark,** repère de ligne; **line finding,** repérage de ligne; **line frequency,** fréquence ligne; **line grouping,** lignes groupées; **line impedance,** impédance de ligne; **line indicator,** indicateur de ligne; **line integral,** équation des lignes; **line interface,** interface ligne; **line level,** niveau ligne; **line limitation,** limitation de ligne; **line load,** charge de ligne; **line loop,** ligne d'extension; **line loop operation,** traitement en transmission; **line loss,** perte en ligne; **line noise,** bruit de ligne; **line number,** numéro de ligne; **line numbering,** numérotation de lignes; **line occupancy,** occupation de ligne; **line position register,** registre de position de ligne; **line posting,** positionnement de ligne; **line preselector,** préséleur de ligne; **line printer,** imprimante ligne; **line printer buffer,** tampon d'imprimante à lignes; **line printing,** impression par ligne; **line program impulse,** signal d'appel de ligne; **line protocol,** protocole de transmission; **line receiver,** coupleur de ligne; **line scan generator,** générateur de signaux balayage ligne; **line scan start,** départ de balayage ligne; **line scanning,** balayage de ligne; **line section,** tronçon de ligne; **line selection feature,** dispositif de sélection de ligne; **line selector,** sélecteur de ligne; **line separation,** interlignage; **line sequence number,** numéro de ligne; **line skew,** inclinaison de ligne; **line skip,** saut de ligne; **line skipping,** saut de ligne; **line space,** espace entre lignes; **line space ratchet,** rochet de commande d'interligne; **line space switch,** commutateur de commande d'interlignes; **line spacing,** espacement entre lignes; **line speed,** vitesse d'impression de lignes; **line speed option,** sélection de la vitesse de transmission; **line splitter,** distributeur de voies; **line start,** début de ligne; **line style,** type de ligne; **line switch,** commutateur de lignes; **line switching,** commutation de lignes; **line terminating circuit,** circuit utilisateur; **line termination,** charge de ligne; **line termination equipment (LTE),** équipement de terminaison de ligne; **line termination unit,** unité terminale de ligne; **line transfer,** commutation de lignes; **line transfer device,** dispositif de commutation de ligne; **line transmission error,** erreur de transmission de ligne; **line turnaround,** basculement de ligne; **line voltage,** tension secteur; **line voltage fluctuations,** variations secteur; **line voltage regulator,** stabilisateur secteur; **line width,** largeur de trait; **line-at-a-time printer,** imprimante ligne par ligne; **line-at-a-time printing,** impression ligne par ligne; **line-to-line spacing,** interligne; **line-up,** alignement; **lines of force,** lignes de force; **lines per inch (LPI),** lignes par pouce; **lines per minute (LPM),** lignes par minute **longitudinal balanced line,** ligne équilibrée;

**low-speed line**, ligne à faible vitesse; **lumped line**, ligne à éléments localisés; **magnetostrictive delay line**, ligne à retard magnétique; **main line**, ligne principale; **main line coding**, partie exploitable du programme; **main line processing**, partie principale du traitement; **main line switch**, interrupteur général; **mercury delay line**, ligne à retard au mercure; **mounted on-line**, accessible en ligne; **multidrop line**, ligne multipoint; **multiple line card**, carte multiligne; **multiple line reading**, lecture multiligne; **multipoint line**, circuit multipoint; **new line**, retour à la ligne; **new line character**, caractère de retour à la ligne; **nonswitched line**, ligne non commutée; **null line**, ligne blanche; **odd-numbered scan line**, ligne de balayage impaire; **off-line**, autonome, non connecté; **off-line equipment**, équipement déconnecté; **off-line mode**, mode autonome; **off-line operation**, opération autonome; **off-line processing**, traitement autonome; **off-line storage**, mémoire autonome; **on line**, en ligne, connecté; **on-line compiler**, compilateur en ligne; **on-line data capture**, saisie en ligne; **on-line data service**, service télématique; **on-line editor**, éditeur en ligne; **on-line equipment**, équipement en ligne; **on-line interaction**, interaction en ligne; **on-line mass storage**, mémoire de masse en ligne; **on-line mode**, mode connecté; **on-line problem solving**, solution en conversationnel; **on-line processing**, traitement en direct; **on-line programming**, programmation interactive; **on-line real time (OLRT)**, temps réel en ligne; **on-line reference**, référence accessible directement; **on-line storage**, mémoire en ligne; **on-line test system (OLTS)**, système de test en ligne; **on-line transaction processing**, traitement interactif; **on-line typewriter**, imprimante en ligne; **one-dot-line slice**, colonne de points; **outgoing line**, ligne de départ; **outgoing line circuit**, circuit de départ; **outside line**, ligne extérieure; **party line**, ligne d'abonné; **physical line**, ligne physique; **point-to-point leased line**, liaison fixe point à point; **point-to-point line**, liaison de point à point; **print line**, ligne d'impression; **private line**, ligne privée; **pulse line**, ligne à impulsions; **quartz delay line**, ligne à retard à quartz; **radial line system**, transmission en étoile; **remote on-line optical scanning**, scanage optique déporté; **reset line**, ligne de mise à zéro; **rubber band line**, ligne élastique; **scan line**, ligne de balayage; **select line**, ligne de sélection; **selection line**, ligne de sélection; **selective line printing**, impression automatique des

lignes; **sense line**, ligne de lecture; **separation line**, ligne de séparation; **shaded line**, trait en grisé; **side line**, ligne latérale; **signal line**, ligne de transfert de signaux; **single-in-line package (SIP)**, boîtier à simple rangée de connexions; **single-line feed**, simple interligne; **single-line function**, fonction uniligne; **single-line printing**, impression simple interligne; **single-line spacing**, interligne simple; **single-wire line**, ligne monoconducteur; **skew line**, ligne oblique; **slim line**, extra-plat; **slip line**, ligne de synchronisation; **solid line**, trait plein; **special line**, secteur spécialisé; **status line**, ligne d'état; **straight line**, ligne droite; **straight line coding**, programmation linéaire, séquences sans boucle; **straight line interpolation**, interpolation linéaire; **subscriber line**, ligne d'abonné; **switched line**, ligne commutée; **telegraph line**, ligne télégraphique; **telephone line**, ligne téléphonique; **telex line**, ligne télex; **temporary line error**, erreur temporaire de ligne; **terminal line input area**, zone d'entrée des lignes de connexion; **terminated line**, ligne adaptée; **tie line**, ligne louée; **toll telephone line**, ligne à péage; **total line**, ligne de totalisation; **total on-line testing**, test en ligne; **trailing line**, ligne de fin; **transient line error**, erreur de ligne transitoire; **transmission line**, ligne de transmission; **transmission line procedure**, procédure de ligne de transmission; **transmitted data line**, ligne d'émission de données; **trunk line**, ligne principale; **two-way line**, ligne bidirectionnelle; **usable line length**, longueur utile de ligne; **vertical line**, ligne verticale; **vertical line spacing**, densité de pas verticaux; **voice line**, ligne vocale; **waiting line**, file d'attente; **wideband line**, liaison en bande large; **writing line**, ligne d'écriture.

**linear:** linéaire; **linear addressing**, adressage linéaire; **linear algebraic equation**, équation algébrique linéaire; **linear bounded acceptor**, automate linéaire borné; **linear circuit network**, circuit linéaire; **linear code**, code linéaire; **linear constraint**, contrainte linéaire; **linear dependence**, dépendance linéaire; **linear displacement**, décalage linéaire; **linear distortion**, distorsion linéaire; **linear equation**, équation linéaire; **linear interpolation**, interpolation linéaire; **linear list**, liste linéaire, liste séquentielle; **linear mapping**, affectation linéaire; **linear movement**, mouvement linéaire; **linear napping**, nappage linéaire; **linear optimization**, optimisation linéaire; **linear programming**, programmation linéaire, séquences sans boucle; **linear programming system (LPS)**, système à programmation linéaire; **linear search,** recherche séquentielle; **linear selection,** sélection directe; **linear sequence of instructions,** suite linéaire d'instructions; **linear set of equations,** système d'équations linéaires; **simultaneous linear equation,** équation linéaire simultanée.

**linearise:** *cf* **linearize.**

**linearity:** linéarité; **modulation linearity,** linéarité de modulation.

**linearize:** (to), linéariser.

**linguistics:** la linguistique; **applied linguistics,** linguistique appliquée.

**link\*:** liaison, lien; **basic link unit,** alimentation primaire; **basic mode link control,** gestion de liaison en mode de base; **bus link,** liaison par bus; **communication link,** ligne de communication, liaison; **connecting link,** élément de connexion, borne de raccordement; **coupler link,** jonction de coupleur; **data link,** liaison de données; **data link control,** commande de liaison; **data link control character,** caractère de contrôle de liaison; **data link controller,** contrôleur de liaison de données; **data link escape (DLE),** échappement à la transmission; **data link layer (ISO),** couche de liaison de données (ISO); **differential link,** chaînage différentiel; **directed link,** liaison orientée; **exit link,** adresse de sortie; **file link,** liaison de fichier; **hardwired link,** liaison câblée; **high-level data link control (HDLC),** procédure de commande de liaison de données; **host link,** connexion de l'ordinateur principal; **link (to),** lier, connecter; **link address,** adresse de lien; **link address field,** champ d'adresse de lien; **link area,** zone de liaison; **link bit,** bit de liaison; **link circuit,** circuit d'enchaînement; **link control code,** code de contrôle de liaison, code de ligne; **link control protocol,** protocole de transmission; **link editing,** liaison, édition de liens; **link editor,** éditeur de liens, lieur; **link field,** zone de chaînage; **link finding,** recherche de liaison; **link group,** groupe de liaisons; **link library,** bibliothèque de liens; **link memory,** mémoire de couplage; **link modification,** modification de liaison; **link name,** nom de lien; **link phase,** phase de chaînage; **link protocol,** procédure de liaison, procédure de ligne; **link text,** texte édité-lié; **link text loader,** chargeur éditeur de liens; **loop link,** liaison bouclée; **multiplex link encryption,** chiffrement de jonction; **multipoint link,** liaison multipoint; **radio link,** liaison hertzienne; **sequence link,** adresse de classement; **sequence link field,** zone de l'adresse suite; **supravoice link,** liaison supravocale; **synchronized data link control**

(SDLC), procédure synchrone; **synchronous data link control,** commande de transmission synchrone; **telecommunication link,** liaison télécoms; **through-connecting link,** élément de liaison directe; **transmission link,** voie de transmission; **unidirectional link,** liaison unidirectionnelle.

**linkage\*:** lien, chaînage; **base linkage path,** branche d'enchaînement de base; **basic linkage,** liaison de base; **communication linkage,** liaison de communication; **cross-sector linkage,** adressage à dépassement de secteurs; **linkage convention,** convention d'édition de liens; **linkage editor,** éditeur de liens, lieur; **linkage editor listing,** liste de l'éditeur de liens; **linkage instruction,** instruction d'édition de liens; **linkage loader,** chargeur de l'éditeur de liens; **linkage macroinstruction,** macro-instruction de chaînage; **linkage parameter,** paramètre de chaînage; **linkage path,** voie d'enchaînement; **linkage symbol,** adresse de liaison; **mechanical linkage,** liaison mécanique; **linkage point,** point de branchement.

**linked:** lié, relié, connecté; **linked file,** fichier lié; **linked format,** format continu; **linked module,** module lié; **linked program,** programme fermé; **linked subroutine,** routine liée, sous-programme fermé; **linked-queued file organization,** organisation de fichiers chaînés.

**linker:** éditeur de liens, lieur; **cross-linker,** éditeur de liens absolu; **static linker,** entraînement de modules chargeur.

**linking:** édition de liens, enchaînement, liaison; **bad track linking record,** enregistrement d'enchaînement de piste; **dynamic linking,** couplage dynamique; **linking address,** adresse de lien; **linking loader,** chargeur lieur; **linking loader program,** programme chargeur éditeur de liens; **linking sequence,** séquence d'enchaînement; **load module linking program,** module chargeur-éditeur de liens; **program linking,** liaison de programme; **program linking code,** code d'enchaînement de programme; **queued linking,** procédure d'enchaînement de file d'attente; **static linking,** liaison statique.

**lint:** chiffon; **lint-free,** non pelucheux.

**liquid:** liquide; **liquid crystal,** cristal liquide; **liquid crystal display (LCD),** affichage à cristaux liquides.

**LISP\*:** langage LISP; **list processing,** traitement des files (LISP).

**list\*:** liste, file d'attente, liste d'attente; **FIFO list,** liste directe; **LIFO list,** liste inversée, liste refoulée; **access control list,** liste de contrôle d'accès; **access list,** liste d'habilitation; **actual parameter list,** liste de paramètres effectifs; **argument list,** liste d'arguments; **array list,** liste de zones, liste matricielle; **assembly list,** liste d'assemblage; **audit list,** liste de vérification; **available list,** liste libre; **block list,** listage de bloc; **bound pair list,** liste des contraintes; **cable laying list,** liste des points de câblage; **chained list,** liste chaînée, file chaînée; **check list,** liste de contrôle; **command list,** liste de commandes; **condition list,** liste d'état; **control list,** liste de cartes de commande; **counter list,** listage du contenu compteur; **counter list entry,** entrée compteur pour listage de compteur; **counter list exit,** sortie en liste de compteur; **cross-reference list,** liste des correspondances; **data list,** listage de données; **dense list,** liste linéaire; **device assignment list,** liste des affectations de périphérique; **device list,** liste de périphériques; **distribution list,** liste de ventilation; **dropdown list box,** zone de liste déroulante; **error list,** liste des erreurs; **exception list,** liste des exceptions, liste des anomalies; **first item list,** indication de groupe; **fixed-queue list,** queue d'attente à base fixe; **formal parameter list,** liste de paramètres formels; **free list,** liste libre; **hardware error list,** liste des erreurs machine; **head of a list,** en-tête de liste; **identifier list,** liste identificatrice; **initial spare parts list,** liste de dotations initiales; **input list,** liste d'entrée; **inputoutput list,** liste des entrées/sorties; **instruction list,** liste d'instructions; **instruction list name,** nom de liste d'instructions; **invitation list,** file d'invitations; **item list,** liste d'articles; **job list,** liste des travaux; **label list,** liste d'étiquettes; **linear list,** liste linéaire, liste séquentielle; **list address,** adresse de liste; **list box,** zone de liste; **list cycle,** cycle de listage; **list entry,** entrée de liste; **list format,** format de liste; **list handling,** traitement des listes; **list mode,** mode d'impression; **list of exceptions,** liste des exceptions; **list of instructions,** liste des commandes; **list of modifications,** liste des modifications; **list organization,** organisation de liste; **list overflow,** dépassement de liste; **list pool,** zone littérale; **list print,** impression de liste; **list procedure,** procédure de listage; **list processing,** traitement de liste; **list processing (LISP),** traitement des files (LISP); **list processing language,** langage de traitement de liste; **list program generator,** générateur de programme de listes; **list speed,** vitesse en liste; **list structure,** structure de liste; **list-directed,** commandé par liste; **mailing list,** liste de publipostage; **mailing list file merge,** fusion de fichiers de publipostage; **mailing list manager,** gestionnaire de publipostage; **multilinked list,** liste multipointeur; **option list,** liste des options; **output list,** liste de sortie; **poll-select list,** liste d'appels; **polling list,** liste d'invitations à transmettre; **pushdown list,** liste inversée, refoulée, pile; **pushup list,** liste directe; **queueing list,** liste de files d'attente; **reference list,** liste de références; **retrieval list,** file de recherche; **selective list,** liste sélective; **sequential list,** liste séquentielle; **simple list,** liste ordinaire; **subscript list,** liste d'indices; **switch list,** liste des aiguillages; **task list,** liste des tâches; **total list speed,** vitesse de tabulation; **type list,** liste des types; **variable-queue list,** liste d'attente variable; **volume list,** liste des volumes; **waiting list,** file, liste d'attente.

**l i s t e n :** listen in (to), capter (message); **listen mode,** mode d'attente.

**l i s t e n e r :** programme d'initialisation.

**l i s t e n i n g :** écoute; **multiple listening station,** poste d'écoute multiple.

**l i s t i n g\* :** listage, liste; **assembler listing,** listage d'assembleur; **assembly listing,** listage d'assemblage; **assembly printed listing,** impression d'assemblage; **assembly program listing,** imprimé d'assemblage; **breakdown listing,** liste de ventilation; **console listing,** journal; **control card listing,** liste des cartes-paramètres; **diagnostic listing,** liste de diagnostic; **directory listing,** répertoire de programmes; **exception listing,** liste des anomalies, liste des exceptions; **job account listing,** liste de comptabilisation des travaux; **job execution listing,** listage du déroulement des travaux; **linkage editor listing,** liste de l'éditeur de liens; **listing control instruction,** instruction de commande de listage; **listing device,** périphérique de listage; **listing form,** imprimé de listage; **listing paper,** papier pour listages; **machine listing,** list machine; **normal card listing,** travail en liste; **object listing,** liste de programmes objet; **output listing,** liste imprimée; **parallel symbolic listing,** listage symbolique en parallèle; **parameter listing,** listage des paramètres; **postassembly listing,** listage après assemblage; **program listing,** listage de programme; **proof listing,** liste de contrôle; **reference listing,** listage de références; **selective listing,** liste sélective; **source listing,** listage source; **symbol cross reference listing,** liste de symboles références; **tape listing,** liste des bandes; **tree listing,** liste d'arborescence.

**l i t e r a c y :** degré de connaissance; **computer literacy,** ordinatique.

**literal:** littéral, libellé; **address constant literal,** litteral de constante d'adresse; **alphanumeric literal,** libelle alphanumérique; **area defining literal,** libellé de définition zone; **Boolean literal,** littéral booléen, littéral logique; **enumeration literal,** littéral d'énumération; **literal equation,** équation littérale; **literal operand,** opérande littéral; **literal pool,** zone littérale; **numeric literal,** libellé numérique.

**literature:** littérature; **descriptive literature,** littérature descriptive; **literature search,** recherche documentaire.

**live:** opérationnel; **live data test,** essai réel; **live keyboard,** clavier interactif; **live keyboard mode,** mode clavier interactif; **live running,** traitement réel; **live wire,** fil sous tension.

**liveware:** personnel informatique.

**LLL:** low-level language, langage de bas niveau.

**load:** charge; **binary load deck,** paquet de carte de chargement binaire; **computational load,** charge de calcul; **core load,** chargement en mémoire; **double load,** chargement à double précision; **down-line load,** téléchargement; **dummy load,** charge fictive; **gross load,** occupation totale; **initial load address,** adresse de charge initiale; **initial program load (IPL),** chargement du programme initial; **initial system load,** initialisation du système; **line load,** charge de ligne; **load (to),** charger; **load area address,** adresse de de zone de chargement; **load audit,** compte-rendu de chargement; **load call,** appel de chargement; **load card,** carte de charge; **load change,** variation de charge; **load code,** code de chargement; **load current,** courant de charge; **load deck,** cartes chargeur; **load description block,** en-tête de programme de chargement; **load emulator,** émulateur de charge; **load factor,** facteur de charge; **load function,** fonction de chargement; **load impedance,** impédance de charge; **load instruction,** instruction de chargement; **load key,** clé de chargement; **load library,** bibliothèque de chargeurs; **load library tape,** bande bibliothèque de chargement; **load library update,** mise à jour de la bibliothèque chargeur; **load mark,** marque de début de chargement; **load mode,** mode de chargement; **load module,** module de chargement; **load module handler,** gestionnaire de chargement, module chargeur; **load module library,** bibliothèque de modules de chargement; **load module linking program,** module chargeur-éditeur de liens; **load module name,** nom du module de chargement;

**load peak,** pointe de charge; **load point,** amorce de début, point de charge; **load point gap,** espace de début de chargement; **load program,** programme de chargement; **load resistor,** résistance de charge; **load routine,** routine de chargement; **load sharing,** répartition de la charge; **load statement,** instruction de chargement; **load time,** moment du chargement; **load-and-go,** chargement lancement; **load-carrying ability,** capacité de charge; **machine load,** charge machine; **mean load,** charge moyenne; **network load analysis,** étude de la charge de réseau; **no load,** sans charge; **no load current,** courant déwatté, courant réactif; **overlay load module,** module de chargement à recouvrement; **peak load,** charge maximale; **processing load,** charge de traitement; **program load file,** fichier chargeur de programme; **quick load,** chargement rapide; **rated load,** capacité nominale; **rated load current,** courant de charge nominal; **reenterable load module,** module réentrant; **remote program load,** téléchargement; **resistive load,** charge par résistance effective; **scatter load,** affectation diffuse de la mémoire; **segment load entrance,** entrée de chargement; **starting load address,** adresse de début de chargement; **system load library tape,** bande bibliothèque système; **system load table,** table de chargement système; **unit load,** facteur de charge, unité de charge.

**loadable:** chargeable; **loadable phase,** segment chargeable; **loadable program,** programme chargeable.

**loaded:** chargé; **spring-loaded,** sous pression de ressort.

**loader*:** programme de chargement; **absolute loader,** chargeur absolu; **absolute program loader,** chargeur absolu de programme; **automatic loader,** chargeur automatique; **binary loader,** chargeur absolu; **bootstrap loader,** chargeur amorce, programme amorce; **card loader,** chargeur de cartes; **card loader monitor,** programme de chargement de cartes; **cassette bootstrap loader,** chargeur cassette; **general loader,** chargeur banalisé; **initial program loader,** chargeur initial; **key loader,** sous-programme chargeur; **key-in loader,** chargeur à lancement par touche; **link text loader,** chargeur éditeur de liens; **linkage loader,** chargeur de l'éditeur de liens; **linking loader,** chargeur lieur; **linking loader program,** programme chargeur éditeur; **loader bootstrap,** amorce chargeur; **loader buffer,** tampon chargeur; **loader card,** carte de chargement; **loader routine,** programme chargeur; **patch loader,**

chargeur de cartes de corrections; **program loader,** chargeur de programme; **relocatable program loader,** chargeur de programmes translatables; **relocating loader,** chargeur translatable; **system loader,** programme chargeur; **tape loader monitor,** sous-programme chargeur de bande; **two-part self-contained loader,** chargeur fixe à deux segments.

**loading:** chargement; **block loading,** chargement de bloc; **cartridge loading,** chargement par cartouche; **channel loading,** occupation de voie; **down-line loading,** téléchargement; **finite loading,** chargement à capacité limitée; **form loading,** chargement du papier; **front loading,** chargement frontal; **infinite loading,** charge à capacité illimitée; **initial loading,** chargement initial; **initial loading location,** adresse de chargement initial; **initial program loading,** procédure de chargement initial; **loading cartridge,** chargement de la cartouche; **loading coil,** bobine de Pupin; **loading device,** unité de chargement; **loading error,** erreur de charge; **loading installation,** installation de chargement; **loading operation,** opération de chargement; **loading procedure,** procédure de chargement; **loading routine,** routine de chargement; **loading sequence,** séquence de chargement; **loading unit,** unité de chargement; **machine loading schedule,** plan de charge d'une machine; **program loading,** chargement du programme; **program segment loading,** chargement d'un segment de programme; **remote loading,** téléchargement, téléréception (de fichiers); **scatter loading,** chargement éclaté; **system loading,** chargement du système; **tape loading routine,** sous-programme de mise en place de bande.

**local\*:** local; **local area network (LAN),** réseau local; **local batch processing,** traitement différé local; **local code,** indicatif régional; **local connection,** connexion locale; **local data base,** bloc de données autonomes; **local distribution subsystem,** sous-système de desserte locale; **local line,** ligne publique; **local loop,** ligne locale; **local mode,** mode local, exploitation autonome; **local parameter,** paramètre local; **local source recording,** saisie locale; **local station,** terminal local; **local storage,** mémoire locale; **local subscriber,** abonné local; **local symbol,** paramètre local; **local value,** valeur de proximité; **local variable,** variable locale; **memory local register,** registre de contrôle.

**locate:** (to), localiser; **locate function,** fonction de recherche; **locate mode,** mode de recherche; **no-locate exit,** sortie d'enre-

gistrement non trouvé.

**locating:** repérage, trace, dépistage; **fault locating,** recherche d'incident; **locating dowel,** ergot de centrage; **locating peg,** téton de centrage; **locating pin,** broche de centrage; **trouble locating,** localisation de pannes.

**location\*:** localisation, emplacement, position; **bit location,** position binaire, emplacement binaire; **character location,** emplacement de caractère; **current location counter,** registre d'adresses courantes; **dynamic storage location,** affectation dynamique de mémoire; **error location,** adresse d'erreur; **file location volume,** support de fichier; **footing number location,** lieu de numérotation de bas de page; **heading number location,** lieu de numérotation de haut de page; **home location,** position initiale; **indicator location,** position d'indication; **initial loading location,** adresse de chargement initial; **initial location,** première partition; **instruction location counter,** registre d'enchaînement d'instructions; **isolated location,** zone de mémoire protégée; **item location,** position d'article; **key location,** emplacement du code; **location counter,** registre de position; **location field,** zone d'adresse; **location field tag,** étiquette d'adresse; **location parameter,** paramètre de positionnement; **location peg,** broche de guidage; **lower memory locations,** partie inférieure de la mémoire; **main memory location,** adresse de mémoire de masse; **memory location,** position mémoire; **memory location register,** registre d'adresses mémoire; **memory starting location address,** adresse de début d'implantation en mémoire; **nodal location,** point nodal; **output location,** partition de sortie; **own code location,** adresse du code utilisateur; **page number location,** lieu de pagination; **pixel location,** coordonnées du point, coordonnées de pixel; **prime location,** adresse principale; **protected location,** emplacement protégé, lieu protégé; **response location,** zone des caractères de correction; **special start location,** adresse de début auxiliaire; **specific-addressed location,** position à adresse absolue; **standby storage location,** zone réserve de mémoire; **starting location,** adresse de début d'implantation; **starting location counter,** compteur d'adresses de début d'implantation; **storage location,** emplacement en mémoire, position en mémoire; **storage location counter,** compteur de positions de mémoire; **symbolic location,** adresse symbolique; **work location,** zone de manœuvre.

locater

**locater:** cf **locator.**

**locator:** releveur, repère; **locator device,** releveur de coordonnées; **locator qualification,** identification de repère; **locator qualifier,** identificateur de repère; **record locator word,** mot de positionnement d'article.

**lock:** serrure; **caps lock,** blocage majuscule; **command key lock,** touche de blocage des commandes; **hammer lock,** blocage du marteau; **keyboard lock,** verrouillage de clavier; **lock (to),** verrouiller; **lock code,** mot de passe; **lock disk,** cale de blocage; **lock key,** touche de verrouillage; **lock mode,** mode de blocage; **lock option,** option de verrouillage; **lock-in amplifier,** amplificateur synchrone; **memory lock,** blocage de mémoire; **power lock,** interrupteur de réseau; **safety lock,** serrure de sécurité; **scheduling lock,** blocage d'ordonnancement; **scroll lock,** verrouillage du défilement; **shift lock,** blocage majuscule; **transport lock,** blocage du mécanisme d'avance; **upper case lock,** blocage majuscule.

**locked:** verrouillé; **phase-locked,** à phase rigide; **phase-locked oscillator,** oscillateur à phase rigide.

**locker:** armoire, placard.

**locking:** maintien, verrouillage, blocage; **keyboard locking,** interdiction de clavier; **locking clip,** clip de blocage; **locking knob,** bouton de verrouillage; **locking relay,** relais de maintien; **locking shift character,** caractère de maintien de changement; **locking type button,** touche autobloquante; **transport locking catch,** verrou de blocage de l'entraînement de bande.

**lockout:** verrouillage, blocage; **keyboard lockout,** inhibition de clavier; **memory lockout,** protection de mémoire; **write lockout,** interdiction d'écriture; **write lockout feature,** dispositif de protection à l'écriture.

**lockpin:** doigt de blocage.

**lockword:** mot de verrouillage.

**log*:** journal; **audit log,** journal de vérification; **console log,** journal de bord; **diagnostic log,** journal des diagnostics; **error log,** journal de bord des incidents; **error log sheet,** journal de saisie des erreurs; **job account log,** journal de comptabilisation des travaux; **log (to),** enregistrer, inscrire, noter; **log file,** fichier compte-rendu; **log tape,** bande de compte-rendu; **log-in,** ouverture de session, début de session; **log-off,** fin de session; **log-off procedure,** procédure de fin de session; **log-on,** ouverture de session; **log-on procedure,** procédure de début de session; **log-out,** fin de session, fermeture

de session; **machine log,** journal de la machine; **system log file,** fichier du journal système; **test log,** journal des essais.

**logarithm:** logarithme; **Neperian logarithm,** logarithme de Néper, logarithme de base e; **characteristic (of a logarithm),** caractéristique (d'un logarithme); **common logarithm,** logarithme vulgaire, logarithme décimal; **hyperbolic logarithm,** logarithme hyperbolique, logarithme de base e; **inverse logarithm,** logarithme inverse; **natural logarithm,** logarithme naturel.

**logger:** enregistreur chronologique automatique; **data logger,** collecteur de données; **measurement logger,** enregistreur de mesures.

**logging:** recueil chronologique automatique; **data logging,** saisie de données; **error logging,** journal des erreurs; **failure logging,** journal des pannes; **interrupt logging,** journal des interruptions; **logging book,** journal d'exploitation; **logging device,** dispositif enregistreur; **logging error,** erreur d'acquisition; **logging facility,** moyen de saisie, moyen d'acquisition; **logging file,** fichier protocole; **logging message,** message protocole; **logging mode,** mode enregistreur; **logging procedure,** procédure d'initialisation; **logging-out,** fin de session; **parameter logging,** journal des paramètres; **transaction logging,** enregistrement de mouvement; **vocabulary logging,** saisie de vocabulaire.

**logic*:** logique; **Boolean logic,** logique booléenne; **arithmetic and logic unit (ALU),** unité arithmétique et logique; **automated logic diagram,** diagramme logique automatisé; **binary logic,** logique binaire; **character recognition logic,** logique de reconnaissance de caractères; **circuit logic,** logique des circuits; **combinational logic,** logique combinatoire; **combinatorial logic,** logique combinatoire; **common logic,** logique commune; **complementary logic,** logique complémentaire; **computer logic,** logique informatique; **curve follower logic,** logique de lecture de courbes; **diode transistor logic (DTL),** logique à diodes et transistors; **emitter coupled logic (ECL),** logique à couplage par l'émetteur; **field programmable logic array (FPLA),** élément logique programmable; **fixed-logic cycle,** cycle de programme déterminé; **fixed-logic file,** fichier à itération fixe; **fluid logic,** logique des fluides; **formal logic,** logique formelle; **hardwired logic,** logique câblée; **high noise immunity logic (HNL),** logique à grande immunité au bruit; **high threshold logic (HTL),** logique à seuil élevé; **integrated injection logic (I2L),**

logique à injection intégrée; **internal logic,** logique interne; **logic add,** addition logique, OU logique; **logic addition,** addition logique, OU logique; **logic address,** adresse logique; **logic analysis,** analyse logique; **logic array,** tableau logique; **logic base circuit,** circuit logique de base; **logic base operator,** opérateur logique de base; **logic card,** carte logique; **logic chart,** logigramme, diagramme logique; **logic circuit,** circuit logique; **logic decision,** décision logique; **logic design,** étude, conception logique; **logic device,** organe logique; **logic diagram,** diagramme logique, logigramme; **logic element,** élément logique; **logic file,** fichier logique; **logic flowchart,** graphique logique; **logic function,** fonction logique; **logic grid,** grille logique; **logic instruction,** instruction logique; **logic interconnection,** enchaînement logique; **logic level,** niveau logique; **logic multiplication,** multiplication logique; **logic multiply,** multiplication logique; **logic network,** réseau logique; **logic operation,** opération logique; **logic probe,** sonde logique; **logic product,** produit logique; **logic product gate,** porte de multiplication logique, porte ET; **logic proposition,** proposition logique; **logic schematic,** schéma logique; **logic shift,** décalage logique; **logic state analyzer,** analyseur d'états logiques; **logic sum gate,** porte sommatrice, porte OU; **logic symbol,** symbole logique; **logic unit,** unité logique; **logic variable,** variable logique; **mathematical logic,** logique mathématique, logique symbolique; **negative logic,** logique négative; **positive logic,** logique positive; **programmable array logic (PAL),** logique à réseau programmable; **programmable logic array (PLA),** réseau logique programmable; **programmed logic,** logique programmée; **programmed logic array (PLA),** réseau à logique programmée; **programmed logic computer,** calculateur à logique programmée; **random logic,** logique à accès direct; **recognition logic,** logique de reconnaissance; **resistor-transistor logic (RTL),** logique transistor-résistance; **scoring logic,** logique; **sequential logic,** logique séquentielle; **shared logic,** logique commune; **solid logic technology,** technologie de l'état solide (circuits intégrés); **symbolic logic,** logique symbolique; **threshold logic,** logique de seuil; **transistor-transistor logic (TTL),** logique tout transistor; **twin transistor logic,** logique transistor-transistor; **wired logic,** logique câblée.

**logical:** logique, booléen; **dyadic logical operation,** opération logique diadique;

**logical AND circuit,** circuit ET logique, circuit à coïncidence; **logical IF statement,** instruction IF logique; **logical NOT,** ET logique, inversion logique; **logical OR circuit,** circuit OU logique; **logical access level,** niveau logique d'adresse; **logical add,** addition logique, union logique, OU logique; **logical addition,** addition logique, réunion logique, OU logique; **logical address,** adresse logique; **logical analysis,** analyse logique; **logical analyzer,** analyseur logique; **logical array,** tableau logique; **logical assignment statement,** instruction d'affectation logique; **logical beginning,** debut logique; **logical block number (LBN),** numéro de bloc logique; **logical board,** carte logique; **logical building block,** bloc logique; **logical channel,** canal logique; **logical channel program,** programme de canal logique; **logical chart,** logigramme, diagramme logique; **logical choice,** choix logique; **logical circuit,** circuit logique; **logical circuit system,** système à circuits logiques; **logical companion,** test d'identité; **logical comparison,** comparaison logique; **logical connection,** connexion logique; **logical connective,** opérateur logique; **logical connector,** opérateur logique de base; **logical constant,** constante logique; **logical data set,** groupe logique de données; **logical decision,** décision logique; **logical design,** étude logique, conception logique; **logical device,** élément logique; **logical device number,** numéro d'unité logique; **logical device table,** table d'unités logiques; **logical diagram,** organigramme logique, logigramme; **logical difference,** différence logique; **logical disconnection,** deconnexion logique; **logical driver,** gestionnaire logique; **logical element,** élément logique; **logical end,** fin logique; **logical equation,** équation logique; **logical expression,** expression logique; **logical factor,** facteur logique; **logical file,** fichier logique; **logical flowchart,** graphique logique; **logical function,** fonction logique;**logical grammar,** grammaire logique; **logical input,** entrée logique; **logical input-output,** entrée/sortie logique; **logical instruction,** instruction logique; **logical level,** niveau logique; **logical monitor,** moniteur logique; **logical multiply,** multiplication logique, conjonction logique; **logical number,** numéro logique; **logical one or zero,** chiffre '1' ou '0' logique; **logical operand,** opérande logique; **logical operation,** opération logique; **logical operator,** opérateur logique; **logical organization,** organisation logique; **logical path,** chemin logique; **logical primary,** booléen primaire; **logical product,** multiplication logique, intersection logique; **logical program,** programme logique; **logical record,** enregistrement logique; **logical record length,** longueur d'enregistrement logique; **logical relation,** relation logique; **logical ring,** anneau logique; **logical segment,** segment logique; **logical sense,** détection logique; **logical shift,** décalage logique; **logical status analyzer,** analyseur d'états logiques; **logical stop,** arrêt logique; **logical structure,** structure logique; **logical sum,** somme logique, OU inclusif; **logical symbol,** symbole logique; **logical system,** système logique; **logical term,** terme logique; **logical test,** test logique; **logical track,** piste logique; **logical unit,** unité logique; **logical unit number,** numéro d'unité logique; **logical value,** valeur logique; **logical variable,** variable logique; **logical voltage,** tension logique.

**l o g i c i a n :** logicien.

**l o g i n :** procédure d'entrée.

**l o g i s t i c s :** la logistique.

**l o g o f f :** fin de transaction; **automatic logoff,** procédure de fin de traitement.

**l o g o n :** début de transaction; **automatic logon,** procédure de début de traitement.

**l o n g :** long; **long haul circuit,** ligne à grande distance; **long haul system,** système de télécommunications; **long range communication,** communication à grande distance; **long range transmission,** transmission à grande distance; **long term usage,** utilisation à long terme; **long time behaviour,** comportement de longue durée; **long word,** mot long; **long-form floating point,** virgule flottante en multiple précision.

**l o n g i t u d i n a l :** longitudinal; **longitudinal balanced line,** ligne équilibrée; **longitudinal circuit,** circuit longitudinal; **longitudinal direction,** direction longitudinale; **longitudinal magnetic field,** champ magnétique longitudinal; **longitudinal parity,** parité longitudinale; **longitudinal parity checking,** contrôle de parité longitudinale; **longitudinal redundancy check (LRC),** contrôle par redondance longitudinale (parité); **longitudinal redundancy error,** erreur de parité horizontale.

**l o o k :** palette de couleurs; **color look-up table,** palette de couleurs; **look-ahead,** anticipation; **look-up,** consultation; **look-up table,** table de recherche; **table look-up,** recherche en table.

**l o o k a h e a d :** prélecture; **carry lookahead,** report parallèle.

**l o o k u p :** consultation; **automatic library lookup,** consultation automatique de bibliothèque; **lookup instruction,** instruction de recherche; **table lookup,** consultation de table; **table lookup statement,** instruction de recherche de table.

**l o o p \* :** boucle; **basic loop,** boucle simple; **central scanning loop,** boucle centrale de lecture directe; **closed loop,** boucle fermée; **closed loop circuit,** circuit en boucle fermée; **closed loop control,** commande en boucle fermée; **continuous loop recorder,** enregistreur à bande continue, dérouleur; **control loop,** boucle de commande; **do-nothing loop,** boucle de pause; **dynamic loop,** boucle dynamique; **feedback loop,** boucle d'asservissement; **ground loop,** boucle de mise à terre; **hang-up loop,** boucle infinie; **home loop,** opération locale; **home loop operation,** exploitation en mode local; **hysteresis loop,** cycle d'hystérésis; **inner loop,** boucle interne; **iteration loop,** boucle d'itération; **iterative loop,** boucle itérative; **line loop,** ligne d'extension; **line loop operation,** traitement en transmission; **local loop,** ligne locale; **loop body,** corps de boucle; **loop checking,** contrôle bouclé; **loop circuit,** circuit bouclé; **loop construct,** élément de boucle; **loop gain,** gain de boucle; **loop link,** liaison bouclée; **loop network,** réseau en boucle; **loop operation,** opération de boucle; **loop stop,** arrêt de boucle; **loop termination,** terminaison de boucle; **loop testing,** essai de boucle; **loop through (to),** itérer; **major loop,** boucle principale; **minor loop,** boucle secondaire; **nested loop,** boucle imbriquée; **nesting loop,** boucle d'imbrication; **open loop,** boucle ouverte; **open loop control,** commande en boucle ouverte; **paper tape loop,** bande perforée de test; **program loop,** boucle de programme; **programming loop,** boucle de programmation; **rapid access loop,** zone d'accès rapide; **rectangular hysteresis loop,** boucle d'hystérésis rectangulaire; **scanning loop,** boucle de scrutation, de scanage; **self-resetting loop,** boucle autorestaurée; **self-restoring loop,** boucle autorégénératrice; **subscripter loop,** boucle de réseau; **tape loop,** boucle de bande; **tape loop recorder,** dérouleur à ruban sans fin; **timing loop,** boucle temporelle; **wait loop,** boucle d'attente.

**l o o p e d :** bouclé; **looped network,** réseau bouclé.

**l o o p i n g :** déroulement.

**l o s s :** perte, atténuation, affaiblissement; **absorption loss,** perte par absorption; **accidental loss,** perte accidentelle; **bending loss,** perte par courbure (fibre optique);

**block loss,** perte de bloc; **connection loss,** perte par connexion; **conversion loss,** perte de conversion; **external loss time,** temps perdu; **frequency loss,** atténuation en fréquence; **insertion loss,** perte d'insertion; **junction loss,** perte de liaison; **line loss,** perte en ligne; **loss factor,** facteur de perte; **loss of accuracy,** perte de précision; **loss of cycle,** perte de cycle; **loss of information,** perte d'informations; **loss of time,** perte de temps; **propagation loss,** perte par propagation; **scattering loss,** perte par diffusion; **text loss,** perte de texte; **transmission loss,** perte de transmission; **zero loss,** perte nulle.

**lost:** perdu; **contact lost,** perte de contact; **lost of significance,** perte de portée.

**low:** bas, peu évolué; **high/low bias test,** test des marges; **high/low control,** commande à l'alternat; **high/low passing control,** commande à l'alternat; **low access memory,** mémoire à accès lent; **low access storage,** mémoire à accès lent; **low address,** adresse inférieure; **low bottom limit,** limite inférieure; **low data rate,** transfert lent; **low frequency,** fréquence basse; **low impedance,** basse impédance; **low induction,** faible induction; **low level,** faible niveau; **low-level language (LLL),** langage de bas niveau; **low-level signal,** signal de bas niveau; **low noise,** faible bruit; **low order,** ordre peu élevé, ordre le moins élevé; **low-order address,** adresse cadrée à droite; **low-order bit,** bit de droite; **low-order position,** position basse, position de droite; **low-order bit position,** position binaire de poids faible; **low origin point,** adresse basse d'origine; **low performance equipment,** matériel de faible performance; **low power Schottky (LS),** schottky faible consommation; **low priority,** faible priorité; **low resistivity,** faible résistivité; **low resolution,** basse résolution; **low-speed line,** ligne à faible vitesse; **low-speed operation,** exploitation à basse vitesse; **low-speed store,** mémoire lente; **low value,** valeur faible; **low-speed,** basse vitesse; **paper low,** manque de papier.

**lower:** plus bas; **lower bit,** bit de rang inférieur; **lower bound,** borne inférieure; **lower case (LC),** lettres minuscules; **lower case character,** caractère en bas de casse, minuscule; **lower case letter,** lettre en bas de casse, minuscule; **lower case printing,** impression en minuscules; **lower curtate,** partie basse; **lower limit,** limite inférieure; **lower memory locations,** partie inférieure de la mémoire; **lower module,** module inférieur.

**lowest:** le plus bas; **lowest order bit,** bit le moins significatif.

**lowpass:** passe-bas; **lowpass filter,** filtre passe-bas.

**lpi:** **lines per inch,** lignes par pouce.

**lpm:** **lines per minute,** lignes par minute.

**LPN:** **logical page number,** numéro de page logique.

**LPS:** **linear programming system,** système à programmation linéaire.

**LPT:** **LPT port,** port parallèle.

**LRC:** **longitudinal redundancy check,** contrôle par redondance longitudinale (parité).

**LSB:** **least significant bit,** bit le moins significatif.

**LSI:** **LSI chip,** puce hautement intégrée; **LSI circuit,** circuit hautement intégré; **LSI memory,** mémoire à grande échelle d'intégration; **LSI microprocessor,** microprocesseur hautement intégré; **LSI module,** module hautement intégré; **LSI technology,** technologie d'intégration à grande échelle; **large scale integration (LSI),** intégration à grande échelle.

**LTE:** **line termination equipment,** équipement de terminaison de ligne.

**LTRS:** **letters shift (LTRS),** inversion lettres-chiffres.

**lug:** languette; **solder lug,** cosse à souder; **stop lug,** butée.

**Luksiewicz:** Luksiewicz; **Luksiewicz notation,** notation préfixée de Luksiewicz.

**luminous:** lumineux; **luminous radiation,** radiation lumineuse; **luminous spot,** spot lumineux.

**lumped:** bloqué, réuni, groupé; **lumped constant,** constante localisée; **lumped line,** ligne à éléments localisés.

# M

**m a c h i n a b l e :** assimilable par une machine; **machinable data carrier,** support de données exploitable en machine; **machinable medium,** support informatique.

**m a c h i n e :** machine, ordinateur, calculateur; **accounting machine,** machine comptable; **add-punch machine,** perforateur-additionneur; **adding machine,** machine à additionner; **alien machine,** équipement étranger; **alphanumeric machine,** machine alphanumérique; **automatic test processing machine,** système de test automatique; **auxiliary machine,** machine auxiliaire; **available machine time,** temps d'exploitation effectif, temps disponible; **basic language machine (BLM),** machine à langage de base; **basic machine,** machine de base; **basic machine cycle,** cycle machine de base; **bookkeeping machine,** machine comptable; **business machine,** calculateur de bureau; **byte machine,** machine octale; **calculating machine,** machine à calculer; **character machine,** machine à caractères; **cipher machine,** chiffreuse; **common machine language,** langage de machine commun; **computer machine,** machine de traitement automatisé, ordinateur; **computing machine,** machine de traitement automatisé, calculateur; **data processing machine,** machine de traitement de données, ordinateur; **electrical accounting machine (EAM),** machine comptable électrique; **electronic data processing machine,** machine de traitement électronique de données; **electronic machine,** calculateur, ordinateur; **envelope inserting machine,** machine à mettre sous enveloppe; **envelope opening machine,** machine à ouvrir les enveloppes; **extended machine facility,** possibilités d'extension machines; **hook-up machine,** matériel de rechange, matériel complémentaire; **host machine,** machine hôte; **internal machine program,** programme machine interne; **learning machine,** machine autodidacte; **machine accounting,** comptabilité mécanographique; **machine address,** adresse machine; **machine available time,** temps machine disponible; **machine capacity,** capacité de machine; **machine card,** carte-machine, carte-objet; **machine check,** programme de contrôle de machine; **machine check analysis,** analyse des erreurs machine; **machine check indicator,** indicateur de contrôle automatique; **machine code,** code machine, code absolu; **machine coding,** codage en langage machine; **machine command,** commande machine; **machine control,** commande numérique; **machine cycle,** cycle machine; **machine down-time,** temps d'arrêt machine; **machine employment,** utilisation machine; **machine error,** erreur machine; **machine executable program,** programme binaire; **machine failure,** défaillance machine; **machine fault,** défaut de machine; **machine index card,** carte d'index machine; **machine instruction,** instruction machine; **machine instruction code,** code d'instructions machine; **machine instruction set,** ensemble d'instructions; **machine internal check,** contrôle automatique interne; **machine language,** langage machine; **machine language code,** code en langage machine; **machine learning,** apprentissage automatique; **machine level programming,** programmation directe; **machine listing,** liste machine; **machine load,** charge machine; **machine loading schedule,** plan de charge d'une machine; **machine log,** journal de la machine; **machine maintenance time,** temps de maintenance machine; **machine malfunction,** incident machine; **machine number,** numéro de machine; **machine operation,** opération machine; **machine operator,** opérateur machine; **machine program,** programme machine; **machine programming system,** méthode de programmation orientée machine; **machine requirement,** demande en équipement machine; **machine routine,** programme machine; **machine run,** passage en machine; **machine script,** liste de code machine; **machine serial number,** numéro de série de la machine; **machine set-up time,** temps de préparation machine; **machine subscriber,** abonné automatique; **machine time,** temps machine; **machine tool,** machine-outil; **machine translation,** traduction automatique; **machine unit,** unité machine; **machine variable,** variable machine; **machine word,** mot machine; **machine word length,** longueur du mot machine; **machine zero,** origine machine; **machine-aided programming,** programmation assistée par machine; **machine-dependent language,** langage dépendant de la machine; **machine-executable,** exécutable en machine; **machine-independent,** indépendant de la machine; **machine-independent language,** langage indépendant de la machine; **machine-oriented,** orienté machine; **machine-oriented language,** langage adapté à la machine; **machine-oriented software,** logiciel spécifique; **machine-readable,** exécutable en machine; **machine-readable data,** données exploitables par la machine; **machine-readable form,** imprimé exploitable sur machine; **machine-recognizable,** reconnu par une machine; **machine-sensible,** dépendant de la machine; **machine-sensible information,** information en code machine; **machine-sensitive,** dépendant de la machine; **magnetic ledger card sorting machine,** lecteur automatique de comptes magnétiques; **man-machine communication,** communication homme-machine; **man-machine dialog,** dialogue homme-machine; **man-machine interface,** interface homme-machine; **master machine,** machine pilote; **multiple address machine,** machine multiadresse; **numerical machine,** machine numérique; **object machine,** machine d'exécution; **parallel machine architecture,** architecture à processeurs parallèles; **peripheral machine,** périphérique; **serial/parallel machine,** ordinateur série-parallèle; **single-address machine,** machine à adresse unique; **single-purpose machine,** calculateur spécialisé; **sorting machine,** trieuse, interclasseuse; **source machine,** ordinateur compileur; **tabulating machine,** tabulatrice; **target machine,** machine cible; **teaching machine,** machine d'enseignement; **test scoring machine,** machine correctrice électronique; **three-address machine,** machine à trois adresses; **two-address machine,** machine à deux adresses; **typesetting machine,** machine à composer; **universal machine language,** langage machine universel; **virtual machine,** machine virtuelle; **word machine,** machine organisée en mots.

**m a c h i n e r y :** machinerie, matériel; **computing machinery,** matériel de calcul.

**m a c r o \* :** macro, macro-instruction; **access macro,** macro d'accès; **action macro,** instruction macro; **block handling macro,** macro de traitement de bloc; **call macro,** macro d'appel; **configuration macro,** instruction macro de configuration; **control macro,** macro de commande; **declarative macro,** macro-instruction déclarative; **exit macro call,** appel macro pour branchement; **file definition macro,** macro de définition de fichier; **file description macro,** macro de description de fichier; **housekeeping macro,**

macro de service; **inner macro instruction,** macro-instruction interne; **keyword macro,** macro de mot clé; **keyword macro definition,** définition du macro de mot clé; **keyword macro instruction,** macro-instruction de mot clé; **minor macro routine,** sous-programme macro; **normal mode macro call,** appel macro pour mode normal; **positional macro,** macro-instruction de positionnement; **programmer-defined macro,** macro définie par le programmeur; **read action macro call,** macro-appel de lecture; **return macro call statement,** macro-instruction de renvoi.

**m a c r o a s s e m b l e r :** programme assembleur de macros.

**m a c r o a s s e m b l y :** macro-assemblage; **macroassembly program,** programme macro-assembleur.

**m a c r o c a l l :** appel macro; **macrocall statement,** instruction macro; **outer macrocall,** appel macro externe; **seek action macrocall,** macro-appel de recherche.

**m a c r o c o d e :** code macro.

**m a c r o d e c l a r a t i o n :** macrodéclaration, macrodéfinition.

**m a c r o d e f i n i t i o n :** macrodéfinition; **macrodefinition header,** en-tête de définition macro; **macrodefinition trailer,** label fin de définition macro.

**m a c r o d i r e c t o r y :** répertoire de macro-instructions.

**m a c r o e l e m e n t :** macro-élément.

**m a c r o e x p a n s i o n :** développement d'une macro-instruction.

**m a c r o f i e l d :** zone des macro-instructions.

**m a c r o f l o w c h a r t :** organigramme de macros.

**m a c r o g e n e r a t o r :** générateur de macros, macrogénérateur.

**m a c r o i d e n t i f i e r :** identificateur de macro-instructions.

**m a c r o i n s t r u c t i o n :** macro-instruction; **linkage macroinstruction,** macro-instruction de chaînage; **macroinstruction library,** bibliothèque macros; **outer macroinstruction,** macro-instruction externe.

**m a c r o l a n g u a g e :** macrolangage.

**m a c r o l i b r a r y :** bibliothèque de macros; **assembly macrolibrary,** bibliothèque de macros d'assemblage; **macrolibrary update,** mise à jour de la macrobibliothèque.

**m a c r o m a i n t e n a n c e :** macromaintenance; **macromaintenance program,** programme de gestion des macros.

**m a c r o p h a s e :** macrophase.

**m a c r o p r o c e s s o r :** macroprocessor,

237

macroprocesseur; **generalized macroprocessor,** macroprocesseur banalisé.

**macroprogramming:** macroprogrammation.

**macroroutine:** macroroutine; **macroroutine library,** macrobibliothèque.

**macrostatement:** macro-instruction.

**made:** fabriqué; **man-made noise,** parasite; **man-made static,** perturbations radio.

**mag:** magnétique; **magnetic card (mag card),** carte magnétique; **magnetic tape (mag tape),** bande magnétique.

**magazine:** magasin à cartes; **card magazine,** magasin de cartes, magasin d'alimentation; **input magazine,** magasin d'alimentation; **receiving magazine,** magasin de réception de cartes; **tape magazine,** cassette d'enroulement de bande.

**magnet:** électro-aimant; **electro magnet,** aimant; **magnet assembly,** unité magnétique; **platen feed magnet,** aimant de commande des sauts de ligne; **platen magnet,** électro-aimant d'impression; **print magnet,** électro-aimant d'impression; **punch magnet,** électro-aimant de perforation; **reset magnet,** aimant d'effacement; **skip magnet,** aimant de saut; **yoke magnet,** culasse d'aimant.

**magnetic:** magnétique; **AC magnetic field,** champ magnétique alternant; **balanced magnetic drum,** tambour magnétique équilibré; **card to magnetic tape converter,** convertisseur cartes-bande magnétique; **combined magnetic head,** tête de lecture/écriture magnétique; **digital magnetic tape,** ruban magnétique; **driving magnetic tape,** entraînement de bande magnétique; **fixed-magnetic head,** tête magnétique fixe; **longitudinal magnetic field,** champ magnétique longitudinal; **magnetic amplifier,** amplificateur magnétique; **magnetic bubble,** bulle magnétique; **magnetic bubble memory,** mémoire à bulles; **magnetic card (mag card),** carte magnétique; **magnetic card assembly,** jeu de feuillets magnétiques; **magnetic card code (MCC),** code de carte magnétique; **magnetic card computer,** ordinateur à feuillets magnétiques; **magnetic card reader,** lecteur de feuillets magnétiques; **magnetic card storage,** mémoire à cartes magnétiques; **magnetic card system,** système à cartes magnétiques; **magnetic card unit (MCU),** unité de cartes magnétiques; **magnetic cell,** cellule magnétique; **magnetic character,** caractère magnétique; **magnetic character printer,** imprimante de caractères magnétiques; **magnetic character reader,** lecteur de caractères magnétiques; **magnetic**

**circuit,** circuit magnétique; **magnetic clutch,** embrayage magnétique; **magnetic component,** composant magnétique; **magnetic core,** tore magnétique; **magnetic core storage,** mémoire à tores, mémoire magnétique; **magnetic coupler,** coupleur magnétique; **magnetic disk,** disque magnétique; **magnetic disk file,** fichier sur disque magnétique; **magnetic disk storage,** mémoire à disque magnétique; **magnetic disk unit,** unité de disque magnétique; **magnetic drum,** tambour magnétique; **magnetic drum store,** mémoire à tambour magnétique; **magnetic drum unit,** unité à tambour magnétique, unité à tambour; **magnetic field,** champ magnétique; **magnetic field strength,** intensité du champ magnétique; **magnetic file,** fichier sur bande magnétique; **magnetic film,** film magnétique; **magnetic film storage,** mémoire à film magnétique; **magnetic flux density,** densité de flux magnétique; **magnetic head,** tête magnétique; **magnetic head mount,** support de tête magnétique; **magnetic head socket,** socle support de tête magnétique; **magnetic ink,** encre magnétique; **magnetic ink font,** jeu de caractères magnétiques; **magnetic inscription,** inscription magnétique; **magnetic latch,** loqueteau magnétique; **magnetic layer,** couche magnétique; **magnetic ledger card,** carte de compte magnétique; **magnetic ledger card computer,** ordinateur de comptes magnétiques; **magnetic ledger card sorting machine,** lecteur automatique de comptes magnétiques; **magnetic ledger memory,** mémoire de comptes magnétiques; **magnetic ledger unit,** unité de comptes magnétiques; **magnetic memory,** mémoire magnétique; **magnetic pickup transducer,** traducteur de caractères magnétiques; **magnetic reading,** magnétolecture; **magnetic recording,** enregistrement magnétique; **magnetic reel,** bobine (de bande) magnétique; **magnetic rod storage,** mémoire à bâtonnets magnétiques; **magnetic sheet memory,** mémoire à feuillets magnétiques; **magnetic shift register,** registre à décalage magnétique; **magnetic spot,** repère magnétique; **magnetic state,** état de magnétisation; **magnetic storage,** mémoire magnétique; **magnetic store,** mémoire magnétique; **magnetic strip,** feuillet magnétique; **magnetic support,** support magnétique; **magnetic tape (mag tape),** bande magnétique; **magnetic tape addressing,** adressage de bande magnétique; **magnetic tape cartridge,** cartouche à bande magnétique; **magnetic tape cassette,** cassette à bande magnétique; **magnetic tape check,** contrôle de bande magnétique; **magnetic tape control,** commande de bande magnétique; **magnetic tape controller,** contrôleur de bande magnétique; **magnetic tape converter,** convertisseur de bande magnétique; **magnetic tape deck,** platine de bande magnétique; **magnetic tape device,** unité de bande magnétique; **magnetic tape drive,** unité de bande magnétique; **magnetic tape driver,** dévideur de bande magnétique; **magnetic tape facility,** commande de bande magnétique intégrée; **magnetic tape file,** fichier bande magnétique; **magnetic tape input,** introduction par bande magnétique; **magnetic tape leader,** amorce de début de bande magnétique; **magnetic tape length,** longueur de bande magnétique; **magnetic tape library,** bibliothèque sur bande magnétique; **magnetic tape mark,** marque de bande magnétique; **magnetic tape output,** sortie bande magnétique; **magnetic tape processor,** processeur à bande magnétique; **magnetic tape reader,** lecteur de bande magnétique; **magnetic tape reel,** bobine de bande magnétique; **magnetic tape sorting,** tri de bandes magnétiques; **magnetic tape storage,** mémoire à bande magnétique; **magnetic tape subsystem,** sous-ensemble dérouleur de bande magnétique; **magnetic tape track,** piste de bande magnétique; **magnetic tape trailer,** amorce de fin de bande magnétique; **magnetic tape transport,** dérouleur de bande magnétique; **magnetic tape unit (MTU),** unité de bande magnétique, dérouleur de bande; **magnetic tape width,** largeur de bande magnétique; **magnetic thin film,** film mince magnétique; **magnetic thin film storage,** mémoire à couche mince magnétique; **magnetic track,** piste magnétique; **magnetic wire,** fil magnétique; **magnetic wire storage,** mémoire à fil magnétique; **magnetic writing,** caractères magnétiques; **multitrace magnetic head,** tête magnétique multivoie; **removable magnetic disk,** disque magnétique amovible; **reversible magnetic process,** transformation magnétique réversible; **single-trace magnetic head,** tête magnétique monopiste; **static magnetic cell,** cellule magnétique statique; **virgin magnetic tape,** bande magnétique vierge.

**magnetisation:** cf **magnetization.**

**magnetise:** cf **magnetize.**

**magnetised:** cf **magnetized.**

**magnetism:** magnétisme; **residual magnetism,** aimantation rémanente.

**magnetization:** aimantation, magnétisation; **uniform magnetization,** magnétisa-

tion uniforme.

**magnetize: (to),** magnétiser.

**magnetized:** magnétisé, aimanté; **magnetized spot,** point magnétisé; **magnetized to saturation,** magnétisé à saturation.

**magnetostrictive:** magnétostrictif; **magnetostrictive delay line,** ligne à retard magnétique.

**magnify: magnify (to),** grossir, agrandir, magnifier.

**magnitude:** grandeur; **order of magnitude,** ordre de grandeur; **sign magnitude,** binaire de signe.

**mail:** courrier; **computer mail,** courrier électronique; **electronic mail,** messagerie (électronique).

**mailbox:** boîte à lettre.

**mailing:** publipostage; **mailing label,** étiquette de publipostage; **mailing list,** liste de publipostage; **mailing list file merge,** fusion de fichiers de publipostage; **mailing list manager,** gestionnaire de publipostage.

**mailphore:** collecteur de messages.

**main:** principal; **AC mains,** secteur alternatif; **main cable,** conducteur principal; **main circuit breaker,** disjoncteur principal; **main computer,** ordinateur central; **main console,** console principale; **main control station,** poste de commande, station de contrôle principal; **main control unit,** unité de commande centrale; **main dictionary file,** fichier dictionnaire principal; **main distribution frame,** répartiteur central; **main enclosure,** baie principale; **main entry point,** point d'entrée principal; **main file,** fichier principal; **main file area,** zone principale d'un fichier; **main file block,** bloc primaire d'un fichier; **main index,** répertoire principal; **main line,** ligne principale; **main line coding,** partie exploitable du programme; **main line processing,** partie principale du traitement; **main line switch,** interrupteur général; **main memory,** mémoire principale; **main memory address,** adresse de mémoire centrale; **main memory capacity,** capacité de la mémoire centrale; **main memory configuration,** composition de la mémoire centrale; **main memory control,** commande de mémoire centrale; **main memory cycle time,** cycle de mémoire principale; **main memory location,** adresse de mémoire de masse; **main memory management,** gestion de mémoire principale; **main memory print,** impression du contenu de la mémoire centrale; **main memory protection,** protection de la mémoire centrale; **main memory section,** partition de mémoire centrale; **main part,** partie principale; **main path,** chemin principal; **main program**, programme principal; **main routine**, programme principal; **main segment**, segment principal; **main sequence**, séquence principale; **main shaft**, arbre primaire; **main storage**, mémoire principale; **main store**, mémoire principale; **main switch**, interrupteur principal; **main task**, tâche principale; **main terminal**, connexion principale; **main unit**, unité centrale, unité principale; **main voltage fluctuation**, variation de la tension réseau; **mains**, secteur; **mains supply**, alimentation secteur; **selective main storage dump**, vidage sélectif.

**m a i n f r a m e :** unité centrale; **mainframe computer**, unité centrale de traitement.

**m a i n p a t h :** chemin principal; **device mainpath routine**, programme principal de commande de périphériques.

**m a i n t a i n :** **maintain (to)**, maintenir, entretenir, mettre à jour; **mean time to maintain (MTTM)**, moyenne des temps d'entretien.

**m a i n t a i n a b i l i t y :** maintenabilité.

**m a i n t a i n e d :** maintenu; **maintained data**, données à jour.

**m a i n t e n a n c e :** maintenance, entretien; **catalog maintenance**, gestion de fichier-catalogue; **compile unit maintenance component**, programme de mise au point des compilateurs; **control maintenance panel**, pupitre de maintenance; **corrective maintenance**, maintenance corrective; **data maintenance**, maintenance de données; **deferred maintenance**, maintenance en service; **emergency maintenance**, maintenance de premier secours; **file maintenance**, tenue de fichier; **hardware maintenance**, maintenance du matériel; **job maintenance**, maintenance des travaux; **job maintenance support zone**, zone support de gestion des travaux; **library maintenance**, maintenance de bibliothèque; **library maintenance routine**, programme de gestion de bibliothèque; **machine maintenance time**, temps de maintenance machine; **maintenance agreement**, contrat de maintenance; **maintenance aids**, moyens de maintenance; **maintenance channel**, canal de maintenance, canal de mise à jour; **maintenance charges**, frais d'entretien; **maintenance console**, console du technicien d'entretien; **maintenance cost**, coût de maintenance; **maintenance counter**, compteur de maintenance; **maintenance file**, fichier des mouvements; **maintenance interval**, intervalle de maintenance; **maintenance manual**, notice de maintenance; **maintenance on per-call**, maintenance sur appel client; **maintenance part**, pièce détachée, pièce de

rechange; **maintenance personnel**, personnel de maintenance; **maintenance processor**, processeur de maintenance; **maintenance program**, programme de diagnostic; **maintenance rate**, intervalle entre deux opérations d'entretien; **maintenance register**, registre de maintenance; **maintenance routine**, programme de maintenance; **maintenance run**, passage de mise à jour; **maintenance schedule**, plan de maintenance; **maintenance staff**, personnel de maintenance; **maintenance standby time**, temps de garde; **maintenance time**, temps d'entretien, temps de maintenance; **maintenance work**, travaux de maintenance; **mean time between routine maintenance (MTBRM)**, moyenne des temps entre entretiens; **preventive maintenance**, maintenance préventive; **preventive maintenance time**, temps de maintenance préventive; **program maintenance**, maintenance de programme; **remedial maintenance**, maintenance corrective; **remote maintenance**, télémaintenance; **routine maintenance**, entretien de routine; **scheduled maintenance**, entretien systématique, entretien de routine; **scheduled maintenance time**, temps de maintenance concertée; **software maintenance**, maintenance logicielle; **subsystem maintenance panel**, pupitre de maintenance du sous-système; **tape file maintenance**, gestion de fichiers sur bande; **transaction maintenance**, maintenance des mouvements.

**m a j o r :** majeur, principal; **first major transaction**, premier mouvement général; **last major transaction**, dernier mouvement général; **major block diagram**, schéma fonctionnel principal; **major control**, contrôle majeur; **major control break**, rupture au niveau supérieur; **major control change**, modification au niveau supérieur; **major cycle**, cycle majeur; **major defect**, défaut majeur; **major key**, indicatif majeur; **major loop**, boucle principale; **major position**, position principale; **major task**, tâche majeure.

**m a j o r i t y :** majorité; **majority carrier**, porteur majoritaire; **majority circuit**, circuit à porteurs majoritaires; **majority element gate**, porte majoritaire; **majority gate**, porte à porteurs majoritaires.

**m a k e :** **contact make time**, temps de contact; **make null (to)**, annuler; **make-contact**, contact de travail; **make-time**, temps de fermeture; **make-up**, arrangement, reprise; **make-up time**, temps voué aux essais.

**m a k e r :** fabricant; **IC maker**, fabricant de circuits intégrés; **clone-maker**, frabricant de clone.

**makeshift:** solution provisoire; **makeshift arrangement,** solution provisoire.

**making:** fabrication; **capture grid making,** constitution du masque de saisie; **interactive decision making,** aide à la décision conversationnelle.

**male:** mâle; **male plug,** connecteur mâle; **male plug connector,** prise mâle.

**malfunction:** dérangement; **hardware malfunction,** panne matérielle; **machine malfunction,** incident machine; **malfunction indicator,** indicateur de panne, indicateur d'incident; **malfunction routine,** programme d'anomalies; **malfunction time,** durée de défaillance.

**man:** homme; **DP man,** informaticien; **man-hour,** heure de travail; **man-machine communication,** communication homme-machine; **man-machine dialog,** dialogue homme-machine; **man-machine interface,** interface homme-machine; **man-made noise,** parasite; **man-made static,** perturbations radio.

**manage:** (to), administrer.

**managed:** géré; **computer-managed instruction (CMI),** enseignement informatique interactif.

**management:** gestion; **address management,** technique d'adressage; **automated management,** gestion automatisée; **buffer management,** gestion des tampons; **catalog management,** gestion sur catalogue; **computer-assisted management,** gestion informatisée; **configuration management,** contrôle de configuration; **data management,** gestion de données; **data management software,** logiciel de gestion de données; **data management unit,** module de gestion de données; **data storage management,** gestion des supports de données; **database file management,** gestion des fichiers de banque de données; **database management (DBM),** gestion de base de données (GBD); **database management system (DBMS),** système de gestion de base de données (SGBD); **device management,** gestion de périphériques; **disk data management,** gestion des données sur disque; **disk management,** gestion de disque; **disk space management,** gestion de l'espace disque; **dynamic memory management,** gestion dynamique de mémoire; **element management,** gestion d'éléments; **error management,** gestion des erreurs, traitement des erreurs; **file management,** gestion de fichiers; **job management,** gestion des travaux; **main memory management,** gestion de mémoire centrale; **management action,** action de gestion; **management data query,** interrogation directe du fichier; **management information system,** système de gestion; **management science,** gestion scientifique; **management tool,** outil de gestion; **memory management,** gestion de mémoire; **memory management unit (MMU),** unité gestionnaire de mémoire; **message management,** gestion des messages; **network management,** gestion de réseau; **overlay management,** gestion de recouvrements; **process group management,** gestion de groupes de processus industriels; **program management,** gestion de programme; **programmed management,** gestion programmée; **queue management,** gestion de files d'attente; **record management,** gestion d'enregistrement; **resource management,** gestion des ressources; **segment management,** gestion des segments; **step management,** gestion des travaux pas à pas; **system management,** gestion de système; **tape management system,** système de gestion de bandes; **task management,** gestion des tâches; **terminal management,** gestion des terminaux; **transaction management software,** logiciel transactionnel de gestion; **virtual memory management,** gestion automatique de mémoire; **virtual storage management (VSM),** gestion de la mémoire virtuelle.

**manager:** gestionnaire; **computer manager instruction,** gestionnaire d'enseignement; **expanded memory manager,** gestionnaire de mémoire commutée; **file manager,** gestionnaire de fichiers; **mailing list manager,** gestionnaire de publipostage; **memory allocation manager,** gestionnaire d'attribution mémoire; **network manager,** gestionnaire de réseau; **remote data base manager,** télégestion de banque de données.

**Manchester:** Manchester; **Manchester code,** code de Manchester, code biphasé.

**mandatory:** obligatoire; **mandatory instruction,** instruction absolue; **mandatory user parameter,** paramètre obligatoire.

**manipulate:** (to), manipuler.

**manipulated:** manipulé; **manipulated variable,** variable manipulée.

**manipulation:** manipulation, opération; **address manipulation,** manipulation d'adresse; **block manipulation,** manipulation de bloc; **data manipulation,** manipulation de données; **data manipulation language (DML),** langage de manipulation de données; **string manipulation,** traitement de chaîne.

**mantissa*:** mantisse; **floating-point mantissa,** mantisse en virgule flottante;

**variable-length mantissa,** mantisse de longueur variable.

**manual:** manuel; **application description manual,** manuel descriptif d'application; **application manual,** manuel d'application; **installation manual,** manuel d'installation; **instruction manual,** manuel d'instruction; **maintenance manual,** notice de maintenance; **manual access,** accès manuel; **manual answering,** réponse manuelle; **manual binary input,** commutateur pour introduction binaire manuelle; **manual calling,** numérotation manuelle; **manual card insertion,** insertion manuelle; **manual control,** commande manuelle; **manual control box,** commutation manuelle; **manual data input,** introduction manuelle des données; **manual dialing,** sélection manuelle; **manual entry,** introduction manuelle, introduction par console; **manual exchange,** central manuel; **manual feedrate override,** modification manuelle de l'avance; **manual file rotation,** décalage manuel de fichiers; **manual function,** fonction manuelle; **manual input,** entrée manuelle; **manual input register,** registre d'entrée manuelle; **manual input unit,** unité d'entrée manuelle; **manual interrupt,** interruption manuelle; **manual keyboard entry,** introduction par clavier; **manual mode,** mode manuel; **manual operation,** exploitation manuelle; **manual override key,** touche d'effacement; **manual paper feed,** avance manuelle de papier; **manual patching,** interconnexion manuelle; **manual perforator,** perforateur manuel; **manual reduction time,** temps de réduction manuelle; **manual request,** interruption par commande manuelle; **manual termination,** fin manuelle; **manual transcription,** transcription manuelle; **manual transmission,** transmission manuelle; **manual word generator,** élément d'entrée manuelle; **operator manual,** manuel d'utilisation; **reference manual,** manuel de référence; **run manual,** manuel d'exploitation; **servicing manual,** manuel d'entretien; **technical manual,** manuel technique.

**manufacturer:** fabricant; **original equipment manufacturer (OEM),** fabricant de l'équipement original.

**manufacturing:** fabrication automatisée; **computer-aided manufacturing (CAM),** fabrication assistée par ordinateur (FAO); **manufacturing analysis,** analyse de production; **manufacturing control,** commande de production; **manufacturing costs,** frais de fabrication; **manufacturing interval,** délai de fabrication.

**map*:** mappe, application, carte;

**Karnaugh map,** table de Karnaugh; **allocation map,** table d'allocation; **bit map,** mappe binaire, représentation binaire de points; **block allocation map,** table d'allocation de blocs; **color map,** carte des couleurs; **computer map,** carte infographique; **computerized map,** carte numérisée, carte infographique; **file map,** mappe de fichiers; **map routine,** sous-programme de justification; **memory map,** configuration mémoire; **page map table,** table de topographie mémoire; **register map,** matrice de registre; **storage map,** mappe mémoire; **store map,** mappe mémoire.

**mapped:** mappé, topographié; **bit-mapped font,** fonte matricielle; **bit-mapped representation,** représentation en mappe binaire; **mapped memory,** mémoire organisée.

**mapping*:** mappe, mappage; **address mapping,** conversion d'adresse; **file storage mapping routine,** sous-programme d'affectation de fichiers; **flaw mapping,** mappe des erreurs; **linear mapping,** affectation linéaire; **mapping table,** index, catalogue; **memory mapping,** topographie mémoire; **one-to-one mapping,** application bi-univoque; **storage mapping,** topogramme de la mémoire; **volume mapping,** transfert de volumes.

**margin:** marge; **bottom margin,** marge inférieure; **effective margin,** marge utile; **fade margin,** place de régulation; **foot margin,** espace de bas de page; **guide margin,** marge de référence; **head margin,** espace de haut de page; **justified margin,** marge justifiée; **left margin,** marge de gauche; **margin adjustment,** positionnement de marge; **margin définition,** définition de marge; **margin indicator,** indicateur marginal; **margin perforation,** perforation marginale; **margin release,** déclencheur marginal; **margin set lever,** levier de réglage marginal; **margin size,** dimension de marge; **margin stop,** margeur; **ragged margin,** marge irrégulière; **right margin,** marge droite; **top margin,** marge supérieure.

**marginal:** marginal; **marginal check,** contrôle marginal; **marginal checking,** contrôle marginal; **marginal condition,** condition marginale; **marginal punching,** perforation marginale; **marginal set-up,** marge; **marginal test,** test de marges; **marginal testing,** test des limites, contrôle des valeurs limites; **marginal-punched card,** carte à perforations marginales; **programmed marginal check,** contrôle marginal programmé.

**mark:** marque, repère; **admissible mark,** repère admissible; **alignment mark,** repère d'alignement; **alterned mark inversion code,**

code à inversion de marque alternée; **beginning mark,** amorce; **bench mark,** repère de test; **block mark,** marque de bloc; **branch mark,** repère de saut; **buffer mark,** drapeau de mémoire tampon; **check mark channel,** canal de contrôle; **control mark,** marque de fin de bande, repère de section; **drum mark,** marque de tambour; **end mark,** marque de fin; **end-of-instruction mark,** marque de fin d'instruction; **end-of-reel mark,** marque fin de bobine; **end-of-word mark,** marque fin de mot; **exclamation mark,** point d'exclamation '!'; **field mark,** étiquette de champ; **file mark,** marque de fichier; **group mark,** marque de groupe; **hash mark,** symbole '#', fagot; **index mark,** marque d'index; **item mark,** étiquette d'article; **line finder mark,** repère de ligne; **load mark,** marque de début de chargement; **magnetic tape mark,** marque de bande magnétique; **mark (to),** marquer, repérer, indiquer; **mark channel,** piste de marquage; **mark discrimination,** différentiation de repères; **mark position,** position de marquage; **mark pulse,** impulsion de marquage; **mark reader,** lecteur de marques; **mark recognition,** reconnaissance de repères; **mark scanning,** lecture (optique) de marques; **mark sensing,** lecture (optique) de marques; **mark-sense (to),** lire des marques; **mark-sense punching,** perforation à lecture graphique; **mark-sensing card,** carte à lecture graphique; **mark-sensing method,** méthode de lecture graphique; **mark-sensing reproducer,** duplicatrice/perforatrice à lecture graphique; **mark/space multiplier unit,** multiplicateur de modulation; **optical mark page reader,** lecteur optique de marques; **optical mark reader,** lecteur de marque optique; **optical mark reading,** lecture optique de marques; **optical mark recognition (OMR),** reconnaissance optique de marques; **photo sensing mark,** pastille réfléchissante; **punctuation mark,** signe de ponctuation; **question mark,** point d'interrogation '?'; **quotation marks,** guillemets; **read mark,** marque de lecture; **record mark,** marque de fin d'enregistrement; **record mark control,** commande du drapeau d'article; **record storage mark,** sentinelle de la mémoire d'enregistrement; **reference mark,** marque de référence; **registration mark,** marque de repérage; **segment mark,** marque de segment; **single-closing quotation mark,** apostrophe de fermeture '''; **single-opening quotation mark,** apostrophe d'ouverture '''; **slash mark,** barre oblique '/'; **spot mark,** point de repère; **tape mark,** repère de bande; **tape mark recognition,** reconnaissance de mar-

que de bande; **timing mark,** marque de synchronisation; **timing mark check,** contrôle des marques de synchronisation; **timing mark field,** zone de marque de synchronisation; **timing mark pitch,** distance entre marques de synchronisation; **word mark,** marque de mot.

**marked:** marqué; **hand marked document,** document annoté manuellement.

**marker:** marque, marqueur; **beginning-of-information marker,** marque de début; **beginning-of-tape marker,** repère de début de bande; **block marker,** marqueur de bloc; **block marker track,** piste de marquage de bloc; **clock marker track,** piste de rythme; **data block marker,** marqueur de bloc de données; **deck marker,** marque de jeu de cartes; **destination warning marker,** marque fin de bande; **end-of-file marker,** marqueur de fin de fichier; **end-of-information marker (EIM),** marque de fin de données; **end-of-tape marker,** repère de fin de bande; **end-of-tape marker,** marque de fin de bande; **index marker,** marqueur d'index, pointeur d'index; **marker bit,** bit marqueur; **marker pulse,** impulsion de marquage; **marker strip,** étiquette; **record marker,** drapeau d'enregistrement; **reflective marker,** marque réfléchissante; **text marker,** marque textuelle.

**market:** marché; **hobby market,** marché amateur.

**marking:** marquage, repérage; **alphabetic marking,** repérage alphabétique; **marking device,** dispositif de marquage; **marking zone,** zone de repérage.

**mask\*:** masque, filtre; **edit mask,** masque d'édition; **file mask,** masque de fichier; **holistic mask,** masque holistique; **interrupt mask,** masque d'interruption; **keyboard mask,** housse de protection du clavier; **mask (to),** masquer; **mask bit,** binaire de masquage; **mask out interrupts (to),** éliminer par masque; **mask programmable,** programmable par masque; **mask register,** registre des masques; **parallel poll mask,** masque de scrutation parallèle; **peephole mask,** masque perforé; **print mask,** masque d'impression; **program mask,** masque de programme; **screen mask,** masque d'écran; **search mask,** masque de recherche; **shadow mask color CRT,** tube couleurs à masque; **significance mask,** validité en virgule flottante.

**masked:** masqué, inactif; **masked ROM,** mémoire morte élaborée par masque; **masked state,** état masqué; **masked value,** valeur masquée.

**masking:** masquage; **interrupt masking,** positionnement de masques d'interruption.

**m a s s\*:** masse; **input mass storage file,** fichier des entrées sur disque; **mass data,** données de masse; **mass memory,** mémoire de masse; **mass of data,** données en masse; **mass storage,** mémoire de grande capacité; **mass storage control,** contrôleur de mémoire à disques; **mass storage controller,** contrôleur d'unités à disques magnétiques; **mass storage facility,** commande intégrée de disques magnétiques; **mass storage peripheral device error,** erreur de l'unité à disques magnétiques; **mass storage processor,** processeur de disques magnétiques; **mass storage resident,** résidant sur disque; **mass storage subsystem,** sous-système de disques magnétiques; **mass storage unit,** unité à disques magnétiques; **mass store,** mémoire de masse; **on-line mass storage,** mémoire de masse en ligne; **terminal mass storage dump,** vidage mémoire final.

**m a s t e r:** maître; **active master file,** fichier principal actif; **disk master,** disque principal; **input master tape,** bande maître d'introduction; **item master file,** fichier principal d'articles; **master account file,** fichier comptes permanent; **master account record,** article permanent du fichier comptes; **master answer sheet,** feuille de référence; **master cabinet,** armoire principale; **master card,** carte maîtresse; **master card file,** fichier de cartes maîtresses; **master card insertion device,** poste d'insertion des cartes; **master card operation,** opération avec cartes maîtresses; **master catalog,** catalogue principal; **master clear,** effacement général; **master clock,** horloge principale, horloge mère; **master console,** console maître; **master control interrupt,** interruption de supervision; **master data,** données directrices; **master data sheet,** feuille maîtresse; **master deck,** jeu de cartes maîtresses; **master directory,** répertoire principal; **master disk,** disque d'exploitation, disque émetteur; **master file,** fichier maître; **master file block,** bloc du fichier permanent; **master file creation,** création du fichier permanent; **master file inquiry,** interrogation du fichier maître; **master flip-flop,** bascule principale; **master group,** groupe maître; **master index,** index principal; **master index item,** article de l'index principal; **master index table,** table des répertoires; **master interrupt,** interruption principale; **master job,** travail pilote, travail principal; **master key,** code directeur; **master library tape,** bande bibliothèque pilote; **master machine,** machine pilote;

**master mode,** mode principal, mode maître, mode directeur; **master module,** module pilote; **master processor,** processeur central, processeur maître; **master program,** programme pilote, programme principal; **master program file,** fichier bibliothèque principal; **master pulse,** impulsion pilote; **master record,** enregistrement maître; **master routine,** routine pilote; **master scheduler,** programme principal, programme pilote; **master source module,** module de référence; **master station,** station principale, station maître; **master station status,** état de la station émettrice; **master stub card,** carte maître à talon; **master switch,** interrupteur principal; **master system tape,** bande de système maître; **master tape,** bande maître; **master terminal,** terminal maître; **master unit,** unité centrale; **master/slave system,** système maître/esclave; **new master,** nouvelle bande principale; **new master file,** nouveau fichier permanent; **part number master file,** fichier permanent des numéros de pièces; **routine master,** programme de référence; **updated master file,** fichier de référence; **vendor master file,** fichier source des fournisseurs.

**m a t:** tapis; **antistatic mat,** tapis antistatique.

**m a t c h\*:** pareil, égal, correspondant; **match (to),** harmoniser; **match code,** code de correspondance; **match field,** zone de correspondance; **match merge,** fusion-sélection, interclassement avec sélection; **match pattern,** structure de comparaison; **zero match element,** élément NON-OU, porte NI; **zero match gate,** porte NON-OU, porte NI.

**m a t c h e d:** égal, assorti, adapté; **matched pattern,** structure de comparaison.

**m a t c h i n g:** assortiment, adaptation; **impedance matching,** adaptation par impédance; **matching cards,** cartes correspondantes; **matching equipment,** équipement d'adaptation; **matching error,** erreur d'adaptation; **matching field,** zone de concordance; **matching priority,** priorité de correspondance; **matching record indicator,** indicateur d'égalité; **matching unit,** unité d'adaptation; **matching value,** valeur de comparaison; **matching zone,** indicatif de rapprochement; **pattern matching,** appariement de formes, filtrage.

**m a t e r i a l:** matériau, document; **base material,** matériel de base; **basic material,** matériel de base; **bill of material,** nomenclature; **bill of material processing,** traitement des listes de matériel; **bill of material**

**processor,** processeur de nomenclatures; **ferromagnetic material,** matériau ferromagnétique; **material code,** code matériel; **material implication,** implication conditionnelle; **material inventory planning,** analyse des besoins réels; **material item file,** fichier permanent de matériaux; **material transaction register,** liste de mouvements; **material withdrawal code,** code sortie de stock; **reference material,** manuel de référence; **sound absorbing material,** matériel d'insonorisation; **test material,** matériel d'essai.

**mathematical:** mathématique; **mathematical check,** contrôle arithmétique; **mathematical computation,** calcul mathématique; **mathematical expression,** expression mathématique; **mathematical induction,** raisonnement par récurrence; **mathematical language analysis,** analyse mathématique de langage; **mathematical logic,** logique mathématique, logique symbolique; **mathematical model,** modèle mathématique; **mathematical process model,** module de processus mathématique; **mathematical programming,** programmation mathématique; **mathematical term,** terme mathématique; **standard mathematical notation,** notation mathématique normalisée.

**mathematics:** les mathématiques; **abstract mathematics,** mathématiques abrégées.

**matrix\*:** matrice; **Boolean matrix,** matrice booléenne, table logique; **adjacency matrix,** matrice d'incidence; **admittance matrix,** matrice d'admittance; **area matrix,** matrice de partition; **character matrix,** matrice à caractères; **core matrix,** matrice de tores; **core matrix block,** banc de matrices de tores; **core storage matrix,** matrice de mémoire à tores; **decoder matrix,** matrice de décodage, matrice de déchiffrement; **difference matrix,** matrice de différentiation; **diode matrix,** matrice de diodes; **dot matrix,** matrice à points; **dot matrix character,** caractère à matrice de points; **dot matrix display,** affichage matriciel par points; **dot matrix plotter,** traceur à matrice de points; **dot matrix printer,** imprimante à matrice de points; **impact matrix printer,** imprimante matricielle à impact; **impedance matrix,** matrice d'impédance; **matrix algebra,** algèbre matricielle; **matrix calculus,** calcul matriciel; **matrix character,** grille caractère; **matrix column,** colonne de matrice; **matrix display,** représentation de coordonnées; **matrix equation,** équation matricielle; **matrix inversion,** inversion de matrice; **matrix key-**

**board,** clavier à sélection matricielle; **matrix memory,** mémoire matricielle; **matrix name,** nom de matrice; **matrix notation,** notation matricielle; **matrix order,** rang de matrice; **matrix printer,** imprimante matricielle; **matrix printing,** impression par points; **matrix row,** ligne de matrice; **matrix store,** mémoire matricielle; **matrix table,** table matricielle; **operand matrix,** matrice opérande; **register matrix,** matrice de registre; **scan matrix,** matrice d'exploration; **scattering matrix,** matrice de dispersion; **semantic matrix,** matrice sémantique; **storage connecting matrix,** matrice de connexion mémoire; **store connecting matrix,** coupleur de mémoire; **thermal matrix printer,** imprimante matricielle thermique; **transcoding matrix,** matrice de transcodage; **wire matrix printer,** imprimante matricielle; **zero matrix,** matrice nulle.

**maximize: maximize box,** case plein écran.

**maximum:** maximum; **maximum capacity,** puissance maximum; **maximum effect,** effet maximum; **maximum keying frequency,** fréquence de manipulation maximale; **maximum length,** longueur maximale; **maximum modulating frequency,** fréquence maximale de modulation; **maximum operating frequency,** fréquence maximale opérationnelle; **maximum performance,** performance maximale; **maximum sort,** tri maximal; **maximum transfer rate,** vitesse de transfert maximal.

**MCC: magnetic card code,** code de carte magnétique.

**MCU: magnetic card unit,** unité de cartes magnétiques.

**mean:** moyenne; **acceptable mean life,** durée de vie moyenne acceptable; **arithmetic mean,** moyenne arithmétique; **arithmetic mean value,** valeur moyenne de calcul; **geometric mean,** moyen géométrique; **mean absolute deviation,** excursion moyenne, écart moyen; **mean access time,** temps d'accès moyen; **mean deviation,** tolérance moyenne; **mean entropy (per character),** entropie moyenne (par caractère); **mean holding time,** temps moyen d'occupation; **mean information content,** entropie; **mean life,** longévité moyenne; **mean load,** charge moyenne; **mean repair time,** temps moyen de réparation; **mean time between failures (MTBF),** moyenne des temps de bon fonctionnement; **mean time between routine maintenance (MTBRM),** moyenne des temps entre entretiens; **mean time to maintain (MTTM),** moyenne des temps d'entretien;

**mean time to repair (MTTR),** temps moyen de réparation; **mean value,** valeur moyenne; **root mean square (RMS),** moindre carrés.

**measling:** tache.

**measure:** mesure, dimension; **measure (to),** mesurer; **measure of information,** mesure de l'information; **unit of measure,** unité de mesure.

**measured:** mesuré; **measured data acquisition,** saisie des données de mesure; **measured value,** valeur de mesure; **measured variables,** résultats de mesure.

**measurement:** dimension, mesure; **absolute measurement,** cotation absolue; **analog measurement,** mesure analogique; **measurement logger,** enregistreur de mesures; **measurement setup,** poste d'essai; **time lag measurement,** chronométrage.

**measuring:** mesurage; **absolute measuring method,** méthode de mesure absolue; **analog measuring system,** système de mesure analogique; **digital measuring,** mesure numérique; **incremental measuring method,** procédure de mesure incrémentielle; **measuring equipment,** appareil de mesure; **measuring error,** mesure erronée, erreur de mesure; **measuring point,** point de mesure; **measuring point selector,** sélecteur de points de mesure; **measuring range,** plage de mesure; **measuring relay,** relais de mesure; **measuring scale,** échelle graduée.

**mechanical:** mécanique; **mechanical clock,** horloge électro-mécanique; **mechanical counter,** compteur mécanique; **mechanical drive train,** chaîne cinématique; **mechanical linkage,** liaison mécanique; **mechanical positioning,** positionnement mécanique; **mechanical printing unit,** imprimante de bande; **mechanical sensing,** lecture par exploration mécanique; **mechanical strength,** résistance mécanique; **mechanical tracking,** poursuite mécanique; **mechanical translation,** traduction automatique.

**mechanism:** mécanisme; **access mechanism,** mécanisme d'accès; **adding mechanism,** mécanisme d'addition; **backspace mechanism,** mécanisme de rappel; **card feeding mechanism,** dispositif d'alimentation des cartes; **carriage lift mechanism,** mécanisme de soulèvement du chariot; **drive mechanism,** mécanisme d'entraînement; **ejection mechanism,** mécanisme d'éjection; **form feed mechanism,** mécanisme d'avance papier; **high-speed eject mechanism,** mécanisme d'éjection rapide; **ink mechanism,** mécanisme encreur; **paper advance mechanism,** mécanisme d'avance papier; **printing mechanism,** unité d'impression;

**recognition mechanism,** mécanisme d'identification; **rotate mechanism,** mécanisme de rotation; **selector mechanism,** mécanisme de sélection; **shift mechanism,** mécanisme de positionnement; **stack mechanism,** mécanisme d'empilage; **stacking mechanism,** mécanisme de réception; **tape mechanism,** axe d'entraînement de bande; **tape transport mechanism,** mécanisme d'entraînement de bande; **visual indicator mechanism,** dispositif de visualisation.

**media*:** média, supports; **bulk media conversion,** conversion de masse d'informations; **media conversion,** conversion des supports; **media recognition,** identification des supports d'informations; **media transcription,** conversion du support de données; **remote media service,** service de télétraitement.

**medium:** médium, support; **blank medium,** support vierge, support vide; **communication medium,** moyen de communication; **data medium,** support de données; **data recording medium,** support d'informations; **empty medium,** support vierge, support vide; **end of medium,** fin de support; **end-of-medium character (EM),** (caractère de) fin de médium; **file medium,** support de fichier; **head to medium separation,** distance entre tête et support de données; **holographic medium,** support holographique; **information medium,** support d'informations; **input medium,** support d'entrée; **input/output medium,** support de données d'entrée/sortie; **machinable medium,** support informatique; **medium access storage,** mémoire à temps d'accès moyen; **medium conversion,** conversion de support; **medium integration scale (MSI),** échelle d'intégration moyenne; **medium length,** longueur moyenne; **medium scale integration,** intégration moyenne; **medium scale system,** ordinateur de moyenne puissance; **medium speed,** vitesse moyenne; **medium transcription,** conversion de médium; **output medium,** support de sortie; **recording medium,** support d'enregistrement; **serial access medium,** support à accès série; **storage medium,** support de mémoire; **transmission medium,** support de transmission; **virgin medium,** support vierge, support vide.

**meet:** intersection, multiplication logique.

**mega:** méga (M), un million de...

**megabit:** mégabit (Mb), 1024 kilobits.

**megabyte:** méga-octet (Mo), 1024 kilo-octets.

**megacycle:** megacycle, mégacycle, un million de cycles.

**member:** membre, élément; **input member,** partie du fichier d'entrée; **member index,** répertoire de fichiers partiels; **member name tag,** nom symbolique de fichier partiel; **output member,** fichier sortie partiel; **print member,** porte-caractères.

**membership:** appartenance.

**memorise** cf **memorize.**

**memorize: memorize (to),** mémoriser.

**memory\*:** mémoire; **EMS memory,** mémoire paginée EMS; **LSI memory,** mémoire à grande échelle d'intégration; **MOS memory,** mémoire MOS; **acoustic memory,** mémoire acoustique; **add-on memory,** extension mémoire; **additional memory,** mémoire additionnelle; **addressable memory,** mémoire adressable; **addressed memory,** mémoire adressée; **alterable read-only memory,** mémoire morte altérable; **alternate memory cycle,** cycle de mémoire auxiliaire; **amount of memory,** quantité de mémoire; **analog random access memory (ARAM),** mémoire analogique à accès direct; **associated memory,** mémoire connexe; **associative memory,** mémoire associative; **auxiliary memory,** mémoire auxiliaire; **backup memory,** mémoire de sauvegarde; **bead memory,** mémoire à tores magnétiques; **bipolar memory,** mémoire bipolaire; **bit-organized memory,** mémoire à structure binaire; **bootstrap memory,** mémoire (morte) de chargement; **buffer memory,** mémoire tampon; **buffer memory printer,** imprimante tampon; **bulk memory,** mémoire de masse; **bump memory,** mémoire de vidage, mémoire non adressable; **cache memory,** antémémoire; **circular memory,** mémoire circulante; **circulating memory,** mémoire cyclique; **coincident current memory,** mémoire à courants de coïncidence; **command-chained memory,** mémoire de commandes chaînées; **content-addressable memory,** mémoire associative; **contiguous memory areas,** zones de mémoire adjacentes; **contiguous units of memory,** unités de mémorisation adjacentes; **control memory,** mémoire de contrôle, mémoire de commande; **control read-only memory (CROM),** mémoire morte de commande; **conventional memory,** mémoire conventionnelle; **core memory,** mémoire centrale; **core memory call,** appel à la mémoire centrale; **core memory error,** erreur de mémoire centrale; **core memory module,** module de mémoire à tores; **core memory resident,** résidant en mémoire centrale; **cyclic memory,** mémoire cyclique; **data memory,** mémoire d'enregistrement; **dedicated memory,** mémoire privée; **delay**

**line memory,** mémoire à propagation; **direct memory access (DMA),** accès direct à la mémoire; **direct memory access channel,** canal d'accès direct à la mémoire; **disk memory,** mémoire à disque; **display memory,** mémoire d'écran; **double-buffered pixel memory,** mémoire image en double zone tampon; **drum memory,** mémoire à tambour; **dual port memory,** mémoire à double accès; **dynamic memory,** mémoire dynamique; **dynamic memory dump,** vidage dynamique de mémoire; **dynamic memory management,** gestion dynamique de mémoire; **dynamic memory relocation,** translation dynamique du contenu mémoire; **dynamic random access memory (DRAM),** mémoire vive dynamique; **electrically alterable read-only memory (EAROM),** mémoire morte reprogrammable électriquement; **electrically erasable read-only memory (EEROM),** mémoire morte effaçable électriquement; **electrostatic memory,** mémoire électrostatique; **electrostatic memory tube,** tube à mémoire électrostatique; **erasable memory,** mémoire altérable; **expanded memory,** mémoire commutée, mémoire épandue; **expanded memory board,** carte de mémoire épandue; **expanded memory emulation,** émulation de mémoire à bancs commutés; **expanded memory manager,** gestionnaire de mémoire commutée; **expanded memory specification (EMS),** spécification de mémoire épandue; **extended memory,** mémoire étendue; **extended memory board,** carte de mémoire étendue; **extension memory,** mémoire d'extension; **external memory,** mémoire externe; **fast access memory (FAM),** mémoire à accès rapide; **fast memory,** mémoire rapide; **fault control memory,** mémoire de détection d'anomalie; **ferrite core memory,** mémoire à tores de ferrite; **ferromagnetic memory,** mémoire ferromagnétique; **file memory,** mémoire à fichiers; **first-level memory,** mémoire de premier niveau; **fixed memory,** mémoire fixe; **flexible disk memory,** mémoire à disque souple; **free memory table,** table d'occupation mémoire; **fusable read-only memory,** mémoire morte fusible; **global memory,** mémoire commune; **graphics memory,** mémoire graphique; **guard memory,** mémoire à surveillance; **high memory,** haut de mémoire; **high-speed memory,** mémoire à grande vitesse; **high-speed memory block,** bloc de mémoire rapide; **holographic memory,** mémoire holographique; **inductive memory,** mémoire inductive; **infinite memory,** mémoire infinie; **interleaving memory,** mémoires à cycles

247

imbriqués; **internal memory,** mémoire interne; **internal memory capacity,** capacité de la mémoire interne; **laser memory,** mémoire à laser; **least frequently used memory (LFU),** mémoire la moins utilisée; **link memory,** mémoire de couplage; **low access memory,** mémoire à accès lent; **lower memory locations,** partie inférieure de la mémoire; **magnetic bubble memory,** mémoire à bulles; **magnetic ledger memory,** mémoire de comptes magnétiques; **magnetic memory,** mémoire magnétique; **magnetic sheet memory,** mémoire à feuillets magnétiques; **main memory,** mémoire principale; **main memory address,** adresse de mémoire centrale; **main memory capacity,** capacité de la mémoire centrale; **main memory configuration,** composition de la mémoire centrale; **main memory control,** commande de mémoire centrale; **main memory cycle time,** cycle de mémoire principale; **main memory location,** adresse de mémoire de masse; **main memory management,** gestion de mémoire centrale; **main memory print,** impression du contenu de la mémoire centrale; **main memory protection,** protection de la mémoire centrale; **main memory section,** partition de mémoire centrale; **mapped memory,** mémoire organisée; **mass memory,** mémoire de masse; **matrix memory,** mémoire matricielle; **memory access,** accès mémoire; **memory access mode,** mode d'accès à la mémoire; **memory access time,** temps d'accès à la mémoire; **memory address,** adresse de mémoire; **memory address counter,** compteur d'adresses de mémoire; **memory address register,** mémoire à registre d'adresse; **memory address select register,** registre de sélection des adresses de mémoire; **memory address translation,** traduction de l'adresse de mémoire; **memory allocation,** attribution de mémoire; **memory allocation manager,** gestionnaire d'attribution mémoire; **memory allotment,** allocation de la mémoire; **memory analysis,** analyse de mémoire; **memory bank,** banc de mémoire; **memory block,** bloc de mémoire; **memory board,** carte de mémoire; **memory buffer register,** registre de mémoire tampon; **memory bus,** bus de mémoire; **memory capacity,** capacité de mémoire; **memory card,** carte de mémoire; **memory cell,** cellule de mémoire; **memory chip,** puce à mémoire; **memory cleaning,** effacement mémoire; **memory code,** code mémoire centrale; **memory control,** sélection de mémoire; **memory control unit,** contrôleur d'accès mémoire; **memory cycle,** cycle de mémoire;

**memory cycle time,** temps du cycle de base; **memory deallocation,** libération de mémoire; **memory device,** mémoire, unité de mémorisation; **memory disk,** disque à mémoire; **memory dump,** cliché mémoire; **memory dump routine,** sous-programme de vidage mémoire; **memory erasure,** effacement mémoire; **memory exchange,** échange en mémoire; **memory expansion,** mémoire d'extension; **memory extension unit,** carte d'extension de mémoire; **memory field,** zone de mémoire; **memory file,** fichier mémoire; **memory guard,** garde de mémoire; **memory handling,** manipulation de mémoire; **memory hierarchy,** hiérarchie de la mémoire; **memory image,** image mémoire; **memory increment,** incrémentation de la mémoire; **memory interface,** interface de mémoire; **memory interleaving,** imbrication mémoire; **memory local register,** registre de contrôle; **memory location,** position mémoire; **memory location register,** registre d'adresses mémoire; **memory lock,** blocage de mémoire; **memory lockout,** protection de mémoire; **memory management,** gestion de mémoire; **memory management unit (MMU),** unité gestionnaire de mémoire; **memory map,** configuration mémoire; **memory mapping,** topographie mémoire; **memory module,** module de mémoire; **memory operation,** opération en mémoire; **memory overhead,** temps de gestion de la mémoire; **memory overlap,** recouvrement de mémoire; **memory overload,** dépassement de la capacité mémoire; **memory parity,** parité de mémoire; **memory partitioning,** découpage de la mémoire; **memory plane,** plan de mémoire; **memory port,** entrée/sortie, port de mémoire; **memory printout,** impression du contenu de la mémoire; **memory protect,** protection de mémoire; **memory protect error,** erreur de protection de mémoire; **memory protect feature,** dispositif de protection de la mémoire; **memory protect key,** clé de protection mémoire; **memory protect plate,** gouttière; **memory protect switch,** interrupteur de protection de la mémoire; **memory protection,** protection de mémoire; **memory random access,** accès aléatoire à la mémoire; **memory refresh cycle,** cycle de rafraîchissement de mémoire; **memory register,** registre de mémoire; **memory requirement,** encombrement en mémoire; **memory size,** taille de mémoire; **memory snapshot,** extrait de mémoire; **memory space,** espace mémoire; **memory speed,** vitesse d'un cycle de base; **memory stack,** pile, bloc de mémoire; **memory starting location address,** adresse de début d'implantation en mémoire; **memory store,** rangement en mémoire; **memory test,** test mémoire; **memory word,** mot mémoire; **memory-based system,** système résidant en mémoire; **memory-resident,** résidant en mémoire; **mercury memory,** mémoire à mercure; **microprogram memory,** mémoire microprogrammée; **multitape memory,** mémoire multibande; **nonerasable memory,** mémoire ineffaçable; **nonvolatile memory,** mémoire non volatile; **optical memory,** mémoire optique; **peripheral memory,** mémoire périphérique; **permanent memory,** mémoire permanente; **pixel memory,** mémoire-image; **pixel memory plane,** plan de mémoire-image; **programmable memory,** mémoire programmable; **protected memory,** mémoire protégée en écriture; **quick access memory,** mémoire à accès rapide; **random access memory (RAM),** mémoire vive, mémoire à accès direct; **rapid memory,** mémoire rapide; **read-only memory (ROM),** mémoire morte; **read-only memory compact disk (CD-ROM),** disque optique compact (DOC); **read-write memory,** mémoire de lectureécriture; **real memory,** mémoire réelle; **regenerative memory,** mémoire à rafraîchissement; **register memory,** registre mémoire; **resistive memory,** mémoire magnétostatique; **retentive memory,** mémoire rémanente; **rod memory,** mémoire à tores de ferrite; **rotating memory,** mémoire à disque, mémoire à tambour; **scratch pad memory,** mémoire brouillon; **search memory,** mémoire adressable par le contenu; **semiconductor memory,** mémoire à semi-conducteur; **sequential memory,** mémoire séquentielle; **serial access memory,** mémoire à accès séquentiel; **serial memory,** mémoire séquentielle; **sign memory,** mémoire de signe; **slave memory,** mémoire esclave; **slow memory,** mémoire lente; **static memory,** mémoire statique; **tab memory,** mémoire de tabulation; **tag memory,** mémoire d'étiquettes; **tape memory,** mémoire à bande magnétique; **text memory,** mémoire de texte; **thin film memory,** mémoire à film mince; **translation memory,** mémoire de traduction d'adresses; **ultrasonic memory,** mémoire acoustique; **unalterable memory,** mémoire inaltérable; **uniform accessible memory,** mémoire à accès direct, mémoire immédiate; **unstable memory,** mémoire instable; **user memory,** mémoire utilisateur; **virtual memory (VM),** mémoire virtuelle; **virtual memory management,** gestion automatique de mémoire; **virtual memory system (VMS),** système à mémoire virtuelle;

**volatile memory,** mémoire volatile; **word-organized memory,** mémoire organisée en mots; **word-oriented memory,** mémoire organisée en mots; **word-structured memory,** mémoire à structure de mots; **working memory,** mémoire de travail; **working memory section,** mémoire de travail; **writable control memory,** mémoire à écriture directe; **writable memory,** mémoire active; **zero access memory,** mémoire à temps d'accès nul.

**m e n u :** menu; **cascading menu,** menu en cascade; **control-menu box,** case du menu système; **display menu,** menu d'écran; **drop-down menu,** menu déroulant; **menu bar,** barre de menu; **menu screen,** affichage menu; **menu search,** recherche par menu; **menu selection,** sélection par menu; **menu title,** titre de menu; **menu-driven,** contrôlé par menu; **menu-driven application,** programme contrôlé par menu; **pop-up menu,** menu en mode fenêtre; **view menu,** menu affichage.

**mercury:** mercure; **mercury delay line,** ligne à retard au mercure; **mercury memory,** mémoire à mercure; **mercury storage,** mémoire à ligne à retard à mercure; **mercury tank,** réservoir à mercure.

**merge*:** fusion; **file merge,** fusion de fichiers, interclassement de fichiers; **file merge phase,** cycle d'interclassement de fichiers; **mailing list file merge,** fusion de fichiers de publipostage; **match merge,** fusion-sélection, interclassement avec sélection; **merge (to),** fusionner; **merge order,** ordre de fusion; **merge pass,** passe de fusion; **merge program,** programme de fusion; **merge sort,** tri-fusion; **merge sorting,** tri de fusion; **merge work tape,** bande de phase d'interclassement; **optimal merge tree,** organigramme fusion; **program sort merge,** programme de tri et de fusion; **sort merge,** tri-fusion; **sort/merge generator,** programme de tri et de fusion; **two-way merge,** deux opérations d'interclassement.

**merging:** fusion; **order (to) by merging,** ranger par fusion; **polyphase merging,** tri polyphasé; **sequencing by merging,** rangement par interclassement.

**mesh:** maille, engrenage; **mesh filter,** filtre maillé; **program mesh,** maille de programme.

**message*:** message; **action message,** message d'intervention; **alarm message,** message d'alerte; **asynchronous message,** message asynchrone; **audit message,** message d'état; **automatic message exchange,** échange automatique de messages; **automatic message registering (AMR),** enregistrement automatique de message; **automatic message switching,** commutation automatique de messages; **automatic message switching center,** centre de commutation automatique de messages; **block message,** message conférence; **book message,** message multidestinataire; **check message,** message de contrôle; **clear message,** message de libération de ligne; **coded response message,** réponse codée; **completed message,** message achevé; **confirmation message,** message de confirmation; **control message display,** affichage des messages de commande; **data message,** message de données; **default message,** message en différé; **delivery of message,** remise d'un message, délivrance d'un message; **diagnostic message,** message de diagnostic; **diagnostic message printout,** liste des messages d'erreur; **discrete message,** message discret; **end of message,** fin de message; **end-of-message character (EOM),** (caractère de) fin de message; **end-of-message signal,** signal de fin de message; **error message,** message d'erreur; **fault message,** message d'erreur; **formal message,** message conditionné; **formatted message text,** texte de message formaté; **fox message,** message de test alphanumérique; **free form message text,** texte de message libre; **handshake message,** message protocolaire; **help message,** message d'aide; **high precedence message,** message à haute priorité; **incoming message,** message d'entrée, message en réception; **information message,** message d'information; **logging message,** message protocole; **message authentication,** authentification de message; **message authentification,** authentification de message; **message beginning character,** caractère de début de message; **message block,** bloc de message; **message control,** gestion de messages; **message control program,** programme de gestion de messages; **message display console,** console message; **message ending character,** caractère de fin de message; **message exchange,** échange de messages; **message feedback,** contrôle par retour de message; **message format,** format de message; **message graph (m-graph),** graphe message; **message handler (MH),** gestionnaire de messages; **message header,** en-tête de message; **message heading,** en-tête de message; **message heading format,** structure de l'en-tête de message; **message identification,** message d'identification; **message implementation,** création de mes-

sages; **message initiation,** lancement d'un message; **message management,** gestion des messages; **message mode,** mode de transmission de messages; **message preamble,** préambule de message; **message processing program,** programme de traitement des messages; **message queue,** file d'attente des messages; **message queueing,** gestion de files de messages; **message retrieval,** recouvrement de message, récupération de messages; **message routing,** routage de messages, acheminement de messages; **message sink,** collecteur de messages; **message source,** source de messages, source d'informations; **message space,** multitude de messages; **message stream,** série de messages, suite de messages; **message switch,** commutateur de messages; **message switching,** commutation de messages; **message switching center,** centre de commutation des messages; **message switching network,** réseau à commutation de messages; **message text,** texte de message; **message text handling,** manipulation de texte de message; **message text processing,** traitement de texte de message; **multiple address message,** message multiadresse; **multiple messages,** messages enchaînés; **normal operation message,** message de programme normal; **operator message,** message opérateur; **operator message handler,** traitement des messages opérateur; **outgoing message,** message sortant; **polling message,** message d'interrogation; **priority message,** message prioritaire; **proforma message,** message codifié; **prompt message,** message d'attente; **remote message concentration,** concentration de messages; **remote message concentrator,** concentrateur de messages; **reply message,** identificateur de réponse; **routine message,** message de routine; **routing of messages,** acheminement de messages; **screen message,** message d'écran; **start-of-message (character) (SOM),** (caractère de) début de message; **stationary message,** message stationnaire; **switched message net,** réseau à commutation de messages; **switched message network,** réseau à commutation de messages; **system modification message,** message de modification système; **teleprinter message,** message téléimprimé; **unsolicited message,** message non sollicité; **user message,** message utilisateur; **waiting message,** message en attente; **written message,** message écrit.

m e t a c o m p i l a t i o n *: métacompilation.
m e t a c o m p i l e r : **metacompiler,** méta-

compilateur, compilateur de compilateur.

**metal**: métal; **glass-to-metal seal**, soudure métal verre; **metal oxide silicon (MOS)**, semi-conducteur à oxyde métallique.

**metalanguage\***: métalangage.

**metastable**: métastable; **metastable state**, état instable.

**metasymbol\***: métasymbole.

**metasyntaxic**: métasyntaxique.

**metavariable**: métavariable.

**meter**: compteur; **acceleration meter**, accéléromètre; **billable time meter**, compteur tarifaire; **elapsed time meter**, tension de service; **frequency meter**, fréquencemètre; **hour meter**, compteur horaire; **meter range**, plage de mesure; **meter scale**, échelle graduée; **power meter**, wattmètre; **quantity meter**, quantificateur; **running time meter**, indicateur horaire; **thermal meter**, instrument de mesure thermique; **usage meter**, compteur de temps utile, compteur horaire.

**metering**: mesurage; **voltage metering jack**, fiche de mesure de tension.

**method**: méthode, approche; **PERT method**, méthode PERT; **absolute measuring method**, méthode de mesure absolue; **access method**, méthode d'accès; **algorithmic method**, méthode algorithmique; **approved method**, méthode classique; **approximation method**, méthode des approximations; **automated processing method**, méthode de traitement automatisée; **basic access method**, méthode d'accès de base; **basic direct access method**, méthode d'accès direct simplifiée; **basic indexed sequential access method (BISAM)**, méthode simplifiée d'accès séquentiel indexé; **basic partitioned access method**, méthode simplifiée pour accès aux sous-fichiers; **basic terminal access method (BTAM)**, méthode d'accès par terminal de base; **block protection method**, méthode de protection des blocs; **bottom-up method**, méthode ascendante, approche ascendante; **card random access method (CRAM)**, méthode d'accès sélectifs des cartes; **contention method**, conflit d'utilisation; **critical path method PERT**, méthode du chemin critique PERT; **data access method**, méthode d'accès aux données; **dipole recording method**, retour à zéro (raz), méthode d'écriture avec raz; **direct access method**, méthode d'accès direct; **distribution method**, méthode de ventilation; **elementary access method**, méthode d'accès élémentaire; **four-address method**, méthode à quatre adresses; **frequency doubling method**, méthode de doublement de fréquence; **heuristic method**,

méthode heuristique; **incremental measuring method**, procédure de mesure incrémentielle; **input method**, méthode d'introduction; **insertion method sorting**, tri par méthode d'insertion; **mark-sensing method**, méthode de lecture graphique; **method of analysis**, méthode d'analyse; **method of approach**, méthode d'approche; **one-address method**, méthode à adresse unique; **operating method**, méthode d'opération; **phase shift method**, enregistrement par modulation de phase; **playback method**, méthode de réenregistrement; **polling method**, méthode d'interrogation; **programming method**, méthode de programmation; **pulse recording method**, méthode de retour à zéro; **queue access method**, méthode d'accès des files d'attente; **queued access method**, méthode d'accès des files d'attente; **queued sequential access method**, méthode d'accès séquentiel de file; **quota method**, processus de recherche de lignes; **random access method**, méthode d'accès direct; **random walk method**, méthode de Monte-Carlo; **return-to-bias method**, méthode d'enregistrement par inversion; **round robin search method**, méthode de recherche circulaire; **scanning method**, méthode d'exploration, méthode de scanage; **searching method**, méthode de recherche; **sequential access method**, méthode à accès séquentiel; **simplex method**, méthode du simplex; **sorting method**, méthode de tri; **time-division multiplex method**, méthode de multiplexage temporel; **topdown method**, approche descendante; **topdown method**, méthode descendante; **transmission method**, méthode de transmission; **trial and error method**, méthode de l'expérimentation systématique; **virtual access method (VAM)**, méthode à accès virtuel; **wiring method**, méthode de câblage.

**methodology**: méthodologie; **programming methodology**, méthodologie de programmation; **software methodology**, programmétrie; **topdown methodology**, méthodologie descendante.

**MFM**: **modify frequency modulation**, modulation de fréquence modifiée.

**micro**: micro, un millionième.

**microcard**: microcarte, microfilm, microfiche.

**microcircuit**: microcircuit.

**microcode**: microcode; **microcode processor**, unité arithmétique.

**microcoding**: microprogrammation; **microcoding device**, circuit de microprogrammation.

**microcomputer**: **microcomputer**,

micro-ordinateur, ordinateur personnel; **microcomputer chip,** puce microprocesseur; **microcomputer component,** composant de micro-ordinateur; **microcomputer editor,** microéditeur; **microcomputer kit,** ordinateur à assembler.

**microcomputing:** micro-informatique.

**microcontroller:** superviseur de micro-ordinateur.

**microdisk:** microdisque.

**microdiskette:** microdisquette.

**microelectronics:** la microélectronique.

**microfarad:** microfarad.

**microfiche:** fiche sur film.

**microfilm:** microfilm; **microfilm file,** fichier de microfilms; **microfilm printer,** imprimante à microfilm; **microfilm reader,** lecteur de microfilm; **microfilm recorder,** enregistreur sur microfilm; **microfilm storage,** magasin de microfiches.

**microfloppy:** microdisquette; **microfloppy disk,** microdisquette.

**microflowchart:** diagramme détaillé.

**micrographics:** micrographie; **computer micrographics,** micrographie informatique.

**microimage:** micro-image.

**microinstruction:** micro-instruction.

**microlanguage\*:** microlangage.

**micromodule:** micromodule.

**microphone:** microphone.

**microprocedure:** microprocédure.

**microprocess:** microprocessus; **microprocess control block,** bloc de contrôle du microprocessus.

**microprocessor\*:** microprocesseur; **LSI microprocessor,** microprocesseur hautement intégré; **bit slice microprocessor,** microprocesseur en tranches; **chip microprocessor,** puce de microprocesseur; **microprocessor card,** carte microprocesseur; **microprocessor chip,** puce de microprocesseur; **microprocessor unit (MPU),** circuit microprocesseur; **microprocessor-controlled,** commandé par microprocesseur; **sliced microprocessor,** microprocesseur en tranches.

**microprogram\*:** microprogramme; **emulator microprogram,** microprogramme d'émulation; **microprogram memory,** mémoire microprogrammée.

**microprogrammable:** microprogrammable; **microprogrammable computer,** ordinateur microprogrammable; **microprogrammable instruction,** instruction microprogrammable.

**microprogramme:** cf **micropro-**

**gram.**

**microprogrammed:** microprogrammé; **microprogrammed operation,** opération microprogrammée.

**microprogramming:** microprogrammation.

**microroutine:** microroutine.

**microsecond:** microsecond.

**microswitch:** minirupteur.

**microwave:** ondes ultra courtes; **microwave channel,** canal hertzien; **microwave diode,** diode à micro-ondes.

**middlesoftware:** logiciel personnalisé.

**middleware:** logiciel de configuration.

**midget:** (lampe) mignonette; **midget lamp,** lampe miniature; **midget relay,** relais miniature.

**migration:** migration; **page migration,** transfert de page.

**mill:** meule; **mill time,** temps d'unité centrale; **run off the mill,** ordinaire, usuel.

**milli:** un millième de..; **milli (m),** milli (m), un millième.

**millicycle:** millième de cycle.

**million:** **millions instructions per second (MIPS),** millions d'instructions par seconde.

**millisecond:** milliseconde (ms).

**minicomputer:** minicalculateur, mini-ordinateur.

**minicomputing:** mini-informatique.

**minifloppy:** minidisquette; **minifloppy disk,** minidisquette.

**minimal:** minimal; **minimal tree,** arborescence minimalisée.

**minimize:** **minimize box,** case icône; **minimize (to),** réduire au minimum.

**minimum:** minimum; **minimum access code,** code à accès minimisé; **minimum access programming,** programmation à temps d'accès minimal; **minimum access routine,** équation conditionnelle; **minimum configuration,** configuration minimale; **minimum delay code,** code à accès minimisé; **minimum distance code,** code à distance minimale; **minimum interval,** intervalle minimal; **minimum inventory,** stock minimum; **minimum latency code,** code à temps d'exécution minimal; **minimum latency programming,** programmation à temps d'exécution minimal; **minimum length,** longueur minimale; **minimum system,** système minimal; **minimum working set,** partie active minimale.

**minor:** mineur; **minor axis,** axe secondaire; **minor change,** changement au niveau inférieur; **minor control,** contrôle mineur; **minor control break,** interruption du contrôle mineur; **minor control change,** changement du contrôle mineur; **minor cycle,** période mineure, cycle mineur; **minor failure,** défaillance mineure; **minor key,** clé mineure; **minor loop,** boucle secondaire; **minor macro routine,** sous-programme macro; **minor position,** position inférieure; **minor structure,** structure inférieure; **minor total,** total au niveau inférieur.

**minority:** minorité; **minority carrier,** porteur minoritaire.

**minuend\*:** diminuende, opérande de soustraction.

**minus:** moins; **actual minus sign,** symbole moins imprimé; **minus adjustment,** correction négative; **minus coefficient,** coefficient négatif; **minus sign,** signe moins '-'; **minus zone,** zone de signe; **radix-minus-one complement,** complément à la base moins 1.

**minute:** minute; **inch per minute (IPM),** pouce par minute (PPM); **lines per minute (LPM),** lignes par minute (LPM); **operations per minute (OPM),** opérations par minute.

**MIPS: millions instructions per second,** millions d'instructions par seconde.

**mirroring:** réflexion.

**misalignment:** désalignement, biais, inclinaison; **vertical misalignment,** défaut d'alignement.

**miscellaneous:** divers, mélangé; **miscellaneous function,** fonction diverses; **miscellaneous time,** temps divers.

**misdialing:** erreur de numérotation.

**misdialling:** *cf* **misdialing.**

**misentry:** entrée erronée.

**misfeed:** mauvaise alimentation, avance erronée.

**misfile:** erreur de classement.

**mismatch:** désadaptation; **complete mismatch,** adaptation incorrecte intégrale.

**misnumber:** nombre inexact; **misnumber (to),** numéroter incorrectement.

**mispositioning:** erreur de positionnement.

**misprint:** erreur d'impression.

**mispunching:** erreur de perforation.

**misread:** erreur de lecture.

**misrepresentation:** présentation erronée.

**misroute:** erreur de routage; **misroute (to),** diriger incorrectement.

**missort:** erreur de tri.

**misspell:** faute d'orthographe; **misspell (to),** mal orthographier.

**mistake:** faute, erreur; **coding mistake,** erreur de codage; **programming mistake,** erreur de programmation.

**mistype:** erreur de frappe; **mistype (to),** faire une faute de frappe.

**miswrite:** erreur d'écriture.

**mix: mix (to),** interclasser.

**mixed:** mélangé; **mixed inquiry,** ventilation des messages; **mixed mode arithmetic expression,** expression arithmétique mixte; **mixed number,** nombre mixte, nombre multibase; **mixed station,** station mixte; **mixed-base notation,** numération mixte; **mixed-base numeration,** numération multibase; **mixed-numeration system,** système multibase; **mixed-radix notation,** notation mixte; **mixed-radix numeration,** numération mixte.

**mixer:** mélangeur; **balanced mixer,** mélangeur équilibré.

**MMU: memory management unit,** unité gestionnaire de mémoire.

**mnemonic:** mnémonique; **device mnemonic,** nom mnémonique d'unité; **installation mnemonic,** désignation abrégée des équipements; **mnemonic code,** code mnémonique; **mnemonic designator,** indicateur mnémonique; **mnemonic device name,** nom mnémotechnique; **mnemonic language,** langage mnémonique; **mnemonic operation code,** code mnémonique d'opération; **mnemonic symbol,** symbole mnémonique; **mnemonics,** la mnémotechnie.

**mnemonise:** *cf* **mnemonize.**

**mnemonize:** **(to),** mnémoniser.

**mobile:** mobile; **mobile terminal desk,** poste de travail mobile.

**mode:** mode; **access mode,** mode d'accès; **addressing mode,** mode d'adressage; **allocation mode,** mode d'allocation; **alter mode,** mode de modification; **alternation mode,** mode alterné; **analysis mode,** mode d'analyse; **answer mode,** mode réponse; **append mode,** mode de jonction; **associative mode,** mode associatif; **asynchronous balanced mode (ABM),** mode asynchrone; **author mode,** mode créateur; **auto-servo mode,** mode d'asservissement automatique; **automatic answering mode,** mode de réponse automatique; **automatic calling mode,** mode d'appel automatique; **automatic mode,** mode automatique; **automatic sequential mode,** mode itératif; **automatic switch mode,** mode de commutation automatique; **automatic underline mode,** mode de soulignement automatique; **basic mode,** mode de base; **basic mode control procedure,** procédure de gestion des modes de base; **basic mode link control,** gestion de liaison en mode de base; **batch mode,** mode de traitement par lots; **batch processing mode,** mode de traitement par lots;

batch/conversational mode, mode conversationnel différé; batched mode, mode de traitement en groupes; binary mode, mode binaire; binary read mode, mode de lecture binaire; block mode, mode page; block multiplex mode, mode bloc multiplex; boldfacing mode, mode caractère gras; bothway mode, mode bidirectionnel; buffer mode, mode de tampon; burst mode, mode continu de transfert; byte mode, mode de transfert par octet; capture mode, masque de saisie; character mode, mode caractère; clock mode, mode de synchronisation; command mode, mode de commande; common mode voltage, tension de mode commun; communicate mode, mode de communication; communication mode, type de communication; compatibility mode, mode compatible; complex mode, mode complexe; compressed mode, mode compressé; compute mode, mode calcul; consignment mode, mode d'affectation; contention mode, mode de contention; control mode, mode de contrôle; conversational mode, mode conversationnel, mode interactif; conversational mode programming, programmation conversationnelle; crippled mode, mode dégradé; data block mode, mode d'exploitation par blocs de données; debug mode, mode de mise au point; dedicated mode, mode de traitement isolé; dedicated programming mode, mode de traitement simplifié; direct transcription mode, mode de transmission directe; downgraded mode, mode dégradé; duplicate mode, double vérification; dynamic mode, exploitation évolutive; edit line mode, édition en mode ligne; edit mode, mode d'édition; emulation mode, mode d'émulation; enter mode, mode d'enregistrement; expanded mode, mode dilaté; fast mode, mode rapide; file access mode, mode d'accès fichier; file mode, mode de traitement de fichier; form mode, mode masque; format mode, mode d'édition; freeze mode, mode figé, mode gelé, mode de maintien; graceful degradation mode, mode dégradé progressif; graphic mode, mode graphique; growing mode, mode de grossissement; hold mode, mode de maintien, mode figé, mode gelé; idle mode, période d'inactivité; immediate mode, mode interprète; initialization mode, mode d'initialisation; input mode, mode de saisie; inquiry mode, mode d'interrogation; interactive mode, mode interactif, mode dialogué; interlaced mode, mode entrelacé; internal interrupt mode, mode d'interruption interne; interrupt mode, mode d'interruption; item

handling mode, mode de traitement des articles; list mode, mode d'impression; listen mode, mode d'attente; live keyboard mode, mode clavier interactif; load mode, mode de chargement; local mode, mode local, exploitation autonome; locate mode, mode de recherche; lock mode, mode de blocage; logging mode, mode enregistreur; manual mode, mode manuel; master mode, mode principal, mode maître, mode directeur; memory access mode, mode d'accès à la mémoire; message mode, mode de transmission de messages; mixed mode arithmetic expression, expression arithmétique mixte; mode change, changement de mode; mode conversion, conversion de mode; mode of operation, conversion de mode opératoire; mode of recording, mode d'enregistrement; mode switch, commutateur de mode; monitor mode, mode moniteur; move mode, mode de transfert; multiprogramming mode, fonctionnement en multiprogrammation; multitasking mode, mode multitâche; native mode, mode naturel; noninterlaced mode, mode non interlacé; normal mode, mode normal; normal mode macro call, appel macro pour mode normal; normal mode rejection, rejet de mode normal; normal mode voltage, tension de mode normal; normal print mode, mode d'impression normal; off-line mode, mode autonome; on-line mode, mode connecté; operate mode, mode opérationnel; operating mode, mode d'exploitation; operation mode program, programme de contrôle du programme maître; originate mode, mode émetteur; output-only mode, mode de sortie exclusif; packet mode, mode paquet; packet mode operation, exploitation en mode paquets; packet mode terminal, terminal en mode paquets; parallel mode, exploitation en parallèle; passive mode, mode passif; perforation skip mode, mode saut de perforation; peripheral interrupt mode, mode d'interruption de périphérique; peripheral mode, mode d'entrée/sortie des données; poll mode, mode d'appel; pollselect mode, mode d'appel, mode d'interrogation; polling mode, mode d'appel, mode d'interrogation; polling/selecting mode, procédé d'appel sélectif; power mode, mode d'enregistrement exponentiel; preemptive mode, mode prioritaire; print mode code, code de mode d'impression; privileged mode, mode prioritaire; processing mode, mode de traitement; programmed mode switch, mode de renvoi multiple; protect mode, mode protégé; protected mode, mode protégé; **read/write access mode,** mode lecture/écriture; **read/write mode,** mode lecture/écriture; **reading/writing access mode,** mode d'accès lecture/écriture; **real mode,** mode réel; **receive mode,** mode de réception; **recording mode,** mode d'enregistrement; **recording mode clause,** indication du type d'écriture; **remote mode,** mode télétraitement; **reset mode,** mode initial; **roll mode,** mode défilement; **run mode,** mode d'exploitation; **scrolling mode,** mode défilement; **search mode,** mode de recherche; **search mode field,** zone du mode de recherche; **search mode parameter,** paramètre du mot de recherche; **serial mode,** exploitation en série; **shading mode,** mode d'ombrage; **shrinking mode,** mode de réduction; **simplex mode,** mode simplex; **simultaneous mode,** travail en simultanéité; **single-buffer mode,** tamponnage simple; **slave mode,** mode asservi; **special mode,** mode spécifique; **start mode field,** zone du mode de lancement; **starting mode field,** zone du mode d'amorçage; **static mode test,** mode de vérification statique; **static test mode,** mode de vérification statique; **step-by-step mode,** fonctionnement pas à pas; **store-and-forward mode,** mode différé; **streaming mode,** mode de transmission; **substitute mode,** mode de substitution; **supervisor mode,** mode de supervision; **test mode,** mode d'essai; **text mode,** mode texte; **trace mode,** mode d'analyse; **transcription mode,** mode de transcription; **transmission mode,** mode de transmission; **transmit mode,** mode de transmission; **transmittal mode,** en mode émission; **transparent mode,** mode transparent; **transparent text mode,** mode transparent; **trapping mode,** mode d'interception; **two-frequency recording mode,** mode d'enregistrement à l'alternat; **two-way mode,** mode bidirectionnel; **type-through mode,** mode frappe directe; **typing mode,** mode d'impression; **unattended mode,** exploitation non surveillée; **unbatched mode,** traitement individuel; **up-in-place mode,** mise à jour par modification; **update-in-place mode,** mise à jour par modification; **user mode,** mode utilisateur; **vector mode display,** visualisation en mode cavalier; **virtual mode,** mode virtuel; **waiting mode,** mode d'attente; **write mode,** mode écriture; **write verify mode,** mode de vérification à l'écriture.

**model:** modèle, gabarit; **analog model,** modèle analogique; **breadboard model,** maquette; **data model,** structure de données; **desk model,** modèle de bureau; **input-output model,** modèle entrée/sortie; **learn-ing model,** modèle de formation; **mathematical model,** modèle mathématique; **mathematical process model,** module de processus mathématique; **model network,** réseau type; **model statement,** instruction modèle; **research model,** exemplaire de laboratoire.

**modeling:** modélisation; **conceptual modeling,** modèle expérimental; **procedure modeling,** modélisation de procédure; **three-dimension geometric modeling,** modélisation géométrique tridimensionnelle.

**modelling:** cf modeling.

**modem\*:** modem; **acoustic modem,** modem acoustique; **acoustically coupled modem,** modem à couplage acoustique; **baseband modem,** modem en bande de base; **built-in modem,** modem incorporé; **data modem,** modem; **external modem,** modem externe; **integrated modem,** modem intégré; **modem (modulator-demodulator),** modem, modulateur-démodulateur; **modem interchange,** échange modem; **modem interface,** interface modem.

**modification:** modification, changement; **address modification,** modification d'adresse; **anticipatory modification,** modification anticipée; **automatic address modification,** modification automatique d'adresse; **instruction modification,** modification d'instruction; **link modification,** modification de liaison; **list of modifications,** liste des modifications; **modification date,** date de modification; **modification frequency,** taux de modification; **modification instruction,** instruction de modification; **modification module,** module de mise au point; **modification number,** numéro de modification; **modification program,** programme modification, routine de mise à jour; **modification record,** enregistrement de mise à jour; **modification run,** passage de mise au point; **modification service,** service de modification; **modification statement,** instruction de modification; **modification tape,** bande des modifications; **running modification,** modification de programme; **system modification message,** message de modification système.

**modificative:** modificatif.

**modifier:** modificateur, facteur; **address modifier,** modificateur d'adresse; **character modifier,** modificateur d'adresse de caractère; **exponent modifier,** facteur d'exposant; **instruction modifier,** modificateur d'instruction; **length modifier,** facteur de longueur; **modifier block,** bloc de modification; **modifier field,** champ modificateur; **modifier register,** registre modificateur, registre d'index; **modifier storage,** mémoire d'index; **scale modifier,** facteur de précision; **status modifier,** modificateur d'état; **status modifier bit,** bit de modificateur d'état.

**m o d i f y :** modification; **modify (to),** modifier, altérer; **modify frequency modulation (MFM),** modulation de fréquence modifiée.

**m o d u l a r :** modulaire; **modular (to),** modulariser; **modular analog computer,** calculateur analogique modulaire; **modular concept,** conception modulaire; **modular design,** forme modulaire; **modular multiprocessor,** multiprocesseur modulaire; **modular organization,** organisation modulaire; **modular program,** programme modulaire; **modular programming,** programmation modulaire; **modular system,** système modulaire.

**m o d u l a r i t y :** modularité.

**m o d u l a t e :** (to), moduler.

**m o d u l a t e d :** modulé; **amplitude-modulated,** modulé en amplitude.

**m o d u l a t i o n :** modulation; **Z-axis modulation,** modulation en axe z; **adaptive delta modulation (ADM),** modulation delta adaptable; **amplitude modulation (AM),** modulation d'amplitude (MA); **analog modulation,** modulation analogique; **angle modulation,** modulation angulaire; **baseband modulation,** modulation en bande de base; **biternary modulation,** modulation biternaire; **cross-modulation,** intermodulation; **delta modulation,** modulation delta; **differential modulation,** modulation différentielle; **differential phase modulation,** modulation de phase différentielle; **digital modulation,** modulation numérique; **dipole modulation,** mode d'écriture non polarisé avec raz; **double modulation,** modulation double; **frequency modulation (FM),** modulation de fréquence; **intensity modulation,** modulation d'intensité; **keyed modulation wave,** onde modulée manipulée; **modify frequency modulation (MFM),** modulation de fréquence modifiée; **modulation envelope,** enveloppe de modulation; **modulation factor,** facteur de modulation; **modulation index,** indice de modulation; **modulation linearity,** linéarité de modulation; **modulation percentage,** pourcentage de modulation; **modulation rate,** rapidité de modulation; **modulation speed,** vitesse de modulation; **multilevel modulation,** modulation à plusieurs niveaux; **percentage modulation,** taux de modulation; **phase inversion modulation,** modulation par inversion de phase; **phase modulation (PM),** modulation de phase (MP); **phase modulation recording,** enregistrement en modulation de phase; **pulse amplitude modulation**

**(PAM),** modulation d'impulsions en amplitude; **pulse code modulation (PCM),** modulation par impulsions; **pulse frequency modulation (PFM),** modulation d'impulsions en fréquence; **pulse length modulation,** modulation d'impulsions en durée; **pulse modulation,** modulation par impulsions; **pulse position modulation (PPM),** modulation d'impulsions en position; **pulse time modulation (PTM),** modulation d'impulsions temporelle; **pulse width modulation,** modulation en largeur d'impulsion; **quadrature amplitude modulation (QAM),** modulation d'amplitude en quadrature (MAQ); **single-sideband modulation,** modulation unilatérale; **telegraph modulation,** modulation télégraphique; **two-tone modulation,** modulation bifréquence.

**m o d u l a t o r :** modulateur; **modem (modulator-demodulator),** modem, modulateur-démodulateur.

**m o d u l e * :** module; **LSI module,** module hautement intégré; **addressing module,** module d'adressage; **alarm module,** module d'alerte; **amplifier module,** bloc amplificateur; **analysis module,** module d'analyse; **basic module,** module de base; **change module,** module d'échange; **check module,** module de contrôle; **checking module,** module de contrôle; **circuit module,** élément de circuit; **computation module,** unité de calcul; **connector module,** module de connexion; **control cabinet module,** armoire de commande; **core memory module,** module de mémoire à tores; **data module,** infopac; **digital module,** module numérique; **electronic module,** module électronique; **extract module,** module de modification; **gating module,** module multiporte; **hammer module amplifier,** amplificateur de frappe; **hardware module,** module technique; **individual module,** module individuel; **interface module,** module d'interface; **linked module,** module lié; **load module,** module de chargement; **load module handler,** gestionnaire de chargement, module chargeur; **load module library,** bibliothèque de modules de chargement; **load module linking program,** module chargeur-éditeur de liens; **load module name,** nom du module de chargement; **lower module,** module inférieur; **master module,** module pilote; **master source module,** module de référence; **memory module,** module de mémoire; **modification module,** module de mise au point; **object module,** module objet; **object module file,** fichier de modules objet; **object module library,** bibliothèque des modules objet; **overlay load module,**

module de chargement à recouvrement; **overlay module,** module recouvrable; **own code module,** sous-programme écrit par l'utilisateur; **plug-in module,** module enfichable; **program module,** module de programme; **recovery module,** module de relance de l'exploitation; **reenterable load module,** module réentrant; **relocatable module,** module relogeable; **relocatable object module,** module objet relogeable; **resistor-capacitor module,** module RC; **revision module,** module de mise au point, module de modification; **run module,** module exécutable; **sort module,** module de tri; **source module,** module source; **splitting module,** module de découpage; **storage module,** module d'enregistrement; **system module,** module de système; **test module,** module d'essai; **transient module,** module transitoire.

**m o d u l o \*:** modulo; **count modulo N (to),** compter modulo N; **modulo-2 sum gate,** porte somme modulo-2; **modulo-N check,** contrôle modulo-N; **modulo-N counter,** compteur modulo-N.

**m o n a d i c:** monadique, unaire, à opérande unique; **monadic Boolean operator,** opérateur booléen monadique; **monadic operation,** opération monadique; **monadic operator,** opérateur monadique.

**m o n e t a r y:** monétaire; **monetary symbol,** symbole monétaire.

**m o n i t o r \*:** moniteur; **RGB monitor,** moniteur RVB, moniteur couleur; **card loader monitor,** programme de chargement de cartes; **emulator monitor system,** système moniteur d'émulation; **file monitor,** programme de contrôle de fichiers; **general monitor checking routine,** programme d'analyse général; **graphic monitor,** moniteur graphique; **hardware monitor,** moniteur câblé; **high-performance monitor,** moniteur haute performance; **high-resolution monitor,** moniteur haute résolution; **integrity violation monitor,** moniteur de cohérence, moniteur d'intégration; **job processing monitor,** moniteur de traitement de tâches; **limit value monitor,** controleur de valeurs limites; **logical monitor,** moniteur logique; **monitor call,** appel de moniteur; **monitor checking routine,** sous-programme de contrôle; **monitor display,** affichage moniteur; **monitor mode,** mode moniteur; **monitor point,** point de contrôle; **monitor printer,** imprimante de contrôle; **monitor program,** programme moniteur; **monitor routine,** sous-programme moniteur; **monitor session,** phase de monitorage; **monitor state,** état de monitorage;

**monitor system,** système moniteur; **multifrequency monitor,** moniteur multifréquence; **multiscan monitor,** moniteur multibalayage; **multisync monitor,** moniteur multisynchro; **multitasking monitor,** moniteur multitâche; **operation monitor,** moniteur d'exploitation; **printed monitor copy,** impression de contrôle; **real-time monitor,** moniteur temps réel; **resident monitor,** moniteur résident; **resident section of monitor,** partie résidante d'un moniteur; **run-time monitor,** moniteur d'exploitation; **sequence monitor,** moniteur de séquences; **slave monitor,** affichage parallèle; **software monitor,** moniteur logiciel; **system monitor,** moniteur de système; **tape loader monitor,** sous-programme chargeur de bande; **teleprocessing monitor,** moniteur de télétraitement; **television monitor,** moniteur télévision; **video monitor,** moniteur vidéo; **wired monitor,** moniteur câblé.

**m o n i t o r i n g:** monitorage; **automatic monitoring system,** système de surveillance automatique; **continuous monitoring,** monitorage permanent; **event monitoring,** surveillance d'événements; **monitoring circuit,** circuit d'analyse; **monitoring control,** contrôle de production; **monitoring program,** programme de monitorage, moniteur; **progress monitoring,** contrôle d'exécution; **pushbutton monitoring,** surveillance par bouton-poussoir; **software monitoring,** logimétrie; **system status monitoring,** contrôle de l'état système.

**m o n k e y:** singe; **monkey chatter,** transmodulation, diaphonie.

**m o n o c h r o m e:** monochrome; **monochrome graphics,** graphique monochrome.

**m o n o l i t h i c:** monolithique; **monolithic integrated circuit,** circuit intégré monolithique; **monolithic storage,** mémoire monolithique.

**m o n o p r o c e s s o r:** monoprocesseur.

**m o n o p r o g r a m m i n g:** monoprogrammation.

**m o n o s t a b l e:** monostable; **monostable circuit,** bascule monocoup; **monostable multivibrator,** multivibrateur monostable; **monostable trigger circuit,** circuit déclencheur monostable.

**m o r p h e m e \*:** morphème.

**M O S:** MOS encoding chip, microcomposant MOS; **MOS memory,** mémoire MOS; **MOS-type integrated circuit,** circuit intégré de technique MOS; **complementary MOS (CMOS),** MOS complémentaire; **metal oxide silicon (MOS),** semi-conducteur à oxyde métallique; **negative MOS (NMOS),** MOS négatif; **positive MOS (PMOS),** MOS positif.

**most:** le plus; **left most,** extrême gauche; **left most position,** rang de poids fort; **most significant bit (MSB),** bit le plus significatif; **most significant digit (MSD),** digit le plus significatif, digit de gauche.

**mother:** mère; **mother plane,** panneau de connexions.

**motherboard:** carte mère.

**motion:** mouvement, transaction; **access motion,** mouvement d'accès; **angular motion,** mouvement angulaire; **pen motion command,** commande de plume; **rectilinear motion,** mouvement rectiligne; **transverse motion,** mouvement transversal.

**motor:** moteur; **access motor,** moteur de positionnement; **belt motor,** moteur d'entraînement; **blower motor,** moteur de ventilateur; **motor generator,** groupe convertisseur; **motor pulley,** disque d'entraînement; **motor shaft,** arbre moteur; **motor-driven verifier,** vérificatrice à moteur; **reel motor,** moteur bobine; **reel motor plate,** platine; **series wound motor,** moteur série; **stepping motor,** moteur pas à pas.

**mount:** montage; **magnetic head mount,** support de tête magnétique; **shock mount,** amortisseur de vibrations.

**mounted:** monté; **mounted on-line,** accessible en ligne.

**mounting:** assemblage, montage, support; **mounting card,** carte de montage.

**mouse*:** souris; **bus mouse,** souris à connexion sur bus; **bus mouse adapter,** interface souris de bus; **click (to) (mouse),** cliquer (souris); **electromechanical mouse,** souris électromécanique; **mouse button,** bouton de souris; **mouse driver,** gestionnaire de souris; **mouse hardware,** souris (matériel); **mouse icon,** icône de souris, pictogramme de souris; **mouse pointer,** pointeur (de la) souris; **mouse procedures,** procédures de souris; **mouse software,** logiciel de souris; **optomechanical mouse,** souris optomécanique; **parallel mouse,** souris à connexion parallèle; **parallel mouse adapter,** interface souris parallèle; **serial mouse,** souris à connexion série; **three-button mouse,** souris à trois boutons; **two-button mouse,** souris à deux boutons; **universal mouse,** souris universelle.

**move:** mouvement, transfert, déplacement; **block move,** mouvement de bloc; **elementary move,** transfert élémentaire; **extended move,** transfert élargi; **move and scan,** transfert et analyse; **move into (to),** introduire en mémoire; **move mode,** mode de transfert; **move statement,** instruction de transfert; **move time,** temps de mouvement.

**movement:** mouvement, transfert, déplacement; **card movement,** avancement des cartes; **constant movement,** mouvement constant; **data movement,** mouvement de données; **dual paper movement,** double mouvement de papier; **linear movement,** mouvement linéaire; **paper movement,** avancement de papier; **pen movement,** mouvement de plume; **step-by-step movement,** mouvement pas à pas; **tape movement,** mouvement de bande; **zone movement,** mouvement de zone.

**moving:** mouvement, déplacement, transfert; **moving head printer,** imprimante à tête mobile.

**MPU:** microprocessor unit, circuit microprocesseur.

**MSB:** most significant bit, bit le plus significatif.

**MSD:** most significant digit, digit le plus significatif, digit de gauche.

**MSI:** medium integration scale, échelle d'intégration moyenne.

**MSS:** multispectral scanner, scanner multibande.

**MTBF:** mean time between failures, moyenne des temps de bon fonctionnement.

**MTBRM:** mean time between routine maintenance, moyenne des temps entre entretiens.

**MTTM:** mean time to maintain, moyenne des temps d'entretien.

**MTTR:** mean time to repair, temps moyen de réparation.

**MTU:** magnetic tape unit, unité de bande magnétique, dérouleur de bande.

**muddle:** bourrage.

**multiaccess:** à plusieurs accès; **multiaccess system,** système multiaccès.

**multiaddress:** multiadresse; **multiaddress calling,** appel à plusieurs adresses; **multiaddress instruction,** instruction multiadresse.

**multiaddressing:** multiadressage.

**multiaperture:** multitrou; **multiaperture core,** tore multitrou.

**multichannel:** multivoie; **multichannel access,** accès multivoie; **multichannel communications control,** commande de communications multicanaux; **multichannel protocol,** protocole multivoie; **multichannel recorder,** enregistreur multicanal.

**multicharacter:** multicaractère; **multicharacter input,** entrée multicaractère.

**multichip:** multicircuit.

**multicomputer:** multicalculateur; **multicomputer system,** système à multicalculateur.

**multicontrol:** contrôle multiple.

**multicriteria:** multicritères; **multicriteria search,** recherche multicritère.

**multidimensional:** multidimensionnel; **multidimensional array,** tableau multidimension.

**multidrop:** multipoint; **multidrop circuit,** circuit de transmission multipoint; **multidrop connection,** liaison multipoint; **multidrop line,** ligne multipoint; **multidrop transmission,** transmission multipoint.

**multiextent:** multisegment; **multiextent file,** fichier multidomaine.

**multifile:** multifichier; **multifile processing,** traitement multifichier; **multifile reel,** bobine multifichier; **multifile sorting,** tri multifichier; **multifile tape,** bande multifichier; **multifile volume,** fichier multivolume.

**multifrequency:** multifréquence; **multifrequency monitor,** moniteur multifréquence; **multifrequency signaling,** signalisation multifréquence.

**multifunction:** multifonction; **multifunction board,** carte multifonction; **multifunction terminal,** terminal multifonction; **multifunction unit,** unité multifonction.

**multijob:** multitâche; **multijob operation,** opération multitâche; **multijob scheduling,** séquence multitravail.

**multikeyboard:** multiclavier; **multikeyboard data capture,** saisie multiclavier.

**multilength:** multilongueur; **multilength number,** nombre multilongueur.

**multilevel:** multiniveau; **multilevel address,** adresse multiniveau; **multilevel addressing,** adressage multiniveau; **multilevel code handling,** traitement multicode; **multilevel indirect addressing,** adressage indirect multiniveau; **multilevel interrupt,** interruption multiniveau; **multilevel modulation,** modulation à plusieurs niveaux; **multilevel subscript,** indice inférieur multiniveau.

**multiline:** multiligne; **multiline communication controller,** contrôleur de lignes de transmission; **multiline format,** structure multiligne; **multiline printing,** impression multiligne.

**multilinked:** multiconnecté; **multilinked list,** liste multipointeur.

**multimedia:** multimédia; **multimedia computing,** informatique multimédia; **multimedia interface,** interface multimédia.

**multimessage:** multimessage; **multimessage processing,** traitement multimessage.

**multimode:** multimode; **multimode operation,** traitement multimode.

**multinode:** multinoeud; **multinode network,** réseau maillé.

**multipass:** multipassage; **multipass sort,** tri multipassage.

**multipath:** multiparcours; **multipath distortion,** distorsion multivoie; **multipath transmission,** transmission multivoie.

**multiplatter:** multiplateau; **multiplatter disk,** disque multiplateau.

**multiple:** multiple; **code division multiple access (CDMA),** accès multifréquence; **common multiple,** multiple commun; **integral multiple,** multiple entier; **multiple access,** multiaccès; **multiple address code,** code multiadresse; **multiple address instruction,** instruction multiadresse; **multiple address machine,** machine multiadresse; **multiple address message,** message multiadresse; **multiple addressing,** multiadressage; **multiple aperture core,** tore multitrou; **multiple card,** multicarte; **multiple circuit,** multicircuit; **multiple closure,** clôture multiple; **multiple connector,** connecteur multibroche; **multiple console option,** option multiconsole; **multiple copy printing,** multiimpression; **multiple data recording,** saisie multi-information; **multiple digit number,** nombre multichiffres; **multiple disk drive,** unité multichargeur; **multiple disk pack,** multichargeur; **multiple file option,** option multifichier; **multiple font reader,** lecteur multipolice; **multiple input file processing,** traitement multifichier; **multiple interface unit,** unité à liaisons multiples; **multiple item,** structure complexe; **multiple job processing,** traitement multitâche; **multiple keys,** identificateurs identiques; **multiple length,** multilongueur; **multiple length arithmetic,** calculateur multiprécision; **multiple length number,** opérande multimot; **multiple length working,** traitement en multilongueur de mot; **multiple line card,** carte multiligne; **multiple line reading,** lecture multiligne; **multiple listening station,** poste d'écoute multiple; **multiple messages,** messages enchaînés; **multiple operation,** multiopération; **multiple pen plotter,** traceur à plumes; **multiple peripheral adapter,** adaptateur multipériphérique; **multiple precision,** multiprécision; **multiple precision operation,** opération en multiprécision; **multiple punching,** multiperforation; **multiple routing,** multiroutage; **multiple selection criteria,** sélection multicritère; **time-division multiple access (TDMA),** accès multiple temporel.

**multiplex*:** multiplex; **block multiplex mode,** mode bloc multiplex; **byte multiplex channel,** canal de multiplexage à base de multiplets; **direct multiplex channel,** canal

259

de multiplexage direct; **frequency division multiplex,** système à multiplexage de fréquences; **heterogeneous multiplex,** multiplex hétérogène; **homogeneous multiplex,** multiplex homogène; **multiplex baseband,** spectre de multiplexage; **multiplex link encryption,** chiffrement de jonction; **multiplex operation,** multiplexage; **space-division multiplex,** multiplex spatial; **time-division multiplex,** multiplexage en temps; **time-division multiplex method,** méthode de multiplexage temporel; **time-division multiplex operation,** opération de multiplexage temporel; **time-division multiplex system,** système de multiplexage temporel.

**multiplexed:** multiplexé; **multiplexed operation,** opération multiplex.

**multiplexer:** multiplexeur; **analog multiplexer,** multiplexeur analogique; **block multiplexer channel,** canal multiplexeur; **byte multiplexer channel,** canal multiplexeur de multiplets (octets); **channel multiplexer,** multiplexeur de canal; **data channel multiplexer,** multiplexeur de voie de données; **data multiplexer,** multiplexeur de données; **frequency division multiplexer,** multiplexeur à division de fréquence; **input multiplexer,** multiplexeur d'entrée; **multiplexer channel,** canal multiple; **output multiplexer,** multiplexeur de sortie; **solid state multiplexer,** multiplexeur à semi-conducteurs; **time-division multiplexer,** multiplexeur temporel.

**multiplexing:** multiplexage; **bus multiplexing,** multiplexage de bus; **frequency division multiplexing (FDM),** multiplexage en fréquence; **statistical multiplexing,** multiplexeur statistique; **time-division multiplexing (TDM),** multiplexage temporel; **time-division multiplexing equipment,** matériel de multiplexage temporel.

**multiplexor:** multiplexeur; **byte multiplexor,** multiplexeur octal; **communication multiplexor,** multiplexeur de communications; **data channel multiplexor,** multiplexeur de canal de données; **multiplexor channel,** voie multiplex.

**multiplicand*:** multiplicande.

**multiplication:** multiplication; **arbitrary precision multiplication,** multiplication à capacité aléatoire; **electronic multiplication circuit,** circuit multiplicateur électronique; **floating-point multiplication,** multiplication en virgule flottante; **high-speed multiplication,** multiplication rapide; **logic multiplication,** multiplication logique; **multiplication time,** temps de multiplication.

**multiplier*:** multiplicateur; **analog multiplier,** multiplicateur analogique; **digital multiplier unit,** multiplicateur numérique; **electronic multiplier,** multiplicateur électronique; **function multiplier,** multiplicateur fonctionnel; **mark/space multiplier unit,** multiplicateur de modulation; **multiplier (l-er),** multiplicateur; **multiplier factor,** facteur multiplicateur; **multiplier quotient register,** registre multiplicateur quotient; **quarter-square multiplier,** multiplicateur parabolique; **square multiplier,** multiplicateur quadratique; **time-division multiplier,** multiplicateur de modulation à deux canaux; **zero multiplier,** multiplicateur zéro.

**multiply:** multiplication; **floating multiply,** multiplication en virgule flottante; **floating-vector multiply,** multiplication de vecteurs flottants; **hardware multiply,** multiplication câblée; **integer multiply,** sous-programme de multiplication; **logic multiply,** multiplication logique; **logical multiply,** multiplication logique, conjonction logique; **multiply (to),** multiplier; **multiply sign,** signe de multiplication 'x'; **weighted average multiply,** multiplication pondérée.

**multiplying:** multiplication; **multiplying punch,** perforatrice calculatrice.

**multipoint:** multipoint, multibroche; **multipoint connection,** réseaux multipoint; **multipoint connector,** connecteur multibroche; **multipoint line,** circuit multipoint; **multipoint link,** liaison multipoint; **multipoint network,** réseau multipoint.

**multiport:** multiport.

**multiprecision:** multiprécision; **multiprecision arithmetic,** arithmétique multiprécision.

**multiprocessing*:** multitraitement; **multiprocessing system,** système de multitraitement.

**multiprocessor*:** multiprocesseur; **modular multiprocessor,** multiprocesseur modulaire; **multiprocessor (MP),** multiprocesseur; **multiprocessor interleaving,** affectation mémoire multiprocesseur.

**multiprogram:** multiprogramme; **multiprogram control,** commande multiprogramme.

**multiprogramming*:** multiprogrammation; **extended multiprogramming,** multiprogrammation enrichie; **fixed-partition multiprogramming,** multiprogrammation à partitions fixes; **multiprogramming mode,** fonctionnement en multiprogrammation.

**multipunch:** multiperforation.

**multipurpose:** polyvalent; **multipurpose computer,** calculateur universel.

**multirange:** multicalibre; **multirange amplifier,** amplificateur multigamme.

**multiread:** multilecture; **multiread feeding,** alimentation multilecture.

**multireel:** multibobine; **multireel file,** fichier multibobine.

**multirunning:** multiprogrammation.

**multiscan:** multifréquence; **multiscan display,** moniteur multibalayage; **multiscan monitor,** moniteur multibalayage.

**multisegment:** multisegment; **multisegment record,** enregistrement multisegment.

**multisequence:** multiséquence; **multisequence processing,** traitement multiséquence.

**multisequential:** multiséquentiel; **multisequential system,** système multiséquentiel.

**multispectral:** multispectral; **multispectral scanner (MSS),** scanner multibande.

**multistation:** multiclavier, multiposte; **multistation data entry system,** système de saisie multiposte; **multistation system,** système multiposte, système multiclavier.

**multistep:** multipas; **multistep operation,** traitement multipas.

**multisync:** multisynchro; **multisync monitor,** moniteur multisynchro.

**multisystem:** multisystème.

**multitape:** mutibande; **multitape memory,** mémoire multibande.

**multitask:** multitâche; **multitask operation,** opération multitâche.

**multitasking\*:** multitâche; **multitasking mode,** mode multitâche; **multitasking monitor,** moniteur multitâche; **multitasking printer,** imprimante multitâche.

**multithread:** multichaîne, multicode.

**multithreading:** multiprogrammation, multichaînage.

**multitone:** multivoix, à son multiple; **multitone circuit,** circuit multivoix, circuit multison.

**multitrace:** multitrace; **multitrace magnetic head,** tête magnétique multivoie.

**multiturn:** multitour; **multiturn dial,** numéroteur multitour.

**multiunit:** multiunité; **multiunit file,** fichier multimachine.

**multiuser:** multiutilisateur; **multiuser computer,** ordinateur d'usage collectif.

**multivibrator\*:** multivibrateur; **astable multivibrator,** multivibrateur astable; **bistable multivibrator,** multivibrateur bistable; **free-running multivibrator,** multivibrateur auto-oscillant; **monostable multivibrator,** multivibrateur monostable; **one-kick multivibrator,** multivibrateur monostable; **one-shot multivibrator,** multivibrateur monostable; **start-stop multivibrator,** multivibrateur asynchrone.

**multivolume:** multivolume; **multivolume file,** fichier multivolume; **multivolume operation,** traitement multivolume.

**multiwork:** multitâche; **multiwork station,** terminal multifonction; **multiwork station program,** programme interne du terminal intelligent; **multiwork station system,** système de terminaux intelligents.

**mumetal:** mumétal.

**musical:** musical; **musical language,** langage musical.

**mutilated:** perturbé, mutilé; **mutilated character,** caractère mutilé.

**mutilation:** détérioration.

**mutual:** commun, mutuel; **mutual conductance,** pente; **mutual inductance,** induction mutuelle; **mutual inductance coupling,** couplage inductif mutuel; **mutual information,** (quantité d') information mutuelle.

**mylar:** mylar; **mylar tape,** bande mylar.

# N

**N:** N-address instruction, instruction à N address; **N-adic,** N-adique; **N-adic Boolean operation,** opération booléenne N-adique; **N-ary,** N-aire; **N-ary digit,** chiffre N-aire; **N-bit byte,** N-uplet; **N-channel,** canal N; **N-core per bit store,** mémoire à N tores par bit; **N-key rollover,** mémorisation de N frappes de touche; **N-level,** à N moments; **N-level addressing,** adresse à N niveaux; **N-level code,** code à N moments; **N-plus-one address instruction,** instruction à N plus une adresses; **N-type,** de type N, de type négatif; **N-way switch,** commutateur à N directions.

**NAK:** negative acknowledge, accusé de réception négatif.

**name:** nom; **alias name,** pseudonyme; **alphabet-name,** nom alpha; **area name,** nom de zone; **array declarator name,** nom de matrice; **assignment by name,** assignation, affectation par nom; **block name,** nom de zone de mémoire; **built-in function name,** nom de fonction incorporée; **call by name,** appel par le nom; **chain name,** nom de chaîne; **checkpoint file name,** nom du fichier des points de reprise; **computer name,** nom de calculateur, nom d'ordinateur; **condition name,** nom de contition, symbole de condition; **condition name test,** test du nom de condition; **control statement name,** nom de commande; **data definition name,** nom de définition de fichier; **data name,** nom de données; **data record name,** nom de l'article; **data set name,** nom de fichier; **device name,** nom de périphérique; **entry name,** nom de lancement; **event name,** nom d'événement; **external name,** nom externe; **field name,** nom de champ; **file name extension,** extension de nom de fichier; **file name index,** indice de nom de fichier; **function name,** nom de fonction; **generic name,** nom de génération; **group name,** nom de groupe; **halt name,** nom d'interruption; **halt name filed,** zone de nom d'interruption; **hardware name,** nom du matériel; **implementor name,** nom de constructeur; **index name,** nom d'index; **indexed data name,** nom de données indexé; **input enclosure name,** nom de complément d'introduction; **instruction list name,** nom de liste d'instructions; **internal name,** nom interne; **job name,** nom de travaux; **label name,** nom d'étiquette; **language name,** nom de langage; **library name,** nom de bibliothèque; **link name,** nom de lien; **load module name,** nom du module de chargement; **matrix name,** nom de matrice; **member name tag,** nom symbolique de fichier partiel; **mnemonic device name,** nom mnémotechnique; **name call,** appel nominatif; **name definition field,** zone de définition de nom; **name field,** nom de zone; **name portion,** partie de nom; **owner name,** nom du propriétaire, nom du possesseur; **paragraph name,** nom de paragraphe; **procedure name,** nom de procédure; **program name field,** zone de nom de programme; **qualified data name,** nom de données qualifiées; **qualified file name,** nom de fichier réservé; **qualified name,** nom qualifié; **record name,** nom d'article; **report-name,** nom de liste; **routine name,** nom de la routine, nom de programme; **section name,** nom de segment; **segment name,** nom de segment; **segment name field,** zone des noms de segments; **simple name,** nom ordinaire; **sort file name,** nom du fichier de tri; **special name,** nom spécial; **structure name,** nom de structure; **subscript name,** nom d'indice; **subscripted name,** nom indicé; **subscripted qualified name,** nom indicé; **switch status name,** nom d'état; **symbolic device name,** nom symbolique de l'unité; **symbolic name,** nom symbolique; **task name,** nom de tâche; **text name,** nom de texte; **user name,** nom de l'utilisateur; **variable name,** nom de variable; **verb name,** verbe de programmation; **volume name check,** contrôle du nom de volume.

**named:** nommé, désigné; **named constant,** constante connue; **named parameter association,** paramétrage nommé.

**naming:** nomination, affectation d'un nom.

**NAND:** NON-ET, non-conjonction logique; **NAND element,** élément NON-ET; **NAND gate,** porte NON-ET; **NAND operation,** opération NON-ET.

**nanoprocessor:** processeur très rapide.

**nanosecond:** nanoseconde; **nanosecond circuit,** circuit très rapide.

**napping:** nappage; **linear napping,** nappage linéaire.

**narrative:** commentaire.

**narrow:** étroit; **narrow band,** bande

étroite; **narrow pulse,** impulsion étroite.

**national:** national; **American National Standards Institute (ANSI),** organisme de normalisation américain; **National Computer Conference (NCC),** salon informatique (USA).

**native:** naturel, spécifique; **native assembler language,** langage d'assemblage spécifique; **native language,** langage original; **native mode,** mode naturel; **native system pack,** disque système exploitable en mode spécifique.

**natural:** naturel; **natural base,** base naturelle d'un système numérique; **natural function generator,** générateur de fonctions naturelles; **natural language,** langage naturel; **natural logarithm,** logarithme naturel; **natural number,** nombre naturel, nombre entier; **natural pack,** mémoire disque à adresses spécifiques; **natural static,** bruit atmosphérique; **natural unit (of information content),** unité naturelle (de quantité d'information).

**naught:** cf **nought.**

**NCC:** National Computer Conference, salon informatique (USA).

**near:** proche; **near letter quality,** proche de la qualité courrier.

**nearly:** presque; **nearly intelligent terminal (NIT),** terminal semi-intelligent.

**need:** besoin; **time need,** besoin en temps.

**needle:** aiguille; **needle printer,** imprimante à aiguilles; **sort needle,** aiguille de tri; **sorting needle,** aiguille de tri.

**negate*:** **negate (to),** rendre négatif.

**negation*:** négation, inversion logique, opération NON; **negation element,** élément de négation, inverseur; **negation indicator symbol,** symbole de négation.

**negative:** négatif; **negative MOS (NMOS),** MOS négatif; **negative acknowledge (NAK),** accusé de réception négatif; **negative acknowledge character,** caractère d'accusé de réception négatif; **negative amount,** somme négative; **negative balance,** solde négatif; **negative balance test,** contrôle des soldes; **negative feedback,** rétroaction convergente; **negative going edge,** flanc de synchronisation négatif; **negative input converter,** convertisseur d'entrées négatives; **negative logic,** logique négative; **negative number,** nombre négatif; **negative potential,** potentiel négatif; **negative sign,** signe moins; **negative surge,** pointe de tension négative.

**negator:** complémenteur.

**negentropy:** neguentropie, entropie.

**Neperian:** népérien; **Neperian logarithm,** logarithme de Néper, logarithme de base e.

**nest:** emboîtement, imbrication; **nest (to),** imbriquer, entrelacer.

**nested:** emboîté; **nested intervals,** intervalles emboîtés; **nested loop,** boucle imbriquée; **nested routine,** routine imbriquée; **nested subroutine,** sous-programme imbriqué.

**nesting:** emboîtement, imbrication; **block nesting,** emboîtement de blocs; **nesting level,** niveau d'imbrication; **nesting loop,** boucle d'imbrication; **nesting subroutine,** sous-programme imbriqué.

**net:** réseau; **net amount,** montant net; **net balance,** solde net; **net balance counter,** compteur de solde net; **net control station,** station de contrôle de réseau; **net requirements generation,** établissement direct des besoins; **switched message net,** réseau à commutation de messages; **switched net,** réseau commuté.

**network*:** réseau; **AC network,** réseau de courant alternatif; **Petri network,** réseau de Pétri; **analog network,** réseau analogique; **analog transmission network,** réseau de transmission analogique; **asynchronous network,** réseau asynchrone; **automatic subscriber network,** réseau des abonnés; **basic network,** réseau fondamental; **basic terminal network support,** gestion principale du réseau de télétraitement; **bus network,** réseau en bus; **central switching network,** réseau de commutation central; **circuit switching network,** réseau à commutation de circuits; **communication network,** réseau de télécommunications; **compensating network,** réseau de compensation; **computer network,** réseau d'ordinateurs; **computer network architecture,** architecture de réseau informatisé; **concentrator network,** réseau concentrateur; **data network,** réseau de données; **datacom network,** réseau télématique; **decoder network,** matrice de déchiffrage, réseau de déchiffrement; **delay correction network,** correcteur de phase; **delay network,** réseau à retard; **democratic network,** réseau non hiérarchique; **differentiating network,** réseau différentiateur; **distributed data processing network,** réseau d'informatique distribuée; **distributed network,** réseau distribué, réseau réparti; **distributed processing network,** réseau de centralisation du traitement; **equivalent network,** circuit équivalent; **facsimile network,** réseau de fac-similé; **filter network,** montage de filtre; **front-end network processor,**

calculateur frontal de réseau; **heterogeneous network,** réseau hétérogène; **hierarchical network,** réseau hiérarchisé; **information network,** réseau télématique; **interlaced networks,** réseaux informatiques imbriqués; **ladder network,** réseau itératif; **lattice network,** réseau maillé; **leased line network,** réseau de lignes spécialisées; **leased telegraph network,** réseau télex spécialisé; **linear circuit network,** circuit linéaire; **local area network (LAN),** réseau local; **logic network,** réseau logique; **loop network,** réseau en boucle; **looped network,** réseau bouclé; **message switching network,** réseau à commutation de messages; **model network,** réseau type; **multinode network,** réseau multinode, réseau maillé; **multipoint network,** réseau multipoint; **network access control,** contrôle d'accès au réseau; **network administrator,** administrateur de réseau; **network analog,** simulation de réseaux; **network analysis,** technique d'étude de réseaux; **network analysis system,** système d'étude de réseaux; **network analyzer,** analyseur de réseaux; **network architecture,** architecture de réseau; **network calculator,** simulateur de réseau; **network configuration,** configuration du réseau; **network control channel,** voie de contrôle du réseau; **network control terminal,** terminal de commande de réseau; **network definition,** définition de réseau; **network extension,** extension de réseau; **network information center (NIC),** centre d'information du réseau; **network interface card,** carte d'interface réseau; **network layer (ISO),** couche de réseau (ISO); **network load analysis,** étude de la charge de réseau; **network management,** gestion de réseau; **network manager,** gestionnaire de réseau; **network node,** noeud de réseau; **network operating system (NOS),** système d'exploitation de réseau; **network processing,** traitement distribué; **network processor,** processeur de télétraitement; **network simulator,** simulateur de réseau; **network structure,** structure de réseau; **network synthesis,** synthèse de réseau; **network-oriented,** orienté sur réseau; **network-oriented routine,** programme orienté sur réseau; **neural network algorithm,** algorithme de réseaux neuronaux; **neural networks,** réseaux neuronaux, réseaux neuro-mimétique; **open network,** réseau ouvert; **packet network,** réseau de paquets; **private telephone network,** réseau de lignes spécialisées; **public data network,** réseau public de télétraitement; **public network,** réseau public; **public-switched network,** réseau public de télé-communications; **radial network,** réseau en étoile; **regulating network,** circuit régulateur; **remote network processor,** calculateur de télégestion; **resistance capacitance network,** circuit galvanique; **ring network,** réseau en anneau; **scheduling network,** graphe d'ordonnancement; **sequencing network,** circuit séquenceur; **single-node network,** réseau hiérarchisé; **star network,** réseau étoilé; **starred network,** réseau étoilé; **switched message network,** réseau à commutation de messages; **switched network,** réseau commuté; **switched network control,** commande du réseau commuté; **switching network,** réseau commuté; **synchronous data network,** réseau synchrone; **telecommunication network,** réseau de télécommunications; **telephone network,** réseau téléphonique; **teleprinter network,** réseau de téléscription; **teleprocessing network,** réseau de télétraitement; **teletype network,** réseau télex; **telex network,** réseau télex; **token-passing bus network,** réseau avec bus à jeton; **token-passing ring network,** réseau avec bus annulaire à jeton; **transmission network,** réseau de transmission; **tree network,** réseau arborescent; **triangular network,** réseau triangulaire.

**n e t w o r k i n g :** mise en réseau.

**n e u r a l :** neuronal; **neural network algorithm,** algorithme de réseaux neuronaux; **neural networks,** réseaux neuronaux.

**n e u r o n :** neurone.

**n e u t r a l :** neutre; **neutral current,** courant du neutre; **neutral signaling,** signalisation unipolaire; **neutral transmission,** transmission à signal unipolaire.

**n e w :** nouveau; **new assignment,** nouvelle attribution; **new line,** retour à la ligne; **new line character,** caractère de retour à la ligne; **new master,** nouvelle bande principale; **new master file,** nouveau fichier permanent; **new page,** changement de page; **new range,** nouvelle gamme.

**n e w l i n e :** saut de ligne; **newline character,** caractère de saut de ligne.

**n e x t :** prochain; **next output block,** prochain bloc à transmettre; **next page,** page suivante.

**n e x u s* :** connexion, raccordement.

**n i b b l e :** quartet, multiplet de 4 bits.

**N I C :** network information center, centre d'information du réseau.

**n i l :** nul; **nil pointer,** pointeur de fin, pointeur zéro; **nil report,** retenue zéro.

**n i l a d i c :** sans opérande.

**n i n e :** neuf; **casting out nines,** preuve par neuf; **complement on nine,** complément à 9;

**nine edge leading,** neuf en-tête; **nine's complement,** complément à 9; **standing-on-nines carry,** report bloqué à 9.

**n i n e t y :** quatre-vingt-dix; **ninety-column card,** carte à 90 colonnes.

**N I T : nearly intelligent terminal,** terminal semi-intelligent.

**N L * : new line,** saut de ligne.

**N L Q : near letter quality,** proche de la qualité courrier.

**N M O S : negative MOS,** MOS négatif.

**n o d a l :** nodal; **nodal location,** point nodal; **nodal switch,** commutateur nodal.

**n o d e * :** noeud, sommet, centre nodal; **adjacent node,** noeud adjacent; **ascending node,** noeud ascendant; **catalog node,** noeud de catalogue; **computing node,** noeud de traitement; **destination node,** noeud de destination; **endpoint node,** noeud d'extrémité; **intermediate node,** noeud intermédiaire; **network node,** noeud de réseau; **node identifier,** identificateur nodal; **node processor,** processeur nodal; **node status data,** données d'état nodal; **node switch,** commutateur nodal; **single-node network,** réseau hiérarchisé; **terminal node,** noeud de terminaison.

**n o i s e * :** bruit; **Gaussian noise,** bruit gaussien; **ambient noise,** bruit d'ambiance; **ambient noise level,** niveau de bruit ambiant; **background noise,** bruit de fond; **baseband noise,** bruit en bande de base; **basic noise,** bruit de fond; **black noise,** bruit d'impulsions; **broadband noise,** bruit blanc; **carrier noise level,** niveau de bruit de porteuse; **carrier to noise ratio,** rapport porteuse à bruit; **circuit noise,** bruit de ligne; **circuit noise level,** niveau de bruit d'un circuit; **delta noise,** perturbation delta; **graphic noise,** bruit graphique; **high noise immunity logic (HNL),** logique à grande immunité au bruit; **impulse noise,** bruit d'impulsions; **intermodulation noise,** bruit d'intermodulation; **line noise,** bruit de ligne; **low noise,** faible bruit; **man-made noise,** parasite; **noise factor,** facteur de bruit; **noise field,** champ perturbateur; **noise figure,** facteur de bruit; **noise generator,** générateur de bruit parasite; **noise immunity,** immunité au bruit; **noise level,** niveau de bruit; **noise power,** puissance de bruit; **noise ratio,** rapport signal; **noise record,** enregistrement parasite; **noise reduction,** atténuation de bruit; **noise source,** source de perturbation; **noise weighting,** pondération du bruit; **noise-free,** sans bruit; **quantization noise,** bruit de quantification; **random noise,** bruit erratique; **residual noise,** bruit résiduel; **signal noise,** bruit de

transmodulation; **signal-to-noise characteristic,** caractéristique signal/bruit; **signal-to-noise ratio,** rapport signal/bruit; **thermal noise,** bruit thermique; **unweighted noise,** bruit non pondéré; **white noise,** bruit blanc.

**n o m e n c l a t u r e :** nomenclature; **pin nomenclature,** nomenclature de broches.

**n o m i n a l :** nominal; **nominal amount,** somme nominale; **nominal bandwidth,** largeur de bande nominale; **nominal frequency,** fréquence nominale; **nominal throughput,** débit nominal.

**n o n a c c e s s i b l e :** non accessible, bloqué, verrouillé.

**n o n a r i t h m e t i c :** non arithmétique; **nonarithmetic shift,** décalage non arithmétique.

**n o n c e n t r a l i s e d :** cf **noncentralized.**

**n o n c e n t r a l i z e d :** non centralisé; **noncentralized operation,** opération décentralisée.

**n o n c o n d u c t o r :** isolant.

**n o n c o n t i g u o u s :** séparé.

**n o n d e d i c a t e d :** non spécialisé; **nondedicated circuit,** circuit non spécialisé.

**n o n d e s t r u c t i v e :** non destructif; **nondestructive read,** lecture sans effacement; **nondestructive readout,** lecture non destructive.

**n o n d i s j u n c t i o n :** non-disjonction; **nondisjunction (NOR),** non-disjonction, NON-OU, NI.

**n o n e q u i v a l e n c e :** non-équivalence; **nonequivalence element,** élément de non-équivalence; **nonequivalence operation,** opération de disjonction, dilemme, OU exclusif.

**n o n e r a s a b l e :** non effaçable; **nonerasable memory,** mémoire ineffaçable; **nonerasable storage,** mémoire inaltérable.

**n o n e x e c u t a b l e :** non exécutable; **nonexecutable statement,** instruction ineffective.

**n o n i d e n t i t y :** non-identité; **nonidentity operation,** opération de non-identité.

**n o n i m p a c t :** non-impact; **nonimpact printer,** imprimante sans impact.

**n o n i n t e r l a c e d :** non interlacé; **noninterlaced display,** affichage non interlacé, visu simple trame; **noninterlaced mode,** mode non interlacé.

**n o n i s o l a t e d :** non isolé; **nonisolated amplifier,** amplificateur non isolé.

**n o n l i n e a r :** non linéaire; **nonlinear distortion,** distorsion non linéaire; **nonlinear element,** élément non linéaire; **nonlinear programming,** programmation non linéaire.

**nonnegative:** non négatif; **nonnegative integer,** entier naturel; **nonnegative number,** nombre entier positif.

**nonnumeric:** non numérique; **nonnumeric item,** article non numérique.

**nonpermanent:** non permanent.

**nonprintable:** non imprimable; **nonprintable character,** caractère non imprimable.

**nonrecoverable:** irrécupérable, perdu.

**nonrelocatable:** non relogeable; **nonrelocatable program,** programme non translatable.

**nonresident:** non-résident.

**nonreturn:** non-retour; **nonreturn to zero (NRZ),** non-retour à zéro.

**nonreusable:** non réentrant.

**nonsense:** non lu; **nonsense total check,** indication d'erreur par total insensé.

**nonsubscripted:** non indexé.

**nonswitched:** non commuté; **nonswitched line,** ligne non commutée.

**nontransient:** non transitoire; **nontransient error,** erreur fatale.

**nonuniform:** non uniforme; **nonuniform convergence,** convergence irrégulière.

**nonvolatile:** non volatil; **nonvolatile memory,** mémoire non volatile; **nonvolatile storage,** mémoire permanente.

**nonzero:** différent de zéro.

**noodle:** bruit parasite.

**nop:** no-operation, non opération; **nooperation instruction (nop),** instruction ineffective.

**NOR:** NON-OU, négation logique; **NOR element,** élément NON-OU, porte NI; **NOR gate,** porte NON-OU, porte NI; **NOR operation,** opération NON-OU, opération NI; **NOR-AND,** NON-OU, non-disjonction logique; **NOR-OR operation,** opération NON-OU, opération NI; **exclusive-NOR,** NI exclusif; **exclusive-NOR circuit,** circuit NI exclusif; **exclusive-NOR element,** élément NI exclusif; **exclusive-NOR gate,** porte NI exclusif; **inclusive-NOR operation,** opération NON-OU inclusif; **join (NOR),** NON-OU, union, réunion; **join denial (NOR),** opération NON-OU; **join gate (NOR),** porte NON-OU, porte NI; **join operation (NOR),** opération NI; **joint (NOR),** NON-OU, union, réunion; **joint denial operation (NOR),** opération NON-OU, opération NI; **neither-NOR,** NON-ET, non-conjonction logique; **neither-NOR operation,** opération NON-ET; **nondisjunction (NOR),** non-disjonction, NON-OU, NI.

**normal:** normal; **back-to-normal signal,** caractère de fin; **normal card listing,** travail en liste; **normal direction flow,** sens normal des liaisons; **normal distribution curve,** courbe de distribution normale; **normal exit,** mode normal; **normal mode,** mode normal; **normal mode macro call,** appel macro pour mode normal; **normal mode rejection,** rejet de mode normal; **normal mode voltage,** tension de mode normal; **normal operation message,** message de programme normal; **normal print entry,** colonnes d'impression normales; **normal print mode,** mode d'impression normal; **normal stage punching,** perforation normale.

**normalise:** cf **normalize.**

**normalised:** cf **normalized.**

**normalize*:** (to), normaliser.

**normalized:** normalisé; **normalized coordinates,** coordonnées normées; **normalized form,** forme normalisée; **normalized sign,** signe normalisé.

**NOS:** network operating system, système d'exploitation de réseau.

**nose:** nez; **insulating nose,** gaine protectrice.

**NOT:** NON, négation logique; **AND-not,** exclusion logique; **NOT EQUAL to..,** différent de; **NOT circuit,** circuit NON; **NOT condition,** condition NON; **NOT element,** élément NON; **NOT gate,** porte NON; **NOT operation,** opération NON, inversion logique; **NOT-AND,** NON-ET, non-conjonction logique; **NOT-AND operation,** opération NON-ET; **NOT-IF-THEN,** exclusion logique; **NOT-IF-THEN operation,** opération NOT-IF-THEN; **NOT-OR,** NON-OU, non-disjonction logique; **NOT-OR operation,** opération NI, fonction de Pierce; **call not accepted,** appel refusé; **call-not-accepted signal,** signal de refus d'appel; **logical NOT,** ET logique, inversion logique; **not hooked up,** non connecté; **not ready,** non prêt; **not-both operation,** opération NON-ET.

**notation:** notation; **Iverson notation,** notation Iverson; **Luksiewicz notation,** notation préfixée de Luksiewicz; **Polish notation,** notation polonaise, notation préfixée; **alphameric notation,** notation alphanumérique; **base notation,** numération de base; **binary incremental notation,** numération à accroissements binaires; **binary notation,** notation binaire, numération binaire; **binary-coded decimal notation,** numération décimale codée binaire; **binary-coded notation,** notation binaire; **coded decimal notation,** notation décimale codée; **decimal notation,** numération décimale; **decimalized notation,** notation décimalisée; **digital notation,** représentation numérique; **excess-sixty four nota-tion,** numération excédent 64; **external notation,** notation externe; **factorial notation,** notation factorielle; **fixed-base notation,** notation à base fixe; **fixed-radix notation,** numération à base fixe; **format notation,** mode d'édition; **hexadecimal notation,** notation hexadécimale; **infix notation,** notation infixée; **matrix notation,** notation matricielle; **mixed-base notation,** numération mixte; **mixed-radix notation,** notation mixte; **notation constant,** constante de numération; **notation variable,** variable de notation; **number notation,** numération; **octal notation,** numération octale; **parenthesis-free notation,** notation polonaise inversée; **polyvalent notation,** notation polyvalente; **positional notation,** notation pondérée, numération pondérée; **postfix notation,** notation suffixée, polonaise inversée; **prefix notation,** notation préfixée, notation polonaise; **pure binary notation,** numération binaire pure; **quinary notation,** notation biquinaire; **radix notation,** numération à base; **reverse Polish notation,** notation suffixée, notation polonaise inversée; **scientific notation,** notation scientifique; **standard mathematical notation,** notation mathématique normalisée; **substring notation,** expression réduite; **suffix notation,** notation polonaise inversée; **symbolic notation,** notation symbolique; **ternary notation,** numération ternaire.

**n o t c h :** encoche; **notch (to),** cocher; **write protection notch,** encoche de protection à l'écriture; **write-protect notch,** encoche de protection à l'écriture.

**n o t c h e d :** encoché; **edge-notched card,** carte à aiguille.

**n o t e :** commentaire, note; **application note,** note d'application; **beat note,** son de battement; **note sentence,** phrase de commentaire; **note statement,** instruction de notation; **side note,** note secondaire, commentaire marginal.

**n o t h i n g :** rien; **do-nothing instruction,** instruction inopérante; **do-nothing loop,** boucle de pause.

**n o t i c e :** notice; **change notice,** notification de modification.

**n o u g h t :** zéro; **nought output,** signal de zéro; **nought state,** condition zéro; **noughts complement,** complément à zéro.

**N P N :** NPN transistor, transistor NPN.

**N R Z :** **non-return-to-zero recording,** enregistrement sans retour à zéro; **nonreturn to zero (NRZ),** non-retour à zéro; **polar NRZ code,** code binaire NRZ.

**n u c l e u s :** noyau; **operating system nucleus,** noyau du système d'exploitation.

**N U L :** null character, caractère nul (NUL).

**n u l l :** zéro; **character null,** caractère nul; **make null (to),** annuler; **null (character) (NUL),** (caractère) nul (NUL); **null device,** périphérique fictif; **null drift,** dérive du point zéro; **null file,** fichier fantôme; **null instruction,** instruction de non opération; **null item,** article nul; **null line,** ligne blanche; **null parameter,** paramètre nul; **null set,** ensemble nul, ensemble vide; **null statement,** directive fictive; **null string,** chaîne vide; **null suppression,** suppression de zéros; **null value,** valeur nulle.

**n u m b e r :** nombre; **absolute generation number,** nombre absolu de génération; **abstract number,** nombre indéfini, nombre absolu; **account number,** numéro de compte; **activity number,** numéro de mouvement; **algebraic number,** nombre algébrique; **allocation number,** numéro d'affectation; **author number,** numéro de créateur; **automatic serial number transmitter,** dispositif d'immatriculation automatique; **auxiliary number,** nombre auxiliaire; **base number,** nombre de base; **basic number,** nombre cardinal; **batch number,** numéro de lot; **binary number,** nombre binaire, chiffre binaire; **binary number system,** système binaire, système à nombres binaires; **binary-coded decimal number,** nombre décimal codé en binaire; **binary-coded number system,** système de numération binaire; **biquinary coded decimal number,** nombre décimal code biquinaire; **biquinary number,** nombre biquinaire; **block number,** numéro de séquence; **bucket number,** numéro de groupe de blocs; **call number,** numéro d'appel; **calling number,** numéro d'appel; **cell number,** numéro d'élément; **chain number,** numéro de chaîne; **channel number,** numéro de poste; **character number,** numéro de caractère; **check number,** nombre de contrôle; **coded decimal number,** nombre décimal code; **column number,** numéro de colonne; **complex conjugate number,** nombre complexe conjugué; **complex number,** nombre complexe, nombre imaginaire; **connector number,** numéro de connecteur; **consecutive number control,** contrôle consécutif des numéros; **consecutive numbers,** nombres consécutifs; **creation number,** numéro de création; **crunch numbers (to),** effectuer des calculs; **cylinder number,** numéro de cylindre; **decimal number,** nombre décimal; **decimal number format,** format des nombres décimaux; **decimal number system,** système à numération décimale; **device number,** numéro de périphérique; **dial number,** numéro d'appel; **direction number,** numéro directif; **double precision number,** nombre à double précision; **double-length number,** nombre en double précision; **duodecimal number,** nombre duodécimal; **duodecimal number system,** numération à base 12; **file label number,** numéro du label de fichier; **file sequence number,** numéro de séquence fichier; **file serial number,** numéro de série d'un fichier; **file volume sequence number,** numéro chronologique de chargeur; **fixed-point number,** nombre à virgule fixe; **floating-point number,** nombre en virgule flottante; **footing number location,** lieu de numérotation de bas de page; **form number,** numéro de formulaire; **generation number,** nombre générateur; **group number,** numéro de groupe; **halt number,** chiffre d'arrêt; **heading number location,** lieu de numérotation de haut de page; **hexadecimal number,** nombre hexadécimal; **hexadecimal number system,** système de numération hexadécimal; **identification number,** numéro d'identification; **imaginary number,** nombre imaginaire, nombre complexe; **integer number,** nombre naturel, nombre entier; **integral number,** nombre entier, nombre naturel; **irrational number,** nombre irrationnel; **item number,** numéro d'article; **job number,** numéro de travail, numéro de tâche; **level number,** numéro de niveau; **line number,** numéro de ligne; **line sequence number,** numéro de ligne; **logical block number (LBN),** numéro de bloc logique; **logical number,** numéro logique; **logical page number (LPN),** numéro de page logique; **logical unit number,** numéro d'unité logique; **machine number,** numéro de machine; **machine serial number,** numéro de série de la machine; **mixed number,** nombre mixte, nombre multibase; **modification number,** numéro de modification; **multilength number,** nombre multilongueur; **multiple digit number,** nombre multichiffres; **multiple length number,** opérande multimot; **natural number,** nombre naturel, nombre entier; **negative number,** nombre négatif; **nonnegative number,** nombre entier positif; **number (to),** immatriculer, numéroter; **number attribute,** attribut de nombre; **number base,** base numérique; **number code,** code de numérotation; **number cruncher,** processeur arithmétique; **number detection device,** dispositif de détection des nombres; **number detector,** détecteur de compte; **number for-**

mat, structure des nombres; **number generator,** générateur de nombre; **number in fixed point representation,** nombre en virgule fixe; **number in floating point representation,** nombre en virgule flottante; **number notation,** numération; **number of significant conditions,** valence d'une modulation; **number representation,** représentation numérique; **number representation system,** système de numération; **number serially (to),** numéroter en série; **number sign,** symbole '#', fagot; **number system,** système numéral, système de numération; **number table,** tableau de nombres; **number transfer bus,** bus de transfert; **occurrence number,** numéro d'événement; **octal number,** nombre octal; **octal number system,** système de numérotation octale; **odd number,** nombre impair; **operation number,** numéro d'opération; **overflow number,** numéro de débordement; **pack number,** numéro de chargeur; **page number,** numéro de page; **page number location,** lieu de pagination; **part number,** numéro de pièce; **part number master file,** fichier permanent des numéros de pièces; **polyvalent number,** nombre polyvalent; **prime number,** nombre premier; **prime number division,** division par nombre premier; **priority number,** nombre prioritaire; **pseudorandom numbers,** nombres pseudo-aléatoires; **pure imaginary number,** nombre imaginaire; **quantity number counter,** compteur-quantificateur; **quinary number,** nombre quinaire; **radix number,** nombre à base; **random number,** nombre au hasard, aléatoire; **random number generator,** générateur de nombres aléatoires; **random number sequence,** suite de nombres aléatoires; **random number table,** table de nombres aléatoires; **rational number,** nombre rationnel; **real number,** nombre réel; **record number,** numéro d'enregistrement; **reel number,** numéro de bobine; **reel sequence number,** numéro d'ordre d'un fichier multibobine; **reference number,** numéro de référence; **register number,** numéro de registre; **relative record number,** numéro d'enregistrement relatif; **revision number,** numéro de modification, numéro de révision; **revision number field,** zone du numéro de modification; **run occurrence number,** numéro du travail en cours; **search number,** nombre de recherche; **segment number,** numéro d'un segment; **selection number,** numéro d'appel; **septenary number,** nombre septénaire; **sequence number,** numéro de séquence; **sequence number check,** contrôle des numéros d'ordre; **sequence number indicator,** indicateur du numéro d'ordre; **serial number,** numéro de série; **serial number printing,** impression des numéros d'immatriculation; **serial number punching,** perforation en série d'un nombre; **signed number,** nombre signé; **square number,** nombre carré; **statement number,** numéro d'instruction; **symbolic number,** nombre symbolique; **tape number,** numéro de bande; **task sequence number,** numéro de séquence de tâche; **termination number,** numéro de terminaison; **ternary number,** nombre ternaire; **three-digit number,** chiffre à trois positions; **toll free number,** numéro vert; **track number,** numéro de piste; **transcendental number,** nombre transcendant; **undefined port number,** numéro de port indéfini; **unsigned number,** nombre non signé; **volume sequence number,** numéro consécutif de chargeur; **volume serial number (VSN),** numéro de volume; **winding number,** nombre d'enroulement.

**n u m b e r e d :** numéroté, dénombré; **even-numbered,** de parité paire; **even-numbered scan line,** ligne de balayage paire; **odd-numbered scan line,** ligne de balayage impaire.

**n u m b e r i n g :** numérotation; **automatic page numbering,** foliotage automatique; **batch numbering,** numération par lots; **binary numbering system,** système à chiffres binaires; **consecutive numbering,** numération consécutive; **line numbering,** numérotation de lignes; **numbering strip,** bande de numérotation; **numbering system,** système de numérotation; **selective numbering,** numérotation facultative; **serial numbering,** numérotation en série.

**n u m e r a l :** nombre, numéral, chiffre; **binary numeral,** numéral binaire, nombre binaire; **decimal numeral,** numéral décimal; **numeral system,** système de numération; **octal numeral,** nombre octal.

**n u m e r a t i o n :** numération; **decimal numeration,** numération décimale; **decimal numeration system,** système de numération décimale; **mixed-base numeration,** numération multibase; **mixed-numeration system,** système multibase; **mixed-radix numeration,** numération mixte; **numeration system,** système de numération; **pure binary numeration,** numération binaire; **radix numeration,** représentation pondérée; **radix numeration system,** numération à base.

**n u m e r a t o r :** numérateur.

**n u m e r i c\* :** numérique; **cursor/numeric keypad,** pavé numérique et curseur; **decimal numerics,** nombres décimaux; **numeric character,** caractère numérique; **numeric character set,** ensemble des caractères numériques; **numeric code,** code numérique; **numeric coding,** programmation en chiffres; **numeric constant,** constante numérique; **numeric control,** contrôle numérique; **numeric data,** données numériques; **numeric digit,** chiffre; **numeric editing,** impression numérique; **numeric entry,** entrée numérique; **numeric item,** article numérique; **numeric keyboard,** clavier numérique; **numeric keypad,** pavé des touches numériques; **numeric literal,** libellé numérique; **numeric pad,** pavé numérique; **numeric punch,** perforation des colonnes chiffres; **numeric quantity,** quantité, valeur numérique; **numeric representation,** représentation numérique; **numeric set,** ensemble des (caractères) numériques; **numeric shift,** passage en numérique; **numeric tape,** bande de commande numérique; **numeric test,** test de validité numérique; **numeric word,** mot numérique; **numerics,** les nombres.

**n u m e r i c a l :** numérique, numéral; **computer numerical control,** commande numérique d'ordinateur; **computerized numerical control,** commande numérique automatisée; **numerical analysis,** analyse numérique; **numerical character,** caractère numérique; **numerical code,** code numérique; **numerical computation,** calcul numérique; **numerical control,** commande numérique (CN); **numerical data,** données numériques; **numerical display,** affichage numérique; **numerical input,** entrée numérique; **numerical integration,** intégration numérique; **numerical machine,** machine numérique; **numerical order,** ordre numérique; **numerical punch,** perforation numérique; **numerical quantity,** quantité, valeur numérique; **numerical representation,** représentation numérique; **numerical section,** partie numérique; **numerical sorting,** tri numérique; **numerical word,** mot numérique.

**n u t :** écrou.

# O

**OBC:** **one-board computer,** ordinateur monocarte.

**object\*:** objet; **catalog object,** objet de catalogue; **object code,** code objet; **object code output format,** format d'édition en code machine; **object coding,** code objet; **object computer,** calculateur objet; **object core size,** capacité mémoire pour programme objet; **object deck,** paquet de cartes objet; **object language,** langage objet; **object language programming,** programmation en langage machine; **object library,** bibliothèque objet; **object listing,** liste de programmes objet; **object machine,** machine d'exécution; **object module,** module objet; **object module file,** fichier de modules objet; **object module library,** bibliothèque des modules objet; **object pack,** paquet de cartes objet; **object phase,** phase d'exécution; **object program,** programme en langage machine; **object routine,** routine résultante; **object run,** passage en machine; **object time,** temps d'exploitation; **object-coded file,** fichier des programmes machine; **object-level program,** programme objet; **relocatable object module,** module objet relogeable.

**objective:** objectif; **design objective,** but du projet.

**oblique:** oblique; **left oblique,** barre oblique gauche; **oblique plane,** surface oblique; **right oblique,** barre oblique droite.

**obsolescence:** obsolescence; **planned obsolescence,** désuétude planifiée, vieillissement prévu.

**obviate:** (to), supprimer.

**occupancy:** encombrement; **line occupancy,** occupation de ligne; **occupancy table,** table d'occupation; **percentage occupancy,** taux d'occupation; **storage occupancy table,** table d'occupation de la mémoire.

**occupation:** occupation; **occupation code,** code d'occupation.

**occupied:** occupé; **occupied bandwidth,** largeur de bande occupée.

**occurrence:** occurrence; **entity occurrence,** entité spécifique; **job occurrence report file,** fichier résultat des travaux; **occurrence number,** numéro d'événement; **run occurrence number,** numéro du travail en cours.

**OCR:** **optical character recognition,** reconnaissance optique de caractères.

**octal\*:** octal; **binary-coded octal,** octal codé en binaire; **decimal-to-octal conversion,** conversion décimal-octal; **octal base,** base octale; **octal character,** chiffre octal; **octal code,** code octal; **octal code operation,** opération en code octal; **octal digit,** chiffre octal, digit octal; **octal notation,** numération octale; **octal number,** nombre octal; **octal number system,** système de numérotation octale; **octal numeral,** nombre octal.

**octave:** octave.

**octet:** octet; **left octet address,** adresse alignée à gauche; **octet,** octet (o), multiplet de 8 bits; **right octet address,** adresse alignée à droite.

**odd:** impair; **odd check,** contrôle de parité impaire; **odd figure,** chiffre impair; **odd function,** fonction impaire; **odd number,** nombre impair; **odd page,** page impaire; **odd parity,** parité impaire; **odd parity bit,** bit de parité impaire; **odd parity check,** contrôle de parité impaire; **odd size,** forme non courante; **odd-even parity check,** contrôle de parité paire/impaire; **odd-numbered scan line,** ligne de balayage impaire.

**OED:** **optoelectronic display,** affichage optoélectronique.

**OEM:** **original equipment manufacturer,** fabricant de l'équipement original.

**off\*:** hors, arrêté; **automatic rounding off,** arrondi par machine; **charge off (to),** amortir; **cut off (to),** tronquer; **cut-off,** point de coupure; **cut-off filter,** filtre de troncation; **cut-off frequency,** fréquence de coupure; **cut-off state,** état bloqué; **data pick-off element,** élément de code de collecte; **drop-off,** point de raccordement; **hands-off operation,** opération non assistée; **log-off,** fin de session; **log-off procedure,** procédure de fin de session; **off bit,** bit (d'état) hors-circuit; **off centering,** décadrage; **off hook,** déconnecté, débranché; **off punch,** perforation hors-cadre; **off screen,** hors-écran; **off-line,** autonome, non connecté; **off-line equipment,** équipement déconnecté; **off-line mode,** mode autonome; **off-line operation,** opération autonome; **off-line processing,** traitement autonome; **off-line storage,** mémoire autonome; **off-the-shelf,** en stock; **on-off action,** action tout ou rien; **on-off input,** entrée tout ou rien; **one off,** une fois seulement; **one-off special,** exécution spéciale; **pawl knock-off,** rappel de cliquet; **pick-off brush,** balai, brosse de lecture; **power off,** hors-tension; **power-off sequence,** opération de mise hors-tension; **queue off (to),** retirer de la file d'attente; **roll off (to),** transférer, déloger; **round off (to),** arrondir au plus près; **round off error,** erreur d'arrondi; **run off the mill,** ordinaire, usuel; **sign-off,** instruction de fin de travail; **switch off (to),** débrancher, déconnecter, interrompre; **take-off reel,** bobine débitrice; **take-off speed,** vitesse de défilement; **take-off track,** piste de lecture; **turn off (to),** mettre à zéro.

**office:** bureau (travail); **branch office,** filiale, agence; **central office,** office central de télécommunications; **office automation,** bureautique; **office computer,** ordinateur de bureau; **office display terminal,** terminal de bureau; **personal office computer,** ordinateur personnel de bureau; **record office,** service des archives; **switching office,** centre de commutation; **trunk switching office,** centre de télécommunication.

**offset:** décalage, talon; **offset stacker device,** récepteur à décalage de cartes; **zero offset,** décalage du zéro.

**offspring:** membre.

**ohm:** Ohm, unité de résistance.

**OLRT:** on-line real time, temps réel en ligne.

**OLTS:** on-line test system, système de test en ligne.

**OMR:** optical mark recognition, reconnaissance optique de marques.

**on:** actif; **on bit,** bit (d'état) en circuit; **on board,** sur carte; **on chip,** sur puce, sur circuit; **on demand,** sur demande; **on hook,** connecté; **on line,** en ligne, connecté; **on-line compiler,** compilateur en ligne; **on-line data capture,** saisie en ligne; **on-line editor,** éditeur en ligne; **on-line equipment,** équipement en ligne; **on-ligne mass storage,** mémoire de masse en ligne; **on-line mode,** mode connecté; **on-line problem solving,** solution en conversationnel; **on-line processing,** traitement en direct; **on-line programming,** programmation interactive; **on-line real-time (ORLT),** temps réel en ligne; **on-line reference,** référence accessible directement; **on-line storage,** mémoire en ligne; **on-line test system (OLTS),** système de test en ligne; **on-line transaction processing,** traitement interactif; **on-line typewriter,** imprimante en ligne; **on-off action,** action tout ou rien; **on-off input,** entrée tout ou rien; **on site,** sur site; **on state,** état actif; **on-state courant,** courant

direct; **on-state voltage,** tension directe.

**one:** un, chiffre '1'; **N-plus-one address instruction,** instruction à N plus une adresses; **all-in-one computer,** ordinateur tout en un; **binary one,** chiffre binaire '1'; **complement on one,** complément à 1; **directory one level up,** répertoire parent; **four-plus-one address,** à quatre-plus-une adresses; **logical one or zero,** chiffre '1' ou '0' logique; **one address,** une adresse, à adresse unique; **one bit,** bit unique; **one circuit,** circuit OU; **one condition,** état '1'; **one element,** élément OU; **one gate,** porte OU; **one off,** une fois seulement; **one output,** signal de sortie '1'; **one shot,** simple pulse; **one state,** état '1'; **one's complement,** complément à 1; **one-address code,** code à une adresse; **one-address computer,** ordinateur à une adresse; **one-address instruction,** instruction à une adresse; **one-address method,** méthode à adresse unique; **one-address system,** système à une adresse; **one-ahead addressing,** adressage à progression unitaire; **one-board computer (OBC),** ordinateur monocarte; **one-digit adder,** demi-additionneur, additionneur à deux entrées; **one-digit subtracter,** demi-soustracteur, soustracteur à deux entrées; **one-dimensional,** unidimension, linéaire; **one-dimensional array,** tableau à une dimension, liste linéaire, vecteur; **one-dimensional array processor,** processeur vectoriel; **one-dot-line slice,** colonne de points; **one-hi card,** carte simple hauteur; **one-keyboard data capture,** saisie monoclavier; **one-kick multivibrator,** multivibrateur monostable; **one-level address,** adresse à un niveau; **one-level addressing,** adressage à un niveau; **one-level code,** encodage de premier niveau, encodage machine; **one-level subroutine,** sous-programme à un niveau; **one-off special,** exécution spéciale; **one-output signal,** signal de lecture '1'; **one-plus-one address,** à une-plus-une adresses; **one-plus-one address instruction,** instruction à une plus une adresses; **one-plus-one instruction,** instruction à deux adresses; **one-processor unit,** monoprocesseur; **one-shot branch,** branchement unique; **one-shot circuit,** circuit monostable; **one-shot job,** travail unique; **one-shot multivibrator,** multivibrateur monostable; **one-shot operation,** opération unique; **one-sided tape card,** carte à bande perforée unilatérale; **one-step operation,** opération à un seul pas; **one-time job,** problème unique; **one-to-N address instruction,** instruction à une ou N adresses; **one-to-one assembler,** assembleur ligne par ligne; **one-to-one mapping**, application bi-univoque; **one-to-one translator**, traducteur ligne par ligne; **one-valued**, univalent; **one-valued function**, fonction univalente; **one-way communication**, communication unilatérale; **one-way data transmission**, transmission unidirectionnelle; **one-way operation**, traitement unidirectionnel; **one-way trunk**, ligne unilatérale; **radix-minus-one complement**, complément à la base moins 1; **two-plus-one address**, à deux-plus-une adresses; **two-plus-one address instruction**, instruction à deux plus une adresses.

**only:** seulement, seule; **IF-AND-ONLY-IF**, équivalence logique; **IF-AND-ONLY-IF operation**, opération d'équivalence logique; **alterable read-only memory**, mémoire morte altérable; **control read-only memory (CROM)**, mémoire morte de commande; **core only environment**, système à mémoire centrale; **electrically alterable read-only memory (EAROM)**, mémoire morte reprogrammable électriquement; **electrically erasable read-only memory (EEROM)**, mémoire morte effaçable électriquement; **fusable read-only memory**, mémoire morte fusible; **input only**, entrée exclusive; **input only file**, fichier d'entrée exclusif; **input only processing**, traitement exclusif des entrées; **output only**, sortie exclusive; **output-only mode**, mode de sortie exclusif; **output-only file**, fichier résultant unique; **output-only processing**, traitement en sortie unique; **read-only**, lecture seule; **read-only cassette loader**, cassette chargeur; **read-only file**, fichier protégé à l'écriture; **read-only memory (ROM)**, mémoire morte; **read-only memory compact disk (CD-ROM)**, disque optique compact (DOC); **read-only storage error**, erreur de mémoire morte; **receive-only (RO)**, réception seule; **send-only**, transmission seulement; **transformer read-only storage**, mémoire fixe inductive.

**onomasticon\*:** étiquette onomastique.

**open:** ouvert; **open address**, adresse ouverte; **open circuit**, circuit ouvert; **open circuit impedance**, impédance en circuit ouvert; **open circuit resistance**, résistance en circuit ouvert; **open circuit voltage**, tension en circuit ouvert; **open circuit working**, transmission en circuit ouvert; **open decision table**, table de décision ouverte; **open file**, ouverture de fichier; **open function**, fonction de départ; **open item**, article non ouvert; **open item file**, fichier d'articles non ouverts; **open item statement**, liste des articles non ouverts; **open loop**, boucle ouverte; **open loop control**, commande en boucle ouverte; **open network**, réseau ouvert; **open order file**, fichier des commandes non livrées; **open routine**, routine ouverte; **open segmentation**, segmentation; **open shop**, centre de traitement à accès libre; **open string**, chaîne de caractères ouverte; **open subprogram**, sous-programme ouvert; **open subroutine**, sous-programme ouvert; **open system**, système ouvert; **open systems architecture (OSA)**, architecture de systèmes ouverts; **open-ended**, ouvert; **open-ended program**, programme ouvert.

**opening:** ouverture; **air opening**, sortie d'air; **angle of opening**, angle d'ouverture; **envelope opening machine**, machine à ouvrir les enveloppes; **file opening**, ouverture de fichier; **opening balance**, solde d'ouverture; **opening brace**, accolade gauche '{'; **opening parenthesis**, parenthèse gauche '('; **single-opening quotation mark**, apostrophe d'ouverture '`'.

**operable:** opérationnel; **operable time**, temps d'exploitation.

**operand\*:** opérande; **address operand**, opérande de l'adresse; **conditional operand**, opérande conditionnel; **fixed-length operand**, opérande de longueur fixe; **immediate operand**, opérande directe; **literal operand**, opérande littéral; **logical operand**, opérande logique; **operand address**, adresse opérande; **operand array**, tableau opérande; **operand channel**, canal opérateur; **operand field**, champ opérande; **operand matrix**, matrice opérande; **operand part**, partie opérande, champ opérande; **operand register**, registre facteur; **operand sublist**, opérande subdivisée.

**operate:** contact operate, commande de contact; **operate (to)**, opérer, fonctionner, exploiter; **operate in tandem**, opération en tandem, opération couplée; **operate mode**, mode opérationnel; **operate winding**, enroulement d'attaque.

**operated:** opéré, exploité; **key-operated switch**, commutateur à clé; **keyboard-operated**, commandé par clavier; **tape-operated**, commandé par bande.

**operating\*:** opérationnel; **basic operating system (BOS)**, système d'exploitation de base (IBM); **batch operating system**, système d'exploitation par lots; **disk operating system (DOS)**, système d'exploitation à disque (SED); **distributed operating system**, système d'exploitation distribué; **floppy disk operating system (FDOS)**, système d'exploitation à disquette; **maximum operating frequency**, fréquence maximale opérationnelle; **network operating system (NOS)**, système d'exploitation de réseau; **operating code (op-code)**, code opération; **operating code field**, zone de code d'opération; **operating coil**, enroulement d'excitation; **operating condition**, condition d'exploitation; **operating control**, commutateur de manoeuvre; **operating cycle**, cycle opération; **operating duty**, charge normale; **operating environment**, environnement d'exploitation; **operating error**, erreur d'exploitation; **operating factor**, facteur opérationnel; **operating features**, éléments de travail; **operating instructions**, instructions opératoires, manuel d'instructions; **operating key**, poussoir de commande; **operating language**, langage de système d'exploitation; **operating lever**, levier de commande; **operating method**, méthode d'opération; **operating mode**, mode d'exploitation; **operating organization**, organisation opératoire; **operating personnel**, opérateur; **operating principle**, principe opérationnel; **operating procedure**, mode d'utilisation, procédure d'exploitation; **operating program**, programme d'exploitation; **operating ratio**, taux d'exploitation; **operating reliability**, fiabilité d'exploitation; **operating sequence**, suite opératoire, séquence de traitement; **operating space**, surface d'affichage, surface utile; **operating speed**, vitesse d'opération; **operating staff**, personnel de service; **operating state**, état d'exécution; **operating station**, console d'exploitation; **operating status**, état opérationnel; **operating system (OS)**, système d'exploitation (SE); **operating system nucleus**, noyau du système d'exploitation; **operating tape**, ruban de manoeuvre; **operating temperature**, température de fonctionnement; **operating threshold**, seuil d'attaque; **operating time**, durée d'exploitation; **operating track**, piste de travail; **operating trouble**, incident d'exploitation; **operating voltage**, tension de fonctionnement; **ribbon operating cam**, came de guidage du ruban encreur; **system operating file**, fichier de bandes système; **tape operating system (TOS)**, système d'exploitation à bande; **user operating environment**, environnement opérationnel utilisateur; **virtual operating system (VOS)**, système d'exploitation virtuel.

**operation\*:** opération, exploitation; **AND operation**, opération ET; **Boolean operation**, opération booléenne; **EXNOR operation**, opération NON-OU, opération NI exclusif; **EXOR operation**, opération OU exclusif; **IF-AND-ONLY-IF operation**, opération d'équivalence logique; **IF-THEN operation**, opération implication conditionnelle; **N-adic**

**Boolean operation**, opération booléenne N-adique; **NAND operation**, opération NON-ET; **NOR operation**, opération NON-OU, opération NI; **NOR-OR opération**, opération NON-OU, opération NI; **NOT operation**, opération NON, inversion logique; **NOT-AND operation**, opération NON-ET; **NOT-IF-THEN operation**, opération NOT-IF-THEN; **NOT-OR operation**, opération NI, fonction de Pierce; **OR operation**, opération OU; **absolute operation code**, code d'opération machine; **add operation**, opération d'addition; **addressing operation**, opération d'adressage; **alter operation**, opération de modification; **alternate operation**, opération en alternat; **alternating operation**, exploitation alternative, travail en bascule; **analog input operation**, opérateur d'entrée analogique; **anticoincidence operation**, opération OU exclusif; **arithmetic operation**, opération arithmétique; **arithmetical operation**, opération arithmétique; **assembly operation**, opération d'assemblage; **assumed operation**, opération implicite; **asynchronous operation**, opération asynchrone; **attended operation**, exploitation sous surveillance; **augmented operation code**, code d'instruction étendu; **auto-sequential operation**, fonctionnement itératif; **automatic floating-point operation**, opération automatique en virgule flottante; **automatic operation**, opération automatique; **automatic sequential operation**, opération récurrente; **autonomous operation**, fonctionnement autonome; **auxiliary operation**, opération auxiliaire; **average calculating operation**, opération de calcul de moyenne; **average operation time**, temps moyen d'opération; **back-to-back operation**, opération court-circuitée; **basic arithmetic operation**, méthode arithmétique fondamentale; **basic calculating operation**, opération de calcul fondamentale; **basic operation**, opération de base, opération fondamentale; **batch operation time**, temps d'exécution de lots; **binary Boolean operation**, opération booléenne binaire; **binary arithmetic operation**, opération arithmétique binaire; **binary arithmetical operation**, opération arithmétique binaire; **binary field operation**, opération binaire; **binary operation**, opération binaire, opération diadique; **bookkeeping operation**, opération de service; **burst operation**, opération en continu; **business operation**, opération commerciale; **calculating operation**, opération de calcul automatisé; **centralized operation**, opération centralisée; **chaining operation**, opération d'enchaînement; **clock operation**, opération rythmée;

closed shop operation, opération à portes fermées; complementary operation, opération de complémentation; complete operation, opération complète; computing operation, opération de calcul automatisé; concurrent operation, opération simultanée; concurrent peripheral operation, opération périphérique simultanée, spoule; conditional operation, opération conditionnelle; consecutive operation, opération séquentielle; consistent operation, opération cohérente; console typewriter operation, exploitation par téléscripteur; continuous duty operation, service permanent; continuous operation, exploitation en continu; control operation, fonction de commande, opération de servitude; conversion operation, opération de conversion; cost of operation, frais d'exploitation; counting operation, opération de comptage; cyclic shift operation, opération de décalage; dagger operation, opération NON-ET, opération NI; declarative operation, opération déclarative; discrete operation, opération individuelle; dual operation, opération jumelée; duplex operation, opération bidirectionnelle, mode duplex; duplicate operation check, vérification en double; dyadic Boolean operation, opération booléenne diadique; dyadic logical operation, opération logique diadique; dyadic operation, opération diadique, opération à deux opérandes; edit operation, opération d'édition; either-OR operation, opération OU inclusif; either-way operation, semi-duplex; elementary operation, opération élémentaire; end of operation, fin d'opération; equivalence operation, opération d'équivalence logique; error-free operation, opération exempte d'erreur; error prone operation, opération avec erreur; except operation, opération d'exclusion; facsimile operation, opération de télécopie; failsafe operation, fonctionnement à sécurité intégrée; failure free operation, service de défaillance; fixed-cycle operation, opération à nombre de séquences prédéterminé; fixed-point operation, opération en virgule fixe; floating-point operation, opération en virgule flottante; floating-point operation per second (FLOPS), opérations en virgule flottante par seconde; foreground operation, opération d'avant-plan; full duplex operation, opération en duplex; half-duplex operation, mode semi-duplex, régime semi-duplex; hand operation, opération manuelle; hands-off operation, opération non assistée; hands-on operation, opération assistée; hardware operation, opération matérielle; high-speed oper-

ation, opération rapide; home loop operation, exploitation en mode local; housekeeping operation, opération de service; identity operation, opération d'identité; illegal operation, opération illégale; inclusive-NOR operation, opération NON-OU inclusif; inclusive-OR operation, opération OU inclusif; incorrect operation, opération erronée; input operation, opération d'introduction; input/output operation, opération d'entrée/sortie; intermittent operation, exploitation intermittente; internal operation, opération interne; iterative operation, opération itérative; join operation (NOR), opération NON-OU, opération NI; joint denial operation (NOR), opération NON-OU, opération NI; jump operation, opération de branchement; kilo operations per second (KOPS), kilo d'opérations par seconde (KOPS); line loop operation, traitement en transmission; loading operation, opération de chargement; logic operation, opération logique; logical operation, opération logique; loop operation, opération de boucle; low-speed operation, exploitation à basse vitesse; machine operation, opération machine; manual operation, exploitation manuelle; master card operation, opération avec cartes maîtresses; memory operation, opération en mémoire; microprogrammed operation, opération microprogrammée; mnemonic operation code, code mnémonique d'opération; mode of operation, conversion de mode opératoire; monadic operation, opération monadique; multijob operation, opération multitâche; multimode operation, traitement multimode; multiple operation, multiopération; multiple precision operation, opération en multiprécision; multiplex operation, multiplexage; multiplexed operation, opération multiplex; multistep operation, traitement multipas; multitask operation, opération multitâche; multivolume operation, traitement multivolume; neither-NOR operation, opération NON-ET; no-operation (nop), non opération; no-operation instruction (nop), instruction ineffective; noncentralized operation, opération décentralisée; nonequivalence operation, opération de disjonction, dilemme, OU exclusif; nonidentity operation, opération de non-identité; normal operation message, message de programme normal; not-both operation, opération NON-ET; octal code operation, opération en code octal; off-line operation, opération autonome; one-shot operation, opération unique; one-step operation, opération à un seul pas; **one-way operation**, traitement unidirectionnel; **operation analysis**, recherche opérationnelle; **operation array**, zone d'opération; **operation center**, centre de traitement; **operation check**, contrôle d'exploitation; **operation checkout**, contrôle de fonctionnement; **operation code**, code d'opération; **operation code trap**, partie d'opération non déchiffrée; **operation command**, commande opérationnelle; **operation control**, commande d'opération; **operation control language**, langage de commande des travaux; **operation cycle**, cycle opératoire; **operation decoder**, décodeur de code-opération; **operation field**, zone opération; **operation mode program**, programme de contrôle du programme maître; **operation monitor**, moniteur d'exploitation; **operation number**, numéro d'opération; **operation part**, partie type d'opération; **operation rate**, vitesse d'opération; **operation record**, plan d'opération; **operation register**, registre d'exploitation; **operation research (OR)**, recherche opérationnelle; **operation speed**, vitesse de traitement, vitesse opérationnelle; **operation symbol**, symbole de calcul; **operation table**, table de vérité; **operation time**, temps d'opération; **operations flow**, déroulement des opérations; **operations flowchart**, diagramme du déroulement des opérations; **operations per minute (OPM)**, opérations par minute; **operations per second (OPS)**, opérations par seconde; **operations research (OR)**, recherche opérationnelle; **output operation**, opération d'extraction; **overhead operation**, opération de servitude, opération nettoyage; **overlapping operation of keys**, frappe imbriquée; **packet mode operation**, exploitation en mode paquets; **parallel operation**, opération en parallèle; **peek-a-boo operation**, opération visuelle; **polar current operation**, opération en double courant; **posting operation**, opération de comptabilisation; **prime operation**, opération de base; **processing operation**, traitement; **programmed floating-point operation**, calcul à virgule flottante programmée; **put in operation (to)**, mettre en service; **queue of operations**, suite des opérations de traitement; **read operation**, opération de lecture; **reading operation**, opération de lecture; **ready-for-operation**, prêt à fonctionner; **real-time operation**, opération en temps réel; **recursive operation**, opération récursive; **red tape operation**, opération de service, opération d'entretien; **repetitive operation**, opération répétitive; **retrieval operation**, opération récupération; **safety of op-** eration, sécurité de fonctionnement; **search operation**, opération de recherche; **searching operation**, opération de recherche; **seek operation**, opération de positionnement; **select operation**, opération de sélection; **sensing operation**, opération d'exploration; **sequence of operations**, séquence d'opérations; **sequential operation**, opération séquentielle, mode séquentiel; **serial operation**, opération série, opération séquentielle; **serial-to-parallel operation**, opération série-parallèle; **server operation**, opération de serveur; **simplex operation**, régime simplex, opération en alternat; **simultaneous operation**, opération simultanée; **single operation**, opération semi-duplex; **single-step operation**, opération pas à pas, fonctionnement pas à pas; **start-stop opération**, opération asynchrone, opération arythmique; **step-by-step operation**, exécution pas à pas; **storage operation**, mémorisation; **store-and-forward operation**, transfert des données mémorisées; **string operation**, opération sur une chaîne (de caractères); **symbolic operation**, fonction symbolique; **synchronous operation**, opération synchrone; **tandem operation**, opération de transit; **test operation**, opérateur test; **text editing operation**, opération d'édition de texte; **time-division multiplex operation**, opération de multiplexage temporel; **time-shared operation**, opération en temps partagé; **transfer operation**, opération de transfert; **unary operation**, opération unaire, opération monadique; **unattended operation**, opération automatique; **unbatched operation**, opération individuelle; **update operation**, opération de mise à jour; **updating operation**, opération de mise à jour; **utility operation**, opération utilitaire; **variable-cycle operation**, opération asynchrone; **word-oriented operation**, opération exécutée par mots; **write operation**, opération d'écriture.

**operational**: opérationnel, en bonne marche; **operational amplifier (op-amp)**, amplificateur opérationnel; **operational characteristics**, qualités de service; **operational chart**, diagramme opérationnel; **operational command**, instruction d'opération; **operational control data**, données de commande opérationnelle; **operational convenience**, facilité d'exploitation; **operational decoder**, décodeur d'opération; **operational diagnostic**, diagnostic opérationnel; **operational environment**, conditions d'exploitation; **operational instruction**, instruction d'opération; **operational pack**, chargeur exploitable;

**operational program,** programme exécutable; **operational sequence,** séquence opératoire; **operational sequence description,** description opérationnelle; **operational standby program,** programme du système de réserve; **operational status indicator,** indicateur d'état opérationnel; **operational summary report,** état récapitulatif de l'exploitation; **operational symbol,** opérateur symbolique; **operational system,** système opérationnel; **standard operational sign,** signe normalisé.

**operator\*:** opérateur, opératrice; **Boolean operator,** opérateur booléen, opérateur logique; **absolute operator,** opérateur exécutable; **adding operator,** opérateur additionnel; **arithmetic operator,** opérateur arithmétique; **binary operator,** opérateur binaire, opérateur diadique; **comparison operator,** opérateur relationnel; **complementary operator,** opérateur de complémentation; **condition operator,** opérateur conditionnel, symbole conditionnel; **console operator,** opérateur pupitreur; **dyadic Boolean operator,** opérateur booléen diadique; **dyadic operator,** opérateur diadique; **equipment operator,** opérateur; **infix operator,** opérateur infixé; **logic base operator,** opérateur logique de base; **logical operator,** opérateur logique; **machine operator,** opérateur machine; **monadic Boolean operator,** opérateur booléen monadique; **monadic operator,** opérateur monadique; **operator action,** mesure de l'opérateur; **operator action indicator,** indicateur d'introduction manuelle; **operator call,** appel d'opérateur; **operator command,** commande d'exploitation; **operator communications,** communication avec l'opérateur; **operator console,** console opérateur; **operator control,** commande d'opérateur; **operator control language,** langage de commande de l'opérateur; **operator control panel,** pupitre opérateur; **operator delay,** temps de réponse d'opérateur; **operator field,** champ opérateur; **operator intervention,** intervention de l'opérateur; **operator manual,** manuel d'utilisation; **operator message,** message opérateur; **operator message handler,** traitement des messages opérateur; **operator override control,** reprise de contrôle par l'opérateur; **operator panel,** tableau de commande de l'opérateur; **operator part,** champ, partie opérateur; **operator prompting,** sollicitation à l'exploitant; **operator request,** requête de l'opérateur; **operator response,** décision de l'opérateur; **operator station,** poste opérateur; **operator system interface,** module interface opérateur

système; **prefix operator,** opérateur préfixé; **procedural operator,** opérateur de procédures; **relation operator,** opérateur de comparaison; **relational operator,** opérateur relationnel; **sequential operator,** opérateur séquentiel; **serial operator,** opérateur sériel; **sign operator,** opérateur de signe; **string operator,** opérateur d'enchaînement; **system operator,** pupitreur; **system operator panel,** panneau d'exploitation système; **transfer operator,** opérateur de transfert; **unary operator,** opérateur unaire.

**OPM:** operations per minute, opérations par minute.

**opposite:** opposé; **opposite page,** page ci-contre; **opposite sign,** signe inverse.

**opposition:** opposition; **phase opposition,** en opposition de phase.

**OPS:** operations per second, opérations par seconde.

**optic:** optique; **fiber optic,** fibre optique; **fiber optic application,** application des fibres optiques; **fiber optic cable,** câble à fibres optiques.

**optical:** optique; **alphanumeric optical reader,** lecteur optique alphanumérique; **digital optical disk,** disque optique numérique; **optical bar code reader,** lecteur optique de code à bâtonnets; **optical character,** caractère optique; **optical character reader,** lecteur optique de caractères; **optical character reading,** lecture optique de caractères; **optical character recognition (OCR),** reconnaissance optique de caractères; **optical checking,** contrôle optique; **optical communications,** communications optiques; **optical control,** contrôle optique; **optical converter,** convertisseur optique; **optical coupler (optocoupler),** coupleur optique (optocoupleur); **optical decoding,** décodage optique; **optical disk,** disque optique; **optical display system,** système d'affichage; **optical document reader,** lecteur optique de documents; **optical encoder,** codeur optique; **optical fiber characteristics,** caractéristiques des fibres optiques; **optical image unit,** poste de saisie optique des données; **optical mark page reader,** lecteur optique de marques; **optical mark reader,** lecteur de marque optique; **optical mark reading,** lecture optique de marques; **optical mark recognition (OMR),** reconnaissance optique de marques; **optical memory,** mémoire optique; **optical page reader,** lecteur optique de pages; **optical reader,** lecteur optique; **optical reading circuit,** circuit de lecture optique; **optical scanner,** scanner optique; **optical scanning,** lecture optique;

**optical storage,** mémoire optique; **remote on-line optical scanning,** scanage optique déporté.

**optimal:** optimal; **optimal addressing,** adressage optimal; **optimal merge tree,** organigramme fusion; **optimal parameter,** paramètre optimal; **optimal program,** programme à temps d'exécution minimal; **optimal programming,** programmation à exécution optimale.

**optimisation:** cf **optimization.**

**optimization:** optimisation; **interactive structural optimization,** optimisation interactive structurelle; **linear optimization,** optimisation linéaire.

**optimum:** optimum; **optimum block length,** longueur de bloc optimale; **optimum code,** code optimal; **optimum coding,** programmation à exécution optimale; **optimum program,** programme à temps d'exécution minimal; **optimum programming,** programmation à temps d'exécution minimal; **optimum storage capacity,** capacité de mémoire optimale; **optimum throughput,** débit optimum; **optimum tree search,** organigramme de recherche; **optimum value,** valeur optimale.

**option:** option; **accounting option,** complément de compte-rendu de travaux; **active option,** option active; **assumed option,** valeur implicite; **bank switching option,** option de commutation de banc; **code convention option,** piste de synchronisation; **connection option,** possibilité de connexion; **control option,** option de commande; **default option,** option par défaut; **end-of-file option,** fin de fichier sélectionné; **file option,** type de label de fichier; **line speed option,** sélection de la vitesse de transmission; **lock option,** option de verrouillage; **multiple console option,** option multiconsole; **multiple file option,** option multifichier; **no rewind option,** sans indication de rembobinage; **option button,** case d'option; **option byte,** octet facultatif; **option code,** code optionnel; **option field,** zone complémentaire; **option list,** liste des options; **option table,** table des options; **output option card,** carte de commande d'extraction; **processing option,** option de traitement; **scientific instruction option,** jeu d'instructions arithmétiques; **scientific option,** option de calcul en virgule flottante; **socket option,** sélection de plots; **sort option,** possibilité de tri; **standard option,** option standard; **take-up option,** dispositif de rembobinage; **tape option,** version bande.

**optional:** optionnel, conditionel, facul-

tatif; **optional block skip,** saut de bloc conditionnel; **optional device,** dispositif optionnel; **optional facility,** matériel optionnel; **optional feature,** élément optionnel; **optional file,** fichier facultatif; **optional halt statement,** instruction d'arrêt optionnel; **optional hardware feature,** matériel optionnel; **optional instruction package,** jeu d'instructions supplémentaire; **optional instruction sequence,** séquence d'instructions conditionnelle; **optional parameter,** paramètre optionnel; **optional pause,** pause facultative; **optional pause instruction,** commande d'arrêt facultatif; **optional word,** mot facultatif, mot optionnel.

**optocoupler:** optocoupleur; **optical coupler,** coupleur optique (optocoupleur).

**optoelectronic:** optoélectronique; **optoelectronic display (OED),** affichage optoélectronique; **optoelectronics,** l'optoélectronique.

**optofiber:** fibre optique.

**optomechanical:** optomécanique; **optomechanical mouse,** souris optomécanique.

**OR:** OU, réunion logique; **OR operation,** opération OU.

**order:** instruction; **I/O order,** instruction d'E/S; **alphabetic order,** ordre alphabétique; **alphabetical order,** ordre alphabétique, ordre ascendant; **ascending order,** ordre croissant; **assembly work order,** ordre d'assemblage; **calling order,** séquence d'appel; **chain order,** instruction d'enchaînement; **change order,** ordre de modification; **delivery order,** ordre de livraison; **descending order,** ordre décroissant; **execute order,** instruction d'exécution; **first-order subroutine,** routine de premier ordre; **header order,** instruction d'en-tête; **high order,** ordre élevé, ordre le plus à gauche; **high-order address,** adresse cadrée à gauche; **high-order bit,** bit de gauche, digit de gauche; **high-order character,** caractère cadre à gauche; **high-order column,** colonne la plus à gauche; **high-order differential equation,** équation différentielle d'ordre élevé; **high-order equation,** équation évoluée; **high-order language,** langage évolué; **high-order position,** position de poids fort; **high-order storage position,** position du bit de poids fort; **high-order zero printing,** impression des zéros à gauche; **high-order zeroes,** zéros de gauche; **highest order bit,** bit le plus significatif; **initial order,** directive d'initialisation; **installation order,** ordre d'installation; **job order,** bon de commande; **lexicographical order,** ordre lexicographique; **line advance order,** commande de saut de ligne; **low order,** ordre peu élevé; **low-order bit position,** position binaire de poids faible; **low-order,** ordre le moins élevé; **low-order address,** adresse cadrée à droite; **low-order bit,** bit de droite; **low-order position,** position basse, position de droite; **lowest order bit,** bit le moins significatif; **matrix order,** rang de matrice; **merge order,** ordre de fusion; **numerical order,** ordre numérique; **open order file,** fichier des commandes non livrées; **order (to) by merging,** ranger par fusion; **order accounting,** comptabilisation des commandes; **order analysis,** statistique des commandes; **order code,** code d'opération, instruction de commande; **order control,** suite des commandes; **order designation,** désignation des commandes; **order distributor,** répartiteur d'informations; **order entry,** entrée de commandes, enregistrement de commandes; **order entry subsystem,** sous-système d'enregistrement des commandes; **order file,** fichier des commandes; **order handling,** traitement des commandes; **order of magnitude,** ordre de grandeur; **order processing,** traitement des commandes; **order processing system,** système de traitement des commandes; **order record,** ordre de gestion; **order review,** contrôle des commandes; **order structure,** structure de commande; **order wire,** voie de service; **order word,** mot commande; **out of order,** hors-service; **printing order,** instruction d'impression.

**o r d e r e d :** commandé; **ordered tree,** arbre ordonné; **priority ordered interrupts,** interruptions ordonnées par priorité.

**o r d e r i n g :** commande; **ordering bias,** écart d'ordre.

**o r d e r l y :** en ordre; **orderly close-down,** arrêt gracieux.

**o r d i n a r y :** ordinaire; **ordinary binary,** binaire par un; **ordinary differential,** différentielle commune.

**o r g a n :** organe; **arithmetic organ,** moyen arithmétique.

**o r g a n i g r a m :** organigramme.

**o r g a n i s a t i o n :** *cf* **o r g a n i z a t i o n .**

**o r g a n i s e d :** *cf* **o r g a n i z e d .**

**o r g a n i z a t i o n :** organisation, arrangement; **consecutive organization,** organisation séquentielle; **data organization,** organisation des données; **data set organization,** organisation de l'enregistrement des fichiers; **direct file organization,** organisation de fichier à accès direct; **direct organization,** organisation à accès direct; **file organization,** organisation de fichier; **indexed organization,** structure de fichier indexée; **indexed**

**sequential organization,** organisation séquentielle indexée; **linked-queued file organization,** organisation de fichiers chaînés; **list organization,** organisation de liste; **logical organization,** organisation logique; **modular organization,** organisation modulaire; **operating organization,** organisation opératoire; **organization chart,** diagramme d'organisation; **organization of data,** structure des données; **parallel organization,** organisation parallèle; **random organization,** organisation en accès sélectif; **sequential file organization,** organisation en fichiers séquentiels; **sequential organization,** organisation séquentielle; **serial file organization,** organisation en série des fichiers; **storage organization,** organisation de la mémoire.

**o r g a n i z e d :** organisé; **bit-organized,** à structure de bits; **bit-organized memory,** mémoire à structure binaire; **bus-organized,** structuré en bus, à topologie de bus; **digit-organized storage,** mémoire à base décimale; **word-organized,** organisé en mots; **word-organized memory,** mémoire organisée en mots.

**o r i e n t e d :** spécialisé; **algebraic-oriented language,** langage spécialisé algébrique; **application-oriented,** orienté vers application; **application-oriented language,** langage spécialisé d'applications; **batch-oriented,** spécialisé au traitement par lots; **business-oriented computing,** informatique de gestion; **business-oriented display,** visualisation adaptée à la gestion; **business-oriented language,** langage de gestion; **byte-oriented,** adressable par octet; **card-oriented computer,** ordinateur à cartes; **character-oriented,** adressable par caractère; **character-oriented,** fonctionnant au niveau du caractère; **character-oriented computer,** machine fonctionnant au niveau du caractère; **computer-oriented,** mécanisé sur ordinateur; **computer-oriented language (COL),** langage adapté aux calculateurs; **customer-oriented,** orienté sur client; **file-oriented programming,** programmation adaptée aux fichiers; **game-oriented,** spécialisé pour le jeu; **graphic-oriented display,** écran graphique; **job-oriented,** spécialisé travaux; **job-oriented language,** langage spécialisé travaux; **job-oriented terminal,** terminal spécialisé travaux; **machine-oriented,** orienté machine; **machine-oriented language,** langage adapté à la machine; **machine-oriented software,** logiciel spécifique; **network-oriented,** orienté sur réseau; **network-oriented routine,** programme orienté sur réseau; **problem-oriented language,** langage de problématique; **problem-oriented software**, logiciel de problématique; **procedure-oriented language**, langage procédural; **screen-oriented**, orienté écran; **screen-oriented feature**, particularité utilisant l'écran; **site-oriented**, orienté système; **tape-oriented**, orienté vers bande; **user-oriented language**, langage adapté à l'utilisateur; **word-oriented**, orienté mot; **word-oriented computer**, ordinateur organisé en mots; **word-oriented memory**, mémoire organisée en mots; **word-oriented operation**, opération exécutée par mots.

**o r i e n t i n g :** rangement d'adresses.

**o r i g i n\* :** origine; **low origin point**, adresse basse d'origine; **origin of error**, source d'erreur; **origin point**, point d'origine, point de départ; **program origin**, origine de programme; **time origin**, état de référence.

**o r i g i n a l :** originel, original; **original address**, adresse originale; **original data**, données de base; **original document**, document source; **original equipment manufacturer (OEM)**, fabricant de l'équipement original; **original language**, langage original; **original phase**, phase initiale; **original track**, voie initiale.

**o r i g i n a t e :** (to), être originaire de; **originate mode**, mode émetteur.

**o r i g i n a t e d :** d'origine; **originated station**, station origine.

**o r i g i n a t i n g :** émettrice.

**o r i g i n a t i o n :** originalisation; **data origination**, transfert de données.

**o r i g i n a t o r :** émetteur, auteur.

**o r t h o g o n a l :** orthogonal; **orthogonal coordinates**, coordonnées cartésiennes.

**O S A :** open systems architecture, architecture de systèmes ouverts.

**o s c i l l a t e :** oscillate (to), osciller.

**o s c i l l a t i o n :** oscillation; **free oscillation**, oscillation libre; **hunting oscillation**, oscillation pendulaire; **oscillation of a function**, déflexion d'une fonction; **parasitic oscillation**, oscillation parasite; **point of oscillation**, point d'oscillation.

**o s c i l l a t o r :** oscillateur; **beat frequency oscillator**, oscillateur à battements; **blocking oscillator**, oscillateur à blocage; **calibration oscillator**, oscillateur d'étalonnage; **oscillator circuit**, circuit oscillateur; **oscillator valve**, tube oscillator; **parametric oscillator**, oscillateur paramétrique; **phase-locked oscillator**, oscillateur à phase rigide; **signal oscillator**, oscillateur, test signal oscillator, générateur de signaux de contrôle.

**o s c i l l o g r a p h :** oscillographe.

**o s c i l l o s c o p e :** oscilloscope; **dual trace oscilloscope**, oscilloscope à deux faisceaux; **oscilloscope representation**, représentation sur oscilloscope.

**o u t :** hors, éteint, arrêté; **automatic check-out system**, système de vérification automatique; **badge read-out**, lecture de badge; **bring out (to)**, extraire; **card run-out**, passage d'éjection de cartes; **carry out (to)**, exécuter, effectuer; **casting out nines**, preuve par neuf; **check out (to)**, mettre au point, tester, contrôler; **copy-out**, transfert en sortie; **count-out condition**, condition finale de comptage; **cut-out picture file**, bibliothèque d'images; **data out storage**, mémoire de sortie de données; **data-out line**, ligne de sortie des données; **dial-out**, appel sortant; **drop-out**, perte d'information, defaut, refus; **drop-out (to)**, retomber; **drop-out compensation**, compensation de perte de niveau; **drop-out value**, valeur de mise au repos; **fan-out**, sortance; **fan-out factor**, facteur pyramidal de sortie; **first in first out (FIFO)**, premier entré premier sorti; **flop-out**, en décroissant; **flow-out**, fluence de sortie; **garbage in garbage out (GIGO)**, à mauvaise entrée mauvaise sortie; **key out of sequence**, erreur séquentielle de clé; **keyboard time out**, verrouillage temporel de clavier; **last in first out (LIFO)**, dernier entré premier sorti; **letter out (to)**, supprimer; **level out (to)**, ajuster horizontalement; **log-out**, fin de session, fermeture de session; **logging-out**, fin de session; **mask out interrupts (to)**, éliminer par masque; **out of frame**, hors-gabarit; **out of order**, hors-service; **out of time**, désynchronisé; **page out**, renvoi, transfert de page mémoire; **paper out**, fin de papier; **paper-out indicator**, détecteur de fin de papier; **pay-out reel**, bobine débitrice; **point out (to)**, signaler; **print out (to)**, imprimer un message; **read out (to)**, lire, extraire; **roll in/roll out (RIRO)**, rappel-transfert; **roll out**, retrait; **roll out (to)**, transférer, déloger; **rub out (to)**, effacer; **rub-out character**, caractère d'effacement; **run out (to)**, libérer; **run-out**, bout de ruban; **run-out key**, poussoir de vidage de piste; **shift out (to)**, décaler; **shift-out (character) (SO)**, horscode, (caractère) commande de code spécial; **short out (to)**, court-circuiter; **storage out**, sortie de mémoire; **storage read-out**, extraction de mémoire; **swap out (to)**, transférer; **tape-out condition**, terminaison de bande; **tape-out sensing contact**, contact fin de bande; **test out (to)**, vérifier; **tilt out (to)**, pivoter, basculer; **time-out**, temporisation; **two-out-of-five code**, code quinaire, 2 parmi 5; **type out (to)**, imprimer; **type-out time**, temps d'impression; **type-outs,** valeurs de sortie; **zero out (to),** mettre à zéro; **zoom-out,** zoom arrière.

**o u t a g e :** défaillance.

**outbound :** vers la sortie.

**outconnector :** connecteur de sortie.

**o u t e r :** à l'extérieur; **outer macrocall,** appel macro externe; **outer macroinstruction,** macro-instruction externe.

**outfeed :** côté de la sortie.

**outfit :** appareillage; **outfit (to),** équiper.

**outgoing :** de départ; **outgoing circuit,** direction de sortie; **outgoing line,** ligne de départ; **outgoing line circuit,** circuit de départ; **outgoing message,** message sortant.

**outlay :** format.

**outlet :** point de connexion; **wall outlet,** prise murale.

**outline :** champ caractère; **character outline,** contour de caractère, champ de caractère; **outline (to),** esquisser.

**output* :** sortie; **adder output,** sortie d'additionneur; **alphanumeric output,** sortie alphanumérique; **analog output,** sortie analogique; **analog output buffer,** tampon de sortie analogique; **analog output channel,** canal de sortie analogique; **analog output control,** commande de sortie analogique; **analog output conversion time,** temps de conversion analogique-numérique; **analog output device,** unité de sortie analogique; **analog output voltage,** tension de sortie analogique; **assembly output card,** carte de sortie d'assembleur; **assembly program output,** sortie d'assemblage; **asynchronous output,** sortie asynchrone; **audio frequency output,** sortie de fréquence audible; **auxiliary input/output statement,** instruction complémentaire d'entrée/sortie; **average peak output,** amplitude moyenne de la tension de lecture; **balanced output,** sortie symétrique; **balanced output signal,** signal de sortie symétrique; **batch output,** sortie de lot; **binary output,** sortie binaire; **buffer output address,** adresse de sortie tampon; **buffered input/output,** entrée/sortie tamponnée; **card output,** sortie des cartes; **card output station,** poste d'éjection des cartes; **central input/output controller,** commande centrale d'entrée/sortie; **checkpoint output,** sortie du point de reprise; **clock output,** sortie de rythme; **coded output,** sortie codée; **control pulse output,** sortie de l'impulsion de commande; **current output,** émission de courant; **data output,** sortie des données; **data output unit,** unité de sortie des données; **delayed output,** sortie différée; **detail output,** sortie

individuelle; **digital output,** sortie numérique; **digital output control,** commande des sorties numériques; **digital output device,** unité de sortie de données numérique; **digital register output,** registre de sortie des données numériques; **direct data output,** sortie directe des données; **direct output,** sortie directe; **exception output,** sortie des exceptions; **external output control,** commande de débit externe; **full output,** sortie à pleine charge; **graphic data output,** sortie d'informations graphiques; **graphic output unit,** unité graphique; **input/output (I/O),** entrées/sorties (E/S); **input/output (traffic) control,** commande des entrées/sorties; **input/output area,** zone d'entrées/sorties; **input/output buffer,** tampon d'entrée/sortie; **input/output cable,** câble d'entrée/sortie; **input/output channel,** voie d'entrée/sortie; **input/output code converter,** convertisseur des codes d'entrée/sortie; **input/output control system .(IOCS),** système de contrôle des entrées-sorties; **input/output controller,** contrôleur d'entrée/sortie; **input/output data,** données d'entrée/sortie; **input/output device,** unité, organe d'entrée/sortie; **input/output error,** queue d'entrée/sortie; **input/output exchange,** échange entrée/sortie; **input/output file control system,** système de gestion des fichiers d'entrée/sortie; **input/output handler,** sous-programme d'entrée/sortie; **input-output indicator,** indicateur entrée/sortie; **input-output instruction,** instruction d'entrée-sortie; **input/output interrupt,** interruption d'entrée/sortie; **input/output interrupt indicator,** indicateur d'interruption d'entrée-sortie; **input/output library,** bibliothèque d'entrées/sorties; **input/output list,** liste des entrées/sorties; **input/output medium,** support de données d'entrée/sortie; **input-output model,** modèle entrée/sortie; **input-output operation,** opération d'entréesortie; **input/output pool,** lot d'appareils d'entrée-sortie; **input/output process,** opération d'entrée/sortie; **inputoutput processor (IOP),** processeur entréesortie; **input/output program,** programme de gestion des entrées-sorties; **input/output queue,** queue d'attente des entrées/sorties; **inputoutput referencing,** référence d'entréesortie; **input/output register,** registre d'entrée-sortie; **input-output routine,** routine d'entrée/sortie; **input/output section,** section d'assemblage entrée/sortie; **input/output software routine,** sous-programme de gestion des entrées/sorties; **input/output storage,** mémoire d'entréesortie; **input/output support package,** sous-programme entréesortie;

input/output switching, commutation d'entrée/sortie; input/output symbol, symbole d'entrée/sortie; input/output synchronizer, tampon entrée/sortie; input/output system, système de gestion des entrées/sorties; input/output trunk, câble entrée/sortie; input-output unit, unité, organe d'entrée/sortie; input/output-limited, limité par les entrées-sorties; job output, sortie des travaux; job output device, périphérique de sortie; job output file, fichier de sortie des résultats; job output stream, flot de sortie des résultats; legible output, sortie lisible; logical input-output, entrée/sortie logique; magnetic tape output, sortie bande magnétique; next output block, prochain bloc à transmettre; nought output, signal de zéro; object code output format, format d'édition en code machine; one output, signal de sortie '1'; one-output signal, signal de lecture '1'; output (to), faire sortir; output address register, registre des adresses de sortie; output area, zone d'extraction; output bin, boîtier de sortie de cartes; output block, bloc mémoire de sortie; output block count, comptage des blocs de sortie; output block length, longueur du bloc de sortie; output buffer, tampon de sortie; output buffer storage, mémoire tampon de sortie; output capacity, capacitance de sortie; output channel, voie de sortie; output characteristic, caractéristique de sortie; output circuit impedance, impédance du circuit de sortie; output code, code de sortie; output code converter, convertisseur de code sortant; output code translator, traducteur de code sortant; output control device, dispositif de commande d'extraction; output control program, programme de commande d'extraction; output data, données de sortie; output data carrier, support de données de sortie; output deck, jeu de cartes résultats; output device, organe de sortie; output disk, disque de sortie; output element, organe de sortie; output equipment, équipement de sortie; output file, fichier de sortie; output format, forme de sortie; output format specification, spécification de la forme de sortie; output gate, circuit de sortie; output header label, label d'en-tête de sortie; output header record, enregistrement identificateur de sortie; output hub, fiche émetteur; output impedance, impédance de sortie; output information, données de sortie; output instruction, instruction d'extraction; output label, label de sortie; output latch, coupleur de sortie; output library, bibliothèque de sortie; output list, liste de sortie; output

listing, liste imprimée; output location, partition de sortie; output medium, support de sortie; output member, fichier sortie partiel; output multiplexer, multiplexeur de sortie; output only, sortie exclusive; output-only mode, mode de sortie exclusif; output operation, opération d'extraction; output option card, carte de commande d'extraction; output parameter, paramètre de sortie; output phase, phase d'extraction; output power, puissance de sortie; output printer, imprimante de sortie; output printer file, fichier sortie imprimé; output procedure, procédure de sortie; output process, sortie de traitement; output processing, traitement des résultats; output program, programme de sortie, routine d'extraction; output punch, perforatrice de sortie; output rate, vitesse d'impression; output record, article sortant; output record length, longueur de l'article sortant; output reel, bobine des sorties; output register, registre sortie; output routine, routine de sortie, programme d'extraction; output routine generator, générateur de programmes de sortie; output section, zone de sortie, zone d'extraction; output signal, signal de sortie; output source, source de sortie; output speed, vitesse de sortie; output stacker, boîtier de réception de cartes; output storage, mémoire de sortie; output stream, suite de résultats en sortie; output synchronizer, mémoire tampon de sortie; output table, table traçante; output tape, bande des sorties; output tape file, fichier sur bande en écriture; output tape header label, label d'en-tête de bande sortie; output terminal, poste de sortie; output transformer, transformateur de sortie; output typewriter, machine à écrire réceptrice; output unit, unité de sortie; output variable, variable de sortie; output work queue, file d'attente en sortie; output writer, éditeur de sortie; output-limited, limité par la sortie; output-only file, fichier résultant unique; output-only processing, traitement en sortie unique; parallel input/output, entrée-sortie parallèle; partial output, sortie partielle; partial output signal, courant de sortie partielle; peripheral input/output (PIO), circuit d'entrée/sortie; physical input/output, entrée/sortie physique; process data output, sortie des données industrielles; pulse output, sortie d'impulsions; quiescent output current, courant de repos en sortie; quiescent output voltage, tension de repos en sortie; random access input/output, entrée/sortie à accès direct; rated output, sortie nominale; read output, signal de sortie de lecture; **read output signal,** signal de sortie; **readable output,** sortie lisible directement; **real-time output,** sortie en temps réel; **register output,** sortie registre; **select output file,** fichier de vidage sélectif; **serial digital output,** sortie numérique série; **serial input-output,** entrée/sortie séquentielle; **single-ended output,** sortie asymétrique; **slave output,** sortie asservie; **status output ready,** sortie validée; **stream input/output,** chaîne d'entrées-sorties; **system output,** sortie de système; **system output file,** fichier sortie système; **system output unit,** unité de sortie du système; **system principal output file,** fichier maître de sortie système; **tape output,** sortie de bande; **text output,** sortie de texte; **total output,** sortie du résultat; **unbalanced output,** sortie asymétrique; **undisturbed output signal,** signal de sortie non perturbé; **unsolicited output,** sortie non sollicitée; **variable-output speed,** vitesse de sortie variable; **virtual input/output (VIO),** entrée-sortie virtuelle; **voice frequency output,** sortie de fréquence vocale; **voice output,** sortie vocale; **voice output buffer,** tampon de sortie vocale; **voice output terminal,** terminal vocal; **voice output unit,** unité de sortie vocale; **zero output,** sortie zéro, sortie nulle; **zero output signal,** signal de sortie zéro.

o u t s c r i b e r : convertisseur de sortie.

o u t s i d e : en dehors; **outside line,** ligne extérieure.

o u t s o r t : tri de sortie; **outsort (to),** extraire par tri.

o u t s t a t i o n : terminal.

o v e r d r a w : **overdraw (to),** dépasser.

o v e r d r i v e n : surcontrôlé; **overdriven amplifier,** amplificateur sur charge.

o v e r f l o w * : dépassement, débordement; **adder overflow selector,** sélecteur de débordement; **arithmetic overflow,** dépassement supérieur de capacité; **arithmetic overflow indicator,** indicateur de dépassement; **automatic overflow test,** test automatique de fin de page; **buffer overflow,** débordement de tampon; **carriage overflow control,** saut au feuillet suivant; **characteristic overflow,** dépassement supérieur de capacité; **cylinder overflow,** dépassement de cylindre; **cylinder overflow area,** zone de dépassement du cylindre; **directory overflow,** dépassement de capacité de répertoire; **exponent overflow,** dépassement d'exposant; **fetch overflow,** appel de sous-programme de dépassement; **fixed-point overflow,** dépassement en virgule fixe; **form overflow,** report automatique en haut de page; **general overflow,** dépassement universel; **general overflow area,**

zone de dépassement universel; **imbedded overflow,** débordement intercalaire; **intermediate result overflow,** dépassement de capacité intermédiaire; **list overflow,** dépassement de liste; **overflow (OV),** dépassement de capacité; **overflow (to),** déborder, dépasser la capacité; **overflow area,** zone de dépassement de capacité; **overflow attribute,** symbole de débordement; **overflow bit,** bit de dépassement; **overflow check indicator,** indicateur de contrôle dépassement de capacité; **overflow control,** contrôle de dépassement de capacité; **overflow control indicator,** indicateur de changement de formulaire; **overflow data,** données de débordement; **overflow ejection,** saut de report; **overflow indicator,** indicateur de dépassement de capacité; **overflow number,** numéro de débordement; **overflow position,** en position de dépassement; **overflow record,** article en débordement; **overflow register,** registre de débordement; **overflow switch,** commutateur de débordement; **overflow tape,** bande alternée; **overflow time,** temps de débordement; **page overflow,** dépassement de page; **record overflow,** débordement de l'enregistrement; **record overflow feature,** dispositif de changement de piste; **short precision overflow,** dépassement de capacité simple précision; **stack overflow,** débordement de pile; **total overflow,** report du total; **variable-length overflow,** dépassement de longueur variable.

o v e r h a u l : révision; **overhaul (to),** remettre en état, réviser.

o v e r h e a d : surcharge, déperdition, service; **memory overhead,** temps de gestion de la mémoire; **overhead bit,** binaire de service, bit de service; **overhead operation,** opération de servitude, opération nettoyage; **record overhead,** bloc supplémentaire; **software overhead,** servitude logicielle.

o v e r l a p : recouvrement, chevauchement, simultanéité; **memory overlap,** recouvrement de mémoire; **overlap (to),** chevaucher, recouvrir; **overlap processing,** traitement simultané; **processing overlap,** débordement de traitement; **seek overlap,** débordement de la recherche; **write overlap,** débordement de l'écriture.

o v e r l a p p e d : recouvert; **overlapped processing,** traitement simultané.

o v e r l a p p i n g * : recouvrement; **overlapping operation of keys,** frappe imbriquée; **overlapping seek,** recherche en recouvrement; **overlapping windows,** fenêtres à recouvrement.

o v e r l a y * : **overlay,** recouvrement, chevauchement; **auxiliary overlay,** segment de recouvrement auxiliaire; **form overlay,** cadre en surimpression, masque d'écran; **overlay (to),** recouvrir; **overlay area,** zone de recouvrement; **overlay controller,** commande de recouvrement; **overlay file,** fichier de recouvrement; **overlay load module,** module de chargement à recouvrement; **overlay management,** gestion de recouvrements; **overlay module,** module recouvrable; **overlay path,** circuit de recouvrement; **overlay phase,** phase de recouvrement; **overlay request,** appel de segment de recouvrement; **overlay routine,** sous-programme de recouvrement; **overlay segment,** segment de recouvrement; **overlay structure,** structure de recouvrement; **overlay supervisor,** superviseur de recouvrement; **overlay technique,** technique de recouvrement; **overlay tree,** recouvrement arborescent; **user overlay,** débordement des travaux.

**overlayable:** recouvrable; **overlayable segment,** segment recouvrable.

**overlaying:** recouvrement; **automatic overlaying,** recouvrement automatique.

**overload:** surcharge; **memory overload,** dépassement de la capacité mémoire; **overload (to),** surcharger; **overload indicator,** indicateur de surintensité; **overload level,** niveau de surcharge; **overload relay,** relais de surintensité.

**overloading:** surcharge.

**overprint:** surimpression; **overprint (to),** surimprimer.

**overprinting:** surimpression.

**overpunch:** perforation hors-texte.

**overrange:** dépassement de plage.

**overridable:** non prioritaire.

**override:** prise de contrôle manuel; **feed rate override,** correction avance papier; **manual feedrate override,** modification manuelle de l'avance; **manual override key,** touche d'effacement; **operator override control,** reprise de contrôle par l'opérateur; **override (to),** outrepasser, prendre le contrôle; **override bit,** bit de prise de contrôle.

**overrun:** engorgement, embouteillage; **buffer overrun,** débordement de tampon; **overrun check,** erreur de dépassement; **track overrun,** dépassement de piste.

**overshoot:** dépassement (d'impulsion); **overshoot (to),** dépasser; **overshoot factor,** facteur de dépassement.

**overspeed:** survitesse; **overspeed limiter,** limiteur de survitesse.

**overthrow:** dépassement excessif, déplacement excessif.

**overtone:** harmonique.

**overtravel:** déplacement excessif, dépassement excessif.

**overwrite:** écrasement par réécriture; **overwrite (to),** écraser par réécriture.

**overwriting:** écrasement par réécriture.

**owner:** entité maître; **owner identification,** identification du propriétaire; **owner name,** nom du propriétaire, nom du possesseur.

**oxide:** oxyde; **metal oxide silicon (MOS),** semi-conducteur à oxyde métallique; **oxide coating,** couche d'oxyde; **oxide layer,** couche d'oxyde; **oxide side,** côté oxyde; **oxide thickness,** épaisseur d'oxyde.

# P

**P:** positif (P); **P-channel,** canal P; **P-type,** de type P, de type positif.

**pace:** pas; **pace (to),** réguler.

**pacing:** contrôle des messages; **pacing threshold,** écart dans la chaîne de messages.

**pack\*:** paquet de cartes, jeu de cartes; **base system pack,** plaque de base; **card pack,** paquet de cartes, jeu de cartes; **cluster pack,** paquet groupé; **continuation pack,** pile de suite; **disk pack,** chargeur multidisque, dispac; **disk pack drive,** unité à disque, unité à chargeur; **disk pack swapping,** changement de chargeur; **flat pack,** circuit intégré à broches axiales; **instruction pack,** paquet de cartes d'instructions; **multiple disk pack,** multichargeur; **native system pack,** disque système exploitable en mode spécifique; **natural pack,** mémoire disque à adresses spécifiques; **object pack,** paquet de cartes objet; **operational pack,** chargeur exploitable; **pack (to),** condenser, regrouper, comprimer; **pack changeover,** changement de chargeur; **pack number,** numéro de chargeur; **pack of cards,** jeu de cartes, paquet de cartes; **portable pack,** chargeur mobile; **power pack,** bloc d'alimentation; **program pack,** module de programme; **removable disk pack,** chargeur amovible; **replaceable pack,** chargeur amovible; **source pack,** paquet de cartes en langage source; **squoze pack,** cartes de données condensées; **system pack,** chargeur système.

**package\*:** progiciel; **accounting package,** progiciel comptable; **application package,** programmes d'application, progiciel; **benchmark package,** logiciel de test; **business package,** progiciel de gestion; **computing package,** programme-produit; **conversion package,** programmes de conversion; **course package,** progiciel didactique; **datacom package,** progiciel télématique; **diagnostic package,** programme de diagnostic; **documentation package,** documents accompagnant le matériel; **dual-in-line package (DIL),** boîtier à double rangée connexions; **emulation package,** programmes d'émulation; **emulation software package,** logiciel d'émulation; **execution package,** programmes d'application; **floating-point package,** progiciel en virgule flottante; **gaming package,** progiciel de jeux d'entreprise; **graphic** package, progiciel graphique; **graphic software package,** progiciel graphique; **graphics package,** progiciel graphique; **hard package,** programme de trace écrite; **input/output support package,** sous-programme entrée-sortie; **multilingual package,** adaptateur multilangage; **optional instruction package,** jeu d'instructions supplémentaires; **program package,** logiciel; **single-in-line package (SIP),** boîtier à simple rangée de connexions; **software package,** progiciel; **utility package,** logiciel utilitaire.

**packed:** condensé; **packed data,** données condensées; **packed decimal,** décimal condensé; **packed format,** données en forme condensée; **signed packed decimal,** décimal condensé signé.

**packet\*:** paquet, tranche; **packet assembler/disassembler (PAD),** assembleur-/désassembleur de paquets; **packet assembly,** assemblage de paquets; **packet disassembly,** désassemblage de paquets; **packet mode,** mode paquet; **packet mode operation,** exploitation en mode paquets; **packet mode terminal,** terminal en mode paquets; **packet network,** réseau de paquets; **packet sequencing,** ordonnancement de paquets; **packet switching,** commutation de paquets; **packet transmission,** transmission de paquets.

**packing:** empaquetage; **file packing,** groupement de fichiers; **packing density,** densité de compactage; **packing factor,** facteur de compression; **packing ratio,** taux de compression; **pulse packing,** enregistrement dense d'impulsions; **record packing,** tassement d'un enregistrement; **tape packing density,** densité d'enregistrement de bande.

**pad:** pavé; **attenuation pad,** bloc d'atténuation; **cursor pad,** pavé curseur; **diamond-shaped cursor pad,** pavé curseur en losange; **digitizing pad,** tablette de numérisation; **hex pad,** clavier hexadécimal; **inking pad,** tampon-encreur; **numeric pad,** pavé numérique; **packet assembler/disassembler (PAD),** assembleur/désassembleur de paquets; **pad (to),** remplir; **pad character,** caractère de garnissage; **pressure pad,** patin de pression; **pushbutton pad,** bloc de boutons-poussoirs; **scratch pad control register,** registre de commande de la mémoire bloc-notes; **scratch pad memory,** mémoire brouillon; **scratch pad unit,** mémoire interprète; **touch-pad,** bloc à effleurement.

**p a d d i n g :** remplissage; **input padding record,** bloc de garnissage en entrée; **padding character,** caractère de garnissage; **padding deletion,** effacement du caractère de remplissage; **padding item,** article de remplissage; **padding record,** enregistrement de remplissage; **padding space,** zone de remplissage.

**p a d d l e :** manette; **game paddle,** manette de jeu.

**p a g e \*:** page, feuillet; **automatic page numbering,** foliotage automatique; **blank page,** page blanche; **even page,** page paire; **first page indicator,** indicateur de première page; **fixed page,** page résidente mémoire; **full page,** pleine page; **logical page number (LPN),** numéro de page logique; **new page,** changement de page; **next page,** page suivante; **odd page,** page impaire; **opposite page,** page ci-contre; **optical mark page reader,** lecteur optique de marques; **optical page reader,** lecteur optique de pages; **page (to),** paginer; **page break,** changement de page; **page counter,** compteur de pages; **page end indicator,** indicateur de fin de page; **page entry,** numéro de page; **page feed,** saut de page; **page file,** fichier paginé; **page fixing,** mise en place de page; **page foot,** bas de page; **page format,** présentation de page, composition du feuillet; **page frame,** cadre de page, page mémoire; **page heading,** en-tête de page; **page in,** transfert de page mémoire, présentation de page; **page length,** longueur de page; **page length setting,** définition de la longueur de page; **page limit,** limite de page; **page map table,** table de topographie mémoire; **page migration,** transfert de page; **page number,** numéro de page; **page number location,** lieu de pagination; **page out,** renvoi, transfert de page mémoire; **page overflow,** dépassement de page; **page print adapter,** adaptateur d'imprimante page par page; **page printer,** imprimante page par page; **page reader,** lecteur de page; **page setting,** mise en page; **page skip,** saut de page; **page slot,** page mémoire; **page storage,** mémoire paginée; **page swapping,** échange de pages mémoire; **page table,** table de pages; **page teleprinter,** téléimprimeur par page; **page-at-a-time printer,** imprimante page par page; **reserved page,** page restée en mémoire; **rolling page,** page défilante; **screen page,** page écran; **slave page,** page auxiliaire; **source page,** page source; **verifying page printer,** téléimprimeur de contrôle; **zero page addressing,**

adressage par page.

**p a g e d :** paginé; **paged system,** système à mémoire virtuelle.

**p a g i n a t i o n :** pagination; **automatic pagination,** pagination automatique.

**p a g i n g :** mouvement de page; **anticipatory paging,** appel de page anticipé; **demand paging,** appel de page à la demande; **paging and segmenting,** pagination et segmentation; **paging device,** dispositif de pagination; **paging system,** système à mémoire virtuelle; **paging technique,** technique de pagination.

**p a i n t :** coloriage, illumination de point image; **paint (to),** remplir; **paint roller,** rouleau à peinture.

**p a i n t i n g :** coloriage, illumination de point image.

**p a i r :** paire; **binary pair,** bascule bistable; **bound pair list,** liste des contraintes; **bounded pair,** limites; **cable pair,** câble bifilaire; **trigger pair circuit,** multivibrateur bistable; **twisted pair,** paire torsadée; **twisted-pair cable,** câble bifilaire torsadé.

**P A L :** **programmable array logic,** logique à réseau programmable.

**p a l e t t e :** palette; **color palette,** palette de couleurs.

**P A M :** **pulse amplitude modulation,** modulation d'impulsions en amplitude.

**p a n :** panoramique, mouvement à travers une image; **hyphenation pan,** proposition de césure.

**p a n c a k e :** composant plat.

**p a n e l :** panneau, tableau; **address panel,** tableau d'adresses; **alarm panel,** panneau d'alerte; **blank panel,** plaque d'obturation, plaque inutilisée; **computer control panel,** tableau de commande d'ordinateur; **control maintenance panel,** pupitre de maintenance; **control panel,** tableau de commande, panneau de commande; **control panel halt,** arrêt par console; **control panel hub,** plot de connexion; **control panel hub chart,** document de câblage; **control panel wiring,** câblage de tableau de connexions; **electronic panel,** panneau de raccordement; **fault panel,** panneau d'indication d'erreurs; **front panel,** tableau frontal; **gas panel,** écran à plasma; **gas plasma panel,** écran à plasma; **graphic panel,** tableau graphique; **indicator panel,** pupitre de signalisation; **jack panel,** tableau de connexions; **operator control panel,** pupitre opérateur; **operator panel,** tableau de commande de l'opérateur; **panel control field,** tableau de commande; **patch panel,** tableau de commande, tableau de connexions; **plasma panel,** écran à plasma;

**plasma panel display,** affichage à écran plasma; **relay panel,** domino; **removable program panel,** tableau de programme échangeable; **secondary panel,** pupitre auxiliaire; **status panel,** champ des indicateurs d'état; **subsystem maintenance panel,** pupitre de maintenance du sous-système; **switching panel,** tableau de commutation; **system control panel,** pupitre de commande; **system operator panel,** panneau d'exploitation système; **tape drive panel,** platine; **touch panel,** écran tactile.

**panning:** panoramique.

**paper:** papier; **Z-fold paper,** papier paravent; **carbon paper,** papier carboné; **card-to-paper-tape converter,** convertisseur cartes-bande perforée; **continuous paper form,** formulaire sans fin; **continuous roll paper,** rouleau de papier; **coordinate paper,** papier à coordonnées; **cross-section paper,** papier quadrillé; **double paper feed,** double entraînement de papier; **drawing paper,** papier à dessin; **dual paper feed,** double mouvement de papier; **dual paper movement,** double mouvement de papier; **electro-sensitive paper,** papier conducteur; **fanfold paper,** papier en continu, papier plié en accordéon; **fanfolded paper,** papier plié en accordéon, papier en continu; **front paper table,** guide-papier; **graph paper,** papier millimétré; **high-speed paper feed,** transport de papier rapide; **listing paper,** papier pour listages; **manual paper feed,** avance manuelle de papier; **paper advance,** avance papier; **paper advance mechanism,** mécanisme d'avance papier; **paper bail,** barre de commande d'avance papier; **paper brake,** frein de papier; **paper deflector,** déflecteur de papier; **paper drive,** entraînement de papier; **paper drive assembly,** entraînement de papier; **paper feed,** alimentation papier, avance papier; **paper form,** feuillet, formulaire; **paper fragments,** résidus de papier; **paper guide,** guide papier; **paper insert,** introduction du papier; **paper low,** manque de papier; **paper movement,** avancement de papier; **paper out,** fin de papier; **paper release,** déclencheur de l'alimentation en papier; **paper roll,** rouleau support de papier; **paper shield,** réglette; **paper size,** format de papier; **paper skip,** saut de papier; **paper slew,** avance papier; **paper slewing,** avance papier; **paper stop contact,** contact fin de papier; **paper support,** support de papier; **paper sustainer,** support de papier; **paper table,** plateau support de papier; **paper tape,** bande de papier perforé; **paper tape code,** code de bande perforée; **paper tape control,** commande de bande perforée; **paper tape device,** unité de bande perforée; **paper tape loop,** bande perforée de test; **paper tape punching,** perforation de bande; **paper tape reader,** lecteur de bande perforée; **paper tape reader control,** contrôleur de lecteurs de bandes perforées; **paper tape reader punch,** lecteur-perforateur de bande; **paper tape reel,** bobine de bande perforée; **paper tape unit,** unité de bande perforée; **paper template,** gabarit de papier; **paper tension control,** régulateur de tension de bande; **paper throw,** avance anormale de papier; **paper thrust roller,** galet de pression de papier; **paper transport,** avancement de papier; **paper-out indicator,** détecteur de fin de papier; **pin-fed paper,** papier à perforations; **roll paper,** papier en rouleau; **scale paper,** papier millimétrique; **test paper tape,** bande perforée d'essai; **thermal paper,** papier thermique; **thermosensitive paper,** papier thermosensible; **tipped paper,** papier détachable; **tracing paper,** papier calque; **web paper,** papier en rouleau; **zigzag-folded paper,** papier à pliage accordéon, papier paravent.

**paradigm:** vue conceptuelle, exemple typique.

**paragraph:** paragraphe; **paragraph header,** en-tête de paragraphe; **paragraph indent,** indentation de paragraphe; **paragraph name,** nom de paragraphe.

**parallel:** parallèle; **Centronics-type parallel port,** sortie parallèle de type Centronics; **bit parallel,** transfert en parallèle; **bit-parallel,** en parallèle par bit; **connect in parallel (to),** connecter en parallèle; **parallel access,** accès parallèle; **parallel adder,** additionneur parallèle; **parallel addition,** addition parallèle; **parallel allocation,** allocation partagée; **parallel arithmetic unit,** unité arithmétique parallèle; **parallel balance,** contrôle, balance des totaux; **parallel by bit,** parallélisme de bits; **parallel by character,** parallélisme de caractères; **parallel computer,** ordinateur concurrent; **parallel connection,** connexion en parallèle; **parallel conversion,** conversion en parallèle; **parallel converter,** convertisseur parallèle; **parallel full adder,** additionneur parallèle avec retenue; **parallel half-adder,** demi-additionneur parallèle; **parallel half-subtracter,** demi-soustracteur parallèle; **parallel inputoutput,** entrée/sortie parallèle; **parallel machine architecture,** architecture à processeurs parallèles; **parallel mode,** exploitation en parallèle; **parallel mouse,** souris à connexion parallèle; **parallel mouse adapter,** interface souris parallèle; **parallel operation,** opération en parallèle; **parallel organization,** organisation parallèle; **parallel planes,** plans de tores superposés; **parallel poll,** scrutation parallèle; **parallel poll mask,** masque de scrutation parallèle; **parallel polling,** scrutation parallèle; **parallel port,** port parallèle; **parallel printer,** imprimante parallèle; **parallel printing,** impression en parallèle; **parallel processing,** traitement en parallèle; **parallel processing unit,** unité arithmétique parallèle; **parallel programming,** programmation simultanée; **parallel reading,** lecture en parallèle; **parallel readout,** lecture en parallèle; **parallel register,** registre parallèle; **parallel representation,** représentation parallèle; **parallel resistor,** résistance parallèle, shunt; **parallel running,** fonctionnement parallèle; **parallel search storage,** mémoire parallèle (associative); **parallel symbolic listing,** listage symbolique en parallèle; **parallel transfer,** transfert en parallèle; **parallel transmission,** transmission en parallèle; **parallel-connected station,** poste connecté en parallèle; **parallel-to-serial converter,** convertisseur parallèle-série; **serial-to-parallel,** série-parallèle; **serial-to-parallel converter,** convertisseur série-parallèle; **serial-to-parallel operation,** opération série-parallèle; **serialparallel computer,** calculateur série-parallèle; **serial/parallel machine,** ordinateur série-parallèle; **serial/parallel printer,** imprimante série-parallèle; **series-parallel connection,** montage en série-parallèle; **storage parallel,** mémorisation en parallèle.

**parameter\*:** paramètre; **actual parameter,** paramètre réel, paramètre effectif; **actual parameter list,** liste de paramètres effectifs; **actual parameter part,** partie de paramètre effectif; **allocation parameter,** paramètre d'allocation; **arbitrary parameter,** paramètre arbitraire; **auxiliary path parameter,** paramètre d'acheminement auxiliaire; **block size parameter,** paramètre de longueur de bloc; **branch parameter,** paramètre de branchement; **bucket size parameter,** paramètre de grandeur de zone collectrice; **calibration parameter,** paramètre d'étalonnage; **comparison parameter,** paramètre de comparaison; **comparison parameter set,** jeu de paramètres de comparaison; **controlled parameter,** paramètre contrôle; **default parameter,** paramètre par défaut; **design parameter,** paramètre de conception; **device address parameter,** paramètre d'adressage de périphérique; **device type parameter,** paramètre type de périphérique; **dynamic parameter,** paramètre dynamique; **edit parameter,** paramètre d'édition; **external pa-**

rameter, paramètre externe; **external program parameter,** paramètre externe; **field input parameter,** paramètre d'entrée du champ; **file expiration date parameter,** paramètre de péremption de fichier; **file parameter,** paramètre de fichier; **formal parameter,** paramètre formel, paramètre local; **formal parameter list,** liste de paramètres formels; **formal parameter part,** partie de paramètre formel; **generation parameter,** paramètre de génération; **incremental parameter,** paramètre de progression; **index size parameter,** paramètre de grandeur d'index; **initial parameter,** paramètre initial; **input parameter,** paramètre d'entrée; **item key parameter,** paramètre de codage d'article; **item length parameter,** paramètre de longueur d'article; **key word parameter,** paramètre de mot clé; **keyword parameter,** paramètre de mot clé; **label parameter,** paramètre repère; **linkage parameter,** paramètre de chaînage; **local parameter,** paramètre local; **location parameter,** paramètre de positionnement; **mandatory user parameter,** paramètre obligatoire; **named parameter association,** paramétrage nommé; **null parameter,** paramètre nul; **optimal parameter,** paramètre optimal; **optional parameter,** paramètre optionnel; **output parameter,** paramètre de sortie; **parameter area,** zone paramètre; **parameter association,** association de paramètres; **parameter block,** bloc paramètre; **parameter card,** carte-paramètre; **parameter card set,** jeu de cartes paramètres; **parameter change,** échange de paramètre; **parameter delimiter,** séparateur de paramètres; **parameter descriptor,** descripteur de paramètre; **parameter designator,** identificateur de paramètre; **parameter error,** erreur de paramètre; **parameter input,** paramétrage; **parameter input device,** unité d'introduction de paramètres; **parameter limit,** borne de paramètre; **parameter listing,** listage des paramètres; **parameter logging,** journal des paramètres; **parameter request,** appel de paramètre; **parameter set,** groupe de paramètres; **parameter substitution,** substitution de paramètres; **parameter word,** mot-paramètre; **positional parameter,** paramètre de positionnement; **preset parameter,** paramètre prédéfini, prédéterminé; **program parameter,** paramètre de programme; **program-generated parameter,** paramètre dynamique; **protection status parameter,** paramètre d'autorisation d'écriture; **record parameter,** paramètre d'enregistrement; **release parameter,** paramètre de lancement; **report parameter,** paramètre d'édition;

**restart parameter**, paramètre de relance; **run time parameter**, paramètre de temps d'exécution; **search mode parameter**, paramètre du mot de recherche; **select parameter**, paramètre de sélection; **signal parameter**, paramètre de signal; **site parameter**, paramètre système; **specification of a parameter**, spécification d'un paramètre; **starting parameter**, paramètre d'initialisation; **symbolic parameter**, paramètre symbolique; **terminal parameter**, paramètre final; **variable parameter**, paramètre variable; **variation of parameter**, variation de paramètre; **volume parameter card**, carte de commande de support informatique.

**parameterisation:** *cf* **parameterization**.

**parameterise:** *cf* **parameterize**.

**parameterization:** paramétrage.

**parameterize:** **parameterize (to)**, paramétrer.

**parametric:** paramétrique; **parametric equation**, équation paramétrique; **parametric oscillator**, oscillateur paramétrique; **parametric programming**, programmation paramétrique.

**parasitic:** parasite; **parasitic current**, courant parasite; **parasitic frequency**, fréquence parasite; **parasitic oscillation**, oscillation parasite; **parasitic radiation**, radiation parasite; **parasitic signal**, signal parasite; **parasitic suppressor**, résistance antiparasite.

**parent:** parent; **parent part**, partie prioritaire; **parent type**, type parent.

**parentheses:** parenthèses; **round parentheses**, parenthèses; **square parentheses**, crochets.

**parenthesis:** parenthèses; **left parenthesis**, parenthèse gauche '('; **opening parenthesis**, parenthèse gauche '('; **parenthesis-free notation**, notation polonaise inversée; **right parenthesis**, parenthèse droite ')'.

**parenthesise:** *cf* **parenthesize**.

**parenthesize:** **parenthesize (to)**, mettre entre parenthèses.

**parity:** parité; **bad parity**, défaut de parité; **character parity check**, vérification de parité par caractère; **device parity**, parité des périphériques; **device parity error**, erreur de parité de périphériques; **even parity**, parité paire; **even parity bit**, bit de parité paire; **even parity check**, contrôle de parité paire; **frame parity**, parité de trame; **horizontal parity**, parité longitudinale; **horizontal parity bit**, bit de parité longitudinale; **horizontal parity control**, contrôle de parité horizontale; **lateral parity**, parité transversale;

**longitudinal parity**, parité longitudinale; **longitudinal parity checking**, contrôle de parité longitudinale; **memory parity**, parité de mémoire; **odd parity**, parité impaire; **odd parity bit**, bit de parité impaire; **odd parity check**, contrôle de parité impaire; **odd-even parity check**, contrôle de parité paire/impaire; **parity bit**, bit de parité; **parity check**, contrôle de parité; **parity checking**, contrôle de parité; **parity error**, erreur de parité; **parity insert**, commande de parité; **parity sum**, somme de parité; **parity system**, système à contrôle de parité; **parity test track**, piste de contrôle de parité; **parity track**, piste de parité; **read parity error**, erreur de parité en lecture; **storage parity**, test de parité à la mémorisation; **tape parity channel**, canal de parité bande; **vertical parity**, parité verticale, paire; **vertical parity check**, contrôle de parité verticale (paire).

**parse:** **parse (to)**, analyser.

**parser:** programme d'analyse.

**parsing:** analyse lexicale.

**part:** partie; **Boolean part**, partie booléenne; **actual parameter part**, partie de paramètre effectif; **address part**, partie d'adresse; **component part**, composant, organe constitutif; **computer parts programming**, programmation des rechanges; **declarative part**, partie déclarative; **etched part**, partie circuit imprimé; **exponent part**, partie d'exposant, facteur de cadrage; **exponent part format**, format d'exposant; **ferrite part**, pièce de ferrite; **fixed-point part**, mantisse; **formal parameter part**, partie de paramètre formel; **fractional part**, mantisse; **function part**, partie type d'instruction; **imaginary part**, partie imaginaire; **index part**, partie d'index; **initial spare parts list**, liste de dotations initiales; **instruction part**, partie d'instruction; **integral part**, partie intégrante; **left part**, partie gauche; **main part**, partie principale; **maintenance part**, pièce détachée, pièce de rechange; **operand part**, partie opérande, champ opérande; **operation part**, partie type d'opération; **operator part**, champ, partie opérateur; **parent part**, partie prioritaire; **part number**, numéro de pièce; **part number master file**, fichier permanent des numéros de pièces; **part time**, temps par pièce; **program part**, segment de programme; **replacement part**, pièce de rechange, pièce détachée; **right part**, partie droite; **scaling part**, partie de cadrage; **sign part**, partie signe; **two-part card**, carte bipartite; **two-part self-contained loader**, chargeur fixe à deux segments; **value part**, liste des valeurs; **variant part**, partie variable.

**partial:** partiel; **partial cancellation,** annulation partielle; **partial carry,** report partiel; **partial derivative,** dérivation partielle; **partial drive pulse,** impulsion de commande partielle; **partial fraction,** fraction partielle; **partial graph,** graphe incomplet; **partial output,** sortie partielle; **partial output signal,** courant de sortie partielle; **partial program,** segment de programme; **partial read current,** courant de lecture partielle; **partial read pulse,** impulsion de lecture partielle; **partial screen erase,** effacement partiel de l'écran; **partial sense current,** demi-courant de commande; **partial substitution,** substitution partielle; **partial write current,** courant d'écriture partiel; **partial write pulse,** impulsion d'écriture partielle.

**particular:** particulier; **particular value,** valeur particulière.

**partition\*:** partition; **fixed-partition multiprogramming,** multiprogrammation à partitions fixes; **partition (to),** découper, segmenter, partager.

**partitioned:** cloisonné; **basic partitioned access method,** méthode simplifiée pour accès aux sous-fichiers; **partitioned data,** données cataloguées; **partitioned data set,** ensemble des données partagées; **partitioned priority scheduling,** commande à priorité partielle; **partitioned-sequential,** séquentiel partagé.

**partitioning:** cloisonnement; **memory partitioning,** découpage de la mémoire.

**party:** tiers; **called party,** abonné demandé; **calling party,** abonné appelant; **party line,** ligne d'abonné; **third party,** tiers.

**Pascal\*:** langage Pascal.

**pass\*:** passe; **assembly pass,** passe d'assemblage; **last pass,** dernier passage; **last pass segment,** phase définitive de tri; **merge pass,** passe de fusion; **single-pass program,** programme en passe unique; **sort pass,** passe de tri; **sorting pass,** passe de tri.

**passage:** passage, passe; **card passage,** passage des cartes.

**passband:** passe-bande; **channel passband,** bande passante de voie.

**passing:** passage; **high/low passing control,** commande à l'alternat; **token-passing bus network,** réseau avec bus à jeton; **token-passing ring network,** réseau avec bus annulaire à jeton; **token-passing ring protocol,** protocole d'anneau à jeton; **token-passing sequence,** séquence de bus à jeton.

**passivated:** passivé.

**passive:** passif; **passive circuit,** circuit passif; **passive device,** composant passif; **passive element,** élément passif; **passive mode,** mode passif; **passive scatter relay,** connexion de dispersion passive; **passive station,** station passive, station en attente.

**password:** mot de passe; **password field,** zone de mot de passe; **password protection,** protection par mot de passe; **two-level password,** double mot de passe; **two-level password entry,** entrée à double mot de passe.

**paste\*:** collé; **cut and paste,** coupé et collé; **paste (to),** coller.

**pasting:** collage, raccordement.

**patch\*:** modification, correction; **RS-232 patch box,** configurateur RS-232; **actual patch card,** carte de correction effective; **patch (to),** rapiécer, corriger; **patch area,** zone de correction provisoire; **patch bay,** panneau d'interconnexions; **patch card,** carte de modification, de corrections; **patch cord,** cordon de raccordement; **patch deck,** jeu de cartes de corrections; **patch loader,** chargeur de cartes de corrections; **patch panel,** tableau de commande, tableau de connexions; **patch point,** point de correction; **patch routine,** programme de correction, routine de correction.

**patcher:** programme de correction.

**patching:** collage, raccordement, correction; **manual patching,** interconnexion manuelle.

**path:** chemin; **access path,** chemin d'accès; **alternate path,** connexion alternative, voie de déroutement; **alternate path retry,** répétition par voie de déroutement; **authorized path,** voie autorisée; **auxiliary path parameter,** paramètre d'acheminement auxiliaire; **base linkage path,** branche d'enchaînement de base; **beam path,** voie de faisceau; **card path,** chemin de cartes; **channel path,** voie de canal; **communication path,** voie de transmission; **connecting path,** circuit de connexion; **continuous path control,** contrôle en continu; **critical path,** chemin critique; **critical path method PERT,** méthode du chemin critique PERT; **data path,** circulation de données, acheminement de données; **directory path,** chemin de répertoire; **error path,** branche erronée; **execution path,** chemin d'exécution; **extraction path,** voie de masques; **flow path,** branche d'acheminement de données; **linkage path,** voie d'enchaînement; **logical path,** chemin logique; **main path,** chemin principal; **overlay path,** circuit de recouvrement; **path attenuation,** atténuation de trajet; **path computer,** calculateur de trajectoires; **path control,** commande de circuits; **path correction**, correction de trajectoire; **path data**, information de déplacement; **path plate**, lit de cartes; **point-to-point path control**, contrôle point à point; **read path**, chemin de lecture; **tape thread path**, chemin de la bande; **transmission path**, circuit de transmission.

**p a t h w a y :** voie d'accès.

**p a t t e r n \* :** forme, motif, profil; **activity pattern**, combinaison d'activités; **address pattern**, format d'adresse; **automatic pattern recognition**, reconnaissance automatique des structures; **automatic speech pattern recognition**, reconnaissance automatique de la parole; **bit pattern**, profil binaire; **charge pattern**, plan de charge; **code pattern**, grille de code, figure de code; **hole pattern**, configuration de perforations; **indicator pattern**, profil d'indication; **land pattern**, modèle de circuit déposé; **line distribution pattern**, répartition des lignes, lignage; **match pattern**, structure de comparaison; **matched pattern**, structure de comparaison; **pattern detection**, identification de formes; **pattern generator**, générateur de formes; **pattern matching**, appariement de formes, filtrage; **pattern processing**, traitement des informations; **pattern recognition**, reconnaissance des formes; **pattern sensitive fault**, panne intermittente; **program pattern**, structure de programme; **screen pattern**, trame d'écran; **speech and pattern recognition**, reconnaissance de langages et de symboles; **squares pattern**, quadrillage; **structure pattern**, structure de programme; **test pattern**, modèle d'essai; **tracking pattern**, symbole de poursuite.

**p a u s e :** pause, arrêt temporaire, repos; **optional pause**, pause facultative; **optional pause instruction**, commande d'arrêt facultatif; **pause instruction**, instruction d'arrêt; **pause statement**, instruction de halte.

**p a w l :** cliquet; **backspace pawl**, cliquet de rappel; **detent pawl**, cliquet de détente, cliquet d'arrêt; **feed pawl**, margeur; **index pawl**, doigt d'indice, cliquet d'indice; **pawl knock-off**, rappel de cliquet; **pawl release lever**, levier de déclenchement de cliquet; **retaining pawl**, cliquet de retenue; **safety pawl**, levier de sécurité; **setup pawl**, cliquet de positionnement; **stop pawl**, levier d'arrêt.

**P A X :** **private automatic exchange**, téléphonie automatique privée.

**p a y :** paie; **pay phone**, téléphone public; **pay-out reel**, bobine débitrice.

**P B X :** **private branch exchange**, installation téléphonique privée.

**P C B :** **printed circuit board**, carte à cir-

cuit imprimé.

**P C M :** **pulse code modulation**, modulation par impulsions.

**P C P :** **primary control program**, programme de contrôle primaire.

**P C U :** **peripheral control unit**, unité de contrôle, coupleur de périphérique.

**p e a k :** pic; **audio frequency peak limiter**, limiteur basse fréquence; **average peak output**, amplitude moyenne de la tension de lecture; **load peak**, pointe de charge; **peak current**, courant de pointe; **peak filter**, filtre maximum; **peak flux density**, densité de flux maximale; **peak load**, charge maximale; **peak transaction volume**, débit maximal; **peak value**, valeur de pointe; **peak-to-peak value**, valeur maxi/mini.

**p e c k e r :** palpeur.

**p e d e s t a l :** socle, support.

**p e e k :** lecture directe en mémoire, prélèvement direct; **peek (to)**, lire, prélever, extraire; **peek-a-boo check**, contrôle visuel; **peek-a-boo operation**, opération visuelle.

**p e e p h o l e :** orifice; **peephole mask**, masque perforé.

**p e g :** plot; **locating peg**, téton de centrage; **location peg**, broche de guidage.

**p e g b o a r d :** tableau de connexions.

**p e l :** pixel; **print pel**, point d'impression.

**p e n :** plume; **automatic pen capping**, rebouchage automatique; **bar code pen**, crayon lecteur de code à barres; **electronic pen**, crayon électronique; **light pen**, crayon optique; **light pen detection**, détection par photostyle; **light pen hit**, détection par photostyle; **multiple pen plotter**, traceur à plumes; **pen carriage**, porte-plume; **pen damping**, encrage continu; **pen down**, baisser de plume; **pen holder**, support de plume; **pen motion command**, commande de plume; **pen movement**, mouvement de plume; **pen plotter**, traceur à plumes; **pen stall**, logement de plume; **pen up**, lever de plume; **selector pen**, photostyle; **touch pen**, crayon de touche.

**p e n c i l :** crayon, pinceau; **conductive pencil**, crayon à mine conductrice; **light pencil**, crayon optique.

**p e n d :** **(to)**, enlever de la fin d'un fichier.

**p e n d i n g :** en attente, mise au repos; **pending interruption**, interruption en cours; **termination interrupt pending**, interruption pendant la phase terminale.

**p e n e t r a t i o n :** pénétration; **beam penetration CRT**, tube à pénétration; **penetration CRT**, tube cathodique à pénétration; **penetration depth**, profondeur de pénétration; **penetration force**, profondeur de frappe.

**percent:** pourcent; **percent sign,** symbole de pourcentage '%'.

**percentage:** pourcentage; **modulation percentage,** pourcentage de modulation; **percentage modulation,** taux de modulation; **percentage occupancy,** taux d'occupation; **percentage reliability,** taux de fiabilité; **percentage sign,** symbole de pourcentage '%'.

**perforate:** (to), perforer.

**perforated:** perforé; **perforated tape,** bande perforée; **perforated tape reader,** lecteur de bande perforée.

**perforating:** action de perforer; **tape perforating,** perforation de bande.

**perforation:** perforation; **identifying perforation,** perforation d'identification; **margin perforation,** perforation marginale; **perforation skip mode,** mode saut de perforation.

**perforator:** perforateur; **manual perforator,** perforateur manuel; **tape perforator,** perforateur de bande.

**performance:** performance, caractéristique; **concurrent performance,** fonctionnement en parallèle; **extended performance,** performance étendue; **high performance computer,** ordinateur à hautes performances; **high performance equipment,** équipement à haute performance; **high-performance monitor,** moniteur haute performance; **low performance equipment,** matériel de faible performance; **maximum performance,** performance maximale; **performance characteristics,** données de rendement; **performance evaluation,** évaluation des performances; **performance level,** niveau de performance, taux de rendement; **performance record,** enregistrement de performances.

**period:** période, point; **accounting period,** période comptable; **action period,** période fonctionnelle; **basic period clock,** rythmeur de base; **break-in period,** période de lancement; **clock period,** période d'horloge; **debugging period,** période de rodage; **digit period,** virgule binaire; **evaluation period,** phase d'essai; **file retention period,** période de validité de fichier; **file security period,** période de protection de fichier; **line blanking period,** durée de la suppression ligne; **processing period,** période de traitement; **quiescent period,** temps de repos; **retention period,** période rétention; **scan period,** durée de balayage, de scanage; **storage period,** période de mémorisation; **warm-up period,** temps d'activation, temps de chauffe; **word period,** période de mot.

**peripheral\*:** périphérique; **batch peripheral,** périphérique lourd; **batch type pe-**ripheral, périphérique de traitement par lots; **concurrent peripheral operation,** opération périphérique simultanée, spoule; **conversational peripheral,** périphérique de dialogue; **mass storage peripheral device error,** erreur de l'unité à disques magnétiques; **multiple peripheral adapter,** adaptateur multi-périphérique; **peripheral address assignment,** affectation des adresses de périphériques; **peripheral address expander,** commutateur d'adresses de périphériques; **peripheral allocation table (PIA),** table des états périphériques; **peripheral assignment,** affectation de périphérique; **peripheral control instruction,** instruction de contrôle de périphérique; **peripheral control program,** programme de commande des périphériques; **peripheral control routine,** programme de commande de périphérique; **peripheral control system,** élément de connexion; **peripheral control unit (PCU),** unité de contrôle, coupleur de périphérique; **peripheral controller,** contrôleur de périphérique; **peripheral device,** organe périphérique; **peripheral device allocation,** allocation de périphérique; **peripheral device status,** état de l'unité périphérique; **peripheral driver,** sous-programme de commande de périphérique; **peripheral equipment,** matériel périphérique; **peripheral equipment,** équipement périphérique; **peripheral error condition,** condition d'erreurs de périphériques; **peripheral input-output (PIO),** circuit d'entrée/sortie; **peripheral interchange program (PIP),** gestionnaire de périphérique; **peripheral interface,** interface de périphérique; **peripheral interface adaptor (PIA),** contrôleur d'interface de périphérique; **peripheral interface channel,** coupleur de périphérique; **peripheral interface unit (PIU),** unité d'interface périphérique; **peripheral interrupt,** interruption de périphérique; **peripheral interrupt mode,** mode d'interruption de périphérique; **peripheral machine,** périphérique; **peripheral memory,** mémoire périphérique; **peripheral mode,** mode d'entrée/sortie des données; **peripheral processor,** processeur auxiliaire; **peripheral routine,** sous-programme de translation; **peripheral storage,** mémoire périphérique; **peripheral subsystem,** sous-ensemble périphérique; **peripheral switch,** commutateur de périphériques; **peripheral table,** répertoire des périphériques; **peripheral test,** test périphérique; **peripheral transfer,** transfert périphérique; **peripheral type,** type de périphérique; **peripheral unit,** unité périphérique; **peripheral unit selection,** sélection d'unités périphériques; **peripheral-bound,**

limité par le périphérique; **peripheral-limited,** limité par le périphérique; **slow speed peripheral,** périphérique lent; **standard peripheral,** périphérique classique.

**permanent:** permanent; **permanent circuit,** liaison permanente; **permanent convergence,** convergence permanente; **permanent data,** données constantes; **permanent data set,** ensemble des données permanentes; **permanent data storage,** conservation des données; **permanent entry,** élément permanent; **permanent error,** erreur machine; **permanent fault,** panne franche; **permanent file,** fichier permanent; **permanent format,** format ineffaçable; **permanent inventory,** inventaire permanent; **permanent library,** bibliothèque permanente; **permanent memory,** mémoire permanente; **permanent read error,** erreur de lecture constante; **permanent segment,** segment permanent; **permanent storage,** mémoire permanente; **permanent switch,** interrupteur permanent; **permanent virtual circuit,** circuit virtuel permanent.

**permeability:** perméabilité; **initial permeability,** perméabilité initiale.

**permission:** permission.

**permit:** **data write permit bit,** bit de validation d'écriture; **permit (to),** permettre, valider; **permit data write,** validation de l'enregistrement des données; **permit writing,** validation de l'écriture; **write permit,** autorisation d'écriture; **write permit ring,** anneau d'autorisation d'écriture.

**permutation:** permutation, échange; **cyclic permutation,** permutation circulaire; **permutation bar,** barre de permutation; **permutation index,** index de permutation.

**permuted:** permuté; **cyclic permuted code,** code cyclique permuté, code Gray.

**persistence:** persistance.

**personal:** personnel; **personal computer (PC),** ordinateur individuel (OI); **personal office computer,** ordinateur personnel de bureau.

**personnel:** personnel; **computer personnel,** personnel informatique; **maintenance personnel,** personnel de maintenance; **operating personnel,** opérateur; **personnel file,** fichier du personnel; **programming personnel,** personnel de programmation; **temporary personnel,** personnel temporaire.

**PERT:** **PERT method,** méthode PERT; **critical path method PERT,** méthode du chemin critique PERT.

**perturbance:** interférence, perturbation.

**Petri:** Pétri; **Petri network,** réseau de Pétri.

**PFM:** **pulse frequency modulation,** modulation d'impulsions en fréquence.

**PFR:** **power fail recovery,** récupération automatique (panne secteur).

**phantom:** **phantom circuit,** circuit fantôme; **phantom view,** représentation transparente.

**phase:** phase; **assembling phase,** phase d'assemblage; **assembly phase,** phase d'assemblage; **assignment phase,** phase d'affectation; **basic phase,** phase primaire, phase principale; **binary phase shift keying (BPSK),** modulation par déplacement binaire de phase; **compilation phase,** phase de compilation; **compile phase,** phase de compilation; **compiling phase,** phase de compilation; **completion phase,** phase terminale, phase de réalisation; **data phase,** phase de transfert de données, phase de données; **data transfer phase,** phase de transfert de données, phase de données; **debugging phase,** phase de mise au point; **differential phase modulation,** modulation de phase différentielle; **enquiry phase,** phase de consultation de poste; **execute phase,** phase d'exécution; **executing phase,** phase d'exécution; **execution phase,** phase d'exécution; **file merge phase,** cycle d'interclassement de fichiers; **implementation phase,** phase de mise en oeuvre; **information transfer phase,** phase de transfert des informations; **input phase,** phase d'introduction; **instruction fetch phase,** phase de prise en charge de l'instruction; **link phase,** phase de chaînage; **loadable phase,** segment chargeable; **object phase,** phase d'exécution; **original phase,** phase initiale; **output phase,** phase d'extraction; **overlay phase,** phase de recouvrement; **phase adapter,** adaptateur de phase; **phase ambiguity,** ambiguïté de phase; **phase angle,** angle de phase; **phase characteristics,** caractéristiques de phase; **phase delay,** retard de phase; **phase detector,** détecteur de phase; **phase deviation,** excursion de phase; **phase discriminator,** discriminateur de phase; **phase distortion,** distorsion de phase; **phase encoder,** codeur de phase; **phase encoding,** codage par modulation de phase; **phase equalizer,** compensateur de phase; **phase error,** erreur de phase; **phase excursion,** excursion de phase; **phase inversion modulation,** modulation par inversion de phase; **phase inverter,** inverseur de phase; **phase inverter circuit,** circuit inverseur de phase; **phase inverting amplifier,** amplificateur d'inversion de phase; **phase jitter**, instabilité de phase; **phase lag**, retard de phase; **phase lead**, avance de phase; **phase modulation (PM)**, modulation de phase (MP); **phase modulation recording**, enregistrement en modulation de phase; **phase opposition**, en opposition de phase; **phase reference**, référence de phase; **phase relation**, rapport des phases; **phase reversal**, inversion de phase; **phase shift**, décalage de phase; **phase shift method**, enregistrement par modulation de phase; **phase shift signaling**, modulation par déplacement de phase; **phase shifting transformer**, transformateur triphasé; **phase shifting unit**, déphaseur; **phase transformer**, transformateur de phase; **phase transition**, changement de phase; **phase velocity**, vitesse de phase; **phase-encoded**, en modulation de phase; **phase-encoded recording**, enregistrement en codage de phase; **phase-locked**, à phase rigide; **phase-locked oscillator**, oscillateur à phase rigide; **run phase**, phase d'exécution; **single phase**, monophase; **sort phase**, phase de tri; **termination phase**, phase finale; **text transfer phase**, phase de transfert de texte; **three-phase**, triphase; **three-phase current**, courant triphasé; **translate phase**, phase de traduction; **translating phase**, phase de traduction; **triple-phase**, triphase; **unbalanced in phase**, déséquilibre de phase.

**phenomena:** phénomènes; **transient phenomena**, phénomène transitoire.

**phone:** téléphone; **data phone**, coupleur téléphonique; **data phone data set**, unité d'adaptation des données; **pay phone**, téléphone public; **security phone**, téléphone à mémoire.

**phoneme:** phonème.

**phosphor:** phosphore; **phosphor dot**, point au phosphore.

**phosphorescence:** phosphorescence.

**photo:** photo; **photo document sensor**, capteur photoélectrique; **photo sensing mark**, pastille réfléchissante.

**photocell:** cellule photo; **photoelectric cell (photocell)**, cellule photoélectrique.

**photoconductive:** photoconducteur; **photoconductive cell**, cellule photoconductrice.

**photodiode:** photodiode.

**photoelectric:** photoélectrique; **photoelectric cell (photocell)**, cellule photoélectrique; **photoelectric reader**, lecteur photoélectrique; **photoelectric scanning**, lecture photoélectrique; **photoelectric sensing**, palpation photoélectrique; **photoelectric tape**

**reader**, lecteur photoélectrique de bandes perforées.

**photographic:** photographique; **photographic storage (memory)**, mémoire à couche mince.

**photoresistive:** photorésistant.

**photosensitive:** sensible à la lumière.

**photostat:** photostat, photocopie.

**photostatic:** photostatique; **photostatic copy**, photocopie.

**phototelegraphy:** phototélécopie.

**phototypesetting:** photocomposition.

**photovoltaic:** photovoltaïque; **photovoltaic cell**, élément photoélectrique.

**phrase:** expression.

**physical:** physique; **physical access level**, niveau d'accès réel; **physical address**, adresse physique; **physical boundary**, limite physique; **physical channel**, canal physique; **physical channel program**, programme du canal physique; **physical characteristics**, caractéristiques physiques; **physical device**, organe périphérique; **physical device table**, table des unités physiques; **physical dimension**, dimension; **physical drive address**, adresse physique du disque; **physical driver**, gestionnaire physique; **physical end of tape**, fin réelle de bande; **physical input/output**, entrée/sortie physique; **physical inventory**, inventaire; **physical layer (ISO)**, couche physique (ISO); **physical layer interface**, interface de la couche physique; **physical layer protocol**, protocole de la couche physique; **physical life**, longévité; **physical line**, ligne physique; **physical quantity**, grandeur physique; **physical record**, enregistrement physique; **physical resolution**, résolution physique; **physical segment**, segment physique, enregistrement; **physical structure**, structure réelle; **physical unit**, unité physique; **physical unit address**, adresse physique de l'unité.

**physics:** la physique.

**PIA: peripheral interface adaptor**, contrôleur d'interface de périphérique.

**pick:** désignation; **balance pick-up**, collecte de solde; **data pick-off element**, élément de code de collecte; **pick (to)**, extraire, prélever; **pick coil**, bobine d'excitation; **pick device**, dispositif de désignation; **pick time**, temps d'excitation; **pick-off brush**, balai, brosse de lecture; **pick-up (to)**, exciter; **pick-up circuit**, circuit d'excitation; **pick-up voltage**, tension d'excitation.

**picker:** couteau d'alimentation de cartes; **picker belt**, courroie d'alimentation; **picker knife**, couteau d'entraînement.

**pickoff:** pickoff, capteur.

**pickup\***: collecte, capteur; **call pickup,** interception d'un appel; **digit pickup,** excitation décimale; **immediate pickup,** excitation instantanée; **magnetic pickup transducer,** traducteur de caractères magnétiques.

**picofarad**: picofarad.

**picosecond**: picoseconde.

**pictorial**: pictural; **pictorial data representation,** représentation de données image.

**picture**: image; **cut-out picture file,** bibliothèque d'images; **item picture,** image de la structure; **picture element,** élément d'image, pixel, binaire-image; **self-focused picture tube,** tube autoconvergent.

**pie**: diagramme, camembert; **pie chart,** graphique circulaire; **pie diagram,** diagramme à secteurs, camembert; **pie graph,** diagramme à secteurs, camembert.

**piece**: pièce; **contact piece,** bloc de contact.

**piezoelectric**: piezoélectrique.

**pigeon**: pigeon; **pigeon hole,** magasin de réception de cartes.

**piggy**: dos à dos; **piggy-back entry,** accès pirate.

**piggyback**: superposable.

**piggybacking**: superposition.

**pike**: pointe; **pulse pike,** pointe d'impulsion.

**pilot**: pilote; **pilot card,** carte pilote; **pilot light,** lampe témoin; **pilot record,** enregistrement pilote; **pilot selector,** sélecteur pilote.

**pin**: broche; **banana pin,** fiche banane; **continuous pin feed forms,** formulaires sans fin à perforations marginales; **dowel pin,** goujon d'assemblage; **locating pin,** broche de centrage; **pin carriage,** chariot à aiguilles; **pin configuration,** brochage logique; **pin diagram,** brochage; **pin feed drum,** tambour d'entraînement à picots; **pin feed platen,** tambour à picots; **pin feed platen device,** rouleau d'entraînement à picots; **pin nomenclature,** nomenclature de broches; **pin sensing,** lecture par exploration des broches; **pin-fed paper,** papier à perforations; **pivot pin,** goujon; **punching pin,** poinçon; **sensing pin,** plongeur de lecture.

**pinboard**: tableau de connexions.

**pinch**: pincement; **pinch (to),** pincer; **pinch lever,** levier pinceur; **pinch roller,** rouleau pinceur.

**pincushion**: pelote à aiguilles; **pincushion distortion,** distorsion en coussin; **pincushion effect,** effet de coussin; **pincushion shaped distortion,** distorsion en forme de coussin.

**pinfeed**: entraînement par ergots; **pin-feed platen,** tambour, rouleau à ergots.

**pinion**: crémaillère.

**pinout**: broche; **pinout diagram,** diagramme de connexions; **pinout layout,** brochage.

**pinpoint**: point identifié.

**pinwheel**: roue à ergots.

**PIO**: **peripheral input/output,** circuit d'entrée/sortie.

**PIP**: **peripheral interchange program,** gestionnaire de périphérique.

**pipe\***: canal de transmission.

**pipeline\***: pipeline.

**piracy**: piraterie; **computer piracy,** piraterie informatique.

**pitch**: pas, écartement, espacement; **array pitch,** pas de tableau, pas longitudinal; **character pitch,** espacement intercaractère; **constant pitch,** pas constant; **effective pitch,** pas réel; **feed pitch,** pas longitudinal, pas d'entraînement; **horizontal pitch,** espacement intercaractère; **row pitch,** pas longitudinal, espacement des caractères; **timing mark pitch,** distance entre marques de synchronisation; **track pitch,** pas de piste, pas transversal, espace interpiste; **variable-character pitch,** espacement variable des caractères; **vertical pitch,** espacement interligne.

**PIU**: **peripheral interface unit,** unité d'interface périphérique.

**pivot**: pivot; **pivot (to),** pivoter; **pivot pin,** goujon.

**pixel\***: pixel, élément d'image, binaire-image; **bits per pixel (BPP),** bits par pixel; **double-buffered pixel memory,** mémoire image en double zone tampon; **pixel location,** coordonnées du point, coordonnées de pixel; **pixel memory,** mémoire-image; **pixel memory plane,** plan de mémoire-image; **pixel read/write,** lecture/écriture de point-image; **pixel replication,** duplication de point-image; **pixel update time,** temps de rafraîchissement d'un pixel; **pixel-based display,** affichage matriciel; **pixel-by-pixel dump,** cliché point par point, vidage pixel par pixel; **raster pixel addressing,** adressage de point-image.

**PLA**: **programmable logic array,** réseau logique programmable; **programmed logic array (PLA),** réseau à logique programmée.

**place**: place; **binary place,** position binaire; **decimal place,** position décimale; **digit place,** position de digit; **four-place table,** table à quatre positions; **up-in-place mode,** mise à jour par modification; **update-in-place mode,** mise à jour par modification.

**plain**: plan; **plain text,** texte en clair; **plain writing,** écriture en clair.

**plan**: plan; **action plan,** plan d'action;

**cable laying plan,** plan de câblage; **clipping plan,** plan de découpage; **connection plan,** plan de connexion; **floor plan,** plan d'implantation; **hither plan,** plan avant.

**planar:** planaire; **planar graph,** graphe planaire; **planar transistor,** transistor planar.

**plane:** plan; **back clipping plane,** plan arrière de découpage; **bit plane,** plan de mémoire-image; **coordinate plane,** surface de coordonnées; **digit plane,** plan numérique; **ground plane,** plan de masse; **inner plane,** couche interne; **internal plane,** couche interne; **memory plane,** plan de mémoire; **mother plane,** panneau de connexions; **oblique plane,** surface oblique; **parallel planes,** plans de tores superposés; **pixel memory plane,** plan de mémoire-image; **plane curve,** courbe plane; **three-bit plane,** plan triade, plan à trois bits par point; **view plane,** plan de vue; **yon plane,** plan arrière.

**planned:** planifié; **planned obsolescence,** désuétude planifiée, vieillissement prévu.

**planning:** planification; **capacity planning,** planification de capacité; **material inventory planning,** analyse des besoins réels; **planning chart,** diagramme, organigramme; **planning horizon,** période de planification; **production planning,** étude de la production; **system planning,** planification d'un système; **workload planning,** planification des charges.

**plant:** usine.

**plasma:** plasma; **gas plasma panel,** écran à plasma; **plasma display,** affichage à plasma; **plasma panel,** écran à plasma; **plasma panel display,** affichage à écran plasma.

**plastic:** matière plastique; **plastic card,** carte plastique; **plastic identification badge,** jeton plastique d'identification; **plastic sheet,** feuillet en plastique.

**plate:** plaque; **aperture plate,** plaque à trous; **base plate,** socle; **bed plate,** plaque d'appui; **bottom plate,** plaque de fond; **carrier plate,** plaque-support; **cover plate,** plaque de revêtement; **deflection plate,** plaque de déviation; **dial plate,** platine de numérotation; **front plate,** platine frontale; **guide plate,** plaque de guidage; **joggle plate,** plaque de battage des cartes; **memory protect plate,** gouttière; **path plate,** lit de cartes; **reel motor plate,** platine; **stacker plate,** plateau de réception; **trim plate,** enjoliveur.

**plated:** métallisé, plaqué; **plated wire storage,** mémoire à fil magnétique; **plated-through hole,** trou métallisé.

**platen:** rouleau d'impression; **above**

**platen device,** guide du cylindre supérieur; **pin feed platen,** tambour à picots; **pin feed platen device,** rouleau d'entraînement à picots; **pinfeed platen,** tambour, rouleau à ergots; **platen control,** commande du rouleau d'impression; **platen detent,** dispositif de positionnement; **platen feed magnet,** aimant de commande des sauts de ligne; **platen guide shaft,** arbre de commande du cylindre d'impression; **platen latch,** loquet de verrouillage du cylindre d'impression; **platen magnet,** électro-aimant d'impression; **platen positioning control,** bouton de réglage du cylindre d'impression; **platen shaft,** axe de rouleau.

**platform:** plateforme; **document platform,** plaque réceptrice de formulaires.

**platter:** plateau.

**plausibility:** vraisemblance; **plausibility check,** contrôle de vraisemblance.

**play:** jeu; **end play,** jeu axial; **lateral play,** jeu latéral; **play back (to),** lire, reproduire.

**playback:** reproduction; **playback head,** tête de lecture; **playback method,** méthode de réenregistrement; **playback voltage,** tension de lecture; **record playback head,** tête d'écriture/lecture.

**player:** objet-image, joueur.

**plex:** réseau.

**pliers:** pinces; **spot pliers,** poinçonneuse trou par trou.

**plot:** tracé; **plot (to),** tracer.

**plotter*:** table traçante, traceur; **X-Y plotter,** traceur cartésien; **analog plotter,** traceur de courbes; **color plotter,** traceur couleur; **coordinate plotter,** traceur; **curve plotter,** traceur de courbes; **data plotter,** traceur de courbes de bureau; **desk plotter,** traceur de courbes de bureau; **digital plotter,** traceur numérique; **dot matrix plotter,** traceur à matrice de points; **drum plotter,** traceur à tambour; **electrostatic plotter,** traceur électrostatique; **flatbed plotter,** table traçante, traceur à plat; **graph plotter,** traceur graphique; **graphic plotter,** table graphique; **incremental plotter,** traceur incrémentiel, traceur incrémental; **ink jet plotter,** traceur à jet d'encre; **intelligent plotter,** traceur intelligent; **laser plotter,** traceur à laser; **multiple pen plotter,** traceur à plumes; **pen plotter,** traceur à plumes; **plotter step size,** pas de traceur; **raster plotter,** traceur matriciel.

**plotting:** traçage; **automatic plotting,** traceur automatique; **plotting area,** aire de tracé; **plotting board,** table traçante; **plotting head,** tête traçante; **plotting program,** programme de traçage; **plotting table,** traceur; **point plotting,** traçage par point.

**plug :** fiche, prise; **adapter plug,** connecteur intermédiaire; **banana plug,** fiche banane; **connecting plug,** fiche de connexion; **dummy plug,** fiche postiche, fiche court-circuit; **female plug,** connecteur femelle; **jack plug,** fiche de connexion; **male plug,** connecteur mâle; **male plug connector,** prise mâle; **plug connection,** connexion par fiches; **plug connector,** connecteur enfichable; **plug cover,** bouchon de prise; **plug wire,** connexion enfichable; **plug-in,** élément tiroir; **plug-in board,** carte enfichable; **plug-in card,** carte enfichable; **plug-in circuit,** circuit enfichable; **plug-in circuit card,** carte à circuit imprimé enfichable; **plug-in element,** outil; **plug-in module,** module enfichable; **plug-in subassembly,** sous-ensemble enfichable; **plug-in type,** de type brochable, de type enfichable; **plug-in unit,** élément enfichable; **plug-to-plug compatible,** entièrement compatible; **polarized plug,** fiche polarisée à détrompeur; **special plug-in,** élément tiroir spécial; **terminating plug,** connecteur de terminaison; **test plug,** fiche d'essai.

**plugboard\* :** tableau de connexions; **plugboard chart,** schéma de connexions.

**pluggable :** enfichable, connectable; **pluggable connector,** connecteur enfichable; **pluggable telephone channel selector,** sélecteur de canaux; **pluggable unit,** unité enfichable.

**plugging :** enfichage; **plugging chart,** schéma de connexions.

**plunger :** noyau plongeur; **plunger type relay,** relais à noyau plongeur.

**plunging :** immersion.

**plus :** plus; **N-plus-one address instruction,** instruction à N plus une adresses; **actual plus sign,** symbole plus imprimé; **four-plus-one address,** à quatre-plus-une adresses; **one-plus-one address,** à une-plus-une adresses; **one-plus-one address instruction,** instruction à une plus une adresses; **one-plus-one instruction,** instruction à deux adresses; **plus adjustment,** correction plus; **plus hub,** plot addition; **plus sign,** signe plus '+'; **plus zoning,** sélection de la zone plus; **two-plus-one address,** à deux-plus-une adresses; **two-plus-one address instruction,** instruction à deux plus une adresses.

**P M O S :** **positive MOS,** MOS positif.

**P N :** positif-négatif; **PN boundary,** jonction PN, transition PN.

**P N P :** positif-négatif-positif; **PNP transistor,** transistor PNP.

**pocket :** magasin, case; **drop pocket,** case de tri; **pocket calculator,** calculette;

**pocket counter,** compteur de cases; **pocket counter,** calculette de poche; **pocket deflector spring,** ressort déflecteur de la case; **pocket selection,** sélection de case; **pocket stop contact,** contact de verrouillage de case; **reception pocket,** case de réception de cartes; **reject pocket,** case de rebut; **sorter pocket,** case de sélection; **stacker pocket,** case de sortie de cartes; **tape pocket,** bac pour bandes.

**point :** point, pixel, virgule; **action point,** point d'appui; **activation point,** point de commande; **actual decimal point,** virgule décimale réelle; **addressable point,** position adressable, point adressable; **all-points-addressable graphic,** graphique adressable en tous points; **analog input point,** point d'entrée analogique; **arithmetic point,** virgule; **articulation point (graph),** point d'articulation (graphe); **assumed binary point,** virgule binaire; **assumed decimal point,** virgule programmée; **automatic decimal point,** positionnement automatique de virgule décimale; **automatic floating-point operation,** opération automatique en virgule flottante; **binary point,** virgule binaire; **branch point,** point de branchement, point de décision; **break point,** point de rupture, point d'intersection; **cable entry point,** entrée de câble; **check point,** point de contrôle, point de reprise; **clutch point,** point d'engagement; **coded point,** point adressable; **connection point,** poste de connexion; **contention point,** point d'encombrement; **crossover point,** point de croisement; **data point,** coordonnées de point-image; **deactivation point,** point de mise hors-fonction; **decimal floating point,** virgule décimale; **decimal input point,** point d'entrée décimale; **decimal point,** virgule décimale; **decimal point alignment,** cadrage de la virgule décimale; **display point,** point adressable; **double precision floating point,** virgule flottante en double précision; **dump point,** point de reprise; **encoded point,** point adressable; **entry point,** point d'entrée, adresse d'entrée; **entry point address,** adresse de point d'entrée; **exit point,** point de sortie; **external interrupt point,** point d'interruption extérieur; **fixed point,** virgule fixe; **fixed-decimal point,** virgule fixe; **fixed-floating-point format,** notation en virgule fixe; **fixed-point addition,** addition en virgule fixe; **fixed-point arithmetic,** arithmétique en virgule fixe; **fixed-point binary,** binaire en virgule fixe; **fixed-point calculation,** calcul en virgule fixe; **fixed-point computation,** traitement en virgule fixe; **fixed-point constant,** constante à virgule fixe; **fixed-point division**, division à virgule fixe; **fixed-point instruction**, instruction à virgule fixe; **fixed-point number**, nombre à virgule fixe; **fixed-point operation**, opération en virgule fixe; **fixed-point overflow**, dépassement en virgule fixe; **fixed-point part**, mantisse; **fixed-point representation**, numération à séparation fixe; **fixed-point subtraction**, soustraction à virgule fixe; **fixed-point system**, système à virgule fixe; **fixed-point type**, type à virgule fixe; **fixed-point value**, valeur à virgule fixe; **fixed-point variable**, variable à virgule fixe; **fixed-point word length**, longueur de mot à virgule fixe; **floating point**, virgule flottante; **floating-decimal point**, virgule flottante; **floating-point accumulator**, accumulateur en virgule flottante; **floating-point addition**, addition en virgule flottante; **floating-point arithmetic**, arithmétique en virgule flottante; **floating-point base**, base de représentation en flottant; **floating-point based program**, programme à base de flottants; **floating-point calculation**, calcul en virgule flottante; **floating-point computation**, traitement en virgule flottante; **floating-point constant**, constante à virgule flottante; **floating-point division**, division en virgule flottante; **floating-point fail**, erreur de virgule flottante; **floating-point instruction**, instruction en virgule flottante; **floating-point mantissa**, mantisse en virgule flottante; **floating-point multiplication**, multiplication en virgule flottante; **floating-point number**, nombre en virgule flottante; **floating-point operation**, opération en virgule flottante; **floating-point operation per second (FLOPS)**, opérations en virgule flottante par seconde; **floating-point package**, progiciel en virgule flottante; **floating-point processor (FPP)**, processeur en virgule flottante; **floating-point radix**, radix de représentation en flottant; **floating-point register**, registre à virgule flottante; **floating-point representation**, représentation en virgule flottante; **floating-point routine**, programme en virgule flottante; **floating-point subroutine**, sous-programme de calcul en virgule flottante; **floating-point subtraction**, soustraction en virgule flottante; **floating-point system**, système à virgule flottante; **floating-point type**, type à virgule flottante; **hardware floating-point arithmetic**, arithmétique en virgule flottante câblée; **hexadecimal point**, virgule hexadécimale; **horizontal retrace point**, point de retour ligne; **implied binary point**, virgule binaire implicite; **implied decimal point**, virgule décimale présumée; **in-point**, point d'entrée, adresse d'entrée; **index point**, point d'index; **initial entry point**, point d'entrée initial; **initial point**, point d'origine, point initial; **initial point**, point de départ; **insertion point**, point d'insertion; **intercept point**, point d'intersection; **interchange point**, point d'échange; **intersection point**, point d'intersection; **knife-edge point**, aiguille en couteau; **load point**, amorce de début, point de charge; **load point gap**, espace de début de chargement; **long-form floating point**, virgule flottante en multiple précision; **low origin point**, adresse basse d'origine; **main entry point**, point d'entrée principal; **measuring point**, point de mesure; **measuring point selector**, sélecteur de points de mesure; **monitor point**, point de contrôle; **number in fixed point representation**, nombre en virgule fixe; **number in floating-point representation**, nombre en virgule flottante; **origin point**, point d'origine, point de départ; **patch point**, point de correction; **point (to)**, pointer (souris); **point alignment**, alignement sur la virgule; **point of contact**, point de contact; **point of failure**, lieu de la panne; **point of impact**, point d'impact; **point of oscillation**, point d'oscillation; **point out (to)**, signaler; **point plotting**, traçage par point; **point position**, position de la virgule; **point setting**, positionnement de la virgule; **point shifting**, décalage de la virgule; **point size**, hauteur de caractère imprimé (en 72ième de pouce); **point-of-sale terminal (POS)**, terminal point de vente; **point-to-point**, point à point; **point-to-point circuit**, circuit point à point; **point-to-point connection**, connexion de point à point; **point-to-point leased line**, liaison fixe point à point; **point-to-point line**, liaison de point à point; **point-to-point path control**, contrôle point à point; **point-to-point transmission**, transmission de point à point; **points of suspension**, points de suspension '...'; **primary entry point**, point d'entrée principal; **print point**, point d'impression; **programmed floating-point operation**, calcul à virgule flottante programmée; **quiescent point**, point de repos; **radix point**, rang de la virgule; **reentry point**, point de retour; **reorder point**, poste à réapprovisionner; **rerun point**, point de reprise; **rescue point**, point de reprise, point de redémarrage; **restart point**, point de reprise; **return point**, adresse de renvoi; **rollback point**, point de reprise; **saturation point**, point de saturation; **secondary entry point**, point d'entrée secondaire; **set point**, point de consigne; **set point station**, positionneur de point de consigne; **short precision floating-point constant**, constante en virgule flottante simple précision; **single-precision floating point,** virgule flottante simple précision; **subroutine linkage point,** point de branchement; **terminal connecting point,** point de connexion; **test access point,** point test; **test point,** point de test; **turn-on point,** point d'entrée; **variable point,** virgule; **variable-point representation,** numération à séparation variable; **vertical retrace point,** point de retour trame; **view point,** point de vue; **view reference point,** point de référence visuel; **voltage test point,** point de mesure de tension.

**p o i n t e r\*:** pointeur, index, flèche; **I-beam pointer,** pointer (souris) en forme de I; **allocation table pointer,** pointeur de table d'allocation; **buffer pointer,** pointeur tampon; **chain pointer,** indicateur d'enchaînement; **dummy pointer,** pseudo-pointeur; **forward pointer,** pointeur de déroulement; **last record pointer,** adresse du dernier enregistrement; **mouse pointer,** pointeur (de la) souris; **nil pointer,** pointeur de fin, pointeur zéro; **pointer array,** tableau de pointeurs; **pointer chain,** chaîne de pointeurs; **pointer qualification,** identification du pointeur; **pointer qualifier,** désignateur d'identificateur; **pointer variable,** variable de pointeur; **stack pointer,** pointeur de pile; **static pointer,** pointeur statique.

**p o i n t i n g:** pointage.

**p o k e:** écriture directe en mémoire; **poke (to),** écrire directement en mémoire.

**p o l a r:** polaire; **polar NRZ code,** code binaire NRZ; **polar coordinates,** coordonnées polaires; **polar current operation,** opération en double courant; **polar current signal,** signal à double courant; **polar grid,** réseau à forme polaire; **polar relay,** relais polarisé; **polar signal,** signal en double courant; **polar signaling,** signalisation polarisée; **polar transmission,** transmission bipolaire.

**p o l a r i s a t i o n:** cf **p o l a r i z a t i o n.**

**p o l a r i s e d:** cf **p o l a r i z e d.**

**p o l a r i s i n g:** cf **p o l a r i z i n g.**

**p o l a r i t y:** polarité; **polarity indicator symbol,** symbole de polarité; **polarity trap,** blocage polarisé; **space polarity,** courant de rupture.

**p o l a r i z a t i o n:** polarisation; **polarization diversity,** diversité en polarisation.

**p o l a r i z e d:** polarisé; **polarized plug,** fiche polarisée à détrompeur; **polarized return to zero recording,** enregistrement polarisé avec retour à zéro.

**p o l a r i z i n g:** polarisation; **polarizing slot,** fente détrompeuse.

**p o l e:** pole; **four-pole,** quadripole.

**P o l i s h:** Polonais; **Polish notation,** notation polonaise, notation préfixée; **reverse Polish notation,** notation suffixée, notation polonaise inversée.

**p o l l:** **group poll,** lignes groupées; **parallel poll,** scrutation parallèle; **parallel poll mask,** masque de scrutation parallèle; **poll (to),** appeler, interroger; **poll address,** adresse de scrutation; **poll mode,** mode d'appel; **poll-select mode,** mode d'appel, mode d'interrogation; **poll stall interval,** intervalle d'attente en interrogation; **poll-select,** requête d'émission; **poll-select list,** liste d'appels; **status poll,** interrogation de l'état.

**p o l l a b l e:** interrogeable.

**p o l l i n g\*:** scrutation, invitation à transmettre; **general polling,** scrutation systématique; **hub go-ahead polling,** invitation à émettre de proche en proche; **hub polling,** scrutation par passage de témoin; **parallel polling,** scrutation parallèle; **polling cycle,** cycle d'interrogation; **polling interval,** intervalle entre appel; **polling list,** liste d'invitations à transmettre; **polling message,** message d'interrogation; **polling method,** méthode d'interrogation; **polling mode,** mode d'appel, mode d'interrogation; **polling routine,** programme de scrutation; **polling signal,** signal d'appel; **polling technique,** procédé d'appel sélectif; **polling/selecting mode,** procédé d'appel sélectif; **rollcall polling,** scrutation par appel; **specific polling,** scrutation sélective; **station cycle polling feature,** appel de poste.

**p o l l u t i o n:** pollution; **air pollution,** pollution d'air.

**p o l y g o n:** polygone; **polygon fill,** remplissage de polygones; **polygon filling algorithm,** algorithme de remplissage de polygones; **polygon generation algorithm,** algorithme de production de polygones.

**p o l y m o r p h i c:** polymorphique; **polymorphic system,** système polymorphique.

**p o l y n o m i a l:** polynomial; **polynomial code,** code polynomial.

**p o l y p h a s e:** polyphase, polyphasé; **polyphase current,** courant polyphasé; **polyphase merging,** tri polyphasé; **polyphase sort,** tri de fusion.

**p o l y v a l e n c e:** polyvalence.

**p o l y v a l e n t:** polyvalent; **polyvalent notation,** notation polyvalente; **polyvalent number,** nombre polyvalent.

**p o o l:** ensemble, groupe, groupement; **alternate track pool,** zone des pistes de réserve; **device pool,** groupement de périphériques; **information pool,** groupe d'informations; **input/output pool,** lot d'appareils d'entrée/sortie; **list pool,** zone littérale; **literal pool,** zone littérale; **pool (to),** concentrer, mettre en commun, grouper; **resource pool,** réserve de ressources.

p o o l e d : mis en commun; **pooled terminations,** circuit concentrateur.

p o o l e r : concentrateur.

p o o l i n g : concentration, groupement, regroupement; **equipment pooling,** groupement d'équipements.

p o p : (to), dépiler, extraire; **pop down (to),** dépiler, descendre (une pile); **pop instruction,** instruction de dépilage; **pop up (to),** extraire, empiler, remonter (une pile); **pop-up dictionary,** dictionnaire résident en mode fenêtre; **pop-up directory,** répertoire déroulant; **pop-up menu,** menu en mode fenêtre; **pop-up window,** mode fenêtre.

p o p u l a t e d : peuplé; **populated board,** carte équipée.

p o r t * : point d'accès, port; **COM port,** port série; **Centronics-type parallel port,** sortie parallèle de type Centronics; **I/O port,** port entrée/sortie; **LPT port,** port parallèle; **access port,** port d'accès, point d'accès; **communication port,** port de communication; **device port,** point de connexion de périphérique; **dual port,** port double; **dual port controller,** coupleur de périphérique double; **dual port memory,** mémoire à double accès; **four-port addressing,** connexion à quatre fils; **input port,** port d'entrée; **memory port,** entrée/sortie, port de mémoire; **parallel port,** port parallèle; **port feature,** module de connexion; **serial port,** port série; **terminal port,** port de périphérique; **undefined port number,** numéro de port indéfini.

p o r t a b i l i t y * : transportabilité, transférabilité, portabilité.

p o r t a b l e * : transportable, portable; **portable equipment,** équipement portable; **portable pack,** chargeur mobile; **portable program,** programme portable; **portable terminal,** terminal portable.

p o r t i o n : portion; **data portion,** partie des données; **direct current portion,** part de courant continu; **flat portion,** ligne plate en courbe; **name portion,** partie de nom; **zone portion,** partie hors-texte.

p o r t r a y : portrait; **portray (to),** représenter graphiquement.

P O S : **point-of-sale terminal,** terminal point de vente.

p o s i t i o n : position; **actual position,** position réelle; **addressable by position,** adressable par position; **angular position,** position angulaire; **angular position transducer,** codeur de rotation; **binary position,**

position binaire; **bit position,** position de bit; **carriage position register,** registre des positions du chariot; **character position,** position de caractère; **code position,** position de perforation; **control position,** poste de commande; **current item position,** position de séquence courante; **data storage position,** position de mémorisation des données; **digit position,** position de digit; **digital position,** position de chiffre; **display position,** point d'affichage, **document position checking,** vérification de l'enchaînement des documents; **end position,** position finale; **guard position,** position de protection; **high-order position,** position de poids fort; **high-order storage position,** position du bit de poids fort; **home position,** position initiale; **home position trigger,** déclencheur initial; **homing position,** position de repos; **imbedded item position,** position d'article réservée; **index position indicator,** indicateur d'index; **intercept data storage position,** partition d'interception; **item position,** position d'article; **least significant bit position,** position binaire de poids faible; **left most position,** rang de poids fort; **line position register,** registre de position de ligne; **low-order bit position,** position binaire de poids faible; **low-order position,** position basse, position de droite; **major position,** position principale; **mark position,** position de marquage; **minor position,** position inférieure; **overflow position,** en position de dépassement; **point position,** position de la virgule; **position accuracy,** exactitude de positionnement; **position control,** gestion des postes; **position data,** consignes d'acheminement; **position of record,** classement de l'article dans le bloc; **position pulse,** impulsion de positionnement; **position sensor,** capteur de positionnement; **position transducer,** transducteur de positionnement; **power-of-ten position,** position de la virgule décimale; **print head position,** position de la tête d'impression; **print position,** position de l'impression; **print position indicator,** indicateur de position d'impression; **printing position,** position d'impression; **pulse position modulation (PPM),** modulation d'impulsions en position; **punching position,** position de perforation; **record position,** positionnement d'enregistrement; **response position,** position de marquage; **rightmost position,** position de poids faible; **rotational position sensing,** détection de position angulaire; **scaling position,** position de cadrage; **shaft position encoder,** codeur de position angulaire; **sign position,** position de signe, emplacement du signe; **sleep position,** position d'attente; **storage position,** position de mémoire; **subscript position,** position d'indice; **tab position,** position de tabulation; **table position,** position de table; **tabulator position,** position de tabulation; **tens position,** position des dizaines; **terminal item position,** dernière position d'article; **window position,** position fenêtre; **write position,** position d'écriture; **zone position,** zone de carte.

**positional:** de position; **positional macro,** macro-instruction de positionnement; **positional notation,** notation pondérée, numération pondérée; **positional parameter,** paramètre de positionnement; **positional representation,** représentation pondérée.

**positioner:** positionneur; **head positioner,** positionneur de tête.

**positioning:** positionnement; **beam positioning system,** système de déviation des faisceaux; **cursor positioning,** positionnement du curseur; **head positioning,** positionnement de la tête de lecture/écriture; **head positioning time,** temps de positionnement de tête; **initial positioning,** positionnement de départ; **mechanical positioning,** positionnement mécanique; **platen positioning control,** bouton de réglage du cylindre d'impression; **positioning accuracy,** exactitude de positionnement; **positioning control,** commande de positionnement; **positioning control system,** positionnement informatisé; **positioning error,** erreur de positionnement; **positioning lever,** levier de positionnement; **positioning stud,** pion de centrage; **positioning time,** temps de positionnement; **track positioning,** entraxe de piste; **track-to-track positioning time,** temps de positionnement de piste à piste.

**positive:** positif; **full word positive constant,** constante de mot positive; **positive MOS (PMOS),** MOS positif; **positive feedback,** accouplement réactif positif; **positive integer,** nombre entier positif; **positive logic,** logique positive; **positive-going transition,** front de montée.

**post\*:** poste; **binding post,** point d'enchaînement, point de liaison; **post (to),** envoyer, inscrire, attribuer.

**postamble:** postambule, séquence de fin (de bloc).

**postassembly:** postassemblage; **postassembly listing,** listage après assemblage.

**posted:** signifié; **posted event,** événement affiché, événement inscrit.

**postedit:** postédition.

**postediting:** postédition.

**postfix:** suffixe; **postfix notation,** notation suffixée, polonaise inversée.

**posting:** enregistrement; **fixed-line posting,** positionnement fixe des lignes imprimées; **line posting,** positionnement de ligne; **posting card,** carte mouvements de comptabilisation; **posting date,** date de comptabilisation; **posting fluid,** encre à copier; **posting operation,** opération de comptabilisation.

**postlist:** postlistage.

**postmortem:** après-coup, autopsie; **controlled postmortem routine,** programme d'autopsie; **general postmortem program,** programme général d'autopsie; **general postmortem routine,** routine générale d'autopsie; **postmortem dump,** cliché d'autopsie; **postmortem examination,** dépistage après-coup, examen d'autopsie; **postmortem program,** programme d'autopsie; **postmortem routine,** routine d'autopsie.

**postprinter:** postmarqueuse.

**postprinting:** postimpression, postmarquage.

**postprocessing:** dépouillement.

**postprocessor:** postprocesseur.

**postslew:** saut après impression, avance après impression; **postslew (to),** avancer après impression.

**posttrailer:** postlabel de fin de bande.

**postwrite:** postécriture; **postwrite disturb pulse,** impulsion parasite après écriture.

**potential:** potentiel; **base potential divider,** diviseur de tension de base; **negative potential,** potentiel négatif; **potential distribution,** distribution du potentiel.

**potentiometer:** potentiomètre; **ganged potentiometer,** potentiomètre multiple; **inductive potentiometer,** alternostat.

**pothead:** tête de câble; **cable pothead,** distributeur de câbles.

**pound:** livre; **pound sign,** signe '£'.

**power:** puissance; **apparent power,** puissance apparente; **auxiliary power supply,** alimentation auxiliaire; **battery power supply,** alimentation par batterie; **computational power,** puissance de calcul; **lexicographical power,** puissance lexicographique; **low power schottky (LS),** schottky faible consommation; **noise power,** puissance de bruit; **output power,** puissance de sortie; **power amplifier,** amplificateur de puissance; **power consumption,** puissance absorbée; **power control,** bloc d'alimentation, régulateur de puissance; **power converter,** convertisseur de secteur; **power cord,** cordon d'alimentation; **power dip,** défaillance secteur;

**power dissipation,** dissipation de puissance; **power distribution,** répartition de courant; **power down,** mise hors-tension; **power down cycle,** cycle de mise hors-tension; **power drain,** puissance consommée; **power driver,** étage de puissance; **power factor,** facteur de puissance; **power fail,** panne d'alimentation, défaillance secteur; **power filter,** filtre secteur; **power formula,** formule exponentielle; **power function,** fonction exponentielle; **power level,** niveau de puissance; **power lock,** interrupteur de réseau; **power meter,** wattmètre; **power mode,** mode d'enregistrement exponentiel; **power-of-ten position,** position de la virgule décimale; **power off,** hors-tension; **power on,** sous tension; **power pack,** bloc d'alimentation; **power rating,** capacité de change; **power requirement,** puissance requise; **power sequencing,** mise sous tension; **power series,** série exponentielle; **power supply,** bloc d'alimentation; **power supply unit,** unité d'alimentation secteur; **power transformer,** transformateur secteur; **power transistor,** transistor de puissance; **power up,** mise sous tension; **power up (to),** mettre sous tension; **power fail recovery (PFR),** récupération automatique (panne secteur); **power-off sequence,** opération de mise hors-tension; **power-on sequence,** opération de mise sous tension; **processing power,** puissance de traitement; **real power,** puissance active; **sort power,** capacité de tri.

**ppm: pulse position modulation,** modulation d'impulsions en position.

**preallocation:** préaffectation.

**preamble:** préambule, séquence de début (de bloc); **message preamble,** préambule de message.

**preamplifier:** préamplificateur.

**preassembly:** préassemblage.

**precedence:** précédence, priorité, préséance; **double precedence,** double priorité; **dual precedence,** double priorité; **high precedence message,** message à haute priorité; **precedence control,** contrôle de priorité; **precedence rating,** niveau prioritaire, degré de priorité; **precedence rule,** règle de précédence; **rule of precedence,** règle de précédence, hiérarchie.

**preceding:** **preceding card,** carte précédente.

**prechecking:** précontrôle, prévérification.

**precise:** précis; **precise stop,** arrêt précis.

**precision\*:** précision; **arbitrary precision multiplication,** multiplication à capacité aléatoire; **control precision,** précision de commande; **double precision,** double précision; **double precision arithmetic,** arithmétique en double précision; **double precision exponent,** exposant à double précision; **double precision floating point,** virgule flottante en double précision; **double precision number,** nombre à double précision; **double precision variable,** variable en double précision; **extended precision,** multiple précision; **full precision,** pleine précision; **full precision calculation,** calcul en pleine précision; **multiple precision,** multiprécision; **multiple precision operation,** opération en multiprécision; **quadruple precision,** quadruple précision; **short precision,** simple précision; **short precision floating-point constant,** constante en virgule flottante simple précision; **short precision overflow,** dépassement de capacité simple précision; **simple precision,** simple précision; **single precision,** simple précision; **single-precision floating point,** virgule flottante simple précision; **single-precision variable,** variable en simple précision; **triple precision,** triple précision.

**precode:** précode; **precode (to),** précoder, préprogrammer.

**precoded:** précodé, préprogrammé.

**precoding:** précodage, préprogrammation.

**precollate: (to),** préclasser.

**precompiler:** précompilateur; **precompiler program,** programme de précompilation.

**precompiling:** précompilation.

**predefined:** prédéfini, incorporé, intrinsèque; **predefined shape,** forme prédéfinie.

**predetermine: (to),** prédéterminer.

**predicate:** prédicat.

**prediction:** prédiction; **failure prediction,** prévision d'incidents.

**preedit:** préédition; **preedit (to),** prééditer.

**preemption:** présélection.

**preemptive:** préemptif; **preemptive job,** travail prioritaire; **preemptive mode,** mode prioritaire.

**preexecution:** préexécution; **preexecution time,** temps de chargement.

**preface:** préface; **preface card,** carte pilote.

**prefetch:** prélecture.

**prefix:** préfixe; **address prefix,** préfixe d'adresse; **block prefix,** préfixe de bloc; **clearing prefix,** préfixe d'effacement; **file prefix,** notation préfixe de fichier; **prefix code,** code préfixe; **prefix notation,** notation préfixée, notation polonaise; **prefix operator**, opérateur préfixé; **reader stop prefix**, préfixe d'arrêt de lecteur; **routing prefix code**, caractère d'acheminement.

**preformatting:** préformatage.

**preheader:** préen-tête.

**prekeying:** préperforation.

**preliminary:** provisoire; **preliminary program**, programme provisoire.

**preload:** préchargement; **preload (to)**, précharger.

**premagnetise:** cf **premagnetize.**

**premagnetize: (to)**, prémagnétiser.

**preparation:** préparation; **advance preparation**, préparation préliminaire; **data preparation**, préparation de données, mise en forme de données; **document preparation**, établissement de documents; **file preparation**, préparation de fichiers; **input preparation equipment**, unité de saisie des données; **report preparation**, préparation du rapport; **volume preparation**, mise en forme de volume.

**prepared:** prêt.

**prepass:** prétraitement.

**preprint:** prétirage; **preprint (to)**, préimprimer.

**preprinted:** préimprimé; **preprinted (to)**, préimprimer; **preprinted format**, feuillet préimprimé.

**preprinting:** préimpression.

**preprocess:** prétraitement; **preprocess (to)**, prétraiter.

**preprocessing:** prétraitement.

**preprocessor:** préprocesseur; **diagnostic preprocessor**, processeur de diagnostic; **language preprocessor**, préprocesseur de langage.

**preprogrammed:** préprogrammé.

**prepunch: (to)**, préperforer.

**prepunched:** préperforé; **prepunched card**, carte préperforée; **prepunched tape**, bande préperforée.

**preread:** prélecture; **preread head**, tête de prélecture.

**prerecord:** préenregistrement; **prerecord (to)**, préenregistrer.

**prerun:** prépassage; **prerun initialization**, séquence préalable d'initialisation.

**prescaling:** précalibration; **fixed prescaling**, prédétermination du facteur d'échelle.

**preselector:** présélecteur; **line preselector**, présélecteur de ligne.

**presence:** présence; **presence bit**, bit de présence.

**presensing:** préexploration.

**presentation:** présentation; **data presentation**, présentation des données; **presentation layer (ISO)**, couche de présentation (ISO); **scope presentation**, présentation sur écran; **tabular data presentation**, présentation de données en table.

**preset:** prépositionnement; **brightness preset**, préluminosité; **counter preset**, prépositionnement d'un compteur; **preset parameter**, paramètre prédéfini, prédeterminé; **preset value**, valeur d'initialisation.

**preslew:** saut avant impression, avance avant impression; **preslew (to)**, faire une avance papier.

**presort:** tri préalable; **presort (to)**, prétrier.

**presorting:** préclassement.

**press:** presse; **press (to)**, appuyer, enfoncer, presser.

**pressure:** pression; **air pressure switch**, commutateur à pression d'air; **differential pressure transducer**, transducteur de pression différentiel; **pressure block**, coussinet; **pressure bridge**, pont de pression; **pressure gauge**, jauge de pression; **pressure pad**, patin de pression; **pressure roller**, rouleau pinceur; **printing pressure**, force d'impression.

**prestorage:** préstockage.

**prestore: prestore (to)**, préstocker, préenregistrer.

**presumptive:** originale; **presumptive address**, adresse de référence; **presumptive instruction**, instruction primitive.

**pretest:** test préalable.

**prevalent:** prédominant.

**prevarication:** altération, mesure de l'incertitude, dispersion.

**prevent: prevent (to)**, empêcher.

**preventive:** préventif; **preventive maintenance**, maintenance préventive; **preventive maintenance time**, temps de maintenance préventive.

**previewing:** visualisation.

**prewired:** précablé; **prewired circuit**, circuit précable.

**PRF: pulse repetition frequency**, fréquence de répétition des impulsions.

**price:** prix; **actual selling price**, prix de vente effectif.

**primary:** primaire; **Boolean primary**, expression booléenne primaire; **arithmetic primary**, expression arithmétique élémentaire; **logical primary**, booléen primaire; **primary acquisition**, saisie à la base; **primary address**, attributaire principal; **primary allocation**, allocation élémentaire; **primary card**, carte primaire; **primary change**, rupture de contrôle; **primary cluster,** groupement primaire; **primary control program (PCP),** programme de contrôle primaire; **primary data,** données d'origine; **primary data acquisition,** saisie des données d'origine; **primary data area,** zone de données primaires; **primary data block,** bloc de données primaires; **primary data extent,** domaine de données primaires; **primary data record,** enregistrement primaire; **primary element,** élément amont; **primary entry point,** point d'entrée principal; **primary failure,** défaillance primaire; **primary file,** fichier primaire; **primary function,** fonction primaire; **primary group,** groupe primaire; **primary index,** index primaire; **primary index table,** table d'index majeure; **primary instruction,** instruction élémentaire; **primary key,** clé principale; **primary key field,** champ clé primaire; **primary record,** enregistrement principal; **primary sequence,** séquence mineure; **primary station,** station primaire; **primary storage,** mémoire principale; **primary track,** piste principale; **primary winding,** enroulement primaire; **transformer primary,** (enroulement) primaire de transformateur.

**prime:** premier; **prime (to),** démarrer, lancer, amorcer; **prime area,** zone principale; **prime data,** données principales; **prime data area,** zone de données primaires; **prime data cylinder,** cylindre de données primaires; **prime generation,** génération source; **prime integer,** nombre premier; **prime location,** adresse principale; **prime number,** nombre premier; **prime number division,** division par nombre premier; **prime operation,** opération de base; **prime record,** enregistrement de la zone principale; **prime track,** piste principale.

**primitive:** procédure de base, primitive; **graphic primitive,** primitive graphique; **primitive instruction,** microinstruction.

**principal:** principal, directeur; **system principal output file,** fichier maître de sortie système.

**principle:** principe; **building block principle,** principe de modularité; **delay principle,** principe du temps-réponse; **design principle,** conception de base; **operating principle,** principe opérationnel; **pushdown principle,** principe d'empilement; **queueing principle,** principe des files d'attente.

**print:** impression; **advanced print features,** caractéristiques d'impression évoluées; **alphabetic print control,** commande de l'impression alphabétique; **blue print,** copie héliographique; **bold print,** impression en caractère gras; **card print,** dispositif d'impression de cartes; **color print,** impression couleur; **condensed print,** écriture condensée; **detail print group,** impression par groupe; **dual carriage print,** impression en double interligne; **expanded print edit,** mise en forme élargie; **file print,** impression de fichier; **four-color print,** impression en quadrichromie; **inverted print,** échange au point décimal; **left zero print,** impression de zéros à gauche; **list print,** impression de liste; **main memory print,** impression du contenu de la mémoire centrale; **normal print entry,** colonnes d'impression normales; **normal print mode,** mode d'impression normal; **page print adapter,** adaptateur d'imprimante page par page; **print (to),** imprimer, afficher; **print amplifier,** amplificateur de frappe; **print anvil,** marteau d'impression; **print bar,** barre d'impression; **print barrel,** barillet d'impression; **print buffer,** tampon d'impression; **print chain,** chaîne d'impression; **print check,** contrôle d'impression; **print control,** commande d'impression; **print control character,** caractère de commande d'impression; **print density,** densité d'impression; **print drum,** tambour d'impression; **print element,** tête d'impression; **print escapement,** déclenchement d'impression; **print features,** caractéristiques de l'impression; **print field,** champ d'impression; **print format,** format d'imprimé; **print hammer,** marteau d'impression; **print head,** tête d'impression; **print head position,** position de la tête d'impression; **print image file,** fichier à imprimer; **print image record,** bloc à imprimer, enregistrement à imprimer; **print image tape,** bande à imprimer; **print inhibit,** interdiction d'impression; **print line,** ligne d'impression; **print magnet,** électro-aimant d'impression; **print mask,** masque d'impression; **print member,** porte-caractères; **print mode code,** code de mode d'impression; **print out (to),** imprimer un message; **print pel,** point d'impression; **print point,** point d'impression; **print position,** position de l'impression; **print position indicator,** indicateur de position d'impression; **print queue,** file d'attente d'impression; **print restore code,** code de reprise de l'imprimante; **print roll,** cylindre d'impression; **print server,** serveur d'impression; **print size,** taille d'impression; **print span,** amplitude d'impression; **print speed,** vitesse d'impression; **print spooler,** spouleur d'imprimante; **print spooling,** impression en différé; **print storage,** mémoire d'impression; **print suppress,** absence de frappe; **print through,** effet d'empreinte; **print train,** élément porte-caractères; **print unit,** unité d'impression; **print wheel,** disque d'impression, marguerite; **print wire,** aiguille d'impression; **print yoke,** mécanisme d'impression; **print-on-the fly,** impression à la volée; **self-test print,** autotest d'impression; **special print,** impression personnalisée; **storage print,** impression mémoire; **storage print program,** programme de vidage de mémoire; **transfer print control,** commande des sauts d'impression; **unjustified print,** impression en drapeau; **upper case print,** impression avec lettres majuscules.

**printability:** imprimabilité.

**printable:** imprimable, affichable; **printable character,** caractère imprimable.

**printed:** imprimé; **assembly printed listing,** impression d'assemblage; **computer-printed format,** format d'impression automatique; **flexible printed circuit,** circuit imprimé flexible; **printed carriage control,** commande du chariot; **printed circuit (PC),** circuit imprimé; **printed circuit board (PCB),** carte à circuit imprimé; **printed form,** formulaire; **printed image,** image imprimée; **printed monitor copy,** impression de contrôle; **printed wire ribbon,** câble plat imprimé.

**printer:** imprimante; **back strike printer,** imprimante à impact; **band printer,** imprimante à bande; **bar line printer,** imprimante à barres; **barrel printer,** imprimante à cylindre; **belt printer,** imprimante à bande; **bidirectional printer,** imprimante bidirectionnelle; **buffer memory printer,** imprimante tampon; **chain printer,** imprimante à chaîne; **character printer,** imprimante caractère par caractère; **character-at-a-time printer,** imprimante caractère par caractère; **coding printer,** imprimante codée; **console printer,** imprimante de commande; **correspondence quality printer,** imprimante de qualité courrier; **daisy printer,** imprimante à marguerite; **daisy wheel printer,** imprimante à marguerite; **default printer,** imprimante par défaut; **dot matrix printer,** imprimante à matrice de points; **dot printer,** imprimante par points; **drum printer,** imprimante à tambour; **electrostatic printer,** imprimante électrostatique; **electrothermal printer,** imprimante thermo-électrique; **graphics printer,** imprimante graphique; **hardcopy color printer,** imprimante couleur; **high-speed printer,** imprimante rapide; **high-speed printer control,** commande d'imprimante rapide; **hit-on-the-fly printer,** imprimante à la volée; **impact matrix printer,** imprimante matricielle à impact; **impact printer,** imprimante à impact; **ink jet printer,** imprimante à jet d'encre; **keyboard printer,** imprimante à clavier; **laser printer,** imprimante à laser; **line printer,** imprimante (ligne par) ligne; **line printer buffer,** tampon d'imprimante à lignes; **line-at-a-time printer,** imprimante ligne par ligne; **magnetic character printer,** imprimante de caractères magnétiques; **matrix printer,** imprimante matricielle; **microfilm printer,** imprimante à microfilm; **monitor printer,** imprimante de contrôle; **moving head printer,** imprimante à tête mobile; **multitasking printer,** imprimante multitâche; **needle printer,** imprimante à aiguilles; **nonimpact printer,** imprimante sans impact; **output printer,** imprimante de sortie; **output printer file,** fichier sortie imprimé; **page printer,** imprimante page par page; **page-at-a-time printer,** imprimante page par page; **parallel printer,** imprimante parallèle; **printer (PRT),** imprimante; **printer buffer,** tampon d'imprimante; **printer carriage,** chariot d'imprimante; **printer color code,** code d'impression des couleurs; **printer connection,** connexion d'imprimante; **printer control code,** code de contrôle de l'imprimante; **printer control unit,** contrôleur d'imprimante; **printer cycle check,** contrôle du cycle d'impression; **printer cycle error,** erreur de cycle d'impression; **printer driver,** pilote d'imprimante; **printer graphics,** caractères imprimables; **printer indicator,** indicateur d'impression; **printer interval,** intervalle d'impression; **printer keyboard,** clavier d'imprimante; **printer layout,** mise en forme du listage; **printer record storage,** mémoire tampon d'imprimante; **printer stand,** support d'imprimante; **printer tape,** bande d'impression; **rack printer,** imprimante à barres de caractères; **remote printer,** imprimante à distance; **serial printer,** imprimante caractère; **serial printer interface,** interface d'imprimante série; **serial/parallel printer,** imprimante série-parallèle; **shared printer,** imprimante partagée; **stylus printer,** imprimante à aiguilles; **tape-to-printer program,** programme d'impression de bande; **terminal printer,** poste d'impression; **thermal matrix printer,** imprimante matricielle thermique; **thermal printer,** imprimante thermique; **thimble printer,** imprimante à tulipe; **train printer,** imprimante à chaîne; **type bar printer,** imprimante à barres; **verifying page printer,** téléimprimeur de contrôle; **wheel printer,** imprimante à roue; **wire matrix printer,** imprimante matricielle; **wire printer,** imprimante à aiguilles; **xerographic printer,** imprimante xérographique.

**printing:** impression; **address printing,** impression d'adresses; **alphabetic printing,**

impression alphabétique; **asterisk printing,** protection d'impression par astérisque; **automatic printing,** impression automatique; **automatic printing line selection,** sélection automatique des lignes d'impression; **chained printing,** impression en chaîne; **copy printing,** impression des copies; **detail printing,** impression à la carte; **document printing,** impression des documents; **double space printing,** impression à double interligne; **dual printing,** impression en double; **editing printing results,** édition des résultats imprimés; **end printing,** impression en bout de carte; **group printing,** impression récapitulative; **high-order zero printing,** impression des zéros à gauche; **line printing,** impression par ligne; **line-at-a-time printing,** impression ligne par ligne; **lower case printing,** impression en minuscules; **matrix printing,** impression par points; **mechanical printing unit,** imprimante de bande; **multiline printing,** impression multiligne; **multiple copy printing,** multi-impression; **parallel printing,** impression en parallèle; **printing area,** zone d'impression; **printing block,** bloc d'impression; **printing command,** commande d'impression; **printing cycle,** cycle d'impression; **printing data,** données d'impression; **printing data transceiver,** téléimprimeur; **printing device,** dispositif d'impression; **printing element,** élément d'impression; **printing format,** format d'impression; **printing mechanism,** unité d'impression; **printing order,** instruction d'impression; **printing position,** position d'impression; **printing pressure,** force d'impression; **printing rate,** vitesse d'impression; **printing speed,** vitesse d'impression; **printing unit,** unité d'impression; **remote printing station control,** contrôleur d'imprimantes à distance; **selective line printing,** impression automatique des lignes; **serial number printing,** impression des numéros d'immatriculation; **shadow printing,** impression ombrée; **single-line printing,** impression simple interligne; **single-space printing,** impression en simple interligne; **slave printing,** impression des données traitées; **space before printing,** saut de ligne avant impression; **symbol printing,** description de symbole; **symbolic printing,** impression des symboles; **test printing,** impression d'essai; **total printing,** impression du total; **two-column printing,** impression sur deux colonnes; **under-printing,** impression faible; **validation printing,** impression de validation; **xerographic printing,** processus d'impression xérographique.

**printout:** imprimé; listage; **burst print-out binder,** reliure pour imprimés détachés; **computer printout,** journal machine; **diagnostic message printout,** liste des messages d'erreur; **memory printout,** impression du contenu de la mémoire; **printout basket,** réceptacle d'imprimés; **printout binder,** reliure pour imprimés; **sample computer printout,** liste-exemple; **static printout,** impression différée; **tabular printout,** impression de tables; **unburst printout binder,** reliure pour imprimés en continu.

**printwheel:** roue porte-caractères, marguerite.

**priority:** priorité; **allocation priority,** priorité d'allocation; **automatic priority control,** contrôle automatique de priorités; **automatic priority group,** groupe prioritaire; **dispatch priority,** priorité de distribution; **dispatching priority,** priorité de prise en charge; **high-priority,** priorité élevée; **highest priority interrupt line,** ligne à priorité absolue; **interrupt priority table,** table des priorités d'interruptions; **job priority,** priorité des travaux; **job priority,** priorité de tâche; **limit priority,** priorité limitée; **low priority,** faible priorité; **matching priority,** priorité de correspondance; **partitioned priority scheduling,** commande à priorité partielle; **priority control,** commande prioritaire; **priority degradation,** révision des priorités; **priority grading,** niveau prioritaire; **priority indicator,** indicateur de priorité; **priority interrupt,** interruption prioritaire; **priority job scheduling,** traitement prioritaire des travaux; **priority level,** niveau prioritaire; **priority message,** message prioritaire; **priority number,** nombre prioritaire; **priority ordered interrupts,** interruptions ordonnées par priorité; **priority processing,** traitement prioritaire; **priority program,** programme prioritaire; **priority rule,** règle de priorité; **priority scheduler,** programmateur de priorités; **priority scheduling,** planification des priorités; **priority scheme,** schéma de priorité; **priority selection,** sélection de priorité; **priority sequencing,** attribution des priorités; **priority status register,** registre d'état des priorités; **priority table,** table de priorité; **scheduling priority,** priorité d'ordonnancement; **storage priority,** priorité de mémoire; **top priority,** priorité la plus haute; **vector priority interrupt,** interruption vectorisée prioritaire.

**privacy:** confidentialité; **data privacy,** confidentialité des données.

**private:** privé; **limited private type,** type privé limité; **private automatic exchange (PAX),** téléphonie automatique privée; **private branch exchange (PBX),**

installation téléphonique privée; **private exchange**, central privé; **private library**, bibliothèque utilisateur; **private line**, ligne privée; **private telephone network**, réseau de lignes spécialisées; **private to a program**, uniquement pour un seul programme.

**privileged**: privilégié; **privileged instruction**, instruction privilégiée; **privileged mode**, mode prioritaire.

**probability**: probabilité; **error probability**, probabilité d'erreur; **probability curve**, courbe de probabilité; **probability of error**, probabilité d'erreurs; **probability of failure**, probabilité d'incident technique; **queueing probability**, probabilité d'attente en file.

**probable**: probable; **probable configuration**, configuration probable; **probable deviation**, erreur probable.

**probe**: sonde; **logic probe**, sonde logique; **video probe**, sonde vidéo.

**problem**: problème, analyse, évaluation; **assignment problem**, problème d'attribution; **benchmark problem**, problème d'évaluation; **boundary value problem**, problème de valeur limite; **check problem**, problème de vérification; **computerized problem**, évaluation informatique; **on-line problem solving**, solution en conversationnel; **problem definition**, définition du problème; **problem description**, description du problème; **problem program**, programme d'évaluation; **problem solving**, méthode de résolution; **problem specifications**, cahier des charges; **problem task**, tâche utilisateur; **problem-oriented language**, langage de problématique; **problem-oriented software**, logiciel de problématique; **queueing problem**, problème de file d'attente.

**procedural**: procédural; **procedural behaviour**, exécution séquentielle; **procedural language**, langage de procédures; **procedural operator**, opérateur de procédures; **procedural section**, section de procédure; **procedural sentence**, phrase de procédure; **procedural statement**, instruction de procédure; **procedural testing**, essai de procédures.

**procedure\***: procédure; **aborting procedure**, procédure d'abandon; **acceptance test procedure**, procédure de réception; **alignment procedure**, procédure d'alignement; **analog procedure**, procédure analogique; **asynchronous procedure**, procédure asynchrone; **automatic restart procedure**, procédure de reprise automatique; **backup procedure**, procédure de sauvegarde; **basic mode control procedure**, procédure de gestion des modes de base; **block check procedure**, procédure de contrôle de bloc;

**bypass procedure**, procédure de dérivation; **call control procedure**, procédure de commande d'appel; **call procedure**, procédure d'appel; **call set-up procedure**, procédure d'établissement de la communication; **catalogued procedure**, procédure cataloguée; **centralized procedure**, procédure banalisée; **communication procedure**, procédure de transmission; **computing procedure**, procédure de calcul; **control procedure**, procédure de commande, procédure de contrôle; **corrective procedure**, procédure de mise au point; **descriptive procedure**, procédure de désignation; **diagnostic procedure**, procédure de diagnostic; **dispatching procedure**, mode de répartition; **dummy procedure**, procédure fictive; **encryption-decryption procedure**, procédure d'encryptage-décryptage; **error procedure**, procédure d'erreur; **error restart procedure**, procédure de reprise sur incident; **external procedure**, procédure auxiliaire; **fallback procedure**, procédure de reprise automatique; **filed procedure**, procédure cataloguée; **filed procedure generator**, générateur de procédures; **function procedure**, procédure de service; **handshaking procedure**, dialogue d'authentification; **initial setup procedure**, procédure d'initialisation du système; **initiating procedure**, procédure de lancement; **input procedure**, procédure d'entrée, procédure d'introduction; **internal procedure**, procédure interne; **invoked procedure**, procédure d'appel; **keyboard procedures**, procédures de clavier; **layout procedure**, procédure d'implantation; **list procedure**, procédure de listage; **loading procedure**, procédure de chargement; **log-off procedure**, procédure de fin de session; **log-on procedure**, procédure de début de session; **logging procedure**, procédure d'initialisation; **mouse procedures**, procédures de souris; **operating procedure**, mode d'utilisation, procédure d'exploitation; **output procedure**, procédure de sortie; **procedure chaining**, enchaînement de procédures; **procedure controller**, programme de commande de procédure; **procedure declaration**, déclaration de procédure; **procedure definition**, définition de procédure; **procedure descriptor**, pointeur de procédure; **procedure division**, section de procédure; **procedure driver**, programme de commande de procédure; **procedure heading**, en-tête de procédure; **procedure identifier**, identificateur de procédure; **procedure library**, bibliothèque de procédures; **procedure modeling**, modélisation de procédure; **procedure name**, nom de procédure;

**procedure segment,** segment de procédure; **procedure statement,** instruction de procédure; **procedure subprogram,** sous-programme de procédure; **procedure-oriented language,** langage procédural; **recovery procedure,** procédure de récupération; **recursive procedure,** procédure récursive; **rerun procedure,** procédure de reprise; **restart procedure,** procédure de relance, routine de reprise; **sorting procedure,** procédure de tri; **subroutine procedure,** mise en sous-programme; **termination procedure,** procédure de fin de traitement; **test procedure,** procédure de test; **transmission line procedure,** procédure de ligne de transmission; **use procedure,** procédure d'utilisation.

**p r o c e e d :  proceed indicator,** indicateur de libération; **proceed light,** lampe témoin du déroulement; **proceed to select,** signal de requête, signal de sélection.

**p r o c e s s * :** traitement; **acyclic process,** processus apériodique, processus acyclique; **adaptive process,** processus adaptatif; **analog process computer,** ordinateur de processus analogique; **analog process quantity,** grandeur analogique; **analytical process identification,** identification de processus analytique; **charge process,** processus de charge; **chart process,** ordinogramme; **circular process,** processus récursif; **computing process,** processus de calcul; **console handler process,** mode de manipulation de console; **cyclic process,** opération cyclique; **digital process computer,** calculateur de processus numérique; **flow process,** processus de déroulement; **flow process chart,** diagramme de circulation; **flow process diagram,** organigramme de traitement; **flow-process diagram,** diagramme de fluence; **gradual process,** gradation; **input process,** processus d'introduction; **input/output process,** opération d'entrée-sortie; **interrupt process,** traitement de l'interruption; **iterative process,** procédé itératif; **level of process,** niveau de processus; **mathematical process model,** module de processus mathématique; **output process,** sortie de traitement; **process (to),** traiter, exécuter; **process address space,** adresse de processus; **process automation,** automatisme industriel; **process chart,** diagramme des méthodes; **process control,** commande de processus; **process control block,** bloc de contrôle de processus; **process control computer,** ordinateur contrôleur de processus; **process control equipment,** équipement de commande de processus; **process control system,** système de contrôle industriel; **process data,** données industrielles; **process data input,** entrées des données industrielles; **process data output,** sortie des données industrielles; **process dispatcher,** répartiteur de traitement; **process dispatching,** répartition du traitement; **process group,** groupe de processus industriels; **process group management,** gestion de groupes de processus industriels; **process group table,** table de groupes de processus industriels; **process guiding system,** système de conduite de processus industriels; **process information,** traitement de l'information; **process interface system,** interface de commande; **process interrupt signal,** signal d'interruption de processus; **process level,** niveau de processus; **process state,** état d'un processus; **process suspension,** interruption de processus; **process switch,** commutateur de processus; **process synchronization,** synchronisation de processus; **process time,** temps de traitement; **replacement selection process,** remplacement sélectif; **reversible magnetic process,** transformation magnétique réversible; **running process word,** mot du processus en cours; **search process,** processus de recherche; **sequential process,** processus séquentiel; **string process system,** logiciel de traitement de chaîne; **technical process,** processus technique; **transput process,** transfert radial, opération d'entrée/sortie; **user process group,** association d'utilisateurs; **work-in-process queue,** opération en file d'attente.

**p r o c e s s a b i l i t y :** faculté de traitement.
**p r o c e s s e d :** pris en compte.
**p r o c e s s i b l e :** exploitable.
**p r o c e s s i n g :** traitement; **advanced stacked job processing,** traitement séquentiel évolué des travaux; **alarm signal processing routine,** programme de traitement des alertes; **alpha processing,** traitement alphabétique; **answer processing,** contrôle des réponses; **asynchronous processing,** traitement asynchrone; **automated processing method,** méthode de traitement automatisée; **automatic data processing (ADP),** traitement automatique de données; **automatic data processing system,** système de traitement automatique de données; **automatic language processing,** interprétation automatique de langage; **automatic test processing machine,** système de test automatique; **background processing,** traitement non prioritaire; **backup processing,** traitement de sauvegarde; **bad track processing,** traite-

ment de piste incorrecte; **basic processing unit,** unité centrale; **basic stacked job processing,** traitement séquentiel simplifié des lots; **batch bulk processing,** traitement différé; **batch processing,** traitement par lots; **batch processing mode,** mode de traitement par lots; **bill of material processing,** traitement des listes de matériel; **block processing,** traitement différé; **bulk information processing,** traitement de données par lots; **bulk processing,** traitement par lots; **business data processing,** traitement de l'information en gestion; **call processing rate,** vitesse de transmission; **central processing unit (CPU),** unité centrale (UC) de traitement; **centralized data processing,** traitement d'informations centralisé; **computer processing cycle,** période d'exploitation; **concurrent processing,** traitement simultané; **consecutive processing,** traitement séquentiel; **continuous processing,** traitement en temps réel; **control character processing,** traitement des caractères de commande; **control sequential processing,** séquence de traitement, séquence de programme; **conversational processing,** traitement conversationnel; **data processing,** ordination, traitement de données; **data processing (DP),** traitement de données, traitement informatique; **data processing center,** centre de traitement de données; **data processing equipment,** matériel de traitement de données; **data processing machine,** machine de traitement de données, ordinateur; **data processing system,** système informatique, de traitement; **data processing technology,** technologie informatique; **data processing terminal equipment,** terminal de visualisation de données; **decentralized data processing,** traitement décentralisé; **deferred processing,** traitement différé; **delayed processing,** traitement ajourné; **demand processing,** traitement immédiat; **digital data processing system,** système de traitement numérique; **direct data processing,** traitement direct des données; **direct document processing,** traitement direct des documents; **direct processing,** traitement sélectif; **dispersed data processing,** télématique, informatique distribuée; **dispersed processing,** traitement distribué, informatique distribuée; **distributed data processing,** traitement de données distribué; **distributed data processing network,** réseau d'informatique distribuée; **distributed processing,** traitement distribué, traitement réparti; **distributed processing network,** réseau de centralisation du traitement; **document data process-**

ing, traitement de documents; **electronic data processing (EDP),** traitement électronique de données, informatique; **electronic data processing machine,** machine de traitement électronique de données; **electronic data processing system,** système de traitement électronique de données; **end-of-tape processing,** fin du traitement de bande; **file processing,** traitement de fichiers; **foreground processing,** traitement prioritaire; **foregrounding processing,** traitement de premier plan; **front-end processing,** traitement frontal; **graphic data processing,** traitement de l'information graphique; **image processing,** traitement d'image; **immediate processing,** traitement sur demande; **in-line data processing,** traitement de données interactif; **in-line processing,** traitement en ligne; **independence processing,** traitement autonome; **industrial data processing,** traitement de données industriel; **information processing,** traitement de données, traitement informatique; **information processing center,** centre informatique; **input only processing,** traitement exclusif des entrées; **inquiry and transaction processing,** télétraitement; **inquiry processing,** traitement des demandes; **instruction processing unit,** unité de traitement des instructions; **integrated data processing (IDP),** traitement intégré de l'information; **integrated information processing,** traitement intégré des données; **interactive image processing,** traitement d'image interactif; **interactive processing,** traitement interactif; **internal data processing,** traitement interne des données; **interrupt processing,** traitement d'interruption; **job processing control,** contrôle du traitement des tâches; **job processing monitor,** moniteur de traitement de tâches; **job processing system,** système de traitement de travaux; **label processing,** traitement de labels; **list processing,** traitement de liste; **list processing (LISP),** traitement des files (LISP); **list processing language,** langage de traitement de liste; **local batch processing,** traitement différé local; **main line processing,** partie principale du traitement; **message processing program,** programme de traitement des messages; **message text processing,** traitement de texte de message; **multifile processing,** traitement multifichier; **multimessage processing,** traitement multimessage; **multiple input file processing,** traitement multifichier; **multiple job processing,** traitement multitâche; **multisequence processing,** traitement multiséquence; **network processing,** traitement distribué; **off-line processing,** traitement autonome; **on-line processing,** traitement en direct; **on-line transaction processing,** traitement interactif; **order processing,** traitement des commandes; **order processing system,** système de traitement des commandes; **output processing,** traitement des résultats; **output-only processing,** traitement en sortie unique; **overlap processing,** traitement simultané; **overlapped processing,** traitement simultané; **parallel processing,** traitement en parallèle; **parallel processing unit,** unité arithmétique parallèle; **pattern processing,** traitement des informations; **priority processing,** traitement prioritaire; **processing convention,** règles de traitement; **processing data,** données à traiter; **processing language,** langage de traitement; **processing load,** charge de traitement; **processing mode,** mode de traitement; **processing operation,** traitement; **processing option,** option de traitement; **processing overlap,** débordement de traitement; **processing period,** période de traitement; **processing power,** puissance de traitement; **processing program,** programme de traitement; **processing resource,** ressource allouée au traitement; **processing section,** zone d'exploitation; **processing specifications,** spécifications de traitement; **processing speed,** vitesse de traitement; **processing state,** état de traitement; **processing station,** poste de traitement; **processing system,** système de traitement, ordinateur; **processing time,** temps de traitement; **processing track,** piste d'enregistrement; **processing unit,** unité de traitement; **random processing,** traitement asynchrone; **real-time data processing,** traitement des données en temps réel; **real-time processing,** traitement en temps réel; **remote batch processing,** télétraitement par lots; **remote data processing,** traitement à distance; **remote job processing,** télétraitement des travaux; **remote processing,** télétraitement; **sequential processing,** traitement en séquences; **serial processing,** traitement séquentiel, traitement série; **simultaneous processing,** traitement simultané; **single-reference processing,** traitement monotâche; **stacked job processing,** suite des lots de travaux; **substitute track processing,** traitement des pistes de réserve; **tape processing,** opération sur bande; **text processing,** traitement de texte; **text processing system,** système de traitement de texte; **transaction processing (TP),** traitement transactionnel; **transactional processing,**

traitement des mouvements; **voice processing,** traitement vocal; **word processing (WP),** traitement de texte; **word processing report,** état traité par ordinateur; **working processing,** opération de traitement.

**processor***: processeur; **arithmetic processor,** processeur arithmétique; **array processor,** processeur matriciel; **assembly processor,** programme assembleur; **associative processor,** processeur associatif; **attached processor (AP),** calculateur associé; **attached support processor (ASP),** ensemble de calculateurs associés; **autonomous I/O processor,** processeur d'E/S autonome; **auxiliary processor,** processeur auxiliaire; **back-end processor,** processeur dorsal, ordinateur d'arrière-plan; **back-up processor,** unité centrale de réserve; **backup processor,** processeur de secours; **bit slice processor,** processeur en tranches; **central data processor,** unité centrale de traitement; **central processor,** processeur central; **central processor cycle,** cycle de mémoire centrale; **communication processor,** ordinateur de transmission; **control processor,** processeur maître, processeur pilote; **data processor,** ordinateur, processeur de données; **digital data processor,** processeur numérique; **display processor,** processeur d'écran; **distributed array processor,** multiprocesseur distribué; **dual processor system,** système biprocesseur; **dyadic processor,** processeur diadique; **film processor,** processeur de film; **floating-point processor (FPP),** processeur en virgule flottante; **front-end network processor,** calculateur frontal de réseau; **front-end processor (FEP),** processeur frontal; **general-purpose processor,** processeur d'usage général; **graphic processor,** processeur graphique; **graphics processor,** processeur graphique; **high-speed processor,** calculateur rapide; **host processor,** calculateur central, ordinateur hôte; **input/output processor (IOP),** processeur entrée/sortie; **instruction processor,** contrôleur d'instructions; **language processor,** processeur de langage; **magnetic tape processor,** processeur à bande magnétique; **maintenance processor,** processeur de maintenance; **mass storage processor,** processeur de disques magnétiques; **master processor,** processeur central, processeur maître; **microcode processor,** unité arithmétique; **network processor,** processeur de télétraitement; **node processor,** processeur nodal (réseau); **one-dimensional array processor,** processeur vectoriel; **one-processor unit,** monoprocesseur;

**peripheral processor,** processeur auxiliaire; **processor channel,** canal processeur; **processor control statement,** directive de calculateur; **processor state,** état de l'unité centrale; **processor storage,** mémoire centrale, mémoire interne; **processor subsystem,** sous-système de traitement; **processor switch,** commutateur système; **processorbound,** limité par le processeur; **processorlimited,** limité par le processeur; **relational processor,** processeur relationnel; **remote central processor,** ordinateur satellite; **remote job processor,** processeur de télétraitement; **remote network processor,** calculateur de télégestion; **satellite processor,** calculateur satellite; **schema processor,** traducteur de schéma; **service processor,** processeur de service; **slave processor,** processeur esclave; **text reader processor,** logiciel de reconnaissance de caractères; **transaction processor,** processeur de traitement des mouvements; **two-dimensional array processor,** processeur matriciel.

**p r o d u c e r :** producteur; **font producer,** éditeur de fonte.

**p r o d u c t :** produit; **infinite product,** produit infini; **inner product,** produit interne, produit scalaire; **intermediate product,** produit intermédiaire; **intermodulation products,** produits d'intermodulation; **logic product,** produit logique; **logic product gate,** porte de multiplication logique, porte ET; **logical product,** multiplication logique, intersection logique; **scalar product,** produit scalaire.

**p r o d u c t i o n :** production; **automated production control,** contrôle de production automatisé; **production control,** conduite de la production; **production data,** données de production; **production planning,** étude de la production; **production program,** programme de service; **production run,** passage opérationnel; **production schedule,** plan de production; **production scheduling,** planification de la production; **system production time,** temps de production du système; **text production,** création de texte.

**p r o d u c t i v e :** productif; **productive time,** temps d'exploitation sans erreurs.

**p r o f i l e :** esquisse, profil; **acquisition profile,** masque de saisie.

**p r o f o r m a :** proforma; **proforma message,** message codifié.

**p r o g r a m \* :** programme; **absolute program,** programme machine; **absolute program loader,** chargeur absolu de programme; **acceleration program,** programme de lancement; **acceptability program,** program-

me d'acceptation de syntaxe; **address program,** programme d'adresses; **adjustment program,** programme de mise au point; **allocation program,** programme d'affectation; **alteration program,** programme de modification; **alternate program,** programme alterné, programme interchangeable; **alternative program,** programme de réserve, programme auxiliaire; **application program,** programme d'application; **assembler program,** programme d'assemblage; **assembler source program,** assembleur; **assembly language program,** programme d'assemblage; **assembly program,** programme d'assemblage; **assembly program listing,** imprimé d'assemblage; **assembly program output,** sortie d'assemblage; **assignment program,** programme d'affectation; **audit program,** programme de vérification; **automatic program interrupt,** interruption automatique de programme; **automatic recovery program,** programme de récupération automatique; **automatic system checkout program,** programme automatique de contrôle général; **auxiliary program,** programme auxiliaire; **back-up and restore program,** programme de rappel; **background program,** programme non prioritaire; **basic program,** programme de base; **batch program,** programme différé; **benchmark program,** programme d'évaluation; **binary program tape,** bande de programme binaire; **blue ribbon program,** programme qui tourne d'emblée, sans mise au point; **bootstrap input program,** amorce de programme; **bootstrap program,** programme amorce, chargeur amorce; **branch program,** programme de renvoi; **called program,** programme appelé; **calling program,** programme d'appel; **card program calculating,** calcul par cartes-programme; **channel program,** routine de canal; **channel program translation,** translation du programme canal; **checking program,** programme de vérification, routine de contrôle; **clock program,** programme générateur de rythme; **coded program,** programme codé; **cold start program,** programme d'initialisation de système; **compiled program,** programme compilé; **compiling program,** programme de compilation, compilateur; **compressor program,** programme de compression; **computer program,** programme de calculateur; **computer test program,** programme de test machine; **computing program,** programme de calcul; **conditional program interrupt request,** demande conditionnelle interruption de programme; **control program,** programme de contrôle, programme de commande; **conversion program,** programme de conversion; **cosine program,** programme de calcul de cosinus; **cross-program,** programme portable; **current program,** programme en cours; **customer's program,** programme utilisateur; **data recording program,** programme de perforation des cartes; **data reduction program,** programme de condensation de données; **data vetting program,** programme de contrôle de données; **dedicated program,** programme spécialisé; **demo program,** programme de démonstration; **dependent program,** programme associé; **design program,** programme d'élaboration; **diagnostic program,** programme de diagnostic; **diagnostic test program,** programme-test de diagnostic; **direct program access,** accès direct au programme; **disassembly program,** désassembleur; **disconnect program,** programme de clôture; **disk utility program,** programme utilitaire de disque; **duty program,** programme de fonction, programme de travail; **edit program,** programme d'édition, routine d'édition, éditeur; **emulator control program,** programme de commande d'émulateur; **end-of-program routine,** fin de sous-programme; **error correcting program,** programme de correction des erreurs; **error search program,** programme de recherche d'erreurs; **executable program,** programme exécutable; **executable program file,** fichier de programmes exécutables; **executive program,** superviseur; **external program check,** contrôle externe de programmes; **external program parameter,** paramètre externe; **fault sensitive program,** programme détecteur d'avaries; **file delete program,** programme d'effacement de fichier; **fixed program,** programme fixe; **fixed-program computer,** calculateur à programme fixe; **floating-point based program,** programme à base de flottants; **foreground program,** programme prioritaire; **formatting program,** programme de mise en forme; **fully tested program,** programme opérationnel; **fun program,** programme de divertissement; **general postmortem program,** programme général d'autopsie; **general program,** programme général; **generating program,** programme générateur; **generation program,** programme de génération; **generator program,** programme générateur; **graphic display program,** programme de graphique; **graphics program,** programme graphique; **hand-coded program,** programme codé manuellement; **hand-written program,** programme écrit manuellement;

**hardware program counter,** compteur d'instructions câblé; **hardwired program,** programme câblé; **help program,** programme d'aide; **heuristic program,** programme heuristique; **incomplete program,** programme tronqué; **incorrect program,** programme erroné; **independent program,** programme indépendant; **infected program,** programme contaminé; **initial program load (IPL),** chargement du programme initial; **initial program loader,** chargeur initial; **initial program loading,** procédure de chargement initial; **initialization program,** programme d'initialisation; **input control program,** programme de commande d'entrée; **input formatting program,** programme d'introduction; **input program,** programme d'entrée, programme d'introduction; **input/output program,** programme de gestion des entrées/sorties; **integer-based program,** programme à base de nombres entiers; **intermediate program,** programme de manoeuvre; **intermediate program control,** programme de manoeuvre; **internal machine program,** programme machine interne; **internally stored program,** programme enregistré; **interpretive program,** interprète, interprétateur; **interpretive trace program,** programme de mise au point; **job & program sequence control,** contrôle des séquences de programme et travaux; **job control program,** programme de supervision; **leapfrog program,** programme test saute-mouton; **level of program,** niveau de programme; **librarian program,** programme bibliothécaire; **library program,** programme de bibliothèque; **line program impulse,** signal d'appel de ligne; **linked program,** programme fermé; **linking loader program,** programme chargeur éditeur de liens; **list program generator,** générateur de programme de listes; **load module linking program,** module chargeur-éditeur de liens; **load program,** programme de chargement; **loadable program,** programme chargeable; **logical channel program,** programme de canal logique; **logical program,** programme logique; **machine executable program,** programme binaire; **machine program,** programme machine; **macroassembly program,** programme macro-assembleur; **macrogenerating program,** programme générateur de macros; **macromaintenance program,** programme de gestion des macros; **main program,** programme principal; **maintenance program,** programme de diagnostic; **master program,** programme pilote; **master program file,** fichier bibliothèque principal; **merge program,** programme de fusion; **message control program,** programme de gestion de messages; **message processing program**, programme de traitement des messages; **modification program**, programme modification, routine de mise à jour; **modular program**, programme modulaire; **monitor program**, programme moniteur; **monitoring program**, programme de monitorage, moniteur; **multiwork station program**, programme interne du terminal intelligent; **nonrelocatable program**, programme non translatable; **object program**, programme en langage machine; **object-level program**, programme objet; **open-ended program**, programme ouvert; **operating program**, programme d'exploitation; **operation mode program**, programme de contrôle du programme maître; **operational program**, programme exécutable; **operational standby program**, programme du système de réserve; **optimal program**, programme à temps d'exécution minimal; **optimum program**, programme à temps d'exécution minimal; **output control program**, programme de commande d'extraction; **output program**, programme de sortie, routine d'extraction; **partial program**, segment de programme; **peripheral control program**, programme de commande des périphériques; **peripheral interchange program (PIP)**, gestionnaire de périphérique; **physical channel program**, programme du canal physique; **plotting program**, programme de traçage; **portable program**, programme portable; **postmortem program**, programme d'autopsie; **precompiler program**, programme de précompilation; **preliminary program**, programme provisoire; **primary control program (PCP)**, programme de contrôle primaire; **priority program**, programme prioritaire; **private to a program**, uniquement pour un seul programme; **problem program**, programme d'évaluation; **processing program**, programme de traitement; **production program**, programme de service; **program (to)**, programmer; **program address counter**, registre d'instructions; **program advance**, progression de programme; **program analyzer**, programme d'analyse; **program area**, zone de programme; **program backup**, sauvegarde de programme; **program bank**, banque de programmes; **program board**, tableau de programme câblé; **program capacity**, capacité programme; **program card**, carte-programme; **program card control**, commande à cartes-programme; **program chaining**, enchaînement de programme; **program change**, changement de programme; **program check**, contrôle de programme; **program checking**, contrôle de programme; **program checkout**, mise au point du programme; **program command**, directive de programme, instruction (programme); **program compatibility**, portabilité de programme; **program compilation**, compilation de programme; **program control**, commande de programme; **program control unit**, unité de commande d'instructions; **program controller**, contrôleur d'instructions; **program counter**, registre d'instructions; **program crash**, blocage fatal du programme; **program cycle**, cycle de traitement; **program data**, données de programme; **program debugging**, débogage de programme; **program deck**, jeu de cartes programme; **program description**, description de programme; **program descriptor**, descripteur de programme; **program design**, conception de programme; **program development**, développement de programme; **program development cycle**, cycle de développement de programme; **program development time**, temps de réalisation de programme; **program director**, directive de programme; **program directory**, liste de programmes; **program distribution system**, système d'affectation de programmes; **program distributor**, distributeur de programmes; **program documentation**, documentation du programme; **program drum**, tambour programme; **program end**, fin de programme; **program error**, erreur de programme; **program execution**, exécution de programme; **program exit**, sortie de programme; **program fetch**, appel de programme; **program file**, fichier exécutable; **program flow**, déroulement du programme; **program flowchart**, organigramme du programme; **program generation**, génération de programme; **program generator**, générateur de programme; **program handler**, gestionnaire de programme; **program header**, en-tête de programme; **program header card**, carte en-tête de programme; **program history**, historique de programme; **program identification**, identification de programme; **program input**, bande de programme des entrées; **program instruction**, directive de programme; **program item**, élément de programme; **program jump**, saut de programme; **program language**, langage du programme; **program length**, longueur de programme; **program level**, niveau de programme; **program library**, bibliothèque de programmes, programmathèque; **program linking**, liaison de programme; **program linking code**, code d'enchaînement de programme; **program listing**, listage de programme; **program load file,** fichier chargeur de programme; **program loader,** chargeur de programme; **program loading,** chargement du programme; **program loop,** boucle de programme; **program maintenance,** maintenance de programme; **program management,** gestion de programme; **program mask,** masque de programme; **program mesh,** maille de programme; **program module,** module de programme; **program name field,** zone de nom de programme; **program origin,** origine de programme; **program pack,** module de programme; **program package,** logiciel; **program parameter,** paramètre de programme; **program part,** segment de programme; **program pattern,** structure de programme; **program protection,** protection de programme; **program proving,** preuve de programme; **program register,** registre de programme; **program relocation,** translation de programme; **program repeat,** itération de programme; **program restart,** reprise de programme; **program run,** passe de programme; **program scheduling,** planification des programmes; **program section,** partie de programme; **program sectioning,** segmentation de programme; **program segment,** segment de programme; **program segment loading,** chargement d'un segment de programme; **program segmenting,** segmentation de programme; **program selection,** sélection de programme; **program sequence,** séquence d'instructions; **program sheet,** fiche de programmation; **program skip,** saut de programme; **program sort merge,** programme de tri et de fusion; **program specification,** spécification de programme; **program stack,** pile dynamique de programme; **program start,** lancement de programme; **program statement,** instruction de programme; **program status word (PSW),** mot d'état programme; **program step,** pas de programme; **program stop,** arrêt de programme; **program storage,** mémoire programme; **program structure,** structure de programme; **program supervisor,** moniteur; **program switch,** branchement de programme; **program table,** table de programmes; **program tape,** bande de programme; **program terminaison,** terminaison de programme; **program termination,** arrêt de programme; **program test,** test de programme; **program test time,** temps d'essai de programme; **program testing,** essai de programme; **program text,** texte de programme; **program transcript,** transcription de programme; **program translation,** traduction de

programme; **program tree,** arbre de programme; **program unit,** unité de programme; **program word,** mot de programme; **program worksheet,** feuille de programmation; **program write-up,** écriture de programme; **program-accessible,** accessible par programme; **program-controlled,** commandé par programme; **program-controlled computer,** calculateur géré par programme; **program-driven,** contrôlé par programme; **program-generated parameter,** paramètre dynamique; **program-sensitive fault,** défaut détecté par programme; **public to a program,** programme à accès général; **queued channel program,** programme canal en file d'attente; **read-in program,** programme de mise en mémoire; **real-time program,** programme en temps réel; **recursive program,** programme récursif; **reentrant program,** programme réentrant; **region of program,** secteur de programme; **relocatable program,** programme binaire translatable; **relocatable program loader,** chargeur de programmes translatables; **remote program load,** téléchargement; **removable program panel,** tableau de programme échangeable; **repeat program,** programme itératif; **report program generator (RPG),** générateur de programme d'états; **request program,** programme d'appel, appel de programme; **resident control program,** programme de contrôle résident; **resident program,** programme résident; **reusable program,** programme partageable; **revision program,** programme de mise au point; **root program,** programme de base; **running program,** programme exploitable; **safeguarding program,** programme de sauvegarde; **sample program,** programme d'échantillonnage; **scanning program,** programme d'analyse; **secondary program,** programme auxiliaire; **selective trace program,** programme d'analyse sélective; **self-triggered program,** programme à lancement automatique; **service program,** programme de service; **setup program,** programme d'installation; **simulation program,** programme de simulation; **simulator program,** simulateur; **single-cyclic program,** programme cyclique simple; **single-pass program,** programme en passe unique; **snapshot program,** programme d'analyse sélective; **software program counter,** compteur d'instructions programmées; **sort program,** programme de tri; **sort/collate program,** programme de tri et d'interclassement; **sorting program,** programme de tri; **source language program,** programme source; **source program,** programme source;

**source program library,** bibliothèque de programmes source; **source program statement,** instruction du programme source; **source program text,** texte du programme symbolique; **special program,** programme spécifique; **specific program,** programme spécifique; **specification program,** programme de spécification; **standard program,** programme standard, routine standard; **star program,** programme sans bogue; **static program,** programme statique; **statistical program,** programme statistique; **step-by-step program,** programme pas à pas; **storage print program,** programme de vidage de mémoire; **stored program,** programme mémorisé; **stored program computer,** calculateur à programme mémorisé; **structured program,** programme structuré; **successor program,** programme suiveur; **successor program chaining,** enchaînement du programme suiveur; **successor program initiation,** lancement du programme suiveur; **supervisory program,** programme de supervision; **support control program,** programme de test et de diagnostic; **support program,** logiciel d'aide à la programmation; **symbolic program,** programme symbolique; **symbolic program tape,** bande de programme symbolique; **system generation program,** programme de génération d'un système; **system program,** programme d'exploitation; **tampered program,** programme falsifié; **tape-to-printer program,** programme d'impression de bande; **target program,** programme objet; **teleprocessing program,** programme de télétraitement; **test program,** programme de test; **trace program,** programme d'analyse, programme de dépistage; **tracing program,** programme de pas à pas; **training program,** programme d'enseignement; **transcription program,** programme de transcription; **unconditional program interrupt,** interruption de programme inconditionnelle; **unfinished program,** programme non terminé; **update analysis program,** programme de mise à jour; **update program,** programme de mise à jour; **updating program,** programme de mise à jour; **user program,** programme utilisateur; **user program area,** espace mémoire utilisateur; **user-specific program,** programme personnalisé; **utility program,** programme de servitude; **verifying program,** programme de vérification; **waiting program,** programme en attente; **wired program,** programme câblé; **wired program computer,** calculateur à programme câblé; **work program,** plan de travail.

**programmability:** programmabilité.

**programmable:** programmable; **electrically programmable ROM (EPROM),** mémoire morte programmable électriquement; **field programmable logic array (FPLA),** élément logique programmable; **hardware programmable,** programmable par machine; **mask programmable,** programmable par masque; **programmable ROM (PROM),** mémoire morte programmable; **programmable array logic (PAL),** logique à réseau programmable; **programmable automaton,** automate programmable; **programmable keyboard,** clavier programmable; **programmable logic array (PLA),** réseau logique programmable; **programmable memory,** mémoire programmable; **programmable protected field,** zone protégée programmable; **programmable terminal,** terminal programmable.

**programmatics:** la programmatique.

**programme:** cf **program.**

**programmed:** programmé; **card programmed,** programmé par cartes; **custom-programmed,** programmé pour l'utilisateur; **hardware-programmed,** programmé en mémoire morte; **programmed addressing,** adressage programmé; **programmed call,** appel de programme; **programmed check,** contrôle programmé; **programmed checking,** contrôle programmé; **programmed control interrupt,** interruption programmée; **programmed dump,** vidage programmé; **programmed floating-point operation,** calcul à virgule flottante programmée; **programmed function keyboard,** clavier spécifique; **programmed instruction,** directive programmée; **programmed interlock,** blocage programmé; **programmed keyboard,** clavier programmé; **programmed learning,** enseignement programmé; **programmed logic,** logique programmée; **programmed logic array (PLA),** réseau à logique programmée; **programmed logic computer,** calculateur à logique programmée; **programmed management,** gestion programmée; **programmed marginal check,** contrôle marginal programmé; **programmed mode switch,** mode de renvoi multiple; **programmed stop,** arrêt programmé.

**programmer:** programmeur; **PROM programmer,** programmateur de mémoire morte; **auto-programmer,** autoprogrammateur; **computer programmer,** programmeur; **programmer analyst,** analyste programmeur; **programmer test utility,** utilitaire de tests pour programmeur; **programmer worksheet,** feuille de programmation; **programmer-defined macro,** macro définie par le programmeur.

**p r o g r a m m e t r y:** programmétrie.

**p r o g r a m m i n g\*:** programmation, codage; **a programming language (APL)**, langage de programmation; **absolute programming,** programmation en langage machine; **advanced programming,** programmation évoluée; **application programming,** programmation d'applications; **audit programming,** programmation de contrôle; **automatic programming,** programmation automatique; **automatic programming language,** langage de programmation automatique; **automatic programming system,** système de programmation automatique; **automatic programming tool (APT),** programme de commande numérique; **business programming,** programmation de gestion; **computer parts programming,** programmation des rechanges; **computer programming,** programmation de calculateur; **conversational mode programming,** programmation conversationnelle; **conversational programming,** programmation dialoguée; **convex programming,** programmation convexe; **dedicated programming mode,** mode de traitement simplifié; **direct programming,** programmation sélective; **dynamic programming,** programmation dynamique; **file-oriented programming,** programmation adaptée aux fichiers; **free programming configuration,** à programmation variable; **heuristic programming,** programmation heuristique; **incremental programming,** programmation relative; **integer programming,** programmation discrète; **interpretive programming,** programmation interprétative; **linear programming,** programmation linéaire, séquences sans boucle; **linear programming system (LPS),** système à programmation linéaire; **machine level programming,** programmation directe; **machine programming system,** méthode de programmation orientée machine; **machine-aided programming,** programmation assistée par machine; **mathematical programming,** programmation mathématique; **minimum access programming,** programmation à temps d'accès minimal; **minimum latency programming,** programmation à temps d'exécution minimal; **modular programming,** programmation modulaire; **nonlinear programming,** programmation non linéaire; **object language programming,** programmation en langage machine; **on-line programming,** programmation interactive; **optimal programming,** programmation à exécution optimale; **optimum programming,** programmation à temps d'exécution minimal; **parallel pro-**gramming, programmation simultanée; **parametric programming,** programmation paramétrique; **programming aid,** aide à la programmation, outil de programmation; **programming analyst,** analyste en programmation; **programming course,** cours de programmation; **programming device,** dispositif de programmation; **programming documentation,** dossier de programmation; **programming error,** erreur de programmation; **programming flowchart,** diagramme, organigramme de programmation; **programming form,** imprimé de programmation; **programming independence,** indépendance de la programmation; **programming language,** langage de programmation; **programming language 1 (PL/1),** langage de programmation PL/1; **programming loop,** boucle de programmation; **programming method,** méthode de programmation; **programming methodology,** méthodologie de programmation; **programming mistake,** erreur de programmation; **programming personnel,** personnel de programmation; **programming support,** aide à la programmation, outil de programmation; **programming system,** système de programmation; **programming time,** temps de programmation; **programming tip,** astuce de programmation; **programming tools,** outils de programmation; **random access programming,** programmation indépendante du temps d'accès; **relative programming,** programmation relative; **serial programming,** programmation séquentielle, programmation série; **structured programming,** programmation structurée; **symbolic programming,** programmation symbolique; **symbolic programming language,** langage de programmation symbolique; **symbolic programming system,** système de programmation symbolique; **telecommunications programming,** programmation du télétraitement; **transaction programming,** programmation de transactions; **variable programming,** programmation variable.

**p r o g r e s s:** développement; **call progress signal,** signal de service; **progress (to),** traiter; **progress monitoring,** contrôle d'exécution; **progress report,** rapport d'avancement; **progress statement,** compte-rendu d'avancement; **recursive progress,** opération récursive; **sort progress statement,** indication de l'état de tri.

**p r o g r e s s i o n:** progression; **arithmetic progression,** progression arithmétique; **geometrical progression,** série géométrique; **harmonic progression,** suite harmonique.

**p r o j e c t:** projet; **project chart,** graphique

315

de projet.

**projection:** projection; **visual information projection,** affichage sur écran de visualisation; **visual information projection subsystem,** sous-système à écran de visualisation.

**prolog:** prologue; **PROLOG,** langage PROLOG; **block prolog,** amorce de bloc.

**prologue:** *cf* **prolog.**

**PROM:** PROM blaster, claqueur de mémoire morte; **PROM blower,** grilleur de mémoire morte; **PROM burner,** brûleur de mémoire morte; **PROM programmer,** programmateur de mémoire morte; **programmable ROM (PROM),** mémoire morte programmable.

**prompt\*:** invite, guide-opérateur, message; **DOS prompt,** invite DOS; **prompt (to),** guider; **prompt message,** message d'attente; **prompt symbol,** symbole d'attente.

**prompter:** guide-opérateur, invite, guide; **screen displayed prompter,** guide de saisie affiché à l'écran.

**prompting:** sollicitation, suggestion, guidage, incitation; **operator prompting,** sollicitation à l'exploitant.

**prone:** sujet à..; **bug-prone,** sujet à bogue; **interference-prone,** sujet aux perturbations.

**prong:** lamelle de contact.

**proof:** preuve; **accuracy proof device,** protection d'écriture; **interference-proof,** insensible aux perturbations; **proof device,** dispositif d'autorisation; **proof figure,** facteur de contrôle; **proof listing,** liste de contrôle; **sound proof,** insonorisation; **zero proof,** preuve par zéro.

**proofreader:** correcteur.

**proofreading:** lecture de révision.

**propagated:** propagé; **propagated carry,** report propagé, retenue propagée; **propagated error,** erreur en chaîne.

**propagation:** propagation; **error propagation,** propagation d'erreurs; **propagation delay,** délai de propagation; **propagation loss,** perte par propagation; **propagation time,** temps de propagation.

**proper:** propre; **proper decimal fraction,** fraction décimale ordinaire; **proper fraction,** fraction ordinaire; **proper sequence,** séquence correcte; **proper string,** chaîne de caractères appropriée.

**proportion:** proportion, poucentage, rapport; **simple proportion,** règle de trois; **theory of proportion,** théorie de proportionnalité.

**proportional:** proportionnel; **proportional band,** bande proportionnelle;

**proportional font,** fonte proportionnelle.

**proportionate:** proportionnel.

**proposition:** proposition; **logic proposition,** proposition logique.

**protect:** **area protect feature,** protection de zone mémoire; **area protect switch,** commutateur de protection de partition; **check protect,** protection des chèques; **disk write protect,** protection à l'écriture; **file protect,** protection de fichier; **memory protect,** protection de mémoire; **memory protect error,** erreur de protection de mémoire; **memory protect feature,** dispositif de protection de la mémoire; **memory protect key,** clé de protection mémoire; **memory protect plate,** gouttière; **memory protect switch,** interrupteur de protection de la mémoire; **protect (to),** protéger; **protect code,** code de protection; **protect indicator,** indicateur d'autorisation d'écriture; **protect mode,** mode protégé; **protect switch,** commutateur d'autorisation d'écriture; **storage protect,** protection de mémoire; **storage protect feature,** dispositif de protection mémoire; **write protect,** protection à l'écriture; **write-protect notch,** encoche de protection à l'écriture.

**protected:** protégé; **file-protected,** fichier protégé; **programmable protected field,** zone protégée programmable; **protected copy,** copie protégée; **protected field,** zone protégée; **protected file,** fichier protégé; **protected floppy,** disquette protégée; **protected location,** emplacement protégé, lieu protégé; **protected memory,** mémoire protégée en écriture; **protected mode,** mode protégé; **protected reel,** bobine protégée; **protected software,** logiciel protégé; **protected storage,** mémoire à protection; **protected storage area,** zone de mémoire protégée; **shock-protected,** protégé contre les chocs; **write-protected,** protégé à l'écriture.

**protection:** protection; **asterisk protection device,** protection par astérisques; **automatic data protection,** protection automatique des données; **block protection,** protection de bloc; **block protection method,** méthode de protection des blocs; **check protection,** protection des montants; **contact protection,** protection de contact; **data protection,** protection des données; **data write protection,** interdiction d'écriture; **data-dependent protection,** protection individuelle des données; **driver protection circuit,** circuit de protection d'étage pilote; **error protection,** protection contre erreurs; **fetch protection,** clé informatique; **file protection,** protection des fichiers; **file protection device,**

316

dispositif de protection de fichier; **file protection ring,** couronne d'écriture; **format write protection,** protection au formatage; **input protection,** protection d'entrée; **key protection,** protection par clé; **main memory protection,** protection de la mémoire centrale; **memory protection,** protection de mémoire; **password protection,** protection par mot de passe; **program protection,** protection de programme; **protection bit,** bit de protection; **protection channel,** voie de protection; **protection check,** contrôle d'erreur d'autorisation d'écriture; **protection digit,** digit de protection; **protection domain,** zone protégée; **protection key,** clé de protection; **protection level,** niveau de protection; **protection ring,** anneau de protection; **protection status parameter,** paramètre d'autorisation d'écriture; **protection switch,** commutateur d'autorisation d'écriture; **protection symbol,** symbole de sécurité; **protection violation,** violation de la protection; **read/write protection tab,** onglet de protection à l'écriture; **ring protection,** protection circulaire; **selective protection,** protection facultative; **software protection,** protection des logiciels; **storage protection,** protection de zone mémoire; **storage protection indicator,** indicateur de protection mémoire; **storage protection key,** indicatif de protection mémoire; **virus protection,** protection antivirus; **write protection,** protection en écriture; **write protection notch,** encoche de protection à l'écriture.

**protective:** protecteur; **protective atmosphere,** atmosphère de protection; **protective earth,** terre de protection; **protective ground,** masse de protection.

**protector:** protecteur; **surge protector,** protection secteur.

**protocol\*:** protocole; **XMODEM protocol,** protocole (de transmission) XMODEM; **centralized routing protocol,** protocole de routage centralisé; **distributed protocol,** procédure distribuée; **end-to-end protocol,** protocole de bout en bout; **line protocol,** protocole de transmission; **link control protocol,** protocole de transmission; **link protocol,** procédure de liaison, procédure de ligne; **multichannel protocol,** protocole multivoie; **physical layer protocol,** protocole de la couche physique; **protocol converter,** convertisseur de protocole; **single-channel protocol,** protocole univoie; **token-passing ring protocol,** protocole d'anneau à jeton.

**prototype:** prototype; **prototype statement,** instruction prototype.

**protractor:** graphomètre.

**provided:** fourni; **user-provided rou-**tine, sous-programme d'utilisateur.

**proving:** vérification; **program proving,** preuve de programme; **proving time,** temps d'essai.

**provisional:** provisionnel; **provisional address,** adresse provisoire.

**PRR: pulse repetition rate,** taux de répétition des impulsions.

**PRT: printer,** imprimante.

**pseudoaccumulator:** accumulateur complémentaire.

**pseudoboolean:** pseudo-booléen.

**pseudocode:** pseudo-code.

**pseudodecimal:** pseudo-décimal; **pseudodecimal digit,** signal numérique pseudo-décimal.

**pseudohole:** zone pseudo-aléatoire.

**pseudoinstruction:** pseudo-instruction.

**pseudolanguage:** pseudo-langage.

**pseudoprogramme:** pseudo-programme.

**pseudorandom:** pseudo-aléatoire; **pseudorandom numbers,** nombres pseudo-aléatoires.

**pseudoregister:** pseudo-registre.

**pseudovariable:** pseudo-variable.

**PSW: program status word,** mot d'état programme.

**PTM: pulse time modulation,** modulation d'impulsions temporelle.

**public:** public; **public data network,** réseau public de télétraitement; **public file,** fichier public; **public network,** réseau public; **public software,** logiciel de domaine public; **public to a program,** programme à accès général; **public-domain software,** logiciel de domaine public; **public-switched network,** réseau public de télécommunications.

**publishing:** publication; **desktop publishing,** publication assistée par ordinateur (PAO).

**puck\*:** capteur.

**pull\*:** récupération directe; **pull (to),** extraire, prélever; **pull rod,** tendeur; **pull-up resistor,** résistance de charge; **push-pull amplifier,** amplificateur symétrique; **push-pull connection,** montage symétrique.

**puller:** extracteur; **IC puller,** extracteur de circuit intégré.

**pulley:** poulie; **drive pulley,** poulie de courroie d'entraînement; **motor pulley,** disque d'entraînement.

**pulling:** prélèvement, extraction; **hand pulling,** extraction manuelle.

**pulse:** impulsion; **bidirectional pulses,** impulsions négatives et positives; **blanking pulse,** impulsion de suppression; **call pulse,**

impulsion de déclenchement; **carry pulse,** impulsion de transfert; **check pulse,** impulsion de contrôle; **clock pulse,** impulsion d'horloge; **code pulse,** élément de code; **control pulse,** impulsion de commande; **control pulse frequency,** fréquence de l'impulsion de commande; **control pulse output,** sortie de l'impulsion de commande; **corrective action pulse,** impulsion de réglage; **current pulse,** impulsion de courant; **data pulse,** impulsion d'information; **dial pulse,** impulsion de numérotation; **digit pulse,** impulsion de rythme; **digital pulse converter,** convertisseur d'impulsions numériques; **disable pulse,** impulsion d'inhibition; **double pulse recording,** enregistrement bi-impulsion; **drive pulse,** impulsion de commande, impulsion d'écriture; **drive pulse generator,** générateur d'impulsions de commande; **emitter pulse,** impulsion d'émetteur; **enable pulse,** impulsion de validation; **full drive pulse,** commande à plein courant; **full read pulse,** impulsion de lecture complète; **full write pulse,** impulsion d'écriture complète; **gate pulse,** impulsion de coïncidence; **gating pulse,** impulsion de synchro; **gating pulse generator,** générateur d'impulsions de synchronisation; **group step pulse,** impulsion de progression groupe; **half-pulse,** demi-impulsion; **image enable pulse,** impulsion de validation de trame; **inhibit pulse,** impulsion d'inhibition; **key pulse,** impulsion de touche; **mark pulse,** impulsion de marquage; **marker pulse,** impulsion de marquage; **master pulse,** impulsion pilote; **narrow pulse,** impulsion étroite; **partial drive pulse,** impulsion de commande partielle; **partial read pulse,** impulsion de lecture partielle; **partial write pulse,** impulsion d'écriture partielle; **position pulse,** impulsion de positionnement; **postwrite disturb pulse,** impulsion parasite après écriture; **pulse amplifier,** amplificateur d'impulsion; **pulse amplitude,** amplitude d'impulsion; **pulse amplitude modulation (PAM),** modulation d'impulsions en amplitude; **pulse code modulation (PCM),** modulation par impulsions; **pulse counter,** compteur d'impulsions; **pulse decay time,** temps de descente d'impulsion; **pulse droop,** palier incliné d'impulsion; **pulse duration,** durée d'impulsion; **pulse duty factor,** taux d'impulsions; **pulse edge,** flanc d'impulsion; **pulse emitter,** émetteur d'impulsions; **pulse forming circuit,** circuit correcteur d'impulsions; **pulse frequency modulation (PFM),** modulation d'impulsions en fréquence; **pulse generation,** génération d'impulsions; **pulse generator,** générateur d'impulsions; **pulse**

**interleaving,** imbriquage d'impulsion; **pulse length,** durée d'impulsion; **pulse length modulation,** modulation d'impulsions en durée; **pulse line,** ligne à impulsions; **pulse modulation,** modulation par impulsions; **pulse output,** sortie d'impulsions; **pulse packing,** enregistrement dense d'impulsions; **pulse pike,** pointe d'impulsion; **pulse position modulation (PPM),** modulation d'impulsions en position; **pulse recording method,** méthode de retour à zéro; **pulse recurrence rate,** taux de récurrence des impulsions; **pulse regenerating circuit,** circuit régénérateur d'impulsions; **pulse regeneration,** régénération d'impulsions; **pulse repetition frequency (PRF),** fréquence de répétition des impulsions; **pulse repetition rate (PRR),** taux de répétition des impulsions; **pulse rise time,** temps de montée d'impulsion; **pulse scaler,** diviseur d'impulsions; **pulse shape,** forme d'impulsion; **pulse shaper,** formateur d'impulsion; **pulse shaping circuit,** circuit formateur d'impulsions; **pulse slope,** pente de flanc d'impulsion; **pulse spike,** pointe parasite d'impulsion; **pulse stretcher,** élargisseur d'impulsion; **pulse string,** train d'impulsions; **pulse stuffing,** bourrage d'impulsions; **pulse tilt,** palier incliné d'impulsion; **pulse time modulation (PTM),** modulation d'impulsions temporelle; **pulse top,** palier d'une impulsion; **pulse train,** train d'impulsions; **pulse transformer,** transformateur d'impulsions; **pulse width,** largeur d'impulsion; **pulse width modulation,** modulation en largeur d'impulsion; **pulse width recording,** enregistrement de la durée d'une impulsion; **read pulse,** impulsion de lecture; **reading pulse,** impulsion de lecture; **readout pulse,** impulsion de sortie de lecture; **rectangular pulse,** impulsion rectangulaire; **reset pulse,** impulsion de remise à zéro; **serrated pulse,** impulsion en dents de scie; **set pulse,** impulsion de positionnement; **shift pulse,** impulsion de décalage; **signal element pulse,** impulsion pas à pas; **space pulse,** impulsion dans l'espace; **sprocket pulse,** impulsion de synchronisation; **spurious pulse,** impulsion parasite; **square pulse,** impulsion carrée; **square wave pulse,** impulsion d'onde carrée; **start pulse,** impulsion de démarrage; **stop pulse,** impulsion d'arrêt; **strobe pulse,** impulsion d'échantillonnage; **synchronization pulse,** impulsion de synchronisation; **terminal pulse,** impulsion finale; **time pulse distributor,** distributeur d'impulsions d'horloge; **timing pulse,** impulsion de synchronisation; **timing pulse generator,** circuit générateur de rythme;

**timing pulse rate,** fréquence de rythme; **trigger pulse,** impulsion de déclenchement; **unblanking pulse,** impulsion de déblocage; **undirectional pulse,** impulsion unidirectionnelle; **voltage pulse,** impulsion de tension; **write pulse,** impulsion d'écriture.

**p u n c h :** poinçon; **X-punch,** perforation X, perforation 11; **Y-punch,** perforation Y, perforation 12; **add-punch machine,** perforateur-additionneur; **alphabetic punch,** perforateur alphabétique; **alphameric punch,** perforateur alphanumérique; **automatic punch,** perforateur automatique; **automatic tape punch,** perforateur de bande automatique; **automatic feed punch,** perforateur à alimentation de cartes automatique; **badge punch,** perforateur de badge; **calculating punch,** perforatrice calculatrice; **card punch,** perforateur de carte, poinçonneuse de carte; **card punch file,** fichier de perforation; **card punch unit,** unité de perforation; **card read/punch unit,** lecteur-perforateur de cartes; **card reproducing punch,** reproductrice de cartes; **chadless punch,** perforateur sans détachement de confettis; **control punch,** perforation fonctionnelle, code carte; **data tape punch,** perforateur de bande; **detection punch,** perforation repère; **dual punch card,** carte perforée composée; **duplicating card punch,** perforatrice duplicatrice; **duplicating punch,** perforatrice-duplicatrice; **edge punch read,** lecture des perforations marginales; **eleven punch,** perforation X, perforation 11; **gang punch,** perforatrice-reproductrice; **gang punch (to),** perforer en série; **hand feed punch,** perforatrice manuelle; **hand punch,** perforateur manuel; **high punch,** perforation Y, perforation 12; **high-speed punch,** perforateur rapide; **key-punch (to),** perforer manuellement; **keyboard punch,** perforatrice à clavier; **multiplying punch,** perforatrice calculatrice; **numeric punch,** perforation des colonnes chiffres; **numerical punch,** perforation numérique; **off punch,** perforation hors-cadre; **output punch,** perforatrice de sortie; **paper tape reader punch,** lecteur-perforateur de bande; **punch (to),** perforer; **punch area,** zone de perforation; **punch block,** outil de perforation; **punch card,** carte perforée; **punch check,** vérification des perforations; **punch code,** code perforé; **punch column,** colonne de perforation; **punch combination,** grille de perforations; **punch die,** matrice de perforation; **punch feed read,** perforation et lecture simultanée; **punch instruction,** instruction de perforation; **punch interlock,** verrouillage de perforation; **punch knife,** poinçon; **punch magnet,** électro-aimant de perforation; **punch over (to),** surperforer; **punch storage,** mémoire de perforation; **punch tape,** bande à perforer; **punch validity check,** contrôle de validité des perforations; **reproducing punch,** reproductrice de cartes; **spot punch,** poinçonneuse; **summary punch,** perforatrice récapitulative; **tape punch,** perforatrice de bande; **twelve punch,** perforation 12; **zero punch,** perforation hors-texte.

**p u n c h e d :** perforé; **control-punched tape,** bande perforée de contrôle; **edge-punched card,** carte à perforations marginales; **input punched tape,** bande perforée des entrées; **marginal-punched card,** carte à perforations marginales; **punched card,** carte perforée; **punched card code,** code de carte perforée; **punched card field,** zone de carte perforée; **punched card input,** introduction de cartes perforées; **punched hole,** perforation; **punched hole combination,** combinaison de perforations; **punched leader,** en-tête de bande perforée; **punched tape,** bande perforée.

**p u n c h e r :** perforatrice; **slotting puncher,** encocheuse.

**p u n c h i n g :** perforation; **accumulated total punching,** poinçonnage totalisateur; **card punching,** perforation de carte; **card punching rate,** vitesse de perforation des cartes; **digit punching,** perforation numérique; **double punching,** double perforation; **dual punching,** double perforation; **lace punching,** perforation excédentaire (d'une carte); **marginal punching,** perforation marginale; **mark-sense punching,** perforation à lecture graphique; **multiple punching,** multiperforation; **normal stage punching,** perforation normale; **paper tape punching,** perforation de bande; **punching form,** bordereau de perforation; **punching pin,** poinçon; **punching position,** position de perforation; **punching rate,** vitesse de perforation; **punching station,** poste de perforation; **punching throughput,** vitesse de perforation; **punching track,** piste de perforation; **punching unit,** perforateur; **serial number punching,** perforation en série d'un nombre; **summary punching,** perforation récapitulative; **zone punching,** perforation hors-texte.

**p u n c h l e s s :** sans perforation.

**p u n c t u a t e :** (to), ponctuer, marquer.

**p u n c t u a t i o n :** ponctuation, marque; **punctuation character,** caractère de ponctuation; **punctuation mark,** signe de ponctuation.

**p u r e :** pur; **pure binary,** binaire pur; **pure binary code,** code binaire pur, code binaire vrai; **pure binary notation,** numération binaire pure; **pure binary numeration,** numération binaire; **pure code,** code réentrant; **pure imaginary,** imaginaire pur; **pure imaginary number,** nombre imaginaire.

**purge:** vidage; **automatic purge,** effacement automatique; **purge (to),** libérer, vider, effacer; **purge date,** date de validation.

**purging:** effacement; **file purging,** effacement de fichiers.

**purification:** filtrage; **data purification,** filtrage de données.

**purpose:** but; **all-purpose computer,** calculateur universel; **general-purpose interface bus (GPIB),** bus universel; **general-purpose terminal,** terminal à usage multiple; **general-purpose trunk,** câble universel; **general-purpose computer (GPC),** ordinateur universel; **general-purpose interface,** interface universelle; **general-purpose language,** langage d'usage général; **general-purpose processor,** processeur à usage général; **general-purpose register,** registre d'usage général, registre banalisé; **single-purpose machine,** calculateur spécialisé; **special-purpose computer,** calculateur spécialisé.

**push\*:** mise sur pile; **push (to),** pousser; **push down (to),** refouler; **push instruction,**

instruction d'empilage; **push up,** pile ascendante; **push-pull amplifier,** amplificateur symétrique; **push-pull connection,** montage symétrique; **push-to-talk switch,** commutateur d'alternat; **virtual push button,** touche virtuelle.

**pushbutton:** bouton-poussoir; **console interrupt pushbutton,** poussoir d'interrogation console; **pushbutton control,** commande par bouton-poussoir; **pushbutton dialing,** appel par bouton-poussoir; **pushbutton monitoring,** surveillance par bouton-poussoir; **pushbutton pad,** bloc de boutons-poussoir; **pushbutton switching,** commutation par bouton-poussoir.

**pushdown:** **pushdown list,** liste inversée, refoulée, pile; **pushdown principle,** principe d'empilement; **pushdown queue,** file d'attente inversée; **pushdown stack,** pile à accès inversé; **pushdown storage,** pile inversée.

**pusher:** pousseur; **card pusher,** pousseur de cartes.

**pushup:** **pushup list,** liste directe; **pushup storage,** mémoire à liste directe.

**put\*:** écriture; **put (to),** mettre, ranger, mémoriser, écrire; **put function,** fonction d'écriture; **put in operation (to),** mettre en service.

# Q

**Q:** Q-test, test numérique.

**QAM:** quadrature amplitude modulation, modulation d'amplitude en quadrature (MAQ).

**QIC:** quarter-inch cartridge, cartouche quart de pouce.

**quad\*:** quarte; **quad density,** densité quadruple; **quad-word bound,** format à mot quadruple.

**quadbit:** quartet, multiplet de 4 bits.

**quadrant:** quadrant.

**quadratic:** quadratique.

**quadrature:** quadrature; **quadrature amplitude modulation (QAM),** modulation d'amplitude en quadrature (MAQ); **quadrature component,** composante réactive.

**quadruple:** quadruple; **quadruple length register,** registre quadruple; **quadruple precision,** quadruple précision; **quadruple register,** registre quadruple.

**qualification:** qualification; **level of qualification,** niveau de qualification; **locator qualification,** identification de repère; **pointer qualification,** identification du pointeur; **qualification level,** niveau de qualification.

**qualified:** qualifié; **qualified data name,** nom de données qualifiées; **qualified file name,** nom de fichier réservé; **qualified name,** nom qualifié; **subscripted qualified name,** nom indicé.

**qualifier:** qualifieur; **locator qualifier,** identificateur de repère; **pointer qualifier,** désignateur d'identificateur.

**quality:** qualité, propriété; **acceptable quality level (AQL),** niveau de qualité acceptable; **correspondence quality printer,** imprimante de qualité courrier; **letter quality,** qualité courrier; **near letter quality (NLQ),** proche de la qualité courrier; **quality code,** code d'état; **quality factor,** facteur de qualité.

**quantification:** quantification.

**quantifier:** quantificateur; **universal quantifier,** quantificateur universel.

**quantify:** **quantify (to),** quantifier.

**quantisation:** cf **quantization.**

**quantise:** cf **quantize.**

**quantiser:** cf **quantizer.**

**quantitising:** cf **quantitizing.**

**quantity\*:** quantité; **alternating quantity,** quantité alternante; **analog process quantity,** grandeur analogique; **analog quantity,** quantité analogique, valeur analogique; **compensating quantity,** quantité compensatrice; **input quantity,** volume d'entrée; **intermediate quantity,** valeur intermédiaire; **numeric quantity,** quantité, valeur numérique; **numerical quantity,** quantité, valeur numérique; **physical quantity,** grandeur physique; **quantity meter,** quantificateur; **quantity number counter,** compteur-quantificateur; **radical quantity,** racine; **regulating quantity,** grandeur de réglage; **scalar quantity,** grandeur scalaire; **unknown quantity,** quantité inconnue, grandeur inconnue, inconnue; **variable quantity,** quantité variable; **vector quantity,** grandeur vectorielle.

**quantization\*:** quantification; **quantization level,** niveau de quantification; **quantization noise,** bruit de quantification.

**quantize:** quantifier.

**quantizer:** quantificateur.

**quantizing:** quantification.

**quantum:** quantum, tranche de temps; **quantum clock,** temps unitaire; **time quantum,** unité de temps.

**quarter:** quart; **quarter-inch cartridge (QIC),** cartouche quart de pouce; **quarter-square multiplier,** multiplicateur parabolique.

**quartet:** quartet, multiplet de 4 bits; **zone quartet,** quartet de poids fort.

**quartz:** quartz; **quartz crystal,** cristal de quartz; **quartz delay line,** ligne à retard à quartz.

**quasi:** quasi; **quasi-instruction,** pseudo-instruction; **quasi-language,** pseudo-langage; **quasi-random,** quasi-direct; **quasi-random access,** accès quasi-instantané.

**quaternary:** quaternaire.

**quench:** **quench (to),** atténuer.

**query:** demande, interrogation, requête; **data query,** consultation de données; **database query,** interrogation d'une base de données; **interactive query language (IQL),** langage d'interrogation interactif; **management data query,** interrogation directe du fichier; **query (to),** demander; **query language translator,** traducteur de langage d'interrogation; **query station,** poste d'interrogation; **search query,** requête de recherche; **search query,** demande de recherche; **structured Query Language (SQL),** langage d'extraction de données; **user query,** demande de l'utilisateur.

**quesce\*:** quesce (to), rejeter.

**question:** question; **automatic request & question (ARQ),** demande et question automatiques; **question mark,** point d'interrogation '?'; **question status,** état de consultation.

**questioner:** appelant, demandeur.

**questionnaire:** questionnaire; **application questionnaire,** questionnaire de demande d'emploi.

**queue:** file d'attente, liste d'attente; **action queue slot,** zone d'intercalage; **available unit queue,** queue d'attente des unités disponibles; **device queue,** file d'attente des périphériques; **dispatcher queue file,** file d'attente de distribution; **entry queue,** file d'attente d'entrée; **external queue,** file d'attente externe; **fixed-queue list,** queue d'attente à base fixe; **input job queue,** file d'attente de travaux en entrée; **input queue,** file d'attente d'entrée; **input work queue,** file des travaux en entrée; **input/output queue,** queue d'attente des entrées/sorties; **job input queue,** file d'attente des travaux en entrée; **job queue,** file d'attente des travaux; **job queue item,** article du répertoire des travaux; **message queue,** file d'attente des messages; **output work queue,** file d'attente en sortie; **print queue,** file d'attente d'impression; **pushdown queue,** file d'attente inversée; **queue (to),** introduire dans une file d'attente; **queue access method,** méthode d'accès des files d'attente; **queue depth,** nombre de messages en attente; **queue discipline,** méthode d'accès avec file d'attente; **queue management,** gestion de files d'attente; **queue of operations,** suite des opérations de traitement; **queue off (to),** retirer de la file d'attente; **queue slot,** zone d'entrée de la file d'attente; **queue time,** temps d'attente en file; **run queue,** file, liste de travaux; **scheduler queue,** file d'attente d'ordonnancement; **scheduling queue,** file d'attente pilote; **variable-queue list,** liste d'attente variable; **waiting queue,** file d'attente; **waiting queue element,** élément de file d'attente; **waiting queue field,** zone de file d'attente; **work-in-process queue,** opération en file d'attente.

**queued:** en file, en queue; **linked-queued file organization,** organisation de fichiers chaînés; **queued access,** accès par file d'attente; **queued access method,** méthode d'accès des files d'attente; **queued channel program,** programme canal en file d'attente; **queued file,** suite de fichiers; **queued linking,** procédure d'enchaînement de file d'attente; **queued sequential access method,** méthode d'accès séquentiel de file.

**queueing\*:** gestion des files d'attente; **message queueing,** gestion de files de messages; **queueing condition,** condition d'attente en file; **queueing field,** zone de file d'attente; **queueing list,** liste de files d'attente; **queueing principle,** principe des files d'attente; **queueing probability,** probabilité d'attente en file; **queueing problem,** problème de file d'attente; **queueing theory,** théorie des files d'attente.

**quibinary:** quinaire; **quibinary code,** code biquinaire.

**quick:** rapide; **quick access memory,** mémoire à accès rapide; **quick closedown,** clôture rapide; **quick disconnect,** connecteur à attache rapide; **quick load,** chargement rapide; **quick reference card,** carte aide-mémoire; **quick reference guide,** guide référence; **quick sort,** tri par segmentation.

**quiesce:** (to), s'arrêter doucement.

**quiescent:** muet; **quiescent carrier telephony,** téléphonie à porteuse réductible; **quiescent input current,** courant de repos en entrée; **quiescent input voltage,** tension de repos en entrée; **quiescent output current,** courant de repos en sortie; **quiescent output voltage,** tension de repos en sortie; **quiescent period,** temps de repos; **quiescent point,** point de repos; **quiescent state,** état de repos.

**quiescing:** en attente, mise au repos.

**quiet:** silencieux; **quiet error,** erreur découverte rapidement.

**quietised:** cf **quietized.**

**quietized:** à bruit affaibli; **quietized cabinet,** armoire insonorisée.

**quinary\*:** quinaire; **quinary code,** code quinaire, 2 parmi 5; **quinary notation,** notation biquinaire; **quinary number,** nombre quinaire.

**quintet\*:** quintet, quintuplet, multiplet de 5 bits.

**quota:** quota; **quota method,** processus de recherche de lignes.

**quotation:** quotation; **quotation marks,** guillemets; **single-closing quotation mark,** apostrophe de fermeture '''; **single-opening quotation mark,** apostrophe d'ouverture '''.

**quoted:** quoté; **quoted string,** chaîne entre guillemets.

**quotes:** guillemets.

**quotient:** quotient; **differential quotient,** quotient différentiel; **multiplier quotient register,** registre multiplicateur quotient; **quotient register,** registre des quotients.

**QWERTY\*:** QWERTY keyboard, clavier QWERTY.

# R

**raceway:** piste d'alimentation; **return raceway,** piste de retour.

**rack:** baie, rack; **cable rack,** support de câbles; **card rack,** panier à cartes; **rack printer,** imprimante à barres de caractères.

**radial:** radial; **radial chart recorder,** enregistreur de coordonnées polaires; **radial line system,** transmission en étoile; **radial network,** réseau en étoile; **radial thickness,** épaisseur de paroi radiale; **radial transfer,** transfert radial, opération d'entrée/sortie.

**radian:** radian; **radian frequency,** fréquence radiale.

**radiation:** radiation; **luminous radiation,** radiation lumineuse; **parasitic radiation,** radiation parasite; **spurious radiation,** radiation d'ondes secondaires.

**radical:** radical; **radical index,** exposant de racine; **radical quantity,** racine; **radical sign,** signe de racine, signe de radical.

**radio:** radio; **radio frequency (RF),** radio fréquence; **radio frequency interference (RFI),** interférence radio fréquence; **radio link,** liaison hertzienne; **radio relay,** relais hertzien.

**radix\*:** base; **diminished radix complement,** complément restreint; **fixed-radix notation,** numération à base fixe; **floating-point radix,** radix de représentation en flottant; **mixed-radix notation,** notation mixte; **mixed-radix numeration,** numération mixte; **radix complement,** complément à la base; **radix conversion,** conversion de base; **radix notation,** numération à base; **radix number,** nombre à base; **radix numeration,** représentation pondérée; **radix numeration system,** numération à base; **radix point,** rang de la virgule; **radix representation,** représentation radiale; **radix-minus-one complement,** complément à la base moins 1; **radix-two counter,** compteur à base 2, compteur binaire.

**ragged:** non justifié; **ragged left,** décalé à gauche; **ragged margin,** marge irrégulière; **ragged right,** décalé à droite.

**rail:** rail; **carriage rail,** rail de chariot; **guard rail,** rail protecteur.

**raise:** raise (to), élever.

**raised:** élevé; **raised letter,** lettre en relief.

**RAM\*:** RAM disk, disque virtuel; **RAM disk software,** logiciel pour disque virtuel;

**RAM refresh cycle,** cycle de rafraîchissement de mémoire dynamique; **dynamic RAM,** mémoire dynamique; **random access memory (RAM),** mémoire vive, mémoire à accès direct; **static RAM,** mémoire statique.

**random\*:** hasard; **analog random access memory (ARAM),** mémoire analogique à accès direct; **card random access method (CRAM),** méthode d'accès sélectifs des cartes; **dynamic random access memory (DRAM),** mémoire vive dynamique; **index random file,** fichier à accès direct indexé; **memory random access,** accès aléatoire à la mémoire; **quasi-random,** quasi-direct; **quasi-random access,** accès quasi-instantané; **random access,** accès aléatoire; **random access device,** dispositif à accès direct; **random access input/output,** entrée/sortie à accès direct; **random access memory (RAM),** mémoire vive, mémoire à accès direct; **random access method,** méthode d'accès direct; **random access programming,** programmation indépendante du temps d'accès; **random access sort,** tri à accès direct; **random access storage,** mémoire à accès aléatoire, mémoire vive; **random address,** adresse directe; **random addressing,** adressage à accès aléatoire; **random data,** données aléatoires; **random device,** appareil à accès sélectif; **random error,** erreur aléatoire; **random failure,** erreur erratique, panne intermittente; **random file,** fichier (à accès) direct; **random file,** fichier à accès direct; **random logic,** logique à accès direct; **random noise,** bruit erratique; **random number,** nombre au hasard, aléatoire; **random number generator,** générateur de nombres aléatoires; **random number sequence,** suite de nombres aléatoires; **random number table,** table de nombres aléatoires; **random organization,** organisation en accès sélectif; **random processing,** traitement asynchrone; **random scan,** balayage cavalier; **random sequence,** séquence aléatoire; **random sequential,** séquentiel direct; **random variable,** variable aléatoire; **random walk,** cheminement aléatoire; **random walk method,** méthode de Monte-Carlo.

**randomise:** cf **randomize.**

**randomising:** cf **randomizing.**

**randomize:** randomize (to), rendre aléatoire, ranger en mémoire.

**randomizing:** calcul d'adresse; **address randomizing**, randomisation d'adresse; **randomizing formula**, rangement à une adresse calculée; **randomizing routine**, programme de calcul d'adresse.

**range\*:** gamme, capacité, plage; **address range**, plage d'adresse; **address range register**, registre d'adresse de base; **adjustment range**, plage de réglage; **audio range frequency**, gamme audiofréquences; **balanced error range**, gamme d'erreurs compensées; **control range**, plage de commande, zone de commande; **error range**, plage d'erreur, gamme d'erreurs; **frequency range**, gamme de fréquences; **long range communication**, communication à grande distance; **long range transmission**, transmission à grande distance; **measuring range**, plage de mesure; **meter range**, plage de mesure; **new range**, nouvelle gamme; **range check**, contrôle par fourchette; **range error**, erreur de gamme; **range of a variable**, capacité d'une variable, portée d'une variable; **range of error**, marge d'erreur; **range of interest**, marge d'intérêt; **range of values**, plage des limites; **range selection**, sélection de limites; **short range data transmission**, transmission rapprochée des données; **slant range**, distance directe; **vernier adjustment range**, plage de réglage précis; **working temperature range**, plage de températures de service.

**rank:** numéro de niveau; **rank (to)**, ordonner.

**rapid:** rapide; **rapid access loop**, zone d'accès rapide; **rapid memory**, mémoire rapide.

**raster\*:** trame, quadrillage; **horizontal raster count**, définition horizontale de trame; **raster count**, définition de trame; **raster device**, dispositif à balayage de trame de télévision; **raster display**, affichage tramé; **raster display device**, visu à quadrillage, visuel à balayage de trame; **raster font**, fonte matricielle; **raster graphic image**, mémoire-image d'une trame; **raster graphics**, infographie matricielle; **raster image**, image tramée; **raster pixel addressing**, adressage de point-image; **raster plotter**, traceur matriciel; **raster scan**, balayage par trame, balayage télévision; **raster scan CRT**, tube à balayage de trame; **raster scan display**, affichage à balayage de trame; **raster scan graphics**, graphisme de trame télévision; **raster scan video display**, affichage vidéo type télévision; **raster scanning**, balayage récurrent; **raster type display**, visualisation dite de trame; **raster unit**, unité de trame.

**ratchet:** rochet; **line space ratchet**, rochet de commande d'interligne; **ratchet shaft**, arbre des rochets; **setup ratchet**, segment de positionnement.

**rate:** débit; **activity rate**, cadence de mouvement; **actual data transfer rate**, cadence brute de transfert de données; **average data rate**, débit moyen d'entropie; **average information rate per time**, moyenne d'informations transmises; **average transinformation rate**, débit effectif; **basic clock rate**, rythme de base; **baud rate**, vitesse de transmission; **binary digit error rate (BER)**, taux d'erreurs par binaire; **bit error rate (BER)**, taux d'erreur binaire; **bit rate**, débit binaire; **bit transfer rate**, taux de transmission binaire; **block error rate**, taux d'erreurs sur les blocs; **burst rate**, taux de rafale; **call processing rate**, vitesse de transmission; **card punching rate**, vitesse de perforation des cartes; **character error rate**, taux d'erreur sur les caractères; **character rate**, débit (en caractères); **character transfer rate**, vitesse de transmission des caractères; **clock rate**, vitesse d'horloge; **counting rate**, vitesse de comptage; **data rate**, vitesse de transmission de données; **data signaling rate**, débit de données; **data transfer rate**, taux de transfert de données; **data transmission rate**, vitesse de transfert; **digit repetition rate**, taux de répétition de chiffres; **display refresh rate**, vitesse de rafraîchissement d'image; **drawing rate**, vitesse de tracé; **effective data transfer rate**, vitesse de transmission effective; **error rate**, taux d'erreurs; **failure rate**, taux de défaillance; **feed rate**, vitesse d'entraînement; **feed rate override**, correction avance papier; **frame rate**, vitesse de trame; **growth rate**, taux de croissance; **high data rate**, transmission à grande vitesse; **information flow rate**, vitesse de circulation de l'information; **information rate**, entropie informatique; **input rate**, vitesse d'introduction, vitesse d'entrée; **interruption rate**, taux d'interruption; **key rate**, vitesse de frappe; **keying error rate**, taux d'erreurs de frappe; **low data rate**, transfert lent; **maintenance rate**, intervalle entre deux opérations d'entretien; **maximum transfer rate**, vitesse de transfert maximal; **modulation rate**, rapidité de modulation; **operation rate**, vitesse d'opération; **output rate**, vitesse d'impression; **printing rate**, vitesse d'impression; **pulse recurrence rate**, taux de récurrence des impulsions; **pulse repetition rate (PRR)**, taux de répétition des impulsions; **punching rate**, vitesse de perforation; **rate (to)**, estimer, évaluer; **rate error**, taux d'erreurs; **rate of change**, taux de changement; **rate of exchange**, cours du change; **rate of interest**, taux de l'intérêt; **rate of time**, durée d'action; **read rate**, vitesse de lecture; **reading rate**, vitesse de lecture; **recurrence rate**, fréquence de récurrence; **refresh rate**, vitesse de rafraîchissement; **regeneration rate**, vitesse de rafraîchissement; **reject rate**, taux de rebut; **repetition rate**, vitesse de répétition; **residual error rate**, taux d'erreurs résiduelles; **sampling rate**, fréquence d'échantillonnage; **scan rate**, vitesse de balayage, de scanage; **scanning rate**, vitesse de scanage; **sequential rate**, taux de répétition; **signaling rate**, vitesse de transmission; **slew rate**, vitesse de balayage; **throughput rate**, cadence; **timing pulse rate**, fréquence de rythme; **transfer rate**, vitesse de transfert; **transmission rate**, débit de transmission; **typing rate**, vitesse de frappe; **undetected error rate**, taux d'erreur résiduelle; **write rate**, vitesse d'écriture.

**rated**: testé et garanti; **rated current**, courant nominal; **rated load**, capacité nominale; **rated load current**, courant de charge nominal; **rated output**, sortie nominale; **rated speed**, vitesse nominale; **rated voltage**, tension nominale.

**rating**: rapport; **accuracy rating**, taux d'exactitude; **power rating**, capacité de change; **precedence rating**, niveau prioritaire, degré de priorité; **thermal rating**, charge thermique; **wattage rating**, puissance consommée.

**ratio**: rapport, quotient; **activity ratio**, taux d'activité; **availability ratio**, taux de disponibilité; **brightness ratio**, taux de luminance; **carrier to noise ratio**, rapport porteuse à bruit; **constant ratio code**, code à rapport constant; **deviation ratio**, taux de modulation; **file activity ratio**, taux d'utilisation de fichier; **fixed-ratio code**, code pondéré; **internal ratio**, rapport interne; **noise ratio**, rapport signal; **operating ratio**, taux d'exploitation; **packing ratio**, taux de compression; **ratio change**, modification du rapport; **ratio of similitude**, rapport de similarité; **redundancy ratio**, taux de redondance; **residual error ratio**, taux d'erreurs résiduelles; **selection ratio**, rapport de sélection; **signal-to-noise ratio**, rapport signal-bruit; **utilisation ratio upmost**, taux d'utilisation extrême; **voltage standing wave ratio (VSWR)**, taux d'onde stationnaire (TOS).

**rational**: rationnel; **rational fraction**, fraction rationnelle; **rational integral**, fonction intégrale rationnelle; **rational number**, nombre rationnel.

**ravel**: linéarisation.

**raw**: brut; **raw data**, données brutes; **raw data transfer**, transfert de données brutes; **raw speed**, vitesse de base; **raw video**, vidéo brute.

**ray**: rayon; **cathode ray storage**, mémoire cathodique; **cathode ray tube (CRT)**, tube à rayons cathodiques (CRC); **electron ray tube**, tube à faisceau électronique; **flat faced cathode ray tube**, tube cathodique à écran plat.

**RBE**: remote batch entry, soumission, introduction par lots à distance.

**RBT**: remote batch terminal, terminal de traitement déporté.

**reactance**: réactance; **inductive reactance**, réactance inductive.

**reactivate**: (to), relancer, remettre en activité.

**read\***: lecture; **advanced read**, lecture anticipée; **alterable read-only memory**, mémoire morte altérable; **backward read**, lecture arrière; **badge read-out**, lecture de badge; **binary read mode**, mode de lecture binaire; **card read cycle**, cycle de lecture des cartes; **card read error**, erreur de lecture de cartes; **card read track**, piste de lecture; **card read/punch unit**, lecteur-perforateur de cartes; **check read**, lecture de contrôle; **combined read/write head**, tête de lecture-écriture; **control read-only memory (CROM)**, mémoire morte de commande; **counter read back**, transfert arrière du contenu compteur; **data read**, lecture des données; **data read function**, fonction de lecture de données; **destructive read**, lecture destructive; **direct read after write (DRAW)**, lecture et écriture simultanées; **early card read**, lecture anticipée de carte; **edge punch read**, lecture des perforations marginales; **electrically alterable read-only memory (EAROM)**, mémoire morte reprogrammable électriquement; **electrically erasable read-only memory (EEROM)**, mémoire morte effaçable électriquement; **fixed-read head**, tête de lecture fixe; **floating-read head**, tête de lecture mobile; **formatted read statement**, instruction de lecture formatée; **full read pulse**, impulsion de lecture complète; **fusable read-only memory**, mémoire morte fusible; **nondestructive read**, lecture sans effacement; **partial read current**, courant de lecture partielle; **partial read pulse**, impulsion de lecture partielle; **permanent read error**, erreur de lecture constante; **pixel read/write**, lecture/écriture de point-image; **punch feed read**, perforation et lecture simultanée; **read (to)**, lire, extraire; **read action**, opération de lecture; **read action macro call**, macro-appel de lecture; **read after write**, lecture après écriture; **read after write check**, lecture de contrôle après écriture; **read amplifier**, amplificateur de lecture; **read back**, relecture; **read back signal**, signal de lecture; **read backward (to)**, faire une lecture arrière; **read backward input**, lecture arrière des données enregistrées; **read block**, bloc de lecture; **read bridge**, pont de tri; **read buffer storage**, mémoire tampon; **read burst**, lecture par rafale; **read call**, appel de lecture; **read check**, contrôle de lecture; **read check indicator**, indicateur d'erreurs de lecture; **read compare**, poste de comparaison; **read count**, lecture de l'identificateur; **read current**, courant de lecture; **read cycle**, cycle de lecture; **read cycle time**, temps du cycle de lecture; **read data**, données de lecture; **read disturbance**, perturbation de lecture; **read error**, erreur de lecture; **read feature**, dispositif de lecture; **read field**, zone de lecture; **read head**, tête de lecture; **read in (to)**, enregistrer; **read initial**, lecture du début de piste; **read instruction**, instruction de lecture; **read into (to)**, introduire par lecture; **read mark**, marque de lecture; **read operation**, opération de lecture; **read out (to)**, lire, extraire; **read output**, signal de sortie de lecture; **read output signal**, signal de sortie; **read parity error**, erreur de parité en lecture; **read path**, chemin de lecture; **read pulse**, impulsion de lecture; **read rate**, vitesse de lecture; **read registration check**, vérification du nombre de perforations; **read roller**, cylindre de lecture; **read routine**, programme de lecture; **read screen**, fenêtre de lecture; **read speed**, vitesse de lecture; **read statement**, instruction de lecture; **read station**, poste de lecture; **read strobe**, signal de demande de lecture; **read tape command**, instruction de lecture bande; **read time**, temps de lecture; **read type instruction**, instruction d'introduction par console; **read unit**, unité de lecture; **read while writing**, lecture et mise à jour; **read winding**, enroulement de lecture; **readback check**, contrôle par relecture; **read-in program**, programme de mise en mémoire; **read-in storage**, mémoire morte; **read-only**, lecture seule; **read-only cassette loader**, cassette chargeur; **read-only file**, fichier protégé à l'écriture; **read-only memory (ROM)**, mémoire morte; **read-only memory compact disk (CD-ROM)**, disque optique compact (DOC); **read-only storage error**, erreur de mémoire morte; **read/write**, lectureécriture; **read/write access mode**, mode lecture-écriture; **read/write amplifier**, amplificateur de lecture/écriture; **read/write burst**, lecture-écriture par rafale; **read/write channel**, canal lecture/écriture; **read/write head**, tête de lecture/écriture; **read/write memory**, mémoire de lecture/écriture; **read/write mode**, mode lecture/écriture; **read/write protection tab**, onglet de protection à l'écriture; **readwrite register**, registre de lecture/écriture; **ready to read**, prêt à lire; **reverse read**, lecture inverse; **scatter read**, lecture diffuse; **scatter read/write**, lecture/écriture avec éclatement; **scattered read**, lecture diffuse; **screen read**, lecture d'écran; **storage read-out**, extraction de mémoire; **tape read error**, erreur de lecture de bande; **transformer read-only storage**, mémoire fixe inductive; **typesetting read**, lecture du code de composition; **unformatted read statement**, instruction de lecture non formatée; **unrecoverable read error**, erreur de lecture permanente.

**readability**: lisibilité; **readability sorter**, trieuse de documents.

**readable**: lisible; **machine-readable**, exécutable en machine; **machine-readable data**, données exploitables par la machine; **machine-readable form**, imprimé exploitable sur machine; **readable characters**, caractères lisibles; **readable output**, sortie lisible directement.

**reader**: lecteur; **ID card reader**, lecteur de cartes d'identification; **alphanumeric optical reader**, lecteur optique alphanumérique; **alphanumeric reader**, lecteur alphanumérique; **automatic character reader**, lecteur de caractères automatique; **badge reader**, lecteur de badge; **bar code reader**, lecteur de code à barres; **card reader**, lecteur de cartes; **cartridge reader**, lecteur de cassette; **cassette reader**, lecteur de cassette; **character reader**, lecteur de caractère; **document reader**, lecteur de document; **fiche reader**, lecteur de microfiche; **film reader**, lecteur de film; **graph reader**, lecteur de graphe; **high-speed card reader**, lecteur de cartes rapide; **high-speed document reader**, lecteur de documents rapide; **high-speed tape reader**, lecteur de bande rapide; **input reader**, programme d'introduction, programme d'entrée; **layer reader sorter**, lieuse-trieuse; **magnetic card reader**, lecteur de feuillets magnétiques; **magnetic character reader**, lecteur de caractères magnétique; **magnetic tape reader**, lecteur de bande magnétique; **mark reader**, lecteur de marques; **microfilm reader**, lecteur de microfilm; **multiple font reader**, lecteur multipolice; **optical bar code reader**, lecteur optique de code à bâtonnets;

optical character reader, lecteur optique de caractères; optical document reader, lecteur optique de documents; optical mark page reader, lecteur optique de marques; optical mark reader, lecteur de marque optique; optical page reader, lecteur optique de pages; optical reader, lecteur optique; page reader, lecteur de page; paper tape reader, lecteur de bande perforée; paper tape reader control, contrôleur de lecteurs de bandes perforées; paper tape reader punch, lecteur-perforateur de bande; perforated tape reader, lecteur de bande perforée; photoelectric reader, lecteur photoélectrique; photoelectric tape reader, lecteur photoélectrique de bandes perforées; reader stop prefix, préfixe d'arrêt de lecteur; reader-sorter, liseuse/trieuse; scanner/reader, lecteur analyseur; selective reader, lecteur-sélecteur; sorter reader, trieuse-lieuse; tag reader, lecteur d'étiquettes; tape reader, lecteur de bande; text reader processor, logiciel de reconnaissance de caractères; videoscan document reader, lecteur de documents par vidéographie.

r e a d a b i l i t y : lisibilité.

r e a d i n e s s : disponibilité; state of readiness, fonctionnement instantané.

r e a d i n g : lecture; automatic card reading, lecture automatique de cartes; automatic character reading, lecture automatique de caractères; bootstrap reading, lecture d'amorçage; brush reading, lecture par brosse; continuous reading, lecture en défilement continu; destructive reading, lecture avec effacement; digit reading, lecture numérique; direct character reading, lecture directe (séquentielle) de caractères; drop-in reading, lecture parasite; extended character reading, extension de lecture; magnetic reading, magnétolecture; multiple line reading, lecture multiligne; optical character reading, lecture optique de caractères; optical mark reading, lecture optique de marques; optical reading circuit, circuit de lecture optique; parallel reading, lecture en parallèle; reading accuracy, précision de lecture; reading and recording head, tête de lecture/écriture; reading band, aire de lecture; reading brush, balai de lecture; reading cycle time, temps du cycle de lecture; reading error, erreur de lecture; reading finger, levier palpeur; reading head, tête de lecture; reading operation, opération de lecture; reading pulse, impulsion de lecture; reading rate, vitesse de lecture; reading speed, vitesse de lecture; reading station, position de lecture; reading track, piste de

lecture; reading voltage, tension de lecture; reading/writing, lecture/écriture; reading-writing access mode, mode d'accès lecture-écriture; reverse reading, lecture inverse; verify reading, lecture de vérification.

r e a d o u t : lecture, affichage; bidirectional readout, lecture bilatérale; clock-actuated readout, lecture au rythme d'horloge; decimal readout, signal décimal de sortie; digital readout, afficheur numérique; led readout, afficheur à diodes électroluminescentes; nondestructive readout, lecture non destructive; parallel readout, lecture en parallèle; readout and reset, extraction et effacement; readout circuit, circuit d'extraction; readout clock, rythmeur d'extraction; readout control, contrôle de sortie de lecture; readout device, visuel à caractères; readout exit, sortie d'extraction; readout pulse, impulsion de sortie de lecture; readout signal, signal de lecture; readout station, poste de lecture; readout storage, mémoire de sortie; readout unit, unité de lecture; readout with check, extraction avec contrôle; visual readout, affichage.

r e a d y : prêt; data set ready (DSR), poste de données prêt; data terminal ready (DTR), terminal en ligne; not ready, non prêt; ready (to), être prêt; ready light, voyant prêt; ready state, état prêt; ready task, tâche disponible; ready to engage, prêt à alimenter; ready to read, prêt à lire; ready typeout, indication de disponibilité; ready-for-data, disponibilité de transmission; ready-for-operation, prêt à fonctionner; ready-for-receiving, prêt à la réception; ready-for-sending, prêt à émettre; receive ready, poste de réception prêt; status output ready, sortie validée.

r e a l : réel; on-line real time (OLRT), temps réel en ligne; real address, adresse réelle; real constant, constante réelle; real device, dispositif physique; real drive, unité physique; real length, longueur réelle; real memory, mémoire réelle; real mode, mode réel; real number, nombre réel; real power, puissance active; real storage, mémoire réelle; real time (RT), temps réel (TR); real type, type réel; real-time application, application en temps réel; real-time clock, horloge temps réel; real-time clock interface, interface d'horloge temps réel; real-time communication, communication en temps réel; real-time computer, calculateur en temps réel; real-time control, commande en temps réel; real-time control system, système de contrôle en temps réel; real-time data processing, traitement des données en temps réel; real-time demand, accès en temps réel; **real-time executive routine,** sous-programme d'exécution immédiate; **real-time input,** entrée en temps réel; **real-time interface,** interface de processus; **real-time language,** langage temps réel; **real-time monitor,** moniteur temps réel; **real-time operation,** opération en temps réel; **real-time output,** sortie en temps réel; **real-time processing,** traitement en temps réel; **real-time program,** programme en temps réel; **real-time satellite computer,** calculateur secondaire temps réel; **real-time simulation,** simulation en temps réel; **real-time simulator,** simulateur temps réel; **real-time spelling checker,** contrôleur orthographique en temps réel; **real-time system (RTS),** système temps réel; **real-time transmission,** transmission en temps réel; **real-time use,** exploitation en temps réel; **real-time working,** fonctionnement en temps réel.

**reallocate:** réaffecter.

**reallocation:** réaffectation.

**realm:** zone.

**rearrange: rearrange (to),** réordonner.

**rearrangement:** reclassement, réarrangement.

**reasonableness:** raison; **reasonableness check,** contrôle d'exactitude.

**reassemble: (to),** réassembler.

**reassembly:** réassemblage.

**reassign: (to),** réaffecter.

**reassignment:** réaffectation.

**reblast: (to),** reprogrammer une mémoire morte.

**reblasting:** reprogrammation.

**reblocked:** rebloqué; **reblocked file,** fichier à bloc regroupé.

**reblocking:** reblocage.

**rebootstrap:** réamorçage; **rebootstrap (to),** relancer.

**rebound:** rebond; **no-rebound key,** touche antirebond.

**rebuild: rebuild (to),** reconstruire, reconstituer.

**rebuilding:** reconstitution, reconstruction.

**recalculate: (to),** recalculer.

**recalibrate: (to),** recalibrer.

**recall:** rappel; **recall (to),** rappeler, reloger; **recall response,** réponse de rappel.

**recapture: recapture (to),** ressaisir.

**receipt:** réception; **acknowledge receipt (to),** accuser réception.

**receive:** réception; **alphabetic receive,** entrée alphabétique, réception alphabétique; **automatic send/receive (ASR),** téléimprimeur émetteur-récepteur; **buffer receive,** tampon récepteur; **continuous receive state,** état de réception permanent; **keyboard send/receive (KSR),** clavier expédition-réception (CER); **receive (to),** recevoir; **receive channel,** canal de réception; **receive control,** contrôle de réception; **receive frequency,** fréquence de réception; **receive instruction,** instruction de réception; **receive interruption,** interruption de la réception; **receive mode,** mode de réception; **receive ready,** poste de réception prêt; **receive run,** mode réception; **receive wire,** fil de réception; **receive-only (RO),** réception seule; **request to receive,** demande de mise en service du récepteur.

**received:** reçu; **received backward channel data,** sous-canal récepteur de données; **received data,** données reçues; **received voice answer,** réponse vocale réceptionnée.

**receiver:** récepteur, collecteur (de données); **badge receiver throat,** gorge de réception de badge; **control differential receiver,** récepteur différentiel; **data receiver,** récepteur de données; **digital data receiver,** récepteur numérique; **electronic receiver,** récepteur électronique; **line receiver,** coupleur de ligne; **receiver cutoff,** mise hors-service de l'unité de réception; **receiver gating,** circuit d'entrée récepteur; **receiver keying,** perforateur récepteur; **receiver signal element timing,** synchronisation de la réception; **receiver/transmitter,** émetteur récepteur; **synchronous receiver/transmitter,** émetteur/récepteur synchrone.

**receiving:** réception; **edited receiving field,** zone de réception mise en forme; **ready-for-receiving,** prêt à la réception; **receiving field,** champ objet; **receiving item,** zone de réception; **receiving magazine,** magasin de réception de cartes; **receiving terminal,** terminal récepteur.

**recept:** réception.

**receptacle:** prise femelle.

**reception:** réception; **aural reception,** lecture au son; **character reception,** réception de caractère; **frequency diversity reception,** réception en diversité de fréquence; **invalid reception,** réception erronée; **reception coverage,** couverture de réception; **reception pocket,** case de réception de cartes.

**receptor:** récepteur; **receptor language,** langage de réception.

**reciprocal:** réciproque; **reciprocal action,** action réciproque; **reciprocal equation,** équation réciproque; **reciprocal value,** valeur réciproque.

**reclaim:** réclamation; **reclaim (to),** récupérer.

**reclamation:** récupération.

**recode:** recode (to), reprogrammer, recoder.

**recoding:** recodage, reprogrammation.

**recognisable:** *cf* **recognizable.**

**recognition:** reconnaissance; **automatic character recognition,** reconnaissance automatique des caractères; **automatic pattern recognition,** reconnaissance automatique des structures; **automatic shape recognition,** reconnaissance automatique des formes; **automatic speech pattern recognition,** reconnaissance automatique de la parole; **automatic volume recognition,** reconnaissance automatique des formes; **call recognition time,** temps de reconnaissance d'appel; **character recognition,** reconnaissance de caractères; **character recognition device,** dispositif de reconnaissance de caractères; **character recognition logic,** logique de reconnaissance de caractères; **code recognition,** reconnaissance de code; **control character recognition,** reconnaissance des caractères de commande; **data recognition,** identification de données; **fault recognition,** détection de pannes; **mark recognition,** reconnaissance de repères; **media recognition,** identification des supports d'informations; **optical character recognition (OCR),** reconnaissance optique de caractères; **optical mark recognition (OMR),** reconnaissance optique de marques; **pattern recognition,** reconnaissance des formes; **recognition character,** caractère identificatif; **recognition device,** dispositif d'identification; **recognition function,** fonction d'identification; **recognition logic,** logique de reconnaissance; **recognition mechanism,** mécanisme d'identification; **recognition time,** temps de reconnaissance; **speech and pattern recognition,** reconnaissance de langages et de symboles; **speech recognition,** reconnaissance vocale; **structure recognition,** reconnaissance de structure; **tape mark recognition,** reconnaissance de marque de bande; **terminal recognition character,** caractère d'identité du terminal; **voice recognition,** reconnaissance vocale.

**recognizable:** reconnaissable; **machine-recognizable,** reconnu par une machine.

**recompilation:** recompilation.

**recompile:** (to), recompiler.

**recompiling:** (to), recompilation.

**recompute:** (to), recalculer.

**recondition:** (to), remettre en état.

**reconditioning:** remise en état.

**reconfigurability\*:** reconfigurabilité.

**reconfigurate:** (to), reconfigurer.

**reconfiguration:** reconfiguration; **storage reconfiguration,** reconfiguration de mémoire.

**reconfigure:** (to), reconfigurer.

**reconnect:** (to), reconnecter.

**reconstitute:** (to), reconstituer.

**reconstruct:** (to), reconstruire, reconstituer.

**reconstruction:** reconstitution, reconstruction; **file reconstruction,** reconstruction de fichier.

**reconversion:** reconversion.

**recopier:** recopieur; **display screen recopier,** recopieur d'écran.

**record\*:** enregistrement, rapport, état; **access record,** article d'accès; **addition record,** enregistrement additionnel; **amendment record,** enregistrement de modifications; **attribute record,** enregistrement entité; **bad track linking record,** enregistrement d'enchaînement de piste; **bank switching record,** adresse de commutation de banc; **base record,** enregistrement de base; **basic record,** enregistrement initial; **beginning-of-record,** début d'enregistrement; **block down records (to),** diminuer les blocs; **block record,** enregistrement de blocs; **blocked record,** enregistrement bloqué; **bootstrap record,** enregistrement d'amorçage; **chained record,** enregistrement chaîné; **change record,** enregistrement mouvement; **checkpoint record,** enregistrement de reprise; **complementary record,** enregistrement complémentaire; **contiguous record,** enregistrement adjacent; **control record,** ordre de gestion; **data record,** enregistrement de données; **data record name,** nom de l'article; **defined record,** enregistrement défini; **deletion record,** enregistrement d'annulation; **disk record,** enregistrement sur disque; **drum record,** enregistrement sur tambour; **dummy record,** pseudo-enregistrement; **duplicate record,** enregistrement double; **duplicated record,** copie d'enregistrement; **empty record,** article vide; **end of record,** fin d'enregistrement; **end-of-record gap,** fin de l'espace interbloc; **end-of-record information,** fin des informations enregistrées; **end-of-record word,** mot de fin d'enregistrement; **entity record,** enregistrement entité; **exception record,** article exceptionnel; **file leader record,** enregistrement d'ouverture de fichier; **fixed-format record,** enregistrement de format fixe; **fixed-length record,** enregistrement de longueur fixe; **fixed-record length,** longueur de bloc fixe; **fixed-size record,** enregistrement de taille fixe; **formatted record,** enregistrement de données formatées; **grouping of records,** groupe d'enregistrements; **header record,** enregistrement d'en-tête; **home address record,** bloc d'adresse de voie; **home record,** enregistrement de tête; **identifier record,** bloc identificateur; **index record,** enregistrement de répertoire; **information record,** enregistrement de données; **input padding record,** bloc de garnissage en entrée; **input record,** enregistrement d'entrée; **input record length,** longueur de bloc d'entrée; **job summary record,** bloc de cumul des travaux; **label record,** enregistrement identificateur; **last record indication,** indicateur de dernier enregistrement; **last record pointer,** adresse du dernier enregistrement; **layout record,** enregistrement descriptif; **leader record,** enregistrement en-tête; **length record word,** mot de longueur d'article; **logical record,** enregistrement logique; **logical record length,** longueur d'enregistrement logique; **master account record,** article permanent du fichier comptes; **master record,** enregistrement maître; **matching record indicator,** indicateur d'égalité; **modification record,** enregistrement de mise à jour; **multisegment record,** enregistrement multisegment; **noise record,** enregistrement parasite; **operation record,** plan d'opération; **order record,** ordre de gestion; **output header record,** enregistrement identificateur de sortie; **output record,** article sortant; **output record length,** longueur de l'article sortant; **overflow record,** article en débordement; **padding record,** enregistrement de remplissage; **performance record,** enregistrement de performances; **physical record,** enregistrement physique; **pilot record,** enregistrement pilote; **position of record,** classement de l'article dans le bloc; **primary data record,** enregistrement primaire; **primary record,** enregistrement principal; **prime record,** enregistrement de la zone principale; **print image record,** bloc à imprimer, enregistrement à imprimer; **printer record storage,** mémoire tampon d'imprimante; **record (to),** enregistrer; **record address,** adresse d'enregistrement; **record address file,** fichier des adresses d'enregistrements; **record amplifier,** amplificateur d'écriture; **record area,** zone d'articles de données; **record block,** bloc d'enregistrements; **record blocking,** groupement d'enregistrements en blocs; **record card,** fiche signalétique; **record carrier,** support d'enregistrement; **record character count,** zone de longueur d'article; **record checking,** contrôle de bloc; **record class,** type d'enregistrement; **record count,** nombre

d'enregistrements; **record counting,** comptage d'enregistrements; **record creation,** création d'articles; **record current,** courant d'enregistrement (écriture); **record description,** description d'article, description de bloc; **record description entry,** description d'articles de données; **record designator,** numéro de la piste de blocs; **record format,** structure d'enregistrement; **record format,** format d'enregistrement; **record gap,** espace entre enregistrements; **record group,** groupe d'articles; **record grouping,** sélection de bloc; **record handler,** sous-programme de transfert de blocs; **record head,** tête d'enregistrement; **record header,** en-tête d'enregistrement; **record identification code,** identificateur d'enregistrement; **record identifying code,** code d'identification de l'enregistrement; **record identifying indicator,** indicateur d'enregistrement; **record inventory,** service comptable; **record key,** indicatif d'article; **record label,** enregistrement annonce; **record layout,** structure d'enregistrement; **record length,** longueur d'enregistrement; **record length field,** zone de longueur de bloc; **record locator word,** mot de positionnement d'article; **record management,** gestion d'enregistrement; **record mark,** marque de fin d'enregistrement; **record mark control,** commande du drapeau d'article; **record marker,** drapeau d'enregistrement; **record name,** nom d'article; **record number,** numéro d'enregistrement; **record office,** service des archives; **record overflow,** débordement de l'enregistrement; **record overflow feature,** dispositif de changement de piste; **record overhead,** bloc supplémentaire; **record packing,** tassement d'un enregistrement; **record parameter,** paramètre d'enregistrement; **record playback head,** tête d'écriture/lecture; **record position,** positionnement d'enregistrement; **record segment,** segment d'enregistrement; **record selection,** sélection d'enregistrement; **record separator (RS),** séparateur d'enregistrements; **record sequence error,** erreur de séquence d'enregistrement; **record signal,** signal d'écriture; **record skip,** saut d'enregistrement; **record sort,** tri d'enregistrements; **record storage,** mémoire d'enregistrement; **record storage mark,** sentinelle de mémoire d'enregistrement; **record structure,** structure d'enregistrement; **record transmission,** transfert par bloc; **record type,** classification d'enregistrement; **record type sequence check,** contrôle séquentiel des types d'enregistrement; **record updating,** mise à jour d'articles; **record zero,** enregistrement zéro;

reference record, enregistrement de référence; relative record number, numéro d'enregistrement relatif; revision record, enregistrement de modifications; segment header record, enregistrement en-tête de segment; semifixed length record, enregistrement semi-fixe; single-segment record, enregistrement simple; spanned record, enregistrement étendu; time record, enregistrement de temps; track description record, enregistrement d'identification de piste; track descriptor record, enregistrement identificateur de piste; trailer record, enregistrement récapitulatif; transaction record, enregistrement des mouvements; transmitted record, enregistrement transmis; unformatted record, enregistrement sans format; unit record, enregistrement unitaire; unit record controller, contrôleur d'unités périphériques; unit record device, dispositif standard d'entrée/sortie; unit record equipment, matériel classique; unmatched records, blocs d'informations discordants; unspanned record, enregistrement sans segment; variable-format record, enregistrement à longueur variable; variable-length record, enregistrement de longueur variable; variable-length record file, fichier à enregistrements variables; variable-record length, longueur variable d'article; visual record, enregistrement en texte clair.

r e c o r d a b l e : enregistrable; recordable surface, surface enregistrable.

r e c o r d e d : enregistré; recorded time, période d'enregistrement; temps de saisie; recorded voice announcement, annonce par voix enregistrée.

r e c o r d e r : enregistreur; brush recorder, enregistreur direct; continuous line recorder, enregistreur de courbes; continuous loop recorder, enregistreur à bande continue, dérouleur; data recorder, enregistreur de données; digital recorder, enregistreur numérique; film recorder, enregistreur sur film; impulse recorder, enregistreur d'impulsions; microfilm recorder, enregistreur sur microfilm; multichannel recorder, enregistreur multicanal; radial chart recorder, enregistreur de coordonnées polaires; recorder with N channels, enregistreur à N canaux; tape loop recorder, dérouleur à ruban sans fin.

r e c o r d i n g : enregistrement, article; accuracy of recording, précision d'enregistrement; alternate track recording, enregistrement par pistes alternantes; automatic data recording, enregistrement automatique des données; block recording, enregistrement

de blocs; data recording, enregistrement des données, saisie de données; data recording computer, ordinateur de saisie des données; data recording device, enregistreur sur bande magnétique; data recording medium, support d'informations; data recording program, programme de perforation des cartes; digital data recording, enregistrement de données numériques; digital recording, enregistrement numérique; dipole recording method, retour à zéro (raz); méthode d'écriture avec raz; direct data recording, enregistrement direct des données; double density recording, enregistrement en double densité; double pulse recording, enregistrement bi-impulsion; electronic beam recording (EBR), enregistrement à faisceau électronique; group code recording (GCR), enregistrement par groupe; interlaced recording, enregistrement entrelacé; laser beam recording (LBR), enregistrement par faisceau laser; local source recording, saisie locale; magnetic recording, enregistrement magnétique; mode of recording, mode d'enregistrement; multiple data recording, saisie multi-information; non-return-to-zero recording (NRZ), enregistrement sans retour à zéro; phase modulation recording, enregistrement en modulation de phase; phase-encoded recording, enregistrement en codage de phase; polarized return to zero recording, enregistrement polarisé avec retour à zéro; pulse recording method, méthode de retour à zéro; pulse width recording, enregistrement de la durée d'une impulsion; reading and recording head, tête de lecture/écriture; recording accuracy, exactitude d'enregistrement; recording band, gamme d'enregistrement; recording current, courant d'enregistrement (écriture); recording density, densité d'enregistrement; recording device, dispositif d'enregistrement; recording error, erreur d'enregistrement; recording gap, intervalle d'écriture; recording head, tête d'écriture; recording medium, support d'enregistrement; recording mode, mode d'enregistrement; recording mode clause, indication du type d'écriture; recording size, longueur d'enregistrement; recording surface, surface d'enregistrement, surface d'écriture; recording technique, technique d'enregistrement; recording track, piste d'enregistrement, voie d'enregistrement; rerun recording routine, sous-programme de reprise; serial recording, enregistrement en série; surface recording, enregistrement en surface; tape recording density, densité d'enregistrement de bande; **time recording equipment,** enregistreur de temps; **track recording area,** surface d'écriture; **two-frequency recording mode,** mode d'enregistrement à l'alternat.

**r e c o r d s :** enregistrements, archives; **block down records (to),** diminuer les blocs; **grouping of records,** groupe d'enregistrements; **unmatched records,** blocs d'informations discordants.

**r e c o v e r :** (to), retrouver, régénérer, rétablir.

**r e c o v e r a b i l i t y :** faculté de récupération.

**r e c o v e r a b l e :** récupérable, réparable; **recoverable error,** erreur récupérable; **software recoverable abort,** arrêt corrigeable par le logiciel.

**r e c o v e r y\* :** récupération; **alert recovery routine,** routine de reprise; **automatic defective track recovery,** changement automatique de piste défectueuse; **automatic error detection and recovery,** détection et correction automatiques des erreurs; **automatic recovery program,** programme de récupération automatique; **backward recovery,** récupération par retraitement; **checkpoint recovery,** relance sur point de contrôle; **data recovery,** correction des données; **defective track recovery,** changement de voie erronée; **device error recovery,** correction automatique d'erreurs de sortie; **error recovery,** recouvrement d'erreurs; **failure recovery,** reprise après avarie; **fault recovery,** recouvrement d'erreurs; **file recovery,** récupération de fichier; **power fail recovery (PFR),** récupération automatique (panne secteur); **recovery function,** fonction de récupération; **recovery history file,** fichier de relance du traitement; **recovery module,** module de relance de l'exploitation; **recovery procedure,** procédure de récupération; **recovery routine,** routine de récupération; **recovery time,** temps de recouvrement; **recovery transaction,** mouvement de récupération.

**r e c r e a t e :** (to), recréer.

**r e c t a n g l e :** rectangle.

**r e c t a n g u l a r :** rectangulaire; **rectangular hyperbola,** hyperbole rectangulaire; **rectangular hysteresis loop,** boucle d'hystérésis rectangulaire; **rectangular integration,** integration rectangulaire; **rectangular pulse,** impulsion rectangulaire; **rectangular wave,** onde en créneau; **rectangular wave guide,** guide d'ondes carrées.

**r e c t i f i e d :** redressé; **rectified voltage,** tension redressée.

**r e c t i f i e r :** redresseur; **bridge rectifier,**

redresseur en pont; **controlled rectifier,** redresseur contrôlé; **full wave rectifier,** redresseur à double alternance; **germanium rectifier,** redresseur au germanium; **half-wave rectifier,** redresseur simple alternance; **rectifier bridge,** redresseur à couplage de Graetz; **rectifier cell,** cellule redresseuse; **rectifier stack,** colonne d'élément redresseur; **silicon rectifier,** redresseur au silicium.

**r e c t i l i n e a r :** rectiligne; **rectilinear motion,** mouvement rectiligne.

**r e c u r r e n c e :** récurrence; **pulse recurrence rate,** taux de récurrence des impulsions; **recurrence formula,** formule de récursion; **recurrence rate,** fréquence de récurrence.

**r e c u r s i o n :** recurrence, récursivité.

**r e c u r s i v e :** récursif; **recursive function,** fonction récurrente; **recursive operation,** opération récursive; **recursive procedure,** procédure récursive; **recursive program,** programme récursif; **recursive progress,** opération récursive; **recursive routine,** routine récursive; **recursive subroutine,** sous-programme récurrent.

**r e c y c l i n g :** recyclage; **recycling device,** dispositif régénérateur.

**r e d :** rouge; **Red Green Blue (RGB),** Rouge Vert Bleu (RVB); **red tape,** travail comptable; **red tape instruction,** instruction de servitude; **red tape operation,** opération de service, opération d'entretien; **ribbon shift red,** impression rouge.

**r e d i r e c t i o n :** déroutement, redirection, renvoi.

**r e d u c t i o n :** réduction; **amplitude reduction,** réduction d'amplitude; **block size reduction,** réduction de longueur de bloc; **data reduction,** réduction des données; **data reduction program,** programme de condensation de données; **graphic data reduction,** conversion des courbes en numérique; **manual reduction time,** temps de réduction manuelle; **noise reduction,** atténuation de bruit; **reduction cascading,** augmentation du niveau de détails; **reduction factor,** facteur de réduction; **reduction time,** temps de réduction; **speed reduction,** limitation de la vitesse; **transit time reduction factor,** facteur de réduction du temps de transition.

**r e d u n d a n c y :** redondance; **cyclic redundancy check (CRC),** contrôle cyclique par redondance; **longitudinal redundancy check (LRC),** contrôle par redondance longitudinale (parité); **longitudinal redundancy error,** erreur de parité horizontale; **redundancy bit,** bit (de contrôle) de redondance; **redundancy check,** contrôle par redondance; **redundancy check bit,** binaire de parité, bit de contrôle de parité; **redundancy check character,** caractère de parité; **redundancy control,** contrôle par redondance (de parité); **redundancy feedback,** détection d'erreurs en émission; **redundancy ratio,** taux de redondance; **relative redundancy,** redondance relative; **software redundancy,** redondance du logiciel; **transverse redundancy check (TRC),** contrôle de redondance horizontale; **vertical redundancy check (VRC),** contrôle de redondance verticale (parité paire).

**redundant:** redondant; **redundant character,** caractère redondant; **redundant code,** code redondant; **redundant digit,** chiffre redondant.

**reed:** lame; **dry reed contact,** contact mouillé au mercure; **dry reed relay,** relais hermétique à gaz inerte; **reed relay,** relais à ampoule; **reed switch,** contact à ampoule.

**reel:** bobine; **beginning reel label,** étiquette de début de bande; **block end-of-reel,** bloc fin de bobine; **continuation reel,** bobine suivante; **end of reel,** fin de bobine; **end-of-reel mark,** marque fin de bobine; **ending reel label,** label fin de bobine; **input reel,** bobine des entrées; **magnetic reel,** bobine (de bande) magnétique; **magnetic tape reel,** bobine de bande magnétique; **multifile reel,** bobine multifichier; **output reel,** bobine des sorties; **paper tape reel,** bobine de bande perforée; **pay-out reel,** bobine débitrice; **protected reel,** bobine protégée; **reel brake,** frein de bobine; **reel holddown,** fixation de bobine; **reel motor,** moteur bobine; **reel motor plate,** platine; **reel number,** numéro de bobine; **reel sequence,** numéro d'ordre; **reel sequence number,** numéro d'ordre d'un fichier multibobine; **reel storage bin,** réservoir de bandes; **reel swapping,** échange de bobine; **supply reel,** bobine débitrice; **take-off reel,** bobine débitrice; **take-up reel,** bobine réceptrice; **tape reel,** bobine de bande.

**reeling:** bobinage.

**reenable:** (to), revalider.

**reenter:** (to), réintroduire, réentrer, resaisir.

**reenterable:** réentrant; **reenterable load module,** module réentrant.

**reentrance:** réentrance.

**reentrancy:** invariance.

**reentrant*:** réentrant; **reentrant program,** programme réentrant; **reentrant subroutine,** sous-programme réentrant.

**reentry:** réentrée; **reentry point,** point de retour.

**reestablish:** (to), rétablir, reconstituer, restaurer.

**refeed:** réalimentation; **refeed (to),** réalimenter.

**reference:** étiquette, référence, renvoi; **basic reference,** référence de base; **built-in function reference,** appel d'une fonction intégrée; **character reference line,** axe de référence de caractère; **character spacing reference line,** axe de référence d'espacement de caractère; **cross-reference,** correspondance, renvoi; **cross-reference list,** liste des correspondances; **cross-reference table,** table des renvois; **document reference edge,** bord de référence de document; **error reference,** zone de référence d'erreurs; **external reference,** référence extérieure; **file reference,** adresse de référence de fichier; **forward reference,** symbole de saut avant; **forward reference symbol,** symbole de saut avant; **forward reference table,** table de sauts progressifs; **function reference,** appel de fonction; **general reference table,** table de références; **on-line reference,** référence accessible directement; **phase reference,** référence de phase; **quick reference card,** carte aide-mémoire; **quick reference guide,** guide référence; **reference (to),** référencer, renvoyer; **reference address,** adresse de référence; **reference block,** bloc de référence; **reference code,** code de référence; **reference diskpack,** chargeur maître; **reference edge,** bord de référence; **reference filter,** filtre de référence; **reference format,** format de programmation; **reference frequency,** fréquence de référence; **reference key,** indicatif de référence; **reference language,** langage de référence; **reference level,** niveau de référence; **reference list,** liste de références; **reference listing,** listage de références; **reference manual,** manuel de référence; **reference mark,** marque de référence; **reference material,** manuel de référence; **reference number,** numéro de référence; **reference record,** enregistrement de référence; **reference signal,** signal de référence; **reference symbol,** symbole de référence; **reference table,** barème; **reference tape,** ruban étalon; **reference tape cassette,** cassette d'origine; **reference value,** valeur de référence; **reference voltage,** tension de référence; **return to reference,** retour en référence; **single-reference processing,** traitement monotâche; **storage reference,** interrogation de mémoire; **subroutine reference,** appel de sous-programme; **symbol cross reference listing,** liste de symboles référencés; **symbol reference,** référence symbolique; **view reference point,** point de référence visuel; **voltage reference,** tension de référence.

**referencing:** référence; **input/output referencing,** référence d'entrée/sortie; **uniform referencing,** référence uniforme.

**refetching:** réextraction.

**refile:** (to), reclasser, réordonner.

**refiling:** reclassement, réarrangement.

**refill:** (to), remplir.

**refilling:** remplissage.

**reflectance:** réflectance; **absolute reflectance,** pouvoir réfléchissant, réflexion absolue; **background reflectance,** réflectance diffuse.

**reflected:** réfléchi; **binary-reflected,** binaire réfléchi; **reflected binary,** binaire réfléchi; **reflected binary code,** code binaire réfléchi.

**reflection:** réflexion.

**reflective:** réfléchissant; **reflective attenuation,** atténuation oscillante; **reflective foil,** marque réfléchissante; **reflective ink,** encre réfléchissante; **reflective marker,** marque réfléchissante; **reflective spot,** pastille réfléchissante.

**refold:** (to), replier.

**reformate:** (to), reformater.

**reformating:** reformatage.

**refresh\*:** rafraîchissement; **CRT refresh,** rafraîchissement écran; **RAM refresh cycle,** cycle de rafraîchissement de mémoire dynamique; **continual refresh display,** écran a rafraîchissement continu; **display refresh rate,** vitesse de rafraîchissement d'image; **invisible refresh,** rafraîchissement dynamique; **memory refresh cycle,** cycle de rafraîchissement de mémoire; **refresh (to),** rafraîchir, régénérer; **refresh buffer,** tampon de régénération; **refresh cycle,** cycle de rafraîchissement; **refresh interval,** intervalle entre deux rafraîchissements; **refresh rate,** vitesse de rafraîchissement; **refresh storage,** mémoire à rafraîchissement.

**refreshing:** rafraîchissement; **image refreshing,** entretien d'image; **refreshing cycle,** cycle de rafraîchissement.

**regenerate:** (to), régénérer.

**regenerating:** régénération; **pulse regenerating circuit,** circuit régénérateur d'impulsions.

**regeneration:** régénération; **image regeneration,** régénération d'image; **pulse regeneration,** régénération d'impulsions; **regeneration control,** commande de régénération; **regeneration cycle,** cycle de régénération; **regeneration rate,** vitesse de rafraî-

chissement; **regeneration speed,** vitesse de rafraîchissement; **signal regeneration,** régénération de signal, restauration de signal.

**region:** région, zone; **base region,** région de base, zone de base; **base region thickness,** largeur de la région de base; **blocking state region,** zone de blocage; **breakdown region,** zone de claquage; **communication region,** zone d'échange; **region of program,** secteur de programme; **transistor cutoff region,** plage limite de transistors.

**register\*:** registre; **B-register,** registre d'index; **FIFO register,** registre PEPS; **LIFO register,** registre DEPS; **access control register,** registre à accès restreint; **accumulator register,** registre accumulateur; **activity register,** registre des mouvements; **addend register,** registre accumulateur; **adding register,** registre additionneur; **address addend register,** registre accumulateur d'adresses; **address range register,** registre d'adresse de base; **address register,** registre d'adresse; **addressable register,** registre adressable; **allocation register,** registre d'affectation; **alphabetic register,** registre alphabétique; **analog shift register,** registre à transfert analogique; **arithmetic register,** registre arithmétique; **arithmetic unit register,** registre arithmétique; **associative array register,** registre associatif; **associative register,** registre associatif; **associative storage register,** registre à mémoire associative; **autodecrement register,** registre autodégressif; **autoincrement register,** registre autoprogressif; **auxiliary indicator register,** registre indicateur auxiliaire; **auxiliary register,** registre auxiliaire; **barricade register,** registre de limitation; **base address register,** registre d'adresse de base; **base register,** registre d'adresse; **base relocation register,** registre de décalage; **binary shift register,** registre binaire à décalage; **block register,** registre bloc; **booking register,** registre comptable, livre comptable; **boundary address register,** registre de limite d'adresses; **buffer address register,** registre des adresses tampon; **buffer register,** registre tampon; **calculating register,** registre de calcul; **call register,** registre d'appel; **calling register,** registre d'appel; **carriage position register,** registre des positions du chariot; **carry register,** registre de report, registre de retenue; **channel status register,** registre d'état canal; **character register,** registre de caractères; **check register,** registre de contrôle; **circulating register,** registre à décalage, registre de boucle; **circulating shift register,** registre circulant; **clock register,** registre d'horloge; **communication register address,** adresse de registre de transmission; **condition code register,** registre indicateur; **connect register,** registre de connexion; **control register,** registre d'adresses, registre d'instructions; **counting address register,** registre de contrôle d'adresses; **delay line register,** registre dynamique, registre à circulation; **delay line shift register,** registre à ligne à retard; **destination register,** registre de réception; **device address register,** registre des adresses de périphérique; **digital register output,** registre de sortie des données numériques; **distribution register,** registre de distribution; **distributor register,** registre répartiteur; **divisor register,** registre diviseur; **double line shift register,** registre à décalage double; **double register,** registre double; **double word register,** registre en double mot; **double-length register,** registre double; **dynamic shift register,** registre à décalage dynamique; **electronic accumulating register,** registre de cumul électronique; **error register,** registre d'erreurs; **exponent register,** registre d'exposants; **external register,** registre externe; **fast register,** registre rapide; **fault register,** registre des avaries; **flip-flop register,** registre bistable; **floating register,** registre flottant; **floating-point register,** registre à virgule flottante; **general register,** registre principal; **general-purpose register,** registre d'usage général, registre banalisé; **home register,** registre des données initiales; **identification register,** registre d'identification; **index register,** registre d'index; **indexing register,** registre de base; **indicator register,** registre d'indicateurs; **input register,** registre d'entrée; **input-output register,** registre d'entrée/sortie; **instruction address register,** registre d'adresses, registre d'instructions; **instruction counting register,** registre de comptage d'instructions; **instruction register,** registre d'instructions; **instruction sequence register,** registre d'enchaînement d'instructions; **interface register,** registre d'interface; **intermediate register,** registre intermédiaire; **interrogation register,** registre d'interrogation; **job distribution register,** registre de ventilation des travaux; **line position register,** registre de position de ligne; **magnetic shift register,** registre à décalage magnétique; **maintenance register,** registre de maintenance; **manual input register,** registre d'entrée manuelle; **mask register,** registre des masques; **material transaction register,** liste de mouvements; **memory ad-**

**dress register,** mémoire à registre d'adresse; **memory address select register,** registre de sélection des adresses de mémoire; **memory buffer register,** registre de mémoire tampon; **memory local register,** registre de contrôle; **memory location register,** registre d'adresses mémoire; **memory register,** registre de mémoire; **modifier register,** registre modificateur, registre d'index; **multiplier quotient register,** registre multiplicateur quotient; **operand register,** registre facteur; **operation register,** registre d'exploitation; **output address register,** registre des adresses de sortie; **output register,** registre sortie; **overflow register,** registre de débordement; **parallel register,** registre parallèle; **priority status register,** registre d'état des priorités; **program register,** registre de programme; **quadruple length register,** registre quadruple; **quadruple register,** registre quadruple; **quotient register,** registre des quotients; **read/write register,** registre de lecture-écriture; **register (to),** cadrer; **register addressing,** adressage de registre; **register bank,** groupe de registres; **register capacity,** capacité de registre; **register contents,** contenu de registre; **register length,** longueur de registre; **register map,** matrice de registre; **register matrix,** matrice de registre; **register memory,** registre mémoire; **register number,** numéro de registre; **register output,** sortie registre; **register type system,** système à registres; **register-transfer level,** au niveau de transfert des registres; **return code register,** registre à code retour; **rotate register,** permutation circulaire de registres; **scratch pad control register,** registre de commande de la mémoire bloc-notes; **select register,** registre de sélection; **sequence control register,** registre d'adresse; **sequence register,** registre de contrôle; **shift register,** registre à décalage; **shifting register,** registre de décalage; **sign register,** registre de signes; **source register,** registre source; **special register,** registre spécial; **stack register,** registre de pile; **standby register,** registre d'attente; **static register,** registre statique; **static shift register,** registre à décalage statique; **staticizing register,** registre série-parallèle; **status register,** registre d'état; **storage address select register,** registre de sélection d'adresses; **storage control register,** registre de commande d'enregistrement; **storage data register,** registre des données à mémoriser; **storage register,** registre de mémoire; **storage selection register,** registre de sélection mémoire; **tally register,** registre de comptage;

**temporary register**, registre intermédiaire; **test register**, registre d'interrogation; **time register**, registre d'horloge; **timer register**, registre rythmeur; **transfer register**, registre de transfert; **transistor register**, registre à transistors; **triple register**, registre triple; **triple-length register**, registre en triple longueur; **utility register**, registre auxiliaire; **weight register**, registre de pondération; **word buffer register**, registre tampon de mot; **word input register**, registre d'entrée mot; **word register**, registre de mot; **work register**, registre de travail.

**registering:** enregistrement; **automatic message registering (AMR)**, enregistrement automatique de message.

**registrating:** **registrating flipper**, cadreur.

**registration:** positionnement; **automatic registration**, auto-alignement, cadrage automatique; **card registration**, alignement de cartes, cadrage de cartes; **character registration**, cadrage des caractères; **read registration check**, vérification du nombre de perforations; **registration check**, contrôle du cadrage des perforations; **registration mark**, marque de repérage; **registration stud**, téton de cadrage.

**regulate:** (to), règlementer, régler, régulariser.

**regulation:** régulation; **level regulation**, régulation de niveau; **voltage regulation**, stabilisation du potentiel.

**regulator:** régulateur; **current regulator**, régulateur de courant; **level regulator**, régulateur de niveau; **line voltage regulator**, stabilisateur secteur; **speed regulator**, régulateur de vitesse; **voltage regulator**, régulateur de tension.

**reinitialisation:** cf **reinitialization**.

**reinitialise:** cf **reinitialize**.

**reinitialization:** réinitialisation.

**reinitialize:** (to), réinitialiser.

**reinitiate:** (to), réinitialiser.

**reinitiation:** relance.

**reject:** rebut; **reject (to)**, rejeter; **reject pocket**, case de rebut; **reject rate**, taux de rebut; **reject stacker**, case de rebut; **stacker reject**, commande d'éjection.

**rejection:** rebut; **band rejection filter**, filtre à élimination de bande; **normal mode rejection**, rejet de mode normal.

**relate:** (to), se rapporter à.

**related:** en rapport avec..; **file-related**, référence sur fichier; **related angle**, angle connexe; **related data**, données relationnelles; **related entry**, enregistrement associé.

cié.

**relation:** relation; **logical relation**, relation logique; **phase relation**, rapport des phases; **relation character**, symbole relationnel; **relation condition**, condition de comparaison; **relation operator**, opérateur de comparaison; **relation test**, test relationnel, test de comparaison.

**relational:** relationnel; **relational database**, base de données relationnelle; **relational expression**, expression relationnelle; **relational operator**, opérateur relationnel; **relational processor**, processeur relationnel.

**relationship:** rapport, relation; **analytical relationship**, rapport analytique; **control relationship**, interdépendance; **synthetic relationship**, rapport synthétique.

**relative:** relatif; **base relative**, relatif à la base; **relative address**, adresse relative; **relative addressing**, adressage relatif; **relative coding**, code relatif; **relative command**, commande relative; **relative coordinates**, coordonnées relatives; **relative data**, données relatives; **relative error**, erreur relative; **relative file**, fichier relatif; **relative humidity**, humidité relative; **relative instruction**, commande relative; **relative programming**, programmation relative; **relative record number**, numéro d'enregistrement relatif; **relative redundancy**, redondance relative; **relative time clock**, horloge relative; **relative transmission level**, niveau de transmission relatif; **relative vector**, vecteur relatif; **relative volume**, chargeur relatif; **segment relative address**, adresse relative d'un segment; **self-relative address**, adresse autorelative; **self-relative addressing**, adressage autorelatif; **zero relative address**, adresse relative à zéro.

**relay:** relais; **accelerating relay**, relais d'accélération; **auxiliary relay**, relais auxiliaire; **differential relay**, relais différentiel; **dry reed relay**, relais hermétique à gaz inerte; **electronic relay**, relais à commande électronique; **fast acting relay**, relais à réponse rapide; **holding relay**, relais de maintien; **latch relay**, relais de blocage; **locking relay**, relais de maintien; **measuring relay**, relais de mesure; **midget relay**, relais miniature; **overload relay**, relais de surintensité; **passive scatter relay**, connexion de dispersion passive; **plunger type relay**, relais à noyau plongeur; **polar relay**, relais polarisé; **radio relay**, relais hertzien; **reed relay**, relais à ampoule; **relay (to)**, relayer; **relay calculator**, calculateur à relais; **relay circuit**, circuit à relais; **relay contact**, contact de relais; **relay index**, table de relais; **relay panel**, domino;

**relay storage,** mémoire à relais; **relay support,** domino; **selector relay,** relais pas à pas; **sequence action relay,** relais à fonctionnement séquentiel; **shifting relay,** relais de décalage; **slow acting relay,** relais temporisé; **slow release relay,** relais temporisé à l'ouverture; **switch over relay,** relais de commutation; **telegraph relay,** relais télégraphique; **test relay,** relais de test; **thermal delay relay,** relais thermique de retardement.

**release\*:** révision, mise à jour, version; **beef-up release,** version augmentée; **button release,** validation de poussoir; **carriage release,** lancement du chariot; **character release,** validation de caractère; **continuous release,** sélection permanente; **device release,** libération de périphérique; **forced release,** validation forcée; **line correction release,** libération de ligne après correction; **margin release,** déclencheur marginal; **paper release,** déclencheur de l'alimentation en papier; **pawl release lever,** levier de déclenchement de cliquet; **release (to),** relâcher, libérer, retomber; **release bar,** touche de libération; **release function,** fonction de libération; **release key,** touche de libération; **release level,** niveau de mise à jour; **release lever,** levier de libération; **release parameter,** paramètre de lancement; **release statement,** instruction de lancement; **release value,** valeur de retombée; **slow release relay,** relais temporisé à l'ouverture; **subsequent release,** version suivante; **terminal release,** libération de terminal.

**reliability\*:** fiabilité estimée; **circuit reliability,** fiabilité de circuit; **equipment reliability,** fiabilité des équipements; **hardware reliability,** fiabilité du matériel; **operating reliability,** fiabilité d'exploitation; **percentage reliability,** taux de fiabilité; **transmission reliability,** sécurité de transmission.

**relink:** (to), reconnecter, réenchaîner.

**relinquish:** (to), désaffecter.

**reload:** rechargement; **reload (to),** recharger.

**reloadable:** rechargeable.

**reloading:** rechargement.

**relocability:** translatabilité.

**relocatable:** translatable, relogeable; **relocatable address,** adresse translatable; **relocatable base,** adresse de base translatable; **relocatable deck,** module translatable; **relocatable expression,** expression translatable; **relocatable file,** fichier translatable; **relocatable format,** en forme translatable; **relocatable library,** bibliothèque des programmes translatables; **relocatable module,** module relogeable; **relocatable object mod-**

ule, module objet relogeable; **relocatable program,** programme binaire translatable; **relocatable program loader,** chargeur de programmes translatables; **relocatable routine,** programme relogeable; **relocatable sequence,** instructions relogeables; **relocatable symbol,** symbole en forme relative.

**relocate\*:** (to), translater, traduire.

**relocating:** translation; **relocating loader,** chargeur translatable; **self-relocating,** autorelogeable.

**relocation:** translation; **base relocation,** décalage de base; **base relocation register,** registre de décalage; **base sector relocation,** translation du secteur de base; **dynamic memory relocation,** translation dynamique du contenu mémoire; **dynamic relocation,** translation dynamique; **program relocation,** translation de programme; **relocation address,** adresse de translation; **relocation augment,** facteur de traduction, module de translation; **relocation bank,** module de translation; **relocation base,** base de translation; **relocation dictionary card,** carte des adresses relogeables; **relocation factor,** facteur de translation; **static relocation,** décalage statique d'adresses; **upward relocation,** tassement.

**remainder\*:** reste, reliquat, solde; **floating-divide remainder,** reste de division en virgule flottante.

**remanence:** rémanence.

**remark:** remarque, commentaire.

**remedial:** en remède à..; **remedial maintenance,** maintenance corrective.

**reminder:** aide-mémoire; **reminder feature,** fonction aide-mémoire; **reminder ring,** sonnerie de rappel.

**remittance:** remise; **remittance statement,** instruction de renvoi.

**remnant:** reste; **remnant amplitude,** bruit résiduel.

**remote\*:** déporté; **conversational remote entry,** entrée dialoguée déportée; **remote access,** accès à distance; **remote batch,** télétraitement par lots; **remote batch computing,** télétraitement par lots; **remote batch entry (RBE),** soumission, introduction par lots à distance; **remote batch processing,** télétraitement par lots; **remote batch teleprocessing,** télétraitement par lots; **remote batch terminal (RBT),** terminal de traitement déporté; **remote central processor,** ordinateur satellite; **remote computer,** ordinateur déporté; **remote computing,** traitement déporté; **remote computing system,** système de télétraitement; **remote connection,** connexion à distance; **remote control,**

télécommande, commande à distance; **remote control system**, système de télécommande; **remote control unit**, télé rupteur; **remote data base manager**, télégestion de banque de données; **remote data processing**, traitement à distance; **remote debugging**, mise au point déportée; **remote device**, périphérique déporté; **remote display**, écran de télétraitement; **remote indication**, indication à distance; **remote inquiry**, interrogation à distance; **remote inquiry station**, poste d'interrogation à distance; **remote job entry (RJE)**, saisie des travaux à distance; **remote job processing**, télétraitement des travaux; **remote job processor**, processeur de télétraitement; **remote loading**, téléchargement, téléréception (de fichiers); **remote maintenance**, télémaintenance; **remote media service**, service de télétraitement; **remote message concentration**, concentration de messages; **remote message concentrator**, concentrateur de messages; **remote mode**, mode télétraitement; **remote network processor**, calculateur de télégestion; **remote on-line optical scanning**, scanage optique déporté; **remote printer**, imprimante à distance; **remote printing station control**, contrôleur d'imprimantes à distance; **remote processing**, télétraitement; **remote program load**, téléchargement; **remote sensing**, télédétection; **remote station**, station déportée, poste terminal; **remote tape control system**, système de télécommande de dérouleurs; **remote terminal**, terminal déporté; **remote terminal device**, équipement terminal déporté; **remote test**, télétest.

**removable**: amovible; **removable cartridge**, cassette amovible; **removable disk pack**, chargeur amovible; **removable magnetic disk**, disque magnétique amovible; **removable program panel**, tableau de programme échangeable; **removable unit**, organe amovible.

**removal**: enlèvement; **hidden line removal**, élimination des lignes cachées; **virus removal**, décontamination.

**rename**: to), renommer.

**renaming**: changement de nom; **renaming symbol**, symbole de modification de nom.

**renewal**: renouvellement, reprise.

**rental**: location; **rental equipment**, matériel en location.

**reorder**: reclassement, réarrangement; **reorder (to)**, reclasser, réordonner; **reorder point**, poste à réapprovisionner.

**reordering**: reclassement, réarrangement, remise en ordre.

**reorganisation**: *cf* **reorganiza-**

**tion**.

**reorganise**: *cf* **reorganize**.

**reorganization**: réorganisation; **file reorganization**, réorganisation de fichier.

**reorganize**: (to), réorganiser.

**repack**: (to), remettre en forme, recompacter.

**repackaging**: réorganisation.

**repacking**: retassement, regroupement.

**repair**: réparation, entretien; **awaiting repair time**, délai de réparation; **mean repair time**, temps moyen de réparation; **mean time to repair (MTTR)**, temps moyen de réparation; **repair kit**, trousse de réparation, nécessaire de réparation; **repair time**, temps de réparation.

**repatch**: (to), recorriger.

**repatching**: nouvelle correction.

**repeat**: **automatic request for repeat**, demande automatique de répétition de message; **program repeat**, itération de programme; **repeat count**, nombre itératif; **repeat key**, touche automatique; **repeat program**, programme itératif; **repeat specification**, indication d'itération; **repeat-action key**, touche répétitive; **request repeat system**, système à demande de répétition.

**repeatability**: fidélité.

**repeater**: relais, répéteur; **regenerative repeater**, répéteur régénérateur; **repeater spacing**, distance entre répéteurs.

**reperforator**: reperforateur; **typing reperforator**, perforatrice de bande.

**repertoire***: répertoire d'instructions; **character repertoire**, jeu de caractères; **instruction repertoire**, répertoire de code d'instruction.

**repetition**: répétition; **alarm repetition**, répétition des signaux d'alerte; **automatic request for repetition (ARQ)**, demande automatique de répétition; **call repetition**, répétition d'appel; **digit repetition rate**, taux de répétition de chiffres; **pulse repetition frequency (PRF)**, fréquence de répétition des impulsions; **pulse repetition rate (PRR)**, taux de répétition des impulsions; **repetition character**, caractère de répétition; **repetition counter**, compteur répétitif; **repetition instruction**, instruction de répétition; **repetition rate**, vitesse de répétition.

**repetitive**: répétitif; **repetitive accuracy**, exactitude de répétition; **repetitive addressing**, adressage répétitif; **repetitive analog computer**, ordinateur analogique d'itération; **repetitive computation**, calcul répétitif; **repetitive error**, erreur répétitive; **repetitive operation**, opération répétitive; **repetitive specifications**, caractéristiques répétitives.

**replace:** **(to),** remettre en place; **replace function,** fonction de remplacement.

**replaceable:** remplaçable; **replaceable pack,** chargeur amovible.

**replacement:** remplacement; **floating replacement,** échange flottant; **replacement character,** caractère de remplacement; **replacement part,** pièce de rechange, pièce détachée; **replacement selection process,** remplacement sélectif; **replacement selection technique,** technique de remplacement sélectif; **ribbon replacement,** échange de ruban encreur.

**replacing:** remplacement; **replacing command,** commande de remplacement; **replacing text,** texte de remplacement.

**replay:** **(to),** relire.

**replicate:** **(to),** dupliquer, copier.

**replication:** copie, répétition, duplication; **pixel replication,** duplication de point-image.

**replicator:** indication de répétition.

**reply:** réponse; **conversational reply,** réponse en mode conversationnel; **reply (to),** répliquer; **reply identifier,** code d'identité de réponse; **reply message,** identificateur de réponse.

**replying:** réponse; **replying unit,** unité interrogée.

**report:** état; **audit report,** rapport d'audit; **batch report,** état séquentiel; **computational report,** rapport informatique; **edit report key,** code de report d'édition; **error report,** rapport d'erreurs, liste des erreurs; **exception report,** rapport d'anomalies; **forecast report,** compte-rendu de pronostics; **job accounting report,** journal de comptabilisation des travaux; **job execution report,** compte-rendu de l'exécution des travaux; **job occurrence report file,** fichier résultat des travaux; **nil report,** retenue zéro; **operational summary report,** état récapitulatif de l'exploitation; **own report generator,** générateur de rapport intégré; **progress report,** rapport d'avancement; **report file,** fichier des états; **report format,** format d'état; **report generation,** génération d'état; **report generator,** générateur de rapport; **report group,** rapport; **report group,** en-tête d'état; **report group description entry,** description du rapport; **report group level,** niveau de rapport; **report group type,** type de rapport; **report heading,** en-tête d'état; **report item,** mot de rapport; **report layout chart,** modèle de présentation d'état; **report parameter,** paramètre d'édition; **report preparation,** préparation du rapport; **report program generator**

**(RPG),** générateur de programme d'états; **report section,** édition de rapport; **report transcription device,** imprimante d'états mécanographiques; **report writer,** programme d'édition, éditeur d'états; **report writer statement,** instruction d'impression; **report-name,** nom de liste; **stock status report,** compte-rendu du matériel stocké; **summary report,** compte rendu sommaire; **test report,** compte-rendu d'essai; **transaction report,** compte-rendu des mouvements; **trouble report,** message d'erreur; **word processing report,** état traité par ordinateur.

**reporting:** sortie d'état, signalisation; **reporting terminal,** terminal de service.

**representation:** représentation; **absolute value representation,** représentation de la valeur absolue; **alphanumeric representation,** représentation alphanumérique; **analog representation,** représentation analogique; **behavioural representation,** représentation algorithmique et temporelle; **binary incremental representation,** notation incrémentale binaire; **binary representation,** représentation binaire; **binary tree representation,** représentation en arbre binaire; **binary-coded decimal representation,** notation pondérée binaire; **bit-mapped representation,** représentation en mappe binaire; **byte representation,** représentation de multiplet; **character representation,** présentation des caractères; **coded representation,** représentation codée; **complement representation,** représentation du complément; **data representation,** représentation de données; **digital representation,** représentation numérique; **discrete representation,** représentation discrète; **external representation,** représentation externe; **fixed-base representation,** représentation à base fixe; **fixed-point representation,** numération à séparation fixe; **floating-point representation,** représentation en virgule flottante; **fractional representation,** représentation fractionnelle; **functional representation,** représentation fonctionnelle; **geometrical representation,** représentation géométrique; **graphical representation,** représentation graphique; **incremental representation,** représentation incrémentielle; **information representation,** structure de l'information; **internal representation,** représentation interne; **number in fixed point representation,** nombre en virgule fixe; **number in floating point representation,** nombre en virgule flottante; **number representation,** représentation numérique; **number representation system,** système de numération; **numeric representation,** représentation numérique; **numerical representation,** représentation numérique; **oscilloscope representation,** représentation sur oscilloscope; **parallel representation,** représentation parallèle; **pictorial data representation,** représentation de données image; **positional representation,** représentation pondérée; **radix representation,** représentation radiale; **schematic representation,** représentation schématique; **structural representation,** représentation structurelle; **ternary incremental representation,** représentation incrémentale ternaire; **variable-point representation,** numération à séparation variable; **wire frame representation,** représentation fil de fer.

**r e p r i n t :** réimpression, retirage, réédition; **frame reprint,** rafraîchissement de trame; **reprint (to),** réimprimer.

**r e p r o c e s s :** retraitement; **reprocess (to),** retraiter.

**r e p r o d u c e r :** reproductrice; **card reproducer,** reproductrice de cartes; **mark-sensing reproducer,** duplicatrice/perforatrice à lecture graphique; **tape reproducer,** reproductrice de bande.

**r e p r o d u c i n g :** reproduction; **card reproducing punch,** reproductrice de cartes; **reproducing punch,** reproductrice de cartes.

**r e p r o g r a m :** reprogram (to), reprogrammer.

**r e p r o g r a m m a b l e :** reprogrammable.

**r e p r o g r a m m e :** cf reprogram.

**r e p r o g r a m m i n g :** recodage, reprogrammation.

**r e p r o g r a p h i c :** reprographique; **reprographics,** la reprographie.

**r e p u n c h :** repunch (to), reperforer.

**r e p u n c h i n g :** reperforation.

**r e q u e s t \* :** requête; **acknowledgement request,** demande d'accusé de réception; **answerback code request,** demande d'indicatif; **asynchronous request,** demande asynchrone; **automatic request & question (ARQ),** demande et question automatiques; **automatic request for repeat,** demande automatique de répétition de message; **automatic request for repetition (ARQ),** demande automatique de répétition; **break request signal (BRS),** signal de demande d'interruption; **bus request,** appel de canal; **call request,** demande d'appel, appel sortant; **capture request,** demande de saisie; **character request,** demande de caractères; **clear request,** demande de libération; **conditional program interrupt request,** demande conditionnelle interruption de programme; **continuous request,** appel permanent; **interrupt**

**request,** demande d'interruption; **job request,** requête de travail; **keyboard request,** appel par clavier, touche d'appel; **manual request,** interruption par commande manuelle; **operator request,** requête de l'opérateur; **overlay request,** appel de segment de recouvrement; **parameter request,** appel de paramètre; **request (to),** demander; **request button,** touche d'interrogation; **request for confirmation signal,** demande de signal de confirmation; **request key,** touche d'interrogation; **request light,** voyant d'appel; **request program,** programme d'appel, appel de programme; **request repeat system,** système à demande de répétition; **request signal,** signal d'interrogation; **request stack,** pile de requêtes; **request to receive,** demande de mise en service du récepteur; **request to send,** demande d'émettre; **service request,** requête d'intervention; **special request,** interrogation spécifique; **status request,** interrogation de l'état; **ten's request,** demande de complément à dix; **termination request,** demande de suspension; **time request,** demande de temps; **transmission request,** demande de transmission; **write request,** demande d'écriture.

**r e q u e s t i n g :** demande, interrogation, requête; **requesting unit,** unité interrogatrice.

**r e q u e s t o r :** demandeur.

**r e q u e u e :** (to), remettre en file.

**r e q u i c k e n :** (to), ranimer.

**r e q u i r e m e n t :** besoin; **device requirement table,** table des besoins en périphériques; **environmental requirements,** conditions ambiantes; **hardware requirements,** dotation de machines; **interface requirements,** conditions de liaison; **machine requirement,** demande en équipement machine; **memory requirement,** encombrement en mémoire; **net requirements generation,** établissement direct des besoins; **power requirement,** puissance requise; **space requirement,** encombrement; **storage requirement,** besoin en mémoire; **technical requirements,** conditions techniques; **time requirement,** besoin en temps.

**r e r e a d :** relecture; **reread (to),** relire.

**r e r e c o r d :** rerecord (to), réenregistrer.

**r e r o u t i n g :** réacheminement.

**r e r u n \* :** reprise; **rerun (to),** reprendre; **rerun point,** point de reprise; **rerun procedure,** procédure de reprise; **rerun recording routine,** sous-programme de reprise; **rerun restoring routine,** routine de répétition; **rerun routine,** programme de reprise; **rerun time,** temps de reprise.

**rescue:** sauvegarde; **rescue dump,** vidage de secours; **rescue point,** point de reprise, point de redémarrage.

**research:** recherche; **application research,** recherche d'application; **applied research,** recherche appliquée; **basic research,** recherche fondamentale; **operation research (OR),** recherche opérationnelle; **operations research (OR),** recherche opérationnelle; **research model,** exemplaire de laboratoire.

**resequence:** (to), reclasser, réordonner; **resequence** (to), réordonner, reclasser.

**resequencing:** remise en séquence, remise en ordre.

**reservation\*:** réservation; **device reservation,** occupation de périphérique; **reservation center,** centre de réservation; **reservation station,** station tampon.

**reserve:** restriction, réserve; **device reserve,** reserve de périphérique; **reserve** (to), réserver, affecter.

**reserved:** **reserved field,** zone réservée; **reserved identifier,** identificateur fixe; **reserved page,** page restée en mémoire; **reserved stock,** stock de réserve; **reserved word,** mot réservé.

**reservoir:** magasin; **tape reservoir,** magasin de bande.

**reset\*:** restauration, remise à zéro; **automatic reset,** réinitialisation automatique; **counter reset,** réinitialisation un compteur; **cycle reset,** remise à zéro de cycle; **direct reset,** effacement sans écriture; **error reset key,** touche de correction; **floating-reset add,** effacement et addition flottante; **general reset,** remise à zéro générale; **readout and reset,** extraction et effacement; **reset** (to), restaurer, remettre à l'état initial; **reset button,** bouton de remise à zéro; **reset condition,** condition de remise à zéro; **reset contact,** contact d'effacement; **reset instruction,** instruction de mise à zéro; **reset key,** touche de restauration; **reset line,** ligne de mise à zéro; **reset magnet,** aimant d'effacement; **reset mode,** mode initial; **reset pulse,** impulsion de remise à zéro; **reset signal,** signal de remise à zéro; **reset to zero,** restauration, remise à zéro; **reset winding,** enroulement d'effacement; **start reset key,** touche de remise à zéro; **system reset,** raz du système.

**resetting:** restauration, remise à zéro; **automatic resetting,** remise à pied automatique; **resetting button,** bouton de réinitialisation, clé de restauration; **resetting device,** dispositif de remise à zéro; **resetting window,** fenêtre de l'image-mémoire; **self-**

**resetting loop,** boucle autorestaurée; **time resetting,** remise à l'heure.

**residence:** résidence; **system residence,** résidant en système.

**resident\*:** résident; **core memory resident,** résidant en mémoire centrale; **core-resident corner,** résidant en mémoire coin; **disk-resident,** résidant sur disque; **mass storage resident,** résidant sur disque; **memory-resident,** résidant en mémoire; **resident control program,** programme de contrôle résident; **resident monitor,** moniteur résident; **resident program,** programme résident; **resident routine,** sous-programme résident; **resident section of monitor,** partie résidante d'un moniteur; **resident segment,** segment résident; **resident set,** ensemble de programmes résident; **resident storage,** mémoire résidante; **resident volume,** données résidantes sur disque; **system resident,** résidant en système; **tape-resident,** résidant sur bande.

**residual:** résiduel; **residual current,** courant résiduel, courant de fuite; **residual error,** erreur résiduelle; **residual error rate,** taux d'erreurs résiduelles; **residual error ratio,** taux d'erreurs résiduelles; **residual induction,** rémanence; **residual magnetism,** aimantation rémanente; **residual noise,** bruit résiduel.

**residue:** résidu; **residue check,** contrôle sur le reste, contrôle sur le modulo.

**resilience\*:** résilience.

**resin:** **synthetic resin,** résine synthétique.

**resist:** revêtement isolant; **resist-etchant,** revêtement isolant.

**resistance:** résistance; **AC resistance,** résistance au courant alternatif; **back resistance,** résistance inverse; **backward resistance,** résistance inverse; **base resistance,** résistance de polarisation de base; **insulation resistance,** résistance d'isolation; **internal resistance,** résistance interne; **inverse resistance,** résistance opposée; **open circuit resistance,** résistance en circuit ouvert; **resistance bridge,** pont galvanique; **resistance capacitance network,** circuit galvanique; **resistance coupling,** couplage galvanique; **surge resistance,** résistance aux surtensions; **thermal resistance,** résistance thermique.

**resistive:** résistif; **resistive component,** composante résistive; **resistive feedback,** réaction de couplage par résistance; **resistive load,** charge par résistance effective; **resistive memory,** mémoire magnéto-statique.

resistivity: résistivité; high resistivity, à haute résistance; low resistivity, faible résistivité.

resistor: résistance; bias resistor, résistance de polarisation; carbon film resistor, résistance à couche de carbone; composition resistor, résistance à couches multiples; film resistor, résistance à couche; film type resistor, résistance à couche; fixed resistor, résistance fixe; layer type resistor, résistance à couche; leak resistor, résistance de fuite; limiting resistor, résistance de limitation; load resistor, résistance de charge; parallel resistor, résistance parallèle, shunt; pull-up resistor, résistance de charge; resistor-capacitor module, module RC; resistor-transistor logic (RTL), logique transistor-résistance; series resistor, résistance série; terminating resistor, point d'adaptation; thin film resistor, résistance à couches minces; variable resistor, résistance variable, potentiomètre; wire-wound resistor, résistance bobinée.

resolution*: résolution, définition; absolute address resolution, résolution d'adresses absolues; digital resolution, résolution numérique; display resolution, résolution d'écran; drawing resolution, résolution du dessin; graphic display resolution, résolution de l'affichage graphique; graphics resolution, résolution graphique; high resolution, haute définition; high-resolution monitor, moniteur haute résolution; low resolution, basse résolution; physical resolution, résolution physique; resolution error, erreur de résolution; screen resolution, définition écran.

resolve: (to), convertir.

resolver: réducteur; ball resolver, résolveur sphérique.

resonance: résonance; ferromagnetic resonance, résonance ferromagnétique; resonance amplifier, amplificateur à résonance; series resonance, résonance en série; spurious resonance, résonance parasite.

resort: (to), retrier.

resorting: reclassement, réarrangement.

resource*: ressource; computer resource allocation, affectation des ressources calcul; computing resources, ressources informatiques; dynamic resource allocation, allocation dynamique des ressources; hardware resources, ressources matérielles; processing resource, ressource allouée au traitement; resource allocation, allocation des ressources; resource class, type de res-

sources; resource deallocation, désaffectation des ressources; resource management, gestion des ressources; resource pool, réserve de ressources; shared resources, ressources partagées; software resources, ressources logicielles; system resource, ressource de système.

responder: répondeur.

response: réponse; audio frequency response, réponse vocale; audio response system, système de réponse vocale; audio response unit (ARU), répondeur vocal; coded response message, réponse codée; frequency response, réponse en fréquences; image response, réponse image; inquiry response environment, traitement des demandes; lag response, delai de réponse; operator response, décision de l'opérateur; recall response, réponse de rappel; response character, caractère de correction; response delay, délai de réponse; response duration, durée de réponse; response field, zone de réponse; response frame, trame réponse; response location, zone des caractères de correction; response position, position de marquage; response signal, signal de sortie; response time, temps de réponse; step response, fonction de progression; terminal response, temps de réponse; total response time, temps de réaction total; transient response, réponse transitoire, régime transitoire; voice response, sortie vocale; voice response computer, ordinateur à réponse vocale; voice response unit, unité de sortie vocale.

respool: (to), rembobiner.

rest: rest condition, condition de repos.

restart*: reprise; auto-restart, redémarrage automatique; automatic restart, redémarrage automatique; automatic restart procedure, procédure de reprise automatique; checkpoint restart, relance sur point de reprise; cold restart, relance à froid; configuration restart, reprise de configuration; continuation restart, relance, redémarrage; deferred restart, relance manuelle, relance retardée; delayed restart, redémarrage retardé; differed restart, redémarrage manuel; dump and restart, vidage-reprise; error restart procedure, procédure de reprise sur incident; job restart, reprise du travail; job step restart, reprise de l'étape de travail; program restart, reprise de programme; restart (to), relancer; restart checkpoint, point de reprise; restart condition, condition de reprise; restart instruction, instruction de reprise; restart parameter, paramètre de relance;

**restart point**, point de reprise; **restart procedure**, procédure de relance, routine de reprise; **restart unit**, unité de relance; **step restart**, redémarrage du traitement pas à pas; **system restart**, relance de système; **warm restart**, redémarrage à chaud.

**restoral**: remise en service.

**restoration**: restauration, rétablissement, remise en service.

**restore\***: restauration, remise à zéro; **back-up and restore program**, programme de rappel; **file restore**, restauration de fichier; **print restore code**, code de reprise de l'imprimante; **restore (to)**, restaurer, rétablir, reconstituer; **restore action**, fonction de rappel; **restore box**, case plein écran; **restore instruction**, instruction de restauration; **restore tape**, bande de relance.

**restoring**: restauration; **keyboard restoring contact**, contact de rappel clavier; **rerun restoring routine**, routine de répétition; **restoring arm**, bras de rappel; **self-restoring loop**, boucle autorégénératrice; **signal restoring**, restauration d'un signal; **window restoring**, restauration d'une fenêtre.

**restricted**: indisponible; **restricted instruction**, instruction privilégiée.

**result\***: résultat, aboutissement; **diagnostic result selector**, sélecteur de résultat de diagnostic; **editing printing results**, édition des résultats imprimés; **intermediate result**, résultat intermédiaire; **intermediate result overflow**, dépassement de capacité intermédiaire; **side result**, résultat secondaire; **tabulated result**, résultat tabulé; **void result**, résultat indéterminé.

**resultant**: résultante.

**resume**: résumé; **resume (to)**, reprendre.

**resumption**: reprise.

**retainer**: organe de retenue, support.

**retaining**: maintien; **retaining block**, déflecteur, masselotte; **retaining clip**, agrafe, collier; **retaining pawl**, cliquet de retenue; **retaining ring**, anneau d'arrêt, circlips.

**retention**: maintien; **file retention period**, période de validité de fichier; **retention cycle**, cycle de rétention; **retention period**, période rétention; **retention span**, durée d'une révolution.

**retentivity**: coercivité.

**retrace**: rafraîchissement; **horizontal retrace point**, point de retour ligne; **retrace cycle**, cycle de rafraîchissement d'affichage; **retrace time**, durée d'effacement; **vertical retrace point**, point de retour trame.

**retranscribe**: (to), retranscrire.

**retransmission**: répétition, retransmission; **automatic retransmission**, retransmission automatique.

**retransmit**: (to), retransmettre, répéter.

**retrievability**: faculté d'accès, de consultation.

**retrieval\***: récupération; **data retrieval**, recherche de l'information; **document retrieval**, recherche de documents; **documentary information retrieval**, recherche documentaire; **false retrieval**, récupération parasite; **information retrieval**, recherche de l'information; **information retrieval system**, système de recherche documentaire; **information storage/retrieval (ISR)**, stockage/restitution des données; **key retrieval**, recherche par mot clé; **message retrieval**, recouvrement de message, récupération de message; **retrieval code**, code de recherche; **retrieval list**, file de recherche; **retrieval operation**, opération récupération; **retrieval routine**, sous-programme de recherche; **retrieval system**, système de recherche; **retrieval terminal**, terminal de saisie; **text retrieval**, recherche de texte.

**retrieve**: (to), récupérer.

**retrieving**: recherche.

**retrofit\***: rattrapage, réajustement; **retrofit (to)**, mettre à niveau.

**retry**: tentative; **alternate path retry**, répétition par voie de déroutement; **alternate route retry**, répétition par voie de déviation; **automatic instruction retry**, répétition automatique des instructions; **automatic retry**, répétition automatique d'appel; **bid retry**, répétition d'appel; **channel retry**, répétition de l'opération canal; **command retry**, répétition de commande; **instruction retry**, répétition d'instructions.

**return**: retour; **automatic carriage return**, retour automatique de chariot; **carriage return (CR)**, retour de chariot; **carriage return character**, caractère retour de chariot; **carrier return**, retour arrière de la tête d'écriture; **combined return branch**, saut arrière combiné; **error return**, retour en cas d'erreur; **exception return**, saut arrière en cas d'anomalie; **ground return**, retour par la masse; **non-return-to-zero recording (NRZ)**, enregistrement sans retour à zéro; **polarized return to zero recording**, enregistrement polarisé avec retour à zéro; **return (to)**, renvoyer, retourner; **return address**, adresse de retour; **return channel**, voie de retour; **return code**, code de retour; **return code register**, registre à code retour; **return control (to)**, renvoyer à; **return control transfer**, retour au programme principal; **return instruction**, instruction de retour;

**return macro call statement**, macro-instruction de renvoi; **return point**, adresse de renvoi; **return raceway**, piste de retour; **return spring**, ressort de rappel; **return statement**, instruction de retour; **return to bias (RB)**, inversion de la magnétisation; **return to reference**, retour en référence; **return to zero**, retour à zéro; **return winding**, enroulement de retour, enroulement neutre; **return-to-bias method**, méthode d'enregistrement par inversion; **return-to-zero code**, code de remise à zéro; **status return**, profil d'état.

**retype**: retype (to), refrapper.

**retyping**: refrappe.

**reusable**: partageable; **reusable program**, programme partageable; **serially reusable**, réutilisable après exécution.

**reversal**: inverse; **flux reversal**, retour de flux magnétique; **flux reversals per inch (FRPI)**, inversions de flux par pouce; **phase reversal**, inversion de phase.

**reverse**: inverse; **reverse (to)**, faire marche arrière; **reverse Polish notation**, notation suffixée, notation polonaise inversée; **reverse bias**, polarisation inverse; **reverse channel**, canal retour; **reverse clipping**, masquage; **reverse current**, courant inverse; **reverse direction**, direction inverse; **reverse leakage**, courant de fuite inverse; **reverse read**, lecture inverse; **reverse reading**, lecture inverse; **reverse scan**, balayage inverse; **reverse slant**, barre oblique inverse '\'; **reverse slash**, barre oblique inverse '\'; **reverse time**, temps d'inversion; **reverse typing**, impression à frappe alternée; **reverse typing terminal**, imprimante alternante; **reverse video**, vidéo inverse; **ribbon reverse**, inversion de ruban encreur; **ribbon reverse lever**, levier de commande du ruban encreur.

**reverser**: inverseur; **sign reverser**, inverseur de signe.

**reversible**: réversible; **reversible counter**, compteur-décompteur; **reversible flexible disk**, disquette double face; **reversible magnetic process**, transformation magnétique réversible.

**reversing**: card reversing device, retourneuse de cartes; **card reversing shaft**, arbre d'inversion; **ribbon reversing arm**, levier d'inversion du ruban encreur.

**reversion**: inversion.

**revert**: (to), revenir, retourner.

**review**: revue; **design review**, examen de projet; **order review**, contrôle des commandes; **review (to)**, analyser, examiner, réviser; **review cycle**, cycle d'analyse.

**revise**: (to), réviser, modifier.

**revision**: mise à jour; **revision file**, fichier de mouvements; **revision level**, niveau de révision; **revision module**, module de mise au point, module de modification; **revision number**, numéro de modification, numéro de révision; **revision number field**, zone du numéro de modification; **revision program**, programme de mise au point; **revision record**, enregistrement de modifications; **revision service**, service de modification; **revision tape**, bande des mouvements.

**revolution**: révolution; **inch per revolution (IPR)**, pouce par tour (PPT); **revolution counter**, compte-tours.

**rewind**: high-speed rewind, rembobinage rapide; **no rewind**, sans rembobinage; **no rewind option**, sans indication de rembobinage; **rewind (to)**, rembobiner; **rewind instruction**, commande de rembobinage; **rewind speed**, vitesse de rembobinage; **rewind spool**, bobine de rembobinage; **rewind statement**, instruction de rembobinage; **rewind time**, temps de rembobinage; **tape rewind speed**, vitesse de rembobinage.

**rewinding**: rembobinage.

**rework**: (to), reprendre au début.

**rewrite\***: réécriture; **rewrite (to)**, réécrire.

**rewriting**: réécriture.

**RFI**: radio frequency interference, interférence radio fréquence.

**RGB\***: RGB monitor, moniteur RVB, moniteur couleur; **Red Green Blue (RGB)**, Rouge Vert Bleu (RVB).

**ribbon**: ruban; **alternate ribbon color**, couleur de ruban complémentaire; **blue ribbon program**, programme qui tourne d'emblée, sans mise au point; **carbon ribbon**, ruban carboné; **carbon ribbon cartridge**, cartouche à ruban de carbone; **carbon ribbon feed**, guide de ruban carbone; **carbon ribbon feed device**, dispositif de guidage de ruban; **cassette ribbon**, ruban en cartouche; **dual ribbon feed**, double avance de ruban encreur; **fabric ribbon**, ruban de tissus; **ink ribbon**, ruban encreur; **inked ribbon**, ruban encreur; **printed wire ribbon**, câble plat imprimé; **ribbon cable**, câble plat; **ribbon cartridge**, boîtier de ruban encreur; **ribbon feed**, entraînement du ruban encreur; **ribbon guide**, guide de ruban; **ribbon guide roll**, galet de guidage de ruban; **ribbon operating cam**, came de guidage du ruban encreur; **ribbon replacement**, échange de ruban encreur; **ribbon reverse**, inversion de ruban encreur; **ribbon reverse lever**, levier de commande du ruban encreur; **ribbon reversing arm,** levier d'inversion du ruban encreur; **ribbon shift,** changement de couleur; **ribbon shift black,** impression noire; **ribbon shift red,** impression rouge; **ribbon spool,** bobine de ruban encreur; **strip ribbon,** ruban étroit.

**right:** droite; **access right,** droit d'accès; **flushed right,** justifié à droite; **ragged right,** décalé à droite; **right angle,** angle droit; **right arrow,** flèche droite; **right brace,** accolade de fermeture ')'; **right hand (RH),** à droite; **right hand justified,** justifié à droite; **right hand zero,** zéro cadré à droite; **right justification,** justification à droite; **right justify,** justification à droite; **right justify (to),** justifier à droite; **right margin,** marge droite; **right oblique,** barre oblique droite; **right octet address,** adresse alignée à droite; **right parenthesis,** parenthèse droite ')'; **right part,** partie droite; **right scroll arrow,** flèche droite de défilement; **right shift,** décalage à droite; **right square bracket,** crochet de fermeture ']'; **right-adjust (to),** décaler vers la droite; **right-adjusted,** cadré à droite; **right-aligned,** cadré à droite; **right-end bit,** bit de droite; **right-justified,** justifié à droite.

**rightmost:** le plus à droite; **rightmost position,** position de poids faible.

**rigid:** rigide, dur; **rigid disk,** disque rigide, disque dur, disque fixe; **rigid feedback,** rétroaction fixe.

**ring\*:** anneau; **access ring value,** valeur d'accès de rotation; **file protection ring,** couronne d'écriture; **grip ring,** anneau de prise; **guard ring,** anneau de garde; **hybrid ring,** anneau hybride; **latch ring,** anneau de blocage; **logical ring,** anneau logique; **protection ring,** anneau de protection; **reminder ring,** sonnerie de rappel; **retaining ring,** anneau d'arrêt, circlips; **ring binder,** classeur à anneaux; **ring counter,** compteur en anneau; **ring file,** fichier en anneau; **ring indicator,** sonnerie; **ring network,** réseau en anneau; **ring protection,** protection circulaire; **ring shift,** décalage annulaire; **ring system,** système en anneau; **tape ring,** bague d'écriture; **tilt ring,** bague de pivotement; **token ring approach,** concept du bus annulaire à jeton; **token-passing ring network,** réseau avec bus annulaire à jeton; **token-passing ring protocol,** protocole d'anneau à jeton; **write inhibit ring,** anneau d'interdiction d'écriture; **write permit ring,** anneau d'autorisation d'écriture.

**ringing:** appel; **ringing circuit,** circuit d'appel; **ringing indicator,** témoin d'appel; **selective ringing,** appel sélectif.

**ripple:** ondulation résiduelle; **ripple counter,** compteur d'ondulations; **ripple sort,** tri par paires; **ripple voltage,** tension de ronflement; **ripple-carry adder,** additionneur avec retenue.

**RIRO:** roll in/roll out, rappel-transfert.

**rise:** montée; **pulse rise time,** temps de montée d'impulsion; **rise time,** temps de montée.

**riser:** jambage supérieur.

**RJE:** remote job entry, saisie des travaux à distance.

**RMS:** root mean square, moindre carrés.

**robin:** lutin; **round robin,** à tour de rôle; **round robin search method,** méthode de recherche circulaire.

**robot:** robot; **computerized robot,** robot industriel.

**robotics\*:** la robotique.

**rod:** barre; **ferrite rod,** tige de ferrite; **magnetic rod storage,** mémoire à bâtonnets magnétiques; **pull rod,** tendeur; **rod memory,** mémoire à tores de ferrite; **selection rod,** tringle de sélection; **sort rod,** aiguille de tri; **tie rod,** barre d'espacement.

**roll:** défilement, rouleau; **auxiliary feed roll,** galet de transport auxiliaire; **center roll feeding,** débobinage médian; **continuous roll,** rouleau de papier continu; **continuous roll paper,** rouleau de papier; **drive roll,** galet d'entraînement; **feed roll,** rouleau d'alimentation; **guide roll,** galet de guidage; **paper roll,** rouleau support de papier; **print roll,** cylindre d'impression; **ribbon guide roll,** galet de guidage de ruban; **roll back (to),** reprendre, rembobiner; **roll call,** interrogation; **roll in,** rappel; **roll in (to),** rappeler, reloger; **roll in/roll out (RIRO),** rappel-transfert; **roll mode,** mode défilement; **roll off (to),** transférer, déloger; **roll on (to),** rappeler, reloger; **roll out,** retrait; **roll out (to),** transférer, déloger; **roll over (to),** passer à zéro; **roll paper,** papier en rouleau; **tally roll,** rouleau de papier pour calculette; **type roll,** roue à caractères.

**rollback\*:** reprise; **rollback attempt,** essai de reprise; **rollback counter,** compteur de reprises; **rollback point,** point de reprise; **rollback routine,** programme de reprise.

**rollcall:** appel de reprise; **rollcall polling,** scrutation par appel.

**roller:** rouleau; **alignment roller,** rouleau d'alignement; **belt roller,** galet de courroie; **feed roller,** rouleau de transport; **ink roller,** rouleau encreur; **jockey roller,** galet-guide; **paint roller,** rouleau à peinture; **paper thrust roller,** galet de pression de papier; **pinch roller,** rouleau pinceur; **pressure roller,** rouleau pinceur; **read roller**, cylindre de lecture; **roller bearing**, roulement à rouleaux; **tape roller**, galet de bande; **tension roller**, galet tendeur.

**rollforward**: reprise avec restauration actualisée.

**rolling**: reprise; **rolling ball**, boule de commande, boule roulante; **rolling page**, page défilante.

**rolloff**: transfert.

**rollout\***: transfert.

**rollover\***: tamponnement; **N-key rollover**, mémorisation de N frappes de touche; **key rollover**, tamponnement du clavier.

**rollup**: cumul.

**ROM\***: **alterable ROM (AROM)**, mémoire altérable; **electrically programmable ROM (EPROM)**, mémoire morte programmable électriquement; **interchangeable rom**, mémoire morte interchangeable; **masked ROM**, mémoire morte élaborée par masque; **programmable ROM (PROM)**, mémoire morte programmable; **read-only memory (ROM)**, mémoire morte; **read-only memory compact disk (CD-ROM)**, disque optique compact (DOC).

**room**: pièce, salle, place; **clean room**, salle blanche; **computer room**, salle des ordinateurs; **equipment room**, salle technique; **room temperature**, température ambiante.

**root\***: programme résident, racine; **catalog root**, racine de catalogue; **double root**, double racine; **exponent of the root**, racine d'exposant; **imaginary root**, racine imaginaire; **root directory**, répertoire racine; **root file**, fichier résident; **root index**, exposant de racine; **root mean square (RMS)**, moindre carrés; **root program**, programme de base; **root segment**, programme de contrôle; **square root**, racine carrée; **value of the root**, valeur de la racine.

**roster**: liste.

**rotary**: circulaire; **rotary button**, poussoir rotatif; **rotary converter**, convertisseur rotatif; **rotary dial**, numéroteur circulaire; **rotary switch**, commutateur circulaire.

**rotate**: (to), opérer une rotation; **rotate mechanism**, mécanisme de rotation; **rotate register**, permutation circulaire de registres.

**rotating**: rotation; **rotating memory**, mémoire à disque, mémoire à tambour; **rotating shaft**, axe de rotation; **rotating shift**, décalage rotatif; **rotating speed**, vitesse de rotation; **rotating stretching**, allongement de torsion.

**rotation**: rotation; **automatic file rotation**, décalage automatique de fichiers; **manual file rotation**, décalage manuel de fichiers.

**rotational**: rotationnel; **rotational delay**, délai de rotation; **rotational delay time**, délai d'attente; **rotational position sensing**, détection de position angulaire; **rotational speed**, vitesse de rotation; **rotational torque**, couple moteur.

**rotor**: armature; **rotor shaft**, axe de rotor.

**roughness**: rudesse; **surface roughness**, rudesse de surface.

**round\***: rond; **round (to)**, arrondir; **round brackets**, parenthèses '()'; **round down (to)**, arrondir par défaut; **round hole**, perforation ronde; **round off (to)**, arrondir au plus près; **round off error**, erreur d'arrondi; **round parentheses**, parenthèses; **round robin**, à tour de rôle; **round robin search method**, méthode de recherche circulaire; **round up (to)**, arrondir par excès.

**rounded**: arrondi; **filled rounded box**, cadre plein à coins arrondis.

**rounding**: arrondissage, arrondi; **automatic rounding off**, arrondi par machine; **rounding constant**, constante d'arrondi; **rounding error**, erreur d'arrondi.

**route**: acheminement, routage; **alternate route**, acheminement de remplacement; **alternate route retry**, répétition par voie de déviation; **automatic route selection**, acheminement automatique; **cable route**, chemin de câbles; **data route character**, caractère de routage; **route (to)**, acheminer, brancher, diriger; **route dialing**, numérotation de routage; **route selection**, sélection d'acheminement; **route sheet data**, fiches de date; **route sheet file**, fichier des fiches de routage; **transmission route**, voie de transmission; **transport route**, voie d'acheminement.

**routine\***: routine, programme; **accounting routine**, sous-programme de calcul; **ageing routine**, contrôle de longévité; **alarm signal processing routine**, programme de traitement des alertes; **alert recovery routine**, routine de reprise; **algorithmic routine**, routine algorithmique; **allocator routine**, routine d'affectation; **annotation routine**, programme d'affectation de libellés; **application routine**, routine d'application; **assembly routine**, routine d'assemblage; **automatic routine character**, caractère de routine automatique; **auxiliary routine**, routine auxiliaire; **availability assurance routine**, routine de sauvegarde de disponibilité; **benchmark routine**, routine de test; **binder routine**, programme de liaison; **block handling routine**, sous-programme de traitement des zones; **bootstrap routine**, sous-programme d'amorçage; **called routine,** routine appelée; **calling routine,** routine d'appel, programme d'appel; **canned routine,** programme prêt à l'emploi; **check routine,** routine de vérification, programme de contrôle; **checkpoint routine,** sous-programme d'écriture de points de reprise; **closed routine,** routine fermée; **compiling routine,** programme de compilation; **complete routine,** programme au point; **condense routine,** programme de condensation; **condensing routine,** programme de compression; **control routine,** superviseur; **controlled postmortem routine,** programme d'autopsie; **conversion routine,** programme de conversion; **correction routine,** programme de correction; **dating routine,** programme heurodateur; **device control routine,** sous-programme de commande de périphérique; **device mainpath routine,** programme principal de commande de périphériques; **diagnostic routine,** routine de diagnostic; **direct insert routine,** sous-programme ouvert; **distribution routine,** sous-programme de ventilation; **dump routine,** routine de vidage; **edit routine,** routine d'édition, programme d'édition, éditeur; **end-of-program routine,** fin de sous-programme; **error-correcting routine,** sous-programme détecteur d'erreurs; **error correction routine,** programme de correction d'erreurs; **error routine,** routine d'erreur; **exception routine,** routine des anomalies, routine des exceptions; **executive routine,** programme directeur; **exit routine,** sous-programme de sortie; **file storage mapping routine,** sous-programme d'affectation de fichiers; **floating-point routine,** programme en virgule flottante; **general monitor checking routine,** programme d'analyse général; **general postmortem routine,** routine générale d'autopsie; **general routine,** programme général; **generalized routine,** routine polyvalente; **generating routine,** programme générateur; **heuristic routine,** programme heuristique; **housekeeping routine,** routine de service; **hyphenation routine,** programme de césure; **independent routine,** routine indépendante; **individual routine,** programme individuel; **initializer routine,** programme d'initialisation; **input routine,** programme d'entrée, routine d'introduction; **input/output routine,** routine d'entrée/sortie; **input/output software routine,** sous-programme de gestion des entrées/sorties; **insertion routine,** routine d'insertion; **interface routine,** programme d'interfaçage; **internal test routine,** sous-programme de test interne; **interpretive routine,** programme interprétatif; **interrupt routine,** routine d'interruption, programme d'interruption; **isolation test routine (ITR),** routine de diagnostic; **iterative routine,** routine d'itération; **label handling routine,** routine de traitement d'étiquettes; **label routine,** sous-programme de traitement d'étiquettes; **leader routine,** routine amorce; **library file update routine,** routine de mise à jour de fichiers-bibliothèque; **library maintenance routine,** programme de gestion de bibliothèque; **library routine,** routine de bibliothèque; **load routine,** routine de chargement; **loader routine,** programme chargeur; **loading routine,** routine de chargement; **machine routine,** programme machine, sous-programme machine; **main routine,** programme principal; **maintenance routine,** programme de maintenance; **malfunction routine,** programme d'anomalies; **map routine,** sous-programme de justification; **master routine,** routine pilote; **mean time between routine maintenance (MTBRM),** moyenne des temps entre entretiens; **memory dump routine,** sous-programme de vidage mémoire; **minimum access routine,** équation conditionnelle; **minor macro routine,** sous-programme macro; **monitor checking routine,** sous-programme de contrôle; **monitor routine,** sous-programme moniteur; **nested routine,** routine imbriquée; **network-oriented routine,** programme orienté sur réseau; **object routine,** routine résultante; **open routine,** routine ouverte; **output routine,** routine de sortie, programme d'extraction; **output routine generator,** générateur de programmes de sortie; **overlay routine,** sous-programme de recouvrement; **own code routine,** sous-programme utilisateur; **patch routine,** programme de correction, routine de correction; **peripheral control routine,** programme de commande de périphérique; **peripheral routine,** sous-programme de translation; **polling routine,** programme de scrutation; **postmortem routine,** routine d'autopsie; **randomizing routine,** programme de calcul d'adresse; **read routine,** programme de lecture; **real-time executive routine,** sous-programme d'exécution immédiate; **recovery routine,** routine de récupération; **recursive routine,** routine récursive; **relocatable routine,** programme relogeable; **rerun recording routine,** sous-programme de reprise; **rerun restoring routine,** routine de répétition; **rerun routine,** programme de reprise; **resident routine,** sous-programme résident; **retrieval routine,** sous-programme de recherche; **rollback routine,** programme de reprise; **routine check,** contrôle de routine; **routine library,** bibliothèque de routines; **routine maintenance,** entretien de routine; **routine master,** programme de référence; **routine message,** message de routine; **routine name,** nom de routine, nom de programme; **routine word,** mot de programme; **routine work,** travail de routine; **safeguarding routine,** routine de sauvegarde; **secondary routine,** routine auxiliaire; **self-check routine,** programme autotest; **sequence checking routine,** programme de contrôle de séquence; **service checking routine,** programme de vérification; **service routine,** utilitaire; **setup routine,** sous-programme de préparation; **simulation routine,** simulateur; **specific routine,** routine spécifique; **standard routine,** routine standard, programme standard; **start routine,** routine de lancement, routine d'amorçage; **static routine,** routine sans paramètre; **storage test routine,** sous-programme de contrôle de la mémoire; **stored routine,** programme mémorisé; **subscript routine,** sous-programme d'indiçage; **supervisory routine,** sous-programme de surveillance; **system tape service routine,** programme utilitaire pour bande système; **tape bootstrap routine,** sous-programme chargeur de bande; **tape loading routine,** sous-programme de mise en place de bande; **termination routine,** sous-programme de clôture; **test routine,** routine d'essai; **trace routine,** routine de dépistage; **tracing routine,** programme de contrôle; **transient routine,** routine transitoire; **translating routine,** programme traducteur, routine traductrice; **update routine,** sous-programme de mise à jour; **updating routine,** routine de mise à jour; **user-provided routine,** sous-programme d'utilisateur; **user-written routine,** sous-programme écrit par l'utilisateur; **utility routine,** programme de servitude, routine utilitaire; **utility routine controller,** contrôle du sous-programme utilitaire; **working routine,** programme de production.

r o u t i n g\*: routage, acheminement; **adaptive routing,** acheminement adaptatif; **alternate routing,** cheminement secondaire, routage de secours; **centralized routing protocol,** protocole de routage centralisé; **free routing,** voie d'acheminement inoccupée; **improper routing character,** caractère d'acheminement erroné; **message routing,** routage de messages, acheminement de messages; **multiple routing,** multiroutage; **routing channel,** voie d'acheminement; **routing code,** code d'acheminement; **routing criterion,** critère d'acheminement; **routing directive,** directive d'acheminement;

**routing file,** fichier des gammes; **routing function,** fonction d'acheminement; **routing indicator,** indicateur de routage; **routing information,** information d'acheminement; **routing of messages,** acheminement de messages; **routing prefix code,** caractère d'acheminement; **routing sheet,** fiche travail; **semiadaptive routing,** routage semi-adaptatif.

r o w\*: rang, ligne; **binary row,** rangée binaire; **card row,** ligne de carte, rang de carte, filière; **check row,** rang de test; **continuation row,** ligne de suite; **matrix row,** ligne de matrice; **row binary,** binaire en ligne; **row pitch,** pas longitudinal, espacement des caractères; **tape row,** rangée de bande; **top-row function keys,** touches de fonctions de haut de clavier.

R P G\*: **report program generator,** générateur de programme d'états.

R S: **RS-232 gender changer,** changeur de genre RS-232; **RS-232 interface,** interface série RS-232; **RS-232 patch box,** configurateur RS-232.

R T L: **resistor-transistor logic,** logique transistor-résistance.

R T S: **real-time system,** système temps réel.

r u b: **rub out (to),** effacer; **rub-out character,** caractère d'effacement.

r u b b e r: caoutchouc, gomme; **rubber band line,** ligne élastique; **rubber banding,** étirement, technique de l'élastique.

r u l e: règle; **else rule,** règle conditionnelle; **grammar rule,** règle de grammaire; **hyphenation rule,** règle de césure; **precedence rule,** règle de précédence; **priority rule,** règle de priorité; **rule of precedence,** règle de précédence, hiérarchie; **rule of signs,** principe des signes; **rule of thumb,** règle empirique; **slide rule,** règle à calcul; **syntax rules,** règles de syntaxes.

r u n\*: exécution, passe, déroulement, passage; **assembler run,** phase d'assemblage; **assembly run,** passage d'assemblage; **backup run,** passe de sauvegarde; **benchmark run,** passage de test d'évaluation; **binary run file,** fichier de programmes exécutables; **binary run tape,** bande de programme objet; **card run-in,** passage d'alimentation des cartes; **card run-out,** passage d'éjection de cartes; **checkout run,** passage de contrôle, passage de test; **collection run,** déroulement d'accumulation; **compilation run,** passe de compilation; **completion run,** passage final; **computer run,** passage en machine; **copy run,** passage de duplication; **correction run,** correction par passage en machine;

**deallocation run,** déroulement de libération de partition; **dry run,** passage d'essai, passe d'essai; **end of run,** fin d'exécution; **end-of-run character (EOR),** caractère de fin d'exécution; **end-of-run halt,** arrêt après fin de passage en machine; **housekeeping run,** exécution de service; **job run,** passe d'exécution; **machine run,** passage en machine; **maintenance run,** passage de mise à jour; **modification run,** passage de mise au point; **object run,** passage en machine; **production run,** passage opérationnel; **program run,** passe de programme; **receive run,** mode réception; **run (to),** exécuter, passer; **run book,** dossier d'exploitation; **run card,** carte de sélection de programmes; **run chart,** ordinogramme d'exploitation; **run down (to),** dérouler, s'arrêter; **run duration,** durée d'exécution; **run file,** fichier exécutable; **run idle (to),** tourner à vide; **run manual,** manuel d'exploitation; **run mode,** mode d'exploitation; **run module,** module exécutable; **run occurrence number,** numéro du travail en cours; **run off the mill,** ordinaire, usuel; **run out (to),** libérer; **run phase,** phase d'exécution; **run queue,** file, liste de travaux; **run stream,** flux, flot, file de travaux; **run tape,** bande d'exploitation; **run time parameter,** paramètre de temps d'exécution; **run unit,** module de chargement; **runaround,** parcours, passage; **run-out,** bout de ruban; **run-out key,** poussoir de vidage de piste; **run-time,** durée d'exploitation; **run-time monitor,** moniteur d'exploitation; **send run,** en mode émission; **temporary run file,** fichier courant temporaire; **test run,** passage d'essai, passe d'essai; **translator run,** passage en traduction; **trial run,** passage d'essai; **updating run,** passe de mise à jour; **vetting run,** passage de validation.

**runaround:** parcours.

**runaway:** déplacement incorrect.

**rung:** barreau; **cable rung,** plan de trace.

**runner:** glissière, rail.

**running:** exécution, déroulement, passage; **dry running,** vérification manuelle (de code); **free-running circuit,** circuit auto-oscillateur; **free-running clock,** horloge arbitraire; **free-running multivibrator,** multivibrateur auto-oscillant; **free-running flip-flop,** bascule astable; **free-running speed,** vitesse normale de fonctionnement; **idle running stroke,** cycle vide; **idle running time,** cycle d'attente; **live running,** traitement réel; **parallel running,** fonctionnement parallèle; **running current,** courant de travail; **running diagram,** diagramme de fonctionnement; **running duration,** durée d'exécution; **running modification,** modification de programme; **running process word,** mot du processus en cours; **running program,** programme exploitable; **running state,** état d'exploitation, état de traitement; **running time,** temps de passage; **running time meter,** indicateur horaire; **running total,** total courant.

**runout:** manque; **drum runout,** balourd; **dynamic runout,** excentrage dynamique; **runout allowance,** excentricité admissible.

**runway:** chemin de roulement; **cable runway,** chemin de câbles.

# S

**S:** S-100 bus, bus S-100.

**safe:** protégé; **safe (to),** sauvegarder, sauver, conserver.

**safeguard:** protection; **safeguard of data,** sauvegarde des informations.

**safeguarding:** protection; **safeguarding program,** programme de sauvegarde; **safeguarding routine,** routine de sauvegarde; **safeguarding software,** logiciel de sauvegarde.

**safety:** sécurité; **safety contact,** contact de sécurité; **safety factor,** facteur de sécurité; **safety hazard,** source de danger; **safety interlock,** verrouillage de sécurité; **safety lock,** serrure de sécurité; **safety of operation,** sécurité de fonctionnement; **safety pawl,** levier de sécurité; **safety stock,** réserve de sécurité; **safety switch,** interrupteur de sécurité; **safety visor,** gêneur.

**sag:** flèche.

**sale:** vente; **point-of-sale terminal (POS),** terminal point de vente.

**salvager:** programme de sauvegarde.

**sample\*:** échantillon; **sample (to),** échantillonner; **sample and hold amplifier,** échantillonneur-bloqueur; **sample computer printout,** liste-exemple; **sample data,** données d'échantillonnage; **sample program,** programme d'échantillonnage; **sample selection device,** dispositif de sélection par échantillonnage.

**sampled:** échantillonné; **sampled data,** données échantillonnées; **sampled data control,** contrôle de données par échantillonnage; **sampled data system,** système d'échantillonnage des données.

**sampling:** échantillonnage; **acceptance sampling,** contrôle par échantillonnage; **data sampling system,** système d'échantillonnage d'informations; **sampling circuit,** circuit d'essai par prise au hasard; **sampling controller,** échantillonneur; **sampling element,** élément d'échantillonnage; **sampling error,** erreur de prise au hasard; **sampling rate,** fréquence d'échantillonnage; **sampling test,** essai d'échantillonnage; **sampling theorem,** théorème d'échantillonnage.

**sapphire:** saphir; **silicon on sapphire (SOS),** technologie silicium sur saphir.

**satellite\*:** centre annexe; **communications satellite,** satellite de communications; **computer satellite,** calculateur annexe; **real-time satellite computer,** calculateur secondaire temps réel; **satellite communication,** communication par satellite; **satellite computer,** ordinateur satellite; **satellite processor,** calculateur satellite; **satellite station,** station satellite; **satellite system,** système satellite.

**saturation:** saturation; **base saturation current,** courant de base saturé; **magnetized to saturation,** magnétisé à saturation; **saturation point,** point de saturation; **saturation state,** état de saturation.

**save:** sauvegarde; **file save,** sauvegarde de fichier; **save (to),** sauvegarder, sauver, mémoriser; **save area,** zone de sauvegarde des données; **save as..,** enregistrer sous..; **save field,** zone sauvegarde.

**saving:** sauvegarde; **time saving,** gain de temps.

**sawtooth:** dent de scie; **sawtooth wave,** onde en dents de scie; **vertical deflection sawtooth,** dent de scie de trame.

**SBC:** single-board computer, ordinateur sur carte unique.

**scalar\*:** scalaire; **scalar arithmetic,** arithmétique scalaire; **scalar expression,** expression scalaire; **scalar product,** produit scalaire; **scalar quantity,** grandeur scalaire; **scalar type,** type scalaire; **scalar variable,** variable scalaire.

**scale:** échelle; **amplitude scale factor,** échelle des amplitudes; **binary scale,** plage binaire; **decimal scale,** échelle décimale; **end scale,** déviation pleine échelle; **extended time-scale,** facteur temps étendu; **fast time scale,** facteur temps réduit; **full scale,** déviation maximale, grandeur réelle; **gray scale,** échelle de gris; **grey scale,** échelle de gris; **index scale,** tableau indicateur d'indice; **large scale integration (LSI),** intégration à grande échelle; **large scale system,** ordinateur de grande puissance; **measuring scale,** échelle graduée; **medium integration scale (MSI),** échelle d'intégration moyenne; **medium scale integration,** intégration moyenne; **medium scale system,** ordinateur de moyenne puissance; **meter scale,** échelle graduée; **scale (to),** mettre à l'échelle; **scale down (to),** réduire à l'échelle; **scale drawing,** dessin à l'échelle; **scale factor,** grandeur, facteur d'échelle; **scale modifier,** facteur de précision; **scale paper,** papier millimétrique; **scale up (to),** agrandir; **small scale integration (SSI),** intégration à faible échelle; **small scale system,** ordinateur de petite puissance; **super large scale integration (SLSI),** intégration à super grande échelle; **time base scale,** échelle des temps; **time scale,** échelle des temps; **time scale factor,** facteur d'échelle des temps; **timing scale,** échelle des temps; **two-dimensional scale,** échelle bidimensionnelle; **vernier scale,** vernier; **very high scale integration (VHSI),** très haute intégration; **very large scale integration (VLSI),** intégration à très grande échelle; **zoom scale,** échelle de zoom.

**scaler:** calibrateur; **pulse scaler,** diviseur d'impulsions.

**scaling\*:** mise à l'échelle; **scaling attribute,** attribut de précision; **scaling factor,** facteur de cadrage, échelle; **scaling part,** partie de cadrage; **scaling position,** position de cadrage.

**scan\*:** scanage, balayage, exploration; **directed beam scan,** balayage à faisceau dirigé, balayage cavalier; **even-numbered scan line,** ligne de balayage paire; **field scan generator,** générateur de balayage trame; **file scan,** lecture de fichier; **file scan equipment,** dispositif de scrutation de fichier; **file scan function,** fonction de balayage de fichier; **flying spot scan,** balayage au vol; **fractional scan,** balayage partiel; **interlaced scan,** balayage entrelacé; **line scan generator,** générateur de signaux balayage ligne; **line scan start,** départ de balayage ligne; **move and scan,** transfert et analyse; **odd-numbered scan line,** ligne de balayage impaire; **random scan,** balayage cavalier; **raster scan,** balayage par trame, balayage télévision; **raster scan CRT,** tube à balayage de trame; **raster scan display,** affichage à balayage de trame; **raster scan graphics,** graphisme de trame télévision; **raster scan video display,** affichage vidéo type télévision; **reverse scan,** balayage inverse; **scan area,** zone de balayage, de scanage; **scan frequency,** fréquence de balayage, fréquence de scanage; **scan head,** tête de scanner; **scan line,** ligne de balayage; **scan matrix,** matrice d'exploration; **scan period,** durée de balayage, de scanage; **scan rate,** vitesse de balayage, de scanage; **storage scan,** balayage de la mémoire; **vector scan,** balayage cavalier.

**scanner:** scanner, scanographe, scrutateur; **bar code scanner,** scanner de code à barres; **curve scanner,** scanner de courbes; **film scanner,** unité d'analyse de microfilm;

**flying spot scanner,** explorateur par point lumineux; **multispectral scanner (MSS),** scanner multibande; **optical scanner,** scanner optique; **scanner channel,** scrutateur de voies; **scanner disk,** disque analyseur; **scanner/reader,** lecteur analyseur.

**scanning\*:** scanage, analyse par balayage; **automatic scanning,** balayage automatique; **central scanning loop,** boucle centrale de lecture directe; **contact scanning,** balayage par contact; **data scanning,** scrutation de données; **electronic scanning,** balayage électronique; **frequency scanning,** balayage de fréquences; **interlaced scanning,** balayage entrelacé; **line scanning,** balayage de ligne; **mark scanning,** lecture (optique) de marques; **optical scanning,** lecture optique; **photoelectric scanning,** lecture photoélectrique; **raster scanning,** balayage récurrent; **remote on-line optical scanning,** scanage optique déporté; **scanning device,** analyseur, scanner, scanographe; **scanning disk,** disque à palpation; **scanning frequency,** fréquence d'exploration; **scanning loop,** boucle de scrutation, de scanage; **scanning method,** méthode d'exploration, méthode de scanage; **scanning program,** programme d'analyse; **scanning rate,** vitesse de scanage; **scanning speed,** vitesse d'exploration; **scanning system,** système de balayage; **serial scanning,** scrutation.

**scatter:** désalignement, biais, obliquité; **gap scatter,** désalignement, biais, obliquité; **passive scatter relay,** connexion de dispersion passive; **scatter (to),** diffuser; **scatter load,** affectation diffuse de la mémoire; **scatter loading,** chargement éclaté; **scatter read,** lecture diffuse; **scatter read/write,** lecture-écriture avec éclatement; **scattergather,** ventilation regroupement.

**scattered:** diffus; **scattered read,** lecture diffuse.

**scattering:** diffusion; **scattering loss,** perte par diffusion; **scattering matrix,** matrice de dispersion.

**schedule:** calendrier; **activity schedule,** plan d'activité; **machine loading schedule,** plan de charge d'une machine; **maintenance schedule,** plan de maintenance; **production schedule,** plan de production; **schedule (to),** organiser, ordonnancer, prévoir; **time schedule,** plan d'échelonnement; **training schedule,** programme de formation.

**scheduled:** planifié, prévu; **scheduled engineering time,** temps de maintenance concertée; **scheduled maintenance,** entretien systématique, entretien de routine;

**scheduled maintenance time,** temps de maintenance concertée.

**s c h e d u l e r :** programmateur, temporisateur, rythmeur; **executive scheduler,** programme superviseur; **job scheduler,** programmateur de travaux; **master scheduler,** programme principal, programme pilote; **priority scheduler,** programmateur de priorités; **scheduler queue,** file d'attente d'ordonnancement.

**s c h e d u l i n g :** planification; **channel scheduling,** gestion de canal, allocation de canal; **multijob scheduling,** séquence multitravail; **partitioned priority scheduling,** commande à priorité partielle; **priority job scheduling,** traitement prioritaire des travaux; **priority scheduling,** planification des priorités; **production scheduling,** planification de la production; **program scheduling,** planification des programmes; **scheduling algorithm,** algorithme de planification; **scheduling lock,** blocage d'ordonnancement; **scheduling network,** graphe d'ordonnancement; **scheduling priority,** priorité d'ordonnancement; **scheduling queue,** file d'attente pilote; **single-job scheduling,** commande simple de travaux; **task scheduling algorithm,** algorithme de planification des tâches; **task-scheduling,** planification des travaux; **work scheduling,** planification.

**s c h e m a :** schéma; **schema processor,** traducteur de schéma; **source schema,** schéma d'origine.

**s c h e m a t i c :** schéma; **circuit schematic,** schéma de montage; **database schematic,** schéma de principe de banque de données; **functional schematic,** schéma fonctionnel; **logic schematic,** schéma logique; **schematic circuit diagram,** schéma de principe; **schematic diagram,** schéma de principe; **schematic representation,** représentation schématique.

**s c h e m e :** plan; **coding scheme,** plan de codification; **color identification scheme,** table des couleurs; **priority scheme,** schéma de priorité.

**S c h m i t t :** Schmitt; **Schmitt trigger,** déclencheur de Schmitt.

**S c h o t t k y :** Schottky; **low power schottky (LS),** schottky faible consommation.

**s c i e n c e :** science; **computer science,** l'informatique; **information science,** l'informatique; **management science,** gestion scientifique; **science and engineering,** science et technique.

**s c i e n t i f i c :** scientifique; **scientific analysis,** analyse scientifique; **scientific branch,** sciences; **scientific computer,** ordinateur scientifique; **scientific feature,** organe de calcul en virgule flottante; **scientific instruction,** instruction de calcul en virgule flottante; **scientific instruction option,** jeu d'instructions arithmétiques; **scientific language,** langage scientifique; **scientific notation,** notation scientifique; **scientific option,** option de calcul en virgule flottante; **scientific subprocessor,** coprocesseur de calcul en virgule flottante; **scientific unit,** unité de calcul en virgule flottante.

**s c i s s o r * :** ciseaux; **scissor (to),** découper.

**s c i s s o r i n g :** détourage, découpage.

**s c o p e :** cadre, portée, étendue; **scope attribute,** attribut du secteur de validité; **scope presentation,** présentation sur écran.

**s c o r i n g :** rayage; **scoring logic,** logique; **scoring sheet,** feuille d'analyse; **test scoring machine,** machine correctrice électronique.

**s c r a m b l e * :** brouillage, embrouillage.

**s c r a m b l i n g :** embrouillage, brouillage.

**s c r a t c h :** rayure, égratignure; **scratch area,** zone de manoeuvre; **scratch file,** fichier brouillon; **scratch pad control register,** registre de commande de la mémoire bloc-notes; **scratch pad memory,** mémoire brouillon; **scratch pad unit,** mémoire interprète; **scratch tape,** bande de manoeuvre.

**s c r e e n :** écran, blindage; **antireflective screen,** écran antireflet; **bottom of screen,** bas d'écran; **cathode screen,** écran cathodique; **display screen,** écran de visualisation; **display screen copier,** recopieur d'affichage écran; **display screen recopier,** recopieur d'écran; **entry screen,** poste de saisie; **flat screen display,** visuel à écran plat; **flat-faced screen,** écran plat; **fluorescent screen,** écran fluorescent; **full screen editor,** éditeur pleine page; **full screen erase,** effacement complet de l'écran; **full screen application,** application plein écran; **glow screen,** écran protecteur; **graphics screen,** écran graphique; **help screen,** écran d'aide; **laser screen,** écran à laser; **menu screen,** affichage menu; **off screen,** hors-écran; **partial screen erase,** effacement partiel de l'écran; **read screen,** fenêtre de lecture; **screen (to),** passer au crible; **screen area,** surface utile d'écran; **screen area,** zone écran; **screen attribute,** attribut d'écran; **screen blanking,** effacement écran; **screen boundary,** limite d'écran; **screen coordinates,** coordonnées d'écran; **screen copy,** recopie d'écran, vidéotrace; **screen display,** affichage sur écran; **screen displayed prompter,** guide de saisie affiché à l'écran;

screen down, écran suivant; screen edge convergence, convergence de bord d'écran; screen editing, édition à l'écran; screen erasure, effacement écran; screen filter, filtre d'écran; screen font, fonte d'écran; screen format, format d'écran; screen grid, grille écran; screen image, image d'écran; screen layout, agencement d'écran; screen mask, masque d'écran; screen message, message d'écran; screen page, page écran; screen pattern, trame d'écran; screen read, lecture d'écran; screen resolution, définition écran; screen scrolling, défilement écran; screen size, dimension d'écran; screen splitting, partage d'écran; screen up, écran précédent; screen width, largeur d'écran; screen window, fenêtre à l'écran; screen-based, à base d'écran; screen-oriented, orienté écran; screen-oriented feature, particularité utilisant l'écran; semigraphic screen, écran semi-graphique; split screen, écran partagé; split screen feature, segmentation de l'écran; top of screen, haut d'écran, début d'écran; touch screen terminal, terminal à écran tactile; touch-sensitive screen, écran interactif au toucher; video screen, écran vidéo; viewing screen, écran de visualisation; windowed screen, écran-fenêtre.

screenful: plein écran.

screening: blindage.

screw: vis; chip screw, hélice à confettis; hex slot screw, vis à six pans; knurled screw, vis moletée; set screw, vis d'arrêt.

script: liste objet; machine script, liste de code machine.

scroll*: défilement; down scroll arrow, flèche descendante; horizontal scroll, défilement horizontal; left scroll arrow, flèche gauche de défilement; right scroll arrow, flèche droite de défilement; scroll (to), faire défiler l'écran; scroll area, zone de défilement; scroll arrow, flèche de défilement; scroll bar, barre de défilement; scroll box, case de défilement; scroll buffer, tampon de défilement; scroll down, défilement descendant; scroll lock, verrouillage du défilement; scroll up, défilement montant; side scroll, défilement horizontal; up scroll arrow, flèche ascendante; vertical scroll, défilement vertical.

scrolling*: défilement; display scrolling, défilement d'image; horizontal scrolling, défilement horizontal; screen scrolling, défilement écran; scrolling area, zone de défilement; scrolling mode, mode défilement; side scrolling, défilement horizontal.

scrutinise: cf scrutinize.

scrutinize: scrutinize (to), examiner,

scruter.

sculpturing: sculpture; three-dimension surface sculpturing, mise en forme des surfaces en trois dimensions.

SDLC: synchronized data link control, procédure synchrone.

seal: joint; glass-to-metal seal, soudure métal verre.

sealed: scellé; hermetically sealed, clos hermétiquement.

seamless: sans soudure.

search*: recherche; Fibonacci search, recherche de Fibonacci; address search, recherche d'adresse; area search, zone de cherche; automatic search, recherche automatique; average search length, durée moyenne de recherche; backward search, recherche arrière; binary search, recherche binaire, recherche dichotomique; chaining search, recherche en chaîne; dichotomizing search, recherche dichotomique; disjunctive search, recherche par mot clé; error search, recherche d'erreur; error search program, programme de recherche d'erreurs; file search, recherche de fichier; information search, recherche de l'information; library search, recherche en bibliothèque; library search sequence, séquence de recherche en bibliothèque; linear search, recherche séquentielle; literature search, recherche documentaire; menu search, recherche par menu; multicriteria search, recherche multicritère; optimum tree search, organigramme de recherche; parallel search storage, mémoire parallèle (associative); round robin search method, méthode de recherche circulaire; search (to), rechercher; search area, zone de recherche; search argument, argument de recherche; search card, carte de recherche; search command, commande de recherche, instruction de recherche; search control word, drapeau de recherche; search cycle, cycle de recherche; search function, fonction de recherche; search key, clé de recherche; search mask, masque de recherche; search memory, mémoire adressable par le contenu, mémoire associative; search mode, mode de recherche; search mode field, zone du mode de recherche; search mode parameter, paramètre du mot de recherche; search number, nombre de recherche; search operation, opération de recherche; search process, processus de recherche; search query, requête de recherche; search query, demande de recherche; search statement, instruction de recherche; search statement, commande de recherche; search theory, théorie de recherche; **search time,** temps de recherche; **search word,** mot de recherche; **sequential search,** recherche séquentielle; **table search,** recherche dans une table; **tree search,** recherche arborescente.

**s e a r c h i n g:** recherche; **file searching,** recherche dans un fichier; **searching command,** commande de recherche; **searching method,** méthode de recherche; **searching operation,** opération de recherche; **searching sequence,** cycle de recherche; **searching speed,** vitesse de recherche; **searching storage,** mémoire associative; **tree searching,** recherche arborescente.

**s e c o n d:** seconde; **bits per second (BPS),** bits par seconde (BPS); **cycles per second (cps),** cycles par seconde (cps); **floating-point operation per second (FLOPS),** opérations en virgule flottante par seconde; **millions instructions per second (MIPS),** millions d'instructions par seconde; **kilo operations per second (KOPS),** kilo d'opérations par seconde (KOPS); **operations per second (OPS),** opérations par seconde; **second derivative,** dérivée seconde; **second generation,** seconde génération; **second source,** seconde source; **second-generation computer,** calculateur de seconde génération; **second-level address,** adresse à opérande complexe.

**s e c o n d a r y:** suite secondaire; **Boolean secondary,** expression booléenne secondaire; **core secondary environment,** système à mémoire secondaire; **secondary address,** adresse secondaire, attributaire secondaire; **secondary clock,** horloge auxiliaire; **secondary console,** console secondaire; **secondary control,** commande suite; **secondary dictionary file,** fichier dictionnaire secondaire; **secondary emission,** émission auxiliaire; **secondary entry point,** point d'entrée secondaire; **secondary file,** fichier auxiliaire; **secondary function,** fonction secondaire; **secondary index,** index secondaire; **secondary input,** entrée secondaire; **secondary key,** indicatif secondaire; **secondary key field,** champ clé secondaire; **secondary panel,** pupitre auxiliaire; **secondary program,** programme auxiliaire; **secondary routine,** routine auxiliaire; **secondary space clearing,** remplissage avec des zéros; **secondary station,** station secondaire; **secondary status,** état du poste auxiliaire; **secondary storage,** mémoire auxiliaire; **secondary unit,** unité auxiliaire; **secondary winding,** enroulement secondaire; **transformer secondary,** (enroulement) secondaire de trans-

formateur.

**s e c t i o n\*:** section, segment; **address section,** partie adresse; **arithmetic section,** unité arithmétique; **configuration section,** section de configuration; **control section,** unité de commande, section de programme; **critical section,** section critique; **cross-section,** section transversale; **cross-section paper,** papier quadrillé; **declarative section,** accord de procédure; **dummy section,** pseudo-section; **file section,** section de fichier; **identifier section,** segment identificateur; **input section,** section d'entrée; **input/output section,** section d'assemblage entrée/sortie; **library section,** partie de bibliothèque; **line section,** tronçon de ligne; **main memory section,** partition de mémoire centrale; **numerical section,** partie numérique; **output section,** zone de sortie, zone d'extraction; **procedural section,** section de procédure; **processing section,** zone d'exploitation; **program section,** partie de programme; **report section,** édition de rapport; **resident section of monitor,** partie résidante d'un moniteur; **section (to),** segmenter; **section header,** en-tête de segment; **section name,** nom de segment; **storage section,** zone de mémoire; **working memory section,** mémoire de travail.

**s e c t i o n a l:** en section; **sectional view,** vue de coupe.

**s e c t i o n i n g:** sectionnement; **program sectioning,** segmentation de programme.

**s e c t o r\*:** secteur; **base sector relocation,** translation du secteur de base; **boot sector infection,** contamination du secteur d'amorçage; **core sector address,** adresse de secteur mémoire; **cross-sector linkage,** adressage à dépassement de secteurs; **data sector,** secteur de données; **dead sector,** secteur mort; **disk sector,** secteur de disque; **hard sector,** secteur matériel; **label sector,** secteur d'étiquette; **sector address,** adresse de secteur; **sector area,** zone de perforation normale; **sector bit,** bit de secteur; **sector boundary,** limite de secteur; **sector count,** comptage de secteurs; **soft sector,** secteur logiciel.

**s e c t o r e d:** sectorisé; **hard-sectored,** sectorisé matériel; **hard-sectored disk,** disque à sectorisation matérielle; **soft-sectored,** sectorisé logiciel; **soft-sectored disk,** disquette à sectorisation logicielle.

**s e c t o r i n g:** sectorisation; **diskette sectoring,** sectorisation de disque.

**s e c u r i t y:** protection; **computer security,** sécurité informatique; **data security,** protection de données; **file security,** sécurité des fichiers, protection des fichiers; **file security period**, période de protection de fichier; **security category**, catégorie de sécurité; **security field**, zone de sécurité; **security function**, fonction de sécurité; **security grade**, degré de sécurité; **security phone**, téléphone à mémoire; **security system**, système de sécurité; **software security**, sécurité des logiciels; **transmission security**, sécurité de transmission; **volume security**, protection de chargeur.

**s e e d :** pseudo-lignée.

**s e e k \*:** recherche, cycle de recherche; **average seek time**, temps d'accès de positionnement; **direct seek**, recherche directe; **dummy seek**, recherche fictive; **edge seek**, recherche de marge; **overlapping seek**, recherche en recouvrement; **seek (to)**, chercher; **seek access time**, temps de recherche de données; **seek action**, fonction de positionnement; **seek action macrocall**, macro-appel de recherche; **seek address**, adresse de recherche; **seek area**, zone de recherche; **seek arm**, bras de positionnement; **seek command**, instruction de recherche, commande d'accès; **seek cycle**, cycle de positionnement; **seek operation**, opération de positionnement; **seek overlap**, débordement de la recherche; **seek statement**, instruction de positionnement; **seek time**, temps de recherche; **track-to-track seek time**, temps d'accès de piste à piste.

**s e g m e n t \*:** segment, section; **array segment**, partie de zone, segment de matrice; **base segment**, segment de contrôle; **beginning-of-segment block**, début du bloc de segments; **called segment**, segment appelé; **code segment**, segment de code; **data segment**, segment de données; **detectable segment**, segment détectable; **exclusive segment**, segment exclusif; **fixed-length segment**, segment de longueur fixe; **global segment**, segment commun; **header segment**, segment de début; **inclusive segment**, segment inclusif; **independent segment**, segment indépendant; **indirect segment descriptor**, descripteur de segment indirect; **last pass segment**, phase définitive de tri; **logical segment**, segment logique; **main segment**, segment principal; **overlay segment**, segment de recouvrement; **overlayable segment**, segment recouvrable; **permanent segment**, segment permanent; **physical segment**, segment physique, enregistrement; **procedure segment**, segment de procédure; **program segment**, segment de programme; **program segment loading**, chargement d'un segment de programme;

**record segment**, segment d'enregistrement; **resident segment**, segment résident; **root segment**, programme de contrôle; **segment (to)**, segmenter; **segment base**, adresse de base d'un segment; **segment data base**, base d'un segment de données; **segment decoder**, décodeur de segment; **segment descriptor**, descripteur de segment; **segment header**, en-tête de segment; **segment header card**, carte maîtresse d'un segment; **segment header record**, enregistrement en-tête de segment; **segment limit clause**, indication de limitation de segment; **segment load entrance**, entrée de chargement; **segment management**, gestion des segments; **segment mark**, marque de segment; **segment name**, nom de segment; **segment name field**, zone des noms de segments; **segment number**, numéro d'un segment; **segment relative address**, adresse relative d'un segment; **segment table**, table des segments; **segment table entry**, entrée dans une table de segments; **segment table word**, adresse d'une table de segments; **single-segment record**, enregistrement simple; **stack segment**, segment de pile; **unpaged segment**, segment non paginé; **variable-length segment**, segment de longueur variable.

**s e g m e n t a t i o n :** segmentation; **open segmentation**, segmentation.

**s e g m e n t e d :** segmenté; **segmented address**, adresse segmentée.

**s e g m e n t i n g :** segmentation; **paging and segmenting**, pagination et segmentation; **program segmenting**, segmentation de programme.

**s e i z e : (to)**, saisir.

**s e i z i n g :** saisie.

**s e i z u r e :** saisie.

**s e l e c t :** sélection; **channel select switch**, commutateur de pistes; **chip select (CS)**, sélection de circuit intégré; **component select character**, caractère de sélection d'unité; **digit select character**, caractère de sélection de chiffres; **fast select**, appel précipité; **head-select**, sélection de tête; **memory address select register**, registre de sélection des adresses de mémoire; **poll-select mode**, mode d'appel, mode d'interrogation; **poll-select**, requête d'émission; **poll-select list**, liste d'appels; **proceed to select**, signal de requête, signal de sélection; **select (to)**, choisir; **select action**, fonction de sélection; **select code**, code de sélection; **select command**, instruction de sélection; **select instruction**, instruction de sélection; **select line**, ligne de sélection; **select operation**, opération de sélection; **select output file,** fichier de vidage sélectif; **select parameter,** paramètre de sélection; **select register,** registre de sélection; **stacker select,** sélection de case; **storage address select register,** registre de sélection d'adresses; **track select switch,** sélecteur de pistes.

**selecting:** sélection; **polling/selecting mode,** procédé d'appel sélectif; **selecting character,** caractère de sélection; **selecting circuit,** circuit sélecteur.

**selection:** sélection, invitation à recevoir, extraction; **address selection,** sélection d'adresses; **automatic printing line selection,** sélection automatique des lignes d'impression; **automatic route selection,** acheminement automatique; **automatic selection,** sélection automatique; **balance selection,** sélection de solde; **block selection,** sélection de bloc; **card selection,** sélection de cartes; **channel selection switch,** sélecteur de canal; **clock selection switch,** sélecteur de rythme; **coincident current selection,** sélection par courants coïncidents; **command selection,** sélection d'ordre; **computer selection,** sélection de machine; **data selection,** sélection de données; **dial switch selection,** sélection par cadran numéroté; **digit selection,** sélection de chiffres; **disk selection,** sélection de disque; **end of selection,** caractère fin de sélection; **evidence table selection,** table d'indices de sélection; **field selection,** sélection des zones; **function selection,** sélection de fonction; **head selection switch,** sélecteur de têtes magnétiques; **highlighted selection,** sélection en surbrillance; **information selection,** sélection de l'information; **key selection,** sélection au clavier; **keyboard selection,** sélection par clavier; **line selection feature,** dispositif de sélection de ligne; **linear selection,** sélection directe; **menu selection,** sélection par menu; **multiple selection criteria,** sélection multicritère; **peripheral unit selection,** sélection d'unités périphériques; **pocket selection,** sélection de case; **priority selection,** sélection de priorité; **program selection,** sélection de programme; **range selection,** sélection de limites; **record selection,** sélection d'enregistrement; **replacement selection process,** remplacement sélectif; **replacement selection technique,** technique de remplacement sélectif; **route selection,** sélection d'acheminement; **sample selection device,** dispositif de sélection par échantillonnage; **selection check,** contrôle de sélection; **selection circuit,** circuit de sélection; **selection criterion,** critère de sélection; **selection device,** dispositif de sélection; **selection information,** information optionnelle; **selection keyboard,** clavier optionnel; **selection line,** ligne de sélection; **selection number,** numéro d'appel; **selection ratio,** rapport de sélection; **selection rod,** tringle de sélection; **selection signal,** suite de signaux de sélection; **selection sort,** tri de sélection; **stacker selection,** sélection de case; **station selection,** sélection de poste; **storage selection register,** registre de sélection mémoire; **time selection,** mesure du temps; **track selection,** sélection de piste; **unit selection,** sélection d'unité; **word selection,** sélection de mot.

**selective:** sélectif; **frequency selective filter,** filtre séparateur de fréquences; **selective access,** consultation sélective; **selective basis,** base de sélection; **selective calling,** appel sélectif; **selective digit emitter,** distributeur sélectif; **selective dump,** vidage sélectif; **selective endorse,** endossement facultatif; **selective erasure,** effacement sélectif; **selective line printing,** impression automatique des lignes; **selective list** liste sélective; **selective listing,** liste sélective; **selective main storage dump,** vidage sélectif; **selective numbering,** numérotation facultative; **selective protection,** protection facultative; **selective reader,** lecteur-sélecteur; **selective ringing,** appel sélectif; **selective sort,** tri sélectif; **selective trace,** analyse sélective; **selective trace program,** programme d'analyse sélective.

**selectivity:** sélectivité; **adjacent selectivity,** sélectivité adjacente.

**selector:** sélecteur; **adder overflow selector,** sélecteur de débordement; **case selector,** sélecteur de case; **channel selector,** sélecteur de canal; **data selector,** sélecteur de données; **diagnostic result selector,** sélecteur de résultat de diagnostic; **digit selector,** sélecteur de chiffres, sélecteur d'indice; **display selector,** sélecteur d'affichage; **interval selector,** sélecteur d'intervalle; **line selector,** sélecteur de ligne; **measuring point selector,** sélecteur de points de mesure; **pilot selector,** sélecteur pilote; **plug selector,** sélecteur à fiche; **pluggable telephone channel selector,** sélecteur de canaux; **selector channel,** canal sélecteur; **selector circuit,** circuit sélecteur; **selector key,** poussoir d'effacement; **selector mechanism,** mécanisme de sélection; **selector pen,** photostyle; **selector relay,** relais de sélection; **selector station,** poste sélecteur de case; **selector switch,** sélecteur; **selector unit,** unité de sélection; **storage selector,** sélecteur de mémoire; **tape data selector,** sélecteur de données sur bande; **terminal address selector,** sélecteur d'adresses de connexion; **test selector switch,** sélecteur d'essais; **voltage selector,** sélecteur de tension.

**selling:** vente; **actual selling price,** prix de vente effectif; **soft selling,** vente par des moyens discrets.

**semanteme:** sémantème.

**semantic\*:** sémantique; **algebraic semantics,** sémantique algébrique; **semantic analysis,** analyse sémantique; **semantic component,** composant sémantique; **semantic differential,** méthode sémantique; **semantic error,** erreur sémantique; **semantic matrix,** matrice sémantique; **semantics,** sémantique (la).

**semantical:** sémantique; **semantical information,** information sémantique; **semantical information content,** contenu en informations sémantiques.

**semaphore\*:** sémaphore, jalon; **device semaphore,** sémaphore périphérique; **semaphore block,** bloc de sémaphore; **semaphore count field,** zone de comptage de sémaphores; **sequence semaphore,** sémaphore de contrôle.

**semiadaptive:** semi-adaptatif; **semiadaptive routing,** routage semi-adaptatif.

**semiautomatic:** semi-automatique; **semiautomatic switching center,** centre de communication semi-automatique.

**semicolon:** point-virgule ';'.

**semicompiled:** semi-compilé.

**semiconductor:** semi-conducteur; **integrated semiconductor circuit,** circuit intégré à semi-conducteurs; **semiconductor diode,** diode à semi-conducteur; **semiconductor memory,** mémoire à semi-conducteur; **semiconductor storage,** mémoire à semi-conducteur.

**semifixed:** semi-fixe; **semifixed length record,** enregistrement semi-fixe.

**semigraphic:** semi-graphique; **semigraphic characters,** caractères semi-graphiques; **semigraphic screen,** écran semi-graphique; **semigraphics,** semi-graphisme.

**semirandom:** semi-aléatoire; **semirandom access,** accès semi-aléatoire.

**senary:** sénaire.

**send:** **automatic send/receive (ASR),** téléimprimeur émetteur-récepteur; **clear to send (CTS),** prêt à transmettre; **clear-to-send delay,** temps de retournement; **invitation to send (ITS),** invitation à transmettre; **keyboard send/receive (KSR),** clavier expédition/réception (CER); **request to send,** demande d'émettre; **send (to),** envoyer,

émettre; **send channel,** canal émetteur; **send run,** en mode émission; **send wire,** fil d'émission; **send-only,** transmission seulement.

**sending:** envoi; **ready-for-sending,** prêt à émettre; **sending field,** zone émettrice.

**sense:** détection; **carrier sense,** détection de porteuse, écoute de porteuse; **core sense failure,** erreur de lecture mémoire; **error sense light,** voyant de contrôle d'erreur; **jam sense bar,** barre de butée; **level sense,** niveau de balayage; **logical sense,** détection logique; **mark-sense (to),** lire des marques; **mark-sense punching,** perforation à lecture graphique; **partial sense current,** demi-courant de commande; **sense (to),** explorer, tester; **sense amplifier,** amplificateur de lecture; **sense byte,** octet d'analyse; **sense condition,** condition de lecture; **sense line,** ligne de lecture; **sense signal,** signal de lecture; **sense switch,** commutateur de lecture; **sense winding,** enroulement de lecture; **sense wire,** fil de lecture.

**sensibility:** sensibilité.

**sensible:** sensible, perceptible; **machine-sensible,** dépendant de la machine; **machine-sensible information,** information en code machine.

**sensing:** détection, lecture par exploration; **brush sensing,** lecture par brosse; **character sensing,** lecture par exploration des caractères; **character sensing field,** zone de lecture; **electrical sensing,** exploration électrique; **electronic character sensing,** lecture électronique des caractères; **electrostatic sensing,** palpation électrostatique; **flight sensing,** balayage dynamique, lecture dynamique; **foil sensing strip,** feuillet à marque réfléchissante; **mark sensing,** lecture (optique) de marques; **mark-sensing card,** carte à lecture graphique; **mark-sensing method,** méthode de lecture graphique; **mark-sensing reproducer,** duplicatrice-perforatrice à lecture graphique; **mechanical sensing,** lecture par exploration mécanique; **photo sensing mark,** pastille réfléchissante; **photoelectric sensing,** palpation photoélectrique; **pin sensing,** lecture par exploration des broches; **remote sensing,** télédétection; **rotational position sensing,** détection de position angulaire; **sensing coil,** bobine de lecture; **sensing contact,** contact de lecture; **sensing current,** courant de lecture; **sensing device,** organe de lecture; **sensing element,** organe de lecture; **sensing finger,** palpeur; **sensing operation,** opération d'exploration; **sensing pin,** plongeur de lecture;

**sensing station,** poste de lecture; **tape-out sensing contact,** contact fin de bande.

**s e n s i t i v e :** sensible; **accident-sensitive,** sensible aux perturbations; **computer-sensitive language,** langage propre au calculateur; **context-sensitive language,** langage dans son contexte; **data-sensitive error,** erreur détectable par les données; **data-sensitive fault,** défaut détecté par les données; **electro-sensitive paper,** papier conducteur; **fault sensitive program,** programme détecteur d'avaries; **flux sensitive head,** tête magnétique sensible au flux; **heat-sensitive,** sensible à la chaleur; **light-sensitive,** sensible à la lumière; **machine-sensitive,** dépendant de la machine; **pattern sensitive fault,** panne intermittente; **program-sensitive fault,** défaut détecté par programme; **sensitive file,** fichier important; **temperature-sensitive,** sensible à la température; **touch-sensitive,** à effleurement; **touch-sensitive screen,** écran interactif au toucher.

**s e n s i t i v i t y :** sensibilité; **deflection sensitivity,** sensibilité de déviation; **filter sensitivity,** déviation admissible; **sensitivity control,** commande de sensibilité.

**s e n s o r :** capteur; **channel sensor,** poste de lecture; **image sensor,** élément à charge couplée; **photo document sensor,** capteur photoélectrique; **position sensor,** capteur de positionnement; **speed sensor,** capteur de vitesse.

**s e n t e n c e :** phrase; **compiler-directing sentence,** directive de compilateur; **conditional sentence,** commande de programme conditionnelle; **declarative sentence,** séquence déclarative; **imperative sentence,** séquence impérative; **note sentence,** phrase de commentaire; **procedural sentence,** phrase de procédure.

**s e n t i n a l :** cf **sentinel.**

**s e n t i n e l :** fanion, sentinelle, jalon, indicateur; **classified sentinel,** drapeau hiérarchisé; **sentinel director,** carte de limitation.

**s e p a r a t e :** **separate compilation,** compilation séparée; **separate excitation,** excitation indépendante.

**s e p a r a t i o n :** séparation; **channel separation,** écart intervoie, distance intercanal; **character separation,** espace entre caractères; **head to medium separation,** distance entre tête et support de données; **line separation,** interlignage; **separation line,** ligne de séparation; **separation symbol,** symbole de séparation; **word separation,** césure de mot.

**s e p a r a t o r :** séparateur; **batch separator,** séparateur de lots; **field separator,** délimiteur de champ; **file separator (FS),** séparateur de fichiers; **file separator character,** caractère séparateur de fichier; **group separator (GS),** séparateur de groupes de données; **information separator (IS),** séparateur de données, délimiteur d'informations; **record separator (RS),** séparateur d'enregistrements; **separator station,** poste séparateur; **unit separator,** séparateur de sous-articles; **word separator,** séparateur de mots.

**s e p t e n a r y :** septénaire; **septenary number,** nombre septénaire.

**s e p t e t :** septet, multiplet de 7 bits.

**s e q u e n c e* :** séquence, ordre d'interclassement; **account sequence,** séquence de compte; **alphabetic sequence,** ordre alphabétique; **alternate collating sequence,** ordre de présence alterné; **alternative collating sequence,** ordre de classement à l'alternat; **arbitrary sequence computer,** calculateur séquentiel à enchaînement arbitraire; **arithmetic sequence unit,** unité de contrôle arithmétique; **ascending sequence,** ordre ascendant; **binary sequence,** séquence binaire; **bit sequence,** séquence binaire; **block check sequence,** séquence de caractères de contrôle de bloc; **called sequence,** séquence appelée; **calling sequence,** séquence d'appel, routine d'appel; **character sequence,** suite de caractères; **coding sequence,** séquence de programmation; **collating sequence,** séquence de fusionnement, interclassement; **collation sequence,** séquence de fusionnement; **control card sequence,** séquence de cartes-paramètres; **control sequence,** séquence d'exécution, cliché d'instructions; **data chaining sequence,** séquence enchaînée de données; **descending sequence,** séquence descendante; **ending sequence,** séquence de fin; **escape sequence,** séquence d'échappement; **execution sequence,** séquence d'exécution; **file sequence number,** numéro de séquence fichier; **file volume sequence number,** numéro chronologique de chargeur; **global sequence,** séquence commune; **insertion chain sequence,** séquence d'insertion enchaînée; **insertion sequence,** séquence d'insertion; **instruction sequence,** séquence d'instructions; **instruction sequence format,** structure de la séquence d'instructions; **instruction sequence register,** registre d'enchaînement d'instructions; **interrecord sequence field,** zone de tri pour enregistrements enchaînés; **item sequence,** séquence d'articles; **job & program sequence control,** contrôle des séquences de programme et travaux; **key out of sequence,** erreur séquentielle de clé; **learning sequence,** séance de cours; **library search sequence,** séquence de recherche en bibliothèque; **line sequence number,** numéro de ligne; **linear sequence of instructions,** suite linéaire d'instructions; **linking sequence,** séquence d'enchaînement; **loading sequence,** séquence de chargement; **main sequence,** séquence principale; **operating sequence,** suite opératoire, séquence de traitement; **operational sequence,** séquence opératoire; **operational sequence description,** description opérationnelle; **optional instruction sequence,** séquence d'instructions conditionnelle; **power-off sequence,** opération de mise hors-tension; **power-on sequence,** opération de mise sous tension; **primary sequence,** séquence mineure; **program sequence,** séquence d'instructions; **proper sequence,** séquence correcte; **random number sequence,** suite de nombres aléatoires; **random sequence,** séquence aléatoire; **record sequence error,** erreur de séquence d'enregistrement; **record type sequence check,** contrôle séquentiel des types d'enregistrement; **recursively defined sequence,** suite récurrente; **reel sequence,** numéro d'ordre; **reel sequence number,** numéro d'ordre d'un fichier multibobine; **relocatable sequence,** instructions relogeables; **searching sequence,** cycle de recherche; **sequence (to),** classer, trier, ordonner; **sequence access,** accès en séquence; **sequence access storage,** mémoire à accès séquentiel; **sequence action relay,** relais à fonctionnement séquentiel; **sequence address,** adresse de séquence; **sequence chart,** organigramme séquentiel; **sequence check,** contrôle de séquence; **sequence checking routine,** programme de contrôle de séquence; **sequence computer,** calculateur séquentiel; **sequence control,** commande séquentielle; **sequence control register,** registre d'adresse; **sequence counter,** compteur séquentiel; **sequence error,** erreur de séquence; **sequence instruction,** instruction de classement; **sequence link,** adresse de classement; **sequence link field,** zone de l'adresse suite; **sequence monitor,** moniteur de séquences; **sequence number,** numéro de séquence; **sequence number check,** contrôle des numéros d'ordre; **sequence number indicator,** indicateur du numéro d'ordre; **sequence of instructions,** table des instructions; **sequence of operations,** séquence d'opérations; **sequence register,** registre de contrôle; **sequence semaphore,** sémaphore de contrôle; **sequence symbol,** symbole de classement; **sequence unit,** uni-

té de commande de séquence; **sequence value,** valeur de classement; **sequence-controlled calculator,** calculateur à programme enregistré; **starting séquence,** séquence de lancement; **statement sequence,** séquence d'instructions; **supervisory sequence,** suite de caractères de commande; **task sequence number,** numéro de séquence de tâche; **token-passing sequence,** séquence de bus à jeton; **volume sequence check,** contrôle séquentiel de volume; **volume sequence number,** numéro consécutif de chargeur; **work sequence,** séquence de travail.

**s e q u e n c e d :** séquencé; **key-sequenced file,** fichier à codes classifiés.

**s e q u e n c e r \* :** séquenceur.

**s e q u e n c i n g :** mise en séquence; **automatic sequencing,** mise en séquence automatique; **block sequencing,** séquencement de blocs; **job sequencing,** enchaînement de travaux; **packet sequencing,** ordonnancement de paquets; **power sequencing,** mise sous tension; **priority sequencing,** attribution des priorités; **sequencing by merging,** rangement par interclassement; **sequencing circuit,** circuit rythmeur; **sequencing key,** clé séquentielle; **sequencing network,** circuit séquenceur.

**s e q u e n t i a l \* :** séquentiel, en série; **addressed sequential access,** accès séquentiel par adresse; **auto-sequential operation,** fonctionnement itératif; **automatic sequential mode,** mode itératif; **automatic sequential operation,** opération récurrente; **basic indexed sequential access method (BISAM),** méthode simplifiée d'accès séquentiel indexé; **basic sequential access (BSA),** accès séquentiel de base; **chain sequential addressing,** adressage en séquentiel enchaîné; **control sequential processing,** séquence de traitement; **fixed-sequential format,** disposition à séquence fixe; **index sequential,** séquentiel indexé; **indexed non-sequential file,** fichier à accès direct indexé; **indexed sequential,** séquentiel indexé; **indexed sequential access,** accès séquentiel indexé; **indexed sequential file,** fichier séquentiel indexé; **indexed sequential organization,** organisation séquentielle indexée; **key sequential access,** accès séquentiel par clé; **partitioned-sequential,** séquentiel partagé; **queued sequential access method,** méthode d'accès séquentiel de file; **random sequential,** séquentiel direct; **sequential access,** accès séquentiel; **sequential access method,** méthode à accès séquentiel; **sequential addressing,** adressage séquentiel; **sequential by key,** séquentiel après indicatif;

359

**sequential circuit**, circuit séquentiel; **sequential computer**, ordinateur séquentiel; **sequential control**, commande de récurrence; **sequential data**, données séquentielles; **sequential data file**, fichier à données séquentielles; **sequential data structure**, structure séquentielle; **sequential file**, fichier à accès séquentiel; **sequential file organization**, organisation en fichiers séquentiels; **sequential indexed file**, fichier séquentiel indexé; **sequential input**, entrée séquentielle; **sequential instruction**, instruction en séquentiel; **sequential item**, article séquentiel; **sequential list**, liste séquentielle; **sequential logic**, logique séquentielle; **sequential memory**, mémoire séquentielle; **sequential operation**, opération séquentielle, mode séquentiel; **sequential operator**, opérateur séquentiel; **sequential organization**, organisation séquentielle; **sequential process**, processus séquentiel; **sequential processing**, traitement en séquences; **sequential stacked job control**, contrôle des séquences de travaux; **sequential rate**, taux de répétition; **sequential search**, recherche séquentielle; **sequential storage**, mémoire à accès séquentiel, mémoire sérielle; **serial sequential access**, accès séquentiel série.

**s e r i a l \***: sériel, séquentiel, série; **automatic serial number transmitter**, dispositif d'immatriculation automatique; **bit-serial**, en série, par bit; **character byte-serial transmission**, transmission sérielle par multiplet; **column-serial**, partage de la colonne; **direct serial file**, fichier à accès (séquentiel) direct; **file serial number**, numéro de série d'un fichier; **machine serial number**, numéro de série de la machine; **parallel-to-serial converter**, convertisseur parallèle-série; **serial I/O (SIO)**, circuit sériel (série) d'entrée/sortie; **serial access**, accès sériel; **serial access device**, organe à accès série; **serial access medium**, support à accès série; **serial access memory**, mémoire à accès séquentiel; **serial adder**, additionneur série; **serial addition**, addition série; **serial arithmetic unit**, organe de calcul série; **serial computer**, ordinateur sériel (série); **serial count**, comptage en série; **serial digital computer**, calculateur sériel (série); **serial digital interface**, interface numérique série; **serial digital output**, sortie numérique série; **serial entry**, entrée sérielle; **serial file**, fichier sériel; **serial file organization**, organisation en série des fichiers; **serial full adder**, additionneur série avec retenue; **serial full subtracter**, soustracteur série; **serial half-adder**, demi-additionneur série; **serial half-subtracter**,

demi-soustracteur série; **serial input/output**, entrée/sortie séquentielle; **serial interface**, interface série; **serial memory**, mémoire séquentielle; **serial mode**, exploitation en série; **serial mouse**, souris à connexion série; **serial number**, numéro de série; **serial number printing**, impression des numéros d'immatriculation; **serial number punching**, perforation en série d'un nombre; **serial numbering**, numérotation en série; **serial operation**, opération série, opération séquentielle; **serial operator**, opérateur sériel; **serial port**, port série; **serial printer**, imprimante caractère; **serial printer interface**, interface d'imprimante série; **serial processing**, traitement séquentiel, traitement série; **serial programming**, programmation séquentielle, programmation série; **serial recording**, enregistrement en série; **serial scanning**, scrutation; **serial sequential access**, accès séquentiel en série; **serial subtracter**, soustracteur série; **serial transfer**, transfert série; **serial transmission**, transmission série; **serial work flow**, déroulement séquentiel des travaux; **serial-by-bit**, séquentiel bit par bit; **serial-by-character**, séquentiel caractère par caractère; **serial-to-parallel**, série-parallèle; **serial-to-parallel converter**, convertisseur série-parallèle; **serial-to-parallel operation**, opération série-parallèle; **serial/parallel computer**, calculateur série-parallèle; **serial/parallel machine**, ordinateur série-parallèle; **serial/parallel printer**, imprimante série-parallèle; **volume serial number (VSN)**, numéro de volume.

**s e r i a l i s a t i o n :** *cf* **s e r i a l i z a t i o n .**
**s e r i a l i s e :** *cf* **s e r i a l i z e .**
**s e r i a l i s e r :** *cf* **s e r i a l i z e r .**
**s e r i a l i z a t i o n :** sérialisation, mise en série.
**s e r i a l i z e :** (to), sérialiser.
**s e r i a l i z e r :** sérialiseur.
**s e r i a l l y :** en série; **number serially (to)**, numéroter en série; **serially reusable**, réutilisable après exécution.
**s e r i a t i o n :** sériation.
**s e r i e s :** séries; **access in series**, accès en série; **alternating series**, série alternante; **arithmetic series**, série arithmétique; **finite series**, série finie; **geometrical series**, série géométrique; **infinite series**, séries infinies; **instruction series**, séries d'instructions; **power series**, série exponentielle; **series connected**, connecté en série; **series connection**, connexion en série; **series connective**, symbologie série; **series control**, commande en série; **series expansion**, développement en série; **series resistor**, résistance

série; **series resonance,** résonance en série; **series tuned circuit,** circuit de résonance série; **series wound motor,** moteur série; **series-parallel connection,** montage en série-parallèle; **time series analysis,** analyse en série chronologique; **trigonometric series,** série trigonométrique.

**serif:** obit, empattement (lettre).

**serrate:** (to), denteler, strier.

**serrated:** en série; **serrated pulse,** impulsion en dents de scie.

**served:** servi; **first-come-first-served (FCFS),** premier arrivé premier servi.

**server\*:** serveur; **communication server,** serveur de communications; **file server,** serveur de fichiers; **file server subsystem,** sous-système serveur de fichiers; **print server,** serveur d'impression; **server operation,** opération de serveur.

**service:** service; **automatic data service center,** centre de traitement automatique de données; **basic services,** routines utilitaires de base; **change service,** service des modifications; **continuous service,** service continu; **courier service,** messagerie privée; **data communication service,** service de transmission de données; **datagram service,** service de datagrammes; **error services,** traitement d'erreurs; **exchange service,** service de télécommunication; **field service,** service d'entretien; **forward service,** transmission directe des données; **grade of service,** rendement d'un réseau; **high-speed service,** fonction rapide; **information service,** renseignements; **job entry services (JES),** fonction de contrôle des travaux (FCT); **modification service,** service de modification; **on-line data service,** service télématique; **remote media service,** service de télétraitement; **revision service,** service de modification; **service (to),** gérer; **service aids,** indications pratiques; **service area,** zone de service; **service bit,** bit de service; **service call,** appel pour intervention; **service channel,** canal de service; **service checking routine,** programme de vérification; **service code,** code de service; **service contract,** contrat d'entretien; **service disk,** disque de service; **service file,** fichier mouvements; **service processor,** processeur de service; **service program,** programme de service; **service request,** requête d'intervention; **service routine,** utilitaire; **service sticker,** fiche d'entretien; **service time,** période d'entretien; **service utility,** utilitaire de service; **software service,** conseil en informatique; **software support service,** maintenance du logiciel; **system tape service routine,** pro-

gramme utilitaire pour bande système; **teletypewriter exchange service (TWX),** service télex; **telex service,** service télex; **updating service,** service de mise à jour; **user class of service,** catégorie d'usagers; **video service,** transmission d'image.

**servicing:** entretien courant; **device servicing indicator,** indicateur de service; **servicing concept,** politique de maintenance; **servicing manual,** manuel d'entretien.

**servo:** servo; **auto-servo mode,** mode d'asservissement automatique; **servo-actuated,** servo-commande; **servo-controlled system,** système asservi; **servo system,** système automatique.

**servomechanism:** asservissement.

**session\*:** session; **monitor session,** phase de monitorage; **session identification,** identification de phase; **session layer (ISO),** couche de session (ISO); **utility session,** phase d'exploitation du programme utilitaire.

**set\*:** ensemble, jeu; **ANSI character set,** jeu de caractères ANSI; **COBOL character set,** jeu de caractères COBOL; **address set,** jeu d'adresses, ensemble d'adresses; **alphanumeric character set,** jeu de caractères alphanumériques; **alternate character set,** jeu de caractères secondaires; **asynchronous data set,** modem asynchrone; **backup data set,** ensemble des données de sauvegarde; **basic instruction set,** jeu d'instructions de base; **basic set-up,** montage fondamental; **brush set,** brosse; **call set-up,** branchement de ligne; **call set-up procedure,** procédure d'établissement de la communication; **call set-up time,** durée d'établissement de la communication; **catalogued data set,** fichier-catalogue; **character set,** jeu de caractères; **checkpoint data set,** fichier des points de reprise; **code character set,** jeu de caractères de code; **code set,** jeu de codes; **coded character set,** jeu de caractères codés; **comparison parameter set,** jeu de paramètres de comparaison; **computer instruction set,** jeu d'instructions du calculateur; **concatenated data set,** fichiers enchaînés; **control card set,** jeu de cartes paramètres; **data phone data set,** unité d'adaptation des données; **data set,** ensemble de données; **data set definition,** définition de structure des données; **data set indicator,** indicateur de fichier; **data set label,** intitulé de structure de données; **data set name,** nom de fichier; **data set organization,** organisation de l'enregistrement des fichiers; **data set ready (DSR),** poste de données prêt; **deck set-up,** arrangement de paquet de cartes; **dummy data set,** fichier fictif, pseudo-fichier; **empty set,** ensemble vide, ensemble nul; **expanded character set,** jeu de caractères élargis; **file set,** ensemble de fichiers; **finger-tip set up control finish,** commande par poussoirs; **generation data set,** ensemble de données générées; **infinite set,** série infinie; **instruction set,** jeu d'instructions; **key set,** zone de touches; **language character set,** jeu de caractères liés au langage; **line adapter set,** raccordement de lignes; **line drawing set,** jeu de caractères semi-graphiques; **linear set of equations,** système d'équations linéaires; **logical data set,** groupe logique de données; **machine instruction set,** ensemble d'instructions; **machine set-up time,** temps de préparation machine; **margin set lever,** levier de réglage marginal; **marginal set-up,** marge; **minimum working set,** partie active minimale; **null set,** ensemble nul, ensemble vide; **numeric character set,** ensemble des caractères numériques; **numeric set,** ensemble des (caractères) numériques; **parameter card set,** jeu de cartes paramètres; **parameter set,** groupe de paramètres; **partitioned data set,** ensemble des données partagées; **permanent data set,** ensemble des données permanentes; **resident set,** ensemble de programmes résident; **set (to),** instaurer; **set (to) (a counter),** positionner, charger (un compteur); **set card,** carte de consigne; **set function,** fonction de commande; **set input,** entrée de positionnement; **set point,** point de consigne; **set point station,** positionneur de point de consigne; **set pulse,** impulsion de positionnement; **set screw,** vis d'arrêt; **set statement,** instruction de positionnement; **set status,** état de positionnement; **set theory,** théorie des ensembles; **set up (to),** établir; **set winding,** enroulement de lecture; **temporary data set,** fichier temporaire; **test set,** ensemble de tests; **transaction data set,** fichier des transactions; **twin set,** ensemble coordonné; **universal character set,** ensemble des caractères universels; **universal set,** ensemble universel; **volume set,** ensemble de bandes.

s e t t a b i l i t y : précision d'affichage.

s e t t i n g : réglage, mise à '1'; **coordinate setting,** positionnement ponctuel; **dial setting,** positionnement de l'échelle graduée; **digital setting,** afficheur numérique; **display setting,** format d'écran; **idle setting,** position inactive; **interrupt setting,** armement d'interruption; **marging setting,** réglage de marge; **page length setting,** définition de la longueur de page; **page setting,** mise en page; **point**

**setting,** positionnement de la virgule; **setting accuracy,** exactitude de réglage; **setting coil,** enroulement de réglage; **setting instruction,** instruction de substitution; **setting threshold,** seuil de polarisation; **setting time,** temps de positionnement, temps de basculement; **tab setting,** positionnement de la tabulation; **zero setting,** mise à zéro.

s e t t l e : (to), se stabiliser.

s e t t l i n g : ajustement, réglage, temps d'établissement.

s e t u p : installation, mise en station; **initial setup procedure,** procédure d'initialisation du système; **measurement setup,** poste d'essai; **setup diagram,** schéma d'implantation, schéma de montage; **setup error,** erreur de constitution; **setup pawl,** cliquet de positionnement; **setup program,** programme d'installation; **setup ratchet,** segment de positionnement; **setup routine,** sous-programme de préparation; **setup time,** temps de mise en route.

s e v e n : sept; **seven-bit byte,** septet, multiplet de 7 bits; **seven-level code,** code à sept positions; **seven-level tape,** bande perforée à 7 moments.

s e x a d é c i m a l : sexadécimal, hexadécimal.

s e x t e t : sextet, multiplet de 6 bits.

s h a d e : ombre, hachure, niveau de gris; **gray shade,** niveau de gris; **grey shade,** niveau de gris.

s h a d e d : ombré; **shaded area,** zone hachurée; **shaded line,** trait en grisé.

s h a d i n g : hachurage, ombrage, grisage; **shading mode,** mode d'ombrage; **surface shading,** ombrage de surfaces.

s h a d o w : ombre portée; **shadow mask color CRT,** tube couleurs à masque; **shadow printing,** impression ombrée.

s h a f t : arbre, axe; **card reversing shaft,** arbre d'inversion; **drive shaft,** arbre de commande; **drum shaft,** axe de tambour, arbre de tambour; **lever shaft,** levier; **main shaft,** arbre primaire; **motor shaft,** arbre moteur; **platen guide shaft,** arbre de commande du cylindre d'impression; **platen shaft,** axe de rouleau; **ratchet shaft,** arbre des rochets; **rotating shaft,** axe de rotation; **rotor shaft,** axe de rotor; **shaft groove,** rainure; **shaft position encoder,** codeur de position angulaire.

s h a k e : end shake, jeu en bout.

s h a n n o n * : Shannon, binaire, bit; **binary unit of information content (Shannon),** unité binaire de quantité d'information, Shannon; s h a p e : forme; **automatic shape recognition,** reconnaissance automatique des formes; **brush shape,** forme du trait; **discharge shape,** caractéristique de décharge; **predefined shape,** forme prédéfinie; **pulse shape,** forme d'impulsion; **shape (to),** former.

**s h a p e d :** en forme de..; **barrel-shaped distortion,** distorsion en forme de tonneau; **diamond-shaped cursor pad,** pavé curseur en losange; **pincushion shaped distortion,** distorsion en forme de coussin.

**s h a p e r :** formateur; **pulse shaper,** formateur d'impulsion.

**s h a p i n g :** mise en forme, formation; **pulse shaping circuit,** circuit formateur d'impulsions; **shaping amplifier,** amplificateur correcteur d'impulsion; **shaping circuit,** circuit de mise en forme; **signal shaping,** mise en forme de signal.

**s h a r e :** part; **share (to),** partager; **time share,** partage du temps.

**shareable:** partageable.

**s h a r e d :** commun; **shared access,** accès partagé; **shared device,** dispositif commun; **shared facilities,** ressources communes; **shared file,** fichier partagé; **shared file system,** système à fichiers communs; **shared files,** fichiers centraux communs; **shared logic,** logique commune; **shared printer,** imprimante partagée; **shared resources,** ressources partagées; **shared storage,** mémoire partagée; **shared variable,** variable commune; **shared virtual area,** zone virtuelle partagée; **time-shared operation,** opération en temps partagé; **time-shared system,** système en temps partagé.

**s h a r i n g :** partage; **buffer sharing,** tamponnage partagé; **cycle sharing,** vol de cycle; **data sharing,** partage de données; **file sharing,** partage de fichier; **load sharing,** répartition de la charge; **task sharing,** ventilation des travaux; **time sharing,** temps partagé, partage de temps; **time-sharing environment,** exploitation en temps partagé; **time-sharing system,** système en temps partagé.

**s h e a r :** cisaillement.

**s h e a t h :** enveloppe, fourreau; **cable sheath,** fourreau de câble.

**s h e e t :** feuille; **answer sheet,** feuille de réponse; **code sheet,** bordereau de programmation; **coding sheet,** feuille de codage; **cover sheet,** couverture d'ouvrage; **data sheet,** fiche technique; **dial sheet,** formulaire de contrôle d'appels; **error sheet,** journal de saisie des erreurs; **input sheet,** document d'entrée; **instruction sheet,** feuille programme; **layout sheet,** imprimé; **magnetic sheet memory,** mémoire

à feuillets magnétiques; **master answer sheet,** feuille de référence; **master data sheet,** feuille maîtresse; **plastic sheet,** feuillet en plastique; **program sheet,** fiche de programmation; **route sheet data,** fiches de date; **route sheet file,** fichier des fiches de routage; **routing sheet,** fiche travail; **scoring sheet,** feuille d'analyse; **sheet conveying,** transport de liasses; **sheet counter,** compteur de tirage; **sheet feeding,** alimentation des feuilles; **single-sheet feed,** alimentation feuille à feuille; **single-sheet feeding,** alimentation feuille à feuille; **specification sheet,** fiche de spécification.

**s h e l f :** étagère; **off-the-shelf,** en stock; **shelf life,** durée de conservation.

**s h e l l* :** carter, interprète de commandes système; **bottom shell,** chassis inférieur; **connector shell,** coquille de connecteur; **top shell,** carter supérieur.

**s h e l v e s :** registres.

**s h i e l d :** blindage; **glare shield,** écran anti-éblouissant; **paper shield,** réglette; **shield (to),** blinder.

**s h i e l d i n g :** masquage.

**s h i f t* :** décalage, déplacement; **accumulator shift,** décalage dans l'accumulateur; **amplitude shift keying (ASK),** modulation en saut d'amplitude; **analog shift register,** registre à transfert analogique; **arithmetic shift,** décalage arithmétique; **arithmetical shift,** décalage arithmétique; **binary phase shift keying (BPSK),** modulation par déplacement binaire de phase; **binary shift,** décalage binaire; **binary shift register,** registre binaire à décalage; **case shift,** inversion majuscules/minuscules; **case shift key,** touche d'inversion majuscules/minuscules; **circular shift,** décalage circulaire; **circulating shift,** décalage circulaire; **circulating shift register,** registre circulant; **column shift,** décalage de colonne; **cycle shift,** décalage de cycle; **cyclic shift,** décalage cyclique; **cyclic shift operation,** opération de décalage; **delay line shift register,** registre à ligne à retard; **dibit shift,** décalage de deux bits; **double line shift register,** registre à décalage double; **dynamic shift register,** registre à décalage dynamique; **end-around shift,** décalage cyclique; **figure shift,** décalage de chiffre, touche chiffres; **frequency shift keying (FSK),** modulation par déplacement de fréquence; **frequency shift keying transmission,** transmission par déplacement de fréquence; **frequency shift signal,** déviation de fréquence du signal; **frequency shift signaling,** modulation par déviation de fréquence; **left shift,** décalage à gauche;

**letters shift (LTRS),** inversion lettres-chiffres; **locking shift character,** caractère de maintien de changement; **logic shift,** décalage logique; **logical shift,** décalage logique; **magnetic shift register,** registre à décalage magnétique; **nonarithmetic shift,** décalage non arithmétique; **numeric shift,** passage en numérique; **phase shift,** décalage de phase; **phase shift method,** enregistrement par modulation de phase; **phase shift signaling,** modulation par déplacement de phase; **ribbon shift,** changement de couleur; **ribbon shift black,** impression noire; **ribbon shift red,** impression rouge; **right shift,** décalage à droite; **ring shift,** décalage annulaire; **rotating shift,** décalage rotatif; **shift (to),** décaler; **shift accumulator,** accumulateur à décalage; **shift advance control,** commande de progression; **shift bit,** binaire de décalage; **shift code,** code de positionnement du clavier; **shift instruction,** instruction de décalage; **shift key,** touche majuscule; **shift lock,** blocage majuscule; **shift mechanism,** mécanisme de positionnement; **shift out (to),** décaler; **shift pulse,** impulsion de décalage; **shift register,** registre à décalage; **shift unit,** unité de décalage; **shift winding,** enroulement de décalage; **shift-in (character) (SI),** en code, (caractère) commande de code normal; **shift-out (character) (SO),** hors-code, (caractère) commande de code spécial; **static shift register,** registre à décalage statique; **upper case shift,** passage en majuscules; **upper shift character,** caractère de passage en majuscule; **zero shift,** décalage du point zéro.

**shifted:** décalé; **bit-shifted,** décalé par bit; **shifted binary,** binaire décalé.

**shifting:** décalage, déphasage, déplacement; **phase shifting transformer,** transformateur triphasé; **phase shifting unit,** déphaseur; **point shifting,** décalage de la virgule; **shifting instruction,** instruction de décalage; **shifting register,** registre de décalage; **shifting relay,** relais de décalage.

**shock:** choc, heurt; **shock absorber,** amortisseur de vibrations; **shock mount,** amortisseur de vibrations; **shock-protected,** protégé contre les chocs.

**shoe:** support; **cable shoe,** cosse de câble.

**shooting:** chasse; **bug-shooting,** débogage.

**shop:** boutique; **closed shop operation,** opération à portes fermées; **closed shop testing,** test à distance; **computer shop,** boutique informatique; **open shop,** centre de traitement à accès libre.

**short:** court; **short block,** bloc réduit; **short circuit,** court-circuit; **short length table,** table à longueur réduite; **short out (to),** court-circuiter; **short precision,** simple précision; **short precision floating-point constant,** constante en virgule flottante simple précision; **short precision overflow,** dépassement de capacité simple précision; **short range data transmission,** transmission rapprochée des données; **short skip,** saut réduit; **short table,** table abrégée; **short word,** demi-mot.

**shortcomings:** défauts, imperfections, points faibles.

**shortcut:** raccourci; **shortcut division,** division abrégée; **shortcut key,** touche rapide, touche-raccourci.

**shorthand:** sténographie.

**shot:** prise de vue; **one shot,** simple pulse; **one-shot branch,** branchement unique; **one-shot circuit,** circuit monostable; **one-shot flip-flop,** déclencheur monostable; **one-shot job,** travail unique; **one-shot multivibrator,** multivibrateur monostable; **one-shot operation,** opération unique; **shot effect,** bruit de grenaille; **single-shot circuit,** circuit monostable.

**shrinking:** rétrécissement; **shrinking mode,** mode de réduction; **window shrinking,** réduction d'une fenêtre.

**shutdown:** arrêt de fin de session, fermeture; **emergency shutdown,** arrêt d'urgence; **fast shutdown,** arrêt rapide; **slow shutdown,** arrêt temporisé; **system shutdown,** arrêt du système; **system shutdown dump,** vidage après arrêt système.

**shutter:** cache, obturateur.

**side:** côté; **oxide side,** côté oxyde; **side conflict,** conflit secondaire; **side effect,** effet secondaire, effet oblique, effet de bord; **side frequency,** fréquence latérale; **side line,** ligne latérale; **side note,** note secondaire, commentaire marginal; **side result,** résultat secondaire; **side scroll,** défilement horizontal; **side scrolling,** défilement horizontal; **side view,** vue de côté.

**sideband\*:** bande latérale; **double sideband transmission,** transmission en double bande; **single-sideband modulation,** modulation unilatérale; **single-sideband transmission,** transmission en bande latérale unique.

**sided:** à côtés; **double sided,** double face; **one-sided tape card,** carte à bande perforée unilatérale; **single-sided diskette,** disquette utilisable en simple face.

**sifting:** insertion; **sifting sort,** tri par permutation.

s i g h t : vue; **sight check,** vérification visuelle; **sight draft,** traité à vue.

s i g n * : signe; **AT sign,** A commercial '@'; **absolute value sign,** signe de valeur absolue; **actual minus sign,** symbole moins imprimé; **actual plus sign,** symbole plus imprimé; **actual sign,** signe réel; **algebraic sign,** signe algébrique préfixe; **at sign,** A commercial, signe '@', escargot; **change sign,** préfixe de modification; **credit sign,** signe de solde; **currency sign,** symbole monétaire; **differentiation sign,** symbole de différentiation; **division sign,** symbole de division; **equal sign,** signe d'égalité; **hash sign,** signe '#'; **integral sign,** signe d'intégrale; **less than sign,** signe inférieur à '<'; **minus sign,** signe moins '-'; **multiply sign,** signe de multiplication 'x'; **negative sign,** signe moins; **normalized sign,** signe normalisé; **number sign,** symbole '#', fagot; **opposite sign,** signe inverse; **percent sign,** symbole de pourcentage '%'; **percentage sign,** symbole de pourcentage '%'; **plus sign,** signe plus '+'; **pound sign,** signe '£'; **radical sign,** signe de racine, signe de radical; **rule of signs,** principe des signes; **sign (to),** signer; **sign binary digit,** élément de signe; **sign bit,** bit de signe, binaire de signe, digit de signe; **sign changer,** inverseur de signe; **sign character,** caractère de signe; **sign check indicator,** indicateur de signe; **sign computation,** calcul de signe; **sign conversion,** conversion de signe; **sign digit,** digit de signe, bit de signe, binaire de signe; **sign extension,** répétition de signe; **sign field,** champ du signe; **sign flag,** drapeau de signe; **sign indication,** indicatif de signe; **sign magnitude,** binaire de signe; **sign memory,** mémoire de signe; **sign operator,** opérateur de signe; **sign part,** partie signe; **sign position,** position de signe, emplacement du signe; **sign register,** registre de signes; **sign reverser,** inverseur de signe; **sign suppression,** suppression de signe; **sign switch,** commutateur de signe; **sign test,** vérification de signe; **sign-off,** instruction de fin de travail; **sign-on,** instruction de mise en route; **standard operational sign,** signe normalisé; **summation sign,** signe de totalisation; **tampering sign,** signe de falsification; **unlike signs,** signes impairs.

s i g n a l * : signal; **AC signal,** identificateur d'accumulateur; **acknowledge signal,** signal de réception; **action signal,** signal fonctionnel; **actuating signal,** signal de commande; **addressing signal,** signal d'adressage; **aggregate signal,** signal global; **alarm signal processing routine,** programme de traitement des alertes; **alert signal,** signal d'alerte; **analog signal,** signal analogique; **attention signal,** signal d'alerte; **audio signal,** signal acoustique; **aural signal,** signal sonore; **authentication signal author,** signal de validation auteur; **back-to-normal signal,** caractère de fin; **backward signal,** signal inverse; **balanced output signal,** signal de sortie symétrique; **basic signal,** signal de base; **binary signal,** signal binaire; **blanking signal,** signal de suppression de spot; **blocking signal,** signal de blocage; **break request signal (BRS),** signal de demande d'interruption; **break signal,** caractère d'arrêt; **breakdown signal,** signal d'interruption; **bright-up signal,** signal d'allumage écran; **brightness signal,** signal de luminance; **busy signal,** signal d'occupation; **call progress signal,** signal de service; **call signal,** indicatif d'appel; **call-accepted signal,** signal d'acceptation d'appel; **call-not-accepted signal,** signal de refus d'appel; **carrier current signal,** signal à courant porteur; **carrier signal,** signal porteur; **carry complete signal,** signal de fin de report; **channel interrupt signal,** signal d'interruption de canal; **check signal,** signal de contrôle; **clear forward signal,** signal indicatif de prise de ligne; **clearing signal,** signal de libération; **clock signal,** signal d'horloge; **clock signal generator,** générateur de signal d'horloge; **coded signal,** signal codé; **coincidence signal,** signal de coïncidence; **composite signal,** signal mixte; **continuous call signal,** signal d'appel permanent; **control signal,** signal de commande; **corrective signal,** signal de réglage; **data signal,** signal de données; **data signal concentrator,** concentrateur de données; **data transfer signal,** séquence de transmission de données; **decision signal,** signal d'accusé de réception; **deviation signal,** signal d'écart; **digital signal,** signal numérique; **disabling signal,** signal inhibiteur; **disconnect signal,** signal de fin, signal de déconnexion; **discrete signal,** signal numérique; **enabling signal,** signal de validation, signal d'autorisation; **end-of-block signal,** signal de fin de bloc; **end-of-heading signal,** fin de signal d'initialisation; **end-of-message signal,** signal de fin de message; **erase signal,** signal d'effacement, impulsion d'effacement; **external signal,** signal externe; **frequency shift signal,** déviation de fréquence du signal; **garbled signal,** signal tronqué; **guard signal,** signal de garde; **halt signal,** signal d'arrêt; **high-level signal,** signal à niveau élevé; **information signal,** signal d'information, signal de lecture; **inhibiting signal,**

signal d'inhibition, signal d'interdiction; **input signal**, signal d'entrée; **interrupt signal**, signal d'interruption; **line control signal**, signal de commande de ligne; **low-level signal**, signal de bas niveau; **modulating signal**, signal de modulation; **one-output signal**, signal de lecture '1'; **output signal**, signal de sortie; **parasitic signal**, signal parasite; **partial output signal**, courant de sortie partielle; **polar current signal**, signal à double courant; **polar signal**, signal en double courant; **polling signal**, signal d'appel; **process interrupt signal**, signal d'interruption de processus; **read back signal**, signal de lecture; **read output signal**, signal de sortie; **readout signal**, signal de lecture; **receiver signal element timing**, synchronisation de la réception; **record signal**, signal d'écriture; **reference signal**, signal de référence; **request for confirmation signal**, demande de signal de confirmation; **request signal**, signal d'interrogation; **reset signal**, signal de remise à zéro; **response signal**, signal de sortie; **selection signal**, suite de signaux de sélection; **sense signal**, signal de lecture; **signal (to)**, signaler; **signal amplifier**, amplificateur de signal; **signal buzzer**, sonnerie; **signal clock**, horloge de signal; **signal conditioning**, mise en forme de signal; **signal conversion equipment**, adaptateur de signal; **signal converter**, convertisseur de signal; **signal distance**, distance de Hamming; **signal distortion**, distorsion du signal; **signal element**, élément de signal; **signal element pulse**, impulsion pas à pas; **signal element timing**, rythme pas à pas; **signal formation**, mise en forme de signaux; **signal generator**, générateur de signaux; **signal lamp**, lampe de témoin; **signal level**, échelle de signalisation; **signal light**, voyant lumineux; **signal line**, ligne de transfert de signaux; **signal noise**, bruit de transmodulation; **signal oscillator**, oscillateur; **signal parameter**, paramètre de signal; **signal regeneration**, régénération de signal, restauration de signal; **signal restoring**, restauration d'un signal; **signal shaping**, mise en forme de signal; **signal source**, source de signaux; **signal standardization**, normalisation de signal; **signal strength**, force du signal; **signal string**, suite de signaux; **signal tone**, fréquence de signal; **signal tracer**, traceur de signaux; **signal transformation**, transformation de signal; **signal-to-noise characteristic**, caractéristique signal/bruit; **signal-to-noise ratio**, rapport signal/bruit; **start signal**, signal de début, impulsion de départ; **status signal**, signal qualitatif; **stop signal**, signal d'arrêt, impulsion d'arrêt; **synchronizing signal**, signal de synchronisation; **test inhibit signal**, signal de blocage de test; **test signal**, signal d'essai; **test signal generator**, générateur de signaux d'essai; **test signal oscillator**, générateur de signaux de contrôle; **timing signal**, signal de synchronisation; **timing signal error**, erreur de synchronisation; **timing signal generator**, générateur de base de temps; **tracking signal**, signal de synchronisation; **trigger signal**, signal de déclenchement; **unblanking signal**, signal de déblocage; **undisturbed output signal**, signal de sortie non perturbé; **useful signal**, signal utile; **video signal**, signal vidéo; **visual signal**, signal optique; **visual/audible signal**, signal opto-acoustique; **zero output signal**, signal de sortie zéro.

**s i g n a l i n g***: transmissions, signalisation; **baseband signaling**, transmission en bande de base; **bipolar signaling**, signalisation bipolaire; **data signaling rate**, débit de données; **digital signaling**, signalisation numérique; **frequency change signaling**, modulation de fréquence spectrale; **frequency shift signaling**, modulation par déviation de fréquence; **multifrequency signaling**, signalisation multifréquence; **neutral signaling**, signalisation unipolaire; **phase shift signaling**, modulation par déplacement de phase; **polar signaling**, signalisation polarisée; **signaling character**, caractère d'indication; **signaling digital**, signalisation numérique; **signaling function**, fonction de transmission; **signaling level**, niveau de signalisation; **signaling rate**, vitesse de transmission; **signaling speed**, vitesse de signalisation; **signaling tone**, tonalité de signalisation; **single-current signaling**, signalisation simple courant; **unipolar signaling**, signalisation unipolaire.

**s i g n a l l i n g**: *cf* **signaling**.

**s i g n e d**: signé; **signed field**, zone algébrique; **signed number**, nombre signé; **signed packed decimal**, décimal condensé signé.

**s i g n i f i c a n c e**: poids, signification; **bit significance**, signification du bit; **lost of significance**, perte de portée; **significance mask**, validité en virgule flottante.

**s i g n i f i c a n t**: significatif; **least significant (LS)**, poids faible; **least significant bit (LSB)**, bit le moins significatif; **least significant bit position**, position binaire de poids faible; **least significant character**, caractère de plus faible poids; **least significant digit**, digit le moins significatif, digit de droite; **most significant bit (MSB)**, bit le plus significatif; **most significant digit (MSD)**, digit le plus significatif, digit de gauche; **number of significant conditions**, valence d'une modulation; **significant digit**, digit significatif, bit significatif; **significant figure**, chiffre significatif; **significant instant**, instant significatif; **significant interval**, intervalle significatif.

**silicon\***: silicium; **metal oxide silicon (MOS)**, semi-conducteur à oxyde métallique; **silicon Valley**, vallée du silicium (Californie); **silicon chip**, puce de silicium, pastille de silicium; **silicon diode**, diode au silicium; **silicon gate**, porte au silicium; **silicon gulch**, vallée du silicium (Californie); **silicon on sapphire (SOS)**, technologie silicium sur saphir; **silicon rectifier**, redresseur au silicium; **silicon transistor**, transistor au silicium.

**silk**: soie; **carbon silk**, carbone soie.

**similitude**: similitude; **ratio of similitude**, rapport de similarité.

**simple**: simple; **simple Boolean expression**, expression booléenne simple; **simple absolute**, expression absolue simple; **simple arithmetic expression**, expression arithmétique simple; **simple buffering**, tamponnement simple, zone de tampon unique; **simple condition**, condition simple; **simple contact**, contact simple; **simple equation**, équation du premier degré à une inconnue; **simple expression**, expression simple; **simple fraction**, fraction simple; **simple inquiry**, interrogation ordinaire; **simple list**, liste ordinaire; **simple name**, non ordinaire; **simple precision**, simple précision; **simple proportion**, règle de trois; **simple statement**, instruction unique; **simple variable**, variable ordinaire.

**simplex\***: simplex, liaison unidirectionnelle; **simplex circuit**, circuit simplex; **simplex communications**, communications en simplex; **simplex method**, méthode du simplex; **simplex mode**, mode simplex; **simplex operation**, régime simplex, opération en alternat; **simplex system**, système simplex; **simplex technique**, méthode du simplex; **simplex transmission**, transmission simplex.

**simulate**: (to), simuler.

**simulation\***: simulation; **analytic simulation**, simulation analytique; **computer simulation language (CSL)**, langage de simulation; **real-time simulation**, simulation en temps réel; **simulation education**, éducation par simulation; **simulation equipment**, équipement de simulation; **simulation language**, langage de simulation; **simulation program**, programme de simulation; **simulation routine**, simulateur; **simulation testing**, contrôle de simulation.

**simulator\***: simulateur; **chip simulator**, simulateur de circuit; **fault simulator**, simulateur de pannes; **flight simulator**, simulateur de vol; **network simulator**, simulateur de réseau; **real-time simulator**, simulateur immédiat; **simulator program**, simulateur; **time-delay simulator**, simulateur de temporisation.

**simultaneity**: simultanéité; **inhibit simultaneity**, simultanéité de blocage.

**simultaneous**: simultané; **simultaneous access**, accès simultané; **simultaneous carry**, report simultané; **simultaneous computer**, ordinateur simultané; **simultaneous linear equation**, équation linéaire simultanée; **simultaneous mode**, travail en simultanéité; **simultaneous operation**, opération simultanée; **simultaneous processing**, traitement simultané; **simultaneous throughput**, exploitation simultanée; **simultaneous throughput computer**, calculateur à opérations simultanées; **simultaneous transmission**, transmission simultanée; **two-way simultaneous communication**, communication bilatérale simultanée.

**sine**: sinus; **sine curve**, courbe sinusoïdale; **sine function**, fonction sinusoïde; **sine wave**, onde sinusoïdale.

**single\***: simple; **single address**, adresse unique; **single buffering**, tamponnement simple, zone de tampon unique; **single capstan**, monocabestan; **single channel**, simple canal; **single crystal**, monocristal; **single current**, courant simple; **single cycle**, cycle unique; **single density**, simple densité; **single error**, erreur simple; **single face**, simple face; **single operation**, opération semi-duplex; **single phase**, monophase; **single precision**, simple précision; **single space**, simple interligne; **single station**, poste individuel; **single step**, pas à pas; **single stroke**, coup unique; **single table**, table individuelle; **single tasking**, traitement en simple tâche; **single user**, mono-utilisateur; **single way**, unidirectionnel, simplex; **single word**, mot unique; **single-address instruction**, instruction à une (adresse) adresse; **single-address machine**, machine à adresse unique; **single-aperture core**, tore magnétique à simple trou; **single-board computer (SBC)**, ordinateur sur carte unique; **single-buffer mode**, tamponnage simple; **single-card check**, contrôle de cartes uniques; **single-card feeding**, alimentation de carte individuelle; **single-channel access**, accès monovoie; **single-channel cable bridge**, passerelle à passage de câble unique; **single-channel protocol**, protocole univoie; **single-character instruction**, instruction à caractère unique;

**single-chip system,** système à circuit unique; **single-closing quotation mark,** apostrophe de fermeture '"; **single-current signaling,** signalisation simple courant; **single-current transmission,** transmission simple courant; **single-cyclic program,** programme cyclique simple; **single-deck tape,** déroulement simple bobine; **single-disk cartridge,** cassette monodisque; **single-edge guiding,** guidage de ruban unilatéral; **single-ended circuit,** circuit asymétrique; **single-ended output,** sortie asymétrique; **single-entry file,** fichier permanent; **single-floppy drive,** unité monodisquette; **single-in-line package (SIP),** boîtier à simple rangée de connexions; **single-interlocked channel,** canal à blocage simple; **single-item ejection,** avancement en liste; **single-job environment,** traitement d'un travail individuel; **single-job scheduling,** commande simple de travaux; **single-job stream,** flux de travaux individuels; **single-length working,** travail en simple mot; **single-level address,** adresse de niveau simple; **single-line feed,** simple interligne; **single-line function,** fonction uniligne; **single-line printing,** impression simple interligne; **single-line spacing,** interligne simple; **single-node network,** réseau hiérarchisé; **single-opening quotation mark,** apostrophe d'ouverture '"; **single-pass program,** programme en passe unique; **single-precision floating point,** virgule flottante simple précision; **single-precision variable,** variable en simple précision; **single-purpose machine,** calculateur spécialisé; **single-reference processing,** traitement monotâche; **single-segment record,** enregistrement simple; **single-sheet feed,** alimentation feuille à feuille; **single-sheet feeding,** alimentation feuille à feuille; **single-shot circuit,** circuit monostable; **single-sideband modulation,** modulation unilatérale; **single-sideband transmission,** transmission en bande latérale unique; **single-sided diskette,** disquette utilisable en simple face; **single-space printing,** impression en simple interligne; **single-spaced,** en interligne simple; **single-station display,** écran de visualisation individuel; **single-station system,** système monoposte; **single-step operation,** opération pas à pas, fonctionnement pas à pas; **single-stroke command,** commande par touche unique, contrôle monotouche; **single-stroke control key,** commande monotouche, contrôle par touche unique; **single-tape function,** fonction monobobine; **single-trace magnetic head,** tête magnétique monopiste; **single-**

**user access,** accès mono-utilisateur; **single-valued function,** fonction univoque; **single-volume file,** fichier monopile; **single-wire line,** ligne monoconducteur.

**sink\*:** collecteur, récepteur, puits; **data sink,** collecteur de données, puits de données; **heat sink,** radiateur; **message sink,** collecteur de messages; **sink to ground (to),** mettre à la masse.

**sinusoid:** courbe sinusoïdale.

**SIO:** serial I/O, circuit sériel (série) d'entrée/sortie.

**SIP:** single-in-line package, boîtier à simple rangée de connexions.

**site:** site; **computer site,** site de calcul; **hole site,** emplacement de perforation; **on site,** sur site; **site parameter,** paramètre système; **site-oriented,** orienté système.

**six:** six; **six-bit byte,** sextet, multiplet de 6 bits; **six-level tape,** bande perforée à 6 moments.

**sixteen:** seize.

**sixty:** soixante; **excess-sixty four notation,** numération excédent 64.

**size:** grandeur, longueur, taille; **actual size,** grandeur réelle; **address size,** grandeur de l'adresse; **adjustable size aggregate,** agrégat de taille ajustable; **area size,** dimension de zone; **array size limit,** grandeur maximale de matrice; **assumed size aggregate,** agrégat de taille implicite; **band size,** largeur de bande; **batch size,** grandeur de lot; **bit size,** grandeur binaire; **block size,** longueur de bloc; **block size parameter,** paramètre de longueur de bloc; **block size reduction,** réduction de longueur de bloc; **bucket size parameter,** paramètre de grandeur de zone collectrice; **character size,** taille de caractère; **check size indicator,** indicateur de débordement; **core size,** taille de la mémoire centrale; **data word size,** longueur de mot de données; **default size value,** longueur implicite; **device size,** taille des périphériques; **file size,** taille de fichier; **fixed-size record,** enregistrement de taille fixe; **frame size,** longueur de trame; **half-size drive,** disquette demi-hauteur; **increment size,** valeur incrémentale; **index size parameter,** paramètre de grandeur d'index; **item size,** grandeur d'article; **item size computation,** calcul de la longueur d'article; **life size,** grandeur naturelle; **margin size,** dimension de marge; **memory size,** taille de mémoire; **object core size,** capacité mémoire pour programme objet; **odd size,** forme non courante; **paper size,** format de papier; **plotter step size,** pas de traceur; **point size,** hauteur de caractère imprimé

(1/72 de pouce); **print size**, nombre de positions d'impression; **recording size**, longueur d'enregistrement; **screen size**, dimension d'écran; **size error**, erreur de dépassement; **step size**, pas; **window size**, taille d'une fenêtre; **word size**, longueur de mot; **word size emitter**, générateur de longueur de mot; **working size**, taille de la zone de travail.

**sized:** dimensionné; **under-sized**, sous-dimensionné.

**skeletal:** squelettique; **skeletal code**, embryon de code, code à compléter; **skeletal coding**, code à compléter, embryon de code.

**skeleton:** squelette, schéma simplifié.

**sketch:** ébauche; **etch-a-sketch technique**, technique d'aide au dessin.

**skew:** désalignement, biais, obliquité; **apparent skew**, désalignement apparent; **card skew**, passage de cartes en biais; **character skew**, inclinaison d'un caractère; **dynamic skew**, défilement de biais; **line skew**, inclinaison de ligne; **skew (to)**, se mettre en travers; **skew character**, caractère mal interprété; **skew effect**, effet de biais; **skew failure**, mal aligné; **skew line**, ligne oblique; **static skew**, travers statique; **tape skew**, travers de bande.

**skewing:** biais, obliquité.

**skip\*:** saut; **block skip**, fonction de saut de bloc; **carriage skip**, tabulation; **continuous skip key**, saut multiple; **high-speed skip**, tabulation rapide, saut rapide; **high-speed skip feature**, dispositif de tabulation rapide; **horizontal skip**, saut horizontal; **horizontal skip character**, caractère d'espacement horizontal; **immediate skip**, avance immédiate; **line skip**, saut de ligne; **optional block skip**, saut de bloc conditionnel; **page skip**, saut de page; **paper skip**, saut de papier; **perforation skip mode**, mode saut de perforation; **program skip**, saut de programme; **record skip**, saut d'enregistrement; **short skip**, saut réduit; **skip (to)**, sauter; **skip bar**, barre de saut; **skip cancellation**, suppression de saut; **skip code**, code de saut; **skip control**, commande de saut; **skip distance**, distance de saut; **skip flag**, fanion de saut; **skip instruction**, instruction de saut, instruction de branchement; **skip lever**, levier de tabulation; **skip lifter**, actionneur de saut; **skip magnet**, aimant de saut; **skip start**, début de tabulation; **skip stop**, fin de tabulation; **skip supression**, suppression de saut; **tape skip**, saut de bande; **track skip control**, commande de saut de piste.

**skipped:** omis, sauté, non pris en compte.

**skipping:** saut; **automatic skipping**, saut automatique; **channel skipping**, saut de canal; **line skipping**, saut par interlignes.

**slab:** syllabe, groupe de 12 bits.

**slack:** marge; **slack byte**, multiplet de remplissage; **slack storage**, mémoire inutilisée.

**slant:** de biais; **reverse slant**, barre oblique inverse '\'; **slant height**, hauteur d'obliquité; **slant range**, distance directe.

**slash:** oblique; **reverse slash**, barre oblique inverse '\'; **slash mark**, barre oblique '/'.

**slave:** esclave; **master/slave system**, système maître/esclave; **slave (to)**, asservir; **slave application**, application en mode asservi; **slave clock**, rythmeur asservi; **slave computer**, ordinateur asservi; **slave disk**, disque asservi; **slave file**, fichier esclave; **slave flip flop**, bascule asservie; **slave key**, code dérive; **slave memory**, mémoire esclave; **slave mode**, mode asservi; **slave monitor**, affichage parallèle; **slave output**, sortie asservie; **slave page**, page auxiliaire; **slave printing**, impression des données traitées; **slave processor**, processeur esclave; **slave station**, station asservie; **slave station status**, état de la station auxiliaire; **slave status**, état du poste esclave; **slave unit**, unité asservie.

**sleep:** repos; **sleep position**, position d'attente.

**sleeve:** pochette, manchon, gaine; **cable sleeve**, gaine de câble; **floppy disk sleeve**, pochette de disquette.

**sleeving:** gainage; **insulating sleeving**, souplisso.

**slew:** avance, saut (de papier); **paper slew**, avance papier; **slew character**, caractère de saut; **slew rate**, vitesse de balayage.

**slewing:** avance, saut (de papier); **paper slewing**, avance papier.

**slice:** tranche; **bit slice**, tranche binaire; **bit slice microprocessor**, microprocesseur en tranches; **bit slice processor**, processeur en tranches; **one-dot-line slice**, colonne de points; **time slice**, tranche de temps.

**sliced:** en tranches; **sliced microprocessor**, microprocesseur en tranches.

**slicing:** mise en tranche; **frequency slicing**, partage de fréquence; **time slicing**, partage du temps, découpage du temps; **time-slicing environment**, exploitation par découpage du temps.

**slide:** (to), coulisser; **slide chart**, diagramme projetable; **slide rule**, règle à calcul; **slide-in chassis**, tiroir; **slide-in unit**, tiroir; **stacker slide**, presse cartes.

**slider:** curseur; **drag slider**, réglette de déplacement.

**slim:** mince; **slim line,** extra-plat.

**slip:** glissement, saut; **adding slip,** bande des additions; **addition slip,** bande des additions; **chaining slip,** glissement d'enchaînage; **deposit slip,** formulaire de versement; **digit slip,** perte d'élément binaire; **slip line,** ligne de synchronisation; **vertical slip,** défilement vertical.

**slippage:** glissement, saut.

**slit:** rainure, fissure; **slit (to),** couper.

**slitter:** couteau.

**sliver:** espace mémoire de 32 mots.

**slope:** pente; **Zener slope,** courbe de Zener; **curve slope,** montée de courbe; **pulse slope,** pente de flanc d'impulsion; **slope angle,** angle de pente, angle de phase; **slope of a curve,** montée d'une courbe.

**slot:** fente, logement, rainure, slot; **I/O slot,** logement d'entrée/sortie; **action queue slot,** zone d'intercalage; **backplane slot,** ouverture arrière; **badge slot,** fente d'introduction de jeton; **cable way slot,** ouverture de passage de câble; **expansion slot,** logement d'extension; **hex slot screw,** vis à six pans; **indexing slot,** fente de détrompage; **page slot,** page mémoire; **polarizing slot,** fente détrompeuse; **queue slot,** zone d'entrée de la file d'attente; **slot (to),** placer, insérer; **time slot,** tranche de temps.

**slotting:** encochage; **slotting puncher,** encocheuse.

**slow:** lent; **slow access storage,** mémoire à accès lent; **slow acting relay,** relais temporisé; **slow death,** mort lente; **slow device,** périphérique lent; **slow down (to),** ralentir; **slow memory,** mémoire lente; **slow release relay,** relais temporisé à l'ouverture; **slow shutdown,** arrêt temporisé; **slow speed peripheral,** périphérique lent; **slow storage,** mémoire lente.

**slowdown:** ralentissement; **system slowdown,** ralentissement du système.

**SLSI:** super large scale integration, intégration à super grande échelle.

**slug:** noyau.

**small:** petit; **small business computer,** mini-ordinateur; **small capitals,** petites capitales; **small caps,** petites capitales; **small footprint computer,** ordinateur de faible encombrement; **small scale integration (SSI),** intégration à faible échelle; **small scale system,** ordinateur de petite puissance.

**smart:** intelligent; **smart card,** carte à mémoire; **smart terminal,** terminal intelligent.

**smearing:** maculage.

**smooth:** lisse; **smooth (to),** lisser.

**smoothing:** lissage; **smoothing algorithm,** algorithme de lissage; **smoothing constant,** constante d'aplatissement.

**smudge:** maculage; **ink smudge,** maculage d'encre.

**smudged:** maculé, empâté.

**snapshot:** instantané d'écran; **memory snapshot,** extrait de mémoire; **snapshot debug,** débogage dynamique de zone; **snapshot dump,** vidage dynamique de zone; **snapshot program,** programme d'analyse sélective; **snapshot trace,** impression de zone; **storage snapshot,** vidage partiel de la mémoire.

**sneak:** furtif; **sneak current,** courant de fuite.

**SNOBOL\*:** langage SNOBOL.

**snooping:** vol; **bus snooping function,** fonction de cohérence d'antémémoires.

**SOB:** start-of-block (character), (caractère de) début de bloc.

**socket:** support; **IC socket,** support de circuit intégré; **chip socket,** support de circuit intégré; **magnetic head socket,** socle support de tête magnétique; **socket option,** sélection de plots; **socket wrench,** clé à tube; **wall socket,** prise murale.

**soft:** mou, logiciel; **soft copy,** copie en mémoire, image vidéo, image d'écran; **soft fail,** arrêt gracieux après avarie; **soft font,** fonte téléchargeable; **soft key,** touche de fonction; **soft limit clip,** limite logicielle; **soft sector,** secteur logiciel; **soft selling,** vente par des moyens discrets; **soft structure,** installation vulnérable; **soft-sectored,** sectorisé logiciel; **soft-sectored disk,** disquette à sectorisation logicielle; **software error (soft error),** erreur logicielle.

**softness:** flou; **fail-softness,** dégradation progressive.

**software\*:** logiciel; **RAM disk software,** logiciel pour disque virtuel; **TSR software,** logiciel résident; **application software,** logiciel d'application; **associated software,** logiciel associé; **bundled software,** logiciel livré avec le matériel; **canned software,** logiciel figé; **common software,** logiciel classique; **communication software,** logiciel de communications; **compatible software,** logiciel compatible; **conversion software,** logiciel de conversion; **course software,** logiciel didactique, didacticiel; **cross-software,** programme de développement; **custom software,** logiciel personnalisé; **data management software,** logiciel de gestion de données; **driving software,** logiciel de commande; **emulation software package,** logiciel d'émulation; **game software,** ludiciel, logiciel de jeu; **graphic software,** logiciel graphique; **graphic software package,** progiciel graphique;

in-house software, logiciel maison; **individual software**, logiciel individuel; **input-output software routine**, sous-programme de gestion des entrées/sorties; **machine-oriented software**, logiciel spécifique; **mouse software**, logiciel de souris; **problem-oriented software**, logiciel de problématique; **protected software**, logiciel protégé; **public software**, logiciel de domaine public; **public-domain software**, logiciel de domaine public; **safeguarding software**, logiciel de sauvegarde; **software adaptation**, adaptation du logiciel; **software analysis**, programmatique; **software broker**, courtier en logiciel; **software compatibility**, compatibilité logicielle; **software configuration**, configuration logicielle; **software design**, conception logicielle; **software development**, développement de logiciel; **software document**, documentation de logiciel; **software engineering**, génie logiciel; **software error (soft error)**, erreur logicielle; **software firm**, société de logiciel; **software flexibility**, souplesse du logiciel; **software house**, société de service; **software interface**, interface du logiciel; **software layer**, couche de logiciel; **software license**, licence d'utilisation du logiciel; **software maintenance**, maintenance logicielle; **software methodology**, programmétrie; **software monitor**, moniteur logiciel; **software monitoring**, logimétrie; **software overhead**, servitude logicielle; **software package**, progiciel; **software program counter**, compteur d'instructions programmées; **software protection**, protection des logiciels; **software recoverable abort**, arrêt corrigeable par le logiciel; **software redundancy**, redondance du logiciel; **software resources**, ressources logicielles; **software security**, sécurité des logiciels; **software service**, conseil en informatique; **software stack**, pile logicielle (programmable en zone mémoire); **software support service**, maintenance du logiciel; **software tool**, outil logiciel; **standard user software**, logiciel standard d'application; **system software**, logiciel d'exploitation; **systems software**, logiciel de système; **tampered software**, logiciel falsifié; **transaction management software**, logiciel transactionnel de gestion; **transport software (ISO layer)**, logiciel de couche de transport; **user software**, logiciel de l'utilisateur; **vendor software**, logiciel du constructeur; **video entertainment software**, logiciel de distraction vidéo.

**S O H:** start-of-heading, (caractère de) début d'en-tête.

**s o l d e r:** soudure; **dry solder joint**, soudure froide; **solder (to)**, souder; **solder lug**, cosse à souder; **solder strap**, pont.

**s o l d e r i n g:** soudure; **dip soldering**, soudure par trempage; **soldering gun**, chalumeau; **soldering iron**, fer à souder.

**s o l d e r l e s s:** sans soudure; **solderless wrapped connection**, connexion enroulée sans soudure.

**s o l i d:** solide; **solid angle**, angle solide; **solid body**, corps solide; **solid dielectric**, diélectrique solide; **solid error**, erreur persistante; **solid figure**, figure géométrique en trait plein; **solid geometry**, géométrie à trois dimensions; **solid line**, trait plein; **solid logic technology**, technologie de l'état solide (circuits intégrés); **solid state (SS)**, état solide; **solid state cartridge**, cartouche programme; **solid state circuit**, circuit transistorisé; **solid state circuitry**, circuiterie transistorisée; **solid state component**, composant solide; **solid state device**, composant état solide; **solid state element**, élément état solide; **solid state multiplexer**, multiplexeur à semi-conducteurs.

**s o l i d u s:** solidus.

**s o l u t i o n:** solution; **basic solution**, solution de base; **engineering solution**, solution technique; **general solution**, solution générale; **graphic solution**, solution graphique.

**s o l v e r:** résolveur; **angle component solver**, convertisseur de coordonnées; **equation solver**, résolveur d'équations.

**s o l v i n g:** résolution; **on-line problem solving**, solution en conversationnel; **problem solving**, méthode de résolution.

**S O M:** start-of-message, (caractère de) début de message.

**s o n:** fils; **father son technique**, technique de duplication; **grandfather-father-son cycle**, cycle grand-père-père-fils (trois générations); **son generation**, génération tertiaire.

**s o p h i s t i c a t e d:** sophistiqué; **sophisticated system**, système évolué; **sophisticated vocabulary**, vocabulaire évolué.

**s o r t*:** tri; **alphabetic sort**, tri alphabétique; **alphanumeric sort**, tri alphanumérique; **ascending sort**, tri ascendant; **backward sort**, tri descendant; **binary sort**, tri binaire; **block sort**, tri par bloc; **bubble sort**, tri par permutation; **cascade sort**, tri en cascade; **collating sort**, tri par interclassement; **comparative sort**, tri par comparaison; **core sort**, tri en mémoire centrale; **descending sort**, tri par ordre décroissant; **external sort**, tri de fusionnement; **extract sort**, tri de sélection; **forward sort**, tri ascendant; **generalized sort**, tri polyvalent;

heap sort, tri vertical; insertion sort, tri par insertion; internal sort, tri interne, en mémoire principale; item sort, tri d'articles; key sort, tri interne; maximum sort, tri maximal; merge sort, tri-fusion; multipass sort, tri multipassage; oscillating sort, tri alternatif; polyphase sort, tri de fusion; program sort merge, programme de tri et de fusion; quick sort, tri par segmentation; random access sort, tri à accès direct; record sort, tri d'enregistrements; ripple sort, tri par paires; selection sort, tri de sélection; selective sort, tri sélectif; sifting sort, tri par permutation; sort (to), trier; sort criterion, critère de tri; sort facility, dispositif de tri; sort file, fichier de tri; sort file description entry, description du fichier de tri; sort file name, nom du fichier de tri; sort generator, générateur de tri, indicatif de tri; sort key, clé de tri; sort merge, tri-fusion; sort module, module de tri; sort needle, aiguille de tri; sort option, possibilité de tri; sort pass, passe de tri; sort phase, phase de tri; sort power, capacité de tri; sort program, programme de tri; sort progress statement, indication de l'état de tri; sort rod, aiguille de tri; sort statement, instruction de tri; sort-collate program, programme de tri et d'interclassement; sort/merge generator, programme de tri et de fusion; tape sort, tri sur bande; tree sort, tri arborescent.

sorted: trié; sorted item, article trié.

sorter*: programme de tri; card sorter, classeuse, trieuse de cartes; counting sorter, trieuse-compteuse; data sorter, trieur; document sorter, trieuse de documents; layer reader sorter, lieuse-trieuse; readability sorter, trieuse de documents; reader-sorter, liseuse/trieuse; sorter pocket, case de sélection; sorter reader, trieuse-lieuse.

sorting: tri; alphabetical sorting, classement alphabétique; alphanumeric sorting, tri alphanumérique; balanced sorting, tri équilibré; card sorting, tri de cartes; cascade sorting, tri en cascade; data sorting, tri des données; digit sorting, tri de chiffres; group sorting device, dispositif de tri par cartes maîtresses; insertion method sorting, tri par méthode d'insertion; letter sorting, tri de courrier; magnetic ledger card sorting machine, lecteur automatique de comptes magnétiques; magnetic tape sorting, tri de bandes magnétiques; merge sorting, tri de fusion; multifile sorting, tri multifichier; numerical sorting, tri numérique; sorting algorithm, algorithme de tri; sorting by insertion, tri par interclassement;

sorting key, clé de tri; sorting machine, trieuse, interclasseuse; sorting method, méthode de tri; sorting needle, aiguille de tri; sorting pass, passe de tri; sorting procedure, procédure de tri; sorting program, programme de tri; sorting speed, vitesse de tri; string sorting, tri de chaînes.

SOS: silicon on sapphire, technologie silicium sur saphir.

sound: son; beep sound, signal sonore bref; sound absorbing material, matériel d'insonorisation; sound isolation, isolation phonique; sound proof, insonorisation; sound reflecting, réfléchissant le son.

source*: source, origine; assembler source program, assembleur; assembler source statement, instruction d'assembleur; data source, source de données, émetteur de données; direct timing source, horloge de connexion directe synchronisée; information source, source de messages, source d'informations; light source, source lumineuse; local source recording, saisie locale; master source module, module de référence; message source, source de messages, source d'informations; noise source, source de perturbation; output source, source de sortie; second source, seconde source; signal source, source de signaux; source address, adresse source; source card, carte en langage symbolique; source code, code source; source computer, calculateur de base; source data, données source; source deck, cartes-programme source; source directory, répertoire d'origine; source document, document de base; source file, fichier source; source image, langage symbolique; source impedance, impédance de source; source instruction, instruction en code source; source language, langage source; source language debugging, débogage du programme source; source language program, programme source; source library, bibliothèque des sources; source listing, listage source; source machine, ordinateur compileur; source module, module source; source of disturbance, source des perturbations; source of information, origine des informations; source pack, paquet de cartes en langage source; source page, page source; source program, programme source; source program library, bibliothèque de programmes source; source program statement, instruction du programme source; source program text, texte du programme symbolique; source register, registre source; source schema, schéma d'origine; **source statement,** instruction en code source; **source statement library,** bibliothèque langage d'origine; **source text,** texte d'origine; **source text editor,** éditeur de texte source; **source unit,** unité de traitement source; **source unit handler,** mise à jour du programme source; **stationary source,** source fixe; **voltage source,** source de tension.

**s p a c e :** espace; **address space,** espace d'adressage; **allocation of space,** attribution; **blank space,** intervalle, espace, caractère espacement; **branch space constant,** longueur de l'instruction de branchement; **coded image space,** zone d'image; **data space,** zone de données; **dead space,** espace inutilisé; **dead space circuit,** zone inactive; **disk space,** espace disque, capacité du disque; **disk space management,** gestion de l'espace disque; **display space,** espace d'affichage, espace écran; **double space,** double interligne; **double space printing,** impression à double interligne; **floor space,** surface d'installation; **forward space,** partie fractionnaire; **free space,** espace adressable; **image space,** mémoire image; **image storage space,** zone d'image; **interblock space,** espace interbloc; **line space,** espace entre lignes; **line space ratchet,** rochet de commande d'interligne; **line space switch,** commutateur de commande d'interlignes; **mark/space multiplier unit,** multiplicateur de modulation; **memory space,** espace mémoire; **message space,** multitude de messages; **operating space,** surface d'affichage, surface utile; **padding space,** zone de remplissage; **process address space,** adresse de processus; **secondary space clearing,** remplissage avec des zéros; **single space,** simple interligne; **single-space printing,** impression en simple interligne; **space (SP),** espace; **space backward (to),** reculer d'un bloc; **space bar,** barre d'espace; **space before printing,** saut de ligne avant impression; **space character (SP),** caractère espace; **space charge,** charge d'espace; **space check,** contrôle des espaces; **space code generation,** génération des caractères espaces; **space control,** contrôle des interlignes; **space curve,** courbe dans l'espace; **space fill (to),** espacer; **space forward (to),** avancer d'un bloc; **space key,** touche espace; **space polarity,** courant de rupture; **space pulse,** impulsion dans l'espace; **space requirement,** encombrement; **space suppression,** suppression d'espaces; **space symbol,** symbole de caractère espace; **space-division multiplex,** multiplex spatial; **space-division switching,** commutation

spatiale; **terminal space,** espacement final; **trailing spaces,** espaces suiveurs; **triple space,** espace de trois interlignes; **user address space,** espace mémoire de l'utilisateur; **virtual space,** espace virtuel; **white space,** espace blanc; **word space,** espace mot; **work space,** mémoire disponible; **working space,** espace de travail; **xyz space,** espace xyz, espace tridimensionnel.

**s p a c e d :** espacé; **single-spaced,** en interligne simple; **spaced characters,** caractères espacés.

**s p a c i n g :** espace, écart, espacement; **accuracy of hole spacing,** exactitude des espacements; **automatic line spacing,** interlignage automatique; **channel spacing,** écart intervoie, distance intercanal; **character spacing,** espacement entre caractères; **character spacing reference line,** axe de référence d'espacement de caractère; **column spacing,** écart intercolonne; **continuous spacing,** espacement automatique; **document spacing,** espacement de document; **document spacing error,** erreur d'espacement de document; **forward spacing,** saut avant; **frequency spacing,** intervalle de fréquence; **hole spacing,** écart entre les perforations; **horizontal spacing,** espacement de caractères longitudinal; **line spacing,** espacement entre lignes; **line-to-line spacing,** interligne; **repeater spacing,** distance entre répéteurs; **single-line spacing,** interligne simple; **spacing bit,** bit d'espacement; **spacing escapement assembly,** échappement; **vertical line spacing,** densité de pas verticaux; **vertical spacing,** pas vertical.

**s p a d e :** pique; **terminal spade,** cosse ouverte.

**s p a n \* :** plage, étendue; **error span,** étendue d'une erreur; **extended life span,** à vie plus étendue; **extented system life span,** système à vie plus étendue; **print span,** amplitude d'impression; **retention span,** durée d'une révolution.

**s p a n n e d :** étendu; **spanned file,** fichier étendu; **spanned record,** enregistrement étendu.

**s p a n n i n g :** étendue; **spanning tree,** arbre dérivé.

**s p a r e :** rechange; **initial spare parts list,** liste de dotations initiales; **spare capacity,** capacité de réserve; **spare channel,** canal de réserve.

**s p a r s e :** incomplet; **sparse array,** tableau incomplet.

**s p a w n i n g :** descendance; **step spawning,** appel dynamique de travail pas à pas.

**special:** spécial; **one-off special,** exécution spéciale; **special character,** caractère spécial; **special character conversion,** conversion de caractères spéciaux; **special character exit,** sortie de caractères spéciaux; **special communication,** liaison spécialisée; **special computer,** calculateur spécial; **special device,** dispositif particulier; **special feature,** dispositif spécial; **special line,** secteur spécialisé; **special mode,** mode spécifique; **special name,** nom spécial; **special plug-in,** élément tiroir spécial; **special print,** impression personnalisée; **special program,** programme spécifique; **special register,** registre spécial; **special request,** interrogation spécifique; **special start location,** adresse de début auxiliaire; **special version,** version personnalisée; **special-purpose computer,** calculateur spécialisé.

**specific:** spécifique; **specific address,** adresse spécifique; **specific addressing,** adressage de base; **specific code,** code spécifique; **specific coding,** encodage en code machine; **specific polling,** scrutation sélective; **specific program,** programme spécifique; **specific routine,** routine spécifique; **specific-addressed location,** position à adresse absolue; **system specific card,** carte pilote du système; **system specific header,** carte maîtresse du système; **user-specific,** spécifique à l'utilisateur; **user-specific program,** programme personnalisée.

**specification:** spécification; **acceptance specification,** spécification de réception; **area specification,** spécification de zone; **bit length specification,** spécification de la longueur de bit; **data specification,** spécification de données; **expanded memory specification (EMS),** spécification de mémoire épandue; **field specification,** spécification de zone; **file specification,** spécification de fichier; **format specification,** spécification de format; **handling specification,** spécification de traitement; **interface specifications,** normes de liaison; **length specification,** spécification de longueur; **output format specification,** spécification de la forme de sortie; **problem specifications,** cahier des charges; **processing specifications,** spécifications de traitement; **program specification,** spécification de programme; **repeat specification,** indication d'itération; **repetitive specifications,** caractéristiques répétitives; **specification card,** fiche signalétique; **specification file,** fichier de spécifications; **specification language,** langage de spécification; **specification of a parameter,** spécification d'un paramètre; **specification pro-**

**gram,** programme de spécification; **specification sheet,** fiche de spécification.

**specifier:** identificateur.

**spectrum:** spectre; **frequency spectrum,** spectre de fréquences.

**speech:** parole; **automatic speech pattern recognition,** reconnaissance automatique de la parole; **speech and pattern recognition,** reconnaissance de langages et de symboles; **speech channel,** canal vocal; **speech chip,** circuit pour la reproduction vocale; **speech recognition,** reconnaissance vocale; **speech synthesis,** synthèse de la parole; **speech synthesizer,** synthétiseur de parole.

**speed:** vitesse; **access speed,** vitesse d'accès; **accumulating speed,** vitesse de totalisation; **adding speed,** vitesse d'addition; **arithmetic speed,** vitesse de calcul; **calculating speed,** vitesse de calcul; **circuit speed,** temps de commutation; **computing speed,** vitesse de calcul; **conversion speed,** vitesse de conversion; **conveying speed,** vitesse de défilement; **drum speed,** vitesse du tambour; **floating speed,** vitesse de positionnement; **flutter speed,** vitesse de flottement; **flying speed,** vitesse de rotation optimale; **form feed speed,** vitesse de l'avance ligne; **free-running speed,** vitesse normale de fonctionnement; **high-speed,** grande vitesse; **high-speed adapter,** adaptateur à gain élevé; **high-speed bus,** bus rapide; **high-speed card reader,** lecteur de cartes rapide; **high-speed carry,** report accéléré; **high-speed channel,** canal rapide; **high-speed computer,** compteur rapide; **high-speed data channel,** canal de données rapide; **high-speed division,** division rapide; **high-speed document reader,** lecteur de documents rapide; **high-speed eject mechanism,** mécanisme d'éjection rapide; **high-speed feed,** alimentation rapide; **high-speed line,** ligne à débit élevé; **high-speed memory,** mémoire à grande vitesse; **high-speed memory block,** bloc de mémoire rapide; **high-speed multiplication,** multiplication rapide; **high-speed operation,** opération rapide; **high-speed paper feed,** transport de papier rapide; **high-speed printer,** imprimante rapide; **high-speed printer control,** commande d'imprimante rapide; **high-speed processor,** calculateur rapide; **high-speed punch,** perforateur rapide; **high-speed reader,** lecteur rapide; **high-speed rewind,** rembobinage rapide; **high-speed service,** fonction rapide; **high-speed skip,** tabulation rapide, saut rapide; **high-speed skip feature,** dispositif de tabulation rapide; **high-speed stop,** arrêt instantané; **high-speed tape reader**, lecteur de bande rapide; **input speed**, vitesse d'introduction, vitesse d'entrée; **key speed**, vitesse de manipulation; **keying speed**, vitesse de frappe; **line speed**, vitesse d'impression de lignes; **line speed option**, sélection de la vitesse de transmission; **list speed**, vitesse en liste; **low-speed**, basse vitesse; **low-speed line**, ligne à faible vitesse; **low-speed operation**, exploitation à basse vitesse; **low-speed store**, mémoire lente; **medium speed**, vitesse moyenne; **memory speed**, vitesse d'un cycle de base; **modulation speed**, vitesse de modulation; **operating speed**, vitesse d'opération; **operation speed**, vitesse de traitement, vitesse opérationnelle; **output speed**, vitesse de sortie; **print speed**, vitesse d'impression; **printing speed**, vitesse d'impression; **processing speed**, vitesse de traitement; **rated speed**, vitesse nominale; **raw speed**, vitesse de base; **read speed**, vitesse de lecture; **reading speed**, vitesse de lecture; **regeneration speed**, vitesse de rafraîchissement; **rewind speed**, vitesse de rembobinage; **rotating speed**, vitesse de rotation; **rotational speed**, vitesse de rotation; **scanning speed**, vitesse d'exploration; **searching speed**, vitesse de recherche; **signaling speed**, vitesse de signalisation; **slow speed peripheral**, périphérique lent; **sorting speed**, vitesse de tri; **speed buffer (to)**, adapter les vitesses de transmission; **speed card**, carte d'accélération; **speed control**, commande de vitesse; **speed dialing**, numérotation abrégée; **speed reduction**, limitation de la vitesse; **speed regulator**, régulateur de vitesse; **speed sensor**, capteur de vitesse; **speed up (to)**, augmenter la vitesse; **speed-up board**, carte accélératrice; **switching speed**, vitesse de commutation; **tab speed**, vitesse de tabulation; **take-off speed**, vitesse de défilement; **take-up speed**, vitesse de rembobinage; **tape rewind speed**, vitesse de rembobinage; **tape speed**, vitesse de bande; **total list speed**, vitesse de tabulation; **transmission speed**, vitesse de transmission; **typing speed**, vitesse de frappe; **variable-output speed**, vitesse de sortie variable; **variable-speed drive**, entraînement à vitesse variable; **writing speed**, vitesse d'écriture.

**s p e l l i n g**: orthographe; **automatic spelling correction**, correction orthographique automatique; **real-time spelling checker**, contrôleur orthographique en temps réel; **spelling checker**, contrôleur orthographique; **spelling dictionary**, dictionnaire orthographique; **spelling error**, faute d'orthographe.

**s p i k e**: pointe; **pulse spike**, pointe parasite d'impulsion.

**s p i n d l e**: arbre, axe; **take-up spindle**, broche de bobine; **tape spindle**, mécanisme d'entraînement de bande.

**s p i n w r i t e r**: imprimante à boule tournante.

**s p l i c i n g**: épissure; **cable splicing**, épissure de câble.

**s p l i t**: double appel; **column split**, séparateur de colonnes, partage en colonnes; **counter split**, fractionnement de compteur; **forced split**, séparation forcée; **split (to)**, diviser, fractionner; **split screen**, écran partagé; **split screen feature**, segmentation de l'écran.

**s p l i t t e r**: diviseur; **line splitter**, distributeur de voies.

**s p l i t t i n g**: éclatement; **screen splitting**, partage d'écran; **splitting module**, module de découpage.

**s p o o l\***: spoule, bobine, mandrin; **guide spool**, bobine de référence; **rewind spool**, bobine de rembobinage; **ribbon spool**, bobine de ruban encreur; **spool (to)**, enrouler, bobiner; **supply spool**, bobine de déroulement; **tape spool**, mandrin.

**s p o o l e r**: spouleur, gestionnaire de traitement différé; **print spooler**, spouleur d'imprimante; **tape spooler**, dévideur de bande.

**s p o o l i n g**: spoulage; **print spooling**, impression en différé.

**s p o r a d i c**: sporadique; **sporadic fault**, panne sporadique.

**s p o t**: trace, spot; **bad spot**, position erronée; **burned spot**, impact de claquage; **end-of-file spot**, marqueur de fin de fichier; **flying spot**, spot lumineux; **flying spot scan**, balayage au vol; **flying spot storage**, mémoire à tubes de Williams; **ion spot**, tache ionique; **luminous spot**, spot lumineux; **magnetic spot**, repère magnétique; **magnetized spot**, point magnétisé; **reflective spot**, pastille réfléchissante; **spot change**, modification individuelle; **spot check**, contrôle par sondage; **spot checking**, prélèvements au hasard; **spot mark**, point de repère; **spot pliers**, poinçonneuse trou par trou; **spot punch**, poinçonneuse.

**s p r a y**: vaporisation; **antistatic spray**, spray antistatique; **antistatic spray can**, bombe aérosol antistatique.

**s p r e a d**: altération, dégradé, mesure de l'incertitude, dispersion; **band spread**, dispersion de bande, étalement de bande.

**s p r e a d s h e e t**: tableur, calque; **electronic spreadsheet**, tableur électronique.

**spring**: ressort; **detent spring**, ressort de détente; **pocket deflector spring**, ressort déflecteur de la case; **return spring**, ressort de rappel; **spring clip**, bride à ressort; **spring clutch**, accouplement à ressort; **spring hook**, accroche-ressort; **spring-loaded**, sous pression de ressort; **tension spring**, ressort de tension.

**sprite***: objet-image, lutin.

**sprocket***: dent; **sprocket bit**, bit de cadrage; **sprocket channel**, canal d'entraînement; **sprocket feed**, entraînement à picots; **sprocket hole**, perforation d'entraînement; **sprocket pulse**, impulsion de synchro; **sprocket track**, piste à picots; **sprocket wheel**, roue à picots.

**spurious***: parasite, interférence; **spurious pulse**, impulsion parasite; **spurious radiation**, radiation d'ondes secondaires; **spurious resonance**, résonance parasite.

**sqeezeout**: maculage; **ink sqeezeout**, étalement de l'encre.

**SQL**: structured Query Language, langage d'extraction de données.

**square**: carré; **Chi square test**, test des carrés de Chi; **least square analysis**, méthode d'analyse des moindre carrés; **left square bracket**, crochet d'ouverture '['; **quarter-square multiplier**, multiplicateur parabolique; **right square bracket**, crochet de fermeture ']'; **root mean square (RMS)**, moindre carrés; **square brackets**, crochets; **square hole**, perforation rectangulaire; **square law characteristic**, caractéristique quadratique; **square multiplier**, multiplicateur quadratique; **square number**, nombre carré; **square parentheses**, crochets; **square pulse**, impulsion carrée; **square root**, racine carrée; **square wave**, onde carrée; **square wave pulse**, impulsion en onde carrée; **squares pattern**, quadrillage.

**squoze**: **squoze pack**, cartes de données condensées.

**SSI**: small scale integration, intégration à faible échelle.

**stabilised**: cf **stabilized**.

**stabiliser**: cf **stabilizer**.

**stability**: stabilité; **clock stability**, stabilité d'horloge; **computational stability**, stabilité des calculs; **thermal stability**, stabilité thermique.

**stabilized**: stabilisé; **chopper-stabilized amplifier**, amplificateur stabilisé à découpage.

**stabilizer**: stabilisateur; **frequency stabilizer**, système de stabilisation de fréquence; **voltage stabilizer**, stabilisateur de tension.

**stable**: stable; **stable state**, état stable.

**stack***: pile; **bottom of the stack address**, adresse du bas de la pile; **disk stack**, pile de disques; **hardware stack**, pile câblée; **head stack**, ensemble de têtes magnétiques; **input stack**, pile d'entrée; **job stack**, file de travaux; **memory stack**, pile, bloc de mémoire; **program stack**, pile dynamique de programme; **pushdown stack**, pile à accès inversé; **rectifier stack**, colonne d'élément redresseur; **request stack**, pile de requêtes; **software stack**, pile logicielle (programmable en zone mémoire); **stack (to)**, empiler; **stack frame**, bloc de pile; **stack indicator**, pointeur de pile; **stack mechanism**, mécanisme d'empilage; **stack of cards**, paquet de cartes; **stack overflow**, débordement de pile; **stack pointer**, pointeur de pile; **stack register**, registre de pile; **stack segment**, segment de pile; **storage stack**, pile de mémoire; **work stack**, pile de travaux.

**stackable**: empilable.

**stacked**: empilé; **advanced stacked job processing**, traitement séquentiel évolué des travaux; **basic stacked job processing**, traitement séquentiel simplifié des lots; **sequential stacked job control**, contrôle des séquences de travaux; **stacked bar chart**, histogramme à barres empilées; **stacked job**, lot de travaux; **stacked job processing**, suite des lots de travaux.

**stacker***: réceptacle; **accept stacker**, case de réception normale; **card stacker**, case de fonction; **controlled stacker**, éjection contrôlée; **drum stacker**, éjecteur à tambour; **offset stacker device**, récepteur à décalage de cartes; **output stacker**, boîtier de réception de cartes; **reject stacker**, case de rebut; **stacker drum**, tambour d'éjection; **stacker plate**, plateau de réception; **stacker pocket**, case de sortie de cartes; **stacker reject**, commande d'éjection; **stacker select**, sélection de case; **stacker selection**, sélection de case; **stacker slide**, presse cartes; **stacker stop contact**, contact de blocage de case; **stacker unit**, unité de réception.

**stacking**: empilage, mise en pile; **document stacking**, classement de documents; **interrupt stacking**, empilage des interruptions; **job stacking**, pile de travaux, tâches simultanées; **stacking area**, pile; **stacking mechanism**, mécanisme de réception.

**staff**: personnel; **maintenance staff**, personnel de maintenance; **operating staff**, personnel de service.

**stage**: phase; **adder stage**, phase d'addition; **amplifier stage**, étage amplificateur; **automation stage**, niveau d'automatisation; **auxiliary stage,** niveau de servitude; **buffer stage,** étage tampon; **compilation stage,** état de compilation; **control stage,** niveau de commande; **input stage,** stade d'introduction; **normal stage punching,** perforation normale; **separating stage,** étage séparateur.

**staging:** transfert; **demand staging,** transfert immédiat.

**stair:** escalier; **stair step,** marche d'escalier; **stair stepping,** effet de marches d'escalier.

**stairstep:** marche d'escalier.

**stall:** calage, blocage, logement; **cross-stall,** perturbation inductive; **pen stall,** logement de plume; **poll stall interval,** intervalle d'attente en interrogation; **stall (to),** caler; **stall condition,** condition de blocage.

**stamp:** timbre; **full stamp,** impression intégrale; **time stamp,** horodateur.

**stand:** support; **printer stand,** support d'imprimante; **stand for (to),** signifier; **swivel-stand,** support à pivot; **tilt swivel stand,** support pivotant inclinable.

**standalone:** autonome, non connecté; **standalone capability,** possibilité d'autonomie; **standalone design station,** poste de conception autonome; **standalone system,** système autonome.

**standard:** standard, norme; **American National Standards Institute (ANSI),** organisme de normalisation américain; **Kansas city standard,** format pour cassette; **capacity standard,** étalon de capacité; **frequency standard,** étalon de fréquence; **industrial standards,** normes industrielles; **standard counter,** compteur standard; **standard data format,** format standard des données; **standard design,** conception standard; **standard deviation,** déviation standard; **standard duration,** écart type; **standard feature,** dispositif standard; **standard form,** forme standard; **standard format,** format standard; **standard function,** fonction normalisée; **standard graph,** graphique X-Y; **standard header label,** label d'en-tête standard; **standard interface,** interface standard; **standard interrupt,** interruption normale; **standard label,** étiquette standard; **standard mathematical notation,** notation mathématique normalisée; **standard operational sign,** signe normalisé; **standard option,** option standard; **standard peripheral,** périphérique classique; **standard program,** programme standard, routine standard; **standard routine,** routine standard, programme standard; **standard subroutine,** sous-programme standard; **standard tape,** bande standard; **standard tape label,** label de bande de normalisé; **standard test tone,** signal d'essai standard; **standard type,** type standard; **standard user software,** logiciel standard d'application; **system standard interface,** interface standard du système.

**standardisation:** cf **standardization.**

**stantardise:** cf **standardize.**

**standardization:** normalisation; **signal standardization,** normalisation de signal.

**standardize:** standardize (to), normaliser.

**standby:** attente; **maintenance standby time,** temps de garde; **operational standby program,** programme du système de réserve; **standby (SB),** en attente, au repos, en réserve; **standby block,** position réservée; **standby computer,** ordinateur de réserve; **standby condition,** mode d'attente; **standby equipment,** matériel en réserve; **standby register,** registre d'attente; **standby status,** état d'attente; **standby storage,** mémoire de réserve; **standby storage location,** zone réserve de mémoire; **standby system,** système de réserve; **standby time,** temps d'attente; **standby unit,** unité de réserve.

**standoff:** colonnette.

**standstill:** temps d'arrêt; **standstill agreement,** accord implicite.

**star:** étoile; **star character,** caractère astérisque; **star connection,** montage en étoile; **star network,** réseau étoilé; **star program,** programme sans bogue.

**starred:** étoilé; **starred architecture,** architecture en étoile; **starred network,** réseau étoilé.

**start:** démarrage, amorçage, lancement; **automatic start key,** poussoir marche; **auxiliary start key,** poussoir de lancement auxiliaire; **block start address,** adresse début de bloc; **cold start,** lancement à froid; **cold start program,** programme d'initialisation de système; **job start,** début des travaux; **line scan start,** départ de balayage ligne; **line start,** début de ligne; **program start,** lancement de programme; **skip start,** début de tabulation; **special start location,** adresse de début auxiliaire; **start (to),** démarrer, lancer, amorcer; **start bar,** interrupteur marche; **start bit,** bit de démarrage, binaire d'amorçage; **start button,** bouton marche; **start clock,** moment de départ; **start distance,** distance de lancement; **start element,** signal de départ; **start key,** touche de mise en route; **start label,** étiquette de début; **start mode field,** zone du mode de lancement; **start over (to),** reprendre au début; **start pulse,** impulsion de démarrage; **start reset key,** touche de remise à zéro; **start routine,** routine de lancement, routine d'amorçage; **start signal,** signal de début, impulsion de départ; **start time,** moment du début; **start-of-block (character) (SOB),** (caractère de) début de bloc; **start-of-heading (character) (SOH),** (caractère de) début d'en-tête; **start-of-message (character) (SOM),** (caractère de) début de message; **start-of-tape label,** repère de début de bande; **start-of-text (character) (STX),** (caractère de) début de texte; **start-over,** reprise; **start-stop character (SS),** caractère de signal départ/arrêt; **start-stop multivibrator,** multivibrateur asynchrone; **start-stop opération,** opération asynchrone, opération arythmique; **start-stop system,** système asynchrone, système arythmique; **start-stop transmission,** transmission asynchrone, transmission arythmique; **tape start,** démarrage de bande; **timer start,** déclenchement par horloge; **transmitter start code,** code de lancement de transmission; **warm start,** démarrage à chaud.

**starting:** démarrage, amorçage, lancement; **memory starting location address,** adresse de début d'implantation en mémoire; **starting address,** adresse de départ; **starting circuit,** circuit de départ; **starting load address,** adresse de début de chargement; **starting location,** adresse de début d'implantation; **starting location counter,** compteur d'adresses de début d'implantation; **starting mode field,** zone du mode d'amorçage; **starting parameter,** paramètre d'initialisation; **starting séquence,** séquence de lancement; **starting value,** valeur d'initialisation.

**startup:** démarrage, amorçage, lancement; **startup disk,** disque de démarrage.

**state:** état; **access state,** état d'accès; **active state,** état actif; **armed state,** état armé; **blocking state,** état de blocage; **blocking state current,** courant de blocage; **blocking state region,** zone de blocage; **characteristic state,** état de référence; **configuration state,** état de configuration; **continuous receive state,** état de réception permanent; **control state,** mode contrôle caractère; **cut-off state,** état bloqué; **diagnostic state,** état de diagnostic; **failure state,** état de défaillance; **hard wait state,** état d'attente permanent; **idle state,** état de repos, état d'inactivité; **initial state,** état initial; **input state,** état de l'entrée; **logic state analyzer,** analyseur d'états logiques; **magnetic state,** état de magnétisation; **masked state,** état masqué; **metastable state,** état instable;

**monitor state,** état de monitorage; **nought state,** condition zéro; **on state,** état actif; **on-state current,** courant direct; **on-state voltage,** tension directe; **one state,** état '1'; **operating state,** état d'exécution; **process state,** état d'un processus; **processing state,** état de traitement; **processor state,** état de l'unité centrale; **quiescent state,** état de repos; **ready state,** état prêt; **running state,** état d'exploitation, état de traitement; **saturation state,** état de saturation; **solid state (SS),** état solide; **solid state cartridge,** cartouche programme; **solid state circuit,** circuit transistorisé; **solid state circuitry,** circuiterie transistorisée; **solid state component,** composant solide; **solid state device,** composant état solide; **solid state element,** élément état solide; **solid state multiplexer,** multiplexeur à semi-conducteurs; **stable state,** état stable; **state diagram,** diagramme de situation; **state graph (s-graph),** graphe d'état; **state of readiness,** fonctionnement instantané; **state-of-the-art,** état actuel de la technique; **supervisor state,** état de supervision; **suspend state,** état d'interruption; **system state table,** table d'état système; **ten state system,** système à base 10; **test state,** état d'essai; **testing state,** état d'essai; **transient state,** état transitoire; **tri-state bus,** bus à trois états; **two-state system,** système à deux états stables; **two-state variable,** variable bistable; **unstable state,** état instable; **wait state,** état latent; **waiting state,** état d'attente; **zero state,** état zéro.

**statement*:** instruction; **I/O statement,** instruction d'E/S; **accept statement,** commande d'acceptation; **add statement,** commande d'addition; **allocate statement,** instruction d'allocation; **alter statement,** instruction d'aiguillage; **area definition statement,** instruction de définition de zone; **arithmetic assignment statement,** instruction d'allocation mathématique; **arithmetic statement,** instruction arithmétique; **assembler source statement,** instruction d'assembleur; **assembler statement,** directive d'assembleur; **assembly control statement,** instruction de contrôle d'assemblage; **assembly statement,** directive d'assemblage; **assigned go to statement,** instruction de saut; **assignment statement,** instruction d'affectation; **auxiliary input/output statement,** instruction complémentaire d'entrée/sortie; **backspace statement,** instruction de retour arrière; **basic statement,** instruction de base; **begin statement,** instruction d'amorçage; **block data statement,** instruction de zone de données; **block heading statement,** instruction en-tête de bloc; **calculation statement,** instruction de calcul; **call statement,** instruction d'appel; **cancel statement,** instruction d'annulation; **clear statement,** instruction d'effacement; **close statement,** instruction de fermeture; **command statement,** instruction de commande; **comment statement,** commentaire de source; **common statement,** déclaration commune; **compiler directive statement,** pseudo-instruction; **compiler statement,** instruction de compilateur; **compiler-directing statement,** instruction de compilateur; **compound statement,** instruction composée; **compute statement,** instruction de calcul; **conditional statement,** instruction conditionnelle; **continuation statement,** instruction de prolongation; **continue statement,** déclaration fictive; **control statement,** instruction de contrôle; **control statement card,** carte ordre; **control statement name,** nom de commande; **copy statement,** instruction de duplication; **data formatting statement,** instruction de format des données; **data initialization statement,** déclaration de valeur initiale; **declarative statement,** instruction déclarative; **define area statement,** instruction de définition de zone; **delivery statement,** instruction de remise; **device control statement,** instruction de commande de périphérique; **dimension statement,** instruction de format; **directive statement,** directive d'exécution; **display statement,** instruction d'affichage, instruction de sortie; **divide statement,** instruction de division; **dummy statement,** pseudo-instruction, instruction fictive; **efficiency statement,** justification de rendement; **enter statement,** instruction d'introduction; **equivalence statement,** instruction d'équivalence; **execute statement,** instruction d'exécution; **external statement,** instruction externe; **format statement,** instruction d'édition; **formatted read statement,** instruction de lecture formatée; **function statement,** instruction de fonction; **general statement,** instruction standard; **generate statement,** instruction de génération; **header statement,** instruction d'en-tête; **imperative statement,** instruction inconditionnelle; **include statement,** instruction d'inclusion; **initiate statement,** instruction d'initialisation; **job control statement,** instruction de contrôle de travaux; **job statement,** instruction de travail; **language statement,** instruction de langage; **load statement,** instruction de chargement; **logical IF statement,** instruction IF logique; **logical assignment statement,** instruction d'affec-

tation logique; **macrocall statement,** instruction macro; **model statement,** instruction modèle; **modification statement,** instruction de modification; **move statement,** instruction de transfert; **nonexecutable statement,** instruction ineffective; **note statement,** instruction de notation; **null statement,** directive fictive; **open item statement,** liste des articles non ouverts; **optional halt statement,** instruction d'arrêt optionnel; **pause statement,** instruction de halte; **procedural statement,** instruction de procédure; **procedure statement,** instruction de procédure; **processor control statement,** directive de calculateur; **program statement,** instruction de programme; **progress statement,** compte-rendu d'avancement; **prototype statement,** instruction prototype; **read statement,** instruction de lecture; **release statement,** instruction de lancement; **remittance statement,** instruction de renvoi; **report writer statement,** instruction d'impression; **return macro call statement,** macro-instruction de renvoi; **return statement,** instruction de retour; **rewind statement,** instruction de rembobinage; **search statement,** instruction de recherche; **search statement,** commande de recherche; **seek statement,** instruction de positionnement; **set statement,** instruction de positionnement; **simple statement,** instruction unique; **sort progress statement,** indication de l'état de tri; **sort statement,** instruction de tri; **source program statement,** instruction du programme source; **source statement,** instruction en code source; **source statement library,** bibliothèque langage d'origine; **statement bracket,** crochets de déclaration; **statement field,** zone d'instructions; **statement frame,** forme d'une instruction; **statement level,** niveau d'une instruction; **statement number,** numéro d'instruction; **statement sequence,** séquence d'instructions; **step statement,** instruction de pas; **subprogram statement,** instruction de sous-programme; **subroutine statement,** instruction de sous-programme; **subtract statement,** instruction de soustraction; **syntax statements,** syntaxe des instructions; **table lookup statement,** instruction de recherche de table; **terminal statement,** instruction finale; **terminate statement,** instruction fin de liste; **trace statement,** instruction de pistage; **trailer statement,** instruction de fin de bande; **type statement,** instruction type; **unconditional statement,** instruction inconditionnelle; **undefined statement,** instruction indéfinie; **unformatted read statement,** instruction de lecture non formatée; **unformatted write statement,** instruction d'écriture non formatée; **unlabeled basic statement,** instruction non référencée; **unstring statement,** instruction de dégroupage; **use statement,** instruction d'utilisation; **variable-allocation statement,** instruction d'affectation de variable; **write statement,** instruction d'écriture; **writing statement,** instruction d'écriture.

**static:** statique; **man-made static,** perturbations radio; **natural static,** bruit atmosphérique; **static RAM,** mémoire statique; **static allocation,** allocation statique; **static attribute,** attribut statique, fixe; **static behaviour,** comportement statique; **static buffering,** tamponnement statique; **static check,** contrôle statique; **static circuit,** circuit statique; **static digital input device,** entrée numérique statique; **static dump,** vidage statique; **static error,** erreur statique; **static image,** fond d'image; **static image,** fond d'image, masque d'écran; **static linker,** entraînement de modules chargeur; **static linking,** liaison statique; **static magnetic cell,** cellule magnétique statique; **static memory,** mémoire statique; **static mode test,** mode de vérification statique; **static pointer,** pointeur statique; **static printout,** impression différée; **static program,** programme statique; **static register,** registre statique; **static relocation,** décalage statique d'adresses; **static routine,** routine sans paramètre; **static shift register,** registre à décalage statique; **static skew,** travers statique; **static storage,** mémoire statique; **static subroutine,** sous-programme statique; **static test,** test statique; **static test mode,** mode de vérification statique; **static variable,** variable statique.

**staticise:** cf **staticize.**
**staticiser:** cf **staticizer.**
**staticising:** cf **staticizing.**
**staticize:** staticize (to), accepter.
**staticizer:** adaptateur série-parallèle.
**staticizing:** conversion série-parallèle; **instruction staticizing,** prise en charge de l'instruction; **staticizing register,** registre série-parallèle.

**station:** station, centre, poste; **accepting station,** station réceptrice; **access station,** poste d'accès; **air drying station,** poste de séchage; **alarm station,** poste d'alerte; **aligner station,** poste de centrage; **area station,** station maître; **audio station,** station de réponse vocale; **auxiliary control station (ACS),** station de commande auxiliaire; **auxiliary station,** terminal secondaire; **balanced station,** station mixte; **brush cleaning station,** brosse de nettoyage; **brush station,** poste de lecture; **buffered inquiry station,** poste d'interrogation à mémoire tampon; **called station,** station réceptrice; **calling station,** station émettrice, poste appelant; **card output station,** poste d'éjection des cartes; **central station,** poste central; **charge station,** poste de charge; **checking station,** poste de contrôle; **combined station,** station mixte, poste hybride; **configurable station,** station configurable; **console inquiry station,** poste d'interruption console; **control station,** station de contrôle, station de commande; **data collection station,** terminal de saisie; **data input station,** poste d'entrée de données; **data station,** station de données; **destination station,** poste récepteur; **dial-up data station,** poste d'établissement de liaison; **display station,** poste d'affichage; **earth station,** station terrestre (satellite); **enquiry station,** terminal transactionnel; **feeding station,** poste d'alimentation; **floppy disk station,** poste à disquette; **input station,** terminal d'entrée; **inquiry station,** poste d'interrogation; **local station,** terminal local; **main control station,** poste de commande, station de contrôle principal; **master station,** station principale, station maître; **master station status,** état de la station émettrice; **mixed station,** station mixte; **multiple listening station,** poste d'écoute multiple; **multiwork station,** terminal multifonction; **multiwork station program,** programme interne du terminal intelligent; **multiwork station system,** système de terminaux intelligents; **net control station,** station de contrôle de réseau; **operating station,** console d'exploitation; **operator station,** poste opérateur; **originated station,** station origine; **parallel-connected station,** poste connecté en parallèle; **passive station,** station passive, station en attente; **primary station,** station primaire; **processing station,** poste de traitement; **punching station,** poste de perforation; **query station,** poste d'interrogation; **read station,** poste de lecture; **reading station,** position de lecture; **readout station,** poste de lecture; **remote inquiry station,** poste d'interrogation à distance; **remote printing station control,** contrôleur d'imprimantes à distance; **remote station,** station déportée, poste terminal; **reservation station,** station tampon; **satellite station,** station satellite; **secondary station,** station secondaire; **selector station,** poste sélecteur de case; **sensing station,** poste de lecture; **separator station,** poste séparateur; **single station,** poste individuel; **single-station display,**

écran de visualisation individuel; **single-station system**, système monoposte; **slave station**, station asservie; **slave station status**, état de la station auxiliaire; **stand-alone design station**, poste de conception autonome; **station control**, contrôle de poste; **station cycle polling feature**, appel de poste; **station identification**, identité de station; **station selection**, sélection de poste; **tape station**, unité à bande, dérouleur; **terminal station**, station terminale; **transmission station**, poste de transmission; **tributary station**, station subordonnée; **wait station**, poste d'attente; **way station**, station intermédiaire; **work station**, poste de travail.

**stationary:** stationnaire; **stationary channel**, canal fixe; **stationary information**, information stationnaire; **stationary message**, message stationnaire; **stationary source**, source fixe.

**stationery:** papeterie; **continuous stationery**, papier en continu.

**statistical:** statistique; **statistical analysis**, analyse statistique; **statistical control**, contrôle statistique; **statistical evaluation**, analyse statistique; **statistical interference**, conclusion; **statistical multiplexing**, multiplexeur statistique; **statistical program**, programme statistique.

**status:** état; I/O status, état d'entrée-sortie; **answer status**, état réponse; **assignment status**, état d'affectation; **attention status**, état d'alerte; **availability status**, état de disponibilité; **channel status**, état de canal; **channel status bit**, bit d'état canal; **channel status byte**, octet d'état de voie; **channel status register**, registre d'état canal; **channel status table**, table d'états des canaux; **channel status word**, mot d'état de canal; **completion status**, état de réalisation; **computer status**, état machine; **control status word (CSW)**, mot d'état de contrôle; **current status**, état en cours; **data status field**, zone d'état des données; **data status indicator**, indication d'état; **device status**, état périphérique; **device status word**, mot d'état de périphérique; **file status table**, table d'état des fichiers; **intermediate status**, état intermédiaire; **item status character**, caractère d'état d'article; **logical status analyzer**, analyseur d'états logiques; **master status status**, état de la station émettrice; **node status data**, données d'état nodal; **operating status**, état opérationnel; **operational status indicator**, indicateur d'état opérationnel; **peripheral device status**, état de l'unité périphérique; **priority status register**, registre

d'état des priorités; **program status word (PSW)**, mot d'état programme; **protection status parameter**, paramètre d'autorisation d'écriture; **question status**, état de consultation; **secondary status**, état du poste auxiliaire; **set status**, état de positionnement; **slave station status**, état de la station auxiliaire; **slave status**, état du poste esclave; **standby status**, état d'attente; **status bit**, binaire d'état; **status byte**, octet d'état; **status character**, caractère d'état; **status code**, code d'état; **status diagram**, diagramme d'état; **status field**, zone d'état; **status flip-flop**, bistable d'état; **status indicator**, indicateur d'état; **status line**, ligne d'état; **status modifier**, modificateur d'état; **status modifier bit**, bit de modificateur d'état; **status output ready**, sortie validée; **status panel**, champ des indicateurs d'état; **status poll**, interrogation de l'état; **status register**, registre d'état; **status request**, interrogation de l'état; **status return**, profil d'état; **status signal**, signal qualitatif; **status test**, contrôle d'état; **status test cycle**, cycle de contrôle d'état; **status word**, mot d'état; **stock status report**, compte-rendu du matériel stocké; **switch status condition**, condition d'état de l'interrupteur; **switch status name**, nom d'état; **system status monitoring**, contrôle de l'état système; **transaction status control**, contrôle d'état des mouvements.

**stealing:** vol; **cycle stealing**, vol de cycle.

**stem:** tige, racine (d'un mot); **key stem**, tige de touche; **word stem**, racine d'un mot.

**stemmed:** tronqué; **stemmed word**, mot tronqué.

**stemming:** troncation; **stemming algorithm**, algorithme de troncation.

**step*:** étape; **correction step**, phase de correction; **group step pulse**, impulsion de progression groupe; **in step**, en synchronisme; **job step**, unité de traitement, étape de travail; **job step execution**, exécution de l'étape de travail; **job step initiation**, lancement de l'étape de travail; **job step restart**, reprise de l'étape de travail; **job step table**, table des étapes de travail; **job step termination**, fin d'étape de travail; **one-step operation**, opération à un seul pas; **plotter step size**, pas de traceur; **program step**, pas de programme; **single step**, pas à pas; **single-step operation**, opération pas à pas, fonctionnement pas à pas; **stair step**, marche d'escalier; **step (to)**, progresser; **step attenuator**, atténuateur variable; **step change**, variation discrète; **step counter**, compteur séquentiel; **step description**, description des étapes de traitement; **step function,** fonction en escalier; **step management,** gestion des travaux pas à pas; **step response,** fonction de progression; **step restart,** redémarrage du traitement pas à pas; **step size,** pas; **step spawning,** appel dynamique de travail pas à pas; **step statement,** instruction de pas; **step-by-step feed,** avance pas à pas; **step-by-step instruction,** instruction pas à pas; **step-by-step mode,** fonctionnement pas à pas; **step-by-step movement,** mouvement pas à pas; **step-by-step operation,** exécution pas à pas; **step-by-step program,** programme pas à pas; **unit step,** saut unitaire; **unit step function,** fonction de saut unitaire.

**stepped:** par palier; **stepped addressing,** adressage progressif; **stepped transformator,** transformateur à prises.

**stepping:** progression; **stair stepping,** effet de marches d'escalier; **stepping motor,** moteur pas à pas; **stepping switch,** commutateur pas à pas.

**stepwave:** courbe en escaliers.

**Stibitz:** Stibitz; **Stibitz code,** code de Stibitz, code par excès de 3.

**stick:** manche; **control stick,** manche.

**sticker:** étiquette, autocollant; **instruction sticker,** plaque indicatrice; **service sticker,** fiche d'entretien.

**still:** au repos; **still image video,** image vidéo fixe.

**stimulus:** impulsion d'attaque.

**stirrup:** bride.

**stochastic:** stochastique; **stochastic variable,** variable stochastique.

**stock:** stock; **continuous stock,** magasin; **reserved stock,** stock de réserve; **safety stock,** réserve de sécurité; **stock card,** fiche d'inventaire de stock; **stock on hand,** marchandise emmagasinée; **stock status report,** compte-rendu du matériel stocké.

**stocker:** case de fusion; **card stocker,** case de fusion de cartes.

**stop:** arrêt; **automatic stop,** arrêt automatique; **carriage stop,** butée de chariot; **coded stop,** arrêt programmé; **conditional stop,** arrêt conditionnel; **dynamic stop,** arrêt dynamique; **form stop,** arrêt de fin de papier; **general stop,** arrêt général; **hard stop,** arrêt brutal; **high-speed stop,** arrêt instantané; **logical stop,** arrêt logique; **loop stop,** arrêt de boucle; **margin stop,** margeur; **paper stop contact,** contact fin de papier; **pocket stop contact,** contact de verrouillage de case; **precise stop,** arrêt précis; **program stop,** arrêt de programme; **programmed stop,** arrêt programmé; **reader stop prefix,** préfixe d'arrêt de lecteur; **skip stop,** fin de tabulation; **stacker stop contact,** contact de blocage de case; **start-stop character (SS)** caractère de signal départ/arrêt; **start-stop multivibrator,** multivibrateur asynchrone; **start-stop operation,** opération arythmique; **start-stop system,** système asynchrone, système arythmique; **start-stop transmission,** transmission asynchrone, transmission arythmique; **stop (to),** arrêter, stopper, interrompre; **stop bar,** barre d'arrêt; **stop bit,** binaire d'arrêt; **stop button,** bouton arrêt; **stop code,** code d'arrêt; **stop condition,** condition d'arrêt; **stop element,** signal d'arrêt; **stop instruction,** instruction d'arrêt, instruction de pause; **stop key,** touche d'arrêt; **stop lug,** butée; **stop over,** arrêt intermédiaire; **stop pawl,** levier d'arrêt; **stop pulse,** impulsion d'arrêt; **stop signal,** signal d'arrêt, impulsion d'arrêt; **stop time,** temps d'arrêt; **tabulator stop,** arrêt de tabulation; **tape stop,** arrêt de bande; **unconditional stop,** arrêt inconditionnel.

**storable:** mémorisable, stockable, enregistrable.

**storage\*:** mémoire; **CRT storage,** mémoire à tube électrostatique; **actual storage,** mémoire physique, mémoire réelle; **address storage area,** zone d'adressage; **allocated storage,** mémoire allouée; **alphanumeric storage,** mémoire alphanumérique; **analog storage,** mémoire analogique; **answerback code storage,** mémoire des codes indicatifs; **apparent storage,** mémoire apparente; **associative storage register,** registre à mémoire associative; **audio tape storage unit,** unité de stockage à bande; **automatic storage,** mémoire inhérente; **automatic storage allocation,** attribution automatique de mémoire; **autonomous storage,** mémoire autonome; **availability storage,** mémoire de disponibilité; **back-up storage,** mémoire de réserve, mémoire additionnelle; **backing storage,** mémoire de sauvegarde; **backing storage system,** système de mémoire complémentaire; **backing storage unit,** unité de mémorisation complémentaire; **based storage,** mémoire pointée; **basic storage,** mémoire de base; **beam storage,** mémoire à faisceau électronique; **binary storage cell,** position de mémorisation binaire; **binary storage element,** élément de mémoire binaire; **bipolar storage,** mémoire bipolaire; **bistable storage unit,** mémoire bistable; **booking storage,** mémoire comptable, registre comptable; **bubble storage,** mémoire à bulles; **bulk storage,** mémoire de grande capacité; **cache storage,** mémoire tampon;

capacitor storage, mémoire à condensateur; capacity storage, mémoire capacitive; cathode ray storage, mémoire cathodique; central storage, mémoire centrale; common storage, mémoire commune; common storage area, zone de mémoire commune; computer storage, mémoire d'ordinateur; connected storage, appel de mémoires associées; content-addressed storage, mémoire adressable par le contenu; continuation storage, mémoire arythmique; control storage unit, unité de commande; controlled storage, mémoire utilisateur contrôlée; coordinate storage, mémoire matricielle; core storage, mémoire à tores, mémoire à ferrites; core storage dump, vidage de la mémoire à tores; core storage matrix, matrice de mémoire à tores; count storage, mémoire de comptage; counter storage, mémoire de comptage; cyclic storage, mémoire circulaire; data carrier storage, mémoire à support amovible; data cell storage, mémoire à feuillets; data out storage, mémoire de sortie de données; data storage, mémorisation de données, support de données; data storage management, gestion des supports de données; data storage position, position de mémorisation des données; data-in storage, mémoire d'entrée de données; dead storage, mémoire fixe; delay line storage, mémoire à ligne à retard, mémoire à propagation; destruction storage, mémoire à lecture destructive; dial storage, mémoire d'appels; digit-organized storage, mémoire à base décimale; digital storage, mémoire numérique; digital storage device, mémoire numérique; direct access storage, mémoire à accès direct, mémoire aléatoire; disk storage, mémoire à disque, range-disquettes; disk storage controller, contrôleur de disque; disk storage drive, mécanisme d'entraînement de disque; disk storage unit (DSU), unité de disque; drum storage, mémoire à tambour; dynamic storage, mémoire dynamique; dynamic storage allocation, allocation dynamique de mémoire; dynamic storage location, affectation dynamique de mémoire; electronic storage unit, mémoire électronique; electrostatic storage, mémoire électrostatique; electrostatic storage tube, tube à mémoire électrostatique; erasable storage, mémoire effaçable; exchangeable disk storage (EDS), mémoire à disques amovibles; expanded disk storage control, commande extensible de mémoire à disques; external storage, mémoire externe; fast access storage, mémoire à accès rapide; ferrite storage, mémoire à ferrite; ferromag-

netic storage, mémoire ferromagnétique; file storage, archivage de fichier; file storage mapping routine, sous-programme d'affectation de fichiers; fixed-data storage, mémoire fixe; fixed-disk storage, mémoire à disque dur; flip-flop storage, mémoire bistable; floppy disk storage, mémoire à disque souple; flying spot storage, mémoire à tubes de Williams; frame storage, mémoire de trame; general storage, mémoire de masse; general storage assignment, allocation de mémoire; guard storage, mémoire de surveillance; high storage density, haute densité d'enregistrement; high-order storage position, position du bit de poids fort; hole storage effect, capacité de diffusion; holographic storage, mémoire holographique; image storage space, zone d'image; immediate access storage, mémoire à accès immédiat, mémoire directe; information storage, mémorisation des informations; information storage/retrieval (ISR), stockage-restitution des données; inherent storage, mémoire inhérente; input buffer storage, mémoire tampon d'entrée; input mass storage file, fichier des entrées sur disque; input storage, mémoire d'entrée; input/output storage, mémoire d'entrée/sortie; instruction storage, zone d'instructions; instruction storage word, mot d'instruction; intercept data storage position, partition d'interception; interlaced storage, enregistrement enchaîné; interlaced storage assignment, allocation de l'enchaînement; intermediate data storage, mémoire intermédiaire; intermediate storage, mémoire brouillon; internal storage, mémoire interne; key storage area, zone de mémoire des codes; laser storage, mémoire à laser; local storage, mémoire locale; low access storage, mémoire à accès lent; magnetic card storage, mémoire à cartes magnétiques; magnetic core storage, mémoire à tores, mémoire magnétique; magnetic disk storage, mémoire à disque magnétique; magnetic film storage, mémoire à film magnétique; magnetic rod storage, mémoire à bâtonnets magnétiques; magnetic storage, mémoire magnétique; magnetic tape storage, mémoire à bande magnétique; magnetic thin film storage, mémoire à couche mince magnétique; magnetic wire storage, mémoire à fil magnétique; main storage, mémoire principale; mass storage, mémoire de grande capacité; mass storage control, contrôleur de mémoire à disques; mass storage controller, contrôleur d'unités à disques magnétiques; mass storage facility, commande intégrée de disques magnétiques; **mass storage peripheral device error**, erreur de l'unité à disques magnétiques; **mass storage processor**, processeur de disques magnétiques; **mass storage resident**, résidant sur disque; **mass storage subsystem**, sous-système de disques magnétiques; **mass storage unit**, unité à disques magnétiques; **medium access storage**, mémoire à temps d'accès moyen; **mercury storage**, mémoire à ligne à retard à mercure; **microfilm storage**, magasin de microfiches; **modifier storage**, mémoire d'index; **monolithic storage**, mémoire monolithique; **nonerasable storage**, mémoire inaltérable; **nonvolatile storage**, mémoire permanente; **off-line storage**, mémoire autonome; **on-line mass storage**, mémoire de masse en ligne; **on-line storage**, mémoire en ligne; **optical storage**, mémoire optique; **optimum storage capacity**, capacité de mémoire optimale; **output buffer storage**, mémoire tampon de sortie; **output storage**, mémoire de sortie; **page storage**, mémoire paginée; **parallel search storage**, mémoire parallèle (associative); **peripheral storage**, mémoire périphérique; **permanent data storage**, conservation des données; **permanent storage**, mémoire permanente; **photographic storage**, mémoire à couche mince; **plated wire storage**, mémoire à fil magnétique; **primary storage**, mémoire principale; **print storage**, mémoire d'impression; **printer record storage**, mémoire tampon d'imprimante; **processor storage**, mémoire centrale, mémoire interne; **program storage**, mémoire programme; **protected storage**, mémoire à protection; **protected storage area**, zone de mémoire protégée; **punch storage**, mémoire de perforation; **pushdown storage**, pile inversée; **pushup storage**, mémoire à liste directe; **random access storage**, mémoire à accès aléatoire, mémoire vive; **read buffer storage**, mémoire tampon; **read-in storage**, mémoire morte; **read-only storage error**, erreur de mémoire morte; **readout storage**, mémoire de sortie; **real storage**, mémoire réelle; **record storage**, mémoire d'enregistrement; **record storage mark**, sentinelle de mémoire d'enregistrement; **reel storage bin**, réservoir de bandes; **refresh storage**, mémoire à rafraîchissement; **regenerative storage**, mémoire régénérative; **relay storage**, mémoire à relais; **resident storage**, mémoire résidante; **retentive storage**, mémoire rémanente; **searching storage**, mémoire associative; **secondary storage**, mémoire auxiliaire; **selective main storage dump**,

vidage sélectif; **semiconductor storage**, mémoire à semi-conducteur; **sequence access storage**, mémoire à accès séquentiel; **sequential storage**, mémoire à accès séquentiel, mémoire sérielle; **shared storage**, mémoire partagée; **slack storage**, mémoire inutilisée; **slow access storage**, mémoire à accès lent; **slow storage**, mémoire lente; **standby storage**, mémoire de réserve; **standby storage location**, zone réserve de mémoire; **static storage**, mémoire statique; **storage access**, accès à la mémoire; **storage address**, adresse d'implantation; **storage address counter**, compteur d'adresses d'implantation; **storage address dial switch**, interrupteur sélecteur d'adresse; **storage address select register**, registre de sélection d'adresses; **storage allocation**, attribution de mémoire; **storage area**, zone de mémoire; **storage arrangement**, zone de rangement; **storage assignment**, affectation de la mémoire; **storage assignment counter**, compteur d'affectation mémoire; **storage assignment table**, table d'implantation; **storage battery**, batterie rechargeable; **storage bin**, puits; **storage block**, zone de mémoire; **storage capacity**, capacité de mémoire; **storage cell**, cellule de mémoire; **storage check**, contrôle de mémoire; **storage circuit**, circuit de mémoire, circuit de mémorisation; **storage class**, catégorie de rangement; **storage clearing**, effacement de la mémoire; **storage connecting matrix**, matrice de connexion mémoire; **storage contents**, contenu de mémoire; **storage control**, contrôleur de mémoire; **storage control register**, registre de commande d'enregistrement; **storage cycle**, cycle de mémorisation; **storage data register**, registre des données à mémoriser; **storage density**, densité d'enregistrement; **storage device**, dispositif à mémoire; **storage display**, écran à mémoire, visuel à mémoire; **storage dump**, cliché mémoire; **storage dumping**, transfert de mémoire; **storage economy**, utilisation optimale, rationalité de la mémoire; **storage element**, élément de mémoire; **storage entry**, entrée en mémoire; **storage field**, zone de mémorisation; **storage fragmentation**, fragmentation mémoire; **storage image**, image mémoire; **storage instruction**, instruction de rangement; **storage key**, clé (de protection) mémoire; **storage level**, niveau d'enregistrement; **storage location**, emplacement en mémoire, position en mémoire; **storage location counter**, compteur de positions de mémoire; **storage map**, mappe mémoire; **storage mapping**, topogramme de la mémoire;

**storage medium,** support de mémoire;
**storage module,** module d'enregistrement;
**storage occupancy table,** table d'occupation
de la mémoire; **storage operation,** mémorisation; **storage organization,** organisation
de la mémoire; **storage out,** sortie de mémoire; **storage parallel,** mémorisation en
parallèle; **storage parity,** test de parité à la
mémorisation; **storage period,** période de
mémorisation; **storage position,** position de
mémoire; **storage print,** impression mémoire;
**storage print program,** programme de vidage de mémoire; **storage priority,** priorité
de mémoire; **storage protect,** protection de
mémoire; **storage protect feature,** dispositif
de protection mémoire; **storage protection,**
protection de zone mémoire; **storage protection indicator,** indicateur de protection
mémoire; **storage protection key,** indicatif
de protection mémoire; **storage read-out,**
extraction de mémoire; **storage reconfiguration,** reconfiguration de mémoire; **storage
reference,** interrogation de mémoire; **storage register,** registre de mémoire; **storage
requirement,** besoin en mémoire; **storage
scan,** balayage de la mémoire; **storage
section,** zone de mémoire; **storage selection register,** registre de sélection mémoire;
**storage selector,** sélecteur de mémoire;
**storage snapshot,** vidage partiel de la mémoire; **storage stack,** pile de mémoire; **storage surface,** surface de mémorisation; **storage test routine,** sous-programme de contrôle de la mémoire; **storage tube,** tube à
mémoire; **storage unit,** unité de mémoire;
**storage utilisation,** utilisation de la mémoire;
**storage volatility,** volatilité de mémoire;
**storage word,** mot mémoire; **storage zone,**
zone de mémoire; **temporary storage,** mémoire temporaire, mémoire de travail; **terminal mass storage dump,** vidage mémoire
final; **test code storage,** mémoire d'essai;
**thin film storage,** mémoire à couche mince;
**transformer read-only storage,** mémoire
fixe inductive; **tube storage,** tube à mémoire;
**two-level storage,** mémoire à deux niveaux;
**virtual storage,** mémoire virtuelle; **virtual
storage management (VSM),** gestion de la
mémoire virtuelle; **virtual storage system,**
système à mémoire virtuelle; **volatile dynamic storage,** mémoire dynamique volatile;
**volatile storage,** mémoire non rémanente;
**wire storage,** mémoire câblée; **working
storage,** zone (de mémoire) de travail; **zero
access storage,** adressage instantané.

**store\*:** mémoire; **B-store,** registre d'index; **N-core per bit store,** mémoire à N tores
par bit; **computer store,** mémoire d'ordina-

teur, magasin d'informatique; **computing
store,** mémoire vive; **cryogenic store,** mémoire cryogénique, mémoire supraconductive; **delay line store,** mémoire à ligne à
retard; **direct store transfer,** transfert immédiat de mémoire; **disk store,** mémoire à disque; **drum store,** mémoire à tambour; **erasable store,** mémoire effaçable; **extension
store,** mémoire d'extension; **external store,**
mémoire externe; **file store,** fichier système;
**fixed store,** mémoire fixe, mémoire morte;
**large core store (LCS),** mémoire à grande
capacité; **low-speed store,** mémoire lente;
**magnetic drum store,** mémoire à tambour
magnétique; **magnetic store,** mémoire
magnétique; **main store,** mémoire principale;
**mass store,** mémoire de masse; **matrix
store,** mémoire matricielle; **memory store,**
rangement en mémoire; **store (to),** stocker,
mémoriser; **store and forward,** mémorisation et restitution; **store connecting matrix,**
coupleur de mémoire; **store element,** élément de mémoire; **store map,** mappe mémoire; **store-and-forward mode,** mode différé; **store-and-forward operation,** transfert
des données mémorisées.

**stored:** mémorisé; **internally stored program,** programme enregistré; **stored control,** commande enregistrée; **stored instruction,** commande mémorisée; **stored program,** programme mémorisé; **stored program computer,** calculateur à programme
mémorisé; **stored routine,** programme mémorisé; **stored text,** texte enregistré.

**straight:** direct; **straight binary,** binaire
pur; **straight cut control,** commande de déplacement linéaire; **straight line,** ligne droite;
**straight line coding,** programmation linéaire,
séquences sans boucle; **straight line interpolation,** interpolation linéaire.

**strain:** fatigue; **visual strain,** fatigue visuelle.

**strap:** connexion courte; **solder strap,**
pont; **wire strap,** pont.

**strategy:** stratégie; **allocation strategy,** règle d'allocation.

**stratified:** stratifié; **stratified language,**
langage stratifié.

**stream:** flot, flux, train; **bit stream,** flot binaire; **connected down-stream,** connecté
en aval; **connected up-stream,** connecté en
amont; **data stream,** flot de données; **dual
job stream version,** version double file;
**electron stream,** faisceau électronique; **input job stream,** suite des travaux en entrée;
**input stream,** flux d'entrée; **instruction
stream,** flot d'instructions; **job input stream,**
flux d'entrée des travaux; **job output stream,**

flot de sortie des résultats; **job stream,** flot de travaux, file de travaux; **job stream file,** fichier des files de travaux; **message stream,** série de messages, suite de messages; **on stream,** en exploitation, en service; **output stream,** suite de résultats en sortie; **run stream,** flux, flot, file de travaux; **single-job stream,** flux de travaux individuels; **stream access,** accès série continu; **stream input/output,** chaîne d'entrées-sorties; **system input stream,** suite des entrées système.

**s t r e a m e r:** dévideur, dérouleur; **data streamer,** dévideur en continu.

**s t r e a m i n g:** mode transmission; **streaming mode,** mode de transmission.

**s t r e n g t h:** force; **field strength,** intensité de champ; **magnetic field strength,** intensité du champ magnétique; **mechanical strength,** résistance mécanique; **signal strength,** force du signal.

**s t r e s s:** effort; **thermal stress,** contrainte thermique.

**s t r e t c h e r:** circuit élargisseur; **pulse stretcher,** élargisseur d'impulsion.

**s t r e t c h i n g:** élargissement; **rotating stretching,** allongement de torsion.

**s t r i k e:** frappe; **back strike printer,** imprimante à impact; **double strike,** double frappe.

**s t r i k e o u t:** biffage; **strikeout (to),** barrer, rayer.

**s t r i k e r:** frappeur (marteau).

**s t r i n g\*:** chaîne; **alphabetic string,** chaîne (de caractères) alphabétique; **binary element string,** chaîne d'éléments binaires; **bit string,** chaîne binaire; **bit string data,** données de chaîne binaire; **character string,** chaîne de caractères; **character string type,** type chaîne de caractères; **command string,** suite de commandes; **data string,** chaîne de données; **empty string,** chaîne vide; **file string,** chaîne de fichiers; **flip-flop string,** cascade de bascules; **format string,** chaîne de caractères mise en forme; **job string,** chaîne de traitement; **letter string,** suite de lettres; **null string,** chaîne vide; **open string,** chaîne de caractères ouverte; **proper string,** chaîne de caractères appropriée; **pulse string,** train d'impulsions; **quoted string,** chaîne entre guillemets; **signal string,** suite de signaux; **string array,** tableau de caractères; **string break,** fin de chaîne; **string data,** données enchaînées; **string format,** format des chaînes de caractères; **string handling,** manipulation de chaînes; **string index,** index de chaîne; **string length,** longueur de chaîne; **string level access,** niveau d'accès à la chaîne de caractères; **string manipulation,** traitement de chaîne; **string operation,** opération sur une chaîne (de caractères); **string operator,** opérateur d'enchaînement; **string process system,** logiciel de traitement de chaîne; **string sorting,** tri de chaînes; **symbol character string,** chaîne de caractères symboles; **symbol string,** chaîne de symboles; **text string,** enchaînement de textes; **unit string,** chaîne unitaire.

**s t r i p:** bande; **foil sensing strip,** feuillet à marque réfléchissante; **jack strip,** barrette de connexions, réglette de prises; **magnetic strip,** feuillet magnétique; **marker strip,** étiquette; **numbering strip,** bande de numérotation; **strip ribbon,** ruban étroit; **terminal strip,** bande à bornes.

**s t r o b e:** impulsion; **read strobe,** signal de demande de lecture; **strobe (to),** échantillonner; **strobe pulse,** impulsion d'échantillonnage.

**s t r o k e:** trait, segment, vecteur, frappe; **character stroke,** jambage de caractère, sérif; **double stroke,** double frappe; **idle running stroke,** cycle vide; **key stroke,** impact de touche; **key stroke counter,** compteur d'impositions; **single stroke,** coup unique; **single-stroke command,** commande par touche unique, contrôle monotouche; **single-stroke control key,** commande monotouche, contrôle par touche unique; **stroke character generator,** générateur vectoriel de caractères; **stroke counter,** compteur de frappes; **stroke device,** lecteur de courbes; **stroke edge,** bord de segment; **stroke generator,** générateur vectoriel; **stroke width,** largeur d'un segment; **stroke-writing device,** dispositif à balayage cavalier; **thick stroke,** trait plein; **thin stroke,** caractère délié.

**s t r o p h o i d:** strophoïde; **strophoid curve,** strophoïde.

**s t r u c t u r a l:** structurel; **detailed structural design,** conception détaillée de la structure; **interactive structural optimization,** optimisation interactive structurelle; **structural representation,** représentation structurelle.

**s t r u c t u r e:** structure, article; **algebraic structure,** structure algébrique; **array structure,** structure de tableau; **block structure,** structure de bloc; **byte structure,** structure de multiplet; **chained structure,** structure chaîne; **code structure,** structure d'un code; **command structure,** structure de mot; **contiguous data structure,** structure séquentielle de données; **control structure,** module de commande; **data structure,** structure de données; **data structure description,** description de la structure des données; **diode gating structure,** mélangeur à diodes; **dynamic structure,** structure dynamique de programmes; **file structure,** structure de fichier; **frame structure,** structure de bloc; **graphic data structure,** arrangement de données graphiques; **index structure,** structure d'index; **lattice structure,** structure en réseau; **list structure,** structure de liste; **logical structure,** structure logique; **minor structure,** structure inférieure; **network structure,** structure de réseau; **order structure,** structure de commande; **overlay structure,** structure de recouvrement; **physical structure,** structure réelle; **program structure,** structure de programme; **record structure,** structure d'enregistrement; **sequential data structure,** structure séquentielle; **soft structure,** installation vulnérable; **structure flowchart,** diagramme de structure; **structure name,** nom de structure; **structure pattern,** structure de programme; **structure recognition,** reconnaissance de structure; **structure variable,** variable structurée; **surface structure,** structure des surfaces; **tree structure,** arborescence.

**structured:** structuré; **block-structured language,** langage à structure de bloc; **structured Query Language (SQL),** langage d'extraction de données; **structured file,** fichier structuré; **structured program,** programme structuré; **structured programming,** programmation structurée; **structured type,** type structuré; **word-structured memory,** mémoire à structure de mots.

**structuring:** structuration; **text structuring,** structuration de texte.

**stub:** tronçon; **master stub card,** carte maître à talon.

**stubcard:** carte à talon.

**stud:** goujon; **ground stud,** borne de terre; **positioning stud,** pion de centrage; **registration stud,** téton de cadrage.

**study:** étude; **application study,** étude d'application; **feasibility study,** étude de faisabilité; **time study,** étude des temps.

**stuffing:** bourrage; **card stuffing,** bourrage de cartes; **pulse stuffing,** bourrage d'impulsions; **stuffing character,** caractère de bourrage.

**STX: start-of-text (character),** (caractère de) début de texte.

**style:** style; **alternate type style,** police de caractères secondaire; **line style,** type de ligne; **type style,** style du caractère.

**stylus:** stylet, crayon lumineux, pointeur; **electronic stylus,** photostyle; **stylus printer,** imprimante à aiguilles.

**subalphabet:** sous-alphabet.

**subassembly:** sous-ensemble; **plug-in subassembly,** sous-ensemble enfichable.

**subband:** bande partielle.

**subcatalog:** sous-catalogue, sous-répertoire.

**subcatalogue:** cf **subcatalog.**

**subcell:** sous-matrice; **character subcell,** sous-matrice du caractère.

**subchannel:** sous-canal.

**subdirectory:** sous-répertoire.

**subdivision:** sous-division; **channel subdivision,** subdivision du canal.

**subfield:** sous-zone, sous-champ.

**subfile:** sous-fichier.

**subheading:** sous-titre.

**subindex:** sous-indice.

**subitem:** sous-élément.

**sublist:** sous-liste; **operand sublist,** opérande subdivisée.

**submenu:** sous-menu.

**submodule:** outil.

**subnet:** sous-réseau.

**subordinate:** subordonné; **subordinate concentrator,** sous-concentrateur; **subordinate group,** sous-groupe; **subordinate task,** tâche esclave.

**subprocessor:** sous-processeur; **scientific subprocessor,** coprocesseur de calcul en virgule flottante.

**subprogram\*:** sous-programme; **function subprogram,** sous-programme de service; **open subprogram,** sous-programme ouvert; **procedure subprogram,** sous-programme de procédure; **subprogram branch,** étage de sous-routine; **subprogram statement,** instruction de sous-programme.

**subprogramme:** cf **subprogram.**

**subqueue:** sous-file d'attente.

**subroutine\*:** sous-programme; **arithmetic subroutine,** sous-programme arithmétique; **begin subroutine,** amorçage de sous-programme; **closed subroutine,** sous-programme fermé; **direct insert subroutine,** routine d'insertion directe; **display subroutine,** routine d'écran; **division subroutine,** programme de division; **dynamic subroutine,** sous-programme paramétré; **editing subroutine,** routine d'édition; **external subroutine,** sous-programme auxiliaire; **firmware subroutine,** microroutine; **first-order subroutine,** routine de premier ordre; **floating-point subroutine,** sous-programme de calcul en virgule flottante; **in-line subroutine,** programme en séquence; **insert subroutine,** routine d'insertion; **inserted subroutine,** routine insérée; **library subroutine,** sous-programme de bibliothèque;

**linked subroutine**, routine liée, sous-programme fermé; **nested subroutine**, sous-programme imbriqué; **nesting subroutine**, sous-programme imbriqué; **one-level subroutine**, sous-programme à un niveau; **open subroutine**, sous-programme ouvert; **recursive subroutine**, sous-programme récurrent; **reentrant subroutine**, sous-programme réentrant; **standard subroutine**, sous-programme standard; **static subroutine**, sous-programme statique; **subroutine call**, appel d'une routine; **subroutine library**, bibliothèque de sous-programmes; **subroutine linkage point**, point de branchement; **subroutine procedure**, mise en sous-programme; **subroutine reference**, appel de sous-programme; **subroutine statement**, instruction de sous-programme; **subroutine table**, table de routines; **two-level subroutine**, sous-programme à deux niveaux.

**s u b r o u t i n i s e** : *cf* **s u b r o u t i n i z e**.

**s u b r o u t i n i z e** : (to), faire des sous-programmes.

**s u b s c r e e n** : partie d'écran.

**s u b s c r i b e r** : abonné; **automatic subscriber network**, réseau des abonnés; **called subscriber**, abonné appelé; **calling subscriber**, abonné demandeur; **data terminal subscriber**, abonné télématique; **local subscriber**, abonné local; **machine subscriber**, abonné automatique; **subscriber group**, groupe d'abonnés; **subscriber line**, ligne d'abonné.

**s u b s c r i p t** : indice inférieur; **array declarator subscript**, indice de rang; **array subscript**, indice de tableau; **multilevel subscript**, indice inférieur multiniveau; **subscript (to)**, indicer; **subscript bound**, borne d'indice; **subscript bracket**, crochets d'indice; **subscript calculation**, calcul d'indice; **subscript expression**, expression d'index; **subscript list**, liste d'indices; **subscript name**, nom d'indice; **subscript position**, position d'indice; **subscript routine**, sous-programme d'indiçage; **subscript value**, valeur de la liste d'indices.

**s u b s c r i p t e d** : indicé; **subscripted name**, nom indicé; **subscripted qualified name**, nom indicé; **subscripted value**, valeur indicée; **subscripted variable**, variable indicée.

**s u b s c r i p t e r** : souscripteur; **subscripter loop**, boucle de réseau.

**s u b s c r i p t i n g** : indiçage.

**s u b s e g m e n t** : sous-segment.

**s u b s e q u e n t** : sous-jacent; **subsequent release**, version suivante.

**s u b s e t** : sous-ensemble; **character subset**, jeu partiel de caractères.

**s u b s t a t i o n** : sous-station.

**s u b s t i t u t e** : **substitute blank**, caractère blanc de remplacement; **substitute character (SUB)**, caractère de substitution; **substitute mode**, mode de substitution; **substitute track**, piste de remplacement; **substitute track processing**, traitement des pistes de réserve.

**s u b s t i t u t i o n** : substitution; **address substitution**, substitution d'adresse; **address substitution bit**, bit de réserve d'adresse; **address substitution cell**, cellule de réserve d'adressage; **bad track substitution**, remplacement d'une piste défectueuse; **keyboard substitution**, modification de clavier; **parameter substitution**, substitution de paramètres; **partial substitution**, substitution partielle.

**s u b s t r a t e** : substrat.

**s u b s t r i n g** : sous-chaîne; **substring notation**, expression réduite.

**s u b s y s t e m** : sous-système; **analog subsystem**, sous-système analogique; **cassette tape subsystem**, sous-système à cassette; **central subsystem**, sous-système central; **file server subsystem**, sous-système serveur de fichiers; **local distribution subsystem**, sous-système de desserte locale; **magnetic tape subsystem**, sous-ensemble dérouleur de bande magnétique; **mass storage subsystem**, sous-système de disques magnétiques; **order entry subsystem**, sous-système d'enregistrement des commandes; **peripheral subsystem**, sous-ensemble périphérique; **processor subsystem**, sous-système de traitement; **subsystem database**, base de données partielle; **subsystem maintenance panel**, pupitre de maintenance du sous-système; **visual information projection subsystem**, sous-système à écran de visualisation.

**s u b t a s k** : sous-tâche.

**s u b t i t l e** : sous-titre.

**s u b t o t a l** : sous-total.

**s u b t r a c t** : **add/subtract counter**, registre additionneur-soustracteur; **add/subtract key**, touche plus/moins; **add/subtract time**, temps d'addition ou de soustraction; **floating subtract**, soustraction flottante; **subtract (to)**, soustraire; **subtract carry**, report de soustraction; **subtract statement**, instruction de soustraction.

**s u b t r a c t e r\*** : soustracteur; **adder-subtracter**, additionneur-soustracteur; **digital subtracter**, soustracteur numérique; **full subtracter**, soustracteur complet (à 3 entrées); **one-digit subtracter**, demi-soustracteur,

soustracteur à deux entrées; **parallel half-subtracter,** demi-soustracteur parallèle; **serial full subtracter,** soustracteur série; **serial half-subtracter,** demi-soustracteur série; **serial subtracter,** soustracteur série; **three-input subtracter,** soustracteur à trois entrées.

**subtraction:** soustraction; **fixed-point subtraction,** soustraction à virgule fixe; **floating-point subtraction,** soustraction en virgule flottante.

**subtractor:** soustracteur; **half-subtractor,** demi-soustracteur; **two-input subtractor,** soustracteur à deux entrées.

**subtrahend\*:** diminueur.

**subtype:** sous-type.

**subunit:** sous-unité.

**succession:** suite.

**successive:** successif; **successive card feed,** alimentation continue; **successive cycles,** cycles successifs; **successive digits,** chiffres successifs.

**successor:** successeur; **successor program,** programme suiveur; **successor program chaining,** enchaînement du programme suiveur; **successor program initiation,** lancement du programme suiveur.

**suffix:** suffixe; **suffix notation,** notation polonaise inversée.

**suite\*:** suite, flot.

**sum:** somme, total, exercice; **algebraic sum,** somme algébrique; **check sum,** somme de contrôle; **crossbar sum,** somme des chiffres d'un nombre; **logic sum gate,** porte sommatrice, porte OU; **logical sum,** somme logique, OU inclusif; **modulo-2 sum gate,** porte somme modulo-2; **parity sum,** somme de parité; **sum box,** zone de totalisation; **sum check,** contrôle par sommation; **sum digit,** bit de contrôle par totalisation; **sum total,** total général; **sum up (to),** totaliser; **vector sum,** somme géométrique, somme vectorielle; **video sum,** somme vidéo; **weighted sum,** somme pondérée.

**summary:** résumé; **job summary record,** bloc de cumul des travaux; **operational summary report,** état récapitulatif de l'exploitation; **summary card,** carte récapitulatrice; **summary description,** description sommaire; **summary punch,** perforatrice récapitulative; **summary punching,** perforation récapitulative; **summary report,** compte rendu sommaire; **summary total,** total cumulé.

**summation:** addition, total; **summation check,** contrôle par sommation; **summation sign,** signe de totalisation.

**summator:** sommateur, additionneur.

**summer:** sommateur, additionneur; **summer circuit,** circuit de totalisation.

**summing:** sommation; **summing integrator,** intégrateur-sommateur.

**super:** super; **super encryption,** surchiffrement; **super large scale integration (SLSI),** intégration à super grande échelle.

**superchip:** superpuce.

**supercomputer:** supercalculateur.

**supermini:** supermini.

**superscript:** indice supérieur.

**supervision:** supervision; **backward supervision,** compte-rendu d'exploitation; **contents supervision,** contrôle des tables des matières; **forward supervision,** commande d'action; **task supervision,** supervision des travaux.

**supervisor:** superviseur, moniteur; **basic supervisor,** superviseur de base; **overlay supervisor,** superviseur de recouvrement; **program supervisor,** moniteur; **supervisor call,** appel du superviseur; **supervisor identification,** indicatif de superviseur; **supervisor interrupt,** interruption de supervision; **supervisor key,** indicatif de contrôle; **supervisor mode,** mode de supervision; **supervisor state,** état de supervision; **supervisor terminal,** poste de surveillance; **system tape supervisor,** superviseur de bande système; **systems supervisor,** superviseur de systèmes.

**supervisory:** de supervision; **supervisory channel,** canal de surveillance; **supervisory command,** instruction prioritaire; **supervisory console,** console de surveillance; **supervisory device,** organe de supervision; **supervisory function,** fonction de supervision; **supervisory information,** information de surveillance; **supervisory instruction,** instruction de supervision; **supervisory program,** programme de supervision; **supervisory routine,** sous-programme de surveillance; **supervisory sequence,** suite de caractères de commande; **supervisory system,** système superviseur.

**supply:** alimentation (d'équipement); **auxiliary power supply,** alimentation auxiliaire; **battery power supply,** alimentation par batterie; **mains supply,** alimentation secteur; **power supply,** bloc d'alimentation; **power supply unit,** unité d'alimentation secteur; **supply (to),** alimenter, approvisionner; **supply reel,** bobine débitrice; **supply spool,** bobine de déroulement; **supply voltage,** tension d'alimentation; **tape supply,** réserve de bande perforée.

**support:** support; **attached support processor (ASP),** ensemble de calculateurs associés; **basic terminal network support,** gestion principale du réseau de télétraitement; **end support,** support définitif; **end-of-support (EM),** fin de support; **file support allocator,** programme d'affectation de fichier; **individual data support,** support individuel d'information; **input/output support package,** sous-programme entrée/sortie; **interrupted data support,** support discontinu; **job maintenance support zone,** zone support de gestion des travaux; **magnetic support,** support magnétique; **paper support,** support de papier; **programming support,** aide à la programmation, outil de programmation; **relay support,** domino; **software support service,** maintenance du logiciel; **support (to),** aider, assister; **support chip,** circuit annexe; **support control program,** programme de test et de diagnostic; **support program,** logiciel d'aide à la programmation; **support system,** système d'aide à la programmation; **technical support,** support technique.

**s u p p r e s s :** **function suppress,** suppression de fonction; **immediate suppress,** suppression immédiate; **print suppress,** absence de frappe; **suppress (to),** éliminer, supprimer.

**s u p p r e s s e d :** supprimé; **suppressed carrier,** onde porteuse supprimée.

**s u p p r e s s i o n :** suppression; **comma suppression,** suppression de virgule; **exit suppression,** interdiction des sorties compteur; **null suppression,** suppression de zéros; **sign suppression,** suppression de signe; **space suppression,** suppression d'espaces; **zero suppression,** suppression de zéros; **zero suppression character,** caractère de suppression de zéros.

**s u p p r e s s o r :** suppresseur; **echo suppressor,** suppresseur d'écho; **parasitic suppressor,** résistance antiparasite; **suppressor grid,** grille d'arrêt.

**s u p r a v o i c e :** supravocal; **supravoice link,** liaison supravocale.

**s u p r e s s i o n :** **skip supression,** suppression de saut.

**s u r f a c e :** surface; **developable surface,** surface d'évolution; **disk surface,** face du disque; **display surface,** surface d'affichage, surface de visualisation; **drawing surface,** surface de dessin; **end surface,** surface frontale; **hidden surface,** partie cachée; **hidden surface elimination,** élimination des surfaces cachées; **recordable surface,** surface enregistrable; **recording surface,** surface d'enregistrement, surface d'écriture; **storage surface,** surface de mémorisation; **surface friction,** friction superficielle; **sur-**

face integral, intégrale de surface; **surface recording,** enregistrement en surface; **surface roughness,** rudesse de surface; **surface shading,** ombrage de surfaces; **surface structure,** structure des surfaces; **surface tension,** tension superficielle; **three-dimension surface sculpturing,** mise en forme des surfaces en trois dimensions.

**s u r g e :** pointe; **current surge,** pointe de courant; **negative surge,** pointe de tension négative; **surge impedance,** impédance caractéristique; **surge protector,** protection secteur; **surge resistance,** résistance aux surtensions; **surge withstand capability,** résistance aux surtensions; **voltage surge,** surtension.

**s u s p e n d :** **de-suspend (to),** reprendre; **suspend (to),** suspendre; **suspend state,** état d'interruption.

**s u s p e n s e :** **suspense file,** fichier en instance.

**s u s p e n s i o n :** arrêt; **job suspension,** suspension des travaux; **points of suspension,** points de suspension '...'; **process suspension,** interruption de processus.

**s u s t a i n e r :** support; **paper sustainer,** support de papier.

**s w a p * :** échange; **disk swap,** changement de disque; **swap (to),** permuter, échanger; **swap function,** fonction de changement de chargeur; **swap in (to),** introduire, transférer; **swap out (to),** transférer; **swap time,** temps de basculement; **tape swap,** échange de bande; **volume swap,** remplacement de chargeur, échange de chargeur.

**s w a p p i n g :** permutation, échange; **board swapping,** remplacement de carte; **buffer swapping,** échange tampon; **disk pack swapping,** changement de chargeur; **page swapping,** échange de pages mémoire; **reel swapping,** échange de bobine; **swapping area,** zone d'échange de programme; **swapping technique,** méthode de remplacement; **volume swapping,** remplacement de chargeur.

**s w e e p :** balayage, scrutation, scanage; **amplitude sweep,** amplitude de balayage; **breakthrough sweep efficiency,** rendement de balayage; **horizontal sweep,** balayage horizontal; **vertical sweep,** balayage vertical.

**s w i n g :** excursion; **amplitude swing,** amplitude de déviation; **frequency swing,** excursion de fréquence.

**s w i t c h * :** commutateur; **AD-switch,** commutateur A/N; **N-way switch,** commutateur à N directions; **address switch,** commutateur d'adressage; **air pressure switch,** commutateur à pression d'air; **alterable switch,** commutateur programmable; **alteration switch,** inverseur; **analog-digital switch,** commutateur hybride; **area protect switch,** commutateur de protection de partition; **automatic switch mode,** mode de commutation automatique; **bootstrap initialization switch,** interrupteur d'amorçage; **breakpoint switch,** interrupteur d'arrêt; **channel select switch,** commutateur de pistes; **channel selection switch,** sélecteur de canal; **channel switch,** sélecteur de canal; **clock selection switch,** sélecteur de rythme; **coincidence switch,** commutateur à coïncidence; **component assignment switch,** commutateur d'affectation; **console switch,** commutateur d'option console; **crossbar switch,** sélecteur de coordonnées; **decade switch,** commutateur décadique; **dial switch selection,** sélection par cadran numéroté; **diode switch,** commutateur à diodes; **display switch,** sélecteur d'écran de visualisation; **electronic switch,** commutateur électronique; **enable switch,** commutateur de validation; **eraser switch,** interrupteur d'effacement; **hardware switch,** interrupteur machine; **head selection switch,** sélecteur de têtes magnétiques; **interlock switch,** commutateur de verrouillage; **key switch,** manipulateur; **key-operated switch,** commutateur à clé; **light switch,** poussoir lumineux; **limit switch,** interrupteur limiteur; **line space switch,** commutateur de commande d'interlignes; **line switch,** commutateur de lignes; **main line switch,** interrupteur général; **main switch,** interrupteur principal; **master switch,** interrupteur principal; **memory protect switch,** interrupteur de protection de la mémoire; **message switch,** commutateur de messages; **mode switch,** commutateur de mode; **nodal switch,** commutateur nodal; **node switch,** commutateur nodal; **overflow switch,** commutateur de débordement; **peripheral switch,** commutateur de périphériques; **permanent switch,** interrupteur permanent; **process switch,** commutateur de processus; **processor switch,** commutateur système; **program switch,** branchement de programme; **programmed mode switch,** mode de renvoi multiple; **protect switch,** commutateur d'autorisation d'écriture; **protection switch,** commutateur d'autorisation d'écriture; **push-to-talk switch,** commutateur d'alternat; **reed switch,** contact à ampoule; **rotary switch,** commutateur circulaire; **safety switch,** interrupteur de sécurité; **selector switch,** sélecteur; **sense switch,** commutateur de lecture; **sign switch,** commutateur de signe; **stepping switch,** commutateur pas à pas; **stor-**

age address dial switch, interrupteur sélecteur d'adresse; **switch (to),** commuter, basculer; **switch board,** standard téléphonique; **switch code,** code de commutation; **switch control console,** poste de commutation de dérouleurs; **switch core,** tore de commutation; **switch designator,** désignateur d'aiguillage; **switch identifier,** nom d'aiguillage; **switch indicator,** drapeau, sentinelle, indicateur logique; **switch interlock,** interrupteur; **switch lever,** levier de commutation; **switch list,** liste des aiguillages; **switch off (to),** débrancher, déconnecter, interrompre; **switch over (to),** commuter; **switch over relay,** relais de commutation; **switch status condition,** condition d'état de l'interrupteur; **switch status name,** nom d'état; **switch unit,** unité de commutation; **task switch,** commutateur de tâches; **test selector switch,** sélecteur d'essais; **thumbwheel switch,** roue codeuse; **time limit switch,** interrupteur horaire; **toggle switch,** commutateur à bascule; **track select switch,** sélecteur de pistes; **trunk switch,** commutateur de jonction; **voltage adapter switch,** sélecteur de tension; **x-y switch,** commutateur x-y.

s w i t c h e d : commuté; **circuit-switched connection,** liaison commutée; **public-switched network,** réseau public de télécommunications; **switched circuit,** circuit commuté; **switched connection,** liaison sélectionnée; **switched line,** ligne commutée; **switched message net,** réseau à commutation de messages; **switched message network,** réseau à commutation de messages; **switched net,** réseau commuté; **switched network,** réseau commuté; **switched network control,** commande du réseau commuté; **switched virtual circuit,** circuit virtuel commuté.

s w i t c h i n g : commutation; **automatic head switching,** autocommutation des têtes de lecture/écriture; **automatic message switching,** commutation automatique de messages; **automatic message switching center,** centre de commutation automatique de messages; **automatic switching center,** centre de commutation automatique; **automatic switching control,** contrôle de commutation automatique; **automatic switching system,** système de commutation automatique; **bank switching,** commutation de banc; **bank switching hardware,** circuiterie de commutation de banc; **bank switching option,** option de commutation de banc; **bank switching record,** adresse de commutation de banc; **beam switching tube,**

tube commutateur à rayons cathodiques; **central switching network,** réseau de commutation central; **circuit switching,** commutation de circuits; **circuit switching center,** centre de commutation de circuits; **circuit switching network,** réseau à commutation de circuits; **continuous tape switching,** transmission avec bande continue; **data switching,** commutation des données; **data switching exchange (DSE),** centre de commutation de données; **dial switching,** sélection par cadran numérique; **digital switching,** commutation numérique; **direct switching system,** système de sélection directe; **director switching,** sélection de registre, sélection par clavier; **electronic switching,** commutation électronique; **electronic switching system (ESS),** système de commutation électronique; **endless tape switching,** transmission avec bande sans fin; **ideal switching,** commutation idéale; **input-output switching,** commutation d'entrée-sortie; **interface switching unit,** unité de connexion; **line switching,** commutation de lignes; **message switching,** commutation de messages; **message switching center,** centre de commutation des messages; **message switching network,** réseau à commutation de messages; **packet switching,** commutation de paquets; **pushbutton switching,** commutation par bouton-poussoir; **semiautomatic switching center,** centre de communication semi-automatique; **space-division switching,** commutation spatiale; **switching algebra,** algèbre logique; **switching arrangement,** dispositif de commutation; **switching array,** ensemble de couplage; **switching center,** centre de commutation; **switching circuit,** circuit de commutation; **switching coefficient,** coefficient de commutation; **switching command,** commande de commutation; **switching control character,** caractère de commande de commutation; **switching diode,** diode de commutation; **switching element,** élément de commutation; **switching function,** fonction de commutation; **switching information,** information de commutation; **switching network,** réseau commuté; **switching office,** centre de commutation; **switching panel,** tableau de commutation; **switching speed,** vitesse de commutation; **switching theory,** théorie de la commutation; **switching threshold,** seuil de commutation; **switching time,** temps de commutation; **switching transistor,** transistor de commutation; **switching tube,** tube de commutation; **switching unit addressing,** adressage aiguilleur; **switching variable,** variable de commutation; **tandem switching,** commutation itérative; **tandem switching center,** centre de transit de communications; **tape switching,** commutation de bande; **time-division switching,** commutation temporelle; **transit switching,** commutation de transit; **trunk switching office,** centre de télécommunication; **unit switching,** bascule de dérouleur; **volume switching,** changement de volume.

**switchover:** commutateur automatique; **clock switchover,** commutation de rythme.

**switchpoint:** aiguillage.

**swivel:** pivot; **swivel base,** base tournante; **swivel-stand,** support à pivot; **tilt swivel stand,** support pivotant inclinable.

**syllable:** syllabe; **value call syllable,** partie d'instruction.

**symbiont:** spouleur.

**symbol:** symbole; **absolute symbol,** symbole absolu; **abstract symbol,** symbole abstrait; **aiming symbol,** symbole cible; **annotation symbol,** symbole de commentaire; **assignment symbol,** symbole d'affectation; **auxiliary symbol,** symbole auxiliaire, caractère auxiliaire; **basic symbol,** symbole principal, symbole de base; **binary symbol,** symbole binaire; **breakpoint symbol,** symbole d'interruption, marque de renvoi; **character symbol,** symbole de caractère; **check symbol,** chiffre de contrôle; **circuit symbol,** symbole de commutation; **code symbol,** symbole de code; **control symbol,** symbole de commande; **credit symbol,** symbole de crédit; **cue symbol,** caractère d'appel; **currency symbol,** symbole monétaire; **decision symbol,** symbole de branchement; **editing symbol,** symbole d'édition; **end symbol,** symbole de fin; **entry symbol,** symbole de lancement; **external symbol,** symbole externe; **external symbol dictionary,** répertoire de symboles externes; **flowchart symbol,** symbole de diagramme, symbole d'organigramme; **forward reference symbol,** symbole de saut avant; **functional symbol,** symbole fonctionnel; **global symbol,** symbole global; **graphic symbol,** symbole graphique; **graphical symbol,** symbole graphique; **input/output symbol,** symbole d'entrée/sortie; **linkage symbol,** adresse de liaison; **local symbol,** paramètre local; **logic symbol,** symbole logique; **logical symbol,** symbole logique; **mnemonic symbol,** symbole mnémonique; **monetary symbol,** symbole monétaire; **negation indicator symbol,** symbole de négation; **operation symbol,** symbole de calcul; **operational symbol,** opérateur symbolique; **polarity indicator symbol,** symbole de polarité; **prompt symbol,** symbole d'attente; **protection symbol,** symbole de sécurité; **reference symbol,** symbole de référence; **relocatable symbol,** symbole en forme relative; **renaming symbol,** symbole de modification de nom; **separation symbol,** symbole de séparation; **sequence symbol,** symbole de classement; **space symbol,** symbole de caractère espace; **symbol character,** caractère symbole; **symbol character string,** chaîne de caractères symboles; **symbol code,** code symbolique; **symbol coding,** codage symbolique; **symbol cross reference listing,** liste de symboles référencés; **symbol definition,** définition de symbole; **symbol printing,** description de symbole; **symbol reference,** référence symbolique; **symbol string,** chaîne de symboles; **symbol table,** table de symboles; **system variable symbol,** symbole système variable; **terminal symbol,** symbole de terminaison, charge; **terminating symbol,** marque de fin; **tracking symbol,** symbole de poursuite; **undefined symbol,** symbole non défini; **variable symbol,** symbole de variable.

**s y m b o l i c :** symbolique; **addressing symbolic address,** adresse symbolique d'adressage; **parallel symbolic listing,** listage symbolique en parallèle; **symbolic address,** adresse symbolique; **symbolic addressing,** adressage symbolique; **symbolic assembler,** assembleur symbolique; **symbolic assembly system,** système à assemblage symbolique; **symbolic code,** code symbolique; **symbolic coding,** codage symbolique; **symbolic debugger,** programme symbolique de débogage; **symbolic device assignment,** affectation symbolique des unités; **symbolic device name,** nom symbolique de l'unité; **symbolic editor,** éditeur symbolique; **symbolic instruction,** instruction symbolique; **symbolic key,** code symbolique; **symbolic language,** langage symbolique; **symbolic library tape,** bande bibliothèque symbolique; **symbolic location,** adresse symbolique; **symbolic logic,** logique symbolique; **symbolic name,** nom symbolique; **symbolic notation,** notation symbolique; **symbolic number,** nombre symbolique; **symbolic operation,** fonction symbolique; **symbolic parameter,** paramètre symbolique; **symbolic printing,** impression des symboles; **symbolic program,** programme symbolique; **symbolic program tape,** bande de programme symbolique; **symbolic programming,** programmation symbolique; **symbolic programming language,** langage de programmation symbolique; **symbolic**

**programming system,** système de programmation symbolique; **symbolic unit address,** adresse symbolique de l'unité.

**s y m m e t r i c :** symétrique; **binary symmetric channel (BSC),** canal symétrique binaire; **symmetric binary channel,** voie binaire symétrique; **symmetric difference,** opération OU exclusif; **symmetric figure,** figure symétrique; **symmetric of a function,** symétrie d'une fonction.

**S Y N :** **synchronous idle character,** caractère de synchronisation.

**s y n c :** synchro; **sync character,** caractère de synchro.

**s y n c h :** synchro; **synch bit,** bit de synchro.

**s y n c h r o :** synchro; **horizontal synchro,** synchro ligne; **vertical synchro,** synchro image.

**s y n c h r o n i s a t i o n :** *cf* **synchronization.**

**s y n c h r o n i s e d :** *cf* **synchronized.**

**s y n c h r o n i s e r :** *cf* **synchronizer.**

**s y n c h r o n i z a t i o n :** synchronisation, synchro; **element synchronization,** synchronisation de bits, synchronisation de pas; **process synchronization,** synchronisation de processus; **synchronization check word,** mot de contrôle de concordance; **synchronization pulse,** impulsion de synchronisation.

**s y n c h r o n i z e d :** synchronisé; **synchronized data link control (SDLC),** procédure synchrone.

**s y n c h r o n i z e r :** contrôleur d'entrée-sortie (CES), coupleur; **buffered synchronizer unit,** unité de synchronisation tamponnée; **input synchronizer,** tampon d'entrée; **input/output synchronizer,** tampon entrée-sortie; **output synchronizer,** mémoire tampon de sortie; **tape synchronizer,** synchroniseur d'unité à bande.

**s y n c h r o n o u s \* :** synchrone, en synchronisme; **binary synchronous communication,** transmission binaire synchrone; **synchronous adapter,** adaptateur synchrone; **synchronous channel adapter,** adaptateur de voie synchrone; **synchronous check,** contrôle de synchronisation; **synchronous clock,** horloge synchrone; **synchronous communication,** transmission synchrone; **synchronous communication adapter,** adaptateur de communication synchrone; **synchronous computer,** calculateur synchrone; **synchronous controller,** contrôleur synchrone; **synchronous coupler,** coupleur synchrone; **synchronous data link control,** commande de transmission synchrone; **synchronous data network,** réseau synchrone; **synchronous data transmission,** transmission de données synchrone; **synchronous digital computer,** calculateur numérique synchrone; **synchronous execution,** exécution synchrone; **synchronous gate,** porte synchrone; **synchronous idle channel,** voie de synchronisation; **synchronous idle character (SYN),** caractère de synchronisation; **synchronous input,** entrée synchrone; **synchronous operation,** opération synchrone; **synchronous receiver-transmitter,** émetteur/récepteur synchrone; **synchronous system,** système synchrone; **synchronous transceiver,** émetteur/récepteur synchrone; **synchronous transfer,** transfert synchrone; **synchronous transmission,** transmission synchrone; **synchronous working,** fonctionnement synchrone; **universal synchronous asynchronous RX/TX (USART),** circuit E/S synchrone universel.

**s y n o n y m :** synonyme.

**s y n t a c t i c :** syntactique, syntaxique; **syntactic analysis,** analyse syntaxique; **syntactic compatibility,** compatibilité syntaxique.

**s y n t a c t i c a l :** syntactique, syntaxique; **syntactical analysis,** analyse syntaxique; **syntactical error,** erreur syntaxique; **syntactical unit,** unité syntaxique.

**s y n t a x * :** syntaxe; **command syntax,** syntaxe de commande; **improper syntax,** syntaxe erronée; **syntax analyzer,** analyseur de syntaxe; **syntax checker,** contrôleur syntaxique; **syntax directed compiler,** compilateur syntaxique; **syntax error,** erreur de syntaxe; **syntax guidelines,** conventions syntaxiques; **syntax rules,** règles de syntaxes; **syntax statements,** syntaxe des instructions; **syntax transducer,** traducteur de syntaxe.

**s y n t a x i c :** syntaxique; **syntaxic compatibility,** compatibilité syntaxique.

**s y n t h e s i s :** synthèse; **network synthesis,** synthèse de réseau; **speech synthesis,** synthèse de la parole; **voice synthesis,** synthèse vocale.

**s y n t h e s i s e r :** *cf* **s y n t h e s i z e r.**

**s y n t h e s i z e r :** synthétiseur; **speech synthesizer,** synthétiseur de parole; **talking computer voice synthesizer,** synthétiseur de voix pour ordinateur; **voice synthesizer,** synthétiseur de voix.

**s y n t h e t i c :** synthétique; **synthetic address,** adresse calculée; **synthetic language,** langage artificiel; **synthetic relationship,** rapport synthétique; **synthetic resin,** résine synthétique.

**s y s g e n * :** (to), générer un système;

**system generation (sysgen),** génération de système.

**s y s i n :** opération d'entrée.

**s y s o u t :** opération de sortie.

**s y s t e m * :** système; **absolute system,** système des limites absolues; **accounting system,** procédure de compensation, trace comptable; **accuracy control system,** système à contrôle d'erreur; **actual cost system,** calcul des coûts réels; **adaptive control system,** système auto-commandé; **adaptive system,** système adaptatif; **address system,** système d'adresses; **addressing system,** système d'adressage; **adjoint system,** système adjacent; **air flow system,** filtre d'aération; **alien system,** système étranger; **alternate communication system,** système de communication auxiliaire; **analog carrier system,** système à porteuse analogique; **analog measuring system,** système de mesure analogique; **anti-intercept system (AIS),** système anti-interception; **assembly system,** système d'assemblage; **audio response system,** système de réponse vocale; **automatic check-out system,** système de vérification automatique; **automatic control system,** système de régulation automatique; **automatic data processing system,** système de traitement automatique de données; **automatic feedback control system,** système à contre-réaction; **automatic monitoring system,** système de surveillance automatique; **automatic programming system,** système de programmation automatique; **automatic switching system,** système de commutation automatique; **automatic system checkout program,** programme automatique de contrôle général; **automation systems,** technique d'automatisation; **backing storage system,** système de mémoire complémentaire; **bank accounting system,** système comptable bancaire; **base system pack,** plaque de base; **basic operating system (BOS),** système d'exploitation de base (IBM); **basic system,** système de base; **batch operating system,** système d'exploitation par lots; **batch system,** système de traitement par lots; **beam positioning system,** système de déviation des faisceaux; **binary number system,** système binaire, système à nombres binaires; **binary numbering system,** système à chiffres binaires; **binary system,** système binaire; **binary-coded decimal system,** système décimal codé en binaire; **binary-coded number system,** système de numération binaire; **biquinary system,** système biquinaire; **bridge duplex system,** système duplex à pont; **building block system,** système à blocs fonctionnels; **bulletin board system (BBS),** système d'information télématique; **bus system,** bus, système commun de connexions; **card index system,** fichier répertoire; **card system,** système à carte; **carrier frequency system,** système à fréquence porteuse; **carrier system,** système à onde porteuse; **channel system,** système à canaux; **checking system,** système de contrôle; **checkout system,** équipement de contrôle; **clock system,** système d'horloge; **closed system,** système fermé; **coding system,** syntaxe d'un langage; **command system,** système de commande; **communication and information system,** système d'information et de communication; **communication system,** système de communications; **comparing system,** système de comparaison; **complement system,** système complémentaire; **computer control system,** système de gestion par ordinateur; **computer system,** système informatique, système de traitement; **computing system,** système informatique; **control system,** système de commande; **controlled system,** système à régler; **conversational system,** système conversationnel, système interactif; **data acquisition system,** système de saisie de données; **data collection system,** système de saisie de données; **data communication system,** système de communication de données; **data entry system,** système d'introduction de données; **data processing system,** système informatique, de traitement; **data sampling system,** système d'échantillonnage d'informations; **data transmission system,** système de transmission de données; **database management system (DBMS),** système de gestion de base de données (SGBD); **decimal number system,** système à numération décimale; **decimal numeration system,** système de numération décimale; **decimal system,** système décimal; **dedicated system,** système spécialisé; **dialog system,** système de dialogue; **digital carrier system,** système à porteuse numérique; **digital data processing system,** système de traitement numérique; **direct switching system,** système de sélection directe; **disk operating system (DOS),** système d'exploitation à disque (SED); **disk system,** système à disque; **distributed operating system,** système d'exploitation distribué; **distributed system,** système décentralisé; **document writing system,** système d'impression de documents; **dual drive system,** système à double disquette;

**dual processor system,** système biprocesseur; **dual system,** système double, systèmes en tandem; **duodecimal number system,** numération à base 12; **duplex computer system,** système à double calculateur; **duplex system,** système duplex; **dynamic system update,** mise à jour dynamique; **electronic control system,** système de contrôle électronique; **electronic data processing system,** système de traitement électronique de données; **electronic switching system (ESS),** système de commutation électronique; **emulator monitor system,** système moniteur d'émulation; **enquiry system,** système transactionnel; **entry system,** système de lancement; **error-correcting system,** système à correction d'erreurs; **error-detecting system,** système à détection d'erreurs; **error detection system,** système à détection d'erreurs; **executive control system,** programme superviseur; **executive system,** système d'exploitation; **expert system,** système expert; **extended assembly system,** extension du programme assembleur; **extented system life span,** système à vie plus étendue; **failsoft system,** système à dégradation contrôlée; **fallback system,** système à reprise; **fault-tolerant system,** système à tolérance de pannes; **feed system,** circuit d'alimentation; **feedback system,** système asservi; **filing system,** système à fichiers; **fixed-point system,** système à virgule fixe; **floating-point system,** système à virgule flottante; **floppy disk operating system (FDOS),** système d'exploitation à disquette; **fluid system,** circuit à liquide; **global communications system,** système de communication universel; **hard disk system,** système à disque dur; **heterogeneous system,** système hétérogène; **hexadecimal number system,** système de numération hexadécimal; **holographic based system,** système holographique; **host system,** système hôte; **hybrid computer system,** système hybride; **hybrid system,** système mixte; **imaging system,** imageur; **implementation system,** système de mise en application; **information retrieval system,** système de recherche documentaire; **information system,** système informatisé; **initial system load,** initialisation du système; **input-output control system (IOCS),** système de contrôle des entréessorties; **input/output file control system,** système de gestion des fichiers d'entréesortie; **input/output system,** système de gestion des entrées/sorties; **inquiry system,** système d'interrogationréponse; **instruction system,** système à base d'instructions; **integrated home systems (IHS)**, domotique; **integrated information system**, système informatique intégré; **integrated system**, système intégré; **interactive system**, système interactif; **interrogation system**, système d'interrogation; **interrupt system**, dispositif d'interruption; **job accounting system**, système de comptabilité des travaux; **job control system**, système de gestion des travaux; **job entry system**, système de soumission des travaux; **job processing system**, système de traitement de travaux; **large scale system**, ordinateur de grande puissance; **linear programming system (LPS)**, système à programmation linéaire; **logical circuit system**, système à circuits logiques; **logical system**, système logique; **long haul system**, système de télécommunications; **machine programming system**, méthode de programmation orientée machine; **magnetic card system**, système à cartes magnétiques; **management information system**, système de gestion; **master system tape**, bande système maître; **master/slave system**, système maître-esclave; **medium scale system**, ordinateur de moyenne puissance; **memory-based system**, système résidant en mémoire; **minimum system**, système minimal; **mixed-numeration system**, système multibase; **modular system**, système modulaire; **monitor system**, système moniteur; **multiaccess system**, système multiaccès; **multicomputer system**, système à multicalculateur; **multiprocessing system**, système de multitraitement; **multisequential system**, système multiséquentiel; **multistation data entry system**, système de saisie multiposte; **multistation system**, système multiposte, système multiclavier; **multiwork station system**, système de terminaux intelligents; **native system pack**, disque système exploitable en mode spécifique; **network analysis system**, système d'étude de réseaux; **network operating system (NOS)**, système d'exploitation de réseau; **number representation system**, système de numération; **number system**, système numéral, système de numération; **numbering system**, système de numérotation; **numeral system**, système de numération; **numeration system**, système de numération; **octal number system**, système de numérotation octale; **on-line test system (OLTS)**, système de test en ligne; **one-address system**, système à une adresse; **open system**, système ouvert; **open systems architecture (OSA)**, architecture de systèmes ouverts; **operating system (OS)**,

système d'exploitation (SE); **operating system nucleus**, noyau du système d'exploitation; **operational system**, système opérationnel; **operator system interface**, module interface opérateur système; **optical display system**, système d'affichage; **order processing system**, système de traitement des commandes; **paged system**, système à mémoire virtuelle; **paging system**, système à mémoire virtuelle; **parity system**, système à contrôle de parité; **peripheral control system**, élément de connexion; **polymorphic system**, système polymorphique; **positioning control system**, positionnement informatisé; **process control system**, système de contrôle industriel; **process guiding system**, système de conduite de processus industriels; **process interface system**, interface de commande; **processing system**, système de traitement, ordinateur; **program distribution system**, système d'affectation de programmes; **programming system**, système de programmation; **radial line system**, transmission en étoile; **radix numeration system**, système de numération à base; **real-time control system**, système temps réel; **real-time system (RTS)**, système temps réel; **register type system**, système à registres; **remote computing system**, système de télétraitement; **remote control system**, système de télécommande; **remote tape control system**, système de télécommande de dérouleurs; **request repeat system**, système à demande de répétition; **retrieval system**, système de recherche; **ring system**, système en anneau; **sampled data system**, système d'échantillonnage des données; **satellite system**, système satellite; **scanning system**, système de balayage; **security system**, système de sécurité; **servo system**, système automatique; **servo-controlled system**, système asservi; **shared file system**, système à fichiers communs; **simplex system**, système simplex; **single-chip system**, système à circuit unique; **single-station system**, système monoposte; **small scale system**, ordinateur de petite puissance; **sophisticated system**, système évolué; **stand-alone system**, système autonome; **standby system**, système de réserve; **start-stop system**, système asynchrone, système arythmique; **string process system**, logiciel de traitement de chaîne; **supervisory system**, système superviseur; **support system**, système d'aide à la programmation; **symbolic assembly system**, système à assemblage symbolique; **symbolic programming system**, système de programmation symbolique;

**synchronous system,** système synchrone; **system abort,** abandon système, arrêt système; **system activity,** activité du système; **system analysis,** analyse système; **system analyst,** analyste du système; **system architecture,** structure d'un système; **system availability,** disponibilité du système; **system base,** base de système; **system board,** carte mère; **system call,** appel système; **system capacity,** possibilités du système; **system chart,** organigramme de système; **system check,** contrôle du système; **system code,** jeu d'instructions de la machine; **system comparison,** comparaison de systèmes; **system configuration,** configuration du système; **system console,** console système; **system control language,** langage de système d'exploitation; **system control panel,** pupitre de commande; **system controller,** contrôleur de système; **system crash,** arrêt fatal du système; **system degradation,** reconfiguration du système; **system design language,** langage de conception; **system disk,** disque système; **system distribution disk,** disque d'exploitation système; **system engineer,** technicien de système; **system engineering,** technique des systèmes; **system error-checking code,** code de contrôle systématique d'erreurs; **system expander,** module d'extension système; **system expansion,** extension du système; **system flowchart,** organigramme de système; **system furniture,** mobilier informatique; **system generation (sysgen),** génération de système; **system generation language,** langage de génération d'un système; **system generation program,** programme de génération d'un système; **system handbook,** manuel d'exploitation; **system initialization information,** données d'initialisation du système; **system input control,** commande des entrées système; **system input file,** fichier d'entrée système; **system input stream,** suite des entrées système; **system input unit,** unité d'entrée système; **system integrity,** intégrité du système; **system interface design,** conception d'interface de système; **system interrupt,** interruption du système; **system layout,** structure de système; **system level,** niveau de système; **system librarian,** bibliothécaire du système; **system library,** programmathèque système; **system library file,** fichier de bibliothèque système; **system load library tape,** bande bibliothèque système; **system load table,** table de chargement système; **system loader,** programme chargeur; **system loading,** chargement du système; **system log file,** fichier du journal système; **system management,** gestion de système; **system modification message,** message de modification système; **system module,** module de système; **system monitor,** moniteur de système; **system of equations,** système d'équations; **system operating file,** fichier de bandes système; **system operator,** pupitreur; **system operator panel,** panneau d'exploitation système; **system output,** sortie de système; **system output file,** fichier sortie système; **system output unit,** unité de sortie du système; **system pack,** chargeur système; **system planning,** planification d'un système; **system principal output file,** fichier maître de sortie système; **system production time,** temps de production du système; **system program,** programme d'exploitation; **system reset,** raz du système; **system residence,** résidant en système; **system resident,** résidant en système; **system resource,** ressource du système; **system restart,** relance de système; **system shutdown,** arrêt du système; **system shutdown dump,** vidage après arrêt système; **system slowdown,** ralentissement du système; **system software,** logiciel d'exploitation; **system specific card,** carte pilote du système; **system specific header,** carte maîtresse du système; **system standard interface,** interface standard du système; **system state table,** table d'état système; **system status monitoring,** contrôle de l'état système; **system tape,** bande système; **system tape builder,** programme de génération de bande système; **system tape generator,** générateur de bande de système; **system tape service routine,** programme utilitaire pour bande système; **system tape supervisor,** superviseur de bande système; **system tape update,** mise à jour de la bande système; **system task,** tâche maîtresse; **system technology,** technique des systèmes; **system test time,** temps d'essai du système; **system testing,** essai du système; **system transient,** sous-programme appelant; **system tree abort,** suspension d'exécution d'une branche; **system unit,** unité de système; **system variable symbol,** symbole système variable; **system volume,** disque système; **system workload,** charge du système; **systems analysis,** étude de systèmes; **systems analyst,** analyste en systèmes; **systems approach,** approche des systèmes; **systems compatibility,** compatibilité de systèmes; **systems definition,** description de système; **systems design,** conception de systèmes; **systems library,** bibliothèque des systèmes; **systems program,**

programme de systèmes; **systems software,** logiciel de système; **systems supervisor,** superviseur de systèmes; **systems test,** essai de systèmes; **tape cassette drive system,** système à cassette; **tape management system,** système de gestion de bandes; **tape operating system (TOS),** système d'exploitation à bande; **tape take-up system,** dispositif de chargement de la bande; **teaching system,** système d'enseignement; **telecommunication system,** système de télécommunications; **teleprocessing system,** système de télégestion; **ten state system,** système à base 10; **text processing system,** système de traitement de texte; **three-address system,** système à trois adresses; **time-division multiplex system,** système de multiplexage temporel; **time-shared system,** système en temps partagé; **time-sharing system,** système en temps partagé; **transaction-driven system,** système de commande des mouve

ments; **transactional system,** système de communication; **transmission system,** système de transmission; **transmitting system,** système émetteur; **transparent system,** système à un code; **turn key system,** système clé en main; **turnaround system,** système réversible; **twin system,** système jumelé; **two-drive system,** système à deux disquettes; **two-state system,** système à deux états stables; **two-wire system,** système à voies bifilaires; **utility system,** système de programmes utilitaires; **virtual computing system,** machine virtuelle; **virtual memory system (VMS),** système à mémoire virtuelle; **virtual operating system (VOS),** système d'exploitation virtuel; **virtual storage system,** système à mémoire virtuelle; **Winchester disk system,** système à disque (dur) Winchester;.

**s y s t e m a t i c :** systématique; **systematic error,** erreur systématique.

# T

**t a b :** étiquette, onglet, languette; **horizontal tab,** tabulation horizontale; **read/write protection tab,** onglet de protection à l'écriture; **tab (to),** tabuler; **tab character,** caractère de tabulation; **tab clutch,** embrayage de tabulation; **tab control code,** code de contrôle de tabulation; **tab form,** imprimé mécanographique; **tab format,** format d'onglet; **tab key,** tabulateur; **tab label,** étiquette pour imprimante; **tab memory,** mémoire de tabulation; **tab position,** position de tabulation; **tab setting,** positionnement de la tabulation; **tab speed,** vitesse de tabulation; **tabulator key (TAB),** touche de tabulation; **vertical tab,** tabulation verticale; **wrap tab,** retrait après retour de ligne.

**t a b b i n g :** définition de la tabulation.

**t a b l e\* :** table; **Boolean table,** table booléenne, table logique; **active job execution table,** table réelle des tâches; **addition table,** table d'addition; **address table,** table d'adresses; **allocation table,** liste d'affectation, table d'allocation; **allocation table pointer,** pointeur de table d'allocation; **alternating table,** table alternative; **area code table,** table des indicatifs régionaux; **assigned files table,** table de fichiers affectés; **authorization table,** table des autorisations; **availability table,** table de disponibilité; **binary weight table,** table de poids de positions binaires; **branch address table,** table des adresses de renvoi; **branch table,** table des branchements; **channel status table,** table d'états des canaux; **character arrangement table,** table de conversion de caractères; **character assignment table,** table d'allocation de caractères; **code table,** table de codes; **color look-up table,** palette de couleurs; **compilation time table,** table des temps de compilation; **configuration table,** table de configuration; **consigned files table,** table des fichiers affectés; **conversion table,** table de conversion; **cross-reference table,** table des renvois; **decision table,** table de décision; **destination table,** table de réception; **device address table,** table d'adressage de périphérique; **device assignment table,** table d'affectation de périphérique; **device correspondence table,** table de correspondance de périphériques; **device internal code table,** table de code interne de périphériques; **device requirement table,** table

des besoins en périphériques; **device table,** table de périphériques, liste de périphériques; **evidence table selection,** table d'indices de sélection; **execution time table,** table de temps d'exécution; **field description table,** table de description de zone; **file description table,** table de description de fichier; **file status table,** table d'état des fichiers; **file table,** table de fichiers; **file table extension,** extension de la table des fichiers; **file translation table,** table de transcription fichier; **forward reference table,** table de sauts progressifs; **four-place table,** table à quatre positions; **free memory table,** table d'occupation mémoire; **front paper table,** guide-papier; **function table,** table de fonctions; **general reference table,** table de références; **index table,** table des matières; **interrupt address table,** table des adresses d'interruption; **interrupt priority table,** table des priorités d'interruptions; **job step table,** table des étapes de travail; **job table,** répertoire des travaux, table des travaux; **known job table,** répertoire des travaux identifiés; **logical device table,** table d'unités logiques; **look-up table,** table de recherche; **mapping table,** index, catalogue; **master index table,** table des répertoires; **matrix table,** table matricielle; **number table,** tableau de nombres; **occupancy table,** table d'occupation; **open decision table,** table de décision ouverte; **operation table,** table de vérité; **option table,** table des options; **output table,** table traçante; **page map table,** table de topographie mémoire; **page table,** table de pages; **paper table,** plateau support de papier; **peripheral allocation table (PIA),** table des états périphériques; **peripheral table,** répertoire des périphériques; **physical device table,** table des unités physiques; **plotting table,** traceur; **primary index table,** table d'index majeure; **priority table,** table de priorité; **process group table,** table de groupes de processus industriels; **program table,** table de programmes; **random number table,** table de nombres aléatoires; **reference table,** barème; **segment table,** table des segments; **segment table entry,** entrée dans une table de segments; **segment table word,** adresse d'une table de segments; **short length table,** table à longueur réduite; **short table,** table abrégée; **single table,** table individuelle; **storage assignment table,** table d'implantation; **storage occupancy table,** table d'occupation de la mémoire; **subroutine table,** table de routines; **symbol table,** table de symboles; **system load table,** table de chargement système; **system state table,** table d'état système; **table argument,** argument de table; **table block,** subdivision de table; **table element,** élément de table; **table entry,** entrée de table; **table function,** fonction de table; **table generator,** générateur de tables; **table handling,** traitement de table; **table head,** en-tête de table; **table identifier,** identificateur de table; **table item,** élément de table; **table look-up,** recherche en table; **table lookup,** consultation de table; **table lookup statement,** instruction de recherche de table; **table of addresses,** table d'adresses; **table of contents,** table des matières; **table position,** position de table; **table search,** recherche de table; **table update command,** instruction de mise à jour de table; **table-driven,** géré par table; **tag table,** tableau d'étiquettes; **token table,** table de signes; **transfer table,** table de transfert; **translate table,** table de traduction; **translation table,** table de traduction; **truth table,** table de vérité.

**tablet\*:** tablette; **Wand tablet,** tablette Wand; **acoustic tablet,** tablette acoustique; **digitizing tablet,** table à numériser; **graphic tablet,** tablette graphique, traceur graphique.

**tabular:** tabulaire; **tabular checking,** contrôle tabulaire; **tabular composition,** jeu de tableaux; **tabular data presentation,** présentation de données en table; **tabular language,** langage pour table de décision; **tabular printout,** impression de tables.

**tabulate:** horizontal tabulate, tabulation horizontale; **horizontal tabulate character,** caractère de tabulation horizontale; **tabulate (to),** tabuler, totaliser, construire un tableau; **tabulate key,** touche de tabulation; **vertical tabulate,** tabulation verticale.

**tabulated:** tabulé; **tabulated result,** résultat tabulé.

**tabulating:** tabulation; **tabulating equipment,** tabulatrice; **tabulating machine,** tabulatrice.

**tabulation:** tabulation; **forward tabulation,** tabulation progressive; **horizontal tabulation (HT),** tabulation horizontale; **tabulation block format,** format de bloc tabulaire; **tabulation character,** caractère de tabulation; **tabulation facility,** dispositif de tabulation; **vertical tabulation (VT),** tabulation verticale.

**tabulator:** tabulatrice; **tabulator char-**

**acter,** caractère tabulateur; **tabulator key (TAB),** touche de tabulation; **tabulator position,** position de tabulation; **tabulator stop,** arrêt de tabulation.

**tactile:** tactile; **tactile keyboard,** clavier tactile.

**tag:** étiquette, référence, renvoi; **A tag,** étiquette A; **dummy tag,** définition d'adressage fictive; **file tag,** étiquette de fichier; **labeled tag,** étiquette désignée; **location field tag,** étiquette d'adresse; **member name tag,** nom symbolique de fichier partiel; **tag (to),** référencer, étiqueter; **tag memory,** mémoire d'étiquettes; **tag reader,** lecteur d'étiquettes; **tag table,** tableau d'étiquettes; **tape tag,** étiquette de bande.

**tagging:** étiquetage, annotation, immatriculation.

**tail\*:** queue, fin; **compound tail,** terminaison composée.

**tailoring:** adaptation de charge.

**take:** take from (to), prélever; **take-off reel,** bobine débitrice; **take-off speed,** vitesse de défilement; **take-off track,** piste de lecture; **take-up,** rembobinage; **take-up option,** dispositif de rembobinage; **take-up reel,** bobine réceptrice; **take-up speed,** vitesse de rembobinage; **take-up spindle,** broche de bobine; **tape take-up system,** dispositif de chargement de la bande.

**takedown:** préparation; **takedown time,** temps de préparation.

**talk:** push-to-talk switch, commutateur d'alternat.

**talker:** émetteur.

**talking:** parole; **talking computer,** calculateur parlant; **talking computer voice synthesizer,** synthétiseur de voix pour ordinateur.

**tally:** bande de caisse; **tally (to),** compter; **tally register,** registre de comptage; **tally roll,** rouleau de papier pour calculette.

**tampered:** falsifié; **tampered program,** programme falsifié; **tampered software,** logiciel falsifié.

**tampering:** falsification; **tampering sign,** signe de falsification.

**tandem:** tandem, double; **operate in tandem,** opération en tandem, opération couplée; **tandem data circuit,** circuit de données en tandem; **tandem exchange,** centre de transit; **tandem operation,** opération de transit; **tandem switching,** commutation itérative; **tandem switching center,** centre de transit de communications.

**tank:** réservoir; **mercury tank,** réservoir à mercure.

**tap:** dérivation; **center tap,** prise centrale.

**t a p e:** bande; **acceleration of tape,** accélération de bande; **acetate tape,** bande acétate; **adding tape,** bande des ajouts; **advance feed tape,** bande perforée à alignement frontal; **alternate tape,** bande interchangeable; **alternate tape drive,** unité à bandes interchangeables; **amendment tape,** bande des changements; **audio tape,** bande audio; **audio tape storage unit,** unité de stockage à bande; **automatic tape delete,** effacement automatique de bande; **automatic tape punch,** perforateur de bande automatique; **backing tape,** bande de sauvegarde; **beginning-of-tape (BOT),** marqueur de début de bande; **beginning-of-tape indicator,** marque de début de bande; **beginning-of-tape label,** label de début de bande; **beginning-of-tape marker,** repère de début de bande; **binary program tape,** bande de programme binaire; **binary run tape,** bande de programme objet; **blank tape,** bande vierge, bande vide; **blank tape feed,** avance de bande sans enregistrement; **block end-of-tape,** bloc fin de ruban; **bootstrap tape,** bande amorce; **calibration tape,** bande d'étalonnage; **carbon tape,** ruban carbone; **card image tape,** bande de fichier image de carte; **card-to-magnetic-tape converter,** convertisseur cartes-bande magnétique; **card-to-paper-tape converter,** convertisseur cartes-bande perforée; **card-to-tape,** carte-à-bande; **card-to-tape converter,** convertisseur cartes-bande; **carriage control tape,** bande de transport; **carriage tape,** bande-pilote; **carriage tape channel,** canal de transport, canal de bande-pilote; **cassette tape,** bande de cassette; **cassette tape subsystem,** sous-système à cassette; **center-feed tape,** bande papier; **certified tape,** bande certifiée; **chadded tape,** bande perforée; **chadless tape,** ruban perforé sans détachement de confettis; **change tape,** bande-mouvement; **check tape,** bande de contrôle; **clock tape,** bande de synchronisation; **tape,** groupe de dérouleurs; **coded tape,** bande programmée; **compressed tape,** bande comprimée; **computer tape,** ruban magnétique pour enregistrer des données; **continuation tape,** bande suivante; **continuous tape,** bande en continu; **continuous tape switching,** transmission avec bande continue; **control tape,** bande de vérification, bande pilote; **control-punched tape,** bande perforée de contrôle; **conversion tape,** bande de conversion; **data tape,** bande des données; **data tape punch,** perforateur de bande; **digital magnetic tape,** ruban magnétique; **drill tape,** bande de per-

çage; **driving magnetic tape,** entraînement de bande magnétique; **dual access tape unit,** dérouleur à double accès; **dual deck tape,** unité à double dérouleur; **dual feed tape carriage,** double avance de bande perforée; **dump tape,** bande de vidage; **empty tape,** bande vide; **end of tape,** fin de bande; **end-of-tape block,** bloc de fin de bande; **end-of-tape label,** repère de fin de bande; **end-of-tape marker,** repère de fin de bande; **end-of-tape marker,** marque de fin de bande; **end-of-tape processing,** fin du traitement de bande; **endless tape,** bande sans fin; **endless tape switching,** transmission avec bande sans fin; **error tape,** bande des erreurs; **feed tape carriage,** avance de bande; **five-level tape,** bande perforée à 5 moments; **format tape,** bande pilote; **gap on tape,** espace entre deux blocs; **grandfather tape,** bande de première génération; **high-speed tape reader,** lecteur de bande rapide; **input master tape,** bande maître d'introduction; **input punched tape,** bande perforée des entrées; **input tape,** bande des entrées; **input tape file,** fichier bande entrée; **instruction tape,** bande des instructions; **job input tape,** bande des entrées de travaux; **leading end tape,** début de bande; **ledger tape,** bande journal; **library copy tape,** bande bibliothèque; **library tape,** bibliothèque sur bande; **library tape,** bandothèque; **load library tape,** bande bibliothèque de chargement; **log tape,** bande de compte-rendu; **magnetic tape (mag tape),** bande magnétique; **magnetic tape addressing,** adressage de bande magnétique; **magnetic tape cartridge,** cartouche à bande magnétique; **magnetic tape cassette,** cassette à bande magnétique; **magnetic tape check,** contrôle de bande magnétique; **magnetic tape control,** commande de bande magnétique; **magnetic tape controller,** contrôleur de bande magnétique; **magnetic tape converter,** convertisseur de bande magnétique; **magnetic tape deck,** platine de bande magnétique; **magnetic tape device,** unité de bande magnétique; **magnetic tape drive,** unité de bande magnétique; **magnetic tape driver,** dévideur de bande magnétique; **magnetic tape facility,** commande de bande magnétique intégrée; **magnetic tape file,** fichier bande magnétique; **magnetic tape input,** introduction par bande magnétique; **magnetic tape leader,** amorce de début de bande magnétique; **magnetic tape length,** longueur de bande magnétique; **magnetic tape library,** bibliothèque sur bande magnétique; **magnetic tape mark,** marque de bande magnétique; **magnetic tape output,** sortie bande magnétique; **magnetic tape processor,** processeur à bande magnétique; **magnetic tape reader,** lecteur de bande magnétique; **magnetic tape reel,** bobine de bande magnétique; **magnetic tape sorting,** tri de bandes magnétiques; **magnetic tape storage,** mémoire à bande magnétique; **magnetic tape subsystem,** sous-ensemble dérouleur de bande magnétique; **magnetic tape track,** piste de bande magnétique; **magnetic tape trailer,** amorce de fin de bande magnétique; **magnetic tape transport,** dérouleur de bande magnétique; **magnetic tape unit (MTU),** unité de bande magnétique, dérouleur de bande; **magnetic tape width,** largeur de bande magnétique; **master library tape,** bande bibliothèque pilote; **master system tape,** bande système maître; **master tape,** bande maître; **merge work tape,** bande de phase d'interclassement; **modification tape,** bande des modifications; **multifile tape,** bande multifichier; **mylar tape,** bande mylar; **numeric tape,** bande de commande numérique; **one-sided tape card,** carte à bande perforée unilatérale; **operating tape,** ruban de manoeuvre; **output tape,** bande des sorties; **output tape file,** fichier sur bande en écriture; **output tape header label,** label d'en-tête de bande sortie; **overflow tape,** bande alternée; **paper tape,** bande de papier perforé; **paper tape code,** code de bande perforée; **paper tape control,** commande de bande perforée; **paper tape device,** unité à bande perforée; **paper tape loop,** bande perforée de test; **paper tape punching,** perforation de bande; **paper tape reader,** lecteur de bande perforée; **paper tape reader control,** contrôleur de lecteurs de bandes perforées; **paper tape reader punch,** lecteur-perforateur de bande; **paper tape reel,** bobine de bande perforée; **paper tape unit,** unité à bande perforée; **perforated tape,** bande perforée; **perforated tape reader,** lecteur de bande perforée; **photoelectric tape reader,** lecteur photoélectrique de bandes perforées; **physical end of tape,** fin réelle de bande; **prepunched tape,** bande préperforée; **print image tape,** bande à imprimer; **printer tape,** bande d'impression; **program tape,** bande de programme; **punch tape,** bande à perforer; **punched tape,** bande perforée; **read tape command,** instruction de lecture bande; **red tape,** travail comptable; **red tape instruction,** instruction de servitude; **red tape operation,** opération de service, opération d'entretien; **reference tape,** ruban étalon; **reference tape cassette,**

cassette d'origine; **remote tape control system,** système de télécommande de dérouleurs; **restore tape,** bande de relance; **revision tape,** bande des mouvements; **run tape,** bande d'exploitation; **scratch tape,** bande de manoeuvre; **seven-level tape,** bande perforée à 7 moments; **single-deck tape,** déroulement simple bobine; **single-tape function,** fonction monobobine; **six-level tape,** bande perforée à 6 moments; **standard tape,** bande standard; **standard tape label,** label de bande normalisé; **start-of-tape label,** repère de début de bande; **symbolic library tape,** bande bibliothèque symbolique; **symbolic program tape,** bande de programme symbolique; **system load library tape,** bande bibliothèque système; **system tape,** bande système; **system tape builder,** programme de génération de bande système; **system tape generator,** générateur de bande système; **system tape service routine,** programme utilitaire pour bande système; **system tape supervisor,** superviseur de bande système; **system tape update,** mise à jour de la bande système; **tape (to),** enregistrer sur bande; **tape backspacing,** transport arrière de la bande; **tape bootstrap routine,** sous-programme chargeur de bande; **tape cartridge,** cartouche à bande; **tape cartridge drive,** unité d'entraînement de cartouche; **tape cassette,** cassette à bande; **tape cassette drive system,** système à cassette; **tape channel,** canal de bande perforée; **tape checking,** contrôle de bande; **tape cleaner,** nettoyeur de bande; **tape code,** code de bande; **tape collate,** interclassement de bandes; **tape comparator,** comparateur de bande; **tape control unit,** unité de commande de bande; **tape controller,** contrôleur de bande; **tape copy,** copie de bande; **tape copy teleprinter,** téléimprimeur à bande; **tape core,** tore enroulé; **tape data selector,** sélecteur de données sur bande; **tape deck,** platine dérouleur de bande; **tape density,** densité de bande; **tape device,** équipement à bande; **tape drive,** entraînement de bande; **tape drive panel,** platine; **tape drive unit,** unité d'entraînement de bande; **tape dump,** vidage de la bande; **tape duplicate,** duplication de bande; **tape edit,** impression des données de bande; **tape editing,** impression des données de bande; **tape encoder,** unité d'enregistrement sur bande; **tape erasure,** effacement de bande; **tape error,** erreur de bande; **tape feed,** entraînement de bande; **tape field,** zone de la bande perforée; **tape file,** fichier sur bande; **tape file maintenance,** gestion de fichiers sur bande; **tape format,** structure de bande; **tape gap,** intervalle sur bande; **tape guide,** guide bande; **tape handler,** dérouleur de bande; **tape header,** programme amorce; **tape header label,** label d'en-tête de bande; **tape indicator,** indicateur de bande; **tape initial block,** bloc début de bande; **tape input,** introduction de bande; **tape instruction,** instruction bande; **tape jam,** bande bloquée; **tape label,** étiquette de bande; **tape leader,** amorce de bande; **tape leading end,** début de bande; **tape length,** longueur de bande; **tape level,** niveau de bande; **tape librarian,** bibliothécaire de bandes; **tape library,** bibliothèque de bandes; **tape listing,** liste des bandes; **tape loader monitor,** sous-programme chargeur de bande; **tape loading routine,** sous-programme de mise en place de bande; **tape loop,** boucle de bande; **tape loop recorder,** dérouleur à ruban sans fin; **tape magazine,** cassette d'enroulement de bande; **tape management system,** système de gestion de bandes; **tape mark,** repère de bande; **tape mark recognition,** reconnaissance de marque de bande; **tape mechanism,** axe d'entraînement de bande; **tape memory,** mémoire à bande magnétique; **tape movement,** mouvement de bande; **tape number,** numéro de bande; **tape operating system (TOS),** système d'exploitation à bande; **tape option,** version bande; **tape output,** sortie de bande; **tape packing density,** densité d'enregistrement de bande; **tape parity channel,** canal de parité bande; **tape perforating,** perforation de bande; **tape perforator,** perforateur de bande; **tape pocket,** bac pour bandes; **tape processing,** opération sur bande; **tape punch,** perforatrice de bande; **tape read error,** erreur de lecture de bande; **tape reader,** lecteur de bande; **tape recording density,** densité d'enregistrement de bande; **tape reel,** bobine de bande; **tape reproducer,** reproductrice de bande; **tape reservoir,** magasin de bande; **tape rewind speed,** vitesse de rembobinage; **tape ring,** bague d'écriture; **tape roller,** galet de bande; **tape row,** rangée de bande; **tape skew,** travers de bande; **tape skip,** saut de bande; **tape sort,** tri sur bande; **tape speed,** vitesse de bande; **tape spindle,** mécanisme d'entraînement de bande; **tape spool,** mandrin; **tape spooler,** dévideur de bande; **tape start,** démarrage de bande; **tape station,** unité à bande, dérouleur; **tape stop,** arrêt de bande; **tape supply,** réserve de bande perforée; **tape swap,** échange de bande; **tape switching,** commutation de bande; **tape synchronizer,** synchroniseur d'unité à bande; **tape tag,** étiquette de bande; **tape take-up system,** dispositif de chargement de la bande; **tape teleprinter,** téléimprimeur à bande perforée; **tape tension,** tension de bande; **tape tension arm,** bras amortisseur de bande; **tape tension contact,** contact de présence de bande; **tape tensioning arm,** bras tendeur de bande; **tape test,** test ruban; **tape thickness,** épaisseur de bande; **tape thread path,** chemin de la bande; **tape threading,** enfilage de la bande; **tape track,** piste de bande; **tape trailer label,** label fin de bande; **tape transport,** dispositif d'entraînement de bande; **tape transport mechanism,** mécanisme d'entraînement de bande; **tape unit,** unité de bande (magnétique); **tape unwinder,** dérouleur de bande perforée; **tape unwinding device,** dispositif dérouleur de bande; **tape verifier,** vérificateur de bande; **tape version,** version bande; **tape volume label,** étiquette de volume de bande; **tape wear,** usure de bande; **tape winder,** enrouleur de bande; **tape-controlled,** commandé par bande; **tape-controlled carriage,** chariot à bande pilote; **tape-limited,** limité par la bande; **tape-operated,** commandé par bande; **tape-oriented,** orienté vers bande; **tape-out condition,** terminaison de bande; **tape-out sensing contact,** contact fin de bande; **tape-resident,** résidant sur bande; **tape-to-printer program,** programme d'impression de bande; **test paper tape,** bande perforée d'essai; **torn tape condition,** rupture de bande; **transaction binary tape,** bande objet des mouvements; **transaction tape,** bande des transactions; **unilateral tape card,** carte à bande perforée unilatérale; **unpunched tape,** bande blanche; **updating tape,** bande des mises à jour; **utility tape,** bande de programmes utilitaires; **video tape,** bande vidéo; **virgin magnetic tape,** bande magnétique vierge; **virgin tape,** bande vierge; **work tape,** bande de travail.

**tapping:** dérivation, écoutes téléphoniques.

**target:** cible; **target computer,** calculateur d'exécution; **target language,** langage cible, langage objet; **target machine,** machine cible; **target program,** programme objet.

**task*:** tâche, travail; **attached task,** tâche associée; **attaching task,** connexion supplémentaire; **control task,** tâche de commande; **dependent task,** tâche dépendante; **foreground task,** tâche de premier plan; **main task,** tâche principale; **major task,** tâche majeure; **problem task,** tâche utilisateur; **ready task,** tâche disponible; **subordinate task,** tâche esclave; **system task,** tâche maîtresse; **task control block,** bloc de commande de tâches; **task element,** élément de tâche; **task execution,** exécution des tâches; **task identification,** identification de tâche; **task initiation,** lancement de tâche; **task list,** liste des tâches; **task management,** gestion des tâches; **task name,** nom de tâche; **task scheduling algorithm,** algorithme de planification des tâches; **task sequence number,** numéro de séquence de tâche; **task sharing,** ventilation des travaux; **task supervision,** supervision des travaux; **task switch,** commutateur de tâches; **task termination,** fin de tâche; **task variable,** variable de tâche; **task-scheduling,** planification des travaux; **user task,** tâche utilisateur; **waiting task,** tâche en attente.

**t a s k i n g :** allocation des tâches; **single tasking,** traitement en simple tâche.

**T D M :** **time-division multiplexing,** multiplexage temporel.

**T D M A :** **time-division multiple access,** accès multiple temporel.

**t e a c h :** (to), enseigner.

**t e a c h i n g :** enseignement; **language teaching,** cours de langue; **teaching aid,** moyens d'enseignement; **teaching machine,** machine d'enseignement; **teaching system,** système d'enseignement.

**t e a c h w a r e * :** didactitiel, logiciel didactique; **teachware library,** didacthèque.

**t e a r :** wear and tear, usure par utilisation.

**t e a r i n g :** déchirement horizontal.

**t e c h n i c a l :** technique; **technical brochures,** notices techniques; **technical characteristics,** données techniques; **technical component,** composant technique; **technical development,** développement technique; **technical documentation,** documentation technique; **technical evolution,** évolution technique; **technical information exchange,** échange d'informations techniques; **technical manual,** manuel technique; **technical process,** processus technique; **technical requirements,** conditions techniques; **technical support,** support technique; **technical term,** expression technique; **technical terminology,** terminologie technique.

**t e c h n i q u e :** technique; **access technique,** technique d'accès; **addressing technique,** technique d'adressage; **arithmetic technique,** méthode de calcul; **buffering technique,** technique de tamponnement; **circuit technique,** technologie des circuits; **compiling technique,** technique de compilation; **encryption technique,** technique d'encryptage; **etch-a-sketch technique,** technique d'aide au dessin; **father son technique,** technique de duplication; **grandfather technique,** technique de sauvegarde de fichiers; **in-circuit emulation technique,** technique d'émulation sur circuit; **integrated circuit technique,** technique des circuits intégrés; **overlay technique,** technique de recouvrement; **paging technique,** technique de pagination; **polling technique,** procédé d'appel sélectif; **recording technique,** technique d'enregistrement; **replacement selection technique,** technique de remplacement sélectif; **simplex technique,** méthode du simplex; **swapping technique,** méthode de remplacement; **windowing technique,** technique de fenêtrage.

**t e c h n o l o g y :** technologie; **LSI technology,** technologie d'intégration à grande échelle; **Winchester technology disk,** disque de technologie Winchester; **advanced technology,** technologie d'avant-garde; **bipolar device technology,** technologie transistor; **data processing technology,** technologie informatique; **information technology,** l'informatique; **solid logic technology,** technologie de l'état solide (circuits intégrés); **system technology,** technique des systèmes.

**t e l e c e n t e r :** centre de télétraitement.

**t e l e c e n t r e :** *cf* **t e l e c e n t e r .**

**t e l e c o m m s :** télécoms; **telecomms (telecommunications),** télécoms.

**t e l e c o m m u n i c a t i o n s :** télécommunications; **telecomms (telecommunications),** télécoms; **telecommunications programming,** programmation du télétraitement.

**t e l e c o n f e r e n c e :** téléconférence.

**t e l e c o p i e r :** télécopieur.

**t e l e c o p y :** télécopie; **telecopy (to),** télécopier.

**t e l e d u m p :** télévidage.

**t e l e f a x :** télécopie, fac-similé.

**t e l e g r a p h :** télégraphe, télégraphie; **international telegraph code,** code international de télégraphie; **leased telegraph network,** réseau télex spécialisé; **telegraph code,** code télégraphique, code Morse; **telegraph key,** manipulateur; **telegraph line,** ligne télégraphique; **telegraph modulation,** modulation télégraphique; **telegraph relay,** relais télégraphique; **telegraph-grade,** classe sous-vocale; **two-tone telegraph,** télégraphie en double tonalité.

**t e l e g r a p h y :** télégraphie; **alphabetic telegraphy,** message télex; **telegraphy communication,** communication télégraphique; **telegraphy voice frequency,** télégraphie à fréquence vocale.

**teleinformatics\*:** la télé-informatique.

**teleload:** téléchargement, téléréception (de fichiers); **teleload (to),** télécharger.

**telemail:** télécourrier.

**telemanagement:** télégestion.

**telematics\*:** la télématique.

**telephone:** téléphone; **pluggable telephone channel selector,** sélecteur de canaux; **private telephone network,** réseau de lignes spécialisées; **telephone call,** communication téléphonique; **telephone channel,** voie téléphonique; **telephone circuit,** circuit téléphonique; **telephone connection,** liaison téléphonique; **telephone dial,** cadran téléphonique; **telephone exchange,** réseau téléphonique; **telephone handset,** combiné téléphonique; **telephone line,** ligne téléphonique; **telephone network,** réseau téléphonique; **telephone user,** abonné téléphonique; **toll telephone line,** ligne à péage; **visual telephone,** visiophone.

**telephony:** téléphonie; **quiescent carrier telephony,** téléphonie à porteuse réductible.

**teleprinter:** téléimprimeur; **five unit teleprinter code,** code de télégraphie à 5 moments; **journal teleprinter,** téléimprimeur de contrôle; **page teleprinter,** téléimprimeur par page; **tape copy teleprinter,** téléimprimeur à bande; **tape teleprinter,** téléimprimeur à bande perforée; **teleprinter code,** code téléimprimeur; **teleprinter message,** message téléimprimé; **teleprinter network,** réseau de téléscription; **teleprinter terminal,** poste téléscripteur.

**teleprocessing\*:** télétraitement; **data teleprocessing,** télétraitement de données; **remote batch teleprocessing,** télétraitement par lots; **teleprocessing (TP),** télétraitement; **teleprocessing command,** instruction de télétraitement; **teleprocessing monitor,** moniteur de télétraitement; **teleprocessing network,** réseau de télétraitement; **teleprocessing program,** programme de télétraitement; **teleprocessing system,** système de télégestion; **teleprocessing terminal,** terminal de télétraitement.

**telesoftware:** logiciel téléchargé; **telesoftware (TSW),** logiciel de télétexte.

**teletex:** télétex.

**teletext\*:** télétexte, vidéographie interactive, dialoguée.

**teleticketing:** réservation à distance.

**teletype:** télétype; **Teletype,** Télétype; **teletype (TTY),** téléscripteur, télétype; **teletype channel,** canal de téléimprimeur; **teletype code,** code télégraphique international;

**teletype exchange (telex),** communication télex; **teletype network,** réseau télex.

**teletypesetting:** télétypographie.

**teletypewriter:** téléscripteur; **teletypewriter equipment,** téléimprimeur; **teletypewriter exchange service (TWX),** service télex.

**television:** télévision; **television monitor,** moniteur télévision.

**telewriter:** téléscripteur.

**telewriting:** téléécriture, télématique.

**telex:** télex; **teletype exchange (telex),** communication télex; **telex connection,** connexion télex; **telex installation,** installation télex; **telex line,** ligne télex; **telex network,** réseau télex; **telex service,** service télex.

**tellback:** compte-rendu de transmission.

**teller:** enregistreur; **teller console,** machine de guichet; **teller counter terminal,** terminal de guichet.

**temperature:** température; **ambient temperature,** température ambiante; **case temperature,** température du boîtier; **critical temperature,** température critique; **environmental temperature,** température ambiante; **junction temperature,** température de jonction; **operating temperature,** température de fonctionnement; **room temperature,** température ambiante; **temperature control,** régulateur de température; **temperature controller,** contrôleur de température; **temperature dependence,** variation de température; **temperature dissipation,** échange thermique; **temperature-sensitive,** sensible à la température; **working temperature range,** plage de températures de service.

**template\*:** gabarit, modèle; **flowchart template,** organigraphe; **keyboard template,** aide de clavier; **paper template,** gabarit de papier; **template flowchart,** modèle d'organigramme; **template library,** bibliothèque d'abaques.

**temporary:** provisoire; **temporary data set,** fichier temporaire; **temporary file,** fichier temporaire; **temporary investment,** investissement temporaire; **temporary lease,** location temporaire; **temporary library,** bibliothèque provisoire; **temporary line error,** erreur temporaire de ligne; **temporary personnel,** personnel temporaire; **temporary register,** registre intermédiaire; **temporary run file,** fichier courant temporaire; **temporary storage,** mémoire temporaire, mémoire de travail.

**ten:** dix; **complement on ten,** complément à 10; **power-of-ten position,** position de la virgule décimale; **ten key board,** clavier de touches numériques; **ten state system,** système à base 10; **ten's complement,** complément à 10; **ten's request,** demande de complément à dix; **tens position,** position des dizaines; **tens unit digit,** chiffre des dizaines.

**t e n s i o n :** tension; **paper tension control,** régulateur de tension de bande; **surface tension,** tension superficielle; **tape tension,** tension de bande; **tape tension arm,** bras amortisseur de bande; **tape tension contact,** contact de présence de bande; **tension arm,** bras de tension; **tension roller,** galet tendeur; **tension spring,** ressort de tension.

**t e n s i o n e r :** tendeur; **belt tensioner,** tendeur de courroie.

**t e n s i o n i n g :** tension; **tape tensioning arm,** bras tendeur de bande.

**t e r m :** terme; **Boolean term,** expression booléenne; **absolute term,** terme absolu; **bracket term,** expression entre parenthèses; **bracketed term,** terme délimité; **least term,** élément de poids faible; **logical term,** terme logique; **long term usage,** utilisation à long terme; **mathematical term,** terme mathématique; **technical term,** expression technique; **unknown term,** valeur inconnue, inconnue.

**t e r m i n a i s o n :** terminaison; **program terminaison,** terminaison de programme.

**t e r m i n a l\*:** terminal, cosse; **ASCII terminal,** terminal texte; **application-dedicated terminal,** terminal orienté sur application; **asynchronous terminal,** terminal asynchrone; **audio terminal,** station vocale; **bank counter terminal,** terminal de guichet de banque; **basic terminal access method (BTAM),** méthode d'accès par terminal de base; **basic terminal network support,** gestion principale du réseau de télétraitement; **batch data terminal,** terminal de traitement par lots; **batch terminal,** terminal de traitement par lots, terminal lourd; **booking terminal,** terminal de réservation; **buffered terminal,** terminal à mémoire tampon; **cable terminal box,** boîte de connexions; **cathode terminal,** connexion cathodique; **central terminal,** centre terminal; **clustered terminal,** terminal de grappe; **connecting terminal,** borne de raccordement; **connection terminal,** borne de connexion; **control terminal,** terminal de commande; **conversational terminal,** terminal conversationnel; **counter terminal,** terminal de guichet; **credit card terminal,** terminal de cartes de paiement; **data processing terminal equipment,** terminal de visualisation de données; **data terminal,** terminal de données; **data terminal equipment (DTE),** équipement terminal de données (ETTD); **data terminal installation,** poste de télégestion; **data terminal inter-**face, interface de poste de télégestion; **data terminal ready (DTR),** terminal en ligne; **data terminal subscriber,** abonné télématique; **dial terminal,** terminal à indicatif d'appel; **dial-up terminal,** terminal à indicatif d'appel; **display terminal,** poste d'affichage; **dormant terminal,** terminal inactif; **dumb terminal,** terminal de bas niveau; **entry terminal,** poste de saisie; **facsimile terminal,** télécopieur; **general-purpose terminal,** terminal à usage multiple; **graphic terminal (GT),** terminal graphique; **graphics terminal,** terminal graphique; **ground terminal,** prise de terre; **home terminal,** terminal domestique; **hybrid input terminal,** point de raccordement; **image terminal,** terminal virtuel; **industrial terminal,** terminal à usage industriel; **input terminal,** poste d'introduction, connexion d'entrée; **inquiry display terminal,** terminal d'interrogation; **intelligent terminal,** terminal intelligent; **interactive terminal,** terminal de dialogue; **job-oriented terminal,** terminal spécialisé travaux; **keyboard display terminal,** terminal d'affichage à clavier; **keyboard terminal,** terminal à clavier; **main terminal,** connexion principale; **master terminal,** terminal maître; **mobile terminal desk,** poste de travail mobile; **multifunction terminal,** terminal multifonction; **nearly intelligent terminal (NIT),** terminal semi-intelligent; **network control terminal,** terminal de commande de réseau; **non-ASCII terminal,** terminal non-texte; **office display terminal,** terminal de bureau; **output terminal,** poste de sortie; **packet mode terminal,** terminal en mode paquets; **point-of-sale terminal (POS),** terminal point de vente; **portable terminal,** terminal portable; **programmable terminal,** terminal programmable; **receiving terminal,** terminal récepteur; **remote batch terminal (RBT),** terminal de traitement déporté; **remote terminal,** terminal déporté; **remote terminal device,** équipement terminal déporté; **reporting terminal,** terminal de service; **retrieval terminal,** terminal de saisie; **reverse typing terminal,** imprimante alternante; **smart terminal,** terminal intelligent; **supervisor terminal,** poste de surveillance; **teleprinter terminal,** poste téléscripteur; **teleprocessing terminal,** terminal de télétraitement; **teller counter terminal,** terminal de guichet; **terminal address,** adresse de terminal; **terminal address selector,** sélecteur d'adresses de connexion; **terminal addressing,** adressage de terminaux; **terminal allocation,** allocation des terminaux; **terminal assignment,** affectation de terminal; **terminal block,** bloc de connexion; **terminal board,** plaque de connexion; **terminal box,** boîtier de jonctions; **terminal component,** composant de terminal; **terminal connecting point,** point de connexion; **terminal connector,** connecteur à bornes; **terminal control,** contrôleur de terminal; **terminal device,** unité d'entrée-sortie; **terminal emulation,** émulation de terminal; **terminal equipment,** équipement de terminaison; **terminal extension,** extension de connexion; **terminal eye,** cosse fermée; **terminal file,** fichier en forme définitive; **terminal identification,** identification de terminal; **terminal identification code,** code identificateur de poste; **terminal identifier,** identificateur de poste; **terminal impedance,** impédance terminale; **terminal installation,** installation terminale; **terminal item position,** dernière position d'article; **terminal line input area,** zone d'entrée des lignes de connexion; **terminal management,** gestion des terminaux; **terminal mass storage dump,** vidage mémoire final; **terminal node,** noeud de terminaison; **terminal parameter,** paramètre final; **terminal port,** port de périphérique; **terminal printer,** poste d'impression; **terminal pulse,** impulsion finale; **terminal recognition character,** caractère d'identité du terminal; **terminal release,** libération de terminal; **terminal response,** temps de réponse; **terminal space,** espacement final; **terminal spade,** cosse ouverte; **terminal statement,** instruction finale; **terminal station,** station terminale; **terminal strip,** bande à bornes; **terminal symbol,** symbole de terminaison, charge; **terminal type,** type de poste; **terminal unit,** terminal; **terminal user,** opérateur console; **terminal voltage,** tension aux bornes; **test terminal,** borne de contrôle; **text transmitting terminal,** poste émetteur de texte; **touch screen terminal,** terminal à écran tactile; **transaction terminal,** terminal de transactions; **transmitting terminal,** terminal émetteur; **unconnected terminal,** poste non connecté; **universal terminal,** terminal universel; **user terminal,** terminal, poste utilisateur; **video data terminal,** terminal vidéo; **video terminal,** terminal vidéo; **virtual terminal,** terminal virtuel; **visual display terminal (VDT),** terminal d'affiche; **vocal terminal,** terminal vocal; **voice input terminal,** terminal vocal; **voice output terminal,** terminal vocal.

**terminate:** terminate flag, drapeau de fin; **terminate statement,** instruction fin de liste.

**terminated:** terminé; **terminated line,** ligne adaptée.

**terminating:** terminaison; **abnormal terminating,** terminaison anormale; **abnormally terminating,** suspension anormale; **data circuit terminating equipment (DCE),** équipement de terminaison de circuit de données; **line terminating circuit,** circuit utilisateur; **terminating character,** caractère de fin; **terminating comma,** virgule finale; **terminating decimal,** fraction décimale de faible poids; **terminating plug,** connecteur de terminaison; **terminating resistor,** point d'adaptation; **terminating symbol,** marque de fin.

**termination:** terminaison; **abnormal termination,** arrêt anormal; **field termination character,** caractère fin de zone; **hardware termination,** connexion machine; **instruction termination,** fin d'instruction; **job step termination,** fin d'étape de travail; **job termination,** terminaison des travaux; **line termination,** charge de ligne; **line termination equipment (LTE),** équipement de terminaison de ligne; **line termination unit,** unité terminale de ligne; **loop termination,** terminaison de boucle; **manual termination,** fin manuelle; **pooled terminations,** circuit concentrateur; **program termination,** arrêt de programme; **task termination,** fin de tâche; **termination date,** date d'expiration; **termination interrupt,** fin d'interruption; **termination interrupt pending,** interruption pendant la phase terminale; **termination number,** numéro de terminaison; **termination phase,** phase finale; **termination procedure,** procédure de fin de traitement; **termination request,** demande de suspension; **termination routine,** sous-programme de clôture; **test termination,** borne d'essai.

**terminator:** symbole de terminaison, charge; **bus terminator,** charge de bus; **command terminator,** caractère d'émission de commandes; **terminator card,** carte de fin; **text terminator,** caractère fin de texte.

**terminological:** terminologique; **terminological editing,** mise en forme de la terminologie.

**terminology:** terminologie; **technical terminology,** terminologie technique; **terminology databank,** banque de données de terminologie; **terminology database,** base de données de terminologie.

**terms:** terminologie.

**ternary:** ternaire; **ternary code,** code ternaire; **ternary incremental representation,** représentation incrémentale ternaire; **ternary notation,** numération ternaire; **ternary number,** nombre ternaire.

**test:** test, essai; **beta test,** essai pilote; **Boolean test,** test booléen, test logique; **Chi square test,** test des carrés de Chi; **Q-test,** test numérique; **accelerated test,** test accéléré; **acceptance test,** essai de réception; **acceptance test procedure,** procédure de réception; **ageing test,** test de vieillissement; **alphabetic test,** recherche de caractères alphabétiques; **automatic overflow test,** test automatique de fin de page; **automatic test equipment (ATE),** équipement de test automatique; **automatic test processing machine,** système de test automatique; **benchmark test,** test de performances; **bit test,** test de bits; **blank transmission test,** test de transmission sans contenu; **blind test,** test aveugle, test à l'insu; **built-in test,** test incorporé; **checkout test,** essai définitif; **class test,** test de classe; **compatibility test,** test de compatibilité; **computer test program,** programme de test machine; **condition name test,** test du nom de condition; **control digit test,** test des digits de commande; **credibility test,** test de vraisemblance; **descriptive test,** test banalisé; **destructive test,** test destructif; **diagnostic test,** test diagnostic; **diagnostic test program,** programme-test de diagnostic; **digit test,** test de chiffres; **early test transfer,** impulsion de test anticipé; **end-to-end test,** test de bout en bout; **environmental test,** test de climatisation; **equal test,** test d'égalité; **equality test,** test d'égalité; **error test,** test de détection d'erreurs; **fault test,** test de localisation d'incidents; **field test,** essai pratique; **functional test,** test fonctionnel; **go-no-go test,** test par tout ou rien; **high/low bias test,** test des marges; **inspection test,** contrôle de champ d'essai; **internal test routine,** sous-programme de test interne; **isolation test routine (ITR),** routine de diagnostic; **leapfrog test,** test saute-mouton, test sélectif; **life test,** essai de longévité; **live data test,** essai réel; **logical test,** test logique; **marginal test,** test de marges; **memory test,** test mémoire; **negative balance test,** contrôle des soldes; **numeric test,** test de validité numérique; **on-line test system (OLTS),** système de test en ligne; **parity test track,** piste de contrôle de parité; **peripheral test,** test périphérique; **program test,** test de programme; **program test time,** temps d'essai de programme; **programmer test utility,** utilitaire de tests pour programmeur; **relation test,** test relationnel, test de comparaison; **remote test,** télétest; **sampling test,** essai d'échantillonnage; **self-test,** autotest; **self-test print,** autotest d'impression; **sign test,** vérification de signe; **standard test tone,** signal d'essai standard; **static mode test,** mode de vérification statique; **static test,** test statique; **static test mode,** mode de vérification statique; **status test,** contrôle d'état; **status test cycle,** cycle de contrôle d'état; **storage test routine,** sous-programme de contrôle de la mémoire; **system test time,** temps d'essai du système; **systems test,** essai de systèmes; **tape test,** test ruban; **test access point,** point test; **test address,** adresse de test; **test alphabetic,** test de validité alphabétique; **test area,** zone de test; **test bed,** banc de test; **test board,** carte d'essai; **test box,** boîtier test; **test button,** inverseur test; **test cable,** câble d'essais; **test center,** centre d'essais; **test code storage,** mémoire d'essai; **test command,** instruction de test; **test connection,** connexion test; **test console,** console d'essai; **test control,** commande d'essai; **test cycle counter,** compteur des essais de programmes; **test data,** données de test; **test data block,** bloc de données d'essai; **test data dispersion,** distribution des données d'essai; **test data generator,** générateur de données d'essai; **test deck,** jeu d'essai; **test department,** champ d'essai; **test desk,** banc d'essai; **test equipment,** équipement de test; **test facility,** dispositif d'essai; **test field,** zone d'essai; **test file generation,** génération de fichiers de test; **test file generator,** générateur de fichiers d'essai; **test indicator,** indicateur d'essai; **test inhibit signal,** signal de blocage de test; **test instruction,** instruction de vérification; **test jack,** jack d'essai; **test lead,** ficelle de test; **test log,** journal des essais; **test material,** matériel d'essai; **test mode,** mode d'essai; **test module,** module d'essai; **test operation,** opérateur test; **test out (to),** vérifier; **test paper tape,** bande perforée d'essai; **test pattern,** modèle d'essai; **test plug,** fiche d'essai; **test point,** point de test; **test printing,** impression d'essai; **test procedure,** procédure de test; **test program,** programme de test; **test register,** registre d'interrogation; **test relay,** relais de test; **test report,** compte-rendu d'essai; **test routine,** routine d'essai; **test run,** passage d'essai, passe d'essai; **test scoring machine,** machine correctrice électronique; **test selector switch,** sélecteur d'essais; **test set,** ensemble de tests; **test signal,** signal d'essai; **test signal generator,** générateur de signaux d'essai; **test signal oscillator,** générateur de signaux de contrôle; **test state,** état d'essai; **test terminal,** borne de contrôle; **test termination,** borne d'essai; **test translator,** programme de test d'assembleur; **test voltage,** tension de contrôle; **test volume,** support de données d'essai; **validity test,** test de validité; **vibration test,** essai aux vibrations, essai aux chocs; **visual test,** test visuel; **voltage test point,** point de mesure de tension; **zero balance test,** test de zéro; **zero test,** test de zéro.

**tested:** testé; **field-tested,** mis au point au lieu d'exploitation; **fully tested program,** programme opérationnel.

**tester:** testeur; **automatic tester,** banc d'essai automatique; **board tester,** testeur de carte; **capacitor tester,** contrôleur de condensateur; **chip tester,** équipement de contrôle des circuits.

**testing:** essai; **attribute testing,** contrôle de caractéristique; **bias testing,** test des marges; **closed shop testing,** test à distance; **echo testing,** contrôle par écho; **environmental testing,** test de climatisation; **hands-on testing,** essai manuel; **in-circuit testing,** test intégré; **loop testing,** essai de boucle; **marginal testing,** test des limites, contrôle des valeurs limites; **procedural testing,** essai de procédures; **program testing,** essai de programme; **simulation testing,** contrôle de simulation; **system testing,** essai du système; **testing equipment,** équipement de test; **testing facility,** dispositif d'essai; **testing state,** état d'essai; **total on-line testing,** test en ligne.

**text\*:** texte; **alternate text transfer,** transmission de texte alternée; **end-of-text character (ETX),** caractère de fin de texte; **flowchart text,** légende d'organigramme; **formatted message text,** texte de message formaté; **free form message text,** texte de message libre; **link text,** texte édité-lié; **link text loader,** chargeur éditeur de liens; **message text,** texte de message; **message text handling,** manipulation de texte de message; **message text processing,** traitement de texte de message; **plain text,** texte en clair; **program text,** texte de programme; **replacing text,** texte de remplacement; **source program text,** texte du programme symbolique; **source text,** texte d'origine; **source text editor,** éditeur de textes d'origine; **start-of-text (character) (STX),** (caractère de) début de texte; **stored text,** texte enregistré; **text aligning,** cadrage textuel; **text area,** zone texte; **text block,** bloc de texte; **text box,** zone de texte; **text buffer,** tampon de texte; **text card,** carte texte; **text editing,** édition de texte; **text editing operation,** opération d'édition de texte; **text editor,** éditeur de texte; **text entry,** saisie de texte; **text**

**erasure,** annulation de texte; **text field,** zone texte; **text file,** fichier de textes; **text format,** format de texte; **text formatter,** formateur de texte; **text formatting,** formatage de texte; **text fragment,** fragment de texte; **text header,** en-tête de texte; **text highlighting,** surbrillance de texte; **text identifier,** identificateur de texte; **text label,** label de texte; **text learning tool,** outil didactique textuel; **text loss,** perte de texte; **text marker,** marque textuelle; **text memory,** mémoire de texte; **text mode,** mode texte; **text name,** nom de texte; **text output,** sortie de texte; **text processing,** traitement de texte; **text processing system,** système de traitement de texte; **text production,** création de texte; **text reader processor,** logiciel de reconnaissance de caractères; **text retrieval,** recherche de texte; **text string,** enchaînement de textes; **text structuring,** structuration de texte; **text terminator,** caractère fin de texte; **text transfer,** transfert de texte; **text transfer phase,** phase de transfert de texte; **text transmission,** transmission de texte; **text transmitting terminal,** poste émetteur de texte; **text window,** fenêtre texte; **text word,** mot texte; **transparent text mode,** mode transparent.

**textbook:** manuel didactique; **self-instructing textbook,** manuel d'auto-instruction.

**theorem:** théorème; **binomial theorem,** théorème binomial, loi de distribution binomiale; **efficiency theorem effort,** théorème de rendement effort; **fundamental theorem,** théorème fondamental; **sampling theorem,** théorème d'échantillonnage.

**theory:** théorie; **algorithm theory,** théorie algorithmique; **automata theory,** théorie des automates; **communications theory,** théorie des communications; **decision theory,** théorie de décision; **game theory,** théorie des jeux; **graph theory,** théorie des graphes; **group theory,** théorie des groupes; **information theory,** théorie de l'information; **queueing theory,** théorie des files d'attente; **search theory,** théorie de recherche; **set theory,** théorie des ensembles; **switching theory,** théorie de la commutation; **theory of learning,** théorie d'enseignement; **theory of proportion,** théorie de proportionnalité.

**thermal:** thermique; **thermal converter,** convertisseur thermique; **thermal delay relay,** relais thermique de retardement; **thermal instability,** instabilité thermique; **thermal matrix printer,** imprimante matricielle thermique; **thermal meter,** instrument de mesure thermique; **thermal noise,** bruit thermique;

**thermal paper,** papier thermique; **thermal printer,** imprimante thermique; **thermal rating,** charge thermique; **thermal resistance,** résistance thermique; **thermal stability,** stabilité thermique; **thermal stress,** contrainte thermique.

**thermosensitive:** thermosensible; **thermosensitive paper,** papier thermosensible.

**thick:** épais; **thick film,** film épais, couche épaisse; **thick film integrated circuit,** circuit intégré à couche épaisse; **thick stroke,** trait plein.

**thickness:** épaisseur; **base region thickness,** largeur de la région de base; **form thickness control,** contrôleur d'épaisseur de liasse; **oxide thickness,** épaisseur d'oxyde; **radial thickness,** épaisseur de paroi radiale; **tape thickness,** épaisseur de bande.

**thimble:** dé, bague, tulipe; **thimble printer,** imprimante à tulipe; **thimble wheel,** tulipe porte-caractères.

**thin:** mince; **magnetic thin film,** film mince magnétique; **magnetic thin film storage,** mémoire à couche mince magnétique; **thin film,** film mince, couche mince; **thin film memory,** mémoire à film mince; **thin film resistor,** résistance à couches minces; **thin film storage,** mémoire à couche mince; **thin film transistor,** transistor à couche mince; **thin stroke,** caractère délié.

**third:** troisième; **third party,** tiers; **third-generation computer,** calculateur de troisième génération.

**thrashing:** surcharge.

**thread:** fil, cheminement, unité d'exécution; **tape thread path,** chemin de la bande.

**threaded:** à cheminement; **threaded language,** langage chaîné.

**threading:** partage en unité d'exécution, mise en place; **tape threading,** enfilage de la bande.

**three:** trois; **excess-three code (XS3),** code excédent 3; **three-address,** à trois adresses; **three-address code,** code à trois adresses; **three-address computer,** calculateur à trois adresses; **three-address instruction,** instruction à trois adresses; **three-address machine,** machine à trois adresses; **three-address system,** système à trois adresses; **three-bit byte,** triplet, multiplet de 3 bits; **three-bit plane,** plan triade, plan à trois bits par point; **three-button mouse,** souris à trois boutons; **three-digit number,** chiffre à trois positions; **three-dimension geometric modeling,** modélisation géométrique tridimensionnelle; **three-dimension graphic display,** écran graphique tridimensionnel; **three-dimension surface sculpturing,** mise en forme des surfaces en trois dimensions; **three-dimension transformation,** transformation tridimensionnelle; **three-dimensional animation,** animation tridimensionnelle; **three-dimensional array,** tableau tridimensionnel; **three-input adder,** additionneur à trois entrées, sommateur complet; **three-input subtracter,** soustracteur à trois entrées; **three-phase,** triphase; **three-phase current,** courant triphasé.

**threshold:** seuil; **absolute threshold,** seuil absolu; **difference threshold,** seuil de différentiation; **high threshold logic (HTL),** logique à seuil élevé; **light threshold,** seuil de luminosité; **operating threshold,** seuil d'attaque; **pacing threshold,** écart dans la chaîne de messages; **setting threshold,** seuil de polarisation; **switching threshold,** seuil de commutation; **threshold condition,** condition de seuil; **threshold element,** élément à seuil; **threshold function,** fonction de seuil; **threshold gate,** circuit à seuil; **threshold logic,** logique de seuil; **threshold value,** valeur de seuil; **threshold voltage,** tension de seuil.

**throat:** gorge, rainure; **badge receiver throat,** gorge de réception de badge; **card throat,** magasin de réception filière.

**throughput\*:** capacité de traitement; **nominal throughput,** débit nominal; **optimum throughput,** débit optimum; **punching throughput,** vitesse de perforation; **simultaneous throughput,** exploitation simultanée; **simultaneous throughput computer,** calculateur à opérations simultanées; **throughput rate,** cadence; **throughput time,** temps de passage; **useful throughput,** débit utile.

**throw:** **paper throw,** avance anormale de papier; **throw (to),** lancer, jeter; **throwaway character,** caractère fictif.

**thrust:** poussée; **paper thrust roller,** galet de pression de papier.

**thumb:** pouce; **rule of thumb,** règle empirique; **thumb wheel,** molette.

**thumbwheel:** roue codeuse; **thumbwheel switch,** roue codeuse.

**thyristor:** thyristor; **bidirectional thyristor,** thyristor bidirectionnel.

**tick:** battement, impulsion; **clock tick,** impulsion d'horloge.

**ticker:** téléscripteur.

**tickler:** aide-mémoire; **tickler file,** fichier mémo.

**tidying:** nettoyage; **file tidying,** réorganisation de fichier.

**tie:** **tie line,** ligne louée; **tie rod,** barre

d'espacement.

**tight:** serré; **dust tight,** abrité des poussières.

**tilde:** tilde, signe '~'.

**tiled:** arrangé côte à côte; **tiled windows,** fenêtres à recouvrement.

**tilt:** mise en travers; **pulse tilt,** palier incliné d'impulsion; **tilt (to),** pencher; **tilt out (to),** pivoter, basculer; **tilt ring,** bague de pivotement; **tilt swivel stand,** support pivotant inclinable.

**tiltable:** inclinable.

**time*:** temps; **acceleration time,** temps d'accélération; **access time,** temps d'accès, temps de cycle; **action time,** temps d'occupation; **actual time,** temps effectif; **add time,** temps d'addition; **add/subtract time,** temps d'addition ou de soustraction; **adding time,** temps d'addition; **analog output conversion time,** temps de conversion analogique-numérique; **arrival time,** temps d'arrivée; **assembly lead time,** temps d'assemblage; **assembly time,** durée d'assemblage; **attended time,** temps de maintenance; **available machine time,** temps d'exploitation effectif, temps disponible; **average access time,** temps moyen d'accès; **average information rate per time,** moyenne d'informations transmises; **average instruction execution time,** temps moyen d'exécution des instructions; **average operation time,** temps moyen d'opération; **average seek time,** temps d'accès de positionnement; **awaiting repair time,** délai de réparation; **backspacing time,** temps de rappel; **backup time,** temps de sauvegarde; **basic time,** temps de base; **batch operation time,** temps d'exécution de lots; **billable time,** temps d'utilisation; **billable time meter,** compteur tarifaire; **blackout time,** durée de l'arrêt total, durée des blancs; **calculating time,** temps de calcul; **call recognition time,** temps de reconnaissance d'appel; **call set-up time,** durée d'établissement de la communication; **call time,** temps d'appel, durée de communication; **carry time,** temps de report; **character-at-a-time check,** contrôle caractère par caractère; **character-at-a-time printer,** imprimante caractère par caractère; **circuit time,** temps d'occupation de ligne; **clock time controller,** routine de contrôle des rythmes; **compilation time,** temps de compilation; **compilation time table,** table des temps de compilation; **compiling time,** durée de compilation; **computer down-time,** temps d'arrêt de l'ordinateur; **computer time,** temps de calcul; **computing time,** durée de calcul; **connect time,** temps de connexion, de branchement; **con-**

**tact make time,** temps de contact; **conversion time,** temps de conversion; **correction time,** durée de réglage; **corrective time,** temps de maintenance; **cpu-time,** temps machine; **cross gap time,** temps d'intervalle; **current time,** temps réel; **cycle time,** temps de cycle; **data time,** temps de transmission des données; **dead time,** temps mort; **decay time,** temps de descente; **deceleration time,** temps de décélération; **delay time,** temps de propagation; **delay time interval,** intervalle de phase; **detail time,** temps individuel; **development time,** temps d'élaboration; **digit time,** période binaire; **digital time unit,** unité d'horloge numérique; **display time,** affichage de temps; **down time,** durée hors-opération, temps d'indisponibilité; **drive time,** temps de commande; **dwell time,** temps de repos; **effective calculating time,** temps machine effectif; **effective time,** temps utile; **elapsed time,** temps écoulé; **elapsed time clock,** horloge pour temps écoulé; **elapsed time meter,** tension de service; **electronic time clock,** pendule de pointage électronique; **enter time,** heure d'enregistrement; **entry time,** temps d'entrée; **execution time,** temps d'exécution; **execution time table,** table de temps d'exécution; **extended time-scale,** facteur temps étendu; **external loss time,** temps perdu; **fall time,** temps de retombée; **fast time scale,** facteur temps réduit; **fault time,** temps de défaillance; **fault-tracing time,** temps de recherche d'erreur; **fly-back time,** temps de retour du faisceau; **full time circuit,** connexion permanente; **function of time,** fonction de temps; **given time,** temps déterminé; **hammer flight time,** durée de vol du marteau d'impression; **head positioning time,** temps de positionnement de tête; **hold time,** temps de maintien; **holding time,** temps d'occupation; **idle running time,** cycle d'attente; **idle time,** temps d'attente; **ineffective time,** temps perdu; **inoperable time,** temps d'immobilisation, délai d'immobilisation; **input time,** temps d'introduction; **installation time,** temps de mise en route; **instruction execution time,** temps d'exécution de l'instruction; **instruction time,** temps d'instruction; **interlock time,** temps d'interruption; **interpretation time,** temps de décodage; **keyboard time out,** verrouillage temporel de clavier; **latency time,** temps de latence; **lead time,** delai d'obtention; **line blanking time,** durée de suppression ligne; **line-at-a-time printer,** imprimante ligne par ligne; **line-at-a-time printing,** impression ligne par ligne; **load time,** moment du chargement; **long time behaviour,** comportement de longue durée;

411

loss of time, perte de temps; **machine available time,** temps machine disponible; **machine down-time,** temps d'arrêt machine; **machine maintenance time,** temps de maintenance machine; **machine set-up time,** temps de préparation machine; **machine time,** temps machine; **main memory cycle time,** cycle de mémoire principale; **maintenance standby time,** temps de garde; **maintenance time,** temps d'entretien, temps de maintenance; **make-time,** temps de fermeture; **make-up time,** temps voué aux essais; **malfunction time,** durée de défaillance; **manual reduction time,** temps de réduction manuelle; **mean access time,** temps d'accès moyen; **mean holding time,** temps moyen d'occupation; **mean repair time,** temps moyen de réparation; **mean time between failures (MTBF),** moyenne des temps de bon fonctionnement; **mean time between routine maintenance (MTBRM),** moyenne des temps entre entretiens; **mean time to maintain (MTTM),** moyenne des temps d'entretien; **mean time to repair (MT-TR),** temps moyen de réparation; **memory access time,** temps d'accès à la mémoire; **memory cycle time,** temps du cycle de base; **mill time,** temps d'unité centrale; **miscellaneous time,** temps divers; **move time,** temps de mouvement; **multiplication time,** temps de multiplication; **object time,** temps d'exploitation; **on-line real time (OLRT),** temps réel en ligne; **one-time job,** problème unique; **operable time,** temps d'exploitation; **operating time,** durée d'exploitation; **operation time,** temps d'opération; **out of time,** désynchronisé; **overflow time,** temps de débordement; **page-at-a-time printer,** imprimante page par page; **part time,** temps par pièce; **pick time,** temps d'excitation; **pixel update time,** temps de rafraîchissement d'un pixel; **positioning time,** temps de positionnement; **preexecution time,** temps de chargement; **preventive maintenance time,** temps de maintenance préventive; **process time,** temps de traitement; **processing time,** temps de traitement; **productive time,** temps d'exploitation sans erreurs; **program development time,** temps de réalisation de programme; **program test time,** temps d'essai de programme; **programming time,** temps de programmation; **propagation time,** temps de propagation; **proving time,** temps d'essai; **pulse decay time,** temps de descente d'impulsion; **pulse rise time,** temps de montée d'impulsion; **pulse time modulation (PTM),** modulation d'impulsions temporelle; **queue time,** temps d'attente en file; **rate of time,**

durée d'action; **read cycle time,** temps du cycle de lecture; **read time,** temps de lecture; **reading cycle time,** temps du cycle de lecture; **real time (RT),** temps réel (TR); **real-time application,** application en temps réel; **real-time clock,** horloge temps réel; **real-time clock interface,** interface d'horloge temps réel; **real-time communication,** communication en temps réel; **real-time computer,** calculateur en temps réel; **real-time control,** commande en temps réel; **real-time control system,** système temps réel; **real-time data processing,** traitement des données en temps réel; **real-time demand,** accès en temps réel; **real-time executive routine,** sous-programme d'exécution immédiate; **real-time input,** entrée en temps réel; **real-time interface,** interface de processus; **real-time language,** langage temps réel; **real-time monitor,** moniteur temps réel; **real-time operation,** opération en temps réel; **real-time output,** sortie en temps réel; **real-time processing,** traitement en temps réel; **real-time program,** programme en temps réel; **real-time satellite computer,** calculateur secondaire temps réel; **real-time simulation,** simulation en temps réel; **real-time simulator,** simulateur immédiat; **real-time spelling checker,** contrôleur orthographique en temps réel; **real-time system (RTS),** système temps réel; **real-time transmission,** transmission en temps réel; **real-time use,** exploitation en temps réel; **real-time working,** fonctionnement en temps réel; **recognition time,** temps de reconnaissance; **recorded time,** période d'enregistrement, temps de saisie; **recovery time,** temps de recouvrement; **reduction time,** temps de réduction; **relative time clock,** horloge relative; **repair time,** temps de réparation; **rerun time,** temps de reprise; **response time,** temps de réponse; **retrace time,** durée d'effacement; **reverse time,** temps d'inversion; **rewind time,** temps de rembobinage; **rise time,** temps de montée; **rotational delay time,** délai d'attente; **run time parameter,** paramètre de temps d'exécution; **run-time,** durée d'exploitation; **run-time monitor,** moniteur d'exploitation; **running time,** temps de passage; **running time meter,** indicateur horaire; **scheduled engineering time,** temps de maintenance concertée; **scheduled maintenance time,** temps de maintenance concertée; **search time,** temps de recherche; **seek access time,** temps de recherche de données; **seek time,** temps de recherche; **service time,** période d'entretien; **setting time,** temps de positionnement, temps de basculement; **set-up time,** temps de mise en route; **standby time,** temps d'attente; **start time,** moment du début; **stop time,** temps d'arrêt; **swap time,** temps de basculement; **switching time,** temps de commutation; **system production time,** temps de production du système; **system test time,** temps d'essai du système; **takedown time,** temps de préparation; **throughput time,** temps de passage; **time base,** base de temps; **time base scale,** échelle des temps; **time bucket,** période; **time card,** carte de pointage; **time constant,** constante de temps; **time constraints,** contraintes de temps; **time counter,** minuterie; **time displacement,** décalage dans le temps; **time division,** partage du temps; **time emitter,** générateur de temps; **time frame,** trame temporelle; **time indicator,** indicateur horaire; **time interval,** période; **time lag,** retard; **time lag measurement,** chronométrage; **time limit switch,** interrupteur horaire; **time limitation,** limitation temporelle; **time need,** besoin en temps; **time origin,** état de référence; **time pulse distributor,** distributeur d'impulsions d'horloge; **time quantum,** unité de temps; **time record,** enregistrement de temps; **time recording equipment,** enregistreur de temps; **time register,** registre d'horloge; **time request,** demande de temps; **time requirement,** besoin en temps; **time resetting,** remise à l'heure; **time saving,** gain de temps; **time scale,** échelle des temps; **time scale factor,** facteur d'échelle des temps; **time schedule,** plan d'échelonnement; **time selection,** mesure du temps; **time series analysis,** analyse en série chronologique; **time share,** partage du temps; **time sharing,** temps partagé, partage de temps; **time slice,** tranche de temps; **time slicing,** partage du temps, découpage du temps; **time slot,** tranche de temps; **time stamp,** horodateur; **time study,** étude des temps; **time-delay simulator,** simulateur de temporisation; **time-dependent,** asservi au temps; **time-derived channel,** voie dérivée en temps; **time-displaced,** différé; **time-division multiple access (TDMA),** accès multiple temporel; **time-division multiplex,** multiplexage en temps; **time-division multiplex method,** méthode de multiplexage temporel; **time-division multiplex operation,** opération de multiplexage temporel; **time-division multiplex system,** système de multiplexage temporel; **time-division multiplexer,** multiplexeur temporel; **time-division multiplexing (TDM),** multiplexage temporel; **time-division multiplexing equip-**ment, matériel de multiplexage temporel; **time-division multiplier,** multiplicateur de modulation à deux canaux; **time-division switching,** commutation temporelle; **time-out,** temporisation; **time-shared operation,** opération en temps partagé; **time-shared system,** système en temps partagé; **time-sharing environment,** exploitation en temps partagé; **time-sharing system,** système en temps partagé; **time-slicing environment,** exploitation par découpage du temps; **total response time,** temps de réaction total; **total time,** temps total; **track-to-track positioning time,** temps de positionnement de piste à piste; **track-to-track seek time,** temps d'accès de piste à piste; **transfer time,** temps de transfert; **transit time,** temps de transit; **transit time reduction factor,** facteur de réduction du temps de transition; **transition time,** temps de montée; **translate time,** temps de traduction; **translating time,** temps de traduction, durée de traduction; **transmission time,** temps de transmission; **turn-on time,** temps de mise en service; **turn-around time,** temps de retournement; **type-in time,** temps de saisie; **type-out time,** temps d'impression; **unattended time,** temps de repos; **unused time,** temps inutilisé; **variable-access time,** temps d'accès variable; **vendor lead time,** délai de livraison; **waiting time,** temps d'attente, latence; **waiting time distribution,** ventilation des temps d'attente; **word time,** temps de transfert d'un mot; **write cycle time,** temps du cycle d'écriture; **write time,** temps d'écriture; **writing cycle time,** temps du cycle d'écriture.

**timed:** chronométré; **timed entry call,** appel d'entrée temporisé.

**timeout:** temps dépassé; **instruction timeout,** délai de garde, temps imparti; **instruction timeout violation,** dépassement de temps imparti; **timeout facility,** fonction de temporisation.

**timer:** horloge, minuterie, temporisateur; **automatic timer,** horloge automatique; **common timer,** horloge commune; **dynamic timer,** rythmeur dynamique; **internal timer,** horloge interne, synchronisateur; **interval timer,** rythmeur; **receive timer,** rythmeur de réception; **timer clock generator,** générateur de rythme d'horloge; **timer interrupt,** interruption de la synchronisation; **timer register,** registre rythmeur; **timer start,** déclenchement par horloge; **watch dog timer,** rythmeur de séquence.

**timing:** synchronisation; **clock timing error,** erreur de synchronisation; **direct timing source,** horloge de connexion directe synchronisée; **receiver signal element timing**, synchronisation de la réception; **signal element timing**, rythme pas à pas; **timing chart**, chronogramme; **timing circuit**, circuit rythmeur; **timing diagram**, diagramme des temps; **timing disk**, disque horloge; **timing error**, erreur temporelle; **timing generator**, générateur de cadencement; **timing loop**, boucle temporelle; **timing mark**, marque de synchronisation; **timing mark check**, contrôle des marques de synchronisation; **timing mark field**, zone de marque de synchronisation; **timing mark pitch**, distance entre marques de synchronisation; **timing pulse**, impulsion de synchronisation; **timing pulse generator**, circuit générateur de rythme; **timing pulse rate**, fréquence de rythme; **timing scale**, échelle des temps; **timing signal**, signal de synchronisation; **timing signal error**, erreur de synchronisation; **timing signal generator**, générateur de base de temps; **timing track**, piste de synchro; **timing verifier**, analyseur temporel; **transmission timing**, rythme de transmission; **transmitter bit timing**, rythme d'émission.

t i n t : teinte; **half-tint**, demi-teinte.

t i p : astuce, truc; **finger-tip set up control finish**, commande par poussoirs; **hints and tips**, technique de la perche; **programming tip**, astuce de programmation.

t i p p e d : sur support en continu; **tipped forms**, imprimés détachables; **tipped paper**, papier détachable.

t i t l e : titre; **half-title**, avant-titre; **high contrast title**, titre à contraste élevé; **menu title**, titre de menu; **title bar**, barre de titre; **title block**, cartouche, titre; **title format**, format de texte.

T O F : **top-of-form character**, caractère de mise en haut de page.

t o g g l e : bascule; **toggle (to)**, basculer; **toggle circuit**, montage flip-flop; **toggle switch**, commutateur à bascule.

t o k e n * : jeton, indicateur; **lexical token**, entité lexicale; **token bus approach**, concept de bus à jeton; **token ring approach**, concept du bus annulaire à jeton; **token table**, table de signes; **token-passing bus network**, réseau avec bus à jeton; **token-passing ring network**, réseau avec bus annulaire à jeton; **token-passing ring protocol**, protocole d'anneau à jeton; **token-passing sequence**, séquence de bus à jeton.

t o l e r a n c e : tolérance; **frequency tolerance**, tolérance de fréquence.

t o l e r a n t : tolérant; **fault-tolerant system**, système à tolérance de pannes.

t o l l : péage; **toll call**, appel interurbain;

**toll circuit**, réseau interurbain; **toll free number**, numéro vert; **toll telephone line**, ligne à péage.

t o n e : tonalité, signal, note; **answer tone**, tonalité de réponse; **answering tone**, tonalité de réponse; **busy tone**, tonalité d'occupation; **calling tone**, tonalité d'appel; **dial tone**, tonalité d'invite à composer; **go-ahead tone**, tonalité d'invitation à transmettre; **half-tone**, demi-teinte, demi-ton; **signal tone**, fréquence de signal; **signaling tone**, tonalité de signalisation; **standard test tone**, signal d'essai standard; **tone dialing**, numéroteur à boutons-poussoirs; **two-tone keying**, télégraphie en double tonalité; **two-tone modulation**, modulation bifréquence; **two-tone telegraph**, télégraphie en double tonalité.

t o n e r : toner, poudre encreuse; **dry toner**, encre sèche.

t o o l : outil; **alignment tool**, outil d'alignement; **automatic programming tool (APT)**, programme de commande numérique; **desktop tools**, outils de bureau; **development tool kit**, kit de programmes de développement; **machine tool**, machine-outil; **management tool**, outil de gestion; **programming tools**, outils de programmation; **software tool**, outil logiciel; **text learning tool**, outil didactique textuel; **tool kit**, trousse d'outillage; **wirewrap tool**, tortillonneur.

t o p : sommet; **pulse top**, palier d'une impulsion; **top cover**, couvercle; **top edge**, bord supérieur; **top margin**, marge supérieure; **top of form**, début de formulaire; **top of screen**, haut d'écran, début d'écran; **top priority**, priorité la plus haute; **top shell**, carter supérieur; **top view**, vue de dessus; **top-of-form character (TOF)**, caractère de mise en haut de page; **top-row function keys**, touches de fonctions de haut de clavier.

t o p d o w n : de haut en bas; **topdown analysis**, analyse descendante; **topdown approach**, approche descendante; **topdown method**, approche descendante; **topdown method**, méthode descendante; **topdown methodology**, méthodologie descendante.

t o p o l o g y : topologie; **bus topology**, topologie de bus; **distributed bus topology**, topologie en bus distribué; **topology engineering**, étude de la topologie.

t o r n : déchiré; **torn condition**, déchirement de bande; **torn tape condition**, rupture de bande.

t o r o i d : tore.

t o r o i d a l : toroïdal; **toroidal core**, noyau toroïdal; **toroidal transformer**, transformateur à tore.

t o r q u e : couple; **rotational torque**, couple moteur.

**t o r s :** tore.

**T O S :** tape operating system, système d'exploitation à bande.

**t o t a l :** total; **accumulated total punching,** poinçonnage totalisateur; **average total value,** valeur moyenne du courant total; **batch total,** total par groupe; **check total,** total de contrôle; **control total,** total de contrôle; **counter total exit,** sortie des cumuls; **gibberish total,** total de contrôle; **grand total,** total global; **group total,** total de série; **hash total,** total mêlé, total de vérification; **hash total field,** zone du total de contrôle; **intermediate total,** sous-total; **minor total,** total au niveau inférieur; **nonsense total check,** indication d'erreur par total insensé; **running total,** total courant; **sum total,** total général; **summary total,** total cumulé; **total (to),** totaliser; **total card,** carte de totalisation; **total control card,** carte de commande des totaux; **total cycle,** cycle de prise du total; **total device,** totalisateur; **total differential,** différentielle totale; **total failure,** défaillance totale; **total line,** ligne de totalisation; **total list speed,** vitesse de tabulation; **total online testing,** test en ligne; **total output,** sortie du résultat; **total overflow,** report du total; **total printing,** impression du total; **total response time,** temps de réaction total; **total time,** temps total; **total transfer,** transfert des totaux; **total view,** vue d'ensemble.

**t o u c h :** key touch, toucher de clavier; **key touch force,** force de frappe; **touch panel,** écran tactile; **touch pen,** crayon de touche; **touch screen terminal,** terminal à écran tactile; **touch-sensitive,** à effleurement; **touch-control,** touche à effleurement; **touch-pad,** bloc à effleurement; **touch-sensitive screen,** écran interactif au toucher.

**t o u c h t o n e :** clavier musical; **Touchtone,** clavier à fréquences vocales.

**T P I :** tracks per inch, pistes par pouce.

**t r a c e :** tracé; **disk trace,** compte-rendu de parcours disque; **dual trace adapter,** adaptateur bicourbe; **dual trace amplifier,** amplificateur à double trace; **dual trace oscilloscope,** oscilloscope à deux faisceaux; **interpretive trace program,** programme de mise au point; **selective trace,** analyse sélective; **selective trace program,** programme d'analyse sélective; **single-trace magnetic head,** tête magnétique monopiste; **snapshot trace,** impression de zone; **trace (to),** suivre à la trace; **trace condition,** condition d'analyse; **trace mode,** mode d'analyse; **trace program,** programme d'analyse, programme de dépistage; **trace routine,** routine de dépistage; **trace statement,** instruction de pistage; **trace-back,** trace inverse.

**t r a c e r :** traceur; **curve tracer,** traceur de courbes; **signal tracer,** traceur de signaux.

**t r a c i n g :** suivi, trace, dépistage; **curve tracing,** représentation d'une courbe; **fault-tracing time,** temps de recherche d'erreur; **tracing paper,** papier calque; **tracing program,** programme de pas à pas; **tracing routine,** programme de contrôle.

**t r a c k \* :** piste; **absolute track address,** adresse de piste absolue; **address track,** piste d'adresses; **alternate track,** piste alternative, piste de réserve; **alternate track address,** adresse de piste de réserve; **alternate track area,** zone des pistes de réserve; **alternate track assignment,** allocation de piste de réserve; **alternate track pool,** zone des pistes de réserve; **alternate track recording,** enregistrement par pistes alternantes; **alternative track,** piste alternative; **automatic defective track recovery,** changement automatique de piste défectueuse; **bad track linking record,** enregistrement d'enchaînement de piste; **bad track processing,** traitement de piste incorrecte; **bad track substitution,** remplacement d'une piste défectueuse; **block marker track,** piste de marquage de bloc; **booking track,** trace comptable; **card read track,** piste de lecture; **card track,** piste de carte; **clock marker track,** piste de rythme; **clock track,** piste de synchronisation; **code hole track,** voie d'information; **code track,** voie d'information; **continuation track,** piste de poursuite; **control track,** piste d'asservissement, piste de contrôle; **cue track address code,** code d'adresse de la piste d'ordres; **data track,** piste de données; **defective track,** piste défectueuse, piste dégradée, voie erronée; **defective track recovery,** changement de vole erronée; **digit track,** piste des digits; **disk track,** piste de disque; **drum track,** piste de tambour; **ejection track,** piste d'éjection; **feed track,** piste d'entraînement; **five track code,** code à 5 moments; **information track,** voie d'information; **insertion track,** piste d'insertion; **label track,** piste d'étiquette; **library track,** piste de référence; **logical track,** piste logique; **magnetic tape track,** piste de bande magnétique; **magnetic track,** piste magnétique; **operating track,** piste de travail; **original track,** voie initiale; **parity test track,** piste de contrôle de parité; **parity track,** piste de parité; **primary track,** piste principale; **prime track,** piste principale; **processing track,** piste d'enregistrement;

**punching track,** piste de perforation; **reading track,** piste de lecture; **recording track,** piste d'enregistrement, voie d'enregistrement; **regenerative track,** piste à recirculation; **sprocket track,** piste à picots; **substitute track,** piste de remplacement; **substitute track processing,** traitement des pistes de réserve; **take-off track,** piste de lecture; **tape track,** piste de bande; **timing track,** piste de synchro; **track (to),** suivre à la trace, pister; **track address,** adresse de piste; **track ball,** boule de commande, boule roulante; **track capacity,** capacité de piste; **track check,** contrôle de l'état de piste; **track density,** densité de pistes; **track description record,** enregistrement d'identification de piste; **track descriptor block,** descripteur de piste; **track descriptor record,** enregistrement identificateur de piste; **track end,** fin de piste; **track format,** structure de piste; **track head,** tête d'écriture/lecture; **track identifier,** identificateur de piste; **track initialization,** ouverture de piste; **track layout,** topogramme de piste; **track length,** longueur de voie; **track number,** numéro de piste; **track overrun,** dépassement de piste; **track pitch,** pas de piste, pas transversal, espace interpiste; **track positioning,** entraxe de piste; **track recording area,** surface d'écriture; **track select switch,** sélecteur de pistes; **track selection,** sélection de piste; **track skip control,** commande de saut de piste; **track width,** largeur de piste; **track-to-track positioning time,** temps de positionnement de piste à piste; **track-to-track seek time,** temps d'accès de piste à piste; **tracks per inch (TPI),** pistes par pouce; **unassigned track,** piste disponible, voie non affectée; **unused track,** voie inutilisée; **volume label track,** piste de label de volume; **working track,** piste de travail; **zero track,** piste zéro.

**trackball*,** boule de commande.

**tracking:** poursuite, recherche; **mechanical tracking,** poursuite mécanique; **tracking cross,** croix de poursuite; **tracking error,** erreur d'asservissement; **tracking pattern,** symbole de poursuite; **tracking signal,** signal de synchronisation; **tracking symbol,** symbole de poursuite.

**tractor:** rouleau d'entraînement; **form tractor,** tracteur de papier.

**traffic:** trafic; **batch traffic,** transfert en série; **density of traffic,** densité de trafic; **dummy traffic,** connecteur fictif; **incoming traffic,** trafic d'arrivée; **input/output (traffic) control,** commande des entrées/sorties; **traffic bit,** bit de transmission; **traffic computer,** ordinateur de circulation; **traffic con-**troller, contrôleur de transmission; **traffic handling capacity,** capacité de transmission.

**trail:** piste; **audit trail,** trace de contrôle; **trail (to),** remorquer.

**trailer:** amorce de fin (de bande); **end-of-volume trailer label,** label de fin de bande; **file trailer,** marque de fin de fichier; **file trailer label,** label fin de fichier; **macrodefinition trailer,** label fin de définition macro; **magnetic tape trailer,** amorce de fin de bande magnétique; **tape trailer label,** label fin de bande; **trailer card,** carte suiveuse; **trailer file,** fichier additionnel; **trailer flag,** étiquette queue de bande; **trailer label,** repère de fin; **trailer record,** enregistrement récapitulatif; **trailer statement,** instruction de fin de bande; **user trailer label,** label de fin utilisateur; **volume trailer label,** label fin de volume.

**trailing:** amorce de fin (de bande); **card trailing edge,** bord arrière de carte; **trailing blanks,** blancs de fin de mot; **trailing count,** comptage d'articles fin; **trailing edge,** bord arrière; **trailing end,** fin de bande; **trailing line,** ligne de fin; **trailing spaces,** espaces suiveurs; **trailing zeroes,** zéros suiveurs.

**train:** train; **mechanical drive train,** chaîne cinématique; **print train,** élément porte-caractères; **pulse train,** train d'impulsions; **train printer,** imprimante à chaîne.

**training:** formation; **hands-on training,** travaux pratiques; **training program,** programme d'enseignement; **training schedule,** programme de formation.

**transaction*:** transaction, mouvement; **closed transaction file,** fichier des transactions internes; **first major transaction,** premier mouvement général; **first transaction,** premier mouvement; **inquiry and transaction processing,** télétraitement; **last major transaction,** dernier mouvement général; **material transaction register,** liste de mouvements; **on-line transaction processing,** traitement interactif; **peak transaction volume,** débit maximal; **recovery transaction,** mouvement de récupération; **transaction binary tape,** bande objet des mouvements; **transaction card,** carte des transactions; **transaction code,** codification de saisie; **transaction context acquisition,** acquisition du contexte mouvement; **transaction counter,** compteur de mouvements; **transaction data,** données de mouvements; **transaction data set,** fichier des transactions; **transaction file,** fichiers des transactions; **transaction input,** transaction, mouvement; **transaction journal,** journal des transactions; **transaction logging,** enregistrement de mouvement; **transaction maintenance,**

maintenance des mouvements; **transaction management software,** logiciel transactionnel de gestion; **transaction processing (TP),** traitement transactionnel; **transaction processor,** processeur de traitement des mouvements; **transaction programming,** programmation de transactions; **transaction record,** enregistrement des mouvements; **transaction report,** compte rendu des mouvements; **transaction status control,** contrôle d'état des mouvements; **transaction tape,** bande des transactions; **transaction terminal,** terminal de transactions; **transaction-driven system,** système de commande des mouvements.

**t r a n s a c t i o n a l :** transactionnel; **transactional processing,** traitement des mouvements; **transactional system,** système de communication.

**t r a n s c e i v e r :** émetteur/récepteur; **card transceiver,** émetteur/récepteur de cartes; **facsimile transceiver,** reporteuse; **printing data transceiver,** téléimprimeur; **synchronous transceiver,** émetteur/récepteur synchrone.

**t r a n s c e n d e n t a l :** transcendental; **transcendental equation,** équation transcendante; **transcendental function,** fonction transcendante; **transcendental number,** nombre transcendant.

**t r a n s c o d e :** (to), transcoder.

**t r a n s c o d e r :** transcodeur, convertisseur de code.

**t r a n s c o d i n g :** transcodage; **transcoding matrix,** matrice de transcodage.

**t r a n s c r i b e :** (to), transcrire.

**t r a n s c r i b e r :** transcripteur.

**t r a n s c r i p t :** **program transcript,** transcription de programme.

**t r a n s c r i p t i o n :** transcription; **data transcription,** transcription des données; **direct transcription,** transmission directe; **direct transcription mode,** mode de transmission directe; **file transcription,** transcription de fichier; **manual transcription,** transcription manuelle; **media transcription,** conversion du support de données; **medium transcription,** conversion de médium; **report transcription device,** imprimante d'états mécanographiques; **transcription mode,** mode de transcription; **transcription program,** programme de transcription.

**t r a n s d u c e r :** transducteur; **active transducer,** transducteur actif; **angular position transducer,** codeur de rotation; **data transducer,** convertisseur de données; **differential pressure transducer,** transducteur de pression différentiel; **digital transducer,** convertisseur numérique; **ideal transducer,** transducteur typique; **magnetic pickup transducer,** traducteur de caractères magnétiques; **position transducer,** transducteur de positionnement; **syntax transducer,** traducteur de syntaxe.

**t r a n s f e r :** saut, transfert, branchement; **actual data transfer rate,** cadence brute de transfert de données; **actual transfer,** transfert réel; **address transfer,** transfert d'adresse; **alternate text transfer,** transmission de texte alternée; **asynchronous data transfer,** transfert asynchrone de données; **asynchronous transfer,** transfert asynchrone; **automatic transfer checking,** vérification de transmission automatique; **back transfer,** transfert inverse; **back transfer equipment,** équipement de transfert inverse; **binary transfer,** transfert binaire; **bit transfer,** transfert bit par bit; **bit transfer rate,** taux de transmission binaire; **blank transfer,** transfert de caractères blancs; **blind transfer,** transfert immédiat; **block transfer,** transfert de bloc; **buffered transfer,** transfert tamponné; **character transfer rate,** vitesse de transmission des caractères; **complex transfer,** transfert complexe; **conditional transfer,** saut conditionnel, branchement conditionnel; **control transfer,** transfert de contrôle; **control transfer instruction,** instruction de transfert; **cross-transfer,** transfert transversal; **data transfer,** transfert de données; **data transfer phase,** phase de transfert de données, phase de données; **data transfer rate,** taux de transfert de données; **data transfer signal,** séquence de transmission de données; **direct store transfer,** transfert immédiat de mémoire; **early test transfer,** impulsion de test anticipé; **effective data transfer rate,** vitesse de transmission effective; **heat transfer,** transfert de chaleur; **information transfer phase,** phase de transfert des informations; **line transfer,** commutation de lignes; **line transfer device,** dispositif de commutation de ligne; **maximum transfer rate,** vitesse de transfert maximal; **number transfer bus,** bus de transfert; **parallel transfer,** transfert en parallèle; **peripheral transfer,** transfert périphérique; **radial transfer,** transfert radial, opération d'entrée/sortie; **raw data transfer,** transfert de données brutes; **register-transfer level,** au niveau de transfert des registres; **return control transfer,** retour au programme principal; **serial transfer,** transfert série; **synchronous transfer,** transfert synchrone; **text transfer,** transfert de texte; **text transfer phase,** phase de transfert de texte; **total transfer,** transfert des totaux; **transfer (to),** transférer, déloger; **transfer address,** adresse de transfert; **transfer card,** carte de transfert; **transfer channel,** canal de transfert; **transfer check,** contrôle de transfert; **transfer command,** commande de transfert; **transfer contact,** contact de transfert; **transfer control,** commande de transfert; **transfer cycle,** cycle de transfert; **transfer function,** fonction de transfert; **transfer gate,** circuit de transfert; **transfer impedance,** impedance de transfert; **transfer instruction,** instruction de transfert, instruction de saut; **transfer interpreter,** reporteuse; **transfer operation,** opération de transfert; **transfer operator,** opérateur de transfert; **transfer print control,** commande des sauts d'impression; **transfer rate,** vitesse de transfert; **transfer register,** registre de transfert; **transfer table,** table de transfert; **transfer time,** temps de transfert; **transfer unit,** unité de transfert; **transfer vector,** vecteur de transfert; **unconditional control transfer,** saut inconditionnel; **unconditional transfer,** transfert inconditionnel; **unconditional transfer instruction,** instruction de transfert inconditionnel; **word transfer,** transfert de mot.

**t r a n s f o r m :** transformée; **adaptive transform coding (ATC),** codage de transformation adaptable; **transform (to),** transformer.

**t r a n s f o r m a t i o n\* :** transformation; **concatenated transformation,** composition de transformations; **signal transformation,** transformation de signal; **three-dimension transformation,** transformation tridimensionnelle; **viewing transformation,** transformation visuelle; **viewing-viewport transformation,** transformation fenêtre-clôture; **window transformation,** transformation fenêtre-clôture.

**t r a n s f o r m a t o r :** transformateur; **stepped transformator,** transformateur à prises.

**t r a n s f o r m e r :** transformateur; **balanced transformer,** transformateur d'équilibrage; **output transformer,** transformateur de sortie; **phase shifting transformer,** transformateur triphasé; **phase transformer,** transformateur de phase; **power transformer,** transformateur secteur; **pulse transformer,** transformateur d'impulsions; **toroidal transformer,** transformateur à tore; **transformer primary,** (enroulement) primaire de transformateur; **transformer read-only storage,** mémoire fixe inductive; **transformer secondary,** (enroulement) secondaire de transformateur; **voltage transformer,** transformateur de tension.

**t r a n s i e n t :** transitoire; **circuit transient,** bruit de transition; **system transient,** sous-programme appelant; **transient area,** zone transitoire; **transient code group,** groupe de programmes transitoires; **transient error,** erreur transitoire; **transient fault,** erreur passagère; **transient library,** bibliothèque de travail; **transient line error,** erreur de ligne transitoire; **transient module,** module transitoire; **transient phenomena,** phénomène transitoire; **transient response,** réponse transitoire, régime transitoire; **transient routine,** routine transitoire; **transient state,** état transitoire; **transient voltage,** tension de choc.

**t r a n s i n f o r m a t i o n :** transinformation; **average transinformation,** informations effectives transmises; **average transinformation content,** débit moyen d'informations transmises; **average transinformation rate,** débit effectif.

**t r a n s i s t o r :** transistor; **NPN transistor,** transistor NPN; **PNP transistor,** transistor PNP; **audio frequency transistor,** transistor de basse fréquence; **bidirectional transistor,** transistor bidirectionnel; **bipolar transistor,** transistor bipolaire; **diode transistor logic (DTL),** logique à diodes et transistors; **drift transistor,** transistor à champ gradient; **field effect transistor (FET),** transistor à effet de champ; **flip-chip transistor,** transistor planaire; **junction transistor,** transistor à jonctions; **planar transistor,** transistor planar; **power transistor,** transistor de puissance; **resistor-transistor logic (RTL),** logique transistor-résistance; **silicon transistor,** transistor au silicium; **switching transistor,** transistor de commutation; **thin film transistor,** transistor à couche mince; **transistor circuit,** montage à circuits; **transistor cutoff region,** plage limite de transistors; **transistor lead,** connexion de transistors; **transistor register,** registre à transistors; **transistor-transistor logic (TTL),** logique tout transistor; **twin transistor logic,** logique transistor-transistor; **unipolar transistor,** transistor unipolaire.

**t r a n s i s t o r i s e d :** *cf* **t r a n s i s t o r i z e d .**

**t r a n s i s t o r i z e d :** transistorisé; **transistorized counter,** compteur transistorisé (mesure).

**t r a n s i t :** transit; **transit call,** communication de transit; **transit error,** erreur négligeable; **transit exchange,** centre de transit; **transit switching,** commutation de transit; **transit time,** temps de transit; **transit time reduction factor,** facteur de réduction du temps de transition.

**transition:** transition, mutation; **bit flux transition,** transition de flux binaire; **flux transition,** transition de flux; **gradual transition,** transition progressive; **phase transition,** changement de phase; **positive-going transition,** front de montée; **transition aid,** moyens transitoires; **transition time,** temps de montée.

**translate\*:** (to), translater, traduire, convertir; **translate duration,** temps de traduction; **translate function,** fonction de traduction; **translate phase,** phase de traduction; **translate table,** table de traduction; **translate time,** temps de traduction; **two-dimensional translate,** translation bidimensionnelle.

**translater:** translateur.

**translating:** traduction; **translating duration,** temps de traduction; **translating phase,** phase de traduction; **translating routine,** programme traducteur, routine traductrice; **translating time,** temps de traduction, durée de traduction.

**translation:** traduction; **address translation,** translation d'adresse, traduction d'adresse; **algorithm translation,** traduction algorithmique; **alphabet translation,** traduction alphabétique; **automatic language translation,** traduction automatique de langage; **automatic translation,** translation automatique; **channel program translation,** translation du programme canal; **character code translation,** transcodage de caractère; **code translation,** transcodage, transformation de code; **dynamic address translation (DAT),** translation dynamique d'adresse; **file translation table,** table de transcription fichier; **formula translation,** traduction d'une formule; **instruction translation,** traduction d'instruction; **language translation,** programme de traduction; **last translation (LT),** dernier mouvement (DM); **machine translation,** traduction automatique; **mechanical translation,** traduction automatique; **memory address translation,** traduction de l'adresse de mémoire; **program translation,** traduction de programme; **translation memory,** mémoire de traduction d'adresses; **translation table,** table de traduction.

**translator:** traducteur; **address translator,** translateur d'adresse, traducteur d'adresse; **code translator,** transcodeur, traducteur, convertisseur de code; **data translator,** convertisseur de données; **file translator,** transcripteur de fichier; **function translator,** traducteur de fonction; **input data translator,** traducteur des données en en-

trée; **input translator,** traducteur d'entrée; **job translator,** traducteur de travaux; **language translator,** traducteur de langages; **one-to-one translator,** traducteur ligne par ligne; **output code translator,** traducteur de code sortant; **query language translator,** traducteur de langage d'interrogation; **test translator,** programme de test d'assembleur; **translator run,** passage en traduction.

**transliterate:** (to), transcrire.

**transliteration:** conversion.

**transmission:** transmission, communication; **analog transmission,** transmission analogique; **analog transmission network,** réseau de transmission analogique; **anisochronous transmission,** transmission anisochrone; **artificial transmission line,** ligne de transmission artificielle; **asynchronous data transmission,** transmission asynchrone de données; **asynchronous transmission,** transmission asynchrone, transmission arythmique; **attempted transmission,** tentative de transmission; **automatic data transmission,** transmission automatique des données; **automatic transmission,** émission automatique; **baseband transmission,** transmission en bande de base; **batch transmission,** transmission par lots; **bipolar transmission,** transmission en signaux alternés; **blank transmission,** transmission sans information; **blank transmission test,** test de transmission sans contenu; **block transmission,** transmission par blocs; **bulk transmission of data,** transfert de grandes quantités de données; **burst transmission,** transmission par rafales, transmission brève; **carrier transmission,** transmission par courant porteur; **character byte-serial transmission,** transmission sérielle par multiplet; **code-transparent transmission,** transmission à un code; **data transmission,** transmission de données; **data transmission block,** transmission d'un bloc de données; **data transmission channel,** voie transmission, canal de transmission; **data transmission control unit,** unité de contrôle de transmission; **data transmission equipment,** matériel de transmission de données; **data transmission interface,** interface de transmission de données; **data transmission line,** ligne de transmission de données; **data transmission rate,** vitesse de transfert; **data transmission system,** système de transmission de données; **digital data transmission,** transmission de données; **direct transmission,** transmission directe; **double current transmission,** transmission en double courant; **double sideband transmission,** transmission en double bande; **duplex transmission,** transmission en duplex; **end of transmission,** fin de transmission; **end-of-transmission block (ETB),** fin de bloc de transmission; **end-of-transmission character (EOT),** (caractère de) fin de transmission; **fast data transmission,** transmission rapide de données; **frequency shift keying transmission,** transmission par déplacement de fréquence; **half-duplex transmission,** transmission semi-duplex; **information transmission,** transmission de l'information; **international data transmission,** transmission internationale des données; **isochronous transmission,** transmission isochrone; **keyboard transmission,** émission de clavier; **line transmission error,** erreur de transmission de ligne; **long range transmission,** transmission à grande distance; **manual transmission,** transmission manuelle; **multidrop transmission,** transmission multipoint; **multipath transmission,** transmission multivoie; **neutral transmission,** transmission à signal unipolaire; **one-way data transmission,** transmission unidirectionnelle; **packet transmission,** transmission de paquets; **parallel transmission,** transmission en parallèle; **point-to-point transmission,** transmission de point à point; **polar transmission,** transmission bipolaire; **real-time transmission,** transmission en temps réel; **record transmission,** transfert par bloc; **relative transmission level,** niveau de transmission relatif; **serial transmission,** transmission série; **short range data transmission,** transmission rapprochée des données; **simplex transmission,** transmission simplex; **simultaneous transmission,** transmission simultanée; **single-current transmission,** transmission simple courant; **single-sideband transmission,** transmission en bande latérale unique; **start-stop transmission,** transmission asynchrone, transmission arythmique; **synchronous data transmission,** transmission de données synchrone; **synchronous transmission,** transmission synchrone; **text transmission,** transmission de texte; **transmission band,** bande passante; **transmission block,** bloc de transmission; **transmission block character,** caractère de transmission de bloc; **transmission channel,** voie de transmission; **transmission code,** code de transmission; **transmission control (TC),** commande de transmission; **transmission control character,** caractère de service; **transmission control unit,** unité de commande de transmission; **transmission equipment,** matériel de transmission; **transmis-**

**sion error,** erreur de transmission; **transmission frame,** trame de transmission; **transmission gain,** gain de transmission; **transmission identification,** indicatif de transmission; **transmission interface,** interface de transmission; **transmission interrupt,** interruption de la transmission; **transmission level,** niveau de transmission; **transmission line,** ligne de transmission; **transmission line procedure,** procédure de ligne de transmission; **transmission link,** voie de transmission; **transmission loss,** perte de transmission; **transmission medium,** support de transmission; **transmission method,** méthode de transmission; **transmission mode,** mode de transmission; **transmission network,** réseau de transmission; **transmission path,** circuit de transmission; **transmission rate,** débit de transmission; **transmission reliability,** sécurité de transmission; **transmission request,** demande de transmission; **transmission route,** voie de transmission; **transmission security,** sécurité de transmission; **transmission speed,** vitesse de transmission; **transmission station,** poste de transmission; **transmission system,** système de transmission; **transmission time,** temps de transmission; **transmission timing,** rythme de transmission; **transmission unit,** unité de transmission; **transparent transmission,** transmission transparente; **white transmission,** transmission en blanc.

**transmit:** transmission; **alphabetic transmit,** transmission alphabétique; **transmit (to),** transmettre; **transmit clock,** horloge de transmission; **transmit distortion,** distorsion de transmission; **transmit frequency,** fréquence d'émission; **transmit instruction,** instruction d'émission; **transmit interrupt,** interruption de la transmission; **transmit mode,** mode de transmission; **wait before transmit,** attente avant transfert.

**transmittal:** transmission; **transmittal data,** données à transmettre; **transmittal mode,** en mode émission.

**transmitted:** transmis; **transmitted data,** données transmises; **transmitted data line,** ligne d'émission de données; **transmitted information,** (quantité d') information mutuelle émise; **transmitted record,** enregistrement transmis; **transmitted voice answer,** réponse vocale émise.

**transmitter:** transmetteur; **automatic transmitter,** émetteur automatique; **data transmitter,** émetteur de données; **digital data transmitter,** émetteur numérique; **electronic transmitter,** émetteur électronique;

**keyboard transmitter,** émetteur à clavier; **receiver/transmitter,** émetteur/récepteur; **synchronous receiver transmitter,** émetteur-récepteur synchrone; **transmitter (TX),** transmetteur, émetteur; **transmitter allotter,** répartiteur; **transmitter bit timing,** rythme d'émission; **transmitter distortion,** distorsion de l'émetteur; **transmitter start code,** code de lancement de transmission.

**transmitting:** transmission; **text transmitting terminal,** poste émetteur de texte; **transmitting system,** système émetteur; **transmitting terminal,** terminal émetteur; **transmitting typewriter,** machine à écrire émettrice.

**transparency:** transparence; **data circuit transparency,** transparence du circuit de données.

**transparent\*:** transparent.

**transponder:** répondeur.

**transport:** transport; **card transport,** entraînement de cartes; **disk transport,** unité de disque; **document transport,** entraînement des documents; **magnetic tape transport,** dérouleur de bande magnétique; **paper transport,** avancement de papier; **tape transport,** dispositif d'entraînement de bande; **tape transport mechanism,** mécanisme d'entraînement de bande; **transport (to),** transporter, alimenter; **transport fault,** erreur d'acheminement; **transport layer (ISO),** couche de transport (ISO); **transport lock,** blocage du mécanisme d'avance; **transport locking catch,** verrou de blocage de l'entraînement de bande; **transport route,** voie d'acheminement; **transport software (ISO layer),** logiciel de couche de transport.

**transportability:** transportabilité, transférabilité, portabilité.

**transportable:** transportable, transférable, portable.

**transposition:** transposition; **transposition error,** erreur de transposition.

**transput:** capacité de traitement; **transput process,** transfert radial, opération d'entrée/sortie.

**transputer\*:** transputeur.

**transverse:** transverse; **transverse check,** contrôle transversal; **transverse motion,** mouvement transversal; **transverse redundancy check (TRC),** contrôle de redondance horizontale.

**trap\*:** déroutement, piège; **channel trap,** voie de déroutement, canal de déroutement; **interrupt trap,** détecteur d'interruption; **ion trap,** piège à ions; **operation code trap,** partie d'opération non déchiffrée; **polarity trap,** blocage polarisé; **trap condition,** condition d'interruption; **trap door,** trappe de visite; **wave trap,** circuit éliminateur.

**trapezoidal:** trapézoïdal; **trapezoidal wave,** onde trapézoïdale.

**trapping:** trappage; **error trapping,** trappage d'erreur, recherche d'erreur; **trapping mode,** mode d'interception.

**travel:** voyage; **head travel,** course de tête; **limit of travel,** fin de course.

**traversal:** traversée; **tree traversal,** traversée d'un arbre.

**tray:** plateau; **chip tray,** bac à confettis.

**TRC: transverse redundancy check,** contrôle de redondance horizontale.

**treatment:** traitement; **label treatment,** traitement d'étiquettes.

**tree:** arbre; **Huffman tree,** arbre à valeurs minimales; **binary tree,** arbre binaire; **binary tree representation,** représentation en arbre binaire; **decision tree,** arbre de décision; **directed tree,** arborescence orientée; **directory tree,** arborescence de répertoire; **family tree,** configurateur; **free tree,** arborescence libre; **inverted tree,** arbre inverse; **minimal tree,** arborescence minimalisée; **optimal merge tree,** organigramme fusion; **optimum tree search,** organigramme de recherche; **ordered tree,** arbre ordonné; **overlay tree,** recouvrement arborescent; **program tree,** arbre de programme; **spanning tree,** arbre dérivé; **system tree abort,** suspension d'exécution d'une branche; **tree access,** accès arborescent; **tree diagram,** diagramme structurel hiérarchique; **tree listing,** listage d'arborescence; **tree network,** réseau arborescent; **tree search,** recherche arborescente; **tree searching,** recherche arborescente; **tree sort,** tri arborescent; **tree structure,** arborescence; **tree traversal,** traversée d'un arbre; **tree walking,** traversée d'un arbre; **unordered tree,** arbre non ordonné; **zoning tree,** arborescence de zonage.

**tri:** tri, trois; **tri-flop,** multivibrateur tristable; **tri-state bus,** bus à trois états.

**triad:** triade, groupe de trois.

**trial:** essai, test, évaluation; **trial and error method,** méthode de l'expérimentation systématique; **trial run,** passage d'essai.

**triangular:** triangulaire; **triangular network,** réseau triangulaire; **triangular wave,** onde triangulaire.

**tribit:** triplet, multiplet de 3 bits.

**tributary:** tributaire; **tributary station,** station tributaire, station subordonnée.

**trigger:** déclencheur, détente; **Schmitt trigger,** déclencheur de Schmitt; **bistable trigger,** déclencheur bistable; **bistable trigger circuit,** circuit déclencheur bistable;

**gate trigger diode**, diode de déclenchement; **home position trigger**, déclencheur initial; **monostable trigger circuit**, circuit déclencheur monostable; **trigger circuit**, circuit déclencheur; **trigger element**, élément déclencheur; **trigger field**, zone de déclenchement; **trigger function**, fonction de déclenchement; **trigger level**, niveau de déclenchement; **trigger pair circuit**, multivibrateur bistable; **trigger pulse**, impulsion de déclenchement; **trigger signal**, signal de déclenchement.

**t r i g g e r e d :** déclenché; **edge-triggered latch**, bascule déclenchée par un front; **self-triggered program**, programme à lancement automatique.

**t r i g g e r i n g :** déclenchement; **answerback triggering**, déclenchement d'indicatif; **false triggering**, déclenchement parasite; **triggering function**, critère de déclenchement; **triggering value**, valeur de déclenchement.

**t r i g o n o m e t r i c :** trigonométrique; **trigonometric function**, fonction circulaire; **trigonometric series**, série trigonométrique.

**t r i m :** (to), tronquer (les blancs); **trim plate**, enjoliveur.

**t r i m m e r :** potentiomètre ajustable; **automatic trimmer**, couteau automatique.

**t r i m m i n g :** ajustage, coupure; **trimming capacitor**, condensateur d'appoint.

**t r i m p o t :** résistance ajustable.

**t r i p :** voyage; **latch trip**, languette de verrouillage; **latch trip coil**, bobine de relais de verrouillage.

**t r i p l e :** triple; **triple error**, erreur de trois bits; **triple precision**, triple précision; **triple register**, registre triple; **triple space**, espace de trois interlignes; **triple-length register**, registre en triple longueur; **triple-length working**, travail en triple longueur; **triple-phase**, triphase.

**t r i p l e t :** triplet, multiplet de 3 bits.

**t r i p r o c e s s o r :** triprocesseur.

**t r i s t a t e :** tristable, à trois états; **tristate buffer**, tampon tristable; **tristate bus**, bus tristable.

**t r i v i a l :** trivial, simple; **trivial graph**, graphe à sommet unique.

**t r o l l e y :** chariot; **binder trolley**, chariot classeur.

**t r o u b l e :** incident, panne, avarie; **equipment trouble**, panne d'équipement; **intermittent trouble**, incident intermittent; **operating trouble**, incident d'exploitation; **trouble hunting**, recherche de panne; **trouble locating**, localisation de pannes; **trouble report**, message d'erreur.

**t r o u b l e s h o o t :** dépannage.

**t r o u b l e s h o o t i n g :** recherche de pannes, localisation de pannes; **troubleshooting flowchart**, arbre de dépannage.

**t r o u b l e t r a c i n g :** recherche, pistage des pannes.

**t r u e :** vrai; **true add**, addition numérique; **true complement**, complément vrai; **true figure**, chiffre réel; **true value**, valeur réelle.

**t r u n c a t e :** (to), couper, tronquer, interrompre.

**t r u n c a t e d :** tronqué, coupé; **truncated equation**, équation tronquée.

**t r u n c a t i o n\* :** troncature, coupure; **truncation error**, erreur de troncature.

**t r u n k\* :** voie, ligne, jonction; **alternate trunk group**, circuit de déroutement; **alternate trunk line**, ligne de réserve; **channel trunk**, connexion de canal; **common trunk**, circuit commun; **gateway trunk circuit**, ligne interurbaine; **general-purpose trunk**, câble universel; **input/output trunk**, câble entrée-sortie; **interface trunk**, circuit de jonction; **one-way trunk**, ligne unilatérale; **trunk circuit**, tronc de circuit; **trunk group**, groupe de lignes; **trunk line**, ligne principale; **trunk switch**, commutateur de jonction; **trunk switching office**, centre de télécommunication; **trunk utilisation**, utilisation de la ligne principale.

**t r u s t e d :** de confiance.

**t r u t h :** valeur vraie; **truth table**, table de vérité; **truth value**, valeur vraie.

**T S R :** **TSR software**, logiciel résident.

**T S W :** **telesoftware**, logiciel de télétexte.

**T T L :** **TTL compatible**, compatible TTL; **TTL level**, niveau TTL; **transistor-transistor logic (TTL)**, logique tout transistor.

**T T Y :** **teletype (TTY)**, téléscripteur, télétype.

**t u b :** bac; **tub file**, fichier d'extraction.

**t u b e :** tube; **alphameric display tube**, écran de visualisation alphanumérique; **alphanumeric display tube**, tube-écran alphanumérique; **beam switching tube**, tube commutateur à rayons cathodiques; **cathode ray tube (CRT)**, tube à rayons cathodiques (CRC); **chip tube**, tube à confettis; **discharge tube**, tube à décharges; **display tube**, tube d'affichage, tube écran; **electron ray tube**, tube à faisceau électronique; **electron tube**, tube électronique; **electrostatic memory tube**, tube à mémoire électrostatique; **electrostatic storage tube**, tube à mémoire électrostatique; **flat faced cathode ray tube**, tube cathodique à écran plat; **gas tube**, tube à gaz; **grid-controlled tube**, tube attaqué par la grille; **image tube**, tube image;

**self-converging tube,** tube autoconvergent; **self-focused picture tube,** tube autoconvergent; **storage tube,** tube à mémoire; **switching tube,** tube de commutation; **tube face,** écran; **tube storage,** tube à mémoire; **vacuum tube,** tube à vide.

**tumbling :** culbute.

**tune :** accord; **tune up (to),** mettre au point.

**tuned :** accordé; **series tuned circuit,** circuit de résonance série.

**tuning :** accord, réglage; **fine tuning,** synchronisation de précision.

**turbo :** turbo; **turbo board,** carte turbo.

**turn :** tour; **turn key system,** système clé en main; **turn off (to),** mettre à zéro; **turn on (to),** mettre sous tension; **turn-in channel,** virage; **turn-on point,** point d'entrée; **turn-on time,** temps de mise en service; **turn-on voltage,** tension de déclenchement; **turn-over analysis,** analyse du chiffre d'affaires.

**turnaround :** retournement; **automatic turnaround,** commutation automatique; **line turnaround,** basculement de ligne; **turnaround card,** carte navette; **turnaround document,** document navette; **turnaround system,** système réversible; **turnaround time,** temps de retournement.

**turnkey :** clé en main.

**turtle :** tortue; **graphic turtle,** tortue graphique.

**tutorial\* :** tutoriel; **tutorial display,** terminal tutoriel.

**twelve :** douze; **twelve punch,** perforation 12.

**twin :** paire structurelle; **twin check,** contrôle par duplication; **twin contact,** double contact; **twin control,** double commande; **twin diode,** double diode; **twin diskette drive,** unité double de disquette; **twin set,** ensemble coordonné; **twin system,** système jumelé; **twin transistor logic,** logique transistor-transistor.

**twisted :** torsadé; **twisted pair,** paire torsadée; **twisted-pair cable,** câble bifilaire torsadé.

**twix :** télex.

**two :** deux; **complement on two,** complément à 2; **divide-by-two counter,** compteur diviseur par deux; **radix-two counter,** compteur à base 2, compteur binaire; **two's complement,** complément à 2; **two-address,** à deux adresses; **two-address code,** code à deux adresses; **two-address instruction,** instruction double adresse; **two-address machine,** machine à deux adresses; **two-bit byte,** doublet, duet, multiplet de 2 bits; **two-button mouse,** souris à deux boutons;

**two-column format,** format en double colonne; **two-column printing,** impression sur deux colonnes; **two-condition,** bivalent; **two-dimensional animation graphics,** graphique animé bidimensionnel; **two-dimensional array,** tableau bidimensionnel, matrice bidimensionnelle; **two-dimensional array processor,** processeur matriciel; **two-dimensional scale,** échelle bidimensionnelle; **two-dimensional translate,** translation bidimensionnelle; **two-drive system,** système à deux disquettes; **two-fold,** en double; **two-frequency recording mode,** mode d'enregistrement à l'alternat; **two-headed arrow,** flèche à deux pointes; **two-hi card,** carte double hauteur; **two-input adder,** additionneur à deux entrées, demi-additionneur; **two-input subtractor,** soustracteur à deux entrées; **two-level addressing,** adressage à deux niveaux; **two-level password,** double mot de passe; **two-level password entry,** entrée à double mot de passe; **two-level storage,** mémoire à deux niveaux; **two-level subroutine,** sous-programme à deux niveaux; **two-out-of-five code,** code quinaire, 2 parmi 5; **two-part card,** carte bipartite; **two-part self-contained loader,** chargeur fixe à deux segments; **two-plus-one address,** à deux-plus-une adresse; **two-plus-one address instruction,** instruction à deux plus une adresses; **two-state system,** système à deux états stables; **two-state variable,** variable bistable; **two-tone keying,** télégraphie en double tonalité; **two-tone modulation,** modulation bifréquence; **two-tone telegraph,** télégraphie en double tonalité; **two-valued variable,** variable binaire; **two-way,** en double, à deux voies; **two-way alternate communication,** communication bilatérale à l'alternat; **two-way communication,** communication bidirectionnelle; **two-way line,** ligne bidirectionnelle; **two-way merge,** deux opérations d'interclassement; **two-way mode,** mode bidirectionnel; **two-way simultaneous communication,** communication bilatérale simultanée; **two-wire,** à deux fils; **two-wire channel,** voie bifilaire; **two-wire circuit,** circuit deux fils; **two-wire system,** système à voies bifilaires.

**TWX :** teletypewriter exchange service, service télex.

**typamatic :** répétitif; **typamatic key,** touche à répétition.

**type :** type; **Boolean type,** type booléen, type logique; **Centronics-type parallel port,** sortie parallèle de type Centronics; **MOS-type integrated circuit,** circuit intégré de technique MOS; **N-type,** de type N, de type négatif; **P-type,** de type P, de type positif; **access type,** type d'accès; **alphameric type bar,** barre porte-caractères alphanumériques; **alternate type style,** police de caractères secondaire; **base type,** type de base; **batch type peripheral,** périphérique de traitement par lots; **bold type,** caractère gras; **bold-faced type,** caractère gras; **card type,** type de carte; **channel type,** type de voie; **character string type,** type chaîne de caractères; **composite type,** type composé; **condensed type,** caractère condensé; **data type,** type de données; **derived type,** type dérivé; **device type,** type de périphérique, type d'unité; **device type parameter,** paramètre type de périphérique; **discrete type,** type discret; **dynamically generated type,** type généré dynamiquement; **encapsulated type,** type encapsulé; **entity type,** classe d'entité; **enumeration type,** type d'énumération; **error type indicator,** indicateur du type d'erreur; **field type,** type de zone; **film type resistor,** résistance à couche; **fixed-point type,** type à virgule fixe; **float type,** type flottant; **floating-point type,** type à virgule flottante; **golfball type writer,** machine à écrire à boule; **incomplete type,** type incomplet; **index type,** type d'index; **instruction type,** type d'instruction; **integer type,** type entier; **invalid type device,** type d'organe incorrect; **italics type,** caractère italique; **layer type resistor,** résistance à couche; **limited private type,** type privé limité; **locking type button,** touche autobloquante; **parent type,** type parent; **peripheral type,** type de périphérique; **plug-in type,** de type brochable, de type enfichable; **plunger type relay,** relais à noyau plongeur; **raster type display,** visualisation dite de trame; **read type instruction,** instruction d'introduction par console; **real type,** type réel; **record type,** classification d'enregistrement; **record type sequence check,** contrôle séquentiel des types d'enregistrement; **register type system,** système à registres; **report group type,** type de rapport; **scalar type,** type scalaire; **standard type,** type standard; **structured type,** type structuré; **terminal type,** type de poste; **type (to),** dactylographier; **type alignment,** alignement de caractères; **type array,** ensemble de caractères; **type association,** affectation du type; **type bar,** barre d' impression, barre porte-caractères; **type bar guide,** guide de la barre à caractères; **type bar printer,** imprimante à barres; **type carrier,** support de caractères; **type declaration,** déclaration de

type; **type drum,** tambour porte-caractères; **type error,** erreur de frappe; **type font,** fonte de caractères, police de caractères; **type font editor,** éditeur de police de caractères; **type instruction,** instruction type; **type key,** clavier caractères; **type list,** liste des types; **type out (to),** imprimer; **type roll,** roue à caractères; **type statement,** instruction type; **type style,** style du caractère; **type wheel,** disque caractères, roue d'impression, marguerite; **type-ahead buffer,** tampon de clavier; **type-in,** saisie, message d'entrée; **type-in time,** temps de saisie; **type-ins,** valeurs d'entrée; **type-out time,** temps d'impression; **type-outs,** valeurs de sortie; **type-through mode,** mode frappe directe; **undefined type,** type indéfini; **variable type,** type de variable; **volume type,** type de volume.

**typeface:** style de caractère; **italic typeface,** caractère italique.

**typematic** *cf* **typamatic.**

**typeout:** imprimé, message de sortie; **console error typeout,** message d'erreur sorti par console; **console typeout,** message de console; **error typeout,** sortie sur erreur; **ready typeout,** indication de disponibilité; **user console typeout,** message utilisateur.

**typesetting:** composition; **automatic typesetting,** composition automatique; **computerized typesetting,** composition informatisée; **typesetting hole,** perforation de composition; **typesetting machine,** machine à composer; **typesetting read,** lecture du code de composition.

**typewriter:** machine à écrire; **console typewriter,** terminal télétype; **console typewriter operation,** exploitation par téléscripteur; **on-line typewriter,** imprimante en ligne; **output typewriter,** machine à écrire réceptrice; **transmitting typewriter,** machine à écrire émettrice.

**typical:** typique; **typical configuration,** dispositif type.

**typing:** frappe au clavier; **bidirectional typing,** impression bidirectionnelle; **electronic typing,** traitement de texte; **reverse typing,** impression à frappe alternée; **reverse typing terminal,** imprimante alternante; **typing error,** erreur de frappe; **typing force,** intensité de frappe; **typing hours,** durée de frappe; **typing mode,** mode d'impression; **typing rate,** vitesse de frappe; **typing reperforator,** perforatrice de bande; **typing speed,** vitesse de frappe; **typing width,** largeur d'impression.

# U

**UART:** universal asynchronous RX/TX, circuit E/S universel asynchrone.

**ultimate:** ultime, final; **ultimate consumer,** consommateur final.

**ultraprecision:** ultra-précision.

**ultrasonic:** ultrasonique; **ultrasonic cell,** cellule ultrasonore; **ultrasonic memory,** mémoire acoustique.

**ultraviolet:** ultraviolet; **ultraviolet erasing,** effacement par ultraviolet (mémoire morte).

**umbrella:** réseau en étoile.

**unacknowledged:** sans accusé de réception.

**unaligned:** non aligné.

**unallocate:** disponible.

**unallocated:** non affecté, disponible.

**unallotted:** disponible, non alloué.

**unalterable:** immuable, inaltérable; **unalterable memory,** mémoire inaltérable.

**unary:** unaire, monadique, à un seul opérande; **unary operation,** opération unaire, opération monadique; **unary operator,** opérateur unaire.

**unassigned:** non alloué, disponible; **unassigned device,** unité non affectée; **unassigned extent,** partition réservée; **unassigned track,** piste disponible, voie non affectée.

**unattended:** automatique; **unattended mode,** exploitation non surveillée; **unattended operation,** opération automatique; **unattended time,** temps de repos.

**unautomated:** non automatisé.

**unavailability:** indisponibilité.

**unbalanced:** déséquilibré; **unbalanced error,** erreur de discordance; **unbalanced in phase,** déséquilibre de phase; **unbalanced input,** entrée asymétrique; **unbalanced output,** sortie asymétrique.

**unbannered:** sans drapeau.

**unbatched:** non alloté; **unbatched mode,** traitement individuel; **unbatched operation,** opération individuelle.

**unbiased:** non polarisé.

**unblanked:** visible; **unblanked beam,** faisceau visible; **unblanked vector,** vecteur visible.

**unblanking:** déblocage; **unblanking pulse,** impulsion de déblocage; **unblanking signal,** signal de déblocage.

**unblock:** (to), dégrouper.

**unblocked:** débloqué, dégroupé; **unblocked file,** fichier dégroupé.

**unblocking*:** déblocage, dégroupement.

**unbuffered:** non tamponné.

**unbundle:** (to), décompacter, décompresser, dégrouper.

**unbundling:** dégroupement, dégroupage.

**unburst:** non détaché; **unburst printout binder,** reliure pour imprimés en continu.

**unckecked:** unckecked conversion, conversion non vérifiée.

**unclassified:** non classifié; **unclassified file,** fichier en vrac.

**uncoded:** non codé; **uncoded input,** entrée non codée.

**uncompressed:** non condensé.

**unconditional:** inconditionnel; **branch unconditional (BRU),** branchement inconditionnel; **unconditional branch,** saut inconditionnel; **unconditional branch instruction,** instruction de branchement inconditionnel; **unconditional control transfer,** saut inconditionnel; **unconditional jump,** saut inconditionnel, branchement inconditionnel; **unconditional jump instruction,** instruction de saut inconditionnel; **unconditional program interrupt,** interruption de programme inconditionnelle; **unconditional statement,** instruction inconditionnelle; **unconditional stop,** arrêt inconditionnel; **unconditional transfer,** transfert inconditionnel; **unconditional transfer instruction,** instruction de transfert inconditionnel.

**unconfigured:** non configuré.

**unconnected:** non connecté; **unconnected terminal,** poste non connecté.

**uncorrectable:** incorrigible; **uncorrectable error,** erreur incorrigible.

**uncorrupted:** correct, valide, non altéré.

**undebugged:** non débogué.

**undecipherable:** indéchiffrable.

**undedicated:** non spécialisé.

**undefined:** indéfini; **undefined address,** adresse indéfinie; **undefined error,** erreur non définie; **undefined file,** fichier indéfini; **undefined key,** touche non attribuée; **undefined port number,** numéro de port indéfini; **undefined statement,** instruction indéfinie; **undefined symbol,** symbole non défini; **undefined type,** type indéfini; **undefined variable,** variable indéfinie.

**undercoupling:** couplage lâche.

**underflow\*:** soupassement, dépassement inférieur; **arithmetic underflow,** soupassement de capacité; **characteristic underflow,** dépassement inférieur de capacité; **exponent underflow,** dépassement négatif d'exposant.

**underline:** souligné, soulignement; **automatic underline mode,** mode de soulignement automatique; **underline (to),** souligner.

**underlined:** souligné; **underlined header,** titre souligné.

**underlining:** soulignement, souligné.

**underpunch:** perforations de 1 à 9.

**underrun:** repositionnement.

**underscore:** blanc souligné; **underscore (to),** souligner; **underscore character,** caractère de soulignement.

**underscoring:** soulignement.

**undershoot:** retombée sous le niveau normal.

**underside:** dessous; **underside view,** vue de dessous.

**undetected:** non détecté; **undetected error rate,** taux d'erreur résiduelle.

**undetermined:** indéterminé; **undetermined coefficient,** coefficient indéterminé; **undetermined format,** format indéterminé; **undetermined value,** valeur indéterminée.

**undirected:** non orienté; **undirected graph,** graphe non orienté.

**undirectional:** non orienté; **undirectional pulse,** impulsion unidirectionnelle.

**undisturbed:** non perturbé; **undisturbed output signal,** signal de sortie non perturbé; **undisturbed zero,** signal de sortie zéro sans perturbation.

**undo:** (to), défaire, annuler.

**undocumented:** non documenté.

**unencapsulated:** non encapsulé.

**unerased:** non effacé.

**unexpected:** inattendu; **unexpected error,** erreur inattendue.

**unfilled:** non rempli; **unfilled-in field,** champ non renseigné, champ vide.

**unfinished:** non terminé; **unfinished program,** programme non terminé.

**unfitted:** désadapté; **unfitted data,** données invalides.

**unformatted:** non formaté; **unformatted disk,** disque non formaté; **unformatted display,** affichage non formaté; **unformatted read statement,** instruction de lecture non formatée; **unformatted record,** enregistrement sans format; **unformatted write statement,** instruction d'écriture non formatée.

**ungrounded:** non mis à la terre.

**unibus:** unibus.

**unidirectional:** unidirectionnel; **unidirectional element,** élément à sens unique; **unidirectional link,** liaison unidirectionnelle; **unidirectional working,** exploitation unidirectionnelle.

**unified:** unifié; **unified architecture,** architecture unifiée.

**uniform:** uniforme; **uniform accessible memory,** mémoire à accès direct, mémoire immédiate; **uniform convergence,** convergence homogène; **uniform magnetization,** magnétisation uniforme; **uniform referencing,** référence uniforme.

**unilateral:** unilatéral; **unilateral tape card,** carte à bande perforée unilatérale.

**unilayer:** couche unique.

**unindexed:** non indexé.

**uninfected:** non infecté; **uninfected floppy,** disquette non contaminée.

**uninitialised:** cf **uninitialized.**

**uninitialized:** non initialisé.

**union:** réunion; **union element,** élément OU; **union gate,** porte OU.

**unipolar:** unipolaire; **unipolar code,** code tout ou rien; **unipolar input,** entrée dissymétrique; **unipolar signaling,** signalisation unipolaire; **unipolar transistor,** transistor unipolaire.

**uniprocessing:** monotraitement.

**uniprocessor:** monoprocesseur.

**uniprogramming:** monoprogrammation.

**uniqueness:** unicité; **file uniqueness,** unicité des fichiers.

**unit:** unité, élément, organe; **CRT display unit,** unité d'affichage à tube à rayon cathodique; **accessory unit,** équipement annexe; **adapter unit,** unité d'adaptation; **add-on unit,** élément additionnel; **adjunct unit,** module auxiliaire, unité complémentaire; **alphanumeric display unit,** unité d'affichage alphanumérique; **alphanumeric unit,** unité alphanumérique; **alternate unit,** unité de remplacement; **alternative unit,** unité de remplacement; **amplifier unit,** unité d'amplification; **analog control unit,** unité de commande analogique; **analog display unit,** unité d'affichage analogique; **analog input unit,** unité d'entrées analogiques; **ancillary unit,** unité complémentaire, unité auxiliaire; **answerback unit,** émetteur d'indicatif; **arithmetic and logic unit (ALU),** unité arithmétique et logique; **arithmetic sequence unit,** unité de contrôle arithmétique; **arithmetic unit,** unité arithmétique; **arithmetic unit register,** registre arithmétique; **assembly unit,** unité d'assemblage; **audio response unit (ARU)**, répondeur vocal; **audio tape storage unit**, unité de stockage à bande; **automatic call unit**, dispositif d'appel automatique; **automatic calling unit**, dispositif d'appel automatique; **automatic dialing unit (ADU)**, dispositif de numérotation automatique; **available unit queue**, queue d'attente des unités disponibles; **backing storage unit**, unité de mémorisation complémentaire; **basic display unit (BDU)**, unité de visualisation de base; **basic information unit**, élément d'information; **basic link unit**, alimentation primaire; **basic processing unit**, unité centrale; **basic unit**, unité de base; **binary unit**, unité binaire, binaire, bit; **binary unit of formation content (Shannon)**, unité binaire de quantité d'information, Shannon; **bistable storage unit**, mémoire bistable; **buffered synchronizer unit**, unité de synchronisation tamponnée; **calculating unit**, unité de calcul; **calculator unit**, unité de traitement; **card punch unit**, unité de perforation; **card read-punch unit**, lecteur-perforateur de cartes; **card unit**, unité à cartes; **central processing unit (CPU)**, unité centrale (UC) de traitement; **central unit**, unité centrale; **channel buffering unit**, unité-tampon de canal; **clock unit**, unité de temps; **communication control unit**, unité de contrôle de communication; **comparing unit**, unité de comparaison; **comparison unit**, unité de comparaison; **compilation unit**, unité de compilation; **compilation unit library**, bibliothèque des modules de compilation; **compile unit maintenance component**, programme de mise au point des compilateurs; **computer unit**, organe de calcul; **console control unit**, unité de commande pupitre; **contiguous units of memory**, unités de mémorisation adjacentes; **control storage unit**, unité de commande; **control unit**, unité de commande, unité de contrôle; **conversion unit**, traductrice unité de conversion; **cross-display unit**, visuel de corrélation; **cycle delay unit**, mémoire à propagation; **data adapter (adaptor) unit**, interface de données; **data communication unit**, unité de transmission de données; **data display unit**, unité d'affichage de données; **data input unit**, unité d'introduction des données; **data management unit**, module de gestion de données; **data output unit**, unité de sortie des données; **data transmission control unit**, unité de contrôle de transmission; **data unit**, module de données; **decimal unit of information content**, Hartley, unité décimale (quantité d'information); **delay unit**, unité de retardement; **derived unit**, unité dérivée;

**desk unit**, pupitre; **detection unit**, demodulateur, détecteur; **digital display unit**, unité d'affichage numérique; **digital multiplier unit**, multiplicateur numérique; **digital time unit**, unité d'horloge numérique; **disk file control unit**, contrôleur de disque à tête fixe; **disk file unit**, unité de disque; **disk storage unit (DSU)**, unité de disque; **disk unit**, unité de disque magnétique; **display control unit**, unité de contrôle de visualisation; **display unit**, écran de visualisation, console de visualisation; **driver unit**, étage d'attaque; **drum unit**, unité à tambour; **dual access tape unit**, dérouleur à double accès; **electronic storage unit**, mémoire électronique; **end of unit**, fin de module; **engineering unit**, unité physique; **equality unit**, comparateur d'égalité; **equipment unit**, unité; **error elimination unit**, unité d'élimination d'erreurs; **five unit teleprinter code**, code de télégraphie à 5 moments; **function unit**, unité fonctionnelle; **functional unit**, unité fonctionnelle; **graphic control unit**, contrôleur de traceur de courbes; **graphic display unit**, unité d'affichage graphique; **graphic output unit**, unité graphique; **input control unit**, contrôleur d'entrée; **input unit**, organe d'entrée; **input/output unit**, unité, organe d'entrée-sortie; **inquiry unit**, terminal unité d'interrogation; **instruction computing unit**, unité de traitement des instructions; **instruction processing unit**, unité de traitement des instructions; **intercomputer communication unit**, unité de couplage intercalculateur; **interface control unit**, unité de contrôle d'interface; **interface switching unit**, unité de connexion; **interface unit**, unité d'interface; **lexical unit**, unité lexicale; **library unit**, élément de bibliothèque; **line adapter unit**, unité d'adaptation de ligne; **line termination unit**, unité terminale de ligne; **loading unit**, unité de chargement; **logic unit**, unité logique; **logical unit**, unité logique; **logical unit number**, numéro d'unité logique; **machine unit**, unité machine; **magnetic card unit (MCU)**, unité de cartes magnétiques; **magnetic disk unit**, unité de disque magnétique; **magnetic drum unit**, unité à tambour magnétique, unité à tambour; **magnetic ledger unit**, unité de comptes magnétiques; **magnetic tape unit (MTU)**, unité de bande magnétique, dérouleur de bande; **main control unit**, unité de commande centrale; **main unit**, unité centrale, unité principale; **manual input unit**, unité d'entrée manuelle; **mark/space multiplier unit**, multiplicateur de modulation; **mass storage unit**, unité à disques magnétiques; **master unit**, unité centrale; **matching unit**, unité d'adaptation; **mechanical printing unit,** imprimante de bande; **memory control unit,** contrôleur d'accès mémoire; **memory extension unit,** carte d'extension de mémoire; **memory management unit (MMU),** unité gestionnaire de mémoire; **microprocessor unit (MPU),** circuit microprocesseur; **multifunction unit,** unité multifonction; **multiple interface unit,** unité à liaisons multiples; **natural unit (of information content),** unité naturelle (de quantité d'information); **one-processor unit,** monoprocesseur; **optical image unit,** poste de saisie optique des données; **output unit,** unité de sortie; **paper tape unit,** unité à bande perforée; **parallel arithmetic unit,** unité arithmétique parallèle; **parallel processing unit,** unité arithmétique parallèle; **peripheral control unit (PCU),** unité de contrôle, coupleur de périphérique; **peripheral interface unit (PIU),** unité d'interface périphérique; **peripheral unit,** unité périphérique; **peripheral unit selection,** sélection d'unités périphériques; **phase shifting unit,** déphaseur; **physical unit,** unité physique; **physical unit address,** adresse physique de l'unité; **plug-in unit,** élément enfichable; **pluggable unit,** unité enfichable; **power supply unit,** unité d'alimentation secteur; **print unit,** unité d'impression; **printer control unit,** contrôleur d'imprimante; **printing unit,** unité d'impression; **processing unit,** unité de traitement; **program control unit,** unité de commande d'instructions; **program unit,** unité de programme; **punching unit,** perforateur; **raster unit,** unité de trame; **read unit,** unité de lecture; **readout unit,** unité de lecture; **remote control unit,** télé rupteur; **removable unit,** organe amovible; **replying unit,** unité interrogée; **requesting unit,** unité interrogatrice; **restart unit,** unité de relance; **run unit,** module de chargement; **scientific unit,** unité de calcul en virgule flottante; **scratch pad unit,** mémoire interprète; **secondary unit,** unité auxiliaire; **selector unit,** unité de sélection; **sequence unit,** unité de commande de séquence; **serial arithmetic unit,** organe de calcul série; **shift unit,** unité de décalage; **slave unit,** unité asservie; **slide-in unit,** tiroir; **source unit,** unité de traitement source; **source unit handler,** mise à jour du programme source; **stacker unit,** unité de réception; **standby unit,** unité de réserve; **storage unit,** unité de mémoire; **switch unit,** unité de commutation; **switching unit addressing,** adressage aiguilleur; **symbolic unit address,** adresse symbolique de l'unité; **synchronizing unit,** unité de synchronisation; **syntactical unit,** unité syntaxi-

que; **system input unit,** unité d'entrée système; **system output unit,** unité de sortie du système; **system unit,** unité de système; **tape control unit,** unité de commande de bande; **tape drive unit,** unité d'entraînement de bande; **tape unit,** unité de bande (magnétique); **tens unit digit,** chiffre des dizaines; **terminal unit,** terminal; **transfer unit,** unité de transfert; **transmission control unit,** unité de commande de transmission; **transmission unit,** unité de transmission; **unit address,** adresse d'unité; **unit control word,** mot de contrôle d'unité; **unit counter,** compteur des unités; **unit distance code,** code signaux à espacement unitaire; **unit element,** élément unitaire; **unit function,** fonction unitaire; **unit impulse,** impulsion unitaire; **unit interval,** signal élémentaire; **unit load,** facteur de charge, unité de charge; **unit of allocation,** unité d'affectation; **unit of measure,** unité de mesure; **unit record,** enregistrement unitaire; **unit record controller,** contrôleur d'unités périphériques; **unit record device,** dispositif standard d'entrée-sortie; **unit record equipment,** matériel classique; **unit selection,** sélection d'unité; **unit separator,** séparateur de sous-articles; **unit step,** saut unitaire; **unit step function,** fonction de saut unitaire; **unit string,** chaîne unitaire; **unit switching,** bascule de dérouleur; **unit value,** valeur unitaire; **unit vector,** vecteur unitaire; **universal control unit,** contrôleur universel; **verifying unit,** bloc partiel; **video display unit (VDU),** unité à affichage vidéo; **virtual unit,** unité virtuelle; **visual display unit,** terminal de visualisation; **vocal unit,** unité à réponse vocale; **voice output unit,** unité de sortie vocale; **voice response unit,** unité de sortie vocale; **work unit,** terminal de de saisie.

**u n i t y :** unity; **unity element,** élément unique; **unity gain,** gain unitaire.

**u n i v e r s a l :** universel; **universal asynchronous RX/TX (UART),** circuit E/S universel asynchrone; **universal bar,** barre universelle; **universal character set,** ensemble des caractères universels; **universal control unit,** contrôleur universel; **universal decimal classification,** classification décimale universelle; **universal diode,** diode universelle; **universal element,** élément universel; **universal machine language,** langage machine universel; **universal mouse,** souris universelle; **universal quantifier,** quantificateur universel; **universal set,** ensemble universel; **universal synchronous asynchronous RX/TX (USART),** circuit E/S synchrone universel; **universal terminal,** terminal universel.

**unjustified:** non justifié, non cadré; **unjustified print,** impression en drapeau.

**unknown:** inconnu; **unknown quantity,** quantité inconnue, grandeur inconnue, inconnue; **unknown term,** valeur inconnue, inconnue; **unknown viruses,** virus inconnus.

**unlabeled:** sans étiquette; **unlabeled basic statement,** instruction non référencée; **unlabeled block,** bloc sans référence; **unlabeled common,** partition inconnue; **unlabeled compound,** instruction groupe non référencée; **unlabeled file,** fichier sans label.

**unlabelled:** cf unlabeled.

**unlatched:** déverrouillé.

**unlead: (to),** enlever les interlignes.

**unleaded:** sans interligne.

**unlike:** différent; **unlike signs,** signes impairs.

**unload: unload (to),** décharger; **unload file,** fichier de clôture.

**unloaded:** non chargé.

**unloading:** mémorisation du contenu d'un accumulateur.

**unlock: unlock key,** touche de déverrouillage.

**unmark: (to),** effacer une marque.

**unmarked:** non marqué.

**unmask: (to),** démasquer.

**unmasked:** non masqué; **unmasked value,** valeur sans masque.

**unmatched:** désadapté, désapparié; **unmatched records,** blocs d'informations discordants.

**unmodified:** non modifié; **unmodified instruction,** instruction primitive.

**unnotched:** sans encoche.

**unnumbered:** non numéroté.

**unordered:** désordonné, déclassé; **unordered tree,** arbre non ordonné.

**unpack*: (to),** décompacter, décompresser.

**unpacked:** non condensé; **unpacked decimal,** décimal non condensé; **unpacked format,** sous forme éclatée.

**unpacking:** dégroupage, dégroupement.

**unpaged:** non paginé; **unpaged segment,** segment non paginé.

**unperforated:** non perforé.

**unpopulated:** non peuplé; **unpopulated board,** carte démunie de composants.

**unportable:** non portable.

**unprintable:** non imprimable; **unprintable character,** caractère non imprimable.

**unprinted:** non imprimé.

**unprocessed:** inexploité, non traité.

**unprogrammable:** improgrammable.

**unprogrammed:** non programmé.

**unprotected:** non protégé; **unprotected data field,** zone de données non protégée; **unprotected field,** champ non protégé; **unprotected file,** fichier non protégé.

**unpunched:** non perforé; **unpunched tape,** bande blanche.

**unpunctuated:** sans ponctuation.

**unreadable:** illisible.

**unrecoverable:** non réparable; **unrecoverable error,** erreur irrécupérable; **unrecoverable read error,** erreur de lecture permanente.

**unreel: (to),** dérouler, débobiner.

**unrelated:** sans relation.

**unreleased:** non disponible.

**unrelocatable:** non relogeable, non translatable.

**unrenewed:** non renouvelé.

**unrepeatered:** non répété; **unrepeatered loop,** circuit de boucle sans répéteur.

**unresolved:** non résolu.

**unrounded:** non arrondi.

**unscaled:** non cadré.

**unscheduled:** non planifié.

**unscreened:** sans écran, non blindé.

**unsegmented:** non segmenté.

**unshaded:** non ombré; **unshaded drawing,** dessin sans ombres.

**unshifted:** non décalé.

**unsigned:** non signé; **unsigned integer,** nombre entier non signé; **unsigned integer format,** format des nombres naturels; **unsigned number,** nombre non signé.

**unsolder: (to),** dessouder.

**unsolicited:** non sollicité; **unsolicited input,** entrée non sollicitée; **unsolicited message,** message non sollicité; **unsolicited output,** sortie non sollicitée.

**unsorted:** non trié.

**unspanned:** non étendu; **unspanned record,** enregistrement sans segment.

**unstable:** instable; **unstable memory,** mémoire instable; **unstable state,** état instable.

**unstack: unstack (to),** désempiler.

**unstratified:** non stratifié; **unstratified language,** langage non stratifié.

**unstring: (to),** déconcaténer; **unstring statement,** instruction de dégroupage.

**unstructured:** non structuré; **unstructured file,** fichier non structuré; **unstructured information,** données non structurées, non groupées.

**unsubscripted:** non indicé.

**untested:** non testé.

**untransferable: untransferable,** intransférable.

**untranslatable:** intraduisible.

**untruncated:** non tronqué, entier.

**unused:** inutilisé; **unused time,** temps inutilisé; **unused track,** voie inutilisée.

**unusual:** inusuel; **unusual end,** fin instantanée; **unusual end of job,** fin instantanée du traitement des travaux.

**unweighted:** non pondéré; **unweighted noise,** bruit non pondéré.

**unwind\*: (to),** débobiner, dérouler.

**unwinder:** débobineuse; **tape unwinder,** dérouleur de bande perforée.

**unwinding:** débobinage; **tape unwinding device,** dispositif dérouleur de bande.

**unworked:** inexploité, non traité.

**unwound:** débobiné.

**unzoned:** sans limite.

**update\*:** version actualisée, version mise à jour; **dynamic system update,** mise à jour dynamique; **job library update,** mise à jour de la bibliothèque des travaux; **library file update routine,** routine de mise à jour de fichiers-bibliothèque; **load library update,** mise à jour de la bibliothèque chargeur; **macrolibrary update,** mise à jour de la macrobibliothèque; **pixel update time,** temps de rafraîchissement d'un pixel; **system tape update,** mise à jour de la bande système; **table update command,** instruction de mise à jour de table; **update (to),** mettre à jour, actualiser; **update analysis program,** programme de mise à jour; **update card,** carte de mise à jour; **update file,** fichier actualisé, fichier des mouvements; **update generation,** génération des mises à jour; **update operation,** opération de mise à jour; **update program,** programme de mise à jour; **update routine,** sous-programme de mise à jour; **update-in-place mode,** mise à jour par modification.

**updated:** mis à jour; **updated master file,** fichier de référence.

**updating:** mise à jour; **file updating,** mise à jour de fichier; **record updating,** mise à jour d'articles; **updating operation,** opération de mise à jour; **updating program,** programme de mise à jour; **updating routine,** routine de mise à jour; **updating run,** passe de mise à jour; **updating service,** service de mise à jour; **updating tape,** bande des mises à jour.

**upgradable:** extensible.

**upgrade:** amélioration; **field upgrade,** montage ultérieur; **hardware upgrade,** amélioration matérielle; **upgrade (to),** améliorer la qualité.

**uplink:** voie montante (satellite).

**upload:** télétransmission (de fichiers).

**uploading:** télétransmission (de fichiers).

**upmost:** le plus haut; **utilisation ratio upmost,** taux d'utilisation extrême.

**upper:** supérieur; **upper bit,** binaire de rang supérieur; **upper bound,** limite supérieure; **upper brush,** brosse supérieure; **upper case (UC),** majuscule, capitale; **upper case character,** caractère en haut de casse, majuscule; **upper case letter,** lettre en haut de casse, majuscule; **upper case lock,** blocage majuscule; **upper case print,** impression avec lettres majuscules; **upper case shift,** passage en majuscules; **upper curtate,** partie haute; **upper limit,** limite supérieure; **upper shift character,** caractère de passage en majuscule.

**upshift:** passage en (lettres) majuscules; **automatic upshift,** inversion des lettres-chiffres automatique; **upshift (to),** passer en (lettres) majuscules.

**upshot:** issue conclusion.

**upstream:** amont.

**upswing:** redressement rapide, accroissement rapide.

**uptime:** temps de fonctionnement.

**uptrend:** tendance croissante.

**upward:** vers le haut; **compacting upward,** tassement; **upward compatibility,** compatibilité ascendante; **upward compatible,** compatible vers le haut; **upward relocation,** tassement.

**usable:** utilisable; **usable line length,** longueur utile de ligne.

**usage:** utilisation; **long term usage,** utilisation à long terme; **usage bit,** bit d'accès, indicateur; **usage clause,** indication d'usage; **usage meter,** compteur de temps utile, compteur horaire.

**USART:** universal synchronous asynchronous RX/TX, circuit E/S synchrone universel.

**use:** utilisation; **data use identifier,** identificateur d'utilisation de données; **end-use device,** périphérique destinataire; **field use,** exploitation sur site; **real-time use,** exploitation en temps réel; **use (to),** utiliser, employer; **use bit,** bit d'accès, drapeau; **use declarative,** déclaration d'utilisation; **use procedure,** procédure d'utilisation; **use statement,** instruction d'utilisation.

**used:** usagé, utilisé; **least frequently used memory (LFU),** mémoire la moins utilisée; **used equipment,** matériel d'occasion; **used up,** usagé.

**useful:** utile, pratique; **useful information,** information utile, information pratique; **useful life,** durée de vie utile; **useful signal,**

signal utile; **useful throughput,** débit utile.

**u s e r :** utilisateur; **closed user group,** groupe fermé d'usagers; **common user,** usager ordinaire; **end user,** utilisateur final; **end user facility,** équipement de l'utilisateur final; **end user language,** langage de l'utilisateur final; **exit to user,** point de sortie vers programme utilitaire; **individual user,** utilisateur unique; **mandatory user parameter,** paramètre obligatoire; **self-instructing user documentation,** documentation interactive; **single user,** mono-utilisateur; **single-user access,** accès mono-utilisateur; **standard user software,** logiciel standard d'application; **telephone user,** abonné téléphonique; **terminal user,** opérateur console; **user address space,** espace mémoire de l'utilisateur; **user area,** zone de l'utilisateur; **user attribute file,** fichier du personnel utilisateur; **user call,** appel de l'utilisateur, appel de l'abonné; **user class of service,** catégorie d'usagers; **user code,** code utilisateur; **user configuration,** configuration utilisateur; **user console,** console utilisateur; **user console typeout,** message utilisateur; **user coordinates,** coordonnées utilisateur; **user data,** données utilisateur; **user environment,** environnement de l'utilisateur; **user facility,** service complémentaire; **user field,** zone utilisateur; **user file,** fichier utilisateur; **user flag byte,** octet pointeur de l'utilisateur; **user function,** fonction de l'utilisateur; **user header label,** label d'en-tête utilisateur; **user identification,** identification utilisateur; **user identity,** identité de l'utilisateur; **user instruction,** instruction utilisateur; **user label,** étiquette utilisateur; **user library,** bibliothèque des programmes utilisateur; **user memory,** mémoire utilisateur; **user message,** message utilisateur; **user mode,** mode utilisateur; **user name,** nom de l'utilisateur; **user operating environment,** environnement opérationnel utilisateur; **user overlay,** débordement des travaux; **user process group,** association d'utilisateurs; **user program,** programme utilisateur; **user program area,** espace mémoire utilisateur; **user query,** demande de l'utilisateur; **user software,** logiciel de l'utilisateur; **user task,** tâche utilisateur; **user terminal,** terminal, poste utilisateur; **user trailer label,** label de fin utilisateur; **user volume label,** label d'identification utilisateur; **user's guide,** manuel de l'utilisateur; **user-defined,** défini par l'utilisateur; **user-defined function,** fonction définie par l'utilisateur; **user-defined word,** mot défini par l'utilisateur; **user-dependent,** dépendant de l'utilisateur; **user-oriented language,** langage adapté à l'utilisateur; **user-provided routine,** sous-programme d'utilisateur; **user-specific,** spécifique à l'utilisateur; **user-specific program,** programme personnalisé; **user-to-user connection,** connexion d'abonné à abonné; **user-written routine,** sous-programme écrit par l'utilisateur.

**u s h e r :** (to), introduire en mémoire.

**u t i l i s a t i o n :** storage utilisation, utilisation de la mémoire; **trunk utilisation,** utilisation de la ligne principale; **utilisation ratio upmost,** taux d'utilisation extrême.

**u t i l i t y :** utilitaire; **automatic disinfector utility,** utilitaire de décontamination automatique; **basic utility,** utilitaire de base; **disinfecting utility,** utilitaire de décontamination; **disinfection utility,** utilitaire de décontamination; **disk utility program,** programme utilitaire de disque; **general utility,** utilitaire général; **inquiry utility,** utilitaire d'accès; **programmer test utility,** utilitaire de tests pour programmeur; **service utility,** utilitaire de service; **utility command,** directive utilitaire; **utility function,** fonction d'usage général; **utility operation,** opération utilitaire; **utility package,** logiciel utilitaire; **utility program,** programme de servitude; **utility register,** registre auxiliaire; **utility routine,** programme de servitude, routine utilitaire; **utility routine controller,** contrôle du sous-programme utilitaire; **utility session,** phase d'exploitation du programme utilitaire; **utility system,** système de programmes utilitaires; **utility tape,** bande de programmes utilitaires.

# V

**V: V.24 interface,** interface v.24.

**vacancy:** espace vide.

**vacate:** (to), libérer, vider, effacer.

**vacuum:** vide; **vacuum blower,** ventilateur de dépression; **vacuum chamber,** chambre à dépression; **vacuum tube,** tube à vide.

**valid:** valide, correct, non altéré; **valid digit,** chiffre valable.

**validate: validate (to),** valider.

**validation:** validation; **cross-validation,** contre-vérification; **data validation,** validation de données; **validation printing,** impression de validation.

**validity:** validation, validité; **data validity,** validité des données; **punch validity check,** contrôle de validité des perforations; **validity check,** test de validité; **validity checking,** contrôle de validité; **validity error,** erreur de validité; **validity test,** test de validité.

**valley:** creux; **silicon Valley,** vallée du silicium (Californie).

**valuation:** estimation; **group valuation,** calcul de groupe; **valuation constant,** constante d'évaluation.

**value:** value; **Boolean value,** valeur booléenne, grandeur logique; **absolute limiting value,** valeur limite absolue; **absolute value,** valeur absolue; **absolute value device,** générateur de valeur absolue; **absolute value representation,** représentation de la valeur absolue; **absolute value sign,** signe de valeur absolue; **acceptance value,** valeur d'acceptation; **access ring value,** valeur d'accès de rotation; **access value,** valeur d'accès; **accumulated value,** valeur cumulée; **actual value,** valeur réelle; **address value,** valeur d'adresse; **analog value,** valeur analogique, grandeur analogique; **arbitrary value,** valeur arbitraire; **arithmetic mean value,** valeur moyenne de calcul; **assumed value,** valeur par défaut, valeur implicite; **average total value,** valeur moyenne du courant total; **average value,** valeur moyenne; **binary equivalent value,** valeur équivalente binaire; **book value,** valeur comptable; **booking value,** valeur comptable; **boundary value,** valeur limite; **boundary value problem,** problème de valeur limite; **call by value,** appel par la valeur; **check value,** valeur de contrôle; **code value,** élément de combinaison de code; **comparative value,** valeur de comparaison; **correcting value,** valeur de réglage; **count value,** valeur du compteur; **crest value,** valeur de crête; **critical value,** valeur critique; **default size value,** longueur implicite; **default value,** valeur par défaut; **driven value,** valeur explicite; **drop-out value,** valeur de mise au repos; **effective value,** valeur effective; **face value,** valeur nominale; **factor value,** valeur de facteur; **filter value,** valeur de crête; **fixed-point value,** valeur à virgule fixe; **functional value,** valeur fonctionnelle; **given value,** valeur donnée; **high value,** valeur absolue; **ideal value,** valeur exemplaire; **inalterable value,** valeur fixe, valeur inaltérable; **increment value,** valeur incrémentale; **index value,** valeur indicielle; **initial value,** valeur initiale, valeur de base; **input value,** valeur d'introduction; **integral value,** valeur intégrale; **key value field,** zone de valeur de clé; **limit of value,** valeur limite; **limit value monitor,** controleur de valeurs limites; **local value,** valeur de proximité; **logical value,** valeur logique; **low value,** valeur faible; **masked value,** valeur masquée; **matching value,** valeur de comparaison; **mean value,** valeur moyenne; **measured value,** valeur de mesure; **null value,** valeur nulle; **optimum value,** valeur optimale; **particular value,** valeur particulière; **peak value,** valeur de pointe; **peak-to-peak value,** valeur maxi/mini; **preset value,** valeur d'initialisation; **range of values,** plage des limites; **reciprocal value,** valeur réciproque; **reference value,** valeur de référence; **release value,** valeur de retombée; **sequence value,** valeur de classement; **starting value,** valeur d'initialisation; **subscript value,** valeur de la liste d'indices; **subscripted value,** valeur indicée; **threshold value,** valeur de seuil; **triggering value,** valeur de déclenchement; **true value,** valeur réelle; **truth value,** valeur vraie; **undetermined value,** valeur indéterminée; **unit value,** valeur unitaire; **unmasked value,** valeur sans masque; **value analysis,** analyse valorisée; **value area,** zone des valeurs; **value assignment,** assignation de valeur; **value attribute,** attribut de valeur; **value call syllable,** partie d'instruction; **value clause,** indication de valeur; **value distribution,** ventilation des valeurs; **value of the root,** valeur de la racine; **value part,** liste des valeurs.

**valued:** évalué, estimé; **one-valued,** univalent; **one-valued function,** fonction univalente; **single-valued function,** fonction univoque; **two-valued variable,** variable binaire.

**valve:** tube à vide; **oscillator valve,** tube oscillator.

**VAM:** virtual access method, méthode à accès virtuel.

**vane:** ailette, aube.

**variable\*:** variable; **Boolean variable,** variable booléenne, variable logique; **actuating variable,** variable d'excitation, variable de commande; **area variable,** variable de zone; **arithmetic variable,** variable arithmétique; **array variable,** variable de tableau; **artificial variable,** variable artificielle; **based variable,** variable à base; **basic variable,** variable fondamentale; **binary variable,** variable binaire; **bounded variable,** variable bornée; **capture variable,** variable de saisie; **character variable,** variable caractère; **conditional variable,** variable conditionnelle; **control variable,** variable de commande, variable de bouclage; **controlled variable,** variable contrôlée; **correcting variable,** variable de réglage; **dependent variable,** variable dépendante; **dimensioned variable,** variable de tableau; **double precision variable,** variable en double précision; **dummy variable,** variable fictive, variable auxiliaire; **event variable,** variable d'événement; **fixed-point variable,** variable à virgule fixe; **global variable,** variable absolue, variable globale; **independent variable,** variable indépendante; **input variable,** variable d'introduction; **local variable,** variable locale; **logic variable,** variable logique; **logical variable,** variable logique; **machine variable,** variable machine; **manipulated variable,** variable manipulée; **measured variables,** résultats de mesure; **metasyntaxic variable (foo),** variable métasyntaxique (toto); **notation variable,** variable de notation; **output variable,** variable de sortie; **pointer variable,** variable de pointeur; **random variable,** variable aléatoire; **range of a variable,** capacité d'une variable, portée d'une variable; **scalar variable,** variable scalaire; **shared variable,** variable commune; **simple variable,** variable ordinaire; **single-precision variable,** variable en simple précision; **static variable,** variable statique; **stochastic variable,** variable stochastique; **structure variable,** variable structurée; **subscripted variable,** variable indicée; **switching variable,** variable de commutation; **system variable symbol,** symbole système variable; **task variable,** variable de tâche; **two-**state variable, variable bistable; **two-valued variable,** variable binaire; **undefined variable,** variable indéfinie; **variable access,** accès variable; **variable address,** adresse de variable; **variable clock,** rythmeur réglable; **variable connector,** symbole de renvoi multiple; **variable data,** données variables; **variable declaration,** déclaration de variable; **variable delay,** retard variable; **variable field,** champ variable; **variable file,** fichier des variables; **variable format,** format variable; **variable identifier,** nom de variable; **variable instruction,** instruction variable; **variable length,** longueur variable; **variable name,** nom de variable; **variable parameter,** paramètre variable; **variable point,** virgule variable; **variable programming,** programmation variable; **variable quantity,** quantité variable; **variable resistor,** résistance variable, potentiomètre; **variable symbol,** symbole de variable; **variable type,** type de variable; **variable word,** mot de variable; **variable-access time,** temps d'accès variable; **variable-allocation statement,** instruction d'affectation de variable; **variable-block format,** format de bloc variable; **variable-block length,** longueur de bloc variable; **variable-character pitch,** espacement variable des caractères; **variable-cycle duration,** temps de cycle variable; **variable-cycle operation,** opération asynchrone; **variable-field length,** longueur de champ variable; **variable-format record,** enregistrement à longueur variable; **variable-function generator,** générateur de fonctions variables; **variable-length block,** bloc de longueur variable; **variable-length field,** champ de longueur variable; **variable-length item,** article de longueur variable; **variable-length mantissa,** mantisse de longueur variable; **variable-length overflow,** dépassement de longueur variable; **variable-length record,** enregistrement de longueur variable; **variable-length record file,** fichier à enregistrements variables; **variable-length segment,** segment de longueur variable; **variable-output speed,** vitesse de sortie variable; **variable-point representation,** numération à séparation variable; **variable-queue list,** liste d'attente variable; **variable-record length,** longueur variable d'article; **variable-speed drive,** entraînement à vitesse variable; **variable-word length,** longueur de mot variable; **voltage variable capacitance,** capacitance commandée par tension.

**variance:** variance; **analysis of variance,** analyse de la variance; **variance coefficient,** variante; **volume variance,** variance spatiale.

**variant:** variant; **variant part,** partie variable.

**variation:** variation; **variation of a function,** variation d'une fonction; **variation of parameter,** variation de paramètre; **voltage variation,** variation de tension.

**VDT:** **visual display terminal,** terminal d'affiche.

**VDU:** **video display unit,** unité à affichage vidéo.

**vector\*:** vecteur; **absolute vector,** vecteur à coordonnées absolues; **base vector,** vecteur unitaire; **error vector,** vecteur d'erreur; **floating-vector multiply,** multiplication de vecteurs flottants; **incremental vector,** vecteur relatif; **relative vector,** vecteur relatif; **transfer vector,** vecteur de transfert; **unblanked vector,** vecteur visible; **unit vector,** vecteur unitaire; **vector addition,** addition vectorielle; **vector analysis,** analyse vectorielle; **vector clothing,** habillage vectoriel; **vector computer,** calculateur vectoriel; **vector diagram,** diagramme vectoriel; **vector font,** fonte vectorielle; **vector generator,** générateur de vecteur; **vector graphics,** graphique cavalier; **vector mode display,** visualisation en mode cavalier; **vector priority interrupt,** interruption vectorisée prioritaire; **vector quantity,** grandeur vectorielle; **vector scan,** balayage cavalier; **vector sum,** somme géométrique, somme vectorielle; **vector-based display,** affichage cavalier.

**vectored:** vectorisé; **vectored interrupt,** interruption vectorisée.

**vectorial:** vectoriel; **vectorial computer,** ordinateur vectoriel.

**velocity:** rapidité, vitesse; **angular velocity,** vitesse angulaire; **drift velocity,** vitesse de déplacement; **group velocity,** vitesse de groupe; **phase velocity,** vitesse de phase.

**vendor:** vendeur; **vendor lead time,** délai de livraison; **vendor master file,** fichier source des fournisseurs; **vendor software,** logiciel du constructeur.

**Venn\*:** Venn; **Venn diagram,** diagramme de Venn.

**vent:** ouverture.

**ventilate:** (to), ventiler.

**ventilation:** aération; **ventilation grille,** grille de ventilation.

**verb:** verbe; **compiler verb,** ordre de compilateur; **verb name,** verbe de programmation.

**verbatim:** mot pour mot.

**verge:** bord, marge.

**verification:** vérification, comparaison de données; **automatic blank column verification,** vérification automatique des colonnes vierges; **automatic left zero verification,** autovérification des zéros cadrés à gauche; **auxiliary verification,** vérification supplémentaire; **key verification,** contrôle de clé; **verification channel,** voie d'acquittement; **write verification,** contrôle d'écriture.

**verifier:** vérificatrice; **card verifier,** vérificatrice; **key verifier,** vérificatrice à clavier; **motor-driven verifier,** vérificatrice à moteur; **tape verifier,** vérificateur de bande; **timing verifier,** analyseur temporel.

**verify\*:** **key verify,** vérification au clavier; **verify (to),** vérifier; **verify action,** vérification; **verify bit,** bit de vérification; **verify command,** instruction de vérification d'écriture; **verify function,** fonction de vérification; **verify reading,** lecture de vérification; **write verify mode,** mode de vérification à l'écriture.

**verifying:** vérification; **card verifying,** vérification de carte; **verifying device,** dispositif de vérification; **verifying page printer,** téléimprimeur de contrôle; **verifying program,** programme de vérification; **verifying unit,** bloc partiel.

**vernier:** vernier; **vernier adjustment range,** plage de réglage précis; **vernier drive,** engrenage à grand rapport de réduction; **vernier knob,** bague de réglage précis; **vernier scale,** vernier; **vertical vernier,** vernier vertical.

**versatility:** souplesse d'emploi.

**version:** version; **beef-up version,** version améliorée; **compiler version,** version de compilateur; **downgraded version,** version réduite; **dual job stream version,** version double file; **file version,** version de fichier; **improved version,** version améliorée; **special version,** version personnalisée; **tape version,** version bande.

**versus:** contre; **versus (vs),** en fonction.

**vertex:** sommet, noeud; **adjacent vertex,** sommet adjacent, noeud adjacent; **cut vertex,** point d'articulation (graphe); **incident vertex,** noeud incident.

**vertical:** vertical; **vertical arrow,** flèche verticale; **vertical blanking,** effacement trame; **vertical column,** colonne verticale; **vertical control,** commande verticale; **vertical deflection,** déviation verticale; **vertical deflection sawtooth,** dent de scie de trame; **vertical feed,** entraînement vertical; **vertical form control (VFC),** commande d'avance papier; **vertical format,** format vertical; **vertical format control,** commande d'avance d'imprimé; **vertical integration,** intégration verticale; **vertical line,** ligne verticale; **vertical line spacing,** densité de pas verticaux;

**vertical misalignment,** défaut d'alignement; **vertical parity,** parité verticale, paire; **vertical parity check,** contrôle de parité verticale (paire); **vertical pitch,** espacement interligne; **vertical redundancy check (VRC),** contrôle de redondance verticale (parité paire); **vertical retrace point,** point de retour trame; **vertical scroll,** défilement vertical; **vertical slip,** défilement vertical; **vertical spacing,** pas vertical; **vertical sweep,** balayage vertical; **vertical synchro,** synchro image; **vertical tab,** tabulation verticale; **vertical tabulate,** tabulation verticale; **vertical tabulation (VT),** tabulation verticale; **vertical vernier,** vernier vertical; **vertical wires,** fils verticaux.

**vet : data vet,** validation de données; **vet (to),** valider.

**vetting :** validation; **data vetting program,** programme de contrôle de données; **vetting run,** passage de validation.

**VFC : vertical form control,** commande d'avance papier; **voltage to frequency converter (VFC),** convertisseur tension-fréquence.

**VHLL : very high level language,** langage de très haut niveau.

**VHSI : very high scale integration,** très haute intégration.

**viability :** viabilité.

**vibration :** vibration; **vibration test,** essai aux vibrations, essai aux chocs; **vibration-free,** sans vibration.

**vibrator :** ondulateur.

**vice :** étau.

**video :** vidéo; **composite video display,** moniteur composite; **inverse video,** vidéo inverse; **raster scan video display,** affichage vidéo type télévision; **raw video,** vidéo brute; **reverse video,** vidéo inverse; **still image video,** image vidéo fixe; **video amplifier,** amplificateur vidéo; **video arcade game,** jeu vidéo de salle; **video bandwidth,** largeur de bande vidéo; **video buffer,** mémoire vidéo; **video chip,** contrôleur d'écran vidéo; **video clamp,** alignement vidéo; **video color copier,** copieur vidéo couleur; **video data terminal,** terminal vidéo; **video device,** écran de vidéo; **video digitizer,** numériseur vidéo, quantificateur vidéo; **video display image,** mémoire-image de l'affichage vidéo; **video display unit (VDU),** unité à affichage vidéo; **video entertainment software,** logiciel de distraction vidéo; **video generator,** générateur vidéo; **video image,** image vidéo, image TV; **video interface,** interface vidéo; **video monitor,** moniteur vidéo; **video probe,** sonde vidéo; **video screen,** écran vidéo; **video service,** transmission d'image; **video signal,** signal vidéo; **video sum,** somme vidéo; **video tape,** bande vidéo; **video terminal,** terminal vidéo.

**videofrequency :** vidéofréquence.

**videographics :** la vidéographie.

**videography :** vidéographie; **broadcast videography,** vidéographie diffusée; **interactive videography,** vidéographie dialoguée, vidéotex, télétexte.

**videoscan :** balayage vidéo; **videoscan document reader,** lecteur de documents par vidéographie.

**videotex* :** vidéotex, vidéographie interactive, télétexte.

**videotext* :** vidéotexte.

**view :** vue; **blow-up view,** vue éclatée; **bottom view,** vue de dessous; **exploded view,** vue éclatée; **front view,** vue frontale; **phantom view,** représentation transparente; **sectional view,** vue en coupe; **side view,** vue de côté; **top view,** vue de dessus; **total view,** vue d'ensemble; **underside view,** vue de dessous; **view (to),** visualiser; **view menu,** menu affichage; **view plane,** plan de vue; **view point,** point de vue; **view reference point,** point de référence visuel; **view volume,** volume de vue.

**viewable :** visualisable; **viewable data,** données visualisables.

**viewdata* :** vidéographie dialoguée, télétexte, vidéotex.

**viewer :** observateur, lecteur.

**viewing :** visualisation; **viewing screen,** écran de visualisation; **viewing transformation,** transformation visuelle; **viewing window,** fenêtre de visée; **viewing-viewport transformation,** transformation fenêtre-clôture.

**viewpoint :** point d'observation.

**viewport* :** fenêtre-clôture; **viewing-viewport transformation,** transformation fenêtre-clôture.

**VIO : virtual input/output,** entrée/sortie virtuelle.

**violation :** violation; **barricade violation,** dépassement de limitation; **instruction timeout violation,** dépassement de temps imparti; **integrity violation monitor,** moniteur de cohérence, moniteur d'intégration; **protection violation,** violation de la protection.

**virgin :** vierge; **virgin magnetic tape,** bande magnétique vierge; **virgin medium,** support vierge, support vide; **virgin tape,** bande vierge.

**virtual :** virtuel, de fait, effectif; **permanent virtual circuit,** circuit virtuel permanent;

435

**shared virtual area,** zone virtuelle partagée; **switched virtual circuit,** circuit virtuel commuté; **virtual access method (VAM),** méthode à accès virtuel; **virtual address,** adresse virtuelle; **virtual addressing,** adressage virtuel; **virtual call,** communication virtuelle; **virtual call facility,** service de communication virtuelle; **virtual circuit,** circuit virtuel; **virtual communication,** communication virtuelle; **virtual computer,** calculateur virtuel; **virtual computing system,** machine virtuelle; **virtual connection,** connexion virtuelle; **virtual device,** périphérique virtuel; **virtual disk,** disque virtuel; **virtual drive,** disque virtuel; **virtual file,** fichier virtuel; **virtual hole,** partition virtuelle; **virtual input-output (VIO),** entrée/sortie virtuelle; **virtual machine,** machine virtuelle; **virtual memory (VM),** mémoire virtuelle; **virtual memory management,** gestion automatique de mémoire; **virtual memory system (VMS),** système à mémoire virtuelle; **virtual mode,** mode virtuel; **virtual operating system (VOS),** système d'exploitation virtuel; **virtual push button,** touche virtuelle; **virtual space,** espace virtuel; **virtual storage,** mémoire virtuelle; **virtual storage management (VSM),** gestion de la mémoire virtuelle; **virtual storage system,** système à mémoire virtuelle; **virtual terminal,** terminal virtuel; **virtual unit,** unité virtuelle.

**virtually:** virtuellement; **virtually flicker-free,** pratiquement sans papillotement.

**virus:** virus; **encrypted virus,** virus programmé; **virus detection,** détection de virus; **virus directory,** répertoire des virus; **virus infection,** infection par virus; **virus protection,** protection antivirus; **virus removal,** décontamination.

**viruses:** virus; **identified viruses,** virus identifiés; **known viruses,** virus connus; **unknown viruses,** virus inconnus.

**visibility:** visibilité; **visibility code,** code d'appel; **visibility key,** code d'appel.

**visor:** viseur; **safety visor,** gêneur.

**visual:** visuel; **visual check,** contrôle visuel; **visual display,** visualisation; **visual display device,** unité d'affichage; **visual display terminal (VDT),** terminal d'affiche; **visual display unit,** terminal de visualisation; **visual indication,** indication optique; **visual indicator,** indicateur optique; **visual indicator mechanism,** dispositif de visualisation; **visual information control console,** console de commande à écran de visualisation; **visual information projection,** affichage sur écran de visualisation; **visual information projection subsystem,** sous-système à écran de visualisation; **visual input control,** contrôle visuel à la saisie; **visual inspection,** inspection visuelle; **visual readout,** affichage; **visual record,** enregistrement en texte clair; **visual signal,** signal optique; **visual strain,** fatigue visuelle; **visual telephone,** visiophone; **visual test,** test visuel; **visual-audible signal,** signal opto-acoustique.

**visualise:** cf **visualize.**

**visualize (to),** visualiser, afficher.

**vital:** vital; **vital data,** informations essentielles; **vital datum,** donnée essentielle.

**VLSI: very large scale integration,** intégration à très grande échelle.

**VMS: virtual memory system,** système à mémoire virtuelle.

**vocabulary:** vocabulaire; **sophisticated vocabulary,** vocabulaire évolué; **vocabulary logging,** saisie de vocabulaire.

**vocal:** vocal; **vocal terminal,** terminal vocal; **vocal unit,** unité à réponse vocale.

**vocoder:** vocodeur.

**voder:** synthétiseur vocal.

**voice:** voix; **dalek voice,** voix robotique; **data above voice (DAV),** données supravocales; **received voice answer,** réponse vocale réceptionnée; **recorded voice announcement,** annonce par voix enregistrée; **talking computer voice synthesizer,** synthétiseur de voix pour ordinateur; **telegraphy voice frequency,** télégraphie à fréquence vocale; **transmitted voice answer,** réponse vocale émise; **voice band,** bande téléphonique; **voice channel,** voie téléphonique; **voice coil,** positionneur linéaire; **voice communication,** communication vocale; **voice compression,** compression vocale; **voice frequency,** fréquence vocale; **voice frequency output,** sortie de fréquence vocale; **voice grade channel,** voie téléphonique; **voice grade circuit,** ligne de haute qualité; **voice input,** entrée vocale; **voice input terminal,** terminal vocal; **voice interface,** interface vocal; **voice level indicator,** indicateur de niveau optique; **voice line,** ligne vocale; **voice output,** sortie vocale; **voice output buffer,** tampon de sortie vocale; **voice output terminal,** terminal vocal; **voice output unit,** unité de sortie vocale; **voice processing,** traitement vocal; **voice recognition,** reconnaissance vocale; **voice response,** sortie vocale; **voice response computer,** ordinateur à réponse vocale; **voice response unit,** unité de sortie vocale; **voice synthesis,** synthèse vocale; **voice synthesizer,** synthétiseur de voix; **voice-actuated device,** dispositif vocal d'activation; **voice-grade,** de classe vocale.

**void:** non typé, défaut d'encrage; **void result,** résultat indéterminé.

**volatile:** volatil, effaçable; **volatile dynamic storage,** mémoire dynamique volatile; **volatile file,** fichier très actif; **volatile information,** information altérable; **volatile memory,** mémoire volatile; **volatile storage,** mémoire non rémanente.

**volatility\*:** volatilité; **storage volatility,** volatilité de mémoire.

**voltage:** tension; **Zener voltage,** tension Zener; **actuating voltage,** tension de commande; **alternating voltage,** tension alternative; **analog output voltage,** tension de sortie analogique; **applied voltage,** tension appliquée, tension aux bornes; **base bias voltage,** tension de polarisation initiale; **base voltage,** tension de base; **bias voltage,** tension de polarisation; **blocking voltage,** tension de blocage; **breakdown voltage,** tension de claquage; **collector voltage,** tension collecteur; **common mode voltage,** tension de mode commun; **constant voltage,** transformateur à tension; **control voltage,** tension de commande; **emitter voltage,** tension émetteur; **equivalence drift voltage,** tension de dérive équivalente; **feedback voltage,** tension à réaction; **forward voltage drop,** chute de tension dans le sens direct; **inverse voltage,** tension d'arrêt; **line voltage,** tension secteur; **line voltage fluctuations,** variations secteur; **line voltage regulator,** stabilisateur secteur; **logical voltage,** tension logique; **main voltage fluctuation,** variation de la tension réseau; **normal mode voltage,** tension de mode normal; **on-state voltage,** tension directe; **open circuit voltage,** tension en circuit ouvert; **operating voltage,** tension de fonctionnement; **pick-up voltage,** tension d'excitation; **playback voltage,** tension de lecture; **quiescent input voltage,** tension de repos en entrée; **quiescent output voltage,** tension de repos en sortie; **rated voltage,** tension nominale; **reading voltage,** tension de lecture; **rectified voltage,** tension redressée; **reference voltage,** tension de référence; **ripple voltage,** tension de ronflement; **supply voltage,** tension d'alimentation; **terminal voltage,** tension aux bornes; **test voltage,** tension de contrôle; **threshold voltage,** tension de seuil; **transient voltage,** tension de choc; **turn-on voltage,** tension de déclenchement; **voltage adapter switch,** sélecteur de tension; **voltage amplification,** amplification en tension; **voltage amplifier,** amplificateur de tension; **voltage breakdown,** défaillance du réseau, panne du secteur; **voltage change,** variation de tension; **voltage comparison converter,** convertisseur de code à comparaison de tensions; **voltage control,** régulation de tension; **voltage divider,** pont diviseur; **voltage doubling,** doublage de tension; **voltage drop,** chute de tension; **voltage element,** entrée de tension; **voltage fluctuation,** variation de tension; **voltage gain,** gain de tension; **voltage metering jack,** fiche de mesure de tension; **voltage pulse,** impulsion de tension; **voltage reference,** tension de référence; **voltage regulation,** stabilisation du potentiel; **voltage regulator,** régulateur de tension; **voltage selector,** sélecteur de tension; **voltage source,** source de tension; **voltage stabilizer,** stabilisateur de tension; **voltage standing wave ratio (VSWR),** taux d'onde stationnaire (TOS); **voltage surge,** surtension; **voltage test point,** point de mesure de tension; **voltage to frequency converter (VFC),** convertisseur tension-fréquence; **voltage transformer,** transformateur de tension; **voltage variable capacitance,** capacitance commandée par tension; **voltage variation,** variation de tension; **voltage waveform,** forme de la tension; **voltage-current characteristic,** caractéristique de la tension; **voltage-dependent,** dépendant de la tension; **zero voltage firing,** déclenchement par tension nulle.

**voltmeter:** voltmètre; **electronic voltmeter,** voltmètre à diode.

**volume:** volume, fichier; **accumulator volume,** capacité d'accumulateur; **automatic volume recognition,** reconnaissance automatique des formes; **control volume,** support de données à catalogue partiel; **crosstalk volume,** amplitude de diaphonie; **end of volume,** fin de fichier partiel; **end-of-volume trailer label,** label de fin de bande; **file location volume,** support de fichier; **file volume sequence number,** numéro chronologique de chargeur; **information volume,** contenu en informations; **multifile volume,** fichier multivolume; **peak transaction volume,** débit maximal; **relative volume,** chargeur relatif; **resident volume,** données résidantes sur disque; **single-volume file,** fichier monopile; **system volume,** disque système; **tape volume label,** étiquette de volume de bande; **test volume,** support de données d'essai; **user volume label,** label d'identification utilisateur; **view volume,** volume de vue; **volume catalog,** catalogue de volumes; **volume cleanup,** effacement de volume; **volume control,** réglage de volume; **volume directory,** répertoire de chargeurs; **volume displacement card,** carte de décalage de volume; **volume exclusive control,** contrôle des supports de données; **volume group,** groupe de volumes; **volume header label,** label d'en-tête de volume; **volume identification,** identification de volume; **volume label,** label de volume; **volume label track,** piste de label de volume; **volume list,** liste des volumes; **volume mapping,** transfert de volumes; **volume name check,** contrôle du nom de volume; **volume of data,** volume de données; **volume parameter card,** carte de commande de support informatique; **volume preparation,** mise en forme de volume; **volume security,** protection de chargeur; **volume sequence check,** contrôle séquentiel de volume; **volume sequence number,** numéro consécutif de chargeur; **volume serial number (VSN),** numéro de volume; **volume set,** ensemble de bandes; **volume swap,** remplacement de chargeur, échange de chargeur; **volume swapping,** remplacement de char

geur; **volume switching,** changement de volume; **volume trailer label,** label fin de volume; **volume type,** type de volume; **volume variance,** variance spatiale.

**VOS: virtual operating system,** système d'exploitation virtuel.

**vowel:** voyelle.

**VRC: vertical redundancy check,** contrôle de redondance verticale (parité paire).

**VSM: virtual storage management,** gestion de la mémoire virtuelle.

**VSN: volume serial number,** numéro de volume.

**VSWR: VSWR characteristic,** caractéristique du taux d'onde stationnaire; **voltage standing wave ratio (VSWR),** taux d'onde stationnaire (TOS).

**vulgar:** vulgaire; **vulgar fraction,** vulnérabilité.

# W

wad: liasse.

wafer: galette, tranche.

wait: attente; I/O wait, attente aux entrées/sorties; hard wait state, état d'attente permanent; wait action, fonction d'attente; wait before transmit, attente avant transfert; wait call, appel de mise en attente; wait condition, état d'attente; wait cycle, cycle d'attente; wait loop, boucle d'attente; wait state, état latent; wait station, poste d'attente.

waiting: attente; waiting cycle, cycle d'attente; waiting line, file d'attente; waiting list, file, liste d'attente; waiting message, message en attente; waiting mode, mode d'attente; waiting program, programme en attente; waiting queue, file d'attente; waiting queue element, élément de file d'attente; waiting queue field, zone de file d'attente; waiting state, état d'attente; waiting task, tâche en attente; waiting time, temps d'attente, latence; waiting time distribution, ventilation des temps d'attente.

waive: (to), faire avorter, abandonner.

walk: random walk, cheminement aléatoire; random walk method, méthode de Monte-Carlo; walk down, perte cumulative.

walking: marche; tree walking, traversée d'un arbre.

wall: mur; wall outlet, prise murale; wall socket, prise murale.

wallpaper: image de fond.

Wand*: lecteur de Wand; Wand tablet, tablette Wand.

warm: tiède; warm boot, redémarrage à chaud; warm restart, redémarrage à chaud; warm start, démarrage à chaud; warm-up period, temps d'activation, temps de chauffe.

warning: avertissement; destination warning marker, marque fin de bande; warning bell, signal d'alerte; warning diagnostic, diagnostic d'alerte; warning flag, drapeau d'alerte; warning lamp, voyant d'alerte.

waste: waste instruction, instruction de non opération.

watch: watch dog, chien de garde, contrôleur de séquence d'alerte; watch dog timer, rythmeur de séquence d'alerte.

watching: surveillance; dog watching, sémaphore d'alerte.

watt: Watt, unité de puissance.

wattage: puissance; wattage rating, puissance consommée.

wave: onde; carriage wave, onde porteuse; carrier wave, onde porteuse; cosine wave, tension cosinus, onde cosinus; front wave, onde enveloppe; full wave rectifier, redresseur à double alternance; half-wave rectifier, redresseur simple alternance; keyed continuous wave, ondes entretenues manipulées; keyed modulation wave, onde modulée manipulée; keying wave, onde manipulée; light wave, onde lumineuse; rectangular wave, onde en créneau; rectangular wave guide, guide d'ondes carrées; sawtooth wave, onde en dents de scie; sine wave, onde sinusoïdale; square wave, onde carrée; square wave pulse, impulsion d'onde carrée; trapezoidal wave, onde trapézoïdale; triangular wave, onde triangulaire; voltage standing wave ratio (VSWR), taux d'onde stationnaire (TOS); wave equation, équation d'onde; wave trap, circuit éliminateur.

waveform: forme d'onde; voltage waveform, forme de la tension.

way: direction; N-way switch, commutateur à N directions; both-way communication, mode bidirectionnel simultané; both-way mode, mode bidirectionnel; cable way slot, ouverture de passage de câble; either-way communication, bidirectionnel à l'alternat; either-way operation, semi-duplex; one-way communication, communication unilatérale; one-way data transmission, transmission unidirectionnelle; one-way operation, traitement unidirectionnel; one-way trunk, ligne unilatérale; single way, unidirectionnel, simplex; two-way, en double, à deux voies; two-way alternate communication, communication bilatérale à l'alternat; two-way communication, communication bidirectionnelle; two-way line, ligne bidirectionnelle; two-way merge, deux opérations d'interclassement; two-way mode, mode bidirectionnel; two-way simultaneous communication, communication bilatérale simultanée; way circuit, ligne bus; way factor, facteur de voie; way station, station intermédiaire.

weak: faible; weak convergence, convergence pauvre.

wear: usure; tape wear, usure de bande; wear and tear, usure par utilisation; wear compensator, compensateur d'usure.

**wearout:** usure; **wearout failure,** défaillance par usure.

**wearproof:** résistant à l'usure.

**web:** rouleau; **web paper,** papier en rouleau; **web width,** largeur papier.

**wedge:** clavette.

**weight:** poids; **balance weight,** contrepoids; **binary weight,** poids binaire; **binary weight table,** table de poids de positions binaires; **card weight,** presse-cartes; **weight register,** registre de pondération.

**weighted:** pondéré; **weighted average divide,** division pondérée; **weighted average multiply,** multiplication pondérée; **weighted binary,** binaire pondéré; **weighted code,** code pondéré; **weighted sum,** somme pondérée.

**weighting:** pondération; **noise weighting,** pondération du bruit; **weighting factor,** facteur de pondération; **weighting function,** fonction de pondération.

**wheel:** roue; **adding wheel,** machine de Pascal; **character wheel,** roue à caractères; **code wheel,** roue codeuse; **counter wheel,** roue compteuse; **daisy wheel,** marguerite, disque porte-caractères; **daisy wheel printer,** imprimante à marguerite; **detent gear wheel,** pignon de verrouillage; **detent wheel,** disque de positionnement; **print wheel,** disque d'impression, marguerite; **sprocket wheel,** roue à picots; **thimble wheel,** tulipe porte-caractères; **thumb wheel,** molette; **type wheel,** disque caractères, roue d'impression, marguerite; **wheel printer,** imprimante à roue.

**white:** blanc; **white noise,** bruit blanc; **white space,** espace blanc; **white transmission,** transmission en blanc.

**wideband:** large bande; **wideband channel,** canal à large bande; **wideband circuit,** circuit à large bande; **wideband line,** liaison en bande large.

**widow:** veuve; **widow control,** traitement des veuves.

**width:** largeur; **base width,** largeur de base; **channel width,** largeur de canal; **column width,** largeur de colonne; **field width,** longueur de zone de données; **fixed-width font,** fonte à espacement fixe; **gap width,** largeur d'entrefer; **highway width,** largeur de bus; **line width,** largeur de trait; **magnetic tape width,** largeur de bande magnétique; **pulse width,** largeur d'impulsion; **pulse width modulation,** modulation en largeur d'impulsion; **pulse width recording,** enregistrement de la durée d'une impulsion; **screen width,** largeur d'écran; **stroke width,** largeur d'un segment; **track width,** largeur de piste;

**typing width,** largeur d'impression; **web width,** largeur papier.

**wildcard:** (caractère) joker.

**Winchester\*:** Winchester; **Winchester disk,** disque Winchester; **Winchester disk system,** système à disque (dur) Winchester; **Winchester technology disk,** disque de technologie Winchester.

**winder:** bobineuse; **tape winder,** enrouleur de bande.

**winding:** bobinage; **double winding,** double enroulement; **drive winding,** bobine d'écriture; **hold winding,** enroulement de maintien; **holding winding,** enroulement de maintien; **inhibit winding,** enroulement d'inhibition; **input winding,** enroulement d'entrée; **operate winding,** enroulement d'attaque; **primary winding,** enroulement primaire; **read winding,** enroulement de lecture; **reset winding,** enroulement d'effacement; **return winding,** enroulement de retour, enroulement neutre; **secondary winding,** enroulement secondaire; **sense winding,** enroulement de lecture; **set winding,** enroulement de lecture; **shift winding,** enroulement de décalage; **winding circuit,** circuit d'enroulement; **winding direction,** sens d'enroulement; **winding layer,** nappe d'enroulement; **winding number,** nombre d'enroulement; **write winding,** enroulement d'écriture.

**window:** fenêtre; **active window,** fenêtre active; **application window,** fenêtre d'application; **cascading windows,** fenêtres en cascade; **directory window,** fenêtre répertoire; **overlapping windows,** fenêtres à recouvrement; **pop-up window,** mode fenêtre; **resetting window,** fenêtre de l'image-mémoire; **screen window,** fenêtre à l'écran; **text window,** fenêtre texte; **tiled windows,** fenêtres à recouvrement; **viewing window,** fenêtre de visée; **window clipping,** détourage hors-fenêtre; **window displacement,** déplacement de fenêtre; **window enlarging,** agrandissement d'une fenêtre; **window position,** position fenêtre; **window restoring,** restauration d'une fenêtre; **window shrinking,** réduction d'une fenêtre; **window size,** taille d'une fenêtre; **window transformation,** transformation fenêtre-clôture.

**windowed:** fenêtré; **windowed screen,** écran-fenêtre.

**windowing\*:** fenêtrage; **windowing technique,** technique de fenêtrage.

**wire:** fil, conducteur, ligne, câblage; **added wires,** lignes additionnelles; **common wire,** ligne commune; **drive wire,** fil de commande; **four-wire channel,** liaison à quatre fils, voie tétrafilaire; **four-wire circuit,** ligne à quatre conducteurs; **ground wire,** fil de terre; **guide wire,** fil pilote; **hold wire,** fil de maintien; **holding wire,** fil de maintien; **jumper wire,** cavalier; **live wire,** fil sous tension; **magnetic wire,** fil magnétique; **magnetic wire storage,** mémoire à fil magnétique; **order wire,** voie de service; **plated wire storage,** mémoire à fil magnétique; **plug wire,** connexion enfichable; **print wire,** aiguille d'impression; **printed wire ribbon,** câble plat imprimé; **receive wire,** fil de réception; **send wire,** fil d'émission; **sense wire,** fil de lecture; **single-wire line,** ligne monoconducteur; **two-wire,** à deux fils; **two-wire channel,** voie bifilaire; **two-wire circuit,** circuit deux fils; **two-wire system,** système à voies bifilaires; **vertical wires,** fils verticaux; **wire (to),** câbler; **wire channel,** passage de fils; **wire contact,** contact à fil; **wire frame,** image fil de fer; **wire frame representation,** représentation fil de fer; **wire lead,** raccord à fil; **wire matrix printer,** imprimante matricielle; **wire printer,** imprimante à aiguilles; **wire storage,** mémoire câblée; **wire strap,** pont; **wire-wound,** bobiné; **wire-wound resistor,** résistance bobinée.

**wired:** câblé; **wired AND,** circuit ET câblé; **wired OR,** circuit OU câblé; **wired circuit,** circuit câblé; **wired communication,** liaison câblée; **wired logic,** logique câblée; **wired monitor,** moniteur câblé; **wired program,** programme câblé; **wired program computer,** calculateur à programme câblé; **wired-in,** câblé; **wired-in check,** contrôle câblé.

**wirewrap:** connexion enroulée, câblage; **wirewrap tool,** tortillonneur.

**wiring:** câblage; **automatic wiring design,** projet de câblage automatique; **back-to-back wiring,** câblage dos à dos; **basic wiring,** connexion de principe; **control panel wiring,** câblage de tableau de connexions; **discrete wiring,** câblage spécifique; **etched wiring,** câblage imprimé; **wiring board,** tableau de connexions; **wiring diagram,** plan de câblage; **wiring error,** erreur de câblage; **wiring method,** méthode de câblage.

**withdrawal:** retrait, abandon; **material withdrawal code,** code sortie de stock.

**withstand:** surge withstand capability, résistance aux surtensions.

**word\*:** mot; **access control word,** mot de restriction d'accès; **alphabetic word,** mot alphabétique; **alphameric word,** mot alphanumérique; **binary word,** mot binaire; **call word,** mot d'identification; **channel address word (CAW),** mot d'adresse de canal; **channel command word,** mot de commande

canal; **channel status word,** mot d'état de canal; **check word,** mot de contrôle; **code word,** mot code; **command word,** mot d'instruction; **computer word,** mot machine; **control status word (CSW),** mot d'état de contrôle; **control word,** mot de commande; **data word,** mot de données; **data word format,** format du mot de données; **data word length,** longueur du mot de données; **data word size,** longueur de mot de données; **device status word,** mot d'état de périphérique; **disk control word,** mot d'adresse disque; **double-length word,** mot double; **double word,** mot double; **double word,** double mot; **double word boundary,** limite de mot double; **double word register,** registre en double mot; **double-length word,** mot en double longueur; **edit control word,** masque d'édition; **edit word,** masque d'édition; **empty word,** mot vide; **end-of-record word,** mot de fin d'enregistrement; **end-of-word mark,** marque fin de mot; **fixed word,** mot (de longueur) fixe; **fixed-length word,** mot de longueur fixe; **fixed-point word length,** longueur de mot à virgule fixe; **fixed-word length,** longueur de mot fixe; **full word,** mot complet; **full word positive constant,** constante positive de mot entier; **half-word,** demi-mot; **index word,** mot d'index; **indicator word,** mot indicateur; **information word,** mot d'information; **instruction storage word,** mot d'instruction; **instruction word,** mot instruction; **key word parameter,** paramètre de mot clé; **length record word,** mot de longueur d'article; **long word,** mot long; **machine word,** mot machine; **machine word length,** longueur du mot machine; **manual word generator,** élément d'entrée manuelle; **memory word,** mot mémoire; **numeric word,** mot numérique; **numerical word,** mot numérique; **optional word,** mot facultatif, mot optionnel; **order word,** mot commande; **parameter word,** mot paramètre; **program status word (PSW),** mot d'état programme; **program word,** mot de programme; **quad-word bound,** format à mot quadruple; **record locator word,** mot de positionnement d'article; **reserved word,** mot réservé; **routine word,** mot de programme; **running process word,** mot du processus en cours; **search control word,** drapeau de recherche; **search word,** mot de recherche; **segment table word,** adresse d'une table de segments; **short word,** demi-mot; **single word,** mot unique; **status word,** mot d'état; **stemmed word,** mot tronqué; **storage word,** mot mémoire; **synchronization check word,** mot de contrôle de concordance; **text word,** mot texte;

**unit control word,** mot de contrôle d'unité; **user-defined word,** mot défini par l'utilisateur; **variable word,** mot de variable; **variable-word length,** longueur de mot variable; **word address,** adresse de mot; **word address format,** format d'adresse de mot; **word alignment,** alignement sur un mot; **word boundary,** frontière de mot; **word buffer register,** registre tampon de mot; **word capacity,** capacité exprimée en mots; **word delimiter,** sentinelle de mot; **word format,** structure de mot; **word indexing,** indexage par mot clé; **word input register,** registre d'entrée mot; **word length,** longueur de mot; **word machine,** machine organisée en mots; **word mark,** marque de mot; **word period,** période de mot; **word processing (WP),** traitement de texte; **word processing report,** état traité par ordinateur; **word register,** registre de mot; **word selection,** sélection de mot; **word separation,** césure des mots; **word separator,** séparateur de mots; **word size,** longueur de mot; **word size emitter,** générateur de longueur de mot; **word space,** espace mot; **word stem,** racine d'un mot; **word time,** temps de transfert d'un mot; **word transfer,** transfert de mot; **word-organized,** organisé en mots; **word-organized memory,** mémoire organisée en mots; **word-oriented,** orienté mot; **word-oriented computer,** ordinateur organisé en mots; **word-oriented memory,** mémoire organisée en mots; **word-oriented operation,** opération exécutée par mots; **word-structured memory,** mémoire à structure de mots; **word-wrap,** mise à ligne des mots.

**work:** travail; **assembly work order,** ordre d'assemblage; **diacritical work,** caractère diacritique; **disk work area distribution,** répartition des zones du disque; **input work queue,** file des travaux en entrée; **item work area,** zone de traitement d'article; **maintenance work,** travaux de maintenance; **merge work tape,** bande de phase d'interclassement; **output work queue,** file d'attente en sortie; **routine work,** travail de routine; **serial work flow,** déroulement séquentiel des travaux; **work area,** zone de travail; **work cycle,** séquence de travail; **work disk,** disque de travail; **work file,** fichier de travail; **work flow,** déroulement du travail; **work-in-process queue,** opération en file d'attente; **work item,** élément de travail; **work location,** zone de manoeuvre; **work program,** plan de travail; **work register,** registre de travail; **work scheduling,** planification; **work sequence,** séquence de travail; **work space,** mémoire disponible; **work stack,** pile de travaux; **work station,** poste de travail; **work tape,** bande de travail; **work unit,** terminal de de saisie.

**w o r k i n g:** travail, exploitation, fonctionnement; **asynchronous working,** régime asynchrone; **autonomous working,** fonctionnement autonome; **concurrent working,** fonctionnement en simultanéité; **minimum working set,** partie active minimale; **multiple length working,** traitement en multilongueur de mot; **open circuit working,** transmission en circuit ouvert; **real-time working,** fonctionnement en temps réel; **single-length working,** travail en simple mot; **synchronous working,** fonctionnement synchrone; **triple-length working,** travail en triple longueur; **unidirectional working,** exploitation unidirectionnelle; **working area,** zone de travail; **working cycle,** cycle de travail; **working diagram,** diagramme de fonctionnement; **working environment,** environnement d'exploitation; **working file,** fichier de travail; **working frequency,** fréquence de travail; **working memory,** mémoire de travail; **working memory section,** mémoire de travail; **working processing,** opération de traitement; **working routine,** programme de production; **working size,** taille de la zone de travail; **working space,** espace de travail; **working storage,** zone (de mémoire) de travail; **working temperature range,** plage de températures de service; **working track,** piste de travail; **working zone,** zone de travail.

**w o r k l o a d:** charge; **system workload,** charge du système; **workload planning,** planification des charges.

**w o r k s h e e t:** feuille de travail; **electronic worksheet,** bloc-notes électronique; **program worksheet,** feuille de programmation; **programmer worksheet,** feuille de programmation.

**w o r k s h o p:** atelier; **DP workshop,** atelier informatique.

**w o r k s p a c e\*:** mémoire disponible.

**w o r k s t a t i o n:** poste de travail, console.

**w o r l d:** monde; **world coordinates,** coordonnées universelles.

**w o u n d:** enroulé; **lattice wound coil,** enroulement en nid d'abeille; **series wound motor,** moteur série; **wire-wound,** bobiné; **wire-wound resistor,** résistance bobinée.

**w o w:** pleurage.

**w r a p:** retour à la ligne; **cursor wrap,** saut de ligne curseur; **word-wrap,** mise à ligne des mots; **wrap tab,** retrait après retour de ligne; **wrap-around,** en lacet, enroulement de fin de ligne.

**w r a p:** retour à la ligne; **cursor wrap,** saut

de ligne curseur; **word-wrap,** mise à ligne des mots; **wrap tab,** retrait après retour de ligne.

**w r a p a r o u n d\*:** en lacet, enroulement de fin de ligne.

**w r a p p e d :** enroulé; **solderless wrapped connection,** connexion sans soudure.

**w r e c k :** épave; **card wreck,** bourrage de cartes.

**w r e n c h :** torsion, clé; **socket wrench,** clé à tube.

**w r i n k l e :** pli.

**w r i t e\*:** écriture; **combined read/write head,** tête de lecture/écriture; **current write address,** adresse d'écriture réelle; **data write permit bit,** bit de validation d'écriture; **data write protection,** interdiction d'écriture; **direct read after write (DRAW),** lecture et écriture simultanées; **disk write protect,** protection à l'écriture; **format write protection,** protection au formatage; **full write pulse,** impulsion d'écriture complète; **gather write,** écriture avec regroupement; **gather write (to),** écrire en regroupant; **gathered write,** écriture regroupée; **partial write current,** courant d'écriture partiel; **partial write pulse,** impulsion d'écriture partielle; **permit data write,** validation de l'enregistrement des données; **pixel read/write,** lecture/écriture de point-image; **program write-up,** écriture de programme; **read after write,** lecture après écriture; **read after write check,** lecture de contrôle après écriture; **read/write,** lecture/écriture; **read/write access mode,** mode lecture/écriture; **read/write amplifier,** amplificateur de lecture/écriture; **read/write burst,** lecture/écriture par rafale; **read/write channel,** canal lecture/écriture; **read/write head,** tête de lecture/écriture; **read-write memory,** mémoire de lecture/écriture; **read-write mode,** mode lecture/écriture; **read-write protection tab,** onglet de protection à l'écriture; **read/write register,** registre de lecture/écriture; **scatter read/write,** lecture-écriture avec éclatement; **unformatted write statement,** instruction d'écriture non formatée; **write (to),** écrire; **write action,** fonction d'écriture; **write address,** adresse d'écriture; **write amplifier,** amplificateur d'écriture; **write burst,** écriture en rafale; **write command,** commande d'écriture; **write current,** courant d'écriture; **write cycle,** cycle d'écriture; **write cycle time,** temps du cycle d'écriture; **write disk check,** contrôle à l'écriture; **write enable,** autorisation d'écriture; **write error,** erreur à l'écriture; **write head,** tête d'écriture; **write inhibit ring,** anneau d'interdiction d'écriture; **write initial,** écriture de début de piste;

**write instruction,** instruction d'écriture; **write lockout,** interdiction d'écriture; **write lockout feature,** dispositif de protection à l'écriture; **write mode,** mode écriture; **write operation,** opération d'écriture; **write overlap,** débordement de l'écriture; **write permit,** autorisation d'écriture; **write permit ring,** anneau d'autorisation d'écriture; **write position,** position d'écriture; **write protect,** protection à l'écriture; **write protection,** protection en écriture; **write protection notch,** encoche de protection à l'écriture; **write pulse,** impulsion d'écriture; **write rate,** vitesse d'écriture; **write request,** demande d'écriture; **write statement,** instruction d'écriture; **write time,** temps d'écriture; **write verification,** contrôle d'écriture; **write verify mode,** mode de vérification à l'écriture; **write winding,** enroulement d'écriture; **write-protect notch,** encoche de protection à l'écriture; **write-protected,** protégé à l'écriture.

**w r i t a b l e :** inscriptible, enregistrable.

**w r i t e r :** machine à écrire; **golfball type writer,** machine à écrire à boule; **output writer,** éditeur de sortie; **report writer,** programme d'édition, éditeur d'états; **report writer statement,** instruction d'impression.

**w r i t i n g :** écriture; **check writing,** personnalisation des chèques; **demand writing,** écriture immédiate; **document writing feature,** dispositif d'impression de document; **document writing system,** système d'impression de documents; **magnetic writing,** caractères magnétiques; **permit writing,** validation de l'écriture; **plain writing,** écriture en clair; **read while writing,** lecture et mise à jour; **reading/writing,** lecture/écriture; **reading/writing access mode,** mode d'accès lecture/écriture; **stroke-writing device,** dispositif à balayage cavalier; **writing action,** opération d'écriture; **writing current,** courant d'écriture; **writing cycle time,** temps du cycle d'écriture; **writing density,** densité d'écriture; **writing head,** tête d'écriture; **writing line,** ligne d'écriture; **writing speed,** vitesse d'écriture; **writing statement,** instruction d'écriture.

**w r i t t e n :** écrit; **date written,** date d'écriture; **hand-written program,** programme écrit manuellement; **user-written routine,** sous-programme écrit par l'utilisateur; **written message,** message écrit.

**w y e :** Y; **wye connection,** montage en étoile.

**w y s i w y g :** tvti (tel vu, tel imprimé), vu-imprimé.

**w y s i w y g m o l :** tvtipom (tvti plus ou moins).

# X

X: X-axis, axe des x, abscisses; X-punch, perforation X, perforation 11, X-Y plotter, traceur cartésien.

xerographic: xérographique; xerographic printer, imprimante xérographique; xerographic printing, processus d'impression xérographique.

xerography: xérographie.

Xfer: transfert.

Xformer: transformateur.

XMODEM: XMODEM protocol, protocole (de transmission) XMODEM.

XS3: excess-three code (xs3), code excédent 3.

Xtal: cristal; Xtal diode, diode à cristal.

xy: xy address, adresse xy; xy coordinates, coordonnées xy; xy plotter, traceur xy, xy switch, commutateur xy.

xyz: xyz space, espace xyz, espace tridimensionnel.

# Y

Y: Y-axis, axe des Y, ordonnées; Y-connection, connexion en étoile; Y-punch, perforation Y, perforation 12.

yank: (to), vibrer.

year: année; year-to-date, année en cours.

yearly: annuellement.

yellow: jaune.

yield: production, rendement, fléchissement; chip yield, taux de puces bonnes.

yoke: déflecteur, étrier; print yoke, mécanisme d'impression; yoke arm, bras de pont; yoke magnet, culasse d'aimant.

yon: yon plane, plan arrière.

# Z

Z: Z-axis, axe des z; Z-axis modulation, modulation en axe z; Z-fold paper, papier paravent.

zap*: (to), effacer.

Zener: Zener; Zener breakdown, claquage par effet Zener; Zener current, courant Zener; Zener effect, effet Zener; Zener slope, courbe de Zener; Zener voltage, tension Zener.

zero*: zéro; absolute zero, zéro absolu; automatic left zero verification, autovérification des zéros cadrés à gauche; base zero, à base zéro; binary zero, chiffre binaire '0'; blanking zero, suppression des zéros de tête; branch on zero, branchement conditionnel à zéro; dummy zero, zéro artificiel; equal zero indicator, indicateur de zéro (d'égalité); equality zero indicator, indicateur de zéro (d'égalité); floating zero, zéro flottant; high-order zero printing, impression des zéros à gauche; left hand zero, zéro cadré à gauche; left zero print, impression de zéros à gauche; logical one or zero, chif-

fre '1' ou '0' logique; machine zero, origine machine; non-return-to-zero recording (NRZ), enregistrement sans retour à zéro; nonreturn to zero (NRZ), non-retour à zéro; polarized return to zero recording, enregistrement polarisé avec retour à zéro; record zero, enregistrement zéro; reset to zero, restauration, remise à zéro; return to zero, retour à zéro; return-to-zero code, code de remise à zéro; right hand zero, zéro cadré à droite; undisturbed zero, signal de sortie zéro sans perturbation; zero access addition, addition immédiate; zero access memory, mémoire à temps d'accès nul; zero access storage, adressage instantané; zero activity, activité nulle; zero address instruction, instruction immédiate, sans adresse; zero adjustment, ajustement du point zéro; zero balance, équilibrage; zero balance indicator, fanion de zéro; zero balance test, test de zéro; zero balancing, ajustement du zéro; zero beat, battement nul; zero bias, polarisation nulle; zero bit, bit de zéro (du registre d'instruction); **zero blanking,** suppression de zéros; **zero check,** contrôle zéro; **zero complement,** complément à 0; **zero compression,** suppression de zéros; **zero condition,** état zéro; **zero count interrupt,** interruption à zéro; **zero deletion,** suppression de zéros; **zero detection,** détection de zéro; **zero elimination,** élimination de zéros; **zero fill,** garnissage de zéros; **zero fill (to),** remplir de zéros; **zero flag,** drapeau de zéro; **zero indicator,** indicateur de zéro; **zero insert,** insertion de zéros; **zero insertion,** insertion de zéros; **zero insertion force (ZIF),** à force d'insertion nulle; **zero level addressing,** adressage de premier niveau; **zero loss,** perte nulle; **zero match element,** élément NON-OU, porte NI; **zero match gate,** porte NON-OU, porte NI; **zero matrix,** matrice nulle; **zero multiplier,** multiplicateur zéro; **zero offset,** décalage du zéro; **zero out (to),** mettre à zéro; **zero output,** sortie zéro, sortie nulle; **zero output signal,** signal de sortie zéro; **zero page addressing,** adressage par page; **zero proof,** preuve par zéro; **zero punch,** perforation hors-texte; **zero relative address,** adresse relative à zéro; **zero setting,** mise à zéro; **zero shift,** décalage du point zéro; **zero state,** état zéro; **zero suppression,** suppression de zéros; **zero suppression character,** caractère de suppression de zéros; **zero test,** test de zéro; **zero track,** piste zéro; **zero voltage firing,** déclenchement par tension nulle; **zero-crossing,** coupure du zéro; **zero-level address,** adresse de niveau zéro.

**z e r o e s :** zéros; **high-order zeroes,** zéros de gauche; **leading zeroes,** zéros de tête; **trailing zeroes,** zéros suiveurs.

**z e r o i s e :** *cf* **z e r o i z e .**
**z e r o i z e* :** **(to),** garnir de zéros.
**Z I F :** **zero insertion force,** à force d'insertion nulle.

**z i g z a g :** zigzag; **zigzag-folded paper,** papier à pliage accordéon, papier paravent.

**z o n e* :** zone; **base zone,** zone de base; **blanking zone,** zone de blocage; **clear zone,** zone vide, zone sans enregistrement; **collector zone,** zone de collecteur; **dead zone,** zone inactive; **job maintenance support zone,** zone support de gestion des travaux; **landing zone,** zone d'atterrissage; **marking zone,** zone de repérage; **matching zone,** indicatif de rapprochement; **minus zone,** zone de signe; **storage zone,** zone de mémoire; **working zone,** zone de travail; **zone (to),** partager en zones; **zone bit,** bit de zone (en binaire condensé); **zone bit configuration,** configuration des bits de zone; **zone digit,** digit de zone (en binaire condensé); **zone movement,** mouvement de zone; **zone portion,** partie hors-texte; **zone position,** zone de carte; **zone punching,** perforation hors-texte; **zone quartet,** quartet de poids fort.

**z o n e d :** zoné; **zoned decimal,** décimal zoné; **zoned format,** format binaire non condensé.

**z o n i n g :** zonage; **plus zoning,** sélection de la zone plus; **zoning generator,** générateur de zonage; **zoning tree,** arborescence de zonage.

**z o o m :** zoom, loupe; **zoom feature,** possibilité de zoom; **zoom scale,** échelle de zoom; **zoom-in,** zoom avant; **zoom-out,** zoom arrière.

**z o o m i n g :** effet de zoom, effet de loupe.

# HOW TO USE THIS DICTIONARY

This dictionary consists of four parts
    I - English-French keyword Dictionary.
    II - French-English keyword Dictionary.
    III - Common English acronyms.
    IV - English keyword definitions.

**Part I** comprises an alphabetical list of the more than 5,300 English keywords most frequently used in English-American computing literature. The 24,000 or so different expressions appearing under the keywords are themselves composed of the basic keywords allowing, several possible entries; let us take for example the translation of the expression : **'séquence de bus à jeton'**.
We have three possibilities :
   1) to enter through the keyword **'séquence'**, as a classical dictionary,
   2) to enter through the keyword **'bus'**,
   3) to enter through the keyword **'jeton'**.
Each of the three entries gives us the same translation : **'token-passing sequence'**.
Furthermore, the keywords followed by an asterisk are defined in part IV.

**Part II** is an alphabetical list of more than 5,200 French keywords corresponding to the English keywords of part I.

**Part III** is the alphabetical list of common English-American acronyms used in computing. Some of these acronyms are translated in parts I and II.

**Part IV** is devoted to the French definition of the English keywords marked by an asterisk in parts I and II.

The author.

---

This dictionary is available on diskettes
and accessible through
MERCURY/TERMEX™ et WORDTRADER.
For information, please call :
La MAISON du DICTIONNAIRE in Paris.
This dictionary can be consulted on MINITEL
36 28 00 28 (Dictionnaires multilingues).

# II

## Dictionnaire
## français-anglais
## par mots clés

## *French-English*
## *Dictionary*
## *by Keywords*

# A

**abandon:** aborting, abort*; **abandon système,** system abort; **procédure d'abandon,** aborting procedure; **vidage après abandon,** abort dump.

**abandonné:** aborted; **travail abandonné,** aborted job.

**abandonner:** abort (to), drop (to), waive (to).

**abaque:** abacus*; **bibliothèque d'abaques,** template library.

**abeille:** enroulement en nid d'abeille, lattice wound coil.

**abélien:** Abelian; **groupe abélien,** Abelian group.

**aberration:** aberration, bogue.

**abonné:** subscriber; **abonné appelant,** calling party; **abonné appelé,** called subscriber; **abonné automatique,** machine subscriber; **abonné demandeur,** calling subscriber; **abonné demandé,** called party; **abonné local,** local subscriber; **abonné télématique,** data terminal subscriber; **abonné téléphonique,** telephone user; **appel de l'abonné,** user call; **connexion d'abonné à abonné,** user-to-user connection; **groupe d'abonnés,** subscriber group; **ligne d'abonné,** subscriber line, party line; **réseau des abonnés,** automatic subscriber network.

**aboutissement:** result.

**abrasif:** abrasive.

**abrasion:** abrasion.

**abrégé:** abbreviated; **adressage abrégé,** abbreviated addressing.

**abrégée:** abbreviated; **adresse abrégée,** abbreviated address; **appel à adresse abrégée,** abbreviated address call; **division abrégée,** shortcut division; **désignation abrégée des équipements,** installation mnemonic; **mathématiques abrégées,** abstract mathematics; **numérotation abrégée,** abbreviated dialing, speed dialing; **table abrégée,** short table.

**abréger:** abbreviate (to), abridge (to).

**abrité:** abrité des poussières, dust tight.

**abscisse:** abscissa*.

**absence:** absence; **absence de frappe,** print suppress; **absence de réseau,** AC dump; **carte d'absence,** absence card.

**absolu:** absolute*; **adressage absolu,** absolute addressing; **assembleur absolu,** absolute assembler; **chargeur absolu,** absolute loader, binary loader; **chargeur absolu de programme,** absolute program loader; **codage absolu en code machine,** absolute coding; **code absolu,** absolute code, machine code; **encodage absolu,** actual code; **nombre absolu,** abstract number; **nombre absolu de génération,** absolute generation number; **seuil absolu,** absolute threshold, absolute limen; **symbole absolu,** absolute symbol; **terme absolu,** absolute term; **zéro absolu,** absolute zero; **éditeur de liens absolu,** cross-linker.

**absolue:** absolute*; **adresse absolue,** absolute address; **adresse de piste absolue,** absolute track address; **clé absolue,** actual key; **commande absolue,** absolute command; **convergence absolue,** absolute convergence; **coordonnée absolue,** absolute coordinate; **cotation absolue,** absolute measurement; **données absolues,** absolute data; **erreur absolue,** absolute error; **expression absolue,** absolute expression; **expression absolue simple,** simple absolute; **fonction absolue,** absolute function; **générateur de valeur absolue,** absolute value device; **instruction absolue,** absolute instruction, mandatory instruction; **ligne à priorité absolue,** highest priority interrupt line; **méthode de mesure absolue,** absolute measuring method; **position à adresse absolue,** specific-addressed location; **représentation de la valeur absolue,** absolute value representation; **réflexion absolue,** absolute reflectance; **résolution d'adresses absolues,** absolute address resolution; **signe de valeur absolue,** absolute value sign; **système des limites absolues,** absolute system; **valeur absolue,** absolute value, high value; **valeur limite absolue,** absolute limiting value; **variable absolue,** global variable; **vecteur à coordonnées absolues,** absolute vector.

**absorbée:** puissance absorbée, power consumption.

**absorber:** absorb (to).

**absorption:** absorption; **perte par absorption,** absorption loss.

**abstraction:** abstraction, abstracting.

**abstrait:** symbole abstrait, abstract* symbol.

**accédé:** accessed; **accédé par rayon,** beam-accessed.

**accéder:** accéder à, access (to).

**accélérateur:** accelerator.

**accélération:** acceleration; **accélération angulaire**, angular acceleration; **accélération de bande**, acceleration of tape; **carte d'accélération**, speed card; **limitateur d'accélération**, acceleration limiter; **relais d'accélération**, accelerating relay; **temps d'accélération**, acceleration time.

**accélératrice:** carte accélératrice, accelerator board, speed-up board.

**accéléré:** accelerated; **report accéléré**, high-speed carry; **test accéléré**, accelerated test; **vieillissement accéléré**, accelerated ageing.

**accélérée:** accelerated; **alimentation accélérée de cartes**, accelerated card feed.

**accélérer:** accelerate (to).

**accéléromètre:** acceleration meter.

**accent:** accent; **caractère à accent**, accented character.

**accentué:** accented.

**accentuée:** accented; **lettre accentuée**, accented letter.

**accentuer:** accentuate (to).

**acceptabilité:** acceptability.

**acceptable:** acceptable; **durée de vie moyenne acceptable**, acceptable mean life; **niveau de qualité acceptable**, acceptable quality level (AQL).

**acceptation:** acceptance; **acceptation d'appel**, call-accepted; **acceptation des données**, data acceptance; **commande d'acceptation**, accept statement; **condition d'acceptation**, acceptance condition; **programme d'acceptation de syntaxe**, acceptability program; **signal d'acceptation d'appel**, call-accepted signal; **valeur d'acceptation**, acceptance value.

**accepté:** accepted.

**accepter:** staticize (to).

**accès:** access*; **accès accidentel**, failure access; **accès aléatoire**, random access; **accès aléatoire à la mémoire**, memory random access; **accès arbitraire**, arbitrary access; **accès arborescent**, tree access; **accès concurrentiel**, concurrent access; **accès conflictuel**, concurrent access; **accès direct**, direct access, immediat access; **accès direct au programme**, direct program access; **accès direct à la mémoire**, direct memory access (DMA); **accès disque**, disk access; **accès en séquence**, sequence access; **accès en série**, access in series; **accès en temps réel**, real-time demand; **accès fichier**, file access; **accès imbriqué**, interleaved addressing; **accès immédiat**, immediate access, direct doccess; **accès immédiat**

à la mémoire, data break; **accès instantané**, instantaneous access; **accès intégré**, integrated access; **accès manuel**, manual access; **accès mono-utilisateur**, single-user access; **accès monovoie**, single-channel access; **accès multifréquence**, code division multiple access (CDMA); **accès multiple temporel**, time-division multiple access (TDMA); **accès multivoie**, multichannel access; **accès mémoire**, memory access; **accès par clé**, keyed access; **accès par file d'attente**, queued access; **accès parallèle**, parallel access; **accès par mot clé**, descriptor access; **accès partagé**, shared access; **accès pirate**, piggy-back entry; **ccès quasi-instantané**, quasi-random access; **accès rapide**, fast access; **accès refusé**, access denied; **accès semi-aléatoire**, semirandom access; **accès simultané**, simultaneous access; **accès séquentiel**, sequential access; **accès séquentiel de base**, basic sequential access (BSA); **accès séquentiel en série**, serial sequential access; **accès séquentiel indexé**, indexed sequential access; **accès séquentiel par adresse**, addressed sequential access; **accès séquentiel par clé**, key sequential access; **accès série continu**, stream access; **accès sériel**, serial access; **accès variable**, variable access; **accès à distance**, remote access; **accès à la mémoire**, storage access; **adressage à accès aléatoire**, random addressing; **adresse d'accès**, entrance address; **algorithme d'accès direct**, hashing algorithm; **à plusieurs accès**, multiaccess; **appareil à accès sélectif**, random device; **article d'accès**, access record; **autorisation d'accès**, authorization; **bibliothèque à accès direct**, direct access library; **bit d'accès**, usage bit, use bit; **bras d'accès**, access arm; **canal d'accès direct à la mémoire**, direct memory access channel; **carte d'accès**, access card; **centre de traitement à accès libre**, open shop; **champ d'accès**, access key field; **chemin d'accès**, access path; **clé d'accès**, access key; **clé d'accès direct**, actual key; **codage d'accès**, access coding; **code d'accès minimisé**, minimum access code, minimum delay code; **commande d'accès**, access instruction, seek command; **condition d'accès à la partition**, area condition; **conflit d'accès**, access conflict; **contrôle d'accès au réseau**, network access control; **contrôleur d'accès mémoire**, memory control unit; **cycle d'accès**, access cycle; **dispositif à accès direct**, random access device; **double accès**, dual access; **droit d'accès**, access right; **dérouleur à double accès**, dual access tape unit;

entrée/sortie à accès direct, random access input/output; état d'accès, access state; faculté d'accès, retrievability; fichier (à accès) direct, random file; fichier à accès (séquentiel) direct, direct serial file; fichier à accès direct, direct access file, random file, hashed file; fichier à accès direct indexé, indexed non-sequential file, index random file; fichier à accès séquentiel, sequential file; ligne d'accès, access line; liste de contrôle d'accès, access control list; logique à accès direct, random logic; macro d'accès, access macro; mode d'accès, access mode; mode d'accès fichier, file access mode; mode d'accès lecture/écriture, reading/writing access mode; mode d'accès à la mémoire, memory access mode; mot de restriction d'accès, access control word; mouvement d'accès, access motion; mécanisme d'accès, access mechanism, accessor; mémoire analogique à accès direct, analog random access memory (ARAM); mémoire à accès aléatoire, random access storage; mémoire à accès direct, random access memory (RAM); mémoire à accès immédiat, immediate access storage; mémoire à accès lent, low access memory, slow access storage; mémoire à accès rapide, fast access memory (FAM), quick access storage; mémoire à accès séquentiel, sequential storage, serial access memory; mémoire à double accès, dual port memory; mémoire à temps d'accès moyen, medium access storage; mémoire à temps d'accès nul, zero access memory; méthode d'accès, access method; méthode d'accès aux données, data access method; méthode d'accès avec file d'attente, queue discipline; méthode d'accès de base, basic access method; méthode d'accès des files d'attente, queue access method, queued access method; méthode d'accès direct, direct access method, random access method; méthode d'accès direct simplifiée, basic direct access method; méthode d'accès par terminal de base, basic terminal access method (BTAM); méthode d'accès sélectifs des cartes, card random access method (CRAM); méthode d'accès séquentiel de file, queued sequential access method; méthode d'accès élémentaire, elementary access method; méthode simplifiée d'accès séquentiel indexé, basic indexed sequential access method (BISAM); méthode simplifiée pour accès aux sous-fichiers, basic partitioned access method; méthode à accès séquentiel, sequential access method; méthode à accès virtuel, virtual access method (VAM); niveau d'ac-

cès, access level; niveau d'accès réel, physical access level; niveau d'accès à la chaîne de caractères, string level access; organe à accès série, serial access device; organisation de fichier à accès direct, direct file organization; organisation en accès sélectif, random organization; organisation à accès direct, direct organization; pile à accès inversé, pushdown stack, pushdown list; point d'accès, access port; port d'accès, access port; poste d'accès, access station; programmation indépendante du temps d'accès, random access programming; programmation à temps d'accès minimal, minimum access programming; programme à accès général, public to a program; période d'accès, access cycle; périphérique à accès direct, direct access device; registre à restriction d'accès, access control register; restriction d'accès, access control; support à accès série, serial access medium; technique d'accès, access technique; technique d'accès de l'information, data access control; temps d'accès, access time; temps d'accès de piste à piste, track-to-track seek time; temps d'accès de positionnement, average seek time; temps d'accès moyen, mean access time, average latency; temps d'accès variable, variable-access time; temps d'accès à la mémoire, memory access time; temps moyen d'accès, average access time; tri à accès direct, random access sort; type d'accès, access type; utilitaire d'accès, inquiry utility; valeur d'accès, access value; valeur d'accès de rotation, access ring value; vitesse d'accès, access speed; voie d'accès, pathway; zone d'accès rapide, rapid access loop.

accessibilité: accessibility; accessibilité contrôlée, controlled accessibility; degré d'accessibilité, exhaustivity.

accessible: accessible; accessible en ligne, mounted on-line; accessible par programme, program-accessible; non accessible, nonaccessible; référence accessible directement, on-line reference.

accessoire: accessory; accessoire d'interconnexion, attachment accessory; accessoire de bureau, desk accessory; équipement accessoire, accessory equipment.

accident: accident.

accidentel: accidental, fortuitous; accès accidentel, failure access; vidage accidentel, disaster dump.

accidentelle: accidentelle, accidental, erreur accidentelle, accidental error, fortuitous fault; perte accidentelle, accidental

451

loss.

**accolade:** brace; **accolade d'ouverture,** left brace '{'; **accolade de fermeture,** right brace '}'; **accolade droite,** closing brace '}'; **accolade gauche,** opening brace '{'; **accolades,** braces.

**accompagnant:** accompanying; **documents accompagnant le matériel,** documentation package.

**accord:** agreement, tuning, tune; **accord de procédure,** declarative section; **accord de programmation,** define declarative; **accord implicite,** standstill agreement.

**accordé:** tuned.

**accordéon:** accordion; **papier plié en accordéon,** fanfolded paper, fanfold paper; **papier à pliage accordéon,** zigzag-folded paper; **pli en accordéon,** fanfold form; **pliage en accordéon,** accordion folding; **à pliage accordéon,** fanfold.

**accouplement:** **accouplement réactif positif,** positive feedback; **accouplement à ressort,** spring clutch.

**accroche:** **accroche-ressort,** spring hook; **accroché,** hooked.

**accroissement:** **accroissement rapide,** upswing; **coordonnée par accroissement,** incremental coordinate; **numération à accroissements binaires,** binary incremental notation.

**accroître:** enlarge (to); **s'accroître,** accrue (to).

**accumulateur:** accumulator*; **accumulateur additionnel,** additional accumulator; **accumulateur auxiliaire,** auxiliary accumulator; **accumulateur complémentaire,** pseudoaccumulator; **accumulateur d'index,** index accumulator; **accumulateur en virgule flottante,** floating-point accumulator; **accumulateur à double longueur,** double-length accumulator; **accumulateur à décalage,** shift accumulator; **calcul avec accumulateur,** accumulator calculation; **capacité d'accumulateur,** accumulator volume; **contenu accumulateur,** accumulator contents; **décalage dans l'accumulateur,** accumulator shift; **identificateur d'accumulateur,** AC signal; **mémorisation du contenu d'un accumulateur,** unloading; **registre accumulateur,** accumulator register, addend register.

**accumulation:** accumulation; **déroulement d'accumulation,** collection run.

**accumuler:** accumulate (to); **s'accumuler,** accrue (to).

**accusé:** **accusé de réception,** acknowledgement; **accusé de réception automatique,** auto-acknowledgement; **accusé de réception négatif,** negative acknowledge

(NAK); **appel d'accusé de réception,** acknowledgement call; **caractère d'accusé de réception négatif,** negative acknowledge character; **demande d'accusé de réception,** acknowledgement request; **identificateur d'accusé de réception,** acknowledgement identifier; **sans accusé de réception,** unacknowledged; **signal d'accusé de réception,** decision signal.

**accuser:** **accuser réception,** acknowledge receipt (to).

**acétate:** acetate; **bande acétate,** acetate tape.

**acheminement:** route, routing, forwarding; **acheminement adaptatif,** adaptive routing; **acheminement automatique,** automatic route selection; **acheminement de données,** data path; **acheminement de messages,** message routing; **acheminement de remplacement,** alternate route; **branche d'acheminement de données,** flow path; **caractère d'acheminement,** code directing character, routing prefix code; **caractère d'acheminement erroné,** improper routing character; **circuit d'acheminement,** carry circuit; **code d'acheminement,** routing code; **consignes d'acheminement,** position data; **critère d'acheminement,** routing criterion; **directive d'acheminement,** routing directive; **erreur d'acheminement,** transport fault; **fonction d'acheminement,** routing function; **indication d'acheminement,** direction code; **information d'acheminement,** routing information; **paramètre d'acheminement auxiliaire,** auxiliary path parameter; **sélection d'acheminement,** route selection; **voie d'acheminement,** routing channel, transport route; **voie d'acheminement inoccupée,** free routing.

**acheminer:** route (to), convey (to), guide (to).

**achevé:** **message achevé,** completed message.

**achèvement:** completion.

**achever:** complete (to), end (to), terminate (to).

**acoustique:** acoustic, audible, audio; **alarme acoustique,** audible alarm; **coupleur acoustique,** acoustic coupler; **ligne acoustique,** audio line; **ligne à retard acoustique,** acoustic delay line; **modem acoustique,** acoustic modem; **modem à couplage acoustique,** acoustically coupled modem; **mémoire acoustique,** acoustic memory, ultrasonic memory; **signal acoustique,** audio signal; **signal opto-acoustique,** visual/audible signal; **tablette acoustique,** acoustic tablet.

**acquérir:** acquire (to).

**acquisition:** acquisition; **acquisition automatique de données,** automatic data acquisition (ADA); **acquisition de données,** data collection; **acquisition du contexte mouvement,** transaction context acquisition; **erreur d'acquisition,** logging error; **moyen d'acquisition,** logging facility.

**acquittement:** accept; **voie d'acquittement,** verification channel.

**acronyme:** acronym.

**actif:** active; **circuit actif,** active circuit; **contact actif,** front contact; **élément actif,** active element; **élément actif,** active element; **état actif,** active state, on state; **fichier actif,** active file; **fichier principal actif,** active master file; **fichier très actif,** volatile file; **transducteur actif,** active transducer.

**action:** action*; **action de commander,** actuating; **action de connecter,** connecting; **action de documenter,** documenting; **action de gestion,** management action; **action de perforer,** perforating; **action réciproque,** reciprocal action; **action tout ou rien,** on-off action; **commande d'action,** forward supervision; **direction d'action,** forward direction; **durée d'action,** rate of time; **plan d'action,** action plan.

**actionner:** actuate (to).

**actionneur:** actuator*; **actionneur de saut,** skip lifter.

**activation:** **dispositif vocal d'activation,** voice-actuated device; **temps d'activation,** warm-up period.

**activé:** actuated; **cellule active,** active cell; **fenêtre active,** active window; **icône active,** active icon; **mémoire active,** writable memory; **option active,** active option; **partie active minimale,** minimum working set; **puissance active,** real power; **tâche active,** active job; **unité de disque active,** current drive.

**activer:** activate* (to).

**activité:** activity*; **activité des entrées-sorties,** I/O activity; **activité du système,** system activity; **activité fictive,** dummy activity; **activité nulle,** zero activity; **bit d'activité,** busy bit; **combinaison d'activités,** activity pattern; **ligne en activité,** active line; **ligne à grande activité,** hot line; **mise en activité,** activation; **niveau d'activité,** level of activity; **plan d'activité,** activity schedule; **remettre en activité,** reactivate (to); **taux d'activité,** activity ratio.

**actualisation:** actualization.

**actualisé:** **fichier actualisé,** update file.

**actualisée:** **reprise avec restauration actualisée,** rollforward; **version actualisée,** update.

**actualiser:** update (to).

**actuel:** **état actuel de la technique,** state-of-the-art.

**acyclique:** acyclic; **processus acyclique,** acyclic process.

**Ada:** Ada* language.

**adaptabilité:** adaptability.

**adaptable:** adapting; **codage de transformation adaptable,** adaptive transform coding (ATC); **modulation delta adaptable,** adaptive delta modulation (ADM).

**adaptateur:** adapter, adaptor; **adaptateur asynchrone,** asynchronous adapter; **adaptateur à gain élevé,** high-speed adapter; **adaptateur bicourbe,** dual trace adapter; **adaptateur d'affichage,** display adapter; **adaptateur d'imprimante page par page,** page print adapter; **adaptateur d'interface,** interface adapter; **adaptateur de canal,** channel adapter; **adaptateur de canal analogique,** data channel analog input adapter; **adaptateur de canal asynchrone,** asynchronous channel adapter; **adaptateur de communication synchrone,** synchronous communication adapter; **adaptateur de communications,** communications adapter; **adaptateur de convertisseur de données,** data converter adapter; **adaptateur de ligne,** line adapter, line adaptor; **adaptateur de phase,** phase adapter; **adaptateur de périphérique,** device adapter interface; **adaptateur de signal,** signal conversion equipment; **adaptateur de voie synchrone,** synchronous channel adapter; **adaptateur intégré,** integrated adapter; **adaptateur multilangage,** multilingual package; **adaptateur multipériphérique,** multiple peripheral adapter; **adaptateur périphérique,** device adapter; **adaptateur synchrone,** synchronous adapter; **adaptateur série-parallèle,** staticizer; **circuit adaptateur,** adapter circuit.

**adaptatif:** adaptive; **acheminement adaptatif,** adaptive routing; **compensateur de phase adaptatif,** adaptive delay equalizer; **ordinateur auto-adaptatif,** self-adapting computer; **processus adaptatif,** adaptive process; **routage semi-adaptatif,** semiadaptive routing; **semi-adaptatif,** semiadaptive; **système adaptatif,** adaptive system.

**adaptation:** matching, adaptation; **adaptation d'impédance,** impedance matching; **adaptation de charge,** tailoring; **adaptation de la vitesse de transmission,** autobaud; **adaptation de ligne,** line adaptation; **adaptation des courbes,** curve fitting; **adaptation du logiciel,** software adaptation; **adaptation incorrecte intégrale,** complete mismatch; **adaptation par résonance,**

resonance matching; **circuit d'adaptation,** adapter circuit; **ensemble d'adaptation,** adapter board; **équipement d'adaptation,** matching equipment; **erreur d'adaptation,** matching error; **kit d'adaptation,** adapter kit; **point d'adaptation,** terminating resistor; **souplesse d'adaptation,** adaptability; **unité d'adaptation,** adapter unit, matching unit; **unité d'adaptation de ligne,** line adapter unit; **unité d'adaptation des données,** data phone data set.

**adaptative:** adaptative; **commande auto-adaptative,** adaptive control.

**adapté:** matched; **langage adapté aux calculateurs,** computer-oriented language (COL); **langage adapté à l'utilisateur,** user-oriented language; **langage adapté à la machine,** machine-oriented language.

**adaptée:** matched; **ligne adaptée,** terminated line; **programmation adaptée aux fichiers,** file-oriented programming; **visualisation adaptée à la gestion,** business-oriented display.

**adapter:** adapt (to); **adapter les vitesses de transmission,** speed buffer (to).

**addition:** addition*, adding, add, summation; **addition au complément,** complement add, complementary add; **addition automatique,** automatic addition; **addition binaire,** binary addition; **addition booléenne,** Boolean add; **addition destructive,** destructive addition; **addition en virgule fixe,** fixed-point addition; **addition en virgule flottante,** floating-point addition, floating add; **addition immédiate,** zero access addition; **addition intégrée,** add built-in function; **addition itérative,** iterative addition; **addition logique,** logic add, logical add, logical addition; **addition numérique,** true add; **addition parallèle,** parallel addition; **addition partielle,** false add; **addition sans report,** addition without carry; **addition sans retenue,** false add; **addition série,** serial addition; **addition vectorielle,** vector addition; **addition à double précision,** double add; **bande des additions,** addition slip, adding slip; **circuit d'addition,** adding circuit; **commande d'addition,** add statement; **dispositif d'addition,** adding device; **élément d'addition,** adding element; **effacement et addition flottante,** floating-reset add; **fonction d'addition,** add function; **formule d'addition,** addition formula; **instruction d'addition,** add instruction; **mécanisme d'addition,** adding mechanism; **opération d'addition,** add operation; **phase d'addition,** adder stage; **plot addition,** plus hub; **poussoir d'addition,** adding key; **retenue d'addition,** add carry; **table d'addition,** addition table; **temps d'addition,** adding time, add time; **temps d'addition ou de soustraction,** add-subtract time; **touche d'addition,** add key; **vitesse d'addition,** adding speed.

**additionné:** added.

**additionnel:** additional, ancillary; **accumulateur additionnel,** additional accumulator; **article additionnel,** addition item; **caractère additionnel,** additional character; **dispositif additionnel,** additional feature; **enregistrement additionnel,** addition record; **élément additionnel,** add-on unit; **fichier additionnel,** trailer file; **label additionnel,** additional label; **opérateur additionnel,** adding operator; **produit additionnel,** add-on.

**additionnelle:** additional; **lignes additionnelles,** added wires; **mémoire additionnelle,** additional memory, back-up storage.

**additionner:** add (to); **machine à additionner,** adding machine.

**additionneur:** adder*, summer, summator; **additionneur algébrique,** algebraic adder; **additionneur analogique,** analog adder; **additionneur avec retenue,** ripple-carry adder; **additionneur binaire,** binary adder; **additionneur complet,** full adder; **additionneur d'adresses,** address adder; **additionneur numérique,** digital adder; **additionneur parallèle,** parallel adder; **additionneur parallèle avec retenue,** parallel full adder; **additionneur série,** serial adder; **additionneur série avec retenue,** serial full adder; **additionneur à deux entrées,** two-input adder, half-adder, one-digit adder; **additionneur à trois entrées,** three-input adder; **additionneur-soustracteur,** adder-subtracter; **circuit additionneur binaire,** binary adder circuit; **demi-additionneur,** half-adder, one-digit adder, two-input adder; **demi-additionneur binaire,** binary half-adder; **demi-additionneur parallèle,** parallel half-adder; **demi-additionneur série,** serial half-adder; **perforateur-additionneur,** add-punch machine; **registre additionneur,** adding register; **registre additionneur-soustracteur,** addsubtract counter; **sortie d'additionneur,** adder output.

**adhésive:** étiquette adhésive, adhesive label.

**adique:** N-adique, N-adic; **opération booléenne N-adique,** N-adic Boolean operation.

**adjacence:** adjacency.

**adjacent:** adjacent, adjacent, contiguous; **angle adjacent,** adjacent angle; **article adjacent,** contiguous item; **enregistrement adjacent,** contiguous record; **interférence**

**du bit adjacent,** adjacent bit interaction; **noeud adjacent,** adjacent node, adjacent vertex; **sommet adjacent,** adjacent vertex; **système adjacent,** adjoint system.

**adjacente:** adjacent, contiguous; **constante adjacente,** contiguous constant; **diaphonie entre voies adjacentes,** adjacent channel interference; **équation adjacente,** adjoint equation; **fonction adjacente,** adjoint function; **sélectivité adjacente,** adjacent selectivity; **unités de mémorisation adjacentes,** contiguous units of memory; **zones de mémoire adjacentes,** contiguous memory areas.

**adjoint:** adjoint.

**adjonction:** adjunct; **zone d'adjonction,** additions area.

**administrateur:** administrator; **administrateur de banques de données,** database administrator; **administrateur de réseau,** network administrator.

**administration:** administration; **administration de base de données,** database administration.

**administrer:** manage (to).

**admissibilité:** admissibility.

**admissible:** admissible; **caractère admissible,** admissible character; **déviation admissible,** filter sensitivity; **excentricité admissible,** runout allowance; **repère admissible,** admissible mark.

**admittance:** admittance; **matrice d'admittance,** admittance matrix.

**adressable:** addressable*; **adressable par caractère,** character-oriented; **adressable par le contenu,** associative; **adressable par octet,** byte-oriented; **adressable par position,** addressable by position; **curseur adressable,** addressable cursor; **espace adressable,** free space; **graphique adressable en tous points,** all-points-addressable graphic; **horloge adressable,** addressable clock; **mémoire adressable,** addressable memory; **mémoire adressable par le contenu,** content-addressed storage, search memory; **mémoire non adressable,** bump memory; **partition adressable,** addressable location; **point adressable,** addressable, coded point, display point; **position adressable,** addressable point; **registre adressable,** addressable register.

**adressage:** addressing*; **à adressage implicite,** self-indexing; **adressage abrégé,** abbreviated addressing; **adressage absolu,** absolute addressing; **adressage aiguilleur,** switching unit addressing; **adressage associatif,** associative addressing; **adressage auto-indexé,** auto-indexed addressing;

**adressage automatique,** implied addressing; **adressage autorelatif,** self-relative addressing; **adressage complémentaire,** additional addressing; **adressage de bande magnétique,** magnetic tape addressing; **adressage de base,** base addressing, specific addressing; **adressage de groupe,** group addressing; **adressage de ligne,** line addressing; **adressage de point-image,** raster pixel addressing; **adressage de premier niveau,** zero level addressing; **adressage de registre,** register addressing; **adressage de terminaux,** terminal addressing; **adressage différé,** deferred addressing; **adressage direct,** direct addressing; **adressage discret,** discrete addressing; **adressage dispersé,** hash coding; **adressage dynamique,** dynamic addressing; **adressage en séquentiel enchaîné,** chain sequential addressing; **adressage enchaîné,** chained addressing; **adressage explicite,** explicit addressing; **adressage immédiat,** immediate addressing; **adressage implicite,** implied addressing; **adressage indirect,** indirect addressing, deferred addressing; **adressage indirect multiniveau,** multilevel indirect addressing; **adressage individuel,** discrete addressing; **adressage instantané,** zero access storage; **adressage linéaire,** linear addressing; **adressage multiniveau,** multilevel addressing; **adressage optimal,** optimal addressing; **adressage par contenu,** content-addressing; **adressage par déplacement,** displacement addressing; **adressage par page,** zero page addressing; **adressage programmé,** programmed addressing; **adressage progressif,** stepped addressing; **adressage relatif,** relative addressing; **adressage répétitif,** repetitive addressing; **adressage symbolique,** symbolic addressing; **adressage séquentiel,** sequential addressing; **adressage variable,** indexed addressing; **adressage virtuel,** virtual addressing; **adressage étendu,** extended addressing; **adressage à accès aléatoire,** random addressing; **adressage à deux niveaux,** two-level addressing; **adressage à dépassement de secteurs,** cross-sector linkage; **adressage à progression unitaire,** one-ahead addressing; **adressage à un niveau,** one-level addressing; **adresse symbolique d'adressage,** addressing symbolic address; **arithmétique d'adressage,** address arithmetic; **calcul d'adressage,** address calculation; address computation; **capacité d'adressage,** addressability; **caractéristique d'adressage,** address format; **caractère d'adressage,** address character; **cellule de réserve d'adressage,**

address substitution cell; **commutateur d'adressage,** address switch; **compteur d'adressage,** distribution counter; **données d'adressage,** addressing information; **définition d'adressage fictive,** dummy tag; **espace d'adressage,** address space; **instruction d'adressage direct,** immediate address instruction; **instruction de niveau d'adressage,** address level directive; **instruction à adressage indirect,** indirect instruction; **mode d'adressage,** addressing mode, admode; **module d'adressage,** addressing module; **niveau d'adressage,** addressing level; **opération d'adressage,** addressing operation; **paramètre d'adressage de périphérique,** device address parameter; **programme d'adressage dynamique,** dynamic addresser; **signal d'adressage,** addressing signal; **système d'adressage,** addressing system; **table d'adressage de périphérique,** device address table; **technique d'adressage,** addressing technique, address management; **zone d'adressage,** address storage area.
**a d r e s s e:** address*; **à adresse unique,** one address; **à deux adresses,** two-address; **à deux-plus-une adresse,** two-plus-one address; **à quatre-plus-une adresse,** four-plus-one address; **à trois adresses,** three-address; **à une adresse,** one address; **à une-plus-une adresse,** one-plus-one address; **accès séquentiel par adresse,** addressed sequential access; **additionneur d'adresses,** address adder; **adresse abrégée,** abbreviated address; **adresse absolue,** absolute address; **adresse alignée à droite,** right octet address; **adresse alignée à gauche,** left octet address; **adresse alphanumérique,** alphameric address; **adresse à N-niveaux,** N-level addressing; **adresse à opérande complexe,** second-level address; **adresse arithmétique,** arithmetic address; **adresse autorelative,** self-relative address; **adresse auxiliaire,** auxiliary address; **adresse basse,** bottom address; **adresse basse d'origine,** low origin point; **adresse cadrée à droite,** low-order address; **adresse cadrée à gauche,** high-order address; **adresse calculée,** synthetic address; **adresse codée,** coded address; **adresse codée binaire,** binary-coded address; **adresse couplée,** coupled address; **adresse câblée,** hardware address; **adresse d'accès,** entrance address; **adresse d'appel,** call address; **adresse d'astérisque,** asterisk address; **adresse d'enchaînement,** chaining address; **adresse d'enregistrement,** record address; **adresse d'entrée,** entry point, entry, entrance, in-point; **adresse d'entrée de programme,** entry

block; **adresse d'erreur,** error location; **adresse d'implantation,** storage address; **adresse d'indicatif,** key address; **adresse d'instruction,** instruction address; **adresse d'origine,** from address; **adresse d'une table de segments,** segment table word; **adresse d'unité,** unit address; **adresse d'écart,** bias address; **adresse d'écriture,** write address; **adresse d'écriture réelle,** current write address; **adresse de bas niveau,** first-level address; **adresse de base,** base address; **adresse de base d'un segment,** segment base; **adresse de base translatable,** relocatable base; **adresse de bloc,** block address; **adresse de bloc de données,** data block address; **adresse de branchement,** branch address; **adresse de charge initiale,** initial load address; **adresse de chargement initial,** initial loading location; **adresse de chaînage,** chain address; **adresse de classement,** sequence link; **adresse de commande,** command address; **adresse de commutation de banc,** bank switching record; **adresse de compartiment,** bucket address; **adresse de connexion,** connection address; **adresse de cylindre,** cylinder address; **adresse de zone de chargement,** load area address; **adresse de description de fichier,** file description address; **adresse de diffusion,** broadcasting addressing; **adresse de disque,** disk address; **adresse de domaine,** extent address; **adresse de début,** left hand address; **adresse de début auxiliaire,** special start location; **adresse de début d'implantation,** starting location; **adresse de début d'implantation en mémoire,** memory starting location address; **adresse de début de chargement,** starting load address; **adresse de décalage,** displacement address; **adresse de départ,** starting address; **adresse de lancement,** entry address; **adresse de liaison,** linkage symbol; **adresse de lien,** linking address, link address; **adresse de liste,** list address; **adresse de mot,** word address; **adresse de multiplet,** byte address; **adresse de mémoire,** memory address; **adresse de mémoire centrale,** main memory address; **adresse de mémoire de masse,** main memory location; **adresse de niveau simple,** single-level address; **adresse de niveau zéro,** zero-level address; **adresse de piste,** track address; **adresse de piste absolue,** absolute track address; **adresse de piste de rangement,** home address; **adresse de piste de réserve,** alternate track address; **adresse de point d'entrée,** entry point address; **adresse de processus,** process address space; **adresse de périphérique,** device address; **adresse de recherche,** seek address; **adresse de registre de transmission,** communication register address; **adresse de renvoi,** return point; **adresse de retour,** return address; **adresse de référence,** reference address, presumptive address; **adresse de référence de fichier,** file reference; **adresse de saut,** jump address; **adresse de scrutation,** poll address; **adresse de secteur,** sector address; **adresse de secteur mémoire,** core sector address; **adresse de sortie,** exit link; **adresse de sortie tampon,** buffer output address; **adresse de suite,** continuation address; **adresse de séquence,** sequence address; **adresse de tambour,** drum address; **adresse de terminal,** terminal address; **adresse de test,** test address; **adresse de transfert,** transfer address; **adresse de translation,** relocation address; **adresse de variable,** variable address; **adresse de zone,** area address; **adresse des données,** data address; **adresse différentielle,** differential address; **adresse directe,** direct address, random address; **adresse du bas de la pile,** bottom of the stack address; **adresse du code utilisateur,** own code location; **adresse du dernier enregistrement,** last record pointer; **adresse début de bloc,** block start address; **adresse effective,** effective address; **adresse explicite,** explicit address; **adresse externe,** external address; **adresse fictive,** dummy address; **adresse finale,** end address; **adresse flottante,** floating address; **adresse générée,** generated address; **adresse immédiate,** immediate address; **adresse implicite,** implicit address, implied address; **adresse indexée,** indexed address; **adresse indirecte,** indirect address; **adresse indéfinie,** undefined address; **adresse inférieure,** low address; **adresse initiale,** initial address, basic address; **adresse interactive,** interactive address; **adresse logique,** logical address, logic address; **adresse machine,** machine address; **adresse multiniveau,** multilevel address; **adresse opérande,** operand address; **adresse originale,** original address; **adresse ouverte,** open address; **adresse physique,** physical address; **adresse physique de l'unité,** physical unit address; **adresse physique du disque,** physical drive address; **adresse principale,** prime location; **adresse provisoire,** provisional address; **adresse périmée,** invalid address; **adresse relative,** relative address; **adresse relative d'un segment,** segment relative address; **adresse relative à zéro,** zero relative address; **adresse réceptrice,** destination address; **adresse réelle,** actual address, real address; **adresse secondaire,** secondary address; **adresse segmentée,** segmented address; **adresse source,** source address; **adresse spécifique,** specific address; **adresse supérieure,** high address; **adresse symbolique,** symbolic address, symbolic location; **adresse symbolique d'adressage,** addressing symbolic address; **adresse symbolique de l'unité,** symbolic unit address; **adresse tampon,** buffer address; **adresse translatable,** relocatable address; **adresse unique,** single address; **adresse vide,** blank address; **adresse virtuelle,** virtual address; **adresse xy,** xy address; **adresse à un niveau,** one-level address; **adressé,** addressed; **affectation d'adresse,** address assignment; **affectation d'adresses relatives,** displacement assignment; **affectation des adresses de périphériques,** peripheral address assignment; **alignement sur adresse de début,** boundary alignment; **appel d'adresse,** address call; **appel à adresse abrégée,** abbreviated address call; **appel à plusieurs adresses,** multiaddress calling; **associer (variable ou adresse),** bind (to); **attribution d'adresse,** address allocation; **base d'adresse,** address constant; **bit de réserve d'adresse,** address substitution bit; **bloc d'adresse de voie,** home address record; **bus d'adresses,** address bus; **bus des adresses de calculateur,** computer address bus; **calcul d'adresse,** randomizing; **calcul de l'adresse de base,** basic address calculation; **calculateur à trois adresses,** three-address computer; **caractère fin d'adresse,** end of address character (EDA); **carte des adresses relogeables,** relocation dictionary card; **champ d'adresse,** address field; **champ d'adresse de lien,** link address field; **changement des adresses d'instructions,** instruction address change; **chaîne d'adresses,** address chain; **code d'adresse,** address code; **code d'adresse de la piste d'ordres,** cue track address code; **code d'adresse exclusif,** exclusive address code; **code à deux adresses,** two-address code; **code à quatre adresses,** four-address code; **code à trois adresses,** three-address code; **code à une adresse,** one-address code; **commutateur d'adresses de périphériques,** peripheral address expander; **comparateur d'adresses,** address comparator; **compilation d'adresses,** address compilation; **compteur d'adresses,** address counter;

compteur d'adresses courantes, current address counter; compteur d'adresses d'implantation, storage address counter; compteur d'adresses de début d'implantation, starting location counter; compteur d'adresses de mémoire, memory address counter; constante d'adresse, expression constant; contrôle d'adresse, address checking; conversion d'adresse, address mapping; correction d'adresse, address adjustment; décalage statique d'adresses, static relocation; décodeur d'adresse, address decoder; écriture de l'adresse piste, write home address; étiquette d'adresse, location field tag; enchaînement d'adresses, address chaining; ensemble d'adresse, address set; extension de la zone d'adresse, extended address field; extension du champ d'adresse, address field extension; fichier d'adresses, address file; fichier de sortie d'adresses, addrout file; fichier des adresses d'enregistrements, record address file; fin d'adresse, end-of-address; format d'adresse, addressing format, address pattern; format d'adresse de mot, word address format; format d'instruction sans adresse, addressless instruction format; format de bloc d'adresses, address block format; format du code d'adresse, address code format; gestion d'adresse, address administration; grandeur de l'adresse, address size; génération calcul d'adresse, address generation; impression d'adresses, address printing; incrément automatique des adresses, automatic address; index d'adresse, distribution index; indice d'adresse, address index; instruction (à adresse) directe, direct instruction; instruction d'adresse, address instruction; instruction double adresse, two-address instruction; instruction sans adresse, addressless instruction, no-address instruction; instruction à N adresses, N-address instruction; instruction à N plus une adresse, N-plus-one address instruction; instruction à adresse implicite, implicit address instruction; instruction à deux adresses, one-plus-one instruction; instruction à deux plus une adresses, two-plus-one address instruction; instruction à quatre adresses, four-address instruction; instruction à trois adresses, three-address instruction; instruction à une (simple) adresse, single-address instruction; instruction à une adresse, one-address instruction; instruction à une ou N adresses, one-to-N address instruction; instruction à une plus une adresses, one-plus-one address instruction; interrupteur sélecteur

d'adresse, storage address dial switch; jeu d'adresses, address set; lecture de l'adresse de piste, read home address; litteral de constante d'adresse, address constant literal; machine à adresse unique, single-address machine; machine à deux adresses, two-address machine; machine à trois adresses, three-address machine; manipulation d'adresse, address manipulation; modificateur d'adresse, address modifier; modificateur d'adresse de caractère, character modifier; modification automatique d'adresse, automatic address modification; modification d'adresse, address modification, address control; mot d'adresse de canal, channel address word (CAW); mot d'adresse disque, disk control word; mémoire de traduction d'adresses, translation memory; mémoire disque à adresses spécifiques, natural pack; mémoire à registre d'adresse, memory address register; méthode à adresse unique, one-address method; méthode à quatre adresses, four-address method; niveau logique d'adresse, logical access level; opérande de l'adresse, address operand; ordinateur à une adresse, one-address computer; partie adresse, address frame, address section; partie d'adresse, address part; piste d'adresses, address track; plage d'adresse, address range; point de rupture d'adresse, address breakpoint; position à adresse absolue, specific-addressed location; programme d'adresses, address program; programme de calcul d'adresse, randomizing routine; préfixe d'adresse, address prefix; pseudo-adresse de voie, dummy home address; randomisation d'adresse, address randomizing; rangement d'adresses, orienting; rangement à une adresse calculée, randomizing formula; recherche d'adresse, address search; registre d'adresse, address register, base register; registre d'adresse de base, base address register, address range register; registre d'adresses (d'instructions), instruction address register; registre d'adresses courantes, current location counter; registre d'adresses mémoire, memory location register; registre de contrôle d'adresses, counting address register; registre de limite d'adresses, boundary address register; registre de sélection d'adresses, storage address select register; registre de sélection des adresses de mémoire, memory address select register; registre des adresses de périphérique, device address register; registre des adresses de sortie, output address register;

**registre des adresses tampon,** buffer address register; **répertoire d'adresses,** address directory; **résolution d'adresses absolues,** absolute address resolution; **sans adresse,** addressless; **substitution d'adresse,** address substitution; **système d'adresses,** address system; **système à trois adresses,** three-address system; **système à une adresse,** one-address system; **sélecteur d'adresses de connexion,** terminal address selector; **sélection d'adresses,** address selection; **table d'adresses,** address table; **table des adresses d'interruption,** interrupt address table; **table des adresses de renvoi,** branch address table; **tableau d'adresses,** address panel; **tampon d'adresses,** address buffer; **traducteur d'adresse,** address translator; **traduction d'adresse,** address translation; **traduction de l'adresse de mémoire,** memory address translation; **transfert d'adresse,** address transfer; **translateur d'adresse,** address translator; **translation d'adresse,** address translation, address conversion; **translation dynamique d'adresse,** dynamic address translation; **valeur d'adresse,** address value; **vérification d'adresse,** address check; **zone d'adresse,** address array, location field; **zone d'adresse piste,** home address field; **zone de l'adresse suite,** sequence link field; **zone de modification d'adresse,** address control field, decrement field.

**adressée:** addressed; **mémoire adressée,** addressed memory; **zone non-adressée,** blank common.

**adresser:** address (to).

**aération:** ventilation; **canal d'aération,** air duct; **filtre d'aération,** air flow system.

**aérosol:** bombe aérosol antistatique, anti-static spray can.

**affaibli:** à bruit affaibli, quietized.

**affaiblir:** weaken (to).

**affaiblissement:** decay, loss; **compensateur d'affaiblissement,** attenuation equalizer; **distorsion d'affaiblissement,** attenuation distortion.

**affaires:** business; **analyse du chiffre d'affaires,** turn-over analysis.

**affaissement:** droop.

**affectation:** assignment; **affectation d'adresse,** address assignment; **affectation d'adresses relatives,** displacement assignment; **affectation d'un nom,** naming; **affectation d'unité,** hardware assignment; **affectation d'élément,** device assignment; **affectation de la mémoire,** storage assignment; **affectation de périphérique,** peripheral assignment; **affectation de terminal,** terminal assignment; **affectation des adresses de périphériques,** peripheral address assignment; **affectation des ressources calcul,** computer resource allocation; **affectation diffuse de la mémoire,** scatter load; **affectation directe,** direct allocation; **affectation du type,** type association; **affectation dynamique,** dynamic allocation; **affectation dynamique de mémoire,** dynamic storage location; **affectation linéaire,** linear mapping; **affectation mémoire multiprocesseur,** multiprocessor interleaving; **affectation par nom,** assignment by name; **affectation symbolique des unités,** symbolic device assignment; **affectation unique,** dedicated assignment; **commutateur d'affectation,** component assignment switch; **compteur d'affectation mémoire,** storage assignment counter; **état d'affectation,** assignment status; **indice d'affectation de fichier,** file allocation index; **instruction d'affectation,** assignment statement; **instruction d'affectation de variable,** variable-allocation statement; **instruction d'affectation logique,** logical assignment statement; **liste d'affectation,** allocation table; **liste des affectations de périphérique,** device assignment list; **mode d'affectation,** consignment mode; **numéro d'affectation,** allocation number; **phase d'affectation,** assignment phase; **programme d'affectation,** allocation program, assignment program; **programme d'affectation de fichier,** file support allocator; **programme d'affectation de libellés,** annotation routine; **registre d'affectation,** allocation counter, allocation register; **routine d'affectation,** allocator routine; **sous-programme d'affectation de fichiers,** file storage mapping routine; **symbole d'affectation,** assignment symbol; **système d'affectation de programmes,** program distribution system; **table d'affectation de périphérique,** device assignment table; **unité d'affectation,** unit of allocation.

**affecté:** non affecté, unallocated; **table de fichiers affectés,** assigned files table; **table des fichiers affectés,** consigned files table.

**affectée:** unité non affectée, unassigned device; **voie non affectée,** unassigned track.

**affecter:** assign (to), reserve (to).

**affichable:** printable.

**affichage:** affichage, display, readout, visual readout; **adaptateur d'affichage,** display adapter; **affichage analogique,** analog display; **affichage binaire,** binary display; **affichage cavalier,** vector-based display;

affichage couleur, color display; affichage d'alerte, alarm display; affichage de temps, display time; affichage des messages de commande, control message display; affichage du contenu mémoire, display core; affichage en trames entrelacées, interlaced display; affichage formaté, formatted display; affichage hybride, analog-digital display; affichage lumineux, lighted display; affichage matriciel, pixel-based display; affichage matriciel par points, dot matrix display; affichage menu, menu screen; affichage moniteur, monitor display; affichage non formaté, unformatted display; affichage non interlacé, noninterlaced display; affichage numérique, digital display, numerical display; affichage optoélectronique, optoelectronic display (OED); affichage par rayon cathodique, cross-display; affichage parallèle, slave monitor; affichage sur écran, screen display; affichage sur écran de visualisation, visual information projection; affichage systématique, forced display; affichage tramé, raster display; affichage vidéo type télévision, raster scan video display; affichage à balayage de trame, raster scan display; affichage à caractères, character display; affichage à cristaux liquides, liquid crystal display (LCD); affichage à diodes électroluminescentes, led display; affichage à plasma, plasma display; affichage à tube à rayon cathodique, CRT device; affichage à écran plasma, plasma panel display; champ d'affichage, console display area; champ d'affichage avant, display foreground; code de fonction d'affichage, display function code; colonne d'affichage, display column; commande d'affichage, display control, display instruction; cycle d'affichage, display cycle; cycle de rafraîchissement d'affichage, retrace cycle; espace d'affichage, display space; format d'affichage, display format; instruction d'affichage, display instruction, display statement; menu affichage, view menu; mémoire-image de l'affichage vidéo, video display image; point d'affichage, display position; poste d'affichage, display station, display terminal; précision d'affichage, settability; recopieur d'affichage écran, display screen copier; résolution de l'affichage graphique, graphic display resolution; surface d'affichage, display surface, operating space; système d'affichage, optical display system; sélecteur d'affichage, display selector; terminal d'affichage à clavier, keyboard display terminal; touche de commande d'affichage, display control key; tube d'affichage, display tube; unité d'affichage, visual display device; unité d'affichage alphanumérique, alphanumeric display unit; unité d'affichage analogique, analog display unit; unité d'affichage de chiffres, decimal display; unité d'affichage de données, data display unit; unité d'affichage graphique, graphic display unit; unité d'affichage numérique, digital display unit; unité d'affichage à tube à rayon cathodique, CRT display unit; unité à affichage vidéo, video display unit (VDU); voyant d'affichage de bits, bit display light.

a f f i c h é : displayed; guide de saisie affiché à l'écran, screen displayed prompter; terminal d'affiche, visual display terminal (VDT); événement affiché, posted event.

a f f i c h e r : display (to), vizualize (to), print (to).

a f f i c h e u r : afficheur numérique, digital readout, digital setting; afficheur à diodes électroluminescentes, led readout.

a g e n c e : branch office.

a g e n c e m e n t : layout; agencement d'écran, screen layout.

a g r a f e : clip, retaining clip; agrafe de câble, cordclip.

a g r a n d i : clavier agrandi, expanded keyboard.

a g r a n d i r : scale up (to).

a g r a n d i s s e m e n t : blow up, enlarging; agrandissement d'une fenêtre, window enlarging.

a g r é g a t : aggregate; agrégat de taille ajustable, adjustable size aggregate; agrégat de taille implicite, assumed size aggregate.

a i d e : help, aid; aide de clavier, keyboard template; aide à la conception, design aid; aide à la césure, hyphenation aid; aide à la décision conversationnelle, interactive decision making; aide à la programmation, programming aid, programming support; aide-mémoire, tickler; aidé, aided; carte aide-mémoire, quick reference card; écran d'aide, help screen; logiciel d'aide à la programmation, support program; message d'aide, help message; programme d'aide, help program; système d'aide à la programmation, support system; technique d'aide au dessin, etch-a-sketch technique.

a i d e r : support (to).

a i g u : angle aigu, acute angle.

a i g u i l l a g e : switchpoint; désignateur d'aiguillage, switch designator; filtre d'aiguillage de canal, channel separating filter; instruction d'aiguillage, alter statement; liste des aiguillages, switch list; nom d'ai-

**guillage,** switch identifier; **point d'aiguillage,** branchpoint.

**aiguille:** needle; **aiguille d'impression,** print wire; **aiguille de tri,** sorting needle, sort needle, sort rod; **aiguille en couteau,** knife-edge point; **carte à aiguille,** edge-notched card; **chariot à aiguilles,** pin carriage; **imprimante à aiguilles,** needle printer, wire printer, stylus printer; **pelote à aiguilles,** pin-cushion; **sens inverse des aiguilles d'horloge,** counterclockwise (CCW).

**aiguiller:** branch (to), jump (to), guide (to).

**aiguilleur:** adressage aiguilleur, switching unit addressing.

**ailette:** vane.

**aimant:** electro magnet; **aimant d'effacement,** reset magnet; **aimant de commande des sauts de ligne,** platen feed magnet; **aimant de saut,** skip magnet; **culasse d'aimant,** yoke magnet; **électro-aimant,** electro-magnet, magnet; **électro-aimant d'impression,** print magnet, platen magnet; **électro-aimant de perforation,** punch magnet.

**aimantation:** magnetization; **aimantation rémanente,** residual magnetism.

**air:** air; **air climatisé,** air-conditioned; **air conditionné,** air conditioning; **appareil à air conditionné,** air conditioning device; **circulation d'air,** air circulation; **climatiseur d'air,** air conditioner; **commutateur à pression d'air,** air pressure switch; **coussinet d'air,** air bearing, air cushion; **filtre à air,** air filter; **palier d'air,** air cushion, air bearing; **passage d'air,** air duct; **pollution d'air,** air pollution; **refroidi par air,** air cooled; **sortie d'air,** air opening; **sous conditionnement d'air,** environmental control.

**aire:** N-aire, N-ary; **aire d'examen,** inspection area; **aire de lecture,** reading band; **aire de tracé,** plotting area; **chiffre N-aire,** N-ary digit.

**ajourné:** traitement ajourné, delayed processing.

**ajouter:** add (to), append (to); **ajouter de la puissance,** boost (to).

**ajouts:** bande des ajouts, adding tape; **fichier d'ajouts,** add file.

**ajustable:** agrégat de taille ajustable, adjustable size aggregate; **potentiomètre ajustable,** trimmer; **résistance ajustable,** trimpot.

**ajustage:** trimming.

**ajustement:** settling; **ajustement du point zéro,** zero adjustment; **ajustement du zéro,** zero balancing.

**ajuster:** ajuster horizontalement, level out (to).

**alarme:** alarm, annonciator; **alarme acoustique,** audible alarm; **dispositif d'alarme,** attention device; **mécanisme d'alarme,** alarm equipment.

**aléatoire:** random number; **accès aléatoire,** random access; **accès aléatoire à la mémoire,** memory random access; **accès semi-aléatoire,** semirandom access; **adressage à accès aléatoire,** random addressing; **cheminement aléatoire,** random walk; **données aléatoires,** random data; **erreur aléatoire,** random error; **générateur de nombres aléatoires,** random number generator; **multiplication à capacité aléatoire,** arbitrary precision multiplication; **mémoire aléatoire,** direct access storage; **mémoire à accès aléatoire,** random access storage; **nombres pseudo-aléatoires,** pseudorandom numbers; **pseudo-aléatoire,** pseudorandom; **rendre aléatoire,** randomize (to); **semi-aléatoire,** semirandom; **suite de nombres aléatoires,** random number sequence; **séquence aléatoire,** random sequence; **table de nombres aléatoires,** random number table; **variable aléatoire,** random variable; **zone pseudo-aléatoire,** pseudohole.

**alerte:** alert; **affichage d'alerte,** alarm display; **blocage d'alerte,** alarm inhibit; **circuit d'alerte,** alarm circuit; **condition d'alerte,** alert condition; **courant d'alerte,** alarm current; **diagnostic d'alerte,** warning diagnostic; **drapeau d'alerte,** warning flag; **indication d'alerte,** alarm indication; **état d'alerte,** attention status; **événement d'alerte,** attention event; **information d'état d'alerte,** alarm condition information; **interruption d'alerte,** attention interrupt; **message d'alerte,** alarm message; **module d'alerte,** alarm module; **panneau d'alerte,** alarm panel; **poste d'alerte,** alarm station; **programme de traitement des alertes,** alarm signal processing routine; **répétition des signaux d'alerte,** alarm repetition; **signal d'alerte,** attention signal, alert signal, warning bell; **voyant d'alerte,** warning lamp.

**alerter:** alert (to).

**algèbre:** algebra; **algèbre booléenne,** Boolean algebra; **algèbre de Boole,** Boolean calculus; **algèbre logique,** switching algebra; **algèbre matricielle,** matrix algebra.

**algébrique:** algebraic; **additionneur algébrique,** algebraic adder, algebraic summer; **équation algébrique,** algebraic equation; **équation algébrique linéaire,** linear algebraic equation; **expression algébrique,** algebraic expression; **fonction algébrique,** algebraic function; **fraction algébrique,** algebraic fraction; **langage algébrique,** algebraic language; **langage algébrique international (IAL),** international algebraic language (IAL); **langage spécialisé algébrique,** algebraic-oriented language; **nombre algébrique,** algebraic number; **signe algébrique préfixe,** algebraic sign; **somme algébrique,** algebraic sum; **structure algébrique,** algebraic structure; **sémantique algébrique,** algebraic semantics; **zone algébrique,** signed field.

**ALGOL :** ALGOL* language; **langage algorithmique (ALGOL),** algorithmic language (ALGOL).

**algorigramme :** algorithm elaboration.

**algorithme :** algorithm*; **algorithme d'accès direct,** hashing algorithm; **algorithme de détourage,** clipping algorithm; **algorithme de déviation de fluence,** flow deviation algorithm (FDA); **algorithme de hachage,** hash algorithm; **algorithme de lissage,** smoothing algorithm; **algorithme de planification,** scheduling algorithm; **algorithme de planification des tâches,** task scheduling algorithm; **algorithme de production de polygones,** polygon generation algorithm; **algorithme de recherche binaire,** bisection algorithm; **algorithme de remplissage de polygones,** polygon filling algorithm; **algorithme de réseaux neuronaux,** neural network algorithm; **algorithme de tri,** sorting algorithm; **algorithme de troncation,** stemming algorithm.

**algorithmique :** algorithmic*; **l'algorithmique,** algorithmics; **langage algorithmique,** algorithmic language (ALGOL); **méthode algorithmique,** algorithmic method; **représentation algorithmique et temporelle,** behavioural representation; **routine algorithmique,** algorithmic routine; **théorie algorithmique,** algorithm theory; **traduction algorithmique,** algorithm translation.

**alias :** alias.

**aligné :** aligned; **mal aligné,** skew failure; **non aligné,** unaligned.

**alignée :** aligned; **adresse alignée à droite,** right octet address; **adresse alignée à gauche,** left octet address.

**alignement :** aligning, alignment, line-up; **alignement automatique sur la virgule décimale,** automatic decimal alignment; **alignement de caractères,** character alignment, type alignment; **alignement de cartes,** card registration, registration; **alignement de contacts,** contact configuration; **alignement de formulaire,** form alignment; **alignement précis,** fine detenting; **alignement sur adresse de début,** boundary alignment; **alignement sur la virgule,** point alignment; **alignement sur multiplet,** byte boundary

alignment; **alignement sur un mot,** word alignment; **alignement vidéo,** video clamp; **auto-alignement,** automatic registration; **bande perforée à alignement frontal,** advance feed tape; **barre d'alignement,** aligner bar; **bit d'alignement,** alignment bit; **dispositif d'alignement,** aligner gate; **défaut d'alignement,** vertical misalignment; **erreur d'alignement,** alignment error; **mécanisme d'alignement,** aligner; **outil d'alignement,** alignment tool; **piste d'alignement,** aligner area; **procédure d'alignement,** alignment procedure; **repère d'alignement,** alignment mark; **rouleau d'alignement,** alignment roller.

**aligner :** align (to); **aligner des cartes,** joggle (to).

**alimentation :** alimentation (d'équipement), power supply, supply; **alimentation (de papier),** feeding, feed; **alimentation 12 en tête,** Y-edge leading; **alimentation accélérée de cartes,** accelerated card feed; **alimentation automatique de cartes,** automatic card feed; **alimentation auxiliaire,** auxiliary power supply; **alimentation colonne par colonne,** endwise feed; **alimentation continue,** successive card feed; **alimentation de carte individuelle,** single-card feeding; **alimentation de secours,** battery backup; **alimentation des chèques,** check feed; **alimentation des feuilles,** sheet feeding; **alimentation en continu des formulaires,** continuous feeding; **alimentation feuille à feuille,** single-sheet feeding, single-sheet feed; **alimentation finale,** end feed; **alimentation frontale,** front feed; **alimentation horizontale,** horizontal feed; **alimentation immédiate,** demand feed; **alimentation multilecture,** multiread feeding; **alimentation papier,** paper feed; **alimentation par batterie,** battery power supply; **alimentation par friction,** friction feed; **alimentation primaire,** basic link unit; **alimentation rapide,** high-speed feed; **alimentation recto,** face-down feed; **alimentation retardée,** delayed feed; **alimentation secteur,** mains supply; **alimentation verso,** face-up feed; **bloc d'alimentation,** power pack, power control; **blocage de l'alimentation,** feed interlock; **chariot à double alimentation,** dual feed carriage; **circuit d'alimentation,** feed system; **cordon d'alimentation,** line cord, power cord; **courroie d'alimentation,** picker belt; **couteau d'alimentation de cartes,** card feed knife, picker; **cycle d'alimentation,** feeding cycle, feed cycle; **câble d'alimentation,** feeder; **dispositif d'alimentation,** feeding device; **dispositif d'alimentation des cartes,** card feeding mechanism; **dispositif d'auto-ali-**

mentation de document, automatic document feeder; **déclencheur de l'alimentation en papier,** paper release; **magasin d'alimentation,** card magazine, feed hopper, hopper, feeder bin; **mauvaise alimentation,** misfeed; **mécanisme d'alimentation en cartes,** card feed; **panne d'alimentation,** power fail; **passage d'alimentation des cartes,** card run-in; **perforateur à alimentation de cartes automatique,** automatic feed punch; **piste d'alimentation,** raceway; **poste d'alimentation,** feeding station; **rouleau d'alimentation,** feed roll; **tension d'alimentation,** supply voltage; **unité d'alimentation secteur,** power supply unit.

**alimenter:** feed (to), supply (to), transport (to); **prêt à alimenter,** ready to engage.

**alinéa:** décalage d'alinéa, indention; **faire un alinéa,** indent (to); **ligne en alinéa,** indented line.

**aller:** go (to); **voie d'aller,** forward channel.

**allocation:** allocation; **allocation de bloc,** data block assignment; **allocation de canal,** channel scheduling; **allocation de fichier,** file allocation; **allocation de l'enchaînement,** interlaced storage assignment; **allocation de la mémoire,** memory allotment; **allocation de mémoire,** general storage assignment; **allocation de mémoire centrale,** core allocation; **allocation de piste de réserve,** alternate track assignment; **allocation de périphérique,** peripheral device allocation, device allocation; **allocation de tampon dynamique,** dynamic buffer allocation; **allocation des ressources,** resource allocation; **allocation des terminaux,** terminal allocation; **allocation des tâches,** tasking; **allocation directe,** direct allocation; **allocation dynamique de mémoire,** dynamic storage allocation; **allocation dynamique des ressources,** dynamic resource allocation; **allocation dynamique du bus,** dynamic bus allocation; **allocation implicite,** implied association; **allocation partagée,** parallel allocation; **allocation statique,** static allocation; **allocation élémentaire,** primary allocation; **fonction d'allocation,** allocate function; **indice d'allocation,** allocation index; **instruction d'allocation,** allocate statement; **instruction d'allocation mathématique,** arithmetic assignment statement; **mode d'allocation,** allocation mode; **niveau d'allocation,** allocation level; **paramètre d'allocation,** allocation parameter; **pointeur de table d'allocation,** allocation table pointer; **priorité d'allocation,** allocation priority; **registre d'allocation,** allocation counter; **règle d'allocation,** allocation strategy, allocation convention; **table d'allocation,** allocation table, allocation map; **table d'allocation de blocs,** block allocation map; **table d'allocation de caractères,** character assignment table.

**allongement:** allongement de torsion, rotating stretching.

**alloté:** non alloté, unbatched.

**alloué:** non alloué, unassigned, unallotted.

**allouée:** mémoire allouée, allocated storage; **ressource allouée au traitement,** processing resource.

**allouer:** allocate (to).

**allumage:** signal d'allumage écran, bright-up signal.

**allumé:** lighted.

**alpha:** alpha; **clavier alpha,** alphabetic keypad; **nom alpha,** alphabet-name.

**alphabet:** alphabet; **alphabet international,** international alphabet; **sous-alphabet,** subalphabet.

**alphabétique:** alphabetical, alphabetic; **caractère alphabétique,** alphabetic character; **chaîne (de caractères) alphabétique,** alphabetic string; **classement alphabétique,** alphabetical sorting; **clavier alphabétique,** alphabetic keyboard; **code alphabétique,** alphabetic code, alphabet code; **codification alphabétique,** alphabetic coding; **commande de l'impression alphabétique,** alphabetic print control; **date alphabétique,** alpha date; **dispositif alphabétique,** alphabetic feature; **donnée alphabétique,** alphabetic item; **données alphabétiques,** alphabetic data; **élément de classification alphabétique,** alphabetic element; **entrée alphabétique,** alphabetic receive; **entrée de données alphabétiques,** alphabetic data input; **fichier alphabétique,** alphabetic file; **format alphabétique,** alpha format; **impression alphabétique,** alphabetic printing; **index alphabétique,** alphabetic index; **information alphabétique,** alphabetic information; **interclasseuse alphabétique,** alphabetic collator; **lettres alphabétiques,** alphabetic letters; **limitation de zone alphabétique,** alphabetic field limit; **mot alphabétique,** alphabetic word; **ordre alphabétique,** alphabetical order, alphabetic sequence; **perforateur alphabétique,** alphabetical punch; **recherche de caractères alphabétiques,** alphabetic character search; **registre alphabétique,** alphabetic register; **repérage alphabétique,** alphabetic marking; **réception alphabétique,** alphabetic receive; **test de validité alphabétique,** test alphabetic; **touche alphabétique,** alphabet key; **traduction alphabétique,** alphabet translation; **traductrice alphabétique,** alphabetic interpreter; **traitement alphabétique,** alpha processing; **transmission alphabétique,** alphabetic transmit; **tri alphabétique,** alphabetic sort.

**a l p h a m o s a ï q u e :** alphamosaic*.

**a l p h a n u m é r i q u e :** alphanumerical, alphanumeric*, alphameric; **adresse alphanumérique,** alphameric address; **barre porte-caractères alphanumériques,** alphameric type bar; **caractère codé en alphanumérique,** alphanumeric-coded character; **caractères alphanumériques,** alphameric characters; **clavier alphanumérique,** alphanumeric keyboard; **codage alphanumérique,** alphanumeric coding, alphameric coding; **code alphanumérique,** alphanumeric code, alphameric code; **commande alphanumérique,** character instruction; **conversion alphanumérique,** alphanumeric conversion; **donnée alphanumérique,** alphanumeric item; **données alphanumériques,** alphanumerical data, alphanumeric data; **écran de visualisation alphanumérique,** alphameric display tube; **encodage alphanumérique,** Hollerith code; **expression alphanumérique,** alphanumeric expression; **information alphanumérique,** alphanumeric information; **informations alphanumériques,** alphameric data; **instruction alphanumérique,** alphanumeric instruction; **introduction alphanumérique,** alphanumeric input; **jeu de caractères alphanumériques,** alphanumeric character set; **lecteur alphanumérique,** alphanumeric reader; **lecteur optique alphanumérique,** alphanumeric optical reader; **libellé alphanumérique,** alphanumeric literal; **machine alphanumérique,** alphanumeric machine; **message de test alphanumérique,** fox message; **mot alphanumérique,** alphameric word; **mémoire alphanumérique,** alphameric storage; **notation alphanumérique,** alphameric notation; **perforateur alphanumérique,** alphameric punch; **représentation alphanumérique,** alphanumeric representation; **signe alphanumérique,** alphanumeric character; **sortie alphanumérique,** alphanumeric output; **touche alphanumérique,** alphanumeric key, data key; **tri alphanumérique,** alphanumeric sorting, alphanumeric sort; **tube-écran alphanumérique,** alphanumeric display tube; **unité alphanumérique,** alphanumeric unit; **unité d'affichage alphanumérique,** alphanumeric display unit.

**a l t é r a b l e :** alterable; **information altérable,** volatile information; **mémoire altéra-** ble, alterable ROM (AROM), erasable memory; **mémoire morte altérable,** alterable read-only memory.

**a l t é r a t i o n :** alteration, altering, prevarication, spread; **altération des données,** data contamination.

**a l t é r é :** **fichier altéré,** corrupt file; **non altéré,** valid, uncorrupted.

**a l t é r é e s :** **données altérées,** aged data.

**a l t é r e r :** alter (to), modify (to).

**a l t e r n a n c e :** **redresseur simple alternance,** half-wave rectifier; **redresseur à double alternance,** full wave rectifier.

**a l t e r n a n t :** **champ magnétique alternant,** AC magnetic field.

**a l t e r n a n t e :** **enregistrement par pistes alternantes,** alternate track recording; **imprimante alternante,** reverse typing terminal; **quantité alternante,** alternating quantity; **série alternante,** alternating series; **table alternante,** alternating array; **zone alternante,** alternating field.

**a l t e r n a t :** **bidirectionnel à l'alternat,** either-way communication; **commande à l'alternat,** high/low passing control, high/low control; **communication bilatérale à l'alternat,** two-way alternate communication; **commutateur d'alternat,** push-to-talk switch; **mode d'enregistrement à l'alternat,** two-frequency recording mode; **opération en alternat,** simplex operation; **opération en alternat,** alternate operation; **ordre de classement à l'alternat,** alternative collating sequence.

**a l t e r n a t e u r :** alternator.

**a l t e r n a t i f :** alternative, alternate; **amplificateur à courant alternatif,** AC amplifier; **canal alternatif,** alternate channel; **composante de courant alternatif,** alternating current current component; **courant alternatif (CA),** alternating current, alternate current (CA); **format de codage alternatif,** alternate card format; **réseau de courant alternatif,** AC network; **résistance au courant alternatif,** AC resistance; **secteur alternatif,** AC mains; **tri alternatif,** oscillating sort.

**a l t e r n a t i o n :** **constante d'alternation,** alternation constant.

**a l t e r n a t i v e :** **connexion alternative,** alternate path; **exploitation alternative,** alternating operation; **piste alternative,** alternative track, alternate track; **table alternative,** alternating table; **tension alternative,** alternating voltage.

**a l t e r n é :** alterned; **contrôle de champ alterné,** alternate field control; **index alterné,** alternate index; **mode alterné,** alternation mode; **mémoire tampon alterné,** alternate buffer; **ordre de présence alterné**, alternate collating sequence; **programme alterné**, alternate program; **transmission en signaux alternés**, bipolar transmission.

**alternée:** alterned; **bande alternée**, overflow tape; **code à inversion de marque alternée**, alterned mark inversion code (AMI); **impression à frappe alternée**, reverse typing; **transmission de texte alternée**, alternate text transfer.

**alternostat:** inductive potentiometer.

**amateur:** hobbyist; **informatique amateur**, hobby computing; **marché amateur**, hobby market; **ordinateur amateur**, hobby computer.

**ambiance:** **bruit d'ambiance**, ambient noise.

**ambiant:** ambient; **niveau de bruit ambiant**, ambient noise level.

**ambiante:** ambient; **condition ambiante**, environmental condition; **conditions ambiantes**, environmental requirements; **température ambiante**, ambient temperature, environmental temperature.

**ambiguïté:** ambiguity; **ambiguïté de phase**, phase ambiguity.

**ambivalente:** **erreur ambivalente**, ambiguity error.

**âme:** **âme de câble**, cable core.

**amélioration:** enhancement, improvement, upgrade; **amélioration matérielle**, hardware upgrade; **taux d'amélioration**, improving factor.

**amélioré:** improved.

**améliorée:** improved; **version améliorée**, improved version, beef-up version.

**améliorer:** enhance (to); **améliorer la qualité**, upgrade (to).

**amoncellement:** heap.

**amont:** upstream; **connecté en amont**, connected up-stream; **saut amont**, backward jump; **élément amont**, primary element.

**amorçable:** bootable.

**amorçage:** flash, ignition, bootstrapping, start, startup; **amorçage de sous-programme**, begin subroutine; **binaire d'amorçage**, start bit; **bloc d'amorçage**, begin block; **contamination du secteur d'amorçage**, boot sector infection; **enregistrement d'amorçage**, bootstrap record; **générateur de programme d'amorçage**, bootstrap generator; **instruction d'amorçage**, begin statement; **interrupteur d'amorçage**, bootstrap initialization switch; **lecture d'amorçage**, bootstrap reading; **routine d'amorçage**, start routine; **sous-programme d'amorçage**, bootstrap routine, key bootstrap; **zone d'amorçage**, bootstrap area; **zone du mode d'amorçage**, starting mode field.

**amorce:** bootstrap, beginning mark; **amorce chargeur**, loader bootstrap; **amorce de bande**, tape leader, leader; **amorce de bloc**, block prolog; **amorce de début**, load point; **amorce de début de bande magnétique**, magnetic tape leader; **amorce de fichier sur bande**, file leader; **amorce de fin (de bande)**, trailer; **amorce de fin de bande magnétique**, magnetic tape trailer; **amorce de programme**, bootstrap input program; **bande amorce**, bootstrap tape; **chargeur amorce**, bootstrap loader, bootstrap program; **programme amorce**, bootstrap program, boot, tape header; **routine amorce**, leader routine.

**amorcer:** boot (to), bootstrap (to), prime (to).

**amortir:** charge off (to).

**amortissement:** damping*; **amortissement critique**, critical damping.

**amortisseur:** absorber; **amortisseur de vibrations**, shock absorber, shock mount; **bras amortisseur de bande**, tape tension arm.

**amovible:** removable; **cassette amovible**, removable cartridge; **chargeur amovible**, removable disk pack, replaceable pack; **clavier amovible**, detachable keyboard; **disque magnétique amovible**, removable magnetic disk; **mémoire à disques amovibles**, exchangeable disk storage (EDS); **mémoire à support amovible**, data carrier storage; **organe amovible**, removable unit.

**amplificateur:** amplifier; **amplificateur bistable**, bistable amplifier; **amplificateur cathodyne**, cathode follower; **amplificateur correcteur d'impulsion**, shaping amplifier; **amplificateur d'attaque de ligne**, analog line driver (ALD); **amplificateur d'impulsion**, pulse amplifier; **amplificateur d'inversion de phase**, phase inverting amplifier; **amplificateur d'écriture**, write amplifier, record amplifier; **amplificateur de calcul**, computing amplifier; **amplificateur de commande**, control amplifier; **amplificateur de courant d'inhibition**, inhibit driver; **amplificateur de frappe**, hammer module amplifier, print amplifier; **amplificateur de lecture**, read amplifier, sense amplifier; **amplificateur de lecture/écriture**, read/write amplifier; **amplificateur de ligne**, line driver; **amplificateur de puissance**, power amplifier; **amplificateur de signal**, signal amplifier; **amplificateur de tension**, voltage amplifier; **amplificateur de voie**, channel amplifier; **amplificateur différentiel**, differential amplifier; **amplificateur fonctionnel**, function amplifier; **amplificateur inverseur,** inverse amplifier; **amplificateur isolé,** isolated amplifier; **amplificateur magnétique,** magnetic amplifier; **amplificateur multigamme,** multirange amplifier; **amplificateur non isolé,** nonisolated amplifier; **amplificateur numérique,** digital amplifier; digit driver; **amplificateur opérationnel,** operational amplifier (op-amp); **amplificateur stabilisé,** drift-corrected amplifier; **amplificateur stabilisé à découpage,** chopper-stabilized amplifier; **amplificateur sur charge,** overdriven amplifier; **amplificateur symétrique,** push-pull amplifier; **amplificateur synchrone,** lock-in amplifier; **amplificateur tampon,** buffer amplifier; **amplificateur vidéo,** video amplifier; **amplificateur équilibré,** balanced amplifier; **amplificateur à courant alternatif,** AC amplifier; **amplificateur à courant continu,** DC amplifier; **amplificateur à double trace,** dual trace amplifier; **amplificateur à gain élevé,** high gain amplifier; **amplificateur à grand gain,** high-level amplifier; **amplificateur à réaction,** feedback amplifier; **amplificateur à résonance,** resonance amplifier; **amplificateur à vibreur,** chopper amplifier; **bloc amplificateur,** amplifier module; **gain d'un amplificateur,** amplifier gain; **montage d'amplificateurs en cascade,** cascade amplifier; **étage amplificateur,** amplifier stage.

**amplification:** amplification; **amplification en tension,** voltage amplification; **circuit d'amplification,** amplifier circuit; **gain d'amplification,** amplification gain; **réglage d'amplification,** gain adjustment; **unité d'amplification,** amplifier unit.

**amplifier:** amplify* (to).

**amplitude:** amplitude; **amplitude d'impression,** print span; **amplitude d'impulsion,** pulse amplitude; **amplitude de balayage,** amplitude sweep; **amplitude de crête,** crest amplitude; **amplitude de diaphonie,** crosstalk volume; **amplitude de déviation,** amplitude swing; **amplitude de l'onde porteuse,** carrier amplitude; **amplitude moyenne de la tension de lecture,** average peak output; **compensateur d'amplitude,** amplitude equalizer; **distorsion d'amplitude,** amplitude distortion; **erreur d'amplitude,** amplitude error; **modulation d'amplitude (MA),** amplitude modulation (AM); **modulation d'amplitude en quadrature (MAQ),** quadrature amplitude modulation (QAM); **modulation d'impulsions en amplitude,** pulse amplitude modulation (PAM); **modulation en saut d'amplitude,** amplitude shift keying (ASK); **modulé en amplitude,** amplitude-modulated; **retard d'amplitude,** amplitude delay; **réduc-**tion d'amplitude, amplitude reduction; **séparateur d'amplitudes,** amplitude filter; **échelle des amplitudes,** amplitude scale factor.

**ampoule:** (light) bulb; **ampoule de verre,** glass envelope; **contact à ampoule,** reed switch; **relais à ampoule,** reed relay.

**amusement:** fun.

**analogique:** analog*; **adaptateur de canal analogique,** data channel analog input adapter; **additionneur analogique,** analog adder; **affichage analogique,** analog display; **analogique-numérique,** analog-digital; **calcul analogique,** analog calculation, analog computation; **calculateur analogique,** analog computer (ANACOM); **calculateur analogique modulaire,** modular analog computer; **canal de sortie analogique,** analog output channel; **circuit analogique,** analog circuit; **commande analogique,** analog control; **commande de sortie analogique,** analog output control; **comparateur analogique,** analog comparator; **composant de calculateur analogique,** computing element; **conversion analogique-numérique (CAN),** analog-to-digital conversion (ADC); **convertisseur analogique,** analog converter; **convertisseur analogique-numérique (CAN),** analog-to-digital converter (ADC); **convertisseur numérique-analogique,** digital-to-analog converter (DAC); **dispositif analogique,** analog device; **dispositif d'entrées analogiques,** analog input device; **diviseur analogique,** analog divider; **données analogiques,** analog data; **décodeur numérique-analogique,** digital-to-analog decoder; **écran analogique,** CRT display; **entrée analogique,** analog input; **fausse couleur analogique,** analog false color; **grandeur analogique,** analog value, analog process quantity; **indicateur analogique,** analog indicator; **intégration analogique,** analog integration; **mesure analogique,** analog measurement; **modulation analogique,** analog modulation; **modèle analogique,** analog model; **multiplexeur analogique,** analog multiplexer; **multiplicateur analogique,** analog multiplier; **mémoire analogique,** analog storage; **mémoire analogique à accès direct,** analog random access memory (ARAM); **numérique et analogique,** hybrid; **opérateur d'entrée analogique,** analog input operation; **ordinateur analogique d'itération,** repetitive analog computer; **ordinateur de processus analogique,** analog process computer; **point d'entrée analogique,** analog input point; **procédure analogique,** analog procedure; **quantité analogique,** analog quantity; **registre à transfert**

analogique, analog shift register; **représentation analogique**, analog representation; **réseau analogique**, analog network; **réseau de transmission analogique**, analog transmission network; **signal analogique**, analog signal; **sortie analogique**, analog output; **sous-système analogique**, analog subsystem; **système de mesure analogique**, analog measuring system; **système à porteuse analogique**, analog carrier system; **tampon de sortie analogique**, analog output buffer; **temps de conversion analogique-numérique**, analog output conversion time; **tension de sortie analogique**, analog output voltage; **transmission analogique**, analog transmission; **unité d'affichage analogique**, analog display unit; **unité d'entrées analogiques**, analog input unit; **unité de commande analogique**, analog control unit; **unité de sortie analogique**, analog output device; **valeur analogique**, analog quantity, analog value; **voie analogique**, analog channel.

a n a l y s e : analysis, problem; **analyse automatique**, automatic abstracting, auto-abstract; **analyse d'erreurs**, error analysis; **analyse de comptabilisation**, accounting analysis; **analyse de contour**, contour analysis; **analyse de diagnostic**, diagnostic analysis; **analyse de fluence**, flow analysis; **analyse de fréquences**, frequency analysis; **analyse de la variance**, analysis of variance; **analyse de mémoire**, memory analysis; **analyse de production**, manufacturing analysis; **analyse des besoins réels**, material inventory planning; **analyse des composants**, component analysis; **analyse des erreurs machine**, machine check analysis; **analyse des interruptions**, interrupt decoding; **analyse des tâches**, job analysis; **analyse descendante**, topdown analysis; **analyse du chiffre d'affaires**, turn-over analysis; **analyse en série chronologique**, time series analysis; **analyse lexicale**, lexical analysis, parsing; **analyse logique**, logical analysis, logic analysis; **analyse mathématique de langage**, mathematical language analysis; **analyse numérique**, numerical analysis; **analyse par balayage**, scanning; **analyse scientifique**, scientific analysis; **analyse statistique**, statistical analysis, statistical evaluation; **analyse syntaxique**, syntactical analysis, syntactic analysis; **analyse système**, system analysis; **analyse sélective**, selective trace; **analyse sémantique**, semantic analysis; **analyse valorisée**, value analysis; **analyse vectorielle**, vector analysis; **circuit d'analyse**, monitoring circuit; con-

dition d'analyse, trace condition; **cycle d'analyse**, review cycle; **feuille d'analyse**, scoring sheet; **grammaire d'analyse**, analysis grammar; **langage d'analyse**, design language; **mode d'analyse**, analysis mode, trace mode; **module d'analyse**, analysis module; **méthode d'analyse**, method of analysis; **méthode d'analyse ascendante**, expansion cascading; **méthode d'analyse des moindres carrés**, least square analysis; **octet d'analyse**, sense byte; **programme d'analyse**, program analyzer, scanning program, parser; **programme d'analyse général**, general monitor checking routine; **programme d'analyse sélective**, selective trace program, snapshot program; **surface élémentaire d'analyse**, cell array, cell area; **transfert et analyse**, move and scan; **unité d'analyse de microfilm**, film scanner; **zone d'analyse**, analysis area.

a n a l y s e r : review (to), parse (to).

a n a l y s e u r : analyzer*, scanning device; **analyseur d'index**, index analyzer; **analyseur d'états logiques**, logic state analyzer, logical status analyzer; **analyseur de distorsion**, distortion analyzer; **analyseur de fréquences**, frequency analyzer; **analyseur de réseaux**, network analyzer; **analyseur de syntaxe**, syntax analyzer; **analyseur différentiel**, differential analyzer; **analyseur différentiel numérique**, digital differential analyzer; **analyseur logique**, logical analyzer; **analyseur temporel**, timing verifier; **disque analyseur**, scanner disk; **lecteur analyseur**, scanner/reader.

a n a l y s t e : analyst; **analyste du système**, system analyst; **analyste en programmation**, programming analyst; **analyste en systèmes**, systems analyst; **analyste programmeur**, programmer analyst.

a n a l y t i q u e : analytical, analytic; **dispositif de commande analytique**, analytical control equipment; **fonction analytique**, analytic function; **générateur de fonctions analytiques**, analytical function generator; **géométrie analytique**, analytic geometry; **identification de processus analytique**, analytical process identification; **instruction analytique**, analytic instruction; **machine analytique**, analytical engine; **rapport analytique**, analytical relationship; **simulation analytique**, analytic simulation.

a n c ê t r e : ancestor.

a n g l e : angle; **angle adjacent**, adjacent angle; **angle aigu**, acute angle; **angle complémentaire**, complementary angle; **angle connexe**, related angle; **angle d'ouverture**, angle of opening; **angle de déflexion**, angle of deflection; **angle de pente,** slope angle; **angle de phase,** phase angle, slope angle; **angle droit,** right angle; **angle solide,** solid angle.

**a n g u l a i r e :** angular; **accélération angulaire,** angular acceleration; **codeur de position angulaire,** shaft position encoder; **déplacement angulaire,** angular displacement; **détection de position angulaire,** rotational position sensing; **élément angulaire,** corner element; **fonction angulaire,** angular function; **fréquence angulaire,** angular frequency; **modulation angulaire,** angle modulation; **mouvement angulaire,** angular motion; **position angulaire,** angular position; **vitesse angulaire,** angular velocity.

**a n i m a t i o n :** animation*; **animation informatique,** computer animation; **animation tridimensionnelle,** three-dimensional animation.

**a n i m é :** **graphique animé bidimensionnel,** two-dimensional animation graphics.

**a n i s o c h r o n e :** anisochronous; **transmission anisochrone,** anisochronous transmission.

**a n n e a u :** ring; **anneau d'arrêt,** retaining ring; **anneau d'autorisation d'écriture,** write permit ring; **anneau d'interdiction d'écriture,** write inhibit ring; **anneau de blocage,** latch ring; **anneau de garde,** guard ring; **anneau de prise,** grip ring; **anneau de protection,** protection ring; **anneau hybride,** hybrid ring; **anneau logique,** logical ring; **compteur en anneau,** ring counter; **fichier en anneau,** ring file; **protocole d'anneau à jeton,** token-passing ring protocol; **réseau en anneau,** ring network; **système en anneau,** ring system.

**a n n e a u x :** rings; **classeur à anneaux,** ring binder.

**a n n é e :** year; **année en cours,** year-to-date.

**a n n e x e :** **calculateur annexe,** computer satellite; **centre annexe,** satellite; **circuit annexe,** support chip; **matériel annexe,** accessory feature; **mémoire annexe,** bump; **équipement annexe,** accessory unit.

**a n n o n c e :** announcement; **annonce par voix enregistrée,** recorded voice announcement; **enregistrement annonce,** record label.

**a n n o t a t i o n :** labeling, tagging.

**a n n o t é :** **document annoté manuellement,** hand marked document.

**a n n u a i r e :** **annuaire électronique,** electronic directory.

**a n n u e l l e m e n t :** yearly.

**a n n u l a i r e :** **concept du bus annulaire à jeton,** token ring approach; **décalage annulaire,** ring shift; **réseau avec bus annulaire à jeton,** token-passing ring network.

**a n n u l a t i o n :** cancel (CAN), deletion, cancellation; **annulation de texte,** text erasure; **annulation partielle,** partial cancellation; **caractère d'annulation,** error character; **caractère d'annulation de bloc,** block cancel character; **d'annulation de bloc,** block ignore character; **enregistrement d'annulation,** deletion record; **indicateur d'annulation,** cancel indicator; **instruction d'annulation,** cancel statement; **touche d'annulation,** cancel key.

**a n n u l é :** canceled, cleared; **travaux annulés,** bypassed job.

**a n n u l e r :** cancel (to), make null (to), undo (to).

**a n o m a l i e :** abnormality, exception; **circuit de détection d'anomalie,** fault detection circuit; **fichier des anomalies,** exception file; **gestionnaire d'anomalies,** exception handler; **liste des anomalies,** exception listing, exception list; **localisation d'anomalie,** fault finding; **mémoire de détection d'anomalie,** fault control memory; **programme d'anomalies,** malfunction routine; **rapport d'anomalies,** exception report; **routine des anomalies,** exception routine; **saut arrière en cas d'anomalie,** exception return.

**a n o r m a l :** abnormal; **arrêt anormal,** abnormal termination.

**a n o r m a l e :** abnormal; **avance anormale de papier,** paper throw; **fin anormale,** abnormal end (ABEND); **interruption anormale,** abnormal ending; **suspension anormale,** abnormally terminating; **terminaison anormale,** abnormal terminating.

**A N S I :** **jeu de caractères ANSI,** ANSI* character set.

**a n t é m é m o i r e :** cache memory, cache buffer, cache; **concept d'antémémoire,** caching; **disque antémémoire,** cache disk; **fonction de cohérence d'antémémoires,** bus snooping function.

**a n t i b o u r r a g e :** antiblocking; **circuit d'antibourrage,** jam circuit.

**a n t i c i p a t i o n :** look-ahead.

**a n t i c i p a t i v e :** **commande anticipative,** feed forward; **réaction anticipative,** feed forward.

**a n t i c i p é :** anticipé, anticipated, looked-ahead; **appel de page anticipé,** anticipatory paging; **impulsion de test anticipé,** early test transfer; **tamponnage anticipé,** anticipatory buffering; **vieillissement anticipé,** anticipated attrition.

**a n t i c i p é e :** **lecture anticipée,** advanced

read; **lecture anticipée de carte**, early card read; **modification anticipée**, anticipatory modification.

**antihoraire**: counterclockwise; **sens antihoraire**, anticlockwise.

**antilogarithme**: antilogarithm.

**antiparasite**: **résistance antiparasite**, parasitic suppressor.

**antirebond**: **touche antirebond**, no-rebound key.

**antireflet**: antireflection, glare-free; **couche antireflet**, antireflection coating; **filtre antireflet**, anti-glare filter; **écran antireflet**, antireflective screen.

**antistatique**: antistatic; **bombe aérosol antistatique**, anti-static spray can; **enduit antistatique**, anti-static spray; **enduit antistatique**, antistatic spray; **enveloppe antistatique**, antistatic envelope; **tapis antistatique**, anti-static mat.

**antivalence**: anticoincidence.

**antivalent**: anticoincident; **élément antivalent**, anticoincidence element.

**antivirus**: **protection antivirus**, virus protection.

**apériodique**: **complément apériodique**, date; **processus apériodique**, acyclic process.

**APL**: APL* language.

**aplatissement**: **constante d'aplatissement**, smoothing constant.

**apostrophe**: apostrophe; **apostrophe d'ouverture**, single-opening quotation mark '''; **apostrophe de fermeture**, single-closing quotation mark ''.

**apparaître**: **apparaître sur**, impinge on (to).

**appareil**: apparatus, appliance, device; **appareil de mesure**, measuring equipment; **appareil de préhension**, gripping device; **appareil à accès sélectif**, random device; **appareil à air conditionné**, air conditioning device; **commande d'appareil auxiliaire**, device control (DC); **coordonnée d'appareil**, device coordinate; **coordonnées d'appareil**, device coordinates; **lot d'appareils d'entrée-sortie**, input/output pool.

**appareillage**: outfit.

**apparent**: apparent; **désalignement apparent**, apparent skew.

**apparente**: apparent; **atténuation apparente**, apparent attenuation; **fréquence apparente**, apparent frequency; **impédance apparente**, image impedance; **mémoire apparente**, apparent storage; **puissance apparente**, apparent power; **résistance apparente**, apparent impedance.

**appariement**: **appariement de formes**, pattern matching.

**appartenance**: membership.

**appel**: call, calling, cue, ringing; **acceptation d'appel**, call-accepted; **adresse d'appel**, call address; **appel automatique**, automatic calling, autocalling, autocall; **appel d'accusé de réception**, acknowledgement call; **appel d'adresse**, address call; **appel d'entrée temporisé**, timed entry call; **appel d'opérateur**, operator call; **appel d'une fonction intégrée**, built-in function reference; **appel d'une routine**, subroutine call; **appel de canal**, bus request; **appel de chargement**, load call; **appel de contrôle**, console call; **appel de fonction**, function reference; **appel de l'abonné**, user call; **appel de l'utilisateur**, user call; **appel de lecture**, read call; **appel de mise en attente**, wait call; **appel de moniteur**, monitor call; **appel de mémoire à tores**, core memory call; **appel de mémoires associées**, connected storage; **appel de page anticipé**, anticipatory paging; **appel de page à la demande**, demand paging; **appel de paramètre**, parameter request; **appel de poste**, station cycle polling feature; **appel de programme**, program fetch, request program; **appel de reprise**, rollcall; **appel de segment de recouvrement**, overlay request; **appel de sous-programme**, subroutine reference; **appel de sous-programme de dépassement**, fetch overflow; **appel direct**, direct call; **appel du superviseur**, supervisor call; **appel dynamique de travail pas à pas**, step spawning; **appel entrant**, incoming call, dial-in; **appel intercalé**, imbedded call; **appel interurbain**, toll call; **appel macro**, macrocall; **appel macro externe**, outer macrocall; **appel macro pour branchement**, exit macro call; **appel macro pour mode normal**, normal mode macro call; **appel nominatif**, name call; **appel par bouton-poussoir**, pushbutton dialing; **appel par clavier**, keyboard request; **appel par la valeur**, call by value; **appel par le nom**, call by name; **appel permanent**, continuous request; **appel pour intervention**, service call; **appel programme**, programmed call; **appel précipité**, fast select; **appel refusé**, call not accepted; **appel sortant**, call request, dial-out; **appel système**, system call; **appel sélectif**, selective calling, selective ringing; **appel sélectif automatique**, autopolling, autopoll; **appel téléphonique**, dialup; **appel urbain**, exchange call; **appel à adresse abrégée**, abbreviated address call; **appel à la bibliothèque**, library call; **appel à plusieurs adresses**, multiaddress calling; **bloc d'appel**, call block; **caractère d'appel**, cue symbol; **caractère d'appel de réception,** addressing character; **caractère de contrôle d'appel,** call control character; **carte d'appel de pupitre,** console call card; **circuit d'appel,** ringing circuit; **code d'appel,** visibility code, visibility key; **conflit d'appels,** call collision; **contrôle d'appel,** call control; **demande d'appel,** call request; **dispositif d'appel automatique,** automatic calling unit, automatic call unit; **distributeur d'appels automatiques,** automatic call distributor (ACD); **double appel,** split; **formulaire de contrôle d'appels,** dial sheet; **fréquence d'appel,** call frequency; **identificateur d'appel,** call identification; **impulsion d'appel,** frame demand; **indicateur d'appel,** call indicator; **indicatif d'appel,** call signal, callsign; **initialisation d'appel,** call Initiation; **instruction d'appel,** calling instruction, call statement; **interception d'un appel,** call pickup; **intervalle entre appel,** polling interval; **liste d'appels,** poll-select list; **macro d'appel,** call macro; **macro-appel de lecture,** read action macro ` call; **macro-appel de recherche,** seek action macrocall; **maintenance sur appel client,** maintenance on per-call; **mise en attente d'un appel,** answer hold; **mode d'appel,** polling mode, poll mode, poll-select mode; **mode d'appel automatique,** automatic calling mode; **mécanisme d'appel automatique,** automatic calling equipment; **mémoire d'appels,** dial storage; **numéro d'appel,** selection number; **numéro d'appel,** calling number, call number, dial number; **procédure d'appel,** call procedure, invoked procedure; **procédure de commande d'appel,** call control procedure; **procédé d'appel sélectif,** polling/selecting mode, polling technique; **programme d'appel,** calling program, request program; **reconnaissance d'appel,** call detection; **registre d'appel,** calling register, call register; **routine d'appel,** calling routine, calling sequence; **répétition automatique d'appel,** automatic retry; **répétition d'appel,** call repetition; **répétition d'appel,** bid retry; **scrutation par appel,** rollcall polling; **service d'appel direct,** direct call facility; **signal d'acceptation d'appel,** call-accepted signal; **signal d'appel,** polling signal; **signal d'appel de ligne,** line program impulse; **signal d'appel permanent,** continuous call signal; **signal de refus d'appel,** call-not-accepted signal; **séquence d'appel,** calling sequence, calling order; **temps d'appel,** call time; **temps de reconnaissance d'appel,** call recognition time; **terminal à indicatif d'appel,** dial terminal; **terminal à indicatif d'appel,** dial-up terminal; **tonalité** d'appel, calling tone; **touche d'appel,** keyboard request; **transfert d'appel,** call forward, call forwarding; **témoin d'appel,** ringing indicator; **voyant d'appel,** request light; **zone d'entrée des appels,** call entrance field.

**a p p e l a n t :** questioner; **abonné appelant,** calling party; **identification du poste appelant,** calling line identification; **poste appelant,** calling station; **sous-programme appelant,** system transient.

**a p p e l é :** called; **abonné appelé,** called subscriber; **identification du poste appelé,** called line identification; **programme appelé,** called program; **segment appelé,** called segment.

**a p p e l é e :** called; **routine appelée,** called routine; **séquence appelée,** called sequence.

**a p p e l e r :** call-in (to), call-up (to), poll (to).

**a p p e n d i c e :** appendice d'introduction, input enclosure.

**a p p l i c a t i o n :** application\*, map; **application automatisée,** computer application; **application bi-univoque,** one-to-one mapping; **application des fibres optiques,** fiber optic application; **application en mode asservi,** slave application; **application en temps réel,** real-time application; **application plein écran,** full screen application; **application programmée,** computer application; **bibliothèque d'applications,** application library; **caractéristiques d'application,** application features; **champ d'application,** application field; **champ d'application des ordinateurs,** computer field; **couche d'application (ISO),** application layer (ISO); **cours d'application,** application course; **dialogue d'application,** application dialog; **domaine d'application,** application field; **fenêtre d'application,** application window; **icône d'application,** application icon; **langage d'application commerciale,** commercial language; **langage spécialisé d'applications,** application-oriented language; **logiciel d'application,** application software; **logiciel standard d'application,** standard user software; **manuel d'application,** application manual; **manuel descriptif d'application,** application description manual; **note d'application,** application note; **orienté vers application,** application-oriented; **programmation d'applications,** application programming; **programme d'application,** application program; **programmes d'application,** application package, execution package; **recherche d'application,** application research; **routine d'application,** application routine; **système de mise en application,** implementation system; **terminal orienté sur application,**

application-dedicated terminal; **étude d'application,** application study.

**appliqué:** applied; **contrôle appliqué aux limites,** limit check.

**appliquée:** applied; **linguistique appliquée,** applied linguistics; **recherche appliquée,** applied research; **tension appliquée,** applied voltage.

**appliquer:** apply (to), use (to).

**appoint: condensateur d'appoint,** trimming capacitor.

**apporter:** bring (to).

**apprentissage:** learning; **apprentissage automatique,** machine learning.

**approche:** approach, method; **approche ascendante,** bottom-up approach, bottom-up method; **approche des systèmes,** systems approach; **approche descendante,** topdown approach, topdown method; **approche heuristique,** heuristic approach; **méthode d'approche,** method of approach.

**approcher:** approach (to).

**appropriée: chaîne de caractères appropriée,** proper string.

**approuvé:** approved; **circuit approuvé,** approved circuit.

**approvisionner:** supply (to).

**approximatif: calcul approximatif,** approximate computation.

**approximation:** approximation; **erreur d'approximation,** error of approximation; **formule d'approximation,** approximation formula; **méthode des approximations,** approximation method.

**appui: plaque d'appui,** bed plate; **point d'appui,** action point.

**appuyer:** press (to).

**apurement:** purging.

**arbitraire:** arbitrary; **accès arbitraire,** arbitrary access; **calculateur séquentiel à enchaînement arbitraire,** arbitrary sequence computer; **horloge arbitraire,** free-running clock; **paramètre arbitraire,** arbitrary parameter; **valeur arbitraire,** arbitrary value.

**arborescence:** tree structure; **arborescence de répertoire,** directory tree; **arborescence de zonage,** zoning tree; **arborescence libre,** free tree; **arborescence minimalisée,** minimal tree; **arborescence orientée,** directed tree; **listage d'arborescence,** tree listing.

**arborescent: accès arborescent,** tree access; **recouvrement arborescent,** overlay tree; **réseau arborescent,** tree network; **tri arborescent,** tree sort.

**arborescente: recherche arborescente,** tree searching, tree search.

**arbre:** tree, shaft; **arbre binaire,** binary tree; **arbre d'inversion,** card reversing shaft; **arbre de commande,** drive shaft; **arbre de commande du cylindre d'impression,** platen guide shaft; **arbre de décision,** decision tree; **arbre de dépannage,** troubleshooting flowchart; **arbre de programme,** program tree; **arbre de tambour,** drum shaft; **arbre des rochets,** ratchet shaft; **arbre dérivé,** spanning tree; **arbre inverse,** inverted tree; **arbre moteur,** motor shaft; **arbre non ordonné,** unordered tree; **arbre ordonné,** ordered tree; **arbre primaire,** main shaft; **arbre à valeurs minimales,** Huffman tree; **représentation en arbre binaire,** binary tree representation; **traversée d'un arbre,** tree traversal, tree walking.

**arcade:** arcade.

**architecturale: description architecturale,** architectural description.

**architecture:** architecture*; **architecture de fichier,** file architecture; **architecture de réseau,** network architecture; **architecture de réseau informatisé,** computer network architecture; **architecture de systèmes ouverts,** open systems architecture (OSA); **architecture distribuée,** distributed architecture; **architecture en étoile,** starred architecture; **architecture répartie,** distributed architecture, divided architecture; **architecture unifiée,** unified architecture; **architecture à processeurs parallèles,** parallel machine architecture.

**archivage:** archiving, filing; **archivage de fichier,** file storage; **archivage des informations,** information archiving.

**archive:** archives, archives*, records; **fichier archive,** archive file; **service des archives,** record office.

**archivé:** archived, filed; **fichier archivé,** archived file; **archiver:** document (to).

**argument:** argument*; **argument de recherche,** search argument; **argument de table,** table argument; **argument fictif,** dummy argument; **argument fonctionnel,** functional argument; **liste d'arguments,** argument list; **octet argument,** argument byte.

**arité:** arity.

**arithmétique:** arithmetical, arithmetic; **adresse arithmétique,** arithmetic address; **arithmétique binaire,** binary arithmetic; **arithmétique d'adressage,** address arithmetic; **arithmétique décimale,** decimal arithmetic; **arithmétique en double précision,** double precision arithmetic; **arithmétique en virgule fixe,** fixed-point arithmetic; **arithmétique en virgule flottante,** floating-point arithmetic; **arithmétique en virgule flottante câblée,** hardware floating-point arithmetic;

**arithmétique en virgule flottante décimale,** floating-decimal arithmetic; **arithmétique multiprécision,** multiprecision arithmetic; **arithmétique scalaire,** scalar arithmetic; **calculateur arithmétique,** arithmetic computer; **contrôle arithmétique,** mathematical check; **décalage arithmétique,** arithmetical shift, arithmetic shift; **décalage non arithmétique,** nonarithmetic shift; **expression arithmétique,** arithmetic expression; **expression arithmétique mixte,** mixed mode arithmetic expression; **élément arithmétique,** arithmetic item, arithmetic element; **expression arithmétique simple,** simple arithmetic expression; **expression arithmétique élémentaire,** arithmetic primary; **fonction arithmétique,** arithmetic function; **formule arithmétique,** arithmetic formula; **instruction arithmétique,** arithmetical instruction, arithmetic statement; **jeu d'instructions arithmétiques,** scientific instruction option; **moyen arithmétique,** arithmetic organ; **moyenne arithmétique,** arithmetic mean; **méthode arithmétique fondamentale,** basic arithmetic operation; **non arithmétique,** nonarithmetic; **opérateur arithmétique,** arithmetic operator; **opération (arithmétique) binaire,** binary (arithmetic) operation; **opération arithmétique,** arithmetical operation, arithmetic operation; **opération arithmétique binaire,** binary arithmetical operation; **preuve arithmétique,** arithmetic check; **processeur arithmétique,** arithmetic processor, number cruncher; **progression arithmétique,** arithmetic progression; **registre arithmétique,** arithmetic register, arithmetic unit register; **sous-programme arithmétique,** arithmetic subroutine; **série arithmétique,** arithmetic series; **unité arithmétique,** arithmetic unit, arithmetic section; **unité arithmétique et logique,** arithmetic and logic unit (ALU); **unité arithmétique parallèle,** parallel arithmetic unit; **unité de contrôle arithmétique,** arithmetic sequence unit; **variable arithmétique,** arithmetic variable.

**a r m a t u r e :** rotor.

**a r m é :** armed; **état armé,** armed state.

**a r m e m e n t :** **armement d'interruption,** interrupt setting.

**a r m e r :** arm (to).

**a r m o i r e :** housing; **armoire de base,** basic cabinet; **armoire de commande,** control cabinet module; **armoire insonorisée,** quietized cabinet; **armoire principale,** master cabinet.

**a r r a n g é :** **arrangé côte à côte,** tiled.

**a r r a n g e m e n t :** organization, make-up, arrangement; **arrangement de caractères,** character arrangement; **arrangement de données graphiques,** graphic data structure; **arrangement de paquet de cartes,** deck set-up; **arrangement en damier,** checkerboarding.

**a r r ê t :** halt, stop, suspension; **anneau d'arrêt,** retaining ring; **arrêt anormal,** abnormal termination; **arrêt après fin de passage en machine,** end-of-run halt; **arrêt automatique,** automatic stop; **arrêt brusque,** dead end; **arrêt brutal,** hard stop; **arrêt conditionnel,** conditional breakpoint, conditional stop; **arrêt conditionnel d'erreur,** error-conditioned halt; **arrêt conflictuel,** deadly embrace; **arrêt corrigeable par le logiciel,** software recoverable abort; **arrêt d'urgence,** emergency shutdown; **arrêt de bande,** tape stop; **arrêt de boucle,** loop stop; **arrêt de fin de papier,** form stop; **arrêt de fin de session,** shutdown; **arrêt de programme,** program stop, program termination; **arrêt de tabulation,** tabulator stop; **arrêt du système,** system shutdown; **arrêt dynamique,** breakpoint halt, dynamic stop; **arrêt définitif,** drop-dead halt; **arrêt fatal,** deadlock; **arrêt fatal du système,** system crash; **arrêt gracieux,** orderly close-down; **arrêt gracieux après avarie,** soft fail; **arrêt général,** general stop; **arrêt immédiat,** dead halt; **arrêt inconditionnel,** unconditional stop; **arrêt instantané,** high-speed stop; **arrêt intermédiaire,** stop over; **arrêt irréversible,** deadlock; **arrêt logique,** logical stop; **arrêt manuel,** kill; **arrêt net,** deadlock; **arrêt par console,** control panel halt; **arrêt programmé,** coded halt, coded stop, programmed stop; **arrêt précis,** precise stop; **arrêt prématuré,** abortion; **arrêt rapide,** fast shutdown; **arrêt système,** system abort; **arrêt temporaire,** pause; **arrêt temporisé,** slow shutdown; **arrêt total,** blackout; **barre d'arrêt,** stop bar; **binaire d'arrêt,** stop bit; **bouton arrêt,** stop button; **caractère d'arrêt,** break signal; **caractère de signal départ-arrêt,** start-stop character (SS); **chiffre d'arrêt,** halt number; **cliquet d'arrêt,** detent pawl; **code d'arrêt,** halt code, stop code; **commande d'arrêt facultatif,** optional pause instruction; **condition d'arrêt,** stop condition; **couche d'arrêt,** barrier layer; **drapeau d'arrêt,** no-go flag; **durée de l'arrêt total,** blackout time; **grille d'arrêt,** suppressor grid; **impulsion d'arrêt,** stop pulse; **indicateur d'arrêt,** halt indicator; **impulsion d'arrêt,** stop signal; **instruction d'arrêt,** stop instruction, breakpoint instruction; **instruction d'arrêt conditionnel,** conditional breakpoint instruction; **instruction d'arrêt optionnel,** optional halt statement; **interrupteur d'arrêt,** breakpoint switch; **levier d'arrêt,** detent arm, stop pawl; **point d'arrêt,** breakpoint; **préfixe d'arrêt de lecteur,** reader stop prefix; **signal d'arrêt,** halt signal, stop signal, stop element; **signal d'arrêt,** stop signal; **temps d'arrêt,** stop time, standstill; **temps d'arrêt de l'ordinateur,** computer down-time; **temps d'arrêt machine,** machine down-time; **tension d'arrêt,** inverse voltage; **touche d'arrêt,** stop key; **vidage après arrêt système,** system shutdown dump; **vis d'arrêt,** set screw.

**arrêté:** out, off.

**arrêter:** halt (to), cycle down (to), stop (to); **s'arrêter,** run down (to); **s'arrêter doucement,** quiesce (to).

**arrière:** back, yon; **arrière-plan,** background; **arrière-plan d'image,** background image; **bord arrière,** trailing edge; **bord arrière de carte,** card trailing edge; **branchement arrière,** backward jump; **caractère d'espacement arrière,** backspace character; **chaînage arrière,** backward chaining; **espace arrière,** backspace (BS); **face arrière,** backplane; **faire marche arrière,** reverse (to); **faire un retour arrière,** backout (to); **faire une lecture arrière,** read backward (to); **instruction de retour arrière,** backspace statement; **lecture arrière,** backward read; **lecture arrière des données enregistrées,** read backward input; **ordinateur d'arrière-plan,** back-end processor; **ouverture arrière,** backplane slot; **phase arrière,** back-end; **plan arrière,** yon plane; **plan arrière de découpage,** back clipping plane; **recherche arrière,** backward search; **report arrière,** carry back; **retour arrière,** backspacing; **retour arrière de la tête d'écriture,** carrier return; **saut arrière combiné,** combined return branch; **saut arrière en cas d'anomalie,** exception return; **tabulation arrière,** backtab; **touche d'espacement arrière,** backspace key; **transfert arrière du contenu compteur,** counter read back; **transport arrière de la bande,** tape backspacing; **travail d'arrière-plan,** background job; **vers l'arrière,** backward; **zoom arrière,** zoom-out.

**arrivé:** premier arrivé, premier servi, first-come-first-served (FCFS).

**arrivée:** arrival; **point d'arrivée,** endpoint; **temps d'arrivée,** arrival time; **trafic d'arrivée,** incoming traffic.

**arrondi:** rounding, half-adjust, rounded; **arrondi par machine,** automatic rounding off; **cadre plein à coins arrondis,** filled rounded box; **constante d'arrondi,** rounding constant; **erreur d'arrondi,** rounding error, round off er-

ror; **non arrondi,** unrounded.

**arrondir:** round (to), half adjust (to); **arrondir au plus près,** round off (to); **arrondir par défaut,** round down (to); **arrondir par excès,** round up (to).

**arrondissage:** rounding.

**art:** art.

**article:** article, item, recording, structure; **article additionnel,** addition item; **article adjacent,** contiguous item; **article binaire,** binary item; **article contigu,** contiguous item; **article d'accès,** access record; **article d'entrée,** input item; **article d'identification commun,** common label item; **article de groupe,** control break item; **article de l'index principal,** master index item; **article de longueur variable,** variable-length item; **article de remplissage,** padding item; **article du répertoire des travaux,** job queue item; **article en débordement,** overflow record; **article en-tête,** leader; **article exceptionnel,** exception record; **article initial,** base item; **article mis en forme,** edited item; **article non numérique,** nonnumeric item; **article non ouvert,** open item; **article nul,** null item; **article numérique,** numeric item; **article permanent du fichier comptes,** master account record; **article sortant,** output record; **article séquentiel,** sequential item; **article trié,** sorted item; **article vide,** empty record; **bloc d'articles,** basic block; **calcul de la longueur d'article,** item size computation; **caractère d'état d'article,** item status character; **carte article,** item card; **classement de l'article dans le bloc,** position of record; **code d'article,** item code; **commande du drapeau d'article,** record mark control; **comptage d'articles fin,** trailing count; **compte d'articles,** item count; **compteur d'articles,** item counter; **création d'articles,** record creation; **demande d'articles,** item demand; **dernière position d'article,** terminal item position; **description d'article,** record description; **description d'articles de données,** record description entry; **double article,** duplicate item; **déclaration élémentaire d'article,** elementary item entry; **définition d'article,** item definition; **désignation de l'article,** article description; **étiquette d'article,** item mark; **erreur de comptage d'articles,** item count discrepancy; **fichier d'articles non ouverts,** open item file; **fichier historique d'articles,** item history file; **fichier principal d'articles,** item master file; **fin d'article indexé,** end-of-index item; **fonction de traitement des articles,** item handling function; **grandeur d'article,** item size; **groupe d'articles,** record group; **identificateur d'articles,**

item identifier; **indicatif d'article,** record key; **ligne d'en-tête d'article,** item header line; **liste d'articles,** item list; **liste des articles non ouverts,** open item statement; **longueur de l'article sortant,** output record length; **longueur variable d'article,** variable-record length; **mise à jour d'articles,** record updating; **mode de traitement des articles,** item handling mode; **mot de longueur d'article,** length record word; **mot de positionnement d'article,** record locator word; **nom d'article,** record name; **nom de l'article,** data record name; **numéro d'article,** item number; **par article,** itemized; **paramètre de codage d'article,** item key parameter; **paramètre de longueur d'article,** item length parameter; **position d'article,** item position, item location; **position d'article réservée,** imbedded item position; **séparateur de sous-articles,** unit separator; **séquence d'articles,** item sequence; **tri d'articles,** item sort; **zone d'articles de données,** record area; **zone d'articles indexés,** index data item; **zone de codification des articles,** item key area; **zone de longueur d'article,** record character count; **zone de longueurs d'articles,** item character count; **zone de traitement d'article,** item work area.

**articulation:** articulation, knuckle; **articulation sphérique,** ball joint; **axe d'articulation,** hinge; **point d'articulation (graphe),** articulation point (graph), cut vertex.

**artificiel:** artificial; **langage artificiel,** artificial language, synthetic language; **report artificiel,** artificial carry; **zéro artificiel,** dummy zero.

**artificielle:** artificial; **indice (en intelligence artificielle),** evidence (in artificial intelligence); **intelligence artificielle (IA),** artificial intelligence (AI); **ligne artificielle,** artificial line; **ligne de transmission artificielle,** artificial transmission line; **reconnaissance artificielle,** artificial cognition; **variable artificielle,** artificial variable.

**arythmique:** asynchronous; **mémoire arythmique,** continuation storage; **opération arythmique,** start-stop opération; **système arythmique,** start-stop system; **transmission arythmique,** asynchronous transmission, start-stop transmit.

**ascendant:** ascending; **code de tri ascendant,** ascending key; **noeud ascendant,** ascending node; **ordre ascendant,** ascending sequence, alphabetical order; **tri ascendant,** ascending sort, forward sort.

**ascendante:** ascending; **approche ascendante,** bottom-up approach, bottom-up method; **compatibilité ascendante,** upward compatibility, forward compatibility; **flèche ascendante,** up scroll arrow; **méthode ascendante,** bottom-up method, bottom-up approach; **méthode d'analyse ascendante,** expansion cascading; **pile ascendante,** push up.

**ascenseur:** lifter, lift.

**ASCII:** **code ASCII,** ASCII* code; **sous-ensemble du code ASCII,** limited ASCII.

**aspect:** (d'aspect) irrégulier, jaggy.

**assemblage:** assembly, assembling, mounting; **assemblage conditionnel,** conditional assembly; **assemblage croisé,** cross-assembly; **assemblage de paquets,** packet assembly; **assemblage de programmes,** batch assembly; **assemblage groupé,** batched assembly; **bibliothèque de macros d'assemblage,** assembly macrolibrary; **directive d'assemblage,** assembly statement; **durée d'assemblage,** assembly time, assemble duration; **goujon d'assemblage,** dowel pin; **impression d'assemblage,** assembly printed listing; **imprimé d'assemblage,** assembly program listing; **instruction d'assemblage,** assembly instruction, assembler instruction; **instruction de contrôle d'assemblage,** assembly control statement; **langage d'assemblage,** assembler language; **langage d'assemblage de base,** basic assembly language (BAL); **langage d'assemblage spécifique,** native assembler language; **listage après assemblage,** postassembly listing; **listage d'assemblage,** assembly listing; **liste d'assemblage,** assembly list; **macroassemblage,** macroassembly; **opération d'assemblage,** assembly operation; **ordre d'assemblage,** assembly work order; **passage d'assemblage,** assembly run; **passe d'assemblage,** assembly pass; **phase d'assemblage,** assembling phase, assembly phase, assembler run; **plan d'assemblage,** assembly drawing; **programme d'assemblage,** assembly language program, assembly program; **routine d'assemblage,** assembly routine; **schéma d'assemblage,** assembly drawing; **section d'assemblage entrée-sortie,** inputoutput section; **sortie d'assemblage,** assembly program output; **symbole en série,** series connective; **système d'assemblage,** assembly system; **système à assemblage symbolique,** symbolic assembly system; **temps d'assemblage,** assembly lead time; **unité d'assemblage,** assembly unit.

**assemblé:** gathered.

**assembler:** assemble (to); **ordinateur à assembler,** microcomputer kit.

**assembleur:** assembler*, assembler source program; **assembleur absolu,** absolute assembler; **assembleur croisé,** cross-assembler; **assembleur de base,** basic assembler; **assembleur ligne par ligne,** one-to-one assembler; **assembleur symbolique,** symbolic assembler; **assembleur/désassembleur de paquets,** packet assembler-disassembler (PAD); **carte de sortie d'assembleur,** assembly output card; **code assembleur,** assembly code; **directive d'assembleur,** assembler statement, assembler directive; **extension du programme assembleur,** extended assembly system; **instruction conditionnelle d'assembleur,** conditional assembler instruction; **instruction d'assembleur,** assembler source statement; **jeu de cartes d'assembleur,** assembler deck; **langage assembleur,** assembly language; **langage d'assembleur,** assembler language; **listage d'assembleur,** assembler listing; **programme assembleur,** assembly processor; **programme assembleur de macros,** macroassembler; **programme de test d'assembleur,** test translator; **programme macro-assembleur,** macroassembly program.

**assertion:** assertion; **contrôleur d'assertions,** assertion checker.

**asservi:** driven; **application en mode asservi,** slave application; **asservi au temps,** time-dependent; **calculateur asservi,** controlled computer; **disque asservi,** slave disk; **mode asservi,** slave mode; **ordinateur asservi,** slave computer; **rythmeur asservi,** slave clock; **système asservi,** servo-controlled system, feedback system; **tracé asservi à un point fixe,** rubber banding.

**asservie:** driven; **bascule asservie,** slave flip flop; **sortie asservie,** slave output; **station asservie,** slave station; **unité asservie,** slave unit.

**asservir:** slave (to).

**asservissement:** servomechanism; **boucle d'asservissement,** feedback loop; **erreur d'asservissement,** tracking error; **mode d'asservissement automatique,** auto-servo mode; **piste d'asservissement,** control track.

**assignation:** assignment by name; **assignation de valeur,** value assignment.

**assigné:** assigned.

**assignée:** assigned; **bande de fréquences assignées,** assigned frequency band; **fréquence assignée,** assigned frequency.

**assignement:** assignment; **assignement de fréquences,** frequency assignment.

**assigner:** assign* (to).

**assimilable:** assimilable par une machine, machinable.

**assistance:** assistance par ordinateur, computer aid; **assistance à la documentation,** documentation aids.

**assisté:** assisted; **assisté par ordinateur,** computer-assisted; **design assisté par ordinateur,** automated design engineering; **enseignement assisté par ordinateur (EAO),** computer-assisted instruction (CAI).

**assistée:** assisted; **conception assistée par ordinateur (CAO),** computer-aided design (CAD); **fabrication assistée par ordinateur (FAO),** computer-aided manufacturing (CAM); **ingénierie assistée par ordinateur (IAO),** computer-aided engineering (CAE); **instruction assistée,** aided instruction; **instruction assistée par ordinateur (IAO),** computer-aided instruction (CAI); **opération assistée,** hands-on operation; **opération non assistée,** hands-off operation; **programmation assistée par machine,** machine-aided programming; **publication assistée par ordinateur (PAO),** desktop publishing.

**assister:** back up (to), support (to).

**associatif:** associative; **adressage associatif,** associative addressing; **mode associatif,** associative mode; **processeur associatif,** associative processor; **registre associatif,** associative register, associative array register.

**association:** association; **association d'utilisateurs,** user process group; **association de paramètres,** parameter association.

**associative:** associative; **mémoire associative,** associative memory, content-addressable memory; **mémoire parallèle (associative),** parallel search storage; **registre à mémoire associative,** associative storage register.

**associé:** associated; **calculateur associé,** attached processor (AP); **enregistrement associé,** related entry; **ensemble de calculateurs associés,** attached support processor (ASP); **logiciel associé,** associated software; **programme associé,** dependent program.

**associée:** associated; **appel de mémoires associées,** connected storage; **tâche associée,** attached task.

**associer:** attach (to); **associer (variable ou adresse),** bind (to).

**assorti:** matched.

**assortiment:** matching.

**assumée:** erreur assumée, default assumption.

**assurer:** s'assurer, ascertain (to).

**astable:** astable; **bascule astable,** free-running flip-flop; **multivibrateur astable,** astable multivibrator.

**astérisque:** asterisk; **adresse d'astérisque,** asterisk address; **caractère astérisque,** star character; **protection d'impression par astérisque,** asterisk printing; **protection par astérisques,** asterisk protection device.

**astuce:** tip; **astuce de programmation,** programming tip.

**asymétrique: circuit asymétrique,** single-ended circuit; **distorsion asymétrique,** bias distortion; **entrée asymétrique,** unbalanced input; **erreur asymétrique,** bias error; **sortie asymétrique,** unbalanced output, single-ended output.

**asynchrone:** asynchronous*; **adaptateur asynchrone,** asynchronous adapter; **adaptateur de canal asynchrone,** asynchronous channel adapter; **calculateur asynchrone,** asynchronous computer; **circuit E/S universel asynchrone,** universal asynchronous RX/TX; **circuit asynchrone,** asynchronous circuit; **contrôle asynchrone,** asynchronous control; **demande asynchrone,** asynchronous request; **entrée asynchrone,** asynchronous input; **message asynchrone,** asynchronous message; **mode asynchrone,** asynchronous balanced mode (ABM); **modem asynchrone,** asynchronous dataset; **multivibrateur asynchrone,** start-stop multivibrator; **opération asynchrone,** asynchronous operation, start-stop operation; **procédure asynchrone,** asynchronous procedure; **périphérique asynchrone,** asynchronous device; **régime asynchrone,** asynchronous working; **réseau asynchrone,** asynchronous network; **sortie asynchrone,** asynchronous output; **système asynchrone,** start-stop system; **tampon asynchrone,** asynchronous buffer; **terminal asynchrone,** asynchronous terminal; **traitement asynchrone,** asynchronous processing, random processing; **transfert asynchrone,** asynchronous transfer; **transfert asynchrone de données,** asynchronous data transfer; **transmission asynchrone,** start-stop transmission; **transmission asynchrone de données,** asynchronous data transmission.

**asyndétique:** asyndetic.

**atelier:** workshop; **atelier informatique,** DP workshop.

**atmosphère:** atmosphere; **atmosphère de protection,** protective atmosphere.

**atmosphérique: bruit atmosphérique,** natural static.

**atome:** atom*.

**atomicité:** atomicity.

**attache: connecteur à attache rapide,** quick disconnect.

**attaché:** bundled, attached.

**attacher:** attach (to), bind (to), affix (to).

**attaque: amplificateur d'attaque de ligne,** analog line driver (ALD); **circuit d'attaque,** driving gate; **courant d'attaque,** drive current; **enroulement d'attaque,** operate winding; **impulsion d'attaque,** stimulus; **seuil d'attaque,** operating threshold; **tube à attaque par la grille,** grid-controlled tube; **étage d'attaque,** driver unit.

**atteindre:** achieve (to).

**attente:** waiting, wait, expectancy, standby; **accès par file d'attente,** queued access; **appel de mise en attente,** wait call; **attente aux entrées/sorties,** I/O wait; **attente avant transfert,** wait before transmit; **boucle d'attente,** wait loop; **caractère d'attente,** idle character; **condition d'attente en file,** queueing condition; **cycle d'attente,** waiting cycle, wait cycle, idle running time; **délai d'attente,** rotational delay time; **élément de file d'attente,** waiting queue element; **en attente,** awaiting, standby (SB), pending, quiescing; **état d'attente,** standby status, waiting state, wait condition; **état d'attente permanent,** hard wait state; **file d'attente,** queue, waiting line, list, waiting queue; **file d'attente d'entrée,** input queue, entry queue; **file d'attente d'impression,** print queue; **file d'attente d'ordonnancement,** scheduler queue; **file d'attente de distribution,** dispatcher queue file; **file d'attente de travaux en entrée,** input job queue; **file d'attente des messages,** message queue; **file d'attente des périphériques,** device queue; **file d'attente des travaux,** job queue; **file d'attente des travaux en entrée,** job input queue; **file d'attente en sortie,** output work queue; **file d'attente externe,** external queue; **file d'attente inversée,** pushdown queue; **file d'attente pilote,** scheduling queue; **fonction d'attente,** wait action; **gestion de files d'attente,** queue management; **gestion des files d'attente,** queueing; **intervalle d'attente en interrogation,** poll stall interval; **introduire dans une file d'attente,** queue (to); **liste d'attente,** waiting list, queue, list; **liste d'attente variable,** variable-queue list; **liste de files d'attente,** queueing list; **message d'attente,** prompt message; **message en attente,** waiting message; **mettre en file d'attente,** enqueue (to); **mise en attente,** hold; **mise en attente d'un appel,** answer hold; **mise en file d'attente,** enqueuing; **mode d'attente,** waiting mode, standby condition, listen mode;

**méthode d'accès avec file d'attente,** queue discipline; **méthode d'accès des files d'attente,** queue access method, queued access method; **nombre de messages en attente,** queue depth; **opération en file d'attente,** work-in-process queue; **position d'attente,** sleep position, impasse; **poste d'attente,** wait station; **principe des files d'attente,** queueing principle; **probabilité d'attente en file,** queueing probability; **problème de file d'attente,** queueing problem; **procédure d'enchaînement de file d'attente,** queued linking; **programme canal en file d'attente,** queued channel program; **programme en attente,** waiting program; **queue d'attente des entrées/sorties,** input/output queue; **queue d'attente des unités disponibles,** available unit queue; **queue d'attente à base fixe,** fixed-queue list; **registre d'attente,** standby register; **retirer de la file d'attente,** queue off (to); **sortie d'une file d'attente,** dequeuing; **sous-file d'attente,** subqueue; **station en attente,** passive station; **symbole d'attente,** prompt symbol; **temps d'attente,** waiting time, standby time, idle time, latency; **temps d'attente en file,** queue time; **théorie des files d'attente,** queueing theory; **tâche dans une file d'attente,** input job; **tâche en attente,** waiting task; **ventilation des temps d'attente,** waiting time distribution; **zone d'entrée de la file d'attente,** queue slot; **zone de file d'attente,** queueing fiels, waiting queue field.

**attention:** attention.

**atténuateur:** attenuator; **atténuateur variable,** step attenuator.

**atténuation:** loss, attenuation; **atténuation apparente,** apparent attenuation; **atténuation de bruit,** noise reduction; **atténuation de courant de diaphonie,** cross-compilation; **atténuation de trajet,** path attenuation; **atténuation en fréquence,** frequency loss; **atténuation oscillante,** reflective attenuation; **bloc d'atténuation,** attenuation pad; **constante d'atténuation,** attenuation constant; **courbe d'atténuation,** attenuation characteristics.

**atténuer:** attenuate (to), quench (to).

**atterrir:** crash (to) (head).

**atterrissage:** landing, land; **zone d'atterrissage,** landing zone.

**attribuée:** touche non attribuée, undefined key.

**attribuer:** attribute (to), post (to), ascribe (to).

**attribut:** attribute*; **attribut d'écran,** screen attribute; **attribut de comptage,** count attribute; **attribut de fichier,** file attribute; **attribut de format,** dimension attribute; **attribut de l'entité,** entity attribute; **attribut de longueur,** length attribute; **attribut de nombre,** number attribute; **attribut de nombre entier,** integer attribute; **attribut de précision,** scaling attribute; **attribut de sélectivité,** generic attribute; **attribut de valeur,** value attribute; **attribut de visualisation,** display enhancement; **attribut différé,** default attribute; **attribut du secteur de validité,** scope attribute; **attribut implicite,** implied attribute, default attribute; **attribut statique,** static attribute; **attribut vidéo,** high light.

**attributaire:** **attributaire principal,** primary address; **attributaire secondaire,** secondary address.

**attribution:** allocation of space; **attribution automatique de mémoire,** automatic storage allocation; **attribution d'adresse,** address allocation; **attribution de bit,** bit allocation; **attribution de code,** code assignment; **attribution de fichier,** file consignment; **attribution de jeu,** float allocation; **attribution de mémoire,** memory allocation, storage allocation; **attribution de paramètre,** argument association; **attribution de tampon,** buffer allocation; **attribution des fréquences,** frequency allocation; **attribution des priorités,** priority sequencing; **attribution dynamique,** dynamic allocation; **date d'attribution,** allocation date; **gestionnaire d'attribution mémoire,** memory allocation manager; **nouvelle attribution,** new assignment; **problème d'attribution,** assignment problem.

**aube:** vane.

**audible:** audible; **sortie de fréquence audible,** audio frequency output.

**audio:** audio; **bande audio,** audio tape; **fréquence audio,** audio frequency.

**audiofréquence:** audiofrequency, audio; **gamme audiofréquences,** audio range frequency.

**audit:** copie d'audit, audit copy; **fichier d'audit,** audit file; **rapport d'audit,** audit report.

**augment:** augment.

**augmentation:** **augmentation du niveau de détails,** reduction cascading.

**augmentée:** **version augmentée,** beef-up release.

**augmenter:** **augmenter la vitesse,** speed up (to).

**auteur:** author; **signal de validation auteur,** authentication signal author.

**authentification:** authentification*; **authentification de message,** message authentification, message authentication; **dialogue d'authentification,** handshaking procédure.

**a u t o b l o q u a n t e :** touche autobloquante, locking type button.

**a u t o c o m m u t a t e u r :** autoswitch.

**a u t o c o m m u t a t i o n :** autocommutation des têtes de lecture/écriture, automatic head switching.

**a u t o c o m p l é m e n t e u r :** self-complementing; **code autocomplémenteur,** self-complementing code.

**a u t o c o n v e r g e n t :** tube autoconvergent, self-focused picture tube, self-converging tube.

**a u t o c o r r e c t e u r :** code autocorrecteur, self-correcting code.

**a u t o c o r r e c t i o n :** autocorrection.

**a u t o c o r r é l a t i o n :** autocorrelation.

**a u t o c o r r é l a t r i c e :** fonction autocorrélatrice, autocorrelation function.

**a u t o d é g r e s s i f :** registre autodégressif, autodecrement register.

**a u t o d é g r e s s i o n :** autodecrement.

**a u t o d i d a c t e :** machine autodidacte, learning machine.

**a u t o d o c u m e n t a i r e :** self-documenting.

**a u t o m a t e :** acceptor, automaton; **automate borné,** bounded acceptor; **automate linéaire,** automatic line device; **automate linéaire borné,** linear bounded acceptor; **automate programmable,** programmable automaton; **automates,** automata; **théorie des automates,** automata theory.

**a u t o m a t i q u e :** automatic*, unattended; **abonné automatique,** machine subscriber; **accusé de réception automatique,** auto-acknowledgement; **acheminement automatique,** automatic route selection; **acquisition automatique de données,** automatic data acquisition (ADA); **addition automatique,** automatic addition; **adressage automatique,** implied addressing; **alignement automatique sur la virgule décimale,** automatic decimal alignment; **alimentation automatique de cartes,** automatic card feed; **analyse automatique,** automatic abstracting, auto-abstract; **appel automatique,** automatic calling, autocalling, autocall; **appel sélectif automatique,** autopolling, autopoll; **apprentissage automatique,** machine learning; **arrêt automatique,** automatic stop; **attribution automatique de mémoire,** automatic storage allocation; **avance automatique,** automatic feed; **avance automatique du papier,** automatic carriage; **balayage automatique,** automatic scanning; **banc d'essai**

**automatique,** automatic tester; **cadrage automatique,** automatic registration; **calculateur automatique,** automatic computer; **caractère de routine automatique,** automatic routine character; **centrage automatique,** automatic centering; **central automatique,** automatic exchange; **centre automatique,** automatic dial exchange; **centre de communication semi-automatique,** semi-automatic switching center; **centre de commutation automatique,** automatic switching center; **centre de commutation automatique de messages,** automatic message switching center; **centre de traitement automatique de données,** automatic data service center; **changement automatique de piste défectueuse,** automatic defective track recovery; **chargement automatique,** autoload; **chargeur automatique,** automatic loader, autoloader; **codage automatique,** automatic coding, autocode; **code automatique,** automatic code; **commande automatique,** automatic control; **commutateur automatique,** switchover; **commutation automatique,** automatic turnaround; **commutation automatique de messages,** automatic message switching; **commutation d'interligne automatique,** automatic line spacing; **composeur automatique,** autodialler; **composition automatique,** automatic typesetting; **consultation automatique de bibliothèque,** automatic library lookup; **contrôle automatique de fréquence,** automatic frequency control; **contrôle automatique de gain,** automatic gain control (AGC); **contrôle automatique de luminosité,** automatic brightness control; **contrôle automatique de priorités,** automatic priority control; **contrôle automatique interne,** machine internal check; **contrôle de commutation automatique,** automatic switching control; **contrôleur automatique,** automatic controller; **conversion automatique de code,** code compatibility feature; **conversion automatique de données,** automatic data conversion; **correction automatique d'erreurs de sortie,** device error recovery; **correction automatique des erreurs,** automatic error correction; **correction orthographique automatique,** automatic spelling correction; **couteau automatique,** automatic trimmer; **césure automatique,** automatic hyphenation; **demande automatique de répétition,** automatic request for repetition (ARQ); **demande automatique de répétition de message,** automatic request for repeat; **demande et question automatiques,** automatic request & question (ARQ); **dictionnaire automatique,**

automatic dictionary; **dimensionnement automatique,** auto-dimensioning; **disjoncteur automatique,** automatic cutout; **dispositif automatique,** automatic device; **dispositif d'appel automatique,** automatic calling unit, automatic call unit; **dispositif d'immatriculation automatique,** automatic serial number transmitter; **dispositif de numérotation automatique,** automatic dialing unit (ADU); **distributeur d'appels automatiques,** automatic call distributor (ACD); **division automatique,** automatic divide; **décalage automatique de fichiers,** automatic file rotation; **déconnexion automatique des lignes,** automatic disconnect; **décrément automatique,** auto-decrement; **détection automatique des erreurs,** automatic error detection; **détection et correction automatiques des erreurs,** automatic error detection and recovery; **échange automatique,** dial exchange; **échange automatique de données,** automatic data exchange (ADE); **échange automatique de messages,** automatic message exchange; **effacement automatique,** automatic clearing, automatic purge, autopurge; **effacement automatique de bande,** automatic tape delete; **enregistrement automatique de message,** automatic message registering (AMR); **émetteur automatique,** automatic transmitter; **émission automatique,** automatic transmission; **enregistrement automatique des données,** automatic data recording; **enregistreur chronologique automatique,** logger; **équipement automatique,** automatic equipment; **équipement de test automatique,** automatic test equipment (ATE); **espacement automatique,** continuous spacing; **fin de bloc automatique,** automatic end of block; **foliotage automatique,** automatic page numbering; **format d'impression automatique,** computer-printed format; **gestion automatique de mémoire,** virtual memory management; **génération de caractères automatique,** automatic character generation; **horloge automatique,** automatic timer; **impression automatique,** automatic printing; **impression automatique des lignes,** selective line printing; **incrément automatique,** auto-increment; **incrément automatique des adresses,** automatic address; **indentation automatique,** automatic indent; **index automatique,** auto-index; **indexation automatique,** automatic indexing; **indicateur de contrôle automatique,** machine check indicator; **ingénierie de l'automatique,** automatic control engineering; **interprétation automatique de langage,** automatic language processing;

**interruption automatique,** automatic interrupt; **interruption automatique de programme,** automatic program interrupt; **introduction automatique des données,** automatic data input; **inversion des lettres-chiffres automatique,** automatic upshift; **justification automatique,** automatic justification, automatic flush; **l'automatique,** automatics, automation; **langage de programmation automatique,** automatic programming (coding) language; **lecteur automatique de comptes magnétiques,** magnetic ledger card sorting machine; **lecteur de caractères automatique,** automatic character reader; **lecteur de courbes automatique,** automatic curve follower; **lecture automatique de caractères,** automatic character reading; **lecture automatique de cartes,** automatic card reading; **mise en séquence automatique,** automatic sequencing; **mode automatique,** automatic mode; **mode d'appel automatique,** automatic calling mode; **mode d'asservissement automatique,** auto-servo mode; **mode de commutation automatique,** automatic switch mode; **mode de réponse automatique,** automatic answering mode; **mode de soulignement automatique,** automatic underline mode; **modification automatique d'adresse,** automatic address modification; **mécanisme d'appel automatique,** automatic calling equipment; **numéroteur automatique,** automatic dialer, auto-dialer; **opération automatique,** automatic operation, unattended operation; **opération automatique en virgule flottante,** automatic floating-point operation; **pagination automatique,** automatic pagination; **perforateur automatique,** automatic punch; **perforateur de bande automatique,** automatic tape punch; **perforateur à alimentation de cartes automatique,** automatic feed punch; **positionnement automatique de virgule décimale,** automatic decimal point; **procédure automatique de début de traitement,** automatic logon; **procédure automatique de fin de traitement,** automatic logoff; **procédure de reprise automatique,** automatic restart procedure fallback procedure; **programmation automatique,** automatic programming; **programme automatique de contrôle général,** automatic system checkout program; **programme de récupération automatique,** automatic recovery program; **programme à lancement automatique,** self-triggered program; **progression automatique,** autoincrement; **projet de câblage automatique,** automatic wiring design; **protection automatique des données,**

automatic data protection; **rappel automatique,** automatic callback, auto-callback, callback; **rebouchage automatique,** automatic pen capping; **recherche automatique,** automatic search; **reconnaissance automatique de la parole,** automatic speech pattern recognition; **reconnaissance automatique des caractères,** automatic character recognition; **reconnaissance automatique des formes,** automatic shape recognition; **reconnaissance automatique des structures,** automatic pattern recognition; **recouvrement automatique,** automatic overlaying; **recueil chronologique automatique,** logging; **redémarrage automatique,** automatic restart, auto-restart; **remise à pied automatique,** automatic resetting; **report automatique en haut de page,** form overflow; **reprise automatique,** autorestart, fallback; **retour automatique de chariot,** automatic carriage return; **retour automatique du curseur,** automatic cursor homing; **retour à la ligne automatique,** automatic wraparound; **retransmission automatique,** automatic retransmission; **récupération automatique (panne secteur),** power fail recovery (PFR); **réinitialisation automatique,** automatic reset; **réponse automatique,** answerback, automatic answering, auto-answer; **répétition automatique d'appel,** automatic retry; **répétition automatique des instructions,** automatic instruction retry; **saisie automatique,** automatic acquisition; **saut automatique,** automatic skipping; **semi-automatique,** semi-automatic; **système automatique,** servo system; **système de commutation automatique,** automatic switching system; **système de programmation automatique,** automatic programming system; **système de régulation automatique,** automatic control system; **système de surveillance automatique,** automatic monitoring system; **système de test automatique,** automatic test processing machine; **système de traitement automatique de données,** automatic data processing system; **système de vérification automatique,** automatic check-out system; **sélection automatique,** automatic selection; **sélection automatique des lignes d'impression,** automatic printing line selection; **test automatique,** automatic checking; **test automatique de fin de page,** automatic overflow test; **touche automatique,** repeat key; **traceur automatique,** automatic plotting, autoplotter; **traduction automatique,** mechanical translation, machine translation; **traduction automatique de langage,** automatic language translation; **traitement automatique de données,** automatic data processing (ADP); **traitement automatique des documents,** document handling; **traitement et transmission automatiques données,** automatic data handling; **translation automatique,** automatic translation; **transmission automatique des données,** automatic data transmission; **téléphonie automatique privée,** private automatic exchange (PAX); **utilitaire de décontamination automatique,** automatic disinfector utility; **vérification automatique,** automatic check; **vérification automatique des colonnes vierges,** automatic blank column verification; **vérification de transmission automatique,** automatic transfer checking.

**automatisable:** computational.

**automatisation:** automation*, computerization; **niveau d'automatisation,** automation stage; **technique d'automatisation,** automation systems; **zone d'automatisation,** automation area.

**automatisé:** automated; **contrôle de production automatisé,** automated production control; **dessin automatisé,** automated drafting; **diagramme logique automatisé,** automated logic diagram; **enseignement automatisé,** computer-augmented learning (CAL); **machine de traitement automatisé,** computing machine, computer machine; **non automatisé,** unautomated; **opération de calcul automatisé,** computing operation, calculating operation.

**automatisée:** automated; **application automatisée,** computer application; **base de données informatique/automatisée,** computerized database; **bibliothèque automatisée,** library automation; **commande numérique automatisée,** computerized numerical control; **conception automatisée,** automated design, design automation; **fabrication automatisée,** manufacturing; **gestion automatisée,** automated management; **méthode de traitement automatisée,** automated processing method.

**automatisme:** **automatisme industriel,** process automation.

**automonitorage:** automonitoring.

**autonome:** autonomous, stand-alone, free standing; **bloc de données autonomes,** local data block; **dispositif autonome,** autonomous device; **exploitation autonome,** local mode; **fonctionnement autonome,** autonomous operation, autonomous working; **indicateur autonome,** autonomous display; **mode autonome,** off-line mode; **mémoire autonome,** autonomous storage, off-line storage; **opération autonome,** off-line operation; **poste de conception autonome,** stand-alone design station; **processeur d'E/S autonome,** autonomous I/O processor; **système autonome,** stand-alone system; **traitement autonome,** off-line processing, independence processing.

**autonomie:** autonomie des données, data independence; **autonomie des périphériques,** device independence; **possibilité d'autonomie,** stand-alone capability.

**autoprogrammateur:** auto-programmer.

**autoprogrammation:** auto-programming.

**autoprogressif:** registre autoprogressif, autoincrement register.

**autopsie:** postmortem; **cliché d'autopsie,** postmortem dump; **examen d'autopsie,** postmortem examination; **programme d'autopsie,** postmortem program; **programme général d'autopsie,** general postmortem program; **routine d'autopsie,** postmortem routine; **routine générale d'autopsie,** general postmortem routine.

**autorégénératrice:** boucle autorégénératrice, self-restoring loop.

**autorelatif:** adressage autorelatif, self-relative addressing.

**autorelative:** adresse autorelative, self-relative address.

**autorelogeable:** self-relocating.

**autoréponse:** autoanswer.

**autorestaurée:** boucle autorestaurée, self-resetting loop.

**autorisation:** anneau d'autorisation d'écriture, write permit ring; **autorisation d'accès,** authorization; **autorisation d'interruption,** interrupt enabling; **autorisation d'écriture,** write enable, write permit; **commutateur d'autorisation d'écriture,** protection switch, protect switch; **contrôle d'erreur d'autorisation d'écriture,** protection check; **dispositif d'autorisation,** proof device; **indicateur d'autorisation d'écriture,** protect indicator; **paramètre d'autorisation d'écriture,** protection status parameter; **signal d'autorisation,** enabling signal; **table des autorisations,** authorization table.

**autorisé:** authorized; **caractère non autorisé,** forbidden character.

**autorisée:** authorized; **voie autorisée,** authorized path.

**autotest:** self-test; **autotest d'impression,** self-test print; **programme autotest,** self-check routine.

**autovérification:** autovérification des zéros cadrés à gauche, automatic left zero verification.

**autovérifieuse:** autoverifier.

**auxiliaire:** auxiliary, ancillary, alternative, alternate; **accumulateur auxiliaire,** auxiliary accumulator; **adresse auxiliaire,** auxiliary address; **adresse de début auxiliaire,** special start location; **alimentation auxiliaire,** auxiliary power supply; **canal auxiliaire,** alternative channel, auxiliary channel feature; **caractère auxiliaire,** auxiliary character, auxiliary sumbol; **champ clé auxiliaire,** auxiliary key field; **clavier numérique auxiliaire,** auxiliary keyboard; **clé auxiliaire,** alternate key; **code auxiliaire,** auxiliary code; **commande d'appareil auxiliaire,** device control (DC); **console auxiliaire,** auxiliary console; **cycle de mémoire auxiliaire,** alternate memory cycle; **dispositif auxiliaire,** auxiliary facility; **données auxiliaires,** auxiliary data; **fichier auxiliaire,** secondary file; **fonction auxiliaire,** auxiliary function; **galet de transport auxiliaire,** auxiliary feed roll; **horloge auxiliaire,** secondary clock; **installation auxiliaire,** auxiliary device; **machine auxiliaire,** auxiliary machine; **matériel auxiliaire,** ancillary hardware; **module auxiliaire,** adjunct unit; **mémoire auxiliaire,** auxiliary memory, secondary storage; **nombre auxiliaire,** auxiliary number; **opération auxiliaire,** auxiliary operation; **page auxiliaire,** slave page; **paramètre d'acheminement auxiliaire,** auxiliary path parameter; **poussoir de lancement auxiliaire,** auxiliary start key; **processeur auxiliaire,** auxiliary processor, peripheral processor; **procédure auxiliaire,** external procedure; **programme auxiliaire,** auxiliary program, secondary program; **pupitre auxiliaire,** secondary panel; **registre auxiliaire,** auxiliary register, utility register; **registre indicateur auxiliaire,** auxiliary indicator register; **relais auxiliaire,** auxiliary relay; **routine auxiliaire,** auxiliary routine, secondary routine; **segment de recouvrement auxiliaire,** auxiliary overlay; **sous-programme auxiliaire,** external subroutine; **station de commande auxiliaire,** auxiliary control station (ACS); **symbole auxiliaire,** auxiliary symbol; **système de communication auxiliaire,** alternate communication system; **touche auxiliaire,** auxiliary key; **unité auxiliaire,** ancillary unit, secondary unit; **variable auxiliaire,** dummy variable; **émission auxiliaire,** secondary emission; **équipement auxiliaire,** auxiliary equipment, ancillary equipment; **état de la station auxiliaire,** slave station status; **état du poste auxiliaire,** secondary status.

**aval:** downstream; **connecté en aval,** connected down-stream; **saut aval,** forward jump.

**avance:** slewing, slew, advance; **avance anormale de papier,** paper throw; **avance après impression,** postslew; **avance automatique,** automatic feed; **avance automatique du papier,** automatic carriage; **avance avant impression,** preslew; **avance de bande,** feed tape carriage; **avance de bande sans enregistrement,** blank tape feed; **avance de phase,** phase lead; **avance erronée,** misfeed; **avance immédiate,** immediate skip; **avance incrémentielle,** incremental feed; **avance ligne par ligne,** single-line spacing; **avance manuelle de papier,** manual paper feed; **avance papier,** paper slewing, paper slew, paper feed; **avance pas à pas,** step-by-step feed; **avancé,** advanced; **barre de commande d'avance papier,** paper bail; **blocage du mécanisme d'avance,** transport lock; **commande d'avance papier,** vertical form control (VFC); **contrôle d'avance,** feed check; **correction avance papier,** feed rate override; **double avance de bande perforée,** dual feed tape carriage; **double avance de ruban encreur,** dual ribbon feed; **embrayage d'avance chariot,** carriage clutch; **faire une avance papier,** preslew (to); **instruction d'avance,** feed instruction; **modification manuelle de l'avance,** manual feedrate override; **mécanisme d'avance papier,** form feed mechanism, paper advance mechanism; **vitesse de l'avance ligne,** form feed speed.

**avancement:** **avancement de papier,** paper transport, paper movement; **avancement des cartes,** card movement; **avancement en liste,** single-item ejection; **compte-rendu d'avancement,** progress statement; **rapport d'avancement,** progress report.

**avancer:** advance (to); **avancer après impression,** postslew (to); **avancer d'un bloc,** space forward (to).

**avarie:** failure, fault, default, breakdown, trouble; **arrêt gracieux après avarie,** soft fail; **avarie erratique,** random failure; **contrôle d'avarie,** fault control; **détecteur d'avarie,** fault detector; **programme détecteur d'avaries,** fault sensitive program; **registre des avaries,** fault register; **reprise après avarie,** failure recovery.

**avertissement:** warning.

**aveugle:** **test aveugle,** blind test.

**avorter:** **faire avorter,** abort (to), waive (to).

**axe:** axis, spindle; **axe d'articulation,** hinge; **axe d'entraînement de bande,** tape mechanism; **axe de rotation,** rotating shaft; **axe de rotor,** rotor shaft; **axe de rouleau,** platen shaft; **axe de référence d'espacement de caractère,** character spacing reference line; **axe de référence de caractère,** character reference line; **axe de tambour,** drum shaft; **axe des x,** x-axis; **axe des y,** y-axis; **axe des z,** z-axis; **axe secondaire,** minor axis; **axe vertical d'un caractère,** character center line; **coupure d'axe,** axis crossing; **modulation de l'axe z,** Z-axis modulation.

**axial:** axial; **jeu axial,** end play.

**axiale:** axiale; **circuit intégré à broches axiales,** flat pack; **sortie axiale,** axial lead.

**AZERTY:** **clavier AZERTY,** AZERTY* keyboard.

# B

**bac:** bin, tub; **bac à bandes**, tape pocket; **bac à cartes**, card compartment; **bac à confettis**, chip box, chip tray.

**badge:** badge; **gorge de réception de badge**, badge receiver throat; **lecteur de badge**, badge reader; **lecture de badge**, badge read-out; **perforateur de badge**, badge punch.

**bague:** **bague d'écriture**, tape ring; **bague de pivotement**, tilt ring; **bague de réglage précis**, vernier knob.

**baie:** rack, cabinet, bay; **baie principale**, main enclosure.

**baisser:** **baisser de plume**, pen down.

**balai:** brush, pick-off brush; **balai de lecture**, reading brush; **contre-balai**, back brush; **manche à balai**, joystick; **support de balais**, brush holder.

**balance:** **balance des totaux**, parallel balance; **contrôle par balance carrée**, crossbar checking.

**balayage:** sweep, scan; **affichage à balayage de trame**, raster scan display; **amplitude de balayage**, amplitude sweep; **analyse par balayage**, scanning; **balayage au vol**, flying spot scan; **balayage automatique**, automatic scanning; **balayage cavalier**, vector scan, random scan; **balayage de contour**, contour following; **balayage de fréquences**, frequency scanning; **balayage de la mémoire**, storage scan; **balayage de ligne**, line scanning; **balayage de trame**, raster scan; **balayage dynamique**, flight sensing; **balayage entrelacé**, interlaced scanning interlaced scan; **balayage horizontal**, horizontal sweep; **balayage inverse**, reverse scan; **balayage par contact**, contact scanning; **balayage partiel**, fractional scan; **balayage récurrent**, raster scanning; **balayage vertical**, vertical sweep; **balayage vidéo**, videoscan; **balayage électronique**, electronic scanning; **balayage à faisceau dirigé**, directed beam scan; **dispositif à balayage cavalier**, stroke-writing device; **dispositif à balayage de trame de télévision**, raster device; **durée de balayage**, scan period; **départ de balayage ligne**, line scan start; **fonction de balayage de fichier**, file scan function; **fréquence de balayage**, scan frequency; **générateur de balayage trame**, field scan generator; **générateur de signaux balayage ligne**, line scan generator; **ins-**truction de balayage**, extract instruction; **ligne de balayage**, display line, scan line; **ligne de balayage impaire**, odd-numbered scan line; **ligne de balayage paire**, even-numbered scan line; **niveau de balayage**, level sense; **rendement de balayage**, break-through sweep efficiency; **retour de balayage**, fly-back; **système de balayage**, scanning system; **tube à balayage de trame**, raster scan CRT; **visu à balayage cavalier**, calligraphic display; **visuel à balayage de trame**, raster display device; **vitesse de balayage**, scan rate, slew rate; **zone de balayage**, scan area.

**balourd:** drum runout.

**banalisé:** **chargeur banalisé**, general loader; **macroprocesseur banalisé**, generalized macroprocessor; **registre banalisé**, general-purpose register; **test banalisé**, descriptive test.

**banalisée:** **procédure banalisée**, centralized procedure; **zone banalisée**, free field; **zone de mémoire banalisée**, blank common.

**banane:** banana; **fiche banane**, banana plug, banana jack, banana pin.

**banc:** bank, bench; **adresse de commutation de banc**, bank switching record; **banc d'essai**, test desk; **banc d'essai automatique**, automatic tester; **banc de matrices de tores**, core matrix block; **banc de mémoire**, memory bank; **banc de test**, test bed; **circuiterie de commutation de banc**, bank switching hardware; **commutation de banc**, bank switching; **mettre au banc d'essai**, benchmark (to); **mise au banc d'essai**, benchmarking; **option de commutation de banc**, bank switching option; **émulation de mémoire à bancs commutés**, expanded memory emulation.

**bancaire:** **chèque bancaire**, bank check; **système comptable bancaire**, bank accounting system.

**bandage:** banding.

**bande*:** band, tape, strip; **accélération de bande**, acceleration of tape; **adressage de bande magnétique**, magnetic tape addressing; **amorce de début (de bande magétique)**, tape leader, leader; **amorce de début de bande magnétique**, magnetic tape leader; **amorce de fichier sur bande**, file leader; **amorce de fin (de bande)**, trailer;

**amorce de fin de bande magnétique,** magnetic tape trailer; **arrêt de bande,** tape stop; **avance de bande,** feed tape carriage; **avance de bande sans enregistrement,** blank tape feed; **axe d'entraînement de bande,** tape mechanism; **bac pour bandes,** tape pocket; **bande acétate,** acetate tape; **bande alternée,** overflow tape; **bande amorce,** bootstrap tape; **bande audio,** audio tape; **bande bibliothèque,** library copy tape; **bande bibliothèque de chargement,** load library tape; **bande bibliothèque pilote,** master library tape; **bande bibliothèque symbolique,** symbolic library tape; **bande bibliothèque système,** system load library tape; **bande blanche,** unpunched tape; **bande bloquée,** tape jam; **bande certifiée,** certified tape; **bande comprimée,** compressed tape; **bande d'exploitation,** run tape; **bande d'impression,** printer tape; **bande d'étalonnage,** calibration tape; **bande de base,** baseband; **bande de caisse,** tally; **bande de cassette,** cassette tape; **bande de commande numérique,** numeric tape; **bande de compte-rendu,** log tape; **bande de contrôle,** check tape; **bande de conversion,** conversion tape; **bande de fichier image de carte,** card image tape; **bande de fréquences,** frequency band; **bande de fréquences assignées,** assigned frequency band; **bande de fréquences images,** image band; **bande de manoeuvre,** scratch tape; **bande de modulation,** basic band; **bande de numérotation,** numbering strip; **bande de papier perforé,** paper tape; **bande de perçage,** drill tape; **bande de phase d'interclassement,** merge work tape; **bande de première génération,** grandfather tape; **bande de programme,** program tape; **bande de programme binaire,** binary program tape; **bande de programme des entrées,** program input; **bande de programme objet,** binary run tape; **bande de programme symbolique,** symbolic program tape; **bande de programmes utilitaires,** utility tape; **bande de protection,** guard band; **bande de relance,** restore tape; **bande de sauvegarde,** backing tape; **bande de synchronisation,** clock tape; **bande de transport,** carriage control tape; **bande de travail,** work tape; **bande de vidage,** dump tape; **bande de vérification,** control tape; **bande des additions,** addition slip, adding slip; **bande des ajouts,** adding tape; **bande des changements,** amendment tape; **bande des données,** data tape; **bande des entrées,** input tape; **bande des entrées de travaux,** job input tape; **bande des erreurs,** error tape; **bande des instructions,** instruction tape;

**bande des mises à jour,** updating tape; **bande des modifications,** modification tape; **bande des mouvements,** revision tape; **bande des sorties,** output tape; **bande des transactions,** transaction tape; **bande en continu,** continuous tape; **bande interchangeable,** alternate tape; **bande journal,** ledger tape; **bande large,** broadband; **bande latérale,** sideband; **bande magnétique,** magnetic tape (mag tape); **bande magnétique vierge,** virgin magnetic tape; **bande maître,** master tape; **bande maître d'introduction,** input master tape; **bande multifichier,** multifile tape; **bande mylar,** mylar tape; **bande objet des mouvements,** transaction binary tape; **bande papier,** center-feed tape; **bande partielle,** subband; **bande passante,** transmission band; **bande passante de voie,** channel passband; **bande perforée,** punched tape, perforated tape, chadded tape; **bande perforée d'essai,** test paper tape; **bande perforée de contrôle,** control-punched tape; **bande perforée de test,** paper tape loop; **bande perforée des entrées,** input punched tape; **bande perforée à 5 moments,** five-level tape; **bande perforée à 6 moments,** six-level tape; **bande perforée à 7 moments,** seven-level tape; **bande perforée à alignement frontal,** advance feed tape; **bande pilote,** format tape, control tape; **bande programmée,** coded tape; **bande proportionnelle,** proportional band; **bande préperforée,** prepunched tape; **bande sans fin,** endless tape; **bande standard,** standard tape; **bande suivante,** continuation tape; **bande système,** system tape; **bande système maître,** master system tape; **bande téléphonique,** voice band; **bande vide,** empty tape, blank tape; **bande vidéo,** video tape; **bande vierge,** virgin tape, blank tape; **bande étroite,** narrow band; **bande à bornes,** terminal strip; **bande à imprimer,** print image tape; **bande à perforer,** punch tape; **bande-mouvement,** change tape; **bande-pilote,** carriage tape; **bandothécaire de bandes,** tape librarian; **bibliothèque de bandes,** tape library; **bibliothèque sur bande,** library tape; **bibliothèque sur bande magnétique,** magnetic tape library; **bloc de fin de bande,** end-of-tape block; **bloc début de bande,** tape initial block; **bobine magnétique,** magnetic reel; **bobine de bande,** tape reel; **bobine de bande magnétique,** magnetic tape reel; **bobine de bande perforée,** paper tape reel; **boucle de bande,** tape loop; **bras amortisseur de bande,** tape tension arm; **bras tendeur de bande,** tape tensioning arm; **bruit en bande de base,** baseband noise; **canal de bande perforée,** tape channel; **canal de bande-pilote,** carriage tape channel; **canal de parité bande,** tape parity channel; **canal à bande limitée,** band-limited channel; **canal à large bande,** broadband channel, wideband channel; **carte à bande perforée unilatérale,** unilateral tape card, one-sided tape card; **carte-à-bande,** card-to-tape; **cartouche à bande,** tape cartridge; **cartouche à bande magnétique,** magnetic tape cartridge; **cassette d'enroulement de bande,** tape magazine; **cassette à bande,** tape cassette; **cassette à bande d'impression,** belt cartridge; **cassette à bande magnétique,** magnetic tape cassette; **chariot à bande pilote,** tape-controlled carriage; **chemin de la bande,** tape thread path; **circuit à large bande,** wideband circuit; **code de bande,** tape code; **code de bande perforée,** paper tape code; **commande de bande magnétique,** magnetic tape control; **commande de bande magnétique intégrée,** magnetic tape facility; **commande de bande perforée,** paper tape control; **commandé par bande,** tape-controlled, tape-operated; **commutation de bande,** tape switching; **comparateur de bande,** tape comparator; **contact de présence de bande,** tape tension contact; **contact fin de bande,** tape-out sensing contact; **contrôle de bande,** tape checking; **contrôle de bande magnétique,** magnetic tape check; **contrôle du label de bande,** header check; **contrôleur de bande,** tape controller; **contrôleur de bande magnétique,** magnetic tape controller; **contrôleur de lecteurs de bandes perforées,** paper tape reader control; **convertisseur cartes-bande,** card-to-tape converter; **convertisseur cartes-bande magnétique,** card-to-magnetic-tape converter; **convertisseur cartes-bande perforée,** card-to-paper-tape converter; **convertisseur de bande magnétique,** magnetic tape converter; **copie de bande,** tape copy; **densité d'enregistrement de bande,** tape recording density, tape packing density; **densité de bande,** tape density; **dispersion de bande,** band spread; **dispositif d'entraînement de bande,** tape transport; **dispositif de chargement de la bande,** tape take-up system; **dispositif dérouleur de bande,** tape unwinding device; **double avance de bande perforée,** dual feed tape carriage; **duplication de bande,** tape duplicate; **début de bande,** leading end tape, tape leading tape; **déchirement de bande,** torn condition; **démarrage de bande,** tape start; **dérouleur de bande,** tape handler, magnetic tape unit (MTU); **dérouleur de bande magnétique,** magnetic tape transport;

**dérouleur de bande perforée,** tape unwinder; **dévideur de bande,** tape spooler; **dévideur de bande magnétique,** magnetic tape driver; **échange de bande,** tape swap; **épaisseur de bande,** tape thickness; **effacement automatique de bande,** automatic tape delete; **effacement de bande,** tape erasure; **en-tête de bande perforée,** punched leader; **enfilage de la bande,** tape threading; **enregistrer sur bande,** tape (to); **enregistreur sur bande magnétique,** data recording device; **enregistreur à bande continue,** continuous loop recorder; **enrouleur de bande,** tape winder; **ensemble de bandes,** volume set; **entraînement de bande,** tape drive, tape feed; **entraînement de bande magnétique,** driving magnetic tape; **équipement à bande,** tape device; **erreur de bande,** tape error; **erreur de lecture de bande,** tape read error; **espace entre bandes,** band gap; **fichier bande entrée,** input tape file; **étalement de bande,** band spread; **étiquette de bande,** tape tag, tape label; **étiquette de début de bande,** beginning reel label; **étiquette de volume de bande,** tape volume label; **étiquette queue de bande,** trailer flag; **fichier bande magnétique,** magnetic tape file; **fichier de bandes système,** system operating file; **fichier sur bande,** tape file; **fichier sur bande en écriture,** output tape file; **fichier sur bande magnétique,** magnetic file; **filtre coupleur à bande large,** broadband coupling filter; **filtre passe-bande,** bandpass filter; **filtre stop-bande,** bandreject filter; **filtre éliminateur de bande,** bandstop filter, band elimination filter; **filtre à élimination de bande,** band rejection filter; **fin de bande,** end of tape, trailing end; **fin du traitement de bande,** end-of-tape processing; **fin réelle de bande,** physical end of tape; **fréquence de bande de base,** baseband frequency; **galet de bande,** tape roller; **gestion de fichiers sur bande,** tape file maintenance; **guide bande,** tape guide; **générateur de bande système,** system tape generator; **impression des données de bande,** tape editing, tape edit; **imprimante de bande,** mechanical printing unit; **imprimante à bande,** band printer, belt printer; **indicateur de bande,** tape indicator; **instruction bande,** tape instruction; **instruction de fin de bande,** trailer statement; **instruction de lecture bande,** read tape command; **interclassement de bandes,** tape collate; **intervalle sur bande,** tape gap; **introduction de bande,** tape input; **introduction par bande magnétique,** magnetic tape input; **label d'en-tête de bande,** tape header label;

label d'en-tête de bande sortie, output tape header label; label de bande normalisé, standard tape label; label de début de bande, beginning-of-tape label; label de fin de bande, end-of-volume trailer label; label fin de bande, tape trailer label; large bande, wideband; largeur de bande, bandwidth, band size; largeur de bande magnétique, magnetic tape width; largeur de bande nominale, nominal bandwidth; largeur de bande occupée, occupied bandwidth; largeur de bande vidéo, video bandwidth; lecteur de bande, tape reader; lecteur de bande magnétique, magnetic tape reader; lecteur de bande perforée, paper tape reader, perforated tape reader; lecteur de bande rapide, high-speed tape reader; lecteur photoélectrique de bandes perforées, photoelectric tape reader; lecteur-perforateur de bande, paper tape reader punch; liaison en bande large, wideband line; ligne à bande large, broadband line; limitation de bande, band limitation; limité par la bande, tape-limited; liste des bandes, tape listing; longueur de bande, tape length; longueur de bande magnétique, magnetic tape length; magasin de bande, tape reservoir; marque de bande magnétique, magnetic tape mark; marque de début de bande, beginning-of-tape indicator; marque de fin de bande, end-of-tape marker, control mark; marque fin de bande, destination warning marker; marqueur de début de bande, beginning-of-tape (BOT); mise à jour de la bande système, system tape update; modem en bande de base, baseband modem; modulation en bande de base, baseband modulation; mouvement de bande, tape movement; mécanisme d'entraînement de bande, tape transport mechanism, tape spindle; mémoire à bande magnétique, magnetic tape storage, tape memory; nettoyeur de bande, tape cleaner; niveau de bande, tape level; nouvelle bande principale, new master; numéro de bande, tape number; opération sur bande, tape processing; orienté vers bande, tape-oriented; passe-bande, bandpass, passband; perforateur de bande, data tape punch, tape perforator; perforateur de bande automatique, automatic tape punch; perforation de bande, paper tape punching, tape perforating; perforatrice de bande, tape punch, typing reperforator; piste de bande, tape track; piste de bande magnétique, magnetic tape track; platine de bande magnétique, magnetic tape deck; platine dérouleur de bande, tape deck; postlabel de fin de bande, post-trailer; processeur à bande magnétique,

magnetic tape processor; programme d'impression de bande, tape-to-printer program; programme de génération de bande système, system tape builder; programme utilitaire pour bande système, system tape service routine; rangée de bande, tape row; reconnaissance de marque de bande, tape mark recognition; rejet de bande, bandreject; reproductrice de bande, tape reproducer; repère de bande, tape mark; repère de début de bande, beginning-of-tape marker, start-of-tape label; repère de fin de bande, end-of-tape marker, end-of-tape label; rupture de bande, torn tape condition; régulateur de tension de bande, paper tension control; réserve de bande perforée, tape supply; réservoir de bandes, reel storage bin; résidant sur bande, tape-resident; saut de bande, tape skip; sortie bande magnétique, magnetic tape output; sortie de bande, tape output; sous-ensemble dérouleur de bande magnétique, magnetic tape subsystem; sous-programme chargeur de bande, tape bootstrap routine; sous-programme de mise en place de bande, tape loading routine; stop-bande, bandstop; structure de bande, tape format; superviseur de bande système, system tape supervisor; synchroniseur d'unité à bande, tape synchronizer; système d'exploitation à bande, tape operating system (TOS); système de gestion de bandes, tape management system; sélecteur de données sur bande, tape data selector; tension de bande, tape tension; terminaison de bande, tape-out condition; transmission avec bande continue, continuous tape switching; transmission avec bande sans fin, endless tape switching; transmission en bande de base, baseband transmission, baseband signaling; transmission en bande latérale unique, single-sideband transmission; transmission en double bande, double sideband transmission; transport arrière de la bande, tape backspacing; travers de bande, tape skew; tri de bandes magnétiques, magnetic tape sorting; tri sur bande, tape sort; téléimprimeur à bande perforée, tape teleprinter; unité d'enregistrement sur bande, tape encoder; unité d'entraînement de bande, tape drive unit; unité de bande magnétique, magnetic tape unit (MTU), magnetic tape drive; unité de commande de bande, tape control unit; unité de stockage à bande, audio tape storage unit; unité à bande, tape station; unité à bande perforée, paper tape unit, paper tape device; unité à bandes interchangeables, alternate tape drive;

**usure de bande,** tape wear; **verrou de blocage de l'entraînement de bande,** transport locking catch; **version bande,** tape version, tape option; **vidage de la bande,** tape dump; **vitesse de bande,** tape speed; **vérificateur de bande,** tape verifier; **zone de la bande perforée,** tape field.

**bandothèque:** library tape.

**banque:** administrateur de banques de données, database administrator; **banque de données,** databank; **banque de données de terminologie,** terminology databank; **banque de programmes,** program bank; **consultation de banques de données,** database inquiry; **descripteur de banque de données,** databank descriptor; **gestion des fichiers de banque de données,** database file management; **schéma de principe de banque de données,** database schematic; **terminal de guichet de banque,** bank counter terminal; **télégestion de banque de données,** remote data base manager.

**barème:** barème, reference table.

**barillet:** barillet d'impression, print barrel.

**barre:** bar, rod; **barre d' impression,** type bar; **barre d'alignement,** aligner bar; **barre d'arrêt,** stop bar; **barre d'espace,** space bar; **barre d'espacement,** tie rod; **barre d'impression,** print bar; **barre de butée,** jam sense bar; **barre de commande d'avance papier,** paper bail; **barre de contact,** contact bar; **barre de défilement,** scroll bar; **barre de fraction,** fraction bar, slant '/'; **barre de menu,** menu bar; **barre de permutation,** permutation bar; **barre de protection,** guard bar; **barre de saut,** skip bar; **barre de titre,** title bar; **barre oblique,** slash mark '/', solidus; **barre oblique droite,** right oblique; **barre oblique gauche,** left oblique; **barre oblique inverse,** backslash '\', reverse slash, reverse slant; **barre omnibus,** bus connection; **barre porte-caractères,** type bar; **barre porte-caractères alphanumériques,** alphameric type bar; **barre universelle,** universal bar; **code à barres,** bar code; **crayon lecteur de code à barres,** bar code pen; **document à code à barres,** bar-coded document; **guide de la barre à caractères,** type bar guide; **histogramme à barres empilées,** stacked bar chart; **imprimante à barres,** bar line printer; **imprimante à barres de caractères,** rack printer; **lecteur de code à barres,** bar code reader; **scaneur de code à barres,** bar code scanner.

**barreau:** rung.

**barrer:** strikeout (to).

**barrette:** barrette de connexions, jack strip.

**barrière:** barrier.

**bas:** low, down; **adresse de bas niveau,** first-level address; **adresse du bas de la pile,** bottom of the stack address; **bas de l'écran,** bottom of screen; **bas de page,** footing, footer, footage, page foot; **caractère en bas de casse,** lower case character; **compatibilité vers le bas,** downward compatibility; **de haut en bas,** topdown; **espace de bas de page,** foot margin; **filtre passe-bas,** lowpass filter; **flèche bas,** down arrow; **langage de bas niveau,** low-level language (LLL), autocode; **le plus bas,** lowest; **lettre en bas de casse,** lower case letter; **lieu de numérotation de bas de page,** footing number location; **note en bas de page,** footnote; **passe-bas,** lowpass; **plus bas,** lower; **retenu en bas,** holddown; **signal de bas niveau,** low-level signal; **terminal de bas niveau,** dumb terminal; **vers le bas,** downward.

**basculant:** circuit basculant, dumping circuit.

**bascule:** latch, toggle; **bascule Eccles Jordan,** Eccles-Jordan circuit; **bascule asservie,** slave flip flop; **bascule astable,** free-running flip-flop; **bascule bistable,** binary pair, flip-flop (FF); **bascule de dérouleur,** unit switching; **bascule déclenchée par un front,** edge-triggered latch; **bascule galvanique,** direct-coupled flip-flop; **bascule monocoup,** monostable circuit; **bascule principale,** master flip-flop; **bascule à verrouillage immédiat,** immediate latch; **cascade de bascules,** flip-flop string; **commutateur à bascule,** toggle switch; **travail en bascule,** alternating operation.

**basculé:** latched.

**basculement:** latching; **basculement de ligne,** line turnaround; **temps de basculement,** setting time, swap time.

**basculer:** flip (to), toggle (to), switch (to).

**base:** basis, radix, base; **à base d'écran,** screen-based; **à base de cartes,** card-based; **à base de disque,** disk-based; **à base zéro,** base zero; **accès séquentiel de base,** basic sequential access (BSA); **administration de base de données,** database administration; **adressage de base,** base addressing, specific addressing; **adresse de base,** base address; **adresse de base d'un segment,** segment base; **adresse de base translatable,** relocatable base; **assembleur de base,** basic assembler; **bande de base,** baseband; **base d'adresse,** address constant; **base d'extension,** expansion base; **base d'un segment de données,** segment data base;

**base de connaissances,** knowledge base; **base de données,** database; **base de données d'entreprise,** corporate database; **base de données de terminologie,** terminology database; **base de données distribuée,** distributed database; **base de données graphique,** graphics database; **base de données image,** image database; **base de données informatique automatisée,** computerized database; **base de données intégrée,** integrated database; **base de données partielle,** subsystem database; **base de données relationnelle,** relational database; **base de représentation en flottant,** floating-point base; **base de système,** system base; **base de sélection,** selective basis; **base de temps,** time base; **base de translation,** relocation base; **base du complément,** complement base; **base naturelle d'un système numérique,** natural base; **base numérique,** number base; **base octale,** octal base; **base tournante,** swivel base; **bases de l'informatique,** computing fundamentals; **basé sur,** based; **branche d'enchaînement de base,** base linkage path; **bruit en bande de base,** baseband noise; **calcul de l'adresse de base,** basic address calculation; **calculateur de base,** source computer; **canal de multiplexage à base de multiplets,** byte multiplex channel; **capacité de base,** basic capacity; **caractéristique (base),** biased exponent; **cellule de base,** base cell; **charge de base,** base charge; **circuit logique de base,** logic base circuit; **circuit à base commune,** common base; **codage de base,** basic coding; **code de base,** basic code; **complément à la base,** radix complement; **complément à la base moins 1,** radix-minus-one complement; **compteur de base,** basic counter; **compteur à base 2,** radix two counter; **concept de base,** basic concept; **conception de base,** design principle; **configuration de base,** basic configuration; **conversion de base,** radix conversion; **couche de base,** base layer; **courant de base,** base current; **courant de base saturé,** base saturation current; **courant régulateur de base,** base drive current; **cycle de base,** basis cycle; **cycle machine de base,** basic machine cycle; **cylindre de base,** base cylinder; **descripteur de base de données,** database descriptor; **diagramme de base,** base diagram; **diviseur de tension de base,** base potential divider; **document de base,** source document; **données de base,** original data; **décalage de base,** base relocation; **déplacement à la base,** base displacement; **élé-**ment de base, basic element, base element; **enregistrement de base,** base record; **environnement de base de données,** database environment; **équipement de base,** basic equipment; **format de base,** basic format; **fréquence de bande de base,** baseband frequency; **fréquence de base,** base frequency; **gestion de base de données (GBD),** database management (DBM); **gestion de liaison en mode de base,** basic mode link control; **générateur de base de temps,** timing signal generator; **identificateur de base,** base identifier; **instruction de base,** basic statement; **interconnexion de base,** basic interconnection; **interrogation d'une base de données,** database query; **jeu d'instructions de base,** basic instruction set; **langage d'assemblage de base,** basic assembly language (BAL); **langage de base,** basic language; **largeur de base,** base width; **largeur de la région de base,** base region thickness; **liaison de base,** basic linkage; **ligne de base,** base line; **logarithme de base e,** Neperian logarithm; **machine de base,** basic machine; **machine à langage de base,** basic language machine (BLM); **matériel de base,** basic hardware, basic material, base material; **mode de base,** basic mode; **modem en bande de base,** baseband modem; **modulation en bande de base,** baseband modulation; **module de base,** basic module; **montage de base,** basic circuit arrangement; **montage à base commune,** common base circuit; **mémoire de base,** basic storage; **mémoire à base décimale,** digit-organized storage; **méthode d'accès de base,** basic access method; **méthode d'accès par terminal de base,** basic terminal access method (BTAM); **nombre de base,** base number; **nombre à base,** radix number; **notation à base fixe,** fixed-base notation; **notions de base,** fundamentals; **numération de base,** base notation; **numération à base,** radix notation, radix numeration system; **numération à base 12,** duodecimal number system; **numération à base fixe,** fixed-radix notation; **opérateur logique de base,** logic base operator, logical connector; **opération de base,** basic operation, prime operation; **plaque de base,** base system pack; **procédure de base,** primitive; **programme de base,** basic program, root program; **programme à base de flottants,** floating-point based program; **programme à base de nombres entiers,** integer-based program; **queue d'attente à base fixe,** fixed-queue list; **registre d'adresse de base,** base address register, address range register; **registre de base,**

indexing register; **relatif à la base,** base relative; **représentation à base fixe,** fixed-base representation; **routines utilitaires de base,** basic services; **rubrique de base,** base item; **rythme de base,** basic clock rate; **rythmeur de base,** basic period clock; **référence de base,** basic reference; **région de base,** base region; **résistance de polarisation de base,** base resistance; **saisie à la base,** primary acquisition; **signal de base,** basic signal; **solution de base,** basic solution; **superviseur de base,** basic supervisor; **symbole de base,** basic symbol; **système d'exploitation de base (IBM),** basic operating system (BOS); **système de base,** basic system; **système de gestion de base de données (SGBD),** database management system (DBMS); **système à base 10,** ten state system; **système à base d'instructions,** instruction system; **temps de base,** basic time; **temps du cycle de base,** memory cycle time; **tension de base,** base voltage; **translation du secteur de base,** base sector relocation; **transmission en bande de base,** baseband transmission, baseband signaling; **type de base,** base type; **unité de base,** basic unit; **unité de visualisation de base,** basic display unit (BDU); **utilitaire de base,** basic utility; **valeur de base,** initial value; **variable à base,** based variable; **vitesse d'un cycle de base,** memory speed; **vitesse de base,** raw speed; **zone de base,** base zone, base region.

**BASIC:** BASIC language; **BASIC simplifié,** tiny basic.

**basse: adresse basse,** bottom address; **adresse basse d'origine,** low origin point; **basse impédance,** low impedance; **basse résolution,** low resolution; **basse vitesse,** low-speed; **blocage corbeille basse,** upper case lock; **exploitation à basse vitesse,** low-speed operation; **fréquence basse,** low frequency; **limiteur basse fréquence,** audio frequency peak limiter; **partie basse,** lower curtate; **position basse,** low-order position; **transistor de basse fréquence,** audio frequency transistor.

**bâti: bâti à cartes,** card frame.

**batonnets: lecteur optique de code à bâtonnets,** optical bar code reader; **mémoire à bâtonnets magnétiques,** magnetic rod storage.

**battage: plaque de battage des cartes,** joggle plate.

**battement:** tick; **battement nul,** zero beat; **fréquence de battement,** beat frequency; **oscillateur à battements,** beat frequency oscillator; **son de battement,** beat note.

**batterie:** battery; **alimentation par batterie,** battery power supply; **batterie au plomb,** battery lead; **batterie rechargeable,** storage battery; **connecteur de batterie,** battery connector.

**battre:** juggle (to); **battre des cartes,** joggle (to).

**baud:** baud*; **mille bauds,** kilobaud (KB).

**Baudot:** Baudot*; **code Baudot,** Baudot code.

**Bel:** Bel (B); **dixième de Bel,** decibel (dB).

**besoin:** need; **analyse des besoins réels,** material inventory planning; **besoin en mémoire,** storage requirement; **besoin en temps,** time requirement, time need; **table des besoins en périphériques,** device requirement table; **établissement direct des besoins,** net requirements generation.

**biais:** bias, skewing, misalignment, scatter, skew; **biais de blocage,** blocking bias; **de biais,** slant; **défilement de biais,** dynamic skew; **effet de biais,** skew effect; **passage de cartes en biais,** card skew.

**biaise:** biased; **distorsion biaise,** bias distortion.

**bibliothécaire:** librarian; **bibliothécaire de bandes,** tape librarian; **bibliothécaire de fichiers,** file librarian; **bibliothécaire du système,** system librarian; **index bibliothécaire,** library index; **programme bibliothécaire,** librarian program.

**bibliothèque:** library; **appel à la bibliothèque,** library call; **bande bibliothèque,** library copy tape; **bande bibliothèque de chargement,** load library tape; **bande bibliothèque pilote,** master library tape; **bande bibliothèque symbolique,** symbolic library tape; **bande bibliothèque système,** system load library tape; **bibliothèque automatisée,** library automation; **bibliothèque d'abaques,** template library; **bibliothèque d'applications,** application library; **bibliothèque d'entrées/sorties,** input/output library; **bibliothèque d'icônes,** icon library; **bibliothèque d'images,** cut-out picture file; **bibliothèque de bandes,** tape library; **bibliothèque de chargeurs,** load library; **bibliothèque de disquettes,** disk library; **bibliothèque de données,** data library; **bibliothèque de liens,** link library; **bibliothèque de macros,** macrolibrary; **bibliothèque de macros d'assemblage,** assembly macrolibrary; **bibliothèque de modules de chargement,** load module library; **bibliothèque de procédures,** procedure library; **bibliothèque de programmes,** program library; **bibliothèque de programmes source,** source program library;

**bibliothèque de routines,** routine library; **bibliothèque de réserve,** alternate library; **bibliothèque de sauvegarde,** back-up library; bibliothèque de sortie, output library; **bibliothèque de sous-programmes,** subroutine library; **bibliothèque de travail,** transient library; **bibliothèque des modules de compilation,** compilation unit library; **bibliothèque des modules objet,** objet module library; **bibliothèque des programmes translatables,** relocatable library; **bibliothèque des programmes utilisateur,** user library; **bibliothèque des sources,** source library; **bibliothèque des systèmes,** systems library; **bibliothèque des travaux,** job library; **bibliothèque image-mémoire,** core image library; **bibliothèque langage d'origine,** source statement library; **bibliothèque macros,** macroinstruction library; **bibliothèque objet,** object library; **bibliothèque permanente,** permanent library; **bibliothèque provisoire,** temporary library; **bibliothèque sur bande,** library tape; **bibliothèque sur bande magnétique,** magnetic tape library; **bibliothèque utilisateur,** private library; **bibliothèque à accès direct,** direct access library; **consultation automatique de bibliothèque,** automatic library lookup; **élément de bibliothèque,** library unit; **fichier bibliothèque,** library file; **fichier bibliothèque principal,** master program file; **fichier de bibliothèque système,** system library file; **gestionnaire de bibliothèque,** library handler, librarian; **identificateur de bibliothèque,** library identifier; **maintenance de bibliothèque,** library maintenance; **mise à jour de la bibliothèque chargeur,** load library update; **mise à jour de la bibliothèque des travaux,** job library update; **niveau de bibliothèque,** library level; **nom de bibliothèque,** library name, libname; **partie de bibliothèque,** library section; **programme de bibliothèque,** library program; **programme de gestion de bibliothèque,** library maintenance routine; **recherche en bibliothèque,** library search; **routine de bibliothèque,** library routine; **routine de mise à jour de fichiers-bibliothèque,** library file update routine; **sous-programme de bibliothèque,** library subroutine; **séquence de recherche en bibliothèque,** library search sequence; **traitement de bibliothèque,** library handling; **zone de bibliothèque,** library area.

**biconditionnel:** biconditional; **élément biconditionnel,** biconditional element.

**biconditionnelle:** biconditional; **porte biconditionnelle,** biconditional gate.

**biconnexe: graphe biconnexe,** biconnected graph.

**bicourbe: adaptateur bicourbe,** dual trace adapter.

**bidimensionnel: graphique animé bidimensionnel,** two-dimensional animation graphics; **tableau bidimensionnel,** two-dimensional array, flat file.

**bidimensionnelle: matrice bidimensionnelle,** two-dimensional array; **translation bidimensionnelle,** two-dimensional translate; **échelle bidimensionnelle,** two-dimensional scale.

**bidirectionnel:** bidirectional; **bidirectionnel à l'alternat,** either-way communication; **bus bidirectionnel,** bidirectional bus; **bus de données bidirectionnel,** bidirectional data bus; **mode bidirectionnel,** both-way mode, two-way mode; **mode bidirectionnel simultané,** both-way communication; **thyristor bidirectionnel,** bidirectional thyristor; **transistor bidirectionnel,** bidirectional transistor.

**bidirectionnelle:** bidirectional; **communication bidirectionnelle,** two-way communication; **diode bidirectionnelle,** bidirectional diode; **impression bidirectionnelle,** bidirectional typing; **imprimante bidirectionnelle,** bidirectional printer; **ligne bidirectionnelle,** two-way line; **opération bidirectionnelle,** duplex operation; **voie bidirectionnelle,** duplex channel.

**biffage:** strikeout.

**bifilaire: câble bifilaire,** cable pair; **câble bifilaire torsadé,** twisted-pair cable; **système à voies bifilaires,** two-wire system; **voie bifilaire,** two-wire channel.

**bifréquence: modulation bifréquence,** two-tone modulation.

**bilatéral: transfert bilatéral,** bidirectional flow.

**bilatérale: communication bilatérale simultanée,** two-way simultaneous communication; **communication bilatérale à l'alternat,** two-way alternate communication; **lecture bilatérale,** bidirectional readout.

**billes: roulement à billes,** ball bearing.

**binaire: binary\*,** binary unit, bit, Shannon; **addition binaire,** binary addition; **additionneur binaire,** binary adder; **adresse codée binaire,** binary-coded address; **affichage binaire,** binary display; **algorithme de recherche binaire,** bisection algorithm; **arbre binaire,** binary tree; **arithmétique binaire,** binary arithmetic; **article binaire,** binary item; **bande de programme binaire,** binary program tape; **binaire codé décimal étendu,** expanded BCD interchange code (EBCDIC); **binaire d'amorçage,** start bit; **binaire d'arrêt,**

stop bit; **binaire d'état,** status bit; **binaire de code,** code digit; **binaire de contrôle,** control bit; **binaire de décalage,** shift bit; **binaire de masquage,** mask bit; **binaire de parité,** redundancy check bit; **binaire de protection,** guard bit; **binaire de rang supérieur,** upper bit; **binaire de service,** overhead bit, gap digit; **binaire de signe,** sign bit, sign digit, sign magnitude; **binaire de trame,** framing bit; **binaire de vérification,** check bit; **binaire décalé,** shifted binary; **binaire en colonnes,** column binary, Chinese binary; **binaire en ligne,** row binary; **binaire en virgule fixe,** fixed-point binary; **binaire indicateur,** flag bit; **binaire pondéré,** weighted binary; **binaire pur,** pure binary, ordinary binary, straight binary; **binaire réfléchi,** reflected binary, Gray code, binary-reflected binary, data bit; **binaire-image,** picture element, pixel; **bit de zone (en binaire condensé),** zone bit; **canal symétrique binaire,** binary symmetric channel (BSC); **caractère binaire,** binary character; **caractère codé binaire,** binary-coded character; **carte binaire,** binary card; **cellule binaire (de mémoire),** binary cell; **chaîne binaire,** binary chain, bit string; **chaîne d'éléments binaires,** binary element string; **chiffre binaire,** binary digit, binary number, binary figure; **chiffre binaire '0',** binary zero; **chiffre binaire '1',** binary one; **chiffre codé binaire,** binary-coded digit; **circuit additionneur binaire,** binary adder circuit; **circuit binaire,** binary circuit; **codage binaire,** binary encoding; **code binaire,** binary code; **code binaire NRZ,** polar NRZ code; **code binaire de caractères,** character binary code; **code binaire de correction d'erreurs,** binary error-correcting code; **code binaire de détection d'erreurs,** binary error-detecting code; **code binaire en colonnes,** column binary code; **code binaire pur,** pure binary code; **code binaire réfléchi,** reflected binary code; **code binaire saturé,** dense binary code; **code binaire tétradique,** four-line binary code; **codé en binaire,** binary-coded; **colonne des binaires,** binary column; **commande binaire,** binary command; **commutateur pour introduction binaire manuelle,** manual binary input; **compression binaire,** digit compression; **compteur binaire,** radix-two counter; **compteur binaire,** binary counter; **compteur décimal code binaire,** binary-coded decade counter; **configuration binaire,** bit configuration; **contenu d'informations en code binaire,** information bit content; **conversion binaire,** binary conversion; **conversion binaire-code Gray,** binary-to-

Gray code conversion; **conversion binaire-décimale,** binary-to-decimal conversion; **conversion binaire-hexadécimal,** binary-to-hexadecimal conversion; **conversion code Gray-binaire,** Gray code-to-binary conversion; **conversion décimale-binaire,** decimal-to-binary conversion; **convertisseur de binaire en décimal,** binary-to-decimal; **convertisseur de code binaire,** binary code converter; **delais binaire,** digit delay; **demi-additionneur binaire,** binary half-adder; **densité binaire,** bit density; **digit de zone (en binaire condensé),** zone digit; **données binaires,** binary-coded data; **données de chaîne binaire,** bit string data; **débit binaire,** bit rate; **décalage binaire,** binary shift; **décimal codé binaire (DCB),** binary-coded decimal (BCD); **décodeur binaire,** binary decoder; **élément binaire,** binary element; **élément de mémoire binaire,** binary storage element; **emplacement binaire,** bit location; **équivalent binaire,** binary equivalent; **erreur de deux binaires,** double error; **flot binaire,** bit stream; **fonction binaire,** binary function, bit function; **format binaire,** binary format; **format binaire non condensé,** zoned format; **fréquence binaire,** bit frequency; **grandeur binaire,** bit size; **image binaire,** binary image; **indication binaire,** binary display; **information binaire,** binary information; **logique binaire,** binary logic; **mappe binaire,** bit map; **mode binaire,** binary mode; **mode de lecture binaire,** binary read mode; **modulation par déplacement binaire de phase,** binary phase shift keying (BPSK); **mot binaire,** binary word; **mémoire à structure binaire,** bit-organized memory; **nombre binaire,** binary number, binary numeral; **nombre de binaires équivalents,** equivalent binary digits; **nombre décimal codé en binaire,** binary-coded decimal number; **nombre entier binaire,** binary integer; **notation binaire,** binary notation, binary-coded notation; **notation incrémentale binaire,** binary incremental representation; **notation pondéré binaire,** binary-coded decimal representation; **numéral binaire,** binary numeral; **numération binaire,** binary notation, pure binary numeration; **numération binaire pure,** pure binary notation; **numération décimale codée binaire,** binary-coded decimal notation; **numération décimale codée en binaire,** binary-coded decimal code; **numération à accroissements binaires,** binary incremental notation; **octal codé en binaire,** binary-coded octal; **opérateur binaire,** binary operator; **opération binaire,** binary operation; **opération arithmétique binaire,** binary arithmetical operation; **opération binaire**, binary operation, binary field operation; **opération booléenne binaire**, binary Boolean operation; **paquet de carte de chargement binaire**, binary load deck; **perte d'élément binaire**, digit slip; **plage binaire**, binary scale; **poids binaire**, binary weight; **pondéré binaire**, binary-coded decimal digit; **position binaire**, binary position, binary place, bit location; **position binaire de poids faible**, least significant bit position; **position de mémorisation binaire**, binary storage cell; **profil binaire**, bit pattern; **programme binaire**, machine executable program; **programme binaire translatable**, relocatable program; **période binaire**, digit time; **rangée binaire**, binary row; **recherche binaire**, binary search; **registre binaire à décalage**, binary shift register; **représentation binaire**, binary representation, binary image; **représentation binaire de points**, bit map; **représentation en arbre binaire**, binary tree representation; **représentation en mappe binaire**, bit-mapped représentation; **signal binaire**, binary signal; **sortie binaire**, binary output; **symbole binaire**, binary symbol; **système binaire**, binary system, binary number system; **système de numération binaire**, binary-coded number system; **système décimal codé en binaire**, binary-coded decimal system; **système à chiffres binaires**, binary numbering system; **système à nombres binaires**, binary number system; **séquence binaire**, binary sequence, bit sequence; **table de poids de positions binaires**, binary weight table; **taux d'erreur binaire**, bit error rate (BER); **taux d'erreurs par binaire**, binary digit error rate (BER); **taux de transmission binaire**, bit transfer rate; **tranche binaire**, bit slice; **transfert binaire**, binary transfer; **transition de flux binaire**, bit flux transition; **transmission binaire synchrone**, binary synchronous communication; **tri binaire**, binary sort; **unité binaire**, binary unit, bit; **unité binaire de quantité d'information**, binary unit of information content (shannon); **valeur équivalente binaire**, binary equivalent value; **variable binaire**, binary variable, two-valued variable; **vidage binaire**, binary dump; **virgule binaire**, binary point, assumed binary point, digit period; **virgule binaire implicite**, implied binary point; **voie binaire symétrique**, symmetric binary channel.

**binomial**: binomial; **coefficient binomial**, binomial coefficient; **théorème binomial**, binomial theorem.

**binomiale**: binomial; **loi de distribution binomiale**, binomial theorem.

**bionique**: la bionique, bionics.

**bip**: beep.

**bipartite**: carte bipartite, two-part card.

**bipasse**: bypass.

**biphase**: biphasé, diphase; **code biphasé**, diphase code, Manchester code.

**bipolaire**: bipolar; **code bipolaire à densité élevée**, high density bipolar (HDB); **entrée bipolaire**, bipolar input; **impulsion bipolaire**, dipulse; **mémoire bipolaire**, bipolar memory, bipolar storage; **signalisation bipolaire**, bipolar signaling; **transistor bipolaire**, bipolar transistor; **transmission bipolaire**, polar transmission.

**biprocesseur**: biprocessor; **système biprocesseur**, dual processor system.

**biquinaire**: biquinary; **code biquinaire**, biquinary code, quibinary code; **nombre biquinaire**, biquinary number; **nombre décimal code biquinaire**, biquinary coded decimal number; **notation biquinaire**, quinary notation; **système biquinaire**, biquinary system.

**bistable**: bistable; **amplificateur bistable**, bistable amplifier; **bascule bistable**, binary pair, flip-flop (FF); **bistable d'état**, status flip-flop; **circuit bistable**, bistable circuit; **circuit déclencheur bistable**, bistable trigger circuit; **dispositif bistable**, bistable device; **déclencheur bistable**, bistable trigger; **multivibrateur bistable**, bistable multivibrator, trigger pair circuit; **mémoire bistable**, bistable storage unit, flip-flop storage; **registre bistable**, flip-flop register; **variable bistable**, two-state variable; **élément bistable**, bistable element.

**bit**: bit, binary unit, Shannon; **1024 bits**, kilobit (Kb); **à structure de bits**, bit-organized; **attribution de bit**, bit allocation; **bit (d'état) en circuit**, on bit; **bit (d'état) hors-circuit**, off bit; **bit (de contrôle) de redondance**, redundancy bit; **bit canal**, channel bit; **bit complémentaire**, additional bit; **bit d'accès**, usage bit, use bit; **bit d'activité**, busy bit; **bit d'alignement**, alignment bit; **bit d'espacement**, spacing bit; **bit d'information**, information bit; **bit d'état canal**, channel status bit; **bit de blocage**, interlock bit; **bit de branchement**, branch bit; **bit de cadrage**, sprocket bit; **bit de contrôle**, check digit; **bit de contrôle de parité**, redundancy check bit; **bit de contrôle fonctionnel**, action control bit; **bit de contrôle par totalisation**, sum digit; **bit de densité**, density bit; **bit de droite**, low-order bit, right-end bit; **bit de démarrage**, start bit; **bit de dépassement**, overflow bit; **bit de gauche**, high-order bit, left-end bit; **bit**

**de liaison,** link bit; **bit de modificateur d'état,** status modifier bit; **bit de modification,** change bit; **bit de module,** bank bit; **bit de parité,** parity bit; **bit de parité impaire,** odd parity bit; **bit de parité longitudinale,** horizontal parity bit; **bit de parité paire,** even parity bit; **bit de poursuite,** continuation bit; **bit de prise de contrôle,** override bit; **bit de protection,** protection bit; **bit de présence,** presence bit; **bit de rang inférieur,** lower bit; **bit de remplissage,** filler bit; **bit de retenue,** borrow digit; **bit de retenue positive,** carry bit; **bit de réception,** acknowledgement bit; **bit de réserve d'adresse,** address substitution bit; **bit de secteur,** sector bit; **bit de service,** service bit, overhead bit; **bit de signe,** sign bit, sign digit; **bit de synchro,** synch bit; **bit de transmission,** traffic bit; **bit de validation d'écriture,** data write permit bit; **bit de vérification,** verify bit; **bit de zone (en binaire condensé),** zone bit; **bit de zéro (du registre d'instruction),** zero bit; **bit erroné,** erroneous bit; **bit fonctionnel,** activity bit; **bit indicateur de sens,** direct indicator bit; **bit le moins significatif,** least significant bit (LSB), lowest order bit; **bit le plus significatif,** most significant bit (MSB), highest order bit; **bit marqueur,** marker bit; **bit multiplexé,** bit interleaved; **bit par bit,** bit-by-bit; **bit significatif,** significant digit; **bit unique,** one bit; **bit utile,** information bit; **bits par pixel,** bits per pixel (BPP); **bits par pouce,** bits per inch (BPI); **bits par seconde (BPS),** bits per second (BPS); **configuration des bits de zone,** zone bit configuration; **contrôle de bit,** bit check; **décalage de deux bits,** dibit shift; **décalé par bit,** bit-shifted; **en parallèle par bit,** bit-parallel; **erreur de bit,** bit error; **erreur de trois bits,** triple error; **groupe de 12 bits,** slab; **identificateur de bit,** bit identification; **insertion de bit,** bit insertion; **interférence du bit adjacent,** adjacent bit interaction; **milliard de bits,** billibit; **multiplet de 2 bits,** dibit, doublet, two-bit byte, diad; **multiplet de 3 bits,** tribit, triplet, three-bit byte; **multiplet de 4 bits,** quartet, quadbit, nibble, four-bit byte; **multiplet de 5 bits,** quintet, five-bit byte; **multiplet de 6 bits,** sextet, six-bit byte; **multiplet de 7 bits,** septet, seven-bit byte; **multiplet de 8 bits,** octet (o); **mémoire à N tores par bit,** N-core per bit store; **par bit,** bit-serial; **parallélisme de bits,** parallel by bit; **plan à trois bits par point,** three-bit plane; **position du bit,** bit position; **position du bit de poids fort,** high-order storage position; **signification du bit,** bit significance; **spécification de la longueur de bit,** bit length specification; **synchronisation de**

**bits,** element synchronization; **séquentiel bit par bit,** serial-by-bit; **test de bits,** bit test; **transfert bit par bit,** bit transfer; **un milliard de bits,** gigabit; **un million de bits,** megabit (Mb); **voyant d'affichage de bits,** bit display light.

**biternaire:** biternary; **modulation biternaire,** biternary modulation.

**bivalence:** bivalence magnétique, bimag.

**bivalent:** two-condition.

**blanc:** white, blank*; **blanc intercalé,** embedded blank; **blanc souligné,** underscore; **blancs de fin de mot,** trailing blanks; **bruit blanc,** white noise, broadband noise; **caractère blanc,** blank character; **caractère blanc de remplacement,** substitute blank; **durée des blancs,** blackout time; **entrée par remplissage de blancs,** fill in blank data entry; **espace blanc,** white space; **formule en blanc,** blank form; **laisser en blanc,** leave blank (to); **transfert de caractères blancs,** blank transfer; **transmission en blanc,** white transmission; **tronquer (les blancs),** trim (to).

**blanche:** bande blanche, unpunched tape; **ligne blanche,** null line; **page blanche,** blank page; **salle blanche,** clean room.

**bleu:** blue; **Rouge Vert Bleu (RVB),** Red Green Blue (RGB).

**blindage:** screening, screen, shield.

**blindé:** non blindé, unscreened.

**blinder:** shield (to).

**bloc:** block*; **(caractère de) début de bloc,** start-of-block (character) (SOB); **adresse de bloc,** block address; **adresse de bloc de données,** data block address; **adresse début de bloc,** block start address; **allocation de bloc,** data block assignment; **amorce de bloc,** block prolog; **avancer d'un bloc,** space forward (to); **bloc amplificateur,** amplifier module; **bloc d'adresse de voie,** home address record; **bloc d'alimentation,** power pack, power control; **bloc d'amorçage,** begin block; **bloc d'appel,** call block; **bloc d'articles,** basic block; **bloc d'atténuation,** attenuation pad; **bloc d'enregistrements,** record block; **bloc d'entrée,** input block; **bloc d'entrée des données,** input data block; **bloc d'identification,** identification block; **bloc d'impression,** printing block; **bloc d'index,** index block; **bloc d'informations,** block of information, data block; **bloc d'instructions,** block of instructions; **bloc d'organigramme,** flowchart block; **bloc de boutons-poussoirs,** pushbutton pad; **bloc de brosse de lecture,** brush block; **bloc de changement,** change block; **bloc de commande,** control block; **bloc de commande d'événement,** event control block; **bloc de commande de tâches,** task control block; **bloc de commande et de contrôle,** command control block; **bloc de commande fichier,** file control block; **bloc de connexion,** terminal block; **bloc de contact,** contact piece; **bloc de contrôle,** control block; **bloc de contrôle de données,** data control block; **bloc de contrôle de lignes,** line control block; **bloc de contrôle de processus,** process control block; **bloc de contrôle du microprocessus,** microprocess control block; **bloc de cumul des travaux,** job summary record; **bloc de données,** block of data, information block; **bloc de données autonomes,** local data block; **bloc de données primaires,** primary data block; **bloc de définition de fichier,** file definition block; **bloc de fin de bande,** end-of-tape block; **bloc de frappe,** hammer block; **bloc de garnissage en entrée,** input padding record; **bloc de lecture,** read block; **bloc de longueur variable,** variable-length block; **bloc de message,** message block; **bloc de modification,** modifier block; **bloc de mémoire,** memory block, memory stack; **bloc de mémoire rapide,** high-speed memory block; **bloc de pile,** stack frame; **bloc de référence,** reference block; **bloc de répertoire,** directory block; **bloc de réserve,** backup block; **bloc de synchronisation,** clock block; **bloc de sémaphore,** semaphore block; **bloc de texte,** text block; **bloc de transmission,** transmission block; **bloc des données d'essai,** test data block; **bloc du fichier permanent,** master file block; **bloc début de bande,** tape initial block; **bloc erroné,** erroneous block; **bloc fictif initial,** initial dummy block; **bloc fin de bobine,** block end-of-reel; **bloc fin de fichier,** block end-of-file; **bloc fin de ruban,** block end-of-tape; **bloc fonctionnel,** functional block; **bloc fonctionnel complémentaire,** auxiliary building block; **bloc identificateur,** identifier record; **bloc interne,** internal block; **bloc interruptible,** interrupt block; **bloc logique,** logical building block; **bloc mémoire de sortie,** output block; **bloc paramètre,** parameter block; **bloc partiel,** verifying unit; **bloc primaire,** beat block; **bloc primaire d'un fichier,** main file block; **bloc précédent,** advance block; **bloc réduit,** short block; **bloc sans référence,** unlabelled block; **bloc secteur,** data block; **bloc structurel,** building block; **bloc supplémentaire,** record overhead; **bloc tronqué,** incomplete block; **bloc vide,** dummy block; **bloc à effleurement,** touch-pad; **bloc à imprimer,** print image record; **bloc-notes électronique,** electronic worksheet; **blocs d'informations discordants,** unmatched records; **caractère d'annulation de bloc,** block cancel character; **caractère de contrôle de bloc,** block check character; **caractère de fin de bloc,** end-of-block character (EOB), block character; **caractère de transmission de bloc,** transmission block character; **chargement de bloc,** block loading; **classement de l'article dans le bloc,** position of record; **comptage de blocs,** block count; **comptage des blocs de sortie,** output block count; **compteur de blocs,** block counter; **contrôle de bloc,** record checking; **contrôle par bloc,** block check; **copie de bloc,** block copy; **correction de bloc,** block correction; **d'annulation de bloc,** block ignore character; **description de bloc,** record description; **diminuer les blocs,** block down records (to); **données structurelles de bloc,** block header; **début du bloc de segments,** beginning-of-segment block; **emboîtement de blocs,** block nesting; **en-tête de bloc,** block header; **enregistrement de blocs,** block recording, block record; **ensemble du bloc de données,** global data block; **espace entre blocs,** block gap; **espace entre deux blocs,** gap on tape; **étiquette début de bloc,** header flag; **fichier à bloc regroupé,** reblocked file; **fichier à blocs fixes,** fixed-block file; **fin de bloc,** end of block, block end; **fin de bloc automatique,** automatic end of block; **fin de bloc de transmission,** end-of-transmission block (ETB); **fonction de saut de bloc,** block skip; **format de bloc,** block format; **format de bloc d'adresses,** address block format; **format de bloc tabulaire,** tabulation block format; **format de bloc variable,** variable-block format; **format à blocs fixes,** fixed-block format; **grandeur de bloc,** block depth; **groupe de blocs,** bucket; **groupement d'enregistrements en blocs,** record blocking; **indentation de bloc,** block indent; **indexation du bloc de données,** data block indexing; **instruction de bloc,** block instruction; **instruction en-tête de bloc,** block heading statement; **intervalle de bloc,** block head; **langage à structure de bloc,** block-structured language; **listage de bloc,** block list; **longueur de bloc,** block size, block length; **longueur de bloc d'entrée,** input record length; **longueur de bloc fixe,** fixed-block length; **longueur de bloc optimale,** optimum block length; **longueur de bloc variable,** variable-block length; **longueur du bloc d'entrée,** input block length; **longueur du bloc de sortie,** output block length; **macro de traitement de bloc,** block handling macro; **manipulation de bloc,** block manipulation;

marque de bloc, block mark; **marqueur de bloc,** block marker; **marqueur de bloc de données,** data block marker; **mode bloc multiplex,** block multiplex mode; **mode d'exploitation par blocs de données,** data block mode; **mouvement de bloc,** block move; **méthode de protection des blocs,** block protection method; **numéro de bloc logique,** logical block number (LBN); **numéro de groupe de blocs,** bucket number; **numéro de la piste de blocs,** record designator; **paramètre de longueur de bloc,** block size parameter; **perte de bloc,** block loss; **piste de marquage de bloc,** block marker track; **prochain bloc à transmettre,** next output block; **procédure de contrôle de bloc,** block check procedure; **protection de bloc,** block protection; **préfixe de bloc,** block prefix; **reculer d'un bloc,** space backward (to); **registre bloc,** block register; **registre de commande de la mémoire bloc-notes,** scratch pad control register; **réduction de longueur de bloc,** block size reduction; **saut de bloc conditionnel,** optional block skip; **signal de fin de bloc,** end-of-block signal; **sous-programme de transfert de blocs,** record handler; **spécification de format de bloc,** block format characteristic; **structure de bloc,** block structure, frame structure; **subdivision de bloc,** blockette; **système à blocs fonctionnels,** building block system; **sélection de bloc,** block selection, record grouping; **séquence de caractères de contrôle de bloc,** block check sequence; **séquence de début (de bloc),** preamble; **séquence de fin (de bloc),** postamble; **séquencement de blocs,** block sequencing; **table d'allocation de blocs,** block allocation map; **taux d'erreurs sur les blocs,** block error rate; **transfert de bloc,** block transfer; **transfert par bloc,** record transmission; **transmission d'un bloc de données,** data transmission block; **transmission par blocs,** block transmission; **tri par bloc,** block sort; **zone de longueur de bloc,** block length field, record length field.

**blocage:** hang-up, lockout, interlock, locking, stall; **anneau de blocage,** latch ring; **biais de blocage,** blocking bias; **bit de blocage,** interlock bit; **blocage corbeille basse,** upper case lock; **blocage d'alerte,** alarm inhibit; **blocage d'ordonnancement,** scheduling lock; **blocage de chariot,** carriage interlock; **blocage de l'alimentation,** feed interlock; **blocage de maintien,** holding interlock; **blocage de mémoire,** memory lock; **blocage du marteau,** hammer lock; **blocage du mécanisme d'avance,** transport lock; **blocage fatal du programme,** program crash; **blocage majuscule,** shift lock; **blocage polarisé,** polarity trap; **blocage programmé,** programmed interlock; **cale de blocage,** lock disk; **canal à blocage simple,** single-interlocked channel; **circuit de blocage,** blocking circuit, interlock circuit; **clip de blocage,** locking clip; **condition de blocage,** stall condition; **contact de blocage,** blocking contact; **contact de blocage de case,** stacker stop contact; **couche de blocage,** barrier layer; **courant de blocage,** blocking state current; **doigt de blocage,** lockpin; **état de blocage,** blocking state; **facteur de blocage,** block factor; **fonction de blocage,** blocking function; **inverseur de blocage,** blocking inverter; **ligne de blocage,** inhibit line; **mode de blocage,** lock mode; **mot de blocage,** catchword; **niveau de blocage,** blanking level; **oscillateur à blocage,** blocking oscillator; **relais de blocage,** latch relay; **signal de blocage,** blocking signal; **signal de test,** test inhibit signal; **simultanéité de blocage,** inhibit simultaneity; **tension de blocage,** blocking voltage; **touche de blocage des commandes,** command key lock; **verrou de blocage de l'entraînement de bande,** transport blocking catch; **zone de blocage,** blanking zone, blocking state region.

**bloqué:** blocked; **enregistrement bloqué,** blocked record; **report bloqué à 9,** standing-on-nines carry; **état bloqué,** cut-off state.

**bloquée:** blocked; **bande bloquée,** tape jam.

**bloquer:** block (to), interlock (to).

**bloqueur: circuit bloqueur,** block gate circuit; **échantillonneur-bloqueur,** sample and hold amplifier.

**bobinage:** winding, reeling.

**bobiné:** wire-wound; **bloc fin de bobine,** block end-of-reel; **bobine,** reel, spool; **bobine (de bande) magnétique,** magnetic reel; **bobine (magnétique),** coil; **bobine d'excitation,** pick coil; **bobine d'écriture,** drive winding; **bobine de Pupin,** loading coil; **bobine de bande,** tape reel; **bobine de bande magnétique,** magnetic tape reel; **bobine de bande perforée,** paper tape reel; **bobine de commande,** drive coil; **bobine de déroulement,** supply spool; **bobine de déviation,** deflection coil; **bobine de filtrage,** filter choke; **bobine de lecture,** sensing coil; **bobine de relais de verrouillage,** latch trip coil; **bobine de rembobinage,** rewind spool; **bobine de ruban encreur,** ribbon spool; **bobine de référence,** guide spool; **bobine des entrées,** input reel; **bobine des sorties,**

output reel; **bobine débitrice,** pay-out reel, supply reel, take-off reel; **bobine exploratrice,** flip coil; **bobine multifichier,** multifile reel; **bobine protégée,** protected reel; **bobine réceptrice,** take-up reel; **bobine suivante,** continuation reel; **broche de bobine,** take-up spindle; **déroulement simple bobine,** single-deck tape; **échange de bobine,** reel swapping; **fin de bobine,** end of reel; **fixation de bobine,** reel holddown; **frein de bobine,** reel brake; **label fin de bobine,** ending reel label; **marque fin de bobine,** end-of-reel mark; **moteur bobine,** reel motor; **numéro de bobine,** reel number.

b o b i n é e: wire-wound; **résistance bobinée,** wire-wound resistor.

b o b i n e r: spool (to).

b o b i n e u s e: winder.

b o g u e: bug*; **avec bogue,** buggy; **programme sans bogue,** star program; **sans bogue,** bugless; **sujet à bogue,** bug-prone.

b o î t e: box*, enclosure; **boîte de connexions,** cable terminal box; **boîte à cartes,** cardboard; **boîte à confettis,** chip bin; **boîte de dialogue,** dialog box; **boîte de dérivation,** junction box; **boîte de test,** breakout box; **boîte noire,** black box; **boîte à fusibles,** barrier box; **boîte à lettre,** mailbox; **découpage en boîte,** boxing.

b o î t i e r: housing; **boîtier de connexion de câbles,** cable junction box; **boîtier de connexions,** connection box; **boîtier de distribution,** distributor box; **boîtier de jonctions,** terminal box; **boîtier de ruban encreur,** ribbon cartridge; **boîtier de réception de cartes,** output stacker; **boîtier de sortie de cartes,** output bin; **boîtier test,** test box; **boîtier à double rangée connexions,** dual-in-line package (DIL); **boîtier à simple rangée de connexions,** single-in-line package (SIP); **température du boîtier,** case temperature.

b o m b e: **bombe aérosol antistatique,** anti-static spray can.

b o n: **bon de commande,** job order; **moyenne des temps de bon fonctionnement,** mean time between failures (MTBF).

b o n d: bounce.

b o n n e s: **taux de puces bonnes,** chip yield.

B o o l e: **algèbre de Boole,** Boolean calculus.

b o o l é e n: Boolean, logical; **Booléen,** Boolean; **booléen primaire,** logical primary; **caractère booléen,** Boolean character; **connectif booléen,** Boolean connective; **facteur booléen,** Boolean factor; **format booléen,** Boolean format; **littéral booléen,** Boolean

literal; **opérateur booléen,** Boolean operator; **opérateur booléen diadique,** dyadic Boolean operator; **opérateur booléen monadique,** monadic Boolean operator; **pseudo-booléen,** pseudoboolean; **test booléen,** Boolean test; **type booléen,** Boolean type.

b o o l é e n n e: Boolean, logical; **addition booléenne,** Boolean add; **algèbre booléenne,** Boolean algebra; **expression booléenne,** Boolean expression; **expression booléenne primaire,** Boolean primary; **expression booléenne secondaire,** Boolean secondary; **expression booléenne simple,** simple Boolean expression; **fonction booléenne,** Boolean function; **logique booléenne,** Boolean logic; **matrice booléenne,** Boolean matrix; **négation booléenne,** Boolean complementation; **opération booléenne,** Boolean operation; **opération booléenne N-adique,** N-adic Boolean operation; **opération booléenne binaire,** binary Boolean operation; **opération booléenne diadique,** dyadic Boolean operation; **partie booléenne,** Boolean part; **table booléenne,** Boolean table; **valeur booléenne,** Boolean value; **variable booléenne,** Boolean variable.

b o r d: edge, verge; **bord arrière,** trailing edge; **bord arrière de carte,** card trailing edge; **bord avant,** leading edge; **bord avant de carte,** card leading edge; **bord de cadrage,** alignment edge; **bord de carte,** card edge; **bord de guidage,** guide edge; **bord de référence,** reference edge; **bord de référence de document,** document reference edge; **bord de segment,** stroke edge; **bord supérieur,** top edge; **connecteur de bord,** edge connector; **convergence de bord d'écran,** screen edge convergence; **effet de bord,** side effect; **journal de bord,** console log, journal; **journal de bord des incidents,** error log.

b o r d e r e a u: **bordereau de perforation,** punching form; **bordereau de programmation,** code sheet; **bordereau de saisie,** input form; **bordereau formaté,** line drawn form.

b o r n e: boundary; **bande à bornes,** terminal strip; **borne d'essai,** test termination; **borne d'indice,** subscript bound; **borne de connexion,** connection terminal; **borne de contrôle,** test terminal; **borne de liaison,** connecting clamp; **borne de paramètre,** parameter limit; **borne de raccordement,** connecting terminal, connecting link; **borne de terre,** ground stud; **borne inférieure,** lower bound; **connecteur à bornes,** terminal connector; **tension aux bornes,** terminal voltage.

**borné**: bounded; **automate borné,** bounded acceptor; **automate linéaire borné,** linear bounded acceptor.

**bornée**: bounded; **variable bornée,** bounded variable.

**bouchon**: bouchon de prise, plug cover.

**bouclage**: wraparound; **variable de bouclage,** control variable.

**boucle**: loop; **arrêt de boucle,** loop stop; **boucle autorestaurée,** self-resetting loop; **boucle autorégénératrice,** self-restoring loop; **boucle centrale de lecture directe,** central scanning loop; **boucle d'asservissement,** feedback loop; **boucle d'attente,** wait loop; **boucle d'hystérésis rectangulaire,** rectangular hysteresis loop; **boucle d'imbrication,** nesting loop; **boucle d'itération,** iteration loop; **boucle de bande,** tape loop; **boucle de commande,** control loop; **boucle de mise à terre,** ground loop; **boucle de pause,** do-nothing loop; **boucle de programmation,** programming loop; **boucle de programme,** program loop; **boucle de réseau,** subscripter loop; **boucle de scanage,** scanning loop; **boucle de scrutation,** scanning loop; **boucle dynamique,** dynamic loop; **boucle fermée,** closed loop; **boucle imbriquée,** nested loop; **boucle infinie,** hang-up loop; **boucle interne,** inner loop; **boucle itérative,** iterative loop; **boucle ouverte,** open loop; **boucle principale,** major loop; **boucle secondaire,** minor loop; **boucle simple,** basic loop; **boucle temporelle,** timing loop; **circuit en boucle fermée,** closed loop circuit; **commande en boucle fermée,** closed loop control; **commande en boucle ouverte,** open loop control; **compteur de boucle,** cycle index counter; **corps de boucle,** loop body; **élément de boucle,** loop construct; **essai de boucle,** loop testing; **gain de boucle,** loop gain; **opération de boucle,** loop operation; **registre de boucle,** circulating register; **réseau en boucle,** loop network; **séquences sans boucle,** straight line coding, linear programming; **terminaison de boucle,** loop termination.

**bouclé**: looped; **circuit bouclé,** loop circuit; **contrôle bouclé,** loop checking; **réseau bouclé,** looped network; **bouclée**: looped; **chaîne bouclée,** daisy chain; **en chaîne bouclée,** daisy-chained; **fonction bouclée,** close function; **liaison bouclée,** loop link.

**boucler**: loop (to), cycle (to), close (to).

**boule**: ball; **boule de commande,** rolling ball, track ball, control ball; **boule porte-caractères,** golfball; **boule roulante,** control ball, rolling ball, track ball; **imprimante à boule tournante,** spinwriter; **machine à écrire à boule,** golfball type writer.

**boulier**: abacus.

**bourrage**: jam, stuffing, muddle, filling; **bourrage d'impulsions,** pulse stuffing; **bourrage de cartes,** card jam, card stuffing, card wreck; **caractère de bourrage,** stuffing character; **détecteur de bourrage de cartes,** card jam detector.

**bout**: bout de ruban, run-out; **impression en bout de carte,** end printing; **jeu en bout,** end shake; **protocole de bout en bout,** end-to-end protocol; **test de bout en bout,** end-to-end test.

**boutique**: shop; **boutique informatique,** computer shop.

**bouton**: knob; **appel par bouton-poussoir,** pushbutton dialing; **bloc de boutons-poussoirs,** pushbutton pad; **bouton arrêt,** stop button; **bouton d'interruption,** interrupt button; **bouton de commande,** activate button; **bouton de contrôle,** control knob; **bouton de remise à zéro,** reset button; **bouton de réglage du cylindre d'impression,** platen positioning control; **bouton de réinitialisation,** resetting button; **bouton de souris,** mouse button; **bouton de verrouillage,** locking knob; **bouton marche,** start button; **bouton-poussoir,** pushbutton; **commande par bouton-poussoir,** pushbutton control; **commutation par bouton-poussoir,** pushbutton switching; **numéroteur à boutons-poussoirs,** tone dialing; **souris à deux boutons,** two-button mouse; **souris à trois boutons,** three-button mouse; **surveillance par bouton-poussoir,** pushbutton monitoring.

**bps**: bits par seconde, bits per second (bps).

**branche**: branche d'acheminement de données, flow path; **branche d'enchaînement de base,** base linkage path; **branche de circuit,** leg; **branche du pont,** bridge arm; **branche erronée,** error path; **suspension d'exécution d'une branche,** system tree abort.

**branchement**: branching, branch, jump, transfer; **adresse de branchement,** branch address; **appel macro pour branchement,** exit macro call; **bit de branchement,** branch bit; **branchement arrière,** backward jump; **branchement avant,** forward jump; **branchement conditionnel,** conditional jump, conditional transfer; **branchement conditionnel à zéro,** branch on zero; **branchement de liaison,** interface connection; **branchement de ligne,** call setup; **branchement de programme,** program switch; **branchement inconditionnel,** branch unconditional (BRU), unconditional jump; **branchement indirect,** indirect branch, implied branch; **branchement sur condition,** branch on condition; **branchement sur requête,** branch on inquiry; **branchement unique,** one-shot branch; **condition de branchement,** branch condition; **décision de branchement,** decision instruction; **élément de branchement,** branch construct; **fonction de branchement,** jump function; **instruction de branchement,** branch instruction, jump instruction; **instruction de branchement inconditionnel,** unconditional branch instruction; **longueur de l'instruction de branchement,** branch space constant; **opération de branchement,** jump operation; **paramètre de branchement,** branch parameter; **point de branchement,** branchpoint, subroutine linkage point; **symbole de branchement,** decision symbol, jump label; **table des branchements,** branch table; **temps de branchement,** connect time.

**brancher:** branch (to), jump (to), connect (to), route (to).

**bras:** arm; **bras amortisseur de bande,** tape tension arm; **bras d'accès,** access arm; **bras de lecture/écriture,** disk access arm; **bras de pont,** yoke arm; **bras de positionnement,** seek arm; **bras de positionnement de tête,** data head arm; **bras de rappel,** restoring arm; **bras de tension,** tension arm; **bras tendeur de bande,** tape tensioning arm.

**bref:** signal sonore bref, beep sound.

**brève:** transmission brève, burst transmission.

**bride:** stirrup; **bride à ressort,** spring clip.

**brillance:** réglage de la brillance d'écran, adjustment of display intensity.

**brillant:** bright.

**brochable:** de type brochable, plug-in type.

**brochage:** pinout layout, pin diagram; **brochage logique,** pin configuration.

**broche:** pinout, pin; **broche de bobine,** take-up spindle; **broche de centrage,** locating pin; **broche de guidage,** location peg; **circuit intégré à broches axiales,** flat pack; **lecture par exploration des broches,** pin sensing; **nomenclature de broches,** pin nomenclature; **tableau de connexions à broches,** pinboard.

**brochures:** brochures.

**brosse:** brush set, graphical brush; **bloc de brosse de lecture,** brush block; **brosse de contact,** emitter brush; **brosse de lecture,** pick-off brush; **brosse de nettoyage,** brush cleaning station; **brosse supérieure,** upper brush; **cycle de brosse,** brush cycle; **ensemble de brosse de lecture,** brush assembly; **lecture par brosse,** brush reading, brush sensing; **verrouillage de brosse,** brush interlock.

**brouillage:** scrambling, scramble.

**brouillon:** fichier brouillon, scratch file; **mémoire brouillon,** scratch pad memory, intermediate storage.

**broyeur:** cruncher.

**bruit:** noise; **à bruit affaibli,** quietized; **atténuation de bruit,** noise reduction; **bruit atmosphérique,** natural static; **bruit blanc,** white noise, broadband noise; **bruit d'ambiance,** ambient noise; **bruit d'impulsions,** impulse noise, black noise; **bruit d'intermodulation,** intermodulation noise; **bruit de fond,** background noise, basic noise, grass; **bruit de grenaille,** shot effect; **bruit de ligne,** line noise, circuit noise; **bruit de quantification,** quantization noise; **bruit de transition,** circuit transient; **bruit de transmodulation,** signal noise; **bruit en bande de base,** baseband noise; **bruit erratique,** random noise; **bruit gaussien,** Gaussian noise; **bruit graphique,** graphic noise; **bruit non pondéré,** unweighted noise; **bruit parasite,** chatter, noodle; **bruit résiduel,** residual noise, remnant amplitude; **bruit thermique,** thermal noise; **caractéristique signal/bruit,** signal-to-noise characteristic; **facteur de bruit,** noise figure, noise factor; **faible bruit,** low noise; **générateur de bruit parasite,** noise generator; **immunité au bruit,** noise immunity; **logique à grande immunité au bruit,** high noise immunity logic (HNL); **niveau de bruit,** noise level; **niveau de bruit ambiant,** ambient noise level; **niveau de bruit d'un circuit,** circuit noise level; **niveau de bruit de porteuse,** carrier noise level; **pointe de bruit,** glitch; **pondération du bruit,** noise weighting; **puissance de bruit,** noise power; **rapport porteuse à bruit,** carrier to noise ratio; **rapport signalbruit,** signal-to-noise ratio; **sans bruit,** noise-free.

**brûlé:** burned.

**bruleur:** brûleur de mémoire morte, PROM burner.

**brusque:** arrêt brusque, dead end.

**brut:** raw, gross.

**brutal:** arrêt brutal, hard stop.

**brute:** cadence brute de transfert de données, actual data transfer rate; **données brutes,** raw data; **transfert de données brutes,** raw data transfer; **vidéo brute,** raw video; **zone brute,** gross field.

**budgétaire:** budgetary; **contrôle budgétaire,** budgetary control.

**bulle:** bubble; **bulle magnétique,** magnetic bubble; **diagramme à bulles,** bubble chart; **mémoire à bulles,** magnetic bubble memory, bubble storage; **puce à mémoire à bulles,** bubble chip.

**bulletin:** bulletin.

**bureau:** **accessoire de bureau,** desk accessory; **bureau (table),** desk; **bureau (travail),** office; **bureau de construction,** engineering department; **calculateur de bureau,** business machine, keyboard computer; **encombrement d'un ordinateur de bureau,** desktop computer footprint; **modèle de bureau,** desk model; **ordinateur de bureau,** desktop computer, office computer, desktop; **ordinateur personnel de bureau,** personal office computer; **outils de bureau,** desktop tools; **terminal de bureau,** office display terminal; **traceur de courbes de bureau,** desk plotter.

**bureautique:** office automation.

**bus:** bus*, busbar, bus system, highway; **allocation dynamique du bus,** dynamic bus allocation; **bus S-100,** S-100 bus; **bus bidirectionnel,** bidirectional bus; **bus commun,** common bus; **bus d'adresses,** address bus; **bus de commande,** control bus; **bus de contrôle,** check bus; **bus de distribution,** distributor bus; **bus de données,** data bus, D-bus; **bus de données bidirectionnel,** bidirectional data bus; **bus de mémoire,** memory bus; **bus de terre,** ground bus; **bus de transfert,** number transfer bus; **bus des** adresses de calculateur, computer address bus; **bus interne,** A-bus; **bus numérique,** digital bus; **bus rapide,** high-speed bus; **bus tristable,** tristate bus; **bus universel,** general-purpose interface bus (GPIB); **bus verrouillé,** latched bus; **bus vertical,** branch highway; **bus à trois états,** tri-state bus; **charge de bus,** bus terminator; **concept de bus à jeton,** token bus approach; **concept du bus annulaire à jeton,** token ring approach; **connexion de bus,** bus line; **coupleur de bus,** bus driver; **cycle de bus,** bus cycle; **gestionnaire de bus,** bus driver; **interface de bus,** bus interface; **interface souris de bus,** bus mouse adapter; **largeur de bus,** highway width; **liaison par bus,** bus link; **ligne bus,** way circuit; **multiplexage de bus,** bus multiplexing; **réseau avec bus annulaire à jeton,** token-passing ring network; **réseau avec bus à jeton,** token-passing bus network; **réseau en bus,** bus network; **souris à connexion sur bus,** bus mouse; **structuré en bus,** bus-organized; **séquence de bus à jeton,** token-passing sequence; **topologie de bus,** bus topology; **topologie en bus distribué,** distributed bus topology; **à topologie de bus,** bus-organized.

**but:** purpose; **but du projet,** design objective.

**butée:** backstop, stop lug; **barre de butée,** jam sense bar; **butée de chariot,** carriage stop.

# C

**cabestan:** capstan.

**câblage:** wiring, wirewrap, hardwire; **câblage de tableau de connexions,** control panel wiring; **câblage dos à dos,** back-to-back wiring; **câblage imprimé,** etched wiring; **câblage spécifique,** discrete wiring; **document de câblage,** control panel hub chart; **erreur de câblage,** wiring error; **liste des points de câblage,** cable laying list; **méthode de câblage,** wiring method; **plan de câblage,** wiring diagram, cable laying plan; **projet de câblage automatique,** automatic wiring design.

**câble:** cable; **agrafe de câble,** cordclip; **âme de câble,** cable core; **boîtier de connexion de câbles,** cable junction box; **câble bifilaire,** cable pair; **câble bifilaire torsadé,** twisted-pair cable; **câble d'alimentation,** feeder; **câble d'entrée/sortie,** input/output cable; **câble d'essais,** test cable; **câble d'interconnexion,** interconnect cable; **câble de chaînage,** daisy chain cable; **câble de connexion,** connection cable; **câble de jonction,** interface cable; **câble de raccordement,** external cable; **câble entrée/sortie,** inputoutput trunk; **câble mixte,** composite cable; **câble multiconducteur,** bundled cable; **câble plat,** flat cable, ribbon cable; **câble plat imprimé,** printed wire ribbon; **câble supplémentaire,** additional cable; **câble universel,** general-purpose trunk; **câble à fibres optiques,** fiber optic cable; **câble à paires,** combination cable; **chemin de câbles,** cable route, cable runway; **code de câble,** cable code; **conduit de câbles,** cable duct, cable conduit; **connecteur de câble,** cable connector; **cosse de câble,** cable shoe; **distributeur de câbles,** cable pothead; **entrée de câble,** cable entry point; **faisceau de câbles,** cable harness; **fourreau de câble,** cable sheath; **gaine de câble,** cable sleeve; **gouttière de câble,** cable guide; **longueur de câble,** cable length; **manchon de câble,** cable gland; **ouverture de passage de câble,** cable way slot; **passerelle avec double passage de câble,** double channel cable bridge; **passerelle de câble,** cable bridge; **passerelle à passage de câble unique,** single-channel cable bridge; **rallonge de câble,** extension cable; **support de câbles,** cable rack; **tranchée de câble,** cable through; **tête de câble,** pothead; **épissure de câble,** cable splicing.

**câblé:** wired, wired-in, hardwired; **calculateur à programme câblé,** wired program computer; **circuit ET câblé,** wired AND; **circuit OU câblé,** wired OR; **circuit câblé,** wired circuit; **compteur d'instructions câblé,** hardware program counter; **contrôle câblé,** wired-in check; **contrôleur câblé,** hardwired controller; **moniteur câblé,** hardware monitor, wired monitor; **programme câblé,** hardwired program, wired program.

**câblée:** wired; **adresse câblée,** hardware address; **arithmétique en virgule flottante câblée,** hardware floating-point arithmetic; **division câblée,** hardware division; **division câblée,** hardware divide; **liaison câblée,** hardwired link, wired communication; **logique câblée,** hardwired logic, wired logic; **multiplication câblée,** hardware multiply; **mémoire câblée,** wire storage; **pile câblée,** hardware stack.

**câbler:** hardwire (to), wire (to).

**cabochon:** cap; **cabochon de touche,** key cap.

**cache:** faceplate, shutter, bonnet; **cache-courroie,** belt guard.

**caché:** hidden; **fichier caché,** hidden file; **vice caché,** latent defect.

**cachée:** ligne cachée, hidden line; **partie cachée,** hidden surface; **élimination des lignes cachées,** hidden line removal; **élimination des surfaces cachées,** hidden surface elimination.

**cadence:** throughput rate; **cadence brute de transfert de données,** actual data transfer rate; **cadence de mouvement,** activity rate.

**cadencement:** générateur de cadencement, timing generator.

**cadrage:** registration; **bit de cadrage,** sprocket bit; **bord de cadrage,** alignment edge; **cadrage automatique,** automatic registration; **cadrage de cartes,** card registration; **cadrage de la virgule décimale,** decimal point alignment; **cadrage de virgule décimale,** decimal alignment; **cadrage des caractères,** character registration; **cadrage des lignes sans coupure de mots,** hyphenless justification; **cadrage textuel,** text aligning; **contrôle du cadrage des perforations,** registration check; **dispositif de cadrage,** aligner finger; **facteur de cadrage,** scaling factor, exponent part; **guide de cadrage,** aligner guide; **marge de cadrage,** aligning edge; **partie de cadrage,** scaling part; **position de cadrage,** scaling position; **téton de cadrage,** registration stud.

**c a d r a n :** dial; **cadran téléphonique,** telephone dial; **sélection par cadran numérique,** dial switching; **sélection par cadran numéroté,** dial switch selection.

**c a d r e :** frame, scope; **cadre de page,** page frame; **cadre en surimpression,** form overlay; **cadre pivotable,** belt gate; **cadre plein,** filled box; **cadre plein à coins arrondis,** filled rounded box; **cadre vide,** hollow box; **impression de cadre,** form flash; **perforation hors-cadre,** off punch.

**c a d r é :** **autovérification des zéros cadrés à gauche,** automatic left zero verification; **cadré,** adjusted; **cadré à droite,** right-aligned, right-adjusted; **cadré à gauche,** left-aligned, left-adjusted; **caractère cadre à gauche,** high-order character; **non cadré,** unjustified, unscaled; **zéro cadré à droite,** right hand zero; **zéro câdré à gauche,** left hand zero.

**c a d r é e :** **adresse cadrée à droite,** low-order address; **adresse cadrée à gauche,** high-order address.

**c a d r e u r :** registrating flipper.

**c a h i e r :** **cahier des charges,** problem specifications.

**c a i s s e :** **bande de caisse,** tally.

**c a l a g e :** **levier de calage,** detent arm.

**c a l c u l :** calculation, calculus; **affectation des ressources calcul,** computer resource allocation; **amplificateur de calcul,** computing amplifier; **calcul analogique,** analog calculation, analog computation; **calcul approximatif,** approximate computation; **calcul avec accumulateur,** accumulator calculation; **calcul croisé,** crossbar footing; **calcul d'adressage,** address calculation, address computation; **calcul d'adresse,** randomizing; **calcul d'indice,** subscript calculation; **calcul d'équation,** equation evaluation; **calcul de capacité,** capacity calculation; **calcul de groupe,** group calculate, groupe valuation; **calcul de l'adresse de base,** basic address calculation; **calcul de la longueur d'article,** item size computation; **calcul de puissance,** capacity calculation; **calcul de signe,** sign computation; **calcul des centres de coûts,** cost center calculation; **calcul des coûts réels,** actual cost system; **calcul différentiel,** differential calculus; **calcul en double longueur,** double-length arithmetic; **calcul en pleine précision,** full precision calculation; **calcul en virgule fixe,** fixed-point calculation;

**calcul en virgule flottante,** floating-point calculation; **calcul individuel,** detail calculation; **calcul informatisé,** computing, computation; **calcul intégral,** integral calculus; **calcul mathématique,** mathematical computation; **calcul matriciel,** matrix calculus; **calcul numérique,** numerical computation; **calcul par cartes-programme,** card program calculating; **calcul répétitif,** repetitive computation; **calcul transversal,** crossfooting; **calcul à virgule flottante programmée,** programmed floating-point operation; **capacité de calcul,** computer capacity; **centre de calcul,** computing center, computation center; **charge de calcul,** computational load; **coprocesseur de calcul en virgule flottante,** scientific subprocessor; **cycle de calcul,** computer cycle; **durée de calcul,** computing time; **effectuer des calculs,** crunch numbers (to); **élément de calcul,** computational item; **équipement de calcul,** computing device; **erreur de calcul,** computing error, computational error; **génération calcul d'adresse,** address generation; **instruction de calcul,** compute statement, calculation statement; **instruction de calcul en virgule flottante,** scientific instruction; **limité par le temps de calcul,** compute-limited; **matériel de calcul,** computing machinery; **mode calcul,** compute mode; **méthode de calcul,** arithmetic technique; **option de calcul en virgule flottante,** scientific option; **opération de calcul automatisé,** computing operation, calculating operation; **opération de calcul de moyenne,** average calculating operation; **opération de calcul fondamentale,** basic calculating operation; **organe de calcul,** computer unit; **organe de calcul série,** serial arithmetic unit; **processus de calcul,** computing process; **procédure de calcul,** computing procedure; **programme de calcul,** computing program; **programme de calcul d'adresse,** randomizing routine; **programme de calcul de cosinus,** cosine program; **puissance de calcul,** computational power; **registre de calcul,** calculating register; **règle à calcul,** slide rule; **site de calcul,** computer site; **sous-programme de calcul,** accounting routine; **sous-programme de calcul en virgule flottante,** floating-point subroutine; **stabilité des calculs,** computational stability; **symbole de calcul,** operation symbol; **temps de calcul,** calculating time, computer time; **unité de calcul,** calculating unit, computation module; **unité de calcul en virgule flottante,** scientific unit; **valeur moyenne de calcul,** arithmetic mean value; **vitesse de calcul,** computing speed, calculating speed.

calculateur: computer, computing machine; bus des adresses de calculateur, computer address bus; calculateur analogique, analog computer (ANACOM); calculateur analogique modulaire, modular analog computer; calculateur annexe, computer satellite; calculateur arithmétique, arithmetic computer; calculateur asservi, controlled computer; calculateur associé, attached processor (AP); calculateur asynchrone, asynchronous computer; calculateur automatique, automatic computer; calculateur central, host processor; calculateur commandé par cartes, card-controlled calculator; calculateur compilateur, compiling computer; calculateur d'exécution, target computer; calculateur de base, source computer; calculateur de bureau, business machine, keyboard computer; calculateur de commande, control computer; calculateur de gestion, business computer; calculateur de première génération, first-generation computer; calculateur de processus numérique, digital process computer; calculateur de seconde génération, second-generation computer; calculateur de traitement, job computer; calculateur de traitement par lots, batch computer; calculateur de trajectoires, path computer; calculateur de troisième génération, third-generation computer; calculateur de télégestion, remote network processor; calculateur embarqué, embedded computer; calculateur en temps réel, realtime computer; calculateur esclave, host-driven computer; calculateur frontal, interface computer; calculateur frontal de réseau, front-end network processor; calculateur géré par programme, program-controlled computer; calculateur hôte, host computer; calculateur incrémentiel, incremental computer; calculateur intégré, embedded computer; calculateur multiprécision, multiple length arithmetic; calculateur numérique, digital computer; calculateur numérique synchrone, synchronous digital computer; calculateur objet, object computer; calculateur parlant, talking computer; calculateur rapide, high-speed processor; calculateur satellite, satellite processor; calculateur secondaire temps réel, real-time satellite computer; calculateur spécial, special computer; calculateur spécialisé, special-purpose computer, single-purpose machine; calculateur synchrone, synchronous computer; calculateur séquentiel, sequence computer; calculateur séquentiel à enchaînement arbitraire, arbitrary sequence computer; calculateur série-parallèle, serial/parallel computer; calculateur sériel (série), serial digital computer; calculateur tampon, buffer computer; calculateur universel, all-purpose computer, multipurpose computer; calculateur vectoriel, vector computer; calculateur virtuel, virtual computer; calculateur électronique, electronic calculator; calculateur à logique programmée, programmed logic computer; calculateur à opérations simultanées, simultaneous throughput computer; calculateur à programme câblé, wired program computer; calculateur à programme enregistré, sequence-controlled calculator; calculateur à programme fixe, fixed-program computer; calculateur à programme mémorisé, stored program computer; calculateur à relais, relay calculator; calculateur à trois adresses, three-address computer; classe de calculateur, computer classification; composant de calculateur analogique, computing element; configuration de calculateur, computer configuration; console commune à des calculateurs, duplex console; directive de calculateur, processor control statement; ensemble de calculateurs associés, attached support processor (ASP); génération de calculateurs, computer generation; hiérarchie de calculateurs, hierarchy of computers; interface de calculateur, computer interface; jeu d'instructions du calculateur, computer instruction set; langage adapté aux calculateurs, computer-oriented language (COL); langage dépendant du calculateur, computer-dependent language; langage indépendant du calculateur, computer-independent language; langage propre au calculateur, computer-sensitive language; limité par le calculateur, computer-limited; nom de calculateur, computer name; programmation de calculateur, computer programming; programme de calculateur, computer program; système à double calculateur, duplex computer system.

calculatrice: calculator, hand calculator; perforatrice calculatrice, calculating punch, multiplying punch.

calculé: calculé par ordinateur, computerized.

calculée: adresse calculée, synthetic address; rangement à une adresse calculée, randomizing formula.

calculer: calculate (to), compute (to), computerize (to); machine à calculer, calculating machine.

calculette: pocket calculator; calculette de poche, pocket counter; calculette musicale, audible calculator.

**cale:** cale de blocage, lock disk.

**calendrier:** schedule.

**calibrateur:** scaler.

**calibration:** calibration.

**calibrer:** calibrate (to).

**calligraphique:** calligraphic.

**calque:** papier calque, tracing paper.

**came:** came de guidage du ruban encreur, ribbon operating cam.

**camembert:** pie graph, pie diagram, pie.

**CAN:** conversion analogique-numérique, analog-to-digital conversion (ADC).

**canal:** channel, drain; **adaptateur de canal,** channel adapter; **adaptateur de canal analogique,** data channel analog input adapter; **adaptateur de canal asynchrone,** asynchronous channel adapter; **allocation de canal,** channel scheduling; **appel de canal,** bus request; **bit canal,** channel bit; **bit d'état canal,** channel status bit; **canal N,** N-channel; **canal P,** P-channel; **canal alternatif,** alternate channel; **canal auxiliaire,** alternative channel, auxiliary channel feature; **canal d'accès direct à la mémoire,** direct memory access channel; **canal d'aération,** air duct; **canal d'entraînement,** sprocket channel; **canal d'entrée,** entry channel; **canal d'entrée de données numériques,** digital input channel; **canal d'introduction,** input channel; **canal de bande perforée,** tape channel; **canal de bande-pilote,** carriage tape channel; **canal de connexion,** crosstalk channel; **canal de contrôle,** check mark channel; **canal de distribution d'instructions,** instruction distribution channel; **canal de données local,** home data channel; **canal de données rapide,** high-speed data channel; **canal de déroutement,** channel trap; **canal de liaison directe,** direct data channel; **canal de maintenance,** maintenance channel; **canal de mise à jour,** maintenance channel; **canal de multiplexage direct,** direct multiplex channel; **canal de multiplexage à base de multiplets,** byte multiplex channel; **canal de parité bande,** tape parity channel; **canal de relâche,** drop channel; **canal de retour,** feedback channel; **canal de réception,** receive channel; **canal de réserve,** spare channel; **canal de service,** service channel; **canal de sortie analogique,** analog output channel; **canal de surveillance,** supervisory channel; **canal de transfert,** transfer channel; **canal de transmission,** data transmission channel, data line; **canal de transport,** carriage tape channel; **canal de téléimprimeur,** teletype channel; **canal de télétraitement,** line data channel; **canal direct,** down line; **canal discret,** discrete channel; **canal fixe,** stationary channel; **canal hertzien,** microwave channel; **canal lecture/écriture,** read/write channel; **canal logique,** logical channel; **canal multiple,** multiplexer channel; **canal multiplexeur,** block multiplexer channel; **canal multiplexeur de multiplets (octets),** byte multiplexer channel; **canal opérateur,** operand channel; **canal physique,** physical channel; **canal processeur,** processor channel; **canal rapide,** high-speed channel; **canal retour,** reverse channel; **canal symétrique binaire,** binary symmetric channel (BSC); **canal sélecteur,** selector channel; **canal vocal,** speech channel; **canal émetteur,** send channel; **canal à bande limitée,** band-limited channel; **canal à blocage simple,** single-interlocked channel; **canal à large bande,** broadband channel, wideband channel; **connexion de canal,** channel trunk; **contrôle de transfert en canal,** channel data check; **contrôleur de canal,** channel controller; **convertisseur de canal,** channel converter; **de canal à canal,** channel-to-channel; **débit de canal,** channel activity, channel capacity; **erreur de canal,** channel error; **état de canal,** channel status; **filtre d'aiguillage de canal,** channel separating filter; **filtre de canal,** channel filter; **fin de canal,** channel end; **gestion de canal,** channel scheduling; **indication d'erreur de canal,** channel alert; **instruction de canal,** channel command; **interface de canal,** channel interface; **largeur de canal,** channel width; **mot d'adresse de canal,** channel address word (CAW); **mot d'état de canal,** channel status word; **mot de commande canal,** channel command word; **multiplexeur de canal,** channel multiplexer; **multiplexeur de canal de données,** data channel multiplexor; **programme canal en file d'attente,** queued channel program; **programme de canal logique,** logical channel program; **programme du canal physique,** physical channel program; **registre d'état canal,** channel status register; **routine de canal,** channel program; **répétition de l'opération canal,** channel retry; **saut de canal,** channel skipping; **signal d'interruption de canal,** channel interrupt signal; **simple canal,** single channel; **sous-canal,** subchannel; **sous-canal récepteur de données,** received backward channel data; **subdivision du canal,** channel subdivision; **sélecteur de canal,** channel selector, channel selection switch; **tête de canal,** channel entry; **translation du programme canal,** channel program translation;

503

unité-tampon de canal

**unité-tampon de canal,** channel buffering unit; **voie de canal,** channel path.

**canaux:** conception des canaux, channel design; **découpage en canaux,** channelizing; **enregistreur à N canaux,** recorder with N channels; **groupe de canaux,** channel group; **multiplicateur de modulation à deux canaux,** time-division multiplier; **système à canaux,** channel system; **sélecteur de canaux,** pluggable telephone channel selector; **table d'états des canaux,** channel status table.

**canevas:** canvas.

**canon:** gun.

**C A O:** conception assistée par ordinateur, computer-aided design (CAD).

**capacitance:** capacitance; **capacitance commandée par tension,** voltage variable capacitance; **capacitance de sortie,** output capacity.

**capacité:** capacity, range, ability; **calcul de capacité,** capacity calculation; **capacité d'accumulateur,** accumulator volume; **capacité d'adressage,** addressability; **capacité d'extension,** growth capability; **capacité d'une carte,** card capacity; **capacité d'une variable,** range of a variable; **capacité d'une voie,** channel capacity; **capacité de base,** basic capacity; **capacité de calcul,** computer capacity; **capacité de charge,** load-carrying ability; **capacité de colonnes,** column capacity; **capacité de compteur,** counter capacity; **capacité de diffusion,** hole storage effect; **capacité de la mémoire centrale,** main memory capacity; **capacité de la mémoire interne,** internal memory capacity; **capacité de machine,** machine capacity; **capacité de mémoire,** memory capacity, storage capacity; **capacité de mémoire optimale,** optimum storage capacity; **capacité de piste,** track capacity; **capacité de registre,** register capacity; **capacité de réserve,** spare capacity; **capacité de traitement,** transput, throughput; **capacité de transmission,** traffic handling capacity; **capacité de tri,** sort power; **capacité du disque,** disk space; **capacité exprimée en mots,** word capacity; **capacité inoccupée,** idle capacity; **capacité mémoire pour programme objet,** objet core size; **capacité nominale,** rated load; **capacité programme,** program capacity; **charge à capacité illimitée,** infinite loading; **chargement à capacité limitée,** finite loading; **contrôle de dépassement de capacité,** overflow control; **croissance de capacité,** capacity increase; **double capacité mémoire,** double density; **dépassement de capacité,** overflow (OV); **dépassement**

de capacité de répertoire, directory overflow; **dépassement de capacité intermédiaire,** intermediate result overflow; **dépassement de capacité simple précision,** short precision overflow; **dépassement de la capacité mémoire,** memory overload; **dépassement inférieur de capacité,** characteristic underflow; **dépassement supérieur de capacité,** arithmetic overflow, characteristic overflow; **dépasser la capacité,** overflow (to); **étalon de capacité,** capacity standard; **indicateur de contrôle dépassement de capacité,** overflow check indicator; **indicateur de dépassement de capacité,** overflow indicator; **multiplication à capacité aléatoire,** arbitrary precision multiplication; **mémoire de grande capacité,** bulk storage, mass storage; **mémoire à grande capacité,** large core store (LCS); **planification de capacité,** capacity planning; **réduction de capacité,** capacity decrease; **soupassement de capacité,** arithmetic underflow; **tambour de grande capacité,** file drum; **zone de dépassement de capacité,** overflow area.

**capacitive:** mémoire capacitive, capacity storage.

**capital:** capital.

**capitale:** upper case (UC); **capitale d'imprimerie,** block capital; **lettre capitale,** capital letter; **petites capitales,** small capitals, small caps.

**capot:** hood; **capot d'insonorisation,** acoustic cover; **contact de sécurité capot,** cover interlock contact; **grille capot,** hood grille.

**capteur:** pickup, pickoff, sensor, puck; **capteur de positionnement,** position sensor; **capteur de vitesse,** speed sensor; **capteur photoélectrique,** photo document sensor.

**caractère:** character*; **(caractère de) commande de transmission,** communication control character; **début d'en-tête,** start-of-heading (character) (SOH); **(caractère de) début de bloc,** start-of-block (character) (SOB); **(caractère de) début de message,** start-of-message (character) (SOM); **(caractère de) début de texte,** start-of-text (character) (STX); **(caractère de) fin de message,** end-of-message character (EOM); **(caractère de) fin de médium,** end-of-medium character (EM); **(caractère de) fin de transmission,** end-of-transmission character (EOT); **(caractère) commande de code normal,** shift-in (character) (SI); **(caractère) commande de code spécial,** shift-out (character) (SO); **(caractère) joker,** wildcard; **(caractère) nul (NUL),** null (character) (NUL); **adressable par caractère,** character-oriented; **affichage à caractères,** character display; **alignement de caractères,** character alignment, type alignment; **arrangement de caractères,** character arrangement; **axe de référence d'espacement de caractère,** character spacing reference line; **axe de référence de caractère,** character reference line; **axe vertical d'un caractère,** character center line; **barre porte-caractères,** type bar; **barre porte-caractères alphanumériques,** alphameric type bar; **boule porte-caractères,** golfball; **cadrage des caractères,** character registration; **caractère ':',** colon; **caractère accentué,** accented character; **caractère ISO,** ISO character; **caractère additionnel,** additional character; **caractère admissible,** admissible character; **caractère alphabétique,** alphabetic character; **caractère astérisque,** star character; **caractère auxiliaire,** auxiliary character, auxiliary sumbol; **caractère binaire,** binary character; **caractère blanc,** blank character; **caractère blanc de remplacement,** substitute blank; **caractère booléen,** Boolean character; **caractère cadre à gauche,** high-order character; **caractère codé,** coded character; **caractère codé binaire,** binary-coded character; **caractère codé en alphanumérique,** alphanumeric-coded character; **caractère condensé,** condensed type; **caractère contempteur,** block ignore character; **caractère d'accusé de réception négatif,** negative acknowledge character; **caractère d'acheminement,** code directing character, routing prefix code; **caractère d'acheminement erroné,** improper routing character; **caractère d'adressage,** address character; **caractère d'annulation,** error character; **caractère d'annulation de bloc,** block cancel character; **caractère d'appel,** cue symbol; **caractère d'appel de réception,** addressing character; **caractère d'arrêt,** break signal; **caractère d'attente,** idle character; **caractère d'effacement,** clearing character, rub-out character; **caractère d'effacement de groupe,** group erase; **caractère d'effacement de ligne,** line deletion character; **caractère d'en-tête,** leading graphics; **caractère d'espacement arrière,** backspace character; **caractère d'espacement horizontal,** horizontal skip character; **caractère d'identification,** identification character (ID); **caractère d'identité du terminal,** terminal recognition character; **caractère d'indication,** signaling character; **caractère d'information,** information character; **caractère d'interrogation,** inquiry character (ENQ); **caractère d'interruption,** break character; **caractère d'oblitération,** char-acter deletion; **caractère d'échappement,** escape character (ESC); **caractère d'édition,** editing character; **caractère d'émission de commandes,** command terminator; **caractère d'état,** status character; **caractère d'état d'article,** item status character; **caractère de bourrage,** stuffing character; **caractère de changement de code,** code extension character; **caractère de changement de fonte,** font change character; **caractère de code,** code character; **caractère de code par défaut,** default code character; **caractère de commande,** instruction character, functional character; **caractère de commande chariot,** carriage control character; **caractère de commande d'impression,** print control character; **caractère de commande d'édition,** edit control character; **caractère de commande de commutation,** switching control character; **caractère de commande de format d'édition,** format effector character; **caractère de commutation de code,** ESC character; **caractère de continuation,** connecting character; **caractère de contrôle,** control character, check character; **caractère de contrôle d'appel,** call control character; **caractère de contrôle d'exactitude,** accuracy control character; **caractère de contrôle de bloc,** block check character; **caractère de contrôle de liaison,** data link control character; **caractère de contrôle de périphérique,** device control character; **caractère de contrôle de transmission,** communications control character; **caractère de contrôle récurrent,** cyclic check character; **caractère de correction,** response character; **caractère de correction d'erreur,** error-correcting character; **caractère de début de message,** message beginning character; **caractère de délimitation,** demarcation character; **caractère de dérivation,** junction character; **caractère de fin,** terminating character, back-to-normal signal; **caractère de fin d'exécution,** end-of-run character (EOR); **caractère de fin de bloc,** end-of-block character (EOB), block character; **caractère de fin de document,** end-of-document character (EOD); **caractère de fin de fichier,** end-of-file character (EOF); **caractère de fin de ligne,** end-of-line character (EOL); **caractère de fin de message,** message ending character; **caractère de fin de texte,** end-of-text character (ETX); **caractère de fin de travail,** end-of-job character (EOJ); **caractère de fonction,** function character; **caractère de garnissage,** padding character, pad character, gap character; **caractère de maintien de changement,** locking shift character; **caractère de mise en forme,** insertion character; **caractère de mise en haut de page,** top-of-form character (TOF); **caractère de mise en page,** layout character; **caractère de parité,** redundancy check character; **caractère de passage en majuscule,** upper shift character; **caractère de plus faible poids,** least significant character; **caractère de ponctuation,** punctuation character; **caractère de positionnement en haut d'imprimé,** head-of-form character (HOF); **caractère de poursuite,** continuation character; **caractère de présentation de feuille,** form feed character (FF); **caractère de rejet,** cancel character; **caractère de remplacement,** replacement character, joker; **caractère de remplissage,** filling character, fill character, filler; **caractère de retour à la ligne,** new line character; **caractère de routage,** data route character, code-indicating character; **caractère de routine automatique,** automatic routine character; **caractère de réception positif,** acknowledge character; **caractère de répétition,** repetition character; **caractère de saut,** slew character; **caractère de saut de ligne,** newline character; **caractère de service,** transmission control character; **caractère de signal départ/arrêt,** start-stop character (SS); **caractère de signe,** sign character; **caractère de sonnerie,** bell character; **caractère de soulignement,** underscore character; **caractère de substitution,** substitute character (SUB); **caractère de suppression,** delete character, erase character; **caractère de suppression de zéros,** zero suppression character; **caractère de synchro,** sync character; **caractère de synchronisation,** synchronous idle character (SYN); **caractère de sélection,** selecting character, call direction code; **caractère de sélection d'unité,** component select character; **caractère de sélection de chiffres,** digit select character; **caractère de séparation,** delimiting character; **caractère de tabulation,** tabulation character, tab character; **caractère de tabulation horizontale,** horizontal tabulate character; **caractère de terminaison,** line control character; **caractère de transmission de bloc,** transmission block character; **caractère de tête,** leading character; **caractère diacritique,** diacritical work; **caractère délimité,** enclosed character; **caractère délié,** thin stroke; **caractère en bas de casse,** lower case character; **caractère en haut de casse,** upper case character; **caractère erroné,** false code; **caractère espace,** space character (SP), blank character; **caractère espacement,** blank space; **carac-**

tère fantôme, ghosting character; **caractère fictif,** throw-away character; **caractère fin d'adresse,** end-of-address character (EDA); **caractère fin de sélection,** end of selection; **caractère fin de texte,** text terminator; **caractère fin de zone,** field termination character; **caractère flottant,** floating character; **caractère flou,** ghosting character; **caractère graphique,** graphic character; **caractère gras,** bold-faced type, bold type; **caractère identificatif,** recognition character; **caractère illégal,** illegal character; **caractère imbriqué,** embedded character; **caractère imprimable,** printable character; **caractère indicateur,** cue character; **caractère interligne,** line feed character; **caractère invalide,** invalid character; **caractère italique,** italics type, italic character, italic typeface, italics; **caractère magnétique,** magnetic character; **caractère mal interprété,** skew character; **caractère à matrice de points,** dot matrix character; **caractère mutilé,** mutilated character; **caractère non autorisé,** forbidden character; **caractère non imprimable,** nonprintable character, unprintable character; **caractère non valide,** improper character; **caractère nul,** character null; **caractère numérique,** numerical character, numeric character; **caractère optique,** optical character; **caractère par caractère,** character by character; **caractère redondant,** redundant character; **caractère retour de chariot,** carriage return character; **caractère spécial,** special character; **caractère symbole,** symbol character; **caractère séparateur,** separating character; **caractère séparateur de fichier,** file separator character; **caractère tabulateur,** tabulator character; **caractère tamponné,** buffered character; **caractères alphanumériques,** alphameric characters; **caractères de service,** functional characters; **caractères espacés,** spaced characters; **caractères homogènes,** homogeneous characters; **caractères imprimables,** printer graphics; **caractères lisibles,** readable characters; **caractères magnétiques,** magnetic writing; **caractères par pouce,** characters per inch (CPI); **caractères semi-graphiques,** semigraphic characters; **cellule caractère,** character descriptor; **centrage de caractère,** character centering; **champ de caractère,** character outline; **changement de jeu de caractères,** face change; **chaîne (de caractères) alphabétique,** alphabetic string; **chaîne de caractères,** character string; **chaîne de caractères appropriée,** proper string; **chaîne de caractères lettre,** letter chain; **chaîne de caractères mise en forme,** format string; **chaîne de caractères ouverte,** open string; **chaîne de caractères symboles,** symbol character string; **clavier caractères,** type key; **codage de caractère,** character coding; **code binaire de caractères,** character binary code; **code de caractère,** character code; **code de caractère de contrôle,** control character code; **codé par caractère,** character-coded; **commande caractère par caractère,** character checking; **comptage des caractères,** character count; **constante caractère,** character constant; **contenu moyen d'informations par caractère,** average information per character; **contour de caractère,** character outline; **contrôle caractère par caractère,** character at a time check; **contrôle de caractère,** character check; **contrôle de validité des caractères,** invalid character check; **conversion de caractères,** character conversion; **conversion de caractères spéciaux,** special character conversion; **demande de caractères,** character request; **densité de caractères,** character density; **dessin de caractère,** character image; **dispositif de reconnaissance de caractères,** character recognition device; **disque caractères,** type wheel; **disque porte-caractères,** daisy wheel; **distorsion de caractère,** character distortion; **débit (en caractères),** character rate; **décalage de caractères,** character adjustment; **éditeur de police de caractères,** type font editor; **effacement du caractère de remplissage,** padding deletion; **élément porte-caractères,** print train; **émetteur de caractère,** character emitter; **emplacement de caractère,** character location; **ensemble de caractères,** type array; **ensemble des (caractères) numériques,** numeric set; **ensemble des caractères numériques,** numeric character set; **ensemble des caractères universels,** universal character set; **entropie moyenne (par caractère),** mean entropy (per character); **espace entre caractères,** character separation; **espacement de caractère,** character interval; **espacement de caractères longitudinal,** horizontal spacing; **espacement des caractères,** row pitch; **espacement entre caractères,** character spacing; **espacement variable des caractères,** variable-character pitch; **fonctionnant au niveau du caractère,** character-oriented; **fonte de caractères,** type font; **format de caractère,** character format; **format des chaînes de caractères,** string format; **garnir de caractères,** character fill (to); **grille caractère,** matrix character; **guide de la barre à caractères,** type bar guide; **générateur de** caractères, character generator; **générateur de caractères de commande,** control character generation; **générateur vectoriel de caractères,** stroke character generator; **génération de caractères,** character generation; **génération de caractères automatique,** automatic character generation; **génération des caractères espaces,** space code generation; **hauteur de caractère imprimé (1/72 de pouce),** point size; **hauteur de caractères,** character height; **image de la chaîne des caractères d'impression,** chain image; **impression en caractère gras,** bold print; **imprimante caractère,** serial printer; **imprimante caractère par caractère,** character printer, character-at-a-time printer; **imprimante de caractères magnétiques,** magnetic character printer; **imprimante à barres de caractères,** rack printer; **inclinaison d'un caractère,** character skew; **insertion de caractère nul,** idle insertion; **insertion de caractères,** character insert; **instruction à caractère unique,** single-character instruction; **jambage de caractère,** character stroke; **jambage inférieur de caractère,** descender; **jambage supérieur de caractère,** ascender, riser; **jeu de caractères,** character set, character set, type set; **jeu de caractères ANSI,** ANSI character set; **jeu de caractères COBOL,** COBOL character set; **jeu de caractères alphanumériques,** alphanumeric character set; **jeu de caractères codés,** coded character set; **jeu de caractères de code,** code character set; **jeu de caractères liés au langage,** language character set; **jeu de caractères magnétiques,** magnetic ink font; **jeu de caractères secondaires,** alternate character set; **jeu de caractères semi-graphiques,** line drawing set; **jeu de caractères élargis,** expanded character set; **jeu partiel de caractères,** character subset; **largeur de caractère,** character length; **lecteur de caractère,** character reader; **lecteur de caractères automatique,** automatic character reader; **lecteur de caractères magnétique,** magnetic character reader; **lecteur optique de caractères,** optical character reader; **lecture automatique de caractères,** automatic character reading; **lecture directe (séquentielle) de caractères,** direct character reading; **lecture optique de caractères,** optical character reading; **lecture par exploration des caractères,** character sensing; **lecture électronique des caractères,** electronic character sensing; **limite de lecture de caractère,** character boundary; **logiciel de reconnaissance de caractères,** text reader processor;

logique de reconnaissance de caractères, character recognition logic; **machine fonctionnant au niveau du caractère,** character-oriented computer; **machine à caractères,** character machine; **matrice du caractère,** character cell; **matrice à caractères,** character matrix; **mode caractère,** character mode; **mode caractère gras,** boldfacing mode; **mode contrôle caractère,** control state; **modificateur d'adresse de caractère,** character modifier; **niveau d'accès à la chaîne de caractères,** string level access; **numéro de caractère,** character number; **opération sur une chaîne (de caractères),** string operation; **parallélisme de caractères,** parallel by character; **police de caractères,** character font, font, type font; **police de caractères secondaire,** alternate type style; **porte-caractères,** print member; **position de caractère,** character position; **premier caractère de remplissage,** initial filler; **précision des caractères,** character accuracy; **présentation des caractères,** character representation; **recherche de caractères alphabétiques,** alphabetic test; **reconnaissance automatique des caractères,** automatic character recognition; **reconnaissance de caractères,** character recognition; **reconnaissance des caractères de commande,** control character recognition; **reconnaissance optique de caractères,** optical character recognition (OCR); **registre de caractères,** character register; **roue porte-caractères,** printwheel, typewheel, daisy; **roue à caractères,** character wheel, type roll; **réception de caractère,** character reception; **sortie de caractère,** character exit; **sortie de caractères spéciaux,** special character exit; **sous-matrice du caractère,** character subcell; **style de caractère,** typeface, type style; **style de caractères,** type face; **suite de caractères,** character sequence; **suite de caractères de commande,** supervisory sequence; **support de caractères,** type carrier; **symbole de caractère,** character symbol; **symbole de caractère espace,** space symbol; **séquence de caractères de contrôle de bloc,** block check sequence; **séquentiel caractère par caractère,** serial-by-character; **table d'allocation de caractères,** character assignment table; **table de conversion de caractères,** character arrangement table; **tableau de caractères,** string array; **taille de caractère,** character size; **tambour porte-caractères,** type drum; **tampon de caractères,** character buffer; **tampon à caractères,** bit buffer; **taux d'erreur sur les caractères,** character error rate; **traducteur de caractè-** res magnétiques, magnetic pickup transducer; **traitement des caractères,** character handling; **traitement des caractères de commande,** control character processing; **transcodage de caractère,** character code translation; **transfert de caractères blancs,** blank transfer; **tulipe porte-caractères,** thimble wheel; **type chaîne de caractères,** character string type; **type de caractère,** face; **validation de caractère,** character release; **variable caractère,** character variable; **visuel à caractères,** reafout device, character display; **vitesse de transmission des caractères,** character transfer rate; **vérification de parité par caractère,** character parity check; **zone des caractères de correction,** response location.

c a r a c t é r i s t i q u e : characteristic*; **caractéristique (base),** biased exponent; **caractéristique,** characteristic (of a logarithm); **caractéristique (équipement),** feature; **caractéristique d'adressage,** address format; **caractéristique de contrôle,** checking feature; **caractéristique de décharge,** discharge shape; **caractéristique de fréquence,** frequency characteristic; **caractéristique de la tension,** voltage-current characteristic; **caractéristique de limitation du courant,** current limiting characteristics; **caractéristique de sortie,** output characteristic; **caractéristique des données,** data attribute; **caractéristique du taux d'onde stationnaire,** VSWR characteristic; **caractéristique quadratique,** square law characteristic; **caractéristique signal/bruit,** signal-to-noise characteristic; **caractéristiques d'application,** application features; **caractéristiques d'impression évoluées,** advanced print features; **caractéristiques de fichier,** file characteristics; **caractéristiques de groupe,** group characteristics; **caractéristiques de l'impression,** print features; **caractéristiques de phase,** phase characteristics; **caractéristiques des fibres optiques,** optical fiber characteristics; **caractéristiques fonctionnelles,** functional characteristics; **caractéristiques physiques,** physical characteristics; **caractéristiques répétitives,** repetitive specifications; **contrôle de caractéristique,** attribute testing; **courbe caractéristique,** characteristic curve; **distorsion de caractéristique,** characteristic distortion; **impédance caractéristique,** iterative impedance, surge impedance; **limite de la caractéristique,** characteristic boundary; **résistance caractéristique,** characteristic impedance.

c a r b o n e : carbon; **carbone soie,** carbon silk; **cartouche à ruban de carbone,** carbon ribbon cartridge; **guide de ruban carbone,** carbon ribbon feed; **papier carbone,** carbon copy; **papier carboné,** carbon paper; **ruban carbone,** carbon tape; **ruban carboné,** carbon ribbon; **résistance à couche de carbone,** carbon film resistor.

**c a r b o n é:** papier carboné, carbon paper; ruban carboné, carbon ribbon.

**c a r d i n a l:** nombre cardinal, basic number.

**c a r e t:** caret.

**c a r r é:** square; **moindre carrés,** root mean square (RMS); **méthode d'analyse des moindre carrés,** least square analysis; **nombre carré,** square number; **test des carrés de Chi,** Chi square test.

**c a r r é e:** contrôle par balance carrée, crossbar checking; **guide d'ondes carrées,** rectangular wave guide; **impulsion carrée,** square pulse; **impulsion d'onde carrée,** square wave pulse; **onde carrée,** square wave; **racine carrée,** square root.

**c a r r o u s e l:** carousel.

**c a r t e:** board, card*, map; **à base de cartes,** card-based; **alignement de cartes,** card registration, registration; **aligner des cartes,** joggle (to); **alimentation accélérée de cartes,** accelerated card feed; **alimentation automatique de cartes,** automatic card feed; **alimentation de carte individuelle,** single-card feeding; **arrangement de paquet de cartes,** deck set-up; **avancement des cartes,** card movement; **bac à cartes,** card compartment; **bande de fichier image de carte,** card image tape; **bati à cartes,** card frame; **battre des cartes,** joggle (to); **boite à cartes,** cardboard; **bord arrière de carte,** card trailing edge; **bord avant de carte,** card leading edge; **bord de carte,** card edge; **bourrage de cartes,** card jam, card stuffing, card wreck; **boîtier de réception de cartes,** output stacker; **boîtier de sortie de cartes,** output bin; **cadrage de cartes,** card registration; **calcul par cartes-programme,** card program calculating; **calculateur commandé par cartes,** card-controlled calculator; **capacité d'une carte,** card capacity; **carte Hollerith,** Hollerith card; **carte accélératrice,** accelerator board, speed-up board; **carte aide-mémoire,** quick reference card; **carte article,** item card; **carte binaire,** binary card; **carte bipartite,** two-part card; **carte complémentaire,** continuation card; **carte contrôle,** clock card; **carte couleur,** color adapter; **carte d'absence,** absence card; **carte d'accélération,** speed card; **carte d'accès,** access card; **carte d'appel de pupitre,** console call card; **carte d'essai,** test board; carte

d'extension, expansion card; **carte d'extension de mémoire,** memory extension unit; **carte d'identification,** identification card; **carte d'index machine,** machine index card; **carte d'instructions,** instruction card; **carte d'interface,** interface card; **carte d'interface réseau,** network interface card; **carte écran,** display adapter; **carte de charge,** load card; **carte de chargement,** loader card; **carte de commande,** command card; **carte de commande d'extraction,** output option card; **carte de commande de support informatique,** volume parameter card; **carte de commande des totaux,** total control card; **carte de compte magnétique,** magnetic ledger card; **carte de configuration des machines,** configuration card; **carte de consigne,** set card; **carte de contrôle,** control card; **carte de correction effective,** actual patch card; **carte de corrections,** patch card; **carte de crédit,** bank credit card; **carte de date,** date card; **carte de données,** data card; **carte de décalage de volume,** volume displacement card; **carte de définition,** definition card; **carte de détail,** detail card; **carte de fin,** end card, terminator card; **carte de grande surface,** large card; **carte de lancement,** bootstrap card; **carte de limitation,** sentinel director; **carte de mise à jour,** update card; **carte de modification,** change card, patch card; **carte de montage,** mounting card; **carte de mémoire,** memory board, memory card; **carte de mémoire épandue,** expanded memory board; **carte de mémoire étendue,** extended memory board; **carte de pilotage des travaux,** job control card; **carte de pointage,** time card; **carte de recherche,** search card; **carte de sortie,** issue card; **carte de sélection de programmes,** run card; **carte de totalisation,** total card; **carte de transfert,** transfer card; **carte de tête,** heading card, initial card; **carte de vérification,** inspection detail card; **carte des adresses relogeables,** relocation dictionary card; **carte des couleurs,** color map; **carte des mouvements,** accounting detail card, activity card; **carte des transactions,** transaction card; **carte document,** dual card; **carte double hauteur,** two-hi card; **carte démunie de composants,** unpopulated board; **carte en langage symbolique,** source card; **carte en-tête,** header card; **carte en-tête de programme,** program header card; **carte enfichable,** plug-in board, plug-in card; **carte entrée,** input card; **carte erronée,** error card; **carte expérimentale,** breadboard; **carte graphique,** graphic display adapter; **carte grillée,** laced card; **carte guide,** guide card; **carte générique**, description card; **carte individuelle**, individual job card; **carte infographique**, computerized map, computer map; **carte logique**, logical board, logic card; **carte magnétique**, magnetic card (mag card); **carte maître à talon**, master stub card; **carte maîtresse**, master card; **carte maîtresse d'un segment**, segment header card; **carte maîtresse du système**, system specific header; **carte microprocesseur**, microprocessor card; **carte mouvements**, posting card; **carte multifonction**, multifonction board; **carte multiligne**, multiple line card; **carte mémoire étendue**, above board; **carte mère**, motherboard, system board; **carte navette**, turnaround card; **carte numérisée**, computerized map; **carte ordre**, control statement card; **carte paramètre**, job card; **carte perforée**, punched card, punch card, Hollerith card; **carte perforée composée**, dual punch card; **carte pilote**, pilot card, preface card; **carte pilote du système**, system specific card; **carte plastique**, plastic card; **carte polyvalente**, composite card; **carte primaire**, primary card; **carte projet**, design card; **carte précédente**, preceding card; **carte préperforée**, prepunched card; **carte retenue**, deduction card; **carte récapitulatrice**, summary card; **carte simple hauteur**, one-hi card; **carte stock**, balance card, bin card; **carte suite**, continuation card; **carte suiveuse**, trailer card; **carte texte**, text card; **carte turbo**, turbo board; **carte vierge**, blank card, dummy card; **carte équipée**, populated board; **carte à 80 colonnes**, eighty-column card; **carte à 90 colonnes**, ninety-column card; **carte à aiguille**, edge-notched card; **carte à bande perforée unilatérale**, unilateral tape card, one-sided tape card; **carte à circuit imprimé**, printed circuit board (PCB); **carte à circuit imprimé enfichable**, plug-in circuit card; **carte à code Hollerith**, Hollerith-coded card; **carte à coin coupé**, corner cut card; **carte à contacts imprimés**, edge card; **carte à fenêtre**, aperture card; **carte à lecture graphique**, mark-sensing card; **carte à mémoire**, smart card; **carte à perforations marginales**, marginal-punched card, edge-punched card; **carte à puce**, chip card; **carte à talon**, stubcard; **carte-compte**, account card, ledger card; **carte-machine**, machine card; **carte-objet**, machine card; **carte-paramètre**, parameter card; **carte-programme**, program card; **carte-à-bande**, card-to-tape; **carte-à-carte**, card-to-card; **cartes chargeur**, load deck; **cartes correspondantes**, matching cards; **cartes de données condensées**, squoze

pack; **cartes-programme source**, source deck; **case de fusion de cartes**, card stocker; **case de réception de cartes**, reception pocket; **case de sortie de cartes**, stacker pocket; **chargeur de cartes**, card loader; **chargeur de cartes de corrections**, patch loader; **chemin de cartes**, card path, card channel; **code carte**, control hole, designation hole, control punch; **code de carte**, card code; **code de carte magnétique**, magnetic card code (MCC); **code de carte perforée**, punched card code; **colonne de carte**, card column; **commande par carte**, card control; **commande à cartes-programme**, program card control; **commandé par cartes**, card-controlled; **comptage de cartes**, card count; **compteur de cartes**, card counter; **console à cartes**, card console; **contact de carte**, card contact; **contrôle de cartes**, card check; **convertisseur cartes-bande**, card-to-tape converter; **convertisseur cartes-bande magnétique**, card-to-magnetic-tape converter; **convertisseur cartes-bande perforée**, card-to-paper-tape converter; **convertisseur cartes-disque**, card-to-disk converter; **couteau d'alimentation de cartes**, card feed knife, picker; **cycle de carte**, card cycle; **cycle de lecture des cartes**, card read cycle; **dispositif d'alimentation des cartes**, card feeding mechanism; **dispositif d'entraînement de cartes**, card drive; **dispositif d'impression de cartes**, card print; **dispositif de tri par cartes maîtresses**, group sorting device; **disque dur sur carte**, hardcard; **dos de carte**, cardback; **déflecteur de carte**, card deflector; **détecteur de bourrage de cartes**, card jam detector; **éjection de carte**, card ejection, card delivery; **entraînement de cartes**, card transport; **erreur de carte**, card error; **erreur de lecture de cartes**, card read error; **extension de carte**, board extension; **fichier de cartes maîtresses**, master card file; **fichier en cartes**, card file; **fichier image de carte**, card image file; **format de carte**, card format; **format des cartes-paramètres**, control card format; **format image de carte**, card image format; **glissière pour cartes**, card guide; **guide-carte**, card feed device; **image de carte**, card image; **impression en bout de carte**, end printing; **impression à la carte**, detail printing; **indication dernière carte**, last card indication; **introduction de cartes**, card input; **introduction de cartes perforées**, punched card input; **jeu de cartes**, card pack, card deck, deck, pack, pack of cards; **jeu de cartes d'assembleur**, assembler deck; **jeu de cartes d'entrée**, input deck; **jeu de cartes de corrections**, patch deck; **jeu de cartes directrices,** director deck; **jeu de cartes maîtresses,** master deck; **jeu de cartes paramètres,** parameter card set, control card set; **jeu de cartes programme,** program deck; **jeu de cartes résultats,** output deck; **lecteur de cartes,** card reader; **lecteur de cartes d'identification,** ID card reader; **lecteur de cartes rapide,** high-speed card reader; **lecteur-perforateur de cartes,** card read/punch unit; **lecture anticipée de carte,** early card read; **lecture automatique de cartes,** automatic card reading; **levier de carte,** card lever; **ligne de carte,** card row; **liste des cartes-paramètres,** control card listing; **lit de cartes,** path plate; **magasin de cartes,** card magazine, card holder; **magasin de réception de cartes,** receiving magazine, pigeon hole; **magasin à cartes,** magazine; **marque de jeu de cartes,** deck marker; **matériel à cartes,** card hardware; **mécanisme d'alimentation en cartes,** card feed; **mémoire à cartes magnétiques,** magnetic card storage; **méthode d'accès sélectifs de cartes,** card random access method (CRAM); **opération avec cartes maîtresses,** master card operation; **ordinateur commandé par cartes,** card-controlled computer; **ordinateur sur carte unique,** single-board computer (SBC); **ordinateur à cartes,** card computer, card-oriented computer; **panier à cartes,** card cage, card bed, card rack; **paquet de carte de chargement binaire,** binary load deck; **paquet de cartes,** card deck, card pack, deck, pack, stack of cards; **paquet de cartes d'instructions,** instruction pack; **paquet de cartes en langage source,** source pack; **paquet de cartes objet,** object deck, object pack; **paquet de cartes-instructions,** instruction deck; **paquet de cartes-paramètres,** control card deck; **passage d'alimentation des cartes,** card run-in; **passage d'éjection de cartes,** card run-out; **passage de cartes en biais,** card skew; **passage des cartes,** card passage; **perforateur de carte,** card punch; **perforateur à alimentation de cartes automatique,** automatic feed punch; **perforation de carte,** card punching; **perforation excédentaire (d'une carte),** lace punching; **piste de carte,** card track; **plaque de battage des cartes,** joggle plate; **poinçonneuse de carte,** card punch; **poste d'insertion des cartes,** master card insertion device; **poste d'éjection des cartes,** card output station; **pousseur de cartes,** card pusher; **preneur de cartes,** card gripper; **presse cartes,** stacker slide; **presse-cartes,** card weight; **programme de chargement de**

cartes, card loader monitor; **programme de perforation des cartes,** data recording program; **programme sur cartes en langage machine,** assembler card deck; **programmé par cartes,** card programmed; **prolongateur de carte,** card extender, expansion board; **présentateur de cartes,** card hopper; **rang de carte,** card row; **recto de carte,** card face; **remplacement de carte,** board swapping; **reproducteur de carte,** card copier; **reproductrice de cartes,** card reproducer, card reproducing punch; **retourneuse de cartes,** card reversing device; **récepteur à décalage de cartes,** offset stacker device; **sortie des cartes,** card output; **sur carte,** on board; **système à carte,** card system; **système à cartes magnétiques,** magnetic card system; **sélection de cartes,** card selection; **séquence de cartes-paramètres,** control card sequence; **tampon d'introduction de cartes,** card input buffer; **terminal de cartes de paiement,** credit card terminal; **testeur de carte,** board tester; **tri de cartes,** card sorting; **trieuse de cartes,** card sorter; **type de carte,** card type; **unité de cartes magnétiques,** magnetic card unit (MCU); **unité à cartes,** card unit; **vitesse de perforation des cartes,** card punching rate; **vérification de carte,** card verifying; **zone de carte,** zone position; **zone de carte perforée,** punched card field; **zone de données d'une carte,** card data field.

**c a r t e r :** hood catch, shell; **carter latéral,** end cover; **carter supérieur,** top shell.

**c a r t é s i e n :** cartesian; **traceur cartésien,** X-Y plotter.

**c a r t é s i e n n e s :** **coordonnées cartésiennes,** orthogonal coordinates.

**c a r t o u c h e :** cartouche, cartridge, title block; **cartouche de fontes,** font cartridge; **cartouche disque,** disk cartridge; **cartouche fusible,** cartridge fuse; **cartouche magnétique,** data cartridge; **cartouche programme,** solid state cartridge; **cartouche quart de pouce,** quarter-inch cartridge (QIC); **cartouche à bande,** tape cartridge; **cartouche à bande magnétique,** magnetic tape cartridge; **cartouche à ruban de carbone,** carbon ribbon cartridge; **chargement de la cartouche,** loading cartridge; **chargement par cartouche,** cartridge loading; **coffret à cartouches,** cartridge box; **ruban en cartouche,** cassette ribbon; **unité d'entraînement de cartouche,** tape cartridge drive; **unité à cartouche,** cartridge drive.

**c a s c a d e :** cascade; **cascade de bascules,** flip-flop string; **circuit en cascade,** cascaded circuit; **commande en cascade,**

cascade control; **compteur en cascade**, cascadable counter; **en cascade**, cascaded; **fenêtres en cascade**, cascading windows; **liaison en cascade**, cascade connection; **menu en cascade**, cascading menu; **montage d'amplificateurs en cascade**, cascade amplifier; **report en cascade**, cascaded carry; **tri en cascade**, cascade sorting, cascade sort.

**c a s e :** case, pocket; **case d'option**, option button; **case de commande**, command button; **case de défilement**, scroll box; **case de fonction**, card stacker; **case de fusion**, stocker; **case de fusion de cartes**, card stocker; **case de pointage**, check box; **case de rebut**, reject pocket, reject stacker; **case de réception de cartes**, reception pocket; **case de réception des documents**, document distribution; **case de réception normale**, accept stacker; **case de sortie de cartes**, stacker pocket; **case de sélection**, sorter pocket; **case de tri**, drop pocket; **case du menu système**, control-menu box; **case icône**, minimize box; **case par défaut**, default button; **case plein écran**, maximize box, restore box; **compteur de cases**, pocket counter; **contact de blocage de case**, stacker stop contact; **contact de verrouillage de case**, pocket stop contact; **poste sélecteur de case**, selector station; **ressort déflecteur de la case**, pocket deflector spring; **sélecteur de case**, case selector; **sélection de case**, pocket selection, stacker selection.

**c a s s a g e :** cracking.

**c a s s e :** caractère en bas de casse, lower case character; **caractère en haut de casse**, upper case character; **lettre en bas de casse**, lower case letter; **lettre en haut de casse**, upper case letter.

**c a s s e t t e :** cassette; **bande de cassette**, cassette tape; **cassette amovible**, removable cartridge; **cassette d'enregistrement**, data capture cassette; **cassette d'enroulement de bande**, tape magazine; **cassette d'origine**, reference tape cassette; **cassette chargeur**, read-only cassette loader; **cassette fixe**, fixed cartridge; **cassette monodisque**, single-disk cartridge; **cassette numérique**, digital cassette; **cassette à bande**, tape cassette; **cassette à bande d'impression**, belt cartridge; **cassette à bande magnétique**, magnetic tape cassette; **chargeur cassette**, cassette bootstrap loader; **format pour cassette**, Kansas city standard; **lecteur de cassette**, cartridge reader, cassette reader; **mécanisme d'entraînement de cassette**, cassette deck; **sous-système à cassette**, cassette tape subsystem; **système**

**à cassette**, tape cassette drive system; **unité de cassette**, cassette drive.

**c a t a l o g u e :** catalog*, directory, mapping table; **catalogue de données**, data catalog; **catalogue de volumes**, volume catalog; **catalogue des créateurs**, author catalog; **catalogue principal**, master catalog; **catalogué**, catalogued; **entité de catalogue**, catalog entity; **fichier de catalogue**, catalog file; **fichier-catalogue**, catalogued file, catalogued dataset; **gestion de fichier-catalogue**, catalog maintenance; **gestion sur catalogue**, catalog management; **niveau de catalogue**, catalog level; **noeud de catalogue**, catalog node; **nomenclature de catalogue**, catalog directory; **objet de catalogue**, catalog object; **racine de catalogue**, catalog root; **sous-catalogue**, subcatalog.

**c a t a l o g u é e :** données cataloguées, partitioned data; **procédure cataloguée**, catalogued procedure, filed procedure.

**c a t a l o g u e r :** catalog (to).

**c a t a s t r o p h i q u e :** catastrophic; **erreur catastrophique**, catastrophic error.

**c a t é g o r i e :** category; **catégorie d'erreur**, error class; **catégorie d'usagers**, user class of service; **catégorie de données**, data category; **catégorie de modification**, change class; **catégorie de rangement**, storage class; **catégorie de sécurité**, security category.

**c a t h o d e :** cathode.

**c a t h o d i q u e :** affichage par rayon cathodique, cross-display; **affichage à tube à rayon cathodique**, CRT device; **connexion cathodique**, cathode terminal; **courant cathodique**, cathode current; **écran cathodique**, cathode screen; **mémoire cathodique**, cathode ray storage; **tube cathodique à pénétration**, penetration CRT; **tube cathodique à écran plat**, flat-faced cathode ray tube; **tube commutateur à rayons cathodiques**, beam switching tube; **tube à rayons cathodiques (CRC)**, cathode ray tube (CRT); **unité d'affichage à tube à rayon cathodique**, CRT display unit.

**c a t h o d y n e :** amplificateur cathodyne, cathode follower; **montage cathodyne**, cathode follower; **émetteur cathodyne**, emitter follower.

**c a v a l i e r :** jumper, jumper wire; **affichage cavalier**, vector-based display; **balayage cavalier**, vector scan, random scan; **dispositif à balayage cavalier**, stroke-writing device; **graphique cavalier**, vector graphics; **visu à balayage cavalier**, calligraphic display; **visualisation en mode cavalier**, vector mode display.

**cellule:** cell, data cell; **cellule active,** active cell; **cellule binaire (de mémoire),** binary cell; **cellule caractère,** character descriptor; **cellule de base,** base cell; **cellule de mémoire,** memory cell, storage cell; **cellule de réserve d'adressage,** address substitution cell; **cellule magnétique,** magnetic cell; **cellule magnétique statique,** static magnetic cell; **cellule photo,** photocell; **cellule photoconductrice,** photoconductive cell; **cellule photoélectrique,** photoelectric cell (photocell); **cellule redresseuse,** rectifier cell; **cellule tampon,** buffer cell; **cellule ultrasonore,** ultrasonic cell; **cellule à retard,** delay network.

**centrage:** centering; **broche de centrage,** locating pin; **centrage automatique,** automatic centering; **centrage d'image,** image centering; **centrage de caractère,** character centering; **ergot de centrage,** locating dowel; **pion de centrage,** positioning stud; **poste de centrage,** aligner station; **téton de centrage,** locating peg.

**central:** central; **calculateur central,** host processor; **central automatique,** automatic exchange; **central manuel,** manual exchange; **central privé,** private exchange; **disque à renforcement central,** hard-centered disk; **fichier central,** computer bank; **office central de télécommunications,** central office; **ordinateur central,** host computer; **ordinateur central,** main computer; **poste central,** central station; **processeur central,** central processor, master processor; **programme de commande central,** central-controlling module; **répartiteur central,** main distribution frame; **réseau de commutation central,** central switching network; **sous-système central,** central subsystem.

**centrale:** adresse de mémoire centrale, main memory address; **allocation de mémoire centrale,** core allocation; **boucle centrale de lecture directe,** central scanning loop; **capacité de la mémoire centrale,** main memory capacity; **code mémoire centrale,** memory code; **commande centrale d'entrée-sortie,** central input/output controller; **commande de mémoire centrale,** main memory control; **composition de la mémoire centrale,** main memory configuration; **cycle de mémoire centrale,** central processor cycle; **état de l'unité centrale,** processor state; **gestion de mémoire centrale,** main memory management; **impression du contenu de la mémoire centrale,** main memory print; **mémoire centrale,** processor storage, central storage, core memory; **partition de mémoire centrale,** main memory section; **prise cen-**trale, center tap; **protection de la mémoire centrale,** main memory protection; **résidant en mémoire centrale,** core memory resident; **système à mémoire centrale,** core only environment; **taille de la mémoire centrale,** core size; **temps d'unité centrale,** mill time; **tri en mémoire centrale,** core sort; **unité centrale,** central unit, basic processing unit, mainframe; **unité centrale de traitement,** central processing unit (CPU); **unité centrale de réserve,** back-up processor; **unité centrale de traitement,** central data processor, mainframe computer; **unité de commande centrale,** main control unit.

**centralisation:** réseau de centralisation du traitement, distributed processing network.

**centralisé:** centralized; **non centralisé,** noncentralized; **protocole de routage centralisé,** centralized routing protocol; **traitement d'informations centralisé,** centralized data processing.

**centralisée:** centralized; **commande centralisée,** centralized control; **opération centralisée,** centralized operation; **saisie centralisée des données,** centralized data acquisition.

**centraliser:** centralize (to).

**centraux:** fichiers centraux communs, shared files.

**centre:** center, station; **centre automatique,** automatic dial exchange; **centre d'essais,** test center; **centre d'information du réseau,** network information center (NIC); **centre de calcul,** computing center, computation center; **centre de commutation,** switching center, switching office; **centre de commutation automatique,** automatic switching center; **centre de commutation automatique de messages,** automatic message switching center; **centre de commutation de circuits,** circuit switching center; **centre de commutation de données,** data switching exchange (DSE); **centre de commutation des messages,** message switching center; **centre de coûts,** cost center; **centre de réservation,** reservation center; **centre de traitement,** operation center; **centre de traitement automatique de données,** automatic data service center; **centre de traitement de données,** data processing center, data center; **centre de traitement à accès libre,** open shop; **centre de transit,** transit exchange, tandem exchange; **centre de transit de communications,** tandem switching center; **centre de télécommunication,** trunk switching office; **centre de télétraitement,** telecenter; **centre image,** image center; **centre informatique,** information processing center, computer center; **centre nodal,** node; **centre terminal,** central terminal.

**centré:** centered.

**centrée: erreur centrée,** balanced error; **erreur non centrée,** bias error.

**Centronics:** Centronics*; **interface Centronics,** Centronics interface; **sortie parallèle de type Centronics,** Centronics-type parallel port.

**CER:** clavier expédition/réception, keyboard send/receive (KSR).

**cercle:** circle; **cercle de visée,** aiming circle; **cercle plein,** filled circle; **cercle vide,** hollow circle.

**certificat:** certificate.

**certifié:** certified.

**certifiée:** certified; **bande certifiée,** certified tape.

**cerveau:** brain; **cerveau électronique,** electronic brain.

**CES:** contrôleur d'entrée/sortie, synchronizer.

**césure:** hyphenation; **aide à la césure,** hyphenation aid; **césure automatique,** automatic hyphenation; **césure des mots,** word separation; **dictionnaire de césure,** hyphenation dictionary; **programme de césure,** hyphenation routine; **proposition de césure,** hyphenation pan; **règle de césure,** hyphenation rule; **sans césure,** hyphenless.

**chaînage:** chaining*, concatenation, catenation, linkage; **adresse de chaînage,** chain address; **chaînage arrière,** backward chaining; **chaînage complet,** full chaining; **chaînage de commandes,** command chaining; **chaînage de données,** data chaining; **chaînage différentiel,** differential link; **câble de chaînage,** daisy chain cable; **instruction de chaînage,** chaining command; **macro-instruction de chaînage,** linkage macro-instruction; **paramètre de chaînage,** linkage parameter; **phase de chaînage,** link phase; **zone de chaînage,** chaining field, link field.

**chaîne:** string, chain; **chaîne alphabétique,** alphabetic string; **chaîne binaire,** binary chain, bit string; **chaîne bouclée,** daisy chain; **chaîne cinématique,** mechanical drive train; **chaîne d'adresses,** address chain; **chaîne d'entraînement,** drive chain; **chaîne d'entrées-sorties,** stream input/output; **chaîne d'impression,** print chain; **chaîne d'instructions,** instruction chain; **chaîne d'éléments binaires,** binary element string; **chaîne d'éléments de données,** data element chain; **chaîne de caractères,** character string; **chaîne de caractè-**res appropriée, proper string; **chaîne de caractères lettre,** letter chain; **chaîne de caractères mise en forme,** format string; **chaîne de caractères ouverte,** open string; **chaîne de caractères symboles,** symbol character string; **chaîne de comptage,** counting chain; **chaîne de comptage fermée,** closed counting chain; **chaîne de données,** data string, data chain; **chaîne de fichiers,** file string; **chaîne de pointeurs,** pointer chain; **chaîne de symboles,** symbol string; **chaîne de traitement,** job string; **chaîne entre guillemets,** quoted string; **chaîne unitaire,** unit string; **chaîne vide,** empty string, null string; **connexion en chaîne,** daisy chain connection; **données de chaîne binaire,** bit string data; **écart dans la chaîne de messages,** pacing threshold; **en chaîne bouclée,** daisy-chained; **erreur en chaîne,** propagated error; **fichier chaîné,** concatenated file; **fichier en chaîne,** chained file; **fin de chaîne,** string break; **format des chaînes de caractères,** string format; **fraction en chaîne,** continued fraction; **image de la chaîne des caractères d'impression,** chain image; **impression en chaîne,** chained printing; **imprimante à chaîne,** chain printer, train printer; **index de chaîne,** string index; **langage chaîné,** threaded language; **logiciel de traitement de chaîne,** string process system; **longueur de chaîne,** string length; **manipulation de chaînes,** string handling; **nom de chaîne,** chain name; **numéro de chaîne,** chain number; **opération sur une chaîne,** string operation; **organisation de fichiers chaînés,** linked-queued file organization; **recherche en chaîne,** chaining search; **sous-chaîne,** substring; **structure chaîne,** chained structure; **traitement de chaîne,** string manipulation; **tri de chaînes,** string sorting; **type chaîne de caractères,** character string type.

**chaîné:** chained; **code chaîné,** chain code; **éléments chaînés,** catena; **enregistrement chaîné,** chained record.

**chaînée: données chaînées,** concatenated data; **file chaînée,** chained list; **liste chaînée,** chained list; **mémoire de commandes chaînées,** command-chained memory.

**chaîner:** concatenate (to), chain (to), catenate (to).

**chaînette:** catenary; **courbe de la chaînette,** catenary curve.

**chaleur:** heat; **chaleur dissipée,** heat dissipation; **sensible à la chaleur,** heat-sensitive; **transfert de chaleur,** heat transfer.

**chalumeau:** chalumeau, soldering gun.

**chambre:** chamber; **chambre à dépression,** vacuum chamber.

**champ:** field; **champ caractère,** outline; **champ clé,** key field; **champ clé auxiliaire,** auxiliary key field; **champ clé primaire,** primary key field; **champ clé secondaire,** secondary key field; **champ commun,** common field; **champ d'accès,** access key field; **champ d'adresse,** address field; **champ d'adresse de lien,** link address field; **champ d'affichage,** console display area; **champ d'affichage avant,** display foreground; **champ d'application,** application field; **champ d'application des ordinateurs,** computer field; **champ d'essai,** test department; **champ d'impression,** print field; **champ d'indexation,** index field; **champ d'instruction,** instruction field; **champ d'échange,** exchange field; **champ de caractère,** character outline; **champ de commande,** control field; **champ de données,** information field (I-field); **champ de démagnétisation,** demagnetizing field; **champ de longueur variable,** variable-length field; **champ de saisie,** input field; **champ de visualisation,** display field, display area; **champ de visée,** aiming field; **champ des indicateurs d'état,** status panel; **champ du signe,** sign field; **champ fixe,** fixed field; **champ magnétique,** magnetic field; **champ magnétique alternant,** AC magnetic field; **champ magnétique longitudinal,** longitudinal magnetic field; **champ modificateur,** modifier field; **champ non protégé,** unprotected field; **champ non renseigné,** unfilled-in field; **champ objet,** receiving field; **champ opérande,** operand field, operand part; **champ opérateur,** operator field; **champ perturbateur,** noise field; **champ réservé de visualisation,** display background; **champ variable,** variable field; **champ vide,** unfilled-in field; **champ électrostatique,** electrostatic field; **champ élémentaire,** elementary field; **contrôle de champ alterné,** alternate field control; **contrôle de champ d'essai,** inspection test; **définition de champ,** field definition; **délimiteur de champ,** field separator; **extension du champ d'adresse,** address field extension; **intensité de champ,** field strength; **intensité du champ magnétique,** magnetic field strength; **ligne de champ,** flux line; **longueur de champ des données,** data field length; **longueur de champ variable,** variable-field length; **nom de champ,** field name; **paramètre d'entrée du champ,** field input parameter; **transistor à champ gradient,** drift transistor; **transistor à effet de champ,** field effect transistor (FET);

**étiquette de champ,** field mark.

**change:** capacité de change, power rating; **cours du change,** rate of exchange.

**changement:** changement, change, alteration, modification; **bande des changements,** amendment tape; **bloc de changement,** change block; **caractère de changement de code,** code extension character; **caractère de changement de fonte,** font change character; **caractère de maintien de changement,** locking shift character; **changement au niveau inférieur,** minor change; **changement automatique de piste défectueuse,** automatic defective track recovery; **changement d'échelle,** zooming; **changement de chargeur,** disk pack swapping, pack changeover; **changement de code,** code change; **changement de couleur,** ribbon shift; **changement de disque,** disk swap, disk changing; **changement de fichier,** file changeover; **changement de flux,** flux change; **changement de fontes,** font change; **changement de fréquence,** frequency changing; **changement de groupe,** group change; **changement de jeu de caractères,** face change; **changement de mode,** mode change; **changement de nom,** renaming; **changement de page,** page break, new page; **changement de phase,** phase transition; **changement de programme,** program change; **changement de voie erronée,** defective track recovery; **changement de volume,** volume switching; **changement des adresses d'instructions,** instruction address change; **changement du contrôle mineur,** minor control change; **dispositif de changement de piste,** record overflow feature; **niveau de changement,** change level; **taux de changement,** rate of change.

**changer:** change (to).

**changeur:** changeur de genre RS-232, RS-232 gender changer.

**charabia:** gibberish, hash.

**charge:** load, workload, terminator, terminal symbol; **adaptation de charge,** tailoring; **adresse de charge initiale,** initial load address; **amplificateur sur charge,** overdriven amplifier; **cahier des charges,** problem specifications; **capacité de charge,** load-carrying ability; **carte de charge,** load card; **charge d'espace,** space charge; **charge de base,** base charge; **charge de bus,** bus terminator; **charge de calcul,** computational load; **charge de ligne,** line termination, line load; **charge de traitement,** processing load; **charge du système,** system workload; **charge fictive,** dummy load; **charge machine,** machine load; **charge maximale,** peak load; **charge moyenne,** mean load; **charge normale,** operating duty; **charge par résistance effective,** resistive load; **charge thermique,** thermal rating; **charge à capacité illimitée,** infinite loading; **chargé,** loaded; **composant à couplage de charge,** charge-coupled device (CDD); **courant de charge,** load current; **courant de charge nominal,** rated load current; **courant de pleine charge,** full current; **cycle de prise en charge,** fetch cycle; **densité de charge,** charge density; **élément à charge couplée,** image sensor; **émulateur de charge,** load emulator; **étude de la charge de réseau,** network load analysis; **erreur de charge,** loading error; **facteur de charge,** load factor, unit load; **impédance de charge,** load impedance; **non chargé,** unloaded; **phase de prise en charge de l'instruction,** instruction fetch phase; **plan de charge,** charge pattern; **plan de charge d'une machine,** machine loading schedule; **planification des charges,** workload planning; **point de charge,** load point; **pointe de charge,** load peak; **poste de charge,** charge station; **prendre en charge,** accommodate (to); **priorité de prise en charge,** dispatching priority; **prise en charge,** handling, accommodation; **prise en charge de l'instruction,** instruction staticizing; **processus de charge,** charge process; **répartition de la charge,** load sharing; **résistance de charge,** load resistance, pull-up resistor; **sans charge,** no load; **sortie à pleine charge,** full output; **unité de charge,** unit load; **variation de charge,** load change.

**c h a r g e a b l e :** loadable; **programme chargeable,** loadable program; **segment chargeable,** loadable phase.

**c h a r g e m e n t :** loading; **adresse de chargement initial,** initial loading location; **adresse de début de chargement,** starting load address; **adresse de zone de chargement,** load area address; **appel de chargement,** load call; **bande bibliothèque de chargement,** load library tape; **bibliothèque de modules de chargement,** load module library; **carte de chargement,** loader card; **chargement automatique,** autoload; **chargement d'un segment de programme,** program segment loading; **chargement de bloc,** block loading; **chargement de la cartouche,** loading cartridge; **chargement de système,** boot up, booting; **chargement des lots,** batchload; **chargement du papier,** form loading; **chargement du programme,** program loading; **chargement du programme initial,** initial program load (IPL); **chargement du système,** system loading; **chargement du système d'exploitation,** cold boot, boot; **chargement en mémoire,** core load; **chargement frontal,** front loading; **chargement initial,** initial loading; **chargement par cartouche,** cartridge loading; **chargement rapide,** quick load; **chargement éclaté,** scatter loading; **chargement à capacité limitée,** finite loading; **chargement à double précision,** double load; **chargement-lancement,** load-and-go; **clé de chargement,** load key; **code de chargement,** load code; **compte-rendu de chargement,** load audit; **dispositif de chargement de la bande,** tape take-up system; **en-tête de programme de chargement,** load description block; **entrée de chargement,** segment load entrance; **espace de début de chargement,** load point gap; **fonction de chargement,** load function; **gestionnaire de chargement,** load module handler; **halte durant le chargement,** bootstrap generation halt; **installation de chargement,** loading installation; **instruction de chargement,** load instruction, load statement; **marque de début de chargement,** load mark; **mode de chargement,** load mode; **module de chargement,** load module, run unit; **module de chargement à recouvrement,** overlay load module; **moment du chargement,** load time; **mémoire de chargement,** bootstrap memory; **nom du module de chargement,** load module name; **opération de chargement,** loading operation; **paquet de carte de chargement binaire,** binary load deck; **procédure de chargement,** loading procedure; **procédure de chargement initial,** initial program loading; **programme de chargement,** load program, loader, boot; **programme de chargement de cartes,** card loader monitor; **rampe de chargement,** file feed; **routine de chargement,** loading routine, load routine; **séquence de chargement,** loading sequence; **table de chargement système,** system load table; **temps de chargement,** preexecution time; **unité de chargement,** loading device, loading unit; **zone de chargement,** bootstrap area.

**c h a r g e r :** boot (to), load (to), bootstrap (to); **charger (un compteur),** set (to) (a counter); **charger par groupes,** batchload (to); **charger par lots,** batchload (to).

**c h a r g e u r :** disk cartridge; **amorce chargeur,** loader bootstrap; **bibliothèque de chargeurs,** load library; **cartes chargeur,** load deck; **cassette chargeur,** read-only cassette loader; **changement de chargeur,** disk pack swapping, pack changeover; **chargeur absolu,** absolute loader, binary loader; **chargeur absolu de programme,** absolute program loader; **chargeur amorce,** bootstrap loader, bootstrap program; **chargeur amovible,** removable disk pack, replaceable pack; **chargeur automatique,** automatic loader, autoloader; **chargeur banalisé,** general loader; **chargeur cassette,** cassette bootstrap loader; **chargeur de cartes,** card loader; **chargeur de cartes de corrections,** patch loader; **chargeur de l'éditeur de liens,** linkage loader; **chargeur de programme,** program loader; **chargeur de programmes translatables,** relocatable program loader; **chargeur exploitable,** operational pack; **chargeur fixe à deux segments,** two-part self-contained loader; **chargeur initial,** initial program loader; **chargeur lieur,** linking loader; **chargeur maître,** reference diskpack; **chargeur mobile,** portable pack; **chargeur multidisque,** disk pack; **chargeur relatif,** relative volume; **chargeur système,** system pack; **chargeur translatable,** relocating loader; **chargeur éditeur de liens,** link text loader; **chargeur à lancement par touche,** key-in loader; **échange de chargeur,** volume swap; **entraînement de modules chargeur,** static linker; **fichier chargeur de programme,** program load file; **fonction de changement de chargeur,** swap function; **mise à jour de la bibliothèque chargeur,** load library update; **module chargeur,** load module handler; **module chargeur-éditeur de liens,** load module linking program; **numéro chronologique de chargeur,** file volume sequence number; **numéro consécutif de chargeur,** volume sequence number; **numéro de chargeur,** pack number; **programme chargeur,** loader program; **programme chargeur éditeur de liens,** linking loader program; **protection de chargeur,** volume security; **remplacement de chargeur,** volume swapping, volume swap; **répertoire de chargeurs,** volume directory; **sous-programme chargeur,** key loader; **sous-programme chargeur de bande,** tape bootstrap routine, tape loader monitor; **tampon chargeur,** loader buffer; **unité à chargeur,** disk pack drive.

**chariot:** carriage; **blocage de chariot,** carriage interlock; **butée de chariot,** carriage stop; **caractère de commande chariot,** carriage control character; **caractère retour de chariot,** carriage return character; **chariot classeur,** binder trolley; **chariot d'imprimante,** printer carriage; **chariot glissant,** sliding carriage; **chariot à aiguilles,** pin carriage; **chariot à bande pilote,** tape-controlled carriage; **chariot à double alimentation,** dual feed carriage; **commande de chariot,**

carriage control; **commande du chariot,** printed carriage control; **embrayage d'avance chariot,** carriage clutch; **lancement de chariot,** carriage release; **mécanisme de soulèvement de chariot,** carriage lift mechanism; **rail de chariot,** carriage rail; **registre des positions du chariot,** carriage position register; **retour automatique de chariot,** automatic carriage return; **retour de chariot,** carriage return (CR).

**chasse:** shooting.

**chassis:** chassis; **chassis de connexion de matériel,** adapter base; **chassis inférieur,** bottom shell.

**chaud:** hot; **démarrage à chaud,** warm start; **redémarrage à chaud,** warm boot, warm restart.

**chauffe:** temps de chauffe, warm-up period.

**chemin:** path; **chemin critique,** critical path; **chemin d'accès,** access path; **chemin d'exécution,** execution path; **chemin de cartes,** card path, card channel; **chemin de câbles,** cable route, cable runway; **chemin de la bande,** tape thread path; **chemin de lecture,** read path; **chemin de roulement,** runway; **chemin de répertoire,** directory path; **chemin logique,** logical path; **chemin principal,** main path, major path; **méthode du chemin critique (PERT),** critical path method (PERT).

**cheminement:** cheminement aléatoire, random walk; **cheminement secondaire,** alternate routing; **voyant indicateur de cheminement,** carry light.

**chèque:** check; **alimentation des chèques,** check feed; **chèque bancaire,** bank check; **personnalisation des chèques,** check writing; **protection des chèques,** check protect.

**chevauchement:** overlapping.

**chevaucher:** overlap (to).

**cheville:** finger.

**Chi:** test des carrés de Chi, Chi square test.

**chiffon:** lint.

**chiffre:** digit, numeric digit, numeral, cipher; **analyse du chiffre d'affaires,** turnover analysis; **caractère de sélection de chiffres,** digit select character; **chiffre '1',** one (unit); **chiffre N-aire,** N-ary digit; **chiffre '1' ou '0' logique,** logical one or zero; **chiffre binaire,** binary digit, binary number, binary figure; **chiffre binaire '0',** binary zero; **chiffre binaire '1',** binary one; **chiffre codé binaire,** binary-coded digit; **chiffre d'arrêt,** halt number; **chiffre de contrôle,** check symbol; **chiffre des dizaines,** tens unit digit;

**chiffre décimal**, decimal digit; **chiffre décimal codé**, coded decimal digit; **chiffre hexadécimal**, hexadecimal digit; **chiffre impair**, odd figure; **chiffre octal**, octal digit, octal character; **chiffre redondant**, redundant digit; **chiffre réel**, true figure; **chiffre significatif**, significant figure; **chiffre valable**, valid digit; **chiffre à trois positions**, three-digit number; **chiffres successifs**, successive digits; **clé de chiffre**, cipher key; **décalage de chiffre**, figure shift; **insertion de chiffres**, digit insert; **inversion des lettres-chiffres automatique**, automatic upshift; **inversion lettres-chiffres**, letters shift (LTRS); **perforation des colonnes chiffres**, numeric punch; **position de chiffre**, digital position; **programmation en chiffres**, numeric coding; **somme des chiffres d'un nombre**, crossbar sum; **système à chiffres binaires**, binary numbering system; **sélecteur de chiffres**, digit selector; **sélection de chiffres**, digit selection; **taux de répétition de chiffres**, digit repetition rate; **test de chiffres**, digit test; **touche chiffres**, figure shift; **tri de chiffres**, digit sorting; **unité d'affichage de chiffres**, decimal display.

**chiffrement:** ciphering, enciphering; **chiffrement de jonction**, multiplex link encryption; **équipement de chiffrement**, ciphering equipment.

**chiffrer:** cipher (to), encipher (to), encrypt (to).

**chiffreuse:** cipher machine.

**choc:** shock; **essai aux chocs**, vibration test; **protégé contre les chocs**, shock-protected; **tension de choc**, transient voltage.

**choisir:** select (to).

**choix:** choice; **choix logique**, logical choice; **critère de choix**, decision criteria.

**chronogramme:** timing chart.

**chronologique:** analyse en série chronologique, time series analysis; **enregistreur chronologique automatique**, logger; **numéro chronologique de chargeur**, file volume sequence number; **recueil chronologique automatique**, logging.

**chronométrage:** time lag measurement.

**chronométré:** chronométré, timed.

**chute:** drop, drape; **chute de tension**, voltage drop; **chute de tension dans le sens direct**, forward voltage drop.

**cible:** target; **langage cible**, target language; **machine cible**, target machine; **symbole cible**, aiming symbol.

**cinématique:** chaîne cinématique, mechanical drive train; **cinématique de l'information**, data flow control.

**cinétique:** cinétique, kinetic.

**cinq:** five.

**cinquante:** fifty.

**circlips:** retaining ring.

**circuit:** circuit; **bit (d'état) en circuit**, on bit; **bit (d'état) hors-circuit**, off bit; **branche de circuit**, leg; **carte à circuit imprimé**, printed circuit board (PCB); **carte à circuit imprimé enfichable**, plug-in circuit card; **centre de commutation de circuits**, circuit switching center; **circuit E/S synchrone universel**, universal synchronous asynchronous RX/TX (USART); **circuit E/S universel asynchrone**, universal asynchronous RX/TX (UART); **circuit ET**, AND circuit; **circuit ET câblé**, wired AND; **circuit ET logique**, logical AND circuit; **circuit NI exclusif**, exclusive-NOR circuit; **circuit NON**, NOT circuit; **circuit OU**, disjunction gate, one circuit; **circuit OU câblé**, wired OR; **circuit OU exclusif**, exclusive-OR circuit; **circuit OU logique**, logical OR circuit; **circuit actif**, active circuit; **circuit adaptateur**, adapter circuit; **circuit additionneur binaire**, binary adder circuit; **circuit analogique**, analog circuit; **circuit annexe**, support chip; **circuit approuvé**, approved circuit; **circuit asynchrone**, asynchronous circuit; **circuit auto-contrôle**, automatic control circuit; **circuit auto-oscillateur**, free-running circuit; **circuit basculant**, dumping circuit; **circuit binaire**, binary circuit; **circuit bistable**, bistable circuit; **circuit bloqueur**, block gate circuit; **circuit bouclé**, loop circuit; **circuit combinatoire**, combinational circuit, combinatory circuit; **circuit commun**, common trunk; **circuit commuté**, switched circuit; **circuit comparateur**, comparator circuit; **circuit compensateur**, compensating circuit, equality circuit; **circuit complémentaire**, complement element; **circuit concentrateur**, pooled terminations; **circuit correcteur d'impulsions**, pulse forming circuit; **circuit cryoélectrique**, cryogenic circuit; **circuit câblé**, wired circuit; **circuit d'acheminement**, carry circuit; **circuit d'adaptation**, adapter circuit; **circuit d'addition**, adding circuit; **circuit d'alerte**, alarm circuit; **circuit d'alimentation**, feed system; **circuit d'amplification**, amplifier circuit; **circuit d'analyse**, monitoring circuit; **circuit d'antibourrage**, jam circuit; **circuit d'appel**, ringing circuit; **circuit d'attaque**, driving gate; **circuit d'enchaînement**, link circuit; **circuit d'enroulement**, winding circuit; **circuit d'entrée**, input circuit; **circuit d'entrée récepteur**, receiver gating; **circuit d'entréesortie**, peripheral input/output (PIO); **circuit d'essai par prise au hasard**, sampling circuit; **circuit d'excitation,** pick-up circuit; **circuit d'extraction,** readout circuit; **circuit d'ordinateur,** computer circuit; **circuit d'écrêtement,** clamping circuit; **circuit de blocage,** blocking circuit, interlock circuit; **circuit de commande,** command circuit, control circuit; **circuit de commutation,** switching circuit; **circuit de comptage,** counter circuit; **circuit de conférence,** conference circuit; **circuit de connexion,** connecting line, connecting path; **circuit de contrôle,** check circuit; **circuit de conversion numérique hybride,** hybrid digital-analog circuit; **circuit de demande,** answering circuit; **circuit de données,** data circuit; **circuit de données en tandem,** tandem data circuit; **circuit de décision,** decision circuit; **circuit de décodage,** decoding circuit; **circuit de départ,** outgoing line circuit, starting circuit; **circuit de déroutement,** alternate trunk group; **circuit de détection d'anomalie,** fault detection circuit; **circuit de jonction,** interface trunk; **circuit de lecture optique,** optical reading circuit; **circuit de liaison,** interface circuit; **circuit de logique interchange,** interchange circuit; **circuit de maintien,** hold circuit; **circuit de microprocesseur,** circuit chip; **circuit de microprogrammation,** microcoding device; **circuit de mise en forme,** shaping circuit; **circuit de mémoire,** storage circuit; **circuit de mémorisation,** storage circuit; **circuit de propagation,** delay circuit; **circuit de protection d'étage pilote,** driver protection circuit; **circuit de recouvrement,** overlay path; **circuit de retour,** back circuit; **circuit de réception,** incoming circuit; **circuit de régulation,** regulating circuit; **circuit de réserve,** alternate circuit; **circuit de résonance série,** series tuned circuit; **circuit de sortie,** output gate; **circuit de sélection,** selection circuit; **circuit de tampon,** buffer circuit; **circuit de totalisation,** summer circuit; **circuit de transfert,** transfer gate; **circuit de transmission,** transmission path; **circuit de transmission multipoint,** multidrop circuit; **circuit de verrouillage,** latching circuit, latch circuit; **circuit de vérification,** checking circuit; **circuit deux fils,** two-wire circuit; **circuit différentiel,** differentiating circuit; **circuit déclencheur,** trigger circuit; **circuit déclencheur bistable,** bistable trigger circuit; **circuit déclencheur monostable,** monostable trigger circuit; **circuit en boucle fermée,** closed loop circuit; **circuit en cascade,** cascaded circuit; **circuit en delta,** delta connection; **circuit encodeur-décodeur,** coder-decoder chip; **circuit enfichable,** plug-

in circuit; **circuit fantôme,** phantom circuit; **circuit filtre,** filter circuit; **circuit fondamental,** basic circuit; **circuit formateur d'impulsions,** pulse shaping circuit; **circuit galvanique,** resistance capacitance network; **circuit gravé,** etched circuit; **circuit générateur de rythme,** timing pulse generator; **circuit hautement intégré,** LSI circuit; **circuit hybride,** hybrid circuit; **circuit imprimé,** printed circuit (PC); **circuit imprimé flexible,** flexible printed circuit; **circuit inhibiteur,** inhibit circuit, inhibit gate; **circuit instable,** astable circuit; **circuit intégré (CI),** integrated circuit (IC); **circuit intégré LMNS,** CML integrated circuit; **circuit intégré de technique MOS,** MOS-type integrated circuit; **circuit intégré monolithique,** monolithic integrated circuit; **circuit intégré à broches axiales,** flat pack; **circuit intégré à couche épaisse,** thick film integrated circuit; **circuit intégré à semiconducteurs,** integrated semiconductor circuit; **circuit inverseur,** inverse gate; **circuit inverseur de phase,** phase inverter circuit; **circuit limiteur,** limiter circuit; **circuit linéaire,** linear circuit network; **circuit logique,** logical circuit, logic circuit; **circuit logique de base,** logic base circuit; **circuit longitudinal,** longitudinal circuit; **circuit magnétique,** magnetic circuit; **circuit microprocesseur,** microprocessor unit (MPU); **circuit monostable,** single-shot circuit, one-shot circuit; **circuit multiplicateur électronique,** electronic multiplication circuit; **circuit multipoint,** multipoint line; **circuit multison,** multitone circuit; **circuit multivibrateur,** flip-flop circuit; **circuit multivoie,** bearer circuit; **circuit multivoix,** multitone circuit; **circuit non spécialisé,** nondedicated circuit; **circuit numérique,** digital circuit; **circuit oscillateur,** oscillator circuit; **circuit ouvert,** open circuit; **circuit passif,** passive circuit; **circuit point à point,** point-to-point circuit; **circuit porte,** gate circuit; **circuit pour reproduction vocale,** speech chip; **circuit principal,** highway circuit; **circuit précâblé,** prewired circuit; **circuit rythmeur,** timing circuit, sequencing circuit; **circuit régulateur,** regulating network; **circuit régénérateur d'impulsions,** pulse regenerating circuit; **circuit semi-intégré,** hybrid integrated circuit; **circuit simplex,** simplex circuit; **circuit spécialisé,** dedicated circuit; **circuit statique,** static circuit; **circuit symétrique,** balanced circuit; **circuit sélecteur,** selecting circuit, selector circuit; **circuit séquenceur,** sequencing network; **circuit séquentiel,** sequential circuit; **circuit sériel (série) d'entrée/sortie,** serial I/O (SIO); **circuit transistorisé,** solid state circuit; **circuit très rapide,** nanosecond circuit; **circuit téléphonique,** telephone circuit; **circuit utilisateur,** line terminating circuit; **circuit virtuel,** virtual circuit; **circuit virtuel commuté,** switched virtual circuit; **circuit virtuel permanent,** permanent virtual circuit; **circuit écrêteur,** clipping circuit; **circuit élargisseur,** stretcher; **circuit électrique,** current circuit; **circuit éliminateur,** wave trap; **circuit équivalent,** equivalent network; **circuit à base commune,** common base; **circuit à coincidence,** coincidence circuit, logical AND circuit; **circuit à diodes,** diode circuit; **circuit à large bande,** wideband circuit; **circuit à liquide,** fluid system; **circuit à maintien,** holding circuit; **circuit à microplaquettes,** chip circuit; **circuit à porteurs majoritaires,** majority circuit; **circuit à relais,** relay circuit; **circuit à retard,** delay circuit; **circuit à rétroréaction,** bootstrap circuit; **circuit à seuil,** threshold gate; **commande de circuits,** path control; **commutation de circuits,** circuit switching; **coupe-circuit,** circuit breaker; **court-circuit,** short circuit; **diagnostic au niveau du circuit,** chip level diagnosis; **disposition de circuits,** circuit layout; **double montage de circuits,** duplicate circuitry; **élément de circuit,** circuit module; **équipement de contrôle des circuits,** chip tester; **équipement de terminaison de circuit de données,** data circuit terminating equipment (DCE); **extracteur de circuit intégré,** IC puller; **fabricant de circuits intégrés,** IC maker; **fiabilité de circuit,** circuit reliability; **fiche court-circuit,** dummy plug; **impédance du circuit de sortie,** output circuit impedance; **impédance en circuit ouvert,** open circuit impedance; **logique des circuits,** circuit logic; **modèle de circuit déposé,** lamp pattern; **montage d'un circuit,** circuit arrangement; **montage à circuits,** transistor circuit; **niveau de bruit d'un circuit,** circuit noise level; **partie circuit imprimé,** etched part; **réseau à commutation de circuits,** circuit switching network; **résistance en circuit ouvert,** open circuit resistance; **simulateur de circuit,** chip simulator; **structure de circuit,** circuit configuration; **support de circuit intégré,** chip socket; **support de circuit intégré,** IC socket; **sur circuit,** on chip; **système à circuit unique,** single-chip system; **système à circuits logiques,** logical circuit system; **sélection de circuit intégré,** chip select, CS; **technique d'émulation sur circuit,** in-circuit emulation technique; **technique des circuits intégrés,** integrated circuit technique; **technologie de l'état solide (circuits intégrés),** solid logic technology; **technologie des circuits,** circuit technique;

**tension en circuit ouvert,** open circuit voltage; **transmission en circuit ouvert,** open circuit working; **transparence du circuit de données,** data circuit transparency; **tronc de circuit,** trunk circuit; **validation de circuit,** chip enable.

**circuiterie:** circuitry; **circuiterie de commutation de banc,** bank switching hardware; **circuiterie de liaison,** interfacing circuitry; **circuiterie transistorisée,** solid state circuitry.

**circulaire:** circular, cyclic; **commutateur circulaire,** rotary switch; **connecteur circulaire,** circular connector; **décalage circulaire,** circulating shift, circular shift; **fonction circulaire,** trigonometric function; **graphique circulaire,** pie chart; **mémoire circulaire,** cyclic storage; **méthode de recherche circulaire,** round robin search method; **numéroteur circulaire,** rotary dial; **permutation circulaire,** cyclic permutation; **permutation circulaire de registres,** rotate register; **protection circulaire,** ring protection; **report circulaire,** end-around carry; **retenue circulaire,** end-around borrow.

**circulante:** mémoire circulante, circular memory.

**circulation:** circulation, flow; **circulation d'air,** air circulation; **circulation de données,** data path, flow of data; **circulation de l'information,** flow of information; **diagramme de circulation,** flow process chart; **logiciel en libre circulation,** freeware; **ordinateur de circulation,** traffic computer; **registre à circulation,** delay line register; **sens de circulation,** flow direction; **vitesse de circulation de l'information,** information flow rate.

**circuler:** flow (to).

**cisaillement:** shear.

**ciseaux:** scissor.

**clair:** enregistrement en texte clair, visual record; **texte en clair,** plain text; **écriture en clair,** plain writing.

**claquage:** burning; **claquage par effet Zener,** Zener breakdown; **impact de claquage,** burned spot; **tension de claquage,** breakdown voltage; **zone de claquage,** breakdown region.

**claqueur:** claqueur de mémoire morte, PROM blaster.

**classe:** class*; **classe d'entité,** entity type; **classe d'erreur,** error class; **classe d'intervalle,** interval class, interval classification; **classe de calculateur,** computer classification; **classe sous-vocale,** telegraph-grade; **classé,** filed, classified; **comparaison de classes,** class comparison; **de classe vocale,** voice-grade; **test de classe,** class test, class check.

**classement:** filing, collating, grading; **adresse de classement,** sequence link; **classement alphabétique,** alphabetical sorting; **classement de documents,** document stacking; **classement de l'article dans le bloc,** position of record; **condition de classement,** class condition; **erreur de classement,** misfile; **instruction de classement,** sequence instruction; **ordre de classement à l'alternat,** alternative collating sequence; **symbole de classement,** sequence symbol; **valeur de classement,** sequence value.

**classer:** sequence (to); **classer (un document),** file (to).

**classeur:** binder, filer, grader, filestore; **chariot classeur,** binder trolley; **classeur pour disques,** disk binder; **classeur à anneaux,** ring binder.

**classeuse:** card sorter.

**classification:** classification; **classification d'enregistrement,** record type; **classification des comptes,** account classification; **classification décimale,** decimal classification; **classification décimale universelle,** universal decimal classification; **élément de classification alphabétique,** alphabetic element.

**classifié:** **fichier à codes classifiés,** key-sequenced file; **non classifié,** unclassified.

**classique:** conventional; **logiciel classique,** common software; **matériel classique,** unit record equipment; **méthode classique,** approved method; **périphérique classique,** standard peripheral.

**clavier:** keyboard, keyset; **aide de clavier,** keyboard template; **appel par clavier,** keyboard request; **clavier AZERTY,** AZERTY keyboard; **clavier QWERTY,** QWERTY keyboard; **clavier agrandi,** expanded keyboard; **clavier alpha,** alphabetic keypad; **clavier alphabétique,** alphabetic keyboard; **clavier alphanumérique,** alphanumeric keyboard; **clavier amovible,** detachable keyboard; **clavier caractères,** type key; **clavier combiné,** combined keyboard; **clavier d'entrée,** input keyboard; **clavier d'imprimante,** printer keyboard; **clavier de réserve,** companion keyboard; **clavier de saisie de données,** data entry keyboard; **clavier de touches numériques,** ten-key board; **clavier expédition-réception (CER),** keyboard send/receive (KSR); **clavier hexadécimal,** hex pad; **clavier interactif,** live keyboard; **clavier musical,** touchtone; **clavier numérique,** digital keyboard, numeric keyboard; **clavier numérique auxiliaire,** auxiliary keyboard; **clavier**

**optionnel,** selection keyboard; **clavier personnalisé,** customized keypad; **clavier programmable,** programmable keyboard; **clavier programmé,** programmed keyboard; **clavier réduit,** condensed keyboard; **clavier spécifique,** programmed function keyboard; **clavier séparé,** detached keyboard; **clavier tactile,** tactile keyboard; **clavier à fréquences vocales,** Touchtone; **clavier à sélection matricielle,** matrix keyboard; **code de positionnement du clavier,** shift code; **codeur de clavier,** keyboard encoder; **commande de clavier,** keyboard control; **commande du clavier d'interrogation,** inquiry keyboard control; **commandé par clavier,** keyboard-operated; **contact de rappel clavier,** keyboard restoring contact; **contrôlé par clavier,** keyboard-controlled; **dispositif d'interrogation à clavier,** keyboard inquiry device; **disposition de clavier,** keyboard layout; **écran-clavier,** keyboard display; **émetteur à clavier,** keyboard transmitter; **émission de clavier,** keyboard transmission; **entrer au clavier,** key-in (to); **entrée au clavier,** key entry; **entrée par clavier,** keyboard entry; **frappe au clavier,** typing; **frapper au clavier,** keystroke (to); **housse de protection du clavier,** keyboard mask; **imprimante à clavier,** keyboard printer; **inhibition de clavier,** keyboard lockout; **interdiction de clavier,** keyboard locking; **interrogation au clavier,** keyboard inquiry; **introduction au clavier,** keyboard input; **introduction par clavier,** manual keyboard entry; **mode clavier interactif,** live keyboard mode; **modification de clavier,** keyboard substitution; **nom de touche (du clavier),** keyname; **perforatrice à clavier,** keyboard punch; **perforatrice à clavier,** keypunch; **procédures de clavier,** keyboard procedures; **saisie par clavier,** keyboarding; **saisir au clavier,** key in (to), keyboard (to); **sélection au clavier,** key selection; **sélection par clavier,** keyboard selection, director switching; **tampon de clavier,** type-ahead buffer; **tampon de clavier,** rollover; **tamponnement du clavier,** key rollover; **terminal d'affichage à clavier,** keyboard display terminal; **terminal à clavier,** keyboard terminal; **touches de fonctions de haut de clavier,** top-row function keys; **verrouillage de clavier,** keyboard lock; **verrouillage temporel de clavier,** keyboard time-out; **vérification au clavier,** key verify; **vérificatrice à clavier,** key verifier.

**clé:** key; **accès par clé,** keyed access; **accès séquentiel par clé,** key sequential access; **champ clé,** key field; **champ clé auxiliaire,** auxiliary key field; **champ clé primaire,**

primary key field; **champ clé secondaire,** secondary key field; **clé (de protection) mémoire,** storage key; **clé absolue,** actual key; **clé auxiliaire,** alternate key; **clé d'accès,** access key; **clé d'accès direct,** actual key; **clé d'interruption,** interrupt button; **clé de chargement,** load key; **clé de chiffre,** cipher key; **clé de décryptage,** deciphering key; **clé de protection,** protection key; **clé de protection mémoire,** memory protect key; **clé de recherche,** search key; **clé de restauration,** resetting button; **clé de répartition,** distribution key; **clé de tri,** sorting key, sort key; **clé de voûte,** keystone; **clé en main,** turnkey; **clé informatique,** fetch protection; **clé mineure,** minor key; **clé principale,** primary key; **clé secondaire,** auxiliary key, concatenated key; **clé séquentielle,** sequencing key; **clé à tube,** socket wrench; **commutateur à clé,** key-operated switch; **contrôle de clé,** key verification; **direct après clé,** direct by key; **définition du macro de mot clé,** keyword macro definition; **erreur séquentielle de clé,** key out of sequence; **indexage par mot clé,** word indexing; **lettre clé,** key letter; **longueur du mot clé,** key length; **macro de mot clé,** keyword macro; **macro-instruction de mot clé,** keyword macro instruction; **mot clé,** keyword; **mot clé dans son contexte,** keyword-in-context index; **paramètre de mot clé,** keyword parameter; **protection par clé,** key protection; **recherche par mot clé,** disjunctive search, key retrieval; **système clé en main,** turn key system; **zone de valeur de clé,** key value field.

**clic:** click; **double-clic,** double-click.

**cliché:** dump; **cliché d'autopsie,** post-mortem dump; **cliché d'instructions,** control sequence; **cliché mémoire,** memory dump, core dump, storage dump; **cliché point par point,** pixel-by-pixel dump; **cliché sur disque,** disk dump.

**clicher:** dump (to).

**client:** customer; **installation client,** customer installation; **maintenance sur appel client,** maintenance on per-call; **orienté sur client,** customer-oriented.

**clignotement:** blinking.

**clignoter:** blink (to).

**climatisation:** air cooling; **installation de climatisation,** air condition fitting; **matériel de climatisation,** air conditioning equipment; **test de climatisation,** environmental testing, environmental test.

**climatisé: air climatisé,** air-conditioned.

**climatiser:** acclimate (to).

**climatiseur:** conditioner; **climatiseur**

**d'air,** air conditioner.

**clip:** clip; **clip de blocage,** locking clip.

**cliquer: cliquer (souris),** click (to) (mouse).

**cliquet:** pawl; **cliquet d'arrêt,** detent pawl; **cliquet d'indice,** index pawl; **cliquet de détente,** detent pawl; **cliquet de positionnement,** setup pawl; **cliquet de rappel,** backspace pawl; **cliquet de renvoi,** keeper; **cliquet de retenue,** retaining pawl; **cliquet de verrouillage,** interlock lever; **contact de cliquet d'entraînement,** dog contact; **levier de déclenchement de cliquet,** pawl release lever; **rappel de cliquet,** pawl knock-off.

**cloisonné:** partitioned.

**cloisonnement:** partitioning.

**clone:** clone; **fabricant de clone,** clone-maker.

**clos: clos hermétiquement,** hermetically sealed.

**clôture: clôture du fichier,** file interlock; **clôture multiple,** multiple closure; **clôture rapide,** quick closedown; **fichier de clôture,** unload file; **programme de clôture,** disconnect program; **sous-programme de clôture,** termination routine; **transformation fenêtre-clôture,** window transformation; **transformation fenêtre-clôture,** viewing transformation.

**COBOL:** COBOL language; **jeu de caractères COBOL,** COBOL character set.

**cocher:** notch (to).

**codage:** coding*, codification, programming, enciphering; **codage absolu en code machine,** absolute coding; **codage alphanumérique,** alphanumeric coding, alphameric coding; **codage automatique,** automatic coding, autocode; **codage binaire,** binary encoding; **codage d'accès,** access coding; **codage de base,** basic coding; **codage de caractère,** character coding; **codage de données,** data coding; **codage de transformation adaptable,** adaptive transform coding (ATC); **codage direct,** direct coding; **codage en code machine,** direct coding, actual coding; **codage en langage machine,** machine coding; **codage manuel,** hand coding; **codage par modulation de phase,** phase encoding; **codage simultané,** in-line coding, on-line coding; **codage symbolique,** symbolic coding, symbol coding; **dispositif de codage,** coding device; **enregistrement en codage de phase,** phase-encoded recording; **erreur de codage,** coding error, coding mistake; **feuille de codage,** coding sheet; **format de codage alternatif,** alternate card format; **imprimé de codage,** coding form; **ligne de codage,** coding line; **paramètre de codage d'article,** item key parameter; **zone de codage,** code field.

**c o d e :** code*, direction code; **(caractère) commande de code normal,** shift-in (character) (SI); **(caractère) commande de code spécial,** shift-out (character) (SO); **adresse du code utilisateur,** own code location; **attribution de code,** code assignment; **binaire codé décimal étendu,** expanded BCD interchange code (EBCDIC); **binaire de code,** code digit; **caractère de changement de code,** code extension character; **caractère de code,** code character; **caractère de code par défaut,** default code character; **caractère de commutation de code,** ESC character; **carte à code Hollerith,** Hollerith-coded card; **changement de code,** code change; **chiffre codé binaire,** binary-coded digit; **codage absolu en code machine,** absolute coding; **codage en code machine,** direct coding, actual coding; **code ASCII,** ASCII code; **code Baudot,** Baudot code; **code Gray,** Gray code, cyclic code, cyclic permuted code; **code Hollerith,** Hollerith code; **code ISO à 7 moments,** ISO-7-bit code; **code Katakana,** Kat code; **code Morse,** telegraph code; **code absolu,** absolute code, machine code; **code alphabétique,** alphabetic code, alphabet code; **code alphanumérique,** alphanumeric code, alphameric code; **code assembleur,** assembly code; **code autocomplémentaire,** self-complementing code; **code autocorrecteur,** self-correcting code; **code automatique,** automatic code; **code auxiliaire,** auxiliary code; **code binaire,** binary code; **code binaire NRZ,** NRZ code; **code binaire de caractères,** character binary code; **code binaire de correction d'erreurs,** binary error-correcting code; **code binaire de détection d'erreurs,** binary error-detecting code; **code binaire en colonnes,** column binary code; **code binaire pur,** pure binary code; **code binaire réfléchi,** reflected binary code; **code binaire saturé,** dense binary code; **code binaire tétradique,** four-line binary code; **code biphasé,** diphase code, Manchester code; **code bipolaire à densité élevée,** high density bipolar (HDB); **code biquinaire,** biquinary code, quibinary code; **code carte,** control hole, designation hole, control punch; **code chaîné,** chain code; **code complémentaire,** complementary code; **code correcteur d'erreurs,** error-correcting code (ECC); **code cyclique,** cyclic code; **code cyclique permuté,** cyclic permuted code; **code d'acheminement,** routing code; **code d'adresse,** address code; **code d'adresse de la piste d'ordres,** cue track address code; **code d'adresse exclusif,** exclusive address code; **code d'appel,** visibility code, visibility key; **code d'arrêt,** halt code, stop code; **code d'article,** item code; **code d'effacement,** escape code; **code d'enchaînement de programme,** program linking code; **code d'erreur,** error code; **code d'identification,** identification code, identifying code; **code d'identification de l'enregistrement,** record identifying code; **code d'identité de réponse,** reply identifier; **code d'impression des couleurs,** printer color code; **code d'inhibition,** inhibit code; **code d'instruction mnémonique,** input instruction code; **code d'instruction étendu,** augmented operation code; **code d'instructions de l'ordinateur,** computer instruction code; **code d'instructions machine,** machine instruction code; **code d'interclassement,** collate key; **code d'intervention,** action code; **code d'introduction,** input code; **code d'occupation,** occupation code; **code d'opération,** operation code, order code; **code d'opération machine,** absolute operation code; **code d'édition,** edit code; **code d'état,** condition code, quality code, status code; **code de Hamming,** Hamming code; **code de Huffman,** Huffman code; **code de Manchester,** Manchester code; **code de bande,** tape code; **code de bande perforée,** paper tape code; **code de base,** basic code; **code de caractère,** character code; **code de caractère de contrôle,** control character code; **code de carte,** card code; **code de carte magnétique,** magnetic card code (MCC); **code de carte perforée,** punched card code; **code de chargement,** load code; **code de commande,** command code; **code de communication,** communication code; **code de commutation,** switch code; **code de contrôle,** check code; **code de contrôle de l'imprimante,** printer control code; **code de contrôle de liaison,** link control code; **code de contrôle de ligne,** line control code; **code de contrôle de tabulation,** tab control code; **code de contrôle des erreurs,** error-detecting code; **code de contrôle systématique d'erreurs,** system error-checking code; **code de conversion,** conversion code; **code de correction,** correcting code; **code de correction d'erreurs,** error correction code (ECC); **code de correspondance,** match code; **code de câble,** cable code; **code de distribution,** distribution code; **code de données,** data code; **code de duplication,** duplicate code; **code de détection d'erreurs,** error detection code (EDC), error-detecting code; **code de détection-correction d'erreurs,** error-checking code; **code de fonction,** function code, control code; **code de fonction d'affichage,** display function code; **code de groupe,** group code; **code de génération,** generic code; **code de lancement de transmission,** transmitter start code; **code de ligne,** link control code; **code de longueur,** length code; **code de mode d'impression,** print mode code; **code de numérotation,** number code; **code de positionnement du clavier,** shift code; **code de protection,** protect code; **code de recherche,** retrieval code; **code de remise à zéro,** return-to-zero code; **code de report d'édition,** edit report key; **code de reprise de l'imprimante,** print restore code; **code de retour,** return code; **code de référence,** reference code; **code de répertoire,** item key; **code de saut,** skip code; **code de saut de ligne,** line feed code; **code de service,** service code; **code de sortie,** output code, exit code; **code de sortie d'étiquette,** label exit code; **code de sélection,** select code; **code de transmission,** transmission code; **code de tri ascendant,** ascending key; **code de télégraphie à 5 moments,** five unit teleprinter code; **code de vérification de label disque,** disk label check code; **code de zone,** field code; **code des instructions,** instruction code; **code direct,** direct code; **code directeur,** master key; **code début de zone,** begin field code; **code dérive,** slave key; **code détecteur d'erreurs,** self-checking code; **code en langage machine,** machine language code; **code excédent 3,** excess-three code (XS3); **code fonctionnel,** action directive; **code graphique,** graphic code; **code haché,** hash code; **code hexadécimal,** hexadecimal code; **code identificateur de poste,** terminal identification code; **code illégal,** illegal code; **code indicatif,** answerback code, identifying code; **code intermédiaire pseudo-codé,** intermediate code; **code international de télégraphie,** international telegraph code; **code interne,** internal code; **code interpréteur,** interpreter code; **code interprétatif,** interpretive code; **code linéaire,** linear code; **code machine,** machine code, direct code; **code macro,** macrocode; **code matériel,** material code; **code mnémonique,** mnemonic code; **code mnémonique d'opération,** mnemonic operation code; **code multiadresse,** multiple address code; **code mémoire centrale,** memory code; **code numérique,** numerical code, numeric code, digital code; **code objet,** object coding, object code; **code octal,** octal code; **code optimal,** optimum code; **code optionnel,** option code; **code opération,** operating code (op-code); **code par excès de 3,** Stibitz code; **code perforé,** punch code; **code polynomial,** polynomial code; **code pondéré,** weighted code, fixed-ratio code; **code postal,** area code; **code prohibé,** forbidden code; **code préfixe,** prefix code; **code périmé,** invalid code; **code quinaire,** quinary code, two-out-of-five code; **code redondant,** redundant code; **code relatif,** relative coding; **code réentrant,** pure code; **code signaux à espacement unitaire,** unit distance code; **code sortie de stock,** material withdrawal code; **code source,** source code; **code spécial,** feature code; **code spécifique,** specific code; **code symbolique,** symbolic code, symbolic key; **code ternaire,** ternary code; **code tout ou rien,** unipolar code; **code télégraphique,** telegraph code; **code télégraphique international,** teletype code; **code téléimprimeur,** teleprinter code; **code utilisateur,** user code; **code à 5 moments,** five track code; **code à N moments,** N-level code; **code à accès minimisé,** minimum access code, minimum delay code; **code à barres,** bar code; **code à compléter,** skeletal coding, skeletal code; **code à contrôle cyclique,** cyclic check code; **code à deux adresses,** two-address code; **code à distance minimale,** minimum distance code; **code à inversion de marque alternée,** alterned mark inversion code (AMI); **code à moments,** equal length code; **code à quatre adresses,** four-address code; **code à rapport constant,** constant ratio code; **code à sept positions,** seven-level code; **code à temps d'exécution minimal,** minimum latency code; **code à trois adresses,** three-address code; **code à une adresse,** one-address code; **combinaison de codes,** code combination; **combinaison de codes inadmissibles,** forbidden code combination; **combinaison incorrecte de codes,** illegal code combination; **compteur décimal code binaire,** binary-coded decade counter; **condition de code erronée,** invalid key condition; **contenu d'informations en code binaire,** information bit content; **contrôle de code,** code check; **contrôle de combinaison de codes inadmissibles,** forbidden code combination check; **conversion automatique de code,** code compatibility feature; **conversion binaire-code Gray,** binary-to-Gray code conversion; **conversion code Gray-binaire,** Gray code-to-binary conversion; **conversion de code,** code conversion, key conversion; **conversion de code de données,** data code conversion, data conversion; **convertisseur de code,** code converter, transcoder, code translator; **convertisseur de code binaire,** binary code converter; **convertisseur de code d'introduction,** input code converter; **convertisseur de code sortant,** output code converter; **convertisseur de code à comparaison de tensions,** voltage comparison converter; **convertisseur des codes d'entrée/sortie,** input/output code converter; **crayon lecteur de code à barres,** bar code pen; **document à code à barres,** bar-coded document; **décodeur de code-opération,** operation decoder; **élément de code,** code pulse; **élément de code de collecte,** data pick-off element; **élément de combinaison de code,** code value; **embryon de code,** skeletal coding, skeletal code; **emplacement du code,** key location; **en code,** shift-in (character) (SI); **encodage en code machine,** specific coding; **fichier à codes classifiés,** key-sequenced file; **figure de code,** code pattern; **format d'édition en code machine,** objet code output format; **format du code d'adresse,** address code format; **groupe d'éléments d'un code,** code group; **hors-code,** shift-out (character) (SO); **identification de code,** key identification; **indépendant du code,** code-independent, code-transparent; **information en code machine,** machine-sensible information; **instruction de code,** code instruction; **instruction en code machine,** basic instruction; **instruction en code source,** source instruction, source statement; **jeu de caractères de code,** code character set; **jeu de codes,** code set; **lecteur de code à barres,** bar code reader; **lecteur optique de code à bâtonnets,** optical bar code reader; **lecture du code de composition,** typesetting read; **ligne de code,** code line; **liste de code machine,** machine script; **moment de code,** code element, code group; **mot code,** code word; **mémoire des codes indicatifs,** answerback code storage; **nombre décimal code,** decimal number; **nombre décimal code biquinaire,** biquinary coded decimal number; **opération en code octal,** octal code operation; **perforation de code,** code hole; **pseudo-code,** pseudocode; **reconnaissance de code,** code recognition; **registre à code retour,** return code register; **répertoire de code d'instruction,** instruction repertoire; **scaneur de code à barres,** bar code scanner; **schéma des codes,** code chart; **segment de code,** code segment; **sous-ensemble du code ASCII,** limited ASCII; **structure d'un code,** code structure; **structure de** code, code construction; **symbole de code,** code symbol; **système décimal codé en binaire,** binary-coded decimal system; **système à un code,** transparent system; **table de code interne de périphériques,** device internal code table; **table de codes,** code table; **traducteur de code sortant,** output code translator; **transformation de code,** code translation; **transmission de données à code unique,** code-transparent data communication; **transmission à un code,** code-transparent transmission; **vérification manuelle (de code),** dry running; **zone de code d'opération,** operating code field; **zone de mémoire des codes,** key storage area **émission de clavier,** keyboard transmission.

**c o d é :** coded;
**caractère codé,** coded character; **caractère codé binaire,** binary-coded character; **caractère codé en alphanumérique,** alpha-numeric-coded character; **chiffre codé binaire,** binary-coded digit; **chiffre décimal codé,** coded decimal digit; **codé en binaire,** binary-coded; **codé en décimal,** coded decimal; **codé manuellement,** hand-coded; **codé par caractère,** character-coded; **disque codé,** coded disk; **décimal codé binaire (DCB),** binary-coded decimal (BCD); **format codé,** coded form; **langage codé,** code language; **nombre décimal codé en binaire,** binary-coded decimal number; **non codé,** uncoded; **octal codé en binaire,** binary-coded octal; **programme codé,** coded program; **programme codé manuellement,** hand-coded program; **signal codé,** coded signal; **système décimal codé en binaire,** binary-coded decimal system.

**c o d é e :** **adresse codée,** coded address; **adresse codée binaire,** binary-coded address; **données codées,** coded data; **entrée non codée,** uncoded input; **image codée,** coded image; **imprimante codée,** coding printer; **instruction codée,** coded instruction; **instruction codée numériquement,** numerically coded instruction; **notation décimale codée,** coded decimal notation; **numération décimale codée binaire,** binary-coded decimal notation; **numération décimale codée en binaire,** binary-coded decimal code; **représentation codée,** coded representation; **réponse codée,** coded response message; **sortie codée,** coded output.

**c o d e r :** code (to), encode (to), key (to), encipher (to); **coder à la main,** hand code (to).

**c o d e u r :** coder, encoder; **codeur de clavier,** keyboard encoder; **codeur de données,** data encoder; **codeur de phase,**

phase encoder; **codeur de position angulaire**, shaft position encoder; **codeur de rotation**, angular position transducer; **codeur optique**, optical encoder; **codeur-décodeur**, coder-decoder (CODEC); **disque codeur**, code disk; **tambour codeur**, code drum.

**codeuse**: roue codeuse, thumbwheel, thumbwheel switch, code wheel.

**codificateur**: codifier.

**codification**: codification alphabétique, alphabetic coding; **codification de saisie**, transaction code; **codification des insertions**, insert coding; **codification tétradique**, four-line binary coding; **codification utilisateur**, own coding; **ligne de codification variable**, expanded code line; **plan de codification**, coding scheme; **zone de codification des articles**, item key area.

**codifié**: contrôle codifié, coding check; **message codifié**, proforma message.

**codifiée**: image codifiée, encoded image.

**coefficient**: coefficient, factor; **coefficient binomial**, binomial coefficient; **coefficient de commutation**, switching coefficient; **coefficient de ventilation**, distribution coefficient; **coefficient indéterminé**, undetermined coefficient; **coefficient négatif**, minus coefficient.

**coercivité**: coercivité, retentivity.

**coffret**: coffret de polarisation, bias box; **coffret à cartouches**, cartridge box; **coffret à disquettes**, disk box.

**cohérence**: cohérence des données, data consistency; **contrôle de cohérence**, consistency check; **fonction de cohérence d'antémémoires**, bus snooping function; **moniteur de cohérence**, integrity violation monitor.

**cohérente**: opération cohérente, consistent operation.

**coin**: corner; cadre plein à coins arrondis, filled rounded box; **carte à coin coupé**, corner cut card; **coupure de coin**, corner cut; **résidant en mémoire coin**, core-resident corner.

**coïncidence**: coincidence, hit; **circuit à coïncidence**, coincidence circuit, logical AND circuit; **commutateur à coïncidence**, coincidence switch; **impulsion de coïncidence**, gate pulse; **mémoire à courants de coïncidence**, coincident current memory; **signal de coïncidence**, coincidence signal.

**coïncidents**: sélection par courants coïncidents, coincident current selection.

**collage**: pasting, patching.

**collationnement**: comparing.

**collé**: paste; **coupé et collé**, cut and paste.

**collecte**: collection, gathering, pickup; **collecte de données**, data gathering; **collecte de solde**, balance pick-up; **élément de code de collecte**, data pick-off element.

**collecter**: collect (to).

**collecteur**: collector, sink; **collecteur de données**, data logger, data sink, receiver; **collecteur de messages**, mailphore, message sink; **courant collecteur**, collector current; **dispositif collecteur de poussière**, dust catcher; **jonction collecteur**, collector junction; **montage collecteur commun**, common collector circuit; **tension collecteur**, collector voltage; **zone de collecteur**, collector zone.

**collectif**: ordinateur d'usage collectif, multiuser computer.

**collective**: conversation collective, conference call.

**collectrice**: ligne collectrice de données, data bus line; **paramètre de grandeur de zone collectrice**, bucket size parameter.

**collier**: retaining clip.

**collision**: collision.

**colonne**: column\*; **alimentation colonne par colonne**, endwise feed; **binaire en colonnes**, column binary, Chinese binary; **capacité de colonnes**, column capacity; **carte à 80 colonnes**, eighty-column card; **carte à 90 colonnes**, ninety-column card; **code binaire en colonnes**, column binary code; **colonne d'affichage**, display column; **colonne d'élément redresseur**, rectifier stack; **colonne de carte**, card column; **colonne de début**, begin column; **colonne de départ**, beat column; **colonne de matrice**, matrix column; **colonne de perforation**, punch column; **colonne de points**, one-dot-line slice; **colonne de solde**, balance column; **colonne de suite**, continue column; **colonne des binaires**, binary column; **colonne en-tête**, column heading; **colonne finale**, end column; **colonne indicatif**, badge column; **colonne la plus à gauche**, high-order column; **colonne par colonne**, column by column; **colonne verticale**, vertical column; **colonne vierge**, blank column; **colonnes consécutives vierges**, consecutive blank columns; **colonnes d'impression normales**, normal print entry; **dispositif détecteur de colonnes vierges**, blank column detection device; **décalage de colonne**, column shift; **détecteur de colonnes vierges**, blank column detector; **format en double colonne**, two-column format; **impression sur deux colonnes**, two-column printing; **indicateur de colonne,** column indicator; **largeur de colonne,** column width; **numéro de colonne,** column number; **partage de la colonne,** column-serial; **partage en colonnes,** column split; **perforation des colonnes chiffres,** numeric punch; **recherche de colonnes vierges,** blank column detection; **séparateur de colonnes,** column split; **vérification automatique des colonnes vierges,** automatic blank column verification.

**colonnette:** standoff.

**coloriage:** painting, paint, coloring, fill.

**COMAL:** COMAL language.

**combinaison:** combination; **combinaison d'activités,** activity pattern; **combinaison de codes,** code combination; **combinaison de codes inadmissibles,** forbidden code combination; **combinaison de perforations,** punched hole combination; **combinaison incorrecte de codes,** illegal code combination; **combinaison interdite,** forbidden combination; **contrôle de combinaison de codes inadmissibles,** forbidden code combination check; **élément de combinaison de code,** code value.

**combinatoire:** combinatorial, combinational, combinatory; **circuit combinatoire,** combinational circuit, combinatory circuit; **logique combinatoire,** combinational logic, combinatoric logic.

**combiné:** combined; **clavier combiné,** combined keyboard; **combiné téléphonique,** telephone handset, handset; **filtre combiné,** composite filter; **jack combiné,** bus hub; **saut arrière combiné,** combined return branch.

**commande:** command*, control, actuation, ordering; **(commande de) commande de transmission,** communication control character; **(caractère) commande de code normal,** shift-in (character) (SI); **(caractère) commande de code spécial,** shift-out (character) (SO); **adresse de commande,** command address; **affichage des messages de commande,** control message display; **aimant de commande des sauts de ligne,** platen feed magnet; **amplificateur de commande,** control amplifier; **arbre de commande,** drive shaft; **arbre de commande du cylindre d'impression,** platen guide shaft; **armoire de commande,** control cabinet module; **bande de commande numérique,** numeric tape; **bloc de commande,** control block; **bloc de commande d'événement,** event control block; **bloc de commande de tâches,** task control block; **bloc de commande et de contrôle,** command control block; **bloc de commande fichier,** file con-

trol block; **bobine de commande,** drive coil; **bon de commande,** job order; **boucle de commande,** control loop; **boule de commande,** rolling ball, track ball, control ball; **bouton de commande,** activate button; **bus de commande,** control bus; **calculateur de commande,** control computer; **caractère d'émission de commandes,** command terminator; **caractère de commande,** instruction character, functional character; **caractère de commande chariot,** carriage control character; **caractère de commande d'impression,** print control character; **caractère de commande d'édition,** edit control character; **caractère de commande de commutation,** switching control character; **caractère de commande de format d'édition,** format effector character; **carte de commande,** command card; **carte de commande d'extraction,** output option card; **carte de commande de support informatique,** volume parameter card; **carte de commande des totaux,** total control card; **case de commande,** command button; **champ de commande,** control field; **chaînage de commandes,** command chaining; **circuit de commande,** command circuit, control circuit; **code de commande,** command code; **commande absolue,** absolute command; **commande alphanumérique,** character instruction; **commande analogique,** analog control; **commande anticipative,** feed forward; **commande auto-adaptative,** adaptive control; **commande automatique,** automatic control; **commande binaire,** binary command; **commande caractère par caractère,** character checking; **commande centrale d'entréesortie,** central input/output controller; **commande centralisée,** centralized control; **commande curseur,** cursor control; **commande d'acceptation,** accept statement; **commande d'accès,** access instruction, seek command; **commande d'action,** forward supervision; **commande d'addition,** add statement; **commande d'affichage,** display control, display instruction; **commande d'appareil auxiliaire,** device control (DC); **commande d'arrêt facultatif,** optional pause instruction; **commande d'avance papier,** vertical form control (VFC); **commande d'essai,** test control; **commande d'exploitation,** operator command; **commande d'impression,** printing command, print control; **commande d'imprimante rapide,** high-speed printer control; **commande d'informations numériques,** digit control; **commande d'insertion,** insert command; **commande d'opérateur,** operator control; **commande d'opération,** operation control; **commande d'écriture,** write command; **commande d'édition,** format control; **commande d'éjection,** stacker reject; **commande d'émetteur,** emitter control; **commande de bande magnétique,** magnetic tape control; **commande de bande magnétique intégrée,** magnetic tape facility; **commande de bande perforée,** paper tape control; **commande de chariot,** carriage control; **commande de circuits,** path control; **commande de clavier,** keyboard control; **commande de communications multicanaux,** multichannel communications control; **commande de commutation,** switching command; **commande de compteur,** counter control; **commande de contact,** contact operate; **commande de copie,** copy command; **commande de disque,** disk control; **commande de débit externe,** external output control; **commande de déplacement linéaire,** straight cut control; **commande de fichier,** file control; **commande de format électronique,** electronic format control; **commande de l'impression alphabétique,** alphabetic print control; **commande de l'échange des données,** data exchange control; **commande de la profondeur de frappe,** impression control; **commande de liaison,** data link control; **commande de luminosité,** intensity control; **commande de mise en forme,** edit instruction; **commande de mémoire centrale,** main memory control; **commande de parité,** parity insert; **commande de plume,** pen motion command; **commande de positionnement,** positioning control; **commande de processus,** process control; **commande de production,** manufacturing control; **commande de programme,** program control; **commande de programme conditionnelle,** conditional sentence; **commande de progression,** shift advance control; **commande de recherche,** searching command, search statement; **commande de recouvrement,** overlay controller; **commande de rembobinage,** rewind instruction; **commande de remplacement,** replacing command; **commande de récurrence,** sequential control; **commande de régénération,** regeneration control; **commande de saut,** skip control; **commande de saut de ligne,** line advance order; **commande de saut de piste,** track skip control; **commande de sortie analogique,** analog output control; **commande de transfert,** transfer command, transfer control; **commande de transmission,** transmission control (TC); **commande de transmission synchrone,** synchronous data link control; **commande de vitesse,** speed control; **commande des entrées numériques,** digital input controller; **commande des entrées système,** system input control; **commande des entrées/sorties,** input/output (traffic) control; **commande des sauts d'impression,** transfer print control; **commande des sorties numériques,** digital output control; **commande directe,** direct control, direct drive; **commande du chariot,** printed carriage control; **commande du clavier d'interrogation,** inquiry keyboard control; **commande du drapeau d'article,** record mark control; **commande du rouleau d'impression,** platen control; **commande du réseau commuté,** switched network control; **commande dynamique,** dynamic control; **commande en boucle fermée,** closed loop control; **commande en boucle ouverte,** open loop control; **commande en cascade,** cascade control; **commande en grisé,** grayed command; **commande en série,** series control; **commande en temps réel,** real-time control; **commande enregistrée,** stored control; **commande erronée,** invalid command; **commande estompée,** grayed command; **commande extensible de mémoire à disques,** expanded disk storage control; **commande externe,** external control; **commande facultative de travail en liste,** selective list control; **commande graphique,** graphic instruction; **commande intégrée de disques magnétiques,** mass storage facility; **commande longitudinale,** horizontal control; **commande machine,** machine command; **commande manuelle,** manual control; **commande monotouche,** single-stroke control key; **commande multiprogramme,** multiprogram control; **commande mémorisée,** stored instruction; **commande numérique,** digital control, machine control; **commande numérique (CN),** numerical control (NC); **commande numérique automatisée,** computerized numerical control; **commande numérique d'ordinateur,** computer numerical control; **commande numérique directe,** direct data control; **commande opérationnelle,** operation command; **commande par bouton-poussoir,** push-button control; **commande par carte,** card control; **commande par poussoirs,** finger-tip set up control finish; **commande par touche,** key control, key-driven; **commande par touche unique,** single-stroke command; **commande pour édition,** edit-directed; **commande prioritaire,** priority control; **commande relative,** relative command, relative instruction; **commande répartie,** distributed control; **commande simple de travaux,** single-job scheduling; **commande suite,** secondary control; **commande séquentielle,** sequence control; **commande verticale,** vertical control; **commande à cartes-programme,** program card control; **commande à distance,** remote control, distant control; **commande à ignorer,** ignore command; **commande à l'alternat,** high/low passing control, high/low control; **commande à plein courant,** full drive pulse; **commande à priorité partielle,** partitioned priority scheduling; **commutateur de commande d'interlignes,** line space switch; **comptabilisation des commandes,** order accounting; **compteur de commandes,** command counter; **console de commande,** control console; **console de commande d'ordinateur,** computer control console; **console de commande à écran de visualisation,** visual information control console; **contrôle de commande,** control check; **contrôle des commandes,** order review; **contrôlé par commandes,** command-controlled; **cycle de commande,** control cycle; **demi-courant de commande,** partial sense current; **dispositif de commande analytique,** analytical control equipment; **dispositif de commande d'extraction,** output control device; **dispositif de commande pupitre,** console device; **données de commande,** control data; **données de commande opérationnelle,** operational control data; **double commande,** twin control; **décodeur de commande,** command decoder; **désignation des commandes,** order designation; **électronique de commande,** device electronics; **élément de commande,** control element; **équipement de commande,** director equipment; **équipement de commande de processus,** process control equipment; **enregistrement de commandes,** order entry; **entrée de commandes,** order entry; **extension de la zone de commande,** extended control field; **exécution de commande,** command execution; **fichier de commande,** command file; **fichier des commandes,** order file; **fichier des commandes non livrées,** open order file; **fil de commande,** drive wire; **flux de commande,** control flow; **fonction de commande,** control operation, set function; **fonction de commande secondaire,** auxiliary control function; **fréquence de l'impulsion de commande,** control pulse frequency; **gestionnaire de commande,** handler controller; **grille de commande,** control grid; **générateur d'impulsions de commande,** drive pulse generator; **générateur de caractères de commande,** control character gen-

eration; **imprimante de commande,** console printer; **impulsion de commande,** control pulse, drive pulse; **impulsion de commande partielle,** partial drive pulse; **instruction de commande,** command statement, control instruction; **instruction de commande de listage,** listing control instruction; **instruction de commande de périphérique,** peripheral control instruction; **interface de commande,** process interface system; **interprète de commandes,** command interpreter; **interprète de commandes système,** shell; **interruption par commande manuelle,** manual request; **langage de commande,** control language, command language; **langage de commande de l'opérateur,** operator control language; **langage de commande de pupitre,** console command language; **langage de commande des travaux,** operation control language; **levier de commande,** operating lever; **levier de commande du ruban encreur,** ribbon reverse lever; **liste de cartes de commande,** control list; **liste de commandes,** command list; **liste des commandes,** list of instructions; **logiciel de commande,** driving software; **macro de commande,** control macro; **mode de commande,** command mode; **module de commande,** control structure, handler; **mot commande,** order word; **mot de commande,** control word; **mot de commande canal,** channel command word; **mémoire de commande,** control memory; **mémoire de commandes chaînées,** command-chained memory; **mémoire morte de commande,** control read-only memory (CROM); **niveau de commande,** address level, control stage; **nom de commande,** control statement name; **octet de commande,** control byte, control byte; **option de commande,** control option; **organe de commande d'entrée,** input control device; **panneau de commande,** control panel; **plage de commande,** control range; **plot de commande d'éjection,** ejection control hub; **point de commande,** activation point; **poste de commande,** control position, main control station; **poussoir de commande,** operating key; **procédure de commande,** control procedure; **procédure de commande d'appel,** call control procedure; **procédure de commande de liaison de données,** high-level data link control (HDLC); **programme de commande,** control program, application customizer; **programme de commande central,** central-controlling module; **programme de commande d'entrée,** input control program; **programme de commande d'extraction,** output control program; **programme de commande d'émulateur,** emulator control program; **programme de commande de procédure,** procedure driver, procedure controller; **programme de commande de périphérique,** peripheral control routine; **programme de commande des périphériques,** peripheral control program; **programme de commande numérique,** automatic programming tool (APT); **programme principal de commande de périphériques,** device mainpath routine; **programmé sur commande,** custom-programmed; **précision de commande,** control precision; **pupitre de commande,** console desk, control desk; **reconnaissance des caractères de commande,** control character recognition; **registre de commande d'enregistrement,** storage control register; **registre de commande de la mémoire bloc-notes,** scratch pad control register; **relais à commande électronique,** electronic relay; **rochet de commande d'interligne,** line space ratchet; **répétition de commande,** command retry; **servo-commande,** servo-actuated; **signal de commande,** control signal, actuating signal; **signal de commande de ligne,** line control signal; **sortie de l'impulsion de commande,** control pulse output; **sous-programme de commande de périphérique,** peripheral driver, device control routine; **sous-système d'enregistrement des commandes,** order entry subsystem; **station de commande,** control station; **station de commande auxiliaire,** auxiliary control station (ACS); **statistique des commandes,** order analysis; **structure de commande,** order structure; **suite de caractères de commande,** supervisory sequence; **suite de commandes,** command string; **suite des commandes,** order control; **symbole de commande,** control symbol; **syntaxe de commande,** command syntax; **système de commande,** command system, control system; **système de commande des mouvements,** transaction-driven system; **système de traitement des commandes,** order processing system; **table de commande,** control dictionary; **tableau de commande,** control panel, panel control field, patch panel; **tableau de commande d'ordinateur,** computer control panel; **tableau de commande de l'opérateur,** operator panel; **temps de commande,** drive time; **tension de commande,** control voltage; **terminal de commande,** control terminal; **terminal de commande de réseau,** network control terminal; **touche de blocage des commandes,** command key lock; **touche de commande,** command key, command key; **touche de commande d'af-**

fichage, display control key; **traitement des caractères de commande,** control character processing; **traitement des commandes,** order processing, order handling; **tâche de commande,** control task; **unité de commande,** control unit, control section; **unité de commande analogique,** analog control unit; **unité de commande centrale,** main control unit; **unité de commande d'instructions,** program control unit; **unité de commande de bande,** tape control unit; **unité de commande de séquence,** sequence unit; **unité de commande de transmission,** transmission control unit; **unité de commande pupitre,** console control unit; **variable de commande,** control variable, actuating variable; **zone de commande,** control area, control range, device control area.

**commandé:** controlled, ordered; **calculateur commandé par cartes,** card-controlled calculator; **commandé par bande,** tape-controlled, tape-operated; **commandé par cartes,** card-controlled; **commandé par clavier,** keyboard-operated; **commandé par données,** data-directed; **commandé par interruption,** interrupt-controlled, interrupt-driven; **commandé par liste,** list-directed; **commandé par microprocesseur,** microprocessor-controlled; **commandé par programme,** program-controlled; **commandé par événement,** event-driven; **ordinateur commandé par cartes,** card-controlled computer; **système auto-commandé,** adaptive control system.

**commandée:** capacitance commandée par tension, voltage variable capacitance.

**commander:** control (to), direct (to); **action de commander,** actuating.

**commencement:** beginning.

**commencer:** begin (to).

**commentaire:** comment, annotation, narrative, note, remark; **commentaire d'entrée,** comment entry; **commentaire de source,** comment statement; **commentaire marginal,** side note; **convention de commentaire,** comment convention; **ligne commentaire,** comment line; **phrase de commentaire,** note sentence; **symbole de commentaire,** annotation symbol.

**commenter:** annotate (to).

**commercial:** 'A' commercial, AT sign '@'; **signe commercial,** commercial character.

**commerciale:** comptabilité commerciale, business accounting; **données commerciales,** commercial data; **informatique (de gestion) commerciale,** commercial computing; **langage d'application commerciale,** commercial language; **opération commerciale,** business operation.

**c o m m o d i t é :** convenience.

**c o m m u n :** common, global, shared, mutual; **article d'identification commun,** common label item; **bus commun,** common bus; **champ commun,** common field; **circuit commun,** common trunk; **dispositif commun,** shared device; **diviseur commun,** common divisor; **dénominateur commun,** common denominator; **fichiers centraux communs,** shared files; **langage commun,** common language; **langage de machine commun,** common machine language; **mettre en commun,** pool (to); **mis en commun,** pooled; **montage collecteur commun,** common collector circuit; **montage émetteur commun,** common emitter circuit; **multiple commun,** common multiple; **segment commun,** global segment; **système commun de connexions,** bus system, busbar; **système à fichiers communs,** shared file system; **tension de mode commun,** common mode voltage.

**c o m m u n e :** circuit à base commune, common base; **console commune,** duplex console; **console commune à des calculateurs,** duplex console; **différentielle commune,** ordinary differential; **données communes,** global data; **déclaration commune,** common statement; **horloge commune,** common timer; **ligne commune,** common wire; **logique commune,** common logic, shared logic; **montage à base commune,** common base circuit; **mémoire commune,** global memory, common storage; **partition commune,** common clock; **ressources communes,** shared facilities; **séquence commune,** global sequence; **séquence de programmation commune,** common coding; **variable commune,** shared variable; **zone commune,** common area, common field; **zone commune des programmes,** interprogram common area; **zone de mémoire commune,** common storage area.

**c o m m u n i c a t i o n :** communication, transmission, forwarding; **adaptateur de communication synchrone,** synchronous communication adapter; **adaptateur de communications,** communications adapter; **centre de communication semi-automatique,** semiautomatic switching center; **centre de transit de communications,** tandem switching center; **code de communication,** communication code; **commande de communications multicanaux,** multichannel communications control; **communication avec l'opérateur,** operator communications; **communication bidirectionnelle,** two-way communication; **communication bilatérale simultanée,** two-way simultaneous communication; **communication bilatérale à l'alternat,** two-way alternate communication; **communication de transit,** transit call; **communication en mode transparent,** transparent data communication; **communication en temps réel,** real-time communication; **communication homme-machine,** man-machine communication; **communication par satellite,** satellite communication; **communication télex,** teletype exchange (telex); **communication télégraphique,** telegraphy communication; **communication téléphonique,** telephone call; **communication unilatérale,** one-way communication; **communication urbaine,** intercommunication; **communication virtuelle,** virtual communication, virtual call; **communication vocale,** voice communication; **communication à grande distance,** long range communication; **communications,** communications; **communications en simplex,** simplex communications; **communications numérisées,** digital communications; **communications optiques,** optical communications; **contrôleur de communications,** communications controller; **durée d'établissement de la communication,** call set-up time; **durée de communication,** call duration, call time; **interface de communication,** communications interface; **liaison de communication,** communication linkage; **ligne de communication,** communication link; **logiciel de communications,** communication software; **maintien en communication,** call hold; **mode de communication,** communicate mode; **moyen de communication,** communication medium; **multiplexeur de communications,** communication multiplexor; **port de communication,** communication port; **procédure d'établissement de la communication,** call set-up procedure; **satellite de communications,** communications satellite; **serveur de communication,** communication server; **service de communication virtuelle,** virtual call facility; **système d'information et de communication,** communication and information system; **système de communication,** transactional system; **système de communication auxiliaire,** alternate communication system; **système de communication de données,** data communication system; **système de communication universel,** global communications system; **système de communications,** communication system, comms system;

tentative de communication, call attempt; **théorie des communications**, communications theory; **transfert de communication**, call forwarding, call forward; **type de communication**, communication mode; **unité de contrôle de communication**, communication control unit; **voie de communication**, communication channel; **zone de communication**, communications area.

**communiquer:** communicate (to).

**commutateur:** switch, commutator; **commutateur A/N**, AD-switch; **commutateur automatique**, switchover; **commutateur circulaire**, rotary switch; **commutateur d'adressage**, address switch; **commutateur d'adresses de périphériques**, peripheral address expander; **commutateur d'affectation**, component assignment switch; **commutateur d'alternat**, push-to-talk switch; **commutateur d'autorisation d'écriture**, protection switch, protect switch; **commutateur d'interrogation**, inquiry key; **commutateur d'option console**, console switch; **commutateur de commande d'interlignes**, line space switch; **commutateur de débordement**, overflow switch; **commutateur de jonction**, trunk switch; **commutateur de lecture**, sense switch; **commutateur de lignes**, line switch; **commutateur de manoeuvre**, operating control; **commutateur de messages**, message switch; **commutateur de mode**, mode switch; **commutateur de pistes**, channel select switch; **commutateur de processus**, process switch; **commutateur de protection de partition**, area protect switch; **commutateur de périphériques**, peripheral switch; **commutateur de signe**, sign switch; **commutateur de tâches**, task switch; **commutateur de validation**, enable switch; **commutateur de verrouillage**, interlock switch; **commutateur décadique**, decade switch; **commutateur hybride**, analog-digital switch; **commutateur nodal**, nodal switch, node switch; **commutateur pas à pas**, stepping switch; **commutateur pour introduction binaire manuelle**, manual binary input; **commutateur programmable**, alterable switch; **commutateur système**, processor switch; **commutateur x-y**, x-y switch; **commutateur électronique**, electronic switch, electronic commutator; **commutateur à N directions**, N-way switch; **commutateur à bascule**, toggle switch; **commutateur à clé**, key-operated switch; **commutateur à coïncidence**, coincidence switch; **commutateur à diodes**, diode switch; **commutateur à pression d'air**, air pressure switch; **tube commutateur à**

rayons cathodiques, beam switching tube.

**commutatif:** **groupe commutatif**, Abelian group.

**commutation:** switching; **adresse de commutation de banc**, bank switching record; **caractère de commande de commutation**, switching control character; **caractère de commutation de code**, ESC character; **centre de commutation**, switching center, switching office; **centre de commutation automatique**, automatic switching center; **centre de commutation automatique de messages**, automatic message switching center; **centre de commutation de circuits**, circuit switching center; **centre de commutation de données**, data switching exchange (DSE); **centre de commutation des messages**, message switching center; **circuit de commutation**, switching circuit; **circuiterie de commutation de banc**, bank switching hardware; **code de commutation**, switch code; **coefficient de commutation**, switching coefficient; **commande de commutation**, switching command; **commutation automatique**, automatic turnaround; **commutation automatique de messages**, automatic message switching; **commutation d'entrée-sortie**, input/output switching; **commutation d'interligne automatique**, automatic line spacing; **commutation de banc**, bank switching; **commutation de bande**, tape switching; **commutation de circuits**, circuit switching; **commutation de lignes**, line switching, line transfer; **commutation de messages**, message switching; **commutation de paquets**, packet switching; **commutation de rythme**, clock switchover; **commutation de transit**, transit switching; **commutation des données**, data switching; **commutation idéale**, ideal switching; **commutation itérative**, tandem switching; **commutation manuelle**, manual control box; **commutation numérique**, digital switching; **commutation par bouton-poussoir**, pushbutton switching; **commutation spatiale**, space-division switching; **commutation temporelle**, time-division switching; **commutation électronique**, electronic switching; **contrôle de commutation automatique**, automatic switching control; **diode de commutation**, switching diode; **dispositif de commutation**, switching arrangement; **dispositif de commutation de ligne**, line transfer device; **élément de commutation**, switching element; **fonction de commutation**, switching function; **information de commutation**, switching information; **levier de commutation**, switch lever; **mode de commutation automatique**, automatic switch mode; **option de commutation de banc,** bank switching option; **poste de commutation de dérouleurs,** switch control console; **relais de commutation,** switch over relay; **réseau de commutation central,** central switching network; **réseau à commutation de circuits,** circuit switching network; **réseau à commutation de messages,** message switching network; **seuil de commutation,** switching threshold; **symbole de commutation,** circuit symbol; **système de commutation automatique,** automatic switching system; **système de commutation électronique,** electronic switching system (ESS); **tableau de commutation,** switching panel; **temps de commutation,** switching time, circuit speed; **théorie de la commutation,** switching theory; **tore de commutation,** switch core; **transistor de commutation,** switching transistor; **unité de commutation,** switch unit; **variable de commutation,** switching variable; **vitesse de commutation,** switching speed.

c o m m u t é: switched; **circuit commuté,** switched circuit; **circuit virtuel commuté,** switched virtual circuit; **commande du réseau commuté,** switched network control; **non commuté,** nonswitched; **réseau commuté,** switching network, switched network; **émulation de mémoire à bancs commutés,** expanded memory emulation.

c o m m u t é e: switched; **gestionnaire de mémoire commutée,** expanded memory manager; **liaison commutée,** circuit-switched connection; **ligne commutée,** switched line; **ligne non commutée,** nonswitched line; **mémoire commutée,** expanded memory.

c o m m u t e r: switch (to), switch over (to).

c o m p a c i t é: compactness.

c o m p a c t: **disque optique compact (DOC),** read-only memory compact disk (CD-ROM).

c o m p a c t a g e: compaction*, compacting, compression; **compactage de données,** data compaction, data compression; **compactage mémoire,** block compaction; **densité de compactage,** packing density.

c o m p a r a i s o n: comparison, comparing; **comparaison de classes,** class comparison; **comparaison de données,** verification; **comparaison de systèmes,** system comparison; **comparaison de zone,** field compare; **comparaison logique,** logical comparison; **condition de comparaison,** relation condition; **convertisseur de code à comparaison de tensions,** voltage comparison converter; **critère de comparaison,** comparison criterion; **dispositif de comparai-**

son, comparing feature; **instruction de comparaison,** compare instruction; **jeu de paramètres de comparaison,** comparison parameter set; **liste de comparaison,** adjustment chart; **opérateur de comparaison,** relation operator; **paramètre de comparaison,** comparison parameter; **poste de comparaison,** read compare; **rupture de niveau par comparaison,** comparing control change; **structure de comparaison,** matched pattern, match pattern; **système de comparaison,** comparing system; **test de comparaison,** relation test; **tri par comparaison,** comparative sort; **unité de comparaison,** comparison unit, comparing unit; **valeur de comparaison,** comparative value, matching value.

c o m p a r a t e u r: comparator; **circuit comparateur,** comparator circuit; **comparateur analogique,** analog comparator; **comparateur d'adresses,** address comparator; **comparateur d'égalité,** equality unit; **comparateur de bande,** tape comparator.

c o m p a r a t i f: comparative.

c o m p a r e r: compare* (to).

c o m p a r t i m e n t: compartment; **adresse de compartiment,** bucket address.

c o m p a t i b i l i t é: compatibility*; **compatibilité ascendante,** upward compatibility, forward compatibility; **compatibilité descendante,** downward compatible; **compatibilité de systèmes,** systems compatibility; **compatibilité des équipements,** equipment compatibility; **compatibilité descendante,** backward compatibility; **compatibilité logicielle,** software compatibility; **compatibilité matérielle,** compatible hardware; **compatibilité syntaxique,** syntactic compatibility, syntactic compatibility; **compatibilité vers le bas,** downward compatibility; **test de compatibilité,** compatibility test.

c o m p a t i b l e: compatible; **compatible TTL,** TTL compatible; **compatible vers le haut,** upward compatible; **entièrement compatible,** plug-to-plug compatible; **logiciel compatible,** compatible software; **mode compatible,** compatibility mode.

c o m p e n s a t e u r: equalizer, compensator; **circuit compensateur,** compensating circuit, equality circuit; **compensateur d'affaiblissement,** attenuation equalizer; **compensateur d'amplitude,** amplitude equalizer; **compensateur d'usure,** wear compensator; **compensateur de phase,** phase equalizer; **compensateur de phase adaptatif,** adaptive delay equalizer; **compensateur de retard,** delay equalizer.

c o m p e n s a t i o n: equalization; **compensation de perte de niveau,** drop-out compensation; **levier de compensation,** balance lever; **procédure de compensation,** accounting system; **réseau de compensation,** compensating network.

**compensatrice: erreur compensatrice,** compensating error; **quantité compensatrice,** compensating quantity.

**compensée: erreur compensée,** balanced error; **gamme d'erreurs compensées,** balanced error range; **mise à la terre compensée,** balance to ground.

**compenser:** compensate (to).

**compilable:** compilable.

**compilateur:** compiler*, compiling program; **calculateur compilateur,** compiling computer; **compilateur C,** C-compiler; **compilateur FORTRAN,** FORTRAN compiler; **compilateur croisé,** cross-compiler; **compilateur de compilateur,** metacompiler; **compilateur de langage,** language compiler; **compilateur en ligne,** on-line compiler; **compilateur graphique,** graphic compiler; **compilateur incrémentiel,** incremental compiler; **compilateur interactif,** conversational compiler; **compilateur interprétatif,** interpretive compiler; **compilateur syntaxique,** syntax directed compiler; **directive de compilateur,** compiler directive, compiler-directing sentence; **déclaration de compilateur,** compiler-directing declarative; **générateur de compilateurs,** compiler generator; **instruction de compilateur,** compiler statement; **ordre de compilateur,** compiler verb; **programme de mise au point des compilateurs,** compile unit maintenance component.

**compilation:** compilation, compile; **bibliothèque de compilation,** compilation unit library; **compilation croisée,** cross-compiling; **compilation d'adresses,** address compilation; **compilation de programme,** program compilation; **compilation groupée,** batched compilation; **compilation séparée,** separate compilation; **compilation-exécution,** compile-and-go; **date de compilation,** date compiled; **diagnostic de compilation,** compiler diagnostic; **durée de compilation,** compiling time, compile duration; **passe de compilation,** compilation run; **phase de compilation,** compiling phase, compile phase; **programme de compilation,** compiling program, compiling routine; **table des temps de compilation,** compilation time table; **technique de compilation,** compiling technique; **temps de compilation,** compilation time; **unité de compilation,** compilation unit; **état de compilation,** compilation stage.

**compilé:** compiled; **compile et exécute,** code and go; **programme compilé,** compiled program; **semi-compilé,** semicompiled.

**compiler:** compile (to).

**complément:** complement; **addition au complément,** complement add, complementary add; **base du complément,** complement base; **complément apériodique,** date; **complément d'instruction,** instruction complement; **complément de compte-rendu de travaux,** accounting option; **complément de fonction erronée,** error function complement; **complément restreint,** diminished radix complement; **complément vrai,** true complement; **complément à 0,** zero complement; **complément à 1,** complement on one, one's complement; **complément à 10,** complement on ten, ten's complement; **complément à 2,** complement on two, two's complement; **complément à 9,** complement on nine, nine's complement; **complément à la base,** radix complement; **complément à la base moins 1,** radix-minus-one complement; **complément à zéro,** noughts complement; **demande de complément à dix,** ten's request; **nom de complément d'introduction,** input enclosure name; **représentation du complément,** complement representation.

**complémentaire:** complementary, auxiliary; **MOS complémentaire,** complementary MOS (CMOS); **accumulateur complémentaire,** pseudoaccumulator; **adressage complémentaire,** additional addressing; **angle complémentaire,** complementary angle; **bit complémentaire,** additional bit; **bloc fonctionnel complémentaire,** auxiliary building block; **carte complémentaire,** continuation card; **circuit complémentaire,** complement element; **code complémentaire,** complementary code; **couleur de ruban complémentaire,** alternate ribbon color; **enregistrement complémentaire,** complementary record; **forme complémentaire,** complement form; **impulsion complémentaire,** additional impulse; **instruction complémentaire,** append command; **instruction complémentaire d'entrée/sortie,** auxiliary input/output statement; **logique complémentaire,** complementary logic; **matériel complémentaire,** hook-up machine; **opération complémentaire,** complementary operation; **porte complémentaire,** complement gate; **service complémentaire,** user facility; **système complémentaire,** complement system; **système de mémoire complémentaire,** backing storage system; **unité complémentaire,** adjunct unit; **unité de mémorisation complémentaire,** backing storage unit; **zone complémentaire,** option field.

**complémentation:** complementation,

complementing; **opérateur de complémentation**, complementary operator; **opération de complémentation**, complementary operation.

**complémenter:** complement (to).

**complémenteur:** complementer, completer, negator.

**complet:** complete; **additionneur complet**, full adder; **chaînage complet**, full chaining; **effacement complet de l'écran**, full screen erase; **graphe complet**, complete graph; **mot complet**, full word; **report complet**, complete carry; **sommateur complet**, three-input adder; **soustracteur complet (à trois entrées)**, full subtracter.

**complète:** impulsion d'écriture complète, full write pulse; **impulsion de lecture complète**, full read pulse; **intégration complète**, full integration; **onde porteuse complète**, full carrier; **opération complète**, complete operation; **rangée transversale complète**, full array.

**compléter:** code à compléter, skeletal coding, skeletal code.

**complétude:** contrôle de complétude, completeness check.

**complexe:** complex; **adresse à opérande complexe**, second-level address; **complexe de matériels**, equipment complex; **constante complexe**, complex constant; **fraction complexe**, complex fraction; **mode complexe**, complex mode; **nombre complexe**, complex number, imaginary number; **nombre complexe conjugué**, complex conjugate number; **structure complexe**, multiple item; **transfert complexe**, complex transfer.

**comportement:** behaviour; **comportement de longue durée**, long time behaviour; **comportement dynamique**, dynamic behaviour; **comportement statique**, static behaviour.

**composant:** component, component part; **analyse des composants**, component analysis; **carte démunie de composants**, unpopulated board; **composant d'ordinateur**, computer component; **composant de calculateur analogique**, computing element; **composant de haute qualité**, high grade component; **composant de micro-ordinateur**, microcomputer component; **composant de terminal**, terminal component; **composant discret**, discrete component; **composant magnétique**, magnetic component; **composant matériel**, hardware component; **composant passif**, passive device; **composant plat**, pancake; **composant solide**, solid state component; **composant séman-**tique, semantic component; **composant technique**, technical component; **composant électronique**, electronic component; **composant état solide**, solid state device; **composant à couplage de charge**, charge-coupled device (CCD); **défaillance de composant**, component failure; **erreur due au composant**, component error.

**composante:** **composante de courant alternatif**, alternating current component; **composante réactive**, quadrature component; **composante résistive**, resistive component.

**composé:** compound; **type composé**, composite type.

**composée:** carte perforée composée, dual punch card; **expression composée**, compound expression; **image en couleur composée**, composite color image; **instruction composée**, compound instruction, compound statement; **terminaison composée**, compound tail.

**composer:** composer un numéro, dial (to); **machine à composer**, typesetting machine; **tonalité d'invite à composer**, dial tone.

**composeur:** **composeur automatique**, autodialer.

**composite:** composite; **moniteur composite**, composite video display.

**composition:** composition, typesetting; **composition automatique**, automatic typesetting; **composition de fichier**, file composition; **composition de la mémoire centrale**, main memory configuration; **composition de transformations**, concatenated transformation; **composition du feuillet**, page format; **composition informatisée**, computerized typesetting; **lecture du code de composition**, typesetting read; **perforation de composition**, typesetting hole.

**compressé:** compressed; **mode compressé**, compressed mode.

**compresseur:** compressor; **compresseur-expanseur**, compandor*.

**compression:** compression; **compression binaire**, digit compression; **compression instantanée**, instantaneous companding; **compression vocale**, voice compression; **facteur de compression**, packing factor; **programme de compression**, compressor program, condensing routine; **taux de compression**, packing ratio.

**comprimé:** compressed, compacted.

**comprimée:** bande comprimée, compressed tape.

**comprimer:** comprimer, pack (to), compress (to), implode (to).

**comptabilisation:** analyse de comptabilisation, accounting analysis; **carte de comptabilisation,** posting card; **comptabilisation des commandes,** order accounting; **comptabilisation des travaux,** job accounting; **date de comptabilisation,** posting date; **fichier de comptabilisation,** account file; **fichier de comptabilisation des travaux,** job accounting file, job account file; **fonction de comptabilisation des travaux,** job accounting interface; **journal de comptabilisation des travaux,** job accounting report, job account log; **liste de comptabilisation des travaux,** job account listing; **opération de comptabilisation,** posting operation; **type de comptabilisation,** account class.

**comptabilité:** accounting, bookkeeping; **comptabilité commerciale,** business accounting; **comptabilité mécanographique,** machine accounting; **ordinateur de comptabilité,** bookkeeping computer; **service de comptabilité,** accounting department; **système de comptabilité des travaux,** job accounting system.

**comptable:** document comptable, accounting form; **machine comptable,** accounting machine, bookkeeping machine; **machine comptable électrique,** electrical accounting machine (EAM); **mémoire comptable,** booking storage; **ordinateur comptable,** accounting computer; **progiciel comptable,** accounting package; **période comptable,** accounting period; **registre comptable,** booking register, booking storage; **service comptable,** record inventory; **système comptable bancaire,** bank accounting system; **trace comptable,** accounting system, booking track; **travail comptable,** red tape; **valeur comptable,** booking value.

**comptage:** counting; **attribut de comptage,** count attribute; **chaîne de comptage,** counting chain; **chaîne de comptage fermée,** closed counting chain; **circuit de comptage,** counter circuit; **comptage d'articles fin,** trailing count; **comptage d'enregistrements,** record counting; **comptage de blocs,** block count; **comptage de cartes,** card count; **comptage de cycles,** cycle count; **comptage de secteurs,** sector count; **comptage des blocs de sortie,** output block count; **comptage des caractères,** character count; **comptage des reports,** carry counting; **comptage en série,** serial count; **condition finale de comptage,** count-out condition; **direction de comptage,** count direction; **dispositif de comptage,** counting feature; **erreur de comptage d'articles,** item count discrepancy; **mémoire de comptage,** counter storage, count storage; **octet de comptage,** count byte; **opération de comptage,** counting operation; **registre de comptage,** tally register; **registre de comptage d'instructions,** instruction counting register; **vitesse de comptage,** counting rate; **zone de comptage,** count field, count data format, count area; **zone de comptage de sémaphores,** semaphore count field.

**compte:** count, account; **article permanent du fichier comptes,** master account record; **bande de compte-rendu,** log tape; **carte de compte magnétique,** magnetic ledger card; **carte-compte,** account card, ledger card; **classification des comptes,** account classification; **complément de compte-rendu de travaux,** accounting option; **compte courant,** account current; **compte d'articles,** item count; **compte inactif,** inactive account; **compte non mouvementé,** inactive account; **compte progressif,** countup; **compte rendu des mouvements,** transaction report; **compte rendu sommaire,** summary report; **compte à rebours,** countdown; **compte-rendu d'avancement,** progress statement; **compte-rendu d'essai,** test report; **compte-rendu d'exploitation,** backward supervision; **compte-rendu de chargement,** load audit; **compte-rendu de l'exécution des travaux,** job execution report; **compte-rendu de parcours disque,** disk trace; **compte-rendu de pronostics,** forecast report; **compte-rendu de réception,** acceptance certificate; **compte-rendu de transmission,** tellback; **compte-rendu du matériel stocké,** stock status report; **compte-tours,** revolution counter; **détecteur de compte,** number detector; **feuille de compte,** accounting form; **fichier compte-rendu,** log file; **fichier comptes permanent,** master account file; **formulaire de compte courant,** account form; **lecteur automatique de comptes magnétiques,** magnetic ledger card sorting machine; **livre de comptes,** ledger; **mémoire de comptes magnétiques,** magnetic ledger memory; **non pris en compte,** skipped; **numéro de compte,** account number; **ordinateur de comptes magnétiques,** magnetic ledger card computer; **position d'un compte,** account balance; **pris en compte,** processed; **se rendre compte,** ascertain (to); **séquence de compte,** account sequence; **unité de comptes magnétiques,** magnetic ledger unit.

**compter:** count (to), tally (to); **compter modulo N,** count modulo N (to).

**compteur:** counter*, meter; **capacité de compteur,** counter capacity; **charger (un**

compteur), set (to) (a counter); **commande de compteur**, counter control; **compteur binaire**, binary counter; **compteur digital**, radix-two counter; **compteur d'adressage**, distribution counter; **compteur d'adresses**, address counter; **compteur d'adresses courantes**, current address counter; **compteur d'adresses d'implantation**, storage address counter; **compteur d'adresses de début d'implantation**, starting location counter; **compteur d'adresses de mémoire**, memory address counter; **compteur d'affectation mémoire**, storage assignment counter; **compteur d'articles**, item counter; **compteur d'effacement**, erase counter; **compteur d'impositions**, key stroke counter; **compteur d'impulsions**, impulse counter, pulse counter; **compteur d'inhibition**, inhibit counter; **compteur d'instructions câblé**, hardware program counter; **compteur d'instructions programmées**, software program counter; **compteur d'ondulations**, ripple counter; **compteur de base**, basic counter; **compteur de blocs**, block counter; **compteur de boucle**, cycle index counter; **compteur de cartes**, card counter; **compteur de cases**, pocket counter; **compteur de commandes**, command counter; **compteur de cycles**, cycle counter; **compteur de documents**, document counter; **compteur de frappes**, stroke counter; **compteur de fréquences**, frequency counter; **compteur de lignes**, line counter; **compteur de longueur d'instruction**, instruction length counter; **compteur de longueur de données**, data length counter; **compteur de maintenance**, maintenance counter; **compteur de mouvements**, transaction counter; **compteur de pages**, page counter; **compteur de positions de mémoire**, storage location counter; **compteur de reprises**, rollback counter; **compteur de résultat**, event counter; **compteur de solde net**, net balance counter; **compteur de séquence courante**, current item count; **compteur de temps utile**, usage meter; **compteur de tirage**, sheet counter; **compteur des essais de programmes**, test cycle counter; **compteur des unités**, unit counter; **compteur diviseur par deux**, divide-by-two counter; **compteur décimal code binaire**, binary-coded decade counter; **compteur dégressif**, countdown counter; **compteur en anneau**, ring counter; **compteur en cascade**, cascadable counter; **compteur horaire**, hour counter, hour meter, usage meter; **compteur horaire de machine**, high resolution clock; **compteur incrémentiel**, incremental counter; **compteur**

**inverse**, bidirectional counter; **compteur modulo-N**, modulo-N counter; **compteur mécanique**, mechanical counter; **compteur numérique**, digital counter; **compteur pondéré**, formula counter; **compteur progressif**, countup counter; **compteur rapide**, high-speed computer; **compteur répétitif**, repetition counter; **compteur soustractif**, balance counter; **compteur standard**, standard counter; **compteur séquentiel**, sequence counter, step counter; **compteur tarifaire**, billable time meter; **compteur totalisateur**, accumulating counter, adding counter; **compteur transistorisé**, transistorized counter; **compteur électronique**, electronic counter; **compteur à base 2**, radix two counter; **compteur à décade**, decade counter; **compteur-décompteur**, reversible counter; **compteur-quantificateur**, quantity number counter; **compteurs généraux**, group counter; **contrôle du solde compteur**, counter balance control; **entrée compteur pour listage de compteur**, counter list entry; **entrée de compteur**, counter entry; **fractionnement de compteur**, counter split; **interdiction des sorties compteur**, exit suppression; **listage du contenu compteur**, counter list; **progression de compteur**, counter advance; **prépositionnement d'un compteur**, counter preset; **remise à zéro du compteur**, counter clearing; **réinitialisation un compteur**, counter reset; **solde de compteur**, counter balance; **sortie de compteur**, counter exit; **sortie en liste de compteur**, counter list exit; **table des opérations compteur**, counter chart; **transfert arrière du contenu compteur**, counter read back; **valeur du compteur**, count value.

**compteuse**: roue compteuse, counter wheel; **trieuse-compteuse**, counting sorter.

**concaténation**: concatenation.

**concaténé**: concatenated.

**concentrateur**: concentrator*, pooler; circuit concentrateur, pooled terminations; **concentrateur de données**, data concentrator, data signal concentrator; **concentrateur de lignes**, line concentrator; **concentrateur de messages**, remote message concentrator; **réseau concentrateur**, concentrator network.

**concentration**: concentration, pooling, burst; **concentration de lignes**, line concentration; **concentration de messages**, remote message concentration.

**concentré**: focused.

**concentrer**: pool (to), focus (to).

**concept**: concept; **concept d'antémémoire**, caching; **concept d'ordinateur**, computer concept; **concept de base,** basic concept; **concept de bus à jeton,** token bus approach; **concept des interfaces,** interface design; **concept du bus annulaire à jeton,** token ring approach.

**c o n c e p t i o n :** design; **aide à la conception,** design aid; **conception assistée par ordinateur (CAO),** computer-aided design (CAD); **conception automatisée,** automated design, design automation; **conception d'interface de système,** system interface design; **conception de base,** design principle; **conception de modularité,** building block concept; **conception de programme,** program design; **conception de systèmes,** systems design; **conception des canaux,** channel design; **conception des imprimés,** form design; **conception des tâches,** job design; **conception détaillée de la structure,** detailed structural design; **conception fonctionnelle,** functional design; **conception informatique évoluée,** advanced computer concept; **conception logicielle,** software design; **conception logique,** logical design, logic design; **conception mixte,** hybrid design; **conception modulaire,** modular concept; **conception standard,** standard design; **langage de conception,** system design language; **paramètre de conception,** design parameter; **poste de conception autonome,** stand-alone design station.

**c o n c e p t u e l :** conceptual; **langage conceptuel,** conceptual language.

**c o n c e p t u e l l e :** **vue conceptuelle,** paradigm.

**c o n c e r t é e :** **temps de maintenance concertée,** scheduled maintenance time.

**c o n c l u s i o n :** statistical interference; **issue conclusion,** upshot.

**c o n c o r d a n c e :** **mot de contrôle de concordance,** synchronization check word; **zone de concordance,** matching field.

**c o n c u r r e n c e :** concurrency; **concurrence des unités,** device correspondence.

**c o n c u r r e n t :** **ordinateur concurrent,** parallel computer.

**c o n c u r r e n t i e l :** **accès concurrentiel,** concurrent access.

**c o n d e n s a t e u r :** capacitor; **condensateur d'appoint,** trimming capacitor; **condensateur de couplage,** blocking capacitor; **condensateur fixe,** fixed capacitor; **contrôleur de condensateur,** capacitor tester; **mémoire à condensateur,** capacitor storage.

**c o n d e n s a t i o n :** **programme de condensation,** condense routine; **programme de condensation de données,** data reduction program.

**c o n d e n s é :** condensed, packed; **bit de zone (en binaire condensé),** zone bit; **caractère condensé,** condensed type; **digit de zone (en binaire condensé),** zone digit; **décimal condensé,** packed decimal; **décimal condensé signé,** signed packed decimal; **décimal non condensé,** unpacked decimal; **format binaire non condensé,** zoned format; **format condensé,** compressed form; **non condensé,** uncompressed, unpacked.

**c o n d e n s é e :** **cartes de données condensées,** squoze pack; **données condensées,** packed data; **données en forme condensée,** packed format; **numérotation condensée,** compressed dialing; **écriture condensée,** condensed print.

**c o n d e n s e r :** pack (to), implode (to), focus (to).

**c o n d i t i o n :** condition; **branchement sur condition,** branch on condition; **condition NON,** NOT condition; **condition ambiante,** environmental condition; **condition d'acceptation,** acceptance condition; **condition d'accès à la partition,** area condition; **condition d'alerte,** alert condition; **condition d'analyse,** trace condition; **condition d'arrêt,** stop condition; **condition d'attente en file,** queueing condition; **condition d'entrée,** entry condition; **condition d'erreur,** error condition; **condition d'erreurs de périphériques,** peripheral error condition; **condition d'exploitation,** operating condition; **condition d'interruption,** interrupt condition, trap condition; **condition d'occupation,** engaged condition; **condition d'état de l'interrupteur,** switch status condition; **condition de blocage,** stall condition; **condition de branchement,** branch condition; **condition de classement,** class condition; **condition de code erroné,** invalid key condition; **condition de comparaison,** relation condition; **condition de lecture,** sense condition; **condition de maintien,** hold condition; **condition de remise à zéro,** reset condition; **condition de repos,** rest condition; **condition de reprise,** restart condition; **condition de saut,** branch condition; **condition de seuil,** threshold condition; **condition de travail,** handling condition; **condition des documents,** document condition; **condition finale de comptage,** count-out condition; **condition initiale,** initial condition; **condition limite,** boundary condition; **condition marginale,** marginal condition; **condition multiple,** compound condition; **condition par défaut,** default condition; **condition simple,** simple condition; **condition zéro,** nought state; **conditions ambiantes,** environmental requirements; **conditions d'exploitation,** operational environment; **conditions de liaison,** interface requirements; **conditions de sortie,** exit conditions; **conditions techniques,** technical requirements; **nom de condition,** condition name; **symbole de condition,** condition name; **test du nom de condition,** condition name test; **zone de condition,** condition field.

**conditionné:** conditioned; **air conditionné,** air conditioning; **appareil à air conditionné,** air conditioning device; **message conditionné,** formal message.

**conditionnel:** conditional; **arrêt conditionnel,** conditional breakpoint, conditional stop; **arrêt conditionnel d'erreur,** error-conditioned halt; **assemblage conditionnel,** conditional assembly; **branchement conditionnel,** conditional jump, conditional transfer; **branchement conditionnel à zéro,** branch on zero; **développement conditionnel,** conditional expansion; **instruction d'arrêt conditionnel,** conditional breakpoint instruction; **instruction de saut conditionnel,** conditional branch instruction; **opérande conditionnel,** conditional operand; **opérateur conditionnel,** condition operator; **saut conditionnel,** conditional jump, conditional branch; **saut de bloc conditionnel,** optional block skip; **symbole conditionnel,** condition operator.

**conditionnelle: commande de programme conditionnelle,** conditional sentence; **convergence conditionnelle,** conditional convergence; **demande conditionnelle interruption de programme,** conditional program interrupt request; **entropie conditionnelle,** conditional entropy; **entrée conditionnelle,** conditional entry; **expression conditionnelle,** conditional expression, condition expression; **implication conditionnelle,** material implication; **instruction conditionnelle,** conditional instruction, conditional statement; **instruction conditionnelle d'assembleur,** conditional assembler instruction; **instruction conditionnelle de saut,** conditional jump instruction; **opération conditionnelle,** conditional operation; **opération implication conditionnelle,** IF-THEN operation; **requête conditionnelle,** conditional demand; **règle conditionnelle,** else rule; **séquence d'instructions conditionnelle,** optional instruction sequence; **variable conditionnelle,** conditional variable; **zone conditionnelle d'exception,** exception condition field.

**conditionnement:** conditioning; **sous conditionnement d'air,** environmental control.

**conditionneur:** conditioner.

**conductance:** conductance.

**conducteur:** conductive, lead; **circuit intégré à semi-conducteurs,** integrated semiconductor circuit; **conducteur principal,** main cable; **conducteur-poutre,** beam lead; **diode à semi-conducteur,** semiconductor diode; **dépôt conducteur,** land; **ligne à quatre conducteurs,** four-wire circuit; **multiplexeur à semi-conducteurs,** solid state multiplexer; **mémoire à semi-conducteur,** semiconductor memory, semiconductor storage; **papier conducteur,** electro-sensitive paper; **semi-conducteur,** semiconductor; **semi-conducteur à oxyde métallique,** metal oxide silicon (MOS).

**conductrice: crayon à mine conductrice,** conductive pencil; **encre conductrice,** conductive ink; **feuille mince conductrice,** foil.

**conduit:** conduit; **conduit de câbles,** cable duct, cable conduit.

**conduite: conduite de la production,** production control; **système de conduite de processus industriels,** process guiding system.

**conférence:** conference; **circuit de conférence,** conference circuit; **message conférence,** block message.

**confetti:** chad; **bac à confettis,** chip box, chip tray; **boîte à confettis,** chip bin; **déflecteur de confettis,** chip deflector; **hélice à confettis,** chip screw; **perforateur sans détachement de confettis,** chadless punch; **ruban perforé sans détachement de confettis,** chadless tape; **tube à confettis,** chip tube; **tuyau à confettis,** chip duct.

**confidentialité:** privacy; **confidentialité des données,** data privacy.

**configurable:** configurable; **station configurable,** configurable station.

**configurateur:** family tree; **configurateur RS-232,** RS-232 patch box.

**configuration:** configuration*; **carte de configuration,** configuration card; **configuration binaire,** bit configuration; **configuration de base,** basic configuration; **configuration de calculateur,** computer configuration; **configuration de l'équipement,** equipment configuration; **configuration de perforations,** hole pattern; **configuration des bits de zone,** zone bit configuration; **configuration du réseau,** network configuration; **configuration du système,** system configuration; **configuration initiale,** initial configuration; **configuration logicielle,** software configuration; **configuration matérielle,** hardware configuration; **configuration minimale,** minimum configuration; **configuration mémoire,** memory map; **configuration probable,** probable configuration; **configuration utilisateur,** user configuration; **contrôle de configuration,** configuration management; **état de configuration,** configuration state; **instruction macro de configuration,** configuration macro; **logiciel de configuration,** middleware; **reprise de configuration,** configuration restart; **retirer de la configuration,** deconfigure (to); **section de configuration,** configuration section; **table de configuration,** configuration table.

**configuré: non configuré,** unconfigured.

**configurer:** configure (to).

**confirmation:** confirmation; **confirmation de libération,** clear confirmation; **demande de signal de confirmation,** request for confirmation signal; **message de confirmation,** confirmation message.

**conflictuel: accès conflictuel,** concurrent access; **arrêt conflictuel,** deadly embrace.

**conflit:** conflict; **conflit d'accès,** access conflict; **conflit d'appels,** call collision; **conflit d'utilisation,** contention method; **conflit secondaire,** side conflict.

**conforme: définition conforme,** correspondence defining.

**conformité: critères de conformité,** acceptance criteria.

**conjointe: quantité d'information conjointe,** joint information content.

**conjoncteur: filtre conjoncteur,** cut-on filter.

**conjonction:** conjunction, AND; **conjonction logique,** logical multiply; **non-conjonction logique,** NAND, NOT-AND, neither-NOR.

**conjugué: nombre complexe conjugué,** complex conjugate number.

**connaissance:** knowledge, knowhow; **base de connaissances,** knowledge base; **degré de connaissance,** literacy.

**connectable:** pluggable.

**connecté:** connected, linked, on hook, in-line, in line; **connecté en amont,** connected up-stream; **connecté en aval,** connected down-stream; **connecté en deux points,** biconnected; **connecté en série,** series-connected; **émulateur connecté,** in-circuit emulator; **mode connecté,** on-line mode; **non connecté,** off line, unconnected, stand-alone; **poste connecté en parallèle,** parallel-connected station; **poste non connecté,** unconnected terminal.

**connecter:** connect (to), hook up (to), link (to); **action de connecter,** connecting; **connecter en parallèle,** connect in parallel

(to).

**connecteur:** connector*; **connecteur à attache rapide,** quick disconnect; **connecteur à bornes,** terminal connector; **connecteur à lamelles,** blade connector, clip contact connector; **connecteur à lames,** knife connector; **connecteur circulaire,** circular connector; **connecteur d'entrée,** inconnector; **connecteur de batterie,** battery connector; **connecteur de bord,** edge connector; **connecteur de câble,** cable connector; **connecteur de sortie,** outconnector; **connecteur de terminaison,** terminating plug; **connecteur de terre,** ground jack; **connecteur enfichable,** pluggable connector, plug connector; **connecteur externe,** external connector; **connecteur femelle,** female plug; **connecteur fictif,** dummy traffic; **connecteur interchangeable,** interchangeable connector; **connecteur intermédiaire,** adapter plug; **connecteur multibroche,** multiple connector, multipoint connector; **connecteur mâle,** male plug; **connecteur renvoi d'organigramme,** connector; **connecteur électrique,** electrical connector; **connecteur réversible,** sexless connector; **coquille de connecteur,** connector shell; **numéro de connecteur,** connector number.

**connectif:** connective*; **connectif booléen,** Boolean connective.

**connectique:** connection.

**connectivité: connectivité,** connectivity.

**connexe:** related, associative; **angle connexe,** related angle; **graphe connexe,** connected graph; **graphe faiblement connexe,** weakly connected graph; **graphe fortement connexe,** strongly connected graph; **graphe non connexe,** disconnected graph; **mémoire connexe,** associated memory.

**connexion:** connection, attachment, hook-up, nexus; **adresse de connexion,** connection address; **barrette de connexions,** jack strip; **bloc de connexion,** terminal block; **boîte de connexions,** cable terminal box; **borne de connexion,** connection terminal; **boîtier de connexion de câbles,** cable junction box; **boîtier de connexions,** connection box; **boîtier à double rangée connexions,** dual-in-line package (DIL); **boîtier à simple rangée de connexions,** single-in-line package (SIP); **canal de connexion,** crosstell channel; **chassis de connexion de matériel,** adapter base; **circuit de connexion,** connecting line, connecting path; **connexion alternative,** alternate path; **connexion cathodique,** cathode terminal; **connexion courte,** strap, short lead;

connexion d'abonné à abonné, user-to-user connection; **connexion d'entrée,** input terminal; **connexion d'extrémité,** end connector; **connexion d'imprimante,** printer connection; **connexion de bus,** bus line; **connexion de canal,** channel trunk; **connexion de dispersion passive,** passive scatter relay; **connexion de données,** data connection; **connexion de l'ordinateur principal,** host link; **connexion de masse,** ground lead; **connexion de point à point,** point-to-point connection; **connexion de principe,** basic wiring; **connexion de terre,** ground connection; **connexion de transistors,** transistor lead; **connexion directe,** direct connection; **connexion en chaîne,** daisy chain connection; **connexion en parallèle,** parallel connection; **connexion en série,** series connection; **connexion en étoile,** Y-connection; **connexion enfichable,** plug wire; **connexion enroulée,** wire-wrap; **connexion locale,** local connection; **connexion logique,** logical connection; **connexion machine,** hardware termination; **connexion par fiches,** plug connection; **connexion par rappel,** call-back; **connexion permanente,** full time circuit; **connexion principale,** main terminal; **connexion privilégiée,** dedicated connection; **connexion sans soudure,** solderless wrapped connection; **connexion soudée à froid,** cold joint; **connexion supplémentaire,** attaching task; **connexion télex,** telex connection; **connexion test,** test connection; **connexion virtuelle,** virtual connection; **connexion à distance,** remote connection; **connexion à quatre fils,** four-port addressing; **câblage de tableau de connexions,** control panel wiring; **câble de connexion,** connection cable; **diagramme de connexions,** pinout diagram; **élément de connexion,** peripheral control system, connecting link; **élément de connexion directe,** direct connection kit; **extension de connexion,** terminal extension; **fiche de connexion,** connecting plug, jack plug; **horloge de connexion directe synchronisée,** direct timing source; **ligne de connexion,** connecting line; **matrice de connexion mémoire,** storage connecting matrix; **module de connexion,** connector module, port feature; **panneau de connexions,** mother plane; **perte par connexion,** connection loss; **plan de connexion,** connection plan; **plaque de connexion,** terminal board; **plot de connexion,** control panel hub; **point de connexion,** outlet, terminal connecting point; **point de connexion de périphérique,** device port; **possibilité de connexion,** connection option; **poste de connexion,** connection point; **registre de connexion,** connect register; **réseau de connexions,** bus line; **schéma de connexions,** connection diagram, plugging chart; **souris à connexion parallèle,** parallel mouse; **souris à connexion sur bus,** bus mouse; **souris à connexion série,** serial mouse; **système commun de connexions,** bus system, busbar; **sélecteur d'adresses de connexion,** terminal address selector; **tableau de connexions,** wiring board, plugboard, patch panel, pegboard; **tableau de connexions à broches,** pinboard; **temps de connexion,** connect time; **tentative de connexion,** attempted call; **unité de connexion,** interface switching unit; **zone d'entrée des lignes de connexion,** terminal line input area.

**connu:** known; **virus connu,** known virus.

**consécutif: consécutif,** consecutive; **contrôle consécutif des numéros,** consecutive number control; **nombres consécutifs,** consecutive numbers; **numéro consécutif de chargeur,** volume sequence number.

**consécutive: colonnes consécutives vierges,** consecutive blank columns; **numération consécutive,** consecutive numbering.

**conseil: conseil en informatique,** software service; **conseils,** hints.

**conservation: conservation des données,** permanent data storage; **durée de conservation,** shelf life.

**conserver:** safe (to).

**consignation:** consignment; **livre de consignation,** journal.

**consigne: carte de consigne,** set card; **consignes d'acheminement,** position data; **consigné,** consigned; **point de consigne,** set point; **positionneur de point de consigne,** set point station.

**consistence:** consistency.

**console: console\*; arrêt par console,** control panel halt; **commutateur d'option console,** console switch; **console auxiliaire,** auxiliary console; **console commune,** duplex console; **console commune à des calculateurs,** duplex console; **console d'essai,** test console; **console d'exploitation,** operating station; **console d'introduction,** input control; **console d'introduction de données,** input console; **console d'ordinateur,** computer console; **console de commande,** control console; **console de commande d'ordinateur,** computer control console; **console de commande à écran de visualisation,** visual information control console; **console de liaison,** through-connecting console; **console de secours,** alternative console; **console de surveillance,** supervisory console; **console de visualisation,** display console, data display, display unit; **console des données,** data channel console; **console du technicien d'entretien,** maintenance console; **console graphique,** graphic(s) console; **console inactive,** dead console; **console maître,** master console; **console message,** message display console; **console opérateur,** operator console; **console principale,** main console; **console secondaire,** secondary console; **console système,** system console; **console utilisateur,** user console; **console à cartes,** card console; **débogage à la console,** console debugging; **instruction d'introduction par console,** read type instruction; **interrogation de console,** console inquiry; **introduction par console,** console input, manual entry; **message d'erreur sorti par console,** console error typeout; **message de console,** console typeout; **mode de manipulation de console,** console handler process; **opérateur console,** terminal user; **poste d'interruption console,** console inquiry station; **poussoir d'interrogation console,** console interrupt pushbutton.

**consommateur:** consumer; **consommateur final,** ultimate consumer.

**consommation:** consumption; **schottky faible consommation,** low power schottky (LS).

**consommée:** puissance consommée, power drain, wattage rating.

**constant:** code à rapport constant, constant ratio code; **mouvement constant,** constant movement; **pas constant,** constant pitch.

**constante:** constant; **constante adjacente,** contiguous constant; **constante caractère,** character constant; **constante complexe,** complex constant; **constante connue,** named constant; **constante d'adresse,** expression constant; **constante d'alternation,** alternation constant; **constante d'aplatissement,** smoothing constant; **constante d'arrondi,** rounding constant; **constante d'atténuation,** attenuation constant; **constante d'espaces,** blank constant; **constante d'unité,** device constant; **constante d'évaluation,** valuation constant; **constante de données,** data constant; **constante de groupe,** group constant; **constante de mot positive,** full word positive constant; **constante de numération,** notation constant; **constante de temps,** time constant; **constante distribuée,** distributed constant; **constante en virgule flottante simple précision,** short precision floating-point constant; **constante figurative,** figurative constant; **constante intégrale,** integral constant; **constante localisée,** lumped constant; **constante logique,** logical constant; **constante numérique,** numeric constant; **constante réelle,** real constant; **constante sous forme d'instruction,** instructional constant; **constante à virgule fixe,** fixed-point constant; **constante à virgule flottante,** floating-point constant; **données constantes,** permanent data; **erreur de lecture constante,** permanent read error; **évaluation constante,** constant evaluation; **litteral de constante d'adresse,** address constant literal; **zone (de mémorisation) des constantes,** constant area.

**constitué:** corporate.

**constitutif:** organe constitutif, component part.

**constitution:** constitution du masque de saisie, capture grid making; **erreur de constitution,** setup error.

**constructeur:** builder; **logiciel du constructeur,** vendor software; **nom de constructeur,** implementor name.

**construction:** building, construction; **bureau de construction,** engineering department.

**construire:** construire un tableau, tabulate (to).

**consultation:** lookup, accession; **consultation automatique de bibliothèque,** automatic library lookup; **consultation de banques de données,** database inquiry; **consultation de données,** data query; **consultation de fichier,** file inquiry; **consultation de table,** table lookup; **consultation sélective,** selective access; **de consultation,** retrievability; **état de consultation,** question status; **phase de consultation de poste,** enquiry phase; **taux de consultation,** access frequency.

**contact:** contact; **alignement de contacts,** contact configuration; **balayage par contact,** contact scanning; **barre de contact,** contact bar; **carte à contacts imprimés,** edge card; **commande de contact,** contact operate; **contact actif,** front contact; **contact de blocage,** blocking contact; **contact de blocage de case,** stacker stop contact; **contact de carte,** card contact; **contact de cliquet d'entraînement,** dog contact; **contact de lecture,** sensing contact; **contact de présence de bande,** tape tension contact; **contact de rappel clavier,** keyboard restoring contact; **contact de relais,** relay contact; **contact de repos,** back contact, break contact; **contact de rupture,** break contact;

**contact de sécurité,** safety contact; **contact de sécurité capot,** cover interlock contact; **contact de transfert,** transfer contact; **contact de travail,** make-contact; **contact de verrouillage,** disabling contact, latch contact; **contact de verrouillage de case,** pocket stop contact; **contact dernière carte,** last column contact; **contact fin de bande,** tape-out sensing contact; **contact fin de papier,** paper stop contact; **contact mouillé au mercure,** dry reed contact; **contact simple,** simple contact; **contact à ampoule,** reed switch; **contact à fil,** wire contact; **contact à poussoir,** button contact; **fil de contact,** contact lead; **lamelle de contact,** prong; **maintien de contact,** latching contact; **perte de contact,** contact lost; **point de contact,** point of contact; **protection de contact,** contact protection; **rebondissement de contact,** contact bounce; **tambour de contact,** contact drum; **temps de contact,** contact make time.

**contamination:** contamination, infection; **contamination du secteur d'amorçage,** boot sector infection; **date de contamination,** infection date.

**contaminé: fichier contaminé,** infected file; **programme contaminé,** infected program.

**contaminée: disquette non contaminée,** uninfected floppy.

**contempteur:** caractère contempteur, block ignore character.

**conteneur:** canister.

**contention:** contention; contention*, hit; **indicateur de contention,** bid indicator; **mode de contention,** contention mode.

**contenu: content,** contained; **adressable par le contenu,** associative; **adressage par contenu,** content-addressing; **affichage du contenu mémoire,** display core; **contenu accumulateur,** accumulator contents; **contenu d'informations,** information content; **contenu d'informations en code binaire,** information bit content; **contenu d'élément,** cell content; **contenu de mémoire,** storage contents; **contenu de registre,** register contents; **contenu en harmonique,** harmonic content; **contenu en informations,** information volume; **contenu en informations sémantiques,** semantical information content; **contenu moyen d'informations par caractère,** average information per character; **impression du contenu de la mémoire,** memory printout; **impression du contenu de la mémoire centrale,** main memory print; **listage du contenu compteur,** counter list; **mémoire adressable par le contenu,** content-addressed storage, search memory; **mé-**morisation du contenu d'un accumulateur, unloading; **test de transmission sans contenu,** blank transmission test; **transfert arrière du contenu compteur,** counter read back; **translation dynamique du contenu mémoire,** dynamic memory relocation.

**contexte:** context; **acquisition du contexte mouvement,** transaction context acquisition; **langage dans son contexte,** context-sensitive language; **langage hors du contexte,** context-free language; **mot clé dans son contexte,** keyword-in-context index.

**contextuel:** contextual.

**contextuelle:** déclaration contextuelle, contextual declaration.

**contigu:** contiguous; **article contigu,** contiguous item.

**contiguïté:** adjacency.

**continu:** continuous; **accès série continu,** stream access; **alimentation en continu des formulaires,** continuous feeding; **amplificateur à courant continu,** DC amplifier; **bande en continu,** continuous tape; **contrôle en continu,** continuous path control; **courant continu (CC),** direct current (DC); **dévideur en continu,** data streamer; **écran à rafraîchissement continu,** continual refresh display; **encrage continu,** pen damping; **enveloppes en continu,** continuous envelopes; **exploitation en continu,** continuous operation; **format continu,** linked format; **imprimé en continu,** continuous form; **introduction en continu,** continuous input; **lecture en défilement continu,** continuous reading; **mode continu de transfert,** burst mode; **opération en continu,** burst operation; **papier en continu,** fanfolded paper, continuous stationery; **part de courant continu,** direct current portion; **reliure pour imprimés en continu,** unburst printout binder; **rouleau de papier continu,** continuous roll; **service continu,** continuous service; **sur support en continu,** tipped.

**continuation:** continuation; **caractère de continuation,** connecting character.

**continue: alimentation continue,** successive card feed; **enregistreur à bande continue,** continuous loop recorder; **fonction continue,** continuous function; **transmission avec bande continue,** continuous tape switching.

**continuel: continuel,** continual.

**continuité: test de continuité,** circuit assurance.

**contour:** contour; **analyse de contour,** contour analysis; **balayage de contour,** contour following; **contour de caractère,** character outline.

**contraindre:** force (to).

**contrainte:** constraint; **contrainte linéaire,** linear constraint; **contrainte thermique,** thermal stress; **contraintes de temps,** time constraints; **liste des contraintes,** bound pair list.

**contraste:** contrast; **contraste d'image,** image contrast; **réglage de contraste,** contrast control; **titre à contraste élevé,** high contrast title.

**contrat:** contract; **contrat d'entretien,** service contract; **contrat de location,** lease contract; **contrat de maintenance,** maintenance agreement.

**contre:** versus, counter; **contre réaction,** inverse feedback, negative feedback; **contre-balai,** back brush; **contre-vérification,** cross-validation; **intégrateur de contre réaction,** inverse integrator; **page ci-contre,** opposite page; **protection contre erreurs,** error protection; **protégé contre les chocs,** shock-protected; **système à contre-réaction,** automatic feedback control system.

**contrepoids:** balance weight.

**contrôle:** checking, check, parallel balance; **appel de contrôle,** console call; **avec point de contrôle,** checkpointed; **bande de contrôle,** check tape; **bande perforée de contrôle,** control-punched tape; **binaire de contrôle,** control bit; **bit de redondance,** redundancy bit; **bit de contrôle,** check digit; **bit de contrôle de parité,** redundancy check bit; **bit de contrôle fonctionnel,** action control bit; **bit de contrôle par totalisation,** sum digit; **bit de prise de contrôle,** override bit; **bloc de commande et de contrôle,** command control block; **bloc de contrôle,** control block; **bloc de contrôle de données,** data control block; **bloc de contrôle de lignes,** line control block; **bloc de contrôle de processus,** process control block; **bloc de contrôle du microprocesseur,** microprocess control block; **borne de contrôle,** test terminal; **bouton de contrôle,** control knob; **bus de contrôle,** check bus; **canal de contrôle,** check mark channel; **caractéristique de contrôle,** checking feature; **caractère de contrôle,** control character, check character; **caractère de contrôle d'appel,** call control character; **caractère de contrôle d'exactitude,** accuracy control character; **caractère de contrôle de bloc,** block check character; **caractère de contrôle de liaison,** data link control character; **caractère de contrôle de périphérique,** device control character; **caractère de contrôle de transmission,** communications control character; **caractère de contrôle récurrent,** cyclic check character;

**carte contrôle,** clock card; **carte de contrôle,** control card; **changement du contrôle mineur,** minor control change; **chiffre de contrôle,** check symbol; **circuit de contrôle,** check circuit; **code de caractère de contrôle,** control character code; **code de contrôle,** check code; **code de contrôle de l'imprimante,** printer control code; **code de contrôle de liaison,** link control code; **code de contrôle de ligne,** line control code; **code de contrôle de tabulation,** tab control code; **code de contrôle des erreurs,** error-detecting code; **code de contrôle systématique d'erreurs,** system error-checking code; **code à contrôle cyclique,** cyclic check code; **contrôle appliqué aux limites,** limit check; **contrôle arithmétique,** mathematical check; **contrôle asynchrone,** asynchronous control; **contrôle automatique de fréquence,** automatic frequency control; **contrôle automatique de gain,** automatic gain control (AGC); **contrôle automatique de luminosité,** automatic brightness control; **contrôle automatique de priorités,** automatic priority control; **contrôle automatique interne,** machine internal check; **contrôle bouclé,** loop checking; **contrôle caractère par caractère,** character at a time check; **contrôle codifié,** coding check; **contrôle consécutif des numéros,** consecutive number control; **contrôle croisé,** cross-check; **contrôle cyclique par redondance,** cyclic redundancy check (CRC); **contrôle câblé,** wired-in check; **contrôle d'accès au réseau,** network access control; **contrôle d'adresse,** address checking; **contrôle d'appel,** call control; **contrôle d'avance,** feed check; **contrôle d'avarie,** fault control; **contrôle d'enchaînement,** chaining check; **contrôle d'erreur d'autorisation d'écriture,** protection check; **contrôle d'exactitude,** accuracy control, accuracy checking, reasonableness check; **contrôle d'exploitation,** operation check; **contrôle d'exécution,** progress monitoring; **contrôle d'identification,** identification check; **contrôle d'impression,** print check; **contrôle d'introduction,** input edit level; **contrôle d'écriture,** write verification; **contrôle d'état,** status test; **contrôle d'état des mouvements,** transaction status control; **contrôle de bande,** tape checking; **contrôle de bande magnétique,** magnetic tape check; **contrôle de bit,** bit check; **contrôle de bloc,** record checking; **contrôle de caractéristique,** attribute testing; **contrôle de caractère,** character check; **contrôle de cartes,** card check; **contrôle de cartes uniques,** one-card check; **contrôle de champ alterné,**

alternate field control; **contrôle de champ d'essai,** inspection test; **contrôle de clé,** key verification; **contrôle de code,** code check; **contrôle de cohérence,** consistency check; **contrôle de combinaison de codes inadmissibles,** forbidden code combination check; **contrôle de commande,** control check; **contrôle de commutation automatique,** automatic switching control; **contrôle de complétude,** completeness check; **contrôle de configuration,** configuration management; **contrôle de disponibilité,** availability control, availability check; **contrôle de données,** data checking, data check; **contrôle de données par échantillonnage,** sampled data control; **contrôle de dépassement de capacité,** overflow control; **contrôle de dépistage d'erreur,** fault checking; **contrôle de déroulement,** flow control; **contrôle de désignation,** label checking; **contrôle de flux,** flow control; **contrôle de fonctionnement,** operation checkout; **contrôle de fréquence,** frequency control; **contrôle de groupe,** group control; **contrôle de l'état de piste,** track check; **contrôle de l'état système,** system status monitoring; **contrôle de label début,** header label check; **contrôle de lecture,** read check; **contrôle de longueur de zone,** field length check; **contrôle de longévité,** ageing routine; **contrôle de lot,** batch control; **contrôle de luminosité,** brightness control; **contrôle de message,** information check; **contrôle de mémoire,** storage check; **contrôle de parité,** parity checking, parity check; **contrôle de parité horizontale,** horizontal parity control; **contrôle de parité impaire,** odd parity check, odd check; **contrôle de parité longitudinale,** longitudinal parity checking; **contrôle de parité paire,** even parity check; **contrôle de parité paire-impaire,** odd-even parity check; **contrôle de parité verticale (paire),** vertical parity check; **contrôle de poste,** station control; **contrôle de priorité,** precedence control; **contrôle de production,** monitoring control; **contrôle de production automatisé,** automated production control; **contrôle de programmation,** desk checking; **contrôle de programme,** program checking, program check; **contrôle de pronostics,** forecasting control; **contrôle de redondance horizontale,** transverse redundancy check (TRC); **contrôle de redondance verticale (parité paire),** vertical redundancy check (VRC); **contrôle de routine,** routine check; **contrôle de simulation,** simulation testing; **contrôle de solde,** balance control; **contrôle de sortie de lecture,** readout control; **contrôle de synchronisation,** synchronous check; **contrôle de sélection,** selection check; **contrôle de séquence,** sequence check; **contrôle de temps mort,** idling control; **contrôle de transfert,** transfer check; **contrôle de transfert en canal,** channel data check; **contrôle de travaux,** job control; **contrôle de validité,** validity checking; **contrôle de validité des caractères,** invalid character check; **contrôle de validité des perforations,** punch validity check; **contrôle de vidage,** dump check; **contrôle de volume,** gain control; **contrôle de vraisemblance,** plausibility check; **contrôle de zone d'identification,** identification field checking; **contrôle des commandes,** order review; **contrôle des espaces,** space check; **contrôle des imprimés,** form control; **contrôle des indicatifs,** answerback control; **contrôle des interlignes,** space control; **contrôle des marques de synchronisation,** timing mark check; **contrôle des messages,** pacing; **contrôle des numéros d'ordre,** sequence number check; **contrôle des réponses,** answer processing; **contrôle des soldes,** negative balance test; **contrôle des supports de données,** volume exclusive control; **contrôle des séquences de programme et travaux,** job & program sequence control; **contrôle des séquences de travaux,** sequential stacked job control; **contrôle des tables des matières,** contents supervision; **contrôle des valeurs limites,** marginal testing; **contrôle diagnostic,** diagnostic check; **contrôle différentiel,** difference check; **contrôle direct étendu,** extended direct control; **contrôle du cadrage des perforations,** registration check; **contrôle du cycle d'impression,** printer cycle check; **contrôle du déroulement des travaux,** job flow control; **contrôle du label de bande,** header check; **contrôle du nom de volume,** volume name check; **contrôle du nombre de perforations,** hole count check; **contrôle du solde compteur,** counter balance control; **contrôle du sous-programme utilitaire,** utility routine controller; **contrôle du système,** system check; **contrôle du traitement des tâches,** job processing control; **contrôle dynamique,** dynamic check; **contrôle en continu,** continuous path control; **contrôle exclusif de fichiers,** file exclusive control; **contrôle externe de programmes,** external program check; **contrôle incorporé,** built-in check; **contrôle indirect,** indirect control; **contrôle intermédiaire,** intermediate checking; **contrôle interne,** internal checking, inner check; **contrôle latéral,** lateral check;

contrôle majeur, major control; contrôle marginal, marginal checking, marginal check; contrôle marginal programmé, programmed marginal check; contrôle mineur, minor control; contrôle modulo-N, modulo-N check; contrôle monotouche, single-stroke command; contrôle multiple, multicontrol; contrôle numérique, numeric control; contrôle optique, optical checking, optical control; contrôle par balance carrée, crossbar checking; contrôle par bloc, block check; contrôle par copie, copy check; contrôle par duplication, duplication check, twin check; contrôle par fourchette, range check; contrôle par redondance, redundancy check; contrôle par redondance (de parité), redundancy control; contrôle par redondance longitudinale (parité), longitudinal redundancy check (LRC); contrôle par relecture, read-back check; contrôle par retour de l'information, information feedback checking; contrôle par retour de message, message feedback; contrôle par répétition, duplicating check; contrôle par sommation, summation check, sum check; contrôle par sondage, spot check; contrôle par touche unique, single-stroke control key; contrôle par échantillonnage, acceptance sampling; contrôle par écho, echo checking, echo check, echo test; contrôle point à point, point-to-point path control; contrôle programmé, programmed checking, programmed check; contrôle rapide, audit flash; contrôle sequentiel de volume, volume sequence check; contrôle statique, static check; contrôle statistique, statistical control; contrôle sur le modulo, residue check; contrôle sur le reste, residue check; contrôle séquentiel des types d'enregistrement, record type sequence check; contrôle tabulaire, tabular checking; contrôle transversal, transverse check; contrôle visuel, visual check, peek-a-boo check; contrôle visuel à la saisie, visual input control; contrôle zéro, zero check; contrôle à l'écriture, write disk check; contrôle à l'étage intermédiaire, intermediate control; cycle de contrôle, checking cycle; cycle de contrôle d'état, status test cycle; dispositif de contrôle, checking device, check device; document de contrôle, control document; données de contrôle, control data; équipement de contrôle, checkout system; équipement de contrôle des circuits, chip tester; erreur de contrôle du nombre de perforations, hole count error; établir des points de contrôle, checkpoint (to); étage de contrôle, control level; facteur de contrôle, proof fig-

ure; fichier à points de contrôle, checkpointed file; fonction de contrôle, control function; fonction de contrôle des travaux, job entry services (JES); fonction de contrôle dynamique, dynamic control function; formulaire de contrôle d'appels, dial sheet; identificateur de point de contrôle, checkpoint identifier; impression de contrôle, printed monitor copy; imprimante de contrôle, monitor printer; impulsion de contrôle, check pulse; indicateur d'étage de contrôle, control level indicator; indicateur de contrôle, check indicator; indicateur de contrôle automatique, machine check indicator; indicateur de contrôle dépassement de capacité, overflow check indicator; indicatif de contrôle, supervisor key; indication contrôle, group indication; information de contrôle, checking information, check information; instruction de contrôle, control statement, checkpoint instruction; instruction de contrôle d'assemblage, assembly control statement; instruction de contrôle de périphérique, device control statement; instruction de contrôle de travaux, job control statement; interruption de contrôle, control interrupt function; interruption du contrôle mineur, minor control break; intervalle de contrôle, control interval; lampe de contrôle, check lamp; langage de contrôle, command language; lecture de contrôle, check read; lecture de contrôle après écriture, read after write check; liste de contrôle, check list, proof listing; liste de contrôle d'accès, access control list; logiciel pour contrôle des E/S, I/O control firmware; message de contrôle, check message; mode contrôle caractère, control state; mode de contrôle, control mode; module de contrôle, checking module, check module; mot d'état de contrôle, control status word (CSW); mot de contrôle, check word; mot de contrôle d'unité, unit control word; mot de contrôle de concordance, synchronization check word; mémoire de contrôle, control memory; niveau de contrôle, control level; nombre de contrôle, check number; non contrôlé, unchecked; octet de contrôle récurrent, cyclic check byte; ordinateur de contrôle de lignes, line control computer; ouverture de contrôle, inspection hole; paramètre contrôlé, controlled parameter; passage de contrôle, checkout run; perforation de contrôle, function hole; piste de contrôle, control track; piste de contrôle de parité, parity test track; point de contrôle, check point, monitor point; poste de contrôle, checking station; **poussoir de contrôle**, check key; **prendre le contrôle**, override (to); **prise de contrôle manuel**, override; **procédure de contrôle**, control procedure; **procédure de contrôle de bloc**, block check procedure; **procédure de contrôle de lignes**, line control discipline; **programmation de contrôle**, audit programming; **programme automatique de contrôle général**, automatic system checkout program; **programme de contrôle**, control program, director, root segment; **programme de contrôle de données**, data vetting program; **programme de contrôle de fichiers**, file monitor; **programme de contrôle de machine**, machine check; **programme de contrôle de séquence**, sequence checking routine; **programme de contrôle du programme maître**, operation mode program; **programme de contrôle primaire**, primary control program (PCP); **programme de contrôle résident**, resident control program, kernel; **registre de contrôle**, control counter, check register; **registre de contrôle d'adresses**, counting address register; **relance sur point de contrôle**, checkpoint recovery; **reprise de contrôle par l'opérateur**, operator override control; **routine de contrôle**, checking program; **routine de contrôle des rythmes**, clock time controller; **rupture de contrôle**, primary change; **segment de contrôle**, base segment; **signal de contrôle**, check signal; **signal de contrôle d'erreur**, error-checking character; **somme de contrôle**, check sum, checksum; **sous-programme de contrôle**, monitor checking routine; **sous-programme de contrôle de la mémoire**, storage test routine; **station de contrôle**, control station; **station de contrôle de réseau**, net control station; **station de contrôle principal**, main control station; **système de contrôle**, checking system; **système de contrôle des entrées/sorties**, input/output control system (IOCS); **système de contrôle industriel**, process control system; **système de contrôle électronique**, electronic control system; **système à contrôle d'erreur**, accuracy control system; **système à contrôle de parité**, parity system; **sémaphore de contrôle**, sequence semaphore; **séquence de caractères de contrôle de bloc**, block check sequence; **tension de contrôle**, test voltage; **total de contrôle**, control total, check total, gibberish total; **touche de contrôle**, command key; **trace de contrôle**, audit trail; **transfert de contrôle**, control transfer; **téléimprimeur de contrôle**, journal teleprinter; verifying page printer; **unité de contrôle**, peripheral control unit (PCU), control unit; **unité de contrôle arithmétique**, arithmetic sequence unit; **unité de contrôle d'interface**, interface control unit; **unité de contrôle de communication**, communication control unit; **unité de contrôle de transmission**, data transmission control unit; **unité de contrôle de visualisation**, display control unit; **valeur de contrôle**, check value; **voie de contrôle du réseau**, network control channel; **voyant de contrôle**, checking light; **voyant de contrôle d'erreur**, error light, error sense light; **zone de contrôle**, control field, column control; **zone de contrôle de marquage**, check field; **zone du total de contrôle**, hash total field.

**contrôlé**: controlled, driven; **contrôlé par clavier**, keyboard-controlled; **contrôlé par commandes**, command-controlled; **contrôlé par menu**, menu-driven; **contrôlé par progiciel**, firmware-driven; **contrôlé par programme**, program-driven; **contrôlé par touche**, key-controlled; **contrôlé par événement**, event-controlled; **non contrôlé**, unchecked; **programme contrôlé par menu**, menu-driven application; **redresseur contrôlé**, controlled rectifier.

**contrôlée**: **accessibilité contrôlée**, controlled accessibility; **éjection contrôlée**, controlled stacker; **ligne contrôlée**, controlled line; **mémoire utilisateur contrôlée**, controlled storage; **sécurité contrôlée**, failsoft; **système à dégradation contrôlée**, failsoft system; **variable contrôlée**, controlled variable.

**contrôler**: check (to), control (to), check out (to).

**contrôleur**: controller, checker; **contrôleur automatique**, automatic controller; **contrôleur câblé**, hardwired controller; **contrôleur d'E/S**, I/O controller; **contrôleur d'accès mémoire**, memory control unit; **contrôleur d'assertions**, assertion checker; **contrôleur d'entrée**, input control unit; **contrôleur d'entrée/sortie (CES)**, input/output controller, input/output synchronizer; **contrôleur d'imprimante**, printer control unit; **contrôleur d'imprimantes à distance**, remote printing station control; **contrôleur d'instructions**, instruction processor, program controller; **contrôleur d'interface de périphérique**, peripheral interface adaptor (PIA); **contrôleur d'unités périphériques**, unit record controller; **contrôleur d'unités à disques magnétiques**, mass storage controller; **contrôleur d'écran**, display controller board; **contrôleur d'écran vidéo**, video chip processor; **contrôleur d'épaisseur de liasse**, form thickness control; **contrôleur d'événements,** event controller; **contrôleur de bande,** tape controller; **contrôleur de bande magnétique,** magnetic tape controller; **contrôleur de canal,** channel controller; **contrôleur de communications,** communications controller; **contrôleur de condensateur,** capacitor tester; **contrôleur de courbes,** follower controller; **contrôleur de disque,** disk controller; disk storage controller; **contrôleur de disque souple,** floppy disk controller; **contrôleur de disque à tête fixe,** disk file control unit; **contrôleur de grappe,** cluster controller; **contrôleur de lecteurs de bandes perforées,** paper tape reader control; **contrôleur de liaison de données,** data link controller; **contrôleur de lignes de transmission,** multiline communication controller; **contrôleur de mise en page,** format effector (FE); **contrôleur de mémoire,** storage control; **contrôleur de mémoire à disques,** mass storage control; **contrôleur de périphérique,** peripheral controller; **contrôleur de système,** system controller; **contrôleur de séquence,** watch dog; **contrôleur de température,** temperature controller; **contrôleur de terminal,** terminal control; **contrôleur de traceur de courbes,** graphic control unit; **contrôleur de transmission,** traffic controller; **contrôleur de transmission de données,** data communication controller; **contrôleur de valeurs limites,** limit value monitor; **contrôleur intégré,** integrated controller; **contrôleur orthographique,** spelling checker; **contrôleur orthographique en temps réel,** real-time spelling checker; **contrôleur synchrone,** synchronous controller; **contrôleur syntaxique,** syntax checker; **contrôleur universel,** universal control unit; **ordinateur contrôleur de processus,** process control computer.

**convention:** convention d'édition de liens, linkage convention; **convention de commentaire,** comment convention; **convention de données,** data convention; **convention de programmation,** code convention; **conventions syntaxiques,** syntax guidelines.

**conventionnelle:** mémoire conventionnelle, conventional memory.

**convergence:** convergence; **convergence absolue,** absolute convergence; **convergence conditionnelle,** conditional convergence; **convergence de bord d'écran,** screen edge convergence; **convergence homogène,** uniform convergence; **convergence irrégulière,** nonuniform convergence; **convergence pauvre,** weak convergence; **convergence permanente,** permanent con-

vergence.

**convergente:** rétroaction convergente, negative feedback.

**conversationnel:** conversational*, dialogued; **mode conversationnel,** conversational mode; **mode conversationnel différé,** batch/conversational mode; **réponse en mode de conversationnel,** conversational reply; **solution en conversationnel,** on-line problem solving; **système conversationnel,** conversational system; **terminal conversationnel,** conversational terminal; **traitement conversationnel,** conversational processing.

**conversationnelle:** aide à la décision conversationnelle, interactive decision making; **exploitation conversationnelle,** conversational communication; **informatique conversationnelle,** interactive computing; **programmation conversationnelle,** conversational mode programming; **vidéographie conversationnelle,** interactive computer graphics.

**conversion:** conversion, transliteration; **bande de conversion,** conversion tape; **circuit de conversion numérique hybride,** hybrid digital/analog circuit; **code de conversion,** conversion code; **conversion A/N,** AD conversion; **conversion alphanumérique,** alphanumeric conversion; **conversion analogique-numérique (CAN),** analog-to-digital conversion (ADC); **conversion automatique de code,** code compatibility feature; **conversion automatique de données,** automatic data conversion; **conversion binaire,** binary conversion; **conversion binaire-code Gray,** binary-to-Gray code conversion; **conversion binaire-décimale,** binary-to-decimal conversion; **conversion binaire-hexadécimal,** binary-to-hexadecimal conversion; **conversion code Gray-binaire,** Gray code-to-binary conversion; **conversion d'adresse,** address mapping; **conversion de base,** radix conversion; **conversion de caractères,** character conversion; **conversion de caractères spéciaux,** special character conversion; **conversion de code,** code conversion, key conversion; **conversion de code de données,** data code conversion; **conversion de données,** data conversion, conversion of data; **conversion de fichier,** file conversion; **conversion de fichier de données,** data file conversion; **conversion de format de variable,** casting; **conversion de fréquence,** frequency conversion; **conversion de masse d'informations,** bulk media conversion; **conversion de mode,** mode conversion; **conversion de mode opératoire,** mode of operation; **conversion de médium,** medium transcription; **conversion de programme,** conversion program; **conversion de signe,** sign conversion; **conversion de support,** medium conversion; **conversion des courbes en numérique,** graphic data reduction; **conversion des supports,** media conversion; **conversion du support de données,** media transcription; **conversion décimal-hexadécimal,** decimal-to-hexadecimal conversion; **conversion décimal-octal,** decimal-to-octal conversion; **conversion décimale,** decimal conversion; **conversion décimale-binaire,** decimal-to-binary conversion; **conversion en parallèle,** parallel conversion; **conversion non vérifiée,** unchecked conversion; **conversion simultanée,** concurrent conversion; **conversion série-parallèle,** staticizing; **facteur de conversion,** conversion factor; **interruption du cycle de conversion,** conversion cycle interlock; **kit de conversion,** conversion kit; **logiciel de conversion,** conversion software; **matériel de conversion numérique,** digital data conversion equipment; **opération de conversion,** conversion operation; **perte de conversion,** conversion loss; **programme de conversion,** conversion routine; **programmes de conversion,** conversion package; **table de conversion,** conversion table; **table de conversion de caractères,** character arrangement table; **temps de conversion,** conversion time; **temps de conversion analogique-numérique,** analog output conversion time; **traductrice unité de conversion,** conversion unit; **vitesse de conversion,** conversion speed.

**convertir:** translate (to), resolve (to); **convertir de parallèle en série,** dynamicize (to).

**convertisseur:** converter; **adaptateur de convertisseur de données,** data converter adapter; **convertisseur A/N,** AD converter; **convertisseur analogique,** analog converter; **convertisseur analogique-numérique (CAN),** analog-to-digital converter (ADC); **convertisseur cartes-bande,** card-to-tape converter; **convertisseur cartes-bande magnétique,** card-to-magnetic-tape converter; **convertisseur cartes-bande perforée,** card-to-paper-tape converter; **convertisseur cartes-disque,** card-to-disk converter; **convertisseur à entrées négatives,** negative input converter; **convertisseur d'impulsions numériques,** digital pulse converter; **convertisseur de bande magnétique,** magnetic tape converter; **convertisseur de binaire en décimal,** binary-to-decimal; **convertisseur de canal,** channel con-

verter; **convertisseur de code,** code converter, transcoder, code translator; **convertisseur de code binaire,** binary code converter; **convertisseur de code d'introduction,** input code converter; **convertisseur de code sortant,** output code converter; **convertisseur de code à comparaison de tensions,** voltage comparison converter; **convertisseur de coordonnées,** angle component solver; **convertisseur de données,** data converter, data translator, data transducer; **convertisseur de fréquence,** frequency converter; **convertisseur de niveau,** level converter; **convertisseur de protocole,** protocol converter; **convertisseur de secteur,** power converter; **convertisseur de signal,** signal converter; **convertisseur de sortie,** outscriber; **convertisseur des codes d'entrée/sortie,** input-output code converter; **convertisseur numérique,** digital converter, digital transducer; **convertisseur numérique-analogique,** digital-to-analog converter (DAC); **convertisseur optique,** optical converter; **convertisseur parallèle,** parallel converter; **convertisseur parallèle-série,** parallel-to-serial converter, dynamicizer; **convertisseur rotatif,** rotary converter; **convertisseur série-parallèle,** serial-to-parallel converter; **convertisseur tension-fréquence,** voltage to frequency converter (VFC); **convertisseur thermique,** thermal converter; **groupe convertisseur,** motor generator.

**convexe:** convex; **programmation convexe,** convex programming.

**coordinateur:** coordinator; **coordinateur informatique,** ADP coordinator.

**coordonné:** ensemble coordonné, twin set.

**coordonnée:** coordinate; **convertisseur de coordonnées,** angle component solver; **coordonnée absolue,** absolute coordinate; **coordonnée d'appareil,** device coordinate; **coordonnée d'écran,** screen coordinate; **coordonnée de l'utilisateur,** user coordinate; **coordonnée par accroissement,** incremental coordinate; **coordonnée relative,** relative coordinate; **coordonnée universelle,** world coordinate; **coordonnées cartésiennes,** orthogonal coordinates; **coordonnées d'appareil,** device coordinates; **coordonnées de pixel,** pixel location; **coordonnées de point-image (pixel),** data point; **coordonnées du point,** pixel location; **coordonnées définies par l'utilisateur,** user-defined coordinates; **coordonnées homogènes,** homogenous coordinates; **coordonnées normées,** normalized coordinates;

**coordonnées polaires,** polar coordinates; **coordonnées rectangulaires,** rectangular cartesian coordinates; **coordonnées xy,** xy coordinates; **enregistreur de coordonnées polaires,** radial chart recorder; **infographie par coordonnées,** coordinate graphics; **papier à coordonnées,** coordinate paper; **releveur de coordonnées,** locator device; **représentation de coordonnées,** matrix display; **réseau de coordonnées,** coordinate frame; **surface de coordonnées,** coordinate plane; **système de coordonnées d'écran,** screen coordinate system; **système de coordonnées propre,** word coordinate system; **sélecteur de coordonnées,** crossbar switch; **vecteur à coordonnées absolues,** absolute vector.

**copie:** copy, replication; **commande de copie,** copy command; **contrôle par copie,** copy check; **copie d'audit,** audit copy; **copie d'enregistrement,** duplicated record; **copie de bande,** tape copy; **copie de bloc,** block copy; **copie de fichier,** file copy; **copie de sauvegarde,** backup copy; **copie de secours,** backup copy; **copie en mémoire,** soft copy; **copie héliographique,** blue print; **copie illisible,** blind copy; **copie papier,** hardcopy; **copie protégée,** protected copy; **impression des copies,** copy printing; **porte-copie,** copy holder.

**copier:** copy (to), replicate (to); **encre à copier,** posting fluid.

**copieur:** copier, duplicator, hardcopy device; **copieur vidéo couleur,** video color copier.

**coprocesseur:** coprocessor; **coprocesseur de calcul en virgule flottante,** scientific subprocessor.

**copyright:** copyright.

**coquille:** coquille de connecteur, connector shell.

**CORAL:** CORAL language.

**corbeille:** blocage corbeille basse, upper case lock.

**corde:** cord.

**cordon:** cordon d'alimentation, line cord, power cord; **cordon de raccordement,** patch cord; **cordon secteur souple,** line connector cord, flex; **cordon souple,** flexible cord.

**corésident:** coresident.

**corps:** body; **corps de boucle,** loop body; **corps solide,** solid body.

**correct:** uncorrupted, valid.

**correcte:** séquence correcte, proper sequence.

**correcteur:** proofreader; **amplificateur correcteur d'impulsion,** shaping amplifier;

**circuit correcteur d'impulsions,** pulse forming circuit; **code correcteur d'erreurs,** error-correcting code; **correcteur de phase,** delay correction network.

**correction:** correction, patching, patch, house cleaning; **caractère de correction,** response character; **caractère de correction d'erreur,** error-correcting character; **carte de correction effective,** actual patch card; **carte de corrections,** patch card; **chargeur de cartes de corrections,** patch loader; **code binaire de correction d'erreurs,** binary error-correcting code; **code de correction,** correcting code; **code de correction d'erreurs,** error correction code (ECC); **code de détection-correction d'erreurs,** error-checking code; **correction automatique d'erreurs de sortie,** device error recovery; **correction automatique des erreurs,** automatic error correction; **correction avance papier,** feed rate override; **correction d'adresse,** address adjustment; **correction d'erreur de ligne,** line correction; **correction d'erreur sans voie retour,** forward error correction (FEC); **correction d'erreurs,** error correction; **correction de bloc,** block correction; **correction de désalignement,** deskew; **correction de la division,** add back; **correction de luminosité,** brightness correction; **correction de trajectoire,** path correction; **correction des données,** data recovery; **correction manuelle,** home correction; **correction négative,** minus adjustment; **correction orthographique automatique,** automatic spelling correction; **correction par passage en machine,** correction run; **correction plus,** plus adjustment; **détection et correction automatiques des erreurs,** automatic error detection and recovery; **facteur de correction,** correcting factor; **fonction de correction,** correction function; **instruction de correction,** correcting instruction; **jeu de cartes de corrections,** patch deck; **libération de ligne après correction,** line correction release; **nouvelle correction,** repatching; **phase de correction,** correction step; **point de correction,** patch point; **programme de correction,** correction routine, patcher, patch routine; **programme de correction d'erreurs,** error correction routine; **programme de correction des erreurs,** error-correcting program; **routine de correction,** patch routine; **système de correction d'erreurs,** error-correcting system; **touche de correction,** error reset key; **zone de correction provisoire,** patch area; **zone des caractères de correction,** response location.

**corrective:** maintenance corrective,

corrective maintenance, remedial maintenance.

**correctrice:** machine correctrice **électronique,** test scoring machine.

**correlation:** corrélation, correlation; **intégrale de corrélation,** correlation integral; **taux de corrélation,** correlation coefficient; **visuel de corrélation,** cross-display unit.

**correspondance:** cross-reference, correspondence; **code de correspondance,** match code; **liste des correspondances,** cross-reference list; **priorité de correspondance,** matching priority; **table des correspondance de périphériques,** device correspondence table; **zone de correspondance,** match field.

**correspondant:** match.

**correspondantes:** cartes corres**pondantes,** matching cards.

**corrigé:** corrected.

**corrigeable:** arrêt corrigeable par le **logiciel,** software recoverable abort.

**corrigées:** données corrigées, corrected data.

**corriger:** correct (to), patch (to).

**corrompre:** corrupt (to).

**corrompu:** corrompu, garbled.

**corruption:** corruption, garbling.

**cosinus:** cosine; **onde cosinus,** cosine wave; **programme de calcul de cosinus,** cosine program; **tension cosinus,** cosine wave; **théorème de cosinus,** cosine law.

**cosinusoïdale:** fonction cosinusoï**dale,** cosine function.

**cosse:** terminal; **cosse de câble,** cable shoe; **cosse fermée,** terminal eye; **cosse ouverte,** terminal spade; **cosse à souder,** solder lug.

**cotation:** cotation absolue, absolute measurement.

**cote:** flèche de la cote, arrow head.

**côté:** side; **arrangé côte à côte,** tiled; **côté de la sortie,** outfeed; **côté interne,** inner face; **côté oxyde,** oxide side; **vue de côté,** side view.

**cotraitement:** coprocessing.

**couche:** laying, layer, coating; **circuit intégré à couche épaisse,** thick film integrated circuit; **couche antireflet,** antireflection coating; **couche d'application (ISO),** application layer (ISO); **couche d'arrêt,** barrier layer; **couche d'oxyde,** oxide layer, oxide coating; **couche de base,** base layer; **couche de blocage,** barrier layer; **couche de liaison de données (ISO),** data link layer (ISO); **couche de logiciel,** software layer; **couche de présentation (ISO),** presentation layer (ISO); **couche de réseau (ISO),** net-

work layer (ISO); **couche de session (ISO),** session layer (ISO); **couche de transport (ISO),** transport layer (ISO); **couche interne,** inner plane, internal plane; **couche limite,** boundary layer; **couche magnétique,** magnetic layer; **couche mince,** thin film; **couche physique (ISO),** physical layer (ISO); **couche unique,** unilayer; **couche épaisse,** thick film; **couche épitaxiale,** epitaxial layer; **interface de la couche physique,** physical layer interface; **logiciel de couche de transport,** transport software (ISO layer); **mémoire à couche mince,** thin film storage, photographic storage; **mémoire à couche mince magnétique,** magnetic thin film storage; **protocole de la couche physique,** physical layer protocol; **résistance à couche,** film resistor; **résistance à couche de type,** layer type resistor; **résistance à couche de carbone,** carbon film resistor; **résistance à couches minces,** thin film resistor; **résistance à couches multiples,** composition resistor; **transistor à couche mince,** thin film transistor.

**couleur:** color; **affichage couleur,** color display; **carte couleur,** color adapter; **carte des couleurs,** color map; **changement de couleur,** ribbon shift; **code d'impression des couleurs,** printer color code; **copieur vidéo couleur,** video color copier; **couleur de ruban complémentaire,** alternate ribbon color; **couleur de trait,** drawing color; **écran couleur,** color display; **fausse couleur,** false color; **fausse couleur analogique,** analog false color; **graphique en couleur,** color graphics; **génération de couleurs,** color generation; **image en couleur composée,** composite color image; **impression couleur,** color print; **imprimante couleur,** hard copy color printer; **moniteur couleur,** RGB monitor; **palette de couleurs,** color palette, color look-up table, look; **table des couleurs,** color identification scheme; **traceur couleur,** color plotter; **tube couleurs à masque,** shadow mask color CRT.

**coulissante:** table coulissante, sliding chart.

**coulisser:** slide (to).

**coup:** knock; **après-coup,** postmortem; **coup unique,** single stroke; **dépistage après-coup,** postmortem examination.

**coupe:** cut; **coupe-circuit,** circuit breaker; **vue en coupe,** sectional view.

**coupé:** cut; **carte à coin coupé,** corner cut card; **coupé et collé,** cut and paste.

**couper:** truncate (to), slit (to).

**couplage:** coupling; **composant à couplage de charge,** charge-coupled device (CDD); **condensateur de couplage,** blocking capacitor; **couplage dynamique,** dynamic linking; **couplage galvanique,** resistance coupling; **couplage inductif mutuel,** mutual inductance coupling; **couplage lâche,** under-coupling; **couplage par impédance,** impedance coupling; **couplage transversal,** crossfeed; **ensemble de couplage,** switching array; **logique à couplage par l'émetteur,** emitter coupled logic (ECL); **modem à couplage acoustique,** acoustically coupled modem; **mémoire de couplage,** link memory; **redresseur à couplage de Graetz,** rectifier bridge; **réaction de couplage par résistance,** resistive feedback; **unité de couplage de périphérique,** peripheral control unit (PCU) **unité de couplage intercalculateur,** intercomputer communication unit.

**c o u p l e :** torque; **couple moteur,** rotational torque.

**couplé :** coupled, ganged.

**c o u p l é e :** **adresse couplée,** coupled address; **élément à charge couplée,** image sensor; **opération couplée,** operate in tandem.

**coupler :** intercouple (to).

**c o u p l e u r :** coupleur, coupler, synchronizer; **coupleur acoustique,** acoustic coupler; **coupleur d'entrée,** input latch; **coupleur de bus,** bus driver; **coupleur de ligne,** line receiver; **coupleur de mémoire,** store connecting matrix; **coupleur de périphérique,** device driver, peripheral interface channel; **coupleur de périphérique double,** dual port controller; **coupleur de sortie,** output latch; **coupleur magnétique,** magnetic coupler; **coupleur optique (optocoupleur),** optical coupler (optocoupler); **coupleur synchrone,** synchronous coupler; **coupleur téléphonique,** data phone; **filtre coupleur à bande large,** broadband coupling filter; **jonction de coupleur,** coupler link.

**c o u p u r e :** trimming, truncation, cutout; **cadrage des lignes sans coupure de mots,** hyphenless justification; **coupure d'axe,** axis crossing; **coupure de coin,** corner cut; **coupure du zéro,** zero-crossing; **fréquence de coupure,** cut-off frequency; **point de coupure,** cut-off.

**c o u r a n t :** current; **amplificateur de courant d'inhibition,** inhibit driver; **amplificateur à courant alternatif,** AC amplifier; **amplificateur à courant continu,** DC amplifier; **atténuation de courant de diaphonie,** cross-compilation; **caractéristique de limitation du courant,** current limiting characteristics; **commande à plein courant,** full drive pulse; **composante de courant alternatif,** alternating current component; **compte courant,**

account current; **courant Zener,** Zener current; **courant alternatif (CA),** alternating current, alternate current (CA); **courant cathodique,** cathode current; **courant collecteur,** collector current; **courant continu ,** direct current (DC); **courant d'alerte,** alarm current; **courant d'attaque,** drive current; **courant d'effacement,** erase current; **courant d'enregistrement (écriture),** recording current, record current; **courant d'écriture,** writing current, write current; **courant d'écriture partiel,** partial write current; **courant de Foucault,** circulating current; **courant de base,** base current; **courant de base saturé,** base saturation current; **courant de blocage,** blocking state current; **courant de charge,** load current; **courant de charge nominal,** rated load current; **courant de crête,** crest current; **courant de décalage,** displacement current; **courant de fuite,** leakage current, residual current, sneak current; **courant de fuite inverse,** reverse leakage; **courant de grille,** grid current; **courant de lecture,** read current, sensing current; **courant de lecture partielle,** partial read current; **courant de maintien,** holding current; **courant de pleine charge,** full current; **courant de pointe,** peak current; **courant de polarisation,** bias current; **courant de repos en entrée,** quiescent input current; **courant de repos en sortie,** quiescent output current; **courant de rupture,** space polarity; **courant de terre,** ground current; **courant de travail,** running current; **courant direct,** forward current, on-state current; **courant drain,** drain current; **courant du neutre,** neutral current; **courant déwatté,** idle current, no load current; **courant induit,** circulating current; **courant inhibiteur,** inhibit current; **courant inverse,** backward current, reverse current; **courant nominal,** rated current; **courant parasite,** parasitic current; **courant polyphasé,** polyphase current; **courant porteur,** carrier current; **courant réactif,** no load current, idle current; **courant régulateur de base,** base drive current; **courant résiduel,** residual current; **courant secteur,** line current; **courant simple,** single current; **courant triphasé,** three-phase current; **demi-courant de commande,** partial sense current; **densité de courant,** current density; **émission de courant,** current output; **double courant,** double current; **entretien courant,** servicing; **fichier courant temporaire,** temporary run file; **flux de courant,** current flow; **formulaire de compte courant,** account form; **gain du courant,** current gain; **impulsion de courant,** current pulse; **limiteur de courant,** current limiting device; **mémoire à courants de coïncidence,** coincident current memory; **opération en double courant,** polar current operation; **part de courant continu,** direct current portion; **pointe de courant,** current surge; **réaction de courant,** current feedback; **régulateur de courant,** current regulator; **répartition de courant,** power distribution; **répertoire courant,** current directory; **réseau de courant alternatif,** AC network; **résistance au courant alternatif,** AC resistance; **signal en double courant,** polar signal; **signal à courant porteur,** carrier current signal; **signal à double courant,** polar current signal; **signalisation simple courant,** single-current signaling; **sélection par courants coïncidents,** coincident current selection; **tampon courant,** current buffer; **total courant,** running total; **transmission en double courant,** double current transmission; **transmission par courant porteur,** carrier transmission; **transmission simple courant,** single-current transmission; **valeur moyenne du courant total,** average total value.

**courante:** compteur d'adresses courantes, current address counter; **compteur de séquence courante,** current item count; **date courante,** current date; **forme non courante,** odd size; **position de séquence courante,** current item position; **registre d'adresses courantes,** current location counter.

**courbe:** curve; **adaptation des courbes,** curve fitting; **contrôleur de courbes,** follower controller; **contrôleur de traceur de courbes,** graphic control unit; **conversion des courbes en numérique,** graphic data reduction; **courbe caractéristique,** characteristic curve; **courbe d'atténuation,** attenuation characteristics; **courbe d'incidence,** failure curve; **courbe d'étalonnage,** calibration curve; **courbe dans l'espace,** space curve; **courbe de Zener,** Zener slope; **courbe de distribution normale,** normal distribution curve; **courbe de fréquence,** frequency curve; **courbe de la chaînette,** catenary curve; **courbe de probabilité,** probability curve; **courbe en escaliers,** stepwave; **courbe plane,** plane curve; **courbe sinusoïdale,** sine curve, sinusoid; **enregistreur de courbes,** continuous line recorder; **famille de courbes,** family of curves; **générateur de courbes,** curve generator; **lecteur de courbes,** curve follower, stroke device; **lecteur de courbes automatique,** automatic curve follower; **ligne plate d'une courbe,** flat portion; **logique de lecture de courbes,** curve follower logic; **mon-**tée d'une courbe, slope of a curve; **montée de courbe,** curve slope; **représentation d'une courbe,** curve tracing; **scaneur de courbes,** curve scanner; **traceur de courbes,** curve plotter, analog plotter, data plotter; **traceur de courbes de bureau,** desk plotter.

**courbure:** bending; **perte par courbure (fibre optique),** bending loss (optofiber).

**couronne:** gland; **couronne d'écriture,** file protection ring, protection ring.

**courrier:** mail, courier; **courrier électronique,** computer mail; **imprimante de qualité courrier,** correspondence quality printer; **proche de la qualité courrier,** near letter quality (NLQ); **qualité courrier,** letter quality; **tri de courrier,** letter sorting.

**courroie:** belt; **cache-courroie,** belt guard; **courroie d'alimentation,** picker belt; **courroie d'entraînement,** drive belt; **entraînement par courroie,** belt drive; **galet de courroie,** belt roller; **guide de courroie,** belt guide; **poulie de courroie d'entraînement,** drive pulley; **tendeur de courroie,** belt tensioner.

**cours:** course; **année en cours,** year-to-date; **cours d'application,** application course; **cours de formation,** instruction course; **cours de langue,** language teaching; **cours de programmation,** programming course; **cours du change,** rate of exchange; **génération de fichier en cours,** current generation; **interruption en cours,** pending interruption; **ligne en cours,** current line; **mot du processus en cours,** running process word; **numéro du travail en cours,** run occurrence number; **programme en cours,** current program; **séance de cours,** learning sequence.

**course:** course de tête, head travel; **fin de course,** limit of travel.

**court:** short; **court-circuit,** short circuit; **court-circuiter,** short out (to); **court-circuité,** bypassed; **fiche court-circuit,** dummy plug; **opération court-circuitée,** back-to-back operation.

**courte:** connexion courte, strap; **ondes ultra courtes,** microwave.

**courtier:** broker; **courtier en logiciel,** software broker.

**coussin:** cushion; **distorsion en coussin,** pincushion distortion; **distorsion en forme de coussin,** pincushion shaped distortion; **effet de coussin,** pincushion effect.

**coussinet:** pressure block; **coussinet d'air,** air bearing, air cushion.

**coût:** cost; **calcul des centres de coûts,** cost center calculation; **calcul des coûts réels,** actual cost system; **centre de coûts,**

cost center; **coût réel,** actual cost; **coût-efficacité,** cost effectiveness; **coût de maintenance,** maintenance cost.

**couteau:** knife, slitter; **aiguille en couteau,** knife-edge point; **couteau automatique,** automatic trimmer; **couteau d'alimentation de cartes,** card feed knife, picker; **couteau d'entraînement,** picker knife.

**coutume:** custom.

**couvercle:** cap, top cover; **couvercle de disque,** cover disk.

**couverture:** coverage; **couverture d'ouvrage,** cover sheet; **couverture de fréquences,** frequency coverage; **couverture de réception,** reception coverage.

**cps:** **cycles par seconde,** cycles per second (cps).

**cracher:** **se cracher,** crash (to).

**crampon:** cable clamp.

**crash:** crash; **crash de tête,** head crash.

**crayon:** pencil; **crayon de touche,** touch pen; **crayon lecteur,** wand scanner; **crayon lecteur de code à barres,** bar code pen; **crayon lumineux,** stylus; **crayon optique,** light pencil, light pen; **crayon électronique,** electronic pen; **crayon à mine conductrice,** conductive pencil.

**créateur:** catalogue des créateurs, author catalog; **instruction créateur,** author command; **mode créateur,** author mode; **numéro de créateur,** author number.

**créatif:** creative.

**création:** creation, design; **création d'articles,** record creation; **création d'imprimés,** document design; **création d'organigrammes,** block diagramming; **création d'un ordinateur,** computer design; **création de demi-tons,** halftoning; **création de fichier,** file creation; **création de label,** label generation; **création de messages,** message implementation; **création de texte,** text production; **création du fichier permanent,** master file creation; **date de création,** creation date; **numéro de création,** creation number; **programme de création de fichier,** file editor; **zone de la date de création,** creation date field.

**créative:** informatique créative, creative computing.

**crédibilité:** credibility.

**crédit:** credit; **carte de crédit,** bank credit card; **symbole de crédit,** credit symbol.

**créditer:** **créditer d'une période,** clock (to).

**créer:** create (to).

**crémaillère:** pinion.

**créneau:** **onde en créneau,** rectangular wave.

**crête:** crest; **amplitude de crête,** crest amplitude; **courant de crête,** crest current; **facteur de crête,** crest factor; **valeur de crête,** crest value, crest factor.

**creux:** hollow, valley.

**criblé:** **passer au crible,** screen (to).

**cristal:** crystal; **cristal de quartz,** quartz crystal; **cristal liquide,** liquid crystal; **diode à cristal,** crystal diode, Xtal diode; **filtre à cristal,** crystal filter.

**cristaux:** **affichage à cristaux liquides,** liquid crystal display (LCD).

**critère:** criterion; **critère d'acheminement,** routing criterion; **critère d'itération,** cycle criterion; **critère de choix,** decision criteria; **critère de comparaison,** comparison criterion; **critère de déclenchement,** triggering function; **critère de sélection,** selection criterion; **critère de tri,** sort criterion; **critères,** criteria; **critères de conformité,** acceptance criteria.

**critique:** critical; **amortissement critique,** critical damping; **chemin critique,** critical path; **erreur critique,** critical defect; **méthode du chemin critique PERT,** critical path method PERT; **section critique,** critical section; **température critique,** critical temperature; **valeur critique,** critical value.

**crochet:** hook, clamp; **crochet d'ouverture,** left square bracket '['; **crochet de fermeture,** right square bracket ']'; **crochets,** square parentheses, square brackets; **crochets d'indice,** subscript bracket; **crochets de déclaration,** statement bracket.

**crocodile:** alligator; **pince crocodile,** alligator clip.

**croisé:** cross; **assemblage croisé,** cross-assembly; **assembleur croisé,** cross-assembler; **calcul croisé,** crossbar footing; **compilateur croisé,** cross-compiler; **contrôle croisé,** cross-check; **index croisé,** dual index.

**croisée:** **compilation croisée,** cross-compiling; **hachure croisée,** crosshatching.

**croisement:** crossing; **point de croisement,** cross-over point.

**croiser:** cross over (to), intersect (to).

**croissance:** growth; **croissance de capacité,** capacity increase; **taux de croissance,** growth rate.

**croissant:** **en croissant,** flop-in; **ordre croissant,** ascending order.

**croissante:** **tendance croissante,** up-trend.

**croix:** cross; **croix de poursuite,** tracking cross.

**cryoélectrique:** **circuit cryoélectrique,** cryogenic circuit.

**cryogénie:** la cryogénie, cryogenics.

**cryogénique:** cryogenic; **mémoire cryogénique,** cryogenic store; **ordinateur cryogénique,** cryogenic computer.

**cryptage:** encryption; **cryptage des données,** data encryption.

**crypté:** encrypted.

**cryptographie:** cryptography.

**cuivre:** copper.

**cuivrée:** plaque laminée cuivrée, copper clad laminate.

**culasse:** culasse d'aimant, yoke magnet.

**culbute:** culbute, tumbling.

**cumul:** rollup; **bloc de cumul des travaux,** job summary record; **cumul des données,** cumulating data; **registre de cumul électronique,** electronic accumulating register; **sortie des cumuls,** counter total exit; **zone de cumul,** cumulative area, amount field.

**cumulande:** augend*.

**cumulateur:** addend*, augmenter.

**cumulatif:** cumulative, accumulative.

**cumulative:** erreur cumulative, cumulative error, accumulative error; **perte cumulative,** walk down.

**cumulé:** accumulated; **total cumulé,** summary total.

**cumulée:** erreur cumulée, accumulated error; **valeur cumulée,** accumulated value.

**curseur:** cursor, slider; **commande curseur,** cursor control; **curseur adressable,** addressable cursor; **curseur d'écran,** display cursor; **curseur effaceur,** destructive cursor; **curseur à réticule,** crosshair cursor; **dispositif curseur,** cursor device; **pavé curseur,** cursor pad; **pavé curseur en losange,** diamond-shaped cursor pad; **pavé numérique et curseur,** cursor/numeric keypad; **position haute et gauche (du curseur),** clear home; **positionnement du curseur,** cursor positioning; **retour automatique du curseur,** automatic cursor homing; **saut de ligne curseur,** cursor wrap; **touche curseur,** cursor key.

**cuve:** bottom case.

**cybernétique:** la cybernétique, cybernetics.

**cycle:** cycle*; **comptage de cycles,** cycle count; **compteur de cycles,** cycle counter; **contrôle du cycle d'impression,** printer cycle check; **cycle d'accès,** access cycle; **cycle d'affichage,** display cycle; **cycle d'alimentation,** feeding cycle, feed cycle; **cycle d'analyse,** review cycle; **cycle d'attente,** waiting cycle, wait cycle, idle running time; **cycle d'extraction,** extraction cycle; **cycle**

d'exécution, execution cycle, execute cycle; **cycle d'horloge,** clock cycle; **cycle d'hystérésis,** hysteresis loop; **cycle d'impression,** printing cycle; **cycle d'indication de groupe,** group indication cycle; **cycle d'instruction,** instruction cycle; **cycle d'interclassement de fichiers,** file merge phase; **cycle d'interrogation,** polling cycle; **cycle d'écriture,** write cycle; **cycle de base,** basis cycle; **cycle de brosse,** brush cycle; **cycle de bus,** bus cycle; **cycle de calcul,** computer cycle; **cycle de carte,** card cycle; **cycle de commande,** control cycle; **cycle de contrôle,** checking cycle; **cycle de contrôle d'état,** status test cycle; **cycle de données,** data cycle; **cycle de développement de programme,** program development cycle; **cycle de lecture,** read cycle; **cycle de lecture des cartes,** card read cycle; **cycle de listage,** list cycle; **cycle de mise hors-tension,** power down cycle; **cycle de mémoire,** memory cycle; **cycle de mémoire auxiliaire,** alternate memory cycle; **cycle de mémoire centrale,** central processor cycle; **cycle de mémoire principale,** main memory cycle time; **cycle de mémorisation,** storage cycle; **cycle de positionnement,** seek cycle; **cycle de prise du total,** total cycle; **cycle de prise en charge,** fetch cycle; **cycle de programme déterminé,** fixed-logic cycle; **cycle de rafraîchissement,** refreshing cycle, refresh cycle; **cycle de rafraîchissement d'affichage,** retrace cycle; **cycle de rafraîchissement de mémoire,** memory refresh cycle; **cycle de rafraîchissement de mémoire dynamique,** RAM refresh cycle; **cycle de recherche,** search cycle, searching sequence, seek; **cycle de recherche d'instruction,** instruction fetch; **cycle de régénération,** regeneration cycle; **cycle de rétention,** retention cycle; **cycle de traitement,** program cycle; **cycle de transfert,** transfer cycle; **cycle de travail,** working cycle; **cycle fixé,** canned cycle; **cycle grand-père-père-fils (trois générations),** grandfather-father-son cycle; **cycle intermédiaire,** intercycle; **cycle machine,** machine cycle; **cycle machine de base,** basic machine cycle; **cycle majeur,** major cycle; **cycle mineur,** minor cycle; **cycle opération,** operating cycle; **cycle opératoire,** operation cycle; **cycle unique,** single cycle; **cycle vide,** idle running stroke; **cycles par seconde (cps),** cycles per second (cps); **cycles successifs,** successive cycles; **décalage de cycle,** cycle shift, cycle delay; **erreur de cycle d'impression,** printer cycle error; **exécution du cycle,** cycle execution; **interruption du cycle de conversion,** conversion cycle interlock; **mille cycles,** kilocycle (Kc); **millième de cycle,** millicycle; **mémoires à cycles imbriqués,** interleaving memory; **perte de cycle,** loss of cycle; **phase de cycle,** beat; **remise à zéro de cycle,** cycle reset; **temps de cycle,** cycle time, access time; **temps de cycle variable,** variable-cycle duration; **temps du cycle d'écriture,** write cycle time, writing cycle time; **temps du cycle de base,** memory cycle time; **temps du cycle de lecture,** read cycle time, reading cycle time; **traitement par cycle unique,** twin contact; **un million de cycles,** megacycle (Mc); **vitesse d'un cycle de base,** memory speed; **vol de cycle,** cycle stealing, cycle sharing, hesitating; **vérification du cycle,** cycle check.

c y c l i q u e : cyclic; **code cyclique,** cyclic code; **code cyclique permuté,** cyclic permuted code; **code à contrôle cyclique,** cyclic check code; **contrôle cyclique par redondance,** cyclic redundancy check (CRC); **décalage cyclique,** cyclic shift, end-around shift; **mémoire cyclique,** circulating memory, cyclic memory; **opération cyclique,** cyclic process; **programme cyclique simple,** single-cyclic program.

c y l i n d r e : cylinder*; **adresse de cylindre,** cylinder address; **arbre de commande du cylindre d'impression,** platen guide shaft; **bouton de réglage du cylindre d'impression,** platen positioning control; **cylindre d'impression,** print roll; **cylindre de base,** base cylinder; **cylindre de données primaire,** prime data cylinder; **cylindre de foulage,** impression cylinder; **cylindre de lecture,** read roller; **cylindre de secours,** alternate cylinder; **dépassement de cylindre,** cylinder overflow; **fin de cylindre,** end of cylinder; **frontière de cylindre,** cylinder boundary; **guide du cylindre supérieur,** above platen device; **imprimante à cylindre,** barrel printer; **index de cylindre,** cylinder index; **loquet de verrouillage du cylindre d'impression,** platen latch; **numéro de cylindre,** cylinder number; **zone de dépassement du cylindre,** cylinder overflow area; **échange de cylindre,** cylinder changeover.

c y l i n d r i q u e : **fonction cylindrique,** cylindric function.

# D

dactylographier: type (to).

damier: arrangement en damier, check-erboarding.

danger: source de danger, safety hazard.

datagramme: datagram; service de datagrammes, datagram service.

date: carte de date, date card; date alphabétique, alpha date; date courante, current date; date d'attribution, allocation date; date d'entrée, entry date; date d'expiration, termination date, ageing date; date d'installation, installation date; date d'écriture, date written; date de compilation, date compiled; date de comptabilisation, posting date; date de contamination, infection date; date de création, creation date; date de modification, modification date; date de sauvegarde, backup date; date de validation, purge date, date-expired; date effective, effective date; date réelle, effective date; fiches de date, route sheet data; mise à la date, dating; zone de date, date field; zone de la date de création, creation date field.

DCB: décimal codé binaire, binary-coded decimal (BCD).

débit: rate; commande de débit externe, external output control; débit (en caractères), character rate; débit binaire, bit rate; débit d'information, information flow; débit de canal, channel activity, channel capacity; débit de données, data signaling rate; débit de transmission, transmission rate; débit effectif, average transinformation rate; débit interne des données, internal flow; débit maximal, peak transaction volume; débit moyen d'entropie, average data rate; débit moyen d'informations transmises, average transinformation content; débit nominal, nominal throughput; débit optimum, optimum throughput; débit utile, useful throughput; ligne à débit élevé, high-speed line; unité de débit du trafic, erlang.

débitrice: bobine débitrice, pay-out reel, supply reel, take-off reel.

déblocage: deblocking, unblocking; impulsion de déblocage, unblanking pulse; signal de déblocage, unblanking signal.

débloqué: unblocked.

débobinage: unwinding; débobinage médian, center roll feeding.

débobiné: unwound.

débobiner: unwind (to), unreel (to).

débobineuse: unwinder.

débogage: debugging*, bug-shooting; débogage de programme, program debugging; débogage du programme source, source language debugging; débogage dynamique de zone, snapshot debug; débogage interactif, interactive debugging; débogage vidage, dump cracking; débogage à la console, console debugging; outils de débogage, debugging aids; programme symbolique de débogage, symbolic debugger.

débogué: non débogué, undebugged.

déboguer: debug (to).

débogueur: debugger*.

débordement: overflow; article en débordement, overflow record; commutateur de débordement, overflow switch; données de débordement, overflow data; débordement de l'enregistrement, record overflow; débordement de l'écriture, write overlap; débordement de la recherche, seek overlap; débordement de pile, stack overflow; débordement de tampon, buffer overflow, buffer overrun; débordement de traitement, processing overlap; débordement des travaux, user overlay; débordement intercalaire, imbedded overflow; indicateur de débordement, check size indicator; numéro de débordement, overflow number; registre de débordement, overflow register; symbole de débordement, overflow attribute; sélecteur de débordement, adder overflow selector; temps de débordement, overflow time.

déborder: overflow (to).

débranché: off hook.

débrancher: switch off (to), interrupt (to).

début: begin; début d'en-tête, start-of-heading (SOH); (caractère de) début de bloc, start-of-block (character) (SOB); début de message, start-of-message (character) (SOM); (caractère de) début de texte, start-of-text (character) (STX); adresse de début, left hand address; adresse de début auxiliaire, special start location; adresse de début d'implantation, starting location; adresse de début d'implantation en mémoire, memory starting location address; adresse de début de chargement, starting load address; adresse début de bloc, block start address; alignement sur adresse de début, boundary alignment; **amorce de début,** load point; **amorce de début de bande magnétique,** magnetic tape leader; **bloc début de bande,** tape initial block; **caractère de début de message,** message beginning character; **code début de zone,** begin field code; **colonne de début,** begin column; **compteur d'adresses de début d'implantation,** starting location counter; **contrôle de label début,** header label check; **début logique,** logical beginning; **début d'enregistrement,** beginning-of-record; **début d'écran,** top of screen; **début de bande,** leading end tape, tape leading tape; **début de fichier,** file beginning; **début de formulaire,** top of form; **début de ligne,** line start; **début de partition,** beginning-of-extent (BOE); **début de session,** log in; **début de tabulation,** skip start; **début de transaction,** logon; **début des informations,** beginning-of-data; **début des travaux,** job start; **début du bloc de segments,** beginning-of-segment block; **écriture de début de piste,** write initial; **étiquette de début,** interior label, start label; **étiquette de début de bande,** beginning reel label; **étiquette de début de fichier,** file header label; **étiquette début de bloc,** header flag; **espace de début de chargement,** load point gap; **label de début de bande,** beginning-of-tape label; **lecture du début de piste,** read initial; **ligne de début,** initial line; **marque de début,** beginning-of-information marker; **marque de début de bande,** beginning-of-tape indicator; **marque de début de chargement,** load mark; **marqueur de début de bande,** beginning-of-tape (BOT); **moment du début,** start time; **procédure automatique de début de traitement,** automatic logon; **procédure de début de session,** log-on procedure; **reprendre au début,** start over (to), rework (to); **repère de début de bande,** beginning-of-tape marker, start-of-tape label; **repère de début de fichier,** beginning-of-file label; **segment de début,** header segment; **signal de début,** start signal; **séquence de début (de bloc),** preamble.

**décade:** decade; **compteur à décade,** decade counter.

**décadique: commutateur décadique,** decade switch.

**décadrage:** off centering.

**décalage:** offset, shifting, shift, lag; **accumulateur à décalage,** shift accumulator; **adresse de décalage,** displacement address; **binaire de décalage,** shift bit; **carte de décalage de volume,** volume displacement card; **courant de décalage,** displacement current; **décalage annulaire,** ring shift; **décalage arithmétique,** arithmetical shift, arithmetic shift; **décalage automatique de fichiers,** automatic file rotation; **décalage binaire,** binary shift; **décalage circulaire,** circulating shift, circular shift; **décalage cyclique,** cyclic shift, end-around shift; **décalage d'alinéa,** indention; **décalage dans l'accumulateur,** accumulator shift; **décalage dans le temps,** time displacement; **décalage de base,** base relocation; **décalage de caractères,** character adjustment; **décalage de chiffre,** figure shift; **décalage de colonne,** column shift; **décalage de cycle,** cycle shift, cycle delay; **décalage de deux bits,** dibit shift; **décalage de la virgule,** point shifting; **décalage de phase,** phase shift; **décalage du point zéro,** zero shift; **décalage du zéro,** zero offset; **décalage linéaire,** linear displacement; **décalage logique,** logical shift, logic shift; **décalage manuel de fichiers,** manual file rotation; **décalage non arithmétique,** nonarithmetic shift; **décalage rotatif,** rotating shift; **décalage statique d'adresses,** static relocation; **décalage à droite,** right shift; **décalage à gauche,** left shift; **enroulement de décalage,** shift winding; **impulsion de décalage,** shift pulse, call pulse; **instruction de décalage,** shifting instruction, shift instruction; **opération de décalage,** cyclic shift operation; **par décalage,** chain code; **registre binaire à décalage,** binary shift register; **registre de décalage,** shifting register, base relocation register; **registre à décalage,** shif register, circulating register; **registre à décalage double,** double line shift register; **registre à décalage dynamique,** dynamic shift register; **registre à décalage magnétique,** magnetic shift register; **registre à décalage statique,** static shift register; **relais de décalage,** shifting relay; **récepteur à décalage de cartes,** offset stacker device; **unité de décalage,** shift unit.

**décalé: binaire décalé,** shifted binary; **décalé,** shifted; **décalé par bit,** bit-shifted; **décalé à droite,** ragged right; **décalé à gauche,** ragged left; **non décalé,** unshifted.

**décaler:** shift (to), shift out (to); **décaler vers la droite,** right-adjust (to).

**décélération:** deceleration; **temps de décélération,** deceleration time.

**décentralisé:** decentralized, noncentralized; **système décentralisé,** distributed system; **traitement décentralisé,** decentralized data processing.

**décentralisée: opération décentralisée,** noncentralized operation.

**décharge:** discharge, dump; **caractéristique de décharge,** discharge shape;

**tube à décharges,** discharge tube.

**décharger:** unload (to), discharge (to), dump (to).

**déchiffrage:** deciphering; **matrice de déchiffrage,** decoder network.

**déchiffrée: partie d'opération non déchiffrée,** operation code trap.

**déchiffrement:** decipherment; **matrice de déchiffrement,** decoder matrix; **réseau de déchiffrement,** decoder network.

**déchiffrer:** decipher (to), decode (to).

**déchiré:** torn.

**déchirement: déchirement de bande,** torn condition; **déchirement horizontal,** tearing.

**décibel:** decibel (dB), tenth of Bel.

**décimal:** decimal, denary; **binaire codé décimal étendu,** expanded BCD interchange code (EBCDIC); **chiffre décimal,** decimal digit; **chiffre décimal codé,** coded decimal digit; **codé en décimal,** coded decimal; **compteur décimal code binaire,** binary-coded decade counter; **conversion décimal-hexadécimal,** decimal-to-hexadecimal conversion; **conversion décimal-octal,** decimal-to-octal conversion; **convertisseur de binaire en décimal,** binary-to-decimal; **décimal codé binaire (DCB),** binary-coded decimal (BCD); **décimal condensé,** packed decimal; **décimal condensé signé,** signed packed decimal; **décimal non condensé,** unpacked decimal; **décimal zoné,** zoned decimal; **décodeur numérique-décimal,** binary-to-decimal decoder (BDD); **échange au point décimal,** inverted print; **exposant décimal,** decimal exponent; **format fractionnaire décimal,** decimal fraction format; **logarithme décimal,** common logarithm; **nombre décimal,** decimal number; **nombre décimal code,** coded decimal number; **nombre décimal code biquinaire,** biquinary coded decimal number; **nombre décimal codé en binaire,** binary-coded decimal number; **numéral décimal,** decimal numeral; **pseudo-décimal,** pseudodecimal; **report décimal,** decimal carry; **signal décimal de sortie,** decimal readout; **signal numérique pseudo-décimal,** pseudodecimal digit; **système décimal,** decimal system; **système décimal codé en binaire,** binary-coded decimal system.

**décimale: alignement automatique sur la virgule décimale,** automatic decimal alignment; **arithmétique décimale,** decimal arithmetic; **arithmétique en virgule flottante décimale,** floating-decimal arithmetic; **cadrage de la virgule décimale,** decimal point alignment; **cadrage de virgule décimale,** decimal alignment; **classification décimale,**

**classification décimale universelle,** universal decimal classification; **conversion binaire-décimale,** binary-to-decimal conversion; **conversion décimale,** decimal conversion; **conversion décimale-binaire,** decimal-to-binary conversion; **échelle décimale,** decimal scale; **excitation décimale,** digit pickup; **fraction décimale,** decimal fraction; **fraction décimale de faible poids,** terminating decimal; **fraction décimale ordinaire,** proper decimal fraction; **fraction décimale périodique,** recurring decimal; **mémoire à base décimale,** digit-organized storage; **notation décimale codée,** coded decimal notation; **numération décimale,** decimal notation, decimal numeration; **numération décimale codée binaire,** binary-coded decimal notation; **numération décimale codée en binaire,** binary-coded decimal code; **point d'entrée décimale,** decimal input point; **position de la virgule décimale,** power-of-ten position; **position décimale,** decimal place; **positionnement automatique de virgule décimale,** automatic decimal point; **système de numération décimale,** decimal numeration system; **système à numération décimale,** decimal number system; **unité décimale (quantité d'information),** decimal unit of information content; **virgule décimale,** decimal point, decimal floating point; **virgule décimale présumée,** implied decimal point; **virgule décimale réelle,** actual decimal point.

**décimalisation:** decimalization.

**décimalisé:** decimalized.

**décimalisée: notation décimalisée,** decimalized notation.

**décimaux: format des nombres décimaux,** decimal number format; **nombres décimaux,** decimal numerics.

**décision:** decision; **aide à la décision conversationnelle,** interactive decision making; **arbre de décision,** decision tree; **circuit de décision,** decision circuit; **décision de branchement,** decision instruction; **décision de l'opérateur,** operator response; **décision logique,** logic decision, logical decision; **instruction de décision,** decision instruction; **langage pour table de décision,** tabular language; **point de décision,** branch point; **table de décision,** decision table; **table de décision ouverte,** open decision table; **théorie de décision,** decision theory; **égalisateur de décision rétroactive,** decision feedback equalizer.

**décisive: valeur décisive,** decision content.

**déclarateur: déclarateur de matrice,**

array declarator.

**déclaration:** declaration, declarative*; **crochets de déclaration,** statement bracket; **déclaration commune,** common statement; **déclaration contextuelle,** contextual declaration; **déclaration d'entrée,** description entry; **déclaration d'inclusion,** include declarative; **déclaration d'utilisation,** use declarative; **déclaration de compilateur,** compiler-directing declarative; **déclaration de données,** data declaration; **déclaration de données d'entrée,** data description entry; **déclaration de fichier,** file description entry; **déclaration de procédure,** procedure declaration; **déclaration de type,** type declaration; **déclaration de valeur initiale,** data initialization statement; **déclaration de variable,** variable declaration; **déclaration de zone,** array declaration; **déclaration différée,** default declaration; **déclaration explicite,** explicit declaration; **déclaration externe,** external declaration; **déclaration fictive,** continue statement; **déclaration implicite,** implicit declaration; **déclaration élémentaire d'article,** elementary item entry; **fin des déclarations de procédure,** end declarative.

**déclarative:** instruction déclarative, declarative instruction, declarative statement; **opération déclarative,** declarative operation; **partie déclarative,** declarative part; **séquence déclarative,** declarative sentence.

**déclarer:** declare (to).

**déclassement:** derating.

**déclasser:** derate (to).

**déclenché:** triggered.

**déclenchée:** bascule déclenchée par un front, edge-triggered latch.

**déclenchement:** triggering, gating; **critère de déclenchement,** triggering function; **diode de déclenchement,** gate trigger diode; **déclenchement d'impression,** print escapement; **déclenchement d'indicatif,** answerback triggering; **déclenchement par horloge,** timer start; **déclenchement par tension nulle,** zero voltage firing; **déclenchement parasite,** false triggering; **fonction de déclenchement,** trigger function; **impulsion de déclenchement,** trigger pulse; **levier de déclenchement de cliquet,** pawl release lever; **niveau de déclenchement,** trigger level; **signal de déclenchement,** trigger signal; **tension de déclenchement,** turn-on voltage; **valeur de déclenchement,** triggering value; **zone de déclenchement,** trigger field; **énergie de déclenchement,** activation energy.

**déclencher:** actuate (to).

**déclencheur:** trigger; **circuit déclencheur,** trigger circuit; **circuit déclencheur bistable,** bistable trigger circuit; **circuit déclencheur monostable,** monostable trigger circuit; **déclencheur bistable,** bistable trigger; **déclencheur de Schmitt,** Schmitt trigger; **déclencheur de l'alimentation en papier,** paper release; **déclencheur initial,** home position trigger; **déclencheur monostable,** one-shot flip-flop; **élément déclencheur,** trigger element.

**décodage:** decoding, deciphering, interpretation; **circuit de décodage,** decoding circuit; **décodage de l'instruction,** instruction decoding; **décodage optique,** optical decoding; **matrice de décodage,** decoder matrix; **temps de décodage,** interpretation time.

**décoder:** decode (to).

**décodeur:** decoder*, decoding circuit; **circuit encodeur-décodeur,** coder-decoder chip; **codeur-décodeur,** coder-decoder (CODEC); **décodeur binaire,** binary decoder; **décodeur d'adresse,** address decoder; **décodeur d'instruction,** instruction decoder; **décodeur d'interruption,** interrupt decoder; **décodeur d'opération,** operational decoder; **décodeur de code-opération,** operation decoder; **décodeur de commande,** command decoder; **décodeur de segment,** segment decoder; **décodeur numérique-analogique,** digital-to-analog decoder; **décodeur numérique-décimal,** binary-to-decimal decoder.

**décodeuse:** puce décodeuse, decoder chip.

**décodification:** décodification de données, data decoding.

**décompacté:** unpacked, unbundled.

**décompacter:** unpack (to).

**décompilateur:** decompiler.

**décompiler:** decompile (to).

**décomposition:** décomposition détaillée, detailed breakdown.

**décompresser:** unpack (to).

**décomprimer:** expand (to).

**décomptage:** down counting.

**décompte:** countdown.

**décompteur:** compteur-décompteur, reversible counter.

**déconcaténation:** deconcatenation, unstringing.

**déconcaténer:** deconcatenate (to), unstring (to).

**déconnecté:** disconnected; **équipement déconnecté,** off-line equipment.

**déconnecter:** disconnect (to), interrupt (to), switch off (to).

**déconnexion:** disconnection, unlinking; **deconnexion logique,** logical disconnection;

**déconnexion automatique des lignes,** automatic disconnect; **signal de déconnexion,** disconnect signal.

**décontamination:** virus removal; **utilitaire de décontamination,** disinfecting utility, disinfection utility; **utilitaire de décontamination automatique,** automatic disinfector utility.

**décontamineur: utilitaire décontamineur,** disinfector.

**découpage:** clipping, scissoring; **amplificateur stabilisé à découpage,** chopper-stabilized amplifier; **découpage de la mémoire,** memory partitioning; **découpage du temps,** time slicing; **découpage en boîte,** boxing; **découpage en canaux,** channelizing; **exploitation par découpage du temps,** time-slicing environment; **module de découpage,** splitting module; **plan arrière de découpage,** back clipping plane; **plan de découpage,** clipping plan.

**découper:** partition (to), scissor (to).

**découverte: erreur découverte rapidement,** quiet error.

**décrément:** decrement*; **décrément automatique,** auto-decrement.

**décrémentation:** decrementation.

**décrémenter:** decrement (to).

**décrochement:** indentation.

**décroissant: en décroissant,** flop-out; **ordre décroissant,** descending order; **tri décroissant,** backward sort; **tri par ordre décroissant,** descending sort.

**décryptage:** deciphering, decryption; **clé de décryptage,** deciphering key; **procédure d'encryptage-décryptage,** encryption-decryption procedure.

**décrypter:** decipher (to).

**dédié:** dedicated.

**dédoubleur: dédoubleur de fréquence,** frequency halver.

**déduction:** deduction.

**défaillance:** failure, fault, damage, outage; **durée de défaillance,** malfunction time; **défaillance de composant,** component failure; **défaillance du réseau,** voltage breakdown; **défaillance initiale,** debug failure; **défaillance machine,** machine failure; **défaillance matérielle,** hardware failure; **défaillance mineure,** minor failure; **défaillance par usure,** wearout failure; **défaillance primaire,** primary failure; **défaillance progressive,** drift failure; **défaillance prématurée,** initial failure; **défaillance secteur,** power fail; **défaillance secteur,** power dip; **défaillance totale,** total failure; **état de défaillance,** failure state; **service de défaillance,** failure free operation; **taux de défaillance,** failure rate;

**temps de défaillance,** fault time.

**défaut:** default*, defect, flaw, drop out; **arrondir par défaut,** round down (to); **caractère de code par défaut,** default code character; **case par défaut,** default button; **condition par défaut,** default condition; **défaut d'alignement,** vertical misalignment; **défaut d'encrage,** void; **défaut de machine,** machine fault; **défaut de parité,** bad parity; **défaut détecté par les données,** data-sensitive fault; **défaut détecté par programme,** program-sensitive fault; **défaut majeur,** major defect; **défauts,** shortcomings; **imprimante par défaut,** default printer; **option par défaut,** default option; **paramètre par défaut,** default parameter; **valeur par défaut,** default value, assumed value.

**défectueuse: changement automatique de piste défectueuse,** automatic defective track recovery; **piste défectueuse,** defective track; **remplacement d'une piste défectueuse,** bad track substitution.

**défectueux:** defective.

**déficience:** deficiency.

**défilante: page défilante,** rolling page.

**défilement:** scrolling, scroll, roll; **barre de défilement,** scroll bar; **case de défilement,** scroll box; **défilement d'image,** display scrolling; **défilement de biais,** dynamic skew; **défilement descendant,** scroll down; **défilement horizontal,** horizontal scrolling, side scroll; **défilement montant,** scroll up; **défilement vertical,** vertical scroll, vertical slip; **défilement écran,** screen scrolling; **flèche de défilement,** scroll arrow; **flèche droite de défilement,** right scroll arrow; **flèche gauche de défilement,** left scroll arrow; **lecture en défilement continu,** continuous reading; **mode défilement,** scrolling mode, roll mode; **tampon de défilement,** scroll buffer; **verrouillage du défilement,** scroll lock; **vitesse de défilement,** take-off speed, conveying speed; **zone de défilement,** scrolling area, scroll area.

**défiler: faire défiler l'écran,** scroll (to).

**défini:** defined; **défini par l'utilisateur,** user-defined; **enregistrement défini,** defined record; **mot défini par l'utilisateur,** user-defined word; **symbole non défini,** undefined symbol.

**définie: coordonnées définies par l'utilisateur,** user-defined coordinates; **erreur non définie,** undefined error; **fonction définie par l'utilisateur,** user-defined function; **macro définie par le programmeur,** programmer-defined macro.

**définir:** define (to).

**définitif: arrêt définitif,** drop-dead halt;

**essai définitif,** checkout test; **support définitif,** end support; **élément d'information définitif,** end item.

**définition:** definition; **bloc de définition de fichier,** file definition block; **carte de définition,** definition card; **définition conforme,** correspondence defining; **définition d'adressage fictive,** dummy tag; **définition d'article,** item definition; **définition de champ,** field definition; **définition de données,** data definition; **définition de fichier,** file definition; **définition de la longueur de page,** page length setting; **définition de la tabulation,** tabbing; **définition de marge,** margin définition; **définition de procédure,** procedure definition; **définition de périphérique,** device definition; **définition de réseau,** network definition; **définition de structure des données,** data set definition; **définition de symbole,** symbol definition; **définition de trame,** raster count; **définition de travaux,** job definition; **définition de zone,** area definition; **définition du macro de mot clé,** keyword macro definition; **définition du problème,** problem definition; **définition géométrique,** geometric definition; **définition horizontale de trame,** horizontal raster count; **définition écran,** screen resolution; **en-tête de définition macro,** macrodefinition header; **haute définition,** high resolution; **instruction de définition de zone,** area definition statement, define area statement; **label fin de définition macro,** macrodefinition trailer; **libellé de définition zone,** area defining literal; **macro de définition de fichier,** file definition macro; **nom de définition de fichier,** data definition name; **ordre de définition,** definition instruction; **zone de définition de nom,** name definition field.

**définitive: fichier en forme définitive,** terminal file; **mise en forme définitive,** end editing; **phase définitive de tri,** last pass segment; **sortie définitive des données,** end-of-data exit.

**déflecteur:** retaining block, yoke; **déflecteur de carte,** card deflector; **déflecteur de confettis,** chip deflector; **déflecteur de faisceau,** beam deflector; **déflecteur de papier,** paper deflector; **ressort déflecteur de la case,** pocket deflector spring.

**déflexion:** deflection; **angle de déflexion,** angle of deflection; **déflexion d'une fonction,** oscillation of a function; **déflexion horizontale,** horizontal deflection; **plaque de déflexion,** deflector.

**dégager:** free up (to).

**dégénérescence:** degeneracy.

**dégradation:** degradation; **dégrada-tion des données,** data degradation; **dégradation progressive,** fail-softness, graceful degradation; **système à dégradation contrôlée,** failsoft system.

**dégradé:** downgraded, defective, shading, spread; **mode dégradé,** downgraded mode, crippled mode; **mode dégradé progressif,** graceful degradation mode.

**dégradée: piste dégradée,** defective track.

**degré:** degree; **degré d'accessibilité,** exhaustivity; **degré d'efficacité,** average effectiveness level; **degré de connaissance,** literacy; **degré de distorsion,** degree of distortion; **degré de priorité,** graduated level, precedence rating; **degré de sécurité,** security grade; **équation du premier degré à une inconnue,** conditional equation, simple equation.

**dégressif: compteur dégressif,** countdown counter.

**dégroupage:** deblocking*, unpacking, unbundling; **instruction de dégroupage,** unstring statement.

**dégroupé:** unblocked; **fichier dégroupé,** unblocked file.

**dégroupement:** unbundling, unpacking, unblocking.

**dégrouper:** unblock (to), unbundle (to).

**délai: délai d'attente,** rotational delay time; **délai binaire,** digit delay; **délai d'immobilisation,** inoperable time; **délai d'obtention,** lead time; **délai de fabrication,** manufacturing interval; **délai de garde,** instruction timeout; **délai de groupe,** group delay; **délai de livraison,** vendor lead time; **délai de propagation,** propagation delay; **délai inhérent aux données,** data delay; **délai de réparation,** awaiting repair time; **délai de réponse,** response delay, lag response; **délai de rotation,** rotational delay; **délai de transmission,** absolute delay.

**déliassage:** decollation.

**déliasser: déliasser,** decollate (to).

**déliasseuse:** decollator, deleaver.

**délié: caractère délié,** thin stroke.

**délimitation:** demarcation; **caractère de délimitation,** demarcation character; **délimitation de zone,** field boundary; **virgule de délimitation,** demarcation comma.

**délimité: caractère délimité,** enclosed character; **terme délimité,** bracketed term.

**délimiter:** delimit (to), demarcate (to), bracket (to).

**délimiteur:** delimiter; **délimiteur d'informations,** information separator (IS); **délimiteur de champ,** field separator; **délimiteur de données,** data delimiter.

**délivrance:** délivrance d'un message, delivery of message.

**déloger:** roll out (to), roll off (to), transfer (to).

**delta:** delta; **circuit en delta,** delta connection; **modulation delta,** delta modulation; **modulation delta adaptable,** adaptive delta modulation (ADM); **perturbation delta,** delta noise.

**démagnétisation:** demagnetization, demagnetizing, degaussing; **champ de démagnétisation,** demagnetizing field.

**démagnétiser:** démagnetiser, demagnetize (to), degauss (to).

**demande:** demand, query, requesting, enquiry (ENQ); **abonné demandé,** called party; **appel de page à la demande,** demand paging; **circuit de demande,** answering circuit; **demande asynchrone,** asynchronous request; **demande automatique de répétition,** automatic request for repetition (ARQ); **demande automatique de répétition de message,** automatic request for repeat; **demande conditionnelle interruption de programme,** conditional program interrupt request; **demande d'accusé de réception,** acknowledgement request; **demande d'appel,** call request; **demande d'articles,** item demand; **demande d'identification,** interrogating; **demande d'indicatif,** answerback code request; **demande d'interruption,** interrupt request; **demande d'écriture,** write request; **demande d'émettre,** request to send; **demande de caractères,** character request; **demande de complément à dix,** ten's request; **demande de l'utilisateur,** user query; **demande de libération,** clear request; **demande de mise en service du récepteur,** request to receive; **demande de recherche,** search query; **demande de saisie,** capture request; **demande de signal de confirmation,** request for confirmation signal; **demande de suspension,** termination request; **demande de temps,** time request; **demande de transmission,** transmission request; **demande en équipement machine,** machine requirement; **demande et question automatiques,** automatic request & question (ARQ); **évaluation de la demande,** demand assessment; **questionnaire de demande d'emploi,** application questionnaire; **signal de demande d'interruption,** break request signal (BRS); **signal de demande de lecture,** read strobe; **sur demande,** on demand; **système à demande de répétition,** request repeat system; **traitement des demandes,** inquiry processing; **traitement sur demande,** immediate processing.

**demander:** query (to), demand (to), request (to).

**demandeur:** caller, inquirer, requestor, questioner; **abonné demandeur,** calling subscriber.

**démarrage:** bootstrapping, start, start-up, starting; **bit de démarrage,** start bit; **disque de démarrage,** startup disk; **démarrage de bande,** tape start; **démarrage à chaud,** warm start; **impulsion de démarrage,** start pulse.

**démarrer:** start (to), prime (to).

**démasquer:** unmask (to).

**demi:** half; **création de demi-tons,** halftoning; **demi-additionneur,** half-adder, one-digit adder, two-input adder; **demi-additionneur binaire,** binary half-adder; **demi-additionneur parallèle,** parallel half-adder; **demi-additionneur série,** serial half-adder; **demi-courant de commande,** partial sense current; **demi-hauteur,** half-height; **demi-impulsion,** half-pulse; **demi-intensité,** half-intensity; **demi-mot,** half-word, short word; **demi-soustracteur,** half-subtractor, one-digit subtracter; **demi-soustracteur parallèle,** parallel half-subtracter; **demi-soustracteur série,** serial half-subtracter; **demi-teinte,** half-tone, half-tint; **demi-ton,** half-tone; **disquette demi-hauteur,** half-size drive; **format demi-hauteur,** half-height format.

**démocratique:** democratic.

**démodulateur:** demodulator, modulator, detection unit; **démodulateur d'information numérique,** digital data demodulator (DDD); **modulateur-démodulateur,** modem (modulator-demodulator).

**démodulation:** demodulation*.

**démonstrateur:** demonstrator.

**démonstration:** demonstration, demo; **programme de démonstration,** demo program; **unité de démonstration,** demonstration device.

**démontage:** dismount; **instructions de démontage,** disassembly instructions.

**démultiplexage:** demultiplexing.

**démunie:** carte démunie de composants, unpopulated board.

**dénombré:** numbered.

**dénominateur:** denominator; **dénominateur commun,** common denominator.

**dense:** dense; **enregistrement dense d'impulsions,** pulse packing.

**densité:** density*; **bit de densité,** density bit; **code bipolaire à densité élevée,** high density bipolar; **densité binaire,** bit density; **densité d'encrage,** ink density; **densité d'enregistrement,** recording density, storage density; **densité d'enregistrement de bande,**

tape recording density, tape packing density; **densité d'impression,** print density; **densité d'écriture,** writing density; **densité de bande,** tape density; **densité de caractères,** character density; **densité de charge,** charge density; **densité de compactage,** packing density; **densité de courant,** current density; **densité de données,** data density; **densité de flux,** flux density; **densité de flux magnétique,** magnetic flux density; **densité de flux maximale,** peak flux density; **densité de fréquences,** frequency density; **densité de l'information,** information density; **densité de lignes,** line density; **densité de pas verticaux,** vertical line spacing; **densité de pistes,** track density; **densité de trafic,** density of traffic; **densité moyenne d'information,** average information content; **densité quadruple,** quad density; **enregistrement en double densité,** double density recording; **haute densité d'enregistrement,** high storage density; **simple densité,** single density.

**dent:** sprocket; **dent de scie,** sawtooth, jag; **dent de scie de trame,** vertical deflection sawtooth; **impulsion en dents de scie,** serrated pulse; **onde en dents de scie,** sawtooth wave.

**dentelé:** jagged.

**dentelée: ligne dentelée,** jagged line.

**denteler:** serrate (to).

**dentelure: effet de dentelure,** aliasing*.

**dénuder:** bare (to); **pince à dénuder,** wire stripper.

**dénudeur:** stripper.

**dépannage:** troubleshoot; **arbre de dépannage,** troubleshooting flowchart.

**départ:** departure; **adresse de départ,** starting address; **caractère de signal départ/arrêt,** start-stop character (SS); **circuit de départ,** outgoing line circuit, starting circuit; **colonne de départ,** beat column; **de départ,** outgoing; **départ de balayage ligne,** line scan start; **fonction de départ,** open function; **impulsion de départ,** start signal; **ligne de départ,** outgoing line; **moment de départ,** start clock; **point de départ,** origin point, initial point; **positionnement de départ,** initial positioning; **signal de départ,** start element.

**département:** department; **département de reprographie,** hardcopy facility.

**dépassé: temps dépassé,** timeout.

**dépassement:** overflow; **adressage à dépassement de secteurs,** cross-sector linkage; **appel de sous-programme de dépassement,** fetch overflow; **bit de dépassement,** overflow bit; **contrôle de dépassement de capacité,** overflow control; **dépassement (d'impulsion),** overshoot; **dépassement d'exposant,** exponent overflow; **dépassement de capacité,** overflow (OV); **dépassement de capacité de répertoire,** directory overflow; **dépassement de capacité intermédiaire,** intermediate result overflow; **dépassement de capacité simple précision,** short precision overflow; **dépassement de cylindre,** cylinder overflow; **dépassement de la capacité mémoire,** memory overload; **dépassement de limitation,** barricade violation; **dépassement de liste,** list overflow; **dépassement de longueur variable,** variable-length overflow; **dépassement de page,** page overflow; **dépassement de piste,** track overrun; **dépassement de plage,** overrange; **dépassement de temps imparti,** instruction timeout violation; **dépassement en virgule fixe,** fixed-point overflow; **dépassement excessif,** overthrow, overtravel; **dépassement inférieur,** underflow; **dépassement inférieur de capacité,** characteristic underflow; **dépassement négatif d'exposant,** exponent underflow; **dépassement supérieur de capacité,** arithmetic overflow, characteristic overflow; **dépassement universel,** general overflow; **en position de dépassement,** overflow position; **erreur de dépassement,** overrun check, size error; **facteur de dépassement,** overshoot factor; **indicateur de contrôle dépassement de capacité,** overflow check indicator; **indicateur de dépassement,** arithmetic overflow indicator; **indicateur de dépassement de capacité,** overflow indicator; **zone de dépassement de capacité,** overflow area; **zone de dépassement du cylindre,** cylinder overflow area; **zone de dépassement universel,** general overflow area.

**dépasser:** overshoot (to), overdraw (to); **dépasser la capacité,** overflow (to).

**dépendance:** dependency, dependence; **dépendance linéaire,** linear dependence.

**dépendant:** dependent; **dépendant de l'ordinateur,** computer-dependent; **dépendant de l'utilisateur,** user-dependent; **dépendant de la machine,** machine-sensible, machine-sensitive; **dépendant de la tension,** voltage-dependent; **dépendant du périphérique,** device-dependent; **langage dépendant de la machine,** machine-dependent language.

**dépendante: tâche dépendante,** dependent task; **variable dépendante,** dependent variable.

**déperdition:** overhead.

**déphaser: déphaser,** lag (to).

**déphaseur:** phase shifting unit.

**dépilage:** instruction de dépilage, pop instruction.

**dépiler:** pop down (to) (a stack), pop (to).

**dépistage:** locating, tracing; **contrôle de dépistage d'erreur,** fault checking; **dépistage après-coup,** postmortem examination; **programme de dépistage,** trace program; **routine de dépistage,** trace routine.

**déplacé:** displaced.

**déplacement:** displacement*, shifting, shift, movement, move,; **adressage par déplacement,** displacement addressing; **commande de déplacement linéaire,** straight cut control; **déplacement angulaire,** angular displacement; **déplacement d'icône,** icon dragging; **déplacement de fenêtre,** window displacement; **déplacement excessif,** overtravel, overthrow; **déplacement incorrect,** runaway; **déplacement à la base,** base displacement; **information de déplacement,** path data; **modulation par déplacement binaire de phase,** binary phase shift keying (BPSK); **modulation par déplacement de fréquence,** frequency shift keying (FSK); **modulation par déplacement de phase,** phase shift signaling; **réglette de déplacement,** drag slider; **transmission par déplacement de fréquence,** frequency shift keying transmission; **vitesse de déplacement,** drift velocity.

**déplacer:** exchange (to).

**déporté:** remote; **ordinateur déporté,** remote computer; **périphérique déporté,** remote device; **scanage optique déporté,** remote on-line optical scanning; **terminal de traitement déporté,** remote batch terminal (RBT); **terminal déporté,** remote terminal; **traitement déporté,** remote computing; **équipement terminal déporté,** remote terminal device.

**déportée:** entrée dialoguée déportée, conversational remote entry; **mise au point déportée,** remote debugging; **station déportée,** remote station.

**déposé:** modèle de circuit déposé, land pattern.

**déposer:** deposit (to).

**dépôt:** deposit; **dépôt conducteur,** land.

**dépouillement:** postprocessing.

**dépoussiérer:** dust (to).

**dépression:** depression; **chambre à dépression,** vacuum chamber; **ventilateur de dépression,** vacuum blower.

**DEPS:** dernier entré premier sorti, last in first out (LIFO); **registre DEPS,** LIFO register.

**dérangement:** malfunction; **sujet à des dérangements,** fault liability.

**dérivateur:** differentiator.

**dérivatif:** derivative.

**dérivation:** tapping, tap; **boîte de dérivation,** junction box; **caractère de dérivation,** junction character; **dérivation partielle,** partial derivative; **procédure de dérivation,** bypass procedure.

**dérive:** drift; **arbre dérivé,** spanning tree; **code dérive,** slave key; **dérive de fréquence,** frequency drift; **dérive du point zéro,** null drift; **dérivé,** derived, differential; **erreur de dérive,** drift error; **tension de dérive équivalente,** equivalence drift voltage; **type dérivé,** derived type.

**dérivée:** dérivée seconde, second derivative; **unité dérivée,** derived unit; **voie dérivée en fréquence,** frequency-derived channel; **voie dérivée en temps,** time-derived channel.

**dernier:** last; **adresse du dernier enregistrement,** last record pointer; **dernier entré,** last in; **dernier entré premier sorti,** last in first out (LIFO); **dernier mouvement (DM),** last translation (LT); **dernier mouvement général,** last major transaction; **dernier passage,** last pass; **indicateur de dernier enregistrement,** last record indication.

**dernière:** contact dernière carte, last column contact; **dernière position d'article,** terminal item position; **indication dernière carte,** last card indication.

**déroulant:** menu déroulant, drop-down menu; **répertoire déroulant,** pop-up directory.

**déroulante:** zone de liste déroulante, drop-down list box.

**déroulement:** running, run, looping, passing, evolving; **bobine de déroulement,** supply spool; **contrôle de déroulement,** flow control; **contrôle du déroulement des travaux,** job flow control; **diagramme du déroulement des opérations,** operations flowchart; **déroulement d'accumulation,** collection run; **déroulement de libération de partition,** deallocation run; **déroulement des opérations,** operations flow; **déroulement des travaux,** job flow; **déroulement du programme,** program flow; **déroulement du travail,** work flow; **déroulement simple bobine,** single-deck tape; **déroulement séquentiel des travaux,** serial work flow; **interruption du déroulement,** exception condition; **lampe témoin du déroulement,** proceed light; **listage du déroulement des travaux,** job execution listing; **pointeur de déroulement,** forward pointer; **processus de déroulement,**

flow process; **sens de déroulement,** advance direction.

**dérouler:** unreel (to), unwind (to), run down (to).

**dérouleur:** continuous loop recorder, streamer, tape station; **bascule de dérouleur,** unit switching; **dispositif dérouleur de bande,** tape unwinding device; **dérouleur de bande,** tape handler, magnetic tape unit (MTU); **dérouleur de bande magnétique,** magnetic tape transport; **dérouleur de bande perforée,** tape unwinder; **dérouleur à double accès,** dual access tape unit; **dérouleur à ruban sans fin,** tape loop recorder; **groupe de dérouleurs,** cluster tape; **platine dérouleur de bande,** tape deck; **poste de commutation de dérouleurs,** switch control console; **sous-ensemble dérouleur de bande magnétique,** magnetic tape subsystem; **système de télécommande de dérouleurs,** remote tape control system; **unité à double dérouleur,** dual deck tape.

**déroutée: sortie déroutée,** differed exit.

**déroutement:** redirection, trap; **canal de déroutement,** channel trap; **circuit de déroutement,** alternate trunk group; **instruction de déroutement,** alternative instruction; **répétition par voie de déroutement,** alternate path retry; **voie de déroutement,** channel trap, alternate path.

**désactivation:** deactivation.

**désactivé:** disabled.

**désactiver:** disable (to), deactivate (to).

**désadaptation:** mismatch.

**désadapté:** unmatched, unfitted.

**désaffectation:** deallocation, blast; **désaffectation des ressources,** resource deallocation.

**désaffecter:** deallocate (to), discard (to), relinquish (to).

**désalignement:** misalignment, gap scatter, scatter, skew; **correction de désalignement,** deskew; **désalignement apparent,** apparent skew.

**désarmement: désarmement d'interruption,** interrupt disabling.

**désarmer:** disarm (to).

**désassemblage:** disassembly; **désassemblage de paquets,** packet disassembly.

**désassembler:** disassemble (to).

**désassembleur:** disassembler, disassembly program; **assembleur-désassembleur de paquets,** packet assembler/disassembler (PAD).

**désastre:** disaster.

**descendance:** descendance, spawning.

**descendant:** descendant; **défilement descendant,** scroll down; **tri descendant,** backward sort.

**descendante: à compatibilité descendante,** downward compatible; **analyse descendante,** topdown analysis; **approche descendante,** topdown approach, topdown method; **compatibilité descendante,** backward compatibility; **flèche descendante,** down scroll arrow; **méthode descendante,** topdown method; **méthodologie descendante,** topdown methodology; **séquence descendante,** descending sequence; **voie descendante (satellite),** downlink.

**descendre:** pop down (to) (a stack).

**descente: temps de descente,** decay time; **temps de descente d'impulsion,** pulse decay time.

**descripteur:** descriptor*; **descripteur de banque de données,** databank descriptor; **descripteur de base de données,** database descriptor; **descripteur de données,** data descriptor; **descripteur de paramètre,** parameter descriptor; **descripteur de piste,** track descriptor block; **descripteur de programme,** program descriptor; **descripteur de segment,** segment descriptor; **descripteur de segment indirect,** indirect segment descriptor; **descripteur de zone de données,** field descriptor; **descripteur simple de zones de données,** basic field descriptor.

**descriptif:** descriptive; **enregistrement descriptif,** layout record; **manuel descriptif d'application,** application description manual.

**description:** description; **adresse de description de fichier,** file description address; **description architecturale,** architectural description; **description d'article,** record description; **description d'articles de données,** record description entry; **description de bloc,** record description; **description de données,** data description; **description de fichier,** file description; **description de la structure des données,** data structure description; **description de programme,** program description; **description de symbole,** symbol printing; **description de système,** systems definition; **description de sélectivité,** generic description; **description de travaux,** job description; **description des étapes de traitement,** step description; **description du fichier de tri,** sort file description entry; **description du problème,** problem description; **description du rapport,** report group description entry; **description hiérarchique,** hierarchical description; **description opérationnelle,** operational sequence description; **description sommaire,** summary description; **index de description de fichier,** file description index; **langage de description de données,** data description language (DDL); **macro de description de fichier,** file description macro; **table de description de fichier,** file description table; **table de description de zone,** field description table; **zone de description de fichier,** file descriptor area.

**descriptive: littérature descriptive,** descriptive literature.

**désembrouillage:** descrambling.

**désembrouilleur:** descrambler.

**désempiler:** unstack (to).

**déséquilibré:** unbalanced; **déséquilibre de phase,** unbalanced in phase.

**désérialiseur:** deserializer.

**design: design assisté par ordinateur,** automated design engineering.

**désignateur: désignateur d'aiguillage,** switch designator; **désignateur d'identificateur,** pointer qualifier; **désignateur de fonction,** function designator.

**désignation:** designation, pick; **accès par désignation,** descriptor access; **contrôle de désignation,** label checking; **dispositif de désignation,** pick device; **désignation abrégée des équipements,** installation mnemonic; **désignation d'étiquette,** label identification; **désignation de fichier,** file designation, file assignment; **désignation de l'article,** article description; **désignation de périphérique,** device designation; **désignation de touche,** key labeling; **désignation des commandes,** order designation; **procédure de désignation,** descriptive procedure.

**désigné:** labeled; **fichier désigné,** labeled file.

**désignée: étiquette désignée,** labeled tag; **partition de mémoire désignée,** labeled common; **partition désignée,** labeled common area.

**désigner:** indicate (to).

**désinfection:** disinfection.

**désordonné:** unordered.

**desserte: sous-système de desserte locale,** local distribution subsystem.

**dessin:** drawing; **dessin automatisé,** automated drafting; **dessin de caractère,** character image; **dessin informatisé,** drafting; **dessin sans ombres,** unshaded drawing; **dessin à l'échelle,** scale drawing; **élément de dessin,** drawing element; **espace dessin,** drawing area, drawing canvas; **papier à dessin,** drawing paper; **résolution du dessin,** drawing resolution; **surface de dessin,** drawing surface; **table à dessin électro-** nique, electronic drawing board; **technique d'aide au dessin,** etch-a-sketch technique.

**dessiné:** drawn.

**dessouder:** unsolder (to).

**dessous:** underside; **vue de dessous,** bottom view, underside view.

**dessus:** upside; **vue de dessus,** top view.

**destinataire:** addressee; **périphérique destinataire,** end-use device; **équipement destinataire,** destination equipment.

**destination:** destination; **fichier de destination,** destination file; **noeud de destination,** destination node; **répertoire de destination,** destination directory.

**destructif:** destructive; **non destructif,** nondestructive; **test destructif,** destructive test.

**destruction:** destruction.

**destructive: addition destructive,** destructive addition; **lecture destructive,** destructive read; **lecture non destructive,** nondestructive readout; **mémoire à lecture destructive,** destruction storage.

**désuétude: désuétude planifiée,** planned obsolescence.

**désynchronisé:** out of time.

**détachable:** detachable; **imprimés détachables,** tipped forms; **papier détachable,** tipped paper; **tableau à feuilles détachables,** flip chart.

**détaché: non détaché,** unburst; **reliure pour imprimés détachés,** burst printout binder.

**détachée: pièce détachée,** maintenance part, replacement part.

**détachement: perforateur sans détachement de confettis,** chadless punch; **ruban perforé sans détachement de confettis,** chadless tape.

**détacher:** detach (to), unlink (to), deconnect (to).

**détail:** detail; **augmentation du niveau de détails,** reduction cascading; **carte de détail,** detail card; **fichier de détail,** detail file; **ligne détail,** detail line.

**détaillé:** detailed; **diagramme détaillé,** microflowchart; **index détaillé,** fine index; **organigramme détaillé,** detailed flowchart; **schéma synoptique détaillé,** detailed block diagram.

**détaillée: conception détaillée de la structure,** detailed structural design; **décomposition détaillée,** detailed breakdown.

**détectable:** detectable; **erreur détectable par les données,** data-sensitive error; **groupe détectable,** detectable group; **segment détectable,** detectable segment;

**élément détectable,** detectable element.

**détecté:** detected; **défaut détecté par les données,** data-sensitive fault; **défaut détecté par programme,** program-sensitive fault; **non détecté,** undetected.

**détectée: erreur détectée,** detected error.

**détecteur:** detector, detection unit, wand; **code détecteur d'erreurs,** self-checking code; **dispositif détecteur de colonnes vierges,** blank column detection device; **détecteur d'avarie,** fault detector; **détecteur d'incident,** alertor; **détecteur d'interruption,** interrupt trap; **détecteur de bourrage de cartes,** card jam detector; **détecteur de colonnes vierges,** blank column detector; **détecteur de compte,** number detector; **détecteur de fin de papier,** paper-out indicator; **détecteur de groupe,** group detector; **détecteur de niveau,** level detector; **détecteur de phase,** phase detector; **programme détecteur d'avaries,** fault sensitive program; **sous-programme détecteur d'erreurs,** error correcting routine.

**détection:** detection, sensing, sense; **circuit de détection d'anomalie,** fault detection circuit; **code binaire de détection d'erreurs,** binary error-detecting code; **code de détection d'erreurs,** error detection code (EDC), error-detecting code; **code de détection-correction d'erreurs,** error-checking code; **dispositif de détection des nombres,** number detection device; **détection automatique des erreurs,** automatic error detection; **détection d'erreurs,** detection, error checking; **détection d'erreurs en émission,** redundancy feedback; **détection d'index incomplet,** index detection; **détection de pannes,** fault recognition; **détection de porteuse,** carrier sense; **détection de position angulaire,** rotational position sensing; **détection de virus,** virus detection; **détection de zéro,** zero detection; **détection et correction automatiques des erreurs,** automatic error detection and recovery; **détection logique,** logical sense; **détection par photostyle,** light pen detection, light pen hit; **fonction de détection d'erreurs,** error detection feature; **mémoire de détection d'anomalie,** fault control memory; **système à détection d'erreurs,** error-detecting system, error detection error; **test de détection d'erreurs,** error test.

**détendre:** detent (to).

**détente:** detent; **cliquet de détente,** detent pawl; **levier de détente,** detent lever; **ressort de détente,** detent spring.

**détérioration:** deterioration, mutila-tion.

**déterminé: cycle de programme déterminé,** fixed-logic cycle; **temps déterminé,** given time.

**déterminée: insertion déterminée,** fixed insertion.

**détour: solution de détour,** getaround.

**détourage:** scissoring, clipping; **algorithme de détourage,** clipping algorithm; **détourage hors-fenêtre,** window clipping.

**détrompage: fente de détrompage,** indexing slot.

**détrompeur: fiche polarisée à détrompeur,** polarized plug.

**détrompeuse: fente détrompeuse,** polarizing slot.

**deux:** two; **additionneur à deux entrées,** two-input adder, half-adder, one-digit adder; **adressage à deux niveaux,** two-level addressing; **chargeur fixe à deux segments,** two-part self-contained loader; **circuit deux fils,** two-wire circuit; **code à deux adresses,** two-address code; **compteur diviseur par deux,** divide-by-two counter; **connecté en deux points,** biconnected; **deux opérations d'interclassement,** two-way merge; **diviseur par deux,** halver; **décalage de deux bits,** dibit shift; **erreur de deux binaires,** double error; **espace entre deux blocs,** gap on tape; **flèche à deux pointes,** two-headed arrow; **impression sur deux colonnes,** two-column printing; **instruction à deux adresses,** one-plus-one instruction; **instruction à deux plus une adresses,** two-plus-one address instruction; **intervalle entre deux opérations d'entretien,** maintenance rate; **intervalle entre deux rafraîchissements,** refresh interval; **machine à deux adresses,** two-address machine; **multiplicateur de modulation à deux canaux,** time-division multiplier; **mémoire à deux niveaux,** two-level storage; **opération à deux opérandes,** dyadic operation; **oscilloscope à deux faisceaux,** dual trace oscilloscope; **souris à deux boutons,** two-button mouse; **sous-programme à deux niveaux,** two-level subroutine; **soustracteur à deux entrées,** one-digit subtractor, two-input subtractor; **système à deux disquettes,** two-drive system; **système à deux états stables,** two-state system; **traitement de deux programmes,** biprogramming; **à deux adresses,** two-address; **à deux fils,** two-wire; **à deux opérandes,** dyadic; **à deux voies,** two-way; **à deux-plus-une adresse,** two-plus-one address.

**développable:** developable.

**développé: développé,** developed;

**développé par l'utilisateur,** customer-developed.

**développement:** developpment, expansion, progress; **cycle de développement de programme,** program development cycle; **développement conditionnel,** conditional expansion; **développement d'une macro-instruction,** macroexpansion; **développement de logiciel,** software development; **développement de programme,** program development; **développement en série,** series expansion; **développement technique,** technical development; **kit de programmes de développement,** development tool kit; **programme de développement,** cross-software.

**déverminage:** burn-in.

**déverminer:** burn in (to).

**déverrouillage: touche de déverrouillage,** unlock key.

**déverrouillé:** unlatched.

**déviation: algorithme de déviation de fluence,** flow deviation algorithm (FDA); **amplitude de déviation,** amplitude swing; **bobine de déviation,** deflection coil; **déviation admissible,** filter sensitivity; **déviation de fréquence,** frequency departure; **déviation de fréquence du signal,** frequency shift signal; **déviation horizontale,** horizontal deflection; **déviation maximale,** full scale; **déviation pleine échelle,** end scale; **déviation standard,** standard deviation; **déviation verticale,** vertical deflection; **modulation par déviation de fréquence,** frequency shift signaling; **plaque de déviation,** deflection plate; **répétition par voie de déviation,** alternate route retry; **sensibilité de déviation,** deflection sensitivity; **système de déviation des faisceaux,** beam positioning system.

**dévideur:** streamer; **dévideur de bande,** tape spooler; **dévideur de bande magnétique,** magnetic tape driver; **dévideur en continu,** data streamer.

**dévier:** gate (to).

**devoir:** duty.

**déwatté: courant déwatté,** idle current, no load current.

**déziper:** explode (to).

**diacritique:** diacritical; **caractère diacritique,** diacritical work.

**diadique:** dyadic; **opérateur booléen diadique,** dyadic Boolean operator; **opérateur diadique,** dyadic operator, binary operator; **opération booléenne diadique,** dyadic Boolean operation; **opération diadique,** dyadic operation, binary operation; **opération logique diadique,** dyadic logical operation; **processeur diadique,** dyadic processor.

**diagnostic:** diagnostic*, diagnosis; **analyse de diagnostic,** diagnostic analysis; **contrôle diagnostic,** diagnostic check; **diagnostic au niveau du circuit,** chip level diagnosis; **diagnostic d'alerte,** warning diagnostic; **diagnostic d'erreurs,** error diagnostic; **diagnostic de compilation,** compiler diagnostic; **diagnostic de panne,** fault diagnosis; **diagnostic opérationnel,** operational diagnostic; **état de diagnostic,** diagnostic state; **information diagnostic,** debugging information; **instruction de diagnostic,** diagnostic command; **journal des diagnostics,** diagnostic log; **liste de diagnostic,** diagnostic listing; **marque de diagnostic,** diagnostic flag; **message de diagnostic,** diagnostic message; **processeur de diagnostic,** diagnostic preprocessor; **procédure de diagnostic,** diagnostic procedure; **programme de diagnostic,** diagnostic program, diagnostic package; **programme de test et de diagnostic,** support control program; **programme-test de diagnostic,** diagnostic test program; **routine de diagnostic,** diagnostic routine, isolation test routine (ITR); **sélecteur de résultat de diagnostic,** diagnostic result selector; **test diagnostic,** diagnostic test.

**diagnostiquer:** diagnose (to).

**diagrammatique:** diagramming.

**diagramme:** diagram, pie, planning chart, programming chart; **diagramme d'organisation,** organization chart; **diagramme d'état,** status diagram; **diagramme de Gantt,** Gantt diagram, bar chart, bar graph; **diagramme de Venn,** Venn diagram; **diagramme de base,** base diagram; **diagramme de circulation,** flow process chart; **diagramme de connexions,** pinout diagram; **diagramme de fluence,** flow-process diagram; **diagramme de fonctionnement,** working diagram, running diagram; **diagramme de fonctions,** functional block diagram, function chart; **diagramme de situation,** state diagram; **diagramme de structure,** structure flowchart; **diagramme des méthodes,** process chart; **diagramme des temps,** timing diagram; **diagramme du déroulement des opérations,** operations flowchart; **diagramme détaillé,** microflowchart; **diagramme fonctionnel,** function flowchart, action chart; **diagramme général,** general chart; **diagramme informatique,** information graph; **diagramme linéaire,** arrow diagram; **diagramme logique,** logical chart, logic chart, logic diagram; **diagramme logique automatisé,** automated logic diagram; **diagramme opérationnel,** operational chart; **diagramme projetable,** slide chart; **diagramme structurel hiérarchique,** tree diagram;

**diagramme vectoriel,** vector diagram; **diagramme à bulles,** bubble chart; **diagramme à secteurs,** pie diagram, pie graph; **générateur de diagramme,** autochart; **symbole de diagramme,** flowchart symbol.

**dialecte:** dialect.

**dialogue:** dialog; **boîte de dialogue,** dialog box; **dialogue d'application,** application dialog; **dialogue d'authentification,** handshaking procédure; **dialogue homme-machine,** man-machine dialog; **langage de dialogue,** conversational language; **organe de dialogue,** communication device; **périphérique de dialogue,** conversational peripheral; **système de dialogue,** dialog system; **terminal de dialogue,** interactive terminal.

**dialogué:** interactive; **mode dialogué,** interactive mode.

**dialoguée:** teletext; **entrée dialoguée déportée,** conversational remote entry; **infographie dialoguée,** interactive graphics; **programmation dialoguée,** conversational programming; **vidéographie dialoguée,** interactive videography, viewdata.

**diamant:** diamond.

**diaphonie:** crossfeed, crosstalk, crosstell, babble; **amplitude de diaphonie,** crosstalk volume; **atténuation de courant de diaphonie,** cross-compilation; **diaphonie entre voies adjacentes,** adjacent channel interference; **diaphonie incohérente,** inverted crosstalk, false drop, crossfire; **niveau de diaphonie,** crosstalk level.

**dichotomie:** dichotomy; **recherche par dichotomie,** binary chop.

**dichotomique:** recherche dichotomique, dichotomizing search, binary search, chop.

**dichotomiser:** dichotomize (to).

**dictionnaire:** dictionary, catalog; **dictionnaire automatique,** automatic dictionary; **dictionnaire de césure,** hyphenation dictionary; **dictionnaire de données,** data dictionary; **dictionnaire orthographique,** spelling dictionary; **dictionnaire résident en mode fenêtre,** pop-up dictionary; **fichier dictionnaire principal,** main dictionary file; **fichier dictionnaire secondaire,** secondary dictionary file.

**didacthèque:** teachware library.

**didactique:** logiciel didactique, teachware; **logiciel didactique,** course software; **manuel didactique,** textbook; **outil didactique textuel,** text learning tool; **progiciel didactique,** course package.

**didactitiel:** teachware, course software.

**diélectrique: diélectrique solide,** solid dielectric.

**différé:** deffered, differed, time-displaced; **adressage différé,** deferred addressing; **attribut différé,** default attribute; **gestionnaire de traitement différé,** spooler; **impression en différé,** print spooling; **message en différé,** default message; **mode conversationnel différé,** batch/conversational mode; **mode différé,** store-and-forward mode; **programme différé,** batch program; **traitement différé,** batch bulk processing, deferred processing; **traitement différé local,** local batch processing.

**différée:** deferred exit; **déclaration différée,** default declaration; **entrée différée,** deferred entry; **impression différée,** static printout; **remise différée,** delayed delivery; **sortie différée,** delayed ouput.

**différence:** difference; **différence logique,** logical difference.

**différent:** unlike; **différent de,** NOT EQUAL to (NE); **différent de zéro,** nonzero.

**différentiateur:** differentiator; **réseau différentiateur,** differentiating network.

**différentiation:** differentiation; **différentiation de repères,** mark discrimination; **matrice de différentiation,** difference matrix; **seuil de différentiation,** difference threshold; **symbole de différentiation,** differentiation sign.

**différentiel:** differential; **amplificateur différentiel,** differential amplifier; **analyseur différentiel,** differential analyzer; **analyseur différentiel numérique,** digital differential analyzer; **calcul différentiel,** differential calculus; **chaînage différentiel,** differential link; **circuit différentiel,** differentiating circuit; **contrôle différentiel,** difference check; **entraînement différentiel,** incremental drive; **quotient différentiel,** differential quotient; **relais différentiel,** differential relay; **récepteur différentiel,** control differential receiver; **transducteur de pression différentiel,** differential pressure transducer.

**différentielle: adresse différentielle,** differential address; **différentielle commune,** ordinary differential; **différentielle totale,** total differential; **équation différentielle,** differential equation, difference equation; **équation différentielle d'ordre élevé,** high-order differential equation; **équation différentielle homogène,** homogeneous differential equation; **fonction différentielle,** differential of a function; **modulation de phase différentielle,** differential phase modulation; **modulation différentielle,** differential modulation.

**différentier:** differentiate (to).

**diffus:** scattered.

**diffuse: affectation diffuse,** scatter

load; **lecture diffuse,** scattered read, scatter read; **réflectance diffuse,** background reflectance.

**diffusée: vidéographie diffusée,** broadcast videography.

**diffuser:** disperse (to), scatter (to).

**diffuseur: diffuseur de données,** data concentrator.

**diffusion:** diffusion, broadcast, scattering; **adresse de diffusion,** broadcasting addressing; **capacité de diffusion,** hole storage effect; **diffusion de données,** data dissemination; **perte par diffusion,** scattering loss.

**digit:** digit*; **digit de droite,** least significant digit; **digit de gauche,** most significant digit (MSD), high-order bit; **digit de protection,** protection digit, guard digit; **digit de signe,** sign digit, sign bit; **digit de zone (en binaire condensé),** zone digit; **digit hexadécimal,** hexadecimal digit; **digit le moins significatif,** least significant digit; **digit le plus significatif,** most significant digit (MSD); **digit octal,** octal digit; **digit significatif,** significant digit; **piste des digits,** digit track; **position de digit,** digit position, digit place; **test des digits de commande,** control digit test.

**digramme:** digraph.

**dilaté: mode dilaté,** expanded mode.

**dilemme:** nonequivalence operation, exclusive-OR.

**dimension:** dimension, measurement, measure; **dimension d'écran,** screen size; **dimension de marge,** margin size; **dimension de zone,** area size; **géométrie à trois dimensions,** solid geometry; **mise en forme des surfaces en trois dimensions,** three-dimension surface sculpturing; **tableau à une dimension,** one-dimensional array.

**dimensionné:** dimensioned, sized; **sous-dimensionné,** undersized.

**dimensionnel:** dimensional.

**dimensionnement:** dimensioning; **dimensionnement automatique,** auto-dimensioning.

**diminuende:** minuend.

**diminuer: diminuer les blocs,** block down records (to).

**diminueur:** subtrahend.

**diminution: .**

**diode:** diode; **affichage à diodes électroluminescentes,** led display; **afficheur à diodes électroluminescentes,** led readout; **circuit à diodes,** diode circuit; **commutateur à diodes,** diode switch; **diode au germanium,** germanium diode; **diode au silicium,** silicon diode; **diode bidirectionnelle,** bidirectional diode; **diode de commutation,** switching diode; **diode de déclenchement,** gate trigger diode; **diode de puissance,** capacity diode; **diode inverse,** backward diode; **diode trijonction,** four-layer diode; **diode universelle,** universal diode; **diode électroluminescente,** light-emitting diode (LED); **diode à cristal,** crystal diode, Xtal diode; **diode à jonction,** junction diode; **diode à micro-ondes,** microwave diode; **diode à semi-conducteur,** semiconductor diode; **double diode,** twin diode; **limiteur à diodes,** diode limiter; **logique à diodes et transistors,** diode transistor logic (DTL); **matrice de diodes,** diode matrix; **mélangeur à diodes,** diode gating structure; **voltmètre à diode,** electronic voltmeter.

**diplexeur:** biplexer.

**direct:** direct, immediate, forward; **accès direct,** direct access, immediat access; **accès direct au programme,** direct program access; **accès direct à la mémoire,** direct memory access (DMA); **adressage direct,** direct addressing; **algorithme d'accès direct,** hashing algorithm; **appel direct,** direct call; **bibliothèque à accès direct,** direct access library; **canal d'accès direct à la mémoire,** direct memory access channel; **canal de multiplexage direct,** direct multiplex channel; **canal direct,** down line; **chute de tension dans le sens direct,** forward voltage drop; **clé d'accès direct,** actual key; **codage direct,** direct coding; **code direct,** direct code; **contrôle direct étendu,** extended direct control; **courant direct,** forward current, on-state current; **direct après clé,** direct by key; **dispositif à accès direct,** random access device; **enregistrement direct des données,** direct data recording; **enregistreur direct,** brush recorder; **entraînement direct,** direct drive; **entrée/sortie à accès direct,** random access input/output; **établissement direct des besoins,** net requirements generation; **fichier direct,** random file; **fichier direct,** direct file; **fichier à accès (séquentiel) direct,** direct serial file; **fichier à accès direct,** direct access file, random file, hashed file; **fichier à accès direct indexé,** indexed non-sequential file, index random file; **instruction d'adressage direct,** immediate address instruction; **logique à accès direct,** random logic; **mémoire analogique à accès direct,** analog random access memory (AR-AM); **mémoire à accès direct,** random access memory (RAM); **méthode d'accès direct,** direct access method, random access method; **méthode d'accès direct simplifiée,** basic direct access method; **organisation de fichiers à accès direct,** direct file organization; **organisation à accès direct,** direct organization; **prélèvement direct,** peek; **périphérique à accès direct,** direct access device; **quasi-direct,** quasi-random; **service d'appel direct,** direct call facility; **séquentiel direct,** random sequential; **traitement direct des documents,** direct document processing; **traitement direct des données,** direct data processing; traitement en direct, on-line processing; **tri à accès direct,** random access sort.

**directe:** **adresse directe,** direct address, random address; **affectation directe,** direct allocation; **allocation directe,** direct allocation; **boucle centrale de lecture directe,** central scanning loop; **canal de liaison directe,** direct data channel; **commande directe,** direct control, direct drive; **commande numérique directe,** direct data control; **connexion directe,** direct connection; **distance directe,** slant range; **données directes,** immediate data; **écriture directe en mémoire,** poke; **élément de connexion directe,** direct connection kit; **élément de liaison directe,** through-connecting link; **entrée directe,** direct input; **entrée directe des données,** direct data entry (DDE); **horloge de connexion directe synchronisée,** direct timing source; **instruction (à adresse) directe,** direct instruction; **instruction à opérande directe,** immediate instruction; **interrogation directe du fichier,** management data query; **introduction directe sans écriture,** direct entry; **lecture directe (séquentielle) de caractères,** direct character reading; **lecture directe en mémoire,** peek; **liaison directe,** through-connection; **liste directe,** FIFO list, pushup list; **mode de transmission directe,** direct transmission mode; **mode frappe directe,** type-through mode; **mémoire directe,** immediate access storage; **mémoire à liste directe,** pushup storage; **mémoire à écriture directe,** writable control memory; **opérande directe,** immediate operand; **polarisation directe,** forward bias; **programmation directe,** machine level programming; **recherche directe,** direct seek; **routine d'insertion directe,** direct insert subroutine; **récupération directe,** pull; **sortie directe,** direct output; **sortie directe des données,** direct data output; **système de sélection directe,** direct switching system; **sélection directe,** linear selection; **tension directe,** on-state voltage; **transmission directe,** direct transmission, direct transcription; **transmission directe des données,** forward service; **voie directe,** down channel.

**directement:** référence accessible directement, on-line reference; **sortie lisible directement,** readable output; **écrire directement en mémoire,** poke (to).

**directeur:** **code directeur,** master key; **mode directeur,** master mode; **programme directeur,** executive routine.

**directif:** **facteur directif,** direction component; **numéro directif,** direction number.

**direction:** direction, way; **commutateur à N directions,** N-way switch; **direction d'action,** forward direction; **direction de comptage,** count direction; **direction de sortie,** outgoing circuit; **direction inverse,** reverse direction; **direction longitudinale,** longitudinal direction; **touches de direction,** direction keys.

**directive:** directive, declaration, declarative, speudo-instruction; **directive d'acheminement,** routing directive; **directive d'assemblage,** assembly statement; **directive d'assembleur,** assembler statement, assembler directive; **directive d'exécution,** executive instruction, directive statement; **directive d'initialisation,** initial order; **directive de calculateur,** processor control statement; **directive de compilateur,** compiler directive, compiler-directing sentence; **directive de programme,** program instruction, program director, program command; **directive de réglage,** adjustment instruction; **directive fictive,** null statement; **directive opérationnelle,** action director; **directive programmée,** programmed instruction; **directive utilitaire,** utility command.

**directrices:** **données directrices,** master data; **jeu de cartes directrices,** director deck.

**dirige:** **balayage à faisceau dirigé,** directed beam scan; **dirigé,** directed.

**diriger:** route (to), gate (to); **diriger incorrectement,** misroute (to).

**discipline:** discipline.

**discontinu:** support discontinu, interrupted data support.

**discordance:** erreur de discordance, unbalanced error.

**discordants:** **blocs d'informations discordants,** unmatched records.

**discret:** adressage discret, discrete addressing; **canal discret,** discrete channel; **composant discret,** discrete component; **message discret,** discrete message; **type discret,** discrete type; **vente par des moyens discrets,** soft selling.

**discrète:** discrete; **données discrètes,** discrete data; **programmation discrète,** integer programming; **représentation discrète,** discrete representation; **variation discrète,**

step change.

**discriminateur:** discriminator; **discriminateur de phase,** phase discriminator.

**discrimination:** discrimination.

**disjoncteur:** circuit breaker; **disjoncteur automatique,** automatic cutout; **disjoncteur principal,** main circuit breaker.

**disjonctif:** disjunctive.

**disjonction:** disjunction, exjunction, exclusive-OR; **disjonction logique,** inclusive-OR, either-OR; **non-disjonction,** non-disjunction (NOR); **non-disjonction logique,** NOR-AND, NOT-OR; **opération de disjonction,** nonequivalence operation.

**dispac:** diskpack.

**disparaître:** fade away (to).

**dispersé: adressage dispersé,** hash coding.

**dispersion:** dispersion, prevarication, spread; **connexion de dispersion passive,** passive scatter relay; **dispersion de bande,** band spread; **dispersion erratique de données,** straggling; **dispersion interne,** internal dispersion; **matrice de dispersion,** scattering matrix.

**disponibilité:** availability*, readiness; **contrôle de disponibilité,** availability control, availability check; **disponibilité de transmission,** ready-for-data; **disponibilité du système,** system availability; **état de disponibilité,** availability status; **indication de disponibilité,** ready typeout; **mémoire de disponibilité,** availability storage; **niveau de disponibilité,** availability level; **routine de sauvegarde de disponibilité,** availability assurance routine; **table de disponibilité,** availability table; **taux de disponibilité,** availability ratio.

**disponible:** available, unallotted, unallocated, unassigned; **dispositif disponible,** available device; **mémoire disponible,** workspace; **non disponible,** unreleased; **piste disponible,** unassigned track; **queue d'attente des unités disponibles,** available unit queue; **tâche disponible,** ready task; **temps disponible,** available machine time; **temps machine disponible,** machine available time.

**dispositif: dispositif additionnel,** additional feature; **dispositif alphabétique,** alphabetic feature; **dispositif à mémoire,** storage device; **dispositif analogique,** analog device; **dispositif automatique,** automatic device; **dispositif autonome,** autonomous device; **dispositif auxiliaire,** auxiliary facility; **dispositif bistable,** bistable device; **dispositif collecteur de poussière,** dust catcher; **dispositif commun,** shared device; **dispositif curseur,** cursor device; **dispositif d'addition,** adding device; **dispo-**sitif d'alarme,** attention device; **dispositif d'alignement,** aligner gate; **dispositif d'alimentation,** feeding device; **dispositif d'alimentation des cartes,** card feeding mechanism; **dispositif d'appel automatique,** automatic calling unit, automatic call unit; **dispositif d'auto-alimentation de document,** automatic document feeder; **dispositif d'autorisation,** proof device; **dispositif d'effacement,** clearing device; **dispositif d'enregistrement,** recording device; **dispositif d'entraînement,** feed device; **dispositif d'entraînement de bande,** tape transport; **dispositif d'entraînement de cartes,** card drive; **dispositif d'entrée,** input equipment; **dispositif d'entrées analogiques,** analog input device; **dispositif d'essai,** testing facility, test facility; **dispositif d'identification,** recognition device; **dispositif d'immatriculation automatique,** automatic serial number transmitter; **dispositif d'impression,** printing device; **dispositif d'impression de cartes,** card print; **dispositif d'impression de document,** document writing feature; **dispositif d'inscription de documents,** document inscriber; **dispositif d'interrogation,** interrogate feature; **dispositif d'interrogation à clavier,** keyboard inquiry device; **dispositif d'interruption,** interrupt system; **dispositif d'éjection de disquette,** disk eject device; **dispositif de cadrage,** aligner finger; **dispositif de changement de piste,** record overflow feature; **dispositif de chargement de la bande,** tape take-up system; **dispositif de codage,** coding device; **dispositif de commande,** control feature; **dispositif de commande analytique,** analytical control equipment; **dispositif de commande d'extraction,** output control device; **dispositif de commande pupitre,** console device; **dispositif de commutation,** switching arrangement; **dispositif de commutation de ligne,** line transfer device; **dispositif de comparaison,** comparing feature; **dispositif de comptage,** counting feature; **dispositif de contrôle,** checking device, check device; **dispositif de duplication,** duplicating device; **dispositif de désignation,** pick device; **dispositif de détection des nombres,** number detection device; **dispositif de guidage,** guiding device; **dispositif de guidage d'imprimé,** form chute; **dispositif de guidage de ruban,** carbon ribbon feed device; **dispositif de lecture,** read feature; **dispositif de marquage,** marking device; **dispositif de numérotation automatique,** automatic dialing unit (ADU); **dispositif de pagination,** paging device; **dispositif de positionnement,** platen detent;

dispositif de programmation, programming device; dispositif de protection de fichier, file protection device; dispositif de protection de la mémoire, memory protect feature; dispositif de protection mémoire, storage protect feature; dispositif de protection à l'écriture, write lockout feature; dispositif de reconnaissance de caractères, character recognition device; dispositif de rembobinage, take-up option; dispositif de remise à zéro, resetting device; dispositif de repérage de ligne, line finder; dispositif de réception, discharge device; dispositif de régulation, regulating feature; dispositif de saisie des données, data acquisition device; dispositif de scrutation de fichier, file scan equipment; dispositif de sélection, selection device; dispositif de sélection de ligne, line selection feature; dispositif de sélection par échantillonnage, sample selection device; dispositif de tabulation, tabulation facility; dispositif de tabulation rapide, high-speed skip feature; dispositif de tri, sort facility; dispositif de tri par cartes maîtresses, group sorting device; dispositif de visualisation, visual indicator mechanism; dispositif de vérification, verifying device; dispositif disponible, available device; dispositif dérouleur de bande, tape unwinding device; dispositif détecteur de colonnes vierges, blank column detection device; dispositif enregistreur, logging device; dispositif intermédiaire, intermediate equipment; dispositif optionnel, optional device; dispositif particulier, special device; dispositif physique, real device; dispositif régénérateur, recycling device; dispositif spécial, special feature; dispositif standard, standard feature; dispositif standard d'entrée-sortie, unit record device; dispositif tampon, buffer feature; dispositif type, typical configuration; dispositif vocal d'activation, voice-actuated device; dispositif électronique, electronic device; dispositif à accès direct, random access device; dispositif à balayage cavalier, stroke-writing device; dispositif à balayage de trame de télévision, raster device.

d i s p o s i t i o n : layout; disposition de circuits, circuit layout; disposition de clavier, keyboard layout; disposition de fichier, file layout; disposition à séquence fixe, fixed-sequential format.

d i s q u e : disk; à base de disque, disk-based; accès disque, disk access; adresse de disque, disk address; adresse physique du disque, physical drive address; capacité du disque, disk space; cartouche disque, disk cartridge; changement de disque, disk swap, disk changing; classeur pour disques, disk binder; cliché sur disque, disk dump; code de vérification de label disque, disk label check code; commande de disque, disk control; commande extensible de mémoire à disques, expanded disk storage control; commande intégrée de disques magnétiques, mass storage facility; compte-rendu de parcours disque, disk trace; contrôleur d'unités à disques magnétiques, mass storage controller; contrôleur de disque, disk controller, disk storage controller; contrôleur de disque souple, floppy disk controller; contrôleur de disque à tête fixe, disk file control unit; contrôleur de mémoire à disques, mass storage control; convertisseur cartes-disque, card-to-disk converter; couvercle de disque, cover disk; disque Winchester, Winchester disk; disque analyseur, scanner disk; disque antémémoire, cache disk; disque asservi, slave disk; disque caractères, type wheel; disque codeur, code disk; disque codé, coded disk; disque d'entraînement, motor pulley; disque d'entrée, input disk; disque d'exploitation, master disk; disque d'exploitation système, system distribution disk; disque d'impression, print wheel; disque de démarrage, startup disk; disque de mise à terre, grounding disk; disque de positionnement, detent wheel; disque de réserve, backup disk; disque de sauvegarde, backup disk; disque de service, service disk; disque de sortie, output disk; disque de technologie Winchester, Winchester technology disk; disque de travail, work disk; disque dur, hard disk, fixed disk, rigid disk; disque dur sur carte, hardcard; disque fixe, fixed disk, hard disk, rigid disk; disque horloge, clock disk, timing disk; disque interchangeable, exchangeable disk; disque intégré, integrated disk, integral disk; disque magnétique, magnetic disk, disk; disque magnétique amovible, removable magnetic disk; disque multiplateau, multiplatter disk; disque non formaté, unformatted disk; disque optique, optical disk; disque optique compact (DOC), read-only memory compact disk (CD-ROM); disque optique numérique, digital optical disk; disque porte-caractères, daisy wheel; disque principal, disk master; disque rigide, rigid disk, hard disk, fixed disk; disque souple, flexible disk, floppy disk, floppy, diskette; disque système, system disk, system volume; disque système exploitable en mode spécifique, native system pack; disque virtuel, virtual disk, virtual drive, RAM disk;

disque émetteur, master disk; **disque à mémoire,** memory disk; **disque à palpation,** scanning disk; **disque à renforcement central,** hard-centered disk; **disque à sectorisation matérielle,** hard-sectored disk; **disque à tête fixe,** fixed-head disk; **distance entre tête et disque,** flying height; **données résidantes sur disque,** resident volume; **enregistrement sur disque,** disk record; **erreur de l'unité à disques magnétiques,** mass storage peripheral device error; **espace disque,** disk space; **face du disque,** disk surface; **fichier des entrées sur disque,** input mass storage file; **fichier disque,** disk file; **fichier sur disque magnétique,** magnetic disk file; **formateur de disque,** disk formatter; **gestion de disque,** disk management; **gestion de l'espace disque,** disk space management; **gestion des données sur disque,** disk data management; **gestionnaire de disque,** disk handler; **icône de lecteur de disque,** disk drive icon; **limité par le disque,** disk-bound; **logement pour disque souple,** floppy disk bay; **logiciel pour disque virtuel,** RAM disk software; **mot d'adresse disque,** disk control word; **mécanisme d'entraînement de disque,** disk storage drive; **mémoire disque à adresses spécifiques,** natural pack; **mémoire à disque,** disk memory, disque storage, disk store; **mémoire à disque dur,** fixed-disk storage; **mémoire à disque magnétique,** magnetic disk storage; **mémoire à disque souple,** flexible disk memory, floppy disk storage; **mémoire à disques amovibles,** exchangeable disk storage (EDS); **pile de disques,** disk stack; **piste de disque,** disk track; **processeur de disques magnétiques,** mass storage processor; **programme utilitaire de disque,** disk utility program; **répartition des zones du disque,** disk work area distribution; **répertoire de disque,** disk directory; **résidant sur disque,** disk-resident, mass storage resident; **secteur de disque,** disk sector; **sectorisation de disque,** diskette sectoring; **sous-système de disques magnétiques,** mass storage subsystem; **système d'exploitation à disque (SED),** disk operating system (DOS); **système à disque,** disk system; **système à disque (dur) Winchester,** Winchester disk system; **système à disque dur,** hard disk system; **sélection de disque,** disk selection; **unité de disque,** disk drive, disk transport, disk file unit; **unité de disque active,** current drive; **unité de disque dur,** fixed-disk device; **unité de disque magnétique,** magnetic disk unit, floppy disk drive; **unité de disques,** disk array; **unité à disques,** disk de-

vice, disk drive; **unité à disques magnétiques,** mass storage unit; **vidage sur disque,** disk dump.

**d i s q u e t t e :** flexible disk, floppy disk, diskette, drive; **bibliothèque de disquettes,** disk library; **coffret à disquettes,** disk box; **dispositif d'éjection de disquette,** disk eject device; **disquette demi-hauteur,** half-size drive; **disquette double face,** reversible flexible disk; **disquette non contaminée,** uninfected floppy; **disquette protégée,** protected floppy; **disquette utilisable en simple face,** single-sided diskette; **disquette à sectorisation logicielle,** soft-sectored disk; **double entraînement de disquette,** twin diskette drive; **double unité de disquette,** dual drive; **ordinateur à disquette,** floppy disk computer; **pochette de disquette,** floppy disk sleeve; **poste à disquette,** floppy disk station; **range-disquettes,** disk storage; **système d'exploitation à disquette,** floppy disk operating system (FDOS); **système à deux disquettes,** two-drive system; **système à double disquette,** dual drive system; **unité de disquette,** disk drive; **unité à disquette,** floppy disk drive.

**d i s s e c t e u r :** dissector; **dissecteur optique,** image dissector.

**d i s s é m i n a t i o n :** dissemination.

**d i s s i p a t i o n :** dissipation; **dissipation de puissance,** power dissipation.

**d i s s i p é e :** **chaleur dissipée,** heat dissipation.

**d i s s y m é t r i q u e :** **entrée dissymétrique,** unipolar input.

**d i s t a n c e :** distance; **accès à distance,** remote access; **code à distance minimale,** minimum distance code; **commande à distance,** remote control, distant control; **communication à grande distance,** long range communication; **connexion à distance,** remote connection; **contrôleur d'imprimantes à distance,** remote printing station control; **distance de Hamming,** Hamming distance, signal distance; **distance de lancement,** start distance; **distance de saut,** branch distance, skip distance; **distance directe,** slant range; **distance entre marques de synchronisation,** timing mark pitch; **distance entre répéteurs,** repeater spacing; **distance entre tête et disque,** flying height; **distance entre tête et support de données,** head to medium separation; **distance intercanal,** channel spacing, channel separation; **imprimante à distance,** remote printer; **indication à distance,** remote indication; **interrogation à distance,** remote inquiry; **introduction par lots à distance,** remote batch

575

entry (RBE); **ligne à grande distance,** long haul circuit; **poste d'interrogation à distance,** remote inquiry station; **réservation à distance,** teleticketing; **saisie des travaux à distance,** remote job entry (RJE); **test à distance,** closed shop testing; **traitement à distance,** remote data processing; **transmission à grande distance,** long range transmission.

**distinct:** discrete.

**distorsion:** distortion*; **analyseur de distorsion,** distortion analyzer; **degré de distorsion,** degree of distortion; **distorsion asymétrique,** bias distortion; **distorsion biaise,** bias distortion; **distorsion d'affaiblissement,** attenuation distortion; **distorsion d'amplitude,** amplitude distortion; **distorsion d'intermodulation,** intermodulation distortion; **distorsion d'ouverture,** aperture distortion; **distorsion de caractéristique,** characteristic distortion; **distorsion de caractère,** character distortion; **distorsion de fréquence,** frequency distortion; **distorsion de l'émetteur,** transmitter distortion; **distorsion de phase,** phase distortion; **distorsion de transmission,** transmit distortion; **distorsion du signal,** signal distortion; **distorsion en coussin,** pincushion distortion; **distorsion en forme de coussin,** pincushion shaped distortion; **distorsion en forme de tonneau,** barrel-shaped distortion; **distorsion fortuite,** fortuitous distortion; **distorsion harmonique,** harmonic distortion; **distorsion impulsionnelle,** impulse distortion; **distorsion isochrone,** isochronous distortion; **distorsion linéaire,** linear distortion; **distorsion multivoie,** multipath distortion; **distorsion non linéaire,** nonlinear distortion; **distorsion par retard d'enveloppe,** envelope delay distortion; **distorsion par retard de phase,** delay distortion; **distorsion terminale,** end distortion; **distorsion transitoire,** glitching; **distorsion trapézoïdale,** keystone effect.

**distraction:** entertainment; **logiciel de distraction vidéo,** video entertainment software.

**distribué:** distributed, dispersed; **multiprocesseur distribué,** distributed array processor; **réseau distribué,** distributed network; **système d'exploitation distribué,** distributed operating system; **topologie en bus distribué,** distributed bus topology; **traitement de données distribué,** distributed data processing; **traitement distribué,** distributed processing, dispersed processing.

**distribuée:** architecture distribuée, distributed architecture; **base de données distribuée,** distributed database; **constante**

distribuée, distributed constant; **fonction distribuée,** distributed function; **informatique distribuée,** dispersed data processing, dispersed processing; **intelligence distribuée,** distributed intelligence, dispersed intelligence; **procédure distribuée,** distributed protocol; **réseau d'informatique distribuée,** distributed data processing network.

**distribuer:** despatch (to), dispatch (to).

**distributeur:** allocator, distributor, digit emitter; **distributeur d'appels automatiques,** automatic call distributor (ACD); **distributeur d'impulsions d'horloge,** time pulse distributor; **distributeur de câbles,** cable pothead; **distributeur de programmes,** program distributor; **distributeur de voies,** line splitter; **distributeur intermédiaire,** intermediate distribution frame; **distributeur sélectif,** selective digit emitter; **distributeur électronique d'impulsions,** electronic emitter.

**distribution:** distribution, delivery; **boîtier de distribution,** distributor box; **bus de distribution,** distributor bus; **canal de distribution d'instructions,** instruction distribution channel; **code de distribution,** distribution code; **courbe de distribution normale,** normal distribution curve; **distribution de données,** data distribution; **distribution de fréquences,** frequency distribution; **distribution de zone,** field distribution; **distribution des données d'essai,** test data dispersion; **distribution du potentiel,** potential distribution; **file d'attente de distribution,** dispatcher queue file; **loi de distribution binomiale,** binomial theorem; **priorité de distribution,** dispatch priority; **registre de distribution,** distribution register.

**diversité:** diversity*; **diversité en polarisation,** polarization diversity; **réception en diversité de fréquence,** frequency diversity reception.

**divertissement:** programme de divertissement, fun program.

**dividende:** dividend*.

**divisé:** divided.

**diviser:** divide (to), split (to).

**diviseur:** divider*, splitter; **compteur diviseur par deux,** divide-by-two counter; **diviseur analogique,** analog divider; **diviseur commun,** common divisor; **diviseur d'impulsions,** pulse scaler; **diviseur de fréquence,** frequency divider; **diviseur de tension de base,** base potential divider; **diviseur numérique,** digital divider; **diviseur par deux,** halver; **pont diviseur,** voltage divider; **registre diviseur,** divisor register.

**division:** division; **correction de la division,** add back; **division abrégée,** shortcut division; **division automatique,** automatic divide; **division câblée,** hardware divide, hardware division; **division des données,** data division; **division de fréquence,** frequency division; **division en virgule flottante,** floating-point division, floating divide; **division par nombre premier,** prime number division; **division pondérée,** weighted average divide; **division rapide,** high-speed division; **division à virgule fixe,** fixed-point division; **erreur de division,** divide error; **instruction de division,** divide statement; **multiplexeur à division de fréquence,** frequency division multiplexer; **programme de division,** division subroutine; **reste de division en virgule flottante,** floating-divide remainder; **sous-division,** subdivision; **sous-programme de division,** integer divide; **symbole de division,** division sign.

**divulgation:** disclosure.

**dix:** ten; **demande de complément à dix,** ten's request; **dix décibels,** Bel (B); **quatre-vingt-dix,** ninety.

**dixième:** **dixième de Bel,** decibel (dB).

**dizaines:** **chiffre des dizaines,** tens unit digit; **position des dizaines,** tens position.

**DOC:** disque optique compact, read-only memory compact disk (CD-ROM).

**document:** document, material; **bord de référence de document,** document reference edge; **caractère de fin de document,** end-of-document character (EOD); **carte document,** dual card; **case de réception des documents,** document distribution; **classement de documents,** document stacking; **classer (un document),** file (to); **compteur de documents,** document counter; **condition des documents,** document condition; **dispositif d'auto-alimentation de document,** automatic document feeder; **dispositif d'impression de document,** document writing feature; **dispositif d'inscription de documents,** document inscriber; **document annoté manuellement,** hand marked document; **document comptable,** accounting form; **document d'entrée,** input sheet; **document de base,** source document; **document de contrôle,** control document; **document de câblage,** control panel hub chart; **document navette,** turnaround document; **document sans information,** blank document; **document source,** original document, input document; **document à code à barres,** bar-coded document; **documents accompagnant le matériel,** documentation package; **documents d'installation,** installation details; **documents séparés,** cut forms;

**entraînement des documents,** document transport; **erreur d'espacement de document,** document spacing error; **espacement de document,** document spacing; **établissement de documents,** document preparation; **fin de document,** end of document; **gestionnaire de document,** document handler; **impression des documents,** document printing; **lecteur de document,** document reader; **lecteur de documents par vidéographie,** videoscan document reader; **lecteur de documents rapide,** high-speed document reader; **lecteur optique de documents,** optical document reader; **recherche de documents,** document retrieval; **reliure (de document),** binder; **système d'impression de documents,** document writing system; **traitement automatique des documents,** document handling; **traitement de documents,** document data processing; **traitement direct des documents,** direct document processing; **trieuse de documents,** document sorter, readability sorter; **vérification de l'enchaînement des documents,** document position checking.

**documentaire:** documentary; **recherche documentaire,** documentary information retrieval; **système de recherche documentaire,** information retrieval system; **terme documentaire,** docuterm.

**documentation:** documentation; **assistance à la documentation,** documentation aids; **documentation de logiciel,** software document; **documentation du programme,** program documentation; **documentation interactive,** self-instructing user documentation; **documentation technique,** technical documentation.

**documenté:** non documenté, undocumented.

**documenter:** action de documenter, documenting.

**doigt:** finger; **doigt d'indice,** index pawl; **doigt de blocage,** lockpin.

**domaine:** domain, extent; **adresse de domaine,** extent address; **domaine d'application,** application field; **domaine d'intégration,** integral domain; **domaine d'occupation global,** global extent; **domaine de données primaires,** primary data extent; **logiciel de domaine public,** public software; **logiciel de domaine public,** public-domain software.

**domestique:** ordinateur domestique, home computer; **terminal domestique,** home terminal.

**domino:** relay support, relay panel.

**domotique:** integrated home systems (IHS).

**donné:** given.

**donnée:** datum; **acceptation des données,** data* acceptance; **acheminement de données,** data path; **acquisition automatique de données,** automatic data acquisition (ADA); **acquisition de données,** data collection; **adaptateur de convertisseur de données,** data converter adapter; **administrateur de banques de données,** database administrator; **administration de base de données,** database administration; **adresse de bloc de données,** data block address; **adresse des données,** data address; **altération des données,** data contamination; **arrangement de données graphiques,** graphic data structure; **autonomie des données,** data independence; **bande des données,** data tape; **banque de données,** databank; **banque de données de terminologie,** terminology databank; **base d'un segment de données,** segment data base; **base de données,** database; **base de données d'entreprise,** corporate database; **base de données de terminologie,** terminology database; **base de données distribuée,** distributed database; **base de données graphique,** graphics database; **base de données image,** image database; **base de données informatique/automatisée,** computerized database; **base de données intégrée,** integrated database; **base de données partielle,** subsystem database; **base de données relationnelle,** relational database; **bibliothèque de données,** data library; **bloc d'entrée des données,** input data block; **bloc de contrôle de données,** data control block; **bloc de données,** block of data, information block; **bloc de données autonomes,** local data block; **bloc de données primaires,** primary data block; **bloc des données d'essai,** test data block; **branche d'acheminement de données,** flow path; **bus de données,** data bus, D-bus; **bus de données bidirectionnel,** bidirectional data bus; **cadence brute de transfert de données,** actual data transfer rate; **canal d'entrée de données numériques,** digital input channel; **canal de données local,** home data channel; **canal de données rapide,** high-speed data channel; **caractéristique des données,** data attribute; **carte de données,** data card; **cartes de données condensées,** squoze pack; **catalogue de données,** data catalog; **catégorie de données,** data category; **centre de commutation de données,** data switching exchange (DSE); **centre de traitement automatique de données,** automatic data service center; **centre de traitement de données,** data processing center, data center; **champ de données,** information field (I-field); **chaînage de données,** data chaining; **chaîne d'éléments de données,** data element chain; **chaîne de données,** data string, data chain; **circuit de données,** data circuit; **circuit de données en tandem,** tandem data circuit; **circulation de données,** data path, flow of data; **clavier de saisie de données,** data entry keyboard; **codage de données,** data coding; **code de données,** data code; **codeur de données,** data encoder; **cohérence des données,** data consistency; **collecte de données,** data gathering; **collecteur de données,** data logger, data sink, receiver; **commande de l'échange des données,** data exchange control; **commandé par données,** data-directed; **commutation des données,** data switching; **compactage de données,** data compaction, data compression; **comparaison de données,** verification; **compteur de longueur de données,** data length counter; **concentrateur de données,** data concentrator, data signal concentrator; **confidentialité des données,** data privacy; **connexion de données,** data connection; **conservation des données,** permanent data storage; **console d'introduction de données,** input console; **console des données,** data channel console; **constante de données,** data constant; **consultation de banques de données,** database inquiry; **consultation de données,** data query; **contrôle de données,** data checking, data check; **contrôle de données par échantillonnage,** sampled data control; **contrôle des supports de données,** volume exclusive control; **contrôleur de liaison de données,** data link controller; **contrôleur de transmission de données,** data communication controller; **convention de données,** data convention; **conversion automatique de données,** automatic data conversion; **conversion de code de données,** data code conversion; **conversion de données,** data conversion, conversion of data; **conversion de fichier de données,** data file conversion; **conversion du support de données,** media transcription; **convertisseur de données,** data converter, data translator, data transducer; **correction des données,** data recovery; **couche de liaison de données,** data link layer (ISO); **cryptage des données,** data encryption; **cumul des données,** cumulating data; **cycle de données,** data cycle; **cylindre de données primaire,** prime data cylinder; **délai inhérent aux données,** data delay; **densité de données,** data density; **descripteur de banque de données,** databank descriptor; **descripteur de base de données,** database descriptor; **descripteur de données,** data descriptor; **descripteur de zone de données,** field descriptor; **descripteur simple de zones de données,** basic field descriptor; **description d'articles de données,** record description entry; **description de données,** data description; **description de la structure des données,** data structure description; **dictionnaire de données,** data dictionary; **diffuseur de données,** data concentrator; **diffusion de données,** data dissemination; **dispositif de saisie des données,** data acquisition device; **distance entre tête et support de données,** head to medium separation; **distribution de données,** data distribution; **distribution des données d'essai,** test data dispersion; **domaine de données primaires,** primary data extent; **donnée alphabétique,** alphabetic item; **donnée alphanumérique,** alphanumeric item; **donnée essentielle,** vital datum; **données,** data; **données absolues,** absolute data; **données alphabétiques,** alphabetic data; **données alphanumériques,** alphanumerical data, alphanumeric data; **données altérées,** aged data; **données aléatoires,** random data; **données analogiques,** analog data; **données auxiliaires,** auxiliary data; **données binaires,** binary-coded data; **données brutes,** raw data; **données cataloguées,** partitioned data; **données chaînées,** concatenated data; **données codées,** coded data; **données commerciales,** commercial data; **données communes,** global data; **données condensées,** packed data; **données constantes,** permanent data; **données corrigées,** corrected data; **données d'adressage,** addressing information; **données d'entrée,** input data; **données d'entrée/sortie,** input/output data; **données d'identification,** identifying information; **données d'impression,** printing data; **données d'initialisation du système,** system initialization information; **données d'origine,** primary data; **données d'échantillonnage,** sample data; **données d'élément,** cell data; **données d'état nodal,** node status data; **données de base,** original data; **données de chaîne binaire,** bit string data; **données de commande,** control data; **données de commande opérationnelle,** operational control data; **données de contrôle,** control data; **données de débordement,** overflow data; **données de gestion,** business data; **données de lecture,** read data; **données de masse,** mass data; **données de mouvements,** transaction data;

**données de production,** production data; **données de programme,** program data; **données de rendement,** performance characteristics; **données de sauvegarde,** back-up information; **données de sortie,** output data, output information, output; **données de test,** test data; **données des points de reprise,** checkpoint data; **données directes,** immediate data; **données directrices,** master data; **données discrètes,** discrete data; **données effectives,** actual data; **données en forme condensée,** packed format; **données en masse,** mass of data; **données en représentation numérique,** digitized data; **données enchaînées,** string data; **données erronées,** erroneous data, error data; **données exploitables par la machine,** machine-readable data; **données fictives,** dummy data; **données fondamentales,** historical data; **données graphiques,** graphic data; **données inaccessibles,** irretrievable data; **données industrielles,** process data; **données initiales,** initial data; **données invalides,** unfitted data, garbage; **données non structurées,** unstructured information; **données numériques,** numerical data, numeric data; **données principales,** prime data; **données relationnelles,** related data; **données relatives,** relative data; **données reçues,** received data; **données résidantes sur disque,** resident volume; **données source,** source data; **données structurelles de bloc,** block header; **données structurées,** data aggregate; **données supravocales,** data above voice (DAV); **données séquentielles,** sequential data; **données techniques,** technical characteristics; **données transmises,** transmitted data; **données utiles,** informative data; **données utilisateur,** user data; **données variables,** variable data; **données visualisables,** viewable data; **données échantillonnées,** sampled data; **données à jour,** maintained data; **données à traiter,** processing data; **données à transmettre,** transmittal data; **drapeau d'enchaînement de données,** chain data flag; **débit de données,** data signaling rate; **débit interne des données,** internal flow; **déclaration de données,** data declaration; **déclaration de données d'entrée,** data description entry; **décodification de données,** data decoding; **défaut détecté par les données,** data-sensitive fault; **définition de données,** data definition; **définition de structure des données,** data set definition; **dégradation de données,** data degradation; **délimiteur de données,** data delimiter; **échange automatique de données,**

automatic data exchange (ADE); **échange de données,** data exchange; **échange de données avec protocole,** handshaking; **échange de données numériques,** binary information exchange (BIX); **échange des données,** data interchange; **édition de données,** data editing; **élément de données,** data element, data item, data cell; **enregistrement automatique des données,** automatic data recording; **enregistrement de données,** data record, information record; **enregistrement de données formatées,** formatted record; **enregistrement de données numériques,** digital data recording; **enregistrement des données,** data recording; **enregistrement direct des données,** direct data recording; **enregistrement fin de données,** end-of-data item; **enregistreur de données,** data recorder; **ensemble de données,** data set; **ensemble de données générées,** generation data set; **ensemble des données de sauvegarde,** backup data set; **ensemble des données partagées,** partitioned data set; **ensemble des données permanentes,** permanent data set; **ensemble du bloc de données,** global data block; **entrée de données,** data entry; **entrée de données alphabétiques,** alphabetic data input; **entrée des données,** data input; **entrée directe des données,** direct data entry (DDE); **entrées des données industrielles,** process data input; **environnement de base de données,** database environment; **erreur dans les données,** data error; **émetteur de données,** data transmitter, data source; **équipement de terminaison de circuit de données,** data circuit terminating equipment (DCE); **équipement terminal de données (ETTD),** data terminal equipment (DTE); **erreur détectable par les données,** data-sensitive error; **extraction de données,** data extraction; **fichier principal de données,** central information file; **fichier à données séquentielles,** sequential data file; **filtrage de données,** data purification; **fin de données,** end of data; **flot de données,** data stream; **flux de données,** data flow; **flux de données générées,** generated data flow; **fonction de lecture de données,** data read function; **format de données,** data format, data layout; **format de zone de données,** data field format; **format du mot de données,** data word format; **format standard des données,** standard data format; **gestion de base de données (GBD),** database management (DBM); **gestion de données,** data management; **gestion des données sur disque,** disk data management; **gestion**

des fichiers de banque de données, database file management; **gestion des supports de données,** data storage management; **gestionnaire de données,** data administrator; **grande quantité de données,** huge data; **groupe logique de données,** logical data set; **groupement de données,** data group; **générateur de données d'essai,** test data generator; **hiérarchie de données,** data hierarchy; **identificateur d'utilisation de données,** data use identifier; **identification de données,** data recognition; **impression des données de bande,** tape editing, tape edit; **impression des données traitées,** slave printing; **indexation du bloc de données,** data block indexing; **instruction de format des données,** data formatting statement; **instruction de zone de données,** block data statement; **interface de données,** data adapter (adaptor) unit; **interface de transmission de données,** data transmission interface; **interprétation des données,** interpretation of data; **interrogation d'une base de données,** database query; **intitulé de structure de données,** data set label; **introduction automatique des données,** automatic data input; **introduction manuelle des données,** manual data input; **langage d'extraction de données,** structured Query Language (SQL); **langage de description de données,** data description language (DDL); **langage de manipulation de données,** data manipulation language (DML); **lecture arrière des données enregistrées,** read backward input; **lecture des données,** data read; **liaison de données,** data link; **ligne collectrice de données,** data bus line; **ligne d'entrée de données,** data-in line; **ligne d'émission de données,** transmitted data line; **ligne de sortie des données,** data-out line; **ligne de transmission de données,** data transmission line; **limite de données,** data boundary; **listage de données,** data list; **logiciel de gestion de données,** data management software; **longueur de champ des données,** data field length; **longueur de données,** data length; **longueur de mot de données,** data word size; **longueur de zone de données,** field width; **longueur du mot de données,** data word length; **lot de données,** bulk information; **machine de traitement de données,** data processing machine; **machine de traitement électronique de données,** electronic data processing machine; **manipulation de données,** data manipulation; **marque de fin de données,** end-of-information marker (EIM); **marqueur de bloc de données,** data block marker;

**masse de données,** bulk data, bulk information, data amount; **matériel de traitement de données,** data processing equipment; **matériel de transmission de données,** data transmission equipment; **message de données,** data message; **mise en forme de données,** data preparation; **mode d'entrée-sortie des données,** peripheral mode; **mode d'exploitation par blocs de données,** data block mode; **module de données,** data unit; **module de gestion de données,** data management unit; **mot de données,** data word; **mouvement de données,** destage; **multiplexeur de canal de données,** data channel multiplexor; **multiplexeur de données,** data multiplexer; **multiplexeur de voie de données,** data channel multiplexer; **mémoire d'entrée de données,** data-in storage; **mémoire de sortie de données,** data out storage; **méthode d'accès aux données,** data access method; **niveau de données,** data level; **niveau de groupe de données,** group level; **nom de données,** data name; **nom de données indexé,** indexed data name; **nom de données qualifiées,** qualified data name; **ordinateur de saisie des données,** data recording computer; **organigramme de données,** data flowchart, data flow diagram; **organisation des données,** data organization; **partage de données,** data sharing; **partie des données,** data division, data portion; **phase de données,** data phase, data transfer phase; **phase de transfert de données,** data transfer phase, data phase; **piste de données,** data track; **position de mémorisation des données,** data storage position; **poste d'entrée de données,** data input station; **poste de données prêt,** data set ready (DSR); **poste de saisie optique des données,** optical image unit; **processeur de données,** data processor; **procédure de commande de liaison de données,** high-level data link control (HDLC); **programme de condensation de données,** data reduction program; **programme de contrôle de données,** data vetting program; **protection automatique des données,** automatic data protection; **protection de données,** data security; **protection des données,** data protection; **protection individuelle des données,** data-dependent protection; **préparation de données,** data preparation; **présentation de données en table,** tabular data presentation; **présentation des données,** data presentation; **puits de données,** data sink; **recueil de données,** data book; **registre de sortie des données numériques,** digital register output; **registre des données**

**initiales,** home register; **registre des données à mémoriser,** storage data register; **regroupement de données,** data concentration; **représentation de données,** data representation; **représentation de données image,** pictorial data representation; **ruban magnétique pour enregistrer des données,** computer tape; **récepteur de données,** data receiver; **réduction des données,** data reduction; **réduire (des données),** condense (to); **répertoire de données,** data directory; **réseau de données,** data network; **saisie centralisée des données,** centralized data acquisition; **saisie de données,** data acquisition, data capture, data logging; **saisie des données d'origine,** primary data acquisition; **saisie des données de mesure,** measured data acquisition; **schéma de principe de banque de données,** database schematic; **scrutation de données,** data scanning; **secteur de données,** data sector; **segment de données,** data segment; **service de transmission de données,** data communication service; **signal d'erreur de données,** data alert; **signal de données,** data signal; **sortie des données,** data output; **sortie des données industrielles,** process data output; **sortie directe des données,** direct data output; **sortie définitive des données,** end-of-data exit; **source de données,** data source; **sous-canal récepteur de données,** received backward channel data; **spécification de données,** data specification; **station de données,** data station; **stockage/restitution des données,** information storage/retrieval (ISR); **structure de données,** data structure, data model; **structure séquentielle de données,** contiguous data structure; **support de données,** data medium, data carrier, data storage; **support de données d'entrée/sortie,** input/output medium; **support de données d'essai,** test volume; **support de données de sortie,** output data carrier; **support de données exploitable en machine,** machinable data carrier; **support de données à catalogue partiel,** control volume; **système d'introduction de données,** data entry system; **système d'échantillonnage des données,** sampled data system; **système de communication de données,** data communication system; **système de gestion de base de données (SGBD),** database management system (DBMS); **système de saisie de données,** data acquisition system, data collection system; **système de traitement automatique de données,** automatic data processing system; **système de traitement électronique de données,** electronic

581

data processing system; **système de transmission de données,** data transmission system; **sécurité des données,** data integrity, data backup; **sélecteur de données,** data selector; **sélecteur de données sur bande,** tape data selector; **sélection de données,** data selection; **séparateur de données,** information separator (IS); **séparateur de groupes de données,** group separator (GS); **séquence de transmission de données,** data transfer signal; **séquence enchaînée de données,** data chaining sequence; **tableau de données,** data array; **tampon de données,** data buffer; **tamponnage de données,** data buffering; **taux de transfert de données,** data transfer rate; **temps de recherche de données,** seek access time; **temps de transmission des données,** data time; **terminal de données,** data terminal; **terminal de visualisation de données,** data processing terminal equipment; **traducteur des données en entrée,** input data translator; **traitement automatique de données,** automatic data processing (ADP); **traitement de données,** data processing (DP), information processing; **traitement de données distribué,** distributed data processing; **traitement de données industriel,** industrial data processing; **traitement de données interactif,** in-line data processing; **traitement de données par lots,** bulk information processing; **traitement des données en temps réel,** real-time data processing; **traitement direct des données,** direct data processing; **traitement et transmission automatiques données,** automatic data handling; **traitement interne des données,** internal data processing; **traitement intégré des données,** integrated information processing; **traitement électronique de données,** electronic data processing (EDP); **transcription des données,** data transcription; **transfert asynchrone de données,** asynchronous data transfer; **transfert de données,** data transfer, data origination, datacom; **transfert de données brutes,** raw data transfer; **transfert de grandes quantités de données,** bulk transmission of data; **transfert des données mémorisées,** store-and-forward operation; **transmission asynchrone de données,** asynchronous data transmission; **transmission automatique des données,** automatic data transmission; **transmission d'un bloc de données,** data transmission block; **transmission de données,** digital data transmission; **transmission de données synchrone,** synchronous data transmission; **transmission de don-** nées à code unique, code-transparent data communication; **transmission des données,** data movement; **transmission directe des données,** forward service; **transmission internationale de données,** international data transmission; **transmission rapide de données,** fast data transmission; **transmission rapprochée des données,** short range data transmission; **transparence du circuit de données,** data circuit transparency; **tri des données,** data sorting; **type de données,** data type; **télégestion de banque de données,** remote data base manager; **télétraitement de données,** data teleprocessing; **unité d'adaptation des données,** data phone data set; **unité d'affichage de données,** data display unit; **unité d'introduction de données,** data entry equipment; **unité d'introduction de données numériques,** digital input device; **unité d'introduction des données,** data input unit; **unité de saisie des données,** input preparation equipment; **unité de sortie de données numériques,** digital output device; **unité de sortie des données,** data output unit; **unité de transmission de données,** data communication unit; **valeur donnée,** given value; **validation de données,** data validation, data vet; **validation de l'enregistrement des données,** permit data write; **validité des données,** data validity; **visuel de données,** data display device; **vitesse de transmission de données,** data rate; **voie de données,** data channel, information channel; **volume de données,** volume of data, amount of data; **zone d'articles de données,** record area; **zone d'état des données,** data status field; **zone de données,** data space, data extent, information field; **zone de données d'une carte,** card data field; **zone de données non identifiée,** filler (item); **zone de données non protégée,** unprotected data field; **zone de données primaires,** primary data area, prime data area; **zone de sauvegarde des données,** save area; **zone des données,** data area.

d o n n e u r : donor*.

d o p é : doped.

d o p e u r : dopant*.

d o r s a l : **processeur dorsal,** back-end processor.

D O S : **câblage dos à dos,** back-to-back wiring; **dos de carte,** cardback; **dos à dos,** piggy; **invite DOS,** DOS prompt.

d o s s i e r : folder; **dossier d'exploitation,** run book; **dossier de programmation,** programming documentation; **icône de dossier,** folder icon.

**dotation:** dotation de machines, hardware requirements; liste de dotations initiales, initial spare parts list.

**doublage:** doubling; doublage de tension, voltage doubling.

**double:** double, dual; **accumulateur à double longueur,** double-length accumulator; **addition à double précision,** double add; **amplificateur à double trace,** dual trace amplifier; **arithmétique en double précision,** double precision arithmetic; **boîtier à double rangée connexions,** dual-in-line package (DIL); **calcul en double longueur,** double-length arithmetic; **carte double hauteur,** two-hi card; **chargement à double précision,** double load; **chariot à double alimentation,** dual feed carriage; **coupleur de périphérique double,** dual port controller; **disquette double face,** reversible flexible disk; **double accès,** dual access; **double appel,** split; **double article,** duplicate item; **double avance de bande perforée,** dual feed tape carriage; **double avance de ruban encreur,** dual ribbon feed; **double capacité mémoire,** double density; **double commande,** twin control; **double courant,** double current; **double diode,** twin diode; **double effet,** duplicated effect; **double enroulement,** double winding; **double entraînement de disquette,** twin diskette drive; **double entraînement de papier,** double paper feed; **double face,** double sided; **double fraction,** compound fraction; **double frappe,** double stroke, double strike; **double interligne,** double space; **double montage de circuits,** duplicate circuitry; **double mot,** double word; **double mot de passe,** two-level password; **double mouvement de papier,** dual paper feed, double paper movement; **double perforation,** double punching, dual punching; **double priorité,** double precedence, dual precedence; **double précision,** double precision; **double racine,** double root; **double saut,** dual feed; **double saut de ligne,** dual carriage; **double unité de disquette,** dual drive; **double vérification,** duplicate mode; **double-clic,** double-click; **dérouleur à double accès,** dual access tape unit; **en double,** two-fold, two-way; **enregistrement en double densité,** double density recording; **entrée à double mot de passe,** two-level password entry; **erreur double,** double error; **exposant à double précision,** double precision exponent; **format en double colonne,** two-column format; **impression en double,** dual printing; **impression en double interligne,** dual carriage print; **impression à double interligne,** double space printing; **instruc-**tion double adresse, two-address instruction; **interligne double,** double carriage; **intégrale double,** double integral; **limite de mot double,** double word boundary; **modulation double,** double modulation; **mot double,** double word, double-length word; **mot en double longueur,** double-length word; **mémoire image en double zone tampon,** double-buffered pixel memory; **mémoire à double accès,** dual port memory; **nombre en double précision,** double-length number; **nombre à double précision,** double precision number; **opération en double courant,** polar current operation; **passerelle avec double passage de câble,** double channel cable bridge; **port double,** dual port; **redresseur à double alternance,** full wave rectifier; **registre double,** double register, double-length register; **registre en double mot,** double word register; **registre à décalage double,** double line shift register; **segment double,** bisection; **signal en double courant,** polar signal; **signal à double courant,** polar current signal; **système double,** dual system; **système à double calculateur,** duplex computer system; **système à double disquette,** dual drive system; **tamponnement double,** double buffering; **transmission en double bande,** double sideband transmission; **transmission en double courant,** double current transmission; **télégraphie en double tonalité,** two-tone keying, two-tone telegraph; **unité à double dérouleur,** dual deck tape; **variable en double précision,** double precision variable; **version double file,** dual job stream version; **virgule flottante en double précision,** double precision floating point; **vérification en double,** duplicate operation check; **zone tampon double,** double buffering.

**doublement:** méthode de doublement de fréquence, frequency doubling method.

**doublet:** doublet, dibit, diad, two-bit byte.

**doucement:** s'arrêter doucement, quiesce (to).

**douille:** douille de fiche, jack field.

**dragon:** fractal.

**drain:** courant drain, drain current.

**drapeau:** flag, sentinel, switch indicator, use bit; **commande du drapeau d'article,** record mark control; **drapeau d'alerte,** warning flag; **drapeau d'arrêt,** no-go flag; **drapeau d'enchaînement d'instructions,** chain command flag; **drapeau d'enchaînement de données,** chain data flag; **drapeau d'enregistrement,** record marker; **drapeau d'interruption,** interrupt flag; **drapeau de fin,** terminate flag; **drapeau de mémoire tampon,** buffer mark; **drapeau de recherche,** search control word; **drapeau de retenue,** carry flag; **drapeau de signe,** sign flag; **drapeau de zéro,** zero flag; **drapeau hiérarchisé,** classified sentinel; **impression en drapeau,** unjustified print; **sans drapeau,** unbannered.

**d r e s s e u r :** **dresseur d'index,** indexer.

**d r o i t :** right; **angle droit,** right angle; **droit d'accès,** access right; **droit d'exploitation,** copyright.

**d r o i t e :** right; **accolade droite,** closing brace ')'; **adresse alignée à droite,** right octet address; **adresse cadrée à droite,** low-order address; **barre oblique droite,** right oblique; **bit de droite,** low-order bit, right-end bit; **cadré à droite,** right-aligned, right-adjusted; **digit de droite,** least significant digit; **décalage à droite,** right shift; **décaler vers la droite,** right-adjust (to); **décalé à droite,** ragged right; **flèche droite,** right arrow; **flèche droite de défilement,** right scroll arrow; **justification à droite,** right justification, right justify; **justifier à droite,** right justify (to); **justifié à droite,** flushed right; **justifié à droite,** right-justified, right-hand justified; **le plus à droite,** rightmost; **ligne droite,** straight line; **marge droite,** right margin; **parenthèse droite,** right parenthesis ')'; **partie droite,** right part; **position de droite,** low-order position; **zéro cadré à droite,** right hand zero.

**d u e t :** doublet, dibit, diad, two-bit byte.

**d u o d é c i m a l :** duodecimal; **nombre duodécimal,** duodecimal number.

**d u p l e x :** full duplex, duplex*; **exploitation semi-duplex,** alternate communication; **mode duplex,** duplex operation; **mode semi-duplex,** half-duplex operation; **opération en duplex,** full duplex operation; **opération semi-duplex,** single operation; **régime semi-duplex,** half-duplex operation; **semi-duplex,** half-duplex, either-way operation; **système duplex,** duplex system; **système duplex à pont,** bridge duplex system; **transmission en duplex,** duplex transmission; **transmission semi-duplex,** half-duplex transmission; **voie semi-duplex,** half-duplex channel.

**d u p l e x a g e :** duplexing; **duplexage multifréquence,** frequency division duplexing (FDM).

**d u p l i c a t i o n :** duplicating, copy, replication; **code de duplication,** duplicate code; **contrôle par duplication,** duplication check, twin check; **dispositif de duplication,** duplicating device; **duplication de bande,** tape duplicate; **duplication de point-image,** pixel replication; **instruction de duplication,** copy statement; **passage de duplication,** copy run; **technique de duplication,** father son technique.

**d u p l i c a t r i c e :** duplicatrice/perforatrice à lecture graphique, mark-sensing reproducer; **perforatrice duplicatrice,** duplicating card punch; **perforatrice-duplicatrice,** duplicating punch.

**d u p l i q u e r :** copy (to), replicate (to).

**d u r :** hard; **disque dur,** hard disk, fixed disk, rigid disk; **disque dur sur carte,** hardcard; **mémoire à disque dur,** fixed-disk storage; **système à disque (dur) Winchester,** Winchester disk system; **système à disque dur,** hard disk system; **unité de disque dur,** fixed-disk device.

**d u r é e :** duration; **comportement de longue durée,** long time behaviour; **durée d'action,** rate of time; **durée d'assemblage,** assembly time, assemble duration; **durée d'effacement,** retrace time; **durée d'exploitation,** operating time, run-time; **durée d'exécution,** running duration, run duration; **durée d'impulsion,** pulse length, pulse duration; **durée d'une révolution,** retention span; **durée d'établissement de la communication,** call set-up time; **durée de balayage,** scan period; **durée de calcul,** computing time; **durée de communication,** call duration, call time; **durée de compilation,** compiling time, compile duration; **durée de conservation,** shelf life; **durée de défaillance,** malfunction time; **durée de frappe,** typing hours; **durée de l'arrêt total,** blackout time; **durée de la suppression ligne,** line blanking period; **durée de réglage,** correction time; **durée de réponse,** response duration; **durée de scanage,** scan period; **durée de suppression ligne,** line blanking time; **durée de traduction,** translating time; **durée de vie,** useful life; **durée de vie de la tête,** head life; **durée de vie moyenne acceptable,** acceptable mean life; **durée de vol du marteau d'impression,** hammer flight time; **durée des blancs,** blackout time; **durée hors-opération,** down time; **durée moyenne de recherche,** average search length; **enregistrement de la durée d'une impulsion,** pulse width recording; **modulation d'impulsions en durée,** pulse length modulation.

**d y n a m i q u e :** dynamic; **adressage dynamique,** dynamic addressing; **affectation dynamique,** dynamic allocation; **affectation dynamique de mémoire,** dynamic storage location; **allocation de tampon dynamique,** dynamic buffer allocation; **allocation dynamique de mémoire,** dynamic storage allocation; **allocation dynamique des ressources,** dynamic resource allocation; **allocation dynamique du bus,** dynamic bus allocation; **appel dynamique de travail pas à pas,** step spawning; **arrêt dynamique,** breakpoint halt, dynamic stop; **attribution dynamique,** dynamic allocation; **balayage dynamique,** flight sensing; **boucle dynamique,** dynamic loop; **commande dynamique,** dynamic control; **comportement dynamique,** dynamic behaviour; **contrôle dynamique,** dynamic check; **couplage dynamique,** dynamic linking; **cycle de rafraîchissement de mémoire dynamique,** RAM refresh cycle; **débogage dynamique de zone,** snapshot debug; **erreur dynamique,** dynamic error; **excentrage dynamique,** dynamic runout; **fonction de contrôle dynamique,** dynamic control function; **gestion dynamique de mémoire,** dynamic memory management; **lecture dynamique,** flight sensing; **mise à jour dynamique,** dynamic system update; **mémoire dynamique,** dynamic memory, dynamic storage, dynamic RAM; **mémoire dynamique volatile,** volatile dynamic storage; **mémoire vive dynamique,** dynamic random access memory (DRAM);

**paramètre dynamique,** dynamic parameter, program-generated parameter; **pile dynamique de programme,** program stack; **programmation dynamique,** dynamic programming; **programme d'adressage dynamique,** dynamic addresser; **rafraîchissement dynamique,** invisible refresh; **registre dynamique,** delay line register; **registre à décalage dynamique,** dynamic shift register; **rythmeur dynamique,** dynamic timer; **structure dynamique de programmes,** dynamic structure; **suite dynamique,** dynamic descendance, dynamic descendant; **tamponnement dynamique,** dynamic buffering; **translation dynamique,** dynamic relocation; **translation dynamique d'adresse,** dynamic address translation (DAT); **translation dynamique du contenu mémoire,** dynamic memory relocation; **vidage dynamique,** dynamic dump; **vidage dynamique de mémoire,** dynamic memory dump; **vidage dynamique de zone,** snapshot dump.

**dynamiquement:** **type généré dynamiquement,** dynamically generated type.

# E

**EAO:** enseignement assisté par ordinateur, computer-assisted instruction (CAI).

**ébauche:** sketch, draft.

**EBCDIC:** caractère EBCDIC, EBCDIC character.

**éblouissant:** écran anti-éblouissant, glare shield.

**écart:** discrepancy, bias, difference, spacing; **adresse d'écart,** bias address; **signal d'écart,** deviation signal; **écart d'ordre,** ordering bias; **écart dans la chaîne de messages,** pacing threshold; **écart entre les perforations,** hole spacing; **écart intercolonne,** column spacing; **écart intervoie,** channel spacing, channel separation; **écart moyen,** mean absolute deviation; **écart moyen d'erreur,** average error; **écart type,** standard duration.

**écartement:** pitch.

**échange:** exchange, swapping, swap; **champ d'échange,** exchange field; **commande de l'échange des données,** data exchange control; **échange au point décimal,** inverted print; **échange automatique,** dial exchange; **échange automatique de données,** automatic data exchange (ADE); **échange automatique de messages,** automatic message exchange; **échange d'indicatif,** answerback exchange; **échange d'informations,** information exchange; **échange d'informations techniques,** technical information exchange; **échange de bande,** tape swap; **échange de bobine,** reel swapping; **échange de chargeur,** volume swap; **échange de cylindre,** cylinder changeover; **échange de données,** data exchange; **échange de données avec protocole,** handshaking; **échange de données numériques,** binary information exchange (BIX); **échange de messages,** message exchange; **échange de pages mémoire,** page swapping; **échange de paramètre,** parameter change; **échange de ruban encreur,** ribbon replacement; **échange des données,** data interchange; **échange en mémoire,** memory exchange; **échange entrée/sortie,** input-output exchange; **échange flottant,** floating replacement; **échange modem,** modem interchange; **échange tampon,** buffer swapping; **échange thermique,** temperature dissipation; **module d'échange,** change module; **point d'échange,** interchange point;

tamponnement par échange, exchange buffering; **zone d'échange,** communication region; **zone d'échange de programme,** swapping area.

**échangeable:** exchangeable; **tableau de programme échangeable,** removable program panel.

**échanger:** exchange (to), change (to), swap (to).

**échantillon:** sample; **échantillon de laboratoire,** developmental equipment.

**échantillonnage:** sampling; **contrôle de données par échantillonnage,** sampled data control; **contrôle par échantillonnage,** acceptance sampling; **dispositif de sélection par échantillonnage,** sample selection device; **données d'échantillonnage,** sample data; **élément d'échantillonnage,** sampling element; **essai d'échantillonnage,** sampling test; **fréquence d'échantillonnage,** sampling rate; **impulsion d'échantillonnage,** strobe pulse; **programme d'échantillonnage,** sample program; **système d'échantillonnage d'informations,** data sampling system; **système d'échantillonnage des données,** sampled data system; **théorème d'échantillonnage,** sampling theorem.

**échantillonnées: données échantillonnées,** sampled data.

**échantillonner:** sample (to).

**échantillonneur:** sampling controller; **échantillonneur-bloqueur,** sample and hold amplifier.

**échappement:** escape, escapement; **caractère d'échappement,** escape character (ESC); **échappement (ESC),** escape (ESC); **échappement à la transmission,** data link escape (DLE); **séquence d'échappement,** escape sequence; **touche d'échappement,** escape key.

**échelle:** scale, ladder; **changement d'échelle,** zooming; **dessin à l'échelle,** scale drawing; **déviation pleine échelle,** end scale; **échelle bidimensionnelle,** two-dimensional scale; **échelle d'intégration moyenne,** medium integration scale (MSI); **échelle de gris,** grey scale, gray scale; **échelle de signalisation,** signal level; **échelle de zoom,** zoom scale; **échelle des amplitudes,** amplitude scale factor; **échelle des temps,** time scale, timing scale, time base scale; **échelle décimale,** decimal scale;

**échelle graduée,** measuring scale, meter scale; **facteur d'échelle,** scale factor; **facteur d'échelle des temps,** time scale factor; **intégration à faible échelle,** small scale integration (SSI); **intégration à grande échelle,** large scale integration (LSI); **intégration à super grande échelle,** super large scale integration (SLSI); **intégration à très grande échelle,** very large scale integration (VLSI); **mettre à l'échelle,** scale (to); **mise à l'échelle,** scaling; **mémoire à grande échelle d'intégration,** LSI memory; **positionnement de l'échelle graduée,** dial setting; **prédétermination du facteur d'échelle,** fixed prescaling; **réduire à l'échelle,** scale down (to); **technologie d'intégration à grande échelle,** LSI technology.

**échelonnement:** plan d'échelonnement, time schedule; **échelonnement de priorité,** graduated level.

**écho:** echo*; **contrôle par écho,** echo checking, echo check, echo test; **suppresseur d'écho,** echo suppressor.

**échoplex:** echoplex.

**éclaté:** exploded; **chargement éclaté,** scatter loading.

**éclatée:** sous forme éclatée, unpacked format; **vue éclatée,** exploded view, blow-up view; **vue éclatée,** blow-up view.

**éclatement:** splitting, explosion; **lecture/écriture avec éclatement,** scatter read/write.

**éclater:** burst (to), explode (to).

**éclateur:** burster.

**économie:** economy.

**écoule:** horloge pour temps écoulé, elapsed time clock; **temps écoulé,** elapsed time; **écoulé,** elapsed.

**écoute:** listening; **poste d'écoute multiple,** multiple listening station; **écoute de porteuse,** carrier sense; **écoutes téléphoniques,** tapping.

**écran:** screen, tube face; **à base d'écran,** screen-based; **écran à laser,** laser screen, laser display; **écran à mémoire,** storage display; **écran à plasma,** gas plasma panel, gas panel, plasma panel; **écran à rafraîchissement continu,** continual refresh display; **écran-clavier,** keyboard display; **écran-fenêtre,** windowed screen; **édition à l'écran,** screen editing; **affichage sur écran,** screen display; **affichage sur écran de visualisation,** visual information projection; **affichage à écran plasma,** plasma panel display; **agencement d'écran,** screen layout; **application plein écran,** full screen application; **attribut d'écran,** screen attribute; **bas d'écran,** bottom of screen; **carte d'écran,** display adapter; **case plein écran,** maximize box, restaure box; **console de commande à écran de visualisation,** visual information control console; **contrôleur d'écran,** display controller; **contrôleur d'écran vidéo,** video chip; **convergence de bord d'écran,** screen edge convergence; **coordonnée d'écran,** screen coordinate; **curseur d'écran,** display cursor; **dimension d'écran,** screen size; **début d'écran,** top of screen; **défilement écran,** screen scrolling; **définition écran,** screen resolution; **effacement complet de l'écran,** full screen erase; **effacement partiel de l'écran,** partial screen erase; **effacement écran,** screen erasure; **effacement d'écran,** screen blanking; **espace écran,** display space; **faire défiler l'écran,** scroll (to); **fenêtre à l'écran,** screen window; **filtre d'écran,** screen filter; **fonte d'écran,** screen font; **format d'écran,** display setting; **format d'écran,** screen format; **gestionnaire d'écran,** display driver; **grille écran,** screen grid; **guide de saisie affiché à l'écran,** screen displayed prompter; **haut d'écran,** top of screen; **hors-écran,** off screen; **image d'écran,** display image, screen image; **instantané d'écran,** snapshot; **largeur d'écran,** screen width; **lecture d'écran,** screen read; **limite d'écran,** screen boundary; **masque d'écran,** form overlay, form flash, static image; **masque d'écran,** screen mask; **menu d'écran,** display menu; **message d'écran,** screen message; **mise en valeur de zones d'écran,** highlighting capability; **mémoire d'écran,** display memory; **page d'écran,** screen page; **partage d'écran,** screen splitting; **particularité utilisant l'écran,** screen-oriented feature; **partie d'écran,** subscreen; **plein écran,** screenful; **possibilité de recopie écran,** hard copy facility; **processeur d'écran,** display processor; **présentation sur écran,** scope presentation; **rafraîchissement écran,** CRT refresh; **recopie d'écran,** screen copy; **recopier d'affichage écran,** display screen copier; **recopieur d'écran,** display screen recopier; **routine d'écran,** display subroutine; **réglage de la brillance d'écran,** adjustment of display intensity; **résolution d'écran,** display resolution; **sans écran,** unscreened; **segmentation de l'écran,** split screen feature; **signal d'allumage écran,** bright-up signal; **sous-système à écran de visualisation,** visual information projection subsystem; **surface utile d'écran,** screen area; **système de coordonnées d'écran,** screen coordinate system; **sélecteur d'écran de visualisation,** display switch; **terminal à écran tactile,**

touch screen terminal; **trame d'écran,** screen pattern; **tube cathodique à écran plat,** flat-faced cathode ray tube; **tube écran,** display tube; **tube-écran alphanumérique,** alphanumeric display tube; **usage de l'écran,** screen-oriented; **visuel à écran plat,** flat screen display; **zone écran,** screen area; **écran analogique,** CRT display; **écran anti-éblouissant,** glare shield; **écran antireflet,** antireflective screen; **écran cathodique,** cathode screen; **écran couleur,** color display; **écran d'aide,** help screen; **écran de télétraitement,** remote display; **écran de vidéo,** video device; **écran de visualisation,** display unit, display screen, viewing screen; **écran de visualisation alphanumérique,** alphameric display tube; **écran de visualisation individuel,** single-station display; **écran fluorescent,** fluorescent screen; **écran graphique,** graphic-oriented display, graphics screen; **écran graphique tridimensionnel,** three-dimension graphic display; **écran interactif au toucher,** touch-sensitive screen; **écran partagé,** split screen; **écran plat,** flat-faced screen; **écran protecteur,** glow screen; **écran précédent,** screen up; **écran semigraphique,** semigraphic screen; **écran suivant,** screen down; **écran tactile,** touch panel; **écran vidéo,** video screen.

**écrasement:** écrasement par réécriture, overwriting, overwrite.

**écraser:** écraser par réécriture, overwrite (to).

**écrètement:** circuit d'écrètement, clamping circuit.

**écrèteur:** circuit écrèteur, clipping circuit.

**écrire:** write (to), put (to); **machine à écrire,** typewriter, writer; **machine à écrire réceptrice,** output typewriter; **machine à écrire émettrice,** transmitting typewriter; **machine à écrire à boule,** golfball type writer; **écrire directement en mémoire,** poke (to); **écrire en regroupant,** gather write (to).

**écrit:** written; **message écrit,** written message; **programme écrit manuellement,** hand-written program; **sous-programme écrit par l'utilisateur,** user-written routine, own code module.

**écrite:** programme de trace écrite, hard package.

**écriture:** writing, write, put; **adresse d'écriture,** write address; **adresse d'écriture réelle,** current write address; **amplificateur d'écriture,** write amplifier, record amplifier; **amplificateur de lecture/écriture,** read/write amplifier; **anneau d'autorisation d'écriture,** write permit ring; **anneau d'interdiction**

d'écriture, write inhibit ring; **autocommutation des têtes de lecture/écriture,** automatic head switching; **autorisation d'écriture,** write enable, write permit; **bague d'écriture,** tape ring; **bit de validation d'écriture,** data write permit bit; **bobine d'écriture,** drive winding; **bras de lecture/écriture,** disk access arm; **canal lecture/écriture,** read/write channel; **commande d'écriture,** write command; **commutateur d'autorisation d'écriture,** protection switch, protect switch; **contrôle d'erreur d'autorisation d'écriture,** protection check; **contrôle d'écriture,** write verification; **contrôle à l'écriture,** write disk check; **courant d'enregistrement (écriture),** recording current, record current; **courant d'écriture,** writing current, write current; **courant d'écriture partiel,** partial write current; **couronne d'écriture,** file protection ring, protection ring; **cycle d'écriture,** write cycle; **date d'écriture,** date written; **demande d'écriture,** write request; **densité d'écriture,** writing density; **dispositif de protection à l'écriture,** write lockout feature; **débordement de l'écriture,** write overlap; **écriture avec regroupement,** gather write; **écriture condensée,** condensed print; **écriture de début de piste,** write initial; **écriture de l'adresse piste,** write home address; **écriture de programme,** program write-up; **écriture directe en mémoire,** poke; **écriture en clair,** plain writing; **écriture en rafale,** write burst; **écriture immédiate,** demand writing; **écriture regroupée,** gathered write; **effacement sans écriture,** direct reset; **encoche de protection à l'écriture,** write protection notch, write-protect notch; **enroulement d'écriture,** write winding; **erreur d'écriture,** miswrite, clerical error; **erreur à l'écriture,** write error; **fichier protégé à l'écriture,** read-only file; **fichier sur bande en écriture,** output tape file; **fonction d'écriture,** write action, put function; **impulsion d'écriture,** write pulse, drive pulse; **impulsion d'écriture complète,** full write pulse; **impulsion d'écriture partielle,** partial write pulse; **impulsion parasite après écriture,** postwrite disturb pulse; **indicateur d'autorisation d'écriture,** protect indicator; **indication du type d'écriture,** recording mode clause; **instruction d'écriture,** write instruction, writing statement; **instruction d'écriture non formatée,** unformatted write statement; **instruction de vérification d'écriture,** verify command; **interdiction d'écriture,** data write protection, write lockout; **intervalle d'écriture,** recording gap; **introduction directe sans écriture,** direct entry; **lecture après écriture,** read after write; **lecture de contrôle après écriture,** read after write check; **lecture et écriture simultanées,** direct read after write (DRAW); **lecture/écriture,** reading/writing, read/write; **lecture/écriture avec éclatement,** scatter read/write; **lecture/écriture de point-image,** pixel read/write; **lecture-écriture par rafale,** read/write burst; **ligne d'écriture,** writing line; **mode d'accès lecture/écriture,** reading-writing access mode; **mode d'écriture non polarisé avec raz,** dipole modulation; **mode de vérification à l'écriture,** write verify mode; **mode lecture/écriture,** read/write mode, read/write access mode; **mode écriture,** write mode; **mémoire de lecture/écriture,** read/write memory; **mémoire protégée en écriture,** protected memory; **mémoire à écriture directe,** writable control memory; **méthode d'écriture avec raz,** dipole recording method; **onglet de protection à l'écriture,** read/write protection tab; **opération d'écriture,** write operation, writing action; **paramètre d'autorisation d'écriture,** protection status parameter; **position d'écriture,** write position; **positionnement de la tête de lecture/écriture,** head positioning; **protection d'écriture,** accuracy proof device; **protection en écriture,** write protection; **protection à l'écriture,** disk write protect, write-protect; **protégé à l'écriture,** write-protected; **registre de lecture/écriture,** read/write register; **retour arrière de la tête d'écriture,** carrier return; **signal d'écriture,** record signal; **sous-programme d'écriture de points de reprise,** checkpoint routine; **surface d'écriture,** recording surface, track recording area; **temps d'écriture,** write time; **temps du cycle d'écriture,** write cycle time, writing cycle time; **tête d'écriture,** write head, writing head, recording head; **tête d'écriture-lecture,** track head, record playback head; **tête de lecture/écriture,** read/write head, combined read/write head; **tête de lecture-écriture magnétique,** combined magnetic head; **validation de l'écriture,** permit writing; **vitesse d'écriture,** writing speed, write rate.

**écritures :** archives.

**écrou :** nut.

**édité :** edited; **texte édité-lié,** link text.

**éditer :** edit\* (to), issue (to); **éditer et lier,** compose (to), consolidate (to).

**éditeur :** editor\*, edit routine, edit program; **chargeur de l'éditeur de liens,** linkage loader; **chargeur éditeur de liens,** link text loader; **liste de l'éditeur de liens,** linkage editor listing; **module chargeur-éditeur de liens,** load module linking program; **programme chargeur éditeur de liens,** linking loader program; **éditeur d'états,** report writer; **éditeur de fonte,** font producer; **éditeur de liens,** linker, linkage editor, link editor, composer; **éditeur de liens absolu,** cross-linker; **éditeur de police de caractères,** type font editor; **éditeur de sortie,** output writer; **éditeur de texte,** text editor; **éditeur de textes d'origine,** source text editor; **éditeur en ligne,** on-line editor; **éditeur-lieur,** consolidator; **éditeur pleine page,** full screen editor; **éditeur symbolique,** symbolic editor.

**édition :** editing; **caractère d'édition,** editing character; **caractère de commande d'édition,** edit control character; **caractère de commande de format d'édition,** format effector character; **code d'édition,** edit code; **code de report d'édition,** edit report key; **commande d'édition,** format control; **commande pour édition,** edit-directed; **convention d'édition de liens,** linkage convention; **édition de données,** data editing; **édition de liens,** linking, link editing; **édition de rapport,** report section; **édition de texte,** text editing; **édition des résultats imprimés,** editing printing results; **édition en mode ligne,** edit line mode; **édition graphique,** graphic editing; **édition graphique,** graphical editing; **édition à l'écran,** screen editing; **format d'édition en code machine,** objet code output format; **instruction d'édition,** edit instruction, format statement; **instruction d'édition de liens,** linkage instruction; **masque d'édition,** edit mask, edit word, edit control word; **mode d'édition,** edit mode, format notation, format mode; **moyen d'édition,** edit facility; **opération d'édition,** edit operation; **opération d'édition de texte,** text editing operation; **paramètre d'édition,** edit parameter, reort parameter; **programme d'édition,** edit program, report writer, edit routine; **routine d'édition,** edit program, edit routine, editing subroutine; **symbole d'édition,** editing symbol; **touche d'édition,** character editing key.

**éducation :** education; **éducation informatisée,** computer-based learning (CBL); **éducation par simulation,** simulation education.

**effaçable :** erasable, volatile; **mémoire effaçable,** erasable storage, erasable store; **mémoire morte effaçable électriquement,** electrically erasable read-only memory (EE-ROM); **non effaçable,** nonerasable.

**effacé :** non effacé, unerased.

**effacement :** clear, erasure, erasing, cancellation, purging; **aimant d'effacement,** reset magnet; **caractère d'effacement,** clearing character, rub-out character; **caractère d'effacement de groupe,** group erase;

**caractère d'effacement de ligne**, line deletion character; **code d'effacement**, escape code; **compteur d'effacement**, erase counter; **contact d'effacement**, reset contact; **courant d'effacement**, erase current; **dispositif d'effacement**, clearing device; **durée d'effacement**, retrace time; **effacement après sortie**, blank after; **effacement automatique**, automatic clearing, automatic purge, autopurge; **effacement automatique de bande**, automatic tape delete; **effacement complet de l'écran**, full screen erase; **effacement de bande**, tape erasure; **effacement de fichiers**, file purging; **effacement de la mémoire**, storage clearing; **effacement de volume**, volume cleanup; **effacement du caractère de remplissage**, padding deletion; **effacement et addition flottante**, floating-reset add; **effacement global**, bulk erasing; **effacement général**, master clear; **effacement horizontal**, horizontal clearing; **effacement ligne**, horizontal blanking; **effacement mémoire**, memory erasure, memory cleaning; **effacement par ultraviolet (mémoire morte)**, ultraviolet erasing; **effacement partiel de l'écran**, partial screen erase; **effacement sans écriture**, direct reset; **effacement sélectif**, selective erasure; **effacement trame**, vertical blanking; **effacement écran**, screen erasure; **effacement écran**, screen blanking; **enroulement d'effacement**, reset winding; **extraction et effacement**, readout and reset; **impulsion d'effacement**, erase signal; **indicateur d'effacement**, clear indicator; **instruction d'effacement**, clear statement; **interrupteur d'effacement**, eraser switch; **lecture avec effacement**, destructive reading; **lecture sans effacement**, nondestructive read; **possibilité d'effacement**, erasability; **poussoir d'effacement**, selector key; **programme d'effacement de fichier**, file delete program; **programme d'effacement de fichier**, deallocator; **préfixe d'effacement**, clearing prefix; **signal d'effacement**, erase signal; **touche d'effacement**, manual override key; **tête d'effacement**, erasing head, erase head, bulk erase head; **zone d'effacement**, clear area, clear field.

**effacer:** clear (to), blank (to), zap (to), erase*(to); **effacer une marque**, unmark (to).

**effaceur:** eraser, deleter; **curseur effaceur**, destructive cursor; **effaceur global**, bulk eraser.

**effecteur:** effector.

**effectif:** actual; **débit effectif**, average transinformation rate; **liste de paramètres effectifs**, actual parameter list; **paramètre effectif**, actual parameter, actual argument; **partie de paramètre effectif**, actual parameter part; **prix de vente effectif**, actual selling price; **temps d'exploitation effectif**, available machine time; **temps effectif**, actual time; **temps machine effectif**, effective calculating time.

**effective:** **adresse effective**, effective address; **carte de correction effective**, actual patch card; **charge par résistance effective**, resistive load; **date effective**, effective date; **données effectives**, actual data; **heures effectives**, actual hours; **informations effectives transmises**, average transinformation; **instruction effective**, effective instruction, actual instruction; **période électrique effective**, effective electrical cycle; **valeur effective**, effective value; **vitesse de transmission effective**, effective data transfer rate.

**effectuer:** carry out (to), act (to); **effectuer des calculs**, crunch numbers (to); **effectuer une opération horizontale**, crossfoot (to).

**effet:** effect; **claquage par effet zener**, Zener breakdown; **double effet**, duplicated effect; **effet Zener**, Zener effect; **effet d'empreinte**, print through; **effet de biais**, skew effect; **effet de bord**, side effect; **effet de coussin**, pincushion effect; **effet de fantôme**, ghosting; **effet de halo**, haloing; **effet de l'entrefer**, gap effect; **effet de marches d'escalier**, stair stepping; **effet inverse**, adverse effect; **effet maximum**, maximum effect; **effet oblique**, side effect; **effet secondaire**, side effect; **effet tonneau**, barrel effect; **transistor à effet de champ**, field effect transistor (FET).

**efficacité:** effectiveness; **coût-efficacité**, cost effectiveness; **degré d'efficacité**, average effectiveness level; **efficacité du groupage**, blocking efficiency.

**effleurement:** **à effleurement**, touch-sensitive; **bloc à effleurement**, touch-pad; **touche à effleurement**, touch-control.

**effort:** effort, stress; **théorème de rendement effort**, efficiency theorem effort.

**égal:** equal, matched, match; **égal à**, equal to; **plus grand que ou égal à**, greater than or equal to (GE); **plus petit que ou égal à**, less than or equal to (LE).

**égalisateur:** equalizer; **égalisateur de décision rétroactive**, decision feedback equalizer (DFE).

**égalisation:** compensation.

**égaliser:** égaliser, equal (to), even (to).

**égalité:** equality; **comparateur d'égalité**, equality unit; **indicateur d'égalité**, matching record indicator; **indicateur de zéro (d'égalité),** equality zero indicator, equal zero indicator; **signe d'égalité,** equal sign, colon equal; **test d'égalité,** equality test, equal test; **égalité,** .

**éjecter:** eject (to).

**éjecteur: éjecteur à tambour,** drum stacker.

**éjection:** ejection; **commande d'éjection,** stacker reject; **dispositif d'éjection de disquette,** disk eject device; ; **éjection de carte,** card ejection, card delivery **instruction d'éjection,** eject instruction; **mécanisme d'éjection,** ejection mechanism; **mécanisme d'éjection rapide,** high-speed eject mechanism; **passage d'éjection de cartes,** card run-out; **pince d'éjection,** gripper finger; **piste d'éjection,** ejection track; **plot de commande d'éjection,** ejection control hub; **poste d'éjection des cartes,** card output station; **tambour d'éjection,** stacker drum; **éjection contrôlée,** controlled stacker.

**élaboration:** elaboration; **programme d'élaboration,** design program; **temps d'élaboration,** development time.

**élaborée: mémoire morte élaborée par masque,** masked ROM.

**élargi: jeu de caractères élargis,** expanded character set; **transfert élargi,** extended move.

**élargie: mise en forme élargie,** expanded print edit.

**élargissement:** stretching.

**élargisseur: circuit élargisseur,** stretcher; **élargisseur d'impulsion,** pulse stretcher.

**élastique: ligne élastique,** rubber band line.

**électrique:** electrical; **circuit électrique,** current circuit; **connecteur électrique,** electrical connector; **exploration électrique,** electrical sensing; **imprimante thermo-électrique,** electrothermal printer; **interface électrique,** electrical interface; **machine comptable électrique,** electrical accounting machine (EAM); **période électrique effective,** effective electrical cycle.

**électriquement: mémoire morte effaçable électriquement,** electrically erasable read-only memory (EEROM); **mémoire morte programmable électriquement,** electrically programmable ROM (EPROM); **mémoire morte reprogrammable électriquement,** electrically alterable read-only memory (EAROM).

**électrode:** electrode; **électrode émetteur,** emitter electrode.

**électromagnétique:** electromagne-

tic; **interférence électromagnétique,** electromagnetic interference (EMI); **ligne à retard électromagnétique,** electromagnetic delay line.

**électromécanique:** electromechanical; **souris électromécanique,** electromechanical mouse.

**électromotrice:** electromotive; **force électromotrice,** electromotive force.

**électron:** electron.

**électronique:** electronic, electronics; **annuaire électronique,** electronic directory; **balayage électronique,** electronic scanning; **bloc-notes électronique,** electronic worksheet; **calculateur électronique,** electronic calculator; **cerveau électronique,** electronic brain; **circuit multiplicateur électronique,** electronic multiplication circuit; **commande de format électronique,** electronic format control; **commutateur électronique,** electronic switch, electronic commutator; **commutation électronique,** electronic switching; **composant électronique,** electronic component; **compteur électronique,** electronic counter; **courrier électronique,** computer mail; **crayon électronique,** electronic pen; **dispositif électronique,** electronic device; **distributeur électronique d'impulsions,** electronic emitter; **électronique de commande,** device electronics; **émetteur électronique,** electronic transmitter; **enregistrement à faisceau électronique,** electronic beam recording (EBR); **faisceau électronique,** electron beam, electron stream; **flux électronique,** electron flow; **lecture électronique des caractères,** electronic character sensing; **machine correctrice électronique,** test scoring machine; **machine de traitement électronique de données,** electronic data processing machine; **messagerie (électronique),** electronic mail; **messagerie électronique,** electronic courier; **module électronique,** electronic module; **multiplicateur électronique,** electronic multiplier; **mémoire électronique,** electronic storage unit; **mémoire à faisceau électronique,** beam storage; **normes électroniques américaines,** Electronic Industry Association (EIA); **pendule de pointage électronique,** electronic time clock; **registre de cumul électronique,** electronic accumulating register; **relais à commande électronique,** electronic relay; **récepteur électronique,** electronic receiver; **système de commutation électronique,** electronic switching system (ESS); **système de contrôle électronique,** electronic control system; **système de traitement électronique de données,** electronic data processing system; **table à dessin électronique,** electronic drawing board; **tableur électronique,** electronic spreadsheet; **totalisateur électronique,** electronic accumulator; **traitement électronique de données,** electronic data processing (EDP); **tube électronique,** electron tube; **tube à faisceau électronique,** electron ray tube.

**électrostatique:** electrostatic; **champ électrostatique,** electrostatic field; **imprimante électrostatique,** electrostatic printer; **mémoire électrostatique,** electrostatic memory, electrostatic storage; **mémoire à tube électrostatique,** CRT storage; **palpation électrostatique,** electrostatic sensing; **traceur électrostatique,** electrostatic plotter; **tube à mémoire électrostatique,** electrostatic memory tube.

**électrothermique:** electrothermal.

**élément:** element, member, unit; **affectation d'élément,** device assignment; **chaîne d'éléments binaires,** binary element string; **chaîne d'éléments de données,** data element chain; **colonne d'élément redresseur,** rectifier stack; **contenu d'élément,** cell content; **données d'élément,** cell data; **élément de signe,** sign binary digit; **élément inconditionnel,** conditional construct; **élément ET,** AND element; **élément NI,** joint denial element; **élément NI exclusif,** exclusive-NOR element; **élément NON,** NOT element; **élément NON-ET,** NAND element; **élément NON-OU,** NOR, joint denial element, zero math element; **élément OU,** union element, disjunction gate, one element; **élément OU exclusif,** exclusive-OR element, anticoincidence element; **élément actif,** active element; **élément additionnel,** add-on unit; **élément amont,** primary element; **élément angulaire,** corner element; **élément antivalent,** anticoincidence element; **élément arithmétique,** arithmetic item, arithmetic element; **élément biconditionnel,** biconditional element; **élément binaire,** binary element; **élément bistable,** bistable element; **élément d'addition,** adding element; **élément d'entrée manuelle,** manual word generator; **élément d'identité,** identity element; **élément d'image,** picture element, pixel; **élément d'impression,** printing element; **élément d'indication,** indicating element; **élément d'information,** basic information unit, item information; **élément d'information définitif,** end item; **élément d'instruction,** instruction element; **élément d'interface,** interface device; **élément d'échantillonnage,** sampling element; **élément d'équivalence,** equivalence element; **élément de base,** basic element, base element; **élément de bibliothèque,** library unit; **élément de boucle,** loop construct; **élément de branchement,** branch construct; **élément de calcul,** computational item; **élément de circuit,** circuit module; **élément de classification alphabétique,** alphabetic element; **élément de code,** code pulse; **élément de code de collecte,** data pick-off element; **élément de combinaison de code,** code value; **élément de commande,** control element; **élément de commutation,** switching element; **élément de connexion,** peripheral control system, connecting link; **élément de connexion directe,** direct connection kit; **élément de dessin,** drawing element; **élément de données,** data element, data item, data cell; **élément de fichier,** file component; **élément de file d'attente,** waiting queue element; **élément de filtrage,** filter element; **élément de format,** format item; **élément de groupe,** group item; **élément de langage,** language element; **élément de liaison directe,** through-connecting link; **élément de matrice,** array element; **élément de mémoire,** storage element, store element; **élément de mémoire binaire,** binary storage element; **élément de non-équivalence,** nonequivalence element; **élément de négation,** negation element; **élément de poids faible,** least term; **élément de programme,** program item; **élément de signal,** signal element; **élément de sélection,** generic element; **élément de table,** table element, table item; **élément de tableau,** array element; **élément de travail,** work item; **élément de tâche,** task element; **élément déclencheur,** trigger element; **élément détectable,** detectable element; **élément enfichable,** plug-in unit; **élément graphique,** display element; **élément logique,** logical element, logic element, logical device; **élément logique programmable,** field programmable logic array (FPLA); **élément moteur,** activator; **élément non linéaire,** nonlinear element; **élément optionnel,** optional feature; **élément passif,** passive element; **élément permanent,** permanent entry; **élément photoélectrique,** photovoltaic cell; **mécanisme porte-caractères,** print train; **élément seuil,** decision element; **élément tiroir,** plug-in; **élément tiroir spécial,** special plug-in; **élément unique,** unity element; **élément unitaire,** unit element; **élément universel,** universal element; **élément état solide,** solid state element; **élément à charge couplée,** image sensor; **élément à sens unique,** unidirectional element; **élément à seuil,** threshold element; **élément à tampon,** buffered device; **éléments chaînés,** catena;

**éléments de travail,** operating features; **gestion d'éléments,** element management; **groupe d'éléments d'un code,** code group; **ligne à éléments localisés,** lumped line; **limité par les éléments,** element-bound; **macro-élément,** macroelement; **numéro d'élément,** cell number; **perte d'élément binaire,** digit slip; **sous-élément,** subitem.

**élémentaire:** elementary; **allocation élémentaire,** primary allocation; **champ élémentaire,** elementary field; **déclaration élémentaire d'article,** elementary item entry; **expression arithmétique élémentaire,** arithmetic primary; **expression élémentaire,** elementary expression; **fonction élémentaire,** elementary function; **instruction élémentaire,** primary instruction; **méthode d'accès élémentaire,** elementary access method; **niveau élémentaire,** elementary level; **opération élémentaire,** elementary operation; **signal élémentaire,** unit interval; **structure élémentaire,** elementary item; **surface élémentaire d'analyse,** cell array, cell area; **transfert élémentaire,** elementary move.

**élevé:** adaptateur à gain élevé, high-speed adapter; **amplificateur à gain élevé,** high gain amplifier; **équation différentielle d'ordre élevé,** high-order differential equation; **ligne à débit élevé,** high-speed line; **logique à seuil élevé,** high threshold logic (HTL); **niveau élevé,** higher level; **ordre le moins élevé,** low-order; **ordre peu élevé,** low order; **ordre élevé,** high order; **signal à niveau élevé,** high-level signal; **titre à contraste élevé,** high contrast title; **élevé,** raised.

**élevée:** code bipolaire à densité élevée, high density bipolar (HDB); **priorité élevée,** high-priority.

**élever:** raise (to).

**éliminateur:** eliminator; **circuit éliminateur,** wave trap; **filtre éliminateur,** damping element; **filtre éliminateur de bande,** bandstop filter, band elimination filter.

**élimination:** elimination; **filtre à élimination de bande,** band rejection filter; **unité d'élimination d'erreurs,** error elimination unit; **élimination d'erreurs,** errors elimination; **élimination de zéros,** zero elimination; **élimination des lignes cachées,** hidden line removal; **élimination des surfaces cachées,** hidden surface elimination.

**éliminer:** suppress (to), drop (to); **éliminer par masque,** mask out interrupts (to).

**embarqué:** calculateur embarqué, embedded computer.

**emboîté:** nested; **intervalles emboîtés,** nested intervals.

**emboîtement:** nesting, nest; **emboîtement de blocs,** block nesting.

**embouteillage:** overrun.

**embrayage:** clutch; **embrayage d'avance chariot,** carriage clutch; **embrayage de tabulation,** tab clutch; **embrayage magnétique,** magnetic clutch.

**embrouillage:** scrambling, scramble.

**embryon:** embryon de code, skeletal coding, skeletal code.

**émetteur:** emitter, transmitter, originator, talker; **canal émetteur,** send channel; **commande d'émetteur,** emitter control; **disque émetteur,** master disk; **distorsion de l'émetteur,** transmitter distortion; **électrode émetteur,** emitter electrode; **émetteur automatique,** automatic transmitter; **émetteur cathodyne,** emitter follower; **émetteur d'impulsions,** pulse emitter; **émetteur d'indicatif,** answerback device, answerback unit; **émetteur de caractère,** character emitter; **émetteur de données,** data transmitter, data source; **émetteur numérique,** digital data transmitter; **émetteur électronique,** electronic transmitter; **émetteur à clavier,** keyboard transmitter; **émetteur/récepteur,** receiver/transmitter, transceiver; **émetteur-récepteur de cartes,** card transceiver; **émetteur/récepteur synchrone,** synchronous transceiver; **fiche émetteur,** output hub; **impulsion d'émetteur,** emitter pulse; **logique à couplage par l'émetteur,** emitter coupled logic (ECL); **mode émetteur,** originate mode; **montage émetteur commun,** common emitter circuit; **poste émetteur de texte,** text transmitting terminal; **système émetteur,** transmitting system; **tension émetteur,** emitter voltage; **terminal émetteur,** transmitting terminal; **téléimprimeur émetteur-récepteur,** automatic send/receive (ASR).

**émettre:** broadcast (to), send (to), issue (to); **demande d'émettre,** request to send; **invitation à émettre de proche en proche,** hub go-ahead polling; **prêt à émettre,** ready-for-sending.

**émettrice:** originating; **état de la station émettrice,** master station status; **machine à écrire émettrice,** transmitting typewriter; **station émettrice,** calling station; **zone émettrice,** sending field.

**émise:** (quantité d') information mutuelle émise, transmitted information; **réponse vocale émise,** transmitted voice answer.

**émission:** émission, emission, transmittal; **détection d'erreurs en émission,** redundancy feedback; **émission automatique,** automatic transmission; **émission auxiliaire,**

secondary emission; **émission de clavier,** keyboard transmission; **émission de courant,** current output; **en mode émission,** transmittal mode, send run; **fil d'émission,** send wire; **fréquence d'émission,** transmit frequency; **instruction d'émission,** transmit instruction; **ligne d'émission de données,** transmitted data line; **requête d'émission,** poll-select; **rythme d'émission,** transmitter bit timing.

**emmagasinée: marchandise emmagasinée,** stock on hand.

**empaquetage:** packing.

**empâté: empaté,** smudged.

**empêcher:** prevent (to).

**empilable:** stackable.

**empilage: empilage des interruptions,** interrupt stacking; **instruction d'empilage,** push instruction; **mécanisme d'empilage,** stack mechanism.

**empilé:** stacked.

**empilées: histogramme à barres empilées,** stacked bar chart.

**empilement: principe d'empilement,** pushdown principle.

**empiler:** pop up (to) (a stack), stack (to), jar (to).

**emplacement:** location; **emplacement binaire,** bit location; **emplacement de caractère,** character location; **emplacement de perforation,** hole site; **emplacement du code,** key location; **emplacement du signe,** sign position; **emplacement en mémoire,** storage location; **emplacement protégé,** protected location.

**emploi:** employment; **programme prêt à l'emploi,** canned routine; **questionnaire de demande d'emploi,** application questionnaire; **souplesse d'emploi,** versatility.

**employer:** use (to).

**empoigner:** grip (to).

**empreinte:** imprint; **effet d'empreinte,** print through.

**EMS: mémoire paginée,** EMS memory.

**émulateur:** emulator; **émulateur connecté,** in-circuit emulator; **émulateur de charge,** load emulator; **programme de commande d'émulateur,** emulator control program.

**émulation:** emulation*; **émulation de terminal,** terminal emulation; **logiciel d'émulation,** emulation software package; **microprogramme d'émulation,** emulator microprogram; **mode d'émulation,** emulation mode; **programmes d'émulation,** emulation package; **système moniteur d'émulation,** emulator monitor system; **technique d'émulation sur circuit,** in-circuit emulation technique;

**émulation de mémoire à bancs commutés,** expanded memory emulation.

**émulée: génération émulée,** emulator generation.

**émuler:** emulate* (to).

**encapsulé:** encapsulated; **non encapsulé,** unencapsulated; **type encapsulé,** encapsulated type.

**encastré:** imbedded, embedded.

**encastrer:** imbed (to), imbed (to).

**enchaînage: glissement d'enchaînage,** chaining slip.

**enchaîné: adressage en séquentiel enchaîné,** chain sequential addressing; **adressage enchaîné,** chained addressing; **enregistrement enchaîné,** interlaced storage; **fichiers enchaînés,** concatenated data set; **messages enchaînés,** multiple messages; **zone de tri pour enregistrements enchaînés,** interrecord sequence field.

**enchaînée: données enchaînées,** string data; **séquence d'insertion enchaînée,** insertion chain sequence; **séquence enchaînée de données,** data chaining sequence.

**enchaînement:** concatenation, linking; **adresse d'enchaînement,** chaining address; **allocation de l'enchaînement,** interlaced storage assignment; **branche d'enchaînement de base,** base linkage path; **calculateur séquentiel à enchaînement arbitraire,** arbitrary sequence computer; **circuit d'enchaînement,** link circuit; **code d'enchaînement de programme,** program linking code; **contrôle d'enchaînement,** chaining check; **drapeau d'enchaînement d'instructions,** chain command flag; **drapeau d'enchaînement de données,** chain data flag; **enchaînement d'adresses,** address chaining; **enchaînement de fichiers,** file concatenation; **enchaînement de procédures,** procedure chaining; **enchaînement de textes,** text string; **enchaînement de travaux,** job sequencing; **enchaînement du programme suivant,** successor program chaining; **enchaînement logique,** logic interconnection; **enregistrement d'enchaînement de piste,** bad track linking record; **indicateur d'enchaînement,** chain pointer; **instruction d'enchaînement,** chain order; **opérateur d'enchaînement,** string operator; **opération d'enchaînement,** chaining operation; **perforation d'enchaînement,** center hole; **procédure d'enchaînement de file d'attente,** queued linking; **registre d'enchaînement d'instructions,** instruction sequence register; **séquence d'enchaînement,** linking sequence; **voie d'enchaînement,** linkage path, link path;

vérification de l'enchaînement des documents, document position checking.

**enchaîner:** chain (to), catenate (to), concatenate (to).

**encochage:** slotting.

**encoche:** notch, gab; **encoche de protection à l'écriture,** write protection notch, write-protect notch; **encoché,** notched; **sans encoche,** unnotched.

**encocheuse:** slotting puncher.

**encodage:** encoding, enciphering; **encodage absolu,** actual code; **encodage alphanumérique,** Hollerith code; **encodage de premier niveau,** one-level code; **encodage en code machine,** specific coding; **encodage machine,** actual code, one-level code.

**encodé:** encoded.

**encoder:** encode (to), encipher (to).

**encodeur:** encoder; **circuit encodeur-décodeur,** coder-decoder chip.

**encombrement:** occupancy, space requirement; **encombrement au sol,** footprint; **encombrement d'un ordinateur de bureau,** desktop computer footprint; **encombrement en mémoire,** memory requirement; **ordinateur de faible encombrement,** small footprint computer; **point d'encombrement,** contention point; **réduction d'encombrement,** downsizing.

**encrage:** inking; **densité d'encrage,** ink density; **défaut d'encrage,** void; **encrage continu,** pen damping.

**encre:** ink; **encre conductrice,** conductive ink; **encre magnétique,** magnetic ink; **encre réfléchissante,** reflective ink; **encre sèche,** dry toner; **encre à copier,** posting fluid; **étalement de l'encre,** ink sqeezeout; **imprimante à jet d'encre,** ink jet printer; **maculage d'encre,** ink smudge; **traceur à jet d'encre,** ink jet plotter.

**encreur:** **bobine de ruban encreur,** ribbon spool; **boîtier de ruban encreur,** ribbon cartridge; **came de guidage du ruban encreur,** ribbon operating cam; **double avance de ruban encreur,** dual ribbon feed; **échange de ruban encreur,** ribbon replacement; **entraînement du ruban encreur,** ribbon feed; **inversion de ruban encreur,** ribbon reverse; **levier d'inversion du ruban encreur,** ribbon reversing arm; **levier de commande du ruban encreur,** ribbon reverse lever; **mécanisme encreur,** ink mechanism; **rouleau encreur,** ink roller; **ruban encreur,** inked ribbon; **ruban encreur,** ink ribbon; **tampon-encreur,** inking pad.

**encryptage:** encryption; **procédure d'encryptage-décryptage,** encryption-decryption procedure; **technique d'encryp-** tage, encryption technique.

**endossement:** **endossement facultatif,** selective endorse.

**enduit:** coating; **enduit antistatique,** antistatic spray.

**énergie:** energy; **énergie de déclenchement,** activation energy.

**enfichable:** pluggable; **carte enfichable,** plug-in board, plug-in card; **carte à circuit imprimé enfichable,** plug-in circuit card; **circuit enfichable,** plug-in circuit; **connecteur enfichable,** pluggable connector, plug connector; **connexion enfichable,** plug wire; **de type enfichable,** plug-in type; **élément enfichable,** plug-in unit; **module enfichable,** plug-in module; **sous-ensemble enfichable,** plug-in subassembly; **unité enfichable,** pluggable unit.

**enfichage:** plugging.

**enfilage:** **enfilage de la bande,** tape threading.

**enfoncer:** press (to).

**engagement:** **point d'engagement,** clutch point.

**engorgement:** overrun.

**engrenage:** **engrenage de verrouillage,** detent gear; **engrenage à grand rapport de réduction,** vernier drive.

**enjoliveur:** trim plate.

**enlèvement:** removal.

**enlever:** **enlever d'une file,** dequeue (to); **enlever de la fin d'un fichier,** pend (to); **enlever les interlignes,** unlead (to).

**enregistrable:** recordable, storable; **surface enregistrable,** recordable surface.

**enregistré:** recorded; **calculateur à programme enregistré,** sequence-controlled calculator; **programme enregistré,** internally stored program; **texte enregistré,** stored text.

**enregistrée:** **annonce par voix enregistrée,** recorded voice announcement; **commande enregistrée,** stored control; **fin des informations enregistrées,** end-of-record information; **lecture arrière des données enregistrées,** read backward input.

**enregistrement:** recording, record; **adresse d'enregistrement,** record address; **adresse du dernier enregistrement,** last record pointer; **bloc d'enregistrements,** record block; **classification d'enregistrement,** record type; **code d'identification de l'enregistrement,** record identifying code; **comptage d'enregistrements,** record counting; **contrôle séquentiel des types d'enregistrement,** record type sequence check; **copie d'enregistrement,** duplicated record; **courant d'enregistrement (écriture),**

recording current, record current; **densité d'enregistrement,** recording density, storage density; **densité d'enregistrement de bande,** tape recording density, tape packing density; **dispositif d'enregistrement,** recording device; **drapeau d'enregistrement,** record marker; **débordement de l'enregistrement,** record overflow; **début d'enregistrement,** beginning-of-record; **en-tête d'enregistrement,** record header; **enregistrement additionnel,** addition record; **enregistrement adjacent,** contiguous record; **enregistrement annonce,** record label; **enregistrement associé,** related entry; **enregistrement automatique de message,** automatic message registering (AMR); **enregistrement automatique des données,** automatic data recording; **enregistrement bi-impulsion,** double pulse recording; **enregistrement bloqué,** blocked record; **enregistrement chaîné,** chained record; **enregistrement complémentaire,** complementary record; **enregistrement d'amorçage,** bootstrap record; **enregistrement d'annulation,** deletion record; **enregistrement d'en-tête,** header record; **enregistrement d'enchaînement de piste,** bad track linking record; **enregistrement d'entrée,** input record; **enregistrement d'identification de piste,** track description record; **enregistrement d'ouverture de fichier,** file leader record; **enregistrement de base,** base record; **enregistrement de blocs,** block recording, block record; **enregistrement de commandes,** order entry; **enregistrement de données,** data record, information record; **enregistrement de données formatées,** formatted record; **enregistrement de données numériques,** digital data recording; **enregistrement de format fixe,** fixed-format record; **enregistrement de la durée d'une impulsion,** pulse width recording; **enregistrement de la zone principale,** prime record; **enregistrement de longueur fixe,** fixed-length record; **enregistrement de longueur variable,** variable-length record; **enregistrement de mise à jour,** modification record; **enregistrement de modifications,** amendment record, revision record; **enregistrement de mouvement,** transaction logging; **enregistrement de performances,** performance record; **enregistrement de remplissage,** padding record; **enregistrement de reprise,** checkpoint record; **enregistrement de référence,** reference record; **enregistrement de répertoire,** index record; **enregistrement de taille fixe,** fixed-size record; **enregistrement de temps,** time record; **enregistrement de tête,** home

record; **enregistrement dense d'impulsions,** pulse packing; **enregistrement des données,** data recording; **enregistrement des mouvements,** transaction record; **enregistrement descriptif,** layout record; **enregistrement direct des données,** direct data recording; **enregistrement double,** duplicate record; **enregistrement défini,** defined record; **enregistrement en codage de phase,** phase-encoded recording; **enregistrement en double densité,** double density recording; **enregistrement en modulation de phase,** phase modulation recording; **enregistrement en surface,** surface recording; **enregistrement en série,** serial recording; **enregistrement en texte clair,** visual record; **enregistrement en-tête,** leader record; **enregistrement en-tête de segment,** segment header record; **enregistrement enchaîné,** interlaced storage; **enregistrement entité,** entity record, attribute record; **enregistrement entrelacé,** interlaced recording; **enregistrement fin de données,** end-of-data item; **enregistrement identificateur,** label record; **enregistrement identificateur de piste,** track descriptor record; **enregistrement identificateur de sortie,** output header record; **enregistrement initial,** basic record; **enregistrement logique,** logical record; **enregistrement magnétique,** magnetic recording; **enregistrement maître,** master record; **enregistrement mouvement,** change record; **enregistrement multisegment,** multisegment record; **enregistrement numérique,** digital recording; **enregistrement par faisceau laser,** laser beam recording (LBR); **enregistrement par groupe,** group code recording (GCR); **enregistrement par modulation de phase,** phase shift method; **enregistrement par pistes alternantes,** alternate track recording; **enregistrement parasite,** noise record; **enregistrement physique,** physical record; **enregistrement pilote,** pilot record; **enregistrement primaire,** primary data record; **enregistrement principal,** primary record; **enregistrement récapitulatif,** trailer record; **enregistrement sans format,** unformatted record; **enregistrement sans retour à zéro,** non-return-to-zero recording (NRZ); **enregistrement sans segment,** unspanned record; **enregistrement semi-fixe,** semifixed length record; **enregistrement simple,** single-segment record; **enregistrement sur disque,** disk record; **enregistrement sur tambour,** drum record; **enregistrement transmis,** transmitted record; **enregistrement unitaire,** unit record; **enregistrement zéro,** record zero; **enregistrement étendu,** spanned record; **enregistrement à faisceau électronique,** electronic beam recording (EBR); **enregistrement à imprimer,** print image record; **enregistrement à longueur fixe,** fixed-length item; **enregistrement à longueur variable,** variable-format record; **enregistrements,** records; **erreur d'enregistrement,** recording error;**erreur de séquence d'enregistrement,** record sequence error; **espace entre enregistrements,** record gap; **espacement entre enregistrements,** inter-record gap; **exactitude d'enregistrement,** recording accuracy; **fichier des adresses d'enregistrements,** record address file; **fichier à enregistrements variables,** variable-length record file; **fin d'enregistrement,** end of record; **format d'enregistrement,** record format; **gamme d'enregistrement,** recording band; **gestion d'enregistrement,** record management; **groupe d'enregistrements,** grouping of records; **groupement d'enregistrements en blocs,** record blocking; **haute densité d'enregistrement,** high storage density; **heure d'enregistrement,** enter time; **identificateur d'enregistrement,** record identification code; **indicateur d'enregistrement,** record identifying indicator; **indicateur d'erreur d'enregistrement,** file error light; **indicateur de dernier enregistrement,** last record indication; **longueur d'enregistrement,** record length, recording size; **longueur d'enregistrement logique,** logical record length; **marque de fin d'enregistrement,** record mark; **mode d'enregistrement,** recording mode, enter mode; **mode d'enregistrement exponentiel,** power mode; **mode d'enregistrement à l'alternat,** two-frequency recording mode; **module d'enregistrement,** storage module; **mot de fin d'enregistrement,** end-of-record word; **mémoire d'enregistrement,** record storage, data memory; **méthode d'enregistrement par inversion,** return-to-bias method; **niveau d'enregistrement,** storage level; **nombre d'enregistrements,** record count; **numéro d'enregistrement,** record number; **numéro d'enregistrement relatif,** relative record number; **organisation de l'enregistrement des fichiers,** data set organization; **paramètre d'enregistrement,** record parameter; **piste d'enregistrement,** recording track, processing track; **positionnement d'enregistrement,** record position; **pour enregistrement numérique,** digital head; **précision d'enregistrement,** accuracy of recording; **pseudo-enregistrement,** dummy record; **période d'enregistrement,** recorded time; **registre de commande d'enregistrement,** storage control register; **saut d'enregistrement,** record skip; **segment d'enregistrement,** record segment; **sentinelle de mémoire d'enregistrement,** record storage mark; **sortie d'enregistrement non trouvé,** no-locate exit; **sous-système d'enregistrement des commandes,** order entry subsystem; **structure d'enregistrement,** record structure, record layout, record format; **support d'enregistrement,** recording medium, record carrier; **surface d'enregistrement,** recording surface; **sélection d'enregistrement,** record selection; **séparateur d'enregistrements,** record separator (RS); **tassement d'un enregistrement,** record packing; **technique d'enregistrement,** recording technique; **tri d'enregistrements,** record sort; **type d'enregistrement,** record class; **tête d'enregistrement,** record head; **unité d'enregistrement sur bande,** tape encoder; **validation de l'enregistrement des données,** permit data write; **voie d'enregistrement,** recording track; **zone de tri pour enregistrements enchaînés,** inter-record sequence field; **zone sans enregistrement,** clear zone.

**enregistrer:** record (to), log (to), read in (to), enter (to); **enregistrer sous...,** save as..; **enregistrer sur bande,** tape (to); **ruban magnétique pour enregistrer des données,** computer tape.

**enregistreur:** recorder, teller; **dispositif enregistreur,** logging device; **enregistreur chronologique automatique,** logger; **enregistreur d'impulsions,** impulse recorder; **enregistreur de coordonnées polaires,** radial chart recorder; **enregistreur de courbes,** continuous line recorder; **enregistreur de données,** data recorder; **enregistreur de mesures,** measurement logger; **enregistreur de temps,** time recording equipment; **enregistreur direct,** brush recorder; **enregistreur multicanal,** multichannel recorder; **enregistreur numérique,** digital recorder; **enregistreur sur bande magnétique,** data recording device; **enregistreur sur film,** film recorder; **enregistreur sur microfilm,** microfilm recorder; **enregistreur à N canaux,** recorder with N channels; **enregistreur à bande continue,** continuous loop recorder; **mode enregistreur,** logging mode.

**enrichie:** **multiprogrammation enrichie,** extended multiprogramming.

**enroulé:** wrapped, wound; **tore enroulé,** tape core.

**enroulée:** **connexion enroulée,** wire-wrap.

**enroulement:** **enroulement primaire de transformateur,** transformer primary;

**enroulement secondaire de transformateur,** transformer secondary; **cassette d'enroulement de bande,** tape magazine; **circuit d'enroulement,** winding circuit; **double enroulement,** double winding; **enroulement d'attaque,** operate winding; **enroulement d'effacement,** reset winding; **enroulement d'entrée,** input winding; **enroulement d'excitation,** operating coil; **enroulement d'inhibition,** inhibit winding; **enroulement d'écriture,** write winding; **enroulement de décalage,** shift winding; **enroulement de fin de ligne,** wrap-around; **enroulement de lecture,** read winding, set winding, sense winding; **enroulement de maintien,** holding winding, holding winding, hold coil; **enroulement de prémagnétisation,** bias coil; **enroulement de retour,** return winding; **enroulement de réglage,** setting coil; **enroulement en nid d'abeille,** lattice wound coil; **enroulement neutre,** return winding; **enroulement primaire,** primary winding; **enroulement secondaire,** secondary winding; **enroulement à rétroaction,** feedback coil; **nappe d'enroulement,** winding layer; **nombre d'enroulement,** winding number; **sens d'enroulement,** winding direction.

**e n r o u l e r :** spool (to).

**e n r o u l e u r :** **enrouleur de bande,** tape winder.

**e n s e i g n e m e n t :** teaching; **enseignement assisté par ordinateur (EAO),** computer-assisted instruction (CAI); **enseignement automatisé,** computer-augmented learning (CAL); **enseignement informatique interactif,** computer-managed instruction (CMI); **enseignement informatisé,** computer-based instruction; **enseignement programmé,** programmed learning; **gestionnaire d'enseignement,** computer manager instruction; **informatique d'enseignement,** instructional computing; **langage d'enseignement,** author language; **machine d'enseignement,** teaching machine; **moyens d'enseignement,** teaching aid; **ordinateur d'enseignement,** instructional computer; **programme d'enseignement,** training program; **système d'enseignement,** teaching system; **théorie d'enseignement,** theory of learning.

**e n s e i g n e r :** teach (to).

**e n s e m b l e :** set, pool, bulk, bag; **ensemble coordonné,** twin set; **ensemble d'adaptation,** adapter board; **ensemble d'adresses,** address set; **ensemble d'instructions,** machine instruction set; **ensemble de bandes,** volume set; **ensemble de brosse de lecture,** brush assembly; **ensemble de calculateurs associés,** attached support processor (ASP); **ensemble de caractères,** type array; **ensemble de couplage,** switching array; **ensemble de données,** data set; **ensemble de données générées,** generation data set; **ensemble de fichiers,** file set; **ensemble de programmes résident,** resident set; **ensemble de supports,** carrier assembly; **ensemble de tests,** test set; **ensemble de touches,** keypad; **ensemble de têtes magnétiques,** head stack; **ensemble des (caractères) numériques,** numeric set; **ensemble des caractères numériques,** numeric character set; **ensemble des caractères universels,** universal character set; **ensemble des données de sauvegarde,** backup data set; **ensemble des données partagées,** partitioned data set; **ensemble des données permanentes,** permanent data set; **ensemble du bloc de données,** global data block; **ensemble nul,** null set, empty set; **ensemble pièce de machine,** environment division; **ensemble universel,** universal set; **ensemble vide,** empty set, null set; **niveau d'ensemble,** aggregate level; **sous-ensemble,** subset, subassembly; **sous-ensemble du code ASCII,** limited ASCII; **sous-ensemble dérouleur de bande magnétique,** magnetic tape subsystem; **sous-ensemble enfichable,** plug-in subassembly; **sous-ensemble périphérique,** peripheral subsystem; **théorie des ensembles,** set theory; **vue d'ensemble,** total view.

**e n t i e r :** integer, untruncated; **attribut de nombre entier,** integer attribute; **entier naturel,** nonnegative integer; **multiple entier,** integral multiple; **nombre entier,** integral number, integer constant, integer; **nombre entier binaire,** binary integer; **nombre entier non signé,** unsigned integer; **nombre entier positif,** positive integer, nonegative number; **programme à base de nombres entiers,** integer-based program; **type entier,** integer type.

**e n t i è r e m e n t :** **entièrement compatible,** plug-to-plug compatible.

**e n t i t é :** entity; **attribut de l'entité,** entity attribute; **classe d'entité,** entity type; **enregistrement entité,** entity record, attribute record; **entité de catalogue,** catalog entity; **entité graphique,** graphic entity, graphical entity; **entité lexicale,** lexical token; **entité maître,** owner; **entité spécifique,** entity occurrence; **identificateur d'entité,** entity identifier.

**e n t r a î n e m e n t :** mechanism, transport, drive; **canal d'entraînement,** sprocket channel; **chaîne d'entraînement,** drive chain;

**contact de cliquet d'entraînement,** dog contact; **courroie d'entraînement,** drive belt; **couteau d'entraînement,** picker knife; **dispositif d'entraînement,** feed device; **dispositif d'entraînement de bande,** tape transport; **dispositif d'entraînement de cartes,** card drive; **disque d'entraînement,** motor pulley; **double entraînement de disquette,** twin diskette drive; **double entraînement de papier,** double paper feed; **entraînement de cartes,** card transport; **entraînement direct,** direct drive; **entraînement par courroie,** belt drive; **entraînement d'image,** dragging; **entraînement de bande,** tape drive, tape feed; **entraînement de bande magnétique,** driving magnetic tape; **entraînement de modules chargeur,** static linker; **entraînement de papier,** paper drive assembly, paper drive; **entraînement de tambour,** drum drive; **entraînement des documents,** document transport; **entraînement différentiel,** incremental drive; **entraînement du ruban encreur,** ribbon feed; **entraînement par ergots,** pinfeed; **entraînement par friction,** friction drive; **entraînement vertical,** vertical feed; **entraînement à picots,** sprocket feed; **entraînement à vitesse variable,** variable-speed drive; **galet d'entraînement,** drive roll; **moteur d'entraînement,** belt motor; **mécanisme d'entraînement,** drive mechanism; **mécanisme d'entraînement de bande,** tape transport mechanism, tape spindle; **mécanisme d'entraînement de cassette,** cassette deck; **mécanisme d'entraînement de disque,** disk storage drive; **pas d'entraînement,** feed pitch; **perforation d'entraînement,** feed hole, sprocket hole; **piste d'entraînement,** feed track; **pointeau d'entraînement,** feed knife; **poulie de courroie d'entraînement,** drive pulley; **rouleau d'entraînement,** tractor; **rouleau d'entraînement à picots,** pin feed platen device; **tambour d'entraînement à picots,** pin feed drum; **unité d'entraînement de bande,** tape drive unit; **unité d'entraînement de cartouche,** tape cartridge drive; **verrou de blocage de l'entraînement de bande,** transport locking catch; **vitesse d'entraînement,** feed rate; **vitesse d'entraînement papier,** paper feed rate.

e n t r a n c e : entrancy, fan-in.

e n t r a n t : incoming; **appel entrant,** incoming call, dial-in; **groupe entrant,** incoming group.

e n t r a x e : entraxe de piste, track positioning.

e n t r é e : input*, entry, arrival; **activité des entrées/sorties,** I/O activity; **additionneur à deux entrées,** two-input adder, half-adder,

one-digit adder; **additionneur à trois entrées,** three-input adder; **adresse d'entrée,** entry point, entry, entrance, in-point; **adresse d'entrée de programme,** entry block; **adresse de point d'entrée,** entry point address; **à mauvaise entrée mauvaise sortie,** garbage in garbage out (GIGO); **appel d'entrée temporisé,** timed entry call; **article d'entrée,** input item; **attente aux entrées/sorties,** I/O wait; **bande de programme des entrées,** program input; **bande des entrées,** input tape; **bande des entrées de travaux,** job input tape; **bande perforée des entrées,** input punched tape; **bibliothèque d'entrées-sorties,** input/output library; **bloc d'entrée,** input block; **bloc d'entrée des données,** input data block; **bloc de garnissage en entrée,** input padding record; **bobine des entrées,** input reel; **câble d'entrée-sortie,** input/output cable; **câble entrée-sortie,** input-output trunk; **canal d'entrée,** entry channel; **canal d'entrée de données numériques,** digital input channel; **carte entrée,** input card; **chaîne d'entrées-sorties,** stream input/output; **circuit d'entrée,** input circuit; **circuit d'entrée récepteur,** receiver gating; **circuit d'entrée/sortie,** peripheral input/output (PIO); **circuit sériel (série) d'entrée/sortie,** serial I/O (SIO); **clavier d'entrée,** input keyboard; **commande centrale d'entrée/sortie,** central input/output controller; **commande des entrées numériques,** digital input controller; **commande des entrées système,** system input control; **commande des entrées/sorties,** input/output (traffic) control; **commentaire d'entrée,** comment entry; **commutation d'entrée/sortie,** input/output switching; **comptage des zones d'entrée,** input block count; **condition d'entrée,** entry condition; **connecteur d'entrée,** in-connector; **connexion d'entrée,** input terminal; **contrôleur d'entrée,** input control unit; **contrôleur d'entrée/sortie,** input/output controller; **contrôleur d'entrée/sortie (CES),** synchronizer; **convertisseur d'entrées négatives,** negative input converter; **convertisseur des codes d'entrée/sortie,** inputoutput code converter; **coupleur d'entrée,** input latch; **courant de repos en entrée,** quiescent input current; **date d'entrée,** entry date; **dispositif d'entrée,** input equipment; **dispositif d'entrées analogiques,** analog input device; **disque d'entrée,** input disk; **données d'entrée,** input data; **données d'entrée/sortie,** input/output data; **déclaration d'entrée,** description entry; **déclaration de données d'entrée,** data description entry; **échange entrée/sortie,** data input/output exchange;

élément d'entrée manuelle, manual word generator; état d'entrée/sortie, I/O status; état de l'entrée, input state; étiquette d'entrée, entry label; enregistrement d'entrée, input record; enroulement d'entrée, input winding; entrée alphabétique, alphabetic receive; entrée analogique, analog input; entrée asymétrique, unbalanced input; entrée asynchrone, asynchronous input; entrée au clavier, key entry; entrée bipolaire, bipolar input; entrée compteur pour listage de compteur, counter list entry; entrée conditionnelle, conditional entry; entrée dans une table de segments, segment table entry; entrée de chargement, segment load entrance; entrée de commandes, order entry; entrée de compteur, counter entry; entrée de câble, cable entry point; entrée de données, data entry; entrée de données alphabétiques, alphabetic data input; entrée de liste, list entry; entrée de point de reprise, checkpoint input; entrée de positionnement, set input; entrée de table, table entry; entrée de tension, voltage element; entrée de validation, enable input; entrée des données, data input; entrée des travaux, job input; entrée dialoguée déportée, conversational remote entry; entrée différée, deferred entry; entrée directe, direct input; entrée directe des données, direct data entry (DDE); entrée dissymétrique, unipolar input; entrée en mémoire, storage entry; entrée en pont, bridge input circuit; entrée en temps réel, real-time input; entrée erronée, misentry; entrée exclusive, input only; entrée lisible, legible input; entrée logique, logical input; entrée manuelle, manual input; entrée multicaractère, multicharacter input; entrée non codée, uncoded input; entrée non sollicitée, unsolicited input; entrée numérique, digital input, numeric entry, numerical input; entrée numérique statique, static digital input device; entrée par clavier, keyboard entry; entrée par remplissage de blancs, fill in blank data entry; entrée secondaire, secondary input; entrée symétrique, balanced input; entrée synchrone, synchronous input; entrée séquentielle, sequential input; entrée sérielle, serial entry; entrée tout ou rien, on-off input; entrée vocale, voice input; entrée à double mot de passe, two-level password entry; entrée/sortie, memory port; entrée/sortie logique, logical input/output; entrée/sortie parallèle, parallel input/output; entrée/sortie physique, physical input/output; entrée/sortie séquentielle, serial input/output; entrée/sortie tamponnée, buffered input/output; entrée/sortie virtuelle, virtual input/output (VIO); entrée/sortie à accès direct, random access input/output; entrées, ins; entrées des données industrielles, process data input; entrées-sorties (E/S), input/output (I/O); extension d'entrée/sortie, I/O expander; famille d'entrées, entry family; fichier bande entrée, input tape file; fichier d'entrée, input file, in file; fichier d'entrée des travaux, input file; fichier d'entrée exclusif, input only file; fichier d'entrée système, system input file; fichier des entrées sur disque, input mass storage file; file d'attente d'entrée, input queue, entry queue; file d'attente de travaux en entrée, input job queue; file d'attente des travaux en entrée, job input queue; file des travaux en entrée, input work queue; fluence d'entrée, flow-in; flux d'entrée, input stream; flux d'entrée des travaux, job input stream; format d'entrée, input format; impédance d'entrée, input impedance; indicateur d'interruption d'entrée/sortie, input/output interrupt indicator; indicateur entrée/sortie, input/output indicator; information d'entrée, input information; instruction complémentaire d'entrée-sortie, auxiliary input/output statement; instruction d'entrée, input instruction, entry instruction; instruction d'entrée/sortie, input-output instruction; interruption d'entrée-sortie, input/output interrupt; jeu de cartes d'entrée, input deck; label d'en-tête d'entrée, input header label; ligne d'entrée des données, data-in line; limité par l'entrée, input-limited; limité par les entrées/sorties, input/output-limited, I/O bound; liste d'entrée, input list; liste des entrées/sorties, input/output list; logement d'entrée/sortie, I/O slot; longueur de bloc d'entrée, input record length; longueur du bloc d'entrée, input block length; lot d'appareils d'entrée-sortie, input/output pool; matériel d'entrée, input equipment; mode d'entrée/sortie des données, peripheral mode; modèle entrée-sortie, input/output model; multiplexeur d'entrée, input multiplexer; mémoire d'entrée, input storage; mémoire d'entrée de données, data-in storage; mémoire d'entrée/sortie, input/output storage; mémoire tampon d'entrée, input buffer storage; opérateur d'entrée analogique, analog input operation; opération d'entrée, sysin; opération d'entrée/sortie, input/output operation, transput process; organe d'entrée, input unit, input equipment; organe d'entrée-sortie, input/output unit, input/output device; organe de commande d'entrée, input control device; paramètre d'entrée, input parameter; **paramètre d'entrée du champ,** field input parameter; **partie du fichier d'entrée,** input member; **pile d'entrée,** input stack; **plot d'entrée,** entry hub; **point d'entrée,** entry point, entrance, entry, in-point; **point d'entrée analogique,** analog input point; **point d'entrée décimale,** decimal input point; **point d'entrée initial,** initial entry point; **point d'entrée principal,** main entry point, primary entry point; **point d'entrée secondaire,** secondary entry point; **port d'entrée,** input port, entrance; **port entrée/sortie,** I/O port; **poste d'entrée de données,** data input station; **processeur entrée/sortie,** input/output processor (IOP); **procédure d'entrée,** input procedure, login; **programme d'entrée,** input program, input reader, input routine; **programme de commande d'entrée,** input control program; **programme de gestion des entrées/sorties,** input/output program; **protection d'entrée,** input protection; **périphérique d'entrée de travaux,** job input device; **queue d'attente des entrées-sorties,** input/output queue; **queue d'entrée-sortie,** input/output error; **registre d'entrée,** input register; **registre d'entrée manuelle,** manual input register; **registre d'entrée mot,** word input register; **registre d'entrée/sortie,** input/output register; **routine d'entrée/sortie,** input/output routine; **référence d'entrée-sortie,** input/output referencing; **section d'assemblage entrée/sortie,** input/output section; **section d'entrée,** input section; **signal d'entrée,** input signal; **sommateur à trois entrées,** full adder; **sous-programme d'entrée/sortie,** input/output handler; **sous-programme de gestion des entrées/sorties,** input/output software routine; **sous-programme entrée/sortie,** input/output support package; **soustracteur complet (à trois entrées),** full subtracter; **soustracteur à deux entrées,** one-digit subtractor, two-input subtractor; **soustracteur à trois entrées,** three-input subtracter; **suite des entrées système,** system input stream; **suite des travaux en entrée,** input job stream; **support d'entrée,** input medium; **support de données d'entrée/sortie,** input/output medium; **symbole d'entrée/sortie,** input/output symbol; **système de contrôle des entrées-sorties,** input/output control system (IOCS); **système de gestion des entrées/sorties,** input/output system; **système de gestion des fichiers d'entrée/sortie,** input/output file control system; **tampon d'entrée,** input buffer; **tampon d'entrée/sortie,** input/output buffer; **tampon entrée/sortie,** input/output synchronizer; **temps d'entrée,** entry time; **ten-**sion de repos en entrée,** quiescent input voltage; **terminal d'entrée,** input station; **traducteur d'entrée,** input translator; **traducteur des données en entrée,** input data translator; **traitement exclusif des entrées,** input only processing; **transfert en entrée,** copy-in; **unité d'entrée,** input device; **unité d'entrée manuelle,** manual input unit; **unité d'entrée système,** system input unit; **unité d'entréesortie,** terminal device; **unité d'entrées analogiques,** analog input unit; **valeurs d'entrée,** type-ins; **vitesse d'entrée,** input rate, input speed; **voie d'entrée/sortie,** input/output channel; **volume d'entrée,** input quantity; **zone d'entrée,** input area; **zone d'entrée de la file d'attente,** queue slot; **zone d'entrée des appels,** call entrance field; **zone d'entrée des lignes de connexion,** terminal line input area; **zone d'entrées-sorties,** input/output area.

**e n t r e f e r :** air gap; **effet de l'entrefer,** gap effect; **entrefer de tête,** head gap; **largeur d'entrefer,** gap width.

**e n t r e l a c é :** interlaced, interleaved; **balayage entrelacé,** interlaced scanning; **balayage entrelacé,** interlaced scan; **enregistrement entrelacé,** interlaced recording; **mode entrelacé,** interlaced mode.

**e n t r e l a c é e s :** **affichage en trames entrelacées,** interlaced display.

**e n t r e l a c e m e n t :** interleaving, multithreading.

**e n t r e l a c e r :** interlace (to), nest (to), interleave (to).

**e n t r e p r i s e :** **base de données d'entreprise,** corporate database; **entreprise publique de communications,** common carrier; **infographie d'entreprise,** business graphics; **jeu d'entreprise,** business game; **progiciel de jeux d'entreprise,** gaming package.

**e n t r e r :** input (to), enter (to); **entrer au clavier,** key-in (to).

**e n t r e t e n i r :** maintain (to).

**e n t r e t e n u e s :** **ondes entretenues manipulées,** keyed continuous wave.

**e n t r e t i e n :** maintenance, servicing, support, repair, upkeep; **console du technicien d'entretien,** maintenance console; **contrat d'entretien,** service contract; **entretien courant,** servicing; **entretien d'image,** image refreshing; **entretien de routine,** routine maintenance, scheduled maintenance; **entretien systématique,** scheduled maintenance; **fiche d'entretien,** service sticker; **frais d'entretien,** maintenance charges; **intervalle entre deux opérations d'entretien,** maintenance rate; **manuel d'entretien,** servicing manual; **moyenne des temps d'entretien,** mean time to maintain (MTTM); **moyenne des temps entre entretiens,** mean time between routine maintenance (MTBRM); **opération d'entretien,** red tape operation; **période d'entretien,** service time; **service d'entretien,** field service; **temps d'entretien,** maintenance time.

**entretoise:** gate block.

**entropie:** entropy, negentropy, mean information content; **débit moyen d'entropie,** average data rate; **entropie conditionnelle,** conditional entropy; **entropie informatique,** information rate; **entropie moyenne (par caractère),** mean entropy (per character).

**énumération:** enumeration; **littéral d'énumération,** enumeration literal; **type d'énumération,** enumeration type.

**enveloppe:** envelope*, jacket, sheath; **distorsion par retard d'enveloppe,** envelope delay distortion (EDD); **enveloppe antistatique,** antistatic envelope; **enveloppe de modulation,** modulation envelope; **enveloppes en continu,** continuous envelopes; **machine à mettre sous enveloppe,** envelope inserting machine; **machine à ouvrir les enveloppes,** envelope opening machine; **onde enveloppe,** front wave.

**environnement:** environment*; **environnement d'exploitation,** operating environment, working environment; **environnement de base de données,** database environment; **environnement de l'utilisateur,** user environment; **environnement de l'équipement,** hardware environment; **environnement opérationnel utilisateur,** user operating environment; **fichier d'environnement,** environmental file; **prévision sur l'environnement,** environmental forecasting.

**envoi:** sending.

**envoyer:** send (to), post (to), issue (to).

**épais:** thick; **film épais,** thick film.

**épaisse:** circuit intégré à couche épaisse, thick film integrated circuit; **couche épaisse,** thick film.

**épaisseur:** thickness; **contrôleur d'épaisseur de liasse,** form thickness control; **épaisseur d'oxyde,** oxide thickness; **épaisseur de bande,** tape thickness; **épaisseur de paroi radiale,** radial thickness.

**épandu:** expanded.

**épandue:** carte de mémoire épandue, expanded memory board; **mémoire épandue,** expanded memory; **spécification de mémoire épandue,** expanded memory specification (EMS).

**épissure:** splicing; **épissure de câble,** cable splicing.

**épitaxial:** epitaxial.

**épitaxiale:** couche épitaxiale, epitaxial layer.

**éprouvé:** burn.

**équation:** equation; **calcul d'équation,** equation evaluation; **équation adjacente,** adjoint equation; **équation algébrique,** algebraic equation; **équation algébrique linéaire,** linear algebraic equation; **équation conditionnelle,** minimum access routine; **équation d'onde,** wave equation; **équation des lignes,** line integral; **équation évoluée,** high-order equation; **équation différentielle,** differential equation, difference equation; **équation différentielle d'ordre élevé,** high-order differential equation; **équation différentielle homogène,** homogeneous differential equation; **équation du premier degré à une inconnue,** conditional equation, simple equation; **équation fondamentale,** basic equation; **équation homogène,** homogeneous equation; **équation identique,** identical equation; **équation intégrale,** integral equation; **équation linéaire,** linear equation; **équation linéaire simultanée,** simultaneous linear equation; **équation littérale,** literal equation; **équation logique,** logical equation; **équation matricielle,** matrix equation; **équation paramétrique,** parametric equation; **équation réciproque,** reciprocal equation; **équation transcendante,** transcendental equation; **équation tronquée,** truncated equation; **résolveur d'équations,** equation solver; **système d'équations,** system of equations; **système d'équations linéaires,** linear set of equations.

**équilibrage:** zero balance; **auto-équilibrage,** automatic balancing; **transformateur d'équilibrage,** balanced transformer.

**équilibré:** balanced; **amplificateur équilibré,** balanced amplifier; **mélangeur équilibré,** balanced mixer; **pont équilibré,** balanced bridge; **tambour magnétique équilibré,** balanced magnetic drum; **tambour équilibré,** balanced drum; **tri équilibré,** balanced sorting.

**équilibrée:** ligne équilibrée, longitudinal balanced line.

**équilibrer:** balance (to).

**équipe:** gang.

**équipée:** carte équipée, populated board.

**équipement:** equipment; **alimentation (d'équipement),** power supply, supply; **caractéristique (d'équipement),** feature; **compatibilité des équipements,** equipment compatibility; **configuration de l'équipement,**

equipment configuration; **demande en équipement machine,** machine requirement; **désignation abrégée des équipements,** installation mnemonic; **environnement de l'équipement,** hardware environment; **équipement E/S,** I/O equipment; **équipement accessoire,** accessory equipment; **équipement annexe,** accessory unit; **équipement automatique,** automatic equipment; **équipement auxiliaire,** auxiliary equipment, ancillary equipment; **équipement d'adaptation,** matching equipment; **équipement de base,** basic equipment; **équipement de calcul,** computing device; **équipement de chiffrement,** ciphering equipment; **équipement de commande,** director equipment; **équipement de commande de processus,** process control equipment; **équipement de contrôle,** checkout system; **équipement de contrôle des circuits,** chip tester; **équipement de conversion,** conversion equipment; **équipement de fac-similé,** facsimile equipment; **équipement de l'utilisateur final,** end user facility; **équipement de simulation,** simulation equipment; **équipement de sortie,** output equipment; **équipement de terminaison,** terminal equipment; **équipement de terminaison de circuit de données,** data circuit terminating equipment (DCE); **équipement de terminaison de ligne,** line termination equipment (LTE); **équipement de test,** testing equipment, test equipment; **équipement de test automatique,** automatic test equipment (ATE); **équipement de transfert inverse,** back transfer equipment; **équipement destinataire,** destination equipment; **équipement déconnecté,** off-line equipment; **équipement en ligne,** on-line equipment; **équipement fondamental,** basic hardware; **équipement portable,** portable equipment; **équipement périphérique,** peripheral equipment; **équipement standard,** basic equipment; **équipement supplémentaire,** additional equipment; **équipement terminal de données (ETTD),** data terminal equipment (DTE); **équipement terminal déporté,** remote terminal device; **équipement étranger,** alien machine; **équipement à bande,** tape device; **équipement à haute performance,** high performance equipment; **erreur due à l'équipement,** equipment error; **fabricant de l'équipement original,** original equipment manufacturer (OEM); **fiabilité des équipements,** equipment reliability; **groupement d'équipements,** equipment pooling; **panne d'équipement,** equipment trouble, equipment failure.
**équiper:** outfit (to).
**équivalence:** equivalence; **élément de non-équivalence,** nonequivalence element; **équivalence logique,** IF-AND-ONLY-IF, EXNOR; **instruction d'équivalence,** equivalence statement; **non-équivalence,** nonequivalence; **opération d'équivalence logique,** equivalence operation, IF-AND-ONLY-IF operation; **porte d'équivalence,** coincidence circuit; **porte de non-équivalence,** anticoincidence gate; **élément d'équivalence,** equivalence element.
**équivalent:** equivalent; **circuit équivalent,** equivalent network; **nombre de binaires équivalents,** equivalent binary digits; **équivalent binaire,** binary equivalent.
**équivalente:** **tension de dérive équivalente,** equivalence drift voltage; **valeur équivalente binaire,** binary equivalent value.
**ergonomie:** l'ergonomie, ergonomics.
**ergonomique:** ergonomic.
**ergot:** **entraînement par ergots,** pinfeed; **ergot de centrage,** locating dowel; **roue à ergots,** pinwheel, sprocket wheel; **rouleau à ergots,** pinfeed platen.
**Erlang:** Erlang*.
**erratique:** **avarie erratique,** random failure; **bruit erratique,** random noise; **erreur erratique,** random failure.
**erreur:** error*, graunch; **adresse d'erreur,** error location; **analyse d'erreurs,** error analysis; **analyse des erreurs machine,** machine check analysis; **arrêt conditionnel d'erreur,** error-conditioned halt; **bande des erreurs,** error tape; **caractère de correction d'erreur,** error-correcting character; **catégorie d'erreur,** error class; **classe d'erreur,** error class; **code binaire de correction d'erreurs,** binary error-correcting code; **code binaire de détection d'erreurs,** binary error detecting code; **code correcteur d'erreurs,** error-correcting code (ECC); **code d'erreur,** error code; **code de contrôle des erreurs,** error detecting code; **code de contrôle systématique d'erreurs,** system error-checking code; **code de correction d'erreurs,** error correction code (ECC); **code de détection d'erreurs,** error detection code (EDC), error-detecting code; **code de détection-correction d'erreurs,** error-checking code; **code détecteur d'erreurs,** self-checking code; **condition d'erreur,** error condition; **condition d'erreurs de périphériques,** peripheral error condition; **contrôle d'erreur d'autorisation d'écriture,** protection check; **contrôle de dépistage d'erreur,** fault checking; **correction automatique d'erreurs de sortie,** device error recovery; **correction automatique des erreurs,** automatic error correction; **correction d'erreur de ligne,** line correction;

**correction d'erreur sans voie retour,** forward error correction (FEC); **correction d'erreurs,** error correction; **diagnostic d'erreurs,** error diagnostic; **détection automatique des erreurs,** automatic error detection; **détection d'erreurs,** error detection, error checking; **détection d'erreurs en émission,** redundancy feedback; **détection et correction automatiques des erreurs,** automatic error detection and recovery; **écart moyen d'erreur,** average error; **élimination d'erreurs,** errors elimination; **erreur absolue,** absolute error; **erreur accidentelle,** accidental error, fortuitous fault; **erreur aléatoire,** random error; **erreur ambivalente,** ambiguity error; **erreur assumée,** default assumption; **erreur asymétrique,** bias error; **erreur catastrophique,** catastrophic error; **erreur centrée,** balanced error; **erreur compensatrice,** compensating error; **erreur compensée,** balanced error; **erreur critique,** critical defect; **erreur cumulative,** cumulative error, accumulative error; **erreur cumulée,** accumulated error; **erreur d'acheminement,** transport fault; **erreur d'acquisition,** logging error; **erreur d'adaptation,** matching error; **erreur d'alignement,** alignment error; **erreur d'amplitude,** amplitude error; **erreur d'approximation,** error of approximation; **erreur d'arrondi,** rounding error, round off error; **erreur d'asservissement,** tracking error; **erreur d'enregistrement,** recording error; **erreur d'espacement de document,** document spacing error; **erreur d'exploitation,** operating error; **erreur d'impression,** misprint; **erreur d'indice,** index error; **erreur d'introduction,** input error; **erreur d'unité,** device error; **erreur d'écriture,** miswrite, clerical error; **erreur dans les données,** data error; **erreur de bande,** tape error; **erreur de bit,** bit error; **erreur de calcul,** computing error, computational error; **erreur de canal,** channel error; **erreur de carte,** card error; **erreur de charge,** loading error; **erreur de classement,** misfile; **erreur de codage,** coding error, coding mistake; **erreur de comptage d'articles,** item count discrepancy; **erreur de constitution,** setup error; **erreur de contrôle du nombre de perforations,** hole count error; **erreur de cycle d'impression,** printer cycle error; **erreur de câblage,** wiring error; **erreur de deux binaires,** double error; **erreur de discordance,** unbalanced error; **erreur de division,** divide error; **erreur de dépassement,** overrun check, size error; **erreur de dérive,** drift error; **erreur de fichier,** file error; **erreur de frappe,** type error, mistype, typing error, keying error; **erreur**

de gamme, range error; **erreur de grandeur,** arithmetic fault; **erreur de géométrie,** geometry error; **erreur de l'unité à disques magnétiques,** mass storage peripheral device error; **erreur de lecture,** reading error, read error, misread; **erreur de lecture constante,** permanent read error; **erreur de lecture de bande,** tape read error; **erreur de lecture de cartes,** card read error; **erreur de lecture mémoire,** core sense failure; **erreur de lecture permanente,** unrecoverable read error; **erreur de ligne transitoire,** transient line error; **erreur de longueur,** length error; **erreur de matériel irrécupérable,** uncoverable device error; **erreur de mesure,** measuring error; **erreur de mémoire morte,** read-only storage error; **erreur de mémoire à tores,** core memory error; **erreur de numérotation,** misdialing; **erreur de paramètre,** parameter error; **erreur de parité,** parity error; **erreur de parité de périphériques,** device parity error; **erreur de parité en lecture,** read parity error; **erreur de parité horizontale,** longitudinal redundancy error; **erreur de perforation,** mispunching; **erreur de phase,** phase error; **erreur de positionnement,** positioning error, mispositioning; **erreur de prise au hasard,** sampling error; **erreur de programmation,** programming error, programming mistake; **erreur de programme,** program error; **erreur de protection de mémoire,** memory protect error; **erreur de précision,** generated error; **erreur de ressemblance,** comparing error; **erreur de routage,** misroute; **erreur de résolution,** resolution error; **erreur de sortie de périphérique,** device error exit; **erreur de synchro,** clocking error, clock error; **erreur de synchronisation,** clock timing error, timing signal error; **erreur de syntaxe,** syntax error; **erreur de séquence,** sequence error; **erreur de séquence d'enregistrement,** record sequence error; **erreur de transmission,** transmission error; **erreur de transmission en ligne,** line transmission error; **erreur de transposition,** transposition error; **erreur de tri,** missort; **erreur de trois bits,** triple error; **erreur de troncature,** truncation error; **erreur de validité,** validity error; **erreur de virgule flottante,** floating-point fail; **erreur de zone,** field error; **erreur double,** double error; **erreur due au composant,** component error; **erreur due au matériel,** hardware error; **erreur due à l'équipement,** equipment error; **erreur dynamique,** dynamic error; **erreur découverte rapidement,** quiet error; **erreur détectable par les données,** data-sensitive error; **erreur détectée,** detected error; **erreur en chaîne,** propagated error; **erreur erratique,** random failure; **erreur fatale,** fatal error, nontransient error; **erreur fluctuante,** fluctuating error; **erreur formelle,** formal error; **erreur héritée,** inherited error; **erreur inattendue,** unexpected error; **erreur incorrigible,** uncorrectable error; **erreur initiale,** initial error; **erreur intermittente,** intermittent error, intermittent fault; **erreur irrécupérable,** unrecoverable error; **erreur logicielle,** software error (soft error); **erreur machine,** machine error, permanent error; **erreur non centrée,** bias error; **erreur non définie,** undefined error; **erreur non systématique,** intermittent fault; **erreur négligeable,** transit error; **erreur passagère,** transient fault; **erreur persistante,** solid error; **erreur probable,** probable deviation; **erreur propagée,** inherited error; **erreur relative,** relative error; **erreur récupérable,** recoverable error; **erreur répétitive,** repetitive error; **erreur résiduelle,** residual error; **erreur simple,** single error; **erreur statique,** static error; **erreur syntaxique,** syntactical error; **erreur systématique,** systematic error; **erreur sémantique,** semantic error; **erreur séquentielle de clé,** key out of sequence; **erreur temporaire de ligne,** temporary line error; **erreur temporelle,** timing error; **erreur transitoire,** transient error; **erreur typographique,** clerical error; **erreur véhiculée,** conveying error; **erreur à l'écriture,** write error; **étendue d'une erreur,** error span; **évaluation d'erreurs,** error estimation; **exempt d'erreur,** error-free; **fausse erreur,** false error; **fonction de détection d'erreurs,** error detection feature; **gamme d'erreurs,** error range; **gamme d'erreurs compensées,** balanced error range; **gestion des erreurs,** error management; **indicateur d'erreur,** error indicator, fault indicator, error flag; **indicateur d'erreur d'enregistrement,** file error light; **indicateur d'erreur de lecture,** read check indicator; **indicateur de sortie d'erreurs,** error exit indicator; **indicateur du type d'erreur,** error type indicator; **indication d'erreur,** error indication; **indication d'erreur de canal,** channel alert; **indication d'erreur par total insensé,** nonsense total check; **interruption d'erreur,** error interrupt; **journal de saisie des erreurs,** error log sheet; **journal des erreurs,** error logging; **limite d'erreur,** error limit; **liste des erreurs,** error list, error report; **liste des erreurs machine,** hardware error list; **liste des messages d'erreur,** diagnostic message printout; **localisation d'erreur,** fault isolation; **mappe des erreurs,** flaw mapping; **marge d'erreur,**

range of error; **message d'erreur,** error message, fault message, trouble report; **message d'erreur sorti par console,** console error typeout; **nombre d'erreurs,** error count; **opération exempte d'erreur,** error-free operation; **opération sans erreur,** error-free operation; **panneau d'indication d'erreurs,** fault panel; **paquet d'erreurs,** error burst; **plage d'erreur,** error range; **probabilité d'erreur,** error probability; **procédure d'erreur,** error procedure; **programme de correction d'erreurs,** error correction routine; **programme de correction des erreurs,** error-correcting program; **programme de recherche d'erreurs,** error search program; **propagation d'erreurs,** error propagation; **protection contre erreurs,** error protection; **rapport d'erreurs,** error report; **recherche d'erreur,** error trapping, error search; **recouvrement d'erreurs,** error recovery, fault recovery; **registre d'erreurs,** error register; **retour en cas d'erreur,** error return; **routine d'erreur,** error routine; **répertoire d'erreurs,** fault dictionary; **sans erreur,** error-free; **signal d'erreur de données,** data alert; **signal de contrôle d'erreur,** error-checking character; **sortie d'erreurs,** error exit; **sortie sur erreur,** error typeout; **source d'erreur,** origin of error; **sous-programme détecteur d'erreurs,** error-correcting routine; **suppression d'erreurs,** error deletion; **système à contrôle d'erreur,** accuracy control system; **système à correction d'erreurs,** error-correcting system; **système à détection d'erreurs,** error-detecting system, error detection error; **séquence d'erreurs,** error burst; **taux d'erreur binaire,** bit error rate (BER); **taux d'erreur résiduelle,** undetected error rate; **taux d'erreur sur les caractères,** character error rate; **taux d'erreurs,** error rate, rate error; **taux d'erreurs de frappe,** keying error rate; **taux d'erreurs par binaire,** binary digit error rate (BER); **taux d'erreurs résiduelles,** residual error rate; **taux d'erreurs sur les blocs,** block error rate; **temps d'exploitation sans erreurs,** productive time; **temps de recherche d'erreur,** fault-tracing time; **test de détection d'erreurs,** error test detection; **traitement d'erreurs,** error services; **traitement des erreurs,** error management, error control; **trappage d'erreur,** error trapping; **unité d'élimination d'erreurs,** error elimination unit; **vecteur d'erreur,** error vector; **voyant de contrôle d'erreur,** error light, error sense light; **zone de référence d'erreurs,** error reference.

**e r r o n é:** erroneous, crippled; **bit erroné,** erroneous bit; **bloc erroné,** erroneous block;

caractère d'acheminement erroné, improper routing character; caractère erroné, false code; programme erroné, incorrect program.

erronée: avance erronée, misfeed; branche erronée, error path; carte erronée, error card; changement de voie erronée, defective track recovery; commande erronée, invalid command; complément de fonction erronée, error function complement; condition de code erronée, invalid key condition; données erronées, erroneous data, error data; entrée erronée, misentry; fonction erronée, error function; longueur erronée, incorrect length; mesure erronée, measuring error; opération erronée, incorrect operation; position erronée, bad spot; présentation erronée, misrepresentation; réception erronée, invalid reception; structure d'instruction erronée, format error; syntaxe erronée, improper syntax; voie erronée, defective track; zone erronée, error band.

ESC: échappement, escape (ESC).

escalier: stair; courbe en escaliers, stepwave; effet de marches d'escalier, stair stepping; fonction en escalier, step function; marche d'escalier, stair step; marche d'escalier, stairstep.

escargot: at sign '@'.

esclave: slave; calculateur esclave, host-driven computer; état du poste esclave, slave status; fichier esclave, slave file; mémoire esclave, slave memory; processeur esclave, slave processor; système maître-esclave, master/slave system; tâche esclave, subordinate task.

espace: space (SP), spacing, blank space, interval, gap; barre d'espace, space bar; caractère espace, space character (SP), blank character; caractères espacés, spaced characters; charge d'espace, space charge; constante d'espaces, blank constant; contrôle des espaces, space check; courbe dans l'espace, space curve; espace adressable, free space; espace arrière, backspace (BS); espace blanc, white space; espace d'adressage, address space; espace d'affichage, display space; espace d'une ligne, single-spaced; espace de bas de page, foot margin; espace de début de chargement, load point gap; espace de haut de page, head margin; espace de travail, working space; espace de trois interlignes, triple space; espace dessin, drawing area, drawing canvas; espace disque, disk space; espace en-tête de mot, leading edge; espace entre bandes, band gap; espace entre blocs, block gap; espace entre caractères, character separation; espace entre deux blocs, gap on tape; espace entre enregistrements, record gap; espace entre lignes, line space; espace entre mots, interword gap; espace initial, initial gap; espace interbloc, interblock gap, interblock space; espace intercalaire, embedded blank; espace intercaractère, intercharacter interval; espace interfichier, file gap; espace intermot, interword gap; espace interpiste, track pitch; espace inutilisé, dead space; espace mot, word space; espace mémoire, memory space; espace mémoire de 32 mots, sliver; espace mémoire de l'utilisateur, user address space; espace mémoire utilisateur, user program area; espace tridimensionnel, xyz space; espace vide, vacancy; espace virtuel, virtual space; espace xyz, xyz space; espace écran, display space; espaces suiveurs, trailing spaces; espacé, spaced; fin de l'espace interbloc, end-of-record gap; gestion de l'espace disque, disk space management; grandeur d'espace, gap length; génération des caractères espaces, space code generation; impulsion dans l'espace, space pulse; reculer d'un espace, backspace (to); suppresseur d'espace, blank deleter; suppression d'espaces, space suppression; symbole de caractère espace, space symbol; touche espace, space key.

espacement: interval, spacing, gap, pitch; axe de référence d'espacement de caractère, character spacing reference line; barre d'espacement, tie rod; bit d'espacement, spacing bit; caractère d'espacement arrière, backspace character; caractère d'espacement horizontal, horizontal skip character; caractère espacement, blank space; code signaux à espacement unitaire, unit distance code; erreur d'espacement de document, document spacing error; espacement automatique, continuous spacing; espacement de caractère, character interval; espacement de caractères longitudinal, horizontal spacing; espacement de document, document spacing; espacement de fichiers, file gap; espacement des caractères, row pitch; espacement entre caractères, character spacing; espacement entre enregistrements, interrecord gap; espacement entre lignes, line spacing; espacement final, terminal space; espacement intercaractère, horizontal pitch, character pitch; espacement interligne, vertical pitch; espacement variable des caractères, variable-character pitch; exactitude des espacements, accuracy of hole spacing;

**fonte à espacement fixe,** fixed-width font; **touche d'espacement arrière,** backspace key.

**e s p a c e r :** space fill (to).

**e s p é r a n c e :** espérance de vie, life expectancy.

**e s q u i s s e :** profile.

**e s q u i s s e r :** outline (to).

**e s s a i :** testing, test, trial, engineering evaluation; **banc d'essai,** test desk; **banc d'essai automatique,** automatic tester; **bande perforée d'essai,** test paper tape; **bloc des données d'essai,** test data block; **borne d'essai,** test termination; **carte d'essai,** test board; **centre d'essais,** test center; **champ d'essai,** test department; **circuit d'essai par prise au hasard,** sampling circuit; **commande d'essai,** test control; **compte-rendu d'essai,** test report; **compteur des essais de programmes,** test cycle counter; **console d'essai,** test console; **contrôle de champ d'essai,** inspection test; **câble d'essais,** test cable; **dispositif d'essai,** testing facility, test facility; **distribution des données d'essai,** test data dispersion; **essai aux chocs,** vibration test; **essai aux vibrations,** vibration test; **essai d'échantillonnage,** sampling test; **essai de boucle,** loop testing; **essai de fonctionnement,** function check; **essai de longévité,** life test; **essai de procédures,** procedural testing; **essai de programme,** program testing; **essai de reprise,** rollback attempt; **essai de réception,** acceptance test; **essai de systèmes,** systems test; **essai du système,** system testing; **essai définitif,** checkout test; **essai manuel,** hands-on testing; **essai pilote,** beta test; **essai pratique,** field trial; **essai réel,** live data test; **état d'essai,** testing state, test state; **fiche d'essai,** test plug; **générateur de données d'essai,** test data generator; **générateur de fichiers d'essai,** test file generator; **générateur de signaux d'essai,** test signal generator; **impression d'essai,** test printing; **indicateur d'essai,** test indicator; **jack d'essai,** test jack; **jeu d'essai,** test deck; **journal des essais,** test log; **matériel d'essai,** test material; **mettre au banc d'essai,** benchmark (to); **mise au banc d'essai,** benchmarking; **mode d'essai,** test mode; **module d'essai,** test module; **modèle d'essai,** test pattern; **mémoire d'essai,** test code storage; **passage d'essai,** trial run, dry run, test run; **passe d'essai,** test run, dry run; **phase d'essai,** evaluation period; **poste d'essai,** measurement setup; **routine d'essai,** test routine; **signal d'essai,** test signal; **signal d'essai standard,** standard test tone;

**support de données d'essai,** test volume; **sélecteur d'essais,** test selector switch; **temps d'essai,** proving time; **temps d'essai de programme,** program test time; **temps d'essai du système,** system test time; **temps voué aux essais,** make-up time; **zone d'essai,** test field.

**e s s a y e r :** attempt (to).

**e s s e n t i e l l e :** donnée essentielle, vital datum; **informations essentielles,** vital data.

**e s t i m a t i o n :** estimation, valuation.

**e s t i m é e :** fiabilité estimée, reliability.

**e s t i m e r :** rate (to).

**e s t o m p é e :** commande estompée, grayed command.

**ET :** AND, conjuction, logical multiply, meet; **circuit ET,** AND circuit; **élément ET,** AND element; **opérateur ET,** AND operator; **opération ET,** AND operation, meet operation, logical product, coincidence operation; **porte ET,** AND gate, coincidence gate, intersection gate.

**é t a b l i r :** establish (to), set up (to); **établir des points de contrôle,** checkpoint (to); **établir un organigramme,** flowchart (to); **établir une liaison,** connect (to).

**é t a b l i s s e m e n t :** durée d'établissement de la communication, call set-up time; **poste d'établissement de liaison,** dial-up data station; **procédure d'établissement de la communication,** call set-up procedure; **temps d'établissement,** settling; **établissement d'organigramme,** flowcharting; **établissement de documents,** document preparation; **établissement direct des besoins,** net requirements generation.

**é t a g e :** circuit de protection d'étage pilote, driver protection circuit; **contrôle à l'étage intermédiaire,** intermediate control; **indicateur d'étage de contrôle,** control level indicator; **étage amplificateur,** amplifier stage; **étage d'attaque,** driver unit; **étage de contrôle,** control level; **étage de puissance,** power driver; **étage de sous-routine,** subprogram branch; **étage séparateur,** separating stage; **étage tampon,** buffer stage.

**é t a g è r e :** shelf.

**é t a l e m e n t :** étalement de bande, band spread; **étalement de l'encre,** ink sqeezeout.

**é t a l o n :** ruban étalon, reference tape; **tête magnétique étalon,** calibrated head; **étalon de capacité,** capacity standard; **étalon de fréquence,** frequency standard.

**é t a l o n n a g e :** calibration; **bande d'étalonnage,** calibration tape; **courbe d'étalonnage,** calibration curve; **oscillateur d'étalonnage,** calibration oscillator; **paramètre d'étalonnage,** calibration parameter, calibration input; **précision d'étalonnage,** calibrated accuracy; **table d'étalonnage,** calibration chart.

**étalonner:** calibrate (to).

**étape:** step; **description des étapes de traitement,** step description; **exécution de l'étape de travail,** job step execution; **fin d'étape de travail,** job step termination; **lancement de l'étape de travail,** job step initiation; **reprise de l'étape de travail,** job step restart; **table des étapes de travail,** job step table; **étape de travail,** job step.

**état:** status, state, report, record; **analyseur d'états logiques,** logic state analyzer, logical status analyzer; **à trois états,** tristate; **binaire d'état,** status bit; **bistable d'état,** status flip-flop; **bit (d'état) en circuit,** on bit; **bit (d'état) hors-circuit,** off bit; **bit d'état canal,** channel status bit; **bit de modificateur d'état,** status modifier bit; **bus à trois états,** tri-state bus; **caractère d'état,** status character; **caractère d'état d'article,** item status character; **champ des indicateurs d'état,** status panel; **code d'état,** condition code, quality code, status code; **composant état solide,** solid state device; **condition d'état de l'interrupteur,** switch status condition; **contrôle d'état,** status test; **contrôle d'état des mouvements,** transaction status control; **contrôle de l'état de piste,** track check; **contrôle de l'état système,** system status monitoring; **cycle de contrôle d'état,** status test cycle; **diagramme d'état,** status diagram; **données d'état nodal,** node status data; **éditeur d'états,** report writer; **élément état solide,** solid state element; **état '1',** one state, one condition; **état actif,** active state, on state; **état actuel de la technique,** state-of-the-art; **état armé,** armed state; **état bloqué,** cut-off state; **état d'accès,** access state; **état d'affectation,** assignment status; **état d'alerte,** attention status; **état d'attente,** standby status, waiting state, wait condition; **état d'attente permanent,** hard wait state; **état d'entrée/sortie,** I/O status; **état d'essai,** testing state, test state; **état d'exploitation,** running state; **état d'exécution,** operating state; **état d'inactivité,** idle state; **état d'interruption,** suspend state; **état d'un processus,** process state; **état de blocage,** blocking state; **état de canal,** channel status; **état de compilation,** compilation stage; **état de configuration,** configuration state; **état de consultation,** question status; **état de diagnostic,** diagnostic state; **état de disponibilité,** availability status; **état de défaillance,** failure state; **état de l'entrée,** input state; **état de l'unité centrale,** processor state;

**état de l'unité périphérique,** peripheral device status; **état de la station auxiliaire,** slave station status; **état de la station émetrice,** master station status; **état de magnétisation,** magnetic state; **état de monitorage,** monitor state; **état de positionnement,** set status; **état de repos,** idle state, quiescent state; **état de réalisation,** completion status; **état de réception permanent,** continuous receive state; **état de référence,** characteristic state, time origin; **état de saturation,** saturation state; **état de supervision,** supervisor state; **état de traitement,** processing state, running state; **état du poste auxiliaire,** secondary status; **état du poste esclave,** slave status; **état en cours,** current status; **état initial,** initial state, cleared condition; **état instable,** unstable state, metastable state; **état intermédiaire,** intermediate status; **état latent,** wait state; **état machine,** computer status; **état masqué,** masked state; **état opérationnel,** operating status; **état prêt,** ready state; **état périphérique,** device status; **état récapitulatif de l'exploitation,** operational summary report; **état réponse,** answer status; **état solide,** solid state (SS); **état stable,** stable status; **état séquentiel,** batch report; **état traité par ordinateur,** word processing report; **état transitoire,** transient state; **état zéro,** zero state, zero condition; **en état occupé,** busy condition; **en-tête d'état,** report heading, report group; **fichier des états,** report file; **format d'état,** report format; **graphe d'état,** state graph (s-graph); **générateur de programme d'états,** report program generator (RPG); **génération d'état,** report generation; **imprimante d'états mécanographiques,** report transcription device; **indicateur d'état,** status indicator; **indicateur d'état opérationnel,** operational status indicator; **indicateur d'état périphérique,** device flag; **indication d'état,** data status indicator; **indication de l'état de l'exploitation,** condition code indicator; **indication de l'état de tri,** sort progress statement; **information d'état d'alerte,** alarm condition information; **interrogation de l'état,** status poll, status request; **ligne d'état,** status line; **liste d'état,** condition list; **message d'état,** audit message; **modificateur d'état,** status modifier; **modèle de présentation d'état,** report layout chart; **mot d'état,** status word; **mot d'état de canal,** channel status word; **mot d'état de contrôle,** control status word (CSW); **mot d'état de périphérique,** device status word; **mot d'état programme,** program status word (PSW); **nom d'état,**

switch status name; **octet d'état,** status byte; **octet d'état de voie,** channel status byte; **profil d'état,** status return; **registre d'état,** status register; **registre d'état canal,** channel status register; **registre d'état des priorités,** priority status register; **remettre en état,** overhaul (to), recondition (to); **remettre à l'état initial,** reset (to); **remise en état,** reconditioning; **sortie d'état,** reporting; **système à deux états stables,** two-state system; **table d'état des fichiers,** file status table; **table d'état système,** system state table; **table d'états des canaux,** channel status table; **table des états périphériques,** peripheral allocation table (PIA); **technologie de l'état solide (circuits intégrés),** solid logic technology; **zone d'état,** status field; **zone d'état des données,** data status field.

**é t a u :** vice.

**é t e i n t :** off, out.

**é t e n d r e :** expand (to).

**étendu :** augmented, extended, spanned; **adressage étendu,** extended addressing; **binaire codé décimal étendu,** expanded BCD interchange code (EBCDIC); **code d'instruction étendu,** augmented operation code; **contrôle direct étendu,** extended direct control; **enregistrement étendu,** spanned record; **facteur temps étendu,** extended time-scale; **fichier étendu,** spanned file; **non étendu,** unspanned.

**étendue :** extended, span, scope, spanning; **à vie plus étendue,** extended life span; **carte de mémoire étendue,** extended memory board; **carte mémoire étendue,** above board; **E/S étendues,** extended I/O; **étendue d'une erreur,** error span; **mémoire étendue,** extended memory; **performance étendue,** extended performance; **système à vie plus étendue,** extented system life span.

**étiquetage :** labeling, tagging; **zone d'étiquetage,** label area.

**étiquetée :** partition étiquetée, labeled common block.

**étiqueter :** label (to), tag (to).

**étiquette :** label, sticker, tab, tag, marker strip; **code de sortie d'étiquette,** label exit code; **désignation d'étiquette,** label identification; **extension d'étiquette,** label excess; **extension d'étiquette,** label extension; **format d'étiquette,** label format; **groupe d'étiquettes,** label group; **identificateur d'étiquette,** label indicator; **lecteur d'étiquettes,** tag reader; **liste d'étiquettes,** label list; **mémoire d'étiquettes,** tag memory; **nom d'étiquette,** label name; **piste d'étiquette,** label track; **routine de traitement d'étiquettes,** label handling routine; **sans étiquette,** un-

labeled, no labeling; **secteur d'étiquette,** label sector; **sortie d'étiquette,** label exit; **sous-programme de traitement d'étiquettes,** label routine; **tableau d'étiquettes,** tag table; **toto (étiquette),** foo (label); **traitement d'étiquettes,** label treatment; **zone d'étiquette,** label field; **étiquette A,** A tag; **étiquette adhésive,** adhesive label; **étiquette d'adresse,** location field tag; **étiquette d'article,** item mark; **étiquette d'entrée,** entry label; **étiquette d'identification,** identification label, identifying label; **étiquette de bande,** tape tag, tape label; **étiquette de champ,** field mark; **étiquette de début,** interior label, start label; **étiquette de début de bande,** beginning reel label; **étiquette de début de fichier,** file header label; **étiquette de fichier,** file label, file tag; **étiquette de fin,** ending label; **étiquette de publipostage,** mailing label; **étiquette de volume de bande,** tape volume label; **étiquette de zone,** area label; **étiquette début de bloc,** header flag; **étiquette désignée,** labeled tag; **étiquette externe,** external label; **étiquette onomastique,** onomasticon; **étiquette pour imprimante,** tab label; **étiquette queue de bande,** trailer flag; **étiquette standard,** standard label; **étiquette utilisateur,** user label; **étiquette vierge,** dummy header.

**étiqueté :** labeled.

**étoile :** star; **architecture en étoile,** starred architecture; **connexion en étoile,** Y-connection; **montage en étoile,** star connection, wye connection; **réseau en étoile,** radial network, umbrella; **réseau étoilé,** star network, starred network; **transmission en étoile,** radial line system; **étoilé,** starred.

**étranger :** alien; **système étranger,** alien system; **équipement étranger,** alien machine.

**étranglement :** choke; **goulot d'étranglement,** bottleneck.

**étrier :** yoke.

**étroit :** narrow; **ruban étroit,** strip ribbon. **étroite :** bande étroite, narrow band; **impulsion étroite,** narrow pulse.

**E T T D :** équipement terminal de données, data terminal equipment (DTE).

**étude :** design, logic design, study; **système d'étude de réseaux,** network analysis system; **technique d'étude de réseaux,** network analysis; **étude d'application,** application study; **étude de faisabilité,** feasibility study; **étude de fichiers,** file analysis; **étude de la charge de réseau,** network load analysis; **étude de la production,** production planning; **étude de la topologie,** topology engineering; **étude de systèmes,** systems analysis; **étude des temps,** time study; **étude du prix de revient,** cost analysis; **étude fonctionnelle,** functional design; **étude logique,** logical design.

**étui:** holder.

**évaluation:** assessment, evaluation, test, trial; **constante d'évaluation,** valuation constant; **passage de test d'évaluation,** benchmark run; **problème d'évaluation,** benchmark problem; **programme d'évaluation,** benchmark program, problem program; **évaluation constante,** constant evaluation; **évaluation d'erreurs,** error estimation; **évaluation d'une formule,** formula evaluation; **évaluation de l'information,** data evaluation; **évaluation de la demande,** demand assessment; **évaluation des performances,** performance evaluation; **évaluation informatique,** computerized problem; **évaluation technique,** engineering evaluation.

**évalué:** valued.

**évaluer:** rate (to); **évaluer les performances,** benchmark (to).

**événement:** event*; **bloc de commande d'événement,** event control block; **commandé par événement,** event-driven; **contrôleur d'événements,** event controller; **contrôlé par événement,** event-controlled; **indicateur d'événement,** flag event; **interruption sur événement,** event interrupt; **nom d'événement,** event name; **numéro d'événement,** occurrence number; **surveillance d'événements,** event monitoring; **traitement d'événement,** event handling; **variable d'événement,** event variable; **événement affiché,** posted event; **événement d'alerte,** attention event; **événement inscrit,** posted event.

**évolué:** **langage évolué,** advanced language, high-order language; **peu évolué,** low; **système évolué,** sophisticated system; **traitement séquentiel évolué des travaux,** advanced stacked job processing; **vocabulaire évolué,** sophisticated vocabulary.

**évoluée:** **caractéristiques d'impression évoluées,** advanced print features; **conception informatique évoluée,** advanced computer concept; **programmation évoluée,** advanced programming; **équation évoluée,** high-order equation.

**évolution:** evolution; **indicateur d'évolution d'index,** index development indicator; **surface d'évolution,** developable surface; **évolution de groupe,** group advance; **évolution technique,** technical evolution.

**évolutive:** exploitation évolutive, dynamic mode.

**exact:** accurate.

**exactitude:** accuracy*; **caractère de contrôle d'exactitude,** accuracy control character; **contrôle d'exactitude,** reasonableness check; **contrôle d'exactitude,** accuracy control; **exactitude d'enregistrement,** recording accuracy; **exactitude de positionnement,** positioning accuracy, position accuracy; **exactitude de réglage,** setting accuracy; **exactitude de répétition,** repetitive accuracy; **exactitude des espacements,** accuracy of hole spacing; **taux d'exactitude,** accuracy rating.

**examen:** examination; **aire d'examen,** inspection area; **examen d'autopsie,** post-mortem examination; **examen de projet,** design review.

**examiner:** examine (to), scrutinize (to), review (to).

**excédent:** **code excédent 3,** excess-three code (XS3); **excédent 50,** excess-fifty; **numération excédent 64,** excess-sixty four notation.

**excédentaire:** **perforation excédentaire (d'une carte),** lace punching.

**excentrage:** **excentrage dynamique,** dynamic runout.

**excentricité:** **excentricité admissible,** runout allowance.

**exception:** exception; **exception générale,** general exception; **liste des exceptions,** exception list, exception listing; **routine des exceptions,** exception routine; **sortie des exceptions,** exception output; **zone conditionnelle d'exception,** exception condition field.

**exceptionnel:** **article exceptionnel,** exception record.

**excès:** excess; **arrondir par excès,** round up (to); **code par excès de 3,** Stibitz code.

**excessif:** **dépassement excessif,** overthrow, overtravel; **déplacement excessif,** overtravel, overthrow.

**excitation:** excitation, drive; **bobine d'excitation,** pick coil; **circuit d'excitation,** pick-up circuit; **enroulement d'excitation,** operating coil; **excitation décimale,** digit pickup; **excitation indépendante,** separate excitation; **excitation instantanée,** immediate pickup; **temps d'excitation,** pick time; **tension d'excitation,** pick-up voltage; **variable d'excitation,** actuating variable.

**exciter:** pick-up (to).

**exclamation:** exclamation; **point d'exclamation,** exclamation mark '!'.

**exclusif:** exclusive; **NI exclusif,** exclusive-NOR, bicondftional gate, equivalence; **OU exclusif,** EXOR, exclusive-OR, disjonction, nonequivalence; **circuit NI exclusif,** exclusive-NOR circuit; **circuit OU exclusif,** exclusive-OR circuit; **code d'adresse exclusif,** exclusive address code; **contrôle exclusif de fichiers,** file exclusive control; **fichier d'entrée exclusif,** input only file; **mode de sortie exclusif,** output-only mode; **opération NI exclusif,** EXNOR operation; **opération OU exclusif,** EXOR operation, anticoincidence operation; **opération logique ET ou OU exclusif,** bit connecting; **porte NI exclusif,** exclusive-NOR gate, equivalence gate; **porte OU exclusif,** exclusive-OR gate, except gate, exjunction gate; **segment exclusif,** exclusive segment; **traitement exclusif des entrées,** input only processing; **élément NI exclusif,** exclusive-NOR element; **élément OU exclusif,** exclusive-OR element, anticoincidence element.

**e x c l u s i o n :** exclusion\*, abstraction, abstracting; **exclusion logique,** NOT-IF-THEN, EXOR; **opération d'exclusion,** except operation.

**e x c l u s i v e :** **entrée exclusive,** input only; **sortie exclusive,** output only.

**e x c u r s i o n :** excursion, swing, deviation; **excursion de fréquence,** frequency deviation, frequency swing; **excursion de phase,** phase deviation, phase excursion; **excursion moyenne,** mean absolute deviation.

**e x é c u t a b l e :** executable; **exécutable en machine,** machine-executable, machine-readable; **fichier de programmes exécutables,** executable program file, binary run file; **fichier exécutable,** program file, run file; **module exécutable,** run module; **non exécutable,** nonexecutable; **opérateur exécutable,** absolute operator; **programme exécutable,** operational program, executable program.

**e x é c u t é :** **compile et exécute,** code and go.

**e x é c u t é e :** **opération exécutée par mots,** word-oriented operation.

**e x é c u t e r :** execute\* (to), run (to), process (to).

**e x é c u t i o n :** execution, passing, running, run; **calculateur d'exécution,** target computer; **caractère de fin d'exécution,** end-of-run character (EOR); **chemin d'exécution,** execution path; **code à temps d'exécution minimal,** minimum latency code; **compilation-exécution,** compile-and-go; **compte-rendu de l'exécution des travaux,** job execution report; **contrôle d'exécution,** progress monitoring; **cycle d'exécution,** execution cycle, execute cycle; **directive**

**d'exécution,** executive instruction, directive statement; **durée d'exécution,** running duration, run duration; **exécution d'instruction,** instruction execution; **exécution de commande,** command execution; **exécution de l'étape de travail,** job step execution; **exécution de programme,** program execution; **exécution de service,** housekeeping run; **exécution des travaux,** job execution; **exécution des tâches,** job execution, task execution; **exécution du cycle,** cycle execution; **exécution imbriquée,** interleave execution; **exécution pas à pas,** step-by-step operation; **exécution réelle,** actual execution; **exécution spéciale,** one-off special; **exécution synchrone,** synchronous execution; **exécution séquentielle,** procedural behaviour; **fin d'exécution,** end of run; **génération-exécution,** generate-and-go; **instruction d'exécution,** execute statement, execute order; **machine d'exécution,** object machine; **paramètre de temps d'exécution,** run time parameter; **passe d'exécution,** job run; **phase d'exécution,** execution phase, object phase, run phase; **programmation à exécution optimale,** optimal programming, optimum coding; **programmation à temps d'exécution minimal,** minimum latency programming, optimum programming; **programme à temps d'exécution minimal,** optimum program, optimal program; **réutilisable après exécution,** serially reusable; **sous-programme d'exécution immédiate,** real-time executive routine; **suspension d'exécution d'une branche,** system tree abort; **séquence d'exécution,** execution sequence, control sequence; **table de temps d'exécution,** execution time table; **temps d'exécution,** execution time; **temps d'exécution de l'instruction,** instruction execution time; **temps d'exécution de lots,** batch operation time; **temps moyen d'exécution des instructions,** average instruction execution time.

**e x e m p l a i r e :** **exemplaire de laboratoire,** research model; **valeur exemplaire,** ideal value.

**e x e m p l e :** **exemple typique,** paradigm; **liste-exemple,** sample computer printout.

**e x e m p t :** **exempt d'erreur,** error-free.

**e x e m p t e :** **opération exempte d'erreur,** error-free operation.

**e x e r c i c e :** exercise, drill, sum; **exercice pratique,** hands-on exercise; **exercice pratique interactif,** interactive hands-on exercise; **programme d'exercice,** exerciser.

**e x l u s i o n :** exlusion logique, AND-not.

**e x p a n s e u r :** compresseur-expanseur, compandor.

**expédier:** dispatch (to).

**expéditeur:** addresser.

**expédition: clavier expédition/réception (CER),** keyboard send/receive (KSR).

**expérimental: modèle expérimental,** conceptual modeling; **montage expérimental,** breadboard circuit.

**expérimentale: carte expérimentale,** breadboard.

**expérimentation: méthode de l'expérimentation systématique,** trial and error method.

**expert:** expert; **système expert,** expert system.

**expiration:** expiration; **date d'expiration,** termination date, ageing date.

**explication:** legend.

**explicite:** explicit; **adressage explicite,** explicit addressing; **adresse explicite,** explicit address; **déclaration explicite,** explicit declaration; **fonction explicite,** explicit function; **longueur explicite,** explicit length; **valeur explicite,** driven value.

**exploitable:** processible; **chargeur exploitable,** operational pack; **disque système exploitable en mode spécifique,** native system pack; **données exploitables par la machine,** machine-readable data; **imprimé exploitable sur machine,** machine-readable form; **partie exploitable du programme,** main line coding; **programme exploitable,** running program; **support de données exploitable en machine,** machinable data carrier.

**exploitant: sollicitation à l'exploitant,** operator prompting.

**exploitation:** operation, working, job; **bande d'exploitation,** run tape; **chargement du système d'exploitation,** cold boot; **commande d'exploitation,** operator command; **compte-rendu d'exploitation,** backward supervision; **condition d'exploitation,** operating condition; **conditions d'exploitation,** operational environment; **console d'exploitation,** operating station; **contrôle d'exploitation,** operation check; **disque d'exploitation,** master disk; **disque d'exploitation système,** system distribution disk; **dossier d'exploitation,** run book; **droit d'exploitation,** copyright; **durée d'exploitation,** operating time, run-time; **en exploitation,** on stream; **environnement d'exploitation,** operating environment, working environment; **erreur d'exploitation,** operating error; **exploitation alternative,** alternating operation; **exploitation autonome,** local mode; **exploitation conversationnelle,** conversational communication; **exploitation en continu,** continuous operation; **exploitation en mode local,** home loop operation; **exploitation en mode paquets,** packet mode operation; **exploitation en parallèle,** parallel mode; **exploitation en série,** serial mode; **exploitation en temps partagé,** time-sharing environment; **exploitation en temps réel,** real-time use; **exploitation intermittente,** intermittent operation; **exploitation manuelle,** manual operation; **exploitation non surveillée,** unattended mode; **exploitation par découpage du temps,** time-slicing environment; **exploitation par téléscripteur,** console typewriter operation; **exploitation semi-duplex,** alternate communication; **exploitation simultanée,** simultaneous throughput; **exploitation sous surveillance,** attended operation; **exploitation sur site,** field use; **exploitation unidirectionnelle,** unidirectional working; **exploitation évolutive,** dynamic mode; **exploitation à basse vitesse,** low-speed operation; **facilité d'exploitation,** operational convenience; **fiabilité d'exploitation,** operating reliability; **frais d'exploitation,** cost of operation; **incident d'exploitation,** operating trouble; **indication de l'état de l'exploitation,** condition code indicator; **journal d'exploitation,** logging book; **langage de système d'exploitation,** operating language, system control language; **logiciel d'exploitation,** system software; **manuel d'exploitation,** system handbook, run manual; **mis au point au lieu d'exploitation,** field-tested; **mode d'exploitation,** operating mode, run mode; **mode d'exploitation par blocs de données,** data block mode; **module de relance de l'exploitation,** recovery module; **moniteur d'exploitation,** operation monitor, run-time monitor; **montage au lieu d'exploitation,** field installation; **noyau du système d'exploitation,** operating system nucleus; **ordinogramme d'exploitation,** run chart; **panneau d'exploitation système,** system operator panel; **procédure d'exploitation,** operating procedure; **programme d'exploitation,** operating program, system program; **période d'exploitation,** computer processing cycle; **registre d'exploitation,** operation register; **système d'exploitation,** executive system; **système d'exploitation (SE),** operating system (OS); **système d'exploitation de base (IBM),** basic operating system (BOS); **système d'exploitation de réseau,** network operating system (NOS); **système d'exploitation distribué,** distributed operating system; **système d'exploitation par lots,** batch operating system; **système d'exploitation virtuel,** virtual operating system

(VOS); **système d'exploitation à bande,** tape operating system (TOS); **système d'exploitation à disque (SED),** disk operating system (DOS); **système d'exploitation à disquette,** floppy disk operating system (FDOS); **taux d'exploitation,** operating ratio; **temps d'exploitation,** operable time, object time; **temps d'exploitation effectif,** available machine time; **temps d'exploitation sans erreurs,** productive time; **zone d'exploitation,** processing section.

**exploité:** operated.

**exploiter:** operate (to).

**explorateur: explorateur par point lumineux,** flying spot scanner.

**exploration:** scan; **exploration électrique,** electrical sensing; **fréquence d'exploration,** scanning frequency; **lecture par exploration,** sensing; **lecture par exploration des broches,** pin sensing; **lecture par exploration des caractères,** character sensing; **lecture par exploration mécanique,** mechanical sensing; **matrice d'exploration,** scan matrix; **méthode d'exploration,** scanning method; **opération d'exploration,** sensing operation; **vitesse d'exploration,** scanning speed.

**exploratrice: bobine exploratrice,** flip coil.

**explorer:** sense (to).

**exponentiel: mode d'enregistrement exponentiel,** power mode.

**exponentielle: fonction exponentielle,** power function; **formule exponentielle,** power formula; **série exponentielle,** power series.

**exposant:** exponent*; **dépassement d'exposant,** exponent overflow; **dépassement négatif d'exposant,** exponent underflow; **exposant de racine,** radical index, root index; **exposant décimal,** decimal exponent; **exposant fractionnaire,** fractional exponent; **exposant à double précision,** double precision exponent; **facteur d'exposant,** exponent modifier; **format d'exposant,** exponent part format; **partie d'exposant,** exponent part; **racine d'exposant,** exponent of the root; **registre d'exposants,** exponent register.

**expression:** expression, phrase; **expression absolue,** absolute expression; **expression absolue simple,** simple absolute; **expression algébrique,** algebraic expression; **expression alphanumérique,** alphanumeric expression; **expression arithmétique,** arithmetic expression; **expression arithmétique mixte,** mixed mode arithmetic expression; **expression arithmétique sim-**

ple, simple arithmetic expression; **expression arithmétique élémentaire,** arithmetic primary; **expression booléenne,** Boolean expression, Boolean term; **expression booléenne primaire,** Boolean primary; **expression booléenne secondaire,** Boolean secondary; **expression booléenne simple,** simple Boolean expression; **expression composée,** compound expression; **expression conditionnelle,** conditional expression, condition expression; **expression d'index,** subscript expression; **expression entre parenthèses,** bracket term; **expression logique,** logical expression, Boolean expression; **expression mathématique,** mathematical expression; **expression relationnelle,** relational expression; **expression réduite,** substring notation; **expression scalaire,** scalar expression; **expression simple,** simple expression; **expression technique,** technical term; **expression translatable,** relocatable expression; **expression élémentaire,** elementary expression; **expression à intégrer,** integrand.

**exprimée: capacité exprimée en mots,** word capacity.

**expulser:** kick (to).

**expulsion:** kicking, kick.

**extensible:** upgradable; **commande extensible de mémoire à disques,** expanded disk storage control.

**extension:** extension, extend; **base d'extension,** expansion base; **capacité d'extension,** growth capability; **carte d'extension,** expansion card; **carte d'extension de mémoire,** memory extension unit; **extension d'entréesortie,** I/O expander; **extension d'étiquette,** label extension, label excess; **extension de carte,** board extension; **extension de connexion,** terminal extension; **extension de la table des fichiers,** file table extension; **extension de la zone d'adresse,** extended address field; **extension de la zone de commande,** extended control field; **extension de langage,** language extension; **extension de lecture,** extended character reading; **extension de ligne,** line expansion; **extension de mémoire,** add-on core; **extension de nom de fichier,** file name extension; **extension de réseau,** network extension; **extension du champ d'adresse,** address field extension; **extension du programme assembleur,** extended assembly system; **extension du système,** system expansion; **extension mémoire,** add-on memory; **extension tampon,** buffer expansion; **ligne d'extension,** line loop; **logement d'extension,** expansion slot; **module d'extension,** expansion base; **module d'extension système,** system expander; **mémoire d'extension,** extension memory, memory expansion; **possibilité d'extension,** add-on facility; **possibilités d'extension machines,** extended machine facility.

**extérieur:** exterior; **langage extérieur,** external language; **point d'interruption extérieur,** external interrupt point; **retard extérieur,** external delay.

**extérieure:** **interruption extérieure,** external interrupt; **ligne extérieure,** outside line; **prise de terre extérieure,** external ground; **référence extérieure,** external reference.

**externe:** external; **adresse externe,** external address; **appel macro externe,** outer macrocall; **commande de débit externe,** external output control; **commande externe,** external control; **connecteur externe,** external connector; **contrôle externe de programmes,** external program check; **déclaration externe,** external declaration; **fichier externe,** external data file; **file d'attente externe,** external queue; **fonction externe,** external function; **fonction externe fondamentale,** basic external function; **instruction externe,** external statement; **macro-instruction externe,** outer macroinstruction; **modem externe,** external modem; **mémoire externe,** external memory, external storage; **nom externe,** external name; **notation externe,** external notation; **paramètre externe,** external parameter, external program parameter; **registre externe,** external register; **représentation externe,** external representation; **répertoire de symboles externes,** external symbol dictionary; **signal externe,** external signal;

**symbole externe,** external symbol.

**extinction:** blanking.

**extracteur:** extractor, puller; **extracteur de circuit intégré,** IC puller.

**extraction:** extraction, fetch, pulling, selection; **carte de commande d'extraction,** output option card; **circuit d'extraction,** readout circuit; **cycle d'extraction,** extraction cycle; **dispositif de commande d'extraction,** output control device; **extraction avec contrôle,** readout with check; **extraction de données,** data extraction; **extraction de mémoire,** storage read-out; **extraction et effacement,** readout and reset; **extraction manuelle,** hand pulling; **fichier d'extraction,** tub file; **instruction d'extraction,** fetch instruction, output instruction; **langage d'extraction de données,** structured Query Language (SQL); **opération d'extraction,** output operation; **phase d'extraction,** output phase; **programme d'extraction,** output routine; **programme de commande d'extraction,** output control program; **routine d'extraction,** output program; **rythmeur d'extraction,** readout clock; **sortie d'extraction,** readout exit; **zone d'extraction,** extract field, output area, output section.

**extraire:** fetch (to), pull (to), pop (to), extract* (to); **extraire par tri,** outsort (to).

**extrait:** excerpt, extract; **extrait de mémoire,** memory snapshot.

**extrême:** **extrême gauche,** left most; **taux d'utilisation extrême,** utilisation ratio upmost.

**extrémité:** **connexion d'extrémité,** end connector; **noeud d'extrémité,** endpoint node.

# F

**fabricant:** maker, manufacturer; **fabricant de circuits intégrés,** IC maker; **fabricant de l'équipement original,** original equipment manufacturer (OEM).

**fabrication:** making; **délai de fabrication,** manufacturing interval; **fabrication assistée par ordinateur (FAO),** computer-aided manufacturing (CAM); **fabrication automatisée,** manufacturing; **frais de fabrication,** manufacturing costs.

**fabriqué:** fabriqué, made.

**fac:** fac-similé, facsimile, fax, telefax; **réseau de fac-similé,** facsimile network; **équipement de fac-similé,** facsimile equipment.

**face:** disquette double face, reversible flexible disk; **disquette utilisable en simple face,** single-sided diskette; **double face,** double sided; **face arrière,** backplane; **face du disque,** disk surface; **simple face,** single face.

**facilité:** facilité d'exploitation, operational convenience.

**facteur:** figure, factor; **facteur booléen,** Boolean factor; **facteur d'exposant,** exponent modifier; **facteur d'imbrication,** interleave factor; **facteur d'itération,** iteration factor; **facteur d'utilisation,** duty cycle; **facteur d'échelle,** scale factor; **facteur d'échelle des temps,** time scale factor; **facteur de blocage,** block factor; **facteur de bruit,** noise figure, noise factor; **facteur de cadrage,** scaling factor, exponent part; **facteur de charge,** load factor, unit load; **facteur de compression,** packing factor; **facteur de contrôle,** proof figure; **facteur de conversion,** conversion factor; **facteur de correction,** correcting factor; **facteur de crête,** crest factor; **facteur de dépassement,** overshoot factor; **facteur de groupage,** grouping factor; **facteur de groupement,** blocking factor; **facteur de longueur,** length modifier; **facteur de modulation,** modulation factor; **facteur de perte,** loss factor; **facteur de pondération,** weighting factor; **facteur de précision,** scale modifier; **facteur de puissance,** power factor; **facteur de qualité,** quality factor; **facteur de réduction,** reduction factor; **facteur de réduction du temps de transition,** transit time reduction factor; **facteur de référence,** comparative figure; **facteur de sécurité,** safety factor; **facteur de traduction,** relocation augment; **facteur de translation,** relocation factor, float factor; **facteur de voie,** way factor; **facteur directif,** direction component; **facteur itératif,** iterative factor; **facteur logique,** logical factor, Boolean factor; **facteur multiplicateur,** multiplier factor; **facteur opérationnel,** operating factor; **facteur pyramidal de sortie,** fan-out factor; **facteur temps réduit,** fast time scale; **facteur temps étendu,** extended time-scale; **prédétermination du facteur d'échelle,** fixed prescaling; **registre facteur,** operand register; **valeur de facteur,** factor value.

**factice:** instruction factice, blank instruction.

**factorielle:** factorial; **notation factorielle,** factorial notation.

**facturable:** billable.

**facturation:** billing; **service de facturation,** accountancy.

**facture:** bill; **fichier des factures,** billing file.

**facturer:** bill (to).

**facultatif:** optional; **commande d'arrêt facultatif,** optional pause instruction; **endossement facultatif,** selective endorse; **fichier facultatif,** optional file; **mot facultatif,** optional word; **octet facultatif,** option byte.

**facultative:** commande facultative de travail en liste, selective list control; **numérotation facultative,** selective numbering; **pause facultative,** optional pause; **protection facultative,** selective protection.

**faculté:** faculté d'accès, retrievability; **faculté de récupération,** recoverability; **faculté de traitement,** processability.

**fagot:** hash mark, number sign, '#'.

**faible:** weak; **caractère de plus faible poids,** least significant character; **faible bruit,** low noise; **faible induction,** low induction; **faible niveau,** low level; **faible priorité,** low priority; **faible résistivité,** low resistivity; **fraction décimale de faible poids,** terminating decimal; **impression faible,** under-printing; **intégration à faible échelle,** small scale integration (SSI); **ligne à faible vitesse,** low-speed line; **matériel de faible performance,** low performance equipment; **ordinateur de faible encombrement,** small footprint computer; **poids faible,** least significant (LS); **points faibles,** shortcomings; **position binaire de poids faible,** least significant bit position; **position de poids faible,** rightmost position; **schottky faible consommation,** low power schottky (LS); **valeur faible,** low value.

**faiblement:** graphe faiblement connexe, weakly connected graph.

**faire:** faire avorter, abort (to), waive (to); **faire des sous-programmes,** subroutinize (to); **faire défiler l'écran,** scroll (to); **faire glisser (souris),** drag (to); **faire marche arrière,** reverse (to); **faire remonter,** scroll down (to); **faire sortir,** output (to); **faire un alinéa,** indent (to); **faire un retour arrière,** backout (to); **faire un saut,** jump (to); branch (to); **faire une avance papier,** preslew (to); **faire une faute de frappe,** mistype (to); **faire une lecture arrière,** read backward (to); **savoir-faire,** knowhow.

**faisabilité:** feasibility; **étude de faisabilité,** feasibility study.

**faisceau:** balayage à faisceau dirigé, directed beam scan; **déflecteur de faisceau,** beam deflector; **enregistrement par faisceau laser,** laser beam recording (LBR); **enregistrement à faisceau électronique,** electronic beam recording (EBR); **faisceau de câbles,** cable harness; **faisceau ionique,** ion beam; **faisceau visible,** unblanked beam; **faisceau électronique,** electron beam, electron stream; **mémoire à faisceau électronique,** beam storage; **temps de retour du faisceau,** fly-back time; **tube à faisceau électronique,** electron ray tube; **voie de faisceau,** beam path.

**faisceaux:** oscilloscope à deux faisceaux, dual trace oscilloscope; **système de déviation des faisceaux,** beam positioning system.

**fait:** fait maison, home brew.

**falsification:** tampering; **signe de falsification,** tampering sign.

**falsifié:** tampered; **logiciel falsifié,** tampered software; **programme falsifié,** tampered program.

**famille:** family; **famille d'entrées,** entry family; **famille d'ordinateurs,** computer family; **famille de courbes,** family of curves.

**fanatique:** hobbyist.

**fanion:** flag, sentinel; **fanion de saut,** skip flag; **fanion de zéro,** zero balance indicator.

**fantôme:** ghost, phanthom; **caractère fantôme,** ghosting character; **circuit fantôme,** phantom circuit; **effet de fantôme,** ghosting; **fichier fantôme,** null file.

**FAO:** fabrication assistée par ordinateur, computer-aided manufacturing (CAM).

**fatal:** fatal; **arrêt fatal,** deadlock; **arrêt fatal du système,** system crash; **blocage fatal du programme,** program crash.

**fatale:** erreur fatale, fatal error, nontransient error.

**fatigue:** strain; **fatigue visuelle,** visual strain.

**fausse:** fausse couleur, false color; **fausse couleur analogique,** analog false color; **fausse erreur,** false error.

**faute:** fault*, mistake; **faire une faute de frappe,** mistype; **faute d'orthographe,** misspell, spelling error.

**faux:** false; **faux plancher,** false floor, access floor, floating floor.

**favori:** passe-temps favori, hobby.

**FCT:** fonction de contrôle des travaux, job entry services (JES).

**femelle:** female; **connecteur femelle,** female plug; **prise femelle,** female connector, receptacle.

**fenêtrage:** windowing; **technique de fenêtrage,** windowing technique.

**fenêtre:** window, aperture, viewport, box; **agrandissement d'une fenêtre,** window enlarging; **carte à fenêtre,** aperture card; **dictionnaire résident en mode fenêtre,** pop-up dictionary; **déplacement de fenêtre,** window displacement; **détourage hors-fenêtre,** window clipping; **écran-fenêtre,** windowed screen; **fenêtre active,** active window; **fenêtre d'application,** application window; **fenêtre de l'image-mémoire,** resetting window; **fenêtre de lecture,** read screen; **fenêtre de lecture de film,** film gate; **fenêtre de visée,** viewing window; **fenêtre répertoire,** directory window; **fenêtre texte,** text window; **fenêtre à l'écran,** screen window; **fenêtres en cascade,** cascading windows; **fenêtres à recouvrement,** overlapping windows, tiled windows; **fenêtré,** windowed; **menu en mode fenêtre,** pop-up menu; **mode fenêtre,** pop-up window; **position fenêtre,** window position; **restauration d'une fenêtre,** window restoring; **réduction d'une fenêtre,** window shrinking; **taille d'une fenêtre,** window size; **transformation fenêtre-clôture,** viewing transformation; **transformation fenêtre-clôture,** window transformation.

**fente:** slot; **fente d'introduction de jeton,** badge slot; **fente de détrompage,** indexing slot; **fente détrompeuse,** polarizing slot.

**fer:** iron; **fer à souder,** soldering iron; **image fil de fer,** wire frame; **représentation fil de fer,** wire frame representation.

**fermé:** closed; **groupe fermé d'usagers,** closed user group; **programme fermé,** linked program; **sous-programme fermé,** closed subroutine; **système fermé,** closed system.

**fermée:** boucle fermée, closed loop; chaîne de comptage fermée, closed counting chain; circuit en boucle fermée, closed loop circuit; commande en boucle fermée, closed loop control; cosse fermée, terminal eye; opération à portes fermées, closed shop operation; routine fermée, closed routine.

**fermer:** close (to).

**fermeture:** closing, closedown, closure; accolade de fermeture, right brace ')'; apostrophe de fermeture '', single-closing quotation mark; crochet de fermeture, right square bracket ']'; fermeture de fichier, close file; fermeture de session, log-out; instruction de fermeture, close statement; ligne de fermeture, closing line; temps de fermeture, make-time.

**ferrite:** ferrite; mémoire à ferrite, ferrite storage, core storage; mémoire à tores de ferrite, ferrite core memory, rod memory; pièce de ferrite, ferrite part; tige de ferrite, ferrite rod; tore de ferrite, ferrite core.

**ferromagnétique:** ferromagnetic; matériau ferromagnétique, ferromagnetic material; mémoire ferromagnétique, ferromagnetic memory, ferromagnetic storage; résonance ferromagnétique, ferromagnetic resonance.

**feuille:** sheet, leaf; alimentation des feuilles, sheet feeding; alimentation en feuille, bill feed; alimentation feuille à feuille, single-sheet feeding, single-sheet feed; caractère de présentation de feuille, form feed character (FF); feuille d'analyse, scoring sheet; feuille de codage, coding sheet; feuille de compte, accounting form; feuille de programmation, program worksheet, programmer worksheet; feuille de référence, master answer sheet; feuille de réponse, answer sheet; feuille de travail, worksheet; feuille intermédiaire, interleaf; feuille maîtresse, master data sheet; feuille mince conductrice, foil; feuille programme, instruction sheet; présentation de feuille, form feed (FF); tableau à feuilles détachables, flip chart.

**feuillet:** paper form, page; composition du feuillet, page format; feuillet en plastique, plastic sheet; feuillet magnétique, magnetic strip; feuillet préimprimé, preprinted format; feuillet à marque réfléchissante, foil sensing strip; jeu de feuillets magnétiques, magnetic card assembly; lecteur de feuillets magnétiques, magnetic card reader; mémoire à feuillets, data cell storage; mémoire à feuillets magnétiques, magnetic sheet memory; ordinateur à feuillets magnéti-

ques, magnetic card computer; saut au feuillet suivant, carriage overflow control.

**feutre:** feutre de nettoyage, cleaning felt.

**fiabilité:** fiabilité d'exploitation, operating reliability; fiabilité de circuit, circuit reliability; fiabilité des équipements, equipment reliability; fiabilité du matériel, hardware reliability; fiabilité estimée, reliability; fiabilité informatique, computer efficiency; niveau de fiabilité, confidence level; taux de fiabilité, percentage reliability.

**Fibonacci:** Fibonacci; recherche de Fibonacci, Fibonacci search.

**fibre:** fiber; application des fibres optiques, fiber optic application; caractéristiques des fibres optiques, optical fiber characteristics; câble à fibres optiques, fiber optic cable; fibre optique, optofiber, fiber optic; perte par courbure (fibre optique), bending loss (optofiber).

**ficelle:** ficelle de test, test lead.

**fiche:** plug, jack; connexion par fiches, plug connection; douille de fiche, jack field; fiche banane, banana plug, banana jack, banana pin; fiche court-circuit, dummy plug; fiche d'entretien, service sticker; fiche d'essai, test plug; fiche d'inventaire de stock, stock card; fiche de connexion, connecting plug, jack plug; fiche de mesure de tension, voltage metering jack; fiche de programmation, program sheet; fiche de sortie, exit hub; fiche de spécification, specification sheet; fiche polarisée à détrompeur, polarized plug; fiche postiche, dummy plug; fiche signalétique, record card, specification card; fiche sur film, microfiche; fiche technique, data sheet; fiche travail, routing sheet; fiche émetteur, output hub; fiches de date, route sheet data; fichier des fiches de routage, route sheet file; fiché, filed.

**fichier:** file*, data file, volume; accès fichier, file access; adresse de description de fichier, file description address; adresse de référence de fichier, file reference; allocation de fichier, file allocation; amorce de fichier sur bande, file leader; architecture de fichier, file architecture; archivage de fichier, file storage; article permanent du fichier comptes, master account record; attribut de fichier, file attribute; attribution de fichier, file consignment; bloc de fichier image de carte, card image tape; bibliothécaire de fichiers, file librarian; bloc de commande fichier, file control block; bloc de définition de fichier, file definition block; bloc du fichier permanent, master file block; **bloc fin de fichier,** block end-of-file; **bloc primaire d'un fichier,** main file block; **caractéristiques de fichier,** file characteristics; **caractère de fin de fichier,** end-of-file character (EOF); **caractère séparateur de fichier,** file separator character; **changement de fichier,** file changeover; **chaîne de fichiers,** file string; **clôture du fichier,** file interlock; **commande de fichier,** file control; **composition de fichier,** file composition; **consultation de fichier,** file inquiry; **contrôle exclusif de fichiers,** file exclusive control; **conversion de fichier,** file conversion; **conversion de fichier de données,** data file conversion; **copie de fichier,** file copy; **création de fichier,** file creation; **création du fichier permanent,** master file creation; **cycle d'interclassement de fichiers,** file merge phase; **description de fichier,** file description; **description du fichier de tri,** sort file description entry; **dispositif de protection de fichier,** file protection device; **dispositif de scrutation de fichier,** file scan equipment; **disposition de fichier,** file layout; **début de fichier,** file beginning; **décalage automatique de fichiers,** automatic file rotation; **décalage manuel de fichiers,** manual file rotation; **déclaration de fichier,** file description entry; **définition de fichier,** file definition; **désignation de fichier,** file designation, file assignment; **effacement de fichiers,** file purging; **enchaînement de fichiers,** file concatenation; **enlever de la fin d'un fichier,** pend (to); **enregistrement d'ouverture de fichier,** file leader record; **ensemble de fichiers,** file set; **erreur de fichier,** file error; **espacement de fichiers,** file gap; **extension de la table des fichiers,** file table extension; **extension de nom de fichier,** file name extension; **fermeture de fichier,** close file; **fichier (à accès) direct,** random file; **fichier actif,** active file; **fichier actualisé,** update file; **fichier additionnel,** trailer file; **fichier alphabétique,** alphabetic file; **fichier altéré,** corrupt file; **fichier archive,** archive file; **fichier archivé,** archived file; **fichier auxiliaire,** secondary file; **fichier bande entrée,** input tape file; **fichier bande magnétique,** magnetic tape file; **fichier bibliothèque,** library file; **fichier bibliothèque principal,** master program file; **fichier brouillon,** scratch file; **fichier caché,** hidden file; **fichier central,** computer bank; **fichier chargeur de programme,** program load file; **fichier chaîné,** concatenated file; **fichier classé,** classified file; **fichier compte-rendu,** log file; **fichier comptes permanent,** master account file; **fichier contaminé,** infected file; **fichier courant temporaire,**

temporary run file; **fichier d'adresses,** address file; **fichier d'ajouts,** add file; **fichier d'articles non ouverts,** open item file; **fichier d'audit,** audit file; **fichier d'entrée,** input file, in file; **fichier d'entrée des travaux,** job input file; **fichier d'entrée exclusif,** input only file; **fichier d'entrée système,** system input file; **fichier d'environnement,** environmental file; **fichier d'extraction,** tub file; **fichier d'image-mémoire,** core image file; **fichier d'interrogation,** demand file; **fichier de bandes système,** system operating file; **fichier de bibliothèque système,** system library file; **fichier de cartes maîtresses,** master card file; **fichier de catalogue,** catalog file; **fichier de clôture,** unload file; **fichier de commande,** command file; **fichier de comptabilisation,** account file; **fichier de comptabilisation des travaux,** job accounting file, job account file; **fichier de destination,** destination file; **fichier de détail,** detail file; **fichier de fusionnement,** collation file; **fichier de gestion des travaux,** job control file; **fichier de microfilms,** microfilm file; **fichier de modifications,** amendment file; **fichier de modules objet,** object module file; **fichier de mouvements,** revision file; **fichier de perforation,** card punch file; **fichier de première génération,** grandfather file; **fichier de programmes exécutables,** executable program file, binary run file; **fichier de pronostics,** forecast file; **fichier de recouvrement,** overlay file; **fichier de relance du traitement,** recovery history file; **fichier de référence,** updated master file; **fichier de sauvegarde,** backup file; **fichier de sortie,** output file; **fichier de sortie d'adresses,** addrout file; **fichier de sortie des résultats,** job output file; **fichier de spécifications,** specification file; **fichier de textes,** text file; **fichier de travail,** working file, work file; **fichier de tri,** sort file; **fichier de vidage,** dump file; **fichier de vidage sélectif,** select output file; **fichier des adresses d'enregistrements,** record address file; **fichier des anomalies,** exception file; **fichier des commandes,** order file; **fichier des commandes non livrées,** open order file; **fichier des entrées sur disque,** input mass storage file; **fichier des factures,** billing file; **fichier des fiches de routage,** route sheet file; **fichier des files de travaux,** job stream file; **fichier des gammes,** routing file; **fichier des mouvements,** change file, maintenance file, update file; **fichier des points de reprise,** checkpoint data set, checkpoint file; **fichier des programmes machine,** object-coded file; **fichier des périphériques,** device file;

**fichier des transactions,** transaction data set; **fichier des transactions internes,** closed transaction file; **fichier des travaux,** job file; **fichier des variables,** variable file; **fichier des états,** report file; **fichier dictionnaire principal,** main dictionary file; **fichier dictionnaire secondaire,** secondary dictionary file; **fichier direct,** direct file; **fichier disque,** disk file; **fichier du journal système,** system log file; **fichier du personnel,** personnel file; **fichier du personnel utilisateur,** user attribute file; **fichier dégroupé,** unblocked file; **fichier désigné,** labeled file; **fichier en anneau,** ring file; **fichier en cartes,** card file; **fichier en chaîne,** chained file; **fichier en forme définitive,** terminal file; **fichier en instance,** suspense file; **fichier en mémoire tampon,** buffered file; **fichier en vrac,** unclassified file; **fichier esclave,** slave file; **fichier externe,** external data file; **fichier exécutable,** program file, run file; **fichier facultatif,** optional file; **fichier fantôme,** null file; **fichier fictif,** dummy data set; **fichier historique,** history file; **fichier historique d'articles,** item history file; **fichier image,** image file; **fichier image de carte,** card image file; **fichier important,** sensitive file; **fichier inactif,** dead file; **fichier index,** index file; **fichier indexé,** indexed file; **fichier indéfini,** undefined file; **fichier inversé,** inverted file; **fichier lié,** linked file; **fichier logique,** logical file, logic file; **fichier maître,** master file, guide file; **fichier maître de sortie système,** system principal output file; **fichier mixte,** combined file; **fichier monopile,** single-volume file; **fichier mort,** file dead; **fichier mouvements,** service file; **fichier multibobine,** multireel file; **fichier multidomaine,** multiextent file; **fichier multimachine,** multiunit file; **fichier multivolume,** multifile volume, multivolume file; **fichier mémo,** tickler file; **fichier mémoire,** memory file; **fichier non protégé,** unprotected file; **fichier non structuré,** unstructured file; **fichier paginé,** page file; **fichier partagé,** shared file; **fichier permanent,** permanent file, single-entry file; **fichier permanent de matériaux,** material item file; **fichier permanent des numéros de pièces,** part number master file; **fichier primaire,** primary file; **fichier principal,** main file; **fichier principal actif,** active master file; **fichier principal d'articles,** item master file; **fichier principal de données,** central information file; **fichier protocole,** logging file; **fichier protégé,** protected file, file-protected; **fichier protégé à l'écriture,** read-only file; **fichier public,** public file; **fichier père,** father file;

**fichier relatif,** relative file; **fichier répertoire,** director file, card index system; **fichier résident,** root file; **fichier résultant unique,** output-only file; **fichier résultat des travaux,** job occurrence report file; **fichier sans label,** unlabelled file; **fichier secondaire,** auxiliary file; **fichier sortie imprimé,** output printer file; **fichier sortie partiel,** output member; **fichier sortie système,** system output file; **fichier source,** source file; **fichier source des fournisseurs,** vendor master file; **fichier structuré,** structured file; **fichier sur bande,** tape file; **fichier sur bande en écriture,** output tape file; **fichier sur bande magnétique,** magnetic file; **fichier sur disque magnétique,** magnetic disk file; **fichier système,** file store; **fichier séquentiel indexé,** indexed sequential file, sequential indexed file; **fichier sériel,** serial file; **fichier temporaire,** temporary file, temporary data set; **fichier textuel,** document file; **fichier translatable,** relocatable file; **fichier très actif,** volatile file; **fichier utilisateur,** user file; **fichier virtuel,** virtual file; **fichier étendu,** spanned file; **fichier à accès (séquentiel) direct,** direct serial file; **fichier à accès direct,** direct access file, random file, hashed file; **fichier à accès direct indexé,** indexed non-sequential file, index random file; **fichier à accès séquentiel,** sequential file; **fichier à bloc regroupé,** reblocked file; **fichier à blocs fixes,** fixed-block file; **fichier à codes classifiés,** key-sequenced file; **fichier à données séquentielles,** sequential data file; **fichier à enregistrements variables,** variable-length record file; **fichier à imprimer,** print image file; **fichier à itération fixe,** fixed-logic file; **fichier à points de contrôle,** checkpointed file; **fichier à visualiser,** display file; **fichier-catalogue,** catalogued file, catalogued dataset; **fichiers centraux communs,** shared files; **fichiers des transactions,** transaction file; **fichiers enchaînés,** concatenated data set; **fin de fichier partiel,** end of volume; **fin de fichier sélectionné,** end-of-file option; **fonction de balayage de fichier,** file scan function; **format de fichier,** file format; **fusion de fichiers de publipostage,** mailing list file merge; **gestion de fichier-catalogue,** catalog maintenance; **gestion de fichiers,** file management; **gestion de fichiers sur bande,** tape file maintenance; **gestion des fichiers de banque de données,** database file management; **gestionnaire de fichiers,** file manager; **groupage de fichiers,** file batching; **groupement de fichiers,** file packing; **générateur de fichiers d'essai,** test file generator; **génération de fichier en cours,**

current generation; **génération de fichiers de test,** test file generation; **identificateur de fichier,** file identifier; **identification de fichier,** file identification; **impression de fichier,** file print; **index de description de fichier,** file description index; **index de fichier,** file index; **indicateur de fichier,** data set indicator; **indice d'affectation de fichier,** file allocation index; **indice de nom de fichier,** file name index; **interclassement de fichiers,** file merge; **interrogation directe du fichier,** management data query; **interrogation du fichier maître,** master file inquiry; **inventaire de fichiers,** file inventory; **label fin de fichier,** file ending label, file trailer label; **lecture de fichier,** file scan; **liaison de fichier,** file link; **limite de fichier,** file boundary, file limit; **macro de description de fichier,** file description macro; **macro de définition de fichier,** file definition macro; **mappe de fichiers,** file map; **marque de fichier,** file mark; **marque de fin de fichier,** end-of-file indicator, file trailer, filemark; **marqueur de fin de fichier,** end-of-file marker, end-of-file spot; **masque de fichier,** file mask; **mise en forme de fichier,** file alignment; **mise à jour de fichier,** file updating; **mode d'accès fichier,** file access mode; **mode de traitement de fichier,** file mode; **mémoire à fichiers,** file memory; **méthode simplifiée pour accès aux sous-fichiers,** basic partitioned access method; **nettoyage (de fichier),** cleaning, cleanup; **nom de définition de fichier,** data definition name; **nom de fichier,** filename, data set name; **nom de fichier réservé,** qualified file name; **nom du fichier de tri,** sort file name; **nom du fichier des points de reprise,** checkpoint file name; **nom symbolique de fichier partiel,** member name tag; **notation préfixe de fichier,** file prefix; **nouveau fichier permanent,** new master file; **numéro d'ordre d'un fichier multibobine,** reel sequence number; **numéro de séquence fichier,** file sequence number; **numéro de série d'un fichier,** file serial number; **numéro du label de fichier,** file label number; **organisation de fichier,** file organization, file layout, layout file; **organisation de fichier à accès direct,** direct file organization; **organisation de fichiers chaînés,** linked-queued file organization; **organisation de l'enregistrement des fichiers,** data set organization; **organisation en fichiers séquentiels,** sequential file organization; **organisation en série des fichiers,** serial file organization; **ouverture de fichier,** open file; **ouverture de fichier,** file opening; **paramètre de fichier,** file parameter; **paramètre de péremption de fichier,** file expiration date parameter; **partage de fichier,** file sharing; **partie du fichier d'entrée,** input member; **programmation adaptée aux fichiers,** file-oriented programming; **programme d'affectation de fichier,** file support allocator; **programme d'effacement de fichier,** deallocator; **programme d'effacement de fichier,** file delete program; **programme de contrôle de fichiers,** file monitor; **programme de création de fichier,** file editor; **protection de fichier,** file protect; **protection des fichiers,** file protection, file security; **préparation de fichiers,** file preparation; **pseudo-fichier,** dummy data set; **période de protection de fichier,** file security period; **période de validité de fichier,** file retention period; **recherche dans un fichier,** file searching; **recherche de fichier,** file search; **reconstruction de fichier,** file reconstruction; **repère de début de fichier,** beginning-of-file label; **repère de fin de fichier,** end-of-file label; **restauration de fichier,** file restore; **routine de mise à jour de fichiers-bibliothèque,** library file update routine; **récupération de fichier,** file recovery; **référence sur fichier,** file-related; **réorganisation de fichier,** file reorganization, file tidying; **répertoire de fichiers,** file directory, data file directory; **répertoire de fichiers partiels,** member index; **sauvegarde de fichier,** file save; **section de fichier,** file section; **serveur de fichiers,** file server; **sous-fichier,** subfile; **sous-programme d'affectation de fichiers,** file storage mapping routine; **sous-programme de transfert de fichier,** file handler; **sous-système serveur de fichiers,** file server subsystem; **spécification de fichier,** file specification; **structure de fichier,** file structure, file design, file concept; **structure de fichier indexée,** indexed organization; **suite de fichiers,** queued file; **support de fichier,** file medium, file location volume; **système de gestion des fichiers d'entrée-sortie,** input/output file control system; **système à fichiers,** filing system; **système à fichiers communs,** shared file system; **sécurité des fichiers,** file security; **séparateur de fichiers,** file separator (FS); **table de description de fichier,** file description table; **table de fichiers,** file table; **table de fichiers affectés,** assigned files table; **table de transcription fichier,** file translation table; **table des fichiers affectés,** consigned files table; **taille de fichier,** file size; **taux d'utilisation de fichier,** file activity ratio; **technique de sauvegarde de fichiers,** grandfather technique; **tenue de fichier,** file maintenance; **traitement de fichiers,** file processing, file handling; **transcripteur de fichier,** file translator; **transcription de fichier,** file transcription; **type de fichier,** file class; **type de label de fichier,** file option; **téléréception (de fichiers),** downloading, download, remote loading, teleload; **télétransmission (de fichiers),** uploading, upload; **unicité des fichiers,** file uniqueness; **version de fichier,** file version; **zone de description de fichier,** file descriptor area; **zone principale d'un fichier,** main file area.

**fictif:** dummy; **argument fictif,** dummy argument; **bloc fictif initial,** initial dummy block; **caractère fictif,** throw-away character; **connecteur fictif,** dummy traffic; **fichier fictif,** dummy data set; **label d'en-tête fictif,** dummy header label; **label fictif,** dummy label, dummy header; **périphérique fictif,** null device.

**fictive:** **activité fictive,** dummy activity; **adresse fictive,** dummy address; **charge fictive,** dummy load; **directive fictive,** null statement; **données fictives,** dummy data; **déclaration fictive,** continue statement; **définition d'adressage fictive,** dummy tag; **information fictive,** dummy information; **instruction fictive,** dummy instruction, dummy statement; **lettre fictive,** dummy letter; **procédure fictive,** dummy procedure; **recherche fictive,** dummy seek; **variable fictive,** dummy variable; **zone fictive,** dummy field.

**fidélité:** repeatability.

**figé:** **logiciel figé,** canned software; **mode figé,** freeze mode, hold mode.

**figer:** freeze (to).

**figurative:** **constante figurative,** figurative constant.

**figure:** figure; **figure de code,** code pattern; **figure géométrique en trait plein,** solid figure; **figure symétrique,** symmetric figure.

**fil:** wire, thread; **circuit deux fils,** two-wire circuit; **connexion à quatre fils,** four-port addressing; **contact à fil,** wire contact; **fil d'émission,** send wire; **fil de commande,** drive wire; **fil de contact,** contact lead; **fil de lecture,** sense wire; **fil de maintien,** holding wire, hold wire; **fil de réception,** receive wire; **fil de terre,** ground wire; **fil magnétique,** magnetic wire; **fil pilote,** drive wire; **fil sous tension,** live wire; **fils verticaux,** vertical wires; **image fil de fer,** wire frame; **liaison à quatre fils,** four-wire channel; **mémoire à fil magnétique,** magnetic wire storage, plated wire storage; **passage de fils,** wire channel; **passe-fil,** grommet; **raccord à fil,** wire lead;

**représentation fil de fer,** wire frame representation.

**file:** waiting list, run queue; **accès par file d'attente,** queued access; **condition d'attente en file,** queueing condition; **en file, en queue,** queued; **enlever d'une file,** dequeue (to); **fichier des files de travaux,** job stream file; **file chaînée,** chained list; **file d'attente,** queue, waiting line, list, waiting queue; **file d'attente d'entrée,** input queue, entry queue; **file d'attente d'impression,** print queue; **file d'attente d'ordonnancement,** scheduler queue; **file d'attente de distribution,** dispatcher queue file; **file d'attente de travaux en entrée,** input job queue; **file d'attente des messages,** message queue; **file d'attente des périphériques,** device queue; **file d'attente des travaux,** job queue; **file d'attente des travaux en entrée,** job input queue; **file d'attente en sortie,** output work queue; **file d'attente externe,** external queue; **file d'attente inversée,** pushdown queue; **file d'attente pilote,** scheduling queue; **file d'invitations,** invitation list; **file de recherche,** retrieval list; **file de travaux,** job stream, job stack, run stream; **file des travaux en entrée,** input work queue; **gestion de files d'attente,** queue management; **gestion de files de messages,** message queueing; **gestion des files d'attente,** queueing; **introduire dans une file d'attente,** queue (to); **liste de files d'attente,** queueing list; **mettre en file d'attente,** enqueue (to); **mise en file d'attente,** enqueuing; **méthode d'accès avec file d'attente,** queue discipline; **méthode d'accès des files d'attente,** queue access method, queued access method; **méthode d'accès séquentiel de file,** queued sequential access method; **opération en file d'attente,** work-in-process queue; **principe des files d'attente,** queueing principle; **probabilité d'attente en file,** queueing probability; **problème de file d'attente,** queueing problem; **procédure d'enchaînement de file d'attente,** queue linking; **programme canal en file d'attente,** queued channel program; **remettre en file,** requeue (to); **retirer de la file d'attente,** queue off (to); **sortie d'une file d'attente,** dequeuing; **sous-file d'attente,** subqueue; **temps d'attente en file,** queue time; **théorie des files d'attente,** queueing theory; **traitement des files (LISP),** list processing (LISP); **tâche dans une file d'attente,** input job; **version double file,** dual job stream version; **zone d'entrée de la file d'attente,** queue slot; **zone de file d'attente,** queueing fiels, waiting queue field.

**filière:** **filière (de carte),** card row;

magasin de réception filière, card throat.

**film:** film; **enregistreur sur film,** film recorder; **fenêtre de lecture de film,** film gate; **fiche sur film,** microfiche; **film magnétique,** magnetic film; **film mince,** thin film; **film mince magnétique,** magnetic thin film; **film épais,** thick film; **lecteur de film,** film reader; **mémoire à film magnétique,** magnetic film storage; **mémoire à film mince,** thin film memory; **processeur de film,** film processor.

**fils:** son; **cycle grand-père-père-fils (trois générations),** grandfather-father-son cycle.

**filtrage:** purification, pattern matching; **bobine de filtrage,** filter choke; **filtrage de données,** data purification; **élément de filtrage,** filter element.

**filtre:** filter, mask, extractor; **circuit filtre,** filter circuit; **filtre antireflet,** anti-glare filter; **filtre combiné,** composite filter; **filtre conjoncteur,** cut-on filter; **filtre coupleur à bande large,** broadband coupling filter; **filtre d'aiguillage de canal,** channel separating filter; **filtre d'aération,** air flow system; **filtre d'écran,** screen filter; **filtre de canal,** channel filter; **filtre de référence,** reference filter; **filtre de troncation,** cut-off filter; **filtre maillé,** mesh filter; **filtre maximum,** peak filter; **filtre passe-bande,** bandpass filter; **filtre passe-bas,** lowpass filter; **filtre passe-haut,** highpass filter; **filtre secteur,** power filter; **filtre stop-bande,** bandreject filter; **filtre séparateur de fréquences,** frequency selective filter; **filtre éliminateur de bande,** bandstop filter, band elimination filter; **filtre éliminateur,** damping element; **filtre à air,** air filter; **filtre à cristal,** crystal filter; **filtre à élimination de bande,** band rejection filter; **montage de filtre,** filter network.

**filtrer:** filter* (to).

**fin:** end, ending, tail; **(caractère de) fin de message,** end-of-message character (EOM); **(caractère de) fin de médium,** end-of-medium character (EM); **(caractère de) fin de transmission,** end-of-transmission character (EOT); **amorce de fin (de bande),** trailer; **amorce de fin de bande magnétique,** magnetic tape trailer; **arrêt après fin de passage en machine,** end-of-run halt; **arrêt de fin de papier,** form stop; **arrêt de fin de session,** shutdown; **bande sans fin,** endless tape; **blancs de fin de mot,** trailing blanks; **bloc de fin de bande,** end-of-tape block; **bloc fin de bobine,** block end-of-reel; **bloc fin de fichier,** block end-of-file; **bloc fin de ruban,** block end-of-tape; **caractère de fin,** terminating character, back-to-normal signal; **caractère de fin d'exécution,** end-of-run character (EOR); **caractère de fin de bloc,** end-of-block character (EOB), block character; **caractère de fin de document,** end-of-document character (EOD); **caractère de fin de fichier,** end-of-file character (EOF); **caractère de fin de ligne,** end-of-line character (EOL); **caractère de fin de message,** message ending character; **caractère de fin de texte,** end-of-text character (ETX); **caractère de fin de travail,** end-of-job character (EOJ); **caractère fin d'adresse,** end of address character (EDA); **caractère de fin de sélection,** end of selection; **caractère fin de texte,** text terminator; **caractère fin de zone,** field termination character; **carte de fin,** end card, terminator card; **comptage d'articles fin,** trailing count; **contact fin de bande,** tape-out sensing contact; **contact fin de papier,** paper stop contact; **drapeau de fin,** terminate flag; **dérouleur à ruban sans fin,** tape loop recorder; **détecteur de fin de papier,** paper-out indicator; **enlever de la fin d'un fichier,** pend (to); **enregistrement fin de données,** end-of-data item; **enroulement de fin de ligne,** wrap-around; **fin anormale,** abnormal end (ABEND); **fin d'adresse,** end-of-address; **fin d'article indexé,** end-of-index item; **fin d'enregistrement,** end of record; **fin d'exécution,** end of run; **fin d'instruction,** instruction termination; **fin d'interruption,** termination interrupt; **fin d'opération,** end of operation; **fin d'étape de travail,** job step termination; **fin de bande,** end of tape, trailing end; **fin de bloc,** end of block, block end; **fin de bloc automatique,** automatic end of block; **fin de bloc de transmission,** end-of-transmission block (ETB); **fin de bobine,** end of reel; **fin de canal,** channel end; **fin de chaîne,** string break; **fin de communication,** clearing of connection; **fin de course,** limit of travel; **fin de cylindre,** end of cylinder; **fin de document,** end of document; **fin de données,** end of data; **fin de fichier partiel,** end of volume; **fin de fichier sélectionné,** end-of-file option; **fin de formulaire,** document end; **fin de l'espace interbloc,** end-of-record gap; **fin de l'identification,** end of identity; **fin de ligne,** end of line; **fin de message,** end of message; **fin de module,** end of unit; **fin de papier,** paper out; **fin de piste,** track end; **fin de programme,** program end; **fin de session,** logging-out, logging-off, log-out; **fin de signal d'initialisation,** end-of-heading signal; **fin de sous-programme,** end-of-program routine; **fin de support,** end-of-support (EM); **fin de support,** end of medium; **fin de tabulation,** skip stop; **fin de transaction,** logoff; **fin de transmission,** end of transmission; **fin de travail,**

end of job; **fin de tâche,** task termination; **fin des déclarations de procédure,** end declarative; **fin des informations enregistrées,** end-of-record information; **fin des travaux,** job end; **fin du traitement de bande,** end-of-tape processing; **fin imprévue,** dead end; **fin instantanée,** unusual end; **fin instantanée du traitement des travaux,** unusual end of job; **fin logique,** logical end; **fin manuelle,** manual termination; **fin réelle de bande,** physical end of tape; **formulaire sans fin,** continuous paper form; **formulaires sans fin à perforations marginales,** continuous pin feed forms; **guide des formulaires sans fin,** continuous form guide; **imprimé sans fin,** endless form; **indicateur de fin page,** page end indicator; **instruction de fin,** end instruction; **instruction de fin de bande,** trailer statement; **instruction de fin de travail,** sign-off; **instruction fin de liste,** terminate statement; **label de fin de bande,** end-of-volume trailer label; **label de fin utilisateur,** user trailer label; **label fin,** end label; **label fin de bande,** tape trailer label; **label fin de bobine,** ending reel label; **label fin de définition macro,** macrodefinition trailer; **label fin de fichier,** file ending label, file trailer label; **label fin de volume,** volume trailer label; **ligne de fin,** end line, trailing line; **marque de fin,** end mark, terminating symbol; **marque de fin d'enregistrement,** record mark; **marque de fin d'instruction,** end-of-instruction mark; **marque de fin de bande,** end-of-tape marker, control mark; **marque de fin de données,** end-of-information marker (EIM); **marque de fin de fichier,** end-of-file indicator, file trailer, filemark; **marque fin de bande,** destination warning marker; **marque fin de bobine,** end-of-reel mark; **marque fin de mot,** end-of-word mark; **marqueur de fin de fichier,** end-of-file marker, end-of-file spot; **mot de fin d'enregistrement,** end-of-record word; **pointeur de fin,** nil pointer; **postlabel de fin de bande,** posttrailer; **procédure automatique de fin de traitement,** automatic logoff; **procédure de fin de session,** log-off procedure; **procédure de fin de traitement,** termination procedure; **repère de fin,** trailer label; **repère de fin de bande,** end-of-tape marker, end-of-tape label; **repère de fin de fichier,** end-of-file label; **sans fin,** endless; **signal de fin,** disconnect signal; **signal de fin de bloc,** end-of-block signal; **signal de fin de message,** end-of-message signal; **signal de fin de report,** carry complete signal; **sortie fin de tâche,** end-of-job exit; **symbole de fin,** end symbol; **séquence de fin,** ending sequence; **séquence de fin (de bloc),** post-amble; **test automatique de fin de page,** automatic overflow test; **trait fin,** light line; **transmission avec bande sans fin,** endless tape switching; **tri fin,** fine sort.

**final:** consommateur final, ultimate consumer; **espacement final,** terminal space; **langage de l'utilisateur final,** end user language; **paramètre final,** terminal parameter; **passage final,** completion run; **utilisateur final,** end user; **vidage mémoire final,** terminal mass storage dump.

**finale:** adresse finale, end address; **alimentation finale,** end feed; **colonne finale,** end column; **condition finale de comptage,** count-out condition; **impulsion finale,** terminal pulse; **instruction finale,** terminal statement; **phase finale,** termination phase; **position finale,** end position; **virgule finale,** terminating comma.

**fini:** over, discrete, finite; **nombre fini,** finite integer.

**finie:** série finie, finite series.

**finir:** end (to).

**fissure:** slit.

**fixation:** fixation de bobine, reel holddown.

**fixe:** static attribute; **addition en virgule fixe,** fixed-point addition; **arithmétique en virgule fixe,** fixed-point arithmetic; **binaire en virgule fixe,** fixed-point binary; **calcul en virgule fixe,** fixed-point calculation; **calculateur à programme fixe,** fixed-program computer; **canal fixe,** stationary channel; **cassette fixe,** fixed cartridge; **champ fixe,** fixed field; **chargeur fixe à deux segments,** two-part self-contained loader; **condensateur fixe,** fixed capacitor; **constante à virgule fixe,** fixed-point constant; **contrôleur de disque à tête fixe,** disk file control unit; **cycle fixé,** canned cycle; **disposition à séquence fixe,** fixed-sequential format; **disque fixe,** fixed disk, hard disk, rigid disk; **disque à tête fixe,** fixed-head disk; **division à virgule fixe,** fixed-point division; **dépassement en virgule fixe,** fixed-point overflow; **enregistrement de format fixe,** fixed-format record; **enregistrement de longueur fixe,** fixed-length record; **enregistrement de taille fixe,** fixed-size record; **enregistrement semi-fixe,** semifixed length record; **enregistrement à longueur fixe,** fixed-length item; **fichier à blocs fixes,** fixed-block file; **fichier à itération fixe,** fixed-logic file; **fixé,** fixed; **fonte à espacement fixe,** fixed-width font; **format de longueur fixe,** fixed-length format; **format fixe,** fixed format; **format à blocs fixes,** fixed-block format; **identificateur fixe,** reserved identifier; **image vidéo fixe,** still image video;

**information de longueur fixe,** fixed-information length; **instruction à virgule fixe,** fixed-point instruction; **liaison fixe point à point,** point-to-point leased line; **limite fixe,** integral boundary; **longueur de bloc fixe,** fixed-block length, fixed-record length; **longueur de mot fixe,** fixed-word length; **longueur de mot à virgule fixe,** fixed-point word length; **longueur fixe,** fixed length; **mot (de longueur) fixe,** fixed word; **mot de longueur fixe,** fixed-length word; **multiprogrammation à partitions fixes,** fixed-partition multiprogramming; **mémoire fixe,** fixed memory, dead storage, fixed-data storage; **mémoire fixe inductive,** transformer read-only storage; **nombre en virgule fixe,** number in fixed point representation; **nombre à virgule fixe,** fixed-point number; **notation en virgule fixe,** fixed-floating-point format; **notation à base fixe,** fixed-base notation; **numération à base fixe,** fixed-radix notation; **numération à séparation fixe,** fixed-point representation; **opérande de longueur fixe,** fixed-length operand; **opération en virgule fixe,** fixed-point operation; **ordinateur à mots de longueur fixe,** fixed-length computer; **polarisation fixe,** fixed bias; **positionnement fixe des lignes imprimées,** fixed-line posting; **programme fixe,** fixed program; **queue d'attente à base fixe,** fixed-queue list; **représentation à base fixe,** fixed-base representation; **résistance fixe,** fixed resistor; **rétroaction fixe,** rigid feedback; **segment de longueur fixe,** fixed-length segment; **semi-fixe,** semifixed; **source fixe,** stationary source; **soustraction à virgule fixe,** fixed-point subtraction; **système à virgule fixe,** fixed-point system; **tracé asservi à un point fixe,** rubber banding; **traitement en virgule fixe,** fixed-point computation; **type à virgule fixe,** fixed-point type; **tête de lecture fixe,** fixed-read head; **tête fixe,** fixed head; **tête magnétique fixe,** fixed-magnetic head; **valeur fixe,** inalterable value; **valeur à virgule fixe,** fixed-point value; **variable à virgule fixe,** fixed-point variable; **virgule fixe,** fixed point, fixed-decimal point; **zone de longueur fixe,** fixed-length field.

**fixer:** bind (to), affix (to).

**flanc:** flanc d'impulsion, pulse edge; **flanc de synchronisation négatif,** negative going edge; **pente de flanc d'impulsion,** pulse slope.

**flasque:** flange.

**flèche:** arrow, pointer, sag; **flèche ascendante,** up scroll arrow; **flèche bas,** down arrow; **flèche de défilement,** scroll arrow; **flèche de la cote,** arrow head; **flèche descendante,** down scroll arrow; **flèche droite,** right arrow; **flèche droite de défilement,** right scroll arrow; **flèche gauche,** left arrow, back arrow; **flèche gauche de défilement,** left scroll arrow; **flèche haut,** up arrow; **flèche verticale,** vertical arrow; **flèche à deux pointes,** two-headed arrow; **flèche à quatre pointes,** four-headed arrow; **touche flèche,** arrow key.

**fléchissement:** yield.

**flexible:** flexible; **circuit imprimé flexible,** flexible printed circuit.

**flot:** stream, flow, flux, run stream, suite; **flot binaire,** bit stream; **flot d'instructions,** instruction stream; **flot de données,** data stream; **flot de sortie des résultats,** job output stream; **flot de travaux,** job stream, input stream.

**flottant:** floating, float; **base de représentation en flottant,** floating-point base; **caractère flottant,** floating character; **multiplication de vecteurs flottants,** floating-vector multiply; **programme à base de flottants,** floating-point based program; **radix de représentation en flottant,** floating-point radix; **registre flottant,** floating register; **type flottant,** float type; **zéro flottant,** floating zero.

**flottante:** accumulateur en virgule flottante, floating-point accumulator; **addition en virgule flottante,** floating-point addition, floating add; **adresse flottante,** floating address; **arithmétique en virgule flottante,** floating-point arithmetic; **arithmétique en virgule flottante câblée,** hardware floating-point arithmetic; **arithmétique en virgule flottante décimale,** floating-decimal arithmetic; **calcul en virgule flottante,** floating-point calculation; **calcul à virgule flottante programmée,** programmed floating-point operation; **constante en virgule flottante simple précision,** short precision floating-point constant; **constante à virgule flottante,** floating-point constant; **coprocesseur de calcul en virgule flottante,** scientific subprocessor; **division en virgule flottante,** floating-point division, floating divide; **effacement et addition flottante,** floating-reset add; **erreur de virgule flottante,** floating-point fail; **instruction en virgule flottante,** floating-point instruction; **mantisse en virgule flottante,** floating-point mantissa; **multiplication en virgule flottante,** floating-point multiplication, floating multiply; **nombre en virgule flottante,** floating-point number; **option de calcul en virgule flottante,** scientific option; **opération automatique en virgule flottante,** automatic floating-point operation; **opération en virgule flottante,** floating-point operation, flop; **opérations en virgule flottante par seconde,** floating-point operation per second (FLOPS); **organe de calcul en virgule flottante,** scientific feature; **processeur en virgule flottante,** floating-point processor (FPP); **progiciel en virgule flottante,** floating-point package; **programme en virgule flottante,** floating-point routine; **registre à virgule flottante,** floating-point register; **représentation en virgule flottante,** floating-point representation; **reste de division en virgule flottante,** floating-divide remainder; **sous-programme de calcul en virgule flottante,** floating-point subroutine; **soustraction en virgule flottante,** floating-point subtraction; **soustraction flottante,** floating subtract; **système à virgule flottante,** floating-point system; **traitement en virgule flottante,** floating-point computation; **type à virgule flottante,** floating-point type; **tête magnétique flottante,** floating head; **unité de calcul en virgule flottante,** scientific unit; **validité en virgule flottante,** significance mask; **virgule flottante,** floating point, floating-decimal decimal; **virgule flottante en double précision,** double precision floating point; **virgule flottante en multiple précision,** long-form floating point; **virgule flottante simple précision,** single-precision floating point; **zone flottante,** floating area.

**flottement:** flutter, cinching; **vitesse de flottement,** flutter speed.

**flotter:** float* (to).

**flou:** softness; **caractère flou,** ghosting character.

**fluctuante:** erreur fluctuante, fluctuating error.

**fluctuation:** fluctuation, fade.

**fluence:** algorithme de déviation de fluence, flow deviation algorithm (FDA); **analyse de fluence,** flow analysis; **diagramme de fluence,** flow-process diagram; **fluence d'entrée,** flow-in; **fluence de sortie,** flow-out.

**fluide:** fluid; **logique des fluides,** fluid logic.

**fluidique:** la fluidique, fluidics.

**fluorescent:** fluorescent; **écran fluorescent,** fluorescent screen.

**fluorescente:** lampe fluorescente, fluorescent lamp.

**flux:** flux, flot, stream, run stream; **changement de flux,** flux change; **contrôle de flux,** flow control; **densité de flux,** flux density; **densité de flux magnétique,** magnetic flux density; **densité de flux maximale,** peak flux density; **flux d'entrée,** input stream; **flux d'entrée des travaux,** job input stream; **flux de commande,** control flow; **flux de courant,** current flow; **flux de données,** data flow; **flux de données générées,** generated data flow; **flux de travaux individuels,** single-job stream; **flux électronique,** electron flow; **inversions de flux par pouce,** flux reversals per inch (FRPI); **ligne de flux,** flow line; **retour de flux magnétique,** flux reversal; **transition de flux,** flux transition; **transition de flux binaire,** bit flux transition; **tête magnétique sensible au flux,** flux sensitive head; **variation de flux par pouce,** flux changes per inch (FCPI).

**fois:** une fois seulement, one off.

**foliotage:** foliotage automatique, automatic page numbering.

**fonction:** function; **appel d'une fonction intégrée,** built-in function reference; **appel de fonction,** function reference; **caractère de fonction,** function character; **case de fonction,** card stacker; **code de fonction,** function code, control code; **code de fonction d'affichage,** display function code; **complément de fonction erronée,** error function complement; **diagramme de fonctions,** functional block diagram, function chart; **déflexion d'une fonction,** oscillation of a function; **désignateur de fonction,** function designator; **en fonction,** versus (vs); **fonction absolue,** absolute function; **fonction adjacente,** adjoint function; **fonction algébrique,** algebraic function; **fonction analytique,** analytic function; **fonction angulaire,** angular function; **fonction arithmétique,** arithmetic function; **fonction autocorrélatrice,** autocorrelation function; **fonction auxiliaire,** auxiliary function; **fonction binaire,** binary function, bit function; **fonction booléenne,** Boolean function; **fonction bouclée,** close function; **fonction continue,** continuous function; **fonction circulaire,** trigonometric function; **fonction cosinusoïdale,** cosine function; **fonction cylindrique,** cylindric function; **fonction d'acheminement,** routing function; **fonction d'addition,** add function; **fonction d'allocation,** allocate function; **fonction d'attente,** wait action; **fonction d'identification,** recognition function; **fonction d'inhibition,** inhibit function; **fonction d'usage général,** utility function; **fonction d'écriture,** write action, put function; **fonction de Pierce,** NOT-OR operation; **fonction de balayage de fichier,** file scan function; **fonction de blocage,** blocking function; **fonction de branchement,** jump function; **fonction de changement de chargeur,** swap function; **fonction de chargement,** load function; **fonction de cohérence d'antémémoires,** bus snooping function; **fonction de commande,** control operation, set function; **fonction de commande secondaire**, auxiliary control function; **fonction de commutation**, switching function; **fonction de comptabilisation des travaux**, job accounting interface; **fonction de contrôle**, control function; **fonction de contrôle des travaux (FCT)**, job entry services (JES); **fonction de contrôle dynamique**, dynamic control function; **fonction de correction**, correction function; **fonction de déclenchement**, trigger function; **fonction de départ**, open function; **fonction de détection d'erreurs**, error detection feature; **fonction de gestion**, housekeeping function; **fonction de génération**, generic function; **fonction de l'utilisateur**, user function; **fonction de lecture de données**, data read function; **fonction de libération**, release function; **fonction de pondération**, weighting function; **fonction de positionnement**, seek action; **fonction de progression**, step response; **fonction de rappel**, restore action; **fonction de recherche**, search function, locate function; **fonction de remplacement**, replace function; **fonction de récupération**, recovery function; **fonction de référence**, alignment function; **fonction de répartition**, dispatching function; **fonction de saisie**, get function; **fonction de saut de bloc**, block skip; **fonction de saut unitaire**, unit step function; **fonction de seuil**, threshold function; **fonction de supervision**, supervisory function; **fonction de sécurité**, security function; **fonction de sélection**, select action; **fonction de table**, table function; **fonction de temporisation**, timeout facility; **fonction de temps**, function of time; **fonction de traduction**, translate function; **fonction de traitement des articles**, item handling function; **fonction de transfert**, transfer function; **fonction de transmission**, signaling function; **fonction de ventilation**, distribution function; **fonction de vérification**, verify function; **fonction différentielle**, differential of a function; **fonction distribuée**, distributed function; **fonction diverses**, miscellaneous function; **fonction définie par l'utilisateur**, user-defined function; **fonction en escalier**, step function; **fonction erronée**, error function; **fonction explicite**, explicit function; **fonction exponentielle**, power function; **fonction externe**, external function; **fonction externe fondamentale**, basic external function; **fonction graphique**, graphics function; **fonction génératrice**, generating function; **fonction hyperbolique**, hyperbolic function; **fonction impaire**, odd function; **fonction implicite**, implicit function; **fonction intrinsèque**, built-in function; **fonction inté-**

**grale rationnelle**, rational integral; **fonction inversée**, inverse function; **fonction logique**, logical function, Boolean function; **fonction manuelle**, manual function; **fonction mixte**, composite function; **fonction monobobine**, single-tape function; **fonction normalisée**, standard function; **fonction primaire**, primary function; **fonction rapide**, high-speed service; **fonction récurrente**, recursive function; **fonction secondaire**, secondary function; **fonction sinusoïde**, sine function; **fonction symbolique**, symbolic operation; **fonction tampon**, buffer function; **fonction transcendante**, transcendental function; **fonction uniligne**, single-line function; **fonction unitaire**, unit function; **fonction univalente**, one-valued function; **fonction univoque**, single-valued function; **fonction élémentaire**, elementary function; **générateur de fonctions**, function generator; **générateur de fonctions analytiques**, analytical function generator; **générateur de fonctions naturelles**, natural function generator; **générateur de fonctions variables**, variable-function generator; **instruction de fonction**, function statement; **limite d'une fonction**, limit of a function; **nom de fonction**, function name; **nom de fonction incorporée**, built-in function name; **point de mise hors-fonction**, deactivation point; **programme de fonction**, duty program; **suppression de fonction**, function suppress; **symétrie d'une fonction**, symmetric of a function; **sélection de fonction**, function selection; **table de fonctions**, function table; **touche de fonction**, function key, soft key; **touches de fonctions de haut de clavier**, top-row function keys; **traducteur de fonction**, function translator; **variation d'une fonction**, variation of a function.

**fonctionnel:** **amplificateur fonctionnel**, function amplifier; **argument fonctionnel**, functional argument; **bit de contrôle fonctionnel**, action control bit; **bit fonctionnel**, activity bit; **bloc fonctionnel**, functional block; **bloc fonctionnel complémentaire**, auxiliary building block; **code fonctionnel**, action directive; **diagramme fonctionnel**, function flowchart, action chart; **langage fonctionnel**, applicative language; **multiplicateur fonctionnel**, function multiplier; **schéma fonctionnel**, functional diagram, block diagram; **schéma fonctionnel principal**, major block diagram; **signal fonctionnel**, action signal; **symbole fonctionnel**, functional symbol; **système à blocs fonctionnels**, building block system; **test fonctionnel**, functional test.

**fonctionnelle:** caractéristiques **fonctionnelles,** functional characteristics; **conception fonctionnelle,** functional design; **perforation fonctionnelle,** control punch, control hole, designation hole; **période fonctionnelle,** action period; **représentation fonctionnelle,** functional representation; **unité fonctionnelle,** functional unit, function unit; **valeur fonctionnelle,** functional value; **zone fonctionnelle,** command field.

**fonctionnement:** working, job, performance; **contrôle de fonctionnement,** operation checkout; **diagramme de fonctionnement,** working diagram, running diagram; **essai de fonctionnement,** function check; **fonctionnement autonome,** autonomous operation, autonomous working; **fonctionnement en multiprogrammation,** multiprogramming mode; **fonctionnement en parallèle,** concurrent performance; **fonctionnement en simultanéité,** concurrent working; **fonctionnement en temps réel,** real-time working; **fonctionnement instantané,** state of readiness; **fonctionnement itératif,** auto-sequential operation; **fonctionnement parallèle,** parallel running; **fonctionnement pas à pas,** single-step operation, step-by-step mode; **fonctionnement synchrone,** synchronous working; **fonctionnement à sécurité intégrée,** failsafe operation; **moyenne des temps de bon fonctionnement,** mean time between failures (MTBF); **notice de fonctionnement,** instruction booklet; **relais à fonctionnement séquentiel,** sequence action relay; **sécurité de fonctionnement,** safety of operation; **temps de fonctionnement,** uptime; **température de fonctionnement,** operating temperature; **tension de fonctionnement,** operating voltage; **vitesse normale de fonctionnement,** free-running speed.

**fonctionner:** operate (to); **prêt à fonctionner,** ready-for-operation.

**fond:** bottom; **bruit de fond,** background noise, basic noise, grass; **fond d'image,** background image, static image; **fond de page,** footing; **fond inversé,** inverted background; **image de fond,** wallpaper; **marge de fond de page,** bottom margin; **plaque de fond,** bottom plate; **tâche de fond,** background job.

**fondamental:** circuit fondamental, basic circuit; **groupe fondamental,** basic group; **montage fondamental,** basic circuit configuration, basic set-up; **réseau fondamental,** basic network; **théorème fondamental,** fundamental theorem; **équipement fondamental,** basic hardware.

**fondamentale:** données fondamentales, historical data; **fonction externe fondamentale,** basic external function; **fréquence fondamentale,** fundamental frequency; **méthode arithmétique fondamentale,** basic arithmetic operation; **opération de calcul fondamentale,** basic calculating operation; **opération fondamentale,** basic operation; **recherche fondamentale,** basic research; **variable fondamentale,** basic variable.

**fondre:** coalesce (to).

**fonte:** font; **caractère de changement de fonte,** font change character; **cartouche de fontes,** font cartridge; **changement de fontes,** font change; **fonte d'écran,** screen font; **fonte de caractères,** type font; **fonte en italiques,** italics font; **fonte matricielle,** bit-mapped font, raster font; **fonte proportionnelle,** proportional font; **fonte résidante,** built-in font; **fonte téléchargeable,** downloadable font, soft font; **fonte vectorielle,** vector font; **fonte à espacement fixe,** fixed-width font; **éditeur de fonte,** font producer.

**force:** strength, force; **force d'impression,** printing pressure; **force de frappe,** key touch force; **force d'insertion nulle,** zero insertion force (ZIF); **force du signal,** signal strength; **force électromotrice,** electromotive force; **ligne de force,** field line; **lignes de force,** lines of force.

**forcé:** forced; **refroidissement forcé,** forced cooling.

**forcee:** séparation forcée, forced split; **validation forcée,** forced release.

**forcer:** force (to).

**format:** format*, outlay; **attribut de format,** dimension attribute; **caractère de commande de format d'édition,** format effector character; **commande de format électronique,** electronic format control; **conversion de format de variable,** casting; **enregistrement de format fixe,** fixed-format record; **enregistrement sans format,** unformatted record; **format alphabétique,** alpha format; **format binaire,** binary format; **format binaire non condensé,** zoned format; **format booléen,** Boolean format; **format codé,** coded form; **format condensé,** compressed form; **format continu,** linked format; **format d'adresse,** addressing format, address pattern; **format d'adresse de mot,** word address format; **format d'affichage,** display format; **format d'enregistrement,** record format; **format d'entrée,** input format; **format d'exposant,** exponent part format; **format d'impression,** printing format; **format d'impression automatique,** computer-printed format;

format d'imprimé, print format; **format d'instruction,** instruction format; **format d'instruction immédiate,** zero address instruction format; **format d'instruction sans adresse,** addressless instruction format; **format d'onglet,** tab format; **format d'écran,** screen format; **format d'écran vidéo,** display setting; **format d'édition en code machine,** objet code output format; **format d'état,** report format; **format d'étiquette,** label format; **format de base,** basic format; **format de bloc,** block format; **format de bloc d'adresses,** address block format; **format de bloc tabulaire,** tabulation block format; **format de bloc variable,** variable-block format; **format de caractère,** character format; **format de carte,** card format; **format de codage alternatif,** alternate card format; **format de données,** data format, data layout; **format de fichier,** file format; **format de l'image-mémoire,** core image format; **format de l'information,** information format; **format de liste,** list format; **format de longueur fixe,** fixed-length format; **format de message,** message format; **format de papier,** paper size; **format de programmation,** reference format; **format de texte,** text format; **format de texte,** title format; **format de zone de données,** data field format; **format demi-hauteur,** half-height format; **format des cartes-paramètres,** control card format; **format des chaînes de caractères,** string format; **format des nombres décimaux,** decimal number format; **format des nombres naturels,** unsigned integer format; **format du code d'adresse,** address code format; **format du mot de données,** data word format; **format en double colonne,** two-column format; **format fixe,** fixed format; **format fractionnaire décimal,** decimal fraction format; **format horizontal,** horizontal format; **format horizontal (image),** landscape; **format image de carte,** card image format; **format indéterminé,** undetermined format; **format ineffaçable,** permanent format; **format interne,** internal format; **format libre,** formatless; **format pleine hauteur,** full height format; **format pour cassette,** Kansas city standard; **format prédéfini,** fixed form; **format standard,** standard format; **format standard des données,** standard data format; **format variable,** variable format; **format vertical,** vertical format, portrait; **format à blocs fixes,** fixed-block format; **format à mot quadruple,** quad-word bound; **information de format,** dimensional information; **instruction de format,** dimension statement; **instruction de format des données,** data formatting statement; **mis en format,** format-

ted; **mise en format,** formatting; **sans format,** formatless; **spécification de format,** format specification; **spécification de format de bloc,** block format characteristic; **vérification du format,** format check.

**f o r m a t a g e :** formatting*; **formatage de texte,** text formatting; **protection au formatage,** format write protection.

**f o r m a t é :** **affichage formaté,** formatted display; **affichage non formaté,** unformatted display; **bordereau formaté,** line drawn form; **disque non formaté,** unformatted disk; **formaté,** formatted; **non formaté,** unformatted; **texte de message formaté,** formatted message text.

**f o r m a t é e :** **enregistrement de données formatées,** formatted record; **instruction d'écriture non formatée,** unformatted write statement; **instruction de lecture formatée,** formatted read statement; **instruction de lecture non formatée,** unformatted read statement.

**f o r m a t e r :** format (to).

**f o r m a t e u r :** formatter, shaper; **circuit formateur d'impulsions,** pulse shaping circuit; **formateur d'impulsion,** pulse shaper; **formateur de disque,** disk formatter; **formateur de texte,** text formatter.

**f o r m a t i o n :** training, shaping, formation; **cours de formation,** instruction course; **modèle de formation,** learning model; **programme de formation,** training schedule.

**f o r m e :** shape, pattern; **appariement de formes,** pattern matching; **article mis en forme,** edited item; **caractère de mise en forme,** insertion character; **chaîne de caractères mise en forme,** format string; **circuit de mise en forme,** shaping circuit; **commande de mise en forme,** edit instruction; **constante sous forme d'instruction,** instructional constant; **distorsion en forme de coussin,** pincushion shaped distortion; **distorsion en forme de tonneau,** barrel-shaped distortion; **données en forme condensée,** packed format; **en forme de..,** shaped; **en forme translatable,** relocatable format; **fichier en forme définitive,** terminal file; **forme complémentaire,** complement form; **forme d'impulsion,** pulse shape; **forme d'onde,** waveform; **forme d'une instruction,** statement frame; **forme de la tension,** voltage waveform; **forme de sortie,** output format; **forme du trait,** brush shape; **forme modulaire,** modular design; **forme non courante,** odd size; **forme normalisée,** normalized form; **forme prédéfinie,** predefined shape; **forme standard,** standard form; **formé de tirets,** dashed; **générateur de formes,** pattern generator; **identification**

**de formes,** pattern detection; **instruction de mise en forme,** editing instruction; **mettre en forme,** edit (to); **mise en forme de signaux,** signal formation; **mise en forme,** editing, shaping; **mise en forme de données,** data preparation; **mise en forme de fichier,** file alignment; **mise en forme de la terminologie,** terminological editing; **mise en forme de signal,** signal shaping, signal conditioning; **mise en forme de volume,** volume preparation; **mise en forme des surfaces en trois dimensions,** three-dimension surface sculpturing; **mise en forme du listage,** printer layout; **mise en forme définitive,** end editing; **mise en forme élargie,** expanded print edit; **pointer (souris) en forme de I,** I-beam pointer; **programme de mise en forme,** formatting program; **reconnaissance automatique des formes,** automatic shape recognition; **reconnaissance des formes,** pattern recognition; **remettre en forme,** repack (to); **représenter sous forme de graphique,** chart (to); **réseau à forme polaire,** polar ring; **sous forme graphique,** graphic form; **sous forme éclatée,** unpacked format; **spécification de la forme de sortie,** output format specification; **symbole en forme relative,** relocatable symbol; **zone de réception mise en forme,** edited receiving field.

**formel:** formal; **langage formel,** formal language; **liste de paramètres formels,** formal parameter list; **paramètre formel,** formal parameter; **partie de paramètre formel,** formal parameter part.

**formelle:** erreur formelle, formal error; **grammaire formelle,** formal grammar; **logique formelle,** formal logic.

**former:** shape (to).

**formulaire:** printed form, paper form; **alignement de formulaire,** form alignment; **alimentation en continu des formulaires,** continuous feeding; **début de formulaire,** top of form; **fin de formulaire,** document end; **formulaire de compte courant,** account form; **formulaire de contrôle d'appels,** dial sheet; **formulaire de versement,** deposit slip; **formulaire sans fin,** continuous paper form; **formulaires sans fin à perforations marginales,** continuous pin feed forms; **guide des formulaires sans fin,** continuous form guide; **indicateur de changement de formulaire,** overflow control indicator; **indicateur de formulaire,** form designator; **insertion de formulaire,** document insertion; **numéro de formulaire,** form number; **plaque réceptrice de formulaires,** document platform; **série de formulaires,** aligned forms; **transport de formulaire,** form feeding.

**formule:** de formule, form feed (FF); **formule arithmétique,** arithmetic formula; **formule d'addition,** addition formula; **formule d'approximation,** approximation formula; **formule de récursion,** recurrence formula; **formule en blanc,** blank form; **formule exponentielle,** power formula; **traduction d'une formule,** formula translation.

**fort:** position de poids fort, high-order position; **position du bit de poids fort,** high-order storage position; **quartet de poids fort,** zone quartet; **rang de poids fort,** left most position.

**FORTH:** FORTH language.

**FORTRAN:** FORTRAN* language; **compilateur FORTRAN,** FORTRAN compiler.

**fortuit:** incident fortuit, fortuitous fault.

**fortuite:** fortuitous; **distorsion fortuite,** fortuitous distortion.

**Foucault:** courant de Foucault, circulating current.

**foulage:** cylindre de foulage, impression cylinder.

**fourchette:** contrôle par fourchette, range check.

**fournisseurs:** fichier source des fournisseurs, vendor master file.

**fourreau:** fourreau de câble, cable sheath.

**foyer:** focus.

**frabricant:** frabricant de clone, clonemaker.

**fractale:** fractal.

**fraction:** fraction; **barre de fraction,** fraction bar, slant '/'; **double fraction,** compound fraction; **fraction algébrique,** algebraic fraction; **fraction complexe,** complex fraction; **fraction décimale,** decimal fraction; **fraction décimale de faible poids,** terminating decimal; **fraction décimale ordinaire,** proper decimal fraction; **fraction décimale périodique,** recurring decimal; **fraction irrationnelle,** irrational fraction; **fraction mixte,** improper fraction; **fraction ordinaire,** proper fraction; **fraction partielle,** partial fraction; **fraction rationnelle,** rational fraction; **fraction simple,** simple fraction; **fraction vulgaire,** common fraction; **ligne de fraction,** fraction line.

**fractionnaire:** fractional; **exposant fractionnaire,** fractional exponent; **format fractionnaire décimal,** decimal fraction format; **partie fractionnaire,** forward space.

**fractionnelle:** représentation fractionnelle, fractional representation.

**fractionnement:** fractionnement de compteur, counter split.

**fragment:** fragment; **fragment de texte,**

text fragment.

**fragmentation:** fragmentation*; **fragmentation mémoire,** storage fragmentation.

**frais:** frais d'entretien, maintenance charges; **frais d'exploitation,** cost of operation; **frais de fabrication,** manufacturing costs; **frais généraux imputés,** applied cost.

**franche: panne franche,** permanent fault.

**franchir:** cross (to).

**frappe:** strike, stroke, hit, key depression; **absence de frappe,** print suppress; **amplificateur de frappe,** hammer module amplifier, print amplifier; **bloc de frappe,** hammer block; **commande de la profondeur de frappe,** impression control; **compteur de frappe,** stroke counter; **double frappe,** double stroke, double strike; **durée de frappe,** typing hours; **erreur de frappe,** type error, mistype, typing error, keying error; **faire une faute de frappe,** mistype (to); **force de frappe,** key touch force; **frappe au clavier,** typing; **frappe de touche,** keystroke; **frappe imbriquée,** overlapping operation of keys; **impression à frappe alternée,** reverse typing; **intensité de frappe,** typing force; **mode frappe directe,** type-through mode; **mémorisation de N frappes de touche,** N-key rollover; **profondeur de frappe,** penetration force; **signal sonore de frappe,** key chirp; **taux d'erreurs de frappe,** keying error rate; **vitesse de frappe,** typing speed, typing rate, keying speed.

**frapper:** hit (to); **frapper au clavier,** keystroke (to).

**frein:** brake; **frein de bobine,** reel brake; **frein de papier,** paper brake.

**fréquence:** frequency; **analyse de fréquences,** frequency analysis; **analyseur de fréquences,** frequency analyzer; **assignement de fréquence,** frequency assignment; **attribution des fréquences,** frequency allocation; **atténuation en fréquence,** frequency loss; **balayage de fréquences,** frequency scanning; **bande de fréquences,** frequency band; **bande de fréquences assignées,** assigned frequency band; **bande de fréquences images,** image band; **caractéristique de fréquence,** frequency characteristic; **changement de fréquence,** frequency changing; **clavier à fréquences vocales,** Touchtone; **compteur de fréquences,** frequency counter; **contrôle automatique de fréquence,** automatic frequency control; **contrôle de fréquence,** frequency control; **conversion de fréquence,** frequency conversion; **convertisseur de fréquence,** frequency converter; **convertisseur tension-fréquence,** voltage to frequency converter (VFC); **courbe de fréquence,** frequency curve; **couverture de fréquences,** frequency coverage; **densité de fréquences,** frequency density; **distorsion de fréquence,** frequency distortion; **distribution de fréquences,** frequency distribution; **diviseur de fréquence,** frequency divider; **division de fréquence,** frequency division **dérive de fréquence,** frequency drift; **déviation de fréquence,** frequency departure; **déviation de fréquence du signal,** frequency shift signal; **excursion de fréquence,** frequency deviation, frequency swing; **filtre séparateur de fréquences,** frequency selective filter; **fréquence angulaire,** angular frequency; **fréquence apparente,** apparent frequency; **fréquence assignée,** assigned frequency; **fréquence audio,** audio frequency; **fréquence basse,** low frequency; **fréquence binaire,** bit frequency; **fréquence d'appel,** call frequency; **fréquence d'exploration,** scanning frequency; **fréquence d'horloge,** clock frequency; **fréquence d'échantillonnage,** sampling rate; **fréquence d'émission,** transmit frequency; **fréquence de balayage,** scan frequency; **fréquence de bande de base,** baseband frequency; **fréquence de base,** base frequency; **fréquence de battement,** beat frequency; **fréquence de coupure,** cut-off frequency; **fréquence de l'impulsion de commande,** control pulse frequency; **fréquence de l'onde porteuse,** carrier frequency; **fréquence de limitation,** limiting frequency; **fréquence de manipulation maximale,** maximum keying frequency; **fréquence de ronflement,** hum frequency; **fréquence de rythme,** timing pulse rate; **fréquence de réception,** receive frequency; **fréquence de récurrence,** recurrence rate; **fréquence de référence,** reference frequency; **fréquence de répétition des impulsions,** pulse repetition frequency (PRF); **fréquence de scanage,** scan frequency; **fréquence de trame,** frame frequency; **fréquence de travail,** working frequency; **fréquence fondamentale,** fundamental frequency; **fréquence image,** image frequency; **fréquence latérale,** side frequency; **fréquence ligne,** line frequency; **fréquence limite,** limit frequency; **fréquence maximale de modulation,** maximum modulating frequency; **fréquence maximale opérationnelle,** maximum operating frequency; **fréquence médiane,** center frequency; **fréquence nominale,** nominal frequency; **fréquence parasite,** parasitic frequency; **radiale,** radian frequency; **fréquence vocale,** voice frequency; **gamme de fréquences,**

frequency range; **générateur de fréquences,** frequency generator; **instabilité de fréquence,** frequency instability; **interférence radio fréquence,** radio frequency interference (RFI); **intervalle de fréquence,** frequency spacing; **limiteur basse fréquence,** audio frequency peak limiter; **modulation d'impulsions en fréquence,** pulse frequency modulation; **modulation de fréquence,** frequency modulation (FM); **modulation de fréquence modifiée,** modify frequency modulation (MFM); **modulation de fréquence spectrale,** frequency change signaling; **modulation par déplacement de fréquence,** frequency shift keying (FSK); **modulation par déviation de fréquence,** frequency shift signaling; **multiplexage en fréquence,** frequency division multiplexing (FDM); **multiplexeur à division de fréquence,** frequency division multiplexer; **méthode de doublement de fréquence,** frequency doubling method; **partage de fréquence,** frequency slicing; **radio fréquence,** radio frequency (RF); **réception en diversité de fréquence,** frequency diversity reception; **réponse en fréquences,** frequency response; **sortie de fréquence audible,** audio frequency output; **sortie de fréquence vocale,** voice frequency output; **spectre de fréquences,** frequency spectrum; **système à fréquence porteuse,** carrier frequency system; **système à multiplexage de fréquences,** frequency division multiplex; **tolérance de fréquence,** frequency tolerance; **transformateur de fréquence,** frequency changer; **transistor de basse fréquence,** audio frequency transistor; **transmission par déplacement de fréquence,** frequency shift keying transmission; **télégraphie à fréquence vocale,** telegraphy voice frequency; **unité de fréquence,** Hertz (Hz); **voie dérivée en fréquence,** frequency-derived channel.

**friction:** friction; **alimentation par friction,** friction feed; **entraînement par friction,** friction drive; **friction superficielle,** surface friction.

**froid:** cold; **connexion soudée à froid,** cold joint; **lancement à froid,** cold start; **relance à froid,** cold restart.

**front:** bascule déclenchée par un front, edge-triggered latch; **front de montée,** posi-tive-going transition.

**frontal:** bande perforée à alignement frontal, advance feed tape; **calculateur frontal,** interface computer; **calculateur frontal de réseau,** front-end network processor; **chargement frontal,** front loading; **ordinateur frontal,** front-end computer; **processeur frontal,** front-end processor (FEP); **tableau frontal,** front panel; **traitement frontal,** front-end processing.

**frontale: alimentation frontale,** front feed; **machine frontale,** front-end computer; **platine frontale,** front plate; **surface frontale,** end surface.

**frontière:** border; **frontière de cylindre,** cylinder boundary; **frontière de mot,** word boundary.

**frottement:** usure par frottement, abrasion.

**fuite:** leakage, leak; **courant de fuite,** leakage current, residual current, sneak current; **courant de fuite inverse,** reverse leakage; **induction de fuite,** leakage induction; **résistance de fuite,** leak resistor.

**fusible: fuse,** fusable; **boîte à fusibles,** barrier box; **cartouche fusible,** cartridge fuse; **fusible postiche,** dummy fuse; **mémoire morte fusible,** fusable read-only memory; **support de fusible,** fuse holder.

**fusion:** merging, merge; **case de fusion,** stocker; **case de fusion de cartes,** card stocker; **fusion de fichiers de publipostage,** mailing list file merge; **fusion-sélection,** match merge; **ordre de fusion,** merge order; **organigramme fusion,** optimal merge tree; **passe de fusion,** merge pass; **programme de fusion,** merge program; **programme de tri et de fusion,** program sort merge, sort/merge generator; **ranger par fusion,** order (to) by merging; **tri de fusion,** merge sorting, polyphase sort; **tri-fusion,** merge sort, sort merge.

**fusionnement:** collation; **fichier de fusionnement,** collation file; **séquence de fusionnement,** collating sequence, collation sequence; **tri de fusionnement,** external sort.

**fusionner:** merge (to), collate (to), coalesce (to).

**fusionneuse:** collator.

# G

**gabarit:** template, model; **gabarit de papier,** paper template; **hors-gabarit,** out of frame.

**gain:** gain; **adaptateur à gain élevé,** high-speed adapter; **amplificateur à gain élevé,** high gain amplifier; **amplificateur à grand gain,** high-level amplifier; **contrôle automatique de gain,** automatic gain control (AGC); **gain d'amplification,** amplification gain; **gain d'un amplificateur,** amplifier gain; **gain de boucle,** loop gain; **gain de temps,** time saving; **gain de tension,** voltage gain; **gain de transmission,** transmission gain; **gain du courant,** current gain; **gain unitaire,** unity gain.

**gainage:** sleeving.

**gaine:** jacket, sleeve; **gaine de câble,** cable sleeve; **gaine protectrice,** insulating nose.

**galet:** galet d'entraînement, drive roll; **galet de bande,** tape roller; **galet de courroie,** belt roller; **galet de guidage,** guide roll; **galet de guidage de ruban,** ribbon guide roll; **galet de pression,** paper thrust roller; **galet de transport auxiliaire,** auxiliary feed roll; **galet tendeur,** tension roller; **galet-guide,** jockey roller.

**galette:** wafer.

**galvanique:** bascule galvanique, direct-coupled flip-flop; **circuit galvanique,** resistance capacitance network; **couplage galvanique,** resistance coupling; **pont galvanique,** resistance bridge.

**gamme:** range; **erreur de gamme,** range error; **fichier des gammes,** routing file; **gamme audiofréquences,** audio range frequency; **gamme d'enregistrement,** recording band; **gamme d'erreurs,** error range; **gamme d'erreurs compensées,** balanced error range; **gamme de fréquences,** frequency range; **nouvelle gamme,** new range.

**Gantt:** Gantt; **diagramme de Gantt,** Gantt diagram, bar chart, bar graph.

**garanti:** testé et garanti, rated.

**garde:** guard; **anneau de garde,** guard ring; **garde de mémoire,** memory guard; **signal de garde,** guard signal; **technologie d'avant-garde,** advanced technology; **temps de garde,** maintenance standby time.

**garder:** keep (to).

**garnir:** garnir de caractères, character fill (to); **garnir de zéros,** zeroize (to).

**garnissage:** bloc de garnissage en entrée, input padding record; **caractère de garnissage,** padding character, pad character, gap character; **garnissage de zéros,** zero fill.

**gauche:** left; **accolade gauche,** opening brace '{'; **adresse alignée à gauche,** left octet address; **adresse cadrée à gauche,** high-order address; **autovérification des zéros cadrés à gauche,** automatic left zero verification; **barre oblique gauche,** left oblique; **bit de gauche,** high-order bit, left-end bit; **cadré à gauche,** left-aligned, left-adjusted; **caractère cadre à gauche,** high-order character; **colonne la plus à gauche,** high-order column; **digit de gauche,** most significant digit (MSD), high-order bit; **décalage à gauche,** left shift; **décalé à gauche,** ragged left; **extrême gauche,** left most; **flèche gauche,** left arrow, back arrow; **flèche gauche de défilement,** left scroll arrow; **impression de zéros à gauche,** left zero print; **impression des zéros à gauche,** high-order zero printing; **justification à gauche,** left justification, left justify; **justifier à gauche,** left justify (to); **justifié à gauche,** left-justified, left-hand justified; **marge de gauche,** left margin; **ordre le plus à gauche,** high order; **parenthèse gauche,** opening parenthesis, opening parenthesis '('; **partie gauche,** left part; **position haute et gauche (du curseur),** clear home; **remplissage de gauche,** leading fill; **zéro cadré à gauche,** left hand zero; **zéros de gauche,** high-order zeroes.

**gaussien:** Gaussien, Gaussian; **bruit gaussien,** Gaussian noise.

**gaz:** gas; **relais hermétique à gaz inerte,** dry reed relay; **tube à gaz,** gas tube.

**GBD:** gestion de base de données, database management (DBM).

**gelé:** mode gelé, hold mode, freeze mode.

**geler:** freeze (to).

**général:** general; **arrêt général,** general stop; **dernier mouvement général,** last major transaction; **effacement général,** master clear; **interrupteur général,** main line switch; **langage d'usage général,** general-purpose language; **premier mouvement général,** first major transaction; **processeur à usage général,** general-purpose processor; **programme d'analyse général,** general monitor checking routine; **programme général,** general program, general routine; **programme général d'autopsie,** general postmortem program; **programme à accès général,** public to a program; **registre d'usage général,** general-purpose register; **synoptique général,** overall block diagram; **total général,** sum total; **utilitaire général,** general utility.

**générale: exception générale,** general exception; **remise à zéro générale,** general reset; **routine générale d'autopsie,** general postmortem routine; **solution générale,** general solution.

**généralisé:** generalized.

**généraliser:** generalize (to).

**générateur:** generator; **circuit générateur de rythme,** timing pulse generator; **générateur de rapport,** report generator; **générateur d'horloge,** clock generator; **générateur d'harmonique,** harmonic generator; **générateur d'impulsions,** pulse generator; **générateur d'impulsions de commande,** drive pulse generator; **générateur d'impulsions de synchronisation,** gating pulse generator; **générateur de balayage trame,** field scan generator; **générateur de bande système,** system tape generator; **générateur de base de temps,** timing signal generator; **générateur de bruit parasite,** noise generator; **générateur de cadencement,** timing generator; **générateur de caractères,** character generator; **générateur de caractères de commande,** control character generation; **générateur de compilateurs,** compiler generator; **générateur de courbes,** curve generator; **générateur de diagramme,** autochart; **générateur de données d'essai,** test data generator; **générateur de fichiers d'essai,** test file generator; **générateur de fonctions,** function generator; **générateur de fonctions analytiques,** analytical function generator; **générateur de fonctions naturelles,** natural function generator; **générateur de fonctions variables,** variable-function generator; **générateur de formes,** pattern generator; **générateur de fréquences,** frequency generator; **générateur de longueur de mot,** word size emitter; **générateur de macros,** macrogenerator; **générateur de nombre,** number generator; **générateur de nombres aléatoires,** random number generator; **générateur de points de reprise,** checkpoint generation; **générateur de procédures,** filed procedure generator; **générateur de programme,** program generator; **générateur de programme d'amorçage,** bootstrap generator; **générateur de programme d'états,** report program generator

(RPG); **générateur de programme de listes,** list program generator; **générateur de programmes de sortie,** output routine generator; **générateur de rapport intégré,** own report generator; **générateur de rythme d'horloge,** timer clock generator; **générateur de signal d'horloge,** clock signal generator; **générateur de signaux,** signal generator; **générateur de signaux balayage ligne,** line scan generator; **générateur de signaux d'essai,** test signal generator; **générateur de signaux de contrôle,** test signal oscillator; **générateur de tables,** table generator; **générateur de temps,** time emitter; **générateur de tri,** sort generator; **générateur de valeur absolue,** absolute value device; **générateur de vecteur,** vector generator; **générateur de zonage,** zoning generator; **générateur multifonction,** arbitrary function generator; **générateur vectoriel,** stroke generator; **générateur vectoriel de caractères,** stroke character generator; **générateur vidéo,** video generator; **nombre générateur,** generation number; **programme générateur,** generating program, generator; **programme générateur de macros,** macrogenerating program; **programme générateur de rythme,** clock program.

**génération:** generation; **bande de première génération,** grandfather tape; **calculateur de première génération,** first-generation computer; **calculateur de seconde génération,** second-generation computer; **calculateur de troisième génération,** third-generation computer; **code de génération,** generic code; **cycle grand-père-père-fils (trois générations),** grandfather-father-son cycle; **fichier de première génération,** grandfather file; **fonction de génération,** generic function; **génération calcul d'adresse,** address generation; **génération d'horloge,** clock generation; **génération d'impulsions,** pulse generation; **génération d'état,** report generation; **génération de calculateurs,** computer generation; **génération de caractères,** character generation; **génération de caractères automatique,** automatic character generation; **génération de couleurs,** color generation; **génération de fichier en cours,** current generation; **génération de fichiers de test,** test file generation; **génération de programme,** program generation; **génération de système,** system generation (sysgen); **génération des caractères espaces,** space code generation; **génération des mises à jour,** update generation; **génération parasite,** drop-in; **génération source,** prime generation; **génération tertiaire,** son generation; **génération émulée,** emulator generation; **génération-exécution,** generate-and-go; **instruction de génération,** generate statement; **langage de génération d'un système,** system generation language; **nom de génération,** generic name; **nombre absolu de génération,** absolute generation number; **paramètre de génération,** generation parameter; **programme de génération,** generation program; **programme de génération d'un système,** system generation program; **programme de génération de bande système,** system tape builder; **seconde génération,** second generation.

**génératrice: fonction génératrice,** generating function.

**généraux: compteurs généraux,** group counter; **frais généraux imputés,** applied cost.

**généré: generated; type généré dynamiquement,** dynamically generated type.

**générée: adresse générée,** generated address; **ensemble de données générées,** generation data set; **flux de données générées,** generated data flow.

**générer:** generate (to); **générer un système,** sysgen (to).

**générique:** generic; **carte générique,** description card; **instruction générique,** generic instruction; **instruction générique,** declarator.

**génie: génie logiciel,** software engineering.

**genre:** gender; **changeur de genre RS-232,** RS-232 gender changer.

**géographique: graphique géographique,** geocoding.

**géométrie:** geometry; **erreur de géométrie,** geometry error; **géométrie analytique,** analytic geometry; **géométrie à trois dimensions,** solid geometry.

**géométrique:** geometrical, geometric; **définition géométrique,** geometric definition; **figure géométrique en trait plein,** solid figure; **modélisation géométrique tridimensionnelle,** three-dimension geometric modeling; **moyen géométrique,** geometric mean; **représentation géométrique,** geometrical representation; **série géométrique,** geometrical progression, geometrical series; **somme géométrique,** vector sum.

**géré:** managed; **calculateur géré par programme,** program-controlled computer; **géré par table,** table-driven.

**gérer:** service (to).

**germanium:** germanium; **diode au germanium,** germanium diode; **redresseur au germanium,** germanium rectifier.

**gestion:** management; **action de gestion,** management action; **calculateur de gestion,** business computer; **données de gestion,** business data; **fichier de gestion des travaux,** job control file; **fonction de gestion,** housekeeping function; **gestion automatique de mémoire,** virtual memory management; **gestion automatisée,** automated management; **gestion d'adresse,** address administration; **gestion d'enregistrement,** record management; **gestion d'éléments,** element management; **gestion de base de données (GBD),** database management (DBM); **gestion de canal,** channel scheduling; **gestion de disque,** disk management; **gestion de données,** data management; **gestion de fichier-catalogue,** catalog maintenance; **gestion de fichiers,** file management; **gestion de fichiers sur bande,** tape file maintenance; **gestion de files d'attente,** queue management; **gestion de files de messages,** message queueing; **gestion de groupes de processus industriels,** process group management; **gestion de l'espace disque,** disk space management; **gestion de l'information,** data control; **gestion de la mémoire virtuelle,** virtual storage management (VSM); **gestion de liaison en mode de base,** basic mode link control; **gestion de messages,** message control; **gestion de mémoire,** memory management; **gestion de mémoire centrale,** main memory management; **gestion de programme,** program management; **gestion de périphériques,** device management; **gestion de recouvrements,** overlay management; **gestion de réseau,** network management; **gestion de système,** system management; **gestion des données sur disque,** disk data management; **gestion des erreurs,** error management; **gestion des fichiers de banque de données,** database file management; **gestion des files d'attente,** queueing; **gestion des messages,** message management; **gestion des périphériques,** device handling; **gestion des ressources,** resource management; **gestion des segments,** segment management; **gestion des supports de données,** data storage management; **gestion des tampons,** buffer management; **gestion des terminaux,** terminal management; **gestion des travaux,** job management; **gestion des travaux pas à pas,** step management; **gestion des tâches,** task management; **gestion dynamique de mémoire,** dynamic memory management; **gestion informatisée,** computer-assisted management; **gestion par ordinateur,** computer control;

gestion principale du réseau de télétraitement, basic terminal network support; gestion programmée, programmed management; gestion scientifique, management science; gestion sur catalogue, catalog management; informatique (de gestion) commerciale, commercial computing; informatique de gestion, business-oriented computing; langage de gestion, business-oriented language; logiciel de gestion de données, data management software; logiciel transactionnel de gestion, transaction management software; module de gestion de données, data management unit; ordinateur de gestion, commercial computer; ordre de gestion, order record, control record; outil de gestion, management tool; problème de gestion, business application; procédure de gestion des modes de base, basic mode control procedure; progiciel de gestion, business package; programmation de gestion, business programming; programme de gestion de bibliothèque, library maintenance routine; programme de gestion de messages, message control program; programme de gestion des entrées/sorties, input-output program; programme de gestion des macros, macromaintenance program; sous-programme de gestion des entrées/sorties, input/output software routine; système de gestion, management information system; système de gestion de bandes, tape management system; système de gestion de base de données (SGBD), database management system (DBMS); système de gestion des entrées/sorties, input/output system; système de gestion des fichiers d'entrée/sortie, input/output file control system; système de gestion des travaux, job control system; système de gestion par ordinateur, computer control system; temps de gestion de la mémoire, memory overhead; traitement de l'information en gestion, business data processing; unité de gestion des travaux, job control device; visualisation adaptée à la gestion, business-oriented display; zone support de gestion des travaux, job maintenance support zone.

gestionnaire: driver, handler, manager, device driver; gestionnaire d'anomalies, exception handler; gestionnaire d'attribution mémoire, memory allocation manager; gestionnaire d'enseignement, computer manager instruction; gestionnaire d'écran, display driver; gestionnaire de bibliothèque, library handler, librarian; gestionnaire de bus, bus driver; gestionnaire de chargement, load module handler; gestionnaire de commande, handler controller; gestionnaire de disque, disk handler; gestionnaire de document, document handler; gestionnaire de données, data administrator; gestionnaire de fichiers, file manager; gestionnaire de messages, message handler (MH); gestionnaire de mémoire commutée, expanded memory manager; gestionnaire de programme, program handler; gestionnaire de publipostage, mailing list manager; gestionnaire de périphérique, peripheral interchange program (PIP); gestionnaire de réseau, network manager; gestionnaire de souris, mouse driver; gestionnaire de traitement différé, spooler; gestionnaire de vidage, dumper; gestionnaire logique, logical driver; gestionnaire physique, physical driver; unité gestionnaire de mémoire, memory management unit (MMU).

giclée: giclée de signaux d'identification, identification burst.

giga: giga, kilomega; giga-octet, gigabyte.

gigabit: gigabit.

gigaflop: gigaflop.

gigahertz: gigahertz.

gigue: dither.

glissant: chariot glissant, sliding carriage.

glissement: slippage, slip; glissement d'enchaînage, chaining slip.

glisser: faire glisser (souris), drag (to).

glissière: runner; glissière pour cartes, card guide.

global: global; domaine d'occupation global, global extent; effacement global, bulk erasing; effaceur global, bulk eraser; répertoire global, overall directory; signal global, aggregate signal; symbole global, global symbol; total global, grand total.

globale: variable globale, global variable.

gomme: rubber.

gorge: throat, groove; gorge de réception de badge, badge receiver throat.

goujon: pivot pin, stud; goujon d'assemblage, dowel pin.

goulot: goulot d'étranglement, bottleneck.

gouttière: memory protect plate; gouttière de câble, cable guide.

gracieux: arrêt gracieux, orderly closedown; arrêt gracieux après avarie, soft fail.

gradation: gradual process.

gradient: transistor à champ gradient, drift transistor.

graduée: graduated, scaled; échelle graduée, measuring scale, meter scale;

**positionnement de l'échelle graduée,** dial setting; .

**graduel:** gradual.

**Graetz:** redresseur à couplage de **Graetz,** rectifier bridge.

**grammaire:** grammar; **grammaire d'analyse,** analysis grammar; **grammaire formelle,** formal grammar; **grammaire logique,** logical grammar; **moteur de grammaires,** grammar engine; **règle de grammaire,** grammar rule.

**grand:** grand, large; **amplificateur à grand gain,** high-level amplifier; **cycle grand-père-père-fils (trois générations),** grandfather-father-son cycle; **engrenage à grand rapport de réduction,** vernier drive; **grand système,** large scale electronics; **grand-père,** grandfather; **plus grand,** greater; **plus grand que '>',** greater than (GT); **plus grand que ou égal à,** greater than or equal to (GE).

**grande:** carte de grande surface, large card; **communication à grande distance,** long range communication; **grande installation,** large installation; **grande quantité de données,** huge data; **grande vitesse,** high speed; **intégration à grande échelle,** large scale integration (LSI); **intégration à super grande échelle,** super large scale integration (SLSI); **intégration à très grande échelle,** very large scale integration (VLSI); **ligne à grande activité,** hot line; **ligne à grande distance,** long haul circuit; **logique à grande immunité au bruit,** high noise immunity logic (HNL); **mémoire de grande capacité,** bulk storage, mass storage; **mémoire à grande capacité,** large core store (LCS); **mémoire à grande vitesse,** high-speed memory; **mémoire à grande échelle d'intégration,** LSI memory; **ordinateur de grande puissance,** large scale system; **tambour de grande capacité,** file drum; **technologie d'intégration à grande échelle,** LSI technology; **transfert de grandes quantités de données,** bulk transmission of data; **transmission à grande distance,** long range transmission; **transmission à grande vitesse,** high data rate.

**grandeur:** magnitude, size, scale factor; **erreur de grandeur,** arithmetic fault; **grandeur analogique,** analog value, analog process quantity; **grandeur binaire,** bit size; **grandeur d'article,** item size; **grandeur d'espace,** gap length; **grandeur de bloc,** block depth; **grandeur de l'adresse,** address size; **grandeur de lot,** batch size; **grandeur de réglage,** regulating quantity; **grandeur inconnue,** unknown quantity; **grandeur logique,** Boolean value; **grandeur maximale de matrice,** array size limit; **grandeur naturelle,** life size; **grandeur physique,** physical quantity; **grandeur réelle,** full scale, actual size; **grandeur scalaire,** scalar quantity; **grandeur vectorielle,** vector quantity; **ordre de grandeur,** magnitude order; **paramètre de grandeur d'index,** index size parameter; **paramètre de grandeur de zone collectrice,** bucket size parameter.

**graphe:** graph; **graphe biconnexe,** biconnected graph; **graphe complet,** complete graph; **graphe connexe,** connected graph; **graphe d'informations,** information flowchart; **graphe d'ordonnancement,** scheduling network; **graphe d'état,** state graph (s-graph); **graphe faiblement connexe,** weakly connected graph; **graphe fortement connexe,** strongly connected graph; **graphe incomplet,** partial graph; **graphe message,** message graph (m-graph); **graphe non connexe,** disconnected graph; **graphe non orienté,** undirected graph; **graphe orienté,** directed graph (digraph); **graphe planaire,** planar graph; **graphe à sommet unique,** trivial graph; **lecteur de graphe,** graph reader; **point d'articulation (graphe),** articulation point (graph), cut vertex; **théorie des graphes,** graph theory, group theory.

**graphique:** graphical, graphic; **E/S graphique,** graphic I/O; **arrangement de données graphiques,** graphic data structure; **base de données graphique,** graphics database; **bruit graphique,** graphic noise; **caractère graphique,** graphic character; **caractères semi-graphiques,** semigraphic characters; **carte graphique,** graphic display adapter; **carte à lecture graphique,** mark-sensing card; **code graphique,** graphic code; **commande graphique,** graphic instruction; **compilateur graphique,** graphic compiler; **console graphique,** graphic(s) console; **données graphiques,** graphic data; **duplicatrice/perforatrice à lecture graphique,** mark-sensing reproducer; **écran graphique,** graphic-oriented display, graphics screen; **écran graphique tridimensionnel,** three-dimension graphic display; **écran semi-graphique,** semigraphic screen; **édition graphique,** graphic editing; **édition graphique,** graphical editing; **élément graphique,** display element; **entité graphique,** graphic entity, graphical entity; **fonction graphique,** graphics function; **graphique X-Y,** standard graph; **graphique adressable en tous points,** all-points-addressable graphic; **graphique animé bidimensionnel,** two-dimensional animation graphics; **graphique cavalier,** vector graphics; **graphique circulaire,** pie chart;

**graphique de projet,** project chart; **graphique en couleur,** color graphics; **graphique géographique,** geocoding; **graphique logique,** logical flowchart; logic flowchart; **graphique monochrome,** monochrome graphics; **groupe graphique,** display group; **imprimante graphique,** graphics printer; **interprétation graphique,** graphical interpretation; **jeu de caractères semi-graphiques,** line drawing set; **langage graphique,** graphical language; **logiciel graphique,** graphic software; **mode graphique,** graphic mode; **moniteur graphique,** graphic monitor; **mémoire graphique,** graphics memory; **méthode de lecture graphique,** mark-sensing method; **perforation à lecture graphique,** mark-sense punching; **primitive graphique,** graphic primitive; **processeur graphique,** graphic processor; **progiciel graphique,** graphic software package, graphic package; **progiciel graphique,** graphics package; **programme de graphique,** graphic display program; **programme graphique,** graphics program; **représentation graphique,** graphical representation; **représenter par graphique,** graph (to); **représenter sous forme de graphique,** chart (to); **résolution de l'affichage graphique,** graphic display resolution; **résolution graphique,** graphics resolution; **semi-graphique,** semigraphic; **solution graphique,** graphic solution; **sortie d'informations graphiques,** graphic data output; **sous forme graphique,** graphic form; **symbole graphique,** graphical symbol, graphic symbol; **table graphique,** graphic plotter; **tableau graphique,** graphic panel; **tablette graphique,** graphic tablet; **terminal graphique,** graphic terminal (GT); **terminal graphique,** graphics terminal; **tortue graphique,** graphic turtle; **traceur graphique,** graph plotter, graphic tablet; **traitement de l'information graphique,** graphic data processing; **unité d'affichage graphique,** graphic display unit; **unité graphique,** graphic output unit; **visualisation graphique,** graphic display.

**graphiquement: représenter graphiquement,** portray (to).

**graphisme:** graphics, icon; **graphisme de trame télévision,** raster scan graphics; **graphisme informatique,** computer art; **semi-graphisme,** semigraphics.

**graphithèque:** graphics library.

**graphomètre:** protractor.

**grappe:** cluster; **contrôleur de grappe,** cluster controller; **terminal de grappe,** clustered terminal.

**gras:** bold; **caractère gras,** bold-faced type, bold type; **impression en caractère**

**gras,** bold print; **mode caractère gras,** boldfacing mode.

**gratuit:** free.

**gravé: circuit gravé,** etched circuit; **gravé,** etched.

**gravure: gravure de touche,** key label.

**Gray:** Gray; **code Gray,** Gray code, cyclic code, cyclic permuted code; **conversion binaire-code Gray,** binary-to-Gray code conversion; **conversion code Gray-binaire,** Gray code-to-binary conversion.

**grenaille: bruit de grenaille,** shot effect.

**grille:** grid*, grille; **courant de grille,** grid current; **grille capot,** hood grille; **grille caractère,** matrix character; **grille d'arrêt,** suppressor grid; **grille de commande,** control grid; **grille de perforations,** punch combination; **grille de saisie,** capture grid; **grille de ventilation,** ventilation grille; **grille logique,** logic grid; **grille écran,** screen grid; **polarisation de grille,** grid bias; **tube à attaque par la grille,** grid-controlled tube.

**grillée: carte grillée,** laced card.

**grilleur: grilleur de mémoire morte,** PROM blower.

**gris:** grey; **niveau de gris,** gray shade, grey level; **niveau de gris,** gray shade, shade; **échelle de gris,** grey scale, gray scale.

**grise: commande en grisé,** grayed command; **grisé,** grayed, shading; **trait en grisé,** shaded line.

**grossier:** rough.

**grossissement: mode de grossissement,** growing mode.

**groupage:** blocking; **efficacité du groupage,** blocking efficiency; **facteur de groupage,** grouping factor; **groupage de fichiers,** file batching.

**groupe:** group, cluster, burst, crowd, pool; **adressage de groupe,** group addressing; **article de groupe,** control break item; **assemblage groupé,** batched assembly; **calcul de groupe,** group calculate, groupe valuation; **caractéristiques de groupe,** group characteristics; **caractère d'effacement de groupe,** group erase; **changement de groupe,** group change; **charger par groupes,** batchload (to); **code de groupe,** group code; **constante de groupe,** group constant; **contrôle de groupe,** group control; **cycle d'indication de groupe,** group indication cycle; **délai de groupe,** group delay; **détecteur de groupe,** group detector; **enregistrement par groupe,** group code recording (GCR); **gestion de groupes de processus industriels,** process group management; **groupe abélien,** Abelian group; **groupe commutatif,** Abelian group; **groupe convertisseur,** motor generator; **groupe d'abonnés,** subscriber group; **groupe d'articles,** record group; **groupe d'entête,** head group; **groupe d'enregistrements,** grouping of records; **groupe d'informations,** information pool; **groupe d'éléments d'un code,** code group; **groupe d'étiquettes,** label group; **groupe de 12 bits,** slab; **groupe de blocs,** bucket; **groupe de canaux,** channel group; **groupe de dérouleurs,** cluster tape; **groupe de liaisons,** link group; **groupe de lignes,** trunk group; **groupe de multiplets,** gulp; **groupe de paramètres,** parameter set; **groupe de poussoirs,** button block; **groupe de processus industriels,** process group; **groupe de programmes transitoires,** transient code group; **groupe de registres,** register bank; **groupe de trois,** triad; **groupe de volumes,** volume group; **groupe détectable,** detectable group; **groupe entrant,** incoming group; **groupe fermé d'usagers,** closed user group; **groupe fondamental,** basic group; **groupe graphique,** display group; **groupe logique de données,** logical data set; **groupe maître,** master group; **groupe primaire,** primary group; **groupe prioritaire,** automatic priority group; **groupé,** blocked, batched, clustered, lumped; **hiérarchie de groupe,** control hierarchy; **impression par groupe,** detail print group; **impulsion de progression groupe,** group step pulse; **indication de groupe,** group indication, first item list; **instruction groupe non référencée,** unlabelled compound; **interruption de groupe,** group control interruption; **isolation par groupe,** grouping isolation; **marque de groupe,** group mark; **mode de traitement en groupes,** batched mode; **niveau de groupe de données,** group level; **nom de groupe,** group name; **numéro de groupe,** group number; **numéro de groupe de blocs,** bucket number; **paquet groupé,** cluster pack; **progression de groupe,** group advance; **répartition des groupes primaires,** group allocation; **sous-groupe,** subordinate group; **séparateur de groupes de données,** group separator (GS); **table de groupes de processus industriels,** process group table; **temps de propagation de groupe,** envelope delay; **total par groupe,** batch total; **vitesse de groupe,** group velo city.

**groupée: compilation groupée,** batched compilation; **lignes groupées,** line grouping, group poll; **non groupées,** unstructured information.

**groupement:** grouping, batching, pooling, pool, gang; **facteur de groupement,** blocking factor; **groupement d'enregistrements en blocs,** record blocking; **groupement d'équipements,** equipment pooling; **groupement de données,** data group; **groupement de fichiers,** file packing; **groupement de périphériques,** device pool; **groupement primaire,** primary cluster.

**grouper:** group (to), batch (to), block (to), pool (to).

**guichet: machine de guichet,** teller console; **terminal de guichet,** counter terminal, teller counter terminal; **terminal de guichet de banque,** bank counter terminal.

**guidage:** prompting; **bord de guidage,** guide edge; **broche de guidage,** location peg; **came de guidage du ruban encreur,** ribbon operating cam; **dispositif de guidage,** guiding device; **dispositif de guidage d'imprimé,** form chute; **dispositif de guidage de ruban,** carbon ribbon feed device; **galet de guidage,** guide roll; **galet de guidage de ruban,** ribbon guide roll; **guidage de ruban unilatéral,** single-edge guiding; **peigne de guidage,** guide comb; **plaque de guidage,** guide plate.

**guide:** guide; **carte guide,** guide card; **galet-guide,** jockey roller; **guide bande,** tape guide; **guide d'ondes carrées,** rectangular wave guide; **guide de cadrage,** aligner guide; **guide de courroie,** belt guide; **guide de la barre à caractères,** type bar guide; **guide de ruban,** ribbon guide; **guide de ruban carbone,** carbon ribbon feed; **guide de saisie affiché à l'écran,** screen displayed prompter; **guide des formulaires sans fin,** continuous form guide; **guide du cylindre supérieur,** above platen device; **guide référence,** quick reference guide; **guide-carte,** card feed device; **guide-opérateur,** prompter, prompt; **guide-papier,** paper guide, copy guide, front paper table.

**guider:** guide (to), prompt (to).

**guillemets:** inverted commas, quotation marks, quotes; **chaîne entre guillemets,** quoted string.

# H

**habilitation:** liste d'habilitation, access list.

**habillage:** clothing; **habillage vectoriel,** vector clothing.

**hachage:** hashing; **algorithme de hachage,** hash algorithm.

**haché:** hashed; **code haché,** hash code.

**hacheur:** chopper.

**hachure:** hatching*; **hachure croisée,** crosshatching; **hachuré,** cross-hatched.

**hachurée:** **hachure croisée,** crosshatching; **hachuré,** cross-hatched.

**halo:** halo; **effet de halo,** haloing.

**halte:** halt, stop; **halte durant le chargement,** bootstrap generation halt; **instruction de halte,** pause statement.

**Hamming:** Hamming*; **code de Hamming,** Hamming code; **distance de Hamming,** Hamming distance, signal distance.

**harmonique:** harmonic, overtone; **contenu en harmonique,** harmonic content; **distorsion harmonique,** harmonic distortion; **générateur d'harmonique,** harmonic generator; **suite harmonique,** harmonic progression.

**harmoniser:** match (to).

**harnais:** harness.

**Hartley:** hartley*, decimal unit of information content.

**hasard:** random; **circuit d'essai par prise au hasard,** sampling circuit; **erreur de prise au hasard,** sampling error; **nombre au hasard,** random number; **parcourir au hasard,** browse (to); **prélèvements au hasard,** spot checking; **recherche au hasard,** browsing; **rechercher au hasard,** browse (to).

**haut:** high; **caractère de mise en haut de page,** top-of-form character (TOF); **caractère de positionnement en haut d'imprimé,** head-of-form character (HOF); **caractère en haut de casse,** upper case character; **compatible vers le haut,** upward compatible; **de haut en bas,** topdown; **espace de haut de page,** head margin; **filtre passe-haut,** high-pass filter; **flèche haut,** up arrow; **haut d'écran,** top of screen; **haut de mémoire,** high memory; **haut de page,** top margin; **langage de haut niveau,** high-level language; **langage de très haut niveau,** very high level language (VHLL); **le plus haut,** highest, upmost; **lettre en haut de casse,** upper case letter; **lieu de numérotation de haut de page,** heading number location;

**passe-haut,** highpass; **plus haut,** higher; **report automatique en haut de page,** form overflow; **touches de fonctions de haut de clavier,** top-row function keys; **vers le haut,** upward.

**haute:** **composant de haute qualité,** high grade component; **équipement à haute performance,** high performance equipment; **haute densité d'enregistrement,** high storage density; **haute définition,** high resolution; **haute résistance,** high resistivity; **ligne de haute qualité,** voice grade circuit; **message à haute priorité,** high precedence message; **moniteur haute performance,** high-performance monitor; **moniteur haute résolution,** high-resolution monitor; **ordinateur à hautes performances,** high performance computer; **partie haute,** upper curtate; **position haute et gauche (du curseur),** clear home; **priorité la plus haute,** top priority; **très haute intégration,** very high scale integration (VHSI).

**hautement:** **circuit hautement intégré,** LSI circuit; **microprocesseur hautement intégré,** LSI microprocessor; **module hautement intégré,** LSI module; **puce hautement intégrée,** LSI chip.

**hauteur:** height; **carte double hauteur,** two-height card; **carte simple hauteur,** one-height card; **demi-hauteur,** half-height; **disquette demi-hauteur,** half-size drive; **format demi-hauteur,** half-height format; **format pleine hauteur,** full height format; **hauteur d'obliquité,** slant height; **hauteur de caractère imprimé (1/72 de pouce),** point size; **hauteur de caractères,** character height; **lignes de même hauteur,** contour lines; **pleine hauteur,** full height.

**hélice:** **hélice à confettis,** chip screw.

**héliographique:** copie héliographique, blue print.

**hérité:** inherited.

**héritée:** **erreur héritée,** inherited error.

**hermétique:** relais hermétique à gaz inerte, dry reed relay.

**hermétiquement:** hermetically; **clos hermétiquement,** hermetically sealed.

**Hertz:** hertz (Hz); **un milliard de Hertz,** gigahertz.

**hertzien:** **canal hertzien,** microwave channel; **relais hertzien,** radio relay.

**hertzienne:** liaison hertzienne, radio

link.

**hésitation:** hesitation.

**hétérogène:** heterogeneous; **multiplex hétérogène,** heterogeneous multiplex; **réseau hétérogène,** heterogeneous network; **système hétérogène,** heterogeneous system.

**heure:** hour; **heure d'enregistrement,** enter time; **heure de travail,** man-hour; **heures effectives,** actual hours; **remise à l'heure,** time resetting.

**heuristique:** heuristic*; **approche heuristique,** heuristic approach; **l'heuristique,** heuristics; **méthode heuristique,** heuristic method; **programmation heuristique,** heuristic programming; **programme heuristique,** heuristic program, heuristic routine.

**heurodateur: programme heurodateur,** dating routine.

**heurt:** shock.

**hexadécimal:** hexadecimal* (hex), sexadecimal; **chiffre hexadécimal,** hexadecimal digit; **clavier hexadécimal,** hex pad; **code hexadécimal,** hexadecimal code; **conversion binaire-hexadécimal,** binary-to-hexadecimal conversion; **conversion décimal-hexadécimal,** decimal-to-hexadecimal conversion; **digit hexadécimal,** hexadecimal digit; **nombre hexadécimal,** hexadecimal number; **système de numération hexadécimal,** hexadecimal number system.

**hexadécimale: notation hexadécimale,** hexadecimal notation; **virgule hexadécimale,** hexadecimal point.

**hiérarchie:** hierarchy, rule of precedence; **hiérarchie de calculateurs,** hierarchy of computers; **hiérarchie de données,** data hierarchy; **hiérarchie de groupe,** control hierarchy; **hiérarchie de la mémoire,** memory hierarchy.

**hiérarchique:** hierarchical; **description hiérarchique,** hierarchical description; **diagramme structurel hiérarchique,** tree diagram; **réseau non hiérarchique,** democratic network.

**hiérarchisé:** hierarchized; **drapeau hiérarchisé,** classified sentinel; **réseau hiérarchisé,** hierarchical network, single-node network.

**hiérarchisée: interruption hiérarchisée,** hierarchized interrupt.

**histogramme:** histogram; **histogramme à barres empilées,** stacked bar chart.

**historique:** historical, history; **fichier historique,** history file; **fichier historique d'articles,** item history file; **historique de programme,** program history.

**holistique:** holistic; **masque holistique,** holistic mask.

**Hollerith:** Hollerith*; **carte Hollerith,** Hollerith card; **carte à code Hollerith,** Hollerith-coded card; **code Hollerith,** Hollerith code.

**hologramme:** hologram.

**holographie:** holography.

**holographique:** holographic; **mémoire holographique,** holographic memory, holographic storage; **support holographique,** holographic medium; **système holographique,** holographic based system.

**homme:** man; **communication homme-machine,** man-machine communication; **dialogue homme-machine,** man-machine dialog; **interface homme-machine,** man-machine interface.

**homogène:** homogeneous; **caractères homogènes,** homogeneous characters; **convergence homogène,** uniform convergence; **coordonnées homogènes,** homogenous coordinates; **équation différentielle homogène,** homogeneous differential equation; **équation homogène,** homogeneous equation; **multiplex homogène,** homogeneous multiplex.

**homothétie:** homothety.

**hôpital:** hospital.

**horaire: compteur horaire,** hour counter, hour meter, usage meter; **compteur horaire de machine,** high resolution clock; **indicateur horaire,** time indicator, running time meter; **interrupteur horaire,** time limit switch; **sens horaire,** clockwise.

**horizon:** horizon.

**horizontal:** horizontal; **balayage horizontal,** horizontal sweep; **caractère d'espacement horizontal,** horizontal skip character; **déchirement horizontal,** tearing; **défilement horizontal,** horizontal scrolling, side scroll; **effacement horizontal,** horizontal clearing; **format horizontal,** landscape; **format horizontal,** horizontal format; **saut horizontal,** horizontal skip.

**horizontale: alimentation horizontale,** horizontal feed; **caractère de tabulation horizontale,** horizontal tabulate character; **contrôle de parité horizontale,** horizontal parity control; **contrôle de redondance horizontale,** transverse redundancy check; **définition horizontale de trame,** horizontal raster count; **déflexion horizontale,** horizontal deflection; **déviation horizontale,** horizontal deflection; **effectuer une opération horizontale,** crossfoot (to); **erreur de parité horizontale,** longitudinal redundancy error; **tabulation horizontale,** horizontal tabulation

(HT), horizontal tab; **vérification horizontale,** crossfoot.

**horizontalement:** ajuster horizontalement, level out (to).

**horloge:** clock, timer; **cycle d'horloge,** clock cycle; **disque horloge,** clock disk, timing disk; **distributeur d'impulsions d'horloge,** time pulse distributor; **déclenchement par horloge,** timer start; **fréquence d'horloge,** clock frequency; **générateur d'horloge,** clock generator; **générateur de rythme d'horloge,** timer clock generator; **générateur de signal d'horloge,** clock signal generator; **génération d'horloge,** clock generation; **horloge adressable,** addressable clock; **horloge arbitraire,** free-running clock; **horloge automatique,** automatic timer; **horloge auxiliaire,** secondary clock; **horloge commune,** common timer; **horloge de connexion directe synchronisée,** direct timing source; **horloge de signal,** signal clock; **horloge de synchronisation,** disk clock; **horloge de transmission,** transmit clock; **horloge interne,** internal clock, internal timer; **horloge mère,** master clock; **horloge numérique,** digital clock; **horloge pour temps écoulé,** elapsed time clock; **horloge principale,** master clock; **horloge relative,** relative time clock; **horloge synchrone,** synchronous clock; **horloge temps réel,** real-time clock; **horloge électro-mécanique,** mechanical clock; **impulsion d'horloge,** clock pulse, clock tick; **interface d'horloge temps réel,** real-time clock interface; **lecture au rythme d'horloge,** clock-actuated readout; **période d'horloge,** clock period; **registre d'horloge,** clock register, time register; **sens inverse des aiguilles d'horloge,** counterclockwise (CCW); **signal d'horloge,** clock signal; **stabilité d'horloge,** clock stability; **système d'horloge,** clock system; **unité d'horloge numérique,** digital time unit; **vitesse d'horloge,** clock rate.

**horodateur:** time stamp.

**hors:** off, out; **bit (d'état) hors-circuit,** off bit; **cycle de mise hors-tension,** power down cycle; **durée hors-opération,** down time; **détourage hors-fenêtre,** window clipping; **hors-code,** shift-out (character) (SO); **hors-gabarit,** out of frame; **hors-service,** out of order; **hors-tension,** power off; **hors-écran,** off screen; **langage hors du contexte,** context-free language; **longueur hors tout,** overall length; **mettre hors-service,** disarm (to); **mise hors-service,** disabling; **mise hors-service de l'unité de réception,** receiver cutoff; **mise hors-tension,** power down; **opération de mise hors-tension,** power-off sequence; **partie hors-texte,** zone portion; **perforation hors-cadre,** off punch; **perforation hors-texte,** overpunch, zero punch, zone punching; **point de mise hors-fonction,** deactivation point.

**hospitalière:** informatique hospitalière, hospital computing.

**hôte:** host*; **calculateur hôte,** host computer; **machine hôte,** host machine; **ordinateur hôte,** host processor; **système hôte,** host system.

**housse:** cover, dust cover; **housse de protection du clavier,** keyboard mask.

**Huffman:** Huffman*; **code de Huffman,** Huffman code.

**huit:** eight.

**humidité:** humidity; **humidité relative,** relative humidity.

**hybride:** hybrid; **affichage hybride,** analog-digital display; **anneau hybride,** hybrid ring; **circuit de conversion numérique hybride,** hybrid digital/analog circuit; **circuit hybride,** hybrid circuit; **commutateur hybride,** analog-digital switch; **ordinateur hybride,** hybrid processor, analog-digital computer; **poste hybride,** combined station; **système hybride,** hybrid computer system.

**hyperbole:** hyperbola; **hyperbole rectangulaire,** rectangular hyperbola.

**hyperbolique:** hyperbolic; **fonction hyperbolique,** hyperbolic function; **logarithme hyperbolique,** hyperbolic logarithm.

**hypercanal:** hyperchannel.

**hystérésis:** hysteresis; **boucle d'hystérésis rectangulaire,** rectangular hysteresis loop; **cycle d'hystérésis,** hysteresis loop.

# I

**IAL:** langage algébrique international, international algebraic language (IAL).
**IAO:** ingénierie assistée par ordinateur, computer-aided engineering (CAE); **instruction assistée par ordinateur (IAO),** computer-aided instruction (CAI).
**icône:** icon; **bibliothèque d'icônes,** icon library; **case icône,** minimize box; **déplacement d'icône,** icon dragging; **icône active,** active icon; **icône d'application,** application icon; **icône de dossier,** folder icon; **icône de lecteur de disque,** disk drive icon; **icône de souris,** mouse icon.
**icônomètre:** iconometer.
**icônométrie:** iconometry.
**idéal:** ideal.
**idéale:** commutation idéale, ideal switching.
**identifiant:** identifier.
**identificateur:** identifier*, specifier; **bloc identificateur,** identifier record; **code identificateur de poste,** terminal identification code; **désignateur d'identificateur,** pointer qualifier; **enregistrement identificateur,** label record; **enregistrement identificateur de piste,** track descriptor record; **enregistrement identificateur de sortie,** output header record; **identificateur d'accumulateur,** AC signal; **identificateur d'accusé de réception,** acknowledgement identifier; **identificateur d'appel,** call identification; **identificateur d'articles,** item identifier; **identificateur d'enregistrement,** record identification code; **identificateur d'entité,** entity identifier; **identificateur d'utilisation de données,** data use identifier; **identificateur d'étiquette,** label indicator; **identificateur de base,** base identifier; **identificateur de bibliothèque,** library identifier; **identificateur de bit,** bit identification; **identificateur de fichier,** file identifier; **identificateur de label,** label identifier; **identificateur de macro-instructions,** macroidentifier; **identificateur de paramètre,** parameter designator; **identificateur de piste,** track identifier; **identificateur de point de contrôle,** checkpoint identifier; **identificateur de poste,** terminal identifier; **identificateur de procédure,** procedure identifier; **identificateur de périphérique,** device identifier; **identificateur de repère,** locator qualifier; **identificateur de réponse,** reply message;

**identificateur de structure,** format identifier; **identificateur de table,** table identifier; **identificateur de tableau,** array identifier; **identificateur de texte,** text identifier; **identificateur des travaux,** job identifier; **identificateur fixe,** reserved identifier; **identificateur nodal,** node identifier; **identificateurs identiques,** multiple keys; **lecture de l'identificateur,** read count; **segment identificateur,** identifier section.
**identificatif:** caractère identificatif, recognition character.
**identification:** identification, identifying; **article d'identification commun,** common label item; **bloc d'identification,** identification block; **caractère d'identification,** identification character (ID); **carte d'identification,** identification card; **code d'identification,** identification code, identifying code; **code d'identification de l'enregistrement,** record identifying code; **contrôle d'identification,** identification check; **contrôle de zone d'identification,** identification field checking; **demande d'identification,** interrogating; **dispositif d'identification,** recognition device; **données d'identification,** identifying information; **enregistrement d'identification de piste,** track description record; **fin de l'identification,** end of identity; **fonction d'identification,** recognition function; **giclée de signaux d'identification,** identification burst; **identification de code,** key identification; **identification de données,** data recognition; **identification de fichier,** file identification; **identification de formes,** pattern detection; **identification de ligne,** circuit identification; **identification de message,** communication identification; **identification de phase,** session identification; **identification de processus analytique,** analytical process identification; **identification de programme,** program identification; **identification de périphérique,** device identification; **identification de repère,** locator qualification; **identification de terminal,** terminal identification; **identification de travail,** job identification; **identification de tâche,** task identification; **identification de volume,** volume identification; **identification de zone,** area identification; **identification des supports d'informations,** media recognition; **identification des travaux,**

job identity; **identification du pointeur,** pointer qualification; **identification du poste appelant,** calling line identification; **identification du poste appelé,** called line identification; **identification du propriétaire,** owner identification; **identification utilisateur,** user identification; **jeton plastique d'identification,** plastic identification badge; **label d'identification utilisateur,** user volume label; **lecteur de cartes d'identification,** ID card reader; **message d'identification,** message identification; **mot d'identification,** call word; **mécanisme d'identification,** recognition mechanism; **numéro d'identification,** identification number; **partie d'identification,** identification division; **perforation d'identification,** identifying perforation; **registre d'identification,** identification register; **zone d'identification,** identification field.

**identificatrice: liste identificatrice,** identifier list.

**identifié:** identified; **point identifié,** pinpoint; **répertoire des travaux identifiés,** known job table; **travail identifié,** known job; **virus identifiés,** identified viruses.

**identifiée:** zone de données non **identifiée,** filler (item).

**identifier:** identify (to).

**identique:** identical; **identificateurs identiques,** multiple keys; **équation identique,** identical equation.

**identité:** identity; **caractère d'identité du terminal,** terminal recognition character; **code d'identité de réponse,** reply identifier; **identité de l'utilisateur,** user identity; **identité de station,** station identification; **non-identité,** nonidentity; **opération d'identité,** identity operation; **opération de non-identité,** nonidentity operation; **test d'identité,** logical companion; **élément d'identité,** identity element.

**ignorer:** ignore (to); **commande à ignorer,** ignore command; **instruction à ignorer,** ignore instruction.

**illégal:** illegal; **caractère illégal,** illegal character; **code illégal,** illegal code.

**illégale: opération illégale,** illegal operation.

**illimitée: charge à capacité illimitée,** infinite loading.

**illisible:** unreadable; **copie illisible,** blind copy.

**illumination: illumination de point image,** painting, paint.

**image:** image, picture; **adressage de point-image,** raster pixel addressing; **arrière-plan d'image,** background image; **bande de fichier image de carte,** card image tape;

**bande de fréquences images,** image band; **base de données image,** image database; **bibliothèque d'images,** cut-out picture file; **bibliothèque image-mémoire,** core image library; **binaire-image,** picture element, pixel; **centrage d'image,** image centering; **centre image,** image center; **contraste d'image,** image contrast; **coordonnées de point-image,** data point; **duplication de point-image,** pixel replication; **défilement d'image,** display scrolling; **élément d'image,** picture element, pixel; **entraînement d'image,** dragging; **entretien d'image,** image refreshing; **fenêtre de l'image-mémoire,** resetting window; **fichier d'image-mémoire,** core image file; **fichier image,** image file; **fichier image de carte,** card image file; **fond d'image,** background image, static image; **format de l'image-mémoire,** core image format; **format image de carte,** card image format; **fréquence image,** image frequency; **illumination de point image,** painting, paint; **image TV,** video image; **image binaire,** binary image; **image codifiée,** encoded image; **image codée,** coded image; **image d'écran,** display image, screen image; **image de carte,** card image; **image de fond,** wallpaper; **image de la chaîne des caractères d'impression,** chain image; **image de la structure,** item picture; **image en couleur composée,** composite color image; **image fil de fer,** wire frame; **image imprimée,** printed image; **image mémoire,** memory image, core image, storage image; **image tramée,** raster image; **image vidéo,** video image; **image vidéo fixe,** still image video; **lecture/écriture de point-image,** pixel read/write; **micro-image,** microimage; **mouvement à travers une image,** pan; **mémoire image,** image space; **mémoire image en double zone tampon,** double-buffered pixel memory; **mémoire-image,** pixel memory; **mémoire-image d'une trame,** raster graphic image; **mémoire-image de l'affichage vidéo,** video display image; **numériseur d'image,** image digitizer; **objet-image,** sprite, player; **plan de mémoire-image,** bit plane, pixel memory plane; **premier plan d'image,** foreground image, dynamic image; **représentation de données image,** pictorial data representation; **régénération d'image,** image regeneration; **réponse image,** image response; **synchro image,** vertical synchro; **traitement d'image,** image processing; **traitement d'image interactif,** interactive image processing; **transmission d'image,** video service; **tube image,** image tube; **vitesse de rafraîchissement d'image,** display refresh rate; **zone d'image,**

image area, image storage space.

**imager:** image (to).

**imageur:** imaging system, imaging device.

**imaginaire:** imaginary; **imaginaire pur,** pure imaginary; **nombre imaginaire,** imaginary number, pure imaginary number; **partie imaginaire,** imaginary part; **racine imaginaire,** imaginary root.

**imbrication:** nesting, nest, interleaving; **boucle d'imbrication,** nesting loop; **facteur d'imbrication,** interleave factor; **imbrication mémoire,** memory interleaving; **niveau d'imbrication,** nesting level.

**imbriquage:** imbriquage d'impulsion, pulse interleaving.

**imbriqué:** accès imbriqué, interleaved addressing; **caractère imbriqué,** embedded character; **mémoires à cycles imbriqués,** interleaving memory; **réseaux informatiques imbriqués,** interlaced networks; **sous-programme imbriqué,** nested subroutine, nesting subroutine.

**imbriquée:** boucle imbriquée, nested loop; **exécution imbriquée,** interleave execution; **frappe imbriquée,** overlapping operation of keys; **routine imbriquée,** nested routine.

**imbriquer:** interleave (to), interlac (to), nest (to).

**immatriculation:** labeling, tagging; dispositif d'immatriculation automatique, automatic serial number transmitter; **impression des numéros d'immatriculation,** serial number printing.

**immatriculer:** number (to).

**immédiat:** immediate; **accès immédiat,** immediate access, direct access; **accès immédiat à la mémoire,** data break; **adressage immédiat,** immediate addressing; **arrêt immédiat,** dead halt; **bascule à verrouillage immédiat,** immediate latch; **mémoire à accès immédiat,** immediate access storage; **opérande immédiat,** immediate address; **traitement immédiat,** demand processing; **transfert immédiat,** demand staging, blind transfer; **transfert immédiat de mémoire,** direct store transfer.

**immédiate:** addition immédiate, zero access addition; **adresse immédiate,** immediate address; **alimentation immédiate,** demand feed; **avance immédiate,** immediate skip; **format d'instruction immédiate,** zero address instruction format; **instruction immédiate,** zero address instruction; **mémoire immédiate,** uniform accessible memory; **réponse immédiate,** immediate answer; **sous-programme d'exécution immédiate,**

real-time executive routine; **suppression immédiate,** immediate suppress; **écriture immédiate,** demand writing.

**immersion:** dip.

**immobilisation:** delai d'immobilisation, inoperable time; **temps d'immobilisation,** inoperable time.

**immuable:** unalterable.

**immunité:** immunity; **immunité au bruit,** noise immunity; **logique à grande immunité au bruit,** high noise immunity logic (HNL).

**impact:** impact; **impact de claquage,** burned spot; **impact de touche,** key stroke; **imprimante matricielle à impact,** impact matrix printer; **imprimante sans impact,** nonimpact printer; **imprimante à impact,** impact printer; **imprimante à impact,** back strike printer; **non-impact,** nonimpact; **point d'impact,** point of impact, incircle.

**impair:** odd; **chiffre impair,** odd figure; **nombre impair,** odd number; **signes impairs,** unlike signs.

**impaire:** bit de parité impaire, odd parity bit; **contrôle de parité impaire,** odd parity check, odd check; **contrôle de parité paire-impaire,** odd-even parity check; **fonction impaire,** odd function; **ligne de balayage impaire,** odd-numbered scan line; **page impaire,** odd page; **parité impaire,** odd parity.

**imparfaite:** induction imparfaite, incomplète induction.

**imparti:** dépassement de temps imparti, instruction timeout violation; **temps imparti,** instruction timeout.

**impasse:** dead end.

**impédance:** impedance; **adaptation d'impédance,** impedance matching; **adaptation par impédance,** impedance matching; **basse impédance,** low impedance; **couplage par impédance,** impedance coupling; **impédance apparente,** image impedance; **impédance caractéristique,** iterative impedance, surge impedance; **impédance d'entrée,** input impedance; **impédance de charge,** load impedance; **impédance de ligne,** line impedance; **impédance de réaction,** feedback impedance; **impédance de sortie,** output impedance; **impédance de source,** source impedance; **impédance de transfert,** transfer impedance; **impédance du circuit de sortie,** output circuit impedance; **impédance en circuit ouvert,** open circuit impedance; **impédance itérative,** iterative impedance; **impédance terminale,** terminal impedance; **matrice d'impédance,** impedance matrix; **transformateur d'impédance,** impedance buffer.

**impérative:** séquence impérative, imperative sentence.

**imperfection:** imperfection technique, engineering deficiency; **imperfections,** shortcomings.

**implantation:** layout; **adresse d'implantation,** storage address; **adresse de début d'implantation,** starting location; **adresse de début d'implantation en mémoire,** memory starting location address; **compteur d'adresses d'implantation,** storage address counter; **compteur d'adresses de début d'implantation,** starting location counter; **implantation de zone,** area layout; **plan d'implantation,** floor plan; **procédure d'implantation,** layout procedure; **schéma d'implantation,** setup diagram; **table d'implantation,** storage assignment table.

**implanter:** implement* (to).

**implémenté:** implemented; **implémenté matériel,** hardware-implemented.

**implémenter:** implement* (to).

**implication:** implication; **implication conditionnelle,** material implication; **implication logique,** inclusion, IF-THEN; **opération implication conditionnelle,** IF-THEN operation.

**implicite:** implicit, implied, assumed; **accord implicite,** standstill agreement; **adressage implicite,** implied addressing; **adresse implicite,** implicit address, implied address; **agrégat de taille implicite,** assumed size aggregate; **allocation implicite,** implied association; **attribut implicite,** implied attribute, default attribute; **déclaration implicite,** implicit declaration; **fonction implicite,** implicit function; **instruction à adresse implicite,** implicit address instruction; **opération implicite,** assumed operation; **valeur implicite,** assumed value, assumed option; **virgule binaire implicite,** implied binary point.

**important:** fichier important, sensitive file.

**imposer:** key (to).

**impositions:** compteur d'impositions, key stroke counter.

**impression:** printing, print, imprint, impression; **aiguille d'impression,** print wire; **amplitude d'impression,** print span; **arbre de commande du cylindre d'impression,** platen guide shaft; **autotest d'impression,** self-test print; **avance après impression,** postslew; **avance avant impression,** preslew; **avancer après impression,** postslew (to); **bande d'impression,** printer tape; **barillet d'impression,** print barrel; **barre d' impression,** type bar; **barre d'impression,** print bar; **bloc d'impression,** printing block; **bouton de réglage du cylindre d'impres-**

---

**impression des documents**

sion, platen positioning control; **caractéristiques d'impression évoluées,** advanced print features; **caractéristiques de l'impression,** print features; **caractère de commande d'impression,** print control character; **cassette à bande d'impression,** belt cartridge; **champ d'impression,** print field; **chaîne d'impression,** print chain; **code d'impression des couleurs,** printer color code; **code de mode d'impression,** print mode code; **colonnes d'impression normales,** normal print entry; **commande d'impression,** printing command, print control; **commande de l'impression alphabétique,** alphabetic print control; **commande des sauts d'impression,** transfer print control; **commande du rouleau d'impression,** platen control; **contrôle d'impression,** print check; **contrôle du cycle d'impression,** printer cycle check; **cycle d'impression,** printing cycle; **cylindre d'impression,** print roll; **densité d'impression,** print density; **dispositif d'impression,** printing device; **dispositif d'impression de cartes,** card print; **dispositif d'impression de document,** document writing feature; **disque d'impression,** print wheel; **données d'impression,** printing data; **durée de vol du marteau d'impression,** hammer flight time; **déclenchement d'impression,** print escapement; **erreur d'impression,** misprint; **erreur de cycle d'impression,** printer cycle error; **file d'attente d'impression,** print queue; **force d'impression,** printing pressure; **format d'impression,** printing format; **format d'impression automatique,** computer-printed format; **image de la chaîne des caractères d'impression,** chain image; **impression alphabétique,** alphabetic printing; **impression automatique,** automatic printing; **impression automatique des lignes,** selective line printing; **impression avec lettres majuscules,** upper case print; **impression bidirectionnelle,** bidirectional typing; **impression couleur,** color print; **impression d'adresses,** address printing; **impression d'assemblage,** assembly printed listing; **impression d'essai,** test printing; **impression d'une ligne unique,** single-line printing; **impression de cadre,** form flash; **impression de contrôle,** printed monitor copy; **impression de fichier,** file print; **impression de liste,** list print; **impression de tables,** tabular printout; **impression de validation,** validation printing; **impression de zone,** snapshot trace; **impression de zéros à gauche,** left zero print; **impression des copies,** copy printing; **impression des documents,** document printing;

**645**

impression des données de bande, tape editing, tape edit; **impression des données traitées,** slave printing; **impression des numéros d'immatriculation,** serial number printing; **impression des ordres,** command editing; **impression des symboles,** symbolic printing; **impression des zéros à gauche,** high-order zero printing; **impression différée,** static printout; **impression du contenu de la mémoire,** memory printout; **impression du contenu de la mémoire centrale,** main memory print; **impression du total,** total printing; **impression en bout de carte,** end printing; **impression en caractère gras,** bold print; **impression en chaîne,** chained printing; **impression en différé,** print spooling; **impression en double,** dual printing; **impression en double interligne,** dual carriage print; **impression en drapeau,** unjustified print; **impression en minuscules,** lower case printing; **impression en parallèle,** parallel printing; **impression en quadrichromie,** four-color print; **impression en simple interligne,** single-space printing; **impression faible,** under-printing; **impression intégrale,** full stamp; **impression ligne par ligne,** line-at-a-time printing; **impression multiligne,** multiline printing; **impression mémoire,** storage print; **impression noire,** ribbon shift black; **impression numérique,** numeric editing; **impression ombrée,** shadow printing; **impression par groupe,** detail print group; **impression par ligne,** line printing; **impression par points,** matrix printing; **impression personnalisée,** special print; **impression rouge,** ribbon shift red; **impression récapitulative,** group printing; **impression sur deux colonnes,** two-column printing; **impression à double interligne,** double space printing; **impression à frappe alternée,** reverse typing; **impression à la carte,** detail printing; **indicateur d'impression,** printer indicator; **indicateur de position d'impression,** print position indicator; **instruction d'impression,** printer order, report writer statement; **interdiction d'impression,** print inhibit; **intervalle d'impression,** printer interval; **largeur d'impression,** typing width; **ligne d'impression,** print line; **loquet de verrouillage du cylindre d'impression,** platen latch; **marteau d'impression,** print hammer, print anvil; **masque d'impression,** print mask; **mode d'impression,** typing mode; **mode d'impression,** list mode; **mode d'impression normal,** normal print mode; **multi-impression,** multiple copy printing; **mécanisme d'impression,** print yoke; **mémoire d'impression,** print storage; **nombre de po-**sitions d'impression, print size; **point d'impression,** print point, print pel; **position d'impression,** printing position; **position de l'impression,** print position; **position de la tête d'impression,** print head position; **poste d'impression,** terminal printer; **processus d'impression xérographique,** xerographic printing; **programme d'impression de bande,** tape-to-printer program; **protection d'impression par astérisque,** asterisk printing; **roue d'impression,** type wheel, printwheel, daisy; **rouleau d'impression,** platen; **saut après impression,** postslew; **saut avant impression,** preslew; **saut de ligne avant impression,** space before printing; **serveur d'impression,** print server; **système d'impression de documents,** document writing system; **sélection automatique des lignes d'impression,** automatic printing line selection; **tambour d'impression,** print drum; **tampon d'impression,** print buffer; **temps d'impression,** type-out time; **tête d'impression,** print head, print element; **unité d'impression,** print unit, printing unit, print mechanism; **vitesse d'impression,** printing rate, print rate, output rate; **vitesse d'impression de lignes,** line speed; **zone d'impression,** printing area.

**imprévue: fin imprévue,** dead end.

**imprimabilité:** printability.

**imprimable:** printable; **caractère imprimable,** printable character; **caractère non imprimable,** nonprintable character, unprintable character; **caractères imprimables,** printer graphics; **non imprimable,** nonprintable, unprintable.

**imprimante:** printer (PRT); **adaptateur d'imprimante page par page,** page print adapter; **chariot d'imprimante,** printer carriage; **clavier d'imprimante,** printer keyboard; **code de contrôle de l'imprimante,** printer control code; **code de reprise de l'imprimante,** print restore code; **commande d'imprimante rapide,** high-speed printer control; **connexion d'imprimante,** printer connection; **contrôleur d'imprimante,** printer control unit; **contrôleur d'imprimantes à distance,** remote printing station control; **imprimante (ligne par) ligne,** line printer; **imprimante alternante,** reverse typing terminal; **imprimante bidirectionnelle,** bidirectional printer; **imprimante caractère,** serial printer; **imprimante caractère par caractère,** character printer, character-at-a-time printer; **imprimante codée,** coding printer; **imprimante couleur,** hard copy color printer; **imprimante d'états mécanographiques,** report transcription device;

**imprimante de bande,** mechanical printing unit; **imprimante de caractères magnétiques,** magnetic character printer; **imprimante de commande,** console printer; **imprimante de contrôle,** monitor printer; **imprimante de qualité courrier,** correspondence quality printer; **imprimante de sortie,** output printer; **imprimante en ligne,** on-line typewriter; **imprimante graphique,** graphics printer; **imprimante ligne par ligne,** line-at-a-time printer; **imprimante matricielle,** matrix printer, wire matrix printer; **imprimante matricielle thermique,** thermal matrix printer; **imprimante matricielle à impact,** impact matrix printer; **imprimante multitâche,** multitasking printer; **imprimante page par page,** page printer, page-at-a-time printer; **imprimante par défaut,** default printer; **imprimante par points,** dot printer; **imprimante parallèle,** parallel printer; **imprimante partagée,** shared printer; **imprimante rapide,** high-speed printer; **imprimante sans impact,** nonimpact printer; **imprimante série-parallèle,** serial/parallel printer; **imprimante tampon,** buffer memory printer; **imprimante thermique,** thermal printer; **imprimante thermo-électrique,** electrothermal printer; **imprimante xérographique,** xerographic printer; **imprimante électrostatique,** electrostatic printer; **imprimante à aiguilles,** needle printer, wire printer, stylus printer; **imprimante à bande,** band printer, belt printer; **imprimante à barres,** bar line printer, type bar printer; **imprimante à barres de caractères,** rack printer; **imprimante à boule tournante,** spinwriter; **imprimante à chaîne,** chain printer, train printer; **imprimante à clavier,** keyboard printer; **imprimante à cylindre,** barrel printer; **imprimante à distance,** remote printer; **imprimante à impact,** back strike printer; **imprimante à impact,** impact printer; **imprimante à jet d'encre,** ink jet printer; **imprimante à la volée,** hit-on-the-fly printer; **imprimante à laser,** laser printer; **imprimante à marguerite,** daisy printer, daisy wheel printer; **imprimante à matrice de points,** dot matrix printer; **imprimante à microfilm,** microfilm printer; **imprimante à roue,** wheel printer; **imprimante à tambour,** drum printer; **imprimante à tulipe,** thimble printer; **imprimante à tête mobile,** moving head printer; **interface d'imprimante série,** serial printer interface; **mémoire tampon d'imprimante,** printer record storage; **pilote d'imprimante,** printer driver; **spouleur d'imprimante,** print spooler; **support d'imprimante,** printer stand; **tampon d'imprimante,** printer buffer; **tampon d'imprimante à li-**gnes, line printer buffer.

**imprimé:** printout, form, typeout, layout sheet; **câblage imprimé,** etched wiring; **câble plat imprimé,** printed wire ribbon; **caractère de positionnement en haut d'imprimé,** head-of-form character (HOF); **carte à circuit imprimé,** printed circuit board (PCB); **carte à circuit imprimé enfichable,** plug-in circuit card; **carte à contacts imprimés,** edge card; **circuit imprimé,** printed circuit (PC); **circuit imprimé flexible,** flexible printed circuit; **conception des imprimés,** form design; **contrôle des imprimés,** form control; **création d'imprimés,** document design; **dispositif de guidage d'imprimé,** form chute; **édition des résultats imprimés,** editing printing results; **fichier sortie imprimé,** output printer file; **format d'imprimé,** print format; **hauteur de caractère imprimé** (1/72 de pouce), point size; **imprimé d'assemblage,** assembly program listing; **imprimé de codage,** coding form; **imprimé de listage,** listing form; **imprimé de programmation,** programming form; **imprimé en continu,** continuous form; **imprimé exploitable sur machine,** machine-readable form; **imprimé mécanographique,** tab form; **imprimé sans fin,** endless form; **imprimés détachables,** tipped forms; **non imprimé,** unprinted; **partie circuit imprimé,** etched part; **reliure pour imprimés,** printout binder; **reliure pour imprimés détachés,** burst printout binder; **reliure pour imprimés en continu,** unburst printout binder; **réceptacle d'imprimés,** printout basket; **symbole moins imprimé,** actual minus sign; **symbole plus imprimé,** actual plus sign; **vu-imprimé,** wysiwyg (what you see is what you get).

**imprimée:** image imprimée, printed image; **ligne imprimée,** body line; **liste imprimée,** output listing; **positionnement fixe des lignes imprimées,** fixed-line posting.

**imprimer:** print (to), imprint (to); **bande à imprimer,** print image tape; **bloc à imprimer,** print image record; **enregistrement à imprimer,** print image record; **fichier à imprimer,** print image file; **imprimer un message,** print out (to); **imprimer à la volée,** print-on-the fly (to).

**imprimerie:** capitale d'imprimerie, block capital.

**improgrammable:** unprogrammable.

**impulsion:** impulse, pulse, strobe, tick; **amplificateur correcteur d'impulsion,** shaping amplifier; **amplificateur d'impulsion,** pulse amplifier; **amplitude d'impulsion,** pulse amplitude; **bourrage d'impulsions,** pulse stuffing; **bruit d'impulsions,**

impulse noise, black noise; **circuit correcteur d'impulsions**, pulse forming circuit; **circuit formateur d'impulsions**, pulse shaping circuit; **circuit régénérateur d'impulsions**, pulse regenerating circuit; **compteur d'impulsions**, impulse counter, pulse counter; **convertisseur d'impulsions numériques**, digital pulse converter; **demi-impulsion**, half-pulse; **distributeur d'impulsions d'horloge**, time pulse distributor; **distributeur électronique d'impulsions**, electronic emitter; **diviseur d'impulsions**, pulse scaler; **durée d'impulsion**, pulse length, pulse duration; **dépassement (d'impulsion)**, overshoot; **enregistrement bi-impulsion**, double pulse recording; **enregistrement de la durée d'une impulsion**, pulse width recording; **enregistrement dense d'impulsions**, pulse packing; **enregistreur d'impulsions**, impulse recorder; **flanc d'impulsion**, pulse edge; **formateur d'impulsion**, pulse shaper; **forme d'impulsion**, pulse shape; **fréquence de l'impulsion de commande**, control pulse frequency; **fréquence de répétition des impulsions**, pulse repetition frequency (PRF); **générateur d'impulsions**, pulse generator; **générateur d'impulsions de commande**, drive pulse generator; **générateur d'impulsions de synchronisation**, gating pulse generator; **génération d'impulsions**, pulse generation; **imbriquage d'impulsion**, pulse interleaving; **impulsion bipolaire**, dipulse; **impulsion carrée**, square pulse; **impulsion complémentaire**, additional impulse; **impulsion d'appel**, frame demand; **impulsion d'arrêt**, stop pulse; **impulsion d'attaque**, stimulus; **impulsion d'effacement**, erase signal; **impulsion d'horloge**, clock pulse, clock tick; **impulsion d'information**, data pulse; **impulsion d'inhibition**, disable pulse, inhibit pulse; **impulsion d'onde carrée**, square wave pulse; **impulsion d'échantillonnage**, strobe pulse; **impulsion d'écriture**, write pulse, drive pulse; **impulsion d'écriture complète**, full write pulse; **impulsion d'écriture partielle**, partial write pulse; **impulsion d'émetteur**, emitter pulse; **impulsion dans l'espace**, space pulse; **impulsion de commande**, control pulse, drive pulse; **impulsion de commande partielle**, partial drive pulse; **impulsion de contrôle**, check pulse; **impulsion de courant**, current pulse; **impulsion de coïncidence**, gate pulse; **impulsion de déblocage**, unblanking pulse; **impulsion de décalage**, shift pulse, call pulse; **impulsion de déclenchement**, trigger pulse; **impulsion de démarrage**, start pulse; **impulsion de départ**, start signal; **impulsion de lecture,**

reading pulse, read pulse; **impulsion de lecture complète**, full read pulse; **impulsion de lecture partielle**, partial read pulse; **impulsion de marquage**, marker pulse, marker pulse; **impulsion de numérotation**, dial pulse; **impulsion de positionnement**, position pulse, et pulse; **impulsion de progression groupe**, group step pulse; **impulsion de remise à zéro**, reset pulse; **impulsion de rythme**, digit pulse; **impulsion de réglage**, corrective action pulse; **impulsion de sortie de lecture**, readout pulse; **impulsion de suppression**, blanking pulse; **impulsion de synchro**, gating pulse, sprocket pulse; **impulsion de synchronisation**, synchronization pulse, timing pulse; **impulsion de tension**, voltage pulse; **impulsion de test anticipé**, early test transfer; **impulsion de touche**, key pulse; **impulsion de transfert**, carry pulse; **impulsion de validation**, enable pulse; **impulsion de validation de trame**, image enable pulse; **impulsion en dents de scie**, serrated pulse; **impulsion finale**, terminal pulse; **impulsion numérique**, digit pulse; **impulsion parasite**, spurious pulse; **impulsion parasite après écriture**, postwrite disturb pulse; **impulsion pas à pas**, signal element pulse; **impulsion pilote**, master pulse; **impulsion rectangulaire**, rectangular pulse; **impulsion unidirectionnelle**, undirectional pulse; **impulsion unitaire**, unit impulse; **impulsion étroite**, narrow pulse; **impulsions négatives et positives**, bidirectional pulses; **jack d'impulsion**, emitter hub; **largeur d'impulsion**, pulse width; **ligne à impulsions**, pulse line; **modulation d'impulsions en amplitude**, pulse amplitude modulation (PAM); **modulation d'impulsions en durée**, pulse length modulation; **modulation d'impulsions en fréquence**, pulse frequency modulation (PFM); **modulation d'impulsions en position**, pulse position modulation (PPM); **modulation d'impulsions temporelle**, pulse time modulation (PTM); **modulation en largeur d'impulsion**, pulse width modulation; **modulation par impulsions**, pulse code modulation (PCM), pulse modulation; **montée d'impulsion**, impulse growth; **palier d'une impulsion**, pulse top; **palier incliné d'impulsion**, pulse droop, pulse tilt; **pente de flanc d'impulsion**, pulse slope; **pointe d'impulsion**, pulse pike; **pointe parasite d'impulsion**, pulse spike; **régénération d'impulsions**, pulse regeneration; **sortie d'impulsions**, pulse output; **sortie de l'impulsion de commande**, control pulse output; **taux d'impulsions**, pulse duty factor; **taux de récurrence des impulsions,** pulse recurrence rate; **taux de répétition des impulsions,** pulse repetition rate (PRR); **temps de descente d'impulsion,** pulse decay time; **temps de montée d'impulsion,** pulse rise time; **train d'impulsions,** pulse string, pulse train; **transformateur d'impulsions,** pulse transformer.

**impulsionnelle: distorsion impulsionnelle,** impulse distortion.

**imputés: frais généraux imputés,** applied cost.

**inaccessible:** irretrievable; **données inaccessibles,** irretrievable data.

**inactif:** inactive, idle, dormant, masked, dead; **compte inactif,** inactive account; **fichier inactif,** dead file; **terminal inactif,** dormant terminal.

**inactive: console inactive,** dead console; **instruction inactive,** instruction constant; **position inactive,** idle setting; **zone inactive,** dead zone, dead space circuit.

**inactivité: période d'inactivité,** idle mode; **état d'inactivité,** idle state.

**inadmissibles: combinaison de codes inadmissibles,** forbidden code combination; **contrôle de combinaison de codes inadmissibles,** forbidden code combination check.

**inaltérable:** inalterable; **mémoire inaltérable,** nonerasable storage, unalterable memory; **valeur inaltérable,** inalterable value.

**inapplicabilité:** inapplicabilité, irrelevance.

**inattendue: erreur inattendue,** unexpected error.

**incertitude: mesure de l'incertitude,** prevarication, spread.

**incidence: courbe d'incidence,** failure curve; **matrice d'incidence,** adjacency matrix.

**incident:** trouble, breakdown, incident; **détecteur d'incident,** alertor; **incident d'exploitation,** operating trouble; **incident fortuit,** fortuitous fault; **incident intermittent,** intermittent trouble; **incident machine,** machine malfunction; **indicateur d'incident,** malfunction indicator; **journal de bord des incidents,** error log; **localisation d'incident,** fault isolation; **noeud incident,** incident vertex; **probabilité d'incident technique,** probability of failure; **procédure de reprise sur incident,** error restart procedure; **prévision d'incidents,** failure prediction; **recherche d'incident,** fault locating; **test de localisation d'incidents,** fault test.

**incitation:** prompting.

**inclinable:** tiltable; **support pivotant inclinable,** tilt swivel stand.

**inclinaison:** misalignment; **inclinaison d'un caractère,** character skew; **inclinaison de ligne,** line skew.

**incliné: palier incliné d'impulsion,** pulse droop, pulse tilt.

**inclure:** include (to).

**inclusif:** inclusive; **OU inclusif,** inclusive-OR, either-OR, logical sum; **opération NON-OU inclusif,** inclusive-NOR operation; **opération OU inclusif,** inclusive-OR operation, either-OR operation; **segment inclusif,** inclusive segment.

**inclusion:** inclusion, implication*; **déclaration d'inclusion,** include declarative; **inclusion logique,** IF-THEN; **instruction d'inclusion,** include statement.

**incohérente: diaphonie incohérente,** inverted crosstalk, false drop, crossfire.

**incomplet:** sparse; **détection d'index incomplet,** index detection; **graphe incomplet,** partial graph; **tableau incomplet,** sparse array; **type incomplet,** incomplete type.

**inconditionnel:** unconditional; **arrêt inconditionnel,** unconditional stop; **branchement inconditionnel,** branch unconditional (BRU), unconditional jump; **inconditionnel (d'informatique),** hacker; **instruction de branchement inconditionnel,** unconditional branch instruction; **instruction de saut inconditionnel,** unconditional jump instruction; **instruction de transfert inconditionnel,** unconditional transfer instruction; **saut inconditionnel,** unconditional branch, unconditional jump; **transfert inconditionnel,** unconditional transfer.

**inconditionnelle: instruction inconditionnelle,** unconditional instruction, imperative statement; **interruption de programme inconditionnelle,** unconditional program interrupt.

**inconnu:** unknown; **virus inconnus,** unknown viruses.

**inconnue:** inconnue, unknown quantity, unknown term; **grandeur inconnue,** unknown quantity; **partition inconnue,** unlabeled common; **quantité inconnue,** unknown quantity; **valeur inconnue,** unknown term; **équation du premier degré à une inconnue,** conditional equation, simple equation.

**inconséquence:** irrelevance.

**incorporé:** built-in, imbedded, predefined; **contrôle incorporé,** built-in check; **modem incorporé,** built-in modem; **test incorporé,** built-in test.

**incorporée: nom de fonction incorporée,** built-in function name.

**incorporer:** incorporer, imbed (to).

**incorrect:** incorrect; **déplacement incorrect,** runaway; **type d'organe incorrect,** invalid type device.

**incorrecte:** adaptation incorrecte intégrale, complete mismatch; **combinaison incorrecte de codes,** illegal code combination; **traitement de piste incorrecte,** bad track processing.

**incorrectement:** diriger incorrectement, misroute (to); **numéroter incorrectement,** misnumber (to).

**incorrigible:** uncorrectable; **erreur incorrigible,** uncorrectable error.

**incrément:** increment*, augmenter*; **incrément automatique,** auto-increment; **incrément automatique des adresses,** automatic address.

**incrémental:** incremental; **traceur incrémental,** incremental plotter.

**incrémentale:** notation incrémentale binaire, binary incremental representation; **représentation incrémentale ternaire,** ternary incremental representation; **valeur incrémentale,** increment value, increment size.

**incrémentation:** incrémentation de la mémoire, memory increment.

**incrémenter:** increment (to).

**incrémentiel:** incremental; **calculateur incrémentiel,** incremental computer; **compilateur incrémentiel,** incremental compiler; **compteur incrémentiel,** incremental counter; **traceur incrémentiel,** incremental plotter.

**incrémentielle:** avance incrémentielle, incremental feed; **procédure de mesure incrémentielle,** incremental measuring method; **représentation incrémentielle,** incremental representation.

**indéchiffrable:** undecipherable.

**indéfini:** undefined; **fichier indéfini,** undefined file; **nombre indéfini,** abstract number; **numéro de port indéfini,** undefined port number; **type indéfini,** undefined type.

**indéfinie:** adresse indéfinie, undefined address; **instruction indéfinie,** undefined statement; **intégrale indéfinie,** improper integral; **variable indéfinie,** undefined variable.

**indentation:** indent; **indentation automatique,** automatic indent; **indentation de bloc,** block indent; **indentation de paragraphe,** paragraph indent.

**indenté:** indented.

**indépendance:** independence; **indépendance de la programmation,** programming independence.

**indépendant:** independent; **indépen**dant de l'ordinateur, computer-independent; **indépendant de la machine,** machine-independent, device-independent; **indépendant du code,** code-independent, code-transparent; **langage indépendant de la machine,** machine-independent language; **langage indépendant du calculateur,** computer-independent language; **mode indépendant,** code-independent; **programme indépendant,** independent program; **segment indépendant,** independent segment.

**indépendante:** excitation indépendante, separate excitation; **programmation indépendante du temps d'accès,** random access programming; **routine indépendante,** independent routine; **variable indépendante,** independent variable.

**indéterminé:** undetermined; **coefficient indéterminé,** undetermined coefficient; **format indéterminé,** undetermined format; **résultat indéterminé,** void result.

**indéterminée:** valeur indéterminée, undetermined value.

**index:** index*, key, pointer, mapping table; **accumulateur d'index,** index accumulator; **analyseur d'index,** index analyzer; **article de l'index principal,** master index item; **bloc d'index,** index block; **carte d'index machine,** machine index card; **dresseur d'index,** indexer; **détection d'index incomplet,** index detection; **expression d'index,** subscript expression; **fichier index,** index file; **index alphabétique,** alphabetic index; **index alterné,** alternate index; **index automatique,** auto-index; **index bibliothécaire,** library index; **index croisé,** dual index; **index d'adresse,** distribution index; **index d'instruction,** instruction index; **index d'itération,** iteration index; **index de chaîne,** string index; **index de cylindre,** cylinder index; **index de description de fichier,** file description index; **index de fichier,** file index; **index de multiplet,** byte index; **index de mémoire,** core index; **index de permutation,** permutation index; **index de répétition,** iteration index; **index détaillé,** fine index; **index naturel,** rough index; **index primaire,** primary index; **index principal,** master index; **index saturé,** dense index; **index secondaire,** secondary index; **indicateur d'évolution d'index,** index development indicator; **indicateur de position d'index,** index position indicator; **instruction de registre d'index,** indexing instruction; **marque d'index,** index mark; **marqueur d'index,** index marker; **mot d'index,** indexing word, index word; **mémoire d'index,** modifier storage; **nom d'index,** index name; **notation d'index,** index notation;

paramètre de grandeur d'index, index size parameter; partie d'index, index part; point d'index, index point; pointeur d'index, index marker; registre d'index, index register, index accumulateur, B-register; structure d'index, index structure; table d'index majeure, primary index table; trou index, index hole; type d'index, index type; zone d'index, index array.

indexation: indexing*; auto-indexation, auto-indexing; champ d'indexation, index field; indexation automatique, automatic indexing; indexation du bloc de données, data block indexing; indexation par mot, word indexing; indexation optimisée, coor indexage par mot clé, word indexingdinate indexing; indexation supplémentaire, additional indexing; mécanisme d'indexation, index head.

indexé: indexed; accès séquentiel indexé, indexed sequential access; adressage auto-indexé, auto-indexed addressing; fichier indexé, indexed file; fichier séquentiel indexé, indexed sequential file, sequential indexed file; fichier à accès direct indexé, indexed non-sequential file, index random file; fin d'article indexé, end-of-index item; méthode simplifiée d'accès séquentiel indexé, basic indexed sequential access method (BISAM); nom de données indexé, indexed data name; non indexé, nonsubscripted, unindexed; séquentiel indexé, indexed sequential, index sequential; zone d'articles indexés, index data item.

indexée: adresse indexée, indexed address; organisation séquentielle indexée, indexed sequential organization; structure de fichier indexée, indexed organization.

indexer: index (to).

indiçage: subscripting; sous-programme d'indiçage, subscript routine.

indicateur: indicator*, token, flag, sentinal, usage bit; binaire indicateur, flag bit; bit indicateur de sens, direct indicator bit; caractère indicateur, cue character; champ des indicateurs d'état, status panel; indicateur analogique, analog indicator; indicateur d'annulation, cancel indicator; indicateur d'appel, call indicator; indicateur d'arrêt, halt indicator; indicateur d'autorisation d'écriture, protect indicator; indicateur d'effacement, clear indicator; indicateur d'enchaînement, chain pointer; indicateur d'enregistrement, record identifying indicator; indicateur d'erreur, error indicator, fault indicator, error flag; indicateur d'erreur d'enregistrement, file error light; indicateur d'erreur de lecture, read check indicator; indi-

cateur d'essai, test indicator; indicateur d'impression, printer indicator; indicateur d'incident, malfunction indicator; indicateur d'interruption, interrupt indicator; indicateur d'interruption d'entrée/sortie, input/output interrupt indicator; indicateur d'introduction manuelle, operator action indicator; indicateur d'égalité, matching record indicator; indicateur d'étage de contrôle, control level indicator; indicateur d'état, status indicator; indicateur d'état opérationnel, operational status indicator; indicateur d'état périphérique, device flag; indicateur d'évolution d'index, index development indicator; indicateur d'événement, flag event; indicateur de bande, tape indicator; indicateur de changement de formulaire, overflow control indicator; indicateur de colonne, column indicator; indicateur de contention, bid indicator; indicateur de contrôle, check indicator; indicateur de contrôle automatique, machine check indicator; indicateur de contrôle dépassement de capacité, overflow check indicator; indicateur de dernier enregistrement, last record indication; indicateur de débordement, check size indicator; indicateur de dépassement, arithmetic overflow indicator; indicateur de dépassement de capacité, overflow indicator; indicateur de contention, data set indicator; indicateur de fin page, page end indicator; indicateur de formulaire, form designator; indicateur de libération, proceed indicator; indicateur de ligne, line indicator; indicateur de longueur, length entry; indicateur de longueur de papier, footage indicator; indicateur de mouvements, activity indicator; indicateur de niveau, level indicator; indicateur de niveau optique, voice level indicator; indicateur de panne, malfunction indicator; indicateur de position d'impression, print position indicator; indicateur de position d'index, index position indicator; indicateur de première page, first page indicator; indicateur de priorité, priority indicator; indicateur de protection mémoire, storage protection indicator; indicateur de report, carry indicator; indicateur de retenue, carry flag; indicateur de routage, routing indicator; indicateur de service, device servicing indicator; indicateur de signe, sign check indicator; indicateur de sortie d'erreurs, error exit indicator; indicateur de suite, continuation indicator; indicateur de surintensité, overload indicator; indicateur de validité, availability indicator; indicateur de zéro, zero indicator; indicateur de zéro (d'égalité), equality zero indicator, equal zero indicator; **indicateur du numéro d'ordre**, sequence number indicator; **indicateur du type d'erreur**, error type indicator; **indicateur entrée/sortie**, input/output indicator; **indicateur horaire**, time indicator, running time meter; **indicateur logique**, switch indicator; **indicateur marginal**, margin indicator; **indicateur mnémonique**, mnemonic designator; **indicateur optique**, visual indicator; **instrument indicateur**, indicating instrument; **mot indicateur**, indicator word; **registre d'indicateurs**, indicator register; **registre indicateur**, condition code register; **registre indicateur auxiliaire**, auxiliary indicator register; **tableau indicateur d'indice**, index scale; **voyant indicateur de cheminement**, carry light.

**indicatif:** answerback; **adresse d'indicatif**, key address; **code indicatif**, answerback code, identifying code; **colonne indicatif**, badge column; **contrôle des indicatifs**, answerback control; **demande d'indicatif**, answerback code request; **déclenchement d'indicatif**, answerback triggering; **indicatif d'appel**, call signal, callsign; **indicatif d'article**, record key; **indicatif de contrôle**, supervisor key; **indicatif de protection mémoire**, storage protection key; **indicatif de rapprochement**, matching zone; **indicatif de référence**, reference key; **indicatif de signe**, sign indication; **indicatif de superviseur**, supervisor identification; **indicatif de transmission**, transmission identification; **indicatif de tri**, sort generator; **indicatif majeur**, major key; **indicatif régional**, local code; **indicatif secondaire**, secondary key; **mémoire des codes indicatifs**, answerback code storage; **signal indicatif de prise de ligne**, clear forward signal; **séquentiel après indicatif**, sequential by key; **table des indicatifs régionaux**, area code table; **terminal à indicatif d'appel**, dial terminal; **terminal à indicatif d'appel**, dial-up terminal; **échange d'indicatif**, answerback exchange; **émetteur d'indicatif**, answerback device, answerback unit.

**indication:** indication; **caractère d'indication**, signaling character; **cycle d'indication de groupe**, group indication cycle; **indication binaire**, binary display; **indication contrôle**, group indication; **indication d'acheminement**, direction code; **indication d'alerte**, alarm indication; **indication d'erreur**, error indication; **indication d'erreur de canal**, channel alert; **indication d'erreur par total insensé**, nonsense total check; **indication d'itération**, repeat specification; **indication d'occupation**, busy indicator; **indication d'usage**, usage clause; **indication d'état**,

data status indicator; **indication de disponibilité**, ready typeout; **indication de groupe**, group indication, first item list; **indication de l'état de l'exploitation**, condition code indicator; **indication de l'état de tri**, sort progress statement; **indication de limitation de segment**, segment limit clause; **indication de répétition**, replicator; **indication de valeur**, value clause; **indication dernière carte**, last card indication; **indication du type d'écriture**, recording mode clause; **indication numérique**, digital indication; **indication optique**, visual indication; **indication à distance**, remote indication; **indications pratiques**, service aids; **panneau d'indication d'erreurs**, fault panel; **position d'indication**, indicator location; **profil d'indication**, indicator pattern; **sans indication de rembobinage**, no rewind option.

**indicatrice:** **plaque indicatrice**, instruction sticker.

**indice:** factor, index indicator; **borne d'indice**, subscript bound; **calcul d'indice**, subscript calculation; **cliquet d'indice**, index pawl; **crochets d'indice**, subscript bracket; **doigt d'indice**, index pawl; **erreur d'indice**, index error; **indice (en intelligence artificielle)**, evidence (in artificial intelligence); **indice d'adresse**, address index; **indice d'affectation de fichier**, file allocation index; **indice d'allocation**, allocation index; **indice de modulation**, modulation index; **indice de nom de fichier**, file name index; **indice de rang**, array declarator subscript; **indice de tableau**, array subscript; **indice inférieur**, subscript; **indice inférieur multiniveau**, multilevel subscript; **indice supérieur**, superscript; **indicé, subscripted**; **liste d'indices**, subscript list; **niveau d'indice**, index level; **nom d'indice**, subscript name; **nom indicé**, subscripted name, subscripted qualified name; **non indicé**, unsubscripted; **position d'indice**, subscript position; **sous-indice**, subindex; **sélecteur d'indice**, digit selector, digital filter; **table d'indices de sélection**, evidence table selection; **tableau indicateur d'indice**, index scale; **valeur de la liste d'indices**, subscript value; **zone d'indice**, index area.

**indicée:** **valeur indicée**, subscripted value; **variable indicée**, subscripted variable.

**indicer:** subscript (to).

**indicielle:** **valeur indicielle**, index value.

**indiquer:** mark (to), flag (to), indicate (to).

**indirect:** indirect; **adressage indirect**, indirect addressing, deferred addressing;

**adressage indirect multiniveau,** multilevel indirect addressing; **branchement indirect,** indirect branch, implied branch; **contrôle indirect,** indirect control; **descripteur de segment indirect,** indirect segment descriptor; **instruction à adressage indirect,** indirect instruction; **saut indirect,** indirect jump.

**indirecte: adresse indirecte,** indirect address.

**indirection:** indirection.

**indisponibilité:** unavailability; **temps d'indisponibilité,** down time.

**indisponible:** restricted.

**individu:** individual.

**individuel: adressage individuel,** discrete addressing; **calcul individuel,** detail calculation; **flux de travaux individuels,** single-job stream; **logiciel individuel,** individual software; **module individuel,** individual module; **ordinateur individuel (OI),** personal computer (PC), home computer; **poste individuel,** single station; **programme individuel,** individual routine; **support individuel d'information,** individual data support; **temps individuel,** detail time; **traitement d'un travail individuel,** single-job environment; **traitement individuel,** unbatched mode.

**individuelle: alimentation de carte individuelle,** single-card feeding; **carte individuelle,** individual job card; **modification individuelle,** spot change; **opération individuelle,** unbatched operation, discrete operation; **protection individuelle des données,** data-dependent protection; **sortie individuelle,** detail output; **table individuelle,** single table.

**inductif:** inductive; **couplage inductif mutuel,** mutual inductance coupling.

**induction:** induction; **faible induction,** low induction; **induction de fuite,** leakage induction; **induction imparfaite,** incomplète induction; **induction mutuelle,** mutual inductance.

**inductive: mémoire fixe inductive,** transformer read-only storage; **mémoire inductive,** inductive memory; **perturbation inductive,** cross-stall; **réactance inductive,** inductive reactance; **réaction inductive,** inductive feedback.

**induire:** induce (to).

**induit:** induced; **courant induit,** circulating current.

**induite: panne induite,** induced failure.

**industrie:** industry; **industrie des ordinateurs,** computer industry.

**industriel:** industrial; **automatisme industriel,** process automation; **gestion de groupes de processus industriels,** process group management; **groupe de processus industriels,** process group; **robot industriel,** computerized robot; **système de conduite de processus industriels,** process guiding system; **système de contrôle industriel,** process control system; **table de groupes de processus industriels,** process group table; **terminal à usage industriel,** industrial terminal; **traitement de données industriel,** industrial data processing.

**industrielles: données industrielles,** process data; **entrées des données industrielles,** process data input; **normes industrielles,** industrial standards; **saisie des informations industrielles,** industrial data capture; **sortie des données industrielles,** process data output.

**ineffaçable: format ineffaçable,** permanent format; **mémoire ineffaçable,** nonerasable memory.

**ineffective: instruction ineffective,** no-operation instruction (nop).

**inerte: relais hermétique à gaz inerte,** dry reed relay; **zone inerte,** dead band.

**inertie:** inertia.

**inexact: nombre inexact,** misnumber.

**inexploitable:** inoperable.

**inexploité:** unprocessed, unworked.

**infecté: non infecté,** uninfected.

**infection:** infection; **infection par virus,** virus infection.

**inférence:** inference*; **moteur d'inférence,** inference engine.

**inférieur: bit de rang inférieur,** lower bit; **changement au niveau inférieur,** minor change; **chassis inférieur,** bottom shell; **dépassement inférieur,** underflow; **dépassement inférieur de capacité,** characteristic underflow; **indice inférieur,** subscript; **indice inférieur multiniveau,** multilevel subscript; **jambage inférieur de caractère,** descender; **module inférieur,** lower module; **signe inférieur à..,** less than sign '<'; **total au niveau inférieur,** minor total.

**inférieure: adresse inférieure,** low address; **borne inférieure,** lower bound; **limite inférieure,** lower limit, low bottom limit; **marge inférieure,** bottom edge; **partie inférieure de la mémoire,** lower memory locations; **position inférieure,** minor position; **structure inférieure,** minor structure.

**infini:** infinite; **produit infini,** infinite product.

**infinie: boucle infinie,** hang-up loop; **ligne infinie,** infinite line; **mémoire infinie,** infinite memory; **série infinie,** infinite set; **séries infinies,** infinite series.

**infixe:** infix; **opérateur infixé,** infix operator.

**infixée: notation infixée,** infix notation.

**infographie:** graphics; **infographie d'entreprise,** business graphics; **infographie dialoguée,** interactive graphics; **infographie interactive,** interactive graphics; **infographie matricielle,** raster graphics; **infographie par coordonnées,** coordinate graphics.

**infographique: carte infographique,** computerized map, computer map.

**infopac:** data module.

**informaticien:** computerist, DP man.

**informatif:** informative.

**information:** information*; **quantité d'information mutuelle,** mutual information; **(quantité d') information mutuelle émise,** transmitted information; **archivage des informations,** information archiving; **bit d'information,** information bit; **bloc d'informations,** block of information, data block; **blocs d'informations discordants,** unmatched records; **caractère d'information,** information character; **centre d'information du réseau,** network information center (NIC); **cinématique de l'information,** data flow control; **circulation de l'information,** flow of information; **commande d'informations numériques,** digit control; **contenu d'informations,** information content; **contenu d'informations en code binaire,** information bit content; **contenu en informations,** information volume; **contenu en informations sémantiques,** semantical information content; **contenu moyen d'informations par caractère,** average information per character; **contrôle par retour de l'information,** information feedback checking; **conversion de masse d'informations,** bulk media conversion; **densité de l'information,** information density; **densité moyenne d'information,** average information content; **document sans information,** blank document; **débit d'information,** information flow; **débit moyen d'informations transmises,** average transinformation content; **début des informations,** beginning-of-data; **délimiteur d'informations,** information separator (IS); **démodulateur d'information numérique,** digital data demodulator (DDD); **échange d'informations,** information exchange; **échange d'informations techniques,** technical information exchange; **élément d'information,** basic information unit, item information; **élément d'information définitif,** end item; **évaluation de l'information,** data evaluation; **fin des informations enregistrées,** end-of-record information; **format de l'information,** information format; **gestion de l'information,** data control; **gra-**

**phe d'informations,** information flowchart; **groupe d'informations,** information pool; **identification des supports d'informations,** media recognition; **impulsion d'information,** data pulse; **information alphabétique,** alphabetic information; **information alphanumérique,** alphanumeric information; **information altérable,** volatile information; **information binaire,** binary information; **information d'acheminement,** routing information; **information d'entrée,** input information; **information d'état d'alerte,** alarm condition information; **information de commutation,** switching information; **information de contrôle,** checking information, check information; **information de déplacement,** path data; **information de format,** dimensional information; **information de longueur fixe,** fixed-information length; **information de surveillance,** supervisory information; **information diagnostic,** debugging information; **information en code machine,** machine-sensible information; **information fictive,** dummy information; **information intermédiaire,** intermediate information; **information mutilée,** garbled information; **information numérique,** digital information; **information optionnelle,** selection information; **information stationnaire,** stationary information; **information sémantique,** semantical information; **information utile,** useful information; **information à traiter,** input information; **informations,** information, data; **informations alphanumériques,** alphameric data; **informations effectives transmises,** average transinformation; **informations essentielles,** vital data; **informations numériques,** digital data; **manipulation de l'information,** information handling; **masse d'informations,** data bulk; **message d'information,** information message; **mesure de l'information,** measure of information; **mot d'information,** information word; **mémorisation des informations,** information storage; **origine des informations,** source of information; **perte d'informations,** drop-out, loss of information; **phase de transfert des informations,** information transfer phase; **quantité d'information conjointe,** joint information content; **recherche de l'information,** data retrieval, information retrieval; **répartiteur d'informations,** order distributor; **saisie des informations industrielles,** industrial data capture; **saisie multi-information,** multiple data recording; **sauvegarde des informations,** safeguard of data; **signal d'information,** information signal; **sortie d'informations graphiques,** graphic data output; **source d'informations,** information source, message source; **structure de l'information**, information representation; **structure des informations**, information build-up; **support d'informations**, information medium, data recording medium; **support individuel d'information**, individual data support; **système d'information et de communication**, communication and information system; **système d'information télématique**, bulletin board system (BBS); **système d'échantillonnage d'informations**, data sampling system; **sélection de l'information**, information selection; **technique d'accès de l'information**, data access control; **théorie de l'information**, information theory; **traitement d'informations centralisé**, centralized data processing; **traitement de l'information**, process information, datamation; **traitement de l'information en gestion**, business data processing; **traitement de l'information graphique**, graphic data processing; **traitement des informations**, pattern processing; **traitement intégré de l'information**, integrated data processing (IDP); **trame d'information**, information frame; **transférer des informations**, convey information (to); **transmission de l'information**, information transmission; **transmission sans information**, blank transmission; **unité binaire de quantité d'information**, binary unit of information content (Shannon); **unité de quantité d'information**, Hartley; **unité décimale (quantité d'information)**, decimal unit of information content; **unité naturelle (de quantité d'information)**, natural unit (of information content); **vitesse de circulation de l'information**, information flow rate; **voie d'information**, information track, code track, code hole track.

**informatique**: computer science, information technology; **animation informatique**, computer animation; **atelier informatique**, DP workshop; **base de données informatique/automatisée**, computerized database; **bases de l'informatique**, computing fundamentals; **boutique informatique**, computer shop; **carte de commande de support informatique**, volume parameter card; **centre informatique**, information processing center, computer center; **clé informatique**, fetch protection; **conception informatique évoluée**, advanced computer concept; **conseil en informatique**, software service; **coordinateur informatique**, ADP coordinator; **diagramme informatique**, information graph; **enseignement informatique interactif**, computer-managed instruction (CMI); **entropie informatique**, information rate; **fiabilité informatique**, computer effi-

ciency; **graphisme informatique**, computer art; **inconditionnel (d'informatique)**, hacker; **informatique (de gestion) commerciale**, commercial computing; **informatique amateur**, hobby computing; **informatique conversationnelle**, interactive computing; **informatique créative**, creative computing; **informatique d'enseignement**, instructional computing; **informatique de gestion**, business-oriented computing; **informatique distribuée**, dispersed data processing, dispersed processing; **informatique hospitalière**, hospital computing; **informatique innovatrice**, creative computing; **informatique multimedia**, multimedia computing; **jargon informatique**, compuspeak; **la télé-informatique**, teleinformatics; **langage informatique**, computer language; **logique informatique**, computer logic; **magasin d'informatique**, computer store; **micro-informatique**, micro-computing; **micrographie informatique**, computer micrographics; **mini-informatique**, minicomputing; **mobilier informatique**, system furniture; **personnel informatique**, computer personnel, liveware; **piraterie informatique**, computer piracy, computer freak; **possibilité informatique**, computing facility; **rapport informatique**, computational report; **ressources informatiques**, computing resources; **réseau d'informatique distribuée**, distributed data processing network; **réseaux informatiques imbriqués**, interlaced networks; **salon informatique (USA)**, National Computer Conference (NCC); **service informatique**, computer facility, information facility; **support informatique**, machinable medium; **système informatique**, computing system, data processing system; **système informatique intégré**, integrated information system; **sécurité informatique**, computer security; **technologie informatique**, data processing technology; **traitement informatique**, data processing (DP), information processing.

**informatisable**: computerizable.

**informatisation**: computerization.

**informatisé**: computerized; **architecture de réseau informatisé**, computer network architecture; **calcul informatisé**, computing, computation; **dessin informatisé**, drafting; **enseignement informatisé**, computer-based instruction; **jeu informatisé**, computerized game; **positionnement informatisé**, positioning control system; **système informatisé**, information system.

**informatisée**: **composition informatisée**, computerized typesetting; **éducation informatisée**, computer-based learning

(CBL); **gestion informatisée,** computer-assisted management.

**informatiser:** computerize (to).

**ingénierie:** engineering; **ingénierie assistée par ordinateur (IAO),** computer-aided engineering (CAE); **ingénierie de l'automatique,** automatic control engineering.

**ingénieur:** engineer; **ingénieur de maintenance,** field engineer; **ingénieur du service après-vente,** customer engineer.

**inhérent:** inherent; **délai inhérent aux données,** data delay.

**inhérente: mémoire inhérente,** inherent storage, automatic storage.

**inhiber:** inhibit* (to), blind (to).

**inhibiteur:** inhibitor; **circuit inhibiteur,** inhibit circuit, inhibit gate; **courant inhibiteur,** inhibit current; **signal inhibiteur,** disabling signal.

**inhibition:** inhibition; **amplificateur de courant d'inhibition,** inhibit driver; **caractère d'inhibition,** ignore character; **code d'inhibition,** inhibit code; **compteur d'inhibition,** inhibit counter; **enroulement d'inhibition,** inhibit winding; **fonction d'inhibition,** inhibit function; **impulsion d'inhibition,** disable pulse, inhibit pulse; **inhibition de clavier,** keyboard lockout; **signal d'inhibition,** inhibiting signal.

**initial:** initial; **adresse de chargement initial,** initial loading location; **article initial,** base item; **bloc fictif initial,** initial dummy block; **chargement du programme initial,** initial program load (IPL); **chargement initial,** initial loading; **chargeur initial,** initial program loader; **déclencheur initial,** home position trigger; **enregistrement initial,** basic record; **espace initial,** initial gap; **état initial,** initial state, cleared condition; **mode initial,** reset mode; **paramètre initial,** initial parameter; **point d'entrée initial,** initial entry point; **point initial,** initial point; **procédure de chargement initial,** initial program loading; **remettre à l'état initial,** reset (to).

**initiale: adresse de charge initiale,** initial load address; **adresse initiale,** initial address, basic address; **condition initiale,** initial condition; **configuration initiale,** initial configuration; **données initiales,** initial data; **déclaration de valeur initiale,** data initialization statement; **défaillance initiale,** debug failure; **erreur initiale,** initial error; **initialisation initiale,** initial initialization; **instruction initiale,** initial instruction; **liste de dotations initiales,** initial spare parts list; **mettre à la valeur initiale,** initialize (to), initiate (to); **perméabilité initiale,** initial permeability; **phase initiale,** original phase; **polarisation initiale,** base bias; **position initiale,** home position, home location; **registre des données initiales,** home register; **retour en position initiale,** homing; **situation initiale,** base case; **tension de polarisation initiale,** base bias voltage; **valeur initiale,** initial value; **voie initiale,** original track.

**initialisation:** initialization*; **directive d'initialisation,** initial order; **données d'initialisation du système,** system initialization information; **fin de signal d'initialisation,** end-of-heading signal; **initialisation d'appel,** call initiation; **initialisation du système,** initial system load; **initialisation initiale,** initial initialization; **instruction d'initialisation,** initializing instruction, initiate statement; **mode d'initialisation,** initialization mode; **paramètre d'initialisation,** starting parameter; **procédure d'initialisation,** logging procedure; **procédure d'initialisation du système,** initial setup procedure; **programme d'initialisation,** initialization program, initializer routine; **programme d'initialisation de système,** cold start program; **séquence préalable d'initialisation,** prerun initialization; **valeur d'initialisation,** preset value, starting value.

**initialisé: non initialisé,** uninitialized.

**initialiser:** initialize* (to), initiate (to), format (to).

**initiation:** initiation.

**injection:** injection; **logique à injection intégrée,** integrated injection logic (I2L).

**innovatrice: informatique innovatrice,** creative computing.

**inoccupé:** idle.

**inoccupée: capacité inoccupée,** idle capacity; **voie d'acheminement inoccupée,** free routing.

**inopérante: instruction inopérante,** do-nothing instruction; **touche inopérante,** invalid key.

**inscription:** legend; **dispositif d'inscription de documents,** document inscriber; **inscription magnétique,** magnetic inscription.

**inscrire:** log (to), post (to), book (to).

**inscrit: événement inscrit,** posted event.

**insensé: indication d'erreur par total insensé,** nonsense total check.

**insensible: insensible aux perturbations,** interference-proof.

**inséré:** inserted.

**insérée: routine insérée,** inserted subroutine.

**insérer:** insert (to), slot (to).

**insertion:** insertion, insert, sifting, infix; **codification des insertions,** insert coding;

**commande d'insertion,** insert command; **force d'insertion nulle,** zero insertion force (ZIF); **insertion de bit,** bit insertion; **insertion de caractères,** character insert, character fill, padding; **insertion de caractères nuls,** idle insertion; **insertion de chiffres,** digit insert, digit padding; **insertion de formulaire,** document insertion; **insertion de zéros,** zero insertion, zero insert, zero padding; **insertion déterminée,** fixed insertion; **insertion invariable,** fixed insertion; **insertion manuelle,** manual card insertion; **multiplet d'insertion,** insert byte; **perte d'insertion,** insertion loss; **piste d'insertion,** insertion track; **point d'insertion,** insertion point; **poste d'insertion des cartes,** master card insertion device; **routine d'insertion,** insertion routine, insert subroutine; **routine d'insertion directe,** direct insert subroutine; **séquence d'insertion,** insertion sequence; **séquence d'insertion enchaînée,** insertion chain sequence; **tri par insertion,** insertion sort; **tri par méthode d'insertion,** insertion method sorting.

**insonorisation:** sound proof; **capot d'insonorisation,** acoustic cover; **matériel d'insonorisation,** sound absorbing material.

**insonorisée: armoire insonorisée,** quietized cabinet.

**inspection:** inspection; **inspection visuelle,** visual inspection.

**instabilité:** instability, jumpiness; **instabilité de fréquence,** frequency instability; **instabilité de phase,** phase jitter; **instabilité thermique,** thermal instability.

**instable:** unstable; **circuit instable,** astable circuit; **état instable,** unstable state, metastable state; **mémoire instable,** unstable memory.

**installation:** installation, setup, fitting; **date d'installation,** installation date; **documents d'installation,** installation details; **grande installation,** large installation; **installation auxiliaire,** auxiliary device; **installation client,** customer installation; **installation de chargement,** loading installation; **installation de climatisation,** air condition; **installation télex,** telex installation; **installation terminale,** terminal installation; **installation téléphonique privée,** private branch exchange (PBX); **installation vulnérable,** soft structure; **manuel d'installation,** installation manual; **ordre d'installation,** installation order; **programme d'installation,** setup program; **surface d'installation,** floor space.

**installé:** installed.

**instance: fichier en instance,** suspense file.

**instant:** instant; **instant significatif,** significant instant; **mesurage à l'instant du saut,** hook catching.

**instantané:** instantaneous; **accès instantané,** instantaneous access; **accès quasi-instantané,** quasi-random access; **adressage instantané,** zero access storage; **arrêt instantané,** high-speed stop; **fonctionnement instantané,** state of readiness; **instantané d'écran,** snapshot.

**instantanée: compression instantanée,** instantaneous companding; **excitation instantanée,** immediate pickup; **fin instantanée,** unusual end of job; **fin instantanée du traitement des travaux,** unusual end of job.

**instaurer:** set (to).

**instruction:** instruction*, statement, command, order; **adresse d'instruction,** instruction address; **bande des instructions,** instruction tape; **bit de zéro (du registre d'instruction),** zero bit; **bloc d'instructions,** block of instructions; **canal de distribution d'instructions,** instruction distribution channel; **carte d'instructions,** instruction card; **champ d'instruction,** instruction field; **changement des adresses d'instructions,** instruction address change; **chaîne d'instructions,** instruction chain; **cliché d'instructions,** control sequence; **code d'instruction mnémonique,** input instruction code; **code d'instruction étendu,** augmented operation code; **code d'instructions de l'ordinateur,** computer instruction code; **code d'instructions machine,** machine instruction code; **code des instructions,** instruction code; **complément d'instruction,** instruction complement; **compteur d'instructions câblé,** hardware program counter; **compteur d'instructions programmées,** software program counter; **compteur de longueur d'instruction,** instruction length counter; **constante sous forme d'instruction,** instructional constant; **contrôleur d'instructions,** instruction processor, program controller; **cycle d'instruction,** instruction cycle; **cycle de recherche d'instruction,** instruction fetch; **drapeau d'enchaînement d'instructions,** chain command flag; **décodage de l'instruction,** instruction decoding; **décodeur d'instruction,** instruction decoder; **développement d'une macro-instruction,** macroexpansion; **ensemble d'instructions,** machine instruction set; **exécution d'instruction,** instruction execution; **flot d'instructions,** instruction stream; **format d'instruction,** instruction format; **format d'instruction immédiate,** zero address instruction format; **format d'instruction sans adresse,** addressless instruction

657

format; **forme d'une instruction,** statement frame; **identificateur de macro-instructions,** macroidentifier; **index d'instruction,** instruction index; **instruction générique,** generic instruction; **instruction (de programme),** program command; **instruction (à adresse) directe,** direct instruction; **instruction IF logique,** logical IF statement; **instruction absolue,** absolute instruction, mandatory instruction; **instruction alphanumérique,** alphanumeric instruction; **instruction analytique,** analytic instruction; **instruction arithmétique,** arithmetical instruction, arithmetic statement; **instruction assistée,** aided instruction; **instruction assistée par ordinateur (IAO),** computer-aided instruction **(CAI); instruction bande,** tape instruction; **instruction codée,** coded instruction; **instruction codée numériquement,** numerically coded instruction; **instruction complémentaire,** append command; **instruction complémentaire d'entrée/sortie,** auxiliary input-output statement; **instruction composée,** compound instruction, compound statement; **instruction conditionnelle,** conditional instruction, conditional statement; **instruction conditionnelle d'assembleur,** conditional assembler instruction; **instruction conditionnelle de saut,** conditional jump instruction; **instruction créateur,** author command; **instruction d'E/S,** I/O instruction, I/O order; **instruction d'addition,** add instruction; **instruction d'adressage direct,** immediate address instruction; **instruction d'adresse,** address instruction; **instruction d'affectation,** assignment statement; **instruction d'affectation de variable,** variable-allocation statement; **instruction d'affectation logique,** logical assignment statement; **instruction d'affichage,** display instruction, display statement; **instruction d'aiguillage,** alter statement; **instruction d'allocation,** allocate statement; **instruction d'allocation mathématique,** arithmetic assignment statement; **instruction d'amorçage,** begin statement; **instruction d'annulation,** cancel statement; **instruction d'appel,** calling instruction, call statement; **instruction d'arrêt,** stop instruction, breakpoint instruction; **instruction d'arrêt conditionnel,** conditional breakpoint instruction; **instruction d'arrêt optionnel,** optional halt statement; **instruction d'assemblage,** assembly instruction, assembler instruction; **instruction d'assembleur,** assembler source statement; **instruction d'avance,** feed instruction; **instruction d'effacement,** clear statement; **instruction d'empilage,** push instruction; **instruction**

**d'en-tête,** header statement, header order; **instruction d'enchaînement,** chain order; **instruction d'entrée,** input instruction, entry instruction; **instruction d'entrée/sortie,** input/output instruction; **instruction d'extraction,** fetch instruction, output instruction; **instruction d'exécution,** execute statement, execute order; **instruction d'impression,** printer order, report writer statement; **instruction d'inclusion,** include statement; **instruction d'initialisation,** initializing instruction, initiate statement; **instruction d'introduction,** enter statement; **instruction d'introduction par console,** read type instruction; **instruction d'opération,** operational instruction, opreational command; **instruction d'utilisation,** use statement; **instruction d'écriture,** write instruction, writing statement; **instruction d'écriture non formatée,** unformatted write statement; **instruction d'édition,** edit instruction, format statement; **instruction d'édition de liens,** linkage instruction; **instruction d'éjection,** eject instruction; **instruction d'émission,** transmit instruction; **instruction d'équivalence,** equivalence statement; **instruction de balayage,** extract instruction; **instruction de base,** basic statement; **instruction de bloc,** block instruction; **instruction de branchement,** branch instruction, jump instruction; **instruction de branchement inconditionnel,** unconditional branch instruction; **instruction de calcul,** compute statement, calculation statement; **instruction de canal,** channel command; **instruction de chargement,** load instruction, load statement; **instruction de chaînage,** chaining command; **instruction de classement,** sequence instruction; **instruction de code,** code instruction; **instruction de commande,** command statement, control instruction; **instruction de commande de listage,** listing control instruction; **instruction de commande de périphérique,** peripheral control instruction; **instruction de comparaison,** compare instruction; **instruction de compilateur,** compiler statement; **instruction de contrôle,** control statement, checkpoint instruction; **instruction de contrôle d'assemblage,** assembly control statement; **instruction de contrôle de périphérique,** device control statement; **instruction de contrôle de travaux,** job control statement; **instruction de correction,** correcting instruction; **instruction de diagnostic,** diagnostic command; **instruction de division,** divide statement; **instruction de duplication,** copy statement; **instruction de décalage,** shifting instruction, shift instruction;

instruction de décision, decision instruction; instruction de définition de zone, area definition statement, define area statement; instruction de dégroupage, unstring statement; instruction de dépilage, pop instruction; instruction de déroutement, alternative instruction; instruction de fermeture, close statement; instruction de fin, end instruction; instruction de fin de bande, trailer statement; instruction de fin de travail, sign-off; instruction de fonction, function statement; instruction de format, dimension statement; instruction de format des données, data formatting statement; instruction de génération, generate statement; instruction de halte, pause statement; instruction de lancement, release statement; instruction de langage, language statement; instruction de lecture, read instruction, read statement; instruction de lecture bande, read tape command; instruction de lecture formatée, formatted read statement; instruction de lecture non formatée, unformatted read statement; instruction de maintien, hold instruction, hold assignment; instruction de mise en forme, editing instruction; instruction de mise en page, layout instruction; instruction de mise en route, sign-on; instruction de mise à jour de table, table update command; instruction de mise à zéro, reset instruction; instruction de modification, modification instruction; instruction de niveau d'adressage, address level directive; instruction de non opération, null instruction, waste instruction; instruction de notation, note statement; instruction de pas, step statement; instruction de pause, halt instruction, stop instruction; instruction de perforation, punch instruction; instruction de pistage, trace statement; instruction de positionnement, seek statement, set statement; instruction de procédure, procedural instruction, procedure statement; procedural statement; instruction de prolongation, continuation statement; instruction de rangement, storage instruction; instruction de rappel, backspace instruction; instruction de recherche, search statement, lookup instruction; instruction de recherche de table, table lookup statement; instruction de registre d'index, indexing instruction; instruction de rembobinage, rewind statement; instruction de remise, delivery statement; instruction de renvoi, branching instruction, remittance statement; instruction de reprise, checkpoint instruction, restart instruction; instruction de restauration, restore instruction; instruction de retour, re-

turn instruction, return statement; instruction de retour arrière, backspace statement; instruction de répétition, repetition instruction; instruction de saut, skip instruction, jump instruction; instruction de saut conditionnel, conditional branch instruction; instruction de saut inconditionnel, unconditional jump instruction; instruction de service, function instruction; instruction de servitude, housekeeping instruction, red tape instruction; instruction de sortie, display statement, exit instruction; instruction de sous-programme, subprogram statement, subroutine statement; instruction de soustraction, subtract statement; instruction de substitution, setting instruction; instruction de supervision, supervisory instruction; instruction de sélection, select instruction, select command; instruction de test, test command; instruction de transfert, transfer instruction, move statement; instruction de transfert inconditionnel, unconditional transfer instruction; instruction de travail, job statement; instruction de tri, sort statement; instruction de télétraitement, teleprocessing command; instruction de vérification, test instruction; instruction de zone de données, block data statement; instruction double adresse, two-address instruction; instruction déclarative, declarative instruction, declarative statement; instruction effective, effective instruction, actual instruction; instruction en code machine, basic instruction; instruction en code source, source instruction, source statement; instruction en séquentiel, sequential instruction; instruction en virgule flottante, floating-point instruction; instruction en-tête de bloc, block heading statement; instruction externe, external statement; instruction factice, blank instruction; instruction fictive, dummy instruction, dummy statement; instruction fin de liste, terminate statement; instruction finale, terminal statement; instruction groupe non référencée, unlabelled compound; instruction générique, generic instruction; instruction immédiate, zero address instruction; instruction inactive, instruction constant; instruction inconditionnelle, unconditional instruction, imperative statement; instruction indéfinie (nulle), undefined statement; instruction ineffective, no-operation instruction (nop); instruction initiale, initial instruction; instruction inopérante, do-nothing instruction; instruction itérative, iterative command; instruction logique, logical instruction, logic instruction; instruction machine, machine instruction, computer instruction;

instruction macro, macrocall statement, action macro; instruction macro de configuration, configuration macro; instruction microprogrammable, microprogrammable instruction; instruction modèle, model statement; instruction multiadresse, multiple address instruction; instruction non référencée, unlabelled basic statement; instruction pas à pas, step-by-step instruction; instruction permanente, constant instruction; instruction primitive, unmodified instruction, presumptive instruction; instruction prioritaire, supervisory command; instruction privilégiée, privileged instruction, restricted instruction; instruction prototype, prototype statement; instruction réelle, absolute instruction, effective instruction; instruction sans adresse, addressless instruction, no-address instruction; instruction saut, alternate instruction; instruction standard, general statement; instruction symbolique, symbolic instruction; instruction type, type instruction, type statement; instruction unique, simple statement; instruction utilisateur, user instruction; instruction variable, variable instruction; instruction élémentaire, primary instruction; instruction à N adresses, N-address instruction; instruction à N plus une adresse, N-plus-one address instruction; instruction à adressage indirect, indirect instruction; instruction à adresse implicite, implicit address instruction; instruction à caractère unique, single-character instruction; instruction à deux adresses, one-plus-one instruction; instruction à deux plus une adresses, two-plus-one address instruction; instruction à ignorer, ignore instruction; instruction à opérande directe, immediate instruction; instruction à quatre adresses, four-address instruction; instruction à trois adresses, three-address instruction; instruction à une (simple) adresse, single-address instruction; instruction à une adresse, one-address instruction; instruction à une ou N adresses, one-to-N address instruction; instruction à une plus une adresses, one-plus-one address instruction; instruction à virgule fixe, fixed-point instruction; instructions de démontage, disassembly instructions; instructions opératrices, operating instructions; instructions relogeables, relocatable sequence; invalide instruction, illegal instruction; jeu d'instructions, instruction set; jeu d'instructions arithmétiques, scientific instruction option; jeu d'instructions de base, basic instruction set; jeu d'instructions de la machine, sys-

tem code; jeu d'instructions du calculateur, computer instruction set; jeu d'instructions supplémentaire, optional instruction package; list d'instructions, instruction list; longueur d'instruction, instruction length; longueur de l'instruction de branchement, branch space constant; macro-instruction, macroinstruction, macrostatement, macro; macro-instruction de chaînage, linkage macroinstruction; macro-instruction de mot clé, keyword macro instruction; macro-instruction de renvoi, return macro call statement; macro-instruction déclarative, declarative macro; macro-instruction externe, outer macroinstruction; macro-instruction interne, inner macro instruction; manuel d'auto-instruction, self-instructing textbook; manuel d'instruction, operating instructions, instruction manual; marque de fin d'instruction, end-of-instruction mark; micro-instruction, microinstruction; millions d'instructions par seconde, millions instructions per second (MIPS); modificateur d'instruction, instruction modifier; modification d'instruction, instruction modification; modèle d'instruction, instruction format; mot d'instruction, command word, instruction storage word; mot instruction, instruction word; nom de liste d'instructions, instruction list name; numéro d'instruction, statement number; organigramme des instructions, instruction flowchart; paquet de cartes d'instructions, instruction pack; paquet de cartes-instructions, instruction deck; partie d'instruction, instruction part, value call syllable; partie type d'instruction, function part; phase de prise en charge de l'instruction, instruction fetch phase; prise en charge de l'instruction, instruction staticizing; pseudo-instruction, pseudoinstruction, directive, declaration; registre d'adresses (d'instructions), instruction address register; registre d'enchaînement d'instructions, instruction sequence register; registre d'instructions, instruction register, program address counter; registre de comptage d'instructions, instruction counting register; répertoire d'instructions, repertoire; répertoire de code d'instruction, instruction repertoire; répertoire de macro-instructions, macrodirectory; répétition automatique des instructions, automatic instruction retry; répétition d'instructions, instruction retry; structure d'instruction erronée, format error; structure de la séquence d'instructions, instruction sequence format; suite linéaire d'instructions, linear sequence of instructions; syntaxe des instructions, syntax statements; **système à base d'instructions**, instruction system; **séquence d'instructions**, instruction sequence; **séquence d'instructions**, instruction sequence, program sequence; **séquence d'instructions conditionnelle**, optional instruction sequence; **séries d'instructions**, instruction series; **table des instructions**, sequence of instructions; **temps d'exécution de l'instruction**, instruction execution time; **temps d'instruction**, instruction time; **temps moyen d'exécution des instructions**, average instruction execution time; **traduction d'instruction**, instruction translation; **type d'instruction**, instruction type; **unité de commande d'instructions**, program control unit; **unité de traitement des instructions**, instruction processing unit; **zone d'instructions**, instruction area, statement field; **zone des macro-instructions**, macrofield.

**instructionnel:** instructional.

**instrument:** instrument; **instrument de mesure thermique**, thermal meter; **instrument indicateur**, indicating instrument.

**insu:** test à l'insu, blind test.

**intégral:** integral, integer constant; **calcul intégral**, integral calculus.

**intégrale:** adaptation incorrecte intégrale, complete mismatch; **constante intégrale**, integral constant; **fonction intégrale rationnelle**, rational integral; **impression intégrale**, full stamp; **intégrale de corrélation**, correlation integral; **intégrale de surface**, surface integral; **intégrale double**, double integral; **intégrale indéfinie**, improper integral; **retenue intégrale**, complete carry; **signe d'intégrale**, integral sign; **valeur intégrale**, integral value.

**intégralité:** intégralité de surface, double integral.

**intégrante:** partie intégrante, integral part.

**intégrateur:** integrator, differential analyzer; **intégrateur de contre réaction**, inverse integrator; **intégrateur numérique**, digital integrator; **intégrateur-sommateur**, summing integrator.

**intégration:** integration; **domaine d'intégration**, integral domain; **intégration rectangulaire**, rectangular integration; **intégration analogique**, analog integration; **intégration complète**, full integration; **intégration numérique**, numerical integration; **intégration à faible échelle**, small scale integration (SSI); **intégration à grande échelle**, large scale integration (LSI); **intégration à super grande échelle**, super large scale integration (SLSI); **intégration à très grande échelle**, very large scale integration (VLSI);

**moniteur d'intégration**, integrity violation monitor; **mémoire à grande échelle d'intégration**, LSI memory; **technologie d'intégration à grande échelle**, LSI technology; **très haute intégration**, very high scale integration (VHSI); **échelle d'intégration moyenne**, medium integration scale (MSI).

**intégré:** integrated; **adaptateur intégré**, integrated adapter; **calculateur intégré**, embedded computer; **circuit hautement intégré**, LSI circuit; **circuit intégré (CI)**, integrated circuit (IC); **circuit intégré LMNS**, CML integrated circuit; **circuit intégré de technique MOS**, MOS-type integrated circuit; **circuit intégré monolithique**, monolithic integrated circuit; **circuit intégré à broches axiales**, flat pack; **circuit intégré à couche épaisse**, thick film integrated circuit; **circuit intégré à semi-conducteurs**, integrated semiconductor circuit; **circuit semi-intégré**, hybrid integrated circuit; **contrôleur intégré**, integrated controller; **disque intégré**, integrated disk, integral disk; **extracteur de circuit intégré**, IC puller; **fabricant de circuits intégrés**, IC maker; **microprocesseur hautement intégré**, LSI microprocessor; **modem intégré**, integrated modem; **module hautement intégré**, LSI module; **organe intégré**, integrated device; **support de circuit intégré**, chip socket; **support de circuit intégré**, IC socket; **système informatique intégré**, integrated information system; **système intégré**, integrated system; **sélection de circuit intégré**, chip select (CS); **technique des circuits intégrés**, integrated circuit technique; **technologie de l'état solide (circuits intégrés)**, solid logic technology; **traitement intégré de l'information**, integrated data processing (IDP); **traitement intégré des données**, integrated information processing.

**intégrée:** addition intégrée, add built-in function; **appel d'une fonction intégrée**, built-in function reference; **base de données intégrée**, integrated database; **commande de bande magnétique intégrée**, magnetic tape facility; **commande intégrée de disques magnétiques**, mass storage facility; **fonctionnement à sécurité intégrée**, failsafe operation; **logique à injection intégrée**, integrated injection logic (I2L); **puce hautement intégrée**, LSI chip.

**intégrer:** expression à intégrer, integrand.

**intégrité:** integrity*; **intégrité du système**, system integrity.

**intelligence:** intelligence; **indice (en intelligence artificielle)**, evidence (in artificial intelligence); **intelligence artificielle (IA)**, artificial intelligence (AI); **intelligence distribuée,** distributed intelligence, dispersed intelligence; **intelligence répartie,** disperse intelligence.

**intelligent:** intelligent*, smart; **non intelligent,** dumb; **programme interne du terminal intelligent,** multiwork station program; **système de terminaux intelligents,** multiwork station system; **terminal intelligent,** smart terminal, intelligent terminal; **terminal semi-intelligent,** nearly intelligent terminal (NIT); **traceur intelligent,** intelligent plotter.

**intensité:** intensity; **demi-intensité,** half-intensity; **intensité de champ,** field strength; **intensité de frappe,** typing force; **intensité du champ magnétique,** magnetic field strength; **intensité magnétique,** magnetizing force; **modulation d'intensité,** intensity modulation.

**interactif:** interactive*, conversational; **clavier interactif,** live keyboard; **compilateur interactif,** conversational compiler; **débogage interactif,** interactive debugging; **écran interactif au toucher,** touch-sensitive screen; **enseignement informatique interactif,** computer-managed instruction (CMI); **exercice pratique interactif,** interactive hands-on exercise; **langage d'interrogation interactif,** interactive query language (IQL); **mode clavier interactif,** live keyboard mode; **mode interactif,** interactive mode, conversational mode; **système interactif,** interactive system, conversational system; **traitement d'image interactif,** interactive image processing; **traitement de données interactif,** in-line data processing; **traitement interactif,** interactive processing.

**interaction:** interaction; **interaction en ligne,** on-line interaction.

**interactive:** adresse interactive, interactive address; **documentation interactive,** self-instructing user documentation; **infographie interactive,** interactive graphics; **optimisation interactive structurelle,** interactive structural optimization; **programmation interactive,** on-line programming; **vidéographie interactive,** teletext, videotex.

**interbloc:** interblock; **espace interbloc,** interblock gap, interblock space; **fin de l'espace interbloc,** end-of-record gap.

**interblocage:** block exclusive control.

**interbloqué:** interlocked.

**intercalage:** zone d'intercalage, action queue slot.

**intercalaire:** débordement intercalaire, imbedded overflow; **espace intercalaire,** embedded blank.

**intercalation:** intercalation de ligne, interlining.

**intercalculateur:** intercomputer; **unité de couplage intercalculateur,** intercomputer communication unit.

**intercalé:** appel intercalé, imbedded call; **blanc intercalé,** embedded blank.

**intercaler:** intersperse (to), interfile (to).

**intercanal:** interchannel; **distance intercanal,** channel spacing, channel separation.

**intercaractère:** intercharacter; **espace intercaractère,** intercharacter interval; **espacement intercaractère,** horizontal pitch, character pitch.

**intercepter:** intercept (to).

**interception:** intercept; **interception d'un appel,** call pickup; **mode d'interception,** trapping mode; **partition d'interception,** intercept data storage position; **système anti-interception,** anti-intercept system (AIS).

**interchange:** circuit de logique interchange, interchange circuit.

**interchangeable:** interchangeable; **bande interchangeable,** alternate tape; **connecteur interchangeable,** interchangeable connector; **disque interchangeable,** exchangeable disk; **mémoire morte interchangeable,** interchangeable rom; **programme interchangeable,** alternate program; **unité à bandes interchangeables,** alternate tape drive.

**interclassement:** interfusion, collating sequence; **bande de phase d'interclassement,** merge work tape; **code d'interclassement,** collate key; **cycle d'interclassement de fichiers,** file merge phase; **deux opérations d'interclassement,** two-way merge; **interclassement avec sélection,** match merge; **interclassement de bandes,** tape collate; **interclassement de fichiers,** file merge; **ordre d'interclassement,** sequence; **programme de tri et d'interclassement,** sort/collate program; **rangement par interclassement,** sequencing by merging; **tri par interclassement,** collating sort, sorting by insertion.

**interclasser:** collate (to), interfile (to), mix (to).

**interclasseuse:** interpolator, sorting machine; **interclasseuse alphabétique,** alphabetic collator.

**intercolonne:** écart intercolonne, column spacing.

**interconnectable:** interfaceable.

**interconnecter:** intercouple (to).

**interconnexion:** interconnection; **accessoire d'interconnexion,** attachment accessory; **câble d'interconnexion**, interconnect cable; **interconnexion de base**, basic interconnection; **interconnexion manuelle**, manual patching; **interconnexion matricielle**, array interconnection; **panneau d'interconnexions**, patch bay.

**interdépendance:** control relationship, interfix*.

**interdiction:** **anneau d'interdiction d'écriture**, write inhibit ring; **interdiction d'impression**, print inhibit; **interdiction d'écriture**, data write protection, write lockout; **interdiction de clavier**, keyboard locking; **interdiction des sorties compteur**, exit suppression; **interruption d'interdiction**, disabled interrupt; **signal d'interdiction**, inhibiting signal.

**interdire:** bar (to).

**interdit:** forbidden.

**interdite:** **combinaison interdite**, forbidden combination.

**interenregistrement:** interrecord.

**intérêt:** interest; **marge d'intérêt**, range of interest; **taux de l'intérêt**, rate of interest.

**interfaçage:** interfacing; **programme d'interfaçage**, interface routine.

**interface:** interface*, gateway; **adaptateur d'interface**, interface adapter; **carte d'interface**, interface card; **carte d'interface réseau**, network interface card; **concept des interfaces**, interface design; **conception d'interface de système**, system interface design; **contrôleur d'interface de périphérique**, peripheral interface adaptor (PIA); **interface Centronics**, Centronics interface; **interface RS-232**, RS-232 interface; **interface V.24**, V.24 interface; **interface aux normes américaines**, EIA interface; **interface avec protocole de transfert**, handshake interface; **interface d'horloge temps réel**, real-time clock interface; **interface d'imprimante série**, serial printer interface; **interface de bus**, bus interface; **interface de calculateur**, computer interface; **interface de canal**, channel interface; **interface de commande**, process interface system; **interface de communication**, communications interface; **interface de données**, data adapter (adaptor) unit; **interface de la couche physique**, physical layer interface; **interface de liaisons périphériques**, device level interface; **interface de mémoire**, memory interface; **interface de poste de télégestion**, data terminal interface; **interface de processus**, real-time interface; **interface de périphérique**, peripheral interface; **interface de synchronisation**, clock interface; **interface de terminal**, display control; **interface de transmission**, transmission interface; **interface de transmission de données**, data transmission interface; **interface du logiciel**, software interface; **interface homme-machine**, man-machine interface; **interface ligne**, line interface; **interface modem**, modem interface; **interface multimédia**, multimedia interface; **interface numérique série**, serial digital interface; **interface souris de bus**, bus mouse adapter; **interface souris parallèle**, parallel mouse adapter; **interface standard**, standard interface; **interface standard du système**, system standard interface; **interface série**, serial interface; **interface universelle**, general-purpose interface; **interface vidéo**, video interface; **interface vocal**, voice interface; **interface électrique**, electrical interface; **matériel d'interface**, interface equipment; **module d'interface**, interface module; **module interface opérateur système**, operator system interface; **registre d'interface**, interface register; **unité d'interface**, interface unit, communication interface base; **unité d'interface périphérique**, peripheral interface unit (PIU); **unité de contrôle d'interface**, interface control unit.

**interfacer:** interface (to).

**interférence:** interference, perturbance; **interférence du bit adjacent**, adjacent bit interaction; **interférence radio fréquence**, radio frequency interference (RFI); **interférence électromagnétique**, electromagnetic interference (EMI).

**interfichier:** interfile; **espace interfichier**, file gap.

**intérieur:** inner.

**interlacé:** **affichage non interlacé**, noninterlaced display; **mode non interlacé**, noninterlaced mode; **non interlacé**, noninterlaced.

**interlignage:** leading, line separation.

**interligne:** interline, line-to-line spacing; **caractère interligne**, line feed character; **commutateur de commande d'interlignes**, line space switch; **commutation d'interligne automatique**, automatic line spacing; **contrôle des interlignes**, space control; **double interligne**, double space; **enlever les interlignes**, unlead (to); **espace de trois interlignes**, triple space; **espacement interligne**, vertical pitch; **impression en double interligne**, dual carriage print; **impression en simple interligne**, single-space printing; **impression à double interligne**, double space printing; **interligne double**, dual carriage; **rochet de commande d'interligne**, line space ratchet; **sans interligne**, unleaded; **saut par interlignes**, line skipping; **simple interligne**, single space, single-line feed.

**interlinéation:** interlining.

**intermédiaire:** intermediate; **arrêt intermédiaire,** stop over; **code intermédiaire pseudo-codé,** intermediate code; **connecteur intermédiaire,** adapter plug; **contrôle intermédiaire,** intermediate checking; **contrôle à l'étage intermédiaire,** intermediate control; **cycle intermédiaire,** intercycle; **dispositif intermédiaire,** intermediate equipment; **distributeur intermédiaire,** intermediate distribution frame; **dépassement de capacité intermédiaire,** intermediate result overflow; **feuille intermédiaire,** interleaf; **information intermédiaire,** intermediate information; **langage intermédiaire,** intermediate language; **mémoire intermédiaire,** intermediate data storage; **noeud intermédiaire,** intermediate node; **produit intermédiaire,** intermediate product; **registre intermédiaire,** intermediate register, temporary register; **résultat intermédiaire,** intermediate result; **résultats intermédiaires,** intermediate data; **station intermédiaire,** way station; **valeur intermédiaire,** intermediate quantity; **zone intermédiaire,** holding area, hold area.

**intermittent:** intermittent; **incident intermittent,** intermittent trouble.

**intermittente:** **erreur intermittente,** intermittent error, intermittent fault; **exploitation intermittente,** intermittent operation; **panne intermittente,** intermittent failure, random failure.

**intermodulation:** intermodulation, cross-modulation; **bruit d'intermodulation,** intermodulation noise; **distorsion d'intermodulation,** intermodulation distortion; **produits d'intermodulation,** intermodulation products.

**intermot:** interword; **espace intermot,** interword gap.

**international:** international; **alphabet international,** international alphabet; **code international de télégraphie,** international telegraph code; **code télégraphique international,** teletype code; **langage algébrique international (IAL),** international algebraic language (IAL).

**internationale:** **transmission internationale des données,** international data transmission.

**interne:** internal; **bloc interne,** internal block; **boucle interne,** inner loop; **bus interne,** A-bus; **capacité de la mémoire interne,** internal memory capacity; **code interne,** internal code; **contrôle automatique interne,** machine internal check; **contrôle interne,** internal checking; **côté interne,** inner face; **dispersion interne,** internal dispersion; **débit interne des données,** internal flow; **fichier des transactions internes,** closed transaction file; **format interne,** internal format; **horloge interne,** internal timer; **horloge interne,** internal clock; **interruption interne,** internal interrupt; **logique interne,** internal logic; **macro-instruction interne,** inner macro instruction; **mode d'interruption interne,** internal interrupt mode; **mémoire interne,** internal memory, processor storage; **nom interne,** internal name; **opération interne,** internal operation; **processeur d'interruptions internes,** internal interrupt controller; **procédure interne,** internal procedure; **produit interne,** inner product; **programme interne du terminal intelligent,** multiwork station program; **programme machine interne,** internal machine program; **rapport interne,** internal ratio; **représentation interne,** internal representation; **résistance interne,** internal resistance; **sous-programme de test interne,** internal test routine; **table de code interne de périphériques,** device internal code table; **traitement interne des données,** internal data processing; **tri interne,** internal sort, key sort.

**interphone:** intercom*.

**interpiste:** **espace interpiste,** track pitch.

**interpolateur:** interpolator.

**interpolation:** interpolation; **interpolation linéaire,** linear interpolation.

**interprétateur:** interpreter*, interpretive program; **code interprétateur,** interpreter code.

**interprétatif:** interpretive; **code interprétatif,** interpretive code; **compilateur interprétatif,** interpretive compiler; **langage interprétatif,** interpretive language; **programme interprétatif,** interpretive routine.

**interprétation:** interpretation; **interprétation automatique de langage,** automatic language processing; **interprétation des données,** interpretation of data; **interprétation graphique,** graphical interpretation.

**interprétative:** **programmation interprétative,** interpretive programming.

**interprète:** interpreter, interpretive program; **caractère mal interprété,** skew character; **interprète de commandes,** command interpreter; **interprète de commandes système,** shell; **mémoire interprète,** scratch pad unit; **mode interprète,** immediate mode.

**interpréter:** interpret (to).

**interrogation:** query, inquiry, requesting, interrogation; **caractère d'interrogation,**

inquiry character (ENQ); **commande du clavier d'interrogation**, inquiry keyboard control; **commutateur d'interrogation**, inquiry key; **cycle d'interrogation**, polling cycle; **d'interrogation**, conceptual language; **dispositif d'interrogation**, interrogate feature; **dispositif d'interrogation à clavier**, keyboard inquiry device; **fichier d'interrogation**, demand file; **interrogation au clavier**, keyboard inquiry; **interrogation d'une base de données**, database query; **interrogation de console**, console inquiry; **interrogation de l'état**, status poll, status request; **interrogation de mémoire**, storage reference; **interrogation directe du fichier**, management data query; **interrogation du fichier maître**, master file inquiry; **interrogation ordinaire**, simple inquiry; **interrogation spécifique**, special request; **interrogation à distance**, remote inquiry; **intervalle d'attente en interrogation**, poll stall interval; **langage d'interrogation interactif**, interactive query language (IQL); **message d'interrogation**, polling message; **mode d'interrogation**, inquiry mode, polling mode, poll-select mode; **méthode d'interrogation**, polling method; **point d'interrogation**, question mark '?'; **poste d'interrogation**, inquiry station, query station; **poste d'interrogation à distance**, remote inquiry station; **poste d'interrogation à mémoire tampon**, buffered inquiry station; **poussoir d'interrogation console**, console interrupt pushbutton; **registre d'interrogation**, interrogation register, test register; **signal d'interrogation**, request signal; **système d'interrogation**, interrogation system; **système d'interrogation/réponse**, inquiry system; **terminal d'interrogation**, inquiry display terminal; **terminal unité d'interrogation**, inquiry unit; **touche d'interrogation**, request key, request button; **traducteur de langage d'interrogation**, query language translator.

**interroger:** enquiry (to), inquire (to), poll (to).

**interrompre:** break (to), interrupt (to), halt (to), stop (to).

**interrupteur:** breaker, switch interlock; **condition d'état de l'interrupteur**, switch status condition; **interrupteur d'amorçage**, bootstrap initialization switch; **interrupteur d'arrêt**, breakpoint switch; **interrupteur d'effacement**, eraser switch; **interrupteur de protection de la mémoire**, memory protect switch; **interrupteur de réseau**, power lock; **interrupteur de sécurité**, safety switch; **interrupteur général**, main line switch; **interrupteur horaire**, time limit switch; **interrupteur limiteur**, limit switch; **interrupteur machine**, hardware switch; **interrupteur marche**, start bar; **interrupteur permanent**, permanent switch; **interrupteur principal**, main switch, master switch; **interrupteur sélecteur d'adresse**, storage address dial switch.

**interruptible:** interruptable; **bloc interruptible**, interrupt block.

**interruption:** interrupt*, break, interruption, interlock; **analyse des interruptions**, interrupt decoding; **armement d'interruption**, interrupt setting; **autorisation d'interruption**, interrupt enabling; **bouton d'interruption**, interrupt button; **caractère d'interruption**, break character; **clé d'interruption**, interrupt button; **commandé par interruption**, interrupt-controlled, interrupt-driven; **condition d'interruption**, interrupt condition, trap condition; **demande conditionnelle interruption de programme**, conditional program interrupt request; **demande d'interruption**, interrupt request; **dispositif d'interruption**, interrupt system; **drapeau d'interruption**, interrupt flag; **décodeur d'interruption**, interrupt decoder; **désarmement d'interruption**, interrupt disabling; **détecteur d'interruption**, interrupt trap; **empilage des interruptions**, interrupt stacking; **fin d'interruption**, termination interrupt; **indicateur d'interruption**, interrupt indicator; **indicateur d'interruption d'entrée/sortie**, input/output interrupt indicator; **interruption anormale**, abnormal ending; **interruption automatique**, automatic interrupt; **interruption automatique de programme**, automatic program interrupt; **interruption d'alerte**, attention interrupt; **interruption d'entrée/sortie**, input/output interrupt; **interruption d'erreur**, error interrupt; **interruption d'interdiction**, disabled interrupt; **interruption de contrôle**, control interrupt function; **interruption de groupe**, group control interruption; **interruption de la réception**, receive interruption; **interruption de la synchronisation**, timer interrupt; **interruption de la transmission**, transmission interrupt, transmit interrupt; **interruption de processus**, process suspension; **interruption de programme inconditionnelle**, unconditional program interrupt; **interruption de périphérique**, peripheral interrupt; **interruption de supervision**, supervisor interrupt; **interruption de supervision**, master control interrupt; **interruption de synchronisation**, clock interrupt; **interruption du contrôle mineur**, minor control break; **interruption du système**, system interrupt; **interruption en cours**, pending interruption; **interruption extérieure,** external interrupt; **interruption hiérarchisée,** hierarchized interrupt; **interruption interne,** internal interrupt; **interruption manuelle,** manual interrupt; **interruption matérielle,** hardware interrupt; **interruption multiniveau,** multilevel interrupt; **interruption normale,** standard interrupt; **interruption par commande manuelle,** manual request; **interruption par périphérique,** device interrupt; **interruption pendant la phase terminale,** termination interrupt pending; **interruption primaire,** basic interrupt; **interruption principale,** master interrupt; **interruption prioritaire,** priority interrupt; **interruption programmée,** programmed control interrupt; **interruption sur événement,** event interrupt; **interruption vectorisée,** vectored interrupt; **interruption vectorisée prioritaire,** vector priority interrupt; **interruption à zéro,** zero count interrupt; **interruptions ordonnées par priorité,** priority ordered interrupts; **journal des interruptions,** interrupt logging; **masque d'interruption,** interrupt mask; **mode d'interruption,** interrupt mode; **mode d'interruption de périphérique,** peripheral interrupt mode; **mode d'interruption interne,** internal interrupt mode; **mécanisme d'interruption,** interrupt feature; **niveau d'interruption,** interrupt level; **nom d'interruption,** halt name; **point d'interruption extérieur,** external interrupt point; **positionnement de masques d'interruption,** interrupt masking; **poste d'interruption console,** console inquiry station; **poussoir d'interruption,** interrupt key; **processeur d'interruptions internes,** internal interrupt controller; **programme d'interruption,** interrupt routine; **routine d'interruption,** interrupt routine, interrupt handler; **signal d'interruption,** interrupt signal, breakdown signal; **signal d'interruption de canal,** channel interrupt signal; **signal d'interruption de processus,** process interrupt signal; **signal de demande d'interruption,** break request signal (BRS); **symbole d'interruption,** breakpoint symbol; **table des adresses d'interruption,** interrupt address table; **table des priorités d'interruptions,** interrupt priority table; **taux d'interruption,** interruption rate; **temps d'interruption,** interlock time; **touche d'interruption,** break key; **traitement d'interruption,** interrupt processing, interrupt handling; **traitement de l'interruption,** interrupt process; **zone de nom d'interruption,** halt name filed.

**intersection:** conjunction, meet; **intersection logique,** intersection, logical product, AND; **point d'intersection,** intercept point, break point, intersection point.

**intersystème:** intersystem.

**intertâche:** intertask.

**intertrame:** interframe.

**interurbain:** intercity; **appel interurbain,** toll call; **réseau interurbain,** toll circuit.

**interurbaine:** **ligne interurbaine,** gateway trunk circuit.

**intervalle:** interval, gap, blank space, confidence interval; **classe d'intervalles,** interval class; **intervalle d'attente en interrogation,** poll stall interval; **intervalle d'impression,** printer interval; **intervalle d'écriture,** recording gap; **intervalle de bloc,** block head; **intervalle de contrôle,** control interval; **intervalle de fréquence,** frequency spacing; **intervalle de maintenance,** maintenance interval; **intervalle de phase,** delay time interval; **intervalle entre appel,** polling interval; **intervalle entre deux opérations d'entretien,** maintenance rate; **intervalle entre deux rafraîchissements,** refresh interval; **intervalle minimal,** minimum interval; **intervalle significatif,** significant interval; **intervalle sur bande,** tape gap; **intervalles emboîtés,** nested intervals; **limites d'intervalle,** interval limits; **sélecteur d'intervalle,** interval selector; **temps d'intervalle,** cross gap time.

**intervention:** intervention; **appel pour intervention,** service call; **code d'intervention,** action code; **intervention de l'opérateur,** operator intervention; **ligne d'intervention,** action line; **message d'intervention,** action message; **requête d'intervention,** service request; **touche d'intervention,** attention key.

**intervoie:** **écart intervoie,** channel spacing, channel separation.

**intitulé:** **intitulé de structure de données,** data set label.

**intraduisible:** untranslatable.

**intranodal:** intranodal.

**intransférable:** untransferable.

**intrégration:** **intrégration moyenne,** medium scale integration.

**intrinsèque:** built-in, predifined; **fonction intrinsèque,** built-in function.

**introduction:** introduction; **appendice d'introduction,** input enclosure; **bande maître d'introduction,** input master tape; **canal d'introduction,** input channel; **code d'introduction,** input code; **commutateur pour introduction binaire manuelle,** manual binary input; **console d'introduction,** input control; **console d'introduction de données,** input console; **contrôle d'introduction,** input edit level; **convertisseur de code d'introduction,**

input code converter; **erreur d'introduction, input error; fente d'introduction de jeton, badge slot; indicateur d'introduction manuelle,** operator action indicator; **instruction d'introduction,** enter statement; **instruction d'introduction par console,** read type instruction; **introduction alphanumérique,** alphanumeric input; **introduction au clavier,** keyboard input; **introduction automatique des données,** automatic data input; **introduction de bande,** tape input; **introduction de cartes,** card input; **introduction de cartes perforées,** punched card input; **introduction des travaux,** job introduction; **introduction des travaux par lots,** batched job entry; **introduction directe sans écriture,** direct entry; **introduction du papier,** paper insert; **introduction en continu,** continuous input; **introduction manuelle,** manual entry; **introduction manuelle des données,** manual data input; **introduction par bande magnétique,** magnetic tape input; **introduction par clavier,** manual keyboard entry; **introduction par console,** console input, manual entry; **introduction par lots à distance,** remote batch entry (RBE); **limite d'introduction,** input limit; **méthode d'introduction,** input method; **nom de complément d'introduction,** input enclosure name; **opération d'introduction,** input operation; **phase d'introduction,** input phase; **poste d'introduction,** input terminal; **processus d'introduction,** input process; **procédure d'introduction,** input procedure; **programme d'introduction,** input program, input reader; **routine d'introduction,** input routine; **stade d'introduction,** input stage; **système d'introduction de données,** data entry system; **tampon d'introduction de cartes,** card input buffer; **temps d'introduction,** input time; **unité d'introduction de données,** data entry equipment; **unité d'introduction de données numériques,** digital input device; **unité d'introduction de paramètres,** parameter input device; **unité d'introduction des données,** data input unit; **valeur d'introduction,** input value; **variable d'introduction,** input variable; **vitesse d'introduction,** input speed, input rate; **zone d'introduction,** key entry area.

**introduire:** input (to), bring in (to), swap in (to); **introduire dans une file d'attente,** queue (to); **introduire en mémoire,** usher (to), move into (to); **introduire manuellement,** key (to); **introduire par lecture,** read into (to).

**inutilisé:** unused; **espace inutilisé,** dead space; **temps inutilisé,** unused time.

**inutilisée: ligne inutilisée,** blank line; **mémoire inutilisée,** slack storage; **plaque inutilisée,** blank panel; **voie inutilisée,** unused track.

**invalide:** invalid; **caractère invalide,** invalid character; **données invalides,** unfitted data, garbage; **invalide instruction,** illegal instruction; **trame invalide,** invalid frame.

**invalider:** invalidate (to).

**invariable: insertion invariable,** fixed insertion.

**inventaire:** inventory, physical inventory; **fiche d'inventaire de stock,** stock card; **inventaire de fichiers,** file inventory; **inventaire permanent,** permanent inventory, continuous inventory.

**inverse:** inverse, reversal, reverse, adverse; **arbre inverse,** inverted tree; **balayage inverse,** reverse scan; **barre oblique inverse,** backslash \, reverse slash, reverse slant; **compteur inverse,** bidirectional counter; **courant de fuite inverse,** reverse leakage; **courant inverse,** backward current, reverse current; **diode inverse,** backward diode; **direction inverse,** reverse direction; **effet inverse,** adverse effect; **fichier inversé,** inverted file; **fond inversé,** inverted background; **inversé,** inverted; **lecture inverse,** reverse reading, reverse read; **logarithme inverse,** inverse logarithm; **pile inverse,** LIFO list; **pile à accès inversé,** pushdown stack, pushdown list; **polarisation inverse,** reverse bias; **recherche inverse,** backtracking; **résistance inverse,** backward resistance, back resistance; **sens inverse des aiguilles d'horloge,** counterclockwise (CCW); **signal inverse,** backward signal; **signe inverse,** opposite sign; **trace inverse,** trace-back; **transfert inverse,** back transfer; **vidéo inverse,** reverse video, inverse video; **vidéo inverse,** reverse video; **équipement de transfert inverse,** back transfer equipment.

**inversée: file d'attente inversée,** pushdown queue; **fonction inversée,** inverse function; **liste inversée,** LIFO list, pushdown list; **notation polonaise inversée,** reverse Polish notation, suffix notation; **pile inversée,** pushdown storage; **polonaise inversée,** postfix notation.

**inverseur:** inverter*, alteration switch, negation element; **amplificateur inverseur,** inverse amplifier; **circuit inverseur,** inverse gate; **circuit inverseur de phase,** phase inverter circuit; **inverseur de blocage,** blocking inverter; **inverseur de phase,** phase inverter; **inverseur de signe,** sign changer, sign reverser; **inverseur test,** test button.

**inversion:** inversion, reversion; **amplificateur d'inversion de phase,** phase inverting amplifier; **arbre d'inversion,** card reversing shaft; **code à inversion de marque alternée,** alterned mark inversion code (AMI); **inversion de la magnétisation,** return to bias (RB); **inversion de matrice,** matrix inversion; **inversion de phase,** phase reversal; **inversion de ruban encreur,** ribbon reverse; **inversion des lettres/chiffres automatique,** automatic upshift; **inversion lettres-chiffres,** letters shift (LTRS); **inversion logique,** logical NOT, negation, Boolean complementation; **inversion majuscules/minuscules,** case shift; **inversions de flux par pouce,** flux reversals per inch (FRPI); **levier d'inversion du ruban encreur,** ribbon reversing arm; **modulation par inversion de phase,** phase inversion modulation; **méthode d'enregistrement par inversion,** return-to-bias method; **temps d'inversion,** reverse time; **touche d'inversion majuscules/minuscules,** case shift key.

**investissement:** investment; **investissement temporaire,** temporary investment.

**invitation:** invitation; **file d'invitations,** invitation list; **invitation à recevoir,** selection; **invitation à transmettre,** invitation to send (ITS), polling; **invitation à émettre de proche en proche,** hub go-ahead polling; **liste d'invitations à transmettre,** polling list; **tonalité d'invitation à transmettre,** go-ahead tone.

**invite:** prompter, prompt; **invite DOS,** DOS prompt; **tonalité d'invite à composer,** dial tone.

**involontaire:** **retransmission involontaire,** accidental disclosure.

**ion:** ion; **piège à ions,** ion trap.

**ionique:** faisceau ionique, ion beam; **tache ionique,** ion spot.

**irrationnel:** irrational; **nombre irrationnel,** irrational number.

**irrationnelle:** fraction irrationnelle, irrational fraction.

**irrécupérable:** irretrievable, nonrecoverable; **erreur de matériel irrécupérable,** uncoverable device error; **erreur irrécupérable,** unrecoverable error.

**irrégulier:** (d'aspect) irrégulier, jaggy.

**irrégulière:** **convergence irrégulière,** nonuniform convergence; **marge irrégulière,** ragged margin.

**irréversible:** **arrêt irréversible,** deadlock.

**ISO:** **caractère ISO,** ISO character; **code ISO à 7 moments,** ISO-7-bit code; **couche d'application (ISO),** application layer; **couche de liaison de données (ISO),** data link layer; **couche de présentation (ISO),** presentation layer; **couche de réseau (ISO),** network layer; **couche de session (ISO),** session layer; **couche de transport (ISO),** transport layer; **couche physique (ISO),** physical layer.

**isochrone:** isochronous; **distorsion isochrone,** isochronous distortion; **transmission isochrone,** isochronous transmission.

**isolant:** dielectric, insulating, nonconductor; **revêtement isolant,** resist-etchant.

**isolation:** insulation, isolation; **isolation par groupe,** grouping isolation; **isolation phonique,** sound isolation; **résistance d'isolation,** insulation resistance.

**isolé:** isolated; **amplificateur isolé,** isolated amplifier; **amplificateur non isolé,** nonisolated amplifier; **mode de traitement isolé,** dedicated mode; **non isolé,** nonisolated.

**isoler:** isolate (to), extract (to), lag (to).

**italique:** italic; **caractère italique,** italics type; **caractère italique,** italic typeface; **fonte en italiques,** italics font; **italiques,** italics.

**itératif:** iterative*; **facteur itératif,** iterative factor; **fonctionnement itératif,** autosequential operation; **mode itératif,** automatic sequential mode; **nombre itératif,** repeat count; **procédé itératif,** iterative process; **programme itératif,** repeat program; **réseau itératif,** ladder network.

**itération:** iteration, cycling; **boucle d'itération,** iteration loop; **critère d'itération,** cycle criterion; **facteur d'itération,** iteration factor; **fichier à itération fixe,** fixed-logic file; **index d'itération,** iteration index; **indication d'itération,** repeat specification; **itération de programme,** program repeat; **ordinateur analogique d'itération,** repetitive analog computer; **routine d'itération,** iterative routine; **temps d'itération supplémentaire,** added cycle delay.

**itérative:** **addition itérative,** iterative addition; **boucle itérative,** iterative loop; **commutation itérative,** tandem switching; **impédance itérative,** iterative impedance; **instruction itérative,** iterative command; **opération itérative,** iterative operation.

**itérer:** iterate (to), loop through (to).

**Iverson:** Iverson; **notation Iverson,** Iverson notation.

# J

**jack:** jack combiné, bus hub; jack d'essai, test jack; jack d'impulsion, emitter hub; **jack de rupture,** break jack.

**jalon:** flag, sentinal, indicator.

**jambage:** stroke; jambage de caractère, character stroke; jambage inférieur de caractère, descender; jambage supérieur de caractère, ascender, riser.

**jargon:** jargon informatique, compuspeak.

**jaune:** yellow.

**jet:** imprimante à jet d'encre, ink jet printer; traceur à jet d'encre, ink jet plotter.

**jeter:** throw (to).

**jeton:** token; concept de bus à jeton, token bus approach; concept du bus annulaire à jeton, token ring approach; fente d'introduction de jeton, badge slot; jeton plastique d'identification, plastic identification badge; protocole d'anneau à jeton, token-passing ring protocol; réseau avec bus annulaire à jeton, token-passing ring network; réseau avec bus à jeton, token-passing bus network; séquence de bus à jeton, token-passing sequence.

**jeu:** game, gaming, play, bag, bulk, set, backlash; attribution de jeu, float allocation; changement de jeu de caractères, face change; jeu axial, end play; jeu d'adresses, address set; jeu d'entreprise, business game; jeu d'essai, test deck; jeu d'instructions, instruction set; jeu d'instructions arithmétiques, scientific instruction option; jeu d'instructions de base, basic instruction set; jeu d'instructions de la machine, system code; jeu d'instructions du calculateur, computer instruction set; jeu d'instructions supplémentaire, optional instruction package; jeu de caractères, character set, character set, type set; jeu de caractères ANSI, ANSI character set; jeu de caractères COBOL, COBOL character set; jeu de caractères alphanumériques, alphanumeric character set; jeu de caractères codés, coded character set; jeu de caractères de code, code character set; jeu de caractères liés au langage, language character set; jeu de caractères magnétiques, magnetic ink font; jeu de caractères secondaires, alternate character set; jeu de caractères semi-graphiques, line drawing set; jeu de caractères élargis, expanded character set; jeu de cartes, card pack, card deck, deck, pack, pack of cards; jeu de cartes d'assembleur, assembler deck; jeu de cartes d'entrée, input deck; jeu de cartes de corrections, patch deck; jeu de cartes directrices, director deck; jeu de cartes maîtresses, master deck; jeu de cartes paramètres, parameter card set, control card set; jeu de cartes programme, program deck; jeu de cartes résultats, output deck; jeu de codes, code set; jeu de feuillets magnétiques, magnetic card assembly; jeu de paramètres de comparaison, comparison parameter set; jeu de tableaux, tabular composition; jeu en bout, end shake; jeu informatisé, computerized game; jeu latéral, lateral play; jeu partiel de caractères, character subset; jeu vidéo de salle, video arcade game; logiciel de jeu, game software, gameware; manette de jeu, game paddle; marque de jeu de cartes, deck marker; programme de jeu, funware; spécialisé pour le jeu, game-oriented.

**jeux:** progiciel de jeux d'entreprise, gaming package; théorie des jeux, game theory.

**joint:** seal.

**joker:** jokey; (caractère) joker, wildcard.

**jonction:** junction, interface, trunk; boîtier de jonctions, terminal box; chiffrement de jonction, multiplex link encryption; circuit de jonction, interface trunk; commutateur de jonction, trunk switch; câble de jonction, interface cable; diode à jonction, junction diode; jonction PN, PN boundary; jonction collecteur, collector junction; jonction de coupleur, coupler link; jonction permanente, through connection; mode de jonction, append mode; point de jonction machine, hardware interface; température de jonction, junction temperature; transistor à jonctions, junction transistor.

**joueur:** player.

**jour:** day; bande des mises à jour, updating tape; canal de mise à jour, maintenance channel; carte de mise à jour, update card; données à jour, maintained data; enregistrement de mise à jour, modification record; génération des mises à jour, update generation; instruction de mise à jour de table, table update command; lecture et mise à jour, read while writing; mettre à jour, update (to), maintain (to); mis à jour, updated;

**mise à jour,** updating, revision, release; **mise à jour d'articles,** record updating; **mise à jour de fichier,** file updating; **mise à jour de la bande système,** system tape update; **mise à jour de la bibliothèque chargeur,** load library update; **mise à jour de la bibliothèque des travaux,** job library update; **mise à jour de la macrobibliothèque,** macrolibrary update; **mise à jour du programme source,** source unit handler; **mise à jour dynamique,** dynamic system update; **mise à jour par modification,** update-in-place mode, up-in-place mode; **niveau de mise à jour,** release level; **opération de mise à jour,** updating operation, update operation; **passage de mise à jour,** maintenance run; **passe de mise à jour,** updating run; **programme de mise à jour,** updating program, update program; **routine de mise à jour,** updating routine, modification program; **routine de mise à jour de fichiers-bibliothèque,** library file update routine; **service de mise à jour,** updating service; **sous-programme de mise à jour,** update routine; **version mise à jour,** update.

**journal:** log, logging, console listing; **bande journal,** ledger tape; **fichier du journal système,** system log file; **journal d'exploitation,** logging book; **journal de bord,** console log, journal; **journal de bord des incidents,** error log; **journal de comptabilisation des travaux,** job accounting report, job account log; **journal de la machine,** machine log; **journal de saisie des erreurs,** error log sheet; **journal de vérification,** audit log; **journal des diagnostics,** diagnostic log; **journal des erreurs,** error logging; **journal des essais,** test log; **journal des interruptions,** interrupt logging; **journal des pannes,** failure logging; **journal des paramètres,** parameter logging; **journal des transactions,** transaction journal, collector journal; **journal machine,** computer printout.

**journalière:** moyenne **journalière,** average per day.

**JOVIAL:** JOVIAL* language.

**jumelé: système jumelé,** twin system.

**jumelée: opération jumelée,** dual operation.

**justaposition: justaposition de points,** dithering.

**justification:** justification; **justification automatique,** automatic justification, automatic flush; **justification de rendement,** efficiency statement; **justification à droite,** right justification, right justify; **justification à gauche,** left justification, left justify; **sous-programme de justification,** map routine.

**justifié:** justified, flushed; **justifié à droite,** right-justified, right-hand justified, flushed right; **justifié à gauche,** left-justified, left-hand justified, flushed left.

**justifiée: marge justifiée,** justified margin.

**justifier:** justify (to), account for (to); **justifier à droite,** right justify (to); **justifier à gauche,** left justify (to).

# K

**Karnaugh:** Karnaugh*; **table de Karnaugh,** Karnaugh map.

**Katakana:** Katakana*; **code Katakana,** Kat code; **katakana,** Katakana, Kat alphabet.

**kilo:** kilo; **1024 Kilo-octets,** megabyte (Mb); **kilo d'opérations par seconde (KOPS),** kilo operations per second (KOPS); **kilo-Ohm,** kohm; **kilo-octet,** kilobyte (KB).

**kilobaud:** kilobaud (KB).

**kilobit:** kilobit (Kb).

**kilocycle:** kilocycle (Kc).

**kit:** kit; **kit d'adaptation,** adapter kit; **kit de conversion,** conversion kit; **kit de programmes de développement,** development tool kit.

**kohm:** kohm.

**kops: kilo d'opérations par seconde,** kilo operations per second (KOPS).

**label:** label*; code de vérification de label disque, disk label check code; **contrôle de label début,** header label check; **contrôle du label de bande,** header check; **création de label,** label generation; **fichier sans label,** unlabelled file; **identificateur de label,** label identifier; **label additionnel,** additional label; **label d'en-tête,** header label; **label d'en-tête d'entrée,** input header label; **label d'en-tête de bande,** tape header label; **label d'en-tête de bande sortie,** output tape header label; **label d'en-tête de sortie,** output header label; **label d'en-tête de volume,** volume header label; **label d'en-tête fictif,** dummy header label; **label d'en-tête standard,** standard header label; **label d'en-tête utilisateur,** user header label; **label d'identification utilisateur,** user volume label; **label de bande normalisé,** standard tape label; **label de début de bande,** beginning-of-tape label; **label de fin de bande,** end-of-volume label; **label de fin utilisateur,** user trailer label; **label de sortie,** output label; **label de texte,** text label; **label de volume,** volume label; **label fictif,** dummy label, dummy header; **label fin,** end label; **label fin de bande,** tape trailer label; **label fin de bobine,** ending reel label; **label fin de définition macro,** macro-definition trailer; **label fin de fichier,** file ending label, file trailer label; **label fin de volume,** volume trailer label; **numéro du label de fichier,** file label number; **piste de label de volume,** volume label track; **traitement de labels,** label processing; **type de label de fichier,** file option.

**laboratoire:** exemplaire de laboratoire, research model; échantillon de laboratoire, developmental equipment.

**lacet:** en lacet, wrap-around.

**lâche:** couplage lâche, undercoupling.

**laisser:** laisser en blanc, leave blank (to).

**lame:** blade, finger; **connecteur à lames,** knife connector.

**lamelle:** connecteur à lamelles, blade connector, clip contact connector; **lamelle de contact,** prong.

**laminaire:** laminar.

**laminée:** plaque laminée cuivrée, copper clad laminate.

**lampe:** lamp; **lampe de contrôle,** check lamp; **lampe de témoin,** signal lamp; **lampe fluorescente,** fluorescent lamp; **lampe miniature,** midget lamp; **lampe témoin,** pilot light, display light; **lampe témoin du déroulement,** proceed light; **support de lampe,** lamp holder.

**lancement:** bootstrapping, bootstrap, startup, starting; **adresse de lancement,** entry address; **carte de lancement,** bootstrap card; **chargement-lancement,** load-and-go; **chargeur à lancement par touche,** key-in loader; **code de lancement de transmission,** transmitter start code; **distance de lancement,** start distance; **instruction de lancement,** release statement; **lancement d'un message,** message initiation; **lancement de chariot,** carriage release; **lancement de l'étape de travail,** job step initiation; **lancement de programme,** program start; **lancement de système,** booting, boot up; **lancement de tâche,** task initiation; **lancement des travaux,** job initiation; **lancement du programme suiveur,** successor program initiation; **lancement à froid,** cold start; **nom de lancement,** entry name; **paramètre de lancement,** release parameter; **poussoir de lancement auxiliaire,** auxiliary start key; **procédure de lancement,** initiating procedure; **programme de lancement,** acceleration program; **programme à lancement automatique,** self-triggered program; **période de lancement,** break-in period; **routine de lancement,** start routine; **symbole de lancement,** entry symbol; **système de lancement,** entry system; **séquence de lancement,** starting séquence; **zone du mode de lancement,** start mode field.

**lancer:** bootstrap (to), boot (to), prime (to).

**langage:** language*; **analyse mathématique de langage,** mathematical language analysis; **carte en langage symbolique,** source card; **codage en langage machine,** machine coding; **code en langage machine,** machine language code; **compilateur de langage,** language compiler; **extension de langage,** language extension; **instruction de langage,** language statement; **interprétation automatique de langage,** automatic language processing; **jeu de caractères liés au langage,** language character set; **langage C,** C-language; **langage adapté aux calculateurs,** computer-oriented language (COL);

**langage adapté à l'utilisateur,** user-oriented language; **langage adapté à la machine,** machine-oriented language; **langage algorithmique (ALGOL),** algorithmic language (ALGOL); **langage algébrique,** algebraic language; **langage algébrique international (IAL),** international algebraic language (IAL); **langage artificiel,** artificial language, synthetic language; **langage assembleur,** assembly language; **langage chaîné,** threaded language; **langage cible,** target language; **langage codé,** code language; **langage commun,** common language; **langage conceptuel,** conceptual language; **langage d'analyse,** design language; **langage d'application commerciale,** commercial language; **langage d'assemblage,** assembler language; **langage d'assemblage de base,** basic assembly language (BAL); **langage d'assemblage spécifique,** native assembler language; **langage d'assembleur,** assembler language; **langage d'enseignement,** author language; **langage d'extraction de données,** structured Query Language (SQL); **langage d'interrogation interactif,** interactive query language (IQL); **langage d'usage général,** general-purpose language; **langage dans son contexte,** context-sensitive language; **langage de bas niveau,** low-level language (LLL), autocode; **langage de base,** basic language; **langage de commande,** control language, command language; **langage de commande de l'opérateur,** operator control language; **langage de commande de pupitre,** console command language; **langage de commande des travaux,** operation control language; **langage de conception,** system design language; **langage de contrôle,** command language; **langage de description de données,** data description language (DDL); **langage de dialogue,** conversational language; **langage de gestion,** business-oriented language; **langage de génération d'un système,** system generation language; **langage de haut niveau,** high-level language; **langage de l'utilisateur final,** end user language; **langage de machine commun,** common machine language; **langage de manipulation de données,** data manipulation language (DML); **langage de problématique,** problem-oriented language; **langage de procédures,** procedural language; **langage de programmation,** programming language; **langage de programmation PL/1,** programming language 1 (PL/1); **langage de programmation automatique,** automatic programming (coding) language; **langage de programmation symbolique,** symbolic programming language; **langage de réception,** receptor language; **langage de référence,** reference language; **langage de simulation,** simulation language; **langage de spécification,** specification language; **langage de supervision,** job control language (JCL); **langage de système d'exploitation,** operating language, system control language; **langage de traitement,** processing language; **langage de traitement de liste,** list processing language; **langage de très haut niveau,** very high-level language (VHLL); **langage du calculateur,** computer-dependent language; **langage du programme,** program language; **langage dépendant de la machine,** machine-dependent language; **langage extérieur,** external language; **langage fonctionnel,** applicative language; **langage formel,** formal language; **langage graphique,** graphical language; **langage hors du contexte,** context-free language; **langage indépendant de la machine,** machine-independent language; **langage indépendant du calculateur,** computer-independent language; **langage informatique,** computer language; **langage intermédiaire,** intermediate language; **langage interprétatif,** interpretive language; **langage machine,** machine language, absolute language; **langage machine universel,** universal machine language; **langage mnémonique,** mnemonic language; **langage musical,** musical language; **langage naturel,** natural language; **langage non stratifié,** unstratified language; **langage objet,** object language, target language; **langage original,** native language, original language; **langage pour table de décision,** tabular language; **langage procédural,** procedure-oriented language; **langage propre au calculateur,** computer-sensitive language; **langage scientifique,** scientific language; **langage source,** source language; **langage spécialisé algébrique,** algebraic-oriented language; **langage spécialisé d'applications,** application-oriented language; **langage spécialisé travaux,** job-oriented language; **langage stratifié,** stratified language; **langage symbolique,** symbolic language, source image; **langage de temps réel,** real-time language (RTL); **langage utile,** effective language; **langage évolué,** advanced language, high-order language (HOL); **langage à structure de bloc,** block-structured language; **machine à langage de base,** basic language machine (BLM); **niveau de langage,** language level; **nom de langage,** language name; **paquet de cartes en langage source,** source pack;

**processeur de langage,** language processor; **programmation en langage machine,** object language programming; **programme en langage machine,** object program; **programme sur cartes en langage machine,** assembler card deck; **préprocesseur de langage,** language preprocessor; **pseudolangage,** pseudolanguage, quasi-language; **reconnaissance de langages et de symboles,** speech and pattern recognition; **syntaxe d'un langage,** coding system; **traducteur de langage d'interrogation,** query language translator; **traducteur de langages,** language translator; **traduction automatique de langage,** automatic language translation.

**langue:** **cours de langue,** language teaching.

**languette:** tab, lug; **languette de saut,** card lifter; **languette de verrouillage,** latch trip.

**large:** **bande large,** broadband; **canal à large bande,** broadband channel, wideband channel; **circuit à large bande,** wideband circuit; **filtre coupleur à bande large,** broadband coupling filter; **large bande,** wideband; **liaison en bande large,** wideband line; **ligne à bande large,** broadband line.

**largeur:** width; **largeur d'entrefer,** gap width; **largeur d'impression,** typing width; **largeur d'impulsion,** pulse width; **largeur d'un segment,** stroke width; **largeur d'écran,** screen width; **largeur de bande,** bandwidth, band size; **largeur de bande magnétique,** magnetic tape width; **largeur de bande nominale,** nominal bandwidth; **largeur de bande occupée,** occupied bandwidth; **largeur de bande vidéo,** video bandwidth; **largeur de base,** base width; **largeur de bus,** highway width; **largeur de canal,** channel width; **largeur de caractère,** character length; **largeur de colonne,** column width; **largeur de la région de base,** base region thickness; **largeur de piste,** track width; **largeur de trait,** line width; **largeur papier,** web width; **modulation en largeur d'impulsion,** pulse width modulation.

**laser:** laser; **enregistrement par faisceau laser,** laser beam recording (LBR); **imprimante à laser,** laser printer; **mémoire à laser,** laser memory, laser storage; **traceur à laser,** laser plotter; **écran à laser,** laser screen, laser display.

**latence:** latency, waiting time, dormancy; **temps de latence,** latency time.

**latent:** dormant; **état latent,** wait state.

**latente:** **tâche latente,** latent job.

**latéral:** lateral; **carter latéral,** end cover;

**contrôle latéral,** lateral check; **jeu latéral,** lateral play.

**latérale:** **bande latérale,** sideband; **fréquence latérale,** side frequency; **ligne latérale,** side line; **transmission en bande latérale unique,** single-sideband transmission; **zone latérale,** lateral area.

**lecteur:** reader, viewer; **contrôleur de lecteurs de bandes perforées,** paper tape reader control; **crayon lecteur,** wand scanner; **crayon lecteur de code à barres,** bar code pen; **icône de lecteur de disque,** disk drive icon; **lecteur alphanumérique,** alphanumeric reader; **lecteur analyseur,** scanner-reader; **lecteur automatique de comptes magnétiques,** magnetic ledger card sorting machine; **lecteur d'étiquettes,** tag reader; **lecteur de badge,** badge reader; **lecteur de bande,** tape reader; **lecteur de bande magnétique,** magnetic tape reader; **lecteur de bande perforée,** paper tape reader, perforated tape reader; **lecteur de bande rapide,** high-speed tape reader; **lecteur de caractère,** character reader; **lecteur de caractères automatique,** automatic character reader; **lecteur de caractères magnétique,** magnetic character reader; **lecteur de cartes,** card reader; **lecteur de cartes d'identification,** ID card reader; **lecteur de cartes rapide,** high-speed card reader; **lecteur de cassette,** cartridge reader, cassette reader; **lecteur de code à barres,** bar code reader; **lecteur de courbes,** curve follower, stroke device; **lecteur de courbes automatique,** automatic curve follower; **lecteur de documents par vidéographie,** videoscan document reader; **lecteur de documents rapide,** high-speed document reader; **lecteur de feuillets magnétiques,** magnetic card reader; **lecteur de film,** film reader; **lecteur de graphe,** graph reader; **lecteur de marque optique,** optical mark reader; **lecteur de marques,** mark reader; **lecteur de microfiche,** fiche reader; **lecteur de microfilm,** microfilm reader; **lecteur de page,** page reader; **lecteur multipolice,** multiple font reader; **lecteur optique,** optical reader; **lecteur optique alphanumérique,** alphanumeric optical reader; **lecteur optique de caractères,** optical character reader; **lecteur optique de code à bâtonnets,** optical bar code reader; **lecteur optique de documents,** optical document reader; **lecteur optique de marques,** optical mark page reader; **lecteur optique de pages,** optical page reader; **lecteur photoélectrique,** photoelectric reader; **lecteur photoélectrique de bandes perforées,** photoelectric tape reader; **lecteur rapide,** high-speed reader; **lecteur-perforateur de bande,** paper tape reader punch; **lecteur-perforateur de cartes,** card read/punch unit; **lecteur-sélecteur,** selective reader; **préfixe d'arrêt de lecteur,** reader stop prefix.

**lecture:** reading, read, get, readout; **aire de lecture,** reading band; **amplificateur de lecture,** read amplifier, sense amplifier; **amplificateur de lecture/écriture,** read/write amplifier; **amplitude moyenne de la tension de lecture,** average peak output; **appel de lecture,** read call; **autocommutation des têtes de lecture/écriture,** automatic head switching; **balai de lecture,** reading brush; **bloc de brosse de lecture,** brush block; **bloc de lecture,** read block; **bobine de lecture,** sensing coil; **boucle centrale de lecture directe,** central scanning loop; **bras de lecture/écriture,** disk access arm; **brosse de lecture,** pick-off brush; **canal lecture-écriture,** read/write channel; **carte à lecture graphique,** mark-sensing card; **chemin de lecture,** read path; **circuit de lecture optique,** optical reading circuit; **commutateur de lecture,** sense switch; **condition de lecture,** sense condition; **contact de lecture,** sensing contact; **contrôle de lecture,** read check; **contrôle de sortie de lecture,** readout control; **courant de lecture,** read current, sensing current; **courant de lecture partielle,** partial read current; **cycle de lecture,** read cycle; **cycle de lecture des cartes,** card read cycle; **cylindre de lecture,** read roller; **dispositif de lecture,** read feature; **données de lecture,** read data; **duplicatrice/perforatrice à lecture graphique,** mark-sensing reproducer; **enroulement de lecture,** read winding, set winding, sense winding; **ensemble de brosse de lecture,** brush assembly; **erreur de lecture,** reading error, read error, misread; **erreur de lecture constante,** permanent read error; **erreur de lecture de bande,** tape read error; **erreur de lecture de cartes,** card read error; **erreur de lecture mémoire,** core sense failure; **erreur de lecture permanente,** unrecoverable read error; **erreur de parité en lecture,** read parity error; **extension de lecture,** extended character reading; **faire une lecture arrière,** read backward (to); **fenêtre de lecture,** read screen; **fenêtre de lecture de film,** film gate; **fil de lecture,** sense wire; **fonction de lecture de données,** data read function; **impulsion de lecture,** reading pulse, read pulse; **impulsion de lecture complète,** full read pulse; **impulsion de lecture partielle,** partial read pulse; **impulsion de sortie de lecture,**

readout pulse; **indicateur d'erreur de lecture,** read check indicator; **instruction de lecture,** read instruction, read statement; **instruction de lecture bande,** read tape command; **instruction de lecture formatée,** formatted read statement; **instruction de lecture non formatée,** unformatted read statement; **introduire par lecture,** read into (to); **lecture (optique) de marques,** mark scanning, mark sensing; **lecture anticipée,** advanced read; **lecture anticipée de carte,** early card read; **lecture après écriture,** read after write; **lecture arrière,** backward read; **lecture arrière des données enregistrées,** read backward input; **lecture au rythme d'horloge,** clock-actuated readout; **lecture au son,** aural reception; **lecture automatique de caractères,** automatic character reading; **lecture automatique de cartes,** automatic card reading; **lecture avec effacement,** destructive reading; **lecture bilatérale,** bidirectional readout; **lecture d'amorçage,** bootstrap reading; **lecture d'écran,** screen read; **lecture de badge,** badge read-out; **lecture de contrôle,** check read; **lecture de contrôle après écriture,** read after write check; **lecture de fichier,** file scan; **lecture de l'adresse de piste,** read home address; **lecture de l'identificateur,** read count; **lecture de révision,** proofreading; **lecture de vérification,** verify reading; **lecture des données,** data read; **lecture des perforations marginales,** edge punch read; **lecture destructive,** destructive read; **lecture diffuse,** scattered read, scatter read; **lecture directe (séquentielle) de caractères,** direct character reading; **lecture directe en mémoire,** peek; **lecture du code de composition,** typesetting read; **lecture du début de piste,** read initial; **lecture dynamique,** flight sensing; **lecture en défilement continu,** continuous reading; **lecture en parallèle,** parallel reading, parallel readout; **lecture et mise à jour,** read while writing; **lecture et écriture simultanées,** direct read after write; **lecture inverse,** reverse reading, reverse read; **lecture multiligne,** multiple line reading; **lecture non destructive,** non-destructive readout; **lecture numérique,** digit reading; **lecture optique,** optical scanning; **lecture optique de caractères,** optical character reading; **lecture optique de marques,** optical mark reading; **lecture par brosse,** brush reading, brush sensing; **lecture par exploration,** sensing; **lecture par exploration des broches,** pin sensing; **lecture par exploration des caractères,** character sensing; **lecture par exploration mécanique,** mechanical sensing; **lecture par rafale,** read burst; **lecture parasite,** drop-in reading; **lecture photoélectrique,** photoelectric scanning; **lecture sans effacement,** nondestructive read; **lecture seule,** read-only; **lecture électronique des caractères,** electronic character sensing; **lectureécriture,** readingwriting, read/write; **lectureécriture avec éclatement,** scatter read/write; **lectureécriture de point-image,** pixel readwrite; **lecture/écriture par rafale,** read/write burst; **ligne de lecture,** sense line; **limite de lecture de caractère,** character boundary; **logique de lecture de courbes,** curve follower logic; **macro-appel de lecture,** read action macro call; **marque de lecture,** read mark; **mode d'accès lecture/écriture,** reading/writing access mode; **mode de lecture binaire,** binary read mode; **mode lectureécriture,** read/write mode, read/write access mode; **mémoire de lecture/écriture,** readwrite memory; **mémoire à lecture destructive,** destruction storage; **méthode de lecture graphique,** mark-sensing method; **obtenir par lecture,** get (to); **opération de lecture,** reading operation, read operation, read action; **opération de lecture,** hrfg; **organe de lecture,** sensing element, sensing device; **perforation et lecture simultanée,** punch feed read; **perforation à lecture graphique,** mark-sense punching; **perturbation de lecture,** read disturbance; **piste de lecture,** reading track, take-off track, card read track; **plongeur de lecture,** sensing pin; **position de lecture,** reading station; **positionnement de la tête de lectureécriture,** head positioning; **poste de lecture,** read station, channel sensor, brush station; **programme de lecture,** read routine; **précision de lecture,** reading accuracy; **registre de lecture/écriture,** read/write register; **signal de demande de lecture,** read strobe; **signal de lecture,** read-out signal, sense signal, read back signal; **signal de lecture,** information signal; **signal de lecture '1',** one-output signal; **signal de sortie de lecture,** read output; **temps de lecture,** read time; **temps du cycle de lecture,** read cycle time, reading cycle time; **tension de lecture,** reading voltage, playback voltage; **tête d'écriture/lecture,** track head, record playback head; **tête de lecture,** reading head, read head, playback head; **tête de lecture fixe,** fixed-read head; **tête de lecture mobile,** floating-read head; **tête de lecture-écriture,** read/write head, combined readwrite head; **tête de lectureécriture magnétique,** combined magnetic head; **unité de lecture,** readout unit, read unit; **vitesse de lecture,** reading speed, read speed, reading rate; **vérification de lecture,** brush compare check; **zone de lecture,** read field, character sensing field.

**légal:** legal.

**légende:** legend; **légende d'organigramme,** flowchart text.

**lemme:** lemma.

**lent:** slow; **mémoire à accès lent,** low access memory, slow access storage; **périphérique lent,** slow device, slow speed peripheral; **transfert lent,** low data rate.

**lente:** mort lente, slow death; **mémoire lente,** low-speed store, slow memory, slow storage.

**lettre:** letter; **boîte à lettre,** mailbox; **chaîne de caractères lettre,** letter chain; **impression avec lettres majuscules,** upper case print; **inversion des lettres/chiffres automatique,** automatic upshift; **inversion lettres-chiffres,** letters shift (LTRS); **lettre accentuée,** accented letter; **lettre capitale,** capital letter; **lettre clé,** key letter; **lettre en bas de casse,** lower case letter; **lettre en haut de casse,** upper case letter; **lettre en relief,** raised letter; **lettre fictive,** dummy letter; **lettre majuscule,** capital letter; **lettres alphabétiques,** alphabetic letters; **lettres minuscules,** lower case (LC); **passage en (lettres) majuscules,** upshift: **passer en (lettres) majuscules,** upshift 'o); **suite de lettres,** letter string.

**lever:** lever de plume, pen up.

**levier:** lever; **levier d'arrêt,** detent arm, stop pawl; **levier d'inversion du ruban encreur,** ribbon reversing arm; **levier de calage,** detent arm; **levier de carte,** card lever; **levier de commande,** operating lever; **levier de commande du ruban encreur,** ribbon reverse lever; **levier de commutation,** switch lever; **levier de compensation,** balance lever; **levier de déclenchement de cliquet,** pawl release lever; **levier de détente,** detent lever; **levier de libération,** release lever; **levier de positionnement,** positioning lever; **levier de réglage marginal,** margin set lever; **levier de sécurité,** safety pawl; **levier de tabulation,** skip lever; **levier de touche,** key lever; **levier palpeur,** reading finger; **levier pinceur,** pinch lever.

**lexicale:** analyse lexicale, lexical analysis, parsing; **entité lexicale,** lexical token; **unité lexicale,** lexical unit.

**lexicographique:** lexicographic, lexicographical; **ordre lexicographique,** lexicographical order; **puissance lexicographique,** lexicographical power.

**lexique:** lexique, lexical, lexic.

**liaison:** link*, binding, linkage*; **adresse de liaison,** linkage symbol; **bit de liaison,** link hit; **borne de liaison,** connecting clamp; **branchement de liaison,** interface connection; **canal de liaison directe,** direct data channel; **caractère de contrôle de liaison,** data link control character; **circuit de liaison,** interface circuit; **circuiterie de liaison,** interfacing circuitry; **code de contrôle de liaison,** link control code; **commande de liaison,** data link control; **conditions de liaison,** interface requirements; **console de liaison,** through-connecting console; **contrôleur de liaison de données,** data link controller; **couche de liaison de données (ISO),** data link layer (ISO); **gestion de liaison en mode de base,** basic mode link control; **groupe de liaisons,** link group; **interface de liaisons périphériques,** device level interface; **liaison bouclée,** loop link; **liaison commutée,** circuit-switched connection; **liaison câblée,** hard-wired link, wired communication; **liaison de base,** basic linkage; **liaison de communication,** communication linkage; **liaison de données,** data link; **liaison de fichier,** file link; **liaison de point à point,** point-to-point line; **liaison de programme,** program linking; **liaison directe,** through-connection; **liaison en bande large,** wideband line; **liaison en cascade,** cascade connection; **liaison fixe point à point,** point-to-point leased line; **liaison hertzienne,** radio link; **liaison multipoint,** multidrop connection, multipoint link; **liaison mécanique,** mechanical linkage; **liaison orientée,** directed link; **liaison par bus,** bus link; **liaison permanente,** permanent circuit; **liaison spécialisée,** special communication; **liaison statique,** static linking; **liaison supravocale,** supravoice link; **liaison sélectionnée,** switched connection; **liaison télécoms,** telecommunication link; **liaison téléphonique,** telephone connection; **liaison unidirectionnelle,** unidirectional link, simplex; **liaison à quatre fils,** four-wire channel; **ligne de liaison,** flowline; **modification de liaison,** link modification; **normes de liaison,** interface specifications; **perte de liaison,** junction loss; **point de liaison,** binding post; **poste d'établissement de liaison,** dial-up data station; **procédure de commande de liaison de données,** high-level data link control (HDLC); **procédure de liaison,** link protocol; **programme de liaison,** binder routine; **recherche de liaison,** link finding; **sens de liaison,** flow direction; **sens normal des liaisons,** normal direction flow; **unité à liaisons multiples,** multiple interface unit; **zone de liaison,** link area.

**liasse:** wad; **contrôleur d'épaisseur de liasse,** form thickness control; **transport de liasses,** sheet conveying.

**libellé:** literal, figurative constant; **libellé alphanumérique,** alphanumeric literal; **libellé de poursuite,** continuation label; **libellé de définition zone,** area defining literal; **libellé de point de reprise,** checkpoint label; **libellé numérique,** numeric literal; **programme d'affectation de libellés,** annotation routine.

**libeller:** label (to).

**libération:** confirmation de libération, clear confirmation; **demande de libération,** clear request; **déroulement de libération de partition,** deallocation run; **fonction de libération,** release function; **indicateur de libération,** proceed indicator; **levier de libération,** release lever; **libération de ligne après correction,** line correction release; **libération de mémoire,** memory deallocation; **libération de périphérique,** device release; **libération de terminal,** terminal release; **message de libération de ligne,** clear message; **signal de libération,** clearing signal; **touche de libération,** release key, release bar.

**libérer:** free (to), purge (to), detach (to), release (to).

**libre:** free, available, idle; **arborescence libre,** free tree; **centre de traitement à accès libre,** open shop; **format libre,** formatless; **ligne libre,** idle line; **liste libre,** available list, free list; **logiciel en libre circulation,** freeware; **oscillation libre,** free oscillation; **texte de message libre,** free form message text; **zone mémoire libre,** available extent.

**licence:** license; **licence d'utilisation du logiciel,** software license.

**lié:** fichier lié, linked file; **jeu de caractères liés au langage,** language character set; **module lié,** linked module; **texte édité-lié,** link text.

**liée:** routine liée, linked subroutine.

**lien:** linkage, link; **adresse de lien,** linking address, link address; **bibliothèque de liens,** link library; **champ d'adresse de lien,** link address field; **chargeur de l'éditeur de liens,** linkage loader; **chargeur éditeur de liens,** link text loader; **convention d'édition de liens,** linkage convention; **éditeur de liens,** linker, linkage editor, link editor, composer; **éditeur de liens absolu,** cross-linker; **édition de liens,** linking, link editing; **instruction d'édition de liens,** linkage instruction; **liste de l'éditeur de liens,** linkage editor listing; **module chargeur-éditeur de liens,** load module linking program; **nom de lien,** link name; **programme chargeur éditeur de liens,** linking loader program.

**lier: link** (to); **éditer et lier,** compose (to), consolidate (to).

**lieu: lieu de la panne,** point of failure; **lieu de numérotation de bas de page,** footing number location; **lieu de numérotation de haut de page,** heading number location; **lieu de pagination,** page number location; **lieu protégé,** protected location; **mis au point au lieu d'exploitation,** field-tested; **montage au lieu d'exploitation,** field installation.

**lieur:** linker, link editor, linkage editor, composer; **chargeur lieur,** linking loader; **éditeur-lieur,** consolidator.

**lieuse: lieuse-trieuse,** layer reader sorter; **trieuse-lieuse,** sorter reader.

**ligne:** line\*, row, trunk; **accessible en ligne,** mounted on-line; **adaptateur de ligne,** line adapter, line adaptor; **adaptation de ligne,** line adaptation; **adressage de ligne,** line addressing; **aimant de commande des sauts de ligne,** platen feed magnet; **amplificateur d'attaque de ligne,** analog line driver (ALD); **amplificateur de ligne,** line driver; **assembleur ligne par ligne,** one-to-one assembler; **avance ligne par ligne,** single-line spacing; **balayage de ligne,** line scanning; **basculement de ligne,** line turnaround; **binaire en ligne,** row binary; **bloc de contrôle de lignes,** line control block; **branchement de ligne,** call set-up; **bruit de ligne,** line noise, circuit noise; **cadrage des lignes sans coupure de mots,** hyphenless justification; **caractère d'effacement de ligne,** line deletion character; **caractère de fin de ligne,** end-of-line character (EOL); **caractère de retour à la ligne,** new line character; **caractère de saut de ligne,** newline character; **charge de ligne,** line termination, line load; **code de contrôle de ligne,** line control code; **code de ligne,** link control code; **code de saut de ligne,** line feed code; **commande de saut de ligne,** line advance order; **commutateur de lignes,** line switch; **commutation de lignes,** line switching, line transfer; **compilateur en ligne,** on-line compiler; **compteur de lignes,** line counter; **concentrateur de lignes,** line concentrator; **concentration de lignes,** line concentration; **contrôleur de lignes de transmission,** multiline communication controller; **correction d'erreur de ligne,** line correction; **coupleur de ligne,** line receiver; **densité de lignes,** line density; **dispositif de commutation de ligne,** line transfer device; **dispositif de repérage de ligne,** line finder; **dispositif de sé-**lection de ligne, line selection feature; **double saut de ligne,** dual carriage; **durée de la suppression ligne,** line blanking period; **durée de suppression ligne,** line blanking time; **début de ligne,** line start; **déconnexion automatique des lignes,** automatic disconnect; **départ de balayage ligne,** line scan start; **effacement ligne,** horizontal blanking; **éditeur en ligne,** on-line editor; **édition en mode ligne,** edit line mode; **élimination des lignes cachées,** hidden line removal; **enroulement de fin de ligne,** wrap-around; **équation des lignes,** line integral; **équipement de terminaison de ligne,** line termination equipment (LTE); **équipement en ligne,** on-line equipment; **en ligne,** in-line, on line; **erreur de ligne transitoire,** transient line error; **erreur de transmission de ligne,** line transmission error; **erreur temporaire de ligne,** temporary line error; **espace d'une ligne,** single-spaced; **espace entre lignes,** line space; **espacement entre lignes,** line spacing; **extension de ligne,** line expansion; **fin de ligne,** end of line; **fréquence ligne,** line frequency; **groupe de lignes,** trunk group; **générateur de signaux balayage ligne,** line scan generator; **identification de ligne,** circuit identification; **impression automatique des lignes,** selective line printing; **impression d'une ligne unique,** single-line printing; **impression ligne par ligne,** line-at-a-time printing; **impression par ligne,** line printing; **imprimante (ligne par) ligne,** line printer; **imprimante en ligne,** on-line typewriter; **imprimante ligne par ligne,** line-at-a-time printer; **impédance de ligne,** line impedance; **inclinaison de ligne,** line skew; **indicateur de ligne,** line indicator; **interaction en ligne,** on-line interaction; **intercalation de ligne,** interlining; **interface ligne,** line interface; **libération de ligne après correction,** line correction release; **ligne à bande large,** broadband line; **ligne à débit élevé,** high-speed line; **ligne à faible vitesse,** low-speed line; **ligne à grande activité,** hot line; **ligne à grande distance,** long haul circuit; **ligne à impulsions,** pulse line; **ligne à priorité absolue,** highest priority interrupt line; **ligne à péage,** toll telephone line; **ligne à quatre conducteurs,** four-wire circuit; **ligne à retard,** delay line; **ligne à retard acoustique,** acoustic delay line; **ligne à retard au mercure,** mercury delay line; **ligne à retard magnétique,** magnetostrictive delay line; **ligne à retard électromagnétique,** electromagnetic delay line; **ligne à retard à quartz,** quartz delay line; **ligne à éléments localisés,** lumped line; **ligne acoustique,** audiofrequency line;

ligne adaptée, terminated line; ligne artificielle, artificial line; ligne bidirectionnelle, two-way line; ligne blanche, null line; ligne bus, way circuit; ligne cachée, hidden line; ligne collectrice de données, data bus line; ligne commentaire, comment line; ligne commune, common wire; ligne commutée, switched line; ligne contrôlée, controlled line; ligne d'abonné, subscriber line, party line; ligne d'accès, access line; ligne d'entête, header line; ligne d'en-tête d'article, item header line; ligne d'entrée des données, data-in line; ligne d'extension, line loop; ligne d'impression, print line; ligne d'intervention, action line; ligne d'écriture, writing line; ligne d'émission de données, transmitted data line; ligne d'état, status line; ligne de balayage, display line, scan line; ligne de balayage impaire, odd-numbered scan line; ligne de balayage paire, even-numbered scan line; ligne de base, base line; ligne de blocage, inhibit line; ligne de carte, card row; ligne de champ, flux line; ligne de codage, coding line; ligne de code, code line; ligne de codification variable, expanded code line; ligne de communication, communication link; ligne de connexion, connecting line; ligne de début, initial line; ligne de départ, outgoing line; ligne de fermeture, closing line; ligne de fin, end line, trailing line; ligne de flux, flow line; ligne de force, field line; ligne de fraction, fraction line; ligne de haute qualité, voice grade circuit; ligne de lecture, sense line; ligne de liaison, flowline; ligne de matrice, matrix row; ligne de mise à zéro, reset line; ligne de prolongation, continued line, continuation line; ligne de réserve, alternate trunk line; ligne de sortie des données, data-out line; ligne de suite, continuation row; ligne de synchronisation, slip line; ligne de sélection, selection line, select line; ligne de séparation, separation line; ligne de table, directory line; ligne de totalisation, total line; ligne de transfert de signaux, signal line; ligne de transmission, transmission line, communication line, line; ligne de transmission artificielle, artificial transmission line; ligne de transmission de données, data transmission line; ligne de zéro, base line; ligne dentelée, jagged line; ligne détail, detail line; ligne élastique, rubber band line; ligne en activité, active line; ligne en alinéa, indented line; ligne en cours, current line; ligne en retrait, indented line; ligne en tirets, dashed line; ligne équilibrée, longitudinal balanced line; ligne extérieure, outside line; ligne imprimée, body line; ligne infinie,

infinite line; ligne interurbaine, gateway trunk circuit; ligne inutilisée, blank line; ligne latérale, side line; ligne libre, idle line; ligne locale, local loop; ligne louée, leased line, leased circuit, tie line; ligne monoconducteur, single-wire line; ligne multipoint, multidrop line; ligne médiane, center line; ligne non commutée, nonswitched line; ligne oblique, skew line; ligne occupée, busy line; ligne ouverte, hit-on-the-line; ligne physique, physical line; ligne plate d'une courbe, flat portion; ligne principale, main line, trunk line; ligne privée, private line; ligne publique, local line; ligne spécialisée, dedicated line, leased facility; ligne suite, continued line, continuation line; ligne symétrique, balanced line; ligne sélective, dial line; ligne telex, telex line; ligne télégraphique, telegraph line; ligne télématique, dataline; ligne téléphonique, telephone line; ligne unilatérale, one-way trunk; ligne verticale, vertical line; ligne vocale, voice line; lignes additionnelles, added wires; lignes de force, lines of force; lignes de même hauteur, contour lines; lignes groupées, line grouping, group poll; lignes par minute (LPM), lines per minute (LPM); lignes par pouce, lines per inch (LPI); limitation de ligne, line limitation; longueur utile de ligne, usable line length; message de libération de ligne, clear message; mise à ligne des mots, word wrap; mémoire de masse en ligne, on-line mass storage; mémoire en ligne, on-line storage; mémoire à ligne à retard, delay line storage, delay line store; mémoire à ligne à retard à mercure, mercury storage; niveau ligne, line level; numéro de ligne, line number, line sequence number; numérotation de lignes, line numbering; occupation de ligne, line occupancy; ordinateur de contrôle de lignes, line control computer; ouvert en ligne, inline; papillotement de lignes, interline flicker; perte en ligne, line loss; point de retour ligne, horizontal retrace point; positionnement de ligne, line posting; positionnement fixe des lignes imprimées, fixed-line posting; processus de recherche de lignes, quota method; procédure de contrôle de lignes, line control discipline; procédure de ligne, link protocol; procédure de ligne de transmission, transmission line procedure; présélecteur de ligne, line preselector; raccordement de lignes, line adapter set; registre de position de ligne, line position register; registre à ligne à retard, delay line shift register; repérage de ligne, line finding; repère de ligne, line finder mark; retour ligne, horizontal flyback; **retour à la ligne**, new line (NL), wrap; **retour à la ligne automatique**, automatic wraparound; **retrait après retour de ligne**, wrap tab; **répartition des lignes**, line distribution pattern; **réseau de lignes spécialisées**, leased line network, private telephone network; **saisie en ligne**, on-line data capture; **saut de ligne**, line skip, line feed (LF), newline, line advance; **saut de ligne avant impression**, space before printing; **saut de ligne curseur**, cursor wrap; **signal d'appel de ligne**, line program impulse; **signal de commande de ligne**, line control signal; **signal indicatif de prise de ligne**, clear forward signal; **synchro ligne**, horizontal synchro; **système de test en ligne**, on-line test system (OLTS); **sélecteur de ligne**, line selector; **sélection automatique des lignes d'impression**, automatic printing line selection; **sélection de ligne**, line dialing; **tampon d'imprimante à lignes**, line printer buffer; **tampon de ligne**, line buffer; **temps d'occupation de ligne**, circuit time; **temps réel en ligne**, on-line real time (OLRT); **terminal en ligne**, data terminal ready (DTR); **test en ligne**, total on-line testing; **traducteur ligne par ligne**, one-to-one translator; **traitement en ligne**, in-line processing; **tronçon de ligne**, line section; **type de ligne**, line style; **unité d'adaptation de ligne**, line adapter unit; **unité terminale de ligne**, line termination unit; **utilisation de la ligne principale**, trunk utilisation; **vitesse d'impression de lignes**, line speed; **vitesse de l'avance ligne**, form feed speed; **zone d'entrée des lignes de connexion**, terminal line input area; **zone de lignes**, line field.

**lignée:** pseudo-lignée, seed.

**limitateur:** limitateur d'accélération, acceleration limiter.

**limitation:** limitation, limit, clamping; **caractéristique de limitation du courant**, current limiting characteristics; **carte de limitation**, sentinel director; **dépassement de limitation**, barricade violation; **fréquence de limitation**, limiting frequency; **indication de limitation de segment**, segment limit clause; **limitation de bande**, band limitation; **limitation de la vitesse**, speed reduction; **limitation de ligne**, line limitation; **limitation de zone alphabétique**, alphabetic field limit; **limitation temporelle**, time limitation; **registre de limitation**, barricade register; **résistance de limitation**, limiting resistor.

**limite:** limit, boundary; **condition limite**, boundary condition; **contrôle appliqué aux limites**, limit check; **contrôle des valeurs limites**, marginal testing; **contrôleur de**

**valeurs limites**, limit value monitor; **couche limite**, boundary layer; **fréquence limite**, limit frequency; **limite d'erreur**, error limit; **limite d'introduction**, input limit; **limite d'une fonction**, limit of a function; **limite d'écran**, screen boundary; **limite de données**, data boundary; **limite de fichier**, file boundary, file limit; **limite de la caractéristique**, characteristic boundary; **limite de lecture de caractère**, character boundary; **limite de mot double**, double word boundary; **limite de multiplet**, byte boundary; **limite de page**, page limit; **limite de partition**, area boundary; **limite de secteur**, sector boundary; **limite de sécurité**, confidence limit; **limite de séparation**, border line; **limite de zone**, area limit; **limite fixe**, integral boundary; **limite inférieure**, lower limit, low bottom limit; **limite logicielle**, soft limit clip; **limite matérielle**, hard clip limit; **limite physique**, physical boundary; **limite supérieure**, upper limit, upper bound; **limites**, bounded pair; **limites d'intervalle**, interval limits; **limites techniques**, engineering constraints; **limité**, limited, bounded, bound; **limité par l'entrée**, input-limited; **limité par la bande**, tape-limited; **limité par la sortie**, output-limited; **limité par le calculateur**, computer-limited; **limité par le disque**, disk-bound; **limité par le processeur**, processor-limited, processor-bound; **limité par le périphérique**, peripheral-limited, peripheral-bound; **limité par le temps de calcul**, compute-limited; **limité par les entrées/sorties**, input/output-limited, I/O bound; **limité par les éléments**, element-bound; **plage des limites**, range of values; **plage limite de transistors**, transistor cutoff region; **problème de valeur limite**, boundary value problem; **registre de limite d'adresses**, boundary address register; **sans limite**, unzoned; **système des limites absolues**, absolute system; **sélection de limites**, range selection; **test des limites**, marginal testing; **type privé limité**, limited private type; **valeur limite**, boundary value, filter value, limit value; **valeur limite absolue**, absolute limiting value; **vérification de limites**, bounds checking.

**limitée:** canal à bande limitée, band-limited channel; **chargement à capacité limitée**, finite loading; **priorité limitée**, limit priority.

**limiter:** clamp (to).

**limiteur:** limiter\*; **circuit limiteur**, limiter circuit; **interrupteur limiteur**, limit switch; **limiteur basse fréquence**, audio frequency peak limiter; **limiteur de courant**, current limiting device; **limiteur de survitesse**, overspeed limiter; **limiteur en pont**, bridge limiter;

**limiteur à diodes,** diode limiter.

**linéaire:** linear, one-dimensional; **adressage linéaire,** linear addressing; **affectation linéaire,** linear mapping; **automate linéaire,** automatic line device; **automate linéaire borné,** linear bounded acceptor; **circuit linéaire,** linear circuit network; **code linéaire,** linear code; **commande de déplacement linéaire,** straight cut control; **contrainte linéaire,** linear constraint; **diagramme linéaire,** arrow diagram; **distorsion linéaire,** linear distortion; **distorsion non linéaire,** nonlinear distortion; **décalage linéaire,** linear displacement; **dépendance linéaire,** linear dependence; **élément non linéaire,** nonlinear element; **équation algébrique linéaire,** linear algebraic equation; **équation linéaire,** linear equation; **équation linéaire simultanée,** simultaneous linear equation; **interpolation linéaire,** linear interpolation; **liste linéaire,** linear list, one-dimensional array, dense list; **mouvement linéaire,** linear movement; **nappage linéaire,** linear napping; **non linéaire,** nonlinear; **optimisation linéaire,** linear optimization; **positionneur linéaire,** voice coil; **programmation linéaire,** linear programming, straight line coding; **programmation non linéaire,** nonlinear programming; **suite linéaire d'instructions,** instruction linear sequence; **système d'équations linéaires,** linear set of equations; **système à programmation linéaire,** linear programming system (LPS).

**linéarisation:** antialiasing, ravel.

**linéariser:** linearize (to).

**linéarité:** linearity; **linéarité de modulation,** modulation linearity.

**linguistique:** la linguistique, linguistics; **linguistique appliquée,** applied linguistics.

**liquide:** liquid; **affichage à cristaux liquides,** liquid crystal display (LCD); **circuit à liquide,** fluid system; **cristal liquide,** liquid crystal.

**lire:** read (to), read out (to), peek (to); **lire des marques,** mark-sense (to); **prêt à lire,** ready to read.

**liseuse:** liseuse/trieuse, reader-sorter.

**lisibilité:** readability.

**lisible:** readable, legible; **caractères lisibles,** readable characters; **entrée lisible,** legible input; **sortie lisible,** legible output; **sortie lisible directement,** readable output.

**LISP:** LISP* language; **traitement des files (LISP),** list processing (LISP).

**lissage:** antialiasing, smoothing, dejagging; **algorithme de lissage,** smoothing algorithm.

**lisse:** smooth.

**lisser:** smooth (to).

**list:** list d'instructions, instruction list; **list machine,** machine listing; **liste sélective,** selective list.

**listage:** listing, printout; **cycle de listage,** list cycle; **entrée compteur pour listage de compteur,** counter list entry; **imprimé de listage,** listing form; **instruction de com.mande de listage,** listing control instruction; **listage après assemblage,** postassembly listing; **listage d'arborescence,** tree listing; **listage d'assemblage,** assembly listing; **listage d'assembleur,** assembler listing; **listage de bloc,** block list; **listage de données,** data list; **listage de programme,** program listing; **listage de références,** reference listing; **listage des paramètres,** parameter listing; **listage du contenu compteur,** counter list; **listage du déroulement des travaux,** job execution listing; **listage source,** source listing; **listage symbolique en parallèle,** parallel symbolic listing; **mise en forme du listage,** printer layout; **papier pour listages,** listing paper; **procédure de listage,** list procedure; **périphérique de listage,** listing device.

**liste:** list, listing, roster; **adresse de liste,** list address; **avancement en liste,** single-item ejection; **commande facultative de travail en liste,** selective list control; **commandé par liste,** list-directed; **dépassement de liste,** list overflow; **en-tête de liste,** head of a list; **entrée de liste,** list entry; **format de liste,** list format; **générateur de programme de listes,** list program generator; **impression de liste,** list print; **instruction fin de liste,** terminate statement; **langage de traitement de liste,** list processing language; **liste chaînée,** chained list; **liste d'affectation,** allocation table; **liste d'appels,** poll-select list; **liste d'arguments,** argument list; **liste d'articles,** item list; **liste d'assemblage,** assembly list; **liste d'attente,** waiting list; **liste d'attente variable,** variable-queue list; **liste d'entrée,** input list; **liste d'habilitation,** access list; **liste d'indices,** subscript list; **liste d'invitations à transmettre,** polling list; **liste d'opérations,** agenda; **liste d'état,** condition list; **liste d'étiquettes,** label list; **liste de cartes de commande,** control list; **liste de code machine,** machine script; **liste de commandes,** command list; **liste de comparaison,** adjustment chart; **liste de comptabilisation des travaux,** job account listing; **liste de contrôle,** check list, proof listing; **liste de contrôle d'accès,** access control list; **liste de diagnostic,** diagnostic listing, diag list; **liste de dotations initiales,** initial spare parts list;

**liste de files d'attente,** queueing list; **liste de l'éditeur de liens,** linkage editor listing; **liste de matrices,** array list; **liste de mouvements,** material transaction register; **liste de paramètres effectifs,** actual parameter list; **liste de paramètres formels,** formal parameter list; **liste de programmes,** program directory; **liste de programmes objet,** object listing; **liste de publipostage,** mailing list; **liste de périphériques,** device list, device table; **liste de références,** reference list; **liste de sortie,** output list; **liste de symboles références,** symbol cross reference listing; **liste de travaux,** run queue; **liste de ventilation,** breakdown listing, distribution list; **liste de vérification,** audit list; **liste de zones,** array list; **liste des affectations de périphérique,** device assignment list; **liste des aiguillages,** switch list; **liste des anomalies,** exception listing, exception list; **liste des articles non ouverts,** open item statement; **liste des bandes,** tape listing; **liste des cartes-paramètres,** control card listing; **liste des commandes,** list of instructions; **liste des contraintes,** bound pair list; **liste des correspondances,** cross-reference list; **liste des entréessorties,** input/output list; **liste des erreurs,** error list, error report; **liste des erreurs machine,** hardware error list; **liste des exceptions,** exception list, exception listing; **liste des messages d'erreur,** diagnostic message printout; **liste des modifications,** list of modifications; **liste des options,** option list; **liste des points de câblage,** cable laying list; **liste des travaux,** job list; **liste des types,** type list; **liste des tâches,** task list; **liste des valeurs,** value part; **liste des volumes,** volume list; **liste directe,** FIFO list, pushup list; **liste exemple,** sample computer printout; **liste identificatrice,** identifier list; **liste imprimée,** output listing; **liste inversée,** LIFO list, pushdown list; **liste libre,** available list, free list; **liste linéaire,** linear list, one-dimensional array, dense list; **liste multipointeur,** multilinked list; **liste objet,** script; **liste ordinaire,** simple list; **liste refoulée,** LIFO list; **liste séquentielle,** sequential list, linear list; **mémoire à liste directe,** pushup storage; **nom de liste,** report-name; **nom de liste d'instructions,** instruction list name; **organisation de liste,** list organization; **sortie en liste de compteur,** counter list exit; **sous-liste,** sublist; **structure de liste,** list structure; **traitement de liste,** list processing; **traitement des listes,** list handling; **traitement des listes de matériel,** bill of material processing; **travail en liste,** normal card listing; **travail en liste**

**facultatif,** selective listing; **valeur de la liste d'indices,** subscript value; **vitesse de liste,** list speed; **zone de liste,** list box; **zone de liste déroulante,** drop-down list box.

**lister:** list* (to).

**lit:** lit de cartes, path plate.

**littéral:** literal, figurative constant; **littéral de constante d'adresse,** address constant literal; **littéral booléen,** Boolean literal; **littéral d'énumération,** enumeration literal; **littéral logique,** Boolean literal; **opérande littéral,** literal operand.

**littérale:** zone littérale, literal pool, list pool; **équation littérale,** literal equation.

**littérature:** literature; **littérature descriptive,** descriptive literature.

**livraison:** délai de livraison, vendor lead time; **ordre de livraison,** delivery order.

**livre:** book, pound; **livre de comptes,** ledger; **livre de consignation,** journal; **logiciel livré avec le matériel,** bundled software.

**livrées:** fichier des commandes non livrées, open order file.

**livret:** booklet.

**LMNS:** circuit intégré LMNS, CML integrated circuit.

**local:** local*; **abonné local,** local subscriber; **canal de données local,** home data channel; **exploitation en mode local,** home loop operation; **mode local,** local mode; **paramètre local,** local parameter, local symbol; **réseau local,** local area network (LAN); **terminal local,** local station; **traitement différé local,** local batch processing.

**locale:** connexion locale, local connection; **ligne locale,** local loop; **mémoire locale,** local storage; **opération locale,** home loop; **saisie locale,** local source recording; **sous-système de desserte locale,** local distribution subsystem; **variable locale,** local variable.

**localisateur:** finder.

**localisation:** location, finding; **localisation d'anomalie,** fault finding; **localisation d'erreur,** fault isolation; **localisation d'incident,** fault isolation; **localisation de pannes,** trouble locating, troubleshooting; **test de localisation d'incidents,** fault test.

**localisée:** constante localisée, lumped constant.

**localiser:** locate (to).

**location:** leasing, rental; **contrat de location,** lease contract; **location temporaire,** temporary lease; **matériel de location,** leasing equipment; **matériel en location,** rental equipment.

**logarithme:** logarithm; **caractéristique (d'un logarithme),** characteristic (of a logarithm); **logarithme de Néper,** Neperian logarithm, hyperbolic logarithm; **logarithme de base e,** Neperian logarithm; **logarithme décimal,** common logarithm; **logarithme hyperbolique,** hyperbolic logarithm; **logarithme inverse,** inverse logarithm; **logarithme naturel,** natural logarithm; **logarithme vulgaire,** common logarithm.

**logement:** slot; **logement d'entrée-sortie,** I/O slot; **logement d'extension,** expansion slot; **logement de plume,** pen stall; **logement pour disque souple,** floppy disk bay.

**loger:** house (to).

**logiciel:** software (soft), program package; **adaptation du logiciel,** software adaptation; **arrêt corrigeable par le logiciel,** software recoverable abort; **couche de logiciel,** software layer; **courtier en logiciel,** software broker; **documentation de logiciel,** software document; **développement de logiciel,** software development; **génie logiciel,** software engineering; **inplanter (logiciel),** implement (to); **interface du logiciel,** software interface; **licence d'utilisation du logiciel,** software license; **logiciel associé,** associated software; **logiciel classique,** common software; **logiciel compatible,** compatible software; **logiciel d'aide à la programmation,** support program; **logiciel d'application,** application software; **logiciel d'exploitation,** system software; **logiciel d'émulation,** emulation software package; **logiciel de commande,** driving software; **logiciel de communications,** communication software; **logiciel de configuration,** middleware; **logiciel de conversion,** conversion software; **logiciel de couche de transport,** transport software (ISO layer); **logiciel de distraction vidéo,** video entertainment software; **logiciel de domaine public,** public-domain software, public software; **logiciel de gestion de données,** data management software; **logiciel de jeu,** game software, gameware; **logiciel de l'utilisateur,** user software; **logiciel de problématique,** problem-oriented software; **logiciel de reconnaissance de caractères,** text reader processor; **logiciel de regroupement,** garbage collector; **logiciel de sauvegarde,** safeguarding software; **logiciel de souris,** mouse software; **logiciel de système,** systems software; **logiciel de test,** benchmark package; **logiciel de traitement de chaîne,** string process system; **logiciel de transition,** bridgeware; **logiciel de télétexte,** telesoftware (TSW); **logiciel didactique,** teachware, course software; **logiciel du constructeur,** vendor software; **logiciel**

en libre circulation, freeware; **logiciel falsifié,** tampered software; **logiciel figé,** canned software; **logiciel graphique,** graphic software; **logiciel individuel,** individual software; **logiciel livré avec le matériel,** bundled software; **logiciel maison,** in-house software; **logiciel personnalisé,** custom software, middlesoftware; **logiciel pour contrôle des E/S,** I/O control firmware; **logiciel pour disque virtuel,** RAM disk software; **logiciel protégé,** protected software; **logiciel résident,** TSR software; **logiciel spécifique,** machine-oriented software; **logiciel standard d'application,** standard user software; **logiciel transactionnel de gestion,** transaction management software; **logiciel téléchargé,** telesoftware; **logiciel utilitaire,** utility package; **maintenance du logiciel,** software support service; **moniteur logiciel,** software monitor; **outil logiciel,** software tool; **protection des logiciels,** software protection; **redondance du logiciel,** software redundancy; **secteur logiciel,** soft sector; **sectorisé logiciel,** soft-sectored; **société de logiciel,** software firm; **souplesse du logiciel,** software flexibility; **sécurité des logiciels,** software security.

**logicielle:** **compatibilité logicielle,** software compatibility; **conception logicielle,** software design; **configuration logicielle,** software configuration; **disquette à sectorisation logicielle,** soft-sectored disk; **erreur logicielle,** software error (soft error); **limite logicielle,** software limit clip; **maintenance logicielle,** software maintenance; **pile logicielle (programmable en zone mémoire),** software stack; **ressources logicielles,** software resources; **servitude logicielle,** software overhead.

**logicien:** logician, software man (SM).

**logigramme:** logical chart, logical diagram.

**logimétrie:** software monitoring, software analysis.

**logique:** logical, logic*, Boolean; **ET logique,** logical NOT, conjonction; **OU logique,** logical add, logic add, logical addition; **addition logique,** logic add, logical add, logical addition; **adresse logique,** logical address, logic address; **algèbre logique,** switching algebra; **analyse logique,** logical analysis, logic analysis; **analyseur d'états logiques,** logic state analyzer, logical status analyzer; **analyseur logique,** logical analyzer; **anneau logique,** logical ring; **arrêt logique,** logical stop; **bloc logique,** logical building block; **brochage logique,** pin configuration; **calculateur à logique programmée,** programmed logic computer; **canal logique,** logical channel; **carte logique,** logical board, logic card; **chemin logique,** logical path; **chiffre '1' ou '0' logique,** logical one or zero; **choix logique,** logical choice; **circuit ET logique,** logical AND circuit; **circuit OU logique,** logical OR circuit; **circuit de logique interchange,** interchange circuit; **circuit logique,** logical circuit, logic circuit; **circuit logique de base,** logic base circuit; **comparaison logique,** logical comparison; **conception logique,** logical design, logic design; **conjonction logique,** logical multiply; **connexion logique,** logical connection; **constante logique,** logical constant; **début logique,** logical beginning; **deconnexion logique,** logical disconnection; **diagramme logique,** logical chart, logic chart; **diagramme logique automatisé,** automated logic diagram; **différence logique,** logical difference; **disjonction logique,** inclusive-OR, either-OR; **décalage logique,** logical shift, logic shift; **décision logique,** logical decision; **déscision logique,** logic decision; **détection logique,** logical sense; **enchaînement logique,** logic interconnection; **enregistrement logique,** logical record; **entrée logique,** logical input; **entrée/sortie logique,** logical input/output; **exclusion logique,** NOT-IF-THEN, EXOR; **exclusion logique,** AND-not; **expression logique,** logical expression, Boolean expression; **facteur logique,** logical factor, Boolean factor; **fichier logique,** logical file, logic file; **fin logique,** logical end; **fonction logique,** logical function, Boolean function; **gestionnaire logique,** logical driver; **grammaire logique,** logical grammar; **grandeur logique,** Boolean value; **graphique logique,** logical flowchart, logic flowchart; **grille logique,** logic grid; **groupe logique de données,** logical data set; **implication logique,** inclusion, IF-THEN; **inclusion logique,** IF-THEN; **indicateur logique,** switch indicator; **instruction IF logique,** logical IF statement; **instruction d'affectation logique,** logical assignment statement; **instruction logique,** logical instruction, logic instruction; **intersection logique,** intersection, logical product, AND; **inversion logique,** logical NOT, negation, Boolean complementation; **littéral logique,** Boolean literal; **logique binaire,** binary logic; **logique booléenne,** Boolean logic; **logique combinatoire,** combinational logic, combinatorial logic; **logique commune,** common logic, shared logic; **logique complémentaire,** complementary logic; **logique câblée,** hardwired logic, wired logic; **logique de lecture de courbes,** curve follower logic; **logique de reconnaissance,** recognition logic; **logique de reconnaissance de caractères,** character recognition logic; **logique de seuil,** threshold logic; **logique des circuits,** circuit logic; **logique des fluides,** fluid logic; **logique formelle,** formal logic; **logique informatique,** computer logic; **logique interne,** internal logic; **logique mathématique,** mathematical logic; **logique négative,** negative logic; **logique positive,** positive logic; **logique programmée,** programmed logic; **logique symbolique,** symbolic logic; **logique séquentielle,** sequential logic; **logique tout transistor,** transistor-transistor logic (TTL); **logique transistor-résistance,** resistor-transistor logic (RTL); **logique transistor-transistor,** twin transistor logic; **logique à accès direct,** random logic; **logique à couplage par l'émetteur,** emitter coupled logic (ECL); **logique à diodes et transistors,** diode transistor logic (DTL); **logique à grande immunité au bruit,** high noise immunity logic (HNL); **logique à injection intégrée,** integrated injection logic (I2L); **logique à réseau programmable,** programmable array logic (PAL); **logique à seuil élevé,** high threshold logic (HTL); **longueur d'enregistrement logique,** logical record length; **moniteur logique,** logical monitor; **multiplication logique,** logic multiplication, logical product, meet; **niveau logique,** logical level, local level; **niveau logique d'adresse,** logical access level; **non-conjonction logique,** NAND, NOT-AND, neither-NOR; **non-disjonction logique,** NOR-AND, NOT-OR; **numéro d'unité logique,** logical device number; **numéro de bloc logique,** logical block number (LBN); **numéro de page logique,** logical page number (LPN); **numéro logique,** logical number; **négation logique,** NOT, NOR; **opérande logique,** logical operand; **opérateur logique,** logical operator, Boolean operator; **opérateur logique de base,** logic base operator, logical connector; **opération d'équivalence logique,** equivalence operation, IF-AND-ONLY-IF operation; **opération logique,** logical operation, logic operation; **opération logique diadique,** dyadic logical operation; **organe logique,** logic device; **organigramme logique,** logical diagram; **organisation logique,** logical organization; **piste logique,** logical track; **porte de multiplication logique,** logic product gate; **produit logique,** logic product; **programme de canal logique,** logical channel program; **programme logique,** logical program; **proposition logique,** logic proposition; **relation logique,** logical relation; **réseau logique,** logic network; **réseau logique programmable,**

programmable logic array (PLA); **réseau à logique programmée,** programmed logic array (PLA); **réunion logique,** logical addition, OR; **schéma logique,** logic schematic; **schéma synoptique logique,** intermediate block diagram; **segment logique,** logical segment; **somme logique,** logical sum; **sonde logique,** logic probe; **structure logique,** logical structure; **symbole logique,** logical symbol, logic symbol; **système logique,** logical system; **système à circuits logiques,** logical circuit system; **table d'unités logiques,** logical device table; **table logique,** Boolean table, Boolean matrix; **tableau logique,** logical array, logic array; **tension logique,** logical voltage; **terme logique,** logical term; **test logique,** logical test, Boolean test; **type logique,** Boolean type; **union logique,** logical add, disjunction, join, joint (NOR); **unité arithmétique et logique,** arithmetic and logic unit (ALU); **unité logique,** logical unit, logic unit; **valeur logique,** logical value; **variable logique,** logical variable, Boolean variable; **élément logique,** logical element, logic element, logical device; **élément logique programmable,** field programmable logic array (FPLA); **équation logique,** logical equation; **équivalence logique,** IF-AND-ONLY-IF, EXNOR; **étude logique,** logical design.

**logistique:** la logistique, logistics.

**loi:** law; loi de distribution binomiale, binomial theorem.

**long:** long; **mot long,** long word; **utilisation à long terme,** long term usage.

**longévité:** contrôle de longévité, ageing routine; **essai de longévité,** life test; **longévité,** life cycle, physical life; **longévité moyenne,** mean life.

**longitudinal:** champ magnétique longitudinal, longitudinal magnetic field; **circuit longitudinal,** longitudinal circuit; **espacement de caractères longitudinal,** horizontal spacing; **pas longitudinal,** feed pitch, row pitch, array pitch.

**longitudinale:** bit de parité longitudinale, horizontal parity bit; **commande longitudinale,** horizontal control; **contrôle de parité longitudinale,** longitudinal parity checking; **contrôle par redondance longitudinale (parité),** longitudinal redundancy check (LRC); **direction longitudinale,** longitudinal direction; **parité longitudinale,** horizontal parity.

**longue:** comportement de longue durée, long time behaviour.

**longueur:** length, size; **accumulateur à double longueur,** double-length accumulator;

**article de longueur variable,** variable-length item; **attribut de longueur,** length attribute; **bloc de longueur variable,** variable-length block; **calcul de la longueur d'article,** item size computation; **calcul en double longueur,** double-length arithmetic; **champ de longueur variable,** variable-length field; **code de longueur,** length code; **compteur de longueur d'instruction,** instruction length counter; **compteur de longueur de données,** data length counter; **contrôle de longueur de zone,** field length check; **définition de la longueur de page,** page length setting; **dépassement de longueur variable,** variable-length overflow; **enregistrement de longueur fixe,** fixed-length record; **enregistrement de longueur variable,** variable-length record; **enregistrement à longueur fixe,** fixed-length item; **enregistrement à longueur variable,** variable-format record; **erreur de longueur,** length error; **facteur de longueur,** length modifier; **format de longueur fixe,** fixed-length format; **générateur de longueur de mot,** word size emitter; **indicateur de longueur,** length entry; **indicateur de longueur de papier,** footage indicator; **information de longueur fixe,** fixed-information length; **longueur d'enregistrement,** record length, recording size; **longueur d'enregistrement logique,** logical record length; **longueur d'instruction,** instruction length; **longueur de bande,** tape length; **longueur de bande magnétique,** magnetic tape length; **longueur de bloc,** block size, block length; **longueur de bloc d'entrée,** input record length; **longueur de bloc fixe,** fixed-block length, fixed-record length; **longueur de bloc optimale,** optimum block length; **longueur de bloc variable,** variable-block length; **longueur de champ des données,** data field length; **longueur de champ variable,** variable-field length; **longueur de chaîne,** string length; **longueur de câble,** cable length; **longueur de données,** data length; **longueur de l'article sortant,** output record length; **longueur de l'instruction de branchement,** branch space constant; **longueur de mot,** word length, word size; **longueur de mot de données,** data word size; **longueur de mot fixe,** fixed-word length; **longueur de mot variable,** variable-word length; **longueur de mot à virgule fixe,** fixed-point word length; **longueur de page,** page length; **longueur de programme,** program length; **longueur de registre,** register length; **longueur de trame,** frame size; **longueur de voie,** track length; **longueur de zone,** field length; **longueur de zone de données,** field width;

longueur du bloc d'entrée, input block length; longueur du bloc de sortie, output block length; longueur du mot clé, key length; longueur du mot de données, data word length; longueur du mot machine, machine word length; longueur erronée, incorrect length; longueur explicite, explicit length; longueur fixe, fixed length; longueur hors tout, overall length; longueur implicite, implied length, default size value; longueur maximale, maximum length; longueur minimale, minimum length; longueur moyenne, medium length; longueur réelle, real length; longueur utile de ligne, usable line length; longueur variable, variable length; longueur variable d'article, variable-record length; mantisse de longueur variable, variable-length mantissa; mot (de longueur) fixe, fixed word; mot de longueur d'article, length record word; mot de longueur fixe, fixed-length word; mot en double longueur, double-length word; opérande de longueur fixe, fixed-length operand; ordinateur à mots de longueur fixe, fixed-length computer; paramètre de longueur d'article, item length parameter; paramètre de longueur de bloc, block size parameter; registre en triple longueur, triple-length register; réduction de longueur de bloc, block size reduction; segment de longueur fixe, fixed-length segment; segment de longueur variable, variable-length segment; spécification de la longueur de bit, bit length specification; spécification de longueur, length specification; travail en triple longueur, triple-length working; zone de longueur d'article, record character count; zone de longueur de bloc, block length field, record length field; zone de longueur fixe, fixed-length field; zone de longueurs d'articles, item character count.

**loquet:** loquet de verrouillage du cylindre d'impression, platen latch.

**loqueteau:** loqueteau magnétique, magnetic latch.

**losange:** pavé curseur en losange, diamond-shaped cursor pad.

**lot:** batch*; calculateur de traitement par lots, batch computer; chargement des lots, batchload; charger par lots, batchload (to); contrôle de lot, batch control; grandeur de lot, batch size; introduction des travaux par lots, batched job entry; introduction par lots à distance, remote batch entry (RBE); lot d'appareils d'entrée/sortie, input/output pool; lot de données, bulk information; lot de traitement, batch file; lot de travaux, job batch, stacked job; mode de traitement par lots, batch processing mode, batch mode;

numéro de lot, batch number; périphérique de traitement par lots, batch type peripheral; sortie de lot, batch output; spécialisé au traitement par lots, batch-oriented; suite des lots de travaux, stacked job processing; système d'exploitation par lots, batch operating system; système de traitement par lots, batch system; séparateur de lots, batch separator; temps d'exécution de lots, batch operation time; terminal de traitement par lots, batch data terminal, batch terminal; traitement de données par lots, bulk information processing; traitement par lots, batch processing, bulk processing; traitement séquentiel simplifié des lots, basic stacked job processing; traiter par lots, batch (to); transmission par lots, batch transmission; travail par lots, batched job; télétraitement par lots, remote batch processing, remote batch computing.

**lotissement:** allotment.

**louée:** lieased; ligne louée, leased line, leased circuit, tie line.

**lourd:** périphérique lourd, batch peripheral; terminal lourd, batch terminal.

**lpm:** lignes par minute, lines per minute (lpm).

**ludiciel:** game software, gameware, funware.

**Luksiewicz:** Luksiewicz; notation préfixée de Luksiewicz, Luksiewicz notation.

**lumière:** light; sensible à la lumière, light-sensitive, photosensitive.

**luminance:** signal de luminance, brightness signal; taux de luminance, brightness ratio.

**lumineuse:** onde lumineuse, light wave; persistance lumineuse, afterglow, persistence; radiation lumineuse, luminous radiation; source lumineuse, light source.

**lumineux:** luminous; affichage lumineux, lighted display; crayon lumineux, stylus; explorateur par point lumineux, flying spot scanner; pinceau lumineux, light beam; point lumineux, light dot, light cell; poussoir lumineux, light switch; spot lumineux, luminous spot, flying spot; stylet lumineux, light gun; voyant lumineux, indicator lamp, signal light.

**luminosité:** brightness; commande de luminosité, intensity control; contrôle automatique de luminosité, automatic brightness control; contrôle de luminosité, brightness control; correction de luminosité, brightness correction; seuil de luminosité, light threshold.

**lyre:** lever angle.

# M

machine: machine; adresse machine, machine address; analyse des erreurs machine, machine check analysis; arrondi par machine, automatic rounding off; arrêt après fin de passage en machine, end-of-run halt; assimilable par une machine, machinable; capacité de machine, machine capacity; carte d'index machine, machine index card; carte de configuration des machines, configuration card; carte-machine, machine card; charge de la machine, machine load; codage absolu en code machine, absolute coding; codage en code machine, direct coding, actual coding; codage en langage machine, machine coding; code d'instructions machine, machine instruction code; code d'opération machine, absolute operation code; code en langage machine, machine language code; code machine, machine code, absolute code, direct code; commande machine, machine command; communication homme-machine, man-machine communication; compteur horaire de machine, high resolution clock; connexion machine, hardware termination; correction par passage en machine, correction run; cycle machine, machine cycle; cycle machine de base, basic machine cycle; demande en équipement machine, machine requirement; dialogue homme-machine, man-machine dialog; données exploitables par la machine, machine-readable data; dotation de machines, hardware requirements; défaillance machine, machine failure; défaut de machine, machine fault; dépendant de la machine, machine-sensible, machine-sensitive; encodage en code machine, specific coding; encodage machine, actual code, one-level code; ensemble pièce de machine, environment division; erreur machine, machine error, permanent error; exécutable en machine, machine-executable, machine-readable; fichier des programmes machine, object-coded file; format d'édition en code machine, objet code output format; imprimé exploitable sur machine, machine-readable form; incident machine, machine malfunction; indépendant de la machine, machine-independent, device-independent; information en code machine, machine-sensible information; instruction en code machine, basic instruction;

instruction machine, machine instruction, computer instruction; interface homme-machine, man-machine interface; interrupteur machine, hardware switch; jeu d'instructions de la machine, system code; journal de la machine, machine log; journal machine, computer printout; langage adapté à la machine, machine-oriented language; langage de machine commun, common machine language; langage dépendant de la machine, machine-dependent language; langage indépendant de la machine, machine-independent language; langage machine, machine language, absolute language; langage machine universel, universal machine language; liste machine, machine listing; liste de code machine, machine script; liste des erreurs machine, hardware error list; longueur du mot machine, machine word length; machine alphanumérique, alphanumeric machine; machine analytique, analytical engine; machine autodidacte, learning machine; machine auxiliaire, auxiliary machine; machine cible, target machine; machine comptable, accounting machine, bookkeeping machine; machine comptable électrique, electrical accounting machine (EAM); machine correctrice électronique, test scoring machine; machine d'enseignement, teaching machine; machine d'exécution, object machine; machine de Pascal, adding wheel; machine de base, basic machine; machine de guichet, teller console; machine de traitement automatisé, computing machine, computer machine; machine de traitement de données, data processing machine; machine de traitement électronique de données, electronic data processing machine; machine fonctionnant au niveau du caractère, character-oriented computer; machine frontale, front-end computer; machine hôte, host machine; machine multiadresse, multiple address machine; machine numérique, numerical machine; machine octale, byte machine; machine organisée en mots, word machine; machine pilote, master machine; machine virtuelle, virtual machine, virtual computing system; machine à additionner, adding machine; machine à adresse unique, single-address machine; machine à calculer, calculating machine; machine à caractères, character machine; **machine à composer,** typesetting machine; **machine à deux adresses,** two-address machine; **machine à langage de base,** basic language machine (BLM); **machine à mettre sous enveloppe,** envelope inserting machine; **machine à ouvrir les enveloppes,** envelope opening machine; **machine à reproduire,** copier; **machine à trois adresses,** three-address machine; **machine à écrire,** typewriter, writer; **machine à écrire réceptrice,** output typewriter; **machine à écrire émettrice,** transmitting typewriter; **machine à écrire à boule,** golfball type writer; **machine-outil,** machine tool; **mot machine,** machine word, computer word; **méthode de programmation orientée machine,** machine programming system; **numéro de machine,** machine number; **numéro de série de la machine,** machine serial number; **opérateur machine,** machine operator; **opération machine,** machine operation; **orienté machine,** machine-oriented; **origine machine,** machine zero; **passage en machine,** computer run, machine run, object run; **plan de charge d'une machine,** machine loading schedule; **point de jonction machine,** hardware interface; **possibilités d'extension machines,** extended machine facility; **programmable par machine,** hardware programmable; **programmation assistée par machine,** machine-aided programming; **programmation en langage machine,** object language programming; **programme de contrôle de machine,** machine check; **programme de test de la machine,** computer test program; **programme en langage machine,** object program; **programme machine,** absolute program, machine routine; **programme machine interne,** internal machine program; **programme sur cartes en langage machine,** assembler card deck; **reconnu par une machine,** machine-recognizable; **sous-programme machine,** machine routine; **support de données exploitable en machine,** machinable data carrier; **sélection de machine,** computer selection; **temps d'arrêt machine,** machine down-time; **temps de maintenance machine,** machine maintenance time; **temps de préparation machine,** machine set-up time; **temps machine,** machine time, cpu-time; **temps machine disponible,** machine available time; **temps machine effectif,** effective calculating time; **unité machine,** machine unit; **utilisation machine,** machine employment; **état machine,** computer status.

**machinerie:** machinery.

**macro:** macro*; **appel macro,** macrocall; **appel macro externe,** outer macrocall; **appel macro pour branchement,** exit macro call; **appel macro pour mode normal,** normal mode macro call; **bibliothèque de macros,** macrolibrary; **bibliothèque de macros d'assemblage,** assembly macrolibrary; **bibliothèque macros,** macroinstruction library; **code macro,** macrocode; **définition du macro de mot clé,** keyword macro definition; **développement d'une macro-instruction,** macroexpansion; **en-tête de définition macro,** macrodefinition header; **générateur de macros,** macrogenerator; **identificateur de macro-instructions,** macroidentifier; **instruction macro,** macrocall statement, action macro; **instruction macro de configuration,** configuration macro; **label fin de définition macro,** macrodefinition trailer; **macro d'accès,** access macro; **macro d'appel,** call macro; **macro de commande,** control macro; **macro de description de fichier,** file description macro; **macro de définition de fichier,** file definition macro; **macro de mot clé,** keyword macro; **macro de service,** housekeeping macro; **macro de traitement de bloc,** block handling macro; **macro définie par le programmeur,** programmer-defined macro; **macro-appel de lecture,** read action macro call; **macro-appel de recherche,** seek action macrocall; **macro-assemblage,** macroassembly; **macro-instruction,** macroinstruction, macrostatement, macro; **macro-instruction de chaînage,** linkage macroinstruction; **macro-instruction de mot clé,** keyword macro instruction; **macro-instruction de positionnement,** positional macro; **macro-instruction de renvoi,** return macro call statement; **macro-instruction déclarative,** declarative macro; **macro-instruction externe,** outer macroinstruction; **macro-instruction interne,** inner macro instruction; **macro-élément,** macroelement; **organigramme de macros,** macroflowchart; **programme assembleur de macros,** macroassembler; **programme de gestion des macros,** macromaintenance program; **programme générateur de macros,** macrogenerating program; **programme macroassembleur,** macroassembly program; **répertoire de macro-instructions,** macrodirectory; **sous-programme macro,** minor macro routine; **zone des macro-instructions,** macrofield.

**macrobibliothèque:** macroroutine library; **mise à jour de la macrobibliothèque,** macrolibrary update.

**macrodéclaration:** macrodeclaration.

**macrodéfinition:** macrodéfinition,

macrodefinition, macrodeclaration.

**macrogénérateur:** macrogenerator.
**macrolangage:** macrolanguage.
**macromaintenance:** macromaintenance.
**macrophase:** macrophase.
**macroprocesseur:** macroprocessor; **macroprocesseur banalisé,** generalized macroprocessor.
**macroprogrammation:** macroprogramming.
**macroroutine:** macroroutine.
**maculage:** smearing, smudge, sqeeze-out; **maculage d'encre,** ink smudge.
**magasin:** continuous stock, pocket; **magasin d'alimentation,** card magazine, feed hopper, feeder bin; **magasin d'informatique,** computer store; **magasin de bande,** tape reservoir; **magasin de cartes,** card magazine, card holder; **magasin de microfiches,** microfilm storage; **magasin de réception de cartes,** receiving magazine, pigeon hole; **magasin de réception filière,** card throat; **magasin à cartes,** magazine.
**magnétique:** magnetic, mag; **adressage de bande magnétique,** magnetic tape addressing; **amorce de début de bande magnétique,** magnetic tape leader; **amorce de fin de bande magnétique,** magnetic tape trailer; **amplificateur magnétique,** magnetic amplifier; **bande magnétique,** magnetic tape (mag tape); **bande magnétique vierge,** virgin magnetic tape; **bibliothèque sur bande magnétique,** magnetic tape library; **bivalence magnétique,** bimag; **bobine (bande) magnétique,** magnetic reel; **bobine (magnétique),** coil; **bobine de bande magnétique,** magnetic tape reel; **bulle magnétique,** magnetic bubble; **caractère magnétique,** magnetic character; **caractères magnétiques,** magnetic writing; **carte de compte magnétique,** magnetic ledger card; **carte magnétique,** magnetic card (mag card); **cartouche magnétique,** data cartridge; **cartouche à bande magnétique,** magnetic tape cartridge; **cassette à bande magnétique,** magnetic tape cassette; **cellule magnétique,** magnetic cell; **cellule magnétique statique,** static magnetic cell; **champ magnétique,** magnetic field; **champ magnétique alternant,** AC magnetic field; **champ magnétique longitudinal,** longitudinal magnetic field; **circuit magnétique,** magnetic circuit; **code de carte magnétique,** magnetic card code (MCC); **commande de bande magnétique,** magnetic tape control; **commande de bande magnétique intégrée,** magnetic tape facility; **commande intégrée de disques magnétiques,**

mass storage facility; **composant magnétique,** magnetic component; **contrôle de bande magnétique,** magnetic tape check; **contrôleur d'unités à disques magnétiques,** mass storage controller; **contrôleur de bande magnétique,** magnetic tape controller; **convertisseur cartes-bande magnétique,** card-to-magnetic-tape converter; **convertisseur de bande magnétique,** magnetic tape converter; **couche magnétique,** magnetic layer; **coupleur magnétique,** magnetic coupler; **densité de flux magnétique,** magnetic flux density; **disque magnétique,** magnetic disk, disk; **disque magnétique amovible,** removable magnetic disk; **dérouleur de bande magnétique,** magnetic tape transport; **dévideur de bande magnétique,** magnetic tape driver; **embrayage magnétique,** magnetic clutch; **encre magnétique,** magnetic ink; **enregistrement magnétique,** magnetic recording; **enregistreur sur bande magnétique,** data recording device; **ensemble de têtes magnétiques,** head stack; **entraînement de bande magnétique,** driving magnetic tape; **erreur de l'unité à disques magnétiques,** mass storage peripheral device error; **feuillet magnétique,** magnetic strip; **fichier bande magnétique,** magnetic tape file; **fichier sur bande magnétique,** magnetic file; **fichier sur disque magnétique,** magnetic disk file; **fil magnétique,** magnetic wire; **film magnétique,** magnetic film; **film mince magnétique,** magnetic thin film; **imprimante de caractères magnétiques,** magnetic character printer; **inscription magnétique,** magnetic inscription; **intensité du champ magnétique,** magnetic field strength; **intensité magnétique,** magnetizing force; **introduction par bande magnétique,** magnetic tape input; **jeu de caractères magnétiques,** magnetic ink font; **jeu de feuillets magnétiques,** magnetic card assembly; **largeur de bande magnétique,** magnetic tape width; **lecteur automatique de comptes magnétiques,** magnetic ledger card sorting machine; **lecteur de bande magnétique,** magnetic tape reader; **lecteur de caractères magnétique,** magnetic character reader; **lecteur de feuillets magnétiques,** magnetic card reader; **ligne à retard magnétique,** magnetostrictive delay line; **longueur de bande magnétique,** magnetic tape length; **loqueteau magnétique,** magnetic latch; **marque de bande magnétique,** magnetic tape mark; **mémoire de comptes magnétiques,** magnetic ledger memory; **mémoire magnétique,** magnetic memory; **mémoire à bande magnétique,** magnetic tape storage, tape memory; **mémoire à bâtonnets magnétiques,** magnetic rod storage; **mémoire à cartes magnétiques,** magnetic card storage; **mémoire à couche mince magnétique,** magnetic thin film storage; **mémoire à disque magnétique,** magnetic disk storage; **mémoire à feuillets magnétiques,** magnetic sheet memory; **mémoire à fil magnétique,** magnetic wire storage, plated wire storage; **mémoire à film magnétique,** magnetic film storage; **mémoire à tambour magnétique,** magnetic drum store; **mémoire à tores magnétiques,** bead memory; **ordinateur de comptes magnétiques,** magnetic ledger card computer; **ordinateur à feuillets magnétiques,** magnetic card computer; **piste de bande magnétique,** magnetic tape track; **piste magnétique,** magnetic track; **platine de bande magnétique,** magnetic tape deck; **processeur de disques magnétiques,** mass storage processor; **processeur à bande magnétique,** magnetic tape processor; **registre à décalage magnétique,** magnetic shift register; **repère magnétique,** magnetic spot; **retour de flux magnétique,** flux reversal; **ruban magnetique,** digital magnetic tape; **ruban magnétique pour enregistrer des données,** computer tape; **socle support de tête magnétique,** magnetic head socket; **sortie bande magnétique,** magnetic tape output; **sous-ensemble dérouleur de bande magnétique,** magnetic tape subsystem; **sous-système de disques magnétiques,** mass storage subsystem; **support de tête magnétique,** magnetic head mount; **support magnétique,** magnetic support; **système à cartes magnétiques,** magnetic card system; **sélecteur de têtes magnétiques,** head selection switch; **tambour magnétique,** magnetic drum; **tambour magnétique équilibré,** balanced magnetic drum; **tore magnétique,** magnetic core; **tore magnétique à simple trou,** single-aperture core; **traducteur de caractères magnétiques,** magnetic pickup transducer; **transformation magnétique réversible,** reversible magnetic process; **tri de bandes magnétiques,** magnetic tape sorting; **tête de lecture/écriture magnétique,** combined magnetic head; **tête magnétique,** magnetic head; **tête magnétique fixe,** fixed-magnetic head; **tête magnétique flottante,** floating head; **tête magnétique monopiste,** single-trace magnetic head; **tête magnétique multivoie,** multitrace magnetic head; **tête magnétique sensible au flux,** flux sensitive head; **tête magnétique étalon,** calibrated head; **unité de bande magnétique,** magnetic tape unit (MTU); magnet-ic tape drive; **unité de cartes magnétiques,** magnetic card unit (MCU); **unité de comptes magnétiques,** magnetic ledger unit; **unité de disque magnétique,** magnetic disk unit, floppy disk drive; **unité magnétique,** magnet assembly; **unité à disques magnétiques,** mass storage unit; **unité à tambour magnétique,** magnetic drum unit.

**magnétisation:** magnetization; **inversion de la magnétisation,** return to bias (RB); **magnétisation uniforme,** uniform magnetization; **état de magnétisation,** magnetic state.

**magnétisé:** magnetized; **magnétisé à saturation,** magnetized to saturation; **point magnétisé,** magnetized spot.

**magnétiser:** magnetize (to).

**magnétisme:** magnetism.

**magnétolecture:** magnetic reading.

**magnétostatique:** **mémoire magnétostatique,** resistive memory.

**magnétostrictif:** magnetostrictive.

**magnifier:** magnify (to).

**maille:** mesh; **maille de programme,** program mesh.

**maillé:** **filtre maillé,** mesh filter; **réseau maillé,** lattice network, multinode network.

**main:** hand; **clé en main,** turnkey; **coder à la main,** hand code (to); **système clé en main,** turn key system.

**maintenabilité:** maintainability.

**maintenance:** maintenance; **canal de maintenance,** maintenance channel; **compteur de maintenance,** maintenance counter; **contrat de maintenance,** maintenance agreement; **coût de maintenance,** maintenance cost; **ingénieur de maintenance,** field engineer; **intervalle de maintenance,** maintenance interval; **maintenance corrective,** corrective maintenance, remedial maintenance; **maintenance de bibliothèque,** library maintenance; **maintenance de données,** data maintenance; **maintenance de premier secours,** emergency maintenance; **maintenance de programme,** program maintenance; **maintenance des mouvements,** transaction maintenance; **maintenance des travaux,** job maintenance; **maintenance du logiciel,** software support service; **maintenance du matériel,** hardware maintenance; **maintenance en service,** deferred maintenance; **maintenance logicielle,** software maintenance; **maintenance préventive,** preventive maintenance; **maintenance sur appel client,** maintenance on percall; **moyens de maintenance,** maintenance aids; **notice de maintenance,** maintenance manual; **personnel de maintenance,** maintenance staff, maintenance personnel; **plan de maintenance,** maintenance schedule; **politique de maintenance,** servicing concept; **processeur de maintenance,** maintenance processor; **programme de maintenance,** maintenance routine; **pupitre de maintenance,** control maintenance panel; **pupitre de maintenance du sous-système,** subsystem maintenance panel; **registre de maintenance,** maintenance register; **temps de maintenance,** maintenance time, attended time, corrective time; **temps de maintenance concertée,** scheduled maintenance time; **temps de maintenance machine,** machine maintenance time; **temps de maintenance préventive,** preventive maintenance time; **travaux de maintenance,** maintenance work.

**maintenir:** maintain (to), hold (to).

**maintenu:** maintained.

**maintien:** hold, locking, retention, retaining; **blocage de maintien,** holding interlock; **caractère de maintien de changement,** locking shift character; **circuit de maintien,** hold circuit; **circuit à maintien,** holding circuit; **condition de maintien,** hold condition; **courant de maintien,** holding current; **enroulement de maintien,** holding winding, holding winding, hold coil; **fil de maintien,** holding wire, hold wire; **instruction de maintien,** hold instruction, hold assignment; **maintien de contact,** latching contact; **maintien en communication,** call hold; **mode de maintien,** hold mode, freeze mode; **possibilité de maintien,** hold facility; **relais de maintien,** holding relay, locking relay; **temps de maintien,** hold time.

**maison:** house; **fait maison,** home brew; **logiciel maison,** in-house software.

**maître:** master; **bande maître,** master tape; **bande maître d'introduction,** input master tape; **bande système maître,** master system tape; **carte maître à talon,** master stub card; **chargeur maître,** reference diskpack; **console maître,** master console; **enregistrement maître,** master record; **entité maître,** owner; **fichier maître,** master file, guide file; **fichier maître de sortie système,** system principal output file; **groupe maître,** master group; **interrogation du fichier maître,** master file inquiry; **mode maître,** master mode; **processeur maître,** master processor, control processor; **programme de contrôle du programme maître,** operation mode program; **station maître,** master station, area station; **système maître-esclave,** master/slave system; **terminal maître,** master terminal.

**maîtresse:** **carte maîtresse,** master card; **carte maîtresse d'un segment,** segment header card; **carte maîtresse du système,** system specific header; **dispositif de tri par cartes maîtresses,** group sorting device; **feuille maîtresse,** master data sheet; **fichier de cartes maîtresses,** master card file; **jeu de cartes maîtresses,** master deck; **opération avec cartes maîtresses,** master card operation; **tâche maîtresse,** system task.

**majeur:** **contrôle majeur,** major control; **cycle majeur,** major cycle; **défaut majeur,** major defect; **indicatif majeur,** major key.

**majeure:** table d'index majeure, primary index table; **tâche majeure,** major task.

**majoritaire:** **circuit à porteurs majoritaires,** majority circuit; **porte majoritaire,** majority element gate; **porte à porteurs majoritaires,** majority gate; **porteur majoritaire,** majority carrier.

**majorité:** majority.

**majuscule:** uppercase (UC), upper case character; **blocage majuscule,** shift lock; **caractère de passage en majuscule,** upper shift character; **impression avec lettres majuscules,** upper case print; **inversion majuscules/minuscules,** case shift; **lettre majuscule,** capital letter; **majuscules et minuscules,** upper and lower case; **passage en (lettres) majuscules,** upshift; **passage en majuscules,** upper case shift; **passer en (lettres) majuscules,** upshift (to); **touche d'inversion majuscules-minuscules,** case shift key.

**mâle:** male; **connecteur mâle,** male plug; **prise mâle,** male plug connector.

**manche:** stick, control stick; **manche à balai,** joystick.

**Manchester:** Manchester; **code de Manchester,** Manchester code.

**manchet:** joystick.

**manchon:** hub; **manchon de câble,** cable gland.

**mandrin:** spool, tape spool.

**manette:** paddle; **manette de jeu,** game paddle.

**manipulateur:** telegraph key, key switch.

**manipulation:** keying, manipulation; **fréquence de manipulation maximale,** maximum keying frequency; **langage de manipulation de données,** data manipulation language (DML); **manipulation d'adresse,** address manipulation; **manipulation de bloc,** block manipulation; **manipulation de chaînes,** string handling; **manipulation de données,** data manipulation; **manipulation de l'information,** information handling;

**manipulation de mémoire,** memory handling; **manipulation de texte,** text handling; **manipulation de texte de message,** message text handling; **mode de manipulation de console,** console handler process; **vitesse de manipulation,** key speed.

**m a n i p u l é :** manipulated, keyed.

**m a n i p u l é e :** **onde manipulée,** keying wave; **onde modulée manipulée,** keyed modulation wave; **ondes entretenues manipulées,** keyed continuous wave; **variable manipulée,** manipulated variable.

**m a n i p u l e r :** manipulate (to).

**m a n o e u v r e :** **bande de manoeuvre,** scratch tape; **commutateur de manoeuvre,** operating control; **programme de manoeuvre,** intermediate program control; **ruban de manoeuvre,** operating tape; **zone de manoeuvre,** scratch area, work location.

**m a n q u e :** lack, absence, default, runout; **manque de papier,** paper low.

**m a n t i s s e :** mantissa*, fixed-point part, fractional part; **mantisse de longueur variable,** variable-length mantissa; **mantisse en virgule flottante,** floating-point mantissa.

**m a n u e l :** handbook, manual; **accès manuel,** manual access; **arrêt manuel,** kill; **central manuel,** manual exchange; **codage manuel,** hand coding; **décalage manuel de fichiers,** manual file rotation; **essai manuel,** hands-on testing; **manuel d'application,** application manual; **manuel d'auto-instruction,** self-instructing textbook; **manuel d'entretien,** servicing manual; **manuel d'exploitation,** system handbook, run manual; **manuel d'installation,** installation manual; **manuel d'instruction,** operating instructions, instruction manual; **manuel d'utilisation,** operator manual; **manuel de l'utilisateur,** user's guide; **manuel de référence,** reference manual, reference material; **manuel descriptif d'application,** application description manual; **manuel didactique,** textbook; **manuel technique,** technical manual; **mode manuel,** manual mode; **perforateur manuel,** hand punch, manual perforator; **prise de contrôle manuel,** override; **redémarrage manuel,** differed restart.

**m a n u e l l e :** **avance manuelle de papier,** manual paper feed; **commande manuelle,** manual control; **commutateur pour introduction binaire manuelle,** manual binary input; **commutation manuelle,** manual control box; **élément d'entrée manuelle,** manual word generator; **correction manuelle,** home correction; **entrée manuelle,** manual input; **exploitation manuelle,** manual operation; **extraction manuelle,** hand pulling; **fin ma-** nuelle, manual termination; **fonction manuelle,** manual function; **indicateur d'introduction manuelle,** operator action indicator; **insertion manuelle,** manual card insertion; **interconnexion manuelle,** manual patching; **interruption manuelle,** manual interrupt; **interruption par commande manuelle,** manual request; **introduction manuelle,** manual entry; **introduction manuelle des données,** manual data input; **modification manuelle de l'avance,** manual feedrate override; **numérotation manuelle,** manual calling; **opération manuelle,** hand operation; **perforatrice manuelle,** hand feed punch; **registre d'entrée manuelle,** manual input register; **relance manuelle,** deferred restart; **réponse manuelle,** manual answering; **sélection manuelle,** manual dialing; **temps de réduction manuelle,** manual reduction time; **transcription manuelle,** manual transcription; **transmission manuelle,** manual transmission; **unité d'entrée manuelle,** manual input unit; **vérification manuelle (de code),** dry running.

**m a n u e l l e m e n t :** **codé manuellement,** hand-coded; **document annoté manuellement,** hand marked document; **introduire manuellement,** key (to); **perforer manuellement,** key-punch (to); **programme codé manuellement,** hand-coded program; **programme écrit manuellement,** hand-written program.

**m a p p a g e :** mapping.

**m a p p e :** mapping*, map*; **mappe binaire,** bit map; **mappe de fichiers,** file map; **mappe des erreurs,** flaw mapping; **mappe mémoire,** storage map, store map; **mappé,** mapped; **représentation en mappe binaire,** bit-mapped representation.

**M A Q :** modulation d'amplitude en quadrature, quadrature amplitude modulation (QAM).

**m a q u e t t e :** breadboard model.

**m a r c h a n d i s e :** marchandise emmagasinée, stock on hand.

**m a r c h e :** walking; **bouton marche,** start button; **effet de marches d'escalier,** stair stepping; **en marche,** alive; **faire marche arrière,** reverse (to); **interrupteur marche,** start bar; **marche d'escalier,** stair step; **marche à vide,** idling cycle; **poussoir marche,** automatic start key.

**m a r c h é :** market; **marché amateur,** hobby market.

**m a r g e :** margin, slack, edge; **dimension de marge,** margin size; **définition de marge,** margin définition; **marge d'erreur,** range of error; **marge d'intérêt,** range of interest;

**marge de cadrage,** aligning edge; **marge de fond de page,** bottom margin; **marge de gauche,** left margin; **marge de référence,** guide margin; **marge droite,** right margin; **marge du sommet de page,** top margin; **marge inférieure,** bottom edge; **marge irrégulière,** ragged margin; **marge justifiée,** justified margin; **marge utile,** effective margin; **positionnement de marge,** margin adjustment; **recherche de marge,** edge seek; **réglage de marge,** marging setting; **test de marges,** marginal test; **test des marges,** high/low bias test, bias testing.

**marqeur:** margin stop, feed pawl.

**marginal:** marginal; **commentaire marginal,** side note; **contrôle marginal,** marginal checking, marginal check; **contrôle marginal programmé,** programmed marginal check; **déclencheur marginal,** margin release; **indicateur marginal,** margin indicator; **levier de réglage marginal,** margin set lever; **transport marginal,** front guide.

**marginale:** **carte à perforations marginales,** marginal-punched card, edge-punched card; **condition marginale,** marginal condition; **formulaires sans fin à perforations marginales,** continuous pin feed forms; **lecture des perforations marginales,** edge punch read; **perforation marginale,** marginal punching, margin perforation.

**marguerite:** daisy wheel, daisy, print wheel, type wheel; **imprimante à marguerite,** daisy printer, daisy wheel printer.

**marquage:** highlighting, marking; **dispositif de marquage,** marking device; **impulsion de marquage,** marker pulse, marker pulse; **marquage de touche,** key legend; **piste de marquage,** mark channel; **piste de marquage de bloc,** block marker track; **position de marquage,** mark position, response position; **zone de contrôle de marquage,** check field.

**marque:** mark, marker, blip, ponctuation; **code à inversion de marque alternée,** alterned mark inversion code (AMI); **contrôle des marques de synchronisation,** timing mark check; **distance entre marques de synchronisation,** timing mark pitch; **effacer une marque,** unmark (to); **feuillet à marque réfléchissante,** foil sensing strip; **lecteur de marque optique,** optical mark reader; **lecteur de marques,** mark reader; **lecteur optique de marques,** optical mark page reader; **lecture (optique) de marques,** mark scanning, mark sensing; **lecture optique de marques,** optical mark reading; **lire des marques,** mark-sense (to); **marque d'index,** index mark; **marque de bande magnétique,** magnetic tape mark; **marque de bloc,** block mark; **marque de diagnostic,** diagnostic flag; **marque de début,** beginning-of-information marker; **marque de début de bande,** beginning-of-tape indicator; **marque de début de chargement,** load mark; **marque de fichier,** file mark; **marque de fin,** end mark, terminating symbol; **marque de fin d'enregistrement,** record mark; **marque de fin d'instruction,** end-of-instruction mark; **marque de fin de bande,** end-of-tape marker, control mark; **marque de fin de données,** end-of-information marker (EIM); **marque de fin de fichier,** end-of-file indicator, file trailer, filemark; **marque de groupe,** group mark; **marque de jeu de cartes,** deck marker; **marque de lecture,** read mark; **marque de mot,** word mark; **marque de renvoi,** breakpoint symbol; **marque de repérage,** registration mark; **marque de référence,** reference mark; **marque de segment,** segment mark; **marque de synchronisation,** timing mark; **marque de tambour,** drum mark; **marque fin de bande,** destination warning marker; **marque fin de bobine,** end-of-reel mark; **marque fin de mot,** end-of-word mark; **marque réfléchissante,** reflective marker, reflective foil; **marque textuelle,** text marker; **marqué,** marked; **non marqué,** unmarked; **reconnaissance de marque de bande,** tape mark recognition; **reconnaissance optique de marques,** optical mark recognition (OMR); **zone de marque de synchronisation,** timing mark field.

**marquer:** mark (to), punctuate (to).

**marqueur:** marker, mark; **bit marqueur,** marker bit; **marqueur d'index,** index marker; **marqueur de bloc,** block marker; **marqueur de bloc de données,** data block marker; **marqueur de début de bande,** beginning-of-tape (BOT); **marqueur de fin de fichier,** end-of-file marker, end-of-file spot.

**marteau:** hammer; **blocage du marteau,** hammer lock; **durée de vol du marteau d'impression,** hammer flight time; **marteau d'impression,** print hammer, print anvil.

**marteaux:** **rangée de marteaux,** hammer bank.

**masquage:** reverse clipping; **binaire de masquage,** mask bit.

**masque:** mask*, extractor, filter, form, filter element; **constitution du masque de saisie,** capture grid making; **masque d'impression,** print mask; **masque d'interruption,** interrupt mask; **masque d'écran,** screen mask, form overlay, form flash, static image; **masque d'édition,** edit mask, edit word, edit control word; **masque de fichier,**

file mask; **masque de programme,** program mask; **masque de recherche,** search mask; **masque de saisie,** capture mode, capture grid, acquisition profile; **masque de scrutation parallèle,** parallel poll mask; **masque holistique,** holistic mask; **masque perforé,** peephole mask; **masqué,** masked; **mode masque,** form mode; **mémoire morte élaborée par masque,** masked ROM; **non masqué,** unmasked; **positionnement de masques d'interruption,** interrupt masking; **programmable par masque,** mask programmable; **registre des masques,** mask register; **tube couleurs à masque,** shadow mask color CRT; **valeur sans masque,** unmasked value; **voie de masques,** extraction path.

**masquée:** valeur masquée, masked value.

**masquer:** mask (to).

**masse:** mass*; **adresse de mémoire de masse,** main memory location; **connexion de masse,** ground lead; **conversion de masse d'informations,** bulk media conversion; **données de masse,** mass data; **données en masse,** mass of data; **masse d'informations,** data bulk; **masse de données,** bulk data, bulk information, data amount; **masse de protection,** protective ground; **mettre à la masse,** ground (to), sink to ground (to); **mise à la masse,** grounding; **mémoire de masse,** bulk memory, mass store, mass memory; **mémoire de masse en ligne,** on-line mass storage; **plan de masse,** ground plane; **retour par la masse,** ground return.

**masselotte:** retaining block.

**matériau:** material; **matériau ferromagnétique,** ferromagnetic material.

**matériaux:** fichier permanent de matériaux, material item file.

**matériel:** hardware, machinery; **chassis de connexion de matériel,** adapter base; **code matériel,** material code; **complexe de matériels,** equipment complex; **composant matériel,** hardware component; **compte-rendu du matériel stocké,** stock status report; **documents accompagnant le matériel,** documentation package; **erreur de matériel irrécupérable,** uncoverable device error; **erreur due au matériel,** hard error; **fiabilité du matériel,** hardware reliability; **implémenté matériel,** hardware-implemented; **logiciel livré avec le matériel,** bundled software; **maintenance du matériel,** hardware maintenance; **matériel annexe,** accessory feature; **matériel auxiliaire,** ancillary hardware; **matériel classique,** unit record equipment;

**matériel complémentaire,** hook-up machine; **matériel d'entrée,** input equipment; **matériel d'essai,** test material; **matériel d'insonorisation,** sound absorbing material; **matériel d'interface,** interface equipment; **matériel d'occasion,** used equipment; **matériel de base,** basic hardware, basic material, base material; **matériel de calcul,** computing machinery; **matériel de climatisation,** air conditioning equipment; **matériel de conversion numérique,** digital data conversion equipment; **matériel de faible performance,** low performance equipment; **matériel de location,** leasing equipment; **matériel de multiplexage temporel,** time-division multiplexing equipment; **matériel de rechange,** hook-up machine; **matériel de servitude,** ground handling equipment; **matériel de traitement de données,** data processing equipment; **matériel de transmission,** transmission equipment; **matériel de transmission de données,** data transmission equipment; **matériel en location,** rental equipment; **matériel en réserve,** standby equipment; **matériel optionnel,** optional hardware feature; **matériel optionnel,** optional facility; **matériel périphérique,** peripheral equipment; **matériel à cartes,** card hardware; **nom du matériel,** hardware name; **secteur matériel,** hard sector; **sectorisé matériel,** hard-sectored; **sortie matériel,** device exit; **souris (matériel),** mouse hardware; **traitement des listes de matériel,** bill of material processing; **vérification de matériel,** hardware check.

**matérielle:** amélioration matérielle, hardware upgrade; **compatibilité matérielle,** compatible hardware; **configuration matérielle,** hardware configuration; **disque à sectorisation matérielle,** hard-sectored disk; **défaillance matérielle,** hardware failure; **interruption matérielle,** hardware interrupt; **limite matérielle,** hard clip limit; **opération matérielle,** hardware operation; **panne matérielle,** hardware breakdown, hardware malfunction; **ressources matérielles,** hardware resources.

**mathématique:** mathematical; **analyse mathématique,** mathematical analysis; **calcul mathématique,** mathematical computation; **expression mathématique,** mathematical expression; **instruction d'allocation mathématique,** arithmetic assignment statement; **logique mathématique,** mathematical logic; **les mathématiques,** mathematics; **mathématiques abrégées,** abstract mathematics; **modèle de processus mathématique,** mathematical process model; **modèle mathématique,** mathematical model (simulation);

notation mathématique normalisée, standard mathematical notation; **programmation mathématique,** mathematical programming; **terme mathématique,** mathematical term.

**matière:** contrôle des tables des matières, contents supervision; **matière plastique,** plastic; **table des matières,** table of contents, index table.

**matrice:** matrix*; banc de matrices de tores, core matrix block; **caractère à matrice de points,** dot matrix character; **colonne de matrice,** matrix column; **déclarateur de matrice,** array declarator; **élément de matrice,** array element; **grandeur maximale de matrice,** array size limit; **imprimante à matrice de points,** dot matrix printer; **inversion de matrice,** matrix inversion; **ligne de matrice,** matrix row; **liste de matrices,** array list; **matrice bidimensionnelle,** two-dimensional array; **matrice booléenne,** Boolean matrix; **matrice d'admittance,** admittance matrix; **matrice d'exploration,** scan matrix; **matrice d'impédance,** impedance matrix; **matrice d'incidence,** adjacency matrix; **matrice de connexion mémoire,** storage connecting matrix; **matrice de différentiation,** difference matrix; **matrice de diodes,** diode matrix; **matrice de dispersion,** scattering matrix; **matrice de déchiffrage,** decoder network; **matrice de déchiffrement,** decoder matrix; **matrice de décodage,** decoder matrix; **matrice de mémoire à tores,** core storage matrix; **matrice de partition,** area matrix; **matrice de perforation,** punch die; **matrice de registre,** register matrix, register map; **matrice de tores,** core array, core matrix; **matrice de transcodage,** transcoding matrix; **matrice du caractère,** character cell; **matrice nulle,** zero matrix; **matrice opérande,** operand matrix; **matrice sémantique,** semantic matrix; **matrice à caractères,** character matrix; **matrice à points,** dot matrix; **nom de matrice,** matrix name; **nom de matrice,** array declarator name; **rang de matrice,** matrix order; **segment de matrice,** array segment; **sous-matrice,** subcell; **sous-matrice du caractère,** character subcell; **traceur à matrice de points,** dot matrix plotter.

**matriciel:** affichage matriciel, pixel-based display; **affichage matriciel par points,** dot matrix display; **calcul matriciel,** matrix calculus; **processeur matriciel,** array processor, two-dimensional array processor; **traceur matriciel,** raster plotter.

**matricielle:** algèbre matricielle, matrix algebra; **clavier à sélection matricielle,** matrix keyboard; **équation matricielle,** matrix equation; **fonte matricielle,** bit-mapped font, raster font; **imprimante matricielle,** matrix printer, wire matrix printer; **imprimante matricielle thermique,** thermal matrix printer; **imprimante matricielle à impact,** impact matrix printer; **infographie matricielle,** raster graphics; **interconnexion matricielle,** array interconnection; **mémoire matricielle,** coordinate storage, matrix memory, matrix store; **notation matricielle,** matrix notation; **table matricielle,** matrix table.

**mauvais:** bad.

**mauvaise:** mauvaise alimentation, misfeed; **à mauvaise entrée mauvaise sortie,** garbage in garbage out (GIGO).

**maxi:** valeur maxi/mini, peak-to-peak value.

**maximal:** débit maximal, peak transaction volume; **tri maximal,** maximum sort; **vitesse de transfert maximal,** maximum transfer rate.

**maximale:** charge maximale, peak load; **densité de flux maximale,** peak flux density; **déviation maximale,** full scale; **fréquence de manipulation maximale,** maximum keying frequency; **fréquence maximale de modulation,** maximum modulating frequency; **fréquence maximale opérationnelle,** maximum operating frequency; **grandeur maximale de matrice,** array size limit; **longueur maximale,** maximum length; **performance maximale,** maximum performance.

**maximum:** maximum; **effet maximum,** maximum effect; **filtre maximum,** peak filter; **puissance maximum,** maximum capacity.

**mécanique:** mechanical; **compteur mécanique,** mechanical counter; **horloge électro-mécanique,** mechanical clock; **lecture par exploration mécanique,** mechanical sensing; **liaison mécanique,** mechanical linkage; **positionnement mécanique,** mechanical positioning; **poursuite mécanique,** mechanical tracking; **résistance mécanique,** mechanical strength.

**mécanisé:** mécanisé sur ordinateur, computer-oriented.

**mécanisme:** mechanism; **blocage du mécanisme d'avance,** transport lock; **mécanisme d'accès,** access mechanism, accessor; **mécanisme d'addition,** adding mechanism; **mécanisme d'alarme,** alarm equipment; **mécanisme d'alignement,** aligner; **mécanisme d'alimentation en cartes,** card feed; **mécanisme d'appel automatique,** automatic calling equipment; **mécanisme d'avance papier,** form feed mechanism, paper advance mechanism; **mécanisme d'empilage,** stack mechanism;

mécanisme d'entraînement, drive mechanism; **mécanisme d'entraînement de bande**, tape transport mechanism, tape spindle; **mécanisme d'entraînement de cassette**, cassette deck; **mécanisme d'entraînement de disque**, disk storage drive; **mécanisme d'identification**, recognition mechanism; **mécanisme d'impression**, print yoke; **mécanisme d'indexation**, index head; **mécanisme d'interruption**, interrupt feature; **mécanisme d'éjection**, ejection mechanism; **mécanisme d'éjection rapide**, high-speed eject mechanism; **mécanisme de positionnement**, shift mechanism; **mécanisme de rappel**, backspace mechanism; **mécanisme de rotation**, rotate mechanism; **mécanisme de réception**, stacking mechanism; **mécanisme de soulèvement de chariot**, carriage lift mechanism; **mécanisme de sélection**, selector mechanism; **mécanisme encreur**, ink mechanism.

**mécanographique:** comptabilité **mécanographique**, machine accounting; **imprimante d'états mécanographiques**, report transcription device; **imprimé mécanographique**, tab form.

**média:** media*.

**médian:** débobinage médian, center roll feeding.

**médiane:** fréquence médiane, center frequency; **ligne médiane**, center line.

**médium:** (caractère de) fin de médium, end-of-medium character (EM); **conversion de médium**, medium transcription.

**méga:** mega (M); **méga-octet**, megabyte (Mb).

**mégabit:** megabit (Mb).

**mégacycle:** megacycle.

**mélangé:** mixed.

**mélangeur:** mixer; **mélangeur équilibré**, balanced mixer; **mélangeur à diodes**, diode gating structure.

**mêlé:** total mêlé, hash total.

**membre:** member, offspring.

**mémoire:** memory*, storage, store, memory element; **accès aléatoire à la mémoire**, memory random access; **accès direct à la mémoire**, direct memory access (DMA); **accès immédiat à la mémoire**, data break; **accès mémoire**, memory access; **accès à la mémoire**, storage access; **adresse de début d'implantation en mémoire**, memory starting location address; **adresse de mémoire**, memory address; **adresse de mémoire centrale**, main memory address; **adresse de mémoire de masse**, main memory location; **adresse de secteur mémoire**, core sector address; **affectation de la mé-**moire, storage assignment; **affectation diffuse de la mémoire**, scatter load; **affectation dynamique de mémoire**, dynamic storage location; **affectation mémoire multiprocesseur**, multiprocessor interleaving; **affichage du contenu mémoire**, display core; **aide-mémoire**, tickler; **allocation de la mémoire**, memory allotment; **allocation de mémoire**, general storage assignment; **allocation de mémoire centrale**, core allocation; **allocation dynamique de mémoire**, dynamic storage allocation; **appel de mémoire à tores**, core memory call; **appel de mémoires associées**, connected storage; **attribution automatique de mémoire**, automatic storage allocation; **attribution de mémoire**, memory allocation, storage allocation; **balayage de la mémoire**, storage scan; **banc de mémoire**, memory bank; **besoin en mémoire**, storage requirement; **bibliothèque image-mémoire**, core image library; **bloc de mémoire**, memory block, memory stack; **bloc de mémoire rapide**, high-speed memory block; **bloc mémoire de sortie**, output block; **blocage de mémoire**, memory lock; **brûleur de mémoire morte**, PROM burner; **bus de mémoire**, memory bus; **canal d'accès direct à la mémoire**, direct memory access channel; **capacité de la mémoire centrale**, main memory capacity; **capacité de la mémoire interne**, internal memory capacity; **capacité de mémoire**, memory capacity, storage capacity; **capacité de mémoire optimale**, optimum storage capacity; **capacité mémoire pour programme objet**, objet core size; **carte aide-mémoire**, quick reference card; **carte d'extension de mémoire**, memory extension unit; **carte de mémoire**, memory board, memory card; **carte de mémoire épandue**, expanded memory board; **carte de mémoire étendue**, extended memory board; **carte mémoire étendue**, above board; **carte à mémoire**, smart card; **cellule binaire (de mémoire)**, binary cell; **cellule de mémoire**, memory cell, storage cell; **chargement en mémoire**, core load; **circuit de mémoire**, storage circuit; **claqueur de mémoire morte**, PROM blaster; **cliché mémoire**, memory dump, core dump, storage dump; **clé de protection mémoire**, memory protect key; **code mémoire centrale**, memory code; **commande de mémoire centrale**, main memory control; **commande extensible de mémoire à disques**, expanded disk storage control; **compactage mémoire**, block compaction; **composition de la mémoire centrale**, main memory configuration; **compteur d'adresses de mémoire**, memory address counter; **compteur d'affectation mémoire,** storage assignment counter; **compteur de positions de mémoire,** storage location counter; **configuration mémoire,** memory map; **contenu de mémoire,** storage contents; **contrôle de mémoire,** storage check; **contrôleur d'accès mémoire,** memory control unit; **contrôleur de mémoire,** storage control; **contrôleur de mémoire à disques,** mass storage control; **copie en mémoire,** soft copy; **coupleur de mémoire,** store connecting matrix; **cycle de mémoire,** memory cycle; **cycle de mémoire auxiliaire,** alternate memory cycle; **cycle de mémoire centrale,** central processor cycle; **cycle de mémoire principale,** main memory cycle time; **cycle de rafraîchissement de mémoire,** memory refresh cycle; **cycle de rafraîchissement de mémoire dynamique,** RAM refresh cycle; **dispositif de protection de la mémoire,** memory protect feature; **dispositif de protection mémoire,** storage protect feature; **dispositif à mémoire,** storage device; **disque à mémoire,** memory disk; **double capacité mémoire,** double density; **drapeau de mémoire tampon,** buffer mark; **découpage de la mémoire,** memory partitioning; **dépassement de la capacité de mémoire,** memory overload; **échange de pages mémoires,** page swapping; **échange en mémoire,** memory exchange; **écran à mémoire,** storage display; **écrire directement en mémoire,** poke (to); **écriture directe en mémoire,** poke; **effacement de la mémoire,** storage clearing; **effacement mémoire,** memory erasure, memory cleaning; **effacement par ultraviolet (mémoire morte),** ultraviolet erasing; **emplacement en mémoire,** storage location; **élément de mémoire,** storage element, store element; **élément de mémoire binaire,** binary storage element; **émulation de mémoire à bancs commutés,** expanded memory emulation; **en mémoire principale,** internal sort; **encombrement en mémoire,** memory requirement; **entrée en mémoire,** storage entry; **erreur de lecture mémoire,** core sense failure; **erreur de mémoire morte,** read-only storage error; **erreur de mémoire à tores,** core memory error; **erreur de protection de mémoire,** memory protect error; **espace mémoire,** memory space; **espace mémoire de 32 mots,** sliver; **espace mémoire de l'utilisateur,** user address space; **espace mémoire utilisateur,** user program area; **extension de mémoire,** add-on core; **extension mémoire,** add-on memory; **extraction de mémoire,** storage read-out; **extrait de mémoire,** memory snapshot; **fenêtre de l'image-mémoire,** resetting window; **fichier d'image-mémoire,** core image file; **fichier en mémoire tampon,** buffered file; **fichier mémoire,** memory file; **format de l'image-mémoire,** core image format; **fragmentation mémoire,** storage fragmentation; **garde de mémoire,** memory guard; **gestion automatique de mémoire,** virtual memory management; **gestion de la mémoire virtuelle,** virtual storage management (VSM); **gestion de mémoire,** memory management; **gestion de mémoire centrale,** main memory management; **gestion dynamique de mémoire,** dynamic memory management; **gestionnaire d'attribution mémoire,** memory allocation manager; **gestionnaire de mémoire commutée,** expanded memory manager; **grilleur de mémoire morte,** PROM blower; **haut de mémoire,** high memory; **hiérarchie de la mémoire,** memory hierarchy; **image mémoire,** memory image, core image, storage image; **imbrication mémoire,** memory interleaving; **impression du contenu de la mémoire,** memory printout; **impression du contenu de la mémoire centrale,** main memory print; **impression mémoire,** storage print; **incrémentation de la mémoire,** memory increment; **index de mémoire,** core index; **indicateur de protection mémoire,** storage protection indicator; **indicatif de protection mémoire,** storage protection key; **interface de mémoire,** memory interface; **interrogation de mémoire,** storage reference; **interrupteur de protection de la mémoire,** memory protect switch; **introduire en mémoire,** usher (to), move into (to); **lecture directe en mémoire,** peek; **libération de mémoire,** memory deallocation; **manipulation de mémoire,** memory handling; **mappe mémoire,** storage map, store map; **matrice de connexion mémoire,** storage connecting matrix; **matrice de mémoire à tores,** core storage matrix; **mode d'accès à la mémoire,** memory access mode; **module de mémoire,** memory module; **module de mémoire à tores,** core memory module; **mot mémoire,** memory word, storage word; **mémoire (morte) de chargement,** bootstrap memory; **mémoire MOS,** MOS memory; **mémoire acoustique,** acoustic memory, ultrasonic memory; **mémoire active,** writable memory; **mémoire additionnelle,** additional memory, back-up storage; **mémoire adressable,** addressable memory; **mémoire adressable par le contenu,** content-addressed storage, search memory; **mémoire adressée,** addressed memory; **mémoire allouée,** allocated storage; **mémoire alphanumérique,** alphanumeric storage; **mémoire altérable,** alterable ROM (AROM), erasable memory; **mémoire aléatoire,** direct access storage; **mémoire analogique,** analog storage; **mémoire analogique à accès direct,** analog random access memory (ARAM); **mémoire annexe,** bump; **mémoire apparente,** apparent storage; **mémoire arythmique,** continuation storage; **mémoire associative,** associative memory, content-addressable memory; **mémoire autonome,** autonomous storage, off-line storage; **mémoire auxiliaire,** auxiliary memory, secondary storage; **mémoire bipolaire,** bipolar memory, bipolar storage; **mémoire bistable,** bistable storage unit, flip-flop storage; **mémoire brouillon,** scratch pad memory, intermediate storage; **mémoire capacitive,** capacity storage; **mémoire cathodique,** cathode ray storage; **mémoire centrale,** processor storage, central storage, core memory; **mémoire circulaire,** cyclic storage; **mémoire circulante,** circular memory; **mémoire commune,** global memory, common storage; **mémoire commutée,** expanded memory; **mémoire comptable,** booking storage; **mémoire connexe,** associated memory; **mémoire conventionnelle,** conventional memory; **mémoire cryogénique,** cryogenic store; **mémoire cyclique,** circulating memory, cyclic memory; **mémoire câblée,** wire storage; **mémoire d'appels,** dial storage; **mémoire d'enregistrement,** record storage, data memory; **mémoire d'entrée,** input storage; **mémoire d'entrée de données,** data-in storage; **mémoire d'entréesortie,** inputoutput storage; **mémoire d'essai,** test code storage; **mémoire d'extension,** extension memory, memory expansion; **mémoire d'impression,** print storage; **mémoire d'index,** modifier storage; **mémoire d'ordinateur,** computer storage, computer store; **mémoire d'écran,** display memory; **mémoire d'étiquettes,** tag memory; **mémoire de base,** basic storage; **mémoire de commande,** control memory; **mémoire de commandes chaînées,** command-chained memory; **mémoire de comptage,** counter storage, count storage; **mémoire de comptes magnétiques,** magnetic ledger memory; **mémoire de contrôle,** control memory; **mémoire de couplage,** link memory; **mémoire de disponibilité,** availability storage; **mémoire de détection d'anomalie,** fault control memory; **mémoire de grande capacité,** bulk storage, mass storage; **mémoire de lectureécriture,** read/write memory; **mémoire de masse,** bulk memory, mass store, mass memory; **mémoire de masse en ligne,** on-line mass storage; **mémoire de perforation,** punch storage; **mémoire de premier niveau,** first-level memory; **mémoire de réserve,** back-up storage, standby storage; **mémoire de sauvegarde,** backing storage, back-up memory; **mémoire de signe,** sign memory; **mémoire de sortie,** output storage, readout storage; **mémoire de sortie de données,** data out storage; **mémoire de surveillance,** guard storage; **mémoire de tabulation,** tab memory; **mémoire de texte,** text memory; **mémoire de traduction d'adresses,** translation memory; **mémoire de trame,** frame storage; **mémoire de travail,** working memory, temporary storage; **mémoire de vidage,** bump memory; **mémoire des codes indicatifs,** answerback code storage; **mémoire directe,** immediate access storage; **mémoire disponible,** workspace; **mémoire disque à adresses spécifiques,** natural pack; **mémoire dynamique,** dynamic memory, dynamic storage, dynamic RAM; **mémoire dynamique volatile,** volatile dynamic storage; **mémoire effaçable,** erasable storage, erasable store; **mémoire en ligne,** on-line storage; **mémoire esclave,** slave memory; **mémoire externe,** external memory, external storage; **mémoire ferromagnétique,** ferromagnetic memory, ferromagnetic storage; **mémoire fixe,** fixed memory, dead storage, fixed-data storage; **mémoire fixe inductive,** transformer read-only storage; **mémoire graphique,** graphics memory; **mémoire holographique,** holographic memory, holographic storage; **mémoire image,** image space; **mémoire image en double zone tampon,** double-buffered pixel memory; **mémoire immédiate,** uniform accessible memory; **mémoire inaltérable,** nonerasable storage, unalterable memory; **mémoire inductive,** inductive memory; **mémoire ineffaçable,** nonerasable memory; **mémoire infinie,** infinite memory; **mémoire inhérente,** inherent storage, automatic storage; **mémoire instable,** unstable memory; **mémoire intermédiaire,** intermediate data storage; **mémoire interne,** internal memory, processor storage; **mémoire interprète,** scratch pad unit; **mémoire inutilisée,** slack storage; **mémoire la moins utilisée,** least frequently used memory (LFU); **mémoire lente,** low-speed store, slow memory, slow storage; **mémoire locale,** local storage; **mémoire magnétique,** magnetic memory, magnetic storage; **mémoire magnétostatique,** resistive memory; **mémoire matricielle,** coordinate storage, matrix memory, matrix store; **mémoire microprogrammée,** microprogram memory; **mémoire monolithique,** monolithic storage; **mémoire morte,** read-only memory (ROM), read-in storage; **mémoire morte altérable,** alterable read-only memory; **mémoire morte de commande,** control read-only memory (CROM); **mémoire morte effaçable électriquement,** electrically erasable read-only memory (EEROM); **mémoire morte fusible,** fusable read-only memory; **mémoire morte interchangeable,** interchangeable rom; **mémoire morte programmable,** programmable ROM (PROM); **mémoire morte programmable électriquement,** electrically programmable ROM (EPROM); **mémoire morte reprogrammable électriquement,** electrically alterable read-only memory (EAROM); **mémoire morte élaborée par un masque,** masked ROM; **mémoire multibande,** multitape memory; **mémoire non adressable,** bump memory; **mémoire non rémanente,** volatile storage; **mémoire non volatile,** nonvolatile memory; **mémoire numérique,** digital storage, digital storage device; **mémoire optique,** optical memory, optical storage; **mémoire organisée,** mapped memory; **mémoire organisée en mots,** word-organized memory, word-oriented memory; **mémoire paginée,** page storage; **mémoire paginée EMS,** EMS memory; **mémoire parallèle (associative),** parallel search storage; **mémoire partagée,** shared storage; **mémoire permanente,** permanent memory, nonvolatile storage; **mémoire physique,** actual storage; **mémoire pointée,** based storage; **mémoire principale,** main memory, main storage, primary storage; **mémoire privée,** dedicated memory; **mémoire programmable,** programmable memory; **mémoire programme,** program storage; **mémoire protégée en écriture,** protected memory; **mémoire périphérique,** peripheral memory, peripheral storage; **mémoire rapide,** fast memory, fast core, rapid memory; **mémoire réelle,** real memory, real storage, actual storage; **mémoire régénérative,** regenerative storage; **mémoire rémanente,** retentive memory, retentive storage; **mémoire résidante,** resident storage; **mémoire secondaire,** integrated filestore; **mémoire statique,** static memory, static RAM, static storage; **mémoire supraconductrice,** cryogenic store; **mémoire séquentielle,** sequential memory, serial memory; **mémoire sérielle,** sequential storage; **mémoire tampon,** buffer memory, cache storage, read buffer memory; **mémoire tampon E/S,** I/O buffer; **mémoire tampon alterné,**

alternate buffer; **mémoire tampon d'entrée,** input buffer storage; **mémoire tampon d'imprimante,** printer record storage; **mémoire tampon de sortie,** output buffer storage, output synchronizer; **mémoire temporaire,** temporary storage; **mémoire utilisateur,** user memory; **mémoire utilisateur contrôlée,** controlled storage; **mémoire vidéo,** video buffer; **mémoire virtuelle,** virtual memory (VM), virtual storage; **mémoire vive,** random access memory (RAM), computing store; **mémoire vive dynamique,** dynamic random access memory (DRAM); **mémoire volatile,** volatile memory; **mémoire électronique,** electronic storage unit; **mémoire électrostatique,** electrostatic memory, electrostatic storage; **mémoire épandue,** expanded memory; **mémoire étendue,** extended memory; **mémoire à N tores par bit,** N-core per bit store; **mémoire à accès aléatoire,** random access storage; **mémoire à accès direct,** random access memory (RAM); **mémoire à accès immédiat,** immediate access storage; **mémoire à accès lent,** low access memory, slow access storage; **mémoire à accès rapide,** fast access memory (FAM), quick access storage; **mémoire à accès séquentiel,** sequential storage, serial access memory; **mémoire à bande magnétique,** magnetic tape storage, tape memory; **mémoire à base décimale,** digit-organized storage; **mémoire à bulles,** magnetic bubble memory, bubble storage; **mémoire à bâtonnets magnétiques,** magnetic rod storage; **mémoire à cartes magnétiques,** magnetic card storage; **mémoire à condensateur,** capacitor storage; **mémoire à couche mince,** thin film storage, photographic storage; **mémoire à couche mince magnétique,** magnetic thin film storage; **mémoire à courants de coïncidence,** coincident current memory; **mémoire à deux niveaux,** two-level storage; **mémoire à disque,** disk memory, disque storage, disk store; **mémoire à disque dur,** fixed-disk storage; **mémoire à disque magnétique,** magnetic disk storage; **mémoire à disque souple,** flexible disk memory, floppy disk storage; **mémoire à disques amovibles,** exchangeable disk storage(EDS); **mémoire à double accès,** dual port memory; **mémoire à faisceau électronique,** beam storage; **mémoire à ferrite,** ferrite storage, core storage; **mémoire à feuillets,** data cell storage; **mémoire à feuillets magnétiques,** magnetic sheet memory; **mémoire à fichiers,** file memory; **mémoire à fil magnétique,** magnetic wire storage, plated wire storage; **mémoire à film magnétique,** magnetic film storage; **mémoire à film mince,** thin film memory; **mémoire à grande capacité,** large core store; **mémoire à grande vitesse,** high-speed memory; **mémoire à grande échelle d'intégration,** LSI memory; **mémoire à laser,** laser memory, laser storage; **mémoire à lecture destructive,** destruction storage; **mémoire à ligne à retard,** delay line storage, delay line store; **mémoire à ligne à retard à mercure,** mercury storage; **mémoire à liste directe,** pushup storage; **mémoire à mercure,** mercury memory; **mémoire à propagation,** delay line memory, cycle line unit; **mémoire à protection,** protected storage; **mémoire à rafraîchissement,** refresh storage, regenerative memory; **mémoire à registre d'adresse,** memory address register; **mémoire à relais,** relay storage; **mémoire à semi-conducteur,** semiconductor memory, semiconductor storage; **mémoire à structure binaire,** bit-organized memory; **mémoire à structure de mots,** word-structured memory; **mémoire à support amovible,** data carrier storage; **mémoire à surveillance,** guard memory; **mémoire à tambour,** drum memory, drum storage, rotating memory; **mémoire à tambour magnétique,** magnetic drum store; **mémoire à temps d'accès moyen,** medium access storage; **mémoire à temps d'accès nul,** zero access memory; **mémoire à tores,** magnetic core memory, core storage; **mémoire à tores de ferrite,** ferrite core memory, rod memory; **mémoire à tores magnétiques,** bead memory; **mémoire à tube électrostatique,** CRT storage; **mémoire à tubes de Williams,** flying spot storage; **mémoire à écriture directe,** writable control memory; **mémoire-image,** pixel memory; **mémoire-image d'une trame,** raster graphic image; **mémoire-image de l'affichage vidéo,** video display image; **mémoires à cycles imbriqués,** interleaving memory; **nettoyage de mémoire,** garbage collection; **nom de zone de mémoire,** block name; **opération en mémoire,** memory operation; **organisation de la mémoire,** storage organization; **page mémoire,** page frame, page slot; **page résidente mémoire,** fixed page, reserved page; **parité de mémoire,** memory parity; **partie inférieure de la mémoire,** lower memory locations; **partition de mémoire centrale,** main memory section; **partition de mémoire désignée,** labeled common; **pile de mémoire,** storage stack; **pile logicielle (programmable en zone mémoire),** software stack; **plan de mémoire,** memory plane; **plan de mémoire-image,** bit plane, pixel memory plane; **port de mémoi-**

re, memory port; **position de mémoire,** storage position; **position en mémoire,** storage location; **position mémoire,** memory location; **poste d'interrogation à mémoire tampon,** buffered inquiry station; **priorité de mémoire,** storage priority; **programmateur de mémoire morte,** PROM programmer; **programme de mise en mémoire,** read-in program; **programme de vidage de mémoire,** storage print program; **programmé en mémoire morte,** hardware-programmed; **protection de la mémoire centrale,** main memory protection; **protection de mémoire,** memory protection, memory lockout; **protection de zone mémoire,** area protect feature, storage protection; **puce à mémoire,** memory chip; **puce à mémoire à bulles,** bubble chip; **quantité de mémoire,** amount of memory; **rangement en mémoire,** memory store; **rangement en mémoire tampon,** buffering; **ranger en mémoire,** randomize (to); **rationalité de la mémoire,** storage economy; **reconfiguration de mémoire,** storage reconfiguration; **recouvrement de mémoire,** memory overlap; **registre d'adresses mémoire,** memory location register; **registre de commande de la mémoire bloc-notes,** scratch pad control register; **registre de mémoire,** memory register, storage register; **registre de mémoire tampon,** memory buffer register; **registre de sélection des adresses de mémoire,** memory address select register; **registre de sélection mémoire,** storage selection register; **registre mémoire,** register memory; **registre à mémoire associative,** associative storage register; **remise à zéro de la mémoire,** core flush; **reprogrammer une mémoire morte,** reblast (to); **résidant en mémoire,** memory-resident; **résidant en mémoire centrale,** core memory resident; **résidant en mémoire coin,** core-resident corner; **sentinelle de mémoire d'enregistrement,** record storage mark; **sortie de mémoire,** storage out; **sous-programme de contrôle de la mémoire,** storage test routine; **sous-programme de vidage mémoire,** memory dump routine; **spécification de mémoire épandue,** expanded memory specification (EMS); **support de mémoire,** storage medium; **système de mémoire complémentaire,** backing storage system; **système résidant en mémoire,** memory-based system; **système à mémoire centrale,** core only environment; **système à mémoire secondaire,** core secondary environment; **sélecteur de mémoire,** storage selector; **sélection de mémoire,** memory control; **table d'occupation de la mémoire,** storage occupancy table; **table d'occupation mémoire,** free memory table; **table de topographie mémoire,** page map table; **taille de la mémoire centrale,** core size; **taille de mémoire,** memory size; **temps d'accès à la mémoire,** memory access time; **temps de gestion de la mémoire,** memory overhead; **terminal à mémoire tampon,** buffered terminal; **test mémoire,** memory test; **topogramme de la mémoire,** storage mapping; **topographie mémoire,** memory mapping; **traduction de l'adresse de mémoire,** memory address translation; **transfert de mémoire,** storage dumping; **transfert de page mémoire,** page in, page out; **transfert immédiat de mémoire,** direct store transfer; **translation dynamique du contenu mémoire,** dynamic memory relocation; **tri en mémoire centrale,** core sort; **tube à mémoire,** storage tube, tube storage; **tube à mémoire électrostatique,** electrostatic memory tube; **téléphone à mémoire,** security phone; **unité de mémoire,** storage unit; **unité gestionnaire de mémoire,** memory management unit (MMU); **utilisation de la mémoire,** storage utilisation; **vidage de la mémoire,** core dump; **vidage de la mémoire à tores,** core storage dump; **vidage de mémoire,** data dump; **vidage dynamique de mémoire,** dynamic memory dump; **vidage mémoire final,** terminal mass storage dump; **vidage partiel de la mémoire,** storage snapshot; **visuel à mémoire,** storage display; **volatilité de mémoire,** storage volatility; **zone (de mémoire) de travail,** working storage; **zone de mémoire,** memory field, storage area, storage block; **zone de mémoire commune,** common storage area; **zone de mémoire des codes,** key storage area; **zone de mémoire protégée,** protected storage area, isolated location; **zone mémoire libre,** available extent; **zone réserve de mémoire,** standby storage location; **zones de mémoire adjacentes,** contiguous memory areas.

**mémorisable:** storable.

**mémorisation:** storage operation; **circuit de mémorisation,** storage circuit; **cycle de mémorisation,** storage cycle; **mémorisation de N frappes de touche,** N-key rollover; **mémorisation de données,** data storage; **mémorisation des informations,** information storage; **mémorisation du contenu d'un accumulateur,** unloading; **mémorisation en parallèle,** storage parallel; **mémorisation et restitution,** store and forward; **position de mémorisation binaire,** binary storage cell; **position de mémorisation des données,** data storage position; **période de mémorisa**-

tion, storage period; **surface de mémorisation,** storage surface; **test de parité à la mémorisation,** storage parity; **unité de mémorisation,** memory device; **unité de mémorisation complémentaire,** backing storage unit; **unités de mémorisation adjacentes,** contiguous units of memory; **zone (de mémorisation) des constantes,** constant area; **zone de mémorisation,** storage field.

**mémorisé:** stored; **calculateur à programme mémorisé,** stored program computer; **programme mémorisé,** stored program, store routine; **sortie de solde mémorisé,** balance forward.

**mémorisée:** **commande mémorisée,** stored instruction; **transfert des données mémorisées,** store-and-forward operation.

**mémoriser:** memorize (to), store (to), put (to), save (to); **registre des données à mémoriser,** storage data register.

**menu:** menu; **affichage menu,** menu screen; **barre de menu,** menu bar; **case du menu système,** control-menu box; **contrôlé par menu,** menu-driven; **menu affichage,** view menu; **menu d'écran,** display menu; **menu déroulant,** drop-down menu; **menu en cascade,** cascading menu; **menu en mode fenêtre,** pop-up menu; **programme contrôlé par menu,** menu-driven application; **recherche par menu,** menu search; **sous-menu,** submenu; **sélection par menu,** menu selection; **titre de menu,** menu title.

**mercure:** mercury; **contact mouillé au mercure,** dry reed contact; **ligne à retard au mercure,** mercury delay line; **mémoire à ligne à retard à mercure,** mercury storage; **mémoire à mercure,** mercury memory; **réservoir à mercure,** mercury tank.

**mère:** mother; **carte mère,** motherboard, system board; **horloge mère,** master clock.

**message:** message*; **(caractère de) début de message,** start-of-message (character) (SOM); **(caractère de) fin de message,** end-of-message (EOM); **acheminement de messages,** message routing; **affichage des messages de commande,** control message display; **authentification de message,** message authentification, message authentication; **bloc de message,** message block; **caractère de début de message,** message beginning character; **caractère de fin de message,** message ending character; **centre de commutation automatique de messages,** automatic message switching center; **centre de commutation de messages,** message switching center (MSC); **collecteur de messages,** mailphore, message sink; **commutateur de messages,** message switch; **commutation automatique de messages,** automatic message switching; **commutation de messages,** message switching; **concentrateur de messages,** remote message concentrator; **concentration de messages,** remote message concentration; **console message,** message display console; **contrôle de message,** information check; **contrôle des messages,** pacing; **contrôle par retour de message,** message feedback; **création de messages,** message implementation; **demande automatique de répétition de message,** automatic request for repeat; **délivrance d'un message,** delivery of message; **écart dans la chaîne de messages,** pacing threshold; **échange automatique de messages,** automatic message exchange; **échange de messages,** message exchange; **en-tête de message,** message heading, message header; **enregistrement automatique de message,** automatic message registering (AMR); **file d'attente des messages,** message queue; **fin de message,** end of message; **format de message,** message format; **gestion de files de messages,** message queueing; **gestion de messages,** message control; **gestion des messages,** message management; **gestionnaire de messages,** message handler (MH); **graphe message,** message graph (m-graph); **identification de message,** communication identification; **imprimer un message,** print out (to); **lancement d'un message,** message initiation; **liste des messages d'erreur,** diagnostic message printout; **manipulation de texte de message,** message text handling; **message achevé,** completed message; **message asynchrone,** asynchronous message; **message codifié,** proforma message; **message conditionné,** formal message; **message conférence,** block message; **message d'aide,** help message; **message d'alerte,** alarm message; **message d'attente,** prompt message; **message d'entrée,** incoming message, typein; **message d'erreur,** error message, fault message, trouble report; **message d'erreur sorti par console,** console error typeout; **message d'identification,** message identification; **message d'information,** information message; **message d'interrogation,** polling message; **message d'intervention,** action message; **message d'écran,** screen message; **message d'état,** audit message; **message de confirmation,** confirmation message; **message de console,** console typeout; **message de contrôle,** check message;

**message de diagnostic,** diagnostic message; **message de données,** data message; **message de libération de ligne,** clear message; **message de modification système,** system modification message; **message de programme normal,** normal operation message; **message de routine,** routine message; **message de sortie,** typeout; **message de test alphanumérique,** fox message; **message discret,** discrete message; **message en attente,** waiting message; **message en différé,** default message; **message en réception,** incoming message; **message multiadresse,** multiple address message; **message multidestinataire,** book message; **message non sollicité,** unsolicited message; **message opérateur,** operator message; **message prioritaire,** priority message; **message protocolaire,** handshake message; **message protocole,** logging message; **message sortant,** outgoing message; **message stationnaire,** stationary message; **message télex,** alphabetic telegraphy; **message téléimprimé,** teleprinter message; **message utilisateur,** user message, user console typeout; **message écrit,** written message; **message à haute priorité,** high precedence message; **messages enchaînés,** multiple messages; **mode de transmission de messages,** message mode; **multitude de messages,** message space; **nombre de messages en attente,** queue depth; **programme de gestion de messages,** message control program; **programme de traitement des messages,** message processing program; **préambule de message,** message preamble; **recouvrement de message,** message retrieval; **remise d'un message,** delivery of message; **routage de messages,** message routing; **récupération de message,** message retrieval; **réseau à commutation de messages,** message switching network; **signal de fin de message,** end-of-message signal; **source de messages,** message source, information source; **structure de l'en-tête de message,** message heading format; **suite de messages,** message stream; **série de messages,** message stream; **texte de message,** message text; **texte de message formaté,** formatted message text; **texte de message libre,** free form message text; **traitement de texte de message,** message text processing; **traitement des messages opérateur,** operator message handler; **ventilation des messages,** mixed inquiry.

**messagerie: messagerie électronique,** electronic mail, electronic courier, datamail; **messagerie privée,** courier service, private courier.

**mesurage:** measuring; **mesurage à l'instant du saut,** hook catching.

**mesure:** measurement, measure; **appareil de mesure,** measuring equipment; **enregistreur de mesures,** measurement logger; **erreur de mesure,** measuring error; **fiche de mesure de tension,** voltage metering jack; **instrument de mesure thermique,** thermal meter; **mesure analogique,** analog measurement; **mesure de l'incertitude,** prevarication, spread; **mesure de l'information,** measure of information; **mesure de l'opérateur,** operator action; **mesure du temps,** time selection; **mesure erronée,** measuring error; **mesure numérique,** digital measuring; **mesuré,** measured; **méthode de mesure absolue,** absolute measuring method; **plage de mesure,** measuring range, meter range; **point de mesure,** measuring point; **point de mesure de tension,** voltage test point; **procédure de mesure incrémentielle,** incremental measuring method; **relais de mesure,** measuring relay; **résultats de mesure,** measured variables; **saisie des données de mesure,** measured data acquisition; **système de mesure analogique,** analog measuring system; **sélecteur de points de mesure,** measuring point selector; **unité de mesure,** unit of measure; **valeur de mesure,** measured value.

**mesurer:** measure (to).

**métacompilateur:** metacompiler.

**métacompilation:** metacompilation*.

**métal:** metal; **soudure métal verre,** glass-to-metal seal.

**métalangage:** metalanguage*.

**métallique:** semi-conducteur à oxyde métallique, metal oxide silicon (MOS).

**métallisé:** trou métallisé, plated-through hole.

**métastable:** metastable.

**métasymbole:** metasymbol*.

**métasyntaxique:** metasyntaxic; **variable métasyntaxique (toto),** metasyntaxic variable (foo).

**métavariable:** metavariable.

**méthode:** method, approach; **diagramme des méthodes,** process chart; **méthode PERT,** PERT method; **méthode algorithmique,** algorithmic method; **méthode arithmétique fondamentale,** basic arithmetic operation; **méthode ascendante,** bottom-up method, bottom-up approach; **méthode classique,** approved method; **méthode d'accès,** access method; **méthode d'accès aux données,** data access method; **méthode d'accès avec file d'attente,** queue discipline; **méthode d'accès de base,** basic access method; **méthode d'accès des files d'attente,** queue access method, queued access method; **méthode d'accès direct,** direct access method, random access method; **méthode d'accès direct simplifiée,** basic direct access method; **méthode d'accès par terminal de base,** basic terminal access method (BTAM); **méthode d'accès sélectifs des cartes,** card random access method (CRAM); **méthode d'accès séquentiel de file,** queued sequential access method; **méthode d'accès élémentaire,** elementary access method; **méthode d'analyse,** method of analysis; **méthode d'analyse ascendante,** expansion cascading; **méthode d'analyse des moindre carrés,** least square analysis; **méthode d'approche,** method of approach; **méthode d'enregistrement par inversion,** return-to-bias method; **méthode d'exploration,** scanning method; **méthode d'interrogation,** polling method; **méthode d'introduction,** input method; **méthode d'opération,** operating method; **méthode d'écriture avec raz,** dipole recording method; **méthode de Monte-Carlo,** random walk method; **méthode de calcul,** arithmetic technique; **méthode de câblage,** wiring method; **méthode de doublement de fréquence,** frequency doubling method; **méthode de l'expérimentation systématique,** trial and error method; **méthode de lecture graphique,** mark-sensing method; **méthode de mesure absolue,** absolute measuring method; **méthode de multiplexage temporel,** time-division multiplex method; **méthode de programmation,** programming method; **méthode de programmation orientée machine,** machine programming system; **méthode de protection des blocs,** block protection method; **méthode de recherche,** searching method; **méthode de recherche circulaire,** round robin search method; **méthode de remplacement,** swapping technique; **méthode de retour à zéro,** pulse recording method; **méthode de réenregistrement,** playback method; **méthode de résolution,** problem solving; **méthode de scanage,** scanning method; **méthode de traitement automatisée,** automated processing method; **méthode de transmission,** transmission method; **méthode de tri,** sorting method; **méthode de ventilation,** distribution method; **méthode des approximations,** approximation method; **méthode descendante,** topdown method; **méthode du chemin critique PERT,** critical path method PERT; **méthode du simplex,**

simplex method, simplex technique; **méthode heuristique,** heuristic method; **méthode simplifiée d'accès séquentiel indexé,** basic indexed sequential access method (BISAM); **méthode simplifiée pour accès aux sous-fichiers,** basic partitioned access method; **méthode sémantique,** semantic differential; **méthode à accès séquentiel,** sequential access method; **méthode à accès virtuel,** virtual access method (VAM); **méthode à adresse unique,** one-address method; **méthode à quatre adresses,** four-address method; **tri par méthode d'insertion,** insertion method sorting.

**méthodologie:** methodology; **méthodologie de programmation,** programming methodology; **méthodologie descendante,** topdown methodology.

**mettre: machine à mettre sous enveloppe,** envelope inserting machine; **mettre au banc d'essai,** benchmark (to); **mettre au point,** check out (to), tune up (to); **mettre en commun,** pool (to); **mettre en file d'attente,** enqueue (to); **mettre en forme,** edit (to); **mettre en service,** put in operation (to); **mettre entre parenthèses,** parenthesize (to); **mettre hors-service,** disarm (to); **mettre sous tension,** power up (to), energize (to), turn on (to); **mettre sur microfiche,** fiche (to); **mettre à jour,** update (to), maintain (to); **mettre à l'échelle,** scale (to); **mettre à la masse,** ground (to), sink to ground (to); **mettre à la terre,** ground (to); **mettre à la valeur initiale,** initialize (to), initiate (to); **mettre à niveau,** retrofit (to); **mettre à zéro,** zero out (to), turn off (to); **se mettre en travers,** skew (to).

**meule:** mill.

**micro: micro; composant de micro-ordinateur,** microcomputer component; **diode à micro-ondes,** microwave diode; **micro-image,** microimage; **micro-informatique,** microcomputing; **micro-instruction,** microinstruction; **micro-ordinateur,** microcomputer; **superviseur de micro-ordinateur,** microcontroller.

**microcarte:** microcard.

**microcircuit:** microcircuit.

**microcode:** microcode.

**microcomposant:** microcomposant MOS, MOS encoding chip.

**microconnexion:** beam.

**microdiagnostic:** board level diagnostic.

**microdisque:** microdisk.

**microdisquette:** microdiskette, microfloppy disk, microfloppy.

**microéditeur:** microcomputer editor.

**microélectronique: la microélectronique,** microelectronics.

**microfarad:** microfarad.

**microfiche:** fiche, film card, microcard; **lecteur de microfiche,** fiche reader; **magasin de microfiches,** microfilm storage; **mettre sur microfiche,** fiche (to).

**microfilm:** microfilm, microcard; **enregistreur sur microfilm,** microfilm recorder; **fichier de microfilms,** microfilm file; **imprimante à microfilm,** microfilm printer; **lecteur de microfilm,** microfilm reader; **unité d'analyse de microfilm,** film scanner.

**micrographie:** micrographics; **micrographie informatique,** computer micrographics.

**microinstruction:** primitive instruction.

**microlangage:** microlanguage*.

**micrologiciel:** firmware.

**micromodule:** micromodule.

**microphone:** microphone.

**microplaquettes: circuit à microplaquettes,** chip circuit.

**microprocédure:** microprocedure.

**microprocesseur:** microprocessor*; **carte microprocesseur,** microprocessor card; **circuit de microprocesseur,** circuit chip; **circuit microprocesseur,** microprocessor unit (MPU); **commandé par microprocesseur,** microprocessor-controlled; **microprocesseur en tranches,** bit slice microprocessor, sliced microprocessor; **microprocesseur hautement intégré,** LSI microprocessor; **puce de microprocesseur,** microprocessor chip; **puce microprocesseur,** microcomputer chip.

**microprocessus:** microprocess; **bloc de contrôle du microprocessus,** microprocess control block.

**microprogrammable:** microprogrammable; **instruction microprogrammable,** microprogrammable instruction; **ordinateur microprogrammable,** microprogrammable computer.

**microprogrammation:** microprogramming, microcoding; **circuit de microprogrammation,** microcoding device.

**microprogramme:** microprogram*, firmware; **microprogramme d'émulation,** emulator microprogram; **microprogrammé,** microprogrammed.

**microprogrammée: mémoire microprogrammée,** microprogram memory; **opération microprogrammée,** microprogrammed operation.

**microroutine:** firmware subroutine, microroutine.

**mille:** thousand, kilo; **mille Ohms,** kohm;

703

**mille bauds,** kilobaud (KB); **mille cycles,** kilocycle (Kc).

**milli:** milli (m).

**milliard:** giga, kilomega, billi; **milliard d'octets,** gigabyte; **milliard de bits,** billibit; **un milliard d'opérations en VF par seconde,** gigaflop; **un milliard de Hertz,** gigahertz; **un milliard de bits,** gigabit.

**millième:** milli (m); **millième de cycle,** millicycle; **millième de seconde,** millisecond.

**millimètre:** papier millimétré, graph paper.

**millimétrique:** papier millimétrique, scale paper.

**million:** million, mega (M); **millions d'instructions par seconde,** millions instructions per second (MIPS); **un million de bits,** megabit (Mb); **un million de cycles,** megacycle (Mc).

**millionième:** micro.

**milliseconde:** millisecond (ms).

**mince:** thin, slim; **couche mince,** thin film; **feuille mince conductrice,** foil; **film mince,** thin film; **film mince magnétique,** magnetic thin film; **mémoire à couche mince,** thin film storage, photographic storage; **mémoire à couche mince magnétique,** magnetic thin film storage; **mémoire à film mince,** thin film memory; **résistance à couches minces,** thin film resistor; **transistor à couche mince,** thin film transistor.

**mine:** crayon à mine conductrice, conductive pencil.

**mineur:** minor; **changement du contrôle mineur,** minor control change; **contrôle mineur,** minor control; **cycle mineur,** minor cycle; **interruption du contrôle mineur,** minor control break.

**mineure:** clé mineure, minor key; **défaillance mineure,** minor failure; **période mineure,** minor cycle; **séquence mineure,** primary sequence.

**mini:** mini-informatique, minicomputing; **mini-ordinateur,** minicomputer, small business computer; **valeur maxi/mini,** peak-to-peak value.

**miniature:** midjet; **lampe miniature,** midget lamp; **relais miniature,** midget relay.

**minicalculateur:** minicomputer.

**minidisque:** floppy disk, flexible disk, diskette.

**minidisquette:** minifloppy disk, minifloppy.

**minimal:** minimal; **code à temps d'exécution minimal,** minimum latency code; **intervalle minimal,** minimum interval; **programmation à temps d'accès minimal,** minimum access programming; **programmation**

**à temps d'exécution minimal,** minimum latency programming, optimum programming; **programme à temps d'exécution minimal,** optimum program, optimal program; **système minimal,** minimum system.

**minimale:** arbre à valeurs minimales, Huffman tree; **code à distance minimale,** minimum distance code; **configuration minimale,** minimum configuration; **longueur minimale,** minimum length; **partie active minimale,** minimum working set.

**minimalisée:** arborescence minimalisée, minimal tree.

**minimisé:** code à accès minimisé, minimum access code, minimum delay code.

**minimum:** minimum; **stock minimum,** minimum inventory.

**minirupteur:** microswitch.

**minoritaire:** porteur minoritaire, minority carrier.

**minuscule:** lower case character, lower case letter; **impression en minuscules,** lower case printing; **inversion majuscules-minuscules,** case shift; **lettres minuscules,** lower case (LC); **majuscules et minuscules,** upper and lower case; **passage en minuscules,** downshift; **passer en minuscules,** downshift (to); **touche d'inversion majuscules/minuscules,** case shift key.

**minute:** minute; **lignes par minute,** lines per minute (LPM); **opérations par minute,** operations per minute (OPM); **pouce par minute (PPM),** inch per minute (IPM).

**minuterie:** timer, time counter.

**mis:** article mis en forme, edited item; **mis au point au lieu d'exploitation,** field-tested; **mis en commun,** pooled; **mis en format,** formatted; **mis à jour,** updated; **non mis à la terre,** ungrounded.

**mise:** appel de mise en attente, wait call; **bande des mises à jour,** updating tape; **boucle de mise à terre,** ground loop; **canal de mise à jour,** maintenance channel; **caractère de mise en forme,** insertion character; **caractère de mise en haut de page,** top-of-form character (TOF); **caractère de mise en page,** layout character; **carte de mise à jour,** update card; **chaîne de caractères mise en forme,** format string; **circuit de mise en forme,** shaping circuit; **commande de mise en forme,** edit instruction; **contrôleur de mise en page,** format effector (FE); **cycle de mise hors-tension,** power down cycle; **demande de mise en serv.ce du récepteur,** request to receive; **disque de mise à terre,** grounding disk; **enregistrement de mise à jour,** modification record; **génération des mises à jour,** update generation; **instruction de mise en forme,** editing instruction; **instruction de mise en page,** layout instruction; **instruction de mise en route,** sign-on; **instruction de mise à jour de table,** table update command; **instruction de mise à zéro,** reset instruction; **lecture et mise à jour,** read while writing; **ligne de mise à zéro,** reset line; **mise au banc d'essai,** benchmarking; **mise au point de programme,** program checkout; **mise au point déportée,** remote debugging; **mise au repos,** pending, quiescing; **mise en activité,** activation; **mise en attente,** hold; **mise en attente d'un appel,** answer hold; **mise en file d'attente,** enqueuing; **mise en format,** formatting; **mise en forme,** editing, shaping; **mise en forme de données,** data preparation; **mise en forme de fichier,** file alignment; **mise en forme de la terminologie,** terminological editing; **mise en forme de signal,** signal shaping, signal conditioning; **mise en forme de volume,** volume preparation; **mise en forme des surfaces en trois dimensions,** three-dimension surface sculpturing; **mise en forme du listage,** printer layout; **mise en forme définitive,** end editing; **mise en forme élargie,** expanded print edit; **mise en page,** page setting; **mise en pile,** stacking; **mise en place de page,** page fixing; **mise en réseau,** networking; **mise en service,** enabling; **mise en sous-programme,** subroutine procedure; **mise en station,** setup; **mise en séquence,** sequencing; **mise en séquence automatique,** automatic sequencing; **mise en série,** serialization; **mise en tranche,** slicing; **mise en travers,** tilt; **mise en valeur,** highlighting; **mise en valeur de zones d'écran,** highlighting capability; **mise hors-service,** disabling; **mise hors-service de l'unité de réception,** receiver cutoff; **mise hors-tension,** power down; **mise sous tension,** power up, power sequencing; **mise sur pile,** push; **mise à '1',** setting; **mise à jour,** updating, revision, release; **mise à jour d'articles,** record updating; **mise à jour de fichier,** file updating; **mise à jour de la bande système,** system tape update; **mise à jour de la bibliothèque chargeur,** load library update; **mise à jour de la bibliothèque des travaux,** job library update; **mise à jour de la macrobibliothèque,** macrolibrary update; **mise à jour du programme source,** source unit handler; **mise à jour dynamique,** dynamic system update; **mise à jour par modification,** update-in-place mode, up-in-place mode; **mise à l'échelle,** scaling; **mise à la date,** dating; **mise à la masse,** grounding; **mise à la terre,**

grounding; **mise à la terre compensée,** balance to ground; **mise à ligne des mots,** word wrap; **mise à zéro,** zero setting; **mode de mise au point,** debug mode; **module de mise au point,** modification module, revision module; **niveau de mise à jour,** release level; **opération de mise hors-tension,** power-off sequence; **opération de mise sous tension,** power-on sequence; **opération de mise à jour,** updating operation, update operation; **passage de mise au point,** modification run; **passage de mise à jour,** maintenance run; **passe de mise à jour,** updating run; **phase de mise au point,** debugging phase; **phase de mise en oeuvre,** implementation phase; **point de mise hors-fonction,** deactivation point; **procédure de mise au point,** corrective procedure; **programme de mise au point,** interpretive trace program, revision program; **programme de mise au point des compilateurs,** compile unit maintenance component; **programme de mise en forme,** formatting program; **programme de mise en mémoire,** read-in program; **programme de mise à jour,** updating program, update program; **programme sans mise au point,** blue ribbon program; **routine de mise à jour,** updating routine, modification program; **routine de mise à jour de fichiers-bibliothèque,** library file update routine; **service de mise à jour,** updating service; **sous-programme de mise en place de bande,** tape loading routine; **sous-programme de mise à jour,** update routine; **système de mise en application,** implementation system; **temps de mise en route,** installation time; setup time; **temps de mise en service,** turn-on time; **touche de mise en route,** start key; **valeur de mise au repos,** drop-out value; **version mise à jour,** update; **zone de réception mise en forme,** edited receiving field.

**mixte:** conception mixte, hybrid design; câble mixte, composite cable; **expression arithmétique mixte,** mixed mode arithmetic expression; **fichier mixte,** combined file; **fonction mixte,** composite function; **fraction mixte,** improper fraction; **nombre mixte,** mixed number; **notation mixte,** mixed-radix notation; **numération mixte,** mixed-base notation, mixed-radix numeration; **signal mixte,** composite signal; **station mixte,** combined station, mixed station; **système mixte,** hybrid system; **trait mixte,** dot-and-dash line.

**mnémonique:** mnemonic; **code d'instruction mnémonique,** input instruction code; **code mnémonique,** mnemonic code; **code mnémonique d'opération,** mnemonic operation code; **indicateur mnémonique,** mnemonic designator; **langage mnémonique**, mnemonic language; **nom mnémonique d'unité**, device mnemonic; **symbole mnémonique**, mnemonic symbol.

**mnémoniser:** mnemonize (to).

**mnémotechnie: la mnémotechnie**, mnemonics.

**mnémotechnique: nom mnémotechnique**, mnemonic device name.

**mobile:** mobile; **chargeur mobile**, portable pack; **imprimante à tête mobile**, moving head printer; **poste de travail mobile**, mobile terminal desk; **tête de lecture mobile**, floating-read head.

**mobilier:** furniture; **mobilier informatique**, system furniture.

**mode:** mode; **appel macro pour mode normal**, normal macro call; **application en mode asservi**, slave application; **changement de mode**, mode change; **code de mode d'impression**, print mode code; **communication en mode transparent**, transparent data communication; **commutateur de mode**, mode switch; **conversion de mode**, mode conversion; **dictionnaire résident en mode fenêtre**, pop-up dictionary; **disque système exploitable en mode spécifique**, native system pack; **édition en mode ligne**, edit line mode; **en mode émission**, transmittal mode, send run; **exploitation en mode local**, home loop operation; **exploitation en mode paquets**, packet mode operation; **gestion de liaison en mode de base**, basic mode link control; **menu en mode fenêtre**, pop-up menu; **mode alterné**, alternation mode; **mode asservi**, slave mode; **mode associatif**, associative mode; **mode asynchrone**, asynchronous balanced mode (ABM); **mode automatique**, automatic mode; **mode autonome**, off-line mode; **mode bidirectionnel**, both-way mode, two-way mode; **mode bidirectionnel simultané**, both-way communication; **mode binaire**, binary mode; **mode bloc multiplex**, block multiplex mode; **mode calcul**, compute mode; **mode caractère**, character mode; **mode caractère gras**, boldfacing mode; **mode clavier interactif**, live keyboard mode; **mode compatible**, compatibility mode; **mode complexe**, complex mode; **mode compressé**, compressed mode; **mode connecté**, online mode; **mode continu de transfert**, burst mode; **mode contrôle caractère**, control state; **mode conversationnel**, conversational mode; **mode conversationnel différé**, batch/conversational mode; **mode créateur**, author mode; **mode d'accès**, access mode; **mode d'accès fichier**, file access mode; **mo-**

de **d'accès lecture/écriture**, reading/writing access mode; **mode d'accès à la mémoire**, memory access mode; **mode d'adressage**, addressing mode, admode; **mode d'affectation**, consignment mode; **mode d'allocation**, allocation mode; **mode d'analyse**, analysis mode, trace mode; **mode d'appel**, polling mode, poll mode, poll-select mode; **mode d'appel automatique**, automatic calling mode; **mode d'asservissement automatique**, auto-servo mode; **mode d'attente**, waiting mode, standby condition, listen mode; **mode d'enregistrement**, recording mode, enter mode; **mode d'enregistrement exponentiel**, power mode; **mode d'enregistrement à l'alternat**, two-frequency recording mode; **mode d'entrée/sortie des données**, peripheral mode; **mode d'essai**, test mode; **mode d'exploitation**, operating mode, run mode; **mode d'exploitation par blocs de données**, data block mode; **mode d'impression**, printing mode, typing mode, list mode; **mode d'impression normal**, normal print mode; **mode d'initialisation**, initialization mode; **mode d'interception**, trapping mode; **mode d'interrogation**, inquiry mode, polling mode, poll-select mode; **mode d'interruption**, interrupt mode; **mode d'interruption de périphérique**, peripheral interrupt mode; **mode d'interruption interne**, internal interrupt mode; **mode d'ombrage**, shading mode; **mode d'utilisation**, operating procedure; **mode d'écriture non polarisé avec raz**, dipole modulation; **mode d'édition**, edit mode, format notation, format mode; **mode d'émulation**, emulation mode; **mode de base**, basic mode; **mode de blocage**, lock mode; **mode de chargement**, load mode; **mode de commande**, command mode; **mode de communication**, communicate mode; **mode de commutation automatique**, automatic switch mode; **mode de contention**, contention mode; **mode de contrôle**, control mode; **mode de grossissement**, growing mode; **mode de jonction**, append mode; **mode de lecture binaire**, binary read mode; **mode de maintien**, hold mode, freeze mode; **mode de manipulation de console**, console handler process; **mode de mise au point**, debug mode; **mode de modification**, alter mode; **mode de recherche**, search mode, locate mode; **mode de renvoi multiple**, programmed mode switch; **mode de réception**, receive mode; **mode de réduction**, shrinking mode; **mode de réponse automatique**, automatic answering mode; **mode de saisie**, input mode; **mode de soulignement automatique**, automatic underline mode; **mode de substitution,** substitute mode; **mode de supervision,** supervisor mode; **mode de synchronisation,** clock mode; **mode de tampon,** buffer mode; **mode de texte,** text mode; **mode de traitement,** processing mode; **mode de traitement de fichier,** file mode; **mode de traitement des articles,** item handling mode; **mode de traitement en groupes,** batched mode; **mode de traitement isolé,** dedicated mode; **mode de traitement par lots,** batch processing mode, batch mode; **mode de traitement simplifié,** dedicated programming mode; **mode de transcription,** transcription mode; **mode de transfert,** move mode; **mode de transfert par octet,** byte mode; **mode de transmission,** transmission mode, streaming mode; **mode de transmission de messages,** message mode; **mode de transmission directe,** direct transcription mode; **mode de vérification statique,** static test mode; **mode de vérification à l'écriture,** write verify mode; **mode dialogué,** interactive mode; **mode différé,** store-and-forward mode; **mode dilaté,** expanded mode; **mode directeur,** master mode; **mode duplex,** duplex operation; **mode défilement,** scrolling mode, roll mode; **mode dégradé,** downgraded mode, crippled mode; **mode dégradé progressif,** graceful degradation mode; **mode enregistreur,** logging mode; **mode entrelacé,** interlaced mode; **mode fenêtre,** pop-up window; **mode figé,** freeze mode, hold mode; **mode frappe directe,** type-through mode; **mode gelé,** hold mode, freeze mode; **mode graphique,** graphic mode; **mode indépendant,** code-independent; **mode initial,** reset mode; **mode interactif,** interactive mode, conversational mode; **mode interprète,** immediate mode; **mode itératif,** automatic sequential mode; **mode lecture/écriture,** read/write mode, read/write access mode; **mode local,** local mode; **mode manuel,** manual mode; **mode masque,** form mode; **mode maître,** master mode; **mode moniteur,** monitor mode; **mode multitâche,** multitasking mode; **mode naturel,** native mode; **mode non interlacé,** non-interlaced mode; **mode normal,** normal mode, normal exit; **mode opérationnel,** operate mode; **mode page,** block mode; **mode paquet,** packet mode; **mode passif,** passive mode; **mode principal,** master mode; **mode prioritaire,** preemptive mode, privileged mode; **mode protégé,** protected mode, protect mode; **mode rapide,** fast mode; **mode réception,** receive run; **mode réel,** real mode; **mode réponse,** answer mode; **mode saut de perforation,** perforation skip mode; **mode semi-duplex,** half-duplex operation; **mode simplex,** simplex mode; **mode spécifique,** special mode; **mode séquentiel,** sequential operation; **mode transmission,** streaming; **mode transparent,** transparent mode, code-transparent; **mode télétraitement,** remote mode; **mode utilisateur,** user mode; **mode virtuel,** virtual mode; **mode écriture,** write mode; **mode émetteur,** originate mode; **procédure de gestion des modes de base,** basic mode control procedure; **rejet de mode normal,** normal mode rejection; **réponse en mode conversationnel,** conversational reply; **tension de mode commun,** common mode voltage; **tension de mode normal,** normal mode voltage; **terminal en mode paquets,** packet mode terminal; **visualisation en mode cavalier,** vector mode display; **zone du mode d'amorçage,** starting mode field; **zone du mode de lancement,** start mode field; **zone du mode de recherche,** search mode field.

**m o d è l e :** model, template; **instruction modèle,** model statement; **modèle analogique,** analog model; **modèle d'essai,** test pattern; **modèle d'instruction,** instruction format; **modèle d'organigramme,** template flowchart; **modèle de bureau,** desk model; **modèle de circuit déposé,** land pattern; **modèle de formation,** learning model; **modèle de présentation d'état,** report layout chart; **modèle entrée/sortie,** input/output model; **modèle expérimental,** conceptual modeling; **modèle mathématique,** mathematical model.

**m o d é l i s a t i o n :** modeling; **modélisation géométrique tridimensionnelle,** three-dimension geometric modeling; **modélisation de procédure,** procedure modeling.

**m o d e m :** modem* (modulator-demodulator), data modem; **interface modem,** modem interface; **modem acoustique,** acoustic modem; **modem asynchrone,** asynchronous dataset; **modem en bande de base,** base-band modem; **modem externe,** external modem; **modem incorporé,** built-in modem; **modem intégré,** integrated modem; **modem à couplage acoustique,** acoustically coupled modem; **échange modem,** modem interchange.

**m o d i f i c a t e u r :** modifier, changer; **bit de modificateur d'état,** status modifier bit; **champ modificateur,** modifier field; **modificateur d'adresse,** address modifier; **modificateur d'adresse de caractère,** character modifier; **modificateur d'instruction,** instruction modifier; **modificateur d'état,** status modifier; **registre modificateur,** modifier register.

**modification:** modification, patch, altering, change, amendment; **bande des modifications,** modification tape; **bit de modification,** change bit; **bloc de modification,** modifier block; **carte de modification,** change card, patch card; **catégorie de modification,** change class; **date de modification,** modification date; **enregistrement de modifications,** amendment record, revision record; **fichier de modifications,** amendment file; **instruction de modification,** modification instruction; **liste des modifications,** list of modifications; **message de modification système,** system modification message; **mise à jour par modification,** update-in-place mode, up-in-place mode; **mode de modification,** alter mode; **modification anticipée,** anticipatory modification; **modification au niveau supérieur,** major control change; **modification automatique d'adresse,** automatic address modification; **modification d'adresse,** address modification, address control; **modification d'instruction,** instruction modification; **modification de clavier,** keyboard substitution; **modification de liaison,** link modification; **modification de programme,** running modification; **modification du rapport,** ratio change; **modification individuelle,** spot change; **modification manuelle de l'avance,** manual feedrate override; **modification technique,** engineering change; **module de modification,** extract module, revision module; **niveau de modification,** change level; **notification de modification,** change notice; **numéro de modification,** modification number, revision number; **opération de modification,** alter operation; **ordre de modification,** change order; **programme de modification,** alteration program; **programme modification,** modification program; **préfixe de modification,** change sign; **service de modification,** modification service, revision service; **service des modifications,** change service; **symbole de modification de nom,** renaming symbol; **taux de modification,** modification frequency; **zone de modification d'adresse,** address control field, decrement field; **zone du numéro de modification,** revision number field.

**modifié:** non modifié, unmodified.

**modifiée:** modulation de fréquence modifiée, modify frequency modulation (MFM).

**modifier:** modify (to), alter (to), change (to), amend (to).

**modulaire:** modular; **calculateur analogique modulaire,** modular analog computer; **conception modulaire,** modular concept; **forme modulaire,** modular design; **multiprocesseur modulaire,** modular multiprocessor; **organisation modulaire,** modular organization; **programmation modulaire,** modular programming; **programme modulaire,** modular program; **système modulaire,** modular system.

**modulariser:** modular (to).

**modularité:** modularity; **conception de modularité,** building block concept; **principe de modularité,** building block principle.

**modulateur:** modulator; **modulateur-démodulateur,** modem (modulator-demodulator).

**modulation:** modulation; **bande de modulation,** basic band; **codage par modulation de phase,** phase encoding; **en modulation de phase,** phase-encoded; **enregistrement en modulation de phase,** phase modulation recording; **enregistrement par modulation de phase,** phase shift method; **enveloppe de modulation,** modulation envelope; **facteur de modulation,** modulation factor; **fréquence maximale de modulation,** maximum modulating frequency; **indice de modulation,** modulation index; **linéarité de modulation,** modulation linearity; **modulation analogique,** analog modulation; **modulation angulaire,** angle modulation; **modulation bifréquence,** two-tone modulation; **modulation bitemaire,** biternary modulation; **modulation d'amplitude (MA),** amplitude modulation (AM); **modulation d'amplitude en quadrature,** quadrature amplitude modulation (QAM); **modulation d'impulsions en amplitude,** pulse amplitude modulation (PAM); **modulation d'impulsions en durée,** pulse length modulation; **modulation d'impulsions en fréquence,** pulse frequency modulation (PFM); **modulation d'impulsions en position,** pulse position modulation (PPM); **modulation d'impulsions temporelle,** pulse time modulation (PTM); **modulation d'intensité,** intensity modulation; **modulation de fréquence,** frequency modulation (FM); **modulation de fréquence modifiée,** modify frequency modulation (MFM); **modulation de fréquence spectrale,** frequency change signaling; **modulation de l'axe z,** Z-axis modulation; **modulation de phase (MP),** phase modulation (PM); **modulation de phase différentielle,** differential phase modulation; **modulation delta,** delta modulation; **modulation delta adaptable,** adaptive delta modulation (ADM); **modulation différentielle,** differential modulation; **modulation double,** double modulation; **modulation en bande de base,**

baseband modulation; **modulation en largeur d'impulsion,** pulse width modulation; **modulation en saut d'amplitude,** amplitude shift keying (ASK); **modulation numérique,** digital modulation; **modulation par déplacement binaire de phase,** binary phase shift keying (BPSK); **modulation par déplacement de fréquence,** frequency shift keying (FSK); **modulation par déplacement de phase,** phase shift signaling; **modulation par déviation de fréquence,** frequency shift signaling; **modulation par impulsions,** pulse code modulation (PCM), pulse modulation; **modulation par inversion de phase,** phase inversion modulation; **modulation télégraphique,** telegraph modulation; **modulation unilatérale,** single-sideband modulation; **modulation à plusieurs niveaux,** multilevel modulation; **multiplicateur de modulation,** mark/space multiplier unit; **multiplicateur de modulation à deux canaux,** time-division multiplier; **pourcentage de modulation,** modulation percentage; **rapidité de modulation,** modulation rate; **signal de modulation,** modulating signal; **taux de modulation,** percentage modulation, deviation ratio; **valence d'une modulation,** number of significant conditions; **vitesse de modulation,** modulation speed.

m o d u l e : module*; **bibliothèque de modules de chargement,** load module library; **bibliothèque des modules de compilation,** compilation unit library; **bibliothèque des modules objet,** objet module library; **bit de module,** bank bit; **entraînement de modules chargeur,** static linker; **fichier de modules objet,** object module file; **fin de module,** end of unit; **module RC,** resistor-capacitor module; **module auxiliaire,** adjunct unit; **module chargeur,** load module handler; **module chargeur-éditeur de liens,** load module linking program; **module d'adressage,** addressing module; **module d'alerte,** alarm module; **module d'analyse,** analysis module; **module d'enregistrement,** storage module; **module d'essai,** test module; **module d'extension,** expansion base; **module d'extension système,** system expander; **module d'interface,** interface module; **module d'échange,** change module; **module de base,** basic module; **module de chargement,** load module, run unit; **module de chargement à recouvrement,** overlay load module; **module de commande,** control structure, handler; **module de connexion,** connector module, port feature; **module de contrôle,** checking module, check module; **module de données,** data unit; **module de découpage,** splitting

module; **module de gestion de données,** data management unit; **module de mise au point,** modification module, revision module; **module de modification,** extract module, revision module; **module de mémoire,** memory module; **module de mémoire à tores,** core memory module; **module de processus mathématique,** mathematical process model; **module de programme,** program module, program pack; **module de relance de l'exploitation,** recovery module; **module de référence,** master source module; **module de système,** system module; **module de translation,** relocation bank, relocation augment; **module de tri,** sort module; **module enfichable,** plug-in module; **module exécutable,** run module; **module hautement intégré,** LSI module; **module individuel,** individual module; **module inférieur,** lower module; **module interface opérateur système,** operator system interface; **module lié,** linked module; **module multiporte,** gating module; **module objet,** object module; **module objet relogeable,** relocatable object module; **module pilote,** master module; **module recouvrable,** overlay module; **module relogeable,** relocatable module; **module réentrant,** reenterable load module; **module source,** source module; **module technique,** hardware module; **module transitoire,** transient module; **module translatable,** relocatable deck; **module électronique,** electronic module; **modulé,** modulated; **modulé en amplitude,** amplitude-modulated; **nom du module de chargement,** load module name.

m o d u l é e : onde modulée manipulée, keyed modulation wave.

m o d u l e r : modulate (to).

m o d u l o : modulo*; **compter modulo N,** count modulo N (to); **compteur modulo-N,** modulo-N counter; **contrôle modulo-N,** modulo-N check; **contrôle sur le modulo,** residue check; **porte somme modulo-2,** modulo-2 sum gate.

m o i n d r e : least; **moindre carrés,** root mean square (RMS); **méthode d'analyse des moindre carrés,** least square analysis.

m o i n s : minus, less; **bit le moins significatif,** least significant bit (LSB), lowest order bit; **complément à la base moins 1,** radix-minus-one complement; **digit le moins significatif,** least significant digit; **mémoire la moins utilisée,** least frequently used memory (LFU); **ordre le moins élevé,** low-order; **signe moins,** minus sign, negative '-'; **symbole moins imprimé,** actual minus sign; **touche plus/moins,** add/subtract key.

m o l e t a g e : moletage, knurl.

**moleté:** knurled.

**moletée: vis moletée,** knurled screw.

**moleter:** knurl (to).

**molette:** thumb wheel.

**moment: bande perforée à 5 moments,** five-level tape; **bande perforée à 6 moments,** six-level tape; **bande perforée à 7 moments,** seven-level tape; **code ISO à 7 moments,** ISO-7-bit code; **code de télégraphie à 5 moments,** five unit teleprinter code; **code à 5 moments,** five track code; **code à N moments,** N-level code; **code à moments,** equal length code; **moment de code,** code element, code group; **moment de départ,** start clock; **moment du chargement,** load time; **moment du début,** start time; **niveau à 8 moments,** eight-level; **à N moments,** N-level.

**monadique:** monadic, unary; **opérateur booléen monadique,** monadic Boolean operator; **opérateur monadique,** monadic operator; **opération monadique,** monadic operation, unary operation.

**monétaire:** monetary; **symbole monétaire,** currency symbol, currency sign, monetary symbol.

**moniteur:** monitor*, supervisor, program supervisor, display; **affichage moniteur,** monitor display; **appel de moniteur,** monitor call; **mode moniteur,** monitor mode; **moniteur RVB,** RGB monitor; **moniteur composite,** composite video display; **moniteur couleur,** RGB monitor; **moniteur câblé,** hardware monitor, wired monitor; **moniteur d'exploitation,** operation monitor, run-time monitor; **moniteur d'intégration,** integrity violation monitor; **moniteur de cohérence,** integrity violation monitor; **moniteur de système,** system monitor; **moniteur de séquences,** sequence monitor; **moniteur de traitement de tâches,** job processing monitor; **moniteur de télétraitement,** tele-processing monitor; **moniteur graphique,** graphic monitor; **moniteur haute performance,** high-performance monitor; **moniteur haute résolution,** high-resolution monitor; **moniteur logiciel,** software monitor; **moniteur logique,** logical monitor; **moniteur multibalayage,** multiscan monitor, multiscan display; **moniteur multifréquence,** multifrequency monitor, multisync monitor; **moniteur multitâche,** multitasking monitor; **moniteur résident,** resident monitor; **moniteur temps réel,** real-time monitor; **moniteur télévision,** television monitor; **moniteur vidéo,** video monitor; **partie résidante d'un moniteur,** resident section of monitor; **programme moniteur,** monitor program; **sous-programme**

**moniteur,** monitor routine; **système moniteur,** monitor system; **système moniteur d'émulation,** emulator monitor system.

**monitorage:** monitoring; **monitorage permanent,** continuous monitoring; **phase de monitorage,** monitor session; **programme de monitorage,** monitoring program; **état de monitorage,** monitor state.

**monnaie:** currency.

**mono: accès mono-utilisateur,** single-user access; **mono-utilisateur,** single user.

**monobobine: fonction monobobine,** single-tape function.

**monocabestan:** single capstan.

**monocarte: ordinateur monocarte,** one-board computer (OBC).

**monochrome:** monochrome; **graphique monochrome,** monochrome graphics.

**monoclavier: saisie monoclavier,** one-keyboard data capture.

**monoconducteur: ligne monoconducteur,** single-wire line.

**monocoup: bascule monocoup,** monostable circuit.

**monocristal:** single crystal.

**monodisque: cassette monodisque,** single-disk cartridge; **unité monodisque,** single-floppy drive.

**monolithique:** monolithic; **circuit intégré monolithique,** monolithic integrated circuit; **mémoire monolithique,** monolithic storage.

**monophase:** single phase.

**monopile: fichier monopile,** single-volume file.

**monopiste: tête magnétique monopiste,** single-trace magnetic head.

**monoposte: système monoposte,** single-station system.

**monoprocesseur:** monoprocessor, uniprocessor, one-processor unit.

**monoprogrammation:** monoprogramming, uniprogramming.

**monostable:** monostable; **circuit déclencheur monostable,** monostable trigger circuit; **circuit monostable,** single-shot circuit, one-shot circuit; **déclencheur monostable,** one-shot flip-flop; **multivibrateur monostable,** monostable multivibrator, one-shot multivibrator.

**monotâche: traitement monotâche,** single-reference processing.

**monotouche: commande monotouche,** single-stroke control key; **contrôle monotouche,** single-stroke command.

**monotraitement:** uniprocessing.

**monovoie: accès monovoie,** single-channel access.

**m o n t a g e:** kit, mounting, mount; **carte de montage,** mounting card; **double montage de circuits,** duplicate circuitry; **montage au lieu d'exploitation,** field installation; **montage cathodyne,** cathode follower; **montage collecteur commun,** common collector circuit; **montage d'amplificateurs en cascade,** cascade amplifier; **montage d'un circuit,** circuit arrangement; **montage de base,** basic circuit arrangement; **montage de filtre,** filter network; **montage de réaction,** feedback circuit; **montage en pont,** bridge circuit; **montage en série-parallèle,** series-parallel connection; **montage en étoile,** star connection, wye connection; **montage expérimental,** breadboard circuit; **montage flip-flop,** toggle circuit; **montage fondamental,** basic circuit configuration, basic set-up; **montage multiplex,** conference connection; **montage symétrique,** push-pull connection; **montage ultérieur,** field upgrade; **montage émetteur commun,** common emitter circuit; **montage à base commune,** common base circuit; **montage à circuits,** transistor circuit; **schéma de montage,** circuit schematic, setup diagram.

**m o n t a n t:** défilement montant, scroll up; **montant net,** net amount.

**m o n t a n t e:** voie montante (satellite), uplink.

**m o n t é e:** rise; **front de montée,** positive-going transition; **montée d'impulsion,** impulse growth; **montée d'une courbe,** slope of a curve; **montée de courbe,** curve slope; **temps de montée,** rise time, transition time; **temps de montée d'impulsion,** pulse rise time.

**m o r p h è m e:** morpheme*.

**M o r s e:** code Morse, telegraph code.

**m o r t:** death; **contrôle de temps mort,** idling control; **fichier mort,** file dead; **mort lente,** slow death; **secteur mort,** dead sector; **temps mort,** dead time.

**m o r t e:** brûleur de mémoire morte, PROM burner; **claqueur de mémoire morte,** PROM blaster; **effacement par ultraviolet (mémoire morte),** ultraviolet erasing; **erreur de mémoire morte,** read-only storage error; **grilleur de mémoire morte,** PROM blower; **mémoire (morte) de chargement,** bootstrap memory; **mémoire morte,** read-only memory (ROM), read-in storage; **mémoire morte altérable,** alterable read-only memory; **mémoire morte de commande,** control read-only memory (CROM); **mémoire morte effaçable électriquement,** electrically erasable read-only memory (EEROM); **mémoire morte fusible,** fusable read-only memory; **mémoire**

**morte interchangeable,** interchangeable rom; **mémoire morte programmable,** programmable ROM (PROM); **mémoire morte programmable électriquement,** electrically programmable ROM (EPROM); **mémoire morte reprogrammable électriquement,** electrically alterable read-only memory (EAROM); **mémoire morte élaborée par masque,** masked ROM; **programmateur de mémoire morte,** PROM programmer; **programmé en mémoire morte,** hardware-programmed; **reprogrammer une mémoire morte,** reblast (to).

**M O S:** MOS complémentaire, complementary MOS (CMOS); **MOS négatif,** negative MOS (NMOS); **MOS positif,** positive MOS (PMOS); **MOS circuit intégré de technique MOS,** MOS-type integrated circuit; **microcomposant MOS,** MOS encoding chip; **mémoire MOS,** MOS memory.

**m o t:** word; **adresse de mot,** word address; **alignement sur un mot,** word alignment; **blancs de fin de mot,** trailing blanks; **cadrage des lignes sans coupure de mots,** hyphenless justification; **capacité exprimée en mots,** word capacity; **constante de mot positive,** full word positive constant; **césure des mots,** word separation; **demi-mot,** half-word, short word; **double mot,** double word; **double mot de passe,** two-level password; **définition du macro de mot clé,** keyword macro definition; **entrée à double mot de passe,** two-level password entry; **espace entête de mot,** leading edge; **espace entre mots,** interword gap; **espace mot,** word space; **espace mémoire de 32 mots,** sliver; **format d'adresse de mot,** word address format; **format du mot de données,** data word format; **format à mot quadruple,** quad-word bound; **frontière de mot,** word boundary; **générateur de longueur de mot,** word size emitter; **indexage par mot clé,** word indexing; **limite de mot double,** double word boundary; **longueur de mot,** word length, word size; **longueur de mot de données,** data word size; **longueur de mot fixe,** fixed-word length; **longueur de mot variable,** variable-word length; **longueur de mot à virgule fixe,** fixed-point word length; **longueur du mot clé,** key length; **longueur du mot de données,** data word length; **longueur du mot machine,** machine word length; **machine organisée en mots,** word machine; **macro de mot clé,** keyword macro; **macro-instruction de mot clé,** keyword macro-instruction; **marque de mot,** word mark; **marque fin de mot,** end-of-word mark; **mise à ligne des mots,** word wrap; **mot fixe,**

fixed word; **mot alphabétique,** alphabetic word; **mot alphanumérique,** alphameric word; **mot binaire,** binary word; **mot clé,** keyword; **mot clé dans son contexte,** keyword-in-context index; **mot code,** code word; **mot commande,** order word; **mot complet,** full word; **mot d'adresse de canal,** channel address word (CAW); **mot d'adresse disque,** disk control word; **mot d'identification,** call word; **mot d'index,** indexing word, index word; **mot d'information,** information word; **mot d'instruction,** command word, instruction storage word; **mot d'état,** status word; **mot d'état de canal,** channel status word; **mot d'état de contrôle,** control status word (CSW); **mot d'état de périphérique,** device status word; **mot d'état programme,** program status word (PSW); **mot de blocage,** catchword; **mot de commande,** control word; **mot de commande canal,** channel command word; **mot de contrôle,** check word; **mot de contrôle d'unité,** unit control word; **mot de contrôle de concordance,** synchronization check word; **mot de données,** data word; **mot de fin d'enregistrement,** end-of-record word; **mot de longueur d'article,** length record word; **mot de longueur fixe,** fixed-length word; **mot de passe,** password, lock code; **mot de positionnement d'article,** record locator word; **mot de programme,** program word, routine word; **mot de rapport,** report item; **mot de recherche,** search word; **mot de restriction d'accès,** access control word; **mot de variable,** variable word; **mot de verrouillage,** lockword; **mot double,** double word, double length word; **mot du processus en cours,** running process word; **mot défini par l'utilisateur,** user-defined word; **mot en double longueur,** double-length word; **mot facultatif,** optional word; **mot indicateur,** indicator word; **mot instruction,** instruction word; **mot long,** long word; **mot machine,** machine word, computer word; **mot mémoire,** memory word, storage word; **mot numérique,** numerical word, numeric word; **mot optionnel,** optional word; **mot pour mot,** verbatim; **mot réservé,** reserved word; **mot texte,** text word; **mot tronqué,** stemmed word; **mot unique,** single word; **mot vide,** empty word; **mot paramètre,** parameter word; **mémoire organisée en mots,** word-organized memory, word-oriented memory; **mémoire à structure de mots,** word-structured memory; **opération exécutée par mots,** word-oriented operation; **ordinateur organisé en mots,** word-oriented computer; **ordinateur à mots de longueur fixe,** fixed-length computer; **organisé en**

mots, word-organized; **orienté mot,** word-oriented; **paramètre de mot clé,** keyword parameter; **paramètre du mot de recherche,** search mode parameter; **période de mot,** word period; **protection par mot de passe,** password protection; **racine d'un mot,** word stem; **recherche par mot clé,** disjunctive search, key retrieval; **registre d'entrée mot,** word input register; **registre de mot,** word register; **registre en double mot,** double word register; **registre tampon de mot,** word buffer register; **sentinelle de mot,** word delimiter; **structure de mot,** word format, command structure; **sélection de mot,** word selection; **séparateur de mots,** word separator; **temps de transfert d'un mot,** word time; **traitement en multilongueur de mot,** multiple length working; **transfert de mot,** word transfer; **travail en simple mot,** single-length working; **zone de mot de passe,** password field.

**m o t e u r:** engine, motor; **arbre moteur,** motor shaft; **couple moteur,** rotational torque; **élément moteur,** activator; **moteur bobine,** reel motor; **moteur d'entraînement,** belt motor; **moteur d'inférence,** inference engine; **moteur de grammaires,** grammar engine; **moteur de positionnement,** access motor; **moteur de ventilateur,** blower motor; **moteur pas à pas,** stepping motor; **moteur série,** series wound motor; **vérificatrice à moteur,** motor-driven verifier.

**m o u:** soft.

**m o u i l l é: contact mouillé au mercure,** dry reed contact.

**m o u t o n: saute-mouton,** leapfrog; **test saute-mouton,** leapfrog test.

**m o u v e m e n t:** movement, move, motion, transaction, moving; **acquisition du contexte mouvement,** transaction context acquisition; **bande des mouvements,** revision tape; **bande objet des mouvements,** transaction binary tape; **bande-mouvement,** change tape; **cadence de mouvement,** activity rate; **carte des mouvements,** accounting detail card, activity card; **carte mouvements,** posting card; **compte rendu des mouvements,** transaction report; **compteur de mouvements,** transaction counter; **contrôle d'état des mouvements,** transaction status control; **dernier mouvement,** last translation; **dernier mouvement général,** last major transaction; **données de mouvements,** transaction data; **double mouvement de papier,** dual paper feed, dual paper movement; **enregistrement de mouvement,** transaction logging; **enregistrement des mouvements,** transaction record; **enregistrement mouvement,** change record; **fichier de mouvements**, revision file; **fichier des mouvements**, change file, maintenance file, update file; **fichier mouvements**, service file; **indicateur de mouvements**, activity indicator; **liste de mouvements**, material transaction register; **maintenance des mouvements**, transaction maintenance; **mouvement angulaire**, angular motion; **mouvement constant**, constant movement; **mouvement d'accès**, access motion; **mouvement de bande**, tape movement; **mouvement de bloc**, block move; **mouvement de données**, destage; **mouvement de page**, paging; **mouvement de plume**, pen movement; **mouvement de récupération**, recovery transaction; **mouvement de zone**, zone movement; **mouvement linéaire**, linear movement; **mouvement pas à pas**, step-by-step movement; **mouvement rectiligne**, rectilinear motion; **mouvement transversal**, transverse motion; **mouvement à travers une image**, pan; **niveau de mouvement**, activity level; **numéro de mouvement**, activity number; **premier mouvement**, first transaction; **premier mouvement général**, first major transaction; **processeur de traitement des mouvements**, transaction processor; **registre des mouvements**, activity register; **système de commande des mouvements**, transaction-driven system; **temps de mouvement**, move time; **traitement des mouvements**, transactional processing; **vidage après mouvements**, change dump.

**mouvementé**: **compte non mouvementé**, inactive account.

**moyen**: average; **contenu moyen d'informations par caractère**, average information per character; **débit moyen d'entropie**, average data rate; **débit moyen d'informations transmises**, average transinformation content; **moyen arithmétique**, arithmetic organ; **moyen d'acquisition**, logging facility; **moyen d'édition**, edit facility; **moyen de communication**, communication medium; **moyen de saisie**, logging facility; **moyen géométrique**, geometric mean; **moyens d'enseignement**, teaching aid; **moyens de maintenance**, maintenance aids; **moyens transitoires**, transition aid; **mémoire à temps d'accès moyen**, medium access storage; **temps d'accès moyen**, mean access time, average latency; **temps moyen d'accès**, average access time; **temps moyen d'exécution des instructions**, average instruction execution time; **temps moyen d'occupation**, mean holding time; **temps moyen d'opération**, average operation time; **temps moyen de réparation**, mean time to repair (MTTR),

mean repair time; **vente par des moyens discrets**, soft selling; **écart moyen**, mean absolute deviation; **écart moyen d'erreur**, average error.

**moyenne**: average, mean; **amplitude moyenne de la tension de lecture**, average peak output; **charge moyenne**, mean load; **densité moyenne d'information**, average information content; **durée de vie moyenne acceptable**, acceptable mean life; **durée moyenne de recherche**, average search length; **entropie moyenne (par caractère)**, mean entropy (per character); **excursion moyenne**, mean absolute deviation; **intégration moyenne**, medium scale integration; **longueur moyenne**, medium length; **longévité moyenne**, mean life; **moyenne arithmétique**, arithmetic mean; **moyenne d'informations transmises**, average information rate per time; **moyenne des temps d'entretien**, mean time to maintain (MTTM); **moyenne des temps de bon fonctionnement**, mean time between failures (MTBF); **moyenne des temps entre entretiens**, mean time between routine maintenance (MTBRM); **moyenne journalière**, average per day; **opération de calcul de moyenne**, average calculating operation; **ordinateur de moyenne puissance**, medium scale system; **tolérance moyenne**, mean deviation; **valeur moyenne**, average value, mean value; **valeur moyenne de calcul**, arithmetic mean value; **vitesse moyenne**, medium speed; **échelle d'intégration moyenne**, medium integration scale (MSI).

**multiaccès**: multiple access; **système multiaccès**, multiaccess system.

**multiadressage**: multiaddressing, multiple addressing.

**multiadresse**: multiaddress; **code multiadresse**, multiple address code; **instruction multiadresse**, multiple address instruction; **machine multiadresse**, multiple address machine; **message multiadresse**, multiple address message.

**multibalayage**: multiscan; **moniteur multibalayage**, multiscan monitor, multiscan display.

**multibande**: **mémoire multibande**, multitape memory; **scaneur multibande**, multispectral scanner (MSS).

**multibase**: **nombre multibase**, mixed number; **numération multibase**, mixed-base numeration; **système multibase**, mixed-numeration system.

**multibobine**: multireel; **fichier multibobine**, multireel file; **numéro d'ordre d'un fichier multibobine**, reel sequence number.

**multibroche:** multipoint; **connecteur multibroche,** multiple connector, multipoint connector.

**multicalculateur:** multicomputer; **système à multicalculateur,** multicomputer system.

**multicalibre:** multirange.

**multicanal:** enregistreur multicanal, multichannel recorder.

**multicanaux:** commande de communications multicanaux, multichannel communications control.

**multicaractère:** multicharacter; **entrée multicaractère,** multicharacter input.

**multicarte:** multiple card.

**multichargeur:** multiple disk pack; **unité multichargeur,** multiple disk drive.

**multichiffres: nombre multichiffres,** multiple digit number.

**multicircuit:** multichip, multiple circuit.

**multiclavier:** multikeyboard, multistation; **saisie multiclavier,** multikeyboard data capture; **système multiclavier,** multistation system.

**multicode:** traitement multicode, multilevel code handling.

**multiconducteur: câble multiconducteur,** bundled cable.

**multiconnecté:** multilinked.

**multiconsole: option multiconsole,** multiple console option.

**multicritère: multicritères,** multicriteria; **recherche multicritère,** multicriteria search; **sélection multicritère,** multiple selection criteria.

**multidestinataire: message multidestinataire,** book message.

**multidimension: tableau multidimension,** multidimensional array.

**multidimensionnel:** multidimensional.

**multidisque: chargeur multidisque,** disk pack.

**multidomaine: fichier multidomaine,** multiextent file.

**multifichier:** multifile; **bande multifichier,** multifile tape; **bobine multifichier,** multifile reel; **option multifichier,** multiple file option; **traitement multifichier,** multifile processing; **tri multifichier,** multifile sorting.

**multifonction:** multifunction; **carte multifonction,** multifunction board; **générateur multifonction,** arbitrary function generator; **terminal multifonction,** multifunction terminal, multiwork station; **unité multifonction,** multifunction unit.

**multifréquence:** multifrequency, multiscan; **accès multifréquence,** code division multiple access (CDMA); **duplexage multi-fréquence,** frequency division duplexing (FDM); **moniteur multifréquence,** multifrequency monitor, multisync monitor; **signalisation multifréquence,** multifrequency signaling.

**multigamme: amplificateur multigamme,** multirange amplifier.

**multilangage:** multilangual; **adaptateur multilangage,** multilingual package.

**multilecture:** multiread; **alimentation multilecture,** multiread feeding.

**multiligne:** multiline; **carte multiligne,** multiple line card; **impression multiligne,** multiline printing; **lecture multiligne,** multiple line reading; **structure multiligne,** multiline format.

**multilongueur:** multilength, multiple length; **nombre multilongueur,** multilength number; **traitement en multilongueur de mot,** multiple length working.

**multimachine: fichier multimachine,** multiunit file.

**multimédia: informatique multimédia,** multimedia computing; **interface multimédia,** multimedia interface; **multimédia,** multimedia.

**multimessage:** multimessage; **traitement multimessage,** multimessage processing.

**multimode:** multimode; **traitement multimode,** multimode operation.

**multimot: opérande multimot,** multiple length number.

**multiniveau:** multilevel; **adressage indirect multiniveau,** multilevel indirect addressing; **adressage multiniveau,** multilevel addressing; **adresse multiniveau,** multilevel address; **indice inférieur multiniveau,** multilevel subscript; **interruption multiniveau,** multilevel interrupt.

**multinoeud:** multinode.

**multiopération:** multiple operation.

**multiparcours:** multipath.

**multipas:** multistep; **traitement multipas,** multistep operation.

**multipassage:** multipass; **tri multipassage,** multipass sort.

**multiperforation:** multipunch, multiple punching.

**multipériphérique: adaptateur multipériphérique,** multiple peripheral adapter.

**multiplateau:** multiplatter; **disque multiplateau,** multiplatter disk.

**multiple:** multiple; **accès multiple temporel,** time-division multiple access (TDMA); **canal multiple,** multiplexer channel; **clôture multiple,** multiple closure; **condition multiple,** compound condition; **contrôle multiple,**

multicontrol; **mode de renvoi multiple,** programmed mode switch; **multiple commun,** common multiple; **multiple entier,** integral multiple; **multiple précision,** extended precision; **résistance à couches multiples,** composition resistor; **saut multiple,** continuous skip key; **symbole de renvoi multiple,** variable connector; **terminal à usage multiple,** general-purpose terminal; **unité à liaisons multiples,** multiple interface unit; **virgule flottante en multiple précision,** long-form floating point; **à son multiple,** multitone.

**multiplet:** byte*; **adresse de multiplet,** byte address; **alignement sur multiplet,** byte boundary alignment; **canal de multiplexage à base de multiplets,** byte multiplex channel; **canal multiplexeur de multiplets (octets),** byte multiplexer channel; **groupe de multiplets,** gulp; **index de multiplet,** byte index; **limite de multiplet,** byte boundary; **multiplet d'insertion,** insert byte; **multiplet de 2 bits,** dibit, doublet, two-bit byte, diad; **multiplet de 3 bits,** tribit, triplet, three-bit byte; **multiplet de 4 bits,** quartet, quadbit, nibble, four-bit byte; **multiplet de 5 bits,** quintet, five-bit byte; **multiplet de 6 bits,** sextet, six-bit byte; **multiplet de 7 bits,** septet, seven-bit byte; **multiplet de 8 bits,** octet (o); **multiplet de remplissage,** slack byte; **multiplet de signalisation,** flag byte; **représentation de multiplet,** byte representation; **structure de multiplet,** byte structure; **transmission sérielle par multiplet,** character byte-serial transmission; **zone de multiplet,** byte field.

**multiplex:** multiplex*; **mode bloc multiplex,** block multiplex mode; **montage multiplex,** conference connection; **multiplex homogène,** homogeneous multiplex; **multiplex hétérogène,** heterogeneous multiplex; **multiplex spatial,** space-division multiplex; **opération multiplex,** multiplexed operation; **voie multiplex,** multiplexor channel.

**multiplexage:** multiplexing, multiplex operation; **canal de multiplexage direct,** direct multiplex channel; **canal de multiplexage à base de multiplets,** byte multiplex channel; **matériel de multiplexage temporel,** time-division multiplexing equipment; **multiplexage de bus,** bus multiplexing; **multiplexage en fréquence,** frequency division multiplexing; **multiplexage en temps,** time-division multiplex; **multiplexage temporel,** time-division multiplexing (TDM); **méthode de multiplexage temporel,** time-division multiplex method; **opération de multiplexage temporel,** time-division multiplex operation; **spectre de multiplexage,** multiplex baseband; **système de multiplexage temporel,**

time-division multiplex system; **système à multiplexage de fréquences,** frequency division multiplex.

**multiplexé:** bit **multiplexé,** bit interleaved; **multiplexé,** multiplexed.

**multiplexeur:** multiplexer, multiplexor; **canal multiplexeur,** block multiplexer channel; **canal multiplexeur de multiplets (octets),** byte multiplexer channel; **multiplexeur analogique,** analog multiplexer; **multiplexeur d'entrée,** input multiplexer; **multiplexeur de canal,** channel multiplexer; **multiplexeur de canal de données,** data channel multiplexor; **multiplexeur de communications,** communication multiplexor; **multiplexeur de données,** data multiplexer; **multiplexeur de sortie,** output multiplexer; **multiplexeur de voie de données,** data channel multiplexor; **multiplexeur octal,** byte multiplexor; **multiplexeur statistique,** statistical multiplexing; **multiplexeur temporel,** time-division multiplexer; **multiplexeur à division de fréquence,** frequency division multiplexer.

**multiplicande:** multiplicand*.

**multiplicateur:** multiplier (I-er); **circuit multiplicateur électronique,** electronic multiplication circuit; **facteur multiplicateur,** multiplier factor; **multiplicateur analogique,** analog multiplier; **multiplicateur de modulation à deux canaux,** time-division multiplier; **multiplicateur fonctionnel,** function multiplier; **multiplicateur numérique,** digital multiplier unit; **multiplicateur parabolique,** quarter-square multiplier; **multiplicateur quadratique,** square multiplier; **multiplicateur zéro,** zero multiplier; **multiplicateur électronique,** electronic multiplier; **registre multiplicateur quotient,** multiplier quotient register.

**multiplication:** multiplication, multiplying, entropy of groups; **multiplication câblée,** hardware multiply; **multiplication de vecteurs flottants,** floating-vector multiply; **multiplication en virgule flottante,** floating-point multiplication, floating multiply; **multiplication logique,** logic multiplication, logical product, meet; **multiplication pondérée,** weighted average multiply; **multiplication rapide,** high-speed multiplication; **multiplication à capacité aléatoire,** arbitrary precision multiplication; **porte de multiplication logique,** logic product gate; **signe de multiplication,** multiply sign 'x'; **sous-programme de multiplication,** integer multiply; **temps de multiplication,** multiplication time.

**multiplier:** multiply (to).

**multipoint:** multipoint, multidrop; **circuit de transmission multipoint,** multidrop circuit; **circuit multipoint,** multipoint line; **liaison multipoint,** multidrop connection, multipoint link; **ligne multipoint,** multidrop line; **réseau multipoint,** multipoint network; **réseaux multipoint,** multipoint connection; **transmission multipoint,** multidrop transmission.

**multipointeur: liste multipointeur,** multilinked list.

**multipolice: lecteur multipolice,** multiple font reader.

**multiport:** multiport.

**multiporte: module multiporte,** gating module.

**multiposte:** multistation; **système de saisie multiposte,** multistation data entry system; **système multiposte,** multistation system.

**multiprécision: arithmétique multiprécision,** multiprecision arithmetic; **calculateur multiprécision,** multiple length arithmetic; **multiprécision,** multiple precision, multiprecision; **opération en multiprécision,** multiple precision operation.

**multiprocesseur:** multiprocessor* (MP), array computer; **affectation mémoire multiprocesseur,** multiprocessor interleaving; **multiprocesseur distribué,** distributed array processor; **multiprocesseur modulaire,** modular multiprocessor.

**multiprogrammation:** multiprogramming*, multirunning, multithread; **fonctionnement en multiprogrammation,** multiprogramming mode; **multiprogrammation enrichie,** extended multiprogramming; **multiprogrammation à partitions fixes,** fixed-partition multiprogramming.

**multisegment:** multisegment, multiextent; **enregistrement multisegment,** multisegment record.

**multiséquence:** multisequence; **traitement multiséquence,** multisequence processing.

**multiséquentiel:** multisequential; **système multiséquentiel,** multisequential system.

**multison: circuit multison,** multitone circuit.

**multispectral:** multisprectal.

**multisynchro:** multisync.

**multisystème:** multisystem.

**multitâche:** multitasking*, multitask, multijob, multiwork; **imprimante multitâche,** multitasking printer; **mode multitâche,** multitasking mode; **moniteur multitâche,** multitasking monitor; **opération multitâche,** multitask operation, multijob operation; **traitement multitâche,** multiple job processing.

**multitraitement:** multiprocessing*; **système de multitraitement,** multiprocessing system.

**multitravail: séquence multitravail,** multijob scheduling.

**multitrou:** multiaperture; **tore multitrou,** multiaperture core, multiple aperture core.

**multitude: multitude de messages,** message space.

**multiutilisateur:** multiuser*.

**multivibrateur:** multivibrator; **circuit multivibrateur,** flip-flop circuit; **multivibrateur astable,** astable multivibrator; **multivibrateur asynchrone,** start-stop multivibrator; **multivibrateur auto-oscillant,** free-running multivibrator; **multivibrateur bistable,** bistable multivibrator, trigger pair circuit; **multivibrateur monostable,** monostable multivibrator, one-shot multivibrator; **multivibrateur tristable,** tri-flop.

**multivoie:** multichannel; **accès multivoie,** multichannel access; **circuit multivoie,** bearer circuit; **distorsion multivoie,** multipath distortion; **protocole multivoie,** multichannel protocol; **transmission multivoie,** multipath transmission; **tête magnétique multivoie,** multitrace magnetic head.

**multivoix:** multitone; **circuit multivoix,** multitone circuit.

**multivolume:** multivolume; **fichier multivolume,** multifile volume, multivolume file; **traitement multivolume,** multivolume operation.

**murale: prise murale,** wall socket, wall outlet.

**musical:** musical; **clavier musical,** touchtone; **langage musical,** musical language.

**musicale: calculette musicale,** audible calculator.

**mutilé:** mutilated; **caractère mutilé,** mutilated character.

**mutilée: information mutilée,** garbled information.

**mutuel:** mutual; **couplage inductif mutuel,** mutual inductance coupling.

**mutuelle:** (quantité d') **information mutuelle,** mutual information; (quantité d') **information mutuelle émise,** transmitted information; **induction mutuelle,** mutual inductance.

**mylar:** mylar; **bande mylar,** mylar tape.

# N

**nanoseconde**: nanosecond.

**nappage**: nappage linéaire, linear napping.

**nappe**: nappe d'enroulement, winding layer.

**naturel**: natural, native; entier naturel, nonnegative integer; format des nombres naturels, unsigned integer format; index naturel, rough index; langage naturel, natural language; logarithme naturel, natural logarithm; mode naturel, native mode; nombre naturel, natural number, integral number, integer number.

**naturelle**: base naturelle d'un système numérique, natural base; grandeur naturelle, life size; générateur de fonctions naturelles, natural function generator; unité naturelle (de quantité d'information), natural unit (of information content).

**navette**: carte navette, turnaround card; document navette, turnaround document.

**nécessaire**: nécessaire de nettoyage, cleaning kit; nécessaire de réparation, repair kit.

**négatif**: negative; MOS négatif, negative MOS (NMOS); accusé de réception négatif, negative acknowledge (NAK); caractère d'accusé de réception négatif, negative acknowledge character; coefficient négatif, minus coefficient; de type négatif, N-type; dépassement négatif d'exposant, exponent underflow; flanc de synchronisation négatif, negative going edge; nombre négatif, negative number; non négatif, nonnegative; potentiel négatif, negative potential; rendre négatif, negate (to); report négatif, borrow, end-around borrow; solde négatif, negative balance.

**négation**: negation*; négation booléenne, Boolean complementation; négation logique, NOT, NOR; symbole de négation, negation indicator symbol; élément de négation, negation element.

**négative**: convertisseur d'entrées négatives, negative input converter; correction négative, minus adjustment; impulsions négatives et positives, bidirectional pulses; logique négative, negative logic; pointe de tension négative, negative surge; somme négative, negative amount.

**négligeable**: erreur négligeable, transit error.

**néguentropie**: negentropy or entropy with opposite sign.

**Néper**: logarithme de Néper, Neperian logarithm, hyperbolic logarithm.

**népérien**: Neperian.

**net**: arrêt net, deadlock; compteur de solde net, net balance counter; montant net, net amount; solde net, net balance.

**nettoyage**: tidying, house cleaning; brosse de nettoyage, brush cleaning station; feutre de nettoyage, cleaning felt; nettoyage (de fichier), cleaning, cleanup; nettoyage de mémoire, garbage collection; nécessaire de nettoyage, cleaning kit; opération nettoyage, overhead operation; programme de nettoyage, garbage collector.

**nettoyer**: clean up (to), clean (to).

**nettoyeur**: cleaner, cleanser; nettoyeur de bande, tape cleaner.

**neuf**: nine; neuf en-tête, nine edge leading; preuve par neuf, casting out nines.

**neuronal**: neural.

**neuronaux**: algorithme de réseaux neuronaux, neural network algorithm; réseaux neuronaux, neural networks.

**neurone**: neuron.

**neutre**: neutral; courant du neutre, neutral current; enroulement neutre, return winding.

**nez**: nose.

**nid**: enroulement en nid d'abeille, lattice wound coil.

**niveau**: level; adressage de premier niveau, zero level addressing; adressage à un niveau, one-level addressing; adresse de bas niveau, first-level address; adresse de niveau simple, single-level address; adresse de niveau zéro, zero-level address; adresse à un niveau, one-level address; au niveau de transfert des registres, register-transfer level; augmentation du niveau de détails, reduction cascading; changement au niveau inférieur, minor change; compensation de perte de niveau, drop-out compensation; convertisseur de niveau, level converter; diagnostic au niveau du circuit, chip level diagnosis; détecteur de niveau, level detector; encodage de premier niveau, one-level code; faible niveau, low level; fonctionnant au niveau du caractère, character-oriented; indicateur de niveau, level indicator; indicateur de niveau optique, voice level indicator; **instruction de niveau d'adressage,** address level directive; **langage de bas niveau,** low-level language (LLL), autocode; **langage de haut niveau,** high-level language; **langage de très haut niveau,** very high level language (VHLL); **machine fonctionnant au niveau du caractère,** character-oriented computer; **mettre à niveau,** retrofit (to); **modification au niveau supérieur,** major control change; **mémoire de premier niveau,** first-level memory; **niveau TTL,** TTL level; **niveau d'accès,** access level; **niveau d'accès réel,** physical access level; **niveau d'accès à la chaîne de caractères,** string level access; **niveau d'activité,** level of activity; **niveau d'adressage,** addressing level; **niveau d'allocation,** allocation level; **niveau d'automatisation,** automation stage; **niveau d'enregistrement,** storage level; **niveau d'ensemble,** aggregate level; **niveau d'imbrication,** nesting level; **niveau d'indice,** index level; **niveau d'interruption,** interrupt level; **niveau d'une instruction,** statement level; **niveau de balayage,** level sense; **niveau de bande,** tape level; **niveau de bibliothèque,** library level; **niveau de blocage,** blanking level; **niveau de bruit,** noise level; **niveau de bruit ambiant,** ambient noise level; **niveau de bruit d'un circuit,** circuit noise level; **niveau de bruit de porteuse,** carrier noise level; **niveau de catalogue,** catalog level; **niveau de changement,** change level; **niveau de commande,** address level, control stage; **niveau de contrôle,** control level; **niveau de diaphonie,** crosstalk level; **niveau de disponibilité,** availability level; **niveau de données,** data level; **niveau de déclenchement,** trigger level; **niveau de fiabilité,** confidence level; **niveau de gris,** grey shade, shade, grey level; **niveau de groupe de données,** group level; **niveau de langage,** language level; **niveau de mise à jour,** release level; **niveau de modification,** change level; **niveau de mouvement,** activity level; **niveau de performance,** performance level; **niveau de processus,** process level; **niveau de programme,** program level; **niveau de protection,** protection level; **niveau de puissance,** power level; **niveau de qualification,** qualification level; **niveau de qualité acceptable,** acceptable quality level (AQL); **niveau de quantification,** quantization level; **niveau de rapport,** report group level; **niveau de renvoi,** jump level; **niveau de référence,** reference level; **niveau de révision,** revision level; **niveau de saisie,** entry level; **niveau de servitude,** auxiliary stage; **niveau de**

**signalisation,** signaling level; **niveau de surcharge,** overload level; **niveau de système,** system level; **niveau de transmission,** transmission level; **niveau de transmission relatif,** relative transmission level; **niveau des perturbations,** interference level; **niveau ligne,** line level; **niveau logique,** logical level, local level; **niveau logique d'adresse,** logical access level; **niveau prioritaire,** precedence rating, priority level; **niveau technique,** engineering level; **niveau élevé,** higher level; **niveau élémentaire,** elementary level; **niveau à 8 moments,** eight-level; **numéro de niveau,** level number, rank; **retombée sous le niveau normal,** undershoot; **rupture au niveau supérieur,** major control break; **rupture de niveau par comparaison,** comparing control change; **régulateur de niveau,** level regulator; **régulation de niveau,** level regulation; **signal de bas niveau,** low-level signal; **signal à niveau élevé,** high-level signal; **sous-programme à un niveau,** one-level subroutine; **technologie de même niveau,** circuit family; **terminal de bas niveau,** dumb terminal; **total au niveau inférieur,** minor total.

**niveaux:** **adressage à deux niveaux,** two-level addressing; **adresse à n-niveaux,** N-level addressing; **modulation à plusieurs niveaux,** multilevel modulation; **mémoire à deux niveaux,** two-level storage; **sous-programme à deux niveaux,** two-level subroutine.

**nodal:** nodal; **centre nodal,** node; **commutateur nodal,** nodal switch, node switch; **données d'état nodal,** node status data; **identificateur nodal,** node identifier; **point nodal,** nodal location; **processeur nodal,** node processor.

**noeud:** node\*, vertex; **noeud adjacent,** adjacent node, adjacent vertex; **noeud ascendant,** ascending node; **noeud d'extrémité,** endpoint node; **noeud de catalogue,** catalog node; **noeud de destination,** destination node; **noeud de décision,** decision box; **noeud de réseau,** network node; **noeud de terminaison,** terminal node; **noeud de traitement,** computing node; **noeud incident,** incident vertex; **noeud intermédiaire,** intermediate node.

**noir:** black.

**noire:** **boîte noire,** black box; **impression noire,** ribbon shift black.

**nom:** name; **affectation d'un nom,** naming; **affectation par nom,** assignment by name; **appel par le nom,** call by name; **changement de nom,** renaming; **contrôle du nom de volume,** volume name check;

**extension de nom de fichier,** file name extension; **indice de nom de fichier,** file name index; **nom alpha,** alphabet-name; **nom d'aiguillage,** switch identifier; **nom d'article,** record name; **nom d'index,** index name; **nom d'indice,** subscript name; **nom d'interruption,** halt name; **nom d'ordinateur,** computer name; **nom d'état,** switch status name; **nom d'étiquette,** label name; **nom d'événement,** event name; **nom de bibliothèque,** library name, libname; **nom de calculateur,** computer name; **nom de champ,** field name; **nom de chaîne,** chain name; **nom de commande,** control statement name; **nom de complément d'introduction,** input enclosure name; **nom de condition,** condition name; **nom de constructeur,** implementor name; **nom de données,** data name; **nom de données indexé,** indexed data name; **nom de données qualifiées,** qualified data name; **nom de définition de fichier,** data definition name; **nom de fichier,** filename, data set name; **nom de fichier réservé,** qualified file name; **nom de fonction,** function name; **nom de fonction incorporée,** built-in function name; **nom de groupe,** group name; **nom de génération,** generic name; **nom de l'article,** data record name; **nom de l'utilisateur,** user name; **nom de lancement,** entry name; **nom de langage,** language name; **nom de lien,** link name; **nom de liste,** report-name; **nom de liste d'instructions,** instruction list name; **nom de matrice,** matrix name; **nom de matrice,** array declarator name; **nom de paragraphe,** paragraph name; **nom de procédure,** procedure name; **nom de programme,** routine name; **nom de périphérique,** device name; **nom de routine,** routine name; **nom de segment,** segment name, section name; **nom de structure,** structure name; **nom de texte,** text name; **nom de touche (du clavier),** keyname; **nom de travaux,** job name; **nom de tâche,** task name; **nom de variable,** variable name, variable identifier; **nom de zone,** area name, name field; **nom de zone de mémoire,** block name; **nom du fichier de tri,** sort file name; **nom du fichier des points de reprise,** checkpoint file name; **nom du matériel,** hardware name; **nom du module de chargement,** load module name; **nom du possesseur,** owner name; **nom du propriétaire,** owner name; **nom externe,** external name; **nom indicé,** subscripted name, subscripted qualified name; **nom interne,** internal name; **nom mnémonique d'unité,** device mnemonic; **nom mnémotechnique,** mnemonic

device name; **nom qualifié,** qualified name; **nom spécial,** special name; **nom symbolique,** symbolic name; **nom symbolique de fichier partiel,** member name tag; **nom symbolique de l'unité,** symbolic device name; **partie de nom,** name portion; **symbole de modification de nom,** renaming symbol; **test du nom de condition,** condition name test; **zone de définition de nom,** name definition field; **zone de nom d'interruption,** halt name filed; **zone de nom de programme,** program name field; **zone des noms de segments,** segment name field.

**nombre:** number, numeral, figure; **attribut de nombre,** number attribute; **attribut de nombre entier,** integer attribute; **contrôle du nombre de perforations,** hole count check; **dispositif de détection des nombres,** number detection device; **division par nombre premier,** prime number division; **erreur de contrôle du nombre de perforations,** hole count error; **format des nombres décimaux,** decimal number format; **format des nombres naturels,** unsigned integer format; **générateur de nombre,** number generator; **générateur de nombres aléatoires,** random number generator; **nombre absolu,** abstract number; **nombre absolu de génération,** absolute generation number; **nombre algébrique,** algebraic number; **nombre au hasard,** random number; **nombre auxiliaire,** auxiliary number; **nombre binaire,** binary number, binary numeral; **nombre biquinaire,** biquinary number; **nombre cardinal,** basic number; **nombre carré,** square number; **nombre complexe,** complex number, imaginary number; **nombre complexe conjugué,** complex conjugate number; **nombre d'enregistrements,** record count; **nombre d'enroulement,** winding number; **nombre d'erreurs,** error count; **nombre de base,** base number; **nombre de binaires équivalents,** equivalent binary digits; **nombre de contrôle,** check number; **nombre de messages en attente,** queue depth; **nombre de positions d'impression,** print size; **nombre de recherche,** search number; **nombre duodécimal,** duodecimal number; **nombre décimal,** decimal number; **nombre décimal code,** coded decimal number; **nombre décimal code biquinaire,** biquinary coded decimal number; **nombre décimal codé en binaire,** binary-coded decimal number; **nombre en double précision,** double-length number; **nombre en virgule fixe,** number in fixed point representation; **nombre en virgule flottante,** floating-point number; **nombre entier,** integral number, integer; **nombre entier binaire,**

binary integer; **nombre entier non signé,** unsigned integer; **nombre entier positif,** positive integer, nonegative number; **nombre fini,** finite integer; **nombre générateur,** generation number; **nombre hexadécimal,** hexadecimal number; **nombre imaginaire,** imaginary number, pure imaginary number; **nombre impair,** odd number; **nombre indéfini,** abstract number; **nombre inexact,** misnumber; **nombre irrationnel,** irrational number; **nombre itératif,** repeat count; **nombre mixte,** mixed number; **nombre multibase,** mixed number; **nombre multichiffres,** multiple digit number; **nombre multilongueur,** multilength number; **nombre naturel,** natural number, integral number, integer number; **nombre non signé,** unsigned number; **nombre négatif,** negative number; **nombre octal,** octal number, octal numeral; **nombre polyvalent,** polyvalent number; **nombre premier,** prime number, prime integer; **nombre prioritaire,** priority number; **nombre quinaire,** quinary number; **nombre rationnel,** rational number; **nombre réel,** real number; **nombre septénaire,** septenary number; **nombre signé,** signed number; **nombre symbolique,** symbolic number; **nombre ternaire,** ternary number; **nombre transcendant,** transcendental number; **nombre à base,** radix number; **nombre à double précision,** double precision number; **nombre à virgule fixe,** fixed-point number; **nombres,** numerics; **nombres consécutifs,** consecutive numbers; **nombres décimaux,** decimal numerics; **nombres pseudo-aléatoires,** pseudorandom numbers; **opération à nombre de séquences prédéterminé,** fixed-cycle operation; **perforation en série d'un nombre,** serial number punching; **programme à base de nombres entiers,** integer-based program; **somme des chiffres d'un nombre,** crossbar sum; **structure des nombres,** number format; **suite de nombres aléatoires,** random number sequence; **système à nombres binaires,** binary number system; **table de nombres aléatoires,** random number table; **tableau de nombres,** number table; **vérification du nombre de perforations,** read registration check.

**n o m e n c l a t u r e :** nomenclature; bill of materiel; **nomenclature de broches,** pin nomenclature; **nomenclature de catalogue,** catalog directory; **processeur de nomenclatures,** bill of material processor.

**n o m i n a l :** nominal; **courant de charge nominal,** rated load current; **courant nominal,** rated current; **débit nominal,** nominal throughput.

**n o m i n a l e :** **capacité nominale,** rated load; **fréquence nominale,** nominal frequency; **largeur de bande nominale,** nominal bandwidth; **somme nominale,** nominal amount; **sortie nominale,** rated output; **tension nominale,** rated voltage; **valeur nominale,** face value; **vitesse nominale,** rated speed.

**n o m i n a t i f :** nominative; **appel nominatif,** nominative call, name call.

**n o m i n a t i o n :** naming.

**n o m m é :** named; **paramétrage nommé,** named parameter association.

**n o n :** NON, NOT; **NON-ET,** NOT-AND, NAND, dagger, neither-NOR; **NON-OU,** EXNOR, NOT-OR, join, joint, nondisjunction; **affichage non formaté,** unformatted display; **affichage non interlacé,** noninterlaced display; **amplificateur non isolé,** nonisolated amplifier; **arbre non ordonné,** unordered tree; **article non numérique,** nonnumeric item; **article non ouvert,** open item; **bruit non pondéré,** unweighted noise; **caractère non autorisé,** forbidden character; **caractère non imprimable,** nonprintable character, unprintable character; **caractère non valide,** improper character; **champ non protégé,** unprotected field; **champ non renseigné,** unfilled-in field; **circuit NON,** NOT circuit; **circuit non spécialisé,** nondedicated circuit; **compte non mouvementé,** inactive account; **condition NON,** NOT condition; **conversion non vérifiée,** unckecked conversion; **disque non formaté,** unformatted disk; **disquette non contaminée,** uninfected floppy; **distorsion non linéaire,** nonlinear distortion; **données non structurées,** unstructured information; **décalage non arithmétique,** nonarithmetic shift; **décimal non condensé,** unpacked decimal; **entrée non codée,** uncoded input; **entrée non sollicitée,** unsolicited input; **erreur non centrée,** bias error; **erreur non définie,** undefined error; **erreur non systématique,** intermittent fault; **exploitation non surveillée,** unattended mode; **fichier des commandes non livrées,** open order file; **fichier non protégé,** unprotected file; **fichier non structuré,** unstructured file; **format binaire non condensé,** zoned format; **forme non courante,** odd size, special format; **graphe non connexe,** disconnected graph; **graphe non orienté,** undirected graph; **instruction d'écriture non formatée,** unformatted write statement; **instruction de lecture non formatée,** unformatted read statement; **instruction de non opération,** null instruction, waste instruction; **instruction**

**groupe non référencée,** unlabelled compound; **instruction non référencée,** unlabelled basic statement; **langage non stratifié,** unstratified language; **lecture non destructive,** nondestructive readout; **ligne non commutée,** nonswitched line; **liste des articles non ouverts,** open item statement; **message non sollicité,** unsolicited message; **mode d'écriture non polarisé avec raz,** dipole modulation; **mode non interlacé,** noninterlaced mode; **mémoire non adressable,** bump memory; **mémoire non rémanente,** volatile storage; **mémoire non volatile,** nonvolatile memory; **nombre entier non signé,** unsigned integer; **nombre non signé,** unsigned number; **non accessible,** nonaccessible; **non affecté,** unallocated; **non aligné,** unaligned; **non alloté,** unbatched; **non alloué,** unassigned, unallotted; **non altéré,** valid, uncorrupted; **non arithmétique,** nonarithmetic; **non arrondi,** unrounded; **non automatisé,** unautomated; **non blindé,** unscreened; **non cadré,** unjustified, unscaled; **non centralisé,** noncentralized; **non chargé,** unloaded; **non classifié,** unclassified; **non codé,** uncoded; **non commuté,** nonswitched; **non condensé,** uncompressed, unpacked; **non configuré,** unconfigured; **non connecté,** off line, unconnected, stand-alone; **non contrôlé,** unchecked; **non destructif,** nondestructive; **non disponible,** unreleased; **non documenté,** undocumented; **non débogué,** undebugged; **non décalé,** unshifted; **non détaché,** unburst; **non détecté,** undetected; **non effacé,** unerased; **non effaçable,** nonerasable; **non encapsulé,** unencapsulated; **non exécutable,** nonexecutable; **non formaté,** unformatted; **non groupées,** unstructured information; **non imprimable,** nonprintable, unprintable; **non imprimé,** unprinted; **non indexé,** nonsubscripted, unindexed; **non indicé,** unsubscripted; **non infecté,** uninfected; **non initialisé,** uninitialized; **non intelligent,** dumb; **non interlacé,** noninterlaced; **non isolé,** nonisolated; **non linéaire,** nonlinear; **non lu,** nonsense; **non marqué,** unmarked; **non masqué,** unmasked; **non mis à la terre,** ungrounded; **non modifié,** unmodified; **non numérique,** nonnumeric; **non numéroté,** unnumbered; **non négatif,** nonnegative; **non ombré,** unshaded; **non opération,** no-operation (nop); **non ordinaire,** simple name; **non orienté,** undirected; **non paginé,** unpaged; **non pelucheux,** lint-free; **non perforé,** unpunched, unperforated; **non permanent,** nonpermanent; **non perturbé,** undisturbed; **non peuplé,** unpopulated; **non**

**planifié,** unscheduled; **non polarisé,** unbiased; **non pondéré,** unweighted; **non portable,** unportable; **non prioritaire,** overridable; **non pris en compte,** skipped; **non programmé,** unprogrammed; **non protégé,** unprotected; **non prêt,** not ready; **non relogeable,** nonrelocatable, unrelocatable; **non rempli,** unfilled; **non renouvelé,** unrenewed; **non réentrant,** nonreusable; **non réparable,** unrecoverable; **non répété,** unrepeatered; **non résolu,** unresolved; **non segmenté,** unsegmented; **non signé,** unsigned; **non sollicité,** unsolicited; **non spécialisé,** nondedicated, undedicated; **non stratifié,** unstratified; **non structuré,** unstructured; **non tamponné,** unbuffered; **non terminé,** unfinished; **non testé,** untested; **non traité,** unprocessed, unworked; **non transitoire,** nontransient; **non translatable,** unrelocatable; **non trié,** unsorted; **non tronqué,** untruncated; **non uniforme,** nonuniform; **non volatil,** nonvolatile; **non étendu,** unspanned; **non-conjonction logique,** NAND, NOT-AND, neither-NOR; **non-disjonction,** nondisjunction (NOR); **non-disjonction logique,** NOR-AND, NOT-OR; **non-identité,** nonidentity; **non-impact,** nonimpact; **non-retour,** nonreturn; **non-retour à zéro,** nonreturn to zero (NRZ); **non-résident,** nonresident; **non-équivalence,** nonequivalence; **opération NON,** NOT operation, negation; **opération NON-ET,** NAND operation, alternate denial; **opération NON-OU,** EXNOR operation, join denial operation (NOR); **opération NON-OU inclusif,** inclusive-NOR operation; **opération de non-identité,** nonidentity operation; **opération non assistée,** hands-off operation; **partie d'opération non déchiffrée,** operation code trap; **porte NON,** NOT gate; **porte NON-ET,** NAND gate, alternative denial gate; **porte NON-OU,** NOR gate, join gate (NOR), zero match gate; **porte de non-équivalence,** anticoincidence gate; **poste non connecté,** unconnected terminal; **programmation non linéaire,** nonlinear programming; **programme non prioritaire,** background program; **programme non terminé,** unfinished program; **programme non translatable,** nonrelocatable program; **réseau non hiérarchique,** democratic network; **segment non paginé,** unpaged segment; **signal de sortie non perturbé,** undisturbed output signal; **sortie d'enregistrement non trouvé,** no-locate exit; **sortie non sollicitée,** unsolicited output; **symbole non défini,** undefined symbol; **terminal non-texte,** non-ASCII terminal; **touche non attribuée,** undefined key; **traitement non prioritaire,** background processing; **unité non affectée,** unassigned device; **voie non affectée,** unassigned track; **zone de données non identifiée,** filler (item); **zone de données non protégée,** unprotected data field; **zone non-adressée,** blank common.

**n o r m a l :** normal; **(caractère) commande de code normal,** shift-in (character) (SI); **appel macro pour mode normal,** normal mode macro call; **message de programme normal,** normal operation message; **mode d'impression normal,** normal print mode; **mode normal,** normal mode, normal exit; **rejet de mode normal,** normal mode rejection; **retombée sous le niveau normal,** undershoot; **sens normal des liaisons,** normal direction flow; **tension de mode normal,** normal mode voltage.

**n o r m a l e :** **case de réception normale,** accept stacker; **charge normale,** operating duty; **colonnes d'impression normales,** normal print entry; **courbe de distribution normale,** normal distribution curve; **interruption normale,** standard interrupt; **perforation normale,** normal stage punching; **vitesse normale de fonctionnement,** free-running speed; **zone de perforation normale,** sector area.

**n o r m a l i s a t i o n :** standardization; **normalisation de signal,** signal standardization; **organisme de normalisation américain,** American National Standards Institute (ANSI).

**n o r m a l i s é :** normalized; **label de bande normalisé,** standard tape label; **signe normalisé,** normalized sign, standard operational sign.

**n o r m a l i s é e :** **fonction normalisée,** standard function; **forme normalisée,** normalized form; **notation mathématique normalisée,** standard mathematical notation.

**n o r m a l i s e r :** normalize* (to), standardize (to).

**n o r m e :** standard; **interface aux normes américaines,** EIA interface; **normes de liaison,** interface specifications; **normes industrielles,** industrial standards; **normes électroniques américaines,** Electronic Industry Association (EIA).

**n o r m é e s :** **coordonnées normées,** normalized coordinates.

**n o t a t i o n :** pure binary notation; **instruction de notation,** note statement; **notation Iverson,** Iverson notation; **notation alphanumérique,** alphameric notation; **notation binaire,** binary notation, binary-coded notation; **notation biquinaire,** quinary notation; **notation d'index,** index entry; **notation décimale codée,** coded decimal notation; **notation décimalisée,** decimalized notation; **notation en virgule fixe,** fixed-floating point format; **notation externe,** external notation; **notation factorielle,** factorial notation; **notation hexadécimale,** hexadecimal notation; **notation incrémentale binaire,** binary incremental representation; **notation infixée,** infix notation; **notation mathématique normalisée,** standard mathematical notation; **notation matricielle,** matrix notation; **notation mixte,** mixed-radix notation; **notation polonaise,** Polish notation, prefix notation; **notation polonaise inversée,** reverse Polish notation, suffix notation; **notation polyvalente,** polyvalent notation; **notation pondéré binaire,** binary-coded decimal representation; **notation pondérée,** positional notation; **notation préfixe de fichier,** file prefix; **notation préfixée,** prefix notation, Polish notation; **notation préfixée de Luksiewicz,** Luksiewicz notation; **notation scientifique,** scientific notation; **notation suffixée,** postfix notation, reverse Polish notation; **notation symbolique,** symbolic notation; **notation à base fixe,** fixed-base notation; **variable de notation,** notation variable.

**n o t e :** note, tone; **bloc-notes électronique,** electronic worksheet; **note d'application,** application note; **note en bas de page,** footnote; **note secondaire,** side note; **registre de commande de la mémoire bloc-notes,** scratch pad control register.

**n o t e r :** enter (to), log (to).

**n o t i c e :** notice; **notice de fonctionnement,** instruction booklet; **notice de maintenance,** maintenance manual; **notices techniques,** technical brochures.

**n o t i f i c a t i o n :** notification de modification, change notice.

**n o t i o n s :** **notions de base,** fundamentals.

**n o u v e a u :** new; **nouveau fichier permanent,** new master file.

**n o u v e l l e :** **nouvelle attribution,** new assignment; **nouvelle bande principale,** new master; **nouvelle correction,** repatching; **nouvelle gamme,** new range.

**n o y a u :** kernel, nucleus, slug; **avec noyau résident,** kernelized; **noyau du système d'exploitation,** operating system nucleus; **noyau plongeur,** plunger; **noyau toroïdal,** toroidal core; **relais à noyau plongeur,** plunger type relay.

**N P N :** transistor NPN, NPN transistor.

**N R Z :** code binaire NRZ, polar NRZ code.

**n u l :** null, nil, naught; **(caractère) nul (NUL),** null (character) (NUL); **article nul,** null item; **battement nul,** zero beat; **carac-**

**tère nul,** character null; **ensemble nul,** null set, empty set; **insertion de caractère nul,** idle insertion; **mémoire à temps d'accès nul,** zero access memory; **paramètre nul,** null parameter.

**nulle:** **activité nulle,** zero activity; **déclenchement par tension nulle,** zero voltage firing; **matrice nulle,** zero matrix; **perte nulle,** zero loss; **polarisation nulle,** zero bias; **sortie nulle,** zero output; **valeur nulle,** null value; **à force d'insertion nulle,** zero insertion force (ZIF).

**numéral:** numeral, numerical, digital; **numéral binaire,** binary numeral; **numéral décimal,** decimal numeral; **système numéral,** number system.

**numérateur:** numerator.

**numération:** numeration, number notation; **constante de numération,** notation constant; **numération binaire,** binary notation, pure binary numeration; **numération binaire pure,** pure binary notation; **numération consécutive,** consecutive numbering; **numération de base,** base notation; **numération décimale,** decimal notation, decimal numeration; **numération décimale codée binaire,** binary-coded decimal notation; **numération décimale codée en binaire,** binary-coded decimal code; **numération excédent 64,** excess-sixty four notation; **numération mixte,** mixed-base notation, mixed-radix numeration; **numération multibase,** mixed-base numeration; **numération octale,** octal notation; **numération par lots,** batch numbering; **numération pondérée,** positional notation; **numération ternaire,** ternary notation; **numération à accroissements binaires,** binary incremental notation; **numération à base,** radix notation, radix numeration system; **numération à base 12,** duodecimal number system; **numération à base fixe,** fixed-radix notation; **numération à séparation fixe,** fixed-point representation; **numération à séparation variable,** variable-point representation; **système de numération,** numeration system, number representation system; **système de numération binaire,** binary-coded number system; **système de numération décimale,** decimal numeration system; **système de numération hexadécimal,** hexadecimal number system; **système à numération décimale,** decimal number system.

**numérique:** numeric*, numerical, digital; **addition numérique,** true add; **additionneur numérique,** digital adder; **affichage numérique,** digital display, numerical display; **afficheur numérique,** digital readout, digital setting; **amplificateur numérique,** digital amplifier, digit driver; **analogique-numérique,** analog-digital; **analyse numérique,** numerical analysis; **analyseur différentiel numérique,** digital differential analyzer; **article non numérique,** nonnumeric item; **article numérique,** numeric item; **bande de commande numérique,** numeric tape; **base naturelle d'un système numérique,** natural base; **base numérique,** number base; **bus numérique,** digital bus; **calcul numérique,** numerical computation; **calculateur de processus numérique,** digital process computer; **calculateur numérique,** digital computer; **calculateur numérique synchrone,** synchronous digital computer; **canal d'entrée de données numériques,** digital input channel; **caractère numérique,** numerical character, numeric character; **cassette numérique,** digital cassette; **circuit de conversion numérique hybride,** hybrid digital/analog circuit; **circuit numérique,** digital circuit; **clavier de touches numériques,** ten-key board; **clavier numérique,** digital keyboard, numeric keyboard; **clavier numérique auxiliaire,** auxiliary keyboard; **code numérique,** numerical code, numeric code, digital code; **commande d'informations numériques,** digit control; **commande des entrées numériques,** digital input controller; **commande des sorties numériques,** digital output control; **commande numérique,** digital control, machine control; **commande numérique (CN),** numerical control (NC); **commande numérique automatisée,** computerized numerical control; **commande numérique d'ordinateur,** computer numerical control; **commande numérique directe,** direct data control; **commutation numérique,** digital switching; **compteur numérique,** digital counter; **constante numérique,** numeric constant; **contrôle numérique,** numeric control; **conversion analogique-numérique (CAN),** analog-to-digital conversion (ADC); **convertisseur analogique-numérique (CAN),** analog-to-digital converter (ADC); **convertisseur d'impulsions numériques,** digital pulse converter; **convertisseur numérique,** digital converter, digital transducer; **convertisseur numérique-analogique,** digital-to-analog converter (DAC); **disque optique numérique,** digital optical disk; **diviseur numérique,** digital divider; **données en représentation numérique,** digitized data, numeric data; **données numériques,** numerical data, numeric data; **décodeur numérique-analogique,** digital-to-analog decoder; **décodeur numérique-décimal,** binary-to-decimal decoder (BDD);

723

démodulateur d'information numérique, digital data demodulator (DDD); **échange de données numériques**, binary information exchange (BIX); **émetteur numérique**, digital data transmitter; **enregistrement de données numériques**, digital data recording; **enregistrement numérique**, digital recording; **enregistreur numérique**, digital recorder; **ensemble des (caractères) numériques**, numeric set; **ensemble des caractères numériques**, numeric character set; **entrée numérique**, digital input, numeric entry, numerical input; **entrée numérique statique**, static digital input device; **horloge numérique**, digital clock; **impression numérique**, numeric editing; **impulsion numérique**, digit impulse; **indication numérique**, digital indication; **information numérique**, digital information; **informations numériques**, digital data; **interface numérique série**, serial digital interface; **intégrateur numérique**, digital integrator; **intégration numérique**, numerical integration; **lecture numérique**, digit reading; **libellé numérique**, numeric literal; **machine numérique**, numerical machine; **matériel de conversion numérique**, digital data conversion equipment; **mesure numérique**, digital measuring; **modulation numérique**, digital modulation; **mot numérique**, numerical word, numeric word; **multiplicateur numérique**, digital multiplier unit; **mémoire numérique**, digital storage, digital storage device; **non numérique**, nonnumeric; **numérique et analogique**, hybrid; **ordre numérique**, numerical order; **partie numérique**, numerical section; **passage en numérique**, numeric shift; **pavé des touches numériques**, numeric keypad; **pavé numérique**, numeric pad; **pavé numérique et curseur**, cursor/numeric keypad; **perforaion numérique**, digit punching, numerical punch; **plan numérique**, digit plane; **pour enregisrement numérique**, digital head; **processeur numérique**, digital data processor; **programme de commande numérique**, automatic programming tool (APT); **registre de sortie des données numériques**, digital register output; **représentation numérique**, digital notation, numerical representation; **récepteur numérique**, digital data receiver; **résolution numérique**, digital resolution; **signal numérique**, digital signal, discrete signal; **signal numérique pseudo-décimal**, pseudodecimal digit; **signalisation numérique**, digital signaling, signaling digital; **sortie numérique**, digital output; **sortie numérique série**, serial digital output; **soustracteur numérique**, digital subtracter; **système de traitement numérique**, digital data processing system; **système à porteuse numérique**, digital carrier system; **sélection par cadran numérique**, dial switching; **tampon numérique d'image**, digital frame buffer; **temps de conversion analogique-numérique**, analog output conversion time; **test de validité numérique**, numeric test; **test numérique**, Q-test; **touche numérique**, figure key; **traceur numérique**, digital plotter; **tri numérique**, numerical sorting; **unité d'affichage numérique**, digital display unit; **unité d'horloge numérique**, digital time unit; **unité d'introduction de données numériques**, digital Input device; **unité de sortie de données numérique**, digital output device; **valeur numérique**, numerical quantity, numeric quantity.

**numériquement**: **instruction codée numériquement**, numerically coded instruction.

**numérisation**: digitization, digitizing; **tablette de numérisation**, digitizing pad.

**numérisé**: digitized.

**numérisée**: **carte numérisée**, computerized map; **communications numérisées**, digital communications.

**numériser**: digitize (to); **table à numériser**, digitizing tablet.

**numériseur**: digitizer; **numériseur d'image**, image digitizer; **numériseur vidéo**, video digitizer.

**numéro**: **composer un numéro**, dial (to); **contrôle consécutif des numéros**, consecutive number control; **contrôle des numéros d'ordre**, sequence number check; **fichier permanent des numéros de pièces**, part number master file; **impression des numéros d'immatriculation**, serial number printing; **indicateur du numéro d'ordre**, sequence number indicator; **numéro chronologique de chargeur**, file volume sequence number; **numéro consécutif de chargeur**, volume sequence number; **numéro d'affectation**, allocation number; **numéro d'appel**, selection number; **numéro d'appel**, call number, dial number; **numéro d'article**, item number; **numéro d'enregistrement**, record number; **numéro d'enregistrement relatif**, relative record number; **numéro d'identification**, identification number; **numéro d'instruction**, statement number; **numéro d'opération**, operation number; **numéro d'ordre**, reel sequence; **numéro d'ordre d'un fichier multibobine**, reel sequence number; **numéro d'un segment**, segment number; **numéro d'unité logique**, logical device number, logical device number; **numéro d'élément**, cell number; **numéro d'événement**, occurrence number; **numéro de bande,** tape number; **numéro de bloc logique,** logical block number (LBN); **numéro de bobine,** reel number; **numéro de caractère,** character number; **numéro de chargeur,** pack number; **numéro de chaîne,** chain number; **numéro de colonne,** column number; **numéro de compte,** account number; **numéro de connecteur,** connector number; **numéro de créateur,** author number; **numéro de création,** creation number; **numéro de cylindre,** cylinder number; **numéro de débordement,** overflow number; **numéro de formulaire,** form number; **numéro de groupe,** group number; **numéro de groupe de blocs,** bucket number; **numéro de la piste de blocs,** record designator; **numéro de ligne,** line number, line sequence number; **numéro de lot,** batch number; **numéro de machine,** machine number; **numéro de modification,** modification number, revision number; **numéro de mouvement,** activity number; **numéro de niveau,** level number, rank; **numéro de page,** page number, page entry; **numéro de page logique,** logical page number (LPN); **numéro de piste,** track number; **numéro de pièce,** part number; **numéro de port indéfini,** undefined port number; **numéro de poste,** channel number; **numéro de périphérique,** device number; **numéro de registre,** register number; **numéro de référence,** reference number; **numéro de révision,** revision number; **numéro de séquence,** sequence number, block number; **numéro de séquence de tâche,** task sequence number; **numéro de séquence fichier,** file sequence number; **numéro de série,** serial number; **numéro de série d'un fichier,** file serial number; **numéro de série de la machine,** machine serial number; **numéro de terminaison,** termination number; **numéro de travail,** job number;

**numéro de tâche,** job number; **numéro de volume,** volume serial number (VSN); **numéro directif,** direction number; **numéro du label de fichier,** file label number; **numéro du travail en cours,** run occurrence number; **numéro logique,** logical number; **numéro vert,** toll free number; **zone du numéro de modification,** revision number field.

**n u m é r o t a t i o n :** numbering; **bande de numérotation,** numbering strip; **code de numérotation,** number code; **dispositif de numérotation automatique,** automatic dialing unit (ADU); **erreur de numérotation,** misdialing; **impulsion de numérotation,** dial pulse; **lieu de numérotation de bas de page,** footing number location; **lieu de numérotation de haut de page,** heading number location; **numérotation abrégée,** abbreviated dialing, speed dialing; **numérotation condensée,** compressed dialing; **numérotation de lignes,** line numbering; **numérotation de routage,** route dialing; **numérotation en série,** serial numbering; **numérotation facultative,** selective numbering; **numérotation manuelle,** manual calling; **numérotation téléphonique,** dialing; **platine de numérotation,** dial plate; **système de numérotation,** numbering system; **système de numérotation octale,** octal number system.

**n u m é r o t é :** numbered; **non numéroté,** unnumbered; **sélection par cadran numéroté,** dial switch selection.

**n u m é r o t e r :** number (to); **numéroter en série,** number serially (to); **numéroter incorrectement,** misnumber (to).

**n u m é r o t e u r :** dialer; **numéroteur automatique,** automatic dialer, auto-dialer; **numéroteur circulaire,** rotary dial; **numéroteur multitour,** multiturn dial; **numéroteur à boutons-poussoirs,** tone dialing.

# O

objectif: objective.

objet: object*; bande de programme objet, binary run tape; bande objet des mouvements, transaction binary tape; bibliothèque des modules objet, objet module library; bibliothèque objet, object library; calculateur objet, object computer; capacité mémoire pour programme objet, objet core size; carte-objet, machine card; champ objet, receiving field; code objet, object coding, object code; fichier de modules objet, object module file; langage objet, object language, target language; liste de programmes objet, object listing; liste objet, script; module objet, object module; module objet relogeable, relocatable object module; objet de catalogue, catalog object; objet-image, sprite, player; paquet de cartes objet, object deck, object pack; programme objet, object-level program, target program.

obligatoire: mandatory; paramètre obligatoire, mandatory user parameter.

oblique: oblique; barre oblique, slash mark '/', solidus; barre oblique droite, right oblique; barre oblique gauche, left oblique; barre oblique inverse, backslash '\', reverse slash, reverse slant; effet oblique, side effect; ligne oblique, skew line; surface oblique, oblique plane.

obliquité: skewing, skew, scatter, gap scatter; hauteur d'obliquité, slant height.

oblitérateur: deleter.

oblitération: deletion, delete (DEL); caractère d'oblitération, character deletion.

oblitérer: delete (to).

observateur: viewer.

observation: point d'observation, viewpoint.

obsolescence: obsolescence.

obtenir: obtenir par lecture, get (to).

obtention: délai d'obtention, lead time.

obturateur: shutter.

obturation: plaque d'obturation, blank panel, dummy fuse.

occasion: matériel d'occasion, used equipment.

occupation: occupation; code d'occupation, occupation code; condition d'occupation, engaged condition; domaine d'occupation global, global extent; indication d'occupation, busy indicator; occupation de ligne, line occupancy; occupation de péri-phérique, device reservation; occupation de voie, channel loading; occupation totale, gross load; signal d'occupation, busy signal; table d'occupation, occupancy table; table d'occupation de la mémoire, storage occupancy table; table d'occupation mémoire, free memory table; taux d'occupation, percentage occupancy; temps d'occupation, holding time, action time; temps d'occupation de ligne, circuit time; temps moyen d'occupation, mean holding time; tonalité d'occupation, busy tone.

occupé: engaged, occupied, busy (BSY); en état occupé, busy condition.

occupée: largeur de bande occupée, occupied bandwidth; ligne occupée, busy line; voie occupée, engaged channel.

occurrence: occurrence.

octal: octal*; chiffre octal, octal digit, octal character; code octal, octal code; conversion décimal-octal, decimal-to-octal conversion; digit octal, octal digit; multiplexeur octal, byte multiplexor; nombre octal, octal number, octal numeral; octal codé en binaire, binary-coded octal; opération en code octal, octal code operation.

octale: base octale, octal base; machine octale, byte machine; numération octale, octal notation; système de numérotation octale, octal number system.

octave: octave.

octet: eight-bit byte, byte, octet; 1024 Kilo-octets, megabyte (Mb); 1024 octets, kilobyte (KB); adressable par octet, byte-oriented; canal multiplexeur de multiplets (octets), byte multiplexer channel; giga-octet, gigabyte; kilo-octet, kilobyte (KB); milliard d'octets, gigabyte; mode de transfert par octet, byte mode; méga-octet, megabyte (Mb); octet argument, argument byte; octet d'analyse, sense byte; octet d'état, status byte; octet d'état de voie, channel status byte; octet de commande, control byte, control byte; octet de comptage, count byte; octet de contrôle récurrent, cyclic check byte; octet de repérage, flag byte; octet de service, function byte; octet facultatif, option byte; octet pointeur de l'utilisateur, user flag byte; rafale d'octets, burst of bytes.

oeil: eye.

oeuvre: phase de mise en oeuvre, implementation phase.

**office:** office central de télécommunications, central office.

**Ohm:** Ohm; **kilo-Ohm,** kohm; **mille Ohms,** kohm.

**ombrage:** shading, fill; **mode d'ombrage,** shading mode; **ombrage de surfaces,** surface shading.

**ombre:** shade; **dessin sans ombres,** unshaded drawing; **non ombré,** unshaded; **ombre portée,** shadow; **ombré,** shaded.

**ombrée:** impression ombrée, shadow printing.

**omettre:** ignore (to).

**omis:** skipped.

**omnibus:** barre omnibus, bus connection.

**onde:** wave; **amplitude de l'onde porteuse,** carrier amplitude; **caractéristique du taux d'onde stationnaire,** VSWR characteristic; **diode à micro-ondes,** microwave diode; **forme d'onde,** waveform; **fréquence de l'onde porteuse,** carrier frequency; **guide d'ondes carrées,** rectangular wave guide; **impulsion d'onde carrée,** square wave pulse; **onde carrée,** square wave; **onde cosinus,** cosine wave; **onde en créneau,** rectangular wave; **onde en dents de scie,** sawtooth wave; **onde enveloppe,** front wave; **onde lumineuse,** light wave; **onde manipulée,** keying wave; **onde modulée manipulée,** keyed modulation wave; **onde porteuse,** carrier wave, carriage wave; **onde porteuse complète,** full carrier; **onde porteuse supprimée,** suppressed carrier; **onde sinusoïdale,** sine wave; **onde trapézoïdale,** trapezoidal wave; **onde triangulaire,** triangular wave; **ondes entretenues manipulées,** keyed continuous wave; **ondes ultra courtes,** microwave; **radiation d'ondes secondaires,** spurious radiation; **système à onde porteuse,** carrier system; **taux d'onde stationnaire (TOS),** voltage standing wave ratio (VSWR); **équation d'onde,** wave equation.

**ondulateur:** vibrator.

**ondulation:** compteur d'ondulations, ripple counter; **ondulation résiduelle,** ripple.

**onglet:** tab; **format d'onglet,** tab format; **onglet de protection à l'écriture,** read/write protection tab.

**onomastique:** étiquette onomastique, onomasticon.

**onze:** eleven.

**opérande:** operand; **à deux opérandes,** dyadic; **à opérande unique,** monadic; **à un seul opérande,** unary; **adresse opérande,** operand address; **adresse à opérande complexe,** second-level address; **champ opé-**rande, operand field, operand part; **instruction à opérande directe,** immediate instruction; **matrice opérande,** operand matrix; **opérande conditionnel,** conditional operand; **opérande de l'adresse,** address operand; **opérande de longueur fixe,** fixed-length operand; **opérande de soustraction,** minuend; **opérande directe,** immediate operand; **opérande immédiat,** immediate address; **opérande littéral,** literal operand; **opérande logique,** logical operand; **opérande multimot,** multiple length number; **opérande subdivisée,** operand sublist; **opération à deux opérandes,** dyadic operation; **partie opérande,** operand part; **sans opérande,** niladic; **tableau opérande,** operand array.

**opérateur:** operator*; operating personnel; **appel d'opérateur,** operator call; **canal opérateur,** operand channel; **champ opérateur,** operator field; **commande d'opérateur,** operator control; **communication avec l'opérateur,** operator communications; **console opérateur,** operator console; **décision de l'opérateur,** operator response; **guide opérateur,** prompter, prompt; **intervention de l'opérateur,** operator intervention; **langage de commande de l'opérateur,** operator control language; **message opérateur,** operator message; **mesure de l'opérateur,** operator action; **module interface opérateur système,** operator system interface; **opérateur additionnel,** adding operator; **opérateur arithmétique,** arithmetic operator; **opérateur binaire,** binary operator; **opérateur booléen,** Boolean operator; **opérateur booléen diadique,** dyadic Boolean operator; **opérateur booléen monadique,** monadic Boolean operator; **opérateur conditionnel,** condition operator; **opérateur console,** terminal user; **opérateur d'enchaînement,** string operator; **opérateur d'entrée analogique,** analog input operation; **opérateur de comparaison,** relation operator; **opérateur de complémentation,** complementary operator; **opérateur de procédures,** procedural operator; **opérateur de signe,** sign operator; **opérateur de transfert,** transfer operator; **opérateur diadique,** dyadic operator, binary operator; **opérateur exécutable,** absolute operator; **opérateur infixé,** infix operator; **opérateur logique,** logical operator, Boolean operator; **opérateur logique de base,** logic base operator, logical connector; **opérateur machine,** machine operator; **opérateur monadique,** monadic operator; **opérateur préfixé,** prefix operator; **opérateur pupitreur,** console operator; **opérateur relationnel,** relational operator, comparison operator; **opérateur symbolique,**

operational symbol; **opérateur séquentiel,** sequential operator; **opérateur sériel,** serial operator; **opérateur test,** test operation; **opérateur unaire,** unary operator; **partie opérateur,** operator part; **poste opérateur,** operator station; **pupitre opérateur,** operator control panel; **reprise de contrôle par l'opérateur,** operator override control; **requête de l'opérateur,** operator request; **tableau de commande de l'opérateur,** operator panel; **temps de réponse d'opérateur,** operator delay; **traitement des messages opérateur,** operator message handler.

**opération:** operation\*; **calculateur à opérations simultanées,** simultaneous throughput computer; **code d'opération,** operation code, order code; **code d'opération machine,** absolute operation code; **code mnémonique d'opération,** mnemonic operation code; **code d'opération,** operating code (op-code); **commande d'opération,** operation control; **cycle opération,** operating cycle; **deux opérations d'interclassement,** two-way merge; **diagramme du déroulement des opérations,** operations flowchart; **durée hors-opération,** down time; **décodeur d'opération,** operational decoder; **décodeur de code-opération,** operation decoder; **déroulement des opérations,** operations flow; **effectuer une opération horizontale,** crossfoot (to); **fin d'opération,** end of operation; **instruction d'opération,** operational instruction, oprerational command; **instruction de non opération,** null instruction, waste instruction; **intervalle entre deux opérations d'entretien,** maintenance rate; **kilo d'opérations par seconde (KOPS),** kilo operations per second (KOPS); **liste d'opérations,** agenda; **méthode d'opération,** operating method; **non opération,** no-operation (nop); **numéro d'opération,** operation number; **opération (arithmétique) binaire,** binary (arithmetic) operation; **opération ET,** AND operation; **opération NI,** NOT-OR operation, NOR operation, joint denial; **opération NI exclusif,** EXNOR operation; **opération NON,** NOT operation, negation; **opération NON-ET,** NAND operation, alternate denial; **opération NON-OU,** EXNOR operation, join denial operation (NOR); **opération NON-OU inclusif,** inclusive-NOR operation; **opération OU,** OR operation, alternation, Boolean add; **opération OU exclusif,** EXOR operation, anti-coincidence operation; **opération OU inclusif,** inclusive-OR operation, either-OR operation; **opération arithmétique,** arithmetical operation, arithmetic operation; **opé-**

ration arithmétique binaire, binary arithmetical operation; **opération arythmique,** start-stop opération; **opération assistée,** hands-on operation; **opération asynchrone,** asynchronous operation, start-stop operation; **opération automatique,** automatic operation, unattended operation; **opération automatique en virgule flottante,** automatic floating-point operation; **opération autonome,** off-line operation; **opération auxiliaire,** auxiliary operation; **opération avec cartes maîtresses,** master card operation; **opération bidirectionnelle,** duplex operation, two-way operation, bidirectional operation; **opération binaire,** binary operation, binary field operation; **opération booléenne,** Boolean operation; **opération booléenne N-adique,** N-adic Boolean operation; **opération booléenne binaire,** binary Boolean operation; **opération booléenne diadique,** dyadic Boolean operation; **opération centralisée,** centralized operation; **opération cohérente,** consistent operation; **opération commerciale,** business operation; **opération complémentaire,** complementary operation; **opération complète,** complete operation; **opération conditionnelle,** conditional operation; **opération couplée,** operate in tandem; **opération court-circuitée,** back-to-back operation; **opération cyclique,** cyclic process; **opération d'addition,** add operation; **opération d'adressage,** addressing operation; **opération d'assemblage,** assembly operation; **opération d'avant-plan,** foreground operation; **opération d'enchaînement,** chaining operation; **opération d'entretien,** red tape operation; **opération d'entrée,** sysin; **opération d'entrée/sortie,** input-output operation, transput process; **opération d'exclusion,** except operation; **opération d'exploration,** sensing operation; **opération d'extraction,** output operation; **opération d'identité,** identity operation; **opération d'introduction,** input operation; **opération d'écriture,** write operation, writing action; **opération d'édition,** edit operation; **opération d'édition de texte,** text editing operation; **opération d'équivalence logique,** equivalence operation, IF-AND-ONLY-IF operation; **opération de base,** basic operation, prime operation; **opération de boucle,** loop operation; **opération de branchement,** jump operation; **opération de calcul automatisé,** computing operation, calculating operation; **opération de calcul de moyenne,** average calculating operation; **opération de calcul fondamentale,** basic calculating operation; **opération de chargement,** loading operation; **opération de complémentation,** comple-**

mentary operation; **opération de comptage,** counting operation; **opération de conversion,** conversion operation; **opération de disjonction,** nonequivalence operation; **opération de décalage,** cyclic shift operation; **opération de lecture,** reading operation, read operation, read action; **opération de mise hors-tension,** power-off sequence; **opération de mise sous tension,** power-on sequence; **opération de mise à jour,** updating operation, update operation; **opération de modification,** alter operation; **opération de multiplexage temporel,** time-division multiplex operation; **opération de non-identité,** nonidentity operation; **opération de positionnement,** seek operation; **opération de recherche,** searching operation, search operation; **opération de serveur,** server operation; **opération de service,** bookkeeping operation, housekeeping operation; **opération de servitude,** overhead operation, control operation; **opération de sortie,** sysout; **opération de sélection,** select operation; **opération de traitement,** working processing; **opération de transfert,** transfer operation; **opération de transit,** tandem operation; **opération de télécopie,** facsimile operation; **opération diadique,** dyadic operation, binary operation; **opération décentralisée,** noncentralized operation; **opération déclarative,** declarative operation; **opération en alternat,** alternate operation, simplex operation; **opération en code octal,** octal code operation; **opération en continu,** burst operation; **opération en double courant,** polar current operation; **opération en duplex,** full duplex operation; **opération en file d'attente,** work-in-process queue; **opération en multiprécision,** multiple precision operation; **opération en mémoire,** memory operation; **opération en parallèle,** parallel operation; **opération en tandem,** operate in tandem; **opération en temps partagé,** time-shared operation; **opération en temps réel,** real-time operation; **opération en virgule fixe,** fixed-point operation; **opération en virgule flottante,** floating-point operation, flop; **opération erronée,** incorrect operation; **opération exempte d'erreur,** error-free operation; **opération exécutée par mots,** word-oriented operation; **opération fondamentale,** basic operation; **opération illégale,** illegal operation; **opération implication conditionnelle,** IF-THEN operation; **opération implicite,** assumed operation; **opération individuelle,** unbatched operation, discrete operation; **opération interne,** internal operation; **opération itérative,** iterative operation; **opération jumelée,** dual operation; **opération locale,** home loop; **opération logique,** logical operation, logic operation; **opération logique ET ou OU exclusif,** bit connecting; **opération logique diadique,** dyadic logical operation; **opération machine,** machine operation; **opération manuelle,** hand operation; **opération matérielle,** hardware operation; **opération microprogrammée,** microprogrammed operation; **opération monadique,** monadic operation, unary operation; **opération multiplex,** multiplexed operation; **opération multitâche,** multitask operation, multijob operation; **opération nettoyage,** overhead operation; **opération non assistée,** hands-off operation; **opération pas à pas,** single-step operation; **opération périphérique simultanée,** concurrent peripheral operation; **opération rapide,** high-speed operation; **opération rythmée,** clock operation; **opération récupération,** retrieval operation; **opération récurrente,** automatic sequential operation; **opération récursive,** recursive operation, recursive progress; **opération répétitive,** repetitive operation; **opération sans erreur,** error-free operation; **opération semi-duplex,** single operation; **opération simultanée,** simultaneous operation, concurrent operation; **opération sur bande,** tape processing; **opération sur une chaîne (de caractères),** string operation; **opération synchrone,** synchronous operation; **opération séquentielle,** sequential operation, consecutive operation; **opération série,** serial operation; **opération série-parallèle,** serial-to-parallel operation; **opération unaire,** unary operation; **opération unique,** one-shot operation; **opération utilitaire,** utility operation; **opération visuelle,** peek-a-boo operation; **opération élémentaire,** elementary operation; **opération à deux opérandes,** dyadic operation; **opération à nombre de séquences prédéterminé,** fixed-cycle operation; **opération à portes fermées,** closed shop operation; **opération à un seul pas,** one-step operation; **opérations en virgule flottante par seconde,** floating-point operation per second (FLOPS); **opérations par minute,** operations per minute (OPM); **opérations par seconde,** operations per second (OPS); **partie d'opération non déchiffrée,** operation code trap; **partie type d'opération,** operation part; **plan d'opération,** operation record; **répétition de l'opération canal,** channel operation retry; **séquence d'opérations,** sequence of operations; **table des opérations compteur,** counter chart; **temps d'opération,** operation time, operating time; **temps moyen d'opération,** average operation time; **un milliard d'opérations en VF par seconde,** gigaflop; **vitesse d'opération,** operation rate, operating speed; **zone d'opération,** operation array; **zone de code d'opération,** operating code field; **zone opération,** operation field.

**opérationnel:** operational, operable, live; **amplificateur opérationnel,** operational amplifier (op-amp); **diagnostic opérationnel,** operational diagnostic; **diagramme opérationnel,** operational chart; **environnement opérationnel utilisateur,** user operating environment; **état opérationnel,** operating status; **facteur opérationnel,** operating factor; **Indicateur d'état opérationnel,** operational status indicator; **mode opérationnel,** operate mode; **passage opérationnel,** production run; **principe opérationnel,** operating principle; **programme opérationnel,** fully tested program; **système opérationnel,** operational system.

**opérationnelle:** **commande opérationnelle,** operation command; **description opérationnelle,** operational sequence description; **directive opérationnelle,** action director; **données de commande opérationnelle,** operational control data; **fréquence maximale opérationnelle,** maximum operating frequency; **recherche opérationnelle,** operation analysis, operation research (OR); **vitesse opérationnelle,** operation speed.

**opératoire:** **conversion de mode opératoire,** mode of operation; **cycle opératoire,** operation cycle; **instructions opératoires,** operating instructions; **organisation opératoire,** operating organization; **suite opératoire,** operating sequence; **séquence opératoire,** operational sequence.

**opératrice:** operator.

**opéré:** operated.

**opérer:** operate (to); **opérer une rotation,** rotate (to).

**opposé:** opposite.

**opposée:** **résistance opposée,** inverse resistance.

**opposition:** opposition; **en opposition de phase,** phase opposition.

**optimal:** optimal; **adressage optimal,** optimal addressing; **code optimal,** optimum code; **paramètre optimal,** optimal parameter.

**optimale:** **capacité de mémoire optimale,** optimum storage capacity; **longueur de bloc optimale,** optimum block length; **programmation à exécution optimale,** optimal programming, optimum coding; **utilisation optimale,** storage economy; **valeur optimale,** optimum value; **vitesse de rota-**

tion **optimale,** flying speed.

**optimisation:** optimization; **optimisation interactive structurelle,** interactive structural optimization; **optimisation linéaire,** linear optimization.

**optimisée:** **indexation optimisée,** co-ordinate indexing.

**optimum:** optimum; **débit optimum,** optimum throughput.

**option:** option; **case d'option,** option button; **commutateur d'option console,** console switch; **liste des options,** option list; **option active,** active option; **option de calcul en virgule flottante,** scientific option; **option de commande,** control option; **option de commutation de banc,** bank switching option; **option de traitement,** processing option; **option de verrouillage,** lock option; **option multiconsole,** multiple console option; **option multifichier,** multiple file option; **option par défaut,** default option; **option standard,** standard option; **table des options,** option table.

**optionnel:** optional; **clavier optionnel,** selection keyboard; **code optionnel,** option code; **dispositif optionnel,** optional device; **instruction d'arrêt optionnel,** optional halt statement; **matériel optionnel,** optional facility, optional hardware feature; **mot optionnel,** optional word; **paramètre optionnel,** optional parameter; **élément optionnel,** optional feature.

**optionnelle:** **information optionnelle,** selection information.

**optique:** optical, optic; **application des fibres optiques,** fiber optic application; **caractéristiques des fibres optiques,** optical fiber characteristics; **caractère optique,** optical character; **circuit de lecture optique,** optical reading circuit; **codeur optique,** optical encoder; **communications optiques,** optical communications; **contrôle optique,** optical checking, optical control; **convertisseur optique,** optical converter; **coupleur optique,** optical coupler (optocoupler); **crayon optique,** light pencil, light pen; **câble à fibres optiques,** fiber optic cable; **disque optique,** optical disk; **disque optique compact (DOC),** read-only memory compact disk (CD-ROM); **disque optique numérique,** digital optical disk; **dissecteur optique,** optical image dissector; **décodage optique,** optical decoding; **fibre optique,** optical fiber, fiber optic, opto-fiber; **indicateur de niveau optique,** optical level indicator; **indicateur optique,** visual indicator; **indication optique,** visual indication; **lecteur de marques optique,** optical mark reader; **lecteur optique,** optical reader;

lecteur optique alphanumérique, alphanumeric optical reader; lecteur optique de caractères, optical character reader; lecteur optique de code à bâtonnets, optical bar code reader; lecteur optique de documents, optical document reader; lecteur optique de marques, optical mark page reader; lecteur optique de pages, optical page reader; lecture (optique) de marques, mark scanning, mark sensing; lecture optique, optical scanning; lecture optique de caractères, optical character reading; lecture optique de marques, optical mark reading; mémoire optique, optical memory, optical storage; perte par courbure (fibre optique), bending loss (optofiber); poste de saisie optique des données, optical image unit; reconnaissance optique de caractères, optical character recognition (OCR); reconnaissance optique de marques, optical mark recognition (OMR); scanage optique déporté, remote on-line optical scanning; scanner optique, optical scanner; signal optique, visual signal.

optocoupleur: optocoupler; coupleur optique (optocoupleur), optical coupler (optocoupler).

optoélectronique: optoelectronic, optoelectronics; affichage optoélectronique, optoelectronic display (OED).

optomécanique: optomechanical; souris optomécanique, optomechanical mouse.

ordinaire: ordinary; fraction décimale ordinaire, proper decimal fraction; fraction ordinaire, proper fraction; interrogation ordinaire, simple inquiry; liste ordinaire, simple list; non ordinaire, simple name; usager ordinaire, common user; variable ordinaire, simple variable.

ordinateur: computer, data processor, computer machine; assistance par ordinateur, computer aid; assisté par ordinateur, computer-assisted; calculé par ordinateur, computerized; champ d'application des ordinateurs, computer field; circuit d'ordinateur, computer circuit; code d'instructions de l'ordinateur, computer instruction code; commande numérique d'ordinateur, computer numerical control; composant d'ordinateur, computer component; composant de micro-ordinateur, microcomputer component; concept d'ordinateur, computer concept; conception assistée par ordinateur (CAO), computer-aided design (CAD); connexion de l'ordinateur principal, host link; console d'ordinateur, computer console; console de commande d'ordinateur,

computer control console; création d'un ordinateur, computer design; design assisté par ordinateur, automated design engineering; dépendant de l'ordinateur, computer-dependent; encombrement d'un ordinateur de bureau, desktop computer footprint; enseignement assisté par ordinateur (EAO), computer-assisted instruction (CAI); fabrication assistée par ordinateur (FAO), computer-aided manufacturing (CAM); famille d'ordinateurs, computer family; gestion par ordinateur, computer control; industrie des ordinateurs, computer industry; indépendant de l'ordinateur, computer-independent; ingénierie assistée par ordinateur (IAO), computer-aided engineering (CAE); instruction assistée par ordinateur (IAO), computer-aided instruction (CAI); micro-ordinateur, microcomputer; mini-ordinateur, minicomputer, small business computer; mécanisé sur ordinateur, computer-oriented; mémoire d'ordinateur, computer storage, computer store; nom d'ordinateur, computer name; ordinateur amateur, hobby computer; ordinateur analogique d'itération, repetitive analog computer; ordinateur asservi, slave computer; ordinateur auto-adaptatif, self-adapting computer; ordinateur central, host computer, main computer; ordinateur commandé par cartes, card-controlled computer; ordinateur compilateur, source machine; ordinateur comptable, accounting computer; ordinateur concurrent, parallel computer; ordinateur contrôleur de processus, process control computer; ordinateur cryogénique, cryogenic computer; ordinateur d'arrière-plan, back-end processor; ordinateur d'enseignement, instructional computer; ordinateur d'usage collectif, multiuser computer; ordinateur de bureau, desktop computer, office computer, desktop; ordinateur de circulation, traffic computer; ordinateur de comptabilité, bookkeeping computer; ordinateur de contrôle de lignes, line control computer; ordinateur de faible encombrement, small footprint computer; ordinateur de gestion, commercial computer; ordinateur de grande puissance, large scale system; ordinateur de moyenne puissance, medium scale system; ordinateur de petite puissance, small scale system; ordinateur de processus analogique, analog process computer; ordinateur de reprise, backup computer; ordinateur de réserve, standby computer; ordinateur de saisie des données, data recording computer; ordinateur de secours, backup computer; ordinateur de transmission, communication processor;

**ordinateur domestique,** home computer; **ordinateur déporté,** remote computer; **ordinateur frontal,** front-end computer; **ordinateur hybride,** hybrid processor, analog-digital computer; **ordinateur hôte,** host processor; **ordinateur individuel (OI),** personal computer (PC), home computer; **ordinateur microprogrammable,** microprogrammable computer; **ordinateur monocarte,** one-board computer (OBC); **ordinateur organisé en mots,** word-oriented computer; **ordinateur personnel,** microcomputer; **ordinateur personnel de bureau,** personal office computer; **ordinateur portable,** laptop, laptop computer; **ordinateur satellite,** satellite computer, remote central processor; **ordinateur scientifique,** scientific computer; **ordinateur simultané,** simultaneous computer; **ordinateur spécialisé,** dedicated computer; **ordinateur sur carte unique,** single-board computer (SBC); **ordinateur séquentiel,** sequential computer; **ordinateur série-parallèle,** serial-parallel machine; **ordinateur sériel (série),** serial computer; **ordinateur tout en un,** all-in-one computer; **ordinateur universel,** general-purpose computer (GPC); **ordinateur vectoriel,** vectorial computer; **ordinateur à assembler,** microcomputer kit; **ordinateur à cartes,** card computer, card-oriented computer; **ordinateur à disquette,** floppy disk computer; **ordinateur à feuillets magnétiques,** magnetic card computer; **ordinateur à hautes performances,** high performance computer; **ordinateur à mots de longueur fixe,** fixed-length computer; **ordinateur à réponse vocale,** voice response computer; **ordinateur à tampon,** buffered computer; **ordinateur à une adresse,** one-address computer; **publication assistée par ordinateur (PAO),** desktop publishing; **réseau d'ordinateurs,** computer network; **salle des ordinateurs,** computer room; **superviseur de micro-ordinateur,** microcontroller; **synthétiseur de voix pour ordinateur,** talking computer voice synthesizer; **système de gestion par ordinateur,** computer control system; **tableau de commande d'ordinateur,** computer control panel; **temps d'arrêt de l'ordinateur,** computer down-time; **état traité par ordinateur,** word processing report.

**ordination:** data processing.

**ordinatique:** computication, computer literacy.

**ordinogramme:** flowgraph, chart process; **ordinogramme d'exploitation,** run chart.

**orditron:** computron.

**ordonnancement:** blocage d'ordonnancement, scheduling lock; **file d'attente d'ordonnancement,** scheduler queue; **graphe d'ordonnancement,** scheduling network; **ordonnancement de paquets,** packet sequencing; **priorité d'ordonnancement,** scheduling priority.

**ordonnancer:** schedule (to).

**ordonné:** arbre non ordonné, unordered tree; **arbre ordonné,** ordered tree.

**ordonnées:** interruptions ordonnées par priorité, priority ordered interrupts.

**ordonner:** sequence (to), rank (to), grade (to).

**ordre:** carte ordre, control statement card; **code d'adresse de la piste d'ordres,** cue track address code; **contrôle des numéros d'ordre,** sequence number check; **en ordre,** orderly; **impression des ordres,** command editing; **indicateur du numéro d'ordre,** sequence number indicator; **numéro d'ordre,** reel sequence; **numéro d'ordre d'un fichier multibobine,** reel sequence number; **ordre alphabétique,** alphabetical order, alphabetic sequence; **ordre ascendant,** ascending sequence, alphabetical order; **ordre croissant,** ascending order; **ordre d'assemblage,** assembly work order; **ordre d'installation,** installation order; **ordre d'interclassement,** sequence; **ordre de classement à l'alternat,** alternative collating sequence; **ordre de compilateur,** compiler verb; **ordre de définition,** definition instruction; **ordre de fusion,** merge order; **ordre de gestion,** order record, control record; **ordre de grandeur,** order of magnitude; **ordre de livraison,** delivery order; **ordre de modification,** change order; **ordre de présence alterné,** alternate collating sequence; **ordre décroissant,** descending order; **ordre le moins élevé,** low-order; **ordre le plus à gauche,** high order; **ordre lexicographique,** lexicographical order; **ordre numérique,** numerical order; **ordre peu élevé,** low order; **ordre élevé,** high order; **remise en ordre,** resequencing; **routine de premier ordre,** first-order subroutine; **sélection d'ordre,** command selection; **tri par ordre décroissant,** descending sort; **écart d'ordre,** ordering bias; **équation différentielle d'ordre élevé,** high-order differential equation.

**organe:** unit, organ; **organe amovible,** removable unit; **organe constitutif,** component part; **organe d'entrée,** input unit; **organe d'entrée/sortie,** input/output device; **organe de calcul,** computer unit; **organe de calcul en virgule flottante,** floating-point processor component;

**organe de calcul série,** serial arithmetic unit; **organe de commande d'entrée,** input control device; **organe de dialogue,** communication device; **organe de lecture,** sensing element, sensing device; **organe de retenue,** retainer; **organe de réglage,** adjustment device; **organe de sortie,** output device, output element; **organe de supervision,** supervisory device; **organe de test,** interrogate feature; **organe intégré,** integrated device; **organe logique,** logic device; **organe périphérique,** peripheral device, physical device; **organe à accès série,** serial access device; **type d'organe incorrect,** invalid type device.

**organigramme:** organigram, flowchart, planning chart; **bloc d'organigramme,** flowchart block; **connecteur renvoi d'organigramme,** connector; **création d'organigrammes,** block diagramming; **établir un organigramme,** flowchart (to); **établissement d'organigramme,** flowcharting; **légende d'organigramme,** flowchart text; **modèle d'organigramme,** template flowchart; **organigramme de données,** data flowchart, data flow diagram; **organigramme de macros,** macroflowchart; **organigramme de programmation,** programming flowchart; **organigramme de recherche,** optimum tree search; **organigramme de système,** system flowchart, system chart; **organigramme de traitement,** flow process diagram; **organigramme des instructions,** instruction flowchart; **organigramme du programme,** program flowchart; **organigramme détaillé,** detailed flowchart; **organigramme fusion,** optimal merge tree; **organigramme logique,** logical diagram; **organigramme séquentiel,** sequence chart; **renvoi d'organigramme,** flowchart connector; **symbole d'organigramme,** flowchart symbol; **traceur d'organigramme,** flowchart generator.

**organigraphe:** flowchart template.

**organisation:** organization; **diagramme d'organisation,** organization chart; **organisation de fichier,** file organization, file layout, layout file; **organisation de fichier à accès direct,** direct file organization; **organisation de fichiers chaînés,** linked-queued file organization; **organisation de l'enregistrement des fichiers,** data set organization; **organisation de la mémoire,** storage organization; **organisation de liste,** list organization; **organisation des données,** data organization; **organisation en accès sélectif,** random organization; **organisation en fichiers séquentiels,** sequential file organization; **organisation en série des fichiers,** serial file organization; **organisation logi-**que, logical organization; **organisation modulaire,** modular organization; **organisation opératoire,** operating organization; **organisation parallèle,** parallel organization; **organisation séquentielle,** sequential organization; **organisation séquentielle indexée,** indexed sequential organization; **organisation à accès direct,** direct organization.

**organisé:** organized; **ordinateur organisé en mots,** word-oriented computer; **organisé en mots,** word-organized.

**organisée:** **machine organisée en mots,** word machine; **mémoire organisée,** mapped memory; **mémoire organisée en mots,** word-organized memory, word-oriented memory.

**organiser:** schedule (to).

**organisme:** **organisme de normalisation américain,** American National Standards Institute (ANSI).

**orienté:** **graphe non orienté,** undirected graph; **graphe orienté,** directed graph (digraph); **non orienté,** undirected; **orienté machine,** machine-oriented; **orienté mot,** word-oriented; **orienté sur client,** customer-oriented; **orienté sur réseau,** network-oriented; **orienté système,** site-oriented; **orienté vers application,** application-oriented; **orienté vers bande,** tape-oriented; **programme orienté sur réseau,** network-oriented routine; **terminal orienté sur application,** application-dedicated terminal.

**orientée:** **arborescence orientée,** directed tree; **liaison orientée,** directed link; **méthode de programmation orientée machine,** machine programming system.

**orifice:** peephole.

**originaire:** **être originaire de,** originate (to).

**original:** original; **fabricant de l'équipement original,** original equipment manufacturer (OEM); **langage original,** native language, original language.

**originale:** presumptive; **adresse originale,** original address.

**originalisation:** origination.

**origine:** origin*, source; **adresse basse d'origine,** low origin point; **adresse d'origine,** from address; **bibliothèque langage d'origine,** source statement library; **cassette d'origine,** reference tape cassette; **d'origine,** originated; **données d'origine,** primary data; data source; **origine de programme,** program origin; **origine des informations,** source of information; **origine machine,** machine zero; **point d'origine,** initial point, origin point; **répertoire d'origine,** source directory; **saisie des données d'origine,** primary data acquisition; **schéma d'origine,** source schema; **station origine,** originated station; **texte d'origine,** source text.

**orthogonal:** orthogonal.

**orthographe:** spelling; **faute d'ortho- graphe,** misspell, spelling error.

**orthographier:** mal orthographier, misspell (to).

**orthographique:** contrôleur ortho- graphique, spelling checker; contrôleur **orthographique en temps réel,** real-time spelling checker; **correction orthographi- que automatique,** automatic spelling correc- tion; **dictionnaire orthographique,** spelling dictionary.

**oscillant:** oscillating; **multivibrateur auto-oscillant,** free-running multivibrator.

**oscillante:** atténuation oscillante, re- flective attenuation.

**oscillateur:** oscillator, signal oscillator; **circuit auto-oscillateur,** free-running circuit; **circuit oscillateur,** oscillator circuit; **oscil- lateur d'étalonnage,** calibration oscillator; **oscillateur paramétrique,** parametric oscil- lator; **oscillateur à battements,** beat fre- quency oscillator; **oscillateur à blocage,** blocking oscillator; **oscillateur à phase rigide,** phase-locked oscillator.

**oscillation:** oscillation; **oscillation libre,** free oscillation; **oscillation parasite,** parasitic oscillation; **oscillation pendulaire,** hunting oscillation; **point d'oscillation,** point of oscillation.

**oscillator:** tube oscillator, oscillator valve.

**osciller:** oscillate (to).

**oscillographe:** oscillograph.

**oscilloscope:** oscilloscope; **oscillo- scope à deux faisceaux,** dual trace oscil- loscope; **représentation sur oscilloscope,** oscilloscope representation.

**outil:** tool, submodule, plug-in element; **machine-outil,** machine tool; **outil d'aligne- ment,** alignment tool; **outil de gestion,** man- agement tool; **outil de perforation,** punch block; **outil de programmation,** program- ming support, programming aid; **outil didac- tique textuel,** text learning tool; **outil logi- ciel,** software tool; **outils de bureau,** desktop tools; **outils de débogage,** debugging aids; **outils de programmation,** programming tools.

**outillage:** trousse d'outillage, tool kit.

**outrepasser:** override (to).

**ouvert:** open, open-ended; **architecture de systèmes ouverts,** open systems archi- tecture (OSA); **article non ouvert,** open item; **circuit ouvert,** open circuit; **fichier d'articles non ouverts,** open item file; **impédance en circuit ouvert,** open circuit impedance; **liste des articles non ouverts,** open item state- ment; **ouvert en ligne,** inline; **programme ouvert,** open-ended program; **réseau ou- vert,** open network; **résistance en circuit ouvert,** open circuit resistance; **sous-pro- gramme ouvert,** open subprogram; **sous- programme ouvert,** direct insert routine; **système ouvert,** open system; **tension en circuit ouvert,** open circuit volt- age; **transmission en circuit ouvert,** open circuit working.

**ouverte:** adresse ouverte, open ad- dress; **boucle ouverte,** open loop; **chaîne de caractères ouverte,** open string; **com- mande en boucle ouverte,** open loop con- trol; **cosse ouverte,** terminal spade; **ligne ouverte,** hit-on-the-line; **routine ouverte,** open routine; **segmentation ouverte,** open segmentation; **table de décision ouverte,** open decision table.

**ouverture:** opening, aperture, inlet, vent; **accolade d'ouverture,** left brace '{'; **angle d'ouverture,** angle of opening; **apos- trophe d'ouverture** '`', single-opening quota- tion mark '`'; **crochet d'ouverture,** left square bracket '['; **distorsion d'ouverture,** aperture distortion; **enregistrement d'ouverture de fichier,** file leader record; **ouverture arrière,** backplane slot; **ouverture de contrôle,** in- spection hole; **ouverture de fichier,** file open- ing; **ouverture de passage de câble,** cable way slot; **ouverture de piste,** track initializa- tion; **ouverture de session,** log on, log in; **relais temporisé à l'ouverture,** slow release relay; **solde d'ouverture,** opening balance.

**ouvrage:** work, book; **couverture d'ou- vrage,** cover sheet.

**ouvrir:** open (to); **machine à ouvrir les enveloppes,** envelope opening machine.

**oxyde:** oxide; **côté oxyde,** oxide side; **couche d'oxyde,** oxide layer, oxide coating; **semi-conducteur à oxyde métallique,** metal oxide silicon (MOS); **épaisseur d'oxyde,** oxide thickness.

# P

page: page*; adaptateur d'imprimante page par page, page print adapter; adressage par page, zero page addressing; appel de page anticipé, anticipatory paging; appel de page à la demande, demand paging; bas de page, footing, footer, footage, page foot; cadre de page, page frame; caractère de mise en haut de page, top-of-form character (TOF); caractère de mise en page, layout character; changement de page, page break, new page; compteur de pages, page counter; contrôleur de mise en page, format effector (FE); définition de la longueur de page, page length setting; dépassement de page, page overflow; échange de pages mémoire, page swapping; éditeur pleine page, full screen editor; en-tête de page, page heading; espace de bas de page, foot margin; espace de haut de page, head margin; fond de page, footing; haut de page, top margin; imprimante page par page, page printer, page-at-a-time printer; indicateur de fin page, page end indicator; indicateur de première page, first page indicator; instruction de mise en page, layout instruction; lecteur de page, page reader; lecteur optique de pages, optical page reader; lieu de numérotation de bas de page, footing number location; lieu de numérotation de haut de page, heading number location; limite de page, page limit; longueur de page, page length; marge de fond de page, bottom margin; marge du sommet de page, top margin; mise en page, page setting; mise en place de page, page fixing; mode page, block mode; mouvement de page, paging; note en bas de page, footnote; numéro de page, page number, page entry; numéro de page logique, logical page number (LPN); page auxiliaire, slave page; page blanche, blank page; page ci-contre, opposite page; page défilante, rolling page; page impaire, odd page; page mémoire, page frame, page slot; page paire, even page; page résidente mémoire, fixed page, reserved page; page source, source page; page suivante, next page; page écran, screen page; pleine page, full page; présentation de page, page format, page in; report automatique en haut de page, form overflow; saut de page, page feed; saut de page, page skip; table de pages, page table;

test automatique de fin de page, automatic overflow test; transfert de page, page migration; transfert de page mémoire, page in, page out; téléimprimeur par page, page teleprinter.

pagination: pagination*; dispositif de pagination, paging device; lieu de pagination, page number location; pagination automatique, automatic pagination; pagination et segmentation, paging and segmenting; technique de pagination, paging technique.

paginé: paged; fichier paginé, page file; non paginé, unpaged; segment non paginé, unpaged segment.

paginée: mémoire paginée, page storage; mémoire paginée EMS, EMS memory.

paginer: page (to).

paiement: terminal de cartes de paiement, credit card terminal.

pair: even, pair.

paire: vertical parity; bit de parité paire, even parity bit; contrôle de parité paire, even parity check; contrôle de parité paire-impaire, odd-even parity check; contrôle de parité verticale (paire), vertical parity check; contrôle de redondance verticale (parité paire), vertical redundancy check (VRC); câble à paires, combination cable; de parité paire, even-numbered; ligne de balayage paire, even-numbered scan line; page paire, even page; paire structurelle, twin; paire torsadée, twisted pair; parité paire, even parity; tri par paires, ripple sort.

pale: pale de ventilateur, fan blade.

palette: palette; palette de couleurs, color palette, color look-up table, look.

palier: palier d'air, air cushion, air bearing; palier d'une impulsion, pulse top; palier incliné d'impulsion, pulse droop, pulse tilt; par palier, stepped.

palpation: disque à palpation, scanning disk; palpation photoélectrique, photo-electric sensing; palpation électrostatique, electrostatic sensing.

palpeur: pecker, sensing finger; levier palpeur, reading finger.

panier: panier à cartes, card cage, card bed, card rack.

panne: breakdown, failure, fault, trouble; diagnostic de panne, fault diagnosis; détection de pannes, fault recognition; indicateur de panne, malfunction indicator;

**journal des pannes**, failure logging; **lieu de la panne**, point of failure; **localisation de pannes**, trouble locating, troubleshooting; **panne d'alimentation**, power fail; **panne d'équipement**, equipment trouble, equipment failure; **panne du secteur**, voltage breakdown; **panne franche**, permanent fault; **panne induite**, induced failure; **panne intermittente**, intermittent failure, random failure; **panne matérielle**, hardware breakdown, hardware malfunction; **panne sporadique**, sporadic fault; **pistage des pannes**, troubletracing; **recherche de pannes**, troubleshooting, trouble hunting; **récupération automatique (panne secteur)**, power fail recovery (PFR); **simulateur de pannes**, fault simulator; **système à tolérance de pannes**, fault-tolerant system; **tomber en panne**, fail (to), crash (to).

**panneau:** panel; **panneau d'alerte**, alarm panel; **panneau d'exploitation système**, system operator panel; **panneau d'indication d'erreurs**, fault panel; **panneau de connexions**, plugboard*; **panneau d'interconnexions**, patch bay; **panneau de commande**, control panel; **panneau de connexions**, mother plane; **panneau de raccordement**, electronic panel; **panneau de repiquage**, connection board.

**panoramique:** pan; translation panoramique, panning.

**pans:** vis à six pans, hex slot screw.

**PAO:** publication assistée par ordinateur, desktop publishing.

**papeterie:** stationery.

**papier:** paper; **alimentation (de papier)**, feeding, feed; **alimentation papier**, paper feed; **arrêt de fin de papier**, form stop; **avance anormale de papier**, paper throw; **avance automatique du papier**, automatic carriage; **avance manuelle de papier**, manual paper feed; **avance papier**, paper slewing, paper slew, paper feed; **avancement de papier**, paper transport, paper movement; **bande de papier perforé**, paper tape; **bande papier**, center-feed tape; **barre de commande d'avance papier**, paper bail; **chargement papier**, form loading; **commande d'avance papier**, vertical form control (VFC); **contact fin de papier**, paper stop contact; **copie papier**, hardcopy; **correction avance papier**, feed rate override; **double entraînement de papier**, double paper feed; **double mouvement de papier**, dual paper feed, dual paper movement; **déclencheur de l'alimentation en papier**, paper release; **déflecteur de papier**, paper deflector; **détecteur de fin de papier**, paper-out indicator; **entraînement de papier**, paper drive assembly, paper drive; **faire une avance papier**, preslew (to); **fin de papier**, paper out; **format de papier**, paper size; **frein de papier**, paper brake; **gabarit de papier**, paper template; **guide papier**, paper guide; **guide-papier**, copy guide, front paper table; **indicateur de longueur de papier**, footage indicator; **introduction du papier**, paper insert; **largeur papier**, web width; **manque de papier**, paper low; **mécanisme d'avance papier**, form feed mechanism, paper advance mechanism; **papier calque**, tracing paper; **papier carbone**, carbon copy; **papier carboné**, carbon paper; **papier conducteur**, electro-sensitive paper; **papier détachable**, tipped paper; **papier en continu**, fanfolded paper, continuous stationery; **papier en rouleau**, roll paper, web paper, web; **papier millimétrique**, scale paper; **papier millimétré**, graph paper; **papier paravent**, zigzag-folded paper, Z-fold paper; **papier plié en accordéon**, fanfolded paper, fanfold paper; **papier pour listages**, listing paper; **papier quadrillé**, cross-section paper; **papier thermique**, thermal paper; **papier thermosensible**, thermosensitive paper; **papier à coordonnées**, coordinate paper; **papier à dessin**, drawing paper; **papier à perforations**, pin-fed paper; **papier à pliage accordéon**, zigzag-folded paper; **plateau support de papier**, paper table; **presse-papier**, clipboard; **prise de papier**, delivery board; **rouleau de papier**, continuous roll paper; **rouleau de papier continu**, continuous roll; **rouleau de papier pour calculette**, tally roll; **rouleau support de papier**, paper roll; **résidus de papier**, paper fragments; **saut (de papier)**, slewing, slew; **saut de papier**, paper skip; **support de papier**, paper support, paper sustainer; **tracteur de papier**, form tractor; **transport de formulaire papier**, form feeding; **transport de papier rapide**, high-speed paper feed; **vitesse d'entraînement papier**, feedrate.

**papillotement:** flickering, flicker; **papillotement de lignes**, interline flicker; **pratiquement sans papillotement**, virtually flicker-free.

**paquet:** packet, bundle; **arrangement de paquet de cartes**, deck set-up; **assemblage de paquets**, packet assembly; **assembleur/désassembleur de paquets**, packet assembler/disassembler (PAD); **commutation de paquets**, packet switching; **désassemblage de paquets**, packet disassembly; **exploitation en mode paquets**, packet mode operation; **mode paquet**, packet mode; **ordonnancement de paquets**, packet sequencing; **paquet d'erreurs,** error burst; **paquet de carte de chargement binaire,** binary load deck; **paquet de cartes,** card deck, card pack, deck, pack, stack of cards; **paquet de cartes d'instructions,** instruction pack; **paquet de cartes en langage source,** source pack; **paquet de cartes objet,** object deck, object pack; **paquet de cartes-instructions,** instruction deck; **paquet de cartes-paramètres,** control card deck; **paquet groupé,** cluster pack; **réseau de paquets,** packet network; **terminal en mode paquets,** packet mode terminal; **transmission de paquets,** packet transmission.

**p a r a b o l i q u e :** multiplicateur parabolique, quarter-square multiplier.

**p a r a g r a p h e :** paragraph; **en-tête de paragraphe,** paragraph header; **indentation de paragraphe,** paragraph indent; **nom de paragraphe,** paragraph name.

**p a r a l l è l e :** parallel; **accès parallèle,** parallel access; **adaptateur série-parallèle,** staticizer; **addition parallèle,** parallel addition; **additionneur parallèle,** parallel adder; **additionneur parallèle avec retenue,** parallel full adder; **affichage parallèle,** slave monitor; **architecture à processeurs parallèles,** parallel machine architecture; **calculateur série-parallèle,** serial/parallel computer; **connecter en parallèle,** connect in parallel (to); **connexion en parallèle,** parallel connection; **conversion en parallèle,** parallel conversion; **conversion série-parallèle,** staticizing; **convertir de parallèle en série,** dynamicize (to); **convertisseur parallèle,** parallel converter; **convertisseur parallèle-série,** parallel-to-serial converter, dynamicizer; **convertisseur série-parallèle,** serial-to-parallel converter; **demi-additionneur parallèle,** parallel half-adder; **demi-soustracteur parallèle,** parallel half-subtracter; **en parallèle par bit,** bit-parallel; **entrée/sortie parallèle,** parallel input/output; **exploitation en parallèle,** parallel mode; **fonctionnement en parallèle,** concurrent performance; **fonctionnement parallèle,** parallel running; **impression en parallèle,** parallel printing; **imprimante parallèle,** parallel printer; **imprimante série-parallèle,** serial/parallel printer; **interface souris parallèle,** parallel mouse adapter; **lecture en parallèle,** parallel reading, parallel readout; **listage symbolique en parallèle,** parallel symbolic listing; **masque de scrutation parallèle,** parallel poll mask; **montage en série-parallèle,** series-parallel connection; **mémoire parallèle (associative),** parallel search storage; **mémorisation en parallèle,** storage parallel; **opération en parallèle,** parallel operation; **opération série-parallèle,** serial-to-parallel operation; **ordinateur série-parallèle,** serial/parallel machine; **organisation parallèle,** parallel organization; **port parallèle,** parallel port, LPT port; **poste connecté en parallèle,** parallel-connected station; **registre parallèle,** parallel register; **registre série-parallèle,** staticizing register; **report parallèle,** carry lookahead; **représentation parallèle,** parallel representation; **résistance parallèle,** parallel resistor; **scrutation parallèle,** parallel polling, parallel poll; **série-parallèle,** serial-to-parallel; **sortie parallèle de type Centronics,** Centronics-type parallel port; **souris à connexion parallèle,** parallel mouse; **traitement en parallèle,** parallel processing; **transfert en parallèle,** parallel transfer, bit parallel; **transmission en parallèle,** parallel transmission; **unité arithmétique parallèle,** parallel arithmetic unit.

**p a r a l l é l i s m e :** **parallélisme de bits,** parallel by bit; **parallélisme de caractères,** parallel by character.

**p a r a m é t r a g e :** parameterization, parameter input; **paramétrage nommé,** named parameter association.

**p a r a m è t r e :** parameter*; **appel de paramètre,** parameter request; **association de paramètres,** parameter association; **attribution de paramètre,** argument association; **bloc paramètre,** parameter block; **borne de paramètre,** parameter limit; **carte paramètre,** job card; **carte-paramètre,** parameter card; **descripteur de paramètre,** parameter descriptor; **erreur de paramètre,** parameter error; **format des cartes-paramètres,** control card format; **groupe de paramètres,** parameter set; **identificateur de paramètre,** parameter designator; **jeu de cartes paramètres,** parameter card set, control card set; **jeu de paramètres de comparaison,** comparison parameter set; **journal des paramètres,** parameter logging; **listage des paramètres,** parameter listing; **liste de paramètres effectifs,** actual parameter list; **liste de paramètres formels,** formal parameter list; **liste des cartes-paramètres,** control card listing; **mot-paramètre,** parameter word; **paquet de cartes-paramètres,** control card deck; **paramètre arbitraire,** arbitrary parameter; **paramètre contrôle,** controlled parameter; **paramètre d'adressage de périphérique,** device address parameter; **paramètre d'allocation,** allocation parameter; **paramètre d'autorisation d'écriture,** protection status parameter; **paramètre d'enregistrement,** record parameter; **paramètre d'entrée,** input parameter; **paramètre d'entrée du champ,**

field input parameter; **paramètre d'initialisation,** starting parameter; **paramètre d'édition,** edit parameter, reort parameter; **paramètre d'étalonnage,** calibration parameter; **paramètre de branchement,** branch parameter; **paramètre de chaînage,** linkage parameter; **paramètre de codage d'article,** item key parameter; **paramètre de comparaison,** comparison parameter; **paramètre de conception,** design parameter; **paramètre de fichier,** file parameter; **paramètre de grandeur d'index,** index size parameter; **paramètre de grandeur de zone collectrice,** bucket size parameter; **paramètre de génération,** generation parameter; **paramètre de lancement,** release parameter; **paramètre de longueur d'article,** item length parameter; **paramètre de longueur de bloc,** block size parameter; **paramètre de mot clé,** keyword parameter; **paramètre de positionnement,** positional parameter; **paramètre de programme,** program parameter; **paramètre de progression,** incremental parameter; **paramètre de péremption de fichier,** file expiration date parameter; **paramètre de relance,** restart parameter; **paramètre de signal,** signal parameter; **paramètre de sortie,** output parameter; **paramètre de sélection,** select parameter; **paramètre de temps d'exécution,** run time parameter; **paramètre du mot de recherche,** search mode parameter; **paramètre dynamique,** dynamic parameter, program-generated parameter; **paramètre effectif,** actual parameter, actual argument; **paramètre externe,** external parameter, external program parameter; **paramètre final,** terminal parameter; **paramètre formel,** formal parameter; **paramètre initial,** initial parameter; **paramètre local,** local parameter, formal parameter, local symbol; **paramètre nul,** null parameter; **paramètre obligatoire,** mandatory user parameter; **paramètre optimal,** optimal parameter; **paramètre optionnel,** optional parameter; **paramètre par défaut,** default parameter; **paramètre prédéfini,** preset parameter; **paramètre repère,** label parameter; **paramètre réel,** actual parameter; **paramètre symbolique,** symbolic parameter; **paramètre système,** site parameter; **paramètre type de périphérique,** device type parameter; **partie de paramètre effectif,** actual parameter part; **partie de paramètre formel,** formal parameter part; **routine sans paramètre,** static routine; **sous-programme paramètré,** dynamic subroutine; **spécification d'un paramètre,** specification of a parameter; **substitution de paramètres,** parameter substitution; **séparateur de paramètres,** parameter delimiter; **séquence de cartes-paramètres,** control card sequence; **unité d'introduction de paramètres,** parameter input device; **variation de paramètre,** variation of parameter; **zone paramètre,** parameter area, communication area.

**paramétrer:** parameterize (to).

**paramétrique:** parametric; **équation paramétrique,** parametric equation; **oscillateur paramétrique,** parametric oscillator; **programmation paramétrique,** parametric programming.

**parasite:** spurious, parasitic, man-made noise; **bruit parasite,** chatter, noodle; **courant parasite,** parasitic current; **déclenchement parasite,** false triggering; **enregistrement parasite,** noise record; **fréquence parasite,** parasitic frequency; **générateur de bruit parasite,** noise generator; **génération parasite,** drop-in; **impulsion parasite,** spurious pulse; **impulsion parasite après écriture,** postwrite disturb pulse; **lecture parasite,** drop-in reading; **oscillation parasite,** parasitic oscillation; **pointe parasite d'impulsion,** pulse spike; **radiation parasite,** parasitic radiation; **récupération parasite,** false retrieval; **résonance parasite,** spurious resonance; **signal parasite,** parasitic signal.

**paravent:** papier paravent, zigzag-folded paper, Z-fold paper.

**parcourir:** parcourir (au hasard), browse (to).

**parcours:** run-around; **compte-rendu de parcours disque,** disk trace.

**parent:** parent; **répertoire parent,** directory one level up; **type parent,** parent type.

**parenthèse:** entre parenthèses, bracketed; **expression entre parenthèses,** bracket term; **mettre entre parenthèses,** parenthesize (to); **parenthèse droite,** right parenthesis ')'; **parenthèse gauche,** opening parenthesis, opening parenthesis '('; **parenthèses,** parenthesis, round parentheses, brackets '()'.

**parité:** parity; **binaire de parité,** redundancy check bit; **bit de contrôle de parité,** redundancy check bit; **bit de parité,** parity bit; **bit de parité impaire,** odd parity bit; **bit de parité longitudinale,** horizontal parity bit; **bit de parité paire,** even parity bit; **canal de parité bande,** tape parity channel; **caractère de parité,** redundancy check character; **contrôle de parité,** parity checking, parity check; **contrôle de parité horizontale,** horizontal parity control; **contrôle de parité impaire,** odd parity check, odd check; **contrôle de parité longitudinale,** longitudinal parity checking; **contrôle de parité paire,** even parity check; **contrôle de parité paire-impaire,** odd-even parity check; **contrôle de parité verticale (paire),** vertical parity check; **contrôle de redondance verticale (parité paire),** vertical redundancy check (VRC); **contrôle par redondance (de parité),** redundancy control; **contrôle par redondance longitudinale (parité),** longitudinal redundancy check (LRC); **de parité paire,** even-numbered; **défaut de parité,** bad parity; **erreur de parité,** parity error; **erreur de parité de périphériques,** device parity error; **erreur de parité en lecture,** read parity error; **erreur de parité horizontale,** longitudinal redundancy error; **parité de mémoire,** memory parity; **parité de trame,** frame parity; **parité des périphériques,** device parity; **parité impaire,** odd parity; **parité longitudinale,** horizontal parity; **parité paire,** even parity; **parité transversale,** lateral parity; **parité verticale,** vertical parity; **piste de contrôle de parité,** parity test track; **piste de parité,** parity track; **somme de parité,** parity sum; **système à contrôle de parité,** parity system; **test de parité à la mémorisation,** storage parity; **vérification de parité par caractère,** character parity check.

**parlant:** calculateur parlant, talking computer.

**paroi:** épaisseur de paroi radiale, radial thickness.

**parole:** talking, speech; **reconnaissance automatique de la parole,** automatic speech pattern recognition; **synthétiseur de parole,** speech synthesizer; **synthèse de la parole,** speech synthesis.

**part:** share; **part de courant continu,** direct current portion; **traiter à part,** cache (to).

**partage:** sharing; **partage d'écran,** screen splitting; **partage de données,** data sharing; **partage de fichier,** file sharing; **partage de fréquence,** frequency slicing; **partage de la colonne,** column-serial; **partage de temps,** time sharing, time slicing, time division; **partage en colonnes,** column split; **recherche par partage,** binary chop.

**partagé:** shared; **accès partagé,** shared access; **écran partagé,** split screen; **exploitation en temps partagé,** time-sharing environment; **fichier partagé,** shared file; **opération en temps partagé,** time-shared operation; **système en temps partagé,** time-shared system, time-sharing system; **séquentiel partagé,** partitioned-sequential; **tamponnement partagé,** buffer sharing; **temps partagé,** time sharing.

**partageable:** shareable, reusable; **programme partageable,** reusable program.

**partagée:** allocation partagée, parallel allocation; **ensemble des données partagées,** partitioned data set; **imprimante partagée,** shared printer; **mémoire partagée,** shared storage; **ressources partagées,** shared resources; **zone virtuelle partagée,** shared virtual area.

**partager:** share (to), partition (to); **partager en zones,** zone (to).

**particularisation:** customization.

**particularité:** particularité utilisant l'écran, screen-oriented feature.

**particulier:** particular; **dispositif particulier,** special device.

**particulière:** valeur particulière, particular value.

**partie:** part; **partie active minimale,** minimum working set; **partie adresse,** address frame, address section; **partie basse,** lower curtate; **partie booléenne,** Boolean part; **partie cachée,** hidden surface; **partie circuit imprimé,** etched part; **partie d'adresse,** address part; **partie d'exposant,** exponent part; **partie d'identification,** identification division; **partie d'index,** index part; **partie d'instruction,** instruction part; **partie d'opération non déchiffrée,** operation code trap; **partie d'écran,** subscreen; **partie de bibliothèque,** library section; **partie de cadrage,** scaling part; **partie de nom,** name portion; **partie de paramètre effectif,** actual parameter part; **partie de paramètre formel,** formal parameter part; **partie de programme,** program section; **partie de zone,** array segment; **partie des données,** data division, data portion; **partie droite,** right part; **partie du fichier d'entrée,** input member; **partie déclarative,** declarative part; **partie exploitable du programme,** main line coding; **partie fractionnaire,** forward space; **partie gauche,** left part; **partie haute,** upper curtate; **partie hors-texte,** zone portion; **partie imaginaire,** imaginary part; **partie inférieure de la mémoire,** lower memory locations; **partie intégrante,** integral part; **partie numérique,** numerical section; **partie opérande,** operand part; **partie opérateur,** operator part; **partie principale,** main part; **partie principale du traitement,** main line processing; **partie prioritaire,** parent part; **partie signe,** sign part; **partie type d'instruction,** function part; **partie type d'opération,** operation part; **partie variable,** variant part.

**partiel:** partial; **balayage partiel,** fractional scan; **bloc partiel,** verifying unit; **courant d'écriture partiel,** partial write current;

effacement partiel de l'écran, partial screen erase; fichier sortie partiel, output member; fin de fichier partiel, end of volume; jeu partiel de caractères, character subset; nom symbolique de fichier partiel, member name tag; report partiel, partial carry; répertoire de fichiers partiels, member index; support de données à catalogue partiel, control volume; vidage partiel de la mémoire, storage snapshot.

partielle: addition partielle, false add; annulation partielle, partial cancellation; bande partielle, subband; base de données partielle, subsystem database; commande à priorité partielle, partitioned priority scheduling; courant de lecture partielle, partial read current; courant de sortie partielle, partial output signal; dérivation partielle, partial derivative; fraction partielle, partial fraction; impulsion d'écriture partielle, partial write pulse; impulsion de commande partielle, partial drive pulse; impulsion de lecture partielle, partial read pulse; sortie partielle, partial output; substitution partielle, partial substitution.

partition: partition*; commutateur de protection de partition, area protect switch; condition d'accès à la partition, area condition; début de partition, beginning-of-extent (BOE); déroulement de libération de partition, deallocation map; limite de partition, area boundary; matrice de partition, area matrix; multiprogrammation à partitions fixes, fixed-partition multiprogramming; partition adressable, addressable location; partition commune, common clock; partition d'interception, intercept data storage position; partition de mémoire centrale, main memory section; partition de mémoire désignée, labeled common; partition de sortie, output location; partition désignée, labeled common area; partition inconnue, unlabelled common; partition réservée, unassigned extent; partition virtuelle, virtual hole; partition étiquetée, labeled common block; première partition, initial location.

partout: passe-partout, boilerplate.

parution: issue.

pas: pitch, pace, step size; appel dynamique de travail pas à pas, step spawning; avance pas à pas, step-by-step feed; commutateur pas à pas, stepping switch; densité de pas verticaux, vertical line spacing; exécution pas à pas, step-by-step operation; fonctionnement pas à pas, single-step operation, step-by-step mode; impulsion pas à pas, signal element pulse; instruction de pas, step statement; instruction pas à pas,

step-by-step instruction; moteur pas à pas, stepping motor; mouvement pas à pas, step-by-step movement; opération pas à pas, single-step operation; opération à un seul pas, one-step operation; pas constant, constant pitch; pas d'entraînement, feed pitch; pas de piste, track pitch; pas de programme, program step; pas de progression, increment, advance increment; pas de tableau, array pitch; pas de traceur, plotter step size; pas longitudinal, feed pitch, row pitch, array pitch; pas réel, effective pitch; pas transversal, track pitch; pas vertical, vertical spacing; pas à pas, single step; programme de pas à pas, tracing program; programme pas à pas, step-by-step program; redémarrage du traitement pas à pas, step restart; relais pas à pas, selector relay; rythme pas à pas, signal element timing; synchronisation de pas, element synchronization.

Pascal: Pascal* language; machine de Pascal, adding wheel.

passage: run, pass, passage, running, passing, run-around; arrêt après fin de passage en machine, end-of-run halt; caractère de passage en majuscule, upper shift character; correction par passage en machine, correction run; dernier passage, last pass; ouverture de passage de câble, cable way slot; passage d'air, air duct; passage d'alimentation des cartes, card run-in; passage d'assemblage, assembly run; passage d'essai, trial run, dry run; passage d'éjection de cartes, card run-out; passage de cartes en biais, card skew; passage de contrôle, checkout run; passage de fils, wire channel; passage de mise au point, modification run; passage de mise à jour, maintenance run; passage de test, checkout run; passage de test d'évaluation, benchmark run; passage de validation, vetting run; passage des cartes, card passage; passage en (lettres) majuscules, upshift; passage en machine, computer run, machine run, object run; passage en majuscules, upper case shift; passage en minuscules, downshift; passage en numérique, numeric shift; passage en traduction, translator run; passage final, completion run; passage opérationnel, production run; passerelle avec double passage de câble, double channel cable bridge; passerelle à passage de câble unique, single-channel cable bridge; scrutation par passage de témoin, hub polling; temps de passage, running time, throughput time.

passagère: erreur passagère, transient fault.

**passante: bande passante,** transmission band; **bande passante de voie,** channel passband.

**passe:** pass\*; **double mot de passe,** two-level password; **entrée à double mot de passe,** two-level password entry; **filtre passe-bande,** bandpass filter; **filtre passe-bas,** lowpass filter; **filtre passe-haut,** highpass filter; **mot de passe,** password, lock code; **passe d'assemblage,** assembly pass; **passe d'essai,** test run, dry run; **passe d'exécution,** job run; **passe de compilation,** compilation run; **passe de fusion,** merge pass; **passe de mise à jour,** updating run; **passe de programme,** program run; **passe de sauvegarde,** backup run; **passe de tri,** sorting pass, sort pass; **passe-bande,** bandpass, passband; **passe-bas,** lowpass; **passe-fil,** grommet; **passe-haut,** highpass; **passe-partout,** boilerplate; **passe-temps favori,** hobby; **programme en passe unique,** single-pass program; **protection par mot de passe,** password protection; **zone de mot de passe,** password field.

**passer:** run (to); **passer au crible,** screen (to); **passer en (lettres) majuscules,** upshift (to); **passer en minuscules,** downshift (to); **passer à zéro,** roll over (to).

**passerelle:** gateway; **passerelle avec double passage de câble,** double channel cable bridge; **passerelle de câble,** cable bridge; **passerelle à passage de câble unique,** single-channel cable bridge.

**passif:** passive; **circuit passif,** passive circuit; **composant passif,** passive device; **élément passif,** passive element; **mode passif,** passive mode.

**passive: connexion de dispersion passive,** passive scatter relay; **intrusion passive,** between line entry; **passivé,** passivated; **station passive,** passive station.

**pastille: pastille de silicium,** silicon chip; **pastille réfléchissante,** reflective spot, photo sensing mark.

**patin: patin de pression,** pressure pad.

**pause:** pause; **boucle de pause,** do-nothing loop; **instruction de pause,** halt instruction, stop instruction; **pause facultative,** optional pause.

**pauvre: convergence pauvre,** weak convergence.

**pavé:** pad; **pavé curseur,** cursor pad; **pavé curseur en losange,** diamond-shaped cursor pad; **pavé des touches numériques,** numeric keypad; **pavé numérique,** numeric pad; **pavé numérique et curseur,** cursor-numeric keypad.

**péage:** toll; **ligne à péage,** toll line.

**peigne:** cable card, comb; **peigne de guidage,** guide comb.

**peinture: rouleau à peinture,** paint roller.

**pelote: pelote à aiguilles,** pincushion.

**pelucheux: non pelucheux,** lint-free.

**pendulaire: oscillation pendulaire,** hunting oscillation.

**pendule: pendule de pointage électronique,** electronic time clock.

**pénétration:** penetration; **profondeur de pénétration,** penetration depth; **tube cathodique à pénétration,** penetration CRT; **tube à pénétration,** beam penetration CRT.

**pente:** slope, mutual conductance; **angle de pente,** slope angle; **pente de flanc d'impulsion,** pulse slope.

**PEPS:** FIFO; **registre PEPS (premier entré, premier sorti),** FIFO (first in first out) register.

**perçage: bande de perçage,** drill tape.

**percée:** breakthrough.

**perche: technique de la perche,** hints and tips.

**perdre:** lose (to).

**perdu:** lost, nonrecoverable; **temps perdu,** ineffective time, external loss time.

**père:** father; **cycle grand-père-père-fils (trois générations),** grandfather-father-son cycle; **fichier père,** father file.

**péremption: paramètre de péremption de fichier,** file expiration date parameter.

**perfection:** completeness.

**perforateur:** punching unit, perforator; **lecteur-perforateur de cartes,** card read-punch unit; **perforateur alphabétique,** alphabetic punch; **perforateur alphanumérique,** alphameric punch; **perforateur automatique,** automatic punch; **perforateur de badge,** badge punch; **perforateur de bande,** data tape punch, tape perforator; **perforateur de bande automatique,** automatic tape punch; **perforateur de carte,** card punch; **perforateur manuel,** hand punch, manual perforator; **perforateur rapide,** high-speed punch; **perforateur récepteur,** receiver keying; **perforateur sans détachement de confettis,** chadless punch; **perforateur à alimentation de cartes automatique,** automatic feed punch; **perforateur-additionneur,** add-punch machine.

**perforation:** hole, punching, perforation; **bordereau de perforation,** punching form; **carte à perforations marginales,** marginal-punched card, edge-punched card; **colonne de perforation,** punch column; **combinaison de perforations,** punched hole combination; **configuration de perforations,**

hole pattern; **contrôle de validité des perforations**, punch validity check; **contrôle du cadrage des perforations**, registration check; **contrôle du nombre de perforations**, hole count check; **double perforation**, double punching, dual punching; **zone de perforation normale**, sector area; **écart entre les perforations**, hole spacing; **électroaimant de perforation**, punch magnet; **emplacement de perforation**, hole site; **erreur de contrôle du nombre de perforations**, hole count error; **erreur de perforation**, mispunching; **fichier de perforation**, card punch file; **formulaires sans fin à perforations marginales**, continuous pin feed forms; **grille de perforations**, punch combination; **instruction de perforation**, punch instruction; **lecture des perforations marginales**, edge punch read; **matrice de perforation**, punch die; **mode saut de perforation**, perforation skip mode; **mémoire de perforation**, punch storage; **outil de perforation**, punch block; **papier à perforations**, pin-fed paper; **perforation 11**, eleven punch, X-punch; **perforation 12**, twelve punch, Y-punch, high punch; **perforation X**, X-punch, eleven punch; **perforation Y**, Y-punch, high punch; **perforation d'enchaînement**, center hole; **perforation d'entraînement**, feed hole, sprocket hole; **perforation d'identification**, identifying perforation; **perforation de bande**, paper tape punching, tape perforating; **perforation de carte**, card punching; **perforation de code**, code hole; **perforation de composition**, typesetting hole; **perforation de contrôle**, function hole; **perforation de transport**, guide hole; **perforation des colonnes chiffres**, numeric punch; **perforation en série d'un nombre**, serial number punching; **perforation et lecture simultanée**, punch feed read; **perforation excédentaire (d'une carte)**, lace punching; **perforation fonctionnelle**, control punch, control hole, designation hole; **perforation hors-cadre**, off punch; **perforation hors-texte**, overpunch, zero punch, zone punching; **perforation marginale**, marginal punching, margin perforation; **perforation normale**, normal stage punching; **perforation numérique**, digit punching, numerical punch; **perforation rectangulaire**, square hole; **perforation repère**, detection punch; **perforation ronde**, round hole; **perforation récapitulative**, summary punching; **perforation à lecture graphique**, marksense punching; **perforations de 1 à 9**, underpunch; **piste de perforation**, punching track; **position de perforation**, punching position, code position; **poste de perfora-**

tion, punching station; **programme de perforation des cartes**, data recording program; **rangées de perforations**, curtate; **sans perforation**, punchless; **touche de perforation**, data key; **unité de perforation**, card punch unit; **verrouillage de perforation**, punch interlock; **vitesse de perforation**, punching rate, punching throughput; **vitesse de perforation des cartes**, card punching rate; **vérification des perforations**, punch check; **vérification du nombre de perforations**, read registration check; **zone de perforation**, punch area, card field.

**perforatrice**: puncher; **duplicatrice-perforatrice à lecture graphique**, mark-sensing reproducer; **perforatrice calculatrice**, calculating punch, multiplying punch; **perforatrice de bande**, tape punch, typing reperforator; **perforatrice de sortie**, output punch; **perforatrice duplicatrice**, duplicating card punch; **perforatrice manuelle**, hand feed punch; **perforatrice récapitulative**, summary punch; **perforatrice à clavier**, keyboard punch, keypunch; **perforatrice-duplicatrice**, duplicating card punch, duplicating punch; **perforatrice-reproductrice**, gang punch.

**perforé**: punched, perforated; **bande de papier perforé**, paper tape; **code perforé**, punch code; **masque perforé**, peephole mask; **non perforé**, unpunched, unperforated; **ruban perforé sans détachement de confettis**, chadless tape.

**perforée**: **bande perforée**, punched tape, perforated tape, chadded tape; **bande perforée d'essai**, test paper tape; **bande perforée de contrôle**, control-punched tape; **bande perforée de test**, paper tape loop; **bande perforée des entrées**, input punched tape; **bande perforée à 5 moments**, five-level tape; **bande perforée à 6 moments**, six-level tape; **bande perforée à 7 moments**, seven-level tape; **bande perforée à alignement frontal**, advance feed tape; **bobine de bande perforée**, paper tape reel; **canal de bande perforée**, tape channel; **carte perforée**, punched card, Hollerith card; **carte perforée composée**, dual punch card; **carte à bande perforée unilatérale**, unilateral tape card, one-sided tape card; **code de bande perforée**, paper tape code; **code de carte perforée**, punched card code; **commande de bande perforée**, paper tape control; **contrôleur de lecteurs de bandes perforées**, paper tape reader control; **convertisseur cartes-bande perforée**, card-to-paper-tape converter; **dérouleur de bande perforée**, tape unwinder; **en-tête de bande perforée**, punched leader; **introduction de cartes perforées,** punched card input; **lecteur de bande perforée,** paper tape reader, perforated tape reader; **lecteur photoélectrique de bandes perforées,** photoelectric tape reader; **réserve de bande perforée,** tape supply; **téléimprimeur à bande perforée,** tape teleprinter; **unité à bande perforée,** paper tape unit, paper tape device; **zone de carte perforée,** punched card field; **zone de la bande perforée,** tape field.

**perforer:** punch (to), perforate (to); **action de perforer,** perforating; **bande à perforer,** punch tape; **perforer en série,** gang punch (to); **perforer manuellement,** keypunch (to).

**performance:** performance; **enregistrement de performances,** performance record; **matériel de faible performance,** low performance equipment; **moniteur haute performance,** high-performance monitor; **niveau de performance,** performance level; **ordinateur à hautes performances,** high performance computer; **performance maximale,** maximum performance; **performance étendue,** extended performance; **test de performances,** benchmark test, benchmark; **équipement à haute performance,** high performance equipment; **évaluation des performances,** performance evaluation; **évaluer les performances,** benchmark (to).

**périmé:** expired; **code périmé,** invalid code.

**périmée:** **adresse périmée,** invalid address.

**période:** period, time interval, time bucket; **créditer d'une période,** clock (to); **période de mot,** word period; **période binaire,** digit time; **période comptable,** accounting period; **période d'accès,** access cycle; **période d'enregistrement,** recorded time; **période d'entretien,** service time; **période d'exploitation,** computer processing cycle; **période d'horloge,** clock period; **période d'inactivité,** idle mode; **période de lancement,** break-in period; **période de mémorisation,** storage period; **période de planification,** planning horizon; **période de pronostic,** forecast cycle; **période de protection de fichier,** file security period; **période de rodage,** debugging period; **période de traitement,** processing period; **période de validité de fichier,** file retention period; **période fonctionnelle,** action period; **période mineure,** minor cycle; **période rétention,** retention period; **période électrique effective,** effective electrical cycle.

**périodique:** **fraction décimale périodique,** recurring decimal.

**périphérique:** peripheral\*, peripheral machine, device; **adaptateur de périphérique,** device adapter interface; **adaptateur périphérique,** device adapter; **adresse de périphérique,** device address; **affectation de périphérique,** peripheral assignment; **affectation des adresses de périphériques,** peripheral address assignment; **allocation de périphérique,** peripheral device allocation, device allocation; **autonomie des périphériques,** device independence; **caractère de contrôle de périphérique,** device control character; **commutateur d'adresses de périphériques,** peripheral address expander; **commutateur de périphériques,** peripheral switch; **condition d'erreurs de périphériques,** peripheral error condition; **contrôleur d'interface de périphérique,** peripheral interface adaptor (PIA); **contrôleur d'unités périphériques,** unit record controller; **contrôleur de périphérique,** peripheral controller; **coupleur de périphérique,** device driver, peripheral interface channel; **coupleur de périphérique double,** dual port controller; **définition de périphérique,** device definition; **dépendant du périphérique,** device-dependent; **désignation de périphérique,** device designation; **état périphérique,** device status; **erreur de parité de périphériques,** device parity error; **erreur de sortie de périphérique,** device error exit; **fichier de périphériques,** device file; **file d'attente des périphériques,** device queue; **gestion de périphériques,** device management; **gestion des périphériques,** device handling; **gestionnaire de périphérique,** peripheral interchange program (PIP); **groupement de périphériques,** device pool; **identificateur de périphérique,** device identifier; **identification de périphérique,** device identification; **indicateur d'état périphérique,** device flag; **instruction de commande de périphérique,** peripheral control instruction; **instruction de contrôle de périphérique,** device control statement; **interface de liaisons périphériques,** device level interface; **interface de périphérique,** peripheral interface; **interruption par périphérique,** device interrupt; **libération de périphérique,** device release; **limité par le périphérique,** peripheral-limited; **liste de périphériques,** device list, device table; **liste des affectations de périphérique,** device assignment list; **matériel périphérique,** peripheral equipment; **mode d'interruption de périphérique,** peripheral interrupt mode; **mot d'état de périphérique,** device status word; **mémoire périphérique,** peripheral memory, peripheral storage; **nom de périphérique,** device name; **numéro de périphérique,** device number; **occupation de périphérique,** device reservation; **opération périphérique simultanée,** concurrent peripheral operation; **organe périphérique,** peripheral device, physical device; **paramètre d'adressage de périphérique,** device address parameter; **paramètre type de périphérique,** device type parameter; **parité des périphériques,** device parity; **point de connexion de périphérique,** device port; **port de périphérique,** terminal port; **programme de commande de périphérique,** peripheral control routine; **programme de commande des périphériques,** peripheral control program; **programme principal de commande de périphériques,** device mainpath routine; **périphérique asynchrone,** asynchronous device; **périphérique classique,** standard peripheral; **périphérique d'entrée de travaux,** job input device; **périphérique de dialogue,** conversational peripheral; **périphérique de listage,** listing device; **périphérique de saisie,** data entry device; **périphérique de sortie,** job output device; **périphérique de traitement par lots,** batch type peripheral; **périphérique destinataire,** end-use device; **périphérique déporté,** remote device; **périphérique fictif,** null device; **périphérique lent,** slow device, slow speed peripheral; **périphérique lourd,** batch peripheral; **périphérique virtuel,** virtual device; **périphérique à accès direct,** direct access device; **registre des adresses de périphérique,** device address register; **reserve de périphérique,** device reserve; **répertoire des périphériques,** peripheral table; **sous-ensemble périphérique,** peripheral subsystem; **sous-programme de commande de périphérique,** peripheral driver, device control routine; **sélection d'unités périphériques,** peripheral unit selection; **sémaphore de périphérique,** device semaphore; **table d'adressage de périphérique,** device address table; **table d'affectation de périphérique,** device assignment table; **table de code interne de périphériques,** device internal code table; **table de correspondance de périphériques,** device correspondance table; **table de périphériques,** device table; **table des besoins en périphériques,** device requirement table; **table des états périphériques,** peripheral allocation table (PIA); **taille des périphériques,** device size; **test périphérique,** peripheral test; **transfert périphérique,** peripheral transfer; **type de périphérique,** peripheral type, device type; **unité d'interface pé-**

**riphérique,** peripheral interface unit (PIU); **unité de couplage de périphérique,** peripheral control unit (PCU); **unité périphérique,** peripheral unit; **équipement périphérique,** peripheral equipment; **état de l'unité périphérique,** peripheral device status.

p e r l u è t e : ampersand '&'.

p e r m a n e n t : permanent; **appel permanent,** continuous request; **article permanent du fichier comptes,** master account record; **bloc du fichier permanent,** master file block; **circuit virtuel permanent,** permanent virtual circuit; **création du fichier permanent,** master file creation; **fichier comptes permanent,** master account file; **fichier permanent,** permanent file, single-entry file; **fichier permanent de matériaux,** material item file; **fichier permanent des numéros de pièces,** part number master file; **interrupteur permanent,** permanent switch; **inventaire permanent,** permanent inventory, continuous inventory; **monitorage permanent,** continuous monitoring; **non permanent,** nonpermanent; **nouveau fichier permanent,** new master file; **segment permanent,** permanent segment; **service permanent,** continuous duty operation; **signal d'appel permanent,** continuous call signal; **élément permanent,** permanent entry; **état d'attente permanent,** hard wait state; **état de réception permanent,** continuous receive state.

p e r m a n e n t e : **bibliothèque permanente,** permanent library; **connexion permanente,** full time circuit; **convergence permanente,** permanent convergence; **ensemble des données permanentes,** permanent data set; **erreur de lecture permanente,** unrecoverable read error; **instruction permanente,** constant instruction; **jonction permanente,** through connection; **liaison permanente,** permanent circuit; **mémoire permanente,** permanent memory, nonvolatile storage; **sélection permanente,** continuous release.

p e r m é a b i l i t é : permeability; **perméabilité initiale,** initial permeability.

p e r m e t t r e : permit (to).

p e r m u t a t i o n : permutation, swapping, exchange; **barre de permutation,** permutation bar; **index de permutation,** permutation index; **permutation circulaire,** cyclic permutation; **permutation circulaire de registres,** rotate register; **saut avec permutation,** exchange jump; **tri par permutation,** bubble sort, sifting sort.

p e r m u t é : permuted; **code cyclique permuté,** cyclic permuted code.

p e r m u t e r : permuter, exchange (to),

swap (to).

**persistance: persistance lumineuse,** afterglow, persistence.

**persistante: erreur persistante,** solid error.

**personnalisation: personnalisation des chèques,** check writing.

**personnalisé:** customized; **clavier personnalisé,** customized keypad; **logiciel personnalisé,** custom software, middlesoftware; **programme personnalisé,** user-specific program.

**personnalisée: impression personnalisée,** special print; **version personnalisée,** special version.

**personnaliser:** customize (to).

**personnel:** personnel, staff, personal; **fichier du personnel,** personnel file; **fichier du personnel utilisateur,** user attribute file; **ordinateur personnel,** microcomputer; **ordinateur personnel de bureau,** personal office computer; **personnel de maintenance,** maintenance staff, maintenance personnel; **personnel de programmation,** programming personnel; **personnel de service,** operating staff; **personnel informatique,** computer personnel, liveware; **personnel temporaire,** temporary personnel.

**PERT: méthode du chemin critique,** critical path method PERT.

**perte:** loss; **compensation de perte de niveau,** drop-out compensation; **facteur de perte,** loss factor; **perte accidentelle,** accidental loss; **perte cumulative,** walk down; **perte d'informations,** drop-out, loss of information; **perte d'insertion,** insertion loss; **perte d'élément binaire,** digit slip; **perte de bloc,** block loss; **perte de contact,** contact lost; **perte de conversion,** conversion loss; **perte de cycle,** loss of cycle; **perte de liaison,** junction loss; **perte de portée,** lost of significance; **perte de précision,** loss of accuracy; **perte de temps,** loss of time; **perte de texte,** text loss; **perte de transmission,** transmission loss; **perte en ligne,** line loss; **perte nulle,** zero loss; **perte par absorption,** absorption loss; **perte par connexion,** connection loss; **perte par courbure (fibre optique),** bending loss (optofiber); **perte par diffusion,** scattering loss; **perte par propagation,** propagation loss.

**perturbateur: champ perturbateur,** noise field.

**perturbation:** perturbance; **insensible aux perturbations,** interference-proof; **niveau des perturbations,** interference level; **perturbation de la synchronisation,** clock failure; **perturbation de lecture,** read disturbance; **perturbation delta,** delta noise; **perturbation entre systèmes,** intersystem interference; **perturbation inductive,** cross-stall; **perturbations radio,** man-made static; **sensible aux perturbations,** accident-sensitive; **signal de sortie zéro sans perturbation,** undisturbed zero; **source de perturbation,** noise source; **source des perturbations,** source of disturbance; **sujet aux perturbations,** interference-prone.

**perturbé:** mutilated; **non perturbé,** undisturbed; **signal de sortie non perturbé,** undisturbed output signal.

**petite: ordinateur de petite puissance,** small scale system; **petites capitales,** small capitals, small caps.

**Pétri:** Petri; **réseau de Pétri,** Petri network.

**peuple: non peuplé,** unpopulated; **peuplé,** populated.

**phase:** phase, stage; **adaptateur de phase,** phase adapter; **ambiguïté de phase,** phase ambiguity; **amplificateur d'inversion de phase,** phase inverting amplifier; **angle de phase,** phase angle, slope angle; **avance de phase,** phase lead; **bande de phase d'interclassement,** merge work tape; **caractéristiques de phase,** phase characteristics; **changement de phase,** phase transition; **circuit inverseur de phase,** phase inverter circuit; **codage par modulation de phase,** phase encoding; **codeur de phase,** phase encoder; **compensateur de phase,** phase equalizer; **compensateur de phase adaptatif,** adaptive delay equalizer; **correcteur de phase,** delay correction network; **discriminateur de phase,** phase discriminator; **distorsion de phase,** phase distortion; **distorsion par retard de phase,** delay distortion; **décalage de phase,** phase shift; **déséquilibre de phase,** unbalanced in phase; **détecteur de phase,** phase detector; **en modulation de phase,** phase-encoded; **en opposition de phase,** phase opposition; **enregistrement en codage de phase,** phase-encoded recording; **enregistrement en modulation de phase,** phase modulation recording; **erreur de phase,** phase error; **excursion de phase,** phase deviation, phase excursion; **identification de phase,** session identification; **instabilité de phase,** phase jitter; **interruption pendant la phase terminale,** termination interrupt pending; **intervalle de phase,** delay time interval; **inverseur de phase,** phase inverter; **inversion de phase,** phase reversal; **modulation de phase (MP),** phase modulation (PM); **modulation de phase différentielle,** differential phase modulation;

**modulation par déplacement binaire de phase,** binary phase shift keying (BPSK); **modulation par déplacement de phase,** phase shift signaling; **modulation par inversion de phase,** phase inversion modulation; **oscillateur à phase rigide,** phase-locked oscillator; **phase arrière,** back-end; **phase d'addition,** adder stage; **phase d'affectation,** assignment phase; **phase d'assemblage,** assembling phase, assembly phase, assembler run; **phase d'essai,** evaluation period; **phase d'exploitation du programme utilitaire,** utility session; **phase d'extraction,** output phase; **phase d'exécution,** execution phase, object phase, run phase; **phase d'introduction,** input phase; **phase de chaînage,** link phase; **phase de compilation,** compiling phase, compile phase; **phase de consultation de poste,** enquiry phase; **phase de correction,** correction step; **phase de cycle,** beat; **phase de données,** data phase, data transfer phase; **phase de mise au point,** debugging phase, tune-up session; **phase de mise en oeuvre,** implementation phase; **phase de monitorage,** monitor session; **phase de prise en charge de l'instruction,** instruction fetch phase; **phase de recouvrement,** overlay phase; **phase de réalisation,** completion phase; **phase de traduction,** translating phase, translate phase; **phase de transfert de données,** data transfer phase, data phase; **phase de transfert de texte,** text transfer phase; **phase de transfert des informations,** information transfer phase; **phase de tri,** sort phase; **phase définitive de tri,** last pass segment; **phase finale,** termination phase; **phase initiale,** original phase; **phase primaire,** basic phase; **phase principale,** basic phase; **phase terminale,** completion phase, ending phase; **rapport des phases,** phase relation; **retard de phase,** phase delay, phase lag; **référence de phase,** phase reference; **transformateur de phase,** phase transformer; **vitesse de phase,** phase velocity.

**phénomène:** **phénomène transitoire,** transient phenomena; **phénomènes,** phenomena.

**phonème:** phoneme.

**phonique:** **isolation phonique,** sound isolation.

**phosphore:** phosphor; **point au phosphore,** phosphor dot.

**phosphorescence:** phosphorescence.

**photocomposition:** phototypesetting.

**photoconducteur:** photoconductive.

**photoconductrice:** **cellule photoconductrice,** photoconductive cell.

**photocopie:** photostatic copy, photostat.

**photodiode:** photodiode.

**photoélectrique:** photoelectric; **capteur photoélectrique,** photo document sensor; **cellule photoélectrique,** photoelectric cell (photocell); **lecteur photoélectrique,** photoelectric reader; **lecteur photoélectrique de bandes perforées,** photoelectric tape reader; **lecture photoélectrique,** photoelectric scanning; **palpation photoélectrique,** photoelectric sensing.

**photorésistant:** photoresistive.

**photostat:** photostat.

**photostatique:** photostatic.

**photostyle:** electronic stylus, selector pen; **détection par photostyle,** light pen detection, light pen hit.

**phototélécopie:** phototelecopy.

**phrase:** sentence; **phrase de commentaire,** note sentence; **phrase de procédure,** procedural sentence.

**physique:** physical, physics; **adresse physique,** physical address; **adresse physique de l'unité,** physical unit address; **adresse physique du disque,** physical drive address; **canal physique,** physical channel; **caractéristiques physiques,** physical characteristics; **couche physique (ISO),** physical layer (ISO); **dispositif physique,** real device; **enregistrement physique,** physical record; **entrée/sortie physique,** physical input/output; **gestionnaire physique,** physical driver; **grandeur physique,** physical quantity; **interface de la couche physique,** physical layer interface; **ligne physique,** physical line; **limite physique,** physical boundary; **mémoire physique,** actual storage; **programme du canal physique,** physical channel program; **protocole de la couche physique,** physical layer protocol; **résolution physique,** physical resolution; **segment physique,** physical segment; **table des unités physiques,** physical device table; **unité physique,** physical unit, real drive.

**picofarad:** picofarad.

**picoseconde:** picosecond.

**picots:** **entraînement à picots,** sprocket feed; **piste à picots,** sprocket track; **roue à picots,** sprocket wheel, pinwheel; **rouleau d'entraînement à picots,** pin feed platen device; **tambour d'entraînement à picots,** pin feed drum; **tambour à picots,** pin feed platen.

**pictogramme:** icon; **pictogramme de souris,** mouse icon.

**pictural:** pictural, pictorial.

**pièce:** room, piece; **ensemble pièce de machine,** environment division; **fichier permanent des numéros de pièces,** part number master file; **numéro de pièce,** part number; **pièce de ferrite,** ferrite part; **pièce de rechange,** replacement part, maintenance part; **pièce détachée,** maintenance part, replacement part; **temps par pièce,** part time.

**pied:** foot; **remise à pied automatique,** automatic resetting.

**piège:** trap, catcher; **piège à ions,** ion trap.

**Pierce:** fonction de Pierce, NOT-OR operation.

**piézoelectrique:** piezoélectrique, piezoelectric.

**pignon:** gear; **pignon de verrouillage,** detent gear wheel.

**pile:** stack, memory stack, stacking area, cellar; **adresse du bas de la pile,** bottom of the stack address; **bloc de pile,** stack frame; **débordement de pile,** stack overflow; **mise en pile,** stacking; **mise sur pile,** push; **pile ascendante,** push up; **pile câblée,** hardware stack; **pile d'entrée,** input stack; **pile de disques,** disk stack; **pile de mémoire,** storage stack; **pile de requêtes,** request stack; **pile de suite,** continuation pack; **pile de travaux,** job stacking, work stack; **pile dynamique de programme,** program stack; **pile inverse,** LIFO list; **pile inversée,** pushdown storage; **pile logicielle (programmable en zone mémoire),** software stack; **pile sèche,** dry cell battery; **pile à accès inversé,** pushdown stack, pushdown list; **pointeur de pile,** stack pointer, stack indicator; **registre de pile,** stack register; **segment de pile,** stack segment.

**pilotage:** carte de pilotage des travaux, job control card; **pilotage des requêtes,** inquiry control.

**pilote:** handler, pilot; **bande bibliothèque pilote,** master library tape; **bande pilote,** format tape, control tape; **bande-pilote,** carriage tape; **canal de bande-pilote,** carriage tape channel; **carte pilote,** pilot card, preface card; **carte pilote du système,** system specific card; **chariot à bande pilote,** tape-controlled carriage; **circuit de protection d'étage pilote,** driver protection circuit; **enregistrement pilote,** pilot record; **essai pilote,** beta test; **fil pilote,** guide wire; **file d'attente pilote,** scheduling queue; **impulsion pilote,** master pulse; **machine pilote,** master machine; **module pilote,** master module; **pilote d'imprimante,** printer driver; **processeur pilote,** control processor; **programme pilote,** master program, master scheduler; **routine**

**pilote,** master routine; **sélecteur pilote,** pilot selector; **travail pilote,** master job.

**pince:** pince crocodile, alligator clip; **pince d'éjection,** gripper finger; **pince à dénuder,** wire stripper; **pinces,** pliers.

**pinceau:** pencil, graphic brush; **pinceau lumineux,** light beam.

**pincement:** pinch.

**pincer:** pinch (to).

**pinceur:** levier pinceur, pinch lever; **rouleau pinceur,** pinch roller, pressure roller.

**pion:** pion de centrage, positioning stud.

**pipeline:** pipeline.

**pirate:** accès pirate, piggy-back entry.

**piraterie:** piracy; **piraterie informatique,** computer piracy, computer freak.

**pistage:** instruction de pistage, trace statement; **pistage des pannes,** troubletracing.

**piste:** track, trail; **adresse de piste,** track address; **adresse de piste absolue,** absolute track address; **adresse de piste de rangement,** home address; **adresse de piste de réserve,** alternate track address; **allocation de piste de réserve,** alternate track assignment; **capacité de piste,** track capacity; **changement automatique de piste défectueuse,** automatic defective track recovery; **code d'adresse de la piste d'ordres,** cue track address code; **commande de saut de piste,** track skip control; **commutateur de pistes,** channel select switch; **contrôle de l'état de piste,** track check; **densité de pistes,** track density; **descripteur de piste,** track descriptor block; **dispositif de changement de piste,** record overflow feature; **dépassement de piste,** track overrun; **écriture de début de piste,** write initial; **écriture de l'adresse piste,** write home address; **enregistrement d'enchaînement de piste,** bad track linking record; **enregistrement d'identification de piste,** track description record; **enregistrement identificateur de piste,** track descriptor record; **enregistrement par pistes alternantes,** alternate track recording; **entraxe de piste,** track positioning; **fin de piste,** track end; **identificateur de piste,** track identifier; **largeur de piste,** track width; **lecture de l'adresse de piste,** read home address; **lecture du début de piste,** read initial; **numéro de piste,** track number; **ouverture de piste,** track initialization; **pas de piste,** track pitch; **piste alternative,** alternative track, alternate track; **piste d'adresses,** address track; **piste d'alignement,** aligner area; **piste d'alimentation,** raceway; **piste d'asservissement,** control track; **piste d'enregistrement,** recording track, processing track; **piste d'entraîne-ment**, feed track; **piste d'insertion**, insertion track; **piste d'éjection**, ejection track; **piste d'étiquette**, label track; **piste de bande**, tape track; **piste de bande magnétique**, magnetic tape track; **piste de carte**, card track; **piste de contrôle**, control track; **piste de contrôle de parité**, parity test track; **piste de disque**, disk track; **piste de données**, data track; **piste de label de volume**, volume label track; **piste de lecture**, reading track, take-off track, card read track; **piste de marquage**, mark channel; **piste de marquage de bloc**, block marker track; **piste de parité**, parity track; **piste de perforation**, punching track; **piste de poursuite**, continuation track; **piste de remplacement**, substitute track; **piste de retour**, return raceway; **piste de rythme**, clock marker track; **piste de référence**, library track; **piste de réserve**, alternate track; **piste de synchro**, timing track; **piste de synchronisation**, clock track; **piste de tambour**, drum track; **piste de travail**, operating track, workin track; **piste des digits**, digit track; **piste disponible**, unassigned track; **piste défectueuse**, defective track; **piste dégradée**, defective track; **piste logique**, logical track; **piste magnétique**, magnetic track; **piste principale**, primary track, prime track; **piste zéro**, zero track; **piste à picots**, sprocket track; **piste à recirculation**, regenerative track; **pistes par pouce**, tracks per inch (TPI); **poussoir de vidage de piste**, run-out key; **remplacement d'une piste défectueuse**, bad track substitution; **structure de piste**, track format; **sélecteur de pistes**, track select switch; **sélection de piste**, track selection; **temps d'accès de piste à piste**, track-to-track seek time; **temps de positionnement de piste à piste**, track-to-track positioning time; **topogramme de piste**, track layout; **traitement de piste incorrecte**, bad track processing; **traitement des pistes de réserve**, substitute track processing; **zone d'adresse piste**, home address field; **zone des pistes de réserve**, alternate track area, alternate track pool.

**pister:** track (to).

**pivot:** swivel, pivot; **support à pivot**, swivel-stand.

**pivotable:** **cadre pivotable**, belt gate.

**pivotant:** **support pivotant inclinable**, tilt swivel stand.

**pivotement:** **bague de pivotement**, tilt ring.

**pivoter:** tilt out (to), pivot (to).

**pixel:** pixel*, picture element, display element, pel; **bits par pixel**, bits per pixel (BPP); **coordonnées de pixel**, pixel location; **temps de rafraîchissement d'un pixel**, pixel update time; **vidage pixel par pixel**, pixel-by-pixel dump.

**place:** place, room; **mise en place de page**, page fixing; **place de régulation**, fade margin; **remettre en place**, replace (to); **sous-programme de mise en place de bande**, tape loading routine.

**placer:** slot (to).

**plage:** range, range; **dépassement de plage**, overrange; **plage binaire**, binary scale; **plage d'adresse**, address range; **plage d'erreur**, error range; **plage de commande**, control range; **plage de mesure**, measuring range, meter range; **plage de réglage**, adjustment range; **plage de réglage précis**, vernier adjustment range; **plage de températures de service**, working temperature range; **plage des limites**, range of values; **plage limite de transistors**, transistor cutoff region.

**plan:** scheme, plane; **arrière-plan**, background; **arrière-plan d'image**, background image; **de premier plan**, foregrounding; **opération d'avant-plan**, foreground operation; **ordinateur d'arrière-plan**, back-end processor; **plan arrière**, yon plane; **plan arrière de découpage**, back clipping plane; **plan avant**, hither plan; **plan d'action**, action plan; **plan d'activité**, activity schedule; **plan d'assemblage**, assembly drawing; **plan d'implantation**, floor plan; **plan d'opération**, operation record; **plan d'échelonnement**, time schedule; **plan de charge**, charge pattern; **plan de charge d'une machine**, machine loading schedule; **plan de codification**, coding scheme; **plan de connexion**, connection plan; **plan de câblage**, wiring diagram, cable laying plan; **plan de découpage**, clipping plan; **plan de maintenance**, maintenance schedule; **plan de masse**, ground plane; **plan de mémoire**, memory plane; **plan de mémoire-image**, bit plane, pixel memory plane; **plan de production**, production schedule; **plan de trace**, cable rung; **plan de travail**, work program; **plan de vue**, view plane; **plan numérique**, digit plane; **plan triade**, three-bit plane; **plan à trois bits par point**, three-bit plane; **plans de tores superposés**, parallel planes; **premier plan**, foreground; **premier plan d'image**, foreground image, dynamic image; **tâche de premier plan**, foreground task; **traitement avant-plan**, foreground environment; **traitement de premier plan**, foregrounding processing; **travail d'arrière-plan**, background job; **travail de premier plan**, foreground job.

**planaire:** planar; **graphe planaire,** planar graph; **transistor planaire,** flip-chip transistor.

**planar:** transistor planar, planar transistor.

**plancher:** floor; **faux plancher,** false floor, access floor, floating floor.

**plane:** courbe plane, plane curve.

**planification:** planning, scheduling; **algorithme de planification,** scheduling algorithm; **algorithme de planification des tâches,** task scheduling algorithm; **planification d'un système,** system planning; **planification de capacité,** capacity planning; **planification de la production,** production scheduling; **planification des charges,** workload planning; **planification des priorités,** priority scheduling; **planification des programmes,** program scheduling; **planification des travaux,** task-scheduling; **planification du travail,** operations scheduling; **période de planification,** planning horizon.

**planifié:** planned, scheduled; **non planifié,** unscheduled.

**planifiée:** désuétude planifiée, planned obsolescence.

**plaque:** plate; **plaque d'appui,** bed plate; **plaque d'obturation,** blank panel, dummy fuse; **plaque de base,** base system pack; **plaque de battage des cartes,** joggle plate; **plaque de connexion,** terminal board; **plaque de déflexion,** deflector; **plaque de déviation,** deflection plate; **plaque de fond,** bottom plate; **plaque de guidage,** guide plate; **plaque de revêtement,** cover plate; **plaque indicatrice,** instruction sticker; **plaque inutilisée,** blank panel; **plaque laminée cuivrée,** copper clad laminate; **plaque réceptrice de formulaires,** document platform; **plaque à trous,** aperture plate; **plaque-support,** carrier plate; **plaqué,** plated.

**plasma:** plasma; **affichage à plasma,** plasma display; **affichage à écran plasma,** plasma panel display; **écran à plasma,** gas plasma panel, gas panel, plasma panel.

**plastique:** carte plastique, plastic card; **feuillet en plastique,** plastic sheet; **jeton plastique d'identification,** plastic identification badge; **matière plastique,** plastic.

**plat:** flat; **composant plat,** pancake; **câble plat,** flat cable, ribbon cable; **câble plat imprimé,** printed wire ribbon; **écran plat,** flat-faced screen; **extra-plat,** slim line; **traceur à plat,** flatbed plotter; **tube cathodique à écran plat,** flat-faced cathode ray tube; **visuel à écran plat,** flat screen display.

**plate:** ligne plate d'une courbe, flat portion.

**plateau:** tray, platter; **plateau de réception,** stacker plate; **plateau support de papier,** paper table.

**plateforme:** platform.

**platine:** deck, reel motor plate, tape drive panel; **platine de bande magnétique,** magnetic tape deck; **platine de numérotation,** dial plate; **platine dérouleur de bande,** tape deck; **platine frontale,** front plate.

**plein:** full, thick stroke (character); **application plein écran,** full screen application; **cadre plein,** filled box; **cadre plein à coins arrondis,** filled rounded box; **case plein écran,** maximize box, restore box; **cercle plein,** filled circle; **commande à plein courant,** full drive pulse; **figure géométrique en trait plein,** solid figure; **plein écran,** screenful; **trait plein,** solid line.

**pleine:** calcul en pleine précision, full precision calculation; **courant de pleine charge,** full current; **déviation pleine échelle,** end scale; **éditeur pleine page,** full screen editor; **format pleine hauteur,** full height format; **pleine hauteur,** full height; **pleine page,** full page; **pleine précision,** full precision; **sortie à pleine charge,** full output.

**pleurage:** wow, flutter, cinching.

**pli:** wrinkle; **pli en accordéon,** fanfold form.

**pliage:** folding; **à pliage accordéon,** fanfold; **papier à pliage accordéon,** zigzag-folded paper; **pliage en accordéon,** accordion folding.

**plié:** folded, fanfolded; **papier plié en accordéon,** fanfolded paper, fanfold paper.

**plomb:** batterie au plomb, battery lead.

**plongeur:** noyau plongeur, plunger; **plongeur de lecture,** sensing pin; **relais à noyau plongeur,** plunger type relay.

**plot:** peg; **plot addition,** plus hub; **plot d'entrée,** entry hub; **plot de commande d'éjection,** ejection control hub; **plot de connexion,** control panel hub; **sélection de plots,** socket option.

**plume:** pen; **baisser de plume,** pen down; **commande de plume,** pen motion command; **lever de plume,** pen up; **logement de plume,** pen stall; **mouvement de plume,** pen movement; **porte-plume,** pen carriage; **support de plume,** pen holder; **traceur à plumes,** pen plotter.

**plus:** plus; **à deux-plus-une adresse,** two-plus-one address; **à quatre-plus-une adresse,** four-plus-one address; **à une-plus-une adresse,** one-plus-one address; **à vie plus étendue,** extended life span; **arrondir au plus près,** round off (to); **bit le plus significatif,** most significant bit (MSB), highest order bit; **caractère de plus faible poids,** least significant character; **colonne la plus à gauche,** high-order column; **correction plus,** plus adjustment; **digit le plus significatif,** most significant digit (MSD); **instruction à N plus une adresse,** N-plus-one address instruction; **instruction à deux plus une adresses,** two-plus-one address instruction; **instruction à une plus une adresses,** one-plus-one address instruction; **le plus,** most; **le plus bas,** lowest; **le plus haut,** highest, upmost; **le plus à droite,** rightmost; **ordre le plus à gauche,** high order; **plus bas,** lower; **plus grand,** greater; **plus grand que '>',** greater than (GT); **plus grand que ou égal à,** greater than or equal to (GE); **plus haut,** higher; **plus petit que '<',** less than (LT); **plus petit que ou égal à,** less than or equal to (LE); **priorité la plus haute,** top priority; **signe plus,** plus sign '+'; **symbole plus imprimé,** actual plus sign; **système à vie plus étendue,** extented system life span; **sélection de la zone plus,** plus zoning; **touche plus/moins,** add/subtract key.

**PNP:** transistor PNP, PNP transistor.

**poche:** calculette de poche, pocket counter.

**pochette:** pochette de disquette, floppy disk sleeve.

**poids:** weight, significance; **caractère de plus faible poids,** least significant character; **fraction décimale de faible poids,** terminating decimal; **élément de poids faible,** least term; **poids binaire,** binary weight; **poids faible,** least significant (LS); **position binaire de poids faible,** least significant bit position; **position de poids faible,** rightmost position; **position de poids fort,** high-order position; **position du bit de poids fort,** high-order storage position; **quartet de poids fort,** zone quartet; **rang de poids fort,** left most position; **table de poids de positions binaires,** binary weight table.

**poinçon:** punch knife, punching pin.

**poinçonnage:** poinçonnage totalisateur, accumulated total punching.

**poinçonneuse:** spot punch; **poinçonneuse de carte,** card punch; **poinçonneuse trou par trou,** spot pliers.

**point:** dot, point; **adressage de point-image,** raster pixel addressing; **adresse de point d'entrée,** entry point address; **affichage matriciel par points,** dot matrix display; **ajustement du point zéro,** zero adjustment; **avec point de contrôle,** checkpointed; **caractère à matrice de points,** dot matrix character; **circuit point à point,** point-to-point circuit; **cliché point par point,** pixel-by-pixel

dump; **colonne de points,** one-dot-line slice; **connexion de point à point,** point-to-point connection; **connecté en deux points,** biconnected; **contrôle point à point,** point-to-point path control; **coordonnées de point-image,** data point; **coordonnées du point,** pixel location; **données des points de reprise,** checkpoint data; **duplication de point-image,** pixel replication; **décalage du point zéro,** zero shift; **dérive du point zéro,** null drift; **échange au point décimal,** inverted print; **établir des points de contrôle,** checkpoint (to); **entrée de point de reprise,** checkpoint input; **explorateur par point lumineux,** flying spot scanner; **fichier des points de reprise,** checkpoint data set, checkpoint file; **fichier à points de contrôle,** checkpointed file; **graphique adressable en tous points,** all-points-addressable graphic; **générateur de points de reprise,** checkpoint generation; **identificateur de point de contrôle,** checkpoint identifier; **illumination de point image,** painting, paint; **impression par points,** matrix printing; **imprimante par points,** dot printer; **imprimante à matrice de points,** dot matrix printer; **justaposition de points,** dithering; **lecture/écriture de point-image,** pixel read/write; **liaison de point à point,** point-to-point line; **liaison fixe point à point,** point-to-point leased line; **libellé de point de reprise,** checkpoint label; **liste des points de câblage,** cable laying list; **matrice à points,** dot matrix; **mettre au point,** check out (to), tune up (to); **mis au point au lieu d'exploitation,** field-tested; **mise au point du programme,** program checkout; **mise au point déportée,** remote debugging; **mode de mise au point,** debug mode; **module de mise au point,** modification module, revision module; **nom du fichier des points de reprise,** checkpoint file name; **passage de mise au point,** modification run; **phase de mise au point,** debugging phase; **plan à trois bits par point,** three-bit plane; **point adressable,** addressable, coded point, display point; **point au phosphore,** phosphor dot; **point d'accès,** port*, access port; **point d'adaptation,** terminating resistor; **point d'affichage,** display position; **point d'aiguillage,** branchpoint; **point d'appui,** action point; **point d'arrivée,** endpoint; **point d'arrêt,** breakpoint; **point d'articulation,** articulation point, cut vertex; **point d'enchaînement,** binding post; **point d'encombrement,** contention point; **point d'engagement,** clutch point; **point d'entrée,** entry point, entrance, entry, in-point; **point d'entrée analogique,** analog input point; **point d'entrée décimale,** decimal input point; **point d'entrée initial,** initial entry point; **point d'entrée principal,** main entry point, primary entry point; **point d'entrée secondaire,** secondary entry point; **point d'exclamation,** exclamation mark '!'; **point d'impact,** point of impact, incircle; **point d'impression,** print point, print pel; **point d'index,** index point; **point d'insertion,** insertion point; **point d'interrogation,** question mark '?'; **point d'interruption extérieur,** external interrupt point; **point d'intersection,** intercept point, break point, intersection point; **point d'observation,** viewpoint; **point d'origine,** initial point, origin point; **point d'oscillation,** point of oscillation; **point d'échange,** interchange point; **point de branchement,** branchpoint, subroutine linkage point; **point de charge,** load point; **point de commande,** activation point; **point de connexion,** outlet, terminal connecting point; **point de connexion de périphérique,** device port; **point de consigne,** set point; **point de contact,** point of contact; **point de contrôle,** check point, monitor point; **point de correction,** patch point; **point de coupure,** cut-off; **point de croisement,** cross-over point; **point de décision,** branch point; **point de départ,** origin point, initial point; **point de jonction machine,** hardware interface; **point de liaison,** binding post; **point de mesure,** measuring point; **point de mesure de tension,** voltage test point; **point de mise hors-fonction,** deactivation point; **point de raccordement,** drop-off, hybrid input terminal; **point de redémarrage,** rescue point; **point de repos,** quiescent point; **point de reprise,** checkpoint, rerun point, rollback point; **point de repère,** spot mark; **point de retour,** reentry point; **point de retour ligne,** horizontal retrace point; **point de retour trame,** vertical retrace point; **point de rupture,** breakpoint; **point de rupture d'adresse,** address breakpoint; **point de référence visuel,** view reference point; **point de saturation,** saturation point; **point de sortie,** exit point; **point de sortie vers programme utilitaire,** exit to user; **point de test,** test point; **point de vue,** view point; **point identifié,** pinpoint; **point initial,** initial point; **point lumineux,** light dot, light cell; **point magnétisé,** magnetized spot; **point nodal,** nodal location; **point test,** test access point; **point à point,** point-to-point; **point-virgule,** semicolon ';' ; **points de suspension,** points of suspension '...'; **points faibles,** shortcomings; **procédure de mise au point,** corrective procedure; **programme au point,** complete routine; **programme de mise au point,** interpretive trace program,

revision program; **programme de mise au point des compilateurs,** compile unit maintenance component; **récurrence de point,** dot cycle; **relance sur point de contrôle,** checkpoint recovery; **relance sur point de reprise,** checkpoint restart; **représentation binaire de points,** bit map; **sans mise au point,** blue ribbon program; **sortie du point de reprise,** checkpoint output; **sous-programme d'écriture de points de reprise,** checkpoint routine; **sélecteur de points de mesure,** measuring point selector; **terminal point de vente,** point-of-sale terminal (POS); **trace point par point,** point plotting; **traceur à matrice de points,** dot matrix plotter; **tracé asservi à un point fixe,** rubber banding; **transmission de point à point,** point-to-point transmission; **vidage des points de reprises,** checkpoint dump.

**pointage:** pointing; **carte de pointage,** time card; **case de pointage,** check box; **pendule de pointage électronique,** electronic time clock.

**pointe:** spike, pike, surge; **courant de pointe,** peak current; **flèche à deux pointes,** two-headed arrow; **flèche à quatre pointes,** four-headed arrow; **pointe d'impulsion,** pulse pike; **pointe de bruit,** glitch; **pointe de charge,** load peak; **pointe de courant,** current surge; **pointe de tension négative,** negative surge; **pointe de touche,** gripper; **pointe parasite d'impulsion,** pulse spike; **valeur de pointe,** peak value.

**pointeau:** pointeau d'entraînement, feed knife.

**pointée:** based; **mémoire pointée,** based storage.

**pointer:** pointer (une souris), point (to), pointer (une adresse), base (to).

**pointeur:** pointer*, stylus; **chaîne de pointeurs,** pointer chain; **identification du pointeur,** pointer qualification; **octet pointeur de l'utilisateur,** user flag byte; **pointeur (de la) souris,** mouse pointer; **pointeur d'index,** index marker; **pointeur de déroulement,** forward pointer; **pointeur de fin,** nil pointer; **pointeur de pile,** stack pointer, stack indicator; **pointeur de procédure,** procedure descriptor; **pointeur (de souris) en forme de I,** I-beam pointer; **pointeur de table d'allocation,** allocation table pointer; **pointeur statique,** static pointer; **pointeur tampon,** buffer pointer; **pointeur zéro,** nil pointer; **pseudo-pointeur,** dummy pointer; **tableau de pointeurs,** pointer array; **variable de pointeur,** pointer variable.

**pointillé:** doted; **rectangle pointillé,** dotted box; **trait pointillé,** dotted line.

**polaire:** polar; **coordonnées polaires,** polar coordinates; **enregistreur de coordonnées polaires,** radial chart recorder; **réseau à forme polaire,** polar grid.

**polarisation:** polarization, polarizing, bias; **coffret de polarisation,** bias box; **courant de polarisation,** bias current; **diversité en polarisation,** polarization diversity; **polarisation de grille,** grid bias; **polarisation directe,** forward bias; **polarisation fixe,** fixed bias; **polarisation initiale,** base bias; **polarisation inverse,** reverse bias; **polarisation nulle,** zero bias; **résistance de polarisation,** bias resistor; **résistance de polarisation de base,** base resistance; **seuil de polarisation,** setting threshold; **tension de polarisation,** bias voltage; **tension de polarisation initiale,** base bias voltage.

**polarisé:** polarized; **blocage polarisé,** polarity trap; **enregistrement polarisé avec retour à zéro,** polarized return to zero recording; **mode d'écriture non polarisé avec raz,** dipole modulation; **non polarisé,** unbiased; **relais polarisé,** polar relay.

**polarisée:** **fiche polarisée à détrompeur,** polarized plug; **signalisation polarisée,** polar signaling.

**polarité:** polarity; **symbole de polarité,** polarity indicator symbol.

**pôle:** pole.

**police:** éditeur de police de caractères, type font editor; **police de caractères,** character font, font, type font; **police de caractères secondaire,** alternate type style.

**polir:** lap (to).

**politique:** **politique de maintenance,** servicing concept.

**pollution:** pollution; **pollution d'air,** air pollution.

**polonais:** Polish.

**polonaise:** **notation polonaise,** Polish notation, prefix notation; **notation polonaise inversée,** reverse Polish notation, suffix notation; **polonaise inversée,** postfix notation.

**polygone:** polygon; **algorithme de production de polygones,** polygon generation algorithm; **algorithme de remplissage de polygones,** polygon filling algorithm; **remplissage de polygones,** polygon fill.

**polymorphique:** polymorphic; **système polymorphique,** polymorphic system.

**polynomial:** polynomial; **code polynomial,** polynomial code.

**polyphase:** **courant polyphasé,** polyphase current; **polyphase, polyphasé,** polyphase; **tri polyphasé,** polyphase merging.

**polyvalence:** polyvalence.

**polyvalent:** multipurpose, polyvalent; **nombre polyvalent,** polyvalent number; **tri polyvalent,** generalized sort.

**polyvalente:** **carte polyvalente,** composite card; **notation polyvalente,** polyvalent notation; **routine polyvalente,** generalized routine.

**ponctuation:** punctuation; **caractère de ponctuation,** punctuation character; **sans ponctuation,** unpunctuated; **signe de ponctuation,** punctuation mark.

**ponctuel:** **positionnement ponctuel,** coordinate setting.

**pondération:** weighting; **facteur de pondération,** weighting factor; **fonction de pondération,** weighting function; **pondération du bruit,** noise weighting; **registre de pondération,** weight register.

**pondéré:** weighted; **binaire pondéré,** weighted binary; **bruit non pondéré,** unweighted noise; **code pondéré,** weighted code, fixed-ratio code; **compteur pondéré,** formula counter; **non pondéré,** unweighted; **notation pondéré binaire,** binary-coded decimal representation; **pondéré binaire,** binary-coded decimal digit.

**pondérée:** **division pondérée,** weighted average divide; **multiplication pondérée,** weighted average multiply; **notation pondérée,** positional notation; **numération pondérée,** positional notation; **représentation pondérée,** radix numeration, positional representation; **somme pondérée,** weighted sum.

**pont:** bridge, cross-over, solder strap, wire strap; **branche du pont,** bridge arm; **bras de pont,** yoke arm; **entrée en pont,** bridge input circuit; **limiteur en pont,** bridge limiter; **montage en pont,** bridge circuit; **pont de pression,** pressure bridge; **pont de tri,** read bridge; **pont diviseur,** voltage divider; **pont galvanique,** resistance bridge; **pont équilibré,** balanced bridge; **redresseur en pont,** bridge rectifier; **système duplex à pont,** bridge duplex system.

**port:** port; **numéro de port indéfini,** undefined port number; **port d'accès,** access port; **port d'entrée,** input port, entrance; **port de communication,** communication port; **port de mémoire,** memory port; **port de périphérique,** terminal port; **port double,** dual port; **port entrée/sortie,** I/O port; **port parallèle,** parallel port, LPT port; **port série,** serial port, COM port.

**portabilité:** portability*, transportability; **portabilité de programme,** program compatibility.

**portable:** portable*, transportable; **équipement portable,** portable equipment; **non portable,** unportable; **ordinateur portable,**

laptop, laptop computer; **programme portable,** portable program, cross-program; **terminal portable,** portable terminal.

**p o r t e :** gate, door; **barre porte-caractères,** type bar; **barre porte-caractères alphanumériques,** alphameric type bar; **boule porte-caractères,** golfball; **circuit porte,** gate circuit; **disque porte-caractères,** daisy wheel; **opération à portes fermées,** closed shop operation; **porte ET,** AND gate, logic product gate; **porte NI,** NOR gate, join gate, joint denial gate; **porte NI exclusif,** exclusive-NOR gate, equivalence gate; **porte NON,** NOT gate; **porte NON-ET,** NAND gate, alternative denial gate; **porte NON-OU,** NOR gate, join gate (NOR), zero match gate; **porte OU,** alteration gate, union gate, logic sum gate; **porte OU exclusif,** exclusive-OR gate, except gate, exjunction gate; **porte au silicium,** silicon gate; **porte biconditionnelle,** biconditional gate; **porte complémentaire,** complement gate; **porte d'équivalence,** coincidence circuit; **porte de multiplication logique,** logic product gate; **porte de non-équivalence,** anticoincidence gate; **porte majoritaire,** majority element gate; **porte sommatrice,** logic sum gate; **porte somme modulo-2,** modulo-2 sum gate; **porte synchrone,** synchronous gate; **porte tampon,** buffer gate; **porte à porteurs majoritaires,** majority gate; **porte-caractères,** print member; **porte-copie,** copy holder; **porte-plume,** pen carriage; **roue porte-caractères,** printwheel, typewheel, daisy; **tambour porte-caractères,** type drum; **tulipe porte-caractères,** thimble wheel; **élément porte-caractères,** print train.

**p o r t é e :** scope, bearing; **ombre portée,** shadow; **perte de portée,** lost of significance; **portée d'une variable,** range of a variable.

**p o r t e u r :** bearer; **circuit à porteurs majoritaires,** majority circuit; **courant porteur,** carrier current; **porte à porteurs majoritaires,** majority gate; **porteur majoritaire,** majority carrier; **porteur minoritaire,** minority carrier; **signal porteur,** carrier signal; **signal à courant porteur,** carrier current signal; **transmission par courant porteur,** carrier transmission.

**p o r t e u s e :** carrier; **amplitude de l'onde porteuse,** carrier amplitude; **détection de porteuse,** carrier sense; **écoute de porteuse,** carrier sense; **fréquence de l'onde porteuse,** carrier frequency; **niveau de bruit de porteuse,** carrier noise level; **onde porteuse,** carrier wave, carriage wave; **onde porteuse complète,** full carrier; **onde por-**

teuse supprimée, suppressed carrier; **rapport porteuse à bruit,** carrier to noise ratio; **système à fréquence porteuse,** carrier frequency system; **système à onde porteuse,** carrier system; **système à porteuse analogique,** analog carrier system; **système à porteuse numérique,** digital carrier system; **téléphonie à porteuse réductible,** quiescent carrier telephony.

**p o r t i o n :** portion.

**p o r t r a i t :** portray.

**p o s i t i f :** positive; **MOS positif,** positive MOS (PMOS); **accouplement réactif positif,** positive feedback; **caractère de réception positif,** acknowledge character; **de type positif,** P-type; **nombre entier positif,** positive integer, nonegative number; **report positif,** add carry.

**p o s i t i o n :** position, location; **adressable par position,** addressable by position; **chiffre à trois positions,** three-digit number; **code à sept positions,** seven-level code; **codeur de position angulaire,** shaft position encoder; **compteur de positions de mémoire,** storage location counter; **de position,** positional; **dernière position d'article,** terminal item position; **détection de position angulaire,** rotational position sensing; **en position de dépassement,** overflow position; **indicateur de position d'impression,** print position indicator; **indicateur de position d'index,** index position indicator; **modulation d'impulsions en position,** pulse position modulation (PPM); **nombre de positions d'impression,** print size; **position adressable,** addressable point; **position angulaire,** angular position; **position basse,** low-order position; **position binaire,** binary position, binary place, bit location; **position binaire de poids faible,** least significant bit position; **position d'article,** item position, item location; **position d'article réservée,** imbedded item position; **position d'impression,** printing position; **position d'indication,** indicator location; **position d'indice,** subscript position; **position d'un compte,** account balance; **position d'écriture,** write position; **position de bit,** bit position; **position de caractère,** character position; **position de chiffre,** digital position; **position de digit,** digit position, digit place; **position de droite,** low-order position; **position de l'impression,** print position; **position de la tête d'impression,** print head position; **position de la virgule,** point position; **position de la virgule décimale,** power-of-ten position; **position de lecture,** reading station; **position de marquage,** mark position, response position; **position de mémoire,** storage position; **position de mémorisation binaire,** binary storage cell; **position de mémorisation des données,** data storage position; **position de perforation,** punching position, code position; **position de poids faible,** rightmost position; **position de poids fort,** high-order position; **position de protection,** guard position; **position de repos,** homing position; **position de signe,** sign position; **position de séquence courante,** current item position; **position de table,** table position; **position de tabulation,** tabulator position, tab position; **position des dizaines,** tens position; **position du bit de poids fort,** high-order storage position; **position décimale,** decimal place; **position en mémoire,** storage location; **position erronée,** bad spot; **position fenêtre,** window position; **position finale,** end position; **position haute et gauche (du curseur),** clear home; **position inactive,** idle setting; **position inférieure,** minor position; **position initiale,** home position, home location; **position mémoire,** memory location; **position principale,** major position; **position réelle,** actual position; **position réservée,** standby block; **position à adresse absolue,** specific-addressed location; **registre de position,** location counter; **registre de position de ligne,** line position register; **registre des positions du chariot,** carriage position register; **retour en position initiale,** homing; **table de poids de positions binaires,** binary weight table; **table à quatre positions,** four-place table.

p o s i t i o n: position, location; **adressable par position,** addressable by position; **chiffre à trois positions,** three-digit number; **code à sept positions,** seven-level code; **codeur de position angulaire,** shaft position encoder; **compteur de positions de mémoire,** storage location counter; **de position,** positional; **dernière position d'article,** terminal item position; **détection de position angulaire,** rotational position sensing; **en position de dépassement,** overflow position; **indicateur de position d'impression,** print position indicator; **indicateur de position d'index,** index position indicator; **modulation d'impulsions en position,** pulse position modulation (PPM); **nombre de positions d'impression,** print size; **position adressable,** addressable point; **position angulaire,** angular position; **position basse,** low-order position; **position binaire,** binary position, binary place, bit location; **position binaire de poids faible,** least significant bit position; **position d'article,** item position, item location;

**position d'article réservée,** imbedded item position; **position d'attente,** sleep position, impasse; **position d'impression,** printing position; **position d'indice,** subscript position; **position d'un compte,** account balance; **position d'écriture,** write position; **position de bit,** bit position; **position de cadrage,** scaling position; **position de caractère,** character position; **position de chiffre,** digital position; **position de digit,** digit position, digit place; **position de droite,** low-order position; **position de l'impression,** print position; **position de la tête d'impression,** print head position; **position de la virgule,** point position; **position de la virgule décimale,** power of ten position; **position de lecture,** reading station; **position de marquage,** mark position, response position; **position de mémoire,** storage position; **position de mémorisation binaire,** binary storage cell; **position de mémorisation des données,** data storage position; **position de perforation,** punching position, code position; **position de poids faible,** rightmost position; **position de poids fort,** high-order position; **position de protection,** guard position; **position de repos,** homing position; **position de signe,** sign position; **position de séquence courante,** current item position; **position de table,** table position; **position de tabulation,** tabulator position, tab position; **position des dizaines,** tens position; **position du bit de poids fort,** high-order storage position; **position décimale,** decimal place; **position en mémoire,** storage location; **position erronée,** bad spot; **position fenêtre,** window position; **position finale,** end position; **position haute et gauche (du curseur),** clear home; **position inactive,** idle setting; **position inférieure,** minor position; **position initiale,** home position, home location; **position mémoire,** memory location; **position principale,** major position; **position réelle,** actual position; **position à adresse absolue,** specific-addressed location; **registre de position,** location counter; **registre de position de ligne,** line position register; **registre des positions du chariot,** carriage position register; **retour en position initiale,** homing; **table de poids de positions binaires,** binary weight table; **table à quatre positions,** four-place table.

p o s i t i o n n e m e n t: positioning, registration, indexing; **bras de positionnement,** seek arm; **bras de positionnement de tête,** data head arm; **capteur de positionnement,** position sensor; **caractère de positionnement en haut d'imprimé,** head-of-form character (HOF); **cliquet de positionnement,** setup pawl; **code de positionnement du clavier,** shift code; **commande de positionnement,** positioning control; **cycle de positionnement,** seek cycle; **dispositif de positionnement,** platen detent; **disque de positionnement,** detent wheel; **entrée de positionnement,** set input; **erreur de positionnement,** positioning error, mispositioning; **état de positionnement,** set status; **exactitude de positionnement,** positioning accuracy, position accuracy; **fonction de positionnement,** seek action; **impulsion de positionnement,** position pulse, et pulse; **instruction de positionnement,** seek statement, set statement; **levier de positionnement,** positioning lever; **macro-instruction de positionnement,** positional macro; **mot de positionnement d'article,** record locator word; **moteur de positionnement,** access motor; **mécanisme de positionnement,** shift mechanism; **opération de positionnement,** seek operation; **paramètre de positionnement,** positional parameter, location parameter; **positionnement automatique de virgule décimale,** automatic decimal point; **positionnement d'enregistrement,** record position; **positionnement de départ,** initial positioning; **positionnement de l'échelle graduée,** dial setting; **positionnement de la tabulation,** tab setting; **positionnement de la tête de lectureécriture,** head positioning; **positionnement de la virgule,** point setting; **positionnement de ligne,** line posting; **positionnement de marge,** margin adjustment; **positionnement de masques d'interruption,** interrupt masking; **positionnement du curseur,** cursor positioning; **positionnement fixe des lignes imprimées,** fixed-line posting; **positionnement informatisé,** positioning control system; **positionnement mécanique,** mechanical positioning; **positionnement ponctuel,** coordinate setting; **segment de positionnement,** setup ratchet; **temps d'accès de positionnement,** average seek time; **temps de positionnement,** positioning time, setting time; **temps de positionnement de piste à piste,** track-to-track positioning time; **temps de positionnement de tête,** head positioning time; **transducteur de positionnement,** position transducer; **vitesse de positionnement,** floating speed.

**p o s i t i o n n e r :** set (to) (a counter).

**p o s i t i o n n e u r :** actuator, positioner; **positionneur de point de consigne,** set point station; **positionneur de tête,** head positioner; **positionneur linéaire,** voice coil.

**p o s i t i v e :** bit de retenue positive, carry bit; **constante de mot positive,** full word positive constant; **impulsions négatives et positives,** bidirectional pulses; **logique positive,** positive logic; **réaction positive,** regenerative feedback.

**p o s s e s s e u r :** nom du possesseur, owner name.

**p o s s i b i l i t é :** capability, facility; **possibilité d'autonomie,** stand-alone capability; **possibilité d'effacement,** erasability; **possibilité d'extension,** add-on facility; **possibilité de connexion,** connection option; **possibilité de maintien,** hold facility; **possibilité de recopie écran,** hard copy facility; **possibilité de tri,** sort option; **possibilité de zoom,** zoom feature; **possibilité informatique,** computing facility; **possibilités,** facilities; **possibilités d'extension machines,** extended machine facility; **possibilités du système,** system capacity.

**p o s t a m b u l e :** postamble.

**p o s t a s s e m b l a g e :** postassembly.

**p o s t e :** station, post; **appel de poste,** station cycle polling feature; **code identificateur de poste,** terminal identification code; **contrôle de poste,** station control; **état du poste auxiliaire,** secondary status; **état du poste esclave,** slave status; **gestion des postes,** position control; **identificateur de poste,** terminal identifier; **identification du poste appelant,** calling line identification; **identification du poste appelé,** called line identification; **interface de poste de télégestion,** data terminal interface; **numéro de poste,** channel number; **phase de consultation de poste,** enquiry phase; **poste appelant,** calling station; **poste central,** central station; **poste connecté en parallèle,** parallel-connected station; **poste d'accès,** access station; **poste d'affichage,** display station, display terminal; **poste d'alimentation,** feeding station; **poste d'attente,** wait station; **poste d'entrée de données,** data input station; **poste d'essai,** measurement setup; **poste d'impression,** terminal printer; **poste d'insertion des cartes,** master card insertion device; **poste d'interrogation,** inquiry station, query station; **poste d'interrogation à distance,** remote inquiry station; **poste d'interrogation à mémoire tampon,** buffered inquiry station; **poste d'interruption console,** console inquiry station; **poste d'introduction,** input terminal; **poste d'écoute multiple,** multiple listening station; **poste d'éjection des cartes,** card output station; **poste d'établissement de liaison,** dial-up data station; **poste de centrage,** aligner station;

**poste de charge,** charge station; **poste de commande,** control position, main control station; **poste de commutation de dérouleurs,** switch control console; **poste de comparaison,** read compare; **poste de conception autonome,** stand-alone design station; **poste de connexion,** connection point; **poste de contrôle,** checking station; **poste de données prêt,** data set ready (DSR); **poste de lecture,** read station, channel sensor, brush station; **poste de perforation,** punching station; **poste de réception prêt,** receive ready; **poste de saisie,** entry terminal, entry screen; **poste de saisie optique de données,** optical image unit; **poste de sortie,** output terminal; **poste de surveillance,** supervisor terminal; **poste de séchage,** air drying station; **poste de traitement,** processing station; **poste de transmission,** transmission station; **poste de travail,** workstation; **poste de travail mobile,** mobile terminal desk; **poste de télégestion,** data terminal installation; **poste hybride,** combined station; **poste individuel,** single station; **poste non connecté,** unconnected terminal; **poste opérateur,** operator station; **poste récepteur,** destination station; **poste supplémentaire,** additional line; **poste sélecteur de case,** selector station; **poste séparateur,** separator station; **poste terminal,** remote station; **poste téléscripteur,** teleprinter terminal; **poste utilisateur,** user terminal; **poste émetteur de texte,** text transmitting terminal; **poste à disquette,** floppy disk station; **poste à réapprovisionner,** reorder point; **sélection de poste,** station selection; **type de poste,** terminal type.

**postiche: fiche postiche,** dummy plug; **fusible postiche,** dummy fuse.

**postimpression:** postprinting.

**postlabel: postlabel de fin de bande,** posttrailer.

**postlistage:** postlist.

**postmarquage:** postprinting.

**postmarqueuse:** postprinter.

**postprocesseur:** postprocessor.

**potentiel:** potential; **distribution du potentiel,** potential distribution; **potentiel négatif,** negative potential; **stabilisation du potentiel,** voltage regulation.

**potentiomètre:** potentiometer, variable resistor; **potentiomètre ajustable,** trimmer; **potentiomètre multiple,** ganged potentiometer.

**pouce:** inch, thumb; **bits par pouce,** bits per inch (BPI); **caractères par pouce,** characters per inch (CPI); **cartouche quart de pouce,** quarter-inch cartridge (QIC); **hauteur de caractère imprimé (1/72 de pouce),** point size; **inversions de flux par pouce,** flux reversals per inch (FRPI); **lignes par pouce,** lines per inch (LPI); **pistes par pouce,** tracks per inch (TPI); **pouce par minute (PPM),** inch per minute (IPM); **pouce par tour (PPT),** inch per revolution (IPR); **variation de flux par pouce,** flux changes per inch (FCPI).

**poulie:** pulley; **poulie de courroie d'entraînement,** drive pulley.

**pourcent:** percent.

**pourcentage:** percentage; **pourcentage de modulation,** modulation percentage; **symbole de pourcentage,** percent sign, percentage sign '%'.

**poursuite: bit de poursuite,** continuation bit; **caractère de poursuite,** continuation character; **croix de poursuite,** tracking cross; **libellé de poursuite,** continuation label; **piste de poursuite,** continuation track; **poursuite mécanique,** mechanical tracking; **symbole de poursuite,** tracking symbol, tracking pattern.

**poussée:** growing, thrust.

**pousser:** push (to), jar (to), jerk (to).

**pousseur:** pusher; **pousseur de cartes,** card pusher.

**poussière:** dust; **abrité des poussières,** dust tight; **dispositif collecteur de poussière,** dust catcher.

**poussoir:** button; **appel par bouton-poussoir,** pushbutton dialing; **bloc de boutons-poussoirs,** pushbutton pad; **bouton-poussoir,** pushbutton; **commande par bouton-poussoir,** pushbutton control; **commande par poussoirs,** finger-tip set up control finish; **commutation par bouton-poussoir,** pushbutton switching; **contact à poussoir,** button contact; **groupe de poussoirs,** button block; **numéroteur à boutons-poussoirs,** tone dialing; **poussoir d'addition,** adding key; **poussoir d'effacement,** selector key; **poussoir d'interrogation console,** console interrupt pushbutton; **poussoir d'interruption,** interrupt key; **poussoir de commande,** operating key; **poussoir de contrôle,** check key; **poussoir de lancement auxiliaire,** auxiliary start key; **poussoir de vidage de piste,** run-out key; **poussoir lumineux,** light switch; **poussoir marche,** automatic start key; **poussoir rotatif,** rotary button; **surveillance par bouton-poussoir,** pushbutton monitoring; **validation de poussoir,** button release.

**poutre: conducteur-poutre,** beam lead.

**pouvoir: pouvoir réfléchissant,** absolute reflectance.

**ppm: pouce par minute,** inch per minute

(ipm).

**ppt: pouce par tour,** inch per revolution (ipr).

**pratique: essai pratique,** field test; **exercice pratique,** hands-on exercise; **exercice pratique interactif,** interactive hands-on exercise; **indications pratiques,** service aids; **travaux pratiques,** hands-on training.

**pratiquement: pratiquement sans papillotement,** virtually flicker-free.

**préaffectation:** preallocation.

**préalable: séquence préalable d'initialisation,** prerun initialization; **test préalable,** pretest; **tri préalable,** presort.

**préambule:** preamble; **préambule de message,** message preamble.

**préamplificateur:** preamplifier.

**préassemblage:** preassembly.

**précâblé:** prewired; **circuit précâblé,** prewired circuit.

**précalibration:** prescaling.

**précédence:** precedence; **règle de précédence,** precedence rule.

**précédent: bloc précédent,** advance block; **écran précédent,** screen up.

**précédente: carte précédente,** preceding card.

**préchargement:** preload.

**précharger:** preload (to).

**précipité: appel précipité,** fast select.

**précis:** precise; **alignement précis,** fine detenting; **arrêt précis,** precise stop; **bague de réglage précis,** vernier knob; **plage de réglage précis,** vernier adjustment range; **réglage précis vertical,** vertical vernier; **ultra-précis,** ultraprecision.

**préciser:** define (to).

**précision:** accuracy, precision*; **addition à double précision,** double add; **arithmétique en double précision,** double precision arithmetic; **attribut de précision,** scaling attribute; **calcul en pleine précision,** full precision calculation; **chargement à double précision,** double load; **constante en virgule flottante simple précision,** short precision floating point constant; **double précision,** double precision; **dépassement de capacité simple précision,** short precision overflow; **erreur de précision,** generated error; **exposant à double précision,** double precision exponent; **facteur de précision,** scale modifier; **multiple précision,** extended precision; **nombre en double précision,** double-length number; **nombre à double précision,** double precision number; **perte de précision,** loss of accuracy; **pleine précision,** full precision; **précision d'affichage,** settability; **précision d'enregistrement,**

accuracy of recording; **précision d'étalonnage,** calibrated accuracy; **précision de commande,** control precision; **précision de lecture,** reading accuracy; **précision des caractères,** character accuracy; **quadruple précision,** quadruple precision; **simple précision,** single precision, simple precision; **synchronisation de précision,** fine tuning; **triple précision,** triple precision; **variable en double précision,** double precision variable; **variable en simple précision,** single-precision variable; **virgule flottante en double précision,** double precision floating point; **virgule flottante en multiple précision,** long-form floating point; **virgule flottante simple précision,** single-precision floating point.

**préclassement:** presorting.

**préclasser:** precollate (to).

**précodage:** precoding.

**précode:** precode.

**précodé:** precoded.

**précoder:** precode (to).

**précompilateur:** precompiler.

**précompilation:** precompiling; **programme de précompilation,** precompiler program.

**précontrôle:** prechecking.

**prédéfini:** predefined; **format prédéfini,** fixed form; **paramètre prédéfini,** preset parameter.

**prédéfinie: forme prédéfinie,** predefined shape.

**prédéterminé:** preset parameter.

**prédétermination: prédétermination du facteur d'échelle,** fixed prescaling.

**prédéterminé: opération à nombre de séquences prédéterminé,** fixed-cycle operation.

**prédéterminer:** predetermine (to).

**prédicat:** predicate.

**prédiction:** forecast, prediction.

**prédominant:** prevalent.

**prééditer:** preedit (to).

**préédition:** preedit.

**préemptif:** preemptive.

**préenregistrement:** prerecord.

**préenregistrer:** prerecord (to), prestore (to).

**préexécution: préexécution,** preexecution.

**préexploration:** presensing.

**préface:** preface.

**préfixe:** prefix; **code préfixe,** prefix code; **notation préfixe de fichier,** file prefix; **opérateur préfixé,** prefix operator; **préfixe d'adresse,** address prefix; **préfixe d'arrêt de lecteur,** reader stop prefix; **préfixe d'effacement,** clearing prefix; **préfixe de bloc,** block prefix; **préfixe de modification,** change sign; **signe algébrique préfixe,** algebraic sign; **touche préfixe,** shift key.

**préfixée: notation préfixée,** prefix notation, Polish notation; **notation préfixée de Luksiewicz,** Luksiewicz notation.

**préformatage:** preformatting.

**préhension: appareil de préhension,** gripping device.

**préimpression:** preprinting.

**préimprimé:** preprinted; **feuillet préimprimé,** preprinted format.

**préimprimer:** preprint (to).

**prélecture:** preread, prefetch, lookahead; **tête de prélecture,** preread head.

**prélèvement:** fetch, pulling; **prélèvement direct,** peek; **prélèvements au hasard,** spot checking.

**prélever:** fetch (to), take from (to), peek (to), pull (to).

**préliminaire: préparation préliminaire,** advance preparation; **séquence préliminaire,** interlude.

**préluminosité:** brightness preset.

**prémagnétisation: enroulement de prémagnétisation,** bias coil.

**prémagnétiser:** premagnetize (to).

**prématuré: arrêt prématuré,** abortion.

**prématurée: défaillance prématurée,** initial failure.

**premier:** first, prime; **adressage de premier niveau,** zero level addressing; **de premier plan,** foregrounding; **dernier entré premier sorti,** last in first out (LIFO); **division par nombre premier,** prime number division; **encodage de premier niveau,** one-level code; **maintenance de premier secours,** emergency maintenance; **mémoire de premier niveau,** first-level memory; **nombre premier,** prime number, prime integer; **premier arrivé premier servi,** first-come-first-served (FCFS); **premier caractère de remplissage,** initial filler; **premier entré premier sorti,** first in first out (FIFO); **premier mouvement,** first transaction; **premier mouvement général,** first major transaction; **premier plan,** foreground; **premier plan d'image,** foreground image, dynamic image; **routine de premier ordre,** first-order subroutine; **traitement de premier plan,** foregrounding processing; **travail de premier plan,** foreground job; **tâche de premier plan,** foreground task; **équation du premier degré à une inconnue,** conditional equation, simple equation.

**première: bande de première génération,** grandfather tape; **calculateur de première génération,** first-generation computer; **fichier de première génération,** grandfather

file; **indicateur de première page,** first page indicator; **première partition,** initial location.

**prendre: prendre en charge,** accommodate (to); **prendre le contrôle,** override (to); **prendre par saisie,** get (to).

**preneur: preneur de cartes,** card gripper.

**préparateur:** initiator.

**préparation:** preparation, takedown; **préparation de données,** data preparation; **préparation de fichiers,** file preparation; **préparation des travaux,** job assembly; **préparation du rapport,** report preparation; **préparation préliminaire,** advance preparation; **sous-programme de préparation,** set-up routine; **temps de préparation,** takedown time; **temps de préparation machine,** machine set-up time.

**préperforation:** prekeying.

**préperforé:** prepunched.

**préperforée: bande préperforée,** prepunched tape; **carte préperforée,** prepunched card.

**préperforer:** prepunch (to).

**prépositionnement:** preset; **prépositionnement d'un compteur,** counter preset.

**préprocesseur:** preprocessor; **préprocesseur de langage,** language preprocessor.

**préprogrammation:** precoding.

**préprogramme: préprogrammé,** preprogrammed, precoded.

**préprogrammer:** precode (to).

**préséance:** precedence.

**présélecteur:** preselector; **présélecteur de ligne,** line preselector.

**présélection:** preemption.

**présence:** presence; **bit de présence,** presence bit; **contact de présence de bande,** tape tension contact; **ordre de présence alterné,** alternate collating sequence.

**présent:** exist.

**présentateur: présentateur de cartes,** card hopper.

**présentation: présentation,** presentation; **caractère de présentation de feuille,** form feed character (FF) **couche de présentation (ISO),** presentation layer (ISO); **modèle de présentation d'état,** report layout chart; **présentation de données en table,** tabular data presentation; **présentation de feuille,** form feed (FF); **présentation de page,** page format, page in; **présentation des caractères,** character representation; **présentation des données,** data presentation; **présentation erronée,** misrepresentation; **présentation sur écran,** scope presentation.

**presse**: press; **presse-cartes,** stacker slide; card weight; **presse-papier,** clipboard.

**presser**: press (to).

**pression**: pressure; **commutateur à pression d'air,** air pressure switch; **galet de pression,** paper thrust roller; **jauge de pression,** pressure gauge; **patin de pression,** pressure pad; **pont de pression,** pressure bridge; **pression sur une touche,** key depression; **sous pression de ressort,** spring-loaded; **transducteur de pression,** pressure gauge; **transducteur de pression différentiel,** differential pressure transducer.

**préstockage**: prestorage.

**préstocker**: préstocker, prestore (to).

**présumée**: virgule décimale présumée, implied decimal point.

**prêt**: ready, eligible, prepared; **non prêt,** not ready; **poste de données prêt,** data set ready (DSR); **poste de réception prêt,** receive ready; **programme prêt à l'emploi,** canned routine; **prêt à alimenter,** ready to engage; **prêt à fonctionner,** ready-for-operation; **prêt à la réception,** ready-for-receiving; **prêt à lire,** ready to read; **prêt à transmettre,** clear to send (CTS); **prêt à émettre,** ready-for-sending; **voyant prêt,** ready light; **état prêt,** ready state; **être prêt,** ready (to).

**prétirage**: preprint.

**prétraitement**: preprocessing, preprocess, prepass.

**prétraiter**: preprocess (to).

**prétrier**: presort (to).

**preuve**: proof, evidence; **preuve arithmétique,** arithmetic check; **preuve de programme,** program proving; **preuve par neuf,** casting out nines; **preuve par zéro,** zero proof.

**préventif**: preventive.

**préventive**: **maintenance préventive,** preventive maintenance; **temps de maintenance préventive,** preventive maintenance time.

**prévérification**: prechecking.

**prévision**: forecasting; **prévision d'incidents,** failure prediction; **prévision sur l'environnement,** environmental forecasting.

**prévoir**: schedule (to).

**prévu**: vieillissement prévu, planned obsolescence.

**prévue**: réponse prévue, anticipated answer; **usure prévue,** anticipated attrition.

**primaire**: primary; **(enroulement) primaire de transformateur,** transformer primary; **alimentation primaire,** basic link unit; **arbre primaire,** main shaft; **bloc de données primaires,** primary data block; **bloc primaire,** beat block; **bloc primaire d'un fichier,** main file block; **booléen primaire,** logical primary; **carte primaire,** primary card; **champ clé primaire,** primary key field; **cylindre de données primaire,** prime data cylinder; **domaine de données primaires,** primary data extent; **défaillance primaire,** primary failure; **enregistrement primaire,** primary data record; **enroulement primaire,** primary winding; **expression booléenne primaire,** Boolean primary; **fichier primaire,** primary file; **fonction primaire,** primary function; **groupe primaire,** primary group; **groupement primaire,** primary cluster; **index primaire,** primary index; **interruption primaire,** basic interrupt; **phase primaire,** basic phase; **programme de contrôle primaire,** primary control program (PCP); **répartition des groupes primaires,** group allocation; **station primaire,** primary station; **zone de données primaires,** primary data area, prime data area.

**primitive**: primitive; **instruction primitive,** unmodified instruction, presumptive instruction; **primitive graphique,** graphic primitive.

**principal**: main, principal; **article de l'index principal,** master index item; **attributaire principal,** primary address; **catalogue principal,** master catalog; **chemin principal,** mainpath; **chemin principal,** main path; **circuit principal,** highway circuit; **conducteur principal,** main cable; **connexion de l'ordinateur principal,** host link; **disjoncteur principal,** main circuit breaker; **disque principal,** disk master; **enregistrement principal,** primary record; **fichier bibliothèque principal,** master program file; **fichier dictionnaire principal,** main dictionary file; **fichier principal,** main file; **fichier principal actif,** active master file; **fichier principal d'articles,** item master file; **fichier principal de données,** central information file; **index principal,** master index; **interrupteur principal,** main switch, master switch; **mode principal,** master mode; **point d'entrée principal,** main entry point, primary entry point; **programme principal,** main program, master scheduler, master program; **programme principal de commande de périphériques,** device mainpath routine; **registre principal,** general register; **retour au programme principal,** return control transfer; **répertoire principal,** master directory, main index; **schéma fonctionnel principal,** major block diagram; **segment principal,** main segment; **station de contrôle principal,** main control station; **symbole principal,** basic symbol;

**travail principal,** master job.

**principale: adresse principale,** prime location; **armoire principale,** master cabinet; **baie principale,** main enclosure; **bascule principale,** master flip-flop; **boucle principale,** major loop; **clé principale,** primary key; **connexion principale,** main terminal; **console principale,** main console; **cycle de mémoire principale,** main memory cycle time; **données principales,** prime data; **en mémoire principale,** internal sort; **enregistrement de la zone principale,** prime record; **gestion principale du réseau de télétraitement,** basic terminal network support; **horloge principale,** master clock; **interruption principale,** master interrupt; **ligne principale,** main line, trunk line; **mémoire principale,** main memory, main storage, primary storage; **nouvelle bande principale,** new master; **partie principale,** main part; **partie principale du traitement,** main line processing; **phase principale,** basic phase; **piste principale,** primary track, prime track; **position principale,** major position; **station principale,** master station; **séquence principale,** main sequence; **tâche principale,** main task; **unité principale,** main unit; **utilisation de la ligne principale,** trunk utilisation; **zone principale,** prime area; **zone principale d'un fichier,** main file area.

**principe: principe;** principle; **connexion de principe,** basic wiring; **principe d'empilement,** pushdown principle; **principe de modularité,** building block principle; **principe des files d'attente,** queueing principle; **principe des signes,** rule of signs; **principe du temps-réponse,** delay principle; **principe opérationnel,** operating principle; **régulation de principe,** base drive; **schéma de principe de banque de données,** database schematic; **schéma de principe,** schematic diagram, schematic circuit diagram.

**prioritaire: commande prioritaire,** priority control; **groupe prioritaire,** automatic priority group; **instruction prioritaire,** supervisory command; **interruption prioritaire,** priority interrupt; **interruption vectorisée prioritaire,** vector priority interrupt; **message prioritaire,** priority message; **mode prioritaire,** preemptive mode, privileged mode; **niveau prioritaire,** precedence rating, priority level; **nombre prioritaire,** priority number; **non prioritaire,** overridable; **partie prioritaire,** parent part; **programme non prioritaire,** background program; **programme prioritaire,** priority program, foreground program; **traitement non prioritaire,** background processing; **traitement prioritaire,** priority processing, foreground processing; **traitement prioritaire des travaux,** priority job scheduling; **travail prioritaire,** preemptive job; **utilisation prioritaire,** foreground environment.

**priorité:** priority, precedence; **attribution des priorités,** priority sequencing; **commande à priorité partielle,** partitioned priority scheduling; **contrôle automatique de priorités,** automatic priority control; **contrôle de priorité,** precedence control; **degré de priorité,** graduated level, precedence rating; **double priorité,** double precedence, dual precedence; **faible priorité,** low priority; **indicateur de priorité,** priority indicator; **interruptions ordonnées par priorité,** priority ordered interrupts; **ligne à priorité absolue,** highest priority interrupt line; **message à haute priorité,** high precedence message; **planification des priorités,** priority scheduling; **priorité d'allocation,** allocation priority; **priorité d'ordonnancement,** scheduling priority; **priorité de correspondance,** matching priority; **priorité de distribution,** dispatch priority; **priorité de mémoire,** storage priority; **priorité de prise en charge,** dispatching priority; **priorité de tâche,** job priority; **priorité des travaux,** job priority; **priorité la plus haute,** top priority; **priorité limitée,** limit priority; **priorité élevée,** high-priority; **programmateur de priorités,** priority scheduler; **registre d'état des priorités,** priority status register; **révision des priorités,** priority degradation; **règle de priorité,** priority rule; **schéma de priorité,** priority scheme; **sélection de priorité,** priority selection; **table de priorité,** priority table; **table des priorités d'interruptions,** interrupt priority table; **échelonnement de priorité,** graduated level.

**pris: non pris en compte,** skipped; **pris en compte,** processed.

**prise:** plug; **anneau de prise,** grip ring; **bit de prise de contrôle,** override bit; **bouchon de prise,** plug cover; **cycle de prise du total,** total cycle; **cycle de prise en charge,** fetch cycle; **erreur de prise au hasard,** sampling error; **phase de prise en charge de l'instruction,** instruction fetch phase; **priorité de prise en charge,** dispatching priority; **prise centrale,** center tap; **prise de contrôle manuel,** override; **prise de papier,** delivery board; **prise de terre,** ground terminal; **prise de terre extérieure,** external ground; **prise de vue,** shot; **prise en charge,** handling, accommodation; **prise en charge de l'instruction,** instruction staticizing; **prise femelle,** female connector, receptacle; **prise murale,** wall socket, wall outlet; **prise mâle,** male plug connector; **réglette de prises,** jack strip; **signal indicatif de prise de ligne,** clear forward signal; **transformateur à prises,** stepped transformator.

**privé:** private; **central privé,** private exchange; **type privé limité,** limited private type.

**privée:** **installation téléphonique privée,** private branch exchange (PBX); **ligne privée,** private line; **messagerie privée,** courier service; **mémoire privée,** dedicated memory; **téléphonie automatique privée,** private automatic exchange (PAX).

**privilégié:** privileged.

**privilégiée:** **connexion privilégiée,** dedicated connection; **instruction privilégiée,** privileged instruction, restricted instruction.

**prix:** price; **prix de vente effectif,** actual selling price; **étude du prix de revient,** cost analysis.

**probabilité:** chance, probability; **courbe de probabilité,** probability curve; **probabilité d'attente en file,** queueing probability; **probabilité d'erreur,** error probability; **probabilité d'incident technique,** probability of failure.

**probable:** probable; **configuration probable,** probable configuration; **erreur probable,** probable deviation.

**problématique:** **langage de problématique,** problem-oriented language; **logiciel de problématique,** problem-oriented software.

**problème:** problem; **description du problème,** problem description; **définition du problème,** problem definition; **problème d'attribution,** assignment problem; **problème d'évaluation,** benchmark problem; **problème de file d'attente,** queueing problem; **problème de gestion,** business application; **problème de valeur limite,** boundary value problem; **problème de vérification,** check problem; **problème unique,** one-time job.

**procédé:** **procédé d'appel sélectif,** polling/selecting mode, polling technique; **procédé itératif,** iterative process.

**procédural:** procedural; **langage procédural,** procedure-oriented language.

**procédure:** procedure\*; **accord de procédure,** declarative section; **bibliothèque de procédures,** procedure library; **déclaration de procédure,** procedure declaration; **définition de procédure,** procedure definition; **en-tête de procédure,** procedure heading; **enchaînement de procédures,** procedure chaining; **essai de procédures,** procedural testing; **fin des déclarations de procédure,** end declarative; **générateur de procédures,** filed procedure generator; **identificateur de procédure,** procedure identifier; **instruction de procédure,** procedural statement, procedure statement; **instruction de procédure,** procedure statement; **langage de procédures,** procedural language; **modélisation de procédure,** procedure modeling; **nom de procédure,** procedure name; **opérateur de procédures,** procedural operator; **phrase de procédure,** procedural sentence; **pointeur de procédure,** procedure descriptor; **procédure analogique,** analog procedure; **procédure asynchrone,** asynchronous procedure; **procédure de compensation,** accounting system; **procédure automatique de début de traitement,** automatic logon; **procédure automatique de fin de traitement,** automatic logoff; **procédure auxiliaire,** external procedure; **procédure banalisée,** centralized procedure; **procédure cataloguée,** catalogued procedure, filed procedure; **procédure d'abandon,** aborting procedure; **procédure d'alignement,** alignment procedure; **procédure d'appel,** call procedure, invoked procedure; **procédure d'enchaînement de file d'attente,** queued linking; **procédure d'encryptage-décryptage,** encryption-decryption procedure; **procédure d'entrée,** input procedure, login; **procédure d'erreur,** error procedure; **procédure d'exploitation,** operating procedure; **procédure d'implantation,** layout procedure; **procédure d'initialisation,** logging procedure; **procédure d'initialisation du système,** initial setup procedure; **procédure d'introduction,** input procedure; **procédure d'utilisation,** use procedure; **procédure d'établissement de la communication,** call set-up procedure; **procédure de base,** primitive; **procédure de calcul,** computing procedure; **procédure de chargement,** loading procedure; **procédure de chargement initial,** initial program loading; **procédure de commande,** control procedure; **procédure de commande d'appel,** call control procedure; **procédure de commande de liaison de données,** high-level data link control (HDLC); **procédure de contrôle,** control procedure; **procédure de contrôle de bloc,** block check procedure; **procédure de contrôle de lignes,** line control discipline; **procédure de diagnostic,** diagnostic procedure; **procédure de début de session,** log-on procedure; **procédure de dérivation,** bypass procedure; **procédure de désignation,** descriptive procedure; **procédure de fin de session,** log-off procedure, logoff procedure;

procédure de fin de traitement, termination procedure; **procédure de gestion des modes de base**, basic mode control procedure; **procédure de lancement**, initiating procedure; **procédure de liaison**, link protocol; **procédure de ligne**, link protocol; **procédure de ligne de transmission**, transmission line procedure; **procédure de listage**, list procedure; **procédure de mesure incrémentielle**, incremental measuring method; **procédure de mise au point**, corrective procedure; **procédure de relance**, restart procedure; **procédure de reprise**, rerun procedure; **procédure de reprise automatique**, automatic restart procedure fallback procedure; **procédure de reprise sur incident**, error restart procedure; **procédure de réception**, acceptance test procedure; **procédure de récupération**, recovery procedure; **procédure de sauvegarde**, backup procedure; **procédure de service**, function procedure; **procédure de sortie**, output procedure; **procédure de test**, test procedure; **procédure de transmission**, communication procedure, line discipline; **procédure de tri**, sorting procedure; **procédure distribuée**, distributed protocol; **procédure fictive**, dummy procedure; **procédure interne**, internal procedure; **procédure récursive**, recursive procedure; **procédure synchrone**, synchronized data link control (SDLC); **procédures de clavier**, keyboard procedures; **procédures de souris**, mouse procedures; **programme de commande de procédure**, procedure driver, procedure controller; **section de procédure**, procedural section, procedure division; **segment de procédure**, procedure segment; **sous-programme de procédure**, procedure subprogram.

**processeur**: processor*; **architecture à processeurs parallèles**, parallel machine architecture; **canal processeur**, processor channel; **limité par le processeur**, processor-limited, processor-bound; **processeur arithmétique**, arithmetic processor, number cruncher; **processeur associatif**, associative processor; **processeur auxiliaire**, auxiliary processor, peripheral processor; **processeur central**, central processor, master processor; **processeur d'E/S autonome**, autonomous I/O processor; **processeur d'interruptions internes**, internal interrupt controller; **processeur d'écran**, display processor; **processeur de diagnostic**, diagnostic preprocessor; **processeur de disques magnétiques**, mass storage processor; **processeur de données**, data processor; **processeur de film**, film processor; **processeur de langage**, language processor; **processeur de maintenance**, maintenance processor; **processeur de nomenclatures**, bill of material processor; **processeur de secours**, backup processor; **processeur de service**, service processor; **processeur de traitement des mouvements**, transaction processor; **processeur de télétraitement**, remote job entry processor, network processor; **processeur diadique**, dyadic processor; **processeur dorsal**, back-end processor; **processeur en tranches**, bit slice processor; **processeur en virgule flottante**, floating-point processor (FPP); **processeur entrée/sortie**, input-output processor (IOP); **processeur esclave**, slave processor; **processeur frontal**, front-end processor (FEP); **processeur graphique**, graphic(s) processor; **processeur matriciel**, array processor, two-dimensional array processor; **processeur maître**, master processor, control processor; **processeur nodal**, node processor; **processeur numérique**, digital data processor; **processeur pilote**, control processor; **processeur relationnel**, relational processor; **processeur très rapide**, nanoprocessor; **processeur vectoriel**, one-dimensional array processor; **processeur à bande magnétique**, magnetic tape processor; **processeur à usage général**, general-purpose processor; **sous-processeur**, subprocessor.

**processus**: processus*; **adresse de processus**, process address space; **bloc de contrôle de processus**, process control block; **calculateur de processus numérique**, digital process computer; **commande de processus**, process control; **commutateur de processus**, process switch; **gestion de groupes de processus industriels**, process group management; **groupe de processus industriels**, process group; **identification de processus analytique**, analytical process identification; **interface de processus**, real-time interface; **modèle de processus mathématique**, mathematical process model; **mot du processus en cours**, running process word; **niveau de processus**, process level; **ordinateur contrôleur de processus**, process control computer; **ordinateur de processus analogique**, analog process computer; **processus acyclique**, acyclic process; **processus adaptatif**, adaptive process; **processus apériodique**, acyclic process; **processus d'impression xérographique**, xerographic printing; **processus d'introduction**, input process; **processus de calcul**, computing process;

**processus de charge,** charge process; **processus de déroulement,** flow process; **processus de recherche,** search process; **processus de recherche de lignes,** quota method; **processus récursif,** circular process; **processus séquentiel,** sequential process; **processus technique,** technical process; **signal d'interruption de processus,** process interrupt signal; **synchronisation de processus,** process synchronization; **système de conduite de processus industriels,** process guiding system; **table de groupes de processus industriels,** process group table; **équipement de commande de processus,** process control equipment; **état d'un processus,** process state.

**prochain:** next; **prochain bloc à transmettre,** next output block.

**proche:** near; **invitation à émettre de proche en proche,** hub go-ahead polling; **proche de la qualité courrier,** near letter quality (NLQ).

**producteur:** producer.

**productif:** productive.

**production:** production, yield; **algorithme de production de polygones,** polygon generation algorithm; **analyse de production,** manufacturing analysis; **commande de production,** manufacturing control; **conduite de la production,** production control; **contrôle de production,** monitoring control; **contrôle de production automatisé,** automated production control; **données de production,** production data; **plan de production,** production schedule; **planification de la production,** production scheduling; **programme de production,** working routine; **temps de production du système,** system production time; **étude de la production,** production planning.

**produit:** product; **produit additionnel,** add-on; **produit infini,** infinite product; **produit intermédiaire,** intermediate product; **produit interne,** inner product; **produit logique,** logic product; **produit scalaire,** scalar product, inner product; **produits d'intermodulation,** intermodulation products; **programme-produit,** computing package.

**profil:** profile, pattern; **profil binaire,** bit pattern; **profil d'indication,** indicator pattern; **profil d'état,** status return.

**profondeur:** depth; **commande de la profondeur de frappe,** impression control; **profondeur de frappe,** penetration force; **profondeur de pénétration,** penetration depth.

**proforma:** proforma.

**progiciel:** software package, package,

application package; **contrôlé par progiciel,** firmware-driven; **progiciel comptable,** accounting package; **progiciel de gestion,** business package; **progiciel de jeux d'entreprise,** gaming package; **progiciel didactique,** course package; **progiciel en virgule flottante,** floating-point package; **progiciel graphique,** graphics package; **progiciel graphique,** graphic software package, graphic package; **progiciel télématique,** datacom package.

**programmabilité:** programmability.

**programmable:** programmable, codable; **automate programmable,** programmable automaton; **clavier programmable,** programmable keyboard; **commutateur programmable,** alterable switch; **logique à réseau programmable,** programmable array logic (PAL); **mémoire morte programmable,** programmable ROM (PROM); **mémoire morte programmable électriquement,** electrically programmable ROM (EPROM); **mémoire programmable,** programmable memory; **pile logicielle (programmable en zone mémoire),** software stack; **programmable par machine,** hardware programmable; **programmable par masque,** mask programmable; **réseau logique programmable,** programmable logic array (PLA); **terminal programmable,** programmable terminal; **zone protégée programmable,** programmable protected field; **élément logique programmable,** field programmable logic array (FPLA).

**programmateur:** blaster, burner, scheduler; **programmateur de mémoire morte,** PROM programmer; **programmateur de priorités,** priority scheduler; **programmateur de travaux,** job scheduler.

**programmathèque:** program library; **programmathèque système,** system library.

**programmation:** programming*, coding, codification; **accord de programmation,** define declarative; **aide à la programmation,** programming aid, programming support; **analyste en programmation,** programming analyst; **astuce de programmation,** programming tip; **bordereau de programmation,** code sheet; **boucle de programmation,** programming loop; **contrôle de programmation,** desk checking; **convention de programmation,** code convention; **cours de programmation,** programming course; **dispositif de programmation,** programming device; **dossier de programmation,** programming documentation; **erreur de programmation,** programming error, programming mistake; **feuille de programmation,**

program worksheet, programmer worksheet; **fiche de programmation**, program sheet; **format de programmation**, reference format; **imprimé de programmation**, programming form; **indépendance de la programmation**, programming independence; **langage de programmation**, programming language; **langage de programmation PL/1**, programming language 1 (PL/1); **langage de programmation automatique**, automatic programming (coding) language; **langage de programmation symbolique**, symbolic programming language; **logiciel d'aide à la programmation**, support program; **méthode de programmation**, programming method; **méthode de programmation orientée machine**, machine programming system; **méthodologie de programmation**, programming methodology; **organigramme de programmation**, programming flowchart; **outil de programmation**, programming support, programming aid; **outils de programmation**, programming tools; **personnel de programmation**, programming personnel; **programmation adaptée aux fichiers**, file-oriented programming; **programmation assistée par machine**, machine-aided programming; **programmation automatique**, automatic programming; **programmation conversationnelle**, conversational mode programming; **programmation convexe**, convex programming; **programmation d'applications**, application programming; **programmation de calculateur**, computer programming; **programmation de contrôle**, audit programming; **programmation de gestion**, business programming; **programmation de transactions**, transaction programming; **programmation des rechanges**, computer parts programming; **programmation dialoguée**, conversational programming; **programmation directe**, machine level programming; **programmation discrète**, integer programming; **programmation du télétraitement**, telecommunications programming; **programmation dynamique**, dynamic programming; **programmation en chiffres**, numeric coding; **programmation en langage machine**, object language programming; **programmation heuristique**, heuristic programming; **programmation indépendant du temps d'accès**, random access programming; **programmation interprétative**, interpretive programming; **programmation interactive**, on-line programming; **programmation linéaire**, linear programming, straight line coding; **programmation mathématique**, mathematical programming; **programmation modulaire**, modular programming; **programmation non linéaire**, nonlinear programming; **programmation paramétrique**, parametric programming; **programmation relative**, relative programming, incremental programming; **programmation simultanée**, parallel programming; **programmation structurée**, structured programming; **programmation symbolique**, symbolic programming; **programmation sélective**, direct programming; **programmation séquentielle**, serial programming; **programmation série**, serial programming; **programmation variable**, variable programming; **programmation évoluée**, advanced programming; **programmation à exécution optimale**, optimal programming, optimum coding; **programmation à temps d'accès minimal**, minimum access programming; **programmation à temps d'exécution minimal**, minimum latency programming, optimum programming; **système d'aide à la programmation**, support system; **système de programmation**, programming system; **système de programmation automatique**, automatic programming system; **système de programmation symbolique**, symbolic programming system; **système à programmation linéaire**, linear programming system (LPS); **séquence de programmation**, coding sequence; **séquence de programmation commune**, common coding; **temps de programmation**, programming time; **verbe de programmation**, verb name; **à programmation variable**, free programming configuration.

**programmatique:** software analysis; **la programmatique**, programmatics.

**programme:** program*, routine; **accessible par programme**, program-accessible; **accès direct au programme**, direct program access; **adresse d'entrée de programme**, entry block; **amorce de programme**, bootstrap input program; **amorçage de sous-programme**, begin subroutine; **appel de programme**, program fetch, request program; **appel de sous-programme**, subroutine reference; **appel de sous-programme de dépassement**, fetch overflow; **appel programme**, programmed call; **arbre de programme**, program tree; **arrêt de programme**, program stop, program termination; **assemblage de programmes**, batch assembly; **bande de programme**, program tape; **bande de programme binaire**, binary program tape; **bande de programme des entrées**, program input; **bande de programme objet**, binary run tape; **bande de programmes utilitaires**, utility tape; **banque de programmes**, program bank; **bibliothèque de programmes**, program library; **bibliothèque de programmes source**, source program library; **bibliothèque de sous-programmes**, subroutine library; **bibliothèque des programmes translatables**, relocatable library; **bibliothèque des programmes utilisateur**, user library; **blocage fatal du programme**, program crash; **boucle de programme**, program loop; **branchement de programme**, program switch; **calcul par cartes programme**, card program calculating; **calculateur géré par programme**, program-controlled computer; **calculateur à programme câblé**, wired program computer; **calculateur à programme enregistré**, sequence-controlled calculator; **calculateur à programme fixe**, fixed-program computer; **calculateur à programme mémorisé**, stored program computer; **capacité mémoire pour programme objet**, objet core size; **capacité programme**, program capacity; **carte de sélection de programmes**, run card; **carte en-tête de programme**, program header card; **carte-programme**, program card; **cartes-programme source**, source deck; **cartouche programme**, solid state cartridge; **cassette de programme chargeur**, read-only cassette; **changement de programme**, program change; **chargement d'un segment de programme**, program segment loading; **chargement du programme**, program loading; **chargement du programme initial**, initial program load (IPL); **chargeur absolu de programme**, absolute loader; **chargeur de programme**, program loader; **chargeur de programmes translatables**, relocatable program loader; **code d'enchaînement de programme**, program linking code; **commande de programme**, program control; **commande de programme conditionnelle**, conditional sentence; **commande à cartes-programme**, program card control; **commandé par programme**, program-controlled; **compilation de programme**, program compilation; **compteur des essais de programmes**, test cycle counter; **conception de programme**, program design; **contrôle de programme**, program checking, program check; **contrôle des séquences de programme et travaux**, job & program sequence control; **contrôle du sous-programme utilitaire**, utility routine controller; **contrôle externe de programmes**, external program check; **contrôlé par programme**, program-driven; **conversion de programme**, conversion program; **cycle de développement de programme**, program development

cycle; **cycle de programme déterminé**, fixed-logic cycle; **demande conditionnelle interruption de programme**, conditional program interrupt request; **descripteur de programme**, program descriptor; **description de programme**, program description; **directive de programme**, program instruction, program director; **directive de programme**, program command; **distributeur de programmes**, program distributor; **documentation du programme**, program documentation; **données de programme**, program data; **débogage de programme**, program debugging; **débogage du programme source**, source language debugging; **défaut détecté par programme**, program-sensitive fault; **déroulement du programme**, program flow; **développement de programme**, program development; **en-tête de programme**, program header; **en-tête de programme de chargement**, load description block; **enchaînement de programme**, program chaining; **enchaînement du programme suiveur**, successor program chaining; **ensemble de programmes résident**, resident set; **erreur de programme**, program error; **essai de programme**, program testing; **extension du programme assembleur**, extended assembly system; **exécution de programme**, program execution; **faire des sous-programmes**, subroutinize (to); **feuille programme**, instruction sheet; **fichier chargeur de programme**, program load file; **fichier de programmes exécutables**, executable program file, binary run file; **fichier des programmes machine**, object-coded file; **fin de programme**, program end; **gestion de programme**, program management; **gestionnaire de programme**, program handler; **groupe de programmes transitoires**, transient code group; **générateur de programme**, program generator; **générateur de programme d'amorçage**, bootstrap generator; **générateur de programme d'états**, report program generator (RPG); **générateur de programme de listes**, list program generator; **générateur de programmes de sortie**, output routine generator; **génération de programme**, program generation; **historique de programme**, program history; **identification de programme**, program identification; **instruction (de programme)**, program command; **instruction de sous-programme**, subprogram statement, subroutine statement; **instruction du programme source**, source program statement; **interruption automatique de programme**, automatic program interrupt; **itération de programme**, program repeat; **jeu de cartes programme,** program deck; **kit de programmes de développement,** development tool kit; **lancement de programme,** program start; **lancement du programme suiveur,** successor program initiation; **langage de programme,** program language; **liaison de programme,** program linking; **listage de programme,** program listing; **liste de programmes,** program directory; **liste de programmes objet,** object listing; **longueur de programme,** program length; **maille de programme,** program mesh; **maintenance de programme,** program maintenance; **masque de programme,** program mask; **message de programme normal,** normal operation message; **mise au point du programme,** program checkout; **mise en sous-programme,** subroutine procedure; **mise à jour du programme source,** source unit handler; **modification de programme,** running modification; **module de programme,** program module, program pack; **mot d'état programme,** program status word (PSW); **mot de programme,** program word, routine word; **mémoire programme,** program storage; **niveau de programme,** program level; **nom de programme,** routine name; **organigramme du programme,** program flowchart; **origine de programme,** program origin; **paramètre de programme,** program parameter; **partie de programme,** program section; **partie exploitable du programme,** main line coding; **pas de programme,** program step; **passe de programme,** program run; **phase d'exploitation du programme utilitaire,** utility session; **pile dynamique de programme,** program stack; **planification des programmes,** program scheduling; **point de sortie vers programme utilitaire,** exit to user; **portabilité de programme,** program compatibility; **preuve de programme,** program proving; **programme alterné,** alternate program; **programme amorce,** bootstrap program, boot, tape header; **programme appelé,** called program; **programme assembleur,** assembly processor; **programme assembleur de macros,** macro-assembler; **programme associé,** dependent program; **programme au point,** complete routine; **programme automatique de contrôle général,** automatic system checkout program; **programme autotest,** self-check routine; **programme auxiliaire,** auxiliary program, secondary program; **programme bibliothécaire,** librarian program; **programme binaire,** machine executable program; **programme binaire translatable,** relocatable program; **programme canal en file d'atten-** te, queued channel program; **programme chargeable,** loadable program; **programme chargeur,** system loader, loader routine; **programme chargeur éditeur de liens,** linking loader program; **programme codé,** coded program; **programme codé manuellement,** hand-coded program; **programme compilé,** compiled program; **programme contaminé,** infected program; **programme contrôlé par menu,** menu-driven application; **programme cyclique simple,** single-cyclic program; **programme câblé,** hardwired program, wired program; **programme d'acceptation de syntaxe,** acceptability program; **programme d'adressage dynamique,** dynamic addresser; **programme d'adresses,** address program; **programme d'affectation,** allocation program, assignment program; **programme d'affectation de fichier,** file support allocator; **programme d'affectation de libellés,** annotation routine; **programme d'aide,** help program; **programme d'analyse,** program analyzer, scanning program, parser; **programme d'analyse général,** general monitor checking routine; **programme d'analyse sélective,** selective trace program, snapshot program; **programme d'anomalies,** malfunction routine; **programme d'appel,** calling program, request program; **programme d'application,** application program; **programme d'assemblage,** assembly language program, assembly program; **programme d'autopsie,** postmortem program; **programme d'effacement de fichier,** file delete program, deallocator; **programme d'enseignement,** training program; **programme d'entrée,** input program, input reader, input routine; **programme d'exercice,** exerciser; **programme d'exploitation,** operating program, system program; **programme d'extraction,** output routine; **programme d'impression de bande,** tape-to-printer program; **programme d'initialisation,** initialization program, initializer routine; **programme d'initialisation de système,** cold start program; **programme d'installation,** setup program; **programme d'interfaçage,** interface program, interface routine, driver; **programme d'interruption,** interrupt routine; **programme d'introduction,** input program, input reader, input routine; **programme d'échantillonnage,** sample program; **programme d'édition,** edit program, report writer, edit routine; **programme d'élaboration,** design program; **programme d'évaluation,** benchmark program, problem program; **programme de base,** basic program, root program; **programme de bibliothèque,** library program; **programme de calcul,** computing program; **programme de calcul d'adresse,** randomizing routine; **programme de calcul de cosinus,** cosine program; **programme de calculateur,** computer program; **programme de canal logique,** logical channel program; **programme de chargement,** load program, loader, boot; **programme de chargement de cartes,** card loader monitor; **programme de clôture,** disconnect program; **programme de commande,** control program, application customizer; **programme de commande central,** central-controlling module; **programme de commande d'entrée,** input control program; **programme de commande d'extraction,** output control program; **programme de commande d'émulateur,** emulator control program; **programme de commande de procédure,** procedure driver, procedure controller; **programme de commande de périphérique,** peripheral control routine; **programme de commande des périphériques,** peripheral control program; **programme de commande numérique,** automatic programming tool (APT); **programme de compilation,** compiling program, compiling routine; **programme de compression,** compressor program, condensing routine; **programme de condensation,** condense routine; **programme de condensation de données,** data reduction program; **programme de contrôle,** control program, director, root segment; **programme de contrôle de données,** data vetting program; **programme de contrôle de fichiers,** file monitor; **programme de contrôle de machine,** machine check; **programme de contrôle de séquence,** sequence checking routine; **programme de contrôle du programme maître,** operation mode program; **programme de contrôle primaire,** primary control program (PCP); **programme de contrôle résident,** resident control program, kernel; **programme de conversion,** conversion routine; **programme de correction,** correction routine, patcher, patch routine; **programme de correction d'erreurs,** error correction routine; **programme de correction des erreurs,** error-correcting program; **programme de création de fichier,** file editor; **programme de césure,** hyphenation routine; **programme de diagnostic,** diagnostic program, diagnostic package; **programme de divertissement,** fun program; **programme de division,** division subroutine; **programme de démonstration,** demo program; **programme de dépistage,** trace program; **programme de développement,**

cross-software; **programme de fonction,** duty program; **programme de formation,** training schedule; **programme de fusion,** merge program; **programme de gestion de bibliothèque,** library maintenance routine; **programme de gestion de messages,** message control program; **programme de gestion des entrées/sorties,** input/output program; **programme de gestion des macros,** macromaintenance program; **programme de graphique,** graphic display program; **programme de génération,** generation program; **programme de génération d'un système,** system generation program; **programme de génération de bande système,** system tape builder; **programme de jeu,** funware; **programme de lancement,** acceleration program; **programme de lecture,** read routine; **programme de liaison,** binder routine; **programme de maintenance,** maintenance routine; **programme de manoeuvre,** intermediate program control; **programme de mise au point,** interpretive trace program, revision program; **programme de mise au point des compilateurs,** compile unit maintenance component; **programme de mise en forme,** formatting program; **programme de mise en mémoire,** read-in program; **programme de mise à jour,** updating program, update program; **programme de modification,** alteration program; **programme de monitorage,** monitoring program; **programme de nettoyage,** garbage collector; **programme de pas à pas,** tracing program; **programme de perforation des cartes,** data recording program; **programme de production,** working routine; **programme de précompilation,** precompiler program; **programme de rappel,** back-up and restore program; **programme de recherche d'erreurs,** error search program; **programme de renvoi,** branch program; **programme de reprise,** rollback routine, rerun routine; **programme de récupération automatique,** automatic recovery program; **programme de référence,** routine master; **programme de réserve,** alternative program; **programme de sauvegarde,** safeguarding program, salvager; **programme de scrutation,** polling routine; **programme de service,** production program, documentor, service program; **programme de servitude,** utility program; **programme de simulation,** simulation program; **programme de sortie,** output program; **programme de spécification,** specification program; **programme de supervision,** job control program, supervisory program; **programme de systèmes,** systems program; **programme de test,** 767 program, exerciser; **programme de test d'assembleur**, test translator; **programme de test et de diagnostic**, support control program; **programme de test machine**, computer test program; **programme de trace écrite**, hard package; **programme de traduction**, language translation; **programme de traitement**, processing program; **programme de traitement des alertes**, alarm signal processing routine; **programme de traitement des messages**, message processing program; **programme de transcription**, transcription program; **programme de travail**, working program; **programme de traçage**, plotting program; **programme de tri**, sorting program, sort program, sorter; **programme de tri et d'interclassement**, sort/collate program; **programme de tri et de fusion**, program sort merge, sortmerge generator; **programme de télétraitement**, teleprocessing program; **programme de vidage de mémoire**, storage print program; **programme de vérification**, checking program, audit program; **programme différé**, batch program; **programme directeur**, executive routine; **programme du canal physique**, physical channel program; **programme du système de réserve**, operational standby program; **programme débogueur**, debugger; **programme détecteur d'avaries**, fault sensitive program; **programme en attente**, waiting program; **programme en cours**, current program; **programme en langage machine**, object program; **programme en passe unique**, single-pass program; **programme en séquence**, in-line subroutine; **programme en temps réel**, real-time program; **programme en virgule flottante**, floating-point routine; **programme enregistré**, internally stored program; **programme erroné**, incorrect program; **programme exploitable**, running program; **programme exécutable**, operational program, executable program; **programme falsifié**, tampered program; **programme fermé**, linked program; **programme fixe**, fixed program; **programme graphique**, graphics program; **programme général**, general program, general routine; **programme général d'autopsie**, general postmortem program; **programme générateur**, generating program, generator; **programme générateur de macros**, macrogenerating program; **programme générateur de rythme**, clock program; **programme heuristique**, heuristic program, heuristic routine; **programme heurodateur**, dating routine; **programme individuel**, individual routine; **programme indépendant**, independent

program; **programme interchangeable**, alternate program; **programme interne du terminal intelligent**, multiwork station program; **programme interprétatif**, interpretive routine; **programme itératif**, repeat program; **programme logique**, logical program; **programme machine**, absolute program, machine routine; **programme machine interne**, internal machine program; **programme macro-assembleur**, macroassembly program; **programme modification**, modification program; **programme modulaire**, modular program; **programme moniteur**, monitor program; **programme mémorisé**, stored program, store routine; **programme non prioritaire**, background program; **programme non terminé**, unfinished program; **programme non translatable**, nonrelocatable program; **programme objet**, object-level program, target program; **programme opérationnel**, fully tested program; **programme orienté sur réseau**, network-oriented routine; **programme ouvert**, open-ended program; **programme partageable**, reusable program; **programme pas à pas**, step-by-step program; **programme personnalisé**, user-specific program; **programme pilote**, master program, master scheduler; **programme portable**, portable program, cross-program; **programme principal**, main program, master scheduler, master program; **programme principal de commande de périphériques**, device mainpath routine; **programme prioritaire**, priority program, foreground program; **programme provisoire**, preliminary program; **programme prêt à l'emploi**, canned routine; **programme qui tourne d'emblée**, blue ribbon program; **programme relogeable**, relocatable routine; **programme récursif**, recursive program; **programme réentrant**, reentrant program; **programme résident**, resident program, root; **programme sans bogue**, star program; **programme source**, source program, source language program; **programme spécialisé**, dedicated program; **programme spécifique**, specific program, special program, brittle; **programme standard**, standard program, standard routine; **programme statique**, static program; **programme statistique**, statistical program; **programme structuré**, structured program; **programme suiveur**, successor program; **programme superviseur**, executive program, executive control system; **programme symbolique**, symbolic program; **programme symbolique de débogage**, symbolic debugger; **programme traducteur**, translating routine; **programme tronqué**, incomplete program; **programme utilisateur,** user program, customer's program; **programme utilitaire de disque,** disk utility program; **programme utilitaire pour bande système,** system tape service routine; **programme écrit manuellement,** hand-written program; **programme à accès général,** public to a program; **programme à base de flottants,** floating-point based program; **programme à base de nombres entiers,** integer-based program; **programme à lancement automatique,** self-triggered program; **programme à temps d'exécution minimal,** optimum program, optimal program; **programme-produit,** computing package; **programme-test de diagnostic,** diagnostic test program; **programmes d'application,** application package; **programmes d'émulation,** emulation package; **programmes de conversion,** conversion package; **progression de programme,** program advance; **protection de programme,** program protection; **pseudo-programme,** pseudoprogramme; **registre de programme,** program register; **reprise de programme,** program restart; **retour au programme principal,** return control transfer; **répertoire de programmes,** directory listing; **répertoire des programmes,** contents directory; **saut de programme,** program jump, program skip; **sauvegarde de programme,** program backup; **secteur de programme,** region of program; **section de programme,** control section; **segment de programme,** program segment, program part, partial program; **segmentation de programme,** program segmenting, program sectioning; **sortie de programme,** program exit; **sous-programme,** subprogram, subroutine; **sous-programme appelant,** system transient; **sous-programme arithmétique,** arithmetic subroutine; **sous-programme auxiliaire,** external subroutine; **sous-programme chargeur,** key loader; **sous-programme chargeur de bande,** tape bootstrap routine, tape loader monitor; **sous-programme d'affectation de fichiers,** file storage mapping routine; **sous-programme d'amorçage,** bootstrap routine, key bootstrap; **sous-programme d'entrée-sortie,** input/output handler; **sous-programme d'exécution immédiate,** real-time executive routine; **sous-programme d'indiçage,** subscript routine; **sous-programme d'utilisateur,** user-provided routine; **sous-programme d'écriture de points de reprise,** checkpoint routine; **sous-programme de bibliothèque,** library subroutine; **sous-programme de calcul,** accounting routine; **sous-programme de calcul en virgule flot-**

tante, floating-point subroutine; **sous-programme de clôture,** termination routine; **sous-programme de commande de périphérique,** peripheral driver, device control routine; **sous-programme de contrôle,** monitor checking routine; **sous-programme de contrôle de la mémoire,** storage test routine; **sous-programme de division,** integer divide; **sous-programme de gestion des entrées/sorties,** input/output software routine; **sous-programme de justification,** map routine; **sous-programme de mise en place de bande,** tape loading routine; **sous-programme de mise à jour,** update routine; **sous-programme de multiplication,** integer multiply; **sous-programme de procédure,** procedure subprogram; **sous-programme de préparation,** setup routine; **sous-programme de recherche,** retrieval routine; **sous-programme de recouvrement,** overlay routine; **sous-programme de reprise,** rerun recording routine; **sous-programme de service,** function subprogram; **sous-programme de sortie,** exit routine; **sous-programme de surveillance,** supervisory routine; **sous-programme de test interne,** internal test routine; **sous-programme de traitement d'étiquettes,** label routine; **sous-programme de traitement des zones,** block handling routine; **sous-programme de transfert de blocs,** record handler; **sous-programme de transfert de fichier,** file handler; **sous-programme de translation,** peripheral routine; **sous-programme de ventilation,** distribution routine; **sous-programme de vidage mémoire,** memory dump routine; **sous-programme entrée/sortie,** input/output support package; **sous-programme fermé,** closed subroutine, linked subroutine; **sous-programme imbriqué,** nested subroutine, nesting subroutine; **sous-programme machine,** machine routine; **sous-programme macro,** minor macro routine; **sous-programme moniteur,** monitor routine; **sous-programme ouvert,** open subprogram, open subroutine; **sous-programme ouvert,** direct insert routine; **sous-programme récurrent,** recursive subroutine; **sous-programme réentrant,** reentrant subroutine; **sous-programme résident,** resident routine; **sous-programme standard,** standard subroutine; **sous-programme statique,** static subroutine; **sous-programme utilisateur,** own code routine; **sous-programme écrit par l'utilisateur,** user-written routine, own code module; **sous-programme à deux niveaux,** two-level subroutine; **sous-programme à un niveau,** one-level subroutine;

spécification de programme, program specification; **structure de programme**, program structure, program pattern; **structure dynamique de programmes**, dynamic structure; **système d'affectation de programmes**, program distribution system; **système de programmes utilitaires**, utility system; **sélection de programme**, program selection; **séquence de programme**, control sequential processing; **table de programmes**, program table; **tableau de programme câblé**, program board; **tableau de programme échangeable**, removable program panel; **tambour programme**, program drum; **temps d'essai de programme**, program test time; **temps de réalisation de programme**, program development time; **terminaison de programme**, program terminaison; **test de programme**, program test; **texte de programme**, program text; **texte du programme symbolique**, source program text; **traduction de programme**, program translation; **traitement de deux programmes**, biprogramming; **transcription de programme**, program transcript; **translation de programme**, program relocation; **translation du programme canal**, channel program translation; **uniquement pour un seul programme**, private to a program; **unité de programme**, program unit; **zone commune des programmes**, interprogram common area; **zone d'échange de programme**, swapping area; **zone de nom de programme**, program name field; **zone de programme**, program area.

p r o g r a m m é: programmed; **adressage programmé**, programmed addressing; **arrêt programmé**, coded halt, coded stop, programmed stop; **blocage programmé**, programmed interlock; **clavier programmé**, programmed keyboard; **contrôle marginal programmé**, programmed marginal check; **contrôle programmé**, programmed checking, programmed check; **enseignement programmé**, programmed learning; **non programmé**, unprogrammed; **programmé**, programmed, coded; **programmé en mémoire morte**, hardware-programmed; **programmé par cartes**, card programmed; **programmé sur commande**, custom-programmed; **retard programmé**, dwell; **vidage programmé**, programmed dump; **virus programmé**, encrypted virus.

p r o g r a m m é e: **application programmée**, computer application; **bande programmée**, coded tape; **calcul à virgule flottante programmée**, programmed floating point operation; **calculateur à logique programmée**, programmed logic computer;

**compteur d'instructions programmées**, software program counter; **directive programmée**, programmed instruction; **gestion programmée**, programmed management; **interruption programmée**, programmed control interrupt; **logique programmée**, programmed logic; **réseau à logique programmée**, programmed logic array (PLA); **virgule programmée**, assumed decimal point.

p r o g r a m m e r: program (to), code (to), encode (to).

p r o g r a m m é t r i e: programmetry, software methodology.

p r o g r a m m e u r: programmer, computer programmer; **analyste programmeur**, programmer analyst; **macro définie par le programmeur**, programmer-defined macro; **utilitaire de tests pour programmeur**, programmer test utility.

p r o g r e s s e r: advance (to), step (to), increment (to).

p r o g r e s s i f: **adressage progressif**, stepped addressing; **compte progressif**, countup; **compteur progressif**, countup counter; **mode dégradé progressif**, graceful degradation mode; **table de sauts progressifs**, forward reference table.

p r o g r e s s i o n: progression; **adressage à progression unitaire**, one-ahead addressing; **commande de progression**, shift advance control; **fonction de progression**, step response; **impulsion de progression groupe**, group step pulse; **paramètre de progression**, incremental parameter; **pas de progression**, increment, advance increment; **progression arithmétique**, arithmetic progression; **progression automatique**, autoincrement; **progression de compteur**, counter advance; **progression de groupe**, group advance; **progression de programme**, program advance.

p r o g r e s s i v e: **défaillance progressive**, drift failure; **dégradation progressive**, fail-softness, graceful degradation; **tabulation progressive**, forward tabulation; **transition progressive**, gradual transition.

p r o h i b é: **code prohibé**, forbidden code.

p r o j e c t i o n: projection.

p r o j e t: project; **but du projet**, design objective; **carte projet**, design card; **examen de projet**, design review; **graphique de projet**, project chart; **projet de câblage automatique**, automatic wiring design.

p r o j e t a b l e: **diagramme projetable**, slide chart.

p r o j e t e r: design (to), image (to).

p r o l o n g a t e u r: extender, expander; **prolongateur de carte**, card extender, expansion board.

**prolongation: instruction de prolongation,** continuation statement; **ligne de prolongation,** continued line, continuation line.

**pronostic:** forecast; **compte-rendu de pronostics,** forecast report; **contrôle de pronostics,** forecasting control; **fichier de pronostics,** forecast file; **période de pronostic,** forecast cycle.

**propagation:** propagation; **circuit de propagation,** delay circuit; **délai de propagation,** propagation delay; **mémoire à propagation,** delay line memory, cycle line unit; **perte par propagation,** propagation loss; **propagation d'erreurs,** error propagation; **temps de propagation,** propagation time, delay time; **temps de propagation de groupe,** envelope delay.

**propagé:** propagated; **report propagé,** propagated carry.

**propagée: erreur propagée,** inherited error; **retenue propagée,** propagated carry.

**propager:** circulate (to).

**proportion:** proportion.

**proportionnel:** proportional, proportionate.

**proportionnelle: bande proportionnelle,** proportional band; **fonte proportionnelle,** proportional font.

**proposition:** proposition; **proposition de césure,** hyphenation pan; **proposition logique,** logic proposition.

**propre:** clean, proper; **langage propre au calculateur,** computer-sensitive language; **système de coordonnées propre,** word coordinate system.

**propreté:** cleanness.

**propriétaire:** owner; **identification du propriétaire,** owner identification; **nom du propriétaire,** owner name.

**propriété:** ownership.

**protecteur:** protective, protector; **rail protecteur,** guard rail; **écran protecteur,** glow screen.

**protection:** protection, safeguarding, security, safeguard; **anneau de protection,** protection ring; **atmosphère de protection,** protective atmosphere; **bande de protection,** guard band; **barre de protection,** guard bar; **binaire de protection,** guard bit; **bit de protection,** protection bit; **circuit de protection d'étage pilote,** driver protection circuit; **clé (de protection) mémoire,** storage key; **clé de protection,** protection key; **clé de protection mémoire,** memory protect key; **code de protection,** protect code; **commutateur de protection de partition,** area protect switch; **digit de protection,** protection

digit, guard digit; **dispositif de protection de fichier,** file protection device; **dispositif de protection de la mémoire,** memory protect feature; **dispositif de protection mémoire,** storage protect feature; **dispositif de protection à l'écriture,** write lockout feature; **encoche de protection à l'écriture,** write protection notch, write-protect notch; **erreur de protection de mémoire,** memory protect error; **housse de protection du clavier,** keyboard mask; **indicateur de protection mémoire,** storage protection indicator; **indicatif de protection mémoire,** storage protection key; **interrupteur de protection de la mémoire,** memory protect switch; **masse de protection,** protective ground; **mémoire à protection,** protected storage; **méthode de protection des blocs,** block protection method; **niveau de protection,** protection level; **onglet de protection à l'écriture,** read/write protection tab; **position de protection,** guard position; **protection antivirus,** virus protection; **protection au formatage,** format write protection; **protection automatique des données,** automatic data protection; **protection circulaire,** ring protection; **protection contre erreurs,** error protection; **protection d'entrée,** input protection; **protection d'écriture,** accuracy proof device; **protection de bloc,** block protection; **protection de chargeur,** volume security; **protection de contact,** contact protection; **protection de données,** data security; **protection de fichier,** file protect; **protection de la mémoire centrale,** main memory protection; **protection de mémoire,** memory protection, memory lockout; **protection de programme,** program protection; **protection de zone mémoire,** area protect feature, storage protection; **protection des chèques,** check protect; **protection des données,** data protection; **protection des fichiers,** file protection, file security; **protection des logiciels,** software protection; **protection des montants,** check protection; **protection en écriture,** write protection; **protection facultative,** selective protection; **protection individuelle des données,** data-dependent protection; **protection par clé,** key protection; **protection par mot de passe,** password protection; **protection secteur,** surge protector; **protection à l'écriture,** disk write protect, write-protect; **période de protection de fichier,** file security period; **terre de protection,** protective earth; **violation de la protection,** protection violation; **voie de protection,** protection channel.

**protectrice: gaine protectrice,** insulating nose.

protégé: protected, safe; **champ non protégé,** unprotected field; **emplacement protégé,** protected location; **fichier non protégé,** unprotected file; **fichier protégé,** protected file, file-protected; **fichier protégé à l'écriture,** read-only file; **lieu protégé,** protected location; **logiciel protégé,** protected software; **mode protégé,** protected mode, protect mode; **non protégé,** unprotected; **protégé contre les chocs,** shock-protected; **protégé à l'écriture,** write-protected.

protégée: **bobine protégée,** protected reel; **copie protégée,** protected copy; **disquette protégée,** protected floppy; **mémoire protégée en écriture,** protected memory; **zone de données non protégée,** unprotected data field; **zone de mémoire protégée,** protected storage area, isolated location; **zone protégée,** protected field, protection domain; **zone protégée programmable,** programmable protected field.

protéger: protect (to).

protocolaire: **message protocolaire,** handshake message.

protocole: protocol*; **convertisseur de protocole,** protocol converter; **échange de données avec protocole,** handshaking; **fichier protocole,** logging file; **interface avec protocole de transfert,** handshake interface; **message protocole,** logging message; **protocole (de transmission) X-MODEM,** X-MODEM protocol; **protocole d'anneau à jeton,** token-passing ring protocol; **protocole de bout en bout,** end-to-end protocol; **protocole de la couche physique,** physical layer protocol; **protocole de routage centralisé,** centralized routing protocol; **protocole de transfert,** handshake; **protocole de transmission,** line protocaol, link control protocol; **protocole multivoie,** multichannel protocol; **protocole univoie,** single-channel protocol.

prototype: prototype; **instruction prototype,** prototype statement.

provisionnel: provisional.

provisoire: preliminary, temporary; **adresse provisoire,** provisional address; **bibliothèque provisoire,** temporary library; **programme provisoire,** preliminary program; **solution provisoire,** makesift, makeshift arrangement; **zone de correction provisoire,** patch area.

provoquer: invoke (to).

proximité: **valeur de proximité,** local value.

pseudo: **code intermédiaire pseudo-codé,** intermediate code; **nombres pseudo-aléatoires,** pseudorandom numbers; **pseudo-adresse de voie,** dummy home address;

pseudo-aléatoire, pseudorandom; **pseudo-booléen,** pseudoboolean; **pseudo-code,** pseudocode; **pseudo-décimal,** pseudodecimal; **pseudo-enregistrement,** dummy record; **pseudo-fichier,** dummy data set; **pseudo-instruction,** pseudoinstruction, directive, declaration; **pseudo-langage,** pseudolanguage, quasi-language; **pseudo-lignée,** seed; **pseudo-pointeur,** dummy pointer; **pseudo-programme,** pseudoprogramme; **pseudo-registre,** pseudoregister; **pseudo-section,** dummy section; **pseudo-variable,** pseudovariable; **signal numérique pseudo-décimal,** pseudodecimal digit; **zone pseudo-aléatoire,** pseudohole.

pseudonyme: alias name.

public: public; **fichier public,** public file; **logiciel de domaine public,** public software; **logiciel de domaine public,** public-domain software; **réseau de télécommunications public,** dial communications lines; **réseau public,** public network; **réseau public de télécommunications,** public-switched network; **réseau public de télétraitement,** public data network; **téléphone public,** pay phone.

publication: publishing; **publication assistée par ordinateur (PAO),** desktop publishing.

publipostage: mailing; **fusion de fichiers de publipostage,** mailing list file merge; **gestionnaire de publipostage,** mailing list manager; **liste de publipostage,** mailing list; **étiquette de publipostage,** mailing label.

publique: **entreprise publique de communications,** common carrier; **ligne publique,** local line.

puce: chip; **carte à puce,** chip card; **puce de microprocesseur,** microprocessor chip; **puce de silicium,** silicon chip; **puce décodeuse,** decoder chip; **puce hautement intégrée,** LSI chip; **puce microprocesseur,** microcomputer chip; **puce à mémoire,** memory chip; **puce à mémoire à bulles,** bubble chip; **sur puce,** on chip; **taux de puces bonnes,** chip yield.

puissance: power; **ajouter de la puissance,** boost (to); **amplificateur de puissance,** power amplifier; **calcul de puissance,** capacity calculation; **diode de puissance,** capacity diode; **dissipation de puissance,** power dissipation; **facteur de puissance,** power factor; **niveau de puissance,** power level; **ordinateur de grande puissance,** large scale system; **ordinateur de moyenne puissance,** medium scale system; **ordinateur de petite puissance,** small scale system; **puissance absorbée,** power consumption; **puissance active,** real power; **puissance apparente,** apparent power; **puissance consommée,** power drain, wattage rating; **puissance de bruit,** noise power; **puissance de calcul,** computational power; **puissance de sortie,** output power; **puissance de traitement,** processing power; **puissance lexicographique,** lexicographical power; **puissance maximum,** maximum capacity; **puissance requise,** power requirement; **réduction de puissance,** derating dissipation; **régulateur de puissance,** power control; **transistor de puissance,** power transistor; **étage de puissance,** power driver.

**puits:** sink; **puits de données,** data sink.

**pulse:** simple pulse, one shot.

**Pupin: bobine de Pupin,** loading coil.

**pupitrage:** keyboarding.

**pupitre:** desk unit; **carte d'appel de pupitre,** console call card; **dispositif de commande pupitre,** console device; **lan-**

gage de commande de pupitre, console command language; **pupitre auxiliaire,** secondary panel; **pupitre de commande,** console desk, control desk; **pupitre de maintenance,** control maintenance panel; **pupitre de maintenance du sous-système,** subsystem maintenance panel; **pupitre de signalisation,** indicator panel; **pupitre opérateur,** operator control panel; **requête de pupitre,** console inquiry; **unité de commande de pupitre,** console control unit.

**pupitreur:** system operator; **opérateur pupitreur,** console operator.

**pur:** pure; **binaire pur,** pure binary, ordinary binary, straight binary; **code binaire pur,** pure binary code; **imaginaire pur,** pure imaginary.

**pure: numération binaire pure,** pure binary notation.

**purge:** flush.

**pyramidal: facteur pyramidal de sortie,** fan-out factor.

# Q

**quadrant:** quadrant.

**quadratique:** quadratic; **caractéristique quadratique,** square law characteristic; **multiplicateur quadratique,** square multiplier.

**quadrature:** quadrature; **modulation d'amplitude en quadrature (MAQ),** quadrature amplitude modulation (QAM).

**quadrichromie: impression en quadrichromie,** four-color print.

**quadrillage:** squares pattern; **visu à quadrillage,** raster display device.

**quadrille: papier quadrillé,** cross-section paper.

**quadripole:** four-pole.

**quadruple:** quadruple; **densité quadruple,** quad density; **format à mot quadruple,** quad-word bound; **quadruple précision,** quadruple precision; **registre quadruple,** quadruple length register, quadruple register.

**qualification:** qualification; **niveau de qualification,** qualification level.

**qualifié:** qualified; **nom qualifié,** qualified name.

**qualifiées: nom de données qualifiées,** qualified data name.

**qualifieur:** qualifier.

**qualitatif: signal qualitatif,** status signal.

**qualité:** quality, grade; **améliorer la qua-**

lité, upgrade (to); **composant de haute qualité,** high grade component; **facteur de qualité,** quality factor; **imprimante de qualité courrier,** correspondence quality printer; **ligne de haute qualité,** voice grade circuit; **niveau de qualité acceptable,** acceptable quality level (AQL); **proche de la qualité courrier,** near letter quality (NLQ); **qualité courrier,** letter quality; **qualités de service,** operational characteristics.

**quantificateur:** quantifier; **compteur-quantificateur,** quantity number counter; **quantificateur universel,** universal quantifier; **quantificateur vidéo,** video digitizer.

**quantification:** quantization*, quantizing, quantification; **bruit de quantification,** quantization noise; **niveau de quantification,** quantization level.

**quantifier:** quantify (to), quantize (to).

**quantité:** quantity*, amount, numerical quantity; **(quantité d')information mutuelle,** mutual information; **(quantité d') information mutuelle émise,** transmitted information; **grande quantité de données,** huge data; **quantité alternante,** alternating quantity; **quantité analogique,** analog quantity; **quantité compensatrice,** compensating quantity; **quantité d'information conjointe,** joint information content; **quantité d'informations,** amount of information; **quantité de mémoire,**

amount of memory; **quantité inconnue,** unknown quantity; **quantité variable,** variable quantity; **transfert de grandes quantités de données,** bulk transmission of data; **unité binaire de quantité d'information,** binary unit of information content (shannon); **unité de quantité d'information,** Hartley; **unité décimale (quantité d'information),** decimal unit of information content; **unité naturelle (de quantité d'information),** natural unit (of information content).

**q u a n t u m :** quantum.

**q u a r t :** quarter; **cartouche quart de pouce,** quarter-inch cartridge (QIC).

**q u a r t e :** quad*.

**q u a r t e t :** four-bit byte, nibble, quartet, quadbit; **quartet de poids fort,** zone quartet.

**q u a r t z :** quartz; **cristal de quartz,** quartz crystal; **ligne à retard à quartz,** quartz delay line.

**q u a s i :** quasi; **accès quasi-instantané,** quasi-random access; **quasi-direct,** quasi-random.

**q u a t e r n a i r e :** quaternary.

**q u a t r e :** four; **code à quatre adresses,** four-address code; **connexion à quatre fils,** four-port addressing; **flèche à quatre pointes,** four-headed arrow; **instruction à quatre adresses,** four-address instruction; **liaison à quatre fils,** four-wire channel; **ligne à quatre conducteurs,** four-wire circuit; **méthode à quatre adresses,** four-address method; **qua**tre-vingt-dix, ninety; **quatre-vingts,** eighty; **table à quatre positions,** four-place table; **à quatre-plus-une adresse,** four-plus-one address.

**q u e s t i o n :** question; **demande et question automatiques,** automatic request and question (ARQ).

**q u e s t i o n n a i r e :** questionnaire; **questionnaire de demande d'emploi,** application questionnaire.

**q u e u e :** tail; **en file, en queue,** queued; **queue d'attente des entrées/sorties,** input-output queue; **queue d'attente des unités disponibles,** available unit queue; **queue d'attente à base fixe,** fixed-queue list; **queue d'entrée/sortie,** input/output error; **étiquette queue de bande,** trailer flag.

**q u i n a i r e :** quinary*, quibinary; **code quinaire,** quinary code, two-out-of-five code; **nombre quinaire,** quinary number.

**q u i n t e t :** five-bit byte, quintet.

**q u i n t u p l e t :** quintet, five-bit byte.

**q u o t a :** quota.

**q u o t a t i o n :** quotation.

**q u o t i e n t :** quotient, ratio; **quotient différentiel,** differential quotient; **registre des quotients,** quotient register; **registre multiplicateur quotient,** multiplier quotient register.

**Q W E R T Y :** **clavier QWERTY,** QWERTY* keyboard.

# R

**raccord:** connector; **raccord de câble,** cable connection; **raccord femelle,** socket connection; **raccord à fil,** wire lead; **raccord mâle,** plug connection.

**raccordement:** hook-up, attachement, nexus, pasting, patching; **borne de raccordement,** connecting terminal, connecting link; **cordon de raccordement,** patch cord; **câble de raccordement,** external cable; **panneau de raccordement,** electronic panel; **point de raccordement,** drop-off, hybrid input terminal; **raccordement de lignes,** line adapter set; **voie de raccordement,** connecting circuit.

**raccourci:** shortcut; **touche-raccourci,** shortcut key.

**raccourcir:** abbreviate (to), abridge (to).

**raccrocher:** hang up (to).

**racine:** root*, radical quantity; **double racine,** double root; **exposant de racine,** radical index, root index; **racine carrée,** square root; **racine d'exposant,** exponent of the root; **racine d'un mot,** word stem; **racine de catalogue,** catalog root; **racine imaginaire,** imaginary root; **répertoire racine,** root directory; **signe de racine,** radical sign; **valeur de la racine,** value of the root.

**rack:** rack.

**radial:** radial; **transfert radial,** radial transfer, transput process.

**radiale:** **épaisseur de paroi radiale,** radial thickness; **fréquence radiale,** radian frequency; **représentation radiale,** radix representation.

**radian:** radian.

**radiateur:** heat sink.

**radiation:** radiation; **radiation d'ondes secondaires,** spurious radiation; **radiation lumineuse,** luminous radiation; **radiation parasite,** parasitic radiation.

**radical:** radical; **signe de radical,** radical sign.

**radio:** radio; **interférence radio fréquence,** radio frequency interference (RFI); **perturbations radio,** man-made static; **radio fréquence,** radio frequency (RF).

**radiodiffusion:** broadcasting.

**radix:** radix de représentation en flottant, floating-point radix.

**rafale:** burst; **écriture en rafale,** write burst; **lecture par rafale,** read burst; **lecture/écriture par rafale,** read/write burst;

**rafale d'octets,** burst of bytes; **taux de rafale,** burst rate; **transmission par rafales,** burst transmission.

**rafraîchir:** refresh (to).

**rafraîchissement:** refreshing, refresh*, retrace; **cycle de rafraîchissement,** refreshing cycle, refresh cycle; **cycle de rafraîchissement d'affichage,** retrace cycle; **cycle de rafraîchissement de mémoire,** memory refresh cycle; **cycle de rafraîchissement de mémoire dynamique,** RAM refresh cycle; **écran à rafraîchissement continu,** continual refresh display; **intervalle entre deux rafraîchissements,** refresh interval; **mémoire à rafraîchissement,** refresh storage, regenerative memory; **rafraîchissement de trame,** frame reprint; **rafraîchissement dynamique,** invisible refresh; **rafraîchissement écran,** CRT refresh; **temps de rafraîchissement d'un pixel,** pixel update time; **vitesse de rafraîchissement,** refresh rate, regeneration rate; **vitesse de rafraîchissement d'image,** display refresh rate.

**rail:** rail, runner; **rail de chariot,** carriage rail; **rail protecteur,** guard rail.

**rainure:** groove, slot, throat.

**raisonnement:** raisonnement par récurrence, mathematical induction.

**ralentir:** slow down (to).

**ralentissement:** slowdown; **ralentissement du système,** system slowdown.

**rallonge:** rallonge de câble, extension cable.

**rampe:** ramp, slope; **rampe de chargement,** file feed.

**rang:** row; **binaire de rang supérieur,** upper bit; **bit de rang inférieur,** lower bit; **indice de rang,** array declarator subscript; **rang de carte,** card row; **rang de la virgule,** radix point; **rang de matrice,** matrix order; **rang de poids fort,** left most position; **rang de test,** check row.

**range:** range-disquettes, disk storage.

**rangée:** row*, line, frame; **boîtier à double rangée connexions,** dual-in-line package (DIL); **boîtier à simple rangée de connexions,** single-in-line package (SIP); **rangée binaire,** binary row; **rangée de bande,** tape row; **rangée de marteaux,** hammer bank; **rangée de touches,** key bank; **rangée transversale complète,** full array; **rangées de perforations,** curtate.

**r a n g e m e n t :** filing; **adresse de piste de rangement,** home address; **catégorie de rangement,** storage class; **instruction de rangement,** storage instruction; **rangement d'adresses,** orienting; **rangement en mémoire,** memory store; **rangement en mémoire tampon,** buffering; **rangement par interclassement,** sequencing by merging; **rangement à une adresse calculée,** randomizing formula; **zone de rangement,** storage arrangement.

**r a n g e r :** put (to); **ranger en mémoire,** randomize (to); **ranger par fusion,** order (to) by merging.

**r a p i d e :** fast, rapid, quick; **accroissement rapide,** upswing; **accès rapide,** fast access; **alimentation rapide,** high-speed feed; **arrêt rapide,** fast shutdown; **bloc de mémoire rapide,** high-speed memory block; **bus rapide,** high-speed bus; **calculateur rapide,** high-speed processor; **canal de données rapide,** high-speed data channel; **canal rapide,** high-speed channel; **chargement rapide,** quick load; **circuit très rapide,** nanosecond circuit; **clôture rapide,** quick closedown; **commande d'imprimante rapide,** high-speed printer control; **compteur rapide,** high-speed computer; **connecteur à attache rapide,** quick disconnect; **contrôle rapide,** audit flash; **dispositif de tabulation rapide,** high-speed skip feature; **division rapide,** high-speed division; **fonction rapide,** high-speed service; **imprimante rapide,** high-speed printer; **lecteur de bande rapide,** high-speed tape reader; **lecteur de cartes rapide,** high-speed card reader; **lecteur de documents rapide,** high-speed document reader; **lecteur rapide,** high-speed reader; **mode rapide,** fast mode; **multiplication rapide,** high-speed multiplication; **mécanisme d'éjection rapide,** high-speed eject mechanism; **mémoire rapide,** fast memory, fast core, rapid memory; **mémoire à accès rapide,** fast access memory (FAM), quick access storage; **opération rapide,** high-speed operation; **perforateur rapide,** high-speed punch; **processeur très rapide,** nanoprocessor; **redressement rapide,** upswing; **registre rapide,** fast register; **relais à réponse rapide,** fast acting relay; **rembobinage rapide,** high-speed rewind; **saut rapide,** high-speed skip; **tabulation rapide,** high-speed skip; **touche rapide,** shortcut key; **transmission rapide de données,** fast data transmission; **transport de papier rapide,** high-speed paper feed; **zone d'accès rapide,** rapid access loop.

**r a p i d i t é :** velocity; **rapidité de modulation,** modulation rate.

**r a p i é c e r :** patch (to).

**r a p p e l :** recall, roll in; **bras de rappel,** restoring arm; **cliquet de rappel,** backspace pawl; **connexion par rappel,** call-back; **contact de rappel clavier,** keyboard restoring contact; **fonction de rappel,** restore action; **instruction de rappel,** backspace instruction; **mécanisme de rappel,** backspace mechanism; **programme de rappel,** back-up and restore program; **rappel automatique,** automatic callback, auto-callback, callback; **rappel de cliquet,** pawl knock-off; **rappel-transfert,** roll in/roll out (RIRO); **ressort de rappel,** return spring; **réponse de rappel,** recall response; **temps de rappel,** backspacing time.

**r a p p e l e r :** recall (to), roll in (to), roll on (to).

**r a p p o r t :** ratio, report group, rating, relationship; **code à rapport constant,** constant ratio code; **description du rapport,** report group description entry; **en rapport avec..,** related; **engrenage à grand rapport de réduction,** vernier drive; **générateur de rapport,** report generator; **générateur de rapport intégré,** own report generator; **modification du rapport,** ratio change; **mot de rapport,** report item; **niveau de rapport,** report group level; **préparation du rapport,** report preparation; **rapport analytique,** analytical relationship; **rapport d'anomalies,** exception report; **rapport d'audit,** audit report; **rapport d'avancement,** progress report; **rapport d'erreurs,** error report; **rapport de similarité,** ratio of similitude; **rapport de sélection,** selection ratio; **rapport des phases,** phase relation; **rapport informatique,** computational report; **rapport interne,** internal ratio; **rapport porteuse à bruit,** carrier to noise ratio; **rapport signal,** noise ratio; **rapport signal/bruit,** signal-to-noise ratio; **rapport synthétique,** synthetic relationship; **symétrique par rapport à la terre,** balanced to ground; **type de rapport,** report group type; **édition de rapport,** report section.

**r a p p o r t e r :** se rapporter à, relate (to).

**r a p p r o c h é e :** transmission rapprochée des données, short range data transmission.

**r a p p r o c h e m e n t :** indicatif de rapprochement, matching zone.

**r a s s e m b l e r :** gather (to).

**r a t é :** failure, flop.

**r a t i o n a l i t é :** rationalité de la mémoire, storage economy.

**r a t i o n n e l :** rational; **nombre rationnel,** rational number.

**rationnelle:** fonction intégrale rationnelle, rational integral; **fraction rationnelle,** rational fraction.

**rattrapage:** hunting, retrofit.

**rayage:** scoring.

**rayer:** strikeout (to).

**rayon:** ray; **accédé par rayon,** beam-accessed; **affichage par rayon cathodique,** cross-display; **affichage à tube à rayon cathodique,** CRT device; **tube commutateur à rayons cathodiques,** beam switching tube; **tube à rayons cathodiques (CRC),** cathode ray tube (CRT); **unité d'affichage à tube à rayon cathodique,** CRT display unit.

**rayure:** scratch, freak.

**RAZ:** retour à zéro , return to zero; **mode d'écriture non polarisé avec RAZ,** dipole modulation; **méthode d'écriture avec RAZ,** dipole recording method; **remettre à zéro,** reset (to), zeroize (to), clear (to); **RAZ du système,** system reset.

**réacheminement:** rerouting.

**réactance:** reactance; **réactance inductive,** inductive reactance.

**réactif:** accouplement réactif positif, positive feedback; **courant réactif,** no load current, idle current.

**réaction:** amplificateur à réaction, feedback amplifier; **contre réaction,** inverse feedback; **contre-réaction,** feedback; **impédance de réaction,** feedback impedance; **intégrateur de contre réaction,** inverse integrator; **montage de réaction,** feedback circuit; **réaction anticipative,** feed forward; **réaction de couplage par résistance,** resistive feedback; **réaction de courant,** current feedback; **réaction inductive,** inductive feedback; **réaction positive,** regenerative feedback; **système à contre-réaction,** automatic feedback control system; **temps de réaction total,** total response time; **tension à réaction,** feedback voltage.

**réactive:** composante réactive, quadrature component.

**réaffectation:** reassignment, reallocation.

**réaffecter:** reallocate (to), reassign (to).

**réajustement:** retrofit.

**réalimentation:** refeed.

**réalimenter:** refeed (to).

**réalisateur:** implementor.

**réalisation:** implementation; **état de réalisation,** completion status; **phase de réalisation,** completion phase; **temps de réalisation de programme,** program development time.

**réaliser:** achieve (to).

**réamorçage:** rebootstrap.

**réapprovisionner:** poste à réapprovisionner, reorder point.

**réarrangement:** rearrangement, reordering, resorting, refiling.

**réassemblage:** reassembly.

**réassembler:** reassemble (to).

**reblocage:** reblocking.

**rebloqué:** reblocked.

**rebond:** rebound.

**rebondir:** flutter (to).

**rebondissement:** rebondissement de contact, contact bounce.

**rebouchage:** capping; **rebouchage automatique,** automatic pen capping.

**rebours:** compte à rebours, countdown.

**rebut:** rejection, reject; **case de rebut,** reject pocket, reject stacker; **taux de rebut,** reject rate.

**recalculer:** recalculate (to), recompute (to).

**recalibrer:** recalibrate (to).

**récapitulatif:** enregistrement récapitulatif, trailer record; **état récapitulatif de l'exploitation,** operational summary report.

**récapitulative:** impression récapitulative, group printing; **perforation récapitulative,** summary punching; **perforatrice récapitulative,** summary punch.

**récapitulatrice:** carte récapitulatrice, summary card.

**réceptacle:** stacker; **réceptacle d'imprimés,** printout basket.

**récepteur:** receiver, sink, receptor; **circuit d'entrée récepteur,** receiver gating; **demande de mise en service du récepteur,** request to receive; **émetteurrécepteur,** receiver/transmitter, transceiver; **émetteur-récepteur de cartes,** card transceiver; **émetteur/récepteur synchrone,** synchronous transceiver; **perforateur récepteur,** receiver keying; **poste récepteur,** destination station; **récepteur de données,** data receiver; **récepteur différentiel,** control differential receiver; **récepteur numérique,** digital data receiver; **récepteur électronique,** electronic receiver; **récepteur à décalage de cartes,** offset stacker device; **sous-canal récepteur de données,** received backward channel data; **tampon récepteur,** buffer receive; **terminal récepteur,** receiving terminal; **téléimprimeur émetteur-récepteur,** automatic send/receive (ASR).

**réception:** reception, receiving, accepting, receipt; **accuser réception,** acknowledge receipt (to); **accusé de réception,** acknowledgement (ACK); **accusé de réception automatique,** auto-acknowledgement;

accusé de réception négatif, negative acknowledge (NAK); appel d'accusé de réception, acknowledgement call; bit de réception, acknowledgement bit; boîtier de réception de cartes, output stacker; canal de réception, receive channel; caractère d'accusé de réception négatif, negative acknowledge character; caractère d'appel de réception, addressing character; caractère de réception positif, acknowledge character; case de réception de cartes, reception pocket; case de réception des documents, document distribution; case de réception normale, accept stacker; circuit de réception, incoming circuit; clavier expédition/réception (CER), keyboard send/receive (KSR); compte-rendu de réception, acceptance certificate; contrôle de réception, receive control; couverture de réception, reception coverage; demande d'accusé de réception, acknowledgement request; dispositif de réception, discharge device; essai de réception, acceptance test; fil de réception, receive wire; fréquence de réception, receive frequency; gorge de réception de badge, badge receiver throat; identificateur d'accusé de réception, acknowledgement identifier; instruction de réception, receive instruction; interruption de la réception, receive interruption; langage de réception, receptor language; magasin de réception de cartes, receiving magazine, pigeon hole; magasin de réception filière, card throat; message en réception, incoming message; mise hors-service de l'unité de réception, receiver cutoff; mode de réception, receive mode; mode réception, receive run; mécanisme de réception, stacking mechanism; plateau de réception, stacker plate; poste de réception prêt, receive ready; procédure de réception, acceptance test procedure; prêt à la réception, ready-for-receiving; registre de réception, destination register; rythmeur de réception, receive timer; réception alphabétique, alphabetic receive; réception de caractère, character reception; réception en diversité de fréquence, frequency diversity reception; réception erronée, invalid reception; réception seule, receive-only (RO); sans accusé de réception, unacknowledged; signal d'accusé de réception, decision signal; signal de réception, acknowledge signal; spécification de réception, acceptance specification; synchronisation de la réception, receiver signal element timing; table de réception, destination table; unité de réception, stacker unit; zone de

réception, receiving item; zone de réception mise en forme, edited receiving field; état de réception permanent, continuous receive state.

réceptionnée: réponse vocale réceptionnée, received voice answer.

réceptrice: adresse réceptrice, destination address; bobine réceptrice, take-up reel; machine à écrire réceptrice, output typewriter; plaque réceptrice de formulaires, document platform; station réceptrice, accepting station, called station; zone réceptrice, destination field.

recette: knowhow.

recevoir: receive (to); invitation à recevoir, selection.

rechange: spare; matériel de rechange, hook-up machine; pièce de rechange, replacement part, maintenance part; programmation des rechanges, computer parts programming.

rechargeable: reloadable; batterie rechargeable, storage battery.

rechargement: reloading, reload.

recharger: reload (to).

recherche: research, seek, search, searching, retrieving; adresse de recherche, seek address; algorithme de recherche binaire, bisection algorithm; argument de recherche, search argument; carte de recherche, search card; clé de recherche, search key; code de recherche, retrieval code; commande de recherche, searching command, search statement; cycle de recherche, search cycle, searching sequence, seek; cycle de recherche d'instruction, instruction fetch; demande de recherche, search query; drapeau de recherche, search control word; durée moyenne de recherche, average search length; débordement de la recherche, seek overlap; file de recherche, retrieval list; fonction de recherche, search function, locate function; instruction de recherche, search statement, lookup instruction; instruction de recherche de table, table lookup statement; macro-appel de recherche, seek action macrocall; masque de recherche, search mask; mode de recherche, search mode, locate mode; mot de recherche, search word; méthode de recherche, searching method; méthode de recherche circulaire, round robin search method; nombre de recherche, search number; opération de recherche, searching operation, search operation; organigramme de recherche, optimum tree search; paramètre du mot de recherche, search mode parameter; processus de recherche, search process; **processus de recherche de lignes,** quota method; **programme de recherche d'erreurs,** error search program; **recherche appliquée,** applied research; **recherche arborescente,** tree searching, tree search; **recherche arrière,** backward search; **recherche au hasard,** browsing; **recherche automatique,** automatic search; **recherche binaire,** binary search; **recherche d'adresse,** address search; **recherche d'application,** application research; **recherche d'erreur,** error trapping, error search; **recherche d'incident,** fault locating; **recherche dans un fichier,** file searching; **recherche de Fibonacci,** Fibonacci search; **recherche de caractères alphabétiques,** alphabetic test; **recherche de colonnes vierges,** blank column detection; **recherche de documents,** document retrieval; **recherche de fichier,** file search; **recherche de l'information,** data retrieval, information retrieval; **recherche de liaison,** link finding; **recherche de marge,** edge seek; **recherche de pannes,** troubleshooting, trouble hunting; **recherche de table,** table search; **recherche de texte,** text retrieval; **recherche dichotomique,** dichotomizing search, binary search, chop; **recherche directe,** direct seek; **recherche documentaire,** documentary information retrieval; **recherche en bibliothèque,** library search; **recherche en chaîne,** chaining search; **recherche en recouvrement,** overlapping seek; **recherche en table,** table look-up; **recherche fictive,** dummy seek; **recherche fondamentale,** basic research; **recherche inverse,** backtracking; **recherche multicritère,** multicriteria search; **recherche opérationnelle,** operation analysis, operation research (OR); **recherche par dichotomie,** binary chop; **recherche par menu,** menu search; **recherche par mot clé,** disjunctive search, key retrieval; **recherche par partage,** binary chop; **recherche séquentielle,** sequential search, linear search; **requête de recherche,** search query; **sous-programme de recherche,** retrieval routine; **système de recherche,** retrieval system; **système de recherche documentaire,** information retrieval system; **séquence de recherche en bibliothèque,** library search sequence; **table de recherche,** look-up table; **temps de recherche,** search time, seek time; **temps de recherche d'erreur,** fault-tracing time; **temps de recherche de données,** seek access time; **théorie de recherche,** search theory; **vitesse de recherche,** searching speed; **zone de recherche,** search area, seek area, area search; **zone du mode de recherche,** search mode field.

**rechercher:** search (to), seek (to); **rechercher au hasard,** browse (to).

**réciproque:** reciprocal; **action réciproque,** reciprocal action; **équation réciproque,** reciprocal equation; **valeur réciproque,** reciprocal value.

**recirculation:** **piste à recirculation,** regenerative track.

**réclamation:** reclaim.

**reclassement:** resorting, reordering, rearrangement, refiling.

**reclasser:** resequence (to), reorder (to), refile (to).

**recodage:** reprogramming, recoding.
**recoder:** recode (to).

**recommandations:** guidelines.

**recompilation:** recompiling, recompilation.

**recompiler:** recompile (to).

**reconfigurabilité:** reconfigurability*.

**reconfiguration:** reconfiguration; **reconfiguration de mémoire,** storage reconfiguration; **reconfiguration du système,** system degradation.

**reconfigurer:** reconfigure (to), reconfigurate (to).

**reconnaissable:** recognizable.

**reconnaissance:** recognition, cognition; **dispositif de reconnaissance de caractères,** character recognition device; **logiciel de reconnaissance de caractères,** text reader processor; **logique de reconnaissance,** recognition logic; **logique de reconnaissance de caractères,** character recognition logic; **reconnaissance artificielle,** artificial cognition; **reconnaissance automatique de la parole,** automatic speech pattern recognition; **reconnaissance automatique des caractères,** automatic character recognition; **reconnaissance automatique des formes,** automatic shape recognition; **reconnaissance automatique des structures,** automatic pattern recognition; **reconnaissance de caractères,** character recognition; **reconnaissance de code,** code recognition; **reconnaissance de langages et de symboles,** speech and pattern recognition; **reconnaissance de marque de bande,** tape mark recognition; **reconnaissance de repères,** mark recognition; **reconnaissance de structure,** structure recognition; **reconnaissance des caractères de commande,** control character recognition; **reconnaissance des formes,** pattern recognition; **reconnaissance optique de caractères,** optical character recognition (OCR); **reconnaissance optique de marques,** optical mark recognition (OMR); **reconnaissance vocale,** speech recognition, voice recognition; **temps de reconnaissance,** recognition time; **temps de reconnaissance d'appel,** call recognition time.

**reconnaître:** acknowledge (to).

**reconnecter:** reconnect (to).

**reconnu: reconnu par une machine,** machine-recognizable.

**reconstituer:** reconstitute (to), rebuild (to), restore (to).

**reconstitution:** rebuilding, reconstruction.

**reconstruction:** reconstruction, rebuilding; **reconstruction de fichier,** file reconstruction.

**reconstruire:** rebuild (to), recontruct (to).

**reconversion:** reconversion.

**recopie: possibilité de recopie écran,** hard copy facility; **recopie d'écran,** screen copy.

**recopieur: recopier; recopieur d'affichage écran,** display screen copier; **recopieur d'écran,** display screen recopier.

**recorriger:** repatch (to).

**recourir:** apply (to).

**recouvert:** overlapped.

**recouvrable:** overlayable; **module recouvrable,** overlay module; **segment recouvrable,** overlayable segment.

**recouvrement:** overlap, overlapping, overlay, overlaying, lap; **appel de segment de recouvrement,** overlay request; **circuit de recouvrement,** overlay path; **commande de recouvrement,** overlay controller; **fenêtres à recouvrement,** overlapping windows, tiled windows; **fichier de recouvrement,** overlay file; **gestion de recouvrements,** overlay management; **module de chargement à recouvrement,** overlay load module; **phase de recouvrement,** overlay phase; **recherche en recouvrement,** overlapping seek; **recouvrement arborescent,** overlay tree; **recouvrement automatique,** automatic overlaying; **recouvrement d'erreurs,** error recovery, fault recovery; **recouvrement de message,** message retrieval; **recouvrement de mémoire,** memory overlap; **segment de recouvrement,** overlay segment; **segment de recouvrement auxiliaire,** auxiliary overlay; **sous-programme de recouvrement,** overlay routine; **structure de recouvrement,** overlay structure; **superviseur de recouvrement,** overlay supervisor; **technique de recouvrement,** overlay technique; **temps de recouvrement,** recovery time; **zone de recouvrement,** overlay area.

**recouvrir:** overlay (to), overlap (to).

**recréer:** recreate (to).

**rectangle:** rectangle; **rectangle pointillé,** dotted box.

**rectangulaire:** rectangular; **boucle d'hystérésis rectangulaire,** rectangular hysteresis loop; **coordonnées rectangulaires,** rectangular cartesian coordinates; **hyperbole rectangulaire,** rectangular hyperbola; **impulsion rectangulaire,** rectangular pulse; **integration rectangulaire,** rectangular integration; **perforation rectangulaire,** square hole.

**rectifieuse:** grinder.

**rectiligne:** rectilinear; **mouvement rectiligne,** rectilinear motion.

**recto: alimentation recto,** face-down feed; **recto de carte,** card face.

**reçu:** received.

**recueil: recueil chronologique automatique,** logging; **recueil de données,** data book.

**reçues: données reçues,** received data.

**recul:** backspacing.

**reculer:** back (to); **reculer d'un bloc,** space backward (to); **reculer d'un espace,** backspace (to).

**récupérable:** recoverable; **erreur récupérable,** recoverable error.

**récupération:** recovery, retrieval*, reclamation; **faculté de récupération,** recoverability; **fonction de récupération,** recovery function; **mouvement de récupération,** recovery transaction; **opération récupération,** retrieval operation; **procédure de récupération,** recovery procedure; **programme de récupération automatique,** automatic recovery program; **routine de récupération,** recovery routine; **récupération automatique (panne secteur),** power fail recovery (PFR); **récupération de fichier,** file recovery; **récupération de message,** message retrieval; **récupération directe,** pull; **récupération par retraitement,** backward recovery; **récupération parasite,** false retrieval.

**récupérer:** retrieve (to), reclaim (to).

**récurrence:** recurrence, recursion; **commande de récurrence,** sequential control; **fréquence de récurrence,** recurrence rate; **raisonnement par récurrence,** mathematical induction; **récurrence de point,** dot cycle; **taux de récurrence des impulsions,** pulse recurrence rate.

**récurrent:** recursive, cyclic; **balayage récurrent,** raster scanning; **caractère de contrôle récurrent,** cyclic check character; **octet de contrôle récurrent,** cyclic check byte; **sous-programme récurrent,** recursive subroutine.

**récurrente:** fonction récurrente, recursive function; **opération récurrente,** automatic sequential operation; **suite récurrente,** recursively defined sequence.

**récursif:** recursive; **processus récursif,** circular process; **programme récursif,** recursive program.

**récursion:** formule de récursion, recurrence formula.

**récursive:** opération récursive, recursive operation, recursive progress; **procédure récursive,** recursive procedure; **routine récursive,** recursive routine.

**récursivité:** recursion.

**recyclage:** recycling.

**redémarrage:** continuation restart*; **point de redémarrage,** rescue point; **redémarrage automatique,** automatic restart, auto-restart; **redémarrage du traitement pas à pas,** step restart; **redémarrage manuel,** differed restart; **redémarrage retardé,** delayed restart; **redémarrage à chaud,** warm boot, warm restart.

**redondance:** redundancy; **bit (de contrôle) de redondance,** redundancy bit; **contrôle cyclique par redondance,** cyclic redundancy check (CRC); **contrôle de redondance horizontale,** transverse redundancy check (TRC); **contrôle de redondance verticale (parité paire),** vertical redundancy check (VRC); **contrôle par redondance,** redundancy check; **contrôle par redondance (de parité),** redundancy control; **contrôle par redondance longitudinale (parité),** longitudinal redundancy check (LRC); **redondance du logiciel,** software redundancy; **redondance relative,** relative redundancy; **taux de redondance,** redundancy ratio.

**redondant:** redundant; **caractère redondant,** redundant character; **chiffre redondant,** redundant digit; **code redondant,** redundant code.

**redressé:** rectified.

**redressée:** tension redressée, rectified voltage.

**redressement:** redressement rapide, upswing.

**redresseur:** rectifier; **colonne d'élément redresseur,** rectifier stack; **redresseur au germanium,** germanium rectifier; **redresseur au silicium,** silicon rectifier; **redresseur contrôlé,** controlled rectifier; **redresseur en pont,** bridge rectifier; **redresseur simple alternance,** half-wave rectifier; **redresseur à couplage de Graetz,** rectifier bridge; **redresseur à double alternance,** full wave rectifier.

**redresseuse:** cellule redresseuse, rectifier cell.

**réducteur:** resolver.

**réductible:** téléphonie à porteuse réductible, quiescent carrier telephony.

**réduction:** reduction, underflow; **engrenage à grand rapport de réduction,** vernier drive; **facteur de réduction,** reduction factor; **facteur de réduction du temps de transition,** transit time reduction factor; **mode de réduction,** shrinking mode; **réduction d'amplitude,** amplitude reduction; **réduction d'encombrement,** downsizing; **réduction d'une fenêtre,** window shrinking; **réduction de capacité,** capacity decrease; **réduction de longueur de bloc,** block size reduction; **réduction de puissance,** derating dissipation; **réduction de taille,** downsizing; **réduction des données,** data reduction; **temps de réduction,** reduction time; **temps de réduction manuelle,** manual reduction time.

**réduire:** réduire (des données), condense (to); **réduire à l'échelle,** scale down (to).

**réduit:** bloc réduit, short block; **clavier réduit,** condensed keyboard; **facteur temps réduit,** fast time scale; **saut réduit,** short skip.

**réduite:** expression réduite, substring notation; **table à longueur réduite,** short length table; **version réduite,** downgraded version.

**réécrire:** rewrite* (to).

**réécriture:** rewriting, rewrite; **écrasement par réécriture,** overwriting, overwrite; **écraser par réécriture,** overwrite (to).

**réédition:** reprint.

**réel:** actual, effective, real*; **accès en temps réel,** real-time demand; **analyse des besoins réels,** material inventory planning; **application en temps réel,** real-time application; **calcul des coûts réels,** actual cost system; **calculateur en temps réel,** real-time computer; **calculateur secondaire temps réel,** real-time satellite computer; **chiffre réel,** true figure; **commande en temps réel,** real-time control; **communication en temps réel,** real-time communication; **contrôleur orthographique en temps réel,** real-time spelling checker; **coût réel,** actual cost; **entrée en temps réel,** real-time input; **essai réel,** live data test; **exploitation en temps réel,** real-time use; **fonctionnement en temps réel,** real-time working; **horloge temps réel,** real-time clock; **interface d'horloge temps réel,** real-time clock interface; **langage temps réel,** real-time language; **mode réel,** real mode; **moniteur temps réel,**

real-time monitor; **niveau d'accès réel,** physical access level; **nombre réel,** real number; **opération en temps réel,** real-time operation; **paramètre réel,** actual parameter; **pas réel,** effective pitch; **programme en temps réel,** real-time program; **signe réel,** actual sign; **simulation en temps réel,** real-time simulation; **sortie en temps réel,** real-time output; **système temps réel,** real-time system (RTS), real-time control system; **temps réel (TR),** real time (RT), current time; **temps réel en ligne,** on-line real time (OLRT); **traitement des données en temps réel,** real-time data processing; **traitement en temps réel,** real-time processing, continuous processing; **traitement réel,** live running; **transfert réel,** actual transfer; **transmission en temps réel,** real-time transmission; **type réel,** real type.

**réelle: adresse d'écriture réelle,** current write address; **adresse réelle,** actual address, real address; **constante réelle,** real constant; **date réelle,** effective date; **exécution réelle,** actual execution; **fin réelle de bande,** physical end of tape; **grandeur réelle,** full scale; **grandeur réelle,** actual size; **instruction réelle,** absolute instruction, effective instruction; **longueur réelle,** real length; **mémoire réelle,** real memory, real storage, actual storage; **position réelle,** actual position; **structure réelle,** physical structure; **table réelle des tâches,** active job execution table; **valeur réelle,** true value, actual value; **virgule décimale réelle,** actual decimal point.

**réenchaîner:** relink (to).

**réenregistrement: méthode de réenregistrement,** playback method.

**réenregistrer:** rerecord (to).

**réentrance:** reentrance.

**réentrant:** reenterable, reentrant*; **code réentrant,** pure code; **module réentrant,** reenterable load module; **non réentrant,** nonreusable; **programme réentrant,** reentrant program; **sous-programme réentrant,** reentrant subroutine.

**réentrée:** reentry.

**réentrer:** reenter (to).

**réexécution:** rerun*.

**réextraction:** refetching.

**référence:** reference, referencing, tag; **adresse de référence,** reference address, presumptive address; **adresse de référence de fichier,** file reference; **axe de référence d'espacement de caractère,** character spacing reference line; **axe de référence de caractère,** character reference line; **bloc de référence,** reference block; **bloc sans référence,** unlabelled block; **bobine de référe-**

rence, guide spool; **bord de référence,** reference edge; **bord de référence de document,** document reference edge; **code de référence,** reference code; **enregistrement de référence,** reference record; **facteur de référence,** comparative figure; **feuille de référence,** master answer sheet; **fichier de référence,** updated master file; **filtre de référence,** reference filter; **fonction de référence,** alignment function; **fréquence de référence,** reference frequency; **guide référence,** quick reference guide; **indicatif de référence,** reference key; **langage de référence,** reference language; **listage de références,** reference listing; **liste de références,** reference list; **liste de symboles références,** symbol cross reference listing; **manuel de référence,** reference manual, reference material; **marge de référence,** guide margin; **marque de référence,** reference mark; **module de référence,** master source module; **niveau de référence,** reference level; **numéro de référence,** reference number; **piste de référence,** library track; **point de référence visuel,** view reference point; **programme de référence,** routine master; **retour en référence,** return to reference; **référence accessible directement,** on-line reference; **référence d'entrée/sortie,** input/output referencing; **référence de base,** basic reference; **référence de phase,** phase reference; **référence extérieure,** external reference; **référence sur fichier,** file-related; **référence symbolique,** symbol reference; **référence uniforme,** uniform referencing; **signal de référence,** reference signal; **symbole de référence,** reference symbol; **table de références,** general reference table; **tension de référence,** reference voltage; **valeur de référence,** reference value; **zone de référence d'erreurs,** error reference; **état de référence,** characteristic state, time origin.

**référencée: instruction groupe non référencée,** unlabelled compound; **instruction non référencée,** unlabelled basic statement.

**référencer:** label (to), tag (to).

**réfléchi:** reflected; **binaire réfléchi,** reflected binary, Gray code, binary-reflected; **code binaire réfléchi,** reflected binary code.

**réfléchissant:** reflective; **pouvoir réfléchissant,** absolute reflectance; **réfléchissant le son,** sound reflecting.

**réfléchissante:** reflective; **encre réfléchissante,** reflective ink; **feuillet à marque réfléchissante,** foil sensing strip; **marque réfléchissante,** reflective marker, reflective foil; **pastille réfléchissante,** reflective spot, photo sensing mark.

**réflectance:** reflectance; **réflectance diffuse,** background reflectance.

**reflet:** glare.

**réflexion:** mirroring, reflection; **réflexion absolue,** absolute reflectance.

**reformatage:** reformatting.

**reformater:** reformate (to).

**refoulée: liste refoulée,** pushdown list, LIFO list.

**refouler:** push down (to).

**refrappe:** retyping.

**refrapper:** retype (to).

**refroidi:** cooled; **refroidi par air,** air cooled.

**refroidissement:** cooling; **refroidissement forcé,** forced cooling.

**refus:** denial, drop-out; **signal de refus d'appel,** call-not-accepted signal.

**refusé:** denied; **accès refusé,** access denied; **appel refusé,** call not accepted.

**régénérateur: circuit régénérateur d'impulsions,** pulse regenerating circuit; **dispositif régénérateur,** recycling device; **répéteur régénérateur,** regenerative repeater.

**régénération:** regeneration, regenerating; **commande de régénération,** regeneration control; **cycle de régénération,** regeneration cycle; **régénération de signal,** signal regeneration; **régénération d'image,** image regeneration; **régénération d'impulsions,** pulse regeneration; **tampon de régénération,** refresh buffer.

**régénérative: mémoire régénérative,** regenerative storage.

**régénérer:** regenerate (to), refresh (to), recover (to).

**régime: régime asynchrone,** asynchronous working; **régime de synchronisation,** ganged condition; **régime semi-duplex,** half-duplex operation; **régime simplex,** simplex operation; **régime transitoire,** transient response.

**région:** region; **largeur de la région de base,** base region thickness; **région de base,** base region.

**régional: indicatif régional,** local code.

**régionaux: table des indicatifs régionaux,** area code table.

**registre:** register, shelves; **adressage de registre,** register addressing; **adresse de registre de transmission,** communication register address; **au niveau de transfert des registres,** register-transfer level; **bit de zéro (du registre d'instruction),** zero bit; **capacité de registre,** register capacity; **contenu de registre,** register contents; **groupe de registres,** register bank; **instruction de registre**

**d'index,** indexing instruction; **longueur de registre,** register length; **matrice de registre,** register matrix, register map; **mémoire à registre d'adresse,** memory address register; **numéro de registre,** register number; **permutation circulaire de registres,** rotate register; **pseudo-registre,** pseudoregister; **registre à circulation,** delay line register; **registre à code retour,** return code register; **registre à décalage,** shif register, circulating register; **registre à décalage double,** double line shift register; **registre à décalage dynamique,** dynamic shift register; **registre à décalage magnétique,** magnetic shift register; **registre à décalage statique,** static shift register; **registre à ligne à retard,** delay line shift register; **registre à mémoire associative,** associative storage register; **registre à restriction d'accès,** access control register; **registre à transfert analogique,** analog shift register; **registre à transistors,** transistor register; **registre à virgule flottante,** floating-point register; **sortie registre,** register output; **système à registres,** register type system; **registre DEPS,** LIFO register; **registre PEPS,** FIFO register; **registre accumulateur,** accumulator register, addend register; **registre additionneur,** adding register; **registre additionneur-soustracteur,** add/subtract counter; **registre adressable,** addressable register; **registre alphabétique,** alphabetic register; **registre arithmétique,** arithmetic register, arithmetic unit register; **registre associatif,** associative register, associative array register; **registre autodégressif,** autodecrement register; **registre autoprogressif,** autoincrement register; **registre auxiliaire,** auxiliary register, utility register; **registre banalisé,** general-purpose register; **registre binaire à décalage,** binary shift register; **registre bistable,** flip-flop register; **registre bloc,** block register; **registre circulant,** circulating shift register; **registre comptable,** booking register, booking storage; **registre d'adresses,** address register, base register; **registre d'adresses de base,** base address register, address range register; **registre d'adresses (d'instructions),** instruction address register; **registre d'adresses courantes,** current location counter; **registre d'adresses mémoire,** memory location register; **registre d'affectation,** allocation counter, allocation register; **registre d'allocation,** allocation counter; **registre d'appel,** calling register, call register; **registre d'attente,** standby register; **registre d'enchaînement d'instructions,** instruction sequence register; **registre d'entrée,** input register; **registre d'entrée manuelle,** manual input register; **registre d'entrée mot,** word input register; **registre d'entrée/sortie,** input-output register; **registre d'erreurs,** error register; **registre d'exploitation,** operation register; **registre d'exposants,** exponent register; **registre d'horloge,** clock register, time register; **registre d'identification,** identification register; **registre d'index,** index register, index accumulateur, B-register; **registre d'indicateurs,** indicator register; **registre d'instructions,** instruction register, program address counter; **registre d'interface,** interface register; **registre d'interrogation,** interrogation register, test register; **registre d'usage général,** general-purpose register; **registre d'état,** status register; **registre d'état canal,** channel status register; **registre d'état des priorités,** priority status register; **registre de base,** indexing register; **registre de boucle,** circulating register; **registre de calcul,** calculating register; **registre de caractères,** character register; **registre de commande d'enregistrement,** storage control register; **registre de commande de la mémoire bloc-notes,** scratch pad control register; **registre de comptage,** tally register; **registre de comptage d'instructions,** instruction counting register; **registre de connexion,** connect register; **registre de contrôle,** control counter, check register; **registre de contrôle d'adresses,** counting address register; **registre de cumul électronique,** electronic accumulating register; **registre de distribution,** distribution register; **registre de débordement,** overflow register; **registre de décalage,** shifting register, base relocation register; **registre de lecture/écriture,** read/write register; **registre de limitation,** barricade register; **registre de limite d'adresses,** boundary address register; **registre de maintenance,** maintenance register; **registre de mot,** word register; **registre de mémoire,** memory register, storage register; **registre de mémoire tampon,** memory buffer register; **registre de pile,** stack register; **registre de pondération,** weight register; **registre de position,** location counter; **registre de position de ligne,** line position register; **registre de programme,** program register; **registre de report,** carry register; **registre de retenue,** carry register; **registre de réception,** destination register; **registre de signes,** sign register; **registre de sortie des données numériques,** digital register output; **registre de sélection,** select register; **registre de sélection d'adresses,** storage address select register; **registre de sélection des adresses de mémoire,** memory address select register; **registre de sélection mémoire,** storage selection register; **registre de transfert,** transfer register; **registre de travail,** work register; **registre de ventilation des travaux,** job distribution register; **registre des adresses de périphérique,** device address register; **registre des adresses de sortie,** output address register; **registre des adresses tampon,** buffer address register; **registre des avaries,** fault register; **registre des données initiales,** home register; **registre des données à mémoriser,** storage data register; **registre des masques,** mask register; **registre des mouvements,** activity register; **registre des positions du chariot,** carriage position register; **registre des quotients,** quotient register; **registre diviseur,** divisor register; **registre double,** double register, double-length register; **registre dynamique,** delay line register; **registre en double mot,** double word register; **registre en triple longueur,** triple-length register; **registre externe,** external register; **registre facteur,** operand register; **registre flottant,** floating register; **registre indicateur,** condition code register; **registre indicateur auxiliaire,** auxiliary indicator register; **registre intermédiaire,** intermediate register, temporary register; **registre modificateur,** modifier register; **registre multiplicateur quotient,** multiplier quotient register; **registre mémoire,** register memory; **registre parallèle,** parallel register; **registre principal,** general register; **registre quadruple,** quadruple length register, quadruple register; **registre rapide,** fast register; **registre rythmeur,** timer register; **registre répartiteur,** distributor register; **registre sortie,** output register; **registre source,** source register; **registre spécial,** special register; **registre statique,** static register; **registre série-parallèle,** staticizing register; **registre tampon,** buffer register; **registre tampon de mot,** word buffer register; **registre triple,** triple register; **sélection de registre,** director switching.

**r é g l a b l e :** adjustable; **rythmeur réglable,** variable clock.

**r é g l a g e :** adjustment, settling, regulating action; **bague de réglage précis,** vernier knob; **directive de réglage,** adjustment instruction; **durée de réglage,** correction time; **enroulement de réglage,** setting coil; **exactitude de réglage,** setting accuracy; **grandeur de réglage,** regulating quantity; **impulsion de réglage,** corrective action pulse; **levier de réglage marginal,** margin set lever; **organe de réglage,** adjustment device; **plage de réglage,** adjustment range; **plage de réglage précis,** vernier adjustment range; **réglage d'amplification,** gain adjustment; **réglage de contraste,** contrast control; **réglage de la brillance d'écran,** adjustment of display intensity; **réglage de marge,** marging setting; **réglage de volume,** volume control; **réglage précis vertical,** vertical vernier; **signal de réglage,** corrective signal; **valeur de réglage,** correcting value; **variable de réglage,** correcting variable.

**règle:** rule; **règle conditionnelle,** else rule; **règle d'allocation,** allocation strategy, allocation convention; **règle de césure,** hyphenation rule; **règle de grammaire,** grammar rule; **règle de priorité,** priority rule; **règle de précédence,** precedence rule; **règle de trois,** simple proportion; **règle empirique,** rule of thumb; **règle à calcul,** slide rule; **règles de syntaxes,** syntax rules; **règles de traitement,** processing convention.

**régler:** adjust (to), tune (to).

**réglette:** **réglette de déplacement,** drag slider; **réglette de prises,** jack strip; **réglette,** paper shield.

**régression:** decrementation.

**regroupant:** **écrire en regroupant,** gather write (to).

**regroupé:** **fichier à bloc regroupé,** re-blocked file.

**regroupée:** **écriture regroupée,** gathered write.

**regroupement:** gathering, concentration, repacking, pooling; **logiciel de regroupement,** garbage collector; **regroupement de données,** data concentration; **ventilation regroupement,** scatter/gather; **écriture avec regroupement,** gather write.

**regrouper:** pack (to), implode (to).

**régulariser:** regulate (to).

**régulateur:** regulator; **circuit régulateur,** regulating network; **courant régulateur de base,** base drive current; **régulateur de courant,** current regulator; **régulateur de niveau,** level regulator; **régulateur de puissance,** power control; **régulateur de température,** temperature control; **régulateur de tension,** voltage regulator; **régulateur de tension de bande,** paper tension control; **régulateur de vitesse,** speed regulator.

**régulation:** regulation, regulating action; **circuit de régulation,** regulating circuit; **dispositif de régulation,** regulating feature; **place de régulation,** fade margin; **régulation de niveau,** level regulation; **régulation de principe,** base drive; **régulation de tension,**

voltage control; **système de régulation automatique,** automatic control system.

**réguler:** regulate (to), pace (to).

**réimpression:** reprint.

**réimprimer:** reprint (to).

**réinitialisation:** reinitialization; **bouton de réinitialisation,** resetting button; **réinitialisation automatique,** automatic reset; **réinitialisation un compteur,** counter reset.

**réinitialiser:** reinitiate (to), reinitialize (to).

**réintroduire:** reenter (to).

**rejet:** **caractère de rejet,** cancel character; **rejet de bande,** bandreject; **rejet de mode normal,** normal mode rejection.

**rejeter:** reject (to), quesce (to).

**relâché:** released; **canal de relâche,** drop channel.

**relâcher:** release (to), drop (to).

**relais:** relay, repeater; **bobine de relais de verrouillage,** latch trip coil; **calculateur à relais,** relay calculator; **circuit à relais,** relay circuit; **contact de relais,** relay contact; **mémoire à relais,** relay storage; **relais auxiliaire,** auxiliary relay; **relais d'accélération,** accelerating relay; **relais de blocage,** latch relay; **relais de commutation,** switch over relay; **relais de décalage,** shifting relay; **relais de maintien,** holding relay, locking relay; **relais de mesure,** measuring relay; **relais de surintensité,** overload relay; **relais de test,** test relay; **relais différentiel,** differential relay; **relais hermétique à gaz inerte,** dry reed relay; **relais hertzien,** radio relay; **relais miniature,** midget relay; **relais pas à pas,** selector relay; **relais polarisé,** polar relay; **relais temporisé,** slow acting relay; **relais temporisé à l'ouverture,** slow release relay; **relais thermique de retardement,** thermal delay relay; **relais télégraphique,** telegraph relay; **relais à ampoule,** reed relay; **relais à commande électronique,** electronic relay; **relais à fonctionnement séquentiel,** sequence action relay; **relais à noyau plongeur,** plunger type relay; **relais à réponse rapide,** fast acting relay; **table de relais,** relay index.

**relance:** reinitiation, continuation restart; **bande de relance,** restore tape; **fichier de relance du traitement,** recovery history file; **module de relance de l'exploitation,** recovery module; **paramètre de relance,** restart parameter; **procédure de relance,** restart procedure; **relance de système,** system restart; **relance manuelle,** deferred restart; **relance retardée,** deferred restart; **relance sur point de contrôle,** checkpoint recovery;

**relance sur point de reprise,** checkpoint restart; **relance à froid,** cold restart; **unité de relance,** restart unit.

**relancer:** restart (to), rebootstrap (to).

**relatif:** relative; **adressage relatif,** relative addressing; **chargeur relatif,** relative volume; **code relatif,** relative coding; **fichier relatif,** relative file; **niveau de transmission relatif,** relative transmission level; **numéro d'enregistrement relatif,** relative record number; **relatif à,** based; **relatif à la base,** base relative; **vecteur relatif,** relative vector, incremental vector.

**relation:** relation, relationship; **relation logique,** logical relation; **sans relation,** unrelated.

**relationnel:** relational; **opérateur relationnel,** relational operator, comparison operator; **processeur relationnel,** relational processor; **symbole relationnel,** relation character; **test relationnel,** relation test.

**relationnelle: base de données relationnelle,** relational database; **données relationnelles,** related data; **expression relationnelle,** relational expression.

**relative:** relative; **à sécurité relative,** failsafe; **adresse relative,** relative address; **adresse relative d'un segment,** segment relative address; **adresse relative à zéro,** zero relative address; **affectation d'adresses relatives,** displacement assignment; **commande relative,** relative command, relative instruction; **coordonnée relative,** relative coordinate; **données relatives,** relative data; **erreur relative,** relative error; **horloge relative,** relative time clock; **humidité relative,** relative humidity; **programmation relative,** relative programming, incremental programming; **redondance relative,** relative redundancy; **symbole en forme relative,** relocatable symbol.

**relayer:** relay (to).

**relecture:** read back, reread; **contrôle par relecture,** read-back check.

**releveur: releveur de coordonnées,** locator device.

**relief: lettre en relief,** raised letter.

**relier:** link (to); **relier par trait d'union,** hyphenate (to).

**reliquat:** remainder.

**relire:** reread (to), replay (to).

**reliure: reliure (de document),** binder; **reliure pour imprimés,** printout binder; **reliure pour imprimés détachés,** burst printout binder; **reliure pour imprimés en continu,** unburst printout binder.

**relogeable:** relocatable; **carte des adresses relogeables,** relocation dictionary card; **instructions relogeables,** relocatable sequence; **module objet relogeable,** relocatable object module; **module relogeable,** relocatable module; **non relogeable,** nonrelocatable; **non relogeable,** unrelocatable; **programme relogeable,** relocatable routine.

**reloger:** relocate* (to), roll on (to).

**rémanence:** remanence, residual induction.

**rémanente: aimantation rémanente,** residual magnetism; **mémoire non rémanente,** volatile storage; **mémoire rémanente,** retentive memory, retentive storage.

**rembobinage:** rewinding, take-up; **bobine de rembobinage,** rewind spool; **commande de rembobinage,** rewind instruction; **dispositif de rembobinage,** take-up option; **instruction de rembobinage,** rewind statement; **rembobinage rapide,** high-speed rewind; **sans indication de rembobinage,** no rewind option; **sans rembobinage,** no rewind; **temps de rembobinage,** rewind time; **vitesse de rembobinage,** rewind speed, take-up speed, tape rewind speed.

**rembobiner:** rewind (to), respool (to), roll back (to).

**remède: en remède à..,** remedial.

**remettre: remettre en activité,** reactivate (to); **remettre en file,** requeue (to); **remettre en forme,** repack (to); **remettre en place,** replace (to); **remettre en état,** overhaul (to), recondition (to); **remettre à l'état initial,** reset (to); **remettre à zéro,** clean (to).

**remise:** remittance; **bouton de remise à zéro,** reset button; **code de remise à zéro,** return-to-zero code; **condition de remise à zéro,** reset condition; **dispositif de remise à zéro,** resetting device; **impulsion de remise à zéro,** reset pulse; **instruction de remise,** delivery statement; **remise d'un message,** delivery of message; **remise différée,** delayed delivery; **remise en ordre,** resequencing; **remise en service,** restoration, restoral; **remise en séquence,** resequencing; **remise en état,** reconditioning; **remise à l'heure,** time resetting; **remise à pied automatique,** automatic resetting; **remise à zéro,** reset to zero, restore, resetting; reset; **remise à zéro de cycle,** cycle reset; **remise à zéro de la mémoire,** core flush; **remise à zéro du compteur,** counter clearing; **remise à zéro générale,** general reset; **signal de remise à zéro,** reset signal; **touche de remise à zéro,** start reset key.

**remonter:** pop up (to) (a stack); **faire remonter,** scroll down (to).

**remorquer:** trail (to).

**remplaçable:** remplaçable, replaceable.

**remplacement:** replacing, replacement; **acheminement de remplacement,** alternate route; **caractère blanc de remplacement,** substitute blank; **caractère de remplacement,** replacement character, joker; **commande de remplacement,** replacing command; **fonction de remplacement,** replace function; **méthode de remplacement,** swapping technique; **piste de remplacement,** substitute track; **remplacement d'une piste défectueuse,** bad track substitution; **remplacement de carte,** board swapping; **remplacement de chargeur,** volume swapping, volume swap; **remplacement sélectif,** replacement selection process; **technique de remplacement sélectif,** replacement selection technique; **texte de remplacement,** replacing text; **unité de remplacement,** alternate device, alternative unit.

**rempli:** non rempli, unfilled.

**remplir:** paint (to), fill (to), pad (to), refill (to); **remplir de zéros,** zero fill (to).

**remplissage:** filling, padding, refilling; **algorithme de remplissage de polygones,** polygon filling algorithm; **article de remplissage,** padding item; **bit de remplissage,** filler bit; **caractère de remplissage,** filling character, fill character, filler; **effacement du caractère de remplissage,** padding deletion; **enregistrement de remplissage,** padding record; **entrée par remplissage de blancs,** fill in blank data entry; **multiplet de remplissage,** slack byte; **premier caractère de remplissage,** initial filler; **remplissage avec des zéros,** secondary space clearing; **remplissage de gauche,** leading fill; **remplissage de polygones,** polygon fill; **zone de remplissage,** padding space.

**rendement:** efficiency, yield; **données de rendement,** performance characteristics; **justification de rendement,** efficiency statement; **rendement d'un réseau,** grade of service; **rendement de balayage,** breakthrough sweep efficiency; **taux de rendement,** performance level; **théorème de rendement effort,** efficiency theorem effort.

**rendre:** rendre aléatoire, randomize (to); **rendre négatif,** negate (to); **se rendre compte,** ascertain (to).

**rendu:** bande de compte-rendu, log tape; **complément de compte-rendu de travaux,** accounting option; **compte rendu des mouvements,** transaction report; **compte rendu sommaire,** summary report; **compte-rendu d'avancement,** progress statement; **compte-rendu d'essai,** test re-

port; **compte-rendu d'exploitation,** backward supervision; **compte-rendu de chargement,** load audit; **compte-rendu de l'exécution des travaux,** job execution report; **compte-rendu de parcours disque,** disk trace; **compte-rendu de pronostics,** forecast report; **compte-rendu de réception,** acceptance certificate; **compte-rendu de transmission,** tellback; **compte-rendu du matériel stocké,** stock status report; **fichier compte-rendu,** log file.

**renforcement:** disque à renforcement central, hard-centered disk.

**renommer:** rename (to).

**renouvelé:** renewed; **non renouvelé,** unrenewed.

**renouvellement:** renewal.

**renseigné:** champ non renseigné, unfilled-in field.

**renseignements:** information service.

**renvoi:** reference, branching, page out, tag; **adresse de renvoi,** return point; **cliquet de renvoi,** keeper; **connecteur renvoi d'organigramme,** connector; **instruction de renvoi,** branching instruction, remittance statement; **macro-instruction de renvoi,** return macro call statement; **marque de renvoi,** breakpoint symbol; **mode de renvoi multiple,** programmed mode switch; **niveau de renvoi,** jump level; **programme de renvoi,** branch program; **renvoi d'organigramme,** flowchart connector; **symbole de renvoi multiple,** variable connector; **table des adresses de renvoi,** branch address table; **table des renvois,** cross-reference table.

**renvoyer:** reference (to), return (to); **renvoyer à,** return control (to).

**réordonner:** rearrange (to), resequence (to), reorder (to).

**réorganisation:** reorganization, repackaging; **réorganisation de fichier,** file reorganization, file tidying.

**réorganiser:** reorganize (to).

**réparable:** recoverable; **non réparable,** unrecoverable.

**réparation:** repair, fixing; **délai de réparation,** awaiting repair time; **nécessaire de réparation,** repair kit; **temps de réparation,** repair time; **temps moyen de réparation,** mean time to repair (MTTR), mean repair time; **trousse de réparation,** repair kit.

**réparti:** dispersed; **réseau réparti,** distributed network; **traitement réparti,** distributed processing.

**répartie:** architecture répartie, distributed architecture, divided architecture; **commande répartie,** distributed control; **intelligence répartie,** disperse intelligence.

**répartir:** apporption (to), despatch (to), dispatch (to).

**répartiteur:** despatcher, dispatcher, transmitter allotter; **registre répartiteur,** distributor register; **répartiteur central,** main distribution frame; **répartiteur d'informations,** order distributor; **répartiteur de traitement,** process dispatcher.

**répartition:** dispatching, apportionment; **clé de répartition,** distribution key; **fonction de répartition,** dispatching function; **mode de répartition,** dispatching procedure; **répartition de courant,** power distribution; **répartition de la charge,** load sharing; **répartition des groupes primaires,** group allocation; **répartition des lignes,** line distribution pattern; **répartition des zones du disque,** disk work area distribution; **répartition du traitement,** process dispatching.

**repérage:** marking, locating; **dispositif de repérage de ligne,** line finder; **marque de repérage,** registration mark; **octet de repérage,** flag byte; **repérage alphabétique,** alphabetic marking; **repérage de ligne,** line finding; **zone de repérage,** marking zone.

**repère:** locator, label; **différentiation de repères,** mark discrimination; **identificateur de repère,** locator qualifier; **identification de repère,** locator qualification; **paramètre repère,** label parameter; **perforation repère,** detection punch; **point de repère,** spot mark; **reconnaissance de repères,** mark recognition; **repère admissible,** admissible mark; **repère d'alignement,** alignment mark; **repère de bande,** tape mark; **repère de début de bande,** beginning-of-tape marker, start-of-tape label; **repère de début de fichier,** beginning-of-file label; **repère de fin,** trailer label; **repère de fin de bande,** end-of-tape marker, end-of-tape label; **repère de fin de fichier,** end-of-file label; **repère de ligne,** line finder mark; **repère de saut,** branch mark; **repère de section,** control mark; **repère de test,** bench mark; **repère magnétique,** magnetic spot.

**repérer:** mark (to).

**reperforateur:** reperforator.

**reperforation:** repunching.

**reperforer:** repunch (to).

**répertoire:** directory, catalog; **arborescence de répertoire,** directory tree; **article du répertoire des travaux,** job queue item; **bloc de répertoire,** directory block; **chemin de répertoire,** directory path; **code de répertoire,** item key; **dépassement de capacité de répertoire,** directory overflow; **enregistrement de répertoire,** index record; **fenêtre répertoire,** directory window; **fichier répertoire,** director file, card index system; **répertoire courant,** current directory; **répertoire d'adresses,** address directory; **répertoire d'erreurs,** fault dictionary; **répertoire d'instructions,** repertoire; **répertoire d'origine,** source directory; **répertoire de chargeurs,** volume directory; **répertoire de code d'instruction,** instruction repertoire; **répertoire de destination,** destination directory; **répertoire de disque,** disk directory; **répertoire de données,** data directory; **répertoire de fichiers,** file directory, data file directory; **répertoire de fichiers partiels,** member index; **répertoire de macro-instructions,** macrodirectory; **répertoire de programmes,** directory listing; **répertoire de symboles externes,** external symbol dictionary; **répertoire des programmes,** contents directory; **répertoire des périphériques,** peripheral table; **répertoire des travaux,** job table; **répertoire des travaux identifiés,** known job table; **répertoire des virus,** virus directory; **répertoire déroulant,** pop-up directory; **répertoire global,** overall directory; **répertoire parent,** directory one level up; **répertoire principal,** master directory, main index; **répertoire racine,** root directory; **sous-répertoire,** subdirectory, subcatalog; **table des répertoires,** master index table.

**répété:** non répété, unrepeatered.

**répéter:** iterate (to), retransmit (to).

**répéteur:** repeater; **distance entre répéteurs,** repeater spacing; **répéteur régénérateur,** regenerative repeater.

**répétitif:** repetitive, typamatic; **adressage répétitif,** repetitive addressing; **calcul répétitif,** repetitive computation; **compteur répétitif,** repetition counter.

**répétition:** repetition, replication; **caractère de répétition,** repetition character; **contrôle par répétition,** duplicating check; **demande automatique de répétition,** automatic request for repetition (ARQ); **demande automatique de répétition de message,** automatic request for repeat; **exactitude de répétition,** repetitive accuracy; **fréquence de répétition des impulsions,** pulse repetition frequency (PRF); **index de répétition,** iteration index; **indication de répétition,** replicator, repetition signal; **instruction de répétition,** repetition instruction; **routine de répétition,** rerun restoring routine; **répétition automatique d'appel,** automatic retry; **répétition automatique des instructions,** automatic instruction retry; **répétition d'appel,** call repetition, bid retry; **répétition d'instructions,** instruction repetition, retry; **répétition de commande,** command retry;

répétition de l'opération canal, channel retry; répétition de signe, sign extension; répétition des signaux d'alerte, alarm repetition; répétition par voie de déroutement, alternate path retry; répétition par voie de déviation, alternate route retry; système à demande de répétition, request repeat system; taux de répétition, sequential rate; taux de répétition de chiffres, digit repetition rate; taux de répétition des impulsions, pulse repetition rate (PRR); touche à répétition, typamatic key; vitesse de répétition, repetition rate.

répétitive: caractéristiques répétitives, repetitive specifications; erreur répétitive, repetitive error; opération répétitive, repetitive operation; touche répétitive, repeat-action key.

repiquage: panneau de repiquage, connection board.

replier: refold (to).

répliquer: reply (to).

répondeur: responder, transponder; répondeur vocal, audio response unit (ARU).

réponse: answer, answering, reply, replying, response; code d'identité de réponse, reply identifier; contrôle des réponses, answer processing; durée de réponse, response duration; délai de réponse, response delay, lag response; état réponse, answer status; feuille de réponse, answer sheet; identificateur de réponse, reply message; mode de réponse automatique, automatic answering mode; mode réponse, answer mode; ordinateur à réponse vocale, voice response computer; principe du temps-réponse, delay principle; relais à réponse rapide, fast acting relay; réponse automatique, answerback, automatic answering, auto-answer; réponse codée, coded response message; réponse de rappel, recall response; réponse en fréquences, frequency response; réponse en mode conversationnel, conversational reply; réponse image, image response; réponse immédiate, immediate answer; réponse manuelle, manual answering; réponse prévue, anticipated answer; réponse transitoire, transient response; réponse vocale, audio frequency response; réponse vocale réceptionnée, received voice answer; réponse vocale émise, transmitted voice answer; station de réponse vocale, audio station; système d'interrogation/réponse, inquiry system; système de réponse vocale, audio response system; tambour de réponse, answerback drum; temps de réponse, response time, terminal response;

temps de réponse d'opérateur, operator delay; tonalité de réponse, answering tone, answer tone; trame réponse, response frame; unité à réponse vocale, vocal unit; zone de réponse, response field.

report: carry; addition sans report, addition without carry; code de report d'édition, edit report key; comptage des reports, carry counting; indicateur de report, carry indicator; registre de report, carry register; report accéléré, high-speed carry; report arrière, carry back; report artificiel, artificial carry; report automatique en haut de page, form overflow; report bloqué à 9, standing-on-nines carry; report circulaire, end-around carry; report complet, complete carry; report de soustraction, subtract carry; report du total, total overflow; report décimal, decimal carry; report en cascade, cascaded carry; report négatif, borrow, end-around borrow; report parallèle, carry lookahead; report partiel, partial carry; report positif, add carry; report propagé, propagated carry; report simultané, simultaneous carry; saut de report, overflow ejection; signal de fin de report, carry complete signal; temps de report, carry time.

reporter: carry (to).

reporteuse: facsimile transceiver, transfer interpreter.

repos: pause, sleep; au repos, awaiting, standby (SB), still; condition de repos, rest condition; contact de repos, back contact, break contact; courant de repos en entrée, quiescent input current; courant de repos en sortie, quiescent output current; état de repos, idle state, quiescent state; mise au repos, pending, quiescing; point de repos, quiescent point; position de repos, homing position; temps de repos, unattended time, dwell time, quiescent period; tension de repos en entrée, quiescent input voltage; tension de repos en sortie, quiescent output voltage; valeur de mise au repos, drop-out value.

reprendre: rerun (to), roll back (to), resume (to); reprendre au début, start over (to), rework (to).

représentation: representation; base de représentation en flottant, floating-point base; données en représentation numérique, digitized data; radix de représentation en flottant, floating-point radix; représentation algorithmique et temporelle, behavioural representation; représentation alphanumérique, alphanumeric representation; représentation analogique, analog representation; représentation binaire, binary representation, binary image; **représentation binaire de points,** bit map; **représentation codée,** coded representation; **représentation d'une courbe,** curve tracing; **représentation de coordonnées,** matrix display; **représentation de données,** data representation; **représentation de données image,** pictorial data representation; **représentation de la valeur absolue,** absolute value representation; **représentation de multiplet,** byte representation; **représentation discrète,** discrete representation; **représentation du complément,** complement representation; **représentation en arbre binaire,** binary tree representation; **représentation en mappe binaire,** bit-mapped representation; **représentation en virgule flottante,** floating-point representation; **représentation externe,** external representation; **représentation fil de fer,** wire frame representation; **représentation fonctionnelle,** functional representation; **représentation fractionnelle,** fractional representation; **représentation graphique,** graphical representation; **représentation géométrique,** geometrical representation; **représentation incrémentale ternaire,** ternary incremental representation; **représentation incrémentielle,** incremental representation; **représentation interne,** internal representation; **représentation numérique,** digital notation, numerical representation; **représentation parallèle,** parallel representation; **représentation pondérée,** radix numeration, positional representation; **représentation radiale,** radix representation; **représentation schématique,** schematic representation; **représentation structurelle,** structural representation; **représentation sur oscilloscope,** oscilloscope representation; **représentation transparente,** phantom view; **représentation à base fixe,** fixed-base representation.

r e p r é s e n t e r : image (to); **représenter graphiquement,** portray (to); **représenter par graphique,** graph (to); **représenter sous forme de graphique,** chart (to).

r e p r i s e : rerun, restart, resumption, rollback*, start-over; **appel de reprise,** rollcall; **code de reprise de l'imprimante,** print restore code; **compteur de reprises,** rollback counter; **condition de reprise,** restart condition; **données des points de reprise,** checkpoint data; **enregistrement de reprise,** checkpoint record; **entrée de point de reprise,** checkpoint input; **essai de reprise,** rollback attempt; **fichier des points de reprise,** checkpoint data set, checkpoint file; **générateur de points de reprise,** checkpoint generation; **instruction de reprise,** checkpoint instruction, restart instruction; **libellé de point de reprise,** checkpoint label; **nom du fichier des points de reprise,** checkpoint file name; **ordinateur de reprise,** backup computer; **point de reprise,** checkpoint, rerun point, rollback point; **procédure de reprise,** rerun procedure; **procédure de reprise automatique,** automatic restart procedure fallback procedure; **procédure de reprise sur incident,** error restart procedure; **programme de reprise,** rollback routine, rerun routine; **relance sur point de reprise,** checkpoint restart; **reprise après avarie,** failure recovery; **reprise automatique,** autorestart, fallback; **reprise avec restauration actualisée,** rollforward; **reprise de configuration,** configuration restart; **reprise de contrôle par l'opérateur,** operator override control; **reprise de l'étape de travail,** job step restart; **reprise de programme,** program restart; **reprise du travail,** job restart; **routine de reprise,** alert recovery routine, restart procedure; **sortie du point de reprise,** checkpoint output; **sous-programme d'écriture de points de reprise,** checkpoint routine; **sous-programme de reprise,** rerun recording routine; **système à reprise,** fallback system; **temps de reprise,** rerun time; **vidage des points de reprises,** checkpoint dump; **vidage-reprise,** dump and restart.

r e p r o d u c t e u r : **reproducteur de carte,** card copier.

r e p r o d u c t i o n : duplication, reproducing, playback; **circuit pour reproduction vocale,** speech chip.

r e p r o d u c t r i c e : reproducer; **perforatrice-reproductrice,** gang punch; **reproductrice de bande,** tape reproducer; **reproductrice de cartes,** card reproducer, card reproducing punch.

r e p r o d u i r e : duplicate (to), play back (to); **machine à reproduire,** copier.

r e p r o g r a m m a b l e : reprogrammable; **mémoire morte reprogrammable électriquement,** electrically alterable read-only memory (EAROM).

r e p r o g r a m m a t i o n : reprogramming, recoding, reblasting.

r e p r o g r a m m e r : reprogram (to), recode (to); **reprogrammer une mémoire morte,** reblast (to).

r e p r o g r a p h i e : reprography, hardcopy, reprographics; **département de reprographie,** hardcopy facility.

r e q u ê t e : request*, demand, query, requesting, enquiry; **branchement sur requête,** branch on inquiry; **pile de requêtes,** request stack; **pilotage des requêtes,** inquiry control; **requête conditionnelle,** conditional demand; **requête d'intervention,** service request; **requête d'émission,** poll-select; **requête de l'opérateur,** operator request; **requête de pupitre,** console inquiry; **requête de recherche,** search query; **requête de travail,** job request; **signal de requête,** proceed to select.

**r e q u i s e :** **puissance requise,** power requirement.

**r e r a d i a t i o n :** reradiation.

**r é s e a u :** network, net, plex; **absence de réseau,** AC dump; **administrateur de réseau,** network administrator; **architecture de réseau,** network architecture; **architecture de réseau informatisé,** computer network architecture; **boucle de réseau,** subscripter loop; **calculateur frontal de réseau,** front-end network processor; **carte d'interface réseau,** network interface card; **centre d'information du réseau,** network information center (NIC); **commande du réseau commuté,** switched network control; **configuration du réseau,** network configuration; **contrôle d'accès au réseau,** network access control; **couche de réseau (ISO),** network layer (ISO); **défaillance du réseau,** voltage breakdown; **définition de réseau,** network definition; **extension de réseau,** network extension; **gestion de réseau,** network management; **gestion principale du réseau de télétraitement,** basic terminal network support; **gestionnaire de réseau,** network manager; **interrupteur de réseau,** power lock; **logique à réseau programmable,** programmable array logic (PAL); **mise en réseau,** networking; **noeud de réseau,** network node; **orienté sur réseau,** network-oriented; **programme orienté sur réseau,** network-oriented routine; **rendement d'un réseau,** grade of service; **réseau analogique,** analog network; **réseau arborescent,** tree network; **réseau asynchrone,** asynchronous network; **réseau avec bus annulaire à jeton,** token-passing ring network; **réseau avec bus à jeton,** token-passing bus network; **réseau bouclé,** looped network; **réseau commuté,** switching network, switched network; **réseau concentrateur,** concentrator network; **réseau d'informatique distribuée,** distributed data processing network; **réseau d'ordinateurs,** computer network; **réseau de Pétri,** Petri network; **réseau de centralisation du traitement,** distributed processing network; **réseau de commutation central,** central switching network; **réseau de compensation,** compensating network; **réseau de connexions,** bus line; **réseau de coordonnées,** coordinate frame; **réseau de courant alternatif,** AC network; **réseau de données,** data network; **réseau de déchiffrement,** decoder network; **réseau de fac-similé,** facsimile network; **réseau de lignes spécialisées,** leased line network, private telephone network; **réseau de paquets,** packet network; **réseau de transmission,** transmission network; **réseau de transmission analogique,** analog transmission network; **réseau de télécommunications,** communication network, telecommunication network; **réseau de télécommunications public,** dial communications lines; **réseau de téléscription,** teleprinter network; **réseau de télétraitement,** teleprocessing network; **réseau des abonnés,** automatic subscriber network; **réseau différentiateur,** differentiating network; **réseau distribué,** distributed network; **réseau en anneau,** ring network; **réseau en boucle,** loop network; **réseau en bus,** bus network; **réseau étoilé,** star network, starred network; **réseau en étoile,** radial network, umbrella; **réseau fondamental,** basic network; **réseau hiérarchisé,** hierarchical network, single-node network; **réseau hétérogène,** heterogeneous network; **réseau interurbain,** toll circuit; **réseau itératif,** ladder network; **réseau local,** local area network (LAN); **réseau logique,** logic network; **réseau logique programmable,** programmable logic array (PLA); **réseau maillé,** multinode network, lattice network; **réseau multipoint,** multipoint network; **réseau non hiérarchique,** democratic network; **réseau ouvert,** open network; **réseau public,** public network; **réseau public de télécommunications,** public-switched network; **réseau public de télétraitement,** public data network; **réseau réparti,** distributed network; **réseau synchrone,** synchronous data network; **réseau télex spécialisé,** leased telegraph network; **réseau triangulaire,** triangular network; **réseau type,** model network; **réseau télex,** teletype network, telex network; **réseau télématique,** information network, datacom network; **réseau téléphonique,** telephone network; **réseau à commutation de circuits,** circuit switching network; **réseau à commutation de messages,** message switching network; **réseau à forme polaire,** polar grid; **réseau à logique programmée,** programmed logic array (PLA); **réseau à retard,** delay network; **simulateur de réseau,** network simulator, network calculator; **sous-réseau,** subnet; **station de contrôle de réseau,** net control station; **structure de réseau,** network structure; **structure en réseau,** lattice structure; **synthèse de réseau,** network synthesis; **système d'exploitation de réseau,** network operating system (NOS); **terminal de commande de réseau,** network control terminal; **variation de la tension réseau,** main voltage fluctuation; **voie de contrôle du réseau,** network control channel.

r é s e a u x : **algorithme de réseaux neuronaux,** neural network algorithm; **analyseur de réseaux,** network analyzer; **réseaux informatiques imbriqués,** interlaced networks; **réseaux multipoint,** multipoint connection; **réseaux neuronaux,** neural networks; **simulation de réseaux,** network analog; **système d'étude de réseaux,** network analysis system; **technique d'étude de réseaux,** network analysis.

r é s e r v a t i o n : reservation\*; **centre de réservation,** reservation center; **données de réservation,** booking data; **réservation à distance,** teleticketing; **terminal de réservation,** booking terminal.

r é s e r v e : reserve; **adresse de piste de réserve,** alternate track address; **allocation de piste de réserve,** alternate track assignment; **bibliothèque de réserve,** alternate library; **bit de réserve d'adresse,** address substitution bit; **bloc de réserve,** backup block; **canal de réserve,** spare channel; **capacité de réserve,** spare capacity; **cellule de réserve d'adressage,** address substitution cell; **champ réservé de visualisation,** display background; **circuit de réserve,** alternate circuit; **clavier de réserve,** companion keyboard; **disque de réserve,** backup disk; **en réserve,** standby (SB); **ligne de réserve,** alternate trunk line; **matériel en réserve,** standby equipment; **mémoire de réserve,** back-up storage, standby storage; **ordinateur de réserve,** standby computer; **piste de réserve,** alternate track; **programme de réserve,** alternative program; **programme du système de réserve,** operational standby program; **reserve de périphérique,** device reserve; **réserve de bande perforée,** tape supply; **réserve de ressources,** resource pool; **réserve de sécurité,** safety stock; **réservé,** allocated; **stock de réserve,** reserved stock; **système de réserve,** standby system; **traitement des pistes de réserve,** substitute track processing; **unité centrale de réserve,** back-up processor; **unité de réserve,** backup device, standby unit; **zone des pistes de réserve,** alternate track area, alternate track pool; **zone réserve de mémoire,** standby storage location.

r é s e r v é : reserved, unassigned; **mot réservé,** reserved word; **nom de fichier réservé,** qualified file name.

r é s e r v é e : **partition réservée,** unassigned extent; **position d'article réservée,** imbedded item position; **position réservée,** standby block; **zone réservée,** reserved field, dedicated area.

r é s e r v e r : reserve (to), imbed (to).

r é s e r v o i r : tank; **réservoir de bandes,** reel storage bin; **réservoir à mercure,** mercury tank.

r é s i d a n t : resident; **résidant en mémoire,** memory-resident; **résidant en mémoire centrale,** core memory resident; **résidant en mémoire coin,** core-resident corner; **résidant en système,** system resident, system residence; **résidant sur bande,** tape-resident; **résidant sur disque,** disk-resident, mass storage resident; **système résidant en mémoire,** memory-based system.

r é s i d a n t e : **données résidantes sur disque,** resident volume; **fonte résidante,** built-in font; **mémoire résidante,** resident storage; **partie résidante d'un moniteur,** resident section of monitor.

r é s i d e n c e : residence.

r é s i d e n t : **avec noyau résident,** kernelized; **dictionnaire résident en mode fenêtre,** pop-up dictionary; **ensemble de programmes résident,** resident set; **fichier résident,** root file; **logiciel résident,** TSR software; **moniteur résident,** resident monitor; **non-résident,** nonresident; **programme de contrôle résident,** resident control program, kernel; **programme résident,** resident program, root; **resident,** resident; **segment résident,** resident segment; **sous-programme résident,** resident routine.

r é s i d e n t e : **page résidente mémoire,** fixed page, reserved page.

r é s i d u e l : residual; **bruit résiduel,** residual noise, remnant amplitude; **courant résiduel,** residual current.

r é s i d u e l l e : **erreur résiduelle,** residual error; **ondulation résiduelle,** ripple; **taux d'erreur résiduelle,** undetected error rate; **taux d'erreurs résiduelles,** residual error rate.

r é s i d u s : residues; **résidus de papier,** paper fragments.

r é s i l i e n c e : resilience\*.

r é s i l i e r : cancel (to).

r é s i n e : **résine synthétique,** synthetic resin.

r é s i s t a n c e : resistor, resistance; **à haute résistance,** high resistivity; **charge par résistance effective,** resistive load;

**logique transistor-résistance,** resistor-transistor logic (RTL); **réaction de couplage par résistance,** resistive feedback; **résistance ajustable,** trimpot; **résistance antiparasite,** parasitic suppressor; **résistance apparente,** apparent impedance; **résistance au courant alternatif,** AC resistance; **résistance aux surtensions,** surge resistance, surge withstand capability; **résistance bobinée,** wire-wound resistor; **résistance caractéristique,** characteristic impedance; **résistance d'isolation,** insulation resistance; **résistance de charge,** load resistance, pull-up resistor; **résistance de fuite,** leak resistor; **résistance de limitation,** limiting resistor; **résistance de polarisation,** bias resistor; **résistance de polarisation de base,** base resistance; **résistance en circuit ouvert,** open circuit resistance; **résistance fixe,** fixed resistor; **résistance interne,** internal resistance; **résistance inverse,** backward resistance, back resistance; **résistance mécanique,** mechanical strength; **résistance opposée,** inverse resistance; **résistance parallèle,** parallel resistor; **résistance série,** series resistor; **résistance thermique,** thermal resistance; **résistance variable,** variable resistor; **résistance à couche,** film resistor, layer type resistor; **résistance à couche de carbone,** carbon film resistor; **résistance à couches minces,** thin film resistor; **résistance à couches multiples,** composition resistor.

**résistant:** **résistant à l'usure,** wearproof.

**résistif:** resistive.

**résistive:** **composante résistive,** resistive component.

**résistivité:** resistivity; **faible résistivité,** low resistivity.

**résolu:** **non résolu,** unresolved.

**résolution:** resolution*, solving; **basse résolution,** low resolution; **erreur de résolution,** resolution error; **moniteur haute résolution,** high-resolution monitor; **méthode de résolution,** problem solving; **résolution d'adresses absolues,** absolute address resolution; **résolution d'écran,** display resolution; **résolution de l'affichage graphique,** graphic display resolution; **résolution du dessin,** drawing resolution; **résolution graphique,** graphics resolution; **résolution numérique,** digital resolution; **résolution physique,** physical resolution.

**résolveur:** solver; **résolveur d'équations,** equation solver; **résolveur sphérique,** ball resolver.

**résonance:** resonance; **amplificateur à résonance,** resonance amplifier; **circuit de résonance série,** series tuned circuit; **résonance en série,** series resonance; **résonance ferromagnétique,** ferromagnetic resonance; **résonance parasite,** spurious resonance.

**responsabilité:** liability.

**ressaisir:** recapture (to), reenter (to).

**ressemblance:** **erreur de ressemblance,** comparing error.

**ressort:** spring; **accouplement à ressort,** spring clutch; **accroche-ressort,** spring hook; **bride à ressort,** spring clip; **ressort de détente,** detent spring; **ressort de rappel,** return spring; **ressort de tension,** tension spring; **ressort déflecteur de la case,** pocket deflector spring; **sous pression de ressort,** spring-loaded.

**ressource:** resource, allowance; **affectation des ressources calcul,** computer resource allocation; **allocation des ressources,** resource allocation; **allocation dynamique des ressources,** dynamic resource allocation; **désaffectation des ressources,** resource deallocation; **gestion des ressources,** resource management; **ressource allouée au traitement,** processing resource; **ressource de système,** system resource; **ressources communes,** shared facilities; **ressources informatiques,** computing resources; **ressources logicielles,** software resources; **ressources matérielles,** hardware resources; **ressources partagées,** shared resources; **réserve de ressources,** resource pool; **type de ressources,** resource class.

**restauration:** recovery*, restoring; **clé de restauration,** resetting button; **instruction de restauration,** restore instruction; **reprise avec restauration actualisée,** rollforward; **restauration d'un signal,** signal restoring; **restauration d'une fenêtre,** window restoring; **restauration de fichier,** file restore; **restauration de signal,** signal regeneration; **touche de restauration,** reset key.

**restaurer:** restore* (to), reset* (to), reestablish (to).

**reste:** remainder*, remnant, remaining; **contrôle sur le reste,** residue checking; **reste de division en virgule flottante,** floating-divide remainder.

**restitution:** **mémorisation et restitution,** store and forward; **stockage/restitution des données,** information storage-retrieval (ISR).

**restreint:** **complément restreint,** diminished radix complement.

**restriction:** reserve; **mot de restriction d'accès,** access control word; **registre à restriction d'accès,** access control register; **restriction d'accès,** access control.

**résultant:** fichier résultant unique, output-only file.

**résultante:** resultant; **routine résultante,** objet routine.

**résultat:** result*; **compteur de résultat,** event counter; **édition des résultats imprimés,** editing printing results; **fichier de sortie des résultats,** job output file; **fichier résultat des travaux,** job occurrence report file; **flot de sortie des résultats,** job output stream; **jeu de cartes résultats,** output deck; **résultat indéterminé,** void result; **résultat intermédiaire,** intermediate result; **résultat secondaire,** side result; **résultat tabulé,** tabulated result; **résultats de mesure,** measured variables; **résultats intermédiaires,** intermediate data; **sortie du résultat,** total output; **suite de résultats en sortie,** output stream; **sélecteur de résultat de diagnostic,** diagnostic result selector; **traitement des résultats,** output processing; **zone des résultats,** holding area, hold area.

**résumé:** abstract*, summary, resume.

**résumer:** abstract (to).

**rétablir:** restore (to), reestablish (to), recover (to).

**rétablissement:** restoration.

**retard:** delay, time lag; **cellule à retard,** delay network; **circuit à retard,** delay circuit; **compensateur de retard,** delay equalizer; **distorsion par retard d'enveloppe,** envelope delay distortion (EDD); **distorsion par retard de phase,** delay distortion; **ligne à retard,** delay line; **ligne à retard acoustique,** acoustic delay line; **ligne à retard au mercure,** mercury delay line; **ligne à retard magnétique,** magnetostrictive delay line; **ligne à retard électromagnétique,** electromagnetic delay line; **ligne à retard à quartz,** quartz delay line; **mémoire à ligne à retard,** delay line storage, delay line store; **mémoire à ligne à retard à mercure,** mercury storage; **registre à ligne à retard,** delay line shift register; **retard d'amplitude,** amplitude delay; **retard de phase,** phase delay, phase lag; **retard extérieur,** external delay; **retard programmé,** dwell; **retard variable,** variable delay; **réseau à retard,** delay network.

**retardé:** delayed; **redémarrage retardé,** delayed restart.

**retardée:** alimentation retardée, delayed feed; **relance retardée,** deferred restart.

**retardement:** relais thermique de retardement, thermal delay relay; **unité de retardement,** delay unit.

**retarder:** hold up (to), delay (to).

**retardeur:** retardeur unitaire, digit delay element.

**retassement:** repacking.

**retenir:** carry (to).

**rétention:** cycle de rétention, retention cycle; **période rétention,** retention period.

**retenu:** retenu en bas, holddown.

**retenue:** borrow, carry digit, carry, industry code; **addition sans retenue,** false add; **additionneur avec retenue,** ripple-carry adder; **additionneur parallèle avec retenue,** parallel full adder; **additionneur série avec retenue,** serial full adder; **bit de retenue,** borrow digit; **bit de retenue positive,** carry bit; **carte retenue,** deduction card; **cliquet de retenue,** retaining pawl; **drapeau de retenue,** carry flag; **indicateur de retenue,** carry flag; **organe de retenue,** retainer; **registre de retenue,** carry register; **retenue circulaire,** end-around borrow; **retenue d'addition,** add carry; **retenue intégrale,** complete carry; **retenue propagée,** propagated carry; **retenue zéro,** nil report.

**réticule:** crosshairs, graticule; **curseur à réticule,** crosshair cursor; **réticulé,** haired.

**retirage:** reprint.

**retirer:** retirer de la configuration, deconfigure (to); **retirer de la file d'attente,** queue off (to).

**retombée:** retombée sous le niveau normal, undershoot; **temps de retombée,** fall time; **valeur de retombée,** release value.

**retomber:** drop-out (to), fall (to), release (to).

**retour:** return, flyback; **adresse de retour,** return address; **canal de retour,** feedback channel; **canal retour,** reverse channel; **caractère de retour à la ligne,** new line character; **caractère retour de chariot,** carriage return character; **circuit de retour,** back circuit; **code de retour,** return code; **contrôle par retour de l'information,** information feedback checking; **contrôle par retour de message,** message feedback; **correction d'erreur sans voie retour,** forward error correction (FEC); **enregistrement polarisé avec retour à zéro,** polarized return to zero recording; **enregistrement sans retour à zéro,** non-return-to-zero recording (NRZ); **enroulement de retour,** return winding; **faire un retour arrière,** backout (to); **instruction de retour,** return instruction, return statement; **instruction de retour arrière,** backspace statement; **méthode de retour à zéro,** pulse recording method; **non-retour,** nonreturn; **non-retour à zéro,** nonreturn to zero (NRZ); **piste de retour,** return raceway; **point de retour,** reentry point; **point de retour ligne,** horizontal retrace point; **point de retour trame,** vertical retrace point; **registre à code retour,** return code register; **retour arrière,** backspacing; **retour arrière de la tête d'écriture,** carrier return; **retour au programme principal,** return control transfer; **retour automatique de chariot,** automatic carriage return; **retour automatique du curseur,** automatic cursor homing; **retour de balayage,** fly-back; **retour de chariot,** carriage return (CR); **retour de flux magnétique,** flux reversal; **retour de spot,** fly-back; **retour en cas d'erreur,** error return; **retour en position initiale,** homing; **retour en référence,** return to reference; **retour ligne,** horizontal flyback; **retour par la masse,** ground return; **retour à la ligne,** new line (NL), wrap; **retour à la ligne automatique,** automatic wraparound; **retour à zéro (raz),** return to zero, dipole recording method; **retrait après retour de ligne,** wrap tab; **temps de retour du faisceau,** fly-back time; **voie de retour,** backward channel, return channel; **voie retour,** up channel; **vérification par retour,** echo checking, echo check.

**retournement:** turnaround; **temps de retournement,** turnaround time; **temps de retournement,** clear-to-send delay.

**retourner:** return (to), revert (to).

**retourneuse: retourneuse de cartes,** card reversing device.

**retrait:** roll out, withdrawal; **ligne en retrait,** indented line; **retrait après retour de ligne,** wrap tab; **sous-titre en retrait,** box-head.

**retraitement:** reprocess; **récupération par retraitement,** backward recovery.

**retraiter:** reprocess (to).

**retranscrire:** retranscribe (to).

**retransmission:** retransmission; **retransmission automatique,** automatic retransmission; **retransmission involontaire,** accidental disclosure.

**rétrécissement:** shrinking.

**retrier:** resort (to).

**rétroaction:** feedback; **enroulement à rétroaction,** feedback coil; **rétroaction convergente,** negative feedback; **rétroaction fixe,** rigid feedback.

**rétroactive: égaliseur de décision rétroactive,** decision feedback equalizer (DFE).

**rétroréaction: circuit à rétroréaction,** bootstrap circuit.

**retrouver:** recover (to).

**réunion:** union, exjunction, join, joint (NOR); **réunion logique,** logical addition, OR.

**réutilisable: réutilisable après exécution,** serially reusable.

**revalider:** reenable (to).

**revenir:** revert (to).

**réversible:** reversible; **système réversible,** turnaround system; **transformation magnétique réversible,** reversible magnetic process.

**revêtement: plaque de revêtement,** cover plate; **revêtement isolant,** resist, resist-etchant.

**revêtir:** cover (to).

**revient: étude du prix de revient,** cost analysis.

**réviser:** revise (to), overhaul (to), review (to).

**révision:** release*, overhaul; **lecture de révision,** proofreading; **niveau de révision,** revision level; **numéro de révision,** revision number; **révision des priorités,** priority degradation.

**révolution:** revolution; **durée d'une révolution,** retention span.

**revue:** review.

**rigide:** rigid; **disque rigide,** rigid disk, hard disk, fixed disk; **oscillateur à phase rigide,** phase-locked oscillator; **à phase rigide,** phase-locked.

**risque:** hazard.

**robot:** robot; **robot industriel,** computerized robot.

**robotique:** robotics*; **voix robotique,** dalek voice.

**rochet:** ratchet; **arbre des rochets,** ratchet shaft; **rochet de commande d'interligne,** line space ratchet.

**rodage: période de rodage,** debugging period.

**rôle: à tour de rôle,** round robin.

**rond:** round.

**ronde: perforation ronde,** round hole.

**ronflement:** hum; **fréquence de ronflement,** hum frequency; **sans ronflement,** hum-free; **tension de ronflement,** ripple voltage.

**rotatif: convertisseur rotatif,** rotary converter; **décalage rotatif,** rotating shift; **poussoir rotatif,** rotary button.

**rotation:** rotation, rotating; **axe de rotation,** rotating shaft; **codeur de rotation,** angular position transducer; **délai de rotation,** rotational delay; **mécanisme de rotation,** rotate mechanism; **opérer une rotation,** rotate (to); **valeur d'accès de rotation,**

access ring value; **vitesse de rotation,** rotational speed, rotating speed; **vitesse de rotation optimale,** flying speed.

**rotationnel:** rotational.

**rotor: axe de rotor,** rotor shaft.

**roue:** wheel; **imprimante à roue,** wheel printer, roue **codeuse,** thumbwheel, thumbwheel switch, code wheel; **roue compteuse,** counter wheel; **roue d'impression,** type wheel, printwheel, daisy; **roue porte-caractères,** printwheel, typewheel, daisy; **roue à caractères,** character wheel, type roll; **roue à ergots,** pinwheel, sprocket wheel; **roue à picots,** sprocket wheel, pinwheel.

**rouge:** red; **Rouge Vert Bleu (RVB),** Red Green Blue (RGB); **impression rouge,** ribbon shift red.

**roulante: boule roulante,** control ball, rolling ball, track ball.

**rouleau:** roller, roll; **axe de rouleau,** platen shaft; **commande du rouleau d'impression,** platen control; **papier en rouleau,** roll paper, web paper, web; **rouleau d'alignement,** alignment roller; **rouleau d'alimentation,** feed roll; **rouleau d'entraînement,** tractor; **rouleau d'entraînement à picots,** pin feed platen device; **rouleau d'impression,** platen; **rouleau de papier,** continuous roll paper; **rouleau de papier continu,** continuous roll; **rouleau de papier pour calculette,** tally roll; **rouleau de transport,** feed roller, drive capstan; **rouleau encreur,** ink roller; **rouleau pinceur,** pinch roller, pressure roller; **rouleau support de papier,** paper roll; **rouleau vierge,** blank coil; **rouleau à ergots,** pinfeed platen; **rouleau à peinture,** paint roller.

**rouleaux: roulement à rouleaux,** roller bearing.

**roulement: chemin de roulement,** runway; **roulement à billes,** ball bearing; **roulement à rouleaux,** roller bearing.

**routage:** routing, route; **caractère de routage,** data route character, code-indicating character; **erreur de routage,** misroute; **fichier des fiches de routage,** route sheet file; **indicateur de routage,** routing indicator; **numérotation de routage,** route dialing; **protocole de routage centralisé,** centralized routing protocol; **routage de messages,** message routing; **routage de secours,** alternate routing; **routage semi-adaptatif,** semiadaptive routing.

**route: instruction de mise en route,** sign-on; **temps de mise en route,** installation time, setup time; **touche de mise en route,** start key.

**routine:** routine\*; **appel d'une routine,** subroutine call; **bibliothèque de routines,** routine library; **caractère de routine automatique,** automatic routine character; **contrôle de routine,** routine check; **entretien de routine,** routine maintenance, scheduled maintenance; **message de routine,** routine message; **nom de routine,** routine name; **routine algorithmique,** algorithmic routine; **routine amorce,** leader routine; **routine appelée,** called routine; **routine auxiliaire,** auxiliary routine, secondary routine; **routine d'affectation,** allocator routine; **routine d'amorçage,** start routine; **routine d'appel,** calling routine, calling sequence; **routine d'application,** application routine; **routine d'assemblage,** assembly routine; **routine d'autopsie,** postmortem routine; **routine d'entrée/sortie,** input/output routine; **routine d'erreur,** error routine; **routine d'essai,** test routine; **routine d'extraction,** output program; **routine d'insertion,** insertion routine, insert subroutine; **routine d'insertion directe,** direct insert subroutine; **routine d'interruption,** interrupt routine, interrupt handler; **routine d'introduction,** input routine; **routine d'itération,** iterative routine; **routine d'écran,** display subroutine; **routine d'édition,** edit program, edit routine, editing subroutine; **routine de bibliothèque,** library routine; **routine de canal,** channel program; **routine de chargement,** loading routine, load routine; **routine de contrôle,** checking program; **routine de contrôle des rythmes,** clock time controller; **routine de correction,** patch routine; **routine de diagnostic,** diagnostic routine, isolation test routine (ITR); **routine de dépistage,** trace routine; **routine de lancement,** start routine; **routine de mise à jour,** updating routine, modification program; **routine de mise à jour de fichiers-bibliothèque,** library file update routine; **routine de premier ordre,** first-order subroutine; **routine de reprise,** alert recovery routine, restart procedure; **routine de récupération,** recovery routine; **routine de répétition,** rerun restoring routine; **routine de sauvegarde,** safeguarding routine; **routine de sauvegarde de disponibilité,** availability assurance routine; **routine de service,** housekeeping routine; **routine de sortie,** output routine; **routine de test,** benchmark routine; **routine de traitement d'étiquettes,** label handling routine; **routine de vidage,** dump routine; **routine de vérification,** check routine; **routine des anomalies,** exception routine; **routine des exceptions,** exception routine; **routine fermée,** closed routine; **routine générale d'autopsie,**

general postmortem routine; **routine imbriquée,** nested routine; **routine indépendante,**
independent routine; **routine insérée,** inserted subroutine; **routine liée,** linked subroutine; **routine ouverte,** open routine; **routine
pilote,** master routine; **routine polyvalente,**
generalized routine; **routine récursive,** recursive routine; **routine résultante,** objet rou-
tine; **routine sans paramètre,** static routine;
**routine spécifique,** specific routine; **routine
standard,** standard routine, standard program; **routine traductrice,** translating
routine; **routine transitoire,** transient routine;
**routine utilitaire,** utility routine; **routines
utilitaires de base,** basic services; **table de
routines,** subroutine table; **travail de routine,** routine work; **étage de sous-routine,**
subprogram branch.

**ruban:** ribbon; **bloc fin de ruban,** block
end-of-tape; **bobine de ruban encreur,** ribbon spool; **bout de ruban,** run-out; **boîtier
de ruban encreur,** ribbon cartridge; **came de
guidage du ruban encreur,** ribbon operating
cam; **cartouche à ruban de carbone,** carbon ribbon cartridge; **couleur de ruban complémentaire,** alternate ribbon color; **dispositif de guidage de ruban,** carbon ribbon feed
device; **double avance de ruban encreur,**
dual ribbon feed; **dérouleur à ruban sans
fin,** tape loop recorder; **échange de ruban
encreur,** ribbon replacement; **entraînement
du ruban encreur,** ribbon feed; **galet de
guidage de ruban,** ribbon guide roll; **guidage de ruban unilatéral,** single-edge guiding; **guide de ruban,** ribbon guide; **guide de
ruban carbone,** carbon ribbon feed; **inversion de ruban encreur,** ribbon reverse; **levier d'inversion du ruban encreur,** ribbon
reversing arm; **levier de commande du
ruban encreur,** ribbon reverse lever; **ruban
carbone,** carbon tape, carbon ribbon; **ruban
de manoeuvre,** operating tape; **ruban de
tissus,** fabric ribbon; **ruban en cartouche,**
cassette ribbon; **ruban encreur,** ink ribbon,
inked ribbon; **ruban magnetique,** digital
magnetic tape; **ruban magnétique pour
enregistrer des données,** computer tape;
**ruban perforé sans détachement de
confettis,** chadless tape; **ruban étalon,**

reference tape; **ruban étroit,** strip ribbon;
**test ruban,** tape test.

**rubrique:** data field; **rubrique de base,**
base item.

**rudesse:** roughness; **rudesse de surface,** surface roughness.

**rupteur: télé rupteur,** remote control
unit.

**rupture:** control break, control change;
**contact de rupture,** break contact; **courant
de rupture,** space polarity; **jack de rupture,**
break jack; **point de rupture,** breakpoint;
**point de rupture d'adresse,** address breakpoint; **rupture au niveau supérieur,** major
control break; **rupture de bande,** torn tape
condition; **rupture de contrôle,** primary
change; **rupture de niveau par comparaison,** comparing control change.

**RVB: Rouge Vert Bleu,** Red Green Blue
(RGB*); **moniteur RVB,** RGB monitor.

**rythme:** circuit générateur de rythme,
timing pulse generator; **commutation de
rythme,** clock switchover; **fréquence de
rythme,** timing pulse rate; **générateur de
rythme d'horloge,** timer clock generator; **impulsion de rythme,** digit pulse; **lecture au
rythme d'horloge,** clock-actuated readout;
**piste de rythme,** clock marker track; **programme générateur de rythme,** clock program; **routine de contrôle des rythmes,**
clock time controller; **rythme d'émission,**
transmitter bit timing; **rythme de base,** basic
clock rate; **rythme de transmission,** transmission timing; **rythme pas à pas,** signal
element timing; **sortie de rythme,** clock output; **sélecteur de rythme,** clock selection
switch.

**rythmée: opération rythmée,** clock operation.

**rythmeur:** interval timer; **circuit rythmeur,** timing circuit, sequencing circuit; **registre rythmeur,** timer register; **rythmeur
asservi,** slave clock; **rythmeur d'extraction,**
readout clock; **rythmeur de base,** basic period clock; **rythmeur de réception,** receive
timer; **rythmeur de séquence,** watch dog
timer; **rythmeur dynamique,** dynamic timer;
**rythmeur réglable,** variable clock.

# S

**sablier:** hourglass.

**saisie:** capture, seizure, type-in, data collection; **bordereau de saisie,** input form; **champ de saisie,** input field; **clavier de saisie de données,** data entry keyboard; **codification de saisie,** transaction code; **constitution du masque de saisie,** capture grid making; **contrôle visuel à la saisie,** visual input control; **demande de saisie,** capture request; **dispositif de saisie des données,** data acquisition device; **fonction de saisie,** get function; **grille de saisie,** capture grid; **guide de saisie affiché à l'écran,** screen displayed prompter; **journal de saisie des erreurs,** error log sheet; **masque de saisie,** capture mode, capture grid, acquisition profile; **mode de saisie,** input mode; **moyen de saisie,** logging facility; **niveau de saisie,** entry level; **ordinateur de saisie des données,** data recording computer; **poste de saisie,** entry terminal, entry screen; **poste de saisie optique des données,** optical image unit; **prendre par saisie,** get (to); **périphérique de saisie,** data entry device; **saisie automatique,** automatic acquisition; **saisie centralisée des données,** centralized data acquisition; **saisie de données,** data acquisition, data capture, data logging; **saisie de texte,** text entry; **saisie de vocabulaire,** vocabulary logging; **saisie des données d'origine,** primary data acquisition; **saisie des données de mesure,** measured data acquisition; **saisie des informations industrielles,** industrial data capture; **saisie des travaux à distance,** remote job entry (RJE); **saisie en ligne,** on-line data capture; **saisie locale,** local source recording; **saisie monoclavier,** one-keyboard data capture; **saisie multi-information,** multiple data recording; **saisie multiclavier,** multikeyboard data capture; **saisie par clavier,** keyboarding; **saisie à la base,** primary acquisition; **système de saisie de données,** data acquisition system, data collection system; **système de saisie multiposte,** multistation data entry system; **temps de saisie,** type-in time, recorded time; **terminal de de saisie,** work unit; **terminal de saisie,** data collection station, retrieval terminal; **unité de saisie des données,** input preparation equipment; **variable de saisie,** capture variable; **zone de saisie,** capture area.

**saisir:** capture (to), seize (to), grip (to); **saisir au clavier,** key in (to), keyboard (to).

**salle:** room; **jeu vidéo de salle,** video arcade game; **salle blanche,** clean room; **salle des ordinateurs,** computer room; **salle technique,** equipment room.

**salon:** exhibition; **salon informatique,** computer show.

**saphir:** sapphire; **technologie silicium sur saphir,** silicon on sapphire (SOS).

**satellite:** satellite*; **calculateur satellite,** satellite processor; **communication par satellite,** satellite communication; **ordinateur satellite,** satellite computer, remote central processor; **satellite de communications,** communications satellite; **station satellite,** satellite station; **station terrestre (satellite),** earth station; **système satellite,** satellite system; **voie descendante (satellite),** downlink; **voie montante (satellite),** uplink.

**saturation:** saturation; **état de saturation,** saturation state; **magnétisé à saturation,** magnetized to saturation; **point de saturation,** saturation point.

**saturée:** **code binaire saturé,** dense binary code; **courant de base saturé,** base saturation current; **index saturé,** dense index; **tableau saturé,** closed array.

**saupoudrer:** dust (to).

**saut:** jump, skip, branching, slip, slippage, transfer; **actionneur de saut,** skip lifter; **adresse de saut,** jump address; **aimant de commande des sauts de ligne,** platen feed magnet; **aimant de saut,** skip magnet; **barre de saut,** skip bar; **caractère de saut,** slew character; **caractère de saut de ligne,** new-line character; **code de saut,** skip code; **code de saut de ligne,** line feed code; **commande de saut,** skip control; **commande de saut de ligne,** line advance order; **commande de saut de piste,** track skip control; **commande des sauts d'impression,** transfer print control; **condition de saut,** branch condition; **distance de saut,** branch distance, skip distance; **double saut,** dual feed; **double saut de ligne,** dual carriage; **faire un saut,** jump (to), branch (to); **fanion de saut,** skip flag; **fonction de saut de bloc,** block skip; **fonction de saut unitaire,** unit step function; **instruction de saut,** skip instruction, jump instruction, branch instruction; **instruction de saut conditionnel,** conditional branch instruction; **instruction de saut incon-ditionnel,** unconditional jump instruction; **instruction saut,** alternate instruction; **lan-guette de saut,** card lifter; **mesurage à l'ins-tant du saut,** hook catching; **mode saut de perforation,** perforation skip mode; **modula-tion en saut d'amplitude,** amplitude shift keying (ASK); **repère de saut,** branch mark; **saut (de papier),** slewing, slew; **saut amont,** backward jump; **saut après impression,** postslew; **saut arrière combiné,** combined return branch; **saut arrière en cas d'anomalie,** exception return; **saut au feuillet suivant,** carriage overflow control; **saut automatique,** automatic skipping; **saut aval,** forward jump; **saut avant,** forward spacing; **saut avant impression,** preslew; **saut avec permutation,** exchange jump; **saut conditionnel,** conditional jump, conditional branch; **saut d'enregistrement,** record skip; **saut de bande,** tape skip; **saut de bloc conditionnel,** optional block skip; **saut de canal,** channel skipping; **saut de ligne,** line skip, line feed (LF), newline, line advance; **saut de ligne avant impression,** space before printing; **saut de ligne curseur,** cursor wrap; **saut de page,** page feed, page skip; **saut de papier,** paper skip; **saut de programme,** program jump, program skip; **saut de report,** overflow ejection; **saut hori-zontal,** horizontal skip; **saut inconditionnel,** unconditional branch, inconditional jump; **saut indirect,** indirect jump; **saut multiple,** continuous skip key; **saut par interlignes,** line skipping; **saut rapide,** high-speed skip; **saut réduit,** short skip; **saut unitaire,** unit step; **suppression de saut,** skip supression, skip cancellation; **symbole de saut avant,** forward reference symbol, forward reference; **table de sauts progressifs,** forward refer-ence table.

**sauté:** skipped; **saute-mouton,** leapfrog; **test saute-mouton,** leapfrog test.

**sauter:** skip* (to), ignore (to).

**sautillement:** jitter.

**sauvegarde:** backup, backing, saving, rescue, save; **bande de sauvegarde,** back-ing tape; **bibliothèque de sauvegarde,** back-up library; **copie de sauvegarde,** backup copy; **date de sauvegarde,** backup date; **disque de sauvegarde,** backup disk; **don-nées de sauvegarde,** back-up information; **ensemble des données de sauvegarde,** backup data set; **fichier de sauvegarde,** backup file; **logiciel de sauvegarde,** safe-guarding software; **mémoire de sauvegarde,** backing storage, back-up memory; **passe de sauvegarde,** backup run; **procédure de sau-**

vegarde, backup procedure; **programme de sauvegarde,** safeguarding program, salvag-er; **routine de sauvegarde,** safeguarding routine; **routine de sauvegarde de dispo-nibilité,** availability assurance routine; **sau-vegarde de fichier,** file save; **sauvegarde de programme,** program backup; **sauve-garde des informations,** safeguard of data; **technique de sauvegarde de fichiers,** grandfather technique; **temps de sauve-garde,** backup time; **traitement de sauve-garde,** backup processing; **zone de sauve-garde des données,** save area; **zone sau-vegarde,** save field.

**sauvegarder:** safe (to), keep (to), save (to).

**sauver:** safe (to), save (to).

**savoir:** know (to); **savoir-faire,** know-how.

**scalaire:** scalar*; **arithmétique scalaire,** scalar arithmetic; **expression scalaire,** sca-lar expression; **grandeur scalaire,** scalar quantity; **produit scalaire,** scalar product, in-ner product; **type scalaire,** scalar type; **vari-able scalaire,** scalar variable.

**scanage:** scanning*, scan, sweep; **bou-cle de scanage,** scanning loop; **durée de scanage,** scan period; **fréquence de sca-nage,** scan frequency; **méthode de sca-nage,** scanning method; **scanage optique déporté,** remote on-line optical scanning; **vitesse de scanage,** scanning rate, scan rate; **zone de scanage,** scan area.

**scaneur:** **scaneur de code à barres,** bar code scanner; **scaneur de courbes,** curve scanner; **scaneur multibande,** multi-spectral scanner (MSS).

**scanner:** scanner, scanning device; **scanner optique,** optical scanner; **tête de scanner,** scan head.

**scanographe:** scanning device, scan-ner.

**scellé:** sealed.

**sceller:** imbed (to).

**schéma:** schematic, diagram, schema; **schéma de principe de banque de don-nées,** database schematic; **schéma d'as-semblage,** assembly drawing; **schéma d'im-plantation,** setup diagram; **schéma d'ori-gine,** source schema; **schéma de calcula-teur,** computer diagram; **schéma de con-nexions,** connection diagram, plugging chart; **schéma de montage,** circuit schematic, setup diagram; **schéma de principe,** sche-matic diagram, schematic circuit diagram; **schéma de priorité,** priority scheme; **schéma des codes,** code chart; **schéma fonctionnel,** functional diagram, block diagram; **schéma fonctionnel principal,** major block diagram; **schéma logique,** logic schematic; **schéma synoptique détaillé,** detailed block diagram; **schéma synoptique logique,** intermediate block diagram; **traducteur de schéma,** schema processor.

**s c h é m a t i q u e :** **représentation schématique,** schematic representation.

**Schmitt:** Schmitt; **déclencheur de Schmitt,** Schmitt trigger.

**Schottky:** Schottky; **schottky faible consommation,** low power schottky (LS).

**s c i e :** **dent de scie,** sawtooth, jag; **dent de scie de trame,** vertical deflection sawtooth; **impulsion en dents de scie,** serrated pulse; **onde en dents de scie,** sawtooth wave.

**s c i e n c e :** science; **science et technique,** science and engineering; **sciences,** scientific branch.

**s c i e n t i f i q u e :** scientific; **analyse scientifique,** scientific analysis; **gestion scientifique,** management science; **langage scientifique,** scientific language; **notation scientifique,** scientific notation; **ordinateur scientifique,** scientific computer.

**s c i n t i l l e m e n t :** flickering, flicker; **sans scintillement,** flicker-free.

**s c i n t i l l e r :** flutter (to).

**s c r u t a t e u r :** scanner; **scrutateur de voies,** scanner channel.

**s c r u t a t i o n :** polling, sweep, serial scanning; **adresse de scrutation,** poll address; **boucle de scrutation,** scanning loop; **dispositif de scrutation de fichier,** file scan equipment; **masque de scrutation parallèle,** parallel poll mask; **programme de scrutation,** polling routine; **scrutation de données,** data scanning; **scrutation par appel,** rollcall polling; **scrutation par passage de témoin,** hub polling; **scrutation parallèle,** parallel polling, parallel poll; **scrutation systématique,** general polling; **scrutation sélective,** specific polling.

**s c r u t e r :** scrutinize (to).

**s c u l p t u r e :** sculpturing.

**s é a n c e :** **séance de cours,** learning sequence.

**s e c :** dry.

**s é c h a g e :** **poste de séchage,** air drying station.

**s è c h e :** **encre sèche,** dry toner; **pile sèche,** dry cell battery.

**s e c o n d a i r e :** alternative, alternate, auxiliaire; **(enroulement) secondaire de transformateur,** transformer secondary; **adresse secondaire,** secondary address; **attributaire secondaire,** secondary address; **axe secon-**daire, minor axis; **boucle secondaire,** minor loop; **calculateur secondaire temps réel,** real-time satellite computer; **champ clé secondaire,** secondary key field; **cheminement secondaire,** alternate routing; **clé secondaire,** auxiliary key, concatenated key; **conflit secondaire,** side conflict; **console secondaire,** secondary console; **effet secondaire,** side effect; **enroulement secondaire,** secondary winding; **entrée secondaire,** secondary input; **expression booléenne secondaire,** Boolean secondary; **fichier dictionnaire secondaire,** secondary dictionary file; **fichier secondaire,** auxiliary file; **fonction de commande secondaire,** auxiliary control function; **fonction secondaire,** secondary function; **index secondaire,** secondary index; **indicatif secondaire,** secondary key; **jeu de caractères secondaires,** alternate character set; **mémoire secondaire,** integrated filestore; **note secondaire,** side note; **point d'entrée secondaire,** secondary entry point; **police de caractères secondaire,** alternate type style; **radiation d'ondes secondaires,** spurious radiation; **résultat secondaire,** side result; **station secondaire,** secondary station; **suite secondaire,** secondary; **système à mémoire secondaire,** core secondary environment; **terminal secondaire,** auxiliary station; **touche secondaire,** alternate key; **traitement secondaire,** background environment.

**s e c o n d e :** second; **bits par seconde (BPS),** bits per second (BPS); **calculateur de seconde génération,** second-generation computer; **cycles par seconde (cps),** cycles per second (cps); **dérivée seconde,** second derivative; **kilo d'opérations par seconde (KOPS),** kilo operations per second (KOPS); **millions d'instructions par seconde,** millions instructions per second (MIPS); **opérations en virgule flottante par seconde,** floating-point operation per second (FLOPS); **opérations par seconde,** operations per second (OPS); **seconde génération,** second generation; **seconde source,** second source; **un milliard d'opérations en VF par seconde,** gigaflop.

**s e c o u e r :** jerk (to).

**s e c o u r s :** backup, spare, emergency; **alimentation de secours,** battery backup; **console de secours,** alternative console; **copie de secours,** backup copy; **cylindre de secours,** alternate cylinder; **de secours,** backup; **maintenance de premier secours,** emergency maintenance; **ordinateur de secours,** backup computer; **processeur de secours,** backup processor; **routage de secours,**

alternate routing; **unité de secours,** alternate device; **vidage de secours,** rescue dump.

**secteur:** mains, sector; **dépassement de secteurs,** cross-sector linkage; **adresse de secteur,** sector address; **adresse de secteur mémoire,** core sector address; **alimentation secteur,** mains supply; **attribut du secteur de validité,** scope attribute; **bit de secteur,** sector bit; **bloc secteur,** data block; **comptage de secteurs,** sector count; **contamination du secteur d'amorçage,** boot sector infection; **convertisseur de secteur,** power converter; **cordon secteur souple,** line connector cord, flex; **courant secteur,** line current; **diagramme à secteurs,** pie diagram, pie graph; **défaillance secteur,** power fail; **défaillance secteur,** power dip; **filtre secteur,** power filter; **limite de secteur,** sector boundary; **panne du secteur,** voltage breakdown; **protection secteur,** surge protector; **récupération automatique (panne secteur),** power fail recovery (PFR); **secteur alternatif,** AC mains; **secteur d'étiquette,** label sector; **secteur de disque,** disk sector; **secteur de données,** data sector; **secteur de programme,** region of program; **secteur logiciel,** soft sector; **secteur matériel,** hard sector; **secteur mort,** dead sector; **secteur spécialisé,** special line; **stabilisateur secteur,** line voltage regulator; **tension secteur,** line voltage; **transformateur secteur,** power transformer; **translation du secteur de base,** base sector relocation; **unité d'alimentation secteur,** power supply unit; **variations secteur,** line voltage fluctuations.

**section:** section, segment, extent; **en section,** sectional; **pseudo-section,** dummy section; **repère de section,** control mark; **section critique,** critical section; **section d'assemblage entrée/sortie,** input/output section; **section d'entrée,** input section; **section de configuration,** configuration section; **section de fichier,** file section; **section de procédure,** procedural section, procedure division; **section de programme,** control section; **section transversale,** cross-section.

**sectionnement:** sectioning.

**sectorisation:** sectoring; **disque à sectorisation matérielle,** hard-sectored disk; **disquette à sectorisation logicielle,** soft-sectored disk; **sectorisation de disque,** diskette sectoring.

**sectorisé:** sectored; **sectorisé logiciel,** soft-sectored; **sectorisé matériel,** hard-sectored.

**sécurité:** security, safety; **à sécurité contrôlée,** failsoft; **à sécurité relative,** fail-safe; **catégorie de sécurité,** security category; **contact de sécurité,** safety contact; **contact de sécurité capot,** cover interlock contact; **degré de sécurité,** security grade; **facteur de sécurité,** safety factor; **fonction de sécurité,** security function; **fonctionnement à sécurité intégrée,** failsafe operation; **interrupteur de sécurité,** safety switch; **levier de sécurité,** safety pawl; **limite de sécurité,** confidence limit; **réserve de sécurité,** safety stock; **serrure de sécurité,** safety lock; **symbole de sécurité,** protection symbol; **système de sécurité,** security system; **sécurité,** safety; **sécurité de fonctionnement,** safety of operation; **sécurité de transmission,** transmission reliability, transmission security; **sécurité des données,** data integrity, data backup; **sécurité des fichiers,** file security; **sécurité des logiciels,** software security; **sécurité informatique,** computer security; **verrouillage de sécurité,** safety interlock; **zone de sécurité,** security field.

**SED:** **système d'exploitation à disque,** disk operating system (DOS).

**segment:** section*, segment; **adresse d'une table de segments,** segment table word; **adresse de base d'un segment,** segment base; **adresse relative d'un segment,** segment relative address; **appel de segment de recouvrement,** overlay request; **base d'un segment de données,** segment data base; **carte maîtresse d'un segment,** segment header card; **chargement d'un segment de programme,** program segment loading; **chargeur fixe à deux segments,** two-part self-contained loader; **descripteur de segment,** segment descriptor; **descripteur de segment indirect,** indirect segment descriptor; **début du bloc de segments,** beginning-of-segment block; **décodeur de segment,** segment decoder; **en-tête de segment,** segment header, section header; **enregistrement en-tête de segment,** segment header record; **enregistrement sans segment,** unspanned record; **entrée dans une table de segments,** segment table entry; **gestion des segments,** segment management; **indication de limitation de segment,** segment limit clause; **largeur d'un segment,** stroke width; **marque de segment,** segment mark; **nom de segment,** segment name, section name; **segment appelé,** called segment; **segment chargeable,** loadable phase; **segment commun,** global segment; **segment d'enregistrement,** record segment; **segment de code,** code segment; **segment de contrôle,** base segment; **segment de données,** data segment; **segment de début,**

header segment; **segment de longueur fixe,** fixed-length segment; **segment de longueur variable,** variable-length segment; **segment de matrice,** array segment; **segment de pile,** stack segment; **segment de positionnement,** setup ratchet; **segment de procédure,** procedure segment; **segment de programme,** program segment, program part, partial program; **segment de recouvrement,** overlay segment; **segment de recouvrement auxiliaire,** auxiliary overlay; **segment double,** bisection; **segment détectable,** detectable segment; **segment exclusif,** exclusive segment; **segment identificateur,** identifier section; **segment inclusif,** inclusive segment; **segment indépendant,** independent segment; **segment logique,** logical segment; **segment non paginé,** unpaged segment; **segment permanent,** permanent segment; **segment physique,** physical segment; **segment principal,** main segment; **segment recouvrable,** overlayable segment; **segment résident,** resident segment; **sous-segment,** subsegment; **table des segments,** segment table; **zone des noms de segments,** segment name field.

**segmentation:** segmentation, segmenting; **pagination et segmentation,** paging and segmenting; **segmentation de l'écran,** split screen feature; **segmentation de programme,** program segmenting, program sectioning; **segmentation ouverte,** open segmentation; **tri par segmentation,** quick sort.

**segmenté:** segmented; **non segmenté,** unsegmented.

**segmentée:** adresse segmentée, segmented address.

**segmenter:** section (to), segment (to), partition (to).

**sélecteur:** selector, selector switch, choice device; **canal sélecteur,** selector channel; **circuit sélecteur,** selecting circuit, selector circuit; **interrupteur sélecteur d'adresse,** storage address dial switch; **lecteur-sélecteur,** selective reader; **poste sélecteur de case,** selector station; **sélecteur d'adresses de connexion,** terminal address selector; **sélecteur d'affichage,** display selector; **sélecteur d'essais,** test selector switch; **sélecteur d'indice,** digit selector, digital filter; **sélecteur d'intervalle,** interval selector; **sélecteur d'écran de visualisation,** display switch; **sélecteur de canal,** channel selector, channel selection switch; **sélecteur de canaux,** pluggable telephone channel selector; **sélecteur de case,** case selector; **sélecteur de chiffres,**

digit selector; **sélecteur de coordonnées,** crossbar switch; **sélecteur de données,** data selector; **sélecteur de données sur bande,** tape data selector; **sélecteur de débordement,** adder overflow selector; **sélecteur de ligne,** line selector; **sélecteur de mémoire,** storage selector; **sélecteur de pistes,** track select switch; **sélecteur de points de mesure,** measuring point selector; **sélecteur de rythme,** clock selection switch; **sélecteur de résultat de diagnostic,** diagnostic result selector; **sélecteur de tension,** voltage selector, voltage adapter switch; **sélecteur de têtes magnétiques,** head selection switch; **sélecteur pilote,** pilot selector.

**sélectif:** selective; **appareil à accès sélectif,** random device; **appel sélectif,** selective calling, selective ringing; **appel sélectif automatique,** autopolling, autopoll; **distributeur sélectif,** selective digit emitter; **effacement sélectif,** selective erasure; **fichier de vidage sélectif,** select output file; **méthode d'accès sélectifs des cartes,** card random access method (CRAM); **organisation en accès sélectif,** random organization; **procédé d'appel sélectif,** polling/selecting mode, polling technique; **remplacement sélectif,** replacement selection process; **technique de remplacement sélectif,** replacement selection technique; **test sélectif,** leapfrog test; **traitement sélectif,** direct processing; **tri sélectif,** selective sort; **vidage sélectif,** selective main storage dump; **vidage sélectif,** selective dump.

**sélection:** selection; **base de sélection,** selective basis; **caractère de sélection,** selecting character, call direction code; **caractère de sélection d'unité,** component select character; **caractère de sélection de chiffres,** digit select character; **caractère fin de sélection,** end of selection; **case de sélection,** sorter pocket; **circuit de sélection,** selection circuit; **clavier à sélection matricielle,** matrix keyboard; **code de sélection,** select code; **contrôle de sélection,** selection check; **critère de sélection,** selection criterion; **dispositif de sélection,** selection device; **dispositif de sélection de ligne,** line selection feature; **dispositif de sélection par échantillonnage,** sample selection device; **fonction de sélection,** select action; **fusion-sélection,** match merge; **instruction de sélection,** select instruction, select command; **interclassement avec sélection,** match merge; **ligne de sélection,** selection line, select line; **mécanisme de sélection,** selector mechanism; **opération de sélection,** select operation; **paramètre de sélection,**

select parameter; **rapport de sélection,** selection ratio; **registre de sélection,** select register; **registre de sélection d'adresses,** storage address select register; **registre de sélection des adresses de mémoire,** memory address select register; **registre de sélection mémoire,** storage selection register; **signal de sélection,** proceed to select; **suite de signaux de sélection,** selection signal; **système de sélection directe,** direct switching system; **sélection au clavier,** key selection; **sélection automatique,** automatic selection; **sélection automatique des lignes d'impression,** automatic printing line selection; **sélection d'acheminement,** route selection; **sélection d'adresses,** address selection; **sélection d'enregistrement,** record selection; **sélection d'ordre,** command selection; **sélection d'unité,** unit selection; **sélection d'unités périphériques,** peripheral unit selection; **sélection de bloc,** block selection, record grouping; **sélection de cartes,** card selection; **sélection de case,** pocket selection, stacker selection; **sélection de chiffres,** digit selection; **sélection de circuit intégré,** chip select (CS); **sélection de disque,** disk selection; **sélection de données,** data selection; **sélection de fonction,** function selection; **sélection de l'information,** information selection; **sélection de la vitesse de transmission,** line speed option; **sélection de la zone plus,** plus zoning; **sélection de ligne,** line dialing; **sélection de limites,** range selection; **sélection de machine,** computer selection; **sélection de mot,** word selection; **sélection de mémoire,** memory control; **sélection de piste,** track selection; **sélection de plots,** socket option; **sélection de poste,** station selection; **sélection de priorité,** priority selection; **sélection de programme,** program selection; **sélection de registre,** director switching; **sélection de solde,** balance selection; **sélection de tête,** head-select; **sélection des zones,** field selection; **sélection directe,** linear selection; **sélection en surbrillance,** highlighted selection; **sélection manuelle,** manual dialing; **sélection multicritère,** multiple selection criteria; **sélection par cadran numérique,** dial switching; **sélection par cadran numéroté,** dial switch selection; **sélection par clavier,** keyboard selection, director switching; **sélection par courants coïncidents,** coincident current selection; **sélection par menu,** menu selection; **sélection permanente,** continuous release; **table d'indices de sélection,** evidence table selection; **tri de sélection,** selection sort, extract sort;

**tringle de sélection,** selection rod; **unité de sélection,** selector unit.

**sélectionné:** selected; **fin de fichier sélectionné,** end-of-file option.

**sélectionnée:** liaison sélectionnée, switched connection.

**sélectionner:** direct (to).

**sélective: analyse sélective,** selective trace; **consultation sélective,** selective access; **ligne sélective,** dial line; **liste sélective,** selective list; **programmation sélective,** direct programming; **programme d'analyse sélective,** selective trace program, snapshot program; **scrutation sélective,** specific polling.

**sélectivité:** selectivity; **attribut de sélectivité,** generic attribute; **description de sélectivité,** generic description; **sélectivité adjacente,** adjacent selectivity.

**sémantème:** sementeme.

**sémantique:** semantic*(s), semantical; **analyse sémantique,** semantic analysis; **composant sémantique,** semantic component; **contenu en informations sémantiques,** semantical information content; **erreur sémantique,** semantic error; **information sémantique,** semantical information; **matrice sémantique,** semantic matrix; **méthode sémantique,** semantic differential; **sémantique algébrique,** algebraic semantics.

**sémaphore:** semaphore*; **bloc de sémaphore,** semaphore block; **sémaphore de contrôle,** sequence semaphore; **sémaphore périphérique,** device semaphore; **zone de comptage de sémaphores,** semaphore count field.

**semi: accès semi-aléatoire,** semirandom access; **caractères semi-graphiques,** semigraphic characters; **centre de communication semi-automatique,** semiautomatic switching center; **circuit intégré à semi-conducteurs,** integrated semiconductor circuit; **circuit semi-intégré,** hybrid integrated circuit; **diode à semi-conducteur,** semiconductor diode; **écran semi-graphique,** semigraphic screen; **enregistrement semi-fixe,** semifixed length record; **exploitation semi-duplex,** alternate communication; **jeu de caractères semi-graphiques,** line drawing set; **mode semi-duplex,** half-duplex operation; **multiplexeur à semi-conducteurs,** solid state multiplexer; **mémoire à semi-conducteur,** semiconductor memory; **conductor storage; **opération semi-duplex,** single operation; **routage semi-adaptatif,** semiadaptive routing; **régime semi-duplex,** half-duplex operation; **semi-adaptatif,** semiadaptive; **semi-aléatoire,** semirandom; **semi-automatique,** semiautomatic; **semi-compilé,** semicompiled; **semi-conducteur,** semiconductor; **semi-conducteur à oxyde métallique,** metal oxide silicon (MOS); **semi-duplex,** half-duplex, either-way operation; **semi-fixe,** semifixed; **semi-graphique,** semigraphic; **semi-graphisme,** semigraphics; **terminal semi-intelligent,** nearly intelligent terminal (NIT); **transmission semi-duplex,** half-duplex transmission; **voie semi-duplex,** half-duplex channel.

**senaire:** senary.

**sens:** bit indicateur de sens, direct indicator bit; **chute de tension dans le sens direct,** forward voltage drop; **sens antihoraire,** anticlockwise; **sens d'enroulement,** winding direction; **sens de circulation,** flow direction; **sens de déroulement,** advance direction; **sens de liaison,** flow direction; **sens horaire,** clockwise; **sens inverse des aiguilles d'horloge,** counterclockwise (CCW); **sens normal des liaisons,** normal direction flow.

**sensibilité:** sensitivity; **commande de sensibilité,** sensitivity control; **sensibilité de déviation,** deflection sensitivity.

**sensible:** sensitive, sensible; **sensible aux perturbations,** accident-sensitive; **sensible à la chaleur,** heat-sensitive; **sensible à la lumière,** light-sensitive, photosensitive; **sensible à la température,** temperature-sensitive; **tête magnétique sensible au flux,** flux sensitive head.

**sentinelle:** sentinal, switch indicator; **sentinelle de mot,** word delimiter; **sentinelle de mémoire d'enregistrement,** record storage mark.

**séparable:** burstable.

**séparateur:** separator, burster; **caractère séparateur,** separating character; **caractère séparateur de fichier,** file separator character; **filtre séparateur de fréquences,** frequency selective filter; **poste séparateur,** separator station; **séparateur d'amplitudes,** amplitude filter; **séparateur d'enregistrements,** record separator (RS); **séparateur de colonnes,** column split; **séparateur de données,** information separator (IS); **séparateur de fichiers,** file separator (FS); **séparateur de groupes de données,** group separator (GS); **séparateur de lots,** batch separator; **séparateur de mots,** word separator; **séparateur de paramètres,** parameter delimiter; **séparateur de sous-articles,** unit separator.

**séparation:** separation; **caractère de séparation,** delimiting character; **ligne de séparation,** separation line; **limite de sépa-**ration, border line; **numération à séparation fixe,** fixed-point representation; **numération à séparation variable,** variable-point representation; **symbole de séparation,** separation symbol; **séparation forcée,** forced split; **virgule de séparation,** comma delimiter.

**séparé:** free standing, noncontiguous; **clavier séparé,** detached keyboard; **documents séparés,** cut forms.

**séparée:** compilation séparée, separate compilation.

**séparer:** decollate (to).

**sept:** seven; **code à sept positions,** seven-level code.

**septénaire:** nombre septénaire, septenary number; **septénaire,** septenary.

**septet:** septet, seven-bit byte.

**séquence:** sequence*; **accès en séquence,** sequence access; **adresse de séquence,** sequence address; **compteur de séquence courante,** current item count; **contrôle de séquence,** sequence check; **contrôle des séquences de programme et travaux,** job & program sequence control; **contrôle des séquences de travaux,** sequential stacked job control; **contrôleur de séquence,** watch dog; **disposition à séquence fixe,** fixed-sequential format; **erreur de séquence,** sequence error; **erreur de séquence d'enregistrement,** record sequence error; **mise en séquence,** sequencing; **mise en séquence automatique,** automatic sequencing; **moniteur de séquences,** sequence monitor; **numéro de séquence,** sequence number, block number; **numéro de séquence de tâche,** task sequence number; **numéro de séquence fichier,** file sequence number; **opération à nombre de séquences prédéterminé,** fixed-cycle operation; **position de séquence courante,** current item position; **programme de contrôle de séquence,** sequence checking routine; **programme en séquence,** in-line subroutine; **remise en séquence,** resequencing; **rythmeur de séquence,** watch dog timer; **sortie de la séquence utilisateur,** own code exit; **structure de la séquence d'instructions,** instruction sequence format; **séquence aléatoire,** random sequence; **séquence appelée,** called sequence; **séquence binaire,** binary sequence; **séquence commune,** global sequence; **séquence correcte,** proper sequence; **séquence d'appel,** calling sequence, calling order; **séquence d'articles,** item sequence; **séquence d'enchaînement,** linking sequence; **séquence d'erreurs,** error burst; **séquence d'exécution,** execution sequence; **séquence d'insertion,** insertion sequence; **séquence d'insertion enchaî-née**, insertion chain sequence; **séquence d'instructions**, instruction sequence, program sequence; **séquence d'instructions conditionnelle**, optional instruction sequence; **séquence d'opérations**, sequence of operations; **séquence d'échappement**, escape sequence; **séquence de bus à jeton**, token-passing sequence; **séquence de caractères de contrôle de bloc**, block check sequence; **séquence de cartes paramètres**, control card sequence; **séquence de chargement**, loading sequence; **séquence de compte**, account sequence; **séquence de début (de bloc)**, preamble; **séquence de fin**, ending sequence; **séquence de fin (de bloc)**, postamble; **séquence de fusionnement**, collating sequence, collation sequence; **séquence de l'utilisateur**, own code; **séquence de lancement**, starting séquence; **séquence de programmation**, coding sequence; **séquence de programmation commune**, common coding; **séquence de programme**, control sequential processing; **séquence de recherche en bibliothèque**, library search sequence; **séquence de traitement**, control sequential processing; **séquence de transmission de données**, data transfer signal; **séquence de travail**, work sequence, work cycle; **séquence de vérification**, check frame; **séquence descendante**, descending sequence; **séquence déclarative**, declarative sentence; **séquence enchaînée de données**, data chaining sequence; **séquence impérative**, imperative sentence; **séquence mineure**, primary sequence; **séquence multitravail**, multijob scheduling; **séquence opératoire**, operational sequence; **séquence principale**, main sequence; **séquence préalable d'initialisation**, prerun initialization; **séquence préliminaire**, interlude; **séquences sans boucle**, straight line coding, linear programming; **séquencé**, sequenced; **traitement en séquences**, sequential processing; **unité de commande de séquence**, sequence unit.

**séquencement**: **séquencement de blocs**, block sequencing.

**séquenceur**: sequencer*; **circuit séquenceur**, sequencing network.

**séquentiel**: sequential*, serial, consecutive; **accès séquentiel**, sequential access; **accès séquentiel de base**, basic sequential access (BSA); **accès séquentiel en série**, serial sequential access; **accès séquentiel indexé**, indexed sequential access; **accès séquentiel par adresse**, addressed sequential access; **accès séquentiel par clé**,

key sequential access; **adressage en séquentiel enchaîné**, chain sequential addressing; **adressage séquentiel**, sequential addressing; **article séquentiel**, sequential item; **calculateur séquentiel**, sequence computer; **calculateur séquentiel à enchaînement arbitraire**, arbitrary sequence computer; **circuit séquentiel**, sequential circuit; **compteur séquentiel**, sequence counter, step counter; **contrôle séquentiel de volume**, volume sequence check; **contrôle séquentiel des types d'enregistrement**, record type sequence check; **déroulement séquentiel des travaux**, serial work flow; **fichier séquentiel indexé**, indexed sequential file, sequential indexed file; **fichier à accès (séquentiel) direct**, direct serial file; **fichier à accès séquentiel**, sequential file; **instruction en séquentiel**, sequential instruction; **mode séquentiel**, sequential operation; **mémoire à accès séquentiel**, sequential storage, serial access memory; **méthode d'accès séquentiel de file**, queued sequential access method; **méthode simplifiée d'accès séquentiel indexé**, basic indexed sequential access method (BISAM); **méthode à accès séquentiel**, sequential access method; **opérateur séquentiel**, sequential operator; **ordinateur séquentiel**, sequential computer; **organigramme séquentiel**, sequence chart; **organisation en fichiers séquentiels**, sequential file organization; **processus séquentiel**, sequential process; **relais à fonctionnement séquentiel**, sequence action relay; **séquentiel après indicatif**, sequential by key; **séquentiel bit par bit**, serial-by-bit; **séquentiel caractère par caractère**, serial-by-character; **séquentiel direct**, random sequential; **séquentiel indexé**, indexed sequential, index sequential; **séquentiel partagé**, partitioned-sequential; **traitement séquentiel**, serial processing, consecutive processing; **traitement séquentiel simplifié des lots**, basic stacked job processing; **traitement séquentiel évolué des travaux**, advanced stacked job processing.

**séquentielle**: **clé séquentielle**, sequencing key; **commande séquentielle**, sequence control; **données séquentielles**, sequential data; **entrée séquentielle**, sequential input; **entrée/sortie séquentielle**, serial input/output; **erreur séquentielle de clé**, key out of sequence; **exécution séquentielle**, procedural behaviour; **fichier à données séquentielles**, sequential data file; **lecture directe (séquentielle) de caractères**, direct character reading; **liste séquentielle**, sequential list, linear list; **logique séquentielle**, sequential logic; **mémoire séquentielle**, sequential memory, serial memory; **opération séquentielle**, sequential operation, consecutive operation; **organisation séquentielle**, sequential organization; **organisation séquentielle indexée**, indexed sequential organization; **programmation séquentielle**, serial programming; **recherche séquentielle**, sequential search, linear search; **structure séquentielle**, sequential data structure; **structure séquentielle de données**, contiguous data structure; **tâche séquentielle**, batched job.

**sérialisation**: serialization.

**sérialiser**: serialize (to), dynamicize (to).

**sérialiseur**: serializer, dynamicizer.

**série**: serial*, series; **accès en série**, access in series; **accès séquentiel en série**, serial sequential access; **accès série continu**, stream access; **adaptateur série-parallèle**, staticizer; **addition série**, serial addition; **additionneur série**, serial adder; **additionneur série avec retenue**, serial full adder; **analyse en série chronologique**, time series analysis; **calculateur série-parallèle**, serial-parallel computer; **calculateur série (série)**, serial digital computer; **circuit de résonance série**, series tuned circuit; **circuit sériel (série) d'entrée/sortie**, serial I/O (SIO); **commande en série**, serial control; **comptage en série**, serial count; **connecté en série**, series-connected; **connexion en série**, series connection; **conversion parallèle-série**, staticizing; **convertir de parallèle en série**, dynamicize (to); **convertisseur parallèle-série**, parallel-to-serial converter, dynamicizer; **convertisseur série-parallèle**, serial-to-parallel converter; **demi-additionneur série**, serial half-adder; **demi-soustracteur série**, serial half-subtracter; **développement en série**, series expansion; **en série**, bit-serial, sequential, serially, serrated; **enregistrement en série**, serial recording; **exploitation en série**, serial mode; **imprimante série-parallèle**, serial/parallel printer; **interface d'imprimante série**, serial printer interface; **interface numérique série**, serial digital interface; **interface série**, serial interface; **mise en série**, serialization; **montage en série-parallèle**, series-parallel connection; **moteur série**, series wound motor; **numéro de série**, serial number; **numéro de série d'un fichier**, file serial number; **numéro de série de la machine**, machine serial number; **numérotation en série**, serial numbering; **numéroter en série**, number serially (to); **opération série**, serial operation; **opération série-parallèle**, serial-to-parallel operation; **ordinateur série-parallèle**, serial/parallel machine; **ordinateur sériel (série)**, serial computer; **organe de calcul série**, serial arithmetic unit; **organe à accès série**, serial access device; **organisation en série des fichiers**, serial file organization; **perforation en série d'un nombre**, serial number punching; **perforer en série**, gang punch (to); **port série**, serial port, COM port; **programmation série**, serial programming; **registre série-parallèle**, staticizing register; **résistance série**, series resistor; **résonance en série**, series resonance; **série-parallèle**, serial-to-parallel; **sortie numérique série**, serial digital output; **souris à connexion série**, serial mouse; **soustracteur série**, serial subtracter, serial full subtracter; **support à accès série**, serial access medium; **symbole d'assemblage en série**, series connective; **série alternante**, alternating series; **série arithmétique**, arithmetic series; **série de formulaires**, aligned forms; **série de messages**, message stream; **série exponentielle**, power series; **série finie**, finite series; **série géométrique**, geometrical progression, geometrical series; **série infinie**, infinite set; **série trigonométrique**, trigonometric series; **séries d'instructions**, instruction series; **séries infinies**, infinite series; **total de série**, group total; **traitement série**, batch processing; **transfert en série**, batch traffic; **transfert série**, serial transfer; **transmission série**, serial transmission.

**sériel**: serial; **accès sériel**, serial access; **calculateur sériel (série)**, serial digital computer; **circuit sériel (série) d'entrée-sortie**, serial I/O (SIO); **fichier sériel**, serial file; **opérateur sériel**, serial operator; **ordinateur sériel (série)**, serial computer.

**sérielle**: **entrée sérielle**, serial entry; **mémoire sérielle**, sequential storage; **transmission sérielle par multiplet**, character byte-serial transmission.

**sérif**: character stroke.

**serré**: tight.

**serrure**: lock; **serrure de sécurité**, safety lock.

**serveur**: server*; **opération de serveur**, server operation; **serveur d'impression**, print server; **serveur de communications**, communication server; **serveur de fichiers**, file server; **sous-système serveur de fichiers**, file server subsystem.

**servi**: served; **premier arrivé premier servi**, first-come-first-served (FCFS).

**service**: service, housekeeping, overhead; **binaire de service**, overhead bit, gap digit; **bit de service,** service bit, overhead bit; **canal de service,** service channel; **caractère de service,** transmission control character; **caractères de service,** functional characters; **code de service,** service code; **demande de mise en service du récepteur,** request to receive; **disque de service,** service disk; **en service,** on stream; **exécution de service,** housekeeping run; **hors-service,** out of order; **indicateur de service,** device servicing indicator; **ingénieur du service après-vente,** customer engineer; **instruction de service,** function instruction; **macro de service,** housekeeping macro; **maintenance en service,** deferred maintenance; **mettre en service,** put in operation (to); **mettre hors-service,** disarm (to); **mise en service,** enabling; **mise hors-service,** disabling; **mise hors-service de l'unité de réception,** receiver cutoff; **octet de service,** function byte; **opération de service,** bookkeeping operation, housekeeping operation; **personnel de service,** operating staff; **plage de températures de service,** working temperature range; **processeur de service,** service processor; **procédure de service,** function procedure; **programme de service,** production program, documentor, service program; **qualités de service,** operational characteristics; **remise en service,** restoration, restoral; **routine de service,** housekeeping routine; **service complémentaire,** user facility; **service comptable,** record inventory; **service continu,** continuous service; **service d'appel direct,** direct call facility; **service d'entretien,** field service; **service de communication virtuelle,** virtual call facility; **service de comptabilité,** accounting department; **service de datagrammes,** datagram service; **service de défaillance,** failure free operation; **service de facturation,** accountancy; **service de mise à jour,** updating service; **service de modification,** modification service, revision service; **service de transmission de données,** data communication service; **service de télécommunication,** exchange service; **service de télétraitement,** remote media service; **service des archives,** record office; **service des modifications,** change service; **service informatique,** computer facility, information facility; **service permanent,** continuous duty operation; **service télex,** telex service, teletypewriter exchange sevice (TWX); **service télématique,** on-line data service; **signal de service,** call progress signal; **société de service,** software house; **sous-programme de service,** function subprogram; **temps de mise en service,** turn-on

time; **tension de service,** elapsed time meter; **terminal de service,** reporting terminal; **utilitaire de service,** service utility; **voie de service,** order wire; **zone de service,** service area.

**servitude:** instruction de servitude, housekeeping instruction, red tape instruction; **matériel de servitude,** ground handling equipment; **niveau de servitude,** auxiliary stage; **opération de servitude,** overhead operation, control operation; **programme de servitude,** utility program, utility routine; **servitude logicielle,** software overhead.

**servo:** servo; **servo-commande,** servo-actuated.

**session:** session\*; **arrêt de fin de session,** shutdown; **couche de session (ISO),** session layer (ISO); **début de session,** log in; **fermeture de session,** log-out; **fin de session,** logging-out, log-off, log-out; **ouverture de session,** log on, log in; **procédure de début de session,** log-on procedure; **procédure de fin de session,** log-off procedure.

**seuil:** threshold, limen; **circuit à seuil,** threshold gate; **condition de seuil,** threshold condition; **élément seuil,** decision element; **élément à seuil,** threshold element; **fonction de seuil,** threshold function; **logique de seuil,** threshold logic; **logique à seuil élevé,** high threshold logic (HTL); **seuil absolu,** absolute threshold, absolute limen; **seuil d'attaque,** operating threshold; **seuil de commutation,** switching threshold; **seuil de différentiation,** difference threshold; **seuil de luminosité,** light threshold; **seuil de polarisation,** setting threshold; **tension de seuil,** threshold voltage; **valeur de seuil,** threshold value.

**seul:** alone; **opération à un seul pas,** one-step operation; **uniquement pour un seul programme,** private to a program; **à un seul opérande,** unary.

**seule:** lecture seule, read-only; **réception seule,** receive-only (RO).

**sexadécimal:** sexadecimal, hexadecimal (hex).

**sextet:** sextet, six-bit byte.

**SGDB:** système de gestion de base de données, database management system (DBMS).

**Shannon:** Shannon; shannon\*.

**shunt:** parallel resistor.

**sigle:** acronym.

**signal:** signal\*, tone; **adaptateur de signal,** signal conversion equipment; **amplificateur de signal,** signal amplifier; **caractéristique signal/bruit,** signal-to-noise characteristic; **caractère de signal départ/arrêt,** start-stop character (SS); **convertisseur de signal,** signal converter; **demande de signal de confirmation,** request for confirmation signal; **distorsion du signal,** signal distortion; **déviation de fréquence du signal,** frequency shift signal; **fin de signal d'initialisation,** end-of-heading signal; **force du signal,** signal strength; **fréquence du signal,** signal tone; **générateur de signal d'horloge,** clock signal generator; **horloge de signal,** signal clock; **mise en forme de signal,** signal shaping, signal conditioning; **normalisation de signal,** signal standardization; **paramètre de signal,** signal parameter; **rapport signal,** noise ratio; **rapport signal/bruit,** signal-to-noise ratio; **régénération de signal,** signal regeneration; **restauration d'un signal,** signal restoring; **restauration de signal,** signal regeneration; **signal acoustique,** audio signal; **signal analogique,** analog signal; **signal binaire,** binary signal; **signal codé,** coded signal; **signal d'acceptation d'appel,** call-accepted signal; **signal d'accusé de réception,** decision signal; **signal d'adressage,** addressing signal; **signal d'alerte,** attention signal, alert signal, warning bell; **signal d'allumage écran,** bright-up signal; **signal d'appel,** polling signal; **signal d'appel de ligne,** line program impulse; **signal d'appel permanent,** continuous call signal; **signal d'arrêt,** halt signal, stop signal, stop element; **signal d'arrêt,** stop signal; **signal d'autorisation,** enabling signal; **signal d'effacement,** erase signal; **signal d'entrée,** input signal; **signal d'erreur de données,** data alert; **signal d'essai,** test signal; **signal d'essai standard,** standard test tone; **signal d'horloge,** clock signal; **signal d'information,** information signal; **signal d'inhibition,** inhibiting signal; **signal d'interdiction,** inhibiting signal; **signal d'interrogation,** request signal; **signal d'interruption,** interrupt signal, breakdown signal; **signal d'interruption de canal,** channel interrupt signal; **signal d'interruption de processus,** process interrupt signal; **signal d'occupation,** busy signal; **signal d'écart,** deviation signal; **signal d'écriture,** record signal; **signal de bas niveau,** low-level signal; **signal de base,** basic signal; **signal de blocage,** blocking signal; **signal de blocage de test,** test inhibit signal; **signal de commande,** control signal, actuating signal; **signal de commande de ligne,** line control signal; **signal de contrôle,** check signal; **signal de contrôle d'erreur,** error-checking character; **signal de coïncidence,** coincidence signal;

**signal de demande d'interruption,** break request signal (BRS); **signal de demande de lecture,** read strobe; **signal de données,** data signal; **signal de déblocage,** unblanking signal; **signal de début,** start signal; **signal de déclenchement,** trigger signal; **signal de déconnexion,** disconnect signal; **signal de départ,** start element; **signal de fin,** disconnect signal; **signal de fin de bloc,** end-of-block signal; **signal de fin de message,** end-of-message signal; **signal de fin de report,** carry complete signal; **signal de garde,** guard signal; **signal de lecture,** readout signal, sense signal, reading signal; **signal de lecture '1',** one-output signal; **signal de libération,** clearing signal; **signal de luminance,** brightness signal; **signal de modulation,** modulating signal; **signal de refus d'appel,** call-not-accepted signal; **signal de remise à zéro,** reset signal; **signal de requête,** proceed to select; **signal de réception,** acknowledge signal; **signal de référence,** reference signal; **signal de réglage,** corrective signal; **signal de service,** call progress signal; **signal de sortie,** output signal, response signal; **signal de sortie '1',** one output; **signal de sortie de lecture,** read output; **signal de sortie non perturbé,** undisturbed output signal; **signal de sortie symétrique,** balanced output signal; **signal de sortie zéro,** zero output signal; **signal de sortie zéro sans perturbation,** undisturbed zero; **signal de suppression de spot,** blanking signal; **signal de synchronisation,** synchronizing signal, timing signal; **signal de sélection,** proceed to select; **signal de validation,** enabling signal; **signal de validation auteur,** authentication signal author; **signal de zéro,** nought output; **signal décimal de sortie,** decimal readout; **signal en double courant,** polar signal; **signal externe,** external signal; **signal fonctionnel,** action signal; **signal global,** aggregate signal; **signal indicatif de prise de ligne,** clear forward signal; **signal inhibiteur,** inhibitor signal, disabling signal; **signal inverse,** backward signal; **signal mixte,** composite signal; **signal numérique,** digital signal, discrete signal; **signal opto-acoustique,** visualaudible signal; **signal parasite,** parasitic signal; **signal porteur,** carrier signal; **signal qualitatif,** status signal; **signal sonore,** aural signal, chirp; **signal sonore bref,** beep sound; **signal sonore de frappe,** key chirp; **signal tronqué,** garbled signal; **signal utile,** useful signal; **signal vidéo,** video signal; **signal élémentaire,** unit signal, unit interval; **signal à courant porteur,** carrier current signal;

**signal à double courant,** polar current signal; **signal à niveau élevé,** high-level signal; **transformation de signal,** signal transformation; **transmission à signal unipolaire,** neutral transmission.

**signaler:** signal (to), alert (to), flag (to).

**signaleur:** signaller.

**signalétique:** fiche signalétique, record card, specification card.

**signalisation:** signaling*, reporting; **multiplet de signalisation,** flag byte; **niveau de signalisation,** signaling level; **pupitre de signalisation,** indicator panel; **signalisation bipolaire,** bipolar signaling; **signalisation multifréquence,** multifrequency signaling; **signalisation numérique,** digital signaling, signaling digital; **signalisation polarisée,** polar signaling; **signalisation simple courant,** single-current signaling; **signalisation unipolaire,** unipolar signaling, neutral signaling; **tonalité de signalisation,** signaling tone; **vitesse de signalisation,** signaling speed; **voyant de signalisation,** indicator light; **zone de signalisation,** indicator field.

**signaux:** code signaux à espacement unitaire, unit distance code; **giclée de signaux d'identification,** identification burst; **générateur de signaux,** signal generator; **générateur de signaux balayage ligne,** line scan generator; **générateur de signaux d'essai,** test signal generator; **générateur de signaux de contrôle,** test signal oscillator; **ligne de transfert de signaux,** signal line; **mise en forme de signaux,** signal formation; **répétition des signaux d'alerte,** alarm repetition; **source de signaux,** signal source; **suite de signaux,** signal string; **suite de signaux de sélection,** selection signal; **traceur de signaux,** signal tracer; **transmission en signaux alternés,** bipolar transmission.

**signe:** sign*; **binaire de signe,** sign bit, sign digit, sign magnitude; **bit de signe,** sign bit, sign digit; **calcul de signe,** sign computation; **caractère de signe,** sign character; **champ du signe,** sign field; **commutateur de signe,** sign switch; **conversion de signe,** sign conversion; **digit de signe,** sign digit, sign bit; **drapeau de signe,** sign flag; **élément de signe,** sign binary digit; **emplacement du signe,** sign position; **indicateur de signe,** sign check indicator; **indicatif de signe,** sign indication; **inverseur de signe,** sign changer, sign reverser; **mémoire de signe,** sign memory; **nombre entier non signé,** unsigned integer; **nombre non signé,** unsigned number; **nombre signé,** signed number; **non signé,** unsigned; **opérateur de signe,** sign operator; **partie signe,** sign part; **position de signe,** sign position; **principe des signes,** rule of signs; **registre de signes,** sign register; **répétition de signe,** sign extension; **signe '#',** hash sign; **signe '£',** pound sign; **signe algébrique préfixe,** algebraic sign; **signe alphanumérique,** alphanumeric character; **signe commercial,** commercial character; **signe d'intégrale,** integral sign; **signe d'égalité,** equal sign, colon equal; **signe de falsification,** tampering sign; **signe de multiplication,** multiply sign 'x'; **signe de ponctuation,** punctuation mark; **signe de racine,** radical sign; **signe de radical,** radical sign; **signe de solde,** credit sign; **signe de totalisation,** summation sign; **signe de valeur absolue,** absolute value sign; **signe inférieur à.,** less than sign '<'; **signe inverse,** opposite sign; **signe moins,** minus sign, negative '-'; **signe normalisé,** normalized sign, standard operational sign; **signe plus,** plus sign '+'; **signe réel,** actual sign; **signes impairs,** unlike signs; **suppression de signe,** sign suppression; **table de signes,** token table; **vérification de signe,** sign test; **zone de signe,** minus zone.

**signé:** signed; **décimal condensé signé,** signed packed decimal.

**signer:** sign (to).

**significatif:** significant; **bit le moins significatif,** least significant bit (LSB), lowest order bit; **bit le plus significatif,** most significant bit (MSB), highest order bit; **bit significatif,** significant digit; **chiffre significatif,** significant figure; **digit le moins significatif,** least significant digit; **digit le plus significatif,** most significant digit (MSD); **digit significatif,** significant digit; **instant significatif,** significant instant; **intervalle significatif,** significant interval.

**signification:** significance; **signification du bit,** bit significance.

**signifié:** posted.

**signifier:** stand for (to).

**silencieux:** quiet.

**silicium:** silicon*; **diode au silicium,** silicon diode; **pastille de silicium,** silicon chip; **porte au silicium,** silicon gate; **puce de silicium,** silicon chip; **redresseur au silicium,** silicon rectifier; **technologie silicium sur saphir,** silicon on sapphire (SOS); **transistor au silicium,** silicon transistor; **vallée du silicium (Californie),** silicon gulch (Silicon Valley).

**similarité:** rapport de similarité, ratio of similitude.

**similé:** équipement de fac-similé, facsimile equipment; **fac-similé,** facsimile, fax, telefax; **réseau de fac-similé,** facsimile network.

**similitude:** similitude.

**simple:** single, simple; **adresse de niveau simple,** single-level address; **boucle simple,** basic loop; **boîtier à simple rangée de connexions,** single-in-line package (SIP); **canal à blocage simple,** single-interlocked channel; **carte simple hauteur,** one-hi card; **commande simple de travaux,** single-job scheduling; **condition simple,** simple condition; **constante en virgule flottante simple précision,** short precision floating point constant; **contact simple,** simple contact; **courant simple,** single current; **descripteur simple de zones de données,** basic field descriptor; **disquette utilisable en simple face,** single-sided diskette; **dépassement de capacité simple précision,** short precision overflow; **déroulement simple bobine,** single-deck tape; **enregistrement simple,** single-segment record; **erreur simple,** single error; **expression absolue simple,** simple absolute; **expression arithmétique simple,** simple arithmetic expression; **expression booléenne simple,** simple Boolean expression; **expression simple,** simple expression; **fraction simple,** simple fraction; **impression en simple interligne,** single-space printing; **instruction à une (simple) adresse,** single-address instruction; **programme cyclique simple,** single-cyclic program; **redresseur simple alternance,** half-wave rectifier; **signalisation simple courant,** single-current signaling; **simple canal,** single channel; **simple densité,** single density; **simple face,** single face; **simple interligne,** single space, single-line feed; **simple précision,** single precision, simple precision; **simple pulse,** one shot; **tamponnage simple,** single-buffer mode; **tamponnement simple,** single buffering, simple buffering; **tore magnétique à simple trou,** single-aperture core; **traitement en simple tâche,** single tasking; **transmission simple courant,** single-current transmission; **travail en simple mot,** single-length working; **variable en simple précision,** single-precision variable; **virgule flottante simple précision,** single-precision floating point; **visu simple trame,** noninterlaced display.

**simplex:** simplex*, single way; **circuit simplex,** simplex circuit; **communications en simplex,** simplex communications; **mode simplex,** simplex mode; **méthode du simplex,** simplex method, simplex technique; **régime simplex,** simplex operation; **système simplex,** simplex system; **transmission simplex,** simplex transmission.

**simplifié:** BASIC simplifié, tiny basic; **mode de traitement simplifié,** dedicated programming mode; **traitement séquentiel simplifié des lots,** basic stacked job processing.

**simplifiée:** méthode d'accès direct simplifiée, basic direct access method; **méthode simplifiée d'accès séquentiel indexé,** basic indexed sequential access method (BISAM); **méthode simplifiée pour accès aux sous-fichiers,** basic partitioned access method.

**simplifier:** simplify (to).

**simulateur:** simulator*; **simulateur de circuit,** chip simulator; **simulateur de pannes,** fault simulator; **simulateur de réseau,** network simulator, network calculator; **simulateur de temporisation,** time-delay simulator; **simulateur de vol,** flight simulator; **simulateur immédiat,** real-time simulator.

**simulation:** simulation*; **contrôle de simulation,** simulation testing; **éducation par simulation,** simulation education; **équipement de simulation,** simulation equipment; **langage de simulation,** simulation language; **programme de simulation,** simulation program; **simulation analytique,** analytic simulation; **simulation de réseaux,** network analog; **simulation en temps réel,** real-time simulation.

**simuler:** simulate (to).

**simultané:** simultaneous, concurrent; **accès simultané,** simultaneous access; **codage simultané,** in-line coding; **mode bidirectionnel simultané,** both-way communication; **ordinateur simultané,** simultaneous computer; **report simultané,** simultaneous carry; **traitement simultané,** simultaneous processing, concurrent processing.

**simultanée:** calculateur à opérations simultanées, simultaneous throughput computer; **communication bilatérale simultanée,** two-way simultaneous communication; **conversion simultanée,** simultaneous conversion, concurrent conversion; **équation linéaire simultanée,** simultaneous linear equation; **exploitation simultanée,** simultaneous throughput; **lecture et écriture simultanées,** direct read after write (DRAW); **opération périphérique simultanée,** concurrent peripheral operation; **opération simultanée,** simultaneous operation, concurrent operation; **perforation et lecture simultanée,** punch feed read; **programmation simultanée,** parallel programming; **transmission simultanée,** simultaneous transmission; **tâches simultanées,** job stacking.

**simultanéité:** fonctionnement en **simultanéité,** concurrent working; **simultanéité,** simultaneity, overlap; **simultanéité de blocage,** inhibit simultaneity; **travail en simultanéité,** simultaneous mode.

**sinus:** sine.

**sinusoïdale:** courbe sinusoïdale, sine curve, sinusoid; **onde sinusoïdale,** sine wave.

**sinusoïde:** fonction sinusoïde, sine function.

**site:** site; **exploitation sur site,** field use; **site de calcul,** computer site; **sur site,** on site.

**situation:** diagramme de situation, state diagram; **situation initiale,** base case.

**six:** six; **vis à six pans,** hex slot screw.

**SNOBOL:** SNOBOL* language.

**société:** firm; **société de logiciel,** software firm; **société de service,** software house.

**socle:** base plate, pedestal; **socle support de tête magnétique,** magnetic head socket.

**soie:** silk; **carbone soie,** carbon silk.

**sol:** encombrement au sol, footprint.

**solde:** remainder; **collecte de solde,** balance pick-up; **colonne de solde,** balance column; **compteur de solde net,** net balance counter; **contrôle de solde,** balance control; **contrôle des soldes,** negative balance test; **contrôle du solde compteur,** counter balance control; **signe de solde,** credit sign; **solde d'ouverture,** opening balance; **solde de compteur,** counter balance; **solde net,** net balance; **solde négatif,** negative balance; **sortie de solde mémorisé,** balance forward; **sélection de solde,** balance selection.

**solide:** solid; **angle solide,** solid angle; **composant solide,** solid state component; **composant état solide,** solid state device; **corps solide,** solid body; **diélectrique solide,** solid dielectric; **état solide,** solid state (SS); **technologie de l'état solide (circuits intégrés),** solid logic technology; **élément état solide,** solid state element.

**solidus:** solidus.

**sollicitation:** prompting; **sollicitation à l'exploitant,** operator prompting.

**sollicité:** message non sollicité, unsolicited message; **non sollicité,** unsolicited.

**sollicitée:** entrée non sollicitée, unsolicited input; **sortie non sollicitée,** unsolicited output.

**solution:** solution; **solution de base,** basic solution; **solution de détour,** getaround; **solution en conversationnel,** online problem solving; **solution graphique,** graphic solution; **solution générale,** general solution; **solution provisoire,** makesift, makeshift arrangement; **solution technique,** engineering solution.

**sommaire:** compte rendu sommaire, summary report; **description sommaire,** summary description.

**sommateur:** adder, summator, summer; **intégrateur-sommateur,** summing integrator; **sommateur complet,** three-input adder; **sommateur à trois entrées,** full adder.

**sommation:** summing; **contrôle par sommation,** summation check, sum check; **vérifier par sommation,** checksum (to).

**sommatrice:** porte sommatrice, logic sum gate.

**somme:** sum; **porte somme modulo-2,** modulo-2 sum gate; **somme algébrique,** algebraic sum; **somme de contrôle,** check sum, checksum; **somme de parité,** parity sum; **somme des chiffres d'un nombre,** crossbar sum; **somme géométrique,** vector sum; **somme logique,** logical sum; **somme nominale,** nominal amount; **somme négative,** negative amount; **somme pondérée,** weighted sum; **somme vectorielle,** vector sum; **somme vidéo,** video sum.

**sommet:** top, vertex, node; **graphe à sommet unique,** trivial graph; **marge du sommet de page,** top margin; **sommet adjacent,** adjacent vertex.

**son:** sound; **langage dans son contexte,** context-sensitive language; **lecture au son,** aural reception; **mot clé dans son contexte,** keyword-in-context index; **réfléchissant le son,** sound reflecting; **son de battement,** beat note; **son multiple,** multitone.

**sondage:** contrôle par sondage, spot check.

**sonde:** probe; **sonde logique,** logic probe; **sonde vidéo,** video probe.

**sonnerie:** bell (BEL), ring indicator, signal buzzer; **caractère de sonnerie,** bell character.

**sonore:** sonore, aural; **signal sonore,** aural signal, chirp; **signal sonore bref,** beep sound; **signal sonore de frappe,** key chirp; **vibreur sonore,** buzzer.

**sophistiqué:** sophisticated.

**sortance:** fan-out.

**sortant:** appel sortant, call request, dial-out; **article sortant,** output record; **convertisseur de code sortant,** output code converter; **longueur de l'article sortant,** output record length; **message sortant,** outgoing message; **traducteur de code sortant,** output code translator.

**sorti**: dernier entré premier sorti, last in first out (LIFO); message d'erreur sorti par console, console error typeout; premier entré premier sorti, first in first out (FIFO).

**sortie**: output, exit; activité des entrées-sorties, I/O activity; adresse de sortie, exit link; adresse de sortie tampon, buffer output address; à mauvaise entrée mauvaise sortie, garbage in garbage out (GIGO); attente aux entrées/sorties, I/O wait; bande des sorties, output tape; bibliothèque d'entrées/sorties, input/output library; bibliothèque de sortie, output library; bloc mémoire de sortie, output block; bobine des sorties, output reel; boîtier de sortie de cartes, output bin; canal de sortie analogique, analog output channel; capacitance de sortie, output capacity; caractéristique de sortie, output characteristic; carte de sortie, issue card; carte de sortie d'assembleur, assembly output card; case de sortie de cartes, stacker pocket; chaîne d'entrées-sorties, stream input/output; circuit d'entrée-sortie, peripheral input/output (PIO); circuit de sortie, output gate; circuit sériel (série) d'entrée/sortie, serial I/O (SIO); code de sortie, output code, exit code; code de sortie d'étiquette, label exit code; code sortie de stock, material withdrawal code; commande centrale d'entrée/sortie, central input/output controller; commande de sortie analogique, analog output control; commande des entrées/sorties, input/output (traffic) control; commande des sorties numériques, digital output control; commutation d'entrée/sortie, input/output switching; comptage des blocs de sortie, output block count; conditions de sortie, exit conditions; connecteur de sortie, outconnector; contrôle de sortie de lecture, readout control; contrôleur d'entrée/sortie, input/output controller; contrôleur d'entrée/sortie (CES), synchronizer; convertisseur de sortie, outscriber; convertisseur des codes d'entrée-sortie, input/output code converter; correction automatique d'erreurs de sortie, device error recovery; côté de la sortie, outfeed; coupleur de sortie, output latch; courant de repos en sortie, quiescent output current; courant de sortie partielle, partial output signal; câble d'entrée/sortie, input-output cable; câble entrée/sortie, input/output trunk; direction de sortie, outgoing circuit; dispositif standard d'entrée/sortie, unit record device; disque de sortie, output disk; données d'entrée/sortie, input/output data; données de sortie, output data, output information, output; échange entrée/sortie,

input/output exchange; éditeur de sortie, output writer; enregistrement identificateur de sortie, output header record; entrée/sortie, memory port; entrée/sortie logique, logical input/output; entrée/sortie parallèle, parallel input/output; entrée/sortie physique, physical input/output; entrée/sortie séquentielle, serial input/output; entréesortie tamponnée, buffered input/output; entrée/sortie virtuelle, virtual input/output (VIO); entrée-sortie à accès direct, random access input-output; entrées/sorties (E/S), input/output (I/O); équipement de sortie, output equipment; état d'entrée/sortie, I/O status; effacement après sortie, blank after; erreur de sortie de périphérique, device error exit; extension d'entrée/sortie, I/O expander; facteur pyramidal de sortie, fan-out factor; fiche de sortie, exit hub; fichier de sortie, output file; fichier de sortie d'adresses, addrout file; fichier de sortie des résultats, job output file; fichier maître de sortie système, system principal output file; fichier sortie imprimé, output printer file; fichier sortie partiel, output member; fichier sortie système, system output file; file d'attente en sortie, output work queue; flot de sortie des résultats, job output stream; fluence de sortie, flow-out; forme de sortie, output format; générateur de programmes de sortie, output routine generator; imprimante de sortie, output printer; impulsion de sortie de lecture, readout pulse; impédance de sortie, output impedance; impédance du circuit de sortie, output circuit impedance; indicateur d'interruption d'entrée/sortie, input/output interrupt indicator; indicateur de sortie d'erreurs, error exit indicator; indicateur entrée-sortie, input/output indicator; instruction complémentaire d'entrée/sortie, auxiliary input/output statement; instruction d'entrée-sortie, input/output instruction; instruction de sortie, display statement, exit; interdiction des sorties compteur, exit suppression; interruption d'entrée/sortie, input/output interrupt; label d'en-tête de bande sortie, output tape header label; label d'en-tête de sortie, output header label; label de sortie, output label; ligne de sortie des données, data-out line; limité par la sortie, output-limited; limité par les entrées/sorties, input-output-limited, I/O bound; liste de sortie, output list; liste des entrées/sorties, input-output list; logement d'entrée/sortie, I/O slot; longueur du bloc de sortie, output block length; lot d'appareils d'entrée/sortie, input/output pool; message de sortie, typeout; mode d'entrée/sortie des données, peripheral mode; **mode de sortie exclusif,** output-only mode; **modèle entrée/sortie,** input/output model; **multiplexeur de sortie,** output multiplexer; **mémoire d'entrée/sortie,** input/output storage; **mémoire de sortie,** output storage, readout storage; **mémoire de sortie de données,** data out storage; **mémoire tampon de sortie,** output buffer storage, output synchronizer; **opération d'entrée/sortie,** input/output operation, transput process; **opération de sortie,** sysout; **organe d'entrée/sortie,** input/output unit, input-output device; **organe de sortie,** output device, output element; **paramètre de sortie,** output parameter; **partition de sortie,** output location; **perforatrice de sortie,** output punch; **point de sortie,** exit point; **point de sortie vers programme utilitaire,** exit to user; **port entrée/sortie,** I/O port; **poste de sortie,** output terminal; **processeur entrée-sortie,** input/output processor (IOP); **procédure de sortie,** output procedure; **programme de gestion des entrées/sorties,** input-output program; **programme de sortie,** output program; **puissance de sortie,** output power; **périphérique de sortie,** job output device; **queue d'attente des entrées/sorties,** input/output queue; **queue d'entrée-sortie,** input/output error; **registre d'entrée-sortie,** input/output register; **registre de sortie des données numériques,** digital register output; **registre des adresses de sortie,** output address register; **registre sortie,** output register; **routine d'entrée/sortie,** input-output routine; **routine de sortie,** output routine; **référence d'entrée/sortie,** input-output referencing; **section d'assemblage entrée/sortie,** input/output section; **signal de sortie,** output signal, response signal; **signal de sortie '1',** one output; **signal de sortie de lecture,** read output; **signal de sortie non perturbé,** undisturbed output signal; **signal de sortie symétrique,** balanced output signal; **signal de sortie zéro,** zero output signal; **signal de sortie zéro sans perturbation,** undisturbed zero; **signal décimal de sortie,** decimal readout; **sortie alphanumérique,** alphanumeric output; **sortie analogique,** analog output; **sortie asservie,** slave output; **sortie asymétrique,** unbalanced output, single-ended output; **sortie asynchrone,** asynchronous output, deferred output; **sortie axiale,** axial lead; **sortie bande magnétique,** magnetic tape output; **sortie binaire,** binary output; **sortie codée,** coded output; **sortie d'additionneur,** adder output; **sortie d'air,** air opening; **sortie d'assemblage,** assembly program output; **sortie**

**d'enregistrement non trouvé,** no-locate exit; **sortie d'erreurs,** error exit; **sortie d'extraction,** readout exit; **sortie d'impulsions,** pulse output; **sortie d'informations graphiques,** graphic data output; **sortie d'une file d'attente,** dequeuing; **sortie d'état,** reporting; **sortie d'étiquette,** label exit; **sortie de bande,** tape output; **sortie de caractère,** character exit; **sortie de caractères spéciaux,** special character exit; **sortie de compteur,** counter exit; **sortie de fréquence audible,** audio frequency output; **sortie de fréquence vocale,** voice frequency output; **sortie de l'impulsion de commande,** control pulse output; **sortie de la séquence utilisateur,** own code exit; **sortie de lot,** batch output; **sortie de mémoire,** storage out; **sortie de programme,** program exit; **sortie de rythme,** clock output; **sortie de solde mémorisé,** balance forward; **sortie de système,** system output; **sortie de texte,** text output; **sortie de traitement,** output process; **sortie des cartes,** card output; **sortie des cumuls,** counter total exit; **sortie des données,** data output; **sortie des données industrielles,** process data output; **sortie des exceptions,** exception output; **sortie des travaux,** job output; **sortie différée,** delayed ouput; **sortie directe,** direct output; **sortie directe des données,** direct data output; **sortie du point de reprise,** checkpoint output; **sortie du résultat,** total output; **sortie définitive des données,** end-of-data exit; **sortie déroutée,** differed exit; **sortie en liste de compteur,** counter list exit; **sortie en temps réel,** real-time output; **sortie exclusive,** output only; **sortie fin de tâche,** end-of-job exit; **sortie individuelle,** detail exit; **sortie lisible,** legible output; **sortie matériel,** device exit; **sortie nominale,** rated output; **sortie non sollicitée,** unsolicited output; **sortie nulle,** zero output; **sortie numérique,** digital output; **sortie numérique série,** serial digital output; **sortie parallèle de type Centronics,** Centronics-type parallel port; **sortie partielle,** partial output; **sortie sur erreur,** error type-out; **sortie symétrique,** balanced output; **sortie validée,** status output ready; **sortie vocale,** voice output, voice response; **sortie zéro,** zero output; **sortie à pleine charge,** full output; **source de sortie,** output source; **sous-programme d'entrée/sortie,** input-output handler; **sous-programme de gestion des entrées/sorties,** input/output software routine; **sous-programme de sortie,** exit routine; **sous-programme entrée/sortie,** input/output support package; **spécification de la forme de sortie,** output format specification; **suite de résultats en sortie,** output stream; **support de données d'entrée/sortie,** input/output medium; **support de données de sortie,** output data carrier; **support de sortie,** output medium; **symbole d'entrée/sortie,** input/output symbol; **système de contrôle des entrées/sorties,** input/output control system (IOCS); **système de gestion des entrées/sorties,** input/output system; **système de gestion des fichiers d'entrée-sortie,** input/output file control system; **tampon d'entrée/sortie,** input/output buffer; **tampon de sortie,** output buffer; **tampon de sortie analogique,** analog output buffer; **tampon de sortie vocale,** voice output buffer; **tampon entrée/sortie,** input/output synchronizer; **tension de repos en sortie,** quiescent output voltage; **tension de sortie analogique,** analog output voltage; **traitement en sortie unique,** output-only processing; **transfert en sortie,** copy-out; **transformateur de sortie,** output transformer; **tri de sortie,** outsort; **unité d'entrée/sortie,** terminal device; **unité de sortie,** output unit; **unité de sortie analogique,** analog output device; **unité de sortie de données numérique,** digital output device; **unité de sortie des données,** data output unit; **unité de sortie du système,** system output unit; **unité de sortie vocale,** voice output unit, voice response unit; **valeurs de sortie,** type-outs; **variable de sortie,** output variable; **vers la sortie,** outbound; **vitesse de sortie,** output speed; **vitesse de sortie variable,** variable-output speed; **voie d'entrée/sortie,** input-output channel; **voie de sortie,** output channel; **zone d'entrées/sorties,** input/output area; **zone de sortie,** output section.

**s o r t i r :** exit (to); **faire sortir,** output (to).

**s o u d é e :** **connexion soudée à froid,** cold joint.

**s o u d e r :** solder (to); **cosse à souder,** solder lug; **fer à souder,** soldering iron.

**s o u d u r e :** soldering, solder; **connexion sans soudure,** solderless wrapped connection; **sans soudure,** solderless, seamless; **soudure froide,** dry solder joint, dry joint; **soudure métal verre,** glass-to-metal seal; **soudure par trempage,** dip soldering.

**s o u l è v e m e n t :** **mécanisme de soulèvement de chariot,** carriage lift mechanism.

**s o u l i g n é :** underline, underlining, underlined; **blanc souligné,** underscore; **titre souligné,** underlined header.

**s o u l i g n e m e n t :** underlining, underline, underscoring; **caractère de soulignement,** underscore character; **mode de soulignement automatique,** automatic underline

mode.

**s o u l i g n e r :** underline (to), underscore (to).

**s o u m i s s i o n :** remote batch entry (RBE); **soumission des travaux,** job entry; **système de soumission des travaux,** job entry system.

**s o u p a s s e m e n t :** underflow; **soupassement de capacité,** arithmetic underflow.

**s o u p l e :** **contrôleur de disque souple,** floppy disk controller; **cordon secteur souple,** line connector cord, flex; **cordon souple,** flexible cord; **disque souple,** flexible disk, floppy disk, floppy, diskette; **logement pour disque souple,** floppy disk bay; **mémoire à disque souple,** flexible disk memory, floppy disk storage.

**s o u p l e s s e :** flexibility; **souplesse d'adaptation,** adaptability; **souplesse d'emploi,** versatility; **souplesse du logiciel,** software flexibility.

**s o u p l i s s o :** insulating sleeving.

**s o u r c e :** source*; **adresse source,** source address; **bibliothèque de programmes source,** source program library; **bibliothèque des sources,** source library; **cartes-programme source,** source deck; **code source,** source code; **commentaire de source,** comment statement; **document source,** original document, input document; **données source,** source data; **débogage du programme source,** source language debugging; **fichier source,** source file; **fichier source des fournisseurs,** vendor master file; **génération source,** prime generation; **impédance de source,** source impedance; **instruction du programme source,** source program statement; **instruction en code source,** source instruction, source statement; **langage source,** source language; **listage source,** source listing; **mise à jour du programme source,** source unit handler; **module source,** source module; **page source,** source page; **paquet de cartes en langage source,** source pack; **programme source,** source program; **registre source,** source register; **seconde source,** second source; **source d'erreur,** origin of error; **source d'informations,** information source, message source; **source de danger,** safety hazard; **source de données,** data source; **source de messages,** message source, information source; **source de perturbation,** noise source; **source de signaux,** signal source; **source de sortie,** output source; **source de tension,** voltage source; **source des perturbations,** source of disturbance; **source fixe,** stationary source; **source lumineuse,**

light source; **unité de traitement source,** source unit.

**souris:** mouse; **bouton de souris,** mouse button; **cliquer (souris),** click (to) (mouse); **faire glisser (souris),** drag (to); **gestionnaire de souris,** mouse driver; **icône de souris,** mouse icon; **interface souris de bus,** bus mouse adapter; **interface souris parallèle,** parallel mouse adapter; **logiciel de souris,** mouse software; **pictogramme de souris,** mouse icon; **pointer (souris),** point (to); **pointer (souris) en forme de l,** l-beam pointer; **pointeur (de la) souris,** mouse pointer; **procédures de souris,** mouse procedures; **souris (matériel),** mouse hardware; **souris optomécanique,** optomechanical mouse; **souris universelle,** universal mouse; **souris électromécanique,** electromechanical mouse; **souris à connexion parallèle,** parallel mouse; **souris à connexion sur bus,** bus mouse; **souris à connexion série,** serial mouse; **souris à deux boutons,** two-button mouse; **souris à trois boutons,** three-button mouse.

**sousconcentrateur:** subordinate concentrator.

**souscripteur:** inscriber, subscripter.

**soustracteur:** subtracter*, subtractor, balance counter; **additionneur-soustracteur,** adder-subtracter; **demi-soustracteur,** half-subtracter, one-digit subtracter; **demi-soustracteur parallèle,** parallel half-subtracter; **demi-soustracteur série,** serial half-subtracter; **registre additionneur-soustracteur,** add/subtract counter; **soustracteur complet (à trois entrées),** full subtracter; **soustracteur numérique,** digital subtracter; **soustracteur série,** serial full subtracter; **soustracteur à deux entrées,** one-digit subtractor, two-input subtractor; **soustracteur à trois entrées,** three-input subtracter.

**soustractif:** compteur soustractif, balance counter.

**soustraction:** subtraction; **instruction de soustraction,** subtract statement; **opérande de soustraction,** minuend; **report de soustraction,** subtract carry; **soustraction en virgule flottante,** floating-point subtraction; **soustraction flottante,** floating subtract; **soustraction à virgule fixe,** fixed-point subtraction; **temps d'addition ou de soustraction,** add/subtract time.

**soustraire:** subtract (to).

**spatial:** multiplex spatial, space-division multiplex.

**spatiale:** commutation spatiale, space-division switching; **variance spatiale,** volume variance.

**spécial:** special; **(caractère) commande de code spécial,** shift-out (character) (SO); **calculateur spécial,** special computer; **caractère spécial,** special character; **code spécial,** feature code; **dispositif spécial,** special feature; **nom spécial,** special name; **registre spécial,** special register; **élément tiroir spécial,** special plug-in.

**spéciale:** exécution spéciale, one-off special.

**spécialisé:** oriented; **calculateur spécialisé,** special-purpose computer, single-purpose machine; **circuit non spécialisé,** nondedicated circuit; **circuit spécialisé,** dedicated circuit; **langage spécialisé algébrique,** algebraic-oriented language; **langage spécialisé d'applications,** application-oriented language; **langage spécialisé travaux,** job-oriented language; **non spécialisé,** nondedicated, undedicated; **ordinateur spécialisé,** dedicated computer; **programme spécialisé,** dedicated program; **réseau télex spécialisé,** leased telegraph network; **secteur spécialisé,** special line; **spécialisé au traitement par lots,** batch-oriented; **spécialisé pour le jeu,** game-oriented; **spécialisé travaux,** job-oriented; **système spécialisé,** dedicated system; **terminal spécialisé travaux,** job-oriented terminal.

**spécialisée:** liaison spécialisée, special communication; **ligne spécialisée,** dedicated line, leased facility; **réseau de lignes spécialisées,** leased line network, private telephone network.

**spécialiser:** dedicate (to).

**spéciaux:** conversion de caractères spéciaux, special character conversion; **sortie de caractères spéciaux,** special character exit.

**spécification:** fiche de spécification, specification sheet; **fichier de spécifications,** specification file; **langage de spécification,** specification language; **programme de spécification,** specification program; **spécification,** specification; **spécification d'un paramètre,** specification of a parameter; **spécification de données,** data specification; **spécification de fichier,** file specification; **spécification de format,** format specification; **spécification de format de bloc,** block format characteristic; **spécification de la forme de sortie,** output format specification; **spécification de la longueur de bit,** bit length specification; **spécification de longueur,** length specification; **spécification de mémoire épandue,** expanded memory specification (EMS); **spécification de programme,**

program specification; **spécification de réception,** acceptance specification; **spécification de traitement,** handling specification; **spécification de zone,** field specification, area specification; **spécifications de traitement,** processing specifications.

**spécifique:** specific, native; **adresse spécifique,** specific address; **clavier spécifique,** programmed function keyboard; **code spécifique,** specific code; **câblage spécifique,** discrete wiring; **disque système exploitable en mode spécifique,** native system pack; **entité spécifique,** entity occurrence; **interrogation spécifique,** special request; **langage d'assemblage spécifique,** native assembler language; **logiciel spécifique,** machine-oriented software; **mode spécifique,** special mode; **mémoire disque à adresses spécifiques,** natural pack; **programme spécifique,** specific program, special program, brittle; **routine spécifique,** specific routine; **spécifique à l'utilisateur,** user-specific.

**spectrale:** modulation de fréquence spectrale, frequency change signaling.

**spectre:** spectrum; **spectre de fréquences,** frequency spectrum; **spectre de multiplexage,** multiplex baseband.

**sphérique:** articulation sphérique, ball joint; **résolveur sphérique,** ball resolver.

**sporadique:** sporadic; **panne sporadique,** sporadic fault.

**spot:** spot; **retour de spot,** fly-back; **signal de suppression de spot,** blanking signal; **spot lumineux,** luminous spot, flying spot.

**spoulage:** spooling.

**spoule:** spool*, concurrent peripheral operation.

**spouleur:** spooler, symbiont; **spouleur d'imprimante,** print spooler.

**squelette:** skeleton.

**squelettique:** skeletal.

**stabilisateur:** stabilizer; **stabilisateur de tension,** voltage stabilizer; **stabilisateur secteur,** line voltage regulator.

**stabilisation:** stabilisation du potentiel, voltage regulation; **système de stabilisation de fréquence,** frequency stabilizer.

**stabilisé:** stabilized; **amplificateur stabilisé,** drift-corrected amplifier; **amplificateur stabilisé à découpage,** chopper-stabilized amplifier.

**stabiliser:** se stabiliser, settle (to).

**stabilité:** stability; **stabilité d'horloge,** clock stability; **stabilité des calculs,** computational stability; **stabilité thermique,** thermal stability.

**stable:** stable; **système à deux états stables,** two-state system; **état stable,** stable state.

**stade:** stade d'introduction, input stage.

**standard:** standard; **bande standard,** standard tape; **compteur standard,** standard counter; **conception standard,** standard design; **dispositif standard,** standard feature; **dispositif standard d'entrée/sortie,** unit record device; **déviation standard,** standard deviation; **équipement standard,** basic equipment; **étiquette standard,** standard label; **format standard,** standard format; **format standard des données,** standard data format; **forme standard,** standard form; **instruction standard,** general statement; **interface standard,** standard interface; **interface standard du système,** system standard interface; **label d'en-tête standard,** standard header label; **logiciel standard d'application,** standard user software; **option standard,** standard option; **programme standard,** standard program, standard routine; **routine standard,** standard routine, standard program; **signal d'essai standard,** standard test tone; **sous-programme standard,** standard subroutine; **standard téléphonique,** switch board; **type standard,** standard type.

**station:** station; **état de la station auxiliaire,** slave station status; **état de la station émettrice,** master station status; **identité de station,** station identification; **mise en station,** setup; **sous-station,** substation; **station asservie,** slave station; **station configurable,** configurable station; **station de commande,** control station; **station de commande de auxiliaire,** auxiliary control station (ACS); **station de contrôle,** control station; **station de contrôle de réseau,** net control station; **station de contrôle principal,** main control station; **station de données,** data station; **station de réponse vocale,** audio station; **station déportée,** remote station; **station en attente,** passive station; **station intermédiaire,** way station; **station maître,** master station, area station; **station mixte,** combined station, mixed station; **station origine,** originated station; **station passive,** passive station; **station primaire,** primary station; **station principale,** master station; **station réceptrice,** accepting station, called station; **station satellite,** satellite station; **station secondaire,** secondary station; **station subordonnée,** tributary station; **station tampon,** reservation station; **station terminale,** terminal station; **station terrestre (satellite),** earth station; **station tributaire,** tributary station; **station vocale,** audio terminal; **station émettrice,** calling station.

**stationnaire:** stationary; **caractéristique du taux d'onde stationnaire,** VSWR characteristic; **information stationnaire,** stationary information; **message stationnaire,** stationary message; **taux d'onde stationnaire (TOS),** voltage standing wave ratio (VSWR).

**statique:** static; **allocation statique,** static allocation; **attribut statique,** static attribute; **cellule magnétique statique,** static magnetic cell; **circuit statique,** static circuit; **comportement statique,** static behaviour; **contrôle statique,** static check; **décalage statique d'adresses,** static relocation; **entrée numérique statique,** static digital input device; **erreur statique,** static error; **liaison statique,** static linking; **mode de vérification statique,** static test mode; **mémoire statique,** static memory, static RAM; **pointeur statique,** static pointer; **programme statique,** static program; **registre statique,** static register; **registre à décalage statique,** static shift register; **sous-programme statique,** static subroutine; **tamponnement statique,** static buffering; **test statique,** static test; **travers statique,** static skew; **variable statique,** static variable; **vidage statique,** static dump.

**statistique:** statistical; **analyse statistique,** statistical analysis, statistical evaluation; **contrôle statistique,** statistical control; **multiplexeur statistique,** statistical multiplexing; **programme statistique,** statistical program; **statistique des commandes,** order analysis.

**sténographie:** shorthand.
**Stibitz:** Stibitz.
**stochastique:** stochastic; **variable stochastique,** stochastic variable.

**stock:** stock; **carte stock,** balance card, bin card; **code sortie de stock,** material withdrawal code; **en stock,** off-the-shelf; **fiche d'inventaire de stock,** stock card; **stock de réserve,** reserved stock; **stock minimum,** minimum inventory.

**stockable:** storable.
**stockage:** stockage/restitution de données, information storage/retrieval (ISR); **unité de stockage à bande,** audio tape storage unit.

**stocké:** compte-rendu du matériel stocké, stock status report.
**stocker:** store (to).
**stop:** filtre stop-bande, bandreject filter; **stop-bande,** bandstop.
**stopper:** stop (to), halt (to).

**stratégie:** strategy.
**stratifié:** stratified; **langage non stratifié,** unstratified language; **langage stratifié,** stratified language; **non stratifié,** unstratified.
**stratifier:** laminate (to).
**strier:** serrate (to).
**structuration:** structuring; **structuration de texte,** text structuring.
**structure:** structure; **à structure de bits,** bit-organized.
**conception détaillée de la structure,** detailed structural design; **description de la structure des données,** data structure description; **diagramme de structure,** structure flowchart; **définition de structure des données,** data set definition; **identificateur de structure,** format identifier; **image de la structure,** item picture; **intitulé de structure de données,** data set label; **langage à structure de bloc,** block-structured language; **mémoire à structure binaire,** bit-organized memory; **mémoire à structure de mots,** word-structured memory; **nom de structure,** structure name; **reconnaissance automatique des structures,** automatic pattern recognition; **reconnaissance de structure,** structure recognition; **structure algébrique,** algebraic structure; **structure chaîne,** chained structure; **structure complexe,** multiple item; **structure d'enregistrement,** record structure, record layout, record format; **structure d'index,** index structure; **structure d'instruction erronée,** format error; **structure d'un code,** code structure; **structure d'un système,** system architecture; **structure de bande,** tape format; **structure de bloc,** block structure, frame structure; **structure de circuit,** circuit configuration; **structure de code,** code construction; **structure de commande,** order structure; **structure de comparaison,** matched pattern, match pattern; **structure de données,** data structure, data model; **structure de fichier,** file structure; **structure de fichier indexée,** indexed organization; **structure de l'en-tête de message,** message heading format; **structure de l'information,** information representation; **structure de la séquence d'instructions,** instruction sequence format; **structure de liste,** list structure; **structure de mot,** word format, command structure; **structure de multiplet,** byte structure; **structure de piste,** track format; **structure de programme,** program structure, program pattern; **structure de recouvrement,** overlay structure; **structure de réseau,** network structure; **structure de système,** system layout; **structure de tableau,** array structure; **structure des données,**

organization of data; **structure des informations,** information build-up; **structure des nombres,** number format; **structure des surfaces,** surface structure; **structure dynamique de programmes,** dynamic structure; **structure en réseau,** lattice structure; **structure inférieure,** minor structure; **structure logique,** logical structure; **structure multiligne,** multiline format; **structure réelle,** physical structure; **structure séquentielle,** sequential data structure; **structure séquentielle de données,** contiguous data structure; **structure élémentaire,** elementary item.

**structuré:** structured; **fichier non structuré,** unstructured file; **fichier structuré,** structured file; **non structuré,** unstructured; **programme structuré,** structured program; **structuré en bus,** bus-organized; **type structuré,** structured type.

**structurée:** **données non structurées,** unstructured information; **données structurées,** data aggregate; **programmation structurée,** structured programming; **variable structurée,** structure variable.

**structurel:** structural; **bloc structurel,** building block; **diagramme structurel hiérarchique,** tree diagram.

**structurelle:** **données structurelles de bloc,** block header; **optimisation interactive structurelle,** interactive structural optimization; **paire structurelle,** twin; **représentation structurelle,** structural representation.

**style:** style, face; **style de caractère,** typeface, type style; **style de caractères,** type face.

**stylet:** stylus; **stylet lumineux,** light gun.

**subdivisée:** **opérande subdivisée,** operand sublist.

**subdivision:** **subdivision de bloc,** blockette; **subdivision de table,** table block; **subdivision du canal,** channel subdivision.

**subordonné:** subordinate.

**subordonnée:** **station subordonnée,** tributary station.

**substitution:** substitution; **caractère de substitution,** substitute character (SUB); **instruction de substitution,** setting instruction; **mode de substitution,** substitute mode; **substitution d'adresse,** address substitution; **substitution de paramètres,** parameter substitution; **substitution partielle,** partial substitution.

**substrat:** substrate.

**successeur:** successor.

**successif:** successive; **chiffres successifs,** successive digits; **cycles successifs,** successive cycles.

**suffixe:** suffix, postfix.

**suffixée:** **notation suffixée,** postfix notation, reverse Polish notation.

**suggestion:** prompting.

**suite:** suite*, succession; **carte suite,** continuation card; **colonne de suite,** continue column; **commande suite,** secondary control; **indicateur de suite,** continuation indicator; **ligne de suite,** continuation row; **ligne suite,** continued line, continuation line; **pile de suite,** continuation pack; **suite de caractères,** character sequence; **suite de caractères de commande,** supervisory sequence; **suite de commandes,** command string; **suite de fichiers,** queued file; **suite de lettres,** letter string; **suite de messages,** message stream; **suite de nombres aléatoires,** random number sequence; **suite de résultats en sortie,** output stream; **suite de signaux,** signal string; **suite de signaux de sélection,** selection signal; **suite des commandes,** order control; **suite des entrées système,** system input stream; **suite des lots de travaux,** stacked job processing; **suite des opérations de traitement,** queue of operations; **suite des travaux en entrée,** input job stream; **suite dynamique,** dynamic descendance, dynamic descendant; **suite harmonique,** harmonic progression; **suite linéaire d'instructions,** linear sequence of instructions; **suite opératoire,** operating sequence; **suite récurrente,** recursively defined sequence; **suite secondaire,** secondary; **zone de l'adresse suite,** sequence link field.

**suivant:** following, next; **écran suivant,** screen down; **saut au feuillet suivant,** carriage overflow control.

**suivante:** **bande suivante,** continuation tape; **bobine suivante,** continuation reel; **page suivante,** next page; **version suivante,** subsequent release.

**suiveur:** follower; **enchaînement du programme suiveur,** successor program chaining; **espaces suiveurs,** trailing spaces; **lancement du programme suiveur,** successor program initiation; **programme suiveur,** successor program; **zéros suiveurs,** trailing zeroes.

**suiveuse:** **carte suiveuse,** trailer card.

**suivi:** tracing, following.

**suivre:** follow (to); **suivre à la trace,** trace (to), track (to).

**sujet:** **sujet aux perturbations,** interference-prone; **sujet à bogue,** bug-prone; **sujet à des dérangements,** fault liability; **sujet à..,** prone.

**super:** super; **intégration à super grande échelle,** super large scale integration

(SLSI).

**supercalculateur:** supercomputer.

**superficielle:** friction superficielle, surface friction; **tension superficielle,** surface tension.

**supérieur:** upper; **binaire de rang supérieur,** upper bit; **bord supérieur,** top edge; **carter supérieur,** top shell; **dépassement supérieur de capacité,** arithmetic overflow, characteristic overflow; **guide du cylindre supérieur,** above platen device; **indice supérieur,** superscript; **jambage supérieur de caractère,** ascender, riser; **modification au niveau supérieur,** major control change; **rupture au niveau supérieur,** major control break.

**supérieure:** adresse supérieure, high address; **brosse supérieure,** upper brush; **limite supérieure,** upper limit, upper bound.

**supermini:** supermini.

**superposable:** piggyback.

**superposés:** plans de tores superposés, parallel planes.

**superposition:** piggybacking.

**superpuce:** superchip.

**superviser:** control (to).

**superviseur:** supervisor, control routine, executive program; **appel du superviseur,** supervisor call; **indicatif de superviseur,** supervisor identification; **programme superviseur,** executive program, executive control system; **superviseur de bande système,** system tape supervisor; **superviseur de base,** basic supervisor; **superviseur de micro-ordinateur,** microcontroller; **superviseur de recouvrement,** overlay supervisor; **superviseur de systèmes,** systems supervisor; **système superviseur,** supervisory system.

**supervision:** supervision; **de supervision,** supervisory; **état de supervision,** supervisor state; **fonction de supervision,** supervisory function; **instruction de supervision,** supervisory instruction; **interruption de supervision,** master control interrupt; **interruption de supervision,** supervisor interrupt; **langage de supervision,** job control language (JCL); **mode de supervision,** supervisor mode; **organe de supervision,** supervisory device; **programme de supervision,** job control program, supervisory program; **supervision des travaux,** task supervision.

**supplémentaire:** bloc supplémentaire, record overhead; **connexion supplémentaire,** attaching task; **câble supplémentaire,** additional cable; **équipement supplémentaire,** additional equipment; **indexation**

**supplémentaire,** additional indexing; **jeu d'instructions supplémentaire,** optional instruction package; **poste supplémentaire,** additional line; **temps d'itération supplémentaire,** added cycle delay; **vérification supplémentaire,** additional checking, auxiliary verification; **zone supplémentaire,** alternate area, additional area.

**support:** medium, support, aid, mounting, stand, sustainer; **carte de commande de support informatique,** volume parameter card; **contrôle des supports de données,** volume exclusive control; **conversion de support,** medium conversion; **conversion des supports,** media conversion; **conversion du support de données,** media transcription; **distance entre tête et support de données,** head to medium separation; **ensemble de supports,** carrier assembly; **fin de support,** end-of-support (EM), end of medium; **gestion des supports de données,** data storage management; **identification des supports d'informations,** media recognition; **mémoire à support amovible,** data carrier storage; **plaque-support,** carrier plate; **plateau support de papier,** paper table; **rouleau support de papier,** paper roll; **socle support de tête magnétique,** magnetic head socket; **support d'enregistrement,** recording medium, record carrier; **support d'entrée,** input medium; **support d'imprimante,** printer stand; **support d'informations,** information medium, data recording medium; **support de balais,** brush holder; **support de caractères,** type carrier; **support de circuit intégré,** chip socket, IC socket; **support de câbles,** cable rack; **support de données,** data medium, data carrier, data storage; **support de données d'entrée-sortie,** input/output medium; **support de données d'essai,** test volume; **support de données de sortie,** output data carrier; **support de données exploitable en machine,** machinable data carrier; **support de données à catalogue partiel,** control volume; **support de fichier,** file medium, file location volume; **support de fusible,** fuse holder; **support de lampe,** lamp holder; **support de mémoire,** storage medium; **support de papier,** paper support, paper sustainer; **support de plume,** pen holder; **support de sortie,** output medium; **support de transmission,** transmission medium; **support de tête,** head carriage; **support de tête magnétique,** magnetic head mount; **support discontinu,** interrupted data support; **support définitif,** end support; **support holographique,** holographic medium; **support individuel d'information,** individual data support; **support informatique**, machinable medium; **support magnétique**, magnetic support; **support pivotant inclinable**, tilt swivel stand; **support technique**, technical support; **support vide**, empty medium, blank medium, virgin medium; **support vierge**, virgin medium, empty medium, blank medium; **support à accès série**, serial access medium; **support à pivot**, swivel-stand; **sur support en continu**, tipped; **zone support de gestion des travaux**, job maintenance support zone.

**supposition:** assumption.

**suppresseur:** deleter; suppressor; **suppresseur d'espace**, blank deleter; **suppresseur d'écho**, echo suppressor, **suppresseur de zéros**, zero deleter.

**suppression:** blanking, clearing, suppression; **caractère de suppression**, delete character, erase character; **caractère de suppression de zéros**, zero suppression character; **durée de la suppression ligne**, line blanking period; **durée de suppression ligne**, line blanking time; **impulsion de suppression**, blanking pulse; **signal de suppression de spot**, blanking signal; **suppression d'erreurs**, error deletion; **suppression d'espaces**, space suppression; **suppression de fonction**, function suppress; **suppression de saut**, skip supression, skip cancellation; **suppression de signe**, sign suppression; **suppression de virgule**, comma suppression; **suppression de zéros**, zero blanking, zero suppression, zero deletion; **suppression des zéros de tête**, blanking zero; **suppression immédiate**, immediate suppress.

**supprimée: onde porteuse supprimée**, suppressed carrier.

**supprimer:** suppress (to), blank (to), clean (to), kill (to).

**supravocale: données supravocales**, data above voice (DAV); **liaison supravocale**, supravoice link.

**surbrillance:** dual brightness, high intensity; **surbrillance de texte**, text highlighting; **sélection en surbrillance**, highlighted selection.

**surcapacité:** excess capacity, overflow.

**surcharge:** overloading, overload, overhead, thrashing; **niveau de surcharge**, overload level.

**surcharger:** overload (to).

**surchiffrement:** super encryption.

**surface:** surface, area, zone; **carte de grande surface**, large card; **élimination des surfaces cachées**, hidden surface elimination; **enregistrement en surface**, surface recording; **intégrale de surface**, surface integral; **intégralité de surface**, double integral; **mise en forme des surfaces en trois dimensions**, three-dimension surface sculpturing; **ombrage de surfaces**, surface shading; **rudesse de surface**, surface roughness; **structure des surfaces**, surface structure; **surface d'affichage**, display surface, operating space; **surface d'enregistrement**, recording surface; **surface d'installation**, floor space; **surface d'écriture**, recording surface, track recording area; **surface d'évolution**, developable surface; **surface de coordonnées**, coordinate plane; **surface de dessin**, drawing surface; **surface de mémorisation**, storage surface; **surface de visualisation**, display surface; **surface enregistrable**, recordable surface; **surface frontale**, end surface; **surface oblique**, oblique plane; **surface utile**, operating space; **surface utile d'écran**, screen area; **surface élémentaire d'analyse**, cell array, cell area.

**surimpression:** overprinting, overprint; **cadre en surimpression**, form overlay.

**surimprimer:** overprint (to).

**surintensité: indicateur de surintensité**, overload indicator; **relais de surintensité**, overload relay.

**surperforer:** punch over (to).

**surtension:** voltage surge; **résistance aux surtensions**, surge resistance, surge withstand capability.

**surveillance:** watching; **canal de surveillance**, supervisory channel; **console de surveillance**, supervisory console; **exploitation sous surveillance**, attended operation; **information de surveillance**, supervisory information; **mémoire de surveillance**, guard storage; **mémoire à surveillance**, guard memory; **poste de surveillance**, supervisor terminal; **sous-programme de surveillance**, supervisory routine; **surveillance d'événements**, event monitoring; **système de surveillance automatique**, automatic monitoring system.

**surveillé:** attended.

**surveillée: exploitation non surveillée**, unattended mode.

**survitesse:** overspeed; **limiteur de survitesse**, overspeed limiter.

**suspendre:** suspend (to).

**suspendue: tâche suspendue**, blocked job.

**suspension:** abeyance, suspension; **demande de suspension**, termination request; **points de suspension**, points of suspension '...'; **suspension anormale**, abnormally terminating; **suspension d'exécution d'une branche,** system tree abort; **suspension des travaux,** job suspension.

**s y l l a b e :** syllable, slab.

**s y m b o l e :** symbol; **caractère symbole,** symbol character; **chaîne de caractères symboles,** symbol character string; **chaîne de symboles,** symbol string; **description de symbole,** symbol printing; **définition de symbole,** symbol definition; **impression des symboles,** symbolic printing; **liste de symboles références,** symbol cross reference listing; **reconnaissance de langages et de symboles,** speech and pattern recognition; **répertoire de symboles externes,** external symbol dictionary; **symbole '#',** number sign, hash mark; **symbole absolu,** absolute symbol; **symbole abstrait,** abstract symbol; **symbole auxiliaire,** auxiliary symbol; **symbole binaire,** binary symbol; **symbole cible,** aiming symbol; **symbole conditionnel,** condition operator; **symbole d'affectation,** assignment symbol; **symbole d'assemblage en série,** series connective; **symbole d'attente,** prompt symbol; **symbole d'entrée-sortie,** input/output symbol; **symbole d'interruption,** breakpoint symbol; **symbole d'organigramme,** flowchart symbol; **symbole d'édition,** editing symbol; **symbole de base,** basic symbol; **symbole de branchement,** decision symbol, jump label; **symbole de calcul,** operation symbol; **symbole de caractère,** character symbol; **symbole de caractère espace,** space symbol; **symbole de classement,** sequence symbol; **symbole de code,** code symbol; **symbole de commande,** control symbol; **symbole de commentaire,** annotation symbol; **symbole de commutation,** circuit symbol; **symbole de condition,** condition name; **symbole de crédit,** credit symbol; **symbole de diagramme,** flowchart symbol; **symbole de différentiation,** differentiation sign; **symbole de division,** division sign; **symbole de débordement,** overflow attribute; **symbole de fin,** end symbol; **symbole de lancement,** entry symbol; **symbole de modification de nom,** renaming symbol; **symbole de négation,** negation indicator symbol; **symbole de polarité,** polarity indicator symbol; **symbole de pourcentage,** percent sign, percentage sign '%'; **symbole de poursuite,** tracking symbol, tracking pattern; **symbole de renvoi multiple,** variable connector; **symbole de référence,** reference symbol; **symbole de saut avant,** forward reference symbol, forward reference; **symbole de sécurité,** protection symbol; **symbole de séparation,** separation symbol; **symbole de terminaison,** terminal symbol, terminator; **symbole de variable,** variable symbol; **symbole en forme relative,** relocatable symbol; **symbole externe,** external symbol; **symbole fonctionnel,** functional symbol; **symbole global,** global symbol; **symbole graphique,** graphical symbol, graphic symbol; **symbole logique,** logical symbol, logic symbol; **symbole mnémonique,** mnemonic symbol; **symbole moins imprimé,** actual minus sign; **symbole monétaire,** currency symbol, currency sign, monetary symbol; **symbole non défini,** undefined symbol; **symbole plus imprimé,** actual plus sign; **symbole principal,** basic symbol; **symbole relationnel,** relation character; **symbole système variable,** system variable symbol; **table de symboles,** symbol table.

**s y m b o l i q u e :** symbolic; **adressage symbolique,** symbolic addressing; **adresse symbolique,** symbolic address, symbolic location; **adresse symbolique d'adressage,** addressing symbolic address; **adresse symbolique de l'unité,** symbolic unit address; **affectation symbolique des unités,** symbolic device assignment; **assembleur symbolique,** symbolic assembler; **bande bibliothèque symbolique,** symbolic library tape; **bande de programme symbolique,** symbolic program tape; **carte en langage symbolique,** source card; **codage symbolique,** symbolic coding, symbol code; **code symbolique,** symbolic code, symbol code, symbolic key; **éditeur symbolique,** symbolic editor; **fonction symbolique,** symbolic operation; **instruction symbolique,** symbolic instruction; **langage de programmation symbolique,** symbolic programming language; **langage symbolique,** symbolic language, source image; **listage symbolique en parallèle,** parallel symbolic listing; **logique symbolique,** symbolic logic, mathematical logic; **nom symbolique,** symbolic name; **nom symbolique de l'unité,** symbolic device name; **nombre symbolique,** symbolic number; **notation symbolique,** symbolic notation; **opérateur symbolique,** operational symbol; **paramètre symbolique,** symbolic parameter; **programmation symbolique,** symbolic programming; **programme symbolique,** symbolic program; **programme symbolique de débogage,** symbolic debugger; **référence symbolique,** symbol reference; **système de programmation symbolique,** symbolic programming system; **système à assemblage symbolique,** symbolic assembly system.

**symétrie:** symétrie d'une fonction, symmetric of a function.

**symétrique:** balanced, symmetric; **amplificateur symétrique,** push-pull amplifier; **canal symétrique binaire,** binary symmetric channel (BSC); **circuit symétrique,** balanced circuit; **entrée symétrique,** balanced input; **figure symétrique,** symmetric figure; **ligne symétrique,** balanced line; **montage symétrique,** push-pull connection; **signal de sortie symétrique,** balanced output signal; **sortie symétrique,** balanced output; **symétrique par rapport à la terre,** balanced to ground; **voie binaire symétrique,** symmetric binary channel.

**synchro:** synchronization, synchro, sync; **bit de synchro,** synch bit; **caractère de synchro,** sync character; **erreur de synchro,** clocking error, clock error; **impulsion de synchro,** gating pulse, sprocket pulse; **piste de synchro,** timing track; **synchro image,** vertical synchro; **synchro ligne,** horizontal synchro.

**synchrone:** synchronous*; **adaptateur de communication synchrone,** synchronous communication adapter; **adaptateur de voie synchrone,** synchronous channel adapter; **adaptateur synchrone,** synchronous adapter; **amplificateur synchrone,** lock-in amplifier; **calculateur numérique synchrone,** synchronous digital computer; **calculateur synchrone,** synchronous computer; **circuit E/S synchrone universel,** universal synchronous asynchronous RX/TX (USART); **commande de transmission synchrone,** synchronous data link control; **contrôleur synchrone,** synchronous controller; **coupleur synchrone,** synchronous coupler; **émetteur/récepteur synchrone,** synchronous transceiver; **entrée synchrone,** synchronous input; **exécution synchrone,** synchronous execution; **fonctionnement synchrone,** synchronous working; **horloge synchrone,** synchronous clock; **opération synchrone,** synchronous operation; **porte synchrone,** synchronous gate; **procédure synchrone,** synchronized data link control (SDLC); **réseau synchrone,** synchronous data network; **système synchrone,** synchronous system; **transfert synchrone,** synchronous transfer; **transmission binaire synchrone,** binary synchronous communication; **transmission de données synchrone,** synchronous data transmission; **transmission synchrone,** synchronous transmission.

**synchronisateur:** internal timer.

**synchronisation:** synchronization, clocking, timing; **bande de synchronisation,** clock tape; **bloc de synchronisation,** clock block; **caractère de synchronisation,** synchronous idle character (SYN); **contrôle de synchronisation,** synchronous check; **contrôle des marques de synchronisation,** timing mark check; **distance entre marques de synchronisation,** timing mark pitch; **erreur de synchronisation,** clock timing error, timing signal error; **flanc de synchronisation négatif,** negative going edge; **générateur d'impulsions de synchronisation,** gating pulse generator; **horloge de synchronisation,** disk clock; **impulsion de synchronisation,** synchronization pulse, timing pulse; **interface de synchronisation,** clock interface; **interruption de la synchronisation,** timer interrupt; **interruption de synchronisation,** clock interrupt; **ligne de synchronisation,** slip line; **marque de synchronisation,** timing mark; **mode de synchronisation,** clock mode; **perturbation de la synchronisation,** clock failure; **piste de synchronisation,** clock track; **régime de synchronisation,** ganged condition; **signal de synchronisation,** synchronizing signal, timing signal; **synchronisation de bits,** element synchronization; **synchronisation de la réception,** receiver signal element timing; **synchronisation de pas,** element synchronization; **synchronisation de processus,** process synchronization; **synchronisation de précision,** fine tuning; **unité de synchronisation,** synchronizing unit; **unité de synchronisation tamponnée,** buffered synchronizer unit; **voie de synchronisation,** synchronous idle channel; **zone de marque de synchronisation,** timing mark field.

**synchronisé:** synchronized.

**synchronisée:** horloge de connexion directe synchronisée, direct timing source.

**synchroniseur:** internal clock; **synchroniseur d'unité à bande,** tape synchronizer.

**synchronisme:** en synchronisme, in step.

**synonyme:** synonym.

**synoptique:** schéma synoptique détaillé, detailed block diagram; schéma synoptique logique, intermediate block diagram; synoptique général, overall block diagram.

**syntaxe:** syntax*; **analyseur de syntaxe,** syntax analyzer; **erreur de syntaxe,** syntax error; **programme d'acceptation de syntaxe,** acceptability program; **règles de syntaxes,** syntax rules; **syntaxe d'un langage,** coding system; **syntaxe de commande,**

command syntax; **syntaxe des instructions,** syntax statements; **syntaxe erronée,** improper syntax; **traducteur de syntaxe,** syntax transducer.

**s y n t a x i q u e :** syntactic, syntaxic, syntactical; **analyse syntaxique,** syntactical analysis, syntactic analysis; **compatibilité syntaxique,** syntaxic compatibility, syntactic compatibility; **compilateur syntaxique,** syntax directed compiler; **contrôleur syntaxique,** syntax checker; **conventions syntaxiques,** syntax guidelines; **erreur syntaxique,** syntactical error; **unité syntaxique,** syntactical unit.

**s y n t h è s e :** synthesis; **synthèse de la parole,** speech synthesis; **synthèse de réseau,** network synthesis; **synthèse vocale,** voice synthesis.

**s y n t h é t i q u e :** synthetic; **rapport synthétique,** synthetic relationship; **résine synthétique,** synthetic resin.

**s y n t h é t i s e u r :** synthesizer; **synthétiseur de parole,** speech synthesizer; **synthétiseur de voix,** voice synthesizer; **synthétiseur de voix pour ordinateur,** talking computer voice synthesizer; **synthétiseur vocal,** voder.

**s y s t é m a t i q u e :** systematic; **affichage systématique,** forced display; **code de contrôle systématique d'erreurs,** system error-checking code; **entretien systématique,** scheduled maintenance; **erreur non systématique,** intermittent fault; **erreur systématique,** systematic error; **méthode de l'expérimentation systématique,** trial and error method; **scrutation systématique,** general polling.

**s y s t è m e :** system*; **abandon système,** system abort; **activité du système,** system activity; **analyse système,** system analysis; **analyste du système,** system analyst; **analyste en systèmes,** systems analyst; **appel système,** system call; **approche des systèmes,** systems approach; **architecture de systèmes ouverts,** open systems architecture (OSA); **arrêt du système,** system shutdown; **arrêt fatal du système,** system crash; **arrêt système,** system abort; **bande bibliothèque système,** system load library tape; **bande système,** system tape; **bande système maître,** master system tape; **base système,** system base; **base naturelle d'un système numérique,** natural base; **bibliothécaire du système,** system librarian; **bibliothèque des systèmes,** systems library; **carte maîtresse du système,** system specific header; **carte pilote du système,** system specific card; **case du menu système,** con-

trol-menu box; **charge du système,** system workload; **chargement de système,** boot up, booting; **chargement du système,** system loading; **chargement du système d'exploitation,** cold boot; **chargeur système,** system pack; **commande des entrées système,** system input control; **commutateur système,** processor switch; **comparaison de systèmes,** system comparison; **compatibilité de systèmes,** systems compatibility; **conception d'interface de système,** system interface design; **conception de systèmes,** systems design; **configuration du système,** system configuration; **console système,** system console; **contrôle de l'état système,** system status monitoring; **contrôle du système,** system check; **contrôleur de système,** system controller; **description de système,** systems definition; **disponibilité du système,** system availability; **disque d'exploitation système,** system distribution disk; **disque système,** system disk, system volume; **disque système exploitable en mode spécifique,** native system pack; **données d'initialisation du système,** system initialization information; **essai de systèmes,** systems test; **essai du système,** system testing; **extension du système,** system expansion; **étude de systèmes,** systems analysis; **fichier d'entrée système,** system input file; **fichier de bandes système,** system operating file; **fichier de bibliothèque système,** system library file; **fichier du journal système,** system log file; **fichier maître de sortie système,** system principal output file; **fichier sortie système,** system output file; **fichier système,** file store; **gestion de système,** system management; **grand système,** large scale electronics; **générateur de bande système,** system tape generator; **génération de système,** system generation (sysgen); **générer un système,** sysgen (to); **initialisation du système,** initial system load; **interprète de commandes système,** shell; **interruption du système,** system interrupt; **intégrité du système,** system integrity; **lancement de système,** boot, booting, boot up; **langage de génération d'un système,** system generation language; **langage de système d'exploitation,** operating language, system control language; **logiciel de système,** systems software; **message de modification système,** system modification message; **mise à jour de la bande système,** system tape update; **module d'extension système,** system expander; **module de système,** system module; **module interface opérateur système,** operator system interface; **moniteur de système,** system monitor; **niveau de système,** system level; **noyau du système d'exploitation,** operating system nucleus; **organigramme de système,** system flowchart; **orienté système,** site-oriented; **panneau d'exploitation système,** system operator panel; **paramètre système,** site parameter; **perturbation entre systèmes,** intersystem interference; **planification d'un système,** system planning; **possibilités du système,** system capacity; **procédure d'initialisation du système,** initial setup procedure; **programmathèque système,** system library; **programme d'initialisation de système,** cold start program; **programme de génération d'un système,** system generation program; **programme de génération de bande système,** system tape builder; **programme de systèmes,** systems program; **programme du système de réserve,** operational standby program; **programme utilitaire pour bande système,** system tape service routine; **pupitre de maintenance du sous-système,** subsystem maintenance panel; **ralentissement du système,** system slowdown; **raz du système,** system reset; **reconfiguration du système,** system degradation; **relance de système,** system restart; **ressource de système,** system resource; **résidant en système,** system resident, system residence; **sortie de système,** system output; **sous-système,** subsystem; **sous-système analogique,** analog subsystem; **sous-système central,** central subsystem; **sous-système d'enregistrement des commandes,** order entry subsystem; **sous-système de desserte locale,** local distribution subsystem; **sous-système de disques magnétiques,** mass storage subsystem; **sous-système de traitement,** processor subsystem; **sous-système serveur de fichiers,** file server subsystem; **sous-système à cassette,** cassette tape subsystem; **sous-système à écran de visualisation,** visual information projection subsystem; **structure d'un système,** system architecture; **structure de système,** system layout; **suite des entrées système,** system input stream; **superviseur de bande système,** system tape supervisor; **superviseur de systèmes,** systems supervisor; **symbole système variable,** system variable symbol; **système à assemblage symbolique,** symbolic assembly system; **système à base 10,** ten state system; **système à base d'instructions,** instruction system; **système à blocs fonctionnels,** building block system; **système à canaux,** channel system; **système à carte,**

card system; **système à cartes magnétiques,** magnetic card system; **système à cassette,** tape cassette drive system; **système à circuit unique,** single-chip system; **système à circuits logiques,** logical circuit system; **système à contre-réaction,** automatic feedback control system; **système à contrôle d'erreur,** accuracy control system; **système à contrôle de parité,** parity system; **système à correction d'erreurs,** error-correcting system; **système à deux disquettes,** two-drive system; **système à deux états stables,** two-state system; **système à disque,** disk system; **système à disque (dur) Winchester,** Winchester disk system; **système à disque dur,** hard disk system; **système à double calculateur,** duplex computer system; **système à double disquette,** dual drive system; **système à dégradation contrôlée,** failsoft system; **système à détection d'erreurs,** error-detecting system, error detection error; **système à fichiers,** filing system; **système à fichiers communs,** shared file system; **système à fréquence porteuse,** carrier frequency system; **système à multicalculateur,** multicomputer system; **système à multiplexage de fréquences,** frequency division multiplex; **système à mémoire centrale,** core only environment; **système à mémoire secondaire,** core secondary environment; **système à nombres binaires,** binary number system; **système à numération décimale,** decimal number system; **système à onde porteuse,** carrier system; **système à porteuse analogique,** analog carrier system; **système à porteuse numérique,** digital carrier system; **système à programmation linéaire,** linear programming system (LPS); **système à reprise,** fallback system; **système à régler,** controlled system; **système à tolérance de pannes,** fault-tolerant system; **système à trois adresses,** three-address system; **système à un code,** transparent system; **système à une adresse,** one-address system; **système à vie plus étendue,** extented system life span; **système à virgule fixe,** fixed-point system; **système à virgule flottante,** floating-point system; **système à voies bifilaires,** two-wire system; **système adaptatif,** adaptive system; **système adjacent,** adjoint system; **système anti-interception,** anti-intercept system (AIS); **système arythmique,** start-stop system; **système asservi,** servo-controlled system, feedback system; **système asynchrone,** start-stop system; **système auto-commandé,** adaptive control system; **système automatique,** servo system; **système autonome,** stand-alone system; **système binaire,** binary system, binary number system; **système biprocesseur,** dual processor system; **système biquinaire,** biquinary system; **système clé en main,** turn key system; **système commun de connexions,** bus system, busbar; **système complémentaire,** complement system; **système comptable bancaire,** bank accounting system; **système conversationnel,** conversational system; **système d'adressage,** addressing system; **système d'affectation de programmes,** program distribution system; **système d'affichage,** optical display system; **système d'aide à la programmation,** support system; **système d'assemblage,** assembly system; **système d'enseignement,** teaching system; **système d'exploitation (SE),** operating system (OS); **système d'exploitation de base (IBM),** basic operating system (BOS); **système d'exploitation de réseau,** network operating system (NOS); **système d'exploitation distribué,** distributed operating system; **système d'exploitation par lots,** batch operating system; **système d'exploitation virtuel,** virtual operating system (VOS); **système d'exploitation à bande,** tape operating system (TOS); **système d'exploitation à disque (SED),** disk operating system (DOS); **système d'exploitation à disquette,** floppy disk operating system (FDOS); **système d'horloge,** clock system; **système d'impression de documents,** document writing system; **système d'information et de communication,** communication and information system; **système d'information télématique,** bulletin board system (BBS); **système d'interrogation,** interrogation system; **système d'interrogation/réponse,** inquiry system; **système d'introduction de données,** data entry system; **système d'échantillonnage d'informations,** data sampling system; **système d'échantillonnage des données,** sampled data system; **système d'équations,** system of equations; **système d'équations linéaires,** linear set of equations; **système d'étude de réseaux,** network analysis system; **système de balayage,** scanning system; **système de base,** basic system; **système de commande,** command system, control system; **système de commande des mouvements,** transaction-driven system; **système de communication,** transactional system; **système de communication auxiliaire,** alternate communication system; **système de communication de données,** data communication system; **système de communication universel,** global communications system; **système de communications,** communication system; **système de commutation automatique,** automatic switching system; **système de commutation électronique,** electronic switching system (ESS); **système de comparaison,** comparing system; **système de comptabilité des travaux,** job accounting system; **système de conduite de processus industriels,** process guiding system; **système de contrôle,** checking system; **système de contrôle des entrées/sorties,** input/output control system (IOCS); **système de contrôle industriel,** process control system; **système de contrôle électronique,** electronic control system; **système de coordonnées d'écran,** screen coordinate system; **système de coordonnées propre,** word coordinate system; **système de dialogue,** dialog system; **système de déviation des faisceaux,** beam positioning system; **système de gestion,** management information system; **système de gestion de bandes,** tape management system; **système de gestion de base de données (SGBD),** database management system (DBMS); **système de gestion des entrées/sorties,** input/output system; **système de gestion des fichiers d'entrée/sortie,** input/output file control system; **système de gestion des travaux,** job control system; **système de gestion par ordinateur,** computer control system; **système de lancement,** entry system; **système de mesure analogique,** analog measuring system; **système de mise en application,** implementation system; **système de multiplexage temporel,** time-division multiplex system; **système de multitraitement,** multiprocessing system; **système de mémoire complémentaire,** backing storage system; **système de numération,** numeration system, number representation system; **système de numération binaire,** binary-coded number system; **système de numération décimale,** decimal numeration system; **système de numération hexadécimal,** hexadecimal number system; **système de numérotation,** numbering system; **système de numérotation octale,** octal number system; **système de programmation,** programming system; **système de programmation automatique,** automatic programming system; **système de programmation symbolique,** symbolic programming system; **système de programmes utilitaires,** utility system; **système de recherche,** retrieval system; **système de recherche documentaire,** information retrieval system; **système de régulation automatique,** automatic control system; **système de réponse vocale,** audio response system; **système de réserve,** standby system; **système de saisie de données,** data acquisition system, data collection system; **système de saisie multiposte,** multistation data entry system; **système de soumission des travaux,** job entry system; **système de stabilisation de fréquence,** frequency stabilizer; **système de surveillance automatique,** automatic monitoring system; **système de sécurité,** security system; **système de sélection directe,** direct switching system; **système de terminaux intelligents,** multiwork station system; **système de test automatique,** automatic test processing machine; **système de test en ligne,** on-line test system (OLTS); **système de traitement,** data processing system, processing system; **système de traitement automatique de données,** automatic data processing system; **système de traitement de texte,** text processing system; **système de traitement de travaux,** job processing system; **système de traitement numérique,** digital data processing system; **système de traitement par lots,** batch system; **système de traitement électronique de données,** electronic data processing system; **système de transmission,** transmission system; **système de transmission de données,** data transmission system; **système de télécommande,** remote control system; **système de télécommande de dérouleurs,** remote tape control system; **système de télécommunications,** telecommunication system, long haul system; **système de télégestion,** teleprocessing system; **système de télétraitement,** remote computing system; **système de ventilation,** blower assembly; **système double,** dual system; **système duplex,** duplex system; **système duplex à pont,** bridge duplex system; **système décentralisé,** distributed system; **système décimal,** decimal system; **système décimal codé en binaire,** binary-coded decimal system; **système émetteur,** transmitting system; **système étranger,** alien system; **système évolué,** sophisticated system; **système en anneau,** ring system; **système en temps partagé,** time-shared system, time-sharing system; **système expert,** expert system; **système fermé,** closed system; **système holographique,** holographic based system; **système hybride,** hybrid computer system; **système hétérogène,** heterogeneous system; **système hôte,** host system; **système informatique,** computing system, data processing system; **système informatique intégré,** integrated information system; **système informatisé,** information system; **système interactif,** interactive system, conversational system; **système intégré,** integrated system; **système jumelé,** twin system; **système logique,** logical system; **système maître/esclave,** master/slave system; **système minimal,** minimum system; **système mixte,** hybrid system; **système modulaire,** modular system; **système moniteur,** monitor system; **système monoposte,** single-station system; **système multiaccès,** multiaccess system; **système multibase,** mixed-numeration system; **système multiclavier,** multistation system; **système multiposte,** multistation system; **système multiséquentiel,** multisequential system; **système numéral,** number system; **système opérationnel,** operational system; **système ouvert,** open system; **système polymorphique,** polymorphic system; **système résidant en mémoire,** memory-based system; **système réversible,** turnaround system; **système satellite,** satellite system; **système simplex,** simplex system; **système spécialisé,** dedicated system; **système synchrone,** synchronous system; **système temps réel,** real-time system (RTS), real-time control system; **système transactionnel,** enquiry system; **systèmes en tandem,** dual system; **table de chargement système,** system load table; **technicien de système,** system engineer; **technique des systèmes,** system engineering, system technology; **temps d'essai du système,** system test time; **temps de production du système,** system production time; **unité d'entrée système,** system input unit; **unité de sortie du système,** system output unit; **unité de système,** system unit; **vidage après arrêt système,** system shutdown dump.

# T

**table:** table*; **adresse d'une table de segments,** segment table word; **argument de table,** table argument; **bureau (table),** desk; **consultation de table,** table lookup; **contrôle des tables des matières,** contents supervision; **en-tête de table,** table head; **entrée dans une table de segments,** segment table entry; **entrée de table,** table entry; **extension de la table des fichiers,** file table extension; **fonction de table,** table function; **générateur de tables,** table generator; **géré par table,** table-driven; **identificateur de table,** table identifier; **impression de tables,** tabular printout; **instruction de mise à jour de table,** table update command; **instruction de recherche de table,** table lookup statement; **langage pour table de décision,** tabular language; **ligne de table,** directory line; **pointeur de table d'allocation,** allocation table pointer; **position de table,** table position; **présentation de données en table,** tabular data presentation; **recherche de table,** table search; **recherche en table,** table look-up; **subdivision de table,** table block; **table abrégée,** short table; **table alternante,** alternating array; **table alternative,** alternating table; **table booléenne,** Boolean table; **table coulissante,** sliding chart; **table d'addition,** addition table; **table d'adressage de périphérique,** device address table; **table d'adresses,** address table; **table d'affectation de périphérique,** device assignment table; **table d'allocation,** allocation table, allocation map; **table d'allocation de blocs,** block allocation map; **table d'allocation de caractères,** character assignment table; **table d'implantation,** storage assignment table; **table d'index majeure,** primary index table; **table d'indices de sélection,** evidence table selection; **table d'occupation,** occupancy table; **table d'occupation de la mémoire,** storage occupancy table; **table d'occupation mémoire,** free memory table; **table d'unités logiques,** logical device table; **table d'étalonnage,** calibration chart; **table d'état des fichiers,** file status table; **table d'état système,** system state table; **table d'états des canaux,** channel status table; **table de Karnaugh,** Karnaugh map; **table de chargement système,** system load table; **table de code interne de périphériques,** device internal code table; **table de codes,** code table; **table de commande,** control dictionary; **table de configuration,** configuration table; **table de conversion,** conversion table; **table de conversion de caractères,** character arrangement table; **table de correspondance de périphériques,** device correspondence table; **table de description de fichier,** file description table; **table de description de zone,** field description table; **table de disponibilité,** availability table; **table de décision,** decision table; **table de décision ouverte,** open decision table; **table de fichiers,** file table; **table de fichiers affectés,** assigned files table; **table de fonctions,** function table; **table de groupes de processus industriels,** process group table; **table de nombres aléatoires,** random number table; **table de pages,** page table; **table de poids de positions binaires,** binary weight table; **table de priorité,** priority table; **table de programmes,** program table; **table de périphériques,** device table; **table de recherche,** look-up table; **table de relais,** relay index; **table de routines,** subroutine table; **table de réception,** destination table; **table de références,** general reference table; **table de sauts progressifs,** forward reference table; **table de signes,** token table; **table de symboles,** symbol table; **table de temps d'exécution,** execution time table; **table de topographie mémoire,** page map table; **table de traceur,** bed; **table de traduction,** translation table, translate table; **table de transcription fichier,** file translation table; **table de transfert,** transfer table; **table de vérité,** truth table, operation table; **table des adresses d'interruption,** interrupt address table; **table des adresses de renvoi,** branch address table; **table des autorisations,** authorization table; **table des besoins en périphériques,** device requirement table; **table des branchements,** branch table; **table des couleurs,** color identification scheme; **table des fichiers affectés,** consigned files table; **table des indicatifs régionaux,** area code table; **table des instructions,** sequence of instructions; **table des matières,** table of contents, index table; **table des options,** option table; **table des opérations compteur,** counter chart; **table des priorités d'interruptions,** interrupt priority table; **table des renvois,** cross-reference table; **table des répertoires,** master index table; **table des segments,** segment table; **table des temps de compilation,** compilation time table; **table des travaux,** job table; **table des unités physiques,** physical device table; **table des étapes de travail,** job step table; **table des états périphériques,** peripheral allocation table (PIA); **table graphique,** graphic plotter; **table individuelle,** single table; **table logique,** Boolean table, Boolean matrix; **table matricielle,** matrix table; **table réelle des tâches,** active job execution table; **table traçante,** flatbed plotter, plotter, output table; **table à dessin électronique,** electronic drawing board; **table à longueur réduite,** short length table; **table à numériser,** digitizing tablet; **table à quatre positions,** four-place table; **table à tracer,** plotting board; **traitement de table,** table handling.

**t a b l e a u :** array, chart; **construire un tableau,** tabulate (to); **câblage de tableau de connexions,** control panel wiring; **identificateur de tableau,** array identifier; **indice de tableau,** array subscript; **pas de tableau,** array pitch; **structure de tableau,** array structure; **tableau bidimensionnel,** two-dimensional array, flat file; **tableau d'adresses,** address panel; **tableau d'étiquettes,** tag table; **tableau de caractères,** string array; **tableau de commande,** control panel, panel control field, patch panel; **tableau de commande d'ordinateur,** computer control panel; **tableau de commande de l'opérateur,** operator panel; **tableau de commutation,** switching panel; **tableau de connexions,** wiring board, plugboard, patch panel, pegboard; **tableau de connexions à broches,** pinboard; **tableau de données,** data array; **tableau de nombres,** number table; **tableau de pointeurs,** pointer array; **tableau de programme câblé,** program board; **tableau de programme échangeable,** removable program panel; **tableau frontal,** front panel; **tableau graphique,** graphic panel; **tableau incomplet,** sparse array; **tableau indicateur d'indice,** index scale; **tableau logique,** logical array, logic array; **tableau multidimension,** multidimensional array; **tableau opérande,** operand array; **tableau saturé,** closed array; **tableau tridimensionnel,** three-dimensional array; **tableau à feuilles détachables,** flip chart; **tableau à une dimension,** one-dimensional array; **variable de tableau,** array variable, dimensioned variable; **élément de tableau,** array element.

**t a b l e a u x :** jeu de tableaux, tabular composition.

**t a b l e t t e :** tablet*; **tablette acoustique,** acoustic tablet; **tablette de numérisation,** digitizing pad; **tablette graphique,** graphic tablet.

**t a b l e u r :** spreadsheet; **tableur électronique,** electronic spreadsheet.

**t a b u l a i r e :** tabular; **contrôle tabulaire,** tabular checking; **format de bloc tabulaire,** tabulation block format.

**t a b u l a t e u r :** tab key; **caractère tabulateur,** tabulator character.

**t a b u l a t i o n :** tabulating, tabulation, carriage skip; **arrêt de tabulation,** tabulator stop; **caractère de tabulation,** tabulation character, tab character; **caractère de tabulation horizontale,** horizontal tabulate character; **code de contrôle de tabulation,** tab control code; **dispositif de tabulation,** tabulation facility; **dispositif de tabulation rapide,** high-speed skip feature; **début de tabulation,** skip start; **définition de la tabulation,** tabbing; **embrayage de tabulation,** tab clutch; **fin de tabulation,** skip stop; **levier de tabulation,** skip lever; **mémoire de tabulation,** tab memory; **position de tabulation,** tabulator position, tab position; **positionnement de la tabulation,** tab setting; **tabulation arrière,** backtab; **tabulation horizontale,** horizontal tabulation (HT), horizontal tab; **tabulation progressive,** forward tabulation; **tabulation rapide,** high-speed skip; **tabulation verticale,** vertical tabulation (VT), vertical tab; **touche de tabulation,** tabulator key (TAB), tabulate key; **vitesse de tabulation,** tab list, total list speed.

**t a b u l a t r i c e :** tabulating machine.

**t a b u l é :** tabulated; **résultat tabulé,** tabulated result.

**t a b u l e r :** tabulate (to), tab (to), array (to).

**t a c h e :** measling; **tache ionique,** ion spot.

**t â c h e :** task*; **algorithme de planification des tâches,** task scheduling algorithm; **allocation des tâches,** tasking; **analyse des tâches,** job analysis; **bloc de commande de tâches,** task control block; **commutateur de tâches,** task switch; **conception des tâches,** job design; **contrôle du traitement des tâches,** job processing control; **exécution des tâches,** job execution, task execution; **fin de tâche,** task termination; **gestion des tâches,** task management; **identification de tâche,** task identification; **lancement de tâche,** task initiation; **liste des tâches,** task list; **moniteur de traitement de tâches,** job processing monitor; **nom de tâche,** task name; **numéro de séquence de tâche,** task sequence number; **numéro de tâche,** job number; **priorité de tâche,** job priority; **sortie fin de tâche,**

end-of-job exit; **sous-tâche**, subtask; **table réelle des tâches**, active job execution table; **traitement en simple tâche**, single tasking; **tâche active**, active job; **tâche associée**, attached task; **tâche dans une file d'attente**, input job; **tâche de commande**, control task; **tâche de fond**, background job; **tâche de premier plan**, foreground task; **tâche disponible**, ready task; **tâche dépendante**, dependent task; **tâche en attente**, waiting task; **tâche esclave**, subordinate task; **tâche latente**, latent job; **tâche majeure**, major task; **tâche maîtresse**, system task; **tâche principale**, main task; **tâche suspendue**, blocked job; **tâche séquentielle**, batched job; **tâche utilisateur**, user task, problem task; **tâches simultanées**, job stacking; **variable de tâche**, task variable.

**tactile:** tactile; **clavier tactile**, tactile keyboard; **terminal à écran tactile**, touch screen terminal; **écran tactile**, touch panel.

**taille:** size; **agrégat de taille ajustable**, adjustable size aggregate; **agrégat de taille implicite**, assumed size aggregate; **enregistrement de taille fixe**, fixed-size record; **réduction de taille**, downsizing; **taille d'une fenêtre**, window size; **taille de caractère**, character size; **taille de fichier**, file size; **taille de la mémoire centrale**, core size; **taille de la zone de travail**, working size; **taille de mémoire**, memory size; **taille des périphériques**, device size.

**talon:** offset; **carte maître à talon**, master stub card; **carte à talon**, stubcard.

**tambour:** drum; **adresse de tambour**, drum address; **arbre de tambour**, drum shaft; **axe de tambour**, drum shaft; **enregistrement sur tambour**, drum record; **entraînement de tambour**, drum drive; **imprimante à tambour**, drum printer; **marque de tambour**, drum mark; **mémoire à tambour**, drum memory, drum storage, rotating memory; **mémoire à tambour magnétique**, magnetic drum store; **piste de tambour**, drum track; **tambour codeur**, code drum; **tambour d'entraînement à picots**, pin feed drum; **tambour d'impression**, print drum; **tambour d'éjection**, stacker drum; **tambour de contact**, contact drum; **tambour de grande capacité**, file drum; **tambour de réponse**, answerback drum; **tambour magnétique**, magnetic drum; **tambour magnétique équilibré**, balanced magnetic drum; **tambour porte-caractères**, type drum; **tambour programme**, program drum; **tambour équilibré**, balanced drum; **tambour à picots**, pin feed platen; **traceur à tambour**, drum plotter; **unité à tambour**, drum unit, magnetic drum

unit; **unité à tambour magnétique**, magnetic drum unit; **vidage du tambour**, drum dump; **vitesse du tambour**, drum speed; **éjecteur à tambour**, drum stacker.

**tampon:** buffer; **adresse de sortie tampon**, buffer output address; **adresse tampon**, buffer address; **allocation de tampon dynamique**, dynamic buffer allocation; **amplificateur tampon**, buffer amplifier; **attribution de tampon**, buffer allocation; **calculateur tampon**, buffer computer; **cellule tampon**, buffer cell; **circuit de tampon**, buffer circuit; **dispositif tampon**, buffer feature; **drapeau de mémoire tampon**, buffer mark; **débordement de tampon**, buffer overflow, buffer overrun; **échange tampon**, buffer swapping; **élément à tampon**, buffered device; **étage tampon**, buffer stage; **extension tampon**, buffer expansion; **fichier en mémoire tampon**, buffered file; **fonction tampon**, buffer function; **gestion des tampons**, buffer management; **imprimante tampon**, buffer memory printer; **mode de tampon**, buffer mode; **mémoire image en double zone tampon**, double-buffered pixel memory; **mémoire tampon**, buffer memory, cache storage; **mémoire tampon E/S**, I/O buffer; **mémoire tampon alterné**, alternate buffer; **mémoire tampon d'entrée**, input buffer storage; **mémoire tampon d'imprimante**, printer record storage; **mémoire tampon de sortie**, output buffer storage, output synchronizer; **ordinateur à tampon**, buffered computer; **pointeur tampon**, buffer pointer; **porte tampon**, buffer gate; **poste d'interrogation à mémoire tampon**, buffered inquiry station; **rangement en mémoire tampon**, buffering; **registre de mémoire tampon**, memory buffer register; **registre des adresses tampon**, buffer address register; **registre tampon**, buffer register; **registre tampon de mot**, word buffer register; **station tampon**, reservation station; **tampon asynchrone**, asynchronous buffer; **tampon chargeur**, loader buffer; **tampon courant**, current buffer; **tampon d'adresses**, address buffer; **tampon d'entrée**, input buffer; **tampon d'entréesortie**, input/output buffer; **tampon d'impression**, print buffer; **tampon d'imprimante**, printer buffer; **tampon d'imprimante à lignes**, line printer buffer; **tampon d'introduction de cartes**, card input buffer; **tampon de caractères**, character buffer; **tampon de clavier**, type-ahead buffer, rollover; **tampon de données**, data buffer; **tampon de défilement**, scrolling buffer, scroll buffer; **tampon de ligne**, line buffer; **tampon de régénération**, refresh buffer; **tampon de sortie**, output buffer; **tampon de sortie analogique,** analog output buffer; **tampon de sortie vocale,** voice output buffer; **tampon de texte,** text buffer; **tampon de trame,** frame buffer; **tampon entrée/sortie,** input/output synchronizer; **tampon numérique d'image,** digital frame buffer; **tampon récepteur,** buffer receive; **tampon tristable,** tristate buffer; **tampon à caractères,** bit buffer; **tampon-encreur,** inking pad; **terminal à mémoire tampon,** buffered terminal; **unité-tampon de canal,** channel buffering unit; **zone de tampon,** buffer area; **zone de tampon unique,** single buffering area, simple buffering area; **zone tampon double,** double buffering area.

**tamponnage:** tamponnage anticipé, anticipatory buffering; **tamponnage de données,** data buffering; **tamponnage simple,** single-buffer mode.

**tamponné:** buffered; **caractère tamponné,** buffered character; **non tamponné,** unbuffered; **transfert tamponné,** buffered transfer.

**tamponnée:** entrée/sortie tamponnée, buffered input/output; **unité de synchronisation tamponnée,** buffered synchronizer unit.

**tamponnement:** buffering; **tamponnement double,** double buffering; **tamponnement du clavier,** key rollover; **tamponnement dynamique,** dynamic buffering; **tamponnement par échange,** exchange buffering; **tamponnement partagé,** buffer sharing; **tamponnement simple,** single buffering, simple buffering; **tamponnement statique,** static buffering; **technique de tamponnement,** buffering technique.

**tamponner:** buffer (to).

**tandem:** tandem; **circuit de données en tandem,** tandem data circuit; **opération en tandem,** operate in tandem; **systèmes en tandem,** dual system.

**tapis:** tapis antistatique, anti-static mat.

**taquage:** jogging.

**taquer:** jog (to), jerk (to).

**taqueuse:** jogger.

**tarifaire:** compteur tarifaire, billable time meter.

**tassement:** compacting upward, upward relocation, absorption; **tassement d'un enregistrement,** record packing.

**taux:** caractéristique du taux d'onde stationnaire, VSWR characteristic; **taux d'activité,** activity ratio; **taux d'amélioration,** improving factor; **taux d'erreur binaire,** bit error rate (BER); **taux d'erreur résiduelle,** undetected error rate; **taux d'erreur sur les caractères,** character error rate; **taux d'er-** reurs, error rate, rate error; **taux d'erreurs de frappe,** keying error rate; **taux d'erreurs par binaire,** binary digit error rate (BER); **taux d'erreurs résiduelles,** residual error rate; **taux d'erreurs sur les blocs,** block error rate; **taux d'exactitude,** accuracy rating; **taux d'exploitation,** operating ratio; **taux d'impulsions,** pulse duty factor; **taux d'interruption,** interruption rate; **taux d'occupation,** percentage occupancy; **taux d'onde stationnaire (TOS),** voltage standing wave ratio (VSWR); **taux d'utilisation de fichier,** file activity ratio; **taux d'utilisation extrême,** utilisation ratio upmost; **taux de changement,** rate of change; **taux de compression,** packing ratio; **taux de consultation,** access frequency; **taux de corrélation,** correlation coefficient; **taux de croissance,** growth rate; **taux de disponibilité,** availability ratio; **taux de défaillance,** failure rate; **taux de fiabilité,** percentage reliability; **taux de luminance,** brightness ratio; **taux de modification,** modification frequency; **taux de modulation,** percentage modulation, deviation ratio; **taux de puces bonnes,** chip yield; **taux de rafale,** burst rate; **taux de rebut,** reject rate; **taux de redondance,** redundancy ratio; **taux de rendement,** performance level; **taux de récurrence des impulsions,** pulse recurrence rate; **taux de répétition,** sequential rate; **taux de répétition de chiffres,** digit repetition rate; **taux de répétition des impulsions,** pulse repetition rate (PRR); **taux de transfert de données,** data transfer rate; **taux de transmission binaire,** bit transfer rate.

**technicien:** technician; **console du technicien d'entretien,** maintenance console; **technicien de système,** system engineer.

**technique:** technique, technical; **circuit intégré de technique MOS,** MOS-type integrated circuit; **composant technique,** technical component; **conditions techniques,** technical requirements; **documentation technique,** technical documentation; **données techniques,** technical characteristics; **développement technique,** technical development; **expression technique,** technical term; **fiche technique,** data sheet; **imperfection technique,** engineering deficiency; **limites techniques,** engineering constraints; **manuel technique,** technical manual; **modification technique,** engineering change; **module technique,** hardware module; **niveau technique,** engineering level; **notices techniques,** technical brochures; **probabilité d'incident technique,** probability of failure;

**processus technique,** technical process; **salle technique,** equipment room; **science et technique,** science and engineering; **solution technique,** engineering solution; **support technique,** technical support; **technique d'accès,** access technique; **technique d'accès de l'information,** data access control; **technique d'adressage,** addressing technique, address management; **technique d'aide au dessin,** etch-a-sketch technique; **technique d'automatisation,** automation systems; **technique d'encryptage,** encryption technique; **technique d'enregistrement,** recording technique; **technique d'émulation sur circuit,** in-circuit emulation technique; **technique d'étude de réseaux,** network analysis; **technique de compilation,** compiling technique; **technique de duplication,** father son technique; **technique de fenêtrage,** windowing technique; **technique de la perche,** hints and tips; **technique de pagination,** paging technique; **technique de recouvrement,** overlay technique; **technique de remplacement sélectif,** replacement selection technique; **technique de sauvegarde de fichiers,** grandfather technique; **technique de tamponnement,** buffering technique; **technique de télécommunication,** telecommunication engineering; **technique des circuits intégrés,** integrated circuit technique; **technique des systèmes,** system engineering; **terminologie technique,** technical terminology; **échange d'informations techniques,** technical information exchange; **état actuel de la technique,** state-of-the-art; **évaluation technique,** engineering evaluation; **évolution technique,** technical evolution.

**technologie:** technology; **disque de technologie Winchester,** Winchester technology disk; **technologie d'avant-garde,** advanced technology; **technologie d'intégration à grande échelle,** LSI technology; **technologie de l'état solide (circuits intégrés),** solid logic technology; **technologie de même niveau,** circuit family; **technologie des circuits,** circuit technique; **technologie informatique,** data processing technology; **technologie silicium sur saphir,** silicon on sapphire (SOS); **technologie transistor,** bipolar device technology.

**teinte:** hue, tint; **demi-teinte,** half-tone, half-tint.

**téléchargé:** downloaded; **logiciel téléchargé,** telesoftware.

**téléchargeable:** downloadable; **fonte téléchargeable,** downloadable font, soft font.

**téléchargement:** downloading, download, remote load, teleload.

**télécharger:** teleload (to).

**télécommande:** remote control, distant control; **système de télécommande,** remote control system; **système de télécommande de dérouleurs,** remote tape control system.

**télécommunication:** télécommunication; **centre de télécommunication,** trunk switching office; **office central de télécommunications,** central office; **réseau de télécommunications,** communication network, telecommunication network; **réseau de télécommunications public,** dial communications lines; **réseau public de télécommunications,** public-switched network; **service de télécommunication,** exchange service; **système de télécommunications,** telecommunication system, long haul system; **technique de télécommunication,** telecommunication engineering; **télécommunications,** telecommunications.

**télécoms:** telecomms (telecommunications); **liaison télécoms,** telecommunication link.

**téléconférence:** teleconference.

**télécopie:** facsimile, telefax, fax, telecopy; **opération de télécopie,** facsimile operation.

**télécopier:** telecopy (to).

**télécopieur:** telecopier, facsimile terminal.

**télécourrier:** telemail.

**télédétection:** remote sensing.

**téléécriture:** data communication, telewriting.

**télégestion:** telemanagement; **calculateur de télégestion,** remote network processor; **interface de poste de télégestion,** data terminal interface; **poste de télégestion,** data terminal installation; **système de télégestion,** teleprocessing system; **télégestion de banque de données,** remote data base manager.

**télégraphe:** telegraph.

**télégraphie:** telegraphy, telegraph; **code de télégraphie à 5 moments,** five unit teleprinter code; **code international de télégraphie,** international telegraph code; **télégraphie en double tonalité,** two-tone keying, two-tone telegraph; **télégraphie à fréquence vocale,** telegraphy voice frequency.

**télégraphique:** telegraphic; **code télégraphique,** telegraphic code, telegraph code; **code télégraphique international,** international telegraph code; **communication télégraphique,** telegraphy communication;

**ligne télégraphique,** telegraph line; **modulation télégraphique,** telegraph modulation; **relais télégraphique,** telegraph relay.

**téléimprimé: message téléimprimé,** teleprinter message.

**téléimprimeur:** teleprinter, teletypewriter equipment; **canal de téléimprimeur,** teletype channel; **code téléimprimeur,** teleprinter code; **téléimprimeur de contrôle,** journal teleprinter, verifying page printer; **téléimprimeur par page,** page teleprinter; **téléimprimeur émetteur-récepteur,** automatic send/receive (ASR); **téléimprimeur à bande,** tape copy teleprinter; **téléimprimeur à bande perforée,** tape teleprinter.

**téléinformatique:** teleinformatics*, data telecommunication.

**télémaintenance:** remote maintenance.

**télématique:** telematic*(s), telewriting, datacom; **abonné télématique,** data terminal subscriber; **ligne télématique,** dataline; **progiciel télématique,** datacom package; **réseau télématique,** information network, datacom network; **service télématique,** on-line data service; **système d'information télématique,** bulletin board system (BBS).

**téléphone:** telephone, phone; **téléphone public,** pay phone; **téléphone à mémoire,** security phone.

**téléphonie:** telephony; **téléphonie automatique privée,** private automatic exchange (PAX); **téléphonie à porteuse réductible,** quiescent carrier telephony.

**téléphonique: abonné téléphonique,** telephone user; **appel téléphonique,** dialup; **bande téléphonique,** voice band; **cadran téléphonique,** telephone dial; **circuit téléphonique,** telephone circuit; **combiné téléphonique,** telephone handset, handset; **communication téléphonique,** telephone call; **coupleur téléphonique,** data phone; **écoutes téléphoniques,** tapping; **installation téléphonique privée,** private branch exchange (PBX); **liaison téléphonique,** telephone connection; **ligne téléphonique,** telephone line; **numérotation téléphonique,** dialing; **réseau téléphonique,** telephone network, telephone exchange; **standard téléphonique,** switch board; **voie téléphonique,** telephone channel, voice channel. .

**téléréception:** downloading; **téléréception (de fichiers),** downloading, download, remote loading, teleload.

**téléscripteur:** teletypewriter, teletype (TTY), telewriter; **exploitation par téléscripteur,** console typewriter operation; **poste téléscripteur,** teleprinter terminal.

**téléscription:** réseau de téléscription, teleprinter network.

**télétest:** remote test.

**télétexte:** teletext*, videotex, interactive videography; **logiciel de télétexte,** telesoftware (TSW).

**télétraitement:** teleprocessing*, remote processing; **canal de télétraitement,** line data channel; **centre de télétraitement,** telecenter; **écran de télétraitement,** remote display; **gestion principale du réseau de télétraitement,** basic terminal network support; **instruction de télétraitement,** teleprocessing command; **mode télétraitement,** remote mode; **moniteur de télétraitement,** teleprocessing monitor; **processeur de télétraitement,** remote job processor, network processor; **programmation du télétraitement,** telecommunications programming; **programme de télétraitement,** teleprocessing program; **réseau de télétraitement,** teleprocessing network; **réseau public de télétraitement,** public data network; **service de télétraitement,** remote media service; **système de télétraitement,** remote computing system; **terminal de télétraitement,** teleprocessing terminal; **télétraitement de données,** data teleprocessing; **télétraitement des travaux,** remote job processing; **télétraitement par lots,** remote batch processing, remote batch computing.

**télétransmission:** télétransmission (de fichiers), uploading, upload.

**télétype:** teletype (TTY); **Télétype,** Teletype; **terminal télétype,** console typewriter.

**télétypographie:** teletypesetting.

**télévidage:** teledump.

**télévision:** television; **affichage vidéo type télévision,** raster scan video display; **dispositif à balayage de trame de télévision,** raster device; **graphisme de trame télévision,** raster scan graphics; **moniteur télévision,** television monitor.

**télex:** telex, twix; **communication télex,** teletype exchange (telex); **connexion télex,** telex connection; **installation télex,** telex installation; **ligne télex,** telex line; **message télex,** alphabetic telegraphy; **réseau télex spécialisé,** leased telegraph network; **réseau télex,** teletype network, telex network; **service télex,** telex service; **service télex,** teletypewriter exchange sevice (TWX).

**témoin: lampe témoin,** signal lamp; **lampe témoin,** pilot light, display light; **lampe témoin du déroulement,** proceed light; **scrutation par passage de témoin,** hub polling; **témoin d'appel,** ringing indicator.

**température:** temperature; **contrôleur de température,** temperature controller; **plage de températures de service,** working temperature range; **régulateur de température,** temperature control; **sensible à la température,** temperature-sensitive; **température ambiante,** ambient temperature, environmental temperature; **température critique,** critical temperature; **température de fonctionnement,** operating temperature; **température de jonction,** junction temperature; **température du boîtier,** case temperature; **variation de température,** temperature dependence.

**temporaire:** temporary; **arrêt temporaire,** pause; **erreur temporaire de ligne,** temporary line error; **fichier courant temporaire,** temporary run file; **fichier temporaire,** temporary file, temporary data set; **investissement temporaire,** temporary investment; **location temporaire,** temporary lease; **mémoire temporaire,** temporary storage; **personnel temporaire,** temporary personnel.

**temporel:** accès multiple temporel, time-division multiple access (TDMA); **analyseur temporel,** timing verifier; **matériel de multiplexage temporel,** time-division multiplexing equipment; **multiplexage temporel,** time-division multiplexing (TDM); **multiplexeur temporel,** time-division multiplexer; **méthode de multiplexage temporel,** time-division multiplex method; **opération de multiplexage temporel,** time-division multiplex operation; **système de multiplexage temporel,** time-division multiplex system; **verrouillage temporel de clavier,** keyboard time out.

**temporelle:** boucle temporelle, timing loop; **commutation temporelle,** time-division switching; **erreur temporelle,** timing error; **limitation temporelle,** time limitation; **modulation d'impulsions temporelle,** pulse time modulation (PTM); **représentation algorithmique et temporelle,** behavioural representation; **trame temporelle,** time frame.

**temporisateur:** timer, delay counter.

**temporisation:** time-out; **fonction de temporisation,** timeout facility; **simulateur de temporisation,** time-delay simulator.

**temporisé:** appel d'entrée temporisé, timed entry call; **arrêt temporisé,** slow shutdown; **relais temporisé,** slow acting relay; **relais temporisé à l'ouverture,** slow release relay.

**temporiser:** delay (to).

**temps:** time; **accès en temps réel,** real-time demand; **affichage de temps,** display time; **application en temps réel,** real-time application; **asservi au temps,** time-dependent; **base de temps,** time base; **besoin en temps,** time requirement, time need; **calculateur en temps réel,** real-time computer; **calculateur secondaire temps réel,** real-time satellite computer; **code à temps d'exécution minimal,** minimum latency code; **commande en temps réel,** real-time control; **communication en temps réel,** real-time communication; **compteur de temps utile,** usage meter; **constante de temps,** time constant; **contraintes de temps,** time constraints; **contrôle de temps mort,** idling control; **contrôleur orthographique en temps réel,** real-time spelling checker; **demande de temps,** time request; **diagramme des temps,** timing diagram; **décalage dans le temps,** time displacement; **découpage du temps,** time slicing; **dépassement de temps imparti,** instruction timeout violation; **enregistrement de temps,** time record; **enregistreur de temps,** time recording equipment; **entrée en temps réel,** real-time input; **exploitation en temps partagé,** time-sharing environment; **exploitation en temps réel,** real-time use; **exploitation par découpage du temps,** time-slicing environment; **facteur d'échelle des temps,** time scale factor; **facteur de réduction du temps de transition,** transit time reduction factor; **facteur temps réduit,** fast time scale; **facteur temps étendu,** extended time-scale; **fonction de temps,** function of time; **fonctionnement en temps réel,** real-time working; **gain de temps,** time saving; **générateur de base de temps,** timing signal generator; **générateur de temps,** time emitter; **horloge pour temps écoulé,** elapsed time clock; **horloge temps réel,** real-time clock; **interface d'horloge temps réel,** real-time clock interface; **langage temps réel,** real-time language; **limité par le temps de calcul,** compute-limited; **mesure du temps,** time selection; **moniteur temps réel,** real-time monitor; **moyenne des temps d'entretien,** mean time to maintain (MTTM); **moyenne des temps de bon fonctionnement,** mean time between failures (MTBF); **moyenne des temps entre entretiens,** mean time between routine maintenance (MTBRM); **multiplexage en temps,** time-division multiplex; **mémoire à temps d'accès moyen,** medium access storage; **mémoire à temps d'accès nul,** zero access memory; **opération en temps partagé,** time-shared operation; **opération en temps réel,** real-time operation; **paramètre de temps d'exécution,** run time parameter; **partage de temps,**

time sharing, time slicing, time division; **passe-temps favori,** hobby; **perte de temps,** loss of time; **principe du temps-réponse,** delay principle; **programmation indépendante du temps d'accès,** random access programming; **programmation à temps d'accès minimal,** minimum access programming; **programmation à temps d'exécution minimal,** minimum latency programming, optimum programming; **programme en temps réel,** real-time program; **programme à temps d'exécution minimal,** optimum program, optimal program; **simulation en temps réel,** real-time simulation; **sortie en temps réel,** real-time output; **système en temps partagé,** time-shared system, time-sharing system; **système temps réel,** real-time system (RTS), real-time control system; **table de temps d'exécution,** execution time table; **table des temps de compilation,** compilation time table; **temps d'accélération,** acceleration time; **temps d'accès,** access time; **temps d'accès de piste à piste,** track-to-track seek time; **temps d'accès de positionnement,** average seek time; **temps d'accès moyen,** mean access time, average latency; **temps d'accès variable,** variable-access time; **temps d'accès à la mémoire,** memory access time; **temps d'activation,** warm-up period; **temps d'addition,** adding time, add time; **temps d'addition ou de soustraction,** add/subtract time; **temps d'appel,** call time; **temps d'arrivée,** arrival time; **temps d'arrêt,** stop time, standstill; **temps d'arrêt de l'ordinateur,** computer down-time; **temps d'arrêt machine,** machine down-time; **temps d'assemblage,** assembly lead time; **temps d'attente,** waiting time, standby time, idle time, latency; **temps d'attente en file,** queue time; **temps d'entretien,** maintenance time; **temps d'entrée,** entry time; **temps d'essai,** proving time; **temps d'essai de programme,** program test time; **temps d'essai du système,** system test time; **temps d'excitation,** pick time; **temps d'exploitation,** operable time, object time; **temps d'exploitation effectif,** available machine time; **temps d'exploitation sans erreurs,** productive time; **temps d'exécution,** execution time; **temps d'exécution de l'instruction,** instruction execution time; **temps d'exécution de lots,** batch operation time; **temps d'immobilisation,** inoperable time; **temps d'impression,** typeout time; **temps d'indisponibilité,** down time; **temps d'instruction,** instruction time; **temps d'interruption,** interlock time; **temps d'intervalle,** cross gap time; **temps d'introduction,** input time; **temps d'inversion,** reverse time;

**temps d'itération supplémentaire,** added cycle delay; **temps d'occupation,** holding time, action time; **temps d'occupation de ligne,** circuit time; **temps d'opération,** operation time; **temps d'unité centrale,** mill time; **temps d'utilisation,** billable time; **temps d'écriture,** write time; **temps d'établissement,** settling; **temps de basculement,** setting time, swap time; **temps de base,** basic time; **temps de branchement,** connect time; **temps de calcul,** calculating time, computer time; **temps de chargement,** preexecution time; **temps de chauffe,** warm-up period; **temps de commande,** drive time; **temps de commutation,** switching time, circuit speed; **temps de compilation,** compilation time; **temps de connexion,** connect time; **temps de contact,** contact make time; **temps de conversion,** conversion time; **temps de conversion analogique-numérique,** analog output conversion time; **temps de cycle,** cycle time, access time; **temps de cycle variable,** variable-cycle duration; **temps de descente,** decay time; **temps de descente d'impulsion,** pulse decay time; **temps de décélération,** deceleration time; **temps de défaillance,** fault time; **temps de fermeture,** make-time; **temps de fonctionnement,** uptime; **temps de garde,** maintenance standby time; **temps de gestion de la mémoire,** memory overhead; **temps de latence,** latency time; **temps de lecture,** read time; **temps de maintenance,** maintenance time, attended time, corrective time; **temps de maintenance concertée,** scheduled maintenance time; **temps de maintenance machine,** machine maintenance time; **temps de maintenance préventive,** preventive maintenance time; **temps de maintien,** hold time; **temps de mise en route,** installation time, setup time; **temps de mise en service,** turn-on time; **temps de montée,** rise time, transition time; **temps de montée d'impulsion,** pulse rise time; **temps de mouvement,** move time; **temps de multiplication,** multiplication time; **temps de passage,** running time, throughput time; **temps de positionnement,** positioning time, setting time; **temps de positionnement de piste à piste,** track-to-track positioning time; **temps de positionnement de tête,** head positioning time; **temps de production du système,** system production time; **temps de programmation,** programming time; **temps de propagation,** propagation time, delay time; **temps de propagation de groupe,** envelope delay; **temps de préparation,** takedown time; **temps de préparation machine,** machine set-up time;

temps de rafraîchissement d'un pixel, pixel update time; **temps de rappel**, backspacing time; **temps de recherche**, search time; seek time; **temps de recherche d'erreur**, fault-tracing time; **temps de recherche de données**, seek access time; **temps de reconnaissance**, recognition time; **temps de reconnaissance d'appel**, call recognition time; **temps de recouvrement**, recovery time; **temps de rembobinage**, rewind time; **temps de report**, carry time; **temps de repos**, unattended time, dwell time, quiescent period; **temps de reprise**, rerun time; **temps de retombée**, fall time; **temps de retour du faisceau**, fly-back time; **temps de retournement**, turnaround time, clear-to-send delay; **temps de réaction total**, total response time; **temps de réalisation de programme**, program development time; **temps de réduction**, reduction time; **temps de réduction manuelle**, manual reduction time; **temps de réparation**, repair time; **temps de réponse**, response time, terminal response time; **temps de réponse d'opérateur**, operator delay; **temps de saisie**, type-in time, recorded time; **temps de sauvegarde**, backup time; **temps de traduction**, translating time, translate duration; **temps de traitement**, processing time, process time; **temps de transfert**, transfer time; **temps de transfert d'un mot**, word time; **temps de transit**, transit time; **temps de transmission**, transmission time; **temps de transmission des données**, data transmission time; **temps disponible**, available machine time; **temps divers**, miscellaneous time; **temps du cycle d'écriture**, write cycle time, writing cycle time; **temps du cycle de base**, memory cycle time; **temps du cycle de lecture**, read cycle time, reading cycle time; **temps dépassé**, timeout; **temps déterminé**, given time; **temps effectif**, actual time; **temps imparti**, instruction timeout; **temps individuel**, detail time; **temps inutilisé**, unused time; **temps machine**, machine time, cpu-time; **temps machine disponible**, machine available time; **temps machine effectif**, effective calculating time; **temps mort**, dead time; **temps moyen d'accès**, average access time; **temps moyen d'exécution des instructions**, average instruction execution time; **temps moyen d'occupation**, mean holding time; **temps moyen d'opération**, average operation time; **temps moyen de réparation**, mean time to repair (MTTR), mean repair time; **temps par pièce**, part time; **temps partagé**, time sharing; **temps perdu**, ineffective time, external loss time; **temps réel (TR)**, real time (RT), current time;

**temps réel en ligne**, on-line real time (OL-RT); **temps total**, total time; **temps unitaire**, quantum clock; **temps utile**, effective time; **temps voué aux essais**, make-up time; **temps écoulé**, elapsed time; **traitement des données en temps réel**, real-time data processing; **traitement en temps réel**, real-time processing, continuous processing; **tranche de temps**, time slot, time slice, quantum; **transmission en temps réel**, real-time transmission; **unité de temps**, clock unit, time quantum; **ventilation des temps d'attente**, waiting time distribution; **voie dérivée en temps**, time-derived channel; **échelle des temps**, time scale, timing scale, time base scale.

**t e n d a n c e :** tendance croissante, up-trend.

**t e n d e u r :** tensioner, pull rod; **bras tendeur de bande**, tape tensioning arm; **galet tendeur**, tension roller; **tendeur de courroie**, belt tensioner.

**t e n i r :** fit (to).

**t e n s i o n :** voltage, tension, tensioning; **amplificateur de tension**, voltage amplifier; **amplification en tension**, voltage amplification; **amplitude moyenne de la tension de lecture**, average peak output; **bras de tension**, tension arm; **capacitance commandée par tension**, voltage variable capacitance; **caractéristique de la tension**, voltage-current characteristic; **chute de tension**, voltage drop; **chute de tension dans le sens direct**, forward voltage drop; **convertisseur de code à comparaison de tensions**, voltage comparison converter; **convertisseur tension-fréquence**, voltage to frequency converter (VFC); **cycle de mise hors-tension**, power down cycle; **diviseur de tension de base**, base potential divider; **doublage de tension**, voltage doubling; **déclenchement par tension nulle**, zero voltage firing; **dépendant de la tension**, voltage-dependent; **entrée de tension**, voltage element; **fiche de mesure de tension**, voltage metering jack; **fil sous tension**, live wire; **forme de la tension**, voltage waveform; **gain de tension**, voltage gain; **hors-tension**, power off; **impulsion de tension**, voltage pulse; **mettre sous tension**, power up (to), energize (to); **mise hors-tension**, power down; **mise sous tension**, power up, power sequencing; **opération de mise hors-tension**, power-off sequence; **opération de mise sous tension**, power-on sequence; **point de mesure de tension**, voltage test point; **pointe de tension négative**, negative surge; **ressort de tension**, tension spring; **régulateur de tension**, voltage regulator; **régulateur de tension de bande,** paper tension control; **régulation de tension,** voltage control; **source de tension,** voltage source; **sous tension,** power on; **stabilisateur de tension,** voltage stabilizer; **sélecteur de tension,** voltage selector, voltage adapter switch; **tension alternative,** alternating voltage; **tension appliquée,** applied voltage; **tension aux bornes,** terminal voltage; **tension collecteur,** collector voltage; **tension cosinus,** cosine wave; **tension d'alimentation,** supply voltage; **tension d'arrêt,** inverse voltage; **tension d'excitation,** pick-up voltage; **tension de bande,** tape tension; **tension de base,** base voltage; **tension de blocage,** blocking voltage; **tension de claquage,** breakdown voltage; **tension de commande,** actuating voltage, control voltage; **tension de contrôle,** test voltage; **tension de déclenchement,** turn-on voltage; **tension de dérive équivalente,** equivalence drift voltage; **tension de fonctionnement,** operating voltage; **tension de lecture,** reading voltage, playback voltage; **tension de mode commun,** common mode voltage; **tension de mode normal,** normal mode voltage; **tension de polarisation,** bias voltage; **tension de polarisation initiale,** base bias voltage; **tension de repos en entrée,** quiescent input voltage; **tension de repos en sortie,** quiescent output voltage; **tension de ronflement,** ripple voltage; **tension de référence,** reference voltage; **tension de référence,** voltage reference; **tension de seuil,** threshold voltage; **tension de sortie analogique,** analog output voltage; **tension directe,** on-state voltage; **tension en circuit ouvert,** open circuit voltage; **tension logique,** logical voltage; **tension nominale,** rated voltage; **tension redressée,** rectified voltage; **tension secteur,** line voltage; **tension superficielle,** surface tension; **tension zener,** Zener voltage; **tension émetteur,** emitter voltage; **tension à réaction,** feedback voltage; **transformateur de tension,** voltage transformer; **transformateur à tension,** constant voltage; **variation de la tension réseau,** main voltage fluctuation; **variation de tension,** voltage variation, voltage change.

**tentative:** attempt, retry, bid; **tentative de communication,** call attempt; **tentative de connexion,** attempted call; **tentative de transmission,** attempted transmission.

**tenté:** attempted.

**tenue:** **tenue de fichier,** file maintenance.

**terme:** term; **terme absolu,** absolute term; **terme documentaire,** docuterm; **terme délimité,** bracketed term; **terme logique,** logical term; **terme mathématique,** mathematical term; **utilisation à long terme,** long term usage.

**terminaison:** termination, terminaison, terminating; **caractère de terminaison,** line control character; **connecteur de terminaison,** terminating plug; **équipement de terminaison,** terminal equipment; **équipement de terminaison de circuit de données,** data circuit terminating equipment (DCE); **équipement de terminaison de ligne,** line termination equipment (LTE); **noeud de terminaison,** terminal node; **numéro de terminaison,** termination number; **symbole de terminaison,** terminal symbol, terminator; **terminaison anormale,** abnormal terminating; **terminaison composée,** compound tail; **terminaison de bande,** tape-out condition; **terminaison de boucle,** loop termination; **terminaison de programme,** program terminaison; **terminaison des travaux,** job termination.

**terminal:** terminal*, terminal unit, outstation; **adresse de terminal,** terminal address; **affectation de terminal,** terminal assignment; **caractère d'identité du terminal,** terminal recognition character; **centre terminal,** central terminal; **composant de terminal,** terminal component; **contrôleur de terminal,** terminal control; **émulation de terminal,** terminal emulation; **équipement terminal de données (ETTD),** data terminal equipment (DTE); **équipement terminal déporté,** remote terminal device; **identification de terminal,** terminal identification; **interface de terminal,** display control; **libération de terminal,** terminal release; **méthode d'accès par terminal de base,** basic terminal access method (BTAM); **poste terminal,** remote station; **programme interne du terminal intelligent,** multiwork station program; **terminal à clavier,** keyboard terminal; **terminal à indicatif d'appel,** dial-up terminal, dial terminal; **terminal à mémoire tampon,** buffered terminal; **terminal à usage industriel,** industrial terminal; **terminal à usage multiple,** general-purpose terminal; **terminal à écran tactile,** touch screen terminal; **terminal asynchrone,** asynchronous terminal; **terminal conversationnel,** conversational terminal; **terminal d'affichage à clavier,** keyboard display terminal; **terminal d'affiche,** visual display terminal (VDT); **terminal d'entrée,** input station; **terminal d'interrogation,** inquiry display terminal, query terminal; **terminal de bas niveau,** dumb terminal; **terminal de bureau,** office display terminal; **terminal de cartes de paiement,** credit card terminal;

**terminal de commande,** control terminal; **terminal de commande de réseau,** network control terminal; **terminal de de saisie,** work unit; **terminal de dialogue,** interactive terminal; **terminal de données,** data terminal; **terminal de grappe,** clustered terminal; **terminal de guichet,** counter terminal, teller counter terminal; **terminal de guichet de banque,** bank counter terminal; **terminal de réservation,** booking terminal; **terminal de saisie,** data collection station, retrieval terminal; **terminal de service,** reporting terminal; **terminal de traitement déporté,** remote batch terminal (RBT); **terminal de traitement par lots,** batch data terminal, batch terminal; **terminal de transactions,** transaction terminal; **terminal de télétraitement,** teleprocessing terminal; **terminal de visualisation,** visual display unit; **terminal de visualisation de données,** data processing terminal equipment; **terminal domestique,** home terminal; **terminal déporté,** remote terminal; **terminal en ligne,** data terminal ready (DTR); **terminal en mode paquets,** packet mode terminal; **terminal graphique,** graphic terminal (GT), graphics terminal; **terminal inactif,** dormant terminal, idle terminal; **terminal intelligent,** smart terminal, intelligent terminal; **terminal local,** local station; **terminal lourd,** batch terminal; **terminal maître,** master terminal; **terminal multifonction,** multifunction terminal, multiwork station; **terminal non-texte,** non-ASCII terminal; **terminal orienté sur application,** application-dedicated terminal; **terminal point de vente,** point-of-sale terminal (POS); **terminal portable,** portable terminal; **terminal programmable,** programmable terminal; **terminal récepteur,** receiving terminal; **terminal secondaire,** auxiliary station; **terminal semi-intelligent,** nearly intelligent terminal (NIT); **terminal spécialisé travaux,** job-oriented terminal; **terminal texte,** ASCII terminal; **terminal transactionnel,** enquiry station; **terminal tutoriel,** tutorial display; **terminal télétype,** console typewriter; **terminal unité d'interrogation,** inquiry unit; **terminal universel,** universal terminal; **terminal vidéo,** video terminal, video data terminal; **terminal virtuel,** virtual terminal, image terminal; **terminal vocal,** vocal terminal; **terminal émetteur,** transmitting terminal.

**terminale:** **distorsion terminale,** end distortion; **impédance terminale,** terminal impedance; **installation terminale,** installation; **interruption pendant la phase terminale,** termination interrupt pending; **phase terminale,** completion phase; **station terminale,** terminal station; **unité terminale de ligne,** line termination unit.

**terminaux:** **adressage de terminaux,** terminal addressing; **allocation des terminaux,** terminal allocation; **gestion des terminaux,** terminal management; **système de terminaux intelligents,** multiwork station system.

**terminé:** completed, ended, terminated; **non terminé,** unfinished; **programme non terminé,** unfinished program.

**terminer:** end (to).

**terminologie:** terminology, terms; **banque de données de terminologie,** terminology databank; **base de données de terminologie,** terminology database; **mise en forme de la terminologie,** terminological editing; **terminologie technique,** technical terminology.

**terminologique:** terminological.

**ternaire:** ternary; **code ternaire,** ternary code; **nombre ternaire,** ternary number; **numération ternaire,** ternary notation; **représentation incrémentale ternaire,** ternary incremental representation.

**terre:** ground, earth; **borne de terre,** ground stud; **boucle de mise à terre,** ground loop; **bus de terre,** ground bus; **connecteur de terre,** ground jack; **connexion de terre,** ground connection; **courant de terre,** ground current; **disque de mise à terre,** grounding disk; **fil de terre,** ground wire; **mettre à la terre,** ground (to); **mise à la terre,** grounding; **mise à la terre compensée,** balance to ground; **non mis à la terre,** ungrounded; **prise de terre,** ground terminal; **prise de terre extérieure,** external ground; **symétrique par rapport à la terre,** balanced to ground; **terre de protection,** protective earth, frame ground.

**terrestre:** **station terrestre (satellite),** earth station.

**tertiaire:** tertiary; **génération tertiaire,** tertiary generation, son generation.

**test:** test, trial; **adresse de test,** test address; **banc de test,** test bed; **bande perforée de test,** paper tape loop; **boîte de test,** breakout box; **boîtier test,** test box; **connexion test,** test connection; **données de test,** test data; **ensemble de tests,** test set; **équipement de test,** testing equipment, test equipment; **équipement de test automatique,** automatic test equipment (ATE); **ficelle de test,** test lead; **génération de fichiers de test,** test file generation; **impulsion de test anticipé,** early test transfer; **instruction de test,** test command; **inverseur test,** test button; **logiciel de test,** benchmark package; **message de test alphanumérique,** fox message; **opérateur test,** test operation; **organe de test,** interrogate feature; **passage de test,** checkout run; **passage de test d'évaluation,** benchmark run; **point de test,** test point; **point test,** test access point; **procédure de test,** test procedure; **programme de test,** test program, exerciser; **programme de test d'assembleur,** test translator; **programme de test et de diagnostic,** support control program; **programme de test machine,** computer test program; **programme-test de diagnostic,** diagnostic test program; **rang de test,** check row; **relais de test,** test relay; **repère de test,** bench mark; **routine de test,** benchmark routine; **signal de blocage de test,** test inhibit signal; **sous-programme de test interne,** internal test routine; **système de test automatique,** automatic test processing machine; **système de test en ligne,** on-line test system (OLTS); **test accéléré,** accelerated test; **test automatique,** automatic checking; **test automatique de fin de page,** automatic overflow test; **test aveugle,** blind test; **test banalisé,** descriptive test; **test booléen,** Boolean test; **test d'identité,** logical companion; **test d'égalité,** equality test, equal test; **test de bits,** bit test; **test de bout en bout,** end-to-end test; **test de chiffres,** digit test; **test de classe,** class test; **test de climatisation,** environmental testing, environmental test; **test de comparaison,** relation test; **test de compatibilité,** compatibility test; **test de continuité,** circuit assurance; **test de détection d'erreurs,** error test; **test de localisation d'incidents,** fault test; **test de marges,** marginal test; **test de parité à la mémorisation,** storage parity; **test de performances,** benchmark test, benchmark; **test de programme,** program test; **test de transmission sans contenu,** blank transmission test; **test de validité,** validity test, validity check; **test de validité alphabétique,** test alphabetic; **test de validité numérique,** numeric test; **test de vieillissement,** ageing test; **test de vraisemblance,** credibility test; **test de zéro,** zero balance test, zero test; **test des carrés de Chi,** Chi square test; **test des digits de commande,** control digit test; **test des limites,** marginal testing; **test des marges,** high/low bias test, bias testing; **test destructif,** destructive test; **test diagnostic,** diagnostic test; **test du nom de condition,** condition name test; **test en ligne,** total on-line testing; **test fonctionnel,** functional test; **test incorporé,** built-in test; **test intrégré,** in-circuit testing; **test logique,** logical test, Boolean test; **test mémoire,** memory test; **test numérique,** Q-test; **test par tout ou rien,**

go-no-go test; **test préalable,** pretest; **test périphérique,** peripheral test; **test relationnel,** relation test; **test ruban,** tape test; **test saute-mouton,** leapfrog test; **test statique,** static test; **test sélectif,** leapfrog test; **test visuel,** visual test; **test à distance,** closed shop testing; **test à l'insu,** blind test; **utilitaire de tests pour programmeur,** programmer test utility; **zone de test,** test area.

**testé:** tested; **non testé,** untested; **testé et garanti,** rated.

**tester:** check out (to), examine (to), sense (to).

**testeur:** tester; **testeur de carte,** board tester.

**tête:** head; (caractère de) **début d'en-tête,** start-of-heading (character) (SOH); **alimentation 12 en tête,** Y-edge leading; **article en-tête,** leader; **autocommutation des têtes de lecture/écriture,** automatic head switching; **bras de positionnement de tête,** data head arm; **caractère d'en-tête,** leading graphics; **caractère de tête,** leading character; **carte de tête,** heading card, initial card; **carte en-tête,** header card; **carte en-tête de programme,** program header card; **colonne en-tête,** column heading; **contrôleur de disque à tête fixe,** disk file control unit; **course de tête,** head travel; **crash de tête,** head crash; **disque à tête fixe,** fixed-head disk; **distance entre tête et disque,** flying height; **distance entre tête et support de données,** head to medium separation; **durée de vie de la tête,** head life; **en-tête,** heading, header; **en-tête d'enregistrement,** record header; **en-tête d'état,** report heading, report group; **en-tête de bande perforée,** punched leader; **en-tête de bloc,** block header; **en-tête de définition macro,** macrodefinition header; **en-tête de liste,** head of a list; **en-tête de message,** message heading, message header; **en-tête de page,** page heading; **en-tête de paragraphe,** paragraph header; **en-tête de procédure,** procedure heading; **en-tête de programme,** program header; **en-tête de programme de chargement,** load description block; **en-tête de segment,** segment header, section header; **en-tête de table,** table head; **en-tête de texte,** text header; **en-tête de zone,** field heading; **enregistrement d'en-tête,** header record; **enregistrement de tête,** home record; **enregistrement en-tête,** leader record; **enregistrement en-tête de segment,** segment header record; **ensemble de têtes magnétiques,** head stack; **entrefer de tête,** head gap; **espace en-tête de mot,** leading edge; **groupe d'en-tête,** head group; **imprimante à tête mobile,** moving head printer; **instruction d'en-tête,** header statement, header order; **instruction en-tête de bloc,** block heading statement; **label d'en-tête,** header label; **label d'en-tête d'entrée,** input header label; **label d'en-tête de bande,** tape header label; **label d'en-tête de bande sortie,** output header label; **label d'en-tête de sortie,** output header label; **label d'en-tête de volume,** volume header label; **label d'en-tête fictif,** dummy header label; **label d'en-tête standard,** standard header label; **label d'en-tête utilisateur,** user header label; **ligne d'en-tête,** header line; **ligne d'en-tête d'article,** item header line; **muni d'un en-tête,** headed; **neuf en-tête,** nine edge leading; **position de la tête d'impression,** print head position; **positionnement de la tête de lectureécriture,** head positioning; **positionneur de tête,** head positioner; **préen-tête,** preheader; **retour arrière de la tête d'écriture,** carrier return; **socle support de tête magnétique,** magnetic head socket; **structure de l'en-tête de message,** message heading format; **support de tête,** head carriage; **support de tête magnétique,** magnetic head mount; **suppression des zéros de tête,** blanking zero; **sélecteur de têtes magnétiques,** head selection switch; **sélection de tête,** head-select; **temps de positionnement de tête,** head positioning time; **tête d'effacement,** erasing head, erase head, bulk erase head; **tête d'enregistrement,** record head; **tête d'impression,** print head, print element; **tête d'écriture,** write head, writing head, recording head; **tête d'écriture/lecture,** track head, record playback head; **tête de canal,** channel entry; **tête de câble,** pothead; **tête de lecture,** reading head, read head, playback head; **tête de lecture fixe,** fixed-read head; **tête de lecture mobile,** floating-read head; **tête de lecture/écriture,** read/write head, combined read/write head; **tête de lecture-écriture magnétique,** combined magnetic head; **tête de prélecture,** preread head; **tête de scanner,** scan head; **tête fixe,** fixed head; **tête magnétique,** magnetic head; **tête magnétique fixe,** fixed-magnetic head; **tête magnétique flottante,** floating head; **tête magnétique monopiste,** single-trace magnetic head; **tête magnétique multivoie,** multitrace magnetic head; **tête magnétique sensible au flux,** flux sensitive head; **tête magnétique étalon,** calibrated head; **tête traçante,** plotting head; **tête volante,** flying head; **zéros de tête,** leading zeroes.

**téton:** téton de centrage, locating peg; **téton de cadrage,** registration stud.

**tétradique:** code binaire tétradique, four-line binary code; **codification tétradique,** four-line binary coding.

**tétrafilaire:** voie tétrafilaire, four-wire channel.

**texte:** text*; **(caractère de) début de texte,** start-of-text (character) (STX); **annulation de texte,** text erasure; **bloc de texte,** text block; **caractère de fin de texte,** end-of-text character (ETX); **caractère fin de texte,** text terminator; **carte texte,** text card; **création de texte,** text production; **éditeur de texte,** text editor; **éditeur de textes d'origine,** source text editor; **édition de texte,** text editing; **en-tête de texte,** text header; **enchaînement de textes,** text string; **enregistrement en texte clair,** visual record; **fenêtre texte,** text window; **fichier de textes,** text file; **format de texte,** text format; **format de texte,** title format; **formatage de texte,** text formatting; **formateur de texte,** text formatter; **fragment de texte,** text fragment; **identificateur de texte,** text identifier; **label de texte,** text label; **manipulation de texte,** text handling; **manipulation de texte de message,** message text handling; **mode de texte,** text mode; **mot texte,** text word; **mémoire de texte,** text memory; **nom de texte,** text name; **opération d'édition de texte,** text editing operation; **partie hors-texte,** zone portion; **perforation hors-texte,** overpunch, zero punch, zone punching; **perte de texte,** text loss; **phase de transfert de texte,** text transfer phase; **poste émetteur de texte,** text transmitting terminal; **recherche de texte,** text retrieval; **saisie de texte,** text entry; **sortie de texte,** text output; **structuration de texte,** text structuring; **surbrillance de texte,** text highlighting; **système de traitement de texte,** text processing system; **tampon de texte,** text buffer; **terminal non-texte,** non-ASCII terminal; **terminal texte,** ASCII terminal; **texte d'origine,** source text; **texte de message,** message text; **texte de message formaté,** formatted message text; **texte de message libre,** free form message text; **texte de programme,** program text; **texte de remplacement,** replacing text; **texte du programme symbolique,** source program text; **texte en clair,** plain text; **texte enregistré,** stored text; **texte édité-lié,** link text; **traitement de texte,** word processing (WP), text processing; **traitement de texte de message,** message text processing; **transfert de texte,** text transfer; **transmission de texte,** text transmission; **transmission de texte alternée,** alternate text transfer; **zone de texte,** text box; **zone texte,** text field, text area.

**textuel:** cadrage textuel, text aligning; **fichier textuel,** document file; **outil didactique textuel,** text learning tool.

**textuelle:** marque textuelle, text marker.

**théorème:** theorem; **théorème binomial,** binomial theorem; **théorème d'échantillonnage,** sampling theorem; **théorème de cosinus,** cosine law; **théorème de rendement effort,** efficiency theorem effort; **théorème fondamental,** fundamental theorem.

**théorie:** theory; **théorie algorithmique,** algorithm theory; **théorie d'enseignement,** theory of learning; **théorie de décision,** decision theory; **théorie de l'information,** information theory; **théorie de la commutation,** switching theory; **théorie de proportionnalité,** theory of proportion; **théorie de recherche,** search theory; **théorie des automates,** automata theory; **théorie des communications,** communications theory; **théorie des ensembles,** set theory; **théorie des files d'attente,** queueing theory; **théorie des graphes,** graph theory, group theory; **théorie des jeux,** game theory.

**thermique:** thermal; **bruit thermique,** thermal noise; **charge thermique,** thermal rating; **contrainte thermique,** thermal stress; **convertisseur thermique,** thermal converter; **échange thermique,** temperature dissipation; **imprimante matricielle thermique,** thermal matrix printer; **imprimante thermique,** thermal printer; **instabilité thermique,** thermal instability; **instrument de mesure thermique,** thermal meter; **papier thermique,** thermal paper; **relais thermique de retardement,** thermal delay relay; **résistance thermique,** thermal resistance; **stabilité thermique,** thermal stability.

**thermo:** imprimante thermo-électrique, electrothermal printer.

**thermosensible:** thermosensitive; **papier thermosensible,** thermosensitive paper.

**thyristor:** thyristor; **thyristor bidirectionnel,** bidirectional thyristor.

**tiède:** warm.

**tiers:** third party, party.

**tige:** stem; **tige de ferrite,** ferrite rod; **tige de touche,** key stem.

**tilde:** tilde '-'.

**timbre:** stamp.

**tirage:** hardcopy; **compteur de tirage,** sheet counter.

**tiret:** dash, hyphen; **formé de tirets,** dashed; **ligne en tirets,** dashed line; **touche de tiret,** dash key.

**tiroir:** slide-in unit, board cage, slide-in chassis; **élément tiroir,** plug-in; **élément tiroir spécial,** special plug-in.

**tissus:** ruban de tissus, fabric ribbon.

**titre:** heading, title; **avant-titre,** half-title; **barre de titre,** title bar; **sous-titre,** subtitle, subheading; **sous-titre en retrait,** box-head; **titre de menu,** menu title; **titre souligné,** underlined header; **titre à contraste élevé,** high contrast title.

**toc:** dog.

**tolérance:** tolerance; **système à tolérance de pannes,** fault-tolerant system; **tolérance de fréquence,** frequency tolerance; **tolérance moyenne,** mean deviation.

**tolérant:** tolerant.

**tomber:** tomber en panne, fail (to), crash (to).

**ton:** création de demi-tons, halftoning; **demi-ton,** half-tone.

**tonalité:** tone; **tonalité d'appel,** calling tone; **tonalité d'invitation à transmettre,** go-ahead tone; **tonalité d'invite à composer,** dial tone; **tonalité d'occupation,** busy tone; **tonalité de réponse,** answering tone, answer tone; **tonalité de signalisation,** signaling tone; **télégraphie en double tonalité,** two-tone keying, two-tone telegraph.

**toner:** toner.

**tonneau:** barrel; **distorsion en forme de tonneau,** barrel-shaped distortion; **effet tonneau,** barrel effect.

**topogramme:** topogramme de la mémoire, storage mapping; **topogramme de piste,** track layout.

**topographie:** table de topographie mémoire, page map table; **topographie mémoire,** memory mapping; **topographié,** mapped.

**topologie:** topology; **à topologie de bus,** bus-organized; **topologie de bus,** bus topology; **topologie en bus distribué,** distributed bus topology; **étude de la topologie,** topology engineering.

**tore:** core, bead, doughnut; **banc de matrices de tores,** core matrix block; **erreur de mémoire centrale,** core memory error; **matrice de mémoire à tores,** core storage matrix; **matrice de tores,** core array, core matrix; **module de mémoire à tores,** core memory module; **mémoire à N tores par bit,** N-core per bit store; **mémoire à tores,** magnetic core storage, core storage; **mémoire à tores de ferrite,** ferrite core memory, rod memory; **mémoire à tores magnétiques,** bead memory; **plans de tores superposés,** parallel planes; **tore de commutation,** switch core; **tore de ferrite,** ferrite core, ferrite bead;

**tore enroulé,** tape core; **tore magnétique,** magnetic core; **tore magnétique à simple trou,** single-aperture core; **tore multitrou,** multiaperture core, multiple aperture core; **transformateur à tore,** toroidal transformer; **vidage de la mémoire à tores,** core storage dump.

**toroïdal:** toroidal; **noyau toroïdal,** toroidal core.

**torsade:** câble bifilaire torsadé, twisted-pair cable; **torsadé,** twisted.

**torsadée:** paire torsadée, twisted pair.

**torsion:** wrench; **allongement de torsion,** rotating stretching.

**tortillonneur:** wire-wrap tool.

**tortue:** turtle; **tortue graphique,** graphic turtle.

**TOS:** taux d'onde stationnaire, voltage standing wave ratio (VSWR).

**total:** total, sum, summation; **arrêt total,** blackout; **cycle de prise du total,** total cycle; **durée de l'arrêt total,** blackout time; **impression du total,** total printing; **indication d'erreur par total insensé,** nonsense total check; **report du total,** total overflow; **sous-total,** subtotal, intermediate total; **temps de réaction total,** total response time; **temps total,** total time; **total au niveau inférieur,** minor total; **total courant,** running total; **total cumulé,** summary total; **total de contrôle,** control total, check total, gibberish total; **total de série,** group total; **total de vérification,** hash total; **total global,** grand total; **total général,** sum total; **total mêlé,** hash total; **total par groupe,** batch total; **valeur moyenne du courant total,** average total value; **zone du total de contrôle,** hash total field.

**totale:** différentielle totale, total differential; **défaillance totale,** total failure; **occupation totale,** gross load.

**totalisateur:** total device; **compteur totalisateur,** accumulating counter, adding counter; **poinçonnage totalisateur,** accumulated total punching; **totalisateur électronique,** electronic accumulator.

**totalisation:** bit de contrôle par totalisation, sum digit; **carte de totalisation,** total card; **circuit de totalisation,** summer circuit; **ligne de totalisation,** total line; **signe de totalisation,** summation sign; **vitesse de totalisation,** accumulating speed; **zone de totalisation,** sum box.

**totaliser:** sum up (to), total (to), tabulate (to).

**totaux:** balance des totaux, parallel balance; **carte de commande des totaux,** total control card; **transfert des totaux,** total transfer.

**toto:** toto (étiquette), foo (label); **variable métasyntaxique (toto),** metasyntaxic variable (foo).

**touche:** key, key button; **cabochon de touche,** key cap; **chargeur à lancement par touche,** key-in loader; **clavier de touches numériques,** ten-key board; **commande par touche,** key control, key-driven; **commande par touche unique,** single-stroke command; **contrôle par touche unique,** single-stroke control key; **contrôlé par touche,** key-controlled; **crayon de touche,** touch pen; **désignation de touche,** key labeling; **ensemble de touches,** kepad; **frappe de touche,** keystroke; **gravure de touche,** key label; **impact de touche,** key stroke; **impulsion de touche,** key pulse; **levier de touche,** key lever; **marquage de touche,** key legend; **mémorisation de N frappes de touche,** N-key rollover; **nom de touche (du clavier),** keyname; **pavé des touches numériques,** numeric keypad; **pointe de touche,** gripper; **pression sur une touche,** key depression; **rangée de touches,** key bank; **tige de touche,** key stem; **touche alphabétique,** alphabet key; **touche alphanumérique,** alphanumeric key, data key; **touche antirebond,** norebound key; **touche autobloquante,** locking type button; **touche automatique,** repeat key; **touche auxiliaire,** auxiliary key; **touche chiffres,** figure shift; **touche curseur,** cursor key; **touche d'addition,** add key; **touche d'annulation,** cancel key; **touche d'appel,** keyboard request; **touche d'arrêt,** stop key; **touche d'effacement,** manual override key; **touche d'espacement arrière,** backspace key; **touche d'interrogation,** request key, request button; **touche d'interruption,** break key; **touche d'intervention,** attention key; **touche d'inversion majuscules/minuscules,** case shift key; **touche d'échappement,** escape key; **touche d'édition,** character editing key; **touche de blocage des commandes,** command key lock; **touche de commande,** command key, command key; **touche de commande d'affichage,** display control key; **touche de contrôle,** command key; **touche de correction,** error reset key; **touche de déverrouillage,** unlock key; **touche de fonction,** function key, soft key; **touche de libération,** release key, release bar; **touche de mise en route,** start key; **touche de perforation,** data key; **touche de remise à zéro,** start reset key; **touche de restauration,** reset key; **touche de tabulation,** tabulator key (TAB), tabulate key; **touche de tiret,** dash key; **touche de validation,** enter key; **touche de verrouillage,** lock key; **touche espace,** space key; **touche flèche,** arrow key; **touche inopérante,** invalid key; **touche non attribuée,** undefined key; **touche numérique,** figure key; **touche plus/moins,** add/subtract key; **touche préfixe,** shift key; **touche rapide,** shortcut key; **touche répétitive,** repeat-action key; **touche secondaire,** alternate key; **touche virtuelle,** light button, virtual push button; **touche à effleurement,** touch-control; **touche à répétition,** typamatic key; **touche-raccourci,** shortcut key; **touches de direction,** direction keys; **touches de fonctions de haut de clavier,** top-row function keys; **verrouillage des touches,** keylock; **zone de touches,** key set.

**toucher:** **toucher de clavier,** key touch; **écran interactif au toucher,** touch-sensitive screen.

**tour:** turn; **compte-tours,** revolution counter; **pouce par tour (PPT),** inch per revolution (IPR); **à tour de rôle,** round robin.

**tournante:** **base tournante,** swivel base; **imprimante à boule tournante,** spinwriter.

**tourne:** **programme qui tourne d'emblée,** blue ribbon program.

**tourner:** **tourner à vide,** idle (to), run idle (to).

**traçage:** plotting; **programme de traçage,** plotting program.

**traçante:** **table traçante,** flatbed plotter, plotter, output table; **tête traçante,** plotting head.

**trace:** tracing, locating, spot; **aire de tracé,** plotting area; **amplificateur à double trace,** dual trace amplifier; **plan de trace,** cable rung; **programme de trace écrite,** hard package; **suivre à la trace,** track (to), track (to); **trace comptable,** accounting system, booking track; **trace de contrôle,** audit trail; **trace inverse,** trace-back; **trace point par point,** point plotting; **tracé,** plot, trace; **tracé asservi à un point fixe,** rubber banding; **vitesse de tracé,** drawing rate.

**tracer:** plot (to); **table à tracer,** plotting board.

**traceur:** plotter, plotting table, flatbed, tracer; **contrôleur de traceur de courbes,** graphic control unit; **pas de traceur,** plotter step size; **table de traceur,** bed; **traceur automatique,** automatic plotting, autoplotter; **traceur cartésien,** X-Y plotter; **traceur couleur,** color plotter; **traceur d'organigramme,** flowchart generator; **traceur de courbes,** curve plotter, analog plotter, data plotter; **traceur de courbes de bureau,** desk plotter; **traceur de signaux,** signal tracer;

**traceur graphique,** graph plotter, graphic tablet; **traceur incrémental,** incremental plotter; **traceur incrémentiel,** incremental plotter; **traceur intelligent,** intelligent plotter; **traceur matriciel,** raster plotter; **traceur numérique,** digital plotter; **traceur électrostatique,** electrostatic plotter; **traceur à jet d'encre,** ink jet plotter; **traceur à laser,** laser plotter; **traceur à matrice de points,** dot matrix plotter; **traceur à plat,** flatbed plotter; **traceur à plume,** pen plotter; **traceur à plumes,** multiple pen plotter; **traceur à tambour,** drum plotter.

**tracteur:** **tracteur de papier,** form tractor.

**traducteur:** translator, code translator; **programme traducteur,** translating routine; **traducteur d'adresse,** address translator; **traducteur d'entrée,** input translator; **traducteur de caractères magnétiques,** magnetic pickup transducer; **traducteur de code sortant,** output code translator; **traducteur de fonction,** function translator; **traducteur de langage d'interrogation,** query language translator; **traducteur de langages,** language translator; **traducteur de schéma,** schema processor; **traducteur de syntaxe,** syntax transducer; **traducteur de travaux,** job translator; **traducteur des données en entrée,** input data translator; **traducteur ligne par ligne,** one-to-one translator.

**traduction:** translation, translating, interpretation; **durée de traduction,** translating time; **facteur de traduction,** relocation augment; **fonction de traduction,** translate function; **mémoire de traduction d'adresses,** translation memory; **passage en traduction,** translator run; **phase de traduction,** translating phase, translate phase; **programme de traduction,** language translation; **table de traduction,** translation table, translate table; **temps de traduction,** translating time, translate duration; **traduction algorithmique,** algorithm translation; **traduction alphabétique,** alphabet translation; **traduction automatique,** mechanical translation, machine translation; **traduction automatique de langage,** automatic language translation; **traduction d'adresse,** address translation; **traduction d'instruction,** instruction translation; **traduction d'une formule,** formula translation; **traduction de l'adresse de mémoire,** memory address translation; **traduction de programme,** program translation.

**traductrice:** card interpreter; **routine traductrice,** translating routine; **traductrice alphabétique,** alphabetic interpreter; **traductrice unité de conversion,** conversion unit.

**traduire:** translate* (to), relocate (to).

**trafic:** traffic; **densité de trafic,** density of traffic; **trafic d'arrivée,** incoming traffic; **unité de débit du trafic,** erlang.

**train:** stream, train; **train d'impulsions,** pulse string, pulse train.

**trait: couleur de trait,** drawing color; **figure géométrique en trait plein,** solid figure; **forme du trait,** brush shape; **largeur de trait,** line width; **relier par trait d'union,** hyphenate (to); **trait d'union,** hyphen, dash; **trait en grisé,** shaded line; **trait fin,** light line; **trait mixte,** dot-and-dash line; **trait plein,** solid line; **trait pointillé,** dotted line.

**traité: non traité,** unprocessed, unworked; **traité à vue,** sight draft; **état traité par ordinateur,** word processing report.

**traitées: impression des données traitées,** slave printing.

**traitement:** handling, process, processing, treatment; **calculateur de traitement,** job computer; **calculateur de traitement par lots,** batch computer; **capacité de traitement,** transput; **capacité de traitement,** throughput; **centre de traitement,** operation center; **centre de traitement automatique de données,** automatic data service center; **centre de traitement de données,** data processing center, data center; **centre de traitement à accès libre,** open shop; **charge de traitement,** processing load; **chaîne de traitement,** job string; **contrôle du traitement des tâches,** job processing control; **cycle de traitement,** program cycle; **description des étapes de traitement,** step description; **débordement de traitement,** processing overlap; **faculté de traitement,** processability; **fichier de relance du traitement,** recovery history file; **fin de traitement de bande,** end-of-tape processing; **fin instantanée du traitement des travaux,** unusual end of job; **fonction de traitement des articles,** item handling function; **gestionnaire de traitement différé,** spooler; **langage de traitement,** processing language; **langage de traitement de liste,** list processing language; **logiciel de traitement de chaîne,** string process system; **lot de traitement,** batch file; **machine de traitement automatisé,** computing machine, computer machine; **machine de traitement de données,** data processing machine; **machine de traitement électronique de données,** electronic data processing machine; **macro de traitement de bloc,** block handling macro; **matériel de traitement de données,** data processing equipment; **mode de traitement,** processing mode; **mode de traitement de fichier,** file mode; **mode de traitement des articles,** item handling mode; **mode de traitement en groupes,** batched mode; **mode de traitement isolé,** dedicated mode; **mode de traitement par lots,** batch processing mode, batch mode; **mode de traitement simplifié,** dedicated programming mode; **moniteur de traitement de tâches,** job processing monitor; **méthode de traitement automatisée,** automated processing method; **noeud de traitement,** computing node; **option de traitement,** processing option; **opération de traitement,** working processing; **organigramme de traitement,** flow process diagram; **partie principale du traitement,** main line processing; **poste de traitement,** processing station; **processeur de traitement des mouvements,** transaction processor; **procédure automatique de début de traitement,** automatic logon; **procédure automatique de fin de traitement,** automatic log-off; **procédure de fin de traitement,** termination procedure; **programme de traitement,** processing program; **programme de traitement des alertes,** alarm signal processing routine; **programme de traitement des messages,** message processing program; **programme de traitement des zones,** block handler; **puissance de traitement,** processing power; **période de traitement,** processing period; **périphérique de traitement par lots,** batch type peripheral; **redémarrage du traitement pas à pas,** step restart; **ressource allouée au traitement,** processing resource; **routine de traitement d'étiquettes,** label handling routine; **répartiteur de traitement,** process dispatcher; **répartition du traitement,** process dispatching; **réseau de centralisation du traitement,** distributed processing network; **règles de traitement,** processing convention; **sortie de traitement,** output process; **sous-programme de traitement d'étiquettes,** label routine; **sous-programme de traitement des zones,** block handling routine; **sous-système de traitement,** processor subsystem; **spécialisé au traitement par lots,** batch-oriented; **spécification de traitement,** handling specification; **spécifications de traitement,** processing specifications; **suite des opérations de traitement,** queue of operations; **système de traitement,** data processing system, processing system; **système de traitement automatique de données,** automatic data processing system; **système de traitement de texte,** text processing system; **système de traitement de travaux,** job processing system; **système de traitement numérique,**

digital data processing system; **système de traitement par lots,** batch system; **système de traitement électronique de données,** electronic data processing system; **séquence de traitement,** control sequential processing; **temps de traitement,** processing time, process time; **terminal de traitement déporté,** remote batch terminal (RBT); **terminal de traitement par lots,** batch data terminal, batch terminal; **traitement ajourné,** delayed processing; **traitement alphabétique,** alpha processing; **traitement asynchrone,** asynchronous processing, random processing; **traitement automatique de données,** automatic data processing (ADP); **traitement automatique des documents,** document handling; **traitement autonome,** off-line processing, independence processing; **traitement avant-plan,** foreground environment; **traitement conversationnel,** conversational processing; **traitement d'erreurs,** error services; **traitement d'image,** image processing; **traitement d'image interactif,** interactive image processing; **traitement d'informations centralisé,** centralized data processing; **traitement d'interruption,** interrupt processing, interrupt handling; **traitement d'un travail individuel,** single-job environment; **traitement d'étiquettes,** label treatment; **traitement d'événement,** event handling; **traitement de bibliothèque,** library handling; **traitement de chaîne,** string manipulation; **traitement de deux programmes,** biprogramming; **traitement de documents,** document data processing; **traitement de données,** data processing (DP), information processing; **traitement de données distribué,** distributed data processing; **traitement de données industriel,** industrial data processing; **traitement de données interactif,** in-line data processing; **traitement de données par lots,** bulk information processing; **traitement de fichiers,** file processing, file handling; **traitement de l'information,** process information, datamation; **traitement de l'information en gestion,** business data processing; **traitement de l'information graphique,** graphic data processing; **traitement de l'interruption,** interrupt process; **traitement de labels,** label processing; **traitement de liste,** list processing; **traitement de piste incorrecte,** bad track processing; **traitement de premier plan,** foregrounding processing; **traitement de sauvegarde,** backup processing; **traitement de table,** table handling; **traitement de texte,** word processing (WP), text processing; **traitement de texte de message,** message text processing; **traitement**

**des caractères,** character handling; **traitement des caractères de commande,** control character processing; **traitement des commandes,** order processing, order handling; **traitement des demandes,** inquiry processing; **traitement des données en temps réel,** real-time data processing; **traitement des erreurs,** error management, error control; **traitement des files (LISP),** list processing (LISP); **traitement des informations,** pattern processing; **traitement des listes,** list handling; **traitement des listes de matériel,** bill of material processing; **traitement des messages opérateur,** operator message handler; **traitement des mouvements,** transactional processing; **traitement des pistes de réserve,** substitute track processing; **traitement des résultats,** output processing; **traitement des veuves,** widow control; **traitement différé,** batch bulk processing, deferred processing; **traitement différé local,** local batch processing; **traitement direct des documents,** direct document processing; **traitement direct des données,** direct data processing; **traitement distribué,** distributed processing, dispersed processing; **traitement décentralisé,** decentralized data processing; **traitement déporté,** remote computing; **traitement en direct,** on-line processing; **traitement en ligne,** in-line processing; **traitement en multilongueur de mot,** multiple length working; **traitement en parallèle,** parallel processing; **traitement en simple tâche,** single tasking; **traitement en sortie unique,** output-only processing; **traitement en séquences,** sequential processing; **traitement en temps réel,** real-time processing, continuous processing; **traitement en transmission,** line loop operation; **traitement en virgule fixe,** fixed-point computation; **traitement en virgule flottante,** floating-point computation; **traitement et transmission automatiques données,** automatic data handling; **traitement frontal,** front-end processing; **traitement immédiat,** demand processing; **traitement individuel,** unbatched mode; **traitement informatique,** data processing (DP), information processing; **traitement interactif,** interactive processing; **traitement interne des données,** internal data processing; **traitement intégré de l'information,** integrated data processing (IDP); **traitement intégré des données,** integrated information processing; **traitement monotâche,** single-reference processing; **traitement multicode,** multilevel code handling; **traitement multifichier,** multifile processing; **traitement multimessage,** multimessage processing;

**traitement multimode,** multimode operation; **traitement multipas,** multistep operation; **traitement multiséquence,** multisequence processing; **traitement multitâche,** multiple job processing; **traitement multivolume,** multivolume operation; **traitement non prioritaire,** background processing; **traitement par cycle unique,** twin contact; **traitement par lots,** batch processing, bulk processing; **traitement prioritaire,** priority processing, foreground processing; **traitement prioritaire des travaux,** priority job scheduling; **traitement réel,** live running; **traitement réparti,** distributed processing; **traitement secondaire,** background environment; **traitement simultané,** simultaneous processing, concurrent processing; **traitement sur demande,** immediate processing; **traitement sélectif,** direct processing; **traitement séquentiel,** serial processing, consecutive processing; **traitement séquentiel simplifié des lots,** basic stacked job processing; **traitement séquentiel évolué des travaux,** advanced stacked job processing; **traitement série,** serial processing; **traitement transactionnel,** transaction processing (TP); **traitement unidirectionnel,** one-way operation; **traitement vocal,** voice processing; **traitement électronique de données,** electronic data processing (EDP); **traitement à distance,** remote data processing; **unité centrale (UC) de traitement,** central processing unit (CPU); **unité centrale de traitement,** central data processor, mainframe computer; **unité de traitement,** processing unit, calculator unit, job step; **unité de traitement des instructions,** instruction processing unit; **unité de traitement source,** source unit; **vitesse de traitement,** processing speed, operation speed; **zone de traitement d'article,** item work area.

**traiter:** process (to), progress (to); **données à traiter,** processing data; **information à traiter,** input information; **traiter par lots,** batch (to); **traiter à part,** cache (to ).

**trajectoire: calculateur de trajectoires,** path computer; **correction de trajectoire,** path corréction.

**trajet: atténuation de trajet,** path attenuation.

**trame:** framing, frame, raster, field; **affichage en trames entrelacées,** interlaced display; **affichage tramé,** raster display; **affichage à balayage de trame,** raster scan display; **balayage de trame,** raster scan; **binaire de trame,** framing bit; **dent de scie de trame,** vertical deflection sawtooth; **dispositif à balayage de trame de télévision,** raster device; **définition de trame,** raster count; **définition horizontale de trame,** horizontal raster count; **effacement trame,** vertical blanking; **fréquence de trame,** frame frequency; **graphisme de trame télévision,** raster scan graphics; **générateur de balayage trame,** field scan generator; **impulsion de validation de trame,** image enable pulse; **longueur de trame,** frame size; **mémoire de trame,** frame storage; **mémoire-image d'une trame,** raster graphic image; **parité de trame,** frame parity; **point de retour trame,** vertical retrace point; **rafraîchissement de trame,** frame reprint; **tampon de trame,** frame buffer; **trame d'information,** information frame; **trame d'écran,** screen pattern; **trame de transmission,** transmission frame; **trame invalide,** invalid frame; **trame réponse,** response frame; **trame temporelle,** time frame; **trame tramé,** hatched; **tube à balayage de trame,** raster scan CRT; **unité de trame,** raster unit; **visu simple trame,** noninterlaced display; **visualisation dite de trame,** raster type display; **visuel à balayage de trame,** raster display device; **vitesse de trame,** frame rate.

**t r a n c h e:** slice, packet, wafer; **en tranches,** sliced; **microprocesseur en tranches,** bit slice microprocessor, sliced microprocessor; **mise en tranche,** slicing; **processeur en tranches,** bit slice processor; **tranche binaire,** bit slice; **tranche de temps,** time slot, time slice, quantum.

**t r a n c h é e: tranchée de câble,** cable through.

**t r a n s a c t i o n:** transaction*, transaction input , motion; **bande des transactions,** transaction tape; **carte des transactions,** transaction card; **début de transaction,** logon; **fichier des transactions,** transaction data set; **fichier des transactions internes,** closed transaction file; **fichiers des transactions,** transaction file; **fin de transaction,** log-off; **journal des transactions,** transaction journal, collector journal; **programmation de transactions,** transaction programming; **terminal de transactions,** transaction terminal.

**t r a n s a c t i o n n e l:** transactional; **logiciel transactionnel de gestion,** transaction management software; **système transactionnel,** enquiry system; **terminal transactionnel,** enquiry station; **traitement transactionnel,** transaction processing (TP).

**t r a n s c e n d a n t:** **nombre transcendant,** transcendental number.

**t r a n s c e n d a n t e: fonction transcendante,** transcendental function; **équation transcendante,** transcendental equation.

**transcendental:** transcendental.

**transcodage:** transcoding, code translation; **matrice de transcodage,** transcoding matrix; **transcodage de caractère,** character code translation.

**transcoder:** transcode (to).

**transcodeur:** transcoder, code converter, code translator.

**transcripteur:** transcriber; **transcripteur de fichier,** file translator.

**transcription:** transcription; **mode de transcription,** transcription mode; **programme de transcription,** transcription program; **table de transcription fichier,** file translation table; **transcription de fichier,** file transcription; **transcription de programme,** program transcript; **transcription des données,** data transcription; **transcription manuelle,** manual transcription.

**transcrire:** transliterate (to), transcribe (to).

**transducteur:** transducer; **transducteur actif,** active transducer; **transducteur de positionnement,** position transducer; **transducteur de pression,** pressure gage; **transducteur de pression différentiel,** differential pressure transducer; **transducteur typique,** ideal transducer.

**transférabilité:** portability, transportability.

**transférable:** transportable.

**transférer:** transfer (to), roll out (to), swap out (to); **transférer des informations,** convey information (to).

**transfert:** transfer, movement, rollout, staging, move; **adresse de transfert,** transfer address; **attente avant transfert,** wait before transmit; **au niveau de transfert des registres,** register-transfer level; **bus de transfert,** number transfer bus; **cadence brute de transfert de données,** actual data transfer rate; **canal de transfert,** transfer channel; **carte de transfert,** transfer card; **circuit de transfert,** transfer gate; **commande de transfert,** transfer command, transfer control; **contact de transfert,** transfer contact; **contrôle de transfert,** transfer check; **contrôle de transfert en canal,** channel data check; **cycle de transfert,** transfer cycle; **fonction de transfert,** transfer function; **impulsion de transfert,** carry pulse; **impédance de transfert,** transfer impedance; **instruction de transfert,** transfer instruction, move statement; **instruction de transfert inconditionnel,** unconditional transfer instruction; **interface avec protocole de transfert,** handshake interface; **ligne de transfert de signaux,** signal line;

**mode continu de transfert,** burst mode; **mode de transfert,** move mode; **mode de transfert par octet,** byte mode; **opérateur de transfert,** transfer operator; **opération de transfert,** transfer operation; **phase de transfert de données,** data transfer phase, data phase; **phase de transfert de texte,** text transfer phase; **phase de transfert des informations,** information transfer phase; **protocole de transfert,** handshake; **rappel-transfert,** roll in/roll out (RIRO); **registre de transfert,** transfer register; **registre à transfert analogique,** analog shift register; **sous-programme de transfert de blocs,** record handler; **sous-programme de transfert de fichier,** file handler; **table de transfert,** transfer table; **taux de transfert de données,** data transfer rate; **temps de transfert,** transfer time; **temps de transfert d'un mot,** word time; **transfert arrière du contenu compteur,** counter read back; **transfert asynchrone,** asynchronous transfer; **transfert asynchrone de données,** asynchronous data transfer; **transfert bilatéral,** bidirectional flow; **transfert binaire,** binary transfer; **transfert bit par bit,** bit transfer; **transfert complexe,** complex transfer; **transfert d'adresse,** address transfer; **transfert d'appel,** call forward, call forwarding; **transfert de bloc,** block transfer; **transfert de caractères blancs,** blank transfer; **transfert de chaleur,** heat transfer; **transfert de communication,** call forwarding, call forward; **transfert de contrôle,** control transfer; **transfert de données,** data transfer, data origination, datacom; **transfert de données brutes,** raw data transfer; **transfert de grandes quantités de données,** bulk transmission of data; **transfert de mot,** word transfer; **transfert de mémoire,** storage dumping; **transfert de page,** page migration; **transfert de page mémoire,** page in, page out; **transfert de texte,** text transfer; **transfert de volumes,** volume mapping; **transfert des données mémorisées,** store-and-forward operation; **transfert des totaux,** total transfer; **transfert en entrée,** copy-in; **transfert en parallèle,** parallel transfer, bit parallel; **transfert en sortie,** copy-out; **transfert en série,** batch traffic; **transfert et analyse,** move and scan; **transfert immédiat,** demand staging, blind transfer; **transfert immédiat de mémoire,** direct store transfer; **transfert inconditionnel,** unconditional transfer; **transfert inverse,** back transfer; **transfert lent,** low data rate; **transfert par bloc,** record transmission; **transfert périphérique,** peripheral transfer; **transfert radial,** radial transfer, transput process; **transfert réel,** actual transfer; **transfert synchrone,** synchronous transfer; **transfert série,** serial transfer; **transfert tamponné,** buffered transfer; **transfert transversal,** cross-transfer; **transfert élargi,** extended move; **transfert élémentaire,** elementary move; **unité de transfert,** transfer unit; **vecteur de transfert,** transfer vector; **vitesse de transfert,** transfer rate, data transmission rate; **vitesse de transfert maximal,** maximum transfer rate.

**transformateur:** transformer; **(enroulement) primaire de transformateur,** transformer primary; **(enroulement) secondaire de transformateur,** transformer secondary; **transformateur d'impulsions,** pulse transformer; **transformateur d'impédance,** impedance buffer; **transformateur d'équilibrage,** balanced transformer; **transformateur de fréquence,** frequency changer; **transformateur de phase,** phase transformer; **transformateur de sortie,** output transformer; **transformateur de tension,** voltage transformer; **transformateur secteur,** power transformer; **transformateur triphasé,** phase shifting transformer; **transformateur à prises,** stepped transformer; **transformateur à tension,** constant voltage; **transformateur à tore,** toroidal transformer.

**transformation:** transformation*, conversion, change; **codage de transformation adaptable,** adaptive transform coding (ATC); **composition de transformations,** concatenated transformations; **transformation de code,** code translation, code conversion; **transformation de signal,** signal transformation; **transformation fenêtre-clôture,** window transformation, viewing transformation; **transformation magnétique réversible,** reversible magnetic process; **transformation tridimensionnelle,** three-dimension transformation; **transformation visuelle,** viewing transformation.

**transformée:** transform.

**transformer:** transform (to).

**transinformation:** transinformation.

**transistor:** transistor; **connexion de transistors,** transistor lead; **logique tout transistor,** transistor-transistor logic (TTL); **logique transistor-résistance,** resistor-transistor logic (RTL); **logique transistor-transistor,** twin transistor logic; **logique à diodes et transistors,** diode transistor logic (DTL); **plage limite de transistors,** transistor cutoff region; **registre à transistors,** transistor register; **technologie transistor,** bipolar device technology; **transistor NPN,** NPN transistor; **transistor PNP,** PNP transistor; **transistor au silicium,** silicon transistor; **transistor bidirectionnel,** bidirectional transistor; **transistor bipolaire,** bipolar transistor; **transistor de basse fréquence,** audio frequency transistor; **transistor de commutation,** switching transistor; **transistor de puissance,** power transistor; **transistor planaire,** flip-chip transistor; **transistor planar,** planar transistor; **transistor unipolaire,** unipolar transistor; **transistor à champ gradient,** drift transistor; **transistor à couche mince,** thin film transistor; **transistor à effet de champ,** field effect transistor (FET); **transistor à jonctions,** junction transistor.

**transistorisé:** transistorized; **circuit transistorisé,** solid state circuit; **compteur transistorisé,** transistorized counter.

**transistorisée:** circuiterie transistorisée, solid state circuitry.

**transit:** transit; **centre de transit,** transit exchange, tandem exchange; **centre de transit de communications,** tandem switching center; **communication de transit,** transit call; **commutation de transit,** transit switching; **opération de transit,** tandem operation; **temps de transit,** transit time.

**transition:** transition; **bruit de transition,** circuit transient; **facteur de réduction du temps de transition,** transit time reduction factor; **logiciel de transition,** bridgeware; **transition PN,** PN boundary; **transition de flux,** flux transition; **transition de flux binaire,** bit flux transition; **transition progressive,** gradual transition.

**transitoire:** transient, glitch; **distorsion transitoire,** glitching; **erreur de ligne transitoire,** transient line error; **erreur transitoire,** transient error; **groupe de programmes transitoires,** transient code group; **module transitoire,** transient module; **moyens transitoires,** transition aid; **non transitoire,** nontransient; **phénomène transitoire,** transient phenomena; **routine transitoire,** transient routine; **régime transitoire,** transient response; **réponse transitoire,** transient response; **zone transitoire,** transient area; **état transitoire,** transient state.

**translatabilité:** relocability.

**translatable:** relocatable; **adresse de base translatable,** relocatable base; **adresse translatable,** relocatable address; **bibliothèque des programmes translatables,** relocatable library; **chargeur de programmes translatables,** relocatable program loader; **chargeur translatable,** relocating loader; **en forme translatable,** relocatable format; **expression translatable,** relocatable expression; **fichier translatable,** relocatable file; **module translatable**, relocatable deck; **non translatable**, unrelocatable; **programme binaire translatable**, relocatable program; **programme non translatable**, nonrelocatable program.

**t r a n s l a t e r:** translate (to), relocate (to).

**t r a n s l a t e u r:** translater; **translateur d'adresse**, address translator.

**t r a n s l a t i o n:** relocating, relocation; **adresse de translation**, relocation address; **base de translation**, relocation base; **facteur de translation**, relocation factor, float factor; **module de translation**, relocation bank, relocation augment; **sous-programme de translation**, peripheral routine; **translation automatique**, automatic translation; **translation bidimensionnelle**, two-dimensional translate; **translation d'adresse**, address translation, address conversion; **translation de programme**, program relocation; **translation du programme canal**, channel program translation; **translation du secteur de base**, base sector relocation; **translation dynamique**, dynamic relocation; **translation dynamique d'adresse**, dynamic address translation (DAT); **translation dynamique du contenu mémoire**, dynamic memory relocation; **translation panoramique**, panning.

**t r a n s m e t t e u r:** transmitter (TX).

**t r a n s m e t t r e:** transmit (to); **données à transmettre**, transmittal data; **invitation à transmettre**, invitation to send (ITS), polling; **liste d'invitations à transmettre**, polling list; **prochain bloc à transmettre**, next output block; **prêt à transmettre**, clear to send (CTS); **tonalité d'invitation à transmettre**, go-ahead tone.

**t r a n s m i s:** transmitted; **enregistrement transmis**, transmitted record.

**t r a n s m i s e s:** transmitted; **données transmises**, transmitted data; **débit moyen d'informations transmises**, average transinformation content; **informations effectives transmises**, average transinformation; **moyenne d'informations transmises**, average information rate per time.

**t r a n s m i s s i o n:** transmission, transmittal, communication; **(caractère de) commande de transmission**, communication control character; **(caractère de) fin de transmission**, end-of-transmission character (EOT); **adaptation de la vitesse de transmission**, autobaud; **adapter les vitesses de transmission**, speed buffer (to); **adresse de registre de transmission**, communication register address; **bit de transmission**, traffic bit; **bloc de transmission**, transmission block; **canal de transmission**, data trans-mission channel, data line; **capacité de transmission**, traffic handling capacity; **caractère de contrôle de transmission**, communications control character; **caractère de transmission de bloc**, transmission block character; **circuit de transmission**, transmission path; **circuit de transmission multipoint**, multidrop circuit; **code de lancement de transmission**, transmitter start code; **code de transmission**, transmission code; **commande de transmission**, transmission control (TC); **commande de transmission synchrone**, synchronous data link control; **compte-rendu de transmission**, tellback; **contrôleur de lignes de transmission**, multiline communication controller; **contrôleur de transmission**, traffic controller; **contrôleur de transmission de données**, data communication controller; **débit de transmission**, transmission rate; **délai de transmission**, absolute delay; **demande de transmission**, transmission request; **disponibilité de transmission**, ready-for-data; **distorsion de transmission**, transmit distortion; **erreur de transmission**, transmission error; **erreur de transmission de ligne**, line transmission error; **fin de bloc de transmission**, end-of-transmission block (ETB); **fin de transmission**, end of transmission; **fonction de transmission**, signaling function; **gain de transmission**, transmission gain; **horloge de transmission**, transmit clock; **indicatif de transmission**, transmission identification; **interface de transmission**, transmission interface; **interface de transmission de données**, data transmission interface; **interruption de la transmission**, transmission interrupt, transmit interrupt; **ligne de transmission**, transmission line, communication line, line; **ligne de transmission artificielle**, artificial transmission line; **ligne de transmission de données**, data transmission line; **matériel de transmission**, transmission equipment; **matériel de transmission de données**, data transmission equipment; **mode de transmission**, transmission mode, streaming mode; **mode de transmission de messages**, message mode; **mode de transmission directe**, direct transcription mode; **mode de transmission**, streaming; **méthode de transmission**, transmission method; **niveau de transmission**, transmission level; **niveau de transmission relatif**, relative transmission level; **ordinateur de transmission**, communication processor; **perte de transmission**, transmission loss; **poste de transmission**, transmission station; **procédure de ligne de transmission**, transmission line procedure; **procédure de transmission,** communication procedure, line discipline; **protocole XMODEM,** XMODEM protocol; **protocole de transmission,** line protocol, link control protocol; **rythme de transmission,** transmission timing; **réseau de transmission,** transmission network; **réseau de transmission analogique,** analog transmission network; **service de transmission de données,** data communication service; **support de transmission,** transmission medium; **système de transmission,** transmission system; **système de transmission de données,** data transmission system; **sécurité de transmission,** transmission reliability, transmission security; **sélection de la vitesse de transmission,** line speed option; **séquence de transmission de données,** data transfer signal; **taux de transmission binaire,** bit transfer rate; **temps de transmission,** transmission time; **temps de transmission des données,** data time; **tentative de transmission,** attempted transmission; **test de transmission sans contenu,** blank transmission test; **traitement en transmission,** line loop operation; **traitement et transmission automatiques données,** automatic data handling; **trame de transmission,** transmission frame; **transmission alphabétique,** alphabetic transmit; **transmission analogique,** analog transmission; **transmission anisochrone,** anisochronous transmission; **transmission arythmique,** asynchronous transmission, start-stop transmit; **transmission asynchrone,** start-stop transmission; **transmission asynchrone de données,** asynchronous data transmission; **transmission automatique des données,** automatic data transmission; **transmission avec bande continue,** continuous tape switching; **transmission avec bande sans fin,** endless tape switching; **transmission binaire synchrone,** binary synchronous communication; **transmission bipolaire,** polar transmission; **transmission brève,** burst transmission; **transmission d'image,** video service; **transmission d'un bloc de données,** data transmission block; **transmission de données,** digital data transmission; **transmission de données synchrone,** synchronous data transmission; **transmission de données à code unique,** code-transparent data communication; **transmission de l'information,** information transmission; **transmission de paquets,** packet transmission; **transmission de point à point,** point-to-point transmission; **transmission de texte,** text transmission; **transmission de texte alternée,** alternate

text transfer; **transmission des données,** data movement; **transmission directe,** direct transmission, direct transcription; **transmission directe des données,** forward service; **transmission en bande de base,** baseband transmission, baseband signaling; **transmission en bande latérale unique,** single-sideband transmission; **transmission en blanc,** white transmission; **transmission en circuit ouvert,** open circuit working; **transmission en double bande,** double sideband transmission; **transmission en double courant,** double current transmission; **transmission en duplex,** duplex transmission; **transmission en parallèle,** parallel transmission; **transmission en signaux alternés,** bipolar transmission; **transmission en temps réel,** real-time transmission; **transmission en étoile,** radial line system; **transmission internationale des données,** international data transmission; **transmission isochrone,** isochronous transmission; **transmission manuelle,** manual transmission; **transmission multipoint,** multidrop transmission; **transmission multivoie,** multipath transmission; **transmission par blocs,** block transmission; **transmission par courant porteur,** carrier transmission; **transmission par déplacement de fréquence,** frequency shift keying transmission; **transmission par lots,** batch transmission; **transmission par rafales,** burst transmission; **transmission rapide de données,** fast data transmission; **transmission sans information,** blank transmission; **transmission semi-duplex,** half-duplex transmission; **transmission seulement,** send-only; **transmission simple courant,** single-current transmission; **transmission simplex,** simplex transmission; **transmission simultanée,** simultaneous transmission; **transmission synchrone,** synchronous transmission; **transmission série,** serial transmission; **transmission sérielle par multiplet,** character byte-serial transmission; **transmission transparente,** transparent transmission; **transmission unidirectionnelle,** one-way data transmission; **transmission à grande distance,** long range transmission; **transmission à grande vitesse,** high data rate; **transmission à signal unipolaire,** neutral transmission; **transmission à un code,** code-transparent transmission; **transmissions,** signaling; **unité de commande de transmission,** transmission control unit; **unité de contrôle de transmission,** data transmission control unit; **unité de transmission,** transmission unit; **unité de transmission de données,** data communication unit; **vitesse de transmission**, transmission speed, signaling rate, baud rate; **vitesse de transmission de données**, data rate; **vitesse de transmission des caractères**, character transfer rate; **vitesse de transmission effective**, effective data transfer rate; **voie (de transmission)**, channel; **voie de transmission**, communications channel, transmission link; **voie transmission**, data transmission channel; **vérification de transmission automatique**, automatic transfer checking.

**transmodulation:** crossmodulation, monkey chatter; **bruit de transmodulation**, signal noise.

**transparence:** transparency; **transparence du circuit de données**, data circuit transparency.

**transparent:** transparent*; **code transparent**, transparent code; **communication en mode transparent**, transparent data communication; **mode transparent**, transparent mode, code-transparent.

**transparente:** représentation transparente, phantom view; **transmission transparente**, transparent transmission.

**transport:** haul, transport; **bande de transport**, carriage control tape; **canal de transport**, carriage tape channel; **couche de transport (ISO)**, transport layer (ISO); **logiciel de couche de transport**, transport software (ISO layer); **perforation de transport**, guide hole; **rouleau de transport**, feed roller, drive capstan; **transport arrière de la bande**, tape backspacing; **transport de formulaire papier**, form feeding; **transport de liasses**, sheet conveying; **transport marginal**, front guide; **vote de transport**, guide line.

**transportabilité:** transportabilité, transportability, portability.

**transportable:** transportable, portable.

**transporter:** transport (to).

**transposer:** transpose (to).

**transposition:** transposition; **erreur de transposition**, transposition error.

**transputeur:** transputer*.

**transtyper:** cast (to).

**transversal:** calcul transversal, crossfooting; **contrôle transversal**, transverse check; **couplage transversal**, crossfeed; **mouvement transversal**, transverse motion; **pas transversal**, track pitch; **transfert transversal**, cross-transfer.

**transversale:** parité transversale, lateral parity; **rangée transversale complète**, full array; **section transversale**, cross-section.

**trapézoïdale:** distorsion trapézoïdale, keystone effect; **onde trapézoïdale**, trapezoidal wave.

**trappage:** trapping; **trappage d'erreur**, error trapping.

**trappe:** trappe de visite, inspection hole, trap door.

**travail:** work, job, working; **appel dynamique de travail pas à pas**, step spawning; **bande de travail**, work tape; **bibliothèque de travail**, transient library; **bureau (travail)**, office; **caractère de fin de travail**, end-of-job character (EOJ); **commande facultative de travail en liste**, selective list control; **condition de travail**, handling condition; **contact de travail**, make-contact; **courant de travail**, running current; **cycle de travail**, working cycle; **disque de travail**, work disk; **déroulement du travail**, work flow; **espace de travail**, working space; **exécution de l'étape de travail**, job step execution; **feuille de travail**, worksheet; **fiche travail**, routing sheet; **fichier de travail**, working file, work file; **fin d'étape de travail**, job step termination; **fin de travail**, end of job; **fréquence de travail**, working frequency; **heure de travail**, manhour; **identification de travail**, job identification; **instruction de fin de travail**, sign-off; **instruction de travail**, job statement; **interrompre un travail**, kill (to); **lancement de l'étape de travail**, job step initiation; **mémoire de travail**, working memory; **numéro de travail**, job number; **numéro du travail en cours**, run occurrence number; **piste de travail**, operating track, working track; **plan de travail**, work program; **planification du travail**, operations scheduling; **poste de travail**, workstation; **poste de travail mobile**, mobile terminal desk; **programme de travail**, duty program; **registre de travail**, work register; **reprise de l'étape de travail**, job step restart; **reprise du travail**, job restart; **requête de travail**, job request; **séquence de travail**, work sequence, work cycle; **table des étapes de travail**, job step table; **taille de la zone de travail**, working size; **traitement d'un travail individuel**, single-job environment; **travail abandonné**, aborted job; **travail comptable**, red tape; **travail d'arrière-plan**, background job; **travail de premier plan**, foreground job; **travail de routine**, routine work; **travail en bascule**, alternating operation; **travail en liste**, normal card listing; **travail en simple mot**, single-length working; **travail en simultanéité**, simultaneous mode; **travail en triple longueur**, triple-length working; **travail identifié**, known job; **travail par lots**, batched job; **travail pilote**, master job; **travail principal**, master job; **travail prioritaire,** preemptive job; **travail unique,** one-shot job; **travail urgent,** hot job; **zone (de mémoire) de travail,** working storage; **zone de travail,** working area, working zone, work area; **élément de travail,** work item; **éléments de travail,** operating features; **étape de travail,** job step.

t r a v a u x : **article du répertoire des travaux,** job queue item; **bande des entrées de travaux,** job input tape; **bibliothèque des travaux,** job library; **bloc de cumul des travaux,** job summary record; **carte de pilotage des travaux,** job control card; **commande simple de travaux,** single-job scheduling; **complément de compte-rendu de travaux,** accounting option; **comptabilisation des travaux,** job accounting; **compte-rendu de l'exécution des travaux,** job execution report; **contrôle de travaux,** job control; **contrôle des séquences de programme et travaux,** job & program sequence control; **contrôle des séquences de travaux,** sequential stacked job control; **contrôle du déroulement des travaux,** job flow control; **description de travaux,** job description; **débordement des travaux,** user overlay; **début des travaux,** job start; **définition de travaux,** job definition; **déroulement des travaux,** job flow; **déroulement séquentiel des travaux,** serial work flow; **enchaînement de travaux,** job sequencing; **entrée des travaux,** job input; **exécution des travaux,** job execution; **fichier d'entrée des travaux,** job input file; **fichier de comptabilisation des travaux,** job accounting file, job account file; **fichier de gestion des travaux,** job control file; **fichier des files de travaux,** job stream file; **fichier des travaux,** job file; **fichier résultat des travaux,** job occurrence report file; **file d'attente de travaux en entrée,** input job queue; **file d'attente des travaux,** job queue; **file d'attente des travaux en entrée,** job input queue; **file de travaux,** job stream, job stack, run stream; **file des travaux en entrée,** input work queue; **fin des travaux,** job end; **fin instantanée du traitement des travaux,** unusual end of job; **flot de travaux,** job stream, input stream; **flux d'entrée des travaux,** job input stream; **flux de travaux individuels,** single-job stream; **fonction de comptabilisation des travaux,** job accounting interface; **fonction de contrôle des travaux (FCT),** job entry services (JES); **gestion des travaux,** job management; **gestion des travaux pas à pas,** step management; **identificateur des travaux,** job identifier; **identification des travaux,** job identity; **instruction de contrôle de travaux,** job control statement; **introduction des travaux,** job introduction; **introduction des travaux par lots,** batched job entry; **journal de comptabilisation des travaux,** job accounting report, job account log; **lancement des travaux,** job initiation; **langage de commande des travaux,** operation control language; **langage spécialisé travaux,** job-oriented language; **listage du déroulement des travaux,** job execution listing; **liste de comptabilisation des travaux,** job account listing; **liste de travaux,** run queue; **liste des travaux,** job list; **lot de travaux,** job batch, stacked job; **maintenance des travaux,** job maintenance; **mise à jour de la bibliothèque des travaux,** job library update; **nom de travaux,** job name; **pile de travaux,** job stacking, work stack; **planification des travaux,** task-scheduling; **priorité des travaux,** job priority; **programmateur de travaux,** job scheduler; **préparation des travaux,** job assembly; **périphérique d'entrée de travaux,** job input device; **registre de ventilation des travaux,** job distribution register; **répertoire des travaux,** job table; **répertoire des travaux identifiés,** known job table; **saisie des travaux à distance,** remote job entry (RJE); **sortie des travaux,** job output; **soumission des travaux,** job entry; **spécialisé travaux,** job-oriented; **suite des lots de travaux,** stacked job processing; **suite des travaux en entrée,** input job stream; **supervision des travaux,** task supervision; **suspension des travaux,** job suspension; **système de comptabilité des travaux,** job accounting system; **système de gestion des travaux,** job control system; **système de soumission des travaux,** job entry system; **système de traitement de travaux,** job processing system; **table des travaux,** job table; **terminaison des travaux,** job termination; **terminal spécialisé travaux,** job-oriented terminal; **traducteur de travaux,** job translator; **traitement prioritaire des travaux,** priority job scheduling; **traitement séquentiel évolué des travaux,** advanced stacked job processing; **travaux de maintenance,** maintenance work; **travaux pratiques,** hands-on training; **télétraitement des travaux,** remote job processing; **unité de gestion des travaux,** job control device; **ventilation des travaux,** task sharing; **zone support de gestion des travaux,** job maintenance support zone.

t r a v e r s : crossfeed; **mise en travers,** tilt; **mouvement à travers une image,** pan; **se mettre en travers,** skew (to); **travers de bande,** tape skew; **travers statique,** static skew.

**traversée**: traversal; **traversée d'un arbre**, tree traversal, tree walking.

**traverser**: intersect (to), cross (to).

**treillis**: lattice.

**tréma**: diaeresis.

**tremblement**: dither.

**trempage**: **soudure par trempage**, dip soldering.

**tresse**: braid.

**tri**: sorting, sort; **aiguille de tri**, sorting needle, sort needle, sort rod; **algorithme de tri**, sorting algorithm; **capacité de tri**, sort power; **case de tri**, drop pocket; **clé de tri**, sorting key, sort key; **code de tri ascendant**, ascending key; **critère de tri**, sort criterion; **description du fichier de tri**, sort file description entry; **dispositif de tri**, sort facility; **dispositif de tri par cartes maîtresses**, group sorting device; **erreur de tri**, missort; **extraire par tri**, outsort (to); **fichier de tri**, sort file; **générateur de tri**, sort generator; **indicatif de tri**, sort generator; **indication de l'état de tri**, sort progress statement; **instruction de tri**, sort statement; **module de tri**, sort module; **méthode de tri**, sorting method; **nom du fichier de tri**, sort file name; **passe de tri**, sorting pass, sort pass; **phase de tri**, sort phase; **phase définitive de tri**, last pass segment; **pont de tri**, read bridge; **possibilité de tri**, sort option; **procédure de tri**, sorting procedure; **programme de tri**, sorting program, sort program, sorter; **programme de tri et d'interclassement**, sort/collate program; **programme de tri et de fusion**, program sort merge, sort/merge generator; **tri alphabétique**, alphabetic sort; **tri alphanumérique**, alphanumeric sorting, alphanumeric sort; **tri alternatif**, oscillating sort; **tri arborescent**, tree sort; **tri ascendant**, ascending sort, forward sort; **tri binaire**, binary sort; **tri d'articles**, item sort; **tri d'enregistrements**, record sort; **tri de bandes magnétiques**, magnetic tape sorting; **tri de cartes**, card sorting; **tri de chaînes**, string sorting; **tri de chiffres**, digit sorting; **tri de courrier**, letter sorting; **tri de fusion**, merge sorting, polyphase sort; **tri de fusionnement**, external sort; **tri de sortie**, outsort; **tri de sélection**, selection sort, extract sort; **tri des données**, data sorting; **tri descendant**, backward sort; **tri décroissant**, backward sort; **tri en cascade**, cascade sorting, cascade sort; **tri en mémoire centrale**, core sort; **tri fin**, fine sort; **tri interne**, internal sort, key sort; **tri maximal**, maximum sort; **tri multifichier**, multifile sorting; **tri multipassage**, multipass sort; **tri numérique**, numerical

sorting; **tri par bloc**, block sort; **tri par comparaison**, comparative sort; **tri par insertion**, insertion sort; **tri par interclassement**, collating sort, sorting by insertion; **tri par méthode d'insertion**, insertion method sorting; **tri par ordre décroissant**, descending sort; **tri par paires**, ripple sort; **tri par permutation**, bubble sort, sifting sort; **tri par segmentation**, quick sort; **tri polyphasé**, polyphase merging; **tri polyvalent**, generalized sort; **tri préalable**, presort; **tri sur bande**, tape sort; **tri sélectif**, selective sort; **tri vertical**, heap sort; **tri équilibré**, balanced sorting; **tri à accès direct**, random access sort; **tri-fusion**, merge sort, sort merge; **vitesse de tri**, sorting speed; **zone de tri pour enregistrements enchaînés**, interrecord sequence field.

**triade**: triad; **plan triade**, three-bit plane.

**triangulaire**: triangular; **onde triangulaire**, triangular wave; **réseau triangulaire**, triangular network.

**tributaire**: tributary; **station tributaire**, tributary station.

**tridimensionnel**: **espace tridimensionnel**, xyz space; **tableau tridimensionnel**, three-dimensional array; **écran graphique tridimensionnel**, three-dimension graphic display.

**tridimensionnelle**: **animation tridimensionnelle**, three-dimensional animation; **modélisation géométrique tridimensionnelle**, three-dimension geometric modeling; **transformation tridimensionnelle**, three-dimension transformation.

**trié**: sorted; **article trié**, sorted item; **non trié**, unsorted.

**trier**: sequence (to), sort (to).

**trieuse**: sorter, sorting machine, grader; **lieuse-trieuse**, layer reader sorter; **lieuse-trieuse**, reader-sorter; **trieuse de cartes**, card sorter; **trieuse de documents**, document sorter, readability sorter; **trieuse-compteuse**, counting sorter; **trieuse-lieuse**, sorter reader.

**trigonométrique**: trigonometric; **série trigonométrique**, trigonometric series.

**trijonction**: **diode trijonction**, four-layer diode.

**tringle**: **tringle de sélection**, selection rod.

**triphasé**: **courant triphasé**, three-phase current; **transformateur triphasé**, phase shifting transformer; **triphase**, three-phase, triple-phase.

**triple**: triple; **registre en triple longueur**, triple-length register; **registre triple**, triple register; **travail en triple longueur**, triple-length working; **triple précision**, triple precision.

**triplet:** triplet, three-bit byte, tribit.

**triprocesseur:** triprocessor.

**tristable:** tristate; **bus tristable,** tristate bus; **multivibrateur tristable,** tri-flop; **tampon tristable,** tristate buffer.

**trivial:** trivial.

**trois:** three; **additionneur à trois entrées,** three-input adder; **bus à trois états,** tri-state bus; **calculateur à trois adresses,** three-address computer; **chiffre à trois positions,** three-digit number; **code à trois adresses,** three-address code; **cycle grand-père-père-fils (trois générations),** grandfather-father-son cycle; **erreur de trois bits,** triple error; **espace de trois interlignes,** triple space; **groupe de trois,** triad; **géométrie à trois dimensions,** solid geometry; **instruction à trois adresses,** three-address instruction; **machine à trois adresses,** three-address machine; **mise en forme des surfaces en trois dimensions,** three-dimension surface sculpturing; **plan à trois bits par point,** three-bit plane; **règle de trois,** simple proportion; **sommateur à trois entrées,** full adder; **souris à trois boutons,** three-button mouse; **soustracteur complet (à trois entrées),** full subtracter; **soustracteur à trois entrées,** three-input subtracter; **système à trois adresses,** three-address system; **à trois adresses,** three-address; **à trois états,** tristate.

**troisième:** calculateur de troisième génération, third-generation computer.

**tronc:** tronc de circuit, trunk circuit.

**troncation:** stemming; **algorithme de troncation,** stemming algorithm; **filtre de troncation,** cut-off filter.

**troncature:** truncation*; **erreur de troncature,** truncation error.

**tronçon:** stub; **tronçon de ligne,** line section.

**tronqué:** truncated, stemmed; **bloc tronqué,** incomplete block; **mot tronqué,** stemmed word; **non tronqué,** untruncated; **programme tronqué,** incomplete program; **signal tronqué,** garbled signal.

**tronquée:** équation tronquée, truncated equation.

**tronquer:** truncate (to), cut off (to); **tronquer (les blancs),** trim (to).

**trou:** hole; **plaque à trous,** aperture plate; **poinçonneuse trou par trou,** spot pliers; **tore magnétique à simple trou,** single-aperture core; **trou index,** index hole; **trou métallisé,** plated-through hole.

**trouble:** disturbance.

**trousse:** trousse d'outillage, tool kit;

**trousse de réparation,** repair kit.

**trouvé:** sortie d'enregistrement non trouvé, no-locate exit.

**truc:** knack, tip.

**TTL:** compatible TTL, TTL compatible; **niveau TTL,** TTL level.

**tube:** tube; **affichage à tube à rayon cathodique,** CRT device; **clé à tube,** socket wrench; **mémoire à tube électrostatique,** CRT storage; **mémoire à tubes de Williams,** flying spot storage; **tube autoconvergent,** self-focused picture tube, self-converging tube; **tube cathodique à pénétration,** penetration CRT; **tube cathodique à écran plat,** flat-faced cathode ray tube; **tube commutateur à rayons cathodiques,** beam switching tube; **tube couleurs à masque,** shadow mask color CRT; **tube d'affichage,** display tube; **tube de commutation,** switching tube; **tube image,** image tube; **tube oscillator,** oscillator valve; **tube écran,** display tube; **tube électronique,** electron tube; **tube à attaque par la grille,** grid-controlled tube; **tube à balayage de trame,** raster scan CRT; **tube à confettis,** chip tube; **tube à décharges,** discharge tube; **tube à faisceau électronique,** electron ray tube; **tube à gaz,** gas tube; **tube à mémoire,** storage tube, tube storage; **tube à mémoire électrostatique,** electrostatic memory tube; **tube à pénétration,** beam penetration CRT; **tube à rayons cathodiques (CRC)** cathode ray tube (CRT); **tube à vide,** vacuum tube, valve; **tube-écran alphanumérique,** alphanumeric display tube; **unité d'affichage à tube à rayon cathodique,** CRT display unit.

**tulipe:** thimble; **imprimante à tulipe,** thimble printer; **tulipe porte-caractères,** thimble wheel.

**turbo:** turbo; **carte turbo,** turbo board.

**tutoriel:** tutorial*; **terminal tutoriel,** tutorial display.

**tuyau:** tuyau à confettis, chip duct.

**tvti:** wysiwyg (what you see is what you get).

**tvtipom:** wysiwygmol (wysiwyg more or less).

**type:** type; **affectation du type,** type association; **affichage vidéo type télévision,** raster scan video display; **contrôle séquentiel des types d'enregistrement,** record type sequence check; **de type N,** N-type; **de type P,** P-type; **de type brochable,** plug-in type; **de type enfichable,** plug-in type; **de type négatif,** N-type; **de type positif,** P-type; **dispositif type,** typical configuration; **déclaration de type,** type declaration; **écart type,** standard duration; **instruction type;** type instruction, type statement; **liste des types,** type list; **paramètre type de périphérique,** device type parameter; **partie type d'instruction,** function part; **partie type d'opération,** operation part; **réseau type,** model network; **sortie parallèle de type Centronics,** Centronics-type parallel port; **sous-type,** subtype; **type booléen,** Boolean type; **type chaîne de caractères,** character string type; **type composé,** composite type; **type d'accès,** access type; **type d'enregistrement,** record class; **type d'index,** index type; **type d'instruction,** instruction type; **type d'organe incorrect,** invalid type device; **type d'unité,** device type; **type d'énumération,** enumeration type; **type de base,** base type; **type de caractère,** face; **type de carte,** card type; **type de communication,** communication mode; **type de comptabilisation,** account class; **type de données,** data type; **type de fichier,** file class; **type de label de fichier,** file option; **type de ligne,** line style; **type de poste,** terminal type; **type de périphérique,** peripheral type, device type; **type de rapport,** report group type; **type de ressources,** resource class; **type de variable,** variable type; **type de voie,** channel type; **type de volume,** volume type; **type de zone,** field type; **type discret,** discrete type; **type dérivé,** derived type; **type encapsulé,** encapsulated type; **type entier,** integer type; **type flottant,** float type; **type généré dynamiquement,** dynamically generated type; **type incomplet,** incomplete type; **type indéfini,** undefined type; **type logique,** Boolean type; **type parent,** parent type; **type privé limité,** limited private type; **type réel,** real type; **type scalaire,** scalar type; **type standard,** standard type; **type structuré,** structured type; **type à virgule fixe,** fixed-point type; **type à virgule flottante,** floating-point type.

**typique:** typical; **exemple typique,** paradigm; **transducteur typique,** ideal transducer.

**typographique:** erreur typographique, clerical error.

# U

**ultra:** ondes ultra courtes, microwave.

**ultraprécision:** ultraprecision.

**ultrasonique:** ultrasonic.

**ultrasonore: cellule ultrasonore,** ultrasonic cell.

**ultraviolet:** ultraviolet; **effacement par ultraviolet (mémoire morte),** ultraviolet erasing.

**unaire:** monadic, unary; **opérateur unaire,** unary operator; **opération unaire,** unary operation.

**unibus:** unibus.

**unicité:** uniqueness; **unicité de fichier,** file uniqueness.

**unidimension:** one-dimensional.

**unidirectionnel:** unidirectional, single way; **traitement unidirectionnel,** one-way operation.

**unidirectionnelle: exploitation unidirectionnelle,** unidirectional working; **impulsion unidirectionnelle,** undirectional pulse; **liaison unidirectionnelle,** unidirectional link, simplex; **transmission unidirectionnelle,** one-way data transmission.

**unifié:** unified.

**unifiée: architecture unifiée,** unified architecture.

**uniforme:** uniform; **magnétisation uniforme,** uniform magnetization; **non uniforme,** nonuniform; **référence uniforme,** uniform referencing.

**unilatéral:** unilateral; **guidage de ruban unilatéral,** single-edge guiding.

**unilatérale: carte à bande perforée unilatérale,** unilateral tape card, one-sided tape card; **communication unilatérale,** one-way communication; **ligne unilatérale,** one-way trunk; **modulation unilatérale,** single-sideband modulation.

**uniligne: fonction uniligne,** single-line function.

**union:** union, disjunction; **relier par trait d'union,** hyphenate (to); **trait d'union,** hyphen, dash; **union logique,** logical add, disjunction, join, joint (NOR).

**unipolaire:** unipolar; **signalisation unipolaire,** unipolar signaling, neutral signaling; **transistor unipolaire,** unipolar transistor; **transmission à signal unipolaire,** neutral transmission.

**unique: à adresse unique,** one address; **à opérande unique,** monadic**adresse unique,** single address; **affectation unique,** dedicated assignment; **bit unique,** one bit; **branchement unique,** one-shot branch; **commande par touche unique,** single-stroke command; **contrôle de cartes uniques,** single-card check; **contrôle par touche unique,** single-stroke control key; **couche unique,** unilayer; **coup unique,** single stroke; **cycle unique,** single cycle; **fichier résultant unique,** output-only file; **graphe à sommet unique,** trivial graph; **élément unique,** unity element; **élément à sens unique,** unidirectional element; **impression d'une ligne unique,** single-line printing; **instruction unique,** simple statement; **instruction à caractère unique,** single-character instruction; **machine à adresse unique,** single-address machine; **mot unique,** single word; **méthode à adresse unique,** one-address method; **opération unique,** one-shot operation; **ordinateur sur carte unique,** single-board computer (SBC); **passerelle à passage de câble unique,** single-channel cable bridge; **problème unique,** one-time job; **programme en passe unique,** single-pass program; **système à circuit unique,** single-chip system; **traitement en sortie unique,** output-only processing; **traitement par cycle unique,** twin contact; **transmission de données à code unique,** code-transparent data communication; **transmission en bande latérale unique,** single-sideband transmission; **travail unique,** one-shot job; **utilisateur unique,** individual user; **zone de tampon unique,** single buffering, simple buffering.

**unitaire: adressage à progression unitaire,** one-ahead addressing; **chaîne unitaire,** unit string; **code signaux à espacement unitaire,** unit distance code; **élément unitaire,** unit element; **enregistrement unitaire,** unit record; **fonction de saut unitaire,** unit step function; **fonction unitaire,** unit function; **gain unitaire,** unity gain; **impulsion unitaire,** unit impulse; **retardeur unitaire,** digit delay element; **saut unitaire,** unit step; **temps unitaire,** quantum clock; **valeur unitaire,** unit value; **vecteur unitaire,** unit vector, base vector.

**unité:** unit, unity, equipment unit; **état de l'unité centrale,** processor state; **état de l'unité périphérique,** peripheral device status; **adresse d'unité,** peripheral unit address;

adresse physique de l'unité, physical unit address; adresse symbolique de l'unité, symbolic unit address; affectation d'unité, hardware assignment; affectation symbolique des unités, symbolic device assignment; caractère de sélection d'unité, component select character; compteur des unités, unit counter; concurrence des unités, device correspondence; constante d'unité, device constant; contrôleur d'unités périphériques, unit record controller; contrôleur d'unités à disques magnétiques, mass storage controller; double unité de disquette, dual drive; erreur d'unité, device error; erreur de l'unité à disques magnétiques, mass storage peripheral device error; mise hors-service de l'unité de réception, receiver cutoff; mot de contrôle d'unité, unit control word; nom mnémonique d'unité, device mnemonic; nom symbolique de l'unité, symbolic device name; numéro d'unité logique, logical device number, logical device number; queue d'attente des unités disponibles, available unit queue; sous-unité, subunit; synchroniseur d'unité à bande, tape synchronizer; sélection d'unité, unit selection; sélection d'unités périphériques, peripheral unit selection; table d'unités logiques, logical device table; table des unités physiques, physical device table; temps d'unité centrale, mill time; terminal unité d'interrogation, inquiry unit; traductrice unité de conversion, conversion unit; type d'unité, device type; unité à affichage vidéo, video display unit (VDU); unité à bande, tape station; unité à bande perforée, paper tape unit, paper tape device; unité à bandes interchangeables, alternate tape drive; unité à cartes, card unit; unité à cartouche, cartridge drive; unité à chargeur, disk pack drive; unité à disques, disk device, disk drive; unité à disques magnétiques, mass storage unit; unité à disquette, floppy disk drive; unité à double dérouleur, dual deck tape; unité à liaisons multiples, multiple interface unit; unité à réponse vocale, vocal unit; unité à tambour, drum unit, magnetic drum unit; unité à tambour magnétique, magnetic drum unit; unité multichargeur, multiple disk drive; unité alphanumérique, alphanumeric unit; unité arithmétique, arithmetic unit, arithmetic section; unité arithmétique et logique, arithmetic and logic unit (ALU); unité arithmétique parallèle, parallel arithmetic unit; unité asservie, slave unit; unité auxiliaire, ancillary unit, secondary unit; unité binaire, binary unit, bit; unité binaire de quantité d'information, binary

unit of information content (Shannon); unité centrale, central unit, basic processing unit, mainframe; unité centrale (UC) de traitement, central processing unit (CPU); unité centrale de réserve, back-up processor; unité centrale de traitement, central data processor, mainframe computer; unité complémentaire, adjunct unit; unité d'adaptation, adapter unit, matching unit; unité d'adaptation de ligne, line adapter unit; unité d'adaptation des données, data phone data set; unité d'affectation, unit of allocation; unité d'affichage, visual display device; unité d'affichage alphanumérique, alphanumeric display unit; unité d'affichage analogique, analog display unit; unité d'affichage de chiffres, decimal display; unité d'affichage de données, data display unit; unité d'affichage graphique, graphic display unit; unité d'affichage numérique, digital display unit; unité d'affichage à tube à rayon cathodique, CRT display unit; unité d'alimentation secteur, power supply unit; unité d'amplification, amplifier unit; unité d'analyse de microfilm, film scanner; unité d'assemblage, assembly unit; unité d'enregistrement sur bande, tape encoder; unité d'entraînement de bande, tape drive unit; unité d'entraînement de cartouche, tape cartridge drive; unité d'entrée, input device; unité d'entrée manuelle, manual input unit; unité d'entrée système, system input unit; unité d'entrée/sortie, terminal device; unité d'entrées analogiques, analog input unit; unité d'horloge numérique, digital time unit; unité d'impression, print unit, printing unit, print mechanism; unité d'interface, interface unit, communication interface base; unité d'interface périphérique, peripheral interface unit (PIU); unité d'introduction de données, data entry equipment; unité d'introduction de données numériques, digital input device; unité d'introduction de paramètres, parameter input device; unité d'introduction des données, data input unit; unité d'élimination d'erreurs, error elimination unit; unité de bande magnétique, magnetic tape unit (MTU), magnetic tape drive; unité de base, basic unit; unité de calcul, calculating unit, computation module; unité de calcul en virgule flottante, scientific unit; unité de cartes magnétiques, magnetic card unit (MCU); unité de cassette, cassette drive; unité de charge, unit load; unité de chargement, loading device, loading unit; unité de commande, control unit, control section; unité de commande analogique, analog control unit; unité de commande centrale, main control unit; **unité de commande d'instructions,** program control unit; **unité de commande de bande,** tape control unit; **unité de commande de séquence,** sequence unit; **unité de commande de transmission,** transmission control unit; **unité de commande pupitre,** console control unit; **unité de commutation,** switch unit; **unité de comparaison,** comparison unit, comparing unit; **unité de compilation,** compilation unit; **unité de comptes magnétiques,** magnetic ledger unit; **unité de connexion,** interface switching unit; **unité de contrôle,** peripheral control unit (PCU), control unit; **unité de contrôle arithmétique,** arithmetic sequence unit; **unité de contrôle d'interface,** interface control unit; **unité de contrôle de communication,** communication control unit; **unité de contrôle de transmission,** data transmission control unit; **unité de contrôle de visualisation,** display control unit; **unité de couplage de périphérique,** peripheral control unit (PCU); **unité de couplage intercalculateur,** intercomputer communication unit; **unité de disque,** disk drive, disk transport, disk file unit; **unité de disque active,** current drive; **unité de disque dur,** fixed-disk device; **unité de disque magnétique,** magnetic disk unit, floppy disk drive; **unité de disques,** disk array; **unité de disquette,** disk drive; **unité de débit du trafic,** Erlang; **unité de décalage,** shift unit; **unité de démonstration,** demonstration device; **unité de fréquence,** Hertz (Hz); **unité de gestion des travaux,** job control device; **unité de lecture,** readout unit, read unit; **unité de mesure,** unit of measure; **unité de mémoire,** storage unit; **unité de mémorisation,** memory device; **unité de mémorisation complémentaire,** backing storage unit; **unité de perforation,** card punch unit; **unité de programme,** program unit; **unité de quantité d'information,** Hartley; **unité de relance,** restart unit; **unité de remplacement,** alternate device, alternative unit; **unité de retardement,** delay unit; **unité de réception,** stacker unit; **unité de réserve,** backup device, standby unit; **unité de saisie des données,** input preparation equipment; **unité de secours,** alternate device; **unité de sortie,** output unit; **unité de sortie analogique,** analog output device; **unité de sortie de données numérique,** digital output device; **unité de sortie des données,** data output unit; **unité de sortie du système,** system output unit; **unité de sortie vocale,** voice output unit, voice response unit; **unité de stockage à bande,** audio tape storage unit; **unité de synchronisation,** synchronizing unit; **unité de synchronisation tamponnée,** buffered synchronizer unit; **unité de système,** system unit; **unité de sélection,** selector unit; **unité de temps,** clock unit, time quantum; **unité de traitement,** processing unit, calculator unit, job step; **unité de traitement des instructions,** instruction processing unit; **unité de traitement source,** source unit; **unité de trame,** raster unit; **unité de transfert,** transfer unit; **unité de transmission,** transmission unit; **unité de transmission de données,** data communication unit; **unité de visualisation de base,** basic display unit (BDU); **unité décimale (quantité d'information),** decimal unit of information content; **unité dérivée,** derived unit; **unité enfichable,** pluggable unit; **unité fonctionnelle,** functional unit, function unit; **unité gestionnaire de mémoire,** memory management unit (MMU); **unité graphique,** graphic output unit; **unité interrogatrice,** requesting unit; **unité interrogée,** replying unit; **unité lexicale,** lexical unit; **unité logique,** logical unit, logic unit; **unité machine,** machine unit; **unité magnétique,** magnet assembly; **unité monodisquette,** single-floppy drive; **unité multifonction,** multifunction unit; **unité naturelle (de quantité d'information),** natural unit (of information content); **unité non affectée,** unassigned device; **unité physique,** physical unit, real drive; **unité principale,** main unit; **unité périphérique,** peripheral unit; **unité syntaxique,** syntactical unit; **unité terminale de ligne,** line termination unit; **unité virtuelle,** virtual unit.

**u n i v a l e n t :** univalent, one-valued.

**u n i v a l e n t e :** fonction univalente, one-valued function.

**u n i v e r s e l :** general, universal; **bus universel,** general-purpose interface bus (GPIB); **calculateur universel,** all-purpose computer, multipurpose computer; **circuit E/S synchrone universel,** universal synchronous asynchronous RX/TX (USART); **circuit E/S universel asynchrone,** universal asynchronous RX/TX (UART); **contrôleur universel,** universal control unit; **câble universel,** general-purpose trunk; **dépassement universel,** general overflow; **élément universel,** universal element; **ensemble des caractères universels,** universal character set; **ensemble universel,** universal set; **langage machine universel,** universal machine language; **ordinateur universel,** general-purpose computer; **quantificateur universel,** universal quantifier; **système de communication universel,** global communications system; **terminal universel,** universal terminal; **zone de dépassement universel,** general overflow area.

**universelle:** **barre universelle,** universal bar; **classification décimale universelle,** universal decimal classification; **coordonnée universelle,** world coordinate; **diode universelle,** universal diode; **interface universelle,** general-purpose interface; **souris universelle,** universal mouse.

**univoie:** **protocole univoie,** single-channel protocol.

**univoque:** **application bi-univoque,** one-to-one mapping; **fonction univoque,** single-valued function.

**uplet:** N-uplet, N-bit byte.

**urbain:** **appel urbain,** exchange call.

**urbaine:** **communication urbaine,** intercommunication.

**urgence:** **arrêt d'urgence,** emergency shutdown.

**urgent:** **travail urgent,** hot job.

**usage:** **fonction d'usage général,** utility function; **indication d'usage,** usage clause; **langage d'usage général,** general-purpose language; **ordinateur d'usage collectif,** multiuser computer; **processeur à usage général,** general-purpose processor; **registre d'usage général,** general-purpose register; **terminal à usage industriel,** industrial terminal; **terminal à usage multiple,** general-purpose terminal; **usage de l'écran,** screen-oriented; **usagé:** used, ragged.

**usager:** **catégorie d'usagers,** user class of service; **groupe fermé d'usagers,** closed user group; **usager ordinaire,** common user.

**usine:** plant, works.

**usuel:** common, usual.

**usure:** wear, attrition, wearout; **compensateur d'usure,** wear compensator; **défaillance par usure,** wearout failure; **résistant à l'usure,** wearproof; **usure de bande,** tape wear; **usure par frottement,** abrasion; **usure par utilisation,** wear and tear; **usure prévue,** anticipated attrition.

**utile:** useful; **binaire utile,** data bit; **bit utile,** information bit; **compteur de temps utile,** usage meter; **données utiles,** informative data; **débit utile,** useful throughput; **information utile,** useful information; **langage utile,** effective language; **longueur utile de ligne,** usable line length; **marge utile,** effective margin; **signal utile,** useful signal; **surface utile,** operating space; **surface utile d'écran,** screen area; **temps utile,** effective time.

**utilisable:** usable; **disquette utilisable en simple face,** single-sided diskette.

**utilisant:** **particularité utilisant l'écran,** screen-oriented feature.

**utilisateur:** user; **accès mono-utilisateur,** single-user access; **adresse du code utilisateur,** own code location; **appel de l'utilisateur,** user call; **association d'utilisateurs,** user process group; **bibliothèque des programmes utilisateur,** user library; **bibliothèque utilisateur,** private library; **circuit utilisateur,** line terminating circuit; **code utilisateur,** user code; **codification utilisateur,** own coding; **configuration utilisateur,** user configuration; **console utilisateur,** user console; **coordonnée de l'utilisateur,** user coordinate; **coordonnées définies par l'utilisateur,** user-defined coordinates; **demande de l'utilisateur,** user query; **données utilisateur,** user data; **défini par l'utilisateur,** user-defined; **dépendant de l'utilisateur,** user-dependent; **développé par l'utilisateur,** customer-developed; **environnement de l'utilisateur,** user environment; **environnement opérationnel utilisateur,** user operating environment; **espace mémoire de l'utilisateur,** user address space; **espace mémoire utilisateur,** user program area; **fichier du personnel utilisateur,** user attribute file; **fichier utilisateur,** user file; **fonction de l'utilisateur,** user function; **fonction définie par l'utilisateur,** user-defined function; **identification utilisateur,** user identification; **identité de l'utilisateur,** user identity; **instruction utilisateur,** user instruction; **label d'en-tête utilisateur,** user header label; **label d'identification utilisateur,** user volume label; **label de fin utilisateur,** user trailer label; **langage adapté à l'utilisateur,** user-oriented language; **langage de l'utilisateur final,** end user language; **logiciel de l'utilisateur,** user software; **manuel de l'utilisateur,** user's guide; **message utilisateur,** user message, user console typeout; **mode utilisateur,** user mode; **mono-utilisateur,** single user; **mot défini par l'utilisateur,** user-defined word; **mémoire utilisateur,** user memory; **mémoire utilisateur contrôlée,** controlled storage; **nom de l'utilisateur,** user name; **octet pointeur de l'utilisateur,** user flag byte; **poste utilisateur,** user terminal; **programme utilisateur,** user program, customer's program; **sortie de la séquence utilisateur,** own code exit; **sous-programme d'utilisateur,** user-provided routine; **sous-programme utilisateur,** own code routine; **sous-programme écrit par l'utilisateur,** user-written routine, own code module; **spécifique à l'utilisateur,** user-specific; **séquence de l'utilisateur,** own code; **tâche utilisateur,** user task, problem task; **utilisateur final,** end user; **utilisateur unique,** individual user; **zone de l'utilisateur,** user area; **zone utilisateur,** user field; **équipement de l'utilisateur final,** end user facility; **étiquette utilisateur,** user label.

**utilisation:** usage, use; **conflit d'utilisation,** contention method; **déclaration d'utilisation,** use declarative; **facteur d'utilisation,** duty cycle; **identificateur d'utilisation de données,** data use identifier; **instruction d'utilisation,** use statement; **licence d'utilisation du logiciel,** software license; **manuel d'utilisation,** operator manual; **mode d'utilisation,** operating procedure; **procédure d'utilisation,** use procedure; **taux d'utilisation de fichier,** file activity ratio; **taux d'utilisation extrême,** utilisation ratio upmost; **temps d'utilisation,** billable time; **usure par utilisation,** wear and tear; **utilisation de la ligne principale,** trunk utilisation; **utilisation de la mémoire,** storage utilisation; **utilisation machine,** machine employment; **utilisation optimale,** storage economy; **utilisation prioritaire,** foreground environment; **utilisation à long terme,** long term usage.

**utilisée:** mémoire la moins utilisée, least frequently used memory (LFU).

**utiliser:** use (to).

**utilitaire:** utility, service routine; **bande de programmes utilitaires,** utility tape; **contrôle du sous-programme utilitaire,** utility routine controller; **directive utilitaire,** utility command; **logiciel utilitaire,** utility package; **opération utilitaire,** utility operation; **phase d'exploitation du programme utilitaire,** utility session; **point de sortie vers programme utilitaire,** exit to user; **programme utilitaire de disque,** disk utility program; **programme utilitaire pour bande système,** system tape service routine; **routine utilitaire,** utility routine; **routines utilitaires de base,** basic services; **système de programmes utilitaires,** utility system; **utilitaire d'accès,** inquiry utility; **utilitaire de base,** basic utility; **utilitaire de décontamination,** disinfecting utility, disinfection utility; **utilitaire de décontamination automatique,** automatic disinfector utility; **utilitaire de service,** service utility; **utilitaire de tests pour programmeur,** programmer test utility; **utilitaire décontamineur,** disinfector; **utilitaire général,** general utility.

# V

**valable:** chiffre valable, valid digit.

**valence:** valence d'une modulation, number of significant conditions.

**valeur:** value; **appel par la valeur,** call by value; **arbre à valeurs minimales,** Huffman tree; **assignation de valeur,** value assignment; **attribut de valeur,** value attribute; **contrôle des valeurs limites,** marginal testing; **contrôleur de valeurs limites,** limit value monitor; **déclaration de valeur initiale,** data initialization statement; **générateur de valeur absolue,** absolute value device; **indication de valeur,** value clause; **liste des valeurs,** value part; **mettre à la valeur initiale,** initialize (to), initiate (to); **mise en valeur,** highlighting; **mise en valeur de zones d'écran,** highlighting capability; **problème de valeur limite,** boundary value problem; **représentation de la valeur absolue,** absolute value representation; **signe de valeur absolue,** absolute value sign; **valeur absolue,** absolute value, high value; **valeur analogique,** analog quantity, analog value; **valeur arbitraire,** arbitrary value; **valeur booléenne,** Boolean value; **valeur comptable,** booking value, book value; **valeur critique,** critical value; **valeur cumulée,** accumulated value; **valeur d'acceptation,** acceptance value; **valeur d'accès,** access value; **valeur d'accès de rotation,** access ring value; **valeur d'adresse,** address value; **valeur d'initialisation,** preset value, starting value; **valeur d'introduction,** input value; **valeur de base,** initial value; **valeur de classement,** sequence value; **valeur de comparaison,** comparative value, matching value; **valeur de contrôle,** check value; **valeur de crête,** crest value, crest factor; **valeur de déclenchement,** triggering value; **valeur de facteur,** factor value; **valeur de la liste d'indices,** subscript value; **valeur de la racine,** value of the root; **valeur de mesure,** measured value; **valeur de mise au repos,** dropout value; **valeur de pointe,** peak value; **valeur de proximité,** local value; **valeur de retombée,** release value; **valeur de référence,** reference value; **valeur de réglage,** correcting value; **valeur de seuil,** threshold value; **valeur donnée,** given value; **valeur du compteur,** count value; **valeur décisive,** decision content; **valeur effective,** effective value; **valeur exemplaire,** ideal value;

**valeur explicite,** driven value; **valeur faible,** low value; **valeur fixe,** inalterable value; **valeur fonctionnelle,** functional value; **valeur implicite,** assumed value, assumed option; **valeur inaltérable,** inalterable value; **valeur inconnue,** unknown term; **valeur incrémentale,** increment value, increment size; **valeur indicielle,** index value; **valeur indicée,** subscripted value; **valeur indéterminée,** undetermined value; **valeur initiale,** initial value; **valeur intermédiaire,** intermediate quantity; **valeur intégrale,** integral value; **valeur limite,** boundary value, filter value, limit of value; **valeur limite absolue,** absolute limiting value; **valeur logique,** logical value; **valeur masquée,** masked value; **valeur maxi/mini,** peak-to-peak value; **valeur moyenne,** average value, mean value; **valeur moyenne de calcul,** arithmetic mean value; **valeur moyenne du courant total,** average total value; **valeur nominale,** face value; **valeur nulle,** null value; **valeur numérique,** numerical quantity, numeric quantity; **valeur optimale,** optimum value; **valeur par défaut,** default value, assumed value; **valeur particulière,** particular value; **valeur réciproque,** reciprocal value; **valeur réelle,** true value, actual value; **valeur sans masque,** unmasked value; **valeur unitaire,** unit value; **valeur vraie,** truth value, truth; **valeur équivalente binaire,** binary equivalent value; **valeur à virgule fixe,** fixed-point value; **valeurs d'entrée,** type-ins; **valeurs de sortie,** type-outs; **ventilation des valeurs,** value distribution; **zone de valeur de clé,** key value field; **zone des valeurs,** value area.

**validation:** validation, validity, vetting; **bit de validation d'écriture,** data write permit bit; **commutateur de validation,** enable switch; **date de validation,** purge date, date-expired; **entrée de validation,** enable input; **impression de validation,** validation printing; **impulsion de validation,** enable pulse; **impulsion de validation de trame,** image enable pulse; **passage de validation,** vetting run; **signal de validation,** enabling signal; **signal de validation auteur,** authentication signal author; **touche de validation,** enter key; **validation de caractère,** character release; **validation de circuit,** chip enable; **validation de données,** data validation, data vet; **validation de l'enregistrement des données,** permit data write; **validation de l'écriture,** permit writing; **validation de poussoir,** button release; **validation forcée,** forced release.

**valide:** valid, uncorrupted; **caractère non valide,** improper character.

**validée:** sortie validée, status output ready.

**valider:** validate (to), vet (to), enable (to).

**validité:** validity; **attribut du secteur de validité,** scope attribute; **contrôle de validité,** validity checking; **contrôle de validité des caractères,** invalid character check; **contrôle de validité des perforations,** punch validity check; **erreur de validité,** validity error; **indicateur de validité,** availability indicator; **période de validité de fichier,** file retention period; **test de validité,** validity test, validity check; **test de validité alphabétique,** test alphabetic; **test de validité numérique,** numeric test; **validité des données,** data validity; **validité en virgule flottante,** significance mask.

**vallée:** valley, gulch; **vallée du silicium (Californie),** silicon gulch (Silicon Valley).

**valorisée:** analyse valorisée, value analysis.

**vaporisation:** spray.

**variable:** variable*; **accès variable,** variable access; **adressage variable,** indexed addressing; **adresse de variable,** variable address; **article de longueur variable,** variable-length item; **associer (variable ou adresse),** bind (to); **atténuateur variable,** step attenuator; **bloc de longueur variable,** variable-length block; **capacité d'une variable,** range of a variable; **champ de longueur variable,** variable-length field; **champ variable,** variable field; **conversion de format de variable,** casting; **données variables,** variable data; **déclaration de variable,** variable declaration; **dépassement de longueur variable,** variable-length overflow; **enregistrement de longueur variable,** variable-length record; **enregistrement à longueur variable,** variable-format record; **entraînement à vitesse variable,** variable-speed drive; **espacement variable des caractères,** variable-character pitch; **fichier des variables,** variable file; **fichier à enregistrements variables,** variable-length record file; **format de bloc variable,** variable-block format; **format variable,** variable format; **générateur de fonctions variables,** variable-function generator; **instruction d'affectation de variable,** variable-allocation statement; **instruction variable,** variable instruction; **ligne de codification variable,** expanded code line; **liste d'attente variable,** variable-queue list; **longueur de bloc variable,** variable-block length; **longueur de champ variable,** variable-field length; **longueur de mot variable,** variable-word length; **longueur variable,** variable length; **longueur variable d'article,**

variable-record length; **mantisse de longueur variable,** variable-length mantissa; **mot de variable,** variable word; **nom de variable,** variable name, variable identifier; **numération à séparation variable,** variable-point representation; **paramètre variable,** variable parameter; **partie variable,** variant part; **portée d'une variable,** range of a variable; **programmation variable,** variable programming; **pseudo-variable,** pseudovariable; **quantité variable,** variable quantity; **retard variable,** variable delay; **résistance variable,** variable resistor; **segment de longueur variable,** variable-length segment; **symbole de variable,** variable symbol; **symbole système variable,** system variable symbol; **temps d'accès variable,** variable-access time; **temps de cycle variable,** variable-cycle duration; **type de variable,** variable type; **variable absolue,** global variable; **variable aléatoire,** random variable; **variable arithmétique,** arithmetic variable; **variable artificielle,** artificial variable; **variable auxiliaire,** dummy variable; **variable binaire,** binary variable, two-valued variable; **variable bistable,** two-state variable; **variable booléenne,** Boolean variable; **variable bornée,** bounded variable; **variable caractère,** character variable; **variable commune,** shared variable; **variable conditionnelle,** conditional variable; **variable contrôlée,** controlled variable; **variable d'excitation,** actuating variable; **variable d'introduction,** input variable; **variable d'événement,** event variable; **variable de bouclage,** control variable; **variable de commande,** control variable, actuating variable; **variable de commutation,** switching variable; **variable de notation,** notation variable; **variable de pointeur,** pointer variable; **variable de réglage,** correcting variable; **variable de saisie,** capture variable; **variable de sortie,** output variable; **variable de tableau,** array variable, dimensioned variable; **variable de tâche,** task variable; **variable de zone,** area variable; **variable dépendante,** dependent variable; **variable en double précision,** double precision variable; **variable en simple précision,** single-precision variable; **variable fictive,** dummy variable; **variable fondamentale,** basic variable; **variable globale,** global variable; **variable indicée,** subscripted variable; **variable indéfinie,** undefined variable; **variable indépendante,** independent variable; **variable locale,** local variable; **variable logique,** logical variable, Boolean variable; **variable manipulée,** manipulated variable; **variable métasyntaxique (toto),** metasyntaxic variable (foo); **variable**

ordinaire, simple variable; **variable scalaire,** scalar variable; **variable statique,** static variable; **variable stochastique,** stochastic variable; **variable structurée,** structure variable; **variable à base,** based variable; **variable à virgule fixe,** fixed-point variable; **vitesse de sortie variable,** variable-output speed; **à programmation variable,** free programming configuration.

**v a r i a n c e :** variance; **analyse de la variance,** analysis of variance; **variance spatiale,** volume variance.

**v a r i a n t e :** variance coefficient.

**v a r i a t i o n :** variation; **variation de paramètre,** variation of parameter; **variation d'une fonction,** variation of a function; **variation de charge,** load change; **variation de flux par pouce,** flux changes per inch (FCPI); **variation de la tension réseau,** main voltage fluctuation; **variation de température,** temperature dependence; **variation de tension,** voltage variation, voltage change; **variation discrète,** step change; **variations secteur,** line voltage fluctuations.

**v e c t e u r :** vector*, one-dimensional array, stroke; **générateur de vecteur,** vector generator; **multiplication de vecteurs flottants,** floating-vector multiply; **vecteur d'erreur,** error vector; **vecteur de transfert,** transfer vector; **vecteur relatif,** relative vector, incremental vector; **vecteur unitaire,** unit vector, base vector; **vecteur visible,** unblanked vector; **vecteur à coordonnées absolues,** absolute vector.

**v e c t o r i e l :** vectorial; **calculateur vectoriel,** vector computer; **diagramme vectoriel,** vector diagram; **générateur vectoriel,** stroke generator; **générateur vectoriel de caractères,** stroke character generator; **habillage vectoriel,** vector clothing; **ordinateur vectoriel,** vectorial computer; **processeur vectoriel,** one-dimensional array* processor.

**v e c t o r i e l l e :** **addition vectorielle,** vector addition; **analyse vectorielle,** vector analysis; **fonte vectorielle,** vector font; **grandeur vectorielle,** vector quantity; **somme vectorielle,** vector sum.

**v e c t o r i s é :** vectored.

**v e c t o r i s é e :** **interruption vectorisée,** vectored interrupt; **interruption vectorisée prioritaire,** vector priority interrupt.

**v é h i c u l é e :** **erreur véhiculée,** conveying error.

**v é h i c u l e r :** convey (to).

**v e n d e u r :** vendor.

**V e n n :** Venn*; **diagramme de Venn,** Venn diagram.

**v e n t e :** selling, sale; **prix de vente effectif,**

actual selling price; **terminal point de vente,** point-of-sale terminal (POS); **vente par des moyens discrets,** soft selling.

**ventilateur:** blower, fan; **moteur de ventilateur,** blower motor; **pale de ventilateur,** fan blade; **ventilateur de dépression,** vacuum blower.

**ventilation:** apportionment; **coefficient de ventilation,** distribution coefficient; **fonction de ventilation,** distribution function; **grille de ventilation,** ventilation grille; **liste de ventilation,** breakdown listing, distribution list; **méthode de ventilation,** distribution method; **registre de ventilation des travaux,** job distribution register; **sous-programme de ventilation,** distribution routine; **système de ventilation,** blower assembly; **ventilation des messages,** mixed inquiry; **ventilation des temps d'attente,** waiting time distribution; **ventilation des travaux,** task sharing; **ventilation des valeurs,** value distribution; **ventilation regroupement,** scatter-gather.

**ventiler:** ventilate (to), apportion (to).

**verbe:** verb; **verbe de programmation,** verb name.

**vérificateur:** **vérificateur de bande,** tape verifier.

**vérification:** checkout, verifying, verification, audit; **bande de vérification,** control tape; **binaire de vérification,** check bit; **bit de vérification,** verify bit; **carte de vérification,** inspection detail card; **circuit de vérification,** checking circuit; **code de vérification de label disque,** disk label check code; **contre-vérification,** cross-validation; **dispositif de vérification,** verifying device; **double vérification,** duplicate mode; **fonction de vérification,** verify function; **instruction de vérification,** test instruction; **instruction de vérification d'écriture,** verify command; **journal de vérification,** audit log; **lecture de vérification,** verify reading; **liste de vérification,** audit list; **mode de vérification statique,** static test mode; **mode de vérification à l'écriture,** write verify mode; **problème de vérification,** check problem; **programme de vérification,** checking program, audit program; **routine de vérification,** check routine; **système de vérification automatique,** automatic check-out system; **séquence de vérification,** check frame; **total de vérification,** hash total; **vérification au clavier,** key verify; **vérification automatique,** automatic check; **vérification automatique des colonnes vierges,** automatic blank column verification; **vérification d'adresse,** address check; **vérification de carte,** card verifying; **vérifica-**

tion de l'enchaînement des documents, document position checking; **vérification de lecture,** brush compare check; **vérification de limites,** bounds checking; **vérification de matériel,** hardware check; **vérification de parité par caractère,** character parity check; **vérification de signe,** sign test; **vérification de transmission automatique,** automatic transfer checking; **vérification des perforations,** punch check; **vérification du cycle,** cycle check; **vérification du format,** format check; **vérification du nombre de perforations,** read registration check; **vérification en double,** duplicate operation check; **vérification horizontale,** crossfoot; **vérification manuelle (de code),** dry running; **vérification par retour,** echo checking, echo check; **vérification supplémentaire,** additional checking, auxiliary verification; **vérification visuelle,** sight check.

**vérificatrice:** verifier, card verifier; **vérificatrice à clavier,** key verifier; **vérificatrice à moteur,** motor-driven verifier.

**vérifiée:** **conversion non vérifiée,** unchecked conversion.

**vérifier:** check (to), verify* (to), test out (to); **vérifier par sommation,** checksum (to).

**vérité:** **table de vérité,** truth table, operation table.

**vernier:** index disk.

**verre:** glass; **ampoule de verre,** glass envelope; **soudure métal verre,** glass-to-metal seal.

**verrou:** latch; **verrou de blocage de l'entraînement de bande,** transport locking catch.

**verrouillable:** latchable, lockable.

**verrouillage:** latching, locking, interlocking, lockout; **bascule à verrouillage immédiat,** immediate latch; **bobine de relais de verrouillage,** latch trip coil; **bouton de verrouillage,** locking knob; **circuit de verrouillage,** latching circuit, latch circuit; **cliquet de verrouillage,** interlock lever; **commutateur de verrouillage,** interlock switch; **contact de verrouillage,** disabling contact, latch contact; **contact de verrouillage de case,** pocket stop contact; **engrenage de verrouillage,** detent gear; **languette de verrouillage,** latch trip; **loquet de verrouillage du cylindre d'impression,** platen latch; **mot de verrouillage,** lockword; **option de verrouillage,** lock option; **pignon de verrouillage,** detent gear wheel; **touche de verrouillage,** lock key; **verrouillage de brosse,** brush interlock; **verrouillage de clavier,** keyboard lock; **verrouillage de perforation,** punch interlock; **verrouillage de sécurité,**

**safety interlock**; verrouillage des touches, keylock; **verrouillage du défilement**, scroll lock; **verrouillage temporel de clavier**, keyboard time out.

**verrouillé**: locked, nonaccessible; **bus verrouillé**, latched bus.

**verrouiller**: latch (to), lock (to), interlock (to).

**versement**: formulaire de versement, deposit slip.

**version**: version, release; **version actualisée**, update; **version améliorée**, improved version, beef-up version; **version augmentée**, beef-up release; **version bande**, tape version, tape option; **version de compilateur**, compiler version; **version de fichier**, file version; **version double file**, dual job stream version; **version mise à jour**, update; **version personnalisée**, special version; **version réduite**, downgraded version; **version suivante**, subsequent release.

**verso**: alimentation verso, face-up feed.

**vert**: green; **Rouge Vert Bleu (RVB)**, Red Green Blue (RGB); **numéro vert**, toll free number.

**vertical**: vertical; **axe vertical d'un caractère**, character center line; **balayage vertical**, vertical sweep; **bus vertical**, branch highway; **défilement vertical**, vertical scroll, vertical slip; **entraînement vertical**, vertical feed; **format vertical**, vertical format, portrait; **pas vertical**, vertical spacing; **réglage précis vertical**, vertical vernier; **tri vertical**, heap sort.

**verticale**: colonne verticale, vertical column; **commande verticale**, vertical control; **contrôle de parité verticale (paire)**, vertical parity check; **contrôle de redondance verticale (parité paire)**, vertical redundancy check (VRC); **déviation verticale**, vertical deflection; **flèche verticale**, vertical arrow; **intégration verticale**, vertical integration; **ligne verticale**, vertical line; **parité verticale**, vertical parity; **tabulation verticale**, vertical tabulation (VT), vertical tab.

**verticaux**: densité de pas verticaux, vertical line spacing; **fils verticaux**, vertical wires.

**veuve**: widow; **traitement des veuves**, widow processing, widow control.

**viabilité**: viability.

**vibration**: vibration; **amortisseur de vibrations**, shock absorber, shock mount; **essai aux vibrations**, vibration test; **sans vibration**, vibration-free.

**vibrer**: yank (to), flutter (to).

**vibreur**: amplificateur à vibreur, chopper amplifier; **vibreur sonore**, buzzer.

**vice**: vice caché, latent defect.

**vidage**: dump, dumping, purge, deposit; bande de vidage, dump tape; **contrôle de vidage**, dump check; **débogage par vidage**, dump cracking; **fichier de vidage**, dump file; **fichier de vidage sélectif**, select output file; **gestionnaire de vidage**, dumper; **mémoire de vidage**, bump memory; **poussoir de vidage de piste**, run-out key; **programme de vidage de mémoire**, storage print program; **routine de vidage**, dump routine; **sous-programme de vidage mémoire**, memory dump routine; **vidage accidentel**, disaster dump; **vidage après abandon**, abort dump; **vidage après arrêt système**, system shutdown dump; **vidage après mouvements**, change dump; **vidage binaire**, binary dump; **vidage de la bande**, tape dump; **vidage de la mémoire**, core dump; **vidage de la mémoire à tores**, core storage dump; **vidage de mémoire**, data dump; **vidage de secours**, rescue dump; **vidage des points de reprises**, checkpoint dump; **vidage du tambour**, drum dump; **vidage dynamique**, dynamic dump; **vidage dynamique de mémoire**, dynamic memory dump; **vidage dynamique de zone**, snapshot dump; **vidage mémoire final**, terminal mass storage dump; **vidage partiel de la mémoire**, storage snapshot; **vidage pixel par pixel**, pixel-by-pixel dump; **vidage programmé**, programmed dump; **vidage statique**, static dump; **vidage sur disque**, disk dump; **vidage sélectif**, selective dump; **vidage-reprise**, dump and restart.

**vide**: empty, vacuum; **adresse vide**, blank address; **article vide**, empty record; **bande vide**, empty tape, blank tape; **bloc vide**, dummy block; **cadre vide**, hollow box; **cercle vide**, hollow circle; **champ vide**, unfilled-in field; **chaîne vide**, empty string, null string; **cycle vide**, idle running stroke; **cycle à vide**, blank cycle; **ensemble vide**, empty set, null set; **espace vide**, vacancy; **marche à vide**, idling cycle; **mot vide**, empty word; **support vide**, empty medium, blank medium, virgin medium; **tourner à vide**, idle (to), run idle (to); **tube à vide**, vacuum tube, valve; **zone vide**, clear zone.

**vidéo**: video, videofrequency; **affichage vidéo type télévision**, raster scan video display; **alignement vidéo**, video clamp; **amplificateur vidéo**, video amplifier; **balayage vidéo**, videoscan; **bande vidéo**, video tape; **contrôleur d'écran vidéo**, video chip; **générateur vidéo**, video generator; **image vidéo**, video image; **image vidéo fixe**, still image video; **interface vidéo**, video interface; **jeu vidéo de salle,** video arcade game; **largeur de bande vidéo,** video bandwidth; **logiciel de distraction vidéo,** video entertainment software; **moniteur vidéo,** video monitor; **mémoire vidéo,** video buffer; **mémoire-image de l'affichage vidéo,** video display image; **numériseur vidéo,** video digitizer; **quantificateur vidéo,** video digitizer; **signal vidéo,** video signal; **somme vidéo,** video sum; **sonde vidéo,** video probe; **terminal vidéo,** video terminal, video data terminal; **unité à affichage vidéo,** video display unit (VDU); **vidéo inverse,** reverse video, inverse video; **vidéo brute,** raw video; **vidéo inverse,** reverse video; **écran de vidéo,** video device; **écran vidéo,** video screen.

**v i d é o f r é q u e n c e :** videofrequency.

**v i d é o g r a p h i e :** videography*; **la vidéographie,** videographics; **lecteur de documents par vidéographie,** videoscan document reader; **vidéographie conversationnelle,** interactive computer graphics; **vidéographie dialoguée,** interactive videography, viewdata; **vidéographie diffusée,** broadcast videography; **vidéographie interactive,** teletext, videotex.

**v i d é o t e x :** videotex*, interactive videography, viewdata*.

**v i d é o t e x t e :** videotext*.

**v i d é o t r a c e :** screen copy.

**v i d e r** (to): dump (to), purge (to), vacate (to).

**v i e :** life; **durée de vie,** useful life; **durée de vie de la tête,** head life; **durée de vie moyenne acceptable,** acceptable mean life; **espérance de vie,** life expectancy; **système à vie plus étendue,** extended system life span.

**v i e i l l i s s e m e n t :** ageing; **test de vieillissement,** ageing test; **vieillissement accéléré,** accelerated ageing; **vieillissement anticipé,** anticipated attrition; **vieillissement prévu,** planned obsolescence.

**v i e r g e :** virgin; **bande magnétique vierge,** virgin magnetic tape; **bande vierge,** virgin tape, blank tape; **carte vierge,** blank card, dummy card; **colonne vierge,** blank column; **colonnes consécutives vierges,** consecutive blank columns; **dispositif détecteur de colonnes vierges,** blank column detection device; **détecteur de colonnes vierges,** blank column detector; **recherche de colonnes vierges,** blank column detection; **rouleau vierge,** blank coil; **support vierge,** virgin medium, empty medium, blank medium; **vérification automatique des colonnes vierges,** automatic blank column verification; **zone vierge,** clear band; **éti-**

**quette vierge,** dummy header.

**v i l l e :** city.

**v i n g t :** twenty; **quatre-vingt-dix,** ninety; **quatre-vingts,** eighty.

**v i o l a t i o n :** violation; **violation de la protection,** protection violation.

**v i r a g e :** turn-in channel.

**v i r g u l e :** comma, arithmetic point, variable poit, point; **accumulateur en virgule flottante,** floating-point accumulator; **addition en virgule fixe,** fixed-point addition; **addition en virgule flottante,** floating-point addition, floating add; **alignement automatique sur la virgule décimale,** automatic decimal alignment; **alignement sur la virgule,** point alignment; **arithmétique en virgule fixe,** fixed-point arithmetic; **arithmétique en virgule flottante,** floating-point arithmetic; **arithmétique en virgule flottante câblée,** hardware floating-point arithmetic; **arithmétique en virgule flottante décimale,** floating-decimal arithmetic; **binaire en virgule fixe,** fixed-point binary; **cadrage de la virgule décimale,** decimal point alignment; **cadrage de virgule décimale,** decimal point alignment; **calcul en virgule fixe,** fixed-point calculation; **calcul en virgule flottante,** floating-point calculation; **calcul à virgule flottante programmée,** programmed floating-point operation; **constante en virgule flottante simple précision,** short precision floating-point constant; **constante en virgule fixe,** fixed-point constant; **constante à virgule flottante,** floating-point constant; **coprocesseur de calcul en virgule flottante,** scientific subprocessor; **division en virgule flottante,** floating-point division, floating divide; **division à virgule fixe,** fixed-point division; **décalage de la virgule,** point shifting; **dépassement en virgule fixe,** fixed-point overflow; **erreur de virgule flottante,** floating-point fail; **instruction de calcul en virgule flottante,** scientific instruction; **instruction en virgule flottante,** floating-point instruction; **instruction à virgule fixe,** fixed-point instruction; **longueur de mot à virgule fixe,** fixed-point word length; **mantisse en virgule flottante,** floating-point mantissa; **multiplication en virgule flottante,** floating-point multiplication, floating multiply; **nombre en virgule fixe,** number in fixed point representation; **nombre en virgule flottante,** floating-point number; **nombre à virgule fixe,** fixed-point number; **notation en virgule fixe,** fixed-floating-point format; **opération automatique en virgule flottante,** automatic floating-point operation; **opération en virgule fixe,** fixed-point operation; **opération en virgule flottante,**

floating-point operation, flop; **opérations en virgule flottante par seconde,** floating-point operation per second (FLOPS); **organe de calcul en virgule flottante,** scientific feature; **point-virgule,** semicolon ';'; **position de la virgule,** point position; **position de la virgule décimale,** power-of-ten position; **positionnement automatique de virgule décimale,** automatic decimal point; **positionnement de la virgule,** point setting; **processeur en virgule flottante,** floating-point processor (FPP); **progiciel en virgule flottante,** floating-point package; **programme en virgule flottante,** floating-point routine; **rang de la virgule,** radix point; **registre à virgule flottante,** floating-point register; **représentation en virgule flottante,** floating-point representation; **reste de division en virgule flottante,** floating-divide remainder; **sous-programme de calcul en virgule flottante,** floating-point subroutine; **soustraction en virgule flottante,** floating-point subtraction; **soustraction à virgule fixe,** fixed-point subtraction; **suppression de virgule,** comma suppression; **système à virgule fixe,** fixed-point system; **système à virgule flottante,** floating-point system; **traitement en virgule fixe,** fixed-point computation; **traitement en virgule flottante,** floating-point computation; **type à virgule fixe,** fixed-point type; **type à virgule flottante,** floating-point type; **unité de calcul en virgule flottante,** scientific unit; **valeur à virgule fixe,** fixed-point value; **validité en virgule flottante,** significance mask; **variable à virgule fixe,** fixed-point variable; **virgule binaire,** binary point, assumed binary point, digit period; **virgule binaire implicite,** implied binary point; **virgule de délimitation,** demarcation comma; **virgule de séparation,** comma delimiter; **virgule décimale,** decimal point, decimal floating point; **virgule décimale présumée,** implied decimal point; **virgule décimale réelle,** actual decimal point; **virgule finale,** terminating comma; **virgule fixe,** fixed point, fixed-decimal point; **virgule flottante,** floating point, floating-decimal decimal; **virgule flottante en double précision,** double precision floating point; **virgule flottante en multiple précision,** long-form floating point; **virgule flottante simple précision,** single-precision floating point; **virgule hexadécimale,** hexadecimal point; **virgule programmée,** assumed decimal point.

**v i r t u e l :** virtual; **adressage virtuel,** virtual addressing; **calculateur virtuel,** virtual computer; **circuit virtuel,** virtual circuit; **circuit virtuel commuté,** switched virtual circuit; **circuit virtuel permanent,** permanent virtual circuit; **disque virtuel,** virtual disk, virtual drive, RAM disk; **espace virtuel,** virtual space; **fichier virtuel,** virtual file; **logiciel pour disque virtuel,** RAM disk software; **mode virtuel,** virtual mode; **méthode à accès virtuel,** virtual access method (VAM); **périphérique virtuel,** virtual device; **système d'exploitation virtuel,** virtual operating system (VOS); **terminal virtuel,** virtual terminal, image terminal.

**v i r t u e l l e :** **adresse virtuelle,** virtual address; **communication virtuelle,** virtual communication, virtual call; **connexion virtuelle,** virtual connection; **entrée/sortie virtuelle,** virtual input/output (VIO); **gestion de la mémoire virtuelle,** virtual storage management (VSM); **machine virtuelle,** virtual machine, virtual computing system; **mémoire virtuelle,** virtual memory (VM), virtual storage; **partition virtuelle,** virtual hole; **service de communication virtuelle,** virtual call facility; **touche virtuelle,** light button, virtual push button; **unité virtuelle,** virtual unit; **zone virtuelle partagée,** shared virtual area.

**v i r u s :** virus(es), infector; **détection de virus,** virus detection; **infection par virus,** virus infection; **répertoire des virus,** virus directory; **virus connus,** known viruses; **virus identifiés,** identified viruses; **virus inconnu,** unknown virus; **virus programmé,** encrypted virus.

**v i s é e :** **cercle de visée,** aiming circle; **champ de visée,** aiming field; **fenêtre de visée,** viewing window.

**v i s i b i l i t é :** visibility.

**v i s i b l e :** unblanked; **faisceau visible,** unblanked beam; **vecteur visible,** unblanked vector.

**v i s i o p h o n e :** visual telephone.

**v i s i t e :** **trappe de visite,** inspection hole, trap door.

**v i s u :** display device; **visu simple trame,** noninterlaced display; **visu à balayage cavalier,** calligraphic display; **visu à quadrillage,** raster display device.

**v i s u a l i s a b l e :** viewable; **données visualisables,** viewable data.

**v i s u a l i s a t i o n :** display, viewing, visal display, previewing; **affichage sur écran de visualisation,** visual information projection; **attribut de visualisation,** display enhancement; **champ de visualisation,** display field, display area; **champ réservé de visualisation,** display background; **console de commande à écran de visualisation,** visual information control console; **console de visualisation,** display console, data display, display unit; **dispositif de visualisation,** visual indicator mechanism; **écran de visualisation,** display unit, display screen, viewing screen; **écran de visualisation alphanumérique,** alphameric display tube; **écran de visualisation individuel,** single-station display; **sous-système à écran de visualisation,** visual information projection subsystem; **surface de visualisation,** display surface; **sélecteur d'écran de visualisation,** display switch; **terminal de visualisation,** visual display unit; **terminal de visualisation de données,** data processing terminal equipment; **unité de contrôle de visualisation,** display control unit; **unité de visualisation de base,** basic display unit (BDU); **visualisation adaptée à la gestion,** business-oriented display; **visualisation dite de trame,** raster type display; **visualisation en mode cavalier,** vector mode display; **visualisation graphique,** graphic display; **zone de visualisation,** display area.

**v i s u a l i s e r :** display (to), visualize (to), view (to); **fichier à visualiser,** display file.

**v i s u e l :** visual, display device; **contrôle visuel,** visual check, peek-a-boo check; **contrôle visuel à la saisie,** visual input control; **point de référence visuel,** view reference point; **test visuel,** visual test; **visuel de corrélation,** cross-display unit; **visuel de données,** data display device; **visuel à balayage de trame,** raster display device; **visuel à caractères,** reafout device, character display; **visuel à mémoire,** storage display; **visuel à écran plat,** flat screen display.

**v i s u e l l e :** fatigue visuelle, visual strain; inspection visuelle, visual inspection; opération visuelle, peek-a-boo operation; transformation visuelle, viewing transformation; vérification visuelle, sight check.

**v i t e s s e :** speed, velocity; **adaptation de la vitesse de transmission,** autobaud; **adapter les vitesses de transmission,** speed buffer (to); **augmenter la vitesse,** speed up (to); **basse vitesse,** low-speed; **capteur de vitesse,** speed sensor; **commande de vitesse,** speed control; **entraînement à vitesse variable,** variable-speed drive; **exploitation à basse vitesse,** low-speed operation; **grande vitesse,** high speed; **ligne à faible vitesse,** low-speed line; **limitation de la vitesse,** speed reduction; **mémoire à grande vitesse,** high-speed memory; **régulateur de vitesse,** speed regulator; **sélection de la vitesse de transmission,** line speed option; **transmission à grande vitesse,** high data rate; **vitesse angulaire,** angular velocity; **vitesse d'accès,** access speed; **vitesse d'addition,** adding speed; **vitesse d'entraînement,** feed rate; **vitesse d'entraînement papier,** feedrate; **vitesse d'entrée,** input rate, input speed; **vitesse d'exploration,** scanning speed; **vitesse d'horloge,** clock rate; **vitesse d'impression,** printing rate, print rate; **vitesse d'impression de lignes,** line speed; **vitesse d'introduction,** input speed, input rate; **vitesse d'opération,** operation rate, operating speed; **vitesse d'un cycle de base,** memory speed; **vitesse d'écriture,** writing speed, write rate; **vitesse de balayage,** scan rate, slew rate; **vitesse de bande,** tape speed; **vitesse de base,** raw speed; **vitesse de calcul,** computing speed, calculating speed; **vitesse de circulation de l'information,** information flow rate; **vitesse de commutation,** switching speed; **vitesse de comptage,** counting rate; **vitesse de conversion,** conversion speed; **vitesse de défilement,** take-off speed, conveying speed; **vitesse de déplacement,** drift velocity; **vitesse de flottement,** flutter speed; **vitesse de frappe,** typing speed, typing rate, keying speed; **vitesse de groupe,** group velocity; **vitesse de lecture,** reading speed, read speed, reading rate; **vitesse de manipulation,** key speed; **vitesse de modulation,** modulation speed; **vitesse de perforation,** punching rate, punching throughput; **vitesse de perforation des cartes,** card punching rate; **vitesse de phase,** phase velocity; **vitesse de positionnement,** floating speed; **vitesse de rafraîchissement,** refresh rate, regeneration rate; **vitesse de rafraîchissement d'image,** display refresh rate; **vitesse de recherche,** searching speed; **vitesse de rembobinage,** rewind speed, take-up speed; **vitesse de rotation,** rotational speed, rotating speed; **vitesse de rotation optimale,** flying speed; **vitesse de répétition,** repetition rate; **vitesse de scanage,** scanning rate; **vitesse de signalisation,** signaling speed; **vitesse de sortie,** output speed; **vitesse de sortie variable,** variable-output speed; **vitesse de tabulation,** tab list, total list speed; **vitesse de totalisation,** accumulating speed; **vitesse de tracé,** drawing rate; **vitesse de traitement,** processing speed, operation speed; **vitesse de trame,** frame rate; **vitesse de transfert,** transfer rate, data transmission rate; **vitesse de transfert maximal,** maximum transfer rate; **vitesse de transmission,** transmission speed, signaling rate, baud rate; **vitesse de transmission de données,** data rate; **vitesse de transmission des caractères,** character transfer rate; **vitesse de transmission effective,** effective data transfer rate; **vitesse de tri,** sorting speed; **vitesse du tambour,** drum speed; **vitesse en liste,** list speed; **vitesse moyenne,** medium speed; **vitesse nominale,** rated speed; **vitesse normale de fonctionnement,** free-running speed; **vitesse opérationnelle,** operation speed.

**v i v e :** **mémoire vive,** random access memory (RAM), computing store; **mémoire vive dynamique,** dynamic random access memory (DRAM).

**v o c a b u l a i r e :** vocabulary; **saisie de vocabulaire,** vocabulary logging; **vocabulaire évolué,** sophisticated vocabulary.

**v o c a l :** vocal; **canal vocal,** speech channel; **dispositif vocal d'activation,** voice-actuated device; **interface vocale,** voice interface; **répondeur vocal,** audio response unit (ARU); **synthétiseur vocal,** voder; **terminal vocal,** vocal terminal; **traitement vocal,** voice processing.

**v o c a l e :** **circuit pour reproduction vocale,** speech chip; **classe sous-vocale,** telegraph-grade; **clavier à fréquences vocales,** Touchtone; **communication vocale,** voice communication; **compression vocale,** voice compression; **de classe vocale,** voice-grade; **entrée vocale,** voice input; **fréquence vocale,** voice frequency; **ligne vocale,** voice line; **ordinateur à réponse vocale,** voice response computer; **reconnaissance vocale,** speech recognition, voice recognition; **réponse vocale,** audio frequency response; **réponse vocale réceptionnée,** received voice answer; **réponse vocale émise,** transmitted voice answer; **sortie de fréquence vocale,** voice frequency output; **sortie vocale,** voice output, voice response; **station de réponse vocale,** audio station; **station vocale,** audio terminal; **synthèse vocale,** voice synthesis; **système de réponse vocale,** audio response system; **tampon de sortie vocale,** voice output buffer; **télégraphie à fréquence vocale,** telegraphy voice frequency; **unité de sortie vocale,** voice output unit, voice response unit; **unité à réponse vocale,** vocal unit.

**v o c o d e u r :** vocoder.

**v o i e :** channel, trunk; **adaptateur de voie synchrone,** synchronous channel adapter; **amplificateur de voie,** channel amplifier; **bande passante de voie,** channel passband; **bloc d'adresse de voie,** home address record; **capacité d'une voie,** channel capacity; **changement de voie erronée,** defective track recovery; **correction d'erreur sans voie retour,** forward error correction (FEC); **diaphonie entre voies adjacentes,** adjacent channel interference; **distributeur de voies,** line splitter; **facteur de voie,** way factor; **longueur de voie,** track length; **multiplexeur de voie de données,** data channel multiplexer; **occupation de voie,** channel loading; **octet d'état de voie,** channel status byte; **pseudo-adresse de voie,** dummy home address; **répétition par voie de déroutement,** alternate path retry; **répétition par voie de déviation,** alternate route retry; **scrutateur de voies,** scanner channel; **système à voies bifilaires,** two-wire system; **type de voie,** channel type; **voie analogique,** analog channel; **voie autorisée,** authorized path; **voie bidirectionnelle,** duplex channel; **voie bifilaire,** two-wire channel; **voie binaire symétrique,** symmetric binary channel; **voie d'accès,** pathway; **voie d'acheminement,** routing channel, transport route; **voie d'acheminement inoccupée,** free routing; **voie d'acquittement,** verification channel; **voie d'aller,** forward channel; **voie d'enchaînement,** linkage path; **voie d'enregistrement,** recording track; **voie d'entrée/sortie,** input-output channel; **voie d'information,** information track, code track, code hole track; **voie de canal,** channel path; **voie de communication,** communication channel; **voie de contrôle du réseau,** network control channel; **voie de données,** data channel, information channel; **voie de déroutement,** channel trap, alternate path; **voie de faisceau,** beam path; **voie de masques,** extraction path; **voie de protection,** protection channel; **voie de raccordement,** connecting circuit; **voie de retour,** backward channel, return channel; **voie de service,** order wire; **voie de sortie,** output channel; **voie de synchronisation,** synchronous idle channel; **voie de transmission,** communications channel, transmission link; **voie descendante (satellite),** downlink; **voie directe,** down channel; **voie dérivée en fréquence,** frequency-derived channel; **voie dérivée en temps,** time-derived channel; **voie erronée,** defective track; **voie initiale,** original track; **voie inutilisée,** unused track; **voie montante (satellite),** uplink; **voie multiplex,** multiplexor channel; **voie non affectée,** unassigned track; **voie occupée,** engaged channel; **voie retour,** up channel; **voie semi-duplex,** half-duplex channel; **voie téléphonique,** telephone channel, voice channel.

**v o i x :** voice; **annonce par voix enregistrée,** recorded voice announcement; **synthétiseur de voix,** voice synthesizer; **synthétiseur de voix pour ordinateur,** talking computer voice synthesizer; **voix robotique,**

dalek voice.

**vol:** flight, snooping, stealing; **balayage au vol,** flying spot scan; **durée de vol du marteau d'impression,** hammer flight time; **simulateur de vol,** flight simulator; **vol de cycle,** cycle stealing, cycle sharing.

**volante: tête volante,** flying head.

**volatil:** volatile; **non volatil,** nonvolatile.

**volatile: mémoire dynamique volatile,** volatile dynamic storage; **mémoire non volatile,** nonvolatile memory; **mémoire volatile,** volatile memory.

**volatilité:** volatility*; **volatilité de mémoire,** storage volatility.

**volée: imprimante à la volée,** hit-on-the-fly printer; **imprimer à la volée,** print-on-the-fly (to).

**voler:** fly (to), glide.

**voltmètre:** voltmeter; **voltmètre à diode,** electronic voltmeter.

**volume:** volume, disk contents; **carte de décalage de volume,** volume displacement card; **catalogue de volumes,** volume catalog; **changement de volume,** volume switching; **contrôle de volume,** gain control; **contrôle du nom de volume,** volume name check; **contrôle sequentiel de volume,** volume sequence check; **effacement de volume,** volume cleanup; **groupe de volumes,** volume group; **identification de volume,** volume identification; **label d'en-tête de volume,** volume header label; **label de volume,** volume label; **label fin de volume,** volume trailer label; **liste des volumes,** volume list; **mise en forme de volume,** volume preparation; **numéro de volume,** volume serial number (VSN); **piste de label de volume,** volume label track; **réglage de volume,** volume control; **transfert de volumes,** volume mapping; **type de volume,** volume type; **volume d'entrée,** input quantity; **volume de données,** volume of data, amount of data;

**volume de vue,** view volume; **étiquette de volume de bande,** tape volume label.

**voué: temps voué aux essais,** make-up time.

**voûte: clé de voûte,** keystone.

**voyage:** trip, travel.

**voyant:** display light, light indicator; **voyant d'affichage de bits,** bit display light; **voyant d'alerte,** warning lamp; **voyant d'appel,** request light; **voyant de contrôle,** checking light; **voyant de contrôle d'erreur,** error light, error sense light; **voyant de signalisation,** indicator light; **voyant indicateur de cheminement,** carry light; **voyant lumineux,** indicator lamp, signal light; **voyant prêt,** ready light.

**voyelle:** vowel.

**vrac: fichier en vrac,** unclassified file.

**vrai:** true; **complément vrai,** true complement.

**vraie: valeur vraie,** truth value, truth.

**vraisemblance:** plausibility; **comparateur de vraisemblance,** limit comparator; **contrôle de vraisemblance,** plausibility check; **test de vraisemblance,** credibility test.

**vue:** view, sight, display frame; **plan de vue,** view plane; **point de vue,** view point; **prise de vue,** shot; **traité à vue,** sight draft; **volume de vue,** view volume; **vue conceptuelle,** paradigm; **vue d'ensemble,** total view; **vue en coupe,** sectional view; **vue de côté,** side view; **vue de dessous,** bottom view, underside view; **vue de dessus,** top view; **vue éclatée,** exploded view, blow-up view.

**vulgaire:** vulgar; **fraction vulgaire,** vulgar fraction, common fraction; **logarithme vulgaire,** common logarithm.

**vulnérable: installation vulnérable,** soft structure.

# W

**Watt:** watt.

**wattmètre:** power meter.

**Williams: mémoire à tubes de Williams,** flying spot storage.

**Winchester:** Winchester*; **disque Winchester,** Winchester disk; **disque de technologie Winchester,** Winchester technology disk; **système à disque (dur) Winchester,** Winchester disk system.

# X

**X :** interface X-400, X-400 interface; **perforation X,** X-punch; **protocole X.25,** X.25 protocol; **rayon X,** X-ray; **traceur X-Y,** X-Y plotter.

**xérographie :** xerography.

**xérographique :** xerographic; imprimante xérographique, xerographic printer; **processus d'impression xérographique,** xerographic printing.

**Xmodem :** protocole (de transmission) **XMODEM,** XMODEM protocol.

**xyz :** espace xyz, xyz space.

# Y

**Y :** perforation Y, Y punch; **traceur X-Y,** X-Y plotter; **coordonnée Y,** Y-coordinate.

# Z

**Zener :** Zener; claquage par effet zener, Zener breakdown; **courant Zener,** Zener current; **courbe de Zener,** Zener slope; **effet Zener,** Zener effect; **tension Zener,** Zener voltage.

**zéro :** zero, nought, null; **à base zéro,** base zero; **adresse de niveau zéro,** zero-level address; **adresse relative à zéro,** zero relative address; **ajustement du point zéro,** zero adjustment; **ajustement du zéro,** zero balancing; **autovérification des zéros cadrés à gauche,** automatic left zero verification; **bit de zéro (du registre d'instruction),** zero bit; **bouton de remise à zéro,** reset button; **branchement conditionnel à zéro,** branch on zero; **caractère de suppression de zéros,** zero suppression character; **code de remise à zéro,** return-to-zero code; **complément à zéro,** noughts complement; **condition de remise à zéro,** reset condition; **condition zéro,** nought state; **contrôle zéro,** zero check; **coupure du zéro,** zero-crossing; **différent de zéro,** nonzero; **dispositif de remise à zéro,** resetting device; **drapeau de zéro,** zero flag; **décalage du point zéro,** zero shift; **décalage du zéro,** zero offset; **dérive du point zéro,** null drift; **détection de zéro,** zero detection; **élimination de zéros,** zero elimination; **état zéro,** zero state, zero condition; **enregistrement polarisé avec retour à zéro,** polarized return to zero recording; **enregistrement sans retour à zéro,** non-return-to-zero recording (NRZ); **enregistrement zéro,** record zero; **fanion de zéro,** zero balance indicator; **garnir de zéros,** zeroize (to); **garnissage de zéros,** zero fill; **impression de zéros à gauche,** left zero print; **impression des zéros à gauche,** high-order zero printing; **impulsion de remise à zéro,** reset pulse; **indicateur de zéro,** zero indicator; **indicateur de zéro (d'égalité),** equality zero indicator, equal zero indicator; **insertion de zéros,** zero insertion; **insertion de zéros,** zero insert; **instruction de mise à zéro,** reset instruction; **interruption à zéro,** zero count interrupt; **ligne de mise à zéro,** reset line; **ligne de zéro,** base line; **mettre à zéro,** zero out (to), turn off (to); **mise à zéro,** zero setting; **multiplicateur zéro,** zero multiplier; **méthode de retour à zéro,** pulse recording method; **non-retour à zéro,** non-return to zero (NRZ); **passer à zéro,** roll over (to); **piste zéro,** zero track; **pointeur zéro,** nil pointer; **preuve par zéro,** zero proof; **remettre à zéro,** clean (to); **remise à zéro,** reset to zero, restore, resetting, reset; **remise à zéro de cycle,** cycle reset; **remise à zéro de la mémoire,** core flush; **remise à zéro du compteur,** counter clearing; **remise à zéro générale,** general reset; **remplir de zéros,** zero fill (to); **remplissage avec des zéros,** secondary space clearing; **retenue zéro,** nil report; **retour à zéro,** return to zero, dipole recording method; **signal de remise à zéro,**

reset signal; **signal de sortie zéro,** zero output signal; **signal de zéro,** nought output; **sortie zéro,** zero output; **suppression de zéros,** zero blanking, zero suppression, zero deletion; **suppression des zéros de tête,** blanking zero; **test de zéro,** zero balance test, zero test; **touche de remise à zéro,** start reset key; **zéro absolu,** absolute zero; **zéro artificiel,** dummy zero; **zéro cadré à droite,** right hand zero; **zéro cadré à gauche,** left hand zero; **zéro flottant,** floating zero; **zéros,** zeroes; **zéros de gauche,** high-order zeroes; **zéros de tête,** leading zeroes; **zéros suiveurs,** trailing zeroes.

**z i p e r :** implode (to).

**z o n a g e :** zoning; **arborescence de zonage,** zoning tree; **générateur de zonage,** zoning generator.

**z o n e :** area, region, extent, zone*, realm; **adresse de de zone de chargement,** load area address; **adresse de zone,** area address; **bit de zone (en binaire condensé),** zone bit; **caractère fin de zone,** field termination character; **code de zone,** field code; **code début de zone,** begin field code; **comparaison de zone,** field compare; **comptage des zones d'entrée,** input block count; **configuration des bits de zone,** zone bit configuration; **contrôle de longueur de zone,** field length check; **contrôle de zone d'identification,** identification field checking; **descripteur de zone de données,** field descriptor; **descripteur simple de zones de données,** basic field descriptor; **digit de zone (en binaire condensé),** zone digit; **dimension de zone,** area size; **distribution de zone,** field distribution; **débogage dynamique de zone,** snapshot debug; **décimal zoné,** zoned decimal; **déclaration de zone,** array declaration; **définition de zone,** area definition; **délimitation de zone,** field boundary; **en-tête de zone,** field heading; **enregistrement de la zone principale,** prime record; **erreur de zone,** field error; **extension de la zone d'adresse,** extended address field; **extension de la zone de commande,** extended control field; **format de zone de données,** data field format; **identification de zone,** area identification; **implantation de zone,** area layout; **impression de zone,** snapshot trace; **instruction de définition de zone,** area definition statement, define area statement; **instruction de zone de données,** block data statement; **libellé de définition zone,** area defining literal; **limitation de zone alphabétique,** alphabetic field limit; **limite de zone,** area limit; **liste de zones,** array list; **longueur de zone,** field length; **longueur de**

**zone de données,** field width; **mise en valeur de zones d'écran,** highlighting capability; **mouvement de zone,** zone movement; **mémoire image en double zone tampon,** double-buffered pixel memory; **nom de zone,** area name, name field; **nom de zone de mémoire,** block name; **paramètre de grandeur de zone collectrice,** bucket size parameter; **partager en zones,** zone (to); **pile logicielle (programmable en zone mémoire),** software stack; **programme de traitement des zones,** block handler; **protection de zone mémoire,** area protect feature, storage protection; **répartition des zones du disque,** disk work area distribution; **sous-programme de traitement des zones,** block handling routine; **sous-zone,** subfield; **spécification de zone,** field specification, area specification; **sélection de la zone plus,** plus zoning; **sélection des zones,** field selection; **table de description de zone,** field description table; **taille de la zone de travail,** working size; **type de zone,** field type; **variable de zone,** area variable; **vidage dynamique de zone,** snapshot dump; **zone (de mémoire) de travail,** working storage; **zone (de mémorisation) des constantes,** constant area; **zone algébrique,** signed field; **zone alternante,** alternating field; **zone banalisée,** free field; **zone brute,** gross field; **zone commune,** common area, common field; **zone commune des programmes,** interprogram common area; **zone complémentaire,** option field; **zone conditionnelle d'exception,** exception condition field; **zone d'accès rapide,** rapid access loop; **zone d'échange,** communication region; **zone d'échange de programme,** swapping area; **zone d'adjonction,** additions area; **zone d'adressage,** address storage area; **zone d'adresse,** address array, location field; **zone d'adresse piste,** home address field; **zone d'amorçage,** bootstrap area; **zone d'analyse,** analysis area; **zone d'articles de données,** record area; **zone d'articles indexés,** index data item; **zone d'atterrissage,** landing zone; **zone d'automatisation,** automation area; **zone d'effacement,** clear area, clear field; **zone d'état,** status field; **zone d'état des données,** data status field; **zone d'étiquetage,** label area; **zone d'étiquette,** label field; **zone d'entrée,** input area; **zone d'entrée de la file d'attente,** queue slot; **zone d'entrée des appels,** call entrance field; **zone d'entrée des lignes de connexion,** terminal line input area; **zone d'entrées-sorties,** input/output area; **zone d'essai,** test field; **zone d'exploitation,** processing section; **zone d'extraction,** extract field, output area, output section; **zone de balayage**, scan area; **zone de base**, base zone, base region; **zone de bibliothèque**, library area; **zone de blocage**, blanking zone, blocking state region; **zone de carte**, zone position; **zone de carte perforée**, punched card field; **zone de chargement**, bootstrap area; **zone de chaînage**, chaining field, link field; **zone de claquage**, breakdown region; **zone de codage**, code field; **zone de code d'opération**, operating code field; **zone de codification des articles**, item key area; **zone de collecteur**, collector zone; **zone de commande**, control area, control range, device control area; **zone de communication**, communications area; **zone de comptage**, count field, count data format, count area; **zone de comptage de sémaphores**, semaphore count field; **zone de concordance**, matching field; **zone de condition**, condition field; **zone de contrôle**, control field, column control; **zone de contrôle de marquage**, check field; **zone de correction provisoire**, patch area; **zone de correspondance**, match field; **zone de cumul**, cumulative area, amount field; **zone de date**, date field; **zone de description de fichier**, file descriptor area; **zone de données**, data space, data extent, information field; **zone de données d'une carte**, card data field; **zone de données non identifiée**, filler (item); **zone de données non protégée**, unprotected data field; **zone de données primaires**, primary data area, prime data area; **zone de déclenchement**, trigger field; **zone de défilement**, scrolling area, scroll area; **zone de définition de nom**, name definition field; **zone de dépassement de capacité**, overflow area; **zone de dépassement du cylindre**, cylinder overflow area; **zone de dépassement universel**, general overflow area; **zone de l'adresse suite**, sequence link field; **zone de file d'attente**, queueing fiels, waiting queue field; **zone d'identification**, identification field; **zone d'image**, image area, image storage space; **zone d'impression**, printing area; **zone d'index**, index array; **zone d'indice**, index area; **zone d'instructions**, instruction area, statement field; **zone d'intercalage**, action queue slot; **zone d'introduction**, key entry area; **zone d'opération**, operation array; **zone de l'utilisateur**, user area; **zone de la bande perforée**, tape field; **zone de la date de création**, creation date field; **zone de lecture**, read field, character sensing field; **zone de liaison**, link area; **zone de lignes**, line field; **zone de liste**, list box; **zone de liste déroulante**, drop-down

list box; **zone de longueur d'article**, record character count; **zone de longueur de bloc**, block length field, record length field; **zone de longueur fixe**, fixed-length field; **zone de longueurs d'articles**, item character count; **zone de manoeuvre**, scratch area, work location; **zone de marque de synchronisation**, timing mark field; **zone de modification d'adresse**, address control field, decrement field; **zone de mot de passe**, password field; **zone de multiplet**, byte field; **zone de mémoire**, memory field, storage area, storage block; **zones de mémoire adjacentes**, contiguous memory areas; **zone de mémoire banalisée**, blank common; **zone de mémoire commune**, common storage area; **zone de mémoire des codes**, key storage area; **zone de mémoire protégée**, protected storage area, isolated location; **zone de mémorisation**, storage field; **zone de nom d'interruption**, halt name filed; **zone de nom de programme**, program name field; **zone de perforation**, punch area, card field; **zone de perforation normale**, sector area; **zone de programme**, program area; **zone de rangement**, storage arrangement; **zone de recherche**, search area, seek area, area search; **zone de recouvrement**, overlay area; **zone de remplissage**, padding space; **zone de repérage**, marking zone; **zone de réception**, receiving item; **zone de réception mise en forme**, edited receiving field; **zone de référence d'erreurs**, error reference; **zone de réponse**, response field; **zone de saisie**, capture area; **zone de sauvegarde des données**, save area; **zone de scanage**, scan area; **zone de service**, service area; **zone de signalisation**, indicator field; **zone de signe**, minus zone; **zone de sortie**, output section; **zone de sécurité**, security field; **zone de tampon**, buffer area; **zone de tampon unique**, single buffering, simple buffering; **zone de test**, test area; **zone de texte**, text box; **zone de totalisation**, sum box; **zone de touches**, key set; **zone de travail**, working area, working zone, work area; **zone de tri d'enregistrements enchaînés**, inter-record sequence field; **zone de valeur de clé**, key value field; **zone de visualisation**, display area; **zone des caractères de correction**, response location; **zone des données**, data area; **zone des macro-instructions**, macrofield; **zone des noms de segments**, segment name field; **zone des pistes de réserve**, alternate track area, alternate track pool; **zone des résultats**, holding area, hold area; **zone des valeurs**, value area; **zone du mode de lancement**, start mode field; **zone du mode de recherche,** search mode field; **zone du numéro de modification,** revision number field; **zone écran,** screen area; **zone émettrice,** sending field; **zone erronée,** error band; **zone fictive,** dummy field; **zone flottante,** floating area; **zone fonctionnelle,** command field; **zone hachurée,** shaded area; **zone inactive,** dead zone, dead space circuit; **zone inerte,** dead band; **zone intermédiaire,** holding area, hold area; **zone latérale,** lateral area; **zone littérale,** literal pool, list pool; **zone mémoire libre,** available extent; **zone non-adressée,** blank common; **zone opération,** operation field; **zone paramètre,** parameter area, communication area; **zone principale,** prime area; **zone principale d'un fichier,** main file area; **zone protégée,** protected field, protection domain; **zone protégée programmable,** programmable protected field; **zone pseudo-aléatoire,** pseudohole; **zone réceptrice,** destination field; **zone réserve de mémoire,** standby storage location; **zone réservée,** reserved field, dedicated area; **zone sans enregistrement,** clear zone; **zone sauvegarde,** save field; **zone supplémentaire,** alternate area, additional area; **zone support de gestion des travaux,** job maintenance support zone; **zone tampon double,** double buffering; **zone texte,** text field, text area; **zone transitoire,** transient area; **zone utilisateur,** user field; **zone vide,** clear zone; **zone vierge,** clear band; **zone virtuelle partagée,** shared virtual area.

**z o n é :** zoned.

**z o o m :** zoom\*; **possibilité de zoom,** zoom feature; **zoom arrière,** zoom-out; **zoom avant,** zoom-in; **échelle de zoom,** zoom scale.

# III

## Sigles anglais usuels

### *Common English Acronyms and Abbreviations*

# A

ABC, Automatic Bandwidth Control. Atanasoff-Berry Computer.

ABM, Automatic Batch Mixing.

ABO, Advanced Byte Oriented.

ABS, Air Bearing Surface.

AC, Automatic Computer. Alternating Current.

ACA, Adjacent Channel Attenuation.

ACC, ACCumulator.

ACD, Automatic Call Distributor.

ACE, Advanced Computer Environment. Automatic Computer Engine.

ACI, Asynchronous Communications Interface.

ACIA, Asynchronous Communications Interface Adapter.

ACK, ACKnowledge.

ACM, Association for Computing Machinery.

ACR, Access Control Register.

ACTS, Automatic Computer Telex Service.

ACU, Automatic Calling Unit.

AD, Average Deviation.

ADA, Automatic Data Acquisition.

ADC, Analog-to-Digital Converter. Analog Digital Converter.

ADCCP, Advanced Data Communications Control Procedure.

ADDAR, Automatic Digital Data Acquisition and Recording.

ADL, Applications Development Language.

ADLC, Advanced Data Link Control.

ADONIS, Automatic Digital ON-line Instrumentation System.

ADOS, Advanced Disk Operating System.

ADP, Automatic Data Processing.

ADPC, Automatic Data Processing Center.

ADPCM, Adaptive Differential Pulse-Code Modulation.

ADPE, Automatic Data Processing Equipment.

ADPS, Automatic Data Processing System. Automatic Display and Plotting Systems.

ADR, Analog-to-Digital Recorder.

ADS, Address Data Strobe.

ADT, Application-Dedicated Terminal. Active Disk Table.

ADX, Automatic Data Exchange.

AED, ALGOL Extended for Design.

AEG, Active Element Group.

AF, Audio Frequency.

AFC, Automatic Frequency Control.

AFG, Analog Function Generator.

AFIPS, American Federation of Information Processing Societies.

AFL, Abstract Family of Languages.

AGC, Automatic Gain Control.

AHPL, A Hardware Programming Language.

AI, Artificial Intelligence.

AIG, Address Indicating Groups.

AIM, Avalanche-Induced Migration.

ALC, Automatic Level Control.

ALGOL, ALGOrithmic Language.

ALSTTL, Advanced Low-power Schottky TTL.

ALT, ALTernate.

ALU, Arithmetic and Logic Unit.

AM, Amplitude Modulation.

AMC, Automatic Message Counting. Automatic Modulation Control.

AMD, Advanced Micro Devices (California).

AMI, Alternate Mark Inversion.

AMP,AMPS, AMPere, AMPereS.

AMR, Automatic Message Registering.

AM-DSB, Amplitude Modulation, Double SideBand.

AM-SSB, Amplitude Modulation, Single SideBand.

AN, AlphaNumeric.

ANACOM, ANAlog COMputer.

ANATRON, ANAlog TRANslator.

ANDF, Application Neutral Distribution Format.

ANI, Automatic Number Identification.

ANR, Automatic Network Routing.

ANS, Artificial Neural Systems.

ANSI, American National Standard Institute.

AO, Amplifier Output.

AOC, Automatic Output Control.

AOS, Add-Or-Subtract.

APA, All Point Addressable.

APC, Automatic Phase Control. Adaptative Predictive Coding.

APD, Angular Position Digitiser.

API, Application Programme Interface.

APL, A Program Language.

APP, Auxiliary Power Plant.

APPC, Advanced Program to Program Communications.

APSE, Ada Programming Support Environment.

APT, Automatic Picture Transmission. Automatically Programmed Tools.

APTS, Automatic Picture Transmission System.

**APUHS,** Automatic Program Unit, High Speed.

**APULS,** Automatic Program Unit, Low Speed.

**AQ,** Any Quantity.

**AQL,** Acceptable Quality Level.

**ARAM,** Analog Random Access Memory.

**ARC,** Automatic Ratio Control. Automatic Remote Control. Automatic Relay Calculator. Advanced RISC Architecture.

**ARL,** Acceptable Reliability Level.

**ARM,** Automated Route Management.

**ARMA,** Auto Regressive Moving Average.

**ARPA,** Advanced Research Projects Agency.

**ARPANET,** Advanced Research Projects Agency Network.

**ARLL,** Advanced Run-Length Limited.

**ARQ,** Automatic Request for Repetition.

**ART,** Automatic Reporting Telephone.

**ARU,** Audio Response Unit.

**AS,** Add-Subtract.

**ASC,** Automatic Selectivity Control. Automatic Synchronized Control.

**ASCC,** Automatic Sequence-Controlled Calculator.

**ASCII,** American Standard Code for Information Interchange.

**ASD,** Automatic Synchronized Discriminator.

**ASIC,** Application-Specific Integrated Circuit.

**ASK,** Amplitude Shift Keying.

**ASLIB,** Association of Special Libraries and Information Bureau.

**ASLT,** Advanced Solid Logic Technology.

**ASN,** Average Sample Number.

**ASP,** Automatic Servo Plotter. Automatic Switching Panel.

**ASR,** Automatic Send-Receive.

**ASV,** Automatic Self-Verification.

**AT,** ACtion Time. Automating Ticketing.

**AT & T,** American Telephone & Telegraph Co.

**ATA,** AT Attachment.

**ATDM,** Asynchronous Time-Division Multiplexing.

**ATE,** Automatic Test Equipment.

**ATL,** Automated Tape Library.

**ATM,** Adobe Type Manager.

**ATPG,** Automatic Test Program Generation.

**ATS,** Automatic Test System. Administrative Terminal System (IBM).

**ATS,** Asynchronous Time-Sharing.

**ATU,** Autonomous Transfer Unit.

**AU,** Arithmetic Unit.

**AUI,** Attached Unit Interface.

**AUTODIN,** AUTomatic DIgital Network.

**AUTOPIC,** AUTomatic Personal Identification Code.

**AUTOVON,** AUTomatic VOice Network.

**AVD,** Alternate Voice Data.

**AVE,** Automatic Volume Expansion.

**AVL,** AVaiLable. Adel'son-Vel'skii and Landis.

**AVR,** Automatic Volume Recognition.

**AVSS,** Audio-Video Support System.

**AWG,** American Wire Gauge.

**AWGN,** Additive White Gaussian Noise.

**A-O AMPL,** And-Or AMPLifier.

**A/D,** Analog to Digital.

**A/M,** Auto-Manual.

**A/N,** AlphaNumeric.

# B

**BA,** Binary Add.

**BAC,** Binary Asymmetric Channel.

**BACE,** Basic Automatic Checkout Equipment.

**BADC,** Binary Asymmetric Dependent Channel.

**BAM,** Bidirectional Associative Memory.

**BAP,** Band Amplitude Product.

**BAR,** Buffer Address Register.

**BASIC,** Beginners All-purpose Symbolic Instruction Code.

**BBC,** Block Check Character.

**BBD,** Bucket Brigade Device.

**BBLT,** Bus BLock Transfer.

**BBM,** Break Before Make.

**BC,** Binary Code. Broadcast Control.

**BCC,** Block Check Character.

**BCD,** Binary-Coded Decimal.

**BCDIC,** Binary-Coded Decimal Information Code.

**BCD/B,** Binary-Coded Decimal/Binary.

**BCD/Q,** Binary-Coded Decimal/Quaternary.

**BCFSK,** Binary Code Frequency Shift Keying.

**BCH,** Bose-Chaudhuri-Hocquenghem.

**BCI,** Binary-Coded Information. BroadCast Interference. Bit Count Integrity.

**BCO,** Binary-Coded Octal.

**BCRT,** Bright Cathode Ray Tube.

**BCS,** British Computer Society.

**BCW,** Buffer Control Word.

**BDC,** Binary Decimal Counter. Buffered Data Channel.

**BDD,** Binary-to-Decimal Decoder.

**BDH,** Bearing, Distance and Heading.

**BDN,** Bell Data Network.

**BDU,** Basic Display Unit.

**BE,** Band Elimination.

**BEAMOS,** BEam Accessed MOS.

**BEL,** BELl.

**BER,** Binary Error Rate. Bit Error Rate.
**BERT,** Bit Error Rate Tester.
**BEX,** Broadside EXchange.
**BFG,** Binary Frequency Generator.
**BFO,** Beat Frequency Oscillator.
**BI,** Blanking Input.
**BIDEC,** BInary-to-DECimal.
**BIM,** Beginning of Information Marker.
**BIOS,** Basic Input/Output System.
**BIPCO,** Built-In-Place COmponents.
**BISAM,** Basic Indexed Sequential Access Method.
**BIST,** Built-In Self Test.
**BISYNC,** BInary SYNchronous Communications.
**BIT,** BInary digiT. BIT-oriented protocol. Built-In Test.
**BITN,** Bilateral ITerative Network.
**BIVAR,** BIVARiant function generator.
**BIX,** Binary Information eXchange.
**BKSP,** BacKSPace.
**BL,** BLanking.
**BLER,** BLock Error Rate.
**BLF,** Bubble Lattice File.
**BLK,** BLocK.
**BLNK,** BLaNK.
**BLU,** Basic Logic Unit.
**BM,** Buffer Module.
**BN,** Binary Number system.
**BNF,** Backus Normal Forum  Backus Naur Form.
**BNG,** Branch No Group.
**BO,** Beat Oscillator.
**BOI,** Branch Output Interrupt.
**BORAM,** Block Oriented Random Access Memory.
**BOS,** Basic Operating System.
**BOT,** Beginning Of Tape. Beginning Of Transfer.
**BP,** BandPass.
**BPF,** BandPass Filter.
**BPI,** Bits Per Inch.
**BPMM,** Bits Per MilliMeter.
**BPO,** British Post Office.
**BPS,** Bits Per Second.
**BPSK,** Binary Phase Shift Keying.
**BR,** Break Request.
**BRC,** BRanch Conditional.
**BRIL,** BRILlance.
**BRM,** Binary Rate Multiplier.
**BRS,** Break Request Signal.
**BRU,** BRanch Unconditional.
**BRV,** Bit Rate Video.
**BS,** BackSpace. British Standard. Binary Subtract.
**BSAM,** Basic Sequential Access Method.
**BSC,** Basic message Switching Centre. Binary Synchronous Communications. Binary

Symetric Channel.
**BSD,** Berkeley System Distribution.
**BSDC,** Binary Symmetric Dependent Channel.
**BSI,** Branch and Store Instruction. British Standard Institute.
**BSIC,** Binary Symmetric Independent Channel.
**BST,** Beam Switching Tube.
**BSY,** BuSY.
**BT,** British Telecom.
**BTAM,** Basic Terminal Access Method.
**BTDL,** Basic Transient Diode Logic.
**BTSP,** BooTStraP.
**BTST,** Busy Tone STart lead.
**BUF,** BUFfer.
**BUIC,** Back-Up Interceptor Control.
**BW,** BandWidth.
**BWR,** BandWidth Ratio.
**B-ISDN,** Broadband-Integrated Service Digital Network.

# C

**C,** Compute. Computer. Computing. Control. degrees Celcius. Capacitance. Combination.
**C and C,** Command and Control.
**C2,** Command and Control.
**C3,** Command , Control and Communications.
**C3I,** Command, Control, Communications and Information.
**CA,** CAncel.
**CAD,** Computer-Aided Design.
**CAD/CAM,** Computer-Aided Design/Computer-Aided Manufacturing.
**CAF,** Content-Addressable Filestore.
**CAFS,** Content Addressable File Storage.
**CAI,** Computer Analog Input. Computer-Aided Instruction.
**CAI/OP,** Computer Analog Input/OutPut.
**CAL,** Computer-Assisted Learning.
**CAM,** Central Address Memory. Content Addressable Memory. Computer-Aided Manufacturing. Checkout and Automatic Monitoring. Common Access Method.
**CAMA,** Centralised Automatic Message Accounting.
**CAMAC,** Computer Automated Measurement And Control.
**CAMP,** Computer-Aided Mask Preparation.
**CAN,** CANcel.
**CAR,** Contents of Address Register.
**CARAM,** Content Addressable Random Access Memory.
**CARR,** CARRiage. CARRier.

**CAS,** Column Address Strobe.

**CASE,** Computer-Aided Software Engineering.

**CAT,** Computer-Aided Testing. Capacity Activated Transducer.

**CATT,** Controlled Avalanche Transit Time.

**CATV,** Community Antenna TeleVision. CAble TeleVision.

**CAV,** Constant Angular Velocity.

**CAW,** Channel Address Word.

**CBI,** Compound Batch Identification.

**CBL,** Computer-Based Learning.

**CBLT,** Character BLock Transfer.

**CBT,** Computer-Based Training.

**CBW,** Constant BandWidth.

**CBX,** Computerized Branch eXchange.

**CC,** Central Control. Closed Circuit. Concurrent Concession. CalCulator. Connecting Circuit. Carriage Control.

**CCAPS,** Circuit Card Assembly and Processing System.

**CCD,** Charge-Coupled Device. Complementary Coded Decimal.

**CCH,** Connections per Circuit Hour.

**CCITT,** Consultative Committee on International Telephone and Telegraph.

**CCP,** Character Controlled Protocol.

**CCR,** Central Control Room.

**CCS,** Continuous Commercial Service. hundred Call seCondS.

**CCT,** CirCuiT.

**CCU,** Central Control Unit. Communications Control Unit.

**CCW,** CounterClockWise. Channel Command Word.

**CC&S,** Central Computer and Sequencer.

**CD,** Carrier Detect. Check Digit. Clock Driver. Compact Disk.

**CDC,** Code Directing Character. Control Data Corporation (Minneapolis).

**CDCE,** Central Data Conversion Equipment.

**CDF,** Combined Distribution Frame.

**CDH,** Command and Data Handling.

**CDI,** Collector Diffused Isolation.

**CDK,** Channel Data checK.

**CDL,** Computer Description Language.

**CDP,** Checkout Data Processor. Communication Data Processor.

**CDT,** Control Data Terminal.

**CDU,** Central Display Unit.

**CDV,** Check Digit Verification.

**CDV-ROM,** Compact Disk Video ROM.

**CD-ROM,** Compact Disk Read-Only Memory.

**CD-WO,** Compact Disk Write Once.

**CE,** Channel End. Customer Engineering.

**CEP,** Circular Error Probability.

**CEPT,** Conference of European Posts and Telecommunications.

**CF,** Central File. Conversation Factor. Count Forward.

**CGA,** Color Graphics Adapter (IBM).

**CGB,** Convert Gray-to-Binary.

**CHAL,** CHALlenge.

**CHAPSE,** CHILL/Ada Programming Support Environment.

**CHAR,** CHARacter.

**CHG,** CHanGe.

**CHK,** CHecK.

**CHKPT,** CHecKPoinT.

**CHMOS,** Complementary High-speed Metal Oxide.

**CHNL,** CHanNeL.

**CHPS,** CHaracters Per Second.

**CHRG,** CHaRGe.

**CHS,** CHaracters.

**CI,** Call Indicator. Circuit Interrupter. Cut In.

**CIA,** Communications Interface Adapter.

**CICS,** Customer Information Control System.

**CID,** Charge Injection Device.

**CIF,** Central Index File. Central Integration Facility.

**CIM,** Computer Input from Microfilm.

**CIO,** Central Input/Output multiplexer.

**CIR,** CIRcuit. Current Instruction Register.

**CIRC,** Cross-Interleaved Read-salomon Code.

**CISC,** Complex Instruction Set Computer.

**CIS-COBOL,** Compact Interactive Standard COBOL.

**CIT,** Call-In-Time.

**CIU,** Computer Interface Unit.

**CK,** ChecK.

**CK DIG,** ChecK DIGit.

**CKO,** ChecKing Operator.

**CL,** Central Line. CLass. CLear. Conversion Loss. Current Loop.

**CLA,** Communication Line Adapter.

**CLAT,** Communication Line Adapter for Teletypewriter.

**CLC,** Communications Link Controller.

**CLCS,** Current Logic, Current Switching.

**CLD,** CaLleD line.

**CLG,** CaLlinG line.

**CLK,** CLocK.

**CLP,** Constraint Logic Programming. Cell Loss Priority.

**CLR,** Computer Language Recorder.

**CLT,** Communication Line Terminal. Computer Language Translator.

**CLU,** Central Logic Unit. Circuit LineUp.

**CLV,** Constant Linear Velocity.

**CM,** CentiMeter. Communication Multiplexer. Control Mark.

**CMC,** Communicating Mag Card. Communications Mode Control.

CMCT, ComMuniCaTe.
CMD, ComManD.
CMF, Cross Modulation Factor.
CMI, Computer-Managed Instruction.
CMIP, Common Management Information Protocol.
CMIS, Common Management Information Service.
CML, Current Mode Logic.
CMLT, CoMpLeTe.
CMOS, Complementary Metal Oxide Semiconductor.
CMOT, CMIP over TCP/IP.
CMP, CoMPutational.
CMPLX, CoMPleX.
CMPT, CoMPuTer.
CMR, Common Mode Rejection. Communications Moon Relay.
CMRR, Command Mode Rejection Ratio. Common Mode Rejection Ratio.
CMS, Conversational Monitor System. Color Management System.
CMV, Common Mode Voltage.
CMY, Cyan Magenta Yellow.
CNC, Computerised Numerical Control.
CNCT, ConNeCT.
CND, CoNDition.
CNE, Compare Numerical Equal.
CNF, Conjunctive Normal Form.
CNL, Circuit Net Loss.
CNP, Communications Network Processor.
CNR, Carrier-to-Noise power Ratio.
CNS, Communications Network Simulator.
CNT, CouNter.
CNTRL, CeNTRaL.
CNU, Compare Numeric Unequal.
CNVT, CoNVerT.
CO, ChangeOver. Close-Open.
COAM, Customer Owned And Maintained.
COAX, COAXial. COAXial cable.
COB, Complementary Off-set Binary.
COBOL, COmmon Business Oriented Language.
CODASYL, COnference on DAta SYstems Languages.
CODEC, COder-DECoder.
CODIC, COmputer-DIrected Communications.
COED, Computer-Operated Electronics Display.
COGO, COordinate GeOmetry programme.
COHO, COherent Oscillator.
COL, Computer-Oriented Language.
COLT, Computerized On-Line Testing.
COM, Computer Output Microfilm.
COMAL, COMmon Algorithmic Language.
COML, COMmercial Language.
COMM, COMMunication.

COMMCEN, COMMunications CENtre.
COMMSWITCH, COMMunications failure detecting and SWITCHing equipment.
COMMZ, COMMunications Zone.
COMPOOL, COMmunications POOL.
COMSEC, COMmunications SECurity.
CONC, CONCentrated.
CONS, Carrier-Operated Noise Suppression. CONSole.
CONST, CONSTant.
CONT, CONTinue. CONTinuous. CONTrol.
COP, Computer Optimization Package.
COPE, Communications-Oriented Processing Equipment.
COR, CORrect.
CORR, CORRespondent.
COSMON, Component Open/Short MONitor.
CO/NO, Current Operator-Next Operator.
CP, Clock Phase. Clock Pulse. Control Panel. Control Point. Central Processor. Card Punch.
CPC, Computer Process Control.
CPD, Charge Priming Device.
CPDD, Command Post Digital Display.
CPE, Central Processing Element. Central Programmer and Evaluator. Customer Premises Equipment.
CPFF, Cost Plus Fixed Fee.
CPI, Characters Per Inch.
CPIF, Cost Plus Incentive Fee.
CPL, Combined Programming Language.
CPLD, CouPLeD.
CPLMT, ComPLeMenT.
CPM, Cards Per Minute. Control Program Monitor. Critical Path Method.
CPO, Code Practice Oscillator.
CPR, Cam Plate Readout.
CPS, Central Processing System. Characters Per Second. Cycles Per Sec.
CPTY, CaPaciTY.
CPU, Central Processing Unit.
CPY, CoPY.
CP/M, Control Programme/Microcomputer.
CR, Carriage Return. Command Register.
CRC, Carriage Return Contact. Control and Reporting Centre. Cyclic Redundancy Check.
CRJE, Conversational Remote Job Entry.
CRMR, Continuous Reading Meter Relay.
CRO, Cathode Ray Oscillograph.
CROM, Control Read-Only Memory.
CRS, Command Retrieval System.
CRT, Cathode Ray Tube.
CRTOG, CaRTOGraphy.
CRTU, Combined Receiving and Transmitting Unit.
CRYPTO, CRYPTOgraph. CRYPTOgraphic.
CRYPTONET, CRYPTO-communication NETwork.

**CS,** Channel Status. Check Sorter. Control Set. Control Signal. Complete Sharing.

**CSA,** Computer Services Association (London).

**CSB,** Complementary Straight Binary.

**CSC,** Circuit Switching Centre.

**CSD,** Constant Speed Drive.

**CSE,** Control Systems Engineering.

**CSECT,** Control SECTion.

**CSL,** Computer Sensitive Language. Computer and Simulation Language.

**CSMA,** Carrier Sense Multiple Access.

**CSMA/CD,** Carrier Sense Multiple Access/Collision Detection.

**CSO,** Chained Sequential Operation.

**CSP,** Communicating Sequential Process.

**CSSB,** Compatible Single SideBand.

**CST,** Channel Status Table.

**CSU,** Circuit Switching Unit. Cumulative SUm.

**CSW,** Channel Status Word.

**CT,** CounT. CounTer. Current Transformer.

**CTC,** Complementary Two's Complement. ConTaCt. Counter Timer Circuit.

**CTCA,** Channel and Traffic Control Agency.

**CTE,** Charge Transfer Efficiency.

**CTF,** Contrast Transfer Function. Charge Transfer Function.

**CTL,** Complementary Transistor Logic.

**CTL PL,** ConTroL PaneL.

**CTP,** Central Transfer Point.

**CTRL,** ConTRoL.

**CTS,** Clear To Send.

**CTT,** Central Truck Terminals.

**CTU,** Centigrade Thermal Unit. Central Terminal Unit.

**CT/N,** Counter,N stages.

**CU,** Control Unit.

**CUR,** CURrent. Complex Utility Routine.

**CV,** Common Version. Continuously Variable. ConVerter.

**CVD-ROM,** Compact Video Disc ROM.

**CVSD,** Continuously Variable Slope Delta.

**CVSN,** ConVerSioN.

**CVT,** Current Value Table.

**CVU,** Constant Voltage Unit.

**CW,** Calls Waiting. Continuous Wave. Clock Wise.

**CWA,** Current Word Address.

**CWP,** Communicating Word Processor.

**CWV,** Continuous Wave Video.

**CX,** Control eXchange.

**CY,** Case copY.

**CYBORG,** CYBernetic ORGanism.

**C/I,** Carrier-to-Interference ratio.

**C/M,** Communications Multiplexer.

**C/N,** Carrier-to-Noise.

# D

**D,** Density. Digit. Digital. Diode. Display. Drum.

**DA,** Data Acquisition. Data Available. Decimal Add.

**DAA,** Data Access Arrangement.

**DAC,** Data Acquisition and Control system. Digital Arithmetic Centre. Digital-to-Analog Converter.

**DADS,** Dynamic Allocation/Deallocation System.

**DAGC,** Delayed Automatic Gain Control.

**DAME,** Data Acquisition and Monitoring Equipment for computers.

**DARPA,** Defense Advanced Research Projects Agency.

**DART,** Data Analysis Recording Tape.

**DAS,** Data Acquisition System. Digital Attenuator System.

**DASD,** Direct Access Storage Device.

**DATACOM,** DATA COMmunications.

**DAV,** DAta Valid.

**DB,** DeciBel.

**DBA,** Data Base Administrator.

**DBD,** Data Base Diagnostics.

**DBMS,** Data Base Management System.

**DBTG,** Data Base Task Group.

**DC,** Data Channel. Data Collection. Device Control. Direct Current.

**DCA,** Document Content Architecture.

**DCB,** Define Control Block. Device Control Block.

**DCBD,** Define Control Block Dummy.

**DCCU,** Data Communications Control Unit.

**DCD,** Data Carrier Detect.

**DCE,** Data Circuit terminating Equipment. Data Communication Equipment.

**DCG,** Definite Clause Grammar.

**DCI,** Data Communications Interrogate.

**DCM,** Discrete Channel with Memory.

**DCMT,** DeCreMenT. DoCuMenT.

**DCPS,** Digitally-Controlled Power Source.

**DCPSK,** Differentially Coherent Phase Shift Keying.

**DCR,** Data Conversion Receiver. Digital Conversion Receiver.

**DCTL,** Direct-Coupled Transistor Logic.

**DCU,** Data Control Unit. Digital Counting Unit. Decimal Counting Unit.

**DCUTL,** Direct-Coupled Unipolar Transistor Logic.

**DCW,** Data Communication Write.

**DCWV,** Direct Current Working Volts.

**DD,** Decimal Divide. Digital Display. Double Diffused. Drum Demand.

**DD NAME,** Data Definition NAME.

**DDA,** Digital Differential Analyser.

**DDAS,** Digital Data Acquisition System.

**DDC,** Data Distribution Center. Digital Data Converter. Direct Digital Control.

**DDCE,** Digital Data Convertion Equipment.

**DDCMP,** Digital Data Communication Message Protocol.

**DDD,** Direct Distance Dialling.

**DDE,** Direct Data Entry.

**DDFT,** Direct Delivery File Transfer.

**DDG,** Digital Display Generator.

**DDL,** Document Description Language.

**DDM,** Distributed Data Manager.

**DDP,** Digital Data Processor. Distributed Data Processing.

**DDS,** Data Display Scope.

**DDT,** Digital Data Transmitter. Dynamic Debugging Technique.

**DE,** Decision Element. Device End. Digital Element. Display Element.

**DEC,** DECimal. Direct Energy Conversion. Digital Equipment Corporation.

**DECR,** DECRement.

**DED,** Double Error Detection.

**DEDS,** Dual Exchangeable Disc Storage.

**DEFT,** Dynamic Error Free Transmission.

**DEL,** DELete. DELay.

**DELETE,** DELETion of name file from tapE.

**DEM,** DEModulator.

**DEMOD,** DEMODulator.

**DEMUX,** DEMUltipleX.

**DENS,** DENSity.

**DEPSK,** Differential Encoded Phase Shift Keying.

**DES,** Digital Expansion System. Differential Equation Solver. Data Encryption Standard. Data Encryption Standard.

**DETAB,** DEcision TABles.

**DETAB-X,** DEcision TABles, eXperimental.

**DEU,** Data Exchange Unit.

**DF,** Degrees of Freedom. Describing Function. Direction Finder.

**DF,** Direct Flow.

**DFA,** Digital Fault Analysis.

**DFC,** Disk File Check. Disk File Check. Disk File Controller. Data Flow Control.

**DFCU,** Disk File Control Unit.

**DFG,** Diode Function Generator. Discrete Frequency Generator.

**DFR,** Disk File Read.

**DFSK,** Double Frequency Shift Keying.

**DFSU,** Disk File Storage Unit.

**DFT,** Discrete Fourier Theorem.

**DFW,** Disk File Write.

**DG,** Differential Generator. Diode Gate. Double Groove. Data General.

**DGNL,** DiaGoNaL.

**DGT,** DiGiT.

**DHE,** Data Handling Equipment.

**DI,** Digital Input.

**DIA,** Document Interchange Architecture.

**DIC,** Data Input Clerk.

**DIF,** Device Input Format.

**DIGICOM,** DIGItal COMmunication system.

**DIGRM,** DIG/Record Mark.

**DIGRMGM,** DIG/Record Mark Group Mark.

**DIIC,** Dielectrically Isolated Integrated Circuit.

**DIL,** Dual-In-Line.

**DILIC,** Dual In-Line pin Integrated Circuit.

**DIMS,** Distributed Intelligence Microcomputer Science.

**DIN,** Deutsche Industry Norm.

**DIOB,** Digital Input/Output Buffer.

**DIP,** Dual Inline Package.

**DIS,** Draft International Standard.

**DISC,** DISconnect Command.

**DIV,** DIVide/DIVider.

**DL,** Data Link. Delay Line. Diode Logic. Distributed Lab.

**DLC,** Data Link Control.

**DLCC,** Data Link Control Chip.

**DLE,** Data Link Escape.

**DLI,** Display Line Interpreter.

**DLP,** Display List Processing.

**DLT,** Data Loop Transceiver.

**DLYD,** DeLaYeD.

**DM,** Decimal Multiply. Data Module. Delay Modulation.

**DMA,** Direct Memory Access.

**DMC,** Digital MicroCircuit. Discrete Memoryless Channel.

**DMCL,** Device Media Control Language.

**DMD,** Data Module Drive.

**DME,** Direct Machine Environment. Distance-Measuring Equipment.

**DMED,** Digital Message Entry Device.

**DMF,** Data Migration Facility.

**DMI,** Dot Matrix Impact.

**DML,** Data Manipulation Language.

**DMM,** Digital MultiMeter.

**DMOS,** Discrete MOS.

**DMS,** Dynamic Mapping System. Database Management System.

**DMSS,** Data Multiplex SubSystem.

**DMUX,** DeMUltipleX.

**DN,** Decimal Number system.

**DO,** Design Objective. Defense Order. Digital Output.

**DOC,** Data Optimising Computer. Direct Operating Cost.

**DOD,** Direct Outward Dialling.

**DOF,** Degree Of Freedom.

**DOS,** Disk Operating System.

**DOS/VS,** Disk Operating System/Virtual

881

Storage.

**DO/IT,** Digital Output/Input Translator.

**DP,** Data Processing.

**DPC,** Data Processing Center.

**DPCM,** Differential Pulse-Code Modulation.

**DPD,** Data Processing Division.

**DPDT,** Double-Pole Double-Throw.

**DPE,** Data Processing Equipment. Desktop Publishing Editor. Digital Production Effects.

**DPG,** Data Processing Group. Digital Pattern Generator.

**DPL,** Descriptor Privilege Level.

**DPM,** Digital Panel Meter. Data Processing Manager.

**DPMA,** Data Processing Management Association.

**DPS,** Data Processing System.

**DPSK,** Differential Phase Shift Keying.

**DPSS,** Data Processing SubSystem.

**DPST,** Double-Pole Single-Throw.

**DPX,** Data PleX.

**DQM,** Data Quality Monitor.

**DR,** Data Recorder. Direct Record. Digital Resolver.

**DRAM,** Dynamic Read-Only Memory.

**DRCS,** Dynamical Redefining Character Set.

**DRDW,** Direct Read During Write.

**DRI,** Data Reduction Interpreter.

**DRM,** Digital RadioMeters.

**DRO,** Destructive Read-Out. Digital Read-Out.

**DRT,** Diode Recovery Tester.

**DRV,** Data Recovery Vehicle.

**DS,** Decimal Subtract. Define Symbol. Device Selector. Data Set.

**DSA,** Define Symbol Address. Dial Service Assistance. Distributed Systems Architecture.

**DSB,** Double SideBand.

**DSE,** Data Switching Exchange. Data Storage Equipment.

**DSGN,** DeSiGNation.

**DSL,** Data base SubLanguage.

**DSP,** Digital Signal Processing.

**DSR,** Data Set Ready. Digital Stepping Recorder.

**DSTE,** Data Subscriber Terminal Equipment.

**DSU,** Data Synchronisation Unit. Device Switching Unit. Disk Storage Unit.

**DSW,** Data Status Word. Device Status Word. Digital Sum Value.

**DT,** Data Transmission. Digital Technique.

**DTE,** Data Terminal Equipment.

**DTG,** Data Time Group.

**DTL,** Diode Transistor Logic.

**DTM,** Ddelay Timer Multiplier.

**DTMF,** Dual-Tone Multiple Frequency.

**DTMS,** Dual-Tone Multifrequency Signalling.

**DTO,** Dollar Trade-Off.

**DTP,** Directory Tape Processor.

**DTR,** Daily Transaction Reporting. Digital Telemetering Register. Data Terminal Ready.

**DTS,** Data Transmission System.

**DTTU,** Data Transmission Terminal Unit.

**DUP,** DUPlication.

**DUT,** Device Under Test.

**DUV,** Data Under Voice.

**DVI,** Data Video Interactive.

**DVM,** Digital VoltMeter.

**DVST,** Direct Viewing Storage Tube.

**DVST,** Direct-View Storage Tube.

**DW,** Data Word buffer.

**DX,** DupleX. DupleX repeater.

**DXC,** Data eXchange Control.

**D/R,** Direct or Reverse.

**E BAM,** Electron Beam-Access Memory.

**EA,** Effective Address.

**EAL,** Electromagnetic Amplifying Lens.

**EAM,** Electronic Accounting Machine.

**EAROM,** Electrically Alterable Read-Only Memory.

# E

**EAS,** Extended Area Service.

**EATA,** Enhanced AT Attachment.

**EAX,** Electronic Automatic eXchange.

**EBCDIC,** Expanded Binary-Coded Decimal Interchange Code.

**EBI,** Equivalent Background Input.

**EBNF,** Extended Bachus Normal Form.

**EBPA,** Electron Beam Parametric Amplifier.

**EBR,** Electron Beam Recording.

**EC,** Electronic Conductivity. Engineering Changes. Error Correcting.

**ECB,** Event Control Block.

**ECC,** Error-Checking and Correction. Error-Correcting Code.

**ECD,** ElectroChromic Display. Error Correcting Decoder.

**ECDC,** ElectroChemical Diffused-Collector transistor.

**ECF,** Expanded Connectivity Facilities.

**ECL,** Emitter-Coupled Logic. Equipment Component List.

**ECLO,** Emitter-Coupled Logic Operator.

**ECM,** Electronic CounterMeasures.

**ECMA,** European Computer Manufacturers'Association.

**ECME,** Electronic CounterMeasures Equipment.

**ECN,** Engineering Change Notice. Explicit Congestion Notification.

**ECO,** Electronic Contact Operate.

**ECOM,** Electronic Computer-Originated Mail.

**ECP,** Engineering Change Proposed.
**ECS,** Extended Core Storage.
**ECSA,** European Computer Services Association. Exchange Carriers Standard & Accredited.
**ECTL,** Emitter-Coupled Transistor Logic.
**ECX,** Electronically Controlled telephone eXchange.
**ED,** Electrical Differential. Electronic Differential.
**EDA,** Exploration Data Analysis.
**EDC,** Error Detection and Correction.
**EDCW,** External Device Control Word.
**EDD,** Envelope Delay Distortion.
**EDGE,** Electronic Data Gathering Equipment.
**EDHE,** Experimental Data Handling Equipment.
**EDI,** Electron Diffraction Instrument.
**EDIF,** Electronic Data Interchange Format.
**EDM,** Electrical Discharge Machining. Electro-Discharge Machine.
**EDP,** Electronic Data Processing.
**EDPC,** Electronic Data Processing Center.
**EDPE,** Electronic Data Processing Equipment.
**EDPM,** Electronic Data Processing Machine.
**EDPS,** Electronic Data Processing System.
**EDS,** Exchangeable Disc Storage.
**EDU,** Electronic Display Unit.
**EDVAC,** Electronic Discrete Variable Automatic Computer.
**EE,** External Environment.
**EEHLAPI,** Entry Emulation High level Language Application Interface.
**EEI,** Essential Elements of Information.
**EEPROM,** Electrically Erasable Programmable Read-Only Memory.
**EEROM,** Electrically Erasable Read-Only Memory.
**EFF,** EFFective.
**EFL,** Emitter Follower Logic.
**EFM,** Eight-to-Fourteen Modulation.
**EFPH,** Equivalent Full Power Hours.
**EFT,** Electronic Funds Transfer.
**EFTS,** Electronic Funds Transfer System.
**EGA,** Enhanced Graphics Adapter (IBM).
**EHF,** Extremely High Frequency.
**EHV,** Extra High Voltage.
**EIA,** Electronic Industries Association.
**EIC,** Electronically Invisible Connection.
**EIN,** European Informatics Network.
**EIS,** End Interruption Sequence. Executive Information Systems.
**EISA,** Enhanced Industry Standard Adapter.
**EIT,** Engineer-In-Training.
**EKW,** Electrical KiloWatts.
**ELD,** Edge-Lighted Display.

**ELEM,** ELEMent.
**ELF,** Extremely Low Frequency.
**ELSEC,** ELectonic SECurity.
**ELT,** ELecTrometer.
**EM,** Electro-Magnetic. Electro-Mechanical. Electro-Microscopic. End of Medium.
**EMAS,** Edinburgh Multi-Access Success.
**EMC,** Electro-Magnetic Compatibility.
**EMI,** Electro-Magnetic Interference.
**EML,** Equipment Modification List.
**EMM,** Expanded Memory Manager.
**EMP,** Electro-Mechanical Power.
**EMR,** Executive Management Responsibility.
**EMS,** Electronic Management System. Electronic Medical System. Extended Memory System.
**EMT,** Electrical Metallic Tubing.
**ENIAC,** Electronic Numerical Integrator And Calculator.
**ENQ,** ENQuiry character.
**ENT,** ENTry.
**EO,** Executive Order.
**EOA,** End Of Address.
**EOB,** End Of Block.
**EOC,** End Of Conversion.
**EOD,** End Of Document.
**EOE,** Errors and Omissions Excepted.
**EOF,** End Of File.
**EOJ,** End Of Job.
**EOL,** End Of Line.
**EOM,** End Of Message.
**EOP,** End OutPut. End Of Packet.
**EOQ,** Economic Order Quantity.
**EOR,** End Of Run.
**EOS,** Electro-Optical System.
**EOT,** End Of Transmission. End Of Tape.
**EP,** End of Programme. Etched Plate. Extreme Pressure.
**EPBX,** Electronic Private Branch eXchange.
**EPC,** Easy Processing Channel. Electronic Programme Control. Edge-Punched Card.
**EPOS,** Electronic Point Of Sale.
**EPROM,** Electrically Programmable Read-Only Memory.
**EPU,** Electical Power Unit.
**EQ,** EQualizer. EQual to...
**EQP,** EQuiPment.
**EQPMT,** EQuiPMenT.
**EQU,** EQUate.
**ER,** ERror.
**ERA,** Electronic Reading Automation. Electrically Reconfigurable Array.
**EROM,** Erasable ROM.
**ERP,** Error Recovery Procedure.
**ERR,** ERRor.
**ERX,** Electronic Remote switching.
**ES,** Electromagnetic Storage.

**ESC,** ESCape.
**ESDI,** Enhanced Small Device Interface.
**ESG,** Electronic Sweep Generator.
**ESI,** Externally Specified Indexing.
**ESL,** Equivalent Series Inductance.
**ESP,** Electro-Sensitive Programming.
**ESR,** Effective Signal Radiated. Electronic Scanning Radar. Equivalent Series Resistance.
**ESS,** Electronic Switching System.
**ESSU,** Electronic Selective Switching Unit.
**EST,** ESTimate.
**ETA,** Estimated Time of Arrival.
**ETB,** End-of-Transmission Block.
**ETD,** Estimated Time of Departure.
**ETIM,** Elapsed TIMe.
**ETL,** Etching by Transmitted Light.
**ETX,** End of TeXt.
**EVFU,** Electronic Vertical Format Unit.
**EX,** EXclusive OR. EXecute. EXperimental.
**EXAM,** EXAMine.
**EXCH,** EXCHange.
**EXCLU,** EXCLUsive.
**EXCP,** EXCePt.
**EXD,** EXternal Device.
**EXEC,** EXECute. EXECutive.
**EXNOR,** EXclusive NOR.
**EXTND,** EXTeNdeD data transfer.
**EXTSN,** EXTenSioN.
**EZ,** Equal Zero.
**E-BEAM,** Electron BEam-Accessed semiconductor Memory.

# F

**F,** Farad. Feedback. Filter. Fixed. Frequency. degrees Fahrenheit.
**FA,** Final Address register.
**FACD,** Foreign Area Customer Dialing.
**FACE,** Field Alterable Control Element.
**FAM,** Fast Access Memory.
**FAR,** Failure Analysis Report.
**FAX,** Facsimile.
**FBC,** Fully Buffer Channel.
**FBR,** Fast Burst Reactor.
**FCC,** Federal Communications Commission.
**FCCA,** Forestry, Conservation, and Communications Association.
**FCDR,** Failure Cause Data Report.
**FCS,** Frame Check Sequence.
**FC&A,** Frequency Control and Analysis.
**FDC,** Floppy Disk Controller.
**FDDI,** Fiber-Distributed Data Interface.
**FDM,** Frequency Division Multiplex.
**FDS,** Filter Design System.
**FE,** Field Engineer.

**FET,** Field Effect Transistor.
**FF,** Flip-Flop.
**FG,** Function Generator.
**FI,** Field Intensity. Fixed Interval. Flow Indicator.
**FIFO,** First In, First Out. Floating Input, Floating Output.
**FIG,** FIGure.
**FLBIN,** FLoating point BINary.
**FLD,** FieLD.
**FLDEC,** Floating point DECimal.
**FLF,** FLip-FLop.
**FLG,** FLaG.
**FM,** Feedback Mechanism. FerriteMental. Frequency Modulation.
**FME,** Frequency Measuring Equipment.
**FMEVA,** Floating point MEans and VAriance.
**FMFB,** Frquency Modulation with FeedBack.
**FMT,** ForMaT.
**FOIRL,** Fiber-Optic Inter Repeater Link.
**FOPT,** Fiber-Optic Photo Transfer.
**FORTRAN,** FORmula TRANslator (IBM).
**FOV,** Field Of View.
**FPGA,** Field Programmable Gate Array.
**FPLA,** Field Programmable Logic Area.
**FPM,** Feet Per Minute.
**FPS,** Foot-Pound-Second.
**FPU,** Floating-Point Unit.
**FRP,** Fast Reservation Protocol.
**FS,** Floating Sign.
**FSD,** Full Scale Deflexion.
**FSK,** Frequency Shift Keying.
**FSR,** Feedback Shift Register.
**FTC,** Frequency Time Control.
**FTM,** Frequency Time Modulation.
**FTN,** Film Twisted Nematic.
**FTP,** File Transfer Protocol.
**FTS,** Federal Telecommunications System.
**FUN,** FUNction.
**FUR,** FailURe.
**FXBIN,** decimal to FiXed BINary translation.
**G,** Giga.

# G

**GA,** General Arrangement. Go-Ahead signals.
**GAT,** Graphical Art Terminal.
**GBP,** Gain Bandwidth Product.
**GCD,** Greatest Common Divisor.
**GCR,** Group Code Recording.
**GCT,** Greenwich Civil Time.
**GD,** Gate Driver. Grown Diffused.
**GDDM,** Graphical Data Display Manager.
**GDF,** Group Distribution France.
**GDO,** Grip-Dip Oscillator.

**GDS,** Graphic Data System.
**GDT,** Global Descriptor Table.
**GE,** Greater than or Equal to.
**GF,** Galois Field.
**GIGO,** Garbage In, Garbage Out.
**GINO,** Graphical INput Output.
**GKS,** Graphical Kennel System.
**GLOBECOM,** GLOBal COMmunications.
**GMT,** Greenwich Mean Time.
**GND,** GrouND.
**GOC,** Graphic Options Controller.
**GOR,** General Operational Requirement.
**GOS,** Grade Of Service.
**GP,** General-Purpose.
**GPAC,** General-Purpose Analogue Computer.
**GPC,** General-Purpose Computer. General Peripheral Controller.
**GPDC,** General-Purpose Digital Computer.
**GPIB,** General-Purpose Interface Bus.
**GPI/O,** General-Purpose Input/Output.
**GPL,** General-Purpose Loader.
**GPSS,** General-Purpose Systems Simulator.
**GPT,** General-Purpose Terminal.
**GRP,** GRouP.
**GS,** Group Separator.
**GSI,** Grand Scale Integration.
**GSP,** Graphics System Processor.
**GT,** Greater Than. Graphic Terminal. Game Theory.
**GUI,** Graphical User Interface.
**G/A,** Ground to Air.
**G/G,** Ground to Ground.

# H

**H,** Halt. Hardware.
**HA,** Half Add. Half Adder.
**HASP,** Houston Automatic Spooling Program.
**HBO,** Hold Back One.
**HC,** Handling Capacity.
**HD,** High Density.
**HDDR,** High Density Digital Recording.
**HDDS,** High Density Data System.
**HDG,** HeaDinG.
**HDI,** Head-Disk Interference.
**HDL,** Hardware Description Language.
**HDLC,** High level Data Link Control.
**HDR,** HeaDeR.
**HDS,** HunDredS.
**HDTV,** High Definition TeleVision.
**HDX,** Half-DupleX.
**HEM,** Hybrid Electro-Magnet wave.
**HF,** High Frequency.
**HFDF,** High Frequency Distribution Frame.

**HGC,** Hercules Graphics Card.
**HI,** HIgh.
**HICC,** Hercules In-Color Card.
**HINIL,** HIgh Noise Immunity Logic.
**HLD,** HoLD.
**HLL,** High Level Language.
**HLLAPI,** High-Level Language APlication Interface.
**HLS,** High Level Scheduler.
**HLSE,** High Level, Single Ended.
**HLT,** HaLT.
**HMOS,** High density or High speed MOS.
**HMOS-E,** High-speed Metal Oxid Silicon-Erasable.
**HO,** High Order.
**HOF,** Head Of Form.
**HP,** High Pass filter. High Position. Hewlett Packard.
**HPF,** Highest Possible Frequency. Highest Priority First.
**HPIB,** Hewlett Packard Interface Bus.
**HR,** High Reduction.
**HS,** Half Subtracter. HandSet.
**HSAC,** High Speed Analogue Computer.
**HSDA,** High Speed Data Acquisition.
**HSI,** Human System Interface.
**HSM,** High Speed Memory.
**HSP,** High Speed Printers.
**HSR,** High Speed Reader.
**HT,** Horizontal Tabulate.
**HTL,** High Threshold Logic.
**HTTL,** High power Transistor-Transistor Logic.
**HV,** High Voltage.
**HVAC,** Heating, Ventilating and Air Conditioning.
**HVPS,** High Voltage Power Supply.
**HYCOTRAN,** HYbrid COmputer TRANslator.
**Hz,** Hertz.

# I

**I,** Indicating. Indicator. Industrial.
**I2L,** Integrated Injection Logic.
**IA,** Indirect Addressing. Initial Appearance.
**IA,** Interchange Address. International Alphabet.
**IAL,** International Algebraic Language.
**IAS,** Inmediate Access Store.
**IAW,** In Accordance With.
**IA-1,** International Alphabet number 1.
**IA-2,** International Alphabet number 2.
**IA-5,** International Alphabet number 5.
**IBG,** InterBlock Gap.
**IBI,** Intergovernment Bureau for Informatics (Rome).

**IBM,** International Business Machines.

**IC,** Input Circuit. Instruction Counter. Integrated Circuit.

**ICA,** International Computer Association.

**ICC,** International Computer Centre.

**ICDA,** Integrated-Cached Disk Array.

**ICE,** Input Checking Equipment.

**ICF,** InterCommunication Flip-Flop.

**ICL,** InComing Line. International Computer Ltd.

**ICMP,** Internet Control Message Protocol.

**ICS,** IBM Cabling System.

**ICW,** Interrupted Continuous Wave.

**IC/T,** Integrated Computer/Telemetry.

**ID,** IDentification. Indicating Device. Information Distributor.

**IDA,** Interconnect Device Arrangement.

**IDCMA,** Independent Data Communications Manufacturing Association.

**IDE,** Integrated Drive Electronics.

**IDENT,** IDENTify.

**IDF,** Integrated Data File. Intermediate Distribution Frame.

**IDI,** Improved Data Interchange.

**IDMS,** Integrated Database Management System.

**IDNX,** Integrated Digital Network Exchange.

**IDP,** Industrial Data Processing. Integrated Data Processing.

**IDS,** Input Data Strobe.

**IEEE,** Institute of Electrical and Electronics Engineers.

**IF,** Intermediate Frequency. Information Collector.

**IFE,** Intelligent Front End.

**IFIP,** International Federation for Information Processing.

**IFN,** InFormatioN.

**IFR,** Internal Function Register.

**IFRU,** InterFerence Rejection Unit.

**IGFET,** Insulated Gate Field Effect Transistor.

**IH,** Interrupt Handler.

**IHF,** Inhibit Halt Flip-flop.

**IIA,** Industrial Interface Adapter.

**IKBS,** Intelligent Knowledge Based System.

**IL,** Intermediate Language.

**ILD,** Injection Laser Diode.

**ILE,** Interface Latch Element.

**ILF,** Infra low Frequency.

**ILI,** In LImits.

**ILR,** Instruction Location Register.

**ILS,** Instrument Landing System.

**ILSW,** Interrupt Level Status Word.

**IM,** InstruMentation.

**IMC,** Image Motion Compensation.

**IMD,** IMmeDiate.

**IMIS,** Integrated Management Information System.

**IMP,** Interface Message Processor.

**IMS,** Intelligent Menu System.

**IN,** INput.

**INCH,** INtegrated CHopper.

**INCLD,** INCLuDe.

**INCR,** INCRease. INCRement.

**IND,** INDicators.

**INFO,** INFOrmation.

**INIT,** INITiate.

**INQ,** INQuire.

**INS,** International Navigation System.

**INSTLN,** INSTaLlatioN.

**INSTR,** INSTRument.

**INSTRB,** INput STRoBe.

**INT,** INterphone. INTerrogate. INTerrupt. INTerruption. INTersection.

**INTCON,** INTernational CONnection.

**INTCP,** INTerCePt.

**INTEC,** INTErferenCe.

**INTEL,** INTELligence.

**INTG,** INTeGrated.

**INV,** INVerter.

**IO,** Interpretive Operation. Input/Output.

**IOB,** Input/Output Buffer.

**IOC,** Input/Output Converter. Input/Output Controller.

**IOCC,** Input/Output Control Command. Input/Output Control Centre.

**IOCS,** Input/Output Control System.

**IOM,** Input/Output Multiplexor.

**IOO,** Input/Output Operation.

**IOP,** Input/Output Processor.

**IOPS,** Input/Output Programming System.

**IOQ,** Input/Output Queue.

**IOR,** Input/Output Register. Inclusive OR.

**IOREQ,** Input/Output REQuest.

**IOT,** Input/Output Transfer.

**IOTA,** Information Overload Testing Apparatus.

**IOU,** Immediate Operation Use.

**IP,** Identification of Position. Identification Point.

**IP,** Internet Protocol.

**IPA,** Intermediate Power Amplifier.

**IPB,** Illustrated Parts Breakdown.

**IPC,** Industrial Process Control. Information Processing Centre. Independent Control Point.

**IPD,** Insertion Phase Delay.

**IPE,** Interpret Parity Error.

**IPI,** Initial Program Load. Intelligent Printer Interface.

**IPM,** Impulses Per Minute. Incidental Phase Modulation.

**IPN,** Inspection Progress Notifications.

**IPOT,** Inductive POTential divider.

**IPS,** Inches Per Second. Instructions Per

Second.

**IPSE,** Integrated Project Support Environment.

**IPSS,** International Packet Switched Service.

**IR,** Information Retrieval.

**IRG,** Inter Record Gap.

**IRIG,** Inter Range Instrumentation Group.

**IRM,** Integrated Refence Model.

**IRP,** Initial Receiving Point.

**IS,** Interval Signal.

**ISA,** Industry Standard Adapter. Interrupt Storage Area.

**ISAM,** Indexed Sequential Access Method.

**ISDN,** Integrated Services Digital Network.

**ISI,** Internally Specified Index.

**ISL,** Integrated Schottky Logic.

**ISM,** Industrial, Scientific and Medical equipment.

**ISM,** Integrated Sander Machine.

**ISO,** Individual System Operation. International Organization for Standardization.

**ISR,** Information Storage and Retrieval. Interrupt Service Routine.

**IS&D,** Integrate Sample and Dump.

**IT,** Information Technology. Input Translator. Item Transfer.

**ITA,** International Telegraph Alphabet.

**ITL,** Intermediate Text Language.

**ITNL,** InTerNaL.

**ITR,** Isolation Test Routine.

**ITS,** Invitation To Send.

**ITT,** International Telephone & Telegraph Co.

**ITU,** International Telecommunications Union (Geneva).

**IV,** InVerter.

**IW,** Index Word.

**IWM,** Integrated Woz Machine.

**I-R,** Interrogator-Responder.

**I/O,** Input/Output.

**I/OM,** Input/Output Multiplexer.

**I&C,** Installation and Checkout.

# J

**J,** Joule.

**JA,** Jump Address.

**JANET,** Joint Academic NETwork.

**JCL,** Job Control Language.

**JCTN,** JunCTioN.

**JDC,** Job Description Card.

**JFET,** Junction FET.

**JGN,** Junction Gate Number.

**JIS,** Japanese Industrial Standard.

**JOC,** Joint Operations Center.

**JOSS,** Johnniac Open-Shop System.

**JOVIAL,** Jules Own Version of International Algorithmic Language.

**JPEG,** Joint Photographic Experts Group.

**JPW,** Job Processing Word.

**JTAG,** Joint Test Action Group.

# K

**KAPSE,** Kernel Ada Programming Support Environment.

**KB,** KeyBoard. KiloByte.

**KCC,** Keyboard Common Contact.

**KCS,** Kilo Characters per Second.

**KDS,** Key Display System.

**KHz,** KiloHertz.

**KIPS,** Kilo Instructions Per Second.

**KISS,** Keep It Simple Sir.

**KMS,** Keysort Multiple Selectors.

**KP,** Key Pulsing.

**KPC,** Keyboard Priority Controller.

**KPR,** Kodak Photo Resist.

**KSR,** Keyboard Send/Receive.

**KTR,** Keyboard Typing Reperforator.

**KWIC,** KeyWord In Context.

**KY,** KeYing device.

# L

**L,** Label. Large. Left. Level. Lift. Listening. Load. Looper. Low.

**LA,** Link Allotter.

**LAC,** Load ACcumulator.

**LAM,** Load Accumulator with Magnitude.

**LAMA,** Local Automatic Message Accounting.

**LAN,** Local Area Network.

**LAP,** Link Access Protocol.

**LAPB,** Link Access Procedure Balanced.

**LARCT,** LAst Radio ConTact.

**LASER,** Light Amplification by Stimulated Emission Radiation.

**LB,** Line Buffer.

**LBA,** Linear-Bounded Automaton.

**LBL,** LaBeL.

**LBN,** Logical Bucket Number.

**LBR,** Laser Beam Recording.

**LC,** Level Control. Line Connector. Link Circuit. Load Cell. Lower Case. Last Card.

**LCA,** Logic Cell Array.

**LCB,** Line Control Block.

**LCD,** Liquid Crystal Display.

**LCDTL,** Load-Compensated Diode-Transistor Logic.

**LCGN,** Logical Channel Group Number.

**LCL,** LoCaL.
**LCM,** Least Common Multiple.
**LCN,** Logical Channel Number.
**LCS,** Large Core Storage. Liquid Crystal Shutters.
**LCZR,** LoCaliZeR.
**LD,** Linear Decision. Logic Driver. Long Distance.
**LDA,** Logical Device Address.
**LDDS,** Low Density Data System.
**LDE,** Linear Differential Equations.
**LDP,** Labeled Deterministic Path.
**LDRI,** Low Data Rate Input.
**LDRT,** Low Data Rate inpuT.
**LDT,** Local Descriptor Table.
**LDX,** Long Distance Xerography.
**LE,** Leading Edge. Less than or Equal to.
**LEAS,** Lower Echelon Automatic Switchboard.
**LED,** Light Emitting Diode.
**LEM,** Language Expansion Module.
**LENN,** Low Entry Networking Node (IBM).
**LET,** Logical Equipment Table.
**LF,** Line Feed. Line Finder. Low Frequency.
**LFQ,** Light Foot Quantizer.
**LFU,** Least Frequently Used.
**LG,** Line Generator.
**LGA,** Laser Graphics Adaptor.
**LGN,** Line Gate Number.
**LGTH,** LenGTH.
**LH,** Left-Handed.
**LIBR,** LIBRary.
**LIC,** Linear Integrated Circuit.
**LIFO,** Last In, First Out.
**LIM,** LIMit.
**LINAC,** LINear ACcelerator.
**LISP,** LIST Processor.
**LL,** Loudness Level. Low Level.
**LLC,** Logical Link Control.
**LLCOF,** Land Lines COmmunications Facilities.
**LLL,** Low Level Language. Low Level Logic.
**LME,** Layer Management Entity.
**LMF,** Low and Medium Frequency.
**LMLR,** Load Memory Lockout Register.
**LMT,** LiMiT.
**LO,** LOw. Local Oscillator. Low Order.
**LOC,** LOCation.
**LOCAL,** LOad on CALl.
**LOCCB,** Lead On Chip with Center Bond.
**LOG,** LOGarithm. LOGical.
**LOGANDS,** LOGical commANDS.
**LOGRAM,** LOGical proGRAMme.
**LOS,** LOss of Signal.
**LOT,** Lexical ObjecT.
**LP,** Linear Programming. Low Pass. Low Pressure.
**LPC,** Linear Power Controller. Linear Predic-

tive Coding.
**LPI,** Lines Per Inch.
**LPM,** Lines Per Minute.
**LPS,** Lines Per Second.
**LR,** Level Recorder. Line Relay. Low Reduction.
**LRC,** Longitudinal Redundancy Check.
**LRD,** Long Range Data.
**LRG,** Long RanGe.
**LRIM,** Long Range Input Monitor.
**LRS,** Long Range Search.
**LRU,** Last Recently Used.
**LS,** Laser System. Level Switch.
**LSB,** Least Significant Bit.
**LSD,** Least Significant Digit.
**LSI,** Large Scale Integration.
**LSP,** Labeled Statistical Path.
**LSTTL,** Low-power Schottky Transistor-Transistor Logic.
**LT,** Logic Theory. Less Than.
**LTC,** Line Traffic Coordination.
**LTE,** Line Terminating Equipment.
**LTM,** Long Term Memory.
**LTR,** LeTteR.
**LTRS,** LeTteRs Shift.
**LTTL,** Low/power Transistor-Transistor Logic.
**LTU,** Line Termination Unit.
**LU,** Logical Unit.
**LUB,** Least Upper Bound.
**LUN,** Logical Unit Number.
**LV,** Low Voltage.
**LVCD,** Least Voltage Coincidence Detection.
**LWD,** Larger Word.
**LWR,** LoWeR.
**LYR,** LaYeR.
**L/H,** Low-to-High.

# M

**M,** Magnetic. Medium. Mega. Meter. Milli. Mobile. Monitor. 1000.
**M2FM,** Modified Modified Frequency Modulation.
**MA,** Memory Address.
**MAC,** Media Access Control. Multi-Access Computer.
**MACRO,** MACROinstruction.
**MAD,** MultiAperture Device.
**MADT,** MicroAlloy Diffused-base Transistor.
**MAG,** MAGnetic. MAGnetron.
**MAGCARD,** MAGnetic CARD.
**MANOP,** MANual of OPeration.
**MAP,** Macro Arithmetic Processor. Message Acceptance Pulse.

**MAR,** Memory Address Register.

**MARC,** MAchine-Readable Cataloging.

**MARS,** Memory Address Register Storage.

**MARTEC,** MARtin Thin film Electronic Circuit.

**MAT,** MicroAlloy Transistor.

**MAX,** MAXimum.

**MB,** MegaByte. Make Brake. Memory Buffer.

**MBB,** Make Before Break.

**MBM,** Magnetic Bubble Memory.

**MBR,** Memory Buffer Register.

**MBR-E,** Memory Buffer Register, Even.

**MBR-O,** Memory Buffer Register, Odd.

**MC,** Master Control.

**MCA,** Micro Channel Architecture (IBM).

**MCC,** Main Communications Centre. Multi-Component Circuits. Maintenance Control Circuit.

**MCGA,** MultiColor Graphics Array (IBM).

**MCM,** Monte-Carlo Method.

**MCP,** Master control Programme.

**MCR,** Master Control Routine.

**MCS,** Master Control System.

**MCU,** Microprogram Control Unit.

**MCW,** Modulated Continuous Wave.

**MCX,** Minimum Cost estimating.

**MD,** Message Data. Motor Drive.

**MDA,** Monochrome Display Adapter.

**MDF,** Main Distribution Frame.

**MDR,** Memory Data Register. Multichannel Data Recorder.

**MDR,** Marked Document Reader.

**MDS,** Malfunction Detection Sytem. Minimum Discernable Signal. Microprocessor Development System.

**MDT,** Mean Down Time.

**ME,** MEchanical Efficiency. Microelectronic. Molecular Electronics.

**MEM,** MEMory.

**MEMISTOR,** Memory ResISTOR STORage device.

**MER,** Minimum Energy Requirement.

**MEW,** Microwave Early Warning.

**MEX,** Military EXchange.

**MF,** MultiFrequency signaling.

**MFC,** MicroFunctional Circuit.

**MFKP,** MultiFrequency Key Pulsing.

**MFLOP,** MegaFLOP.

**MFM,** Modified Frequency Modulation.

**MFR,** ManuFactuRer. MultiFrequency Receiver.

**MFRS,** Million Flux Reversals per Second.

**MFS,** Magnetic tape Field Search.

**MFSK,** Multiple Frequency Shift Keying.

**MFT,** Mille FeeT. Multiprogramming Fixed Tasks.

**MHz,** MegaHertz.

**MIB,** Management Information Base.

**MIC,** Microwave Integrated Circuit.

**MICR,** Magnetic Ink Character Recognition.

**MIDAC,** Michigan Digital Automatic Computer.

**MIDI,** Music Industry Digital Interface.

**MIL,** MILitary.

**MIL-STD,** MILitary STandarD.

**MIMD,** Multiple Instruction Multiple Data.

**MIN-MC,** MIN Material Condition.

**MIPS,** Million Instructions Per Second.

**MIR,** Memory Information Register.

**MIS,** Management Information Systems.

**MISD,** Multiple Instruction Single Data.

**MIT,** Master Instruction Tape.

**MK,** Manual clocK.

**ML,** Machine Language.

**MLA,** Microprocessor Language Assembler.

**MLB,** MultiLayer Board.

**MLE,** Maximum Likelihood Estimate. Microprocessor Language Editor.

**MLI,** Marker Light Indicator.

**MLPWB,** MultiLayer Printed Wiring Board.

**MLR,** Memory Lockout Register. MuLtiply and Round.

**MLT,** Minimum Laxity Threshold.

**MLTY,** MiLiTarY.

**MLY,** MuLtiplY.

**MM,** Main Memory. Master Monitor. Memory Multiplexor or Multiplexer.

**MMA,** Multiple Module Access. Maximum-Minimun Algorithm.

**MMD,** Moving Map Display.

**MMDS,** Martin Marietta Data Systems.

**MMF,** Magneto Motive Force.

**MMI,** Man-Machine Interface.

**MMMS,** Modular Microwave Measurement System.

**MMU,** Memory Management Unit.

**MN,** MaNual.

**MNIC,** Monolithic Microwave IC.

**MNOS,** Metal Nitride Oxide Silicon.

**MNP,** Microcom Networking Protocol.

**MNTR,** MoNiToR.

**MO,** Master Oscillator.

**MOB,** Movable Object Block.

**MOC,** Master Operational Controller.

**MOD,** MODel. MODulation. MODification.

**MODEM,** MODulator-DEModulator.

**MOD/DEMOD,** MODulator/DEMODulator.

**MOE,** Measure Of Effectiveness.

**MOHLL,** Machine-Oriented High Level Language.

**MOL,** Machine-Oriented Language.

**MON,** MONitor.

**MONOS,** MONitor Out of Service.

**MOPA,** Master Oscillator Power Amplifier.

**MOPB,** Manually Operated Plotting Board.

**MOS,** Management Operating System. Metal

Oxide Semiconductor.

**MOSFET,** Metal Oxide Silicon Field Effect Transistor.

**MP,** Maintenance Point. Mathematical Programming. Mechanical Part.

**MPEG,** Motion Picture Experts Group.

**MPG,** Microwave Pulse Generator.

**MPL,** MultiPLe.

**MPP,** Massive Parallel Processing. Multi-Pinned Phase.

**MPR,** Multi-Port Repeater.

**MPS,** MicroProcessor System.

**MPU,** MicroProcessing Unit.

**MPX,** MultiPleX.

**MPY,** MultiPlY.

**MQ,** Multiplier Quotient register.

**MR,** Map Reference. Memory Register.

**MRG,** Medium RanGe.

**MRKD,** MaRKeD.

**MRO,** Maintenance, Repair and Operating.

**MS,** Mean Square. Memory System.

**MSB,** Most Significant Bit.

**MSD,** Most Significant Digit. Modem Sharing Device.

**MSG,** MeSsaGe.

**MSG/WTG,** MeSsaGe WaiTinG.

**MSI,** Medium Scale Integration.

**MSK,** MaSK.

**MSS,** Mass Storage System.

**MSW,** Machine Status Word.

**MS-DOS,** MicroSoft Disk Operating System.

**MT,** Machine Translations. Magnetic Tape. Multiple Transfer.

**MTA,** Message Transfer Agent.

**MTAC,** Mathematical Tables and other Aids to Computation.

**MTBE,** Mean Time Between Errors.

**MTBF,** Mean Time Between Failures.

**MTBI,** Mean Time Between Incidents.

**MTC,** Magnetic Tape Cassette.

**MTCU,** Magnetic Tape Control Unit.

**MTF,** Modulation Transfer Function.

**MTL,** Merge Transistor Logic.

**MTRS,** Mean Time to Restore Service.

**MTS,** Michigan Terminal System.

**MTT,** Magnetic Tape Terminal.

**MTTF,** Mean Time To Failure.

**MTTR,** Mean Time To Repair.

**MTU,** Multiplex and Terminal Unit. Manchester Terminal Unit. Magnetic Tape Unit.

**MU,** Machine Unit.

**MUF,** Maximum Usable Frequency.

**MUL,** MULtiply.

**MUX,** MUltipleX. MUltipleXor.

**MUX-ARO,** MUltipleX Automatic erROr correction.

**MV,** Mean Value. Measured Value.

**MVS,** Multiprogramming with a Variable number of proceSses.

**MVT,** Multiprogramming with a Variable number of Tasks.

**MW,** Manual Word. MegaWatt.

**MXI,** Message Waiting Indicator. Multisystem eXtension Interface.

**MXR,** Mask indeX Register.

**M-D,** Modulation-Demodulation.

**M-O,** Magneto-Optic.

# N

**N,** Nano. No. Number of bits.

**NA,** Not Assigned. Numerical Aperture.

**NAG,** Numeral Algorithm Group (Oxford).

**NAK,** Negative AcKnowledge.

**NAPLPS,** North American Presentation-Level Protocol Syntax.

**NAU,** Network-Addressable Unit.

**NB,** Narrow Band.

**NBA,** Narrow Band Allocation.

**NBCD,** Natural Binary-Coded Decimal.

**NBFM,** Narrow Band Frequency Modulation.

**NBH,** Network Busy Hour.

**NC,** No Connection. Noise Criterion. Normally Closed. Numeric Control.

**NCC,** Network Control Center. National Computer Conference.

**NCP,** Network Control Program.

**NCS,** Network Computing System.

**ND,** No Detect.

**NDE,** Non-linear Differential Equations.

**NDR,** Non-Destructive Read.

**NDRO,** Non-Destructive Read-Out.

**NDT,** Non-Destructive Testing.

**NE,** Not Equal to.

**NEC,** National Electrical Code. Nippon Electric Co (Tokyo).

**NEG,** NEGative.

**NES,** Not Elsewhere Specified.

**NF,** Noise Figure.

**NFB,** Negative FeedBack.

**NFQ,** Night FreQuency.

**NFS,** Network File System.

**NIB,** Non-Interference Basis.

**NIC,** Not In Contact.

**NICEM,** National Information Center for Educational Media (USA).

**NIFTP,** Network Independent File Transfer Protocol.

**NIPO,** Negative Input, Positive Output.

**NIR,** Next Instruction Register.

**NL,** New line.

**NLQ,** Near Letter Quality.

**NLR,** Noise Load Ratio.

**NLS,** No-Load Speed.

**NM,** Not Measured.

**NME,** Noise Measuring Equipment.

**NME,** Network Management Entity. Nautical Miles.

**NMOS,** N-channel Metal Oxide Semiconductor.

**NMP,** Network Manager Program (IBM).

**NMPS,** Nautical Miles Per Second.

**NMR,** Normal Mode Rejection.

**NO,** Normally Open.

**NOHP,** Not Otherwise Herein Provided.

**NOIBN,** Not Otherwise Indexed By Name.

**NOLOT,** Non-Lexical ObjecT.

**NOP,** No OPeration.

**NORAC,** NO RAdio Contacts.

**NORDO,** NO RaDiO.

**NOS,** Not Otherwise Specified.

**NP,** Net Proceeds.

**NPEF,** New Product Evaluation Form.

**NPR,** Noise Power Ratio.

**NP/L,** New Program Language.

**NR,** Noise Ratio. NumbeR.

**NRM,** NoRMalise.

**NRZ,** NonReturn-to-Zero.

**NRZI,** NonReturn-to-zero-Inverted.

**NRZ-C,** NonReturn-to-Zero-Change.

**NRZ-M,** NonReturn-to-Zero-Mark.

**NS,** NanoSecond. Non Specified.

**NSC,** Noise Suppression Circuit.

**NSE,** Nth SEquential.

**NSEC,** NanoSECond.

**NSF,** National Science Foundation.

**NSP,** Network Service Protocol. Non-Standard Part approval.

**NSV,** Nonautomatic Self-Verification.

**NT,** No Transmission. Numbering Transmitter.

**NTI,** Noise Transmission Impairment.

**NTSC,** National Television Systems Committee.

**NUI,** Network User Identification.

**NUL,** NULl.

**NV,** Non Volatile.

**NVM,** Non-Volatile Memory.

**NVT,** Network Virtual Terminal.

**NWH,** Normal Working Hours.

**NiCd,** Nickel Cadium.

**N/C,** Numerical Control.

# O

**OAP,** Orthogonal Array Processor.

**OC,** OCcurs. Operating Characteristics. Outlet Contact.

**OCC,** Operations Control Center.

**OCL,** Operator Control Language. Operation Control Language.

**OCLC,** On-line Computer Library Center (USA).

**OCO,** Ovenized Crystal Oscillator.

**OCP,** Output Control Pulses.

**OCR,** Optical Character Recognition.

**OCT,** OCTal.

**OD,** Outside Diameter. Optical Disk. Origin-Destination.

**ODA,** Office Document Architecture.

**ODD,** Optical disk Drive. Operator Distance Dialing.

**ODS,** Output Data Strobe.

**OEM,** Original Equipment Manufacturer.

**OF,** Operational Fixed.

**OG,** OR Gate.

**OIC,** Officer In Charge.

**OL,** OverLap.

**OLC,** Outgoing Line Circuit.

**OLE,** Object Linking and Embedding.

**OLI,** Out of LImits.

**OLRT,** On-Line Real-Time.

**OM,** Operations Maintenance.

**OMF,** Object Management Facility.

**OMR,** Optical Mark Recognition.

**ONMS,** Open Network Management Structure (IBM).

**OODBMS,** Object-Oriented DBMS.

**OOP,** Object-Oriented Programming.

**OOPS,** Off-line Operating Simulator.

**OP,** OPeration.

**OPAC,** On-line Public-Access Catalog (USA).

**OPERG,** OPERatinG.

**OPM,** Operator Programming Method. Operations Per Minute.

**OPN,** OPeN.

**OPND,** OPeraND.

**OPP,** Open-Pinned Phase.

**OPS,** Operation Per Second. OPeratorS. OPerationS.

**OPT,** OPTimum.

**OPTS,** OPeraTionS.

**OPTUL,** Optical Pulse Transmitter Using Laser.

**OR,** Operations Research.

**ORD,** Optical Rotary Dispersion.

**ORG,** ORiGin.

**ORI,** Operational Readiness Inspection.

**OROM,** Optical Read Only Memory.

**OS,** Odd Symmetric. Operating System.

**OSF,** Open Software Foundation.

**OSI,** Open System Interconnection.

**OSI/RM,** Open System Interconnection/Reference Model.

**OS/2,** Operating System 2 (IBM).

**OS/VS,** Operating System/Virtual Storage.

**OT,** OverTime.

**OTC,** One-Time Carbon.

**OTP,** One Time Programmable.

**OTU,** Operational Training Unit.

**OVFLO,** OVerFLOw.

**OVLP,** OVerLaP.

**OWLL,** One-Way Linked List.

**OnCE,** On-Chip Emulator.

**O/A,** On Application.

**O/C,** Open-Circuit.

**O/L,** Operations/Logistics.

**O/R,** On Request.

**O&C,** Operations and Checkout.

# P

**P,** Pencil tube. Plug. Portable. Power. Punch.

**PA,** Power Amplifier. Public Address. Pulse Amplifier.

**PABX,** Private Automatic Branch eXchange.

**PAD,** Packet Assembler/Disassembler.

**PAL,** Phase Alternation Line.

**PAM,** Pulse Amplitude Modulation.

**PAR,** PARameter. Positive Acknowledge and Retransmission.

**PARA,** PARAgraph.

**PAS,** Program Address Storage.

**PAT,** Peripheral Allocation Table.

**PATN,** PATterN.

**PAX,** Private Automatic eXchange.

**PB,** Peripheral Buffer. Phonetically Balanced.

**PBI,** Process Branch Indicator.

**PBP,** Push Bottom Panel.

**PBX,** Private Branch eXchange.

**PC,** PhotoConductor. Picture. Programme Counter. Pulse Controller.

**PC,** Personal Computer. Printed Circuit.

**PCB,** Printed Circuit Board.

**PCC,** Programme-Controlled Computer.

**PCK,** Processor Controlled Keying.

**PCL,** Printer Command Language (HP). Printed Circuit Lamp.

**PCM,** Pulse Code Modulation. Plug Compatible Manufacturer. Punched Card Machine.

**PCO,** Procuring Contrast Offer.

**PCQ,** Production Control Quantometer.

**PCR,** Programme Control Register.

**PCS,** Planning Control Sheet. Punch Card System. Programme Counter Store. Plastic Coated Silicon. Personal Communication Services.

**PCT,** Portable Camera Transmitter.

**PCTE,** Portable Common Tool Environment.

**PCU,** Peripheral Control Unit.

**PD,** PaiD. Potential Difference. Projected Display. Pulse Driver.

**PDA,** Push Down Automaton. Probability Distribution Analyser.

**PDC,** Parallel Data Controller.

**PDD,** Programmable Data Distributor.

**PDF,** Probability Density Function. Probability Distribution Function.

**PDI,** Picture Description Instruction.

**PDL,** Programme Design Language.

**PDM,** Pulse Duration Modulation.

**PDN,** Public Data Network.

**PDQ,** Programmed Data Quantiser.

**PDR,** Preliminary Data Report.

**PDT,** Physical Device Table.

**PDX,** Private Digital eXchange.

**PE,** Phase Encoding. Processing Element. Parity Error.

**PEC,** PhotoElectric Cell.

**PEEL,** Programmable Electrically Erasable Logic.

**PEL,** Picture ELement.

**PEM,** Photo-Electro-Magnetic.

**PEP,** Peak Envelope Power.

**PERCOS,** PERformance COding System.

**PERT,** Program Evaluation and Review Technique.

**PES,** PhotoElectric Scanning.

**PET,** Position Event Time. Physical Equipment Table. Personal Electronic Transaction.

**PF,** Page Formatter. Power Factor.

**PFM,** Pulse Frequency Modulation.

**PFR,** Programmed Film Reader system. Pulse FRequency.

**PFT,** Paper, Flat Tape.

**PG,** Pulse Generator.

**PGA,** Professional Graphics Adapter (IBM). Pin Grid Array.

**PGC,** Professional Graphics Controller (IBM).

**PGR,** Precision Graphic Recorder.

**PGT,** Pattern Generator Table.

**PH,** PHase. Packet Header.

**PHIGS,** Programmer's Hierarchical Interactive Graphics System.

**PHT,** PHotoTube.

**PI,** Programmed Instruction. Performance Index.

**PIA,** Peripheral Interface Adapter.

**PIC,** Priority Interrupt Controller.

**PIE,** Parallel Interface Element. Plug-In Electronics.

**PILOT,** Programmed Inquiry Learning Or Teaching.

**PIN,** Personal Identification Number. Police Information Network.

**PINO,** Positive Input, Negative Output.

**PIO,** Parallel Input/Output. Precision Iterative Operation.

**PIP,** Programmable Integrated Processor.
**PIPO,** Parallel In, Parallel Out.
**PISO,** Paralell In, Serial Out.
**PISW,** Process Interrupt Status Word.
**PK,** PeaK. PacK.
**PLA,** Programmable Logic Array.
**PLAN,** Programming LAnguage Nineteen hundred.
**PLCC,** Plastic-Leaded Chip Carrier.
**PLL,** Phase Lock Loop.
**PLM,** Pulse Length Modulation.
**PLO,** Phase-Locked Oscillator.
**PL/1,** Programming Language No.1.
**PM,** Phase Modulation. Permanent Magnet.
**PMD,** Post Mortem Dump. Programmable Multilevel Device.
**PMOS,** P-channel Metal Oxide Semiconductor.
**PMU,** Peripheral Management Unit.
**PO,** Post office.
**POC,** Process Operator Console.
**POF,** Point Of Failure.
**POL,** Problem-Oriented Language. Procedure-Oriented Language.
**POLY,** POLYethilene.
**POM,** Print-Out Microfilm.
**PORT,** Photo-Optical Recorder Tracker.
**POS,** Point Of Sale. POSitive.
**POST,** POSTing. Power-On Self Test.
**PP,** Pilote Punch. Preemptive Priority.
**PPI,** Programmable Peripheral Interface.
**PPL,** Preferred Parts List. Polymorphic Programming Language.
**PPM,** Pulse Position Modulation.
**PPP,** Parallel Pattern Processor.
**PPS,** Parallel Processing System. Page Printing System.
**PPSN,** Present PoSitioN. Public Packet Switching Network.
**PPSS,** Public Packet-Switched Service.
**PR,** PRint.
**PRA,** PRint Alphamerically.
**PRBS,** Pseudo-Random Binary Sequence.
**PRD,** Paper tape ReaD. PRinter Dump.
**PRES,** PRESsure.
**PRF,** Pulse Repetition Frequency.
**PRI,** PRImary.
**PRL,** Periodical Requirements.
**PRM,** PaRaMeter.
**PRN,** PRint Numerically.
**PRO,** PRint Octal.
**PROG,** PROGram.
**PROGR,** PROGRammer.
**PROM,** Programmable Read-Only Memory.
**PRP,** Pseudo-Random Pulse.
**PRR,** Pulse Repetition Rate.
**PRS,** Pattern Recognition System.
**PRT,** PRinTer. Production Run Tape. Pro-

gramme Reference Table.
**PRTY,** PRioriTY.
**PRV,** Peak Reverse Voltage.
**PRW,** Percent-Rated Wattage.
**PR-1,** Print Register 1.
**PS,** Parity Switch. Planning and Scheduling. Power Supply.
**PSAR,** Programmable Synchronous/Asynchronous Receiver.
**PSAT,** Programmable Synchronous/Asynchronous Transmitter.
**PSD,** Power Spectral Density.
**PSDN,** Packet-Switched Data Network.
**PSE,** PleaSE.
**PSK,** Phase Shift-Keyed.
**PSL/PSA,** Problem Statement Language-Problem Statement Analyser.
**PSN,** Public-Switched Network.
**PSR,** Processor State Register. Programme Support Representative.
**PSS,** Packet-Switched Stream. Personal Signaling System.
**PSTN,** Public-Switched Telephone Network.
**PSU,** Power Supply Unit.
**PSW,** Processor Status Word.
**PS/1,** Personal System 1 (IBM).
**PS/2,** Personal System 2 (IBM).
**PT,** Page Table. Paper Tape. Point Location. Positional Tolerancing.
**PTE,** Peculiar Test Equipment.
**PTF,** Programme Temporary Fix.
**PTI,** Program Transfer Interface.
**PTIME,** Polynominal TIME.
**PTM,** Pulse Time Modulation.
**PTP,** Point-To-Point. Paper Tape Punch.
**PTR,** Paper Tape Reader.
**PTT,** Program Test Tape. Push To Talk. Post, Telephone and Telegraph.
**PU,** Physical Unit. PickUp.
**PUL,** Program Update Library.
**PUMA,** Programmable Universal MAnipulator.
**PUP,** Peripheral Unit Processor.
**PUT,** Programmable Unijunction Transistor.
**PVC,** Permanent Virtual Circuit.
**PVI,** Programmable Video Interface.
**PVR,** Precision Voltage Reference.
**PW,** Pulse Width.
**PWC,** Pulse Width-Coded.
**PWD,** Pulse Width Discriminator.
**PWE,** Pulse Width Encoder.
**PWM,** Pulse Width Modulation.
**P-C,** Pulse Counter. Processor Controller.
**P-P,** Peak-to-Peak.
**P-S,** Pressure-Sensitive.
**P-SRAM,** Pseudo-Static RAM.
**P-TAPE,** Paper TAPE.
**P/S,** Point of Shipment.

# Q

**Q,** Quantity of electricity.
**Q signal,** Radio communications signal.
**QA,** Quality Assurance.
**QAM,** Quaternary Amplitude Modulation.
**QC,** Quality Control. Quantum CounT.
**QDC,** Quick Dependable Communications.
**QF,** Quality Factor.
**QL,** Query Language.
**QMI,** Qualification Maintainability Inspection.
**QMQB,** Quick-Make, Quick-Break.
**QNT,** QuaNTiser.
**QOS,** Qualite Of Service.
**QPSK,** Quadrature Phase Shift Keying.
**QR,** Quick Reaction.
**QRA,** Quality Reliability Assurance.
**QT,** Queuing Theory.
**QUAD,** QUADrant.
**QUERY,** QUEstion/ReplY.

# R

**R,** Read. Reset. Reluctance. Reverse. Right. Conversion Ratio.
**RA,** RAtional Number.
**RAD,** Rapid Access Disk.
**RADAT,** RAdio DAta Transmission system.
**RAID,** Redundant Array of Inexpensive Disk.
**RALU,** Register Arithmetic Logic Unit.
**RAM,** Random Access Memory.
**RAMAC,** Random Access Method of Accounting and Control.
**RAMPS,** Resource Allocation in Multi-Project Scheduling.
**RAN,** Read-Around-Numbers.
**RAPPI,** Random Access Plan Position Indicator.
**RATT,** RAdio TeleTypewriter.
**RAVE,** Real-time Audio/Video Environment.
**RB,** Read Backward. Read Buffer.
**RBDE,** Radar Bright Display Equipment.
**RBI,** Ripple Blanking Input.
**RBO,** Ripple Blanking Output.
**RBT,** Remote Batch Terminal. Resistance Bulb Thermometer.
**RC,** Read and Compute. Reader Code. Regional Center.
**RCA,** Radio Corporation of America.
**RCC,** Read Channel Continue. Reader Common Contact.
**RCD,** ReCorD.
**RCE,** Rapid Circuit Etch.

**RCF,** ReCall Finder.
**RCI,** Read Channel Initialize.
**RCO,** Remote Control Oscillator. Representative Calculating Operation.
**RCP,** Reseau à Commutation par Paquet.
**RCR,** Reader Control Relay.
**RCS,** Rearward Communications System.
**RCV,** ReCeiVe.
**RCVR,** ReCeiVeR.
**RD,** ReaD. Research and Development. Receive Data.
**RD CHK,** ReaD CHecK.
**RDBL,** ReaDaBLe.
**RDF,** Radio Direction Finding (or Finder).
**RDO,** Radio reaD-Out.
**RDR,** RaDaR.
**RDT,** Remote Data Transmitter.
**RDT&E,** Research, Development, Test, and Evaluation.
**RDY,** ReaDY.
**RE,** REal number.
**RECOMP,** RECOMPlement.
**REC-M,** REcord Mark.
**RED,** REDucing.
**REF,** REFerence.
**REG,** REGister.
**REJ,** REJect.
**REL,** Rate of Energy Loss.
**REM,** REMark. REcognition Memory.
**REN,** Remote ENable.
**REP,** REPeat.
**REPERF,** REPERForator.
**REP-OP,** REPetitive OPeration.
**REQ,** REQuest. REQuire.
**RET,** RETurn.
**RETN,** RETaiN.
**REW,** REWind.
**RE+,** Positive REal number.
**RF,** Radio Frequency. Read Forward. Reserve Free.
**RFC,** Radio Frequency Choke.
**RFD,** Ready For Data.
**RFI,** Radio Frequency Interference.
**RFP,** Request For Proposal.
**RFQ,** Request For Quotation.
**RFR,** Reject Failure Rate.
**RG,** RanGe. REgister. Reset Gate. Reverse Gate.
**RGBI,** Red Green Blue Intensity.
**RGE,** RanGE.
**RG-N,** ReGister N-stages.
**RH,** Report Heading.
**RHEO,** RHEOstat.
**RI,** Radio Influence. Radio Interference. Read In. Realiability Index. Ring Indicator.
**RIC,** Read-In Counter. Repeater Interface Controller.
**RIF,** Reliability Improvement Factor.

**RIFI,** Radio Interference Field Intensity.

**RIM,** Read-In Mode. Resource Interface Module.

**RIP,** Raster Interface Processor. Real-time Interrupt Process.

**RIRO,** Roll-In, Roll-Out.

**RISC,** Reduced Instruction Set Computer.

**RJE,** Remote Job Entry.

**RL,** Relay Logic. Return Loss.

**RLD,** Relocation Dictionary.

**RM,** Record Mark.

**RMC,** Rod Memory Computer.

**RMDR,** ReMainDeR.

**RMI,** Radio Magnetic Indicator.

**RMM,** Read Mostly Memory.

**RMS,** Root Mean Square.

**RMSE,** Root Mean Square Error.

**RMT,** ReMoTe.

**RMV,** ReMoVe.

**RMW,** Read-Modify-Write.

**RNG,** Radio raNGe.

**RNV,** Radio Noise Voltage.

**RO,** Read Only. Read Out. Receive Only.

**ROI,** Return On Investment.

**ROM,** Read-only Memory.

**ROMON,** Receiving-Only MONitor.

**ROM-OD,** ROM Optical Disk.

**ROPP,** Receive-Only Page Printer.

**ROS,** Read-Only Storage.

**ROT,** Rate Of Turn.

**ROTR,** Receiving-Only Typing Reperforator.

**ROTR S/P,** Receiving-Only Typing Reperforator Series-to-Parallel.

**RP,** Reception Poor. Recommended Practice. Record Processor. RePeater.

**RPC,** Remote Position Control. Remote Procedure Call.

**RPG,** Report Program Generator.

**RPL,** Running Program Language. Remote Program Load.

**RPM,** Revolutions Per Minute.

**RPMI,** Revolutions Per Minute Indicator.

**RPN,** Reverse Polish Notation.

**RPQ,** Request for Price Quotation.

**RPRT,** RePoRT.

**RPS,** Revolutions Per Second. Rotational Position Sensing.

**RPT,** RePeaT.

**RR,** Repetition Rate or Recurrence Rate. Running Reverse.

**RRL,** Run-Length Limited.

**RS,** Record Separator character. Remote Station. ReSet key. Reed-Salomon.

**RSA,** Remote Station Alarm.

**RSL,** Receive Signal Level.

**RSR,** ReStoRe.

**RSS,** Range Safety System.

**RST,** Readability, Strength, Tone.

**RSV,** ReSerVe.

**RS&I,** Rules, Standard, and Instructions.

**RT,** Ratio Transformer unit. Research and Technology.

**RT,** Reperforator-Transmitter.

**RTA,** Reliability Test Assembly.

**RTC,** Real-Time Clock. Reader Tape Contact.

**RTD,** Resistance Temperature Detector.

**RTE,** Real-Time Executive. RouTE.

**RTL,** Register Level Transfer. Resistor-Transistor Logic.

**RTP,** Remote Transfer Point.

**RTS,** Ready to send. Real-Time System.

**RTTY,** Radio TeleTYpewriter communications.

**RTU,** Remote Terminal Unit.

**RUSDIC,** RUSsian DICtionary.

**RVA,** Recorded Voice Announcement.

**RWC,** Read, Write, and Compare. Read, Write, Continue.

**RWI,** Read-Write Initialise.

**RX,** Receive.

**RY,** RelaY.

**RZ,** Return-to-Zero.

**RZ(NP),** Return-to-Zero (Non-Polarized).

**RZ(P),** Return-to-Zero (Polarised).

**R/W,** Read/Write.

**R&D,** Research & Development.


# S

**S,** Secret. Spool. Small. Switch. Solid.

**SA,** Systems Analist. Successive Approximation.

**SAA,** System Application Architecture (IBM).

**SAB,** System Advisory Board.

**SABE,** Society for Automation in Business Education.

**SAC,** Store and clear ACcumulator. Store Access Control. Smart Acces Controller.

**SACO,** Select Address and Contact Operate.

**SAD,** Serial Analogue Delay.

**SADT,** Structured Analysis and Design Technique.

**SAID,** Speech Auto-Instruction Device.

**SAM,** Statistical and Analysis Modeling.

**SATCOM,** SATellite COMmunications.

**SBC,** Single-Board Computer.

**SBS,** Satellite Business System.

**SBT,** Surface Barrier Transistor.

**SC,** Stop-Continue register. Supervisory Control. SemiConductor. Shift Control Counter.

**SCA,** Selectivity Clear Accumulator.

**SCC,** Storage Connecting Circuit.

**SCD,** SCreweD.

**SCDSB,** Suppressed Carrier Double Side-Band.

**SCE,** Single Cycle Execute.

**SCHDL,** SCHeDuLe.

**SCHDLR,** SCHeDuLeR.

**SCL,** System Control Language. Static Complementary Logic.

**SCN,** SCaN.

**SCR,** Scanning Control Register.

**SCS,** Single Channel Simplex.

**SCSI,** Small Computer System Interface.

**SCT,** Subroutine Call Table.

**SCTL,** Short Circuit Transmission Line.

**SD,** Sample Delay.

**SDA,** Source Data Automation. Share Distribution Agency.

**SDC,** Signal Data Converter.

**SDI,** Selective Dissemination of Information. Source Data Information.

**SDLC,** Synchronous Data Link Control.

**SDS,** Share Data Set.

**SDV,** Slowed-Down Video.

**SE,** SEt.

**SEC,** SECond. Single Error Correction.

**SECAM,** Système Electronique Couleur Avec Mémoire.

**SECO,** SEquential COntrol.

**SECT,** SECTion.

**SEED,** Self Electro-optic Effect Device.

**SEG,** SEGment.

**SEL,** SELect.

**SEN,** SENse.

**SEQ,** SEQuence.

**SERDES,** SERializer/DESerializer.

**SF,** Safety Factor. Shift Forward. Single Frequency.

**SFDR,** Spurious Free Dynamic Range.

**SG,** Scanning Gate. Symbol Generator. Set Gate. Screen Grid.

**SGDBOB,** SGDB Object-Oriented.

**SGDF,** SuperGroup Distribution Frame.

**SGL,** SiGnaL.

**SGN,** Scan Gate Number.

**SHA,** Sample and Hold Amplifier.

**SHF,** Super High Frequency.

**SI,** Shift-In. Sample Interval. Screen-grid Input.

**SIC,** Semiconductor Integrated Circuits.

**SID,** Swift Interface Device.

**SIE,** Single Instruction Execute.

**SIG,** SIGnal. SIGnificant.

**SIL,** Speech Interference Level.

**SIM,** SIMulated approach.

**SIMD,** Single Instruction Multiple Data.

**SIMEON.,** SIMplifiEd cONtrol.

**SIMM,** Single In-line Memory Module.

**SIO,** Start Input/Output.

**SIP,** Short Irregular Pulses.

**SIPO,** Serial In Parallel Out.

**SISD,** Single Instruction, Single Data stream.

**SISO,** Serial In, Serial Out.

**SIT-REP,** SITuation REPort.

**SKL,** SKip Lister.

**SKP,** SKip line Printer.

**SLC,** Shift Left and Count instructions. Straight Line Capacity.

**SLD,** SoLiD. Subscriber Line Datalink.

**SLG,** SeLectinG.

**SLI,** Suppress Lengh Indication.

**SLN,** SeLectioN.

**SLR,** Storage Limits Register.

**SLRAP,** Standard Low frequency Range APproach.

**SLRN,** SeLect Read Numerically.

**SLSI,** Super Large Scale Integration.

**SLT,** SeLecT. Solid Logical Technology.

**SM,** Storage Mark. Storage Module.

**SMAE,** System Management Application Entity.

**SMAP,** System Management Application Process.

**SMD,** Storage Module Drive.

**SML,** Symbolic Machine Language.

**SMP,** SaMPler.

**SMX,** SubMultipleXer unit.

**SN,** SigN.

**SNA,** Systems Network Architecture.

**SNI,** Sequence Number Indicator.

**SNMP,** Simple Network Management Protocol.

**SNO,** Serial Number.

**SNOBOL,** StriNg-Oriented symBOLic language.

**SNR,** Signal-to-Noise Ratio.

**SO,** Shift-Out. Send-Only. Serial Output.

**SOA,** State Of the Art.

**SOC,** Set Override Clear.

**SOH,** Start Of Heading.

**SOLN,** SOLutioN.

**SOM,** Start Of Message.

**SONET,** Synchronous Optical NETwork.

**SOP,** Standard Operating Procedure. Sum Of Products.

**SOS,** Silicon On Sapphire.

**SP,** Shift Pulses. Square Punch.

**SPARC,** Systems Planning And Requirements Committee.

**SPCL,** SPeCiaL.

**SPE,** Stored Program Element.

**SPEC,** SPECification.

**SPKR,** SPeaKeR.

**SPL,** Sound Pressure Level.

**SPS,** Symbolic Programming System. Static Priority Scheduling.

**SPX,** SimPleX.
**SP/GR,** SPecific GRavity.
**SQA,** Software Quality Assurance.
**SQC,** Statistical Quality Control.
**SQT,** SQuare rooTer.
**SR,** Shift Register. Shift Reverse. Sorter-Reader. Speed Regulator.
**SRAM,** Static RAM.
**SRC,** SouRCe.
**SRCH,** SeaRCH.
**SRPI,** Server Requester Programming Interface.
**SRQ,** Service ReQuest.
**SS,** Solid State. Start-Stop. Signal Selector. Statistical Standard.
**SSB,** Single SideBand.
**SSCP,** System Service Control Point.
**SSD,** Solid State Disk.
**SSDA,** Synchronous Serial Data Adapter.
**SSI,** Small Scale Integration.
**SSL,** Shift and SeLect.
**SSOU-1,** SyStem Output Unit 1 (remote computing system, IBM).
**SSR,** Solid State Relay.
**ST,** Segment Tabled. Standard Time. STart. STore.
**STAT MUX,** STATistical MUltipleXor.
**STC,** Standard Transmission Code.
**STD,** STandarD. Subscriber Trunk Dialing.
**STE,** System Timing Element.
**STFS,** Secondary Transmit Frame Sync.
**STG,** STartinG. SToraGe.
**STGE,** SToraGE.
**STL,** Standard Telegraph Level.
**STM,** Synchronous Transfer Mode. STateMent.
**STMGR,** STation ManaGeR.
**STN,** STatioN.
**STOR,** STORe.
**STR,** STRobe. SToRe.
**STS,** Static Test Stand.
**STX,** Start of TeXt.
**SUB,** SUBtract. SUBroutine. SUBstitute.
**SUP,** SUPpressor.
**SURGE,** Sorting, Updating, Report, GEnerating.
**SVC,** SuperVisor Call instruction, SerViCe.
**SVGA,** Super VGA.
**SVT,** Sampling Voltage Tracker.
**SW,** SWitch. SoftWare. Short Wave. SWitch.
**SWD,** Smaller WorD.
**SWIFT,** Society for Worldwide Interbank Financies Telecommunication.
**SWR,** Standing Wave Ratio.
**SWS,** Shift Word Substituting.
**SY,** SYnchronized.
**SYLK,** SYmbolic LinK format.
**SYM,** SYMmetrical. SYsteM.

**SYN,** SYNchronizing, SYNchronous.
**SYNC,** SYNChronize.
**SYNCH,** SYNCHronizing, SYNCHronous.
**SYS,** SYStem.
**SYSGEN,** SYStem GENeration.
**SYSLIB,** SYStem LIBrary.
**SYSOUT,** SYStem OUTput.
**SZ,** SiZe.
**S-P,** Systems and Procedures.
**S/C,** Short Circuit.
**S/F,** Store-and-Forward.
**S/H,** Sample and Hold.
**S/I,** Signal-to-Intermodulation Ratio.
**S/N,** Signal-to-Noise.
**S/O,** Send-Only.
**S/OFF,** Sign OFF.
**S/ON,** Sign ON.
**S/R,** SubRoutine.
**S/W,** SoftWare.

# T

**T,** Temperature.
**TAB,** TABulate. TABulate switch.
**TAC,** Transistorised Automatic Control.
**TADS,** Tactical Automatic Digital Switching.
**TAS,** Telephone Answering Service. Terminal Address Selector.
**TASC,** Terminal Area Sequence and Control.
**TASI,** Time Assignement Speech Interpolation.
**TC,** Time to Computation. Transistorized Carrier.
**TC1,** True/Complement 1.
**TCAM,** TeleCommunications Access Method.
**TCB,** Task Control Block.
**TCC,** Television Control Center. Traffic Control Center.
**TCE,** Total Composite Error.
**TCF,** Technical Control Facility.
**TCM,** Terminal-to-Computer Multiplexer. Thermal Conduction Module.
**TCO,** Trunk CutOff. Temperature-Compensated Crystal Oscillator.
**TCP,** Transmission Control Protocol.
**TCP/IP,** Transmission Control Protocol-Internet Protocol.
**TCU,** Terminal Control Unit. Transmission Control Unit. Teletypewriter Control Unit.
**TCW,** Time Code Word.
**TCWG,** TeleCommunications Working Group.
**TD,** Time-Delay. Transmitter Distributor. Tunnel Diode. Transmit Data.

**TDDL,** Time-Division Data Link.
**TDF,** Two Degrees of Freedom.
**TDG,** Test Data Generator.
**TDM,** Time-Division Multiplex.
**TDMA,** Time-Division Multiple Access.
**TDP,** Traffic Data Processor. TeleData Processing.
**TDS,** Time-Division Switching. Transaction-Driven System.
**TDTL,** Tunnel Diode Transistor Logic.
**TE,** Tranverse Electric.
**TED,** Trunk Encryption Device.
**TEDS,** Twin Exchangeable Disk Storage.
**TELCO,** TELephone COmpany.
**TELEX,** automatic TELetypewriter EXchange service.
**TELNET,** TELetype NETwork.
**TELRY,** TELegraph ReplY.
**TES,** Time-Encoded Speech.
**TEX,** TEleX.
**TFE,** Telemetry Front End.
**TFT,** Thin Film Technology. Thin Film Transistor.
**TFZ,** TransFer Zone.
**TGM,** Trunk Group Multiplexer.
**THF,** Tremendously High Frequency.
**THR,** THRoughput.
**TI,** Table Indicator.
**TIP,** Terminal Interface Processor.
**TL,** Time Limit. Transmission Level. Transmission Line.
**TLP,** Transmission Level Point.
**TLR,** Toll Line Release.
**TLU,** Table Look-Up.
**TLZ,** Transfer on Less than Zero.
**TM,** magnetic Tape Module. Technical Manual. Transverse Magnetic.
**TM,** Turing Machine.
**TMP,** TeMPerature.
**TMPRLY,** TeMPoRariLY.
**TMSL,** Test and Measurement System Language.
**TMT,** TransMiT.
**TNF,** Transfer on No overFlow.
**TNZ,** Transfer on Non-Zero.
**TOC,** Television Operating Centre.
**TOD,** Time Of Day. Technical Objective Documents.
**TODS,** Test-Oriented Disk System.
**TOE,** Total-Operating Expense.
**TOPTS,** Test-Oriented Paper Tape System.
**TOS,** Top Of Stack. Tape-Operating System.
**TP,** Transaction Processing. Test Point.
**TPI,** Tracks Per Inch.
**TPM,** Tape Preventive Maintenance.
**TPR,** Telescopic Photograph Recorder.
**TPS,** Transaction Processing System. Terminals Per Station.

**TR,** Transmit & Receiving. TRansmitter.
**TRAN,** TRANsmit.
**TRC,** Transerve Redundancy Check.
**TRF,** Tuned Radio Frequency.
**TRIB,** Transfer Rate of Information Bits.
**TRL,** Transistor Resistor Logic.
**TRML,** TeRMinaL.
**TRN,** TRaNsfer.
**TRNMP,** Token Ring Network Manager Program.
**TRON,** Real Time Operating Nucleus.
**TRR,** Teaching and Research Reactor.
**TRU,** Transmit-Receive Unit.
**TSAC,** Title, Subtitle, And Caption.
**TSC,** Transmitter Start Code.
**TSF,** Ten-Statement FORTRAN.
**TSL,** Three-State Logic.
**TSMT,** TranSMiT.
**TSR,** Terminate-and-Stay Resident.
**TSS,** Time-Sharing System.
**TSW,** TeleSoftWare.
**TT,** TeleTypewriter.
**TTD,** Temporary Text Delay.
**TTL,** Transistor-Transistor Logic.
**TTMS,** Telephoto Transmission Measuring Set.
**TTS,** TeleTypeSetter.
**TTY,** TeleTYpewriter equipment or terminal.
**TU,** Tape Unit. Timing Unit. Transmission Unit.
**TVI,** TeleVision Interference.
**TWAIT,** Terminal WAIT.
**TWLL,** Two-Way Linked List.
**TWX,** Teletype Writer eXchange service.
**TX,** Transmit, Transmitter or Transmit code.
**TYPOUT,** TYPewriter OUTput routine.
**T-M,** Time and Materials.
**T/H,** Track and Hold.
**T&D,** Transmission and Distribution.

# U

**U,** Unit. Unclassified. Up.
**UA,** User Agent.
**UART,** Universal Asynchronous Receiver Transmitter.
**UBC,** Universal Buffer Controller.
**UC,** Upper Case.
**UCI,** User Class Identifier.
**UCK,** Unit ChecK.
**UCL,** Upper Confidence Level.
**UCSD,** University of California, San Diego.
**UDC,** Universal Decimal Classification.
**UDL/I,** Unified Designed Language for ICs.
**UEX,** Unit EXception.
**UHF,** Ultra High Frequency.

**UHR,** Ultra High Reduction.
**UI,** User Interface.
**UL,** Underwriters Laboratories Inc.
**ULA,** Uncommitted Logic Array.
**ULC,** Upper and Lower Case.
**UMLS,** Unified Medical Language Systems.
**UOV,** Units Of Variance.
**UPC,** Universal Product Code.
**UPC-E,** Universal Product Code, Europe.
**UPS,** Uninterruptible Power Supply.
**UPT,** Universal Personal Telecommunications.
**URS,** Uniform Reporting System.
**US,** Unit Separator.
**USART,** Universal Synchronous/Asynchronous Receiver Transmitter.
**USASCII,** USA Standard Code for Information Interchange.
**UT,** Universal Time.
**UTC,** Coordinated Universal Time.
**UTPA,** Unshielded TWIST Pair Adapter.
**UV,** UltraViolet.

# V

**VA,** VAlue. Value Analysis. Video Amplifier. Volt-Amperes.
**VAB,** Voice Answer Back.
**VAC,** Victor Analog Computer. Video Amplifier Chain.
**VAC,** Voltage Alternating Current.
**VAM,** Virtual Acces Method.
**VAN,** Value-Added Network.
**VAPI,** Video Application Program Interface.
**VAR,** VARiable. VHF Visual Aural Range. Value Added Reseller.
**VC,** Virtual Call. Video Correlator. Voltage Comparator.
**VCD,** Variable Capacitance Diode.
**VCI,** Virtual Circuit Interface.
**VCPI,** Virtual Control Program Interface.
**VCR,** Video Cassette Recorder.
**VCS,** Video Computer System.
**VDC,** Voltage Direct Current.
**VDE,** Voice Data Entry.
**VDG,** Video Display Generator.
**VDHL,** VHSIC Hardware Description Language.
**VDI,** Virtual Device Interface.
**VDISK,** Virtual DISK (IBM).
**VDP,** Video Display Processor.
**VDT,** Video Display Terminal.
**VDU,** Visual Display Unit.
**VER,** VERsion. VERify.
**VERA,** VErsatile Reactor Assembly.Vision Electronic Recording Apparatus.

**VF,** Voice Frequency. Video Frequency.
**VFC,** Voltage-to-Frequency Converter.
**VFCT,** Voice Frequency Carrier Telegraph.
**VFO,** Variable Frequency Oscillator.
**VFS,** Virtual File Systems.
**VFT,** Voice Frequency carrier Telegraph terminal.
**VFTG,** Voice Frequency TeleGraph.
**VFU,** Vertical Format Unit.
**VGA,** Video Graphics Array (IBM). Variable Gain Amplifier.
**VGU,** Video Generation Unit.
**VHF,** Very High Frequency.
**VHO,** Very High Output.
**VHP,** Very High Performance.
**VHR,** Very High Reduction.
**VHSIC,** Very High Speed-Integrated Circuit.
**VIA,** Versatile Interface Adaptive.
**VIAS,** Voice Interference Analysis Set.
**VIDAT,** VIsual DATa (acquisition).
**VIG,** Video Integrating Group.
**VILP,** Victor Impedance Locus Plotter.
**VIPS,** Voice Interruption Priority System.
**VIS,** Visual Instrumentation Subsystem.
**VLCS,** Voltage-Logic, Current-Switching.
**VLF,** Very Low Frequency.
**VLSI,** Very Large Scale Integration.
**VLVS,** Voltage-Logic, Voltage-Switching.
**VM,** Virtual Machine. Virtual Memory.
**VME,** Virtual Machine Environment.
**VME/E,** VME/Eurocard.
**VMOS,** V-groove Metal Oxide Silicon.
**VM/CMS,** Virtual Machine/Conversational Monitor System.
**VO,** Verbal Orders.
**VOC,** Variable Output Circuit.
**VOCODER,** Voice-Operated CODER.
**VODACOM,** VOice DAta COMmunications.
**VODAS,** VOice-operateD Anti-Sing.
**VODER,** Voice Operation DEmonstratoR.
**VOGAD,** VOice-operated Gain Ajusting Device.
**VOH,** Verification Off-Hook.
**VOL,** VOLume.
**VOS,** Voice-Operated Switch.
**VP,** Virtual Path.
**VR,** Voltage Regulator.
**VRAM,** Video Random Access Memory.
**VRC,** Vertical Redundancy Check. Visible Record Computer.
**VRC/LRC,** VeRtiCal/Longitudinal Redundancy Check.
**VS,** Virtual Storage.
**VSAM,** Virtual Sequential Access Method.
**VSB,** VME Subsystem Bus. Vestigial SideBand.
**VSCF,** Variable Speed Constant Frequency.
**VSELP,** Vector Sum Excited Linear

899

Prediction.

**VSI,** Virtual Storage Interrupt.

**VSN,** Volume Serial Number.

**VSWR,** Voltage Standing Wave Ratio.

**VT,** Vertical Tabulate.

**VTAM,** Virtual Telecommunications Access Method.

**VTOC,** Volume Table Of Contents.

**VTR,** Video Tape Recorder.

**VU,** Voice Unit. Volume Unit.

**VXI,** VME eXtension for Instrumentation.

**V-V,** Verification and Validation. Velocity and Volume.

# W

**W,** Write. Watts.

**WAC,** Write Address Counter.

**WACK,** Wait before transmit affirmative ACKnowledge.

**WADS,** Wide Area Data Service.

**WAN,** Wide Area Network.

**WATS,** Wide Area Telephone Service.

**WC,** Word Count. Write and Compute.

**WCF,** White Cathode Follower.

**WCR,** Word Control Register.

**WCS,** Writable Control Store.

**WE,** Write Enable.

**WF,** Write Forward.

**WIP,** Work In Progress.

**WL,** WaveLength.

**WM,** Word Mark.

**WMRA,** Write Many Read Always.

**WMRM,** Write Many, Read Many.

**WO,** Write Out.

**WORM,** Write Once, Read Many.

**WP,** Word Processing. Write Permit.

**WPM,** Words Per Minute.

**WPR,** Write Permit Ring.

**WP/AS,** Word Processing/Administrative Support.

**WP/OS,** Word Processing/Office System.

**WRCHK,** WRite CHecK.

**WS,** Working Storage.

**WSI,** Wafer Scale Integration.

**WTS,** Word Terminal Synchronous.

**WYSIWYG,** What You See Is What You Get.

**WYSIWYGMOL,** What You See Is What You Get More Or Less.

# X

**X,** Horizontal Deflection on CRT.

**XA,** Transmission Adapter.

**XDR,** eXternal Data Representation.

**XGA,** eXtended Graphics Array (IBM).

**XIC,** Transmission Interface Converter.

**XIO,** eXecutive Intput/Output.

**XMT,** TransMiT.

**XMTR,** TransMiTteR.

**XOR,** eXclusive OR.

**XPN,** eXternal Priority Number.

**XREP,** auXiliary REPort.

**XS,** eXtra Strong.

**XS3,** eXcesS 3.

**Xtal,** Crystal.

**X-off,** Transmitter off.

**X-on,** Transmitter on.

# Y

**Y,** Vertical deflection on CRT.

**YACC,** Yet Another Compiler-Compiler.

**YR,** YeaR.

**YUV,** Chrominance-Luminance.

# Z

**ZA,** Zero and Add.

**ZD,** Zero Defect.

**ZFB,** Signals Fading Badly.

**ZFN,** Zero-order Fixed aperture Non-redundant sample.

**ZICR,** Zero Index Carrier Return.

**ZIF,** Zero Insertion Force.

**ZOE,** ZerO-Energy.

# IV

## Définitions de mots clés

## *Keyword Definitions*

**abacus,** abaque, boulier.
1. Compteur à boules antique.
2. Ensemble de courbes normalisées prédéfinies qui, par simple lecture donne le résultat d'opérations compliquées.

**abort,** abandon.
Arrêt prématuré de l'exécution d'un programme suite à l'apparition d'erreurs, de pannes ou de phénomènes imprévisibles ne pouvant pas être corrigés sur le champ.

**abscissa,** abscisse.
L'une des coordonnées cartésiennes par lesquelles on définit la position d'un point d'une courbe plane. L'axe des abscisses est horizontal et perpendiculaire à l'axe des ordonnées.

**absolute,** absolu.
Ce qui existe indépendamment de toute condition, rapporté à des points de repère fixes ou réels (adresse), qui n'a pas de signe (nombre), qui ne nécessite pas de traduction pour être exécutable (code).
Synonyme : 'explicite'.

**abstract,** résumé, abstrait.
1. Forme condensée ou résumée d'un document.
2. Sans désignation d'objet particulier (nombre), sans indication de signification.

**acceptor,** accepteur, automate.
1. Élément impur qui augmente le nombre de trous dans un cristal semi-conducteur.
2. Qualificatif d'un automate (automate accepteur) ou tout simplement automate.

**access,** accès.
1. Opération de repérage d'un emplacement fini de mémoire, afin d'y effectuer une lecture ou une écriture de données.
2. Possibilité de connexion à un calculateur.
L'accès peut être direct ou différé.

**accumulator,** accumulateur.
1. Le registre et la circuiterie numérique associée, dans l'unité arithmétique d'un calculateur, dans lesquels peuvent être effectuées des opérations arithmétiques et logiques.
2. Batterie.

**accuracy,** exactitude.
1) Qualité de ce qui est exempt d'erreur.
2) Evaluation qualitative de l'importance d'une erreur, une évaluation satisfaisante correspondant à une erreur faible.
3) Mesure quantitative de l'importance des erreurs, exprimée de préférence en fonction de l'erreur relative, de façon que la valeur de cette mesure croisse lorsque les valeurs des erreurs décroissent.
4. Précision d'un dessin.

**action,** action.
Commande qui indique les tâches à accomplir par l'ordinateur pendant la phase de dialogue avec l'opérateur.

**activate (to),** activer.
Déclencher le déroulement d'une partie de programme ou d'un processus en attente.

**active,** actif.
1. Qualifie l'état de l'ordinateur qui effectue un traitement sur des données.
2. Qualifie l'état d'un disque ou d'un répertoire sur ce disque.

**activity,** activité.
L'action d'utiliser un fichier d'information, soit par modification de celui-ci, soit en s'y référant. Le niveau d'activité d'un fichier est donc une indication de la fréquence d'utilisation.

**actuator,** actionneur.
Dispositif qui permet d'agir sur un processeur afin de modifier son comportement ou son état.

**Ada,** Ada.
Langage de programmation évolué, destiné à des applications en temps réel. Ce langage a été nommé Ada en honneur à Augusta Ada Lovelace, fille de Lord Byron, collaboratrice de Babbage et reconnue comme programmeur émérite.

**addend,** cumulateur.
Un des opérandes utilisé pour effectuer une opération d'addition. Le cumulateur est un nombre qui, ajouté à un autre nombre appelé cumulande, donne un résultat appelé somme.

**adder,** additionneur.
Elément capable d'effectuer la fonction d'addition en utilisant des signaux digitaux.

**addition,** addition.
Opération arithmétique qui donne la somme de deux opérandes - le cumulateur et le cumulande.

**address,** adresse.
1. Emplacement où est emmagasinée l'information dans un système de traitement de données.
2. Destination assignée à un message dans un système de communications.

**addressable,** adressable.
Relatif à des éléments d'une mémoire à la-

quelle on accède au moyen d'adresses.

**addressing,** adressage.
Opération réalisée par l'ordinateur qui permet d'accéder à une information ou à un groupe de données par le calcul de son adresse.

**ALGOL,** langage ALGOL.
Langage de programmation évolué à structure dite 'libre de contexte'.

**algorithm,** algorithme.
Série d'instructions ou de pas de procédure, destinés à résoudre un problème spécifique.

**algorithmic,** algorithmique.
Appartenant à une méthode de résolution de problèmes en suivant un algorithme prédéterminé.

**aliasing,** effet de denture.
Sur une visu graphique de type de télévision, effet de marches d'escalier du fait du manque de résolution pour reproduire les diagonales ou les cercles. Pour atténuer cet effet on utilise des procédés 'antialiasing'.

**alphamosaic,** alphamosaïque.
Qualifie un mode d'affichage qui permet de reproduire des vidéotex au moyen de primitives graphiques.

**alphanumeric,** alphanumérique.
L'ensemble des caractères alphabétiques, numériques et symboles.

**amplify (to),** amplifier.
Augmenter l'amplitude d'un signal.

**analog,** analogique.
Se dit d'une grandeur dont la valeur varie de façon continue par opposition à une variation numérique.

**analyzer,** analyseur.
Instrument de mesure connectable au niveau d'un système, d'une carte ou d'un composant, et capable de visualiser et de quantifier les phénomènes temporels relatifs au fonctionnement de ces éléments.

**animation,** animation.
Déplacements programmés de figures ou de graphismes sur un écran de visualisation afin d'attirer l'attention des utilisateurs.

**ANSI,** ANSI.
Institut national américain des standards.

**antialiasing,** linéarisation.
Sur une visu graphique de type balayage télévision, procédé logiciel qui linéarise les diagonales ou les lignes courbes.

**APL,** langage APL.
Langage de programmation évolué, conçu par Iverson, utilisé pour la programmation algorithmique interactive.

**append mode,** mode d'addition.
Dans un traitement de texte, le mode d'édition qui permet d'entrer le texte dans la mémoire tampon; dans ce mode l'addition des caractè-

res entrés se fait à la position courante du curseur

**application,** application.
Programme utilisé pour réaliser un type de travail donné tel un traitement de texte ou un gestionnaire de base de données.

**architecture,** architecture.
Un terme favori des fabricants d'ordinateurs et utilisé par eux pour décrire les interrelations entre les différents éléments composant un système informatique.

**archive,** archives.
1. Une collection de données provenant du groupement de plusieurs fichiers en un seul.
2. Attribut de fichier.

**argument,** argument.
Elément d'une variable entrant dans le calcul d'une fonction, ou nécessaire à l'exécution d'une routine. L'argument peut être la valeur de la variable, ou son adresse en mémoire.

**array processor,** processeur vectoriel.
Processeur conçu pour appliquer simultanément le même traitement à des éléments homologues de tableaux de données.

**artificial intelligence,** intelligence artificielle.
Discipline relative au traitement par l'informatique des connaissances et du raisonnement.

**ASCII,** ASCII.
Code américain standard pour les échanges d'information. Code de caractères utilisé pour représenter les données dans la plupart des ordinateurs.

**assembler,** assembleur.
Programme qui accepte un langage source sous forme de mnémonique et le convertit en code objet exécutable.

**assign (to),** assigner.
1. Réserver une partie d'un système informatique à des fins spécifiques.
2. Attribuer une valeur à une variable.

**asynchronous,** asynchrone.
Qui n'est pas synchronisé avec le processeur central. Une sortie série est un exemple de processus asynchrone.

**atom,** atome.
Un atome est un identificateur actif et unique correspondant à un nom de chaîne (caractère ou binaire). Les atomes sont utilisés pour identifier des propriétés, des types ou des sélection.

**attribute,** attribut.
1. Dans une base de données, un champ qui contient une information relatif à une entité.
2. Caractéristique d'un caractère affichable sur un écran.

**augend,** cumulande.
Un des opérandes utilisés en addition. La quantité à laquelle une autre quantité (cumu-

lande) est ajoutée pour donner la somme. Le cumulateur est habituellement remplacé par la somme.

**augmenter,** incrément, décrément.
Quantité ajoutée à une autre afin de l'amener à une valeur requise. Lorsque cette quantité est positive, c'est un incrément, lorsqu'elle est négative, c'est un décrément.

**authentification,** authentification.
Mesure de sécurité destinée à protéger un système de communications contre les transmissions frauduleuses.

**automate (to),** automatiser.
Transformer un processus ou une installation pour les rendre automatiques.

**automatic,** automatique.
Qui, dans des conditions déterminées, marche ou se déroule sans intervention humaine.

**automation,** automatisation.
Réalisation d'un processus par des moyens automatiques. Ensemble des conceptions, développements et applications des méthodes et techniques, pour fabriquer des machines auto-contrôlées.

**availability,** disponibilité.
Propriété d'un système exprimant la continuité opérationnelle du service.

**AZERTY,** azerty.
Se dit d'un clavier français où les touches de la rangée supérieure des lettres commencent par les lettres A,Z,E,R,T,Y, par opposition au clavier américain QWERTY.

**background,** d'arrière-plan.
Qualifie un traitement qui est exécuté lorsque les ressources ne sont pas affectées à un programme en temps réel ou à des programmes prioritaires.

**backtracking,** recherche inverse.
Traiter une liste (ex. noms et adresses) en sens inverse. Effectuer un tri descendant.

**backup,** de secours.
Qualifie les procédures et les matériels destinés à être utilisés dans certains cas d'anomalie de fonctionnement.

**band,** bande.
1. Gamme de fréquences du spectre, comprise entre deux fréquences limites.
2. Ruban magnétique ou perforé.

**bandwith,** largeur de bande.
Différence en fréquence entre la plus haute et la plus basse fréquence dans une bande.

**base,** base.
1. Base de numération.
2. Electrode d'un transistor à jonction située, entre deux couches semi-conductrices inversement dopées, le collecteur et l'émetteur.

**baseband,** bande de base.
Transmission d'un signal de données dans sa bande de fréquences d'origine, sans qu'il subisse de modulation.

**batch,** lot.
Groupe de transactions enchaînées, destiné à être traité en une seule passe sur ordinateur.

**batch processing,** traitement par lots.
Mode de traitement des données suivant lequel les programmes à exécuter ou les données à traiter sont groupés en lots.

**baud,** baud.
Unité de vitesse de modulation. Un baud correspond à la vitesse d'un signal élémentaire par seconde.

**Baudot,** Baudot.
Code de communication télégraphique à cinq moments, utilisé pour les transmissions télétype et télex.

**bead,** module de programme.
Petit module de programme, écrit pour effectuer une fonction spécifique. Ces modules écrits et testés séparément, peuvent être mis bout à bout et testés en groupe.

**benchmark,** évaluation.
Tâche d'évaluation imposée à un système matériel ou logiciel, afin d'en mesurer les performances.

**bias,** polarisation.
1. Gamme d'erreurs de valeur moyenne différente de zéro.
2. Valeur moyenne de tension ou de courant moyen, maintenue entre une électrode de contrôle et une électrode commune d'un transistor.

**binary,** binaire.
Propriété caractéristique impliquant deux possibilités. Dans un système de notation binaire, seuls les digits '1' et '0' sont utilisés.

**bipolar,** bipolaire.
Signal numérique qui peut prendre des valeurs positives ou négatives.

**bit,** binaire.
Plus petit élément de codage d'information. Sa représentation est digitale, c'est-à-dire traduite par des '1' ou des '0'. Les binaires sont généralement groupés par multiplet.

**blank,** blanc.
1. Partie d'un médium de données dans laquelle aucune information n'est enregistrée.
2. Caractère 'espace'.

**blip,** signal erratique.
Signal erratique sur un écran de visualisation.

**block,** bloc.
Groupe d'éléments binaires identifié, sur lequel on peut, par exemple, appliquer une procédure de codification en vue du contrôle d'erreur.

**blocking,** groupage.
Création de blocs à partir d'enregistrements individuels.

**board,** carte.
Support en verre époxi imprimé, sur lequel sont disposés les composants électroniques d'un calculateur.

**bootstrap,** amorce.
Programme servant à démarrer l'ordinateur, généralement résidant en ROM, il initialise les entrées-sorties et charge le système d'exploitation.

**box,** boîte, symbole.
Symbole (souvent un rectangle) utilisé pour représenter une unité logique d'un système ou programme dans un ordinogramme ou schéma synoptique.

**branch,** branche.
Dans un réseau de données, parcours entre deux noeuds reliés directement.

**break,** interruption.
Action d'interrompre une séquence de programme ou de transmission.

**brightening,** surbrillance.
Marquage par une luminosité plus grande.

**broker,** courtier.
Intermédiaire entre serveurs et utilisateurs, assistant ces derniers pour le choix et la consultation des banques de données.

**browsing,** survol.
Exploration rapide sur visu, sans possibilité de modification, du contenu d'une mémoire.

**buffer,** mémoire tampon.
1. Mémoire destinée à compenser les différentes vitesses de transmission de données entre un élément transmetteur et un élément récepteur.
2. Mémoire temporaire entre le processeur central et un périphérique.

**bug,** bogue.
Aberration, défaut ou mauvais fonctionnement d'un ordinateur, programme ou système.

**burst,** rafale.
Séquence de signaux considérés comme une unité en accord avec un critère de mesure spécifique.

**bus,** bus.
Ensemble de conducteurs, utilisé pour transmettre des signaux de données. Bus de données ou bus d'adresses.

**byte,** multiplet, octet.
Groupe de binaires, usuellement octet.

**CAD,** conception assistée.
Dessin de conception à l'aide d'un ordinateur.

**CAE,** ingénierie assistée.
Interface matérielle et logicielle ayant des possibilités graphiques et d'analyse mathématique.

**CAI,** enseignement assisté.
Utilisation d'ordinateurs pour l'enseignement individuel ou collectif.

**calculator,** ordinateur.
Appareil convenant particulièrement à l'exécution d'opérations arithmétiques, mais nécessitant une intervention humaine pour modifier un éventuel programme rangé en mémoire, et pour lancer toute opération ou suite d'opérations.

**call,** appel.
1. Manière d'appeler un programme ou une routine.
2. Tentative réussie ou non en vue d'atteindre un abonné (téléphone).

**card,** carte.
Rectangle de carton dont les dimensions et l'épaisseur sont standard et qui se prête à la perforation de trous en combinaisons intelligibles pour un lecteur de cartes.

**carrier,** onde porteuse.
Onde modulable par l'information à transmettre sur un système de communications.

**carry,** retenue.
Débordement d'une colonne digitale après une opération d'addition. Lorsqu'une somme de deux digits excède la base de numération, le digit débordant le digit le plus significatif est appelé - retenue.

**cartridge tape,** cartouche à bande.
Un médium de stockage qui consiste en une bande magnétique enroulée sur des bobines et contenue dans une boîte plastique.

**catalog,** catalogue.
Liste d'objets (fichiers, éléments, noms de programmes ou utilisateur) utilisés et traités dans un système, arrangés dans un ordre qui permet la localisation aisée.

**CD-ROM,** disque optique compact (DOC).
Disque optique de grande capacité, à usage essentiellement documentaire.

**Centronics,** Centronics.
Fabricant américain d'imprimantes, connu par son interface parallèle tendant à se généraliser et devenir standard.

**chaining,** chaînage.
Quand on utilise une technique d'accès aléatoire, il se peut que l'on forme l'adresse d'un fichier ne contenant pas l'article que l'on cherche. La recherche de son emplacement en mémoire donne alors l'adresse d'un autre fichier où l'élément cherché pourrait se trouver. Cette seconde adresse peut ne pas contenir non plus l'élément, mais peut renvoyer le calculateur à une 3ème adresse; et ainsi de suite.

**channel,** voie.
1. Support physique sur lequel des données peuvent être transmises ou stockées.
2. Canal de jonction; base des semi-conducteurs.

**character,** caractère.
Une lettre, un chiffre ou un autre symbole utilisés dans l'organisation, le contrôle ou la représentation de données.

**characteristic,** caractéristique.
Partie entière, positive ou négative, de la représentation d'un logarithme.

**check,** vérification.
Procédure permettant de déterminer la justesse d'une opération.

**checkpoint,** point vérification.
Endroit dans un programme ou une vérification, où l'enregistrement de données pouvant servir à un redémarrage, est exécuté.

**checksum,** somme de contrôle.
somme générée des digits élémentaires d'un nombre et utilisée à des fins de contrôle

**chopper,** hacheur.
Dispositif interrompant un courant ou un rayon de lumière pour produire un signal pulsé.

**class,** classe.
Description d'un ou plusieurs objets similaires.

**clear,** annuler.
1) Dégager.
2) Vider le contenu d'une mémoire ou d'un compteur.
3) Clair, net, dégagé, propre.

**clipping,** écrétage.
Action qui limite automatiquement la valeur instantanée du signal de sortie à une valeur maximale prédéterminée.

**clipping region,** zone de détourage.
Dans un contexte graphique, un rectangle peut être spécifié pour déterminer la zone active d'une région particulière d'une fenêtre. L'image interne ou externe au rectangle de délimitation est appelée zone de détourage ou découpage.

**clock,** horloge.
Source de référence pour la synchronisation des informations destinées à une machine ou un système.

**cluster,** grappe.
1. Groupe de mécanismes d'entraînement de support magnétique.
2. Groupe d'enregistrements relationnels dans un système de base de données.
3. Groupe d'enregistrements sur un disque.

**COBOL,** langage COBOL.
Langage évolué orienté vers les problèmes commerciaux.

**code,** code.
Système de transformation agréé, ou ensemble de règles sans ambiguïté permettant de convertir des informations ou des données d'une forme dans une autre.

**coding,** codage.
L'écriture des instructions d'un programme.

**collator,** interclasseuse.
Machine ou dispositif permettant d'interclasser deux jeux de cartes préalablement mis dans la même séquence.

**column,** colonne.
Arrangement vertical de caractères ou autres symboles. Une carte 80 colonnes par exemple peut contenir 80 caractères codifiés sous forme de combinaisons de perforations codifiées.

**command,** commande.
Le nom d'un fichier qui contient un programme qui peut être exécuté à la demande. Programmes compilés et interpréteurs sont des formes de commandes.

**command line,** ligne de commande.
Une ligne contenant une ou plusieurs commandes, terminée en frappant une <entrée>. La ligne peut aussi contenir certaines options et arguments pour les commandes. Vous taper une ligne de commande pour signifier à l'interprétateur d'instruire l'ordinateur à effectuer une ou plusieurs tâches.

**compaction,** compactage.
Utilisation d'une des techniques disponibles de réduction de données, pour obtenir une meilleure utilisation de l'espace mémoire.

**compandor,** compresseur-expanseur.
Le compresseur est utilisé pour réduire la gamme dynamique d'un signal analogique, normalement avant le traitement ou la transmission du signal. L'expanseur rétablit la gamme dynamique.

**compare (to),** comparer.
Examiner deux articles en vue de déterminer leur grandeur relative, leur position relative dans une suite ou l'identité de certaines de leurs caractéristiques.

**compatibility,** compatibilité.
Qualité que doit posséder un équipement, pour lui permettre de travailler avec un autre équipement ou de remplacer un autre équipement.

**compiler,** compilateur.
programme de traduction qui convertit les instructions d'un langage évolué en code objet exécutable.

**computer,** ordinateur.
Unité fonctionnelle programmable se composant d'une ou de plusieurs unités centrales associées et de périphériques, com-

mandée par des programmes rangés en mémoire interne et capable d'effectuer des calculs importants, comportant de nombreuses opérations arithmétiques ou logiques, sans intervention humaine en cours d'exécution.

**computerization,** informatisation.
Automatisation d'un traitement de données au moyen d'ordinateurs.

**computerize (to),** informatiser.
Automatiser au moyen d'ordinateurs.

**concentrator,** concentrateur.
un équipement de groupement d'un certain nombre d'abonnés (téléphone) pour connexion à un commutateur à travers un moyen commun de communication.

**configuration,** configuration.
Structure matérielle et logicielle d'un système de traitement ou de communications pour effectuer des tâches précises.

**connective,** connectif.
Symbole écrit entre deux opérandes et spécifiant l'opération à effectuer.

**connector,** connecteur.
1. Dans un organigramme, symbole utilisé pour représenter la convergence de plusieurs chemins de traitement.
2. Elément de connexion.

**console,** console, pupitre.
Elément d'un ordinateur servant aux communications entre l'opérateur et la machine.

**contention,** contention.
1. Conflit d'utilisation d'une même ressource de système.
2. En communications, lorsque deux ou plusieurs unités d'émission essaient de transmettre en même temps.

**conversational,** conversationnel.
Dit d'une méthode d'opération par laquelle l'utilisateur à sa console est en communication directe avec l'ordinateur et capable d'obtenir une réponse immédiate à ses messages d'entrée (dialogue).

**conversational mode,** mode dialogué.
Mode de traitement de données permettant un dialogue entre système informatique et utilisateur.

**core,** noyau, tore.
1. Coeur d'un système d'exploitation.
2. Petit anneau magnétisable avec deux états de polarisation, qui peut de ce fait mémoriser un chiffre binaire.

**corruption,** altération.
Mutilation de code ou de données, causée par une avarie matérielle ou logicielle.

**counter,** compteur.
Dispositif tel que registre ou zone de mémoire, servant à retenir le nombre de fois qu'un événement s'est produit.

**CPU,** unité centrale.
Partie principale d'un ordinateur comprenant les circuits qui contrôlent l'interprétation et l'exécution des instructions.

**crosshairs,** réticule.
Curseur ou intersection de deux lignes perpendiculaires sur une image graphique qui indique les coordonnées d'un point.

**crosstalk,** diaphonie.
Phénomène dans lequel un signal, transmis sur un circuit ou une voie d'un système de transmission, peut être détecté dans un autre circuit ou une autre voie.

**cue,** appel.
Instruction contenant une clé pour initialiser l'entrée d'une routine fermée.

**cycle,** cycle.
1) Intervalle de temps pendant lequel un nombre déterminé d'événements ou phénomènes, est accompli.
2) N'importe quel groupe d'opérations, répété régulièrement dans la même séquence.

**cylinder,** cylindre.
L'ensemble de toutes les pistes d'un disque dur qui sont à la même distance de l'axe de rotation.

**damping,** amortissement.
Réduction d'amplitude et de fréquence d'une oscillation ou d'une onde.

**data,** données.
Représentation d'une information sous une forme conventionnelle destinée à faciliter son traitement.
Singulier 'datum'.

**databank,** banque de données.
Ensemble de données relatif à un domaine défini des connaissances et organisé pour être offert aux consultations d'utilisateurs.

**database,** base de données.
Ensemble de données organisé en vue de son utilisation par des programmes correspondant à des applications distinctes et de manière à faciliter l'évolution indépendante des données et des programmes.

**deblocking,** dégroupage.
Procédé d'extraction d'enregistrements à partir d'un bloc de données, de manière à traiter chaque record individuellement.

**debug (to),** déboguer.
Détecter, localiser et supprimer les fautes dans un programme.

**debugging,** débogage.
Processus de test d'un programme avec correction des fautes.

**deck,** jeu, paquet.
Paquet de cartes perforées.

**declarative,** déclaration.
Ligne de code d'un programme source, spécifiant au compilateur le format, la longueur et la nature des éléments de données et constantes utilisés comme opérandes dans le programme.

**decoder,** décodeur.
Dispositif destiné à modifier les données d'un format codé à un autre.

**decrement,** décrément.
Quantité par laquelle la grandeur d'une variable est réduite.

**default,** défaut.
1. Défaut.
2. Synonyme d'option par défaut.

**delete (to),** effacer.
1. Enlever ou éliminer un article, un enregistrement ou un groupe d'enregistrements d'un fichier.
2. Effacer un programme de la mémoire.
3. Effacer un caractère de l'écran.

**delimiter,** séparateur.
Caractère marqueur utilisé pour délimiter les extrémités d'une chaîne de caractères ou d'une portion de programme.

**demodulation,** démodulation.
Processus dans lequel une onde résultant d'une modulation antérieure est utilisée pour obtenir une onde ayant essentiellement les mêmes caractéristiques que l'onde modulante initiale.

**density,** densité.
Nombre de bits mesuré par unité de longueur, dans un canal linéaire d'un support d'enregistrement.

**descriptor,** descripteur.
Elément significatif d'information, présent dans un enregistrement et suffisamment descriptif pour permettre à cet enregistrement d'être classé, trié et retrouvé.

**despatch (to),** distribuer.
Allouer le temps d'un processeur central à des tâches spécifiques.

**diagnostic,** diagnostic.
Un message apparaissant à l'écran qui identifie des erreurs de programme.

**dialing,** numérotation.
Elaboration du numéro d'annuaire.

**digit,** digit.
Caractère qui représente un entier plus petit que la base d'un système de numérotation, position de caractère dans un nombre qui peut représenter une telle valeur.

**digital,** numérique.
Qualifie des données composées de chiffres.

**digitize (to),** numériser.
Représenter un signal (caractère, image, impulsion, etc.) sous forme numérique.

**dipulse,** impulsion bipolaire.
Variante d'un signal binaire où une impulsion est transmise sous forme de valeur +1 pour une moitié du cycle et de valeur -1 pour l'autre moitié correspondant aux valeurs +1 et 0 à l'entrée.

**direct access,** accès direct.
Mode d'écriture ou de lecture de données se faisant au moyen d'adresses qui repèrent leur emplacement.

**director,** contrôleur.
Programme de contrôle, faisant généralement partie d'un système d'exploitation et supervisant les attributions de ressource dans un système.

**directory,** répertoire, annuaire.
1. Répertoire de fichiers sur disque.
2. Attribution de symboles alphanumériques pour identifier de façon unique chaque fichier dans un système de traitement, d'un abonné dans le cas d'un système de communications.

**disarm (to),** désactiver.
Rendre inactive une interruption, par opposition à armer.

**discrete,** discret.
Qualifie des données composées d'éléments distincts ou séparés tels que des caractères, ou des grandeurs physiques prenant des valeurs identifiables séparément les unes des autres.

**diskette,** disquette.
1. Disque magnétique souple, de dimensions et de capacité réduites.
2. Mécanisme d'entraînement de disque souple.

**displacement,** déplacement.
Elément d'adresse relatif à une base.

**display,** affichage, visu.
1. Présentation de données alphanumériques ou graphiques sur un écran de visualisation.
2. Appareil permettant la présentation visuelle et non permanente d'informations.

**distortion,** distorsion.
Déformation subie par le signal dans un système de transmission.

**diversity,** diversité.
Méthode de communication par laquelle, pour réduire les effets de détérioration du signal du fait du milieu de transmission, un unique signal est extrait d'une combinaison de signaux contenant la même information.

**dividend,** dividende.
Opérande d'une division. Le dividende est divisé par le diviseur pour obtenir le quotient et le reste.

**divider,** diviseur.
Elément qui effectue l'opération arithmétique de division, et donne en sortie le quotient de

deux variables d'entrée, le dividende et le diviseur.

**divisor,** diviseur.

Opérande d'une opération de division. Le diviseur divise le dividende pour donner le quotient et le reste.

**donor,** donneur.

Elément introduit en quantité infinitésimale comme impureté dans un matériau semi-conducteur.

**dopant,** dopeur.

Impureté chimique ajoutée à un matériau semi-conducteur pour changer ses caractéristiques électriques.

**doublet,** doublet.

Multiplet constitué de deux éléments binaires.

**drive,** lecteur de disque.

Dispositif mécanique qui entraîne un support d'enregistrement magnétique d'information.

**driver,** gestionnaire.

Programme qui contrôle une unité périphérique connectée en ligne.

**drum,** tambour.

Mémoire magnétique externe, constituée par un cylindre tournant à vitesse constante.

**dump,** cliché, vidage.

Copie du contenu d'une zone de mémoire, permettant une visualisation ou une sauvegarde des données.

**dump (to),** clicher, vider.

Recopier le contenu, à un instant déterminé, de tout ou partie d'une mémoire sur un autre support.

**duplex,** duplex.

Méthode de communication entre deux terminaux, par laquelle chacun peut transmettre à l'autre simultanément.

**dwell,** durée programmée.

Retard programmé d'une durée variable.

**echo,** écho.

En graphisme, un curseur ou une chaîne de caractères qui donne une réplique à l'opérateur.

**edge,** arête.

Bord supérieur ou inférieur d'une carte perforée.

**edit (to),** éditer.

Préparer des données en vue de traitement. Le processus d'édition peut impliquer la validation, l'effacement, la conversion de format ou de code.

**editor,** éditeur.

1. Programme qui permet à partir d'une console de visualisation d'introduire des données textuelles ou graphiques ou d'en modifier la disposition.

2. Fabricant de logiciel.

**EDP (informatics),** informatique.

Science du traitement rationnel, notamment par machines automatiques, de l'information considérée comme le support des connaissances humaines et des communications, dans le domaine technique, économique et social.

**effective,** réel.

En terme de microprocesseur, ce mot signifie 'réel' par opposition à 'virtuel' (ex. adresse réelle).

**emulate (to),** émuler.

Utiliser un ordinateur avec des données ou des instructions préparées pour un calculateur de type différent, nécessitant généralement un logiciel spécial pour simuler l'ordinateur original.

**emulation,** émulation.

Imitation de tout ou partie d'un système par un autre, de sorte que le système imitateur prenne en compte les mêmes données, exécute les mêmes programmes et produise les mêmes résultats que le système imité.

**encode (to),** coder.

Appliquer les règles d'un code, représentant sous une forme digitale les caractères ou les symboles des données.

**endpoint,** fin.

Fin d'un segment de droite exprimé par les coordonnées x, y, z.

**entry,** entrée.

1. Adresse de la première instruction d'un programme ou d'une routine.

2. Elément d'information, soit d'entrée soit de sortie, d'une liste ou d'une table.

**envelope,** enveloppe.

Ensemble de bits supplémentaires qui accompagnent systématiquement les blocs, trames ou paquets, sur une liaison ou un réseau de transmission de données.

**environment,** environnement.

Dans un contexte informatique, mot qui évoque la combinaison d'un ordinateur et de son système d'exploitation.

**equalizer,** égaliseur.

Dispositif permettant de compenser la distorsion subie par un signal.

**erase (to),** effacer.

Remplacer l'information stockée sur un support mémoire par un code uniforme de données nulles.

**erlang,** Erlang.

Unité de débit de trafic. le débit est égal à l'unité si le nombre moyen des appels (téléphone) par unité de temps est égal à un.

**error,** erreur.

Ecart entre une valeur ou une condition calculée, observée ou mesurée, et la valeur ou la condition vraie, prescrite ou théorique correspondante.

**event,** événement.

1. Fait qui affecte un article, un fichier, une donnée, une transaction.

2. En analyse, un fait qui termine une activité et en commence une autre.

**exclusion,** exclusion.

Opération booléenne diadique dont le résultat a la valeur booléenne 1 si et seulement si le premier opérande a la valeur booléenne 1.

**executable file,** fichier exécutable.

Un fichier qui peut être traité ou exécuté par l'ordinateur sans autre forme de traduction. Lorsque le nom du fichier est entré, les commandes contenues dans le fichier sont exécutées.

**execute (to),** exécuter.

Effectuer les opérations spécifiées par un programme, une tâche, une routine, une instruction.

**exit,** sortie.

Instruction finale d'une routine ou d'un sous-programme, provoquant le retour au programme principal.

**expanded memory,** mémoire épandue.

Mémoire additionnelle à la mémoire conventionnelle qui est utilisable pour des applications. Elle est accessible par blocs de 16 kilo-octets appelés pages de mémoire. L'exploitation d'une telle mémoire nécessite l'emploi d'un logiciel spécial et d'une carte mémoire. Mémoire 'EMS'.

**expert system,** système expert.

Ensemble de logiciels exploitant dans un domaine particulier des connaissances explicites et organisés, pouvant se substituer à un expert humain.

**exponent,** exposant.

Puissance à laquelle une quantité est élevée.

**extended memory,** mémoire étendue.

Mémoire additionnelle à la mémoire conventionnelle qui n'est pas réellement accessible par MS-DOS ou les applications MS-DOS classiques. L'adressage de cette mémoire supplémentaire est situé au-delà du M-octet disponible sur PC-AT ou compatible. Un logiciel spécial et une carte d'extension mémoire permettent d'accéder à cette mémoire étendue.

**extract,** extraire.

1) Choisir, parmi un ensemble de données, celles répondant à certains critères.

2) Remplacer le contenu d'une partie d'un mot avec le contenu de la partie correspondante d'un autre mot, suivant un modèle de contrôle.

**failure,** panne.

Discontinuité causée par une défaillance ou un mauvais fonctionnement d'un matériel ou d'un logiciel.

**fault,** faute.

Etat anormal d'un élément, causé par des conditions physiques particulières: par exemple un faux contact dans un circuit.

**fetch,** prélèvement.

Localisation et prélèvement d'éléments d'information.

**field,** champ.

Zone logique à l'intérieur d'un enregistrement, d'un code opération, d'une adresse.

**file,** fichier.

Collection organisée d'enregistrements relationnels.

**file system,** système de fichiers.

Une collection de fichiers et la structure qui les relie ensemble.

**fill,** coloriage, aplat.

Coloriage ou ombrage d'une surface d'écran délimitée par un ensemble de segments de droite.

**filler,** caractère.

Caractère utilisé pour remplir un temps ou un espace, lorsqu'un bloc de longueur fixe est insuffisamment rempli.

**filter,** filtre.

Dispositif permettant de laisser passer ou de rejeter des parties bien définies du spectre de fréquences.

**firmware,** logiciel en ROM.

Logiciel contenu généralement en mémoire morte.

**flag,** drapeau.

1. Caractère utilisé pour signaler l'apparition d'une condition ou d'un événement.

2. Elément d'information employé comme indicateur.

**float (to),** flotter.

Ajouter l'origine à toutes les adresses relatives d'un programme, pour déterminer la quantité de mémoire occupée par le programme.

**flowchart,** organigramme.

Représentation graphique pour la définition, l'analyse ou la solution d'un problème, dans laquelle des symboles sont utilisés pour représenter des opérations, des données, les chemins à suivre, les unités utilisées etc...

**flowline,** ligne de liaison.

Ligne représentant un chemin entre les symboles dans un organigramme pour indiquer un transfert de données ou de commande.

**flush (to),** vider.

Vider une mémoire tampon, par exemple transférer le contenu du tampon de sortie de l'ordinateur vers l'imprimante.

**flutter,** pleurage.
Variation récurrente de vitesse, à relativement basse fréquence, observable sur un certain disque en mouvement.

**fork (to),** séparer.
Séparer un processus en deux, le processus parent et le processus enfant, avec séparation, bien qu'initialement identiques, des données et segments de pile.

**formal language,** langage formel.
Langage qui utilise un ensemble de termes et de règles syntaxiques pour permettre de communiquer sans aucune ambiguïté (par opposition à langage naturel).

**format,** format.
1. Arrangement d'éléments binaires ou de caractères dans un même groupe, sous forme de mot, message ou langage.
2. Forme, taille, ou présentation d'un document.
3. Arrangement logique des secteurs sur un disque.

**formatting,** formatage.
Opération d'écriture d'un plan d'adressage sur un disque. Ceci implique l'établissement d'une table d'adressage de pistes et de secteurs du disque.

**FORTRAN,** langage FORTRAN.
Langage évolué orienté vers la programmation scientifique.

**fragmentation,** fractionnement.
Technique de gestion statique de la mémoire en multiprogrammation.

**frame,** cadre, section.
Zone d'enregistrement d'une position constituant une section en largeur sur une bande magnétique ou une bande papier.

**framing,** trame.
Répartition du signal d'information en entités distinctes par l'inclusion périodique de signaux particuliers.
Il s'agit de l'insertion d'éléments binaires pour identifier les blocs, messages, etc.

**full text,** en texte intégral.
Qualifie une banque de données dans laquelle sont enregistrés des documents complets et non des résumés ou des descripteurs.

**gap,** intervalle.
Intervalle indispensable localisé entre les blocs d'enregistrement sur une bande magnétique, pour permettre les arrêts et les redémarrages entre les lectures ou les écritures.

**gate,** porte.
Circuit pourvu d'un seul signal de sortie, sous la dépendance de signaux d'entrée passés ou présents.

**generator,** générateur.
Programme qui génère la codification d'un problème.
exemple: Report Program Generator.

**global,** global.
Relatif à un élément qui appartient entièrement à l'environnement considéré. Une variable globale est celle qui peut être accessible et modifiable de n'importe quel point du programme (voir local).

**grid,** grille.
Intersections de lignes uniformément espacées dans deux ou trois dimensions, permettant de guider l'opérateur dans l'élaboration d'un graphique.

**gulp,** groupe de binaires.
Petit groupe de digits binaires constitué de plusieurs multiplets et traité comme un tout unitaire.

**Hamming,** Hamming.
Inventeur du code de détection et de contrôle d'erreur, utilisé en transmission de données. Ce code est capable d'être corrigé automatiquement par le terminal récepteur

**handshake,** protocole.
Protocole de communications précédant une transmission, dans laquelle un signal est requis, reçu et accepté.

**hardcopy,** tirage.
Document graphique résultant du transfert sur un support permanent, d'une image présentée sur une visu.

**hardware,** matériel.
Ensemble des éléments physiques employés pour le traitement de données.

**hartley,** Hartley.
Unité d'information basée sur une puissance de dix. (ex. la quantité d'information qui peut être dérivée de l'occurrence d'un événement aléatoire et de dix événements équiprobables.)

**hash,** charabia.
Insignifiants ou indésirés, éléments d'information présents en mémoire ou sur un médium magnétique.

**hatching,** hachure.
Remplissage d'une zone d'écran avec des segments de droite espacés régulièrement.

**head,** tête.
Dispositif exécutant la lecture, l'écriture ou l'effacement de données sur un support de mémorisation (bandes, tambours, disques).

**header,** en-tête.
1. Portion de message qui contient les infor-

mations nécessaires pour l'acheminement (ex. adresse, priorité, classification).

2. Début de fichier contenant la définition de sa structure.

3. Début de page portant un titre.

**hertz,** Hertz.
Unité de mesure de fréquence égale à un cycle par seconde.

**heuristic,** heuristique.
Relatif à une méthode explicative de résolution de problèmes, basée sur des évaluations successives d'essais ou d'erreurs pour aboutir au résultat final. Par opposition à 'algorithmique'.

**hexadecimal,** hexadécimal.
Système de numérotation à base 16. Synonyme : sexadécimal.

**highlighting,** marquage.
Action de faire ressortir un élément graphique ou une partie de texte par modification de ses attributs visuels.

**hole,** trou.
1. perforation d'une carte.
2. Un vide dans fichier causé par une opération de recherche en écriture; la lecture considère ce vide de donnée comme une donnée nulle.

**holistic,** réplique.
Relatif à la copie mémorisée d'une information destinée à valider une donnée d'entrée (ex. mémorisation d'un répertoire ASCII, seuls les caractères identiques seront acceptés à l'entrée.)

**Hollerith,** Hollerith.
Relatif à un type particulier de code ou carte perforée utilisant 12 rangs par colonne et généralement 80 colonnes par carte.

**home,** repos.
1. Position de départ du curseur sur un écran, habituellement le coin supérieur gauche.
2. Position de repos d'une tête de lecture de disque magnétique.

**host,** hôte.
Un ordinateur configuré pour partager les ressources du système dans un contexte de traitement distribué.

**hub,** moyeu.
Le trou central d'une bobine de bande ou de disque magnétique.

**Huffman,** Huffman.
Inventeur du code dans lequel, aux caractères de grande fréquence d'apparition, sont associés moins de symboles qu'à ceux de moindre fréquence.

**icon,** graphisme.
Symbole graphique représentant un article de menu, une commande de programme ou un élément actif d'un système.

**identifier,** identificateur.
Etiquette identifiant un fichier ou une zone particulière de mémoire.

**implement (to),** implanter, implémenter.
1. Implanter un logiciel ou un sous-système donné en réalisant les adaptations nécessaires à leur fonctionnement dans un environnement défini.
2. Implémenter la phase finale d'élaboration d'un système qui permet au matériel, aux logiciels et aux procédures d'entrer en fonctionnement opérationnel.

**implication,** inclusion.
Opération booléenne diadique dont le résultat a la valeur booléenne 0 si et seulement si le premier opérande a la valeur booléenne 0 et le second la valeur booléenne 1.

**increment,** incrément.
Quantité dont on augmente la valeur d'une variable à chaque phase de l'exécution d'un programme. Termes dérivés: incrémenter, incrémentiel, décrément.

**index,** index.
1. Partie d'un champ de données indiquant le type d'information effectivement enregistrée dans ce champ.
2. Nombre identificateur ou expression indiquant le rang d'un élément dans un tableau.

**indexing,** indexation.
Opération consistant à ajouter le contenu d'un registre d'index à la partie adresse d'une instruction.

**indicator,** indicateur.
Dispositif ou signal qui peut être positionné selon une condition spécifique, ou le résultat d'une opération ou d'un événement.

**inference engine,** moteur d'inférence.
Partie d'un système expert qui effectue la sélection et l'application des règles en vue de la résolution d'un problème donné.

**information,** information.
Elément de connaissance susceptible d'être représenté à l'aide de conventions, pour être conservé, traité ou communiqué.

**inhibit (to),** inhiber.
interdire à un signal de se manifester ou à une opération spécifique d'être effectuée.

**initialization,** initialisation.
Processus mis en action au début d'un programme vérifiant que tous les indicateurs et les constantes sont dans les conditions prédéterminées.

**initialize (to),** initialiser.
Remettre les compteurs, les interrupteurs et les positions de mémoire dans un état initial, soit physiquement, soit par exécution d'une

routine d'initialisation.

**input,** entrée.
1. Données ou instructions transférées en mémoire par l'intermédiaire d'une unité périphérique.
2. Signaux appliqués aux circuits pour effectuer un tel transfert.

**insert mode,** mode insertion.
Dans un traitement de texte, mode dans lequel les caractères entrés sont insérés juste devant la position courante du curseur.

**instruction,** instruction.
Consigne exprimée dans un langage de programmation.

**integer,** entier.
Nombre entier, un nombre qui ne contient pas de composante fractionnaire. Zéro est un nombre entier.

**integrity,** intégrité.
Dans un système de données, la qualité d'être sans erreurs.

**intelligent,** intelligent.
Qualifie un appareil ou une unité fonctionnelle entièrement ou partiellement commandés par au moins un processeur faisant partie de l'appareil.

**interactive,** interactif.
Qualifie les matériels, les programmes ou les conditions d'exploitation qui permettent des actions réciproques en mode dialogué avec des utilisateurs, ou en temps réel avec des appareils.

**intercom,** interphone.
Equipement téléphonique permettant au personnel de communiquer à l'intérieur d'un même bâtiment, enceinte ou organisme.

**interface,** interface.
Jonction entre deux matériels ou logiciels, leur permettant d'échanger des informations par l'adoption de règles communes, physiques ou logiques.

**interfix,** interdépendance.
Technique utilisée dans les systèmes de base de données pour décrire sans ambiguïté les relations entre les mots clés dans les différents enregistrements, afin que seul l'élément recherché soit unique.

**interleave (to),** entrelacer.
Organiser les différentes composantes d'une séquence de choses ou d'événements, de façon à ce qu'elles alternent avec d'autres séquences, chacune gardant son identité propre.

**interpreter,** interpréteur.
Programme qui traduit des instructions pseudo-codées en instructions de code machine au fur et à mesure du déroulement du programme (ex. langage BASIC). Par opposition à un programme qui nécessite une phase de compilation.

**interrupt,** interruption.
Arrêt momentané de la séquence d'un programme, provoqué extérieurement, le contrôle est passé à une routine, après terminaison de celle-ci le contrôle est redonné au programme principal.

**inverter,** inverseur.
Elément logique avec un signal binaire d'entrée, effectuant la fonction logique de négation.

**item,** article.
1) Article (d'un compte, d'une énumération).
2) Point, détail (d'un texte).
3) Elément, information élémentaire.

**iterative,** itératif.
Relatif à un simple cycle qui effectue répétitivement une série d'opérations jusqu'à vérification d'une condition spécifique.

**job,** travail.
Unité de travail organisée pour être traitée par un ordinateur.

**JOVIAL,** JOVIAL.
Sigle pour - Jules'Own Version of IAL - la propre version de Jules du langage algébrique international, développé par la firme américaine SDC (Système Development Corporation).

**joystick,** manchet.
Dispositif d'entrée graphique qui positionne le curseur, localise, prélève ou initialise le changement d'un élément d'image à l'aide d'un levier de contrôle.

**jump,** saut, branchement.
Instruction ou signal qui, conditionnellement ou inconditionnellement, spécifie la position de l'instruction suivante à exécuter et force le calculateur à aller vers cette instruction. Un saut est en général utilisé pour changer la séquence normale des instructions d'un programme.

**justification,** justification.
Changement de la position des mots d'un texte, arrangés pour impression à fin de régularisation de la marge de droite ou de gauche ou des deux à la fois.

**Kansas city standard,** norme Kansas city.
Norme de lecture et d'écriture de données sur cassette.

**Karnaugh,** Karnaugh.
En logique, méthode de représentation tabulaire d'une expression logique facilitant la simplification de cette expression.

**Katakana,** Katakana.
Police de caractères utilisée dans un ou deux alphabets phonétiques japonais.

**kernel,** noyau.
Le coeur du système propre; partie du code du système d'exploitation résidant en mémoire qui traite les appels système.

**key,** clé.
1. Digit ou groupe de digits destiné à identifier un enregistrement. La clé peut être un code ne faisant pas nécessairement partie de l'enregistrement.
2. Touche marquée du clavier générant un caractère.

**keypunch,** perforatrice.
Unité périphérique permettant de perforer; les trous représentent des données dans les cartes.

**keyword,** mot clé.
Descripteur extrait du texte qu'il caractérise ou d'un thésaurus. Le présent dictionnaire en fait un usage intensif.

**label,** étiquette.
Caractère ou groupe de caractères destiné à identifier un enregistrement ou un module de données, faisant généralement partie des données qu'il identifie.

**language,** langage.
Jeu défini de combinaisons de caractères ou de symboles, gouverné par des règles reconnues. Les ordinateurs opèrent en code objet obtenu par compilation de langage source de haut niveau.

**leaf,** feuille.
Dernier noeud d'une arborescence.

**leapfrog,** saute-mouton.
Relatif à un programme qui effectue des tests sur les données mémorisées. Le programme saute d'une zone de mémoire à une autre jusqu'à ce que toute la mémoire ait été vérifiée.

**level,** niveau.
Degré de subordination dans une hiérarchie.

**library,** bibliothèque.
Ensemble de sous-programmes non exécutables, référencés et indépendants, réunis en un seul fichier et prêts à être appelés par un assembleur, un compilateur ou un éditeur de liens.

**limiter,** limiteur.
Dispositif destiné à supprimer la partie de l'amplitude d'un signal qui dépasse une valeur déterminée.

**line,** ligne.
1. Désigne une ligne d'impression.
2. Désigne un support physique téléphonique ou télégraphique.

**link,** liaison.
Terme général indiquant l'existence de moyens de transmission entre deux points.

**linkage,** liaison, couplage.
En programmation, opération qui connecte deux routines codifiées séparément.

**LISP,** langage LISP.
Langage de programmation de haut niveau largement utilisé dans la recherche sur l'intelligence artificielle.

**list (to),** lister.
1. Produire un document en continu à l'aide d'une imprimante d'ordinateur.
2. Présenter des données ou des instructions.

**listing,** listage.
1. Document en continu produit par une imprimante d'ordinateur.
2. Action de lister.

**loader,** chargeur.
Programme appartenant généralement au système d'exploitation, qui place un programme exécutable à son adresse réelle, pour y être exécuté.

**local,** local.
Relatif à un élément ou à une variable, utilisé uniquement dans une partie définie d'un programme.
Par opposition à 'globale'.

**local area network,** réseau local.
Ensemble connexe, à caractère privatif, de moyens de communication établi sur un site restreint, pourvu de règles de gestion du trafic et permettant des échanges internes d'informations de toute nature, notamment sous forme de données, sons, images, etc.

**location,** emplacement.
Place à laquelle un élément d'information peut être stocké. Un emplacement est habituellement désigné par la partie adresse d'un mot d'instruction.

**log (to),** enregistrer.
Enregistrer des événements par ordre chronologique.

**logic,** logique.
1. La science relative à la pensée et au raisonnement.
2. Traitement mathématique de la logique formelle (booléenne) et son application à l'interconnexion de circuits.

**login,** enregistrement.
1. Programme qui contrôle l'enregistrement d'une session.
2. L'opération d'enregistrement de session.
3. Par extension, la phase qui suit l'enregistrement.

**loop,** boucle.
Technique de codification dans laquelle une séquence d'instructions est répétée un certain

nombre de fois avec ou sans modification de certaines données.

**macro,** macro.
Simple instruction équivalente à une séquence d'instructions spécifiques en un autre langage, généralement de plus bas niveau. La traduction est effectuée par assembleur ou compilateur.

**mantissa,** mantisse.
En représentation en virgule flottante, nombre formé des digits les plus significatifs du nombre à représenter.

**map,** mappe.
1. Liste produite par un compilateur, reliant le nom des données à leur adresse spécifique.
2. Moyen pour transformer les adresses virtuelles en adresses absolues.

**mapping,** mappage.
Transformation d'une image d'un système de coordonnées à un autre.

**mask,** masque.
Arrangement de caractères ou de binaires destiné à spécifier sur quelle partie d'un autre arrangement de bits ou de mots on doit effectuer une opération.
Synonyme de 'filter'.

**mass storage,** mémoire de masse.
Mémoire externe de très grande capacité, disque ou bande magnétique.

**match (to),** apparier.
1. Effectuer une opération d'équivalence.
2. Comparer les clés de deux enregistrements, afin d'en sélectionner un pour un futur traitement, ou de rejeter un enregistrement incorrect.

**matrix,** matrice.
1. Tableau de coefficients x, y et z qui permet de calculer une transformation géométrique.
2. Ensemble de tores magnétiques.

**media,** média.
Pluriel de médium. Le matériau, ou configuration, sur lequel des informations sont enregistrées (ex. ruban de papier, bande magnétique, carte perforée, disque magnétique.)

**memory,** mémoire.
Organe qui permet l'enregistrement, la conservation et la restitution de données. Une mémoire peut être programmable, statique ou dynamique.

**merge,** fusion.
Opération effectuée sur deux, ou plusieurs groupes d'enregistrements triés pour créer un simple groupe ou fichier.

**merge (to),** fusionner.
Réunir en un seul ensemble les éléments de plusieurs ensembles rangés suivant les mêmes critères.

**message,** message.
1. Information préparée sous une forme qui se prête à son acheminement par un moyen de transmission.
2. Indication d'erreur sur un écran de visualisation.

**message handling,** messagerie électronique.
Service géré par ordinateur, fournissant aux utilisateurs habilités les fonctions de saisie, de distribution et de consultation différée de messages écrits, graphiques ou sonores.

**metacompilation,** métacompilation.
Processus d'utilisation de plusieurs compilateurs pour compiler d'autres compilateurs et utiliser le produit résultant pour compiler des programmes pour exécution.

**metalanguage,** métalangage.
Langage artificiel utilisé pour définir un autre langage.

**metasymbol,** métasymbole.
Symbole dans un métalangage.

**microlanguage,** microlangage.
Langage de microprogrammation.

**microprocessor,** microprocesseur.
Processeur miniaturisé dont tous les éléments sont, en principe, rassemblés en un seul circuit intégré.

**microprogram,** microprogramme.
Dans un processeur, chaque instruction est interprétée et exécutée sous le contrôle d'un microprogramme formé de micro-instructions, dont chacune commande une phase de l'exécution de l'instruction.

**minuend,** diminuende.
Un des opérandes utilisés en sous-traction, quantité de laquelle une autre quantité (diminueur) est soustraite.

**modem,** modem.
Modulateur-démodulateur. Dispositif qui permet la transmission de données sur le réseau téléphonique.

**module,** module.
Partie de programme ou de code qui effectue une tâche spécifique et qui peut être testée séparément.

**modulo,** modulo.
Opération mathématique dont le résultat est le reste après qu'un nombre spécifié ait été divisé. (ex. 19 modulo 4 = 3).

**monitor,** moniteur.
1. Matériel ou logiciel qui examine l'état d'un système pour déceler le moindre écart aux conditions opérationnelles prescrites.
2. Ecran de visualisation.

**morpheme,** morphème.
Elément linguistique significatif qui indique des relations entre des mots ou des idées.

**mouse**, souris.
Dispositif manuel d'entrée utilisé pour positionner le curseur sur un écran graphique. L'usage de la souris est indispensable avec des interfaces graphiques.

**multiplex**, multiplex.
Possibilité de transmission permettant à deux ou plusieurs messages d'être transmis simultanément.

**multiplicand**, multiplicande.
Un des facteurs utilisés dans une opération de multiplication, quantité qui est multipliée par une autre appelée 'multiplicateur'.

**multiplier**, multiplicateur.
1. Dispositif qui génère un produit par addition du multiplicande et selon la valeur du multiplicateur.
2. Un des facteurs utilisé en multiplication, ce nombre multiplie le multiplicande.

**multiprocessing**, multitraitement.
Mode de fonctionnement d'un ordinateur selon lequel plusieurs processeurs ayant accès à des mémoires communes peuvent opérer en parallèle sur des programmes différents. (voir multiprogrammation).

**multiprocessor**, multiprocesseur.
Ordinateur ayant plusieurs processeurs centraux.

**multiprogramming**, multiprogrammation.
Technique d'exploitation permettant l'exécution imbriquée de plusieurs programmes menés de front (voir multitraitement).

**multitasking**, multitâche.
Exécution en alternance de deux ou plusieurs tâches, habituellement sous un programme de contrôle. Les tâches pouvant être des programmes de bibliothèque ou des programmes utilisateurs.

**multivibrator**, multivibrateur.
Circuit électronique à deux états, passant séquentiellement d'un état à l'autre.

**multiuser**, multiutilisateur.
Un état de système d'exploitation qui permet plusieurs utilisateurs.

**negate (to)**, inverser.
Effectuer une opération de négation.

**negation**, négation.
Opération booléenne monadique dont le résultat a une valeur booléenne opposée à celle de l'opérande.

**network**, réseau.
1. Ensemble de systèmes informatiques interconnectés par des lignes de transmission de données.
2. Ensemble de cellules constituant une opération de filtrage.

**networking**, mise en réseau.
Dans un système informatique, les moyens de transmettre des données d'un système à un autre à travers un réseau de communications. Les services communs d'un réseau informatique comprennent le transfert de fichiers, l'enregistrement à distance, le traitement à distance.

**nexus**, connexion.
Point d'un système où s'opère une jonction de connexions.

**NL (new line)**, saut de ligne.
Code qui oblige la position d'écriture (curseur s'il s'agit d'un visu ou tête d'impression dans le cas d'une imprimante) à terminer la ligne courante et d'en commencer une nouvelle.

**node**, noeud.
Dans un réseau de données, point où une ou plusieurs stations mettent en communication des lignes de transmission de données.

**noise**, bruit.
Le bruit est un son indésirable. Par extension, c'est une perturbation inattendue dans une bande de fréquences, telles des fréquences non désirées dans une voie ou éléments de transmission.

**normalize (to)**, normaliser.
En programmation utilisant la numération en virgule flottante, ajuster la partie fixe du nombre de façon que cette dernière soit dans les limites de la zone prédéterminée.

**numeric**, numérique.
Se dit, par opposition à analogique, de la représentation de données ou de grandeurs physiques au moyen de caractères - des chiffres généralement - et aussi des systèmes, dispositifs ou procédés employant ce mode de représentation discrète.

**object**, objet.
1. Relatif au langage directement exécutable par l'ordinateur.
2. Ensemble d'informations et description de son utilisation.
3. Représentation d'un élément d'image.

**octal**, octal.
Système de numération à base 8.

**off-line**, autonome.
Se dit d'un matériel lorsqu'il fonctionne indépendamment de tout autre.

**onomasticon**, liste d'étiquettes.
Liste de noms en clair utilisés comme une table pour expliciter les titres, les étiquettes symboliques à partir des mots clés.

**on-line**, en ligne.
Se dit d'un matériel lorsqu'il fonctionne en relation directe avec un autre.

**operand,** opérande.

Donnée, quantité ou valeur, entrant dans une opération arithmétique ou logique.

**operating system,** système d'exploitation.

Le programme qui gère les ressources d'un ordinateur. Il prend en charge des procédures d'entrées-sortie, du séquencement des processus, du système de fichiers, déchargeant ainsi le programme utilisateur. (CPM, DOS, UNIX, etc).

**operation,** opération.

1. Action d'une fonction, d'une instruction de langage.
2. Manipulation sur un calculateur.

**operator,** opérateur.

1) Représente l'action à exécuter sur des opérandes
2) Personne qui manoeuvre l'ordinateur.

**origin,** origine.

1. Début de programme.
2. Intersection zéro des axes x, y et z desquels sont calculés tous les points d'un graphique.

**output,** sortie.

Information transférée de la mémoire vers les périphériques tels que l'imprimante, l'écran de visualisation ou une unité de disque.

**overflow,** débordement.

Génération, comme résultat d'une opération arithmétique, d'une quantité qui dépasse la capacité de position résultat.

**overlapping,** recouvrement.

Technique permettant le recouvrement du travail des unités d'entrée/sortie avec le traitement proprement dit.

**overlay,** recouvrement.

Technique de programmation qui permet, pour de longs programmes, d'utiliser la même zone de mémoire par des parties différentes de programme.

**pack (to),** comprimer, compresser.

Compresser des données en profitant de leurs caractéristiques. Par exemple: mettre 3 caractères dans un seul mot, chacun se trouvant dans un mot différent.

**package,** progiciel.

Ensemble complet et documenté de programmes, conçu pour être fourni à plusieurs utilisateurs, en vue d'une même application ou d'une même fonction.

**packet,** paquet.

Groupe de binaires capable d'être transmis sur un réseau de transmission de données comme une simple entité.

**page,** page.

Subdivision de la mémoire correspondant à un nombre d'octets standard suivant le type de machine.

**paging,** pagination.

Le processus par lequel les programmes sont découpés en pages et transférés entre mémoire principale et mémoire secondaire par l'intermédiaire d'un gestionnaire virtuel.

**parameter,** paramètre.

Variable à laquelle on assigne une valeur constante déterminée pour chaque cas particulier, et qui, éventuellement, identifie ce cas.

**partition,** partition.

Unité d'espace de stockage d'un disque. Un disque peut avoir plusieurs partitions. Dans un système informatique une seule partition est amorçable.

**Pascal,** Pascal.

1. Langage de programmation évolué basé sur des algorithmes structurés .
2. Blaise Pascal (1623-1662), inventeur de la première machine à calculer mécanique (1647).

**pass,** passe.

Simple exécution d'une boucle. Synonyme de 'run'.

**paste (to),** coller.

Transférer le contenu du presse-papier dans un document à l'écran.

**patch,** modification.

Correction apportée à une routine ou un programme. Fournie généralement en code objet et entrée par la console de l'opérateur.

**pattern,** forme.

Ensemble de caractéristiques retenues pour représenter une entité en fonction du problème à résoudre.

**pattern matching,** appariement de forme.

Mise en correspondance de formes selon un ensemble prédéfini de règles ou de critères.

**peripheral,** périphérique.

Élément d'un système informatique opéré sous le contrôle d'un processeur central imprimante, écran de visualisation, unité de disque, etc.

**permission,** permission.

modes d'accès, associés avec les répertoires et les fichiers, qui permettent ou refusent aux utilisateurs la possibilité de lire, d'écrire, d'effacer ou/et d'exécuter les répertoires ou fichiers.

**pickup,** capteur.

1. Capteur de signal analogique.
2. Interférence provenant d'un circuit externe.

**pipe,** canal de transmission.

Une connexion directe de flux entre processus.

**pipeline,** canal de processus.

Une séquence de programmes connectés par

un canal de transmission.

**pixel,** pixel.

Plus petit élément homogène constitutif d'une image écran, représenté par un point, avec une couleur ou un niveau de brillance spécifique.

**plotter,** table traçante.

Dispositif traceur contrôle par ordinateur, qui reproduit l'image d'un écran sur un support papier ou sur une surface électrostatique.

**plugboard,** panneau de connexion.

Panneau pouvant être câblé manuellement au moyen de fiches s'insérant dans des trous. Synonyme de 'control panel'.

**pointer,** pointeur.

Registre ou groupe de mots mémoire contenant l'adresse de données.

**polling,** appel.

Dans un circuit multipoint, méthode d'appels sélectifs pour recevoir une transmission unique ou localiser un canal libre, afin d'éviter la contention lorsque plusieurs terminaux partagent le même canal.

**port,** point d'accès.

Circuit d'ordinateur à travers lequel des données peuvent entrer ou sortir en vue de leur exploitation ou de leur traitement.

**portability,** portabilité.

Aptitude d'un programme à être utilisé sur des systèmes informatiques de types différents.

**portable,** portable.

Un programme est portable lorsqu'il peut être utilisé sur un système différent que sur celui où il a été conçu.

**post (to),** mettre à jour.

Mettre à jour un enregistrement.

**precision,** précision.

Mesure de l'aptitude à distinguer des valeurs très voisines.

**procedure,** procédure.

Fonction intégrée, exécutée comme une routine, faisant partie de la syntaxe d'un langage de haut niveau.

**process,** processus.

Ensemble d'instructions exécutées en séquence, sans possibilité de simultanéité.

**processor,** processeur.

1. Organe destiné, dans un ordinateur ou une autre machine, à interpréter et exécuter des instructions.

2. Par analogie, ensemble de programmes permettant d'exécuter sur un ordinateur des programmes écrits dans un certain langages.

**program,** programme.

Ensemble algorithmique d'instructions écrites dans un langage donné, compréhensible par le calculateur et permettant de résoudre un problème posé.

**programming,** programmation.

Ensemble des tâches qui permettent d'effectuer la transformation de la solution d'un problème en programmes exécutables par une machine.

**prompt,** guide-opérateur.

Message fourni par le système d'exploitation, appelant l'opérateur à prendre une action.

**protocol,** protocole.

Liste de conventions gouvernant le format de messages échangés entre deux ou plusieurs systèmes informatiques.

**puck,** capteur.

Dispositif manuel avec réticule pour entrer des coordonnées graphiques.

**pull (to),** dépiler.

Extraire un élément d'une pile. Synonyme de 'to pop'.

**push (to),** empiler.

Mettre un élément sur une pile.

**put (to),** empiler.

1. Mettre des données en mémoire.

2. Mettre un élément sur une pile. Synonyme de 'to push'.

**quad,** quarte.

Ensemble de quatre conducteurs séparés et isolés, disposés de manière à former deux paires (transmission).

**quantity,** quantité.

1. Nombre réel positif ou négatif employé comme donnée.

2. Constante, variable, fonction ou expression.

**quantization,** quantification.

Procédé de conversion de la valeur exacte d'échantillons d'un signal analogique en leurs plus proches équivalents parmi une infinité de valeurs discrètes, afin de permettre un codage digital.

**quesce (to),** arrêter, rejeter.

Ecarter de nouvelles tâches dans un système à multiprogrammation mais en continuant d'effectuer celles déjà en cours. Arrêter en douceur.

**queueing,** étude des files.

Etude de situations impliquant des files d'attente (ex. évaluation du temps et de la longueur d'une file d'individus attendant pour entrer à une séance, au cinéma REX par exemple).

**quinary,** quinaire.

Système numérique de base mixte dans lequel chaque chiffre décimal N est représenté par 2 chiffres A B, où $N = 5A + B$, et où $A = 0$ ou 1 et $B = 0, 1, 2, 3$, ou 4 (ex. 12 en quinaire représente 7 en décimal).

QWERTY, QWERTY.
Se dit du clavier traditionnel américain où les touches de la rangée supérieure des lettres qui commencent par les lettres Q, W, E, R, T, Y, par opposition au clavier français AZERTY.

**radix,** base.
Base d'un système de numérisation.
**RAM,** mémoire vive.
Mémoire qui est remplie de données et de programmes et dont le contenu peut être modifié en usage normal.
**random,** aléatoire.
Qualifie un état ou une variable dont les valeurs ont la même probabilité.
**range,** gamme.
Différence entre la plus élevée et la plus faible valeur d'une fonction ou d'une quantité.
**raster,** trame.
En graphique électronique et télévision, une configuration prédéterminée de lignes qui procure une couverture uniforme de l'espace écran.
**read (to),** lire.
1. Interroger une position mémoire sans en changer le contenu.
2. Transférer des données d'une zone mémoire à une autre.
**real time,** temps réel.
Mode de traitement qui permet l'admission des données à un instant quelconque, et l'obtention immédiate des résultats.
**reconfigurability,** reconfiguration.
Changement des éléments d'un système et interconnexion des nouveaux composants.
**record,** enregistrement.
Unité de traitement représentant une transaction ou une partie de transaction et constituée d'un groupe de champs connexes.
**recovery,** restauration.
Restauration d'un système après avarie. Les procédures de restauration sont utilisées pour isoler les erreurs.
**reeantrant,** réentrant.
Se dit d'un programme, d'une routine, qui a la qualité d'être inaltérable pendant sa phase d'exécution, imbriquée et auto-appelable.
**refresh,** rafraîchissement.
1. Signal envoyé à une cellule de mémoire dynamique pour lui permettre de maintenir son contenu.
2. Sur une visu, technique d'excitation périodique de la couche de phosphore du tube cathodique.
**register,** registre.
Mémoire d'un ou plusieurs mots, utilisée pour des opérations arithmétiques, logiques ou de transfert et pouvant faire partie de l'unité de calcul et de commande.
**release,** révision, version.
1. Logiciel comportant des corrections par rapport à l'état précédent.
2. Logiciel contenant de nouvelles fonctions modifiant un logiciel ancien.
**reliability,** fiabilité.
Capacité d'une chose de répondre à une fonction désirée, sous des conditions déterminées et pour une période de temps donné.
**relocate (to),** reloger.
Déplacer une routine d'une zone de mémoire à une autre, en modifiant les adresses afin que la routine puisse être exécutée depuis la nouvelle place.
**remainder,** reste.
Partie du résultat obtenu d'une division, qui reste lorsque le dividende a été divisé par le diviseur pour donner le quotient.
**remote system,** système déporté.
Un système autre que celui sur lequel vous travaillez instamment.
**repertoire,** jeu d'instructions.
Jeu d'opérations qui peut être représenté par un code d'opérations. Jeu d'instructions capables d'être exécutées par un ordinateur.
**request,** requête.
Expression formalisée d'une demande.
**rerun,** réexécution.
Répétition d'une exécution de programme à cause d'une correction, d'une interruption, d'un mauvais départ.
**reservation,** réservation.
Méthode d'allocation des ressources, anticipée par rapport à leur utilisation.
**reset (to),** restaurer.
Remettre dans un état de référence.
**résident,** résidant.
Existant en mémoire en permanence. Une routine non-résidante doit être appelée en mémoire avant d'être exécutée.
**resilience,** résilience.
Capacité d'un système à être opérationnel malgré une avarie d'un de ses éléments. Fonctionnement en mode dégradé.
**resolution,** résolution.
Intervalle entre lequel deux valeurs pratiquement égales peuvent être discernées. Finesse des détails d'un modèle reproduit en deux ou trois dimensions.
**resource,** ressource.
Unité qui, dans une configuration de système donnée, peut être allouée séparément.
**restart,** redémarrage.
Refaire l'exécution d'une routine en utilisant des données enregistrées lors d'un point de

vérification (checkpoint).

**restore (to)**, restaurer.

Remettre dans un état de référence.

**result**, résultat.

Elément engendré par une opération.

**retrieval**, récupération.

Processus de recherche pour sélectionner et extraire des données contenues dans un fichier ou des fichiers.

**retrofit (to)**, modifier.

Changer une routine ou un système existant, pour mettre à jour une modification à un élément existant, et effectuer les changements correspondants dans les routines ou systèmes associés.

**rewrite (to)**, réécrire.

Régénérer l'information dans les zones de mémoire où le processus de lecture de données a conduit à son altération.

**RGB**, RVB.

Couleur décrite en termes de ses niveaux d'intensité de rouge, vert et bleu.

**ring**, anneau.

1. Anneau

2. Liste chaînée dans laquelle le pointeur du dernier article pointe vers le premier article.

**robotics**, robotique.

Ensemble des études et des techniques de conception et de mise en oeuvre des robots effectuant des tâches déterminées en s'adaptant à leur environnement.

**rollback**, reprise.

Procédé pour retourner à un point de contrôle lors d'une reprise de procédure.

**rollout**, transfert.

Transfert de tout ou d'une partie du contenu d'une zone mémoire vers une mémoire de masse.

**rollover**, frappe multiple.

Mécanisme d'encodage clavier permettant d'enfoncer simultanément un certain nombre de touches sans provoquer d'erreur.

**ROM**, mémoire morte.

Mémoire permanente qui comprend les instructions de base qui font fonctionner l'ordinateur.

**root**, racine, source.

Le répertoire source de tous les fichiers et répertoires dans le système de fichiers.

**round (to)**, arrondir.

Supprimer un ou plusieurs des chiffres de plus faible poids dans une représentation pondérée et ajuster la partie conservée selon une règle donnée.

**routine**, routine.

Programme ou sous-programme d'emploi général destiné à une fonction bien définie et répétée.

**routing**, acheminement.

Affectation d'un chemin de communication par lequel un message ou un appel téléphonique peut atteindre sa destination.

**row**, rangée.

Arrangement horizontal de caractères ou autres expressions.

**RPG**, générateur d'états.

Programme automatique qui génère des programmes d'édition d'états à partir d'un fichier décrivant les données d'entrée et le format des états de sortie.

**run**, exécution, travail.

Exécution complète d'un programme contenant une ou plusieurs routines; exécution pendant laquelle aucune intervention manuelle n'est normalement requise.

**sample**, échantillon.

En statistiques, une partie de la population.

**satellite**, satellite.

1. Relatif à un système informatique ou processeur, auxiliaire du système principal.

2. Objet spatial décrivant une orbite fermée autour d'une planète ou d'un autre satellite.

**scalar**, scalaire.

Grandeur caractérisée par une valeur unique.

**scaling**, mise à l'échelle.

Changement des dimensions des coordonnées d'un graphique par multiplication ou division.

**scan (to)**, balayer.

Examiner en séquence chaque article dans une liste, chaque enregistrement dans un fichier, chaque point d'un écran, chaque point d'un graphique, chaque entrée ou sortie d'un canal de communications.

**scanning**, scannage, scanage.

En télévision ou transmission d'image, processus d'analyse ou de synthèse successive selon une méthode prédéterminée des densités de lumière des éléments constitutifs de l'image.

**scissor (to)**, découper.

Enlever des éléments d'un écran graphique.

**scramble**, brouillage.

Codage transformant un signal binaire quelconque en un signal binaire pseudo-aléatoire. Employé en téléphonie.

**scroll (to)**, défiler.

Déplacer ligne par ligne, de haut en bas ou inversement, le contenu d'un écran.

Déplacement vertical ou horizontal du contenu d'un écran de visualisation à l'intérieur d'une fenêtre de telle façon que de nouvelles données apparaissent à un bord alors que d'autres disparaissent au bord opposé.

**search,** recherche.
Processus d'identification d'un enregistrement avant récupération.

**section,** segment.
Portion de mémoire.
Synonyme de 'segment'.

**sector,** secteur.
1. Blocs de données consécutives sur une piste de disque.
2. Ensemble de données transférées simultanément entre la mémoire centrale et une unité de disque, ou inversement.

**seek,** recherche.
Mouvement mécanique employé pour introduire un enregistrement dans une file à accès aléatoire. Ce peut être par exemple, la mise en route d'un mécanisme à bras et tête de lecture, nécessaire pour mettre une instruction de lecture à même de lire les données en une certaine zone de la file.

**segment,** segment.
Division d'une routine, capable d'être mémorisée et exécutée avec d'autres segments, au moyen d'instructions de branchement appropriées.

**semantic,** sémantique.
Appartenant aux relations entre les symboles et ce qu'ils représentent.

**semaphore,** sémaphore.
Un procédé de programmation qui permet de synchroniser deux ou plu sieurs processus.

**sequence,** séquence.
Groupe d'articles ou d'éléments, disposés dans un ordre défini et selon des clés identifiables.

**sequencer,** séquenceur.
1. Administrateur temporel.
2. Module d'un processeur en tranches détenant la prochaine adresse du microprogramme.

**sequential,** séquentiel.
S'applique à des événements se produisant l'un après l'autre en séquence avec peu @ pas de recouvrement l'un avec l'autre.

**serial,** série.
Relatif à des données ou instructions, stockées ou transmises séquentiellement, en séquence.

**serial access,** accès séquentiel.
Mode d'écriture ou de lecture de données, effectuées en suivant un ordre préétabli de rangement.

**server,** serveur.
Organisme exploitant un système informatique permettant à un demandeur la consultation et l'utilisation directes d'une ou plusieurs banques de données.

**session,** session.
Période de temps durant laquelle un utilisateur engage un dialogue avec un système en temps partagé.

**set,** ensemble.
1. Collection d'articles relationnels.
2. Placer un élément de mémoire dans un état spécifique (ex. mettre un bit d'un registre à la valeur '1').

**set (to),** instaurer.
Mettre dans un état actif.

**shannon,** Shannon.
Unité de quantité d'information correspondant à l'apparition d'un symbole émis par une source. Synonyme de 'bit'.

**shell,** interpréteur.
Le programme qui permet d'exécuter d'autres programmes sur commandes.

**shift,** décalage.
Opération de mouvement des éléments d'un ensemble ordonné d'unités (bits, caractères, digits) d'une ou plusieurs positions vers la gauche ou vers la droite.

**sideband,** bande latérale.
Energie spectrale résultant d'un processus de modulation et reportée de part et d'autre de la porteuse.

**sign,** signe.
Indicateur qui distingue les quantités positives des quantités négatives.

**signal,** signal.
Grandeur, fonction du temps, caractérisant un phénomène physique et porteur d'information.

**signaling,** signalisation.
Fonction qui englobe l'alimentation, le contrôle d'interprétation et les instructions de supervision nécessaires pour établir ou couper une ligne de transmission.

**silicon,** silicium.
Métalloïde semi-conducteur qui, lorsqu'il est mélangé au fer ou l'acier montre des propriétés magnétiques. Il est utilisé dans la technologie des semi-conducteurs à oxyde métallique (MOS). La vallée du silicium, 'Silicon Valley' (Californie), regroupe de nombreux utilisateurs.

**simplex,** simplex.
Capable de transmission dans un seul sens, par opposition à 'duplex'.

**simulation,** simulation.
Représentation de caractéristiques du comportement d'un système physique ou abstrait par un autre système.

**simulator,** simulateur.
Dispositif ou programme permettant de simuler une situation et de voir les effets de différents changements appliqués à cette situation.

**single-user,** simple utilisateur.
Un état de système d'exploitation qui permet un seul utilisateur.

**sink,** radiateur, récepteur.
1. Radiateur de circuit intégré.
2. Dispositif de réception de signaux de données, de contrôle ou autres, en provenance d'un système de transmission.

**skip (to),** sauter.
Passer au-dessus d'une ou plusieurs instructions, sauter en séquence à une autre instruction.

**SNOBOL,** langage SNOBOL.
Langage de programmation conçu spécialement pour manipuler les chaînes de caractères. Utilisé en intelligence artificielle, conception de compilateur, etc.

**software,** logiciel.
Ensemble des programmes, procédés et règles, et éventuellement de la documentation, relatifs au fonctionnement d'un ensemble de traitement de données.

**sort,** tri, trier.
Arranger un ensemble de données suivant certaines règles.

**sorter,** trieuse.
1. Matériel servant à trier des cartes.
2. Programme de tri.

**source,** source.
1. Origine.
2. Dispositif qui génère des signaux de données, de contrôle ou autres, à destination de récepteurs de signaux.

**span,** plage.
Différence entre la valeur la plus élevée et la valeur la plus faible dans une gamme de valeurs.

**spool,** spoule.
Mode d'exploitation d'un ordinateur en multiprogrammation selon lequel les opérations d'entrée et de sortie sont automatiquement dissociées des traitements intermédiaires, les données correspondantes étant placées dans des mémoires tampons.

**spooling,** traitement différé.
Utilisation d'une mémoire de masse pour sauvegarder temporairement les données d'entrée-sortie pour traitement différé, afin que les opérations périphériques affectent au minimum le traitement principal.

**sprite,** image-objet.
Elément graphique, utilisé comme entité, dont les attributs (forme, grandeur, couleur, vitesse) sont programmables par l'utilisateur (motif graphique programmable).

**spurious,** parasite.
Toute réponse, autre que celle désirée, d'un transducteur ou appareil électrique, est une interférence ou parasite.

**stack,** pile.
Zone de mémoire réservée pour le stockage temporaire de données, la gestion des sous-programmes et des interruptions. Une pile fonctionne suivant le principe-dernier entré, premier sorti 'LIFO'.

**stacker,** magasin de réception.
Dispositif permettant de recevoir les cartes traitées par une unité.

**statement,** instruction.
Consigne exprimée dans un langage de programmation.

**step,** pas, étape.
Constitue une opération dans une routine, une étape dans un programme.
Synonyme de 'instruction'.

**storage,** mémoire.
Dispositif dans lequel les informations peuvent être enregistrées et lues.
Synonyme de 'memory'.

**store (to),** enregistrer, charger.
Transférer des données en un lieu où elles pourront être reprises intactes ultérieurement.

**streamer,** dévideur.
Dérouleur de bande magnétique voué par construction à la création en continu de sauvegardes des informations contenues sur un disque.

**string,** chaîne.
1. Suite d'articles arrangés suivant un ordre prédéterminé.
2. Tout groupe de caractères consécutifs présents en mémoire.

**subprogram,** sous-programme.
Suite ordonnée d'instructions qui assure une fonction prédéterminé et d'emploi fréquent.
Synonyme de 'routine'.

**subroutine,** sous-routine.
Partie d'une routine constituée d'un ensemble d'instructions pouvant être exécutées en différents endroits de cette routine.

**subtracter,** soustracteur.
Dispositif destiné à effectuer une opération de soustraction en utilisant des signaux digitaux.

**subtrahend,** diminueur.
En soustraction, le diminueur est soustrait du diminuende pour donner la différence.

**suite,** suite.
Un nombre de programmes exécutés successivement pour effectuer un travail de traitement déterminé.

**swap (to),** échanger.
Transférer l'image mémoire d'un programme exécutable d'une zone de mémoire principale à une zone de mémoire secondaire pour faire place à d'autres processus.

**switch,** commutateur.
1. Elément permettant une commutation.
2 .Dispositif ou technique de programmation permettant une sélection.

**synchronous,** synchrone.
Qualifie plusieurs processus utilisant comme référence la réalisation d'événements spécifiques communs aux processus. Par opposition à 'asynchrone'.

**syntax,** syntaxe.
Règles grammaticales qui régissent la structure d'un langage, en particulier les règles pour former les instructions dans un langage source.

**sysgen,** génération.
Processus de génération d'un système d'exploitation dans l'environnement utilisateur.

**system,** système.
Ensemble de méthodes, procédures ou techniques, organisé comme un tout en vue d'exécuter des tâches complexes sur un ordinateur et ses périphériques associés.
Base de tout traitement de données.

**system calls,** appels système.
L'ensemble des fonctions primitives d'un système d'exploitation par lesquelles toutes les opérations du système sont identifiées, initialisées, contrôlées, manipulées et terminées.

**table,** table.
Ensemble de données dans lequel chaque article est identifié d'une manière unique par une étiquette, sa position relative par rapport à d'autres articles ou par tout autre moyen.

**tablet,** tablette.
Tablette à numériser, dispositif d'entrée de coordonnées graphique qui génère les données à partir d'un crayon lumineux ou d'une souris.

**tail,** queue.
Indicateur indiquant la fin d'une liste ou d'un fichier.

**task,** tâche.
Programme ou partie de programme considéré comme simple unité de travail dans un environnement multiprocesseur ou de multiprogrammation.

**teachware,** didacticiel.
Logiciel spécialisé pour l'enseignement.

**teleinformatics,** téléinformatique.
Exploitation automatisée de systèmes utilisant des réseaux de télécommunication.

**telematics,** la télématique.
Ensemble des services de nature ou d'origine informatiques pouvant être fournis à travers un réseau de télécommunications.

**teleprocessing,** télétraitement.
Traitement par combinaisons d'ordinateurs et moyens de télécommunication. L'interconnexion de moyens déportés à un ordinateur central.

**teletext,** télétexte.
Communication entre un utilisateur et un ordinateur central, la liaison s'effectue en simplex, elle est diffusée sur les canaux de télévision en même temps que le programme normal.

**template,** gabarit.
1. Plaquette utilisée par le programmeur, contenant tous les symboles nécessaires au dessin d'un organigramme.
2. Morceau de programme servant d'exemple ou de base de programmation.

**terminal,** terminal.
Appareil permettant l'accès à distance à un système informatique.

**text,** texte.
Partie de l'information d'un message, exclusive des caractères ou bits nécessaires à la transmission du message.

**text formatter,** éditeur de texte.
Un programme qui prépare un fichier de texte pour impression. Le fichier doit contenir les commandes spéciales pour structurer l'imprimé final. Ces commandes spéciales signifient à l'éditeur la justification des marges, le départ de nouveau paragraphes, établissement des tableaux, la position des figures, etc.

**throughput,** capacité.
Vitesse de productivité d'une machine, système ou procédure, mesurée comme unité d'information et appropriée au processus en considération.

**time sharing,** partage de temps.
Technique d'exploitation d'un même ordinateur par plusieurs utilisateurs qui exécutent simultanément en mode dialogué, chacun à son propre rythme, des travaux indépendants.

**token,** jeton.
En réseau local, le droit à émettre ou jeton qui circule sur le bus. Une station ne peut émettre un message que si elle a reçu le jeton. Si elle n'a rien à transmettre, le jeton est passé à la suivante.

**track,** piste.
Portion d'un support d'enregistrement accessible par une tête de lecture/écriture.

**trackball,** boule de commande.
Dispositif en forme de boule, mécaniquement montée avec deux degrés de liberté, contrôlant la position du curseur et fournit les coordonnées des points à analyser.

**transaction,** transaction.
1. Evénement qui résulte d'une génération ou d'une modification d'un enregistrement.

2. Echanges entre un terminal et un processeur central.

**transformation,** transformation.
Modification géométrique d'une image d'écran telle qu'un changement d'échelle, une translation ou une rotation.

**translate (to),** traduire.
Changer les données d'une expression d'une forme à une autre sans en affecter la valeur ou la signification.

**transparent,** transparent.
Relatif à un processus ou un moyen de transfert qui ne modifie pas l'information transférée.

**transputer,** transputeur.
Calculateur intégré traitant les informations en parallèle, par opposition à des microprocesseurs, ordinateurs et super-ordinateurs, dits "classiques", travaillant à la chaîne ou bit par bit.

**trap,** dérivation.
Une méthode programmée de détection et d'interprétation des conditions matérielles et logicielles d'un système; une dérivation est initialisée pour intercepter un signal ou interruption, et détermine quelle est la suite d'action à prendre.

**truncation,** troncature.
1. Mise à l'écart des digits les moins significatifs d'un nombre, sacrifiant ainsi sa précision, pour simplifier ou pour obtenir une vitesse plus grande de calcul.
2. Coupure d'un mot ou d'une chaîne de caractères.

**trunk,** jonction.
Canal de transmission entre deux points qui sont des centres de commutation, et, ou des points de distribution individuels.

**tuning,** réglage.
1. Modification de paramètres ajustables afin d'améliorer les performances du système.
2. La reconfiguration du système d'exploitation pour incorporer les modifications afin d'obtenir une version exécutable du système.

**tutorial,** tutoriel.
Guide de présentation et d'initiation à l'utilisation d'un ensemble de notions, d'un logiciel, d'un matériel, etc.

**underflow,** soupassement.
Dans une opération arithmétique, résultat dont la valeur absolue est trop petite pour être représentée dans la gamme du système de numération employé.

**unpack (to),** décompacter.
Recouvrer une information originale de son format compacté.

**unwind (to),** débobiner.
1. Dérouler une bande.
2. Montrer explicitement toutes les instructions utilisées pendant l'exécution d'une boucle.

**update (to),** mettre à jour.
Sur un fichier, procéder à des transactions telles que, modifier, ajouter ou supprimer des enregistrements selon une procédure adéquate.

**variable,** variable.
1. Qualifie un état qui n'est pas fixe.
2. Tout symbole ou caractère supposé avoir différentes valeurs durant l'exécution d'un passage sur ordinateur.

**vector,** vecteur.
Quantité qui a un sens et une grandeur, une structure qui permet une localisation au moyen de simple indice ou index.

**Venn (diagram),** Venn (diagramme de).
En analyse informatique, diagramme dans lequel les états sont représentés par des régions dessinées sur une surface.

**verify (to),** vérifier.
Contrôler l'exactitude d'un enregistrement en le comparant avec une seconde opération exécutée sur le même enregistrement.

**videotex,** vidéographie.
Ce terme couvre deux développements technologiques, vidéographie dialoguée 'viewdata' et télétexte 'teletext'.

**videotext,** vidéotexte.
Visualisation d'un matériau textuel sur une console ou un écran de télévision.

**viewdata,** vidéographie.
En communications, service d'information interactif utilisant une liaison téléphonique entre un utilisateur et ordinateur hôte.

**viewport,** fenêtre.
Fenêtre spécifique sur la surface d'un écran qui marque les limites géométriques d'une représentation graphique.

**volatility,** volatilité.
Faculté de perdre le contenu d'une mémoire en cas de coupure d'alimentation.

**Wand,** lecteur de wand.
Du nom de son inventeur, lecteur en forme de crayon ou de baguette utilisé en reconnaissance optique de caractères (code à barres).

**Winchester,** Winchester.
A l'origine, nom de code d'IBM pour une série de produits de disque dur. Le terme est maintenant généralisé pour nommer un disque dur de haute densité et non amovible.

**windowing,** fenêtrage.
Procédé de limitation bidimensionnelle d'une image graphique.

**word,** mot.
Groupe de caractères représentant une unité d'information, une entité. Chaque mot est traité comme instruction par l'unité de contrôle et comme quantité par l'unité arithmétique et logique.

**workspace,** mémoire de travail.
Zone de mémoire utilisée pour un stockage temporaire de données durant le traitement.

**wraparound,** enroulement.
Sur un terminal de visualisation, opération qui consiste à écrire les caractères dépassant la longueur d'une ligne écran au début de la ligne suivante, en incorporant automatiquement un 'CR'.

**write (to),** écrire.
Enregistrer des données. Traduire des données. Copier des données d'une zone mémoire à une autre. Vider un espace mémoire sur un disque.

**yoke,** déflexion.
1. Bobines de déviation d'un tube cathodique.
2. Groupe de têtes de lecture-écriture solidaires, donc capables d'être déplacées ensemble.

**zap (to),** effacer.
1. Effacer une mémoire reprogrammable, par opposition à brûler 'to blow'.
2. Effacer le contenu d'un disque.

**zero,** zéro.
1. Rien
2. Le numéral '0'.
3. La condition de code reconnue par le calculateur comme étant zéro.

**zeroize (to),** remettre à zéro.
1. Mettre un registre à sa position de zéro.
2. Remplacer le contenu d'une zone mémoire par des binaires zéro.
3. Equilibrer une sortie de signal.

**zone,** zone.
1. Partie d'une carte perforée destinée à être perforée.
2. Partie de mémoire centrale allouée pour une fonction prédéterminer.

**zoom,** zoom.
Modification de l'échelle de représentation d'une image ou d'une partie d'image, afin qu'elle apparaisse plus grande ou plus petite sur l'écran.